CB120978

PROCESSO PENAL

DIDÁTICO

FÁBIO ROQUE ARAÚJO | KLAUS NEGRI COSTA

PROCESSO PENAL DIDÁTICO

4ª edição | revista atualizada e ampliada

2021

EDITORA JusPODIVM
www.editorajuspodivm.com.br

EDITORA *Jus*PODIVM
www.editorajuspodivm.com.br

Rua Território Rio Branco, 87 – Pituba – CEP: 41830-530 – Salvador – Bahia
Tel: (71) 3045.9051
• Contato: https://www.editorajuspodivm.com.br/sac

Diagramação: Cendi Coelho *(cendicoelho@gmail.com)*

Capa: Marcelo S. Brandão *(santibrando@gmail.com)*

C837p Costa, Klaus Negri.

Processo penal didático/ Klaus Negri Costa, Fábio Roque Araújo – 4. ed., rev., ampl. e atual. – Salvador: Editora JusPodivm, 2021.

1.504 p.

Bibliografia.

ISBN 978-65-5680-432-3

1. Direito Processual Penal. 2. Provas. 3. Didática - Métodos de ensino, instrução e estudo. 4. Métodos de estudo (para casa, livro de anotações, relatórios escritos). 5. Motivação. 6. Orientação vocacional e profissional. I. Costa, Klaus Negri. II. Araújo, Fábio Roque. III. Título.

CDD 341.43

... precisamos deslizar suavemente pela vida como as águas mansas dos rios, que não precisam ser empurradas na direção do mar. Fator de equilíbrio nos ecossistemas, se você observar, verá que a água não recua diante de nada. Segue no seu ritmo o seu próprio caminho. Útil e sábia, lá vai ela, a fonte da vida. Quando encontra o obstáculo, em vez de rompê-lo pela força, dá voltas sobre si mesma, fazendo pequenos redemoinhos, como que examinando o inimigo. Em seguida, desvia-se dele, contorna-o. Não bate de frente. Procura o melhor caminho, o mais suave. E sempre chega lá. Desce pela encosta dos morros, entra num pequeno atalho, segue os desvios impostos pela natureza, rodeia barreiras, evitando--as. Adapta-se aos obstáculos, sem se desesperar. E assim, sem economizar esforços, sempre chega ao seu destino. O mar. Sem desprezo ou apego, a água tudo recebe, tudo aceita e tudo transforma. Venha de onde vier!

Fragmento da crônica *A Sabedoria das Águas*, escrita pelo Professor Damásio de Jesus, extraído do seu livro *Os Toques que a Vida dá* (2005, p. 104).

Aos meus pais, Luiz e Edineia, por tudo o que fizeram – e ainda fazem – por mim. Se estou aqui, devo absolutamente tudo a eles.

À minha irmã, Larissa, pelas palavras de confiança de todo momento. E à Laurinha, sobrinha e afilhada querida que chegou e que trouxe uma felicidade imensurável a todos nós.

À Clarissa, meu amor, por tudo o que somos e por tudo o que ainda faremos. Alcançaremos, juntos, os nossos sonhos. Amo-te!

A todos os estudantes de Direito, principalmente àqueles que buscam a concorrida carreira pública. Que este livro sirva ao seu propósito: a aprovação no cargo almejado.

Klaus Negri Costa

A Carol, Ethan, Gabriel, Raphael e Maria Clara.

Aos meus alunos, que me alimentam cotidianamente a paixão pela docência.

Fábio Roque Araújo

AGRADECIMENTOS

Alguns agradecimentos são imprescindíveis:

Clarissa Aleixo, brilhante e estudiosa como sempre, que leu e releu os originais deste livro. Obrigado pela análise, pelas sugestões e pelas críticas (e pela paciência também). Tenha a certeza de que você contribuiu com cada linha escrita e que a sua ajuda foi essencial para podermos concluir este trabalho.

Vauledir Ribeiro Santos, editor da Editora Juspodivm, que me achou neste mundo e me fez o convite de uma vida: escrever um livro de Processo Penal. Nem nos meus melhores sonhos eu poderia imaginar que isso aconteceria. Obrigado por acreditar em mim e no resultado desta obra. E agradeço à equipe da editora o trabalho feito na diagramação e revisão da obra.

Fábio Roque Araújo, parceiro, que aceitou o convite para participar deste livro trazendo seu vasto conhecimento e sua experiência para enriquecê-lo ainda mais.

Cleber Masson, amigo e exímio professor, que trata a todos com grande humildade, que está sempre disposto a ensinar e a ajudar, que leu os originais e que prontamente aceitou prefaciar esta obra.

Klaus Negri Costa

À Editora Juspodivm, pelo convite para participar deste projeto, que aceitei com entusiasmo e cujo resultado muito me anima e me dá esperanças de poder contribuir com os estudos e, consequentemente, com a melhoria de vida – em variados aspectos – de muitas pessoas.

A Klaus Negri Costa, pela parceria na empreitada, e pela qualidade do trabalho realizado.

Fábio Roque Araújo

NOTA À 4ª EDIÇÃO

Nesta quarta edição, seguimos com as devidas atualizações ocorridas no presente ano. Tivemos poucas alterações legislativas significantes – em razão do estado pandêmico – mas o Poder Judiciário não se manteve inerte e foram proferidas centenas de decisões importantes relacionadas ao Processo Penal.

Tratamos de analisar e comentar mais de trezentos julgados inéditos oriundos do Superior Tribunal de Justiça e do Supremo Tribunal Federal, muitos com relação ao impacto do vírus SARS-Cov-2, causador da COVID-19, nos processos criminais.

Desta feita, continuamos honrando aquilo que tornou nossa principal marca: atualização constante, comentários aos mais recentes julgados e alta precisão técnica. Na novel edição, ultrapassamos os três mil julgados analisados – absolutamente todos do STJ e do STF – e não nos olvidamos da mais moderna doutrina, tanto nacional quanto estrangeira.

Como não poderia deixar de ser, fizemos as devidas ponderações com base no que os tribunais estão entendendo e aplicando acerca da Lei nº 13.964/19 – o chamado "Pacote Anticrime".

Aproveitamos para agradecer a todos os leitores que confiaram na nossa obra, que cresce a cada dia e vem se tornando referência nos estudos e na aplicação profissional diária. Contem sempre conosco.

Bons estudos!

Janeiro de 2021.

Klaus Negri Costa

Fábio Roque Araújo

APRESENTAÇÃO

Escrever este livro surgiu do desafio de aliar a melhor doutrina com a mais atual jurisprudência, principalmente tendo em vista aqueles que prestam concursos públicos na área jurídica.

Sentimos que ainda faltava, no mercado, uma obra que trouxesse a mais abalizada doutrina em relação a todos os temas do Processo Penal e que, ao lado disso, colocasse o entendimento dos tribunais pátrios. E isso tudo sem se esquecer de, quando o caso, explicar as posições divergentes – e até as minoritárias – nos tópicos necessários.

Apesar de o concurso público ser feito de provas inicialmente objetivas, não podemos nos esquecer de que muitos deles possuem provas dissertativas e, depois, orais, o que traz certo subjetivismo a elas. Considerando isso, percebemos que os materiais existentes, embora de ótima qualidade, estavam em pontos extremos: ou extensos demais, fugindo da objetividade necessária, ou simples demais, deixando de abordar, da forma apropriada, temas que julgamos importantes. E sempre lembrando que, além do Processo Penal, o concursando tem ao menos uma dúzia de outras matérias para estudar.

Sabemos que há livros para todo o tipo de objetivo. Há resumos, sinopses, manuais, cursos e até tratados. Há livros para graduação, para pós-graduação, para OAB e para concursos. Cada um destes busca atingir um tipo de público. E o público buscará um livro conforme as suas necessidades. O que percebemos é que faltava uma obra que fosse objetiva (mas não superficial) e profunda (mas não exaustiva) ao mesmo tempo, mesmo que essas características pudessem parecer inconciliáveis.

Vimos que muitos candidatos estudam para concurso sem questionar e mesmo sem saber outras posições, aceitando uma explicação como algo absoluto, o que dificulta o desenvolvimento do raciocínio e, consequentemente, a explanação das ideias nas fases subsequentes dos concursos. Estudar para um concurso, nos dias de hoje, não pode ser algo mecânico. Resolver uma questão com quatro ou cinco alternativas é totalmente diferente de explicar esta mesma questão em sessenta linhas escritas, ou, então, de escrever uma dissertação de cinco ou seis laudas, ou, mesmo, de aplicar isso a uma peça prática.

Tendo isso em mente, surgiu este nosso livro, que leva o adjetivo *didático*, já que ele foi escrito com o fim de tornar mais agradável (e fácil) a compreensão do Direito Processual Penal por meio do emprego de diversas técnicas de aprendizado.

A obra está repleta de exemplos, o que é extremamente importante. São casos realmente julgados pelas Cortes, de forma a demonstrar a importância prática de um tema no panorama atual. Colocamos mais de 2.400 julgados do Superior Tribunal de Justiça e do Supremo Tribunal Federal. Queremos que o leitor não precise parar de ler a nossa obra para pesquisar um julgado ou para saber qual é o posicionamento dos tribunais. O estudo deve ser fluido, sem interrupções desnecessárias.

Outro ponto interessante é que o livro não possui notas de rodapé. Tudo, de cabo a rabo, é para ser lido, pois ele foi projetado para isso. Os julgados e as referências bibliográficas foram colocados entre parênteses justamente com o objetivo de o leitor se acostumar com as datas dos julgados, com as obras mencionadas e com os nomes dos julgadores e dos autores. Tudo isso é importante e fará diferença em relação aos demais estudantes. O Direito é uma construção diária, de modo que fizemos questão que o leitor tivesse contato com os ensinamentos dos mais variados autores, dos clássicos aos modernos.

As doutrinas, quando o caso, foram mencionadas sempre em consonância com a corrente majoritária ou minoritária. Como já citado, o estudo para um concurso público exige que o estudante saiba o entendimento atual dos especialistas; no entanto, isso nem sempre é suficiente, pois, a depender do concurso, a adoção de uma corrente minoritária pode ser a solução para um caso prático ou para a explicação do desenvolvimento de um dado tema. Nem sempre a posição mais aceita é aquela que está de acordo com o entendimento da Defensoria Pública, do Ministério Público, das Polícias, da Magistratura ou das Procuradorias, por exemplo.

Além disso, a divisão dos tópicos e dos capítulos foi feita de modo que a leitura não se torne cansativa. É muito mais prazeroso ler um tema em alguns poucos parágrafos do que ler um tema muito extenso e sem subdivisões. Ademais, a obra traz destaques coloridos, o que torna a leitura mais agradável.

O objetivo deste livro, portanto, é auxiliar o estudante no árduo caminho que é o concurso público. Você terá a compreensão dos temas e adquirirá o conhecimento necessário para assinalar a alternativa correta e, ao mesmo tempo, conseguirá desenvolver uma resposta escrita quando necessário. Esperamos, de coração, que a obra atinja a sua finalidade.

No mais, é claro que, conquanto o escopo seja ajudar o concursando, o nosso livro está ao alcance de todos, sejam estudantes de graduação, sejam profissionais, que conseguirão ter uma ampla visão dos institutos do Processo Penal e dos posicionamentos mais recentes da doutrina e dos tribunais.

Por fim, embora o livro tenha sido lido e relido, pedimos desculpas, de antemão, pelos eventuais erros. Foram cerca de dois anos ininterruptos de trabalho, mas falhas acontecem. As sugestões e as críticas dos nossos leitores serão mais do que bem-vindas. Esta obra está aberta a todos vocês, por isso, sintam-se à vontade para nos contatar.

Muito obrigado e bons estudos!

Klaus Negri Costa
Jundiaí/SP, agosto de 2018.
Instagram: @klausnegricosta

Fábio Roque Araújo
Salvador/BA, agosto de 2018.
Facebook: Fábio Roque Araújo
YouTube: Fábio Roque Araújo
Instagram: @professorfabioroque

PREFÁCIO

Foi com imenso prazer que recebi o convite para escrever o prefácio desta valiosa obra, elaborada por Klaus Negri Costa e Fábio Roque Araújo.

Klaus foi meu aluno na graduação. Além de uma pessoa extremamente educada e respeitosa, sempre demonstrou diferenciada maturidade, nada obstante sua pouca idade quando nos conhecemos, em 2008. Aluno exemplar, chamava-me atenção sua dedicação ao estudo das ciências criminais, invariavelmente revelando atenção pela matéria e discernimento para discutir e compreender o Direito Penal e o Processo Penal.

Fábio, por sua vez, é juiz federal, mestre e doutor em Direito pela Universidade Federal da Bahia, autor de diversos livros jurídicos e professor consagrado no meio acadêmico e na preparação para concursos públicos.

Não me causa surpresa, portanto, a qualidade dos originais deste trabalho.

A obra foi cuidadosamente escrita com a finalidade de reunir a análise das mais variadas concepções doutrinárias e jurisprudenciais sobre o Direito Processual Penal brasileiro, nunca se esquecendo da ligação de seus institutos com outros ramos do ordenamento jurídico, notadamente o Direito Penal e o Direito Constitucional.

O livro atende a quem se prepara a todos os concursos públicos, em suas mais diversas etapas (provas objetivas, dissertativas e orais), com o mérito de indicar a posição – teórica e pretoriana – mais adequada a cada certame.

A didática dos autores também é digna de destaque. Exemplos atuais e a aplicação prática de cada assunto, inclusive com a abordagem de inúmeros julgados dos Tribunais Superiores, facilitam a assimilação da matéria até mesmo para aqueles que, ainda nos bancos universitários, dão início ao estudo do processo penal. A formatação dos capítulos torna a leitura fluida e prazerosa.

Mas não para por aí. Sem prejuízo do estudo pelos concursandos e universitários, o livro igualmente atende aos profissionais do Direito, funcionando como fonte segura à consulta e à elaboração de peças práticas.

Não tenho dúvida, portanto, da vocação da obra para ser aceita pelo público em geral. Parabéns aos autores. E que venha o merecido sucesso!

São Paulo, agosto de 2018.

Cleber Masson

Promotor de Justiça em São Paulo
Doutor e Mestre em Direito Penal pela PUC/SP
Professor de Direito Penal e autor de livros jurídicos

SUMÁRIO

1 INTRODUÇÃO

1.1. NOÇÕES PRELIMINARES DO PROCESSO PENAL

1.1.1. Visão geral

Não há como se iniciar o estudo do Processo Penal sem, antes, se ter um panorama geral da matéria.

O ser humano é social. Isso significa que ele vive em sociedade, ou seja, as suas ações ocorrem dentro de uma interação entre pessoas, com repercussões dentro de um grupo (uma agremiação, um bairro, uma cidade, um país, um continente e assim por diante).

Como explica Charon (Sociologia, 2004), os seres humanos são atores sociais, ou seja, todas as suas ações são praticadas tendo em vista as demais pessoas.

A partir do momento em que o homem se reúne em grupo para poder melhor se proteger, se alimentar, trabalhar e procriar, enfim, buscar resultados positivos em comum, ele passa a precisar de regras para o bom convívio social. Com isso, nasce a socialização dos homens, ensinando-se a cada pessoa os costumes daquele determinado grupo.

Neste momento, como os membros da sociedade não podem fazer o que bem entendem e com o fim de evitar o caos, surge o Estado, com o objetivo de manter a liberdade de cada membro do grupo e realizar o controle sobre eles. Aboliu-se a vingança dos deuses e a vingança privada para atribuir ao Estado o monopólio da Justiça, ou seja, de aplicação das leis aos casos concretos.

Para organizar o Estado, é preciso outorgar poderes a algumas pessoas, que exercerão essas funções de organização. Surgem, então, os Poderes Executivo, Legislativo e Judiciário, cada qual com uma função precípua e todos harmônicos entre si.

Com o fim de manter a ordem no meio social, o Poder Legislativo cria regras de conduta por meio de leis positivadas. Essas normas, de forma geral, tratam dos comportamentos esperados pelas pessoas e trazem as consequências pelo seu descumprimento, sempre tendo em mente a tutela de bens jurídicos, pautadas nas condutas aceitas e não aceitas pelo grupo social. Consoante Gueiros Souza e Japiassú, "a ordem social não pode por si só assegurar a convivência das pessoas em comunidade. Ela necessita ser complementada e reforçada pelas instâncias formais de controle, isto é, pelas normas emanadas de um centro de poder, capazes de impor consequências mais intensas àqueles que as transgredir. Surge, assim, o ordenamento jurídico, ou seja, o conjunto de normas ordenadas pelo Estado, detentor do monopólio da força, de caráter geral e cogente" (Curso, 2012, p. 6-7).

Assim, "é a sociedade que estabelece condutas socialmente aceitas e não sujeitas à repreensão estatal, do mesmo modo que estabelece as condutas indesejáveis, que ameaçam valores, manifestados nos bens jurídicos e socialmente aceitos, que propiciam, com a função de uma linguagem dos valores, o convívio em coletividade, sem ameaça à paz e à tranquilidade sociais" (Canton Filho, Bem Jurídico, 2012, p. 12-13). Então, por exemplo, a vida é o bem jurídico tutelado pelo art. 121 do Código Penal, proibindo-se o homicídio, isto é, a conduta de matar alguém – e, em contrapartida, a própria norma acaba por incentivar que as pessoas não cometam este crime, sob pena de imposição de sanção penal.

E nas palavras de Tourinho Filho, "tais normas são indispensáveis para que se saiba o que se pode e o que não se pode fazer. O homem precisa, pois, contribuir para que a sociedade não se destrua, não se extermine, porquanto sua destruição implica seu próprio aniquilamento. Se ele precisa da sociedade, obviamente deve pautar seus atos de acordo com as normas de conduta que lhe são traçadas pelo Estado, responsável pelos destinos, conservação, harmonia e bem-estar da sociedade" (Manual, 2008, p. 2).

Embora o esperado seja o bom comportamento dos membros da sociedade nos moldes das leis vigentes, por vezes ocorre uma infração, um descumprimento. A lei, então, traz em seus dispositivos a consequência, que pode ter diversas naturezas, como civil (uma indenização por danos materiais, por exemplo), administrativa (o pagamento de uma multa à Administração Pública, por exemplo) ou penal, que é o objeto de estudo do Direito Penal (a imposição de uma sanção penal).

O Direito Penal, por meio de suas leis, dentre as quais há o Código Penal (Decreto-lei nº 2.848/40), traz diversos dispositivos prevendo condutas criminosas e suas consequências. Por exemplo, furtar um bem é crime, previsto no art. 155, *caput*, do Código Penal (subtrair, para si ou para outrem, coisa alheia móvel), cuja consequência criminal é a imposição de uma pena privativa de liberdade de reclusão, entre 1 e 4 anos, além de multa penal.

Mas de nada adianta a sociedade, por meio do Poder Legislativo, trazer diversas leis objetivando o bem-estar social se não houver um procedimento detalhando, especificadamente, como serão impostas as possíveis consequências às pessoas que descumprirem os comandos legais.

Se furtar é crime, como visto, como ele será investigado? Quem oferecerá denúncia? Quais são as provas possíveis? Caberá prisão no curso deste processo? Quem julgará o caso? Existirão recursos? É exatamente disso, pois, que trata o **Processo Penal**. Se o Estado tutela penalmente um bem jurídico em função do interesse da sociedade, cumprir-lhe-á reagir contra quem viola esse bem, a fim de retomar a tranquilidade social, regramento este outorgado ao Direito Processual Penal, portanto.

Fala-se, então, em direito de punir, isto é, em *jus puniendi*, que é o poder-direito--dever que o Estado (em sentido amplo) tem de aplicar uma sanção de natureza penal a quem infringe uma norma também penal.

Na exímia lição de Magalhães Noronha, "é o Estado o titular do direito de punir. O crime lesa não apenas direitos individuais, mas sociais também, pois perturba as condições da harmonia e estabilidade, sem as quais não é possível a vida comunitária. Mas incumbe ao Estado – que é um meio e não um fim – a consecução do bem comum, que não conseguiria alcançar se não estivesse investido do *jus puniendi*, do direito de punir o crime, que é o fato mais grave na consecução daquela finalidade" (Curso, 1995, p. 3).

Com isso, surge um conflito, em que de um lado há o direito de punir do Estado, que quer aplicar uma sanção ao infrator e, de outro lado, há o autor do delito, que quer ter preservada a sua liberdade de locomoção, considerando que a principal sanção penal é, justamente, a privação da liberdade do agente criminoso (Marques, Elementos, v. 1, 1998).

Portanto, o Processo Penal é o espelho prático do Direito Penal, ou seja, enquanto a lei penal tutela bens jurídicos penais e prevê sanções penais, a lei processual penal traz a forma procedimental pela qual isso se dará, desde a fase investigativa até o último ato processual.

Mas não é só. O Processo Penal é, também, a ciência que intervém de forma mais brusca nos direitos fundamentais da pessoa. É salutar a lição de Denilson Feitoza:

"Imaginemos algumas situações... Num primeiro quadro, alguém se encontra tranquilamente em casa, num final de semana, assistindo à televisão ou ouvindo uma música de seu agrado, quando a polícia invade sua casa, algema-o diante da tentativa de resistência e faz uma busca e apreensão por drogas, tendo em vista a fonte testemunhal 'segura' que apontou a casa como depósito de drogas entorpecentes. Num segundo quadro, um casal extremamente apaixonado, em que um parceiro reside em local distante do outro, fala, por telefone, as coisas mais românticas indizíveis e inesquecíveis de suas vidas; entretanto, havia ordem judicial de interceptação telefônica e tudo foi devidamente ouvido, gravado e transcrito (degravado). Num terceiro quadro, alguém se envolve numa discussão de trânsito, que acaba por ter a intervenção policial e sua prisão. Num quarto quadro, duas pessoas muito amigas estão conversando de maneira agradável, num lugar público qualquer, quando uma delas é subitamente presa pela polícia, supostamente em flagrante delito, mas o amigo 'livre' não tem a menor ideia do que fazer... Nas quatro situações, o 'direito processual penal' interveio nos direitos fundamentais de privacidade, intimidade e liberdade de maneira rápida e fulminante" (Direito, 2009, p. 48-49).

Vê-se, portanto, que o Direito Processual Penal vai muito além do simples procedimento penal, da investigação ao julgamento final do caso posto. É o único ramo da ciência jurídica que alcança o bem jurídico mais precioso do homem, que é a liberdade de ir e vir.

1.1.2. Conceito

Emprestando a lição de José Frederico Marques, define-se o Direito Processual Penal como sendo "o conjunto de princípios e normas que regulam a aplicação jurisdicional do Direito Penal, bem como as atividades persecutórias da Polícia Judiciária, e a estruturação dos órgãos da função jurisdicional e respectivos auxiliares" (Elementos, 1998, v. I, p. 32).

Mais objetivamente, no escólio de Claus Roxin, o Direito Processual Penal contém os preceitos que regulam o esclarecimento dos delitos e a imposição de um castigo por parte do Estado (*Derecho*, 1997, t. 1). E consoante Jürgen Baumann, enquanto o Direito Penal traz um conjunto de normas que ameaçam com sanção penal determinados comportamentos, o Direito Processual Penal traz normas que regulam o procedimento para que o Estado realize a devida persecução penal (*Derecho*, 1986). No mais, nas palavras de Jorge R. Moras Mom, "el derecho procesal penal es la rama del derecho público que estabelece los princípios y regulación tanto de los órganos jurisdicionales del Estado para la administración de justicia, como del processo como medio para la concreción del derecho concluir jurídico-penalmente. Ello es lo que se hace por medio del processo, com intervención de las partes, ante um órgano jurisdicional" (Manual, 2004, p. 14).

1.1.3. Posição jurídica

Uma das classificações didáticas de apresentação do Direito é a sua divisão entre "direito público" e "direito privado".

Sabe-se que o Direito trata das relações que as pessoas têm em sociedade. Então, de forma bastante simplista, há relações em que a sociedade, representada pelo Estado, é parte, e há relações em que apenas as pessoas sociais são participantes. Naquele, há o chamado "direito público"; neste, o "direito privado". Bem explica André Franco Montoro que "podemos dizer que as relações sociais em que o Estado, como tal, é parte, são reguladas pelo Direito público. As relações dos particulares entre si são reguladas pelo Direito privado" (Introdução, 2005, p. 147).

Embora cada vez mais reste demonstrada a superação desta divisão (Venosa, 2016), tendo em vista a interpenetração dos campos jurídicos e o surgimento de diversos ramos do Direito que não se enquadram nem numa e nem noutra classificação – tal como os direitos metaindividuais (Mazzilli, 2014) –, afirma-se, tradicionalmente, que o Direito Processual Penal é um **ramo do direito público**.

Tendo em vista, portanto, que o direito público é o complexo de normas que regulam as relações do Estado ou as relações entre os cidadãos e o Estado, o Processo Penal é do ramo publicista porque suas normas – sejam regras ou princípios – tratam da **concretização da pretensão punitiva do Estado em razão da prática de um delito por uma pessoa**, objetivando aplicar o Direito Penal ao caso concreto com a consequente pacificação do corpo social.

1.1.4. Características

Diz-se, comumente, que o Direito Processual Penal tem três características fundamentais:

a) **autonomia**: é um ramo do Direito independente, com atributos e princípios próprios.

b) **normatividade**: é uma ciência jurídica com normas próprias, inclusive com um Código de Processo Penal (Decreto-lei nº 3.689/41).

c) **instrumentalidade**: como toda ciência processual, o Processo Penal é o instrumento – o meio – de aplicação concreta do Direito Penal.

1.1.5. Finalidades

Parte da doutrina, capitaneada por Fernando da Costa Tourinho Filho (Manual, 2008), ensina que o Direito Processual Penal possui duas finalidades:

a) **mediata**: confunde-se com a própria função básica do Direito Penal, que é a promoção e manutenção da paz social, o que se dá pela *proteção dos bens jurídicos mais relevantes*. Conforme Claus Roxin, "podem-se definir os bens jurídicos como circunstâncias reais dadas ou finalidades necessárias para uma vida segura e livre, que garanta a todos os direitos humanos e civis de cada uma na sociedade ou para o funcionamento de um sistema estatal que se baseia nestes objetivos" (A Proteção, 2009, p. 18-19).

b) **imediata**: é a realização da pretensão punitiva do Estado a quem comete um delito, por meio do processo, tornando real o Direito Penal.

1.2. LEI PROCESSUAL PENAL NO ESPAÇO

1.2.1. Regra

Diz o artigo 1º, CPP, que "o processo penal reger-se-á, em todo o território brasileiro, por este Código (...)".

Vige, pois, o **princípio da territorialidade** (ou *lex fori* ou *locus regit actum*), significando isso que:

a) a lei processual penal brasileira é aplicada a todos os processos criminais em curso no território nacional;

b) a atividade jurisdicional penal brasileira somente é exercida nos limites do território nacional;

c) há a exclusão da lei processual estrangeira no território nacional;

d) o Código de Processo Penal é a fonte primária do processo penal, não existindo um "Código Estadual de Processo Penal" (conforme o *princípio da unidade*), de modo que não há mais o sistema do dualismo legislativo, em que cada Estado-membro tinha competência para legislar sobre Direito Processual, como ocorria na Constituição da República de 1891.

Então, sempre que houver jurisdição penal brasileira haverá a aplicação da lei processual penal brasileira – e nunca a estrangeira. Isso em razão da garantia da soberania nacional (art. 1º, I, CF), que se expressa por meio do exercício da jurisdição, que é o poder de dizer o Direito através do Poder Judiciário.

Bem ensina José Frederico Marques: "o Direito Processual Penal é eminentemente territorial, uma vez que os órgãos judiciários só aplicam as normas processuais de seu próprio Estado" (Elementos, v. 1, 1998, p. 64). Desta feita, sendo a lei processual penal essencialmente territorial, de modo a não transpor as fronteiras do Brasil, não se aplicará no exterior.

Por "território nacional", na lição de Bento de Faria (Código, 1960), entende-se todo o espaço sujeito aos poderes políticos da nação e sobre o qual exerce-se livremente a soberania. Incluem-se não somente o solo, mas os mares interiores, lagos, rios, baías, golfos, portos e o espaço aéreo acima do território nacional.

É bom atentar que a aplicação do princípio da *extraterritorialidade* do **Direito Penal** não importa e nem influencia a aplicação da *territorialidade* do **Direito Processual Penal**.

Para o Direito Penal, a extraterritorialidade diz respeito à incidência da lei penal a atos cometidos fora do território nacional. Já a territorialidade do Processo Penal assegura a soberania nacional aplicando apenas as leis processuais penais brasileiras dentro do território nacional (e impedindo, consequentemente, a aplicação de leis processuais estrangeiras).

Por exemplo, então, se alguém comete um crime contra a vida do Presidente da República do Brasil no Japão, haverá a incidência da lei penal brasileira (art. 7º, I, *a*, CP); todavia, o processo penal por este fato, embora cometido no estrangeiro e aplicável a lei penal brasileira, terá curso no Brasil e, assim, haverá a lógica aplicação do Código de Processo Penal. Desta forma, **não há que se falar em extraterritorialidade da lei processual penal**.

Parte minoritária da doutrina defende a possibilidade, relacionada ao Direito Internacional, de aplicação da lei processual nacional no estrangeiro nos seguintes casos: (a) território de ninguém; (b) em tempo de guerra; ou (c) com autorização do outro país.

Conclui-se que, no Direito Penal, analisa-se *onde* o ato foi praticado: se fora do Brasil e for o caso de incidência da lei brasileira, falar-se-á em extraterritorialidade (isto é, a lei material aplicada a fato ocorrido fora do território nacional); já no Direito Processual Penal, o juiz analisará, no exercício da jurisdição, qual lei processual deverá ser aplicada – e a resposta sempre será: a lei processual brasileira. Por isso, sempre se falará em **territorialidade da lei processual penal brasileira**.

1.2.2. Exceções

O art. 1º, parte final, CPP, afirma que, embora se aplique o Código de Processo Penal no território brasileiro, há algumas ressalvas quanto a isso.

De início, é importante fixar o seguinte: essas ressalvas dizem respeito à **não incidência do Código de Processo Penal – isto é, o Decreto-lei nº 3.689/41** –, que dará espaço à aplicação de uma **outra lei processual penal igualmente brasileira**. Isso, contudo, não significa extraterritorialidade, já que não haverá lei processual estrangeira sendo aplicada no território nacional e nem a lei processual brasileira sendo aplicada no exterior. A territorialidade se mantém preservada, até por uma questão de soberania nacional, como visto.

Assim, "especificamente em relação às leis *processuais*, nenhuma dificuldade: aplica-se, por óbvio, o princípio da *territorialidade*. As hipóteses de *extraterritorialidade* constituem matéria de Direito Penal, conforme previsto no art. 7º de nosso Código Penal. Nele são previstos os casos em que a lei *penal* ultrapassará os limites de nosso território para atingir determinadas pessoas e condutas praticadas no estrangeiro. Mas, do ponto de vista do *processo penal*, não há qualquer complexidade. *Processo* é instrumento (ou acesso a) da jurisdição. Assim, somente se aplica o nosso processo penal em sede da jurisdição *brasileira*" (Pacelli, Curso, 2017, p. 27).

As ressalvas trazidas polo Código de Processo Penal – e que mais à frente serão analisadas – são todas normas brasileiras. Assim, a existência de ressalvas à aplicação do Código de Processo Penal significa que o juiz brasileiro, ao analisar um dado caso, *deixará de aplicar o Código de Processo Penal para dar lugar a outra norma*, como um tratado internacional incorporado ao ordenamento nacional ou alguma lei brasileira extravagante que tenha conteúdo processual próprio, como o Código de Processo Penal Militar.

Com isso, fala-se, majoritariamente, na aplicação do **princípio da territorialidade absoluta**, posto que, aos processos que tramitam no Brasil, sempre será aplicada a lei processual penal brasileira, seja o Código de Processo Penal ou outra lei especial processual; e, em contrapartida, aos processos que não tramitam no Brasil não será aplicada nenhuma lei processual brasileira. No mesmo sentido entendem Távora e Alencar (Curso, 2017).

Para uma corrente minoritária, o princípio da territorialidade seria relativo, uma vez que seria possível afastar a aplicação do Código de Processo Penal para dar espaço a outra norma. No entanto, como afirmado, dizer que pode ser afastada a aplicação do Código de Processo Penal para dar lugar a outra norma não significa relativizar o princípio da territorialidade, até porque, a lei processual que vier a ser aplicada deve ser igualmente nacional, como, por exemplo, o Código de Processo Penal Militar.

Então, consoante André Nicolitt, "no processo penal vigora o princípio da territorialidade, ou seja, o processo penal se aplica ao território brasileiro. O raciocínio é simples. A jurisdição é uma função de soberania do Estado, que por sua vez está adstrita ao território nacional. Não podendo o Brasil exercer jurisdição fora de seu território, as leis processuais, por consequência, não são aplicadas fora desse limite" (Manual, 2012, p. 5).

Desta forma, ressalvar a aplicação do Código de Processo Penal significa tão somente que outra lei processual penal *brasileira* será aplicada em seu lugar. Não significa – nem de longe – relativizar o princípio da territorialidade Até porque, como visto, tal princípio reflete a soberania nacional na aplicação de suas normas internas aos seus processos.

A seguir, então, serão vistas as ressalvas à aplicação do Código de Processo Penal, que darão lugar à incidência de outra norma processual penal igualmente brasileira.

1.2.2.1. *Tratados, convenções e regras de Direito Internacional*

O Brasil, observados os princípios internacionais previstos no art. 4º da Constituição Federal, é signatário de diversos documentos internacionais, o que, claro, pode acabar por interferir na aplicação do Direito Penal. Exemplo disso é a Convenção de Viena Sobre Relações Diplomáticas (Decreto nº 56.435/65), que trata da imunidade do diplomata, e da Convenção de Viena sobre Relações Consulares (Decreto nº 61.078/67), que regula a imunidade do cônsul.

Nesses casos, o Código de Processo Penal deixa – em regra – de ser aplicado ao diplomata/cônsul que tenha cometido uma infração penal no território brasileiro para, em seu lugar, ser aplicado algum tratado/convenção de Direito Internacional incorporado pelo Brasil ao seu ordenamento jurídico pátrio.

Ressalta-se que o termo "tratado", consoante a Convenção de Viena sobre Direito dos Tratados (Decreto nº 7.030/09) abrange todo acordo internacional regido pelo Direito Internacional, "qualquer que seja a sua denominação" (art. 1º, a), tal como convenção, protocolo, convênio, declaração, ajuste, compromisso etc. (Accioly, Manual, 2012, p. 155). Desta forma, "o emprego das denominações dos tratados na prática internacional é indiscriminado e não influencia o caráter jurídico do instrumento" (Portela, Direito, 2017, p. 85).

No mais, documento internacional importante ao Processo Penal é o Decreto nº 4.388/02, que promulga o Tribunal Penal Internacional (TPI), órgão que faz parte da jurisdição brasileira (art. 5º, § 4º, CF) e traz regras procedimentais próprias.

1.2.2.2. *Prerrogativas especiais*

São as prerrogativas do Presidente da República, dos Ministros de Estado, nos crimes conexos com os do Presidente da República, e dos Ministros do Supremo Tribunal Federal, nos crimes de responsabilidade.

Os chamados "crimes de responsabilidade", na verdade, são infrações político-administrativas, e não delitos de natureza penal propriamente ditos, estando afetos, por isso, à chamada jurisdição política, nos termos da Lei nº 1.079/50 (Moraes, 2016). Em razão disso, a Constituição Federal, no art. 52, incs. I e II, trata do julgamento destas infrações pelo Poder Legislativo, através do *impeachment*.

No âmbito estadual, em relação a Governadores e Secretários de Estado, a Lei nº 1.079/50 determina que o julgamento será feito por um Tribunal Especial (composto por 5 membros do Poder Legislativo escolhidos por votação na Assembleia Legislativa, e 5 desembargadores, mediante sorteio, sob a presidência do Presidente do Tribunal de Justiça local, que votará em caso de empate). Já no âmbito municipal, aplica-se o Decreto-lei nº 201/67, com julgamento pela Câmara de Vereadores.

Ressalta-se que, embora haja legislação específica tratando do processo por crimes de responsabilidade, é possível aplicar, subsidiariamente, o Código de Processo Penal, como no caso de haver alguma omissão legislativa, conforme o art. 39 da Lei nº 1.079/50 (STF, ED na ADPF nº 378/DF, rel. Min. Roberto Barroso, j. 16.03.16).

No mais, a súmula vinculante nº 46 dispõe que a definição dos crimes de responsabilidade e o estabelecimento das respectivas normas de processo e julgamento são da competência legislativa privativa da União.

1.2.2.3. *Processos de competência da Justiça Militar e da Justiça Eleitoral*

Para tais delitos (art. 124, CF), aplicam-se as regras previstas no Código de Processo Penal Militar (Decreto-lei nº 1.002/69). Adverte-se, entretanto, que, por mais especial que seja a jurisdição castrense, o art. 3º, *a*, CPPM, dispõe sobre a possibilidade de aplicação do Código de Processo Penal de forma supletiva.

Embora não mencione, a Justiça Eleitoral é, também, especial, trazendo, igualmente, menção à possibilidade de aplicação subsidiária do Código de Processo Penal na apuração dos crimes eleitorais (art. 364 do Código Eleitoral – Lei nº 4.737/65).

1.2.2.4. *Processos de competência do tribunal especial*

Este inciso – hoje prejudicado – faz referência à Constituição Federal de 1937 (art. 122, item 17), que previa a existência de um *tribunal de exceção*, que, no caso, era o chamado Tribunal de Segurança Nacional, competente para julgar crimes políticos. Ele foi extinto com a Constituição de 1946 e, claramente, hoje, a Carta da República de 1988 proíbe a existência de tribunais de exceção, nos moldes do art. 5º, XXXVII e LI.

1.2.2.5. *Processos por crime de imprensa*

Também prejudicado, diz respeito à Lei de Imprensa (Lei nº 5.250/67), que não foi recepcionada pela CF/88, consoante decidiu o STF na ADPF nº 130/DF (rel. Min. Ayres Britto, j. 30.04.09). Assim, restou inutilizado o art. 48 da referida norma, que determinava a aplicação do Código de Processo Penal de modo subsidiário.

Hoje, aplicam-se ordinariamente o Código Penal e o Código de Processo Penal aos crimes *relacionados à imprensa*, como, por exemplo, os crimes contra a honra e seu procedimento (STF, Inq. nº 2.503/SP, rel. Min. Eros Grau, j. 24.03.10; e STJ, HC nº 287.819/PA, rel. Min. Joel Ilan Paciornik, j. 16.08.18).

1.2.2.6. *Incidência de leis especiais*

Dispõe o p.ú. do art. 1º, CPP, que será aplicado o Código de Processo Penal aos incisos IV e V, quando as leis especiais que os regulam não dispuserem de modo diverso.

Embora estejam esses dois incisos, como visto, prejudicados, deixa-se aberta a possibilidade de aplicação do Código de Processo Penal de modo subsidiário às leis extravagantes, tal como a Lei de Drogas (STJ, HC nº 143.968/PE, rel. Min. Jorge Mussi, j. 27.09.11).

Resumindo:

a) **regra**: há a aplicação do CPP no território nacional (princípio da territorialidade).

b) **ressalva**: a não aplicação do CPP no território nacional em razão de regras de direito internacional ratificadas pelo Brasil e legislação especial brasileira – observada, se o caso, a possibilidade de aplicação subsidiária/supletiva.

1.2.3. Imunidade diplomática e consular

Em decorrência do disposto nos arts. 5º e 7º do Código Penal, combinados com o art. 1º, CPP, em princípio, todas as regras de processo penal deverão ser aplicadas a qualquer pessoa que deva se submeter à jurisdição brasileira. Entretanto, a Constituição Federal e o art. 1º, I e II, CPP, arrolam pessoas que, excepcionalmente, terão regras próprias para a verificação da sua culpabilidade. Tais regras são denominadas **imunidades**.

A imunidade é uma prerrogativa conferida a certas pessoas em virtude das atividades por elas desempenhadas como forma de garantir o livre exercício de suas funções. Como buscam proteger a função/cargo e não a pessoa em si, não há que se falar em ofensa à regra constitucional de que "todos são iguais perante a lei" (art. 5º, *caput*, CF) – embora, nos últimos tempos, tais previsões venham ganhando críticas.

Neste momento, especificamente, serão estudadas as imunidades do diplomata e do cônsul. Há que se colocar algumas explicações de Direito Internacional Público, não tão comuns ao Processo Penal.

O Brasil é signatário da Convenção de Viena sobre Relações Diplomáticas e da Convenção de Viena sobre Relações Consulares, ambas da década de 1960, que regulam a atuação de diplomatas e cônsules.

Um *diplomata*, basicamente, representa o seu Estado nas relações com outros países e órgãos internacionais, realizando negociações e promovendo o desenvolvimento do seu país, por exemplo (art. 3º da respectiva Convenção); já um *cônsul* não representa, verdadeiramente, seu Estado, mas atua de forma mais administrativa, protegendo seus nacionais e prestando a ajuda necessária no Estado de atuação (art. 5º da respectiva Convenção).

O **diplomata** (conforme a Convenção Diplomática) possui imunidade penal absoluta, isto é, aplicável a qualquer delito por ele cometido, dentro ou fora das suas funções (art. 31.1). Eles não poderão ser presos (art. 29) e sequer poderão prestar depoimento (art. 31.2). O Estado acreditante (de origem) pode renunciar à imunidade de seu diplomata (art. 32), mas ao próprio agente ela é irrenunciável. Sua imunidade estende-se à sua família, ao pessoal técnico e funcionários administrativos, desde que não nacionais do Estado acreditado (art. 37.1 e 37.2). Não há imunidade aos empregados particulares, ainda que de origem no Estado representado, como por exemplo, uma cozinheira (art. 37.4).

Destaca-se que o chefe de missão diplomática de caráter permanente será julgado, nas infrações penais comuns, pelo Supremo Tribunal Federal (CF, art. 102, I, *c*). Assim, se o embaixador brasileiro no Canadá cometer um crime, ele não será julgado pela justiça canadense, mas será trazido ao Brasil para que aqui seja julgado pelo STF.

Os chefes de Estados estrangeiros e os membros de sua comitiva também estão acobertados pela imunidade diplomática, assim como os membros de organismos internacionais (ONU, OEA etc.). Chefe de Estado é o representante de um dado país nas suas relações internacionais; já a chefia de governo é a representação interna e política do país. Num sistema presidencialista, o presidente exerce ambas as chefias (o presidente dos EUA, por exemplo, é seu representante fora e dentro do país); já num sistema parlamentarista, a chefia de Estado é exercida pelo presidente ou pelo monarca, enquanto a chefia de governo é exercida pelo primeiro ministro (como se dá na Inglaterra, por exemplo).

O **cônsul** (conforme a Convenção Consular), por outro lado, possui imunidade penal relativa, referindo-se tão somente aos atos consulares praticados (art. 43.1). Poderão ser presos em caso de "crimes graves" (art. 41.1) e também poderão prestar depoimento como testemunha, sendo-lhes facultado recusar (art. 44). Ainda, o Estado acreditante (de origem) pode renunciar à imunidade penal, prisional e de garantias de depoimento (art. 45. 1), sendo irrenunciável pelo próprio cônsul. No mais, a família do cônsul também tem imunidade (art. 53.2).

Como visto, quanto à punibilidade do cônsul, o delito praticado deve guardar relação com as atividades exercidas. O Supremo Tribunal Federal (HC nº 81.158/RJ, rel. Min. Ilmar Galvão, j. 14.15.02) afastou a aplicação da Convenção de Viena e permitiu o processamento do então Cônsul de Israel no Rio de Janeiro, que era investigado por crimes sexuais, justamente porque tais delitos não guardavam relação alguma com as atividades do cargo.

Outro caso, agora julgado pelo Superior Tribunal de Justiça, tratou da renúncia à imunidade do então Cônsul de El Salvador na Bahia, acusado de falsidade ideológica e descaminho. O salvadorenho havia impetrado "habeas corpus" na Corte alegando sua imunidade consular – todavia, El Salvador acabou renunciando à imunidade do seu cônsul, de forma que o remédio heroico acabou sendo denegado e o agente pôde ser processado normalmente no Brasil (HC nº 149.481/DF, rel. Min. Haroldo Rodrigues, j. 19.10.10).

Em suma:

Imunidade do diplomata	Imunidade do cônsul
– É absoluta, aplicável a qualquer delito, seja ou não no exercício das funções. – Não pode ser preso e nem sofrer qualquer medida detentiva. – Não poderá ser chamado a depor como testemunha. – Suas imunidades são extensíveis à sua família, desde que com ele viva e que não seja nacional do Estado acreditado. – O Estado acreditante pode renunciar à imunidade (mas o próprio agente, não)	– É relativa, relacionada apenas aos atos praticados na função consular. – Podem ser presos preventivamente por crimes graves. – Podem prestar depoimento como testemunha, mas podem se recusar a tanto. – É possível a renúncia pelo Estado que envia seu cônsul, relativas à imunidade processual, prisional e de depoimento (mas o próprio agente, não).

1.3. LEI PROCESSUAL NO TEMPO

Nos termos do art. 2º do CPP, a lei processual penal será aplicada desde logo (imediatamente), sem prejuízo da validade dos atos realizados sob a vigência de lei anterior.

Vige, portanto, em nossa legislação, o princípio ***tempus regit actum***, ou seja, o tempo rege o ato. É a regra. A lei, uma vez publicada, produzirá efeitos para o futuro (*ex nunc*). Os atos anteriormente praticados, desde que válidos (de acordo com as normas então vigentes), estarão preservados.

Como o ordenamento jurídico não é estanque, é possível que ocorra o conflito de leis processuais no tempo em razão do surgimento de nova lei processual. Disso, então, surgirá um conflito de leis no tempo.

Buscando solucionar eventual impasse, três sistemas surgem:

i) **unidade**: a lei vigente no início no processo irá regulá-lo até o seu fim, ainda que nova legislação surja no decurso do processo;

ii) **fases do processo**: a lei vigente regulará a fase onde o processo se encontra. Divide-se o processo em três fases: (a) postulatória, (b) instrutória e (c) decisória. Iniciada a fase postulatória, por exemplo, a lei vigente irá incidir até o seu fim, ainda que nova lei surja no caminho do processo; encerrada esta fase e havendo lei nova vigente, passa-se a aplicar a novel lei em relação à próxima fase, instrutória.

iii) **isolamento dos atos do processo (*tempus regit actum*)**: a lei será aplicada unicamente em relação ao ato processual; uma vez praticado este, a nova lei processual já poderá ter incidência sobre os atos futuros. É o sistema **adotado no Brasil**.

Esse princípio do *tempus regit actum* gera dois efeitos importantes: **(a)** os atos processuais realizados sob o amparo da lei anterior são considerados totalmente válidos e **(b)** as normas processuais têm aplicação imediata, regulando o desenvolvimento dos demais atos do processo, respeitados o ato jurídico perfeito, a coisa julgada e o direito adquirido.

Como regra, então, afirma-se que a lei processual penal não retroage, nem mesmo para beneficiar o acusado (ao contrário do que ocorre com o Direito Penal, nos termos do art. 5º, XL, CF).

Desta feita, quanto à norma puramente processual, não há que se falar em retroatividade: ela não atingirá atos processuais já praticados e regerá os atos futuros (STF, HC nº 109.295/SP, rel. Min. Ricardo Lewandowski, j. 14.02.12), ou seja, "nos termos do art. 2º do Código de Processo Penal, a lei adjetiva penal tem eficácia imediata, preservando-se os atos praticados anteriormente à sua vigência, isso porque vigora, no processo penal, o princípio 'tempus regit actum' segundo o qual são plenamente válidos os atos processuais praticados sob a vigência de lei anterior, uma vez que as normas processuais penais não possuem efeito retroativo" (STF, AgRg no AI nº 853.545/PB, rel. Min, Ricardo Lewandowski, j. 26.02.13).

Todavia, a Lei de Introdução ao Código de Processo Penal – Decreto-lei nº 3.931/41 – traz algumas situações específicas acerca da aplicação da norma processual no tempo. Assim:

(1) o prazo já iniciado, inclusive o estabelecido para a interposição de recurso, será regulado pela lei anterior, se esta não prescrever prazo menor do que o fixado no Código de Processo Penal (art. 3º). Ex.: na lei nº 1, o prazo para recorrer é de 10 dias; no curso do prazo recursal, sobrevém a lei nº 2, dispondo que o prazo, agora, é menor, de 5 dias – nesse caso, o prazo a ser aplicado é o da lei anterior, de dez dias. Interpretando-se o dispositivo, fica claro que, se a nova lei trouxer prazo maior durante o curso do prazo vigente, aplicar-se-á esta nova lei. Garantir-se-á, com isso, o maior prazo.

(2) já tendo sido interposto recurso, as condições de admissibilidade, a forma e o julgamento serão regulados pela lei anterior (art. 11). Assim, se já interposto um recurso, o juízo de admissibilidade e o julgamento terão como base a lei anterior, vigente quando da *interposição*.

(3) as ações penais, em que já se tenha iniciado a produção de prova testemunhal, prosseguirão, até a sentença de primeira instância, com o rito estabelecido na lei anterior (art. 6º).

Outro dispositivo legal sobre a aplicação da lei processual está na Lei nº 9.099/95 (Juizados Especiais), que, em seu art. 91, assim dispôs: "nos casos em que esta Lei passa a exigir representação para a propositura da ação penal pública, o ofendido ou seu representante legal será intimado para oferecê-la no prazo de trinta dias, sob pena de decadência". Trata-se de uma **norma de transição**, necessária porque, anteriormente à sua vigência, os crimes de lesão corporal leve e culposa (art. 129, "caput", e § 6º, CP) não dependiam de representação; todavia, com o advento da novel legislação dos Juizados Especiais, a representação passou a ser exigida, e a solução trazida foi a seguinte: o ofendido ou seu representante será intimado para oferecer a representação – agora exigida – em até trinta dias, sob pena de decadência (esse prazo é especial em relação à regra dos seis meses para representação, como será estudado no momento oportuno).

1.3.1. Lei processual híbrida

Além das previsões legais acima colocadas, doutrina e jurisprudência trazem situações relativas à aplicação do Código de Processo Penal no tempo.

Exemplo disso é a chamada **norma processual mista/híbrida** (ou norma processual material), isto é, a norma que possui conteúdo tanto processual quanto penal.

A norma material (de Direito Penal) pode tratar, por exemplo, de pena, de crimes em espécie, de extinção da punibilidade etc.; por outro lado, a norma de direito instrumental (de Direito Processual Penal) pode tratar de investigação, recursos, procedimentos, provas etc.

O Poder Legislativo, todavia, na sua atividade legiferante, pode editar uma lei que tenha conteúdo penal *e* processual penal. Exemplo disso ocorreu com a Lei nº 9.271/96, que tratou do art. 366, CPP. Diz a norma que, se o acusado, citado por edital, não comparecer ao processo e nem constituir advogado, ficarão suspensos o processo (norma processual) e o curso da prescrição (norma material).

Entendem a doutrina e a jurisprudência que, se a norma tiver conteúdo misto, ela poderá ter extratividade (ultrativa ou retroativa), dependendo da situação concreta.

No caso do art. 366, CPP, percebe-se que a norma que suspende a prescrição não é benéfica ao acusado, pois isso significa conceder mais tempo para o Estado exercer seu direito de punir, ou seja, mais tempo para buscar a condenação. Assim, se ao tempo do início da vigência da Lei nº 9.271/96 havia processo em curso, ela não terá incidência imediata, pois, embora altere o Código de Processo Penal, ela possui conteúdo material prejudicial ao acusado – e ela somente terá aplicação a fatos criminosos cometidos após o início de sua vigência (STF, RHC nº 105.730/RJ, rel. Min. Teori Zavascki, j. 22.04.14; e STJ, HC nº 239.852/RO, rel. Min. Laurita Vaz, j. 20.03.14).

Assim, é preciso localizar o conteúdo material da norma processual e, com isso, aplicar uma das seguintes possibilidades:

a) se o conteúdo material da norma processual é **benéfico** ao agente, ele pode retroagir (para alcançar fatos passados, anteriores ao início da sua vigência) e pode também ser ultrativo (para regular fatos ocorridos na sua vigência, mesmo após a sua revogação).

b) se o conteúdo material da norma processual é **maléfico** ao agente, não há extratividade, isto é, não terá retroatividade e nem ultratividade, aplicando-se imediatamente aos processos futuros apenas.

É importante enfatizar que **não se admite a cisão da norma** (STJ, RMS nº 113.376/RJ, rel. Min. Laurita Vaz, j. 02.06.05), isto é, veda-se a aplicação apenas do conteúdo material e a não aplicação do conteúdo processual (ou vice-versa).

Esclareça-se que a lei processual não regula o *fato criminoso*, mas apenas o instrumento de aplicação da lei material, que é o processo. Toda lei que se relaciona, de alguma forma, com o direito de punir (*jus puniendi)*, reforçando ou reduzindo os direitos penais subjetivos do acusado, deve ser considerada lei penal material, ainda que prevista, por exemplo, em diplomas legais que, aparentemente, regulem apenas matérias processuais (ex.: a perempção vem prevista no art. 60 do CPP, mas, por se tratar de causa extintiva da punibilidade, tem natureza penal).

A título de reforço, há posicionamentos da doutrina e jurisprudência no sentido de que, se uma norma processual penal regular direitos e garantias individuais constitucionais, como, por exemplo, alteração das regras da liberdade provisória ou fiança (art. 5º, LXVI, CF), ela será considerada norma processual penal material, aplicando-se a retroatividade benéfica. Exemplo concreto está no art. 2º da LICPP, que assim dispõe: à prisão preventiva e à fiança aplicar-se-ão os dispositivos que forem mais favoráveis (Nucci, 2016).

Uma outra classificação de normas processuais traz o conceito de **normas heterotópicas**. Isso significa que há normas *puramente* penais dentro de uma norma processual e que há normas *puramente* processuais dentro de uma norma penal. Assim, deve-se analisar o **conteúdo** da norma em si – e não o corpo em que está inserida –, aplicando-se as consequências disso (*tempus regit actum* ou retroatividade). Ex.: o direito ao silêncio (art. 186, CPP) é norma puramente penal, mas inserida no corpo do CPP.

No mais, prevalece o entendimento de que normas relativas à execução penal possuem conteúdo material, podendo ter extratividade (STJ, HC nº 100.277/RJ, rel. Min. Celso Limongi, j. 20.10.09).

Alguns exemplos pontuais, que serão vistos ao longo da obra:

Lei nº 11.719/08 – o art. 362, CPP, passou a permitir a citação por hora certa. A aplicação da norma – puramente processual – será imediata.

Lei nº 11.689/08 – revogou o protesto por novo júri (arts. 607/608, CPP), de forma que, ainda que cometido o delito antes do início da vigência da novel norma, o réu não poderá protestar por um novo júri (HC 226.578/SP, rel. Min. Maria Thereza de Assis Moura, j. 20.03.14). Norma puramente processual.

Lei nº 11.340/06 – o art. 20 criou a prisão preventiva como meio para garantir a execução de medida protetiva de urgência. O réu, em processo em curso quando do início da vigência da referida lei, poderá ser preso preventivamente. Trata-se de norma processual.

Lei nº 12.403/11 – se um agente estava preso preventivamente quando do início da vigência da norma (04.07.11) por ter cometido, p. ex., furto simples (CP, art. 155), essa prisão se tornou ilegal, diante do não preenchimento dos requisitos do art. 313, I, CPP.

Em suma:

a) aplicação imediata da lei puramente processual penal: *tempus regit actum* (regra da irretroatividade).

b) lei processual penal material (mista ou híbrida): retroatividade benéfica ou irretroatividade prejudicial – art. 5º, XL, CF.

Normas processuais penais puras	Aplica-se a regra "tempus regit actum", de incidência imediata e consoante a teoria do isolamento dos atos processuais (art. 2º, CPP).
Normas materiais penais puras	Aplicam-se as regras de extratividade: retroatividade ou ultratividade (art. 2º, "caput", e p.ú., CP)
Normas processuais penais materiais (mistas ou híbridas)	A norma possui dois conteúdos, sendo um processual e um outro penal (ex.: art. 366, CPP). Majoritariamente, entende-se que não haverá a cisão da norma e aplica-se a regra das normas materiais penais puras de forma total.
Normas heterotópicas	São regras penais dentro de um corpo processual ou norma processual dentro de um corpo penal. Analisa-se o conteúdo em si, independentemente do diploma onde está inserida: se conteúdo penal, aplicam-se as regras das normas materiais; se conteúdo instrumental, as regras processuais.

1.4. INTERPRETAÇÃO DA LEI PROCESSUAL PENAL

Interpretar é buscar o sentido da norma, o seu significado e alcance. As leis, como são gerais e abstratas, precisam passar por interpretação para que delas se extraiam seus significados. Todas as normas, por mais claras que sejam, precisam de interpretação – até porque, o simples ato de buscar aplicar uma norma a um fato concreto já é um ato de interpretação.

Consoante clássica lição de Carlos Maximiliano, "interpretar é explicar, esclarecer, dar o significado de vocábulo, atitude ou gesto; reproduzir por palavras um pensamento exteriorizado; mostrar o sentido verdadeiro de uma expressão; extrair, de frase, sentença ou norma, tudo o que na mesma se contém (...). Interpretar uma expressão do Direito não é simplesmente tornar claro o respectivo dizer, abstratamente falando; é, sobretudo, revelar o sentido apropriado para a vida real, e conducente a uma decisão reta (...)" (Hermenêutica, 2003, p. 7-8).

A doutrina traz diversas classificações de interpretação:

→ **Quanto à origem** – isto é, quem interpreta:

a) Autêntica/legislativa: a própria lei, em algum dispositivo seu, traz uma interpretação. Ex.: os conceitos de flagrante trazidos pelos arts. 302 e 303, CPP.

b) Doutrinária/científica: feita pelos estudiosos, autores e professores. Ex.: exposição de motivos de uma lei ou a publicação de livros e artigos jurídicos.

c) Jurisprudencial: feita pelos tribunais e juízes nos julgamentos em que atuam. Ex.: sentenças e acórdãos.

→ **Quanto ao modo** – isto é, a forma aplicada para se interpretar.

a) Gramatical: considera o sentido literal, a letra fria da lei. É o método mais simples, devendo ser evitado.

b) Teleológica: visa buscar os fins/objetivos da norma.

c) Histórica: considera o momento histórico da publicação da lei, os debates realizados, a situação social, econômica e política da época etc.

d) Sistemática: busca o significado da norma relacionando-a dentro de outros dispositivos do ordenamento jurídico.

e) Teleológica-sistemática: busca "compor o sentido de determinada norma em comparação com as demais que compõem o sistema jurídico no qual está inserida" (Nucci, Manual, 2008, p. 128).

→ **Quanto ao resultado** – ou seja, o que o intérprete alcança:

a) Declarativa: o resultado alcançado com a interpretação é aquele contido na lei.

b) Restritiva: conclui-se que o legislador *escreveu mais* do que pretendia, de forma que *a interpretação deverá restringir* o seu alcance.

c) Extensiva: entende-se que o legislador *escreveu menos* do que queria, de modo que *a interpretação deverá ampliar* o seu alcance a fatos não abarcados pela norma.

d) Adaptativa (progressiva ou evolutiva): objetiva englobar novas concepções sociais à lei que se está interpretando. Ex.: art. 582, CPP, que fala em "Tribunal de Apelação", mas, hoje, deve ser lido como TJ e TRF.

1.5. APLICAÇÃO DA LEI PROCESSUAL PENAL

Ao se interpretar uma lei, pode o sujeito chegar à conclusão da existência de uma lacuna, um *vazio normativo* – até porque, é impossível ao legislador tratar sobre todas as possíveis e imagináveis situações da vida em sociedade.

Havia época em que, diante da falta de norma, o juiz aplicava o *non liquet* (algo como "não está claro", em latim) e simplesmente não julgava. Hoje, todavia, isso é inadmissível, haja vista que a lei não excluirá da apreciação do Poder Judiciário lesão ou ameaça a direito (art. 5º, XXXV, CF) – princípio da indeclinabilidade.

A lei, em si, pode até ter alguma lacuna, mas nunca o ordenamento jurídico como um todo. Então, não havendo uma norma a ser aplicada, o juiz deve realizar a sua integração, podendo utilizar a analogia e os princípios gerais do Direito.

1.5.1. Analogia

Inexistindo lei em relação a uma dada hipótese, permite-se a aplicação de norma semelhante (como se uma norma fosse criada). É empregar uma norma processual a um fato por ela não abrangido, de modo a se aplicar o mesmo direito onde houver a mesma razão. Trata-se de forma de autointegração da norma – e não de uma interpretação literal.

A analogia pode ser (a) *legis*, quando se busca a solução em alguma lei ou (b) *iuris*, quando a solução é encontrada nos princípios jurídicos.

Em matéria de **Direito Penal**, a analogia só é possível em benefício do acusado (*in bonam partem*); em matéria de **Direito Processual Penal**, é possível a analogia ainda que isso venha a prejudicar o acusado (*in malam partem*) – atentando-se, apenas, à sua não aplicação quando gerar restrição a direitos/garantias constitucionais.

Exemplo: o art. 7º, XXI, EOAB, prevê que é direito do *advogado* assistir a seus clientes investigados em inquérito policial, podendo apresentar razões e quesitos – é sabido que os defensores públicos não se sujeitam inteiramente ao EOAB, mas às suas próprias leis (STJ, HC nº 61.848/PA, rel. Min. Felix Fischer, j. 04.08.16); todavia, por analogia, é possível aplicar a disposição do EOAB aos *defensores públicos*, beneficiando os investigados e colocando-os em igualdade, sejam eles assistidos por advogados privados ou por defensores públicos. Exemplo disso é que os defensores públicos não precisam de inscrição da OAB para atuar, embora alguns direitos previstos no EOAB lhes sejam garantidos, como a inviolabilidade de atos e manifestações, do art. 2º, § 3º (STJ, REsp nº 1.710.155/CE, rel. Min. Herman Benjamin, j. 01.03.18).

1.5.2. Interpretação analógica

O art. 3º, CPP, dispõe que a lei processual penal admitirá a interpretação extensiva e a aplicação analógica.

A analogia não se confunde com a **interpretação analógica**. Esta não é forma de integração, mas verdadeira *interpretação* da norma. Existirá quando, dentro da própria norma a ser interpretada, o legislador estabelecer uma fórmula genérica que permita abrir um leque de possibilidades, dentro, claro, do seu objetivo – ainda que isso seja prejudicial ao acusado.

Exemplo: o art. 6º, IX, CPP, ao dispor que o delegado, quando tomar conhecimento de um delito, deverá averiguar a vida pregressa do indiciado sob o ponto de vista individual, familiar e social, sua condição econômica, sua atitude e seu estado de ânimo *e quaisquer outros elementos que contribuírem para a apreciação de seu temperamento e caráter*. Vê-se que a lei traz elementos por ela já sabidos e queridos, mas coloca uma expressão – aberta – que permite uma interpretação analógica, dentro do próprio texto legal. Logo, caberá à autoridade policial interpretar, no caso concreto, quais serão os elementos que contribuirão para a apreciação do temperamento e do caráter do investigado.

1.5.3. Interpretação extensiva

Admitida expressamente pelo art. 3º, CPP, significa que a lei disse menos do que almejava, de modo que o intérprete deverá, ao decodificar a norma, estender o seu alcance.

Típico exemplo trazido pela doutrina é a interpretação do art. 581, CPP, referente ao cabimento do recurso em sentido estrito. Há casos que comportam este recurso, apesar de a lei, em seu rol taxativo, assim não dispor expressamente, embora existam situações equivalentes ali previstas.

Exemplo: caberá recurso em sentido estrito para os casos de não recebimento da *inicial acusatória* (art. 581, I, CPP), mas a lei nada dispôs acerca do não recebimento do seu *aditamento*. Tratou-se, na verdade, de um "esquecimento involuntário" do legislador, que pode ser solucionado por meio da interpretação extensiva.

1.5.4. Aplicação subsidiária de outras normas

Além da distinção feita entre analogia, interpretação analógica e interpretação extensiva, é preciso analisar a possibilidade de aplicação supletiva e/ou subsidiária do Código de Processo Civil ao processo criminal.

Estabelece o art. 15, CPC, que "na ausência de normas que regulem processos eleitorais, trabalhistas ou administrativos, as disposições deste Código lhes serão aplicadas supletiva e subsidiariamente". Vê-se que não é mencionado o processo penal, mas apenas o eleitoral, o trabalhista e o administrativo. Todavia, a melhor interpretação (por mais redundante que seja falar em interpretação de norma interpretativa) é no sentido de que não há razão para se vedar a aplicação subsidiária do CPC ao CPP, até em razão do próprio art. 3º do

CPP, que dispõe que "a lei processual penal admitirá interpretação extensiva e aplicação analógica, bem como o suplemento dos princípios gerais de direito".

Consoante Renato Brasileiro de Lima, houve uma omissão involuntária do legislador quando da elaboração do Código de Processo Civil de 2015, que deve ser suprida pela interpretação extensiva para fins de ser reconhecida a possibilidade de aplicação **supletiva** (onde inexistir normas) e **subsidiária** (para auxiliar uma norma existente) do CPC ao CPP (Código, 2017).

Neste sentido, inclusive, o Conselho da Justiça Federal, na 1ª Jornada de Direito Processual Civil, realizada em agosto de 2017, editou o enunciado nº 3, dispondo que "as disposições do CPC aplicam-se supletiva e subsidiariamente ao Código de Processo Penal, no que não forem incompatíveis com esta lei". Logo, corroborando o explicado, aplica-se o CPC supletiva e subsidiariamente ao CPP, respeitados os princípios deste. Assim, por exemplo, mesmo que o CPC preveja a contagem de prazo em dias úteis (art. 219), isso não será aplicado ao processo penal, que contém regra específica e explícita sobre o tema (art. 798, § 3º).

Situação moderna que admite a aplicação das normas do Processo Civil ao Processo Penal diz respeito à fixação de astreinte (arts. 536 e 537, CPC) a fim de que terceiro cumpra uma ordem judicial, de modo a garantir a efetividade das decisões oriundas do processo criminal, sob pena de multa (STJ, REsp nº 1.568.445/PR, rel. p/ ac. Min. Ribeiro Dantas, j. 24.06.20; AgRg no RMS nº 54.038/RS, rel. Min. João Otávio de Noronha, j. 17.11.20). Aplica-se, além das normas do Processo Civil, o poder geral de cautela e a teoria dos poderes implícitos. Ex.: juiz criminal fixa que uma empresa telefônica forneça os dados cadastrais de determinados números, no prazo de dez dias, sob pena de multa de R$ 1 mil/dia.

Em suma:

Analogia	Interpretação analógica	Interpretação extensiva
É fonte do Direito, meio de integração da norma, em que, inexistindo norma sobre o assunto, aplicar-se-á norma semelhante. Possível "in malam partem" (prejudicial ao acusado).	Dentro da própria norma, o legislador traz uma fórmula genérica que permite trazer outras interpretações possíveis. Possível "in malam partem" (prejudicial ao acusado).	O legislador disse menos do que queria, devendo a interpretação ampliar o alcance da norma interpretada.

1.5.5. Princípios gerais do Direito

A expressão é bastante ampla, exigindo-se uma cautelosa conceituação.

Conforme a doutrina de Sílvio de Salvo Venosa (Introdução, 2016), é por meio do princípio geral de Direito que o intérprete investiga o pensamento da cultura jurídica universal, buscando uma orientação geral acerca do pensamento jurídico.

Os princípios gerais do Direito são, pois, afirmações genéricas que orientam a compreensão do ordenamento jurídico, seja para sua interpretação, aplicação, integração ou criação de novas normas (Reale, Lições, 2002). São, portanto, os preceitos essenciais que fundamentam o Direito (Garcia, 2015).

1.6. FONTES

É o "local" de onde provém o Direito.

Dividem-se em: (a) fontes materiais e (b) fontes formais.

1.6.1. Fontes materiais ou de produção

É a fonte que elabora, que cria o Direito, isto é, refere-se à competência para legislar sobre Direito Processual Penal, que, no Brasil, é exclusiva da **União** (art. 22, I, CF).

Ressalta-se que *lei complementar federal* pode autorizar os Estados a legislar sobre processo penal, mas apenas sobre questões específicas de interesse local (p.ú.). Ademais, a Constituição Federal veda a edição de medida provisória tratando de Direito Penal e Processual Penal (art. 62, § 1º, I, *b*).

É concorrente, entre União, Estados e Distrito Federal, a competência para legislar sobre *procedimento processual* (art. 24, IX, CF), assim como sobre Juizados Especiais e Direito Penitenciário (arts. 24, X, e 98, I, CF).

Compete ao Estado legislar, nos termos da sua Constituição Estadual, sobre organização judiciária e custas dos serviços forenses (art. 24, IV, CF).

Assim:

União	Processo Penal; LC poderá autorizar Estados a legislar questões específicas de interesse local; é vedada edição de medida provisória.
U/E/DF	Procedimento processual; Juizado Especial; e Direito Penitenciário.
Estado	Organização judiciária e custas.

O Supremo Tribunal Federal julgou ser **inconstitucional** lei estadual que permitia ao *delegado de polícia* ajustar com o juiz a data, horário e local que aquele seria ouvido como testemunha em processos e inquéritos, pois a persecução penal (do inquérito à ação penal) é dotada de natureza processual, e não meramente procedimental, cuja competência para legislar é privativa da União (ADI nº 3.896/SE, rel. Min. Cármen Lúcia, j. 04.06.08).

Ainda, a Suprema Corte entendeu ser **constitucional** a criação de Varas Especializadas pela legislação estadual, pois trata-se de tema local de organização judiciária (ADI nº 1.218/RO, rel. Min. Maurício Corrêa, j. 05.09.02), embora seja **inconstitucional** essa legislação tratar sobre prevalência entre juízos, que é tema processual de competência da União (ADI nº 4.414/AL, rel. Min. Luiz Fux, j. 31.05.12).

No mais, é **constitucional** lei estadual prevendo que, no caso de crime doloso contra a vida no contexto de violência doméstica contra a mulher, a primeira fase do júri seja em Vara Especializada de Violência Doméstica e a segunda fase seja no tribunal do júri, pois apenas o julgamento em si, pelo conselho de sentença, é que é competência exclusiva do júri (STF, HC nº 102.150/SC, rel. Min. Teori Zavascki, j. 27.05.14).

1.6.2. Fontes formais ou de cognição

Revelam e expressam o Direito.

De forma **imediata** (direta), são as leis em sentido amplo (leis e Constituição Federal), os tratados internacionais e as súmulas vinculantes (diante de seu caráter obrigatório, comportando reclamação ao STF no caso de descumprimento).

O Código de Processo Penal é considerado a norma primária do Processo Penal; outras normas extravagantes, também relevantes à matéria, são consideradas secundárias, como a Lei nº 9.099/95 (Juizados Especiais), a Lei nº 7.210/84 (Execução Penal), dentre outras.

De forma **mediata** (indireta ou supletiva), são a analogia, os costumes e os princípios gerais do Direito. Analogia e princípios gerais do Direito foram vistos acima.

Os costumes são normas comportamentais que, em razão de seu uso constante e uniforme pelas pessoas, criam a ideia de obrigatoriedade. Isso difere do simples hábito, que não traz a consciência de obrigatoriedade. O costume pode ser:

a) *secundum legem*: corrobora/confirma o conteúdo da lei;

b) *contra legem*: contraria a lei (embora não possa revogá-la);

c) *praeter legem*: preenche alguma lacuna da lei.

Vale ressaltar que há autores sustentando que a doutrina, a jurisprudência e o Direito Comparado também são fontes mediatas – todavia, não deixam de ser formas de interpretação das normas.

Em suma:

Fontes materiais	Competência da União: – Produção de leis processuais penais
	Competência do Estado: – Mediante LC da União – Custas e serviços forenses – Juizados Especiais – Direito Penitenciário – Procedimentos
Fontes formais	– Leis em sentido amplo – Costumes – Analogia – Princípios gerais do Direito

1.7. SISTEMAS PROCESSUAIS

Um *sistema* é um conjunto de elementos (norma-regra e norma-princípio) que será aplicado ao processo criminal quando alguém infringir a lei penal.

São três os principais sistemas processuais penais: (a) inquisitivo; (b) acusatório; e (c) misto.

1.7.1. Sistema inquisitivo

Também chamado de inquisitorial, foi o sistema que predominou na Europa do século XIII até meados do século XVIII. Em razão das características absolutistas da época, tinha-se, obviamente, a centralização dos poderes do Estado numa só pessoa, que era o Soberano, que legislava, administrava e exercia jurisdição.

É salutar associar o *sistema inquisitivo* à *Inquisição*, também chamada de Santo Ofício, que foi o tribunal católico que investigava e julgava sumariamente os hereges e os feiticeiros, que eram pessoas que não respeitavam as crenças católicas e que, por isso, cometiam crimes contra a fé (Direito Canônico).

Este sistema tem como principal característica a reunião, em um só órgão ou pessoa, das atividades de acusar, defender e julgar, exercidas pelo chamado *juiz inquisidor*. Por esta razão, embora escrito, não se falava em publicidade dos atos processuais, nem em contraditório e nem em ampla defesa. Como o próprio juiz acusava e julgava, ele mesmo poderia dar início a um processo criminal, o que, obviamente, feria a sua imparcialidade.

Como o processo penal era inquisitivo – sem contraditório e sem ampla defesa – o acusado permanecia, no mais das vezes, preso preventivamente até o fim do seu processo, até porque, a culpa era presumida. Sua atividade probatória era ínfima (ou melhor, inexistente), já que o julgador tinha ampla iniciativa na colheita de provas, seja no curso das investigações ou do processo em si. O valor da prova, inclusive, já era preestabelecido em lei, adotando-se o sistema da prova legal/tarifada.

Sendo a inquisitoriedade a sua principal característica, o juiz buscava, de qualquer forma, a reprodução exata de como o fato criminoso ocorreu, valendo-se, para isso, de todo meio de prova. A todo custo, buscava-se a reconstrução histórica exata dos fatos, o que, para este sistema, era absolutamente possível. Exemplo disso era que o acusado, como era mero objeto de investigação – e não um sujeito de direitos – podia ser torturado ou ser submetido a toda sorte de provas para que o juiz inquisidor pudesse alcançar a desejada "verdade".

Em suma, são características do sistema inquisitivo:

- » Surgiu no século XIII, na Europa, por meio da Igreja Católica, sendo rigoroso
- » As funções de acusar, defender e julgar são concentradas numa pessoa
- » O juiz inquisidor é parcial, buscando obter a verdade absoluta a qualquer custo
- » A prova já possuía valor preestabelecido em lei (prova tarifada/legal)
- » A verdade dos fatos pode ser obtida de qualquer modo, inclusive pela tortura
- » O juiz possui a gestão total da prova, atuando na investigação e no processo
- » O processo era sigiloso, sem contraditório e sem ampla defesa
- » O acusado não tinha direitos, sendo mero objeto do processo

É possível afirmar que o sistema inquisitivo é severo, secreto, que busca a verdade acima de tudo, mesmo que, para isso, tenha que ferir direitos e garantias da pessoa. Não há contraditório, estando todas as funções do processo – acusar, julgar e defender – reunidas numa só pessoa, o inquisidor, sendo o acusado um mero objeto de investigação e de processo, sem direitos. Em razão dessas características, tal modelo é totalmente incompatível com a Constituição Federal de 1988.

1.7.2. Sistema acusatório

Foi o sistema que surgiu para substituir o arbítrio e a vingança privada, vigorando durante a antiguidade (Grécia e Roma) e até meados do século XIII, quando foi substituído pela sistemática inquisitiva, analisada acima. Assim, numa linha do tempo, havia o sistema da vingança privada, que foi substituído pelo sistema acusatório, que, após o seu declínio, foi substituído pelo sistema inquisitivo. Com a evolução humana, o sistema inquisitivo deixou de existir, dando espaço às ideias do sistema acusatório novamente.

Em razão do largo espaço de tempo entre o seu surgimento e os dias atuais, muitas das características do sistema acusatório foram atualizadas e adaptadas para o mundo contemporâneo. Então, por exemplo, classicamente, o papel do julgador era sempre exercido por um tribunal popular, o que, hoje, acontece excepcionalmente em alguns crimes apenas, como ocorre no Brasil em relação ao tribunal do júri. Diz-se que o sistema acusatório mais puro/tradicional ainda existe, em tese, no processo penal inglês.

De qualquer forma, a principal característica do sistema acusatório é a participação de partes distintas no processo, existindo quem acuse, quem seja acusado e quem julgue. Assim, há a perfeita divisão de papéis, reconhecida como *actum trium personarum*.

Vigora neste sistema a igualdade entre as partes (acusação e acusado), que atuam em contraditório e com direito à ampla defesa, existindo a presunção de não culpabilidade do acusado, a publicidade dos atos processuais e a inércia do juiz, que tem o papel exclusivo de julgador, não tendo iniciativa processual, resguardando a sua imparcialidade. A prisão provisória é exceção, sendo a liberdade a regra. O processo é público e oral, sendo o sigilo a exceção, que será fundamentado quando o caso.

Embora o juiz não tenha iniciativa probatória, ele tem a capacidade instrutória, que é de gestor do processo, subsidiando as provas de forma excepcional. Ele busca aplicar corretamente as regras jurídicas ao processo, evitando abusos e protegendo direitos das partes. O juiz não substituirá as partes na produção das provas (mas não ficará proibido, podendo agir subsidiariamente).

Na lição de Luigi Ferrajoli, "pode-se chamar *acusatório* todo sistema processual que tem o juiz como um sujeito passivo rigidamente separado das partes e o julgamento como um debate paritário, iniciado pela acusação, à qual compete o ônus da prova, desenvolvida com a defesa mediante um contraditório público e oral e solucionado pelo juiz, com base em sua livre convicção. Inversamente, chamarei *inquisitório* todo sistema processual em que o juiz procede de ofício à procura, à colheita e à avaliação das provas, produzindo um julgamento após uma instrução escrita e secreta, na qual são excluídos ou limitados o contraditório e os direitos da defesa" (Direito, 2002, p. 452).

Em suma, são características do sistema acusatório:

» Surgiu na Antiguidade, vigorando até meados do século XIII, e retornando depois
» As funções de acusar, defender e julgar são distribuídas entre pessoas distintas
» O juiz é imparcial, não tendo poderes para iniciar um processo de ofício
» O início do processo depende de requerimento do órgão acusador
» A prova é analisada conforme o livre convencimento do julgador
» Vige a igualdade entre as partes do processo, com presunção de inocência
» As partes possuem a gestão da prova, atuando o juiz supletivamente apenas
» O processo é público, oral e com contraditório e com ampla defesa
» O acusado tem direitos e garantias, sempre sob a proteção do juiz

1.7.3. Sistema misto

Chamado também de "acusatório formal" ou "sistema francês", surgiu na França, em 1808, da fusão dos dois sistemas anteriores, com origem no *Code d'Instruction Criminelle*, publicado por Napoleão Bonaparte.

Nele, o processo tinha duas fases claras:

1) a instrução preliminar, que era secreta e escrita, a cargo de um juiz com poder inquisitivo, com o objetivo de averiguar a autoria e a materialidade do delito imputado;

2) a fase de contraditório, pública e oral, onde o acusado exercia seus direitos, inclusive a ampla defesa, respondendo formalmente à imputação feita por um órgão acusatório.

Nucci, minoritariamente, entende que o Brasil adota o sistema misto, pois, na fase de investigação, há um agente estatal atuando com todos os requisitos do sistema inquisitivo e, somente depois, na ação penal, é que vigorariam as garantias constitucionais do sistema acusatório (Manual, 2016).

Em suma, são características do sistema misto:

» Surgiu na França, em 1808, pelo *Code d'Instruction Criminelle*
» Era subdividido em duas fases: (i) instrução e (ii) contraditório
» A primeira fase era secreta e escrita, averiguando autoria e materialidade
» A segunda fase era pública e oral, com contraditório e ampla defesa

Conforme Brasileiro de Lima, quando o Código de Processo Penal entrou em vigor, chegou-se a sustentar que o sistema misto era o adotado, pois a fase inicial de investigação era inquisitorial, mas, iniciado o processo, a fase tinha notas acusatórias. No entanto, com o advento da Constituição Federal de 1988, que prevê a separação das funções de acusar, defender e julgar, assegurando-se o contraditório e a ampla defesa, não há como sustentar a adoção do sistema francês no Brasil (Curso, 2013). Guilherme de Souza Nucci critica tal entendimento, afirmando que quem sustenta a existência, no Brasil, do sistema acusatório esbarra em "patente equívoco", pois a adoção de princípios acusatórios previstos na Constituição Federal não significa a adoção de um sistema calcado no modelo acusatório (Manual, 2016, p. 109).

1.7.4. Qual é o sistema adotado pelo Brasil?

Este é um tema de grande discussão no Processo Penal.

Analisando as características acima colocadas referentes aos sistemas inquisitivo, acusatório e misto, é fácil perceber que o sistema brasileiro não se "encaixa" perfeitamente em nenhum deles, ainda mais considerando a evolução histórica do ordenamento jurídico em relação à época em que referidos sistemas surgiram.

Para se ter ideia – e isso será exaustivamente estudado ao longo da obra – o Brasil tem uma fase investigativa nitidamente **inquisitiva**, presidida, comumente, por um delegado de polícia, sem o exercício do contraditório e nem da ampla defesa por parte do investigado, mas este é, obviamente, sujeito de direitos, podendo permanecer em silêncio, o que é inclusive garantido constitucionalmente, e ter a assistência de um advogado, por exemplo. Logo, este sistema já seria eliminado. De outra banda, a fase verdadeiramente processual, diante de um juiz de Direito, é nitidamente **acusatória**, com o exercício do contraditório e da ampla defesa, mas autoriza-se que o juiz determine a realização de provas de ofício, por exemplo. Então, também já seria eliminada a sua adoção.

Ou seja, a bem da verdade, não há um *típico* sistema inquisitivo e nem um *verdadeiro* sistema acusatório no Brasil.

A origem do Código de Processo Penal brasileiro, datado de 1941, tem origem fascista (colocando o indivíduo em segundo plano), de forma que se acreditou, como mencionado, até pouco tempo atrás, que o sistema adotado era o misto: inquisitivo na investigação e acusatório no processo. Mas basta ver que as características históricas de cada um desses sistemas não autorizam essa conclusão. Adotar um sistema significar aceitar todos os seus componentes – o que não é o caso.

A resposta mais segura – e majoritariamente aceita pela doutrina e pela jurisprudência – é afirmar que, com o advento da Constituição Federal de 1988, prevendo claramente o papel de todos os sujeitos no curso de um processo penal e um extensivo rol de direitos e garantias fundamentais, **adotou-se o sistema acusatório**. Essa conclusão, portanto, analisa dois aspectos fundamentais: (i) separação dos papéis de acusar, julgar e defender e (ii) a previsão de direitos e garantias ao acusado.

Consoante já decidiu o Supremo Tribunal Federal, a Constituição Federal de 1988 fez uma *opção inequívoca pelo sistema penal acusatório*, disso decorrendo a separação das funções de investigar e acusar, de um lado, e de julgar, de outro (MC-ADI nº 5.104/DF, rel. Min. Roberto Barroso, j. 21.05.14).

A adoção do sistema acusatório pelo Brasil, então, para parte da doutrina, em nada impede o juiz, por exemplo, de atuar na produção da prova, inclusive podendo determiná-la de ofício, como será estudado oportunamente. Isto porque, as funções de *acusar* e *julgar* permanecem separadas (não é porque o juiz determinou uma prova de ofício que ele perderia a sua imparcialidade ao julgar depois). Ademais, a existência de uma fase investigatória de natureza inquisitiva anterior à ação penal (como o inquérito policial presidido por um delegado de polícia) não desnatura o sistema acusatório da fase processual, pois esta é que deve ser acusatória (Polastri, Curso, 2016).

Esta, como dito, é a resposta mais simples, fácil e segura, ainda mais diante das características da Carta Política de 1988, mas não deixa de receber contundentes críticas.

No Brasil, basta ver que, de forma claramente inquisitiva, o juiz poderá: *(a)* determinar, de ofício, a produção de provas no curso do processo penal (art. 156, CPP); *(b)* requisitar a instauração de inquérito policial (art. 5º, II, CPP); *(c)* condenar o réu por crime diverso do pretendido pela acusação, ainda que sem ouvir as partes e impondo pena mais grave (art. 383, CPP); *(d)* submeter o processo a reexame necessário pelo tribunal (art. 574, CPP), dentre outras situações que evidenciam a existência de um claro *princípio inquisitivo*.

Denilson Feitoza (Direito, 2009) entende que o Brasil adota o **princípio acusatório**, uma vez que há a divisão de Poderes e, consequentemente, a função de acusar, julgar e defender é entregue a pessoas diferentes (CF, arts. 2º; 5º, LIX; e 129, I). Além disso, o Brasil é um Estado Democrático de Direito, em que os sujeitos têm direitos fundamentais, inclusive no bojo de um processo criminal. Ademais, os juízes apenas exercerão a função jurisdicional (art. 95, p.ú., I, CF), enquanto que a acusação caberá, em regra, ao Ministério Público (art. 129, I, CF). Ainda, as decisões judiciais precisam ser motivadas (art. 93, IX, CF), garantindo-se o contraditório e a ampla defesa (art. 5º, LV, CF) e vedando-se os tribunais de exceção (art. 5º, XXXVII, CF).

Conclui o autor defendendo que "a contradição, hoje, portanto, é entre o **princípio acusatório de natureza constitucional** e o **princípio inquisitivo de natureza cultural**. A solução se encontra na tomada de consciência da realidade forense e na decisão fundamental de se realizarem as normas constitucionais. E isso é crucial para a sociedade brasileira, pois uma nação que não vê sua Constituição respeitada não tem como acreditar na sua própria dignidade e num país melhor, mais desenvolvido e mais justo socialmente (...). Assim, o juiz brasileiro deve recusar-se, por exemplo, a requisitar inquérito policial, imiscuir-se persecutoriamente na investigação criminal, requisitar diligências investigatórias etc., para se reservar como verdadeiro poder jurisdicional, garantidor das regras, princípios e direitos fundamentais" (Direito, 2009, p. 66 – destaque).

Novamente: apesar das críticas, majoritariamente entende-se que o Brasil adota o **sistema acusatório** – o que, todavia, parece equivocado em parte, haja vista que a adoção de um "sistema" significa a aceitação de todos os seus componentes, o que não ocorre no Processo Penal brasileiro. Exemplo disso é que o verdadeiro sistema acusatório adota a íntima convicção na valoração da prova, contrariando o princípio da motivação das decisões, previsto no art. 93, IX, da Constituição Federal de 1988, além de não prever a possibilidade de interposição de recursos. Paralelamente, seria como um médico aceitar a existência do sistema digestivo, com exceção do estômago – ora, então ele não aceita, verdadeiramente, a existência desse sistema, mas de algum outro, pois um sistema só existe se todos os seus componentes funcionarem de forma ordenada e interligada. Por isso é que parte da doutrina afirma que o Brasil não adota o "sistema" acusatório, mas o **princípio acusatório**, dado que não se aplica aquele em sua inteireza.

Basta ver que, se uma pessoa leiga ler as características do sistema acusatório e depois as características do processo penal brasileiro, ela dirá, com certeza, que este não é o regime adotado no Brasil. Por isso, embora se diga que vigora o *sistema acusatório*, correto, tecnicamente, seria admitir a adoção do *princípio acusatório*, interpretando-se o ordenamento processual penal a partir da Constituição da República em direção às leis infraconstitucionais, e não o oposto.

Curiosamente, os Estados Unidos enfrentam a mesma questão. Não se pode sustentar haver um puro sistema acusatório no seu ordenamento criminal. Lá, a fase investigativa é essencialmente *inquisitiva*, inclusive, por exemplo, com a possibilidade de extração de sangue contra a vontade do investigado, mas, também, admite-se a atuação de um defensor em favor do suspeito. Do mesmo modo, a fase judicial é, na sua maioria, estruturada no sistema *acusatório*, embora existam pontos dúbios, como a exigência de que a defesa notifique a acusação acerca das provas que pretenderá produzir na audiência, o que facilita sobremaneira o trabalho da acusação e a busca de uma condenação. Conforme a doutrina, "the critical question is whether the justice system should be more (or less) accusatorial than it presently is" (Dressler, Michaels e Simmons, *Understanding*, 2017, p. 29), ou seja, a questão é se o sistema deveria ser mais, ou menos, acusatório do que é atualmente.

Concluindo, a resposta mais segura é afirmar que o Brasil adota o sistema acusatório, tendo em vista as disposições previstas na Constituição Federal 1988 – muito embora, tecnicamente, seja preferido falar-se em princípio acusatório.

1.8. PERSECUÇÃO PENAL

O objetivo do processo penal é viabilizar a aplicação da sanção penal àquele que praticou um crime ou uma contravenção penal. Para aplicar a sanção penal (penas ou medidas de segurança), o Estado deve, inicialmente, desenvolver uma série de **atividades persecutórias**.

Persecução penal ("persecutio criminis"), então, é o nome dado à somatória das atividades investigatórias pelos legitimados (*fase pré-processual*) e da ação penal (*fase processual*) promovida pelo Ministério Público ou ofendido, nos casos de ação penal privada. Assim, a persecução criminal "compreende todo o esforço despendido pelo Estado para **investigar** e **processar** o suposto autor de uma infração" (Brito, Fabretti e Lima, Processo, 2015, p. 46). É por meio da persecução penal que se procura tornar efetivo o "jus puniendi", resultante da prática da infração penal, impondo ao seu autor a sanção penal cabível. De uma forma mais simples, a persecução penal é a ação de perseguir o crime.

A persecução penal possui duas fases:

1ª. **Investigação criminal (persecução penal *extrajudicial*):** consiste na reunião de elementos que demonstram a existência de indícios de autoria e prova de materialidade da infração penal. Pode ser um inquérito policial, um termo circunstanciado, uma investigação criminal de iniciativa do Ministério Público etc.;

2ª. **Ação penal (persecução penal *judicial*):** tem início com o recebimento da denúncia ou queixa-crime pelo juiz e o seu fim com a sentença condenatória ou absolutória transitada em julgado.

1.9. JUIZ DAS GARANTIAS

1.9.1. Introdução

A Lei nº 13.964/19 – vulgarmente chamada de "Pacote Anticrime" ou "Lei Anticrime" –promoveu uma série de alterações no Código de Processo Penal. Algumas destas mudanças ainda ensejam polêmicas e controvérsias entre os operadores do Direito. É o caso da figura do juiz das garantias, que recebeu maior destaque na mídia.

Vale recordar que o Código de Processo Penal brasileiro é de 1941, aprovado no auge da ditadura do Estado Novo, sob declarada inspiração do Código de Processo Penal da Itália fascista, idealizado pelo renomado penalista Arturo Rocco. Evidentemente, a estrutura normativa de um Código autoritário de viés ideológico fascista (ou de qualquer outra bandeira autoritária ou totalitária) é incompatível com as balizas democráticas da Constituição Federal de 1988. Conforme Giuseppe Bettiol e Rodolfo Bettiol, o chamado "Código Rocco", que era o Código de Processo Penal da Itália, aboliu as tendências liberais da época, sendo "a mais fascista das reformas" (Instituições, 2008, p. 171). Foi justamente este Código que serviu de inspiração ao Código de Processo Penal do Brasil.

Por esta razão, o Código de Processo Penal brasileiro sofreu, no decorrer das últimas décadas, uma considerável quantidade de alterações que, entre outras finalidades, pretenderam adequar o texto legislativo ao sistema constitucional. Mais do que isto, mais de uma vez houve a tentativa de elaboração de um novo Código de Processo Penal, e existe, em trâmite no Congresso Nacional, projeto nesse sentido.

A Lei nº 13.964/19, ao promover substanciais mudanças no atual Código de Processo Penal, arrefece a probabilidade de aprovação iminente de um novo Código. Conforme será visto adiante, as mudanças levadas a cabo no Código de Processo Penal são muito mais robustas (quantitativa e qualitativamente) do que, por exemplo, as alterações no Código Penal.

1.9.2. Suspensão cautelar pelo STF

Publicada a Lei nº 13.964/19 em 24 de dezembro de 2019, cerca de um mês depois, o Supremo Tribunal Federal, em decisão monocrática do Ministro Luiz Fux, suspendeu a aplicação de diversos dispositivos, dentre os quais, os artigos 3º-A a 3º-F do Código de Processo Penal, que tratam justamente, do juiz das garantias (ADI nº 6.298/DF, 6.299/DF, 6.300/DF e 6.305/DF, rel. Min. Luiz Fux, j. 22.01.20).

Basicamente, foram adotados os seguintes argumentos principais:

a) embora tenha sido concebido pela lei como norma processual penal, o juiz das garantias alterou materialmente a divisão e a organização dos serviços judiciários, o que ensejaria uma completa reorganização da Justiça Criminal brasileira, de modo que seus dispositivos são, principalmente, **normas sobre organização judiciária**, sobre as quais a competência para legislar é de iniciativa do Poder Judiciário, o que não ocorreu no caso (art. 96, CF). Haveria, pois, **vício formal** de iniciativa.

b) a implementação do juiz das garantias gera **impacto financeiro ao Poder Judiciário**, notadamente no que tange à distribuição de pessoal e de materiais, além da própria criação e implementação de tecnologia para sua execução. Para tanto, seria necessária prévia dotação orçamentária instituindo os gastos por parte da União e dos Estados, o que não ocorreu, violando-se, assim, a autonomia financeira do Poder Judiciário (arts. 99 e 169, CF; e art. 113, ADCT). Haveria, pois, **vício material** em razão da falta de prévia dotação orçamentária.

Então, o que será visto nesse tópico a respeito do juiz das garantias está com **aplicação provisoriamente suspensa pelo Supremo Tribunal Federal**, assim como os arts. 28; 157, § 5º; e 310, § 4º, CPP – esses três artigos serão explicados no desenrolar na obra, em capítulos próprios e adequados.

Sobre o juiz das garantias, especificamente, preferiu-se, por uma questão didática, tratá-lo normalmente, mesmo que esteja com a sua aplicação suspensa temporariamente, pois não se sabe o futuro definitivo dos arts. 3º-A a 3º-F, CPP, quando o Plenário da Suprema Corte for julgar o mérito das ações objetivas de controle constitucional. Assim fazendo, esta obra se manterá atualizada. O leitor, apenas, deverá acompanhar o que será decidido pelo STF. Se mantidas as normas, o livro continuará atualizado; se retiradas as normas, apenas um tópico será afetado, restando incólume o restante da obra.

1.9.3. Estrutura acusatória do Processo Penal

O art. 3º-A, CPP, acrescentado pela Lei nº 13.964/19, inova no sistema processual penal ao prever, expressamente, a **adoção do sistema processual acusatório**. Nota-se, de imediato, que o art. 3º-A, CPP, não guarda correspondência alguma com o juiz das garantias, muito embora tenha sido alocado ao lado dos arts. 3º-B a 3º-F, CPP. Justamente por isso, não havia necessidade de o Supremo Tribunal Federal ter suspendido a sua aplicação, por se tratar, tão somente, de norma enunciativa de um sistema já aplicado e consagrado há tempos (ADI nº 6.298/DF, 6.299/DF, 6.300/DF e 6.305/DF, rel. Min. Luiz Fux, j. 22.01.20).

Muito embora o entendimento majoritário em nossa doutrina já fosse no sentido de que o Brasil tinha aderido à estrutura acusatória de processo criminal, a legislação não era *expressa* nesse sentido.

A concepção majoritária caminhava no sentido de reconhecer o sistema processual pátrio como acusatório por força, sobretudo, do disposto no art. 129, I, CF, que, ao outorgar ao Ministério Público a titularidade exclusiva da ação penal pública, sepultou os chamados "procedimentos judicialiformes", até então existentes, por meio dos quais se permitia ao juiz iniciar o processo criminal de ofício, sem provocação anterior.

Por outras palavras, com o advento do atual texto constitucional, restou evidente que o juiz não poderia atuar como acusador. E vale recordar que a principal característica do sistema acusatório é que as funções de acusação, defesa e julgamento estão separadas. O órgão acusatório não se confunde com o julgador. Convém esclarecer, todavia, que não se adota, classicamente, o sistema acusatório puro, ortodoxo, pois, no Brasil, permite-se ao magistrado, ao menos consoante o texto legal ainda vigente e não alterado pela Lei nº 13.964/19, excepcionalmente, produzir provas (art. 156, CPP) e conceder *habeas corpus* de ofício, por exemplo.

Ocorre que tantas eram – e ainda são – as exceções à iniciativa do julgador, que significativa parte da doutrina chegou a questionar se realmente o Brasil tinha um sistema acusatório ou se a separação das funções de acusar e julgar não seria meramente formal, mas estaria mantida a estrutura inquisitiva em que se permite ao juiz substituir-se à função do acusador.

A redação do art. 3º-A, CPP, não apenas **faz previsão expressa da adesão do nosso sistema processual à estrutura acusatória**, mas **também veda a iniciativa do juiz na fase de investigação e a substituição da atuação probatória do órgão de acusação.** Por outras palavras, quem deve produzir a prova é o Ministério Público, e não o julgador.

Importa destacar, porém, que a Lei nº 13.964/19 não promoveu a expressa revogação do art. 156, CPP, que permite ao juiz produzir prova de ofício nos seguintes casos: (I) ordenar, *mesmo antes de iniciada a ação penal*, a produção antecipada de provas consideradas urgentes e relevantes, observando a necessidade, adequação e proporcionalidade da medida; e (II) determinar, *no curso da instrução*, ou antes de proferir sentença, a realização de diligências para dirimir dúvida sobre ponto relevante.

O entendimento que deverá prevalecer, todavia, é no sentido de que o inc. I do art. 156, CPP, restou tacitamente revogado, por permitir a atuação probatória do juiz, de ofício, no curso das investigações, o que é vedado pelo art. 3º-A, CPP. Quanto ao inc. II do art. 156, CPP, ainda haverá grandes debates, uma vez que não há convergência de entendimentos quanto à possibilidade de o juiz, no curso do *processo judicial*, determinar a produção de provas de forma excepcional. Num sistema acusatório puro, isso seria vedado; a questão é saber se o Processo Penal brasileiro atual possui tal característica. Sustenta-se que o juiz da instrução poderá, de forma excepcional e subsidiariamente às partes, determinar a produção de provas de ofício a fim de solucionar dúvida sobre ponto relevante, mas sem substituir o papel da acusação, é claro. Resta aguardar como a jurisprudência entenderá.

1.9.4. Juiz das garantias: conceituação

A primeira das relevantes mudanças promovidas pela Lei nº 13.964/19 no Código de Processo Penal foi a instituição da figura do *juiz das garantias*. O tema está tratado na atual redação do Código de Processo Penal entre os artigos 3º-B e 3º-F, CPP.

Até a sua instituição, a regra no sistema processual penal era a de que o magistrado que tivesse atuado na fase pré-processual, decidindo sobre matérias afetas à investigação criminal e que dependessem de sua intervenção, ficaria vinculado ao processo que se seguiria. Ex.: o juiz que tivesse autorizado a interceptação telefônica no bojo do inquérito policial julgaria, depois, a ação penal.

Com o juiz das garantias, agora, tem-se um magistrado atuando nesta fase de investigação criminal e que ficará proibido de atuar na fase processual relativa àquela investigação em que atuou. De modo mais simples, pode-se dizer que o juiz que atuou na **fase** de investigação não poderá atuar na **fase** de processo.

A finalidade do instituto é reforçar a imparcialidade do julgador, mantendo-o distante dos fatos em um momento que antecede o processo judicial.

Para explicar melhor esta afirmação, deve-se recordar que a imparcialidade é caracterizada pelo distanciamento do julgador da causa. Não se confunde com neutralidade (axiológica), cuja existência atualmente é bastante questionável. Com efeito, não se espera do juiz que ele seja neutro. Ninguém o é. Todos trazem consigo suas cargas valorativas oriundas de sua formação, princípios, educação, família etc. O que se espera (e a legislação exige) do julgador é imparcialidade, que deve estar consubstanciada no devido afastamento em relação à causa.

Antes da consagração do juiz das garantias, tinha-se esse afastamento do julgador em relação à causa *mitigado* por força da atuação do juiz na fase de investigação, decidindo sobre questões a ela relativas em um momento no qual não havia contraditório. Com isto, o juiz passava a ter contato com a matéria, com a causa, sempre sob o ponto de vista da persecução, sem que se pudesse oportunizar o amplo contraditório.

Com o juiz das garantias, este julgador que atuar na **fase de investigação, decidindo questões a ela relacionadas**, não poderá atuar na **fase processual**. Consequentemente, o julgador que for atuar na fase de processo não terá conhecimento prévio da matéria, ou seja, já a conhecerá sob os auspícios do contraditório e da ampla defesa, reforçando o seu distanciamento da causa em momento anterior ao início da instrução.

Deixa-se bem claro que o objetivo do juiz das garantias é, portanto, reforçar a imparcialidade do magistrado. Com isto, pretende-se esclarecer que a instituição do juiz das garantias não significa que o sistema anterior não era compatível com a imparcialidade do julgador, ou, ainda menos, que os processos em trâmite ou encerrados em momento anterior à entrada em vigor da figura do juiz das garantias estiveram sob a condução de julgadores destituídos de imparcialidade. Tal afirmação, muito mais do que temerária, constituiria rematado absurdo.

É evidente que a imparcialidade do julgador já existia, era possível, alcançável e alcançada na larga maioria dos casos. O juiz das garantias – repita-se à exaustão – não pretende instituir, mas, sim, **reforçar a imparcialidade do julgador**.

Por fim, a crítica não passa despercebida. Soa um tanto equivocado se falar num "juiz das garantias", dando a impressão que os outros juízes atuantes no curso da instrução e julgamento não são garantidores dos direitos do acusado. Poderia ter sido empregada outra expressão, mas essa foi a opção do legislador.

1.9.4.1. *Teoria da dissonância cognitiva*

A psicologia social busca analisar como as influências sociais interferem no comportamento humano. O homem, no seu cotidiano, possui opiniões sobre variados assuntos, naturalmente a partir do conhecimento obtido das mais variadas formas. Algumas dessas opiniões são consonantes/coerentes, enquanto outras são dissonantes/incoerentes, normalmente quando se comparam duas ou mais ideias. Leon Festinger (1919-1989), professor e psicólogo norte-americano, criou, a partir disso, a chamada *teoria da dissonância cognitiva*.

Emprestando as palavras do magistrado federal Flávio da Silva Andrade:

> "Festinger centrou seus estudos exatamente na tensão ou angústia psicológica que uma pessoa sente ao tomar consciência de que possui pensamentos ou crenças contraditórias (dissonantes) sobre algum elemento relevante, quando percebe que tem opiniões (cognições) discrepantes acerca de algum assunto de maior importância. Esse desconforto foi denominado de dissonância cognitiva. A coerência consigo mesmo e também com os outros é um sentimento que as pessoas valorizam muito. Por isso, quando suas ideias, sentimentos ou comportamentos entram em conflito, mostram-se incompatíveis, elas se sentem desconfortáveis, vivem uma situação de tensão decorrente da falta de harmonia (dissonância) entre dois pensamentos ou crenças relevantes (...). A dissonância cognitiva pode decorrer da inconsistência lógica entre duas ideias, pode advir de hábitos culturais diversos, da defesa de opiniões ou posições antagônicas ou ser reflexo de uma experiência passada. Surgirá no momento em que a pessoa ficar consciente de suas duas cognições relevantes e discrepantes" (A dissonância, *in* Revista, v. 5, nº 3, 2019, p. 1654-1655).

Tendo em vista o assunto em estudo – juiz das garantias – já se consegue imaginar a relevância da teoria da dissonância cognitiva no Processo Penal. Se o mesmo magistrado atuar desde a coleta de elementos probatórios no curso das investigações até a prolação da decisão final, ele estará "contaminado" com crenças e opiniões iniciais que, provavelmente, não são mais as mesmas que passou a ter ao final do processo, já que recebeu novas influências no curso da persecução penal.

Continua Andrade:

> "Porém, o que Festinger descobriu – e acabou por tornar sua pesquisa tão marcante – é que a pessoa procura eliminar ou diminuir a dissonância mais pela mudança de atitudes pessoais do que pelo abandono da crença ou da opinião anterior. O indivíduo passa a buscar, de modo seletivo, informações correspondentes ou consonantes à sua crença, à sua primeira ação ou decisão" (p. 1656).

Há diversos exemplos banais e cotidianos, como a pessoa que estaciona em vaga proibida e, depois, mesmo sabendo que realmente incorreu na infração de trânsito, busca alguma justificativa, como "era apenas por um minuto", ou "não tinha ninguém precisando da vaga", ou "a placa estava muito escondida". Raramente a pessoa reconhece que errou e pede desculpas – pelo contrário, busca argumentos que corroborem seu comportamento inicial.

A partir desta breve explicação, pode-se empregar um exemplo no Direito Processual Penal. O magistrado recebe os autos com pedido do promotor de justiça pela decretação de prisão preventiva, ainda no curso das investigações; diante dos fatos, ainda em cognição sumária (rasa, perfunctória), decreta a medida cautelar; tempos depois, após instrução processual, esse mesmo juiz, já em cognição exauriente (profunda), nota que não há provas suficientes para a condenação. O juiz, neste caso, terá um certo *desconforto* ao ter que reconhecer que, inicialmente, sua decisão (decretando a prisão) estava equivocada se comparada com a análise completa e atual dos fatos, não tendo, em princípio, meios para corroborá-la agora (para proferir sentença condenatória). O magistrado, obviamente, não irá fazer a decisão sumária se sobrepor à decisão exauriente, no entanto, buscará, de todos os modos possíveis, elementos, ainda que mínimos, para fazer manter sua opinião formada inicialmente – ainda que inconscientemente.

É justamente a partir desta ideia que alguns defendem a importância do juiz das garantias. O juiz das garantias, que teve conhecimento e formou sua opinião com base em elementos angariados num determinado momento da persecução penal (investigação), não poderá, depois, julgar a causa penal, já que arregimentados novos elementos de convicção neste momento, diante do contraditório e da ampla defesa, de modo a impedir que incorra em dissonância cognitiva, mantendo-se imparcial e deixando que outro juiz, que não está contaminado com qualquer tipo de opinião pretérita, julgue a demanda.

Com isso, evita-se que um juiz, que teve uma opinião formada no momento de investigação, se sinta "constrangido" a ter que alterá-la, agora no curso do processo, o que poderá prejudicar as partes e a prestação da jurisdição. Como visto, muitas vezes as pessoas buscam elementos – até mesmo forçados – para fazer subsistir a primeira crença. Isso, claramente, não pode ocorrer nos processos judiciais, já que o juiz deve atuar longe de paixões e estar sempre aberto à análise dos fatos. Acontece que o ideal nem sempre é o real. Daí a importância de se separar um magistrado para a apuração dos fatos e outro magistrado para o julgamento da causa.

1.9.5. Juiz das garantias não é investigador

É muito importante ter em mente que o juiz das garantias não é investigador e nem agente público dotado de primazia ou evidência na fase de persecução criminal pré-processual. Deste modo, as investigações criminais devem continuar a se desenvolver sob a presidência dos órgãos com capacidade de investigação (Polícia Judiciária, Ministério Público, Comissão Parlamentar de Inquérito etc.). O juiz de garantias é, verdadeiramente, garantidor, e não investigador.

O magistrado – da mesma forma que funcionava no sistema anterior ao juiz das garantias – somente será chamado a atuar naqueles casos em que haja a necessidade de adoção de alguma medida acobertada pela cláusula de reserva jurisdicional, isto é, medidas que somente podem ser autorizadas pelo julgador (interceptação telefônica, prisão preventiva, prisão temporária, busca e apreensão domiciliar etc.).

Conforme mencionado, a distinção em relação ao sistema anterior reside no fato de que este juiz que atuar na fase de investigação criminal, decidindo algo relativo à solução do delito, não poderá atuar na fase de processo penal ulterior. Mas o juiz das garantias, instituído pela Lei nº 13.964/19, não significa que o sistema legislativo brasileiro outorgou ao magistrado poderes de investigação ou concedeu-lhe destaque ou preponderância durante este momento da persecução criminal. Pelo contrário, reforçou o sistema acusatório, que prega, justamente, a separação de funções no processo criminal.

1.9.6. (In)constitucionalidade do juiz das garantias

Explicou-se, acima, que o Supremo Tribunal Federal suspendeu cautelarmente os dispositivos legais que tratam do juiz das garantias.

Com a devida vênia, não parece haver qualquer inconstitucionalidade, na Lei nº 13.964/19, na parte que se refere à instituição da figura do juiz das garantias. Trata-se de medida que altera **competência funcional** (e, portanto, questão de processo penal), e não organização do Poder Judiciário.

A instituição do juiz das garantias não implica, necessariamente, criação de órgãos ou cargos, pois a previsão era, justamente, de utilização do aparato de que já dispõe o Poder Judiciário para encontrar alternativas, tais como a utilização do sistema de substituição de juízes, que já existe. Por isso, não parece acertado fazer menção à ausência de dotação orçamentária, por exemplo, já que a medida não necessariamente implicaria aumento de despesas.

A grande questão – e isso realmente chamou atenção – foi o exíguo prazo (30 dias) e a forma repentina prevista na lei para que todos os órgãos do Poder Judiciário do Brasil se reorganizassem (são quase 20 mil juízes) e, ainda, repensassem a forma de aplicação de um – praticamente – novo Processo Penal.

De todo modo, resta aguardar a decisão do Plenário do Supremo Tribunal Federal.

1.9.7. Juiz das garantias, juizado de instrução e central de inquérito

Esses três institutos são distintos – juiz das garantias, juizados de instrução e centrais de inquérito – muito embora sejam, frequentemente, utilizados como sinônimos. Assim:

a) juiz de garantias: há a figura de um magistrado que atuará tão somente no controle de legalidade e salvaguarda de direitos fundamentais, desde o início das investigações até a sua conclusão, analisando o recebimento da inicial acusatória apenas e se o caso. Esse juiz não participa da instrução processual ulterior.

b) juizado de instrução: há a figura de um magistrado que preside a apuração de uma infração penal (não há inquérito policial). A função da polícia resta limitada à prisão dos infratores e a colher elementos probatórios, cabendo ao juiz, chamado de instrutor, colher todas as provas para instruir a ação penal ulterior (Mirabete, 2007).

c) central de inquérito: constituída por Lei de Organização Judiciária Local (LOJ), trata-se de um setor dentro do Poder Judiciário local que concentra os atos relativos ao inquérito policial e seus incidentes. Assim, existe na cidade de São Paulo o DIPO, que é o Departamento de Inquéritos Policiais. Lá, atuam juízes responsáveis tão somente pelos atos de investigação criminal (decretação de prisão, interceptações telefônicas etc.); já a instrução processual, no caso de oferecimento da inicial acusatória, é feita por outro juiz, numa das varas criminais. Por mais que se pareça com a figura do juiz das garantias, o juiz do DIPO, p. ex., não tem vedação para, depois, se transferido a uma vara criminal comum, julgar o caso em que ele próprio atuou na investigação; além disso, não é ele quem analisa o recebimento da inicial acusatória, mas o juiz da vara criminal. Assim, a central de inquérito não possui as mesas características e nem mesmo os mesmos objetivos que o juiz das garantias; há, apenas, a *setorização* das funções judiciais conforme a fase da persecução penal.

1.9.8. Aplicação do juiz das garantias no tempo

Com o advento da Lei nº 13.964/19, criando a figura do juiz das garantias para atuação nas investigações penais, surge a dúvida: como se dará a sua aplicação quanto às investigações e às ações penais em curso?

É importante relembrar que o juiz das garantias é uma nova figura de natureza processual, ou seja, a aplicação de seu dispositivo legal é imediata e obedece ao princípio *tempus regit actum* (isolamento dos atos do processo), em que, uma vez publicada a lei processual, ela produzirá efeitos para o futuro, sendo que os atos anteriores estarão preservados.

Não há posição definida ainda, mas defende-se o seguinte:

a) no caso de **novas investigações**, aplica-se normalmente o art. 3º-B, CPP.

b) no caso de **investigações em andamento**, o juiz atuante nessa fase continuará nas suas funções, mas estará impedido de presidir a fase processual posterior, respeitando-se o objetivo da novel Lei nº 13.964/19, que é garantir a imparcialidade. Não teria lógica aplicar a lei apenas aos novos casos, garantindo a imparcialidade, e não aplicar às investigações em curso, ignorando a imparcialidade tão almejada. Não há meio-termo para a imparcialidade.

c) no caso de **ação penal em andamento**, uma vez já recebida a denúncia ou queixa, o juiz que atuou na fase de investigação não estará impedido de atuar na fase processual, em respeito ao ato jurídico perfeito (art. 5º, XXXVI, CF), que permanece existente, válido e eficaz, e ao juiz natural (art. 5º, LIII, CF), que permanece atuante de forma objetiva e isenta, nos moldes da legislação então vigente. O contrário seria principiar o entendimento de que todo juiz que participou da fase investigativa está contaminado, o que é absurdo, ilógico e falacioso. Seria defender, por exemplo, que todos os juízes criminais, nos oitenta anos do Código de Processo Penal, foram parciais e não garantiram os direitos do investigado/acusado. Entender, nesta situação, pelo retorno da ação penal à sua fase inicial desde a citação, com a substituição do julgador, é defender que o processo não marcha para a frente, em pura e simples defesa do formalismo legal, estrito e vazio, desvinculando-se do objetivo maior do processo, que é a pacificação social em razão do cometimento de uma infração penal. Ou então, pior, seria defender a substituição do julgador no curso da instrução processual, o que feriria a figura da identidade física do juiz, gerando mais prejuízos ao acusado, postergando ainda mais a solução da demanda.

Se ainda não houve o recebimento da denúncia ou queixa, é possível, se houver tempo e possibilidade, que outro julgador inicie a instrução processual, observando-se as regras referentes à tramitação da investigação à instrução.

1.9.9. Competências do juiz das garantias

O art. 3º-B, CPP, dispõe que o juiz das garantias é responsável pelo **controle da legalidade da investigação criminal** e pela **salvaguarda dos direitos individuais** cuja franquia tenha sido reservada à autorização prévia do Poder Judiciário, e traz, na sequência, um rol com dezoito incisos com atribuições do magistrado.

Dessa forma, de acordo com o explicado anteriormente, o juiz das garantias, atuante no curso das investigações criminais, possui, basicamente, duas funções: (a) controlar a legalidade, em sentido amplo, da investigação em si e (b) resolver, deferindo ou não, medidas que exijam uma ordem judicial prévia.

Uma atuação não exclui a outra, mesmo que concomitantemente, considerando que o magistrado, ao decidir por um requerimento feito, também realiza o controle de legalidade das investigações em curso – até porque, há situações em que, necessariamente, apenas o juiz pode decidir e haverá, obrigatoriamente, um controle de legalidade do ato, como a autorização para prorrogação de uma investigação, por exemplo.

Cada uma das situações será vista a seguir, cujas especificidades de cada medida serão estudadas nos capítulos pertinentes.

1.9.9.1. *Controle de legalidade*

O magistrado exerce papel fundamental na verificação de compatibilidade dos atos praticados no curso da investigação (e do processo judicial) com as normas legais, aqui consideradas em sentido amplo, abarcando tanto as leis quanto a Constituição Federal.

A Lei nº 13.964/19 traz algumas situações, não exaustivas, relativas a esse controle:

a) receber a comunicação imediata da prisão, nos termos do art. 5º, LXII, CF.

b) receber o auto de prisão em flagrante, nos termos do art. 310, CPP.

c) zelar pela observância dos direitos do preso, podendo determinar seja ele conduzido à sua presença a qualquer tempo.

d) ser informado sobre a instauração de qualquer investigação criminal.

e) prorrogar a prisão provisória ou outra medida cautelar, bem como substituí-las ou revogá-las, assegurado, no primeiro caso, o exercício do contraditório em audiência pública e oral, nos termos do Código de Processo Penal ou legislação pertinente. Nada impede seja utilizada videoconferência.

f) prorrogar o prazo de duração do inquérito policial, estando o investigado preso, em vista das razões apresentadas pelo delegado de polícia. O Ministério Público deve ser ouvido, uma vez que é o titular da ação penal pública.

g) determinar o trancamento do inquérito policial quando não houver fundamento razoável para a sua instauração ou prosseguimento – leia-se: manifesta atipicidade ou patente causa extintiva da punibilidade. Nesse caso, a decisão possui natureza jurídica de concessão de ordem de *habeas corpus* de ofício, sendo cabível a interposição de recurso em sentido estrito, nos termos do art. 581, X, CPP.

h) requisitar documentos, laudos e informações ao delegado de polícia sobre o andamento das investigações.

i) assegurar prontamente, quando necessário, o direito outorgado ao investigado e ao seu defensor de acesso a todos os elementos informativos e provas produzidos no âmbito da investigação criminal, salvo no que concerne, estritamente, às diligências em andamento.

j) deferir o pedido de admissão de assistente tecnico para acompanhar a prova pericial.

k) decidir sobre a homologação de acordo de não persecução penal ou de colaboração premiada, quando formalizados durante a investigação.

l) decidir outras matérias inerentes à função nesta etapa de investigação.

Cada uma dessas situações é analisada nos capítulos específicos da obra.

1.9.9.2. *Reserva de jurisdição*

Há atos, no curso das investigações, que demandam uma ordem judicial para poderem ser praticados, considerando a intrusão em certos direitos fundamentais. Assim, por exemplo, não pode o delegado de polícia, por sua livre iniciativa, resolver interceptar o telefone do investigado, considerando que o art. 5º, XII, CF, dispõe ser inviolável a comunicação telefônica, salvo por ordem judicial e na forma que a lei estabelecer para fins de investigação criminal. E há outras situações que exigem decisão judicial do mesmo modo, ainda que não haja previsão expressa, na lei, acerca da atuação do magistrado.

De acordo com Ali Mazloum, "a reserva de jurisdição surge de forma específica e explícita, significando a impossibilidade de outro órgão, autoridade ou pessoa praticar certos atos que possam penetrar o núcleo de um Direito Fundamental, matéria reservada ao Judiciário, ainda que a fase da investigação criminal esteja sob a responsabilidade de órgãos de outros poderes. A Reserva de Jurisdição, concebida para relativizar direitos, como a liberdade, a inviolabilidade do domicílio, o segredo das comunicações em geral, por se dar pela via única da atividade judicante, constitui irrefragável garantia contra o abuso. A atuação da jurisdição simboliza o Estado de Direito, na medida em que as decisões judiciais representam o resultado de uma ponderação de valores protegidos em face de outros de igual relevância, como o são a segurança da sociedade, o direito de punir do Estado, entre outros interesses públicos" (Reserva, 2016, p. 27).

Desta feita, sempre que se fizer necessário intervir num direito fundamental de forma mais incisiva no curso de uma investigação criminal, exigir-se-á uma ordem judicial previamente. É claro que a instauração de uma investigação, por si só, não viola direitos fundamentais, mas, sempre que a dignidade da pessoa humana – numa concepção mais ampla – for potencialmente atingida de forma negativa, a decisão acerca da prática do ato dependerá de uma ordem partida de um magistrado.

É nesse sentido, portanto, que a Lei nº 13.964/19 dispõe que caberá ao juiz das garantias:

a) decidir sobre o requerimento de prisão provisória ou outra medida cautelar.

b) decidir sobre o requerimento de produção de provas antecipadas consideradas urgentes e não repetíveis, assegurados o contraditório e a ampla defesa em audiência pública e oral. Nada impede o uso de videoconferência.

c) decidir sobre os requerimentos de: interceptação telefônica, do fluxo de comunicações em sistemas de informática e telemática ou de outras formas de comunicação; afastamento dos sigilos fiscal, bancário, de dados e telefônico; busca e apreensão domiciliar; acesso a informações sigilosas; e outros meios de obtenção de prova que restrinjam direitos fundamentais dos investigados (apenas quando a legislação exigir decisão judicial).

d) julgar o *habeas corpus* impetrado antes do oferecimento da inicial acusatória.

e) determinar a instauração de incidente de insanidade mental.

f) decidir sobre o recebimento da denúncia ou queixa, nos termos do art. 399, CPP.

g) decidir outras matérias inerentes à função nesta etapa de investigação.

Cada uma dessas situações é analisada nos capítulos específicos da obra.

1.9.10. Prorrogação do inquérito policial

Se o investigado estiver preso, o juiz das garantias poderá, mediante representação do delegado de polícia e ouvido o Ministério Público, prorrogar, uma única vez, a duração do inquérito policial por até 15 dias, após o que, se ainda assim a investigação não for concluída, a prisão será imediatamente relaxada (art. 3º-B, § 2º, CPP). Trata-se, claramente, do caso de prisão preventiva.

O inquérito policial, como será estudado, quando o agente estiver preso preventivamente, deve ser finalizado, em regra, em 10 dias a partir da execução da ordem de prisão. Com a nova previsão legal, o juiz poderá, através de representação da autoridade policial e ouvido o Ministério Público, prorrogar o prazo de conclusão (10 dias) por até mais 15 dias, uma só vez. Se, findo o prazo, a investigação não tiver sido concluída, a prisão deverá ser imediatamente relaxada.

Sendo o caso de prisão temporária, que será estudada oportunamente, não incidirá esse prazo previsto no art. 3º-B, § 2º, CPP, diante da sua incompatibilidade com essa espécie de prisão cautelar.

1.9.11. Abrangência do juiz das garantias

A competência do juiz das garantias abrange todas as infrações penais, exceto as de menor potencial ofensivo, e cessa com o recebimento da denúncia ou queixa na forma do art. 399, CPP (art. 3º-C, CPP).

A redação do dispositivo é categórica no sentido de que a figura do juiz das garantias deve se aplicar a todas as infrações penais, excepcionando-se, apenas, aquelas tidas como de menor potencial ofensivo, vale dizer, as contravenções penais e os crimes com pena máxima até dois anos. Para estes casos, aplica-se a Lei de Juizados Especiais, com rito sumaríssimo (Lei nº 9.099/95).

Na primeira decisão do Supremo Tribunal Federal, proferida monocraticamente pelo Min. Dias Toffoli, acerca da Lei nº 13.964/19, alargou-se a vedação de aplicação do juiz das garantias para além das infrações de menor potencial ofensivo, alcançando: (a) a competência originária dos tribunais; (b) a competência do tribunal do júri; (c) os casos de violência doméstica e familiar contra a mulher; e (d) a competência da Justiça Eleitoral. Posteriormente, agora com decisão cautelar, também monocrática, do Min. Luiz Fux, suspendeu-se a aplicação integral do juiz das garantias (ADI nº 6.298/DF, 6.299, 6.300 e 6.305, rel. Min. Luiz Fux, j. 22.01.20).

O entendimento aparentemente prevalente caminha no sentido de aplicação literal do art. 3º-C, CPP, ou seja, **o juiz das garantias só não teria atuação nas infrações de menor potencial ofensivo**, aplicando-se, portanto, em todos os demais casos. A lei é categórica a este respeito. O sistema acusatório que tanto se quer proteger deve valer para todos, sob pena de se ferir a isonomia.

1.9.12. Recebimento da inicial acusatória

O art. 3º-B, XIV c.c. o art. 3º-C, § 1º, CPP, determina que cabe ao juiz das garantias decidir sobre o recebimento da denúncia ou queixa, nos termos do *art. 399, CPP*; e, uma vez recebida, as questões pendentes (ainda não analisadas pelo juiz) serão decididas pelo juiz da instrução e julgamento.

A Lei nº 13.964/19 vacilou ao mencionar o art. 399, CPP, como sendo o momento do recebimento da inicial acusatória. Isso porque – e o assunto está pacificado tanto na doutrina quanto na jurisprudência – definiu-se, há muito tempo, que o momento do recebimento da inicial é no *art. 396, CPP*, i.e., após o seu oferecimento, o juiz analisa se a recebe ou se a rejeita. Recebendo, manda citar o agora acusado para oferecer resposta à acusação. Isso porque, a citação pressupõe o início da formação de um processo, de modo que não haveria razão lógica citar o acusado para, só depois disso, o magistrado realizar o juízo de admissibilidade – o contrário seria citar o acusado sem um processo formal iniciado ainda.

Assim, "após a reforma legislativa operada pela Lei 11.719/2008, o momento do recebimento da denúncia se dá, nos termos do art. 396 do Código de Processo Penal, após o oferecimento da acusação e antes da apresentação ode resposta à acusação" (STJ, RHC nº 81.345/SP, rel. Min. Jorge Mussi, j. 28.03.17).

Desta forma, o juiz das garantias analisa o recebimento da inicial acusatória, cf. o art. 396, CPP. Uma vez tendo sido recebida, a competência passa a ser do juiz da instrução, que verificará se é o caso de absolvição sumária (art. 397-A, CPP) ou se já designará audiência de instrução e julgamento (art. 399, CPP).

Há posição sustentando que o legislador foi proposital ao mencionar o art. 399, CPP, uma vez que o juiz das garantias teria competência até esse momento, i. e., ele analisaria o recebimento da denúncia ou queixa e, também, o próprio mérito neste momento, podendo até mesmo absolver sumariamente o acusado. Com a devida vênia, essa posição não deve prosperar, sob pena de o próprio sistema criado pela Lei nº 13.964/19 cair por terra. Ora, criou-se, como será visto, um novo esquema de tramitação da fase investigativa para a fase instrutória. Se se permitir que o juiz das garantias avance sua competência para além da análise de admissibilidade da exordial, restará esvaziada a competência do juiz da instrução, que apenas presidirá uma audiência e proferirá sentença, o que é inconcebível. Além do mais, o juiz das garantias estará contaminado com os elementos produzidos no curso das investigações, de modo que não poderá analisar o mérito da ação penal movida pelo órgão acusatório. Basta ver que o juiz que funcionar na fase de investigação fica impedido de funcionar no processo, de modo que o limite de atuação do juiz das garantias é a análise de recebimento da inicial.

A melhor solução, portanto, é entender que o legislador se equivocou ao mencionar o art. 399, CPP, e não que se trata de uma opção legal.

1.9.13. Reexame das medidas adotadas no curso das investigações

As decisões proferidas pelo juiz das garantias não vinculam o juiz da instrução, que, após o recebimento da denúncia ou queixa (pelo juiz das garantias), deverá reexaminar a necessidade das medidas cautelares em curso (determinadas pelo juiz das garantias), no prazo máximo de 10 dias (art. 3º-C, § 2º, CPP).

Nesse sentido, as medidas determinadas pelo juiz no curso da investigação, por óbvio, não vincularão/obrigação o juiz da instrução. Sejam porque são fases distintas, sejam porque são magistrados distintos, cada um tem a sua função dentro do sistema processual penal. Finda uma fase investigativa, inicia-se outra, com um novo juiz, com um novo olhar e com uma nova opinião jurídica motivada. Se o juiz das garantias autorizou uma interceptação telefônica, nada impede que o juiz da instrução reconheça a ilegalidade da medida e a anule.

Especificamente quanto às medidas cautelares em andamento, o juiz da instrução terá o prazo de dez dias para reexaminá-las. Assim, é possível que, por exemplo, o juiz das garantias, durante a investigação, decrete a medida de recolhimento domiciliar (art. 319, V, CPP) em desfavor do investigado. Após o recebimento da denúncia, nada impede que o juiz da instrução, considerando desnecessária a medida, revogue-a.

1.9.14. Acautelamento dos autos da investigação

Os autos que compõem as matérias de competência do juiz das garantias ficarão acautelados na secretaria desse juízo, à disposição do Ministério Público e da defesa, e não serão apensados aos autos do processo enviados ao juiz da instrução e julgamento, ressalvados os documentos relativos às provas irrepetíveis, medidas de obtenção de provas ou de antecipação de provas, que deverão ser remetidos para apensamento em apartado. Não haverá, claramente, a destruição de parte dos autos, mas apenas a sua devida guarda.

A medida é salutar, pois a instituição do juiz das garantias é justamente para afastar o julgador do feito das diligências realizadas sem amplo contraditório, durante a investigação criminal. Ora, pouco adiantaria se instituir a figura do juiz das garantias para atuação exclusiva durante a fase de investigação se fosse franqueado ao juiz da instrução e julgamento o mais amplo acesso a todas as diligências por ele produzidas. O objetivo, como já sabido, é não contaminar o juiz da instrução com as investigações produzidas.

Por outro lado, é de se destacar que o dispositivo legal ressalva "os documentos relativos às provas irrepetíveis, medidas de obtenção de provas ou de antecipação de provas, que deverão ser remetidos para apensamento em apartado". A referida menção é válida e pertinente, haja vista o fato de que as provas cautelares, não repetíveis e antecipadas, produzidas durante a investigação criminal podem até dar ensejo à fundamentação de uma decisão judicial (art. 155, *caput*, CPP), como será estudado oportunamente. Caso não sejam enviados ao juiz da instrução, o Ministério Público providenciará a sua juntada.

Evidentemente, os autos relacionados à atuação do juiz das garantias ficam à disposição das partes. O afastamento cognitivo das mencionadas diligências deve se referir ao juiz da instrução e julgamento, e não às partes que, ao revés, podem atuar desde a fase de investigação.

1.9.15. Impedimento do juiz das garantias para funcionar na fase processual

O art. 3º-D, CPP, dispõe que o juiz que, na fase de investigação, praticar qualquer ato incluído nas competências **dos arts. 4º e 5º, CPP**, ficará impedido de funcionar no processo.

Passando os olhos pelos artigos 4º e 5º, CPP, verifica-se que são regras acerca da tramitação comum do inquérito policial, ou melhor, sobre a forma de instauração/início do inquérito policial. A bem da verdade, o legislador – novamente – parece ter se equivocado ao mencionar os dois dispositivos legais. O que se pretendeu, imagina-se, foi reforçar que o magistrado que atuou nas investigações não poderá, depois, funcionar na sua instrução processual.

É preciso ressaltar que o impedimento do juiz das garantias não será ocasionado em razão da prática de qualquer tipo de ato pelo julgador, mas tão somente aquele que, efetiva ou potencialmente, puder comprometer a sua imparcialidade. Imagine, por exemplo, que o juiz recebe a comunicação do Ministério Público de que foi instaurado procedimento investigatório criminal. Esse juiz sai de férias e, na volta, retorna agora ocupando o cargo de juiz de instrução e julgamento. Obviamente, nesse caso, ele poderá, perfeitamente, julgar a ação penal proposta, uma vez que não praticou ato algum que pudesse interferir na sua imparcialidade. Diferentemente seria, por exemplo, se houvesse decretado uma prisão provisória ou uma quebra de dados sigilosos.

Em suma, apenas atos que realmente possam interferir na imparcialidade do julgador é que o impedirão de funcionar como juiz da instrução processual. Meros atos formais e sem conteúdo decisório serão irrelevantes para fins de impedimento.

Por fim, a atuação do membro do Ministério Público na fase de investigação não o impedirá, depois, que atue na fase processual de instrução, até mesmo em respeito ao princípio do promotor natural. Em sentido similar é a súmula nº 234 do STJ ("a participação de membro do Ministério Público na fase investigatória criminal não acarreta o seu impedimento ou suspeição para o oferecimento da denúncia"), datada de 1999.

1.9.16. Rodízio de juízes em comarcas de vara única

O art. 3º-D, p.ú., CPP, prevê que, nas comarcas em que funcionar apenas um juiz, os tribunais criarão um sistema de rodízio de magistrados, a fim de atender às disposições referentes ao juiz das garantias.

Críticas não são poucas aqui. Numa cidade grande ou numa capital, a existência de juízes de garantias e de juízes de instrução não trará, na prática, grandes dificuldades, ainda mais considerando o processo eletrônico – apenas ressaltando que poucos locais possuem inquérito policial eletrônico.

A questão, como se vê, diz respeito às pequenas cidades, de vara única (que acumulam toda sorte de feitos, como cível, ambiental, júri, criminal, família, criança e adolescente etc.), em que há um juiz apenas. E, geralmente, essa cidade pode estar a algumas centenas de quilômetros de distância de outra, que também conta com um só juiz – ou, pior, o cargo é vago, ocupado eventualmente apenas por juízes substitutos por poucos meses, ou mesmo semanas.

Não poderia a lei processual ter se imiscuído sobre assunto reservado à organização judicial. Cabe, isso sim, à lei local, de iniciativa do Poder Judiciário, tratar sobre *como* (de que forma) se dará a implementação do sistema de garantias em comarcas de vara única, de difícil lotação etc. Nesse ponto, então, há patente inconstitucionalidade.

1.9.17. Designação dos juízes das garantias

Determina o art. 3º-E, CPP, que o juiz das garantias será designado conforme as normas de organização judiciária da União, dos Estados e do Distrito Federal, observando critérios objetivos a serem periodicamente divulgados pelo respectivo tribunal.

A determinação de nomeação de juiz das garantias mediante a observância de critérios impessoais vai ao encontro do princípio do juiz natural, como não poderia deixar de ser. Não fosse assim, a designação de magistrados estaria ao alvitre de casuísmos, incompatíveis, pois, com o devido processo legal.

Por outro lado, conforme se extrai a partir da redação do dispositivo de lei em análise, o legislador não estabeleceu quais seriam estes critérios, respeitando a autonomia dos tribunais para atuarem conforme as respectivas normas de organização judiciária.

1.9.18. Proteção da imagem dos presos

Fixou o art. 3º-F, CPP, que o juiz das garantias deverá assegurar o cumprimento das regras para o tratamento dos presos, impedindo o acordo ou ajuste de qualquer autoridade com órgãos da imprensa para **explorar a imagem da pessoa submetida à prisão**, sob pena de responsabilidade civil, administrativa e penal.

O juiz das garantias deve resguardar os direitos individuais dos investigados. E isto abrange a tutela de sua imagem e vida privada. Evidentemente, há uma questão muito delicada no que concerne à contraposição entre o direito à imagem do preso e o interesse público na divulgação de informações que podem promover a elucidação de outros tantos crimes. Contudo, é meramente aparente a contradição entre estas duas questões.

Com efeito, é plenamente possível que haja a divulgação de informações em torno da investigação – que atendam ao interesse público e não comprometa a realização das diligências – e que, concomitantemente, não ocorra a exposição abusiva da imagem do preso. A ponderação deve prevalecer. Não se pode olvidar que referida exposição abusiva traz efeitos extremamente deletérios, sobretudo quando, ao final das investigações, constata-se a inocência do investigado, que teve sua vida, honra e imagem devassadas por uma publicidade assaz pejorativa.

No mais, por meio de regulamento, as autoridades deverão disciplinar, em 180 dias, o modo pelo qual as informações sobre a realização da prisão e a identidade do preso serão, de modo padronizado e respeitada a programação normativa aqui tratada, transmitidas à imprensa, assegurados a efetividade da persecução penal, o direito à informação e a dignidade da pessoa submetida à prisão.

1.9.19. Existe um Ministério Público das garantias?

Não. O Ministério Público é instituição permanente, essencial à função jurisdicional do Estado, *incumbindo-lhe a defesa da ordem jurídica, do regime democrático e dos interesses sociais e individuais indisponíveis* (art. 127, "caput", CF). A própria instituição, em si, já nasceu com o objetivo de defender a ordem jurídica, ou seja, de *tutelar as garantias* – sejam elas quais forem – das pessoas.

Consoante explica Mazzilli, "a Constituição quer dizer que, naqueles casos em que, pela sua destinação institucional, o Ministério Público está vocacionado à defesa do interesse em jogo, a correspondente prestação jurisdicional supõe a participação ou a colaboração do Ministério Público no processo: aí está a essencialidade de sua atuação" (Regime, 2014, p. 121). Especificamente acerca da ação penal, "aqui também o Ministério Público tem o interesse de fazer cumprir a lei. A lei penal é de ordem pública; o indivíduo violou a lei, então deverá ser punido; não o fez, é inocente, então deverá ser absolvido. São pretensões. A própria absolvição de um inocente não é um problema só do réu: convém enormemente à sociedade que um inocente não seja condenado" (p. 356). E arremata: "no fundo, pouco importa se o Ministério Público propõe ou intervém numa ação: em tese, ele sempre fiscaliza o correto cumprimento da lei" (p. 353). Em suma, "em português ou em latim, nada esclarece dizer que o Ministério Público fiscaliza o cumprimento da lei, pois sempre fiscaliza o cumprimento da lei, seja agente, seja interveniente. Sem dúvida, é possível distinguir se é uma coisa ou outra, porque se trata de identificar a forma de sua atuação no processo. Mas fiscal da lei é sempre" (p. 354).

Logo, não há a necessidade de se criar a figura de um "Ministério Público de garantias", haja vista que toda a sua atuação, seja como parte, seja como interveniente, sempre terá esse objetivo: garantir a correta aplicação da lei, o que, ao final, sempre significará assegurar garantias.

2

PRINCÍPIOS DO DIREITO PROCESSUAL PENAL

2.1. CONCEITO

Princípio é um mandamento, uma premissa, um dogma, um postulado – expresso ou não em lei – que integra o sistema jurídico e fornece um valor ao aplicador do Direito, orientando-o quanto à forma de aplicação e interpretação da norma no caso concreto. Assim, os princípios jurídicos são as ideias fundamentais que constituem o arcabouço do ordenamento jurídico; são os valores básicos da sociedade (Grandinetti, 2014).

Adotando a lição de Robert Alexy, "o ponto decisivo na distinção entre regras e princípios é que *princípios* são normas que ordenam que algo seja realizado na maior medida possível dentro das possibilidades jurídicas e fáticas existentes. Princípios são, por conseguinte, *mandamentos de otimização*, que são caracterizados por poderem ser satisfeitos em graus variados e pelo fato de que a medida devida de sua satisfação não depende somente das possibilidades fáticas, mas também das possibilidades jurídicas. O âmbito das possibilidades jurídicas é determinado pelos princípios e regras colidentes. Já as *regras* são normas que são sempre satisfeitas ou não satisfeitas. Se uma regra vale, então, deve se fazer exatamente aquilo que ela exige; nem mais, nem menos. Regras contêm, portanto, *determinações* no âmbito daquilo que é fática e juridicamente possível. Isso significa que a distinção entre regras e princípios é uma distinção qualitativa, e não uma distinção de grau. Toda norma é ou uma regra ou um princípio" (Teoria, 2008, p. 90-91).

Como ensina Tourinho Filho, "o Processo Penal é regido por uma série de princípios e regras que outra coisa não representa senão postulados fundamentais da política processual penal de um Estado" (Manual, 2008, p. 16). E na clara explicação de Walber de Moura Agra, os princípios "representam um norte para o intérprete que busca o sentido e o alcance das normas e formam o núcleo basilar do ordenamento jurídico (...). Eles possuem um teor de abstração mais intenso. Assim, podem ser utilizados em maior diversidade de casos (...). Como são mais abstratos, podem ter seu conteúdo diminuído ou aumentado, por um processo interpretativo restrito ou extensivo, facilitando sua adequação às modificações sociais" (Curso, 2018, p. 137-138).

No Processo Penal, dois princípios são considerados a sua base: (i) a dignidade da pessoa humana e (ii) o devido processo legal.

Abaixo, serão analisados os conceitos e as principais nuances dos princípios do Processo Penal – mas sem esgotar o tema, que será visto no decorrer da obra nos tópicos pertinentes.

2.2. PRINCÍPIOS EM ESPÉCIE

2.2.1. Dignidade da pessoa humana

A Constituição Federal prevê a dignidade da pessoa humana em diversos dispositivos: no art. 1º, III, como fundamento do Estado; no art. 170, como finalidade das ações econômicas; no § 7º do art. 226, quando trata do planejamento familiar; no art. 227, ao estabelecer que cabe ao Estado, à sociedade e à família assegurar a dignidade das crianças e dos adolescentes; e no art. 230, quando trata do amparo aos idosos.

No âmbito internacional, um sem-número de documentos a prevê, como a Declaração Universal dos Direitos do Homem; o Pacto Internacional sobre Direitos Civis e Políticos; o Pacto Internacional sobre Direitos Sociais, Econômicos e Culturais; a Convenção Americana de Direitos Humanos (Pacto de São Jose da Costa Rica); a Convenção Europeia de Direitos Humanos, dentre outros.

Nas palavras de André de Carvalho Ramos, a "dignidade humana consiste na qualidade intrínseca e distintiva de cada ser humano, que o protege contra todo tratamento degradante e discriminação odiosa, bem como assegura condições materiais mínimas de sobrevivência. Consiste em atributo que todo indivíduo possui, inerente à sua condição humana, não importando qualquer outra condição referente à nacionalidade, opção política, orientação sexual, credo etc." (Curso, 2015, p. 74).

O Estado, em relação à dignidade humana, possui dois claros deveres: **(i) de respeito**, colocando a dignidade do homem como limite às suas ações, impedindo abusos e **(ii) de garantia**, na medida em que deve promover o fornecimento de condições materiais ideais ao homem. Assim, de um lado, a dignidade é um *direito* individual da pessoa em relação aos demais, sejam outros indivíduos ou o próprio Estado; e, de outro lado, a dignidade é um *dever* de tratamento por parte do Estado, que deve respeitar os indivíduos na sua essência.

Neste sentido, portanto, "a dignidade é o fim do próprio Estado, dessa maneira, toda atividade estatal deve estar sempre voltada à tutela, à realização e ao respeito à dignidade humana, o que não exclui a atividade persecutória do Estado, seja através da investigação criminal, seja no exercício da ação penal, seja no curso do processo" (Nicolitt, Manual, 2012, p. 30).

No Processo Penal, já que se trata da verdadeira restrição, pelo Estado, de um dos bens mais caros ao homem, qual seja, a sua liberdade, a jurisprudência dá grande relevo à dignidade da pessoa humana, consoante os exemplos abaixo:

i) proibição de uso de contêiner como cela (STJ, HC nº 142.513/ES, rel. Min. Nilson Naves, j. 23.03.10).

ii) a falta de estabelecimento penal adequado não autoriza a manutenção do condenado em regime prisional mais gravoso (súmula vinculante nº 56), devendo ser observadas as seguintes medidas havendo déficit de vagas: (1) saída antecipada de sentenciado no regime com falta de vagas; (2) liberdade eletronicamente monitorada ao sentenciado que sai antecipadamente ou é posto em prisão domiciliar por falta de vagas; ou (3) o cumprimento de penas restritivas de direito e/ou estudo ao sentenciado que progride ao regime aberto. E, até que sejam estruturadas essas medidas alternativas, poderá ser deferida a prisão domiciliar (STF, RE nº 641.320/RS, rel. Min. Gilmar Mendes, j 11.05.16). Seguindo caminho similar, o Tribunal da Cidadania fixou a seguinte tese, consoante procedimento dos recursos repetitivos: "a inexistência de estabelecimento penal adequado ao regime prisional determinado para o cumprimento da pena não autoriza a concessão imediata do benefício da prisão domiciliar, porquanto, nos termos da súmula vinculante nº 56, é imprescindível que a adoção de tal medida seja precedida das providências estabelecidas no julgamento do RE nº 641.320/RS" (REsp nº 1.710.674/MG, rel. Min. Reynaldo Soares da Fonseca, j. 22.08.18).

Ainda consoante o Superior Tribunal de Justiça, a deficiência do Estado em viabilizar a implementação da devida política carcerária não pode ser invocada para impedir o exato e correto cumprimento da execução penal (HC nº 414.375/SC, rel. Min. Reynaldo Soares da Fonseca, j. 21.09.17). Em razão disso, chama-se de *sentença dupla* aquela em que, além da decisão formal e legal imposta pela Estado, há aquela informal e ilegal, que diz respeito ao tratamento desumano existente nos estabelecimentos penais. É o que Eugenio Raúl Zaffaroni chama de *doble punición*, ensinando que as penas cruéis, inumanas e degradantes não só são penas impostas, mas também executadas com aquelas determinadas pelos juízes republicanos (Las Penas, 1996). Destaca-se o texto do art. 1º, item 1, do Decreto nº 40/91, que promulgou a Convenção Contra a Tortura e Outros Tratamentos ou Penas Cruéis, Desumanos ou Degradantes, que fixou que "não se considerará como tortura as dores ou sofrimentos que sejam consequência unicamente de sanções *legítimas*, ou que sejam inerentes a tais sanções ou delas decorram" (destaque).

Ressalta-se, todavia, que a referida súmula vinculante nº 56, STF, não se aplica aos casos de preso cautelar (preventiva ou temporária), até porque, por uma questão lógica, não há que se falar em "regime prisional mais gravoso" neste caso (STJ, RHC nº 99.006/PA, rel. Min. Jorge Mussi, j. 07.02.19).

Ainda, no caso de falta de estabelecimento prisional adequado e estando o condenado em prisão domiciliar em razão de falta de local adequado para cumprir pena no regime semiaberto (nos termos da súmula vinculante nº 56), haverá compatibilidade dessa situação com o benefício da saída temporária (STJ, HC nº 489.106/RS, rel. Min. Nefi Cordeiro, j. 13.08.19). Ex.: Pedro, condenado no regime fechado, progrediu para o regime semiaberto; não havia estabelecimento adequado e outras medidas alternativas não se concretizaram, restando exequível apenas a prisão domiciliar (no lugar do regime semiaberto); Pedro, durante prisão domiciliar, então, pediu o benefício da saída temporária (visitar família, frequentar cursos ou participar de atividades para retornar ao convívio social); o STJ entendeu que isso é possível, porque, "formalmente", Pedro está no regime semiaberto, o que autoriza a saída temporária (arts. 122/125, LEP).

iii) restrição ao uso de algemas, que só é lícito em casos de resistência e de fundado receio de fuga ou de perigo à integridade física própria ou alheia, por parte do preso ou de terceiros, justificada a excepcionalidade por escrito, sob pena de responsabilidade disciplinar, civil e penal do agente ou da autoridade e de nulidade da prisão ou do ato processual a que se refere, sem prejuízo da responsabilidade civil do Estado (súmula vinculante nº 11).

iv) vedação ao emprego de algemas em mulheres presas em qualquer unidade do sistema penitenciário nacional durante o trabalho de parto, no trajeto da parturiente entre a unidade prisional e a unidade hospitalar e após o parto, durante o período em que se encontrar hospitalizada (art. 3º, Decreto nº 8.858/16, regulamentando o art. 199 da Lei de Execuções Penais); e – praticamente repetindo isso – o art. 292, p.ú., CPP, prevê ser vedado o uso de algemas em mulheres grávidas durante os atos médico-hospitalares preparatórios para a realização do parto e durante o trabalho de parto, bem como em mulheres durante o período de puerpério imediato (Lei nº 13.434/17). Vale a pena consultar a Res. nº 252/18, do CNJ, que estabelece princípios e diretrizes para o acompanhamento de mulheres mães e gestantes privadas de liberdade, e traz, basicamente, regramento sobre (a) ingresso de mulheres e crianças em estabelecimento penal ou de detenção provisória; (b) direitos relativos às mulheres mães privadas de liberdade; e (c) especificidades do atendimento às mulheres privadas de liberdade e a seus filhos. No mais, o art. 8º, *caput*, da Lei nº 8.069/90 (ECA) dispõe que "é assegurado a todas as mulheres o acesso aos programas e às políticas de saúde da mulher e de planejamento reprodutivo e, às gestantes, nutrição adequada, atenção humanizada à gravidez, ao parto e ao puerpério e atendimento pré-natal, perinatal e pós-natal integral no âmbito do Sistema Único de Saúde". Vale lembrar do art. 5º, L, CF, que fixa que "às presidiárias serão asseguradas condições para que possam permanecer com seus filhos durante o período de amamentação". No mais, a Lei nº 13.769/18 acrescentou o art. 318-A, CPP, prevendo que a prisão preventiva imposta à mulher gestante ou que for mãe ou responsável por crianças ou pessoas com deficiência será substituída por prisão domiciliar, desde que não tenha cometido o crime com violência ou grave ameaça à pessoa e nem contra seu filho ou dependente (em sentido similar ao HC coletivo nº 143.641/SP, do STF) – o tema será aprofundado em capítulo específico.

v) a duração prolongada, abusiva e irrazoável da prisão cautelar de alguém ofende, de modo frontal, o postulado da dignidade da pessoa humana (STF, HC nº 142.177/RS, rel. Min. Celso de Mello, j. 06.06.17).

vi) a condenação por crime hediondo não impede, por si só, a concessão de prisão domiciliar, especialmente quando o apenado é idoso (STF, HC nº 83.358/SP, rel. Min. Ayres Britto, j. 04.05.04).

vii) a mera instauração de inquérito, quando evidente a atipicidade da conduta, viola a dignidade humana (STF, HC nº 82.969/PR, rel. Min. Gilmar Mendes, j. 30.09.03).

viii) há a possibilidade de substituição de pena privativa de liberdade por restritiva de direitos no tráfico de drogas (STF, HC nº 97.256/RS, rel. Min. Ayres Britto, j. 01.09.10).

ix) existe a inconstitucionalidade do regime inicial obrigatoriamente fechado aos condenados por crime hediondo ou equiparado (STF, HC nº 111.840/ES, Min. Dias Toffoli, j. 27.06.12). Conforme a Suprema Corte, em tese fixada em repercussão geral, é inconstitucional a fixação *ex lege* (isto é, mediante previsão legal apenas) de regime inicial fechado em relação aos crimes hediondos, como consta do art. 2º, § 1º, Lei nº 8.072/90, devendo o juiz, quando da condenação, ater-se aos parâmetros do art. 33, CP. Isso significa que não é cogente, portanto, a fixação de regime inicial fechado para o cumprimento de pena em razão da prática de crime hediondo, devendo o juiz analisar cada caso concreto e individualizar a pena de cada condenado, aplicando-se qualquer dos regimes possíveis do Código Penal (ARE nº 1.052.700/MG, rel. Min. Edson Fachin, j. 02.11.17). O mesmo se diz em relação ao crime de tortura (Lei nº 9.455/97), já que equiparado a hediondo (STJ, HC nº 378.456/SP, rel. Min. Ribeiro Dantas, j. 03.10.17).

x) competência da Justiça Federal para julgar o crime de condição análoga à de escravo, pois, dentre outras razões, a Constituição Federal protege e garante a dignidade humana (STF, RE nº 459.510/MT, rel. Min. Cezar Peluso, j. 01.07.14).

xi) obrigatoriedade de fornecimento de banho quente aos custodiados, tendo em vista que o Superior Tribunal de Justiça entendeu que é notório (e independe de prova, portanto, cf. art. 374, CPC) o frio que se faz em determinados Estados e em certas épocas do ano, de modo que o poder público não pode fechar os olhos para a grave violação da dignidade humana que ocorre com o fornecimento de banho gelado na estação fria do ano aos apenados (REsp nº 1.537.530/SP, rel. Min. Herman Benjamin, j. 27.04.17). Em igual sentido prevê a regra nº 16 das Regras de Mandela (Regras Mínimas das Nações Unidas para o Tratamento de Presos): "devem ser fornecidas instalações adequadas para banho, a fim de que todo preso possa tomar banho, e assim possa ser exigido, na temperatura apropriada ao clima, com a frequência necessária para a higiene geral de acordo com a estação do ano e a região geográfica, mas pelo menos uma vez por semana em clima temperado".

xii) a portaria nº 1.191/08, do Ministério da Justiça, disciplina os procedimentos administrativos a serem efetivados durante a inclusão de presos nas penitenciárias federais, prevendo, no seu art. 2º, VIII, que compete ao chefe da divisão de segurança e disciplina "realizar o processo de higienização pessoal", incluindo (a) cortar cabelo, utilizando-se como padrão o pente número 2 da máquina de corte;

(b) raspar barba e (c) aparar bigodes. O debate sobre o tema é acalorado, havendo quem entenda que se trata de medida de higiene para a boa saúde e identificação dos presos e, de outro lado, quem entenda que fere a dignidade humana, gerando constrangimento e vexame, retirando a própria identidade do condenado. Deve-se lembrar, ainda, o previsto no art. 39, IX, da Lei de Execução Penal, que dispõe ser dever do condenado a higiene pessoal e asseio da cela ou alojamento.

xiii) é lícito ao Poder Judiciário impor à Administração Pública obrigação de fazer, consistente na promoção de medidas ou na execução de obras emergenciais em estabelecimentos prisionais, tendo em vista a supremacia da dignidade da pessoa humana, que legitima a intervenção judicial, não sendo possível opor o argumento da reserva do possível e nem o princípio da separação dos Poderes (STF, RE nº 592.581/RS, rel. Min. Ricardo Lewandowski, j. 13.08.15).

xiv) a concretização dos direitos individuais fundamentais não pode ficar condicionada à boa vontade do Administrador, sendo de suma importância que o Judiciário atue, nesses casos, como órgão controlador da atividade administrativa. Trata-se de inadmissível equívoco defender que o princípio da separação dos poderes, originalmente concebido com o escopo de garantir os direitos fundamentais, possa ser utilizado como óbice à realização desses mesmos direitos fundamentais. Tratando-se de direito essencial, incluso no conceito de mínimo existencial, inexistirá empecilho jurídico para que o Judiciário estabeleça a inclusão de determinada política pública vital nos planos orçamentários do ente político, mormente quando não houver comprovação objetiva de incapacidade econômico-financeira da pessoa estatal. Em julgado importante do Superior Tribunal de Justiça, foi feito pedido em Ação Civil Pública para, exatamente, obrigar o Estado a adotar providências administrativas e respectiva previsão orçamentária e realizar ampla reforma física e estrutural no prédio que abriga a cadeia pública de Mirassol D'Oeste/MT, ou construir nova unidade, de modo a atender a todas as condições legais previstas na Lei de Execuções Penais (STJ, REsp nº 1.389.952/MT, rel. Min. Herman Benjamin, j. 03.06.14).

xv) o documento internacional denominado *Princípios de Yogyakarta*, formalizado por um grupo de especialistas em direitos humanos reunidos na Indonésia, traz normas de direitos humanos e de aplicação a questões de orientação sexual e identidade de gênero.

O princípio nº 9 traz regras a respeito do tratamento humano durante a detenção, estabelecendo que toda pessoa privada da liberdade deve ser tratada com humanidade, devendo-se considerar que a orientação sexual e a identidade de gênero são partes essenciais da dignidade de cada pessoa. Neste sentido, os Estados deverão, por exemplo, fornecer acesso adequado à saúde e implantar medidas de proteção para presos e presas vulneráveis à violência ou abuso por causa de sua orientação sexual, identidade ou expressão de gênero.

Ao lado disso, a Resolução Conjunta nº 1/14, do Conselho Nacional de Política Criminal e Penitenciária e do Conselho Nacional de Combate à Discriminação, fixa parâmetros para o acolhimento de lésbicas, gays, bissexuais, travestis e transexuais em privação de liberdade. Por exemplo, serão chamados pelo nome social, conforme o seu gênero; travestis e gays privados de liberdade em unidades masculinas deverão ter espaços de vivência específicos, considerando a sua segurança e vulnerabilidade; transexuais masculinas e femininas devem ser encaminhadas para as unidades prisionais femininas; mulheres transexuais terão mesmo tratamento das demais mulheres; transexuais e travestis poderão usar roupas femininas ou masculinas e poderão manter seus cabelos compridos, garantindo seus caracteres com sua identidade de gênero; terão direito à visita íntima; à pessoa travesti, mulher ou homem transexual, terão assegurados a manutenção de seu tratamento hormonal e acompanhamento de saúde específico; são vedadas as transferências compulsórias entre celas ou alas ou qualquer outro castigo em razão da condição de pessoa LGBT, sendo considerado tratamento desumano e degradante.

Exemplo prático disso ocorreu em decisão monocrática do Min. Luís Roberto Barroso, do Supremo Tribunal Federal em que se determinou que dois travestis fossem colocados em estabelecimento prisional compatível com sua orientação sexual, respeitando-se a sua dignidade humana (HC nº 152.491/SP, j. 16.02.18). Vale acompanhar, sobre o tema, a ADPF nº 527, de relatoria, também, do Min. Barroso, em que a Associação de Lésbicas, Gays, Bissexuais, Travestis e Transexuais pede que a Corte dê à Resolução Conjunta nº 1/14, ora mencionada, interpretação conforme a Constituição Federal a fim de que as custodiadas transexuais possam optar por cumprir pena em estabelecimento prisional compatível com o gênero feminino ou masculino. Em parecer, a Procuradoria- Geral da República se manifestou no sentido de que "a manutenção de mulheres transexuais e de travestis identificadas socialmente com o gênero feminino em estabelecimento prisional incompatível com sua identidade de gênero contraria diversos preceitos fundamentais inscritos na Constituição Federal e em compromissos internacionais assumidos pela República Federativa do Brasil, em especial a dignidade da pessoa humana, a igualdade, a não-discriminação, a saúde, a segurança pessoal e os direitos da personalidade da pessoa transgênero, justificando a imediata intervenção do Supremo Tribunal Federal para fazer cessar o quadro de violação de direitos humanos" (Parecer nº 544/18).

xvi) a Portaria nº 718/17, do Ministério da Justiça, autorizou a realização de visita íntima nos presídios federais, com periodicidade mínima de uma vez por mês, aos presos declarados, nos termos da lei e por decisão judicial, réus colaboradores ou delatores premiados, bem como aos presos que não se enquadrem nas seguintes situações: desempenhado função de liderança ou participado de forma relevante em organização criminosa; praticado crime que coloque em risco a sua integridade física no ambiente prisional de origem; estar submetido ao Regime Disciplinar Diferenciado (RDD); ser membro de organização criminosa, ou estar envolvido na prática reiterada de crimes com violência ou grave ameaça; ou estar envolvido em incidentes de fuga, de violência ou grave indisciplina no sistema prisional de origem. A Portaria traz diversas condições, como registro de cônjuge ou companheiro, vedando-se alterações, salvo separação ou divórcio. A realização de visita social aos presos em estabelecimentos penais federais de segurança máxima se dará nos moldes da Portaria nº 157/19, do Ministério da Justiça, isto é, em pátio de visitação, parlatório ou por videoconferência, sob supervisão e sem contato direto.

xvii) o Supremo Tribunal Federal entendeu ser inconstitucional a condução coercitiva de investigado/acusado para fins de interrogatório, utilizando, como um dos argumentos apontados, a exigência de respeito à dignidade da pessoa humana. Como o agente é conduzido à força, mas pode permanecer em silêncio e não existe lei que o obrigue a comparecer a tal ato, entendeu-se que tal medida não possui finalidade instrutória alguma, de modo a desrespeitar a sua dignidade humana (ADPF nº 395/DF e ADPF nº 444/DF, rel. Min. Gilmar Mendes, j. 13 e 14.06.18).

Percebe-se, assim, que a dignidade humana está relacionada a diversos aspectos penais e processuais e mantem-se presente em toda *persecutio criminis*, desde o primeiro ato de investigação até o último ato da execução penal. Inclusive, no âmbito da execução penal, fala-se em **princípio da humanidade**, determinando-se a prevalência dos direitos humanos e vedando-se a aplicação de penas insensíveis e dolorosas (Execução, Avena, 2014), ou seja, "o princípio da humanidade é o que dita a inconstitucionalidade de qualquer pena ou consequência do delito que crie um impedimento físico permanente (morte, amputação, castração ou esterilização, intervenção neurológica etc.), como também qualquer consequência jurídica indelével do delito" (Zaffaroni e Pierangeli, Manual, 2015, p. 165).

A crítica à mera retórica do princípio em análise, todavia, não passa despercebida, pois de nada adianta simplesmente prever a dignidade da pessoa humana como fundamento do Estado se nada de concreto, de fato, for feito. Assim, novamente, o jurista argentino e o saudoso membro do Ministério Público paulista ensinam que o princípio da humanidade tem vigência *absoluta*, de modo que não pode ser violado em nenhum caso concreto, devendo reger tanto a atuação legislativa – geral – quanto a atuação judicial – particular (Manual, 2015, p. 166).

Na brilhante lição de Daniel Sarmento, "no rico Estado de São Paulo, presidiárias têm que usar miolos de pão para conter o fluxo menstrual, pois o Poder Público não lhes fornece absorventes. Nas favelas brasileiras, a polícia executa com habitualidade suspeitos pobres, e os fatos, com grande frequência, não são sequer investigados. Menos de 50% da população brasileira tem acesso à coleta de esgoto e cerca de 6 milhões de pessoas no país sequer dispõem de banheiro em casa. A Europa enjeita diariamente milhares de imigrantes desesperados fugidos da África e do Oriente Médio. Os que não se afogam ou morrem de outro jeito na infernal travessia do Mediterrâneo, são tratados como bichos quando chegam ao continente do Iluminismo, privados até do direito de ter direitos" (Dignidade, 2016, p. 13).

Aplicando-se essa ideia ao Processo Penal, tem-se que, **do mais brando ao mais cruel crime e do agente primário ao maior criminoso procurado pelas autoridades, a pessoa humana deve ser respeitada**, observando-se todos os princípios que serão estudados na sequência, como a ampla defesa, o contraditório, a colheita lícita de provas, a assistência legal por um advogado, a proibição à autoincriminação etc. Exemplo disso ocorreu com a Igreja Católica, que alterou o § 2.267 do seu Catecismo, em agosto de 2018, que antes reconhecia a pena de morte, desde que após um processo regular e em razão da gravidade de alguns delitos e para tutelar o bem comum. Atualmente, todavia, fixou-se que "a dignidade da pessoa não se perde, mesmo depois de ter cometido crimes gravíssimos" (discurso do Papa Francisco), de modo que a pena de morte deve ser banida porque atenta contra a dignidade da pessoa. Exatamente por isso é que se fala, atualmente, em *universalidade* dos direitos humanos, ou seja, na sua atribuição a todos os seres humanos, não importando nenhuma outra qualidade – a sua origem remonta a barbárie do totalitarismo nazista, que defendia a proteção de direitos humanos apenas à raça ariana, de modo que os direitos humanos não eram universais àquela época.

Curiosamente, alguns estados dos EUA possuem a chamada *morte civil* dos condenados, de modo que um prisioneiro condenado à prisão perpétua é considerado condenado, também, à morte civil. Isso acontece, por exemplo, no estado de Rhode Island, que estabelece que qualquer pessoa condenada à prisão perpétua deve ser considerada morta civilmente em relação a todos os direitos civis de qualquer natureza. Desta forma, por exemplo, a Corte Superior de Rhode Island (*Gallop vs. Adult Correctional Institutions*, nº 2016-278) entendeu que Dana Gallop, condenado à morte, não poderia processar o estado por negligência no tratamento dos presos (em razão da violência dentro do presídio acobertada pelos carcereiros), já que ele está "civilmente morto" e não possui tal legitimidade, haja vista que, a partir de sua condenação criminal, ele não possui direitos de propriedade, de matrimônio ou qualquer outro, de modo que a sua morte civil ocorreu no momento da sua condenação criminal. Sob a ótica da dignidade humana, tal entendimento transborda o absurdo.

Ressalta-se – neste caminho de ideias – a lição de Luís Roberto Barroso (Curso, 2013), ao ensinar que, no plano jurídico, a dignidade humana está na origem dos seguintes direitos:

a) **vida**: todos os ordenamentos jurídicos devem proteger a vida, de modo que o homicídio, por exemplo, sempre será crime.

b) **igualdade**: todas as pessoas possuem o mesmo valor e, por isso, merecem o mesmo respeito e consideração, independentemente de raça, cor, sexo, religião, origem ou qualquer outra condição.

c) **integridade física**: dele decorre a proibição de tortura, de trabalho escravo ou forçado, as penas cruéis e o tráfico de pessoas.

d) **integridade moral ou psíquica**: inclui-se a privacidade, a honra e a imagem.

É importante mencionar que o homem não pode perder a sua autonomia, seus direitos e garantias, sob pena de se transformar num objeto – o que é chamado de "coisificar" ou "reificar" uma pessoa, isto é, o homem não pode perder a sua dignidade humana. Por isso é que, por exemplo, a regra é não se permitir o uso de algemas, salvo nas condições previstas na súmula vinculante nº 11; da mesma forma, não se deve permitir que um preso seja exposto na mídia com fotografias, pois ele, por mais bárbaro que seja o delito praticado, não é uma mera "coisa", mas um ser humano que merece respeito, ou seja, que tem dignidade em todas as situações – por mais bárbaro que tenha sido o crime cometido.

A essa proibição de coisificar o homem, retirando-lhe a dignidade, o alemão Günther Dürig, professor da Universität Tübingen, chamou de **fórmula-objeto**, ou seja, analisa-se a dignidade humana sob o seu aspecto negativo, vedando-se que o homem seja coisificado ou utilizado como mero instrumento/objeto para se alcançar um determinado fim; ou então, conforme Immanuel Kant, o homem é um fim em si mesmo, não possuindo "preço". Assim, onde não houver respeito à vida, à integridade e às condições mínimas de existência humana digna, não haverá espaço para a dignidade humana, de modo que a pessoa não passará de um mero objeto, sujeito a arbítrios e injustiças (Sarlet, 2007).

Exemplo prático julgado pelo Tribunal Constitucional Federal da Alemanha: a Lei de Segurança Aérea alemã, após os atentados terroristas de onze de setembro, nos EUA, passou a autorizar o abate de aviões de transporte de passageiros que pudessem vir a ser utilizados como verdadeiras bombas contra as cidades alemãs. O *Bundesverfassungsgericht* (Tribunal Constitucional Federal alemão) entendeu que a lei era inconstitucional, tendo em vista que o respeito à dignidade do homem veda que o Estado dela disponha como "meio para se atingir um fim", mesmo que seja o sacrifício de algumas dezenas de pessoas pelo bem de milhares ou milhões de outras. Consoante a Corte, o emprego das Forças Armadas, neste caso, seria contra os passageiros, que não são meros objetos, mas pessoas que gozam de dignidade humana, conforme previsto na Constituição Alemã, tornando inconstitucional a possibilidade dos referidos ataques em defesa do país (BVerfG 1 BvR 357/05).

Por fim, mas não menos importante, o renomado jurista português José Joaquim Gomes Canotilho (Direito, 2003), da Universidade de Coimbra, ensina que a dignidade humana possui alguns componentes. Para tanto, tratou da **teoria dos cinco componentes**, que são:

1) **afirmação da integridade física e espiritual** do homem como dimensão irrenunciável da sua individualidade autonomamente responsável;

2) garantia da identidade e integridade da pessoa através do **livre desenvolvimento da personalidade**;

3) **libertação da angústia** da existência da pessoa mediante mecanismos de socialidade, dentre os quais se incluem a **possibilidade de trabalho e a garantia de condições existenciais mínimas**;

4) garantia e defesa da **autonomia individual** através da vinculação dos poderes públicos a conteúdos, formas e procedimentos do Estado de direito;

5) igualdade dos cidadãos, expressa na mesma dignidade social e na igualdade de tratamento normativo, isto é, **igualdade perante a lei**.

Em suma:

TEORIA DOS 5 COMPONENTES DA DIGNIDADE HUMANA (Canotilho)
» Integridade física e espiritual/moral
» Livre desenvolvimento da personalidade
» Possibilidade de trabalho e garantia de condições existenciais mínimas
» Autonomia individual
» Igualdade

2.2.2. Devido processo legal

É o conjunto de normas, garantias e princípios que objetiva proteger os direitos do indivíduo (art. 5º, LIV, CF). Nas palavras de Ramidoff, "o princípio do devido processo legal destina-se a assegurar toda a relação jurídica processual, desde a inauguração, passando pelo trâmite regular e válido, até o julgamento final, sempre consoante as regras processuais e procedimentais estabelecidas para a prestação jurisdicional" (Elementos, 2017, p. 23).

A pretensão estatal de punir o agente deve obedecer a um rito previamente estabelecido em lei, desde o início das investigações (forma de prisão, comunicação ao juiz, direito ao silêncio etc.), passando pelo processo penal (citação, resposta à acusação, produção probatória, decisões etc.) até a execução penal (expedição da guia de recolhimento, progressão de regime, livramento condicional etc.). Toda a persecução penal obedecerá a uma forma prevista em lei, de modo a garantir todos os direitos ao agente, só podendo ele ser privado de sua liberdade ou de seus bens **de acordo com a forma prescrita em lei**.

Tal princípio possui duas dimensões:

a) **formal** (*procedural due process*): protegem-se bens jurídicos por meio do processo/procedimento previsto em lei. É o devido processo legal na sua forma procedimental mais clássica.

b) **material** (*substantive due process of law*): não basta a aplicação formal/estrita da lei, é preciso observar uma aplicação adequada, proporcional, equilibrada, justa e razoável da lei (STF, ADI nº 1.511/DF, rel. Min. Carlos Velloso, j. 16.10.96). Como bem assinala Dirley da Cunha Jr., "o princípio da proporcionalidade ou da razoabilidade consubstancia, em essência, uma pauta de natureza axiológica [de valores] que emana diretamente das ideias de justiça, equidade, bom senso, prudência, moderação, justa medida, proibição de excesso, direito justo e valores afins" (Curso, 2011, p. 49).

Geralmente, proporcionalidade e razoabilidade são tratadas como equivalentes (STF, ADI-MC nº 2667/DF, rel. Min. Celso de Mello, j. 19.06.02). Assim, proíbe-se o excesso e veda-se o arbítrio, ou seja, objetiva-se inibir e neutralizar o abuso do poder público no exercício das funções que lhe são inerentes. Isso faz com que os atos públicos sejam analisados de acordo com a *adequação* e a *necessidade*.

A proporcionalidade pode ser analisada pelos seguintes aspectos:

i) **adequação**: o ato praticado deve contribuir para a realização do resultado pretendido, ou seja, o ato deve ser **útil** ao atingimento do fim necessário.

ii) **necessidade**: deve-se adotar a **medida menos gravosa** aos direitos fundamentais, isto é, dentre os meios possíveis, deve-se escolher aquele que exigirá menos sacrifícios para a consecução do fim almejado.

iii) **proporcionalidade em sentido estrito**: é a **ponderação** entre ônus e benefícios do ato, ou seja, o equilíbrio entre o motivo que ensejou a prática do ato e a providência de fato adotada, de modo que as vantagens superem as desvantagens.

Parte mais acadêmica dos autores, como Virgílio Afonso da Silva, menciona um quarto requisito, qual seja, a **legitimidade** dos fins que se pretende alcançar, isto é, a valoração das escolhas feitas (O Proporcional e o Razoável, RT nº 798, 2002) – o que, ao final, acaba se confundindo com a própria proporcionalidade em sentido estrito.

O estudo da proporcionalidade geralmente é feito tendo em vista o possível excesso do Estado em relação aos direitos do cidadão. Essa é uma visão **negativa**, isto é, de vedação do excesso/abuso estatal. De outro lado, há uma vertente que impõe que o Estado não pode ser omisso em relação à proteção dos direitos fundamentais do cidadão, ou seja, impõe-se uma proteção **positiva**, comumente chamada, no Brasil, de "proibição da proteção deficiente" (*Übermassverbot*), expressão criada pelo professor alemão Claus-Wilhelm Canaris, da Universidade de Munique.

Consoante Cláudio Pereira de Souza Neto e Daniel Sarmento, além da figura tradicional da proporcionalidade como instrumento de controle de excessos visando conter os arbítrios dos governantes, sabe-se que o poder público possui funções positivas importantes para a proteção e promoção de direitos e garantia do bem-estar coletivo, ou seja, o papel do Estado é, também, atuar positivamente para proteger e promover direitos, de modo que ele ofende a ordem jurídica não apenas quando comete excessos (intervindo de mateira exagerada ou indevida nas relações sociais), mas também quando deixa de agir em prol dos direitos fundamentais ou o faz de modo insuficiente. Na seara penal, seria o caso de o legislador não criminalizar determinadas condutas que atentem gravemente contra bens jurídicos valiosos (Direito, 2012).

Deste modo, o Estado, em sentido amplo, deve **não cometer excessos** (proibição de excesso) e, também, **proteger de modo eficaz os direitos do homem** (proibição de proteção deficiente).

2.2.3. Contraditório

Previsto no art. 5º, LV, CF, é da essência do processo penal. Decorre do brocardo *audiatur et altera pars* ("ouça-se a outra parte") e objetiva (a) garantir a igualdade processual, colocando acusação e defesa num mesmo patamar dentro do processo e (b) a liberdade processual, permitindo ao acusado constituir um advogado e atuar no processo apresentando provas (Mirabete, 2007).

Um contraditório com qualidade prevê a observância do seguinte **trinômio**:

i) a **intimação** da parte sobre o ato processual praticado;

ii) a possibilidade de **manifestação** a seu respeito;

iii) e que tenha a possibilidade de **influência** na decisão do juiz.

Assim, forma-se o seguinte:

Ciência e informação
Reação e participação
Poder de influência

Aplicando-se analogicamente o Código de Processo Civil, num viés mais constitucional, seria possível sustentar, com as devidas cautelas e sempre analisando o caso concreto à luz dos objetivos do Processo Penal, a aplicação do art. 10, CPC, que dispõe que o juiz não pode decidir, em grau algum de jurisdição, com base em fundamento a respeito do qual não se tenha dado às partes oportunidade de se manifestar, ainda que se trate de matéria sobre a qual deva decidir de ofício.

Consoante a doutrina de Ricardo Silvares e Ronaldo B. Pinto, "trata-se de aplicação pura e simples do contraditório ao processo, no caso, ao processo civil. Ora, o princípio do contraditório não pode ser mais amplo e efetivo no processo civil do que no processo penal. Se no processo civil há possibilidade de prévia manifestação das partes antes de decisão que poder usar fundamento novo, sobre o qual as partes não se manifestaram ao longo da instrução, porque não aplicar essa mesma possibilidade ao processo penal? É justamente nesse que o contraditório tem que ser mais efetivo, tendo em vista os direitos fundamentais em jogo em caso de condenação criminal, sobretudo" (Novo, 2016, p. 23).

Esse, todavia, não foi o entendimento do Superior Tribunal de Justiça. A 3ª Seção (Direito Penal) decidiu que não se aplica o art. 10, CPC, ao processo criminal, pois o processo civil parte do princípio de que todos os sujeitos devem cooperar entre si para que se obtenha uma decisão de mérito justa e efetiva, o que faz bastante sentido em relação a direitos disponíveis – daí se dizer que o juiz não decidirá sem ouvir, antes, as partes. De outro lado, na seara criminal, em que se busca uma suposta verdade real e se lida com direitos indisponíveis, como a liberdade, não há como se esperar que a defesa coopere com a acusação ou com o juízo, em face da garantia à não-incriminação. Logo "a norma do art. 10 do CPC/2015, conhecida como princípio da não-surpresa, não se aplica ao Processo Penal em virtude da principiologia que o rege. Isso porque o Processo Civil parte da premissa de que "todos os sujeitos do processo devem cooperar entre si para que se obtenha, em tempo razoável, decisão de mérito justa e efetiva" (art. 6º), premissa essa que se coaduna perfeitamente com direitos disponíveis e com a possibilidade de conciliação entre as partes a qualquer momento no curso do processo. De outro lado, na seara penal, em que se busca a verdade real e em que se lida com direitos indisponíveis, não há como se esperar que a defesa coopere com a acusação ou com o juízo, em face da garantia constitucional da não-incriminação" (EDcl no AgRg no EREsp nº 1.510.816/PR, rel. Min. Reynaldo Soares da Fonseca, j. 10.05.17).

Destaca-se, ainda, que a Constituição Federal garante o contraditório aos *litigantes* e aos *acusados* em processo judicial ou administrativo; todavia, o inquérito policial, como será visto adiante, não é verdadeiro *processo*, mas *procedimento administrativo*, de forma que não há que se falar na garantia do contraditório perante a fase policial de investigações (STF, ADI nº 4.337/SP, rel. Min. Cármen Lúcia, j. 13.09.19). Além do mais, não há, no inquérito, litigante ou acusado, mas mero investigado (até porque, o delegado de polícia não acusa, mas investiga apenas, colhendo provas sobre o fato criminoso, sem interesse acusatório ou absolutório).

Por fim, é importante saber que Luigi Ferrajoli (Direito, 2002), partindo das ideias do filósofo austríaco Karl Popper, em sua obra "A Lógica da Pesquisa Científica", emprega o termo *falseabilidade* ou *refutabilidade* ao tratar do princípio do contraditório. De forma bastante simples, isso significa que, antes de o julgador tomar uma decisão, ele deve ouvir as razões de todas as partes envolvidas e submetê-las a uma possível situação de incerteza, ou seja, de falseabilidade, o que somente é possível quando se ouve a parte contrária. Desta feita, ao invés de apenas se buscar elementos que *comprovem* a ocorrência de um fato, busca-se, pela falseabilidade, algum elemento que o *refute*, que o afaste.

2.2.4. Ampla defesa

A ampla defesa é a *face externa do contraditório* (art. 5º, LV, CF). Enquanto o agente precisa ter ciência da acusação e possibilidade de participação, externamente isso é visto como ampla defesa, garantindo-se ao litigante que utilize os meios necessários à sua defesa e que o juiz analise as suas razões de reação.

Mesmo sendo um direito constitucional, não há que se falar em contraditório e ampla defesa na fase investigativa, como se estudará adiante (STJ, HC nº 259.930/RJ, rel. Min. Sebastião Reis Júnior, j. 14.05.13).

A ampla defesa pode ser exercida de duas formas:

(a) **autodefesa**, realizada **facultativamente** pelo próprio agente, sendo permitido calar-se ou trazer qualquer elemento de convicção, ainda que não jurídico, o que pode ser bastante útil perante os jurados no tribunal do júri, que decidem de acordo com a íntima convicção, sem justificar, como se verá.

(b) **defesa técnica**, realizada **obrigatoriamente** através de um advogado habilitado (art. 261, CPP), não podendo o réu se autorrepresentar no Processo Penal, a não ser que seja advogado (art. 263, CPP) – além do mais, a correta defesa do réu é de interesse da sociedade, sendo ela irrenunciável (STJ, HC nº 333.602/MT, rel. Min. Rogerio Schietti Cruz, j. 20.04.17). Ver que o Supremo Tribunal Federal não anulou processo cujo defensor estava licenciado perante a OAB, diante da não demonstração de prejuízo ao réu (HC nº 99.457/RS, rel. Min. Cármen Lúcia, j. 13.10.09).

Observa-se que, nos Estados Unidos, o entendimento é de que todo acusado possui o direito ou (a) de ser assistido por um defensor, ou (b) de se defender sozinho em juízo, mesmo não sendo advogado. O fundamento é a 6ª Emenda à Constituição, cuja interpretação é de que como o próprio acusado é quem poderá sofrer as consequências criminais pelo delito praticado, ele próprio possui condições de se defender em juízo (*Faretta vs. California*, 422 U.S 806).

A defesa técnica precisa ser plena e efetiva – isto é, não basta a mera presença física do defensor, devendo ele apresentar suas razões de forma fundamentada; além disso, o defensor precisa ter o tempo mínimo necessário e os meios adequados para preparar a defesa (art. 8.2, *c*, CADH).

De acordo com o Superior Tribunal de Justiça, "tem-se que o direito à ampla defesa apenas se concretiza por meio da informação, que é um dos elementos do contraditório. Assim, deve ser deferido ao acusado e ao seu defensor tempo hábil para preparação e exercício da ampla e efetiva defesa, sob pena de a defesa ser deficiente, sendo, nesse caso, presumido o prejuízo, ou mesmo revelando-se verdadeira falta de defesa" (RHC nº 42.598/SP, rel. Min. Reynaldo Soares da Fonseca, j. 03.05.16).

Autodefesa	Defesa técnica
Feita pelo próprio acusado, é o direito de se defender com o uso de qualquer argumento, ainda que não jurídico. É facultativa.	Feita por advogado habilitado, com uso de argumentos jurídicos e técnicos. É obrigatória. Precisa respeitar um padrão mínimo de qualidade.

Sobre o tema, é importante ressaltar que "a sustentação oral constitui ato essencial à defesa, mormente quando expressamente requerida, como na hipótese dos autos, de modo que a sua frustração viola as garantias do contraditório e da ampla defesa. Isso porque a sustentação oral constitui momento no qual o advogado, seja ele público ou constituído, pode desenvolver oralmente os argumentos apresentados por escrito, buscando reforçá-los perante os julgadores. Trata-se da oportunidade que o causídico tem para esclarecer e rememorar os fatos e fundamentos constantes do processo, almejando a melhor compreensão da matéria em discussão". E mesmo que não haja previsão de sustentação oral para o ato (como, por exemplo, o RITJSP, que não a prevê para a revisão criminal), entende-se que isso não autoriza, de plano, o indeferimento de tal pretensão defensiva oportunamente manifestada, devendo ser prestigiada a garantia à ampla defesa em detrimento da lacuna legal (STJ, HC nº 277.913/SP, rel. Min. Jorge Mussi, j. 18.02.14).

Se o réu não tiver advogado constituído ou este renunciar ao mandato, o juiz, antes de nomear-lhe um novo defensor, deverá intimar o réu, concedendo-lhe a oportunidade de constituir um patrono à sua livre escolha (STJ, HC nº 156.624/BA, rel. Min. Laurita Vaz, j. 11.06.10; e HC nº 224.107/MG, rel. Min. Maria Thereza de Assis Moura, j. 10.06.14). Nesse sentido, aliás, são as súmulas nº 707 e 708 do STF (é nulo o julgamento da apelação se, após a manifestação nos autos da renúncia do único defensor, o réu não foi previamente intimado para constituir outro; e constitui nulidade a falta de intimação do denunciado para oferecer contrarrazões ao recurso interposto da rejeição da denúncia, não a suprindo a nomeação de defensor dativo).

Ressalta-se que, em respeito às garantias constitucionais ao contraditório e à ampla defesa, verificada a inércia do profissional constituído pelo acusado, configura cerceamento de defesa a nomeação direta de defensor dativo (ou a remessa dos autos à Defensoria Pública) sem que antes seja dada oportunidade ao acusado constituir novo advogado de sua confiança (STJ, HC nº 389.899/RO, rel. Min. Reynaldo Soares da Fonseca, j. 23.05.17), tendo em vista que, no caso de inércia do advogado constituído, deve ser o acusado intimado para constituir novo advogado – de sua confiança – para a prática do ato, inclusive por edital, caso não seja localizado e, somente caso não o faça, deve ser nomeado advogado dativo (ou remetido os autos à Defensoria Pública), sob pena de, em assim não se procedendo, haver nulidade absoluta (STJ, HC nº 405.702/PR, rel. Min. Nefi Cordeiro, j. 02.05.18).

A **falta** de defesa técnica, no processo penal, constitui nulidade absoluta, mas se ela for **deficiente** apenas, só se anulará o processo se houver prova de prejuízo ao réu (súmula nº 523 do STF). O tema será estudado detidamente no momento oportuno.

Consoante entendeu o Superior Tribunal de Justiça, se a intimação acerca da sessão de julgamento da apelação for feita em nome do defensor que já havia renunciado seus poderes anteriormente, resta claro o prejuízo que o acusado suportou ao ter a sua apelação julgada sem a existência de uma defesa técnica (HC nº 382.357/SP, rel. Min. Ribeiro Dantas, j. 06.06.17).

Ainda tratando da autodefesa, a doutrina entende que o réu possui o direito de **ser ouvido** (audiência) e de **estar presente** (presença)

O direito de ser ouvido materializa-se, principalmente, pelo interrogatório, realizado ao final do processo, além de outros atos; do mesmo modo, pode o réu preferir permanecer em silêncio. Como se verá, no exercício da autodefesa, ele não poderá mentir ou se calar na primeira fase do interrogatório (qualificação pessoal), sob pena de incorrer na contravenção penal do art. 68 da Lei de Contravenções ou nos arts. 304 ou 307 do Código Penal (STJ, REsp nº 1.091.510/RS, rel. Min. Maria Thereza de Assis Moura, j. 08.11.11). Já na segunda fase do interrogatório (versão dos fatos), seria permitido ocultar a verdade ou até mesmo mentir, uma vez que, no Brasil, não há a figura penal do "perjúrio" em relação ao réu, já que ele não é obrigado a dizer a verdade e nem a produzir prova contra si. Até existe Projeto de Lei em andamento no Congresso Nacional para alterar o Código Penal (PL nº 4.192/15, da Câmara dos Deputados), que prevê a criação do art. 343-A, prevendo ser crime fazer afirmação falsa como investigado ou como parte em investigação ou processo, judicial ou administrativo, inclusive com causa de aumento de pena se tratar-se de investigação criminal ou processo penal – o que, claramente, afronta a Constituição Federal.

Quanto ao direito de presença, trata-se de uma faculdade também, não estando o réu obrigado a comparecer aos atos processuais – até porque, se pode ele preferir permanecer em silêncio, não haveria lógica exigir a sua presença física (salvo, claro, para a realização de atos de reconhecimento, cuja posição do agente é passiva, como se verá).

Consoante entendeu a Suprema Corte, não é compatível com a Constituição Federal a determinação de condução coercitiva do investigado/acusado para fins de ser interrogado, sob pena de se ferir os direitos de locomoção e de presunção de inocência (ADPF nº 395/DF e 444/DF, rel. Min. Gilmar Mendes, j. 14.06.18). Maiores detalhes serão vistos nos capítulos referentes às provas e aos sujeitos processuais.

Se o juiz verificar que a presença do réu poderá causar humilhação, temor, ou sério constrangimento à testemunha ou ao ofendido, de modo que prejudique a verdade do depoimento, fará a inquirição por videoconferência e, somente na impossibilidade dessa forma, determinará a retirada do réu, prosseguindo na inquirição, com a presença do seu defensor (art. 217, CPP).

Quanto à ausência de requisição do acusado preso para comparecer em audiência para oitiva de testemunhas, não há posição pacífica. Uns entendem haver nulidade relativa e, outros, haver nulidade absoluta. O Supremo Tribunal Federal já se manifestou no sentido de que "o acusado, embora preso, tem o direito de comparecer, de assistir e de presenciar, sob pena de nulidade absoluta, os atos processuais, notadamente aqueles que se produzem na fase de instrução do processo penal, que se realiza, sempre, sob a égide do contraditório. São irrelevantes, para esse efeito, as alegações do Poder Público concernentes à dificuldade ou inconveniência de proceder à remoção de acusados presos a outros pontos do Estado ou do País, eis que razões de mera conveniência administrativa não têm – nem podem ter – precedência sobre as inafastáveis exigências de cumprimento e respeito ao que determina a Constituição" (HC nº 86.634/RJ, rel. Min. Celso de Mello, j. 18.12.06). De igual modo, "a ausência dos réus presos em outra comarca à audiência para oitiva de vítima e testemunhas da acusação constitui nulidade absoluta, independentemente da aquiescência do Defensor e da matéria não ter sido tratada em alegações finais" (STF, HC nº 111.728/SP, rel. Min. Cármen Lúcia, j. 19.02.13).

E já decidiu a mesma Suprema Corte, mais recentemente, no sentido de que "a ausência de réu preso em audiência de oitiva de testemunha, realizada em cumprimento de carta precatória, não constitui nulidade quando a defesa, *devidamente intimada*, não manifesta expressamente intenção de requisição do acusado. Entendimento reafirmado pelo Plenário desta Corte no julgamento da Questão de Ordem no RE 602.543/RS-RG, Rel. Min. Cezar Peluso. Precedentes" (HC nº 110.910/SP, rel. Min. Teori Zavascki, j. 27.05.14).

De outro lado, assim já manifestou o Superior Tribunal de Justiça: "a autodefesa desdobra-se em 'direito de audiência' e em 'direito de presença', é dizer, tem o acusado o direito de ser ouvido e falar durante os atos processuais (e não apenas, como se verifica no direito brasileiro, em seu interrogatório judicial), bem assim o direito de assistir à realização dos atos processuais, sendo dever do Estado facilitar seu exercício, máxime quando o imputado se encontre preso, impossibilitado de livremente deslocar-se ao fórum. Não se trata, contudo, de direito indisponível e irrenunciável do réu, tal qual a defesa técnica – conforme positivado no art. 261 do CPP, cuja regra ganhou envergadura constitucional com os arts. 133 e 134 da Carta de 1988 –, de modo que o não comparecimento do acusado às audiências não pode ensejar, por si, a declaração de nulidade absoluta do ato, sendo imprescindível a comprovação de prejuízo e a sua arguição no momento oportuno" (HC nº 127.902/SP, rel. Min Rogerio Schietti Cruz, j. 24.04.14).

Não bastasse, o Superior Tribunal de Justiça também já decidiu no sentido de que a ausência do réu na audiência de instrução não configura nulidade se a ela compareceu seu defensor e não lhe tenha sobrevindo qualquer prejuízo (HC nº 131.655/SP, rel. Min. Felix Fischer, j. 09.03.10).

No mais, pergunta-se: o réu, dentro de sua ampla defesa, possui capacidade postulatória? Em alguns casos específicos, sim. São exemplos a impetração de *habeas corpus* (art. 654, CPP), a interposição de recursos (art. 577, CPP), o ajuizamento de revisão criminal (art. 623, CPP) e a formulação de pedidos na execução penal (art. 195, LEP). Nesses casos, não se exige que os pedidos sejam feitos por um advogado habilitado, tendo o próprio acusado capacidade postulatória (de pedir) em juízo.

Por fim, vale atentar que, no tribunal do júri, fala-se em *plenitude de defesa* (art. 5º, XXXVIII, a, CF), como se estudará oportunamente. Isso significa, basicamente, que, além da *ampla defesa* comum, ordinária, aplicada a todos os processos penais, no júri o réu e seu defensor poderão utilizar quaisquer argumentos, ainda que não jurídicos, em sua defesa, como temas sociais, políticos ou emocionais. Em razão da plenitude de defesa – já que se trata dos graves crimes contra a vida, de competência do tribunal do júri –, o juiz, constantemente, está acompanhando a qualidade da defesa técnica pelo advogado, podendo, inclusive, se o caso, declarar o acusado indefeso, dissolver o conselho de sentença e marcar novo julgamento (art. 497, V, CPP).

2.2.5. Juiz natural

O agente deve ser processado e sentenciado por um juiz cuja competência seja pré-fixada pela Constituição Federal e pelas leis (art. 5º, LIII, CF), de modo objetivo e genérico, sendo vedada a criação de tribunais de exceção (art. 5º, XXXVII e LIII, CF). É também chamado de princípio do *juiz legal*.

Um tribunal de exceção é aquele criado após o fato e para julgar um caso determinado, dificilmente tendo imparcialidade; ou então, é aquele criado para julgar *ad personam*, isto é, em razão de uma pessoa ou grupo de pessoas específico. Isto não se confunde com as Justiças Especializadas, que são compatíveis com a Constituição Federal, pois criadas antes do fato a ser julgado e possuem regras fixadas em leis prévias – como a Justiça Militar e a Eleitoral, por exemplo.

O foro por prerrogativa de função – criado conforme as normas objetivas vigentes – não viola o juiz natural, uma vez que diz respeito à função ou ao cargo, e não à pessoa em si (ADI nº 2.797, rel. Min. Sepúlveda Pertence, j. 15.09.05). Na verdade, o próprio juiz natural do agente detentor de foro privativo será um tribunal, cujas regras estarão previamente fixadas na Constituição Federal, consoante ainda será estudado.

Ademais, a participação de juízes de primeiro grau convocados para atuar em turma/câmara de tribunal também não viola o princípio em análise, até porque, visa-se a duração razoável do processo (STF, RHC nº 109.070/DF, rel. Min. Joaquim Barbosa, j. 15.05.12); da mesma forma, a atuação de juízes convocados pelo STJ/STF para atuar em atos de instrução (Lei nº 12.019/09, art. 3º, III). Conforme a Suprema Corte, “não viola o princípio do juiz natural o julgamento de apelação por órgão colegiado presidido por Desembargador, sendo os demais integrantes juízes convocados" (HC nº 101.473/SP, rel. Min. Marco Aurélio, j. 12.02.16), considerando-se constitucionais as leis que autorizam a convocação de juízes de primeiro grau para substituição de desembargadores (HC nº 96.821/SP, rel. Min. Ricardo Lewandowski, j. 08.04.10). Igualmente, não ofende o princípio do juiz natural a designação de magistrados em regime de mutirão (cível, penal ou carcerário), no interesse objetivo da jurisdição, para atuar em feitos genericamente atribuídos e no objetivo da mais célere prestação jurisdicional (STJ, HC nº 449.361/PR, rel. Min. Reynaldo Soares da Fonseca, j. 12.03.19).

Outro entendimento importante afirma que "o desaforamento do julgamento perante o tribunal do júri não viola o princípio do juiz natural, nem configura tribunal de exceção (*ad hoc*). Trata-se, tão somente, de garantia à isenção e imparcialidade do julgamento" (STJ, HC nº 163.800/MG, rel. Laurita Vaz, j. 17.03.11). O assunto será estudado em capítulo próprio, referente ao rito dos crimes dolosos contra a vida.

Ainda, a criação de novas varas, modificando competências já preexistentes, e que acaba por redistribuir feitos, não viola o princípio do juiz natural (STJ, HC nº 283.173/CE, rel. Min. Ericson Maranhão, j. 24.03.15); da mesma forma, o envio de ação penal a uma Vara Especializada recém-criada também não ofende o princípio do juiz natural, até porque se está diante de competência absoluta (STJ, AgRg no REsp 1.434.434/SP, rel. Min. Marco Aurélio Bellizze, j. 27.05.14). Vale ressaltar que parte (minoritária) da doutrina afirma que a competência penal é fixada no momento em que cometido o crime, não se permitindo alterações posteriores.

Exemplo: processo tramitou inicialmente na Vara Criminal da Comarca de Juazeiro/BA e depois foi remetido à 2ª Vara Criminal da mesma comarca, em razão da sua criação por motivos de organização judiciária, sendo então sentenciado. Para o Superior Tribunal de Justiça, é válida a redistribuição do processo já que a finalidade sempre é a melhor prestação da jurisdição, e não remanejar um processo específico, o que seria, daí sim, vedado pela Constituição Federal (HC nº 322.632/BA, rel. Min. Rogerio Schietti Cruz, j. 01.09.15).

É curioso saber que a previsão em lei local de mandato para a ocupação de titularidade de vara especializada em crime organizado viola o princípio do juiz natural, além de invadir competência da União para tratar sobre matéria processual, cf. o art. 22, I, CF (STF, ADI nº 4.414/AL, rel. Min. Luiz Fux, j. 31.05.12).

No mais, vale observar a Lei nº 12.694/12, que trata do processo e julgamento colegiado em primeiro grau de jurisdição de crimes praticados por organizações criminosas. Estabelece a lei que o juiz, em processos ou procedimentos que tenham por objeto crimes praticados por organizações criminosas, poderá decidir pela formação de colegiado para a prática de determinados atos, como decretação de prisão, prolatação de sentença, progressão de regime etc. (art. 1º).

Conforme o § 1º do art. 1º da mencionada lei, o juiz poderá instaurar o colegiado, indicando os motivos e as circunstâncias que acarretam risco à sua integridade física em decisão fundamentada, da qual será dado conhecimento ao órgão correicional. O colegiado será formado pelo juiz do processo e por dois outros juízes escolhidos por sorteio eletrônico dentre aqueles de competência criminal em exercício no primeiro grau de jurisdição (§ 2º). A competência do colegiado limita-se ao ato para o qual foi convocado (§ 3º). As decisões do colegiado, devidamente fundamentadas e firmadas, sem exceção, por todos os seus integrantes, serão publicadas sem qualquer referência a voto divergente de qualquer membro (§ 6º).

Desta forma, vê-se que o juiz do caso, com competência fixada anteriormente, participará normalmente das decisões, apenas sendo incluídos outros dois julgadores, sorteados eletronicamente, por razões de segurança. Respeita-se, com isso, o princípio do juiz natural, não havendo juiz de exceção ou sob encomenda. Aliás, entende-se que a formação deste colegiado é constitucional, garantindo outros princípios, como a publicação e motivação das decisões, bem como a garantia da ampla defesa e do contraditório por parte do investigado/acusado

Por fim, a Corte Especial do Superior Tribunal de Justiça entendeu que o Ministro que perde a sustentação oral das partes não poderá julgar o processo, apoiando-se, dentre outros, no princípio do juiz natural, sob pena de o advogado não conseguir influenciar, devidamente, os julgadores do seu caso, até porque, é uma garantia das partes saber qual é o quórum para o julgamento do seu processo (QO-EREsp nº 1.447.624/SP, rel. Min. Raul Araújo, j. 15.08.18). No entanto, se, mesmo com a exclusão do voto do julgador ausente, permanecer maioria contrária à pretensão da parte, não haverá nulidade, diante da ausência de prejuízo (STJ, AgRg no HC nº 554.498/MG, rel. Min. Ribeiro Dantas, j. 05.05.20).

2.2.6. Promotor natural

O postulado do promotor natural, que se revela imanente [inerente] ao sistema constitucional brasileiro, repele, a partir da vedação de designações casuísticas efetuadas pela chefia da instituição, a figura do *acusador de exceção*. Esse princípio consagra uma garantia de ordem jurídica, destinada tanto a **proteger o membro do Ministério Público** (na medida em que lhe assegura o exercício pleno e independente do seu ofício) quanto a **tutelar a própria coletividade** (a quem se reconhece o direito de ver atuando, em quaisquer causas, apenas o promotor cuja intervenção se justifique a partir de critérios abstratos e predeterminados, estabelecidos em lei). A matriz constitucional desse princípio assenta-se nas cláusulas da *independência funcional* e da *inamovibilidade* dos membros da instituição. O postulado do promotor natural limita, por isso mesmo, o poder do Procurador-Geral que, embora expressão visível da unidade institucional, não deve exercer a chefia do Ministério Público de modo hegemônico e incontrastável (STF, HC nº 67.759/RJ, rel. Min. Celso de Mello, 06.08.92).

Vale ressaltar que a designação prévia e motivada de um membro do Ministério Público para atuar, por exemplo, num julgamento do tribunal júri, em virtude de situação justificada, em observância à Lei Orgânica Nacional do Ministério Público, não viola o princípio do promotor natural (STF, HC nº 103.038/PA, rel. Min. Joaquim Barbosa, j. 11.10.11).

No mais, entende-se, atualmente, após polêmica sobre o tema, que o Ministério Público Estadual tem legitimidade para atuar diretamente no STJ/STF (por seu Procurador-Geral, Procuradores ou Promotores), nos processos em que figure como parte, como no mandado de segurança, em reclamação, nos recursos contra decisões do STJ/STF etc. (STF, RG-RE nº 985.392/RS, rel. Min. Gilmar Mendes, j. 26.05.17). Conforme a tese nº 946 da repercussão geral, "os Ministérios Públicos dos Estados e do Distrito Federal têm legitimidade para propor e atuar em recursos e meios de impugnação de decisões judiciais em trâmite no STF e no STJ, oriundos de processos de sua atribuição, sem prejuízo da atuação do Ministério Público Federal", que continuará atuando como *custus juris* nos Tribunais Superiores.

O entendimento anterior era de que o Ministério Públicos dos Estados até poderia interpor os recursos que entendesse cabíveis, mas, após isso, a atribuição para oficiar perante o STJ/STF seria do Ministério Público Federal, por meio de seu Procurador-Geral ou Subprocuradores.

Maiores detalhes serão vistos no capítulo específico acerca dos sujeitos do processo.

2.2.7. Defensor natural

Em princípio, é possível sustentar a sua existência. O Processo Penal só existirá quando houver um juiz, um acusador e um defensor. Todos – sem exceção – devem ter sua competência/atribuição prevista em lei, vedando-se designações arbitrárias ou imotivadas.

O art. 4º-A, IV, LC nº 80/94, dispõe ser direito do assistido pela Defensoria Pública "o patrocínio de seus direitos e interesses pelo Defensor Natural", o que, inclusive, já foi mencionado pelo Superior Tribunal de Justiça (HC nº 332.895/SC, rel. Min. Felix Fischer, j. 20.10.16).

O Supremo Tribunal Federal (HC nº 123.494/ES, rel. Teori Zavascki, j. 16.02.16) chegou, também, a mencionar a existência da figura do defensor natural, afirmando ser vedada a *parcialidade nas designações* dos defensores públicos. Todavia, no caso, um defensor público (que atuava em duas comarcas) não chegou a tempo para uma audiência, tendo o juiz designado, de pronto, um advogado *ad hoc*. Para a Corte, não houve nulidade, pois, além de a atuação do substituto ter sido satisfatória, o órgão da Defensoria Pública não tem exclusividade para atuar nas causas em que figure um carente.

Maiores detalhes serão vistos no capítulo específico acerca dos sujeitos do processo.

2.2.8. Igualdade processual

Nas palavras de Tourinho Filho, "no processo, as partes, embora figurem em polos opostos, situam-se no mesmo plano, com iguais direitos, ônus, obrigações e faculdades" (Manual, 2008, p. 18). Relaciona-se tal princípio com o contraditório e com a ampla defesa. Se uma parte se manifesta, a outra deverá ser intimada e terá a oportunidade de também influenciar o juiz com a sua manifestação.

Para que haja a desejada igualdade, é necessário que as partes tenham "acesso às mesmas armas" (**princípio da paridade de armas**). Parte da doutrina (Nucci, 2007) afirma que há uma desigualdade inicial na persecução penal, principalmente quanto ao aparato investigativo. Por outro lado, tentando contrabalancear isso, o Código de Processo Penal defere instrumentos que são exclusivos da defesa, como o recurso de embargos infringentes e a possibilidade de revisão criminal *pro reo* apenas – temas que serão vistos oportunamente.

2.2.9. Presunção de inocência

De acordo com a Constituição Federal (art. 5º, LVII), ninguém será considerado culpado até o trânsito em julgado da sentença condenatória final. O Código de Processo Penal traz disposição semelhante (art. 283). Assim, toda pessoa acusada de um delito tem direito a que se presuma sua inocência enquanto não for legalmente comprovada a sua culpa (art. 8.2, CADH; e art. 14.2, do Pacto Internacional sobre Direitos Civis e Políticos – Decreto nº 592/92).

Há quem diferencie *presunção de inocência* de *presunção de não culpabilidade*. Afirma-se que não se pode presumir a inocência de uma pessoa se contra ela foi instaurada uma ação penal, diante da exigência de comprovação de indícios mínimos (justa causa); seria possível, isso sim, presumir a sua não culpabilidade até a – eventual – condenação final. Seja como for, não há diferenças práticas significativas quanto ao emprego destes termos.

Classicamente, a presunção de inocência possui três nuances:

a) É **regra de tratamento**, tanto ao Poder Legislativo quanto ao operador do Direito e à sociedade. É a própria essência da presunção de inocência, tanto que o Superior Tribunal de Justiça afirma ser vedada a utilização de inquéritos policiais e ações penais em andamento para agravar a pena-base (súmula nº 444). Isso porque, se não há uma decisão definitiva, o agente é considerado presumivelmente inocente, não podendo ter agravada a sua condição. Além do mais, as prisões cautelares (preventiva e temporária) somente serão decretadas de forma excepcional, consoante a necessidade e a adequação da medida (art. 282, *caput*, e seus parágrafos, CPP), assim como qualquer outra medida restritiva de direitos, que somente serão executáveis quando indispensáveis ao desenrolar da persecução penal, tal como uma interceptação telefônica (STF, HC nº 108.147/PR, rel. Min. Cármen Lúcia, j. 11.12.12).

b) É **dever da acusação trazer os elementos de prova** que possam levar à condenação do acusado, já que este está em seu *estado permanente de inocência*; ao réu, como será visto oportunamente, caberá demonstrar causas que excluam a culpabilidade ou a ilicitude – muito embora possa o juiz absolver quando houver dúvida em relação à ocorrência delas (art. 386, VI, CPP).

c) A **prisão definitiva** em razão de uma decisão condenatória somente é possível após o trânsito em julgado (esgotamento dos recursos).

O Supremo Tribunal Federal fixou o entendimento no sentido de que se exige o trânsito em julgado da condenação para que se dê início ao cumprimento da pena, o que é compatível com o princípio da presunção de inocência, nos termos do art. 5º, LVII, CF.

Veda-se, com isso, a outrora permitida "execução provisória da pena". É possível que o agente seja preso antes do trânsito em julgado, é claro, mas desde que numa das hipóteses que autorize a prisão preventiva, consoante o art. 312, CPP (Plenário, ADC nº 43/DF, 44/DF e 54/DF, rel. Min. Marco Aurélio, j. 07.11.19).

Esse atual entendimento passou, anteriormente, pelas seguintes fases:

É possível, conforme o STF, a execução provisória da pena, ou seja, iniciar o seu cumprimento antes de se esgotarem todos os recursos?			
1991	**SIM**	HC nº 68.726/RJ	Recurso extraordinário e especial são recebidos sem efeito suspensivo, de modo que a condenação por órgão de segundo grau não conflita com o princípio da presunção de inocência.
2009	**NÃO**	HC nº 84.078/MG	A prisão, antes do trânsito em julgado, só pode ser decretada a título cautelar, devendo ser observado que a LEP exige o trânsito em julgado para o início da execução da pena.
2016	**SIM**	HC nº 126.292/SP ARE nº 964.246/SP	O STF sempre se guiou, historicamente, pela possibilidade de execução provisória, de modo que não há colisão com a presunção de inocência. Além disso, RE e REsp não possuem efeito suspensivo, autorizando a execução da decisão condenatória de pronto. Após decisão condenatória de 2º grau não há mais análise de provas/fatos. Equilibra-se a presunção de inocência com a segurança social e a efetividade das decisões penais.
2019	**NÃO**	ADC 43, 44 e 54/DF	Antes do trânsito em julgado, só se permite prisão cautelar, baseada numa das hipóteses do art. 312, CPP. O art. 283 do CPP é constitucional, nos termos do art. 5º, LVII, CF.

Desta forma, atualmente, depois de muitas idas e vindas, fixou-se, que o art. 283, CPP, que exige o trânsito em julgado da decisão condenatória para que se inicie o cumprimento de pena, é constitucional, ou seja, compatível com o princípio da presunção de inocência, previsto no art. 5º, LVII, CF. Veda-se, portanto, a execução provisória da pena. Esta decisão é vinculante, obrigando a todos os magistrados do Brasil, uma vez que foi tomada no âmbito do controle objetivo de controle de constitucionalidade (art. 28, p.ú., Lei nº 9.868/99). Esse cenário pode ser alterado no futuro, em razão da (constante) alteração da composição do Supremo Tribunal Federal, caso um Ministro que se aposente/saia dê vaga a um Ministro de opinião contrária, por exemplo.

Em suma, esses foram os principais argumentos utilizados pelo Ministro Marco Aurélio, relator das ações constitucionais, para proibir a execução provisória da pena:

➢ O texto literal do art. 5º, LVII, CF, não deixa dúvidas: "ninguém será considerado culpado até o trânsito em julgado de sentença penal condenatória". Em sentido similar, o atual art. 283, CPP, com redação agora dada pela Lei nº 13.964/19, dispõe que "ninguém poderá ser preso senão em flagrante delito ou por ordem escrita e fundamentada da autoridade judiciária competente, em decorrência de prisão cautelar ou em virtude de condenação criminal transitada em julgado". A culpa somente surge após o trânsito em julgado, sendo descabido inverter a ordem natural do processo criminal.

- A custódia provisória, antes do trânsito em julgado, só existe de forma cautelar, sempre associada ao flagrante, à temporária ou à preventiva, e não a título de sanção antecipada. A reforma processual promovida pela Lei nº 12.403/11 revelou ter sido essa a opção do Poder Legislador.
- A execução "antecipada" pressupõe que, se alterado o resultado do processo, o estado anterior seja retomado, o que é impossível quando se fala em liberdade das pessoas.
- O abandono do sentido unívoco do texto da Constituição Federal gera perplexidades, de modo que se precisou declarar a constitucionalidade de um texto do CPP que remete o texto constitucional.
- Não há argumentos metajurídicos, mas apenas o texto literal da CF.
- O trânsito em julgado é um marco seguro para a severa limitação da liberdade, diante da possibilidade de reversão da decisão condenatória nas instâncias superiores.
- Pelo princípio do "terceiro excluído" (uma coisa é ou não é, não havendo espaço para meio termo), ou bem se alcança o trânsito em julgado, ou não há como se executar a pena de forma antecipada.
- O quadro atual de delinquência e de corrupção apenas exige que a marcha processual deve ser mais segura ainda, lastreada na lei e na Constituição Federal.

No mais, a jurisprudência da 3ª Seção do STJ, que reúne ambas as Turmas em matéria criminal, por maioria, fixou que **não se admite a execução provisória de pena restritiva de direitos**, considerando o disposto no art. 147, LEP, que exige o trânsito em julgado da decisão condenatória (EREsp nº 1.619.087/SC, rel. p/ ac. Min. Jorge Mussi, j. 14.06.17). Em igual sentido, o Plenário da Suprema Corte entendeu pela necessidade de se aguardar o trânsito em julgado para o início da execução da pena restritiva de direitos (EDv no AgRg no RE nº 1.214.102/SC, rel. Min. Cármen Lúcia, j. 22.06.20).

Por fim, quanto à execução da pena de **multa**, o art. 50, CP, exige, taxativamente, o trânsito em julgado para a sua execução. De igual modo prevê o art. 164 da Lei de Execução Penal, que condiciona a execução da pena de multa à certidão da sentença condenatória com trânsito em julgado.

2.2.10. Publicidade

A publicidade é a regra (arts. 5º, LX, e 93, IX, CF), só se permitindo sua restrição, de modo excepcional, por motivos de **intimidade** ou **interesse social**, devendo ser fundamentada essa decisão (STF, RMS nº 23.036/RJ, rel. Min. Nelson Jobim, j. 28.03.06).

Nos termos exatos da Constituição Federal, "todos os julgamentos dos órgãos do Poder Judiciário serão públicos, e fundamentadas todas as decisões, sob pena de nulidade, podendo a lei limitar a presença, em determinados atos, às próprias partes e a seus advogados, ou somente a estes, em casos nos quais a preservação do direito à intimidade do interessado no sigilo não prejudique o interesse público à informação" (art. 93, IX). E, ainda, "a lei só poderá restringir a publicidade dos atos processuais quando a defesa da intimidade ou o interesse social o exigirem" (art. 5º, LX).

Entre as partes envolvidas no processo, a publicidade, como regra, é absoluta, ressalvados os documentos ainda em sigilo no decorrer das investigações – tema a ser aprofundado no estudo das investigações criminais.

Assim, "é direito do defensor, no interesse do representado, ter acesso amplo aos elementos de prova que, já documentados em procedimento investigatório realizado por órgão com competência de polícia judiciária, digam respeito ao exercício do direito de defesa" (súmula vinculante nº 14).

Desta forma, se, por exemplo, uma interceptação telefônica já foi concluída e está encartada nos autos, o advogado terá pleno acesso a ela (STF, HC nº 88.190/RJ, rel. Min. Cezar Peluso, j. 29.09.06); todavia, se a diligência investigativa está em andamento, o advogado não terá direito de acesso ainda (AgRg na Rcl nº 22.062/SP, rel. Min. Roberto Barroso, j. 15.03.16).

Entendeu a Suprema Corte que a negativa de acesso aos acordos de colaboração premiada pelo investigado delatado não afronta a súmula vinculante nº 14, na medida em que não é o acordo em si que repercute na esfera jurídica do investigado, mas os elementos de prova produzidos a partir dele; após o recebimento da denúncia, se for o caso de instaurar a ação penal, o acordo será público e o investigado terá acesso a ele (1ª T., AgRg no Inq nº 4.405/DF, rel. Min. Roberto Barroso, j. 27.02.18). Vale registrar posição contrária dentro do próprio Tribunal Supremo, no sentido de que é possível ao delatado ter acesso ao depoimento do colaborador, desde que haja apontamento de responsabilidade penal do requerente e desde que não diga respeito a diligência em andamento (2ª T., Rcl nº 24.116/SP, rel. Min. Gilmar Mendes, j. 13.12.16).

Como bem entende o Superior Tribunal de Justiça, é necessária a comprovação de prejuízo à defesa pela falta de acesso aos autos para que se reconheça uma nulidade processual. Assim, se a defesa não demonstra o prejuízo que suportou com a alegada falta de acesso integral aos autos, não há como se reconhecer nenhuma nulidade (HC nº 376.728/SC, rel. Min. Felix Fischer, j. 10.10.17).

No mais, o juiz tomará as providências necessárias à preservação da intimidade, vida privada, honra e imagem do ofendido, podendo, inclusive, determinar o **segredo de justiça** em relação aos dados, depoimentos e outras informações constantes dos autos a seu respeito para evitar sua exposição aos meios de comunicação (art. 201, § 6º, CPP). Ainda, se da publicidade da audiência, da sessão ou do ato processual, puder resultar escândalo, inconveniente grave ou perigo de perturbação da ordem, o juiz, ou o tribunal, câmara, ou turma, poderá, de ofício ou a requerimento da parte ou do Ministério Público, determinar que o ato seja realizado a **portas fechadas**, limitando o número de pessoas que possam estar presentes (art. 792, § 1º, CPP).

2.2.11. Motivação das decisões

O juiz é livre para decidir, desde que o faça motivadamente, sob pena de nulidade (art. 93, IX, CF). Uma decisão fundamentada permite o exercício do contraditório e da ampla defesa pelo acusado, que poderá analisar as razões utilizadas pelo juiz e, se o caso, poderá recorrer; além disso, permite que a sociedade exerça um controle social sobre as decisões judiciais.

Nos termos do Código de Processo Penal, o juiz é livre para decidir, apreciando todas as provas do processo, bastando motivar (princípio do livre convencimento motivado – art. 155) – embora a doutrina traga situações em que o juiz tem pouca (ou mesmo nenhuma, para alguns) margem de livre convencimento, tal como a análise do exame de corpo de delito (art. 158, CPP), a morte do agente (art. 62, CPP) e a inimputabilidade do réu (art. 149, CPP).

Como o juiz deve fundamentar sua decisão de acordo com as provas produzidas no processo, sob o crivo do contraditório e da ampla defesa, aplica-se o brocardo *quod non est in actis non est in mundo*, ou seja, o que não estiver dentro do processo, nos autos, é como se não existisse (ou "o que não está nos autos, não está no mundo").

No tribunal do júri, há a mitigação da obrigatoriedade de motivação (STJ, HC nº 209.107/PE, rel. Min. Jorge Mussi, j. 04.10.11), pois o conselho de sentença, formado pelos jurados leigos, não é obrigado a (e nem pode) motivar/fundamentar o seu entendimento – até porque, vigora a incomunicabilidade dos jurados e o princípio da íntima convicção (art. 5º, XXXVIII, *b*, CF).

Consoante entendimento do Supremo Tribunal Federal (AI nº 105.349/PE, rel. Min. Gilmar Mendes, j. 23.06.10), a decisão judicial deve ser fundamentada, ainda que suscintamente, mas não se exige o exame pormenorizado de cada uma das alegações ou provas e nem que os fundamentos sejam corretos – o tópico será aprofundado no estudo das decisões judiciais.

Desta forma, prevê o art. 315, § 2º, CPP, cf. Lei nº 13.964/19, que não se considerará fundamentada a decisão judicial que (a) se limitar à indicação, reprodução ou paráfrase de ato normativo, sem explicar a relação com a questão decidida; ou que (b) empregar conceitos jurídicos indeterminados, sem explicar o motivo concreto da incidência; ou que (c) invocar motivos genéricos que se prestariam a justificar qualquer decisão; ou (d) que não enfrentar todos os argumentos deduzidos no processo capazes de, em tese, infirmar a conclusão adotada pelo julgador; ou que (e) se limitar a invocar precedente ou enunciado sumular sem identificar seus fundamentos determinantes nem demonstrar que o caso sob julgamento se ajusta àqueles fundamentos; ou que (f) deixar de seguir enunciado sumular, de jurisprudência ou precedente invocado sem demonstrar a existência de distinção ou superação do entendimento (incs. I a VI).

Assim, é vedado ao julgador limitar-se a apenas reproduzir a decisão combatida para julgar improcedente o recurso interposto, sem enfrentar os argumentos deduzidos capazes de alterar o resultado do julgamento, pois é dever do julgador, conforme os princípios do contraditório e da cooperação, enfrentar as questões trazidas pelas partes capazes de modificar a decisão (STJ, REsp nº 1.622.386/MT, rel. Min. Nancy Andrighi, j. 20.10.16).

Em caso julgado pelo Superior Tribunal de Justiça, entendeu-se que o juiz deve justificar a decisão que autoriza a realização de interceptação telefônica. Logo, decisões como "considerando o parecer favorável do MP, defiro" ou "face a concordância do MP, defiro", não são consideradas motivadas, não havendo sequer remissão aos fundamentos legais possíveis. Por essa razão, diante da ausência de fundamentação, anulou-se a prova colhida, já que consideradas ilegais as interceptações realizadas (REsp nº 1.691.902/AP, rel. Min. Nefi Cordeiro, j. 28.11.17). De maneira similar, entende a Suprema Corte que a interceptação telefônica deve durar no máximo 15 dias, podendo ser renovada por igual período, não havendo restrição legal ao número de vezes, desde que comprovada a sua necessidade e bem fundamentada a decisão (HC nº 133.148/ES, rel. Min. Ricardo Lewandowski, j. 21.02.17).

Desta forma, "a jurisprudência do Supremo Tribunal Federal – tratando-se de medidas restritivas da esfera jurídica de pessoas sob investigação penal do Estado (interceptação telefônica, quebra de sigilo, busca e apreensão, v.g.) ou cuidando-se de decretação de prisão cautelar – mostra-se severa, pois **exige que a decisão judicial que ordena qualquer dessas providências, sempre excepcionais, apoie-se em fundamentação substancial**, sob pena de nulidade do próprio ato decisório (HC nº 129.6464/SP, rel. Min. Celso de Mello, j. 07.11.18). Assim, por exemplo, deverá o juiz fundamentar de forma concreta a necessidade da medida, não bastando alegações genéricas como "necessidade de aprofundar as investigações" ou "apurar o *modus operandi*" (STJ, HC nº 498.699/MG, rel. p/ ac. Min. Sebastião Reis Júnior, j. 13.08.19.

Concluindo, interessante é a possibilidade de adoção da chamada **fundamentação aliunde** (ou *per relationem ou referenciada* – que traz o sentido "de outro lugar", "que possui outra referência ou fonte", de origem latina *alius + unde*), que ocorre na situação em que o juiz adota como razão de decidir uma manifestação anterior do Ministério Público ou da defesa, ou mesmo uma decisão prévia e própria; ou o caso em que o desembargador adota, em seu voto, os argumentos utilizados pelo juiz de primeiro grau, por exemplo. A jurisprudência tem aceitado esse tipo de fundamentação, emprestando-se uma fundamentação alheia já contida no processo como razão de decidir (STJ, AgRg no AREsp nº 308.366/MG, rel. Min. Marco Aurélio Bellizze, j. 19.09.13; e STF, HC nº 98.814/RS, rel. Min. Ellen Gracie, j. 23.06.09). Todavia, é preciso que ao lado da fundamentação *per relationem* exista algum outro texto do julgador, indicando a adoção desta espécie de motivação, não sendo suficiente a mera transcrição de uma decisão anterior ou de um parecer ministerial, sob pena de ofensa ao art. 93, IX, CF (STJ, HC nº 426.170/RS, rel. Min. Ribeiro Dantas, j. 08.02.18).

Ressalta-se que motivação *per relationem* não se confunde com **motivação implícita**. Naquela, a motivação é emprestada de uma manifestação anterior, contida nos autos, para outra, que se quer produzir; já na motivação implícita, há o emprego de um mero raciocínio lógico, em que uma decisão num sentido exclui, *logicamente*, outra em sentido contrário. É o que se dá, por exemplo, quando o tribunal reconhece expressamente a ocorrência de latrocínio, quedando-se silente sobre o pleito de desclassificação para homicídio, de modo que, por lógica, este restou afastado. Badaró defende que, mais importante do que saber o resultado da decisão é conhecer a construção dos argumentos, ou seja, a motivação implícita apenas permite saber que a questão alegada foi rejeitada, mas não se permite saber o motivo disso, de forma que deve ser rechaçada a motivação implícita (Processo, 2015).

O Supremo Tribunal Federal possui julgados antigos divergentes. De um lado, vedou-se a motivação implícita, haja vista que a decisão judicial deve conter, exatamente, relatório, fundamentação e dispositivo, não existindo espaço para julgamentos implícitos (HC nº 78.401/SP, rel. Min. Marco Aurélio, j. 02.03.99); de outro lado, decidiu-se que "quando a decisão acolhe fundamentadamente uma tese, afasta implicitamente as que com ela são incompatíveis, não sendo necessário o exame exaustivo de cada uma das que não foram acolhidas" (HC nº 76.420/SP, rel. Min. Maurício Corrêa, j. 16.06.98). Já o entendimento mais recente, da Corte Especial do Superior Tribunal de Justiça, é no sentido de que "a motivação implícita representa que a adoção de uma tese incompatível com outra implica rejeição desta, de forma tácita, o que tem respaldo na jurisprudência" (EDcl na AP nº 843/DF, rel. Min. Herman Benjamin, j. 18.04.18).

2.2.12. Imparcialidade do juiz

Não tem previsão expressa na Constituição Federal, decorrendo dos princípios do contraditório, da ampla defesa e do juiz natural; deriva do sistema acusatório e se trata de um direito previsto no art. 8.1 da CADH.

Consoante Tourinho Filho, "não se pode admitir juiz parcial. Se o Estado chamou para si a tarefa de dar a cada um o que é seu, essa missão não seria cumprida se, no processo, não houvesse imparcialidade do juiz" (Manual, 2008, p. 18). Isso significa que o juiz deve ser *neutro*, não tendo vínculos com as partes ou com o fato.

A imparcialidade do juiz deve ser **objetiva** (competência fixada *ante facto*) e **subjetiva** (sem *impedimentos* – art. 252, CPP –, sem *incompatibilidade* – art. 253, CPP – e sem *suspeições* – art. 254, CPP), o que se estudará oportunamente.

Atentar que a imparcialidade exige, antes, a independência do juiz, que deve julgar livre de pressões, coações ou influências externas; por isso as garantias trazidas pela Constituição Federal: vitaliciedade, inamovibilidade e irredutibilidade de vencimentos (art. 95).

2.2.13. Verdade real

O processo penal busca descobrir como os fatos criminosos ocorreram, sem admitir presunções (STF, AP nº 330/SP, rel. Min. Sydney Sanches, j. 24.10.02).

A forma como o processo alcança a verdade é objeto de estudo tanto do Processo Civil quanto do Processo Penal. Em razão disso, faz-se necessário estudar esses dois campos.

O processo de natureza **civil**, classicamente, sempre se contentou com a verdade *formal*, isto é, não se exige a chamada "certeza absoluta" de como os fatos se deram, aceitando-se, inclusive, a presunção. "Parte-se da premissa de que o processo civil, por lidar com bens menos relevantes que o processo penal, pode se contentar com menor grau de segurança, satisfazendo-se com um grau de certeza menor" (Marinoni e Arenhart, Prova, 2015, p. 36).

De outro lado, o processo de natureza **penal** deveria sempre buscar o máximo de provas possível, exigindo-se uma verdade *material*, isto é, de como realmente os fatos se sucederam. Como bem coloca Mirabete, "com o princípio da verdade real se procura estabelecer que o *jus puniendi* somente seja exercido contra aquele que praticou a infração penal e nos exatos limites de sua culpa numa investigação que não encontra limites na forma ou na iniciativa das partes. Com ele se excluem os limites artificias da verdade formal, eventualmente criados por atos ou omissões das partes, presunções, ficções, transações etc., tão comuns no processo civil" (Processo, 2007, p. 25).

Antigamente, portanto, o processo civil contentava-se com a verdade formal, já que os direitos em análise tinham natureza eminentemente disponível, aceitando-se a presunção, a revelia, a ficção, o silêncio etc.; de outro lado, o processo penal exigia a verdade real, já que colocava em jogo a liberdade das pessoas, sendo necessário o maior número de provas possível, buscando-se, praticamente, a reprodução idêntica de como os fatos realmente ocorreram.

Em razão da busca da verdade real/efetiva/substancial/material tão desejada pelo processo criminal, diversos ordenamentos acabaram autorizando a realização de atos abusivos, tudo em nome da almejada "verdade". Isso, obviamente, não pode ser mais aceito hoje. Em busca da verdade não se admite, por exemplo, a tortura do investigado ou a interceptação telefônica sem ordem judicial do celular de uma testemunha. A verdade deve ser um dos objetivos do processo, mas respeitando-se – sempre – os direitos e garantias fundamentais da pessoa.

Atualmente, então, não há mais que se falar nesta diferenciação entre verdade formal – do processo civil – e verdade real – do processo penal.

Basta ver que o Código de Processo Civil, no seu art. 370, dispõe que "caberá ao juiz, de ofício ou a requerimento da parte, determinar as provas necessárias ao julgamento do mérito". Neste sentido, conforme a lição de Nelson Nery Junior e de Rosa Maria B. B. de Andrade Nery, o juiz pode determinar, de ofício, a realização de provas de fatos que sejam importantes para o deslinde da causa, devendo ele exercer o poder instrutório que lhe é dado pelo art. 370, CPC, de forma a garantir a igualdade de tratamento às partes (Código, 2015). Na jurisprudência, o Superior Tribunal de Justiça entende que o juiz cível é o destinatário das provas, incumbindo-lhe determinar a produção daquelas que entender necessárias à formação de seu convencimento, nos termos do art. 370, CPC (AgInt no REsp nº 1.708.006/TO, rel. Min. Francisco Falcão, j. 15.03.18).

E quanto ao processo penal, também não há mais que se falar em busca da verdade real. Entende-se que a reprodução dos fatos, por melhor que seja a prova, é impossível de ser alcançada na sua exatidão (Badaró, 2003), existindo, apenas, uma aproximação, maior ou menor, da certeza dos fatos. Busca-se a maior aproximação de como os fatos ocorreram, mas não se pode ter a pretensão de se atingir a verdade real, que é impossível (Brasileiro, 2017).

Em razão disso, por não mais existir verdade formal no CPC e nem a verdade real no CPP, fala-se, simplesmente, em **princípio da busca da verdade**. Desta forma, por exemplo, o art. 156, CPP, estabelece que a prova da alegação incumbirá a quem a fizer, sendo, porém, facultado ao juiz, de ofício, ordenar, antes mesmo da ação penal, a produção antecipada de provas urgentes e relevantes, conforme a necessidade, adequação e proporcionalidade (inc. I), bem como, determinar, no curso da instrução processual ou antes de sentenciar, a realização de diligências para afastar dúvidas sobre ponto relevante (inc. II).

Com razão, Manzano ensina que "a diferença entre verdade formal e material não tem mais razão de ser. A prosperidade da natureza publicística do processo pôs abaixo essa distinção, na medida da compreensão de que o processo não é outra coisa senão instrumento de pacificação social. Tal escopo, por evidente, se reconhece tanto ao processo civil quanto ao processo penal que, para serem justos, devem obrigatoriamente passar pela busca – ética – da verdade" (Curso, 2010, p. 34).

Neste caminho de ideias, "tanto a verdade formal quanto a verdade material não são verdades absolutas. Assim, as expressões verdade material e verdade formal serviriam, no máximo, para distinguir graus distintos de aproximação daquela 'verdade absoluta' e inatingível. Porém, mesmo que a verdade absoluta seja inatingível, ainda assim, o conceito de verdade – inclusive daquela verdade obtida por meio do processo – é uno, não comporta adjetivação. Aliás, um dos postulados da epistemologia moderna é que a verdade é uma só (...). Em conclusão, já é hora de sepultar a desgastada dicotomia verdade formal e verdade material, que muito mais tem contribuído para desacertos do que para construções válidas" (Badaró, Ônus, 2003, p. 34).

Por fim, a busca da verdade encontra mitigações:

i) não há a possibilidade de revisão criminal *pro societate* (em favor da acusação, leia-se) ou seja, uma vez absolvido o réu com trânsito em julgado, não mais é possível, diante de novas provas, a instauração de novo processo penal contra ele pelo mesmo fato (art. 621, CPP).

ii) são inadmissíveis as provas obtidas por meios ilícitos (art. 157, CPP).

iii) a possibilidade de transação penal nas infrações de menor potencial ofensivo mitiga a verdade, ou seja, desconsideram-se eventuais provas do processo para, em seu lugar, ser feito um acordo com o acusado (art. 76, Lei n 9.099/95).

iv) não se admite a leitura, em plenário do júri, de documento não juntado com antecedência mínima de três dias úteis (art. 479, CPP).

v) algumas testemunhas são proibidas de depor, em razão da função, ministério, ofício ou profissão que exercem, devendo guardar segredo, salvo se desobrigadas pela parte interessada (art. 207, CPP).

2.2.14. Duplo grau de jurisdição

Assegura a possibilidade de a decisão ser revista por um órgão diferente e superior. Não está previsto expressamente na Constituição Federal, mas provém dos direitos decorrentes de tratados de direitos humanos, como o **Pacto de São Jose da Costa Rica – CADH** (art. 5º, § 2º, CF), que, em seu art. 8.2, *h*, dispõe que, durante o processo, toda pessoa tem, em plena igualdade, o direito de recorrer da sentença a juiz ou tribunal superior. Além disso, referido princípio emana, também, da própria **estrutura organizacional dos tribunais pela Carta Política**, que atribui competência recursal a eles.

Consoante a Suprema Corte, "o acesso à instância recursal superior consubstancia direito que se encontra incorporado ao sistema pátrio de direitos e garantias fundamentais. Ainda que não se empreste dignidade constitucional ao duplo grau de jurisdição, trata-se de garantia prevista na Convenção Interamericana de Direitos Humanos, cuja ratificação pelo Brasil deu-se em 1992, data posterior à promulgação Código de Processo Penal. A incorporação posterior ao ordenamento brasileiro de regra prevista em tratado internacional tem o condão de modificar a legislação ordinária que lhe é anterior" (HC nº 88.420/PR, rel. Min. Ricardo Lewandowski, j. 17.04.07).

Ressalta-se que o duplo grau não é aplicável indistintamente a todo e qualquer processo – a exemplo das ações penais de natureza originária dos tribunais (em relação aos detentores de foro por prerrogativa de função). Afirma-se, pois, que tal princípio não é absoluto no âmbito jurisdicional (STF, AgRg no RE 794.149/CE, rel. Min. Dias Toffoli, j. 18.11.14), mesmo com sua previsão na Convenção Americana de Direitos Humanos, conforme art. 8.2, *h* (STF, AgRg no AI nº 601.832/SF, min. Rel. Joaquim Barbosa, j. 17.03.09).

O Ministro Joaquim Barbosa, em um de seus votos no "Caso do Mensalão" (AP nº 470/MG, 25º AgRg, j. 18.09.13), defendeu que os beneficiados com o foro por prerrogativa de função são julgados pela última instância judiciária do Brasil, em colegiado composto por onze integrantes, não lhes sendo exigido percorrer todas as instâncias da estrutura judiciária brasileira, como ocorre com os demais cidadãos, com elevados desgastes financeiros, morais e psicológicos; assim, para eles, o devido processo legal não abrange o duplo grau de jurisdição, exatamente porque já são julgados pela Corte que dá a última palavra sobre o que é o Direito no País; essa, portanto, é uma das razões pelas quais os detentores de foro privilegiado escolheram reservar para si o privilégio de julgamento no tribunal, e não nos graus inferiores de jurisdição.

Vale destacar a posição da doutrina no sentido de que existiria violação ao duplo grau diante de uma condenação por tribunal que atua em sua competência originária, tendo em vista que o acórdão condenatório nestes casos equivale a uma sentença de primeiro grau, devendo ter o mesmo tratamento legal que esta, inclusive com o direito ao duplo pronunciamento, através da revisão integral da decisão, não havendo que se falar em limitações ao direito de recorrer (Giacomolli, 2016).

No mais, o uso das competências do STJ e do STF (na interposição de recurso especial e extraordinário, por exemplo) não são verdadeiros desdobramentos do duplo grau, uma vez que essas instâncias não debatem matéria fático-probatória, ou seja, encerrado o julgamento por tribunal de segunda instância, não há revolvimento/reanálise dos fatos da causa (STF, HC nº 126.292/SP, rel. Min Teori Zavascki, j. 17.02.16). No mesmo sentido, Tourinho Filho (Manual, 2008, p. 32), para quem "se as questões fáticas, as provas colhidas, não podem ser objeto daqueles recursos, logo, podemos afirmar que entre nós não há o duplo grau nas hipóteses de foro por prerrogativa de função, embora devesse haver", na opinião do autor.

Como curiosidade, entretanto, mesmo com o Supremo Tribunal Federal e a doutrina afirmando que o duplo grau não é absoluto ou aplicável a todos os casos, a Corte Interamericana de Direitos Humanos, no caso *Barreto Leiva vs. Venezuela* (j. 17.11.09), decidiu que há violação à Convenção Americana de Direitos Humanos se ocorrer um julgamento em única ou última instância em que não se garanta o direito de recorrer a um órgão distinto; ressaltou a Corte que é possível a instituição do foro por prerrogativa de função num dado país, mas mecanismos de recurso devem existir (como, por exemplo, fracionar o órgão entre "turma de julgamento" e "turma de recurso").

2.2.15. Identidade física do juiz

A Lei nº 11.719/08 inseriu o § 2º ao art. 399, CPP, passando a dispor que "o juiz que presidiu a instrução deverá proferir a sentença". Assim, é indispensável a prolação da sentença pelo juiz que manteve contato direto com os protagonistas do processo (Demercian, 2009).

Referido princípio teve inspiração no art. 132 do CPC/73, que, todavia, não foi reproduzido pelo CPC/15. Independentemente disso, é possível sustentar, sem dúvidas, que a identidade física do juiz continua existindo no Código de Processo Penal (Silvares e Pinto, 2016), até porque está expresso no seu texto, que permanece íntegro; ademais, vale ressaltar que o Código de Processo Penal é lei autônoma e suficiente, somente se aplicando o Código de Processo Civil excepcional e subsidiariamente, o que não é o caso. E é admissível tomar como base as antigas hipóteses do CPC/73 em que o juiz que presidiu a instrução poderá, licitamente, não ser o mesmo a proferir a sentença, como, por exemplo, se ele estiver de férias, de licença, afastado, convocado, promovido ou aposentado.

É importante ressaltar que parte da doutrina processual civilista defende que, com o Código de Processo Civil de 2015, que não repetiu a previsão do princípio do juiz natural do CPC/73, ele deixou de existir no sistema jurídico nacional, de modo que o legislador preferiu permitir que outro juiz, que não o que presidiu a instrução, profira decisão (Marinoni, Arenhart e Mitidiero, 2017, v. 1). Apesar disso, ao menos na seara criminal, referido princípio continua com plena aplicação (STJ, AgRg no AREsp nº 1.521.704/SP, rel. Min. Ribeiro Dantas, j. 17.09.19).

2.2.16. Oficialidade e oficiosidade

São princípios distintos.

Falar em **oficialidade** (ou autoritariedade) significa dizer que os órgãos de persecução penal são *oficiais*, representando o Estado na atividade pública de reprimir, investigar, acusar e punir os criminosos. São, pois, autoridades públicas.

E tratar de **oficiosidade** é dizer que a atuação desses órgãos ocorre, em regra, *de ofício*, isto é, sem provocação (salvo exceções, como os crimes de ação penal condicionada ou de ação penal de iniciativa privada, como será estudado).

2.2.17. Oralidade

Afirma que a produção dos atos do processo deve ser, em regra, verbal, permitindo-se que todos sejam ouvidos por um juiz. Disso decorrem:

a) **imediatidade**: o ideal é que a instrução seja feita de forma imediata, isto é, colocando o juiz em contato direto com as partes, as testemunhas e os peritos (Demercian, 2009).

b) **concentração**: os atos da instrução devem ser realizados numa só audiência. Por mais que, na praxe, fale-se que a audiência foi "desmembrada" ou que o juiz fará uma "audiência em continuação": o processo penal terá uma só audiência, cujos atos podem ser realizados em momentos diversos.

Consoante Pedro Henrique Demercian, "no processo oral, é imprescindível a concentração dos atos de tal forma que as impressões colhidas pelo magistrado – ou juízes leigos – não se esvaiam com o tempo" (Regime, 2009, p. 175). A concentração permite que o juiz mantenha fresco em sua memória tudo o que foi feito na audiência por ele presidida.

c) **identidade física do juiz**: visto acima, significa que o juiz que colhe as provas na instrução deve ser o mesmo que sentenciará – isso garante que o magistrado que poderá condenar ou absolver seja o mesmo que teve verdadeiro contato com as provas, que ouviu o réu, as testemunhas e que presidiu a audiência de instrução.

2.2.18. Duração razoável do processo

Incluído pela EC nº 45/04 (art. 5º, LXXVIII, CF), dispõe que a todos, no **âmbito judicial** e **administrativo** (incluindo os procedimentos investigativos, como o inquérito policial), são assegurados a razoável duração do processo e os meios que garantam a celeridade de sua tramitação. De igual modo, o art. 8º, 1, da Convenção Americana de Direitos Humanos (Decreto nº 678/92) dispõe que toda pessoa tem o direito de ser ouvida por um órgão judiciário com as devidas garantias judiciais e dentro de um prazo razoável. Entende-se que o atraso de um processo só beneficia aquele que não tem razão.

Trata-se de direito que alcança as partes, os intervenientes e os terceiros interessados no processo – judicial ou administrativo –, podendo ser pessoa física ou jurídica, de direito público ou privado, nacional ou estrangeira, inclusive o Ministério Público ou o próprio Estado. Como bem decidiu a Min. Cármen Lúcia, da Suprema Corte, ao autorizar a prorrogação das investigações pela Polícia Federal contra um senador, "o direito ao processo penal sem procrastinação é da vítima, do réu e da sociedade", de forma que, quanto menor a descontinuidade das providências processuais, maior será o respeito à duração razoável do processo (Inq. nº 4.460/DF, rel. Min. Edson Fachin, j. 09.07.18).

Exemplo prático trazido pelo Código de Processo Penal está no art. 355, § 1º, que dispõe, basicamente, que se o juiz (deprecante) enviar uma carta precatória a uma comarca para citar o réu e lá o juiz (deprecado) verificar que este, por exemplo, se mudou para outra cidade, ele próprio – sem precisar devolver a carta ao juiz deprecante – remetê-la-á a esta nova comarca em busca do acusado. Objetiva-se, assim, que o processo tenha um curso célere, sem burocracias desnecessárias. É o caráter itinerante da carta precatória, que será estudada oportunamente.

Além disso, não basta o simples processo penal ser célere; é preciso que o Estado também tenha o menor custo possível com a sua tramitação. E isso significa custo material, humano, de tempo etc.

O processo – ainda mais o penal – precisa ter esse curso rápido, pois acaba por interferir, gravemente, na vida do acusado e na sua liberdade de locomoção. Todavia, a celeridade não pode ser tal que prejudique o exercício de direitos e garantias. É preciso **equilíbrio** entre celeridade e garantia de direitos.

Consoante André de Carvalho Ramos (Curso, 2015), a Corte Interamericana de Direitos Humanos utiliza o seguinte critério para, caso a caso, determinar se houve violação à duração razoável de um processo: **(i)** complexidade da causa; **(ii)** se a parte contribuiu para a demora de forma procrastinatória; e **(iii)** a atividade do juiz no curso do processo.

O Tribunal Europeu de Direitos Humanos, a partir do caso *Wemhoff v. Alemanha*, de 1968, adota a chamada **teoria dos setes critérios** a fim de valorar a duração razoável do processo: (1) duração atual da detenção; (2) duração da detenção em relação à natureza do delito, à pena cominada e à pena cogitada; (3) efeitos materiais e morais da detenção sobre o preso; (4) conduta do acusado, ou seja, o quanto ele contribuiu para a duração atual do seu processo; (5) dificuldades na investigação; (6) forma pela qual a investigação foi conduzida; e (7) comportamento do juiz, ou seja, quanto tempo ele leva para analisar os pedidos feitos e quanto tempo provavelmente levará até concluir o julgamento (v. *United Nations High Commissioner for Refugees – UNHCR*).

A jurisprudência do Supremo Tribunal Federal é firme no sentido de que a demora para a conclusão da instrução criminal, como circunstância apta a gerar constrangimento ilegal, somente se dá em hipóteses excepcionais, nas quais a mora seja decorrência de (a) evidente desídia do órgão judicial, mas não as diligências comuns do Judiciário na condução da causa, (b) exclusiva atuação da parte acusadora, mas não o comportamento usual das partes ou (c) situação incompatível com o princípio da razoável duração do processo, mas não a complexidade da causa (RHC nº 122.462/SP, rel. Min. Teori Zavascki, j. 26.08.14).

Conforme entendimento do Superior Tribunal de Justiça, conquanto seja legítima a cobrança dos jurisdicionados por julgamentos mais céleres e prazos mais razoáveis, o cumprimento desses objetivos pelo Poder Judiciário esbarra em diversos fatores que comprometem a rapidez da prestação jurisdicional. E verificar se a demora num dado caso é ou não razoável acaba por gerar a indevida incursão na seara fático-probatória, o que é vedado em casos de mandado de segurança. Desta forma, **entende-se ser incabível a impetração de mandado de segurança, que exige prova pré-constituída e direito líquido e certo, para a análise da pretensão do cumprimento do princípio da duração razoável do processo** (MS nº 22.006/DF, rel. Min. Laurita Vaz, j. 24.08.15). Não obstante isso, o Supremo Tribunal Federal já entendeu que, de fato, o excesso de trabalho que assoberba o STJ permite a flexibilização, em alguma medida, do princípio da duração razoável do processo; todavia, a situação julgada, em que, passados mais de 5 anos, não tinha havido julgamento do recurso especial, inclusive com troca de 5 Ministros relatores, **autorizou o cabimento de *habeas corpus*, com determinação para que o STJ apresentasse o recurso em mesa para julgamento** até a 5ª sessão subsequente à comunicação desta ordem (HC nº 136.435/PR, rel. Min. Ricardo Lewandowski, j. 22.11.16).

Por fim, nada impede a aplicação aos feitos criminais, por analogia (art. 3º, CPP), do art. 235 do Código de Processo Civil, que dispõe que qualquer parte, o Ministério Público ou a Defensoria Pública poderá representar ao corregedor do tribunal ou ao

Conselho Nacional de Justiça (CNJ) contra juiz ou relator que *injustificadamente* exceder os prazos previstos em lei, regulamento ou regimento interno.

2.2.19. Vedação à autoincriminação (*nemo tenetur se detegere*)

Ninguém pode ser obrigado a produzir prova contra si mesmo. Esse direito subjetivo de não se autoincriminar constitui uma das mais eminentes formas de densificação da garantia do devido processo penal e do direito à presunção de não culpabilidade (inciso LXIII do art. 5º da CF).

O *órgão de acusação* não pode se esquivar da incumbência de fazer da instrução criminal a sua oportunidade de produzir material probatório substancialmente sólido em termos de comprovação da existência de fato típico e ilícito, além da culpabilidade do acusado (STF, HC nº 101.909/MG, rel. Min. Ayres Britto, j. 28.02.12).

A invocação da prerrogativa contra a autoincriminação, além de inteiramente oponível a qualquer autoridade ou agente do Estado, não legitima, por efeito de sua natureza eminentemente constitucional, a adoção de medidas que afetem ou que restrinjam a esfera jurídica daquele contra quem se instaurou a *persecutio criminis* e nem justifica, por igual motivo, a decretação de sua prisão cautelar. O exercício do direito ao silêncio, que se revela insuscetível de qualquer censura policial e/ou judicial, não pode ser desrespeitado nem desconsiderado pelos órgãos e agentes da persecução penal, porque a prática concreta dessa prerrogativa constitucional – além de não importar em confissão – jamais poderá ser interpretada em prejuízo da defesa (STF, HC nº 99.289/RS, rel. Min. Celso de Mello, j. 23.06.09).

Entende-se que, embora o investigado/acusado tenha o direito de ser advertido da prerrogativa de quedar-se silente, eventual irregularidade na informação de tal garantia é causa apenas de nulidade relativa, cujo reconhecimento depende da comprovação de prejuízo (STJ, RHC nº 67.730/PE, rel. Min. Jorge Mussi, j. 26.04.16).

O direito do investigado ou do acusado de ser advertido de que não pode ser obrigado a produzir prova contra si foi positivado pela Constituição da República no rol petrificado dos direitos e garantias individuais (art. 5º, inciso LXIII). É essa a norma que garante status constitucional ao princípio do *nemo tenetur se detegere* (STF, HC 80.949/RJ), segundo o qual ninguém é obrigado a produzir quaisquer provas contra si. A propósito, o constituinte originário, ao editar tal regra, nada mais fez senão consagrar, desta vez no âmbito do sistema normativo instaurado pela Carta da República de 1988, diretriz fundamental proclamada, desde 1791, pela Quinta Emenda (à Constituição dos Estados Unidos da América), que compõe o *Bill of Rights* norte-americano (STF, HC 94.082-MC/RS). Nos termos do art. 5º, inciso LXIII, da Carta Magna, o preso será informado de seus direitos, entre os quais o de permanecer calado, sendo-lhe assegurada a assistência da família e de advogado. Tal regra, conforme jurisprudência dos Tribunais pátrios, deve ser interpretada de forma extensiva, e engloba cláusulas a serem expressamente comunicadas a quaisquer investigados ou acusados, quais sejam: o direito ao silêncio, o direito de não confessar, o direito de não produzir provas materiais ou de ceder seu corpo para produção de prova etc. (STJ, HC nº 107.285/RJ, rel. Min. Laurita Vaz, j. 09.11.2010).

Como visto, o princípio em estudo traz algumas facetas (Brasileiro, 2013), como:

a) **direito ao silêncio;**

b) **direito de não ser constrangido a confessar;**

c) **direito de não ser obrigado a dizer a verdade**: não se quer dizer que o acusado possui o "direito de mentir", mas tão somente que a mentira por ele dita sobre o fato imputado é tolerável, desde que não impute falsamente a outrem o crime ou não se acuse falsamente, sob pena de incorrer em alguma infração penal. Entende-se, assim, que resta configurada a *mentira agressiva* quando o acusado imputa falsamente a terceiro a prática do delito, sabendo-o inocente, o que tipificará o crime do art. 339, CP. Entende-se que essa mentira agressiva não está acobertada pelo direito de não produzir prova contra si (Biffe Jr. e Leitão Jr., 2017);

d) **direito de não praticar comportamentos ativos que possam incriminá-lo:** o acusado não pode ser constrangido a *adotar uma conduta ativa* que possa incriminá-lo; por isso, veda-se que ele seja forçado a fornecer padrões de grafia, de voz ou a participar da reconstituição do crime. Por outro lado, independe de sua vontade a obtenção de prova pela adoção de *comportamentos passivos*, de mera cooperação, como sendo uma figura de simples verificação, tal como o reconhecimento pessoal ao lado de outras pessoas parecidas.

Destaca-se que o Código de Processo Civil dispõe que ninguém se exime do dever de colaborar com o Poder Judiciário para o descobrimento da verdade (art. 378) e que, preservado o direito de não produzir prova contra si própria, incumbe à parte comparecer em juízo, respondendo ao que lhe for interrogado, colaborar com o juízo na realização de inspeção judicial e praticar o ato que lhe for determinado (art. 379, incs. I a III). Interpretando os dispositivos, o enunciado nº 31 do Conselho da Justiça Federal, divulgado em setembro de 2017, afirma que a parte, no processo civil, tem o dever de colaborar com a busca da verdade, apenas podendo assim não agir quando isso gerar reflexos que a incrimine num eventual processo penal. Desta forma, a parte, numa ação que discute um processo civil sobre o cumprimento de um contrato, por exemplo, tem o dever de colaborar com a Justiça, sob pena, por exemplo, de litigância de má-fé (art. 80, CPC); ela apenas estará dispensada de assim colaborar caso isso implique em eventual responsabilidade que a incrimine num processo penal posterior, como a falsificação de assinaturas.

Assim, "a compatibilização do disposto nos arts. 378 e 379 do CPC com o art. 5º, LXIII, da CF/1988, assegura à parte, exclusivamente, o direito de não produzir prova contra si quando houver reflexos no ambiente penal" (Enunciado nº 31, CJF). Do contrário, portanto, a parte deve colaborar com a busca da verdade nos processos de natureza civil.

Consoante entendeu a Suprema Corte, não é compatível com a Constituição Federal a determinação de condução coercitiva do investigado/acusado para fins de ser interrogado, sob pena de se ferir os direitos de locomoção e de presunção de inocência (ADPF nº 395/DF e 444/DF, rel. Min. Gilmar Mendes, j. 14.06.18). Maiores detalhes serão vistos nos capítulos referentes às provas e aos sujeitos processuais.

No mais, entendeu a Suprema Corte que o art. 305 do Código de Trânsito Brasileiro é constitucional, ou seja, o crime de "afastar-se o condutor do veículo do local do acidente, para fugir à responsabilidade penal ou civil que lhe possa ser atribuída" é compatível com a CF/88, não infirmando [não enfraquecendo] o princípio da não incriminação, garantindo-se o direito ao silêncio e ressalvadas as hipóteses de exclusão da tipicidade e da antijuridicidade (RG-RE nº 971.959/RS, rel. Min. Luiz Fux, j. 14.11.18). Isso porque, o art. 305 do CTB não obriga o agente a produzir prova contra si, mas apenas a garantir a identificação dos envolvidos e o registro da ocorrência.

e) **vedação de interpretação do silêncio em prejuízo da defesa**: essa faceta torna efetivo o princípio da não autoincriminação, pois, caso fosse permitido ao julgador considerar o silêncio em prejuízo do réu, seria o mesmo que não lhe conceder o direito de permanecer calado e de não produzir prova contra si.

Apesar de o art. 198, CPP, prever que "o silêncio do acusado não importará confissão, *mas poderá constituir elemento para a formação do convencimento do juiz*", esta parte final não foi recepcionada pela Constituição Federal, pois claramente incompatível com o direito ao silêncio.

Atualmente, o art. 186, CPP, prevê que, depois de devidamente qualificado e cientificado do inteiro teor da acusação, o acusado será informado pelo juiz, antes de iniciar o interrogatório, do seu direito de permanecer calado e de não responder perguntas que lhe forem formuladas; e o seu parágrafo único assim claramente afirma: o silêncio, que não importará em confissão, *não poderá ser interpretado em prejuízo da defesa.*

f) **direito de não produzir prova incriminadora invasiva (intervenções corporais)**: uma intervenção corporal é aquela realizada sobre o corpo do agente, sem a necessidade de seu consentimento, visando a obter provas do crime. Ex.: exame de sangue, exame de DNA, identificação das impressões digitais etc.

A intervenção corporal pode ser **invasiva** (penetra no organismo humano implicando a subtração de alguma parte dele, como o sangue ou o DNA); ou **não invasiva** (mera inspeção, sem penetração no corpo humano, como o DNA de um fio de cabelo achado no chão).

Na intervenção *invasiva*, ela só poderá ser feita com a concordância do agente; já a *não invasiva*, mesmo que discorde o investigado, poderá ser feita pelo Estado, desde que não implique numa colaboração ativa daquele (ex.: será possível o reconhecimento pessoal).

Exemplo: é possível coletar amostra de saliva para exame de DNA. Se coletada na bochecha do agente, ela é considerada invasiva, sendo necessária a concordância do agente; se coletada a partir do chiclete achado na lata do lixo, ela não é invasiva.

O Supremo Tribunal Federal entendeu que o incidente de insanidade mental é prova pericial constituída em favor da defesa. Logo, não é possível determina-lo compulsoriamente na hipótese em que a defesa se oponha à sua realização (HC nº 133.078/RJ, rel. Min. Cármen Lúcia, j. 06.09.16). Maiores informações serão vistas no capítulo referente aos incidentes processuais.

Tal como visto quando do estudo da *verdade real*, se num processo civil se admite que a recusa ao exame de DNA seja interpretada com outras provas em desfavor do réu (até com o uso de presunções), no processo penal vige a presunção de inocência, com o ônus recaindo sobre a acusação, não podendo esta recusa ser interpretada em seu desfavor e nem como forma de presunção de culpa ou levada em consideração quando da sentença.

O Superior Tribunal de Justiça tem entendido, quanto ao "teste do bafômetro" (teste de alcoolemia), que o condutor não pode ser obrigado a realizá-lo, sob pena de ofensa ao princípio da vedação à autoincriminação (RHC nº 45.173/SP, rel. Min. Jorge Mussi, j. 06.05.14). A Lei nº 11.760/12 passou a permitir outras formas de constatação da embriaguez, que não ofendem referido princípio, tal como o exame clínico, vídeos, prova testemunhal ou outros meios admitidos em direito, observado, claro, o direito à contraprova (art. 306, § 1º, II, e § 2º, Lei nº 9.503/97).

Em interessantíssimo acórdão do Supremo Tribunal Federal (bastante peculiar), no caso da atriz mexicana Gloria Trevi, que ficou grávida enquanto estava presa no Brasil e acusava (falsamente) policiais federais de estupro, a Corte autorizou a realização de exame de DNA na placenta da atriz, mesmo *sem autorização* desta, numa ponderação entre o direito de não produzir prova contra si e os direitos à honra e imagem dos policiais, da instituição policial, da moralidade administrativa, da segurança pública e persecução penal, além de ter-se afirmado que o objeto (placenta) já havia sido expelido pelo corpo humano, de forma que não haveria uma verdadeira intervenção corporal (Rcl nº 2.040/DF, rel. Min. Néri da Silveira, j. 21.02.02).

Mais recentemente, ainda que em decisão monocrática – mas já transitada em julgado – o Supremo Tribunal Federal entendeu ser possível a expedição de mandado de busca e apreensão a fim de que a polícia colha objetos de uso pessoal do principal suspeito de homicídio de sua companheira, que estava grávida quando do crime, a fim de verificar, por exame de DNA, a paternidade do feto, já que isso teria grande ligação com a motivação do crime. Entendeu-se que, como não haveria colaboração ativa do suspeito na produção do meio de prova, não existiria ofensa ao direito de não autoincriminação (RE nº 603.465/RS, rel. Min. Alexandre de Moraes, j. 11.12.18).

Se o material biológico contendo DNA já está fora do corpo do investigado e foi por ele abandonado, é possível a produção de prova pericial sem o seu consentimento, uma vez que não se estará usando a força ou qualquer tipo de constrangimento (STJ – número do processo não divulgado, julgado pela 5ª Turma, em 2017). Ex.: polícia pode periciar copo e colher utilizada pelo suspeito na delegacia, enquanto prestava depoimento, em busca de DNA.

É relevante, ademais, mencionar o chamado ***aviso de Miranda*** (advertência de Miranda, Miranda *warning* ou Miranda *rights*), originado do julgamento *Miranda vs. Arizona*, onde a Suprema Corte dos Estados Unidos (384 U.S 436, de 1966), pelo voto do juiz Earl Warren, absolveu o réu confesso Ernesto Miranda, acusado de estupro, sequestro e roubo, pois a polícia não havia lhe informado o direito de ser assistido por um advogado e de não produzir prova contra si. Desde então, toda pessoa presa nos EUA tem os seguintes direitos: (i) de permanecer calado; (ii) de ser alertado de que tudo o que disser poderá ser usado contra si; e (iii) à assistência de um advogado ou, na impossibilidade, um defensor público custeado pelo Estado.

No Brasil, não há uma regra explícita a esse respeito, isto é, de os policiais dizerem referida frase; todavia, a Constituição da República, no art. 5º, LXIII, assim dispõe: *o preso será informado de seus direitos, entre os quais o de permanecer calado, sendo-lhe assegurada a assistência da família e de advogado*. Além do mais, serão consideradas ilícitas as provas obtidas a partir de declarações do preso sem prévia e formal advertência quanto ao direito ao silêncio (art. 157, CPP).

Consoante o Supremo Tribunal Federal, "o direito à informação da faculdade de manter-se silente ganhou dignidade constitucional, porque instrumento insubstituível da eficácia real da vetusta garantia contra a autoincriminação que a persistência planetária dos abusos policiais não deixa perder atualidade. Em princípio, ao invés de constituir desprezível irregularidade, a omissão do dever de informação ao preso dos seus direitos, no momento adequado, gera efetivamente a nulidade e impõe a desconsideração de todas as informações incriminatórias dele anteriormente obtidas, assim como das provas delas derivadas" (HC nº 78.708/SP, rel. Min. Sepúlveda Pertence, j. 09.03.99).

E de acordo com os ensinamentos de Renato Brasileiro, "impõe-se, pois, que qualquer pessoa em relação à qual recaiam suspeitas da prática de um ilícito penal seja formalmente advertida de seu direito ao silêncio, sob pena de ilicitude das declarações por ela firmadas" (Curso, 2013, p. 41).

Vale ressaltar que a Suprema Corte já afirmou que o dever de informar a não produção de provas contra si tem como destinatário o *poder público*; assim, a entrevista que o próprio preso dá para a imprensa, narrando os crimes que cometeu, poderá ser licitamente juntada ao processo penal, pois ela foi concedida de forma espontânea pelo acusado (HC nº 99.558/ES, rel. Min. Gilmar Mendes, j. 14.12.10).

No direito norte-americano, a manifestação incerta/ambígua do desejo de ter um advogado presente no interrogatório policial autoriza a polícia a continuar com o ato, não a obrigando a cessar as perguntas (512 U.S 452, de 1994). Além disso, o silêncio do interrogando autoriza a polícia a continuar com o interrogatório, haja vista que o suspeito precisa manifestar expressamente a sua vontade de ter um advogado presente (560 U.S 370, de 2010).

2.2.20. *In dubio pro reo*

A dúvida quanto à condenação milita em favor do acusado, isto é, na dúvida entre condenar ou absolver, deve-se absolver o réu. Possui ligação com a presunção de inocência e se trata, claramente, de uma regra de julgamento.

Exemplo claro de sua previsão na lei penal adjetiva está no art. 386, que estabelece que o juiz absolverá o réu se houver fundada *dúvida* sobre alguma causa que exclua o crime ou o isente de pena (VI) ou quando não existir prova *suficiente* para a condenação (VII) – isto é, se o juiz tiver dúvida ou incerteza, a lei determina que o réu seja absolvido. Isso porque, condenar um "possível" delinquente equivale a condenar um "possível" inocente, o que não pode ser aceito num Estado de Direito.

Outro caso de aplicação em que a dúvida beneficia o réu diz respeito à não exatidão da data do cometimento do delito. Assim, se a denúncia não traz a data precisa da consumação dos fatos, compreendendo-o apenas em um determinado lapso de tempo, há que se considerar a data mais benéfica ao agente para fins de cálculo do lapso prescricional (STJ, HC nº 52.329/RS, rel. Min. Maria Thereza de Assis Moura, j. 20.11.08).

E outra situação trazida pela jurisprudência – mas, agora, que não é benéfica ao réu – trata do momento do recebimento da denúncia. Entende-se que, nesta fase, o julgador deve se pautar pelo princípio *in dubio pro societate* (na dúvida, o réu é processado em favor do Estado-acusação, considerando os interesses da sociedade), de modo que bastarão estar presentes elementos mínimos da prática da infração penal e de sua autoria (STF, ED no ARE nº 830.257/ES, rel. Min. Luiz Fux, j. 10.02.15). Do mesmo modo, a decisão de pronúncia, que encerra simples juízo de admissibilidade, exige apenas a existência de indícios suficientes de autoria e prova da materialidade, imperando, também no tribunal do júri, o *in dubio pro societate* (STJ, AgRg no REsp nº 1.378.904/PE, rel. Min. Moura Ribeiro, j. 07.08.14).

Frise-se que atua em favor de todo acusado a **presunção relativa** (*juris tantum*) de que é inocente em relação ao cometimento do delito imputado, de tal modo que a garantia constitucional remete ao acusador o ônus de produzir prova em sentido contrário (Marcão, Código, 2016).

Doutrina especializada critica a alegação do *in dubio pro societate*, haja vista que: (a) não há previsão constitucional de sua existência; (b) o réu deixaria, num dado momento incerto, de ter a proteção constitucional do *in dubio pro reo*; e (c) não há parâmetros seguros para se justificar tal princípio (Lopes Jr., 2016). Para o autor, o sistema probatório fundado a partir da presunção de inocência não admite nenhuma exceção que inverta o ônus probatório, ainda mais com frágeis construções inquisitoriais como a do *in dubio pro societate*.

Por fim, há quem diferencie *in dubio pro reo* de *favor rei*. O princípio *in dubio pro reo* diria respeito ao julgamento, isto é, o juiz, tendo dúvidas ao sentenciar, deve adotar a posição mais benéfica ao acusado. De outro lado, o princípio *favor rei* seria mais amplo, de modo que a dúvida do juiz, de um modo geral – e não apenas quando sentenciar para absolver ou condenar –, deve beneficiar o investigado/acusado.

2.2.21. Inadmissibilidade de provas ilícitas

Tema a ser estudado em capítulo dedicado às provas, afirma que são inadmissíveis as provas obtidas por meios ilícitos (art. 5º, LVI, CF), devendo ser desentranhadas do processo as ilícitas e as ilícitas por derivação.

2.2.22. Iniciativa das partes e impulso oficial

Veda-se a propositura da ação penal pelo magistrado, reservando-se essa iniciativa apenas à parte, consoante o sistema acusatório, uma vez que aquele não pode iniciar um processo penal sem provocação anterior (*nemo judex actore* ou *ne procedat judex ex officio*).

Justamente em razão disso é que não mais se admite o processo judicialiforme, que era a possibilidade de a ação penal ter início – nas contravenções penais – através de auto de prisão em flagrante ou portaria do juiz ou do delegado, sem nenhuma acusação formal feita (art. 26, CPP, que não foi constitucionalmente recepcionado, diante do art. 129, I, CF).

A doutrina traz duas exceções, por assim dizer, ao princípio da iniciativa das partes, situações em que o juiz poderá agir de ofício: (a) quando disser respeito ao direito de liberdade do agente, tal como a expedição de *habeas corpus* de ofício, consoante art. 654, § 2º, CPP e (b) quando se tratar do início da execução penal, conforme art. 195, Lei nº 7.210/84.

Por fim, ressalta-se que, uma vez iniciado, o processo tem curso por *impulso oficial*, isto é, o juiz, de ofício, dará andamento ao processo até o seu fim, objetivando a prolação de uma decisão final. Emprestando-se a lição de Mirabete, "proposta a ação penal por iniciativa da parte, passa-se a desenvolver o processo, de um ato processual a outro, segundo a ordem do procedimento, até que a instância se finde. A fim de se assegurar essa continuidade, essa passagem de um ato processual a outro, é necessário o que se denomina impulso processual, ou ativação da causa, que, em nosso direito, é regido pelo princípio do impulso oficial ou *ex officio* (...). Com o impulso oficial impede-se a paralisação do procedimento pela inércia ou omissão das partes, caminhando-se para a resolução do litígio de forma definitiva, que é o objetivo do processo, a que obriga o princípio da indeclinabilidade da jurisdição penal" (Processo, 2007, p. 30).

3

INVESTIGAÇÃO CRIMINAL

3.1. INTRODUÇÃO

O Estado objetiva garantir a paz aos cidadãos. Um dos meios para se atingir isso é a criação de delitos para a tutela dos bens jurídicos mais importantes, o que se dá por meio do Direito Penal. Quando uma pessoa, então, infringe um comando penal, como, por exemplo, roubando bens de outrem, o Estado deverá exercer o seu direito de punir, de forma a restaurar a paz social.

Consoante visto no capítulo anterior, a persecução penal, que é o caminho trilhado pelo Estado no seu *jus puniendi*, desenvolve-se em duas fases distintas: a **investigação do delito** (extrajudicial) e a **ação penal** (judicial).

Para iniciar o processo penal, os interessados necessitam de uma prova pré-constituída, ou seja, eles precisam demonstrar a existência de **indícios de autoria** e de **prova da materialidade** do crime contra o acusado (o que se denomina *justa causa*). O trabalho realizado visando a obter esses elementos é chamado de *investigação penal*.

PERSECUÇÃO PENAL	
Investigação penal extrajudicial	**Processo penal judicial**
– Inquérito policial – Outros meios de investigação criminal	– Ação penal

Apesar de não ser a única forma, o inquérito policial é, no Brasil, o principal instrumento de investigação criminal. Tem origem, entre nós, no século XIX, então regulamentado pelo Decreto nº 4.824, de 1871, após o emprego de diversas formas inquisitivas de investigação que utilizavam qualquer meio para obtenção de prova (inclusive a tortura), extrapolando qualquer ambiente minimante razoável e humano de investigação. O art. 42 do referido Decreto assim dispunha: "o inquerito policial consiste em todas as diligencias necessarias para o descobrimento dos factos criminosos, de suas circumstancias e dos seus autores e complices" (nos moldes da redação originária).

Tempos depois, o atual Código de Processo Penal, de 1941, o manteve no ordenamento brasileiro como a principal forma de investigação brasileira – todavia, agora com um regramento mais aprimorado.

Como afirmado, o inquérito policial não é o único meio de investigação penal. Há outros, tal como as *peças de informações* ou os demais *papéis* (arts. 28 e 40, CPP, respectivamente), que podem fornecer ao titular da ação penal os elementos mínimos para formar o seu convencimento.

Antes de mais nada, é preciso esclarecer alguns temas relacionados à polícia. Classicamente, existe a **polícia de segurança** (administrativa, preventiva ou ostensiva), que atua na prevenção dos delitos (profilaxia do crime), tal como a Polícia Militar e a Brigada Militar (art. 144, § 5º, CF); e existe a **polícia judiciária** (repressiva), que atua na investigação dos delitos, tal qual a Polícia Civil e a Polícia Federal (art. 144, § 1º e § 4º, CF).

Polícia de segurança, administrativa, preventiva ou ostensiva	Polícia judiciária ou repressiva
» Previne crimes	» Investiga Crimes
» Polícia Militar e Brigada Militar	» Polícia Civil e Polícia Federal

Por mais que se chame polícia "judiciária", não se trata de órgão do Poder Judiciário, tendo esse nome apenas porque o destino último das investigações se dará através de uma decisão judicial – seja com a ação penal, seja com o arquivamento das investigações.

Destaca-se que há corrente, mais moderna, que diferencia **polícia investigativa** de **polícia judiciária**. A polícia investigativa, como o próprio nome sugere, investiga a infração penal, colhendo elementos relacionados à autoria e à materialidade. Já a polícia judiciária auxilia o Poder Judiciário no cumprimento de ordens e diligências relacionadas à infração penal. Assim, por exemplo, a polícia investigativa seria desempenhada pela Polícia Civil e pela Polícia Federal, apurando a infração penal e o seu responsável; de outro lado, a polícia judiciária auxiliaria o magistrado no cumprimento das medidas necessárias e relacionadas à infração penal, como a Polícia Civil/Federal e, também, a Polícia Militar, como no cumprimento de um mandado de prisão preventiva.

Para Tourinho Filho, "a Polícia Civil intervém quando os fatos que a Polícia de Segurança pretendia prevenir não puderam ser evitados... ou, então, aqueles fatos que a Polícia de Segurança nem sequer imaginava pudessem acontecer... Até então, a Polícia incumbida dessa tarefa era denominada Polícia Judiciária. Esse é o nome que lhe empresta o CPP. Todavia, a Constituição Federal, no art. 144, § 4º, dispõe que: "às polícias civis, dirigidas por delegados de polícia de carreira, incumbem, ressalvada a competência da União, as funções de polícia judiciária e a apuração de infrações penais, exceto as militares". Logo, para a Constituição, Polícia Civil é a incumbida de elaborar o inquérito, enquanto Polícia Judiciária é a destinada a cumprir as requisições dos juízes e membros do Ministério Público, como se infere do art. 13 do diploma processual penal" (Manual, 2008, p. 63). Em suma: polícia investigativa elabora o inquérito e investiga o fato criminoso; polícia judiciária auxilia o Poder Judiciário no cumprimento de ordens relacionadas ao fato criminoso.

3.2. INQUÉRITO POLICIAL

3.2.1. Conceito

O inquérito policial (*informatio delicti*) é um procedimento de natureza administrativa (STJ, HC nº 362.452/DF, rel. Min. Joel Ilan Paciornik, j. 10.11.16), realizado pela polícia judiciária, consistente em atos de investigação que visam a apurar a ocorrência de uma infração penal e sua autoria, a fim de que o titular da ação penal possa exercê-la (Badaró, 2016). E consoante Nucci, "o inquérito policial é um procedimento preparatório da ação penal, de caráter administrativo, conduzido pela polícia judiciária e voltado à colheita preliminar de provas para apurar a prática de uma infração penal e sua autoria" (Manual, 2007, p. 127).

3.2.2. Finalidade

O objetivo do inquérito policial é apurar a existência da infração penal (*materialidade*) e quem a cometeu (*autoria*), consoante o art. 4º, CPP. De modo prático, não visa a fornecer os elementos necessários para que o titular da ação penal mova uma ação penal; visa, na verdade, a munir o acusador de elementos para *formar o seu convencimento*, isto é, a formar a sua *opinio delicti*, de modo que disso pode ensejar – ou não – uma ação penal (STJ, RHC nº 47.938/CE, rel. Min. Rogerio Schietti Cruz, j. 14.11.17).

Conforme esclarece Henrique Hoffmann, "o inquérito policial não é unidirecional e sua missão não se resume a angariar substrato probatório mínimo para a acusação (...). A polícia judiciária, por ser órgão imparcial (e não parte acusadora, como o Ministério Público), não tem compromisso com a acusação ou tampouco com a defesa" (Temas, 2018, p. 29).

O inquérito investiga **crimes** e também quaisquer **infrações relacionadas à violência doméstica contra a mulher** (art. 41, Lei nº 11.340/06). Às **infrações de menor potencial ofensivo**, incluídas as contravenções penais, reserva-se o termo circunstanciado (art. 69, Lei nº 9.099/95) – embora não haja nulidade se instaurado o inquérito policial em seu lugar. Exemplo disso é a instauração de procedimento de natureza investigatória pelo Ministério Público para apurar uma contravenção penal, o que é perfeitamente possível (STJ, HC nº 302.417/DF, rel. Min. Mauro Campbell Marques, j. 19.11.14).

O **destinatário imediato** do inquérito policial é o Ministério Público ou o ofendido (titulares da ação penal pública e privada, respectivamente) e o **destinatário mediato** é o juiz (STF, HC nº 94.173/BA, rel. Min. Celso de Mello, j. 27.10.09).

Em suma:

» O inquérito é um procedimento policial de natureza administrativa que visa a apurar a ocorrência de um crime e a sua autoria.

» O objetivo do inquérito policial é investigar quaisquer crimes e as infrações penais relacionadas à violência doméstica e familiar contra a mulher, munindo elementos de prova para que o titular da ação penal possa formar o seu convencimento, seja ele qual for.

» Como destinatário imediato, tem-se o titular da ação penal; e mediato, o juiz criminal.

3.2.3. Inquéritos extrapoliciais

Consoante o parágrafo único do art. 4º, CPP, há outros documentos que, apesar de chamados de *inquéritos*, não são presididos por um delegado de polícia, embora, tendo elementos suficientes, possam embasar uma futura ação penal.

Exemplo disso é o **inquérito penal militar** (art. 9º, CPPM), presidido por uma autoridade militar; ou o **inquérito civil**, que colherá elementos que poderão ensejar a propositura de uma ação civil pública (Lei nº 7.347/85) ou outra ação coletiva; ou então, o inquérito da **Comissão Parlamentar de Inquérito** (CPI) para apurar alguma prática ilegal no âmbito de suas atribuições, chamado de inquérito parlamentar (Lei nº 1.579/52) – atentar que a CPI não investigará um crime em si, embora possa, no seu curso, se deparar com ilícitos penais, devendo comunicar o Ministério Público para que adote as medidas cabíveis, bem como, poderá encaminhar relatório circunstanciado à Advocacia-Geral da União para que também promova a responsabilização civil em razão das infrações apuradas e adote outras medidas pertinentes (art. 6º-A da Lei nº 1.579/52, cf. Lei nº 13.367/16).

3.2.4. Características

São características do inquérito policial, consoante entendimento amplamente majoritário:

3.2.4.1. Procedimento administrativo

É "procedimento" porque possui, em lei, sua forma de início, meio e fim. O Código de Processo Penal, no caso, trata desde o momento em que a autoridade recebe a notícia de um crime, as diligências postas à sua disposição até a sua conclusão por meio do relatório final.

Por mais que seja um procedimento, não há a necessidade de observância exata e cronológica dos seus atos, de modo que o delegado poderá, por exemplo, representar por uma interceptação telefônica e depois ouvir uma testemunha – ou o contrário – e isso não gerará nenhum tipo de nulidade. Ele apenas deve ser lógico a ponto de ter um início e um fim.

Há quem sustente, minoritariamente, que o inquérito policial seja um "processo administrativo", uma vez que, mesmo não existindo partes formais (acusador e acusado, por exemplo), há um "imputado em sentido amplo", bem como, diversas controvérsias surgem no curso da investigação e que precisam de uma solução por parte do delegado de polícia, como a análise de uma prisão em flagrante, a apreensão de bens, a concessão de fiança etc., atos esses que interferem os direitos fundamentais e que, por isso, podem caracterizar o inquérito policial como um processo administrativo (Hoffmann, 2018).

3.2.4.2. Inquisitivo

Não existe contraditório e nem ampla defesa no curso do inquérito policial (STJ, HC nº 259.930/RJ, rel. Min. Sebastião Reis Júnior, j. 14.05.13), garantia reservada apenas aos processos judiciais ou administrativos a acusados e litigantes em geral (art. 5º, LX, CF).

No inquérito policial, pois, há apenas a figura do *investigado* ou *indiciado*, mas não há, ainda, acusados ou litigantes ("partes", no sentido processual), figuras existentes a partir do início da ação penal em juízo.

Por mais que não haja contraditório e ampla defesa, o investigado possui direitos (até porque, vive-se num Estado Democrático *de Direito*), tais como o de permanecer em silêncio, apresentar a sua versão dos fatos, impetrar *habeas corpus* e de ter um advogado presente. Logo, no curso de um inquérito policial não haverá contraditório, o que não significa que o investigado não tenha direitos exercitáveis. Por isso é que, modernamente, fala-se que o inquérito policial não é inquisitivo, mas apuratório.

Entende-se que, embora o investigado tenha o direito de ser advertido da prerrogativa de quedar-se silente, eventual irregularidade na informação de tal garantia é causa apenas de nulidade relativa, cujo reconhecimento depende da comprovação de prejuízo (STJ, RHC nº 67.730/PE, rel. Min. Jorge Mussi, j. 26.04.16).

Hoje, no atual estado de desenvolvimento constitucional, soa um tanto equivocado afirmar que "o investigado não possui direitos" e que seria apenas "objeto de investigação". Pelo contrário, o investigado, tal como qualquer outra pessoa, é sujeito de direitos na ordem constitucional vigente. Basta passar os olhos pelo texto da súmula vinculante nº 14, que dispõe ser direito do defensor, no interesse do investigado, ter acesso aos elementos de prova já documentos no procedimento investigatório realizado por órgão com competência de polícia judiciária, no interesse do direito de defesa.

Em claro voto, explicou o Ministro Celso de Mello: "a unilateralidade das investigações preparatórias da ação penal não autoriza a Polícia Judiciária a desrespeitar as garantias jurídicas que assistem ao indiciado, que não mais pode ser considerado mero objeto de investigações. O indiciado é sujeito de direitos e dispõe de garantias, legais e constitucionais, cuja inobservância, pelos agentes do Estado, além de eventualmente induzir-lhes a responsabilidade penal por abuso de poder, pode gerar a absoluta desvalia das provas ilicitamente obtidas no curso da investigação policial" (HC nº 73.271/SP, j. 19.03.96).

Como explica Nucci, buscando o equilíbrio sobre o tema (Manual, 2007, p. 142-143), "ao afirmar-se ser o indiciado *objeto* da investigação não significa dizer que ele é sujeito desprovido de direitos, isto é, uma coisa qualquer, no sentido inanimado que o termo pode representar, mas tão somente representa o valor de ser o suspeito *alvo* da investigação produzida, sem que possa nesta interferir, como faz, regularmente, no processo penal instaurado".

É possível (re)afirmar que, como regra, não há contraditório e ampla defesa no bojo do inquérito policial, tendo em vista a natureza da inquisitoriedade, objetivando a proteção das investigações em curso, o que, obviamente, não se confunde com a existência (e o exercício) de direitos fundamentais pertencentes a todas as pessoas, tal como o direito de permanecer em silêncio e o de constituir um defensor.

Em razão disso, há duas formas de exercício da ampla defesa. Há a (a) **forma endógena**, isto é, no interior do procedimento investigatório, tal como se dá com os requerimentos de diligências feitos pelo próprio investigado, nos moldes do art. 14, CPP, em que a autoridade policial tem a discricionariedade de realizar; e há a (b) **forma exógena,** isto é, fora do procedimento investigatório, tal como se dá com a impetração de um remédio constitucional combatendo alguma ilegalidade no curso das investigações policiais, como um *habeas corpus*, por exemplo.

De qualquer sorte, de forma simples e objetiva, afirma-se que eventual inobservância do contraditório e da ampla defesa na fase pré-processual não implica nulidade da ação penal, em razão de ser o procedimento investigatório peça meramente **informativa**, e não probatória (STJ, RHC nº 13.823/RS, rel. Min. Laurita Vaz, j. 09.08.05).

É importante destacar que a Lei nº 13.245/16 alterou o Estatuto da OAB para, agora, prever que é direito do advogado assistir seus clientes investigados durante a apuração de infrações, sob pena de nulidade absoluta do respectivo interrogatório ou depoimento e, subsequentemente, de todos os elementos investigatórios e probatórios dele decorrentes ou derivados, direta ou indiretamente, podendo, inclusive, no curso da respectiva apuração, apresentar razões e quesitos (art. 7º, XXI e sua alínea *a*, EOAB).

O advogado, então, agora de acordo com previsão expressa em lei, *poderá* se manifestar no curso do inquérito policial, seja em interrogatórios (oitivas) ou outros momentos, de forma escrita ou oral. Caso o investigado queira a presença de um advogado e a autoridade policial lhe negue isso, diz a novel lei que haverá *nulidade absoluta* do ato e das provas decorrentes dessa negação.

A principal questão que surge neste exato momento é: **então o advogado, agora, tem participação obrigatória no inquérito policial?** Não. A pessoa investigada no âmbito de um inquérito policial tem o *direito* de estar acompanhada de um advogado. Trata-se de uma faculdade do investigado e direito do advogado. O agente pode, sem problema algum, não querer a presença de um defensor – e isso não maculará as investigações e nem gerará nulidade (STF, AgRg no RHC nº 171.571/GO, rel. Min. Ricardo Lewandowski, j. 06.08.19). Neste sentido, inclusive, o delegado de polícia, ao tomar depoimentos ou realizar atividades investigativas, não precisará intimar a defesa técnica constituída no curso do inquérito para acompanhamento, de forma que não há falar-se em nulidade, considerando que não existe direito subjetivo a esta intimação, sendo apenas uma simples prerrogativa reforçada pela lei (STF, Pet nº 7.612/DF, rel. Min. Edson Fachin, j. 12.03.19).

Atentar que o advogado tem o direito de arrazoar e requerer o que achar necessário, mas o delegado não está obrigado a acatar (art. 14, CPP).

A natureza inquisitiva do inquérito não exige respeito à forma de inquirição do art. 212, CPP – isso porque, o delegado é o presidente da investigação, podendo adotar as diligências que entender cabíveis, da forma como achar melhor, imperando a discricionariedade.

Interessante é o novel art. 14-A, CPP, cf. a Lei nº 13.964/19, que dispõe que nos casos em que servidores vinculados às instituições dispostas no art. 144 da Constituição Federal [Polícia Federal, Polícia Rodoviária Federal, Polícia Ferroviária Federal, Polícia Civil, Polícia Militar, Polícia Penal e Guarda Municipal] figurarem como **investigados** em inquéritos policiais, inquéritos policiais militares e demais procedimentos extrajudiciais, cujo objeto for a investigação de fatos relacionados ao uso da força letal praticados no exercício profissional, de forma consumada ou tentada, incluindo as situações dispostas no art. 23, CP [excludentes de ilicitude], o indiciado *poderá* constituir defensor. Nesses casos, o investigado deverá ser citado [notificado] da instauração do procedimento investigatório, podendo constituir defensor no prazo de 48h a contar do recebimento da citação (§ 1º). Esgotado esse prazo com a ausência de defensor pelo investigado, a autoridade responsável pela investigação *deverá* intimar [notificar] a instituição a que estava vinculado o investigado à época da ocorrência dos fatos para que essa, em 48h, indique defensor para a representação do investigado (§ 2º). Essas disposições também se aplicam aos servidores militares do art. 142, CF [Marinha, Exército e Aeronáutica], desde que os fatos investigados digam respeito a missões para a garantia da lei e da ordem – GLO (§ 6º).

Nota-se, pois, que sempre foi possível a nomeação de defensor, por parte do investigado, para acompanhar procedimento policiais investigatórios, consoante visto acima. O que a Lei nº 13.964/19 traz como novidade é a *obrigatoriedade* de nomeação de defensor para acompanhar a fase investigativa em determinado casos, cf. o § 1º do art. 14-A, CPP.

Em primeiro lugar, não há que se falar em "citação", pois não é o momento de formação de triangularização do processo ainda, de modo que o correto seria notificação. Então, notificado o investigado (o que é uma grande novidade), ele tem 48h para nomear defensor. Escoado esse prazo sem nomeação de tal defensor, a autoridade responsável pela investigação (que pode ser a Polícia ou o Ministério Público, por exemplo) deverá intimar (notificar) a instituição a que estava vinculado o investigado à época dos fatos para que, em 48h, indique um defensor para representar o investigado. Logo, tornou-se obrigatória a nomeação de um defensor para os investigados mencionados no dispositivo e nos casos ali tratados.

É verdade que a lei não previu consequências para a hipótese na qual a instituição não faz a referida nomeação, mas não parece razoável que haja a paralisação da investigação tão somente por isso, ainda mais quando ausente previsão legal nesse sentido – ou seja, a leniência institucional na nomeação de defensor não impedirá o regular trâmite da investigação.

Requisitos para a obrigatoriedade de nomeação de defensor no curso de investigação:

a) **Investigados servidores das forças de segurança pública:** Polícia Federal, Polícia Rodoviária Federal, Polícia Ferroviária Federal, Polícia Civil, Polícia Militar, Polícia Penal e Guarda Municipal; e Marinha, Exército e Aeronáutica (esses três, desde que os fatos investigados digam respeito a missões para a garantia da lei e da ordem – GLO).

b) **Investigação criminal cujo objeto sejam fatos relacionados ao uso da força letal, de forma consumada ou tentada:** a atuação de defensor não diz respeito a qualquer situação, mas apenas nesses casos específicos. Ex.: homicídio consumado no deslinde de uma operação policial.

c) **Fato praticado no exercício funcional:** o delito praticado deve ter relação com a atividade profissional (não incidirá num período de folga, p. ex.).

d) **Incluindo situações do art. 23, CP:** mesmo nos casos em que o agente de segurança pública alegar que atuou amparado por um excludente de ilicitude, haverá a representação por um defensor no curso da investigação.

No mais, a simples previsão de atuação de um defensor no curso das investigações não significa que haverá formação de contraditório e de ampla defesa nesta etapa. O defensor nomeado atuará, como sempre foi previsto, na perspectiva da discricionariedade e das limitações impostas à atuação do defensor, nos termos do art. 14, CPP.

3.2.4.3. *Oficialidade*

O inquérito policial é instaurado e presidido por uma **autoridade estatal**, que é o delegado de polícia (art. 2º, Lei nº 12.830/13), cujas funções de polícia judiciária e a apuração de infrações penais por ele exercidas são de natureza jurídica, essenciais e exclusivas de Estado. Logo, há uma *figura oficial* do Estado presidindo as investigações, que é o delegado de polícia.

Ademais, ao delegado de polícia, na qualidade de autoridade policial, cabe a condução da investigação criminal por meio de inquérito policial ou outro procedimento previsto em lei, que tem como objetivo a apuração das circunstâncias, da materialidade e da autoria das infrações penais (§ 1º); e durante a investigação criminal, cabe ao delegado de polícia a requisição de perícia, informações, documentos e dados que interessem à apuração dos fatos (§ 2º).

Fala-se, aqui, em **autoritariedade**, no sentido de que o delegado de polícia, que preside o inquérito policial, é uma autoridade pública (§ 4º do art. 144, CF).

3.2.4.4. *Oficiosidade*

Preenchidos os requisitos legais, o delegado **deve** instaurar o inquérito, uma vez que nenhum crime pode ficar impune ao seu bel prazer (*nec delicta maneant impunita*).

Atentar que promotores de justiça (art. 41, p.ú, Lei nº 8.625/93) e juízes (art. 33, p.ú, LC nº 35/79) não podem ser investigados por autoridade policial. Por isso, havendo indícios de prática de infração penal por parte de qualquer deles, o delegado deverá remeter os autos da investigação, respectivamente, ao Procurador-Geral de Justiça ou ao Tribunal, a quem caberá dar prosseguimento às investigações.

E como visto acerca das imunidades parlamentares, não há necessidade de autorização da **Casa Legislativa** para que se *instaure* inquérito policial contra parlamentar (HC nº 50.592/PR, rel. Min. Sydney Sanches, j. 03.04.01); para a *instauração* do inquérito e para o *indiciamento*, todavia, será preciso prévia autorização do **Supremo Tribunal Federal**. Consoante entendeu o STF: "a Polícia Federal não está autorizada a abrir de ofício inquérito policial para apurar a conduta de parlamentares federais ou do próprio presidente da república" (Inq. nº 2.411/MT, rel. Min. Gilmar Mendes, j. 10.10.07) – isso, todavia, não é aplicável no âmbito do Superior Tribunal de Justiça, que não exige autorização judicial para que detentor de foro privativo na Corte seja investigado (REsp nº 1.563.962/RN, rel. Min. Reynaldo Soares da Fonseca, j. 08.11.16).

3.2.4.5. *Discricionariedade*

Como visto, ao contrário do processo (judicial ou administrativo), o procedimento administrativo do inquérito policial **não impõe ao delegado um rito a ser seguido**. Exemplo disso são as possíveis diligências que poderão ser realizadas, previstas exemplificativamente nos arts. 6º e 7º, CPP. Diz o art. 2º, § 2º, da Lei nº 12.830/13: "durante a investigação criminal, cabe ao delegado de polícia a requisição de perícia, informações, documentos e dados que interessem à apuração dos fatos".

Ademais, por mais que o art. 14, CPP, permita ao investigado formular pedidos de diligências e o delegado possa negá-los, isso não pode se transformar em arbitrariedade, podendo o investigado socorrer-se do Poder Judiciário, inclusive por meio de *habeas corpus*, ou fazer requerimento ao juiz ou ao Ministério Público, que então poderão requisitar a diligência (que não poderá ser recusada pelo delegado). Mas a regra é a discricionariedade quanto às diligências investigatórias.

Observar que o art. 14, CPP, dispõe que o ofendido (i.e., a vítima do delito) ou seu representante legal, bem como o investigado, poderão requerer qualquer diligência, que será ou não realizada, a juízo do delegado de polícia. Resta claro, portanto, que a **vítima**, assim como o **investigado**, também pode requerer diligências.

Ressalta-se que, ainda que haja discricionariedade nas diligências investigativas, o art. 158 do CPP, determina que, quando a infração deixar vestígios, será *indispensável* o exame de corpo de delito, direto ou indireto, não podendo supri-lo a confissão do acusado. Ainda, o art. 171 do CPP, dispõe que, nos crimes cometidos com destruição, rompimento de obstáculo ou escalada para subtração da coisa, os peritos, além de descrever os vestígios, *indicarão* com que instrumentos, por que meios e em que época presumem ter sido o fato praticado. Ou seja, a discricionariedade se depara com algumas exigências legais.

3.2.4.6. *Indisponibilidade*

Estando em curso um inquérito policial, o delegado, se entender ser o caso, **não poderá arquivar** as investigações, cabendo a ele apenas, ao final, relatar o inquérito policial e remetê-lo ao juízo competente. Por isso, o inquérito policial é indisponível, já que a autoridade policial dele não pode dispor.

Apenas o juiz poderá arquivar um inquérito policial, **após promoção de arquivamento formulada pelo Ministério Público** – em respeito ao art. 129, I, CF (titularidade da ação penal pública pelo MP). O art. 17, CPP, dispõe, claramente, que "a autoridade policial não poderá mandar arquivar autos de inquérito".

Existe uma exceção a esta previsão, contida no art. 231, § 4º, RISTF, que autoriza o **Ministro do STF** a, de ofício, arquivar as peças informativas (como o inquérito policial) quando verificar:

a) a existência manifesta de causa excludente da ilicitude do fato;

b) a existência manifesta de causa excludente da culpabilidade, salvo inimputabilidade;

c) que o fato narrado evidentemente não constitui crime;

d) extinta a punibilidade do agente;

e) ausência de indícios mínimos de autoria ou materialidade, nos casos em que forem cumpridos os prazos para a instrução do inquérito ou para oferecimento de denúncia.

Assim, em caso concreto julgado pelo Supremo Tribunal Federal, a PGR havia requerido à Corte a instauração de inquérito policial para investigar um deputado federal; para tanto, diversas prorrogações de prazo foram requeridas, tendo todas sido deferidas; em dado momento, o caso deveria sair do STF e ser enviado ao juiz de primeiro grau, em razão da ausência de caracterização do foro por prerrogativa de função, e, após mais de um ano de investigação, nenhum fato supostamente criminoso foi identificado; o STF entendeu por não enviar os autos ao juízo de piso e, mais, decidiu por arquivar, de ofício, o inquérito, com base no art. 231, § 4º, *e*, RISTF (Inq. nº 4.420/DF, rel. Min. Gilmar Mendes, j. 21.08.18). Entendeu-se que a investigação já estava fadada ao insucesso, de modo que a sua continuação, ainda que em primeiro grau, apenas protelaria o inevitável, que seria o arquivamento. Assim, em respeito à *duração razoável do inquérito policial* e à *dignidade humana*, determinou-se, de ofício, o arquivamento do inquérito policial, ressalvando-se, como se verá, o art. 18, CPP (descoberta de novas provas).

Esta não foi a primeira vez que esse arquivamento de ofício ocorreu no STF. Em outro inquérito policial, decidiu-se da mesma forma, sob o fundamento de que cabe ao Poder Judiciário exercer a *supervisão judicial* sobre supostos atos ilegais ou de coação por parte da acusação, principalmente quando o Ministério Público insiste em manter em andamento investigações mesmo quando ausentes indícios de autoria e de materialidade (Inq. nº 4.429/DF, rel. Min. Alexandre de Moraes, j. 08.06.18).

E, também, em dado inquérito policial, entendeu-se que as investigações devem trazer, após certo tempo, elementos mínimos indiciários de autoria e materialidade, o que não autoriza que um inquérito possa ter curso por tempo indefinido, de modo que se determinou, de ofício, o arquivamento, ressalvando-se a reabertura das investigações caso surjam novos elementos. Ademais, afirmou-se que o arquivamento de ofício pelo Ministro do STF não viola o Código de Processo Penal, uma vez que o seu objetivo é apenas impedir que, uma vez promovido o arquivamento pelo MP, o juiz negue a deferi-lo; todavia, não há previsão de que o arquivamento só possa ser feito mediante requerimento do MP, haja vista que (a) o juiz realiza o controle de legalidade das investigações e (b) o Judiciário não se submete a quem está sob sua jurisdição, no caso, o MP (Inq. nº 4.442/DF, rel. Min. Roberto Barroso, j. 06.06.18).

Numa outra investigação em andamento na Corte, entendeu-se que, estando em curso no STF inquérito policial relativo a suposto crime praticado por parlamentar antes do exercício do seu mandato, faz-se necessário, antes que se encaminhe os autos à primeira instância (já que não resta caracterizado o foro por prerrogativa de função), que o Ministério Público aponte, concretamente, os elementos de prova indicativos da ocorrência do delito, de modo que, com isso em mãos, aí sim a Corte poderá analisar se será o caso de remessa dos autos ao primeiro grau ou de arquivamento das investigações, mesmo que de ofício (STF, Inq. 4.244/DF, rel. p/ ac. Min. Ricardo Lewandowski, j. 20.11.18).

Em suma, portanto, a **regra** é, de fato, a indisponibilidade do inquérito pelo delegado de polícia, de modo que o arquivamento dependerá de sua promoção pelo Ministério Público, com posterior decisão judicial. Todavia, nos casos tratados pelo art. 231, § 4º, do Regimento Interno do STF, com **exceção**, será possível que o próprio julgador determine, de ofício, o arquivamento das investigações quando tiver curso, originariamente, no STF. Resta saber se a jurisprudência, após a Lei nº 13.964/19, seguirá nesse mesmo sentido.

3.2.4.7. *Predominância da forma escrita*

Diz o art. 9º, CPP, que todas as peças do inquérito serão, num só processado, **reduzidas a escrito** ou datilografadas e, neste caso, rubricadas pela autoridade.

As peças que compõem as investigações serão assinadas pela autoridade policial (além, se o caso, do condutor, da testemunha, do advogado e do investigado).

Por mais que muitos dos elementos sejam colhidos de forma oral (oitivas, depoimentos etc.), haverá a redução à forma escrita. Há doutrina (Demercian e Maluly, 2012) que sustenta a possibilidade de que o conteúdo do inquérito seja reduzido a outros meios, como gravação magnética, digital, audiovisual ou similar, em analogia ao art. 405, § 1º, CPP, que dispõe que, "sempre que possível, o registro dos depoimentos do investigado, indiciado, ofendido e testemunhas será feito pelos meios ou recursos de gravação magnética, estenotipia, digital ou técnica similar, inclusive audiovisual, destinada a obter maior fidelidade das informações". Isso porque, o texto legal menciona depoimento do *investigado* ou *indiciado*, personagens típicos da fase investigatória (Nicolitt, 2012).

3.2.4.8. *Transitório*

A lei prevê prazos para que as investigações terminem, ou seja, um inquérito policial deve ter começo, meio e fim, de modo que deve ser temporário. É claro que há investigações que demandam simples oitivas, enquanto outras podem exigir complexas perícias ou outras diligências. De qualquer modo, o inquérito deve ter um **tempo razoável de duração**, em analogia ao art. 5º, LXXVIII, CF (que abrange o âmbito administrativo).

Nesse sentido, "entende-se configurado constrangimento na hipótese, decorrente da infindável duração do inquérito instaurado contra o paciente, que se vê investigado há cinco anos sem que tenha sido ofertada denúncia pelos fatos apurados" (STJ, HC nº 144.593/SP, rel. Min. Jorge Mussi, j. 19.08.10); ou então, no caso de inquérito com tramitação há mais de dez anos e com os últimos quatro sem nenhum andamento (STJ, HC nº 283.751/RJ, rel. Min. Laurita Vaz, j. 11.03.14).

No mesmo caminho, a Suprema Corte já acolheu pedido da defesa de um sujeito que era investigado há quinze meses sem que tivesse sido apontado qualquer indício mínimo de materialidade e de autoria do delito investigado. No caso, o Ministro Dias Toffoli, anteriormente, já havia fixado que não autorizaria mais prorrogações de prazo para as investigações, mas só mais uma só vez para a oitiva de uma possível testemunha, diligência essa que restou infrutífera. Com isso, determinou-se o arquivamento do inquérito, ressalvando-se o surgimento de novos elementos, nos termos do art. 18, CPP (Inq. nº 4.441/DF, rel. Min. Dias Toffoli, 29.06.18).

3.2.4.9. *Sigiloso*

Nos termos do art. 20, CPP, a autoridade policial assegurará ao inquérito o **sigilo necessário à elucidação do fato ou o exigido pelo interesse da sociedade**. A fonte constitucional é o art. 5º, XXXIII, CF, que autoriza o sigilo quando necessário à segurança da sociedade e do Estado.

Isso objetiva garantir o êxito dos meios de investigação policial, além de evitar qualquer tipo de dano ao investigado. Da mesma forma que, de um lado, por exemplo, preserva-se uma busca e apreensão em andamento, por outro protege-se a imagem do investigado e sua família, evitando-se, já de antemão, as indesejadas rotulações, principalmente da mídia e dos meios sociais.

Entretanto, a regra do sigilo não é absoluta. Isso porque, constitui prerrogativa dos membros do Ministério Público, no exercício da função, examinar, em qualquer repartição policial, autos de flagrante ou inquérito policial, findos ou em andamento, ainda que conclusos ao delegado, podendo tirar cópias e tomar apontamentos (art. 41, VIII, LONMP). No mais, os juízes também terão – sempre – acesso ao inquérito policial quando no exercício das funções.

Quanto à Defensoria Pública, os defensores têm como função acompanhar o inquérito policial, inclusive com a comunicação imediata do flagrante pelo delegado, quando o preso não constituir advogado (art. 4º, XIV, LC nº 80/94).

No que diz respeito aos advogados, a Lei nº 13.245/16 passou a dispor que é direito do advogado (art. 7º, XIV, EOAB) examinar, em qualquer instituição responsável por conduzir investigação (seja delegacia de polícia ou não), mesmo sem procuração (salvo se houver sigilo ou diligências em andamento, consoante art. 7º, §§ 10 e 11, EOAB), autos de flagrante e de investigações de qualquer natureza (criminal ou não), findos ou em andamento, ainda que conclusos à autoridade, podendo copiar peças e tomar apontamentos, em meio físico ou digital. Este direito de acesso aos autos é aplicado integralmente a processos e procedimentos eletrônicos, salvo, obviamente, se houver sigilo ou diligências em andamento, nos termos da Lei nº 13.793/19.

De qualquer forma, é preciso distinguir algumas situações: (a) investigações já concluídas, mas não encartadas ao inquérito; (b) investigações ainda em andamento; e (c) investigações já concluídas e encartadas ao inquérito.

Se há uma investigação já concluída, mas ainda não juntada ao corpo do inquérito, é possível a negativa de acesso à defesa. É o caso, por exemplo, de uma interceptação telefônica já concluída e materializada, mas que ainda será juntada na forma de apenso ao inquérito – isso visa a proteger o conteúdo das conversas, os dados dos investigados e os dados telefônicos (STF, HC nº 113.548/DF, rel. Min. Celso de Mello, j. 14.05.12). Nas palavras do STF, a diligência, para a defesa ter acesso, precisaria estar "formalmente produzida nos autos". Ademais, no caso da interceptação telefônica, diz a Lei nº 9.296/96

(Lei das Interceptações Telefônicas) que somente ocorrerá a juntada do seu conteúdo, em apenso, imediatamente antes do relatório final do inquérito policial pelo delegado (art. 8º, p.ú.).

Quanto às investigações ainda em curso, é óbvio que a defesa não terá acesso a elas, sob pena de frustrar o seu êxito (STF, AgRg na Rcl nº 22.062/SP, rel. Min. Roberto Barroso, j. 15.03.16; e STJ, HC nº 332.323/RS, rel. Min. Jorge Mussi, j. 23.02.16).

Já no que tange às investigações concluídas e encartadas aos autos, a defesa terá amplo acesso, podendo tirar cópias e tomar nota (STF, HC nº 88.190/RJ, rel. Min. Cezar Peluso, j. 29.09.06; s STJ, HC nº 58.377/RJ, rel. Min. Laurita Vaz, j. 03.06.08).

Em razão disso, a Suprema Corte editou a súmula vinculante nº 14, dispondo o seguinte: "é direito do defensor, no interesse do representado, ter acesso amplo aos elementos de prova que, **já documentados em procedimento investigatório** realizado por órgão com competência de polícia judiciária, digam respeito ao exercício do direito de defesa".

Entendeu, ainda, a Suprema Corte (AgRg na Rcl nº 22.009/PR, rel. Min. Teori Zavascki, j. 16.02.16) que, se há uma delação premiada em andamento, o delatado (agente indicado pelo delator) somente terá acesso ao seu conteúdo quando for formalmente instaurado inquérito policial sobre os fatos delatados; antes disso, ainda há uma investigação em curso, de modo que o art. 7º da Lei nº 12.850/13 prevê o regime de sigilo.

Em tópico próprio será analisada a atribuição do Ministério Público para conduzir suas próprias investigações, mas, desde já, afirma-se que o STF fixou, em repercussão geral, a tese nº 184, com o seguinte teor: "o Ministério Público dispõe de competência para promover, por autoridade própria, e por prazo razoável, investigações de natureza penal, desde que respeitados os direitos e garantias que assistem a qualquer indiciado ou a qualquer pessoa sob investigação do Estado, observadas, sempre, por seus agentes, as hipóteses de reserva constitucional de jurisdição e, também, as prerrogativas profissionais de que se acham investidos, em nosso País, os Advogados (Lei nº 8.906/94, art. 7º, notadamente os incisos I, II, III, XI, XIII, XIV e XIX), sem prejuízo da possibilidade – sempre presente no Estado democrático de Direito – do permanente controle jurisdicional dos atos, necessariamente documentados (Súmula Vinculante nº 14), praticados pelos membros dessa Instituição" (RE nº 593.727/MG, rel. Min. Gilmar Mendes, j. 14.05.12).

Mas, diferentemente do inquérito policial, a regra, no que diz respeito às investigações criminais conduzidas pelo Ministério Público, é a **publicidade** – salvo disposição legal em contrário ou por razões de interesse público ou conveniência da investigação (art. 15, Res. nº 181/17, CNMP). Permite-se, em regra, a expedição de certidões, a prestação de informações ao público em geral e o deferimento de vista ou extração de cópias – tudo isso, claro, se não estiver decretado o sigilo (art. 16, Res. nº 181/17, CNMP).

Quanto às investigações referentes à organização criminosa (Lei nº 12.850/13), o art. 23 afirma que o sigilo da investigação poderá ser decretado pela *autoridade judicial* competente, para garantia da celeridade e da eficácia das diligências investigatórias, assegurando-se ao defensor, no interesse do representado, amplo acesso aos elementos de prova que digam respeito ao exercício do direito de defesa, devidamente **precedido de autorização judicial**, ressalvados os referentes às diligências em andamento. E seu p.ú. dispõe que, determinado o depoimento do investigado, seu defensor terá assegurada a prévia vista dos autos, *ainda que classificados como sigilosos*, no prazo mínimo de três dias que antecedem ao ato, podendo ser ampliado a critério da autoridade responsável pela investigação.

No mais – em qualquer processo penal – o juiz tomará as providências necessárias à preservação da intimidade, vida privada, honra e imagem do ofendido, podendo, inclusive, determinar o segredo de justiça em relação aos dados, depoimentos e outras informações constantes dos autos a seu respeito para evitar sua exposição aos meios de comunicação (art. 201, § 6º, CPP).

Decretado o sigilo pelo juiz, somente tem acesso aos autos o advogado que tenha procuração (§ 10, art. 6º do EOAB). Se da publicidade da audiência, da sessão ou do ato processual, puder resultar escândalo, inconveniente grave ou perigo de perturbação da ordem, o juiz, ou o tribunal, câmara, ou turma, poderá, de ofício ou a requerimento da parte ou do Ministério Público, determinar que o ato seja realizado a *portas fechadas*, limitando o número de pessoas que possam estar presentes (art. 792, § 1º, CPP) – embora diga respeito ao âmbito judicial, pode ser utilizado como parâmetro à autoridade policial para a decretação do sigilo.

Vale lembrar que o art. 234-B, Código Penal, determina que os processos penais relativos aos crimes contra a dignidade sexual correrão sob segredo de justiça; ainda que não mencione, o inquérito policial também será sigiloso, até por ser a regra da lei processual. Para o Superior Tribunal de Justiça, este sigilo se destina ao processo como um todo, não havendo distinção entre réu e vítima (5ª T., AgRg no AREsp nº 891.801/DF, rel. Min. Ribeiro Dantas, j. 04.04.17; e 6ª T., AgRg no REsp nº 1.658.849/RS, rel. Min. Nefi Cordeiro, j. 19.04.18).

Por fim, o p.ú. do art. 20, CPP, dispõe que, nos atestados de antecedentes que lhe forem solicitados, a autoridade policial *não poderá mencionar* quaisquer anotações referentes à instauração de inquérito contra os requerentes.

3.2.4.10. *Dispensável*

Não é obrigatória a instauração do inquérito, já que a ação penal poderá ser proposta pelo seu titular se ele dispuser de outros elementos (documentos e papéis diversos, em regra) que lhe confiram justa causa (STF, AgRg no ARE nº 654.192/PR, rel. Min. Gilmar Mendes, j. 22.11.11). Entende-se, portanto, que o inquérito policial não é pressuposto para a propositura da ação penal, por ser peça meramente informativa, sendo dispensável diante da existência de elementos suficientes de convicção para fundamentar a ação penal (STJ, HC nº 426.128/GO, rel. Min. Reynaldo Soares da Fonseca, j. 06.02.18).

Desta feita, "o inquérito policial dirige-se exclusivamente à formação do convencimento do órgão responsável pela acusação, isto é, serve para fornecer elementos necessários para que o titular da ação penal possa ingressar em juízo, constituindo peça meramente informativa, não sendo fase obrigatória da persecução penal. Nesse contexto, pode ser dispensado caso o Ministério Público já disponha de elementos suficientes para a propositura da ação penal" (STJ, RHC nº 76.265/MG, rel. Min. Joel Ilan Paciornik, j. 07.12.17).

Ademais, como bem entende a jurisprudência, o *inquérito civil público*, da Lei nº 7.347/85 (art. 8º, § 1º), instrumento exclusivo e presidido pelo Ministério Público para a tutela dos direitos metaindividuais e individuais indisponíveis, pode ser utilizado para embasar, posteriormente, a propositura de ação penal (STJ, RHC nº 24.499/SP, rel. Min. Maria Thereza de Assis Moura, j. 20.09.11). Isso demonstra, claramente, que o inquérito policial é desnecessário para o ajuizamento de uma ação penal.

Agregando conhecimento, a jurisprudência entende que a assinatura de termo de ajustamento de conduta, firmado entre Ministerio Público e o suposto autor de crime ambiental, na esfera relativa à tutela dos direitos metaindividuais, não impede a instauração de ação penal, em razão da independência das esferas administrativa, cível e penal (STJ, REsp nº 1.154.405/MG, rel. Min. Rogerio Schietti Cruz, j. 18.05.17). Obviamente que poderá haver interferência quanto à composição dos danos, mas não impedirá, se o caso, o processamento criminal do infrator.

A característica da dispensabilidade está no art. 12, CPP, ao afirmar que o inquérito policial acompanhará a denúncia ou queixa, *sempre que* servir de base a uma ou outra; assim, o inquérito policial pode, ou não, ter existido previamente.

Em suma, são características do inquérito policial:

- » Procedimento administrativo
- » Inquisitivo
- » Oficialidade
- » Oficiosidade
- » Discricionariedade
- » Indisponibilidade
- » Predominância da forma escrita
- » Transitório
- » Sigiloso
- » Dispensável

3.2.5. Papel do juiz

Viu-se que o inquérito é um procedimento administrativo, de natureza inquisitória, presidido por um delegado de polícia. Mas qual é o papel do juiz no curso de um inquérito policial, então?

Dentro de um Estado de Direito, cabe ao juiz atuar em relação às chamadas **cláusulas de reserva de jurisdição.** Isso significa "submeter, à esfera única de decisão dos magistrados, a prática de determinados atos cuja realização, por efeito de explícita determinação constante do próprio texto da Carta Política, somente pode emanar do juiz, e não de terceiros, inclusive daqueles a quem se haja eventualmente atribuído o exercício de poderes de investigação" (STF, MS nº 23.452/RJ, rel. Min. Celso de Mello, j. 16.09.99).

São exemplos o deferimento de interceptação telefônica (art. 5º, XII, CF), da busca e apreensão (art. 5º, XI, CF) e da quebra de sigilo fiscal (art. 5º, X e XII, CF, e LC nº 105/01, art. 1º, § 4º). Por mais que o delegado ou o membro do Ministério Público tenham plena convicção e já tragam reunidos todos os elementos de prova possíveis, se quiserem realizar uma interceptação telefônica, *v.g.*, deverão requerer ao juiz competente tal diligência. A regra, pois, é a ausência de poder direto de requisição, surgindo, assim, a necessidade de se passar pelo crivo judicial.

Mais detalhes estão no capítulo que trata dos sujeitos do processo.

No mais, o art. 156, I, CPP, faculta ao juiz "ordenar, mesmo antes de iniciada a ação penal, a produção antecipada de provas consideradas urgentes e relevantes, observando a necessidade, adequação e proporcionalidade da medida".

A doutrina diverge a respeito dessa disposição, como será estudado detidamente adiante. Uma parte afirma ser inconstitucional, por ferir o princípio básico do sistema acusatório, que é separar a função de quem investiga daquela de quem acusa e de quem julga; outra parte afirma que o sentido de "ordenar" significa que, antes, houve um pedido de uma parte, de modo que o juiz apenas estaria deferindo um pedido de produção de provas; e outra parte, ainda, entende que o juiz, em busca da verdade real, observados os critérios postos na lei de necessidade, adequação e proporcionalidade, poderia determinar, de ofício, ainda no curso de um inquérito, a realização de uma diligência antecipada. O espírito da Lei nº 13.964/19, que não modificou o dispositivo legal, parece ser no sentido da inconstitucionalidade.

Por fim, como se verá adiante também, o juiz exerce papel de controle do princípio da obrigatoriedade da ação penal pública, controlando as promoções de arquivamento promovidas pelo Ministério Público.

3.2.6. Atribuição da polícia judiciária

De acordo com Tourinho Filho, a expressão "competência", quando se trata de inquérito policial, deve ser empregada no sentido de *poder atribuído* a um funcionário de tomar o conhecimento da prática de uma infração penal (Manual, 2008).

A atribuição para presidir o *inquérito policial* é deferida aos delegados de polícia de carreira, aprovados em concurso público, de acordo com as normas de organização policial dos Estados e com a Lei nº 12.830/13. O cargo de delegado é privativo de bacharel em Direito, devendo-lhe ser dispensado o mesmo tratamento protocolar que recebem os magistrados, os membros da Defensoria Pública e do Ministério Público e os advogados (art. 3º, Lei nº 12.830/13). Apesar disso, é importante ressaltar que o delegado de polícia não possui independência funcional, estando subordinado diretamente ao chefe do Poder Executivo (Governador ou Presidente da República, conforme seja Polícia Civil ou Federal, respectivamente), de modo que resta inconstitucional a previsão, na Constituição Estadual, de autonomia e/ou independência à autoridade policial (STF, ADI nº 5.520/SC, rel. Min. Alexandre de Moraes, j. 06.09.19).

Dois parênteses são necessários aqui:

a) o Supremo Tribunal Federal entendeu que o exercício do direito de greve, sob qualquer forma ou modalidade, é vedado aos policiais e civis e a todos os servidores públicos que atuem diretamente na área de segurança pública (RG-ARE nº 654.432/GO, rel. p/ acórdão Min. Alexandre de Moraes, j. 05.04.17). Incluem-se na proibição de fazer greve, portanto, a polícia civil, federal, rodoviária federal, ferroviária federal e a militar. Mesmo não podendo fazer greve, os policiais poderão acionar o Poder Judiciário para que seja feita mediação com o Poder Público na proteção de seus direitos (art. 165, CPC).

b) o Supremo Tribunal Federal entendeu que é constitucional a instauração, de ofício pela própria Corte, de inquérito para apurar possíveis crimes praticados contra a honra e a segurança do STF e de seus Ministros e familiares. Inclusive, referido *inquérito* será *presidido* por um Ministro da Corte, com acompanhamento pelo Ministério Público e respeito à súmula vinculante nº 14 (acesso aos autos pelos defensores). Entendeu-se que a investigação de crimes não é exclusividade da Polícia e nem do Ministério Público e que, inclusive, não há óbice a que um Ministro escolhido pelo Presidente do STF presida o inquérito (ADPF nº 572/DF, rel. Min. Edson Fachin, j. 17 e 18.06.20). Como é de se imaginar, a decisão recebeu severas críticas.

Retomando, além de investigar crimes, a polícia judiciária tem as seguintes atribuições (art. 13, CPP): (a) fornecer às autoridades judiciárias as informações necessárias à instrução e julgamento dos processos; (b) realizar as diligências requisitadas pelo juiz ou pelo Ministério Público; (c) cumprir os mandados de prisão expedidos pelas autoridades judiciárias; e (d) representar acerca da prisão preventiva.

Em importantíssimo julgado, o Supremo Tribunal Federal, por maioria, fixou que os **delegados de polícia podem conduzir acordos de colaboração premiada** (ADI nº 5.508/DF, rel. Min. Marco Aurélio, j. 20.06.18). O art. 4º, § 2º, Lei nº 12.850/13, dispõe que o delegado de polícia, nos autos do inquérito policial, com a manifestação do Ministério Público, poderá representar ao juiz pela concessão de perdão judicial ao colaborador; e o art. 4º, § 6º, Lei nº 12.850/13, prevê que o juiz não participará das negociações entre as partes para a formalização do acordo de colaboração, que poderá ocorrer entre delegado, investigado e seu defensor, com a participação do Ministério Público.

Os dispositivos tiveram a sua constitucionalidade questionada pelo Procurador-Geral da República. Basicamente, sustentou-se que apenas o titular da ação penal pública – i.e., o Ministério Público – pode decidir sobre a proposta de algum benefício ao colaborador, sob pena de enfraquecimento do art. 129, I, CF. Além disso, apenas o Ministério Público poderia acordar e, de fato, fazer cumprir o quanto negociado com o colaborador, o que foge das atribuições do delegado de polícia, que negociaria algo fora do seu controle.

Para a Suprema Corte, os delegados de polícia poderão, sim, firmar acordo de colaboração com os investigados, desde que haja parecer prévio do Ministério Público, que não vinculará o juiz. A decisão final sobre a concessão, ou não, dos benefícios acordados, obviamente, sempre caberá ao juiz (art. 4º, "caput" e §§ 7º, 8º e 11, Lei nº 12.850/13), que poderá, ou não, concordar com o Ministério Público ou com o delegado de polícia.

Entendeu-se, ainda, que, embora o Ministério Público seja o titular da ação penal pública, ele não é titular do direito de punir, de forma que a colaboração premiada não retira do órgão a exclusividade da ação penal.

Assim, por exemplo, pode o delegado de polícia negociar a concessão de perdão judicial com o investigado; remetidos os autos ao Ministério Público, este pode oferecer manifestação no sentido de não ser o caso de conceder tal benefício. O juiz, então, poderá, diante de seu livre convencimento motivado, concordar com o delegado de polícia ou com o Ministério Público, até porque, não existe vinculação entre a opinião do *Parquet* e a decisão do juiz. Logo, a manifestação do Ministério Público não tem poder de "veto" em relação ao acordo entre delegado e investigado, sob pena de ser criada uma vinculação entre a opinião do Ministério Público e a decisão do juiz, o que não pode ser aceito. A lei apenas exige manifestação prévia do Ministério Público antes da análise pelo juiz, que livremente decidirá expondo as suas razões.

Quanto ao órgão responsável pela investigação, resumidamente, tem-se que: **(a)** a **Polícia Federal** investiga crimes de competência da Justiça Federal; e **(b)** a **Polícia Civil** investiga os crimes de competência da Justiça Estadual.

Quanto aos crimes eleitorais, a Polícia Federal ficará à disposição da Justiça Eleitoral, sempre que houver eleições, em qualquer parte do território nacional; e, quando no local da infração não existirem órgãos da Polícia Federal, a Polícia Civil atuará de forma supletiva (Resolução nº 23.363/11 do TSE, arts. 1º e 2º, p.ú.).

Identificada se a atribuição é do Departamento de Polícia Federal ou da Polícia Civil do Estado, as atribuições do delegado de polícia podem ser divididas por dois critérios: **territorial** e **material**. Assim, para saber qual é a autoridade policial que investigará um crime, deve-se analisar o **local do crime** (*ratione loci*) e se é o caso de atuação de alguma **delegacia especializada** (*ratione materiae*), como a delegacia da mulher, de combate às drogas, do consumidor, dentre outras.

Da mesma forma como ocorre a identificação da competência judicial dar-se-á a atribuição policial quanto ao território. Se um crime for cometido em Jundiaí/SP, a polícia (Civil ou Federal, conforme o caso) desta circunscrição (território) terá atribuição para a investigação.

Nos termos da lei, os delegados exercerão suas atribuições "no território de suas respectivas circunscrições" (art. 22, CPP), nada impedindo que a polícia realize diligência em outra circunscrição, desde que na mesma comarca (município); do contrário, expedir-se-á carta precatória.

Se a investigação deveria ter ocorrido por uma certa autoridade policial, mas acabou sendo por outra, não há nulidade, mas mera irregularidade. Assim, não haverá nulidade se um delegado de uma circunscrição (Estado ou município) investigou fatos praticados em outra (STF, HC nº 54.933/SP, rel. Min. Antonio Nader, j. 14.12.76) ou se a investigação deveria ser da Polícia Civil e ocorreu pela Federal – até porque, os atos de investigação não são protegidos pela regra do juiz natural/legal (Marcão, 2016).

Conforme entendimento do Superior Tribunal de Justiça, "é pacífica a aplicabilidade da Teoria do Juízo Aparente para ratificar medidas cautelares no curso do inquérito policial quando autorizadas por Juízo aparentemente competente. No caso dos autos, sequer se faz menção a atos praticados por autoridade judicial incompetente em razão da matéria, mas tão somente se imputa nula a denúncia fundada em elementos informativos colhidos pela investigação de policiais civis estaduais anteriormente à identificação de verbas federais, que levou o deslocamento da competência para a Justiça Federal. Nesse contexto, atos meramente investigatórios praticados pela polícia civil estadual antes do reconhecimento do interesse da União podem ser aproveitados. Uma vez admitida a Teoria do Juízo Aparente para o aproveitamento de atos decisórios emanados por autoridade judicial que à época era tida por competente, com maior razão podem ser ratificados atos meramente investigatórios praticados no curso de inquérito" (RHC nº 122.565/PR, rel. Min. Joel Ilan Paciornik, j. 25.08.20).

No mais, a Lei nº 12.830/13 estabelece que o inquérito policial ou outro procedimento previsto em lei em curso, somente poderá ser avocado ou redistribuído por superior hierárquico, mediante despacho fundamentado, por motivo de interesse público ou nas hipóteses de inobservância dos procedimentos previstos em regulamento da corporação que prejudique a eficácia da investigação. Ainda, a remoção do delegado de polícia dar-se-á somente por ato fundamentado (art. 1º, §§ 4º e 5º, Lei nº 12.830/13).

Por fim, o Supremo Tribunal Federal entende que o chefe de polícia civil (superintendente ou delegado-geral) deve ser escolhido entre os delegados de carreira *independentemente do nível de progressão (classe) funcional*, já que a escolha cabe ao chefe do Poder Executivo, não podendo o Poder Legislativo criar novo requisito ao processo de escolha (ADI nº 3.077/SE, rel. Min. Cármen Lúcia, j. 16.11.16). Logo, é inconstitucional que a Constituição do Estado exija que o superintendente seja um delegado da classe final da carreira, por exemplo.

3.2.6.1. *Infrações de repercussão interestadual e internacional*

Estabelece a Constituição Federal, no art. 144, § 1º, parte final, que cabe à Polícia Federal apurar, basicamente, as infrações penais federais, assim como outras infrações cuja prática tenha *repercussão interestadual ou internacional* e exija repressão uniforme, segundo se dispuser em lei.

Então, editou-se a Lei nº 10.446/02, dispondo que, quando houver repercussão **interestadual** ou **internacional** que exija **repressão uniforme**, poderá a Polícia Federal, sem prejuízo da responsabilidade dos demais órgãos de segurança pública (como a Polícia Militar e a Polícia Civil, que poderão contribuir com as investigações), proceder à investigação, dentre outras, das seguintes infrações penais, colocadas em **rol exemplificativo** no art. 1º:

a) sequestro, cárcere privado e extorsão mediante sequestro, se o agente foi impelido por motivação política ou quando praticado em razão da função pública exercida pela vítima;

b) formação de cartel;

c) relativas à violação de direitos humanos, que o Brasil se comprometeu a reprimir em decorrência de tratados internacionais de que seja parte;

d) furto, roubo e receptação de cargas, inclusive de bens e valores, transportadas em operação interestadual ou internacional, quando houver indícios de atuação de associação criminosa em mais de um Estado da Federação;

e) falsificação, corrupção, adulteração ou alteração de produto destinado a fins terapêuticos ou medicinais e venda, inclusive pela *internet*, depósito ou distribuição do produto falsificado, corrompido, adulterado ou alterado (cf. Lei nº 12.894/13);

f) furto, roubo ou dano contra instituições financeiras, incluindo agências bancárias ou caixas eletrônicos, quando houver indícios da atuação de associação criminosa em mais de um Estado da Federação (cf. Lei nº 13.124/15).

g) quaisquer crimes praticados por meio da rede mundial de computadores que difundam conteúdo misógino, definidos como aqueles que propagam o ódio ou a aversão às mulheres (cf. Lei nº 13.642/18). Neste caso específico, a competência judicial, ou seja, para o processo e julgamento do delito, será, em regra, da **Justiça Estadual**, sendo que apenas a investigação se dará perante a autoridade **policial federal**.

Veja: a Polícia Federal investigará os delitos mencionados nas hipóteses acima desde que ocorra o preenchimento dos pressupostos colocados pela Lei nº 10.446/02:

a) haja repercussão interestadual ou internacional; e

b) exija-se repressão uniforme.

Além do mais, atendidos os requisitos legais (repercussão interestadual ou internacional e que exija repressão uniforme), poderá a Polícia Federal proceder à apuração de *outros casos*, além desse rol mencionado, desde que tal providência seja autorizada ou determinada pelo **Ministro da Justiça** (p.ú. do art. 1º).

Como bem colocou o Superior Tribunal de Justiça, excepcionalmente, possui a Polícia Federal atribuição para apurar infrações penais cujo processamento e julgamento não são da competência da Justiça Federal (CF, art. 144, § 1º, inciso I, parte final), hipótese em que devem ser observados os requisitos da Lei nº 10.446/2002. Como regra geral, por outro lado, se o crime investigado é de competência federal, a atribuição para sua apuração é da Polícia Federal (CF, art. 144, § 1º, incisos I, primeira parte, e IV), não havendo sequer que se cogitar da análise dos requisitos da Lei nº 10.446/2002 (RHC nº 66.008/BA, Rel. Min. Maria Thereza de Assis Moura, j. 16.02.16). Logo, é correto dizer que as atribuições da Polícia Federal não se vinculam necessariamente ao âmbito de competência da Justiça Federal (STJ, RHC nº 57.487/RS, rel. Min. Ribeiro Dantas, j. 07.06.16).

3.2.6.2. *Delegado natural*

O art. 5º, LIII, CF, fixa que ninguém será processado e nem sentenciado senão pela autoridade competente. Os princípios do juiz e do promotor natural, garantias que advêm do devido processo legal, são titularizados pelo cidadão para impedir que o Estado exorbite de suas atribuições em benefício ou em prejuízo de outrem, evitando-se, com isso, juízes e promotores "sob encomenda".

Como visto, o princípio do juiz natural estabelece que o agente deve ser processado e sentenciado por um julgador com competência pré-fixada pela Constituição Federal e pelas leis, vedando-se juízes e tribunais de exceção. Já o princípio do promotor natural consagra uma garantia ao membro do Ministério Público, assegurando o exercício pleno e independente de seu ofício, determinando que atue apenas a partir de critérios abstratos e pré-determinados, vedando-se promotores designados posteriormente para determinados casos apenas.

Estes dois princípios estão ligados tão somente à figura do julgador e do membro do Ministério Público, **não podendo ser criada analogicamente a figura do "delegado de polícia natural"**, que não tem competência para sentenciar (como o juiz) e nem a atribuição para processar (como o promotor). Logo, não existe a figura do delegado natural (STF, RHC nº 126.885/RJ, rel. Min. Cármen Lúcia, j. 15.12.15). Assim, "uma vez supervisionados pelo juízo competente e por membro do Ministério Público revestido de atribuição, pouco importa que os procedimentos investigatórios atinentes à operação desencadeada tenham sido presididos por autoridade de Polícia Federal. O art. 5º, LIII, da Constituição da República, ao dispor que ninguém será processado nem sentenciado senão pela autoridade competente, contempla o princípio do juiz natural, **não se estende às autoridades policiais**, porquanto não investidas de competência para julgar. Surge inadequado pretender-se a anulação de provas ou de processos em tramitação com base na ausência de atribuição da Polícia Federal para conduzir inquéritos" (STF, HC nº 169.348/RS, rel. Min. Marco Aurélio, j. 17.12.19).

3.2.6.3. Aplicação do princípio da insignificância

Para a posição clássica, o delegado de polícia, ao se deparar com a notícia de um de crime, não pode realizar um juízo de valor acerca deste delito. Por exemplo, se a Polícia Militar chega ao plantão policial conduzindo um suspeito de furtar um sabonete, avaliado em R$ 1,00, não poderia o delegado deliberar sobre o fato e deixar de instaurar o competente inquérito em razão da atipicidade material (valor irrelevante) ou, pior, instaurar e depois arquivá-lo.

De acordo com Tourinho Filho, "não cabe à autoridade policial dizer, p. ex., que o indiciado não agiu em legítima defesa, estado de necessidade, que não se houve com culpa etc. Não deve, enfim, a autoridade policial apreciar os autos do inquérito policial e sobre ele emitir um juízo de valor. A *opinio delicti* cabe ao titular da ação penal e não àquele, que se limita, simplesmente, a investigar o fato infringente da norma e quem tenha sido o seu autor" (Manual, 2008, p. 104).

Atentar, no entanto, que há posição mais moderna – e contemporânea com os ditames constitucionais atuais – no sentido de que o delegado teria atribuição para verificar a ocorrência de eventuais excludentes, podendo deixar de lavrar o auto de prisão em flagrante e apenas instaurar inquérito ou, nem isso, apenas registrar a ocorrência (Badaró, 2016). Consoante Luiz Carlos Rocha, "a apresentação do preso ao delegado não implica, obrigatoriamente, lavratura de auto de prisão em flagrante. Compete à autoridade, examinando o caso, exercer verdadeiro ato de julgamento sobre as circunstâncias objetivas e subjetivas, para ver se, realmente, o auto deve ser lavrado" (Manual, 2002, p. 426). Na lição de Avena, a partir do momento em que o delegado de polícia exerce atividades de natureza jurídica, deixou-se a ideia de que ele apenas verifica a tipicidade formal dos fatos investigados, devendo adentrar em aspectos relacionados à tipicidade material (Processo, 2020).

3.2.7. Vícios e nulidade

Tendo em vista a sua natureza de procedimento investigatório prévio, o vício existente no inquérito policial não acarreta a nulidade da ação penal futura (STF, RHC nº 134.182/DF, rel. Min. Cármen Lúcia, j. 28.06.16; e STJ, RHC nº 73.043/DF, rel. Min. Reynaldo Soares da Fonseca, j. 12.12.17).

No entanto, isso não pode ser encarado de forma absoluta, ou seja, não se pode afirmar, categoricamente, que todo e qualquer vício ocorrido no curso do inquérito não interferirá na posterior ação penal.

Antes de mais nada, não se deve confundir mero *vício*, que é uma simples irregularidade, não gerando prejuízo algum, com *nulidade*, que é a afronta à lei (em sentido amplo) e que gera prejuízo.

Imagine-se, por exemplo, uma interceptação telefônica realizada pelo delegado de polícia, com autorização judicial, oriunda de uma denúncia anônima e sem preceder a investigações iniciais básicas para, no mínimo, se buscar coletar maiores informações antes de se iniciar a interceptação. Há clara **nulidade deste meio de prova**, inclusive atingindo outros atos com ele relacionados (STJ, HC nº 204.778/SP, rel. Min. Og Fernandes, j. 04.10.12). Ao receber a denúncia anônima, o delegado deveria, antes de tudo, adotar procedimentos iniciais de investigação para apurar o fato e, somente depois disso, se o caso, instaurar inquérito; e, apenas se esgotadas as diligências ordinárias, seria o caso de representar por uma interceptação telefônica (art. 2º, II, Lei nº 9.296/96).

Outra coisa, totalmente diversa, é o investigado simplesmente sustentar que o delegado não assinou algumas folhas do inquérito – nesse caso, há mera **irregularidade**, não interferindo na ação penal (STJ, HC nº 216.201/PR, rel. Min. Alderita Ramos de Oliveira, j. 02.08.12).

Renato Marcão (Código, 2016, p. 99) bem explica a diferenciação: "não é correto afirmar, entretanto, que eventual irregularidade/ilegalidade praticada no inquérito não acarreta consequência alguma na ação penal; não influencia no seu destino. Com efeito, é possível que *determinada prova* seja produzida de forma ilegal, de maneira a se expor à arguição e ao reconhecimento de sua nulidade. Note-se: *nulidade da prova* colhida na fase de investigação, e não *nulidade do inquérito*".

Pelos exemplos acima, percebeu-se que, se um elemento de prova é obtido, por exemplo, mediante interceptação telefônica ilegal, isso gerará uma nulidade, mas apenas da prova em si, e não do inquérito policial. Este, como procedimento administrativo prévio, restará incólume às nulidades de seus elementos.

A questão, então, é: havendo nulidade de um elemento do inquérito policial, isso acarretará a nulidade de toda a ação penal?

Claramente, a resposta é negativa. A validade probatória só interferirá no ato probatório em si (e os com ele relacionados), **não ultrapassando para todo o processo penal e não interferindo na validade do procedimento do inquérito policial**. É claro que, se todas as provas apresentadas pela acusação na ação penal tiveram início a partir daquela interceptação telefônica ilegal (que, por exemplo, gerou uma busca e apreensão e depois a oitiva de testemunhas), a contaminação na ação penal será maior, podendo atingir até mesmo o recebimento da peça acusatória.

Exemplo claro e atual de contaminação dos atos está no EOAB, que preconiza ser direito do advogado assistir a seus clientes no curso do inquérito, "sob pena de nulidade absoluta do respectivo interrogatório ou depoimento e, subsequentemente, de todos os elementos investigatórios e probatórios dele decorrentes ou derivados, direta ou indiretamente" (art. 7º, XXI, conforme a Lei nº 13.245/16). Lembre-se que se trata de uma *faculdade* do investigado ser assistido por um advogado durante o inquérito policial.

3.2.8. Valor probatório

Acerca do valor probatório do inquérito policial, largamente diz-se que ele é **relativo**, ou seja, não pode, por si só, servir de fundamento para a prolação de uma sentença condenatória. Isso porque, os elementos colhidos no curso de investigações, cíveis ou criminal, ainda não passaram pelo crivo do contraditório (STJ, AgRg no AREsp nº 572.859/RJ, rel. Min. Humberto Martins, j. 18.12.14), de forma que o juiz tem apenas uma versão dos fatos: a do delegado de polícia.

O inquérito *colhe* elementos de prova; o processo judicial *produz* provas – e somente estas provas, colhidas judicialmente, é que ensejam a prolação de uma sentença condenatória.

A jurisprudência é unânime ao proibir a prolação de sentença condenatória apoiada *exclusivamente* nas provas produzidas durante o inquérito policial, especialmente os depoimentos de testemunhas e as declarações da vítima, que deverão ser repetidos em juízo, agora sob o crivo do contraditório, oportunizando a ampla defesa.

Nessa ordem de ideias, o art. 155, CPP prevê a inadmissibilidade de sentença lastreada **exclusivamente** nos elementos colhidos na fase inquisitorial (ressalvadas as provas cautelares, as não repetíveis e as antecipadas, como se estudará). Atente-se ao emprego da palavra *exclusivamente*. Assim, diz o Supremo Tribunal Federal que "os elementos colhidos no inquérito policial podem influir na formação do livre convencimento do juiz para a decisão da causa quando **complementados** por outros indícios e provas obtidos na instrução judicial" (HC nº 104.669/SP, rel. Min. Ricardo Lewandowski, j. 26.10.10). O Superior Tribunal de Justiça entende do mesmo modo, no sentido de que o juiz poderá utilizar, para condenar o acusado, elementos de informação colhidos durante o inquérito policial em **corroboração** com elementos de convicção produzidos judicialmente (HC nº 306.743/SP, rel. Min. Ribeiro Dantas, j. 12.09.17).

Desta forma, o juiz pode considerar os elementos colhidos no curso do inquérito policial, desde que *em harmonia* com a prova produzida em juízo, sob o crivo do contraditório e da ampla defesa, observado o devido processo legal.

É bem verdade que as provas periciais (provas técnicas, portanto), embora tenham sido produzidas sem a participação do indiciado, terão valor idêntico ao das provas colhidas no processo judicial, não precisando, dessa forma, ser novamente produzidas em juízo (embora possam ser contestadas durante a persecução penal judicial ou até mesmo no curso da fase extrajudicial, como diante de uma nulidade teratológica, cabível a impetração de *habeas corpus*). Isso, claramente, não impedirá o investigado de, no curso do processo judicial, tendo se tornado réu, rebatê-las, o que é chamado de **contraditório diferido**.

Por mais que a Constituição Federal exija que as provas sejam sempre contraditadas, isso não impõe que o contraditório seja imediato, até porque o inquérito policial é inquisitivo. Assim, se o elemento de prova – como uma perícia – é colhido no bojo da investigação, o investigado poderá futuramente rebatê-lo, através do seu assistente técnico (art. 159, § 3º, CPP), por exemplo. Vê-se, pois, um contraditório diferido (ou postergado), ou seja, a prova é colhida num momento, mas contraditada posteriormente, de forma ampla e irrestrita (STF, Inq. nº 2.266/AP, rel. Min. Gilmar Mendes, j. 26.05.11).

Exatamente por isso é que se pode distinguir **(a) atos de prova**, dirigidos ao convencimento do juiz, integrantes de um processo penal, servientes à sentença, com publicidade, contraditório e imediação e praticados diante de um juiz, de **(b) atos de investigação**, realizados na fase pré-processual, com o fim de formar um juízo de probabilidade, sem publicidade, contraditório e imediação, não se destinando à sentença e podem ser praticados pelo Ministério Público e pela polícia (Lopes Jr., 2016). Assim, somente atos de prova podem fundamentar uma condenação, já que o valor probatório do inquérito policial se limita às exceções de prova cautelar, não repetível e antecipada (Queiroz, 2018).

Por fim, ressalta-se que, por exemplo, um laudo pericial produzido no curso do inquérito pode ser anulado e, depois, refeito no curso da ação penal (Marcão, 2016).

Em suma:

Elementos de prova **isolados** não podem fundamentar uma condenação.	Elementos de prova do inquérito policial podem ser **somados** à prova produzida no processo penal e fundamentar uma condenação.

3.2.9. Formas de instauração

Para que se instaure um inquérito policial, o delegado de polícia precisará tomar conhecimento de que um crime ocorreu. Dá-se o nome de *notitia criminis* à notícia do crime levada à autoridade policial, que pode ocorrer de diversas maneiras:

a) ***notitia criminis* espontânea (imediata/direta)**: o conhecimento da infração penal pelo delegado ocorre direta e imediatamente, por meio de suas atividades rotineiras, sendo obrigatória a instauração do inquérito policial. Há cognição imediata e é possível somente em relação aos crimes de ação penal pública incondicionada. É o típico caso do delegado que toma conhecimento da prática de um ilícito penal por meio de notícias do jornal ou da televisão (STJ, RHC nº 98.056/CE, rel. Min. Antonio Saldanha Palheiro, j. 04.06.19).

b) ***notitia criminis* provocada (mediata/indireta)**: o conhecimento da infração penal pelo delegado ocorre por meio de petições, ofícios, requisições ou outros meios, como o requerimento da vítima, requisição do juiz, representação do ofendido etc. Há cognição mediata. Relaciona-se com crimes de ação penal pública incondicionada, condicionada ou de ação penal de iniciativa privada.

c) ***notitia criminis* coercitiva**: o conhecimento da infração penal pelo delegado ocorre em razão de uma prisão em flagrante, independentemente da natureza da ação penal – mas, nos casos de ação penal pública condicionada ou ação penal de iniciativa privada, deverá o auto de prisão em flagrante estar acompanhado da representação ou do requerimento do ofendido, respectivamente.

Existe também a chamada "*notitia criminis* inqualificada", que é sinônimo de denúncia anônima/apócrifa, que será estudada em capítulo próprio.

Em resumo, a *notitia criminis* pode ser:

Espontânea	Provocada	Coercitiva
Conhecimento por atividades rotineiras de polícia.	Conhecimento por meio de provocação ou requisição.	Conhecimento de ofício diante de um flagrante.

Sob o ponto de vista da autoridade policial, ela **recebe** a notícia (a informação) de um crime. É a ***notitia criminis***. Sob o ponto de vista das demais pessoas, que **informam** a ocorrência de um crime, elas fazem uma ***delatio criminis***. Esta pode ser simples, com a mera comunicação de um crime, ou postulatória, aos crimes cuja ação penal seja condicionada.

Assim:

***Delatio criminis* simples**	***Delatio criminis* postulatória**
Mera comunicação de um crime.	Além da comunicação nos crimes processados por ação penal pública condicionada, há verdadeira representação.

As formas de instauração do inquérito policial guardam íntima relação com a espécie de ação penal do crime. Então, deve-se analisar se o delito é processado mediante:

1) ação penal pública **incondicionada**;

2) ação penal pública **condicionada à representação do ofendido**;

3) ação penal pública **condicionada à requisição do Ministro da Justiça**; ou

4) ação penal de **iniciativa privada**.

Identificado o crime, verificar-se-á o tipo de ação penal a ele correspondente e, então, será possível saber como o inquérito policial poderá ser instaurado para apurar este fato criminoso.

Destaca-se que a instauração de inquérito policial não interrompe a prescrição, que, conforme previsão legal, tem como primeiro marco interruptivo o recebimento da denúncia ou queixa-crime (art. 117, I, CP).

3.2.9.1. *Crimes de ação penal pública incondicionada*

Em delitos processados através de ação penal pública incondicionada, o inquérito policial poderá ser instaurado das seguintes formas:

a) **de ofício pela autoridade policial** (art. 5º, I, CPP): o inquérito policial será instaurado quando a autoridade tomar conhecimento da ocorrência de um crime, independentemente de ordem (do juiz ou do Ministério Público) ou de provocação da vítima. Tal forma de instauração está relacionada com o princípio da obrigatoriedade. A peça inaugural será, neste caso, a *portaria*.

b) **por requisição da autoridade judiciária ou do Ministério Público** (art. 5º, II, CPP): o inquérito penal será instaurado a partir de uma requisição (que tem natureza de *ordem*) do juiz ou do Ministério Público.

Parte da doutrina entende que o juiz, diante do vigente sistema acusatório, não poderia mais requisitar a instauração de inquéritos, justamente em razão da separação das funções de investigar, acusar e julgar. Se o juiz, na sua atividade, verificar a possível existência de crime, deverá realizar comunicação ao Ministério Público (art. 40, CPP), titular que é da ação penal, para que este, aí sim, requisite, se o caso, a instauração de inquérito. Entende-se que se o Ministério Público atua no processo como fiscal da ordem jurídica, o juiz fará apenas a comunicação, sem o envio de cópia dos autos (até porque, o próprio *Parquet* dele já tem acesso e conhecimento); do contrário, ou seja, se o Ministério Público não atua no processo, será o caso de comunicação com o envio das cópias necessárias (STJ, AgInt no REsp nº 1.338.699/RS, rel. Min. Nefi Cordeiro, j. 20.04.17).

Não existe hierarquia entre Ministério Público/Poder Judiciário e a autoridade policial. A instauração do inquérito policial, diante de uma requisição ministerial, está relacionada ao **princípio da obrigatoriedade**, ou seja, se há a suspeita de ocorrência de um crime, o Ministério Público é obrigado, legalmente, a mover a competente ação penal, assim como o delegado de polícia é obrigado, também por lei, a investigar o fato.

Se tal requisição estiver dentro dos parâmetros legais, entende-se que o delegado é obrigado a cumpri-la; no entanto, se tal requisição não estiver dentro da legalidade, é possível que o delegado não a cumpra (Nucci, 2007), deixando de instaurar a competente investigação. Este tema é controvertido, mas é possível sustentar que a autoridade policial poderá deixar de instaurar inquérito se houver ilegalidade patente, como a requisição do promotor de justiça para apurar crime de adultério, que foi abolido do art. 240 do Código Penal pela Lei nº 11.106/05, ou então, a determinação do juiz para apurar um furto ocorrido na década de 1930, claramente já prescrito. Eventuais ilegalidades ou irregularidades não claramente verificadas não autorizarão o delegado de polícia a deixar de instaurar o inquérito policial, devendo este, na sequência, comunicar aos órgãos competentes, como a corregedoria relacionada à autoridade requisitante, nos termos do previsto, analogicamente, no art. 116, XII, Lei nº 8.112/90, que dispõe ser dever do servidor público representar contra ilegalidade, omissão ou abuso de poder referente a atos que tomar conhecimento no exercício das funções.

No mais, o Ministério Público pode requisitar a instauração de inquérito policial para apurar a prática de crime eleitoral, independentemente de qualquer de ordem judicial prévia, já que atuará dentro da sua prerrogativa constitucional de defender a ordem jurídica e o sistema democrático e do poder de requisitar diligências, conforme arts. 127, *caput*, e 129, VIII, CF (STF, MC-ADI nº 5.104/DF, rel. Min. Roberto Barroso, j. 21.05.14).

c) **por requerimento do ofendido ou seu representante legal** (art. 5º, II, CPP): o inquérito policial será instaurado a partir do requerimento (que tem natureza de *pedido*) do ofendido ou de quem tiver qualidade para representá-lo.

Podem representar o ofendido: o seu *representante legal* (ascendente, tutor ou curador), seu *curador especial* (ao menor de 18 anos; ao mentalmente enfermo ou retardado mental; ou quando não possuir representante legal; ou quando os interesses se colidirem), o *cônjuge*, o *ascendente*, o *descendente* ou o *irmão* (quando o ofendido morreu ou foi declarada a sua ausência) ou um *procurador*.

É possível sustentar a representação do ofendido pelo *companheiro*, considerando o regime legal equiparado atribuído pela Constituição Federal (art. 226, § 3º) e pela jurisprudência (STF, RG-RE nº 646.721/RS, rel. p/ acórdão Min. Roberto Barroso, j. 10.05.17).

O requerimento do ofendido ou seu representante deverá conter, sempre que possível, a narração dos fatos, com as circunstâncias, a individualização do criminoso ou os sinais características que possam identificá-lo, as razões de convicção ou presunção de ser ele o autor da infração penal ou os motivos da impossibilidade de o fazer e a indicação de testemunhas (art. 5º, § 1º, CPP).

Se procedentes as informações levadas ao delegado, isto é, tendo o mínimo de elementos que possam sustentar uma futura investigação criminal, o delegado deferirá o pedido e mandará instaurar o inquérito. Por outro lado, se patentemente descabida qualquer investigação – como no caso de o fato sequer ser crime ou já estar prescrito há muito tempo – o pedido será indeferido pela própria autoridade policial.

Do despacho da autoridade policial que indeferir o requerimento de abertura do inquérito caberá **recurso** (de natureza administrativa) para o Chefe de Polícia, ou seja, o Delegado-Geral de Polícia (ou Superintendente, ou Secretário de Segurança Pública ou Ministro da Justiça, segundo entendimento de alguns), que é o superior máximo da polícia judiciária. Seja como for, é possível, mesmo existindo a possibilidade de recurso, que o peticionário requeira a instauração de inquérito diretamente ao Ministério Público, que, então, se o caso, poderá requisitá-la diretamente ao delegado de polícia, cujo indeferimento pelo delegado de polícia, em princípio, não será possível, como visto acima.

d) **pelo auto de prisão em flagrante**: com a prisão de uma pessoa em flagrante delito (art. 302 do CPP), surge para o Estado a obrigação de investigar, reprimir e prevenir a prática dessa conduta, cujo procedimento será iniciado pela lavratura do respectivo auto, exceto no caso de se tratar de infração de menor potencial ofensivo, de competência dos Juizados Especiais, que dispensam a utilização do inquérito policial (mas será instaurado um termo circunstanciado, em regra).

e) **notícia por qualquer pessoa do povo**: nos termos o art. 5º, § 3º, CPP, qualquer pessoa do povo que tiver conhecimento da existência de infração penal em que caiba ação penal de natureza pública poderá, verbalmente ou por escrito, comunicá-la à autoridade policial, e esta, verificada a procedência das informações, mandará instaurar inquérito.

Trata-se da chamada *delatio criminis* simples, consoante visto, geralmente feita pela comunicação de uma ocorrência policial (registro/boletim de ocorrência). A comunicação de um crime não é obrigação do cidadão, mas uma faculdade. Atentar, apenas, à contravenção penal do art. 66, do Decreto-lei nº 3.688/41, que pune quem deixar de comunicar crime de ação pública de que tomou conhecimento através do exercício de função pública ou através do exercício da medicina ou outra profissão sanitária.

3.2.9.1.1. *Verificação da procedência das informações (VPI)*

Percebe-se que o § 3º do art. 5º, CPP, dispõe, na sua parte final, que o delegado de polícia, ao receber informação de qualquer do povo acerca da ocorrência de uma infração penal de que caiba ação penal de natureza pública, *antes de determinar a instauração de inquérito policial*, procederá à **verificação da procedência das informações** – o que é comumente abreviado pela sigla VPI.

Isso significa que a autoridade policial, ao receber informação de que um crime processado por ação penal pública foi praticado, irá determinar a instauração da verificação de procedência dessa informação, isto é, se há, ao menos, verossimilhança no relato dos fatos e se há elementos mínimos para que alguém seja investigado por um inquérito policial e eventualmente processado judicialmente no futuro.

Embora comumente se trate da VPI em relação a crime processado por meio de ação penal de natureza pública, nada impede a sua instauração em relação a um delito processado através de ação penal de iniciativa privada. O objetivo será amealhar elementos que corroborem as informações que aportaram na autoridade policial para que se dê início, se o caso, às investigações policiais formais.

Tal como ninguém pode ser processado criminalmente sem razão, o mesmo ocorre em relação ao inquérito policial, isto é, ninguém pode ser investigado criminalmente sem motivos minimamente concretos. Assim, a VPI nada mais é do que um **filtro** que impede a proliferação inútil e desmedida de investigações policiais formais, observando-se, com isso, o princípio da eficiência da máquina estatal (art. 37, "caput", CF), economizando-se recursos financeiros e de pessoal com eventuais inquéritos policiais infundados.

Nas palavras de Adriano Sousa Costa e Laudelina Inácio da Silva, "a Verificação de Procedência das Informações é expediente investigatório informal que visa a analisar se a abstrata narrativa do noticiante é suficiente para dar azo à instauração do procedimento apuratório formal em desfavor de um indivíduo" (Prática Policial, 2016, p. 3).

A VPI é algo relativamente incomum de se ver, uma vez que os delegados já determinam a instauração de inquérito policial de imediato ou simplesmente complementam o registro do boletim de ocorrência, salvo situações patentemente absurdas. Esta é uma das razões mais frequentes, inclusive, que autoriza o trancamento de um inquérito policial pelo Poder Judiciário, ou seja, um juiz determina que o delegado cesse o inquérito policial por ausência de elementos mínimos de futuro processamento do então investigado (ausência de justa causa, como será estudado oportunamente).

A informação acerca do cometimento de um delito por alguém do povo pode chegar ao delegado, basicamente, de duas formas: (a) o denunciante se identificou ou (b) o denunciante não se identificou. Naquele caso, a instauração da VPI ocorrerá se as informações trazidas forem vagas, sem elementos robustos; já neste segundo caso, como ainda será visto, antes de se instaurar um inquérito policial oriundo de denúncia anônima, o delegado deverá proceder à verificação da procedência da informação para atestar a sua confiabilidade e verossimilhança, já que não se instaura inquérito policial oriundo de denúncia anônima sem um lastro mínimo quanto às informações trazidas.

Nas linhas do entendimento do Supremo Tribunal Federal, "o procedimento tomado pela autoridade policial está em perfeita consonância com o entendimento desta Suprema Corte, segundo o qual, a denúncia anônima, por si só, não serve para fundamentar a instauração de inquérito, mas, a partir dela, poderá a autoridade competente realizar **diligências preliminares para apurar a veracidade das informações** obtidas anonimamente e, então, instaurar o procedimento investigatório propriamente dito" (RHC nº 132.115/PR, rel. Min. Dias Toffoli, j. 06.02.18).

O objetivo da VPI, portanto, é basicamente averiguar a **existência de justa causa para a instauração de inquérito policial** a fim de investigar alguém em razão da provável prática de uma infração penal.

O legislador apenas mencionou que o delegado poderá instaurar a VPI, mas não trouxe nenhum regramento a seu respeito. Portanto, alguns pontos são essenciais, embora não tratados pela doutrina ou pela jurisprudência.

a) **características**: simplicidade (não há fórmulas legais), informalidade (não há solenidades) e celeridade (o objetivo é averiguar a potencial existência de delito a ser investigado em inquérito policial).

A VPI é temporária, haja vista que a sua conclusão somente terá dois caminhos possíveis: (a) arquivamento das informações recebidas pelo próprio delegado de polícia diante da inexistência de razão para se instaurar inquérito policial ou (b) determinação de instauração de inquérito policial ou termo circunstanciado. Logo, a VPI não substituirá essas duas formas de investigação (IP ou TC), sendo apenas um procedimento simples e temporário para verificar as informações levadas à autoridade policial a respeito de uma possível infração penal.

b) **instauração**: ao receber a notícia sobre a suposta ocorrência de um delito, mas estando ausentes elementos mínimos de convicção para que seja instaurado inquérito policial, a autoridade policial determinará a instauração da VPI.

c) **diligências**: como vigora o informalismo, eventual oitiva de pessoas se dará na forma de "convite", sem poder coercitivo. O objetivo da VPI será, basicamente, esclarecer se o fato narrado efetivamente ocorreu; se é uma infração penal; se é de competência daquela autoridade policial a realização da investigação, pois pode ser de uma delegacia especializada (departamento de narcóticos, por exemplo) ou de outra Polícia mesmo (Polícia Federal, por exemplo); se há autores conhecidos; se há testemunhas do delito; e se há alguma prova material.

d) **prazo de duração**: não há menção no texto legal. Como a VPI não traz prejuízo à pessoa averiguada, não há razão para se aplicar o art. 10, CPP (30 dias), mas deve ser observada a proporcionalidade, isto é, deverá durar o tempo necessário para que as informações que chegaram à autoridade policial possam ser verificadas pelos agentes policiais. Por exemplo, é possível que a VPI dure um ou dois meses, mas não dois ou três anos, claramente. Há posição no sentido de que, ultrapassado um prazo minimamente razoável, deve ser instaurado o inquérito policial, considerando que a simples verificação da procedência das informações não está sendo suficiente para a competente averiguação do fato supostamente ocorrido.

e) **arquivamento**: não há que se falar em arquivamento judicial da VPI caso o delegado de polícia entenda que não é o caso de instauração de inquérito policial, uma vez que não existiu nenhum prejuízo à pessoa averiguada e não há que se submeter a controle do Ministério Público e do Poder Judiciário uma informação que sequer ensejou a instauração de inquérito policial. O contrário seria sustentar que toda carta anônima ou todo boletim de ocorrência também deveria ser arquivado diante do Poder Judiciário por meio de promoção por parte do Ministério Público, o que soa absurdo e não é o que ocorre na praxe.

Será plenamente possível o controle externo da atividade policial (art. 129, VII, CF) sobre a VPI em andamento por parte do Ministério Público, obviamente – todavia, isso não significa que a ele serão remetidos os autos da VPI para promoção, ou não, de arquivamento. Logo, a VPI é arquivada pela própria autoridade policial, por meio de simples despacho.

É possível sustentar a aplicação analógica do art. 5º, § 2º, CPP, que dispõe ser cabível recurso ao chefe de polícia contra o despacho do delegado que indefere o requerimento de abertura de inquérito policial – e nada impedirá que o noticiante requeira a instauração de inquérito policial ao membro do Ministério Público, que, então, se assim entender, ordenará a sua instauração à autoridade policial.

No mais, nada impedirá que, ulteriormente, seja instaurado inquérito policial referente aos fatos que foram arquivados pela VPI, ainda mais se presentes outros e suficientes elementos.

f) **forma**: não há forma específica para se instaurar a VPI. É bom ressaltar que não será possível a violação de nenhum direito fundamental, ainda que mediante autorização judicial, pois que, daí, deverá ser instaurado inquérito policial. Ora, se a autoridade policial entende ser o caso, por exemplo, de uma interceptação telefônica, é porque já entendeu que, ao menos em tese, um crime foi/está sendo cometido por um determinado suspeito, de modo que uma investigação formal, por meio de inquérito policial, deve ser instaurada, com pleno controle pelos órgãos do Ministério Público e do Poder Judiciário. Neste sentido prevê o art. 18, § 2º, da Instrução Normativa nº 108/16, da Polícia Federal, dispondo que na verificação de procedência de informações são vedadas intimações, representações por medidas cautelares e apreensões.

No mais, as peças da VPI constarão do inquérito policial se este vier a ser instaurado. E atentar que é possível que cada Polícia regulamente a forma e o procedimento envolvendo a VPI, por isso, o tema exige atenção.

3.2.9.2. *Crimes de ação penal pública condicionada e de ação penal de iniciativa privada*

Há que se observar o seguinte:

a) **ação penal condicionada**: o início do inquérito policial dependerá – assim como na ação penal – ou de representação do ofendido ou de requisição do Ministro da Justiça (art. 5º, § 4º, CPP). Trata-se da *delatio criminis* postulatória, vista acima. Pode haver requisição do juiz ou do Ministério Público, desde que acompanhada da respectiva representação do ofendido, é claro.

b) **ação penal de iniciativa privada**: o Estado não pode iniciar uma investigação penal quando o crime a ser investigado for de ação penal de iniciativa privada. Para tanto, será necessário um requerimento da vítima ou de seu representante legal (art. 5º, § 5º, CPP). Pode, também, haver requisição do juiz ou do Ministério Público, acompanhada do respectivo requerimento da vítima.

O requerimento deve ser feito dentro do prazo decadencial de 6 meses, a contar do conhecimento da autoria do crime – se ultrapassado esse prazo, o delegado de polícia deixará de instaurar o inquérito, diante da extinção da punibilidade.

Atentar que a instauração ou o trâmite do inquérito penal não suspendem e nem interrompem o prazo decadencial da ação penal, ou seja, a ação penal, sob pena de decadência, deve ser movida pela vítima dentro do prazo decadencial de 6 meses, *ainda que não finalizado o inquérito policial*. Por isso, é recomendável mover a queixa-crime, com os seus requisitos mínimos, ainda que não finalizado o inquérito policial, sob pena de ser atingida a decadência eventualmente.

c) **flagrante**: é possível a prisão em flagrante de quem cometa delito de ação penal pública condicionada ou de iniciativa privada. Para tanto, será necessário prévio requerimento do ofendido.

É possível, obviamente, que a autoridade policial aja, independentemente da espécie de crime, com o intuito de cessar a prática delituosa – mas a *lavratura* do auto de prisão em flagrante (e consequente instauração de inquérito policial) quando se tratar de ação penal de iniciativa privada ou condicionada à representação dependerá, sempre, da manifestação do ofendido. Entende-se que a vítima pode comparecer à delegacia no prazo de até 24 horas, que é o mesmo prazo para a entrega da nota de culpa ao preso.

Esta é a síntese das formas de instauração do inquérito policial:

Ação penal pública incondicionada	De ofício pelo delegado	Requisição do juiz ou do MP	Requerimento do ofendido ou representante	Flagrante	Notícia por qualquer do povo
Ação penal pública condicionada	*Representação* do ofendido	*Requisição* do Ministro da Justiça	Requisição do juiz ou MP acompanhada da representação do ofendido	Flagrante, com pedido ou manifestação ulterior	
Ação penal pública de iniciativa privada	Requerimento da vítima ou representante	Requisição do juiz ou MP acompanhada do requerimento do ofendido	Flagrante, com pedido ou manifestação ulterior		

3.2.10. Diligências investigatórias

Os artigos 6º e 7º do CPP trazem providências que o delegado de polícia pode, discricionariamente, adotar buscando elucidar a materialidade e a autoria do delito. São medidas exemplificativas, podendo ser determinadas outras não previstas na lei (art. 6º, III, CPP).

Então, logo que tiver conhecimento da prática da infração penal, a autoridade policial deverá:

a) **dirigir-se ao local, providenciando para que não se alterem o estado e conservação das coisas, até a chegada dos peritos criminais.**

Trata-se de medida salutar (embora rara na prática, gerando, infelizmente, a perda de muitos elementos de prova), pois garantirá isenção e evitará contaminação dos elementos de prova.

b) **apreender os objetos que tiverem relação com o fato, após liberados pelos peritos criminais.**

Preservado e periciado o local, pode ser o caso de vários objetos relacionados com o crime terem sido deixados no local, como uma arma, uma roupa com sangue ou um telefone celular. Nesses casos, não será necessário um mandado judicial para aprender esse material.

O que não interessar à investigação será restituído aos seus donos.

c) **colher todas as provas que servirem para o esclarecimento do fato e suas circunstâncias.**

Como o objetivo do inquérito policial é investigar e tentar elucidar a materialidade e a autoria de um delito, a autoridade policial pode determinar qualquer meio de prova, observando, se o caso, a cláusula de reserva de jurisdição.

É possível – e muitas vezes imprescindível – a oitiva de testemunhas no curso do inquérito policial. Por vezes, a pessoa que presenciou o fato não quer comparecer diante da autoridade policial, o que pode obstaculizar o andamento das investigações. O art. 218, CPP, dita que, se intimada, a testemunha deixar de comparecer sem motivo justificado, o juiz poderá requisitar à autoridade policial a sua apresentação ou determinar a sua condução coercitiva por oficial de justiça – trata-se, pois, da oitiva da testemunha em juízo. A questão é: é possível a condução coercitiva de testemunha recalcitrante no bojo do inquérito policial? E, em caso positivo, há reserva de jurisdição?

Caso, no curso das investigações, a autoridade policial vislumbre a necessidade de ouvir testemunha reticente, faz-se mister a obtenção de ordem judicial para ser realizada a sua condução coercitiva, haja vista a restrição à liberdade da pessoa conduzida – ainda que momentaneamente – e a necessidade – muito provável – de interferência em outros direitos fundamentais, como o domicílio, a família e o local de trabalho. Corrobora essa ideia a previsão do art. 10, § 2º, CPP, que permite que o delegado, no relatório, indique testemunhas que não foram inquiridas – ou seja, a testemunha não ouvida não poderia ser conduzida coercitivamente pelo próprio delegado, mas tão somente por ordem judicial, e, se esta não for obtida (ou for negada pelo magistrado), caberá ao delegado mencionar a testemunha faltante no relatório do inquérito policial, o que será analisado, ulteriormente, pelo titular da ação penal.

d) ouvir o ofendido (vítima).

Será feito o mais rápido possível, a qualquer momento e quantas vezes for necessário.

e) ouvir o indiciado, devendo o respectivo termo ser assinado por duas testemunhas que lhe tenham ouvido a leitura.

Devem ser observadas as regras do interrogatório judicial (arts. 185 a 196, CPP), com o termo assinado por duas testemunhas. Atentar que, em razão da natureza inquisitiva do inquérito, não há que se falar em participação obrigatória de advogado ou reperguntas.

f) proceder ao reconhecimento de pessoas e coisas e a acareações.

Por analogia, aplicam-se os arts. 226 a 228, CPP (reconhecimento) e arts. 229 e 230, CPP (acareação). É comum que o escrivão, na delegacia, entregue à vítima de um roubo um álbum com dezenas de fotografias de criminosos da região que já foram presos por roubo; ou então, que chame o desenhista para que elabore um "retrato-falado".

g) determinar, se for o caso, que se proceda a exame de corpo de delito e a quaisquer outras perícias.

Nos termos do art. 158, CPP, quando a infração deixar vestígios, será obrigatório o exame de corpo de delito, direto ou indireto (a prova testemunhal, uma vez desaparecidos os vestígios, poderá suprir-lhe a falta, cf. art. 167, CPP). E, consoante o art. 171, CPP, nos crimes cometidos com destruição, rompimento de obstáculo ou por meio de escalada para a subtração da coisa, os peritos, além de descrever os vestígios, indicarão com que instrumentos, por que meios e em que época presumem ter sido o fato praticado. Essas e outras perícias são as necessárias à elucidação da materialidade e da autoria do crime.

h) ordenar a identificação do indiciado pelo processo datiloscópico, se possível, e fazer juntar aos autos sua folha de antecedentes.

Deve-se fazer uma leitura consoante a Constituição Federal (art. 5º, LVIII), que prevê que o civilmente identificado não será submetido à identificação criminal, salvo hipóteses legais (Lei nº 12.037/09). Com relação à folha de antecedentes (chamada de "F.A."), ela traz a vida pregressa do investigado, como as vezes em que foi preso, se há inquéritos em andamento etc. Vale observar que o Superior Tribunal de Justiça entende que a folha de antecedentes é suficiente para comprovar maus antecedentes e reincidência, sendo desnecessária a apresentação de certidão do cartório judicial (HC nº 369.322/SP, rel. Min. Ribeiro Dantas, j. 20.02.18; e súmula nº 636, STJ).

A identificação criminal será estudada em tópico específico abaixo.

i) averiguar a vida pregressa do indiciado, sob o ponto de vista individual, familiar e social, sua condição econômica, sua atitude e estado de ânimo antes e depois do crime e durante ele, e quaisquer outros elementos que contribuírem para a apreciação do seu temperamento e caráter.

Tudo o que contribuir para a investigação, em relação ao investigado, deve ser coletado pelo delegado. Isso é útil, por exemplo, em relação à prisão de grandes criminosos.

j) colher informações sobre a existência de filhos, respectivas idades e se possuem alguma deficiência e o nome e o contato de eventual responsável pelos cuidados dos filhos, indicado pela pessoa presa.

Incluída pela Lei nº 13.257/16 (Estatuto da Primeira Infância), fez diversas alterações em outros diplomas, como o ECA e a CLT. No Código de Processo Penal, especificamente em relação às diligências iniciais do delegado, deverá o investigado preso responder se possui filhos – e as respectivas idades, se há deficiências e a pessoa de contato – objetivando que o crime praticado pelo responsável pela criança não a prejudique na sua vida cotidiana.

Assim, como comumente acontece, se uma mãe é presa transportando drogas (como "mula"), ela deverá fornecer as informações referentes aos seus filhos para que a autoridade policial adote as providências necessárias para a sua salvaguarda, como comunicando o Conselho Tutelar, o Ministério Público e a Defensoria Pública, se o caso. O objetivo da medida, portanto, é a proteção integral dos interesses da criança e do adolescente (art. 3º, "caput", da Lei nº 8.069/90).

k) reprodução simulada dos fatos.

A autoridade policial poderá, ainda, proceder à reprodução simulada dos fatos, mais conhecida como "reconstituição do crime", desde que esta não contrarie a moralidade ou a ordem pública (art. 7º do CPP). O Código de Processo Penal não traz o procedimento dessa reconstituição.

Entende-se que o investigado não pode ser obrigado a participar da reprodução simulada (adotando uma postura ativa) em razão da vedação à produção de prova contra si. A recusa em participar de uma reconstituição não pode constituir crime de desobediência, não possibilitará a condução coercitiva do agente (STF, HC nº 69.026/DF, rel.

Min. Celso de Mello, j. 10.12.91) e nem será suficiente para a decretação de sua prisão preventivamente (STF, RHC nº 64.354/SP, rel. Min. Sydney Sanches, j. 01.07.87).

Vale ressaltar, no mais, que a reconstituição pode ser feita tanto no inquérito policial como no curso da ação penal. Embora não haja contraditório naquele, é possível à defesa requerê-la, o que poderá ou não ser aceito pelo delegado (art. 14, CPP).

l) **infiltração de agentes de polícia na internet (ECA)**

A Lei nº 13.441/17 alterou o Estatuto da Criança e do Adolescente (arts. 190-A a 190-E da Lei nº 8.069/90) para prever a infiltração de agentes de polícia na *internet* com o objetivo de investigar crimes sexuais contra crianças e adolescentes, quais sejam: os arts. 240, 241 e 241-A a 241-D, do ECA, e os crimes dos arts. 154-A, 217-A, 218, 218-A e 218-B, do Código Penal.

Brevemente, são estes os principais pontos da referida lei:

i) exige-se **autorização judicial**, ouvido o Ministério Público.

ii) requerimento do **Ministério Público** ou representação do **delegado de polícia**.

iii) não excederá o prazo de **90 dias**, podendo ter renovações uma vez demonstrada a necessidade a critério da autoridade judicial, desde que o total não exceda **720 dias** (ou seja, até oito renovações totais), o que já é criticado pela doutrina, pois (a) a rede de criminosos é de difícil acesso, (b) não há ofensa direta a bens fundamentais do investigado e (c) a Lei nº 12.850/13, sobre crime organizado, não prevê prazo máximo, mesmo tratando de uma situação mais grave e sensível, que é a infiltração física do policial.

iv) é um meio de prova **excepcional**, utilizável apenas se não houver outros meios disponíveis.

v) **não comete crime** o policial que oculta sua identidade para, por meio da *internet*, colher indícios de autoria e materialidade dos crimes que autorizam a infiltração;

vi) a infiltração policial é **apenas na rede mundial de computadores** (internet), não tratando a lei sobre a infiltração física de policiais.

3.2.10.1. *Violência doméstica e familiar contra a mulher*

A Lei nº 13.505/17 acrescentou alguns dispositivos à Lei de Violência Doméstica (Lei Maria da Penha – Lei nº 11.340/06).

Conforme o art. 12-A da Lei nº 11.340/06, os Estados e o Distrito Federal, na formulação de suas políticas e planos de atendimento à mulher em situação de violência doméstica e familiar, darão prioridade, no âmbito da Polícia Civil, à criação de Delegacias Especializadas de Atendimento à Mulher (Deams), de Núcleos Investigativos de Feminicídio e de equipes especializadas para o atendimento e a investigação das violências graves contra a mulher.

E também, é direito da mulher em situação de violência doméstica e familiar o atendimento policial e pericial especializado, ininterrupto e prestado por servidores previamente capacitados – *preferencialmente do sexo feminino* (art. 10-A, Lei nº 11.340/06).

Ainda, a autoridade policial poderá requisitar os serviços públicos necessários à defesa da mulher em situação de violência doméstica e familiar e de seus dependentes (§ 3º, art. 12-A, Lei Maria da Penha).

E, verificada a existência de risco atual ou iminente à vida ou à integridade física da mulher em situação de violência doméstica e familiar, ou de seus dependentes, o agressor será imediatamente afastado do lar, domicílio ou local de convivência com a ofendida: (a) pela autoridade judicial; (b) pelo delegado de polícia, quando o município não for sede de comarca; ou (c) pelo policial, quando o município não for sede de comarca e não houver delegado disponível no momento da denúncia. Nos casos *b* e *c*, o juiz será comunicado no prazo máximo de 24h e decidirá, em igual prazo, sobre a manutenção ou a revogação da medida aplicada, devendo dar ciência ao Ministério Público concomitantemente (art. 12-C, Lei Maria da Penha).

No mais, o art. 10-A da Lei n 11.340/06 traz as diretrizes e cuidados que deverão ser adotados para a inquirição da vítima e das testemunhas de crimes de violência doméstica contra a mulher no âmbito do atendimento pela autoridade policial:

a) deverá ser garantida a salvaguarda (proteção) da integridade física, psíquica e emocional da depoente, considerada a sua condição peculiar de pessoa em situação de violência doméstica e familiar;

b) em nenhuma hipótese deverá ser permitido o contato direto da vítima (mulher), de seus familiares e das testemunhas com os investigados ou suspeitos ou com as pessoas que tenham relação com eles;

c) não se deve permitir a "revitimização" da depoente, de modo a se evitar que a vítima seja sucessivas vezes ouvida sobre o mesmo fato nos âmbitos criminal, cível e administrativo. Também, devem ser evitados questionamentos sobre a sua vida privada.

A "revitimização" é o sofrimento continuado e repetido da vítima ao ter que relembrar os fatos criminosos. Ex.: a vítima, todas as vezes em que é inquirida sobre os fatos, acaba sendo, de alguma forma, submetida a um novo trauma, trazendo-lhe dor, sofrimento e tristeza, principalmente dentro de uma delegacia de polícia.

A fim de se evitar isso, o Poder Público deverá adotar providências para que a vítima não seja ouvida diversas vezes sobre o mesmo tema; ainda, o ambiente policial deve ser acolhedor; e, no mais, deve-se evitar perguntas que invadam a vida privada da vítima ou que induzam que ela teve alguma forma de culpa pelo fato criminoso, não podendo a investigação se transformar em um processo de julgamento sobre o seu comportamento. Em suma, a revitimização acaba sendo uma forma de violência institucional, isto é, pelo próprio Estado.

Na inquirição da mulher vítima de violência doméstica ou das testemunhas, portanto, deve ser adotado, *preferencialmente*, o seguinte procedimento:

a) a inquirição será feita em recinto especialmente projetado para esta finalidade, contendo equipamentos próprios e adequados à idade da mulher e ao tipo de violência sofrida;

b) quando for o caso, a inquirição será intermediada por profissional especializado em violência doméstica e familiar designado pela autoridade judiciária ou policial;

c) o depoimento será registrado em meio eletrônico ou magnético, devendo a degravação e a mídia integrarem o inquérito.

3.2.11. Diligências de combate ao tráfico de pessoas

De acordo com o Protocolo Adicional à Convenção da ONU contra o Crime Organizado Transnacional relativo à Prevencão, Repressão e Punição do Tráfico de Pessoas, em especial Mulheres e Crianças (Decreto nº 5.017/04), "a expressão *tráfico de pessoas* significa o recrutamento, o transporte, a transferência, o alojamento ou o acolhimento de pessoas, recorrendo à ameaça ou uso da força ou a outras formas de coação, ao rapto, à fraude, ao engano, ao abuso de autoridade ou à situação de vulnerabilidade ou à entrega ou aceitação de pagamentos ou benefícios para obter o consentimento de uma pessoa que tenha autoridade sobre outra para fins de exploração. A exploração incluirá, no mínimo, a exploração da prostituição de outrem ou outras formas de exploração sexual, o trabalho ou serviços forçados, escravatura ou práticas similares à escravatura, a servidão ou a remoção de órgãos".

O Brasil já possui uma Política Nacional de Enfrentamento ao Tráfico de Pessoas (Decreto nº 5.948/06), objetivando estabelecer princípios, diretrizes e ações de prevenção e repressão ao tráfico de pessoas e de atenção às vítimas, conforme as normas internacionais e a legislação pátria. Visando efetivar este enfrentamento, editou-se a Lei nº 13.344/16, de modo que, agora, dá-se cumprimento ao previsto no Protocolo da ONU de combate ao tráfico humano.

No que interesse aqui, a novel Lei nº 13.344/16 acrescentou dois artigos ao Código de Processo Penal, relativos à investigação de crimes relacionados ao tráfico de pessoas: art. 13-A e art. 13-B. Abaixo, serão estudados os principais tópicos (com base na obra de Rogério Sanches Cunha e Ronaldo Batista Pinto: Tráfico de Pessoas, Editora JusPodivm, 2017).

3.2.11.1. *Acesso a dados e informações cadastrais*

Diz o art. 13-A, CPP, que, nas investigações dos crimes de *sequestro e cárcere privado* (art. 148, CP), *redução a condição análoga à de escravo* (art. 149, CP), *tráfico de pessoas* (art. 149-A, CP), *sequestro-relâmpago* (art. 158, § 3º, CP), *extorsão mediante sequestro* (art. 159, CP) e *envio ilegal de criança ou adolescente ao exterior* (art. 239, ECA), o membro do Ministério Público ou o delegado de polícia poderá requisitar, de quaisquer órgãos do poder público ou de empresas da iniciativa privada, dados e informações cadastrais da vítima ou de suspeitos.

Estabelece a lei que o delegado ou o membro do Ministério Público poderá **requisitar** (no sentido de ordenar, de exigir) o acesso a **dados e informações cadastrais, independentemente** de autorização judicial.

Esses dados e informações cadastrais – tanto de **suspeitos** como de **vítimas** – dizem respeito ao nome, estado civil, número de telefone, profissão, endereço, números de RG e CPF etc., o que pode ser obtido tanto de **órgãos públicos** (prefeituras, justiça eleitoral etc.), como de **empresas privadas** (provedores de internet, empresas de telefonia, de cartões de crédito, bancos, comércio em geral etc.). Abre-se um parêntese para dizer que a Lei nº 13.709/18 (Lei Geral sobre Proteção de Dados Pessoais) traz regras sobre como os dados pessoais das pessoas são armazenados, objetivando proteger o direito à privacidade. Referida norma, todavia, dispõe, expressamente, no seu artigo 4º, III, *d*, que "esta lei não se aplicado ao tratamento de dados pessoais realizado para fins exclusivos de atividade de investigação e repressão de infrações penais".

Deve-se atentar que é permitido apenas o acesso a dados e informações **cadastrais**. Isso não se confunde com a **interceptação** telefônica ou de dados ou com a **quebra de sigilo** bancário ou fiscal. Uma coisa, *v.g.*, é a empresa de telefonia informar os dados cadastrais de um cliente (nome completo, endereço da fatura de cobrança etc.) e outra, bem diferente, é interceptar as suas ligações telefônicas, o que só é permitido mediante ordem judicial, nos termos da Lei nº 9.296/96 (art. 1º). Outro exemplo: o banco deverá informar os dados de um correntista seu, mas não pode quebrar o sigilo das operações bancárias, salvo por autorização judicial, conforme a LC nº 105/01 (art. 1º, § 4º).

Como bem já decidiu o Superior Tribunal de Justiça, "não se confundem as medidas de quebra de sigilo telefônico com a interceptação de comunicação telefônica, esta última albergada, ademais, pela cláusula de reserva de jurisdição. Daí, não são exigíveis, no contexto da quebra de sigilo de dados, todas as cautelas insertas na Lei 9.296/1996" (HC nº 237.006/DF, rel. Min. Maria Thereza de Assis Moura, j. 27.06.14).

Quanto ao procedimento, diz o p.ú. do art. 13-A, CPP, que a requisição do delegado ou do membro do *Parquet* **deverá ser atendida em até 24 horas**, contendo: (i) o nome da autoridade requisitante, (ii) o número do inquérito policial e (iii) a identificação da unidade de polícia judiciária responsável pela investigação.

Como visto anteriormente, o inquérito policial é dispensável, de modo que a indicação de seu número e da unidade de polícia que investiga o crime relacionado ao tráfico de pessoas só serão obrigatórios quando o crime estiver, de fato, sendo investigado pela polícia judiciária (Polícia Civil ou Polícia Federal). No entanto, se a investigação, por exemplo, for do Ministério Público, pode-se afirmar, analogicamente, que o membro requisitante informará o número do procedimento de investigação criminal e os dados da promotoria onde ele tramita.

3.2.11.2. *Acesso à localização da vítima e dos suspeitos*

O art. 13-B, CPP, é extremamente confuso e peca pela falta de técnica, chegando a ter uma possível inconstitucionalidade.

Diz o referido artigo que "se necessário à prevenção e à repressão dos crimes relacionados ao tráfico de pessoas, o membro do Ministério Público ou o delegado de polícia poderão requisitar, mediante autorização judicial, às empresas prestadoras de serviço de telecomunicações e/ou telemática que disponibilizem imediatamente os meios técnicos adequados – como sinais, informações e outros – que permitam a localização da vítima ou dos suspeitos do delito em curso". Nota-se, de pronto, que o legislador não trouxe um rol de delitos relacionados à privação da liberdade da vítima, como fez no art. 13-A, CPP, falando apenas em "crimes relacionados ao tráfico de pessoas", não se sabendo, exatamente, o que se quis dizer com essa expressão.

Em primeiro lugar, há uma incongruência do legislador ao prever o poder de "requisitar, mediante autorização judicial". A requisição, tal como visto acima, no art. 13-A, CPP, é aquela que gera obrigatoriedade ao destinatário, independentemente de intervenção do Judiciário. Por isso, é tecnicamente incorreto a lei estabelecer uma requisição que deva ser autorizada judicialmente. Diante da expressa previsão da reserva de jurisdição para esta medida do art. 13-B, CPP, correto seria *requerimento* do Ministério Público ou *representação* do delegado de polícia endereçados ao juiz.

O importante a se extrair desta observação é que a forma de obtenção das informações e dados cadastrais da vítima e do suspeito (art. 13-A, CPP) é diferente da prevista ao art. 13-B, CPP, pois, embora ambos apresentem a expressão "requisição", apenas no art. 13-A, CPP, acima, a intervenção judicial é desnecessária, posto que no art. 13-B, CPP, dependerá de autorização do juiz para a sua concessão. Há patente falta de técnica legislativa.

Assim, o mais correto seria:

Dados cadastrais	**Localização da vítima e do suspeito**
Requisição (exigência)	**Requerimento (pedido)**
Não precisará de autorização judicial	Precisará de autorização judicial

Curiosamente, a jurisprudência dos Estados Unidos, como regra, também exige que os agentes da lei busquem uma autorização judicial para que possam localizar um suspeito por meio de seu celular. Isso, todavia, não é exigido em casos emergenciais, como ameaças de bomba, tiroteios em andamento e sequestro de crianças (*Carpenter vs. United States*, 585 U.S). De forma similar, apenas para comparação, entende-se que a instalação de aparelho GPS no veículo do suspeito, pela polícia, para o acompanhamento da sua localização, também exige autorização de um juiz (*United States vs. Jones*, 565 U.S 400).

O § 1º traz uma norma explicativa, qual seja, para os efeitos do art. 13-B, CPP, "sinal" significa o posicionamento da estação de cobertura, setorização e intensidade de radiofrequência. Todo aparelho celular está conectado a uma ERB (Estação Rádio Base) próxima, que é o equipamento que faz a comunicação com a empresa telefônica. Com isso, é possível que se obtenha, pelo sinal emitido pelo celular, a localização da ERB mais próxima à qual o aparelho está conectado, sendo possível indicar a localização do celular num determinado raio de alcance.

Este sinal, diz o § 2º, I, não permitirá o acesso ao conteúdo da comunicação de nenhuma natureza, o que, claro, dependerá de ordem judicial, consoante a Lei nº 9.296/96 (já que seria uma verdadeira interceptação telefônica). Se para acessar o sinal de localização da vítima e do suspeito é necessária autorização judicial, com muito mais razão é que a interceptação telefônica dependerá de ordem do magistrado, até mesmo por expressa previsão constitucional (art. 5º, XII). Essa disposição legal, então, se mostra totalmente desnecessária.

Quanto à duração do fornecimento do sinal pela empresa prestadora de serviços de telefonia ou telemática (inciso II do § 2º), ela será de até 30 dias, prorrogável uma única vez, independentemente de ordem judicial, por até mais 30 dias. Após esses 60 dias, é possível haver prorrogação, mas desde que mediante uma nova autorização do juiz.

Vê-se, novamente, que a lei é totalmente incongruente. Para o início do fornecimento do sinal, é necessária uma autorização judicial; para a primeira prorrogação, após 30 dias de diligência, não é necessária autorização; mas para a segunda prorrogação, além dos 60 dias, exige-se nova ordem de um juiz. Não há lógica em deixar nas mãos do Ministério Público ou do delegado a primeira prorrogação (além dos 30 dias) e, depois, exigir-se autorização judicial para as demais prorrogações (além dos 60 dias). Então, tem-se o seguinte:

- Autorização judicial deferindo a medida por até 30 dias;
- Primeira prorrogação independentemente de ordem judicial;
- Segunda prorrogação exigindo autorização judicial.

Dispõe o § 3º que, na hipótese do art. 13-B, CPP, **o inquérito policial deve ser instaurado em até 72 horas**, contado do registro da respectiva ocorrência policial.

A última disposição, prevista no § 4º, de duvidosa constitucionalidade, estabelece que, "não havendo manifestação judicial no prazo de 12 horas, a autoridade competente requisitará às empresas prestadoras de serviço de telecomunicações e/ou telemática que disponibilizem imediatamente os meios técnicos adequados – como sinais, informações e outros – que permitam a localização da vítima ou dos suspeitos do delito em curso, com imediata comunicação ao juiz".

No mínimo, novamente, causa estranheza a redação. Em primeiro lugar, a lei estabelece que o delegado tem 72 horas para instaurar o inquérito policial, ou seja, três dias; no entanto, o juiz tem exíguo prazo, de **12 horas**, para tomar uma decisão acerca de fatos que, por exemplo, o delegado ou o membro do Ministério Público já vinham acompanhando e investigando há semanas, meses ou anos.

Não bastasse, não há lógica alguma em a lei dispor, por meio do *caput* do art. 13-B, que o acesso ao sinal de localização da vítima ou do suspeito dependerá de uma ordem judicial e, em seguida, no § 4º, dispor que, se o juiz não decidir em 12 horas, o requerente (delegado ou Ministério Público) a requisitará (ordenará) diretamente à empresa prestadora de serviços de comunicação. Afinal, faz-se necessária ou não uma decisão judicial? O bem tutelado exige ou não reserva de jurisdição?

Como bem explicam Rogério Sanches e Ronaldo Pinto, "ou bem se entende que a ordem judicial é necessária e pouco importa o tempo que o juiz demorará para proferir a decisão, ou bem se entende que a diligência em estudo prescinde do filtro judicial e, por consequência, não será o atraso de 12 horas que impedirá sua efetivação" (Tráfico de Pessoas, 2017, p. 125).

3.2.12. Prazos para conclusão

Na Justiça Estadual, o inquérito policial deverá terminar no prazo de **10 dias**, se o indiciado tiver sido preso em flagrante, ou estiver preso preventivamente, contado o prazo, nesta hipótese, a partir do dia em que se *executar* a ordem de prisão; ou então, no prazo de **30 dias**, quando estiver solto mediante fiança ou sem ela, podendo ser prorrogado quando o fato for de difícil elucidação.

Tais prazos são a regra em processo penal (art. 10, CPP). Ouve-se, na prática, o Ministério Público (ainda que o Código de Processo Penal determine que só o juiz se manifestará), pois ele é o destinatário imediato do inquérito e formará a sua *opinio delicti*. As prorrogações de prazo, quando o investigado estiver solto, são ilimitadas.

Se há decretação de prisão temporária (Lei nº 7.960/89), o prazo para conclusão do inquérito permanece sendo de 10 dias, não havendo inovação, uma vez que ela dura 5 dias (prorrogável uma vez por mais 5 dias – totalizando 10 dias, cf. art. 2º); todavia, se for crime hediondo o investigado, o prazo de prisão temporária é de 30 dias (prorrogável uma vez por mais 30 dias, cf. art. 2º, § 4º, Lei nº 8.072/90). Esses prazos de prisão cautelar temporária somar-se-ão ao prazo para conclusão do inquérito.

Exemplo: se existe um inquérito em curso há 10 dias para investigar um crime hediondo e o juiz decreta, por representação do delegado, a prisão temporária, a autoridade policial terá, agora, *mais* 30 dias para concluir as investigações (somando-se 40 dias no total) e, se necessário, poderá haver a prorrogação da temporária por *mais* 30 dias (somando-se, agora, 70 dias). É a lição de Távora e Alencar (Curso, 2011). Em sentido contrário entende Nucci, para quem o prazo de conclusão do inquérito deve ser cumprido à risca (Manual, 2007).

Acerca da natureza do prazo, há que se diferenciar duas situações.

Com relação ao investigado **solto**, o prazo para conclusão do inquérito possui natureza processual, ou seja, exclui-se o dia do início e inclui-se o dia final, com possibilidade de prorrogação ao próximo dia útil se findar em dia não útil. Com relação ao investigado **preso**, todavia, há divergência: para alguns (Nucci, 2007), como se está diante de direito de liberdade do investigado, trata-se de norma mista, de forma que a contagem deve ser feita como se norma material fosse (inclui-se o primeiro dia e exclui-se o último dia); para outros (Brasileiro, 2013), o prazo para concluir o inquérito não guarda relação com o prazo de prisão – está-se, aqui, discutindo o prazo para concluir as investigações, que deve ter natureza processual.

Existem leis especiais nas quais o prazo para a conclusão do inquérito é diferente.

De acordo com o art. 66 da Lei 5.010/1966, no âmbito da **Justiça Federal** o prazo para a conclusão do inquérito, quando o indiciado estiver preso, será de **15 dias**, podendo ser prorrogado por mais 15 dias. Se o indiciado estiver solto, o prazo será de **30 dias**, prorrogável por mais 30 dias, mediante autorização do juiz.

Para os crimes envolvendo **tráfico de drogas** (Lei nº 11.343/06), o prazo de conclusão do inquérito policial é de **30 dias**, se o indiciado estiver preso, e de **90 dias** se o indiciado estiver solto, podendo o juiz, em quaisquer das hipóteses, *duplicar* esse prazo, ouvido o Ministério Público, desde que a autoridade policial faça o pedido e o justifique – ou seja, podem os prazos chegar a 60 e 180 dias, respectivamente (art. 51). Se o crime for de competência do Juizado Especial Criminal, não há que se falar em inquérito policial, tal como se dá no crime do art. 28 da Lei de Drogas, de modo que se afasta a aplicação do prazo especial.

Quanto aos crimes contra a **economia popular** (Lei nº 1.521/51, art. 10), o prazo será de **10 dias**, esteja o investigado preso ou solto, não cabendo prorrogações.

O **inquérito militar**, na Justiça Castrense (art. 20, CPPM), deverá terminar em **20 dias** se o investigado estiver preso (não cabendo prorrogações) ou em **40 dias** se ele estiver solto, podendo este prazo (de 40 dias) ser prorrogado por mais 20 dias pela autoridade militar superior, desde que não estejam concluídos os exames ou perícias já iniciadas ou haja necessidade de diligências indispensáveis à elucidação do fato.

Em suma:

	PRESO	SOLTO
JUSTIÇA ESTADUAL	10	30 + 30
JUSTIÇA FEDERAL	15 + 15	30 + 30
LEI DE DROGAS	30 + 30	90 + 90
ECONOMIA POPULAR	10	10
INQUÉRITO MILITAR	20	40 + 20

E se o delegado não observar os prazos para concluir o inquérito?

Se o investigado estiver **solto**, não haverá problemas, até porque se entende que o prazo é impróprio (STJ, RHC nº 58.138/PE, rel. Min. Gurgel de Faria, j. 15.12.15). Apesar de ser impróprio, não poderá haver abusos, como investigações desarrazoadas e sem conclusão há quatorze anos, por exemplo (STJ, RHC nº 61.451/MG, rel. Min. Sebastião Reis Júnior, j. 14.02.17).

Se o investigado estiver **preso** e o atraso for de pequena monta, não haverá ilegalidade, uma vez que o processo penal posterior pode "compensar" essa demora, sendo mais célere, por exemplo (Brasileiro, 2017); todavia, não pode haver abusos, respeitando-se a razoabilidade (STF, HC nº 107.382/SP, rel. Min. Cármen Lúcia, j. 26.04.11), sob pena de constrangimento ilegal (STJ, HC nº 343.951/MG, rel. Min. Rogerio Schietti Cruz, j. 16.08.16). Analogicamente, no âmbito do Direito Administrativo Disciplinar, há a súmula nº 592 do STJ, que dita que "o excesso de prazo para a conclusão do processo administrativo disciplinar só causa nulidade se houver demonstração de prejuízo à defesa".

Há que se atentar, todavia, à previsão do art. 3º-B, § 2º, CPP, introduzido pela Lei nº 13.964/19 (cuja aplicação está suspensa cautelarmente por decisão do STF), que prevê que se o investigado estiver preso, o juiz das garantias poderá, mediante representação da autoridade policial e ouvido o Ministério Público, prorrogar, uma única vez, a duração do inquérito por até 15 dias, após o que, se ainda assim a investigação não for concluída, a prisão será imediatamente relaxada.

3.2.13. Indiciamento

Em diversas passagens, o Código de Processo Penal fala em *indiciado* ou *indiciamento*, todavia, sem dar o seu conceito ou seu procedimento. Com a Lei nº 12.830/13, o § 6º do art. 2º assim passou a prever: "o indiciamento, privativo do delegado de polícia, dar-se-á por ato fundamentado, mediante análise técnico-jurídica do fato, que deverá indicar a autoria, materialidade e suas circunstâncias".

Indiciar é indicar, isto é, apontar a pessoa como a provável autora do delito investigado e principal suspeita, tornando isso público. O indiciamento, enquanto mero ato de apontar o principal suspeito e provável autor do delito, não gera constrangimento ilegal (STJ, RHC nº 64.170/SP, rel. Min. Ribeiro Dantas, j. 10.11.16).

Há quem afirme que o indiciamento é realizado sob **juízo de probabilidade**, isto é, indicando que os elementos colhidos pela autoridade policial caminham no sentido de que uma determinada pessoa é a principal responsável pelo delito (há um indiciado). Isso difere do **juízo de possibilidade**, quando as investigações ainda estão em andamento, sem uma pessoa concretamente indicada como possível responsável pelo crime (há um suspeito).

O momento em que pode ocorrer o indiciamento é **desde a prisão em flagrante até o relatório do delegado**. Recebida a peça acusatória, não pode mais ocorrer o indiciamento, uma vez que se trata de medida típica da fase investigativa, não tendo mais, sequer, utilidade, podendo, se feito, gerar constrangimento ilegal (STJ, HC nº 218.124/SP, rel. Min. Marilza Maynard, j. 04.05.13). Também, não pode o juiz determinar que o delegado indicie o agente, até em razão da incompatibilidade com o sistema acusatório (STF, HC nº 115.015/SP, rel. Min. Teori Zavascki, j. 27.08.13), pois trata-se de ato exclusivo do delegado (Lei nº 12.830/13). Como será no transcorrer da instrução criminal que o Ministério Público poderá comprovar a procedência das acusações que pesam sobre o denunciado, não se justifica o indiciamento determinado após o recebimento da inicial acusatória (STJ, RHC nº 89.410/SP, rel. Min. Felix Fischer, j. 13.03.18).

O indiciamento não é simples ato arbitrário ou subjetivo do delegado, pois ele deve ser **motivado** e **justificado**, de acordo com o quanto apurado nas investigações.

Se houver arbitrariedade ou o indiciamento for feito sem base nas investigações, admite-se o chamado **desindiciamento** (STJ, HC nº 43.599/SP, rel. Min. Paulo Medina, j. 09.12.05), da mesma forma como será possível cassar o indiciamento feito após o recebimento da denúncia, isto é, já na fase processual (STJ, HC nº 406.465/SP, rel. Min. Maria Thereza de Assis Moura, j. 03.10.17; RHC nº 54.635/SP, rel. Min. Nefi Cordeiro, j. 09.08.16). Quando o desindiciamento ocorre mediante concessão de ordem judicial, haverá o chamado *desindiciamento coacto*.

Já entendeu o Supremo Tribunal Federal que o indiciado perde interesse processual no pedido de desindiciamento caso sobrevenha o recebimento da denúncia pelo Ministério

Público, inclusive com notificação para apresentação de resposta à acusação (Rcl nº 23.585/DF, rel. Min. Teori Zavascki, j. 11.05.16).

E consoante o Tribunal da Cidadania, arquivado o inquérito policial em razão de falta de provas, inexiste direito líquido e certo no pedido de desindiciamento (RMS nº 47.280/SP, rel. Min. Leopoldo de Arruda Raposo, j. 10.06.05). Isso porque, o simples fato de o inquérito policial ter sido arquivado não tem o condão de desconstituir o ato de indiciamento, que está perfeito e acabado, já que os elementos de convicção de que dispunha o delegado de polícia, naquele momento, permitiam concluir que o agente era, de fato, o suposto autor do delito então em apuração. Para a Corte, não há nenhuma utilidade prática, quiçá ameaça à liberdade de locomoção, no cancelamento do indiciamento se o inquérito policial já foi arquivado, eis que o seu arquivamento implica exclusão dos dados dos Institutos de Identificação Criminal (AgRg no RHC nº 93.548/ES, rel. Min. Sebastião Reis Júnior, j. 05.06.18). Neste caso analisado, restou vencido o Min. Schietti, para quem, no caso concreto, se o inquérito for arquivado por atipicidade das condutas atribuídas ao indiciado, seria possível o ato de desindiciamento, considerando o prejuízo direto à honra, à imagem e até mesmo risco de fator desfavorável em processos futuros.

De acordo com Nucci (Manual, 2008, p. 140), "é cabível o *habeas corpus*, dirigido ao juiz de direito da Comarca, caso alguém se sinta injustamente convocado à delegacia para ser indiciado". Ademais, é possível que o próprio delegado de polícia desindicie o agente se as investigações, posteriores ao indiciamento, indicarem que o então indiciado, em tese, não foi o autor do delito.

O indiciamento pode ser **direto**, com o investigado presente, ou **indireto**, com ele ausente (foragido, em local não sabido etc.). De qualquer modo, o delegado indicará – objetivamente – o tipo penal que o agente, em tese, praticou, o que, apesar de não ser vinculante ao Ministério Público, gera importantes efeitos, como a verificação dos procedimentos adotados pelo delegado, a verificação da concessão ou não de fiança, a competência etc.

Tal como o relatório do delegado ou a capitulação criminal dada por ele aos fatos, o indiciamento não vincula o juiz e nem o Ministério Público (STJ, RHC nº 79.534/SP, rel. Min. Rogerio Schietti Cruz, j. 04.04.17). Assim, não é porque o delegado indiciou o agente por roubo que o Ministério Público deverá denunciá-lo por este crime; pode ser o caso, por exemplo, de arquivamento ou de denúncia em face de outro agente, que não foi indiciado, ou, mesmo, de oferecimento de denúncia contra aquele primeiro indiciado, mas por outro delito.

Em princípio, qualquer pessoa pode ser indiciada pela prática de um crime. Atentar que os **membros do Ministério Público** (art. 41, II, Lei nº 8.625/93; e art. 18, II, *f*, LC nº 75/93) e os **magistrados** (art. 33, p.ú., LC nº 35/79) não podem ser indiciados, uma vez que, surgindo indício da prática de crime por estes agentes, as investigações serão feitas pelas suas respectivas Instituições (STJ, HC nº 162.928/TO, rel. Min. Marco Aurélio Bellizze, j. 13.12.11). Ademais, não podem ser indiciados os menores de 18 anos e nem os agentes diplomáticos.

Assim:

NÃO PODEM SER INDICIADOS
» Membros do Ministério Público e da Magistratura
» Menores de 18 anos
» Agentes diplomáticos

Questão interesse diz respeito à possibilidade, ou não, de **indiciamento do Presidente da República**. O Supremo Tribunal Federal, em clássica posição, entende que é nulo o indiciamento de detentor de prerrogativa de foro, realizado pela polícia, sem que a investigação tenha sido previamente autorizada e acompanhada pelo Ministro relator do STF (QO-Pet. nº 3.825/MT, rel. p/ ac. Min. Gilmar Mendes, j. 10.10.07). Assim, analisando o ato do delegado de polícia que indiciou o então Presidente da República, Michel Temer, o Min. Barroso entendeu que o ato foi válido, apresentando, para tanto, três argumentos: (a) o inquérito foi autorizado e supervisionado pelo STF, não havendo risco à competência da Corte; (b) o indiciamento é ato exclusivo da autoridade policial, sendo vedada a atuação do Poder Judiciário sobre essa atribuição, respeitando-se a separação entre investigar, acusar e julgar; e (c) não há fundamento razoável e constitucional para conferir privilégio de não ser indiciado a certas autoridades, o que configuraria violação à igualdade. Em suma, "a autoridade policial tem o dever de, ao final da investigação, apresentar sua conclusão. E, quando for o caso, indicar a autoria, materialidade e circunstâncias dos fatos que apurou, procedendo ao indiciamento". Desta feita, negou-se o pedido para que fosse anulado o indiciamento do Presidente da República (Inq. nº 4.621/DF, rel. Min. Roberto Barroso, j. 23.10.18).

3.2.14. Foro por prerrogativa de função

Classicamente, o **Supremo Tribunal Federal** sempre entendeu que os parlamentares podem ser indiciados, desde que haja autorização do Ministro relator competente pelo inquérito em andamento na Suprema Corte (STF, Inq. nº 2.411/MT, rel. Min. Gilmar Mendes, j. 24.04.08). Da mesma forma, a própria instauração do inquérito policial dependerá de autorização do Ministro relator.

Mais recentemente, no entanto, como visto no tópico anterior, o Min. Luís Roberto Barroso, em decisão monocrática em inquérito policial que investiga Michel Temer, então Presidente da República, entendeu que, se o inquérito tramitou com autorizou e supervisão de Ministro do STF, a autoridade com foro por prerrogativa pode ser indiciada normalmente pela autoridade policial, independentemente de autorização judicial prévia. E, muito bem, concluiu o Ministro: "o indiciamento, não representando mais do que a conclusão da autoridade policial, é ato muito menos estigmatizante do que o oferecimento de uma denúncia pelo Ministério Público, e nem por isso se cogita de uma autorização judicial prévia para que a peça acusatória possa ser apresentada. Tratando-se do Presidente da República, aliás, a denúncia é encaminhada diretamente à Câmara dos Deputados para deliberação sobre a acusação, sem qualquer juízo prévio do Supremo Tribunal Federal" (Inq. nº 4.621/DF, j. 23.10.18).

Vale destacar que o **Superior Tribunal de Justiça** entende que, embora as autoridades com prerrogativa de foro devam ser processadas perante o juízo competente, a lei não excepciona a forma como devem ser investigadas, aplicando-se, então, a regra geral do art. 5º, CPP, ou seja, o indiciamento independe de autorização judicial (AgRg no HC nº 404.228/RJ, rel. Min. Jorge Mussi, j. 01.03.18).

Assim, de acordo com as duas posições analisadas, é possível se chegar à seguinte conclusão:

Investigações envolvendo agentes com foro privativo no STF	Investigações envolvendo agentes com foro privativo em outros tribunais
Classicamente, entende-se que é necessária autorização judicial (STF) quando o delito for praticado no cargo e em razão deste por detentor de foro por prerrogativa na Corte. Modernamente, já se entende que, se houve autorização e supervisão das investigações pelo Ministro do STF, o indiciamento independe de autorização judicial.	Não é necessária autorização judicial (STJ).

Ressalta-se que, como decidido pela Suprema Corte, o foro por prerrogativa de função – ao menos quanto aos deputados federais e senadores – aplica-se apenas aos crimes cometidos durante o exercício do cargo e relacionados às funções desempenhadas (QO-AP nº 937/RJ, rel. Min. Roberto Barroso, j. 03.05.18). Nestes casos, exigir-se-á autorização do STF para investigar um parlamentar federal, cuja investigação se dará perante a polícia federal ou o Ministério Público. De outro lado, caso o delito não guarde relação com o cargo político, nem o inquérito e nem o processo correrão perante o Supremo Tribunal Federal, não sendo necessária autorização do STF para investigação do parlamentar federal e as investigações poderão ser realizadas, inclusive, pela polícia civil.

Assim, em relação a deputados federais e senadores:

<table>
<tr><th>SITUAÇÃO</th><th>ATRIBUIÇÃO PARA INVESTIGAR</th></tr>
<tr><td>Crime praticado antes da diplomação</td><td rowspan="2">Polícia (civil ou federal) ou MP, sem necessidade de autorização do STF, com possibilidade de deferimento de cautelares pelo juízo de primeiro grau.</td></tr>
<tr><td>Crime praticado depois da diplomação, mas sem relação com as funções parlamentares</td></tr>
<tr><td>Crime praticado depois da diplomação, com relação com as funções parlamentares.</td><td>Polícia federal ou PGR, mediante prévia autorização do STF e com supervisão deste.</td></tr>
</table>

Consoante já entendeu o Supremo Tribunal Federal, a simples presunção da prática de uma infração penal, sem lastro em dados fáticos, não autoriza a instauração de inquérito policial contra um parlamentar (AgRg na Pet. nº 7.354/DF, rel. Min. Dias Toffoli, j. 06.03.18).

Ademais, identificada a participação de parlamentar no crime investigado, o inquérito deve ser remetido à Corte Superior (STF, Inq. nº 3305/RS, rel. Min. Marco Aurélio, j. 12.08.14). Todavia, a mera menção, no curso das investigações (como em uma interceptação telefônica, p. ex.), ao nome de uma autoridade detentora de prerrogativa de foro por prerrogativa de função não é o bastante para o deslocamento da competência ao juízo superior competente (STF, RHC nº 135.683/GO, rel. Min. Dias Toffoli, j. 25.10.16).

3.2.15. Conclusão das investigações

Acima, viu-se que o inquérito policial tem diversas formas de início e que há um leque variado de diligências que podem ser realizadas. Findas as possibilidades de investigação, o delegado deve – *sempre* – elaborar um relatório, que é a peça final e conclusiva do inquérito policial (art. 10, § 1º, CPP).

Consoante Polastri, "relatar o inquérito significa descrever todas as diligências realizadas na apuração, se abstendo o delegado de emitir juízos de valor ou opiniões pessoais sobre o fato típico, salvo impressões acerca das diligências investigatórias, sendo imprópria a realização de abordagem doutrinária ou jurisprudencial sobre o fato apurado, já que esta função caberá às partes no processo, mormente ao promotor a quem incumbe a *opinio delicti*" (Curso, 2016, p. 134).

O delegado não emitirá juízo de valor sobre culpabilidade ou antijuridicidade (Badaró, 2016), não se manifestando, por exemplo, se entende que houve ou não legítima defesa. Seu relatório deve ser minucioso, mas **objetivo**, não havendo nenhuma formalidade específica (STF, HC nº 86.066/PE, rel. Min. Sepúlveda Pertence, j. 06.09.05).

É possível que o delegado indique, no relatório, testemunhas que não foram inquiridas, mencionando onde possam ser encontradas (§ 2º, art. 10, CPP).

Atentar que, na Lei de Drogas (Lei nº 11.343/06), a autoridade de polícia judiciária relatará sumariamente as circunstâncias do fato, *justificando as razões* que a levaram à classificação do delito, indicando a quantidade e natureza da substância ou do produto apreendido, o local e as condições em que se desenvolveu a ação criminosa, as circunstâncias da prisão, a conduta, a qualificação e os antecedentes do agente (art. 52, I).

Pode o delegado, ao relatar o inquérito, representar (é incorreto dizer que o delegado "requer", uma vez que não é parte na relação jurídica) pela prisão preventiva.

O relatório policial, assim como o próprio inquérito, é dispensável para o oferecimento da denúncia (STF, Inq. nº 2.245/MG, rel. Min. Joaquim Barbosa, j. 28.08.07), ou seja, a falta de relatório final ao inquérito é mera irregularidade quando for oferecida denúncia. Ex.: o inquérito policial está em curso e, recebendo vista para a dilatação de prazo para continuar as investigações, o promotor de justiça entende que já há elementos suficientes para denunciar; neste caso, poderá oferecer a inicial acusatória normalmente, pois o relatório tornou-se dispensável/desnecessário.

Findo o inquérito – portanto, em regra, com o relatório já juntado aos autos – ele será **remetido ao juízo criminal** competente. Na verdade, como o Ministério Público é o titular da ação penal, deveria, em princípio, ser remetido a ele o inquérito, e não ao juiz, já que o julgador não deveria ter contato com os elementos informativos colhidos até então, sendo que a participação do juiz deveria ser restrita apenas aos casos de reserva jurisdicional, como uma quebra de sigilo, por exemplo. Contemporaneamente, então, a comunicação *deveria* ser exclusiva entre delegado de polícia e Ministério Público, com a remessa e devolução dos autos entre eles apenas.

Percebendo isso, algumas legislações estaduais passaram a prever a comunicação direta do inquérito policial entre delegacia de polícia e Ministério Público, sem a participação do juiz como intermediário. Por mais que se trate de norma sobre procedimento (cuja competência é concorrente, cf. o art. 24, XI, CF), o Estado somente poderá legislar *complementando* as normas gerais já previstas pela União, isto é, a legislação estadual somente poderia complementar o art. 10, § 1º, CPP (que determina que o inquérito relatado será enviado pelo delegado diretamente ao juiz competente), mas não o contrariar, que foi justamente o que aconteceu com essas legislações estaduais, que *alteraram* a regra de tramitação do inquérito entre polícia, juiz e Ministério Público – nesta ordem, conforme bem prevê o Código de Processo Penal.

Desta feita, regra estadual que preveja que o Ministério Público receberá diretamente da polícia o inquérito policial é **inconstitucional**, por violação ao art. 24, § 1º, CF, demonstrando-se, assim, que o § 1º do art. 10, CPP, foi recepcionado pela Constituição Federal (STF, ADI nº 2.886/RJ, rel. p/ acórdão Min. Joaquim Barbosa, j. 03.04.14). De qualquer modo, está ainda em andamento, desde 2009, a ADI nº 4.305/DF (Rel. Min. Edson Fachin), impugnando a Resolução nº 63/09, do Conselho da Justiça Federal, que prevê o trâmite direto do inquérito policial entre a Polícia Federal e o Ministério Público Federal.

É importante mencionar que, a despeito de existir decisão da Suprema Corte entendendo pela inconstitucionalidade de normas estaduais autorizando a tramitação de inquérito policial diretamente entre delegado de polícia e Ministério Público, o Superior Tribunal de Justiça possui entendimento tranquilo no sentido de isso ser possível, considerando a observância dos princípios da duração razoável do processo, da economia processual e da eficiência, e sem deixar de lado, quando necessário for, as hipóteses de reserva de jurisdição (AgRg no REsp nº 1.543.205/SC, rel. Min. Jorge Mussi, j. 04.05.17; AgInt no REsp nº 1.523.160/SC, rel. Min. Reynaldo Soares da Fonseca, j. 17.05.16; e RMS nº 46.165/SP, rel. Min. Gurgel de Faria, j. 19.11.15). Talvez por isso, o TJ/AM editou o Provimento nº 330/18, dispondo, justamente, sobre a tramitação direta dos inquéritos policiais, no primeiro grau de jurisdição, entre a polícia e o Ministério Público. Igualmente, o CNJ considerou legais os Provimentos nº 119/07, do TJ/PR, e nº 01/13, do TJ/MA (PCA nº 599/07 e 1814-23.201.2.00.0000).

Se for o caso de crime cuja ação penal seja de iniciativa privada, os autos serão remetidos ao juízo competente para a ação penal, onde **aguardarão a iniciativa do ofendido ou de seu representante legal**, ou então, serão entregues ao requerente, se o pedir, mediante traslado (art. 19, CPP).

Ao fazer a remessa dos autos do inquérito ao juiz competente, a autoridade policial oficiará ao Instituto de Identificação e Estatística, ou repartição congênere, mencionando o juízo a que tiverem sido distribuídos, e os dados relativos à infração penal e à pessoa do indiciado (art. 23, CPP). Ex.: IIRGD (Instituto de Identificação Ricardo Gumbleton Daunt), em São Paulo, ou IIFP (Instituto de Identificação Félix Pacheco), no Rio de Janeiro.

Por fim, se foi instaurado inquérito policial para apurar um delito, os instrumentos do crime (armas, facas etc.), bem como os objetos que interessarem à prova (computadores apreendidos, roupa da vítima manchada de sangue etc.), o acompanharão ao juízo criminal (art. 11, CPP).

3.2.16. Possíveis atitudes do Ministério Público

Recebido o inquérito relatado pelo juiz, tratando-se de crime perseguido por meio de ação penal pública (pois, tratando-se de ação penal de iniciativa privada, como visto, os autos permanecerão em juízo aguardado a vítima/representante), ele dará vista ao Ministério Público, titular exclusivo da ação penal pública (art. 129, I, CF), que poderá adotar diversas atitudes, como se verá a partir de agora.

3.2.16.1. *Requisitar novas diligências*

Poderá o Ministério Público entender que são necessárias mais investigações pela polícia, como, por exemplo, ouvir uma testemunha ou realizar algum tipo de perícia. Assim, como regra, o Ministério Público não poderá requerer a simples devolução do inquérito à autoridade policial, senão para novas diligências, **imprescindíveis ao oferecimento da denúncia** (art. 16, CPP).

Atente-se que, existindo elementos suficientes, o Ministério Púbico deverá oferecer denúncia; caso, ainda assim, necessite de maiores elementos (prescindíveis), poderá, na cota de oferecimento da inicial acusatória (peça processual auxiliar), requisitar a diligência necessária que complementará a sua opinião delitiva posteriormente.

É importante ressaltar que o juiz não pode indeferir o retorno do inquérito à polícia, sob pena de ser interposta correição parcial, que é um recurso ao juiz (a exemplo do art. 6º, I, da Lei nº 5.010/66). A razão é simples: se o Ministério Público é o *dominus litis* (titular da ação) e entende que, para poder exercer esta sua função constitucional (art. 129, I, CF), precisa de mais investigações por parte da polícia, o juiz não tem absolutamente nenhum poder de ingerência sobre isso.

Em relação ao delegado de polícia, ele é *obrigado* a cumprir a diligência requisitada pelo Ministério Público, consoante o princípio da obrigatoriedade.

3.2.16.2. *Requerer a remessa a outro juízo*

É o chamado **arquivamento indireto**.

Ocorre quando o Ministério Público não oferece denúncia fundamentando-se em razões de incompetência do juízo local e este recebe a manifestação como se fosse um "arquivamento". Há, pois, um **arquivamento apenas no órgão de origem**, uma vez que ocorrerá a **remessa dos autos ao Ministério Público que se entende ter atribuição.**

É o que ocorre, por exemplo, quando o Procurador da República (MPF) entende que o crime ocorrido não é da competência da Justiça Federal, mas da Justiça Estadual (MPE); ou então, quando o promotor oficiante no tribunal do júri recebe inquérito versando sobre o crime de latrocínio, cuja competência é do juízo singular, onde atua outro membro do Ministério Público (súmula nº 603, STF).

Duas situações, portanto, podem ocorrer:

i) o juiz **concorda** com a manifestação do Ministério Público e remete os autos ao juízo tido como competente;

ii) juiz **discorda** da manifestação do Ministério Público, por entender ser ele competente para processar e julgar o crime investigado.

Nesta última hipótese, não há como o juiz obrigar o membro do Ministério Púbico a oferecer denúncia, sob pena de ofender a sua independência funcional (CF, art. 127, § 1º). Então, de um lado, o membro do *Parquet* diz que não tem atribuição, e, do outro, o juiz afirma que possui competência, recusando-se a remeter os autos ao juízo indicado por aquele. Não há conflito de jurisdição, pois não há dois juízos em conflito, e não há conflito de atribuições, pois há um só juízo. Há, então, um conflito entre o órgão do Ministério Público e o órgão jurisdicional, ou seja, "juiz *versus* Ministério Público" – e a lei não prevê uma saída para isso.

A solução é a seguinte: o juiz recebe essa manifestação do Ministério Público como se fosse um *pedido indireto de arquivamento* e, por analogia ao antigo art. 28, CPP (ainda em vigor), remeterá a decisão ao Chefe do Ministério Público (Procurador-Geral de Justiça ou Câmara de Coordenação e Revisão, cf. seja MPE ou MPF, respectivamente), à qual o juiz, então, estará vinculado. Com a nova Lei nº 13.964/19, surgirão duas possibilidades: (a) aplicação analógica do art. 10, IX, d, Lei nº 8.625/93 ou (b) o próprio membro do Ministério Público possui a última palavra, estando o juiz a ela vinculado, sem possibilidade de envio para solução pelo Chefe da instituição.

Como decidiu o Superior Tribunal de Justiça, "se o magistrado discorda da manifestação ministerial, que entende ser o juízo incompetente, deve encaminhar os autos ao Procurador-Geral de Justiça para, na forma do art. 28 do CPP, dar solução do caso, vendo-se, na hipótese, um pedido indireto de arquivamento" (CAT nº 43/SC, rel. Min. Anselmo Santiago, j. 11.06.97; e CAT nº 222/MG, rel. Min. Napoleão Nunes Maia Filho, j. 11.05.11).

De forma mais do que clara: "havendo divergência de posicionamento entre o Ministério Público e o magistrado, no sentido de que o membro do *Parquet* entendeu que não possuía atribuição para oficiar no feito, requerendo a remessa para outra esfera judicial, e, ao contrário, o magistrado considerou-se competente para tal finalidade, opera-se uma tentativa do Ministério Público de arquivar a questão perante a Justiça Castrense, com a consequente remessa dos autos à Justiça Comum Estadual, que deve ser entendida como um arquivamento indireto, a receber, por analogia, o tratamento designado nos artigos 28 do Código de Processo Penal e 397 do Código de Processo Penal Militar" (STJ, AgRg nos EDcl no REsp nº 1.550.432/SP, rel. Min. Maria Thereza de Assis Moura, j. 18.02.16) – no caso, havia divergência entre a competência militar e a estadual comum.

Por outro lado, se o juiz, logo após a manifestação do Ministério Público pelo arquivamento indireto, de fato remeter os autos ao membro do *Parquet* indicado, mas este discordar, por entender que lhe falta atribuição também, estar-se-á diante, aqui sim, de um verdadeiro **conflito de atribuições**, pois o membro do Ministério Público que enviou o inquérito entende não ter atribuição e o membro do Ministério Público que recebeu o inquérito policial também entende não ter atribuição.

O eventual conflito entre membros do Ministério Público será solucionado da seguinte forma (v. capítulo ref. a *Questões Prejudiciais e Procedimentos Incidentes*):

CONFLITO DE ATRIBUIÇÕES ENTRE MEMBROS DO MP **STF, ACO nº 843/SP, rel. p/ ac. Min. Alexandre de Moraes, j. 05.06.20**	
CONFLITO	**QUEM SOLUCIONA**
MPE de um Estado x MPE do mesmo Estado Ex.: MP de Campinas/SP *vs.* MP de Santos/SP	Procurador-Geral de Justiça
MPF x MPF Ex.: MPF/SP *vs.* MPF/RJ	CCR, com recurso ao PGR
MPU de um ramo x MPU de outro ramo Ex.: MPF *vs.* MPM	Procurador-Geral da República
MPE x MPF Ex.: MPE/SP *vs.* MPF/SC	CNMP
MPE de um Estado x MPE de outro Estado Ex.: MPE/SP *vs.* MPE/PI	CNMP

3.2.16.3. *Requerer a declaração de extinção da punibilidade*

Pode ocorrer, por exemplo, alguma das situações do art. 107, CP (ou outras previsões legais), como a morte do investigado ou o advento da prescrição. O Ministério Público, então, requererá que o juiz declare a extinção da punibilidade, o que, como regra, **produzirá coisa julgada material** – impedindo nova discussão nesse ou em outros processos.

A única exceção diz respeito à extinção da punibilidade pela morte do agente quando o juiz a decreta com base em *certidão de óbito falsa*. Nesse caso, entende a jurisprudência que tal decisão poderá ser revogada, não produzindo coisa julgada, até porque, trata-se de ato jurídico inexistente (STF, HC nº 104.998/SP, rel. Min. Dias Toffoli, j. 14.12.10). Assim, uma decisão meramente declaratória (de extinção da punibilidade) não pode existir se o seu pressuposto de declaração (a morte do acusado) é falso (STJ, HC nº 286.575/MG, rel. Min. Felix Fischer, j. 04.11.14).

Vale lembrar que não se admite mais a chamada *prescrição antecipada* (virtual, em perspectiva, ou projetada), nos termos da súmula nº 438 do STJ ("é inadmissível a extinção da punibilidade pela prescrição da pretensão punitiva com fundamento em pena hipotética, independentemente da existência ou da sorte do processo").

Um exemplo dado pela doutrina (Estefam e Gonçalves, 2012): suponha-se que uma pessoa tenha sido indiciada em inquérito policial por crime de periclitação da vida (art. 132 do CP), cuja pena é de detenção de 3 meses a 1 ano. Assim, o crime prescreve, pela pena em abstrato, em 4 anos. O promotor de justiça, entretanto, ao receber o inquérito policial, mais de 3 anos após a consumação do crime, percebe que o acusado é primário e que o crime não se revestiu de especial gravidade, de forma que o juiz, ao prolatar sentença, certamente não irá aplicar a pena máxima de 1 ano. Dessa forma, considerando que a pena fixada na sentença será inferior a 1 ano, inevitável, em caso de condenação, o reconhecimento da prescrição retroativa, pois, pela pena *a ser fixada*, a prescrição teria ocorrido após 3 anos.

Questiona-se: seria possível, então, que o Ministério Público pleiteasse o arquivamento do inquérito policial com base nessa construção? Atualmente, não mais, pois, nos termos do entendimento da súmula nº 483 do STJ, está o Ministério Público obrigado (havendo indícios de autoria e materialidade) a oferecer denúncia, não podendo "imaginar" a pena a ser aplicada pelo juiz e promover o arquivamento dos autos. O promotor de justiça não pode tentar ser vidente, imaginando a futura pena a ser imposta e deixar de exercer a sua função constitucional.

3.2.16.4. *Oferecer denúncia*

Diante do princípio da obrigatoriedade, preenchidos os requisitos legais e não sendo o caso de arquivamento, o Ministério Público deve oferecer denúncia.

Estando o investigado preso, deverá fazê-lo em até **5 dias**; se solto, em até **15 dias** (art. 46, CPP), considerado este último prazo impróprio, não gerando nulidade o seu desrespeito (STJ, HC nº 410.583/SP, rel. Min. Maria Thereza de Assis Moura, j. 21.11.17), embora possa ensejar sanções administrativas ao membro do Ministério Público (art. 43, IV, LONMP).

3.2.16.5. *Promover o arquivamento*

A análise a seguir é feita com base no texto originário do Código de Processo Penal, já que se encontra suspensa a redação do novo art. 28, CPP, que trata do arquivamento das investigações pelo Ministério Público. No tópico *3.2.16.5.4*, na sequência, é feita a análise com base na novel Lei nº 13.964/19 (Pacote Anticrime). Assim, o leitor mantém a obra atualizada, seja num ou noutro sentido, até a decisão final pelo Supremo Tribunal Federal (ADI nº 6.298/DF, 6.299/DF, 6.300/DF e 6.305/DF, rel. Min. Luiz Fux, j. 22.01.20).

Se entender o Ministério Público, após esgotadas todas as possíveis investigações e diligências, que não é o caso de se oferecer denúncia ou de se adotar alguma outra atitude, promoverá o arquivamento do inquérito (art. 18, CPP). Como já visto, o delegado não pode mandar arquivá-lo (art. 17, CPP) e, da mesma forma, o juiz também não pode arquivar, de ofício, o inquérito (STJ, CC nº 145.660/SP, rel. Min. Rogerio Schietti Cruz, j. 11.05.16; REsp nº 1.689.804/SP, rel. Min. Sebastião Reis Júnior, j. 17.10.17). Logo, a promoção de arquivamento é atitude exclusiva do Ministério Público – e de mais ninguém.

Se o crime investigado for de ação penal privada, qualquer atitude da vítima que demonstre expressamente o seu desinteresse gerará a *renúncia*, que é causa extintiva de punibilidade (art. 107, V, CP). Se a vítima não quiser mais seguir com o inquérito, bastará permanecer silente, inerte, durante o prazo decadencial para mover a ação, o que também provocará a extinção da punibilidade (art. 107, IV, CP).

Como explica Polastri (Curso, 2016, p. 145), "caso não estejam presentes as condições e requisitos que autorizem o oferecimento da denúncia, inexistindo outras diligências apuratórias, o órgão do *Parquet*, ao contrário de dar início à ação penal, a abortará no seu nascedouro, através do arquivamento dos elementos até então existentes".

Basta imaginar, *v.g.*, que, se não houver prova da materialidade de um crime e, mesmo assim, o Ministério Público oferecer denúncia, esta será rejeitada, por ausência de justa causa (art. 395, III, CPP) ou, então, que o fato narrado não constitui crime, o que permite a absolvição sumária do acusado (art. 397, III, CPP). Assim, de nada adiantaria oferecer uma denúncia desprovida de seus requisitos essenciais, que são autoria e materialidade. A solução dada, então, é a promoção de arquivamento.

Promovido o arquivamento, o juiz analisará as razões do Ministério Público, podendo – ou não – concordar com elas. Então, duas situações podem ocorrer: o juiz concordar ou discordar.

a) o juiz concorda com o pedido de arquivamento

Convencido de que é o caso de arquivamento, o juiz concorda com o *Parquet* e os autos do inquérito vão ao arquivo, após decisão **homologatória** transitada em julgado.

Entende-se que a decisão homologatória de arquivamento das investigações **não é jurisdicional, mas judicial**. Sua natureza seria administrativa, embora proferida por um juiz (daí ser judicial), mas fora de um processo (por isso não é jurisdicional). Bem explica o Ministro Rogerio Schietti Cruz, ao afirmar que "ato jurisdicional, para ser assim qualificado, deve prestar jurisdição, dizer o direito (*juris-dictio*), decidir de modo expresso o poder soberano do Poder Judiciário. Como imaginar ser um ato de soberania do julgador a decisão que pode ser condicionada a ato administrativo de outro agente público, qual o do Procurador-Geral, quando insiste no pedido de arquivamento?" (STJ, CC nº 145.660/SP, j. 11.05.16).

Promovendo o Ministério Público o arquivamento do inquérito policial, não existe nenhum recurso ou remédio processual cabível. Assim, entende-se que **a vítima não possui direito líquido e certo apto a impedir o arquivamento pelo Ministério Público** (STJ, MS nº 21.081/DF, rel. Min. Raul Araújo, j. 17.05.15). Isso porque, há um controle judicial do ato, técnico e rigoroso, inerente ao próprio sistema acusatório, do qual, todavia, a vítima não faz parte, não tendo o poder de impedir o arquivamento. É claro que, se a vítima trouxer novas informações – e dependendo do motivo que levou ao arquivamento – poderá ser desarquivado o inquérito então arquivado, reabrindo-se as investigações (art. 18, CPP).

Da mesma forma, não há falar-se em ação penal privada subsidiária da pública se houve o arquivamento do inquérito policial, uma vez que o seu cabimento é reservado para os casos em que o Ministério Público fica inerte e não oferece denúncia no prazo legal (STJ, AgRg no REsp nº 1.477.394/DF, rel. Min. Sebastião Reis Júnior, j. 04.02.16; e AgRg no RMS nº 27.518/SP, rel. Min. Marco Aurélio Bellizze, j. 20.02.14). Portanto, se o Ministério Público promoveu o arquivamento, não há falar-se em inércia apta a autorizar o ajuizamento de ação penal subsidiária.

Vale ressaltar que, uma vez transcorrido *in albis* (em branco) o prazo legal para oferecimento da denúncia pelo Ministério Público, o ofendido passa a ter o direito de oferecer ação penal privada subsidiária da pública. Neste caso, a posterior (e tardia) promoção de arquivamento do inquérito pelo Ministério Público em nada afeta a ação penal já em curso movida pelo ofendido, ou seja, "a conduta do Ministério Público posterior ao surgimento do direito de queixa não prejudica a sua propositura. Assim, o oferecimento de denúncia, a promoção do arquivamento ou a requisição de diligências externas ao Ministério Público, posterior ao decurso do prazo legal para a propositura da ação penal, não afastam o direito de queixa. Nem mesmo a ciência da vítima ou da família quanto a tais diligências afasta esse direito, por não representar concordância com a falta de iniciativa da ação penal pública" (STF, RG-ARE nº 859.251/DF, rel. Min. Gilmar Mendes, j. 16.04.15).

Ademais, não cabe nenhuma espécie de "requerimento" da vítima ao Procurador-Geral (de Justiça ou da República) para que designe outro membro para oferecer denúncia, diante da garantia da independência funcional (art. 127, § 1º, CF). De igual modo, não caberá nenhuma espécie de punição ao promotor de justiça que requerer, fundamentadamente, o arquivamento de inquérito policial por entender ser o fato atípico, garantindo-lhe a prerrogativa de independência funcional (STJ, RMS nº 12.479/SP, rel. Min. Maria Thereza de Assis Moura, j. 21.08.07).

Destaca-se, apenas, que, de fato, a regra é o não cabimento do mandado de segurança contra ato que homologa a promoção de arquivamento de inquérito militar. Todavia, o arquivamento apenas gerará seus efeitos (de, efetivamente, arquivar as investigações) se homologado por juiz materialmente competente. Assim, por exemplo, caso um policial militar pratique um crime de competência da Justiça Comum, não poderá o juiz auditor militar arquivar o inquérito, mas, sim, remetê-lo ao juízo comum, este sim competente para a determinação – se o caso – do mencionado arquivamento. Caberá, nestes casos, o manejo do mandado de segurança *para se garantir que a Justiça competente atue e analise a promoção do arquivamento*. Assim, o Ministério Público com atribuição é que deverá se manifestar sobre o arquivamento (ou não) das investigações, e perante a Justiça competente (STJ, RMS nº 24.328/PR, rel. Min. Felix Fischer, j. 13.12.07). Desta feita, a recente jurisprudência do Superior Tribunal de Justiça entende que "não se há, outrossim, de conferir grau de imutabilidade a decisão proferida por juízo constitucionalmente incompetente, notadamente porque lançada em fase ainda investigativa, onde não há ação e, portanto, não há processo e menos ainda jurisdição, máxime em situação como a versada nos autos, na qual, como destacado, o Ministério Público Militar não pleiteou o arquivamento do inquérito, mas tão somente a sua remessa para o Juízo comum estadual, competente para o exame da causa" (CC nº 145.660/SP, rel. Min. Rogerio Schietti Cruz, j. 11.05.16). Vale observar, todavia, que se o arquivamento se deu em razão de uma excludente de ilicitude perante a Justiça Comum, não será possível a instauração de ação penal, agora, perante a Justiça Especializada, tendo em vista que o Estado-juiz já se manifestou *sobre o fato* (STJ, HC nº 362.054/PB, rel. Min. Maria Thereza de Assis Moura, j. 09.08.16).

b) o juiz não concorda com o pedido de arquivamento

O juiz, atuando no controle de legalidade do inquérito e fiscalizando o princípio da obrigatoriedade, conforme visto anteriormente, pode entender que a promoção do arquivamento pelo Ministério Público não deve prosperar, isto é, que é o caso ou (i) de novas diligências ou (ii) de oferecimento de denúncia.

Então, o juiz deve preservar a independência funcional do membro do Ministério Público (CF, art. 127, § 1º) e, assim, aplicar o art. 28, CPP, remetendo os autos do inquérito policial ao ente responsável pela chefia do Ministério Público, que, na Justiça Estadual, é o Procurador-Geral de Justiça, e, na Justiça Federal, é a Câmara de Coordenação e Revisão (art. 62, LC nº 75/93).

Tem-se, então, o chamado **princípio da devolução**, em que o juiz manda o inquérito à chefia do Ministério Público (titular constitucional da ação penal pública) para que esta adote as medidas que entender cabíveis, sendo-lhe vedado agir de ofício e retornar os autos à delegacia para novas diligências ou encaminhar diretamente ao membro do Ministério Público para que ele reavalie seu posicionamento. **Quem toma decisões quanto ao fim do inquérito policial é apenas e tão somente o Ministério Público.**

Recebendo o inquérito, o Procurador-Geral de Justiça (PGJ) ou a Câmara de Coordenação e Revisão (CCR) poderá:

i) **concordar com o membro do Ministério Público** que havia pedido o arquivamento.

Haverá, pois, a insistência no arquivamento, de modo que o juiz será obrigado a acatar esse entendimento e nada mais poderá fazer, homologando a promoção de arquivamento do *Parquet*. Arquiva-se o inquérito. Como visto, a última palavra sobre o destino do inquérito policial é do Ministério Público, titular exclusivo da ação penal pública.

ii) **concordar com o juiz**, entendendo que, de fato, é o caso de oferecimento de denúncia.

Sendo o Procurador-Geral de Justiça (Justiça Estadual), ele próprio poderá oferecer a denúncia, ou, então, designar outro membro do Ministério Público (art. 10, IX, *d*, Lei nº 8.625/93), que atuará como seu *longa manus*, ou seja, como um simples executor de ordens (manifestando-se como se fosse o próprio PGJ), de modo que o membro designado será obrigado a oferecer denúncia, sob pena de incorrer em falta funcional (art. 43, XIV, LONMP); no caso da CCR (Justiça Federal), ela designará um outro membro.

O membro do Ministério Público que havia promovido o inquérito não mais atuará no caso, respeitando-se a sua independência funcional, nos termos do art. 127, § 1º, CF. Não haveria lógica ele entender ser o caso de arquivamento e, depois, ser obrigado a, contrariando o seu entendimento (pessoal e/ou técnico), oferecer denúncia, pois haveria grave ofensa à sua independência.

Uma vez que o juiz discordou do arquivamento e remeteu os autos ao PGJ (ou à CCR) e este entendeu ser o caso, de fato, de oferecimento de denúncia, não poderá o juiz, agora, rejeitá-la, salvo se inepta, ou seja, se não preencher os requisitos formais legais. Seria totalmente ilógico e desarrazoado o juiz não concordar com o arquivamento e, depois, oferecida denúncia, recusá-la. Ou o juiz bem que entende que não é o caso de arquivamento e recebe a denúncia, ou bem entende que o é e não há que se falar em denúncia alguma.

Quando o PGJ (ou a CCR) designar outro membro para oferecer denúncia, entende-se que não há ofensa ao princípio do promotor natural, uma vez que se está agindo nos termos da lei e busca-se aplicar o princípio da obrigatoriedade (existindo delito com indícios de autoria e prova da materialidade, não é o caso de arquivamento), consoante o Supremo Tribunal Federal (HC nº 92.885/CE, rel. Min. Cármen Lúcia, j. 29.04.08).

iii) **concordar com o juiz**, mas entendendo que é o caso de novas diligências, e não de oferecimento imediato de denúncia. Nesse caso, também será designado outro membro do *Parquet* para acompanhar as investigações.

3.2.16.5.1. *Arquivamento implícito*

Também chamado de "arquivamento tácito", ocorre quando o Ministério Público, ao oferecer denúncia, deixa de se manifestar a respeito de uma infração penal cometida (arquivamento implícito *objetivo*) ou deixa de denunciar algum investigado (arquivamento implícito *subjetivo*), passando-se ao recebimento dessa "denúncia parcial" pelo juiz, que não percebe a omissão do Ministério Público.

Este instituto **não é aceito pela doutrina e nem pela jurisprudência**, uma vez que é exigida uma decisão judicial acerca dos fatos: ou há homologação de arquivamento ou há oferecimento da inicial acusatória. Não é possível sustentar a existência de um arquivamento tácito, que não confere segurança jurídica à situação.

Consoante entende o Supremo Tribunal Federal, o arquivamento implícito não foi concebido pelo ordenamento jurídico brasileiro (AgRg no HC nº 127.011/RJ, rel. Min. Cármen Lúcia, j. 12.05.15); no mesmo sentido manifesta-se o Superior Tribunal de Justiça (RHC nº 48.710/SP, rel. Min. Nefi Cordeiro, j. 05.05.16).

Assim, "ausente expresso pedido ministerial de arquivamento da investigação em face de agentes, não se tem arquivamento implícito, hoje diretamente inexistente, mas opção de imediata acusação contra os investigados em face de quem já se encontra presente a justa causa, podendo a persecução penal em face dos demais ser ainda desenvolvida por aditamento à denúncia ou em ação penal autônoma" (STJ, RHC nº 75.856/SP, rel. Min. Nefi Cordeiro, j. 06.12.16).

Ver que, se o promotor oferece denúncia e não se manifesta sobre determinado crime ou sobre algum dos investigados, o juiz deverá exercer o controle da obrigatoriedade da ação penal e, então, determinar o retorno dos autos ao próprio promotor, para que se manifeste expressamente a respeito; se o caso, em seguida à manifestação do Ministério Público, aplica-se o art. 28, CPP, como estudado acima.

3.2.16.5.2. *Arquivamento provisório*

Pode ocorrer de faltar uma condição de procedibilidade à ação penal, tal como quando a vítima se retrata da representação nos crimes a ela condicionados. Seria o caso, então, de arquivamento do inquérito, mas, como se permite a "retratação da retração", faz-se um arquivamento provisório (temporário), aguardando-se que a vítima – dentro do prazo legal – volte a apresentar a representação, se assim desejar. Se permanecer inerte, tornar-se-á definitivo o arquivamento que, até então, era provisório.

3.2.16.5.3. *Arquivamento nos crimes contra economia popular*

Consoante o art. 7º da Lei nº 1.521/51, os juízes recorrerão de ofício sempre que absolverem os acusados em processo por crime contra a economia popular, contra a saúde pública ou quando determinarem o **arquivamento** dos autos do respectivo inquérito policial.

Como será estudado oportunamente, não se trata de um verdadeiro "recurso", mas de condição de eficácia objetiva da decisão (exige-se que essa decisão seja revista pelo tribunal para produzir efeitos).

3.2.16.5.4. *Arquivamento na Lei nº 13.964/19*

Sabe-se que a Lei nº 13.964/19 (Pacote Anticrime) promoveu diversas alterações no Código de Processo Penal. Uma delas diz respeito ao art. 28, CPP. No entanto, essa alteração específica encontra-se cautelarmente suspensa pelo Supremo Tribunal Federal, por decisão do Min. Luiz Fux (ADI nº 6.298/DF, 6.299/DF, 6.300/DF e 6.305/DF, j. 22.01.20).

Fundamentou-se tal suspensão nos seguintes argumentos: (a) viola as cláusulas que exigem prévia dotação orçamentária para a realização de despesas (art. 169, CF), além da autonomia financeira dos Ministérios Públicos (art. 127, CF), a alteração promovida no rito de arquivamento do inquérito policial, máxime quando desconsidera os impactos sistêmicos e financeiros ao funcionamento dos órgãos do Ministério Público; e (b) a previsão de o dispositivo ora impugnado entrar em vigor em 23.01.2020, sem que os Ministérios Públicos tivessem tido tempo hábil para se adaptar estruturalmente à nova competência estabelecida, revela a falta de razoabilidade da regra, inquinando-a com o vício da inconstitucionalidade. A *vacatio legis* da Lei nº 13.964/19 transcorreu integralmente durante o período de recesso parlamentar federal e estadual, o que impediu qualquer tipo de mobilização dos Ministérios Públicos para a propositura de eventuais projetos de lei que venham a possibilitar a implementação adequada dessa nova sistemática.

Desta forma, deve-se seguir, atualmente, o procedimento de arquivamento como explicado até o momento nesta obra. Neste tópico, por questões didáticas e em respeito ao leitor, abrir-se-á um parêntese para tratar, brevemente, sobre como será (ou seria) a nova promoção de arquivamento por parte do Ministério Público. Caberá ao leitor acompanhar como o Supremo Tribunal Federal decidirá o mérito das ações de controle de constitucionalidade e, assim, estará com a presente obra atualizada, seja num ou noutro sentido.

A grande novidade da regra do art. 28, CPP, após a modificação promovida pela Lei nº 13.964/19, consiste no fato de que o procedimento de arquivamento passa a se realizar exclusivamente no âmbito do Ministério Público, sem a participação judicial. Após a nova redação do art. 28, CPP, cabe ao membro do Ministério Público ordenar (e não mais requerer ao juiz) o arquivamento do inquérito policial (ou de quaisquer elementos informativos da mesma natureza), considerando que decidiu por não promover a acusação

Na nova sistemática, o próprio membro do Ministério Público deverá remeter a ordem de arquivamento para a instância interna de revisão (Procurador-Geral de Justiça, no âmbito do Ministério Público Estadual e Câmara de Coordenação e Revisão Criminal, no âmbito do Ministério Público Federal) para homologação. A instância revisora poderá homologar o arquivamento ou, discordando, designar outro membro para continuar as investigações ou oferecer denúncia (Enunciado nº11, GNCCRIM).

O maior mérito da nova sistemática do art. 28, CPP, é retirar a atuação judicial deste momento da investigação. É de se notar que, na sistemática anterior, na qual o magistrado fazia o controle de legalidade dos pedidos de arquivamento, por vezes, ele precisaria atuar como substituto de um acusador, encaminhando as peças para a instância de revisão ministerial e pleiteando que tais órgãos oferecessem a denúncia ou nomeassem outro órgão do Ministério Público para fazê-lo. E o que é pior: este mesmo magistrado continuava à frente do feito, decidindo se receberia ou rejeitaria a denúncia, oferecida a partir da sua provocação. Como se vê, a violação ao sistema acusatório era bastante evidente, pois o julgador atuava provocando a atuação do Ministério Público.

Com o novo art. 28, CPP, continua a haver o controle de legalidade (homologação) do arquivamento do inquérito policial (ou investigação criminal de outra natureza). Mas, agora, realizado exclusivamente pelo Ministério Público. O ato de arquivamento é composto, i.e., formado pela decisão do promotor natural e pela posterior homologação pela instância de revisão (Enunciado nº 7, GNCCRIM).

Para conferir ainda maior legitimidade a este controle de legalidade, a novel redação do art. 28, CPP, determina que o órgão do Ministério Público comunicará a ordem de arquivamento à vítima, ao investigado e à autoridade policial. Relevante notar que a comunicação é feita, repita-se, pelo órgão do Ministério Público. Ou seja, não há a utilização do aparato do Poder Judiciário (oficiais de justiça, por exemplo). O procedimento de arquivamento das investigações criminais realmente deixa de passar pelo crivo judicial.

Consoante disposto no § 1º, se a vítima, ou seu representante legal, não concordar com o arquivamento do inquérito policial, poderá, no prazo de 30 dias do recebimento da comunicação, submeter a matéria à revisão da instância competente do órgão ministerial, conforme dispuser a respectiva lei orgânica. A rigor, o encaminhamento à instância revisora já é realizado pelo próprio membro do Ministério Público que ordenou o arquivamento. O que, em verdade, faz a vítima, ou seu representante legal, é apresentar suas *razões de discordância* em relação à ordem de arquivamento realizada pelo membro do Ministério Público. Então, na prática, transcorridos 30 dias sem apresentação de recurso, o membro do Ministério Público, aí sim, envia os autos ao órgão revisor para fins de homologação do arquivamento.

Em se tratando de crimes perpetrados em detrimento da União, Estados e Municípios, a revisão do arquivamento do inquérito policial poderá ser provocada pela chefia do órgão a quem couber a sua representação judicial, consoante disposto no § 2º. Chama-se a atenção para o fato de que o dispositivo legal não restringe a atuação da procuradoria judicial a qualquer tipo de crime. Ou seja, não se trata apenas de atuação quando prática de crimes contra a administração pública. Poderia ser deflagrada a atuação da procuradoria quando, por exemplo, houvesse um crime contra o patrimônio de qualquer dos entes federados nominados. A propósito, incompreensível a omissão legislativa em relação às situações nas quais a vítima é o Distrito Federal

3.2.17. Desarquivamento

Depois de ordenado o arquivamento do inquérito pela autoridade judicial por falta de base (justa causa) para a denúncia, a autoridade policial ainda poderá proceder a novas pesquisas, se de outras provas tiver notícia (art. 18, CPP).

Dispõe o artigo 18, CPP, que, após o arquivamento, "a autoridade policial poderá proceder a novas pesquisas, se de outras provas tiver conhecimento". Sobre a atribuição de proceder ao desarquivamento, na prática, uma vez promovido o arquivamento pelo Ministério Público e tendo o juiz assim concordado, os autos ficam arquivados junto ao Poder Judiciário. Logo, resta um tanto dificultoso ao delegado de polícia que realize diligências sem os autos em mãos, de modo que a autoridade policial acaba por comunicar ao Ministério Público, que solicita o desarquivamento. Logo, uma vez recebendo notícia de nova provas, caberá ao **Ministério Público** – titular da ação penal pública e destinatário das diligências – promover o desarquivamento (tal como ele já promove o arquivamento). Se negado pelo juiz, nada impede que novas investigações sejam determinadas ao delegado de polícia ou, até mesmo, o manejo de correição parcial. Se aplicado novo art. 28, CPP, cf. a Lei nº 13.964/19, o desarquivamento com base em prova nova independe de autorização judicial.

Entende-se que é possível, assim, com o surgimento de outras provas, o desarquivamento do inquérito e a reabertura das investigações. Haveria, então, a formação de **coisa julgada formal** – i.e., a impossibilidade de rediscutir e reabrir novas discussões, salvo se ultrapassado o obstáculo anterior que gerou o arquivamento do inquérito, que é o *surgimento de outras provas*.

Nesse sentido é a súmula nº 524 do STF: "arquivado o inquérito policial, por despacho do juiz, a requerimento do promotor de justiça, não pode a ação penal ser iniciada, sem novas provas". Afirma-se que, em regra, a decisão que homologa o arquivamento do inquérito é *rebus sic stantibus*, isto é, permanecerá assim enquanto não surgirem novas provas (STF, Inq. nº 1.604/AL, rel. Min. Sepúlveda Pertence, j. 13.11.02).

Mas o que são "novas provas" para permitir o desarquivamento?

Entende-se que são as provas **substancialmente novas**, não bastando que sejam meramente novas, mas que inovem e tragam novos indícios ou elementos para as investigações (STJ, HC nº 122.328/SP, rel. Min. Og Fernandes, j. 19.11.09). Desta feita, a prova apenas *formalmente nova* não autoriza o desarquivamento do inquérito, pois o **teor probatório** é que precisa ser novo.

Exemplo: mais uma foto da vítima de homicídio com o suposto homicida não autoriza o desarquivamento (é prova meramente nova, não alterando nenhuma convicção); mas uma imagem de segurança, então desconhecida, em que eles discutem e o suspeito agride a vítima, autorizará o desarquivamento (é substancialmente nova, apta a formar outra convicção).

Assim, "por novas provas entendem-se aquelas que produzem alteração no panorama probatório da época do requerimento do arquivamento, não se tratando de mero reexame de provas antigas" (STJ, RHC nº 63.510/RS, rel. Min. Jorge Mussi, j. 20.09.16).

Atentar que, conquanto seja possível o desarquivamento das investigações com o surgimento de novas provas, deve-se atentar ao prazo prescricional do delito. De nada adianta o surgimento de novas provas depois de vinte anos quando se investigou um crime de furto simples, que prescreve em oito anos (CP, art. 155, "caput", c.c. art. 109, IV).

Embora, como visto, forme-se coisa jugada formal a decisão do juiz que homologa a promoção de arquivamento do inquérito policial pelo Ministério Público, há casos em que essa decisão adquirirá caráter definitivo, impossibilitando o posterior desarquivamento e consequente oferecimento de denúncia. Formar-se-á, pois, **coisa julgada material** – i.e., a impossibilidade de rediscutir e reabrir novas investigações nesse inquérito então arquivado e em qualquer outro.

Assim, impedirá o desarquivamento o arquivamento motivado por:

a) atipicidade;

b) excludente de culpabilidade;

c) extinção da punibilidade (salvo certidão de óbito falsa).

No caso de ausência de pressuposto processual, de condição da ação penal ou de justa causa (indícios de autoria ou prova de materialidade), será perfeitamente possível desarquivar o inquérito e continuar as investigações, com ulterior oferecimento de ação penal.

Quando se tratar de arquivamento motivado pela existência de uma causa **excludente de ilicitude** (como a legítima defesa ou o estado de necessidade, por exemplo), há divergência entre o Superior Tribunal de Justiça e o Supremo Tribunal Federal.

Para o **STJ**, **não é possível desarquivar**, pois há a formação de coisa julgada material e o desarquivamento só seria possível no caso de falta de suporte probatório mínimo, ou seja, justa causa (REsp nº 791.471/RJ, rel. Min. Nefi Cordeiro, j. 25.11.14). A decisão que reconhece a excludente de ilicitude é tomada com base numa "certeza jurídica", de modo que formar-se-á coisa julgada material, impedindo a rediscussão do caso penal em qualquer novo feito criminal, descabendo perquirir a existência de novas provas (STJ, 6ª T., RHC nº 46.666/MS, rel. Min. Sebastião Reis Júnior, j. 05.02.15; e 5ª T., RHC nº 17.389/SE, rel. Min. Laurita Vaz, j. 20.11.07).

Já para o **STF, é possível desarquivar**, pois há formação apenas de coisa julgada formal e, surgindo novas provas, autoriza-se o desarquivamento (2ª T., HC nº 125.101/SP, Min. Dias Toffoli, j. 25.08.15; e 1ª T., HC nº 95.211/ES, rel. Min. Cármen Lúcia, j. 10.03.09).

O Supremo Tribunal Federal já entendeu que o arquivamento de inquérito policial por excludente de ilicitude realizado com base em *provas fraudadas* **não faz coisa julgada material**. No caso, após o arquivamento do inquérito, o Ministério Público concluiu que as declarações prestadas nas investigações haviam sido alteradas pelo delegado. Diante disso, o Ministério Público pôde, normalmente, oferecer nova denúncia (HC nº 87.395/PR, rel. Min. Ricardo Lewandowski, j. 23.03.17).

Assim:

Motivo do arquivamento	É possível desarquivar?
Ausência de pressuposto/condição da ação	SIM
Falta de justa causa (ISA/PEC)	SIM
Atipicidade	**NÃO**
Causa excludente de culpabilidade	**NÃO**
Causa extintiva da punibilidade	**NÃO** (salvo certidão de óbito falsa)
Causa excludente de ilicitude	NÃO (STJ); SIM (STF)

3.2.18. Arquivamento nas ações penais de competência originária

Nos casos de foro por prerrogativa de função, o oferecimento da denúncia será feito pelo próprio Procurador-Geral de Justiça (ou da República ou quem lhe faça as vezes, como o Subprocurador-Geral da República, que atua perante o STJ), assim como a promoção de arquivamento.

E como já é o próprio Chefe do *Parquet* quem promove o arquivamento, não existirá a possibilidade de o tribunal não o homologar, sendo, portanto, irrecusável a promoção de arquivamento neste caso.

À luz da tranquila jurisprudência do Supremo Tribunal Federal, no caso de inquérito para apuração de conduta típica em que a competência originária seja da Corte, o pedido de arquivamento pelo Procurador-Geral da República **não pode ser recusado** (Inq. nº 3.609/GO, rel. Min Rosa Weber, j. 13.08.14; e QO-Inq. nº 1.030/DF, rel. Min. Néri da Silveira, j. 20.06.96). Ademais, não há a possibilidade de retratação, expressa ou tácita, mas permite-se o desarquivamento diante do surgimento de novas provas (Inq. nº 2.028/BA, rel. Min. Ellen Gracie, j. 28.04.04). No mesmo sentido, não há que se falar em aplicação do art. 28, CPP, nos procedimentos de competência originária (STJ, QO-Inq. 1.041/DF, rel. Min. Luis Felipe Salomão, j. 05.10.16; e Inq. nº 967/DF, rel. Min. Humberto Martins, j. 18.03.15).

Em suma, não compete ao Poder Judiciário sindicalizar o mérito do pedido de arquivamento formulado pelo Ministério Público nas causas de competência originária dos tribunais (STJ, Inq nº 1.198/DF, rel. Min. Maria Thereza de Assis Moura, j. 24.10.18).

Atentar, no mais, ao dispositivo da Lei nº 8.625/93 (Lei Orgânica do Ministério Público dos Estados), que atribui ao Colégio de Procuradores, no âmbito do Ministério Público dos Estados, a competência para "rever, mediante requerimento de legítimo interessado, nos termos da Lei Orgânica, decisão de arquivamento de inquérito policial ou peças de informações determinada pelo Procurador-Geral de Justiça, nos casos de sua atribuição originária" (art. 12, XI).

Igual entendimento se aplica nas situações de arquivamento de PIC (Procedimento Investigatório Criminal) pelo Procurador-Geral de Justiça, nos casos de competência originária, que não se submete ao crivo do Poder Judiciário, embora o órgão superior, dentro do próprio Ministério Público, possa revê-lo. Já no caso de arquivamento de PIC em situações outras pelos demais membros do Ministério Público, aplica-se normalmente o art. 28, CPP (STF, MS nº 34.730/DF, rel. Min. Luiz Fux, j. 10.12.19).

Se aplicado o novo art. 28, CPP, cf. a Lei nº 13.964/19, o arquivamento promovido pelo Procurador-Geral não se submete à instância revisória (Enunciado nº 10, GNCCRIM).

3.2.19. Curador

O menor de idade, à época da promulgação do Código de Processo Penal (de 1941), era o menor de 21 anos, quando ainda vigia o Código Civil de 1916 (antigo art. 6º, I). Assim, o sujeito podia ser maior de idade para fins penais (maior de 18 anos), embora fosse menor de idade para fins civis (menor de 21 anos). Objetivando tutelar o menor de idade, então, o Código de Processo Penal, no seu art. 15, dispôs que, "se o indiciado for menor, ser-lhe-á nomeado curador pela autoridade policial". Veja: era o menor entre 18 e 21 anos, na década de 1940.

Ocorre, todavia, que o Código Civil de 2002 reduziu e estabeleceu a maioridade civil aos 18 anos, tal qual a maioridade penal. Desta feita, a Lei nº 10.792/03 revogou o art. 194, CPP, extirpando a figura do curador ao menor entre 18 e 21 anos no momento do interrogatório. Entretanto, o dispositivo do art. 15, CPP, referente ao curador no momento da investigação criminal, permaneceu no ordenamento, por puro desleixo do legislador, mas entende-se, por uma interpretação sistemática, que ele foi revogado tacitamente.

Diante disso, afirma-se, categoricamente, que não há mais a necessidade de nomeação de curador ao investigado entre 18 e 21 anos de idade. A figura do curador somente existe, atualmente, em relação aos inimputáveis e semi-imputáveis (pessoas com deficiência mental, em geral), como será estudado oportunamente.

3.2.20. Incomunicabilidade

Prevista no art. 21, p.ú., CPP, estabelece que é possível ao juiz decretar a incomunicabilidade do preso por até três dias, a pedido do delegado ou do promotor de justiça, respeitando-se o acesso do advogado ao preso (art. 7º, III, EOAB).

Sob a égide da atual Constituição Federal, todavia, não é possível mais sustentar a incomunicabilidade do preso. Isso porque, a Carta da República, ao tratar do estado de defesa, situação excepcionalíssima que restringe diversos direitos fundamentais, afirmou ser *proibida* a incomunicabilidade do preso (art. 136, § 3º, IV). Logo, em situações de normalidade democrática, como no curso de um simples inquérito policial, será claramente impossível ser determinada a incomunicabilidade de alguém, ainda mais de um preso. Além disso, o art. 5º, LXII, CF, assegura que a prisão de qualquer pessoa e o local onde se encontre serão comunicados imediatamente ao juiz competente e à família do preso ou à pessoa por ele indicada, de modo que não há como existirem simultaneamente a *restrição* à comunicação pelo preso e o *direito* à comunicação com sua família. Logo, se mesmo no curso de medida de exceção autorizada pela Constituição Federal deve ser respeitado o Estado de Direito, com muito mais razão isso deve ocorrer durante a normalidade constitucional. O Estatuto da Criança e do Adolescente, lei editada após a CF/88 (Lei nº 8.069/90), dispôs, no seu art. 124, § 1º, tratando da medida de internação do adolescente infrator, que "em nenhum caso haverá incomunicabilidade".

Ver, todavia, que há posição acadêmica – bastante minoritária – entendendo ser possível a decretação da incomunicabilidade. Nas palavras de Vicente Greco Filho, "entendo que o art. 136, § 3º, IV, da Constituição Federal não revogou a possibilidade de decretação da incomunicabilidade fora do tempo de vigência do estado de defesa; ao contrário, confirmou-a, no estado de normalidade" (Manual, 2012, p. 122).

3.2.21. Trancamento

A instauração de uma investigação penal contra uma pessoa traz gravames, além da indesejada estigmatização do Direito Penal ainda na fase pré-processual. Muitas vezes, pode uma pessoa ser alvo de um inquérito policial totalmente infundado, sem o mínimo de lastro, ou, pior ainda, sem ter apoio algum na lei. O meio utilizado para impedir esses fatos é o chamado **trancamento do inquérito policial**, que se dá, comumente, pela impetração de um *habeas*.

Consoante a jurisprudência, o trancamento deve ser utilizado muito excepcionalmente (STF, HC nº 137.099/DF, rel. Min. Roberto Barroso, j. 26.09.16), somente sendo permitido nos seguintes casos, comprovados desde logo, não se exigindo o exame profundo de provas (STF, AgRg no HC nº 132.170/SP, rel. Min. Teori Zavascki, j. 16.02.16):

a) **manifesta atipicidade da conduta**

b) **presença de causa extintiva da punibilidade**

c) **ausência de justa causa**

No mesmo sentido afirma o Superior Tribunal de Justiça, quando diz que o trancamento do inquérito policial em sede de *habeas corpus* só é admitido de forma excepcional, quando restar comprovada, inequivocamente, sem a necessidade de exame valorativo do conjunto fático-probatório, a atipicidade da conduta, a ocorrência de causa extintiva da punibilidade ou a ausência de indícios de autoria ou prova da materialidade (RHC nº 70.596/MS, rel. Min. Jorge Mussi, j. 01.09.16).

A competência para apreciar o *habeas corpus* será determinada consoante a autoridade coatora que determinou a instauração do inquérito: se iniciou-se por portaria do delegado, é competente o juiz de primeiro grau; se iniciou-se por requisição do Ministério Público/juiz, será competente o tribunal. O tema será aprofundado em capítulo específico.

3.3. TERMO CIRCUNSTANCIADO

Nos termos da Lei nº 9.099/95 (Juizados Especiais), as infrações de menor potencial ofensivo são todas as contravenções penais e os crimes a que a lei comine pena máxima não superior a 2 anos, cumulada ou não com multa (art. 61).

Quando a autoridade policial tomar conhecimento da ocorrência de uma infração de menor potencial ofensivo, portanto, lavrará o chamado *termo circunstanciado* e o encaminhará imediatamente ao Juizado Especial, com o autor do fato e a vítima, providenciando-se as requisições dos exames periciais necessários. Logo, percebe-se que, nessas situações, não será instaurado inquérito policial, mas um termo circunstanciado.

Ao autor do fato que, após a lavratura do termo circunstanciado, for imediatamente encaminhado ao juizado ou assumir o compromisso de a ele comparecer, não se imporá prisão em flagrante, nem se exigirá fiança.

De acordo com Badaró, "o termo circunstanciado tem o conteúdo de um boletim de ocorrência mais elaborado, devendo conter a qualificação dos envolvidos e de eventuais testemunhas, bem como um resumo das versões dos envolvidos e das testemunhas. Deverá conter, também, o relato de eventuais investigações e diligências realizadas, por exemplo, apreensão de instrumentos do crime ou do produto do crime. Se houver necessidade, serão requisitadas perícias" (Processo, 2016, p. 642-643). Bem disseram Ada, Scarance, Gomes Filho e Luiz Flávio Gomes que o termo circunstanciado "nada mais é do que um boletim de ocorrência um pouco mais detalhado" (Juizados, 1995, p. 98). Não há nenhuma irregularidade se, ao invés de termo circunstanciado, o delegado instaurar inquérito policial.

O Supremo Tribunal Federal, por maioria, fixou o entendimento de que "o termo circunstanciado não é procedimento investigativo, mas peça informativa com descrição detalhada do fato e as declarações do condutor do flagrante e do autor do fato", de modo que "deve-se reconhecer que a possibilidade de sua lavratura pelo órgão judiciário não ofende os §§ 1º e 4º do art. 144 da Constituição, nem interfere na imparcialidade do julgador" (ADI nº 3.807/DF, rel. Min. Cármen Lúcia, j. 29.06.20). Em suma, entendeu-se que "a lavratura de termo circunstanciado não configura atividade investigativa e, portanto, não é função privativa de polícia judiciária".

3.4. IDENTIFICAÇÃO CRIMINAL

A identificação de uma pessoa é indispensável para que a polícia investigue o indivíduo correto e, depois, também o Ministério Público processe a pessoa certa.

Praticada a infração penal e localizado seu suposto autor, este deve fornecer os seus dados de identificação, sob pena de incorrer no art. 68 do Decreto-lei nº 3.688/41 (Lei das Contravenções Penais).

Se o sujeito se identificar falsamente ou apresentar documento falso, principalmente com o objetivo de ocultar seus antecedentes ou preservar a sua liberdade, incorrerá em um dos delitos dos arts. 304 ou 307 do Código Penal (uso de documento falso ou falsa atribuição de identidade), consoante entende a jurisprudência (STF, RG-RE nº 640.139/DF, rel. Min. Dias Toffoli, j. 22.09.11; e STJ, HC nº 151.866/RJ, rel. Min. Jorge Mussi, j. 01.12.11).

Como bem fixou a Suprema Corte em repercussão geral, "o princípio constitucional da autodefesa (art. 5º, LXIII, da CF/88) não alcança aquele que atribui falsa identidade perante autoridade policial com o intento de ocultar maus antecedentes, sendo, portanto, típica a conduta praticada pelo agente (art. 307 do CP)" (RE nº 640.139/DF, rel. Min. Dias Toffoli, j. 22.09.11).

A expressão *identificação criminal* é gênero, sendo espécies:

a) Identificação **datiloscópica** (impressão digital);

b) Identificação **fotográfica**; e

c) Identificação **genética** (conforme Lei nº 12.654/12).

Nos termos do art. 5º, LVIII, CF, o civilmente identificado não será submetido a identificação criminal, salvo nas hipóteses previstas em lei. Então, a regra é que o suspeito de um crime seja identificado civilmente, apresentando um documento apto a identificá-lo; a exceção, portanto, é a identificação criminal, de acordo com as hipóteses previstas em lei. Trata-se de uma *reserva legal simples*, por autorizar o legislador a intervir no âmbito de proteção de um direito fundamental sem estabelecer objetivos específicos a serem observados (Sarlet, Marinoni e Mitidiero, 2012). Ainda, a norma constitucional é de *eficácia contida*, ou seja, a lei poderá estabelecer hipóteses em que será exigida a identificação criminal do indivíduo já identificado civilmente (Silva, 2005).

Regra	Exceção
Identificação civil	Identificação criminal

Inicialmente, a Lei nº 10.054/00 tratava da identificação criminal; todavia, foi ela revogada pela atual Lei nº 12.037/09, que, inclusive, sofreu alterações pela Lei nº 12.654/12, que tratou da identificação genética. Desta feita, são documentos que o suspeito/investigado pode apresentar para atestar a sua identificação civil (art. 2º da Lei nº 12.037/09):

i) Carteira de identidade (como o RG);

ii) Carteira de trabalho (como a CTPS);

iii) Carteira profissional (como OAB, CREA etc.);

iv) Passaporte;

v) Carteira de identificação funcional (policial, judicial etc.);

vi) Outro documento público que permita a identificação (CNH etc.).

A certidão de nascimento ou o título eleitoral, por exemplo, não possuem fotografia, de modo que não servem – em princípio – para a devida identificação civil. Quanto às "cópias autenticadas", elas têm o mesmo valor do documento original (art. 232, p.ú., CPP).

No que diz respeito à Carteira Nacional de Habilitação (CNH), esta pode ser utilizada para identificação, ainda que em momento posterior à data de validade consignada no documento, uma vez que esta se refere apenas ao prazo de vigência do exame de aptidão física e mental do motorista (Ofício Circular nº 2/2017, CONTRAN; e STJ, RMS nº 48.803/ DF, rel. Min. Napoleão Nunes Maia Filho, j. 03.09.19). Além disso, a CNH abandonará o formato em papel e passará a ser um cartão de plástico com microchip, reunindo todas as informações do motorista, inclusive foto, mantendo-se como documento válido para identificação (Resolução nº 718/17, CONTRAN).

Atente-se à Lei nº 13.444/17, que criou a Identificação Civil Nacional, com o objetivo de identificar o brasileiro em suas relações com a sociedade e com os órgãos e entidades governamentais e privados. Referido documento utilizará a base de dados biométricos da Justiça Eleitoral, a base de dados do Sistema Nacional de Informação de Registro Civil, da Central Nacional de Informações do Registro Civil e outras informações contidas em bases de dados da Justiça Eleitoral, dos institutos de identificação dos Estados/DF e do Instituto Nacional de Identificação. Ele fará prova de todos os dados nele contidos, dispensando a apresentação dos documentos que lhe deram origem ou que nele tenham sido mencionados.

A este respeito, inclusive, o Decreto nº 9.278/18 regulamentou os requisitos para a expedição e validade das Carteiras de Identidade, estabelecendo, por exemplo, que ela tem fé pública e validade em todo o território nacional, devendo conter o nome, a filiação e o local/data de nascimento do identificado, bem como sua fotografia, assinatura e impressão digital do polegar direito, além, claro, do número de RG e CPF, podendo ser incluído, a requerimento, o número do Documento Nacional de Identidade (DNI), do título de eleitor, do certificado militar, o tipo sanguíneo, o número de identidade profissional, da CTPS etc.

Ainda, nos termos do Decreto nº 9.277/18, foi criado o Documento Provisório de Registro Nacional Migratório, fornecido gratuitamente pela Polícia Federal em favor do solicitante de reconhecimento da condição de refugiado no Brasil, servindo este documento, para todos os fins, como documento de identificação do solicitante de refúgio até a decisão final do processo no Comitê Nacional para os Refugiados (CONARE).

Não obstante apresentado um documento para identificação civil, dentre os diversos mencionados, poderá ser feita a **identificação criminal**, quando necessária, de acordo com o previsto na parte final do inciso LVIII do art 5º, CF, nos seguintes casos:

a) O documento apresentado tem rasura ou indício de falsificação;

b) O documento apresentado é insuficiente para a identificação;

c) O indiciado possui vários documentos, com informações conflitantes entre si;

d) A identificação criminal é essencial às investigações policiais, de acordo com despacho do *juiz*, que decidirá de ofício ou mediante representação da autoridade policial, do Ministério Público ou da própria defesa;

e) Se constar do registro policial o uso de outros nomes ou qualificações;

f) O estado de conservação ou a distância temporal ou da localidade da expedição do documento apresentado impossibilita a completa identificação dos caracteres essenciais.

Em suma:

Situações que autorizam a identificação criminal
» Rasura ou falsificação do documento
» Insuficiência para a identificação
» Existência de documentos conflitantes
» Essencialidade à investigação, *com autorização judicial*
» Polícia tem registros do uso de outras identificações
» Conservação, tempo ou localidade dificultam a identificação

No que diz respeito à possibilidade de o documento apresentado ser insuficiente para a identificação, é de suma importância ressaltar que o Supremo Tribunal Federal reconheceu a existência de repercussão geral da questão constitucional referente à proibição, ou não, de uso de hábito religioso que cubra a cabeça ou parte do rosto em fotografia de documento de habilitação e identificação civil. O tema, de nº 953, deve ser julgado em breve pela Corte (RE nº 859.376/PR, rel. Min. Roberto Barroso, j. 29.06.17).

Ver, ademais, que o adolescente infrator civilmente identificado não será submetido a identificação compulsória pelos órgãos policiais, de proteção e judiciais, *salvo para efeito de confrontação, havendo fundada dúvida* (art. 109, Lei nº 8.069/90). A doutrina menorista entende que, como o ato infracional não deixa de ser sinônimo de ilícito penal, só se diferenciando quanto à culpabilidade, a identificação civil do adolescente infrator não deve se limitar à "fundada dúvida", mencionada no art. 109 do ECA, mas se estender a todas as hipóteses da Lei nº 12.037/09 (Ishida, 2010).

A identificação criminal é composta de duas etapas: (1) a identificação **datiloscópica** e (2) a identificação **fotográfica**. Ambas serão juntadas aos autos de comunicação do flagrante ou do inquérito.

As cópias dos documentos apresentados deverão ser juntadas ainda que consideradas insuficientes para identificar o indiciado. Quando houver necessidade de identificação criminal, a autoridade encarregada tomará as providências necessárias para evitar o constrangimento do identificado.

No caso de não oferecimento da denúncia, sua rejeição ou absolvição pelo juiz, é facultado ao indiciado ou ao réu, após o arquivamento definitivo do inquérito, ou trânsito em julgado da sentença, requerer a retirada da **identificação fotográfica** (*tão somente*) do inquérito ou processo, desde que apresente provas de sua identificação civil.

É vedado mencionar a identificação criminal do indiciado em atestados de antecedentes ou em informações não destinadas ao juízo criminal, antes do trânsito em julgado da sentença condenatória.

3.4.1. Identificação do perfil genético

A Lei nº 12.654/12 promoveu alterações na Lei de Identificação Criminal e na Lei de Execuções Penais para, agora, permitir a coleta de material biológico para fins de obtenção de um perfil genético.

Referida lei prevê a criação de um banco de dados de perfis genéticos com material coletado dos investigados e condenados. O Decreto nº 7.950/13 instituiu o *Banco Nacional de Perfis Genéticos e a Rede Integrada de Bancos de Perfis Genéticos*. Ex.: o sêmen do autor do estupro ou o sangue do homicídio serão coletados para a composição desse banco de dados para ulterior comparação em futuros delitos investigados.

O *Banco Nacional* tem como objetivo armazenar dados de perfis genéticos coletados para subsidiar ações destinadas à apuração de crimes. Já a *Rede Integrada* tem como objetivo permitir o compartilhamento e a comparação de perfis genéticos constantes dos bancos de perfis genéticos da União, dos Estados e do Distrito Federal.

Há duas situações em que a lei autorizou a coleta de material genético: (a) nas investigações e (b) após a condenação em alguns crimes.

1) Perfil genético no curso das investigações (Lei nº 12.037/09)

Nos casos em que a identificação criminal for **essencial às investigações policiais**, de acordo com obtenção de **autorização do juiz** competente, que decidirá de ofício ou mediante representação da *autoridade policial*, do *Ministério Público* ou da *defesa*, poderá ser feita a identificação de perfil genético, mediante a coleta de material genético (p.ú., art. 5º da Lei nº 12.037/09 – Lei de Identificação Criminal).

Assim:

- » É necessária autorização judicial
- » Obtida de ofício pelo juiz, representação do delegado, requerimento do MP ou da defesa
- » Possível somente quando for "essencial às investigações"

Como a lei fala que será possível a identificação genética quando essencial às *investigações policiais*, há quem afirme que ela não será possível quando no curso do processo penal (salvo se o pedido for da defesa), uma vez que se está diante de uma norma que restringe direitos.

Os dados relacionados à coleta do perfil genético deverão ser armazenados em banco de dados de perfis genéticos, gerenciado por unidade oficial de perícia criminal. As informações genéticas contidas nesses bancos não poderão revelar traços somáticos ou comportamentais das pessoas, exceto determinação genética de gênero, consoante as normas constitucionais e internacionais sobre direitos humanos, genoma humano e dados genéticos.

Os dados constantes dos bancos de dados de perfis genéticos terão caráter sigiloso, respondendo civil, penal e administrativamente aquele que permitir ou promover sua utilização para fins diversos dos previstos na lei ou em decisão judicial. As informações obtidas a partir da coincidência de perfis genéticos deverão ser consignadas em laudo pericial firmado por *perito oficial* devidamente habilitado.

A exclusão dos perfis genéticos dos bancos de dados ocorrerá: (a) no caso de absolvição do acusado ou (b) no caso de condenação do acusado, mediante requerimento, após decorridos 20 anos do cumprimento da pena. A identificação do perfil genético será armazenada em banco de dados sigiloso, conforme regulamento a ser expedido pelo Poder Executivo.

É necessário que se observe a proporcionalidade e a adequação da medida (Badaró, 2016). Ser *essencial às investigações*, como exige a lei, significa que a medida poderá ser adotada quando for absolutamente necessária, de modo que as investigações não evoluirão sem a identificação do perfil genético do investigado. Logo, ela não deve ser uma consequência automática da identificação criminal.

Claramente, essa lei enfrentará muitas batalhas judiciais (inclusive, o STF decidirá a constitucionalidade do banco de dados com material genético, no RE 973.837, rel. Min. Gilmar Mendes, pendente de julgamento, já com repercussão geral reconhecida). A defesa, por exemplo, pode querer que seja colhido o material genético do suspeito para, de pronto, exclui-lo da investigação, buscando provar a sua inocência; por outro lado, a acusação poderá querer que o investigado forneça amostra de seu material genético (saliva, fio de cabelo, sêmen etc.) para comprovar, justamente, o seu envolvimento com o delito.

A Constituição Federal prevê o direito ao investigado ou acusado de não produzir prova contra si; logo, se ele se negar a fornecer qualquer material com sua carga genética, em princípio não poderá ser obrigado a tanto e nem poderá sofrer sanção ou consequência dessa negativa. Assim, por melhor que seja a intenção da lei, trata-se – em princípio – de mera *faculdade* ao suspeito permitir a coleta de seu material genético.

Diferentemente disso, pode-se sustentar – em tese – ser possível a coleta de material genético do suspeito quando não fornecida por ele espontaneamente, como quando se joga no lixo uma garrafa de bebida com amostras de saliva. Logo, se o suspeito, preso, descarta no lixo um copo e uma colher de plástico, poderá ser colhido, pela polícia, o material genéticos desses objetos para comparação com a roupa íntima de uma mulher, vítima de homicídio, estupro e extorsão, haja vista que o que se veda é a violação à intimidade mediante violência física e moral por um agente estatal, o que não ocorreu no caso, já que, a partir do momento em que o suspeito dispensou o copo e a colher no lixo, deixou de ter o controle sobre eles e o material genético neles fixado (saliva), de modo que se torna legal a prova colhida e produzida nesta situação.

Como visto quando do estudo dos *Princípios do Processo Penal*, o Supremo Tribunal Federal já autorizou a realização de exame de DNA na placenta da cantora Gloria Trevi, presa no Brasil, uma vez que se tratava de objeto expelido pelo corpo humano como consequência do parto, além de, no caso concreto, terem sido levados em conta alguns princípios, como a proporcionalidade e razoabilidade (Rcl nº 2.040/DF, rel. Min. Néri da Silveira, j. 21.02.02).

E há posições entendendo que a extração do material genético não ofende a Constituição Federal, tendo em vista, conforme o caso, a sua indispensabilidade às investigações e a exigência de autorização judicial (Nucci, 2016).

2) Perfil genético na Lei de Execução Penal (Lei nº 7.210/84)

A segunda possibilidade de coleta de material genético ocorrerá após o réu ter sido condenado:

(a) em crime doloso praticado com violência de natureza grave contra a pessoa; ou

(b) em qualquer crime do art. 1º da Lei dos Crimes Hediondos – Lei nº 8.072/90.

A identificação também será armazenada em banco de dados sigiloso, conforme regulamento a ser expedido pelo Poder Executivo. A regulamentação deverá fazer constar garantias mínimas de proteção de dados genéticos, observando as melhores práticas forenses (§ 1º-A do art. 9º-A, LEP, cf. Lei nº 13.964/19).

Por decorrência lógica do sistema constitucional, a coleta somente será possível após o trânsito sem julgado da condenação (art. 5º, LVII, CF). Ademais, a lei é expressa ao mencionar os crimes do art. 1º da Lei dos Crimes Hediondos, de modo que não será possível a coleta em relação aos crimes equiparados (tráfico, tortura e terrorismo), previstos no art. 2º da referida lei.

A autoridade policial, federal ou estadual, poderá requerer ao juiz competente, no caso de inquérito instaurado, o acesso ao banco de dados de identificação de perfil genético, ou seja, poderá o delegado de polícia acessar os dados dos perfis genéticos com o objetivo de comparar o material coletado na cena do crime com o material armazenado e analisar a possível autoria.

Deve ser viabilizado ao titular de dados genéticos o acesso aos seus dados constantes nos bancos de perfis genéticos, bem como a todos os documentos da cadeia de custódia (histórico desde a coleta, passando pela manipulação até o armazenamento final) que gerou esse dado, de maneira que possa ser contraditado pela defesa (§ 3º do art. 9º-A, LEP). O condenado pelos crimes mencionados acima que não tiver sido submetido à identificação de perfil genético quando do ingresso no estabelecimento penal deverá ser submetido, agora, ao procedimento durante o cumprimento da pena (§ 4º do art. 9º-A, LEP). Constitui falta grave a recusa do condenado em se submeter ao procedimento de identificação do perfil genético (§ 8º do art. 9º-A, LEP). Essas três alterações foram incluídas pela Lei nº 13.964/19.

Novamente, Guilherme de Souza Nucci (Manual, 2016) entende que não há inconstitucionalidade quanto à coleta de material genético após a condenação definitiva. O autor apresenta os seguintes argumentos: (i) o perfil genético já poderia constar da identidade civil, como em *chips* de passaporte, mas o processo é caro, e isso não feriria nenhum princípio constitucional; (ii) todos os condenados deveriam fornecer seu material genético, e não só os mencionados pela lei; e (iii) coleta-se o material genético para poder compará-lo, futuramente, com o material colhido na cena do crime, objetivando a *possível* incriminação, ou seja, identifica-se o perfil de alguém, que está mantido num banco de dados sigiloso, sem que se faça nenhuma acusação a quem não infringiu a norma penal. Conforme o autor, primeiro identifica-se o condenado pelo perfil genético, arquivando os dados; depois, ocorrendo a prática futura de algum crime, faz-se o confronto. Tal medida pode incriminar o agente ou isentá-lo definitivamente, o que significa um bem enorme para se evitar erros judiciários.

O Superior Tribunal de Justiça entende ser possível a determinação de coleta de material genético como forma de identificação criminal, seja durante as investigações, para apurar a autoria do delito, seja quando o réu já tiver sido condenado pela prática de determinados crimes, tais como dolosos com violência de natureza grave contra a pessoa ou hediondos (RHC nº 69.127/DF, rel. Min. Felix Fischer, j. 26.10.16).

3.4.2. Cadastro nacional de pessoas condenadas por crime de estupro

A Lei nº 14.069/20, de 01.10.2020, criou o *cadastro nacional de pessoas condenadas por crime de estupro*. A novel norma tem origem no Projeto de Lei nº 5.618/16, da Câmara dos Deputados, cuja justificação tem o seguinte teor:

> "A mais eficiente forma de se evitar um crime é atuando na prevenção, uma vez que a punição tem um caráter mais retributivo e educativo do que preventivo. E, nesse campo, o da prevenção, a informação se constitui em ferramenta essencial, pois permite o planejamento de ações que tenham o potencial de evitar a ocorrência de eventos criminosos. É com a intenção do fortalecimento da prevenção pelo aumento do acesso a informações, que estamos propondo a criação de uma base de dados, o Cadastro Nacional de Pessoas Condenadas por Crime de Estupro, o qual conterá dados relativos às pessoas condenadas por crime de estupro".

No Direito estrangeiro, notadamente nos Estados Unidos, há a chamada *Megan's Law*, em referência à lei de Nova Jersey que foi criada em razão do estupro e do homicídio da jovem Megan Kanka por J. Timmendequas, que, anteriormente, já havia sido condenado por dois crimes sexuais contra crianças, o que era desconhecido da população local. Referida norma obriga que o condenado preste informações às autoridades locais para que a população tome conhecimento, como seu nome, crime cometido, carro que dirige, local de trabalho e residência etc. Na sequência, em âmbito nacional, foi editada uma alteração à *Jacob Wetterling Crimes Against Children's Act*, de 1996, obrigando os demais Estados a criarem leis exigindo o registro de criminosos condenados por crimes sexuais, permitindo acesso público a tais informações. Todos os Estados, então, adotaram legislação nesse sentido. Mais recentemente, em 2017, o Congresso dos EUA editou a *International Megan's Law* (IML – Lei Federal nº 114-119/2016), que determina a menção, na contracapa do passaporte, de que seu portador já foi condenado por crime sexual, bem como autoriza a revogação do passaporte de tais pessoas.

O Brasil, buscando "seguir" a legislação norte-americana, editou a Lei nº 14.069/20, prevendo o seguinte:

> Art. 1º. Fica criado, no âmbito da União, o Cadastro Nacional de Pessoas Condenadas por Crime de Estupro, o qual conterá, no mínimo, as seguintes informações sobre as pessoas condenadas por esse crime:
>
> I – características físicas e dados de identificação datiloscópica;
>
> II – identificação do perfil genético;
>
> III – fotos;
>
> IV – local de moradia e atividade laboral desenvolvida, nos últimos 3 (três) anos, em caso de concessão de livramento condicional.
>
> Art. 2º. Instrumento de cooperação celebrado entre a União e os entes federados definirá:
>
> I – o acesso às informações constantes da base de dados do Cadastro de que trata esta Lei;
>
> II – as responsabilidades pelo processo de atualização e de validação dos dados inseridos na base de dados do Cadastro de que trata esta Lei.
>
> Art. 3º. Os custos relativos ao desenvolvimento, à instalação e à manutenção da base de dados do Cadastro Nacional de Pessoas Condenadas por Crime de Estupro serão suportados por recursos do Fundo Nacional de Segurança Pública.
>
> Art. 4º. Esta Lei entra em vigor na data de sua publicação.

Nota-se, de pronto, que a lei é extremamente ampla, praticamente um simples ato de intenção. A lei é restrita ao crime de estupro apenas, mas sem especificar qual modalidade e afastando os demais crimes sexuais – de igual ou maior gravidade. Ainda, não especifica a partir de qual momento a pessoa pode ser incluída em tal cadastro, falando apenas em "condenado" (exige-se trânsito em julgado?). Ademais, o cadastro é criado no âmbito da União, mas a infinita maioria dos crimes de estupro é de competência estadual, de modo que um ente (União) passa a ter que organizar um cadastro com informações repassadas por outros entes (Estados e DF), o que apenas faz as informações se perderem e se desatualizarem. Ainda, não há especificação alguma acerca do prazo para que as informações fiquem registradas (seria um cadastro eterno ou com prazo de validade?) e nem como será a fiscalização do conteúdo dos dados prestados.

Não fosse suficiente, a lei também não indica a utilidade real do cadastro e nem quem pode acessá-lo. A justificativa apresentada no Projeto de Lei foi a "prevenção de crimes", por meio do acesso a informações do condenado pelo cometimento do crime de estupro. Prevenção em que sentido? A polícia fiscalizará mais o bairro onde o condenado mora e trabalha? O acesso será público e impedirá que pessoas condenadas sejam contratadas para trabalhar? Como é que se "previne crimes" com esse cadastro? Quando poderá ser acessado o cadastro – qualquer infração penal ou apenas crime de estupro? Alguém ficará acessando seu conteúdo vinte e quatro horas do dia para impedir infrações penais?

A bem da verdade, não há verdadeira inspiração na Megan's Law. O objetivo da lei estadunidense é, realmente, prevenir infrações penais com amplo acesso, pela população local, das informações dos condenados por crimes sexuais, inclusive há leis que limitam o acesso desses condenados a determinados locais, como escolas, clubes, parques etc., com efetivo acompanhamento pela polícia. No Brasil, embora se fale que a lei objetivou prevenir crimes, o que se vê é a formação de um cadastro com informações de condenados por crime de estupro tão somente com o fim de angariar elementos probatórios que poderão ser utilizados quando (e se) do cometimento de um novo crime – há até mesmo informações genéticas armazenadas. De prevenção, portanto, a lei brasileiro não tem nada. Criou-se, apenas, mais um cadastro para ser acessado quando um crime de estupro for praticado, ou seja, o caráter é retributivo (de investigação e punição), e não preventivo.

É preciso acompanhar, ainda, se os tribunais entenderão pela constitucionalidade ou não do referido cadastro e até que ponto as informações sobre crime pretérito podem ser utilizadas pelos órgãos de persecução penal em relação a (possíveis) futuras infrações penais, sob a justificativa de "prevenção criminal". É constitucional, por exemplo, exigir que um condenado por crime de estupro mantenha informações pessoais atualizadas por anos e mais anos, mesmo já tendo cumprido sua pena? Fere-se o princípio da inocência? Até quando o condenado ficará com o estigma de "estuprador" perante o Estado e a sociedade? O que prevalecerá: a proteção social ou a privacidade individual?

No mais, diversos estudos indicam que a tal prevenção almejada não passaria de uma *sensação social*, já que muitos dos crimes sexuais com vítimas menores de idade (real objetivo da lei) são praticados por parentes ou mesmo pessoas próximas à família. Em Nova Jersey, por exemplo, origem da Lei de Megan, estudos mostram que há poucas evidências apoiando que o cadastro, de fato, preveniria crimes (Zgoba *et al*, Megan's, 2008), ou seja, *despite wide community support for these laws, there is little evidence to date, including this study, to support a claim that Megan's Law is effective in reducing either new first-time sex offenses or sexual re-offenses* (p. 41).

Ao fim e ao cabo, a novidade da lei brasileira, mesmo, é apenas a exigência de o condenado informar o local de moradia e de atividade laboral desenvolvida, nos últimos três anos, em caso de concessão de livramento condicional. O restante – identificação em sentido amplo – já consta da Lei nº 12.037/09 e da Lei nº 7.210/84 – sem feição preventiva, repita-se.

Em suma, a lei brasileira, como foi editada, é muito mais simbólica do que efetivamente prática.

3.5. DENÚNCIA ANÔNIMA

A denúncia anônima, também chamada de **apócrifa** ou de ***notitia criminis* inqualificada**, é aquela feita por qualquer pessoa do povo, dirigida à pessoa ou órgão encarregado de iniciar as investigações criminais, em que o denunciante permanece no **anonimato**, não se identificando.

Trata-se de instrumento perfeitamente válido e muito útil na seara criminal, principalmente quando o denunciante não quer se envolver pessoalmente com as investigações ou com a pessoa do denunciado. Há diversos meios públicos disponíveis, como o *Disque 180* (violência contra a mulher) e o *Disque Denúncia 181* (atos ilegais praticados por policiais do Estado de São Paulo), dentre outros. Além disso, é claro, pode-se fazer denúncias anônimas por cartas, e-mails ou até mesmo pessoalmente.

A polícia não instaurará inquérito policial com base, simplesmente, numa denúncia anônima – pois ela pode estar embasada, por exemplo, em elementos de vingança do denunciante ou sequer conter dados mínimos que indiquem a ocorrência de um delito. Antes de qualquer ato oficial de investigação, deve-se iniciar uma **averiguação preliminar** e, a partir disso, com base nas informações colhidas, se o caso, instaurar um inquérito policial – acima, estudou-se a chamada Verificação Preliminar de Informações, do art. 5º, § 3º, CPP.

Assim, nada impede o início da persecução penal através de uma denúncia anônima, desde que ela esteja amparada por prévias diligências realizadas para averiguar os fatos noticiados (STF, HC nº 99.490/SP, rel. Min. Joaquim Barbosa, j. 23.11.10).

Então, somente a partir das averiguações e diligências iniciais, entendendo a autoridade policial que há, verdadeiramente, indícios da prática de um delito, é o caso de se instaurar inquérito policial e, *a partir disso*, requerer-se todo tipo de prova legal (STJ, HC nº 119.702/PE, rel. Min. Jane Silva, j. 06.02.09).

Em caso analisado pelo Supremo Tribunal Federal, entendeu-se correto o procedimento em que o Ministério Público, após receber diversas denúncias anônimas narrando a suposta ocorrência de fraudes em licitações num município, determinou a realização de *investigações preliminares* para verificar a plausibilidade das alegações contidas nas denúncias anônimas e, somente após esta confirmação, requereu-se ao juízo competente a interceptação telefônica dos suspeitos, com o ulterior aprofundamento das investigações (HC nº 133.148/ES, rel. Min. Ricardo Lewandowski, j. 21.02.17).

É possível sustentar, por analogia, a aplicação da súmula nº 611 do STJ, que diz que "desde que devidamente motivada e com amparo em investigação ou sindicância, é permitida a instauração de processo administrativo disciplinar com base em denúncia anônima, em face do poder-dever de autotutela imposto à Administração".

3.5.1. *Whistleblower*

A "Estratégia Nacional de Combate à Corrupção e à Lavagem de Dinheiro" (ENCCLA), órgão criado em 2003 dentro do Departamento de Recuperação de Ativos e Cooperação Jurídica Internacional, vinculado ao Ministério da Justiça, estabelece que o *whistleblower* é, literalmente, o "assoprador de apito", isto é, refere-se a toda pessoa que, espontaneamente, chama a atenção e leva ao conhecimento de uma autoridade informações relevantes acerca de um ilícito, como corrupção, fraudes etc. (Ação nº 4/16 da ENCCLA). Na tradução comum, é o denunciante de um fato. E conforme o *Cambridge Dictionary*, é a pessoa que informa uma autoridade pública sobre a ocorrência de um fato ilegal, especialmente quando praticado no governo ou numa empresa.

Guarda relação estrita com os funcionários/empregados que tomam conhecimento de irregularidades no ambiente onde trabalham (mas não exclusivamente isso), levando os fatos à ciência das autoridades públicas competentes (cf. conceituação da *Cornell Law School*, de Nova Iorque). É, pois, o **reportante**, isto é, o sujeito de boa-fé que reporta informações sobre ilícitos às autoridades. O conceito tem origem nos EUA e na Europa.

Esta figura já tem previsão na Convenção da ONU para o Combate à Corrupção (Decreto nº 5.687/06), cujo art. 33 prevê que "cada Estado Parte considerará a possibilidade de incorporar em seu ordenamento jurídico interno medidas apropriadas para proporcionar proteção contra todo trato injusto às pessoas que denunciem ante as autoridades competentes, de boa-fé e com motivos razoáveis, quaisquer feitos relacionados com os delitos qualificados de acordo com a presente Convenção".

O reportante difere do colaborador/delator premiado (Lei nº 12.850/13, art. 4º), pois aquele não tem nenhuma participação com a empreitada criminosa, querendo apenas e simplesmente colaborar na apuração e punição dos ilícitos, enquanto que este colabora com a Justiça delatando seus comparsas (em regra) justamente porque participou do delito e almeja algum benefício penal em troca disso.

A questão que surge neste momento é saber se a Lei nº 13.608/18 trouxe – ou não – a figura do *whistleblower*.

Referida norma dispõe sobre o serviço telefônico de recebimento de denúncias e sobre a recompensa por informações que auxiliem nas investigações policiais. Então, prevê-se que as empresas de transportes terrestres que operam sob concessão da União, dos Estados, do Distrito Federal ou dos Municípios são obrigadas a exibir em seus veículos, em formato de fácil leitura e visualização: (i) a expressão "disque-denúncia", relacionada a uma das modalidades existentes, com o respectivo número telefônico de acesso gratuito; e (ii) expressões de incentivo à colaboração da população e de garantia do anonimato, na forma do regulamento (art. 1º da lei).

Além disso, os Estados são autorizados a estabelecer serviço de recepção de denúncias por telefone, preferencialmente gratuito, que também poderá ser mantido por entidade privada sem fins lucrativos, por meio de convênio (art. 2º da lei). O informante que se identificar terá assegurado, pelo órgão que receber a denúncia, o sigilo dos seus dados (art. 3º da lei).

A União, os Estados, o Distrito Federal e os Municípios, no âmbito de suas competências, poderão estabelecer formas de recompensa pelo oferecimento de informações que sejam úteis para a prevenção, a repressão ou a apuração de crimes ou ilícitos administrativos. Entre as recompensas a serem estabelecidas, poderá ser instituído o pagamento de valores em espécie (art. 4º da lei). Quando as informações disponibilizadas resultarem em recuperação de produto de crime contra a administração pública, poderá ser fixada recompensa em favor do informante em até 5% do valor recuperado.

- O serviço telefônico para o recebimento de denúncias e a premiação em dinheiro para informações que levem à resolução dos crimes serão custeados através do Fundo Nacional de Segurança Pública (art. 4º, VI e VII, da Lei nº 10.201/01).

Então, questiona-se: esse denunciante da Lei nº 13.608/18 é equiparado ao *whistleblower*? Em princípio, sim. Na denúncia anônima, como o próprio nome diz, o denunciante permanece anônimo, em sigilo frente à autoridade pública; já no *whistleblower*, o denunciante é identificado perante a autoridade pública, mas são mantidos seus dados e qualificação em sigilo perante o ambiente externo.

É neste sentido, inclusive, o disposto no art. 3º da Lei nº 13.608/18, que prevê que o informante *que se identificar* terá assegurado o sigilo de seus dados, ou seja, a autoridade receptora das informações terá acesso aos dados do reportante, enquanto que ao ambiente externo (população em geral, mídia etc.) será vetado o acesso em razão sigilo. Isso, aliás, se torna lógico para que a possível recompensa oferecida possa ser recebida pelo reportante, ou seja, incentivam-se denúncias por reportante nominado e, em troca, oferece-se uma recompensa. O risco de se identificar é contrabalanceado pela oferta de recompensa monetária. Aliás, o novel art. 4º-B prevê que "o informante terá direito à preservação de sua identidade, a qual apenas será revelada em caso de relevante interesse público ou interesse concreto para a apuração dos fatos"; essa revelação somente será efetivada mediante comunicação prévia ao informante e com sua concordância formal.

No mais, além das medidas de proteção previstas na Lei nº 9.807/99, será assegurada, ao informante, proteção contra ações ou omissões praticadas em retaliação ao exercício do direito de relatar, tais como demissão arbitrária, alteração injustificada de funções ou atribuições, imposição de sanções, de prejuízos remuneratórios ou materiais de qualquer espécie, retirada de benefícios, diretos ou indiretos, ou negativa de fornecimento de referências profissionais positivas. A prática de ações ou omissões de retaliação ao informante configurará falta disciplinar grave e sujeitará o agente à demissão a bem do serviço público. E o informante será ressarcido em dobro por eventuais danos materiais causados por ações ou omissões praticadas em retaliação, sem prejuízo de danos morais.

Conclui-se, assim, que o Brasil, de forma inédita no ordenamento nacional, começou a tratar da figura do *whistleblower*, com o incentivo e recebimento de denúncias por pessoas nominadas às autoridades públicas, com garantia de sigilo de seus dados ao ambiente externo e com o oferecimento de recompensas, inclusive em dinheiro.

3.6. INVESTIGAÇÃO PELO MINISTÉRIO PÚBLICO

É sabido que o Ministério Público é o titular da ação penal pública (CF, art. 129, I). Assim, tendo em mãos elementos de prova que indiquem a existência de um crime e sua autoria, deverá mover a competente ação penal.

A questão é: **pode o próprio Ministério Público investigar crimes?** Existem duas posições antagônicas.

De um lado, mais do que minoritariamente hoje, há quem sustente que o Ministério Público não pode investigar, pois, logo de início, verifica-se a ausência completa de lei formal que preveja as hipóteses de investigação, as formas de início e fim das diligências, os meios de controle sobre o órgão ministerial, o registro da investigação em andamento etc. Além disso, a Constituição Federal teria atribuído exclusividade à polícia judiciária para as atividades de investigação criminal, cabendo ao Ministério Público apenas o seu controle externo. Afirma-se que é possível ao membro do Ministério Público acompanhar as diligências do inquérito policial, inclusive pessoalmente, mas não poderá, por si, instaurar um procedimento investigatório criminal. Neste sentido, modernamente, é a posição defendida por Gustavo Henrique Badaró, ao afirmar que, "além da ausência de uma expressa disciplina legal da investigação pelo Ministério Público, há outros argumentos utilizados contra tal investigação. Nega-se que se esteja no campo dos poderes implícitos, na medida em que não houve omissão constitucional da disciplina da investigação. Ao contrário, a Lei Maior atribuiu tal atividade, ainda que sem caráter de exclusividade, à polícia judiciária. Ao Ministério Público fio conferido o controle externo da atividade policial, e não substituí-la na atividade de investigação" (Processo Penal, 2016, p. 154-155).

Por outro lado, todavia, está a doutrina amplamente majoritária e os tribunais, inclusive a Corte Constitucional, que, no RG-RE nº 593.727/MG (rel. Min. Gilmar Mendes, j. 14.05.15, em repercussão geral) firmou a seguinte tese:

> O Ministério Público dispõe de competência para promover, por autoridade própria, e por prazo razoável, investigações de natureza penal, desde que respeitados os direitos e garantias que assistem a qualquer indiciado ou a qualquer pessoa sob investigação do Estado, observadas, sempre, por seus agentes, as hipóteses de reserva constitucional de jurisdição e, também, as prerrogativas profissionais de que se acham investidos, em nosso País, os Advogados (Lei 8.906/94, artigo 7°, notadamente os incisos I, II, III, XI, XIII, XIV e XIX), sem prejuízo da possibilidade - sempre presente no Estado democrático de Direito - do permanente controle jurisdicional dos atos, necessariamente documentados (Súmula Vinculante 14), praticados pelos membros dessa instituição.

É a posição – por todos e defendida há muito tempo – de José Frederico Marques, que afirmava que "se é o Estado-Administração quem investiga e acusa, é irrelevante o órgão a quem ele atribua uma ou outra função. No juízo ou no inquérito quem está presente é esse Estado-Administração. Quem importa, pois, que ele se faça representar, na fase investigatória, também pelo Ministério Público?" (Estudos, 2001, p. 87).

Embora não haja previsão expressa na Constituição Federal Brasileira autorizando a investigação de crimes por parte do Ministério Público, adota-se, como fundamento, a chamada **teoria dos poderes implícitos** (*implied powers doctrine*), de origem norte-americana, no caso McCulloch v. Maryland (17 U.S 316), de 1819. Seria algo como "quem pode o mais, pode o menos". O *Chief Justice* John Marshall asseverou que ao governo devem ser confiados amplos meios para executar os seus fins. O limite, pois, é a verificação da *adequação* e da *proporcionalidade* em relação aos meios escolhidos para se atingir os fins almejados: se os fins são legítimos e estiverem conforme a Constituição Federal, todos os meios admitidos pelo Direito serão permitidos (Kliemann, 2016).

A este respeito, vale destacar que, embora as competências precípuas dos órgãos estatais estejam previstas na norma posta, nada impede que outras competências existam implicitamente, até porque, por uma questão de lógica, não há como o legislador trazer, expressamente, todas as competências de cada um dos órgãos da República – por isso é que se fala que não existe *vácuo de competências*, ou seja, se não está expressa, nada impede que se fale em competência implícita conforme a atividade-fim do órgão estatal.

Assim, se a Constituição Federal atribui ao Ministério Público a **atividade-fim** consistente em mover a ação penal pública (art. 129, I), isso significa que ela também lhe outorgou os **meios necessários** para a realização dessa atribuição, ou seja, a possibilidade de investigação penal. É pensar, de uma forma bastante simplista, mas de fácil assimilação, que, se você pode construir uma parede, você pode comprar os tijolos – logo, se o Ministério Público pode mover a competente ação penal, pode, também, instaurar os procedimentos investigatórios que lhe permitirão exercer esta função. Outro exemplo, agora expresso na Constituição Federal: se o Ministério Público pode defender os direitos e interesses das populações indígenas (art. 129, V, CF), poderá, para tanto, instaurar os procedimentos próprios necessários (art. 129, VI e VIII, CF).

Além disso, a Constituição Federal (art. 129) afirma ser função do Ministério Público expedir notificações em procedimentos de sua competência, requisitando documentos e informações (inciso VI); requisitar diligências investigatórios e a instauração de inquérito policial (inciso VIII); e exercer *outras funções compatíveis* com sua missão constitucional (inciso IX). Tudo isso corrobora a possibilidade de instauração de procedimento investigatório próprio pelo *Parquet* (STF, AP nº 611/MG, rel. Min. Luiz Fux, j. 30.09.14).

Ademais, sustenta-se que a Constituição Federal não atribuiu o caráter de exclusividade à polícia judiciária para conduzir investigações criminais. Mas atenção: a *presidência do inquérito policial* é da polícia judiciária, a cargo de um delegado de polícia de carreira; o Ministério Público pode investigar por meio de procedimentos próprios, mas nunca se verá um inquérito policial instaurado e presidido por um promotor de justiça. São institutos distintos!

Quanto à legislação infraconstitucional, a **LC nº 75/93** (Organização do Ministério Público da União) dispõe que o MPU poderá realizar inspeções e diligências investigatórias, além de notificar testemunhas, requisitar condução coercitiva e expedir as intimações necessárias aos procedimentos que instaurar (art. 8º, incisos I, V e VII). Além disso, a **Lei nº 8.625/93** (Lei Orgânica do Ministério Público dos Estados) prevê (art. 26) que é função do Ministério Público instaurar inquéritos civis *e outras medidas e procedimentos administrativos pertinentes* (inciso I), podendo expedir notificações, colher depoimentos, requisitar condução coercitiva (alínea *a*); requisitar informações, perícias e documentos de autoridades e órgãos públicos (alínea *b*); e promover inspeções e diligências investigatórias junto às autoridades, órgãos e entidades públicas (alínea *c*).

E vale ressaltar, no mais, que o Conselho Nacional do Ministério Público (CNMP) editou a Resolução nº 181/17 (em substituição à Res. 13/06), regulamentando o art. 8º da LC nº 75/93 e o art. 26 da Lei nº 8.625/93, e disciplinou a instauração e tramitação dos procedimentos de investigação criminal presididos pelo *Parquet*. Vale a pena a sua atenta leitura, que especifica o trâmite administrativo das investigações dentro do Ministério Público.

Como visto acima, o Supremo Tribunal Federal fixou a tese permitindo que o Ministério Público realize investigações criminais. No entanto, consoante a Corte, alguns parâmetros devem ser observados:

- Respeito aos direitos e garantias fundamentais do investigado.
- Os atos investigatórios devem ser documentados e praticados por membros do Ministério Público.
- A cláusula de reserva de jurisdição deve ser respeitada, ou seja, o MP deve socorrer-se do Poder Judiciário quando a diligência depender de ordem judicial, tal como a interceptação telefônica e a quebra de sigilo bancário.
- As prerrogativas dos advogados devem ser respeitadas, inclusive o teor da súmula vinculante nº 14 (acesso a diligências já encartadas nos autos).
- Deve-se investigar por um "prazo razoável", vedando-se os excessos.
- Os atos de investigação estarão sempre sujeitos ao permanente controle do Judiciário.

Ademais disso, o Supremo Tribunal Federal já se manifestou no sentido de que a atuação investigativa do Ministério Público deve ser *subsidiária* e em hipóteses específicas, tal como, por exemplo, investigar suposto tráfico de influência praticado por um vereador da cidade (HC nº 91.613/MG, rel. Min. Gilmar Mendes, j. 15.05.12; e HC nº 94.173/BA, rel. Min. Celso de Mello, j. 27.10.09). Apesar disso, nada impede – legalmente – a plena atuação investigativa pelo Ministério Público, independentemente de qualquer pressuposto.

Além de ser entendimento da Suprema Corte, fixado em repercussão geral, o Superior Tribunal de Justiça adota o mesmo posicionamento, assim dispondo (RHC nº 45.377/RS, rel. Min. Ribeiro Dantas, j. 03.08.17; e HC nº 276.245/MS, rel. Min. Reynaldo Soares da Fonseca, j. 13.06.17): "detém o Ministério Público autorização legal para instaurar procedimento investigatório administrativo e, neste mister, requisitar informações e proceder diligências com vistas a instruir a propositura de ação penal pública incondicionada". Ainda, em procedimentos investigatórios criminais próprios do Ministério Público, não há a necessidade de se colher autorização judicial para tanto (STJ, HC nº 459.186/AP, rel. Min. Ribeiro Dantas, j. 01.10.19).

Não bastasse, a súmula nº 234 do STJ tem o seguinte teor: "a participação de membro do Ministério Público na fase investigatória criminal não acarreta o seu impedimento ou suspeição para o oferecimento da denúncia". Ou seja, não existe nenhuma mácula pela participação do Ministério Público na fase investigatória e com o ulterior oferecimento da inicial acusatória, não ensejando nenhum tipo de impedimento ou suspeição (STJ, AgRg no HC nº 221.250/RJ, rel. Min. Antonio Saldanha Palheiros, j. 07.06.16).

No mais, vale ressaltar que, em 2013, a Câmara dos Deputados arquivou a PEC nº 37/11, intitulada popularmente de "PEC da Impunidade", de autoria do deputado Lourival Mendes (PTdoB), que atribuía exclusivamente às polícias Civil e Federal a competência para conduzir investigações criminais, excluindo essa possibilidade do Ministério Público. Consoante o seu texto, o Ministério Público seria proibido de investigar crimes por conta própria, mantendo-se apenas como titular da ação penal. Após enorme pressão popular e grande atuação nacional do Ministério Público contra tal proposta, esta acabou sendo rejeitada por 430 votos a 9.

Por fim, é valiosíssimo o pensamento de Marcellus Polastri Lima (Curso, 2016, p. 99), ilustre e saudoso membro do Ministério Público do Estado do Rio de Janeiro: "difícil entender como se colocam contra uma investigação por órgão independente e que tem por meta o cumprimento da lei, antes de tudo. Ao contrário, insistem na investigação exclusiva pela polícia, mesmo conhecidas as deficiências, falta de estrutura, envolvimento político em alguns casos e outras mazelas. É preferível pensar que parte da doutrina assim faz por convicção a teses jurídicas, mesmo não sustentáveis".

3.7. INVESTIGAÇÃO PELA DEFESA

A persecução penal é exercida por órgãos públicos do Estado, seja pela polícia que investiga (como regra), pelo Ministério Público que acusa ou pelo juiz que julga. O investigado, por meio de sua defesa, acaba por atuar praticamente apenas rebatendo juridicamente os argumentos da acusação e juntando provas no momento processual. Pouca – ou nenhuma – atividade a defesa exerce na fase pré-processual de investigação.

O art. 8º, 2, *c*, da Convenção Americana de Direitos Humanos, assegura a "concessão ao acusado do tempo e dos meios adequados para preparação de sua defesa". Embora o Código de Processo Penal, no art. 14, permita que a defesa requeira diligências, há apenas discricionariedade da autoridade policial, que não está obrigada a cumpri-la – e, ainda assim, as diligências ficariam a cargo do próprio Estado, e não da defesa em si.

No sistema atual, a defesa até pode enviar um "convite" para que uma testemunha compareça ao escritório do advogado para, querendo, prestar esclarecimentos. Mas não há meio coercitivo algum, sendo um literal convite, ao contrário do Estado, que pode (em princípio) exercer até mesmo a condução coercitiva.

Como afirma Badaró, "nem se argumente que a polícia judiciária teria interesse na 'descoberta da verdade' e, portanto, buscaria elementos de provas tanto que confirmassem a hipótese investigada quanto a eventual inocência do suspeito. Na prática, tal postura mostrou-se irrealizável, tendo a polícia clara propensão a buscar fonte de prova acusatória, não se preocupando com elementos defensivos" (Processo, 2016, p. 156).

O Projeto de Lei nº 8.045/10, do Senado Federal, que está elaborando o Novo Código de Processo Penal, já dispõe, no art. 13, que "é facultado ao investigado, por meio de seu advogado, de defensor público ou de outros mandatários com poderes expressos, tomar a iniciativa de identificar fontes de prova em favor de sua defesa, podendo inclusive entrevistar pessoas", além de disciplinar a forma como se dará a entrevista, as garantias, o material produzido e as responsabilidades pelos excessos (§§ 1º a 6º).

Vê-se, então, que o Código de Processo Penal pretende se modernizar, garantindo a *paridade de armas* entre investigado e Estado, permitindo que ambos investiguem os fatos e apresentem as suas conclusões a um juiz criminal.

Mas deve-se ter em conta que a *investigação* de um crime não é exclusiva do Poder Público. Um jornalista investigativo pode apurar a ocorrência de infrações penais com os meios que tiver ao seu dispor, por exemplo. Não se pode esquecer, aliás, que a segurança pública é uma responsabilidade de todos também (art. 144, "caput", CF).

E, neste sentido, foi editada a Lei nº 13.432/17, que traz a figura do **detetive particular**, como sendo "o profissional que, habitualmente, por conta própria ou na forma de sociedade civil ou empresarial, planeje e execute coleta de dados e informações de natureza não criminal, com conhecimento técnico e utilizando recursos e meios tecnológicos permitidos, visando ao esclarecimento de assuntos de interesse privado do contratante". Algumas observações são imprescindíveis.

Estabelece a lei que "o detetive particular pode colaborar com investigação policial em curso, *desde que expressamente autorizado pelo contratante*" (art. 5º), de modo que "o aceite da colaboração ficará a critério do delegado de polícia, que poderá admiti-la ou rejeitá-la a qualquer tempo" (p.ú.).

Entende-se que a rejeição pelo delegado de polícia não impedirá o detetive particular de realizar suas próprias investigações, *fora do inquérito policial*, bastando respeitar o ordenamento jurídico, sendo desnecessária qualquer espécie de "autorização" por parte da autoridade policial, judicial ou do Ministério Público.

Além disso, ainda que admitida a colaboração do detetive particular, é vedada a sua participação diretamente em diligências policiais (art. 10, IV).

Finalizando, portanto, hoje, no modelo atual, ou a defesa apresenta elementos de prova, como comprovando um álibi ou apresentando uma perícia feita por um profissional particular contratado, de forma documental, ou, então, contrata um detetive particular, mas sem poder de polícia ou de império, contando com a boa vontade de órgãos públicos e de particulares, nos termos das Leis nº 13.432/17 e nº 3.099/57 e do Decreto nº 50.532/61.

3.8. CONTROLE EXTERNO DA ATIVIDADE POLICIAL

A Constituição Federal, no seu art. 129, VII, assegurou ao Ministério Público a função do *exercício de controle externo da atividade policial.*

Nas palavras de Marcellus Polastri, "o controle a ser exercido pelo Ministério Público seria em forma de vigilância, verificação e inspeção, examinando as atividades policiais, visando ao seu bom andamento e à observação do restrito cumprimento das leis, como verdadeiro *custus legis*" (Curso, 2016, p. 135).

Tem-se que o objetivo primordial do controle externo da atividade policial é a **garantia dos direitos fundamentais de primeira geração** (ou dimensão), como a liberdade e a integridade física, já que o Estado, comumente, é o seu principal violador. Cabe ao Ministério Público, portanto, a atuação como fiscal do respeito aos direitos humanos, combatendo a tortura, os maus-tratados e o abuso de autoridade (Ballei, 2009).

Decorre esta atuação ministerial, assim, do sistema de freios e contrapesos, de modo que uma instituição exerce controle sobre a atividade da outra – o Ministério Público exerce controle sobre as atividades da polícia judiciária. **Isso não significa que há hierarquia ou subordinação do Ministério Público sobre a polícia ou sobre o delegado**, mas apenas o exercício de uma função constitucionalmente prevista àquele sobre estes.

Como forma de exercer referido controle, a LC nº 75/93 dispõe (art. 9º) que o Ministério Público, no controle externo da atividade policial, terá livre ingresso em estabelecimentos policiais e prisionais; acesso a quaisquer documentos relativos à atividade-fim policial; poderá representar à autoridade competente pela adoção de medidas para sanar a omissão indevida verificada ou para prevenir/corrigir ilegalidade ou abuso de poder; requisitar à autoridade competente a instauração de inquérito sobre omissão ou fato ilícito ocorrido no exercício da atividade policial; e poderá promover a ação penal por abuso de poder (incisos I a V).

Além disso, ainda exercendo o controle externo da atividade policial, a prisão de qualquer pessoa, por parte de autoridade policial, deverá ser comunicada imediatamente ao Ministério Público competente, com indicação do lugar onde se encontra o preso e cópia dos documentos comprobatórios da legalidade da prisão (art. 10, LC nº 75/93).

O controle externo da atividade policial pode ocorrer pelas seguintes formas de atuação:

a) controle procedimental do inquérito policial a fim de se obter a melhor investigação criminal, controlando a sua eficiência;

b) controle procedimental do inquérito policial a fim de se evitar abusos e arbitrariedades;

c) controle extraprocessual das investigações policiais;

d) controle extraprocessual das políticas de segurança pública;

e) controle extraprocessual de não arbitrariedade da investigação criminal e do policiamento de segurança pública.

Como bem explica Thiago André Pierobom de Ávila, "o controle externo da atividade policial está associado a um novo paradigma de atuação do Ministério Público, que não se limita à atuação demandista, processual e repressiva, antes atua de forma resolutiva, extrajudicial, proativa, preventiva, promovendo diretamente entendimentos e gestões tendentes à resolução de problemas, atuando como um relevante 'catalizador jurídico' para que o Estado ou as outras instituições da sociedade venham aderir ao projeto constitucional de justiça social" (O Controle pelo Ministério Público das Políticas de Segurança Pública, p. 24-25, *in* O Ministério Público e o Controle Externo da Atividade Policial: dados 2016. Brasília: CNMP, 2017).

Quem é, então, fiscalizado pelo Ministério Público? Quaisquer dos órgãos policiais do art. 144, CF, além das polícias legislativas (da Câmara e do Senado, por exemplo), seja de natureza **civil** ou **militar**.

Há duas formas de controle externo da atividade policial (Res. nº 20/07, CNMP, art. 3º):

i) **controle difuso**: exercido por todos os membros do Ministério Público com atribuição criminal, quando examinam os inquéritos policiais e os demais procedimentos policiais. Ex.: acompanhamento dos prazos do inquérito; verificação dos bens apreendidos; qualidade das investigações etc. Isso ocorre na *atuação diária* do membro ao receber um inquérito policial.

ii) **controle concentrado**: exercido por membros do Ministério Público *com atribuição específica* para o controle externo da atividade policial. Ex.: mover ações de improbidade contra policiais por corrupção; iniciar procedimentos de investigação próprios contra policiais; visitar delegacias e presídios etc. No Ministério Público do Estado de São Paulo, por exemplo, tal atribuição, na capital, é do GECEP (Grupo de Atuação Especial de Controle Externo da Atividade Policial), cujo regramento próprio especifica que isso se dará sem prejuízo do controle difuso por parte dos respectivos promotores de justiça naturais.

Em maio de 2011, durante o I Encontro Nacional de Aperfeiçoamento da Atuação do Ministério Público no Controle Externo da Atividade Policial, em Brasília/DF, após discussões e deliberações, resolveram os participantes lançar a chamada **Carta de Brasília**, fixando que o controle externo pelo Ministério Público é essencial para a plena garantia dos direitos humanos, concretizando-se da seguinte forma: *(i)* constante contato com o cidadão; *(ii)* acesso às informações da atividade policial, buscando identificar irregularidades, desvios e abusos; *(iii)* exigência de absoluto e completo respeito às garantias dos indivíduos, identificando e apurando casos de corrupção, tortura e homicídios; *(iv)* trabalho conjunto com as ouvidorias e corregedorias das polícias; e *(v)* integração das funções do Ministério Público e das polícias, voltadas à persecução penal e interesse público.

O controle externo da atividade policial exercido pelo Ministério Público Federal não significa o livre e irrestrito acesso a qualquer relatório de inteligência da Polícia Federal, por exemplo, mas tão somente os de **natureza penal**, isto é, relacionados com a atividade de *persecução penal da própria polícia judiciária*. Logo, relatórios outros, oriundos, por exemplo, do Sistema Brasileiro de Inteligência, da Agência Brasileira de Inteligência (ABIN), como sobre processos decisórios e ações governamentais e de salvaguarda e segurança da sociedade, não serão acessíveis ao Ministério Público Federal (STJ, REsp nº 1.439.193/RJ, rel. Min. Gurgel de Faria, j. 14.06.16). Assim, o controle externo da atividade policial se dá tão somente quanto à **atividade investigativa criminal** dos órgãos policiais; outras atuações das polícias, que não guardem relação com a típica atividade investigativa criminal, não são fiscalizadas pelo Ministério Público.

No mais, bem entendeu o Conselho Nacional do Ministério Público que o membro do *Parquet* atuante na execução penal e no controle externo da atividade policial deverá comparecer a unidades prisionais e carceragens quando houver rebelião nesses locais, salvo nos casos em que houver risco à segurança pessoal. Assim, adotou-se a Recomendação nº 07/17, sugerindo "aos diversos Ministérios Públicos a adoção de medidas normativas ou administrativas destinadas a estabelecer, quando entender necessário, o comparecimento dos agentes ministeriais com atribuições afetas às execuções criminais, ao controle externo da atividade policial e à execução de medidas socioeducativas, aos estabelecimentos de custódia de pessoas privadas de liberdade, quando da ocorrência de rebeliões, ressalvada a presença de risco pessoal, de modo a se inteirar da ocorrência, colaborar com a composição do conflito e colher impressões para futuro lançamento nos respectivos formulários de inspeção de que tratam as Resoluções CNMP nº 56/2010, nº 67/2011 e nº 20/2007".

Por fim, a Resolução nº 20/07, CNMP, regulamenta e disciplina o controle externo da atividade policial pelo Ministério Público. Ela é objeto da ADI nº 4.220/DF (Rel.

Min. Luiz Fux), na Suprema Corte, que, após reconsiderar o não conhecimento da ação (em agravo regimental), determinou o seu prosseguimento, mas ainda está em trâmite desde 2009.

3.9. ACORDO DE NÃO PERSECUÇÃO PENAL (ANPP)

3.9.1. Conceituação, natureza jurídica e previsão legal

Em agosto de 2017, o Conselho Nacional do Ministério Público editou a Resolução nº 181/17, dispondo sobre a instauração e tramitação do procedimento investigatório criminal a cargo do Ministério Público.

Dentre diversas novidades, chama a atenção o capítulo VII, que trata do *acordo de não-persecução penal*, que teve sua redação modificada, logo em seguida, pela Resolução nº 183/18, objetivando a melhor aplicação da norma. Referida previsão normativa autoriza que o Ministério Público deixe de oferecer ação penal contra o investigado (quando não for o caso de arquivamento, claro) desde que observados certos requisitos.

Por óbvio, tal previsão causou divergências, principalmente no que diz respeito à ausência de previsão em lei estrita sobre o tema. Superando isso, a Lei nº 13.964/19 passou a tratar, no art. 28-A, CPP, sobre o acordo de não persecução penal (ANPP).

Em resumo, o acordo de não persecução penal é celebrado entre o Ministério Público e o investigado – assistido por defensor – e a finalidade é evitar o oferecimento da ação penal. Sua natureza jurídica é de instrumento de política criminal, tendo o Ministério Público a discricionariedade necessária para avaliar a necessidade e a suficiência da medida para fins de reprovação e prevenção do crime praticado. Logo, trata-se de **prerrogativa/ faculdade do Ministério Público, e não de direito subjetivo do investigado** (Enunciado nº 19, GNCCRIM).

3.9.2. Mitigação ao princípio da obrigatoriedade

Como será estudado, o princípio da obrigatoriedade, relativo à ação penal pública incondicionada, estabelece que, estando presentes os requisitos e condições legais, o Ministério Público é obrigado a mover a competente ação penal em face do responsável pelo cometimento do delito, não existindo análise quanto à conveniência ou oportunidade desta atuação.

Desta forma, a realização do acordo de não persecução penal entre Ministério Público e investigado significa uma mitigação/relativização ao princípio da obrigatoriedade da ação penal, tal como já ocorre com algumas leis, como a Lei nº 12.850/13, que autoriza a celebração de verdadeiro acordo quando da colaboração premiada.

3.9.3. (In)constitucionalidade do acordo

A respeito do acordo de não persecução penal quando previsto na Res. nº 181/17 do CNMP – como já era de se esperar – surgiram duas correntes sobre a sua constitucionalidade, principalmente quando ao seu aspecto formal:

Pela **inconstitucionalidade**, argumentou-se, basicamente, o seguinte: (a) violação ao art. 22, I, CF, que fixa que a União possui competência privativa para tratar sobre Processo Penal e (b) o art. 130-A, CF, não outorga ao CNMP atribuição para ingerência na atividade-fim dos membros do Ministério Público.

Pela **constitucionalidade**, argumentou-se, basicamente, o seguinte: (a) Resoluções do CNMP e do CNJ têm caráter normativo primário, podendo-se expedir comandos abstratos; (b) o CNMP atua zelando pela autonomia funcional do Ministério Público; (c) resguarda-se a Constituição Federal, observando-se a celeridade, a proporcionalidade e a eficiência; e (d) há regras que, mesmo previstas na Resolução, precisam ser observadas.

Agora com previsão no Código de Processo Penal, o ANPP deve prosperar, tanto é assim que a Associação Nacional dos Membros do Ministério Público ajuizou a ADI nº 6.305/DF (rel. Min. Luiz Fux, j. 22.01.20) para que fosse reconhecida a inconstitucionalidade da previsão acerca da homologação judicial do acordo, mas, monocraticamente, a medida cautelar para suspender a norma foi negada, aduzindo-se que "a possibilidade de o juiz controlar a legalidade do acordo de não persecução penal prestigia o sistema de 'freios e contrapesos' no processo penal e não interfere na autonomia do membro do Ministério Público (órgão acusador, por essência). O magistrado não pode intervir na redação final da proposta de acordo de não persecução penal de modo a estabelecer as suas cláusulas. Ao revés, o juiz poderá (a) não homologar o acordo ou (b) devolver os autos para que o *Parquet* – de fato, o legitimado constitucional para a elaboração do acordo – apresente nova proposta ou analise a necessidade de complementar as investigações ou de oferecer denúncia, se o caso".

3.9.4. Medida despenalizadora

O acordo de não persecução penal é uma medida despenalizadora, isto é, objetiva solucionar o caso penal sem a imposição de uma pena. Com efeito, presentes alguns requisitos, poderá ser celebrado o acordo entre o Ministério Público e o investigado e seu defensor.

Por meio de tal acordo, o investigado se compromete a cumprir determinadas condições e o Ministério Público abstém-se de processá-lo criminalmente. Cumpridas as condições, haverá a extinção da punibilidade do então investigado sem que tenha havido processo criminal.

As condições estipuladas no acordo não possuem natureza de pena – se tivessem, haveria manifesta inconstitucionalidade, pois seria a imposição de uma sanção penal sem o devido processo legal, previsto no art. 5º, LV, CF. Por esta razão, devemos reforçar que o acordo constitui uma medida despenalizadora.

3.9.5. Requisitos

Inicialmente, é requisito lógico a existência de uma investigação criminal em curso (seja na Polícia ou no Ministério Público). Assim, são requisitos específicos para que ocorra o acordo de não persecução penal:

a) Que não seja caso de arquivamento: sempre que o membro do Ministério Público entender que não é caso de oferecimento da denúncia, deverá promover o arquivamento da investigação criminal. Por isso, a promoção de arquivamento pode estar lastreada em questões como a ausência de elementos probatórios, a existência de uma excludente de ilicitude ou de culpabilidade, uma causa de extinção da punibilidade etc.

O acordo de não persecução penal não alcança estes casos. Ora, se não há razões para oferecer a denúncia, cabe ao membro do *Parquet* promover o arquivamento da investigação, e não propor acordo de não persecução penal. Perceba que o acordo de não persecução penal é uma *alternativa à denúncia*.

b) Confissão do investigado: para que ocorra o acordo, é imprescindível que o investigado tenha confessado formal (expressa) e circunstancialmente (detalhadamente) a prática da infração penal. Na confissão, o investigado deverá estar, obrigatoriamente, acompanhado de seu advogado/defensor.

A confissão pode ser simples (agente apenas confessa o crime) ou qualificada (agente confessa o crime e, também, apresenta alguma circunstância, como uma excludente de ilicitude). Isso porque, aplicando a mesma lógica quanto à valoração da atenuante da confissão, o Superior Tribunal de Justiça editou a súmula nº 545, dispondo que "quando a confissão for utilizada para a formação do convencimento do julgador, o réu fará jus à atenuante prevista no art. 65, III, *d*, do Código Penal". Logo, essa confissão pode ser simples ou qualificada, e, se utilizada pelo julgador, permitirá a incidência da atenuante (STJ, AgRg no REsp nº 1.783.611/TO, rel. Min. Joel Ilan Paciornik, j. 17.12.19). A mesma razão deve ser aplicada, portanto, quanto ao acordo de não persecução penal.

A confissão parcial é insuficiente, ou seja, se, por exemplo, dois crimes foram praticados, mas o investigado confessa apenas um deles, não será cabível o acordo de não persecução penal. O que interesse para fins de acordo é abarcar toda a trama criminosa, e não apenas parte dela, sob pena de se criar uma burla aos requisitos legais de cabimento, principalmente no que diz respeito ao limite de pena cominada – até porque, se a lei exige respeito ao limite em caso de causas de aumento, p. ex., não teria sentido admitir o acordo de não persecução de forma parcelada apenas em relação a um ou alguns crimes.

Em caso de concurso de agentes, é possível que uns aceitem o acordo e que outros não o aceitem. Nessa situação, será possível o curso normal de acordo de não persecução penal para uns e de denúncia para outros.

c) Infração penal sem violência ou grave ameaça: como se vê, não há que se falar em acordo de não persecução penal nestes casos em que há maior reprovabilidade da conduta, ainda que o crime esteja no patamar de pena admitido para o acordo. A violência contra a coisa não impede o acordo de não persecução penal, não existindo, inclusive, proibição nesse sentido. Ex.: furto qualificado pelo rompimento de obstáculo. Note que a expressão "infração penal" abarca tanto a contravenção penal quanto o crime.

Há posição no sentido de ser cabível o acordo de não persecução nos crimes culposos com resultado violento, uma vez que a conduta consiste na violação de um dever de cuidado objetivo, cujo resultado é involuntário, não desejado e nem aceito pelo agente, apesar de previsível (Enunciado nº 23, GNCCRIM). Ex.: lesões corporais culposas.

d) Infração penal com pena mínima inferior a 4 anos: para a definição de possibilidade de celebração do acordo de não persecução, o critério é a *pena mínima* cominada em abstrato para a infração penal, que deve ser *inferior* a 4 anos. Pena igual ou superior a 4 anos não admite o acordo. Note, mais uma vez, que a expressão "infração penal" abarca tanto a contravenção penal quanto o crime.

Neste cômputo, devem ser consideradas as causas de aumento ou de diminuição de pena eventualmente existentes, na linha da súmula nº 723, STF.

Tendo em vista que o objetivo é identificar a pena mínima, o cálculo deve se dar da seguinte forma: havendo causa de aumento de pena, deve-se computar a pena mínima do tipo penal e o mínimo de aumento previsto. Ex.: crime com pena de 02 a 08 anos e causa de aumento de pena de 1/3 até a 1/2. Neste caso, para identificar a pena mínima, iríamos computar a pena de dois anos (pena mínima do tipo), aumentada em um terço (aumento mínimo), o que totalizaria pena mínima de 2 anos e 8 meses.

Por outro lado, se houvesse uma causa de diminuição de pena, o cálculo deveria ser da seguinte forma: computa-se a pena mínima do tipo acrescido do máximo de diminuição. Ex.: crime com pena de 3 a 6 anos e causa de diminuição de um 1/3 até a 1/2. Neste caso, a pena mínima seria de um 1 e 6 meses (três anos de pena mínima menos metade – que é a diminuição máxima).

Ainda, deve-se levar em conta o concurso de crimes, no mesmo sentido da súmula nº 243, STJ. Se material, somam-se as penas mínimas. Se formal ou continuidade delitiva, aplica-se o aumento mínimo sobre a pena mínima cominada ao tipo penal.

e) Não ser cabível a transação penal de competência dos Juizados Especiais Criminais: na hipótese de caber, no caso, a transação penal, não se poderá oferecer o acordo de não persecução penal.

Nos termos do art. 76 da Lei de Juizados Especiais (Lei n. 9.099/95), caberá transação penal nas infrações penais de menor potencial ofensivo (contravenções penais e os crimes com pena máxima até dois anos) desde que: (a) não tenha sido o autor da infração condenado pela prática de crime, à pena privativa de liberdade, por sentença definitiva; (b) não ter sido o agente beneficiado com outra transação penal nos últimos cinco anos; e (c) indiquem os antecedentes, a conduta social e a personalidade do agente, bem como os motivos e as circunstâncias, ser necessária e suficiente a adoção da medida.

Se couber suspensão condicional do processo (art. 89, Lei nº 9.099/95), caberá ao membro do Ministério Público analisar o caso concreto e propor o que for mais adequado. A suspensão condicional do processo possui outros requisitos, como pena de cabimento mais limitada e não exige confissão, enquanto que o acordo de não persecução penal exige confissão e tem a pena de cabimento mais ampla.

f) Não ser o investigado reincidente: vale recordar que, conforme regra estampada no art. 63 do Código Penal, "verifica-se a reincidência quando o agente comete novo crime, depois de transitar em julgado a sentenca que, no País ou no estrangeiro, o tenha condenado por crime anterior". Por seu turno, estabelece o art. 7º da Lei de Contravenções Penais: "verifica-se a reincidência quando o agente pratica uma contravenção depois de passar em julgado a sentença que o tenha condenado, no Brasil ou no estrangeiro, por qualquer crime, ou, no Brasil, por motivo de contravenção".

Ressalta-se, ainda, que não há que se falar em reincidência quando disser respeito a crimes militares próprios ou crimes políticos. Ademais, já não haverá reincidência quando ultrapassado o período depurador, que é o lapso de tempo de 5 anos após o cumprimento ou extinção da pena.

O art. 28-A, CPP, apenas faz alusão à proibição de acordo com investigados reincidentes. Não restringiu a condenados com reincidência específica ou a qualquer modalidade de crime anterior. Portanto, o crime anterior pode ser doloso, culposo, grave ou de menor potencial ofensivo. Bastará ser reincidente para que se vede o acordo de não persecução penal.

O Legislador teve a oportunidade de ressalvar situações excepcionais, tal como previsto no art. 44, § 3º, CP, mas assim não o fez. Preferiu manter a mesma exigência tal como se dá com a transação penal (art. 76, § 2º, I, Lei nº 9.099/95). No caso de pena restritiva de direitos, a previsão é de que, se o condenado for reincidente, o juiz poderá substituir a pena privativa de liberdade pela pena restritiva de direitos, desde que, em razão da condenação anterior, essa substituição seja socialmente recomendável e a reincidência não seja específica. Isso, todavia, não é aplicado – nem analogicamente – aos casos de reincidência para cabimento de acordo de não persecução penal, justamente em razão da ausência de previsão legal nesse sentido e por não ter sido esse o objetivo da lei.

Se o agente estiver respondendo a um processo criminal, não há vedação, em linha de princípio, à celebração do acordo, desde que preenchidos os demais requisitos legais.

g) Não haver elementos probatórios que indiquem conduta criminal habitual, reiterada ou profissional, exceto se insignificantes as infrações penais pretéritas: ainda que o investigado não seja reincidente, não caberá a proposta de acordo se restar demonstrada a habitualidade criminosa, isto é, indícios de que o investigado já praticou muitos crimes, ainda que não exista condenação transitada em julgado em nenhum deles.

A norma, contudo, faz uma ressalva importante: mesmo que haja indícios de habitualidade criminal, será possível o acordo de não persecução se as infrações anteriores forem bagatelares, isto é, insignificantes. Seria o caso, por exemplo, de haver indícios de que o investigado praticou alguns furtos de bagatela ou foi flagrado algumas vezes praticando descaminho com mercadorias de montantes ínfimos. Há posição – contrariando o texto legal – no sentido de que infrações de menor potencial ofensivo se equiparam a infrações insignificantes para fins de acordo de não persecução penal (Enunciado nº 21, GNCCRIM).

h) Ter sido o agente beneficiado nos 5 anos anteriores ao cometimento da infração, em acordo de não persecução penal, transação penal ou suspensão condicional do processo: a celebração do acordo não persecução criminal não constitui condenação criminal – o que seria inconstitucional, haja vista a ausência de processo desenvolvido em contraditório e com direito à ampla defesa – e, por isso mesmo, não pode ficar registrado para fins de caracterização de reincidência ou de antecedentes criminais (Enunciado nº 25, GNCCRIM).

Contudo, haverá registro da existência do acordo para fins de evitar a possibilidade novo acordo por um período de cinco anos. Trata-se de restrição similar àquela existente para a transação, em que se veda a obtenção da medida quando o investigado obteve transação anterior nos últimos cinco anos. No caso do acordo de não persecução penal, contudo, a restrição é maior, porquanto proíbe-se a celebração do acordo quando o agente havia se beneficiado, nos últimos cinco anos, de outro *acordo de não persecução penal*, e também de *transação penal* ou de *suspensão condicional do processo*.

i) Não se tratar de crimes praticados no âmbito de violência doméstica ou familiar, ou praticados contra a mulher por razões da condição de sexo feminino, em favor do agressor: não haverá que se falar em acordo de não persecução penal quando se tratar de crimes praticados no âmbito da violência doméstica ou familiar. Vale lembrar que a Lei Maria da Penha (Lei nº 11.340/06), ao tratar da violência doméstica ou familiar contra a mulher, faz alusão a cinco modalidades de violência: física, psicológica, sexual, patrimonial e moral.

Também não haverá que se falar em acordo de não persecução quando da prática de crimes praticados contra a mulher por razões da condição de sexo feminino (misoginia). Neste caso, não importa se se trata de crime no âmbito doméstico ou familiar. Não se trata de crimes praticados mediante violência ou grave ameaça – para estes, já havia a vedação ao acordo, contida no caput do art. 28-A, CPP. Cita-se uma agressão à honra da mulher vítima da misoginia, por exemplo.

j) O acordo deve ser necessário e suficiente para a reprovação e a prevenção do crime: como mencionado, o acordo de não persecução penal não é um direito subjetivo do investigado, mas uma política criminal do Ministério Público, titular da ação penal pública. Se, ainda que preenchidos os requisitos, o *Parquet* vislumbrar que a acordo não trará retorno à coletividade no que diz respeito à reprovação e prevenção do crime praticado, poderá não o realizar. Num paralelo, a imposição de uma pena pelo juiz exige que ela seja necessária e suficiente para a reprovação e prevenção do crime (art. 59, *caput*, CP); aqui, no acordo de não persecução penal, ainda que não se trabalhe com pena, a finalidade deve ser a mesma: reprovação e prevenção da infração penal, até porque, o ilícito praticado não pode compensar. Ex.: a quantidade, a qualidade e a variedade da droga podem inviabilizar o ANPP no crime de tráfico de drogas (STJ, HC nº 612.449/SP, rel. Min. Reynaldo Soares da Fonseca, j. 22.09.20).

Igualmente, há entendimento no sentido de que não é possível o acordo de não persecução penal em relação aos crimes hediondos ou equiparados, tendo em vista o não atendimento do próprio *caput* do art. 28-A, CPP, que restringe a possibilidade aos casos em que o acordo se mostre necessário e suficiente para a reprovação e prevenção do crime praticado (Enunciado nº 22, GNCCRIM).

3.9.6. Condições

No acordo de não persecução penal, constarão as condições/obrigações, previstas no art. 28-A, CPP, a que o sujeito estará submetido em troca de não ser denunciado – todas não privativas de liberdade. Tais condições podem estar previstas "*cumulativa* e *alternativamente*". São elas:

a) Reparar o dano ou restituir a coisa à vítima, exceto na impossibilidade de fazê-lo: uma das grandes características deste modelo de justiça penal consensual – que tem no acordo de não persecução penal uma das suas manifestações – é a tentativa de reparação do dano causado pela infração penal.

A ressalva à impossibilidade de reparação/restituição deve ser aquilatada no caso concreto. Ou seja, não abrange apenas as infrações penais nas quais a reparação é impossível em abstrato, mas também aquelas nas quais existe impossibilidade fática concreta de reparação. É o exemplo do crime que ensejou grande prejuízo patrimonial e o investigado não possui condições financeiras de arcar com tais despesas.

A reparação ou restituição pode ser realizada pelo próprio investigado ou por outrem a seu favor (um parente ou amigo, p. ex.). A reparação do dano ou restituição da coisa independe de aceitação da vítima, não sendo obstáculo para o acordo, e, nesse caso, poderá ser feito depósito em juízo com ulterior destinação social, p. ex.

Ademais, é importante recordar que, em alguns casos, a lei prevê que a reparação do dano ou restituição da coisa extingue a punibilidade do criminoso. É o que ocorre, por exemplo, nos crimes tributários e também no crime de peculato culposo. Nestes casos, por evidente, não se haverá de falar na reparação como condição para o acordo de não persecução penal. Ora, se o investigado tiver condições de reparar o dano ou restituir a coisa, ele o fará e já isto ensejará a extinção da punibilidade – logo, não faria sentido, para ele, submeter-se às condições do acordo de não persecução penal se a própria lei já autoriza a extinção da punibilidade diretamente.

b) Renunciar voluntariamente a bens e direitos indicados pelo Ministério Público como instrumentos, produto ou proveito do crime: instrumentos do crime são os objetos utilizados para a sua prática, como, por exemplo, a arma de fogo no crime de roubo. Produto ou proveito do crime é o que foi obtido com a prática criminosa.

c) Prestar serviço à comunidade ou a entidades públicas por período correspondente à pena mínima cominada ao delito diminuída de um a dois terços, em local a ser indicado pelo juízo da execução, na forma do art. 46 do Código Penal: a prestação de serviços é uma das penas restritivas de direitos estabelecida no Código Penal. No acordo de não persecução penal, esta pode ser uma medida aplicada ao investigado, ocorrendo uma diminuição de 1/3 a 2/3 em relação à pena mínima prevista no tipo penal.

Vale recordar que a prestação de serviços à comunidade ou a entidades públicas deve ser estabelecida na proporção de 1 hora de trabalho para cada 1 dia de pena privativa de liberdade. Assim, se, por exemplo, a pena mínima é de 3 anos, o Ministério Público pode propor no acordo uma prestação de serviços à comunidade de 1 a 2 anos (diminuição do patamar da pena mínima de um a dois terços). Convertendo-se em horas, ter-se-ia de 365 a 730 horas de prestação de serviços à comunidade.

Não é demasiado reiterar que a medida a ser imposta no acordo de não persecução penal não possui natureza de pena. Ou seja, aplica-se a prestação de serviços à comunidade (similar à pena restritiva de direitos), mas *não se trata de pena propriamente dita.*

d) Pagar prestação pecuniária, a ser estipulada nos termos do art. 45 do Código Penal, a entidade pública ou de interesse social, a ser indicada pelo juízo da execução,

que tenha, preferencialmente, como função, proteger bens jurídicos iguais ou semelhantes aos aparentemente lesados pelo delito: trata-se de mais uma medida similar a uma pena restritiva de direitos que pode ser colocada como condição para o acordo de não persecução penal.

Conforme previsão do art. 45, § 1o, CP: "a prestação pecuniária consiste no pagamento em dinheiro à vítima, a seus dependentes ou a entidade pública ou privada com destinação social, de importância fixada pelo juiz, não inferior a 1 (um) salário mínimo nem superior a 360 (trezentos e sessenta) salários mínimos. O valor pago será deduzido do montante de eventual condenação em ação de reparação civil, se coincidentes os beneficiários".

Assim como ocorre na condição consistente na prestação de serviços à comunidade ou a entidades públicas, a indicação do local para cumprimento da medida fica a cargo do juízo da execução penal.

e) Cumprir, por prazo determinado, outra condição indicada pelo Ministério Público, desde que proporcional e compatível com a infração penal imputada: trata-se de uma *condição inominada*, porquanto o legislador não a especificou, dando margem de liberdade ao membro do Ministério Público para, aquilatando as particularidades do caso concreto, propor determinada medida. A restrição estabelecida na legislação diz respeito ao fato de que a condição deve ser proporcional e compatível com a infração penal imputada. Exemplo de medidas possíveis estão no art. 319, CPP, que trata das cautelares diversas da prisão, como o recolhimento domiciliar noturno e a proibição de frequentar certos lugares. Em analogia, inclusive, pode-se aplicar o art. 27 da Lei nº 9.605/98, que dispõe que, nos crimes ambientais de menor potencial ofensivo, a proposta de transação penal (leia-se: acordo de não persecução penal) somente poderá ser formulada desde que tenha havido prévia composição do dano ambiental, salvo comprovada impossibilidade. O objetivo não é punir, mas criar senso de responsabilidade ao agente em razão da infração penal cometida.

A expressão utilizada pela lei dispõe que essas medidas serão ajustadas "cumulativa e alternativamente". Isso soa errado. Há quem sustente que houve um equívoco do legislador, de modo que o correto seria um ajuste de forma cumulativa (podendo cumular medidas) *ou* alternativamente (podendo ser acordada uma ou outra apenas). Há quem diga, também, que as quatro primeiras medidas são cumulativas (reparação/restituição + renúncia a bens + prestação de serviços + prestação pecuniária) e, alternativamente, poderia ser imposta uma outra, indicada pelo Ministério Público.

A lógica parece, todavia, ser uma terceira solução. A expressão "cumulativa **e** alternativamente" quer significar apenas que, dentre cinco medidas previstas, não são todas de imposição cumulativa (todas as cinco), mas também não são todas facultativas (apenas uma dentre as cinco). Na verdade, então, quer-se cumular ao menos duas dentre as cinco possíveis, ou seja, um ajuste cumulativo (mais de um) **e** alternativo (dentre as cinco possibilidades previstas), ou seja, **dentre as cinco medidas (alternativas), deve-se escolher ao menos duas (cumulativas).**

Por fim, celebrado o acordo, caberá ao julgador analisar eventual excesso na medida inominada adotada como condição.

3.9.7. Homologação judicial

O acordo de não persecução penal possui natureza formal e solene. Por essa razão, deve ser concretizado por escrito e subscrito pelo membro do Ministério Público, pelo investigado e por seu defensor. A participação do defensor é imprescindível, sob pena de nulidade do acordo celebrado.

Após a celebração do acordo, deve ele ser encaminhado ao Poder Judiciário para submeter-se à homologação judicial, cuja natureza é de decisão declaratória. Essa decisão homologatória é apelável, cf. o art. 593, II, CPP.

Inovando em relação ao teor da Resolução nº 181/2017 do CNMP, que tratava do acordo de não persecução penal, o art. 28-A passa a prever a existência de uma audiência, na qual o juiz deverá analisar a voluntariedade da medida, promovendo a oitiva do investigado, na presença de seu defensor.

Deste modo, a presença do defensor não apenas é imprescindível quando da celebração do acordo, ainda no Ministério Público, mas também no momento posterior, quando da realização da audiência em juízo. Caso o investigado não possua defensor, caberá a nomeação de defensor dativo, preferencialmente a Defensoria Pública. A participação do membro do Ministério Público nessa audiência é desnecessária (embora recomendada), bastando a presença do magistrado, do investigado e de seu defensor.

Na análise da voluntariedade da medida, cabe ao julgador não apenas aferir a (in) existência dos vícios de vontade tais como erro, dolo e coação, mas também se o investigado possui integral ciência dos termos do acordo que firmou. Além da análise acerca da **voluntariedade**, caberá a aferição da **legalidade** do acordo. O juiz não pode realizar análise de mérito/conteúdo do acordo, sob pena de afronta à imparcialidade e ao sistema acusatório (Enunciado nº 24, GNCCRIM).

Por esta razão, se o juiz considerar *inadequadas*, *insuficientes* ou *abusivas* as condições dispostas no acordo de não persecução penal, **devolverá** os autos ao Ministério Público para que seja reformulada a proposta de acordo, com concordância do investigado e seu defensor (art. 28-A, § 5º, CPP). Por outro lado, recusada a homologação, o juiz devolverá os autos ao Ministério Público para a análise da necessidade de complementação das investigações ou o oferecimento da denúncia (art. 28-A, § 8º, CPP).

Há, portanto, duas situações distintas.

Na primeira, o juiz entende que as condições estabelecidas no acordo são **inadequadas, insuficientes ou abusivas**. Neste caso, caberá a devolução dos autos ao Ministério Público para que seja reformulada a proposta de acordo (§ 5º). Se o investigado e seu defensor concordarem com a não homologação, esse ato será considerado como sendo uma retratação da adesão, de modo a não ser mais possível o acordo, permitindo que o Ministério Público ofereça denúncia.

Situação distinta é aquela na qual o julgador recusa a homologação. Neste caso, os autos são devolvidos ao Ministério Público para a análise da necessidade de complementação das investigações ou o oferecimento da denúncia (§ 8º), o que deve ser lido nos termos do art. 129, I, CF. Nesta segunda situação, o juiz entende que **o acordo de não persecução penal não é cabível**. Ou seja, não há problema com os termos do acordo ou com as condições firmadas. A questão é que o acordo foi celebrado sem preenchimentos dos seus requisitos, isto é, em um caso para o qual a lei não previa a existência do acordo (crime praticado mediante violência ou grave ameaça, por exemplo), sendo o entabulamento realizado ilegal. Neste caso, não caberá retificação do acordo, mas sim a sua recusa, de modo que o membro do Ministério Público poderá ou retomar as investigações ou, então, oferecer denúncia.

Outra hipótese de recusa à homologação é aquela na qual o juiz já devolveu os autos ao Ministério Público para a reformulação da proposta e ela não foi realizada. Vale ressaltar que, em caso de recusa à homologação do acordo de não persecução penal, caberá a interposição de recurso em sentido estrito, nos termos do art. 581, inciso XXV do Código de Processo Penal, acrescentado pela Lei nº 13.964/19. O recurso pode ser interposto tanto pelo Ministério Público (que acredita que seu acordo está correto) quanto pelo investigado (que se sente prejudicado pela não homologação judicial). O tema será melhor analisado no capítulo referente aos *Recursos*.

Se o juiz, por fim, entender que estão presentes os requisitos e as condições estabelecidas atendem à voluntariedade e legalidade, homologará o acordo de não persecução penal. A vítima deve ser intimada da homologação. Uma vez homologado, os autos serão enviados ao juízo da execução penal, que acompanhará o cumprimento das condições.

É possível a retratação do acordo – por qualquer dos envolvidos – até a homologação judicial.

3.9.8. Descumprimento

Deverá constar expressamente no termo de acordo de não persecução penal as consequências para o descumprimento injustificado das condições acordadas, bem como o compromisso do investigado em comprovar o cumprimento das condições, independentemente de notificação ou aviso prévio, devendo apresentar, imediatamente e de forma documentada, eventual justificativa para o não cumprimento de qualquer condição, sob pena de imediata rescisão e oferecimento de denúncia (Enunciado nº 26, GNCCRIM).

Havendo descumprimento injustificado das condições estabelecidas no acordo de não persecução penal, portanto, o Ministério Público deverá comunicar ao juízo, para fins de sua **rescisão** e posterior oferecimento de denúncia pelo órgão acusatório com atribuição. A vítima também será intimada deste descumprimento. Caberá ao juízo competente para a homologação rescindir o acordo de não persecução penal por eventual descumprimento das condições pactuadas.

Da mesma forma que houve a homologação judicial do acordo, o seu descumprimento também dará ensejo à rescisão em juízo – não há a possibilidade de rescisão unilateral pelo Ministério Público. O descumprimento do acordo de não persecução penal pelo investigado também poderá ser utilizado pelo Ministério Público como justificativa para o eventual não oferecimento de suspensão condicional do processo.

É importante asseverar que, se a rescisão se deu em razão de conduta do próprio agente beneficiado, a sua confissão (feita obrigatória e voluntariamente em momento anterior, em audiência judicial e com a presença de seu defensor) poderá ser utilizada para fins de oferecimento da denúncia. Assim, se o próprio agente deu azo à rescisão, a sua confissão será mais um elemento de prova que poderá, agora, ser perfeitamente utilizado em seu desfavor (Enunciado nº 27, GNCCRIM).

O descumprimento do acordo poderá ser utilizado, ulteriormente, como justificativa para o não oferecimento de suspensão condicional do processo, por exemplo.

3.9.9. Cumprimento

Por outro lado, cumpridas todas as condições estabelecidas no acordo de não persecução penal, caberá ao juízo competente declarar a **extinção da punibilidade do agente**.

Vale reiterar que o acordo e as suas respectivas condições, não possuem natureza de pena e, por esta razão, não se registrará informações sobre o acordo para fins de caracterização de reincidência ou de antecedentes criminais. Por outro lado, será registrado para evitar que o agente se beneficie de outro acordo durante o prazo de cinco anos.

3.9.10. Prescrição

Por força do art. 116, IV, CP, incluído pela Lei nº 13.964/19, não corre a prescrição enquanto não cumprido ou não rescindido o acordo de não persecução penal.

3.9.11. Recusa em se propor o acordo

Conforme previsão do art. 28-A, § 14, CPP, no caso de recusa, por parte do Ministério Público, em propor o acordo de não persecução penal, o investigado poderá requerer a remessa dos autos ao órgão superior, na forma do art. 28, CPP. A recusa deve ser motivada e bem justificada, sendo possível aplicar, por analogia, o art. 315, § 2º, CPP – e é recomendado que, na cota ministerial, o membro do *Parquet* indique as razões pelas quais não propôs o acordo de não persecução penal.

Deste modo, se o investigado, devidamente acompanhado de seu defensor, entender que estão presentes os requisitos para celebrarem o acordo de não persecução penal, e o membro do Ministério Público divergir, recusando-se a oferecer, poderá o investigado provocar a atuação do órgão de revisão ministerial (o Procurador-Geral de Justiça, no âmbito do Ministério Público Estadual, ou a Câmara de Coordenação e Revisão Criminal, no Ministério Público Federal).

Importante recordar que, no julgamento da medida cautelar na ADI nº 6.305/DF (j. 22.01.20), o rel. Min. Luiz Fux suspendeu a implantação da nova redação do art. 28, CPP, que permitia o trâmite direto das investigações criminais entre o membro do Ministério Público (promotor de justiça, p. ex.) e os respectivos órgãos de revisão (PGJ, p. ex.). Tendo em vista que o art. 28-A, § 14, CPP, remete ao ("novo") art. 28, CPP, a referência atual, em razão da decisão do STF, passa a ser à redação originária ("antiga") do dispositivo, que determina a submissão da promoção de arquivamento ao juiz, que a submete ao órgão de revisão do Ministério Público.

Se o Ministério Público oferecer denúncia, mas o juiz entender cabível o acordo de não persecução, aplicar-se-á o art. 28, CPP.

3.9.12. Processos já em andamento

Seria possível a aplicação do acordo de não persecução penal aos processos em andamento quando da entrada em vigor da Lei nº 13.964/19, que incluiu o art. 28-A no Código de Processo Penal? Sobre o tema, há três correntes de pensamento.

a) O acordo é possível se ainda não houve oferecimento da denúncia: para esta primeira corrente de pensamento, não há que se falar em acordo de não persecução penal após o oferecimento da denúncia por parte do Ministério Público. Como o objetivo do acordo é mitigar o princípio da obrigatoriedade da ação penal de iniciativa pública, não faria sentido possibilitar o acordo depois que a peça inicial acusatória já foi oferecida. O ato jurídico acusatório já está perfectibilizado.

b) O acordo é possível se ainda não houve o recebimento da denúncia: para esta segunda corrente de pensamento, o parâmetro não é o oferecimento da denúncia, por parte do Ministério Público, mas sim o seu recebimento, por parte do julgador (Enunciado nº 20, GNCCRIM). Se ainda não houve o recebimento pelo magistrado, o Ministério Público pode promover o acordo em substituição à inicial acusatória. É a posição da 5ª Turma do STJ (RHC nº 134.071/MS, rel. Min. Reynaldo Soares da Fonseca, j. 03.11.20) e da 1ª Turma do STF (AgRg no HC nº 191.646/SC, rel. Min. Roberto Barroso, j. 11.11.20).

c) O acordo é possível até o trânsito em julgado da sentença: para esta terceira corrente de pensamento, é possível o acordo de não persecução penal mesmo para processos em andamento, limitado ao momento do trânsito em julgado. O objetivo do acordo seria reduzir o número de processos criminais que podem ser solucionados sem ele e não seria razoável que ele não pudesse se aplicar a processos já iniciados. É a posição da 6ª Turma do STJ (AgRg no HC nº 575.395/RN, rel. Min. Nefi Cordeiro, j. 08.09.20) e do Ministério Público Federal (Enunciado nº 98, 2ª CCR).

O tema será definido pelo Plenário do STF, no HC nº 185.913/DF, de relatoria do Min. Gilmar Mendes.

3.9.13. Situações controversas

Como o tema relacionado ao acordo de não persecução penal é recente, alguns debates já surgiram e irão demandar solução pelos tribunais. São alguns deles:

a) Cabimento no caso de ação penal de iniciativa privada

No que diz respeito à ação penal de iniciativa privada, deve ser aplicada a mesma lógica existente quanto à transação penal, ou seja, a jurisprudência admite referido benefício nessa espécie de ação penal (STJ, AgRg no REsp nº 1.356.229/PR, rel. Min. conv. Alderita Ramos de Oliveira, j. 19.03.13), cujo acordo, inclusive, deve partir do próprio querelante (STJ, REsp nº 1.347.213/MG, rel. Min. Campos Marques, j. 13.08.13). A ausência de proposta de acordo significa tão somente o desinteresse nesse instituto, devendo-se prosseguir com a persecução penal normalmente (STJ, AP nº 634/RJ, rel. Min. Felix Fischer, j. 21.03.12).

b) Investigado inimputável ou semi-imputável

No caso de inimputabilidade, não há a possibilidade de acordo de não persecução penal, uma vez que não haverá condenação e o objetivo da sanção imposta – medida de segurança – não é repressivo, mas preventivo/curativo. Já quanto ao semi-imputável, se possível a sua condenação (com diminuição de pena), admite-se o acordo de não persecução penal, que deverá levar em consideração a sua situação peculiar.

c) Pessoa jurídica investigada

Sabe-se que pessoa jurídica pode cometer crimes ambientais (Lei nº 9.605/98). A questão é saber se ela poderá figurar como beneficiária de um acordo de não persecução penal. Defende-se que sim, diante da inexistência de vedação nesse sentido e em razão da possibilidade de aplicação de outros institutos a ela que, ao fim e ao cabo, culminarão no mesmo objetivo despenalizador.

d) Aplicação na Justiça Militar, Eleitoral e no Tribunal do Júri

Não há vedação à aplicação do acordo de não persecução penal no caso de Justiça Militar ou Eleitoral. No entanto, em relação ao Tribunal do Júri, a vedação, para além da obviedade de serem crimes dolosos contra a vida (que pressupõem violência à pessoa), está na própria Constituição Federal, que fixa que os *jurados* são *competentes* para o julgamento dos crimes dolosos contra a vida (art. 5º, XXXVIII, *d*).

e) (Des)cabimento de "habeas corpus" após o acordo entabulado

Poder-se-ia imaginar a situação em que o agente, após entabular o acordo de não persecução penal com o órgão de persecução penal, impetra *habeas corpus* alegando ausência de justa causa, objetivando trancar a investigação. O correto é o não conhecimento do remédio heroico, considerando que o acordo somente pode ser celebrado se presentes os requisitos legais, ou seja, no mínimo, tipicidade penal (formal e material), não sendo minimamente aceitável, do ponto de vista da boa-fé processual, que o agente pactue o acordo com o Ministério Público e, na sequência, impetre ação constitucional contrariando seu comportamento inicial. O Superior Tribunal de Justiça possui entendimento similar quanto à transação penal (HC nº 495.148/DF, rel. Min. Antonio Saldanha Palheiro, j. 24.09.19). No mais – e é claro – nada impede o manejo do remédio em caso de verdadeira necessidade, como a extrapolação do teor do acordo ou a imposição de medidas coercitivas ilegais.

3.10. FISHING EXPEDITION

Finalizando o estudo das investigações criminais, nota-se que os direitos e garantias devem ser respeitados por parte da autoridade investigadora. Todos os meios de obtenção de prova devem respeitar a legalidade em sentido amplo.

Justamente em razão disso é que surgiu, no Direito estrangeiro, o termo *fishing expedition*. As investigações devem ter um objetivo claro e direcionado. Uma interceptação telefônica, por exemplo, deve ser utilizada apenas de forma excepcional, em relação a infrações punidas com pena de reclusão e desde que haja indícios mínimos de autoria ou participação do investigado (art. 2º da Lei nº 9.296/96). Logo, será contrária ao Direito a medida determinada em relação a um número de telefone qualquer, que pode ou não ter relação com a infração investigada, que pode ou não dizer respeito a pessoa envolvida com o crime ou que pode ou não interessar às investigações em curso. Não se exige certeza – até porque, do contrário, não haveria necessidade de medidas de investigação – mas exige-se o mínimo de plausibilidade e razoabilidade.

O desrespeito às limitações legais dos meios investigativos se chama *fishing expedition*.

Significa, em tradução livre, uma "expedição de pesca". Visualize o seguinte: uma pessoa desloca-se até alto-mar a fim de pescar alguns peixes; não se sabe qual peixe, qual tamanho, qual quantidade e muito menos se alguma espécie será fisgada; todavia, o pescador lança uma rede e aguarda pelo resultado, que, obviamente, é desconhecido. Pode ser que pesque algo do seu interesse – ou não; pode ser que nenhum peixe esteja na área; pode ser que pesque diversos peixes dos mais variados tamanhos. Enfim, as variáveis são diversas.

Aplicando-se isso ao Processo Penal, tem-se que a *fishing expedition* é a conduta da autoridade que lança mão de um procedimento investigatório sem um objetivo certo ou delimitado, na esperança de que – com sorte – *algo* do interesse da investigação aparecerá. Pode ser um objeto de investigação ou mesmo uma pessoa. Não se sabe.

Nas palavras de Ghizoni Silva, Melo e Silva e Morais da Rosa, define-se pesca probatória "como a apropriação de meios legais para, sem objetivo traçado, pescar qualquer espécie de evidência, tendo ou não relação com o caso concreto. Trata-se de uma investigação especulativa indiscriminada, sem objetivo certo ou declarado, que, de forma ampla e genérica, lança suas redes com a esperança de pescar qualquer prova, para subsidiar uma futura acusação ou para tentar justificar uma ação já iniciada" (*Fishing*, 2019, p. 41).

Exemplo: expedição de mandado de busca e apreensão genérico para ser cumprido numa favela, a fim de se apreender "objetos de interesse" e de se prender "pessoas de interesse" da investigação; ou então, a interceptação telefônica determinada sem objetivo específico, não se sabendo a relação do número com os fatos investigados; ou então, interrogatórios às ocultas, sem registros e com métodos pouco ortodoxos, sem finalidade específica. Todas essas medidas, nota-se, são realizadas com o fim de – eventualmente – *pescar* algo ou alguém de interesse, sem o mínimo de plausibilidade, razoabilidade e legalidade.

A consequência, para essas situações, será a nulidade da prova obtida, seja por ferir a Constituição Federal – devido processo legal, intimidade e dignidade da pessoa humana, p. ex. – seja por ferir as leis infraconstitucionais, como o Código de Processo Penal.

O trecho a seguir, oriundo de ementa do Superior Tribunal de Justiça, bem esclarece a inviabilidade da *fishing expedition*:

> "Indispensável que o mandado de busca e apreensão tenha objetivo certo e pessoa determinada, não se admitindo ordem judicial genérica e indiscriminada de busca e apreensão para a entrada da polícia em qualquer residência. Constrangimento ilegal evidenciado. Agravo regimental provido. Ordem concedida para reformar o acórdão impugnado e declarar nula a decisão que decretou a medida de busca e apreensão coletiva, genérica e indiscriminada contra os cidadãos e cidadãs domiciliados nas comunidades atingidas pelo ato coator" (AgRg no HC nº 435.934/RJ, rel. Min. Sebastião Reis Júnior, j. 05.11.19).

4

AÇÃO PENAL

4.1. FASE PROCESSUAL DA PERSECUÇÃO PENAL

Como estudado no capítulo anterior, concluídas as diligências investigatórias, o inquérito policial será relatado e enviado ao Ministério Público (nas ações penais públicas), que formará a sua *opinio delicti* dentro do prazo legal.

De forma resumida, se o *Parquet* entender que estão presentes **indícios suficientes de autoria** e **prova da existência de um crime** (autoria e materialidade) oferecerá denúncia, dando-se início à segunda fase da persecução penal, que é a ação penal, com contraditório e ampla defesa.

Tratando-se de ação penal de iniciativa privada, o querelante, dentro do prazo decadencial, oferecerá a competente queixa-crime.

4.2. INTRODUÇÃO À AÇÃO PENAL

4.2.1. Conceito

Cometida uma infração penal, cabe ao Estado, exercendo o seu *jus puniendi* e objetivando a manutenção da paz pública e da ordem social, reprimir o seu causador.

Então, inicia-se uma investigação criminal e, esclarecendo-se a autoria (quem a praticou) e a materialidade (a existência do fato e suas circunstâncias), caberá ao *Estado-acusação*, em regra por meio da figura do membro do Ministério Público, pedir ao *Estado-juiz*, representante do Poder Judiciário, a aplicação da lei objetiva. Isso se dará por meio de um processo, cujo instrumento é exatamente a **ação penal**.

Sintetizando, a ação penal é o instrumento processual por meio do qual se vale a acusação (Ministério Público ou ofendido, a depender da espécie de ação penal) para fazer aplicar a lei penal objetiva ao fato delituoso. Em suma, a ação penal "é o direito de invocar-se o Poder Judiciário para aplicação do direito objetivo" (Noronha, 1995, p. 25).

4.2.2 Fundamento

Uma vez abolida a autodefesa, cabe ao Estado o exercício da jurisdição penal, o que só é possível mediante a existência de instrumentos processuais aptos a tutelar os bens jurídicos penais, considerando que a lei não excluirá da apreciação do Poder Judiciário lesão ou ameaça a direito (art. 5º, XXXV).

Assim, por exemplo, se a vida é protegida (art. 5º, *caput*, CF) e existe o crime de homicídio (art. 121, CP), deve o Estado prever um meio processual legítimo que faça valer a lei penal e a aplique adequadamente, estabilizando-se o meio social. O instrumento processual existente, portanto, é a **ação penal**.

4.2.3. Características

A ação penal possui características, sendo um *direito*:

a) **público**: a atividade jurisdicional é pública, por isso é que a ação penal é movida contra o chamado *Estado-juiz*. Como se verá, mesmo no caso de ação penal privada, ela é apenas uma ação penal "de iniciativa privada", mas sempre dirigida contra o Estado, mantendo-se sua característica de *pública*.

b) **subjetivo**: é o direito de agir por parte do acusador (Ministério Público ou ofendido), exigindo a prestação jurisdicional ao Poder Judiciário.

c) **autônomo**: o direito de ação não se confunde com o direito objetivo, até porque aquele já existe antes mesmo da prática do delito. Tanto é assim que o destinatário da ação não é o sujeito passivo da pretensão, mas o Estado.

d) **abstrato**: mesmo julgado improcedente o pedido condenatório, entende-se que houve o exercício de ação penal, pois este é independente da procedência ou não do pedido.

e) **instrumental**: o direito de ação tem por objetivo a instauração do processo, visando à composição do conflito de interesses.

f) **determinado**: a ação está ligada a um fato concreto ocorrido.

g) **específico**: o conteúdo da ação penal é específico, qual seja, a imputação de um fato criminoso a alguém.

Então:

A ação penal é um direito:	
Público	É movida contra o Estado
Subjetivo	Um órgão acusador move a ação
Autônomo	Não se confunde com o direito material (direito penal)
Abstrato	O direito de ação independe da procedência do pedido
Instrumental	Instaura-se o processo para solucionar o conflito
Determinado	Ligado a um fato concreto ocorrido
Específico	Imputa-se um fato certo a alguém

4.2.4. (In)existência de lide

Classicamente, na lição de Francesco Carnelutti (*Cuestiones*, 1960), lide é o conflito de interesses qualificado por uma pretensão resistida. Considerando a seara que ora se estuda, a lide penal – o conflito, o embate – seria, de um lado, a pretensão do órgão acusador em exercer o *direito de punir* e, de outro lado, a resistência do acusado em defender o seu *direito de liberdade*. E nas palavras de Joaquim Canuto Mendes de Almeida, "se nos depusermos a observar o que acontece diante do juiz, verificaremos, antes de mais nada, duas pessoas que litigam: uma delas exige a tutela de um interesse e a outra, a negação dessa tutela. Vemos, pois, a lide no processo, tal como veríamos a doença na cura (...). A lide é uma espécie do gênero conflito de interesses, caracterizada, especificamente, pela ativa posição contrária das partes" (Princípios, 1973, p. 76).

A lide no Processo Penal, todavia, não é, contemporaneamente, tão simples assim. Há, claramente, duas correntes sobre a sua existência ou não.

De um lado, existe posição no sentido de trazer ao processo criminal o conceito de lide do processo civil, tal como colocado acima, em que há o conflito entre o direito de punir e o direito de liberdade. Esta é a opinião de José Frederico Marques, para quem "a prática de uma infração penal faz surgir uma lide de igual natureza, resultante do conflito entre o direito de punir do Estado e o direito de liberdade do réu. A pretensão punitiva encontra no direito de liberdade a resistência necessária para qualificar esse conflito como litígio, visto que o Estado não pode fazer prevalecer, de plano, o seu interesse repressivo" (Elementos, 1998, p. 25, v. 1).

Esta posição encontra resistência de outra parte da doutrina. Ensina Fernando de Almeida Pedroso que "resulta de ledo engano, entretanto, afirmar-se que os promotores de justiça atuam parcialmente e que a pretensão estatal, consequente ao *jus puniendi*, é informada pelo desiderato único e exclusivo de obter-se uma condenação. O Ministério Público, qualquer que seja a seara em que atue (no cível ou no crime), sempre desempenha suas atribuições de forma imparcial (...)" (Processo Penal, 1994, p. 36).

Assim, para a corrente que advoga inexistir lide no processo criminal, o Ministério Público desempenha a típica função de bem fiscalizar a aplicação das leis, não sendo norteado pela simples condenação, mas, sim, pela busca da justiça. Melhor expressão, ao invés de "lide penal", seria **conflito de direitos** – e não de interesses, já que o *jus puniendi* não objetivaria alcançar uma condenação, mas a correta aplicação da lei. Consoante Pedroso, "o direito de defesa do réu e a consequente contraditoriedade decorrem não da existência da lide penal, mas da busca da verdade material dos fatos" (p. 45).

O Estado, dentro de um processo penal, possui o interesse – público – de que somente o verdadeiro autor de um delito específico seja condenado, após a análise de todo o conjunto probatório. Não há interesse em se condenar um inocente, pois o objetivo estatal é aplicar adequadamente a pena, e não aleatoriamente. E, como estudado anteriormente, mesmo que o réu confesse e se declare culpado, é indispensável a defesa técnica por um advogado habilitado, que atuará dentro de um processo com todas as garantias constitucionais e legais.

Diante do exposto, costuma-se utiliza-se a expressão *pretensão punitiva*, que traz a ideia de que uma parte irá apresentar sua **intenção** e, a outra, sua **contestação.**

4.2.5. Condições da ação penal

Da mesma forma como ocorre com o Direito Processual Civil, a relação jurídica em Direito Processual Penal está sujeita a determinadas condições.

A presença das condições deve ser aferida quando da análise do recebimento da peça acusatória pelo juiz, que fará uma verificação de acordo com o afirmado pelo acusador na peça inicial. Se ausente uma condição da ação penal, o juiz a rejeitará (art. 395, II e III, CPP).

Vê-se que o juiz afere a existência das condições *in statu assertionis*, ou seja, consoante a narrativa afirmada na peça acusatória. Se o juiz, ao analisar a viabilidade da denúncia, por exemplo, verificar que o Ministério Público é legitimado, que possui interesse, que é possível juridicamente o pedido e que há justa causa, recebê-la-á e ordenará a citação do acusado.

Aplica-se, pois, a **teoria da asserção** (ou da *prospettazione*), onde o juiz analisa a existência das condições da ação de acordo com as assertivas (afirmações) da parte, verificando-as de forma superficial. Se o crime narrado pelo Ministério Público, por exemplo, é de ação penal de iniciativa privada, ele não terá legitimidade ativa para exercer a ação penal, de modo que a denúncia deverá ser rejeitada, sem ser analisado o mérito (procedência ou não) do pedido condenatório.

Todavia, superado o momento *superficial* de admissibilidade da inicial acusatória, o juiz passará a enfrentar o mérito. Se, ao final do processo, o juiz entender que o acusado é inocente, não deve reconhecer sua ilegitimidade passiva, extinguindo o processo sem analisar o mérito; pelo contrário, deverá o juiz proferir sentença absolutória, enfrentando o mérito, cuja decisão formará coisa julgada formal e material.

Nas palavras de Gustavo Henrique Badaró, sintetizando, "para a teoria da asserção, a análise das condições da ação é feita a partir de uma cognição superficial de elementos narrados na petição inicial e que, posteriormente, constituirão o mérito do processo. Iniciada a fase instrutória, caso se descubra que tais fatos (cuja afirmação fez com que o juiz entendesse que as condições da ação estavam presentes, determinando o seguimento do processo) não se verificaram, o juiz deverá julgar o mérito, com a improcedência do pedido, pois já se passou a uma análise profunda do mérito. Esse 'método' que permite distinguir as condições da ação e o mérito pode, com alguma adaptação, ser transposto para o processo penal" (Processo Penal, 2016, p. 179).

As condições da ação classificam-se em duas ordens:

– Condições genéricas;

– Condições específicas.

4.2.5.1. *Condições genéricas*

Devem estar presentes em qualquer espécie de ação penal. São:

a) **legitimidade para agir (*ad causam*)**: consoante Afranio Silva Jardim, legitimidade "é a pertinência subjetiva da lide, isto é, o reconhecimento do autor e do réu, por parte da ordem jurídica, como sendo as pessoas facultadas a pedir e contestar a providência que é o objeto da demanda" (Ação, 1988, p. 37).

Legitimado **ativo** para a ação penal pública é o Ministério Público (art. 129, I, CF); legitimado ativo para a ação penal privada é o ofendido ou seu representante, como regra (art. 30, CPP). Em razão disso, como se estudará adiante, é de suma importância identificar a espécie de ação penal de um dado crime, pois, se o Ministério Público oferecer denúncia em relação a crime de ação penal privada, haverá a ilegitimidade para agir do órgão ministerial.

Conforme já decidiu o Supremo Tribunal Federal, o princípio acusatório é vulnerado quando o juiz determina (ordena, manda) ao Ministério Público o aditamento da denúncia, já que cabe ao *Parquet*, exclusivamente, na ação penal pública, a formação da *opinio delicti*, separando a função de acusar daquela de julgar (RHC nº 120.379/RO, rel. Min. Luiz Fux, j. 26.08.14).

Já legitimado **passivo** deve ser o provável autor do delito, maior de idade quando da conduta, já que os menores de idade são inimputáveis (art. 228, CF), sujeitos à disciplina dos atos infracionais do Estatuto da Criança e do Adolescente. Se, por exemplo, o Ministério Público oferecer denúncia, por um lapso, em relação a uma testemunha ao invés do verdadeiro indiciado, haverá o reconhecimento de ilegitimidade passiva.

No que diz respeito à possibilidade de **pessoas jurídicas** figurarem no polo passivo de uma ação penal, tem-se que a Constituição Federal previu duas hipóteses: (i) crimes ambientais (art. 225, § 3º, CF) e (ii) crimes contra a ordem econômica, financeira e economia popular (art. 173, § 5º, CF). Todavia, apenas a responsabilidade por crime ambientais foi regulamentada em lei, nos termos do art. 3º da Lei nº 9.605/98.

Após grande divergência, pacificou-se, no Superior Tribunal de Justiça e no Supremo Tribunal Federal, o entendimento de que é possível a responsabilização penal da pessoa jurídica por crimes ambientais, *independentemente da responsabilização concomitante da pessoa física que agia em seu nome* (STF, RE nº 548.181/PR, rel. Min. Rosa Weber, j. 06.08.13; e STJ, RMS, nº 39.173/BA, rel. Min. Reynaldo Soares da Fonseca, j. 06.08.15). Com isso, abandonou-se a outrora adotada "teoria da dupla imputação", que exigia que, para se punir uma pessoa jurídica, era indispensável que houvesse imputação/acusação simultânea desta com uma pessoa física, que atuava em seu nome e em seu benefício.

Ressalta-se que, neste tópico, está-se a analisar a legitimidade *ad causam*, que é uma condição da ação; a legitimidade *ad processum*, por outro lado, é pressuposto processual relacionado com a capacidade para estar em juízo. É legitimado ativo *ad processum*, na ação penal pública, o Ministério Público, enquanto que, na ação penal privada, o ofendido, que, se for menor de idade, deverá estar acompanhado de seu representante legal (art. 33, CPP) para que o processo tenha uma regular validade.

Além do mais, como estudado, o Estado é o titular do *jus puniendi*, atribuindo a competência para mover a ação penal ao Ministério Público, que age em legitimação ordinária, isto é, age em nome próprio na defesa de um interesse próprio, consoante doutrina majoritária.

Entrementes, é possível a existência de legitimação extraordinária no Processo Penal, desde que haja previsão em lei, nos seguintes casos:

i) ação penal de iniciativa privada: o Estado, que permanece com o seu *jus puniendi*, transfere ao ofendido a legitimidade extraordinária de mover a ação penal privada, ou seja, o ofendido age em nome próprio na defesa de um interesse alheio (do Estado). Afirma-se que o ofendido passa a ter o *jus persequendi in judicio* (direito de perseguir em juízo o autor da infração penal, por meio da ação penal).

ii) ação civil "ex delicto" proposta pelo MP em favor de vítima pobre: quando a vítima do delito for considerada pobre, a reparação de danos poderá ser movida pelo Ministério Público (art. 68, CPP) – o que será estudado em capítulo específico adiante.

iii) nomeação de curador especial: se o ofendido for menor de 18 anos, mentalmente enfermo ou retardado mental e não tiver representante legal ou os interesses deste colidirem com os daquele, o direito de queixa poderá ser exercido por curador especial, nomeado, de ofício ou a requerimento do Ministério Público, pelo juiz competente para o processo penal (art. 33, CPP) – o curador passa a agir em nome próprio na defesa de interesse do ofendido.

b) **interesse de agir**: estará presente diante do trinômio *necessidade, adequação e utilidade* (Nucci, 2007).

Existe **necessidade** quando não se puder obter a satisfação do direito violado por outro meio que não pelo Poder Judiciário. Na ação penal, a necessidade é ínsita, pois não há outra forma de aplicação da sanção penal senão através do processo penal (até porque, *nulla poena sine iudicio*), isto é, a ação penal – provocando a jurisdição – sempre será necessária para condenar alguém por um crime.

Estará presente a **adequação** quando o provimento pedido for apto a afastar ou reparar a lesão causada. Assim, por exemplo, o meio correto para se pedir a condenação de alguém que cometeu um crime é através da ação penal; e, *v.g.*, o meio adequado para se pedir a liberdade de uma pessoa que sofre restrição ilegal à sua liberdade é por meio do *habeas corpus*.

No mais, há **utilidade** quando a ação penal movida for apta a satisfazer a pretensão, ou seja, em sentido contrário é dizer que não haverá utilidade, p.ex., se a denúncia pedir a condenação, em 2010, de um furto cometido em 1960, claramente já prescrito, pois isso não trará utilidade, que, ao Direito Penal, basicamente, é a proteção de bens jurídicos.

c) **possibilidade jurídica do pedido**: significa que o pedido da peça inicial (denúncia ou queixa-crime) deve ser de condenação por ter o agente cometido uma infração penal, ou seja, um **fato típico** (crime ou contravenção).

Aspectos relacionados à antijuridicidade e à culpabilidade não integram a possibilidade jurídica do pedido (Avena, 2011), até porque, é possível denunciar alguém cujas provas indiquem a ocorrência de legítima defesa, p. ex., e depois, se o caso, poderá o acusado ser absolvido sumariamente (art. 397, I, CPP) ou, ao final, absolvido definitivamente (art. 386, VI, CPP).

Se o Ministério Público oferecer denúncia por ter o agente cometido o crime de "sedução" (antigo art. 217, CP, revogado pela Lei nº 11.106/05), a denúncia deve ser rejeitada pelo juiz, pois juridicamente impossível o pedido de condenação de alguém que seduz mulher virgem a ter conjunção carnal, fato hoje *atípico*.

Deve-se ressaltar que a análise deve ser feita de acordo com os fatos narrados, não se atendo o juiz à tipificação dada à conduta (arts. 383 e 384, CPP). O tema será melhor explorado no capítulo referente à sentença penal.

Observe-se, por fim, a existência da chamada *ação de prevenção penal*, que é aquela que objetiva aplicar ao agente uma medida de segurança. Nestes casos, não há uma verdadeira condenação, mas, sim, uma absolvição imprópria. Logo, ainda que não presente a culpabilidade, é possível o ajuizamento de uma ação penal, mas com pedido não condenatório.

d) **justa causa**: trata-se, modernamente, da existência de elementos de convicção que demonstrem a viabilidade da ação penal, isto é, o **suporte probatório mínimo** que tem por objeto a existência material de um crime e a sua autoria. Evita-se, com isso, que sejam ajuizadas ações penais infundadas, sem viabilidade.

Bem afirmou o Superior Tribunal de Justiça: "a justa causa para interposição de denúncia diz respeito ao mínimo de lastro probatório – mesmo que meramente indiciário – que aponte para a autoria do acusado em relação ao delito que lhe é imputado" (AP nº 815/DF, rel. Min. Og Fernandes, j. 07.06.17).

Consoante Afranio Silva Jardim, que aloca a justa causa como uma quarta condição da ação, trata-se do suporte probatório mínimo que se relaciona com os indícios de autoria, existência material de uma conduta típica e alguma prova de sua antijuridicidade e culpabilidade. Somente diante de todo este conjunto probatório é que, a nosso ver, se coloca o princípio da obrigatoriedade do exercício da ação penal. Deve-se demonstrar, de pronto, que a acusação não é temerária e nem leviana, por isso que lastreada num mínimo de provas (Direito, 1997).

Já entendeu o Supremo Tribunal Federal que deve ser rejeitada, por ausência de justa causa, a denúncia que, ilegalmente, baseia-se apenas em supostas declarações escritas, colhidas em âmbito estritamente privado, sem acompanhamento de qualquer autoridade pública (delegado de polícia ou membro do Ministério Público) habilitada a conferir-lhes fé-pública e mínima confiabilidade (AP nº 912/PB, rel. Min. Luiz Fux, j. 07.03.17).

Exemplo: um empresário da cidade procura Fulano, líder de um partido político da oposição, e relata que o prefeito teria cometido fraudes em licitações da prefeitura; Fulano reduz a termo as declarações e o empresário assina o documento; instaura-se o inquérito policial e o Ministério Público oferece denúncia; o empresário nunca foi ouvido pelo delegado de polícia e nem pelo membro do Ministério Público – isso leva à ausência de justa causa da ação penal, diante da falta de fé-pública e confiabilidade nas declarações produzidas estritamente em âmbito privado.

Mesmo que diante de uma infração de menor potencial ofensivo, da Lei nº 9.099/95, que é pautada pelo critério da informalidade, a inicial acusatória, seja denúncia ou seja queixa-crime, deve vir acompanhada do mínimo de embasamento probatório, isto é, lastro probatório mínimo apto a demonstrar, ainda que de modo indiciário, a efetiva realização do ilícito penal (STJ, RHC nº 61.822/DF, rel. Min. Felix Fischer, j. 17.12.15).

A ausência de justa causa autoriza o trancamento da ação penal. Em caso julgado pela Suprema Corte, trancou-se a ação penal movida em face de deputado estadual que tinha como suporte probatório, unicamente, depoimento de um colaborador, que, inclusive, desmentiu o envolvimento do acusado nos crimes então imputados (STF, HC nº 158.319/SP, rel. Min. Gilmar Mendes, j. 26.06.18).

Além disso, a justa causa – para alguns – está ligada também à ideia de atipicidade da conduta, de extinção da punibilidade patente (STJ, RHC nº 29.975/MG, rel. Min. Jorge Mussi, j. 26.02.13) e de presença de elementos de inocência do acusado demonstrados de forma inequívoca (HC nº 112.465/RS, rel. Min. Luiz Fux, j. 18.12.12).

Não há posição pacífica sobre a natureza jurídica da justa causa. Parte da doutrina entende ser integrante da possibilidade jurídica do pedido; outros entendem ser interesse de agir; outros, ainda, que ele seria um elemento a mais das condições da ação (Badaró, 2016).

Por fim, há a seguinte classificação acerca da justa causa:

a) **simples**: é a necessidade, como visto, de lastro probatório mínimo da infração penal. Ex.: elementos mínimos do roubo. Então, será necessário demonstrar lastro mínimo em relação ao crime de roubo.

b) **duplicada**: é a necessidade de lastro probatório mínimo em relação ao crime acessório (parasitário), i.e., aquele que depende da existência de outro, principal. Ex.: elementos mínimos do crime de receptação e do crime anterior, do qual a coisa provém, como o furto. Assim, será necessário demonstrar lastro mínimo em relação às duas infrações: receptação e furto.

c) **triplicada**: é a necessidade de lastro probatório mínimo em relação ao crime acessório (parasitário), i.e., aquele que depende da existência de outro, que também é acessório (parasitário). Ex.: elementos mínimos em relação ao crime de lavagem de dinheiro, cujo crime antecedente é uma receptação, cuja origem do bem é de um roubo. Logo, será necessário demonstrar lastro mínimo em relação às três infrações: lavagem, receptação e roubo.

4.2.5.2. *Condições específicas*

Ao contrário das condições genéricas, exigidas para todas as espécies de ação penal, as condições específicas devem estar presentes apenas em determinadas ações penais – que serão estudadas adiante.

Elas dizem respeito ao próprio exercício da ação penal e são exigidas em alguns casos a partir de previsão expressa (Avena, 2011). São os casos de:

a) **representação**, nas ações penas públicas condicionadas à representação (art. 147, p.ú., CP); e

b) **requisição**, nas ações penas públicas condicionadas à requisição do Ministro da Justiça (art. 145, p.ú, CP).

Ambas serão estudadas adiante, oportunamente.

4.2.6. Pressupostos processuais

Enquanto as condições da ação dizem respeito ao exercício do direito de ação (de exigir do Estado um pronunciamento judicial penal) e que, se inexistentes, levam à carência da ação, os pressupostos processuais dizem respeito à *existência* do processo e à *validade* da relação processual (Mirabete, 2007).

São pressupostos processuais:

a) subjetivos

a.1) juiz

a.1.1) investidura

a.1.2) competência

a.1.3) imparcialidade

a.2) partes

a.2.1) capacidade de ser parte

a.2.2) capacidade processual

a.2.3) capacidade postulatória

b) objetivos

b.1) extrínsecos

b.1.1) inexistência de fatos impeditivos (ausência de litispendência, coisa julgada etc.)

b.2) intrínsecos

b.2.1) regularidade do processo

Sob outra ótica, os pressupostos podem ser divididos em (Mougenot, 2012):

i) **existência**: órgão jurisdicional investido de jurisdição penal; demanda penal; e partes ocupando polos opostos na relação processual.

ii) **validade**: ao juiz, competência e imparcialidade; às partes, capacidade de ser parte, capacidade processual e capacidade postulatória; e ao objeto, originalidade (ausência de fatos impeditivos, como litispendência e coisa julgada) e regularidade procedimental.

Cada item, como diz respeito à validade e existência do processo, será estudado em capítulo próprio.

4.2.7. Originalidade

Tema desenvolvido por Afranio Silva Jardim (Direito, 1997), significa que o direito de ação não pode ser exercido simultaneamente (o que configuraria litispendência) e nem sucessivamente (no caso de existência de coisa julgada material prévia). Assim, a ação penal deve ser *verdadeiramente original/inédita*, e não mera reprodução ou cópia de uma anterior, cujo mérito já foi apreciado.

Trata-se, então, para alguns, de requisito processual negativo de validade (relacionado ao processo); para outros, de falta de regularidade para exercício do direito de ação penal (relacionado à ação), cujo titular abusa deste. O Superior Tribunal de Justiça já entendeu tratar-se de requisito necessário para o válido e regular desenvolvimento do processo (HC nº 320.626/SP, rel. Min. Rogerio Schietti Cruz, j. 09.06.15).

4.2.8. Suficiência da ação penal

É matéria ligada intrinsecamente ao tema das *questões prejudiciais*, o que será visto em capítulo próprio. Basta, no momento, saber que uma questão prejudicial é toda matéria ligada ao mérito da causa e que precisa ser analisada e julgada antes deste, ou seja, a resolução da questão prejudicial irá condicionar o conteúdo do mérito penal.

Há questões prejudiciais **obrigatórias**, ligadas ao estado civil das pessoas e que obrigatoriamente suspenderão o curso da ação penal até que seja proferida a sua resolução, que se dará no juízo civil (art. 92, CPP); e há questões prejudiciais **facultativas**, que não são ligadas ao estado civil das pessoas e não suspendem obrigatoriamente o processo (art. 93, CPP) – assim, caberá ao juiz analisar, no caso concreto, se há a necessidade, ou não, dessa suspensão, sendo uma verdadeira faculdade.

Se o juiz concluir por prosseguir com a ação penal, isto é, que a questão incidente poderá ser resolvida dentro do próprio processo penal, está-se a afirmar que a ação penal **é suficiente para resolver a questão prejudicial** não relacionada ao estado civil da pessoa. Isso é, então, o princípio da suficiência da ação penal (Alves, 2015).

No Brasil, a situação é um pouco diferente. No caso de questões relacionadas ao estado da pessoa, há a devolução (entrega) obrigatória ao juízo cível competente, de modo que o juiz penal, por exemplo, não decidirá se há ou não causa para anulação de um casamento no crime de bigamia, pois isso (anulação de casamento) é questão de estado da pessoa, sendo o juízo cível o único competente. Por outro lado, algumas questões prejudiciais podem ser resolvidas pelo juiz penal, de modo que, aqui sim, há a facultatividade do julgador em, entendendo-se habilitado, julgar a questão prejudicial, de modo que a ação penal seria *suficiente* para resolver todo o caso, não sendo preciso o ajuizamento de nenhuma demanda e nem a suspensão da ação penal.

4.3. CLASSIFICAÇÃO SUBJETIVA DA AÇÃO PENAL

Leva-se em conta o titular que moverá a ação penal, considerando o crime praticado:

a) Ação penal pública, que pode ser:

a) incondicionada

b) condicionada, que pode depender de:

b.1) representação do ofendido

b.2) requisição do Ministro da Justiça

b) Ação penal privada, que pode ser:

a) exclusiva

b) personalíssima

c) subsidiária da pública

Cada uma será analisada abaixo.

4.4. CLASSIFICAÇÃO COMPLEMENTAR DA AÇÃO PENAL

Além da classificação que considera o titular da ação penal, existe uma outra, complementar, que considera diversos outros aspectos:

a) **Ação de prevenção penal**: objetiva aplicar uma medida de segurança aos inimputáveis, através da *absolvição imprópria*.

b) **Ação penal de ofício**: não existe mais a possibilidade de o processo penal ser iniciado de ofício, a partir de uma portaria do juiz ou do delegado (antigo *processo judicialiforme*), pois é necessária alguma provocação da parte. Há, ainda hoje, algumas exceções em que o juiz pode agir de ofício, como a concessão de *habeas corpus*.

c) **Ação penal popular**: o titular da ação não é nem o Ministério Público e nem a vítima, mas um *cidadão*. Diz respeito, na verdade, aos chamados "crimes de responsabilidade", que não são crimes, mas infrações político-administrativas (processo de *impeachment*). Assim, não há falar-se em tal espécie de ação penal, uma vez que não se busca o exercício do "jus puniendi" do Estado (pelo processo penal), mas a atribuição de responsabilidade política a um agente político.

d) **Ação penal primária e secundária**: de início, a lei atribui uma espécie de ação penal a um dado crime (ação penal primária), todavia, em razão de alguma circunstância, exige uma outra espécie de ação penal (ação penal secundária). É o caso da injúria (CP, art. 140, "caput"), cuja ação penal (*primária*) é de iniciativa privada, mas, se for com conotação racial (CP, art. 140, § 3º), a ação penal (*secundária*) será precedida de representação. Assim, inicialmente se prevê uma espécie de ação penal, mas, em razão de algumas circunstâncias, prevê-se, *secundariamente*, uma outra espécie de ação penal.

e) **Ação penal adesiva**: ocorre quando o Ministério Público e o querelante atuam no mesmo polo ativo da demanda, nos casos de conexão ou continência entre crime de ação penal pública e de ação penal de iniciativa privada, numa espécie de *litisconsórcio*. Atentar que haverá uma denúncia do Ministério Público e uma queixa-crime do ofendido.

f) **Ação penal extensiva**: diz respeito aos chamados "crimes complexos" (art. 101, CP). Quando um novo delito surge da agregação de condutas de outros, haverá um crime complexo; se um deles for processado mediante ação penal pública, o delito que foi formado (complexo) também o será, por extensão. É o caso da injúria real (art. 140, § 2º, CP), em que a injúria simples (art. 140, *caput*, CP) é movida por ação penal de iniciativa *privada* e as vias de fato (art. 21, Decreto-lei nº 3.688/41) por ação penal *pública* – dessa junção, surgiu o § 2º do art. 140, CP, que, então, será processado por ação penal *pública* (art. 145, CP).

g) **Ação penal de segundo grau**: trata-se da ação penal movida diretamente nos tribunais, isto é, são as chamadas "ações originárias", nos casos de foro por prerrogativa de função, ou de *habeas corpus* ou revisão criminal, cuja competência será dos tribunais também.

h) **Ação penal pública subsidiária da pública:** é a ação penal que surge em razão da inércia do órgão do Ministério Público inicialmente com atribuição para o feito, de modo que, diante disso, outro órgão, também do Ministério Público, passa a poder atuar. Logo, a atribuição que era de um órgão do MP passa, em razão da inércia, a outro órgão também do MP. São exemplos: **(a) art. 2º, § 2º do Decreto-lei nº 201/67**, que trata dos crimes de prefeitos, em que, se o Ministério Público se quedar inerte, os autos podem ser requisitos pelo Procurador-Geral da República – o que é muito criticado, haja vista que não se trata de hipótese de deslocamento da Justiça Estadual para a Federal e mesmo em razão da violação à autonomia e à independência do Ministério Público, de modo que a solução seria a aplicação comum da ação penal privada subsidiária da pública, conforme o art. 29, CPP; **(b) art. 109, § 5º, CF**, que trata do incidente de deslocamento de competência da Justiça Estadual para a Justiça Federal; **(c) art. 357, §§ 3ºe 4º do Código Eleitoral**, que dispõe que, se o Ministério Público Estadual (que atua por delegação na Justiça Eleitoral) não oferecer denúncia no prazo legal, o juiz solicitará ao Procurador Regional Eleitoral a designação de outro promotor de justiça, que, no prazo legal, oferecerá a denúncia; e **(d) art. 27 da Lei nº 7.492/86**, que trata dos crimes contra o sistema financeiro nacional, que prevê que se a denúncia não for intentada no prazo legal, o ofendido poderá representar ao Procurador-Geral da República para adoção das providências, inclusive designação de outro órgão do Ministério Público – o que, novamente, é criticado pela doutrina diante da independência constitucional do Ministério Público.

4.5. CASOS ESPECÍFICOS

Além das classificações criadas pela lei e pela doutrina, há casos específicos relacionados à ação penal e que exigem o estudo particularizado.

4.5.1. Crimes praticados contra a honra de funcionários públicos

Diz o art. 145, p.ú., CP, que se procederá mediante representação do ofendido os casos de crime contra a honra cometido contra funcionário público em razão de suas funções (art. 141, II, CP). Todavia, a súmula nº 714 do STF dispõe que: "é concorrente a legitimidade do ofendido, mediante queixa, e do Ministério Público, condicionada à representação do ofendido, para a ação penal por crime contra a honra de servidor público em razão do exercício de suas funções".

O Supremo Tribunal Federal, pouco antes dos anos 2000, entendia que, por regra, a ação penal relativa aos crimes contra a honra de servidores era privada; todavia, para desonerar dos seus custos e incômodos, o funcionário ofendido poderia provocar o Estado para assumir a repressão de tal delito, até porque, teria sido cometido *propter officium* (em razão da função pública); porém, a possibilidade de o funcionário público oferecer representação ao Ministério Público não poderia privá-lo de, se assim preferisse, mover a ação penal privada, até por ser uma garantia constitucional (art. 5º, X, CF).

Desta feita, editou-se a súmula nº 714, permitindo a **dupla titularidade** em relação aos crimes contra a honra de funcionário público: queixa-crime do funcionário ofendido para mover ação penal de iniciativa privada ou representação ao Ministério Público para mover ação penal pública condicionada (STJ, HC nº 466.646/SP, rel. Min. Reynaldo Soares da Fonseca, j. 07.04.16).

A bem da verdade, por mais que a súmula afirme que se trata de legitimação concorrente, há, isto sim, **legitimação alternativa**, pois, conforme o Supremo Tribunal Federal, se o ofendido apresentou representação ao Ministério Público, elegendo a via da ação penal pública condicionada, não poderá mais utilizar a via da ação penal privada, pois preclusa, uma vez que se atribuiu, com a representação, a legitimidade definitiva do *Parquet* (Inq. nº 1939/BA, rel. Min. Sepúlveda Pertence, j. 03.03.04). Logo, a legitimação é **alternativa**: *ou* queixa-crime *ou* representação, sendo que o exercício de uma dessas opções exclui a outra.

Atentar que esta situação não se confunde com a classificação vista acima acerca da chamada "ação penal secundária". Na ação penal que admite titularidade concorrente, há a possibilidade de mais de um interessado mover a ação penal, como o funcionário público e o Ministério Público (súmula nº 714 do STF); já na ação penal secundária, há uma espécie de ação penal em regra, mas que, dependendo das circunstâncias legais previstas, é alterada.

4.5.2. Crimes contra a dignidade sexual

Faz-se necessário analisar um rápido histórico referente à ação penal nos crimes sexuais.

Na redação originária do Código Penal, a regra era que a ação penal fosse de **iniciativa privada**, com algumas exceções, casos em que a ação penal poderia ser pública condicionada à representação ou pública incondicionada.

Com o advento da Lei nº 12.015/09, que alterou completamente o tratamento penal dos crimes sexuais (agora chamados de *crimes contra a dignidade sexual*), a regra passou a ser o processamento mediante ação penal pública **condicionada à representação**, com algumas exceções, como vítima menor de 18 anos ou vulnerável, caso em que a ação penal era pública incondicionada. Esta lei trouxe diversas inconsistências que criaram divergências sérias na doutrina e na jurisprudência, como no caso de se saber qual seria a ação penal no caso de estupro com resultado morte (tanto que foi apresentada a ADI nº 4.301/DF, mas que foi julgada extinta em razão da perda superveniente de objeto). Até mesmo discussão sobre a aplicação da súmula nº 608, STF, sobre violência real, editada na década de 1980, havia ressurgido.

Em razão disso tudo e com o fim de bem tutelar a dignidade sexual, a **Lei nº 13.718/18** alterou o art. 225, CP, passando a dispor que **TODOS os crimes sexuais serão processados por meio de ação penal pública incondicionada, sem exceções**. Referido dispositivo legal trata especificamente dos Capítulos I e II do Título VI (crimes contra a dignidade sexual), referindo-se taxativamente aos crimes contra a liberdade sexual e aos crimes sexuais contra vulnerável. Os demais crimes sexuais, embora não mencionados pela novel lei, também serão processados por ação penal pública incondicionada, aplicando-se a regra do art. 100, CP, que determina que a ação penal será sempre pública incondicionada, salvo quando a lei expressamente declarar de outro modo, o que não ocorre no ordenamento pátrio.

Desta feita:

> Todos os crimes sexuais são processados mediante ação penal pública incondicionada

Como a Lei nº 13.718/18 é mais gravosa, já que retira alguns possíveis benefícios existentes quando o crime é processado por ação penal condicionada à representação (como a decadência, por exemplo), ela é **irretroativa**, aplicando-se aos fatos praticados a partir da sua entrada em vigor (25.09.2018). Fatos praticados anteriormente a isso serão regidos pela lei vigente à sua época.

Por fim, destaca-se que o Poder Legislativo foi bastante atuante em razão de alguns episódios trazidos pela mídia recentemente:

a) a Lei nº 13.718/18 criou o crime de *importunação sexual*, que consiste em "praticar contra alguém e sem a sua anuência ato libidinoso com o objetivo de satisfazer a própria lascívia ou a de terceiro", cuja pena será de reclusão de 1 a 5 anos, se o ato não constitui crime mais grave (**art. 215-A, CP**). Busca-se resolver os casos narrados pela mídia de homens se masturbando e ejaculando em outras pessoas, principalmente nos transportes públicos. A ação penal será, obviamente, pública incondicionada.

b) a Lei nº 13.772/18 acrescentou o crime de *registro não autorizado da intimidade sexual*, consistente em "produzir, fotografar, filmar ou registrar, por qualquer meio, conteúdo com cena de nudez ou ato sexual ou libidinoso de caráter íntimo e privado sem autorização dos participantes", cuja pena é de ínfimos 6 meses a 1 ano, e multa (**art. 216-B, CP**). Incorrerá na mesma pena quem realizar montagem em fotografia, vídeo, áudio ou qualquer outro registro com o fim de incluir pessoa em cena de nudez ou ato sexual libidinoso de caráter íntimo (p.ú.). Busca-se resolver situações como a do casal que alugou um apartamento e, depois de se instalar, verificou a presença de uma pequena luz vermelha vinda do espelho, onde havia uma câmera gravando imagens íntimas dos locatários sem autorização. A ação penal será, é claro, pública incondicionada.

c) a Lei nº 13.718/18 incluiu o crime de *divulgação de cena de estupro ou de cena de estupro de vulnerável, de cena de sexo ou de pornografia*, resultante na conduta de "oferecer, trocar, disponibilizar, transmitir, vender ou expor à venda, distribuir, publicar ou divulgar, por qualquer meio - inclusive por meio de comunicação de massa ou sistema de informática ou telemática -, fotografia, vídeo ou outro registro audiovisual que contenha cena de estupro ou de estupro de vulnerável ou que faça apologia ou induza a sua prática, ou, sem o consentimento da vítima, cena de sexo, nudez ou pornografia", com pena de 1 a 5 anos de reclusão, se o fato não constitui crime mais grave (**art. 218-C, CP**). A pena é aumentada de 1/3 a 2/3 se o crime for praticado por agente que mantiver ou tenha mantido relação íntima de afeto com a vítima ou com o fim de vingança ou humilhação (§ 1º). Não há crime quando o agente pratica as condutas do "caput" em publicação de natureza jornalística, científica, cultural ou acadêmica com a adoção de recurso que impossibilite a identificação da vítima, ressalvada sua prévia autorização, caso seja maior de dezoito anos (§ 2º). Busca-se resolver os graves casos trazidos ao público de pessoas divulgando vídeos íntimos que filmaram envolvendo indivíduos que não tinham discernimento para o ato (ex.: embriaguez numa festa) ou de pessoas divulgando cenas com atos sexuais de sua ex-namorada. A ação penal será, também, pública incondicionada.

4.5.3. Lesão corporal em situação de violência doméstica contra a mulher

A lesão corporal está prevista no art. 129, CP, que deveria ser processada por meio de ação penal pública incondicionada. Ocorre que a Lei nº 9.099/95 determinou que a ação penal aos crimes de lesão corporal leve e culposa dependerá de representação (art. 88).

Chamado a decidir, o STF (ADI nº 4.424/DF, rel. Min. Marco Aurélio, j. 09.02.12) firmou o seguinte entendimento: qualquer lesão corporal, mesmo que **leve** ou **culposa**, praticada contra mulher no âmbito das relações domésticas, é crime de ação penal pública **incondicionada** – em razão da ineficiência do Estado na proteção da mulher vítima de agressões pelo seu companheiro e porque a Lei Maria da Penha veda a aplicação da Lei nº 9.099/95 no seu âmbito. E em repercussão geral, fixou-se que "os crimes de lesão corporal praticados contra a mulher no âmbito doméstico e familiar são de ação penal pública incondicionada" (ARE nº 773.765/PR, rel. Min. Gilmar Mendes, j. 03.04.14).

Seguindo a mesma posição, o Superior Tribunal de Justiça editou a súmula nº 542, dispondo que "a ação penal relativa ao crime de lesão corporal resultante de violência doméstica contra a mulher é pública incondicionada".

Atentar que outros delitos que exigem representação, como a ameaça (art. 147, CP), continuam sendo processados por ação penal **condicionada**.

4.5.4. Crimes de trânsito

O art. 291 da Lei nº 9.503/97 (CTB) estabelece que aos crimes cometidos na direção de veículos automotores, previstos no Código de Trânsito Brasileiro, aplicam-se as normas gerais do Código Penal e do Código de Processo Penal, se o Código de Trânsito não dispuser de modo diverso, bem como a Lei nº 9.099/95, no que couber.

Ainda, o § 1º deste artigo dispõe que se aplica aos crimes de trânsito de lesão corporal culposa o disposto nos arts. 74 (composição dos danos civis), 76 (transação penal) e 88 (necessidade de representação), **exceto** se o agente estiver:

i) sob a influência de álcool ou qualquer outra substância psicoativa que determine dependência;

ii) participando, em via pública, de corrida, disputa ou competição automobilística, de exibição ou demonstração de perícia em manobra de veículo automotor, não autorizada pela autoridade competente; ou

iii) transitando em velocidade superior à máxima permitida para a via em 50 km/h.

Nas mais do que claras palavras de Renato Brasileiro (Curso, 2013, p. 240): "pode-se dizer que o crime de lesão corporal culposa no trânsito é uma infração de menor potencial ofensivo (porque sua pena não ultrapassa a dois anos de detenção). Como regra geral, deve ter incidência a Lei nº 9.099/95. Logo, a ação penal será pública condicionada à representação, devendo ser lavrado termo circunstanciado, com ulterior possibilidade de transação penal etc. Se, no entanto, estiver presente uma das situações descritas nos incisos I, II e III do § 1º do art. 291 do CTB, o crime deixa de ser considerado infração de menor potencial ofensivo. Deverá, pois, ser instaurado inquérito policial para a investigação da infração penal (Lei nº 9.503/97, art. 291, § 2º). Como o art. 88 da Lei nº 9.099/95 não terá incidência, a ação penal passará a ser pública incondicionada".

4.5.5. Crime de estelionato

O crime de estelionato, previsto no art. 171, CP, sempre foi processado mediante ação penal pública *incondicionada*, mas a Lei nº 13.964/19 passou a prever, no seu § 5º, que a regra, agora, é o processamento por meio de ação penal pública *condicionada* à representação (salvo se a vítima for a Administração Pública; criança ou adolescente; pessoa com deficiência; maior de setenta anos ou incapaz – situações em que a ação penal será pública incondicionada).

Numa análise intertemporal, que é o que importa aqui, tem-se o seguinte:

(a) é dispensável a representação do ofendido se já oferecida denúncia antes do advento da Lei nº 13.964/19, em respeito ao ato jurídico perfeito, cf. o art. 5º, XXXVI, CF (STJ, 5ª T., HC nº 573.093/SC, rel. Min. Reynaldo Soares da Fonseca, j. 09.06.20; e STF, 1ª T., HC nº 187.341/SP, rel. Min. Alexandre de Moraes, j. 13.10.20, e 2ª T., AgRg no ARE nº 1.230.095/SP, rel. Min. Gilmar Mendes, j. 24.08.20);

(b) conhecida a autoria, será necessária a representação da vítima se não oferecida a denúncia até o advento da Lei nº 13.964/19, i.e., apenas na fase pré-processual, de investigações ainda, observando-se o prazo decadencial de seis meses a contar da intimação da vítima.

Registre-se posição da 6ª Turma do STJ no sentido de se exigir a representação ao crime de estelionato mesmo em relação aos processos judiciais já em andamento, desde que ainda não tenham transitado em julgado, aplicando-se o prazo de trinta dias (em analogia ao art. 91 da Lei nº 9.099/95), sob pena de decadência (HC nº 583.837/SC, rel. Min. Sebastião Reis Júnior, j. 04.08.20). Para os Ministros – com razão – considerar o recebimento da denúncia como ato jurídico perfeito inverteria a natureza dos direitos fundamentais (como a retroatividade da lei penal mais benéfica), já que equivaleria permitir que o Estado invocasse uma garantia fundamental frente a um cidadão. No mesmo sentido, Saad-Diniz (Pacote, 2020).

O tema será solucionado em breve pela 3ª Seção do STJ (HC nº 610.201/SP, rel. Min. Nefi Cordeiro).

4.6. AÇÃO PENAL PÚBLICA INCONDICIONADA

4.6.1. Introdução

É a regra no Processo Penal. Diz o art. 100, CP, que a ação penal é pública, salvo quando a lei expressamente a declara privativa do ofendido. Tal espécie de ação penal foi designada pelo legislador para os casos em que se tutelam bens jurídicos importantes à sociedade em geral, como homicídio, roubo, tráfico de drogas, lavagem de capitais, corrupção etc.

Da mesma forma, consoante o art. 24, § 2º, CPP, "seja qual for o crime, quando praticado em detrimento do patrimônio ou interesse da União, Estado e Município, a ação penal será pública". Não há menção ao Distrito Federal, no entanto, crimes contra este ente serão, também, processados por ação penal pública de natureza incondicionada, até mesmo em razão do art. 100 do Código Penal.

4.6.2. Conceito

A ação penal pública incondicionada é aquela promovida pelo Ministério Público sem a interferência de quem quer que seja, sendo irrelevante, para a sua promoção, a vontade do ofendido. O delegado de polícia iniciará o inquérito e o membro do *Parquet*, presentes os elementos, deverá mover a ação penal (Tourinho, 2008).

4.6.3. Legitimidade

Há legitimação ordinária do Ministério Público, havendo coincidência entre o direito de punir (do Estado) e o direito de ação (do Estado, personificado pelo Ministério Público no processo). Fala-se, por isso, que o Ministério Público *presenta* o Estado, no sentido de estar presente, atuando em seu nome.

4.6.4. Princípios

Alguns princípios norteiam a ação penal pública incondicionada, trazendo-lhe características e conceitos. São eles:

4.6.4.1. *Obrigatoriedade*

Havendo indícios de autoria e materialidade de um crime, o representante do Ministério Público deverá obrigatoriamente oferecer denúncia (art. 24, CPP), sob pena de sofrer punição disciplinar dentro da instituição. Não há juízo de conveniência ou oportunidade (como na ação penal de iniciativa privada), de modo que, presentes os requisitos legais, é imperioso o oferecimento de denúncia.

Obviamente, se o Ministério Público promover o arquivamento do inquérito ou requerer o retorno dos autos à delegacia, não há falar-se em ofensa a tal princípio, até porque o seu membro está agindo consoante os ditames legais.

No que diz respeito à possibilidade de **transação penal** (Leis nº 9.099/95 e 10.259/01), afirma-se que há uma *obrigatoriedade mitigada* (ou discricionariedade regrada), de modo que, preenchidas as exigências legais, o Ministério Público deverá propor a transação penal ao invés de oferecer denúncia. Não há arbitrariedade ou facultatividade do órgão acusatório, já que também deve ser seguida a lei – apenas há uma "mitigação", pois, ao invés de oferecer denúncia, será proposta uma transação. O tema será bem estudado em capítulo próprio quanto aos procedimentos.

Presente uma causa **extintiva da punibilidade** (art. 107, CP), o Ministério Público não oferecerá denúncia. Quanto à presença de uma **excludente de ilicitude** (art. 23, CP), entende-se que somente a sua presença evidente, de forma totalmente clara, pode permitir o não ajuizamento da ação penal – até mesmo por razões de economia processual e para evitar constrangimento ilegal.

No que tange à presença de causa **excludente da culpabilidade** (CP, arts. 21, 22, 26, 27 e 28), há que se diferenciar algumas situações. Se o agente é inimputável, o Ministério Público não poderá deixar de oferecer denúncia, uma vez que, se o caso, haverá a chamada absolvição imprópria, com a imposição de medida de segurança; se o agente é menor de idade, haverá ilegitimidade passiva *ad causam*, remetendo-se o caso ao juízo da infância para a aplicação do Estatuto da Criança e do Adolescente. Por fim, tal como ocorre nas causas excludentes de ilicitude, se presente, de forma cabal, uma outra causa excludente de culpabilidade (como a coação moral), poderá, em princípio, o Ministério Público deixar de oferecer denúncia, permitindo-se promover o arquivamento do inquérito policial.

Interessante relativização do princípio da obrigatoriedade se dá diante do **acordo de colaboração premiada**, previsto no art. 4º, § 4º, Lei nº 12.850/13, em que o Ministério Público poderá deixar de oferecer denúncia – mesmo estando presentes todos os requisitos legais – se o colaborador não for o líder da organização criminosa e for o primeiro a prestar efetiva colaboração. Neste caso, portanto, haverá um simples arquivamento das investigações, ocorrendo uma causa extintiva da punibilidade *sui generis* (Masson e Marçal, 2016).

Ainda, a jurisprudência é pacífica no sentido da independência das instâncias civil, administrativa e penal. Assim, por exemplo, se o proprietário de uma área verde provoca desmatamento sem a devida autorização, será possível a atuação dos órgãos administrativos de proteção ao meio ambiente, como o IBAMA, além de possível ajuizamento de ação civil pública por um dos legitimados coletivos, bem como o oferecimento de ação penal por crime ambiental. A questão que surge, pois, é saber se a realização de **termo de ajustamento de conduta** (TAC) interferirá ou não no futuro da ação penal.

É tranquila a jurisprudência no sentido de que "a assinatura do termo de ajustamento de conduta, firmado entre Ministério Público estadual e o suposto autor de crime ambiental, não impede a instauração da ação penal, pois não elide [não afasta] a tipicidade penal. Ademais, há independência entre as esferas administrativa, civil e penal" (REsp nº 1.154.405/MG, rel. Min. Rogerio Schietti Cruz, j. 18.05.17).

Isso, todavia, não significa que o TAC firmado nunca interferirá na seara penal. Pelo contrário, a sua celebração – quando muito – poderá repercutir na dosimetria da pena do crime praticado (STJ, AgRg no AREsp nº 984.920/BA, rel. Min. Sebastião Reis Júnior, j. 22.08.17; e AP nº 888/DF, rel. Min. Nancy Andrighi, j. 02.05.18).

Pode ocorrer de o crime ambiental interferir – sim – na atuação criminal do Ministério Público. É que a Lei nº 9.605/98 (Lei dos Crimes Ambientais) permite a transação penal e a suspensão condicional do processo quando o delito ambiental preencher os requisitos legais desses institutos. Desta feita, será possível a reparação do dano ambiental, impedindo o processo penal futuro; logo, esta mesma razão pode ser aplicada na seara cível, ou seja, o TAC pode fazer as vezes de recomposição dos danos, afastando a obrigatoriedade da ação penal por parte do Ministério Público (arts. 27 e 28, II, Lei nº 9.605/98).

Mas ver que, caso o crime ambiental não admita a transação penal ou a suspensão condicional do processo, a realização de TAC não repercutirá na futura ação penal a ser ajuizada, como visto.

Por fim, a Lei nº 12.529/11 (Lei do Sistema Brasileiro de Defesa da Concorrência) prevê que, nos crimes contra a ordem econômica e nos demais relacionados diretamente à prática de cartel, a celebração de **acordo de leniência** determina a suspensão do curso da prescrição e impede o oferecimento da denúncia em relação ao agente beneficiário da leniência (art. 87). Ademais, as Res. nº 181/17 e 183/18, do CNMP, autorizam a celebração de **acordo de não-persecução penal**. O tema já foi previsto no capítulo referente às investigações criminais. No mais, a Lei nº 9.430/96 dispõe que é suspensa a pretensão punitiva estatal referente aos crimes dos arts. 1º e 2º da Lei nº 8.137/90 e aos crimes previdenciários dos arts. 168-A e 337-A, CP, durante o período em que a pessoa estiver incluída no **parcelamento do crédito tributário**; e, igualmente, não correrá a prescrição, extinguindo-se a punibilidade com o pagamento integral.

Em suma, são causas que mitigam o princípio da obrigatoriedade:

a) transação penal (Lei nº 9.099/95);

b) acordo de colaboração premiada (Lei nº 12.850/13);

c) termo de ajustamento de conduta em crimes ambientais (Lei nº 9.605/98);
d) acordo de leniência (Lei nº 12.529/11);
e) acordo de não-persecução penal (Res. nº 181/17 e 183/18 do CNMP);
f) parcelamento do crédito tributário (Lei nº 9.430/96).

4.6.4.2. *Indisponibilidade*

Segundo este princípio, o representante do Ministério Público não pode desistir da ação após o oferecimento da denúncia (art. 42, CPP).

A razão de sua existência é simples. O Ministério Público, como titular exclusivo da ação penal pública (art. 129, I, CF), acaba, por meio do processo penal, cumprindo com as suas missões constitucionais, quais sejam, a defesa da ordem jurídica, do regime democrático e dos interesses sociais e individuais indisponíveis (art. 127, "caput", CF). Caso pudesse, livremente, desistir da ação penal proposta, a tutela da sociedade ficaria prejudicada, sem o seu principal defensor, que é justamente o Ministério Público.

Imagine-se, por exemplo, o caso em que o prefeito e os vereadores de uma pequena cidade do interior, com um só promotor de justiça oficiante, são investigados e estão prestes a ser denunciados por diversos crimes contra a administração pública. O membro do Ministério Público pode sofrer pressões políticas por parte da administração municipal (ex.: trocar o prédio onde o MP funciona, que é emprestado pela prefeitura, por um menor e distante do fórum), por parte dos vereadores (ex.: aprovar leis que prejudiquem o interesse público e social, atarefando desnecessariamente o membro do MP posteriormente), dentre outras possibilidades, inclusive ameaças pessoais e contra seus familiares.

Quis o legislador, portanto, estabelecer as garantias da indisponibilidade e da obrigatoriedade à ação penal pública. Se o Ministério Público verificar que é o caso de se oferecer denúncia, assim deverá agir; se já tiver movido a ação, dela não poderá desistir, justamente indicando que pressões e ameaças não são bem-vindas na instituição.

A lei objetivou, assim, proteger o interesse público à solução do caso penal, impedindo que o Ministério Público deixe de agir quando for o caso (impondo a obrigatoriedade) e impedindo que desista da ação ou do recurso já em andamento (impondo a indisponibilidade).

Aponta-se como manifestação desse princípio (Badaró, 2016) a possibilidade de o juiz condenar o acusado, mesmo que o Ministério Público tenha se manifestado pela absolvição (art. 385, CPP) – o que é muito criticado pela doutrina – e a impossibilidade de o Ministério Público desistir do recurso interposto (art. 576, CPP).

Esse princípio também foi atenuado pela Lei 9.099/1995, em seu art. 89, que prevê a suspensão condicional do processo. Pode o representante do Ministério Público, após oferecer a denúncia, propor a suspensão do processo, desde que o acusado se submeta a determinadas regras de conduta e repare o dano (se cabível), extinguindo-se, ao final do período de prova, a punibilidade.

4.6.4.3. *Oficialidade*

A instituição oficial para a propositura da ação penal pública é o Ministério Público, que pertence ao Estado (art. 129, I, da CF).

Excetua-se, como será estudado adiante, a possibilidade conferida ao ofendido de mover a ação penal privada subsidiária da pública, nos casos em que o Ministério Público permanecer absolutamente inerte.

4.6.4.4. *Divisibilidade*

Decorre da obrigatoriedade e trata-se de tema tormentoso.

Para parte da doutrina (Tourinho, 2008) e jurisprudência majoritária (STF, AP nº 560/SC, rel. Min. Dias Toffoli, j. 25.08.15; e STJ, HC nº 89.759/BA. Rel. Min. Paulo Gallotti, j. 18.12.07), tratando-se de ação penal pública, vigora o princípio da **divisibilidade**, de forma que não está o Ministério Público obrigado a denunciar todos os indiciados indiscriminadamente, sendo lícito propor a ação penal contra aqueles em relação aos quais haja *elementos suficientes*, e determinar, quanto aos demais, o prosseguimento das investigações, mostrando-se possível, posteriormente, o oferecimento de nova denúncia ou o aditamento da primeira. Assim, "na ação penal pública, tem-se a incidência do princípio da divisibilidade, sendo facultado ao órgão acusatório, nos limites da razoabilidade, a apresentação dos fatos delitivos da melhor forma que entender cabível, inclusive facilitando a prestação jurisdicional (STJ, AgRg no RHC nº 126.071/PE, rel. Min. Ribeiro Dantas, j. 06.10.20).

Outra parte da doutrina, minoritária, sustenta que vigora, na ação penal pública, o princípio da **indivisibilidade**, isto é, havendo indícios de autoria contra coautores e partícipes, deve o Ministério Público oferecer denúncia contra todos, não podendo selecioná-los (Brasileiro, 2013).

Proposta a ação penal, passa-se a desenvolver o processo, de um ato processual a outro, segundo a ordem do procedimento, até que a instância se finde. Para se assegurar esta continuidade, é necessário o que se denomina impulso processual (ou ativação da causa). Assim, embora a iniciativa na produção das provas pertença primordialmente às partes, incumbe ao juiz, segundo o art. 251 do CPP, prover a regularidade do processo e manter a ordem no curso dos respectivos atos.

4.7. AÇÃO PENAL PÚBLICA CONDICIONADA À REPRESENTAÇÃO DO OFENDIDO

4.7.1. Conceito

Na ação penal pública, como visto, o titular do direito de promovê-la é o Estado, por meio do Ministério Público (art. 129, I, da CF). A regra é a ação penal ser pública incondicionada, isto é, não estar sujeita a nenhuma condição de procedibilidade.

Uma das exceções é a possibilidade de a ação penal depender de uma manifestação de vontade do ofendido, o que se dará por meio de uma *representação*.

Logo, ação penal pública condicionada à representação do ofendido é aquela que dependerá, para o oferecimento de denúncia pelo Ministério Público, de um *pedido-autorização* do ofendido, o que se dará através de uma representação (Polastri, 2016).

4.7.2. Legitimidade

A legitimidade para esta espécie de ação penal pública é do Ministério Público. A peculiaridade para a sua atuação, todavia, diz respeito à exigência prévia de uma condição: a representação do ofendido ou de seu representante legal.

4.7.3. Princípios

Como se trata de uma espécie de ação penal pública, aplicam-se os mesmos princípios da ação penal pública incondicionada, vistos acima: obrigatoriedade, indisponibilidade, oficialidade e divisibilidade.

Atentar que, ainda que diante da obrigatoriedade, o Ministério Público somente oferecerá denúncia se houver a representação do ofendido, como se verá adiante, e desde que os requisitos mínimos para o ajuizamento da ação penal estejam preenchidos, é claro. Logo, para o ofendido, vale a regra da oportunidade, ou seja, somente haverá representação (e processo penal) caso assim deseje; já para o Ministério Público, vale a regra da obrigatoriedade, uma vez preenchidos os requisitos legais.

4.7.4. Representação

4.7.4.1. *Conceito*

A representação (chamada também de *delatio criminis* postulatória) é a **prévia manifestação de vontade** do ofendido ou de seu representante legal, no sentido de autorizar o início das investigações policiais e da própria ação penal. Conforme Edgard Magalhães Noronha, é a manifestação do ofendido ou de seu representante dirigida ao juiz, ao membro do Ministério Público ou ao delegado de polícia dando-lhes ciência do crime ocorrido e pedindo-lhes que se instaure a persecução penal (Curso, 1995).

4.7.4.2. *Fundamento*

Tal condição se justifica na existência de algumas situações em que o direito do ofendido é atingido de tal forma que o *interesse particular* na preservação da sua intimidade se sobrepõe ao *interesse público* da apuração e persecução criminal.

Nestes casos, cabe ao particular analisar se a exposição de uma apuração policial e judicial da infração penal lhe é conveniente ou não. Busca-se, com isso, evitar o *strepitus judicii*, isto é, discutir em juízo algo íntimo, que pode gerar um escândalo maior ao ofendido. Sem a representação, é importante lembrar, a autoridade policial sequer poderá instaurar o inquérito policial.

Nos crimes cuja apuração depende desta autorização, em regra a lei fará expressa menção à necessidade deste requisito, por meio da expressão "somente se procede mediante representação", conferindo ao ofendido, dessa forma, a titularidade do direito de representação.

Exemplos: ameaça (art. 147, p.ú., CP); furto de coisa comum (art. 156, § 1º, CP); imunidades relativas dos crimes contra o patrimônio (art. 182, CP) etc.

Diz o art. 100, § 1º, CP, que "a ação pública é promovida pelo Ministério Público, dependendo, quando a lei o exige, de representação do ofendido ou de requisição do Ministro da Justiça". Atentar que a Lei nº 9.099/95 (art. 88) afirma que dependerá de representação a ação penal relativa aos crimes de lesões corporais leves e lesões culposas (v. explicação acerca do Código de Trânsito Brasileiro e da Lei Maria da Penha, acima).

Vale mencionar que, em relação aos atos infracionais, isto é, a conduta descrita como crime ou contravenção penal praticada por adolescente (art. 103 da Lei nº 8.069/90), não se exige a necessidade de representação da vítima como condição de procedibilidade da ação, registrando somente que, apresentado o adolescente a quem se atribua a autoria de ato infracional, caberá ao Ministério Público promover o arquivamento dos autos, conceder remissão ou representar à autoridade judiciária para a aplicação de medida socioeducativa. Assim, o procedimento de apuração de ato infracional é sempre de iniciativa exclusiva do Ministério Público, a quem cabe decidir acerca da propositura da ação socioeducativa, independentemente de qualquer manifestação ou representação do ofendido (STJ, HC nº 160.292/MG, rel. Min. Jorge Mussi, j. 24.05.11).

4.7.4.3. *Natureza jurídica*

A representação tem natureza de **condição de procedibilidade**, isto é, uma condicionante especial da ação penal, relacionada à *possibilidade jurídica do pedido* – ou seja, sem a representação não é possível o início das investigações e nem o pedido de condenação.

No mais, consoante ensina Capez, "apesar de sua natureza eminentemente processual (condição especial da ação), aplicam-se a ela as regras de direito intertemporal, haja vista sua influência sobre o direito de punir do Estado, de natureza inegavelmente substancial, já que o não exercício do direito de representação no prazo legal acarreta a extinção da punibilidade do agente pela decadência" (Curso, 2016, p. 212) – ou seja, apesar de ser instituto processual, **aplicam-se as regras de direito material**.

4.7.4.4. *Eficácia objetiva*

É importante ressaltar que o fato de o ofendido ter representado não significa que o Ministério Público será obrigado a oferecer denúncia. Como afirmado, a representação é apenas uma *condição* para que o Ministério Público – se entender ser o caso – ofereça denúncia.

Não pode o Ministério Público ampliar o rol de delitos pelos quais o ofendido não representou, ou seja, não pode o Ministério Público, descobrindo outros fatos criminosos relacionados ao fato representado, também de ação penal condicionada, alargar o seu âmbito e oferecer denúncia por estes também, o que ofenderia o requisito "condicionada à representação" (Nucci, 2007).

Exemplo: se num dia houve uma ameaça e, semanas depois, em outro contexto fático, um furto de coisa comum e a vítima apenas representou em relação a este delito, não poderá o Ministério Público oferecer denúncia, também, por aquele, que não recebeu representação do ofendido.

Além disso, o Ministério Público não está vinculado à tipificação e nem aos suspeitos existentes no momento da manifestação da representação (STJ, EDcl no REsp nº 819.766/RS, rel. Min. Jorge Mussi, j. 11.12.08). Assim, se a vítima representa em razão do suposto crime de lesão corporal leve, poderá o Ministério Público tipificar de modo diverso e oferecer denúncia, por exemplo, por ameaça; ou, por outro lado, pode a vítima ter representado em razão do delito cometido por três indivíduos e o Ministério Público entender que foram quatro os autores e, perfeitamente, oferecer denúncia em relação a todos eles (STJ, RHC nº 70.157/RJ, rel. Min. Felix Fischer, j. 14.02.17; e AgRg no REsp nº 1.558.569/PR, rel. Min. Sebastião Reis Júnior, j. 17.11.16).

Fala-se, com isso, em **eficácia objetiva** da representação (STJ, HC nº 57.200/RS, rel. Min. Gilson Dipp, j. 03.10.06), pois a representação é sobre o **fato acontecido** – e não sobre o fato capitulado e nem sobre as pessoas mencionadas.

Em suma:

a) o MP fica limitado aos fatos criminosos representados, não podendo acrescentar um crime pelo qual a vítima não representou;

b) o MP pode alterar a tipificação legal dos delitos;

c) o MP pode acrescentar acusado não mencionado pelo ofendido;

d) o MP, diante da representação, não é obrigado a oferecer denúncia se ausentes os elementos mínimos legais.

4.7.4.5. *Forma*

A representação pode ser feita por escrito ou de forma oral (art. 39, CPP), não se exigindo nenhuma formalidade, bastando o **elemento volitivo**, ou seja, a manifestação de vontade (STF, HC nº 86.122/SC, rel. Min. Eros Grau, j. 15.12.06). Tem como destinatário o delegado de polícia, o juiz ou o membro do Ministério Público (art. 39, CPP) e deve conter todas as informações que possam servir à apuração do fato e da autoria (§ 2º).

Tanto não se exige nenhum formalismo que a jurisprudência aceita qualquer manifestação de vontade de se processar o agente, inclusive a simples elaboração de boletim de ocorrência ou a prestação de declarações à polícia (STJ, HC nº 269.654/PE, rel. Min. Maria Thereza de Assis Moura, j., 18.11.14), bastando apenas a vontade inequívoca da vítima ou de seu representante legal de representar contra o autor dos fatos a fim de vê-lo processado criminalmente (STJ, AgRg no REsp nº 1.550.571/SP, rel. Min. Maria Thereza de Assis Moura, j. 05.11.15; REsp nº 1.273.776/SP, rel. Min. Rogerio Schietti Cruz, j. 14.06.16).

Além disso, é possível que a equivocada queixa-crime, pensando a vítima tratar-se de ação penal de iniciativa privada, seja recebida como representação, permitindo-se o oferecimento de denúncia pelo Ministério Público (STF, Pet. nº 5.620/DF, rel. Min. Dias Toffoli, j. 15.06.16).

A representação conterá todas as informações que possam servir à apuração do fato e da autoria e, uma vez oferecida, a autoridade policial procederá ao inquérito ou, não sendo competente, remetê-lo-á à autoridade que o for. O órgão do Ministério Público dispensará o inquérito se com a representação forem oferecidos elementos que já o habilitem a promover a ação penal, isto porque, como já estudado, o inquérito policial é dispensável.

4.7.4.6. *Legitimidade*

O direito de representação poderá ser exercido pessoalmente ou por procurador *com poderes especiais* (art. 39, CPP). Este procurador não precisa ser advogado. Se a representação não estiver com a firma reconhecida do ofendido, ela deverá ser reduzida a termo (§ 1º).

O ofendido menor de 18 anos oferecerá representação por meio de seu **representante legal** (art. 24, *in fine*, CPP). Marcellus Polastri Lima (Curso, 2016) traz interesse questionamento: poderia o menor entre 16 e 18 anos oferecer representação por um crime do qual foi vítima? Entende-se que não, pois só pode representar quem tenha responsabilidade penal, o que só ocorre a partir dos 18 anos de idade, apto a responder, inclusive, por eventual denunciação caluniosa (art. 339, CP).

Excepcionalmente, a representação poderá ser oferecida por um **curador especial** – nomeado pelo juiz, de ofício ou a requerimento do Ministério Público – em duas hipóteses: (a) ofendido menor de 18 anos, mentalmente enfermo ou retardado mental, sem representante legal e (b) ainda que a vítima tenha representante legal, houver colisão de interesses deste com ela (art. 33, CP c.c. art. 100, § 4º, CP).

Sob a égide do Código Civil de 2002, não há mais que se nomear curador especial ao ofendido entre 18 e 21 anos, uma vez que, sendo maior de idade nos termos da lei civil e mentalmente capaz, poderá, por si só, apresentar representação. Não mais subsiste a regra do art. 34, CPP (Marcão, 2016).

Entende-se que esse curador especial não está obrigado a oferecer a representação, devendo analisar a conveniência do ato em relação aos interesses do incapaz. Por outro lado, há quem entenda que existe tal obrigação, porque a atuação se dá por substituição processual, ou seja, defendendo interesse alheio (do representado) em nome próprio (do curador).

No caso de morte do ofendido ou quando declarado ausente por decisão judicial, o direito de representação passará ao conhecido "CADI": cônjuge, ascendente, descendente ou irmão, observada esta ordem.

Esse rol é considerado taxativo, mas Mirabete (Processo, 2007) traz outras possibilidades que já foram aceitas pelos tribunais, como a representação por avós, irmãos, tios, pais de criação, guardião, amásio da mãe da vítima, parente ligado por alguma relação de parentesco e até por pessoa que tinha dependência econômica. Diante do art. 226, §

3º, CF, entende-se que o companheiro também poderá representar (embora haja doutrina entendendo o contrário, pois prejudicial ao acusado esta analogia).

Comparecendo mais de um legitimado (por exemplo, o cônjuge e um irmão), a preferência será dada na ordem disposta no art. 24, § 1º, CPP (qual seja: cônjuge, ascendente, descendente e irmãos). Caso um dos sucessores que representou (por exemplo, o cônjuge) desista ou abandone a ação, qualquer dos demais sucessores poderá prosseguir no processo (art. 36, CPP, analogicamente).

Havendo divergência entre os legitimados (um querendo representar e outro não), prevalece a vontade de quem quer representar.

Por fim, as fundações, associações e sociedades legalmente constituídas poderão exercer o direito de representação, por quem as represente conforme os contratos e estatutos, ou, no silêncio, pelos seus diretores ou sócios-gerentes (art. 37, CPP). Ex.: empresa que sofre furto de coisa comum.

4.7.4.7. *Prazo*

O prazo para a representação pelo ofendido, de natureza **decadencial** (portanto, prazo de índole penal), é, em regra, de **6 meses contados a partir da data do conhecimento da autoria do crime** (art. 38, CPP) e a sua inobservância acarreta a extinção da punibilidade do agente (art. 107, IV, do CP). Tendo natureza jurídica de direito material, o prazo para representar inclui o dia do começo e exclui o do vencimento (regra do art. 10, CP).

Tratando-se de decadência, não há que se falar em interrupções ou suspensões, sendo o prazo **fatal e improrrogável** – assim, se a vítima, *v.g.*, tinha até o dia 01/03, um feriado, para representar e não o fez, haverá decadência, não havendo prorrogação até o próximo dia útil.

Nos casos em que o ofendido for menor de 18 anos de idade ou portador de doença mental, há divergência acerca do termo decadencial. Para parte da doutrina (Nucci, 2007), o incapaz tem 6 meses para representar, não correndo este prazo enquanto não cessada a incapacidade, respeitada, claro, a prescrição do delito. Para outros (Brasileiro, 2013), o prazo é um só, de modo que, se o representante legal, tendo conhecimento da autoria, não representar no prazo legal, haverá decadência.

De forma clara, explica Aury Lopes Jr. que, "se o menor de 18 anos levar ao conhecimento do representante legal, o prazo de 6 meses começa a fluir. Se o responsável legal não representar, não poderá o menor, ao atingir a maioridade, fazer a representação, pois o direito em tela terá sido atingido pela decadência. Contudo, se o menor não levar ao conhecimento do representante legal, contra ele não flui o prazo (eis que menor) e contra o representante também não (pois não tem ciência). Logo, quando completar a maioridade, poderá representar, dentro do limite de 6 meses" (Curso, 2014, p. 225). A questão, neste caso, dependerá de prova acerca do conhecimento ou não da infração penal por parte do representante legal.

Quanto à súmula nº 594 do STF ("os direitos de queixa e de representação podem ser exercidos, independentemente, pelo ofendido ou por seu representante legal"), entende-se que ela não tem mais aplicação. Isso porque, referida súmula foi editada em 1976, de modo que o "ofendido" por ela mencionado era o relativamente capaz do **CC/1916**, que era o sujeito entre 18 e 21 anos, assim, o direito de queixa/representação poderia ser exercido tanto por ele como pelo seu representante legal. Com o **CC/2002**, a maioridade inicia-se aos 18 anos, tendo aplicação plena ao Código de Processo Penal – então, o maior de 18 anos não terá mais representante legal, tendo direito de queixa e de representação no Processo Penal. Logo, enquanto menor de 18 anos, o direito de queixa/representação será exercido pelo representante legal (ou curador especial); e ao atingir 18 anos, o direito será exercido exclusivamente pelo ofendido. Do mesmo modo, não mais se aplica o art. 34 do CPP.

No caso de sucessão processual (art. 31, CPP – morte ou declaração de ausência do ofendido), o prazo para representar também será de 6 meses (art. 38, p.ú., CPP) a partir do conhecimento da autoria. Se o ofendido – morto – já tinha conhecimento da autoria, seus sucessores representarão dentro do prazo que restar.

4.7.4.8. *Retratação*

Após o oferecimento da denúncia, a representação é irretratável (art. 25, CPP). Logo, *a contrario sensu*, **até o oferecimento da denúncia** é possível a retratação.

De acordo com Pacelli, tratando-se a representação de "simples autorização, deixada ao juízo de discricionariedade do ofendido ou seu representante legal, nada obsta que se altere a opção deste em relação à conveniência e à oportunidade de instauração da ação penal. Entretanto, exige a lei que a retratação seja feita – também informalmente, por escrito ou verbal, reduzida a termo – até o oferecimento da denúncia, já que, a partir daí, com a formação da *opinio delicti* do órgão do Ministério Público e a apresentação da peça acusatória em juízo, o fato delituoso, ao menos em tese, já teria sido dado a conhecimento" (Curso, 2012, p. 133).

Há quem sustente a possibilidade de **retratação tácita**, como a reconciliação entre ofensor e ofendido (Nucci, 2007), o que tornaria, todavia, difícil a sua comprovação; por outro lado, há julgados mais antigos no sentido de não permitir este tipo de retratação (STF, HC nº 82.206/SP, rel. Min. Nelson Jobim, j. 08.10.02).

Pergunta-se: é possível a **retratação da retratação** da representação? Ou seja, feita a representação e tendo o ofendido se retratado dela, pode, arrependido, desta se retratar novamente, de modo a fazer ressurgir a representação inicialmente feita? Há duas posições:

a) minoritariamente, entende-se que **não é possível**, pois a retratação da representação já gerará a extinção da punibilidade, similar à renúncia ao direito de representar, de modo que o Ministério Público arquivará as investigações. Consoante Tourinho, "permitir-se a retratação da retratação é entregar ao ofendido uma arma poderosa para fins de vingança ou outros inconfessáveis" (Manual, 2008, p. 137).

b) majoritariamente, entende-se que **é possível**, ou seja, "mesmo após se retratar da representação anteriormente oferecida, poderá o ofendido oferecer nova representação, desde que o faça dentro do prazo decadencial de seis meses" (Brasileiro, Curso, 2013, p. 214). No mesmo sentido já decidiu o STJ: "a reconsideração da retratação, dentro do período decadencial, é possível e permite o regular curso da ação penal condicionada" (HC nº 59.188/PA, rel. Min. Arnaldo Esteves Lima, j. 29.10.09).

Na Lei nº 11.340/06 (Lei Maria da Penha), há regramento específico no art. 16: "nas ações penais públicas condicionadas à representação da ofendida de que trata esta Lei, só será admitida a renúncia à representação **perante o juiz**, em **audiência especialmente designada** com tal finalidade, **antes do recebimento da denúncia** e ouvido o Ministério Público".

Como visto acima, o Supremo Tribunal Federal, na ADI nº 4.424/DF (rel. Min. Marco Aurélio, j. 09.02.12), firmou o entendimento de que os crimes de lesão corporal praticados no âmbito doméstico e familiar contra a mulher – de qualquer espécie e natureza – são processados por ação penal pública incondicionada (no mesmo sentido é a súmula nº 542, STJ). Assim, em relação especificamente à lesão corporal, não há que se aplicar o art. 16 da Lei nº 11.340/06; todavia, quanto aos demais delitos praticados no âmbito de violência doméstica ou familiar contra a mulher, aplicar-se-á o art. 16, de modo que a mulher, vítima, por exemplo, de uma ameaça, poderá, em audiência específica obrigatoriamente designada para este fim, ouvindo-se o Ministério Público e perante um juiz, retratar-se da representação feita contra o ofensor – até o recebimento da denúncia (STF, HC nº 138.143/MG, rel. Min. Ribeiro Dantas, j. 03.09.19). Ex.: mulher, vítima de ameaça e tendo anteriormente representado em relação ao agressor, comparece perante o escrevente da Vara Criminal e diz que "quer voltar atrás"; o funcionário colhe a manifestação e leva ao juiz, que a aceita, rejeitando a ação penal; esse procedimento é incorreto, uma vez que, tendo havido representação, faz-se imprescindível a designação de audiência judicial designada especificamente para o fim de verificar a real vontade da ofendida.

Ainda, questiona-se: caso um funcionário público ofereça representação por ter sido vítima de um crime no exercício das funções, poderá ele se retratar? Há duas posições:

i) de um lado, afirma-se não ser possível, pois o poder público passou a ter interesse na apuração do fato;

ii) de outro lado, entende-se que a lei não faz ressalva, estando a representação – e sua retratação – no âmbito da discricionariedade do ofendido.

Pacelli (Curso, 2012) defende ser possível a retratação, sustentando que (a) o funcionário público ofendido também possui discricionariedade em processar ou não seu ofensor; (b) se fosse prevalente o interesse da administração pública em punir o ofensor, a ação penal seria pública incondicionada; e (c) a lei não proíbe a retratação nesses casos.

Por fim, tema interessante diz respeito à possibilidade de **retratação da manifestação da vítima de não querer representar**. Ex.: vítima de ameaça comparece à delegacia e manifesta que não quer oferecer representação contra o agressor. Indaga-se: poderá ela se retratar disso e, então, oferecer representação depois? Sim, é plenamente factível a retratação incidente sobre a negativa de representação, devendo-se observar o prazo decadencial de seis meses a partir do conhecimento da autoria (em regra). Isso é possível porque o que extingue a punibilidade é o decurso do prazo decadencial sem representação, e não a manifestação da vítima expressando sua vontade de não representar. Logo, tendo a vítima manifestado o desejo de não representar, o correto a se fazer é manter os autos arquivados até o decurso do prazo decadencial para representação e, só depois disso, aí sim, sem a representação, declarar extinta a punibilidade com base no art. 107, IV, CP – onde, diga-se, não consta a "ausência de representação" como extintiva da punibilidade.

4.8. AÇÃO PENAL PÚBLICA CONDICIONADA À REQUISIÇÃO DO MINISTRO DA JUSTIÇA

Alguns crimes, quando praticados, possuem sua apuração vinculada à **conveniência política**, que se sobrepõe ao interesse público do Estado de investigar e punir o fato criminoso e o seu autor. Subordina-se a persecução penal, então, à **requisição do Ministro da Justiça**, ato necessário para que o Ministério Público possa propor a ação penal.

Explica Tourinho que, "com esse poder de julgar a conveniência quanto à propositura da ação penal, o governo, representado pelo Ministro da Justiça, evita, quando convém, 'a repercussão pouco favorável que poderia ter certos episódios'. Assim, a requisição nada mais é senão mera autorização para proceder, permissão para ser instaurado o processo, manifestação de vontade que tende a provocar a atividade processual. Ela é, por assim dizer, a representação política" (Manual, 2008, p. 150-151).

4.8.1. Requisição

4.8.1.1. *Conteúdo*

A lei não disse, mas entende-se que se deve indicar a vítima, sua qualificação, o possível autor e a exposição do fato. Se com isso já forem fornecidos os elementos necessários, a ação penal já poderá ser ajuizada, independentemente de inquérito policial (que é dispensável, lembre-se).

4.8.1.2. *Destinatário*

O Ministro da Justiça deve oferecer a requisição ao Ministério Público, na figura do Procurador-Geral (de Justiça, nos Estados, ou da República, na União). Se o Ministério Público entender necessário, poderá requisitar o que bem entender, com apoio da polícia e de quaisquer autoridades.

4.8.1.3. *Ausência de vinculação*

Tal como na representação do ofendido, a requisição do Ministro da Justiça não vincula o membro do Ministério Público, de forma que este não é obrigado a oferecer denúncia, diante de sua independência funcional (art. 127, § 1º, CF); possui também, como já visto, eficácia objetiva.

É importante não confundir a requisição do Ministro da Justiça, cuja natureza jurídica é de condição de procedibilidade para o início da ação penal, com a requisição (ordem) para a instauração de inquérito policial oriunda do juiz ou do Ministério Público.

4.8.1.4. *Prazo*

A lei não diz. Diferentemente do prazo decadencial de seis meses para o ofendido oferecer representação, a requisição do Ministro da Justiça não se submete a prazo algum, apenas devendo ser observado o prazo de prescrição da pena do delito.

4.8.1.5. *Retratação*

É tema polêmico na doutrina.

Para uns (Nucci, 2007), seria possível, assim como na representação, por não haver impedimento legal, até porque aqui também há discricionariedade e, mais ainda, há a conveniência política do ato.

Já para outros (Badaró, 2016), não seria possível, pois a requisição do Ministro da Justiça é ato que exige cuidadosa análise prévia e, além disso, dentre as ações penais condicionadas, o Código previu a retratação apenas à representação (art. 25, CPP), ficando silente quanto à retratação da requisição do Ministro da Justiça.

4.8.1.6. *Hipóteses legais*

Não é comum a exigência de requisição do Ministro da Justiça, sendo exemplos os casos de (a) crime cometido por estrangeiro contra brasileiro fora do Brasil; (b) crimes contra a honra cometidos contra Chefe de Governo estrangeiro e seus representantes diplomáticos; e (c) crimes contra a honra cometidos contra o Presidente da República.

A Lei de Segurança Nacional prevê outras hipóteses (art. 31, IV, Lei nº 7.170/83).

4.9. AÇÃO PENAL DE INICIATIVA PRIVADA

4.9.1. Introdução

O direito de punir (*jus puniendi*) é do Estado, seu titular único e exclusivo. Há casos, todavia, em que este concede ao ofendido, ou ao seu representante legal, o *jus persequendi in judicio*, ou seja, o direito de dar início à persecução penal em juízo – o que ocorrerá por meio de uma queixa-crime.

Nesse caso, o Estado transfere o **direito de ação penal** ao particular. Diz-se, então, que aqui o particular atua como um substituto processual (**legitimação extraordinária**), porque vai a juízo, em nome *próprio*, defender interesse *alheio*, do Estado (direito de punir).

Como explica Polastri, como a pretensão de punir é do Estado e o ofendido tem apenas o direito de oferecer a acusação, o próprio Código Penal, no art. 100, §§ 2º e 3º, corrobora isso e utiliza a expressão *ação de iniciativa privada*, demonstrando que a ação penal continua sendo um instituto público, do Estado, somente transferindo a sua *iniciativa* ao particular (Curso, 2016). Logo, toda ação penal é pública, alterando-se apenas a sua iniciativa: se pública ou se privada.

4.9.2. Conceito

Consoante José Frederico Marques, a ação penal de iniciativa privada "é aquela em que o direito de acusar pertence, exclusiva ou subsidiariamente, ao ofendido ou a quem tenha a qualidade de representá-lo" (Elementos, 1965, v. I, p. 44).

Quando um crime for processado por meio de ação penal de iniciativa privada, a lei expressamente o dirá, como por meio da expressão "somente se procede mediante queixa", a exemplo do crime de dano simples (CP, art. 163, *caput* c.c. art. 167).

Esta queixa-crime (petição inicial acusatória da ação penal de iniciativa privada), que é equivalente à denúncia da ação penal de iniciativa pública, não se confunde com a vulgar expressão "dar" ou "prestar queixa", aludindo à *delatio criminis* formulada à autoridade policial (comunicação da ocorrência de um crime).

4.9.3. Fundamento

Aqui, o *interesse privado* do ofendido se sobrepõe ao *interesse público* do Estado, tendo em vista que os delitos selecionados para serem apurados por esse tipo de ação atingem a esfera de **intimidade da vítima** (e essa possui o direito constitucional de preservá-la).

Há três fundamentos básicos para a existência deste tipo de ação penal:

i) alguns crimes interessam mais à vítima e à sua intimidade do que ao Estado;

ii) em alguns casos, o ato cometido causa grande escândalo público, de forma que a oportunidade de a vítima optar, ou não, por mover uma ação penal evitará o escândalo que um processo causará na sua vida, ou seja, evita-se o *strepitus judicii* (o escândalo causado pelo processo); e

iii) muitas vezes, as provas dependem quase que exclusivamente do ofendido, de modo que se concede a ele a iniciativa acusatória.

4.9.4. Legitimidade

Como regra, será do ofendido ou de seu representante legal (art. 30, CPP), tal como ocorre com a representação na ação penal condicionada.

No caso de morte do ofendido ou quando declarado ausente por decisão judicial, o direito de oferecer queixa ou prosseguir na ação passará ao "CADI": cônjuge, ascendente, descendente ou irmão (art. 31, CPP), nessa ordem, podendo, entretanto, qualquer deles prosseguir na ação, caso o querelante desista da instância ou a abandone (art. 36, CPP). Deve-se incluir aqui, por analogia, o companheiro (art. 226, § 3º, CF c.c. art. 3º, CPP) – e foi esse o entendimento do Superior Tribunal de Justiça, ao admitir a legitimidade da companheira para ajuizar ação penal privada, ainda que oriunda de união estável homoafetiva (AP nº 912/RJ, rel. Min. Laurita Vaz, j. 07.08.19).

O Supremo Tribunal Federal se debruçou sobre um curioso caso. Um senador *twitou* a seguinte mensagem: "não entendo o motivo dos constantes ataques que me fazem os pedetistas, Lupi e Weverton. Logo eu que sempre torci pela felicidade do casal". A esposa de Weverton, então, moveu queixa-crime no STF afirmando que ela foi injuriada, já que o querelado insinuou relacionamento amoroso entre Lupi e Weverton (ambos políticos), desrespeitando os votos conjugais do casal. A 1ª Turma da Corte, analisando tão somente este ponto, entendeu que a esposa possui legitimidade para mover queixa-crime em face do autor da mensagem injuriosa, pois, se alguém alega que um indivíduo casado possui relacionamento homossexual extraconjugal, a esposa, ofendida com isso, pode mover ação penal privada pelo crime de injúria, do art. 140, CP (Pet. nº 7.417/DF, rel. p/ ac. Min. Marco Aurélio, j. 09.10.18).

Se o ofendido for menor de 18 anos, mentalmente enfermo ou retardado mental e não tiver representante legal ou os interesses deste colidirem com os daquele, o direito de queixa poderá ser exercido por curador especial, nomeado, de ofício ou a requerimento do Ministério Público, pelo *juiz competente para o processo penal* (art. 33). Caso se trate de criança ou adolescente em situação de risco e havendo necessidade de curador para defender seus interesses, caberá ao *juiz da infância e juventude* fazê-lo, nos termos do art. 148, p.ú., *f*, ECA (Nucci, Estatuto, 2014).

Não se aplica mais o art. 34, CPP, de modo que o ofendido entre 18 e 21 anos, plenamente capaz, poderá, por si só, oferecer queixa-crime, independentemente da presença de um curador. Do mesmo modo, não mais se aplica a súmula nº 594, STF – como já estudado acima.

Quanto às pessoas jurídicas, as fundações, associações ou sociedades legalmente constituídas poderão exercer a ação penal, devendo ser representadas por quem os respectivos contratos ou estatutos designarem ou, no silêncio destes, pelos seus diretores ou sócios-gerentes (art. 37, CPP). Ex.: empresa vítima de uma difamação (STF, RHC nº 83.091/DF, rel. Min. Marco Aurélio, j. 05.08.03).

Para propor uma queixa-crime, que é o instrumento processual da ação penal de iniciativa privada, exige-se a assistência de um advogado habilitado mediante **procuração específica com poderes especiais e referência ao querelante e ao fato criminoso** (art. 44, CPP), consoante será estudado especificamente adiante.

Se a vítima for pobre, ser-lhe-á nomeado um advogado, como dispõe o art. 32, CPP (papel esse, hoje, da Defensoria Pública, conforme art. 4º, XV, LC nº 85/94). Atualmente, os requisitos para a gratuidade da justiça encontram-se nos arts. 98 a 102, CPC, que revogou as disposições sobre a assistência judiciária gratuita da Lei nº 1.060/50.

4.9.5. Princípios

Assim como a ação penal de iniciativa pública, a ação penal de iniciativa privada também possui princípios próprios, quais sejam, disponibilidade, oportunidade/conveniência e indivisibilidade.

4.9.5.1. *Disponibilidade*

O querelante (vítima que moveu a ação penal) pode desistir da propositura ou do prosseguimento da ação penal privada até o trânsito em julgado da sentença condenatória. Após isso, não, pois a fase de execução penal é considerada exclusiva do Estado, não tendo o querelante nenhuma ingerência sobre ela.

Este princípio manifesta-se por meio dos seguintes institutos: (i) renúncia ao direito de queixa (arts. 49 e 50 do CPP); (ii) perdão do ofendido (arts. 51 a 59 do CPP); (iii) perempção (art. 60, I e III, do CPP); e (iv) decadência, pelo escoamento *in albis* do prazo para a representação (art. 38 do CPP). Cada instituto será visto adiante.

Diferentemente disso, vale lembrar que, na ação penal pública, vige o princípio da *indisponibilidade*, ou seja, presentes os elementos legais, o Ministério Público é obrigado a oferecer denúncia e não poderá desistir do processo.

4.9.5.2. *Oportunidade ou conveniência*

O ofendido tem ampla liberdade para decidir se vai ou não processar o autor do crime, ainda que haja provas suficientes de autoria e de materialidade da infração penal. Contrapõe-se, claramente, ao princípio da obrigatoriedade, que rege a ação penal de iniciativa pública.

Se optar por não mover nenhuma ação penal, bastará permanecer silente, deixando escoar o prazo decadencial para o oferecimento de queixa (art. 107, IV, CP); ou, então, poderá renunciar ao direito de queixa (art. 107, V, CP). Em ambos os casos, gerará a extinção da punibilidade.

4.9.5.3. *Indivisibilidade*

Está previsto no art. 48 do CPP, e, segundo ele, o ofendido, uma vez decidindo pela propositura da ação, **não pode escolher** dentre os autores do fato criminoso qual deles irá processar, isto é: **ou processa todos ou não processa ninguém**. Em suma, prevê-se a impossibilidade de fracionamento da ação penal (STF, RHC nº 111.211/MG, rel. Min. Luiz Fux, j. 30.10.12).

Exemplo: se o crime for cometido por Caio e Tício, a ação penal privada deverá ser ajuizada em relação aos dois, não podendo, então, ser proposta apenas contra um deles – salvo, claro, a existência de algum motivo legítimo, como a extinção da punibilidade.

Deixando-se de processar algum deles, há duas situações distintas (STJ, RHC nº 55.142/MG, rel. Min. Felix Fischer, j. 12.05.15):

a) **se a omissão foi *voluntária***: o juiz deverá rejeitar totalmente a queixa e declarar a extinção da punibilidade para todos, nos moldes do art. 104, *caput*, CP, diante da ocorrência da renúncia tácita.

   Exemplo: Caio e Tício praticam crime contra Mévio, que, então, propõe ação penal apenas em relação a Caio, pois Tício é seu amigo de longa data – nesse caso, renunciado o direito de queixa em relação a um dos agentes, tal ato beneficiará a todos (art. 49, CPP). Logo, todos deixarão de ser processados.

b) **se a omissão foi *involuntária***: o Ministério Público irá requerer a intimação do querelante (ofendido) para que adite a queixa oferecida e inclua os agentes faltantes, sob pena de renúncia tácita em relação a todos.

Exemplo: crime praticado por André e Bento contra Caio, que oferece queixa apenas em relação a André, pois desconhecia a participação de Bento. O Ministério Público irá requerer a intimação de Caio para incluir Bento no processo-crime, sob pena de renúncia tácita (art. 49, CPP), que a todos os réus se estenderá.

Deste modo, tem-se que "o reconhecimento da renúncia tácita ao direito de queixa exige a demonstração de que a não inclusão de determinados autores ou partícipes na queixa-crime se deu de forma deliberada pelo querelante" (STJ, HC nº 186.405/RJ, rel. Min. Jorge Mussi, j. 02.12.14). Evita-se, assim, a vingança privada pelo ofendido, que escolheria um dos autores do crime para puni-lo exclusivamente, deixando outros, por qualquer que seja o motivo, livres e impunes.

O fiscal do princípio da indivisibilidade é o Ministério Público, que verificará se a omissão foi voluntária ou involuntária e, a partir daí, adotará as medidas processuais cabíveis, como colocado.

4.9.5.4. *Outros princípios*

Outros princípios processuais também são aplicados à ação penal privada, como a oficialidade e a autoritariedade, mas apenas na fase pré-processual. Não se aplicará o princípio da oficiosidade, já que, mesmo na fase extrajudicial, a autoridade policial somente iniciará as investigações após requerimento do ofendido.

4.9.6. Espécies

A ação penal de iniciativa privada tem três espécies:

a) exclusivamente privada;

b) personalíssima;

c) subsidiária da pública.

4.9.6.1. *Exclusivamente privada*

É a ação penal de iniciativa privada *propriamente dita*, que possibilita que tanto o **ofendido** como algum **representante legal** seu (art. 31) possam ajuizar a ação penal.

Exemplo: crime de dano (art. 163, "caput, CP), em que, ocorrendo a morte do ofendido, seu cônjuge poderá ingressar em juízo com uma queixa-crime ou prosseguir com a ação já iniciada.

4.9.6.2. *Personalíssima*

Ao contrário da exclusivamente privada, a ação penal personalíssima prevê a **legitimidade exclusiva ao ofendido (e mais ninguém)**, não havendo representante legal, curador e nem sucessão processual em caso de morte ou ausência.

Como possui essa característica, o menor de 18 anos deverá, obrigatoriamente, esperar atingir a maioridade para, então, por si próprio, ajuizar a queixa-crime (por meio de advogado, claro).

Diante disso, ocorrendo a **morte da vítima**, haverá a extinção da punibilidade do ofensor, seja pela decadência (pois os sucessores não poderão *ingressar* com a queixa), seja pela perempção (pois os sucessores não poderão *continuar* com o processo).

Há apenas um único exemplo deste tipo de ação no Brasil, que é o crime de **induzimento a erro essencial e ocultação de impedimento ao casamento** (art. 236, CP). Havia previsão, também, ao adultério (art. 240, CP), que, entretanto, foi revogado pela Lei nº 11.106/05.

4.9.6.3. *Ação penal privada subsidiária da pública*

De acordo com Paulo Rangel, "há casos em que, não obstante a ação ser pública e, portanto, promovida pelo Ministério Público, se este não propuser a ação no prazo legal, ou seja, cinco dias, estando o indiciado preso, e 15 dias, estando solto (cf. art. 46 do CPP), o ofendido poderá propor a ação penal em nome próprio, defendendo interesse alheio. É a chamada ação penal de iniciativa privada subsidiária da pública. É a queixa substitutiva da denúncia. O ofendido somente poderá propor a ação penal pública se houver inércia, desídia do Ministério Público, em propor a ação penal" (Direito, 2012, p. 300).

Possui previsão no art. 5º, LIX, CF (é um direito constitucional fundamental) e no art. 29, CPP, e visa a permitir que a vítima faça um controle acerca dos atos (morosos) do Estado, que pode impedir-lhe de ver o agente criminoso processado. Trata-se, claramente, de uma *faculdade* da vítima.

4.9.6.3.1. *Pressuposto*

O Ministério Público, titular da ação penal pública (art. 129, I, CF), para autorizar o ajuizamento da ação penal privada subsidiária da pública, deve permanecer **absolutamente inerte**, ou seja, não se manifestar dentro do prazo legal (art. 46, CPP).

Consoante o Superior Tribunal de Justiça, "a comprovação inequívoca da inércia do Ministério Público é requisito essencial para justificar o ajuizamento da ação penal privada subsidiária da pública" (AgRg na AP nº 557/DF, rel. Min. Nancy Andrighi, j. 06.10.10).

Vale ressaltar, ainda, que "o pedido de arquivamento do inquérito não caracteriza inércia do *Parquet*, razão pela qual não abre a possibilidade de eventual oferecimento de ação penal privada subsidiária da pública" (AgRg no RMS nº 27.518/SP, rel. Min. Marco Aurélio Bellizze, j. 20.02.14).

4.9.6.3.2. *Finalidade*

Tem o fim de suprir a inércia ou omissão do Ministério Público, que não oferece denúncia no prazo legal e nem promove o arquivamento das investigações, permitindo-se, então, que o agente criminoso responda pelo delito praticado, se o caso – do contrário, a inércia do órgão estatal acusador levaria à impunidade dos delinquentes e deixaria a sociedade de mãos atadas.

O Supremo Tribunal Federal, em repercussão geral, fixou a seguinte tese quanto à ação penal subsidiária da pública (tema nº 811, ARE nº 859.251/DF, rel. Min. Gilmar Mendes, j. 16.04.15):

(i) o ajuizamento da ação penal privada pode ocorrer após o decurso do prazo legal, sem que seja oferecida denúncia, ou promovido o arquivamento, ou requisitadas diligências externas ao Ministério Público. Diligências internas à instituição são irrelevantes; e

(ii) a conduta do Ministério Público posterior ao surgimento do direito de queixa não prejudica sua propositura. Assim, o oferecimento de denúncia, a promoção do arquivamento ou a requisição de diligências externas ao Ministério Público, posterior ao decurso do prazo legal para a propositura da ação penal, não afastam o direito de queixa. Nem mesmo a ciência da vítima ou da família quanto a tais diligências afasta esse direito, por não representar concordância com a falta de iniciativa da ação penal pública.

4.9.6.3.3. *Cabimento*

Somente em relação aos **crimes que tenham um ofendido definido**. Assim, é possível a ação penal subsidiária nos casos, *v.g.*, de homicídio ou de furto, mas não é possível nos crimes de perigo, como tráfico de drogas ou incêndio.

Nas exatas palavras da Suprema Corte, "a legitimidade para o ajuizamento de ação penal privada subsidiária da pública pertence a quem sofra, diretamente, as consequências do delito, e não à toda coletividade. A condição de cidadão não confere um direito difuso ao ajuizamento de ação penal privada subsidiária da pública" (AgRg na Pet nº 6.071/DF, rel. Min. Roberto Barroso, j. 13.09.16).

4.9.6.3.4. *Termo inicial*

É o dia seguinte ao término do prazo do Ministério Público (6º ou 16º dia, conforme o art. 46, CPP). Não se aplica a regra da ação de natureza privada (prazo contado do conhecimento da autoria).

Vale lembrar que o prazo para o Ministério Público oferecer denúncia é *impróprio*, ou seja, o seu descumprimento não impedirá o oferecimento de denúncia posteriormente (desde que dentro do prazo prescricional, é claro), mas autorizará, no dia seguinte ao seu esgotamento, o ajuizamento da ação penal subsidiária.

4.9.6.3.5. *Prazo*

O prazo para oferecimento da queixa-substitutiva é de 6 meses, de natureza decadencial. É interessante notar que, mesmo tendo natureza decadencial, o escoamento desse prazo *in albis* **não** acarretará a extinção da punibilidade. O único efeito da perda do prazo decadencial será, tão somente, a impossibilidade de ajuizamento da queixa-substitutiva pelo ofendido – mas o Ministério Público continuará, respeitado o prazo prescricional, legitimado a oferecer denúncia. Essa decadência recebe o nome de *imprópria*, pois, embora ocorra, não produzirá o seu efeito de extinção da punibilidade.

4.9.6.3.6. *Legitimidade*

Será da vítima ou de seu representante legal (art. 31, CPP). A ação não perde a sua natureza pública, apenas sendo transferida a iniciativa – pela inércia do Ministério Público.

Se a vítima abandonar a queixa-substitutiva ou ficar inerte no processo, o Ministério Público reassumirá o polo ativo.

4.9.6.3.7. *Natureza*

Como possui natureza **pública**, não são aplicáveis os institutos da renúncia, do perdão do ofendido ou da perempção. Além disso, continua regendo-se pelos princípios da obrigatoriedade e indisponibilidade.

Exemplo de Marcellus Polastri (Curso, 2016): o promotor de justiça, por descuido, deixa cair um inquérito atrás de seu armário e, em razão do grande volume de tarefas, ali permanece esquecido; um ano depois, limpando seu gabinete, acha referido inquérito; é claro que, se dentro do prazo prescricional, poderá oferecer denúncia, pois a ação penal é pública, continuando o Ministério Público a ser o legitimado (embora, durante o prazo decadencial legal, pudesse a vítima ajuizar a ação penal subsidiária).

Em suma, a inércia do Ministério Público não transforma a natureza da ação penal de pública para privada.

4.9.6.3.8. *Atuação do Ministério Público*

A atuação do Ministério Público não será de mero *custus juris* – como nas demais ações de iniciativa privada –, mas, sim, de **parte secundária**, atuando em conjunto com o ofendido e, inclusive, podendo aditar (para incluir corréu, por exemplo), repudiar, propor meios de prova, interpor recursos e assumir a ação se o querelante substituto for desidioso.

A não atuação do Ministério Público na ação penal subsidiária poderá gerar nulidade (art. 564, III, *d*, CPP) – o que dependerá, como sempre, da demonstração de prejuízo sofrido e alegação oportuna (STJ, AgRg no HC nº 258.852/PI, rel. Min. Rogerio Schietti Cruz, j. 17.11.16).

O Ministério Público pode repudiar a queixa-substitutiva, desde que o faça até o seu recebimento pelo juiz, indicando que não ficou inerte ou que a peça apresentada é inepta ou não preenche os requisitos legais; uma vez recebida, todavia, não poderá mais repudiá-la (Brasileiro, 2013).

Se o membro do Ministério Público entender que não há justa causa, mas foi oferecida queixa-substitutiva, manifestar-se-á pela sua rejeição (o que não vinculará o juiz) ou, ainda, impetrará *habeas corpus* – em favor do acusado – pedindo o trancamento da ação penal.

Consoante Távora e Alencar (Curso, 2014), o Ministério Público, na ação penal privada subsidiária, figura como **interveniente adesivo obrigatório** ou **parte adjunta**.

4.9.6.3.9. *Abandono pelo querelante*

Se a vítima, esgotado o prazo do Ministério Público, resolveu ajuizar a queixa-subsidiária, pode ocorrer de ela, com o tempo, abandonar o processo. Isso não gerará a perempção (art. 60, CPP), de modo que o órgão ministerial retomará o processo como parte principal – até porque, não custa lembrar, a ação penal tem natureza pública.

4.9.7. Extinção da punibilidade

As causas de extinção da punibilidade, previstas no art. 107 do CP e em algumas leis extravagantes, são aquelas que **extinguem o direito de punir do Estado**, impedindo, desse modo, a aplicação da pena ao acusado e são passíveis de ser reconhecidas em qualquer fase do processo (art. 61 do CPP). Ressalta-se que a morte do acusado extingue a punibilidade (inc. I do art. 107, CP), de modo que o juiz, à vista da certidão de óbito, e depois de ouvido o Ministério Público, a declarará (art. 62, CPP).

Ao se tratar de ação penal de iniciativa privada, quatro institutos devem ser estudados, que são causas extintivas da punibilidade:

1) decadência

2) renúncia ao direito de queixa

3) perdão do ofendido

4) perempção

Importa ressaltar que as causas acima referidas **não produzirão efeitos na ação penal privada subsidiária da pública**. Em outras palavras, se o querelante deixar fluir o prazo para promover a queixa subsidiária (decadência), renunciar ao direito de promovê-la (renúncia), abandonar a causa (perempção) ou mesmo perdoar o querelado (perdão do ofendido), não será declarada extinta a punibilidade. Isso decorre do fato de a inércia do querelante ensejar a retomada da ação pelo Ministério Público, como parte principal, conforme disposto na parte final do art. 29 do CPP.

4.9.7.1. *Decadência*

Significa a perda do direito de propor a ação penal privada em face da inércia do seu titular (o ofendido ou seu representante legal), que não a intenta dentro do prazo legal de 6 meses, em regra, contados a partir do dia em que o ofendido descobriu a autoria do crime.

Somente ocorre **antes** do início da ação penal privada e seus efeitos se estendem a **todos** os autores do crime (conforme o princípio da indivisibilidade).

Ressalte-se que o prazo decadencial é fatal, vale dizer, não se prorroga, não suspende e nem se interrompe. Na realidade, é "interrompido" apenas na data do **oferecimento** da queixa (e não na data do seu recebimento) e também com a entrega da representação em cartório. Se a vítima for menor de 18 anos, o prazo não correrá até que ela complete a maioridade.

A instauração de inquérito policial, vale destacar, não interrompe o prazo decadencial. Assim, se a vítima já tem conhecimento da autoria, seu prazo decadencial já está correndo, mesmo com as investigações em curso. Por isso, para evitar que ocorra a extinção da punibilidade, o melhor a se fazer é, tendo conhecimento da autoria, já ingressar com a queixa (mesmo que não esteja completa) e não esperar a conclusão do inquérito, que pode demorar para ser concluído e, assim, gerar a decadência.

O aludido instituto pode se manifestar na ação penal **privada**, na ação penal **pública condicionada à representação do ofendido** e na ação penal **privada subsidiária** (relembre que, neste caso, o esgotamento do prazo decadencial ao ofendido não gerará a extinção da punibilidade do agente – o que é chamado de *decadência imprópria*). Jamais se manifestará na ação penal pública incondicionada e na condicionada à requisição do Ministro da Justiça.

Como regra, a decadência tem prazo de natureza penal, com exceção da ação penal privada subsidiária da pública, que tem natureza processual.

4.9.7.2. *Renúncia ao direito de queixa*

É o ato pelo qual a vítima abre mão do direito de propor a **ação penal privada**. É causa de extinção da punibilidade (art. 107, V, CP), exclusiva desta espécie de ação, por meio da qual o querelante manifesta, de forma *expressa* ou *tácita*, sua vontade de não a intentar. Trata-se de ato **unilateral**, pois independe de aceitação da outra parte.

Será **expressa** quando feita por meio de declaração assinada (art. 50, CPP) e será **tácita** quando da prática de ato incompatível com a vontade de exercer o direito de queixa (art. 104, p.ú., 1ª parte, CP), podendo ser provada por qualquer meio admitido em direito (art. 57, CPP). O mero convívio social ou comercial não gerará renúncia ao direito de queixa.

Tal como a decadência, a renúncia só pode ocorrer **antes** do início da ação penal (sempre será extraprocessual), i.e., do seu oferecimento, e seus efeitos se estendem a **todos** os autores do crime (princípio da indivisibilidade).

Como visto anteriormente, o reconhecimento da renúncia tácita ao direito de queixa exige a demonstração de que a não inclusão de determinados autores ou partícipes na queixa-crime se deu de forma deliberada pelo querelante; do contrário, se não intencional, o Ministério Público, fiscal da indivisibilidade, deverá requerer a intimação do querelante para aditar a sua queixa, sob pena de extinção da punibilidade pela renúncia tácita.

Consoante o art. 104, p.ú., CP, não implica renúncia tácita o fato de o ofendido receber a indenização do dano causado pelo crime. Já a Lei nº 9.099/95 (Juizados Especiais), referente às infrações penais de menor potencial ofensivo, no art. 74, p.ú., dispõe que, em se tratando de ação penal de iniciativa privada ou de ação penal pública condicionada à representação, o acordo homologado (de composição dos danos civis) acarretará a renúncia ao direito de queixa ou representação.

Assim, há duas situações:

Juizado Especial Criminal	Código Penal
Tratando-se de ação penal privada ou de ação penal condicionada à representação, a composição civil dos danos homologada pelo juiz, **gera renúncia** ao direito de queixa ou representação.	O fato de o ofendido receber indenização pelo dano sofrido em razão do crime (que não seja nos moldes da Lei nº 9.099/95) **não gera renúncia** ao direito de queixa.

De acordo com Pacelli, as duas previsões convivem perfeitamente, uma vez que a Lei dos Juizados Especiais trata de infrações de *menor* potencial ofensivo e objetiva justamente a reparação dos danos sofridos pela vítima, procurando incentivar a conciliação; por outro lado, o Código Penal trata de infrações de *maior* potencial ofensivo e o objetivo primordial não é a conciliação (Curso, 2012).

Tem legitimidade para renunciar o mesmo legitimado para mover a ação penal de iniciativa privada. Quando o ofendido completa 18 anos, apenas ele é legitimado para mover a queixa-crime e, do mesmo modo, somente ele pode renunciar a este direito, não mais se aplicando o p.ú. do art. 50, CPP. Se o ofendido é menor de 18 anos, a renúncia será apresentada pelo seu representante legal (art. 50, *caput*, CPP). Tratando-se de ofendido incapaz, a renúncia será exercida por seu representante legal (Espínola Filho, 2000, v. 1).

Como visto quando do estudo do *Inquérito Policial*, o ofendido (em crime de ação penal de iniciativa privada) não pode requerer o arquivamento do inquérito – todavia, este ato será visto como renúncia ao direito de queixa, gerando a extinção da punibilidade do agente.

Uma vez renunciado ao direito de queixa, não há como se retratar.

4.9.7.3. *Perdão do ofendido*

É a manifestação de vontade do querelante em perdoar, em desculpar o autor do fato criminoso, sendo **cabível somente nas ações privadas** (não existindo na ação penal privada subsidiária da pública). Gerará uma verdadeira *desistência* da ação penal privada já iniciada.

O perdão deve ocorrer **durante o curso da ação penal** até o trânsito em julgado da sentença. Antes da propositura da ação, o ofendido manifesta a sua vontade por meio da renúncia do direito de queixa. Posteriormente ao trânsito em julgado, o ofendido não poderá dispor da ação, pois não detém a titularidade da pretensão executória, que é exclusiva do Estado (não existe nenhuma hipótese de substituição processual em relação a essa pretensão).

Como é uma *manifestação de vontade* do ofendido, o perdão é um ato **bilateral**, ou seja, para que possa gerar efeitos é necessário que ele seja **aceito** pelo querelado (ofensor) – isso porque, pode este querer continuar com o processo penal visando a obter uma sentença absolutória para comprovar a sua inocência, não aceitando o perdão do querelante. Uma vez aceito o perdão, não há como se retratar.

Consoante o art. 106, CP, o perdão pode ser:

a) processual, quando concedido dentro do processo.

b) extraprocessual, se concedido fora do processo, devendo ser transportado a este para que o juiz extinga a punibilidade do querelado.

c) expresso, mediante documento escrito.

d) tácito, decorrente da prática de ato incompatível com a vontade de prosseguir na ação penal, podendo ser provada por qualquer meio de prova.

Consoante Marcão, o perdão processual é sempre expresso, pois materializado num processo; o perdão extraprocessual pode ser expresso ou tácito (Código, 2016).

Da mesma forma como na renúncia, a simples convivência entre ofendido e ofensor não gerará perdão.

O perdão concedido a um dos querelados aproveitará a todos, sem que produza, todavia, efeito em relação ao que o recusar (art. 51 do CPP). No caso de pluralidade de querelantes, se concedido por um deles, não prejudicará o direito dos outros em continuar com a ação penal (art. 106, II, CP).

Quanto à pluralidade de crimes, o perdão aceito em relação a um não impede o prosseguimento da ação penal em relação aos demais crimes – é o *perdão parcial*.

Uma vez concedido o perdão, mediante declaração expressa nos autos, o querelado será intimado a dizer, dentro de 3 dias, se o aceita, devendo, ao mesmo tempo, ser cientificado de que **o seu silêncio importará aceitação** (art. 58, CPP). Aceito o perdão, o juiz declarará extinta a punibilidade do agente (art. 58, p.ú, CPP).

O perdão, dentro do processo, pode ser aceito por procurador com poderes especiais, isto é, expressos (art. 55, CPP); já a aceitação fora do processo deverá constar de declaração assinada pelo querelado, por seu representante legal ou por procurador com poderes especiais (art. 59, CPP), fazendo-se a comunicação nos autos do processo.

Tal como já estudado acima, o maior, a partir dos 18 anos, já pode, por si, perdoar seu ofensor, independentemente de concordância de qualquer pessoa, estando revogados tacitamente os arts. 52 e 54, CPP. Se o querelado for mentalmente enfermo ou retardado mental e não tiver representante legal, ou os interesses deste colidirem com os do querelado, a aceitação do perdão caberá ao curador que o juiz lhe nomear (art. 53, CPP). Quanto ao incapaz, apenas o seu representante legal é legitimado a oferecer perdão (Espínola Filho, 2000, v. 1).

É importante observar que o perdão do ofendido não se confunde com a renúncia. Assim:

Renúncia	Perdão
Ocorre **antes** do *oferecimento* da queixa-crime pelo juiz (princípio da oportunidade)..	Ocorre **depois** do *oferecimento* da queixa--crime pelo juiz até o trânsito em julgado da condenação (princípio da disponibilidade).
É ato **unilateral**, não precisando ser aceito pelo ofensor.	É ato **bilateral**, exigindo-se aceitação do querelado.
Se renunciado o direito de queixa em relação a um dos ofensores, **a todos se estenderá**.	Se perdoado um dos querelados, **a todos se estenderá** a oportunidade de ser perdoado, desde que aceito este.
Pode ser **expressa ou tácita**.	Pode ser **expresso ou tácito**.

4.9.7.4. *Perempção*

Tem fundamento no verbo *perimir*, que significa pôr temo, extinguir. É a **sanção** aplicada ao querelante consistente na perda do direito de prosseguir na ação penal devido à sua **inércia** ou **negligência**. Só é cabível na ação penal exclusivamente privada e personalíssima. Tal como o perdão, a perempção pressupõe a existência de uma queixa--crime em curso.

A perempção, assim, autoriza que o querelante exerça a **disponibilidade** sobre a ação penal, ainda que sem o consentimento do querelado. Isso pode fazer surgir uma situação um tanto inusitada. O querelante, como visto acima, pode oferecer o seu perdão ao querelado, que, todavia, pode não o aceitar, objetivando que o processo tenha o seu curso até o final para "provar a sua inocência"; o querelante, não obstante isso, pode simplesmente abandonar a ação penal, de modo a ocasionar a sua inércia processual e, com isso, configurar a perempção, que é causa extintiva da punibilidade, extinguindo-se o processo sem julgamento do mérito, não tendo o querelado como impossibilitar essa situação, de modo a não conseguir o seu intento de "provar sua inocência".

Conforme o art. 60, CPP, nos casos em que somente se procede mediante **queixa**, considerar-se-á perempta a ação penal (em rol taxativo):

1) quando, iniciada esta, o querelante deixar de promover o andamento do processo durante *30 dias seguidos*.

Demonstra descaso do querelante com o processo penal. Veja que a lei fala em trinta dias *seguidos* e apenas a paralisação *injustificada* gerará a perempção.

Entende-se que, antes de ser declarada a perempção, o juiz deve intimar o querelante para apresentar justificativa sobre a paralisação (STF, Inq. nº 512/DF, rel. Min. Celso de Mello, j. 20.02.92).

2) **quando, falecendo o querelante ou sobrevindo sua incapacidade, não comparecer em juízo, para prosseguir no processo, dentro do prazo de *60 dias*, qualquer das pessoas a quem couber fazê-lo (cônjuge, ascendente, descendente ou irmão), ressalvado o disposto no art. 36 do CPP.**

O prazo começa a correr a partir do evento morte ou incapacidade, não sendo necessária nenhuma intimação aos familiares. Se o familiar que comparecer abandonar a ação penal, qualquer outro, dentre os legitimados sucessores, sem ordem de preferência, poderá habilitar-se a prosseguir nos autos (art. 36, CPP).

Tratando-se de ação penal personalíssima, a morte do querelante, como visto, gerará a extinção da punibilidade do ofensor.

3) **quando o querelante deixar de comparecer, sem motivo justificado, a qualquer ato do processo a que deva estar presente, ou deixar de formular o pedido de condenação nas alegações finais.**

Há duas situações previstas: (a) não comparecimento do querelante a um ato que deveria estar presente, quando imprescindível a sua presença pessoal; e (b) ausência de pedido expresso de condenação em alegações finais, salvo se o contexto permitir concluir que o querelante deseja ver o querelado punido, mesmo que não haja pedido expresso (STF, RE nº 90.281/MG, rel. Min. Moreira Alves, j. 18.09.79).

Ver que o art. 520, CPP, prevê, no processo e julgamento dos crimes contra a honra (que não se enquadre em crime de menor potencial ofensivo), que o juiz, antes de receber a queixa, realizará uma audiência, oportunizando-se às partes se reconciliarem, ouvindo--as separadamente e sem seus advogados. Entende-se, embora haja certa divergência, como se estudará, que a falta do querelante a esta audiência não gerará perempção, pois (i) ainda não há processo em andamento, pois ela é realizada *antes* de o juiz receber a queixa-crime e (ii) demonstra-se apenas a falta de interesse na conciliação, não sendo considerado um "ato de abandono" do processo, que sequer se iniciou (STJ, REsp nº 605.871/SP, rel. Min. Felix Fischer, j. 15.04.04)

4) **quando, sendo o querelante uma pessoa jurídica, essa se extinguir sem deixar sucessor.**

Como já visto, a pessoa jurídica pode ser vítima de crime, inclusive de ação penal privada; se ela é extinta sem deixar sucessor, haverá perempção, pois não pode haver processo sem autor no polo ativo; se ela deixar sucessor, deverá este – em analogia ao art. 60, II, CPP – ingressar na ação penal privada em 60 dias.

Por fim, como bem explica Renato Brasileiro (Curso 2013, p. 234), "havendo pluralidade de infrações, é possível a ocorrência de perempção em face de apenas algumas delas. Basta supor que o querelante, em sede de alegações orais, peça a condenação em relação a apenas uma das infrações imputadas. Além disso, na hipótese de haver mais de um querelante, a perempção em relação a um deles não prejudica o direito dos demais". No que diz respeito aos querelados, a perempção atingirá a todos que forem acusados, em respeito ao princípio da indivisibilidade.

No mais, é impossível a perempção gerar extinção da punibilidade na ação penal privada subsidiária da pública – isso porque, a inércia do querelante acarretará a retomada do polo ativo pelo Ministério Público (art. 29, CPP).

4.9.8. Custas, despesas processuais e honorários

Consoante o art. 806, CPP, não haverá o pagamento de custas e despesas processuais em relação à ação penal privada subsidiária da pública. No entanto, em relação às demais espécies (exclusiva e personalíssima), haverá.

No que diz respeito às despesas, é admissível a condenação do vencido no pagamento das **verbas sucumbenciais** nos crimes de ação penal privada, incluindo os **honorários de advogado**, por aplicação analógica do princípio geral da sucumbência (STJ, ED no REsp nº 275.650/SP, rel. Min. Hamilton Carvalhido, j. 29.11.05).

No mesmo sentido, disse a Corte da Cidadania que é possível haver condenação em honorários advocatícios em ação penal privada, conclusão esta que é extraída dos princípios da sucumbência e da causalidade, permitindo-se a aplicação analógica do Código de Processo Civil, conforme previsão do art. 3º, CPP (AgRg no REsp nº 1.218.726/RJ, rel. Min. Sebastião Reis Júnior, j. 22.02.13). Assim, por exemplo, condenar-se-á o querelante em honorários advocatícios, em favor do querelado, quando da rejeição da queixa-crime por ele proposta (EDcl na AP nº 881/DF, rel. Min. Og Fernandes, j. 03.10.18). Consoante a Suprema Corte, caberá a fixação de honorários advocatícios quando houver a rejeição da queixa-crime, aplicando-se analogicamente o art. 85, CPC (2º AgRg no ARE nº 1.197.757/DF, rel. Min. Ricardo Lewandowski, j. 18.10.19).

4.10. PEÇA ACUSATÓRIA

4.10.1. Denúncia e queixa-crime

A peça processual acusatória nos crimes movidos por ação penal pública (seja incondicionada ou condicionada) é a **denúncia**, enquanto que a peça acusatória nos crimes movidos por ação penal de iniciativa privada (exclusiva, personalíssima ou subsidiária) é a **queixa-crime**.

Ambas devem ser elaboradas por meio de petição escrita e em língua portuguesa. Atentar que, nos Juizados Especiais, o art. 77 da Lei nº 9.099/95 permite o oferecimento de denúncia ou queixa de forma oral, posteriormente reduzida a termo.

Como visto anteriormente, é possível a existência de um litisconsórcio entre querelante (em ação penal de iniciativa privada) e Ministério Público (em ação penal de iniciativa pública), chamando-se *ação penal adesiva*.

4.10.2. Requisitos

Nos termos do art. 41, CPP, a denúncia ou queixa conterá alguns requisitos. Oferecida a peça acusatória, caberá ao juiz verificar se é o caso de recebimento ou de rejeição, devendo ser rejeitada se não estiver formalmente em ordem ou se faltarem elementos mínimos de convicção, indicativos de autoria e materialidade. Talvez seja por isso que não se fale em *princípio da ampla acusação*, pois esta deve ser exercida nos termos da lei, observando-se rígidos requisitos.

Fala-se em denúncia ou queixa **inepta** (art. 395, I, CPP) – que é causa de rejeição da denúncia pelo juiz – quando ela não atende aos requisitos legais de forma e de conteúdo, consoante enumerado abaixo (art. 41, CPP).

Será considerada inepta, portanto, a denúncia que não estabelece a indispensável vinculação entre a suposta conduta do acusado e os eventos criminosos. Essa irregularidade formal, todavia, não impede o aprofundamento das investigações, conforme requerido pelo Ministério Público, ou seja, a inépcia da inicial acusatória não impedirá a continuação das investigações no inquérito policial (STF, QO-AP nº 1.005/MG, rel. Min. Edson Fachin, j. 08.08.17), autorizando posteriormente, se o caso, o oferecimento de nova acusação.

Assim, são requisitos exigidos da denúncia e da queixa:

(1) A exposição do fato criminoso, com todas as suas circunstâncias

A acusação deverá imputar o fato principal, as qualificadoras, as causas de aumento de pena e as condições de tempo, modo e lugar da prática criminosa (quando, como e onde o delito foi praticado).

O Código de Processo Penal, no art. 385, afirma que as agravantes não precisam ser incluídas na peça acusatória, pois o juiz pode conhecê-las de ofício (art. 385, CPP), o que, para parcela minoritária da doutrina, seria inconstitucional, pois não poderia o juiz, dentro do sistema acusatório, reconhecer uma agravante não imputada na petição inicial. Para o Superior Tribunal de Justiça, o juiz pode, sim, agir desta forma, pois as agravantes não pertencem ao tipo penal imputado (HC nº 82.662/SP, rel. Min. Laurita Vaz, j. 25.10.07).

Não há necessidade de se narrar atenuantes e causas de diminuição, haja vista que a denúncia é uma verdadeira peça processual de natureza acusatória (Feitoza, 2009), cabendo essa sustentação à defesa. Há, todavia, por questões pessoais de técnica, quem defenda que a acusação deverá trazer no corpo da acusação, literalmente, todos os acontecimentos referentes ao delito, inclusive causas de diminuição e atenuantes (Mirabete, 2007).

Logo, a acusação deverá narrar o fato principal (simples ou qualificado) e eventuais causas de aumento de pena. Atenuantes, causas de diminuição e agravantes são dispensáveis à peça acusatória, pois a sua demonstração sera feita no curso da instrução processual.

Ademais disso, há situações que requerem maior atenção, como a imputação de um crime culposo, que exige a especificação da modalidade de culpa (imprudência, negligência ou imperícia); o homicídio qualificado, que exige, por exemplo, a narração precisa em que consistiu o motivo torpe, fútil etc. Assim, é inepta (insuficiente) a denúncia que imputa a prática de homicídio culposo na direção de veículo automotor sem descrever, de forma clara e precisa, a conduta negligente, imprudente e/ou imperita que teria gerado o resultado morte, sendo insuficiente a simples menção de que o agente estava na direção do veículo no momento do crime (STJ, HC nº 305.194/PB, rel. Min. Rogerio Schietti Cruz, j. 11.11.14).

De acordo com o Supremo Tribunal Federal, a queixa-crime deve individualizar as condutas de cada agente, não bastando o querelado, por exemplo, ser mero dono de empresa de comunicação, sem descrição da conduta por ele praticada (Pet. nº 5.660/PA, rel. Min. Luiz Fux, j. 14.03.17), ou seja, o proprietário de uma rádio não pode ser processado criminalmente por ofensas proferidas por seus radialistas pelo simples fato de ser o titular da empresa e inimigo político do ofendido.

E como bem entendeu o Superior Tribunal de Justiça, a acusação, ao narrar o crime de associação criminosa, deve descrever o papel de cada um de seus integrantes, inclusive demonstrando a estabilidade e permanência, não podendo apenas dizer que os acusados se associaram para a prática de crimes sem descrever as condutas dos associados (RHC nº 70.222/SP, rel. Min. Jorge Mussi, j. 14.09.17).

De igual modo, entendeu a Suprema Corte que a denúncia contra prefeito por crime ocorrido em licitação deve indicar, ao menos, que o acusado participou ou tomou conhecimento dos fatos ilícitos, não podendo o chefe do Poder Executivo ser incluído entre os acusados tão somente em razão de sua função pública, sob pena de violação à responsabilidade penal subjetiva, na qual não se admite a responsabilidade presumida/objetiva (AP nº 912/PB, rel. Min. Luiz Fux, j. 07.03.17).

Em outro caso, o Supremo Tribunal Federal determinou, liminarmente, o trancamento de ação penal por crime de supressão de tributo (Lei nº 8.137/90) em razão da falta de individualização das condutas que teriam sido praticadas pelos sócios da empresa que foram acusados, considerando, inclusive, que o contrato social estipula obrigações sociais distintas a cada uma eles (HC nº 157.022/BA, rel. Min. Marco Aurélio, j. 04.07.18).

Além do mais, a peça acusatória precisa demonstrar o nexo causal que estabeleça a relação de causa e efeito entre a conduta atribuída ao agente e o resultado dela decorrente, conforme o art. 13, CP, sob pena de responsabilidade penal objetiva, que é inaceitável no dia de hoje, não sendo possível processar alguém por mera suspeita ou presunção (STF, HC nº 138.637/SP, rel. Min. Celso de Mello, j. 18.05.17).

Desta feita, a mera invocação da condição de "representante legal" de uma sociedade empresária, sem a correspondente e objetiva descrição de um comportamento penal típico que vincule o sócio ou acionista, concretamente, à prática criminosa, não constitui fator suficiente apto a legitimar a formulação de acusação estatal, muito menos a autorizar a prolação de decreto judicial condenatório, sob pena de responsabilidade penal objetiva, incompatível com o princípio dominante da responsabilidade penal com culpa, não sendo possível ser esta reconhecida por mera presunção ou suspeita (STF, Pet. nº 5.732/MG, rel. Min. Celso de Mello, j. 13.10.17). Assim, é inepta a denúncia que imputa ao sócio de empresa a prática de crime contra a ordem tributária sem descrever, ainda que minimamente, a conduta ilícita supostamente cometida, limitando-se a acusação a transcrever trechos dos tipos penais e a simplesmente imputar a condição de sócio da pessoa jurídica (STJ, HC nº 224.728/PE, rel. Min. Rogerio Schietti Cruz, j. 10.06.14).

Em outro caso, entendeu o Supremo Tribunal Federal que, por mais que seja possível a utilização da teoria do domínio do fato para imputar a responsabilidade penal à pessoa que possui o controle finalístico do comportamento criminoso, a simples condição de diretor-presidente da empresa, isto é, de posição hierárquica superior, não autoriza o oferecimento de denúncia contra este afirmando-se apenas que não seria possível, diante do cargo ocupado, a realização da conduta criminosa sem o seu conhecimento (HC nº 127.397/BA, rel. Min. Dias Toffoli, j. 06.12.16). Novamente: é preciso a existência de nexo de causalidade entre conduta criminosa e resultado obtido, não sendo admitida a responsabilidade penal objetiva, ou seja, sem indicativo mínimo de culpa penal (em sentido amplo).

No mesmo sentido, não se permite a condenação de um agente com base em meras conjecturas, de modo que não é porque houve irregularidade em uma licitação estadual que o governador terá que ser condenado criminalmente por isso (STF, AP nº 975/AL, rel. Min. Edson Fachin, j. 03.10.17).

E o que vincula o juiz e a defesa é a **narração dos fatos**, e não a tipificação dada pela acusação (STJ, RHC nº 11.515/SC, rel. Gilson Dipp, j. 08.06.04). Assim, se a acusação narra a subtração de um objeto mediante violência (roubo), mas imputa o delito do art. 155, CP (furto), a narração de como se deram os fatos é que importará às teses defensivas e à sentença do juiz – e não a mera tipificação legal (ainda que errônea) dada pela acusação.

No mais, nas palavras de Scarance, "a doutrina denomina **criptoimputação** a imputação contaminada por grave situação de deficiência na narração do fato imputado, quando não contém os elementos mínimos de sua identificação como crime, como às vezes ocorre com a simples alusão aos elementos do tipo penal abstrato" (A reação, 2002, p. 184). Hugo Nigro Mazzilli traz o exemplo de criptoimputação nos crimes culposos, em que é inepta a denúncia que não descreve adequadamente a modalidade de culpa com que se houve o réu (Questões, 1999).

Consoante o Superior Tribunal de Justiça, "a denúncia genérica caracteriza-se pela imputação de vários fatos típicos, genericamente, a integrantes da pessoa jurídica, sem delimitar, minimamente, qual dos denunciados teria agido de tal ou qual maneira. Patente, pois, que a criptoimputação da denúncia genérica vulnera os princípios constitucionais da ampla defesa e do contraditório" (RHC nº 72.074/MG, rel. Min. Ribeiro Dantas, j. 06.10.16).

(2) A qualificação do acusado ou esclarecimentos pelos quais se possa identificá-lo

Como ensina Badaró (Processo Penal, 2016), qualificar é indicar o conjunto de dados e atributos da pessoa apontada como autora do delito, o que se dá, geralmente, por meio da aposição de nome, prenome, filiação, indicacão de RG, data de nascimento, nacionalidade, profissão etc. Se isso não for possível, é possível a menção de outras características, como um apelido, a existência de tatuagens, cor da pele etc., mas não pode haver meras referências genéricas, como "alto e branco", pois *a pessoa deve ser certa.*

Diz o art. 259, CPP: "a impossibilidade de identificação do acusado com o seu verdadeiro nome ou outros qualificativos não retardará a ação penal, quando certa a identidade física. A qualquer tempo, no curso do processo, do julgamento ou da execução da sentença, se for descoberta a sua qualificação, far-se-á a retificação, por termo, nos autos, sem prejuízo da validade dos atos precedentes".

É desnecessária a qualificação do promotor de justiça, até porque, não é ele quem acusa, mas o Ministério Público, em nome do Estado; o querelante, na ação penal de iniciativa privada, embora a lei seja silente, deverá qualificar-se.

(3) A classificação do delito

É a qualificação penal do delito, isto é, a indicação do tipo penal, o que inclui o tipo fundamental, as qualificadoras, as causas de aumento de pena, o concurso de crimes etc. Além disso, é recomendado que a acusação coloque o *nomem juris* (ex.: furto simples, do art. 155, *caput*, CP).

Já entendeu o Superior Tribunal de Justiça que não é considerada inepta a denúncia que se fundamenta no art. 129, § 9º, CP (lesão corporal leve qualificada pela violência doméstica) tão somente em razão de o crime não ter ocorrido no ambiente familiar. Isso porque, a qualificadora incide quando o crime for praticado contra ascendente, descendente, irmão, cônjuge ou companheiro *ou* prevalecendo o agente das relações domésticas, de coabitação ou hospitalidade. Então, por exemplo, caso um irmão agrida outro no ambiente de trabalho, isto é, fora do âmbito familiar, mesmo assim incidirá a forma qualificada (RHC nº 50.026/PA, rel. Min. Reynaldo Soares da Fonseca, j. 03.08.17).

Como visto, a tipificação legal não vincula juiz e defesa, uma vez que o acusado se defenderá dos **fatos** narrados. Tanto é assim que é possível a alteração da definição jurídica sem alteração dos fatos, como se verá em capítulo próprio, consoante o art. 383, CPP.

Conforme o Superior Tribunal de Justiça, não é permitido ao juiz, no *ato de recebimento da denúncia*, quando faz apenas um **juízo de admissibilidade** da acusação, conferir definição jurídica diversa aos fatos narrados na peça acusatória (salvo situações teratológicas); poderá fazê-lo adequadamente no momento da *prolação da sentença*, ocasião em que poderá haver a "emendatio libelli" ou "mutatio libelli"; e eventual erro na definição jurídica da conduta não torna inepta a denúncia e, menos ainda, é causa de trancamento da ação penal, pois o acusado defende-se do fato narrado, e não da capitulação legal (HC nº 213.043/MS, rel. Min. Laurita Vaz, j. 06.08.13).

(4) O rol de testemunhas, quando necessário

A sua indicação é facultativa (a lei diz: "quando necessário"), não gerando inépcia a sua ausência, pois pode tal meio de prova ser desnecessário ou sequer existir.

Mas ver que, se o autor pretender produzir prova testemunhal, deverá, na exordial acusatória, apresentar o respectivo rol, sob pena de *preclusão*, não podendo apresentá-lo em outra oportunidade (atentar que o juiz poderá ouvir alguma testemunha considerada "do juízo", nos termos do art. 209, CPP, independentemente da existência de rol de testemunhas).

Esses são os quatro requisitos trazidos pela Lei como **indispensáveis** à denúncia e à queixa-crime. Trata-se de rol exemplificativo (*numerus apertus*), pois há outros, como o endereçamento ao juízo competente, o pedido de condenação, a indicação do local e data de elaboração da peça, a identificação do nome e cargo do subscrevente e assinatura.

Consoante antigo entendimento da Suprema Corte, embora tenha ocorrido equívoco na indicação do juízo a que é dirigida a denúncia, ela não é inepta se descrever os fatos suficientemente, de modo a permitir o regular exercício da defesa (RHC nº 60.612/RO, rel. Min. Cordeiro Guerra, j. 31.08.82).

A ausência dos chamados "elementos autenticativos" da peça acusatória – como a data e assinatura do promotor de justiça – não gerarão, obrigatoriamente, a inexistência da denúncia, desde que evidenciado, por outros elementos, quem foi o seu autor (STJ, REsp nº 939.971/RS, rel. Min. Felix Fischer, j. 09.10.07), como a assinatura na *cota* da denúncia. Se não for possível identificar nenhum elemento indicativo da autoria, aí sim o ato será considerado inexistente.

Vale ressaltar que as omissões da denúncia/queixa poderão ser supridas a todo tempo, antes da sentença final (art. 569, CPP, e STF, RHC nº 84.849/PR, rel. Min. Eros Grau, j. 22.06.05).

Quanto à queixa, o art. 44, CPP, exige que ela seja proposta acompanhada de **procuração com poderes especiais** (salvo se o querelante for advogado em causa própria), devendo constar do instrumento de mandato o **nome do querelado** e a **menção ao fato criminoso**, salvo quando tais esclarecimentos dependerem de diligências, que devem ser previamente requeridas no juízo criminal. Como entende o Superior Tribunal de Justiça, a descrição do fato criminoso não precisa ser pormenorizada, bastando a menção a ele, sendo suficiente a indicação do artigo de lei no qual, em tese, incidiu o querelado (RHC nº 8.337/SP, rel. Min. Felix Fischer, j. 09.11.99).

Eventuais **vícios ou irregularidades** no instrumento de mandato podem ser sanados a qualquer tempo, mesmo após o decurso do prazo decadencial, consoante o art. 569, CPP, com exceção das situações que digam respeito à legitimidade *ad causam* (STJ, REsp 494.814/DF, rel. Min. Laurita Vaz, j. 02.12.14; HC nº 131.078/PI, rel. Min. Alderita Ramos de Oliveira, j. 14.08.12; e RHC nº 93.546/RJ, rel. Min. Joel Ilan Paciornik, j. 14.08.18).

Exercido o direito de queixa dentro do prazo legal, mas perante **juízo incompetente** (absoluta ou relativamente incompetente), não há que se falar em decadência (STJ, HC nº 11.291/SE, rel. Min. Hamilton Carvalhido, j. 20.06.00).

No que diz respeito à necessidade de o querelante mencionar eventuais circunstâncias agravantes, ensina Norberto Avena que, ao contrário do art. 385, CPP (destinado apenas às ações penais públicas), no caso de crime de ação penal de iniciativa privada, o reconhecimento de agravantes pelo juiz exige expressa referência na queixa-crime, não podendo o juiz reconhecê-las de ofício (Processo, 2011).

4.10.3. Prazo para oferecimento da denúncia

Recebidos os autos do inquérito policial pelo Ministério Público, este terá **5 dias** (se o indiciado estiver preso) ou **15 dias** (se o indiciado estiver solto ou afiançado) para oferecer denúncia. Se o indiciado estiver solto e o membro do Ministério Público requerer a devolução do inquérito ao delegado, contar-se-á o prazo da data em que os autos retornarem novamente ao MP.

O órgão do Ministério Público dispensará o inquérito, se com a representação forem oferecidos elementos que o habilitem a promover a ação penal, e, neste caso, oferecerá a denúncia no prazo de 15 dias (art. 39, § 5º, CPP).

Da mesma forma como há controvérsia sobre a natureza do prazo para conclusão do inquérito quando o indiciado está preso, aqui também existe divergência. Para uns, teria natureza material (art. 10, CP), e, para outros, teria natureza processual (posição majoritária), contando-se o prazo a partir do primeiro dia útil seguinte à prisão e, caso termine em sábado, domingo ou feriado, será prorrogado ao próximo dia útil (art. 798, §§ 1º e 3º, CPP).

O art. 46, CPP, afirma que o prazo é contado *da data em que o órgão do Ministério Público receber os autos do inquérito policial*. Entende-se que o prazo para manifestação terá início com a entrada dos autos no setor administrativo do Ministério Público e, estando formalizada a carga pelo servidor responsável, já estará configurada a intimação do *Parquet*, sendo desnecessário que os autos cheguem ao gabinete do membro para que o prazo se inicie (STJ, REsp nº 1.278.239/RJ, rel. Min. Nancy Andrighi, j. 23.10.12).

Nos casos em que não houve prévio inquérito policial, o prazo para oferecimento de denúncia contar-se-á da data em que tiver recebido as peças de informações ou a representação (art. 46, § 1º, CPP).

O prazo de 15 dias dado ao Ministério Público para o oferecimento da denúncia (investigado solto) é considerado como do tipo **impróprio**, não causando qualquer nulidade a sua inobservância, tanto que não existe cominação legal para tanto (STJ, HC nº 102.818/TO, rel. Min. Napoleão Nunes Maia Filho, j. 03.03.09). Apenas, claro, deve ser observado o prazo prescricional do delito e a razoabilidade.

Já o prazo de 5 dias para oferecimento de denúncia (investigado **preso**), se desrespeitado de forma *irrazoável*, *injustificada* e *abusiva*, gerará constrangimento ilegal com a consequente soltura do indiciado (STJ, HC nº 61.118/MT, rel. Min. Gilson Dipp, j. 12.09.06). Consoante Pacelli (Curso, 2012), a superação desse prazo poderá ocorrer em casos excepcionais, diante da especial gravidade do delito e da complexidade das investigações, até porque é aceita a ideia de compensação, no curso do processo, do excesso de prazo para oferecimento da denúncia (STJ, HC nº 219.207/MG, rel. Min. Maria Thereza de Assis Moura, j. 06.08.13).

A legislação especial traz prazos específicos para oferecimento da peça acusatória:

a) Lei de Drogas: **10 dias** para (solto ou preso).

b) Crimes contra a Economia Popular: **2 dias** (solto ou preso).

c) Código Eleitoral: **10 dias** (solto ou preso).

d) Falência: regra do CPP – mas, se o MP, estando o agente solto ou afiançado, decidir por aguardar a apresentação da exposição circunstanciada pelo administrador judicial (art. 186 da Lei nº 11.101/05), oferecerá denúncia em **15 dias após tal relatório**.

Assim, são prazos para o oferecimento da denúncia:

Regra do CPP	5 dias (preso) e 15 dias (solto)
Lei de Drogas	10 dias (solto ou preso)
Economia Popular	2 dias (solto ou preso)
Código Eleitoral	10 dias (solto ou preso)
Crimes da Lei de Falências	CPP (regra) ou 15 dias (após relatório do administrador judicial)

O decurso *in albis* do prazo para oferecimento da denúncia pelo Ministério Público ensejará algumas consequências:

i) o cabimento de ação penal privada subsidiária da pública;

ii) se a inércia foi dolosa, poderá caracterizar o crime de prevaricação, do art. 319, CP;

iii) perda de parte do subsídio, de acordo com o art. 801, CPP, embora haja doutrina afirmando que tal disposição não foi recepcionada pela CF/88, diante da irredutibilidade de subsídio assegurada aos membros do Ministério Público, conforme o art. 128, § 5º, I, *c*, CF;

iv) eventual constrangimento ilegal ao acusado, como visto acima, com possibilidade de relaxamento da prisão.

4.10.4. Prazo para oferecimento da queixa-crime

Como visto ao se tratar do prazo para representação, o ofendido ou seu representante legal deverão exercer o direito de queixa ou de representação dentro do prazo de **6 meses**, contados a partir do dia em que vierem a saber quem foi o autor do crime, de acordo com o art. 38, CPP, sob pena de decadência.

Mas, como observa Renato Brasileiro de Lima (Curso, 2012), caso o investigado por crime movido por ação penal de iniciativa privada esteja preso em flagrante, p. ex., não se pode admitir que o ofendido possa demorar 6 meses para oferecer a queixa-crime – assim, deve ser feita uma interpretação extensiva e aplicar à queixa o mesmo prazo da denúncia quando o indiciado estiver preso: 5 dias. Neste último caso, deve-se observar as mesmas consequências quanto à extrapolação do prazo para o oferecimento de *denúncia* em relação ao investigado preso, podendo gerar constrangimento ilegal e consequente relaxamento da prisão. Independentemente das consequências em relação à prisão, o prazo de seis meses permanece íntegro.

Em algumas hipóteses, o aludido prazo é diferenciado em razão da natureza do crime, a saber:

a) 6 meses, contados a partir do trânsito em julgado da sentença que, por motivo de erro ou impedimento, anule casamento, no caso de crime de induzimento a erro essencial (art. 236, p.ú., CP);

b) 30 dias, contados da homologação do laudo pericial, nos crimes de ação privada contra a propriedade imaterial que deixar vestígios (art. 529, CPP).

Os prazos previstos aqui são **decadenciais** e, conforme a regra do art. 10 do CP, a sua contagem inclui o dia do começo e exclui o término. Exemplo: se a autoria é conhecida em 10/01, vencerá o prazo para apresentação da queixa-crime em 09/07.

Vale ressaltar que o prazo não se interrompe, não se suspende e nem se prorroga quando se findar em dia não útil. Desta forma, se o prazo para oferecimento de queixa-crime se encerrar num domingo, não haverá possibilidade de apresentação da inicial na segunda-feira, devendo o ofendido buscar o plantão judiciário, se preciso.

O que interrompe o prazo decadencial é o *oferecimento* da queixa. Se ela for apresentada, como visto acima, dentro do prazo decadencial, mas perante juízo incompetente, entende o Superior Tribunal de Justiça que esse oferecimento é suficiente para obstar a decadência (RHC nº 25.611/RJ, rel. Min. Jorge Mussi, j. 09.08.11).

No caso de **continuidade delitiva**, o prazo para oferecer queixa-crime deve ser contado separadamente em relação a cada crime (STJ, AP nº 216/SP, rel. Min. Barros Monteiro, j. 05.11.03).

Já quanto ao **crime permanente** e ao **habitual**, aplica-se a regra geral do art. 38, CPP: seis meses a partir do conhecimento da autoria e, se ultrapassado o prazo, é possível o oferecimento de queixa em relação aos fatos posteriores ao prazo escoado (Nucci, 2007).

Ressalta-se que o curso do inquérito policial – e a sua demora em ser finalizado – não interrompe o prazo decadencial para oferecimento da queixa. Assim, tendo o ofendido conhecimento de quem foi o autor do delito, é recomendável que já mova a queixa-crime, pois, se resolver aguardar a conclusão do inquérito policial e isso levar mais de 6 meses (a partir do conhecimento da autoria), haverá decadência.

Tratando-se de **ação penal privada subsidiária da pública**, o prazo para o oferecimento da queixa também será de seis meses a contar do encerramento do prazo para o Ministério Público oferecer a denúncia (em regra, a partir, portanto, do 6.º ou 16.º dia, conforme o agente esteja ou não preso). Escoado esse prazo sem o oferecimento da queixa subsidiária (ou seja, seis meses, em regra), o Ministério Público *reassume* a integral e exclusiva titularidade da ação penal (ação penal pública indireta), podendo oferecer denúncia até que ocorra a prescrição do crime. Logo, haverá uma decadência (pois esgotados os 6 meses para mover a queixa) sem a extinção da punibilidade (decadência imprópria).

No mais, "a titularidade da ação penal pública é do Ministério Público e, eventualmente, diante de sua inércia, poderá ser ajuizada queixa-crime. A comprovação inequívoca da inércia do Ministério Público é requisito essencial para o ajuizamento da ação penal privada subsidiária da pública" (STJ, REsp nº 1.122.806/SP, rel. Min. Alderita Ramos de Oliveira, j. 07.03.13).

4.10.5. Recebimento e rejeição

Como visto acima, o juiz receberá, como regra, a denúncia ou a queixa, salvo se presente pelo menos uma das seguintes hipóteses do art. 395 do CPP:

I. For manifestamente inepta;

II. Faltar pressuposto processual ou condição para o exercício da ação penal;

III. Faltar justa causa para o exercício da ação penal.

Nesses três casos acima mencionados, a rejeição da denúncia ou queixa não obstará a propositura de nova ação penal, desde que promovida por parte legítima ou satisfeita a condição ou pressuposto processual faltantes.

De acordo com o art. 581, I, CPP, da decisão que **rejeita** a denúncia ou a queixa cabe **recurso em sentido estrito** (não cabe nenhum recurso contra a decisão que as recebe, mas admite-se eventualmente a impetração de *habeas corpus*, consoante art. 648, I, CPP). Nos Juizados Especiais Criminais, o recurso cabível é o de **apelação** (art. 82, Lei nº 9.099/95). Este tema será estudado de forma profunda em capítulo próprio referente aos procedimentos.

4.10.6. Questões pontuais

A seguir, serão estudados alguns tópicos especiais.

4.10.6.1. *Denúncia genérica e denúncia geral*

Inicialmente, frise-se que a denúncia deve ser concisa e objetiva, indicando a conduta de cada um dos autores do delito e todas as circunstâncias fáticas. Todavia, nem sempre isso poderá ser exigido da acusação. Basta imaginar, *v.g.*, um roubo a um hotel, em que diversos criminosos mascarados entram e subtraem diversos bens dos hóspedes e funcionários. A denúncia indicará, é claro, a subtração, o momento, o local, quem foram os autores etc., mas restará um tanto difícil (ou até mesmo impossível) afirmar, por exemplo, que o denunciado Fulano subtraiu o bem da vítima Beltrano, mediante o emprego de arma de fogo, às 19h:34, no hall de entrada, em frente ao elevador. A individualização, por isso, deve ser feita *sempre que possível* – mas nem sempre será possível.

Neste ponto surge tema que suscita grande equívoco por parte da doutrina e da jurisprudência, que trata da possibilidade de oferecimento de denúncia genérica (acusação genérica) e de denúncia geral (acusação geral). Não há que se confundir, embora muitos o façam, inclusive os tribunais.

O tema é sobremaneira importante porque a acusação diz respeito diretamente ao exercício do amplo direito de defesa pelo acusado. Se malfeita, gerará prejuízo absoluto.

A **denúncia genérica** é aquela defeituosa, que imputa variados fatos a várias pessoas, indistintamente (genericamente), sem limitação ou especificação corretas, havendo clara deficiência na narração dos fatos. Conforme o Superior Tribunal de Justiça, "a denúncia genérica resta por inverter o *onus probandi*, haja vista que a inobservância, por parte do órgão acusador, da descrição mínima da conduta imputada, em última análise, implica a incumbência do denunciado em demonstrar a não participação no ilícito penal, o que revela violação ao exercício da ampla defesa e do contraditório" (HC nº 423.882/PE, rel. Min. Nefi Cordeiro, j. 02.10.18).

Exemplo: João, por ser presidente da empresa, é acusado de sonegação fiscal, sem que a acusação impute um fato certo, ou uma ordem sua, ou uma data sequer. Na denúncia genérica ocorre a criptoimputação, como já visto. Não há como não lembrar da obra *O Processo*, de Franz Kafka, que conta a história de Josef K., bancário que, certo dia, acorda e é processado por um crime não especificado. Por isso é que se fala que a denúncia genérica é uma representação do *sistema processual kafkiano* (Masson e Marçal, Lei, 2019).

De outro lado, a **denúncia geral** é aquela em que há a descrição exata dos fatos criminosos e dos envolvidos, ainda que de maneira geral, mas permitindo o correto exercício do contraditório e da ampla defesa. Nas palavras do Superior Tribunal de Justiça, "esta Corte Superior admite a denúncia de caráter geral, quando for ação criminosa com múltiplos agentes e condutas (ou que), por sua própria natureza, devem ser praticadas em concurso" (...) Não se pode descuidar do fato de que da narrativa delitiva deve ser possível o exercício da ampla defesa e do contraditório, bem como lembrar que os acusados se defendem dos fatos e não da tipificação dada pelo *Parquet*, sendo reservado para a instrução criminal o detalhamento mais preciso de suas condutas, a fim de que se permita a correta e equânime aplicação da lei penal" (RHC nº 82.575/CE, rel. Min. Joel Ilan Paciornik, j. 22.05.18).

Exemplo: grupo criminoso é acusado de praticar onze homicídios consumados e três tentados, além de diversas torturas, não sendo possível, de pronto, pormenorizar as ações de cada um dos envolvidos.

Então, com tudo isso em mente, surge a questão, por exemplo, dos chamados **crimes societários**, cometidos "a portas fechadas", dentro de um gabinete/sala, geralmente por sócios ou administradores de uma pessoa jurídica – como um crime contra a ordem tributária ou lavagem de capitais. Justamente por essa razão, torna-se bem difícil (ou impossível) à acusação indicar, exatamente, como os fatos se deram.

Admite-se o oferecimento de denúncia geral, desde que, como ensina Nucci (Código, 2016): (a) seja impossível delinear, com precisão, a conduta de todos os autores e partícipes; (b) seja devidamente provado o envolvimento de todos os denunciados no crime; e (c) não se impute conduta a quem somente se supõe ser autor ou partícipe. Mas, se há elementos suficientes para a conduta de cada investigado ser individualizada, o oferecimento de denúncia geral será inadmissível.

Assim, a peça acusatória deve conter a exposição do fato delituoso em toda a sua essência e com todas as suas circunstâncias, de maneira a individualizar o quanto possível a conduta imputada, bem como sua tipificação, com vistas a viabilizar a persecução penal e o contraditório pelo acusado. Nos chamados crimes societários, embora a inicial acusatória não possa ser de todo geral, é válida quando, apesar de não descrever minuciosamente as atuações individuais dos acusados, demonstra um liame entre o seu agir e a suposta prática delituosa, estabelecendo a plausibilidade da imputação e possibilitando o exercício da ampla defesa, caso em que se consideram preenchidos os requisitos do artigo 41 do Código de Processo Penal (STJ, RHC nº 78.256/ES, rel. Min. Ribeiro Dantas, j. 22.08.17; e STF, AgRg no HC nº 168.446/SP, rel. Min. Ricardo Lewandowski, j. 24.05.19). Especificamente quanto ao crime de lavagem de capitais, p. ex., exige-se que a acusação narre qual foi o delito antecedente de onde partiram os valores ilícitos que foram lavados, ainda que não seja necessária uma descrição exaustiva (STJ, AP nº 923/DF, rel. Min. Nancy Andrighi, j. 23.09.19).

Tanto é necessário que se indique o mínimo de nexo entre os supostos autores e as condutas praticadas, que a jurisprudência entende que o simples fato de o acusado ser sócio ou administrador da empresa mencionada na denúncia não significa que ele teve participação na trama criminosa (STF, HC nº 107.187/SP, rel. Ayres Britto, j. 06.03.12). Igualmente, o simples fato de o acusado ser presidente da instituição financeira investigada, sem, contudo, especificar as ações efetivamente praticadas, não atende aos requisitos do art. 41, CPP (STJ, REsp nº 1.726.348/DF, rel. Min. Nefi Cordeiro, j. 21.08.18).

Em suma: "a **denúncia genérica** não se confunde com a denúncia geral, não sendo aquela admitida pelo direito pátrio, sendo possível, entretanto, nos casos de crimes societários e de autoria coletiva, a **denúncia geral**, ou seja, aquela que, apesar de não detalhar minudentemente as ações imputadas ao denunciado, demonstra, ainda que de maneira sutil, a ligação entre sua conduta e o fato delitivo" (STJ, rel. p/ ac. Min. Reynaldo Soares da Fonseca, j. 21.11.17).

Assim:

Denúncia genérica	Denúncia geral
Não é admitida, por ferir o direito de defesa. Há deficiência na imputação dos fatos, ocorrendo a criptoimputação, caracterizadora do sistema kafkiano.	É admitida, permitindo o direito de defesa. Há a correta imputação dos fatos, sendo possível não especificar cada uma das condutas, desde que haja liame.

4.10.6.2. *Cumulação de imputações*

Existirá quando a acusação imputar mais de um crime a um acusado (imputações objetivas) ou um crime a mais de um acusado (imputações subjetivas) ou ambas as combinações.

4.10.6.3. *Imputação implícita*

Diante da exigência de exposição do fato criminoso (art. 41, CPP), com todas as suas circunstâncias, não é possível a existência de uma imputação implícita (subentendida), sob pena de grave afronta ao contraditório e à ampla defesa do acusado, que deve saber exatamente do que está sendo acusado.

4.10.6.4. *Imputação alternativa*

Configura-se quando as condutas atribuídas ao agente na denúncia são excludentes, pois incompatíveis, isto é, por exemplo, ou o acusado praticou um roubo mediante violência ou ele praticou furto; ou então, ou foi *Fulano* quem atirou ou foi *Beltrano*.

Não há como, na peça acusatória, a acusação imputar fatos excludentes ao réu, obrigando-o a se defender de todos eles, em afronta à ampla defesa – até porque, se o membro do Ministério Público, tendo dúvida sobre como se deram os fatos, denunciar João por ele ter praticado *roubo* ou por ele ter praticado *receptação*, o denunciado terá que fazer prova de um fato negativo, o que vai de encontro com o contraditório e com a ampla defesa.

De acordo com o Superior Tribunal de Justiça, "não há falar em denúncia alternativa quando se descreve a prática de comportamentos que, ao longo do tempo, se alternava. O vício que **conduzira à nulidade da denúncia** diz respeito à narração de uma conduta que poderia se constituir em **um ou outro tipo penal**" (HC nº 135.283/PA, rel. Min. Maria Thereza de Assis Moura, j. 16.11.10).

4.11. ADITAMENTO

4.11.1. Fundamento e conceito

O fundamento do aditamento é fazer com que o processo penal tenha uma imputação clara e precisa dos fatos em relação aos respectivos acusados, permitindo-lhes o exercício do contraditório e da ampla defesa (Rangel, 2012). Além disso, objetiva proteger a sociedade, que tem o direito de ver o Estado processar os criminosos e delimitar exatamente como os fatos se deram, não deixando dúvidas a esse respeito.

Paulo Rangel traz um exemplo: se o MP oferece denúncia em face de Tício, imputando-lhe o crime de furto simples e, no curso da instrução, descobre-se, através de provas novas, que este foi praticado mediante rompimento de obstáculo, há que se aditar a denúncia para incluir tal elementar; o mesmo se poderia dizer se houvesse provas novas de que não só Tício, mas também Caio, fora autor do crime – nesses dois casos, referidos elementos (uma elementar do furto e um dos autores do crime) não constavam da denúncia e, por isso, esta precisará ser aditada.

Assim, aditar possui o sentido de "acrescentar ou complementar a denúncia com **fatos**, **sujeitos** ou **elementos** novos que não constavam, inicialmente, da mesma" (Rangel, 2012, p. 307).

4.11.2. Espécies

A doutrina classifica as espécies de aditamento da seguinte forma:

a) **aditamento próprio:** é aquele que ocorre quando há a necessidade de **acrescentar** fatos ou sujeitos não contidos originariamente na peça acusatória, já que sobre eles ainda não havia provas de sua ocorrência. Pode ser:

   a.1) real: quando acrescentar fatos.

   a.2) pessoal: quando acrescentar sujeitos.

b) **aditamento impróprio**: não há acréscimo de fatos ou sujeitos, como no próprio, mas busca-se a correção de alguma falha (omissão) existente na peça inicial, como os dados de qualificação do acusado, a retificação de dados do local da consumação, o esclarecimento sobre alguma circunstância etc.

c) **quanto à oportunidade**

c.1) espontâneo

c.2) provocado

É espontâneo quando, diante do princípio da obrigatoriedade e do sistema acusatório vigente no Brasil, a acusação, vislumbrando fatos novos ou a suposta atuação de outros agentes no delito, procede – por si – ao aditamento, independentemente de qualquer provocação.

Diz-se, por outro lado, que é provocado quando o juiz, fiscalizando o princípio da obrigatoriedade, constata a necessidade de se acrescentar algo à denúncia, de modo que provocará o Ministério Público a tanto. Parte da doutrina sustenta que não existe mais essa espécie, diante do sistema acusatório, não cabendo mais ao juiz provocar a atuação do Ministério Público, e, quando o § 1º do art. 384, CPP, diz que se o órgão do Ministério Público não aditar, o juiz deve aplicar o art. 28, CPP (na sua redação originária), consubstanciado no envio dos autos ao Procurador-Geral, quer-se dizer, na verdade, que, quando o membro indicar seus fundamentos de não aditar e o juiz discordar disso, aí sim enviam-se os autos do chefe do Ministério Público. Com a nova Lei nº 13.964/19, surgirão duas possibilidades: (a) aplicação analógica do art. 10, IX, *d*, Lei nº 8.625/93 ou (b) o próprio membro do Ministério Público possui a última palavra, estando o juiz a ela vinculado, sem possibilidade de envio para solução pelo Chefe da instituição.

Paulo Rangel (Direito, 2012) traz um questionamento: e se, diante do silêncio do Ministério Público, não houver aditamento à denúncia e o fato narrado não corresponder, no todo ou em parte, ao apurado nos autos? Deve o juiz absolver o acusado da imputação feita ou condená-lo pelo crime contido na denúncia?

Exemplo: Tício é acusado de furto simples; no curso do processo, surgem novas provas de que, na verdade, ele tinha a precedente posse da coisa e recusou-se a devolvê-la, o que configuraria apropriação indébita; se a denúncia não for aditada espontaneamente pelo Ministério Público, Tício deve ser absolvido, pois inexistiu o *fato da vida* "crime de furto", narrado na denúncia. E, uma vez absolvido por esse fato, com trânsito em julgado, não poderá mais ser levado à justiça, em relação à suposta apropriação indébita, por vedação ao *bis in idem* (novo julgamento pelo mesmo fato).

4.11.3. Procedimento

O art. 384, CPP, que ainda será estudado (*mutatio libelli*) dispõe sobre o aditamento quando novas provas surgirem após o encerramento da instrução processual, não tratando das outras hipóteses de aditamento. Entende-se que, por analogia, referido procedimento poderá ser utilizado nas demais situações de aditamento também.

Consoante o Superior Tribunal de Justiça, o aditamento submete-se à disciplina legal da denúncia quanto à sua forma, matéria e impugnação recursal, de modo que caberá **recurso em sentido estrito** contra a decisão que indefere o aditamento (REsp nº 254.494/DF, rel. Min. Fernando Gonçalves, j. 24.11.04). No mesmo sentido, Polastri (Curso, 2016, p. 269).

4.11.4. Prescrição

Estuda-se em Direito Penal que o **recebimento** da peça acusatória interrompe a prescrição (art. 117, I, CP). Havendo aditamento, no entanto, há que se diferenciar algumas situações.

No caso de aditamento **impróprio**, nada se altera, mantendo-se o recebimento da denúncia como marco interruptivo – como exemplo, a retificação da descrição de circunstâncias fáticas, não alterando os crimes imputados, não altera em nada a prescrição do delito (STJ, HC nº 23.493/RS, rel. Min. Felix Fischer, j. 05.08.03).

Da mesma forma, no aditamento **próprio pessoal** (inclusão de acusado), não há alteração do marco interruptivo da prescrição, que diz respeito apenas aos *fatos*, e não às pessoas (até diante do § 1º do art. 117, CP, que já interrompe a prescrição em relação a todos os acusados do crime).

Já no caso de aditamento **próprio real** (acréscimo de novo fato), a interrupção da prescrição dar-se-á no momento em que o magistrado receber o aditamento quanto a este novo fato.

Consoante o Supremo Tribunal Federal, se o aditamento não relata novos fatos, mas apenas dá definição jurídica diversa da que foi apontada na acusação primitiva, não haverá a interrupção da prescrição (HC nº 109.635/ES, rel. Min. Ricardo Lewandowski, j. 30.10.12).

4.11.5. Aditamento da queixa-crime

Como estudado alhures, omissões (leia-se: aditamento impróprio) da queixa poderão ser supridas até a sentença, consoante o art. 569, CPP. Já quanto ao aditamento próprio (acréscimo de fato ou de pessoas), há que se diferenciar duas situações.

a) **pelo Ministério Público**: no caso de ação penal exclusivamente privada e personalíssima, o Ministério Público poderá apenas aditar a queixa para tratar de circunstâncias de tempo, lugar, modo etc. (Brasileiro, 2016), isto é, realizar o aditamento impróprio, no prazo de **3 dias** (art. 45 c.c. 46, § 2º, CPP); majoritariamente, entende-se que o Ministério Público não pode aditar a queixa-crime para incluir coautor não indicado pelo querelante (STJ, HC nº 181.520/MS, rel. Min. Laurita Vaz, j. 04.09.12). Entende-se, como visto, que deve o *Parquet* requerer ao juiz que intime o querelante para aditar sua queixa-crime e, caso não o faça, deverá opinar pela extinção da punibilidade, em razão da renúncia.

   Se a ação penal for privada subsidiária da pública, o Ministério Público nunca perdeu a legitimidade, de modo que poderá, amplamente, incluir fatos ou pessoas e alterar circunstâncias (aditamento próprio e impróprio).

b) **pelo querelante**: uma corrente entende não ser possível o aditamento na ação penal exclusivamente privada e na personalíssima; já outra corrente entende ser possível, pois o querelante, tomando conhecimento de novos fatos acerca do crime do qual foi vítima, deve ter a possibilidade de proceder ao aditamento. Como visto anteriormente, deve-se analisar se a omissão foi voluntária (o que gerará renúncia tática) ou involuntária (com possibilidade de aditamento dentro do prazo decadencial).

5

AÇÃO CIVIL "EX DELICTO"

5.1. INTRODUÇÃO

A prática de um crime ofende um interesse jurídico da sociedade, acarretando uma lesão real ou potencial à vítima, e disso origina o *jus puniendi* para a aplicação da sanção penal e, também, a obrigação de reparar civilmente o ilícito cometido.

Assim, da prática de um delito surgem, em regra, duas pretensões: (i) uma do Estado, de sancionar penalmente o agente e (ii) outra da vítima, de buscar a reparação pelo ilícito que sofreu em razão do delito.

Ato ilícito penal	
Pretensão punitiva do Estado	Pretensão indenizatória da vítima

O Código de Processo Penal prevê duas formas de a vítima buscar a reparação civil pelos danos sofridos em razão do delito:

a) a **execução civil** *ex delicto*, tendo como base uma sentença penal condenatória transitada em julgado que servirá como título executivo judicial, conforme o art. 63, CPP; ou

b) a **ação de conhecimento** *ex delicto*, em que a vítima ajuizará uma ação diretamente perante o juízo cível, tendo como causa de pedir o delito do qual foi vítima, consoante o art. 64, CPP.

Na lição de Tourinho Filho, "a ação penal e a *actio civilis ex delicto* não se confundem: a ação penal tem por escopo realizar o Direito Penal objetivo, isto é, visa à aplicação de uma pena ou medida de segurança ao criminoso; a *actio civilis* tem por objetivo precípuo e único a satisfação do dano produzido pela infração" (Manual, 2008, p. 212). Assim, pode ocorrer de a infração penal gerar prejuízo à vítima, podendo ela se beneficiar da ação civil, que terá como causa de pedir, justamente, o fato criminoso.

5.2. ESPÉCIES DE REPARAÇÃO

A expressão "reparação" é ampla, havendo algumas modalidades:

a) **restituição** (art. 119, CPP e ss.): é a forma mais simples de satisfação do dano, de modo que a coisa – objeto do crime – é devolvida à vítima, como no furto, roubo, apropriação indébita etc.

b) **ressarcimento** (art. 64, CPP): é o verdadeiro pagamento pelos danos civis sofridos pelo crime, de forma a englobar os danos **patrimoniais** (lucros cessantes e danos emergentes).

c) **reparação** (art. 63, CPP): quando o dano sofrido não pode ser quantificado em dinheiro, por ser **extrapatrimonial** (dano moral).

d) **indenização** (art. 630, CPP): a doutrina mais antiga afirma que seria a compensação pelo ato *lícito* praticado pelo Estado quando lesivo ao particular injustamente condenado e absolvido posteriormente em razão do provimento da revisão criminal (art. 630, CPP). Para Gustavo H. Badaró, a indenização, nesse caso, não é por ato lícito, mas por ato *ilícito*, uma vez que a decisão judicial reconheceu que o Estado errou quando condenou um inocente (Processo, 2016).

Restituição	Devolução do objeto
Ressarcimento	Danos patrimoniais
Reparação	Danos morais
Indenização	Em razão de erro do Estado

5.3. SEPARAÇÃO DE JURISDIÇÕES

Estabelece o art. 935 do Código Civil que a responsabilidade civil é independente da criminal, não se podendo questionar mais sobre a existência do **fato**, ou sobre quem seja o seu **autor**, quando estas questões se acharem decididas no juízo criminal.

No mesmo sentido dispõe o enunciado nº 45 das Jornadas de Direito Civil: "no caso do art. 935, não mais se poderá questionar a existência do fato ou quem seja o seu autor se essas questões se acharem categoricamente decididas no juízo criminal".

Essa é a ideia de *separação das esferas civil e penal*. Parte-se do princípio de que o Direito Penal interfere no bem mais caro aos cidadãos, qual seja, a liberdade, de forma a ter um processo mais rigoroso; por outro lado, o Direito Civil tutela bens não tão sensíveis como a liberdade. Desse modo, o ilícito civil é um *minus* (é menor) em relação ao ilícito penal.

A prática de um ilícito penal pode (ou não) gerar um ilícito civil. Clássico é o exemplo do homicídio culposo na direção de veículo automotor (art. 302, CTB), que gerará

(i) uma sanção penal e (ii) o direito dos familiares da vítima a uma indenização civil (art. 948, CC).

O contrário também existe, isto é, pode haver um ilícito civil sem um ilícito penal (o que ocorre na infinita maioria das vezes, diante do caráter residual de aplicação do Direito Penal), como no caso de um mero descumprimento contratual.

Como bem afirma Arnaldo Rizzardo, "uma conduta pode, no entanto, acarretar violação civil e penal, trazendo, assim, dupla ilicitude. Ao mesmo tempo em que está cominada uma sanção penal, consta prevista a responsabilidade civil, impondo a indenização" (Responsabilidade Civil, 2007, p. 48).

Apesar da separação entre as instâncias civil e penal, há duas situações em que a decisão do juízo criminal terá efeitos absolutos sobre a esfera civil: a análise de materialidade (existência do fato) e de autoria (quem são os agentes criminosos), isto é, uma vez tendo o juízo penal decidido acerca da materialidade e da autoria, não haverá mais a possibilidade de o juízo cível reanalisar essas duas questões.

Em caso julgado pelo Superior Tribunal de Justiça, entendeu-se o seguinte: "em virtude da independência entre as instâncias criminal e cível, a coisa julgada criminal só acarretará efeitos na esfera cível, para aferição de responsabilidade civil, no que se refere aos aspectos comuns a ambas as jurisdições quanto à **materialidade** do fato e à **autoria** do ilícito (art. 935 do Código Civil). Reconhecidas por sentença penal transitada em julgado a materialidade e a autoria do crime de homicídio praticado por falso médico contratado por entidade hospitalar, configura-se, assim, a culpa *in eligendo*, hipótese em que não é possível afastar a responsabilidade civil do nosocômio [hospital], revelando-se **dispensável** a produção de prova tendente a demonstrar a suposta ausência de nexo causal" (REsp nº 1.496.867/RS, rel. Min. João Otávio de Noronha, j. 07.05.15).

Em suma:

REGRA	EXCEÇÃO
Independência entre processo civil e processo penal (art. 935, CC).	Quando o processo penal decidir a respeito da inexistência do fato (**materialidade**) ou quem seja seu autor ou partícipe (**autoria**).

5.4. SISTEMAS

A relação entre ação civil reparatória e ação penal possui quatro sistemas:

i) **sistema da confusão**: é o sistema mais antigo, onde o Estado ainda não tinha o "jus puniendi", de modo que a vítima exercia duas pretensões: uma reparatória pelo dano sofrido e outra de punição criminal do seu ofensor. Assim, **uma ação** única objetivava punir o agente e obter uma indenização.

ii) **sistema da solidariedade**: há **duas ações**, uma civil e outra penal, ambas intentadas no juízo criminal.

iii) **sistema da livre escolha**: a parte pode escolher mover a ação civil, mas, em razão da influência do juízo penal no juízo cível, caberá a este suspender a ação civil até a decisão da ação penal, evitando decisões conflitantes. É possível a cumulação (*facultativa*) das ações no juízo penal.

iv) **sistema da independência**: a ação civil e a ação penal devem ser propostas em **juízos distintos**, de modo independente, já que uma versa sobre direito patrimonial (privado) e outra sobre direito de punir (público).

Predomina na doutrina brasileira a **adoção do sistema da independência**, com a peculiaridade de que a condenação penal gerará um título executivo judicial à vítima. Na verdade, então, haverá uma **independência mitigada** (Pacelli, 2012).

Vale ressaltar que o art. 63, p.ú., CPP, dispõe que, transitada em julgado a sentença penal condenatória, a execução civil poderá ser efetuada pelo valor nela fixado nos termos do inciso IV do art. 387, CPP, sem prejuízo da liquidação para a apuração do dano efetivamente sofrido; e o referido art. 387, IV, CPP, dispõe que o juiz, ao proferir sentença condenatória, fixará valor mínimo para a reparação dos danos causados pela infração, considerando os prejuízos sofridos pelo ofendido.

Desta feita, por mais que o juízo criminal possa fixar uma indenização mínima, **não há "cumulação de ações" (uma civil e uma penal) perante a justiça criminal**, de modo que **não se adota o sistema da confusão ou da solidariedade**. O CPP adota – tão somente – o sistema da independência, já que ao juízo criminal caberá, quando possível e sem esgotar a apreciação do tema, fixar a indenização mínima à vítima, **não afastando a atuação da esfera civil**, que poderá, a depender do caso, fixar indenização maior. Que se deixe claro: não há duas ações no juízo criminal e a decisão deste dentro da ação penal não esgota a jurisdição civil.

Em suma:

SISTEMA	CONCEITO
Confusão	Uma só ação, com pretensões penal e civil.
Solidariedade	Duas ações, sendo uma civil e outra penal, mas ambas movidas na esfera penal.
Livre escolha	Duas ações, uma civil e outra penal, mas a parte tem a faculdade de mover uma ação civil no juízo penal.
Independência	Duas ações, uma civil na esfera cível e outra penal na esfera penal.
Independência mitigada	Duas ações, uma civil na esfera civil e outra penal na esfera penal, podendo a sentença penal fixar um valor mínimo de indenização, mas sem esgotar a esfera cível (o nome "mitigada" é uma construção doutrinária).

5.5. VIAS JUDICIAIS POSSÍVEIS

Como visto, o ressarcimento civil em razão do delito pode ser alcançado de duas formas:

(a) ação de execução; ou

(b) ação de conhecimento.

5.5.1. Ação de execução *ex delicto*

O art. 63, CPP, dispõe que, transitada em julgado a sentença condenatória, poderão promover-lhe a execução, no juízo cível, para o efeito da reparação do dano, o ofendido, seu representante legal ou seus herdeiros. Estabelece-se o meio de se efetivar o disposto no Código Penal, isto é, de que o dano causado pelo crime torna certa a obrigação de indenizar (art. 91, I, CP).

Assim, assegura-se à vítima de um delito a **execução civil da sentença penal condenatória**, permitindo-se discutir apenas o **quanto** de indenização, e não mais **se deve** haver indenização, pois isso já foi decidido no juízo criminal, uma vez que a obrigação de reparação decorrerá da sentença condenatória proferida no juízo criminal.

Diz o art. 91, I, CP, que é efeito extrapenal (genérico e automático) da sentença condenatória tornar certa a obrigação de indenizar o dano causado pelo crime; e consoante o disposto no art. 387, IV, CPP, alterado pela Lei nº 11.719/08, o juiz, ao proferir sentença condenatória, fixará **valor mínimo** de reparação pelos danos sofridos pela vítima – no mesmo sentido, agirá o juiz presidente do tribunal do júri (art. 492, I, *d*, CPP).

Essa sentença penal condenatória transitada em julgado é considerada um **título executivo judicial** (art. 515, VI, CPC), de natureza declaratória, podendo a vítima valer-se deste para, no juízo cível, promover a sua execução civil.

Como afirma José Miguel Garcia Medina, a possibilidade de fixação, na sentença penal condenatória, de valor mínimo para a reparação dos danos sofridos pelo ofendido, passa a estender-se a todos os crimes que causam **danos suscetíveis de reparação pecuniária** (Direito, 2015).

Desta feita, não é todo e qualquer crime que gerará um prejuízo indenizável. Um homicídio gera dano (art. 948, Código Civil), mas um mero porte ilegal de arma de fogo, não.

A jurisprudência diverge a respeito da necessidade – ou não – de realização de uma instrução processual específica, no processo penal, sobre o valor mínimo pedido a título de indenização à vítima do crime.

Para a 5ª Turma do STJ, além de pedido expresso, é preciso a indicação de valor e prova suficiente para sustentá-lo, possibilitando ao réu o direito de defesa com indicação de *quantum* diverso ou mesmo comprovação da inexistência de prejuízo material ou moral a ser reparado, de modo que se faz **necessária a realização de instrução específica** para apurar o valor da indenização (AgRg no REsp nº 1.687.217/MS, rel. Min. Reynaldo Soares da Fonseca, j. 26.09.17).

De outro lado, a 6ª Turma do STJ entende o oposto, isto é, bastará a existência de pedido expresso, **não sendo necessária a realização de instrução processual específica** para a comprovação do valor mínimo, até porque, o dano é presumido ("in re ipsa") em razão do crime sofrido pelo ofendido, não sendo o caso de alargar-se a instrução criminal (AgRg no REsp nº 1.626.962/MS, rel. Min. Sebastião Reis Júnior, j. 06.12.16).

Em julgado recente, a 3ª Seção do Superior Tribunal de Justiça, analisando caso relativo a infração penal praticada no âmbito de violência doméstica e familiar contra a mulher, entendeu que não há a necessidade de realização de instrução processual própria quando se pede a fixação de indenização civil no bojo do processo penal, uma vez que os danos derivados do crime sofrido pela vítima são evidentes e não precisam ser demonstrados, pois presumidos (REsp nº 1.643.051/MS, rel. Min. Rogerio Schietti Cruz, j. 28.02.18).

5.5.1.1. *Legitimidade ativa*

Tem legitimidade ativa (art. 63, caput, CPP) para essa execução da sentença condenatória penal, no juízo cível, o *próprio ofendido*, seu *representante legal* (se menor de idade ou doente mental) ou seus *herdeiros* (qualquer um, não limitados ao cônjuge, ascendente, descendente e irmão).

Entendeu o Superior Tribunal de Justiça que, em *situações especiais*, pode ser admitida a legitimidade de outras pessoas em face de sua especial afinidade com o falecido. No caso, tratou-se do reconhecimento da legitimidade da namorada do falecido, intensificada, inclusive, pela geração de uma filha (REsp nº 1.615.979/RS, rel. Min. Paulo de Tarso Sanseverino, j. 12.06.18).

Para ter direito à fixação de indenização mínima pelo juízo penal, a parte *não* precisará, obrigatoriamente, atuar no processo como assistente de acusação – até porque, a sua pretensão é de natureza civil – embora seja recomendado, pois isso permitirá ao juiz colher maiores dados sobre os fatos.

O art. 68, CPP, dispõe que, se o titular do direito à reparação do dano for **pobre**, a execução da sentença condenatória ou a ação civil será promovida, a seu requerimento, pelo Ministério Público (que atuará como substituto processual). O STF analisou referido dispositivo e entendeu que há uma **inconstitucionalidade progressiva**, isto é, a defesa dos interesses dos hipossuficientes é – por regra – de atribuição da Defensoria Pública (desde 1988), mas, enquanto não criada e organizada essa instituição em todas as unidades da Federação, permanece em vigor o art. 68, CPP, ficando o Ministério Público legitimado a propor ação de ressarcimento em razão do delito às vítimas pobres (RE nº 135.328/SP, rel. Min. Marco Aurélio, j. 29.06.94). Mas, uma vez criada adequadamente a Defensoria Pública, "torna-se inconstitucional" essa atribuição ao Ministério Público – por isso é que se fala em inconstitucionalidade *progressiva*: é constitucional hoje, mas se tornará inconstitucional num dado momento no futuro.

Nos termos do já decidido pelo Superior Tribunal de Justiça, caso o juiz entenda pela ilegitimidade ativa do Ministério Público em mover ação civil "ex delicto" em prol de menores carentes, é indispensável que a Defensoria Pública seja intimada para tomar ciência da demanda e, se o caso, assumir o polo ativo da ação, sob pena de violação ao art. 68, CPP (REsp nº 888.081/MG, rel. Min. Raul Araújo, j. 15.09.16).

Além dessa atuação em favor da vítima pobre, o Ministério Público teria, em tese, legitimidade para pleitear a fixação de indenização mínima no juízo criminal nos casos de apuração de crimes que lesem a administração pública (corrupção, peculato, lavagem de dinheiro etc.). Foi o que ocorreu no caso do "Mensalão" (STF, AP nº 470, rel. Min. Joaquim Barbosa, j. 17.12.12), em que o Ministério Público requereu o pagamento de indenização à União em razão dos crimes cometidos pelos acusados, o que apenas foi negado – como se verá abaixo – por questões técnicas pontuais relacionadas ao bom andamento do processo, mas não à legitimidade.

5.5.1.2. *Legitimidade passiva*

Apenas quem figurou como **acusado** pode ser réu na execução civil da sentença penal. Se a vítima do delito pretender cobrar os danos que sofreu em face do responsável civil (art. 932, CC), deverá ajuizar uma ação civil de conhecimento, autônoma, não servindo a condenação penal como título executivo (art. 64, *caput*, CPP). Isso garantirá o contraditório e a ampla defesa ao responsável civil, que não atuou no processo penal e poderá, no processo civil, alegar o que bem interessar à sua defesa, inclusive questões atinentes à autoria e à materialidade.

O exemplo mais comum é o do motorista de uma empresa transportadora que, por culpa, causa lesões corporais em acidente automobilístico (art. 303, CTB) e é condenado criminalmente, pretendendo a vítima uma indenização em face do empregador do condenado causador do delito. Não será possível utilizar a sentença penal condenatória proferida contra o empregado como título judicial para execução civil em face do empregador (empresa transportadora), pois este não figurou como réu naquele processo, não tendo, sequer, legitimidade passiva – ora, o empregador não foi parte no processo penal, não se defendeu, não ofereceu provas, não constituiu advogado etc. A vítima do delito deverá mover ação civil autônoma em face do empregador, podendo utilizar a sentença penal apenas como (mais um) meio de prova, mas não como título executivo judicial.

No mais, admite-se a solidariedade passiva pelo fato de terem disso dois ou mais réus condenados criminalmente pela prática do delito.

5.5.1.3. *Competência*

A execução civil será processada na esfera cível (art. 515, VI, CPC), junto ao foro competente (art. 516, III, CPC).

Como bem explicam Rodrigo da Cunha Lima Freire e Maurício Ferreira Cunha (Novo, 2016, p. 611), no caso de execução civil de sentença penal, não ocorreu uma fase de conhecimento anterior no juízo cível, razão pela qual devem ser aplicadas as regras estabelecidas no Código (art. 46 a 53 do CPC) ou na legislação extravagante, para a definição do foro competente; as sentenças penais condenatórias devem ser executadas no domicílio do **exequente** ou no **local do fato** (inciso V do art. 53 do CPC).

Conforme o p.ú. do art. 516, CPC, o exequente poderá optar ainda pelo (i) juízo do atual domicílio do executado; (ii) juízo do local onde se encontrem os bens sujeitos à execução; ou (iii) juízo onde deva ser executada a obrigação de fazer ou não fazer.

No mais, vale mencionar a posição de Távora e Alencar (Curso, 2011, p. 219), que afirmam que, caso o juiz fixe o montante da indenização e o réu tenha prestado fiança, seria possível, excepcionalmente, a execução pelos danos sofridos pela vítima na própria esfera penal, o que se daria pelo levantamento do seu valor, nos termos do art. 336, CPP.

5.5.1.4. *Revisão criminal*

Pode ocorrer de o agente ser condenado pelo crime, já com trânsito em julgado, e, através de uma revisão criminal (art. 621, CPP), ser absolvido ou ter anulado o seu processo penal. A consequência, obviamente, será a **rescisão do título executivo judicial** gerado pela então sentença penal condenatória, agora inexistente em razão da absolvição/anulação.

Três situações, portanto, podem ocorrer:

i) **rescisão do título executivo antes de iniciado o processo de execução civil**: não haverá mais título a ser executado, de modo que este deixou de ser exigível (art. 783, I, CPC) e a execução sequer se iniciará.

ii) **rescisão do título executivo no curso do processo de execução civil**: haverá a impossibilidade de sua continuação, pois ocorreu a perda superveniente do título executivo, podendo o executado (condenado no processo penal) impugnar a execução ou apresentar exceção de pré-executividade em razão disso.

iii) **rescisão do título executivo após findo o processo de execução civil**: caberá pedido de indenização, por parte do então condenado, contra o Estado (art. 5º, LXXV, CF, e art. 630, CPP). Há posição sustentando que será o caso de pedido de repetição do indébito (de devolução) por parte do então condenado em face da vítima que já recebeu indenização em razão da infração penal (e esta poderá, por outro lado, demonstrar que a indenização era devida, pois ocorreu não apenas um delito, mas, também, um ilícito civil, sendo devida a indenização recebida).

Em suma:

Revisão criminal *vs.* título executivo	
Procedência da revisão antes de iniciada a execução civil do título condenatório	Como não haverá mais título executivo judicial a ser executado, a execução civil sequer terá início.
Procedência da revisão no curso da execução civil do título condenatório	Haverá a impossibilidade de continuação da execução em razão da perda superveniente do título.
Procedência da revisão depois de finda a execução civil do título condenatório	O condenado poderá pedir indenização ao Estado pelo erro judiciário; poderá também pedir a devolução da indenização que pagou à vítima.

5.5.1.5. *Pedido*

A questão é saber se o juiz pode, **de ofício**, fixar a quantia mínima de indenização na própria sentença penal condenatória ou se é necessário que a parte faça um **pedido expresso** a esse respeito. Há debate entre doutrina e jurisprudência.

De um lado, há quem defenda que o juiz pode agir de ofício, pois a lei é clara ao afirmar que "o juiz fixará", indicando a possibilidade de atuação sem provocação; além disso, a defesa não seria surpreendida, pois a condenação imposta pelo juízo criminal já implica o reconhecimento jurídico do dever de indenização, por expressa disposição legal (Marcão, 2016; e Brasileiro, 2012). No mais, o juiz criminal, com base no ato ilícito praticado, fixará uma indenização mínima, adiantando – em parte – o juízo cível, até porque é a previsão do art. 91, I, CP (desde o ano de 1984).

Há doutrina (Avena, 2011) sustentando que cabe ao réu, no decorrer do processo penal, independentemente de uma provocação específica do juiz, produzir as provas necessárias buscando convencer o juiz de que o crime não gerou dano, p. ex. Logo, a defesa contra a fixação de indenização mínima decorreria automaticamente da própria defesa contra a acusação penal. No mesmo sentido ensina Marcellus Polastri, para quem o Ministério Público já procurará fazer a prova do dano do delito, e o acusado, sabendo dessa possibilidade, já levará ao processo elementos contrários a isso (Curso, 2016).

Por outro lado, há quem sustente que o juiz somente fixará indenização mínima se houver pedido expresso da parte (Nucci, 2008), de forma que o juiz só julgará o que for colocado em debate no processo e oportunizando às partes a possibilidade de apresentar seus argumentos.

Nesse sentido, entende o Superior Tribunal de Justiça que "a regra do art. 387, inciso IV, do Código de Processo Penal, com redação dada pela Lei n.º 11.719/2008, que dispõe sobre a fixação, na sentença condenatória, de valor mínimo para reparação civil dos danos causados ao ofendido, **requer pedido expresso e formal**, de modo a oportunizar o devido contraditório" (AgRg no REsp nº 1.387.172/TO, rel. Min. Maria Thereza de Assis Moura, j. 10.03.15). No mesmo sentido entende o STF (RvC nº 5.437/RO, rel. Min. Teori Zavascki, j. 17.12.14).

No mais, é importante ressaltar que o pedido de fixação de indenização mínima feito apenas em alegações finais é insuficiente, pois gera situação de surpresa ao acusado, impossibilitando o contraditório (AgRg no REsp nº 1.383.261/DF, rel. Min. Sebastião Reis Júnior, j. 17.10.13).

5.5.1.6. *Prescrição*

O Código Civil não prevê um prazo específico para o ajuizamento da ação de execução *ex delicto*. Entende-se, assim, que o prazo será de 3 anos (art. 206, § 3º, V, CC), contado a partir da data em que ocorrer o trânsito em julgado da sentença penal.

5.5.1.7. *Fixação do valor indenizatório*

A lei determina que o juiz fixará o **valor mínimo** para a reparação dos danos, tendo em vista os prejuízos que a vítima suportou.

Diz o art. 63, p.ú., CPP, que, transitada em julgado a sentença penal condenatória, a execução civil dos danos sofridos pela vítima poderá ser efetuada pelo valor fixado pelo juiz na sentença penal, **sem prejuízo da liquidação para a apuração do dano efetivamente sofrido**.

Isso significa que a vítima poderá, no juízo cível, promover a liquidação (real apuração) pelo valor dos danos que efetivamente sofreu, já que o juiz criminal apenas fixará um *valor mínimo*.

Exemplo: se, diante de um crime de homicídio, o juiz criminal fixou indenização mínima de R$ 10 mil, poderão os herdeiros da vítima, com a sentença penal condenatória em mãos, promover a liquidação civil desse valor e, simultaneamente, mover uma liquidação, em regra pelo procedimento comum (art. 509, II, CPC), em razão dos danos que efetivamente sofreram, *v.g.*, R$ 500 mil, que se dará pela diferença (R$ 490 mil).

Como ensina Renato Brasileiro, "a menção a um 'valor mínimo' e a possibilidade de se buscar, no âmbito cível, a complementação desse montante, não significam dizer que o juiz deva arbitrar um valor meramente simbólico (...). Na verdade, incumbe ao juiz averiguar o alcance do prejuízo causado ao ofendido para, a partir daí, arbitrar um valor que mais se aproxime do devido, propiciando, assim, uma reparação que seja satisfatória e que, ao mesmo tempo, desestimule a propositura de liquidação no cível, com toda demora e dissabores que lhe são peculiares" (Curso, 2012, p. 288-289).

Em três casos o juiz criminal poderá deixar de fixar a indenização mínima: (a) falta de elementos para tanto; (b) fato complexo, cuja melhor apreciação caiba ao juízo cível, que poderá se aprofundar na análise das provas do prejuízo; e (c) se a vítima já recebeu indenização.

No que diz respeito ao fato penal complexo, o STF afastou o pedido do Ministério Público Federal para fixação de indenização mínima no caso do "Mensalão", justamente porque o caso era complexo, relacionado a diversas condutas e acusados, sendo recomendado o ajuizamento de uma ação civil, com maior dilação probatória (AP nº 470/MG, rel. Min. Joaquim Barbosa, j. 17.12.12).

Ponto que gera divergência é saber a que espécie de dano o juiz criminal pode condenar o agente. Não há dúvidas quanto aos danos **patrimoniais**, isto é, os materiais, mensuráveis economicamente.

Já quanto ao dano **moral**, embora possa ser mais difícil a sua quantificação no juízo penal, o Código de Processo Penal não restringiu a indenização apenas aos danos patrimoniais; muito pelo contrário, dispôs que o juiz fixará o valor para a "reparação dos danos causados pela infração", de modo que qualquer dano, em princípio, pode ser analisado e ter fixada a devida indenização.

Nesse sentido, o Superior Tribunal de Justiça entendeu que, considerando que a norma não limitou e nem regulamentou como será quantificado o valor mínimo para a indenização e considerando que a legislação penal sempre priorizou o ressarcimento da vítima em relação aos prejuízos sofridos, o juiz que se sentir apto, diante de um caso concreto, a quantificar, ao menos o mínimo, o valor do dano moral sofrido pela vítima, não poderá ser impedido de fazê-lo (REsp nº 1.585.684/DF, rel. Min. Maria Thereza de Assis Moura, j. 09.08.16).

Observe-se, ainda, que a Exposição de Motivos do Projeto do Novo Código de Processo Penal (item nº IV) dispõe que "a sentença penal condenatória poderá arbitrar indenização pelo **dano moral** causado pela infração penal, sem prejuízo da ação civil, contra o acusado e o eventual responsável civil, pelos **danos materiais** existentes. A opção pelos danos morais se apresentou como a mais adequada, para o fim de se preservar a celeridade da instrução criminal, impedindo o emperramento do processo, inevitável a partir de possíveis demandas probatórias de natureza civil. Nesse ponto, o anteprojeto vai além do modelo trazido pela Lei nº 11.719, de 20 de junho de 2008, que permitiu a condenação do réu ao pagamento apenas de parcela mínima dos danos causados pela infração, considerando os prejuízos efetivamente comprovados".

Conforme decidido pelo Superior Tribunal de Justiça, em acórdão repetitivo, nos casos de violência doméstica e familiar contra a mulher, é possível que o juiz fixe valor mínimo de indenização por *dano moral*, bastando que haja pedido expresso neste sentido, mesmo que sem a indicação de um valor certo, não sendo necessária a realização de instrução probatória específica para tanto, uma vez que se trata de dano presumido, isto é, *in re ipsa* (3ª Seção, REsp nº 1.654.051/MS, rel. Min. Rogerio Schietti Cruz, j. 28.02.18). Quanto aos danos materiais, mesmo que se trate de violência doméstica ou familiar contra a mulher, deverá haver efetiva prova nos autos do prejuízo sofrido.

Fixou-se, portanto, a seguinte tese: "nos casos de violência contra a mulher praticados no âmbito doméstico e familiar, é possível a fixação de valor mínimo indenizatório a título de dano moral, desde que haja pedido expresso da acusação ou da parte ofendida, ainda que não especificada a quantia, e independentemente de instrução probatória" (tema nº 983, STJ).

Assim:

i) é possível fixação de dano moral;

ii) deve haver pedido expresso;

iii) não precisará a vítima fixar a quantia desejada; e

iv) independerá de instrução processual específica.

O fato de ofensor e ofendida terem se reconciliado, e inclusive morarem juntos ainda, não impede que o juiz fixe valor de indenização por dano moral em razão de agressão anterior; é obrigação do Poder Judiciário assim agir, cabendo à ofendida, depois, se desejar, não executar o título executivo (STJ, REsp nº 1.819.504/MS, rel. Min. Laurita Vaz, j. 10.09.19).

Embora tenha a Corte da Cidadania se debruçado, especificamente, sobre a questão da violência doméstica e familiar sobre a mulher, nada impedirá – em princípio – a aplicação deste mesmo raciocínio em relação a todas as infrações penais que apresentem reflexos civis. Em julgado da 1ª Turma do Supremo Tribunal Federal, entendeu-se, ainda que *obter dictum*, até mesmo pela possibilidade de condenação por **danos morais coletivos**, desde que haja pedido expresso neste sentido na inicial acusatória (AP nº 965/SP, rel. p. ac. Min. Roberto Barroso, j. 08.06.20).

Por fim, vale ressaltar que o juiz fixará o valor mínimo consoante os elementos que estiverem acostados ao processo, de forma que caberá primordialmente à parte (como assistente de acusação, p. ex.) levar argumentos e provas dos danos sofridos ao conhecimento do juiz (STJ, REsp nº 1.236.070/RS, rel. Min. Marco Aurélio Bellizze, j. 27.03.12), que, todavia, não está proibido de fixar valor mínimo indenizatório se, mesmo diante da ausência da atuação da parte, os próprios autos já trouxerem informações dos danos sofridos. O próprio Ministério Público, por exemplo, pode trazer elementos de prova do dano causado pelo crime, como laudos de avaliação.

5.5.1.8. *Recurso*

Se a parte pedir a fixação de valor mínimo de indenização e o juiz a deferir, mas em valor abaixo do almejado ou, ainda, o juiz deixar de fixar referido valor, pois, por exemplo, a demanda é complexa e será melhor decidida pelo juízo cível, a parte poderá interpor **apelação** (art. 593, I, CPP). Da mesma forma, o condenado também poderá apelar objetivando alterar a fixação dos danos civis na sentença penal.

Como já decidiu o Superior Tribunal de Justiça, a via processual do *habeas corpus* não é adequada para impugnar a reparação civil fixada na sentença penal condenatória, com base no art. 387, inciso IV, do Código de Processo Penal, tendo em vista que a sua imposição não acarreta ameaça, sequer indireta ou reflexa, à liberdade de locomoção (HC nº 191.724/RJ, rel. Min. Laurita Vaz, j. 15.10.13).

5.5.1.9. *Lei processual no tempo*

A Lei nº 11.719/08, que acrescentou o inciso IV ao art. 387, CPP, permitindo ao juiz a fixação de indenização mínima à vítima, possui, conforme entende o Superior Tribunal de Justiça, **natureza híbrida**, isto é, processual e penal, de modo que **não poderá retroagir para alcançar fatos anteriores à sua vigência** (5ª T., REsp nº 1.193.083/RS, rel. Min. Laurita Vaz, j. 20.08.13; e 6ª T., AgRg no REsp nº 1.206.643/RS, rel. Min. Nefi Cordeiro, j. 12.02.15).

Desta forma, se o crime foi praticado antes da entrada em vigor da Lei nº 11.719/08 e foi sentenciado após isso, não poderá ser aplicado o art. 387, IV, CPP, para fixação de valor mínimo de reparação de danos.

No mesmo sentido já se manifestou o Supremo Tribunal Federal, de acordo com o voto do Min. Roberto Barroso, dispondo que "quanto à aplicação intertemporal da norma penal em questão, dada a sua natureza material, a ingressar na esfera patrimonial do réu, deve-se entender que não possui efeitos retroativos, por ser maléfica" (RvC nº 5.437/RO, rel. Min. Teori Zavascki, j. 17.12.14).

E corrobora a doutrina de Aury Lopes Jr., para quem somente é cabível a fixação de indenização mínima à vítima em relação aos fatos ocorridos após a vigência da Lei nº 11.719/08, sob pena de ilegal atribuição de efeito retroativo a uma lei penal mais grave (Curso, 2016). Isso, obviamente, não impedirá o ofendido de buscar indenização por meio das vias autônomas.

5.5.1.10. *Sentença estrangeira*

Diz o art. 9º, I, CP, que a sentença estrangeira, quando a aplicação da lei brasileira produz na espécie as mesmas consequências, pode ser homologada no Brasil para obrigar o condenado à **reparação do dano**, a restituições e a outros efeitos civis.

É sabido que o exercício da jurisdição – como já estudado – é ato que representa a soberania de um Estado e que, como regra, a execução de uma sentença terá curso no país em que proferida. Excepcionalmente, no entanto, o Brasil poderá utilizar a sentença de outro país para aqui gerar efeitos, o que exigirá o *exequatur* do **Superior Tribunal de Justiça** (art. 105, I, *i*, CF).

Logo, é possível a execução civil de uma sentença penal condenatória proferida no exterior, bastando, para tanto, a concessão do *exequatur* do Superior Tribunal de Justiça.

O art. 788, CPP, e o Regimento Interno do STJ (art. 216-A e ss., cf. Emenda nº 18/14), estabelecem os requisitos para a homologação da sentença estrangeira.

5.5.2. Ação civil *ex delicto*

Independentemente do oferecimento de denúncia ou queixa-crime ou da fase em que a peça acusatória se encontra, a vítima poderá mover uma **ação de conhecimento**, no juízo cível, visando a obter uma sentença civil condenando o autor do delito a indenizá-la (art. 64, CPP).

Pode ocorrer, por exemplo, que a vítima não queira aguardar o desfecho da ação penal (o que lhe permitiria a execução "ex delicto", como estudado) ou sequer tenha interesse em acompanhá-la ou, ainda, que não tenha obtido um título executivo judicial no processo penal. Nestes casos, ela poderá intentar a ação civil de conhecimento diretamente no juízo cível.

Veja que, aqui, não há sentença penal condenatória transitada em julgado que servirá como título executivo judicial – haverá uma **verdadeira ação civil**, com a exposição dos fatos criminosos e pedido de indenização diretamente na esfera cível.

A ação civil poderá ser proposta tanto contra o **autor** do delito como contra o **responsável civil**. Este, como não figurou como parte no processo penal, poderá, em sua defesa no processo civil, debater todos os temas possíveis, inclusive relacionados à autoria e à materialidade do crime, em respeito ao contraditório e à ampla defesa.

Estabelece o p.ú. do art. 64, CPP, que, intentada a ação penal, o juiz da ação civil **poderá suspender** o curso desta, até o julgamento definitivo daquela. Trata-se de uma *faculdade* do juiz, que objetiva afastar a possível ocorrência de decisões contraditórias – como condenar civilmente e, depois, absolver por ausência de autoria, por exemplo.

Nos exatos termos do art. 313, V, *a*, CPC, suspende-se o processo quando a sentença de mérito depender do julgamento de outra causa ou da declaração de existência ou de inexistência de relação jurídica que constitua o objeto principal de outro processo pendente. E, nesse caso, a suspensão **não poderá ultrapassar 1 ano** (§ 4º) – mas, diante do caso, pode-se, em tese, com base na razoabilidade, economia processual e celeridade, flexibilizar-se referido prazo.

Quanto à prescrição, o art. 206, § 3º, V, CC, dispõe ser de **3 anos** o prazo para a pretensão de reparação civil. E importa ressaltar que, nos termos do art. 200, CC, quando a ação civil se originar de fato que deva ser apurado no juízo criminal, não correrá a prescrição antes da respectiva sentença penal definitiva. Para a doutrina (Avena, 2011), esse prazo tem início com a decisão penal definitiva, seja de *absolvição* ou de *condenação*. O autor dá o exemplo de uma vítima que espera o desfecho do processo penal por dez anos e vê o acusado ser absolvido – se o prazo prescricional para a ação civil começasse com o fato criminoso em si, já teria ocorrido prescrição da ação civil (em 3 anos); todavia, se o prazo prescricional da ação civil começar a correr a partir da decisão penal definitiva (de condenação ou de absolvição), a vítima terá mais três anos para mover a ação indenizatória cabível, o que é justo.

Consoante o Superior Tribunal de Justiça, nas hipóteses de investigação ou processo criminal com *impacto em demandas cíveis*, há a suspensão do prazo prescricional para a propositura de processos na esfera cível, como ações de indenização. Nesses casos, o lesado pode optar por ingressar com o processo cível de forma antecipada ou aguardar a solução da questão criminal para propor o pedido de ressarcimento, nos termos do artigo 200, CC. Nos termos da jurisprudência, o artigo 200, CC, somente é afastado quando, nas instâncias ordinárias, ficar consignada a inexistência de relação de prejudicialidade entre as searas cível e criminal ou quando não houve a instauração de inquérito policial ou de ação penal (REsp nº 1.631.871/SE, rel. Min. Ricardo Villas Bôas Cueva, j. 10.10.17).

E, logicamente, o prazo prescricional também não correrá, nos termos do art. 200, CC, enquanto houver investigação criminal (STJ, REsp nº 1.704.252/AP, rel. Min. Nancy Andrighi, j. 12.12.17).

É importante destacar que, se ocorrer a improcedência da ação civil *ex delicto* e, posteriormente, houver a condenação penal do autor do delito, poderá a vítima utilizar-se da liquidação da sentença penal, nos termos do art. 63, CPP.

Por fim, destaca-se o art. 846 do Código Civil, que dispõe que "a transação concernente a obrigações resultantes de delito não extingue a ação penal pública". Atenção deve ser dada, apenas, à Lei dos Juizados Especiais (Lei nº 9.099/95), que, no art. 74, p.ú., dispõe que a acordo de composição civil em crime de ação penal de iniciativa privada ou pública condicionada à representação gera a renúncia ao direito de queixa ou representação. O tema será estudado no capítulo específico.

5.6. EFEITOS DA DECISÃO PENAL NO JUÍZO CÍVEL

Em princípio, a absolvição penal não influencia a ação civil, salvo: (i) reconhecimento da inexistência material do fato ou (ii) afastamento da autoria ou da participação – isto é, quando reconhecidamente inexistentes a **materialidade** ou a **autoria**.

A expressão "faz coisa julgada no cível" significa dizer que a decisão do juízo penal impedirá que se discuta qualquer indenização no juízo cível, pois, uma vez lá decidido, impede-se qualquer nova análise por este.

Isso se dá em razão da ideia – em tese – de que a análise de provas no âmbito penal é mais rigorosa e criteriosa do que no âmbito civilista, ou seja, se, *v.g.*, o juízo criminal entendeu que o fato criminoso sequer existiu, o juízo civil ficará de mãos atadas, não podendo entender, contrariamente, que o fato ocorreu. Logo, essa decisão de inexistência do fato fará coisa julgada no cível.

Dentro deste tópico, faz-se necessária a análise do art. 386, CPP, que trata das hipóteses de sentença penal absolutória. São, portanto, as possíveis repercussões:

a) **provada a inexistência do fato**: após a análise das provas, o juiz criminal entendeu que o fato sequer existiu. Fará coisa julgada no cível, impedindo indenização posterior.

b) **não há provas da existência do fato**: o juiz criminal não tem provas sólidas sobre a existência do fato criminoso. Não fará coisa julgada no cível, permitindo-se posterior indenização.

c) **o fato não é uma infração penal**: é o caso de conduta atípica criminalmente (seja formal ou materialmente). Não fará coisa julgada no cível, permitindo-se futura indenização.

d) **está provado que o agente não concorreu para o delito**: como há certeza de que o agente não foi nem autor e nem partícipe da infração penal, isso fará coisa julgada no cível, impedindo indenização futura.

e) **não há provas de que o agente concorreu para o delito**: há dúvidas se o acusado criminalmente foi autor ou partícipe do delito, de modo que isso não fará coisa julgada no cível, permitindo-se à vítima buscar indenização futura.

f) **não há provas suficientes para a condenação**: havendo dúvidas, o juiz criminal absolverá o acusado – o que não impedirá a busca pela indenização cível.

g) **existem circunstâncias que excluem o crime ou isentam o acusado de pena ou há dúvidas fundadas sobre a sua existência**: se há dúvidas ou se há certeza de uma causa excludente de ilicitude ou de culpabilidade, o juiz absolverá o agente. Disso surgem algumas situações:

- Há dúvida sobre a excludente de ilicitude ou de culpabilidade: não impedirá a reparação civil.
- Está provada a existência de excludente de culpabilidade: não impedirá a reparação civil (ex: coação moral irresistível, erro de proibição, doença mental etc.).
- Está provada a existência de excludente de ilicitude real: diz o art. 65, CPP, que "faz coisa julgada no cível a sentença penal que reconhecer ter sido o ato praticado em estado de necessidade, em legítima defesa, em estrito cumprimento de dever legal ou no exercício regular de direito". Assim, agindo-se consoante uma excludente de ilicitude, entende-se que a conduta é *lícita* (não antijurídica), afastando, em regra, o dever de indenizar.

Excepcionalmente, todavia, **será possível buscar indenização** nos casos de:

i) estado de necessidade (art. 188, II, CC), quando o agente sacrificar bem jurídico de **terceiro inocente**.

Exemplo: uma pessoa está presa num incêndio e grita por ajuda; um vizinho, percebendo isso, arromba a porta do local que está em chamas e a salva da morte; se o dono do local não foi quem causou o incêndio, ele deverá ser indenizado pelo agente "herói", cf. art. 929, CC, tendo este (o "herói") o direito de regresso em face do verdadeiro causador do incêndio; por outro lado, se o incêndio foi causado pelo dono do local, o agente "herói" não precisará indenizar.

Em suma, vê-se que o salvador não responderá por crime de dano (CP, art. 163), em razão de ter atuado em estado de necessidade, mas poderá, a depender do caso, ser civilmente responsabilizado por ter causado um dano civil a um terceiro inocente.

ii) legítima defesa (art. 188, I, CC) em caso de **"aberratio ictus"** (art. 930, p.ú., CC), isto é, erro na execução quando se atinge pessoa diversa da pretendida.

Exemplo de Gustavo Badaró (Processo, 2016): *A* agride injustamente *B*, que, em legítima defesa, atira contra *A*, vindo, contudo, a acertar *C*, totalmente inocente; aqui, *C* (ou seus herdeiros) poderá pedir indenização contra *B*, que, mesmo tendo agido licitamente, acobertado por uma excludente de ilicitude, tem o dever de reparar o dano causado, podendo, depois, voltar-se regressivamente contra *A*.

iii) descriminantes **putativas**, de forma que, como já decidiu o STJ (REsp nº 513.891/RJ, Rel. Ari Pargendler, j. 20.03.07), citando Pontes de Miranda, nela, o erro de fato sobre a existência da situação de legítima defesa, p. ex., não está presente, eis que os elementos excludentes do suporte fático do ato ilícito só foram *supostos por erro*, não configurando uma autêntica legítima defesa, havendo, pois, um erro na apreciação equivocada dos fatos. Aplica-se a todas as descriminantes putativas (legítima defesa, estado de necessidade, exercício regular de direito e estrito cumprimento do dever legal). É o típico exemplo do sujeito que imagina estar numa situação em que será agredido por um desafeto e desfere um tiro, todavia, a vítima, na realidade, apenas carrega em suas mãos um bilhete com um pedido de desculpas. A situação putativa (imaginária) não impedirá a obrigação indenizatória por parte do agressor.

Possibilidade de se buscar indenização mesmo no caso de excludentes de ilicitude
» Estado de necessidade quando se atingir bem de terceiro inocente
» Legítima defesa em caso de *aberratio ictus* (erro na execução atingindo terceiro)
» Putatividade (excludentes de ilicitude imaginárias)

Há, ainda, algumas situações específicas que merecem análise:

i) **arquivamento de inquérito policial**: de acordo com o art. 67, I, CPP, não impedirá a propositura de ação civil o arquivamento do inquérito ou das peças de informação.

ii) **extinção da punibilidade pela prescrição**: nos termos do art. 67, II, CPP, a prescrição da pretensão **punitiva** extingue a condenação pecuniária fixada como reparação mínima dos danos na sentença penal, mas não impedirá o ajuizamento da ação civil, caso a vítima assim deseje (STJ, ED no AgRg no REsp nº 1.260.305/ES, rel. Min. Sebastião Reios Júnior, j. 12.03.13); por outro lado, a prescrição da pretensão **executória** mantém intacta a possibilidade de se exigir indenização.

iii) **extinção da punibilidade pela morte do agente**: se o acusado foi condenado por um delito e morreu **depois**, o *dever de indenizar* será transmitido aos seus herdeiros, observado o limite do patrimônio transferido em razão da morte (art. 5º, XLV, CF); por outro lado, se o agente morreu **antes** de ser condenado, restarão prejudicados os efeitos automáticos do *dever de indenizar*, devendo a vítima buscar sua indenização por ação autônoma.

No Direito norte-americano, aplica-se a chamada *abatement ab initio doctrine*, em que a morte do acusado, antes de uma condenação definitiva, apaga todos os processos contra ele ou diminui as sanções impostas, inclusive o reconhecimento da obrigação de indenizar as vítimas do delito como efeito de uma decisão condenatória, já que apenas o agente deve ser punido, e não os seus herdeiros. Referida doutrina sofre duras críticas nos dias de hoje, em que os juristas buscam aumentar a finalidade do Direito Penal não apenas para punir o acusado, mas para indenizar as vítimas.

iv) **perdão judicial**: como a decisão que o concede possui natureza declaratória (súmula nº 18, STJ), o ofendido deverá ajuizar uma ação de conhecimento no juízo cível, não havendo o efeito automático de indenizar, pois sequer houver uma condenação. É a corrente majoritária.

Há antigo julgado do Supremo Tribunal Federal no sentido de que o perdão judicial não afasta o caráter indenizatório da sentença penal (RE nº 104.977/SP, rel. Min. Rafael Mayer, j. 04.02.86), tendo parte da doutrina a mesma opinião (Mirabete, 2007).

v) ***abolitio criminis***: se a pessoa foi condenada e depois adveio lei que tornou o fato atípico, aquela decisão condenatória servirá como título executivo judicial, podendo perfeitamente ser executada civilmente.

vi) **graça e indulto**: subsistem os efeitos secundários e extrapenais, tal como a obrigação de reparar o dano causado, tal como a obrigação de reparar o dano causado. E nos termos da súmula nº 631, STJ, "o indulto extingue os efeitos primários da condenação (pretensão executória), mas não extingue os efeitos secundários, penais ou extrapenais".

vii) **anistia**: ainda que concedida, não impedirá a execução no cível.

viii) **transação penal**: no âmbito dos Juizados Especiais, a imposição imediata de pena restritiva de direitos ou de multa não gerará efeitos no juízo cível, não impedindo o ofendido de propor a ação cabível (art. 76, § 6º, Lei nº 9.099/95).

ix) **absolvição no tribunal do júri**: a decisão dos jurados, que são os juízes de fato no âmbito do tribunal do júri, é acobertada pelo sigilo, de modo que não se saberá se a decisão foi tomada por maioria ou de forma unânime, pois a votação será interrompida quando se alcançar os votos suficientes num ou noutro sentido.

O art. 483, CPP, dispõe quais serão os quesitos aos jurados, como materialidade (inc.), autoria (inc. II), se o acusado deve ser absolvido (inc. III), dentre outros. Assim, duas situações devem ser analisadas:

a) se os jurados absolverem com fundamento nos incisos I ou II, isto é, ausência de materialidade (o fato não existiu) ou de autoria (o acusado não foi autor/partícipe do delito), essa decisão fará coisa julgada na seara criminal e na seara civil. Assim, uma vez negada autoria ou materialidade pelos jurados, isso impedirá a análise de posterior indenização no juízo cível, já que ou o fato não existiu, ou o agente não teve nenhum envolvimento nele.

b) se os jurados absolverem com fundamento no inciso III, chamado de "absolvição genérica", isso não fará coisa julgada no cível, ou seja, poderá o ofendido buscar civilmente uma indenização. Como há o sigilo das votações e os jurados votam conforme a íntima convicção, sem precisar expor suas razões, resta impossibilitada a análise do motivo pelo qual os jurados absolveram genericamente o agente, podendo ser, por exemplo, por compaixão, por piedade ou por algum motivo jurídico. Em razão disso, "absolvido o acusado pelos jurados em face da resposta positiva ao quesito genérico de absolvição, pode o ofendido rediscutir a matéria através do ajuizamento de ação civil *ex delicto* de conhecimento (ação de ressarcimento), para ver debatida a questão em esfera diversa da criminal" (Távora e Alencar, 2017).

x) **sentença absolutória imprópria**: é a sentença que reconhece a prática do delito, mas impõe uma medida de segurança em razão da inimputabilidade do acusado (art. 26, CP). Como não há uma sentença "condenatória", não haverá formação de título judicial apto a ser executado no juízo cível. Nada impedirá, todavia, que se ajuíze ação de conhecimento contra o curador do inimputável, por exemplo.

xi) **contravenção penal**: a sentença condenatória tem os mesmos efeitos civis, diante do art. 1º, Decreto-lei 3.688/41, que manda aplicar as regras gerais do Código Penal.

6
COMPETÊNCIA

6.1. CONCEITUANDO: JURISDIÇÃO E COMPETÊNCIA

Como estudado nos capítulos anteriores, a autotutela, em matéria penal, foi retirada das mãos dos cidadãos, tendo o Estado – exclusivamente – o poder de apresentar a solução legal às demandas criminais.

Ainda que se fale, por exemplo, em legítima defesa, haverá um processo penal onde um juiz examinará os seus requisitos e, se o caso, a reconhecerá. Logo, ainda que haja certos *resquícios* de autotutela, a jurisdição será sempre exercida pelo Estado (ainda que para arquivar um inquérito policial ou para absolver um acusado, por exemplo).

De forma tradicional, **jurisdição** é o poder do Estado, representado pela figura do magistrado, de aplicar o direito ao caso concreto posto em julgamento, objetivando solucionar um conflito social.

Modernamente (Cintra, Grinover e Dinamarco, Teoria, 2015), a jurisdição apresenta os seguintes aspectos:

a) é um **poder**, pois decide-se de forma imperativa, mandamental.

b) é uma **função** do Estado, por meio de um processo criminal.

c) é uma **atividade**, através de diversos órgãos jurisdicionais.

d) é um **direito** do cidadão, já que a lei não excluirá da apreciação do Poder Judiciário lesão ou ameaça a direito (art. 5º, XXXV, CF).

Etimologicamente, "jurisdição" vem do latim *jurisdictio*, isto é, a ação de dizer o direito (*juris*: direito; *dictio*: dizer, pronunciar). A função típica do Poder Judiciário é a prestação jurisdicional. Consoante Bernardo Gonçalves Fernandes, a atividade jurisdicional se traduz justamente na interpretação e aplicação das normas para a resolução de casos concretos, resolvendo lides com caráter de definitividade e, com isso, realizando a pacificação social (Curso, 2016).

Diz-se que a jurisdição é una (é um Poder só) e indivisível (todos os juízes a têm). No entanto, não é possível que um juiz exerça jurisdição ilimitadamente, em todas as matérias e por todo o território do Brasil. Justamente em razão da complexidade da sociedade, da sua população, das especificidades das matérias postas em julgamento, da extensão territorial etc., é preciso um limite ao exercício da jurisdição.

Assim, embora todos os juízes exerçam jurisdição (ou seja, desempenhem função típica do Poder Judiciário de julgar um caso concreto), o Estado a delimita, de modo que a porção do poder jurisdicional que cada órgão judicial exerce é chamada de **competência.** Desta forma, embora um juiz de direito estadual exerça sua *jurisdição* (como representante do Poder Judiciário brasileiro) em todo o território nacional, a sua *competência* é delimitada consoante as previsões da Constituição Federal e das leis, ou seja, *v.g.*, um juiz criminal de Jundiaí/SP não terá competência para julgar uma demanda trabalhista em Chapecó/SC, justamente por falta de competência, tanto material quanto territorial, como se estudará adiante. Veja: ambos são juízes exercentes da função judicante (representam o Poder Judiciário), mas cada um possui sua competência delimitada e específica.

Atentar que, embora tradicionalmente se afirme que competência é a medida (ou parcela) da jurisdição, há que se criticar tal conceito, pois todos os juízes exercem cem por cento de jurisdição, de forma que não há a atribuição de uma "parcela" de jurisdição a um julgador. Deste modo, competência é "o âmbito legítimo de exercício da jurisdição conferido a cada órgão jurisdicional" (Badaró, 2016, p. 225), ou seja, é a **delimitação da jurisdição do juiz.**

6.2. CARACTERÍSTICAS DA JURISDIÇÃO

A jurisdição apresenta algumas características:

a) **órgão adequado**: a jurisdição é exercida por um juiz (em sentido amplo, abarcando o juiz, o desembargador e o ministro), órgão que é do Poder Judiciário (art. 92, CF).

b) **contraditório**: o juiz somente conseguirá dizer o direito, isto é, dizer quem tem razão, se ouvir todas as partes em igualdade de condições.

c) **procedimento**: exige-se a observância ao modelo legal de procedimento penal previsto na lei, em todas as etapas do processo, de modo a melhor aplicar o direito ao caso concreto.

d) **substitutividade**: ao exercer a jurisdição, o juiz se coloca entre as partes, de modo a substituir as suas vontades, dando a decisão final ao caso penal para dizer quem tem razão.

e) **definitividade**: como o objetivo da jurisdição é a pacificação social e a extinção do conflito, faz-se necessário que a decisão judicial proferida tenha definitividade, ou seja, que ela gere segurança jurídica, o que é alcançado pela coisa julgada.

6.3. ELEMENTOS DA JURISDIÇÃO

O ato de *dizer o direito* não diz respeito apenas a proferir uma sentença final, mas, sim, a todos os atos necessários que o juiz percorre, dentro do processo, para que consiga, ao final, pôr fim ao conflito.

Assim, os elementos da jurisdição estabelecem o caminho (o *iter*) que o juiz percorre até o ato final do processo, qual seja, a sentença (Mossin, 2010). Assim, são elementos da jurisdição:

a) ***notio* ou *cognitio***: é o poder do juiz de conhecer dos casos penais, de verificar seus requisitos e adotar as providências necessárias à sua tramitação.

b) ***vocatio***: é a função de chamar ao processo todos os interessados, fazendo-os comparecer ao processo.

c) ***coertio* ou *coercitio***: decorrente da *vocatio*, é o poder do juiz de adotar as medidas coercitivas necessárias, desde o chamamento de uma testemunha até a determinação da prisão do réu.

d) ***judicium***: é a função característica da jurisdição, qual seja, a de dizer o direito aplicável ao caso e concluir o litígio.

e) ***executio***: é o poder de tornar obrigatória a decisão proferida.

Numa ordem lógica do processo, percebe-se que o juiz (1) conhece de uma causa, (2) chama as partes, (3) adota as medidas necessárias para o bom andamento do processo, (4) decide e, por fim, (5) executa o comando.

Percorrer este caminho tem por fim atingir os **escopos da jurisdição**, que são os objetivos perseguidos com o exercício da jurisdição. A doutrina indica a existência dos seguintes escopos (Amorim, 2016);

a) **jurídico**: aplicação correta do Direito.

b) **social**: resolver o conflito para se alcançar a pacificação social.

c) **educacional**: ensinar aos jurisdicionados seus direitos e deveres.

d) **político**: fortalecer o Estado; incentivar a participação democrática por meio do processo; e a jurisdição é o último recurso para proteger liberdade públicas e direitos fundamentais.

6.4. PRINCÍPIOS DA JURISDIÇÃO

A jurisdição tem como princípios:

6.4.1. Juiz natural

Já estudado no capítulo próprio acerca dos princípios do processo penal, para o qual se remete o leitor, significa, sinteticamente, que não haverá juiz ou tribunal de exceção (art. 5º, XXXVII, CF) e que ninguém será processado e nem sentenciado senão pela autoridade competente (art. 5º, LIII, CF).

Especificamente quanto à jurisdição penal e ao juiz natural, ressalta-se o chamado *princípio da jurisdicionalidade* (ou da necessidade), segundo o qual o Estado é o titular da jurisdição, cabendo a ele – e apenas a ele – dirimir conflitos criminais e pacificar a sociedade, evitando-se (e proibindo-se), com isso, a vingança privada, já superada há séculos. Assim, "como expressão de uma das funções do Estado, a jurisdição é também uma manifestação do poder deste Estado, caracterizando-se pela imperatividade e imposição das decisões emanadas dos órgãos dela dotados" (Karam, Competência, 1998, p. 12).

6.4.2. Investidura

Só exerce a jurisdição, ou seja, só pode *dizer o direito* a ser aplicado ao caso concreto, quem for magistrado, isto é, quem esteja investido no cargo, respeitadas as regras constitucionais de acesso ao cargo (CF, art. 93, I). Consoante Luigi Ferrajoli, "a principal garantia processual que forma o pressuposto de todas as outras é a da submissão à jurisdição" (Direito, 2002, p. 432).

6.4.3. Inércia

Não pode o juiz proceder de ofício ao início de uma ação judicial, quer-se dizer, sem provocação, sob pena de não estar agindo com a necessária imparcialidade.

Também chamado de "princípio da titularidade" (ou *ne procedat judex ex officio*), significa que não haverá jurisdição sem o exercício da ação; assim, para que a jurisdição seja provocada, é necessário que um legitimado à ação penal (Ministério Público ou querelante) provoque a manifestação de um juiz por meio de um pedido veiculado na ação penal.

6.4.4. Indeclinabilidade

O juiz não pode subtrair-se do exercício da jurisdição, ou seja, não pode declinar (se afastar) da jurisdição provocada. Tem fundamento constitucional no art. 5º, XXXV, que estabelece que a lei não excluirá da apreciação do Poder Judiciário nenhuma lesão ou ameaça a direito.

Guarda relação com o princípio *nulla poena sine judicio*, ou seja, não se vislumbra a possibilidade de aplicação de uma sanção penal sem a intervenção de um juiz, provocado por meio de uma ação penal (Ferrajoli, 2002).

A partir deste princípio é que surge a chamada *sentença branca*, que é aquela em que o juiz deixa de decidir um dado ponto do processo e o remete a um tribunal superior. Ela não é reconhecida no Brasil, por justamente afrontar claramente a indeclinabilidade da jurisdição, isto é, o juiz não pode deixar de decidir, por mais difícil que seja a questão.

No mais, é interessante notar o art. 57 da Lei nº 6.001/73 (Estatuto do Índio), que prevê que "será tolerada a aplicação, pelos grupos tribais, de acordo com as instituições próprias, de sanções penais ou disciplinares contra os seus membros, desde que não revistam caráter cruel ou infamante, proibida em qualquer caso a pena de morte". Para uma corrente, o dispositivo não teria sido recepcionado pelo art. 5º, XXXV, CF/88, pois não existe, na atual ordem constitucional, lesão ou ameaça de lesão que não possa ser analisada pelo Poder Judiciário. Já para outra corrente, o dispositivo deve ser lido à luz do art. 231, "caput", CF, que prevê que são reconhecidos aos índios sua organização social, costumes, línguas, crenças e tradições – e, em sentido similar, deve ser observado o art. 10, itens 1 e 2, da Convenção nº

169, da OIT (Povos Indígenas e Tribais), prevê que, no processo que impor sanções penais previstas na legislação geral a indígenas ou tribais, suas características econômicas, sociais e culturais deverão ser levadas em consideração, devendo ser dada preferência a outros métodos de punição que não o encarceramento. Não há posição pacífica sobre o tema.

6.4.5. Indelegabilidade

Como consequência do princípio do juiz natural, impede-se que o juiz delegue (empreste) a jurisdição a outro órgão. Parte da doutrina (minoritária) sustenta que o cumprimento de carta precatória ou carta de ordem seria uma exceção à indelegabilidade, pois outro juiz realizaria um ato processual, como um interrogatório, por exemplo. Salvo melhor juízo, razão possui a posição majoritária, que entende que não se trata de delegação, mas de mera cooperação ou auxílio entre órgãos do Poder Judiciário, diante da impossibilidade de realização de um ato judicial fora dos limites da competência preestabelecida por lei.

6.4.6. Improrrogabilidade

Também chamado de "aderência", significa que, mesmo se de comum acordo, as partes não podem afastar do juiz natural o conhecimento de uma determinada causa penal, de modo que o julgador exercerá a jurisdição dentro dos limites traçados pela lei. A prorrogação da competência somente será permitida quando houver previsão na lei, como nos casos de conexão e continência, que serão estudados oportunamente.

6.4.7. Inevitabilidade

Também chamado de "irrecusabilidade", guarda relação com o princípio da indeclinabilidade e significa que o exercício da jurisdição não está sujeito à vontade das partes; pelo contrário, ela se impõe. Além disso, as partes não podem, ao seu bel prazer, recusar ou escolher um determinado juiz, somente cabendo a recusa nos casos previstos em lei, como suspeição, impedimento e incompetência.

6.4.8. Unidade

A jurisdição, exercida e manifestada através do Poder Judiciário, é única, diferenciando-se apenas no que diz respeito à sua aplicação e grau de especialização, podendo ser civil ou penal, estadual ou federal, militar, eleitoral ou trabalhista (Nucci, 2007).

6.4.9. Correlação

Determina que é vedado o julgamento *extra*, *citra* ou *ultra petita*, assegurando-se a perfeita correspondência entre o que foi pedido (objeto da ação) e o que foi concedido por meio da decisão judicial proferida. O tema será aprofundado no capítulo referente à sentença.

6.4.10. Duplo grau de jurisdição

Já visto no capítulo próprio dos princípios do processo penal, para onde se remete o leitor, afirma, basicamente, a possibilidade de a decisão judicial proferida ser revista por um órgão diferente e superior. Não está previsto expressamente na Constituição Federal de 1988, mas provém dos direitos decorrentes de tratados de direitos humanos, como o Pacto de São José da Costa Rica – CADH (art. 5º, § 2º, CF), que, em seu art. 8.2, *h*, dispõe que, durante o processo, toda pessoa tem, em plena igualdade, o direito de recorrer da sentença a juiz ou tribunal superior. Além disso, referido princípio emana, também, da própria estrutura organizacional dos tribunais dada pela Constituição Federal, que atribui competência recursal a eles, a exemplo do art. 108, II, CF.

6.4.11. Substitutividade

As partes não podem fazer justiça com as próprias mãos (CP, art. 345). Desta forma, a provocação da jurisdição pelos interessados faz com que o juiz, ao aplicar o Direito, substitua a vontade das partes, de forma imparcial, fixando qual delas estará amparada pelo ordenamento jurídico (Demercian e Maluly, 2012).

6.4.12. Definitividade

Trata-se da principal característica das decisões judiciais; significa que a manifestação do Poder Judiciário, após esgotados os recursos possíveis, torna-se definitiva, ou seja, indiscutível, salvo raros casos previstos no ordenamento, como a revisão criminal.

6.5. ESPÉCIES DE JURISDIÇÃO

Classifica-se de acordo com:

i) **graduação**: podendo ser inferior, como o juiz singular de primeiro grau, ou superior, abarcando as instâncias superiores, destinatárias dos recursos interpostos (conforme o duplo grau de jurisdição).

ii) **matéria**: diz respeito ao tema que pode ser julgado, podendo haver jurisdição civil (matérias civis), penal (infrações penais), trabalhista (causas trabalhistas) etc.

iii) **órgão jurisdicional**: guarda relação com a matéria a ser julgada, podendo ser estadual (Justiça Comum), cuja jurisdição é exercida por juízes estaduais, ou federal (Justiça Federal), exercida por juízes federais.

iv) **função**: quando exercida por órgãos judiciais, chama-se de justiça comum/ordinária; e quando exercida excepcionalmente por órgão não judicial, como o Senado Federal quando julga o *impeachment*, é chamada de justiça extraordinária/especial.

v) **competência**: divide-se em: (a) competência plena, quando um único juiz tem competência sobre todas as causas, como nas varas únicas; (b) competência limitada, quando há divisão de varas, como vara cível e vara criminal; (c) jurisdição exclusiva, quando o órgão jurisdicional julga um só tipo de crime, como o tribunal do júri, que só julga crime doloso contra a vida; e (d) jurisdição cumulativa, quando não há essa delimitação.

vi) **objeto**: a jurisdição será contenciosa se houver um litígio e voluntária (ou graciosa) se de caráter apenas homologatório. Consoante Mirabete (Processo, 2007), neste último caso há uma "atividade judiciária em sentido estrito", e não propriamente o exercício da função jurisdicional, como a decisão homologatória do pedido de reabilitação.

6.6. ESPÉCIES DE COMPETÊNCIA

Viu-se que competência é a delimitação da jurisdição do juiz. Desta feita, tradicionalmente, divide-se a competência da seguinte forma:

a) **em razão da matéria (*ratione materiae*)**: definida consoante a natureza da infração penal praticada, como a Justiça Eleitoral (julga crimes eleitorais), tribunal do júri (julga crimes dolosos contra a vida) etc.

b) **em razão da função ou pessoa (*ratione funcionae* ou *ratione personae*)**: delimita-se a competência de acordo com a função que a pessoa exerce, ou seja, atribui-se o foro por prerrogativa de função (vulgarmente chamado de "foro especial"), tal como a competência do STF para julgar crimes praticados por senadores ou do STJ para julgar crimes de governadores.

c) **em razão do local (*ratione loci*)**: é a análise de qual território será competente para julgar o delito, seja uma comarca (na Justiça Estadual) ou uma seção ou subseção judiciária (na Justiça Federal).

d) **competência funcional**: é a competência fixada por lei entre os diversos juízes de uma mesma instância ou de instâncias distintas. Possui três espécies:

d.1) por fase do processo: é a divisão de competência de acordo com a fase do processo. O exemplo é a competência do juiz do conhecimento, para julgar o caso penal posto, e a competência do juiz da execução penal, para acompanhar esta derradeira fase do processo.

d.2) por objeto do juízo: diferencia-se a competência conforme o papel desempenhado por cada julgador. É o caso do tribunal do júri, em que os jurados julgam os fatos e o juiz de direito aplica a matéria de direito, fixando a pena.

d.3) por grau de jurisdição: é a competência recursal, como o Tribunal de Justiça que julga uma apelação por ser considerado de *segundo grau*, ou seja, de instância superior ao juiz singular de *primeiro grau*. Há quem afirme que a competência originária (julgamento diretamente por órgão superior, como no foro por prerrogativa de função) seja caso de competência por grau de jurisdição, o que não parece muito correto, já que se trata apenas da atribuição de competência originária ao tribunal em razão da qualidade da parte.

6.7. COMPETÊNCIA ABSOLUTA E RELATIVA

6.7.1. Competência absoluta

De forma simples, é absoluta a hipótese de competência que não admite prorrogação, ou seja, deverá o processo ser remetido ao juiz natural determinado por normas constitucionais ou legais, sob pena de nulidade (Nucci, 2007).

São características:

a) estabelecida no interesse preponderantemente público.

b) não pode ser modificada, ou seja, é improrrogável – desta forma, como se verá adiante, as situações de conexão e continência não alterarão a fixação da competência absoluta.

c) a inobservância gera nulidade absoluta, com prejuízo presumido.

d) pode ser arguida a qualquer momento, mesmo após o trânsito em julgado, desde que, neste caso, para beneficiar o acusado.

e) pode ser reconhecida de ofício pelo juiz.

f) pode ser arguida por meio de exceção de incompetência – mas, como pode ser conhecida de ofício pelo juiz, pode ser alegada por outros meios.

g) são os casos de competência em razão da matéria, da função (ou pessoa) e a competência funcional.

6.7.2. Competência relativa

Resumidamente, é relativa a hipótese de competência que admite prorrogação, ou seja, se não invocada a tempo a incompetência relativa, reputar-se-á competente o juízo que está conduzindo o feito, não se admitindo, depois, nenhuma alegação de nulidade (Nucci, 2007).

São características:

a) estabelecida no interesse preponderante particular/das partes.

b) pode ser modificada, ou seja, é prorrogável.

c) a inobservância gera nulidade relativa, com prejuízo comprovado.

d) deve ser alegada no momento oportuno, sob pena de preclusão.

e) pode – sim – ser conhecida de ofício pelo juiz criminal – mas somente até o início da instrução do processo. Não se aplica a súmula nº 33 do STJ, que é exclusiva do processo de natureza civil ("a incompetência relativa não pode ser declarada de ofício").

f) é arguida por meio de exceção de incompetência – mas, como pode ser conhecida de ofício pelo juiz, pode ser alegada por outros meios.

g) são os casos de competência em razão do local, por distribuição, por prevenção (súmula nº 706 do STF: "é relativa a nulidade decorrente da inobservância da competência penal por prevenção"), por conexão ou continência.

6.7.3. Quadro comparativo

A divisão existente entre competência *absoluta* e *relativa* é criação da doutrina e da jurisprudência, não havendo previsão legal. Em suma, o quadro é o seguinte:

COMPETÊNCIA ABSOLUTA	COMPETÊNCIA RELATIVA
Prepondera o interesse público	Prepondera o interesse das partes
Não pode ser modificada; é improrrogável	Pode ser modificada; é prorrogável
A inobservância gera nulidade absoluta	A inobservância gera nulidade relativa
Pode ser arguida a qualquer momento	Deve ser arguida oportunamente
Pode ser reconhecida de ofício pelo juiz	Pode ser reconhecida de ofício pelo juiz
Utiliza-se a exceção ou outro meio	Utiliza-se a exceção ou outro meio
Ex.: matéria, pessoa e funcional	Ex.: território, distribuição, prevenção

6.8. *KOMPETENZ-KOMPETENZ*

Consoante a regra da *kompetenz-kompetenz*, do Direito alemão, "todo juízo tem competência para julgar a sua própria competência. O juiz é, sempre, o juiz da sua competência. Assim, para todo órgão jurisdicional há sempre uma competência mínima (atômica): a competência para o controle da própria competência. Por mais incompetente que seja o órgão jurisdicional, ele sempre terá competência para decidir se é ou não competente" (Didier Jr., Curso, 2011, p. 129, v. 1).

Referido princípio é totalmente aplicável ao direito brasileiro criminal, determinando-se que a única competência que o juiz incompetente tem é para reconhecer a sua própria incompetência (STJ, AgRg na AP nº 866/DF, rel. Min. Luis Felipe Salomão, j. 20.06.18).

E, diversamente do que ocorre no Processo Civil, o juiz criminal pode reconhecer de ofício tanto a sua incompetência **absoluta** quanto **relativa**, até porque o art. 109, CPP, não faz distinção, não cabendo ao intérprete assim agir. Não incide, portanto, a súmula nº 33 do STJ, cuja aplicação é restrita ao âmbito cível. Não obstante isso, o Superior Tribunal de Justiça – equivocadamente – possui julgados isolados no sentido de aplicar referido verbete sumular, criado historicamente na seara cível, ao processo criminal (CC nº 134.272/RO, rel. Min. Reynaldo Soares da Fonseca, j. 14.10.15).

6.9. CRITÉRIOS DE FIXAÇÃO DA COMPETÊNCIA PENAL

Dispõe o art. 69, CPP, que determinará a competência jurisdicional:

i) o lugar da infração;

ii) o domicílio ou residência do réu;

iii) a natureza da infração;

iv) a distribuição;

v) a conexão e continência;

vi) a prevenção;

vii) a prerrogativa de função.

O grande leque de situações a respeito da competência para o julgamento de uma dada infração penal fez com que o Código de Processo Penal criasse *critérios determinadores* de competência, que estão positivados nos arts. 70 a 91, CPP.

Todavia, antes mesmo de se buscar saber se um crime de roubo, por exemplo, deve ser julgado na comarca de Santos/SP ou de Ilhabela/SP, é preciso saber se o roubo foi cometido no território brasileiro, se há competência originária de algum tribunal, se há interesse da União etc.

Em razão disso, é clássica a corrente que estabelece um rol de perguntas a ser respondido, a fim de se fixar a competência. Assim:

1º) é o caso de competência da Justiça Brasileira?

2º) há competência de algum tribunal de sobreposição (STF ou STJ) ou algum órgão atípico (como o Senado Federal, em infração política)?

3º) é da justiça especial (eleitoral ou militar) ou comum (estadual ou federal)?

4º) é o caso de competência originária, como do Tribunal de Justiça ou do Tribunal Regional Federal, ou do juízo de primeiro grau?

5º) se de primeiro grau, qual é o foro (*comarca*, na justiça estadual, ou *seção/subseção judiciária*, na justiça federal)?

6º) a Lei de Organização Judiciária traz alguma vara especializada?

Respondidas essas perguntas, será possível a perfeita identificação do juízo criminal competente, aplicando-se, em seguida, as possíveis regras determinantes de competência, como a distribuição, prevenção etc.

Antes de se avançar com o estudo, é preciso conceituar algumas expressões que, geralmente, causam confusão. Desta forma:

a) **foro**: é sinônimo de território onde se exerce jurisdição. Assim, o STF tem foro em todo o território brasileiro, o Tribunal de Justiça de São Paulo tem foro sobre todo o Estado de São Paulo, o Tribunal Regional Federal da 4ª Região tem jurisdição sobre RS, PR e SC, dentre outros exemplos.

b) **comarca**: todos os Estados, na Justiça Estadual, são divididos em comarcas, sobre as quais um juiz de primeiro grau exerce sua jurisdição. Assim, o Estado de São Paulo é dividido em mais de 300 comarcas, como a comarca da própria Capital, de Campinas, de Ribeirão Preto, de Barretos, de Tambaú, de Peruíbe, de Mococa, de Itu, de Franca etc. Dependendo do caso, uma comarca pode ser subdividida em distritos (o que é cada vez mais raro na atualidade).

c) **seção judiciária**: na Justiça Federal, cada Estado é sede de uma seção judiciária. Assim, há a seção judiciária de Minas Gerais, de Pernambuco, do Paraná, do Amazonas etc.

d) **subseção judiciária**: é a divisão da seção judiciária da Justiça Federal num dado Estado. Assim, a seção judiciária federal do Estado da Bahia é dividida em diversas subseções, principalmente para atender o interior, como Juazeiro, Paulo Afonso, Ilhéus etc.

e) **vara/juízo**: é a unidade judiciária, integrada por um juiz e seus auxiliares, conforme previsão na Lei de Organização Judiciária. Ex.: 1ª Vara Criminal de Marília/SP; 13ª Vara Federal de Curitiba/PR etc.

6.10. COMPETÊNCIA EM RAZÃO DA MATÉRIA

Nos tópicos adiante, serão estudadas as competências criminais em razão da natureza do crime levado em julgamento e conforme a especialização da Justiça. Assim, serão examinadas as competências da Justiça Militar; da Justiça Eleitoral; da Justiça Trabalhista; da Justiça Federal; e da Justiça Estadual.

6.10.1. Justiça Militar

A Justiça Militar é subdividida em: (a) Justiça Militar dos Estados e (b) Justiça Militar da União.

Estabelece o art. 124, CF, que à **Justiça Militar da União** compete processar e julgar os crimes militares definidos em lei. E o art. 125, § 4º, CF, dispõe que compete à **Justiça Militar dos Estados** processar e julgar os militares dos Estados nos crimes militares definidos em lei e as ações judiciais civis contra atos disciplinares militares, ressalva a competência do júri quando a vítima for civil – o que recebe temperamentos, como se verá.

6.10.1.1. *Breve introdução*

Por óbvio, a Justiça Militar (também chamada de *Castrense*) julga os chamados **crimes militares**, que estão definidos no Decreto-lei nº 1.001/69 (Código Penal Militar), seja no art. 9º, quando em tempo de paz, seja no art. 10, quando em tempo de guerra. Com a modificação trazida pela Lei nº 13.491/17, como se verá, ampliou-se a competência castrense, que passou a julgar crimes do CPM e da legislação penal comum também.

O crime militar pode ser **próprio** (puro, exclusivo ou meramente militar), isto é, aquele que só pode ser praticado por militar (como a insubordinação ou a deserção) ou **impróprio**, ou seja, aquele acidentalmente considerado militar, que pode ser praticado por qualquer pessoa – civil ou militar – e que apenas será julgado pela Justiça Castrense em razão de certas condições (como o furto contra a instituição militar ou o estupro de um colega militar).

Pode, também, o crime militar ser de **tipificação direta**, quando previsto no Código Penal Militar com tipificação exclusiva, sem a necessidade de nenhuma norma de extensão, bastando a menção ao Código Penal Militar (como o ingresso clandestino, do art. 302, CPM); ou de **tipificação indireta**, que, embora previsto na legislação comum, será julgado pela Justiça Militar em razão dos elementos de descrição do art. 9º, II ou III, CPM (ex.: estelionato praticado por civil contra as Forças Armadas – cuja tipificação será do art. 171, CP, c.c. art. 9º, III, *a*, CPM).

6.10.1.2. *Composição*

A Justiça Militar é assim composta:

a) **Justiça Militar dos Estados**: a lei estadual poderá criar, mediante proposta do Tribunal de Justiça, a Justiça Militar Estadual, constituída, em primeiro grau, pelos **juízes de direito** e pelos **Conselhos de Justiça** e, em segundo grau, pelo próprio **Tribunal de Justiça** ou por **Tribunal de Justiça Militar** nos Estados em que o efetivo militar seja superior a **20 mil integrantes** (art. 125, § 3º, CF).

O órgão superior é o Tribunal de Justiça Militar (se o Estado o instituiu e o efetivo militar estadual for superior a 20 mil) ou o próprio Tribunal de Justiça. Apenas os Estados de São Paulo, Minas Gerais e Rio Grande do Sul possuem um TJM. O órgão recursal da decisão do TJ/TJM é o Superior Tribunal de Justiça (STJ) – e não o Superior Tribunal Militar (STM).

Compete à Justiça Militar Estadual processar e julgar os militares dos Estados (**policiais militares** e **bombeiros militares**), nos crimes militares definidos em lei e as ações judiciais contra atos disciplinares militares, ressalvada a competência do júri quando a vítima for civil, cabendo ao tribunal competente decidir sobre a perda do posto e da patente dos oficiais e da graduação das praças.

O Ministério Público atuante aqui é o próprio Ministério Público Estadual, por meio do promotor de justiça estadual, não existindo um "Ministério Público Militar Estadual". Assim, *v.g.*, o promotor do MPSP que está atuando no ofício cível pode ser designado para atuar na Justiça Militar.

No mais, compete aos **juízes de direito do juízo militar** processar e julgar, singularmente, os crimes militares cometidos contra civis e as ações judiciais contra atos disciplinares militares, cabendo ao **Conselho de Justiça**, sob a presidência de juiz de direito, processar e julgar os demais crimes militares. O Conselho de Justiça *Especial* julga militares oficiais e o Conselho de Justiça *Permanente* julga militares não-oficiais.

Assim:

Justiça Militar Estadual	
Juízes Militares	**Conselho de Justiça**
Julgam singularmente os crimes militares praticados por militar **contra civis** (não julga crime doloso contra a vida, cuja competência é do tribunal do júri).	Julga os demais crimes militares, cuja **vítima não seja um civil**. É composto por um juiz de direito militar e mais quatro juízes militares de posto superior ao do acusado. Pode ser Conselho *Especial* (julga os militares Oficiais) ou Conselho *Permanente* (julga os militares não-Oficiais).
	Não julgam crime praticado por civil

Quanto à **competência territorial**, nos termos da súmula nº 78 do STJ, "compete à Justiça Militar processar e julgar o policial de corporação estadual, ainda que o delito tenha sido praticado em outra unidade federativa". Assim, se um soldado da Polícia Militar do Estado de São Paulo praticar um crime militar no Estado do Rio Grande do Sul, caberá à Justiça Castrense paulista o seu julgamento, em razão do local onde o militar *desempenha a sua função militar*, e não o local onde o delito foi praticado ou se consumou.

b) **Justiça Militar da União**: é composta pelos **Conselhos de Justiça**, que são os órgãos colegiados atuantes nas Auditorias Militares, formados por um Juiz Federal da Justiça Militar e por juízes militares, que julgam, em regra, os crimes de competência da Justiça Castrense da União em primeira instância envolvendo as **Forças Armadas**: Exército, Marinha e Aeronáutica (Lei nº 13.774/18).

Há duas espécies de Conselho de Justiça: (a) especial e (b) permanente. O Conselho *Especial* é formado por 1 juiz federal da Justiça Militar (ou juiz substituto), que o presidirá, e por 4 juízes militares, dentre os quais 1 oficial-general ou superior (art. 16, I, Lei nº 8.457/92). O Conselho *Permanente* é formado por 1 juiz federal da Justiça Militar (ou juiz substituto), que o presidirá, e por 4 juízes militares, dentre os quais pelo menos 1 oficial superior (art. 16, II, Lei nº 8.457/92).

O Conselho Especial processa e julga oficiais, exceto os generais, nos crimes previstos na legislação penal militar (art. 27, I, Lei nº 8.457/92). Já o Conselho Permanente processa e julga os militares que não sejam oficiais, nos crimes previstos na legislação penal militar (art. 27, II, Lei nº 8.457/92).

Se a infração penal foi praticada fora do território nacional, competirá aos Conselhos de Justiça das Auditorias da circunscrição com sede na Capital Federal julgá-la, observado o disposto no CPPM acerca da competência pelo lugar da infração (art. 27, p.ú., Lei nº 8.457/92).

Além dos Conselhos de Justiça, a Lei nº 13.774/18 criou uma **exceção** quanto à competência para julgamento dos crimes militares: se o crime militar for praticado por um civil, nos casos do art. 9º, I e III, CPM, este delito será julgado, monocraticamente, por um **Juiz Federal da Justiça Militar**, e não pelo Conselho de Justiça. Igualmente, se um militar praticar o crime juntamente com um civil, ambos serão julgados pelo juiz federal da Justiça Militar (art. 30, I-B, Lei nº 8.457/92).

A segunda instância é exercida pelo Superior Tribunal Militar (STM), cabendo a este órgão o julgamento de apelações e recursos oriundos dos Conselhos. Atente-se que, diferentemente da Justiça Federal, Eleitoral, Estadual ou Militar Estadual (que possuem, respectivamente, TRF, TRE, TJ e TJM), a Justiça Militar da União não possui um Tribunal Militar de segunda instância, de modo que o STM acaba exercendo funções típicas de um tribunal de apelação – embora seja um tribunal superior.

O Ministério Público atuante é o Militar (MPM), pertencente ao Ministério Público da União (art. 128, I, *c*, CF). Haverá, portanto, a figura específica do "Promotor da Justiça Militar da União".

Assim:

Justiça Militar da União	
Conselhos de Justiça	Pode ser: *Especial* (julga os oficiais, exceto generais) ou *Permanente* (julga os não-oficiais, exceto generais, que são julgados pelo STM).
Juízes Federais da Justiça Militar	Julga o crime militar praticado por civil, cf. o art. 9º, I e III, CPM, e o militar que o tiver praticado conjuntamente com um civil.
Julga tanto militar quanto civil	

Em suma:

	Justiça Militar Estadual Art. 125, §§ 4º e 5º, CF	Justiça Militar Federal Arts. 122 a 124, CF
Competência criminal	Crimes militares envolvendo Polícia Militar e Corpo de Bombeiros Militar	Crimes militares envolvendo as Forças Armadas
Competência cível	Além de crimes militares, julga ações judiciais civis contra atos disciplinares dos militares	Julga apenas crimes militares
Quem pode ser acusado	Apenas o militar	Tanto o civil quanto o militar
Órgão competente	Juiz Militar (vítima civil) ou Conselho de Justiça (demais casos)	Conselho de Justiça (como regra) ou Juiz Federal da Justiça Militar (crime praticado por civil nos casos do art. 9º, I e III, CPM, e se um militar o praticar conjuntamente com o civil)
Fixação de competência	Em razão da matéria (crimes militares e ações disciplinares militares) e em razão da pessoa (militares estaduais)	Em razão da matéria (crimes militares apenas)
Órgão de 1º grau	Juiz Militar e Conselho de Justiça *Especial* e *Permanente*	Conselho de Justiça *Especial* e *Permanente* e Juízes Federais da Justiça Militar
Órgão de 2º grau	TJ ou TJM	STM
Órgão superior	STJ/STF	STF

Após essa breve introdução, que permitiu visualizar a forma de atuação da Justiça Castrense, passemos ao estudo da sua competência, notadamente diante da Lei nº 13.491/17, chamada de "Lei da Nova Competência da Justiça Militar", atendo-se à sua repercussão no Processo Penal comum.

6.10.1.3. *A Lei nº 13.491/17*

O Código Penal Militar sofreu alteração pela Lei nº 13.491/17, publicada em 16.10.17 e com vigência imediata, que modificou algumas regras de competência da Justiça Militar.

Ocorreram, basicamente, duas alterações:

a) a previsão de que crimes militares poderão ser enquadrados também na legislação penal comum, além do CPM, e

b) a competência para julgamento dos crimes dolosos praticados por militar das Forças Armadas contra a vida de civis diante de certos contextos fáticos.

6.10.1.3.1. *Os crimes militares*

A Lei nº 13.491/17 alterou a redação do inciso II do art. 9º, CPM. Referido dispositivo, originariamente, previa que crimes militares eram apenas os previstos no Código Penal Militar, embora também o fossem com igual definição na lei penal comum.

Assim, por exemplo, o furto era crime militar, com definição expressa no art. 240, "caput", CPM (tal como o art. 155, "caput", CP). Todavia, por exemplo, o aborto não era considerado crime militar, pois não previsto no Código Penal Militar, ainda que praticado por militar, contra uma gestante militar e em um hospital militar, simplesmente por ausência de previsão no CPM.

Então, adveio a Lei nº 13.491/17, alterando a redação do inciso II do art. 9º, CPM, passando a dispor que são considerados crimes militares os crimes previstos no Código Penal Militar **e os previstos na legislação penal**. Vê-se, assim, uma clara ampliação da competência da Justiça Militar.

No exemplo dado acima, do aborto, este passou a ser processado e julgado na Justiça Militar, já que previsto na "legislação penal", ou melhor, nos arts. 124 a 128 do Código Penal. Bastará, portanto, o preenchimento das condições previstas nas alíneas do inc. II do art. 9º, CPM, como estar o militar em atividade (alínea *a*) ou em lugar sujeito à administração militar (alínea *b*), por exemplo.

A nova redação do inc. II do art. 9º, CPM, alcança a "legislação penal", isto é, tanto os **crimes** previstos no Código Penal quanto os previstos na legislação extravagante, como a Lei de Licitações, a Lei de Tortura, o Código de Trânsito Brasileiro, dentre outras leis.

Vale destacar que serão julgados pela Justiça Castrense os crimes previstos na legislação especial quando praticados por militar, mas desde que a Constituição Federal ou alguma lei especial não preveja uma competência especial. Assim, por exemplo, o crime contra o sistema financeiro nacional será julgado perante a Justiça Federal, mesmo que praticado por militar, em razão de previsão expressa (art. 26, "caput", da Lei nº 7.492/86).

É importante esclarecer que **a Justiça Militar não processará as contravenções penais** (Decreto-lei nº 3.688/41) praticadas por militares, considerando que o art. 9º do Código

Penal Militar fixa, claramente, quais são os **crimes** militares, bem como, a Constituição Federal estabelece que compete à Justiça Militar o processo e julgamento dos **crimes** militares assim definidos em lei (arts. 124, "caput", e § 4º do art. 125), afastando-se, deste modo, as contravenções penais. O contrário geraria desrespeito à legalidade, o que não pode ser aceito. Ex.: tenente da polícia militar que pratica "jogo do bicho" (art. 50, Lei das Contravenções Penais) no batalhão da polícia militar não será julgado pela Justiça Militar, mas pela Justiça Estadual.

Se um militar pratica lesões corporais contra outro militar em um evento particular, o Supremo Tribunal Federal entende que a Justiça Militar não será competente para julgamento, pois praticado o crime fora do ambiente militar e sem atingir as instituições militares, de modo que a Justiça comum julgará o feito (RHC nº 157.308/MS, rel. Min. Ricardo Lewandowski, j. 14.08.18).

Além do inc. II do art. 9º, CPM, são considerados crimes militares os de que trata o Código Penal Militar, quando definidos de modo diverso na lei penal comum ou nela não previstos (inc. I) e os praticados por militar da reserva, ou reformado, ou por civil, contra as instituições militares, considerando-se como tais não só os compreendidos no inciso I, como os do inciso II (inc. III). Consoante o Superior Tribunal de Justiça, "para a definição da competência da justiça militar, faz-se necessária a observância do **critério subjetivo**, considerando militar em atividade todo aquele agente estatal incorporado às Forças Armadas, em serviço ou não, aliado ao **critério objetivo**, que reflete a vulneração de bem jurídico caro ao serviço e ao meio militar, a ser perquirida no caso em concreto" (HC nº 550.998/MG, rel. Min. Ribeiro Dantas, j. 23.06.20).

Essa alteração promovida pela Lei nº 13.491/17 vem sofrendo duras críticas, tendo em vista que a construção feita ao longo dos tempos sempre foi no sentido de diminuir a competência da Justiça Militar, atribuindo-lhe apenas os crimes relacionados aos interesses e aos bens militares. Essa ampliação, abarcando qualquer crime praticado por militar no exercício da atividade militar ou em razão desta, acaba por levar à jurisdição militar condutas criminosas que, em princípio, não interessariam à Justiça Militar, o que, para muitos, é um retrocesso, principalmente em razão da falta de estrutura desta Justiça em investigar, processar e punir os militares, além de manter um corporativismo, já que um militar irá investigar, processar e punir outro militar, colega seu de farda, o que pode (eventual e hipoteticamente) gerar impunidade.

6.10.1.3.2. *Crimes dolosos contra a vida*

O Código Penal Militar, por meio da Lei nº 9.299/96, previu inicialmente, no art. 9º, p.ú., que os crimes dolosos contra a vida de civil praticados por militar seriam de competência da justiça comum, isto é, do tribunal do júri. Retirou-se da Justiça Militar tais crimes, seguindo a linha de entendimento dos órgãos internacionais de direitos humanos.

O art. 125, § 4º, CF (EC nº 45/04), então, dispôs que compete à Justiça Militar dos **Estados** processar e julgar os militares estaduais por crimes militares, *ressalvada* a competência do júri quando a vítima for civil, cujo processo será de competência do tribunal do júri. Não há dispositivo semelhante à Justiça Militar da **União**.

Adveio, então, a Lei nº 13.491/17, fixando os §§ 1º e 2º ao art. 9º, CPM, dispondo que os crimes dolosos contra a vida cometidos por militares contra civis serão de competência do tribunal do júri (§ 1º), enquanto que **os crimes dolosos contra a vida cometidos por militares das Forças Armadas contra civis serão de competência da Justiça Militar da União, quando praticados dentro de alguns contextos, analisados abaixo.**

Disso, extrai-se a seguinte conclusão: a regra é que o crime doloso contra a vida de civil praticado por militar (estadual ou das Forças Armadas) é de competência do tribunal do júri (§ 1º do art. 9º, CPM); todavia, será de competência da Justiça Militar da União o processo e julgamento de crime doloso contra a vida de civil praticado por militar das Forças Armadas (Exército, Marinha e Aeronáutica) quando cometido dentre as hipóteses legais (incs. I, II e III do § 2º do art. 9º, CPM).

Exemplo: policial militar que, dolosamente, mata vítima civil, será julgado pelo tribunal do júri estadual; soldado do Exército que, dolosamente, mata vítima civil, será julgado pelo tribunal do júri federal; já o cabo da aeronáutica que, dolosamente, matar um civil em operação militar para garantia da lei e da ordem, será julgado pela Justiça Militar. As exceções previstas no § 2º do art. 9º são tão abrangentes que, agora, raramente um militar das Forças Armadas não estará sujeito à Justiça Militar da União.

Assim, são exceções ao julgamento pelo tribunal do júri os seguintes casos, quando o crime doloso contra a vida for praticado por militar das **Forças Armadas**, caso em que será julgado pela **Justiça Militar da União**, se praticado num destes contextos:

1) **no cumprimento de atribuições que lhes forem estabelecidas pelo Presidente da República ou pelo Ministro da Defesa.**

As Forças Armadas destinam-se à defesa da Pátria, à garantia dos poderes constitucionais e à garantia da lei e da ordem (art. 142, CF). São instituições de caráter permanente que têm como autoridade suprema o Presidente da República.

Neste sentido, a determinação a respeito do emprego das Forças Armadas é de responsabilidade do Presidente da República (art. 84, XIII, CF, e art. 15, LC nº 97/99). Exemplo prático é visto nas "ocupações de favelas" no Rio de Janeiro, em que, diante da ineficiência e/ou do baixo efetivo de policiais militares e civis, o governo federal colabora com o envio das Forças Armadas a estes locais. Assim, se um militar do Exército, no policiamento de uma favela carioca, praticar um homicídio doloso contra um civil, ele passará, agora, a ser julgado pela Justiça Militar da União (e não mais pelo tribunal do júri, como previsto antigamente).

Outras atividades possíveis das Forças Armadas são o atendimento a calamidades públicas, resgate, socorro e até mesmo obras de construção civil (Decreto nº 895/93). Ex.: salvamento de naufrágios pela Marinha, busca e salvamento em florestas pelo Exército, transporte de medicamentos emergenciais pela Aeronáutica etc. Se, num desses contextos, um militar das Forças Armadas praticar um crime doloso contra a vida de um civil, a competência para processo e julgamento será da Justiça Militar da União.

2) **na ação que envolva a segurança de instituição militar ou na missão militar, mesmo que não beligerante.**

É atividade comum o soldado do Exército que faz a patrulha e a guarda do quartel. Caso ele, por exemplo, pratique um homicídio doloso contra a vida de um civil que invada as instalações militares, ele será julgado pela Justiça Militar da União. Antigamente, entendia-se que, na dúvida se o militar agiu ou não com intenção de matar, o processo deveria tramitar na Justiça Comum (e não militar). Atualmente, com a Lei nº 13.491/17, isso mudou, sendo competência da Justiça Militar da União.

3) **na atividade de natureza militar, de operação de paz, de garantia da lei e da ordem (GLO) ou de atribuição subsidiária, realizadas em conformidade com o disposto no art. 142 da Constituição Federal e na forma dos seguintes diplomas legais: (i) Código Brasileiro de Aeronáutica, (ii) LC nº 97/99, (iii) Código de Processo Penal Militar e (iv) Código Eleitoral.**

O Código Brasileiro de Aeronáutica prevê casos em que a Aeronáutica poderá disparar tiros e abater uma aeronave considerada hostil (art. 303, CBA), como no caso de desrespeito às regras e autorizações de voo. Caso ocorra o efetivo abate do avião e a consequente morte de tripulantes e/ou passageiros, o processo e julgamento (se o caso) se dará perante a Justiça Militar da União.

Outra hipótese está prevista na LC nº 97/99, que trata das normas gerais para organização, preparo e emprego das Forças Armadas. Uma das situações mais conhecidas é o apoio à polícia judiciária (polícia civil/federal) em ações preventivas e repressivas na faixa de fronteira terrestre, no mar e nas águas interiores, executando ações de patrulhamento, revista de pessoas, veículos, embarcações e aeronaves e prisões em flagrante (art. 16-A). Caso, numa dessas atividades, um militar do Exército, por exemplo, cometa um homicídio doloso contra a vida de um civil, ele será processado e julgado pela Justiça Militar da União.

O Código de Processo Militar traz situações, também, de atuação das Forças Armadas para apurar crimes militares, realizar diligências requisitadas pelos juízes militares e membros do Ministério Público Militar e cumprir mandados de prisão expedidos pela Justiça Militar (art. 8º). Se, numa dessas situações, um militar da Marinha, por exemplo, cometer um crime doloso contra a vida de civil, será ele processado e julgado pela Justiça Militar da União.

Outra atuação das Forças Armadas se dá no período eleitoral, competindo-lhe a segurança das urnas e locais de votação, garantindo a lisura do processo eleitoral (art. 23 do Código Eleitoral). Se um militar, no exercício desta atividade, praticar um homicídio doloso contra a vida de um civil, o processo e julgamento será de competência da Justiça Militar da União.

Essas três situações analisadas, previstas no § 2º do art. 9º do Código Penal Militar, dizem respeito apenas aos militares das **Forças Armadas** (Exército, Marinha e Aeronáutica). Caso o homicídio doloso contra a vida de um civil seja praticado por militar estadual (policiais militares ou bombeiros militares), a competência permanece como sendo do tribunal do júri, nos termos expressos do art. 125, § 4º, CF (e § 1º do art. 9º, CPM).

Destaca-se que a Lei nº 13.491/17 já é objeto da ADI nº 5.804 (rel. Min. Gilmar Mendes), movida pela Associação dos Delegados de Polícia do Brasil, questionando o deslocamento da atribuição para investigar os crimes dolosos contra a vida de um civil praticados por militares das Forças Armadas, já que, na prática, referidas investigações passam a ser realizadas por meio de inquéritos policiais militares, excluindo a atuação investigativa da polícia civil e federal. Além disso, a ADI nº 5.901/DF (rel. Min. Gilmar Mendes), movida pelo PSOL, também questiona a Lei nº 13.491/17, sustentando violação à competência constitucional do tribunal do júri, à igualdade e ao devido processo legal.

6.10.1.3.3. *Juiz natural e direito intertemporal*

Tratando-se de lei nova que altera regras de competência, duas questões precisam ser analisadas: o que acontece com os processos que já estavam em tramitação e como se dá a aplicação da lei no tempo.

A regra é que, uma vez iniciado o processo, a competência seja estabilizada, não sendo mais alterada (princípio da *perpetuatio jurisdictionis*). Aplicando-se por analogia o Código de Processo Civil (art. 43), tem-se que se determina a competência no momento do registro ou da distribuição da petição inicial, sendo irrelevantes as modificações do estado de fato ou de direito ocorridas posteriormente, **salvo** quando suprimirem órgão judiciário ou **alteraram a competência absoluta**.

Assim, tem-se que a Lei nº 13.491/17 alterou a competência absoluta para processo e julgamento dos crimes dolosos contra a vida envolvendo militares das Forças Armadas nos contextos apresentados no § 2º do art. 9º, CPM, de modo que passaram do tribunal do júri para a Justiça Militar. Isso, portanto, **determinará a remessa dos autos ao novo juízo competente, que é o castrense**.

Situação semelhante ocorreu com o advento da antiga Lei nº 9.299/96, que alterou o art. 9º, CPM. Inicialmente, todos os crimes dolosos contra a vida eram julgados na Justiça Militar, não existindo nenhum tipo de ressalva. Então, editou-se a Lei nº 9.299/96, criando o p.ú. do art. 9º do CPM e dispondo que os crimes dolosos contra a vida de civil praticados por militar passam a ser de competência do tribunal do júri.

Chamado a analisar a aplicação da lei no tempo, o Supremo Tribunal federal entendeu pela imediata remessa dos autos que estavam na Justiça Militar para o tribunal do júri, salvo se já existisse sentença de mérito proferida (STF, HC nº 76.510/SP, rel. Min. Carlos Velloso, j. 31.03.98).

O Superior Tribunal de Justiça, analisando a competência para julgamento de crime praticado por militar (antes da novel lei) e em situação de atividade contra o patrimônio da administração militar, fixou o entendimento de que, como se trata de lei híbrida, o seu aspecto processual possui aplicação imediata; logo, tratando-se de competência absoluta em razão da matéria (Justiça Militar), não há que se falar em aplicação do princípio da perpetuação da jurisdição, do art. 43, CPC, devendo ocorrer a remessa dos autos à Justiça Militar competente (CC nº 160.902/RJ, rel. Min. Laurita Vaz, j. 12.12.18).

Como defendido em edição anterior, portanto, trata-se o dispositivo de norma de natureza processual, embora alocada em norma de direito material (Código Penal Militar). Por isso, aplica-se o **princípio *tempus regit actum***, isto é, a norma terá incidência imediata aos processos em trâmite. Há, claramente, norma híbrida, como já estudado, isto é, uma norma de conteúdo processual inserida em norma de conteúdo material, devendo-se, para tanto, analisar o seu conteúdo em si, e não o corpo em que está inserida. Logo, norma de competência processual inserida em norma material tem conteúdo processual, aplicando-se os respectivos consectários, como a aplicação imediata no tempo e envio dos autos à Justiça Castrense, devendo-se respeitar, apenas, a aplicação da lei penal mais benéfica (STJ. CC nº 161.898/MG, rel. Min. Sebastião Reis Júnior, j. 13.02.19).

Há que se observar, todavia, que, com a prolação da sentença e julgamento da apelação antes da entrada em vigor da Lei nº 13.491/17, ocorre a *perpetuario jurisdictionis*, ou seja, a impossibilidade de aplicação de lei nova acerca da competência (STJ, AgRg na Pet no AREsp nº 923.584/SP, rel. Min. Joel Ilan Paciornik, j. 05.09.19).

No mais, destaca-se que o Superior Tribunal Militar firmou entendimento jurisprudencial de que deve ser considerada a situação do acusado – civil ou militar – para a fixação da competência **no momento da prática do delito** (RSE nº 7000232-36.2019.7.00.0000; e enunciado nº 19 – CCR/MPM).

6.10.1.3.4. *O veto presidencial*

O Presidente da República vetou o art. 2º da Lei nº 13.491/17. Inicialmente, referido dispositivo previa que referida lei teria vigência temporária apenas até o dia 31 de dezembro de 2016, e, ao final, retornaria a ter eficácia a legislação anterior. O objetivo de ser uma lei temporária era, inicialmente, alcançar apenas os Jogos Olímpicos e Paraolímpicos do Rio de Janeiro, diante da atuação das Formas Armadas no evento.

Logo, ter-se-ia o absurdo jurídico de existir uma "lei temporária sobre competência", o que fere – sem sombra de dúvidas – todas as lógicas possíveis acerca das competências de natureza absoluta.

Em razão disso, o Presidente da República vetou o art. 2º da lei em estudo, aduzindo que "as hipóteses que justificam a competência da Justiça Militar da União, incluídas as estabelecidas pelo projeto sob sanção, não devem ser de caráter transitório, sob pena de comprometer a segurança jurídica. Ademais, o emprego recorrente das Forças Armadas como último recurso estatal em ações de segurança pública justifica a existência de uma norma permanente a regular a questão. Por fim, não se configura adequado estabelecer-se competência de tribunal com limitação temporal, sob pena de se poder interpretar a medida como o estabelecimento de um tribunal de exceção, vedado pelo artigo 5º, inciso XXXVII da Constituição".

É importante ter em mente que a Constituição Federal estabelece que o veto parcial somente pode abranger texto integral de artigo, de parágrafo, de inciso ou de alínea (art.

66, § 2º). Neste sentido, entende-se que o objetivo é impedir que o Poder Executivo, por meio do Presidente da República, desnature o projeto de lei levado a sanção, como, por exemplo, retirar uma simples palavra, o que pode alterar todo o texto legal.

Michel Temer (que, curiosamente, foi o Presidente da República que vetou o referido art. 2º da Lei nº 13.491/17) entende que, além de simplesmente ser proibido o veto parcial de palavras ou expressões, "o todo lógico da lei pode desfigurar-se também pelo veto, por inteiro, do artigo, do inciso, do item ou da alínea", e conclui afirmando que, "se isto ocorrer – tanto em razões do veto da palavra ou do artigo – o que se verifica é usurpação de competência pelo Executivo, circunstância vedada pelo art. 2º da CF" (Elementos, 2005, p. 142).

Desta forma, mesmo que o veto incida sobre o texto total do art. 2º da mencionada lei, isso pode fazer com o que se deturpe o objetivo da lei, que, de acordo com o Poder Legislativo, era para ser apenas temporária, enquanto que, com o veto do Poder Executivo, ela passou a ser definitiva.

Muito provavelmente a Suprema Corte sera chamada a analisar a questão em breve.

6.10.1.4. *Casuística*

Até a edição da Lei nº 13.491/17, havia uma infinidade de entendimentos doutrinários e jurisprudenciais acerca da fixação da competência da Justiça Militar ou da cisão obrigatória do processo. Inclusive, súmulas foram editadas com o fim de bem delimitar a competência da Justiça Castrense.

Abaixo, serão analisados alguns tópicos importantes já à luz da novel Lei nº 13.491/17.

a) a **súmula nº 90 do STJ** previa que "compete à Justiça Estadual Militar processar e julgar o policial militar pela prática do crime militar, e à Comum pela prática do crime comum simultâneo àquele".

   Entende-se que tal dispositivo perdeu a validade, já que não existe mais a figura do "crime comum simultâneo" ao crime militar (em razão de conexão ou continência), uma vez que, quando o militar cometer um crime previsto na legislação penal comum, ele agora estará cometendo um crime militar, bastando se enquadrar num das hipóteses do inc. II do art. 9º, CPM, cf. redação dada pela Lei nº 13.491/17.

   Exemplo: policial militar que desrespeita seu superior diante de outro militar (art. 160, CPM) e, na sequência, comete abuso de autoridade (Lei nº 13.869/19), responderá pelos dois crimes – agora considerados militares – perante a Justiça Militar, sem cisão de processos entre a Justiça Militar e a Justiça comum.

b) não se aplica a Lei nº 9.099/95 (**Juizados Especiais**) aos crimes militares, cf. expressamente previsto no art. 90-A desta lei. Consoante o Supremo Tribunal Federal (HC nº 99.743/RJ, rel. Min. Marco Aurélio, j. 06.10.11), de fato, não deve ser aplicada a Lei dos Juizados aos casos de crime militar praticado por militar, justamente em razão da hierarquia prevista às instituições militares e por se tratar de opção político-normativa; todavia, nada impede a sua aplicação aos casos de crimes militares praticados por civis, perante a Justiça Militar da União, em razão da falta de hierarquia e disciplina militares. Mais detalhes poderão ser estudados no capítulo acerca dos procedimentos processuais.

c) um **civil** pode ser julgado pela Justiça Militar quando se tratar de crime militar contra os interesses das **Forças Armadas**, sendo, assim, julgado pela **Justiça Militar da União**. Se o crime for praticado contra interesse da Polícia Militar ou do Corpo de Bombeiros, o julgamento será pela Justiça Estadual, nos termos da súmula nº 53 do STJ.

De acordo com o Supremo Tribunal Federal, apenas os crimes militares praticados por civis com o objetivo de desmoralizar ou ofender as Forças Armadas serão de competência da Justiça Militar. Assim, uma simples lesão corporal culposa contra um militar que dirigia uma viatura do Exército, sem ofender as Forças Armadas, não será de competência da Justiça Militar (STF, HC nº 89.592/DF, rel. Min. Ayres Britto, j. 18.12.06).

Exemplo comum de crime militar praticado por civil é o de estelionato previdenciário, em que o agente, mesmo após o falecimento do pensionista militar, mantém em erro a administração castrense objetivando que o pagamento da pensão não cesse (Brasileiro, 2013). Ademais, o civil que falsifica ou utiliza documento falso perante a Marinha será processado e julgado pela Justiça Comum (STF, HC nº 121.189/PR, rel. Min. Rosa Weber, j. 19.08.14; e súmula vinculante nº 36).

d) o **crime praticado fora de serviço** com arma da corporação não é crime militar, de forma que caberá à Justiça Comum o seu julgamento (STJ, HC nº 417.158/SC, rel. Min. Ribeiro Dantas, j. 08.02.18), nos termos da Lei nº 9.299/96, que revogou a alínea *f* do art. 9º, CPM (que previa que era crime militar praticado por militar em situação de atividade ou assemelhado que, *embora não estando em serviço, use armamento de propriedade militar* ou qualquer material bélico, sob guarda, fiscalização ou administração militar, para a prática de ato ilegal).

Assim, se, por exemplo, um sargento da Polícia Militar praticar um roubo contra um posto de combustíveis, mediante o emprego de arma de fogo da corporação militar, ele será julgado pela Justiça Estadual.

É preciso atentar à jurisprudência do Tribunal da Cidadania, no sentido de que, "se, a despeito de os investigados serem militares da ativa, sua conduta teve lugar fora do horário de serviço, quando não envergavam farda e em momento algum se valeram de seu cargo para o cometimento dos delitos, é viável concluir que agiram como civis" (CC nº 162.399/MG, rel. Min. Reynaldo Soares da Fonseca, j. 27.02.19). Ex.: sargentos do Exército xingam e desacatam socorristas – não se valeram do cargo, não estavam fardados e estavam fora de serviço, de forma que a competência será estadual; ou então, o crime relacionado à violência doméstica ou familiar praticado por um militar contra uma militar, sem relação com suas atribuições, não configura crime militar (STJ, AgRg no AREsp nº 1.638.893/SP, rel. Min. Nefi Cordeiro, j. 30.06.20). De outro lado, se o militar da ativa, ainda que de férias, se vale de seu cargo para praticar uma infração penal, será julgado pela

Justiça Castrense (STJ, AgRg no RHC nº 119.820/MS, rel. Min. Nefi Cordeiro, j. 17.12.19).

e) o **crime doloso contra a vida de civil**, praticado por militar, seja tentado ou consumado, é, por regra, processado e julgado pela Justiça Comum, mais especificamente pelo tribunal do júri, consoante o art. 125, § 4º, CF (cf. alteração pela EC nº 45/04) e o art. 9ª, § 1º, CPM (cf. alteração pela Lei nº 13.491/17).

Consoante estudado acima, a regra é que os crimes dolosos contra a vida de civil praticados por militares sejam julgados pelo tribunal do júri. A exceção trata dos crimes dolosos contra a vida de civil praticados por militares das **Forças Armadas** quando num dos contextos do § 2º do art. 9º do CPM, cuja competência, daí, será da Justiça Militar da União.

Vale ressaltar que o Superior Tribunal Militar entende que a competência do júri, quando a vítima for civil, faz referência apenas aos militares estaduais, de forma que os militares das Forças Armadas, se praticarem crime doloso contra a vida de um civil, serão sempre julgados por um tribunal militar, assegurada a hierarquia e a disciplina (SER nº 00001445420147001010 1/RJ, rel. Min. José Coêlho Ferreira, j. 09.06.16).

f) o **crime culposo contra a vida de civil** será processado e julgado pela Justiça Militar (STF, RHC 80.718, rel. Min. Ilmar Galvão, j. 22.03.01).

g) o **homicídio doloso cometido por militar contra militar** é, em regra, de competência da Justiça Militar (STJ, CC nº 96.330/SP, rel. Min. Arnaldo Esteves Lima, j. 22.04.09). Mas ver que, se o homicídio não guardar conexão com a atividade militar (art. 9º, CPM), a competência será da justiça comum (STF, HC nº 155.245/RS, rel. Min. Celso de Mello, j. 09.04.19). Ex.: soldado do Exército, em local que não militar, mata outro militar com o fim de adquirir "poderes de magia negra". A bem da verdade, são situações distintas e que merecem tratamento distinto. O art. 9º, II, *a*, CPM, exige apenas crime praticado por militar em situação de atividade contra outro militar em situação de atividade, independentemente de estarem, ou não, em serviço; já o art. 9º, II, c, CPM, trata do crime praticado por militar em razão da função. Logo, naquele caso, pouco importa a motivação, bastando que os sujeitos sejam militares (a competência será militar); já nesse último caso, exige-se motivação relacionada à função militar (a competência poderá ser comum).

h) o **homicídio doloso cometido por civil contra militar das Forças Armadas** é de competência da Justiça Militar, como no caso de um civil que mata o militar na função de sentinela para subtrair-lhe a arma, isto é, no desempenho da função militar (STF, HC nº 91.003/BA, rel. Min. Cármen Lúcia, j. 22.05.07).

i) o policial militar que, em serviço, **troca tiros** com pessoa que resiste à prisão em flagrante, age no exercício da função e em atividade de natureza militar, o que evidencia a existência de competência da Justiça Militar, ainda que a vítima seja um civil (STJ, CC nº 133.875/SP, rel. Min. Laurita Vaz, j. 03.06.14).

j) em caso de **fundada dúvida** sobre a presença do elemento subjetivo do homicídio (dolo) na conduta de militar que, no desempenho de suas atividades, atira contra civil, a competência era da Justiça Comum, ou seja, do tribunal do júri (CC nº 129.497/MG, rel. Min. Ericson Maranho, j. 08.10.14).

k) se o **militar incorrer em *aberratio ictus***, isto é, em erro na execução, isso não alterará a competência. Assim, embora as consequências penais considerem quem o agente queria atingir, a competência é fixada de acordo com a *vítima efetivamente atingida*. Deste modo, se o militar, por erro, atingiu um civil, ele será, em regra, julgado pela Justiça Comum (STJ, CC nº 27.38/SP, rel. Min. José Arnaldo da Fonseca, j. 25.10.00). Devem ser observadas as situações do § 2º do art. 9º do CPM, obviamente.

l) o **abuso de autoridade**, previsto na Lei nº 13.869/19, era de competência da Justiça Comum, ainda que praticado por militar, nos termos da súmula nº 172 do STJ. Referido verbete perdeu validade, na medida em que qualquer crime previsto no ordenamento jurídico, quando praticado por militar, passou a ser de competência da Justiça Militar, nos termos da Lei nº 13.491/17.

E conforme a súmula nº 75 do Superior Tribunal de Justiça, também competia à Justiça Comum julgar o militar por ter **promovido ou facilitado a fuga de preso** do estabelecimento penal. Como o militar que assim age está em serviço ou atuando em razão da função militar, agora será julgado e processado pela Justiça Militar, conforme a Lei nº 13.491/17, respondendo ou pelo art. 351, CP, ou pelo art. 178, CPM.

m) nos termos da súmula nº 6 do STJ, competia à Justiça Comum processar e julgar o delito decorrente de **acidente de trânsito** envolvendo viatura da Polícia Militar, a não ser quer autor e vítima fossem militares. Atualmente, no entanto, caso o militar pratique crime do Código de Trânsito Brasileiro em razão da atividade, ele será processado perante a Justiça Militar, conforme a Lei nº 13.491/17.

n) o crime de **tortura** praticado por militar era julgado pela Justiça Comum, como no caso de policiais militares que torturam um preso dentro de uma delegacia de polícia (STJ, CC nº 102.714/GO, rel. Min. Jorge Mussi, j. 26.05.10). Atualmente, no entanto, diante da Lei nº 13.491/17, o militar que pratica tortura será julgado pela Justiça Militar.

o) se o militar praticar **tráfico de drogas** em local sujeito à administração militar, responderá pelo art. 290, CPM, e, caso pratique tráfico de drogas em razão da atividade militar, mas fora de local sujeito à administração militar, responderá com base na Lei nº 11.343/06. Em ambos os casos, será processado e julgado perante a Justiça Militar, nos moldes da Lei nº 13.491/17.

p) compete à Justiça Militar processar e julgar o crime de **furto**, praticado por civil, de patrimônio que, sob administração militar federal, encontrava-se nas dependências desta (STJ, CC nº 145.721/SP, rel. Min. Joel Ilan Paciornik, j. 22.02.18). Ex.: um civil furta arma de fogo que estava na posse de um soldado da Aeronáutica, de modo a configurar furto qualificado de coisa pertencente à fazenda nacional, previsto no art. 240, § 5º, CPM, e tendo em vista que o crime foi praticado por civil contra militar da ativa em detrimento do patrimônio sob a administração militar em lugar sujeito à administração militar, conforme o art. 9º, III, *a* e *b*, CPM.

Vale ressaltar que, se ocorrer furto de coisa privada (ex.: um aparelho de som de um capitão do Exército), ainda que em local sob administração militar, não se fixará a competência da Justiça Militar, pois não se subsume às hipóteses do art. 9º, CPM, notadamente o inc. III, já que houve o furto de coisa privada e sem invasão à unidade militar, não ocorrendo nenhum ataque às instituições militares (STJ, CC nº 115.311/PA, rel. Min. Maria Thereza de Assis Moura, j. 14.03.11).

No mais, nada impede a tramitação concomitante de inquérito policial comum (visando a apurar a infração penal) e de inquérito militar (visando a apurar transgressão/crime militar), diante dos objetivos distintos dos instrumentos (STJ, AgRg no RHC nº 112.726/PR, rel. Min. Reynaldo Soares da Fonseca, j. 26.05.20).

6.10.2. Justiça Eleitoral

A Justiça Eleitoral (arts. 118 a 121, CF) julgará os crimes eleitorais, a exemplo dos previstos no Código Eleitoral, *e os que lhes são conexos ou continentes*, nos termos do art. 78, IV, CPP, c.c. art. 35, II, Código Eleitoral, ressalvada a competência originária de Tribunal Superior e dos Tribunais Regionais (STF, Pet nº 7.319/DF, rel. Min. Edson Fachin, j. 27.03.18; e CC nº 7.033/SP, Plenário, rel. Min. Sydney Sanches, j. 02.10.96).

Exemplo: sujeito pratica corrupção passiva, do art. 317 do Código Penal, em razão de receber propina de uma empresa para praticar atos ilícitos na condição de agente público, e, também, pratica falsidade ideológica, do art. 350 do Código Eleitoral, por receber doações eleitorais por meio de "caixa dois", na condição de governador. Há um crime de jurisdição comum e outro de jurisdição eleitoral. Deve prevalecer a competência da Justiça Eleitoral no caso analisado, conforme os arts. 35, II, Código Eleitoral, e 78, IV, Código Penal. Referido entendimento foi avalizado pelo Supremo Tribunal Federal, que, ainda, fixou que caberá à Justiça Eleitoral verificar, caso a caso, a existência de conexão entre o crime comum e o crime eleitoral, de forma que, inexistindo essa ligação, a própria Justiça Eleitoral remeterá o crime não eleitoral à Justiça competente (AgRg no Inq. nº 4.435/DF, rel. Min. Marco Aurélio, j. 13 e 14.03.19).

Tal Justiça especializada traz dois temas importantes:

i) havendo conexão ou continência com crime **militar** ou **federal**, haverá a cisão obrigatória de processos, pois ambas as justiças estão previstas na Constituição Federal ao lado da Justiça Eleitoral. Assim, a Justiça Eleitoral julgará o crime eleitoral; a Militar, o crime militar; e a Federal, o crime federal, sem a reunião de feitos.

Isso, todavia, não é mais pacífico. Basta observar a Lei nº 13.491/17, que, agora, estabelece como sendo de competência da Justiça Militar também os crimes praticados por militar previstos na legislação penal esparsa, e não apenas no Código Penal. A dúvida que surge, portanto, é saber quem será competente para julgar um soldado do Exército que, no dia da eleição, em atividade militar de proteção do ambiente de votação, danificar, dolosamente, uma urna de votação, o que é crime previsto no art. 72, III, Lei nº 9.504/97, com pena de reclusão de 5 a 10 anos.

Não há entendimento formado a este respeito ainda. De um lado, há posição defendendo a previsão da Lei nº 13.491/17, que fixa a competência da Justiça Militar quanto aos crimes previstos na legislação extravagante; de outro lado, há posição defendendo que deve prevalecer a Justiça Eleitoral, especializada e com previsão na Constituição Federal ao lado da Justiça Militar.

Quanto à Justiça Eleitoral, o atual Plenário do Supremo Tribunal julgará, em breve, recurso em que se analisará a competência da Justiça Eleitoral para julgar crime federal conexo, haja vista a *existência* previsão constitucional da competência federal e a *ausência de previsão* constitucional de competência criminal eleitoral, ou seja, não poderia uma lei, como o Código Eleitoral ou o Código de Processo Penal, alterar a competência constitucional da Justiça Federal, diante da não recepção destas normas pela CF/88 – esta é a posição da Procuradoria-Geral da República (Inq. nº 4.435/DF, rel. Min. Marco Aurélio). Não obstante isso, a Corte Especial do Superior Tribunal de Justiça entende que a Justiça Eleitoral é competente para o processo e julgamento dos crimes eleitorais e dos comuns que lhe sejam conexos (AgRg na AP nº 865/DF, rel. Min. Herman Benjamin, j. 07.11.18).

ii) no caso de crime eleitoral conexo com **crime doloso contra a vida**, de competência do tribunal do júri, a doutrina apresenta duas posições. De um lado, há quem sustente que ambos serão julgados pela Justiça Eleitoral (Tourinho, 2008), não se formando um tribunal do júri eleitoral; de outro, há quem afirme que haverá a cisão de processos, correndo um na justiça eleitoral e outro no tribunal do júri (Nucci, 2007).

E como já entendeu o Superior Tribunal de Justiça, competirá à **Justiça Federal** (e não à Justiça Eleitoral e nem à Estadual) julgar o crime caracterizado pela *destruição de título eleitoral* quando não houver qualquer relação com o pleito eleitoral e o objetivo for, apenas, dificultar ou impossibilitar a identificação pessoal do agente (CC nº 127.101/RS, rel. Min. Rogerio Schietti Cruz, j. 11.02.15). Ex.: marido destrói o título eleitoral de sua esposa para dificultar-lhe a obtenção de passaporte.

No mais, o Supremo Tribunal Federal entendeu que a competência para investigar "caixa dois" (recebimento de doações para campanha eleitoral que não são declaradas na prestação de contas à Justiça Eleitoral), nos moldes do art. 350 e 354-A (cf. Lei nº 13.488/17) do Código Eleitoral, é de competência da Justiça Eleitoral, e não da Justiça Federal, tratando-se de legítimo crime eleitoral, e não financeiro, devendo ser aplicado o art. 35, II, do Código Eleitoral (AgRg no ED na PET nº 6.820/DF, rel. p/ acórdão Min. Ricardo Lewandowski, j. 06.02.18).

6.10.3. Justiça Trabalhista

A Justiça do Trabalho **não possui nenhuma competência penal** (STF, ADI nº 3.684/ DF, rel. Min. Gilmar Mendes, j. 11.05.20), até mesmo porque a EC nº 45/04, que tratou da competência trabalhista no art. 114, CF, não dispôs sobre competência para processar e julgar ações penais. Ocorrendo delito que afete algum bem tutelado pela justiça laboral, caberá, em regra, à Justiça Federal a sua investigação e apuração. No capítulo acerca das ações autônomas de impugnação, há interessante debate acerca da competência para julgamento de *habeas corpus* pela Justiça Laboral.

O extinto Tribunal Federal de Recursos (TFR – que existiu até 1988, dando vez aos Tribunais Regionais Federais) editou a súmula nº 115, que dispunha que competia à "Justiça Federal processar e julgar os crimes contra a organização do trabalho, quando tenham por objeto a organização geral do trabalho ou direitos dos trabalhadores considerados **coletivamente**" – o que é utilizado, hoje, como fundamento das decisões do STJ (CC nº 135.924/SP, rel. Min. Nefi Cordeiro, j. 22.10.14).

Atentar-se, todavia, que a infringência dos direitos **individuais** dos trabalhadores, sem lesão aos órgãos ou instituições destinadas a preservar a coletividade trabalhista, afasta a competência federal (STJ, AgRg no CC nº 64.067/MG, rel. Min. Og Fernandes, j. 27.08.08).

No mais, nos termos da súmula nº 165 do STJ, compete à Justiça Federal processar e julgar o crime de falso testemunho cometido no processo trabalhista. E, para fins de definição de competência territorial, importa apenas o juízo do local onde foi prestado o testemunho falso (local do resultado), sendo irrelevante o fato de ter sido realizado por meio de carta precatória (STJ, CC nº 30.309/PR, rel. Min. Gilson Dipp, j. 28.11.01).

6.10.4. Justiça Federal

Tem previsão no art. 109, CF (juízes singulares) e art. 108, CF (Tribunais Regionais Federais).

6.10.4.1. *Breve introdução*

A competência da Justiça Federal é sempre **taxativa e expressa**, fazendo com que a competência da Justiça Estadual seja residual. Assim, o que não for de nenhuma Justiça especializada ou da Justiça Federal, será de competência da Justiça Estadual.

A competência federal é fixada "a partir da busca de um dimensionamento mais ou menos preciso das questões que poderiam afetar, direta ou indiretamente, os **interesses federais ou nacionais**" (Pacelli, 2012).

A Constituição Federal prevê, no art. 109, as situações de competência da Justiça Federal – que, como têm natureza constitucional, são hipóteses de competência absoluta, cujo desrespeito poderá gerar, a depender da posição adotada, ou (i) **inexistência** dos atos praticados, ou (ii) a **nulidade** dos atos decisórios.

Como bem entende a jurisprudência, inicialmente aceitava-se a ideia de que a incompetência absoluta gerava a nulidade dos atos decisórios; todavia, modernamente, aceita-se a possibilidade de ratificação (confirmação), pelo juízo competente, inclusive dos atos decisórios (STF, HC nº 88.262/SP, rel. Min. Gilmar Mendes, j. 08.08.06; e RHC nº 122.966/GO, rel. Min. Roberto Barroso, j. 06.11.14).

Como estudado alhures, é possível que a Polícia Federal investigue um crime que não seja, depois, julgado pela Justiça Federal, como em alguns casos previstos na Lei nº 10.446/02; ou então, pode ser o caso de o DPF ter investigado um crime que, em princípio, seria federal, mas, no entanto, acabou que a competência foi levada à Justiça Estadual. Isso não gerará nenhum óbice ou nulidade às investigações, que permanecerão hígidas (STJ, HC nº 62.175/SP, rel. Min. Laurita Vaz, j. 02.10.08; tese nº 13, Jurisprudência em Teses, ed. nº 72/16; e RHC nº 66.741/SC, rel. Min. Felix Fischer, j. 20.09.16).

Além disso, se um crime federal for conexo a um crime estadual, caberá à Justiça Federal processar e julgar ambos os delitos, nos termos da súmula nº 122, STJ (STJ, RHC nº 62.385/PR, rel. Min. Felix Fischer, j. 28.06.16). E se o juiz federal **absolver** o réu da prática do delito federal, permanecerá, ainda assim, competente para o julgamento do crime estadual, não sendo o caso de remessa dos autos ao juízo estadual (STJ, CC nº 137.521/SP, rel. Min. Ericson Maranho, j. 27.03.15), consoante o art. 81, CPP.

Outro, no entanto, é o entendimento no caso de **extinção da punibilidade** do crime federal conexo com o estadual. Assim, se o agente praticou um crime estadual em conexão com um federal, a Justiça Federal julgará ambos; todavia, se ocorrer a extinção da punibilidade do crime federal – que foi o motivo pelo qual atraiu-se a competência federal –, deverá ocorrer a remessa dos autos ao juízo estadual para julgamento do crime remanescente, qual seja, o estadual (RHC nº 36.550/GO, rel. Min. Jorge Mussi, j. 17.12.13).

Consoante Guilherme Madeira, tal entendimento não possui lógica alguma, pois o processo pode ter corrido por anos perante a Justiça Federal e, apenas em razão da extinção da punibilidade do crime federal, remetem-se os autos à Justiça Estadual. O correto, pois, seria aplicar a perpetuação da jurisdição, mantendo-se o processo no juízo federal (Curso, 2015), tal como se dá no caso de absolvição pelo crime federal.

6.10.4.2. *Composição*

A Justiça Federal é composta pelos Tribunais Regionais Federais e pelos juízes federais (CF, art. 106). Existem, atualmente, 5 TRFs instalados no Brasil, cada um com sua competência delimitada, conforme o art. 27, § 6º do ADCT. Recentemente, a EC nº 73/12 criou mais 4 TRFs (6ª, 7ª 8ª e 9ª Regiões), mas a disposição está suspensa em razão de liminar concedida pelo Supremo Tribunal Federal (MC-ADI nº 5.017/DF, rel. Min. Luiz Fux, j. 17.07.13).

O Tribunal Regional Federal é composto de, *no mínimo*, 7 juízes (comumente chamados de "desembargadores federais"), observado o art. 107, CF, a respeito do quinto constitucional, nomeação e promoções. A competência está fixada no art. 108, CF, de forma originária e recursal.

Já o art. 109, CF, trata da competência dos juízes federais de primeiro grau, que será objeto de estudo a seguir.

6.10.4.3. *Casuística*

Abaixo, serão estudados alguns casos relativos à (in)competência da Justiça Federal, seja por expressa previsão constitucional, seja por entendimento da doutrina ou dos tribunais.

6.10.4.3.1. *Crimes políticos*

Consoante o inciso IV do art. 109, CF, a Justiça Federal julgará o crime político, assim entendido aquele previsto na Lei de Segurança Nacional (Lei nº 7.170/83). Por mais que o art. 30 desta lei disponha que os crimes lá previstos serão de competência da Justiça Militar, esta regra não foi recepcionada pela Carta Política de 1988, que determina a competência da Justiça Federal de primeira instância.

Consoante Tourinho Filho (Manual, 2008, p. 244), "para saber se um crime é político ou não, levam-se em conta: a) a motivação e os objetivos do agente; b) a lesão real ou potencial à integridade territorial, à soberania nacional, ao regime representativo e democrático, à Federação, ao Estado de Direito e à pessoa dos Chefes dos Poderes da União". Neste sentido, inclusive, o Supremo Tribunal Federal entende que a tipificação de crime contra a segurança nacional depende da conjugação dos requisitos objetivo e subjetivo, quais sejam, lesão aos bens jurídicos previstos no art. 1º da Lei nº 7.170/83, e motivação e objetivos políticos (RC nº 1.473/SP, rel. Min. Luiz Fux, j. 14.11.17).

No mais, consoante o art. 102, II, *b*, CF, cabe ao **STF**, em *recurso ordinário constitucional* (ROC), julgar o recurso a respeito de crime político – isso porque, não caberá apelação ao TRF contra a sentença do juiz federal, mas ROC à Suprema Corte. Assim, a Corte Constitucional atuará como se fosse um verdadeiro "tribunal de apelação", podendo, no caso, reexaminar provas.

6.10.4.3.2. *Contravenções penais*

O art. 109, IV, *in fine*, CF, dispõe que os juízes federais não julgarão as contravenções penais, ainda que a infração afete bem, serviço ou interesse da União.

Nos termos do entendimento do Superior Tribunal de Justiça, as contravenções serão julgadas pela Justiça Estadual, ainda que cometidas em detrimento de bens, serviços ou interesse da União ou suas entidades (AgRg no CC nº 118.914/SC, rel. Min. Laurita Vaz, j. 29.02.12). Nesse sentido, aliás, dispõe a súmula nº 38 do próprio STJ.

Se houver conexão entre crime federal e uma contravenção, deverá ocorrer a **cisão de processos** (STJ, CC nº 124.037/RJ, rel. Min. Alderita Ramos de Oliveira, j. 24.10.12).

Por mais que caiba aos Juizados Especiais Criminais o julgamento de todas as contravenções penais e das infrações de menor potencial ofensivo (art. 61 da Lei nº 9.099/95), ao Juizado Especial Criminal Federal caberá apenas o julgamento das **infrações de menor potencial ofensivo** (infrações penais com pena máxima não superior a dois anos, cumulada ou não com multa) de competência federal, excluídas, pois, as contravenções penais (art. 2º da Lei nº 10.259/01).

Há um só caso em que a Justiça Federal julgará uma contravenção penal: se ela for praticada por agente detentor de foro por prerrogativa de função. Assim, se um juiz federal praticar uma contravenção federal, será garantido o seu julgamento pelo Tribunal Regional Federal, a quem compete julgar os juízes federais (art. 108, I, *a*, CF) – do contrário, ver-se-ia um juiz federal sendo julgado por um juiz estadual (e não pelo TRF), o que seria absurdo diante da estrutura organizatória do Poder Judiciário.

Percebe-se, portanto, que o art. 109, CF, veda que a Justiça Federal de **primeiro grau** julgue contravenções, embora não haja essa mesma vedação em relação ao **segundo grau**, em sua competência originária, tendo em vista inexistir proibição no art. 108, CF.

6.10.4.3.3. *Crimes contra a União (lato sensu)*

À Justiça Federal caberá o julgamento da **tríplice incidência** principal de sua competência, qual seja, crimes contra (1) **bens**, (2) **serviços** e (3) **interesse** da **União**, suas **autarquias** e **empresas públicas** (art. 109, IV, CF).

Incluem-se, aqui, as fundações públicas, que nada mais são do que um patrimônio público personificado na figura de uma pessoa política, espécie do gênero autarquia (STF, RE nº 215.741/SE, rel. Min. Maurício Corrêa, j. 30.03.99).

De forma simples e objetiva:

a) bem: é o **patrimônio** federal.

b) serviço: é a **atividade** do ente estatal.

c) interesse federal: de forma geral, estará configurado quando uma norma autorizar a **gestão, administração ou fiscalização** de uma atividade ou serviço por um órgão da administração federal (Pacelli, 2012).

d) interesse nacional: não se relaciona com o interesse da União, mas do próprio **Estado brasileiro**, tal como a previsão em pactos internacionais.

São exemplos de:

i) **autarquias federais:** *IBAMA* (Instituto Brasileiro do Meio Ambiente e dos Recursos Naturais Renováveis), *BACEN* (Banco Central), *INCRA* (Instituto Nacional de Colonização e Reforma Agrária), *INSS* (Instituto Nacional do Seguro Social), *Inmetro* (Instituto Nacional de Metrologia, Qualidade e Tecnologia), *IPHAN* (Instituto Nacional Histórico e Artístico Nacional), *ANA* (Agência Nacional de Águas), *ANAC* (Agência Nacional de Aviação Civil), *AEB* (Agência Espacial Brasileira), *ANATEL* (Agência Nacional de Telecomunicações), *CVM* (Comissão de Valores Mobiliários), *UNIFESP* (Universidade Federal de São Paulo) etc.

A Ordem dos Advogados do Brasil (OAB), para fixação de competência, é considerada uma autarquia federal (STJ, RHC nº 120.330/MG, rel. Min. Reynaldo Soares da Fonseca, j. 06.02.20; AgRg no REsp nº 1.255.052/AP, rel. Min. Humberto Martins, j. 06.11.12). Todavia, se houver crime praticado contra a honra pessoal de Presidente de Subseção da OAB, p. ex., sem atingir a OAB em si, a competência será estadual (STJ, CC nº 96.987/SP, rel. Min. Maria Thereza de Assis Moura, j. 16.02.09).

Os crimes contra os conselhos de fiscalização de profissões (CFM, CREA, CFQ etc.) são também de competência da Justiça Federal (STJ, CC nº 43.623/PR, rel. Min. Laurita Vaz, j. 08.09.04).

ii) **empresas públicas federais**: *BNDES* (Banco Nacional de Desenvolvimento Econômico e Social), *CEF* (Caixa Econômica Federal), *EMBRAPA* (Empresa Brasileiro de Pesquisa Agropecuária), *INFRAERO* (Empresa Brasileira de Infraestrutura

Aeroportuária), *CMB* (Casa da Moeda do Brasil), *IMBEL* (Indústria de Material Bélico do Brasil), *EBCT* (Empresa Brasileira de Correios e Telégrafos) etc.

Se o BNDES empresta dinheiro a um Estado para uma obra, que, todavia, sofre com o superfaturamento da licitação, a competência será da Justiça Estadual, pois, conforme o Superior Tribunal de Justiça, ainda que tenha havido fraude, o valor emprestado será devidamente devolvido, sem prejuízo algum à empresa pública federal (CC nº 42.595/MT, rel. Min. Felix Fischer, j. 16.12.14).

Quanto aos Correios, há que se destacar que, se o crime for praticado contra agência da própria União, explorada pelo governo federal, a competência será da Justiça Federal; se, todavia, for contra agência franqueada, explorada por particular, a competência será da Justiça Estadual (STJ, CC nº 122.596/SC, rel. Min. Sebastião Reis Júnior, j. 08.08.12).

Além disso, se os Correios prestam o serviço de "banco postal" (serviços bancários realizados em convênio com alguma instituição bancária, geralmente em pequenas cidades do interior que não possuem agências bancárias), a competência para julgamento de crimes praticados contra o chamado "Banco Postal" será da Justiça Estadual, pois, no caso, quem sofre de fato a lesão é a instituição financeira conveniada, que, no caso, é o Banco do Brasil (que é uma sociedade de economia mista), o que atrai a competência estadual (STJ, CC nº 129.804/PB, rel. Min. Reynaldo Soares da Fonseca, j. 28.10.15).

Se há um roubo a uma agência própria dos Correios e, na fuga, o roubador se depara com uma viatura da PM e, para fugir, efetua disparos de arma de fogo, matando o policial, a competência, para julgar ambos os crimes, será da Justiça Federal (STJ, CC nº 165.117/RS, rel. Min. Ribeiro Dantas, j. 23.10.19). Diferentemente disso, se o agente está realizando contrabando de cigarros e, fugindo de uma barreira da PM, efetua disparos de arma de fogo e mata um policial, a competência será da Justiça Estadual (STJ, CC nº 153.306/RS, rel. p/ ac. Min. Maria Thereza de Assis Mouta, j. 22.11.17). Essa situação é diferente daquela, uma vez que, lá, o roubo – crime violento que é – está numa conexão direta com o homicídio, diferentemente do mero contrabando, que não tem nenhuma relação com o homicídio. A explicação, realmente, parece não ter muita lógica, mas é o entendimento do Superior Tribunal de Justiça.

O texto constitucional não afirma que crimes contra **sociedades de economia mista** serão julgados pela Justiça Federal, de forma que a competência será da **Justiça Estadual**. Nesse sentido, aliás, são as súmulas nº 42 do STJ e 556 do STF.

Exemplos de **sociedades de economia mista** são o Banco do Brasil e a Petrobrás. Desta forma, *v.g.*, a lesão patrimonial sofrida por agência do Banco do Brasil não atrairá a competência federal (STJ, CC nº 107.100/RJ, rel. Min. Jorge Mussi, j. 26.05.10).

Exemplo julgado pelo Superior Tribunal de Justiça foi de um estelionato praticado por um agente que se passou por seu primo, beneficiário de um precatório federal que deveria ser pago pelo Banco do Brasil; não havendo lesão à União ou seus bens, serviços e interesses, mas apenas ao titular do precatório e à agência bancária, a competência é da Justiça Estadual (CC nº 133.187/DF, rel. Min. Ribeiro Dantas, j. 14.10.15).

Destaca-se que a ofensa indireta, genérica ou reflexa praticada em detrimento de bens, serviços ou interesses da União, de suas entidades autárquicas ou empresas públicas federais não atrai a competência da Justiça Federal (STJ, RHC nº 66.673/PE, rel. Min. Ericson Maranho, j. 10.03.16). É o caso, por exemplo, de agentes que utilizam formulários e mandados falsos da Receita Federal, passando-se por auditores fiscais, para obter vantagens ilícitas em detrimentos de empresas (CC nº 141.593/RJ, rel. Min. Reynaldo Soares da Fonseca, j. 26.08.15; e tese nº 19, Jurisprudência em Teses, ed. nº 72/16).

Alguns pontos importantes:

a) compete à **Justiça Federal** processar e julgar prefeito municipal por desvio de verba **sujeita a prestação** de contas perante órgão federal (súmula nº 208, STJ).

b) compete à **Justiça Estadual** processar e julgar prefeito por desvio de verba **transferida e incorporada** ao patrimônio municipal (súmula nº 209, STJ).

c) a competência para o processo e julgamento do **crime de contrabando ou de descaminho** se define pela prevenção do juízo federal do lugar da apreensão dos bens (súmula nº 151, STJ). Tanto o contrabando quanto o descaminho, *independentemente da existência de indícios de transnacionalidade na conduta*, sempre serão de competência da Justiça Federal, haja vista a tutela prioritária do interesse da União, que é a quem compete, privativamente, definir os produtos de ingresso proibido no país, além de exercer a fiscalização aduaneira e de fronteira, nos termos dos artigos 21, XXII, e 22, VII, CF (STJ, 3ª Seção, CC nº 160.748/SP, rel. Min. Sebastião Reis Júnior, j. 26.09.18).

d) a competência para processar e julgar o crime de **uso de documento falso** é firmada em razão da entidade ou órgão ao qual foi apresentado o documento público, não importando a qualificação do órgão expedidor (súmula nº 546, STJ). Se uma CNH (expedida pelo Departamento Estadual de Trânsito) falsa for apresentada, numa *blitz*, a um policial militar, a competência será da Justiça Estadual; mas, se apresentada a um policial rodoviário federal, a competência será da Justiça Federal. E será competente a Justiça Federal para julgar o crime de uso de documento falso apresentado em ação previdenciária quando a Justiça Estadual estiver investida de delegação federal, nos termos do art. 109, § 3º, CF (CC nº 161.117/SP, rel. Min. Reynaldo Soares da Fonseca, j. 12.12.18).

e) o juiz federal competente para processar e julgar acusado de crime de uso de **passaporte falso** é o do lugar onde o delito se consumou (súmula nº 200, STJ).

f) compete ao juiz federal do **local da apreensão da droga** remetida do exterior ao Brasil, pela via postal, processar e julgar o crime de tráfico internacional (súmula nº 528, STJ).

Exemplo: Escobar, morador da Colômbia, envia a Pelotas/RS, uma caixa contendo cocaína, que foi importada pela internet por Antonio, morador de Vitória/ES; a encomenda veio por avião, que pousou em São Paulo/SP, onde passou por inspeção da Receita Federal, momento em que os fiscais localizaram o produto ilícito. Será competente para julgar o tráfico internacional de drogas (conduta "importar", do art. 33 da Lei nº 11.343/06) a Justiça Federal (art. 40, I, da Lei nº 11.343/06; e art. 109, V, CF) de São Paulo/SP, que foi o *local da apreensão da droga*, não importando que o destino final era Pelotas/RS e nem que o comprador morava em Vitória/ES, conforme o art. 70, CPP.

É bom destacar que "a majorante do tráfico transnacional de drogas (art. 40, I, da Lei nº 11.343/06) se configura com a prova da destinação internacional das drogas, ainda que não consumada a transposição de fronteiras" (súmula nº 607 do STJ).

Exemplo: John é preso em flagrante no aeroporto internacional de Guarulhos/SP, na sala de embarque, enquanto esperava seu voo para a Holanda, pois trazia consigo cinco quilos de cocaína na sua mala – ele responderá pela causa de aumento prevista no inc. I do art. 40 da Lei de Drogas, pois é irrelevante que ocorra a efetiva transposição de fronteiras (John não precisa sair do Brasil ou chegar na Holanda), sendo suficiente, para tipificar a transnacionalidade do crime, que haja a comprovação de que a droga *tinha como destino ou origem* um outro país.

g) compete à justiça federal processar e julgar crime de **falso testemunho cometido no processo trabalhista** (súmula nº 165, STJ).

h) compete à Justiça comum estadual processar e julgar crime de estelionato praticado mediante **falsificação das guias de recolhimento das contribuições previdenciárias**, quando não gerar lesão a autarquia federal (súmula nº 107, STJ; e STJ, CC nº 143.782/SP, rel. Min. Maria Thereza de Assis Moura, j. 09.12.15).

i) compete à Justiça Estadual o processo e julgamento dos crimes de falsificação e uso de documento falso relativo a **estabelecimento particular de ensino** (súmula nº 104, STJ).

j) compete à Justiça Estadual processar e julgar o crime de **falsa anotação na carteira de trabalho e previdência social**, atribuído à empresa privada (súmula nº 62, STJ).

Esta súmula foi editada no ano de 1992, quando se entendia que, em princípio, a falsa anotação em CTPS não gerava prejuízo direto à União, de modo que a competência para julgar tal crime era da Justiça Estadual. Todavia, a Lei nº 9.983/00 criou os delitos de falsificação de documentos destinados à Previdência Social (CP, art. 297, §§ 3º e 4º), de modo que, se o objetivo do agente for prejudicar a Previdência Social (como obter um benefício social, por exemplo), a competência passa a ser, no caso, **federal** (STJ, CC nº 136.364/MS, rel. Min. Ribeiro Dantas, j. 24.02.16); mas, se a falsa anotação for feita sem esse objetivo (como comprovar registro anterior de um emprego para demonstrar experiência laboral prévia, pro exemplo), a competência será **estadual** (Brasileiro, 2017).

k) o roubo contra uma **casa lotérica** é de competência da Justiça Estadual, pois se trata de uma pessoa jurídica de direito privado permissionária da Caixa Econômica Federal, não gerando prejuízo ou interesse da União (STJ, AgRg no CC nº 137.550/SP, rel. Min. Ericson Maranho, j. 08.04.15).

l) crimes contra **concessionárias ou permissionárias de serviços públicos federais** são de competência da Justiça Estadual, salvo se lesar bens, serviços ou interesses da União (STJ, CC nº 105.587/SP, rel. Min. Jorge Mussi, j. 28.10.09).

Exemplo: o agente, irritado com um poste de energia que atrapalha a entrada em sua casa, dolosamente o derruba, causando danos à concessionária de fornecimento de energia elétrica – a competência, em princípio, será da Justiça Estadual.

m) a cobrança/exigência de valores indevidos por serviços prestados pelo **Sistema Único de Saúde** (SUS) será de competência da Justiça Estadual, pois não há prejuízo direto ou indireto à União ou à política nacional de saúde (STJ, AgRg no CC nº 115.582/RS, rel. Min. Jorge Mussi, j. 27.06.12 e HC nº 69.585/RS, rel. Min. Nefi Cordeiro, j. 02.06.15; e STF, RE nº 429.171/RS, rel. Min. Carlos Britto, j. 14.09.14).

n) os crimes relacionados ao **Estatuto do Desarmamento**, como regra, são de competência estadual, não havendo violação aos interesses da União, mesmo considerando que o SINARM – Sistema Nacional de Armas, instituído pelo Ministério da Justiça – é um ente federal (STJ, CC nº 57.348/RJ, rel. Min. Gilson Dipp, j. 12.06.06).

o) a despeito do interesse estadual genérico em garantir a segurança dos usuários de transportes públicos e de terceiros por eles eventualmente afetados, não é qualquer delito, doloso ou culposo, envolvendo o transporte marítimo, fluvial ou aéreo que atrairá a competência da Justiça Federal, pois, conforme o Superior Tribunal de Justiça, é necessária lesão ou ofensa direta a bens, serviços ou interesses da União para que se caracterize a competência da Justiça Federal para julgamento do delito, não bastando, para tanto, haver ofensa meramente reflexa ou indireta (CC nº 145.787/SP, rel. Min. Reynaldo Soares da Fonseca, j. 11.05.16).

p) **terrorismo** (Lei nº 13.260/16; Convenção Internacional sobre a Supressão de Atentados Terroristas com Bombas – Decreto nº 4.394/02; Declaração sobre Medidas para Eliminar o Terrorismo Internacional; Convenção Interamericana contra o Terrorismo – Decreto nº 5.639/06).

O art. 11 da Lei nº 13.260/16 (Lei Antiterrorismo) dispõe que, "para todos os efeitos legais, considera-se que os crimes previstos nesta lei são praticados contra o interesse da União, cabendo à *Polícia Federal* a investigação criminal, em sede de inquérito policial, e à *Justiça Federal* o seu processamento e julgamento, nos termos do inciso IV do art. 109 da Constituição Federal".

q) compete à Justiça Estadual o julgamento de crime ambiental decorrente de construção de moradias de **programa habitacional popular**, nas hipóteses em que a Caixa Econômica Federal atue, tão somente, na qualidade de agente financiador da obra (STJ, CC nº 139.197/RS, rel. Min. Joel Ilan Paciornik, j. 25.10.17).

r) quanto ao repasse de valores da União para Estados, Municípios e Distrito Federal destinados à saúde, por meio de Sistema Único de Saúde (SUS), é preciso lembrar que a sua gestão se dá de maneira descentralizada (art. 198, I, CF), sendo prática comum a transferência do Fundo de Saúde (da União) para os fundos dos entes federativos. A isso se dá o nome de "transferência fundo a fundo" (art. 33 da Lei nº 8.080/90 – Lei do SUS), sendo que os repasses são automáticos e obrigatórios, independentemente de convênio, ou seja, haverá a transferência dos valores aos cofres estaduais, municipais e distritais, tendo o administrador liberdade, a partir disso, para melhor definir a prioridade de gastos. Entende-se que existe interesse da União, tanto que há a exigência de prestação de contas do gestor local perante o Tribunal de Contas da União, de modo que eventuais crimes envolvendo esses valores serão julgados pela Justiça Federal, como desvios e compras superfaturadas, p. ex. (STJ, RHC nº 111.715/RS, rel. Min. Laurita Vaz, j. 24.09.19; e AgRg no CC nº 129.386/RJ, rel. Min. Sebastião Reis Junior, j. 11.12.13).

Sobre o tema, é de suma importância verificar como se dará a fiscalização de eventual repasse/convênio, ou seja, "o documento que instrumentaliza o convênio constitui peça chave para se aferir a competência na seara penal, dirimindo aparente conflito entre as súmulas 208 e 209 do STJ" (STJ, HC nº 198.375/BA, rel. Min. Joel Ilan Paciornik, j. 15.12.16). Exemplo: convênio entre o município de Campinas/SP e a Organização Social Bem de Todos, com cláusula específica prevendo que a fiscalização da execução do contratado será feita pelos órgãos estaduais – a competência penal, no caso, será da Justiça Estadual.

6.10.4.3.4. *Crimes contra a Justiça Trabalhista, Militar, Eleitoral e Federal*

Deve-se partir da ideia de que a Justiça do Trabalho, a Justiça Militar da União, a Justiça Eleitoral e a Justiça Federal são integrantes do Poder Judiciário Federal, de modo que qualquer crime praticado contra este serviço jurisdicional federal atrairá a competência, justamente, da Justiça Federal.

São exemplos o uso de documento falso em processo federal, o falso testemunho em processo trabalhista, crime praticado contra um magistrado eleitoral etc.

Em julgado esclarecedor, dispôs o Superior Tribunal de Justiça o seguinte: "tratou-se de conflito de competência negativo em razão da divergência entre juízo federal e juízo estadual para processar e julgar ações penais privadas nas quais se buscava apurar a prática dos crimes de calúnia e difamação pelos querelados, em depoimento prestado em inquérito civil instaurado por Procuradoria Regional do Trabalho. Estando em análise nas queixas-crime a prática de delitos contra a honra, e não de falso testemunho, tampouco se vislumbrando nos autos indícios de que os depoimentos prestados por querelados perante o *Parquet* trabalhista são falsos, estaremos diante de verdadeira **relação entre particulares e não haverá nenhum interesse ou violação de direito que afete a União**, de modo que a causa não se enquadrará em nenhuma das hipóteses do art. 109 da Constituição Federal e não incidirá, assim, a Súmula n. 165 do STJ, que assim dispõe: compete a justiça federal processar e julgar crime de falso testemunho cometido no processo trabalhista" (CC nº 148.350/PI, rel. Min. Felix Fischer, j. 09.11.16)

6.10.4.3.5. *Crimes praticados por funcionário público federal*

Se o crime for praticado *por* um funcionário público **no exercício da função respectiva**, será apurado na Justiça Federal (STJ, CC nº 101.470/MG, rel. Min. Celso Limongi, j. 01.02.11).

São exemplos os casos de crimes praticados por policiais federais; por funcionário do INCRA que abusa de suas funções; o tráfico de influência, por desprestigiar a administração pública federal; o abuso de autoridade por almirante da Marinha, conforme a súmula nº 172, STJ etc.

É importante notar que a mera condição de servidor público federal não basta para atrair a competência da Justiça Federal, na medida em que o interesse da União advém das funções institucionais do servidor, e não da pessoa em si. Então, se um policial rodoviário federal, no deslocamento de sua casa para o trabalho, mata uma pessoa após discussão de trânsito, isso não gerará competência federal (STF, HC nº 157.012/MS, rel. Min. Marco Aurélio, j. 10.12.19).

6.10.4.3.6. *Crimes praticados contra funcionário público federal*

Da mesma forma como visto no item anterior, o crime praticado *contra* funcionário público federal **no exercício das funções federais** também será julgado pela Justiça Federal (tese nº 15, Jurisprudência em Teses do STJ, ed. nº 72/16), como no caso de agente que envia carta aos funcionários de uma delegacia difundindo conteúdo difamatório contra a honra de um delegado federal (STJ, CC nº 130.576/MS, rel. Min. Sebastião Reis Júnior, j. 27.11.13). No mesmo sentido é a súmula nº 147, STJ.

Igualmente, compete à Justiça Federal processar e julgar crime de latrocínio no qual tenha havido troca de tiros com policiais rodoviários federais que, embora não estivessem em serviço de patrulhamento ostensivo, agiram para reprimir assalto a instituição bancária privada (CC nº 309.914/RS, rel. Min. Jorge Mussi, j. 07.04.15).

Se o funcionário federal já estiver aposentado, claramente a competência será da Justiça Estadual (STJ, CC nº88.262/SE, rel. Min. Og Fernandes, j. 08.10.08).

Por fim, para fins de competência, como bem explica Renato Brasileiro (Curso, 2013), se o agente queria matar um funcionário público federal, mas acaba matando outra pessoa por erro na execução, deve responder perante um júri estadual; todavia, se queria atingir uma pessoa comum, mas acaba matando um funcionário público federal, será processado diante de um júri federal. Como visto, **fixa-se a competência conforme a vítima realmente atingida.**

6.10.4.3.7. *Tribunal do júri federal*

Se alguém praticar um crime doloso contra a vida que esteja relacionado a bens, serviços ou interesses da União (em sentido amplo), o julgamento será diante de um tribunal do júri federal. É o caso do agente que mata um delegado federal, ou do policial rodoviário federal que mata um caminhoneiro, ou de um marido que mata sua esposa a bordo de um cruzeiro pela costa brasileira etc.

O Tribunal Regional da 3ª Região, por exemplo, julgou, em júri federal, um agente acusado de tentar matar um carteiro a facadas, durante a entrega de uma encomenda (Processo nº 0008452-02.2016.403.6181, rel. Des. André Nekatschalow, j. 10.05.17).

O tribunal do júri no âmbito federal foi instituído pelo Decreto-lei nº 253/67, que, no seu art. 4º, assim dispõe: "nos crimes de competência da Justiça Federal, que devem ser julgados pelo Tribunal do Júri, observar-se-á o disposto na legislação processual, cabendo a sua presidência ao juiz a que competir o processamento da respectiva ação penal".

6.10.4.3.8. *Crimes contra o meio ambiente*

Antigamente, a súmula nº 91 do STJ determinava que competia à Justiça Federal o julgamento dos crimes contra a fauna. Esta súmula, todavia, foi cancelada no ano de 2000, considerando que a Constituição Federal dispõe que cabe ao Poder Público (de modo geral) defender e preservar o meio ambiente, tratando-se, pois, de competência comum entre União, Estados e Municípios (CF, arts. 225 e 23, VI e VII).

Então, atualmente, a regra é a seguinte: compete à Justiça Estadual julgar os crimes contra o meio ambiente, salvo se envolver bens, serviços ou interesses da União, suas autarquias ou empresas públicas, hipótese em que será competente a Justiça Federal (STJ, AgRg no REsp nº 695.463/PA, rel. Min. Arnaldo Esteves Lima, j. 06.09.05).

Vale ressaltar que o simples fato de o IBAMA ter fiscalizado ou flagrado o delito não gerará, automaticamente, a competência federal (STJ, HC nº 38.649/SC, rel. Min. Paulo Gallotti, j. 25.04.06). Isso porque, como visto, a competência para proteger o meio ambiente é comum, podendo o IBAMA, por exemplo, autuar e punir mesmo que a infração for de âmbito local, e não nacional ou regional (STJ, CC nº 113.345/RJ, rel. Min. Marco Aurélio Bellizze, j. 22.08.12).

Alguns aspectos precisam ser apontados, como, por exemplo:

a) extração ilegal de recursos minerais será de competência da Justiça Federal, ainda que se tratar de propriedade particular, cf. o art. 20, IX, CF (STJ, CC 116.447/MT, rel. Min. Maria Thereza de Assis Moura, j. 25.05.11).

b) pesca em período de defeso em mar territorial ou em terreno de marinha será de competência da Justiça Federal, cf. art. 20, VI e VII, CF, ainda que não exista a devida demarcação oficial do terreno de marinha (STJ, RHC nº 50.692/SC, rel. Min. Ribeiro Dantas, j. 05.04.16).

c) crime ambiental dentro ou no entorno de unidade de conservação federal será julgado pela Justiça Federal (STJ, CC nº 100.852/RS, rel. Min. Jorge Mussi, j. 28.04.10).

d) crime ambiental em relação a animais em extinção será de competência da Justiça Federal (STJ, CC nº 138.262/RJ, rel. Min. Nefi Cordeiro, j. 09.03.15).

Neste sentido, o art. 53 da Lei nº 9.985/00 determina que compete ao IBAMA elaborar e divulgar relação, revista e atualizada, das espécies da fauna e da flora ameaçadas de extinção no território brasileiro, o que é regulamentado pela Instrução Normativa nº 5/04 do IBAMA. Consoante o Supremo Tribunal Federal, mesmo que a fauna não seja bem exclusivo da União, a ameaça de extinção gera interesse federal específico devido à necessidade de proteger animais nessa situação em toda a extensão territorial nacional (HC nº 121.681/RS, rel. Min. Rosa Weber, j. 15.12.17).

e) a extração de areia do leito de um rio é de competência federal; se, todavia, for de um pequeno rio, geralmente em propriedade particular, será da competência estadual (STJ, CC nº 36.206/MG, rel. Min. Paulo Medina, j. 14.05.03). A este respeito, será de competência da Justiça Federal o crime praticado em rio interestadual, se isso puder causar reflexos de alcance regional ou nacional (STJ, CC nº 145.420/AM, rel. Min. Reynaldo Soares da Fonseca, j. 10.08.16).

f) a falsificação de DOF (Documento de Origem Florestal), instituído e implantado pelo IBAMA através de seu *site*, não atrai, por si só, a competência federal para julgamento do delito deste documento, ainda mais se ausente elementos de que a madeira extraída tenha saído de alguma área federal (STJ, CC nº 147.393/RO, rel. Min. Reynaldo Soares Fonseca, j. 14.09.16).

g) não há que se confundir "patrimônio nacional" (art. 225, § 4º, CF) com "bem da União" (art. 20, CF). Aquele é de interesse do Brasil como um todo, e este é bem de interesse de um ente federativo apenas. A lesão a bens que compõem o patrimônio nacional (Floresta Amazônica, Mata Atlântica, Serra do Mar, Pantanal Mato-Grossense e Zona Costeira) não significa, por si só, lesão a bens da União, como no caso de desmatamento de área particular localizada na Serra do Mar, cuja competência será da justiça estadual neste caso (STJ, CC nº 99.294/RO, rel. Min. Maria Thereza de Assis Moura, j. 12.08.09). Ademais, entende a jurisprudência que o disposto na Constituição Federal (§ 4 do art. 225) não converteu em bens públicos os imóveis particulares abrangidos pelo patrimônio nacional (STF, RE nº 134.297/SP, rel. Min. Celso de Mello, j. 13.06.95).

h) compete à Justiça Federal processar e julgar o crime ambiental de caráter transnacional que envolva animais silvestres, ameaçados de extinção, espécies exóticas, ou protegidas por compromissos assumidos pelo Brasil (STF, RG-RE nº 835.558/SP, rel. Min. Luiz Fux, j. 09.02.17). Logo, o crime deve (i) envolver animais silvestres, ou ameaçados de extinção, ou espécies exóticas, ou protegidas por compromissos internacionais assumidos pelo Brasil e (ii) ter caráter transnacional, isto é, o crime se iniciou no Brasil para ter resultado no exterior ou o contrário.

6.10.4.3.9. *Execução penal*

Nos termos da súmula nº 192, STJ, "compete ao juízo das execuções penais **do Estado** a execução das penas impostas a sentenciados pela justiça federal, militar ou eleitoral, quando recolhidos a estabelecimentos sujeitos à **administração estadual**".

Assim, a execução penal das penas impostas a sentenciados da Justiça Federal, quando recolhidos em estabelecimento prisionais **estaduais**, será de competência da **Justiça**

Estadual (STJ, CC nº 129.757/RS, rel. Min. Rogerio Schietti Cruz, j. 12.02.14; tese nº 17, Jurisprudência em Teses, ed. nº 72/16).

Em suma e em regra:

Situação	Competência
Condenado por crime federal e recolhido em estabelecimento penal **estadual**	Juízo da execução penal **estadual**
Condenado por crime estadual e recolhido em estabelecimento penal **federal**	Juízo da execução penal **federal**
Assim, a competência para a execução penal não fica atrelada à natureza do delito praticado, tampouco ao juízo processante, e sim à jurisdição a que se encontra subordinado o estabelecimento penal do sentenciado (STJ, CC nº 147.591/PR, rel. Min. Ribeiro Dantas, j. 10.08.16).	

Se o condenado por crime federal se encontra em estabelecimento estadual, o juízo das execuções penais estadual será competente para decidir sobre os incidentes da execução, inclusive progressão de regime no qual não seja mais necessário o encarceramento; do contrário, haveria desnecessário tumulto à execução penal. Assim, mesmo que ocorra progressão para o regime aberto, o condenado por crime federal que estava em estabelecimento estadual se mantém vinculado à execução penal estadual, não havendo transferência – de volta – ao juízo federal (STJ, AgRg no CC nº 164.523/PR, rel. Min. Reynaldo Soares da Fonseca, j. 24.04.19; e AgRg no CC nº 164.482/PR, rel. Min. Leopoldo de Arruda Raposo, j. 27.11.19).

Atentar à Lei nº 11.671/08, que trata sobre a transferência e inclusão de presos em estabelecimentos penais federais de segurança máxima, ao dispor, no seu art. 4º, § 2º, que, quanto ao **preso provisório**, apenas a fiscalização da prisão provisória será deprecada, mediante carta, pelo juízo de origem (estadual, p. ex.) ao juízo federal competente, mantendo aquele juízo (estadual, p. ex.) a competência para o **processo** e para os **respectivos incidentes**". Nesse sentido já se manifestou o Superior Tribunal de Justiça (CC nº 118.834/RJ, rel. Min. Gilson Dipp, j. 23.11.11).

E, nos termos do entendimento do Tribunal da Cidadania, se devidamente motivado pelo juízo estadual o pedido de manutenção do preso em presídio federal, não cabe ao juiz federal exercer juízo de valor sobre a fundamentação apresentada, mas apenas aferir a legalidade formal da medida solicitada, nos termos do art. 4º da Lei nº 11.671/08 (CC nº 154.679/RJ, rel. Min. Reynaldo Soares da Fonseca, j. 11.10.17; e CC nº 161.377/RJ, rel. Min. Laurita Vaz, j. 14.11.18).

Questão curiosa surge quando o réu é condenado pelo juízo federal à pena privativa de liberdade e, também, à pena de multa, estando recolhido em estabelecimento sob administração estadual. A pena privativa de liberdade, como sabido, será executada pelo juízo estadual, nos termos da súmula nº 192, STJ. A questão é definir a competência para a execução da multa penal. Para o Superior Tribunal de Justiça, "a execução da pena de multa deve seguir no Juízo das Execuções Penais, que é o Juízo Estadual, no caso de haver cumprimento de pena privativa de liberdade em presídio estadual aplicada cumulativamente com a multa. Além de a multa ter natureza de sanção penal, sendo racional a existência de execução penal una, ressalte-se que os valores recolhidos, quer por sentença condenatória proferida por Juízo Estadual ou por sentença condenatória proferida por Juízo Federal, têm o mesmo destino: o Fundo Penitenciário Nacional" (CC nº 168.815/PR, rel. Min. Joel Ilan Paciornik, j. 10.06.20).

É importante ressaltar que prisão em estabelecimento prisional administrado por ente federativo diverso do Estado onde ocorreu a condenação do reeducando não tem o condão de alterar a execução criminal. Logo, o simples fato de o agente estar preso em comarca diversa daquela competente para a execução da sentença, em cumprimento de mandado de prisão preventiva expedido por outro juízo, não constitui causa legal de deslocamento da competência originária para a execução da pena. Aplica-se, pois, a parte final do art. 65 da LEP, que dispõe que a execução penal competirá ao juiz indicado na lei de organização judiciária e, na sua ausência, *ao da sentença*. Então, havendo sentença penal condenatória, a transferência da execução depende do consentimento do juízo diverso e da existência de vaga. Não se aplica a súmula nº 192 do STJ, que é específica aos casos em que o condenado já cumpria pena em outro estado da federação (STJ, CC nº 167.064/SC, rel. Min. Joel Ilan Paciornik, j. 28.08.19).

Ainda, a execução penal dos detentores de foro por prerrogativa de função será realizada pelo mesmo órgão que proferiu a sentença condenatória. Isto quer dizer que, *v.g.*, caso o STF tenha condenado um Deputado Federal, a execução penal desta condenação será de competência do Ministro relator do processo principal (Res. nº 514/13, STF).

E no que diz respeito especificamente à execução de pena restritiva de direito, a competência é do juízo da condenação, sendo deprecada ao juízo do domicílio do apenado somente a supervisão e acompanhamento do seu cumprimento, inexistindo deslocamento de competência, não se aplicando a súmula nº 192 do Tribunal da Cidadania (STJ, CC nº 137.899/PR, rel. Min. Leopoldo de Arruda Raposo, j. 11.03.15).

Por fim, estabelece o art. 62 do Código Penal Militar que o *civil* cumpre a pena aplicada pela Justiça Militar em estabelecimento prisional *civil*, ficando ele sujeito ao regime conforme a legislação penal comum. Interpretando este dispositivo, o Superior Tribunal de Justiça entendeu que o *militar licenciado*, como não possui mais vínculo com a Justiça Militar, terá a sua pena executada pela Justiça Comum. No caso, ante a inexistência de estabelecimento penal federal próprio, a execução da pena se dará em estabelecimento estadual, conforme prevê a súmula nº 192, STJ. Em suma: se o militar está licenciado – isto é, sem vínculo mais com a Justiça Militar – a sanção penal será executada pela Justiça Comum (STJ, CC nº 149.442/RJ, rel. Min. Joel Ilan Paciornik, j. 17.05.18).

6.10.4.3.10. *Crimes previstos em tratado ou convenção internacional*

O inciso V do art. 109, CF, exige que, para ser da competência federal, o crime esteja previsto em tratado ou convenção internacional e que, iniciada a execução no Brasil, o resultado tenha ou devesse ter ocorrido no estrangeiro, ou reciprocamente.

Então, deve-se concluir que o simples fato de o crime estar previsto em tratado internacional não é suficiente para configurar a competência federal (como a tortura, cf. a Convenção contra a Tortura e Outros Tratamentos ou Penais Cruéis, Desumanos ou Degradantes) e nem a simples internacionalidade do crime também não é suficiente (o simples fato de um crime ser praticado pela internet não gera competência federal).

Nesse sentido, inclusive, é a jurisprudência do Superior Tribunal de Justiça, ao dispor que o simples fato de a tortura ter sido praticada contra brasileiros no exterior não torna competente a Justiça Federal para processar e julgar os agentes estrangeiros, já que não se viola, em princípio, nenhuma hipótese do art. 109, CF (CC nº 107.397/DF, rel. Min. Nefi Cordeiro, j. 24.09.14).

Exige-se, pois, que o crime esteja **previsto em um documento internacional** do qual o Brasil seja signatário **e**, ainda, que haja a sua **internacionalidade**, isto é, sua execução tenha iniciado no Brasil com resultado ocorrendo aqui ou no exterior (ou reciprocamente). Assim:

Competência Federal	
Requisitos cumulativos para fixação da competência federal:	
Previsão do crime em **tratado ou convenção internacional** ao qual o Brasil tenha aderido	**Transnacionalidade** do crime, isto é, que a execução tenha se iniciado no Brasil e o resultado tenha ocorrido (ou devesse ter ocorrido, no caso de tentativa) no estrangeiro, ou reciprocamente

Desta forma, *v.g.*, serão de competência da Justiça Federal se preenchidos os requisitos constitucionais:

i) tráfico internacional de **drogas** (art. 70, *caput*, Lei de Drogas; art. 109, V, CF; e Convenção Contra o Tráfico Ilícito de Entorpecentes e Substâncias Psicotrópicas, cf. Decreto nº 154/91). Consoante anotado pelo Superior Tribunal de Justiça, "o simples fato de a cocaína ter sido provavelmente adquirida na Bolívia não atrai a competência da Justiça Federal, pois, se assim fosse considerado, toda a apreensão da droga no país configuraria tráfico internacional, eis que o Brasil não produz tal entorpecente" (HC nº 66.292/MT, rel. Min. Gilson Dipp, j. 13.02.07). Assim, "o fato de o Brasil não ser produtor de maconha e cocaína, necessitando de fornecedores, não implica dizer que qualquer tráfico ou associação para o tráfico seja internacional" (STJ, CC nº 156.494/SP, rel. Min. Joel Ilan Paciornik, j. 08.08.18). No mais, o crime de uso de drogas, do art. 28 da Lei nº 11.343/06, é de menor potencial ofensivo e de competência dos Juizados Especiais Criminais, não estando previsto em tratado internacional e nem dentre aqueles julgados pela Justiça Federal (STJ, CC nº 144.910/MS, rel. Min. Reynaldo Soares da Fonseca, j. 13.06.16).

ii) tráfico internacional de **armas** (art. 18, Lei de Armas; art. 109, V, CF; Convenção Interamericana contra a Fabricação e o Tráfico Ilícito de Armas de Fogo, Munições,

Explosivos e Outros Materiais Correlatos, cf. Decreto nº 3.229/99; e Protocolo contra a Fabricação e o Tráfico Ilícitos de Armas de Fogo, Peças, Componentes e Munições, da ONU, cf. Decreto nº 5.941/06). De acordo com o Tribunal da Cidadania, tratando-se de tráfico internacional de armas ou munições, compete à Justiça Federal conhecer do tema, já que o Brasil é signatário de instrumentos internacionais neste sentido (CC nº 130.267/RS, rel. Min. Ribeiro Dantas, j. 26.04.17).

iii) tráfico internacional de **pessoas** (Lei nº 11.344/16; art. 109, V, CF; e Protocolo Adicional à Convenção das Nações Unidas contra o Crime Organizado Transnacional relativo à Prevenção, Repressão e Punição do Tráfico de Pessoas, em especial de Mulheres e Crianças, cf. Decreto 5.017/04).

iv) o fornecimento ilícito de **sinal de TV por assinatura**, quando, no caso concreto, o compartilhamento ilícito se der por meio de cartão contendo chaves criptografadas que autorizam o acesso ao conteúdo audiovisual, cujo envio se dá por meio da internet, originado de países da Ásia e do Leste Europeu, será de competência federal. Além do mais, os decodificadores utilizados não possuem homologação da Anatel, o que, por si só, já representa conduta capaz de representar efetivo comprometimento do serviço público relacionado à atividade tecnológica, existindo interesse da União, bem como, há claro desrespeito à Convenção de Berna, integrada no ordenamento nacional pelo Decreto nº 75.699/75 (STJ, CC nº 150.629/SP, rel. Min. Nefi Cordeiro, j. 22.02.18).

v) **crime praticado contra consulado ou embaixada estrangeiro no Brasil** (art. 109, IV e V, CF, e Convenção de Viena sobre Relações Consulares – Decreto nº 61.078/67). Consoante decidiu o Supremo Tribunal Federal, o Brasil comprometeu-se, por meio de tratado internacional, a proteger as repartições consulares; ainda, as condutas praticadas contra esses locais ofendem bens, serviços e interesses da União (leia-se: República brasileira) nas suas *relações diplomáticas*, considerando o interesse nacional em impedir eventuais invasões e atentados aos consulados e embaixadas estrangeiros. Assim, caberá à Justiça Federal julgar os agentes que invadiram o consulado dos Estados Unidos, riscaram paredes, rasgaram bandeiras e mantiveram presa numa sala uma agente consular (RE nº 831.996/DF, rel. Min. Cármen Lúcia, j. 12.11.15).

Vale observar, apenas, que o Superior Tribunal de Justiça – neste mesmo caso, antes da decisão do STF – entendeu que a competência seria da Justiça Estadual, diante (i) da ausência de ofensa a bens, serviços ou interesses da União, porque (ii) os crimes praticados não possuem previsão em tratado internacional, mas no Código Penal e porque (iii) o fato de a União manter relações diplomáticas com outros países não atrai a competência federal (CC nº 133.092/RS, rel. Min. Maria Thereza de Assis Moura, j. 23.04.14).

vi) **discriminação e preconceito pela internet** (art. 20, § 2º, Lei nº 7.716/89; e Convenção Internacional sobre a Eliminação de todas as Formas de Discriminação Racial, cf. Decreto nº 65.810/69). No caso, a publicação de conteúdo discriminatório, em redes sociais, contra o povo judeu, uma vez de amplo acesso a qualquer pessoa, inclusive no exterior, atrai a competência da Justiça Federal (STJ, CC nº 163.420/PR, rel. Min. Joel Ilan Paciornik, j. 13.05.20).

vii) **pornografia infantil** e **pedofilia pela internet** (Lei nº 8.069/90 – ECA; art. 109, V, CF; e dois documentos internacionais: a Convenção sobre Direitos da Criança, cf. Decreto nº 99.710/90, e o Protocolo referente à Venda de Crianças, à Prostituição Infantil e à Pornografia Infantil, cf. Decreto nº 5.007/04).

O Supremo Tribunal Federal, em repercussão geral, fixou a seguinte tese: **"compete à Justiça Federal processar e julgar os crimes consistentes em disponibilizar ou adquirir material pornográfico envolvendo criança ou adolescente [artigos 241, 241-A e 241-B da Lei 8.069/1990] quando praticados por meio da rede mundial de computadores"** (RE nº 628.624/MG, rel. p/ acórdão Min. Edson Fachin, j. 28 e 29.10.15).

Assim – e como bem explicitou o Min. Fachin – a competência é da Justiça Federal por considerar a **amplitude global** do acesso aos sites que armazenam e divulgam as imagens ilícitas, o que, por si só, gera a internacionalidade do dano.

É importante esclarecer que, para ser fixada a competência federal, três requisitos são exigidos:

a) o fato esteja previsto como crime no Brasil e no estrangeiro;

b) o Brasil seja signatário de convenção ou tratado internacional por meio do qual assume o compromisso de reprimir criminalmente aquela espécie delitiva; e

c) a conduta tenha ao menos se iniciado no Brasil e o resultado tenha ocorrido ou devesse ter ocorrido no exterior, ou reciprocamente.

Quando a publicação de material contendo pornografia infanto-juvenil ocorre no âmbito de *sites* de amplo e fácil acesso a qualquer sujeito, em qualquer parte do planeta, que esteja conectado à internet, a constatação da internacionalidade se verifica não apenas do fato de que a postagem se opera em cenário propício ao livre acesso, como também que, ao fazê-lo, o agente comete o delito justamente com o objetivo de atingir o maior número possível de pessoas, inclusive assumindo o risco de que indivíduos localizados no estrangeiro sejam, igualmente, destinatários do material. A potencialidade do dano não se extrai somente do resultado efetivamente *produzido*, mas também daquele que *poderia ocorrer*, conforme própria previsão constitucional.

Basta, à configuração da competência da Justiça Federal, que o material pornográfico envolvendo crianças ou adolescentes tenha estado *acessível* por alguém no estrangeiro, ainda que não haja evidências de que esse acesso realmente ocorreu.

Todavia – e isso exige a devida atenção – o Superior Tribunal de Justiça, analisando sempre cada caso concreto, entende que **o simples fato de o crime ser praticado pela internet não significa que a competência será, sempre, da Justiça Federal, pois isso não se traduz em sua internacionalidade** (AgRg no CC nº 118.394/DF, rel. Min. Ribeiro Dantas, j. 10.08.16; e tese nº 3, Jurisprudência em Teses, ed. nº 72/16).

Nesse sentido, "não obstante a origem do material em questão seja, em tese, advinda da internet, a conduta que se pretende apurar consiste no *download* realizado, pelo investigado, e na armazenagem de vídeos, em computadores de escolas municipais (...), inexistindo, por ora, como destacou o Ministério Público Federal, indícios de que o investigado tenha divulgado ou publicado o material pornográfico além das fronteiras nacionais. Assim, não estando evidenciada a transnacionalidade do delito – tendo em vista que a conduta do investigado, a ser apurada, restringe-se, até agora, à captação e ao armazenamento de vídeos, de conteúdo pornográfico, ou de cenas de sexo explícito, envolvendo crianças e adolescentes, nos computadores de duas escolas –, a competência, *in casu*, é da Justiça Estadual" (STJ, CC nº 103.011/PR, rel. Min. Assusete Magalhães, j. 13.03.13).

De igual modo, o Tribunal da Cidadania entende que, no caso de mensagens entre particulares por *WhatsApp* e *Facebook*, por exemplo, que são diálogos entre destinatários determinados e escolhidos, cuja troca de informação não está acessível a qualquer pessoa (funcionando como simples mensageiro), não há que se falar em competência da Justiça Federal, mas, sim, da Justiça Estadual, haja vista não existir um cenário de livre acesso ao conteúdo indevido pornográfico, o que, daí sim, levaria o caso à Justiça Federal (CC nº 150.564/MG, rel. Min. Reynaldo Soares da Fonseca, j. 26.04.17).

Também, entendeu-se que, quando não existir indicativo de que fotos trocadas entre um adulto e um adolescente, contendo nudez, foram compartilhadas na internet e nem visualizadas por outras pessoas além do remetente e do destinatário, não há falar-se em competência da Justiça Federal, mas da Justiça Estadual. Ex.: um homem, por meio do aplicativo *WhatsApp*, manda uma foto sua nu a uma adolescente de 14 anos de idade e pede que ela faça o mesmo, o que é feito; a foto não foi publicada em nenhuma rede social e foi visualizada apenas pelos dois, ou seja, foi uma típica troca privada de imagens entre duas pessoas apenas. Para o Superior Tribunal de Justiça, como não está presente a transnacionalidade (alcance das fotos a destinatário fora do Brasil, por exemplo), a competência, nesta situação, é da Justiça Estadual (CC nº 158.642/MG, rel. Min. Reynaldo Soares da Fonseca, j. 25.06.18).

Desta forma, portanto, pode-se chegar à seguinte conclusão:

O simples fato de um crime ter sido praticado pela internet não atrai a competência da Justiça Federal por si só. Ex.: duas pessoas trocam, entre si, fotos sexuais de crianças pelo *Facebook Messenger*. A competência será da **Justiça Estadual**, não havendo um amplo e irrestrito acesso a quaisquer pessoas, mas apenas aos destinatários da conversa. Não há transnacionalidade.	Se o fato criminoso é praticado pela internet, existindo amplo e irrestrito acesso a pessoas em geral, a competência será da **Justiça Federal**. Ex.: uma pessoa edita um site com imagens sexuais de adolescentes, em que qualquer pessoa que acessar o *link* terá livre acesso. Há, ao menos, potencial transnacionalidade do delito praticado.

Quanto à competência territorial, será do **local onde o réu publicou tais fotos e vídeos**, não importando o local do servidor do site. É interessante notar, todavia, que se o crime do art. 241-A do ECA foi praticado por meio de computador na residência do agente, localizada em São Paulo/SP, mesmo assim ele poderá ser julgado pelo juízo de Curitiba/PR se ficar demonstrado que a conduta do agente surgiu com investigações que tiveram início em Curitiba/PR, onde um *grupo de pedófilos* ligados ao agente foi preso e, a partir disso, foram obtidas todas as provas – neste caso, a competência do juízo de Curitiba/PR ocorrerá por conexão (STF, HC nº 135.883/PR, rel. p/ acordão Min. Alexandre de Moraes, j. 06.06.17). E caso não seja possível identificar de onde se partiu a publicação e nem o responsável pela sua divulgação, firmar-se-á a competência em favor do juízo onde as investigações tiveram início, conforme regra do art. 72, § 2º, CPP (STJ, CC nº 130.134/TO, rel. Min. Marilza Maynard, j. 09.10.13).

6.10.4.3.11. *Incidente de deslocamento de competência*

Estabelece o inciso V-A, do art. 109, c.c. o seu § 5º, CF (nos termos da EC nº 45/04), que compete aos **juízes federais** o julgamento das causas relativas a direitos humanos no caso de sua grave violação, hipótese em que o Procurador-Geral da República, com a finalidade de assegurar o cumprimento de obrigações decorrentes de tratados internacionais de direitos humanos dos quais o Brasil seja parte, poderá suscitar, perante o **Superior Tribunal de Justiça**, em qualquer fase do inquérito ou processo, incidente de deslocamento de competência (IDC) **para a Justiça Federal**. Trata-se da chamada *federalização.*

Comumente, tratar-se-á de uma causa penal, mas nada impede o IDC de causas cíveis ou administrativas, bastando o preenchimento dos requisitos constitucionais.

São requisitos para que ocorra o IDC, consoante o Superior Tribunal de Justiça (IDC nº 1/PA, rel. Min. Arnaldo Esteves Lima, j. 08.06.05):

a) grave violação de direitos humanos;

b) necessidade de assegurar o cumprimento, pelo Brasil, de obrigações decorrentes de tratados internacionais;

c) incapacidade – oriunda de inércia, omissão, ineficácia, negligência, falta de vontade política, de condições pessoais e/ou materiais etc. – de o Estado-membro, por suas instituições e autoridades, levar a cabo, em toda a sua extensão, a persecução penal.

Conforme André de Carvalho Ramos (Curso, 2015), não basta que ocorra uma grave violação de direitos humanos; é necessário que a conduta da autoridade revele um comportamento reprovável que amesquinhe as obrigações internacionais de direitos humanos assumidas pelo Brasil.

A iniciativa será do **Procurador-Geral da República**, perante o **Superior Tribunal de Justiça**, em qualquer fase de **inquérito policial** ou de **processo judicial**. Isso fará com que o crime, até então em trâmite na Justiça Estadual, por exemplo, seja remetido para processo e julgamento perante a Justiça Federal – com atuação, a partir de então, do Ministério Público Federal. Atentar que o Superior Tribunal de Justiça não pode simplesmente avocar o processo para si, dependendo, sempre, da iniciativa do Procurador-Geral da República por meio da instauração do IDC.

Assim, especificamente quanto às matérias criminais:

Iniciativa	Procurador-Geral da República
Órgão competente	Superior Tribunal de Justiça
Momento	– Inquérito policial – Processo judicial
Quem passa a julgar	Justiça Federal

De acordo com o Superior Tribunal de Justiça (IDC nº 5/PE, rel. Min. Rogerio Schietti Cruz, j. 13.08.14), a confiabilidade das instituições públicas envolvidas na persecução penal (Polícia, Ministério Público, Poder Judiciário), constitucional e legalmente investidas de competência originária para atuar em casos como o então em julgamento, deve, como regra, prevalecer, ser apoiada e prestigiada, uma vez que o incidente de deslocamento de competência **não pode ter o caráter de *prima ratio***, de primeira providência a ser tomada em relação a um fato (por mais grave que seja). Deve ser utilizado em situações **excepcionalíssimas**, em que efetivamente demonstrada a sua necessidade e a sua imprescindibilidade, ante provas que revelem descaso, desinteresse, ausência de vontade política, falta de condições pessoais e/ou materiais das instituições – ou de uma ou outra delas – responsáveis por investigar, processar e punir os responsáveis pela grave violação a direito humano, em levar a cabo a responsabilização dos envolvidos na conduta criminosa, até para não se esvaziar a competência da Justiça Estadual e inviabilizar o funcionamento da Justiça Federal. A ideia de excepcionalidade do incidente não pode, contudo, ser de grandeza tal a ponto de criar requisitos por demais estritos que acabem por inviabilizar a própria utilização do instituto de deslocamento. A **falta de entendimento operacional** entre a Polícia Civil e o Ministério Público estadual pode ensejar um conjunto de falhas na investigação criminal que arrisca comprometer o resultado final da persecução penal, com possibilidade, inclusive, de gerar a impunidade dos mandantes e dos executores do citado crime de homicídio.

Da decisão do IDC pelo Superior Tribunal de Justiça caberá recurso extraordinário ao Supremo Tribunal Federal.

Em suma (Ramos, 2015):

- » Legitimidade exclusiva do Procurador-Geral da República
- » Competência privativa do STJ, com recurso ao STF (RE)
- » Abrangência criminal, cível ou administrativa
- » Referente a casos de grave violação de qualquer direito humano
- » Admite-se o deslocamento na fase pré-processual ou processual
- » Relaciona-se ao cumprimento de obrigações decorrentes de TIDH celebrados pelo Brasil
- » Fixa a competência da Justiça Federal e do MPF para atuar no feito deslocado

6.10.4.3.12. *Crimes contra a organização do trabalho*

Nos termos do inciso VI do art. 109, CF, compete aos juízes federais o julgamento dos "crimes contra a organização do trabalho".

A jurisprudência, acompanhada pela doutrina, entende que caberá à Justiça Federal o processo e o julgamento dos crimes contra a organização do trabalho quando houver **lesão a direitos dos trabalhadores de forma coletiva**. Nesse sentido, aliás, é a súmula nº 115 do extinto Tribunal Federal de Recursos, que assim dispunha: "compete à Justiça Federal processar e julgar os crimes contra a organização do trabalho, quando tenham por objeto a organização geral do trabalho ou direitos dos trabalhadores considerados coletivamente".

Neste caminho de ideias, pois, a Suprema Corte entende que o crime de redução à condição análoga à de escravo (art. 149, CP) vai além da lesão meramente individual, pois infringe outros bens tutelados constitucionalmente, como a dignidade humana, direitos trabalhistas e previdenciários, atingindo, sobremodo, **a organização coletiva do trabalho**, consoante previsão nos arts. 7º e 8º, CF, de modo que a competência para o seu julgamento é da Justiça Federal (AP nº 635/GO, Min. Celso de Mello, j. 13.10.16; e RE nº 459.510/MT, rel. Min. Dias Toffoli, j. 26.11.15).

Por outro lado, se o crime não atingir, ao menos, interesses coletivos dos trabalhadores, sequer lesando o sistema de órgãos e instituições destinado à preservação da coletividade trabalhista, a competência será da Justiça Estadual (STJ, CC nº 135.924/SP, rel. Min. Nefi Cordeiro, j. 22.10.14). Então, por exemplo, a frustração de um direito assegurado pela legislação trabalhista, mediante fraude ou violência (art. 203, CP), a um trabalhador **individualmente considerado**, será de competência estadual (STJ, ED no AgRg no CC nº 129.181/MG, rel. Min. Jorge Mussi, j. 25.02.15).

6.10.4.3.13. *Crimes contra a fé pública*

Renato Brasileiro (Curso, 2013), brilhantemente, traz quatro situações definidoras de competência, federal ou estadual, quando se tratar de crimes contra a fé pública. Assim:

i) tratando-se de crime de **falsificação**, em qualquer de suas modalidades, a competência será determinada, *em regra*, pelo ente responsável pela confecção do documento.

Assim, por exemplo, se a falsificação é de moeda, a competência será da Justiça Federal (art. 20, VII, CF). E, consoante o Supremo Tribunal Federal, compete à Justiça Federal comum processar e julgar civil denunciado pelos crimes de falsificação e de uso de documento falso quando se tratar de falsificação da Caderneta de Inscrição e Registro (CIR) ou de Carteira de Habilitação de Amador (CHA), ainda que expedidas pela Marinha do Brasil (súmula vinculante nº 36).

ii) tratando-se de crime de **uso de documento falso** por quem não foi o responsável pela falsificação, é irrelevante a natureza do documento (se federal ou estadual), fixando-se a competência, *em regra*, de acordo com a pessoa, física ou jurídica, prejudicada pelo seu uso.

Desta feita, o órgão expedidor é irrelevante, sendo prevalente o órgão que foi prejudicado com apresentação do documento falso. Então, por exemplo, cabe à Justiça Estadual processar e julgar ação penal que cuida de crime de uso de certidões falsas perante autoridades estaduais ou municipais, ainda que se trate de documento expedido pela União, por não haver prejuízo a bens, serviços ou interesses federais (STJ, HC nº 29.056/ES, rel. Min. Laurita Vaz, j. 04.05.04).

Assim, a regra é a seguinte: (a) a competência em relação ao crime de falsificação se dá conforme o responsável pela sua confecção; já (b) a competência em relação ao crime de uso de documento falso se dá conforme o órgão a quem ele foi apresentado.

iii) tratando-se de crime de **uso** de documento falso pelo próprio falsificador, considera-se o uso mero exaurimento da falsificação, definindo-se a competência pela natureza do documento (estadual ou federal), independentemente do órgão prejudicado – haja vista que o agente responderá apenas pela falsificação.

iv) tratando-se de crime de **falsificação** ou de **uso** de documento falso cometido como meio para a prática de um crime-fim, sendo por este absorvido, a competência será fixada pelo sujeito passivo do crime patrimonial (súmula nº 17, STJ). Assim, se o falso é absorvido pelo delito-fim de estelionato, por exemplo, a natureza do documento falsificado será irrelevante para a fixação da competência. Se o agente falsifica um CPF (expedido pela União) para abrir uma conta num banco privado, a competência será estadual.

6.10.4.3.14. *Crimes contra o sistema financeiro e a ordem econômico-financeira*

A previsão está no inciso VI, *in fine*, do art. 109, CF, dispondo que caberá à Justiça Federal o julgamento destes crimes **nos casos determinados por lei**.

Logo, não basta ser um crime contra o sistema financeiro ou contra a ordem econômica. É preciso que haja previsão em lei ou que, ao menos, seja atraída a competência federal por meio de alguma outra hipótese constitucional, como a lesão a um interesse da União.

Sintetizando, em regra:

Situação	Justiça competente (*regra*)
Economia Popular (Lei nº 1.521/51)	Estadual (S. nº 498, STF)
Crimes contra o Sistema Financeiro Nacional (da Lei nº 7.492/86)	Federal (art. 26)
Ordem Tributária, Econômica e Relações de Consumo (Lei nº 8.137/90)	Estadual (STF, RE nº 451.489)
Combustível Adulterado (Lei nº 8.176/91)	Estadual (STJ, CC nº 95.591)
Lavagem de Capitais (Lei nº 9.613/98)	Estadual ou Federal, a depender do crime antecedente (art. 2º, III)
Valores Mobiliários (Lei nº 6.385/76)	Federal (STJ, CC nº 82.961)

Atentar-se que as situações analisadas são colocadas *em regra*, pois, se houver, por exemplo, um crime contra a ordem tributária que lese a União, a competência, claramente, passará à Justiça Federal, como no caso de supressão de tributos federais (STJ, CC nº 113.272/SP, rel. Min. Nefi Cordeiro, j. 11.06.14); ou então, no caso de transporte ilegal de recursos minerais pertencentes à União (art. 2º, § 1º, Lei nº 8.176/91), o que atrai a competência federal, cf. art. 109, IV, CF (STJ, CC nº 116.220/DF, rel. Min. Haroldo Rodrigues, j. 25.05.11).

Destaca-se a posição pacífica do Superior Tribunal de Justiça de que "a nova orientação no âmbito do Ministério Público Federal no sentido de que compete à Justiça Estadual apurar condutas delitivas que afetam apenas o patrimônio de instituições financeiras e não o Sistema Financeiro como um todo não prosperou nesta Corte, a qual entende que para a configuração do delito descrito no art. 19 da Lei nº 7.492/86, basta a obtenção, mediante fraude, de financiamento em instituição financeira com destinação específica dos valores obtidos. Em outras palavras, o Superior Tribunal de Justiça - STJ manteve sua jurisprudência no sentido de que o crime tipificado no art. 19 da Lei nº 7.492/86 não exige, para a sua configuração, efetivo ou potencial abalo ao Sistema Financeiro" (CC nº 161.707/MA, rel. Min. Joel Ilan Paciornik, j. 12.12.18).

É interessante observar a competência a respeito dos crimes relacionados às operações denominadas de **pirâmide financeira**, sob o disfarce de marketing multinível, que se caracterizam por oferecer a seus associados uma perspectiva de lucros, remuneração e benefícios futuros irreais, cujo pagamento depende do ingresso de novos investidores ou de aquisição de produtos para uso próprio, em vez de vendas para consumidores que não são participantes do esquema. Essa atividade não se enquadra no conceito de "atividade financeira", não incidindo a Lei nº 7.492/86 (Crimes contra o Sistema Financeiro Nacional), o que atrairia a competência da Justiça Federal, mas, sim, o art. 2º, IX, da Lei nº 1.521/51 (Crimes contra a Economia Popular), fixando a competência da **Justiça Estadual**, tal como previsto na súmula nº 498 do STF (STJ, CC nº 146.153/SP, rel. Min. Reynaldo Soares da Fonseca, j. 11.05.16; CC nº 170.392/SP, rel. Min. Joel Ilan Paciornik, j. 10.06.20).

Vale notar uma situação bastante comum, chamada de "venda premiada" (ou "compra premiada" ou "sorteou, ganhou"). Por meio desta conduta, há uma promessa (irreal) de que todos os consumidores participantes sorteados serão isentados do pagamento das parcelas posteriores ao seu sorteio. Ex.: João "compra" um consórcio para adquirir uma motocicleta, cujo pagamento consiste em quarenta parcelas de duzentos reais mensais, mas, se ele for sorteado, recolherá seu prêmio e ficará livre de pagar as eventuais parcelas faltantes (ou seja, se ele for sorteado, ganhará as parcelas faltantes). Geralmente, os golpistas sorteiam apenas os recém-chegados, de modo que faltará recursos para o pagamento dos demais participantes, que, mesmo já tendo pago a integralidade das parcelas, ficam sem o objeto prometido (trata-se de uma espécie de pirâmide financeira, em que a manutenção do pagamento dos prêmios depende da entrada de novos interessados em razão da saída dos membros sorteados e contemplados, o que quase nunca ocorre depois de um tempo). Não há autorização do Banco Central para este tipo de "sorteio", existindo um verdadeiro *simulacro de consórcio*, que, ilegalmente, capta recursos de terceiros. Essa conduta, para o Superior Tribunal de Justiça, é crime do art. 16 da Lei nº 7.492/86, ou seja, crime contra o sistema financeiro, cuja competência para processo e julgamento é da Justiça Federal (CC nº 160.077/PA, rel. min. Joel Ilan Paciornik, j. 10.10.18).

No mais, o Superior Tribunal de Justiça entendeu que a operação envolvendo compra ou venda de criptomoedas não encontra regulação no ordenamento pátrio, pois as moedas virtuais não são tidas pelo Banco Central do Brasil (BCB) como moeda, nem são consideradas como valor mobiliário pela Comissão de Valores Mobiliários (CVM), não caracterizando sua negociação, por si só, os crimes tipificados na Lei nº 7.492/86 ou na Lei nº 6.385/76. Assim, inexistindo indícios da prática de crime de competência federal, entendeu-se que o inquérito policial deveria prosseguir na Justiça Estadual (CC nº 161.123/SP, rel. Min. Sebastião Reis Júnior, j. 28.11.18). Atentar, todavia, que, caso se trate de *contrato de investimento coletivo* relacionado a criptomoeda, sem autorização dos órgãos competentes, estar-se-á diante de competência federal, incidindo o art. 2º, IX, Lei nº 6.385/76, e o art. 7º, II, Lei nº 7.492/86 (STJ, HC nº 530.563/RS, rel. Min. Sebastião Reis Júnior, j. 05.03.20).

6.10.4.3.15. *Crimes a bordo de navios ou aeronaves*

Estabelece o inciso IX, art. 109, CF, que cabe à Justiça Federal o julgamento destes crimes, ressalvada a competência da Justiça Militar.

Em primeiro lugar, entende-se que *navio* é qualquer embarcação apta a navegar em alto-mar, de grande porte, excluindo, assim, lanchas, botes, jet-ski etc.; e *aeronave* é qualquer aparelho manobrável em voo, que possa se sustentar e circular no espaço aéreo, carregando pessoas ou cargas, incluindo-se os planadores, helicópteros, aviões etc. (Lei nº 7.565/86).

Assim, será da competência estadual um crime praticado a bordo de uma pequena lancha passeando pelo litoral de Ilhabela/SP (STJ, CC nº 24.249/ES, rel. Min. Gilson Dipp, j. 22.03.00), enquanto que caberá à Justiça Federal julgar um crime cometido a bordo de um navio de cruzeiro.

Será de competência estadual o crime praticado a bordo de balão de ar quente tripulado, já que excluído do conceito de aeronave, pois não é manobrável em voo, mas guiado por correntes de ar e porque não há reações aerodinâmicas, mas apenas impulsão pelo ar aquecido (STJ, CC nº 143.400/SP, rel. Min. Ribeiro Dantas, j. 24.04.19). Ex.: balão de ar quente, após subir, sofre pane e cai, matando duas pessoas e lesionado outras três, o que exige apuração criminal, que se dará, pois, perante a Justiça Estadual.

Afasta-se, também, da competência da Justiça Federal o crime de subtração de aeronave particular, mesmo que levada para o exterior, uma vez que não há lesão a bens ou interesses da União, nem mesmo o serviço de controle de fronteiras, ainda mais quando a evasão é clandestina (STJ, HC nº 352.480/MT, rel. Min. Jorge Mussi, j. 01.06.17).

Entretanto, em relação aos navios, entende a jurisprudência que a interpretação que deve ser dada para se fixar a competência federal é saber se a embarcação está em *deslocamento internacional* ou em *situação de potencial deslocamento* (STJ, CC nº 118.503/PR, rel. Min. Rogerio Schietti Cruz, j. 22.04.15), pois, do contrário, a competência passa a ser estadual. Ex.: em navio transatlântico, finalizado o seu carregamento no porto e preparado para zarpar, ocorre homicídio doloso em um marinheiro – há potencial descolamento, sendo competência da Justiça Federal.

De outro lado, se ocorrer um homicídio culposo em um navio italiano ancorado no porto de Santos/SP, durante o descarregamento da carga que foi mal amarrada, a competência será da Justiça Estadual (STJ, CC nº 116.011/SP, rel. Min. Gilson Dipp, j. 23.11.11), até porque, entende-se que o crime não atingiu passageiros ou funcionários do navio, já que o crime envolvia funcionários terceirizados (estivadores) que descarregavam o navio apenas, não estando em situação de deslocamento e nem de potencial deslocamento.

Logo:

Navio em deslocamento internacional ou em potencial deslocamento internacional	Navio ancorado, sem potencial deslocamento internacional
Competência federal	**Competência estadual, como regra**

Quanto às aeronaves, a competência será sempre da Justiça Federal, esteja em solo ou voando (STJ, HC nº 108.478/SP, rel. Min. Adilson Vieira Macabu, j. 22.02.11).

Em suma: (1) navio ancorado: competência estadual, em regra; (2) aeronave pousada: competência federal. Até que se altere o entendimento jurisprudencial e doutrinário – que não possui muita lógica –, essa é a posição a ser seguida.

6.10.4.3.16. *Crimes de ingresso ou permanência irregular de estrangeiro*

Diz o art. 109, X, CF, que cabe à Justiça Federal julgar tais crimes. O art. 338 do Código Penal dispõe ser crime reingressar no território nacional o estrangeiro que dele foi expulso. E o art. 309, CP, também dispõe ser crime o uso, pelo estrangeiro, de nome que não é o seu para ingressar no território nacional.

Além disso, o p.ú. do art. 309, CP, estabelece ser crime atribuir a estrangeiro falsa qualidade para promover-lhe a entrada em território nacional; e o art. 310, CP, dispõe, ainda, que é crime prestar-se a figurar como proprietário ou possuidor de ação, título ou valor pertencente a estrangeiro, nos casos em que a este é vedada por lei a propriedade ou a posse de tais bens.

Aprofundando a análise do inciso X do art. 109, CF, verifica-se que cabe à Justiça Federal, também, a execução de carta rogatória e de sentença estrangeira, após homologação, das causas relativas à nacionalidade e naturalização.

Apoiando-se nisso, o Superior Tribunal de Justiça entende que cabe à Justiça Federal o processo e julgamento de ação penal que versar sobre **crime praticado por brasileiro no exterior** que tenha sido transferida para a jurisdição brasileira em razão da **impossibilidade de extradição.** No caso, um brasileiro, então residente em Portugal, teria participado de um esquema de falsificação de documentos públicos portugueses no território lusitano, a fim de permitir o ingresso no Canadá e nos EUA. Tratando-se de crime praticado por brasileiro, não é possível a extradição a Portugal, devendo, no caso, ser aplicado o tratado de extradição entre o Brasil e Portugal (Decreto nº 1.325/94), que fixa que, nesses casos de impossibilidade de extradição, deve o país (no caso, o Brasil) submeter o infrator a julgamento pelo tribunal competente, em conformidade com a sua lei. Considerando que compete à União manter relação com estados estrangeiros e cumprir os tratados internacionais firmados (arts. 21, I, e 84, VII e VIII, CF), compete-lhe, também, a persecução penal na hipótese de crime praticado por brasileiro no exterior, aplicando-se o Direito Penal interno e impedindo-se a extradição do brasileiro (art. 5º, LI, CF). Logo, compete à Justiça Federal o processo e julgamento da ação penal que versar sobre crime praticado no exterior que tenha sido transferida para a jurisdição brasileiro em razão da impossibilidade/negativa de extradição (STJ, CC nº 154.656/MG, rel. Min. Ribeiro Dantas, j. 25.04.18). Mais recentemente, o Tribunal da Cidadania enfatizou que a competência da União se dá com base no inc. IV do art. 109, CF, já que há interesse da União em razão das suas atribuições para representar o Brasil em todas as questões envolvendo relações internacionais e cooperação jurídica internacional (CC nº 174.686/ES, rel. Min. Joel Ilan Paciornik, j. 09.12.20). No mesmo sentido caminha a posição majoritária da Suprema Corte (AgRg no RE nº 1.270.585/MG, rel. Min. Alexandre de Moraes, j. 21 a 28.08.20).

6.10.4.3.17. *Disputa sobre direitos indígenas*

Fixa o inciso XI do art. 109, CF, que é da competência federal o julgamento da disputa sobre direitos indígenas.

Em princípio, estabelece a súmula nº 140 do STJ que "compete à Justiça Comum Estadual processar e julgar crime em que o indígena figure como autor ou vítima". Explica-se.

Há que se observar duas situações bastante distintas (STJ, AgRg no REsp nº 762.506/AM, rel. Min. Felix Fischer, j. 28.06.16; e tese nº 14, Jurisprudência em Teses, ed. nº 72/16):

a) crime praticado *por* ou *contra* índio é, em regra, de competência estadual. Ex.: índio que furta outro; índio que mata um pesquisador que estava na região, por ciúmes de sua mulher; índio que pratica crime ambiental (STJ, CC nº 93.120/AM, rel. Min. Jorge Mussi, j. 09.06.10); índio que pratica extorsão, incêndio doloso e participa de organização criminosa (STF, HC nº 157.657/RS, rel. Min. Celso de Mello, j. 18.09.18) etc.

b) crime praticado relacionado à disputa de *direitos indígenas*, havendo ofensa coletiva aos silvícolas, é de competência federal. Ex.: homicídio praticado por/contra índio por/contra fazendeiro em disputa de terras indígenas (STJ, CC nº 37.833/RR, rel. Min. Maria Thereza de Assis Moura, j. 14.03.07).

Como afirma o Supremo Tribunal Federal, somente os processos que versarem sobre questões diretamente ligadas à cultura indígena, aos direitos sobre suas terras, ou, ainda, a interesses constitucionalmente atribuíveis à União Federal competirão à Justiça Federal (HC nº 91.121/MS, rel. Min. Gilmar Mendes, j. 06.11.07).

O Superior Tribunal de Justiça julgou situação em que, ao abordar produtores rurais que trabalhavam em terra pertencente à comunidade indígena *Aira Sol*, solicitando a paralisação das atividades, indígenas *Tuxaua* foram agredidos com socos e chutes, causando em um deles diversos hematomas e escoriações pelo corpo, inclusive uma fratura na mão direita que causou incapacidade para suas ocupações habituais por mais de 30 dias. Como a motivação dos delitos investigados gira em torno de disputa por terras indígenas, a competência será da Justiça Federal. É irrelevante para a definição do âmbito dos direitos violados, se particular ou coletivo, o grau de parentesco entre dois dos agressores e a vítima se a desavença entre eles não estava ligada a seu convívio familiar (CC nº 156.502/RR, rel. Min. Reynaldo Soares da Fonseca, j. 22.02.18).

Em curioso julgado, entendeu-se que a prática de calúnia e difamação, que teve como causa a situação de conflito na comunidade indígena do *Povo Javaé* (habitada na Ilha do Bananal, no Estado do Tocantins), notadamente em relação à disputa pela posição de cacique da aldeia, acaba por atingir interesses coletivos da comunidade indígena local, atraindo a competência da Justiça Federal (STJ, CC nº 123.016/TO, rel. Min. Marco Aurélio Bellizze, j. 26.06.13).

Ressalta-se que é possível a determinação de perícia antropológica/estudo antropológico, que servirá como relevante instrumento para melhor compreender os contornos socioculturais do fato criminoso praticado pelo indígena, embora não seja vinculante ao juiz (STJ, THC nº 86.305/RS, rel. Min. Rogerio Schietti Cruz, j. 01.10.19).

Por fim, vale ressaltar que o genocídio contra índios é de competência federal, a ser julgado pelo **juiz singular**, e não por um júri federal, pois não há configuração de crime doloso contra a vida, consoante entende a jurisprudência (STJ, REsp nº 222.653/RR, rel. Min. Jorge Scartezzini, j. 12.09.00).

6.10.4.3.18. *Mandado de segurança e habeas corpus*

Dispõe o art. 109, VII e VIII, CF, que cabe aos juízes federais processar e julgar:

a) **mandado de segurança**: contra ato de autoridade federal, exceto os casos de competência dos tribunais federais (art. 108, I, *c*, CF). Desta forma, se a autoridade coatora federal não estiver sob a jurisdição do TRF, caberá ao juiz federal o julgamento do mandado de segurança.

Exemplo típico de mandado de segurança criminal é aquele impetrado pelo advogado para ter acesso aos autos do inquérito policial, quando denegado por delegado federal.

b) **"habeas corpus"**: relacionados à matéria criminal de sua competência ou quando o constrangimento provier de autoridade cujos atos não estejam diretamente sujeitos a outra jurisdição, como no caso da competência originária do Tribunal Regional Federal (art. 108, I, *a* e *d*, CF).

O exemplo mais comum é o ato de constrangimento praticado por um delegado federal, cujo julgamento de *habeas corpus* caberá ao juiz federal de primeiro grau.

Diferentemente disso, o ato ilegal praticado por Procurador da República terá seu *habeas corpus* impetrado perante o TRF, pois cabe ao tribunal julgar os crimes praticados por Procurador da República (considerando-se que o ato praticado que ensejou o HC *pode vir a ser* considerado crime por parte do membro do Ministério Público).

Se o inquérito é instaurado a partir de requisição do Procurador da República ao delegado de polícia federal, a competência será do Tribunal Regional Federal, pois entende-se que o ato praticado se originou do membro do MPF, e não do delegado de polícia.

6.10.4.3.19. *Delegação da competência federal*

Dispõe o art. 109, § 3º, CF, que "lei poderá autorizar que as causas de competência da Justiça Federal em que forem parte instituição de previdência social e segurado possam ser processadas e julgadas na justiça estadual quando a comarca do domicílio do segurado não for sede de vara federal" (EC nº 103/19). Nesses casos de delegação, o recurso cabível será sempre para o Tribunal Regional Federal na área de jurisdição do juiz de primeiro grau (§ 4º).

A partir da nova redação do § 3º, nota-se que há apenas uma hipótese de delegação da competência federal à estadual: causas em que forem partes instituição de previdência social e segurado, se houver lei autorizativa nesse sentido (no caso, é o art. 15 da Lei nº 5.010/66).

Não foi mantida a situação, contida na redação anterior da Constituição Federal, que permitia que lei pudesse autorizar que outras causas também pudessem ser delegadas da Justiça Federal à Estadual onde não houvesse sede de vara federal.

Antigo exemplo estava disposto no art. 27 da extinta Lei de Drogas (Lei nº 6.368/76), o que não foi repetido pela atual Lei de Drogas, que, no seu atual art. 70, p.ú., dispõe que os crimes federais relacionados à referida lei, praticados nos Municípios que não sejam sede de vara federal, serão processados e julgados na **vara federal da circunscrição respectiva** (e não julgados pela Justiça Estadual do local). Então, por exemplo, se o agente pratica tráfico internacional de drogas em Guarujá/SP (que não possui vara federal), a competência, nos dias de hoje, será da vara criminal **federal** de Santos/SP (4ª Subseção Judiciária), cf. o Provimento nº 423-CJF3R/2014, e não mais da vara estadual daquele município.

Os processos federais relacionados à antiga Lei de Drogas que estavam em curso na Justiça Estadual (embora fossem de competência federal) foram remetidos à Justiça Federal com o advento da nova Lei de Drogas, por aplicação analógica do art. 43, CPC ("determina-se a competência no momento do registro ou da distribuição da petição inicial, sendo irrelevantes as modificações do estado de fato ou de direito ocorridas posteriormente, **salvo** quando suprimirem órgão judiciário ou **alterarem a competência absoluta**"), consoante já decidiu o Superior Tribunal de Justiça (CC nº 91.129/GO, rel. Min. Arnaldo Esteves Lima, j. 28.03.08).

Por fim, será competente a Justiça Federal para julgar o crime de uso de documento falso apresentado em ação previdenciária quando a Justiça Estadual estiver investida de delegação federal, nos termos do art. 109, § 3º, CF (CC nº 161.117/SP, rel. Min. Reynaldo Soares da Fonseca, j. 12.12.18).

6.10.4.3.20. *Conexão com crime estadual*

Consoante a súmula nº 122 do STJ, compete à Justiça Federal o processo e julgamento unificado dos crimes *conexos* de competência federal e estadual, não se aplicando a regra do art. 78, II, *a*, do Código de Processo Penal (ou seja, não se fixará a jurisdição do local da infração de pena mais grave).

Destaca-se que, deixando de existir, concretamente, a competência federal, os autos devem ser remetidos à Justiça Estadual para julgamento exclusivo do delito estadual, como quando ocorre, p. ex., a **extinção da punibilidade** do crime federal (STJ, RHC nº 36.550/GO, rel. Min. Jorge Mussi, j. 17.12.13); mas ver que, se houver **absolvição** pelo crime federal, o juízo federal continuará competente para o julgamento do crime estadual, aplicando-se o art. 81, CPP (STF, HC nº 112.574/DF, rel. Min. Rosa Weber, j. 20.11.12). Então:

Extinção da punibilidade do crime federal	Cessa a competência federal, remetendo-se os autos à Justiça Estadual
Absolvição pelo crime federal	A Justiça Federal continua competente para julgar o crime estadual

No mais, em interessante julgado do Superior Tribunal de Justiça, a Corte entendeu que "não é possível considerar que o procedimento licitatório foi em parte escorreito, no que concerne à verba federal utilizada, e em parte fraudulento, no que se refere à verba municipal, considerando-se que o valor do superfaturamento é proveniente exclusivamente do Município. Essa cisão não é viável no mundo fático, muito menos no mundo jurídico, razão pela qual, havendo parcela de verba federal proveniente de convênio submetido a controle de órgão federal, todo o procedimento licitatório fraudulento passa a ser de interesse da Justiça Federal, conforme dispõe o verbete n. 208 da Súmula desta Corte. Incidência também da Súmula 122/STJ. Precedentes" (HC nº 364.334/SC, rel. Min. Reynaldo Soares da Fonseca, j. 27.09.16).

É importante ressaltar que, para que seja atraída a competência da Justiça Federal, deve haver, obrigatoriamente, **conexão** ou **continência** com o crime estadual, sob pena de haver a cisão de processos. Assim, não basta que um crime estadual tenha sido descoberto juntamente com um federal, diante da ocorrência de condutas totalmente distintas e autônomas, sem relação de dependência entre si, sendo necessário algum tipo de conexidade entre elas (AgRg no CC nº 147.464/PR, rel. Min. Maria Thereza de Assis Moura, j. 10.08.16). Assim, **a descoberta dos delitos na mesma circunstância, por si só, não é fundamento válido para justificar que a Justiça Federal julgue crimes de competência da Justiça Estadual**, sendo indispensável que os fatos estejam interligados, que se identifique conexão probatória ou que um crime tenha sido praticado para ocultar outro (STJ, CC nº 156.497/SC, rel. Min. Joel Ilan Paciornik, j. 22.02.18).

Nesse sentido, em caso concreto decidido pelo Superior Tribunal de Justiça, a polícia civil, efetuando diligência, encontrou com os acusados diversas caixas de cigarros estrangeiros (crime de contrabando, de competência federal) e "trouxinhas" de maconha e cápsulas de cocaína (tráfico interno de drogas, de competência estadual); a Corte, então, reforçou o entendimento de que, para que se fixe a competência federal quando há crime estadual conjunto, deve haver alguma forma de conexão/relação entre eles, *não sendo a mera descoberta dos dois delitos em um mesmo contexto fático apta a permitir o julgamento pela Justiça Federal* (CC nº 145.514/SP, rel. Min. Reynaldo Soares da Fonseca, j. 10.08.16; e tese nº 9, Jurisprudência em Teses, ed. nº 72/16).

6.10.5. Justiça Estadual

Após o longo e minucioso estudo da competência federal (e das competências das *Justiças Especializadas*), deve-se aplicar o seguinte entendimento: **a Justiça Estadual é residual**, ou seja, o que não for de competência da Justiça Federal, da Eleitoral ou da Militar, será de competência da Justiça Estadual comum.

Assim, se um furto praticado não lesar a União, não estiver relacionado à Justiça Eleitoral e nem à Justiça Castrense, caberá ao juízo estadual comum, ao lado do Ministério Público estadual e da Polícia Civil, investigar, processar e julgar tal delito. Apesar de residual, a Justiça Estadual é a que possui o maior leque de atribuições e é a mais comumente acionada.

É preciso se atentar ao **Poder Judiciário do Distrito Federal**. Ele é um ramo mantido pelo Poder Judiciário da União, ao lado da Justiça Federal comum, da Justiça Eleitoral, da Justiça do Trabalho e da Justiça Militar da União. Isso, todavia, não significa que o TJDF tem competências federais. Pelo contrário, a Justiça do Distrito Federal possui *natureza híbrida*, tendo em vista que sua competência corresponde às mesmas matérias da Justiça Estadual, não sendo especializada e nem com atribuições federais. Por essa razão, por exemplo, o crime de falso testemunho cometido em ação penal em curso na Justiça do DF será julgado pelo próprio Poder Judiciário do Distrito Federal, e não pela Justiça Federal (STJ, CC nº 166.732/DF, rel. Min. Laurita Vaz, j. 14.10.20).

Na sequência, serão vistos alguns exemplos de competência da Justiça Estadual.

Entende-se que o crime do art. 273, § 1º-B, I, CP, que traz a conduta de importar, vender, expor à venda, ter em depósito para vender ou, de qualquer forma, distribuir ou entregar a consumo produto sem registro, quando exigível, no órgão de vigilância sanitária competente, é, em regra, de competência da Justiça Estadual, sendo da Justiça Federal apenas quando houver indícios da internacionalidade do delito. Se, então, não há nos autos provas de que o agente, de fato, ingressou com os medicamentos controlados (esteroides e anabolizantes) no território nacional sem registro na ANVISA (já que não fabricados no Brasil), resta afastada a competência federal, uma vez que a polícia apenas localizou e apreendeu os medicamentos ilegais na residência do acusado, não havendo provas de que ele foi o responsável pela importação do produto no Brasil (STJ, HC nº 260.847/PR, rel. Min. Sebastião Reis Júnior, j. 19.05.15). Assim, o simples fato de colocar à venda medicamente estrangeiro de uso proibido no território nacional não atrai a competência da Justiça Federal se ausente demonstração da internacionalidade do delito, i.e., indicação de elementos aptos a demonstrar que o agente adquiriu tais produtos no exterior (RHC nº 65.435/SP, rel. Min. Rogerio Schietti Cruz, j. 09.10.18).

Consoante julgado pelo Superior Tribunal de Justiça, as Juntas Comerciais são subordinadas *administrativamente* ao governo estadual e, *tecnicamente*, ao Departamento Nacional de Registro de Comércio (atual Departamento de Registro Empresarial e Integração – DREI), que é um órgão federal. Desta forma, os crimes envolvendo as Juntas Comerciais serão de competência da Justiça Federal apenas quando houver ofensa direta a bens, serviços ou interesses da União, relacionados ao DREI; nos demais casos, a competência será da Justiça Estadual (CC nº 130.516/SP, rel. Min. Rogerio Schietti Cruz, j. 26.02.14). Assim, a apresentação de documentos falsificados perante a Junta Comercial com o fim de excluir sócios e incluir terceiros no contrato social é conduta que não evidencia prejuízo a bens, serviços ou interesses da União, mas tão somente prejuízo aos terceiros particulares que tiveram seus nomes envolvidos na ação fraudulenta, de modo que a competência será da Justiça Estadual (STJ, CC nº 136.271/BA, rel. Min. Ericson Maranho, j. 22.04.15).

Em caso interessante, o Tribunal da Cidadania entendeu que compete à Justiça Estadual apurar o crime de estelionato em prejuízo de vítimas mantidas em erro mediante a criação de falso "Tribunal Internacional de Justiça e Conciliação". No caso, as vítimas, através de anúncio em jornal, buscaram a solução de sua disputa por meio deste tal "tribunal". Após efetuarem o pagamento de certa quantia, descobriram que caíram num *golpe*, já que referido órgão não existe. Entendeu o Superior Tribunal de Justiça que a competência para julgar este estelionato era da Justiça Estadual, pois a ausência de registro do falso tribunal perante o Conselho Nacional das Instituições de Mediação e Arbitragem (CONIMA) não tem o condão de atrair a competência para a Justiça Federal, até porque este órgão, que reúne alguns tribunais de mediação e arbitragem no Brasil, é uma sociedade civil privada, não sendo sequer uma entidade pública federal (CC nº 146.726/SP, rel. Min. Reynaldo Soares da Fonseca, j. 14.12.16).

O mesmo Superior Tribunal de Justiça entendeu que compete à Justiça Estadual o processo e julgamento de ação penal que apura fraudes praticadas por administrador na gestão de operadora de plano de saúde não constituída como seguradora. Explica-se. Os "planos de saúde" podem ser constituídos por diversas formas, como, por exemplo, sociedade empresária, cooperativa ou até mesmo seguradora. Para a Corte, fraudes praticadas no âmbito de plano de saúde não constituído como seguradora são investigas no âmbito da Justiça Estadual, por não ser seguradora e não estar equiparada, portanto, a instituição financeira, nos termos do art. 1º da Lei nº 7.492/86 (CC nº 148.110/MG, rel. Min. Reynaldo Soares da Fonseca, j. 23.11.16).

No mais, o pedido de *habeas corpus* preventivo, feito em face do Delegado-Geral de Polícia Civil e do Comandante-Geral da Polícia Militar, com o fim de permitir, para fins medicinais, o uso, cultivo, porte e produção artesanal de maconha, é de competência da Justiça Estadual, quando ausente a internacionalidade da conduta – p. ex., não havia pedido para importar a droga, o que atrairia a competência federal (STJ, CC nº 171.206/SP, rel. Min. Joel Ilan Paciornik, j. 10.06.20).

6.11. COMPETÊNCIA DE FORO

Uma vez definida qual *Justiça* é competente para o processo e julgamento do crime, resta saber, agora, **onde** este ocorrerá, ou seja, em qual foro. Verificar-se-á a competência *ratione loci*.

Assim, se houve um crime de furto de valores de propriedade da Caixa Econômica Federal (empresa pública federal), será competente a Justiça Federal – isso já foi explicado acima. Mas a questão é: **de onde?**

Como explica José Frederico Marques, a competência territorial determina o lugar onde se deve julgar a causa penal, considerando a extensão geográfica brasileira (Da Competência, 2000).

Antes de mais nada, é preciso lembrar que o desrespeito às regras de competência territorial gera **nulidade relativa**, ou seja, não tendo a defesa alegado o vício no momento oportuno e nem oposto exceção de incompetência, haverá preclusão (perda processual de alegar a matéria), prorrogando-se a competência no juízo onde tramita a ação (STF, RHC nº 100.969/DF, rel. Min. Ricardo Lewandowski, j. 27.04.10; STJ, HC nº 132.982/SP, rel. Min. Arnaldo Esteves Lima, j. 09.03.10).

Nos termos do art. 109, CPP, a incompetência territorial **pode** ser declarada de ofício pelo juiz (STJ, REsp nº 151.231/PE, rel. Min. Hamilton Carvalhido, j. 05.06.00).

O estudo da competência *ratione loci* será dividido em dois tópicos:

a) lugar da infração;

b) domicílio ou residência do réu.

6.11.1. Lugar da infração

Como regra, será competente *o lugar em que se consumar a infração* (art. 70, CPP). Aplica-se, então, a **teoria do resultado**.

Há dois motivos básicos apontados pela doutrina (Tourinho, 2008) que fizeram o legislador adotar, por regra, este critério: i) o local da consumação permite a melhor colheita das provas; e ii) aplicar a lei onde o crime se consumou gera maior eficácia perante a sociedade local.

Esta teoria, a bem da verdade, é importante aos chamados "crimes plurilocais", em que há a conduta num lugar e a consumação se dá em outro (dentro do Brasil, claro).

Outras teorias existem também, como a **teoria da atividade**, em que a competência é fixada no lugar onde ocorreu a ação ou a omissão; e há também a **teoria da ubiquidade**, em que é competente tanto o local da ação/omissão como o local do resultado.

Ao se estudar o tema em tela, surge, comumente, a comparação com o Código Penal, que adota, quanto ao local do crime, a teoria da ubiquidade. Questiona-se: aplicar-se-á a teoria do resultado (CPP) ou a teoria da ubiquidade (CP)?

Guilherme Madeira Dezem (Curso, 2015) bem explica que *ambas* as teorias serão aplicadas, pois o **art. 6º, CP**, trata da competência internacional, ou seja, analisa-se, em conjunto com o art. 7º, CP, se um dado crime será – ou não – julgado no Brasil; já o **art. 70, CPP**, tem incidência para a verificação da competência dentro do território brasileiro, ou seja, já se pressupõe que o art. 6º, CP, tenha sido aplicado, isto é, já é o caso de jurisdição nacional, bastando, agora, saber qual será o foro competente internamente.

Em razão – infelizmente – do cada vez maior número de crimes contra a honra praticados pela internet, entende-se que a competência territorial para instrução e julgamento será do local onde as informações são alimentadas nas redes sociais (STJ, HC nº 77.692/BA, rel. Min. Felix Fischer, j. 10.10.17; e AP nº 895/DF, rel. Min. Nancy Andrighi, j. 15.05.19). Exemplo: o agente, em Jandira/SP, publica texto em rede social da internet ofendendo a honra de outrem, morador de Belo Horizonte/MG – competente será o juízo de Jandira/SP, que é o local de onde partiram as publicações do texto ofensivo, sendo irrelevante o local do servidor.

6.11.2. Casuística

Algumas observações são necessárias quanto ao local de consumação de alguns delitos.

6.11.2.1. *Crime tentado*

Há que se analisar duas situações:

a) se os atos da tentativa não ultrapassaram os limites territoriais da comarca, aplica-se a regra do local da infração, normalmente;

b) todavia, se o crime se estender por vários territórios, competente será o lugar do último ato de execução (art. 70, *in fine*, CPP).

Então, se o agente inicia a prática de um homicídio em Salvador/BA, desferindo um tiro contra a vítima, mas, por circunstâncias alheias à sua vontade, não alcança a consumação, não ultrapassando este foro, será competente o foro de Salvador/BA; agora, se o agente desfere tiros contra a vítima em Salvador/BA, mas, não atingindo a consumação, a persegue a até Lauro de Freitas/BA, onde, novamente, desfere outros tiros e, em seguida, sem lograr êxito, é detido pela polícia, será competente o lugar do último ato executório, qual seja, Lauro de Freitas/BA.

6.11.2.2. *Crime à distância*

Também há que se diferenciar duas hipóteses:

a) se a conduta é iniciada no Brasil objetivando alcançar o exterior, será competente o local do último ato de execução dentro do território nacional;

b) mas, se a conduta é iniciada no exterior objetivando alcançar o Brasil, será competente o local onde ocorreu ou deveria ocorrer o resultado no Brasil.

Assim, se alguém envia uma carta-bomba de São Paulo/SP para Paris, onde o destinatário abre a carta e morre, será competente para o processo o juízo da comarca de São Paulo/SP, local onde foi praticado o último ato de execução (postagem da carta-bomba); agora, se o indivíduo morador de Paris envia uma carta-bomba ao seu desafeto morador de São Paulo/SP, será competente o juízo onde, parcial ou totalmente, tenha produzido ou devia produzir o resultado criminoso, qual seja, São Paulo/SP.

Exemplo de caso julgado pelo Superior Tribunal de Justiça: droga da Bolívia, enviada ao Paraguai com destino ao Brasil, pelo Estado do Rio Grande do Sul; será competente a Justiça Federal brasileira do local da apreensão da droga no território nacional (RHC nº 88.869/RS, rel. Min. Nefi Cordeiro, j. 23.10.18 – e cf. a súmula nº 528, STJ).

Em outra situação, a Corte da Cidadania entendeu que compete à Justiça Federal apreciar o pedido de medida protetiva de urgência decorrente de crime de ameaça contra a mulher quando cometido por meio de rede social de grande alcance, se iniciado no estrangeiro e o seu resultado ocorrer no Brasil. Nos termos do art. 109, V, CF, compete aos juízes federais processar e julgar os crimes previstos em tratado ou convenção internacional quando, iniciada a execução no Brasil, o resultado tenha ou devesse ter ocorrido no estrangeiro, ou reciprocamente. Se o agente, nos EUA, ameaçou mulher localizada no território brasileiro, há crime à distância. Embora o Brasil seja signatário de diversos acordos internacionais sobre os direitos das mulheres (como a Convenção de Belém do Pará, para prevenir, punir e erradicar a violência contra a mulher, cf. o Decreto nº 1.973/96), nenhum prevê a instituição de crime, trazendo apenas conceitos e recomendações sobre a erradicação da violência e discriminação contra as mulheres. No entanto, afasta-se o argumento da ausência de tipificação em convenção internacional em prol da Lei Maria da Penha, que prevê medidas protetivas para as mulheres. Assim, sendo evidente a internacionalidade das ameaçadas iniciadas no exterior, por meio de rede social de largo alcance, disso resulta a competência da Justiça Federal brasileira par apreciar o pedido de medida protetiva de urgência (CC nº 150.712/SP, rel. Min. Joel Ilan Paciornik, j. 10.10.18).

Vale destacar, por fim, que crime à distância é diferente de crime plurilocal. Neste, a ação/omissão se dá num local e o resultado em outro, desde que ambos sejam do mesmo território (São Paulo/SP *vs.* Rio de Janeiro/RJ – ambos no Brasil).

No caso de tráfico de drogas interestadual, como a postagem de droga de Campo Grande/MS para Salvador/BA, local da apreensão da droga, é de se considerar como local da consumação deste crime aquele onde ocorreu a *remessa* da droga, ou seja, Campo Grande/MS, cf. o art. 70, CPP. Veja que não se aplica, por analogia, a súmula nº 528 do STJ, que trata apenas do envio de droga do exterior ao Brasil (STJ, CC nº 147.802/MS, rel. Min. Ribeiro Dantas, j. 28.09.16).

6.11.2.3. *Jurisdição incerta*

Quando incerto o limite territorial entre duas ou mais jurisdições (art. 91, CPP) ou quando incerta a jurisdição por ter sido a infração consumada ou tentada nas divisas de duas ou mais jurisdições, a competência firmar-se-á pela *prevenção* (§ 3º, art. 70, CPP). Isso quer dizer que, sendo possível a competência de dois ou mais juízes igualmente competentes em foros distintos, será prevento aquele que tiver antecedido aos outros na prática de algum ato do processo ou de medida a este relativa (art. 83, CPP).

Desta forma, se cometido um estelionato na divisa entre as cidades de Curitiba/PR e São José dos Pinhais/PR, não se sabendo exatamente onde o resultado se deu, aplicar-se-á a regra da prevenção; se instaurados dois processos, um deles deverá ser extinto ("trancado"), sob pena de *bis in idem* (ser processado duas vezes pelo mesmo fato).

6.11.2.4. *Crimes continuados e permanentes*

Tratando-se de infração continuada ou permanente, praticada no território de duas ou mais jurisdições, a competência será determinada, também, pela prevenção (art. 71, CPP).

Neste caminho de ideias, se o agente sequestra a vítima (crime permanente) em Jundiaí/SP e a transporta pelas cidades de Campinas/SP e Cabreúva/SP, querendo chegar a Campos do Jordão/SP, será competente o local em que houver a prática de algum ato judicial em primeiro lugar, ou seja, se, por exemplo, o agente é preso em flagrante em Campinas/SP, o juízo desta comarca tornar-se-á competente.

Quanto ao crime continuado, por exemplo, se o agente furta casas de condomínios fechados em Angra dos Reis/RJ e dias depois, pratica novo crime em Barra Mansa/RJ e, dias depois, novo furto em Cabo Frio/RJ, a competência será firmada por prevenção – e, caso sejam instaurados três processos em cada uma dessas cidades, o juízo prevento (que primeiro praticou algum ato decisório no processo), cf. art. 82, CPP, deverá avocar (chamar) os outros dois processos (se já sentenciados, a unificação ocorrerá na execução penal).

6.11.2.5. *Crimes dolosos e culposos contra a vida*

Aplicando-se uma solução *contra legem*, ou seja, contrariamente ao texto legal, entendem doutrina e jurisprudência que, diversamente do previsto no art. 70, CPP (teoria do resultado), deve-se aplicar aqui a teoria da atividade, isto é, será competente o local **onde os atos executórios foram praticados**, e não o do local da consumação.

Desta feita, é competente, para o julgamento dos crimes contra a vida, o local em que o resultado se esboçou, isto é, onde ele foi projetado – por isso é que a doutrina adota o nome de ***teoria do esboço do resultado*** ou ***teoria do resultado projetado*** (Pedroso, 2007).

Então, se, por exemplo, numa briga de vizinhos na cidade de Serra da Saudade/MG, Fulano disparar arma de fogo contra Beltrano, que, socorrido ao hospital de Belo Horizonte/MG (por ter melhores condições hospitalares), vem a morrer dias depois nesta cidade, entende-se que será competente o juízo de Serra da Saudade/MG – embora o resultado tenha se dado em outra cidade.

Ao determinar a competência do local da execução, doutrina e jurisprudência utilizam, basicamente, os seguintes fundamentos: (i) atingimento da finalidade de prevenção de novas infrações, através da aplicação da pena; (ii) a demonstração à população daquela cidade da atuação do Estado em relação ao grave crime ali cometido; e (iii) haverá melhores condições de se processar o agente, seja através da perícia local, seja ouvindo as testemunhas do fato (STJ, CC nº 151.836/GO, rel. Min. Reynaldo Soares da Fonseca, j. 14.06.17).

Outra hipótese exemplificativa é a do homicídio culposo praticado por médico que deixa de observar o dever objetivo de cuidado e, de forma negligente, ocasiona a morte do paciente, que, apesar de ter sido atendido em hospital do Rio de Janeiro/RJ, morre, dias depois, em sua casa, em São João do Meriti/RJ, sendo competente o juízo daquele local (Rio de Janeiro/RJ) para julgamento do crime. Nesse sentido é a jurisprudência (STJ, HC nº 95.853/RJ, rel. Min. Og Fernandes, j. 11.09.12; e STF, RHC nº 116.200/RJ, rel. Min. Dias Toffoli, j. 13.08.13).

Da mesma forma, o STJ editou a tese nº 6 (Jurisprudência em Teses, ed. nº 72/16), dispondo que "a competência é determinada pelo lugar em que se consumou a infração (art. 70 do CPP), sendo possível a sua modificação na hipótese em que outro local seja o melhor para a formação da verdade real".

6.11.2.6. *Crimes a bordo de embarcação e navio*

Consoante os arts. 89 e 90, CPP, há duas situações:

a) em viagem nacional, ou seja, se o navio/aeronave iniciar e encerrar a viagem no Brasil, será competente o local onde primeiro o navio atracar ou a aeronave pousar após a ocorrência, mesmo que fora da rota original;

b) em viagem internacional, partindo-se do pressuposto de que o crime ocorreu no Brasil, (b.1) se o navio ou aeronave vem do exterior ao Brasil, será competente o lugar de chegada; ou (b.2) se o navio ou aeronave parte do Brasil ao exterior, será competente o local da saída.

Atenção especial deve ser dada ao chamado *direito de passagem inocente* (art. 3º, "caput", e § 1º, Lei nº 8.617/93), em que se reconhece o direito de navios de qualquer nacionalidade de passar pelo mar territorial brasileiro, desde que isso não seja prejudicial à paz, ordem e segurança do Brasil, devendo ser contínua e rápida. Assim, se um crime for cometido a bordo de um navio italiano com destino à Argentina, que apenas passava pelo mar do Brasil, sem ofender qualquer interesse nacional, não haverá o exercício da jurisdição nacional.

6.11.2.7. *Juizados Especiais Criminais*

Consoante o art. 63 da Lei nº 9.099/95, "a competência do Juizado será determinada pelo lugar em que foi praticada a infração penal". Adotou-se, aqui, conforme a posição majoritária, a **teoria da atividade**.

Em interessante julgado, o Superior Tribunal de Justiça afirmou que, por mais que o funcionário público tenha domicílio necessário em relação aos atos funcionais praticados (art. 76, p.ú., CC), a competência penal não é alterada, de modo que continua sendo aplicada a regra do art. 63 da Lei nº 9.099/95, considerando tratar-se de norma específica quanto à competência penal e inexistir lacuna a ser preenchida por outra norma do ordenamento jurídico (HC nº 29.617/SP, rel. Min. Felix Fischer, j. 28.04.04). Assim, se o funcionário público da prefeitura de São Paulo/SP praticar uma infração de menor potencial ofensivo, relacionada ao seu ofício, em Santo André/SP, será competente o foro de Santo André/SP, conforme a teoria da atividade, e não o domicílio civil onde exerce o seu ofício.

6.11.2.8. *Crimes praticados no exterior*

Nos casos de extraterritorialidade (art. 7º, CP), isto é, de crime praticado fora do território nacional, será competente, como regra, o juízo da *capital do Estado* onde por último houver residido o acusado; se, todavia, o acusado nunca residiu no Brasil, será competente o juízo da *Capital da República* (art. 88, CPP).

6.11.2.9. *Estelionato*

O estelionato, previsto no art. 171, CP, é o fato criminoso de o sujeito obter, para si ou para outrem, vantagem ilícita em prejuízo alheio, induzindo ou mantendo alguém em erro, mediante artifício, ardil ou qualquer outro meio fraudulento. Este crime se consuma com a obtenção da vantagem ilícita em prejuízo alheio, sendo necessário que o sujeito efetivamente consiga algum proveito patrimonial (Jesus, 2007, v. 2).

Com isso, há que se diferenciar algumas situações ligadas à competência para julgar referido crime, principalmente diante da complexidade que se pode adquirir, haja vista que é comum a vítima ser enganada numa certa localidade e o estelionatário estar em outra.

Assim:

a) O art. 171, § 2º, VI, CP, prevê que haverá estelionato quando o agente emitir cheque sem suficiência de fundos ou lhe frustrar o pagamento. Entende-se que, nesse caso, será competente o **local da recusa do pagamento**, ou seja, onde está localizada a agência bancária que não quis pagar referido cheque (que é aquela onde o agente possui sua conta corrente – banco sacado). Ex.: sujeito emite cheque sem fundos na cidade de Sinop/MT, querendo comprar um determinado produto, possuindo conta bancária cuja agência responsável está na cidade de Cuiabá/MT – será competente para julgar referido crime a comarca de Cuiabá/MT. Nesse sentido, aliás, são as súmulas nº 521 do STF e 244 do STJ.

b) Isso não se confunde com o estelionato simples (CP, *caput* do art. 171) praticado mediante o uso de cheque falso/forjado, cuja competência será do **local da obtenção da vantagem ilícita** (isto é, o local onde a vítima possui conta bancária). É o caso, por exemplo, do sujeito que falsifica um cheque para realizar compras em Marabá/PA; será competente esta comarca para processar e julgar o agente, local que é da obtenção da vantagem ilícita. Nesse sentido é a súmula nº 48 do STJ.

c) Outra situação possível é a vítima ser enganada, por telefone, por exemplo, a **depositar/transferir determinada quantia na conta bancária do estelionatário**. Exemplo: Camila, precisando de um empréstimo de R$ 70 mil, localizou um anúncio na internet que oferecia um empréstimo "rápido e fácil"; entrou em contato e falou com Henrique, que solicitou, para a liberação do referido empréstimo, três depósitos a título de "custas" numa determinada conta; feitos os depósitos, Henrique "depositou" na conta de Camila um cheque no valor do empréstimo contratado, mas que foi devolvido em razão do cancelamento do talonário (provavelmente, o cheque foi furtado de alguém ou fazia parte do golpe orquestrado); Camila é moradora de Brasília/DF, sendo que Henrique, o estelionatário, é morador de São Paulo/SP, local onde mantém conta bancária que recebeu os depósitos feitos pela vítima. A questão, então, é: quem será competente para julgar o crime: Brasília, local onde a vítima foi *enganada*, ou São Paulo, local onde o estelionatário *obteve* os valores indevidos? Conforme a mais recente posição do Superior Tribunal de Justiça, nessa situação, competente será **o juízo onde situada a agência bancária beneficiária do depósito/transferência**, ou seja, onde localizada a conta do estelionatário, local da obtenção da vantagem, pois é o local onde os valores realmente ficam à disposição do estelionatário (CC nº 169.053/DF, rel. Min. Sebastião Reis Júnior, j. 11.12.19). No exemplo dado, competente será a Justiça de São Paulo/SP.

6.11.2.10. *Apropriação indébita*

Como regra (CP, art. 168), será competente o local da inversão da posse, seja qual for o local da apreensão do bem; não sendo possível apurar esse local com exatidão, aceita-se o foro onde possa ser verificado o elemento subjetivo do agente em transformar sua posse em propriedade.

Exemplo: o agente pega emprestado um veículo em Curitiba/PR e resolve entregá-lo, como meio de pagamento por uma dívida sua, em Mirandópolis/SP – será competente esta comarca, pois a inversão da posse em propriedade se deu no local da entrega do bem (STJ, CC nº 102.103/PR, rel. Min. Maria Thereza de Assis Moura, j. 12.08.09).

6.11.2.11. *Furto qualificado por fraude eletrônica (internet)*

No caso do art. 155, § 5º, II, CP, o agente emprega a fraude eletrônica como *meio* para diminuir a vigilância que a vítima exerce sobre a coisa, que lhe é subtraída. Se o agente, por exemplo, emprega fraude por meio de uma página falsa na internet e consegue obter a senha bancária da vítima e, com isso, retira valores da conta corrente, entende-se que a instituição financeira é a vítima e o correntista é o prejudicado. Desta forma, se o agente, a partir da cidade de Colatina/ES, furta a senha bancária de vítima com agência bancária em Macapá/AP, competente será esta comarca (Macapá/AP), que é o local onde a conta bancária foi fraudada (STJ, CC nº 138.286/MA, rel. Min. Nefi Cordeiro, j. 13.04.15).

Observar que, em situações excepcionais, o Superior Tribunal de Justiça tem admitido a fixação da competência para o julgamento do delito no local onde ocorreu a ação, em nome da *facilidade para a coleta de provas e para a instrução do processo*, tendo em consta os princípios que atendem à finalidade maior do processo, que é a busca da verdade real (CC nº 131.566/DF, rel. Min. Reynaldo Soares da Fonseca, j. 23.09.15). Ex.: saques fraudulentos pela *internet* em mais de 70 contas bancárias, localizadas em quase uma dezena de Estados.

6.11.2.12. *Crime contra a ordem tributária*

Em atenção ao disposto na súmula vinculante nº 24 do STF, pacificou-se, no âmbito do Superior Tribunal de Justiça, o entendimento segundo o qual a competência para processar os delitos materiais contra a ordem tributária é estabelecida no domicílio fiscal em que houve a consumação da infração penal, ou seja, **aquele em que ocorreu a constituição definitiva do crédito tributário**, sendo irrelevante que a fraude tenha sido perpetrada em local diverso (STJ, RHC nº 53.434/SP, rel. Min. Jorge Mussi, j. 07.03.17).

Exemplo: condutas praticadas em Londrina/PR, mas a sede da pessoa jurídica é Marília/SP (local de seu domicílio fiscal, onde correu e se esgotou o processo administrativo de constituição do crédito fiscal), foro este competente para processar e julgar o crime tributário.

Desta forma, tratando-se de crime material contra a ordem tributária, a competência para processar e julgar o delito é do local onde houver ocorrido a sua consumação, por meio da constituição definitiva do crédito tributário, sendo irrelevante a mudança de domicílio fiscal do contribuinte (STJ, CC nº 120.850/BA, rel. Min. Marco Aurélio Bellizze, j. 08.08.12).

Caso interessante chegou no Superior Tribunal de Justiça. A empresa investigada tinha domicílio em Barueri/SP no momento da fraude (entre os anos de 2005 e 2006), mas, quando da constituição definitiva do crédito tributário, em 2010, havia transferido o seu domicílio fiscal para o Rio de Janeiro/RJ. Para a Corte, no momento da consumação do crime – isto é, da constituição definitiva do crédito tributário – a empresa tinha domicílio fiscal no Rio de Janeiro/RJ, sendo esse o local que fixa a competência para a condução do inquérito policial e de eventual ação penal disso decorrente (CC nº 144.872/RJ, rel. Min. Reynaldo Soares da Fonseca, j. 25.02.16)

Logo, para fins de fixação de competência em relação aos crimes materiais contra a ordem tributária, como regra, interessa é o **local onde se deu a constituição definitiva do crédito tributário**, não importando onde a fraude tenha sido realizada.

Por fim, vale observar que, na esteira do entendimento do Superior Tribunal de Justiça, para o início da ação penal relacionada ao crime tributário, basta a prova da constituição definitiva do crédito tributário, nos termos da súmula vinculante nº 24, STF, sendo *desnecessária* a juntada integral do procedimento administrativo fiscal correspondente. Além disso, a validade do crédito fiscal deve ser examinada no juízo cível, não cabendo à esfera criminal qualquer tentativa de sua desconstituição; ainda, caso a defesa entenda que a documentação juntada pelo Ministério Público é insuficiente e queira aprofundar a análise da dívida tributária, poderá apresentar cópia do referido procedimento administrativo fiscal; e, por fim, se houver qualquer obstáculo administrativo para o acesso ao procedimento administrativo fiscal, a parte interessada poderá sugerir ao juiz a sua atuação até mesmo de ofício, desde que aponte qualquer prejuízo à defesa que possa interferir na formação do livre convencimento do julgador (RHC nº 94.288/RJ, rel. Min. Reynaldo Soares da Fonseca, j. 22.05.18).

6.11.2.13. *Falso sequestro*

O "falso sequestro", na verdade, configura o crime de extorsão, em que, comumente, o interlocutor, por meio de uma ligação telefônica, simula o sequestro de um familiar da vítima, exigindo o depósito de certa quantia numa conta bancária, sob o pretexto de matá-la. Assim, tipifica-se o delito do art. 158, *caput*, CP, consistente em constranger alguém, mediante grave ameaça, e com o intuito de obter para si ou para outrem vantagem econômica indevida, a fazer alguma coisa.

Sabe-se que o crime de extorsão é formal, consumando-se **no local em que a violência ou grave ameaça é exercida** com o intuito de constrangem alguém a fazer ou deixar de fazer alguma coisa (súmula nº 96, STJ). Assim, se o crime foi cometido quando a vítima extorquida falsamente se encontrava em Guarulhos/SP, esta comarca será a competente para o processo e julgamento do crime de extorsão, nos termos do art. 70, CPP, independentemente do lugar onde se situa a agência das contas bancárias beneficiadas pelo falso sequestro (STJ, CC nº 129.275/RJ, rel. Min. Laurita Vaz, j. 11.12.13).

6.11.2.14. *Crimes qualificados pelo resultado*

São aqueles em que o legislador, após descrever o crime em sua forma fundamental, acrescenta-lhes um resultado que aumenta abstratamente a pena imposta, podendo ser a título de culpa ou de dolo (Jesus, 2005, v. 1). São exemplos o aborto qualificado pela morte (dolo no aborto e culpa na morte da gestante), a tortura qualificada pela morte (dolo na tortura e culpa na morte do torturado) e o latrocínio (dolo no roubo e dolo na morte da vítima).

Nestes casos, fixar-se-á a competência pelo **local em que ocorrer o evento qualificador**.

Exemplo: agente rouba vítima em São Paulo/SP e, colocando-a no porta-malas do carro, a leva a Campinas/SP, a fim de lá matá-la e evitar a apuração do crime; então, o agente desfere tiro fatal em Campinas/SP. Será competente o juízo de Campinas/SP, local onde ocorreu o evento qualificador do crime de roubo.

6.11.2.15. *Crimes contra a honra pela internet*

Com o advento da internet, a prática de crimes contra a honra autoriza a presunção de conhecimento público da ofensa a partir, simplesmente, da disponibilização/publicação do material criminoso. Logo, basta o *upload* do arquivo ofensivo para a consumação e fixação da competência. Desta forma, a competência para processo e julgamento se dará no local em que o conteúdo foi publicado pela rede mundial de computadores, diante da força de imediata potencialidade de visualização por terceiros, independentemente de qualquer resultado (STJ, CC nº 173.458/SC, rel. Min. João Otávio de Noronha, j. 25.11.20). Ex.: pessoa em Salvador/BA, em sua casa, publica online um vídeo ofendendo uma pessoa que mora em São Paulo/SP – será competente o juízo nordestino, local da publicação do fato criminoso. É irrelevante o local onde se hospeda o sítio eletrônico (provedor).

6.11.3. Domicílio ou residência do réu

Não sendo conhecido o lugar da infração, a competência regular-se-á pelo domicílio ou residência do réu (art. 72, CPP). Assim, não se sabendo o local da consumação do delito – nos casos de **ação penal pública** – será adotado o foro do domicílio ou residência do acusado.

Já nos casos de **ação penal exclusivamente privada**, o querelante (autor da ação penal) poderá *preferir* o foro de domicílio ou da residência do **réu**, ainda quando conhecido o lugar da infração (art. 73, CPP). Afasta-se esta possibilidade, diante do texto legal, em relação à ação penal privada subsidiária.

Desta forma, o querelante poderá: (a) ou ajuizar a ação penal no juízo do local da infração, como a regra do Código de Processo Penal; ou (b) nos termos do art. 73, CPP, ajuizar a ação penal no juízo do domicílio ou da residência do querelado.

Exemplo: o ofendido de um crime contra a honra praticado em Jarinu/SP por ofensor morador de Atibaia/SP pode preferir, ao invés de mover ação penal em Jarinu/SP (local dos fatos), movê-la no foro do domicílio do ofensor-querelando, qual seja, Atibaia/SP.

Para o Direito Civil, a *residência* é tida como qualquer moradia que a pessoa utilize, ainda que eventualmente, enquanto que *domicílio* é a fixação da residência com ânimo definitivo.

Se o réu tiver mais de uma residência, a competência firmar-se-á pela prevenção (§ 1º, art. 72, CPP); se o réu não tiver residência certa ou for ignorado o seu paradeiro, será competente o juiz que primeiro tomar conhecimento do fato (§ 2º, art. 72, CPP).

6.12. COMPETÊNCIA DE JUÍZO

Como estudado alhures, é possível que um foro (território) tenha mais de um juízo – ou seja, uma comarca com mais de uma vara criminal. Por exemplo, a comarca de Itajobi/SP possui uma única vara, enquanto que apenas o chamado "foro central" de São Paulo/SP possui mais de trinta varas criminais (além do departamento de inquéritos, da execução penal e do tribunal do júri).

Assim, após ser identificada a competência penal nacional, ser analisado se da Justiça comum ou especializada e o foro competente, pode ocorrer que neste território jurisdicional exista mais de um juízo criminal competente.

O Código de Processo Penal traz três hipóteses:

i) competência pela natureza da infração;

ii) competência pela distribuição;

iii) competência por prevenção.

6.12.1. Natureza da infração

Num primeiro momento, verificar-se-á a competência do juízo pela **natureza da infração penal praticada**. Logo, é insuficiente estabelecer que a competência para julgar um crime contra o sistema financeiro, p. ex., será da Justiça Federal de Ribeirão Preto/SP. É preciso mais! Resta saber que será competente uma das Varas Criminais, ou, mais especificamente, a 4ª Vara, que possui competência exclusiva para julgar estes crimes (Prov. nº 275/05, CJF3R). Ou então, por exemplo, o tráfico de drogas praticado em Brasília não será simplesmente de competência de alguma vara criminal do TJDFT, mas, sim, de uma das quatro Varas Especializadas de Entorpecentes do Distrito Federal.

Desta feita, nos termos do art. 74, *caput*, CPP, a competência pela natureza da infração será regulada pelas *Leis de Organização Judiciária*, salvo no caso de competência privativa do tribunal do júri (que, claramente, possui previsão constitucional, conforme o § 1º).

6.12.2. Distribuição

A segunda hipótese de fixação da competência do juízo afirma que a precedência da **distribuição** fixará a competência quando, na mesma circunscrição judiciária, houver mais de um juiz igualmente competente.

Assim, se, por exemplo, foi identificado que um crime federal de lavagem de dinheiro foi praticado em São Paulo/SP, será competente, consoante o critério anterior, uma das varas criminais federais da capital paulista; no entanto, analisando-se a organização desta Justiça Federal, vê-se que a 2ª, a 6ª e a 10ª varas criminais possuem competência exclusiva para processar e julgar os crimes de lavagem, conforme diversos provimentos do Tribunal Regional Federal da 3ª Região.

Agora, pois, não basta saber que a competência é federal e que o processo tramitará em uma vara criminal federal. É necessário saber *em qual* dessas três varas criminais, p. ex., o processo penal terá curso. Numa comarca de vara única (cumulativa) isso não gerará questionamentos, pois será competente o único juízo existente (que julga, por exemplo, ações cíveis, criminais, ambientais etc.). A questão surge quando, na mesma circunscrição judiciária, existir mais de um juízo *igualmente competente*. A solução dada pelo Código de Processo Penal é: pela distribuição.

A distribuição é o ato administrativo (eletrônico, atualmente), relacionado à organização judiciária de cada Justiça, que, literalmente, distribui os processos entre os juízes que possuem competência para tanto. Assim, no exemplo acima colocado, o distribuidor da 1ª Subseção Judiciária do Estado de São Paulo (São Paulo/SP) receberá um inquérito sobre lavagem de dinheiro e, automática e aleatoriamente, o distribuirá a uma das varas criminais com competência para julgar o crime de lavagem de capitais. Feita a distribuição do processo, fixada estará a competência.

Vale ressaltar que a distribuição justamente existe para equalizar a quantidade de processos que os juízes julgarão, de modo que – em tese – os juízes de mesma competência terão (dentro do possível) a mesma quantidade de processos em tramitação.

Pode ocorrer de o juiz ainda não ter realizado nenhum ato judicial no curso do inquérito que ora lhe é enviado relatado, hipótese em que haverá a inicial distribuição.

6.12.3. Prevenção

A terceira e última hipótese de fixação do juízo competente é a **prevenção**, que, em latim, significa *prae venire*, isto é, "chegar antes". Nos termos do art. 83, CPP, haverá prevenção "toda vez que, concorrendo dois ou mais juízes igualmente competentes ou com jurisdição cumulativa, um deles tiver antecedido aos outros na prática de algum ato do processo ou de medida a este relativa, ainda que anterior ao oferecimento da denúncia ou da queixa".

Assim, se o delegado de polícia, no curso do inquérito, representa por uma interceptação telefônica (ou prisão provisória, por exemplo), o inquérito será distribuído (normalmente, consoante o item anterior) a um dos juízes criminais competentes do local, de modo que, antes mesmo do oferecimento da denúncia ou da queixa, já haverá um juízo *prevento*, ou seja, um juiz ao qual a ação penal será, posteriormente e se o caso, enviada, não ensejando uma "nova distribuição".

É importante atentar-se para o fato de que a prevenção do juízo exige, por óbvio, a prática de um **ato jurisdicional** prévio. Então, por exemplo, o mero ato de o juiz autorizar a extração de cópias de uma investigação que apurava, em outro feito, fatos distintos, não o torna prevento, ainda que, naquele processo, tenha autorizado interceptação telefônica (STJ, AgRg no AREsp nº 690.440/SP, rel. Min. Ribeiro Dantas, j. 16.05.19).

Consoante o Supremo Tribunal Federal, não previnem a competência decisões de juiz de plantão, nem as facultadas, em grau de urgência, a qualquer dos juízes criminais do foro (HC nº 69.599/RJ, rel. Min. Octávio Gallotti, j. 30.06.93). Assim, *v.g.*, o julgamento de "habeas corpus" pelo juiz plantonista ou a simples determinação de remessa dos autos do Ministério Público não geram prevenção. Exige-se, para a prevenção, um verdadeiro *ato processual decisório*.

O regime de plantão do Poder Judiciário, em primeiro e segundo graus – em que juízes, para a não interrupção da prestação jurisdicional, permanecem em sistema de plantão fora do horário forense ordinário, como finais de semana e feriados –, está regulamentado pela Resolução nº 71/09, CNJ. Referida norma, por exemplo, prevê que o juiz plantonista poderá analisar as seguintes matérias: pedidos de *habeas corpus*, comunicação de prisão em flagrante, apreciação de pedidos de concessão de liberdade provisória, representação pela decretação de prisão cautelar, busca e apreensão etc. (art. 1º). Mas, de outro lado, não poderá o juiz plantonista analisar a reiteração de pedido já apreciado anteriormente pelo órgão judicial de origem ou em plantão anterior, nem a sua reconsideração ou reexame (§ 1º do art. 1º). Recentemente, inclusive, a Presidente do Superior Tribunal de Justiça, Min. Laurita Vaz, afirmou que gera perplexidade e intolerável insegurança jurídica a decisão (teratológica) tomada por juiz de plantão que força a reabertura de discussão já analisada inúmeras vezes e encerrada em instâncias superiores (HC nº 457.922/PR, rel. Min. Felix Fischer, j. 10.07.18).

Por fim, nos termos da súmula nº 706 do STF, "é relativa a nulidade decorrente da inobservância da competência penal por prevenção", a qual deve ser arguida oportuna e tempestivamente, sob pena de preclusão (STF, RHC nº 108.926/DF, rel. Min. Teori Zavascki, j. 24.02.15; STJ, RHC nº 67.107/MS, rel. Min. Jorge Mussi, j. 13.09.16; e tese nº 5, Jurisprudência em Teses do STJ, ed. nº 75/16).

6.13. MODIFICAÇÃO DA COMPETÊNCIA: CONEXÃO E CONTINÊNCIA

Como explica Gianpaolo Poggio Smanio (Processo, 2005), a conexão e a continência não são causas de fixação da competência (como se estudou até agora), mas, sim, **motivos que determinam a sua alteração**, atraindo a um certo juízo o crime que seria de atribuição de outro, de forma que, por motivo de economia processual, segurança e unidade de julgamento, haverá a reunião, em um processo, de mais de uma infração penal.

Desta feita, pode ser que um acusado cometa mais de um crime, de modo que o Código de Processo Penal entende que será melhor a reunião dessas infrações num só processo; ou então, por exemplo, diversas pessoas cometem o mesmo crime, de forma que também será recomendado que todas respondam dentro de uma só ação penal, ao invés de diversas outras.

Justamente em razão dessas possibilidades é que se pode afirmar que conexão e continência são causas que **modificam ou prorrogam** a competência já anteriormente fixada, não sendo causas de fixação inicial de competência, uma vez que haverá o "deslocamento" do processo de competência de um juiz para outro juiz (igualmente competente).

6.13.1. Conexão

Tem previsão no art. 76, CPP, e exige **pluralidade de crimes** praticados, que serão, então, julgados pelo mesmo órgão jurisdicional. São infrações ligadas entre si.

A conexão pode ser de três espécies:

a) intersubjetiva (art. 76, I, CPP);

b) objetiva (art. 76, II, CPP);

c) instrumental (art. 76, III, CPP).

Será **intersubjetiva** quando duas ou mais infrações estiverem interligadas e forem praticadas por duas ou mais pessoas. Subdivide-se em:

i) por simultaneidade (ocasional): várias pessoas praticam várias infrações nas mesmas condições de tempo e lugar, *sem concurso de agentes*. Ex.: diversos moradores de uma região furtam o conteúdo da carga de um caminhão que tombou na rodovia, sem concurso prévio entre os saqueadores.

ii) por concurso (concursal): várias pessoas praticam várias infrações *em concurso de agentes* (há forte liame), embora em condições de tempo e lugar distintas, servindo uma infração como suporte à outra. Ex.: três agentes roubam explosivos de uma indústria química e outros dois agentes roubam veículos na cidade e todos eles, depois, com os explosivos e carros roubados, explodem caixas eletrônicos de agências bancárias e fogem na sequência.

iii) por reciprocidade: várias pessoas, *umas contra as outras*, praticam várias infrações. Ex: briga, com lesões corporais, entre duas torcidas organizadas de futebol.

Poderá a conexão também ser **objetiva** (ou material), quando envolver a relação entre duas infrações que derivam da mesma causa, da seguinte forma:

i) teleológica (lógica ou finalista): um crime é praticado para assegurar a execução de outro, havendo vínculo na motivação do primeiro crime em relação ao segundo, isto é, *por causa do segundo crime é que se comete o primeiro*. Ex.: matar o segurança para sequestrar o empresário (chamado de homicídio conexivo). Perceba que "teleológico" diz respeito a um objetivo, a um fim almejado; assim, a conexão objetiva teleológica trata da prática de um crime intermediário pelo agente que objetiva um crime final (mata-se o segurança almejando o sequestro do empresário).

ii) consequencial: um crime é praticado para garantir a ocultação, impunidade ou vantagem de outro, havendo vínculo na motivação do segundo crime em relação ao primeiro, isto é, *por causa do primeiro crime é que se comete o segundo*. Ex.: matar testemunha para garantir a impunidade do crime que ela testemunharia em juízo. Perceba que "consequência" diz respeito a efeito posterior relativo a um ato anteriormente praticado; assim, a conexão objetiva consequencial trata da prática de um crime como consequência de outro anteriormente praticado (mata-se a testemunha para garantir a impunidade de um crime anteriormente praticado pelo agente).

Por fim, haverá conexão **instrumental (ou probatória/processual)** quando a prova de uma infração ou de suas circunstâncias elementares influenciar na de outra. Ex.: furto e receptação, em que, caso João cometa uma receptação, desconhecendo o autor do furto, uma vez descobrindo-se que este foi Pedro, é conveniente a reunião dos processos de ambos os crimes em um só processo, pois a prova do furto auxiliará a da receptação (e vice-versa). Embora possível, entende-se que não há conexão necessária (obrigatória) entre o delito de organização criminosa e os demais praticados no seu contexto, permitindo a tramitação concomitante das respectivas acusações em juízos distintos (STF, 2º AgRg no Inq nº 4.327/DF, rel. Min. Edson Fachin, j. 19.12.17).

Assim:

CONEXÃO		
Intersubjetiva	**Objetiva**	**Instrumental**
» Por simultaneidade	» Teleológica	
» Por concurso	» Consequencial	
» Por reciprocidade		

6.13.2. Continência

Haverá **unidade de fato**, ou seja, vários agentes praticam uma infração ou várias infrações são cometidas por um agente. Assim, há duas hipóteses de continência:

a) por cumulação subjetiva (art. 77, I, CPP);

b) por cumulação objetiva (art. 77, II, CPP).

Na **cumulação subjetiva**, há vários agentes que praticaram o mesmo crime. Há unidade de fato (um crime) e pluralidade de agentes. Ex.: três pessoas cometem um furto.

Já na **cumulação objetiva**, haverá a reunião, num só processo, de vários *resultados*, advindos do *concurso formal de crimes* (art. 70, CP – o agente, mediante uma conduta, pratica dois ou mais crimes), da *aberratio ictus* (art. 73, CP – o agente atinge pessoa que queria e também outra) e do *aberratio criminis* (art. 74, CP – o agente atinge o resultado que queria e também outro). Nessas três possibilidades, haverá mais de um resultado lesivo, mas advindo de **uma só conduta** Ex.: Antônio atira para matar Otávio e atinge este e, também, Manoel, que estava ao lado – há *uma* conduta e *dois* resultados.

6.13.3 Consequências

Como visto, a conexão e a continência gerarão o julgamento de vários delitos/pessoas num só processo, ocasionando o *simultaneus processus* (art. 79, CPP).

Considerando que o objetivo da modificação da competência pela conexão e continência é permitir que vários processos individuais tenham **curso conjunto** num só juízo, o Superior Tribunal de Justiça editou a súmula nº 235, dispondo que a conexão não determina a reunião dos processos **se um deles já foi julgado** (CC nº 124.807/BA, rel. Min. Sebastião Reis Júnior, j. 10.04.13).

E, nos termos do art. 82, CPP, se, não obstante a conexão e a continência, forem instaurados processos distintos e estiverem sentenciados já, será possível a unidade de processos posteriormente, o que ocorrerá no juízo das **execuções penais**, unificando-se e somando-se as penas.

No mais, ocorrendo hipótese de conexão ou continência entre uma infração de menor potencial ofensivo e um crime comum ou contra a vida, haverá a junção dos feitos perante o juízo comum (ou tribunal do júri) e serão observados os institutos da transação penal e da composição dos danos civis (p.ú., art. 60, Lei nº 9.099/95).

6.13.3.1. *Foro prevalente*

Como visto, havendo conexão ou continência, ocorrerá o julgamento conjunto das infrações/autores (*simultaneus processus*). A questão que se põe agora é saber qual será o foro competente para tanto. Isso porque, por exemplo, pode ser que, na conexão instrumental, o furto tenha ocorrido em Olinda/PE e a receptação tenha ocorrido em Gravatá/PE.

Portanto, o Código de Processo Penal traz as soluções, que serão, *como regra* (art. 78):

a) **no concurso entre a competência do júri e a de outro órgão da jurisdição comum, prevalecerá a competência do júri.**

Exemplo: sujeito pratica homicídio e fraude processual para enganar os peritos – ambos os crimes serão julgados pelo tribunal do júri.

Se houver crime eleitoral conexo com crime de competência do júri, a jurisprudência majoritária sustenta que deverá haver cisão de procedimentos (os processos são separados e remetidos para os respectivos juízos competentes).

Na hipótese em que se tratar de conexão de crime de competência do tribunal do júri com infração de menor potencial ofensivo, o juiz presidente do júri continuará competente para o seu julgamento, podendo, inclusive, aplicar os institutos da transação penal e da composição dos danos civis (art. 60, p.ú., da Lei nº 9.099/95).

b) **no concurso de jurisdições da mesma categoria, ou seja, aquelas que estão no mesmo grau de hierarquia, são três as situações:**

b.1) preponderará a do lugar da infração à qual for cominada a pena mais grave.

Exemplo: um roubo em Anta Gorda/RS e quatro furtos em Não-me-toque/RS – será competente o foro de Anta Gorda/RS, pois o roubo tem pena mais grave do que o furto.

Uma observação é necessária: pena "mais grave" é a privativa de liberdade (na ordem: reclusão, detenção e prisão simples), seguida pela restritiva de direitos e pela pena pecuniária. A mais grave, de qualquer modo, será determinada consoante a duração/quantidade, ou seja, uma pena de 1 a 6 anos é mais grave do que uma pena de 2 a 4 anos, tendo-se em vista o **máximo abstrato** de privação de liberdade (STF, HC nº 85.796/PR, rel. Min. Eros Grau, j. 04.08.09).

Ressalta-se que a inobservância dessa regra não importa automaticamente na nulidade do feito, já que se trata de hipótese de modificação de competência, a qual preclui caso não arguida no momento processual oportuno e por intermédio da adequada exceção de incompetência (STJ, HC nº 260.061/SC, rel. Min. Jorge Mussi, j. 08.05.14).

b.2) prevalecerá a do lugar em que houver ocorrido o maior número de infrações, se as respectivas penas forem de igual gravidade.

Ex.: um roubo em Virginópolis/MG e oito roubos em Pintópolis/MG – será competente o foro de Pintópolis/MG, pois aqui ocorreram mais crimes do que na outra cidade.

b.3) firmar-se-á a competência pela prevenção, nos outros casos.

Ex.: três furtos em Dois Vizinhos/PR e três furtos em Rolândia/PR – será competente o foro onde se praticar o primeiro ato processual, gerando a prevenção do juízo (consoante já estudado anteriormente).

c) **no concurso de jurisdições de diversas categorias, predominará a de maior graduação.**

Pressupõe uma jurisdição *menor* e outra de *maior graduação*. Então, se, por exemplo, um desembargador praticar peculato em concurso com um juiz, ambos serão julgados, originariamente, em princípio, no Superior Tribunal de Justiça – órgão este competente para o julgamento de crimes praticados por desembargadores, conforme art. 105, I, *a*, CF (STF, HC nº 104.957/GO, rel. Min. Cármen Lúcia, j. 22.03.11). As especificidades do foro por prerrogativa de função serão analisadas em capítulo próprio.

Tratando-se de concurso entre jurisdição estadual e federal, entende-se que esta última prevalece, não por ser "superior", mas apenas por ter previsão constitucional de sua competência (CF, art. 109); no mesmo sentido é o que dispõe a súmula nº 122 do STJ.

d) **no concurso entre a jurisdição comum e a especial, prevalecerá esta.**

Como já estudado, a jurisdição comum abrange a Justiça Federal e a Estadual. Havendo concurso, por exemplo, entre jurisdição *comum* estadual e *especial* eleitoral, prevalecerá esta última – salvo exceções, abaixo analisadas. Ex.: candidato a cargo político compra votos de eleitores e pratica estelionato contra uma agência bancária para obter valores para sua campanha – será competente para julgar ambos os crimes a Justiça Eleitoral.

6.13.3.2. *Separação obrigatória de processos*

A conexão e a continência importarão, como regra, unidade de processo e julgamento, salvo as seguintes exceções, que importarão a sua separação obrigatória:

a) no concurso entre jurisdição comum e militar. É o que dispõe o art. 79, I, CPP. Ex.: policial militar, em concurso de agentes com policial civil, praticam lesões corporais contra um ambulante – aquele será julgado pela Justiça Militar e este pela Justiça Comum Estadual.

b) no concurso entre jurisdição comum e do juízo de menores (atual juízo da infância e da juventude), cf. art. 79, II, CPP. É o caso do adolescente que pratica roubo com um adulto, hipótese em que aquele, considerado inimputável (CF, art. 228) será encaminhado à justiça menorista para aplicação do Estatuto da Criança e do Adolescente (art. 112 e ss. da Lei nº 8.069/90) e o adulto ficará à disposição da jurisdição penal ordinária.

c) no concurso entre jurisdição militar e eleitoral. Como ambas são especializadas, cada uma julgará o respectivo crime de sua competência, não se falando em reunião de processos numa única jurisdição. Vale dar atenção ao tópico, visto anteriormente, sobre a competência militar.

d) quando um dos réus for revel e não puder ser julgado nessa condição. Se um dos corréus for revel e não constituir advogado, o processo ficará suspenso em relação a ele (art. 366, CPP); aos demais acusados, citados com êxito, o processo terá curso normal. Para tanto, haverá o *desmembramento* dos processos, ou seja, a sua separação, seguindo-se a processo e julgamento em relação aos citados e suspendendo-se o processo em relação aos revéis sem advogado constituído.

e) se sobrevier doença mental a um dos corréus. Se a doença mental é **posterior** ao cometimento da prática do delito, o processo penal ficará suspenso em relação a este corréu (§ 1º, art. 79, CPP), salvo quanto às diligências que possam restar prejudicadas pelo adiamento do processo, nomeando o juiz um curador ao acusado (art. 152, CPP). O objetivo é respeitar a ampla defesa e o contraditório, permitindo-se ao réu que adquiriu – após o crime – uma doenca mental a possibilidade de se defender pessoalmente e de contratar um profissional habilitado que lhe bem atenda. Como a lei nada fala a respeito e não se pode fazer interpretação em desfavor do acusado, entende-se que, por mais que o processo esteja suspenso enquanto houver doença mental, a prescrição terá curso normalmente, não sendo suspensa.

f) não atingimento do número mínimo de jurados para julgamento pelo tribunal do júri. Como se verá, o conselho de sentença é formado por sete jurados, dentre 25 que serão sorteados e terão seus nomes incluídos na urna, sendo permitida a alegação de recusas (e de impedimentos, suspeições e incompatibilidades). Pode ser o caso, portanto, de não restarem sete jurados para compor o conselho de sentença, de modo que o § 1º o art. 469, CPP, dispõe que a separação de julgamento de corréus pelo tribunal do júri somente ocorrerá se, *em razão das recusas*, não for obtido o número mínimo de sete jurados para compor o conselho de sentença.

Por fim, o § 2º do art. 79 previa que também deveria haver separação de processo no caso em que acusado no tribunal do júri não fosse intimado pessoalmente da decisão de pronúncia ou deixasse de comparecer à sessão de julgamento quando o crime praticado fosse inafiançável (revogados arts. 413, 414 e 451, § 1º, CPP). Atualmente, todavia, após a Lei nº 11.689/08, permite-se a intimação da pronúncia por edital e, ainda, o julgamento não será adiado se o acusado não comparecer ao julgamento (arts. 420, p.ú., e 457, CPP).

6.13.3.3. *Separação facultativa de processos*

Além dos casos vistos de separação obrigatória, o art. 80, CPP traz hipóteses de separação facultativa, isto é, opcional ao juiz. Assim, será facultativa a separação dos processos quando:

a) as infrações forem praticadas em circunstâncias de tempo ou lugar diferentes. Não é a mera diferença entre tempo e local, mas aquela que, de fato, impossibilitará ou embaraçará o processo e julgamento, prejudicando a celeridade, a colheita de provas ou prolongando desnecessariamente a prisão cautelar (Marcão, Código, 2016).

   Exemplo: homicídio praticado em Cotia/SP, em 2017, com o objetivo de eliminar testemunha de acusação do crime de estupro praticado em Guajará-Mirim/RO, em 1997 – por mais que haja conexão objetiva consequencial, não é *conveniente* a reunião desses dois processos diante do tempo e do local tão distintos.

b) houver excessivo número de acusados e para não prolongar a prisão provisória deles. É a hipótese de acusação contra diversas pessoas presas, tendo uma delas requerido uma perícia complexa, que apenas a beneficiará, de modo que o "atraso" no processo prejudicará as demais – então, o juiz poderá separar o processo, seguindo-se em relação aos demais acusados para não prolongar suas prisões cautelares.

c) outro motivo relevante pelo qual o juiz repute conveniente a separação. A lei permitiu ao juiz analisar o caso concreto a fim de permitir a separação dos feitos, como no caso de diversos acusados soltos com dezenas de pedidos de perícias, com cada advogado de um escritório distinto e com quebras de sigilo bancário e telefônico, envolvendo diversas condutas ilícitas praticadas em momentos e locais distintos.

É necessário destacar um importante julgado do Supremo Tribunal Federal, que afirmou que, embora a conexão/continência impliquem em unidade de julgamento, o art. 80, CPP, permite a separação facultativa dos feitos, de forma que é *totalmente legal* a atitude do Ministério Público de ajuizar ações penais distintas, separando os acusados em "núcleos" que integrariam uma organização criminosa, de forma que uma ação penal abarcou servidores públicos, e o outro grupo de infratores, com prerrogativa de foro, foram investigados pela Procuradoria-Geral, sendo acusados no momento oportuno, posteriormente, em outra ação penal – isso porque, **inexiste regra que obrigue o Ministério Público a oferecer uma única denúncia contra todos os agentes**. Além disso, nas exatas palavras utilizadas pela Corte, "mesmo quando há multiplicidade de réus, sendo que apenas alguns deles possuem prerrogativa de foro, admite-se o desmembramento do processo se as particularidades do caso concreto assim exigirem, até mesmo porque o foro especial é excepcional, não devendo ser estendido, em regra, àqueles que não o possuem" (RHC nº 12.423/DF, rel. Min. Gilmar Mendes, j. 18.08.16).

No mais, doutrina e jurisprudência entendem que, nos casos de separação de processos (com exceção do art. 79, I e II, CPP), os novos feitos formados devem permanecer no **mesmo juízo**, respeitando-se o princípio do juiz natural (STF, HC nº 103.149/RS, rel. Min. Celso de Mello, j. 25.05.10).

6.13.4. Prorrogação de competência

Diante do que já foi visto, prorrogação significa ampliação ou aumento da extensão da competência, ou seja, inicialmente, o juízo não possuía competência, mas tornou-se competente, no caso concreto, para a causa em razão de algum fato processual (Madeira, 2015).

Há duas formas de prorrogação, corroborando o que já se estudou até aqui:

a) legal ou necessária: depende de previsão legal, como nos casos de conexão e continência.

b) voluntária: depende de iniciativa das partes, subdividindo-se em:

b.1) expressa: há requerimento expresso da parte, como no caso do desaforamento pedido pelo Ministério Público, no tribunal do júri.

b.2) tácita: há o silêncio das partes, como na incompetência relativa (territorial, por exemplo) não arguida oportunamente.

O Código de Processo Penal, então, traz algumas situações que merecem ser estudadas.

A primeira está no art. 81, CPP, dispondo que, verificada a reunião dos processos por conexão ou continência, ainda que no processo da sua competência própria venha o juiz ou tribunal a proferir sentença absolutória ou que desclassifique a infração para outra que não se inclua na sua competência, continuará competente em relação aos demais processos.

Exemplo: se um juiz de direito e um particular praticarem um furto, em continência por cumulação subjetiva (art. 77, I, CPP), haverá um só processo para ambos, correndo no Tribunal de Justiça em razão do foro por prerrogativa do juiz – e se o TJ absolver o juiz, *continuará* competente para julgar o particular; ou então, se André comete um furto em São Paulo/SP e um roubo em Diadema/SP, em conexão probatória (art. 78, II, *a*, CPP), será competente para julgamento conjunto o juízo de Diadema/SP, em razão da pena mais grave do roubo – e caso este juízo absolva André do roubo, *continuará* competente para julgar o furto.

A segunda situação está no § 2º do art. 74, CPP, dispondo que, se iniciado o processo perante um juiz, houver desclassificação para infração da competência de outro, a este será remetido o processo, quando se tratar de competência absoluta, consoante entende a doutrina, salvo se "mais graduada" for a jurisdição do primeiro, que, em tal caso, terá sua competência prorrogada.

Com relação a esta segunda parte do dispositivo, a doutrina se divide. Para uns (Nucci, 2007; Demercian e Maluly, 2012), não há mais aplicação, pois não existe juiz "mais" ou "menos" graduado e não há que se falar em prorrogação de competência em razão da matéria, que é sempre absoluta; para outros (Mougenot, 2012; Tourinho, 2008), há, sim, a aplicação da parte final do artigo em tela, uma vez que, por exemplo, a comarca de São Paulo/SP possui foros central e regionais, sendo que aquele julga infrações penais apenas com reclusão (cometidas em qualquer área da capital) e detenção (cometidas na área central da capital) e os foros regionais julgam apenas infrações cometidas com detenção nos respectivos territórios, de modo que haveria uma "divisão de graduação" entre eles, permitindo-se a aplicação do dispositivo.

A terceira situação está no p.ú. do art. 81, CPP, dispondo que, reconhecida inicialmente ao júri a competência por conexão ou continência, o juiz, se vier a *desclassificar* a infração ou impronunciar ou absolver o acusado, de maneira que exclua a competência do júri, remeterá o processo ao juízo competente. Trata-se, pois, da hipótese em que, *ainda na primeira fase do júri* (fase do sumário da culpa), o juiz presidente do tribunal do júri absolve sumariamente, impronuncia ou desclassifica o crime doloso contra a vida, de forma que os delitos conexos/continentes serão remetidos ao juízo competente, consoante a Lei de Organização Judiciária local. Ex.: imputação de tentativa de homicídio doloso em que o juiz impronuncia o acusado por entender ter havido lesões corporais apenas, de competência do juízo singular.

A quarta e última hipótese está no art. 82, CPP, ao estabelecer que, se não obstante a conexão ou continência, forem instaurados processos diferentes, a autoridade de jurisdição prevalente deverá avocar os processos que corram perante os outros juízes, salvo se já estiverem com sentença definitiva. Neste caso, a unidade dos processos só se dará, ulteriormente, para o efeito de soma ou de unificação das penas. Desta forma, se for o caso de conexão ou continência, mas os processos não estiverem tramitando conjuntamente, o juízo prevalente deverá avocá-los, mantendo-se a unidade de julgamento. A ressalva existe quando um dos processos já tiver sido sentenciado (ainda que recorrível a sentença), caso em que haverá posterior unidade no juízo das execuções penais apenas. No mesmo sentido é a súmula nº 235, STJ.

6.13.5. Perpetuação de competência

Iniciado o processo penal, fixa-se, como visto, a competência (*perpetuatio jurisdictionis*). No entanto, algumas situações fáticas podem ocorrer e gerarão dúvida quanto à alteração – ou não – da competência já firmada.

O Código de Processo Penal não possui dispositivo que trate do tema, devendo o aplicador utilizar o art. 43, CPC, em analogia (art. 3º, CPP), que dispõe que "determina-se a competência no momento do registro ou da distribuição da petição inicial, sendo irrelevantes as modificações do estado de fato ou de direito ocorridas posteriormente, **salvo quando suprimirem órgão judiciário ou alterarem a competência absoluta**".

Disso, portanto, surgem as seguintes exceções à perpetuação, com os respectivos exemplos:

i) **supressão de órgão judiciário**: uma lei federal extingue a 5ª Vara Criminal Federal de São Paulo/SP.

ii) **alteração da competência em razão da matéria (competência absoluta)**: uma emenda constitucional retira da competência federal o processo e julgamento de crimes praticados em navios e aeronaves.

iii) **alteração da competência em razão da hierarquia (competência absoluta)**: como no caso do acusado que passa a ter foro por prerrogativa de função.

Nesses casos, como são **exceções** à regra da perpetuação da jurisdição, deverá ocorrer a remessa (envio, redistribuição) dos autos ao juízo que passa, agora, a ser competente (STJ, AgRg no REsp 1.434.434/SP, rel. Min. Marco Aurélio Bellizze, j. 27.05.14; HC nº 180.840/PR, rel. Min. Og Fernandes, j. 05.03.13; e HC nº 101.400/MS, rel. Min. Maria Thereza de Assis Moura, j. 01.09.11).

Exemplo: havia a Vara Única de Violência Doméstica e Familiar contra a Mulher em Campo Grande/MS; uma norma do TJMS cindiu essa Vara Única e criou outras, com a mesma especialização e na mesma comarca; um processo foi distribuído à Vara Única, mas, depois, com a criação das novas varas, foi redistribuído à 2ª Vara de Violência Doméstica e Familiar contra a Mulher. O Superior Tribunal de Justiça entendeu que, no caso, não houve violação à garantia do juiz natural, até porque a redistribuição foi impessoal e a nova vara não foi criada com o fim exclusivo de processar um determinado processo (RHC nº 50.284/MS, rel. Min. Ribeiro Dantas, j. 10.04.18).

Além disso, a criação de *vara especializada* na comarca, alterando a competência em razão da matéria com o fim de melhor prestação jurisdicional, não ofende o princípio do juiz natural (STJ, RHC nº 39.135/MS, rel. Min. Reynaldo Soares da Fonseca, j. 16.05.17).

Mais um exemplo, oriundo de caso julgado pela Suprema Corte. Até a Lei nº 9.299/96, os crimes dolosos contra a vida de civil, praticados por militares, eram julgados pela Justiça Militar. Após a sua edição, passaram a ser de competência da Justiça Comum. Numa situação peculiar, o agente havia sido condenado pela Justiça Militar em primeiro grau e, antes do julgamento do seu recurso pelo Tribunal de Justiça Militar, adveio a novel legislação, dispondo que a competência passou, pois, a ser da Justiça Comum. Nessa situação, o Supremo Tribunal Federal entendeu que o julgamento de primeiro grau restou válido, não sendo necessário submissão a novo julgamento, agora pelo júri, de modo que apenas o recurso deveria passar a ser julgado, agora, pelo Tribunal de Justiça comum (HC nº 76.510/SP, rel. Min. Carlos Velloso, j. 31.03.98).

No mais, entende-se – em princípio – que a **alteração da competência territorial** não altera a competência jurisdicional, permanecendo-se a perpetuação da jurisdição, não se falando em remessa dos autos ao novo juízo.

Exemplo: o município de Atibaia/SP tem como juízo federal a 23ª Subseção de São Paulo, com sede em Bragança Paulista/SP – caso a Justiça Federal torne aquele município uma subseção autônoma, entende-se que deve ser aplicada a *perpetuatio jurisdictionis*, permanecendo os autos onde foi inicialmente instaurado o processo penal, sem remessa ao novo juízo (STJ, HC nº 21.087/RJ, rel. Min. José Arnaldo da Fonseca, j. 06.03.03; e REsp nº 1.373.132/PB, rel. Min. Mauro Campbell Marques, j. 07.05.13).

Vale ressaltar que, por outro lado, caso haja o cometimento de um crime doloso contra a vida onde não exista vara do júri e, posteriormente, haja a sua criação, deverá haver – aqui sim – a remessa dos autos à nova vara do júri para julgamento da segunda fase em plenário (juízo da causa), de forma que a *perpetuatio jurisdictionis* somente se aplica, no âmbito do júri, à primeira fase (STF, HC nº 89.849/MG, rel. Min. Sepúlveda Pertence, j. 16.02.07).

Por fim, a superveniente criação de Vara Federal com jurisdição no Município do local dos crimes não resulta em incompetência do Juízo Federal que realizou a instrução criminal. No caso, servidores federais foram assassinados em Unaí/MG e a denúncia foi apresentada à Vara Federal de Belo Horizonte/MG; tempos depois, foi criada a Vara Federal de Unaí/MG. Para o Supremo Tribunal Federal, a superveniente criação de vara federal no local do crime não gera a incompetência do juízo que já iniciou a ação penal, incidindo o princípio da *perpetuatio jurisdictionis* (HC nº 117.871/MG, rel. Min. Rosa Weber, j. 28.04.15).

6.14. FORO POR PRERROGATIVA DE FUNÇÃO

6.14.1. Introdução

Certas pessoas, em razão do cargo público que exercem, possuem um foro privativo para o processo e julgamento de infrações penais que venham a praticar. É a chamada competência *ratione personae* (ou *ratione funcionae* ou *ratione muneris*).

A razão da existência deste foro por prerrogativa de função (também chamado de foro privativo) sempre se sustentou no sentido de se evitar a pressão que um julgamento de uma autoridade, em razão da prática de um delito, poderia gerar ao magistrado. E isso deve ser visto em dois sentidos.

De um lado, evita-se que a pressão popular altere o ânimo de um magistrado singular, como um juiz de primeiro grau de uma cidade do interior; de outro, evita-se que pressão do próprio acusado, em razão do cargo que ocupa, atinja este magistrado. Por isso é que o foro por prerrogativa de função é uma garantia bilateral ou dúplice, já que se evitam coações por parte da população e por parte do próprio réu, considerando, pois, que o julgamento sempre se dará por um *órgão colegiado de um tribunal*, e não por um só juiz. O objetivo é manter o julgamento criminal imparcial diante de uma acusação contra uma autoridade pública detentora de foro privativo.

Nas palavras de Gustavo Henrique Badaró, "não se trata de um benefício ou privilégio da pessoa, mas de uma situação diferenciada em respeito e em decorrência do cargo exercido. Não é privilégio do indivíduo, mas prerrogativa do cargo, em razão da relevância da função pública exercida" (Processo, 2016, p. 248).

Assim, por exemplo, caso um promotor de justiça estadual cometa um crime, ele não será julgado pelo juiz de primeiro grau, que pode até ser um juiz conhecido seu, mas pelo Tribunal de Justiça, por meio de um órgão colegiado, independente e autônomo.

Muitos – inclusive o próprio Supremo Tribunal Federal – chamam o foro por prerrogativa de função de "foro privilegiado". Tecnicamente, isso está errado. Deve ser proibido o foro privilegiado, já que se trataria de um privilégio a certas *pessoas*, como condes, barões e duques; já o foro por prerrogativa de função seria o fixado em razão do *cargo* ou *função* desempenhado pelo agente público ou político, como os deputados e prefeitos, enquanto se mantiverem nesta atividade pública. Assim, "o **privilégio** decorre de benefício à pessoa, ao passo que a **prerrogativa** envolve a função" (Tourinho Filho, Manual, 2008, p. 273). Seja como for, ambas as expressões são utilizadas indistintamente, havendo diferença apenas no âmbito acadêmico.

6.14.1.1. *Pontos positivos*

O foro por prerrogativa de função sofre críticas, sejam elas positivas ou negativas.

Logo vem à mente a ideia de que este foro por prerrogativa poderia ferir a igualdade, já que pessoas comuns, tão somente em razão do exercício de uma certa função pública, são julgadas por um órgão colegiado de um tribunal.

Isso, no entanto, majoritariamente, não é aceito. Como explica Fernando da Costa Tourinho Filho, não se trata de um privilégio, o que seria odioso, mas de uma **garantia** para amparar tanto o ocupante do cargo público quanto a própria Justiça, evitando-se, por exemplo, a subversão da hierarquia e protegendo-se contra eventuais pressões que os responsáveis pudessem sofrer sobre os órgãos de jurisdição inferior (Manual, 2008).

Basta ver que a própria Constituição Federal traz o foro por prerrogativa de função numa espécie de *exceção à igualdade*. Logo, o próprio constituinte originário, ao lado da previsão da igualdade, tratou de trazer casos em que o julgamento de certas autoridades não se dará da mesma forma como ocorre com o restante das pessoas.

Em sentido idêntico, Marcellus Polastri Lima ensina que "tal competência encontra justificativa não em face do privilégio de certa pessoa, mas em vista da dignidade da função ou cargo exercido, e, assim, pela relevância desta função estatal devem ser julgados por órgão de instância mais elevada" (Curso, 2016, p. 339).

Muitos sustentam que o foro por prerrogativa imprimiria mais celeridade aos julgados, já que, como será visto, não existe duplo grau de jurisdição na sua vertente sobre revaloração das provas. Isso, todavia, vem caindo por terra, já que os tribunais estão se dedicando cada dia mais a julgar casos de corrupção de políticos e deixando de lado a sua função primordial, que é a recursal.

No mais, a existência do foro por prerrogativa de função garantiria a autonomia e a independência dos seus detentores, já que o seu objetivo é resguardar o cargo público/ político – e não a pessoa que o ocupa. Em razão disso, muitos preferem a expressão *ratione funcionae* (em razão da função) ao invés de *ratione personae* (em razão da pessoa).

6.14.1.2. *Pontos negativos*

Corrente que vem crescendo nos últimos tempos sustenta que o foro por prerrogativa de função não deveria existir, ou, quando muito, deveria ter previsão apenas aos presidentes da República, da Câmara, do Senado e do Supremo Tribunal Federal – respectivos Poderes da República, que são o Executivo, o Legislativo e o Judiciário.

É claro que esta garantia de certos ocupantes de cargos públicos não deixa de sofrer críticas. Para muitos, fere-se frontalmente a isonomia (art. 5º, *caput*, CF), já que um indivíduo "comum" que comete um crime será julgado por um juiz de primeiro grau, enquanto que um indivíduo detentor de cargo público/político com foro por prerrogativa de função será julgado por um tribunal.

São comuns as notícias de que um inquérito policial contra um certo político acabou alcançando a prescrição da pena ou que ele já responde a mais de uma dezena de ações penais numa alta Corte brasileira. Isso porque, o agente acaba por renunciar ao cargo, depois se reelege a outro cargo, depois se investe em outro cargo público de outra jurisdição e assim por diante. E, como se verá, o seu processo seguirá, como regra, o mesmo caminho do cargo que ocupa. Isso, obviamente, apenas acarreta infinitos atrasos na prestação jurisdicional, não gerando a pacificação social que se espera por meio do Direito Processual Penal.

Além disso, deve-se atentar para o fato de que as Corte que julgam pessoas com foro por prerrogativa de função não possuem grande quantidade de pessoal. Basta ver que o Supremo Tribunal Federal julga ações diretas de inconstitucionalidade de altíssima relevância para o país, ao mesmo tempo em que julga a insignificância de um furto de sabonete e, ao lado disso, analisa casos extremamente complexos e volumosos de políticos acusados de corrupção por desvios de bilhões e mais bilhões de reais, com ramificações, inclusive, no exterior. E tudo isso com apenas onze Ministros.

Ao contrário disso, os juízos de primeiro grau teriam capacidade muito maior – e muito mais agilidade – para julgar casos criminais, ainda mais diante da existência de varas criminais privativas e pessoal mais bem preparado e acostumado com a matéria criminal. Inclusive, existem varas especializadas em lavagem de dinheiro, em corrupção, em crimes contra o sistema financeiro etc.

O foro por prerrogativa de função, ainda, acaba alcançando a prática de infrações penais que não guardam relação com o cargo exercido – o que contraria a sua própria razão de existir. Um prefeito, julgado criminalmente no Tribunal de Justiça, lá será processado tanto em razão da perturbação do sossego alheio por fazer barulho demais em sua casa (art. 42 da Lei de Contravenções Penais) quanto em razão da prática de corrupção passiva por desviar milhões de reais da saúde pública municipal (art. 317 do Código Penal). Assim, percebe-se um certo *desvirtuamento* do instituto do foro por prerrogativa de função.

Ainda, para se ter ideia, quase sessenta mil pessoas, no Brasil, possuem direito ao foro por prerrogativa de função. Isso demonstra a grande morosidade que as ações penais enfrentam nos tribunais com competência originária. Para se ter ideia, a primeira condenação oriunda do foro por prerrogativa de função, julgada pelo Supremo Tribunal Federal, se deu no ano de 2010 apenas (AP nº 516/DF, rel. Min. Ayres Britto, j. 27.09.10).

6.14.2. Interpretação restritiva

A previsão de foro por prerrogativa de função está, em regra, na Constituição Federal. Numa simples leitura, verifica-se, por exemplo, que o Supremo Tribunal Federal será competente para processar e julgar, originariamente, nas infrações penais comuns, os membros do Congresso Nacional (art. 102, I, *b*, CF). Veja: "infrações penais comuns".

Conforme o Supremo Tribunal Federal, o foro por prerrogativa de função alcança tão somente **ações de natureza penal**, excluindo-se as ações civis e de improbidade administrativa (ADI nº 4.870/ES, rel. Min. Dias Toffoli, j. 15.12.20; AgRg na Pet. nº 3.087/DF, rel. Min. Carlos Britto, j. 24.06.04; AgRg na Rcl nº 14.954/MG, rel. Min. Rosa Weber, j. 15.03.16). Os agentes políticos, com exceção do Presidente da República, encontram-se sujeitos a duplo regime sancionatório, de modo que se submetem tanto à responsabilização civil pelos atos de improbidade administrativa quanto à responsabilização político-administrativa por crimes de responsabilidade. O foro especial por prerrogativa de função previsto na Constituição Federal em relação às infrações penais comuns não é extensível às ações de improbidade administrativa. Entende-se que o foro especial por prerrogativa de função submete-se a regime de direito estrito, já que representa exceção aos princípios estruturantes da igualdade e da República. Não comporta, portanto, ampliação a hipóteses não expressamente previstas no texto constitucional. Isso especialmente porque, na hipótese, não há lacuna constitucional, mas legítima opção do poder constituinte originário em não instituir foro privilegiado para o processo e o julgamento de agentes políticos pela prática de atos de improbidade na esfera civil. Ademais, a fixação de competência para julgar a ação de improbidade no primeiro grau de jurisdição, além de constituir fórmula republicana, é atenta às capacidades institucionais dos diferentes graus de jurisdição para a instrução processual. (STF, AgRg na Pet. nº 3.240/DF, rel. p/ acórdão Min. Roberto Barroso, j. 10.05.18).

Assim, como as regras constitucionais de competência dos tribunais superiores têm natureza excepcional, a interpretação a ser dada deve ser restritiva, de modo que o foro por prerrogativa se limita às **ações criminais** (STJ, AgRg na Rcl nº 10.037/MT, rel. Min. Luis Felipe Salomão, j. 21.10.15).

No mais, é preciso distinguir "crime comum" de "crime de responsabilidade". O foro por prerrogativa de função, objeto de estudo do Processo Penal, alcança tão somente os *crimes comuns*, que são todas as **infrações de natureza penal**, como os crimes e as contravenções penais. Exemplo: cometimento de corrupção passiva por um senador ou de lavagem de dinheiro por um promotor de justiça.

Este foro por prerrogativa de função do Processo Penal não diz respeito aos *crimes de responsabilidade*, que são, na verdade, infrações político-administrativas definidas em legislação federal, cometidas no desempenho da função, que atentam contra a existência da União, o livre exercício dos Poderes do Estado, a segurança interna do País, a probidade da Administração, a lei orçamentária, o exercício dos direitos políticos, individuais e sociais e o cumprimento das leis e das decisões judiciais (Moraes, 2016). O seu julgamento será de natureza política, realizado pelo Poder Legislativo, conforme critérios de conveniência e oportunidade, não podendo o Judiciário reexaminar o mérito da questão (Novelino, 2012).

6.14.3. Alcance da prerrogativa no tempo

O foro por prerrogativa de função é do *detentor* de cargo público/político que tenha esta previsão. Em razão disso, três regras precisam ser analisadas: (a) crime cometido antes do exercício funcional; (b) crime cometido no curso do exercício funcional; e (c) crime cometido já findo o exercício funcional.

A regra básica será a seguinte: somente tem foro por prerrogativa de função a pessoa que está *no exercício* do respectivo cargo público e pratica a infração penal *em razão* deste.

6.14.3.1. *Crime cometido antes do exercício funcional*

A pessoa comum do povo, como sabido, não possui foro privativo.

É possível, no entanto, que ela cometa um crime banal, que haja investigação e o posterior oferecimento de denúncia perante a justiça comum. Essa pessoa, ainda, pode vir a ser eleita para um cargo político, como de prefeito. A questão é: como ficará o julgamento deste processo criminal, que se iniciou na justiça comum, haja vista que os prefeitos são julgados pelo TJ, consoante fixa o art. 29, X, CF?

Até certo tempo atrás, o processo seguiria ao Tribunal de Justiça, já que o art. 29, X, CF, estabelece que o prefeito é julgado criminalmente pelo TJ, não sendo possível ser julgado, enquanto investido nesta função política, por outro órgão judicial (STJ, HC nº 10.564/PE, rel. Min. Gilson Dipp, j. 13.09.00).

Acontece que, como será explicado detidamente adiante, o Supremo Tribunal Federal limitou o alcance do foro por prerrogativa de função (QO-AP nº 937/RJ, rel.

Min. Roberto Barroso, j. 03.05.18), estipulando-se que **o foro por prerrogativa de função aplica-se apenas aos crimes cometidos durante o exercício do cargo e relacionados às funções desempenhadas.** Logo, se o agente, pessoa comum, pratica um crime e, depois, no curso do processo, se torna prefeito, não haverá deslocamento dos autos ao TJ, haja vista que os fatos discutidos são anteriores ao exercício da função pública, destoando da jurisprudência atual (STJ, Corte Especial, AgRg na AP nº 862/DF, rel. Min. Benedito Gonçalves, j. 07.11.18; e STF, Inq. nº 4.341/PR, rel. Min. Celso de Mello, j. 14.08.18). Se, então, um atual senador praticou suposto crime antes de ser investido no cargo político, não há razão de ser para que as investigações corram no STF, devendo ser remetidas à primeira instância (STF, Inq. nº 4.415/DF, rel. Min. Edson Fachin, j. 01.08.18).

O marco que atribui o foro privativo é a **diplomação**, que é o ato jurídico da Justiça Eleitoral consistente na entrega de um documento (o "diploma") aos candidatos eleitos e respectivos suplentes com o fim de conferir a eles a prova de que foram eleitos (ou estão na suplência) e fazem jus ao exercício do mandato (Almeida, 2013). A diplomação, portanto, reconhece o resultado da eleição e possibilita ao eleito assumir o cargo com a posterior posse (Velloso e Agra, 2009). Essa mesma razão se aplicará a todos que passaram a deter foro por prerrogativa de função, seja por meio de **eleição** (um deputado, por exemplo), de **nomeação** (um Ministro de Estado, por exemplo) ou por meio de **aprovação** em concurso público (um juiz recém-empossado, por exemplo).

Questão que surge é a seguinte: o que acontecerá com o processo quando a autoridade, então detentora de foro por prerrogativa de função, com processo no respectivo tribunal competente, deixa de ter tal prerrogativa? Ex.: deputado federal, que praticou crime no curso do mandato e em razão deste, não se reelege. Como fica seu processo, que estava em trâmite no STF, órgão competente para julgá-lo?

Novamente, aqui deve ser aplicada a regra da interpretação restrita quanto à competência dos tribunais. Se a norma, por exemplo, estabelece que um dado tribunal julgará governador, isso significa que não julgará um ex-governador. A interpretação é bastante clara.

Assim, "a perda do mandato eletiva faz cessar a competência originária do Tribunal para julgar autoridades dotadas de prerrogativa de foro ou de função" (STF, AgRg no ARE nº 957.056/BA, rel. Min. Luiz Fux, j. 03.05.16).

Algumas complicações surgem no que diz respeito ao término do mandato.

Como visto, o foro privativo é uma *prerrogativa do cargo ou função*, e não da pessoa em si que o ocupa. Logo, se, por exemplo, João deixa de ser deputado federal, não há mais razão para que o seu processo criminal continue em tramitação no Supremo Tribunal Federal. Conforme ensina Alexandre de Moraes, **apenas enquanto durar o mandato a competência será privativa do respectivo tribunal** (Direito, 2016).

No entanto, há ao menos duas exceções trazidas pela jurisprudência do Supremo Tribunal Federal:

1) renúncia quando o julgamento já havia sido iniciado

Como o julgamento é feito por órgão colegiado, a partir do momento em que for aberta a sessão, posterior renúncia ao mandato não deslocará a competência para outra instância (STF, Inq. nº 2.295/MG, rel. p/ acórdão Min. Menezes Direito, j. 23.10.08).

2) renúncia caracterizadora de fraude processual

O ato de renúncia ao mandato é legítimo. Todavia, ele não pode ser utilizado como subterfúgio para deslocar competências constitucionalmente definidas, que não podem ser objeto de escolha pessoal (STF, AP nº 396/RO, rel. Min. Cármen Lúcia, j. 28.10.10). É a chamada *fuga de foro*.

Exemplo: deputado federal renuncia ao seu cargo na véspera da data marcada para início de seu julgamento na Suprema Corte.

Se, *v.g.*, o agente com foro no Supremo Tribunal Federal renunciar ao mandato após o encerramento da instrução processual, a competência para o processo e julgamento da ação penal continua sendo da Corte, haja vista que esta renúncia não gerará o efeito de cessar a competência do Supremo Tribunal Federal (QO-AP nº 606/MG, rel. Min. Roberto Barroso, j. 12.07.14).

Este entendimento prevaleceu na Suprema Corte, que fixou o seguinte (QO-AP nº 937/RJ, rel. Min. Roberto Barroso, j. 03.05.18):

> "Após o **final da instrução processual**, com a publicação do despacho de intimação para apresentação de alegações finais, a competência para processar e julgar ações penais não será mais afetada [alterada] em razão de o agente público vir a ocupar cargo ou deixar o cargo que ocupava, qualquer que seja o motivo".

Em suma: "se ao tempo em que pautada a ação penal o paciente ainda detinha o cargo que ensejou o foro por prerrogativa, não pode, às vésperas do julgamento que já havia sido adiando a seu pedido, requerer a remessa dos autos à primeira instância porque desistiu do recurso interposto no Supremo Tribunal Federal contra a decisão que suspendeu seus direitos políticos, uma vez que o ordenamento jurídico repudia a adoção de comportamentos contraditórios em sede processual" (STJ, HC nº 388.023/PR, rel. Min. Jorge Mussi, j. 18.09.18).

Com isso, buscar-se-á evitar o chamado "elevador processual", que é o sobe-e-desce do processo em razão do cargo público/político do agente processado, impondo-se um **marco temporal objetivo** para a fixação da competência, que é o **final da instrução processual com a publicação da intimação para apresentação de alegações finais** (STF, AP nº 962/DF, rel. p/ ac. Min. Roberto Barroso, j. 16.10.18; AgRg na AP nº 928/AP, rel. p/ ac. Min. Edson Fachin, j. 16.09.20).

Veja com atenção: o marco fixado é o final da instrução processual (fase de colheita de provas), com a publicação do despacho de intimação para apresentação de alegações finais.

Fixou-se este marco temporal – encerramento da instrução com intimação para apresentação de alegações finais – porque: (a) trata-se de marco objetivo, de fácil aferição; (b) privilegia a identidade física do juiz, já que o magistrado que colheu as provas será o competente para sentenciar; e (c) já havia precedentes da Suprema Corte neste sentido, como mencionado.

O julgado na QO-AP nº 937/RJ, pelo Supremo Tribunal Federal, disse respeito a um caso concreto de um ex-deputado federal que estava sendo processado no STF, mas que, após o término da instrução processual, tornou-se prefeito. Tratou-se especificamente da limitação do foro por prerrogativa *no âmbito da Suprema Corte* e em relação apenas a *deputados federais* e *senadores*. No entanto, esta mesma razão, embora não explicitada no julgado, poderá servir de parâmetro para os demais tribunais quanto às suas respectivas funções de julgamento de autoridades com foro privativo. Logo, nada impedirá que os demais tribunais apliquem o mesmo entendimento restritivo para o julgamento de autoridades com foro privativo. A Suprema Corte, de forma bastante clara, já deixou indicado o seu entendimento quanto à limitação do foro por prerrogativa de função.

O Superior Tribunal de Justiça, interpretando o art. 105, I, *a*, CF, que trata de sua competência originária, seguiu o STF e entendeu, quanto ao julgamento de membro do Tribunal de Contas, que o foro por prerrogativa de função somente se aplica nos casos de crimes cometidos durante o exercício do cargo e relacionados às funções desempenhadas (QO-AP nº 857/DF, rel. p/ ac. Min. João Otávio de Noronha, j. 20.08.18); no mesmo sentido fixou em relação a governadores (AgRg na AP nº 866/DF, rel. Min. Luis Felipe Salomão, j. 20.06.18).

Apesar disso, a mesma Corte Especial, analisando ação penal em que um **desembargador** do TJ/PR era acusado de lesão corporal, entendeu que, apesar de o crime imputado não ter relação com o exercício do cargo de desembargador (o que faria incidir a limitação ao foro por prerrogativa de função), a interpretação a ser feita, no caso específico, é a de que o foro por prerrogativa não atende às necessidade apenas do seu detentor (desembargador), mas do julgador também, de modo que ambos precisam exercer suas atividades funcionais de forma livre e independente, bem realizando a justiça criminal de forma isonômica e republicana. Assim, entendeu a Corte Especial, por maioria, reconhecer a competência do Superior Tribunal de Justiça para julgar criminalmente desembargadores (QO-AP nº 878/DF, rel. Min. Benedito Gonçalves, j. 21.11.18). Em outra ocasião, o Superior Tribunal de Justiça recebeu normalmente queixa-crime movida em desfavor de uma desembargadora do TJRJ, que teria caluniado uma pessoa em suas redes sociais pessoais, o que não guarda relação alguma com as funções judicantes (AP nº 912/RJ, rel. Min. Laurita Vaz, j. 07.08.19).

6.14.3.2. *Crime cometido no curso do exercício funcional*

O detentor de foro por prerrogativa de função, caso cometa uma infração penal no curso deste mister e em relação a ela, será julgado pelo respectivo tribunal. É a regra do sistema, como vem sendo estudado.

Antigamente, no entanto, havia a súmula nº 394, STF, que previa que, "cometido o crime durante o exercício funcional, prevalece a competência especial por prerrogativa de função, ainda que o inquérito ou a ação penal sejam iniciados após a cessação daquele exercício".

Era o que a doutrina chamava de "regra da contemporaneidade", ou seja, o foro por prerrogativa de função era preservado caso a infração penal tivesse sido praticada quando o agente estava no exercício do mandato, ainda que viesse, depois, a perdê-lo (Moraes, 2016).

Em 1999, analisando julgamento de um ex-deputado federal, o Supremo Tribunal Federal cancelou a sua súmula nº 394, considerando não existir previsão constitucional para o julgamento originário de quem não é mais detentor de foro por prerrogativa de função e, mais ainda, a interpretação dessas regras deve ser feita de forma restritiva, e não ampliativa, como visto (QO-Inq. nº 687/SP, rel. Min. Sydney Sanches, j. 27.08.99).

Mesmo após o cancelamento desta súmula, o legislador – insistente – editou a Lei nº 10.628/02, alterando o art. 84, §§ 1º e 2º, CPP, que passou a prever que a competência por prerrogativa de função prevaleceria ainda que o inquérito policial ou a ação judicial fossem iniciados após a cessão do exercício da função pública; e também, afirmou-se que a ação de improbidade também seguiria a regra da competência originária criminal.

É notória, portanto, a tentativa do legislador infraconstitucional em manter o foro por prerrogativa de função mesmo quando cessado o mandato ou cargo público. O Supremo Tribunal Federal, então, concluiu que o legislador ordinário, por meio de simples lei, não poderia ampliar a competência dos tribunais, inclusive do STF, haja vista que isso somente é possível por meio de alteração do texto constitucional. Com isso, declarou inconstitucional a Lei nº 10.628/02 (STF, ADI nº 2.797/DF, rel. Min. Sepúlveda Pertence, j. 15.09.05).

Diante disso, conclui-se que o agente terá foro por prerrogativa de função *enquanto* permanecer no exercício do cargo ou mandato. Cessado este, cessa também a prerrogativa processual (STF, AgRg na Pet. nº 5.563/DF, rel. Min. Celso de Mello, j. 15.03.16), observadas as limitações temporais vistas no tópico anterior.

Se, por exemplo, o agente, no curso de mandato e em relação a este, comete crime, será julgado pelo tribunal competente normalmente; se, depois, não for reeleito, cessará a competência do tribunal, como sabido; e depois, ainda que seja eleito para o mesmo cargo, o processo não será novamente enviado ao tribunal, uma vez cessado, anteriormente, o foro por prerrogativa de função, que não se restabelece em razão da nova eleição após um *intervalo* sem tal prerrogativa (STF, RE nº 1.185.838/SP, rel. Min. Rosa Weber, j. 14.05.19). Em sentido similar, se o agente, quando governador, praticou um crime (2009/STJ) e, depois, se tornou senador (2011/STF) e, depois ainda, foi eleito novamente governador (2015/STJ), o STJ não terá competência para julgá-lo, haja vista que o **mandato atual** não guarda *contemporaneidade* com o **antigo crime** praticado, ou seja, o mandato *atual* não tem relação com o delito praticado no mandato *anterior*, de modo que será competente o juízo de primeiro grau (STJ, QO-AP nº 874/DF, rel. Min. Nancy Andrighi, j. 15.05.19).

A seguinte ementa é bastante elucidativa:

> *Agravante investigado perante o Tribunal de Justiça, por ter dispensado licitação fora das hipóteses previstas em lei e ter cometido crime de responsabilidade, quando exercia o cargo de prefeito do Município de Pau de Ferros. Recorrido que não foi reeleito, vindo ocupar o cargo novamente após lapso temporal de 4 anos. Delitos atribuídos ao agravante que não foram cometidos durante o exercício do atual cargo e não estão relacionadas às funções agora desempenhadas. Determinação de imediata remessa dos autos à primeira instância. Precedentes* (STF, AgRg no RE nº 1.288.052/RN, rel. Min. Alexandre de Moraes, j. 20.10.20).

Diversa é a situação em que o agente comete crime no primeiro mandato e, depois, é **reeleito imediatamente** para o **mesmo cargo**. Neste caso, não havendo solução de descontinuidade (intervalo) entre os mandatos para ocupação do mesmo cargo, a competênica para processo e julgamento é do respectivo tribunal, em obediência ao requisito da atualidade da função, até porque, os crimes supostamente praticados no exercício do primeiro mandato se relacionam com o exercício das funções no segundo mandato (STF, AgRg no RE nº 1.240.599/CE, rel. p/ ac. Min. Alexandre de Moraes, j. 08.06.20).

Por fim, é preciso fazer uma última observação. Imagine o seguinte exemplo: uma autoridade comete, em 2005, um crime sem relação com o cargo; em razão do novo entendimento do STF restringindo o foro por prerrogativa, a defesa do agente pede que os autos sejam enviados à primeira instância; verifica-se que a prescrição está prestes a ser alcançada. O que o Superior Tribunal de Justiça entendeu em situação semelhante? Afirmou-se que a iminente prescrição do crime excepciona o entendimento do STF sobre a restrição do foro por prerrogativa de função, de modo a *prorrogar* a competência do STJ para o julgamento (QO-AP nº 703/GO, rel. Min. Benedito Gonçalves, j. 01.08.18).

6.14.3.3. *Crime cometido já findo o exercício funcional*

Viu-se que o objetivo do foro por prerrogativa de função é proteger o exercício e a autonomia do exercício do cargo ou mandato, não sendo uma garantia pessoal do agente.

Deste modo, se já finda a função pública, não haverá mais foro por prerrogativa de função. Neste exato sentido, o Supremo Tribunal Federal editou a súmula nº 451, dispondo que "a competência especial por prerrogativa de função não se estende ao crime cometido após a cessação definitiva do exercício funcional".

Casos constantemente julgados dizem respeito aos juízes aposentados. De acordo com o Supremo Tribunal Federal, a aposentadoria, ainda que voluntária, transfere a competência para o processo e julgamento de um ilícito penal para o primeiro grau de jurisdição, tendo em vista que a vitaliciedade dos magistrados é uma garantia inerente ao exercício do cargo, cujo objetivo é prover a jurisdição de independência e imparcialidade. E como apenas juízes ativos exercem jurisdição, não há como se estender o foro por prerrogativa de função aos magistrados inativos (RE nº 549.560/CE, rel. Min. Ricardo Lewandowski, j. 22.03.12).

6.14.3.4. *Quadro geral*

A regra do que foi visto até agora é representada no seguinte quadro:

Situação	Regra
Infração penal cometida antes do início do exercício funcional	O agente não tem foro por prerrogativa de função.
Infração penal cometida no curso do exercício funcional	O agente tem foro por prerrogativa de função enquanto perdurar o cargo ou mandato.
Cessação do exercício funcional	Uma vez cessado o cargo ou mandato, cessa-se o foro por prerrogativa de função, remetendo-se os autos ao juízo de primeiro grau.

6.14.4. Competência quanto ao local

Que determinadas pessoas, em razão do cargo ou mandato que exercem, possuem foro por prerrogativa de função, isso está sendo estudado. A pergunta é: qual será o foro territorial competente para o julgamento?

Não será o caso de aplicação do art. 70, CPP (local da consumação ou do último ato executório, no caso de tentativa). Como a competência se dará em razão da prerrogativa funcional, será competente o tribunal vinculado à autoridade a ser julgada, mesmo que o local do crime não esteja dentro dos limites territoriais de sua competência.

Exemplo: o juiz estadual do TJRJ que cometer um furto em São Paulo/SP será julgado pelo TJRJ, e não pelo TJSP. A vinculação do agente é com o Poder Judiciário do Estado do Rio de Janeiro, e não com o Estado de São Paulo.

Exemplo: prefeito de Jundiaí/SP que comete crime em Blumenau/SC será julgado pelo Tribunal de Justiça de São Paulo. Não é razoável reconhecer a competência da Corte do local do cometimento do delito em detrimento do tribunal em que localizado o município administrado pelo prefeito (STJ, CC nº 120.848/PE, rel. Min. Laurita Vaz, j. 14.03.12).

É importante notar que o Procuradores da República, diferentemente dos juízes federais, não são vinculados rigidamente a um determinado Tribunal Regional Federal. Assim, embora um juiz federal de Santa Catarina seja (sempre) julgado criminalmente pelo TRF da 4ª Região, será necessário averiguar onde um membro do Ministério Público Federal estava atuando quando cometeu a infração penal.

Assim, se o Procurador da República atuava no âmbito do TRF da 1ª Região e comete um crime em cidade do âmbito do TRF da 5ª Região, ele será julgado pelo TRF1. Agora, se o membro estiver atuando transitoriamente em Procuradoria alcançada por outro TRF, ele será julgado pelo Tribunal Regional Federal ao qual esteja vinculado, ainda que momentaneamente. Ex.: Procurador da República lotado em Guarulhos (TRF3), mas designado temporariamente em Brasília (TRF1) – se praticar um crime, ele será julgado pelo TRF1, onde está vinculado, ainda que momentaneamente (STF, Pet. nº 7.063/DF, rel. Min. Edson Fachin, j. 01.08.17).

Tratando-se de crime federal, a competência será do Tribunal Regional Federal com jurisdição sobre a unidade da Federação onde o cargo que garante a prerrogativa é exercido (STJ, RHC nº 82.698/MT, rel. Min. Felix Fischer, j. 08.02.18). Ex.: o prefeito, julgado no TJ, se cometer um crime federal será julgado pelo TRF da região da cidade em que exerce o mandato. Assim, se o prefeito de Campinas/SP cometer um crime federal, ele será julgado pelo TRF3 (com alcance sobre SP); já se o prefeito de Vitória da Conquista/BA cometer um crime federal, ele será julgado pelo TRF1 (com alcance sobre BA).

6.14.5. Concurso de agentes

A reunião de pessoas para o cometimento de uma infração penal é chamada de concurso de pessoas (Bitencourt, 2006). Então, é possível que uma pessoa detentora de foro por prerrogativa de função pratique uma infração penal com outra pessoa, que pode, ou não, possuir este benefício.

Exemplo: senador pratica corrupção com o auxílio de um assessor de gabinete, que não detém foro por prerrogativa.

Para estas situações, aplica-se a súmula nº 704 do STF, que afirma que "não viola as garantias do juiz natural, da ampla defesa e do devido processo legal a atração por continência ou conexão do processo do corréu por prerrogativa de função de um dos denunciados".

Isso não significa ser obrigatória a unidade processual, nada impedindo a separação dos processos em relação aos agentes – a exemplo da previsão do art. 80, CPP, que dispõe ser possível referida separação quando as infrações tiverem sido praticas em circunstâncias de tempo ou lugar diferentes, ou quando, pelo excessivo número de acusados, para não lhes prolongar a prisão cautelar ou por outro motivo relevante, o juiz reputar conveniente a separação (STF, QO-Inq. nº 2.601/RJ, rel. Min. Celso de Mello, j. 10.10.11).

Numa evolução da jurisprudência da Suprema Corte, portanto, a regra passou a ser a seguinte: a extensão do foro por prerrogativa de função a quem não é constitucionalmente detentor desta prerrogativa funcional é medida restrita, que se justifica apenas nos casos em que se mostrem intimamente associadas as condutas, imbricadas a tal ponto que a cisão implique por si só prejuízo ao esclarecimento dos fatos ou ao andamento da marcha processual, considerando que o próprio instituto do foro por prerrogativa de função é exceção constitucional aos princípios republicanos, não demandando, por isso mesmo, aplicação comedida (STF, 1ª Turma, AgRg no Inq. nº 4.435/DF, rel. p/ acórdão Min. Rosa Weber, j. 19.09.17).

Ainda, "a jurisprudência do Supremo Tribunal Federal passou a adotar como regra o desmembramento dos inquéritos e ações penais originárias no tocante a coinvestigados ou corréus não detentores de foro por prerrogativa de função, admitindo-se, apenas excepcionalmente, a atração da competência originária quando se verifique que a separação seja apta a causar prejuízo relevante, aferível em cada caso concreto" (STF, 2ª Turma, AgRg na Pet. nº 6.727/DF, rel. Min. Edson Fachin, j. 30.06.17).

Analisando o inquérito policial envolvendo o senador Aécio Neves e outras três pessoas, que não possuem foro por prerrogativa de função, tem-se o seguinte: em regra, o STF entende que deverá haver o desmembramento dos processos quando houver corréus sem essa prerrogativa. Em outras palavras, permanece no STF apenas a apuração do investigado com foro por prerrogativa de função, sendo que os demais são julgados em primeira instância. No entanto, no caso envolvendo o Senador Aécio Neves, sua irmã, seu primo e mais um investigado, o STF decidiu que, no atual estágio, não deveria haver o desmembramento e a apuração dos fatos deveria permanecer no Supremo para todos os envolvidos. Isso porque entendeu-se que o desmembramento representaria inequívoco prejuízo às investigações (AgRg no Inq. nº 4.506/DF, rel. p/ acórdão Min. Alexandre de Moraes, j. 14.11.17).

Logo, conjugando o que foi explicado até aqui, a regra atual é o **desmembramento** do processo, mantendo-se no tribunal o detentor de foro por prerrogativa e remetendo-se ao juízo comum a pessoa sem o foro por prerrogativa. Todavia, se necessário for em razão do esclarecimento dos fatos ou do andamento do processo, por razões de praticidade probatória, nada impedirá a unidade processual no tribunal, inclusive em relação ao não detentor de foro por prerrogativa, não havendo afronta aos princípios do juiz natural, da ampla defesa e do contraditório, nos moldes da súmula nº 704 do STF (STF, RHC nº 137.381/AP, rel. Min. Rosa Weber, j. 14.09.17).

Surge, neste ponto, a seguinte dúvida: a quem cabe decidir se será o caso de reunião ou de desmembramento do processo?

A jurisprudência é assente no sentido de que, "nos procedimentos criminais em que há mais de um implicado, sendo alguns como foro originário em tribunal e outros não, incumbe ao próprio tribunal, de acordo com as circunstâncias do caso concreto, avaliar a conveniência de unificar ou cindir o processo e o julgamento em relação a implicados que não têm foro originário" (STF, AgRg na AP nº 974/SE, rel. Min. Gilmar Mendes, j. 26.04.16).

Se o tribunal, por exemplo, entender que não há indícios contra a autoridade detentora do foro privativo e se existirem outros investigados sem esta benesse, a Corte deverá remeter os autos ao juízo de primeira instância para que continue a apuração em relação a estes (STF, AgRg no Inq. nº 3.158/RO, rel. p/ acórdão Min. Rosa Weber, j. 07.02.17).

Destaca-se que, ocorrendo a descoberta fortuita de indícios do envolvimento de pessoa com prerrogativa de foro, os autos deverão ser encaminhados imediatamente ao foro prevalente, o qual é o único competente para resolver sobre a existência de conexão ou continência acerca da conveniência do desmembramento do processo, sob pena de usurpação da competência do tribunal competente (STJ, Rcl nº 31.629/PR, rel. Min. Nancy Andrighi, j. 20.09.17).

Por fim, ponto interessante surge quando uma infração penal é cometida por duas pessoas detentoras de foro privativo, mas cada qual num tribunal.

Exemplo: juiz de primeiro grau, em conluio com desembargador, resolvem fraudar licitações do Tribunal de Justiça. O juiz é julgado pelo TJ, enquanto que o desembargador é julgado pelo STJ. Quem julgará, então, esta infração penal?

No caso, como ambas as situações possuem previsão constitucional (arts. 96, III, e 105, I, *a*, CF) e sendo o caso de continência por cumulação subjetiva (vários agentes praticam o mesmo crime, havendo unidade de fato – um crime – e pluralidade de agentes), deve ser aplicada a regra do art. 78, III, CPP, que determina que, no concurso de jurisdições de diversas categorias, predominará a de maior graduação.

Logo, no exemplo dado, a corrente mais aceita é no sentido de que deverá prevalecer, no exemplo dado, a competência do STJ, de maior abrangência e superior, que deverá julgar tanto o desembargador quanto o juiz de primeiro grau (Pacelli, 2017). É a posição prevalente também na jurisprudência (STF, HC nº 91.437/PI, rel. Min. Cezar Peluso, j. 04.09.07).

E nas palavras exatas do Superior Tribunal de Justiça, "na forma do art. 78, III, do Código de Processo Penal, no concurso de jurisdições de diversas categorias, deve prevalecer a de maior graduação" (HC nº 317.299/AM, rel. Min. Reynaldo Soares da Fonseca, j. 01.12.16).

A posição contrária – e minoritária – combate esta ideia, alegando que não pode uma norma infraconstitucional (no caso, o art. 78, III, CPP) modificar a previsão da Constituição quanto à previsão de competência dos tribunais, que é de natureza absoluta. De acordo com o entendimento de Renato Brasileiro, a solução seria a separação obrigatória de processos, a fim de que cada um fosse processado e julgado perante o seu respectivo juiz natural – no caso do exemplo, TJ e STJ (Manual, 2017).

6.14.6. Crimes dolosos contra a vida

O processo e julgamento dos crimes dolosos contra a vida será objeto de estudo no capítulo específico quanto aos procedimentos. Por ora, é importante apenas saber que existe previsão constitucional para o seu julgamento pelo conselho de sentença, no âmbito do tribunal do júri, conforme o art. 5º, XXXVIII, *d*, CF.

Com isso em mente, surge a seguinte situação: e se um detentor de foro privativo cometer um crime doloso contra a vida, quem o julgará: o tribunal do júri ou o tribunal conforme a sua prerrogativa de foro?

Como será visto a seguir, é possível que tanto a Constituição Federal como as Constituições Estaduais prevejam foro privativo a determinadas autoridades.

Então, se a **Constituição Federal** trouxer regra de foro privativo, deverá prevalecer sobre a regra – também constitucional – de competência do tribunal do júri. Aplicar-se-á o critério da **especialidade**.

Exemplo: caso um senador pratique um homicídio doloso, ele será julgado pelo STF (art. 102, I, *b*, CF), regra esta que se sobrepõe sobre a competência do júri (art. 5º, XXXVIII, *d*, CF) em razão da especialidade.

De outro lado, caso o foro privativo seja trazido pela **Constituição Estadual**, prevalecerá a regra de julgamento pelo tribunal do júri, já que existe previsão deste na Constituição Federal, que é hierarquicamente superior. Conforme o princípio da **supremacia**, toda interpretação normativa deve ter como pressuposto a superioridade jurídica e axiológica da Constituição Federal (Novelino, 2012).

Neste sentido, a súmula vinculante nº 45 prevê que "a competência constitucional do Tribunal do Júri prevalece sobre o foro por prerrogativa de função estabelecido *exclusivamente* pela Constituição estadual".

Exemplo: se a Constituição de um Estado trouxer regra dizendo que Procurador do Estado será julgado criminalmente pelo TJ, caso ele cometa um crime doloso contra a vida ele será julgado pelo tribunal do júri, haja vista não existir norma na CF/88 sobre este foro privativo, devendo prevalecer a regra constitucional do tribunal do júri.

Atentar à expressão "exclusivamente", contida na súmula vinculante nº 45 do STF. Se, por exemplo, a Constituição Estadual trouxer que o Procurador do Estado será julgado pelo TJ, o crime doloso contra a vida será julgado pelo tribunal do júri; no entanto, se a Constituição Estadual repetir norma da CF/88 de que o membro do Ministério Público será julgado pelo TJ, haverá normalmente julgamento pelo TJ, diante da previsão na Constituição Federal (apenas repetida pela Constituição Estadual).

Tema controvertido surge quando o crime doloso contra a vida for praticado por detentor de foro por prerrogativa de função em concurso com pessoa sem este benefício. A regra será a separação de processos, respeitando as normas constitucionais, em que o detentor de foro privativo será julgado pelo respectivo tribunal, enquanto que o sem esse benefício será julgado pelo júri.

Logo, o privilégio de foro de um dos agentes não atrairá a competência do respectivo tribunal para o julgamento do outro, que deverá ser julgado pelo júri. A norma prevista ao tribunal do júri (art. 5º, XXXVIII, *d*, CF) afasta a norma infralegal que determina a unidade de processo, do art. 77, I, CPP (Brasileiro, 2017).

Em suma:

Foro por prerrogativa de função e crime doloso contra a vida	
Previsão na Constituição Federal	**Previsão na Constituição Estadual**
Princípio da especialidade	Princípio da supremacia
Havendo previsão na CF/88 de foro por prerrogativa, prevalecerá a especialidade, ou seja, afasta-se o tribunal do júri em favor do foro privativo, já que ambos possuem previsão constitucional.	Havendo previsão exclusiva na CE de foro por prerrogativa, prevalecerá a supremacia da CF/88, ou seja, afasta-se a previsão do foro privativo em favor da regra da CF/88 sobre o tribunal do júri.

6.14.7. Prerrogativa prevista em Constituição Estadual

A Constituição Federal outorga foro privativo a diversos agentes, como senadores, deputados, membros do Ministério Público, da magistratura etc. Resta analisar o seguinte: poderá a Constituição dos Estados atribuir foro por prerrogativa de função a outros agentes? Em caso positivo, qual é o limite? Como fica o princípio da simetria/paralelismo?

Como explicam Luiz Alberto David Araujo e Vidal Serrano Nunes Jr., a simetria determina que os princípios mais importantes e os padrões estruturantes do Estado, conforme previsão da Constituição Federal, devem ser, tanto quanto possível, objeto de reprodução simétrica no texto das Constituições Estaduais (Curso, 2001).

Consoante prevê o art. 125, CF, "os Estados organizarão sua Justiça, observados os princípios estabelecidos neste Constituição". E também, ao tratar do poder constituinte derivado, o art. 25, CF, dispõe que "os Estados organizam-se e regem-se pelas Constituições e leis que adotarem, observados os princípios desta Constituição". Nas palavras exatas de Marcelo Novelino, "as Constituições estaduais não se resumem a uma simples cópia da Constituição Federal, mas devem observar certos limites impostos pelo denominado princípio da simetria, cujo fundamento se encontra no art. 25 da Constituição e no art. 11 do ADCT" (Direito, 2012, p. 58).

Deste modo, tradicionalmente, **a Constituição dos Estados apenas poderá atribuir foro privativo em simetria com as previsões da Constituição Federal**, até porque, os Estados não possuem competência para legislar sobre Direito Penal ou Processo Penal (art. 22, I, CF). Então, apenas nos casos em que haja *equivalência* ou *correlação* com os casos previstos na Constituição Federal é que a Constituição dos Estados poderá atribuir foro privativo.

Assim, se a CF/88 prevê foro por prerrogativa de função ao Ministro de Estado (art. 102, I, *c*), será simétrico atribuir foro privativo, por meio da Constituição Estadual, ao Secretário de Estado. O mesmo se diz em relação a vice-governador e comandantes militares estaduais.

Vê-se, então, que o art. 125, CF, não outorgou às Constituições dos Estados uma "carta em branco" para assegurar o privilégio do foro privativo a quem bem entendesse. A questão não se resume a uma simples opção política, mas retrata um sistema rígido de jurisdição excepcional, que exige interpretação restritiva e expressa (STF, ADI nº 2.587/GO, voto do Min. Maurício Corrêa, j. 01.12.04).

Justamente por isso, o Supremo Tribunal Federal, mais recentemente, entendeu que Procuradores do Estado, Procuradores da Assembleia Legislativa, Defensores Públicos e Delegados de Polícia não podem ter foro por prerrogativa de função previsto na Constituição Estadual, não se autorizando a ampliação, livre, de novas hipóteses sem parâmetro constitucional equivalente (ADI nº 2.553/MA, rel. p. ac. Min. Alexandre de Moraes, j. 15.05.19; MC-ADI nº 6.501/PA, rel. Min. Roberto Barroso, j. 23.11.20).

Existindo a possibilidade, no entanto, de a Constituição do Estado atribuir foro privativo a determinados agente conforme a regra da simetria, ela somente poderá fixar competência para julgamento pelo **Tribunal de Justiça**, que é a Justiça local, e não pelas Justiças Eleitoral, Militar ou Federal (STF, RHC nº 135.366/DF, rel. Min. Edson Fachin, j. 01.08.16), haja vista que, quanto a estas, a organização foi expressamente estabelecida na Constituição Federal, inexistindo espaço de conformação a ser preenchido pelo constituinte decorrente por meio de sua Constituição Estadual.

No mais, como já visto, se a Constituição do Estado fixar, *exclusivamente*, a um agente, foro privativo no caso de crime doloso contra a vida, este deverá ser afastado, levando-o a julgamento perante o tribunal do júri. Aplicar-se-á a súmula vinculante nº 45, que dispõe que "a competência constitucional do tribunal do júri prevalece sobre o foro por prerrogativa de função estabelecido *exclusivamente* pela Constituição Estadual".

6.14.8. Nexo de causalidade

Sempre se entendeu que o foro por prerrogativa de função no âmbito criminal alcançava qualquer infração penal. Desde uma simples contravenção penal não relacionada ao exercício do cargo até mesmo o mais grave ato de corrupção praticado em razão do cargo, o agente seria julgado pelo tribunal de competência originária, gozando ampla e livremente de foro por prerrogativa de função. Não bastasse o Brasil fixar foro privativo a mais de cinquenta mil pessoas, este foro acabava por abarcar qualquer delito praticado.

Percebeu-se, com isso, que os tribunais estavam praticamente impossibilitados de julgar outras causas – na sua competência recursal primordial – que não as relativas ao foro privativo, geralmente com diversos acusados e extremamente complexas, sem se esquecer, é claro, que os inquéritos policiais também correm no tribunal, com um relator responsável pelo seu andamento. E, como infelizmente se tem notado nos últimos tempos, é cada mais corriqueira a situação de políticos e agentes públicos envolvidos em atos criminosos envolvendo o erário, principalmente relacionados à corrupção e à lavagem de capitais. Como pode, por exemplo, uma Corte Suprema, como o STF, composta por apenas onze Ministros, julgar ações penais que podem envolver os mais de quinhentos deputados federais e os mais de oitenta senadores? É preciso, portanto, racionalizar.

Enquanto há algumas Propostas de Emenda à Constituição em andamento buscando limitar e até mesmo extinguir o foro privativo, como a PEC nº 333/17, da Câmara dos Deputados, o Supremo Tribunal Federal, no que diz respeito – ao menos – aos parlamentares federais (deputados federais e senadores), decidiu no sentido de **restringir** o foro privativo apenas quando a infração praticada guardar nexo de causalidade com o cargo público ocupado.

O paradigma foi a questão de ordem na AP nº 937/RJ, de relatoria do Min. Roberto Barroso. No caso analisado, um sujeito teria praticado o crime de captação ilícita de sufrágio (art. 299 do Código Eleitoral), pois que, enquanto ainda candidato ao cargo de prefeito de Cabo Frio/RJ, teria entregue notas de cinquenta reais e distribuído carne aos eleitores da região em troca de votos. Logo, ele seria denunciado ao juízo eleitoral de primeiro grau. No entanto, quando da denúncia, ele – por ironia do destino – já ocupava o cargo de prefeito, de modo que a denúncia foi oferecida ao Tribunal Regional Eleitoral, em razão do foro privativo; no entanto, tempos depois, o seu mandato se encerrou, e o processo retornou ao primeiro grau. Na sequência, o agente se elegeu deputado federal, tendo o processo, agora, sido remetido ao STF em razão do foro privativo. Tempos depois, com o término da instrução processual e inclusão na pauta do STF, o agente, novamente, se tornou prefeito de Cabo Frio/RJ, e renunciou ao seu mandato de deputado federal. Percebe-se, na prática, a disfuncionalidade dos casos de agentes com foro privativo, onde há um verdadeiro sobe-e-desce do processo ("elevador processual").

Em razão disso, o Min. Luís Roberto Barroso suscitou questão de ordem na AP nº 937/RJ para resolver, de uma vez por todas, a restrição do foro por prerrogativa de função em relação aos **deputados federais** e aos **senadores**, que são julgados pelo Supremo Tribunal Federal.

A maioria da Corte se manifestou no sentido de que o foro por prerrogativa de função, em relação a estes dois agentes políticos, **só deve ser observado nos casos de imputação de infrações penais cometidas (i) no cargo <u>e</u> (ii) em razão deste.**

Assim, observado o preenchimento desses dois requisitos cumulativamente, haverá foro privativo no caso de infrações penais praticadas quando:

a) **no cargo (aspecto temporal)**: após a diplomação do deputado federal/senador; e

b) **em razão do cargo (pertinência temática)**: isto é, que guardem relação direta ou digam respeito ao desempenho do mandato parlamentar.

Sustentou-se, como razão de ser da decisão, o seguinte:

(i) o tribunal deve ser um "tribunal de teses" e não "tribunal de fatos e provas", bastando ver, por exemplo, que o julgamento do Caso do Mensalão, no STF, ocupou a Corte por 69 sessões;

(ii) o tribunal não consegue dar conta da demanda de processos, pois não está aparelhado para funcionar como se fosse juízo de primeiro grau, gerando morosidade e tornando raros os casos de condenação. O Min. Barroso, em seu voto, exemplifica que o STF leva, em média, 581 dias para simplesmente receber uma denúncia, enquanto que um juiz de primeiro grau não leva nem uma semana – além de não ser raro um processo tramitar por mais de uma década na Corte. Ainda, indica que menos de 6% dos casos começaram por inquérito no STF e terminaram na Corte, sem nenhum deslocamento incidental de competência em razão do foro privativo.

(iii) ferem-se os princípios da igualdade e da república, conferindo-se um privilégio a um número enorme de autoridades, sem fundamento razoável. Historicamente, o foro privativo objetivava assegurar a independência dos órgãos e o livre exercício do cargo constitucionalmente relevante. Então, parece claro que o objetivo do foro privativo é de ser um instrumento para garantir o livre exercício de certas funções públicas, e não acobertar uma pessoa ocupante do cargo, não fazendo sentido estendê-lo a delitos cometidos antes da investidura neste cargo e aos que, cometidos após a investidura, não tenham relação com o exercício das funções. Do contrário, o foro privativo seria um verdadeiro privilégio pessoal, o que não pode ser aceito.

(iv) se a imunidade material garante, por exemplo, que os deputados e senadores são invioláveis, civil e penalmente, por quaisquer de suas opiniões e votos (art. 53, CF), desde que guardem relação com o exercício do cargo ou em razão deste (STF, Pet. nº 5.705/DF, rel. Min. Luiz Fux, j. 05.09.17), não há razão de ser para que o foro privativo alcance toda e qualquer infração penal praticada. Logo, deve ser aplicado ao foro por prerrogativa de função a mesma exigência de relação de causalidade que vale para as demais imunidades, isto é, a conexão do crime imputado com o exercício da função.

(v) deve ser feita uma *redução teleológica* das normas que conferem foro privativo a determinadas autoridades, isto é, reduzir o campo de aplicação de uma disposição normativa a somente um ou algumas das situações de fato previstas por ela segundo uma interpretação literal, que se dá para adequá-la à finalidade da norma. O intérprete identifica uma lacuna oculta e a corrige mediante a inclusão de uma exceção não explícita no enunciado normativo, mas extraída de sua própria teleologia (objetivo da norma). Como resultado, a norma passa a ser aplicada a apenas uma parte dos fatos por ela regulados.

Assim, a respeito do foro por prerrogativa de função, "a fim de melhor compatibilizá-lo com os princípios constitucionais, bem como reduzir as disfunções produzidas, as normas da Constituição de 1988 que estabelecem as hipóteses de foro por prerrogativa de função devem ser interpretadas restritivamente, aplicando-se apenas aos crimes que tenham sido praticados durante o exercício do cargo e em razão dele. Como resultado, se o ilícito imputado foi, por exemplo, praticado anteriormente à investidura no mandato de parlamentar federal, não se justifica a competência do STF. E, ainda que cometido após a investidura no mandato, se o crime não apresentar relação direta com as funções parlamentares, tampouco se pode reconhecer a prerrogativa de foro perante esta Corte" (STF, AP nº 937/RJ, rel. Min. Roberto Barroso). Basta ver que menos de 10% das ações penais relativas a detentores de foro privativo no STF tratam de delitos praticados no cargo e em razão deste. Realizou-se, com isso, uma *mutação informal da Constituição Federal*, que, na lição de Novelino, "é tanto um problema de interpretação, quanto da relação de tensão entre o direito e a realidade constitucional", ocorrendo por meio de processos informais de modificação do significado da Constituição Federal sem alteração expressa de seu texto – ao contrário, então, do que se dá com a emenda constitucional, em que há alteração formal do texto (Direito, 2012, p. 146-147).

Fixou-se, portanto, a seguinte tese, atinente aos deputados federais e aos senadores:

"O foro por prerrogativa de função aplica-se apenas aos crimes cometidos **durante** o exercício do cargo e **relacionados** às funções desempenhadas".

Em outro caso analisado, a Procuradoria-Geral da República requereu a instauração de inquérito policial para apurar a suposta posse irregular de arma de fogo por um senador, apreendida em sua casa quando do cumprimento de um mandado de busca e apreensão. O relator entendeu que, como a maioria absoluta do Plenário da Suprema Corte entendeu não ser o caso de aplicação do foro por prerrogativa de função nestes casos de infração penal sem relação/nexo com a função pública, não há razão para que as investigações se iniciem perante o órgão judicial onde não deverão permanecer. Assim, considerando que a conduta imputada ao investigado não guardava qualquer relação com o exercício da função de Senador da República, declinou-se da competência da Corte para remeter os autos ao juízo de primeiro grau, mesmo sendo investigado um senador da República (Pet. nº 7.311/DF, rel. Min. Roberto Barroso, j. 06.02.18).

O julgado na AP nº 937/RJ, pelo Supremo Tribunal Federal, disse respeito a um caso concreto de um ex-deputado federal que estava sendo processado no STF, mas que, após o término da instrução processual, tornou-se prefeito. Tratou-se especificamente da limitação do foro por prerrogativa *no âmbito da Suprema Corte* e em relação apenas a *deputados federais* e *senadores*. No entanto, esta mesma razão, embora não explicitada no julgado, poderá servir de parâmetro para os demais tribunais quanto às suas respectivas funções de julgamento de autoridades. Logo, nada impedirá que os demais tribunais apliquem o mesmo entendimento restritivo para o julgamento de autoridades com foro privativo.

Exemplo disso ocorreu poucos dias após a decisão do Supremo Tribunal Federal, no âmbito do Superior Tribunal de Justiça, em que o Ministro Luis Felipe Salomão aplicou o princípio da simetria para determinar a remessa à Justiça local da Paraíba de ação penal contra o atual governador, que teria praticado supostos crimes antes de assumir o cargo político – ou seja, crimes não praticados no exercício do mandato de governador e nem com este cargo relacionados. O Ministro entendeu por adotar, também, a interpretação restritiva das competências constitucionais do STJ, fazendo incidir a simetria/igualdade entre os órgãos judiciais dos Estados e da União (AP nº 866/DF, rel. Min. Luis Felipe Salomão, j. 07.05.18). O mesmo ocorreu em relação a inquéritos que tramitavam na Corte, cujas autoridades eram investigadas por atos delituosos praticados fora do âmbito de seus cargos políticos e sem relação com eles. De modo idêntico se entendeu em relação a crime praticado por prefeito antes da diplomação e sem relação com as funções, que será julgado pelo juiz de primeiro grau, e não pelo tribunal local (STJ, RHC nº 108.679/CE, rel. Min. Reynaldo Soares da Fonseca, j. 13.08.19).

E de forma mais ampla ainda, a Corte Especial do Superior Tribunal de Justiça decidiu, de forma unânime, que a competência penal originária do STJ, *em relação a todas as autoridades listadas no art. 105, CF*, é restrita aos delitos praticados no período em que o agente ocupa a função e deve ser intrínseca [relacionada] às atribuições exercidas pelo agente (QO-AP nº 857/DF, rel. Min. João Otávio de Noronha, j. 20.06.18; e AgRg na AP nº 866/DF, rel. Min. Luis Felipe Salomão, j. 20.06.18). Especificamente nestes dois acórdãos, tratou-se da restrição do foro por prerrogativa de função aos governadores e aos conselheiros de tribunais de contas, muito embora o resultado proclamado tenha destacado expressamente a limitação em relação a "todas as autoridades listadas no art. 105 da Constituição".

Apesar do entendimento que indicou expressamente "todas as autoridades" submetidas à jurisdição do STJ, a mesma Corte Especial, analisando ação penal em que um **desembargador** do TJ/PR era acusado de lesão corporal, entendeu que, apesar de o crime imputado não ter relação com o exercício do cargo de desembargador (o que faria incidir a limitação ao foro por prerrogativa de função), a interpretação a ser feita, no caso, é a de que o foro por prerrogativa não atende às necessidade apenas do seu detentor, mas do julgador também, de modo que ambos precisam exercer suas atividades funcionais de forma livre e independente, bem realizando a justiça criminal de forma isonômica e republicana. Assim, entendeu a Corte Especial, por maioria, reconhecer a competência do Superior Tribunal de Justiça para julgar criminalmente desembargadores (QO-AP nº 878/DF, rel. Min. Benedito Gonçalves, j. 21.11.18). Em outro caso, a Corte Especial julgará questão de ordem para que o colegiado decida sobre a restrição do foro por prerrogativa de função dos Membros do Ministério Público da União que oficiam em tribunais (QO-AP nº 828/DF, rel. Min. Luis Felipe Salomão). Vale acompanhar o julgamento!

Em outro caso, o Min. Celso de Mello, do próprio Supremo Tribunal Federal, retirou da Corte um caso que envolvia um prefeito, um governador, um deputado federal e um senador – em razão do foro privativo destes dois últimos –, cujos delitos em tese praticados não guardavam relação com o cargo e nem foram praticados no curso do mandato, mas antes mesmo da diplomação, sendo estranhos às atribuições do ofício parlamentar. Aplicou-se, no caso, a simetria (Inq. nº 4.292/PE, rel. Min. Celso de Mello, j. 18.05.18).

Ademais, a 1ª Turma do Supremo Tribunal Federal, apoiando-se no entendimento fixado na AP nº 937/RJ, examinou inquérito policial que apurava supostas condutas criminosas por parte do Ministro de Estado da Agricultura. Entendeu-se que não há que se falar em foro por prerrogativa de função em relação a delitos cometidos *antes* de assumir o cargo de Ministro de Estado ou *sem relação* com este. Assim, os autos foram remetidos à primeira instância, já que se tratava de ato supostamente cometido enquanto o investigado não era Ministro de Estado e sem relação com este cargo (Inq. nº 4.703/DF, rel. Min. Luiz Fux, j. 12.06.18).

Percebe-se, com isso, que a decisão na QO-AP nº 937/RJ, do STF, embora tenha analisado um caso concreto envolvendo deputados e senadores com foro privativo no Supremo Tribunal Federal, serviu de parâmetro para que decisões posteriores, de todos os tribunais do Brasil, restringissem o foro por prerrogativa de função das mais diversas autoridades. Em breve, muito provavelmente, uma súmula vinculante pode vir a ser editada, bem como uma emenda constitucional tratando do tema.

Ressalta-se, no mais, que, se, por exemplo, um Senador da República praticar um crime no curso do mandato, mas sem relação com o cargo, haverá a remessa dos autos ao juízo de primeiro grau, em razão da inexistência de foro por prerrogativa de função. Nessa situação, será competente a Justiça Estadual, uma vez que o simples fato de o crime ter sido cometido por um Congressista não significa a automática competência da Justiça Federal se ausente hipótese autorizadora do art. 109, CF (STF, AgRg no Inq nº 4.624/DF, rel. Min. Marco Aurélio, j. 08.10.19). Assim, o simples fato de o crime ter sido praticado por Senador da República não gera, por si só, a competência da Justiça Federal.

6.14.9. Investigação

É preciso distinguir algumas situações, não claramente apontadas pela doutrina.

No âmbito do Supremo Tribunal Federal, deputados federais e senadores somente serão lá julgados se a infração cometida tiver sido praticada no cargo e em razão deste, como se estudou. Assim, se o crime tiver sido praticado antes da diplomação ou durante esta, mas sem relação com as funções parlamentares, a investigação se dará perante a polícia (civil ou federal) ou mesmo pelo próprio Ministério Público, diante do juízo criminal de primeiro grau. Neste caso, não há nenhuma especificidade.

No entanto, caso o crime – praticado por deputado federal ou senador – tenha sido praticado após a diplomação e seja relacionado ao exercício das funções, a investigação se dará perante a polícia federal ou a Procuradoria-Geral da República, mediante *prévia autorização* do Supremo Tribunal Federal e com supervisão contemporânea deste.

Assim, em relação a deputados federais e senadores:

SITUAÇÃO	ATRIBUIÇÃO PARA INVESTIGAR
Crime praticado antes da diplomação	Polícia (civil ou federal) ou MP, sem necessidade de autorização do STF, com possibilidade de deferimento de cautelares pelo juízo de primeiro grau.
Crime praticado depois da diplomação, mas sem relação com as funções parlamentares	
Crime praticado depois da diplomação, com relação com as funções parlamentares.	Polícia federal ou PGR, mediante prévia autorização do STF e com supervisão deste.

Isso, todavia, não se confunde com os demais detentores de foro por prerrogativa de função nos demais tribunais do país.

Como bem entende o Superior Tribunal de Justiça, "ainda que se admita a obrigatoriedade de prévia autorização do Supremo Tribunal Federal para investigar as autoridades que lá possuem prerrogativa de foro, as normas do Regimento Interno da Corte Maior disciplinam caso específico e particular, não se estendendo às demais instâncias do Judiciário, que devem observar as regras do Código de Processo Penal (RHC nº 56.951/RS, rel. min. Jorge Mussi, j. 26.09.17).

Então, "no que concerne às investigações relativas a pessoas com foro por prerrogativa de função, tem-se que, embora possuam a prerrogativa de serem processados perante o Tribunal, a lei não excepciona a forma como se procederá à investigação, devendo ser aplicada, assim, a regra geral trazida no art. 5º, inciso II, do Código de Processo Penal, a qual não requer prévia autorização do Judiciário" (STJ, REsp nº 1.563.962/RN, rel. Min. Reynaldo Soares da Fonseca, j. 08.11.16).

Especificamente quanto à investigação de prefeitos pelo Tribunal de Justiça, "nas hipóteses de haver previsão de foro por prerrogativa de função, seja por disposição do poder constituinte, do constituído reformador ou decorrente, pretende-se apenas que a autoridade, em razão da importância da função que exerce, seja processada e julgada perante foro mais restrito, formado por julgadores mais experientes, evitando-se, pois, persecuções penais infundadas. Da prerrogativa de função, contudo, não decorre qualquer condicionante à atuação do Ministério Público, ou da autoridade policial, no exercício do mister investigatório, sendo, em regra, despicienda a admissibilidade da investigação pelo Tribunal competente" (STJ, RHC nº 77.518/RJ, rel. Min. Ribeiro Dantas, j. 09.03.17).

Assim, de acordo com as duas posições analisadas, é possível se chegar à seguinte conclusão:

Investigações envolvendo agentes com foro privativo no STF	Investigações envolvendo agentes com foro privativo em outros tribunais
É necessária autorização judicial (STF) quando o delito for praticado no cargo e em razão deste por parlamentares federais	Não é necessária autorização judicial (STJ)

Por fim, já entendeu a Suprema Corte que a simples presunção da prática de uma infração penal, sem lastro em dados fáticos, não autoriza a instauração de inquérito policial contra um parlamentar (AgRg na Pet. nº 7.354/DF, rel. Min. Dias Toffoli, j. 06.03.18).

6.14.10. Indiciamento

Como já estudado, o indiciamento é ato privativo da autoridade policial, como prevê o art. 2º, § 6º, Lei nº 12.830/13.

No entanto, quando a pessoa a ser indiciada for detentora de foro privativo no STF, o delegado de polícia não poderá indiciá-la, a não ser com **autorização do relator responsável** pelo caso na Corte (STF, QO-Inq. nº 2.411/MT, rel. Min. Gilmar Mendes, j. 10.10.07). Aplicar-se-á a mesma distinção que vem sendo feita: se o parlamentar federal praticou o delito fora do cargo ou no cargo, mas sem relação a este, a investigação não ocorreu com supervisão do STF, de modo que poderá a polícia indiciá-lo normalmente, sem a necessidade de autorização da Corte.

Atentar que, como o indiciamento tem por fim apontar a pessoa contra quem pesam indícios de autoria delitiva, para posterior oferecimento de denúncia por parte do Ministério Público, a apresentação de peça acusatória, após o irregular indiciamento de autoridade com foro privativo pelo delegado de polícia, acaba por sobrepujar este ato irregular. Assim, eventual usurpação do relator do caso quanto ao ato de indiciamento – praticado irregularmente pela autoridade policial – é remediada pelo posterior oferecimento de denúncia contra a pessoa então indiciada (STF, AgRg na Rcl nº 23.585/DF, rel. Min. Teori Zavascki, j. 21.06.16).

No mais, aplica-se, ao indiciamento, o entendimento do Superior Tribunal de Justiça, visto no tópico anterior, quanto às demais autoridades com foro privativo nos mais diversos tribunais do Brasil.

6.14.11. Arquivamento

Conforme já visto, nos casos de foro por prerrogativa de função, o oferecimento da denúncia será feito pelo próprio Procurador-Geral de Justiça (ou da República ou quem lhe faça as vezes, como o Subprocurador-Geral da República, que atua perante o STJ), assim como a promoção de arquivamento.

E como já é o próprio chefe do Ministério Público quem promove o arquivamento, não existirá a possibilidade de o tribunal não o homologar, sendo, portanto, irrecusável a promoção de arquivamento neste caso.

À luz da tranquila jurisprudência do Supremo Tribunal Federal, no caso de inquérito para apuração de conduta típica em que a competência originária seja da Corte, o pedido de arquivamento pelo Procurador-Geral da República **não pode ser recusado** (Inq. nº 3.609/GO, rel. Min Rosa Weber, j. 13.08.14; e QO-Inq. nº 1.030/DF, rel. Min. Néri da Silveira, j. 20.06.96). Ademais, não há a possibilidade de retratação, expressa ou tácita, mas permite-se o desarquivamento diante do surgimento de novas provas (Inq. nº 2.028/BA, rel. Min. Ellen Gracie, j. 28.04.04).

No mesmo sentido, não há que se falar em aplicação do art. 28, CPP, nos procedimentos de competência originária (STJ, QO-Inq. 1.041/DF, rel. Min. Luis Felipe Salomão, j. 05.10.16; e Inq. nº 967/DF, rel. Min. Humberto Martins, j. 18.03.15).

Atentar, no mais, ao dispositivo da Lei nº 8.625/93 (Lei Orgânica do Ministério Público dos Estados), que atribui ao *Colégio de Procuradores* a competência para "rever, mediante requerimento de legítimo interessado, nos termos da Lei Orgânica, decisão de arquivamento de inquérito policial ou peças de informações determinada pelo Procurador-Geral de Justiça, nos casos de sua atribuição originária" (art. 12, XI).

6.14.12. Duplo grau de jurisdição

Como já estudado, o duplo grau não é aplicável indistintamente a todo e qualquer processo – a exemplo das ações penais de natureza originária dos tribunais. Afirma-se, pois, que tal princípio não é absoluto no âmbito jurisdicional (STF, AgRg no RE 794.149/CE, rel. Min. Dias Toffoli, j. 18.11.14), mesmo com sua previsão na Convenção Americana de Direitos Humanos, conforme art. 8.2, *h* (STF, AgRg no AI nº 601.832, min. Rel. Joaquim Barbosa, j. 17.03.09).

O Ministro Joaquim Barbosa, em um de seus votos no "Caso do Mensalão" (AP nº 470/MG, 25º AgRg, j. 18.09.13), defendeu que os beneficiados com o foro por prerrogativa de função são julgados pela última instância judiciária do Brasil, em colegiado composto por onze integrantes, não lhes sendo exigido percorrer todas as instâncias da estrutura judiciária brasileira, como ocorre com os demais cidadãos, com elevados desgastes financeiros, morais e psicológicos; assim, para eles, o devido processo legal não abrange o duplo grau de jurisdição, exatamente porque já são julgados pela Corte que dá a última palavra sobre o que é o Direito no País; essa, portanto, é uma das razões pelas quais os detentores de foro privilegiado escolheram reservar para si o privilégio de julgamento no tribunal, e não nos graus inferiores de jurisdição.

Vale destacar a posição – minoritária – da doutrina no sentido de que existiria violação ao duplo grau diante de uma condenação por tribunal que atua em sua competência originária, tendo em vista que o acórdão condenatório nestes casos equivale a uma sentença de primeiro grau, devendo ter o mesmo tratamento legal que esta, inclusive com o direito ao duplo pronunciamento, através da revisão integral da decisão, não havendo que se falar em limitações ao direito de recorrer (Giacomolli, 2016).

6.14.13. Atuação do Ministério Público

No âmbito estadual, caberá ao Procurador-Geral de Justiça oferecer denúncia contra detentores de foro privativo no Tribunal de Justiça, podendo haver delegação a um Procurador de Justiça por designação, o que é bastante comum (arts. 29, V, e 10, IX, *g*, Lei nº 8.625/93).

Na seara federal, caberá a um Procurador Regional da República o oferecimento de denúncia perante o Tribunal Regional Federal (art. 68, LC nº 75/93).

No âmbito do STF e do STJ, caberá ao Procurador-Geral da República oferecer a inicial acusatória, podendo haver delegação a um Subprocurador-Geral da República (arts. 46, p.ú., III; 48, II; 47, § 1º; e 48, p.ú., LC nº 75/93).

6.14.14. Exceção da verdade

Determina o art. 85, CPP, que, "nos processos por crimes contra a honra, em que forem querelantes as pessoas que a Constituição sujeita à jurisdição do Supremo Tribunal Federal, e dos Tribunais de Apelação, àquele ou a estes caberá o julgamento, quando oposta e admitida a exceção da verdade".

Por meio deste incidente processual de natureza *prejudicial homogênea* (pois impedirá a análise do mérito do crime contra a honra) o querelado-ofensor poderá provar que o fato que ele imputou a outrem é verdadeiro, isto é, não pode ser considerado crime, porque realmente ocorreu e/ou é verdadeiro.

Exemplo: promotor de justiça do MPSP se sente caluniado e move ação penal de iniciativa privada pelo crime de calúnia em face de João. O querelado (João) poderá opor a exceção da verdade, buscando comprovar que o fato que imputou ao membro do Ministério Público é verdadeiro, ou seja, realmente ocorreu. Esta ação está correndo, claramente, na primeira instância, já que João (querelado) não possui foro privativo. No entanto, como houve a oposição de uma exceção da verdade, este incidente (*e tão somente ele*) será julgado pelo tribunal competente para julgar o promotor de justiça (no caso, o TJSP).

Justifica-se o julgamento pelo foro privativo porque o acusado (querelado), no bojo da exceção da verdade, pode demonstrar a veracidade do fato (criminoso) imputado ao agente público detentor de foro por prerrogativa de função. E como este agente público possui foro privativo, apenas o respectivo tribunal poderá apreciar se esta pessoa cometeu o crime que lhe foi imputado na exceção da verdade.

O incidente de exceção da verdade será julgado pelo respectivo tribunal, mas a análise de sua admissibilidade, inclusive a instrução processual, será realizada pelo juízo processante de primeiro grau, do local onde tramita a ação penal, conforme o art. 85, CPP (STJ, HC nº 311.623/RS, rel. Min. Jorge Mussi, j. 10.03.15). Resolvida a exceção, seja ela acolhida ou rejeitada, a decisão do processo penal pelo crime contra a honra retornará ao juiz natural de primeiro grau, que estará vinculado à decisão da exceção (Badaró, 2016).

Entende-se que este art. 85, CPP (julgamento da exceção pelo tribunal competente), se aplica exclusivamente em relação ao crime de **calúnia** contra funcionário público. Tratando-se de difamação contra o funcionário público, o julgamento da exceção será em primeira instância, mesmo que o ofendido goze de foro por prerrogativa de função (STJ, HC nº 29.862/SP, rel. Min. Paulo Gallotti, j. 21.09.04).

Julgada a exceção, dois resultados são possíveis. Se o pedido for rejeitado pelo tribunal, isso significa que a veracidade do fato imputado não restou comprovada, subsistindo a possibilidade de o querelado ter cometido um crime contra a honra do agente público, de modo que o processo retornará ao juízo de primeiro grau para continuidade do julgamento. De outro lado, se o pedido for acolhido pelo tribunal, isso significa que a veracidade do fato imputado restou comprovada, ou seja, o fato criminoso imputado à autoridade pública restou comprovado, de modo que o querelado deverá ser absolvido – e, neste caso, o relator do caso deverá enviar os autos ao Ministério Público para apurar a conduta, em tese criminosa, da autoridade pública detentora de foro privativo.

Assim:

RESULTADO DA EXCEÇÃO DA VERDADE	
Rejeitada pelo tribunal	**Acolhida pelo tribunal**
O fato criminoso imputado à autoridade pública **não é verdadeiro**, devendo o crime contra a honra da autoridade pública ofendida ter seguimento na primeira instância contra o querelado.	O fato criminoso imputado à autoridade público **é verdadeiro**, devendo o querelado ser absolvido e os autos deverão ser enviados ao MP para apuração do crime por parte do detentor de foro privativo.

No mais, ao pedido de explicações, do art. 144, CP, aplica-se a regra do art. 85, CPP, de modo que ele – e tão somente ele – será julgado pelo tribunal respectivo caso o suposto autor do crime contra a honra tenha foro privativo, conforme se verá na sequência (STF, AgRg na AC nº 3.883/DF, rel. Min. Celso de Mello, j. 10.11.15).

6.14.15. Casuística

A seguir, serão analisados os principais tópicos relacionados à competência criminal originárias dos tribunais brasileiros. Na primeira parte, serão vistas as competências dos tribunais que julgam autoridades; na segunda parte, serão vistas as autoridades com foro privativo.

6.14.15.1. *Tribunais competentes*

6.14.15.1.1. *Supremo Tribunal Federal*

Nos moldes do art. 102, CF, o STF julgará criminalmente as seguintes autoridades:

SUPREMO TRIBUNAL FEDERAL			
Executivo	**Legislativo**	**Judiciário**	**Outros**
Presidente Vice-presidente Ministros	Deputados Federais Senadores	Membros dos Tribunais Superiores (STF, STJ, TST, TSE e STM)	PGR Comandante das Forças Armadas Membros do TCU Chefe de missão diplomática permanente

6.14.15.1.2. *Superior Tribunal de Justiça*

Nos termos do art. 105, CF, o STJ julgará criminalmente as seguintes autoridades:

SUPERIOR TRIBUNAL DE JUSTIÇA			
Executivo	**Legislativo**	**Judiciário**	**Outros**
Governadores (E/DF)		Membros (desembargadores) do TRF, TRE, TJ e TRT	Membros do TCE e do TCM Membro do MPU de 2ª instância

6.14.15.1.3. *Tribunal Superior Eleitoral*

Embora o art. 22, I, *d*, Código Eleitoral, preveja a competência do TSE para processar e julgar criminalmente os seus próprios juízes (Ministros do TSE) e os juízes dos tribunais regionais (desembargadores do TRE), entende-se que esse dispositivo não foi recepcionado pela Constituição Federal de 1988, haja vista que os membros do TSE serão julgados pelo STF e o membros do TRE serão julgados pelo STJ, conforme as tabelas anteriores. Logo, o Tribunal Superior Eleitoral não possui competência penal originária.

6.14.15.1.4. *Superior Tribunal Militar*

Conforme o art. 6º, I, *a*, Lei nº 8.457/92 (Lei de Organização da Justiça Militar da União), o STM é competente para julgar criminalmente os Generais das Forças Armadas, nos crimes militares definidos em lei.

6.14.15.1.5. *Tribunal Regional Federal*

Os prefeitos e os deputados estaduais serão julgados pelo TRF caso pratiquem crime federal (se for crime estadual, será competente o TJ).

Já os membros do Poder Judiciário Federal (juízes federais, juízes do trabalho e juízes militares da União) são julgados pelo TRF, assim como os membros do Ministério Público da União. A ressalva feita diz respeito à Justiça Eleitoral (art. 108, I, *a*, CF).

TRIBUNAL REGIONAL FEDERAL			
Executivo	**Legislativo**	**Judiciário**	**Outros**
Prefeitos (crime federal) – S. 702, STF.	Deputados estaduais (crime federal)	Juízes federais, juízes do trabalho e juízes militares da União	Membros do MPU (MP Federal, MP do Trabalho, MP Militar e MPDF)

6.14.15.1.6. *Tribunal Regional Eleitoral*

O TRE julgará criminalmente os juízes e membros do Ministério Público eleitoral. Além disso, julgará também os prefeitos, os deputados estaduais e demais autoridades que tenham foro privativo com previsão na Constituição dos Estados.

TRIBUNAL REGIONAL ELEITORAL			
Executivo	**Legislativo**	**Judiciário**	**Outros**
Prefeitos (crime eleitoral) – S. 702, STF.	Deputados estaduais (crime eleitoral)	Juízes eleitorais	Membros do MP Eleitoral

6.14.15.1.7. *Tribunal de Justiça*

O Tribunal de Justiça julgará os juízes dos Estados (e do DF) e os membros do Ministério Público dos Estados (mas não do MPDF, que são julgados pelo TRF, como visto). Há exceção apenas quanto aos crimes eleitorais, que serão processados e julgados no TRE (art. 96, III, CF).

Em relação aos prefeitos, o TJ os julgará quando da prática de crime estadual (art. 29, X, CF). Se o crime for federal, a competência será do TRF; se o crime for eleitoral, a competência será do TRE. Neste sentido, aliás, dispõe a súmula nº 702 do STF: "a competência do Tribunal de Justiça para julgar prefeitos restringe-se aos crimes de competência da Justiça Comum estadual; nos demais casos, a competência originária caberá ao respectivo tribunal".

TRIBUNAL DE JUSTIÇA			
Executivo	**Legislativo**	**Judiciário**	**Outros**
Prefeitos (crime estadual)	Deputados estaduais (crime estadual)	Juízes estaduais/DF	Membros do MP dos Estados (mas não do DF)

Como estudado quanto à regra da simetria, é possível que as Constituições dos Estados prevejam foro por prerrogativa de função a certas autoridades que exerçam atividade equivalente à autoridade que, na Constituição Federal, possui foro privativo em algum tribunal. Assim, se o Ministro de Estado possui foro no STF, é possível que a Constituição do Estado traga foro privativo ao Secretário de Estado, por exemplo.

6.14.15.2. ***Autoridades com foro privativo***

Nesta segunda parte, o estudo será feito a partir da autoridade com foro privativo, e não a partir dos tribunais competentes, como analisado no tópico antecedente.

6.14.15.2.1. *Presidente da República*

Nos termos do § 4º, do art. 86, CF, o Presidente da República, na vigência de seu mandato, não pode ser responsabilizado por atos estranhos ao exercício de suas funções. Logo, o Presidente da República não responderá criminalmente, durante o exercício do mandato, por infrações penais cometidas *antes* ou *durante* o seu exercício que não tenham relação com as funções inerentes ao cargo (Novelino, 2012). Assim, o Presidente da República, no curso de seu mandato, apenas poderá ser responsabilizado por crime praticados no cargo e em razão do cargo. Trata-se, portanto, de uma imunidade relativa, relacionada apenas a esses casos estranhos ao mandato eletivo.

Embora não haja previsão, o curso da prescrição, nos casos de suposta prática de infração penal não relacionada ao cargo, não terá andamento, sob pena de se prestigiar a impunidade, o que é incompatível com os princípios republicanos.

O que se confere ao Presidente da República não é uma mera imunidade penal, mas uma *imunidade temporária* à persecução penal. Não se afirma que o Presidente é irresponsável por crimes não funcionais praticados no curso do mandato ou antes dele, mas apenas que, por tais crimes, não poderá ser ele responsabilizado enquanto não cessada a investidura na presidência (STF, HC nº 83.154/SP, re. Min. Sepúlveda Pertence, j. 11.09.03).

Algumas regras precisam ser observadas quanto ao processamento do Presidente da República:

a) **O Presidente da República, durante o seu mandato, não pode ser denunciado, processado ou condenado por infrações penais (contravenções ou crimes) que não tenham relação com o seu cargo, ou seja, com as funções por ele desempenhadas.**

Exemplo: se o Presidente da República, num passeio de lazer, atropelar uma pessoa enquanto conduzia seu veículo automotor, ele *não* responderá por este crime de trânsito. Quando terminar o seu mandato, aí sim, o Ministério Público poderá oferecer denúncia normalmente.

Exemplo: o Presidente da República, antes de assumir o cargo, enquanto ainda era Ministro de Estado, praticou atos de corrupção passiva. Ao assumir o cargo de Presidente da República, a apuração ou o processo criminal relacionado a este fato deverá ser suspenso, porque estranho às funções de Presidente da República.

b) **O Presidente da República poderá ser responsabilizado criminalmente, no curso do seu mandato, se o delito praticado tiver relação com o exercício das suas funções – em ofício ou em razão do ofício.**

Exemplo: o Presidente da República, no curso do seu mandato, comete atos de corrupção passiva. Poderá ele, após autorização da Câmara dos Deputados (art. 51, I, CF), ser denunciado pelo Procurador-Geral da República e responder criminalmente diante do Supremo Tribunal Federal.

Questão que vem gerando debates diz respeito à expressão "não pode ser responsabilizado". O que isso significa? Que o Presidente não poderá ser processado judicialmente ou que o Presidente não poderá sequer ser investigado pela polícia?

Não há entendimento formado no âmbito do Supremo Tribunal Federal e há bastante divergência doutrinária, muito embora tenha o Min. Edson Fachin, monocraticamente, asseverado que a imunidade penal relativa à suposta prática de ilícitos penais estranhos ao exercício da função de Presidente da República *não veda que ele seja investigado*, principalmente com o fim de se evitar a perda de provas, de forma que a proteção constitucional vale apenas contra a *responsabilização judicial em si*, mas não em face de investigação criminal. Assim entendendo, o Ministro afirmou que a Constituição Federal vedaria apenas a propositura de ação penal relacionada a infrações penais estranhas ao exercício da função de Presidente da República, único meio de se chegar à "responsabilização penal", mas não vedaria a investigação criminal dos fatos (Inq. nº 4.462/DF, rel. Min. Edson Fachin, j. 02.03.18). Assim entendendo, o Ministro incluiu o Presidente da República em investigação relacionada à suspeita de pagamento de valores irregulares durante campanha eleitoral por uma empreiteira em troca de favorecimentos a esta. Na sequência, a Procuradoria-Geral da República solicitou ao STF a suspensão do inquérito em relação a Temer até o fim de seu mandato, o que foi atendido.

Seja como for, está em andamento no Supremo Tribunal Federal a ADI nº 5.701/DF, de relatoria do Min. Luiz Fux, para apreciação da questão, onde se busca reconhecer que a Constituição Federal apenas proíbe a responsabilização do Presidente da República por atos estranhos ao exercício da função, mas não veda que ele seja investigado criminalmente durante o mandato. É importante acompanhar o tema de perto.

Diz o art. 86, § 3º, CF, que, enquanto não sobrevier sentença condenatória, nas infrações comuns, o Presidente da República não estará sujeito à prisão. Entende a Suprema Corte que essa garantia não é extensível aos governadores, ainda que haja previsão na legislação local (ADI nº 978/SC, rel. Min. Celso de Mello, j. 19.10.95). Conforme a Corte Especial do Superior Tribunal de Justiça, "os Governadores dos Estados e do Distrito Federal não gozam de imunidade à prisão cautelar, prerrogativa extraordinária garantida somente ao Presidente da República, na qualidade de Chefe de Estado" (Inq. nº 650/DF, rel. Min. Fernando Gonçalves, j. 11.01.10).

Nos termos do art. 86, *caput*, CF, a acusação penal contra o Presidente da República deve ser admitida por dois terços da Câmara dos Deputados, sendo ele submetido a julgamento no Supremo Tribunal Federal (art. 51, I, CPP). O Chefe do Poder Executivo federal – portanto – é processado e julgado criminalmente perante o **Supremo Tribunal Federal** (art. 102, I, *b*, CF).

Assim, tratando-se de crime comum (qualquer que seja a sua natureza, mas desde que relacionado ao cargo), a inicial acusatória será oferecida pelo Procurador-Geral da República (ou pelo querelante, caso se trate de ação penal de iniciativa privada).

Haverá um juízo prévio, dependendo da aprovação de 2/3 da Câmara dos Deputados, cuja natureza é de juízo político, devendo preceder a análise jurídica pelo Supremo Tribunal Federal (STF, QO-Inq. nº 4.483/DF, rel. Min. Edson Fachin, j. 20 e 21.09.17). Assim, o Supremo Tribunal Federal apenas analisará questões jurídicas relativas à inicial acusatória (como a validade das provas ou a ausência de justa causa, por exemplo) se a Câmara dos Deputados autorizar, previamente, o processamento do Presidente da República.

Recebida a denúncia ou queixa, o Presidente da República ficará suspenso das suas funções pelo prazo máximo de 180 dias, tempo em que o processo já deverá ter se encerrado (art. 86, §§ 1º e 2º, CF). O afastamento das funções, com o recebimento da inicial acusatória, é medida prevista exclusivamente ao Presidente da República, não se estendendo aos governadores (STF, ADI nº 5.540/MG, rel. Min. Edson Fachin, j. 03.05.17).

Enquanto não sobrevier uma decisão condenatória, o Presidente da República não poderá ser preso (art. 86, § 3º, CF).

O Presidente da Câmara dos Deputados, obviamente, não tem direito a esta imunidade temporária, prevista exclusivamente ao Presidente da República. Não é possível a sua extensão a outras autoridades, muito menos do Poder Legislativo (STF, Inq nº 3.983/DF, rel. Min. Teori Zavascki, j. 02 e 03.03.16). No caso, o ex-Deputado Federal Eduardo Cunha foi denunciado pela prática de crimes e sua defesa pediu a suspensão do processo com base na aplicação analógica do art. 86, § 4º, CF, o que não foi aceito pelo Plenário do Supremo Tribunal Federal.

É possível que o Presidente da República pratique uma infração penal, em razão do cargo, juntamente com outras pessoas que não têm essa imunidade temporária e, ainda, que a Câmara dos Deputados não autorize, por 2/3 dos seus membros, o processamento do Presidente da República. Como ficarão os demais agentes que teriam participado do crime?

O Supremo Tribunal Federal analisou a seguinte situação: o Procurador-Geral da República denunciou o Presidente Michel Temer pela prática de crimes comuns; enviada a denúncia à Câmara dos Deputados, esta não autorizou a instauração do processo criminal; em razão disso, o Ministro Edson Fachin determinou que o processo contra o Presidente da República fique suspenso até o fim de seu mandato e que fosse feito o seu desmembramento, enviando cópia dos autos ao juízo de primeira instância para que os demais denunciados com o Presidente da República fossem lá julgados. Em outras palavras, o STF determinou o desmembramento dos feitos e o processo de todos aqueles que não possuíam foro por prerrogativa de função deveria ser julgado em 1ª instância mesmo antes de terminar o mandato de Temer.

Conforme o Plenário da Suprema Corte, agiu acertadamente o Ministro Edson Fachin, pois *a imunidade formal do Presidente da República não se estende aos codenunciados que não se encontram nos cargos de Presidente da República, Vice-Presidente da República e Ministro de Estado (que têm o benefício do art. 51, I, CF)*. A finalidade da imunidade temporária é proteger o exercício regular desses cargos, razão pela qual não é extensível aos codenunciados que não se encontrem investidos em tais funções (2º AgRg no Inq. nº 4.483/DF, rel. Min. Edson Fachin, j. 14 e 19.12.17).

Para tanto, deve-se lembrar de duas regras já estudadas até aqui: (a) as regras de imunidade devem ser interpretadas restritivamente, e não ampliativamente – logo, se há imunidade temporária ao Presidente da República, a interpretação não deve se estender a outras pessoas; e (b) a regra é o desmembramento dos processos em relação a corréus sem foro privativo – logo, quem não tem foro num tribunal deve ser julgado, como regra, na primeira instância.

6.14.15.2.2. *Ministro de Estado*

Os Ministros de Estado, auxiliares do Presidente da República (art. 84, II, CF), são processados e julgados criminalmente perante o Supremo Tribunal Federal (art. 102, I, *c*, CF). A instauração de processo também dependerá de autorização de 2/3 da Câmara dos Deputados (art. 51, I, CF).

A Lei nº 13.844/19 trata da organização dos órgãos da Presidência da República e dos seus Ministérios. São, assim, Ministros de Estado, os titulares dos Ministérios (Defesa, Economia, Educação, Meio Ambiente, Saúde, Justiça e Segurança Pública etc.), bem como o Chefe da Casa Civil, o Chefe da Secretaria de Governo da Presidência, o Chefe de Gabinete de Segurança Institucional da Presidência, o Chefe da Secretaria-Geral da Presidência, o Advogado-Geral da União e o Presidente do Banco Central do Brasil (arts. 19 e 20).

6.14.15.2.3. *Congressistas*

A expressão "congressista" abrange os deputados federais e os senadores.

Há que se analisar, ainda que brevemente, duas imunidades atribuídas aos congressistas: (a) material e (b) formal. A imunidade material está relacionada às manifestações no exercício do cargo; e a imunidade formal guarda relação com o processo penal em si – instauração, prisão, possibilidade de testemunhar e foro por prerrogativa de função.

Veja que não há imunidade no que diz respeito à busca e apreensão na Câmara dos Deputados ou no Senado Federal *quando o congressista não é alvo da medida*. Dessa forma, se, por exemplo, a polícia federal investiga servidores legislativos, é perfeitamente possível que o juiz de primeiro grau determine busca e apreensão no local de trabalho dos investigados (Congresso Nacional), sem que isso signifique usurpação da competência do Supremo Tribunal Federal e nem violação às imunidades dos congressistas, que, diga-se, não são o alvo da medida. O simples fato de o cumprimento da medida de busca e apreensão ser no mesmo endereço do Congresso Nacional não significa que há exclusividade do Supremo Tribunal Federal para determiná-la (STF, Rcl nº 25.537/DF e AC nº 4.297/DF, rel. Min. Edson Fachin, j. 26.06.19).

a) imunidade material *(freedom of speech)*

Nos termos do art. 53, "caput", CF, os deputados e senadores são invioláveis, civil e penalmente, por quaisquer de suas *opiniões*, *palavras* e *votos*.

Exige-se, apenas, que a manifestação do parlamentar, que pode ocorrer por qualquer meio (STF, Inq. nº 2.130/DF, rel. Min. Ellen Gracie, j. 13.10.04), **tenha relação com a sua função** (STF, Inq. nº 1.944/DF, rel. Min. Ellen Gracie, j. 01.10.03), no sentido de, por exemplo, contribuir para o debate público (STF, Pet nº 7.174/DF, rel. p. ac. Min. Marco Aurélio, j. 10.03.20).

O objetivo da imunidade material é garantir ao parlamentar que exerça sua função com independência, transcorrendo seu mandato com autonomia, destemor, liberdade e transparência, a fim de bem proteger o interesse público. Sendo a fiscalização uma das funções legislativas, a crítica à aplicação da lei por um dado tribunal está abarcada pela imunidade material, até porque, a dúvida quanto aos seus contornos deve privilegiar a sua incidência (STJ, REsp nº 1.694.419/PA, rel. Min. Nancy Andrighi, j. 21.08.18).

Em caso julgado pelo Supremo Tribunal Federal, um congressista teria sido ofendido numa discussão acerca de incongruências de seus posicionamentos políticos, mas, na verdade, tratou-se apenas de uma resposta crítica, realizada dentro do contexto político, ainda que fora do recinto parlamentar – no caso, foram mensagens trocadas por *WhatsApp* – abarcando a imunidade material (Pet. nº 6.587/DF, rel. Min. Ricardo Lewandowski, j. 01.08.17). Igualmente, a Suprema Corte já rejeitou denúncia por incitação ao racismo (art. 20, Lei nº 7.716/89) contra deputado federal que teria, por causa de suas falas durante uma palestra, feito menções ofensivas a membros de uma comunidade quilombola. Para a 1ª Turma, as manifestações estavam abrangidas pela imunidade parlamentar e pela liberdade de expressão, uma vez que relacionadas com as funções do congressista, tendo sido proferidas sem intenção discriminatória, mas em "contexto de crítica a políticas públicas", como a demarcação de terras e o proveito econômico destas (Inq. nº 4.694/DF, rel. Min. Marco Aurélio, j. 11.09.18).

Ressalta-se, porém, que não pode o parlamentar utilizar indevidamente a sua imunidade constitucional para, por exemplo, ofender livremente as pessoas (STF, Inq. nº 803/SP, rel. Min. Octavio Gallotti, j. 30.08.95). Se um parlamentar, por exemplo, afirmar que não estupraria uma deputada federal porque ela "não merece", entende-se que essa manifestação não guarda relação com o exercício do mandato legislativo, de forma que é possível a imputação dos delitos de incitação ao crime e injúria (STF, Inq. nº 3.932/DF, rel. Min. Luiz Fux, j. 21.06.16).

Outro exemplo disso, mas agora na seara cível, é que as opiniões ofensivas proferidas por deputados federais e veiculadas por meio da imprensa, em manifestações que não guardam nenhuma relação com o exercício do mandato, não estão abarcadas pela imunidade material e são perfeitamente aptas a gerar dano moral indenizável (STJ, REsp nº 1.642.310/DF, rel. Min. Nancy Andrighi, j. 15.08.17).

Majoritariamente, a aplicação da imunidade a um congressista gera uma **excludente de tipicidade penal** (STF, Inq. nº 2.273/DF, rel. Min. Ellen Gracie, j. 15.05.08; e STJ, HC nº 443.385/GO, rel. Min. Ribeiro Dantas, j. 06.06.19). Isso porque, se a Constituição Federal assegura ao parlamentar a liberdade de se expressar no curso de seu mandato, ela, por outro lado, não pode considerar essas suas manifestações um fato penalmente típico, censurável criminalmente; como a tipicidade pressupõe lesão a um bem jurídico tutelado, só alcançará comportamentos anormais – e, se o parlamentar, dentro do seu mandato, se expressa nos termos dos limites permitidos pela Constituição Federal, não há que se falar em tipicidade penal, levando à rejeição da denúncia/queixa (STF, Inq. nº 3.677/RJ, rel. Min. Cármen Lúcia, j. 27.03.14).

A imunidade parlamentar, como protege a função em si, é irrenunciável pelo seu exercente. Todavia, se o congressista se licencia de seu mandato para, por exemplo, ocupar outro na Administração Pública (como Ministro de Estado, por exemplo), ele não terá mais imunidade material, *embora continue com foro por prerrogativa de função* (STF, Inq. nº 104/RS, j. 26.08.81) – inclusive, neste sentido, foi cancelada a súmula nº 4, STF.

O coautor do parlamentar terá, por consequência da aplicação da excludente de tipicidade, imunidade também (se o fato não é típico ao parlamentar, não tem como ser típico em relação ao coautor). No caso, entende-se que não se aplica a súmula nº 245, STF ("a imunidade parlamentar não se estende ao corréu sem essa prerrogativa"), que, para a doutrina majoritária, diz respeito apenas à imunidade processual.

No mais, o suplente, por não estar no exercício do mandato, não tem, obviamente, imunidade material.

b) instauração do processo penal

A EC nº 35/01 provocou diversas mudanças no que diz respeito às imunidades dos parlamentares. Se, antes, havia a regra da improcessabilidade, hoje aplica-se o **princípio da processabilidade**.

Inicialmente, senadores e deputados poderão ser processados penalmente, perante o Supremo Tribunal Federal, independentemente de qualquer autorização ou licença da respectiva Casa (STF, Inq. nº 1.710/SP, rel. Min. Sydney Sanches, j. 27.02.02) – isso porque, o antigo § 1º do art. 53, CF, foi alterado pela EC 35/01, não mais a exigindo (era considerada, então, condição de procedibilidade).

A nova regra – de processamento independentemente de licença da Casa Legislativa – tem aplicação imediata, desde a publicação da EC nº 35/01, em 21.12.01, atingindo, inclusive, os processos em curso (STF, AgRg na AC nº 700/RO, rel. Min. Ayres Britto, j. 19.04.05).

Diz a Carta da República (art. 53, § 3º), também, que, recebida a denúncia contra o senador ou deputado, por crime ocorrido após a diplomação, o Supremo Tribunal Federal dará ciência à Casa respectiva, que, por iniciativa de partido político nela representado e pelo voto da maioria de seus membros, poderá, até a decisão final (leia-se: antes do trânsito em julgado), sustar o andamento da ação – desde que se trate de crime praticado **após a diplomação**.

Então, havendo o pedido de sustação, este deverá ser analisado em até 45 dias, contados do seu recebimento pela mesa diretora da Casa (art. 53, § 4º). Uns entendem que se trata de prazo impróprio; outros, que, se ultrapassado o prazo, não mais será possível a sustação do processo.

Quanto aos crimes cometidos por parlamentar **antes da diplomação**, não é possível a sustação da ação penal pela respectiva Casa, até porque, o seu julgamento, como o delito não foi praticado no cargo ou em razão deste, não terá curso no STF, mas no juízo comum.

No mais, sustado o processo, suspende-se a prescrição também (art. 53, § 5º, CF). Findo o mandato, volta a correr o prazo.

c) **imunidade quanto à prisão (*freedom from arrest*)**

Desde a expedição do diploma, os membros do Congresso Nacional não poderão ser presos, **salvo em flagrante de crime inafiançável**; e, nesses casos, os autos serão remetidos, dentro de 24 horas, à Casa respectiva, para que, pelo voto da maioria de seus membros, resolva-se sobre a prisão (art. 53, § 2º, CF).

A partir dessa redação, vê-se que deputados e senadores, tratando-se de prisão cautelar, não poderão ser presos preventiva e nem temporariamente – ou melhor: só poderão ser presos em **flagrante** em razão do cometimento de crime **inafiançável**.

Ocorre que o Supremo Tribunal Federal proferiu interessante decisão, decretando a prisão cautelar do então senador Delcídio do Amaral (AC 4.039/DF, rel. min. Teori Zavascki, j. 25.11.15). Ele estava sendo investigado por integrar organização criminosa e por embaraçar investigações envolvendo organização criminosa (Lei nº 12.850/13).

A Corte entendeu o seguinte: (a) ambos os crimes são considerados permanentes, de modo que é possível a prisão em flagrante e (b) como estavam presentes os motivos para a prisão preventiva, não era cabível a fiança, nos termos do art. 324, IV, CPP, o que os tornavam "inafiançáveis". Logo, estavam presentes os requisitos constitucionais: flagrante e inafiançabilidade.

Que fique claro: não é cabível a prisão preventiva de congressista (o Ministério Público bem que pediu a prisão preventiva, mas o STF *não* a decretou). A construção que a Corte fez foi para conseguir enquadrar a situação do senador Delcídio do Amaral em flagrante de crime inafiançável, buscando obedecer ao disposto na Constituição Federal.

E se o parlamentar é flagrado cometendo crime **afiançável**, embora seja possível fazer cessar o delito, o auto de prisão em flagrante não poderá ser lavrado.

Questão interessante é saber se o parlamentar pode ser preso civilmente em razão de dívida alimentar (art. 528, § 3º, CPC). Não há posição definida. Parte da doutrina entende não ser possível; e outra parte entende ser possível – inclusive, um deputado distrital já chegou a ser preso por dívida alimentar.

No mais, o Supremo Tribunal Federal entende que, transitado em julgado o acórdão condenatório proferido em face de parlamentar, deve-se expedir imediatamente o mandado de prisão, dando-se início à execução da pena (ED na AP nº 396/RO, rel. Min. Cármen Lúcia, j. 26.06.13).

E, por fim, questiona-se: caso o parlamentar federal seja condenado e o Supremo Tribunal Federal entenda que ele deva perder o cargo, isso (essa perda do mandato parlamentar) ocorrerá imediatamente ou dependerá de deliberação da Câmara/Senado, nos termos do art. 55, § 3º, CF?

A resposta é *depende*. Há três correntes, todas com apoio na doutrina e na jurisprudência do Supremo Tribunal Federal.

Para uma **primeira corrente**, mesmo que o deputado ou senador seja condenado criminalmente, somente haverá perda do mandato se a maioria absoluta da Câmara/Senado assim decidir, nos termos do art. 55, VI c.c § 2º, CF, não se aplicando a regra do art. 15, III, CF (**2ª Turma**, AP nº 996/DF, rel. Min. Edson Fachin, j. 29.05.18 – relator vencido neste ponto).

Para uma **segunda corrente**, quando o Supremo Tribunal Federal condena um parlamentar e determina a perda do mandato, a Câmara ou o Senado não decidirá mais nada, devendo tão somente cumprir a decisão da Suprema Corte e formalizar a perda do mandato, já decretada judicialmente. Logo, se o próprio STF determinou a perda do mandato, a Casa Legislativa apenas cumprirá esta decisão, sendo efeito da decisão penal (art. 92, I, CP); do contrário, caso haja condenação criminal, mas não tenha havido a determinação de perda do mandato, esta dependerá, daí sim, de deliberação da Casa Legislativa, nos moldes do art. 55, § 2º, CF (STF, AP nº 740/MG, rel. Min. Joaquim Barbosa, j. 10 e 13.12.12). Foi a posição adotada no "Mensalão" (AP nº 470/MG, rel. Min. Joaquim Barbosa, j. 10 e 13.12.12), mas que, diante da alteração substancial da composição da Corte, não representa mais o seu entendimento e não deve ser utilizada mais como parâmetro.

Já para a **terceira corrente**, antes de mais nada é preciso lembrar que o deputado ou senador perderá o mandato quando deixar de comparecer, em cada sessão legislativa, a um terço das sessões ordinárias da casa a que pertencer, salvo licença ou missão autorizada (art. 55, III, CF). Logo, como a sessão legislativa é ânua, um terço equivale a 120 dias – e a perda do mandato, nesta hipótese, é declarada pela Mesa Diretora da Câmara ou do Senado (§ 3º, art. 55, CF).

Com isso em mente, abrem-se duas situações: (a) se o deputado ou senador for condenado a mais de 120 dias em regime fechado, a perda do cargo será uma consequência lógica da condenação, pois, neste caso, ele incorrerá na hipótese do inc. III do art. 55, CF, cabendo à Mesa Diretora da Casa Legislativa apenas declarar que ocorreu a perda do mandato, sem deliberação/votação alguma; ou (b) se o deputado ou senador for condenado a uma pena em regime aberto ou semiaberto, a condenação não gerará a perda automática do mandato, caso em que o plenário da Casa Legislativa deverá deliberar, conforme o § 2º do art. 55, CF, se o congressista condenado irá ou não perder o mandato parlamentar. Essa decisão é oriunda da 1ª Turma do Supremo Tribunal Federal (**1ª Turma**, AP nº 694/MT, rel. Min. Rosa Weber, j. 02.05.17; AP nº 965/SP, rel. p/ ac. Min. Roberto Barroso, j. 08.06.20).

Assim, atualmente, há duas posições atuais na Suprema Corte:

Quando o STF condena criminalmente um deputado federal ou senador, haverá a perda automática do mandato ou isso dependerá de análise da Câmara/Senado?	
1ª TURMA (AP nº 694 e AP 935)	**2ª TURMA (AP nº 996)**
Depende. Se o parlamentar federal foi condenado a mais de 120 dias em regime fechado, a perda do cargo será automática, em razão do art. 55, III e § 3º, CF. Já se a condenação fixar regime aberto ou semiaberto, não haverá perda automática, devendo haver deliberação da Câmara/Senado, em razão do art. 55, § 2º, CF.	**A perda não é automática.** O STF comunicará a Mesa da Câmara/Senado informando sobre a decisão condenatória. Com isso, haverá decisão da Mesa a este respeito, nos moldes do art. 55, VI e § 2º, CF. Logo, mesmo com a condenação criminal, quem decide a perda do mandato do parlamentar federal é o Legislativo.

Em recente decisão, a 1ª Turma do STF condenou o senador Acir Gurgacz como incurso no art. 20 da Lei nº 7.492/86, fixando a pena em 4 anos e 6 meses, em regime semiaberto. Pelo regime fixado, decidiu-se pela expedição de ofício ao Presidente do Senado Federal para submeter ao Plenário da Casa a decretação da perda do mandato eletivo (ED na AP nº 935, rel. Min. Alexandre de Moraes, j. 25.09.18).

O tema, como se vê, não é pacífico. É importante acompanhar de perto o desenvolvimento da jurisprudência.

d) (im)possibilidade de testemunhar

O art. 53, § 6º, CF, afirma que os Deputados e Senadores não serão obrigados a testemunhar sobre informações recebidas ou prestadas em razão do exercício do mandato, nem sobre as pessoas que lhes confiaram ou deles receberam informações.

No mais, deputados e senadores serão inquiridos em local, dia e hora previamente ajustados com o juiz (art. 221, CPP); os presidentes da Câmara e do Senado poderão prestar depoimento por escrito (§ 1º).

e) foro por prerrogativa de função

Serão eles, em regra, julgados pelo Supremo Tribunal Federal (art. 102, I, *b*, CF).

A partir da EC nº 35/01, não é mais necessária autorização do Congresso ou de suas Casas para que um congressista seja processado criminalmente. Logo, se o Procurador-Geral da República verificar a prática de infração penal por um deputado federal ou senador, poderá, independentemente de qualquer autorização parlamentar, oferecer denúncia. Essa novidade passou a ter aplicação imediata, atingindo até os casos que estavam pendentes de julgamento (STF, Inq. nº 1.344/DF, rel. Min. Sepúlveda Pertence, j. 07.08.02).

O que existe é a possibilidade de, com o recebimento da inicial acusatória pelo Supremo Tribunal Federal, ocorrer a suspensão do processo e do curso da prescrição por decisão da respectiva Casa, pelo voto da maioria dos seus membros (art. 53, §§ 3º e 5º, CF).

O congressista somente terá foro privativo, como já visto, enquanto estiver em curso o seu mandato (STF, ADI nº 2.797/DF, rel. Min. Sepúlveda Pertence, j. 15.09.05). Além disso, somente haverá foro privativo se o delito praticado se der no cargo e em razão deste (STF, QO-AP nº 937/RJ, rel. Min. Roberto Barroso, j. 03.05.18). Fora desta situação, não existirá foro por prerrogativa de função.

A simples menção de nome de parlamentar, em depoimentos prestados pelos investigados, não tem o condão de firmar a competência do Supremo Tribunal para o processamento de inquérito. (STF, Rcl nº 2.101/DF, rel. Min. Ellen Gracie, j. 01.07.02), considerando que, para que ocorra a alteração da competência, é imprescindível a existência de indícios de participação ativa do titular da prerrogativa em ilícitos penal (STF, AgRg na Rcl nº 25.497/RN, rel. Min. Dias Toffoli, j. 14.02.17). Igualmente, o simples ato de mencionar pessoa detentora de prerrogativa de foro – o que é captado em interceptação telefônica – não enseja o envio imediato dos autos ao juízo competente para o foro, pois, antes disso, deve ser aferido, pelo juízo de origem, se há indicativos concretos da participação do indivíduo com foro por prerrogativa na empreitada criminosa investigada, o que leva tempo razoável e tolerável (STJ, RHC nº 80.518/SP, rel. Min. Laurita Vaz, j. 27.08.19).

A sólida jurisprudência é no sentido de que o congressista licenciado para ocupar outro cargo mantém o benefício do foro por prerrogativa de função do STF (QO-Inq. nº 777/TO, rel. Min. Moreira Alves, j. 02.09.93). Assim, se um deputado federal se licencia para assumir o cargo de secretário estadual, ele continuará sendo julgado criminalmente no STF (STF, Inq. nº 3.357/PR, rel. Min. Celso de Mello, j. 25.03.14). A explicação clara está no art. 56, I, CF, que estabelece que não perderá o mandato o deputado ou senador investido em cargo de Ministro de Estado, Governador de Território, Secretário de Estado/DF/Prefeitura ou chefe de missão diplomática temporária.

No mais, quanto ao suplente do deputado federal ou do senador, haverá foro privativo apenas quando eles, de fato, exercerem o cargo, seja de forma interina (substituição) ou permanente (sucessão), até porque se trata de natureza *intuitu funcionae*, ligando-se estritamente ao exercício do cargo (STF, AgRg no Inq. nº 2.453/MS, rel. Min. Ricardo Lewandowski, j. 17.05.07). Então, o suplente, enquanto nesta mera condição, não terá foro privativo (STF, AgRg no Inq. nº 2.421/MS, rel. Min. Menezes Direito, j. 14.02.08).

6.14.15.2.4. *Membros do CNJ e do CNMP*

Não há regramento acerca da competência criminal para processar e julgar os membros do Conselho Nacional de Justiça e do Conselho Nacional do Ministério Público.

Entende-se que eles serão julgados conforme a sua origem institucional. Então, o promotor de justiça do MP/PB, conselheiro do CNMP, será julgado criminalmente pelo TJPB, seu tribunal de origem; já o advogado, também conselheiro, será julgado pela primeira instância normalmente, pois não possui foro privativo em nenhum tribunal.

6.14.15.2.5. *Governadores*

O Superior Tribunal de Justiça é competente para julgar os governadores em razão da prática de uma infração penal, nos termos do art. 105, I, *a*, CF. Ainda que se trate de crime eleitoral, a competência será do STJ, e não do TSE, diante da expressa previsão constitucional neste sentido (TSE, REspE nº 15.584/AM, rel. Min. Garcia Vieira, j. 09.05.00).

Consoante decidiu o Supremo Tribunal Federal, os Estados não possuem competência para editar normas que exijam a autorização da Assembleia Legislativa para que o STJ instaure ação penal contra o governador. Fixou-se, portanto, a tese de que é vedado às unidades federativas instituírem normas que condicionem a instauração de ação penal contra governador, por crime comum, à prévia autorização da casa legislativa (STF, ADI nº 4.798/PI, ADI nº 4.764/AC e ADI nº 4.797/MT, rel. p/ acórdão Min. Roberto Barroso, j. 04.05.17). Logo, são inconstitucionais as previsões, nas Constituições dos Estados, que exigem autorização da Assembleia Legislativa para que se admita o processamento criminal do governador. Esta posição significa uma mudança na jurisprudência do Supremo Tribunal Federal, que entendia, anteriormente, pela validade da exigência de autorização prévia legislativa para se processar o governador (ADI nº 4.791/PR, rel. Min. Teori Zavascki, j. 12.12.15; e STJ, AP nº 815/DF, rel. Min. Of Fernandes, j. 07.06.17).

Exemplo: o Procurador-Geral da República ofereceu denúncia contra o governador de Minas Gerais, imputando-lhe a prática de alguns crimes. Esta denúncia não será apreciada pela Assembleia Legislativa. O STJ, portanto, poderá receber a denúncia e julgar o governador, independentemente de qualquer autorização prévia por parte do Poder Legislativo estadual – até porque, a Assembleia Legislativa não participará de nenhuma etapa desse processo criminal.

Foram utilizados cinco argumentos básicos:

a) ausência de previsão expressa na Constituição Federal e inexistência de simetria em relação ao processamento do Presidente da República;

b) princípio republicano, não se podendo vedar qualquer forma de apuração de eventuais crimes praticados por governadores;

c) separação dos Poderes, não podendo a autorização legislativa servir de condição para a atuação do Poder Judiciário, salvo previsões expressas na Constituição Federal;

d) competência privativa da União para legislar sobre Processo Penal, não podendo o Estado criar condição acerca do recebimento da inicial acusatória, sob pena de ofensa ao art. 22, I, CF;

e) princípio da igualdade, não podendo o governador ser alçado a uma condição superior em relação às outras pessoas apenas por ocupar um cargo eletivo – lembrando que a EC nº 35/01 aboliu a exigência de autorização legislativa para o processamento dos congressistas, devendo o mesmo raciocínio ser aplicado aos governadores.

Ademais, viu-se acima que, em relação ao Presidente da República, quando o Supremo Tribunal Federal receber a denúncia ou queixa, ele ficará automaticamente suspenso de suas funções. Essa regra não se aplica aos governadores, ou seja, o afastamento do cargo não se dará de forma automática com o recebimento da inicial acusatória pelo STJ – se o caso, a Corte poderá assim decidir, mas de forma fundamentada e com base no art. 319, CPP (STF, ADI nº 5.540/MG, rel. Min. Edson Fachin, j. 03.05.17).

Quanto ao vice-governador, ele poderá ter – ou não – foro privativo, a depender da previsão nas Constituições dos Estados, mas sempre no Tribunal de Justiça, não podendo uma Constituição de Estado atribuir competência a um órgão superior, como o STJ, mas apenas ao tribunal local (STJ, Rcl nº 980/AP, rel. Min. Cesar Asfor Rocha, j. 06.03.03).

6.14.15.2.6. *Desembargadores de TJ e TRF*

Os membros do Tribunal de Justiça e do Tribunal Regional Federal (desembargadores, atuantes em segunda instância) são julgados pelo Superior Tribunal de Justiça, nos termos do art. 105, I, *a*, CF. Em relação aos desembargadores, o STJ possui entendimento no sentido de que sempre os julgará, independentemente de a infração penal ter sido praticada no exercício do cargo ou da relação daquela com este (QO-AP nº 878/DF, rel. Min. Benedito Gonçalves, j. 21.11.18).

6.14.15.2.7. *Membros do MP e da Magistratura dos Estados*

Os membros do Ministério Público estadual (promotores e procuradores de Justiça) e da magistratura estadual (juízes de Direito, inclusive os juízes do Tribunal de Justiça Militar de SP, MG e RS) serão julgados pelo Tribunal de Justiça **ao qual estão vinculados**, independentemente do delito praticado (contravenção penal, crime, crime doloso contra a vida, crime militar, crime federal etc.), *com exceção apenas dos crimes eleitorais*, pois que, aí, o julgamento se dará perante o TRE (art. 96, III, CF).

Veja que a única ressalva existente diz respeito aos crimes eleitorais. Então, por exemplo, se um juiz de Direito de Rondônia injuriar, num ofício enviado à Justiça Federal, um desembargador federal, será competente para julgá-lo o TJ/RO. Logo, a previsão do art. 96, III, CF, prevalece sobre aquela do art. 109, CF, que trata das situações de competência da Justiça Federal (Mazzilli, Ministério Público, 2015).

Observe que o texto constitucional é claro ao estipular que serão julgados pelo Tribunal de Justiça os "juízes estaduais e do Distrito Federal e Territórios, bem como os membros do Ministério Público" (art. 96, III). Então, se, administrativamente, um juiz ou membro do MP sofrer a pena de perda do cargo, não haverá mais foro por prerrogativa, pois o TJ não julga ex-juiz e nem ex-promotor de justiça, mas apenas agentes da ativa; é o mesmo entendimento em relação à aposentadoria, visto anteriormente (STJ, AgRg na Pet nº 7.373/GO, rel. Min. Felix Fischer, j. 28.04.11; e RHC nº 25.008/ES, rel. Min. Jorge Mussi, j. 03.02.11).

A competência do Tribunal de Justiça se dará independentemente do local da prática da infração penal. Ex.: promotor de justiça do MP/AC agride um funcionário do TJ/AM enquanto realizava uma diligência no Estado vizinho. Será competente para julgar o promotor de justiça o TJAC, Estado ao qual o membro do Ministério Público está vinculado (Acre). A isso se dá o nome de *princípio da vinculação hierárquica subordinante*, ou seja, a autoridade será julgada pelo Tribunal ao qual está, funcionalmente, subordinada – com exceção, nesse caso, dos crimes eleitorais.

Se, por exemplo, o juiz de Direito estiver, temporariamente, substituindo a função de um desembargador (é o *juiz pinguim*, como é chamado vulgarmente), ele não terá foro privativo no Superior Tribunal de Justiça, mantendo-se o foro ordinário no Tribunal de Justiça (STJ, AgRg na Rp nº 368/BA, rel. Min. Arnaldo Esteves Lima, j. 05.03.08).

No mais, o Supremo Tribunal Federal já entendeu que o promotor de justiça, mesmo que colocado em disponibilidade, persiste com o direito ao foro por prerrogativa de função, devendo ser processado e julgado pelo respectivo tribunal, e não pelo juízo de primeiro grau (AgRg no RHC nº 155.516/SP, rel. Min. Alexandre de Moraes, j. 06.11.18). Ex.: poderá ser colocado em disponibilidade o membro vitalício do MP que, por deliberação do CSMP, demonstrar escassa ou insuficiente capacidade de trabalho ou apresentar conduta incompatível com o exercício do cargo, consistente em erros, abusos ou omissões que comprometam o membro para o exercício do cargo ou acarretem prejuízo ao prestígio ou dignidade da Instituição (art. 163, I e II, LC/SP nº 734/96 – LOMPSP).

6.14.15.2.8. *Membros do MP da União*

Há que se distinguir duas situações:

a) **membros atuantes em primeiro grau**: serão julgados pelo TRF de onde estiverem designados. Lembre-se que o Ministério Público da União é formado pelo MPF, MPT, MPM e MPDFT. A única ressalva diz respeito aos crimes eleitorais, que serão julgados pelo TRE (art. 108, I, *a*, CF).

Vale ressaltar que o Procurador da República (membro do MPF) é julgado pelo TRF em cuja área exerce suas atribuições, sob pena de ofensa ao princípio do juiz natural. Ex.: o Procurador da República lotado em Recife (PE) pratica um crime em Brasília; ele será julgado pelo TRF da 5ª Região (Tribunal que abrange o Município onde ele atua: Recife) e não pelo TRF da 1ª Região (que abrange Brasília).

Imagine, agora, que João, Procurador da República, é lotado na Procuradoria de Jundiaí (SP), área de jurisdição do TRF3. Ocorre que este Procurador estava no exercício transitório de função no MPF em Brasília (TRF1). O Procurador pratica um crime neste período. De quem será a competência para julgar João: do TRF3 ou do TRF1? Será do TRF1. O Supremo Tribunal Federal, ao apreciar uma situação semelhante a essa, decidiu que a competência é do TRF1, Tribunal ao qual o Procurador da República está **vinculado no momento da prática do crime**, *mesmo que esse vínculo seja temporário* (Pet nº 7.063/DF, rel. p/ acórdão Min. Ricardo Lewandowski, j. 01.08.17).

b) **membros atuantes em segundo grau**: serão julgados pelo Superior Tribunal de Justiça (art. 105, I, *a*, CF). São os Procuradores Regionais da República, do Trabalho e os Procuradores de Justiça do Distrito Federal, bem como os Subprocuradores-Gerais da República, da Justiça do Trabalho e o Procurador-Geral do Trabalho, que atuam nos Tribunais Superiores.

Lembrar que o Procurador-Geral da República é julgado criminalmente perante o Supremo Tribunal Federal (art. 102, I, *a*, CF).

6.14.15.2.9. *Deputados Estaduais*

Dispõe o art. 27, § 1º, CF, que aos deputados estaduais serão aplicadas as mesmas regras da Constituição Federal quanto ao sistema eleitoral, inviolabilidades, imunidades, remuneração, perda de mandato, licença, impedimentos e incorporação às Forças Armadas.

A questão é: e o foro por prerrogativa de função, como fica? Há, claramente, duas posições antagônicas.

De um lado, defende-se que o foro por prerrogativa de função dos deputados estaduais, perante o Tribunal de Justiça, decorre do próprio § 1º do art. 27, CF, já que os parlamentares federais possuem também foro privativo, mas no STF (Pacelli, 2017). Este entendimento decorre do poder implícito reconhecido aos Estados para atribuir aos seus agentes políticos as mesmas prerrogativas de função de natureza processual penal que a Constituição Federal outorgou aos deputados federais (Novelino, 2012). É a posição majoritária da doutrina, do STF (MC-Rcl nº 7.936/AL, rel. Min. Celso de Mello, j. 25.03.09) e do STJ (CC nº 105.227/TO, rel. Min. Maria Thereza de Assis Moura, j. 24.11.10). Neste julgado do Superior Tribunal de Justiça, proferido pela 3ª Seção (que reúne as duas Turmas criminais), fixou-se que, "apesar de não constar do artigo 27, parágrafo 1º, da Carta Magna, expressamente, a extensão do foro por prerrogativa de função aos deputados estaduais, tem-se que as Constituições locais, ao estabelecerem para os parlamentares do estado idêntica garantia prevista para os congressistas, refletem a própria Constituição Federal, não se podendo, portanto, afirmar que referida prerrogativa encontra-se prevista, exclusivamente, na Constituição Estadual".

Posição contrária – e minoritária – sustenta que o foro privativo deve ter previsão expressa na Constituição Estadual, pois não se trata de inviolabilidade e nem de imunidade, como previstos no § 1º do art. 27, CF (Brasileiro, 2017).

De qualquer modo, o *crime federal* praticado pelo deputado estadual será julgado pelo TRF (STJ, HC nº 56.597/BA, rel. Min. Paulo Gallotti, j. 20.09.07); o *crime eleitoral* será julgado pelo TRE (CC nº 10.811/MG, rel. Min. Anselmo Santiago, j. 14.04.96); e o *crime militar federal* será julgado pelo Superior Tribunal Militar.

Questão tormentosa surge quanto à competência para julgar deputado estadual pela prática de crime doloso contra a vida. Será do tribunal do júri ou do Tribunal de Justiça? Dependerá da corrente adotada. Se for acolhida a primeira corrente exposta acima, o foro privativo no TJ decorre da própria Constituição Federal (art. 27, § 1º), de forma que, por uma questão de especialidade (como estudado alhures), prevaleceria sobre o tribunal do júri. De outro lado, se acolhida a segunda corrente, o foro privativo decorreria tão somente da Constituição Estadual, de modo que deveria prevalecer a competência do tribunal do júri (previsto na CF) sobre o foro privativo (previsto apenas na CE), aplicando-se a súmula nº 721 do STF.

Como explicado, prevalece o entendimento no sentido de que será competente o Tribunal de Justiça, considerando que o foro por prerrogativa de função dos deputados estaduais possui previsão constitucional. Logo, o deputado estadual acusado de crime doloso contra a vida será julgado pelo Tribunal de Justiça, em razão da garantia do art. 27,

§ 1º, CF, aplicando-se a regra da simetria prevista aos congressistas (STJ, HC nº 109.941/RJ, rel. Min. Gilson Dipp, j. 02.12.10).

Por fim e concluindo, acerca das **imunidades**, o Supremo Tribunal Federal fixou que deputados estaduais possuem as mesmas imunidades – formais e materiais – previstas aos congressistas, em decorrência do § 1º do art. 27, CF. Assim, são constitucionais os dispositivos da Constituição Estadual que autorizam, pelo Poder Legislativo, a revogação de prisão preventiva/medidas cautelares diversas que foram impostas pelo Poder Judiciário, permitindo-se, assim, o retorno ao exercício do mandato (STF, ADI nº 5.823/RN, ADI 5.824/RJ e ADI 5.825/MT, rel. p/ ac. in. Marco Aurélio, j. 08.05.19). Exemplo: se o Poder Judiciário determinar a prisão preventiva de um deputado estadual, essa medida poderá ser revogada pela Assembleia Legislativa, por meio de resolução, nos termos dos artigos 27, § 1º e 53, § 2º da CF.

6.14.15.2.10. *Prefeitos*

Prevê o art. 29, X, CF, que o Tribunal de Justiça julgará criminalmente os prefeitos, independentemente de prévio pronunciamento da Câmara Municipal.

Se o crime praticado for federal, será competente o TRF; de igual modo, se o crime for eleitoral, será competente o TRE; e se o crime for militar federal, será competente o Superior Tribunal Militar – se o crime for militar estadual, será competente o TJ (excluindo-se o eventual Tribunal de Justiça Militar, que apenas julga militares, e nunca civis, como já estudado).

Neste sentido, inclusive, prevê a súmula nº 702, STF, que a competência do TJ para julgar prefeitos restringe-se aos crimes estaduais, pois, nos demais caos, a competência caberá ao respectivo tribunal de segundo grau (como o TRF e o TRE, por exemplo).

Em razão disso, o Superior Tribunal de Justiça editou duas súmulas importantíssimas: (a) compete ao TRF processar e julgar prefeito municipal por desvio de verba sujeita a prestação de contas perante órgão federal (nº 208); e (b) compete ao TJ processar e julgar prefeito municipal por desvio de verba transferida e incorporada ao patrimônio municipal (nº 209).

Acerca da apuração penal em face de prefeito, o Supremo Tribunal Federal fez quatro conclusões importantes (AP nº 912/PB, rel. Min. Luiz Fux, j. 07.03.17):

a) o prefeito detém prerrogativa de foro, constitucionalmente estabelecida. Desse modo, os procedimentos de natureza criminal contra ele instaurados devem tramitar perante o Tribunal de Justiça (art. 29, X, da CF/88). Isso significa dizer que as investigações criminais contra o Prefeito devem ser feitas com o controle (supervisão) jurisdicional da autoridade competente (no caso, o TJ).

b) deve ser rejeitada, por ausência de justa causa, a denúncia que, ao arrepio da legalidade, baseia-se em supostas declarações, colhidas em âmbito estritamente privado, sem acompanhamento de qualquer autoridade pública (autoridade policial, membro do Ministério Público) habilitada a conferir-lhes fé pública e mínima confiabilidade.

c) a denúncia contra Prefeito por crime ocorrido em licitação municipal deve indicar, ao menos minimamente, que o acusado tenha tido participação ou conhecimento dos fatos supostamente ilícitos. O Prefeito não pode ser incluído entre os acusados unicamente em razão da função pública que ocupa, sob pena de violação à responsabilidade penal subjetiva, na qual não se admite a responsabilidade presumida/objetiva.

d) se o réu é denunciado por crime previsto no art. 1º do Decreto-lei nº 201/67 em concurso com outro delito cujo rito segue o Código de Processo Penal (ex: art. 312 do CP), o tribunal, antes de receber a denúncia, deverá dar oportunidade para que o denunciado ofereça defesa prévia em relação a ambos os crimes. Não pode a defesa prévia ser concedida apenas para a imputação referente ao art. 1º do Decreto-lei nº 201/67. A defesa prévia antes do recebimento da denúncia é prevista no art. 2º, I, do Decreto-lei nº 201/67, que é considerado procedimento especial e, portanto, prevalece sobre o comum.

Caso o prefeito pratique crime doloso contra a vida, será competente para julgá-lo o Tribunal de Justiça, diante da previsão na Constituição Federal deste foro privativo (art. 29, X), que prevalece, diante da especialidade, sobre a previsão geral do júri.

No mais, a extinção do mandato do prefeito não impede a instauração de processo criminal pela prática dos crimes previstos no art. 1º do Decreto-lei nº 201/67 (Crimes de Prefeito), conforme prevê a súmula nº 703 do STF. Em sentido similar, a súmula nº 164 do STJ dispõe que o prefeito municipal, após a extinção do mandato, continua sujeito a processo por crime previsto no art. 1º do Decreto-lei nº 201/67.

Por fim, o prefeito será julgado pelo respectivo tribunal de segunda instância conforme o Regime Interno do Tribunal, que pode prever julgamento pelo órgão especial/pleno ou por uma turma apenas (STF, HC nº 73.232/GO, rel. Min. Maurício Corrêa, j. 12.03.96).

6.14.15.2.11. *Vereadores*

Não possuem os vereadores foro por prerrogativa de função, mas apenas inviolabilidade (imunidade material) por suas opiniões, palavras e votos no exercício do mandato e desde que na circunscrição do Município (art. 29, VIII, CF).

Quanto às balizas da imunidade material, entende o Supremo Tribunal Federal que, nos limites da circunscrição do município e havendo pertinência com o exercício do mandato, garante-se a imunidade do vereador (RE nº 600.063/SP, rel. Min. Roberto Barroso, j. 25.02.15). Assim, se o vereador proferir ofensas sem relação com a vereança, não haverá imunidade (Inq. nº 3215/RS, rel. Min. Dias Toffoli, j. 04.04.13), assim como se ele não observar o limite territorial do município (HC nº 81.730/RS, rel. Min. Nelson Jobim, j. 18.06.02).

Apesar da ausência de previsão constitucional, algumas Constituições dos Estaduais passaram a prever o foro privativo, no TJ, aos vereadores. Chamado a analisar, o Supremo Tribunal Federal, em posição clássica, entendeu que tai previsões são **inconstitucionais**

(MC-ADI nº 558/RJ, rel. Min. Sepúlveda Pertence, j. 16.08.91). Uma vez silente a Constituição Federal sobre prerrogativas processuais penais dos vereadores, torna-se plausível a conclusão de que não se deixou espaço à inserção de normas constitucionais locais neste sentido; além do mais, legislar sobre matéria de direito processual é de competência exclusiva da União (STF, ADI nº 371/SE, rel. Min. Maurício Corrêa, j. 05.09.02). De acordo com o Tribunal Superior Eleitoral, a despeito de previsão em Constituições Estaduais, não há como aplicar o paralelismo constitucional para se atribuir foro por prerrogativa aos vereadores, que, no caso, praticarem crimes eleitorais (AgRg no HC nº 31.624/RJ, rel. Min.Marcelo Ribeiro, j. 05.04.11).

Mais recentemente, todavia, há julgados sustentando a possibilidade de as Constituições dos Estados preverem foro privativo aos vereadores. Defende-se que o vereador é agente político, ocupante de cargo eletivo, integrante do Poder Legislativo municipal, encontrando-se em simetria com os deputados estaduais, federais e senadores, podendo, conforme a Constituição de cada Estado, tem foro privativo (STJ, HC nº 173.453/BA, rel. Min. Laurita Vaz, j. 26.06.12; e HC nº 40.388/RJ, rel. Min. Gilson Dipp, j. 13.09.05).

Além disso, o próprio Supremo Tribunal já reconheceu, mais recentemente, que "não afronta a Constituição da República a norma de Constituição estadual que, disciplinando competência originária do Tribunal de Justiça, lhe atribui para processa e julgar vereador" (RE nº 464.935/RJ, rel. Min. Cezar Peluso, j. 03.06.08; e RE nº 431.248/RJ, rel. Min. Joaquim Barbosa, j. 14.04.08). Sustentou-se, como razão de decidir, que esta previsão deve ser analisada de forma sistemática e conjuntamente com outros preceitos da Constituição Federal, como o art. 125, § 1º, CF, que confere poderes à Constituição dos Estados para definir regras relativas à competência e organização de seus tribunais locais, podendo, por simetria, atribuir foro privativo aos vereadores.

No mais, não existindo foro privativo na Constituição Federal (como regra, haja vista a existência de discussão), o tribunal do júri será competente para julgar vereador pela prática de crime doloso contra a vida (STF, RHC nº 80.477/PI, rel. Min. Néri da Silveira, j. 31.10.00).

7 QUESTÕES PREJUDICIAIS E PROCEDIMENTOS INCIDENTES

Possui previsão no Título VI do Livro I do Código de Processo Penal e, consoante a doutrina, trata de temas que não guardam muita relação entre si. Como exemplo, dentro do mesmo Título há o estudo das exceções (art. 95 e ss., CPP), das restituições de coisas apreendidas (art. 188 e ss., CPP), do incidente de insanidade mental (art. 149 e ss., CPP), das questões prejudiciais (arts. 92 e ss., CPP), dentre outros tópicos que, segundo Vicente Greco Filho, "parece até que o legislador não sabia onde colocar e introduziu neste Título" (Manual, 2012, p. 208).

A bem da verdade, são assuntos secundários que surgem no curso de um processo penal e que precisam ser decididos pelo juiz para, somente após isso, ser analisada a causa penal. Será, sempre, um **acontecimento prévio à conclusão do processo penal**, de forma que a sua análise será necessária para que este tenha um desfecho.

Abaixo, no que segue, far-se-á o estudo sistematizado das **questões prejudiciais** e dos **procedimentos incidentes**, de forma a melhor delimitar a matéria e facilitar sua fixação, considerando tratar-se de tema árduo.

7.1. NOÇÕES GERAIS: OS INCIDENTES PROCESSUAIS

De acordo com Nucci, **incidentes processuais** são questões e procedimentos secundários que incidem sobre o procedimento penal principal, merecendo uma solução antes da decisão da causa ser proferida (Manual, 2007).

Esses incidentes processuais dividem-se em dois:

a) **questões prejudiciais (arts. 92 a 94, CPP)**

b) **procedimentos incidentes (arts. 95 a 154, CPP)**

Apesar de o Código Processual falar em "processo incidente", entende-se que o correto seria "procedimento incidente", uma vez que não se forma um novo processo (uma nova relação processual), sendo apenas um tema secundário à causa penal principal em andamento.

A **questão prejudicial** é um *tema de natureza extrapenal que precisa ser solucionado antes de o juiz criminal julgar o mérito da causa penal*, considerando que o seu resultado condicionará/interferirá a decisão penal; além disso, é considerado um ponto autônomo, pois, se não surgisse no curso de um processo penal, poderia ser objeto de uma discussão independente. Exemplo comum é a discussão acerca da legítima posse de um bem que foi objeto de furto, guardando-se relação com a elementar "coisa alheia" (CP, art. 155).

Por outro lado, **procedimento incidental** é aquele interposto ao longo do processo penal e que será solucionado pelo juiz penal antes de a causa ser decidida e que *guarda relação tão só com questões processuais*, não tendo relação com a existência ou não do crime em julgamento. Só existe porque há um processo penal em curso, não podendo ser objeto de discussão autônoma fora deste. É exemplo a exceção de impedimento do juiz, que deve ser decidida entes do julgamento da causa.

Assim:

INCIDENTES PROCESSUAIS	
Questão prejudicial	**Procedimento incidental**
Tema de natureza extrapenal.	Tema de natureza penal.
Relacionado ao mérito do processo.	Relacionado a um ponto processual.
Sua solução interferirá na própria existência do crime. Ex.: propriedade da coisa furtada, interferindo na elementar "coisa alheia".	Sua solução não interferirá na existência do crime, mas poderá alterar o destino do processo. Ex.: impedimento do juiz.
Possui autonomia, pois, se não fosse discutida como questão prejudicial no processo penal, seria objeto de ação independente. Ex.: pode-se discutir a propriedade em processo autônomo no juízo cível.	Só existe porque há um processo penal em curso, não tendo como ser objeto de discussão autônoma. Ex.: não há como discutir o impedimento de um juiz senão na própria causa em curso, concretamente.

7.2. QUESTÕES PREJUDICIAIS

Para o início do estudo, um exemplo facilitará a compreensão. O agente, acusado de ter furtado um veículo, em sua defesa alega que, na verdade, é seu legítimo proprietário, pois o adquiriu há uma semana atrás. O que se discute, vê-se, é a *propriedade* do referido bem. Caso seja comprovado que o acusado é, de fato, dono do carro, não haverá crime de furto, diante da ausência da elementar do referido delito ("coisa alheia"), pois, como sabido, é impossível furtar, conforme o art. 155, CP, "coisa própria".

A partir disso, passa-se ao estudo das questões prejudiciais.

7.2.1. Conceito e características

A questão prejudicial é o incidente processual que surge no curso do processo penal que **possui relação direta com a própria existência do crime**. A sua solução pode fazer com que o crime se tipifique ou não, já que a dúvida que surge é exatamente em relação a alguma elementar ou característica do fato delituoso.

Coloque-se no lugar do juiz criminal por um instante. Chegou ao seu gabinete um processo penal em que o agente, acusado de bigamia, sustenta que o seu casamento, na verdade, foi nulo, por infringir a lei civil. Você, conhecedor do ordenamento jurídico, sabe que o artigo 235, CP, estabelece que se tipifica a bigamia quando o agente contrai, sendo casado, novo casamento, e o seu § 2º fixa que, se o casamento anterior for anulado, considera-se inexistente tal crime.

Ora, você, juiz, não pode ter dúvidas na hora de julgar; todavia, a alegação do acusado fez surgir uma dúvida relacionada à própria tipificação do crime e que precisa ser solucionada antes do julgamento do mérito penal. Assim, nasce uma questão prejudicial. É uma *questão* porque é um ponto, uma dúvida que apareceu no curso do processo; e é *prejudicial* porque a sua solução interferirá na própria tipificação – ou não – do crime.

Diante disso, as características/elementos essenciais da prejudicialidade são:

a) **anterioridade lógica**: a questão prejudicial deverá ser decidida anteriormente ao mérito (sendo este chamado de "questão prejudicada").

b) **necessariedade**: a anterioridade da questão prejudicial não deve ser meramente lógica, mas também essencial para o julgamento do mérito, ou seja, é necessário que a questão prejudicial seja decidida sempre antes da ação principal, pois aquela subordina a decisão desta.

c) **autonomia**: a questão prejudicial, dada a sua natureza, pode ser objeto de outro processo autônomo.

d) **imprescindibilidade**: a questão prejudicial subordina a questão prejudicada, isto é, o quanto decidido na questão prejudicial vinculará o juiz criminal.

Em suma:

CARACTERÍSTICAS DAS QUESTÕES PREJUDICIAIS	
Anterioridade lógica	A decisão da questão deve ocorrer **antes** do mérito da causa penal.
Necessariedade	A solução é **necessária** para que o mérito da causa penal seja julgado.
Autonomia	A questão poderia ser objeto de um **processo autônomo**.
Imprescindibilidade	A solução subordina a própria **existência do crime**.

7.2.2. Natureza jurídica

Como explica Mirabete (Processo, 2007), a natureza jurídica das questões prejudiciais é muito controvertida. Já foi considerada precedente jurisprudencial, espécie de ação ou de exceção, pressuposto processual, condição de procedibilidade, condição da ação, dentre outras posições.

Para o autor, seguindo Antonio Scarance Fernandes, a prejudicialidade é uma **forma de conexão**, ou seja, uma relação entre duas figuras – a prejudicial e a prejudicada – sendo que esta depende lógica e necessariamente da solução daquela.

Não se trata da conexão estudada quando da Competência Penal, mas apenas uma **relação** entre *questão prejudicial* (dúvida que surge no curso do processo) e *questão prejudicada* (mérito penal).

7.2.3. Questão prejudicial e questão preliminar

Vale ressaltar que questão "prejudicial" é diferente de questão "preliminar".

Ambas devem ser analisadas antes do mérito da causa penal. Todavia, distinguem-se porque a *prejudicial* é autônoma e existe independentemente da causa penal, como no caso da discussão da propriedade, que existirá haja ou não acusação de furto, p. ex., podendo, consoante alguns, ser julgada tanto pelo juiz cível quanto pelo penal. Por outro lado, a *preliminar* não é autônoma, só existindo porque há um processo penal em curso, como no caso da alegação de uma nulidade, que é uma questão preliminar que será enfrentada apenas pelo juiz criminal para que, depois e se o caso, possa ser julgado o mérito.

Assim, o reconhecimento de uma questão *preliminar* (como a existência de uma nulidade) **impede** o julgamento do mérito penal, enquanto que a questão *prejudicial* **condiciona** a decisão penal (uma vez reconhecida a propriedade ao acusado pelo juízo cível, o juiz penal deverá seguir essa decisão).

O tema é bem diferenciado por Guilherme Madeira (Curso, 2015):

Questão prejudicial	Questão preliminar
Tema de direito material.	Tema de direito processual.
Pode ser analisada pelo juiz cível ou criminal (em alguns casos, apenas por aquele).	Somente pode ser analisado pelo juiz criminal.
Existe de maneira autônoma em relação ao processo penal.	Não existe de maneira autônoma em relação ao processo penal.
O conteúdo da decisão do juiz penal é subordinado à questão prejudicial.	Impede a análise do objeto da imputação pelo juiz penal.
Ex.: discussão da propriedade do bem furtado.	Ex.: alegação de nulidade do processo.

7.2.4. Classificações

As questões prejudiciais apresentam diversas classificações, que serão vistas abaixo.

7.2.4.1. *Homogênea e heterogênea*

Dizem respeito ao ramo do Direito que julgará a questão prejudicial em relação à questão principal (prejudicada).

Assim, será **homogênea (comum ou imperfeita)** a questão que pertencer e for solucionada na mesma jurisdição ou ramo do Direito que a causa principal. Ex.: a exceção da verdade no crime de calúnia, do Direito Penal, em que o desfecho do processo por crime de calúnia dependerá da resolução da exceção da verdade, cuja competência é também do Direito Penal. Percebe-se que a questão homogênea não encontra previsão no Código de Processo Penal.

Por outro lado, será **heterogênea (jurisdicional ou perfeita)** a questão que tiver que ser solucionada em outra área do Direito, sendo verdadeira matéria extrapenal, com tratamento pelo Código de Processo Penal (arts. 92 a 94). Ex.: anulação do primeiro casamento como defesa no crime de bigamia, cuja a discussão acerca da validade do casamento pertence ao Direito Civil.

7.2.4.2. *Devolutiva e não devolutiva*

Busca-se saber qual juiz é competente para a solução da questão prejudicial: se o juiz criminal ou o juiz não criminal. Guarda relação, consoante já se estudou no capítulo próprio sobre a ação penal, com o princípio da suficiência da ação penal.

Será **devolutiva** a questão prejudicial que, em princípio, será solucionada por juiz alheio à esfera criminal. Divide-se em:

(a) absoluta, cf. art. 92, CPP, que são as solucionadas, sempre, por órgãos civis, como as questões de estado da pessoa, de forma que o juiz penal ver-se-á *obrigado* a enviar a solução da questão à jurisdição civil.

(b) relativa, cf. art. 93, CPP, que *podem* ser solucionadas pelo próprio juiz criminal, consoante sua discrição.

E será **não devolutiva** quando a questão prejudicial for analisada pelo próprio juiz criminal.

7.2.4.2.1. *Suficiência da ação penal*

Consoante Távora e Alencar (Curso, 2011), o juízo penal, como regra, é competente para solucionar as questões prejudiciais que surgirem no curso do processo penal, o que significa dizer que a própria ação penal seria *suficiente* para dirimir tais pontos; o Código de Processo Penal não prevê expressamente essa ideia, mas decorre do próprio sistema adotado para as questões prejudiciais.

Fala-se que, *como regra*, o juízo penal é competente para solucionar as prejudiciais que aparecerem no processo penal; no entanto, existe a possibilidade de o juízo penal suspender o curso da ação penal para que outro juízo (cível, por exemplo) decida uma questão prejudicial que irá condicionar o próprio futuro do processo penal quanto à sua existência, como no caso da solução acerca da nulidade do casamento anterior no crime de bigamia.

É possível, assim, sustentar que o sistema processual penal não adota expressamente o princípio da suficiência da ação penal, sendo este aplicado apenas *parcialmente* em decorrência da lógica do sistema, que permite ao juiz criminal decidir sobre algumas questões prejudiciais; entretanto, tratando-se de questões prejudiciais heterogêneas (devolutivas absolutas), a solução não poderá ser dada na própria ação penal, afastando-se o princípio da suficiência, já que o ponto precisará ser solucionado por outro juízo que não o penal.

7.2.4.3. *Obrigatória e facultativa*

Diz respeito à obrigatoriedade ou não do envio ("devolução") da prejudicial para solução por um juiz extrapenal. Para alguns, seria a obrigatoriedade ou não da suspensão do processo penal para que a questão prejudicial seja decidida (Badaró, 2016).

São **obrigatórias** (devolutivas absolutas) as questões que versam sobre o **estado civil das pessoas** e que, por serem da competência exclusiva de juiz cível, acarretam, obrigatoriamente, a suspensão do processo criminal.

Por outro lado, são **facultativas** (devolutivas relativas) as questões prejudiciais que **não se referem ao estado civil das pessoas** e que possibilitam ao juiz criminal suspender o processo penal para aguardar a decisão do juiz cível ou decidir incidentalmente sobre a questão sem suspender o processo penal.

Assim:

Obrigatória	Refere-se ao estado civil da pessoa	Suspensão obrigatória do processo penal	Decisão da questão prejudicial pelo juiz extrapenal
Facultativa	Não se refere ao estado civil da pessoa	Suspensão facultativa do processo penal	Decisão da questão prejudicial pelo juiz penal ou extrapenal

O estudo detalhado dessas questões será visto em tópico adiante.

7.2.4.4. *Total ou parcial*

Classificação adotada por alguns, aborda o grau de influência sobre a questão prejudicada. Se interferir na própria existência do crime, será *total*; se relacionar-se apenas com uma circunstância (uma qualificadora, agravante, causa de aumento etc.), será *parcial*.

7.2.5. Sistemas de solução

A doutrina apresenta ao menos quatro sistemas que buscam resolver quem terá competência para decidir sobre a questão prejudicial:

a) **sistema do predomínio da jurisdição penal**: também chamado de cognição imediata, sustenta que, quem conhece da ação também conhecerá da exceção, de forma que o juiz penal (que resolverá a ação penal) também será o competente para resolver a questão prejudicial. Critica-se porque acaba por ferir a divisão de competências do juízo cível e do penal e, ainda, pode gerar decisões conflitantes.

b) **sistema da separação jurisdicional absoluta**: também intitulado de prejudicialidade obrigatória, afirma que o juiz penal deve se apoiar na decisão tomada pelo juiz civil, que seria "mais especializado" para decidir sobre a questão prejudicial. Se, por um lado, evitam-se decisões contraditórias, por outro acaba por retirar o livre convencimento do juiz penal.

c) **sistema da prejudicialidade facultativa**: chamado de remessa facultativa, diz que, se prevalecer o aspecto criminal da questão prejudicial, será resolvida pelo juiz penal e, se prevalecer o aspecto civil, será solucionada pelo juiz civil. Acaba por afastar o juiz penal do julgamento de alguns pontos que poderiam ser solucionados por ele próprio.

d) **sistema misto**: ou eclético, estabelece que a solução da prejudicial poderá se dar tanto pelo juiz penal como pelo juiz extrapenal, a depender do regramento legal da matéria.

O Brasil – como quase sempre – adota o **sistema misto/eclético**, pois é aplicada a regra da separação jurisdicional absoluta no art. 92, CPP (estado civil das pessoas) e o sistema da prejudicialidade facultativa no art. 93, CPP (demais questões).

Simplificando:

SISTEMAS DE SOLUÇÃO DAS QUESTÕES PREJUDICIAIS		
Predomínio da jurisdição penal/cognição imediata	O juiz penal julga a ação penal e qualquer outra questão.	Acaba por ferir a divisão de competências e pode gerar conflitos.
Separação jurisdicional absoluta/prejudicialidade obrigatória	O juiz penal se apoiará na decisão tomada pelo juiz não penal, que é mais especializado.	Evitam-se conflitos, mas retira-se o livre convencimento do juiz.
Prejudicialidade facultativa/ remessa facultativa	Se prevalecer o aspecto criminal, julgará o juiz penal; se prevalecer o civil, o juiz civil.	Afasta o juiz do julgamento de pontos que ele próprio teria competência.
Misto/eclético	A competência variará conforme o regramento dado à matéria (arts. 92 e 93, CPP).	Se a questão disser respeito ao estado civil da pessoa, caberá ao juiz civil; do contrário, ao próprio juiz penal ou ao civil.

7.2.6. Questões prejudiciais obrigatórias

Trata-se, como visto anteriormente, de questão prejudicial que será resolvida no juízo extrapenal; por isso, haverá o **envio obrigatório** (devolução obrigatória) dessa questão.

Tem previsão no art. 92, CPP, que versa a respeito do estado civil das pessoas e obriga a suspensão do processo penal até que seja proferida uma decisão pelo juiz extrapenal, que é o competente para solucionar a controvérsia. Assim:

Diz respeito ao estado civil da pessoa	A suspensão do processo penal é obrigatória

7.2.6.1. *Pressupostos*

São pressupostos da questão prejudicial obrigatória que:

a) **a controvérsia afete a existência do crime**: a questão acerca do estado civil da pessoa deve ser tal que interfira na própria existência do delito. É o caso do agente acusado de abandono material (CP, art. 244 – em que uma das condutas é deixar, sem justa causa, de prover a subsistência de filho menor de 18 anos ou inapto para o trabalho) que alega que não é pai da vítima, ou seja, a controvérsia a esse respeito (se o autor do delito é ou não pai da vítima) interfere na elementar do tipo "filho", que é *estado civil* familiar do agente; outro exemplo é o acusado de bigamia (CP, art. 235 – contrair novo casamento já sendo casado) que alega que o seu casamento anterior é nulo por infringência de impedimento matrimonial (CC, arts. 1.521 e 1.548), isto é, se o casamento anterior for considerado nulo, o casamento posterior será considerado totalmente legal, não se tipificando o delito de bigamia, já que alterado o seu *estado civil* de "casado".

b) **a controvérsia diga respeito ao estado civil das pessoas**: por "estado civil da pessoa" entende-se a qualidade da pessoa quanto ao seu estado **familiar** (se solteiro, casado, companheiro, separado, divorciado, viúvo e se a pessoa é filha/o ou pai/mãe), **político** (se cidadão ou não cidadão, nacional, estrangeiro ou apátrida), **individual** (se maior ou menor, homem ou mulher, emancipado ou interdito) ou **profissional** (se empregado ou não), de acordo com a doutrina de César Fiuza (Curso, 2016).

c) **a controvérsia seja séria e fundada**: *séria* é a controvérsia que tenha relevo jurídico, ou seja, que realmente importe à questão prejudicial e que interfira na existência do crime; assim, não basta que se alegue que o casamento anterior é nulo e que isso não gera bigamia, sendo necessário que a alegação tenha o mínimo de plausibilidade. Além disso, é *fundada* a controvérsia que possui o mínimo de lastro probatório, de modo que se convença o juiz de que a questão sustentada realmente tem elementos que podem interferir na tipificação do crime (Madeira, 2015).

Em suma, são pressupostos da questão prejudicial obrigatória:

A controvérsia deve afetar a própria existência/tipificação do crime	O ponto duvidoso surgido trata da existência ou não do delito, interferindo nos seus elementos de existência.
A controvérsia deve tratar do estado civil da pessoa	A dúvida surgida deve dizer respeito ao estado civil da pessoa (se casada, se menor de idade etc.).
A controvérsia deve ser séria e fundada	A questão deve ter o mínimo de plausibilidade e de lastro probatório.

7.2.6.2. *Consequências*

Entendendo o juiz que há uma questão prejudicial séria e fundada que afete a existência do crime e que diga respeito ao estado civil da pessoa, ele **deverá obrigatoriamente**

suspender o processo penal, de ofício ou a requerimento das partes (art. 94, CPP), até que o juiz extrapenal decida definitivamente a respeito, isto é, com trânsito em julgado. Ressalta-se que o Código Processual é taxativo ao mencionar que o curso da **ação penal** ficará suspenso, de forma que não é possível a suspensão do inquérito policial para se resolver uma questão prejudicial obrigatória.

Lembre-se que, por se tratar de questão prejudicial obrigatória (devolutiva absoluta), o decidido pelo juiz extrapenal **vinculará o juiz penal**, ou seja, se o juiz civil entender, *v.g.*, que a vítima não é filha do acusado de abandono material, não poderá o juiz penal – entendendo contrariamente a isso – condenar o agente pelo crime afirmando que a vítima é, sim, filha. Diz-se, portanto, que a decisão extrapenal faz coisa julgada no juízo criminal.

Nos termos do art. 116, I, CP, durante a suspensão do processo penal por questão prejudicial, **não correrá a prescrição**, que é suspensa (o prazo anterior já transcorrido será somado ao que correr após o término de suspensão – e não "reiniciado do zero"). Assim, se o juiz penal, julgando um crime de bigamia, envia ao juízo cível a resolução da questão acerca da nulidade ou não do casamento, o curso da ação penal e da prescrição ficará suspenso até que o juiz civil a resolva, e, uma vez solucionada, o processo retoma seu curso normal, assim como a prescrição voltará a correr de onde parou. Ressalta-se que não há limite de duração dessa suspensão, gerando a chamada *crise de instância*, em que processo e prescrição ficam suspensos até a solução da crise (da questão prejudicial obrigatória).

Outra consequência envolvendo a questão prejudicial obrigatória trata da inquirição de testemunhas. A lei impõe ao juiz que, antes mesmo de a ação penal e o prazo prescricional sejam suspensos, **inquira as testemunhas e realize outras provas de natureza urgente**, com o objetivo de evitar o seu perecimento – até porque, a solução da questão no juízo cível pode levar anos e isto não pode ser empecilho para a coleta de provas criminais.

Ponto importante trata da atuação do **Ministério Público**. Dispõe o p.ú. do art. 92, CPP, que, se o crime for de ação penal pública, o *Parquet*, quando necessário, promoverá a ação civil ou prosseguirá na que tiver sido iniciada, com a citação dos interessados. Explica Tourinho (Manual, 2008) que pode ocorrer de as partes, enviadas ao juízo cível, se desinteressarem pelo andamento do processo civil, o que poderia paralisar ou atrasar sobremaneira o processo penal; por isso, a lei afirma que o Ministério Público, no caso de ação penal pública, poderá mover a ação civil ou prosseguir na já iniciada, citando os interessados, o que trará celeridade ao desfecho da questão prejudicial e a resolução do processo penal em seguida.

Por fim, quanto ao **recurso** cabível, há duas situações: (a) o juiz *defere* a suspensão do processo, cabendo recurso em sentido estrito, conforme o art. 581, XVI, CPP; ou (b) o juiz *indefere* o pedido de suspensão do processo, não havendo recurso previsto na legislação, sendo cabível, se o caso, "habeas corpus".

Não ocorrendo a suspensão do processo penal diante de uma questão prejudicial obrigatória, a decisão penal será nula, combatida por "habeas corpus" se preenchidos os requisitos legais autorizadores do remédio constitucional.

Resumindo:

QUESTÃO PREJUDICIAL OBRIGATÓRIA
Haverá a suspensão obrigatória do processo penal e da prescrição, por prazo indeterminado, até a resolução da questão no juízo extrapenal.
A decisão proferida no juízo extrapenal vinculará o juiz criminal, que deverá adotá-la obrigatoriamente.
Antes da suspensão do processo e da prescrição, o juiz penal poderá inquirir testemunhas e realizar outras provas consideradas urgentes.
O Ministério Público, sendo a ação penal pública, promoverá a ação civil ou prosseguirá a que já tiver sido intentada, dando celeridade ao feito.
Se o juízo penal suspender o processo, caberá RESE; se não suspender, poderá caber "habeas corpus".

7.2.7. Questões prejudiciais facultativas

Possui previsão no art. 93, CPP, e trata da controvérsia sobre questão extrapenal que não diga respeito ao estado das pessoas (pois que daí seria uma prejudicial obrigatória, do art. 92, CPP) e que afete a existência do crime. Logo:

Não diz respeito ao estado civil da pessoa	A suspensão do processo penal é facultativa

7.2.7.1. *Pressupostos*

São pressupostos da questão prejudicial facultativa que:

a) **a controvérsia afete a existência do crime**: tal como estudado na prejudicial obrigatória, apenas haverá uma controvérsia a ser solucionada se de fato isso interferir na *existência* do crime.

b) **a controvérsia seja questão extrapenal diversa do estado civil das pessoas**: diversamente da prejudicial do art. 92, CPP, aqui exige-se que a controvérsia não se relacione com o estado civil dos agentes. Ex.: um acusado de furto sustenta que a coisa é de sua propriedade, e não alheia.

c) **já exista uma ação civil em curso tratando do objeto da controvérsia**: ao contrário do que ocorre na prejudicial obrigatória, em que o juiz, diante da controvérsia, *remete* as partes ao juízo extrapenal, aqui, tratando-se de prejudicial facultativa, exige-se, para que o processo penal seja suspenso, que já esteja tramitando uma ação civil anteriormente à ação penal, ou seja, o juiz *não remete* as partes a nenhum juízo, mas aguarda – ou não, como se verá – a solução daquela demanda (Marcão, 2016).

d) **a questão seja de difícil solução**: viu-se, no item anterior, que o juiz criminal poderá, ou não, aguardar a resolução da prejudicial facultativa, que está em curso no juízo extrapenal. Assim, entende-se que o juiz aguardará a solução da prejudicial em outro juízo apenas se ela realmente for de difícil solução; embora o Código não tenha explicitado o que isso significa, pode-se aplicar a mesma ideia da expressão "difícil solução", referente às prejudiciais obrigatórias, ou seja, o juiz aguardará a decisão extrapenal se for o caso de alta indagação, isto é, *séria* (plausível) e *fundada* (com o mínimo de elementos de prova). Do contrário, quer dizer, se não for de difícil solução, consoante se verá na sequência, o próprio juiz penal decidirá a questão.

e) **a questão não verse sobre direito cuja prova a lei civil limite**: no Processo Penal, todo e qualquer meio de prova é admitido, com ressalvas apenas às provas ilícitas. Diferentemente disso, o Processo Civil impõe, em alguns casos, restrições, como por exemplo, a proibição de o menor de 16 anos ser testemunha (arts. 447, § 1º, III, CPC, e 228, CC), enquanto que toda pessoa pode ser testemunha num processo criminal (art. 202, CPP). Desta forma, as partes teriam dificuldades de produzir uma prova testemunhal em processo civil se a testemunha tiver 15 anos de idade, p. ex., enquanto que, no processo criminal, não haveria esse empecilho. Logo, sempre que houver limitação à prova prevista na lei civil, a questão não sairá do juízo penal para a sua solução, considerando que as provas penais serão mais amplas e garantirão uma maior segurança ao acusado na produção probatória, que está com sua liberdade em jogo.

Então:

» A controvérsia afeta a própria existência do crime.
» A controvérsia não diz respeito ao estado civil da pessoa.
» Já existe um processo extrapenal tratando da matéria.
» A questão deve ser de difícil solução para que o processo penal seja suspenso.
» A questão não versará sobre direito cuja prova a lei civil limite.

7.2.7.2. *Consequências*

Entendendo o juiz que há uma questão prejudicial facultativa, duas possibilidades surgem:

i) o próprio juiz penal poderá resolver *incidenter tantum*, isto é, incidentalmente, tal como resolver a dúvida acerca da propriedade do bem objeto de furto; ou

ii) suspender o processo penal, com as consequências abaixo.

Se entender o juiz pela **suspensão do processo**, de ofício ou a requerimento das partes (art. 94, CPP), fixará um prazo, que poderá ser prorrogado razoavelmente, desde que a demora não seja imputada às partes. Durante esse período em que o processo penal ficará suspenso aguardando a solução do juízo extrapenal, a **prescrição também ficará suspensa**, conforme o art. 116, I, CP, nos mesmos moldes do estudado nas prejudiciais obrigatórias.

Mas atenção: vencido o prazo de suspensão sem que o juiz cível tenha proferido decisão, o juiz criminal fará prosseguir o processo, retomando sua competência para resolver, de fato e de direito, toda a matéria da acusação ou da defesa (§ 1º, art. 93, CPP). Então, diversamente do que ocorre na prejudicial obrigatória, **aqui não há crise de instância**, ou seja, findo o prazo de suspensão do processo/prescrição, a questão é retomada pelo juiz criminal.

Entende-se que, enquanto houver a suspensão do processo penal, o juiz criminal está apenas "temporariamente incompetente" para resolver a prejudicial facultativa, até que haja a decisão extrapenal ou tenha cessado o prazo de suspensão sem resolução daquela. Não sendo ela solucionada em tempo hábil, o juiz criminal "retoma a sua competência". Todavia, resolvida a questão durante a suspensão do processo penal, o juiz criminal estará *vinculado* a ela, não podendo decidir contrariamente, pois incompetente (Greco Filho, 2012), até porque, a decisão extrapenal ocorreu por quem possuía competência em razão da matéria. Veja, então, que a decisão extrapenal fará **coisa julgada no juízo criminal.**

O Código de Processo Penal afirma, no final do art. 93, que o juiz poderá, no caso de prejudicial facultativa, assim como ocorre na prejudicial obrigatória, suspender o processo penal após a **inquirição das testemunhas e realização das outras provas de natureza urgente.**

No que diz respeito à atuação do *Parquet*, dispõe o § 3º do art. 93, CPP, que, suspenso o processo, e tratando-se de crime de ação pública, incumbirá ao **Ministério Público** intervir imediatamente na causa cível, para o fim de promover-lhe o rápido andamento. Desta forma, o próprio órgão do MP que estiver atuando no processo-crime terá atribuição para intervir na causa cível, objetivando o seu rápido andamento (Tourinho, 2008); contrariamente a isso, há doutrina afirmando que, apesar do texto legal expresso, não caberia ao Ministério Público promover o rápido andamento do processo extrapenal, mas ao juiz do caso, atribuindo-se ao MP apenas a atuação como *custus iuris*, formulando requerimentos que levem celeridade ao processo (Marcão, 2016).

Quanto ao **recurso** cabível, aqui também há duas situações: (a) o juiz *defere* a suspensão do processo, cabendo recurso em sentido estrito, conforme o art. 581, XVI, CPP; ou (b) o juiz *indefere* o pedido de suspensão do processo, não havendo recurso previsto na legislação, sendo cabível, se o caso, "habeas corpus".

Não havendo a suspensão do processo em prejudicial facultativa, será cabível a revisão criminal no caso de a decisão extrapenal acabar por contradizer, depois, a condenação criminal (Badaró, 2016). É o caso, p. ex., de a suspensão do processo penal se findar e o juiz criminal retomar a solução da questão prejudicial, condenando o agente por furto, pois a coisa era "alheia"; no entanto, tempos depois, com o processo civil ainda em andamento, entende o juízo cível que a coisa então "furtada" era, na verdade, do próprio acusado – autorizar-se-á, neste caso, o ajuizamento de revisão criminal, como se verá em capítulo específico.

Em suma:

QUESTÃO PREJUDICIAL FACULTATIVA
» Haverá a suspensão facultativa do processo penal e da prescrição; o juiz penal pode, se assim entender, resolver a questão incidentalmente.
» Já deve existir um processo extrapenal em curso.
» É possível prorrogar o período de suspensão do processo penal.
» Findo o prazo de suspensão, o juiz penal retoma a questão prejudicial para decidi-la.
» Antes da suspensão do processo e da prescrição, o juiz penal poderá inquirir testemunhas e realizar outras provas consideradas urgentes.
» O Ministério Público atuará no juízo extrapenal para promover o seu rápido andamento.
» Se o juízo penal suspender o processo, caberá RESE; se não suspender, caberá "habeas corpus".
» Será cabível revisão criminal se a decisão extrapenal acabar por contradizer, depois, a condenação penal.

7.3. PROCEDIMENTOS INCIDENTES

Viu-se que os **incidentes processuais** podem ser de duas ordens: (a) questões prejudiciais e (b) procedimentos incidentes. O estudo daquelas foi feito no item anterior e, agora, passe-se ao estudo destes.

O Código Processual fala em "processos incidentes", mas, como já se advertiu, a melhor doutrina ensina que o correto é "procedimentos incidentes" – expressão que será aqui empregada– pois não há a formação de um novo processo, mas apenas um ponto que precisará ser decidido antes do mérito penal, mas no curso da própria persecução penal.

Procedimentos incidentes, portanto, são as questões que dizem respeito ao processo e que, por isso, podem ser solucionadas pelo próprio juiz criminal. São as exceções, incompatibilidades e impedimentos, restituição de coisas apreendidas, medidas assecuratórias, incidentes de falsidade e incidentes de insanidade mental do acusado.

A fim de sistematizar o estudo consoante a organização do Código de Processo Penal, estudaremos, nos procedimentos incidentes, o seguinte:

a) exceções;

b) conflito de jurisdição;

c) restituição de coisas apreendidas;

d) medidas assecuratórias;

e) incidente de falsidade documental;

f) incidente de insanidade mental.

7.3.1. Exceções

7.3.1.1. *Considerações iniciais*

Na lição de Renato Marcão (Código, 2016), as exceções são questões jurídicas cuja análise precedente ao mérito se impõe ao juiz do feito, com o objetivo de decidir sobre a ausência, ou não, de pressupostos processuais e condições da ação.

Trata-se de forma de **defesa indireta**, em que a parte não ataca o mérito da causa penal (que é uma defesa direta), mas, sim, objetiva impedir o seu julgamento ou transferi-lo a outro juízo.

7.3.1.2. *Classificações*

De acordo com a consequência da exceção alegada, esta pode ser:

a) **dilatória**: o seu acolhimento não gerará a extinção do processo, mas a sua transferência a outro juízo, considerando que a sua alegação objetivou apenas consertar uma falha que estava ocorrendo; por isso é que "dilatará o processo", procrastinando-o, levando mais tempo para se findar. São os casos de suspeição, impedimento e incompetência.

b) **peremptória**: o seu acolhimento gerará a extinção do processo, pois o vício processual é grave e não há como consertá-lo. São os casos de exceção de litispendência e de coisa julgada.

A exceção de ilegitimidade de parte apresenta divergência na doutrina. Para uns (Badaró, 2016), trata-se de exceção peremptória, com a consequente extinção do processo; para outros (Mirabete, 2007), trata-se de exceção dilatória, com a declaração de nulidade apenas nesse ponto e continuação do processo em relação à parte legítima; ou, então, para outros ainda (Marcão, 2016), trata-se de exceção peremptória ou dilatória, a depender do caso concreto.

7.3.1.3. *Regramento básico das exceções*

Algumas regras são comuns a todas as espécies de exceção, nos termos do art. 111, CPP: (i) são autuadas em apenso, isto é, separadas do processo principal; e (ii) como regra, não suspendem o processo penal, que continuará tramitando ao lado da exceção apensada – as ressalvas a isso serão analisadas caso a caso.

Assim:

Autuação em apenso	Não suspendem o processo penal, como regra

Destaca-se que, conforme o art. 96, CPP, a arguição de suspeição precederá a qualquer outra, salvo quando fundada em motivo superveniente. A questão é lógica, já que deve haver isenção e imparcialidade para que se decida a respeito de qualquer outra exceção, sendo a suspeição a primeira a ser analisada.

7.3.1.4. *Exceção de suspeição e de impedimento*

7.3.1.4.1. *Considerações iniciais*

Como estudado no capítulo sobre os princípios do Processo Penal, a imparcialidade do juiz é uma garantia das partes. De acordo com Tourinho, "não se pode admitir juiz parcial. Se o Estado chamou para si a tarefa de dar a cada um o que é seu, essa missão não seria cumprida se, no processo, não houvesse imparcialidade do juiz" (Manual, 2008, p. 18).

Além da imparcialidade objetiva, que determina seja a competência do juiz fixada *ante facto*, o juiz deve ter **imparcialidade subjetiva** também, isto é, deve ser livre de suspeição (art. 254, CPP) e de impedimento (art. 252, CPP).

No mais, trata-se de **exceção dilatória**, pois visa a afastar o juiz suspeito, impedido ou incompatibilizado, de forma que o processo continuará tendo curso, mas, agora, no devido juízo imparcial.

7.3.1.4.2. *Legitimados*

Consoante o art. 98, CPP, qualquer parte (excipiente) pode pretender recusar o juiz (excepto). São legitimados a opor tal exceção o acusado, o querelado, o querelante e o Ministério Público. Quanto ao assistente de acusação, majoritariamente entende-se haver legitimação, pois trata-se de parte processual também.

Além disso, o próprio juiz pode *reconhecer* a sua parcialidade de ofício e, com isso, afastar-se do processo (art. 97, CPP). Para tanto, o fará por escrito, declarando o motivo legal e remeterá imediatamente o processo ao seu substituto legal, intimando-se as partes.

Legitimados
» Acusado ou querelado
» Ministério Público ou querelante
» Assistente de acusação
» O próprio juiz, de ofício

7.3.1.4.3. *Momento*

Com relação ao momento processual para a alegação, há que se analisar algumas situações possíveis (Avena, 2011):

a) a parte, se tomar conhecimento da parcialidade do juiz ainda durante as investigações e *for necessária* alguma determinação judicial cautelar, como uma prisão provisória ou uma interceptação telefônica, poderá alegar a parcialidade do juiz nos mesmos moldes em que faria no curso do processo, evitando-se, com isso, que um juiz parcial atue nas investigações e, até, que receba a inicial acusatória ulteriormente. Assim, não teria lógica o juiz, casado com a promotora de justiça, determinar todas as medidas requeridas por esta no curso das investigações para, somente tempos depois (meses ou anos, p. ex.), no processo em si, ser alegada a sua parcialidade, anulando-se os atos anteriormente praticados no curso das investigações.

b) a parte, se tomar conhecimento da parcialidade do juiz no curso do inquérito, mas *não for necessária* nenhuma medida judicial, alegará a parcialidade no momento do oferecimento da peça acusatória (para a acusação) ou da resposta à acusação (para a defesa), cf. art. 396-A, § 1º, CPP, isto é, no primeiro momento em que se manifestar nos autos.

c) a parte, no curso do processo penal, ao tomar conhecimento da parcialidade do juiz, poderá, a qualquer momento – desde que antes da sentença, claro – opor a exceção. Da mesma forma, se o fato que ocasionou a parcialidade for superveniente (STJ, HC nº 396.551/SP, rel. Min. Reynaldo Soares da Fonseca, j. 03.10.17). Se alegada verbalmente, será reduzida a termo.

De acordo com o Superior Tribunal de Justiça, a declaração, pelo juiz, de suspeição por motivo superveniente não tem efeitos retroativos, isto é, não gerará a nulidade dos atos processuais praticados em momento anterior ao *fato ensejador da suspeição* (AgRg no AREsp nº 837.787/SP, rel. Min. Napoleão Nunes Maia Filho, j. 18.10.16; e HC nº 48.889/RS, rel. Min. Felix Fischer, j. 06.06.06).

d) a parte, descobrindo a parcialidade do juiz após a prolação da sentença, a alegará isso como preliminar de seu recurso. Se já ocorreu o trânsito em julgado de sentença absolutória, nada poderá ser feito, pois não é possível desconstituir esse tipo de decisão; mas, tratando-se de decisão condenatória, caberá "habeas corpus" ou revisão criminal para anular os atos judiciais (art. 564, I, CPP), em benefício do acusado que foi condenado por juiz parcial.

7.3.1.4.4. *Procedimento*

A alegação poderá ser feita diretamente pela parte ou por meio de procurador com **poderes especiais**, acompanhada de prova documental e de rol de testemunhas, se for necessário (a lei não prevê um número, mas entende-se ser o máximo de três testemunhas para cada fato alegado, em analogia ao art. 357, § 6º, CPC).

É importante ressaltar que, ainda que a parte seja assistida pela Defensoria Pública (que independe da outorga de mandato para o foro geral, cf. o art. 128, XI, LC nº 80/94), faz-se necessária a outorga de poderes especiais sempre que a lei assim exigir, tal como se dá para a suscitação de exceção de suspeição/impedimento (STJ, REsp nº 1.431.043/MG, rel. Min. Maria Thereza de Assis Moura, j. 16.04.15; AgRg no AREsp nº 959.615/ES, rel. Min. Reynaldo Soares da Fonseca, j. 20.10.16).

Há duas possibilidades quando do oferecimento da exceção:

(1) o juiz a acolhe e reconhece sua parcialidade (art. 99, CPP). Então, ele sustará a marcha do processo, mandará juntar aos autos a petição do excipiente com os documentos que a instruam e ordenará a remessa dos autos ao juiz substituto. **Suspende-se o curso do processo** porque o reconhecimento da exceção gera o afastamento do juiz originário do processo até o envio dos autos ao substituto legal – mas **não haverá a suspensão e nem a interrupção da prescrição.**

O juiz substituto (consoante a Lei de Organização Judiciária local) que receber o processo poderá, ou não, concordar com o reconhecimento da parcialidade do juiz originário: se concordar, assumirá normalmente o processo; se não concordar, suscitará conflito negativo de competência.

No mais, em regra, os atos judicias praticados até o reconhecimento da parcialidade não são nulos, diante da presunção de boa-fé do juiz; todavia, pode ocorrer de a suspeição ter sido reconhecida já no curso do processo, em fase avançada, de modo que, se a parte se sentir prejudicada, poderá impetrar *habeas corpus* ou mandado de segurança objetivando anular os atos anteriormente praticados. De qualquer modo, a parte deverá observar os marcos temporais do art. 571, CPP, para alegação de nulidades – como será estudado oportunamente.

(2) o juiz não acolhe a exceção de parcialidade (art. 100, CPP). Então, mandará autuar em separado a petição, dando resposta em 3 dias, podendo instrui-la com provas e testemunhas e, em seguida, determinará sejam *os autos da exceção* remetidos, em 24 horas, ao tribunal competente para julgamento – sem suspensão do processo.

Inicialmente, se manifestamente improcedente, o relator, no tribunal, a rejeitará liminarmente; do contrário, recebendo-a, determinará a citação das partes e designará dia e hora para inquirir as testemunhas, se o caso, seguindo-se, sem manifestações outras das partes, ao julgamento de procedência ou improcedência da exceção.

Julgada procedente a exceção, serão nulos os atos do processo principal, pagando o juiz as custas no caso de *erro inescusável*. Consoante o Superior Tribunal de Justiça, somente a parcialidade originária (desde o início do processo) é que nulifica todo o processo, pois, se superveniente (surgida no curso do processo), como visto, nulifica apenas os atos posteriores, sem retroatividade (RHC nº 19.853/SC, rel. Min. Hamilton Carvalhido, j. 30.10.07).

Por outro lado, julgada improcedente pelo tribunal, o juiz excepto permanecerá atuando no processo, podendo, se o caso, ser imposta multa ao excipiente se a arguiu maliciosamente. Parte da doutrina entende não ser mais possível impor multa, diante do seu valor defasado (pois prevista em réis). O excipiente também pagará as custas (art. 804, CPP).

Nos termos do art. 102, CPP, caso a parte contrária reconheça a procedência da arguição, poderá ser sustado, a seu requerimento, o processo principal, até que seja julgado o incidente de suspeição. Entende-se que essa suspensão ficará ao critério do tribunal, mas de acordo com a manifestação da outra parte.

7.3.1.4.5. *Recurso*

Não há previsão de recurso contra a decisão do juiz que se declara suspeito (ainda que ausente um motivo legal); isso porque, se o próprio juiz se entendeu por parcial, não há meio para o tribunal obrigá-lo a julgar a causa.

Já contra a decisão do julgador que acolhe a exceção de sua parcialidade *não cabe recurso* (art. 581, III, CPP, ao contrário). Como se verá, o recurso em sentido estrito somente é cabível contra decisões proferidas por juiz de primeiro grau e, como analisado aqui, a exceção de parcialidade do juiz é a *única* das exceções que é julgada pelo **tribunal** – logo, incabível o recurso em sentido estrito e não há previsão de outro recurso.

De qualquer modo, presentes os requisitos, é possível a interposição de recurso extraordinário ou recurso especial, ou, se o caso, a impetração de "habeas corpus".

7.3.1.4.6. *Parcialidade de outros agentes*

Além do juiz de primeiro grau, outros agentes que atuam no processo podem ver sua parcialidade questionada. Assim:

i) **tribunais de 2ª instância e tribunais superiores**: é o caso dos desembargadores e dos Ministros. Nos termos do art. 103, CPP, eles devem se declarar suspeitos de ofício ou, se o caso, acolher a arguição de parcialidade interposta pela parte, nos termos dos regimentos internos. Se o juiz reconhecido suspeito for o *revisor*, enviará os autos ao seu substituto; se for o *relator*, solicitará nova distribuição; se não for nem revisor e nem relator, declarar-se-á suspeito verbalmente, na sessão de julgamento; se a suspeição for de presidente de tribunal, caberá ao seu vice designar dia para julgamento. Não acolhida a suspeição de imediato, serão aplicadas as regras comuns do Código Processual (arts. 98 a 101).

ii) **Ministério Público**: nos termos do art. 258, CPP, aplicam-se aos seus membros as mesmas prescrições relativas à suspeição e ao impedimento dos juízes. Assim, o membro do Ministério Público deve, antes de mais nada, declarar-se suspeito, deixando de atuar no processo, sendo irrecorrível esta abstenção. Se, todavia, assim não agir, caberá exceção de suspeição, cf. o art. 104, CPP – assim, arguida esta suspeição, o juiz, depois de ouvir o membro do MP, decidirá *sem recurso*, podendo, antes disso, admitir a produção de provas no prazo de 3 dias. Como visto, não há recurso cabível, sendo possível, se o caso, a impetração de mandado de segurança.

   Vale a crítica feita por Norberto Avena (Processo, 2011), que considera o art. 104, CPP, inconstitucional, por haver uma indevida ingerência do Poder Judiciário sobre o Ministério Público, considerando que aquele decidirá o destino deste no processo. Em suas palavras, "não concebemos a possibilidade de que tenha o magistrado, na atual concepção normativa, poder e legitimidade para afastar o órgão do Ministério Público do processo em que oficia sob o argumento de suspeição. Logo, o afastamento do membro do Ministério público, se ocorrer, deve partir de ato interno da instituição, determinado pelos órgãos colegiados que a compõem" (p. 366). Em sentido diametralmente oposto, Guilherme Madeira (Curso, 2015) afirma que a análise da parcialidade do membro do MP "não pode ficar a cargo da própria instituição, que deve zelar pelo cumprimento de regras administrativas pelo promotor, mas não da atividade profissional no que tange a mantê-lo no processo ou não" (p. 347).

No mais, destaca-se a súmula nº 234 do STJ, que dispõe que **a participação de membro do Ministério Público na fase investigatória não acarreta o seu impedimento ou suspeição para o oferecimento da denúncia.** No mesmo sentido entende o Supremo Tribunal Federal, considerando que essas funções são inerentes à atuação institucional do Ministério Público (HC nº 86.346/SP, rel. Min. Joaquim Barbosa, j. 18.04.06).

Outro destaque deve se dar à possibilidade de **atuação sucessiva** de cônjuges que são promotores de justiça. Assim, se André é promotor de justiça e tira férias, sua esposa, Flávia, também promotora de justiça na mesma comarca, poderá atuar nos processos criminais de seu marido, considerando que **não há impedimento de atuação sucessiva de cônjuges promotores de justiça** (STF, ES nº 5/RJ, rel. Min. Marco Aurélio, j. 03.04.08; e HC nº 77.959/PB, rel. Min. Octavio Gallotti, j. 02.02.99).

Por fim, entende-se, majoritariamente, que os atos praticados por promotor de justiça suspeito são *anuláveis* (nulidade relativa), não sendo nulos por falta de previsão legal nesse sentido (STJ, HC nº 145.368/PE, rel. Min. Napoleão Nunes Maia Filho, j. 13.04.10). Minoritariamente (Badaró, 2016), entende-se tratar de ato nulo (nulidade absoluta), sendo o caso de aplicação do art. 564, I, CPP, tal como se aplica ao juiz.

iii) **serventuários da Justiça**: consoante o art. 105, CPP, as partes poderão também arguir a suspeição dos peritos (art. 280, CPP), dos intérpretes (art. 281, CPP) e dos serventuários ou funcionários de justiça (art. 274, CPP), decidindo o juiz de plano e sem recurso, à vista da matéria alegada e prova imediata. Parte da doutrina (Nucci, 2007) entende que não deveria existir referida hipótese, uma vez que tais agentes não adotam nenhuma providência decisória no processo e nem auxiliam o juiz a decidir, mas apenas exercem meros trabalhos administrativos; logo, ainda que haja um perito amigo íntimo do réu, não adviria nenhum prejuízo disso. No mais, há quem entenda (Madeira, 2015) que tal exceção é possível e, ainda, deve ser conferida interpretação consoante a Constituição da República, oportunizando-se, ao contrário do texto legal, momento para defesa e produção probatória aos envolvidos.

iv) **delegado de polícia**: de acordo com o art. 107, CPP, não se poderá opor suspeição às autoridades policiais nos autos do inquérito, mas deverão elas declarar-se suspeitas, quando ocorrer motivo legal. Assim, é incabível exceção de parcialidade em face do delegado de polícia, mas este deverá, de ofício, abster-se da condução das investigações, caso verifique alguma situação de suspeição (art. 254, CPP). Sustenta-se que, como o inquérito policial tem natureza inquisitorial e preparatória à ação penal, não há razão para se verificar a parcialidade do delegado de polícia.

Critica-se tal situação, uma vez que se trata apenas de uma aparente "recomendação" à autoridade policial declarar-se suspeita e nem sempre ela reconhecerá sua parcialidade na condução do inquérito policial, de forma que poderá ocorrer situação perversa em que um delegado investigará um roubo em que sua esposa foi vítima ou, pior, investigará um crime praticado por seu inimigo capital. Mesmo que inquisitório o inquérito policial, a colheita de elementos informativos poderá – de forma hipotética – ser feita direcionada de uma ou outra forma conforme a parcialidade do delegado de polícia, o que é um perigo ao bom andamento das investigações.

Entende-se, todavia, que, se verificada a parcialidade do delegado e este não se abster de conduzir as investigações, poderá o interessado requerer ao Delegado--Geral da polícia (ou outro superior hierárquico) o afastamento da autoridade policial suspeita, por decisão administrativa, o que, inclusive, pode ser corroborado pelo art. 1º, § 4º, Lei nº 12.830/13 ("o inquérito policial ou outro procedimento previsto em lei em curso somente poderá ser avocado ou redistribuído por superior hierárquico, mediante despacho fundamentado, por motivo de interesse público ou nas hipóteses de inobservância dos procedimentos previstos em regulamento da corporação que prejudique a eficácia da investigação").

Por fim, como bem entende o Supremo Tribunal Federal, a suspeição do delegado que presidiu o inquérito policial não o invalida e nem constitui justa causa para a nulidade da ação penal (RHC nº 131.450/DF, rel. Min. Cármen Lúcia, j. 03.05.16; e HC nº 121.008/DF, rel. Min. Celso de Mello, j. 22.06.15).

v) **jurados**: o jurado sorteado deverá, por si, dar-se por suspeito, se o caso; se assim não proceder, a sua suspeição deverá ser arguida oralmente, após ser sorteado para compor o conselho de sentença (arts. 468 e 449, CPP), sob pena de preclusão, decidindo o juiz presidente do tribunal do júri, que a rejeitará se, negada pelo jurado recusado, não for imediatamente comprovada, e tudo constará da ata (art. 106, CPP). Vê-se, pois, que a suspeição do jurado deve ser motivada e provada, não se limitando ao número das recusas peremptórias, de três, que são imotivadas.

7.3.1.4.7. *Causas de suspeição e impedimento*

Os motivos que geram a suspeição e o impedimento serão vistos em capítulo próprio, referente aos sujeitos do processo. No momento, ter-se-á apenas uma visão ampla dos institutos, considerando que todas elas são consideradas causas de **parcialidade** dos atores do processo.

Bem explica Nucci (Manual, 2007) que a **suspeição** (art. 254, CPP) é a parcialidade do agente em razão do vínculo que possui com uma das partes (amizade, inimizade, dar conselhos à parte etc.) ou com o assunto debatido no processo (um parente possui um processo análogo etc.); já o **impedimento** (art. 252, CPP) é a parcialidade com o processo em si (o juiz foi testemunha, a mulher do promotor de justiça tem interesse na causa etc.).

Consoante o Supremo Tribunal Federal, na suspeição há vínculo do juiz com qualquer das *partes*; no impedimento há interesse do juiz com o *objeto* do processo (HC nº 77.622/SC, rel. Min. Nelson Jobim, j. 10.11.98).

7.3.1.4.8. *A incompatibilidade*

O Código de Processo Penal, pelo o que se viu até agora, especifica a exceção de suspeição e de impedimento e fornece as respectivas hipóteses; todavia, é omisso em relação ao conceito das incompatibilidades.

O Capítulo III, do Título VI (Questões e Processos Incidentes), possui apenas o art. 112, CPP, e estabelece que o juiz, o órgão do Ministério Público, os serventuários ou funcionários de justiça e os peritos ou intérpretes **abster-se-ão de servir no processo, quando houver incompatibilidade ou impedimento legal, que declararão nos autos**. Se não se der a abstenção, a incompatibilidade e o impedimento poderão ser arguidos pelas partes, seguindo-se o processo estabelecido para a exceção de suspeição.

Na doutrina de Marcellus Polastri Lima (Curso, 2016, p. 388), tem-se o seguinte: "na verdade, enquanto a suspeição advém do vínculo ou relação do juiz com as partes do processo, o impedimento revela o interesse do juiz em relação ao objeto da demanda, e a incompatibilidade, via de regra, encontra guarida nas Leis de Organização Judiciária, e suas causas estão amparadas em razões de conveniência".

E como arremata Pacelli (Curso, 2012, p. 291-292), "enquanto os casos de suspeição e de impedimento têm previsão expressa no Código de Processo Penal, as incompatibilidades previstas no art. 112 do CPP compreenderão **todas as demais situações que possam interferir na imparcialidade do julgador** e que não estejam arroladas entre as hipóteses de uma e outra. É o que ocorre, por exemplo, em relação às razões de foro íntimo, não previstas na casuística da lei, mas suficientes para afetar a parcialidade do julgador".

O autor, ao lado de Douglas Fischer, ainda afirma que a incompatibilidade é a demonstração da falibilidade do legislador, pois não seria possível prever todas as situações que poderiam gerar a parcialidade do julgador (e das partes do processo) apenas nos róis que tratam da suspeição e do impedimento; logo, o art. 112, CPP, seria **propositadamente aberto**, com aplicação genérica e não expressa de situações de parcialidade; os autores utilizam, inclusive, o termo *reserva prudente da falibilidade da atividade legislativa* (Comentários, 2012), pois a incompatibilidade seria **qualquer causa de parcialidade que não configure suspeição ou impedimento**.

Outro exemplo dado é a situação do filho do juiz ser arrolado como testemunha – não há suspeição e nem impedimento, mas há grande probabilidade de haver parcialidade do juiz, o que comportaria, portanto, a alegação de incompatibilidade.

Vale ressaltar que havia a Resolução nº 82/09, do CNJ, que determinava aos magistrados de primeiro e segundo graus que *expusessem* suas razões, à Corregedoria, sempre que declarassem incompatibilidade por "razões de foro íntimo". Todavia, foi ajuizada a ADI nº 4.260/DF (Min. Rosa Weber, j. 09.09.16) julgada prejudicada ante a revogação da referida norma pelo Conselho Nacional de Justiça e diante da nova disposição prevista no art. 145, § 1º, CPC, que previu que "poderá o juiz declarar-se suspeito por motivo de foro íntimo, **sem necessidade de declarar suas razões**" – cuja aplicação ao Processo Penal é possível, por analogia, diante do art. 3º, CPP.

Quanto ao procedimento, aplica-se o mesmo rito da exceção de impedimento e suspeição. Já no que diz respeito às consequências, entende parte da doutrina que os atos praticados no caso de incompatibilidade gerarão sua **inexistência**; para outros, haverá **nulidade absoluta**.

Contra a decisão que não reconhece a incompatibilidade não há recurso previsto, podendo ser impetrado "habeas corpus" ou mandado de segurança, se preenchidos os requisitos legais.

7.3.1.4.9. *Quadro geral*

Finalidade	Manter a imparcialidade do juiz
Legitimados	Acusado, acusação e seu assistente
Momento e procedimento	Dependerá da atuação do juiz e da fase do processo
Recurso	Não cabe recurso, mas HC ou MS, se o caso

7.3.1.5. *Exceção de incompetência de juízo*

7.3.1.5.1. *Considerações iniciais*

Trata-se de exceção dilatória em que a parte pede que seja reconhecida a **incompetência territorial (relativa)** do juízo – chamada de *declinatoria fori* –, apresentada perante o juízo considerado incompetente para que envie os autos ao competente.

Se for o caso de incompetência absoluta, será desnecessário apresentar exceção, bastando simples petição ou alegação em qualquer outra peça processual, a qualquer momento.

No Processo Penal, **o juiz pode reconhecer de ofício** tanto a sua incompetência **relativa** como a sua incompetência **absoluta** (trata-se do princípio *kompetenz-kompetenz*), cf. o art. 109, CPP. Assim, consoante já estudado, não se aplica a súmula nº 33 do STJ ao Processo Penal ("a incompetência relativa não pode ser declarada de ofício"), que é exclusiva do Direito Processual Civil.

7.3.1.5.2. *Legitimados*

Em regra, caberá à defesa a sua alegação. No que tange ao Ministério Público (e ao querelante), há divergência.

Para uns (Nucci, 2007), não seria possível, já que o promotor de justiça apresentou a denúncia naquele dado juízo e não seria cabível, agora, contrariando o seu próprio ato anterior, sustentar incompetência relativa, seja por preclusão lógica, seja porque foi ele próprio quem deu causa à possível nulidade (art. 565, CPP). Além disso, o Código Processual seria claro ao afirmar que a exceção será apresentada "no prazo de defesa", o que indicaria tratar-se de defesa indireta exclusiva desta.

Já para outros (Tourinho, 2008), seria possível, já que o *Parquet* também atua na condição de fiscal da ordem jurídica, ainda que tenha ele próprio oferecido a denúncia naquele juízo tido, agora, por incompetente; ainda, pode ocorrer de o próprio juiz entender-se por incompetente e remeter os autos a outro juízo, de modo que o Ministério Público teria legitimidade para ingressar com a exceção de incompetência (Marcão, 2016).

Quanto ao assistente de acusação, também há discussões. De um lado (Badaró, 2016), há quem sustente não ser ele legitimado, pois o rol de sua atuação seria restrito, não havendo previsão legal para tanto; para outros, ele seria, sim, legitimado, até porque o assistente de acusação representa a vítima, que possui o interesse na tramitação correta do processo, evitando-se futuras nulidades (Avena, 2011).

7.3.1.5.3. *Momento*

Não tendo o juiz reconhecido de ofício a sua incompetência territorial (o que é possível no Processo Penal, como visto), poderá a exceção de incompetência, nos moldes do art. 108, CPP, ser alegada verbalmente ou por escrito, no prazo de defesa.

Tratando-se, pois, de incompetência relativa, se ela não for alegada no momento oportuno, ocorrerá **preclusão** e a consequente **prorrogação da competência** (STF, RHC nº 119.965/MG, rel. Min. Rosa Weber, j. 22.04.14; e STJ, HC nº 332.583/SE, rel. Min. Nefi Cordeiro, j. 09.08.16).

O "prazo de defesa" é o momento oportuno. Diz respeito à primeira oportunidade de o réu falar nos autos. Genericamente, é a resposta à acusação (arts. 396 e 396-A, CPP). O lapso em que o julgador poderá reconhecer a incompetência relativa alcança o momento anterior ao *recebimento da inicial acusatória* até *logo depois da resposta à acusação*, mas antes o início da audiência de instrução e julgamento – que, pode até ter sido designada, mas desde que não tenha sido iniciada ainda, sob pena de se ferir o princípio da identidade física do juiz.

7.3.1.5.4. *Procedimento*

A exceção deve ser apresentada de modo verbal ou por escrito em petição autônoma, até porque, o juiz determinará a sua autuação em apenso aos autos principais (STJ, HC nº 96.063/AM, rel. Min. Arnaldo Esteve Lima, j. 04.02.10). Em seguida, determinará a oitiva do Ministério Público se ele não for o excipiente (art. 110, CPP). Nos termos do art. 111, CPP, a exceção **não suspenderá o curso do processo**.

É possível alegação de incompetência do juízo ainda no curso do inquérito, como no caso de o procedimento ser encaminhado a juízo incompetente para decidir sobre uma medida cautelar (prisão provisória, busca e apreensão etc.). Todavia, não se tratará de "exceção de incompetência", até porque, o instrumento utilizado será outro, como o *habeas corpus*, por exemplo.

Oposta a exceção, duas possibilidades se abrem (Avena, 2011):

1) o juiz a julga improcedente, de modo que o processo continua tramitando onde estava, por ser o juízo competente (art. 108, § 2º, CPP).

2) **o juiz a julga procedente**, de modo que o processo será encaminhado ao juízo competente. Duas situações, então, podem ocorrer:

a) o juiz que recebe os autos do processo reconhece sua competência: neste caso, os *atos instrutórios* serão considerados **válidos** e ratificados (confirmados) pelo juízo competente (arts. 180, § 1º e 567, CPP) e os *atos decisórios* serão considerados – em tese – **nulos**, devendo ser refeitos, agora pelo juízo competente (como já se viu, é possível que mesmo os atos decisórios sejam mantidos, conforme entende a jurisprudência).

   Como assevera Nucci (Código, 2014), quando o feito é encaminhado a juízo diverso, em decorrência de incompetência territorial (relativa), cabe ao magistrado a ratificação dos atos instrutórios e a renovação dos decisórios. Não há necessidade de se adotar o mesmo procedimento quanto ao Ministério Público (ex.: oferecida denúncia em juízo incompetente, quanto ao território, remetido o feito ao magistrado competente, cabe a este renovar o recebimento da denúncia, não havendo necessidade de ser ratificado o oferecimento da peça acusatória pelo representante do MP). Nessa ótica: STF: "No ponto, asseverou-se que a ratificação é ato do juízo competente, que pode, ou não, aproveitar atos instrutórios praticados perante o incompetente e que o ato processual de oferecimento da denúncia, em foro incompetente, por um representante, prescinde, para ser válido e eficaz, de ratificação de outro do mesmo grau funcional e do mesmo Ministério Público, lotado em foro diverso e competente, porquanto em nome da instituição, que é una e indivisível" (HC 85.137-MT, 1.ª T., rel. Cezar Peluso, 13.09.2005, m. v., Informativo 401)".

b) o juiz que recebe os autos do processo não reconhece sua competência: neste caso, entendendo-se ser incompetente, deverá suscitar conflito de competência perante o tribunal ao qual está vinculado.

7.3.1.5.5. *Recurso*

Se o juiz acolhe o pedido feito na exceção, caberá recurso em sentido estrito (art. 581, III, CPP). Lado outro, se o juiz não acolhe o pedido feito na exceção, não caberá recurso algum (art. 581, III, CPP – ao contrário), sendo cabível, se o caso, "habeas corpus", mandado de segurança ou ser sustentada em preliminar de apelação.

Por fim, se o juiz declina de ofício a sua competência (art. 109, CPP), ambas as partes poderão interpor recurso em sentido estrito, com fundamento no inciso II do art. 581, CPP.

7.3.1.5.6. *Quadro geral*

Finalidade	Reconhecer a incompetência territorial (relativa) do juiz
Legitimados	Acusado; há discussão sobre o MP e seu assistente
Momento	Primeira oportunidade de falar nos autos
Procedimento	Requerimento; ouve-se o MP; não suspende o processo; decisão
Recurso	Da decisão que acolhe, RESE; da que não acolhe, não (possível HC/MS)

7.3.1.6. *Exceção de ilegitimidade de parte*

7.3.1.6.1. *Considerações iniciais*

Tem previsão no art. 110, CPP, e trata tanto (i) da **ilegitimidade *ad causam***, que é uma *condição da ação*, ou seja, da capacidade para figurar no processo como parte ativa (autor da ação penal) ou passiva (acusado na ação penal), quanto (ii) da **ilegitimidade *ad processum***, *pressuposto processual*, ou seja, da capacidade necessária para a prática de determinados atos no processo, conforme doutrina majoritária.

Assim, por exemplo, haverá ilegitimidade *para a causa* no caso de denúncia oferecida pelo Ministério Público em ação penal de iniciativa privada; e haverá ilegitimidade *para o processo* no caso de uma queixa movida por um menor com 15 anos de idade, e não por seu representante legal.

7.3.1.6.2. *Legitimados*

Terá legitimidade para opor a exceção o acusado (réu e querelado), como no caso de sustentar a ilegitimidade do Ministério Público, que moveu ação penal que seria de iniciativa privada. É possível sustentar a legitimidade do querelante, que vê usurpada a sua legitimidade diante da indevida atuação do Ministério Público, que move ação penal pública quando, na verdade, seria de iniciativa privada.

O Ministério Público, como fiscal da ordem jurídica, também poderá opor tal exceção, como no caso de verificar que o querelante é parte ilegítima, pois a ação penal seria de iniciativa pública, isto é, de sua iniciativa.

7.3.1.6.3. *Momento*

Como são aplicadas as regras da exceção de incompetência (art. 110, CPP), esta exceção deve ser alegada verbalmente ou por escrito, no prazo de defesa (leia-se: primeira oportunidade que a parte tiver para se manifestar nos autos).

Trata-se, entretanto, de matéria de ordem pública, não sujeita à preclusão, podendo ser arguida – e reconhecida – a qualquer momento.

7.3.1.6.4. *Procedimento*

Referida exceção seguirá o mesmo procedimento da exceção de incompetência (art. 110, CPP), acima explicado.

Dispõe o § 1º do art. 110, CPP, que, se a parte houver de opor simultaneamente exceção de litispendência, ilegitimidade de parte e coisa julgada, deverá assim fazer em **peça única**.

Como afirmado alhures, a natureza dessa exceção dependerá do caso. Se for *ilegitimidade para a causa*, o seu reconhecimento dará à exceção natureza **peremptória**, reconhecendo-se a nulidade da ação (art. 564, II, CPP); todavia, tratando-se de *ilegitimidade para o processo*, o seu reconhecimento dará à exceção natureza **dilatória**, podendo o vício ser sanado (art. 568, CPP) pela ratificação (Marcão, 2016).

7.3.1.6.5. *Recurso*

Julgada procedente a exceção de ilegitimidade de parte, caberá recurso em sentido estrito (art. 581, III, CPP). Se o juiz não acolher a exceção, não caberá recurso (art. 581, III, CPP – ao contrário), cabendo, se o caso, "habeas corpus", mandado de segurança ou será matéria preliminar em apelação.

7.3.1.6.6. *Quadro geral*

Finalidade	Objetiva corrigir o polo ativo ou passivo da ação penal
Legitimados	Acusado, querelado, querelante ou Ministério Público
Momento	A qualquer momento, pois é matéria de ordem pública
Procedimento	Igual ao da exceção de incompetência
Recurso	Da procedência, RESE; da improcedência, irrecorrível (MS ou HC, se o caso)

7.3.1.7. *Exceção de litispendência e de coisa julgada*

7.3.1.7.1. *Considerações iniciais*

Referida exceção liga-se à vedação de que uma mesma pessoa seja processada mais de uma vez em razão do mesmo fato, ou seja, veda-se o chamado *bis in idem*.

Dispõe o art. 337, § 1º, CPC, que se verifica a litispendência ou a coisa julgada quando se reproduz ação anteriormente ajuizada, sendo que haverá litispendência quando se repetir ação que está em curso (§ 3º) e haverá coisa julgada quando se repetir ação que já foi decidida por decisão transitada em julgado (§ 4º).

Para isso, afasta-se tanto a possibilidade de que dois processos sigam **simultaneamente** (litispendência), como que haja um processo **superveniente** a outro que já tenha julgado a causa em definitivo (coisa julgada). Note, com isso, que nas duas exceções existe uma multiplicidade de processos sobre o mesmo fato. O que as diferencia, então, é a presença, ou não, da coisa julgada.

Consoante o Código de Processo Civil, duas ações serão idênticas quando ocorrer a chamada *tria eadem*, isto é, a tríplice identidade entre (a) partes – *eadem personae*, (b) pedido – *eadem petendi* e (c) causa de pedir – *eadem res*, cf. art. 337, § 2º, CPC.

Nos termos da doutrina majoritária, o acusador, no Processo Penal, é sempre o mesmo, qual seja, o Estado, pouco importando se vestido no papel do Ministério Público (em ação penal de iniciativa pública) ou no papel do querelante (em ação penal de iniciativa privada).

A causa de pedir é o fato principal, isto é, o fato naturalístico narrado (§ 2º, art. 110, CPP), não importando a qualificação jurídica atribuída.

Quanto ao pedido, por ser ele sempre genérico (de condenação), não traz grande importância ao tema.

Exemplo: se narrado na denúncia o furto de um veículo e tendo o agente sido absolvido, não poderá ele ser denunciado, depois, dentro do mesmo contexto, por ter se apropriado deste mesmo veículo.

Portanto, as ações penais serão idênticas quando possuírem o **mesmo polo passivo** (acusado) e a imputação se referir a um **mesmo fato naturalístico**.

7.3.1.7.2. *Litispendência*

Haverá **litispendência** enquanto uma causa penal pender de julgamento pelo juiz. A exceção de litispendência, então, terá o objetivo de impedir que tramitem duas ações penais idênticas ao mesmo tempo tratando do mesmo fato e contra a mesma pessoa. Como bem se assentou, "a litispendência – pressuposto processual de validade objetivo extrínseco negativo ou impeditivo – configura-se quando ao mesmo acusado, em duas ou mais ações penais, forem imputadas a prática de condutas criminosas idênticas, ainda que se lhes confira qualificação jurídica diversa" (STJ, AgRg no RHC nº 126.745/PR, rel. Min. Felix Fischer, j. 15.09.20).

Aplicando-se analogicamente o art. 240, CPC, entende-se que a lide está pendente desde a citação válida. Todavia, prevalece o entendimento de que não é necessário aguardar a citação para se reconhecer a litispendência, bastando o *ajuizamento* de demanda idêntica.

De qualquer forma, a existência de um processo idêntico pendente é pressuposto para a litispendência; logo, não há falar-se em "litispendência de inquéritos policiais", embora seja possível a impetração de *habeas corpus* para o trancamento da investigação repetida em relação ao mesmo fato e contra o mesmo investigado, impedindo-se que uma pessoa seja investigada em dois procedimentos distintos sobre o mesmo objeto.

É importante destacar que a pendência de julgamento de litígio no exterior não impede o processamento de demanda no Brasil, até porque, no curso da ação penal pode ocorrer a alteração da capitulação (*emendatio libelli*) ou da imputação penal (*mutatio libelli*), o que significa exigir maior cautela na extinção prematura de demandas criminais com curso em países distintos. Além do mais, sempre será possível aplicar o art. 8º, CP, em que a pena cumprida no estrangeiro atenua a pena imposta no Brasil, quando diversas, ou nela é computada, quando idênticas – ou seja, uma compensação de penas (STJ, RHC nº 104.123/SP, rel. Min. Rogerio Schietti Cruz, j. 17.09.19). O Supremo Tribunal Federal, no entanto, possui entendimento no sentido de que o agente não pode responder novamente, no Brasil, por crime pelo qual já foi processado no exterior, observados os compromissos internacionais dos quais o Brasil faz parte (STF, HC nº 171.118/SP, rel. Min. Gilmar Mendes, j. 12.11.19). Vale acompanhar a evolução do tema.

7.3.1.7.3. *Coisa julgada*

Já **coisa julgada** é a decisão judicial contra a qual não caiba mais recurso (§ 3º do art. 6º, LINDB). Uma vez decidida uma demanda penal, não poderá, posteriormente a isso, ser novamente intentada ação penal idêntica àquela, já decidida, tratando do mesmo fato e contra a mesma pessoa.

A coisa julgada pode ser formal ou material. Apenas a **material** fundamenta a presente exceção processual.

Assim:

a) **coisa julgada formal**: é aquela que não comporta mais recurso e produz efeitos apenas "dentro do processo", como no caso da decisão judicial que arquiva o feito por falta de provas – uma vez aparecendo novas provas, as investigações poderão ser reabertas, já que o mérito (o fato criminoso) não foi julgado.

b) **coisa julgada material**: configurar-se-á quando todo e qualquer juiz tiver que respeitar a decisão proferida por outro juízo, produzindo efeitos "fora do processo", como no caso da decisão judicial que absolve o agente do crime de peculato com trânsito em julgado, de forma que ele não poderá mais ser processado por este fato, diante da coisa julgada formal e material formadas.

A coisa julgada possui **limites**, que podem ser de duas ordens:

a) **subjetivos**: a coisa julgada alcançará apenas as partes do processo, não atingindo terceiros, mas, sempre, deve ser analisado o caso posto em julgamento. Então, se, *v.g.*, dois agentes cometem um roubo e só um deles é identificado e denunciado, caso haja a extinção de sua punibilidade diante da prescrição, por ser menor de 21 anos (art. 115, CP), o outro agente, identificado posteriormente, poderá normalmente ser denunciado; por outro lado, neste mesmo exemplo, caso ocorra a absolvição do agente em razão da inexistência do fato, o outro agente, localizado posteriormente, não poderá vir a ser denunciado (Marcão, 2016).

b) **objetivos**: consoante o § 2º do art. 110, CPP, a exceção de coisa julgada somente poderá ser oposta *em relação ao fato principal*, que tiver sido objeto da sentença. Como já explicado, se narrado na denúncia o furto de um veículo e tendo o agente sido absolvido, não poderá ele ser denunciado, depois, dentro do mesmo contexto, por ter se apropriado do mesmo veículo.

O estudo da coisa julgada será aprofundado em capítulo próprio, adiante, juntamente com a *sentença*.

7.3.1.7.4. *Legitimados*

Em regra, a legitimidade é do acusado, que está sendo ou já foi processado pelo mesmo fato mais de uma vez. No entanto, não há impedimento para que o Ministério Público oponha tal exceção, seja como fiscal da ordem jurídica ou como autor, pois pode vir a ter conhecimento de demanda penal idêntica somente após o novo ajuizamento da ação.

O juiz, por se tratar de matéria de ordem pública, poderá, claramente, reconhecer de ofício a existência de litispendência e de coisa julgada (a exemplo do art. 337, VI e VII c.c. o seu § 5º, CPC).

7.3.1.7.5. *Momento*

Como são aplicadas as regras da exceção de incompetência (art. 110, CPP), ela deve ser alegada verbalmente ou por escrito, no prazo de defesa (leia-se: primeira oportunidade que a parte tiver para se manifestar nos autos).

Trata-se, entretanto, de matéria de ordem pública, não sujeita à preclusão, podendo ser, na verdade, arguida a qualquer momento.

7.3.1.7.6. *Procedimento*

As exceções de litispendência e de coisa julgada – assim como a de ilegitimidade de parte – seguirão o procedimento da exceção de incompetência (art. 110, CPP).

A exceção de litispendência deve ser instruída com certidão de objeto e pé do processo anterior; e a exceção de coisa julgada deve apresentar a certidão de trânsito em julgado do primeiro processo. Ambas devem trazer, para facilitar a sua verificação, cópia das principais peças do processo, como o inquérito policial, o acórdão existente eventualmente etc.

O efeito do reconhecimento da exceção é a extinção, sem julgamento de mérito, do segundo processo, havendo nulidade absoluta. Prevalece, assim, o primeiro processo, evitando-se o *bis in idem*. Desta feita, no caso de litispendência, prevalece o processo considerando a prevenção ou a distribuição; no caso de coisa julgada, prevalece o processo onde primeiro se formou a coisa julgada.

No mais, consoante a Suprema Corte (HC nº 117.462/RJ, rel. p/ acórdão Min. Roberto Barroso, j. 17.11.15), no caso de ações penais em que se discutam fatos apenas parcialmente coincidentes, a litispendência deve ser resolvida pelo critério da *extensão* dos fatos, e não pelo critério cronológico (fato mais abrangente abarca fato menos abrangente); já no caso de denúncias que narram fatos idênticos, deve ser trancado o processo mais recente, adotando-se o critério *cronológico* (processo idêntico mais recente deve ser extinto).

7.3.1.7.7. *Recurso*

Se o juiz acolhe a exceção, caberá recurso em sentido estrito (art. 581, III, CPP); por outro lado, caso o julgador rejeite a exceção, não caberá recurso (art. 581, III, CPP – ao contrário), podendo ser impetrado "habeas corpus", mandado de segurança ou tornar a se discutir a matéria em preliminar de apelação.

Se o juiz reconhece de ofício a litispendência ou a coisa julgada, abrem-se duas posições: (i) caberá apelação, já que a decisão possui força definitiva (art. 593, II, CPP); ou (ii) caberá recurso em sentido estrito (art. 581, XIII, CPP), considerando que o reconhecimento da litispendência e da coisa julgada gera nulidade absoluta do feito onde foram reconhecidas.

7.3.1.7.8. *Quadro geral*

Finalidade	Evitar o "bis in idem"
Litispendência	Simultaneidade de processos sobre o mesmo fato
Coisa julgada	Preexistência de processo com coisa julgada material
Legitimados	Acusado e o Ministério Público
Momento	A qualquer momento, pois é matéria de ordem pública
Procedimento	O mesmo da exceção de incompetência
Recurso	Da procedência, RESE; da improcedência, irrecorrível (HC ou MS, se o caso); se de ofício: apelação ou RESE

7.3.2. Restituição de coisas apreendidas

7.3.2.1. *Considerações iniciais*

A restituição de coisa apreendida é a entrega, ao legitimo proprietário ou possuidor, de objeto apreendido no inquérito policial ou no processo, diante da superveniente desnecessidade para a ação penal. Nesse contexto, será necessária a instauração de um procedimento incidente quando o requerimento se der no curso do processo penal, quando houver litígio ou dúvida sobre a propriedade/posse do bem a ser devolvido ou quando o bem for de terceiro.

7.3.2.2. *O que pode ser apreendido e restituído*

Durante as investigações ou mesmo no curso da ação penal, pode acontecer de alguns bens serem apreendidos e precisem ser – se o caso – devolvidos (restituídos) ao seu proprietário/possuidor. Ex.: o objeto do furto é localizado pela polícia e precisará ser restituído ao seu dono; ou então, numa busca e apreensão, a polícia apreende um computador que é de terceiro alheio ao crime, dentre outras hipóteses.

Assim, podem ser apreendidos: (a) os **instrumentos do crime** (*instrumentas sceleris*), (b) os bens obtidos com o **proveito do crime** (*producta sceleris*) e (c) as **coisas de valor exclusivamente probatório**.

O Código de Processo Penal determina que, logo que tiver conhecimento da prática da infração penal, o delegado de polícia deverá dirigir-se ao local, providenciando para que não se alterem o estado de conservação das coisas até a chegada dos peritos e deverá apreender os objetos que tiverem relação com o fato delituoso, após liberados pelos peritos criminais (art. 6º, I e II, CPP). Lavrar-se-á, então, o **auto de apreensão**.

Além dessa apreensão de coisas no local do crime, o Código prevê a possibilidade de a autoridade policial proceder à busca e apreensão (art. 240, § 1º, CPP) para apreender

(a) coisas achadas ou obtidas por meios criminosos, (b) instrumentos de falsificação ou de contrafação e objetos contrafeitos ou falsificados, (c) armas e munições, instrumentos utilizados para a prática de crime ou destinados a um fim delituoso; (d) coisas achadas ou obtidas por meios criminosos; (e) objetos necessários à prova da infração ou à defesa do acusado; e (f) qualquer outro elemento de convicção. Lavrar-se-á, então, o **auto de busca e apreensão.**

Quanto às cartas destinadas ao acusado ou em seu poder, quando haja suspeita de que o conhecimento do seu conteúdo possa ser útil à elucidação do fato criminoso, há que se atentar a duas situações: (i) se a carta está aberta, isso transforma o seu conteúdo em um documento qualquer, permitindo a sua apreensão; e (ii) se a carta está fechada, é vedada a sua apreensão, diante da inviolabilidade do sigilo de correspondência, cf. art. 5º, XII, CF – salvo, como já decidiu o STF, as cartas dos presos, que poderão ser devassadas pela administração penitenciária, de forma excepcional e visando à disciplina carcerária (ED no RHC nº 115.983/RJ, rel. Min. Ricardo Lewandowski, j. 26.11.13).

Assim, tem-se que a autoridade policial poderá apreender:

- » Instrumentos do crime (arma de fogo, faca etc.)
- » Produtos do crime (carro furtado, relógio roubado etc.)
- » Coisas de valor probatório (computador, anotações etc.)

A apreensão de uma coisa, no Processo Penal, pode ter como objetivo: (i) levá-la à perícia; (ii) exibi-la como instrumento utilizado no crime; (iii) utilizá-la como contraprova; (iv) devolvê-la ao seu verdadeiro dono ou possuidor; ou (v) determinar sua perda à União, na forma do confisco.

No que diz respeito aos **instrumentos do crime** de utilização proibida (como armas do Exército, de uso restrito), eles não serão restituídos ao agente, ainda que ele venha a ser absolvido, justamente em razão de sua utilização ser proibida (art. 91, II, *a*, CP). Pelo contrário, ocorrerá o seu confisco, observada a situação do terceiro de boa-fé, como o colecionador de armas de fogo, que poderá ter arma sua, de uso restrito, mas de posse legítima, furtada, caso em que ela lhe será restituída.

Quanto ao **produto** do crime, o que pode ser apreendido pela autoridade policial é o produto imediato (ou direto) do crime, isto e, aquele mencionado no art. 91, II, *b*, primeira parte, CP, como ocorre com o relógio furtado e com o carro roubado, p. ex. Desta forma, apreendidos esses bens, eles serão restituídos ao legítimo proprietário ou possuidor.

Por outro lado, a coisa ou valor adquirido pelo agente criminoso que constitua **proveito** auferido com a prática do crime, mediante *especificação* (joia feita com o ouro furtado) ou *alienação* (carro comprado com o dinheiro roubado) não serão apreendidos, mas, pelo contrário, sofrerão as medidas assecuratórias pertinentes, como o sequestro de bens (art. 132, CPP), conforme será estudado adiante.

No mais, os bens materiais de **valor apenas probatório**, não mais interessando ao processo, serão restituídos ao seu legítimo proprietário no momento oportuno.

Nestas situações de apreensão legal de coisas, então, pode ocorrer de algum terceiro ser prejudicado, ou o próprio acusado o ser (em relação às coisas que não interessem ao processo penal e sejam de posse legítima). Em razão disso, instaurar-se-á o procedimento de restituição de coisa apreendida.

7.3.2.3. *Requisitos*

Para a restituição de uma coisa anteriormente apreendida, exige-se:

a) **que ela não mais interesse ao processo (art. 118, CPP).** Isso porque, enquanto interessar ao processo, a coisa deverá estar sempre à disposição do juiz e das partes. Ex.: a arma utilizada no homicídio poderá ser periciada e apresentada aos jurados. Somente quando esgotado totalmente o interesse sobre a coisa é que ela poderá ser restituída.

b) **coisa que não seja objeto de confisco pela União, a não ser que pertença legalmente ao acusado ou a terceiro de boa-fé (art. 119, CPP).** Se a coisa pode ser confiscada pela União (art. 91, II, CP), ela não será restituída (instrumento do crime que seja de fabricação, alienação, uso, porte ou detenção lícito; e o produto, bem ou valor que constitua proveito auferido pelo agente com a prática do ato criminoso). Todavia, ainda que a coisa seja, p. ex., de porte ilícito, se o for de forma relativa, como com relação a apenas algumas pessoas, o seu legítimo proprietário poderá requerer a sua restituição.

   Exemplo: uma arma de uso restrito, como já mencionado, não será devolvida a qualquer proprietário, mas apenas àquele que possui autorização para tanto, como um colecionador. Da mesma forma, se a coisa apreendida for o produto do crime, ela poderá ser devolvida ao legítimo proprietário ou terceiro de boa-fé; outro exemplo: a moto furtada e localizada será devolvida ao seu proprietário; e mais um: o médico que, numa cirurgia, causa lesões corporais, poderá ter seu bisturi, após ser periciado, devolvido.

c) **a certeza da propriedade da coisa (art. 120, CPP).** Se a coisa apreendida não mais interessar ao processo e houver prova da sua propriedade, ela poderá ser restituída. Ex.: o carro envolvido em acidente de trânsito, após ser periciado, não mais interessa ao processo, devendo – em princípio – ser devolvido a quem provar ser o legítimo proprietário.

7.3.2.4. *Legitimados*

Em regra, a legitimidade será do titular ou proprietário da coisa, além do possuidor legítimo, que pode ser o próprio investigado/acusado, o lesado (vítima do crime) ou o terceiro de boa-fé (terceiro estranho ao crime, que sofreu prejuízo com a apreensão indevida da coisa).

No caso do terceiro de boa-fé, provado o seu não envolvimento com o crime, a coisa apreendida deverá ser restituída. Ex.: sujeito empresta seu veículo ao vizinho para que ele vá ao trabalho, mas este, ao contrário, transporta grande quantidade de drogas e é preso em flagrante – uma vez apreendido o veículo, este poderá ser restituído ao verdadeiro proprietário.

7.3.2.5. *Momento*

A coisa apreendida poderá ser restituída no curso do inquérito policial ou do processo penal, mesmo após o trânsito em julgado, observado o prazo máximo de **90 dias após o trânsito em julgado** (art. 123, CPP).

Extinto o processo, não sendo a coisa passível de confisco pela União e não tendo nenhum interessado requerido a restituição até 90 dias após o trânsito em julgado do processo, a coisa será perdida em favor da União, mesmo que seja bem de porte, uso ou fabrico *lícitos*.

7.3.2.6. *Procedimento*

O procedimento dependerá conforme o momento da restituição e consoante a situação apresentada:

i) **requerimento ao delegado de polícia**: o interessado requererá, no bojo do inquérito policial, a restituição da coisa apreendida, que poderá ser decidida pelo delegado de polícia desde que: (a) seja o objeto passível de restituição e não haja mais interesse ao processo; (b) não haja dúvida quanto ao direito do reclamante; e (c) o bem não tenha sido apreendido com terceiro de boa-fé. Não se formará um incidente de restituição, mas um simples pedido nos autos do inquérito.

   Assim, se houver dúvida quanto ao direito do reclamante, isto é, dúvida quanto à sua propriedade ou posse, ou se o objeto for apreendido com terceiro de boa-fé, a autoridade policial não poderá decidir, caso em que somente o juiz terá tal competência.

   O Ministério Público sempre será ouvido (art. 120, § 3º, CPP).

ii) **requerimento ao juiz criminal**: competirá ao juiz decidir quando o requerimento de restituição for feito (a) no curso do processo penal, (b) quando houver dúvida sobre quem seja o dono da coisa ou (c) quando a coisa for apreendida com terceiro de boa-fé.

   Se o pedido é instruído com prova plena da propriedade, o juiz já decidirá de plano, ouvindo-se previamente o Ministério Público. Ex.: a vítima, no curso do processo penal, pede a restituição de dinheiro que havia sido furtado. Nesse caso, não se formará um incidente, tratando-se de simples pedido de restituição.

   Havendo dúvida sobre quem seja o dono da coisa, o juiz autuará o pedido em apartado e determinará a produção de prova em 5 dias, ouvindo-se o Ministério Público na sequência e decidindo a respeito. Formar-se-á, então, um incidente de restituição. Ex.: o acusado, no curso do processo penal, solicita a devolução do veículo apreendido em seu poder, juntando aos autos as provas úteis, como a documentação do veículo.

No mais, se a coisa for apreendida com terceiro de boa-fé e outrem pede a restituição, o juiz autuará o pedido em apartado e concederá 5 dias para a produção de provas ao requerente e, depois, ao terceiro. Em seguida, requerente e terceiro terão 2 dias para apresentar "razões finais"; após, o juiz ouve o Ministério Público e decide posteriormente.

iii) **requerimento ao juiz cível**: independentemente da situação, se o juiz criminal tiver dúvidas sobre quem seja o verdadeiro dono da coisa apreendida, o ponto será solucionado no juízo cível (§ 4º do art. 120, CPP), considerando-se tratar de "questão de alta indagação". Consoante o Superior Tribunal de Justiça, o juízo criminal não decide o incidente de restituição se a questão acerca da propriedade for complexa e demande ampla dilação probatória (REsp nº 788.301/PA, rel. Min. Laurita Vaz, j. 10.09.09).

Em qualquer um desses casos, tratando-se de coisas facilmente deterioráveis, estas serão (i) ou avaliadas e levadas a leilão público, depositando-se o dinheiro apurado, (ii) ou entregues ao terceiro que as detinha, se este for pessoa idônea e assinar termo de responsabilidade (§ 5º, art. 120, CPP). Decidida definitivamente a questão, o dinheiro arrecadado com o leilão será levantado por quem de direito ou, no segundo caso, notificar-se-á o depositário para que entregue a coisa ao seu dono.

7.3.2.7. *Destino das coisas não restituídas*

Em caso de **condenação** do agente transitada em julgado, sem pedido de restituição das coisas apreendidas (art. 122, CPP), o juiz, de ofício ou a requerimento do interessado ou do Ministério Público, determinará a avaliação e a venda dos bens em leilão público cujo perdimento tenha sido decretado (art. 133, CPP). Do dinheiro apurado, será recolhido aos cofres públicos o que não couber ao lesado ou a terceiro de boa-fé. O valor apurado deverá ser recolhido ao Fundo Penitenciário Nacional, exceto se houver previsão diversa em lei especial (como se dá com o Fundo Nacional Antidrogas, p. ex.).

Os instrumentos do crime de fabricação, alienação, uso, porte ou detenção ilícitos serão inutilizados ou recolhidos a museu criminal, se houver interesse na sua conservação, pois impossível a sua venda em leilão (art. 124, CPP).

E seja no caso de **absolvição** ou de **condenação**, passados 90 dias do trânsito em julgado sem ninguém reclamar os bens apreendidos ou se estes não pertencerem ao acusado, serão eles vendidos em leilão, depositando-se o saldo à disposição do juízo de ausentes (art. 123, CPP).

Por fim, cf. a Lei nº 13.964/19, que criou o art. 124-A, CPP, na hipótese de decretação de perdimento de obras de arte ou de outros bens de relevante valor cultural ou artístico, se o crime não tiver vítima determinada, poderá haver destinação dos bens a museus públicos. Assim, nesses casos de crimes sem vítima determinada, não haverá a alienação da obra de arte ou de outros bens de relevância cultural ou artística em leilão, mas, sim, serão destinados a museus públicos, respeitando-se, com isso, o art. 215 e seguintes da Constituição Federal.

7.3.2.8. *Recurso*

Se o **delegado de polícia** indeferir a restituição da coisa apreendida, o prejudicado poderá impetrar mandado de segurança perante o juízo de primeiro grau; se, por outro lado, o delegado autorizar a indevida restituição da coisa então apreendida e que interessa, ainda, ao processo, o Ministério Público poderá ou impetrar mandado de segurança, argumentando-se o seu direito de produzir as provas necessárias na ação penal, ou poderá requerer a busca e apreensão da coisa restituída.

Contra a decisão do **juiz** que defere ou indefere a restituição de coisa apreendida, caberá apelação (art. 593, II, CPP), já que se trata de decisão interlocutória com força de definitiva e não há previsão de cabimento do recurso em sentido estrito. Esta apelação interposta não tem efeito suspensivo, de forma que seria possível, para alguns, a impetração de mandado de segurança – a jurisprudência, todavia, fixou posição no sentido de não se permitir a atribuição de efeito suspensivo, pela via do mandado de segurança, a recurso que não é dotado deste efeito, evitando-se a deturpação do ordenamento jurídico, nos exatos termos da súmula nº 604 do Superior Tribunal de Justiça (STJ, AgRg no HC nº 384.463/SP, rel. Min. Sebastião Reis Júnior, j. 05.10.17).

Vale destacar que o Superior Tribunal de Justiça entende que o procedimento adequado para a restituição de bens é o incidente legalmente previsto, com final cabimento de apelação, sendo incabível a utilização de mandado de segurança como sucedâneo [substitutivo] do recurso legalmente previsto (AgInt no EDcl no RMS nº 44.299/RS, rel. Min. Sebastião Reis Júnior, j. 28.11.17). De outro lado, é cabível, em tese, o manejo de mandado de segurança por terceiro alheio ao processo penal em que, por exemplo, é determinada a apreensão de veículo de sua propriedade, se demonstrado que ele não tinha como ter tido ciência em tempo hábil da decisão judicial, para contra ela se insurgir por meio de apelação do art. 593, II, CPP, restando-lhe, assim, apenas a via do mandado de segurança para proteger seus interesses (STJ, RMS nº 54.243/SP, rel. Min. Reynaldo Soares da Fonseca, j. 15.08.17).

7.3.2.9. *Leis especiais*

Duas leis especiais importantes tratam sobre a apreensão e destinação de bens.

A primeira é a Lei nº 10.826/03 (**Estatuto do Desarmamento**), que, no seu art. 25, com redação dada pela Lei nº 13.886/19, dispõe que as armas de fogo apreendidas, após a elaboração do laudo pericial e sua juntada aos autos, quando não mais interessarem à persecução penal, serão encaminhadas pelo juiz competente ao Comando do Exército, no prazo de até 48 horas, para destruição ou doação aos órgãos de segurança pública ou às Forças Armadas, na forma do regulamento desta Lei.

Consoante o Decreto nº 9.847/19 (art. 45 e seguintes), os órgãos de segurança pública ou as Forças Armadas responsáveis pela apreensão manifestarão interesse pelas armas de fogo apreendidas, respectivamente, ao Ministério da Justiça e Segurança Pública ou ao Comando do Exército, no prazo de dez dias, contado da data de envio das armas ao Comando do Exército. Na hipótese de não haver manifestação expressa do órgão ou da Força Armada que realizou a apreensão das armas, os demais órgãos de segurança pública ou das Forças Armadas poderão manifestar interesse pelas armas de fogo. As armas de fogo apreendidas poderão ser devolvidas pela autoridade competente aos seus legítimos proprietários na hipótese de serem cumpridos os requisitos para a sua aquisição, conforme prevê o Estatuto do Desarmamento (art. 4º).

Já o segundo diploma especial é a Lei nº 11.343/06 (**Lei de Drogas**), que, a partir do art. 60, com redação dada pela Lei nº 13.840/19, trata da apreensão, arrecadação e destinação de bens do acusado. O juiz, a requerimento do Ministério Público ou do assistente de acusação, ou mediante representação da autoridade de polícia judiciária, poderá decretar, no curso do inquérito ou da ação penal, a apreensão e outras medidas assecuratórias nos casos em que haja suspeita de que os bens, direitos ou valores sejam produto do crime ou constituam proveito dos crimes relacionados a drogas, procedendo-se na forma dos artigos 125 e seguintes do Código de Processo Penal.

A lei trata do procedimento de restituição e diz, ainda, que a apreensão de veículos, embarcações, aeronaves e quaisquer outros meios de transporte e dos maquinários, utensílios, instrumentos e objetos de qualquer natureza utilizados para a prática dos crimes relacionados a drogas será imediatamente comunicada pela autoridade de polícia judiciária responsável pela investigação ao juízo competente. Comprovado o interesse público na utilização de quaisquer desses bens, os órgãos de polícia judiciária, militar e rodoviária poderão deles fazer uso, sob sua responsabilidade e com o objetivo de sua conservação, mediante autorização judicial, ouvido o Ministério Público e garantida a prévia avaliação dos respectivos bens.

7.3.2.10. *Quadro geral*

Finalidade	Devolver a coisa apreendida que não mais interesse ao processo
Objeto	Instrumentos e proveito do crime e coisas de valor probatório
Requisitos	Coisa sem interesse ao processo; não confiscável pela União; e que haja certeza de propriedade (a ausência exige procedimento incidente)
Legitimidade	Proprietário, possuidor ou terceiro de boa-fé
Momento	Qualquer momento até 90 dias depois do trânsito em julgado
Procedimento	a) requerimento ao delegado; b) ao juiz criminal; ou c) ao juiz cível
Recurso	Do indeferimento pelo delegado, MS em 1º grau; do deferimento pelo delegado, MS ou busca e apreensão; da decisão do juiz, apelação sem efeito suspensivo

7.3.3. Incidente de falsidade documental

7.3.3.1. *Considerações iniciais*

O objetivo deste incidente é verificar a idoneidade de um documento. Partindo do princípio de que o objetivo do Processo Penal é conhecer a verdade sobre os fatos, isso só será alcançado se sobre as provar recair o mínimo de seriedade, sob pena de o juiz cometer graves erros ao julgar, prejudicando tanto o acusado quanto a sociedade (Tourinho, 2008).

Assim, o incidente de falsidade documental é o procedimento que tem por finalidade verificar a autenticidade de certo documento que foi juntado aos autos do processo criminal.

7.3.3.2. *Cabimento*

A falsidade de um documento pode ser tanto **ideológica** (conteúdo em si) quanto **material** (forma).

Exemplos: a alteração de um cheque de R$ 10,00 para R$ 100,00 é uma falsidade material; já a alteração do conteúdo de uma escritura pública, em que o Tabelião registra um fato não ocorrido, é uma falsidade ideológica.

Para a maioria, o incidente de falsidade pode recair sobre **qualquer** uma delas (Marcão, 2016; Nucci, 2007; Brasileiro, 2013; e Madeira, 2015); para outros, apenas o falso material comportaria o incidente (Mirabete, 2007; e Badaró, 2016). Consoante Eugênio Pacelli e Douglas Fischer, "a nosso aviso, a única hipótese cabível para a provocação do incidente seria a falsidade material. A outra, de natureza ideológica, pode muito bem ser demonstrada na regular instrução do feito. Na verdade, ambas podem ser ali comprovadas. Apenas se se quiser manter a utilidade do incidente, dever-se-ia resguardá-lo para a falsidade material" (Comentários, 2012, p. 293). Em sentido similar já entendeu o Superior Tribunal de Justiça, ao decidir que "afigura-se desnecessária a prova pericial para a demonstração da falsidade ideológica, tendo em vista recair o falso obre o conteúdo das ideias, que pode ser demonstrado através de outros meios de prova" (AgRg no Ag nº 1.427.121/SP, rel. Min. Jorge Mussi, j. 20.08.13). Mas veja que uma coisa é falar em *vedação*; outra, em *desnecessidade*.

A palavra "documento" expressa qualquer base material que concentre e expresse um pensamento, uma ideia ou uma manifestação de vontade do ser humano, servindo para demonstrar e provar um fato ou acontecimento juridicamente relevante, como os escritos, fotos, fitas de vídeo e som, desenhos, esquemas, gravuras, CDs etc. (Nucci, 2007).

Entende-se que o incidente de falsidade pode recair sobre **qualquer** documento, consoante o art. 232, CPP – embora haja quem entenda, minoritariamente, que somente o documento escrito poderia ser objeto do incidente.

7.3.3.3. *Legitimados*

De início, o próprio juiz pode, verificando a possibilidade de o documento acostado aos autos ser falso, determinar a instauração do incidente (art. 147, CPP). Ademais, qualquer das partes poderá suscitar o incidente de falsidade, seja o Ministério Público (ou querelante), o assistente de acusação ou o acusado (ou querelado), conforme art. 145, CPP.

Tratando-se de arguição feita por procurador do acusado ou do querelante, a lei exige **procuração com poderes especiais** (art. 146, CPP). Outra solução seria o requerimento assinado conjuntamente pelo procurador e pelo seu cliente/assistido, o que dispensaria a procuração com poderes especiais. Se suscitada a falsidade pelo Ministério Público, obviamente será desnecessária tal procuração especial.

No mais, há quem entenda (Badaró, 2016; Brasileiro, 2013; e Tourinho, 2008) que a própria parte que juntou o documento poderá, depois, suscitar a sua falsidade, como no caso da juntada de um documento que a beneficiasse e que, em seguida, verificasse tratar-se de documento.

7.3.3.4. *Momento*

O Código de Processo Penal prevê que o incidente será suscitado no curso do **processo penal**. Se verificada a existência de um documento falso no bojo do inquérito policial, o delegado de polícia poderá desentranhá-lo e determinar a instauração de novas investigações para apurar a sua falsidade (ex.: determinar o envio ao Instituto de Criminalística para a realização de perícias).

No processo penal, o incidente poderá ser arguido em qualquer instância, considerando que os documentos poderão, também, ser juntados a qualquer momento (art. 231, CPP). Por outro lado, há posição entendendo que o tribunal não poderia julgar o incidente relacionado a documento não juntado anteriormente, sob pena de supressão de instância, já que o juízo de primeiro grau teria sentenciado um processo sem analisar tal documento, impossibilitando o tribunal de julgar o incidente pela primeira vez.

Vê-se, portanto, que a lei não traz um prazo para que o interessado requeira a instauração do incidente de falsidade documental. Isso, todavia, não quer dizer que ele seja infinito. Em caso analisado pelo Superior Tribunal de Justiça, a defesa requereu a instauração do incidente no bojo da apelação contra a sentença condenatória e já dez anos após a juntada do documento. Para a Corte, admitir o incidente nestas condições significaria violar a segurança jurídica, a razoabilidade, a lealdade processual e a boa-fé objetiva, pois levaria à reabertura da fase de produção de provas mesmo diante da inércia do requerente (defesa), que nunca se manifestou acerca da eventual falsidade do documento por praticamente uma década. Entendeu-se que tal requerimento se enquadra no conceito de diligências protelatórias, desnecessárias ou sem pertinência, que autorizam o seu indeferimento pelo julgador (RHC nº 79.834/RJ, rel. Min. Felix Fischer, j. 07.11.17).

7.3.3.5. *Procedimento*

A falsidade documental deve ser suscitada de forma escrita, em petição específica e autuada em apartado pelo juiz. A parte contrária será notificada para apresentar resposta em 48 horas. Se for necessário, o juiz concederá o prazo de 3 dias para as partes oferecerem provas, sucessivamente. Em seguida, os autos são conclusos e o juiz poderá ordenar alguma diligência que entender ser necessária (como a perícia sobre o documento), intimando as partes para que se manifestem sobre a prova produzida.

Vale observar que, se o juiz proceder à verificação da falsidade de ofício, o contraditório também deverá ser respeitado (art. 10, CPC, analogicamente), ouvindo-se primeiro quem juntou o documento e, em seguida, a outra parte, seguindo-se o procedimento legal aqui estudado (Badaró, 2016).

Feito isto, o juiz julgará o incidente, reconhecendo ou não a falsidade documental. Se o Ministério Público não for o próprio autor do incidente, ele será ouvido previamente como fiscal da ordem jurídica.

Reconhecida a idoneidade (legalidade) do documento, este permanecerá nos autos do processo penal. Por outro lado, se o juiz reconhecer a falsidade por decisão irrecorrível (leia-se: transitado em julgado o incidente), mandará desentranhar o documento e remetê-lo-á, com os autos do incidente, ao Ministério Público para que este adote as medidas necessárias em relação ao eventual crime de falso praticado (art. 293 e ss., CP).

Nesse caso de desentranhamento do documento considerado falso, com o objetivo de evitar fraudes no processo ou eventual troca deste por outro verdadeiro (de modo a não mais existir a materialidade do crime de falso), o juiz e o escrivão deverão, antes de desentranhar o documento dos autos, rubricar todas as suas páginas e, somente após isso, retirá-lo dos autos do processo e enviá-lo ao Ministério Público (art. 15, LICPP).

7.3.3.6. *Recurso*

Da decisão judicial que julga procedente ou improcedente o incidente de falsidade documental caberá recurso em sentido estrito (art. 581, XVIII, CPP), sem efeito suspensivo.

7.3.3.7. *Repercussão da decisão*

Consoante o art. 148, CPP, qualquer que seja a decisão proferida no incidente de falsidade documental, ela não fará coisa julgada em prejuízo de posterior processo civil ou penal.

Isso quer dizer que a decisão do juiz acerca da falsidade é *incidenter tantum*, ou seja, apenas **incidental**, sem que vincule o juízo civil ou penal que, posteriormente, possa vir a tomar conhecimento desta falsidade. Logo, diz-se que não fará coisa julgada nestes juízos. De acordo com Tourinho, "a resolução do incidente não é um verdadeiro julgado com as características da imutabilidade e imperatividade, mas precária decisão, com valor exclusivamente limitado ao fim de ser destruída a força probante do documento" (Manual, 2008, p. 461).

Exemplos: o documento é considerado falso no incidente e, enviado ao Ministério Público, é oferecida denúncia pelo crime de falsidade, mas o documento é reconhecido como verdadeiro neste processo; ou então, o documento é considerado verdadeiro no incidente, mas, posteriormente, é oferecida denúncia pelo crime de falsidade, de acordo com novas provas, reconhecendo-se o documento como falso neste novo processo.

Nesses casos, há duas situações:

a) se o processo onde foi analisado o incidente teve sentença **condenatória**, as novas conclusões do processo penal/civil ulterior que julgou o crime de falso poderão servir de base para o ajuizamento de revisão criminal, objetivando desconstituir a sentença condenatória (se já houve o trânsito em julgado) ou poderão ser alegadas no recurso competente, como a apelação (se ainda não houve o trânsito em julgado).

b) se o processo onde foi analisado o incidente teve sentença **absolutória**, as novas conclusões do processo penal/civil ulterior que julgou o crime de falso não poderão servir de base para o ajuizamento de revisão criminal por parte da acusação, tendo em vista que é incabível a revisão *pro societate* (em benefício da sociedade e em prejuízo do acusado, anteriormente absolvido).

No mais, de acordo com a jurisprudência, se houve a declaração da extinção da punibilidade do agente em razão de sua morte com base em certidão de óbito falsa, que, depois, é assim declarada, aquela decisão extintiva não será acobertada pela coisa julgada, podendo ser revogada e ser possível a reabertura de processo penal em relação ao agente considerado "morto" (STF, HC nº 104.998/SP, rel. Min. Dias Toffoli, j. 14.12.10).

7.3.3.8. *Suspensão do processo principal*

O Código de Processo Penal nada dispõe acerca da suspensão do processo penal principal. Em regra, portanto, não haverá suspensão em razão da suscitação incidental de falsidade documental.

Pode ocorrer de o julgamento da causa principal não depender da análise do documento alegado como falso, de modo que o juiz poderia, normalmente, proceder ao julgamento daquela sem maiores problemas; todavia, se o julgamento da causa penal depender da análise do documento suscitado como falso, será melhor que o juiz aguarde a solução definitiva do incidente.

Assim, reconhecida a importância do documento para a solução da causa penal, a doutrina entende que o juiz poderá suspender o seu curso, convertendo o julgamento em diligência (art. 404, CPP). E como ensina Renato Brasileiro (Curso, 2013), se o documento funcionar como verdadeira questão prejudicial (ex.: o acusado alega a falsidade da certidão de casamento comprobatória do primeiro matrimônio), haverá uma prejudicial obrigatória (art. 92, CPP), sendo forçosa a suspensão do processo penal até o julgamento definitivo desta.

7.3.3.9. *Quadro geral*

Finalidade	Verificar a idoneidade de documento
Legitimados	Partes e assistente de acusação
Momento	No curso do processo, em qualquer instância
Procedimento	Procedimento próprio, com instrução e decisão interlocutória
Recurso	Da procedência ou improcedência caberá RESE

7.3.4. Incidente de insanidade mental

7.3.4.1. *Considerações iniciais*

O objetivo deste incidente é avaliar a higidez (a qualidade) mental do agente, isto é, se ele pode ser considerado imputável para o processo penal.

A imputabilidade (ou capacidade de culpabilidade) significa a capacidade de uma pessoa entender que o ato por ela praticado viola o ordenamento jurídico e, assim sabendo, poder decidir livremente a forma como irá prosseguir (art. 26, CP). É apenas a este sujeito imputável que se possibilita a atribuição da *responsabilidade* pelo delito cometido, já que ele sabia ser um delito e agiu orientado de acordo com este entendimento.

A exclusão da imputabilidade pode ocorrer por duas razões: (a) menoridade ou (b) doença mental ou desenvolvimento mental incompleto ou retardado. O incidente de insanidade (como o próprio nome diz) somente tratará desta segunda hipótese, e não da menoridade.

7.3.4.2. *Cabimento*

Nos termos do art. 149, CPP, o incidente de insanidade mental terá cabimento **quando houver dúvida sobre a integridade mental do acusado.** Isso significa que não é necessária a certeza de uma doença mental, bastando que o juiz – geralmente com base em elementos existentes nos autos, como processo de interdição civil ou internações em estabelecimentos de tratamento de saúde mental – tenha *dúvidas* sobre a sanidade mental do acusado pela prática de um delito (STJ, RHC nº 88.626/DF, rel. Min. Reynaldo Soares da Fonseca, j. 07.11.17). Conforme se estudará no capítulo referente às provas, trata-se de um standard probatório de simples preponderância.

Consoante entende o Superior Tribunal de Justiça, o juiz apenas determinará a realização do exame de insanidade mental no acusado quando houver **dúvida relevante** sobre a sua integridade mental; assim, se o agente, em audiência, afirma que nunca tomou remédios controlados e nunca teve problemas de natureza psiquiátrica, gozando de plena higidez mental, não há indicativos mínimos de insanidade; além do mais, o juiz age com discricionariedade motivada, não sendo obrigado a realizar todo e qualquer tipo de pretensão defensiva, ainda mais quando não há elementos mínimos indicativos de insanidade mental (RHC nº 78.16/RS, rel. Min. Jorge Mussi, j. 18.05.17; e HC nº 352.787/SC, rel. Min. Maria Thereza de Assis Moura, j. 28.06.16).

Entende a Suprema Corte que o incidente de insanidade mental é uma prova pericial constituída **em favor da defesa**. Assim, não é possível obrigar o agente a realizar compulsoriamente o exame quando a defesa se opuser à sua realização (HC nº 133.078/RJ, rel. Min. Cármen Lúcia, j. 06.09.16). Neste caminho, portanto, se o Ministério Público suspeitar da sanidade mental do acusado e requerer a realização do exame de insanidade mental, mas o agente rejeitar a sua submissão a tal perícia, não haverá meios para obrigá-lo a tanto. Asseverou-se que o direito contra a autoincriminação permite que o réu não seja forçadamente submetido, contra a sua vontade, à realização de prova pericial quando entender que ela lhe é desfavorável.

7.3.4.3. *Legitimados*

Tem legitimidade (i) o próprio juiz, de ofício, (ii) o Ministério Público e (iii) o defensor, o cônjuge, o curador, o ascendente, o descendente e o irmão do acusado.

Quanto à determinação de ofício pelo juiz, há que se fazer uma observação. O Supremo Tribunal Federal já entendeu que, se o agente é condenado em primeira instância e não houve nenhum questionamento acerca da sua sanidade mental, não poderá o Tribunal de Justiça, analisando recurso *exclusivo* da defesa objetivando provar a inexistência do fato ou a redução da pena, determinar, de ofício, a realização de exame de insanidade mental, sendo que nem a defesa, nem o Ministério Público e nem o juiz de primeiro assim o fizeram, sob pena de configuração de *reformatio in pejus*, ou seja, reforma da decisão para pior ao acusado (HC nº 111.769/SP, rel. Min. Gilmar Mendes, j. 26.06.12).

Além destas pessoas, o **delegado de polícia** terá legitimidade para *representar*, no curso do inquérito policial, pela realização do incidente de insanidade mental do investigado. Veja: **o delegado de polícia, no curso do inquérito policial, não pode determinar a realização do incidente de ofício.** Deverá, sempre, representar (solicitar) pela sua realização ao juiz da causa.

Pacelli (Curso, 2012) entende que este rol de legitimados é exemplificativo, de modo que outros interessados na causa penal – como um tio, padrasto ou primo do acusado, p. ex. – teriam legitimidade para requerer o incidente.

7.3.4.4. *Momento*

O incidente de insanidade mental poderá ocorrer tanto no curso do inquérito policial como no do processo penal. No curso das investigações policiais, tem legitimidade o delegado de polícia para representar pela sua instauração. No curso da ação penal, os legitimados acima poderão também requerer e o juiz poderá agir de ofício.

Além do mais, é possível que surja dúvida quanto à insanidade do agente no curso da execução penal, hipótese em que será aplicado o art. 183 da Lei nº 7.210/84 (LEP), consoante será visto adiante.

7.3.4.5. *Procedimento*

Determinada a instauração do incidente nos autos principais, **será suspenso o curso do processo penal** enquanto durar o incidente, que será aberto em autos apartados, caso em que o juiz deverá nomear um curador ao acusado (que poderá ser o seu defensor). A **prescrição não é suspensa**, correndo normalmente, mesmo com o processo penal suspenso.

As diligências consideradas urgentes – como a oitiva de uma testemunha ou uma busca e apreensão – poderão ser realizadas (embora o processo penal esteja suspenso), de forma a se evitar prejuízos à colheita das provas.

O § 1º do art. 150, CPP, estabelece que o exame de sanidade não demorará mais do que **45 dias**, salvo se os peritos demonstrarem a necessidade de maior prazo. No entanto, conhecedor da realidade brasileira, o Superior Tribunal de Justiça tem entendimento de que é possível certo retardamento na conclusão da ação penal em razão da realização dos exames mentais, mas desde que não haja excessos e abusos, como no caso de mais de dois anos e meio, com o acusado preso e sem movimentação do incidente (RHC nº 62.153/BA, rel. Min. Reynaldo Soares da Fonseca, j. 13.09.16).

Uma vez determinada a instauração do incidente (art. 150, CPP), o acusado, se estiver preso, será internado em manicômio; se estiver solto, o juiz, observada a necessidade e a adequação da medida, poderá determinar a sua internação provisória, conforme o art. 319, VII, CPP. Assim é determinado porque o exame do agente, normalmente, exigirá a sua presença, como entrevistas, observações clínicas, exames médicos e psicológicos etc.

Se não houver prejuízo para a marcha do processo, o juiz poderá autorizar sejam os autos do incidente entregues aos peritos para facilitar o exame. O art. 150, CPP, fala em "peritos", no plural; todavia, como é sabido, a Lei nº 11.690/08 alterou a redação do art. 159, CPP, de forma a, agora, exigir que as perícias em geral sejam feitas por "perito", no singular. Deste modo, o legislador apenas se esqueceu de alterar o art. 150, CPP, sendo suficiente um único perito (Marcão, 2016). De igual modo, o Superior Tribunal de Justiça entende pela validade do exame de insanidade assinado por apenas um perito, sendo que a exigência de dois se dará apenas quando o laudo for elaborado por peritos não oficiais (AgRg no AREsp nº 584.982/DF, rel. Min. Jorge Mussi, j. 13.03.18). Contrariamente, sustentando a necessidade de dois peritos, entende Badaró (Processo, 2016).

Aplicando-se a regra prevista às perícias em geral (art. 159, § 3º, CPP), pode ser admitida a participação de **assistentes técnicos** no incidente de insanidade mental.

Uma vez concluído o laudo pericial, as partes terão vista, caso em que poderão apresentar quesitos suplementares ou requerer a oitiva de especialistas. É possível ao juiz determinar a realização de novo exame por outros peritos (art. 181, CPP), caso inobservadas as formalidades legais ou se houver obscuridade, omissão ou contradição.

Ao final, o juiz homologará o incidente, e os seus autos, que estavam correndo em apartado, serão apensados ao processo penal (que estava suspenso), retomando o seu curso.

O juiz **não está vinculado ao resultado do laudo**, podendo aceitá-lo ou rejeitá-lo no todo ou em parte, embora, na realidade diária, diante da especialização técnica que foi exigida na sua realização (médicos, psicólogos, assistentes sociais etc.), ele tenha pouca margem de discordância. Como já bem decidiu o Tribunal da Cidadania, "o art. 149 do CPP não contempla hipótese de prova legal ou tarifada, mas a interpretação sistemática das normais processuais penais que regem a matéria indica que o reconhecimento da inimputabilidade ou semi-imputabilidade do réu (art. 26, *caput* e parágrafo único do CP) depende da prévia instauração de incidente de insanidade mental e do respectivo exame médico-legal nele previsto, sendo possível, ao Juízo, discordar das conclusões do laudo, desde que por meio de decisão devidamente fundamentada" (REsp nº 1.802.845/RS, rel. Min. Sebastião Reis Júnior, j. 23.06.20).

7.3.4.6. *Conclusões do laudo*

Concluído o laudo pericial, algumas hipóteses podem surgir:

a) **não há doença mental**: o processo retoma seu curso normalmente, já que o acusado é imputável e não precisará de curador.

b) **havia doença mental à época da prática do fato**: isto significa que o agente era inimputável quando praticou o delito (art. 26, CP). Assim, nomeia-se um curador a ele e o processo penal seguirá, caso em que, ao final, ser-lhe-á imposta uma medida de segurança se reconhecida a autoria e a materialidade, sendo o caso de absolvição imprópria (art. 386, p.ú., III, CPP). Se, por outro lado, o agente era semi-imputável, será possível ou a aplicação de medida de segurança ou a aplicação de pena corporal reduzida (art. 26, p.ú., CP).

c) **doença mental surgiu após a prática do fato**: nesta situação, o agente, quando cometeu o crime, era imputável normalmente, ou seja, não possuía nenhuma doença mental; no entanto, após isso, no curso das investigações ou do processo penal, tornou-se inimputável em razão de doença mental superveniente aos fatos.

Neste caso, o processo penal continuará suspenso, aguardando-se que o agente recupere a sua sanidade mental. Não há a possibilidade de a persecução penal ter curso porque o agente precisa ter meios suficientes para, por si, defender-se de um ato que, quando o praticou, estava sadio – como, por exemplo, contratar seu advogado, atuar em sua defesa com os meios necessários, indicar provas, participar de audiências etc. Justifica-se a suspensão, portanto, em respeito aos princípios da ampla defesa e do contraditório, já que o agente não pode ser julgado sem ter condições mínimas de entender a imputação que lhe é feita relacionada a fato que praticou quando era perfeitamente imputável. Além disso, não se pode cogitar a aplicação de uma medida de segurança, pois, à época da realização do fato criminoso, o agente era imputável.

O juiz poderá ordenar a realização de diligências urgentes mesmo durante a suspensão do processo. Ademais, o agente considerado doente mental após a prática do fato *será internado* em manicômio judiciário ou outro estabelecimento adequado (atualmente, são os hospitais de tratamento e custódia). Consoante o Superior Tribunal de Justiça, se não houver hospital de tratamento e custódia ou faltarem vagas, o agente deve ser submetido a regime de tratamento ambulatorial (HC nº 302.022/SP, rel. Min. Sebastião Reis Júnior, j. 17.10.14); não se admite, em razão da falta de vaga em hospital de custódia e tratamento, a segregação em estabelecimento prisional (STJ, RHC nº 73.677/MG, rel. Min. Ribeiro Dantas, j. 16.05.17).

Renato Marcão critica essa internação, pois somente é possível privar o agente de sua liberdade através do devido processo legal, com sentença final impondo uma medida de segurança e, além disso, essa internação não possui prazo máximo previsto em lei (Código, 2016), já que a lei diz que ela durará "até que o acusado se restabeleça", o que fere a presunção de inocência.

Então, o agente não é submetido a uma medida de segurança, pois não houve processo penal para tanto (que está suspenso) e também não houve sua interdição, pois não houve um processo civil para tanto. O agente que ficou acometido de uma doença mental após a prática do crime simplesmente estará "internado" conforme uma decisão judicial de natureza penal, sem a comprovação de necessidade e adequação da medida – e, frise-se, trata-se de decisão provisória ainda.

Corroborando a crítica, Guilherme Madeira (Curso, 2015) afirma que o Processo Penal não é o campo para tratar sobre a proteção da sociedade e do inimputável. Tal sujeito necessita de tratamento, de atenção, de cura, e não de um processo criminal determinando a sua internação por prazo indefinido. Para tanto, aliás, foi editada a Lei nº 10.216/01, que trata sobre a proteção e os direitos das pessoas portadoras de transtornos mentais, que aborda a sua internação em estabelecimentos adequados, com fiscalização do Ministério Público, de médicos capacitados e acompanhamento próximo dos familiares do agente.

E no mesmo sentido, Pacelli (Curso, 2012, p. 316) ensina que "assim, do mesmo modo que em relação ao acusado sadio não se poderá determinar a privação de sua liberdade a não ser com fundamentação em razão de natureza cautelar, também aqui não será possível o internamento do acusado, sem maiores considerações, tal como se encontra disposto no art. 152, § 1º, do CPP". O autor, inclusive, entende ser adequada a revogação do referido dispositivo.

Renato Brasileiro (Curso, 2013) traz uma possível solução ao problema. Para o autor, será possível referida internação, desde que mediante ordem escrita e fundamentada ao juiz e com base no art. 319, VII, CPP, que prevê a internação provisória aos casos de crime praticado com violência ou grave ameaça e houver risco de reiteração, além da presença de necessidade e adequação.

Recobrando sua saúde mental, o acusado poderá reinquirir as testemunhas que prestaram depoimento (antecipado) na sua ausência.

No mais, a prescrição não é suspensa, ainda que o processo assim esteja, diante de falta de previsão legal. Então, mesmo estando o processo penal com o curso suspenso, **a prescrição corre normalmente**. Há a chamada **crise de instância**, em que o processo criminal fica paralisado, mas com a prescrição correndo – e, se o juiz verificar que ocorreu a prescrição, deverá declarar a extinção da punibilidade do agente.

Vale lembrar que, se o agente, agora tido como inimputável, praticou o delito em conexão ou continência com outras pessoas, deverá ocorrer o desmembramento dos feitos, isto é, o processo correrá normalmente em relação aos imputáveis, suspendendo-se o processo penal exclusivamente em relação ao doente mental.

Quanto à duração da internação, a lei apenas dispõe que ela durará até que o agente recobre sua saúde mental, o que, textualmente, poderia levar a uma internação sem fim. Entende-se ser possível a aplicação, por analogia, da súmula nº 527 do STJ, que diz que o tempo de duração da medida de segurança não deve ultrapassar o limite máximo da pena abstratamente cominada ao delito praticado, limitando-se, ainda, aos atuais 40 anos, conforme prevê o art. 75, CP, nos moldes da Lei nº 13.964/19 (STF, RE nº 925.415/DF, rel. Min. Edson Fachin, j. 11.02.16). Ultrapassado esse limite, a solução será a interdição civil, de acordo com a Lei nº 10.216/01 (Lei de Transtornos Mentais).

Por fim, destaca-se que, se a doença mental é superveniente à prática do delito e ainda se está no curso do inquérito penal, o Ministério Público, entendendo estarem preenchidos os requisitos para o oferecimento de denúncia, assim o fará; no entanto, recebida a inicial acusatória pelo juiz, este já determinará, de imediato, a suspensão do processo penal.

7.3.4.7. *Recurso*

Não há previsão de recurso contra a decisão que determina a instauração do incidente de insanidade mental. Entende-se cabível o mandado de segurança. Quanto à decisão que indefere a instauração do incidente, será cabível o "habeas corpus", se preenchidos os seus requisitos.

Em relação à decisão que homologa o laudo pericial do incidente de insanidade mental, tem-se entendido caber apelação, pois possui natureza interlocutória mista definitiva (art. 593, II, CPP).

7.3.4.8. *Insanidade mental na execução penal*

É possível que o condenado, no curso da execução de sua pena, seja acometido de uma doença mental. Será plenamente possível, então, a instauração de incidente de insanidade mental. Neste caso, será aplicável o procedimento do art. 183 da Lei nº 7.210/84 (Lei de Execução Penal), que revogou os artigos 668/779 do CPP.

Duas situações podem ocorrer:

a) **doença mental transitória**: aplicar-se-á o art. 41 do Código Penal, que determina a simples **transferência** do apenado ao hospital ou outro estabelecimento adequado; recuperando sua saúde, retornará ao estabelecimento penal, computando-se – para efeitos de cumprimento de pena – o período em que ficou no estabelecimento de saúde mental.

b) **doença mental permanente**: sendo improvável a recuperação da saúde mental do condenado, sua pena deve ser **convertida** em medida de segurança, aplicando-se todo o regime jurídico desta sanção penal.

Assim, por exemplo, caso o agente, após dois anos de cumprimento de medida de segurança, recobre sua saúde mental, ele será desinternado e posto em liberdade – *e não retornará ao presídio para cumprir o restante de eventual saldo de pena, já que esta foi substituída.*

Contrariamente, não recuperando sua saúde mental, somente poderá ficar internado pelo *tempo máximo de pena privativa de liberdade imposta na sentença condenatória*, e não pelo tempo máximo de pena abstratamente cominada ao delito praticado (STJ, HC nº 287.450/SP, rel. Min. Maria Thereza de Assis Moura, j. 20.10.14).

Se, findo o tempo máximo de internação, o internado ainda não recobrou sua saúde mental, a solução será dada de acordo com a Lei nº 10.216/01, podendo o Ministério Público requerer a sua interdição no juízo cível competente.

Como explica Avena, a análise se a doença mental é transitória ou permanente cabe ao juiz da execução penal; recomenda-se, inicialmente, que seja aplicado o art. 41 do CP, na tentativa de recuperar/curar o recluso; verificando-se, porém, que a recuperação é impossível ou improvável, aplicar-se-á o art. 183, LEP – mas, de qualquer modo, nada impede que seja, de pronto, aplicada esta conversão, não sendo obrigatório, primeiro, aplicar a transferência do Código Penal (Execução, 2014).

7.3.4.9. *Quadro geral*

Finalidade	Avaliar a imputabilidade do agente
Legitimados	Ministério Público, delegado, defensor, cônjuge, curador, ascendente, descendente e irmão
Momento	Inquérito ou processo
Procedimento	Procedimento com perícia que suspende o processo, mas não a prescrição
Conclusões	Se não há doença, retoma o processo; se há doença à época do fato, verifica sua imputabilidade; se superveniente ao fato, crise de instância
Recurso	Da decisão que determina a instauração, não há recurso (MS); do indeferimento da instauração, HC; da decisão que homologa o laudo, apelação
Insanidade na LEP	Se transitória, transferência para tratamento; se permanente, converte-se em medida de segurança

7.3.5. Conflito de jurisdição

7.3.5.1. *Considerações iniciais*

Majoritariamente, entende-se que o Código Processual trata, nos arts. 113 a 117, tanto do conflito de **jurisdição** quanto do conflito de **competência**. Estará configurado aquele quando houver conflito entre dois órgãos de jurisdições *distintas*, como Justiça Estadual *vs.* Justiça Federal, ou Justiça de São Paulo *vs.* Justiça do Rio de Janeiro; e estará configurado este quando o conflito se der entre órgãos da *mesma* Justiça, como o juiz da comarca de Campinas/SP *vs.* o juiz da comarca de Indaiatuba/SP, ambos pertencentes aos quadros da Justiça do Estado de São Paulo. Destaca-se que há quem sustente que, na verdade, haveria apenas o conflito de competência, sejam os juízes da mesma ou de diversa jurisdição, pois esta é una.

Diferentemente disso – e como se verá adiante, em item próprio – quando não houver autoridade judiciária em conflito, mas, sim, autoridades consideradas *administrativas*, desprovidas do exercício de jurisdição, estar-se-á diante de um **conflito de atribuições**, tal como se dá entre membros do Ministério Público. Ex.: conflito entre o promotor de justiça de Palmas/TO e o promotor de justiça de Araguaína/TO; ou entre o promotor de justiça de São José do Rio Preto/SP e o procurador da república de Porto Alegre/RS.

São pressupostos para que exista o conflito de jurisdição ou de competência: (a) a existência de um processo judicial em curso; e (b) a discordância entre juízes sobre competência para o caso.

O fundamento para a existência do incidente em estudo é a proteção do postulado do juiz natural (e do promotor natural). Assim, como já estudado, não basta que o juiz tenha jurisdição; é preciso que ele seja o órgão jurisdicional competente para solucionar a demanda (art. 5º, XXXVII, CF).

7.3.5.2. *Legitimados*

Consoante o art. 115, CPP, o conflito poderá ser suscitado (a) pela parte interessada; (b) pelo Ministério Público; e (c) por qualquer dos juízes ou tribunais em causa.

Em relação ao Ministério Público, poderá ele suscitar o conflito tanto na qualidade de parte (autor) como na de fiscal da ordem jurídica (em ações penais de iniciativa privada, p. ex.).

Entende-se que o assistente de acusação também tem legitimidade.

7.3.5.3. *Momento*

Consoante Renato Brasileiro de Lima (Curso, 2013), o conflito de competência pode ser suscitado a qualquer momento, desde que antes do trânsito em julgado da sentença. Aliás, a súmula nº 59 do STJ estabelece que não haverá mais conflito de competência se já houver sentença transitada em julgado, proferida por um dos juízes conflitantes (STJ, CC nº 81.999/PR, rel. Min. Paulo Gallotti, j. 09.05.07).

Quanto à possibilidade de arguição de conflito no curso da execução penal, Marcão (Código, 2016) ensina que a súmula nº 59 do STJ só tem aplicação no âmbito do processo de conhecimento. Considerando, todavia, que a execução penal possui natureza – também – de *processo jurisdicional*, haverá a possibilidade de arguição de conflito de competência no seu curso sempre que ocorrer a discordância de juízes quanto à competência para a execução penal. Exemplo típico – que foi visto alhures – trata da situação em que o agente praticou crime estadual e foi recolhido em estabelecimento penal federal – disso, pois, podem surgir dúvidas sobre quem seja o juízo competente para conceder um benefício penal, de forma que se instaurará um conflito de competência em sede de execução penal, ou então, o conflito que pode surgir sobre qual juízo é responsável pela análise da necessidade de recolhimento do condenado a estabelecimento federal de segurança máxima (STJ, CC nº 117.384/PA, rel. Min. Assuste Magalhães, j. 04.02.13; e CC nº 143.634/RJ, rel. Min. Gurgel de Faria, j. 24.02.16).

7.3.5.4. *Forma e espécies*

Quando o conflito é arguido pela parte, chama-se de *requerimento*; quando provocado pelos juízes ou tribunais, chama-se de *representação*.

O conflito de competência pode ser de duas espécies:

a) **positivo**, quando dois ou mais juízes se entendem competentes, como no caso do juiz de Salvador/BA e do juiz de Feira de Santana/BA entenderem, ambos, ser competentes para o processo; ou

b) **negativo**, quanto todos os juízes se dizem incompetentes, entendendo um que a competência é do outro e, este, que é daquele, como no caso de o juiz de Salvador/BA que se diz incompetente, remetendo os autos ao juiz de Feira de Santana/BA, que também se acha incompetente.

7.3.5.5. *Procedimento*

O requerimento (da parte) ou a representação (do juiz) será endereçado **ao presidente do Tribunal competente**, sob a forma escrita e circunstanciada, expondo os fundamentos e juntando os documentos comprobatórios necessários (art. 116, CPP). Se o conflito for negativo, os juízes e os tribunais poderão suscitá-lo nos próprios autos do processo (§ 1º).

Distribuído o feito, se positivo o conflito (isto é, dois ou mais juízes entendem ser competentes), o relator poderá, facultativamente, determinar imediatamente a suspensão do curso do processo (§ 2º). Se o conflito é negativo, é praticamente inevitável a suspensão do processo, pois não há nenhum juiz competente atuando no processo.

Expedida ou não a ordem de suspensão do processo, ou sendo o conflito negativo (nenhum juiz se diz competente), o relator requisitará informações às autoridades envolvidas no conflito, que serão prestadas no prazo que assinalar (§§ 3º e 4º).

Recebidas as informações, o relator, após ouvir o Ministério Público (pelo Procurador-Geral), decidirá o conflito na primeira sessão que se seguir, salvo se houver necessidade de alguma diligência (§ 5º).

Proferida a decisão, o relator encaminhará as cópias necessárias às autoridades então em conflito para que a executem (§ 6º) – esta decisão pode ser tanto determinando que um dos juízes envolvidos no conflito é o competente quanto um terceiro que sequer participou do incidente (STJ, CC nº 145.787/SP, rel. Min. Reynaldo Soares da Fonseca, j. 11.05.16).

7.3.5.6. *Recurso*

É possível verificar que o julgamento do conflito de competência é atribuído a um Tribunal, de modo que caberá recurso extraordinário (STF) ou recurso especial (STJ) contra esta decisão, preenchidos os seus requisitos legais. Será cabível, ainda, *habeas corpus* ou mandado de segurança, se o caso.

7.3.5.7. *Avocatória*

Consoante o art. 117, CPP, o Supremo Tribunal Federal, mediante *avocatória*, restabelecerá a sua jurisdição, sempre que exercida por qualquer dos juízes ou tribunais inferiores.

"Avocar" significa trazer para si, chamar; ou seja, como não existe órgão jurisdicional superior ao Supremo Tribunal Federal, não há a possibilidade de se suscitar um conflito entre ele e outro órgão jurisdicional. Desta forma, se houver "conflito de competência" entre o Supremo Tribunal Federal e o Superior Tribunal de Justiça, por exemplo, o STF apenas verificará se há – ou não – competência sua e, se assim ocorrer, avocará para si o processo.

Este instituto da *avocatória* é diverso da *reclamação*. Com efeito, aquela se traduz na possibilidade de **o próprio** Supremo Tribunal Federal trazer para si um processo judicial que está em curso em outro órgão jurisdicional, tido como incompetente; esta, por outro lado, é a providência que **as partes** têm de provocar a Suprema Corte para que esta possa verificar as alegações e, se o caso, preservar a sua competência, avocando o processo no caso de usurpação de sua competência (Novelino, 2012).

No mais, há quem entenda que o Superior Tribunal de Justiça também teria o poder da avocatória; por outro lado, há quem discorde, já que o conflito envolvendo tribunais superiores será resolvido pelo STF (art. 102, I, *o*, CF).

7.3.5.8. *Competência*

A competência para solucionar o conflito tem previsão na Constituição Federal, nas Constituições Estaduais, nas leis processuais, nos regimentos internos dos tribunais e nas Leis de Organização Judiciária.

De forma geral, a competência será:

Competência	Hipótese
STF (Art. 102, I, *o*, CF)	– Conflito entre STJ e outro tribunal (exceto STF). Ex.: STJ *vs.* TJRS. – Conflito entre Tribunais Superiores (exceto STF) e outro tribunal. Ex.: TSE *vs.* TJPE. – Conflito entre Tribunais Superiores (exceto STF). Ex.: STM *vs.* TSE.
STJ (Art. 105, I, *d*, CF)	– Conflito entre qualquer tribunal, exceto tribunais superiores. Ex.: TJRJ *vs.* TJMG. – Conflito entre tribunal e juiz a este não vinculado. Ex.: TJPR *vs.* juiz do Mato Grosso. – Conflito entre juízes de tribunais diversos. Ex.: juiz do Maranhão *vs.* juiz do Tocantins; ou juiz federal do TRF5 *vs.* juiz federal do TRF2; ou juiz federal do TRF 1 *vs.* juiz estadual investido na jurisdição federal vinculado ao TRF3.
TRF (Art. 108, I, *e*, CF)	– Conflito entre juízes federais de tribunal da mesma região. Ex.: juiz federal da 1ª vara *vs.* juiz federal da 2ª vara, ambos do TRF1. – Conflito entre juiz federal e juiz estadual investido na jurisdição federal, ambos vinculados ao mesmo TRF. Ex.: juiz federal do TRF2 *vs.* juiz estadual na função federal vinculado também ao TRF2 (súmula nº 3, STJ – que abarcava a extinta previsão da antiga Lei de Drogas).
TJ (LC nº 35/79)	– Conflito entre juízes vinculados ao mesmo TJ. Ex.: juiz de Praia Grande/SP *vs.* juiz de São Vicente/SP.
TRE (Código Eleitoral)	– Conflito entre juízes eleitorais do mesmo Estado. Ex.: juiz eleitoral de Aracajú/SE *vs.* juiz eleitoral de Lagarto/SE.
TSE (Código Eleitoral)	– Conflito entre TRE de diferentes Estados. Ex.: TRE/CE *vs.* TRE/PA. – Conflito entre juízes eleitorais de Estados diferentes. Ex.: juiz eleitoral de Jundiaí/SP *vs.* juiz eleitoral de Arapiraca/AL.

No que diz respeito aos Juizados Especiais, o conflito **entre um Juizado Especial Criminal e um juiz criminal** será resolvido pelo tribunal vinculado a ambos.

Exemplo: Juizado Criminal de São Bernardo/SP *vs.* juiz criminal de Santo André/SP – o conflito será solucionado pelo TJ/SP; da mesma forma ocorre na Justiça Federal, cujo conflito entre juízes e Juizados Especiais será dirimido pelo respectivo Tribunal Regional Federal. Nesse sentido, aliás, dispõe a súmula nº 428 do STJ: "compete ao Tribunal Regional Federal decidir os conflitos de competência entre juizado especial federal e juízo federal da mesma seção judiciária" (a melhor leitura, todavia, é de que Juizado e juiz devem estar vinculados ao mesmo *tribunal*, sejam ou não da mesma *seção judiciária*).

Corroborando este entendimento, estabelece o Supremo Tribunal Federal que não compete ao Superior Tribunal de Justiça julgar conflitos entre juizados especiais e juízes do mesmo tribunal, pois ambos estão vinculados ao tribunal, administrativa e jurisdicionalmente, e não ao STJ (RG-RE nº 590.409/RJ rel. Min. Ricardo Lewandowski, j. 26.08.09).

No caso de conflito **entre Juizados Especiais**, a solução será dada pela Turma Recursal (Enunciado nº 91, XVI Encontro Nacional dos Coordenadores de Juizados Especiais Federais). O mesmo se aplica em relação aos Juizados Especiais estaduais.

No mais, não existe conflito de competência **entre Tribunal de Justiça e Turma Recursal de Juizado Especial**, haja vista que esta é instituída pelo respectivo Tribunal de Justiça e está a ele subordinada administrativamente, não sendo considerada "tribunal" para fins de análise de conflito de competência (STJ, CC nº 140.322/PR, rel. Min. Reynaldo Soares da Fonseca, j. 24.02.16).

7.3.5.9. *Conflito de atribuições*

Viu-se, anteriormente, que o conflito de atribuições existirá em relação a órgãos que não possuem a função jurisdicional, como é o caso do conflito entre membros do **Ministério Público**, sejam promotores de justiça (MP estadual) ou procuradores da República (MP federal).

Muitas vezes, os membros do Ministério Público instauram procedimentos investigatórios próprios, com tramitação dentro da instituição. É o caso, por exemplo, de procedimento de investigação criminal instaurado pelo MP/SP para apurar supostas condutas ilícitas praticadas por determinada facção criminosa atuante nos presídios.

Por outro lado, pode ser que o MPF (ou o MP/RJ, p. ex.) também instaure um procedimento de investigação criminal objetivando apurar as mesmas condutas desta mesma facção. Logo, haverá investigações distintas relacionadas ao mesmo fato e aos mesmos investigados, mas por membros distintos do Ministério Público (ou, como alguns dizem, numa visão externa, por "Ministério Públicos distintos").

Configura-se, aqui, o chamado **conflito de atribuições**.

Pode ocorrer a necessidade de manifestação judicial sobre dado tema antes mesmo do início do processo penal (antes do oferecimento da inicial acusatória), como uma prisão cautelar ou uma busca e apreensão, de forma que já será possível a arguição de *conflito de competência*. Ex.: inquérito policial em que o delegado de polícia representa pela prisão temporária; o promotor de justiça manifesta-se sustentando a competência da Justiça Federal, o que é corroborado pelo juiz estadual; os autos do inquérito são enviados ao juiz federal, que, todavia, sustenta que a competência deveria ser da Justiça Estadual.

Surge, aqui, o **falso conflito de atribuições**, pois, embora haja um conflito relativo aos órgãos acusatórios (entre Ministério Público), há duas *autoridades judiciais* presentes na investigação, o que torna o conflito verdadeiramente de competência – e não de atribuição.

Exemplo de caso julgado pelo Superior Tribunal de Justiça (CAt nº 272/SP, rel. Min. Sebastião Reis Júnior, j. 12.11.14): um funcionário da Petrobras morreu enquanto exercia suas atividades na extração de petróleo em razão de culpa de outro funcionário no manuseio dos equipamentos. O fato teria ocorrido na Bacia de Santos (que se estende do sul do Rio de Janeiro até o norte de Santa Catarina), tendo o inquérito policial tramitado na polícia civil do Rio de Janeiro/RJ. O promotor de justiça carioca declinou da atribuição para atuar, argumentando que os fatos ocorreram em Santos/SP, sendo que **o juízo local** acolheu tal manifestação e declinou da competência para julgar; chegando os autos em Santos/SP, o promotor de justiça paulista suscitou conflito de atribuição, sendo que o **juízo local** também acolheu a manifestação. O que se percebe, como deixou assente a Corte, é que as autoridades judiciárias se manifestaram expressamente sobre a controvérsia (ainda que acolhendo as manifestações ministeriais), o que configura claro **conflito de competência** – e não mais de atribuições do Ministério Público.

Mas ver que apenas deixará de existir conflito de atribuição para configurar conflito de competência quando os juízes envolvidos também se manifestarem sobre as suas competências judiciais, como acolhendo ou não as manifestações do Ministério Público. Nas palavras do Supremo Tribunal Federal, "após o pronunciamento judicial sobre a competência, cessa o conflito de atribuição entre órgãos do Ministério Público (...). Eventual discordância entre o Juízo Estadual e o Juízo Federal, deve ser dirimida em conflito de competência" (ACO nº 2.242/MG, rel. Min. Roberto Barroso, j. 10.12.13).

No entanto, no **puro conflito de atribuições** entre membros do Ministério Público, quando não há participação alguma de autoridade judiciária, a questão que se coloca é saber quem será o órgão competente para solucionar tal embate. Há as seguintes situações:

a) conflito entre promotores de justiça do mesmo Estado. Exemplo: promotor de Jundiaí/SP *vs.* promotor de Cajamar/SP. A solução será dada pelo Procurador-Geral de Justiça do MPSP (art. 10, X, Lei nº 8.625/93).

b) conflito entre procuradores da República (MPF). Exemplo: procurador da República do Rio de Janeiro/RJ *vs.* procurador da República de Salvador/BA. A solução será dada pela Câmara de Coordenação e Revisão (CCR) do Ministério Público Federal, com possibilidade de recurso ao Procurador-Geral da República (arts. 49, VIII, e 62, VII, LC nº 75/93).

c) conflito entre membros de ramos diferentes do Ministério Público da União. Exemplo: procurador da República (MPF) *vs.* procurador do trabalho (MPT). A solução será dada pelo Procurador-Geral da República (art. 26, VII, LC nº 75/93).

d) conflito entre promotores de Estados diferentes (ex.: promotor de Jales/SP *vs.* promotor de Cabo Frio/RJ) ou o conflito entre promotor de justiça e procurador da República (ex.: promotor de Marília/SP vs. procurador da República de Floriano/PI). Atualmente, depois de muitas idas e vindas, o Supremo Tribunal Federal entende que a solução deverá ser dada pelo Conselho Nacional do Ministério Público (Plenário, ACO nº 843/SP, rel. p/ ac. Min. Alexandre de Moraes, j. 05.06.20).

Em relação à última situação, a Corte Constitucional entendia (**até 2016**) que, nesses casos, estaria configurado um *conflito interfederativo*, isto é, um conflito entre "órgãos" de entes políticos distintos (Estado *vs.* Estado, ou Estado *vs.* União), o que tornaria o Supremo Tribunal Federal competente para dirimir tal contenda, nos termos do art. 102, I, *f*, CF (ACO nº 889/RJ, rel. Min. Ellen Gracie, j. 11.09.08).

Na sequência (**de 2016 a 2020**), entendeu-se que a competênica seria do Procurador-Geral da República, que, embora não seja o chefe do Ministério Público Estadual (mas do Ministério Público da União apenas), ele, como órgão que seria da União, é o único a poder dizer se há ou não atribuição do Ministério Público da União num dado caso, em analogia à súmula nº 150 do STJ (que diz que compete à Justiça Federal decidir sobre a existência de interesse jurídico que justifique a presença, no processo, da União). Além disso, o conflito seria um assunto interno da "Instituição Ministério Público", que é regida pelos princípios da unidade e da indivisibilidade, de forma que cabe ao próprio Ministério Público – e não ao Poder Judiciário – solucionar o conflito para dizer se há, ou não, atribuição de um órgão independente. Ainda, o Procurador-Geral da República exerceria um papel de "representante nacional" do Ministério Público brasileiro.

A partir de 2020, todavia, a Suprema Corte passou a entender que o conflito deve ser solucionado pelo CNMP, já que o Procurador-Geral da República (segundo a antiga posição) é parte interessada na solução e Chefe do Ministério Público da União, de modo que não havia sentido em submeter o Ministério Público Estadual a uma decisão do Chefe do Ministério Público Federal, já que, entre eles, não há hierarquia e nem subordinação.

No mais, o Poder Judiciário não estará vinculado à decisão proferida pelo Ministério Público. Se, por exemplo, entender-se, analisando um conflito, que a atribuição é do procurador da República e este, então, oferece denúncia perante a Justiça Federal, o juiz federal poderá, livremente, apreciar o caso e entender ser incompetente para julgar, declinando a competência para a Justiça Estadual; e o juiz estadual, se discordar, suscitará conflito negativo de competência, perante o Superior Tribunal de Justiça, como foi estudado acima.

Assim, conclui-se que a decisão do Ministério Público a respeito da atribuição dos seus membros produz efeitos apenas dentro da instituição do Ministério Público, não vinculando juízes, que, obviamente, são independentes para analisar a sua própria competência.

Em suma:

Conflito	Quem decide
MPE *vs.* MPE do mesmo Estado	PGJ deste Estado
MPF *vs.* MPF	CCR, com recurso ao PGR
MPU *vs.* MPU de ramos diferentes	PGR
MPE *vs.* MPF	CNMP
MPE *vs.* MPE de diferentes Estados	CNMP

7.3.5.10. *Quadro geral*

Finalidade	Decidir qual é o juiz natural da causa
Legitimados	Acusado e acusação
Espécies	Positivo (todos se dizem competentes) e negativo (todos se dizem incompetentes)
Procedimento	Requerimento; prestação de informações; decisão por tribunal
Recurso	RE ou REsp, se o caso
Avocatória	Restabelecimento da jurisdição pelo STF

7.3.6. Medidas assecuratórias

7.3.6.1. *Considerações iniciais*

Utilizando a conceituação da doutrina, "as medidas assecuratórias são providências de cunho patrimonial adotadas em procedimentos incidentes, que, portanto, devem ser decididos no curso do processo criminal. Visam a impor restrições à fruição do produto do crime ou qualquer proveito ou vantagem que dele decorra; e assegurar a recomposição do patrimônio lesado, com justa indenização ou reparação do dano causado à vítima, bem como o pagamento de eventuais penas pecuniárias e despesas processuais" (Marcão, Código, 2016, p. 328).

Disso, percebe-se que as medidas assecuratórias têm como objetivo geral:

» **Restringir o uso/fruição** dos produtos e proveitos oriundos do delito pelo acusado

» Restituir o patrimônio do lesado com a **reparação do dano causado e indenização**

» Obrigar o agente ao **pagamento das penas pecuniárias e despesas do processo**

Muitos autores discutem se existe – ou não – um verdadeiro processo penal cautelar. Independentemente da posição adotada, certo é que o Processo Penal traz uma série de medidas cautelares com o objetivo de instrumentalizar a ação penal. Consoante Polastri (Curso, 2016,), quando se diz que existe no processo penal um "processo penal cautelar", quer-se referir que existe uma *jurisdição cautelar*, mas com a particularidade de que não há, propriamente, ação ou processo penal cautelar autônomo, pois a jurisdição cautelar será exercida através de medidas cautelares no bojo do processo penal, como regra.

As medidas assecuratórias dos arts. 125 a 144-A, CPP, são consideradas **medidas cautelares de natureza real/patrimonial**. Ao lado delas, existem as cautelares pessoais (relacionadas à prisão) e as cautelares probatórias (como a busca e apreensão), ambas estudadas em capítulos próprios adiante.

É importante ressaltar que medida cautelar é sempre determinada pela autoridade judicial, pois haverá – sempre – cláusula de reserva de jurisdição (art. 5º, LIV, CF – princípio da jurisdicionalidade). Ainda, o juiz só poderá decretar uma medida de ofício no curso do *processo penal*, pois, antes disso, haverá violação ao sistema acusatório.

No mais, quanto ao contraditório prévio, é possível sustentar a sua aplicação em razão do art. 282, § 3º, CPP, que, apesar de assim exigir em relação às cautelares pessoais (prisão), nada obsta a sua aplicação às cautelares reais – salvo, claro, se o seu emprego gerar risco para o processo, o que iria exatamente de encontro com o objetivo da medida cautelar, que é proteger a ação penal, tal como se daria na prévia oitiva do investigado a respeito de sequestrar seus imóveis obtidos com o proveito do crime de tráfico de drogas.

7.3.6.2. *Requisitos gerais*

Tratando-se de medida cautelar real, três requisitos são necessários à sua aplicação:

a) ***periculum in mora***: quer-se dizer que a demora no curso do processo principal (ação penal) pode fazer com que se esvazie a pretensão que se almeja, tornando-o ineficaz. É, assim, o verdadeiro perigo que a demora do processo pode gerar à pretensão ressarcitória. É a demora para se findar a ação penal e que pode gerar a dilapidação do patrimônio do acusado pelo crime.

b) ***fumus boni iuris***: traduz-se na ideia de que, para que o juiz decrete uma medida cautelar real, é necessário o mínimo de plausibilidade, de indícios suficientes, de verossimilhança ou probabilidade de sua necessidade, o que é feito num juízo sumário (raso, provisório). Exige-se, assim, o mínimo de plausibilidade de que o bem a ser constrito esteja relacionado ao ilícito penal cometido.

c) **adequação e proporcionalidade**: a medida cautelar que se pretende deve ser adequada aos fins almejados, ou seja, à salvaguarda dos interesses postos em conflito; e, ainda, deve ser proporcional ao fato e sua gravidade, de modo que o juiz sempre deve analisar se existe outra medida – menos constritiva – que possa alcançar os objetivos pretendidos. Possui previsão no art. 282, CPP (que trata da medida cautelar pessoal da prisão).

Na sequência, serão estudadas as três medidas cautelares previstas no Código de Processo Penal:

- Sequestro;
- Hipoteca legal;
- Arresto.

7.3.6.3. *Sequestro*

7.3.6.3.1. *Considerações iniciais*

O sequestro é uma medida cautelar constritiva patrimonial de bens **imóveis** (art. 125, CPP) ou **móveis** (art. 132, CPP), desde que seja determinado, específico e adquirido com proveitos do delito praticado, mesmo que já transferido a terceiro. É o caso da casa num condomínio de alto padrão adquirida pelo traficante com o dinheiro obtido do tráfico de drogas.

Deve-se deixar claro que o sequestro caberá sobre o bem que **foi adquirido com o provento da infração penal praticada**, como o carro comprado com o dinheiro subtraído do caixa eletrônico explodido ou a moto comprada com o dinheiro dos relógios roubados da relojoaria. Ensina Badaró (Curso, 2016) que deve existir a *referibilidade*, ou seja, o sequestro deve recair sobre os proventos do crime praticado – e não sobre qualquer bem.

Se o objetivo for constringir **o próprio objeto do crime em si** (como o dinheiro furtado ou os relógios roubados), a medida cabível será a busca e apreensão (art. 240, § 1º, *b*, CPP), medida cautelar probatória (e não real).

7.3.6.3.2. *Legitimados*

Como mencionado acima, somente o juiz pode decretar uma medida cautelar – no caso, somente o juiz criminal.

O sequestro poderá ser determinado de ofício pelo juiz, no curso do processo penal (em tese), ou a requerimento do Ministério Público ou do ofendido, ou mediante representação do delegado de polícia, no curso do inquérito policial. Não há impedimento ao requerimento pelo assistente de acusação

Quanto à atuação de ofício pelo juiz no curso do inquérito policial, há posição sustentando não ser possível, pois feriria o sistema acusatório e, ainda, o sistema das cautelares pessoais (art. 282, CPP – prisão) impediria a atuação de ofício do juiz no curso do inquérito policial.

Consoante entendimento do Superior Tribunal de Justiça, a medida cautelar de sequestro, presentes os requisitos essenciais, pode ser deferida **sem a prévia oitiva** da parte contrária (AgInt no AREsp nº 1.110.340/SC, rel. Min. Rogerio Schietti Cruz, j. 21.11.17). Além disso, não há impedimento ao sequestro de bens de pessoa jurídica, ainda que esta não conste do polo passivo da investigação ou da ação penal, desde que verificada a presença de indícios veementes de que tenha sido utilizada para a prática de delitos (AgRg no REsp nº 1.712.934/SP, rel. Min. Reynaldo Soares da Fonseca, j. 21.02.19).

7.3.6.3.3. *Momento*

A medida cautelar real de sequestro poderá ser determinada tanto no curso do **inquérito policial** quanto na **ação penal** (art. 127, CPP). Novamente, há reserva jurisdicional para a sua decretação.

Atentar que o sequestro possui dois objetivos: (a) confiscar o provento da infração penal e (b) indenizar o lesado e o terceiro de boa-fé.

7.3.6.3.4. *Procedimento*

O pedido deve ser feito pelo legitimado, em petição específica, apresentando os fatos e provas pertinentes, podendo, se preciso, produzir as necessárias. O procedimento correrá em separado, autuando-se em apartado ao inquérito policial ou à ação penal (art. 129, CPP).

Conclusos os autos incidentes, o juiz decidirá a respeito. A lei (art. 126, CPP) determina que, para a decretação do sequestro, bastará a existência de *indícios veementes* da proveniência ilícita dos bens. Simplificando, não é a mera suspeita e nem a absoluta certeza: as circunstâncias narradas pelo requerente (ou expostas pelo juiz) é que dirão se há aparência ou argumentos que sustentem a constrição cautelar de um bem supostamente adquirido com produto do delito (crime ou contravenção penal). Exige-se, portanto, elevada probabilidade.

Se deferir o sequestro de bem imóvel, o juiz determinará que o Cartório de Registro de Imóveis promova o seu registro (art. 239, Lei nº 6.015/73), dando-se a devida publicidade. Em regra, o bem sequestrado ficará sob a guarda de um depositário ou administrador (art. 159, CPC); no entanto, pode-se sustentar que o próprio acusado permaneça no imóvel (se o caso assim autorizar), até porque já haverá a publicidade gerada pelo Cartório de Registro de Imóveis.

Uma observação é importante quanto ao bem de família. Não será possível alegar bem de família em relação ao imóvel adquirido com provento do crime, uma vez que a Lei nº 8.009/90 (Lei do Bem de Família) diz que não é oponível o bem de família em relação ao bem "adquirido com produto de crime ou para execução de sentença penal condenatória a ressarcimento, indenização ou perdimento de bens" (art. 3º, IV).

A partir disso, a constrição do bem dependerá do resultado do processo, tema que será visto na sequência.

Da decisão do juiz que concede ou nega o pedido de sequestro, caberá apelação.

7.3.6.3.5. *Levantamento*

O sequestro feito perderá a sua eficácia (será "levantado", na expressão do Código) em três hipóteses:

a) se decretado no curso do inquérito policial e a ação penal não for intentada em 60 dias, contando-se da data da conclusão da diligência constritiva do bem.

   Em casos excepcionais, entretanto, o Superior Tribunal de Justiça já entendeu que não há violação de direito líquido e certo se o atraso foi justificado pelas peculiaridades da causa, que, no caso, revela-se complexa e com pluralidade de autores. (RMS nº 29.188/SP, rel. Min. Sebastião Reis Júnior, j. 06.09.13; e RMS nº 36.728/MT, rel. Min. Laurita Vaz, j. 12.11.13).

b) se o terceiro de boa-fé, que adquiriu o bem do acusado, prestar caução. É a aplicação do art. 91, II, *b*, segunda parte, CP.

c) se foi julgada extinta a punibilidade ou absolvido o réu, com trânsito em julgado.

Ainda que extinta a punibilidade, o lesado poderá socorrer-se do juízo cível, como já estudado alhures, assim como, a depender do fundamento utilizado, em relação à absolvição do acusado.

Há doutrina entendendo que, com a absolvição, o juiz, na própria sentença, já ordenará "a cessação das medidas cautelares e provisoriamente aplicadas", nos moldes do art. 386, p.ú., II, CPP – o que incluiria, antes mesmo do trânsito em julgado, o levantamento do sequestro de bens (Badaró, 2016). Isso porque, o sequestro foi determinado em cognição sumária, de modo que, com a sentença, já em cognição exauriente, não haveria como se sustentar aquela (rasa) diante desta (profunda); além do mais, a cautelar possui acessoriedade, isto é, se a ação penal foi julgada improcedente, com a absolvição do réu, faz-se mister entender que aquela medida não mais subsistirá.

7.3.6.3.6. *O resultado do processo*

O sequestro é determinado em cognição sumária; já a condenação, por outro lado, é proferida em cognição exauriente. É possível que o agente, cujos bens tenham sido sequestrados, seja condenado ao final e não perca seus bens. Isso porque, o sequestro exige *indícios* de que o bem tenha sido adquirido com proventos do crime; já a sua perda final, com o confisco pela União, exige *certeza*.

De qualquer modo, transitada em julgado a sentença condenatória, o juiz, de ofício ou a requerimento do interessado ou do Ministério Público, determinará a avaliação e a venda dos bens em leilão público cujo perdimento tenha sido decretado (art. 133, CPP, cf. Lei nº 13.964/19).

O valor apurado com a venda pública será destinado ao **lesado** ou ao **terceiro de boa-fé** e, se houver saldo, será recolhido ao **Tesouro Nacional** (União).

Conforme entendimento da jurisprudência, após decretado o confisco do bem por meio de sentença penal condenatória transitada em julgado, nada restará ao juízo cível senão se curvar ao provimento exarado pelo juízo criminal, cabendo à parte interessada insurgir-se tão somente neste juízo, por meio dos embargos, como se verá adiante. Assim, o juízo cível estará subordinado aos comandos da sentença penal, de modo que, por exemplo, eventual ação de usucapião então em trâmite sobre o bem sequestrado e agora perdido deverá ser julgada extinta sem resolução do mérito (STJ, REsp nº 1.471.563/AL, rel. Min. Paulo de Tarso Sanseverino, j. 26.09.17).

Exemplo: Fulano praticou um dado crime e, com o dinheiro do delito, comprou uma casa; no processo criminal para apuração deste crime, o juiz decretou o sequestro do imóvel comprado; Fulano fugiu e abandonou o bem, que foi invadido por Beltrano e que lá passou a morar; tempos depois, preenchidos os requisitos legais, Beltrano apresentou no juízo cível uma ação de usucapião em relação ao imóvel; a ação civil está normalmente em trâmite, até que advém a sentença penal condenatória com trânsito em julgado contra Fulano; como efeito disso, o juiz criminal determinou a perda da casa (art. 91, II, *b*, CP); a ação de usucapião deverá ser extinta sem resolução do mérito, por total perda do objeto, considerando que o tema já foi decidido pelo juízo penal. Nada mais tem a decidir o juízo cível em relação ao imóvel.

7.3.6.3.7. *Defesa*

A defesa prevista contra o sequestro de um bem é chamada de **embargos**. A competência para o seu julgamento sempre será do juiz criminal, que foi a autoridade judiciária que determinou a medida.

Podem ser opostos os embargos em três situações distintas:

i) **embargos do acusado (art. 130, I, CPP)**: a única alegação possível por parte do acusado será a de que o bem sequestrado não foi adquirido com proventos da infração penal, isto é, que os valores utilizados não são de origem criminosa (são frutos do trabalho, de doação, de herança, de um empréstimo etc.). Logo, há fundamentação vinculada. O objetivo é afastar a *referibilidade*, ou seja, sustentar que o bem constrito não é de origem criminosa, não podendo ser sequestrado.

   Não há falar-se em inversão do ônus da prova, pois, a partir do momento em que há uma decisão judicial sequestrando um bem, o acusado, seu proprietário, se tiver interesse em opor os embargos, é que terá o ônus de comprovar as suas alegações. Apenas quando da eventual condenação é que a acusação terá o ônus de comprovar a origem ilícita e criminosa dos bens constritos.

ii) **embargos do terceiro de boa-fé alheio ao delito (art. 129, CPP)**: são verdadeiros embargos de terceiro (art. 674, CPC), interpostos por terceiro totalmente alheio ao crime e sem relação alguma com o acusado/investigado, que apenas teve o seu patrimônio afetado pelo sequestro. Pode-se sustentar qualquer argumento, não havendo fundamentação vinculada.

   Poderão ser opostos a qualquer momento até o trânsito em julgado da sentença e, mesmo após o trânsito em julgado, no prazo de cinco dias, a contar da arrematação do bem, sendo julgados tão logo tenha a parte contrária contestado os embargos em dez dias e tenham sido produzidas as provas requeridas para demonstração do direito (STJ, AREsp nº 1.420.461/PR, rel. Min. Joel Ilan Paciornik, j. 01.10.19).

   Exemplo: pessoa comum do povo deixa seu relógio *Rolex* para conserto numa conceituada relojoaria, que, todavia, tem todos os seus relógios sequestrados por ordem judicial (inclusive o tal relógio), sob alegação de que são frutos do dinheiro da corrupção de um político local, dono do estabelecimento.

   Aplicam-se a estes embargos, subsidiariamente, os dispositivos do CPC; mas a fase recursal observará as regras do CPP (STJ, AgInt no AREsp nº 1.509.656/SP, rel. Min. Joel Ilan Paciornik, j. 01.09.20). Ex.: os embargos seguirão o rito do CPC, mas, uma vez decididos, a parte poderá interpor apelação, agora seguindo as regras do CPP.

iii) **embargos do terceiro de boa-fé que adquiriu o bem a título oneroso (art. 130, II, CPP)**: a única alegação possível será a que de que o bem sequestrado foi adquirido de boa-fé, como uma compra, por exemplo. A fundamentação é vinculada. A situação deve ser analisada para se aferir a boa-fé. É o caso do terceiro que adquire uma mansão avaliada em R$ 20 milhões por apenas R$ 1 milhão, demonstrando um valor totalmente vil, irrisório, o que pode afastar a boa-fé. Assim, a regra é a presunção de boa-fé, mas se os fatos se voltarem contra o terceiro, indicando justamente o contrário, este é que terá que comprovar que a sua aquisição foi de boa-fé.

Não há ilegalidade na extensão do sequestro a bens de terceiros não envolvidos diretamente no ilícito penas, desde que devidamente fundamentada a decisão em indícios veementes de que tais bens foram adquiridos ou construídos com finanças produto de crime (STJ, RMS nº 52.442/CE, rel. Min. Reynaldo Soares da Fonseca, j. 07.05.19). Assim, por exemplo, existindo evidências de que uma empresa foi beneficiada com valores de financiamentos ilegalmente obtidos perante a Caixa Econômica Federal, mediante esquema fraudulento liderado pelo sócio dessa empresa, ao lado de outros indícios, justifica a manutenção do sequestro de bens adquiridos, pela empresa, com referido financiamento criminoso. Logo, o beneficiamento de terceiro, mesmo que alheio à pratica direta do crime, é suficiente para que o grave seja mantido sobre os seus bens.

Como regra, **o juiz só decidirá os embargos após o trânsito em julgado da sentença penal condenatória**, *salvo*, como entendem doutrina e jurisprudência, no caso de **embargos opostos por terceiro de boa-fé alheio ao delito** (como o dono do relógio, acima), que deverão ter julgamento tão logo finalizada a instrução do incidente (Tourinho, 2008; STJ, AREsp nº 1.420.461/PR, rel. Min. Joel Ilan Paciornik. j. 01.10.19).

Quanto ao rito dos embargos, a lei processual é omissa, o que fez a doutrina majoritária entender pela aplicação dos arts. 674 a 681 do Código de Processo Civil (concessão de liminar, prazos, contestação aos embargos etc.) com alguma adaptação.

Contra a decisão que julga os embargos caberá apelação, cf. o art. 593, II, CPP, não sendo o caso de mandado de segurança, cf. a súmula nº 267, STF. Para o Superior Tribunal de Justiça, não é cabível mandado de segurança contra decisão judicial que autoriza o desbloqueio de bens e valores, já que se trata de decisão definitiva que coloca fim ao procedimento incidente, sendo o caso de apelação, nos moldes do art. 593, II, CPP (REsp nº 1.787.449/SP, rel. Min. Nefi Cordeiro, j. 10.03.20).

7.3.6.3.8. *O art. 91, § 2º, do Código Penal*

A Lei nº 12.694/12 acrescentou os §§ 1º e 2º ao art. 91 do Código Penal. Previu-se que, se o produto ou proveito do crime não for localizado ou estiver fora do Brasil (dificultando o seu confisco), poderão, então, ser confiscados bens ou valores equivalentes (§ 1º).

Exemplo: Eduardo, enquanto exercia o mandato de deputado federal, praticou diversos atos de corrupção e, com o dinheiro recebido como propina, comprou uma casa em Punta del Leste, no Uruguai, avaliada em R$ 10 milhões; se, ao final do processo penal, for condenado, o juiz poderá determinar que Eduardo perca R$ 10 milhões de reais, valor equivalente ao da casa adquirida no exterior.

Esses bens ou valores equivalentes podem ter origem *lícita* ou *ilícita* e somente serão declarados perdidos quando não existir mais o próprio bem ou valor de origem criminosa. Por isso é que a doutrina chama esta medida de **sequestro subsidiário**, em que o juiz somente o decretará se não for possível, inicialmente, sequestrar os bens móveis ou imóveis que sejam o próprio produto ou proveito do crime, pois estes ou não foram localizados ou estão no exterior.

Embora o § 2º do art. 91, CP, transmita a ideia de ser possível a utilização de qualquer medida assecuratória prevista na legislação processual, Badaró (Curso, 2016) entende que se trata, apenas, do sequestro, pois o único objetivo é a perda dos bens em favor da União, e não a reparação dos danos à vítima.

No mais, é interessante notar que a sentença estrangeira que determina a perda de bens imóveis do agente criminoso localizados no Brasil, por terem sido adquiridos com recursos criminosos, não ofende a soberania nacional, uma vez que não se tratou da titularidade dos bens, mas apenas dos efeitos civis de uma condenação penal estrangeira, tendo arrimo no Direito Internacional. Os bens, por óbvio, não serão transferidos para o país estrangeiro, mas levados a leilão, cf. o art. 133, CPP (STJ, Corte Especial, AgInt na SEC nº 10.250/EX, rel. Min. Luis Felipe Salomão, j. 15.05.19).

7.3.6.3.9. *O Decreto-lei nº 3.240/41*

O Decreto-lei nº 3.240/41 estabelece regras para o sequestro de bens de pessoas indiciadas por crimes que resultam prejuízo para a Fazenda Pública. Diferentemente do Código de Processo Penal, referida norma também cumpre o papel de hipoteca legal e de arresto, isto é, objetiva garantir a reparação dos danos causados à Fazenda Pública, vítima do crime, podendo incidir até sobre bens de origem lícita do acusado (AgRg na Pet nº 9.938/DF, rel. Min. Nancy Andrighi, j. 18.10.17).

Tal norma, basicamente, permite o sequestro de todos os bens do indiciado por crime que cause lesão à Fazenda Pública, mediante requerimento do Ministério Público ou representação do delegado ao juiz – apenas no curso das investigações. São exigidos indícios veementes da responsabilidade do agente. O sequestro pode recair, inclusive, sobre bens em poder de terceiros, contanto que estes os tenham adquirido com dolo ou culpa grave (STJ, AgRg no RMS nº 64.068/SP, rel. Min. Laurita Vaz, j. 13.10.20).

Decretado o sequestro, o juiz determina a averbação no Cartório de Registro de Imóveis e o Ministério Público promove a hipoteca legal em favor da Fazenda Pública; se bens móveis, o juiz nomeia depositário. O Ministério Público tem 90 dias, a contar da decretação do sequestro, para mover a ação penal; a única defesa possível são os embargos de terceiro.

Em suma:

a) pode recair sobre todos os bens do indiciado, lícitos ou ilícitos, adquiridos antes ou depois do crime (art. 4º);
b) o crime praticado deve ter gerado prejuízo à Fazenda Pública (art. 2º);
c) somente pode incidir durante a fase de investigações (art. 2º);
d) a ação penal, se o caso de ser intentada, o deve ser dentro de 90 dias, contados da decretação do sequestro (art. 2º, § 1º);
e) sequestrado imóvel, o juiz determina a sua averbação no Cartório de Registro de Imóveis e o Ministério Público promove a sua hipoteca legal em favor da Fazenda Pública (art. 4º, § 2º);
f) sequestrado bem móvel, o juiz nomeia depositário (art. 4º, § 1º).

Vê-se, claramente, que não se trata de um sequestro sobre os proventos da infração penal, como prevê os arts. 125 a 132, CPP, mas de um sequestro anterior à inscrição da hipoteca legal. A finalidade do Decreto-lei nº 3.240/41 é assegurar o futuro perdimento, em favor da Fazenda Pública, dos produtos e proveitos do crime (art. 8º), ressarcindo-a dos prejuízos sofridos (art. 9º).

Para parte da **doutrina**, referida norma foi revogada pelo Código de Processo Penal, diante do novo regramento deste sobre todo o tema de medidas assecuratórias. Há ao menos quatro fundamentos para tal posição: *(a)* todas as medidas cautelares reais protetivas à vítima de crime foram tratadas pelo Código de Processo Penal; *(b)* a Lei nº 9.613/98, de lavagem de capitais, na sua redação originária, fazia menção aos arts. 125 a 144, CPP, sem mencionar o Decreto-lei nº 3.240/41, o que já indicava que este diploma já não subsistia mais; *(c)* a Lei nº 11.435/06 promoveu alterações no Código de Processo Penal no tocante às medidas cautelares reais, mas sem mencionar o Decreto-lei nº 3.240/41, indicando, assim, que já existia, por exemplo, a medida de arresto, dos arts. 136 a 137, CPP, sendo desnecessária a previsão do Decreto-lei nº 3.240/41; e *(d)* por fim, lei posterior tratou da matéria de forma diversa, que, no caso, é o Código de Processo Penal. Consoante defende Gustavo H. Badaró, portanto, "o Código de Processo Penal, por se tratar de norma de mesma hierarquia, e que entrou em vigor posteriormente ao Decreto-lei 3.240/41, ao disciplinar a mesma matéria daquele, de forma diversa, acabou por revogá-lo tacitamente" (Processo, 2016, p. 1.129).

Por outro lado, a **jurisprudência** do Superior Tribunal de Justiça é pacífica e tem aplicado normalmente o Decreto-lei nº 3.240/41, afirmando que, de acordo com reiterados precedentes da Corte, ele não foi revogado pelo Código de Processo Penal, tendo sistemática própria (REsp nº 1.530.872/BA, rel. Min. Maria Thereza de Assis Moura, j. 18.06.15), trazendo, inclusive, tratamento mais rigoroso para o autor de crime que importa dano à Fazenda Pública (REsp nº 1.124.658/BA, rel. Min. Og Fernandes, j. 17.12.09). Consoante entendimento da Corte Especial do Superior Tribunal de Justiça, portanto, o Decreto-lei nº 3.240/41 "não foi revogado pelo Código de Processo Penal" (AgRg na Pet. nº 9.938/DF, rel. Min. Nancy Andrighi, j. 18.10.17).

Da mesma forma, autorizou-se, por exemplo, que a constrição prevista no Decreto-Lei nº 3.240/41 recaia sobre todo o patrimônio do agente, dada a finalidade de assegurar o pagamento de tributos sonegados, por exemplo (REsp nº 1.398.805/DF, rel. Min. conv. Leopoldo de Arruda Raposo, j. 30.04.15).

7.3.6.3.10. *Quadro geral*

Objeto	Móvel ou imóvel adquirido com provento do crime
Legitimados	Juiz, MP, delegado, ofendido e assistente de acusação
Momento	Inquérito policial ou ação penal
Procedimento	Em apartado, com decisão final do juiz
Recurso	Da decisão que concede ou nega o sequestro, caberá apelação
Levantamento	Ação não intentada em 60 dias; terceiro de boa-fé presta causação; extinção da punibilidade ou absolvição

7.3.6.4. *Hipoteca legal*

7.3.6.4.1. *Considerações iniciais*

Hipoteca legal é um gravame, um registro/anotação, feito em um bem **imóvel** de origem **lícita** (art. 134, CPP), com a finalidade de constringir bens do autor do delito visando (a) à reparação dos danos causados pela sua ação ilícita e (b) ao pagamento das custas e despesas do processo.

Nos termos do art. 1.489, III, do Código Civil, a lei confere a hipoteca ao ofendido, ou aos seus herdeiros, sobre os imóveis do delinquente, para satisfação do dano causado pelo delito e pagamento das despesas judiciais.

A hipoteca pode recair sobre qualquer bem imóvel do acusado, *ainda que de família*, pois a própria Lei nº 8.009/90 excepciona – ou seja, não permite – a sua alegação nos casos de prática de crime (STJ, RMS nº 23.189/PR, rel. Min. Jane Silva, j. 06.02.09).

7.3.6.4.2. *Legitimados*

Há que se explicar um erro de terminologia empregado pelo Código. Não se pede "a hipoteca", pois ela é legal, ou seja, decorre do próprio texto da lei; o que se pede é a sua *especialização* e a sua *inscrição*.

O juiz não pode determinar a especialização da hipoteca legal de ofício. São legitimados, portanto, o ofendido, seu representante legal (se o ofendido for incapaz), os herdeiros (se o ofendido for morto) e o assistente de acusação.

O Ministério Público, consoante o art. 142, CPP, possui legitimidade no caso de interesse da Fazenda Pública ou se o ofendido for pobre. Parece correta a posição de Pacelli e Fischer (Comentários, 2012), que afirmam que, em relação ao ofendido pobre, deve-se aplicar o entendimento do Supremo Tribunal Federal sobre a *inconstitucionalidade progressiva* do art. 68, CPP, em que o Ministério Público somente será legitimado onde não houver sido, ainda, instalada a Defensoria Pública, que é o órgão incumbido da defesa dos hipossuficientes (LC nº 80/94, art. 1º). Quando à atuação em nome da Fazenda Pública, o Ministério Público não teria mais legitimidade para a tutela patrimonial das pessoas jurídicas de Direito Público, diante da proibição expressa no art. 129, IX, CF, que veda a representação judicial e consultoria jurídica de entidades públicas.

De qualquer modo, a jurisprudência do Superior Tribunal de Justiça tem mantido a legitimidade do Ministério Público, nos moldes do previsto no art. 142, CPP, em razão da própria titularidade da ação penal (REsp nº 1.275.834/PR, rel. Min. Ericson Maranho, j. 17.03.15; e REsp nº 1.265.113/RS, rel. Min. Sebastião Reis Júnior, j. 19.03.15).

7.3.6.4.3. *Momento*

Há duas posições a respeito.

a) uma primeira posição (Madeira, 2015) sustenta que a especialização da hipoteca legal **somente é cabível no curso do processo penal**, pois (i) o art. 134, CPP, é expresso nesse sentido ao usar a expressão "em qualquer fase do processo"; (ii) se fosse possível no inquérito policial, a lei traria um prazo para que a ação penal fosse intentada, mas assim não o fez; e (iii) há a medida de arresto para os casos no curso do inquérito policial.

b) por outro lado (Pacelli, 2012), há entendimento no sentido de que é possível a especialização da hipoteca legal **também no curso do inquérito policial**, pois (i) o art. 134, CPP, fala expressamente em certeza da infração e indícios suficientes de autoria, que já existem no curso das investigações antes mesmo do oferecimento da denúncia; e (ii) o simples fato de não haver um prazo na lei não impressiona, uma vez que a hipoteca legal somente pode recair sobre bens do indiciado – e não de terceiro alheio ao crime, não havendo prejuízos. Além do mais, a expressão "processo" deve ser entendida no seu sentido amplo, considerando que o próprio art. 134, CPP, utiliza, também, a expressão "indiciado", dando a entender que a medida pode ocorrer, também, no curso das investigações.

7.3.6.4.4. *Procedimento*

Como já mencionado, a especialização da hipoteca legal exige dois requisitos: (i) certeza da infração e (ii) indícios suficientes da autoria – ou seja, materialidade e autoria. Critica-se o uso da expressão "certeza", que somente existiria após o trânsito em julgado da condenação; o melhor seria "prova da ocorrência da infração".

A hipoteca somente pode recair sobre **bens imóveis de origem lícita** e desde que seja **específico** e **determinado**. Consoante a legislação civil, incidirá sobre os imóveis e seus acessórios (art. 1.473, I, CC).

O pedido de especialização da hipoteca será feito em petição escrita, narrando-se os fatos e estimando-se o valor da responsabilidade civil. O requerente deve, também, estimar o valor do imóvel/imóveis cuja especialização da hipoteca se requer. A petição será instruída com as provas ou indicação de provas em que se fundar a estimação da responsabilidade, com a relação dos imóveis que o responsável possuir, se outros tiver, além dos indicados no requerimento, e com os documentos comprobatórios do domínio.

O juiz, recebido o pedido de especialização de hipoteca legal (que tramitará em apartado), mandará proceder ao arbitramento do valor da responsabilidade do acusado e à avaliação do imóvel indicado pelo requerente a ser hipotecado. Tal avaliação será feita por avaliador judicial (ou perito nomeado pelo juiz, onde não houver), que poderá consultar os autos.

Feito isto, o juiz notificará as partes para que falem sobre o arbitramento realizado, no prazo comum de 2 dias (o prazo correrá em cartório). O próprio julgador poderá corrigir o arbitramento do valor da responsabilidade, se lhe parecer excessivo ou deficiente.

Uma vez fixado o valor da responsabilidade, que é considerado apenas *provisório*, o juiz autorizará a inscrição, junto ao Cartório de Imóveis, da hipoteca do imóvel/imóveis necessários à garantia da responsabilidade civil arbitrada.

Se o acusado oferecer caução suficiente, em dinheiro ou títulos da dívida pública, pelo valor de sua cotação em Bolsa de Valores, o juiz poderá deixar de mandar proceder à inscrição da hipoteca legal.

O valor da responsabilidade civil será liquidado, em *definitivo*, após a condenação transitada em julgado, podendo, todavia, ser requerido novo arbitramento se qualquer das partes não de conformar com o arbitramento anterior à sentença condenatória. Como explica Marcão (Código, 2016), o passar do tempo pode levar a certo desequilíbrio os valores inicialmente apurados e a realidade do momento do trânsito em julgado, sendo, por isso, correto permitir a incidência de novo arbitramento.

Transitada em julgado a condenação, os autos (apartados) do incidente da especialização da hipoteca legal serão remetidos ao juízo cível, onde será liquidada a execução civil (art. 143, CPP).

Contra a decisão do juiz que defere ou indefere a especialização da hipoteca legal e sua respectiva inscrição no Cartório de Registro de Imóveis cabe **apelação** (art. 593, II, CPP).

7.3.6.4.5. *Cancelamento*

A hipoteca será cancelada se, por sentença irrecorrível, o réu foi absolvido ou se extinta a punibilidade (art. 141, CPP). Exige-se, para o cancelamento perante o Cartório de Registro de Imóveis, o trânsito em julgado da decisão (STJ, REsp nº 1.254.541/PR, rel. Min. Felix Fischer, j. 03.11.14).

7.3.6.4.6. *Quadro geral*

Objeto	Imóvel de origem lícita, inclusive bem de família
Legitimados	Ofendido, representante legal, herdeiros, assistente de acusação e MP (em relação à Fazenda Pública/necessitado)
Momento	Para maioria, somente no curso do processo penal
Procedimento	Arbitramento do imóvel e da responsabilidade; inscrição da hipoteca no CRI
Recurso	Do deferimento ou indeferimento, apelação
Cancelamento	Com a absolvição ou extinção da punibilidade

7.3.6.5. *Arresto*

7.3.6.5.1. *Considerações iniciais*

Viu-se, acima, que a hipoteca só pode recair sobre bens imóveis e, em regra, será um incidente apenas no curso do processo; além disso, trata-se de um procedimento moroso, o que pode gerar prejuízos à vítima, que acaba vendo o acusado dilapidar o seu patrimônio antes mesmo da oneração que a hipoteca legal gerará sobre os imóveis de sua propriedade.

Além disso, pode ser o caso de o acusado não ter bens imóveis, mas ter diversos bens móveis, como carros, joias, obras de arte etc. Como sabido, a hipoteca não é cabível em relação a bens móveis, de modo que algum outro instituto deverá dar o respaldo que a vítima necessita.

Objetivando suprir esta lacuna existente, o Código de Processo Penal traz o instituto do arresto, que objetiva **(a)** tornar indisponível um bem imóvel em momento anterior à hipoteca legal ou **(b)** constringir bens móveis do acusado quando ele não possuir imóveis. Disso, pois, fez nascer o **arresto prévio** e o **arresto subsidiário**, que serão estudados na sequência.

7.3.6.5.2. *Arresto prévio de bem imóvel*

É também chamado de arresto preventivo. Como visto, o processo da hipoteca legal só é cabível, em princípio, no curso da ação penal e, ainda, é muito vagaroso, pois o bem é periciado, escuta-se a outra parte etc. Isso pode fazer com que a vítima veja o acusado dissipar o patrimônio imóvel que seria objeto de futura hipoteca, fazendo desaparecer estes bens que seriam a garantia de sua indenização pelo delito sofrido.

O Código de Processo Penal, assim, criou o mecanismo do arresto prévio (ou preventivo) de bem imóvel, permitindo-se que bens imóveis que seriam objeto de hipoteca posteriormente sejam, desde já, constringidos, principalmente quando o acusado inicia ou dá indicativos de que fará desaparecer seus bens imóveis. Não teria lógica a vítima ver o acusado, por exemplo, vender suas casas e terrenos e não ter um instrumento processual apto a impedir isso. Surge, então, o arresto prévio.

Trata-se de verdadeira **medida preparatória da hipoteca legal** (art. 136, CPP), isto é, uma medida pré-cautelar. Exige os mesmos requisitos da hipoteca legal (certeza da existência da infração e indícios suficientes de autoria) e um outro: uma **urgência excepcional**.

Não se exige a indicação pormenorizada e a estimativa de valor do bem a ser arrestado; basta a explicação dos atos que o acusado está praticando que indiquem a possível transferência do bem a outrem, o que pode vir a impedir a futura hipoteca. Não se exige a indicação pormenorizada e a estimativa de valor do bem a ser arrestado; basta a explicação dos atos que o acusado está praticando que indiquem a *possível* transferência do bem a outrem, o que pode vir a impedir a futura hipoteca. Entende-se que não é necessário demonstrar que o acusado esteja praticando atos concretos de desfazimento de bens, bastando demonstração de plausibilidade do direito e perigo na demora (STF, Pet. nº 7.069/DF, rel. p/ ac. Min. Luís Roberto Barroso, j. 13.03.19).

Deferido o arresto, o juiz determinará a inscrição no Cartório de Registro de Imóveis, tornando o imóvel inalienável.

Durante o arresto preventivo de bem imóvel, não será cabível a oposição de embargos, que são exclusivos da medida cautelar de sequestro (STJ, RMS nº 14.465/SC, rel. Min. Arnaldo Esteves Lima, j. 15.03.05). Além disso, não se está diante de decisão com força de definitiva (haja vista depender, ainda, de especialização da hipoteca posteriormente), não cabendo apelação contra a decisão de arresto provisório. E isso tem uma razão: a indisponibilidade não traz grandes prejuízos ao réu, pois, se absolvido ao final, terá seus bens desbloqueados. Há quem sustente o cabimento de mandado de segurança contra a decisão que decreta ou denega o arresto prévio.

Atentar que o Ministério Público possui legitimação (art. 144, CPP).

O arresto será revogado se, em 15 dias da sua efetivação, não for promovido o processo de inscrição em hipoteca legal.

7.3.6.5.3. *Arresto subsidiário de bem móvel*

Embora também se chame "arresto", não guarda relação com o arresto preventivo, visto acima, do art. 136, CPP.

Se o réu não possuir bens imóveis ou os possuir em valor insuficiente para a reparação dos danos causados à vítima, pagamento de custas e despesas processuais, poderão ser arrestados bens móveis suscetíveis de penhora, nos mesmos termos em que é permitida a hipoteca legal de imóveis (art. 137, CPP), inclusive quanto aos seus requisitos (prova da existência do delito e indícios de autoria).

Exemplo: se o réu causou um dano estimado em R$ 500 mil e não possui imóveis, poderão ser arrestados seus bens móveis; de outro lado, se foi hipotecado um imóvel avaliado em R$ 450 mil, poderão ser arrestados seus bens móveis até se atingir R$ 500 mil.

O arresto subsidiário recairá sobre **bens móveis** (pois não é hipoteca) e **de origem lícita** (pois não é sequestro).

Atentar que o Ministério Público possui legitimação (art. 144, CPP).

Não haverá uma conversão em hipoteca, pois não existe este instituto para bens móveis; o que acontece é que os móveis arrestados ficarão sujeitos ao regime do Código de Processo Civil, que, nos termos dos arts. 159 a 161, CPC, tratam do depósito e do administrador de coisas arrestadas, penhoradas, sequestradas ou arrecadadas (art. 139, CPP); se houver algum órgão registral, o juiz realizará a comunicação (ex.: Detran).

Se os bens arrestados forem fungíveis e facilmente deterioráveis, eles serão avaliados e levados para venda em leilão público (art. 137, § 1º, CPP), depositando-se os valores obtidos em juízo ou entregues a pessoa idônea.

Podem ser arrestados os bens que podem ser penhorados (art. 137, *caput*, CPP, c.c. art. 833, CPC). Não será possível arrestar bens de família (Lei nº 8.009/90), diante da expressa vedação de arresto de bens impenhoráveis.

Das rendas dos bens móveis arrestados poderão ser fornecidos recursos arbitrados pelo juiz para a manutenção do indiciado e sua família (art. 137, § 2º, CPP).

Uma vez condenado o agente, o incidente do arresto é remetido à instância civil, para a apuração da sua responsabilidade (art. 143, CPP).

Vale ressaltar que é possível o arresto preventivo (art. 136, CPP) de arresto subsidiário (art. 137, CPP), ou seja, é possível um arresto prévio (cautelar e urgente) do arresto de bens móveis do acusado.

Contra a decisão que defere ou indefere este arresto, caberá apelação (art. 593, II, CPP). Há quem sustente o cabimento de mandado de segurança como sucedâneo recursal, o que não parece correto, diante do art. 5º, II, Lei nº 12.016/09.

7.3.6.5.4. *Revogação e levantamento*

Como visto, o arresto será revogado se, em 15 dias, não for promovido o processo de inscrição em hipoteca legal (no caso do arresto prévio de bem imóvel, claro).

O arresto será levantado (ou seja, tornado sem efeito) se, por sentença transitada em julgado, o réu for absolvido ou se julgada extinta a punibilidade (art. 141, CPP). Como anotado anteriormente, a depender do fundamento da absolvição, nada impedirá à vítima buscar a competente indenização no juízo cível.

Em suma:

Revogação do arresto prévio	Levantamento do arresto subsidiário
Em 15 dias do arresto, não promove o processo de inscrição da hipoteca legal	Absolvição ou extinção da punibilidade com trânsito em julgado

7.3.6.5.5. *Quadro geral*

Arresto prévio	Tornar indisponível imóvel de origem lícita antes da hipoteca legal
Arresto subsidiário	Constringir bem móvel legal e penhorável

7.3.6.6. *Alienação antecipada*

7.3.6.6.1. *Considerações iniciais*

A alienação antecipada é uma medida prevista no art. 144-A, CPP, que prevê justamente a alienação dos bens sobre os quais incidiu alguma medida assecuratória. Dois são os motivos de sua existência: (i) preservar o valor dos bens que sofram deterioração com o tempo e (ii) alienar bens de difícil manutenção.

A deterioração geralmente está associada ao tempo ou a questões como variação do preço ou eventos naturais. Já a dificuldade de manutenção está ligada, geralmente, ao custo ou quantidade de bens apreendidos.

7.3.6.6.2. *Momento*

O Código de Processo Penal nada diz, mas é possível a alienação dos bens constritos a partir da efetivação da medida assecuratória, tendo como limite o trânsito em julgado.

Parte da doutrina entende que a alienação só poderá ser realizada no curso do processo penal – e não no bojo do inquérito policial – considerando que se trata de medida grave (despojamento da propriedade de um bem); se nem há justa causa para a ação penal no curso do inquérito, não há que se permitir a venda antecipada dos bens do sujeito ainda considerado investigado.

7.3.6.6.3. *Requisitos*

Estabelece o art. 144-A, CPP, que o juiz determinará a alienação antecipada para preservação do (a) valor dos bens sempre que estiverem sujeitos a qualquer grau de deterioração ou depreciação ou (b) quando houver dificuldade para sua manutenção.

Deve-se entender que o simples passar do tempo não é suficiente para se permitir a alienação antecipada. Exige-se que o valor do bem sofra com a deterioração ou depreciação (ex.: carro de luxo que se desvalorizará demasiadamente com os anos) ou que o bem apresente manutenção dificultosa (ex.: avião de alto valor e necessidade de compra de peças importadas).

Como bem decidiu o Superior Tribunal de Justiça, a alienação antecipada objetiva manter a incolumidade do *valor* do bem constrito, e não do bem em si. Portanto, não se trata de garantia dos interesses do réu, mas dos bens jurídicos protegidos pela norma processual, que são os interesses patrimoniais da vítima (RMS nº 52.537/RS, rel. Min. Ribeira Dantas, j. 12.09.17).

7.3.6.6.4. *Legitimados*

O Código de Processo Penal é silente quanto aos legitimados. No entanto, entende-se que o juiz pode determinar, de ofício, a alienação antecipada (considerando que a alienação antecipada, para parte da doutrina, só poderá ocorrer, justamente, na fase judicial).

Além do julgador, o Ministério Público (e o querelante) tem legitimidade, principalmente com vistas à posterior reparação dos danos causados à vítima. E aplicando-se analogicamente a Lei nº 9.613/98 (Lei de Lavagem de Dinheiro), o seu art. 4º-A, estabelece que tem legitimidade, também, a *parte interessada*, que aqui é entendida como o próprio acusado, o terceiro cujo bem está em seu nome e o ofendido/assistente de acusação.

7.3.6.6.5. *Procedimento*

O pedido de alienação antecipada deve ser feito por petição escrita, sendo autuado em apartado, com a indicação dos bens que se pede sejam alienados. O leilão far-se-á preferencialmente por meio eletrônico (§ 1º, art. 144-A, CP).

Não é possível a alienação antecipada de dinheiro, mas o § 4º do art. 144-A, CPP, dispõe que, quando a indisponibilidade recair sobre dinheiro, inclusive moeda estrangeira, títulos, valores mobiliários ou cheques emitidos como ordem de pagamento, o juízo determinará a conversão do numerário apreendido em moeda nacional corrente e o depósito das correspondentes quantias em conta judicial.

Recebido o pedido, o juiz determinará a avaliação dos bens constritos. Contra a decisão homologatória do laudo de avaliação caberá apelação (art. 593, II, CPP). Se houver títulos da dívida pública, ações das sociedades e títulos de crédito negociáveis em bolsa, o seu valor será o da cotação oficial do dia, provada por certidão ou publicação no órgão oficial (§ 6º, art. 144-A, CPP).

Os bens deverão ser vendidos pelo valor fixado na avaliação judicial ou por valor maior. Não alcançado o valor estipulado pela administração judicial, será realizado novo leilão, em até 10 dias contados da realização do primeiro, podendo os bens ser alienados por valor não inferior a 80% do estipulado na avaliação judicial (§ 2º, art. 144-A, CPP).

Realizada a venda, o seu produto ficará depositado em conta vinculada ao juízo até a decisão final do processo, procedendo-se à sua conversão em renda para a União, Estado ou Distrito Federal, no caso de condenação, ou, no caso de absolvição ou extinção da punibilidade, à sua devolução ao acusado (§ 3º, art. 144-A, CPP). É claro que, se a constrição recaiu sobre bem de terceiro e ocorreu a absolvição do acusado, o bem será devolvido ao seu legítimo proprietário.

Contudo, que nem sempre o produto da alienação – com a condenação do agente – irá para a Fazenda Pública, pois deve ser respeitado, em analogia, o art. 133, § 1º., CPP, que protege o lesado e o terceiro de boa-fé. Logo, estes dois possuem preferência sobre o valor apurado com a alienação antecipada.

No mais, no caso da alienação de veículos, embarcações ou aeronaves, o juiz ordenará à autoridade de trânsito ou ao equivalente órgão de registro e controle a expedição de certificado de registro e licenciamento em favor do arrematante, ficando este livre do pagamento de multas, encargos e tributos anteriores, sem prejuízo de execução fiscal em relação ao antigo proprietário (§ 5º, art. 144-A, CPP).

7.3.6.6.6. *Quadro geral*

Finalidade	Alienar bens sobre os quais incidiu uma medida assecuratória: para preservar seu valor ou em razão da difícil manutenção
Legitimidade	Juiz, acusação ou parte interessada
Momento	A partir da efetivação da medida, até o trânsito em julgado
Recurso	Da homologação do laudo de avaliação, apelação

7.3.6.7. *Utilização dos bens apreendidos por órgãos públicos*

O novo art. 133-A, CPP, incluído pela Lei nº 13.964/19, prevê que o juiz poderá autorizar, constatado o interesse público, a utilização de bem sequestrado, apreendido ou sujeito a qualquer medida assecuratória pelos órgãos de segurança pública previstos no art. 144, CF do sistema prisional, do sistema socioeducativo, da Força Nacional de Segurança Pública e do Instituto Geral de Perícia, para o desempenho de suas atividades. Fora desses casos, demonstrado o interesse público, o juiz poderá autorizar o uso do bem pelos demais órgãos públicos.

O órgão de segurança pública participante das ações de investigação ou repressão da infração penal que ensejou a constrição do bem terá *prioridade* (e não exclusividade) na sua utilização.

Se o bem objeto da constrição for veículo, embarcação ou aeronave, o juiz ordenará à autoridade de trânsito ou ao órgão de registro e controle a expedição de certificado provisório de registro e licenciamento em favor do órgão público beneficiário, o qual estará isento do pagamento de multas, encargos e tributos anteriores à disponibilização do bem para a sua utilização, que deverão ser cobrados de seu responsável.

Transitada em julgado a sentença penal condenatória com a decretação de perdimento dos bens, ressalvado o direito do lesado ou terceiro de boa-fé, o juiz poderá determinar a transferência definitiva da propriedade ao órgão público beneficiário ao qual foi custodiado o bem.

Em suma, tem-se o seguinte:

Requisitos para a utilização dos bens	– Autorização judicial – Existência de interesse público – Bem tenha sido aprendido
Destinatários da utilização	Polícia Federal, Polícia Rodoviária Federal, Polícia Ferroviária Federal, Polícia Civil, Polícia Militar, Polícia Penal, Órgãos do Sistema Prisional, Órgãos do Sistema Socioeducativo, Força Nacional de Segurança Pública ou Instituto Geral de Perícias. O órgão que participou da investigação ou repressão que ensejou a constrição possui preferência. Outros órgãos podem ser destinatários, demonstrado o interesse público.
Certificado provisório	Se o bem apreendido for veículo, embarcação ou aeronave, o juiz ordenará a expedição de certificado provisório e licenciamento a favor do órgão utilizador. Estarão os bens isentos de multas e encargos anteriores, que deverão ser cobrados dos responsáveis.
Transferência definitiva	Após o trânsito em julgado da condenação, havendo o perdimento (não sendo caso de restituição), o juiz determinará a transferência definitiva da propriedade ao órgão utilizador.

8

SUJEITOS PROCESSUAIS

8.1. INTRODUÇÃO

Aplicando a clara lição de Julio Fabbrini Mirabete, "sujeitos processuais são as pessoas entre as quais se constitui, se desenvolve e se completa a relação jurídico-processual. Sendo uma sucessão de atos realizados em sua dimensão temporal, o processo penal exige a intervenção de pessoas que, de maneira permanente ou acidental, no exercício de uma profissão ou em defesa de um interesse, intervenham nos autos e façam possível a realização da atividade jurisdicional. A relação jurídico-processual, ou instância, é, aliás, uma relação triangular, um ato de três pessoas (*actum trium personarum*): juiz e partes, que são o autor e o réu. Essas três pessoas são os **sujeitos principais** (ou essenciais) do processo. Existem, porém, os **sujeitos secundários** (ou acessórios ou colaterais), que são as pessoas que têm direitos perante o processo, mas podem existir ou não, sem afetar a relação processual, citando-se como exemplos o ofendido, que pode ser assistente de acusação, o fiador do réu etc. Por fim, existem os **terceiros**, que não têm direitos processuais, e que apenas colaboram com o processo. Podem ser eles **interessados** (p. ex., o Ministro da Justiça, nos crimes de ação pública condicionada à sua requisição) e **os não interessados**, como as testemunhas, os peritos, os intérpretes, os tradutores, os auxiliares da Justiça" (Processo, 2007, p. 324).

Em suma:

Sujeitos principais/essenciais	Juiz, autor e réu (sempre existirão)
Sujeitos secundários/acessórios	Ofendido, fiador do réu etc. (podem existir ou não)
Terceiros interessados e não interessados	Ministro da Justiça, testemunha, perito etc.

8.1.1. Partes

Quanto ao conceito de "parte", este pode ser visto sob dois pontos de vista. Há a parte **material**, que, em relação à infração penal praticada, são o autor do crime e a sua vítima; e há a parte **formal**, que, em relação ao processo, é quem formula a inicial a acusatória e contra quem ela é formulada, ou seja, o autor (representa a acusação, no polo ativo) e o réu (representa o acusado, no polo passivo).

Em relação à capacidade no Processo Penal, há que se distinguir:

a) **capacidade para ser parte**: trata-se de pressuposto processual de *existência*, exigindo-se a capacidade de adquirir e contrair obrigações (art. 1º, CC). Como será visto em item próprio adiante, além de pessoas físicas e jurídicas, alguns entes podem figurar no processo na qualidade de assistentes.

b) **capacidade para estar em juízo**: trata-se de pressuposto processual de *validade*, relacionando-se à capacidade de fato, ou seja, de praticar atos processuais validamente, tal como se dá ao ofendido menor de 18 anos, que não pode oferecer queixa-crime por si só, dependendo de representação legal.

c) **capacidade postulatória**: é a aptidão para postular em juízo, o que é conferido ao Ministério Público e aos advogados. Excepcionalmente, alguns atos processuais independem dessa capacidade, como a impetração de "habeas corpus" e a interposição de recurso pelo acusado.

8.1.2. Litigância de má-fé

A litigância de má-fé tem previsão no art. 80 do Código de Processo Civil, dispondo quais atos são assim considerados, como deduzir pretensão ou defesa contra texto expresso da lei, alterar a verdade dos fatos, provocar incidente manifestamente infundado, interpor recurso protelatório etc. O rol é meramente exemplificativo (Gonçalves, 2016).

Adotando-se a lição de Nelson e de Rosa Nery, tem-se que litigância de má-fé é o ato da parte ou do interveniente que, no processo, de forma maldosa, com culpa ou dolo, causa dano processual à parte contrária. É, pois, o *improbus litigator* (litigante ímprobo), ou seja, aquele que se utiliza de procedimentos escusos com o fim de vencer ou que, sabendo ser difícil ou impossível vencer, prolonga deliberadamente o andamento do processo, procrastinando o seu curso (Comentários, 2015).

Quem litigar de má-fé responderá por perdas e danos (art. 79, CPC). De ofício ou a requerimento, o juiz, então, condenará o litigante de má-fé a pagar **multa**, que deverá ser superior a 1% e inferior a 10% do valor corrigido da causa, a **indenizar** a parte contrária pelos prejuízos que esta sofreu e a arcar com os **honorários advocatícios** e com todas as **despesas** que efetuou (art. 81, CPC). São, assim, quatro consequências. Quando o valor da causa for irrisório ou inestimável, a multa poderá ser fixada em até 10 vezes o valor do salário-mínimo (§ 2º).

A questão que se põe é: existe litigância de má-fé no Processo Penal?

O Superior Tribunal de Justiça, chamado a decidir, fixou o entendimento de que "não é cabível a imposição de multa por litigância de má-fé no âmbito do processo penal, porquanto sua aplicação constituiria indevida analogia *in malam partem*, haja vista ausência de previsão expressa no Código de processo Penal" (HC nº 401.965/RJ, rel. Min. Ribeiro Dantas, j. 26.09.17).

Assim, a jurisprudência é pacífica no sentido de ser impossível a imposição de multa por litigância de má-fé na seara penal, considerando que a sua aplicação constituiria analogia em prejuízo do acusado, sem contar que a não previsão no Código de Processo Penal implicaria prejuízo para o réu, na medida em que inibiria a atuação do defensor.

No mesmo caminho entende a doutrina. Na lição de Gustavo Badaró (Manual, 2017, p. 328-329), "não é possível aplicar, no Processo Penal, a multa prevista no Código de Processo Civil, pois seria criar, por analogia, uma sanção não prevista em lei".

A situação mais corriqueira é aquela em que a defesa interpõe sucessivos – e intermináveis – embargos de declaração, objetivando modificar a decisão ou simplesmente protelar ao máximo, inclusive buscando alcançar a prescrição. Na sequência, o juiz criminal aplicaria pena de multa, sustentando, justamente, litigância de má-fé pela reiteração de recursos com nítido caráter protelatório apenas.

Ainda que na esfera penal não seja comum (e nem possível) a fixação de multa por litigância de má-fé, não é demais salientar que a insistência do recorrente com as sucessivas interposições de recursos incabíveis ou manifestamente inadmissíveis revela não só o exagerado inconformismo, mas também o desrespeito ao Poder Judiciário, além do seu nítido caráter protelatório, no intuito de impedir o trânsito em julgado da sentença condenatória, constituindo **abuso de direito** em razão da violação dos deveres de lealdade processual e comportamento ético no processo, bem como do desvirtuamento do próprio postulado da ampla defesa. Nestas situações, portanto, **embora não seja possível aplicar as sanções por litigância de má-fé, é perfeitamente possível a baixa dos autos, independentemente da publicação do acórdão ou de eventual interposição de outro recurso, para que se inicie imediatamente o cumprimento da pena imposta na origem** (STJ, Corte Especial, Pet. no AgRg no AgRg nos EAREsp nº 619.952/SP, rel. Min. Luis Felipe Salomão, j. 15.06.16; e EDcl nos EDcl no AgRg no AREsp nº 193.157/DF, rel. Min. Jorge Mussi, j. 14.05.13).

Em idêntico sentido entende o Supremo Tribunal Federal, ao dispor que a jurisprudência do Tribunal está consolidada no sentido de que, embora na esfera penal não seja viável a fixação de multa por litigância de má-fé, é perfeitamente possível o **reconhecimento do abuso de direito** da parte, em razão da superveniência de inúmeros recursos contestando o não provimento do agravo em recurso especial, sem que se traga tese apta à reversão dos julgados proferidos, o que denota o nítido caráter protelatório e o intuito de impedir o trânsito em julgado da sentença condenatória. Desta forma, a interposição de sucessivos recursos manifestamente incabíveis, cujo único propósito é protelar o trânsito em julgado da condenação, caracteriza flagrante abuso do direito de recorrer, a justificar, excepcionalmente, a execução imediata da decisão independentemente da publicação do acórdão (HC nº 127.694/SP, rel. Min. Roberto Barroso, j. 29.04.15).

Isso ocorreu, por exemplo, com o ex-deputado federal Natan Donadon, que, mesmo condenado, mantinha a interposição sucessiva de embargos de declaração com nítido caráter infringente. Então, o Supremo Tribunal Federal, diante da ausência de obscuridade, omissão, ambiguidade ou contradição a ser sanada por embargos de declaração, haja vista que o único objetivo do recorrente era protelatório, autorizou o imediato reconhecimento do trânsito em julgado da decisão condenatória, independentemente da publicação do acórdão (EDcl no EDcl na AP nº 396/RO, rel. Min. Cármen Lúcia, j. 36.06.13).

Nada obstante essa situação, as partes devem atuar no processo observando a boa-fé. Embora não seja possível a aplicação, ao processo criminal, das consequências processuais da litigância de má-fé previstas no Código de Processo Civil, nada impedirá a responsabilização **civil** (por danos morais e/ou materiais, em ação autônoma), **penal** (eventual crime de corrupção passiva, prevaricação, dentre outros) e **funcional** da parte que litigou de má-fé (mediante a atuação do Tribunal de Ética e Disciplina da OAB e das Corregedorias da Magistratura, da Defensoria Pública e do Ministério Público).

Neste caminho de ideias, por exemplo, já se entendeu que o representante do Ministério Público que extrapola os limites de sua atuação funcional pode responder por danos morais (STJ, REsp nº 1.162.598/SP, rel. Min. João Otávio de Noronha, j. 02.08.11).

Por fim, uma observação se faz necessária: a 2ª Turma do STF já entendeu que "a utilização indevida das espécies recursais no processo penal desvirtua o postulado da ampla defesa e configura abuso do direito de recorrer, sendo permitido, em tais casos, a fixação de multa por litigância de má-fé" (AgRg no HC nº 192.814/RJ, rel. Min. Ricardo Lewandowski, j. 16.11.20). É preciso acompanhar se haverá alteração de jurisprudência da Corte.

8.2. JUIZ

O Estado, representado pelo juiz, é um sujeito do processo. O juiz é o detentor da função jurisdicional e é quem preside o processo penal, único com a capacidade de **dizer e aplicar o Direito**; a ele incumbirá prover a sua regularidade e manter a ordem no curso dos respectivos atos, podendo, para tal fim, requisitar a força pública.

Para que possa exercer regular e validamente a função jurisdicional, o juiz deve possuir, concomitantemente:

a) **capacidade funcional** (ou capacidade especial, ou investidura): o juiz deve preencher todos os requisitos legais para o ingresso na carreira da magistratura (exemplo: bacharelado em Direito, aprovação em concurso público – como regra –, posse, nomeação etc.).

b) **capacidade processual** (ou capacidade objetiva): o juiz deve ser competente para o julgamento da questão de acordo com as regras previstas pela Constituição Federal, pelas leis ordinárias e pelas leis de organização judiciária.

c) **imparcialidade** (ou capacidade subjetiva): o juiz não pode ser impedido (as hipóteses são de situações objetivas, bastando a mera incidência – art. 252 do CPP), suspeito (as hipóteses são subjetivas, que exigem ainda a pesquisa do ânimo do juiz – art. 254 do CPP) e nem exercer atividade incompatível com a sua função (situações objetivas – arts. 253 do CPP).

Todos esses temas serão abordados na sequência.

8.2.1. Quem pode ser juiz

A pessoa física, preenchidos os requisitos legais, pode ser juiz. Há, basicamente, duas formas de se ingressar na magistratura:

a) **concurso público**: nos termos do art. 93, I, CF, o ingresso na carreira de juiz, cujo cargo inicial será o de juiz substituto, será mediante concurso público de provas e títulos, com a participação da Ordem dos Advogados do Brasil em todas as fases, exigindo-se do bacharel em direito, no mínimo, três anos de atividade jurídica. A Resolução nº 75/09 do CNJ estabelece as regras do concurso para ingresso na magistratura em todos os ramos do Poder Judiciário nacional (abertura, inscrição, etapas, classificação, publicidade etc.).

b) **quinto constitucional**: além da regra do concurso público – que garante a ampla participação dos interessados, efetivando-se a isonomia, a moralidade, a legalidade etc. – a Constituição da República reserva **1/5** dos lugares dos Tribunais Regionais Federais (**TRF** – art. 107, I, CF), dos Tribunais de Justiça (**TJ** e **TJDFT** – art. 94, "caput", CF), dos Tribunais Regionais do Trabalho (**TRT** – art. 115, I, CF) e do Tribunal Superior do Trabalho (**TST** – art. 111-A, I, CF) aos membros do *Ministério Público* com mais de dez anos de carreira a aos *advogados*, indicados em lista sêxtupla, com notório saber jurídico, reputação ilibada e mais de dez anos de efetiva atividade profissional.

Além disso, **1/3** dos assentos do **STJ** (art. 104, I e II, CF) é reservado, em partes iguais, aos advogados e membros do Ministério Público (Federal, Estadual e Distrital), alternadamente, indicados nos moldes do art. 94, CF.

8.2.2. Funções

O juiz, no desenrolar da persecução penal, pratica e determina diversos atos, como uma prisão cautelar, o recebimento da peça acusatória, a condução coercitiva de uma testemunha, a prolação da sentença etc. O objetivo último é aplicar – corretamente – o Direito ao caso posto em julgamento.

Neste sentido, estabelece o art. 251, CPP, que ao juiz incumbirá prover a regularidade do processo e manter a ordem no curso dos respectivos atos, podendo, para tal fim, requisitar a força pública.

Percebe-se, assim, que o juiz pratica atos de natureza **jurisdicional** para que ele possa prover a regularidade do processo, compreendendo a prática de *atos ordinatórios* (ou instrumentais, que são as medidas tomadas para a correção de alguma falha no processo, por exemplo), *instrutórios* (que se referem à produção de provas) e *finais*, estes se subdividindo em atos *decisórios* (que são as sentenças, decisões interlocutórias etc.) e em atos *satisfativos* (ou executivos – em que o juiz executa suas decisões).

Além disso, o juiz pratica atos de natureza **administrativa** (ou de polícia), que são aqueles atribuídos para que ele mantenha a ordem e o curso dos respectivos atos, podendo, para tal fim, requisitar a força pública (ex.: a requisição da força pública/polícia para manter a ordem em uma audiência).

E, ainda, o juiz exerce uma função anômala, de conteúdo não jurisdicional, como a prevista no art. 39, CPP, ou seja, ser destinatário da representação pelo ofendido no caso de ação penal a ela condicionada.

Polastri (Curso, 2016), sob um outro ponto de vista, afirma que o juiz possui os seguintes poderes no Processo Penal: de *instrução* (determinar diligência, coletar provas etc.); de coerção (utilizar a força estatal para cumprir suas ordens); de disciplina processual (manter a ordem e sanear o processo); de garantia dos princípios e garantias do processo (manter o contraditório etc.); e de decisão (proferir sentença, despacho etc.).

8.2.3. Garantias

A partir da promulgação da Constituição Federal de 1988, a magistratura se fortaleceu, de modo que foram fixadas algumas garantias.

Para que o Poder Judiciário possa exercer suas funções com independência em relação aos demais Poderes, duas ordens de garantias (ou prerrogativas) constitucionais lhe foram atribuídas: **(a)** as garantias institucionais e **(b)** as garantias funcionais.

As **garantias institucionais** são aquelas que asseguram a independência da instituição em relação às demais, abrangendo as garantias de autonomia orgânico-administrativa (capacidade de auto-organização) e as garantias de autonomia financeira (os tribunais elaborarão sua proposta orçamentária dentro dos limites estipulados conjuntamente com os demais Poderes na lei de diretrizes orçamentárias).

As **garantias funcionais** (ou de órgãos) são aquelas que asseguram a independência e a imparcialidade dos membros do Poder Judiciário, protegendo o seu titular (o juiz) e a própria instituição. As garantias que asseguram a independência do juiz são: a vitaliciedade, a inamovibilidade e a irredutibilidade dos subsídios.

A *vitaliciedade* (art. 95, I, CF – adquirida após *dois anos* de exercício da função) assegura ao juiz de primeiro grau que a perda do seu cargo somente poderá ocorrer em virtude de sentença judicial transitada em julgado. Os membros do STF, Tribunais Superiores, advogados e membros do Ministério Público que ingressaram nos tribunais por meio do quinto constitucional adquirirão vitaliciedade imediatamente. Por outro lado, os servidores comuns estáveis (após *três anos* de exercício da função) perderão o cargo por decisão judicial transitada em julgado, por decisão em procedimento administrativo ou mediante procedimento de avaliação periódica de desempenho.

A *inamovibilidade* garante ao juiz a impossibilidade de remoção, sem o seu consentimento, de um local para outro (comarca, sede, cargo, tribunal, câmara ou grau de jurisdição). Excepcionalmente, o magistrado poderá ser removido por interesse público (além de colocado em disponibilidade e aposentado), fundando-se tal decisão pelo voto da maioria absoluta dos membros do respectivo tribunal ou do Conselho Nacional de Justiça (conforme redação dada pela EC nº 45/2004), assegurada a ampla defesa (arts. 93, VIII, e 95, II, CF). É dessa garantia que decorre o princípio do juiz natural. Há que se atentar à Resolução nº 176/13 do CNJ, que prevê a possibilidade de remoção do magistrado em razão de risco (ameaça, p. ex.), situação essa temporária e que sempre exige concordância do interessado (CNJ, Consulta nº 0009279-44.2017.2.00.0000, Cons. Fernando Cesar B. de Mattos, j. 02.07.19). No mais, a autorização para afastamento de magistrado é matéria reservada à lei complementar de iniciativa do Supremo Tribunal Federal (STF, ADI nº 4.088/AM, rel. Min. Edson Fachin, j. 23.08.19).

A *irredutibilidade dos subsídios* (art. 95, III, CF) assegura que a remuneração percebida pelos juízes é irredutível, garantindo-se, conforme a jurisprudência do Supremo Tribunal Federal, somente a garantia nominal e não a real (MS nº 27.343/DF, rel. Min. Cármen Lúcia, j. 24.06.14).

8.2.3.1. *Responsabilização*

Nos moldes do art. 143, CPC, o juiz responderá, civil e regressivamente, por perdas e danos quando: (i) no exercício de suas funções, proceder com dolo ou fraude; ou (ii) recursar ou retardar, sem justo motivo, providência que deva ordenar de ofício ou a requerimento da parte – neste segundo caso, somente haverá responsabilização depois que a parte requerer ao juiz que determine a providência e o requerimento não for apreciado no prazo de dez dias.

O juiz não responderá pessoalmente pelos danos decorrentes de sua atividade judicante, considerando que a responsabilidade será do Estado, conforme o arts. 5º, LXXV (erro judiciário) e 37, § 6º, CF (STF, RE nº 228.977/SP, rel. Min. Néri da Silveira, j. 05.03.02; e RE nº 327.904/SP, rel. Min. Carlos Britto, j. 15.08.06). O texto do art. 143, CPC, inclusive, é bastante claro ao dispor que o juiz responderá de forma *regressiva*, ou seja, apenas ressarcindo o ente estatal posteriormente e em caso de condenação (Medina, 2015; e Donizetti, 2017).

8.2.4. Vedações

As vedações, previstas no art. 95, p.ú., CF, objetivam preservar a imparcialidade do julgador.

Assim, **aos juízes é vedado**: (i) exercer, ainda que em disponibilidade, outro cargo ou função, salvo uma de magistério, conforme a Resolução nº 34/07, CNJ; (ii) receber, a qualquer título ou pretexto, custas ou participação em processo; (iii) dedicar-se à atividade político-partidária; (iv) receber, a qualquer título ou pretexto, auxílios ou contribuições de pessoas físicas, entidades públicas ou privadas, ressalvadas as exceções previstas em lei; e (v) exercer a advocacia no juízo ou tribunal do qual se afastou, antes de decorridos *três anos* do afastamento do cargo por aposentadoria ou exoneração, que é a chamada "quarentena", impedimento esse que não pode ser estendido por meio de ato do CFOAB (STF, ADPF nº 310/DF, rel. Min. Alexandre de Moraes, j. 18.10.19)

8.2.5. Imparcialidade

Já ensinava Aristóteles (séc. IV a.C.) que *a maioria dos homens são maus juízes quando seus próprios interesses estão envolvidos* (O Livro, 2008).

O juiz, pois, deve atuar com imparcialidade, ou seja, sem interesses, longe de proibições legais ou de pré-conceitos a respeito da causa, respeitando-se o sistema acusatório. E para que isso ocorra, o Código de Processo Penal prevê três institutos que tornam o juiz *parcial* para a causa, impedindo-o de julgar:

a) impedimento

b) suspeição

c) incompatibilidade

8.2.5.1. *Impedimento*

Como a própria palavra expressa, o impedimento obsta que o juiz atue no processo. Tem previsão no art. 252, CPP, em **rol taxativo** (e STF, HC nº 92.893/ES, rel. Min. Ricardo Lewandowski, j. 02.10.08; e STJ, REsp nº 1.171.973/ES, rel. Min. Nefi Cordeiro, j. 17.03.15). A atuação de juiz impedido gerará a **inexistência** do ato jurídico (e é insanável).

O impedimento diz respeito a fatos objetivos, relacionados ao próprio processo em curso e se configuram independentemente da vontade dos sujeitos do processo. Sua demonstração é bastante simples, geralmente com algum documento (que comprove um parentesco, a atuação prévia em instância inferior etc.).

Assim, não poderá exercer jurisdição o juiz que:

i) **tiver funcionado seu cônjuge ou parente, consanguíneo ou afim, em linha reta ou colateral até o *terceiro grau*, inclusive, como defensor ou advogado, órgão do Ministério Público, autoridade policial, auxiliar da justiça ou perito.**

Inclui-se a figura do companheiro (CF, art. 226, § 3º).

Conforme entendeu o Superior Tribunal de Justiça em caso cível, mas plenamente aplicável aos casos criminais, a decisão que não aprecia o mérito não gerará impedimento por parentesco entre magistrados (REsp nº 1.673.327/SC, rel. Min. Nancy Andrighi, j. 12.09.17).

Assim, por exemplo, se uma decisão interlocutória é combatida por recurso em sentido estrito, que não tem o mérito julgado por qualquer motivo pela desembargadora Maria (uma nulidade, por exemplo), a futura apelação interposta contra a sentença não impedirá que o desembargador João, marido de Maria, a julgue, já que a não apreciação do mérito do recuso em sentido estrito anterior (por Maria) não acarreta impedimento para que a apelação posterior seja julgada por um parente seu (João, seu marido).

Atentar, no mais, que haverá impedimento caso o filho do desembargador (que também é juiz) atue em caso em que seu pai atuou anteriormente (STF, HC nº 136.015/

MG, rel. Min. Ricardo Lewandowski, j. 14.05.19). Exemplo: recurso julgado numa turma criminal pelos Desembargadores João, Antônio e Pedro; tempos depois, um novo recurso dessa causa é direcionado a essa turma, em razão da prevenção, cuja formação atual é de João, Antônio e Pedro Júnior, que é juiz e foi convocado para auxiliar no tribunal, considerando que seu pai se aposentou. Entende-se que, nessa situação, Pedro Júnior é impedido de atuar, em razão do art. 252, I, CPP.

ii) ele próprio houver desempenhado qualquer dessas funções ou servido como testemunha.

Assim, por exemplo, não poderá julgar o processo o juiz que, antes de ingressar na magistratura, foi advogado do réu ou o delegado do caso.

Diversamente, se o juiz atuou na fase pré-processual, como no caso do deferimento de uma medida cautelar de busca e apreensão, este juiz não estará impedido de, depois, atuar na segunda fase processual, recebendo a denúncia, p. ex., considerando que sua atuação anterior se limitou ao controle de legalidade de medidas sujeitas à reserva de jurisdição. Até porque, o próprio Código de Processo Penal (art. 75, p.ú.) determina que estará prevento para o julgamento da causa o juiz que, na fase investigatória, determinar alguma medida, como uma prisão cautelar.

iii) tiver funcionado como juiz de outra instância, pronunciando-se, de fato ou de direito, sobre a questão.

Desta forma, se o juiz atuou em primeiro grau, ele estará impedido, agora, de atuar como desembargador no julgamento de algum recurso deste mesmo processo. É preciso, para gerar o impedimento, que o juiz tenha se pronunciado de fato ou de direito, isto é, meros despachos de andamento do processo não gerarão o impedimento se o juiz não adotou, verdadeiramente, uma medida judicial (instrução, recebimento da inicial, interrogatório etc.).

Embora o dispositivo explicite o impedimento do exercício de jurisdição nos mesmos autos em que o magistrado houver atuado ou desempenhado funções, em grau diverso, é possível vislumbrar hipótese de extensão da aplicação em casos de emanação de decisões prévias a *outros casos diretamente derivados*, ainda que *em autos diferentes, mas desde que* (a) o liame entre os processos seja direto e (b) que o conteúdo decisório contido no primeiro seja de tal modo relevante que possibilite a previsão da decisão posterior pelo simples exame do ato pretérito (STJ, AgRg no HC nº 517.569/DF, rel. Min. Reynaldo Soares da Fonseca, j. 15.10.19). Ex.: juiz, em ação cautelar no processo A, durante as investigações, deferiu quebra de sigilo bancário e fiscal; houve uma ação penal no processo B, em que ele não foi o juiz; e agora, na apelação C, o juiz agora é desembargador e é o relator do caso – nessa situação, entende-se que não há impedimento, haja vista que a atuação pretérita foi apenas deliberativa, sem análise de seu conteúdo, o que é insuficiente para retirar a isenção do julgador.

iv) ele próprio ou seu cônjuge ou parente, consanguíneo ou afim em linha reta ou colateral até o *terceiro grau*, inclusive, for parte ou diretamente interessado no feito.

Poderá ocorrer está hipótese tanto no caso dessas pessoas serem partes interessadas no feito (como querelantes ou querelados) quanto no caso de algum interesse penal (direito à reparação de danos causados pelo crime).

No mais, consoante o art. 253, CPP, nos juízos coletivos (câmaras, turmas, órgão especial, plenário etc.) não poderão servir no mesmo processo os juízes que forem parentes entre si, consanguíneos ou afins, em linha reta ou colateral até o *terceiro grau*. Então, um desembargador não pode atuar ao lado de sua esposa, também desembargadora, na mesma turma do Tribunal de Justiça. Neste sentido, pois, o art. 128, LC 35/79 (LOMAN), dispõe que "nos Tribunais, não poderão ter assento na mesma Turma, Câmara ou Seção, cônjuges e parentes consanguíneos ou afins em linha reta, bem como em linha colateral até terceiro grau". E isso é corroborado pelo Conselho Nacional de Justiça, de modo que não se admite a participação simultânea de desembargadores impedidos entre si em deliberações de natureza jurisdicional e administrativa, ficando desimpedidos, como exceção, em questões de cunho *político*, como a eleição para cargos diretivos no tribunal, e *legislativo*, como a edição de atos normativos (PP nº 0002613-90.2018.2.00.0000, rel. Cons. Henrique Ávila, j. 11.09.18). Ex.: o desembargador André Ramos e o desembargador Bruno Ramos, irmãos, não podem votar no mesmo juízo coletivo, em matéria judicial ou administrativa, pois impedidos.

8.2.5.2. *Suspeição*

Diferentemente do impedimento, a suspeição é uma circunstância subjetiva relacionada a fatos externos ao processo, afastando a sua imparcialidade; há um interesse do juiz em relação às *partes* do processo (e não ao seu objeto).

A atuação de um juiz suspeito gerará **nulidade absoluta**, nos termos do art. 564, I, CPP (c.c. art. 572, CPP).

Quanto à natureza do rol, há divergência.

Consoante ambas as Turmas criminais do Superior Tribunal de Justiça, "o rol de suspeições previstas no art. 254 do Código de Processo Penal é **exemplificativo**, sendo, assim, imprescindível, para o reconhecimento da suspeição do magistrado, não a adequação perfeita da realidade a uma das proposições do referido dispositivo legal, mas sim a constatação do efetivo comprometimento do julgador com a causa" (6ª T., AgRg no AREsp nº 1.119.107/RS, rel. Min. Rogerio Schietti Cruz, j. 19.09.17), ou seja, as causas de suspeição elencadas no art. 254, CPP, são meramente exemplificativas (5ª T., AgRg no AREsp nº 1.053.034/DF, rel. Min. Reynaldo Soares da Fonseca, j. 19.10.17).

De outra parte, ambas as Turmas do Supremo Tribunal Federal afirmam que "a jurisprudência deste Supremo Tribunal assentou a impossibilidade de criação pela interpretação de causas de impedimento e suspeição" (2ª T., RHC nº 131.735/DF, rel. Min.

Cármen Lúcia, j. 03.05.16), ou seja, as causas geradoras tanto de impedimento quanto de suspeição são de direito estrito, ou seja, acham-se enumeradas de modo **taxativo** na legislação processual penal (1ª T., HC nº 68.784/DF, rel. Min. Celso de Mello, j. 01.10.91).

Seja como for, a comprovação de uma causa de suspeição geralmente demanda maior esforço, não sendo suficiente, no mais das vezes, um simples documento (comprovação de amizade íntima, aconselhamento do juiz a uma das partes etc.).

Exige-se, como o próprio texto assim expressa, que a suspeição se dê entre o juiz e uma das **partes** (no sentido material), isto é, **acusado** ou **vítima**. Não se inclui, aqui, a relação entre advogado ou promotor de justiça com o juiz da causa, pois aquele é representante postulatório do acusado e este é parte em sentido instrumental (Mossin, 2010). A depender do caso, todavia, incidirá a incompatibilidade.

O juiz, portanto, dar-se-á por suspeito e, se não o fizer, poderá ser recusado por qualquer das partes nas seguintes hipóteses (art. 254, CPP):

i) se for amigo íntimo ou inimigo capital de qualquer deles.

O juiz deve se manter distante das partes, de forma que não haveria a imparcialidade exigida se ele julgasse processo em que figurasse como réu um amigo íntimo seu ou um inimigo capital. Ex.: o réu foi padrinho de casamento do juiz; a vítima é seu inimigo capital desde a adolescência etc.

A mera civilidade e convivência não geram suspeição, como o juiz que cumprimenta educadamente a vítima; da mesma forma, a simples antipatia, como o juiz que, na época de colégio, estudou com o réu, que não era muito seu colega de sala. Exige-se raiva, rancor, ódio – duradouros.

Vale ressaltar que a suspeição não poderá ser declarada e nem reconhecida se a parte injuriar o juiz ou, de propósito, criar um motivo para tanto (art. 256, CPP). Veda-se, com isso, a má-fé da parte, que não pode criar, artificiosamente, uma situação que objetiva afastar o juiz do caso.

ii) se ele, seu cônjuge, ascendente ou descendente, estiver respondendo a processo por fato análogo, sobre cujo caráter criminoso haja controvérsia.

Inclui-se aqui, também, a figura do companheiro (art. 226, § 3º, CF).

Como exemplo, tem-se o caso do agente que porta dois cigarros de maconha e é preso pela polícia, passando a responder a um processo criminal; em outro processo, o filho do juiz é preso portando, também, um cigarro da mesma substância entorpecente. Há certa controvérsia a respeito da aplicação – ou não – do princípio da insignificância aos crimes relacionados às drogas, de modo que, se aquele juiz aplicar o princípio da insignificância, abrirá um precedente favorável ao seu filho, que pode vir a ser aplicado neste seu processo.

iii) se ele, seu cônjuge, ou parente, consanguíneo, ou afim, até o *terceiro grau*, inclusive, sustentar demanda ou responder a processo que tenha de ser julgado por qualquer das partes.

Inclui-se aqui, também, a figura do companheiro (art. 226, § 3º, CF).

É o caso do juiz que praticou prevaricação e está respondendo por este crime perante o Tribunal de Justiça (em razão de seu foro por prerrogativa de função); todavia, um dos desembargadores do Órgão Especial, que julgará o juiz, tem um filho que está sendo processado criminalmente, cujo juiz do caso é, justamente, aquele que responde pela prevaricação. O desembargador reconhecerá sua suspeição para julgar o juiz (já que tenderia, em princípio, a julgar favoravelmente a situação do juiz, considerando que seu filho será julgado por este).

No mais, o art. 255, CPP, dispõe que o impedimento ou suspeição decorrente de *parentesco por afinidade* cessará pela dissolução do casamento que lhe tiver dado causa, salvo sobrevindo descendentes; mas, ainda que dissolvido o casamento sem descendentes, não funcionará como juiz o sogro, o padrasto, o cunhado, o genro ou enteado de quem for parte no processo.

iv) se tiver aconselhado qualquer das partes.

O juiz – como vem sendo estudado – deve manter a distância necessária das partes para preservar a sua imparcialidade. Desta feita, o juiz não deve aconselhar a parte, como sugerir defesas, teses ou indicar a sua posição.

Não há vedação para que o juiz apenas sugira à parte procurar um advogado ou, mesmo, que trate de temas processuais, mas desde que não antecipe sua posição e nem dê sugestões ao réu ou à vítima.

v) se for credor ou devedor, tutor ou curador, de qualquer das partes.

O julgador deve manter a sua imparcialidade, não podendo ser o juiz do processo em que figure como acusado ou vítima seu credor, devedor, tutelado ou curatelado.

vi) se for sócio, acionista ou administrador de sociedade interessada no processo.

O juiz pode ser acionista ou sócio de empresa, desde que não seja seu administrador (art. 36, I e II, LC nº 35/79 – LOMAN). Assim, por exemplo, não pode o magistrado julgar causa em que a empresa em que é sócio esteja respondendo a um processo criminal por crime ambiental; ou então, julgar o crime de difamação praticado contra a empresa em que é acionista.

Por fim, aplicando analogicamente o art. 145, § 2º, CPC, será ilegítima a alegação de suspeição quando: (a) houver sido provocada por quem a alega; ou (b) a parte que a alega houver praticado ato que signifique manifesta aceitação do arguido. Assim, não pode ser criada/fabricada uma situação de suspeição.

8.2.5.3. *Incompatibilidade*

Como já estudado no capítulo destinado às exceções de suspeição e impedimento – para onde se remete o leitor –, as incompatibilidades vêm sendo tratadas como uma escapatória legal para a alegação de "razões de foro íntimo", sendo considerada de caráter residual em relação às causas de suspeição e de impedimento, mas que são suficientes para gerar a parcialidade do julgador.

Conforme entendimento jurisprudencial, não se considera nulo o julgamento proferido por órgão colegiado no qual participou julgador impedido, se o seu voto não foi determinante na apuração do resultado do julgamento (STJ, HC nº 130.990/RJ, rel. Min. Og Fernandes, j. 15.12.09). Exemplo: julgamento pelo Órgão Especial do TJ, formado por 25 desembargadores, em que dois votaram contra o recebimento de uma denúncia, sendo que um era impedido para atuar – ou seja, a efetiva participação desse magistrado impedido não influenciou em absolutamente nada no resultado do julgamento, não havendo que se falar em nulidade. Logo, a participação de julgador impedido, quando do julgamento em órgão colegiado, não acarreta a automática nulidade da decisão proferida se, excluindo-se o voto do referido magistrado, o resultado da votação do julgamento permanecesse incólume (STF, HC nº 125.610/PR, rel. p/ ac. Min. Edson Fachin, j. 29.03.16).

Vale ressaltar que havia a Resolução nº 82/09, do CNJ, que determinava aos magistrados de primeiro e segundo graus que **expusessem suas razões**, à Corregedoria, sempre que declarassem incompatibilidade por "razões de foro íntimo". Todavia, foi ajuizada a ADI nº 4.260/DF (Min. Rosa Weber, j. 09.09.16), julgada prejudicada ante a revogação da referida norma pelo Conselho Nacional de Justiça e diante da nova disposição prevista no art. 145, § 1º, CPC, que previu que "poderá o juiz declarar-se suspeito por motivo de foro íntimo, **sem necessidade de declarar suas razões**" – cuja aplicação ao Processo Penal é possível, por analogia, diante do art. 3º, CPP.

8.2.5.4. *Quadro geral*

Diante do estudado acima, este é o quadro acerca da imparcialidade do juiz:

Impedimento	Suspeição
» Rol taxativo	» Rol taxativo ou exemplificativo
» Gera inexistência do ato	» Gera nulidade absoluta do ato
» Vício insanável	» Vício insanável
» Art. 252, CPP	» Art. 254, CPP

8.3. MINISTÉRIO PÚBLICO

8.3.1. Origem

Na lição de Hugo Nigro Mazzilli (Ministério Público, 2015), o Ministério Público moderno tem origem nos *procuradores do rei da França* (Ordenança do ano de 1302, do rei Felipe IV).

Em razão dessa origem, até hoje muitos se referem ao Ministério Público – como diversas vezes já ocorreu nesta obra – como *Parquet*. Tal expressão significa "assoalho" em francês e, conforme Mazzilli (Regime Jurídico, 2014), os procuradores do rei, antes de adquirirem a condição de magistrados e terem assento ao lado dos juízes, tiveram, inicialmente, assento sobre o *assoalho* ("parquet") das salas de audiências, em vez de terem assento sobre o *estrado*, lado a lado com a magistratura sentada. Com o tempo, conservaram, assim, a denominação *Parquet*. Assim, os membros do Ministério Público se manifestavam sobre o "parquet", daí a manutenção, por hábito, desta expressão até os dias de hoje.

O seu surgimento está ligado a duas necessidades básicas: (i) defesa dos interesses do rei ou da Coroa perante os tribunais e (ii) ter o rei um agente seu para exercer as ações penais. Para tanto, então, os reis instituíram procuradores, cuja evolução foi a verdadeira origem do Ministério Público atual.

Quanto à expressão *Ministério Público*, Mazzilli ensina que se tratou de um costume, pois os procuradores do rei, nas suas cartas trocadas, tratavam do seu ministério (i.e., de suas funções); e como a origem latina "minister" ou "ministerium" faz referência a um *executor*, surgiu o Ministério Público como exercente da atividade de interesse do rei e da Coroa (Regime Jurídico, 2014).

8.3.2. Previsão na Constituição Federal de 1988

Muito já se discutiu sobre qual é o posicionamento do Ministério Público na Constituição Cidadã de 1988. Já se sustentou o Ministério Público como órgão do Legislativo, do Judiciário, do Executivo e até como um quarto Poder.

No entanto, nos termos do art. 127, CF, o Ministério Público é **instituição permanente**, essencial à função jurisdicional do Estado, incumbindo-lhe a defesa da ordem jurídica, do regime democrático e dos interesses sociais e individuais indisponíveis. O *Parquet*, portanto, é um órgão do Estado, não do Executivo ou do governo.

A partir disso, destrincha-se o conceito:

a) instituição permanente: trata-se de um bem comum e que não pode ser abolida nem mesmo por emenda à Constituição.
b) essencial à função jurisdicional: embora não atue em todo processo judicial, sua atuação é imprescindível à função judicante.
c) encarregado da defesa da ordem jurídica: zela-se pelo cumprimento escorreito do ordenamento jurídico.
d) encarregado da defesa do regime democrático: mantem-se a ordem, o cumprimento das leis e a manutenção da paz e das liberdades.

e) encarregado da defesa do interesse social: os interesses da sociedade, nas mais diversas formas de atuação do Ministério Público, serão sempre defendidos.
f) encarregado da defesa do interesse individual indisponível: os interesses dos incapazes serão observados e defendidos pela instituição.

8.3.2.1. *Quem pode ser membro*

Nos moldes do § 3º do art. 129, CF, o ingresso na carreira do Ministério Público far-se-á mediante **concurso público** de provas e títulos, assegurada a participação da Ordem dos Advogados do Brasil em sua realização, exigindo-se do bacharel em direito, no mínimo, três anos de atividade jurídica e observando-se, nas nomeações, a ordem de classificação.

Duas observações são importantes: (i) não se exige lei complementar, tal como na magistratura (art. 93, I, CF), para dispor acerca do ingresso na carreira; e (ii) conforme entendeu o Supremo Tribunal Federal, a comprovação dos três anos de atividade jurídica deve ocorrer no momento da **inscrição definitiva** no concurso público, ou seja, com a entrega da documentação exigida pela banca examinadora (STF, RE nº 655.265/DF, rel. Min. Edson Fachin, j. 13.04.16). Tal decisão foi, na verdade, proferida em relação à magistratura, mas o CNMP editou a Res. nº 141/16 para alterar a Res. nº 40/09 (que regulamenta a exigência de atividade jurídica), cujo art. 3º passou a dispor que a comprovação de três anos de atividade jurídica deverá ser feita no ato da inscrição definitiva do concurso.

Não existe nenhuma espécie de ingresso na carreira do *Parquet* que não por meio da aprovação em concurso público; ou seja, não há quinto ou terço constitucional ou outra forma de ser membro da Instituição. O concurso público, com ampla concorrência, é o único meio de ingresso.

8.3.2.2. *Garantias*

Tal como previsto para a magistratura, os membros do Ministério Público possuem garantias, previstas no inc. I, § 5º do art. 128, CF, que dispõe que leis complementares da União e dos Estados, cuja iniciativa é facultada aos respectivos Procuradores-Gerais, estabelecerão a organização, as atribuições e o estatuto de cada Ministério Público, observadas, relativamente a seus membros, as garantias de:

a) **vitaliciedade**: adquirida após dois anos de exercício, não podendo perder o cargo senão por sentença judicial transitada em julgado. A Lei 8.625/93 fixa que será uma "ação civil própria" (art. 38).

Vale destacar um interessante julgado do Superior Tribunal de Justiça, em que se afirmou que, caso um membro do Ministério Público pratique **ato de improbidade**, poderá ele ser condenado – na própria ação civil de improbidade – à pena de perda da função pública, prevista no art. 12 da Lei nº 8.429/92, de modo que a "ação civil própria" não impede que o membro do Ministério Público venha a perder seu cargo em ação de improbidade administrativa, cuja competência, aliás, não é privativa do Procurador-Geral (REsp nº 1.191.613/MG, rel. Min. Benedito Gonçalves, j. 19.03.15; e REsp nº 1.534.126/MG, rel. Min. Regina Helena Costa, j. 22.11.15).

Em outra oportunidade, agora tratando de **condenação criminal** de membro do Ministério Público, o Superior Tribunal de Justiça entendeu que a perda do cargo é regida por norma específica, não bastando a condenação em processo criminal, de modo que a perda do cargo deve ser analisada de acordo com o art. 38 da LONMP, que prevalece sobre o art. 92, CP (que trata dos efeitos da condenação). Assim, são necessárias duas ações: uma, condenando o membro pela prática de crime com trânsito em julgado; e outra, promovida pelo Procurador-Geral, reconhecendo que o crime é incompatível com o exercício das funções (REsp nº 1.409.692/SP, rel. Min. Reynaldo Soares da Fonseca, j. 29.03.17).

b) **inamovibilidade**: garante ao membro do Ministério Público a impossibilidade de remoção, sem o seu consentimento, de um local para outro (comarca, sede, cargo etc.). Excepcionalmente, ele poderá ser removido por motivo de interesse público, mediante decisão do órgão colegiado competente do Ministério Público, pelo voto da maioria absoluta de seus membros, assegurada ampla defesa.

c) **irredutibilidade de subsídio**: assegura que a remuneração percebida pelos membros é irredutível, garantindo-se, conforme a jurisprudência do Supremo Tribunal Federal, somente a garantia nominal e não a real (MS nº 27.343/DF, rel. Min. Cármen Lúcia, j. 24.06.14).

Tais garantias objetivam conferir aos membros do Ministério Público a independência necessária ao exercício de suas funções.

8.3.2.2.1. *Responsabilização*

Nos moldes do art. 181, CPC, o membro do Ministério Público responderá, civil e regressivamente, quando agir, no exercício de suas funções, agir com dolo ou fraude.

A regra é que o membro do *Parquet* não responderá pessoalmente pelos danos decorrentes de sua atividade, podendo, se o caso, o Estado ser responsabilizado, cf. o art. 37, § 6º, CF. Assim, a responsabilidade civil do membro do Ministério Público é regressiva (Medina, 2015).

Nas mais do que claras palavras de Hugo Nigro Mazzilli, "a ação civil deverá ser proposta diretamente contra o Estado; se for o caso, este é que terá ação regressiva contra os agentes faltosos. Nunca será a ação proposta contra o próprio Ministério Público, que não detém personalidade jurídica e é apenas órgão do Estado. Não cabe ação indenizatória do lesado a ser movida diretamente contra os membros do Ministério Público" (Regime, 2014, p. 673).

8.3.2.3. *Vedações*

De acordo com o previsto no inc. II, § 5º do art. 128, CF, leis complementares da União e dos Estados, cuja iniciativa é facultada aos respectivos Procuradores-Gerais, estabelecerão a organização, as atribuições e o estatuto de cada Ministério Público, observadas, relativamente a seus membros, as seguintes vedações:

a) receber, a qualquer título e sob qualquer pretexto, honorários, percentagens ou custas processuais;
b) exercer a advocacia;
c) participar de sociedade comercial, na forma da lei (salvo na qualidade de cotista ou acionista, cf. o art. 44, III, Lei nº 8.625/93);
d) exercer, ainda que em disponibilidade, qualquer outra função pública, salvo uma de magistério;
e) exercer atividade político-partidária;
f) receber, a qualquer título ou pretexto, auxílios ou contribuições de pessoas físicas, entidades públicas ou privadas, ressalvadas as exceções previstas em lei.

Atentar que, de acordo com o Supremo Tribunal Federal, membros do Ministério Público não poderão ocupar cargos públicos fora da própria instituição, salvo cargo de professor e funções de magistério, de modo que qualquer autorização normativa em contrário será inconstitucional, tal como a Resolução nº 72/11 do CNMP, de modo que não é possível, por exemplo, o Presidente da República nomear um Procurador da República como seu Ministro da Justiça (STF, ADPF nº 388/DF, rel. Min. Gilmar Mendes, j. 09.03.16).

No mais, é vedado ao membro exercer a advocacia no juízo ou tribunal do qual se afastou, antes de decorridos *três anos* do afastamento do cargo por aposentadoria ou exoneração (art. 128, § 6º, CF).

8.3.2.4. *Organização*

Consoante o art. 128, CF, o Ministério Público abrange:

a) Ministério Público da União (MPU), que compreende:
   - Ministério Público Federal (MPF);
   - Ministério Público do Trabalho (MPT);
   - Ministério Público Militar (MPM);
   - Ministério Público do Distrito Federal e Territórios (MPDFT).
b) Ministério Público dos Estados (MPE).

Não existe um "Ministério Público Eleitoral" como instituição; o que há é a *função eleitoral* exercida pelo Ministério Público Federal e pelo Estadual.

Assim:

Ministério Público da União	Ministério Públicos dos Estados
MP Federal	MP Estadual
MP do Trabalho	
MP Militar	
MP do Distrito Federal e Territórios	

É importante fixar que o Ministério Público de Contas (também chamado de "Ministério Público Especial"), atuante junto aos Tribunais de Contas, não possui fisionomia institucional própria, haja vista estar vinculado administrativamente ao Tribunal de Contas (STF, AgRg na Rcl nº 24.162/DF, rel. Min. Dias Toffoli, j. 22.11.16). Até mesmo por isso, o Ministério Público de Contas não possui legitimidade para atuar como fiscal da lei perante o Poder Judiciário (STF, AgRg na Rcl nº 24.164/DF, rel. Min. Gilmar Mendes, j. 09.05.17), daí porque, inclusive, não tem legitimidade para impetrar mandado de segurança para combater acórdão do próprio Tribunal de Contas perante o qual atua (STF, RG-RE nº 1.178.617/GO, rel. Min. Alexandre de Moraes, j. 25.04.19). Além do mais, o Ministério Público junto ao Tribunal de Contas não dispõe de garantias institucionais pertinentes ao Ministério Público comum, notadamente aquelas ligadas à autonomia administrativa e financeira, processo de escolha, nomeação e destituição de seu titular e poder de iniciativa de projetos de lei relativos à sua organização (STF, ADI nº 2.378/GO, rel. p/ ac. Min. Celso de Mello, j. 19.05.04).

8.3.2.5. *Princípios institucionais*

Consoante o § 1º do art. 127, CF, são princípios institucionais do Ministério Público:

i) **unidade**: o Ministério Público é uno, ou seja, um só órgão e sob uma só direção, o que é válido para cada Ministério Público, já que essa unicidade é do ponto de vista administrativo. Assim, o Ministério Público do Estado do Acre é um órgão autônomo e que possui seu próprio Procurador-Geral de Justiça; já o Ministério Público do Estado de Goiás também possui sua autonomia e o seu Procurador-Geral de Justiça, e assim por diante.

ii) **indivisibilidade**: decorre da unidade e significa dizer que um membro do Ministério Público pode suceder outro no processo (ou ser substituído, dentro das normas legais), sem que isso gere irregularidade alguma, pois o Ministério Público é indivisível, ou seja, cada membro atua *em nome da instituição Ministério Público*, e não em nome próprio.

iii) **independência funcional**: há que se distinguir:

a) autonomia funcional: é a liberdade relacionada ao próprio Ministério Público como **órgão**, principalmente em relação a outros Poderes e órgãos do Estado. Ex.: contrata serviços, adquire bens e realiza a sua própria folha de pagamentos (autonomia administrativa) e elabora sua própria proposta orçamentária, indicando os recursos que serão necessários para atender suas despesas (autonomia financeira).

b) independência funcional: é a liberdade que cada **membro** possui para exercer as suas atribuições, tanto em relação a outros órgãos como em relação ao próprio Ministério Público. Costuma-se falar que os membros do Ministério Público não estão subordinados a quem quer que seja, devendo obediência apenas à Constituição Federal, às leis e à sua própria consciência.

No entanto, há que se observar que, em relação à atividade-meio (atos administrativos), o membro do Ministério Público possui uma chefia (na pessoa do Procurador-Geral), devendo ser obedecida a hierarquia. Assim, por exemplo, o promotor é livre para, dentro da lei, decidir se denunciará ou se recorrerá; todavia, está vinculado às determinações dos órgãos do seu Ministério Público, como quando gozará férias, se acumulará cargos, se gozará uma licença etc.

De acordo com a Suprema Corte, o princípio da independência funcional está diretamente atrelado à atividade finalística desenvolvida pelos membros do Ministério Público, gravitando em torno de duas garantias básicas: (a) atuação livre no plano técnico-jurídico, isto é, sem qualquer subordinação a eventuais recomendações exaradas pelos órgãos superiores da instituição; e (b) não responsabilização pelos atos praticados no estrito exercício de suas funções (HC nº 137.637/DF, rel. Min. Luiz Fux, j. 06.03.18).

Entende-se que o princípio da unidade e da indivisibilidade do Ministério Público não implica vinculação de pronunciamento de seus agentes no processo, não obrigando um promotor que substitui outro a seguir a mesma linha de pensamento de seu antecessor. Com isso, se um promotor pedir, em alegações finais, a absolvição do réu, não impede que outro promotor, substituindo aquele (que estava de férias, por exemplo), interponha recurso pedindo a condenação do réu (STJ, AgRg no Ag nº 1.322.990/RJ, rel. Min. Laurita Vaz, j. 12.04.11).

Em suma:

Princípios do Ministério Público
Unidade
Indivisibilidade
Independência funcional

8.3.3. Previsão no Código de Processo Penal

Nos termos do art. 257, I e II, CPP, ao Ministério Público cabe **promover, privativamente, a ação penal pública, na forma estabelecida no Código** e, também, **fiscalizar a execução da lei**. Em igual sentido, o art. 129, I, CF, dispõe que é função institucional do Ministério Público promover, privativamente, a ação penal pública, na forma da lei.

Diante dessa privatividade fixada na Constituição e no CPP, entende-se que não mais existem os processos judiciais iniciados por portaria do delegado ou do juiz, ou seja, não existe mais a instauração de processos penais de ofício – outrora chamados de **processos judicialiformes** (sem provocação) – tal como a previsão do art. 26, CPP, tida como não recepcionada pela atual ordem constitucional.

Na atividade de fiscalização da execução da lei, o Ministério Público poderá, por exemplo, pedir a absolvição do acusado e até mesmo impetrar *habeas corpus* em seu favor. Deve-se extirpar a ideia – que muitos têm – de que o Ministério Público é apenas um órgão de acusação e que a condenação é o seu fim último. Pelo contrário! O *Parquet* atuará, sempre, pautado pelo ordenamento jurídico, de forma que, caso verifique que não é o caso de condenação do agente denunciado, ele pedirá a sua absolvição; e, se mais patente ainda for o caso, requererá a concessão de ordem de *habeas corpus* em favor do agente.

E considerando que o Ministério Público é uno, indivisível e independente, se o promotor de justiça impetra e obtém a ordem liberatória de *habeas corpus*, não poderá outro membro, em seguida, recorrer dessa decisão (STJ, REsp nº 1.182.985/PR, rel. Min. Marco Antonio Bellizze, j. 18.06.13).

Vale destacar que o Ministério Público, na sua atuação na seara criminal, **não possui o benefício de manifestação em prazo em dobro**, o que somente é admitido no campo do processo civil (STF, HC nº 120.275/PR, rel. Min. Marco Aurélio, j. 15.05.18).

Entende-se que o Ministério Público, quando oferece parecer em segundo grau, por meio do Procurador de Justiça (membro do MP atuante diretamente nos tribunais), divergindo de outras manifestações juntadas ao processo, não viola o princípio da ampla defesa. Explica-se. Em primeiro grau, o réu foi condenado e a defesa recorreu. O promotor de justiça foi intimado e apresentou contrarrazões de apelações, pedindo o desprovimento do recurso e a manutenção da condenação. No tribunal, o MP foi novamente intimado, agora para que apresente parecer como fiscal da lei, por meio do procurador de justiça, que acabou concordando com os pedidos da defesa. No dia do julgamento, outro membro do MP, em sustentação oral, pediu o desprovimento do recurso e a manutenção da sentença condenatória, discordando com o parecer o parecer apresentado. Questiona-se: houve violação da ampla defesa, já que a sustentação oral do MP conflitou com o parecer apresentado anteriormente? Não! Para o Supremo Tribunal Federal, **o Ministério Público, quando atua como fiscal da lei, não se confunde com o papel de órgão acusador, tendo plena liberdade de atuação.** Logo, nenhuma manifestação do *Parquet* está vinculada a outra (HC nº 140.780/DF, rel. Min. Marco Aurélio, j. 30.10.18).

Por fim, é interesse conhecer o chamado *21 Principles for the 21st Century Prosecutor*, que é um documento criado pelo *Brennan Center for Justice*, instituição de pesquisa da Universidade de Nova York, que estabeleceu princípios para a boa e adequada atuação dos membros do Ministério Público. Os princípios são divididos em dois blocos, sendo o primeiro relativo à redução do encarceramento e o segundo a uma atuação mais justa.

Princípios para reduzir o encarceramento: (1) priorizar programas que minimizem as prisões; (2) não realizar acusações visando apenas penalizar a pessoa; (3) adequar o valor das fianças também conforme sua capacidade econômica; (4) tratar o preso doente mental; (5) tratar o preso com problemas de drogas; (6) tratar jovens como jovens e conforme o seu peculiar desenvolvimento; (7) adequar o tratamento às contravenções e priorizar os crimes mais graves; (8) analisar as consequências em relação aos imigrantes presos; (9) promover a justiça restaurativa, com responsabilidade e reabilitação; e (10) reduzir o período de supervisão da liberdade condicional, permitindo a reinserção social mais célere.

Princípios para uma atuação mais justa: (1) adequação da cultura interna dos órgãos de acusação; (2) reduzir a diferença racial no tratamento com a comunidade local; (3) criar órgãos internos de revisão de atuação, evitando práticas injustas; (4) criar um processo compartilhado e justo com a outra parte; (5) realizar o controle externo da atividade policial; (6) aplicar multas penais conforme a capacidade econômica do réu; (7) evitar o estigma penal com registros criminais desnecessários; (8) ser justo com as provas técnicas obtidas; (9) eliminar a pena de morte – no caso do Brasil, seria o cumprimento de penas desumanas; (10) calcular o custo financeiro do encarceramento em relação ao benefício que dele se quer obter; e (11) utilizar linguagem respeitosa, evitando estereótipos.

8.3.3.1. *Impedimento e suspeição*

Estabelece o art. 258, CPP, que os órgãos do Ministério Público não funcionarão nos processos em que o juiz ou qualquer das partes for seu cônjuge, ou parente, consanguíneo ou afim, em linha reta ou colateral, até o *terceiro grau*, inclusive, e **a eles se estendem, no que lhes for aplicável, as prescrições relativas à suspeição e aos impedimentos dos juízes.**

Nesse sentido, já manifestou o Superior Tribunal de Justiça que o exercício das nobres funções do Ministério Público, assim como o exercício da jurisdição, exige postura de absoluta imparcialidade e isenção, não podendo ser exercida sob o calor de interesses ou sentimentos pessoais (HC nº 11.745/TO, rel. Min. Vicente Leal, j. 27.06.00). Desta feita, a suspeição dos membros do *Parquet* pode ser arguida tanto na sua atuação como **parte** quanto como **fiscal da ordem jurídica**.

As causas de suspeição, impedimento e incompatibilidade foram analisadas no item relativo aos *juízes*, acima, para onde se remete o leitor, a fim de não tornar repetitivo o tema.

Atenção deve ser dada, apenas, às consequências da atuação do promotor impedido ou suspeito. Enquanto o art. 564, I, CPP, dispõe que há nulidade absoluta pela atuação de juiz suspeito ou que recebeu suborno, nada diz sobre o Ministério Público. Ensinam Pacelli e Fischer (Comentários, 2012) que, como o Ministério Público não julga a causa, os riscos ao processo são menores, devendo tal irregularidade submeter-se à preclusão, ou seja, tratar-se-á de nulidade relativa (STJ, HC nº 145.368/PE, rel. Min. Napoleão Nunes Maia Filho, j. 13.04.10). No entanto, caso viole normas constitucionais (como o princípio do *promotor natural*), haverá nulidade absoluta (que, mesmo assim, como será estudado em capítulo próprio oportunamente, exige a demonstração de prejuízo).

Em caso notório julgado pela Suprema Corte, alegou-se a suspeição do Procurador-Geral da República nos procedimentos investigatórios em andamento em relação ao Presidente da República. Entendeu a Corte que: (a) é possível a arguição de suspeição dos membros do Ministério Público, inclusive do Procurador-Geral da República, nos processos em trâmite no STF; e (b) o fato de o membro do Ministério Público dar entrevistas falando sobre o caso em andamento, requerer a manutenção da presidência do inquérito policial por um dado delegado de polícia ou que um certo membro do MPF orientou a defesa acerca de uma colaboração premiada não são suficientes para caracterizam hipótese de suspeição (AS nº 89/DF, rel. Min. Edson Fachin, j. 13.09.17).

É de se ressaltar, no mais, a súmula nº 234 do STJ, que afirma que **a participação do membro do Ministério Público na fase investigatória criminal não acarreta o seu impedimento ou suspeição para o oferecimento da denúncia** (AgRg no HC nº 221.250/RJ, rel. Min. Antonio Saldanha Palheiro, j. 07.06.16).

8.3.4. O Ministério Público é imparcial?

Como já dizia Piero Calamandrei (Eles, 2013, p. 98-99), "entre todos os cargos judiciários, o mais difícil, segundo me parece, é o do Ministério Público. Este, como sustentáculo da acusação, deveria ser **tão parcial como um advogado**; como guarda inflexível da lei, deveria ser **tão imparcial como um juiz**. Advogado sem paixão, juiz sem imparcialidade, tal é o absurdo psicológico no qual o Ministério Público, se não adquirir o sentido do equilíbrio, se arrisca, momento a momento, a perder, por amor da sinceridade, a generosa combatividade do defensor ou, por amor da polêmica, a objetividade sem paixão do magistrado" (destaque).

No Processo Penal, (Mazzilli, 1991) é controvertida a posição do Ministério Público: (a) parte *sui generis*; (b) parte imparcial; (c) parte parcial; (d) parte material e processual; (e) parte processual, instrumental ou formal; ou, mesmo, que (f) não é parte.

Quanto à atuação na ação penal de iniciativa privada, não resta dúvidas de que é parte imparcial, atuando na verdadeira fiscalização da ordem jurídica.

A questão controvertida, de fato, ocorre na atuação em ação penal pública. Entende-se, de pronto, que o Ministério Público é uma parte processual, sendo um dos sujeitos do processo, com ônus, deveres e faculdades (Mazzili, 1991); não é parte material, aliás, porque atua em nome do Estado-acusação, sem interesse particular na causa.

Mas, sendo parte processual, é um órgão *parcial* ou *imparcial*?

A maioria da doutrina entende que o Ministério Público é **parte imparcial**, devendo manter-se isento, considerando as disposições constitucionais acerca de suas atribuições, como a defesa da ordem jurídica e dos interesses sociais.

Assim, não há interesse da sociedade em ver um órgão público, incumbido da acusação, processar um inocente e nem de ver um culpado sendo absolvido. A atuação do *Parquet* estaria numa zona não muito clara entre buscar a verdade, aplicar a lei e pedir a condenação ou absolvição, conforme o caso concreto.

Esta é a posição, por exemplo, de Pacelli e Fischer (Comentários, 2016, p. 563), que entendem que o Ministério Público "é absolutamente *livre*, seja quanto à formação de seu convencimento, seja quanto ao conteúdo de suas manifestações no processo. Pode ele, ao final do processo, requerer a *absolvição* do acusado; pode também *recorrer* em favor do réu; pode impetrar *habeas corpus* no interesse da defesa; pode, enfim, atuar *contra os interesses da acusação*. É quanto basta para afirmar ser o Ministério Público verdadeiro e permanente *custos legis* em todo o processo penal, do início ao fim".

É neste sentido, inclusive, que se fala nos Estados Unidos, ultimamente, em *progressive prossecutor*, ou seja, o membro do Ministério Público que busca justiça, e não condenações.

Todavia, há doutrina – em princípio, minoritária – sustentando que a imparcialidade do Ministério Público no processo penal precisa ser revista (Badaró, 2016). Isso porque, a posição do *Parquet* como parte imparcial é insustentável diante do atual sistema acusatório brasileiro.

Afirma o autor que "para que a dialética [o combate das partes] do processo acusatório se desenvolva em toda a sua potencialidade, permitindo a correta reconstrução dos fatos, é necessário que no processo atuem partes com interesses antagônicos ou contrapostos. Conceber o Ministério Público como parte imparcial significa inviabilizar a dialética das partes ou, ao menos, tornar a contraposição entre tese e antítese algo artificial ou meramente formal. No processo acusatório, em que se acentua a relação dialética entre as partes, o Ministério Público deve ser uma parte verdadeira, isto é, uma **parte parcial**" (Processo, p. 290).

Mas, mesmo adotando-se a tese de que o Ministério Público é parte parcial no processo criminal, ainda assim poderá o seu membro, diante de um caso em que não haja provas suficientes para a acusação oferecida, requerer a absolvição do agente, diante da atribuição de defender a ordem jurídica e os interesses individuais indisponíveis.

Situação prática: o parágrafo único do art. 610, CPP, prevê que o desembargador relator do recurso de apelação ou do recurso em sentido estrito ouvirá, em sustentação oral, *primeiro* a defesa e *depois* o Ministério Público, independentemente de quem tenha interposto o recurso. O Supremo Tribunal Federal – ao que parece, entendendo que o *Parquet* é parte parcial – entendeu que **a defesa deve sempre falar por último**, efetivando--se o devido processo legal, o contraditório e a ampla defesa, partindo-se do princípio de que o Ministério Público é um órgão acusatório por excelência (RHC nº 104.261/ES, rel. Min. Dias Toffoli, j. 15.03.12).

8.3.5. Promotor natural

O postulado do promotor natural, que se revela imanente ao sistema constitucional brasileiro, repele, a partir da vedação de designações casuísticas efetuadas pela chefia da instituição, a figura do *acusador de exceção*.

Esse princípio consagra uma garantia de ordem jurídica, destinada tanto a proteger o membro do Ministério Público (na medida em que lhe assegura o exercício pleno e independente do seu ofício) quanto a tutelar a própria coletividade (a quem se reconhece o direito de ver atuando, em quaisquer causas, apenas o promotor cuja intervenção se justifique a partir de critérios abstratos e predeterminados, estabelecidos em lei).

A matriz constitucional desse princípio assenta-se nas cláusulas da *independência funcional* e da *inamovibilidade* dos membros da instituição. O postulado do promotor natural limita, por isso mesmo, o poder do Procurador-Geral que, embora expressão visível da unidade institucional, não deve exercer a chefia do Ministério Público de modo hegemônico e incontrastável (STF, HC nº 67.759/RJ, voto do Min. Celso de Mello, 06.08.92).

No mesmo sentido, "o princípio do Promotor Natural, tendo presente a nova disciplina constitucional do Ministério Público, ganha especial significação no que se refere ao objeto último decorrente de sua formulação doutrinária: trata-se de garantia de ordem jurídica destinada tanto a **proteger o membro da Instituição**, na medida em que lhe assegura o exercício pleno e independente de seu ofício, quanto a **tutelar a própria coletividade**, a quem se reconhece o direito de ver atuando, em quaisquer causas, apenas o Promotor cuja intervenção se justifique a partir de critérios abstratos e pré-determinados, estabelecidos em lei" (STF, AgRg no RE nº 638.757/RS, rel. Min. Luiz Fux, j. 09.04.13).

Referido princípio evita a designação de "promotor de encomenda" ou de "promotor de exceção", bem como os consequentes afastamentos imotivados, o que é incompatível com o Estado de Direito e com a efetividade dos direitos fundamentais, como consta dos arts. 24 e 10, IX, Lei nº 8.625/93 (Garcia, Ministério Público, 2014).

Nas mais do que claras palavras do Ministro Celso de Mello, o legislador, ao proceder ao fortalecimento institucional do Ministério Público, buscou alcançar um duplo objetivo: (a) instituir, em favor de qualquer pessoa, a garantia de não sofrer arbitrária persecução penal instaurada por membro do Ministério Público designado *ad hoc*; e (b) tornar mais intensas as prerrogativas de independência funcional e de inamovibilidade dos integrantes do *Parquet*. Tendo isso em vista, nada impede que um membro do Ministério Público assuma um posicionamento contrário àquele adotado pelo seu antecessor na mesma relação processual, tendo em vista que o Ministério Público está vinculado aos fatos e à busca de uma decisão justa, e não à opinião pessoal de determinado agente (STF, AgRg no HC nº 102.147/GO, j. 01.03.11).

Consoante o Conselho Nacional do Ministério Público, o princípio do promotor natural não é só uma prerrogativa do membro do Ministério Público, mas, precipuamente, uma garantia da coletividade, que visa a impedir a designação de promotor *ad hoc* ou de exceção para um caso específico. Uma das consequências da admissão do referido princípio é a necessidade de que processos e procedimentos sejam distribuídos livremente entre os membros com a devida atribuição, **inclusive os procedimentos investigatórios instaurados de ofício** (Pedido de Providências nº 1.00060/2012-42, rel. Cons. Valter Shuenquener de Araújo, j. 27.06.20).

Trata-se, como se vê, de construção jurisprudencial e doutrinária paulatina. Destaca-se, corroborando a existência do referido princípio, a Resolução nº 38/98 do Conselho Superior do Ministério Público Federal, que, no seu art. 2º, dispõe que "a composição de equipe criminal para o exame de casos determinados respeitará sempre o princípio do Promotor Natural, vale dizer, na equipe há de constar, necessariamente, o membro do Ministério Público para quem os autos de investigação policial têm distribuição natural".

E consoante Mazzilli (Ministério Público, 2015, p. 46), "o princípio do promotor natural é decorrência do princípio da independência funcional. Consiste na existência de um órgão do Ministério Público investido nas suas atribuições por critérios legais prévios. É o oposto o promotor de encomenda. O primeiro trabalho jurídico no qual se sustentou que haveria limites para o poder de designação ou delegação do Procurador-Geral em face das atribuições legais do Promotor titular das funções foi nossa tese de 1976 *O Ministério Público no Processo Penal* (RT 494/269 e 805/464). Apesar de veemente oposição à ideia por parte da cúpula da instituição, já na época a tese foi aprovada em congresso estadual do Ministério Público paulista (*Justitia* 95/175 e 254). A seguir, a tese evoluiu na doutrina, recebendo o nome de *princípio do promotor natural* (Penteado, 1985; Carneiro, 1992); aos poucos, os tribunais passaram a admiti-lo, em casos isolados, até que, após grande controvérsia, o princípio foi majoritariamente reconhecido pelo STF (HC n. 67.759-RJ, Pleno, j. em 1992, RTJ 146/794; RT 705/412)".

Vale ressaltar que a designação prévia e motivada de um promotor para atuar, por exemplo, num julgamento do júri, em virtude de situação justificada, em observância à Lei Orgânica Nacional do Ministério Público, não viola o princípio do promotor natural (STF, HC nº 103.038/PA, rel. Min. Joaquim Barbosa, j. 11.10.11). Em sentido similar, a designação prévia de promotores de justiça para auxiliarem outro membro não fere o princípio do promotor natural, já que, no caso, há apenas uma "reunião de forças" para, coletivamente, apresentar a denúncia (STF, RHC nº 93.247/GO, rel. Min. Marco Aurélio, j. 18.03.08). Assim, a criação, por exemplo, do GAECO (Grupo de Atuação Especial de Combate ao Crime Organizado), por meio de resolução do próprio Ministério Público, prévia à atuação dos seus membros, não fere o princípio do promotor natural, haja vista que o objetivo deste princípio é combater designações casuísticas, o que não ocorre nestes casos. Mesmo a remessa ao GAECO, depois de iniciada a investigação na promotoria comum, não fere o princípio em estudo, já que se trata de órgão especializado do Estado no combate ao crime organizado (STJ, RHC nº 39.135/MS, rel. Min. Reynaldo Soares da Fonseca, j. 16.05.17; e HC nº 28.700/MS, rel. Min. Laurita Vaz, j. 11.05.04). O mesmo se diga, pois, em relação à chamada "força-tarefa" ou "ação conjunta" (*task force*).

Em curioso julgado do Supremo Tribunal Federal, surgiu dúvida acerca da natureza de um homicídio, se seria doloso ou culposo. O caso, inicialmente em tramitação no tribunal do júri, foi remetido pelo membro do Ministério Público ao juízo criminal comum, por entender o promotor de justiça não estar configurado homicídio doloso, mas culposo. O promotor de justiça oficiante na vara criminal comum, após diligências, entendeu estar caracterizado crime doloso e, então, ofereceu denúncia perante a vara do tribunal do júri. O juiz sumariante a recebeu, tendo o promotor de justiça atuante (aquele que inicialmente entendeu não haver crime doloso) pedido agora, inclusive, a pronúncia do denunciado. A Suprema Corte entendeu que, no caso, não houve violação do princípio do promotor natural, mas apenas observância das regras objetivas de preservação da atuação de cada membro. O promotor do júri poderia, a qualquer momento, não ter ratificado (implicitamente) a denúncia ou ter suscitado conflito de atribuições, o que não aconteceu (HC nº 114.093/PR, rel. p/ acórdão Min. Alexandre de Moraes, j. 03.10.17).

No mais, entende-se, atualmente, após polêmica sobre o tema, que o Ministério Público Estadual tem legitimidade para atuar diretamente no STJ/STF (por seu Procurador-Geral, Procuradores ou Promotores), nos processos em que figure como parte, como no mandado de segurança, em reclamação, nos recursos em geral etc. (STJ, EREsp nº 1.327.573/RJ, rel. Min. Nancy Andrighi, j. 17.12.14; e STF, Rcl nº 7358/SP, rel. Min. Ellen Gracie, j. 24.02.11). Ainda nesses casos de atuação direta do Ministério Público dos Estados, o MPF continuará atuando como *custus legis*. O entendimento anterior era de que o Ministério Público dos Estados até poderia interpor os recursos que entendesse cabíveis, mas, após isso, a atribuição para oficiar perante o STJ/STF seria do MPF, por meio de seu Procurador-Geral ou Subprocuradores.

Como bem decidiu o Supremo Tribunal Federal, em repercussão geral, **os Ministérios Públicos dos Estados e do Distrito Federal têm legitimidade para propor e atuar em recursos e meios de impugnação de decisões judiciais em trâmite no STF e no STJ,**

oriundos de processos de sua atribuição, sem prejuízo da atuação do Ministério Público Federal (RE nº 985.392/RS, rel. Min. Gilmar Mendes, j. 26.05.17).

8.3.5.1. *Promotor ad hoc*

Como explica Renato Brasileiro (Curso, 2013, p. 1209), o promotor *ad hoc* "é o advogado nomeado para o exercício temporário e precário das funções ministeriais, em razão do não comparecimento injustificado do Promotor de Justiça a determinado ato processual".

Diante do que foi explicado neste capítulo, o membro do Ministério Público é aquele bacharel em Direito, que comprovou no mínimo três anos de prática jurídica e que foi aprovado em concurso público composto de provas e análise de títulos, com participação da OAB, nos termos do previsto na Carta da República. Logo, não há que se falar na existência desta figura do promotor de justiça "ad hoc" no Brasil. Inclusive, é o que dispõe o texto constitucional no art. 129, § 2º: "as funções do Ministério Público só podem ser exercidas por integrantes da carreira".

A expressão "ad hoc" é de origem latina e significa algo como *para esta finalidade específica*. Assim, não pode haver a designação casuística de uma pessoa para exercer temporariamente – não preenchendo os requisitos constitucionais – as funções de membro do Ministério Público.

Corroborando este entendimento, o Supremo Tribunal Federal julgou procedente a ADI nº 2.874/GO (rel. Min. Marco Aurélio, j. 28.08.03) e concluiu ser inconstitucional qualquer ato normativo que nomeie bacharéis em Direito para assumir as funções ministeriais em processos considerados "urgentes", diante da clara violação aos dispositivos constitucionais (arts. 127 a 129, CF).

8.3.5.2. *Procurador de Justiça natural*

O Procurador de Justiça é o membro do Ministério Público Estadual que atua em segunda instância (num paralelo, tal como os desembargadores atuam nos tribunais). Exercem todas as funções em segunda instância, com exceção das privativas do Procurador-Geral de Justiça (art. 31 da Lei nº 8.625/93).

Tem-se, assim, que os procuradores de justiça atuam em todos os processos de segunda instância – com exceção daqueles de atribuição exclusiva do Procurador-Geral, como, por exemplo, o oferecimento de denúncia em casos de ação penal originária (art. 29, V, Lei nº 8.625/93).

Como exemplo, portanto, o Código de Processo Penal dispõe que os recursos em sentido estrito e as apelações irão imediatamente com vista ao Procurador-Geral para parecer (arts. 610 e 613). No entanto, em razão do elevadíssimo volume de trabalho, tal função acaba sendo delegada aos procuradores de justiça, pois não se trata de função exclusiva do chefe do MP (art. 29, IX, Lei nº 8.625/93).

Logo, é possível concluir que os atos e provimentos do Procurador-Geral, no sentido de regular a distribuição interna dos processos de segundo grau entre os procuradores de justiça, objetivam tão somente organizar os serviços internos, não se confundindo com o princípio do promotor natural.

Como explica Pedro Henrique Demercian, "com efeito, os princípios do promotor e juiz natural têm por inspiração a independência desses órgãos e evitam interferências arbitrárias na distribuição da Justiça. No primeiro caso, protege-se o titular privativo da ação penal (assegurando-lhe uma atuação independente e uma interferência revisora) e, no segundo, o que está em causa é a segurança de um julgamento imparcial. Ora, o parecer emitido pelo órgão do Ministério Público de segunda instância – embora de grande importância prática – é meramente opinativo (não vinculando, portanto, o tribunal) e, por outro lado, não tem o condão de obstar a atuação do *dominus litis* da instância originária e nem o poder de avocação e derrogação. Não haveria, portanto, razão plausível para se estabelecer um tal princípio do *procurador natural*. Em razão disso, o Procurador-Geral de Justiça poderá agir livremente em segunda instância, 'avocando' (isto é, atuando em) quaisquer processos distribuídos aos tribunais" (Regime, p. 86-87).

Em suma, não há que se falar em princípio do procurador de justiça natural, haja vista que sua atuação em segunda instância se dá por delegação (legal ou institucional) do Procurador-Geral de Justiça, tendo suas manifestações caráter apenas opinativo, podendo este avocar qualquer processo que esteja com aquele para parecer, não se ferindo nenhum princípio do Ministério Público.

8.3.6. Poder de requisição

Tema que sempre gera discussões – na doutrina e na jurisprudência – diz respeito ao poder requisitório do Ministério Público e o seu acesso a informações sigilosas.

O Ministério Público, para bem executar suas funções constitucionais, tem o poder de notificação e de requisição (art. 129, VI, CF), ou seja, poderá expedir notificações nos procedimentos administrativos de sua competência, requisitando informações e documentos para instruí-los, na forma da lei complementar respectiva (arts. 26, I, *a*, da Lei nº 8.625/93, e 8º, VII, da LC nº 75/93).

A **notificação** é uma intimação para que alguém compareça perante o órgão do Ministério Público para ser ouvido em dia, hora e local determinados, sob pena de condução coercitiva. Já a **requisição** é uma ordem para a realização de diligência ou apresentação de documento ou informação pelo destinatário (Mazzilli, 2014).

No exercício das funções, o Ministério Público poderá, portanto, requisitar (a) informações, (b) exames periciais e (c) documentos de autoridades federais, estaduais e municipais, bem como dos órgãos e entidades da administração direta, indireta ou fundacional, de qualquer dos Poderes da União, dos Estados, do Distrito Federal e dos Municípios (arts. 26, I, *b*, LONMP, e 8º, II, LC nº 75/93).

No que interessa ao processo criminal, especificamente, é preciso analisar algumas situações:

a) não é possível requisitar informações bancárias diretamente às instituições financeiras, dependendo, para tanto, de autorização judicial (STF, AgRg no RE nº 318.136/RJ, rel. Min. Cezar Peluso, j. 12.06.12; e STJ, HC nº 160.646/SP, rel. Min.

Jorge Mussi, j. 01.09.11). Assim, assegurado o sigilo bancário pelo ordenamento jurídico, a diligência do Ministério Público no sentido de obter a *quebra de sigilo bancário* deve submeter-se à apreciação do Poder Judiciário (art. 1º, § 4º, e art. 3º, LC nº 105/01).

b) é possível a quebra de sigilo bancário, sem autorização judicial, quando se tratar de interesse público e defesa do patrimônio público, podendo o Ministério Público requisitar diretamente às instituições financeiras as informações bancárias relativas à movimentação de recursos públicos (STJ, AgInt no REsp nº 1.650.853/AL, rel. Min. Francisco Falcão, j. 07.11.17).

O Supremo Tribunal Federal tem o mesmo entendimento, de modo que o sigilo de informações necessárias para a preservação da intimidade é relativizado quando se está diante do *interesse da sociedade* de se conhecer o destino dos recursos públicos, ou seja, as operações financeiras que envolvam recursos públicos não estão abrangidas pelo sigilo bancário, haja vista que elas estão submetidas, isso sim, aos princípios da administração pública, insculpidos no art. 37, CF (MS nº 33.340/DF, rel. Min. Luiz Fux, j. 26.05.15).

De igual modo, a Suprema Corte também entendeu que não pode o Banco do Brasil negar, ao Ministério Público, informações sobre nomes de beneficiários de empréstimos concedidos pela instituição com recursos subsidiados pelo erário federal, sob invocação do sigilo bancário, em se tratando de requisição de informações e documentos para instruir procedimento administrativo instaurado na defesa do patrimônio público, respeitando-se o princípio da publicidade, previsto no art. 37, CF (MS nº 21.279/DF, rel. p/ acórdão Min. Néri da Silveira, j. 05.10.95).

E a requisição de informações bancárias de conta corrente da prefeitura compreende, por extensão, o acesso aos registros das operações bancárias realizadas por particulares a partir das verbas públicas creditadas nesta conta, o que não é ilegal. Do contrário, de nada adiantaria permitir ao Ministério Público requisitar diretamente os registros de operações financeiras na conta do município e negar-lhe o principal, que é o acesso ao verdadeiro destino dos recursos públicos a partir das operações bancárias (RHC nº 133.118/CE, rel. Min. Dias Toffoli, j. 26.09.17).

A proibição de requisição de quebra de sigilo bancário pelo Ministério Público não o impede de requisitar o acesso aos **dados cadastrais** bancários não protegidos pelo sigilo, desde que as informações sejam relativas a pessoas investigadas pelo órgão e houver a necessidade de instrução de procedimentos de natureza penal ou cível, como ações judiciais ou inquéritos policiais. Desta forma, "ao Ministério Público deve ser assegurado o acesso a informações não acobertadas por sigilo bancário, mas apenas o acesso aos dados cadastrais de pessoas investigadas, para o fim de instruir os procedimentos investigatórios de natureza penal e civil" (STJ, REsp nº 1.561.191/SP, rel. Min. Herman Benjamin, j. 19.04.18). Há que se diferenciar, portanto, *comunicação de dados* de *dados cadastrais*: aqueles são protegidos constitucionalmente e são relativos à vida privada da pessoa, enquanto que os dados cadastrais são objetivos, não tendo garantia de inviolabilidade. São dados cadastrais, por exemplo, o número da conta bancária, o nome do seu titular, os números de alguns documentos pessoais, endereços etc. Já os dados, protegidos constitucionalmente e que exigem sindicabilidade (ordem judicial para a quebra), dizem respeito às aplicações financeiras, às movimentações, depósitos etc.

c) é possível requisitar diligências investigatórias e a instauração de inquérito à autoridade policial, cf. o art. 129, VIII, CF, independentemente de sindicabilidade (i.e., supervisão judicial), já que os poderes investigatórios do Ministério Público são implícitos, corolário da própria titularidade privativa em promover a ação penal pública (STJ, RHC nº 45.377/RS, rel. Min. Ribeiro Dantas, j. 03.08.17).

d) permite-se o **repasse/compartilhamento** de dados sigilosos obtidos pelo Fisco ao Ministério Público e/ou à polícia para fins de investigação ou de processo penal.

É preciso saber, antes, que o Fisco pode, sem autorização judicial, requisitar informações bancárias às instituições financeiras (art. 6º da LC nº 105/01). Entende-se que não se trata de uma "quebra de sigilo", mas apenas de repasse de informações sigilosas dos bancos ao Fisco, que manterá este sigilo (trata-se de um "repasse de sigilo"). A Receita Federal poderá requisitar informações com base no Decreto nº 3.724/01, enquanto que a administração tributária dos Estados, DF e Municípios também assim poderá, mas deverá regulamentar a matéria, tratando da pertinência temática entre a obtenção das informações e o tributo objeto de cobrança, da prévia notificação do contribuinte quanto à instauração do processo, da sujeição do pedido a um superior hierárquico, da existência de sistemas eletrônicos de segurança e do estabelecimento de instrumentos de apuração e correção de desvios (STF, Plenário, RE nº 601.314/SP, rel. Min. Edson Fachin, j. 24.02.16).

A jurisprudência, agora pacífica, é no sentido de permitir a utilização das informações obtidas pelo Fisco, por meio de regular procedimento administrativo fiscal, para fins de instrução processual penal (STF, **1ª T.**, AgRg no AgRg no RE nº 1.041.285/SP, rel. Min. Roberto Barroso, j. 27.10.17; e **2ª T.**, AgRg no ARE nº 841.344/DF, rel. Min. Dias Toffoli, j. 02.12.16). Nas exatas palavras da Suprema Corte, portanto, "a jurisprudência do STF consolidou-se no sentido de que é lícita a utilização de dados obtidos pela Receita Federal, mediante informações repassadas por instituições financeiras, para fins de persecução penal" (AgRg no RE nº 1.108.725/SP, rel. Min. Edson Fachin, j. 19.11.18).

No âmbito do Superior Tribunal de Justiça, igualmente, após certa divergência, reina a posição que autoriza o compartilhamento de dados fiscais sigilosos para fins de persecução penal (**5ª T.**, RHC nº 92.907/SC, rel. Min. Joel Ilan Paciornik, j. 06.11.18; e **6ª T.**, AgRg no HC nº 453.176/SC, rel. Min. Nefi Cordeiro, j. 09.10.18). Então, de acordo com a Corte Superior, "o envio dos dados sigilosos pela Receita Federal à polícia ou ao Ministério Público, após o esgotamento da via administrativa, com a constituição definitiva do crédito tributário, decorre de mera obrigação legal de se comunicar às autoridades competentes a possível prática do ilícito, o que, por certo, não pode representar ofensa ao princípio da reserva de jurisdição" (STJ, RHC nº 75.532/SP, rel. Min. Joel Ilan Paciornik, j. 09.05.17).

É importante observar que esta *obrigação legal* está contida no art. 83, Lei nº 9.430/96, que dispõe acerca da representação fiscal dos órgãos de fiscalização tributária para fins penais, relativa aos crimes contra a ordem tributária e aos crimes contra a Previdência Social, encaminhando-se ao Ministério Público depois de proferida decisão final, na esfera administrativa, sobre a exigência fiscal do crédito tributário correspondente. Em sentido similar, o art. 1º, § 3º, IV, LC nº 105/01, afirma que não constitui violação do dever de sigilo a comunicação, às autoridades competentes, da prática de ilícitos penais ou administrativos, abrangendo o fornecimento de informações sobre operações que envolvam recursos provenientes de qualquer prática criminosa.

A questão acerca do compartilhamento de dados fiscais sigilosos foi objeto de repercussão geral julgada pela Suprema Corte (RE nº 1.055.941/SP, rel. Min. Dias Toffoli, j. 27 e 28.11.19). Ampliou-se o entendimento para abranger, além da comunicação do Fisco ao Ministério Público, a comunicação da Unidade de Inteligência Financeira/UIF (antigo COAF).

Assim, há duas situações, exemplificativamente:

(a) A Receita Federal, na sua análise cotidiana de dados, verifica possível crime fiscal; num primeiro estágio, ela tem acesso às operações bancárias com dados genéricos e cadastrais, não identificando, ainda, a origem ou a natureza das transações; constatada a suspeita, passa-se ao segundo estágio, onde a Receita Federal poderá requisitar as informações bancárias necessárias, realizando fiscalização e auditorias. Toda essa sistematização é lícita e depende da instauração de um processo administrativo fiscal, com intimação do contribuinte. Os elementos probatórios produzidos são legais. Estando configurado, então, possível crime, é dever da Receita Federal enviar cópia desse processo administrativo ao Ministério Público, que adotará as medidas cabíveis. Do contrário, não haveria lógica em um órgão fiscalizador apurar uma infração fiscal, produzir provas e não poder encaminhar a outro órgão para fins de responsabilização penal, que é o Ministério Público. O compartilhamento dos dados obtidos pela Receita Federal possui natureza de *prova emprestada*, sendo encaminhados apenas os elementos indispensáveis à atuação do Ministério Público.

(b) A Unidade de Inteligência Financeira (UIF) é um órgão do Ministério da Economia que recebe, examina e identifica ocorrência suspeitas de atividade ilícita envolvendo movimentações financeiras e que comunica às autoridades competentes para que adotem, se o caso, as medidas cabíveis. Há algumas pessoas/empresas obrigadas, por lei, a realizar comunicações à UIF (art. 9º da Lei nº 9.613/98). Exemplo: joalherias, administradora de cartões de crédito, bolsa de valores etc. Então, movimentações consideradas suspeitas são comunicadas à UIF, que faz uma análise prévia e objetiva; a partir disso, haverá, se o caso e a depender do risco, análises individualizadas; ao final, pode ser gerado um RIF (Relatório de Inteligência Financeira), indicando a existência de *indícios* de lavagem de dinheiro ou algum outro ilícito. Exemplo: pessoa compra uma joia de R$ 150 mil à vista e em espécie – a loja é obrigada a fazer a comunicação, pela internet mesmo, à UIF, que analisará o comprador e os dados da compra; se for uma pessoa com renda suficiente, não haverá comunicação, mas, se for uma pessoa sem possibilidades de fazer tal aquisição, a análise avança até a confecção do RIF, que, ao final, será encaminhado ao órgão competente, como o Ministério Público. Atente-se que a UIF não quebra dados bancários ou fiscais.

Nessas duas situações, portanto, a Suprema Corte, no RE nº 1.055.941/SP, entendeu que tanto o Fisco quanto a UIF podem compartilhar seus relatórios/representações ao

Ministério Público para fins penais, independentemente de autorização judicial – o que sempre pareceu óbvio, apesar de algumas posições contrárias.

Fixou-se, então, a seguinte **tese** (Plenário, j. 04.12.19):

1) É constitucional o compartilhamento dos relatórios de inteligência financeira da UIF e da íntegra do procedimento fiscalizatório da Receita Federal do Brasil, que define o lançamento do tributo, com os órgãos de persecução penal para fins criminais, sem a obrigatoriedade de prévia autorização judicial, devendo ser resguardado o sigilo das informações em procedimentos formalmente instaurados e sujeitos a posterior controle jurisdicional; e

2) O compartilhamento pela UIF e pela RFB, referente ao item anterior, deve ser feito unicamente por meio de comunicações formais, com garantia de sigilo, certificação do destinatário e estabelecimento de instrumentos efetivos de apuração e correção de eventuais desvios.

O mero fato de o Ministério Público ter efetuado solicitação de manifestação da UIF sobre eventuais irregularidades em movimentações financeiras de pessoa investigada, por si só, não constitui, necessariamente, risco de obtenção de informações protegidas por sigilo fiscal, independendo, assim, de prévia autorização judicial. Logo, não há motivo para que o Ministério Público deixe de dirigir solicitação ao órgão no sentido de que investigue operações bancárias e fiscais de pessoas sobre as quais paire suspeita (STJ, RMS nº 52.677/SP, rel. Min. Reynaldo Soares da Fonseca, j. 27.04.17).

Desta forma, é preciso distinguir a *comunicação* de potenciais ilícitos da efetiva *quebra* de sigilo. A diferença reside no conteúdo das informações constantes no relatório apresentado pela UIF. A comunicação feita não poderá transbordar o limite da garantia fundamental ao sigilo, o que significa dizer que a obtenção dos dados (bancários/fiscais) que subsidiaram o relatório do órgão necessitará de autorização judicial. Se o relatório apenas indicar "movimentações atípicas", sem fornecer dados sigilosos bancários ou fiscais, não há nenhuma ilegalidade nisso (STJ, HC nº 349.945/PE, rel. p/ acórdão Min. Rogerio Schietti Cruz, j. 06.12.16).

Assim, quando a UIF, no exercício de suas atribuições, verificar movimentações bancárias atípicas, deverá, por lei, fazer comunicação aos órgãos de persecução penal, tal como o Ministério Público, diante da potencial configuração, por exemplo, de crime de lavagem de dinheiro. O relatório apenas mencionará a existência dessa movimentação incongruente com os rendimentos do suspeito, não podendo trazer dados protegidos por sigilo, isto é, não poderá trazer a informação de que o suspeito movimentou R$ 50 milhões, no dia 01/04, por meio da conta bancária nº 1234, da agência 456, do Banco Beta. O Ministério Público, com base no relatório do COAF que apenas trará a informação de movimentações financeiras suspeitas, poderá, se assim entender necessário, aí sim, requerer judicialmente a quebra dos sigilos.

e) no controle externo da atividade policial, o Ministério Público não tem acesso irrestrito a todos os relatórios de inteligência produzidos pelo setor de inteligência da polícia, mas tão somente aos de natureza penal, relacionados à atividade-fim criminal/policial. Assim, por exemplo, o MPF não terá acesso irrestrito, sob o pretexto de "controle da atividade policial", aos relatórios do Sistema Brasileiro de Inteligência, ainda que produzidos pela Polícia Federal, já que alguns dos relatórios produzidos nesta atividade de inteligência nem sempre tratarão de matéria criminal (STJ, REsp nº 1.439.193/RJ, rel. Min. Gurgel de Faria, j. 14.06.16).

f) o acesso, pelo membro do Ministério Público, a informações inseridas em procedimentos disciplinares conduzidos pela OAB dependerá de autorização judicial prévia. Isso porque, o art. 72, § 2º, do EOAB, dispõe que o processo disciplinar em face de advogado tramita em sigilo até o seu término, somente tendo acesso às informações as partes, os defensores e a autoridade judiciária, de modo que qualquer outra pessoa ou órgão dependerá de autorização judicial para acessá-lo. Assim, o poder requisitório do Ministério Público encontra limites nas hipóteses em que o legislador exige autorização judicial para acessar determinada informação (STJ, REsp nº 1.217.271/PR, rel. Min. Humberto Martins, j. 18.05.16).

g) os membros do Ministério Público podem, nos procedimentos investigatórios criminais que conduzirem, desde que *mediante autorização judicial*, realizar interceptação telefônica e quebrar o sigilo de comunicações, nos moldes da Resolução nº 36/09 do CNMP, norma esta considerada constitucional pelo Supremo Tribunal Federal (ADI nº 4.263/DF, rel. Min. Roberto Barroso, j. 25.04.18).

8.4. ACUSADO

O acusado é a pessoa contra quem é proposta a ação penal; é a parte passiva da relação processual (e a parte ativa quanto ao cometimento do delito). Os animais, os mortos e as coisas inanimadas não podem ser acusados.

O agente que pratica a infração penal recebe diversas denominações ao longo da persecução penal. Num primeiro momento, ele é **suspeito ou investigado**, enquanto as autoridades ainda buscam maiores elementos de convicção, ainda na fase investigatória. Após, logrando êxito em identificar a autoria e presente a prova da existência do crime, poderá haver o indiciamento do agente, momento a partir do qual passa a ser chamado de **indiciado**. Finalizada a investigação e tendo a acusação oferecido a peça acusatória, o seu recebimento pelo juiz torna a agente **acusado, imputado ou denunciado**, ou seja, passa a ser *réu* num processo penal. Após a condenação definitiva, durante a execução penal, será tratado como **condenado ou apenado**.

Assim:

» Suspeito ou investigado

» Indiciado

» Acusado ou denunciado (réu)

» Condenado ou apenado

8.4.1. Quem pode ser acusado

Algumas situações devem ser analisadas separadamente.

8.4.1.1. *Menor de idade*

Os menores de 18 anos não têm legitimidade passiva no processo penal, haja vista que são considerados inimputáveis, ficando sujeitos apenas às medidas socioeducativas (e protetivas) previstas no Estatuto da Criança e do Adolescente (CF, art. 228; e CP, art. 27).

Isso ocorrerá independentemente da capacidade de entender o fato delituoso praticado, uma vez que se adota – exclusivamente, neste caso – o critério biológico. Ou seja, o menor de 17 anos e 11 meses, que pode estar cursando uma faculdade de Direito e já ser eleitor há quase dois anos, se praticar uma extorsão mediante sequestro com resultado morte, não será preso, mas apreendido e receberá uma medida socioeducativa, ainda que compreenda perfeitamente o ato que praticou, não se arrependa e confesse que agiu por pura vingança.

Em breve crítica ao sistema atual de inimputabilidade, Paulo César Busato (Direito, 2015) expõe que o melhor sistema seria considerar os menores de 12 anos absolutamente inimputáveis e os maiores de 18 absolutamente imputáveis; a faixa entre essas idades seria de imputabilidade penal relativa, demonstrada mediante perícias e estudos – desde que, claro, seja alterado o atual panorama brasileiro de aplicação da pena.

Como consequência da inimputabilidade absoluta em relação aos menores de 18 anos, eventual denúncia em face deles deve ser rejeitada por **ilegitimidade** para o processo (art. 395, II, CPP); se recebida, o processo deve ser anulado, diante da nulidade absoluta (art. 564, II, CPP).

No mais, vale observar a súmula nº 605 do STJ, que dispõe que "a superveniência da maioridade penal não interfere na apuração de ato infracional nem na aplicabilidade de medida socioeducativa em curso, inclusive na liberdade assistida, enquanto não atingida a idade de 21 anos". Assim, as medidas socioeducativas aplicadas ao menor infrator, com base no ECA, podem ser estendidas até que ele complete 21 anos de idade, sendo irrelevante a implementação da maioridade civil no decorrer de seu cumprimento (STJ, AgRg no AREsp nº 1.022.549/ES, rel. Min. Reynaldo Soares da Fonseca, j. 23.05.17; e REsp nº 1.705.149/RJ, rel. Min. Sebastião Reis Júnior, j. 13.06.18).

8.4.1.2. *Doente mental*

Já os inimputáveis portadores de doenças mentais, desenvolvimento mental incompleto ou retardado (CP, art. 26) possuem **legitimidade** passiva para o processo penal, pois a eles pode ser aplicada medida de segurança ou, a depender, pena reduzida.

Como consequência, se o agente era doente mental à época em que praticou o crime, o Ministério Público oferecerá – normalmente – denúncia contra ele (presente os requisitos legais) requerendo, ao invés da condenação, que lhe seja aplicada uma medida de segurança, o que se dará, como será estudado, por meio de uma absolvição imprópria.

8.4.1.3. *Pessoa jurídica*

A Constituição Federal prevê duas hipóteses autorizadoras de punição da pessoa jurídica pela prática de crime. A primeira diz respeito aos crimes contra a ordem econômico--financeira (art. 173, § 5º) e a segunda em relação aos crimes ambientais (art. 225, § 3º). O legislador infraconstitucional apenas regulamentou a hipótese dos crimes ambientais, por meio da Lei nº 9.605/98 (art. 3º), ficando silente quando aos crimes financeiros.

Estabelece o art. 225, § 3º, CF, que "as condutas e atividades consideradas lesivas ao meio ambiente sujeitarão os infratores, pessoas físicas ou jurídicas, a sanções penais e administrativas, independentemente da obrigação de reparar os danos causados".

Algumas teorias surgiram para explicar a (im)possibilidade de a pessoa jurídica praticar crimes ambientais, a despeito da previsão constitucional e legal. Há, pois, as seguintes explicações:

a) a Constituição Federal não dotou a pessoa jurídica de responsabilidade penal; ao contrário, condicionou a sua responsabilidade à aplicação de sanções compatíveis com a sua natureza (Bitencourt, Tratado, 2006).

b) é impossível, diante do atual sistema penal brasileiro, que uma pessoa jurídica, ente abstrato que é, pratique crime, pois ela não tem capacidade de conduta humana, ou seja, consciência e vontade, aplicando o brocardo *societas delinquere non potest* (Zaffaroni e Pierangeli, Manual, 2015).

c) é possível, desde que a imputação do delito seja feita simultaneamente à pessoa jurídica e à pessoa física, que atua no nome daquela, não existindo responsabilização do ente moral dissociada da atuação de uma pessoa física; é a chamada *dupla imputação*. Foi, por muito tempo, a posição da jurisprudência (STJ, REsp nº 969.160/RJ, rel. Min. Arnaldo Esteves Lima, j. 06.08.09).

d) é possível a responsabilização da pessoa jurídica, cuja punição independe da responsabilização de uma pessoa física. Isso porque, nem a Constituição da República e nem a Lei dos Crimes Ambientais exige que, para se punir a pessoa jurídica, pessoas físicas sejam, também, denunciadas; abandonou-se, portanto, a teoria da dupla imputação.

Esta é a posição atual do Supremo Tribunal Federal (RE nº 548.181/PR, rel. Min. Rosa Weber, j. 06.08.13) e do Superior Tribunal de Justiça (RHC nº 53.208/SP, rel. Min. Sebastião Reis Júnior, j. 24.05.15; e CC nº 139.197/RS, rel. Min. Joel Ilan Paciornik, j. 25.10.17), **permitindo-se denunciar uma pessoa jurídica independentemente de qualquer pessoa física no polo passivo da ação penal.**

É interessante, ainda, analisar se a extinção da pessoa jurídica ensejará, ou não, a extinção da punibilidade – tal como se dá com a morte da pessoa física, nos termos do art. 107, I, CP. Não há posição tranquila, havendo ao menos duas correntes.

Para Frederico Amado, não haverá extinção da punibilidade em razão da extinção da pessoa jurídica, de modo que o cumprimento das penas impostas à pessoa jurídica será condição suspensiva do pedido de extinção da pessoa jurídica, ou seja, a pessoa jurídica não poderá ser extinta sem antes cumprir a sanção penal (Direito, 2015). Em que pese o brilhantismo do autor ambientalista, a lacuna normativa não autoriza interpretação desfavorável ao sujeito ativo do crime, ou seja, a ausência de norma legal impede interpretação prejudicial nesta situação em comento.

De outro lado, a corrente sustentada por estes autores é no sentido de que deve ser aplicada, em analogia, o art. 107, I, CP, ou seja, a extinção lícita da pessoa jurídica ensejará a extinção da punibilidade penal, tal como se dá com a morte da pessoa física. A ausência de norma legal específica quanto à extinção da pessoa jurídica e seus efeitos enseja a aplicação da analogia *in bonam partem*. É claro que isso não significa impunidade pelo cometimento de crime ambiental, devendo ocorrer o controle judicial do ato de extinção da pessoa jurídica – ou seja, se abusiva a extinção da pessoa jurídica, ela poderá ser relevada pelo julgador, que seguirá normalmente com a persecução penal contra a pessoa jurídica. Basta lembrar que a certidão de óbito falsa não enseja extinção da punibilidade da pessoa física, de modo que, se a pessoa jurídica apenas forja a sua extinção, isso não produzirá efeitos penais. Além do mais, a extinção da pessoa jurídica não afeta a persecução penal em relação às pessoas físicas, como diretores e sócios.

No mais, tema palpitante trata da responsabilização de pessoa jurídica de direito público, como União, Estados, Municípios, Distrito Federal e pessoas jurídicas de direito internacional, por exemplo. Aqui novamente, há duas posições antagônicas. De um lado, há quem sustente a possibilidade, simplesmente porque a Constituição Federal não diferenciou a natureza jurídica pessoa jurídica que pode cometer infrações penais e porque nada impede que qualquer delas cometa crime ambiental (Nucci, 2015). De outro lado, há quem sustente a impossibilidade, pois a pessoa jurídica de direito público apenas deve atuar em busca do interesse público (Freitas e Freitas, 2012), não sendo possível cometer um crime ambiental em favor da coletividade, por exemplo.

8.4.2. Certeza e determinação

Consoante previsto no art. 41, CPP, a denúncia ou queixa conterá, além da exposição do fato criminoso e todas as suas circunstâncias, a classificação do crime, o rol de testemunhas (quando necessário) e a **qualificação do acusado ou esclarecimentos pelos quais se possa identificá-lo**.

Obviamente, a perfeita e correta identificação do agente criminoso a ser acusado é o esperado, como nome, documentos de identificação (RG, CPF, RNE etc.), endereço, naturalidade, data de nascimento, profissão, filiação, dentre outros dados identificadores.

Todavia, nem sempre isso será possível; mas tal impossibilidade de identificação do acusado com o seu verdadeiro nome ou outros qualificativos **não retardará a ação penal**, quando certa a identidade física. A qualquer tempo, no curso do processo, do julgamento ou da execução da sentença, se for descoberta a sua real qualificação, far-se-á a retificação por termo nos autos, sem prejuízo da validade dos atos precedentes (art. 259, CPP).

É possível alterar os dados equivocados do denunciado, como no caso do agente que, desde o inquérito policial, se apresentou com documentos falsos, o que só é descoberto no curso da ação penal (art. 569, CPP).

8.4.3. Obrigação de comparecimento aos atos do processo

Estabelece o art. 260, CPP, que, se o acusado não atender à intimação para o *interrogatório, reconhecimento* ou *qualquer outro ato que, sem ele, não possa ser realizado*, a autoridade poderá mandar conduzi-lo à sua presença. Entende-se que tal autoridade é o **juiz** apenas.

Especificamente quanto ao ato de interrogatório, segue-se a doutrina de Pacelli e Fischer (Comentários, 2012, p. 379), que defende que "desde a Constituição de 1988, não há qualquer obrigatoriedade de comparecimento do acusado **ao ato de interrogatório**. Direito ao silêncio significa livre escolha quanto ao exercício ou não de meio específico de prova da defesa. Não se pode, por isso mesmo, exigir que o réu compareça em juízo, unicamente para ali manifestar seu desejo de não participação. Tendo sido ele citado pessoalmente, o simples não comparecimento, em princípio, implicará desinteresse na instrução, o que, de modo algum, poderá autorizar o Estado a adotar providências de natureza coercitiva contra ele".

Corrobora este entendimento a previsão do art. 457, CPP, que dispõe que o julgamento pelo tribunal do júri não será adiado pelo não comparecimento do acusado regularmente intimado. Logo, se é permitido ao réu ser julgado sem a sua presença, parece claro que não há que se falar em condução coercitiva para a realização de interrogatório (STJ, REsp nº 346.677/RJ, rel. Min. Fernando Gonçalves, j. 10.09.02).

Além disso, como já estudado, o direito de defesa divide-se em autodefesa (exercida pelo próprio acusado) e defesa técnica (exercida por um advogado habilitado), sendo que aquela é renunciável e é, justamente, exercida principalmente no interrogatório. Então, se é possível renúncia à autodefesa, claramente o réu pode querer não ser interrogado, **não havendo razão para se determinar sua condução coercitiva para a prática de ato renunciável** (art. 8º, II, *g*, da Convenção Americana de Direitos Humanos).

Há outros entendimentos, como no sentido de que, por regra, não pode haver a condução coercitiva para o interrogatório, embora possa o juiz determiná-la quando julgar necessária a presença do acusado (Scarance, Processo, 2011); ou mesmo que, consoante já entendeu parte do Superior Tribunal de Justiça, seja o acusado conduzido coercitivamente à presença da autoridade judicial, ainda que simplesmente para permanecer em silêncio (AgRg na Carta Rogatória nº 8.145, rel. Min. Felix Fischer, j. 19.02.14).

Embora existam posições num ou noutro sentido, o Plenário do Supremo Tribunal Federal se debruçou sobre a ADPF nº 395/DF, ajuizada pelo Partido dos Trabalhadores, e sobre a ADPF nº 444/DF, ajuizada pelo Conselho Federal da OAB, para analisar a recepção, pela Constituição Federal, do art. 260, CPP, no que diz respeito à possibilidade de condução coercitiva para fins de interrogatório do investigado/acusado.

Na ação ajuizada pelo partido político, sustentou-se que o direito à não autoincriminação é um direito fundamental, que decorre da dignidade da pessoa humana. Afirmou-se que o art. 260, CPP, que dá à autoridade o poder de mandar conduzir o *acusado* à sua presença para ser interrogado, não foi recepcionado pela Constituição Federal, por ser incompatível com o direito de não se autoincriminar. Sustentou-se, ainda, que a condução coercitiva do *investigado* para ser interrogado, como medida cautelar, tampouco é compatível com o mesmo preceito constitucional. Pediu-se, assim, a declaração de não recepção parcial do art. 260, CPP, na parte em que permite a condução coercitiva do investigado ou do réu para a realização de **interrogatório**. Buscou-se, também, a declaração da inconstitucionalidade do uso da condução coercitiva como medida cautelar autônoma com a finalidade de obtenção de depoimentos de suspeitos, indiciados ou acusados em qualquer investigação de natureza criminal.

Já na ação ajuizada pelo CFOAB, atacou-se a condução coercitiva apenas na fase de investigação, referente ao *investigado*. Sustentou-se que as conduções coercitivas violam os princípios da imparcialidade (art. 5º, § 2º, CF c.c. art. art. 8, I, do Pacto de São José da Costa Rica); do direito ao silêncio (art. 5º, inc. LXIII, da CF); do princípio do *nemo tenetur se detegere*; do princípio do sistema penal acusatório (art. 156, caput, do CPP); do devido processo legal (art. 5º, inc. LIV, da CF); da paridade de armas; e da ampla defesa e do contraditório (art. 5º, inc. LV, da CF). Afirmou-se que o art. 260 do CPP, que dá à autoridade o poder de mandar conduzir o acusado à sua presença para ser **interrogado**, não foi recepcionado pela Constituição Federal. Aduziu-se que a condução coercitiva do investigado para ser interrogado, como medida cautelar, tampouco é compatível com o mesmo preceito constitucional. Pediu-se a declaração de não recepção parcial do art. 260 do Código de Processo Penal, na parte em que permite a condução coercitiva do investigado para a realização de interrogatório. Subsidiariamente, buscou-se a declaração da incompatibilidade com a Constituição Federal da interpretação do art. 260, CPP, que permite a condução coercitiva para interrogatório em fase de investigação sem intimação prévia e ausência injustificada.

O Ministro Gilmar Mendes, ao apagar das luzes do ano de 2017 (j. 18.12.17), deferiu medida cautelar para vedar a condução coercitiva de investigado (apenas) para interrogatório, sob pena de responsabilidade disciplinar, civil e penal do agente ou da autoridade e de ilicitude das provas obtidas, sem prejuízo da responsabilidade civil do Estado.

À época, sustentou-se, basicamente, que a condução coercitiva viola o direito à **liberdade de locomoção** e o princípio da **presunção de inocência**. Afirmou-se que, para ser determinada uma condução coercitiva, o ato a ser praticado deve ser considerado de presença obrigatória. Exemplo disso ocorre com o dever de depor que a testemunha tem, sob pena de ser conduzida coercitivamente (arts. 202 e 218, CPP). Isso, todavia, não existe em relação ao investigado/acusado, que não tem a obrigação de esclarecer ou dar a sua própria versão em relação aos fatos que lhe são imputados, garantindo-se o direito ao silêncio.

Logo, **se o agente não é obrigado a estar presente em seu interrogatório, não é compatível com a Constituição Federal um dispositivo legal que autorize a sua condução coercitiva perante a autoridade.**

Nas palavras do Min. Gilmar Mendes, "aí reside a falácia principal que fundamenta a condução coercitiva: a alegação de que seria um *minus* em relação à prisão preventiva por conveniência da instrução criminal. A condução coercitiva é, de fato, menos gravosa do que a prisão preventiva. A questão, entretanto, é que realizar o interrogatório não é uma finalidade legítima para a prisão preventiva. A consagração do direito ao silêncio impede a prisão preventiva para interrogatório, na medida em que o imputado não é obrigado a falar. Por isso, a condução coercitiva para interrogatório representa uma restrição da liberdade de locomoção e da presunção de não culpabilidade, para obrigar a presença em um ato ao qual o investigado não é obrigado a comparecer. Daí sua incompatibilidade com a Constituição Federal".

Desta forma, deferiu-se, no final de 2017, medida liminar para vedar a condução coercitiva de investigados (tão somente) para interrogatório. Não se tratou, nesta medida cautelar, dos acusados (réus em ação penal), já que não houve pedido de concessão de liminar a este respeito, mas tão só em relação aos investigados.

Já em junho de 2018, o Ministro Gilmar Mendes confirmou este seu entendimento ao proferir seu voto nestas ações quanto ao mérito. A maioria da Corte o acompanhou (Ministros Dias Toffoli, Ricardo Lewandowski, Marco Aurélio, Celso de Mello e Rosa Weber) no sentido de reconhecer a não recepção da expressão "para o interrogatório", constante do art. 260, CPP, e **declarar a incompatibilidade com a Constituição Federal da condução coercitiva de investigados e de réus para o ato de interrogatório**, sob pena de responsabilidade disciplinar, civil e penal do agente ou da autoridade e de ilicitude das provas obtidas, sem prejuízo da responsabilidade civil do Estado. O Tribunal destacou, ainda, que esta decisão não desconstitui (i.e., não invalida) interrogatórios realizados até a data do julgamento (14.06.18), mesmo que os interrogados tenham sido coercitivamente conduzidos para tal ato.

Restaram vencidos os Ministros Alexandre de Moraes, Edson Fachin, Roberto Barroso, Luiz Fux e Cármen Lúcia, que, sob diferentes fundamentos, defenderam a compatibilidade da condução coercitiva, para fins de interrogatório, com a Constituição Federal.

Em suma:

a) é possível a condução coercitiva para fins de ato de reconhecimento e para outros atos aos quais o agente seja obrigado a estar presente;

b) não é possível a condução coercitiva para fins de **interrogatório**.

c) adotou-se como fundamento dois princípios básicos: liberdade de locomoção e presunção de inocência. Se o agente não é obrigado a dar a sua versão dos fatos (estar presente em interrogatório), podendo se manter em silêncio ou mesmo mentir, não há razão em submetê-lo, contra a sua vontade, a um ato ao qual ele não é obrigado a estar presente.

d) caso o agente seja levado, coercitivamente (contra a sua vontade), a interrogatório, haverá responsabilização administrativa, civil e penal do agente ou da autoridade, bem como a invalidação das provas obtidas neste interrogatório forçado, além da responsabilização civil do Estado por ato de seus agentes públicos.

e) restam válidos os interrogatórios realizados coercitivamente até o dia 14.06.18.

A doutrina mais abalizada já entendia no sentido da não recepção do art. 260, CPP. Na lição de Aury Lopes Jr., "além de completamente absurda no nível de evolução democrática alcançado, é substancialmente inconstitucional, por violar as garantias da presunção de inocência e do direito de silêncio. Ora, mais do que nunca, é preciso compreender que o *estar presente no processo* é um direito do acusado, nunca um dever. Considerando que o imputado não é objeto do processo e que não está obrigado a submeter-se a qualquer tipo de ato probatório (pois protegido pelo *nemo tenetur se detegere*), sua presença física ou não é uma opção dele. Há que se abandonar o ranço inquisitório, em que o juiz (inquisidor) dispunha do corpo do herege, para dele extrair a verdade real... O acusado tem o direito de silêncio e de não se submeter a qualquer ato probatório, logo, está logicamente autorizado a não comparecer" (Curso, 2016, p. 418-419).

De fato, se o investigado/acusado não é obrigado a comparecer ao seu interrogatório, não é obrigado a produzir provas contra si e tem o direito de permanecer em silêncio, por qual razão o juiz teria o poder de determinar a sua condução coercitiva? A ato em si acaba por ser inútil e não atinge nenhuma finalidade do processo, muito menos a busca da verdade.

8.4.4. Direitos e garantias

A Constituição Federal, a Convenção Americana de Direitos Humanos e o Código de Processo Penal trazem diversos direitos e garantias do acusado, muitos já estudados ou que ainda o serão, tais como:

a) direito de não produzir prova contra si mesmo;

b) ter respeitada a sua integridade física e moral;

c) direito a ter conhecimento da existência do processo e ser citado;

d) direito ao devido processo legal;

e) direito de não ser preso, salvo em flagrante ou ordem judicial, salvo crime ou transgressão militares;

f) direito ao contraditório e à ampla defesa;

g) direito a ser julgado somente pela autoridade judicial competente e a um processo com duração razoável;

h) direito de não ser preso provisoriamente quando cabível a liberdade provisória e/ou fiança;

i) direito a provas lícitas apenas;

j) direito de não ser considerado culpado antes do trânsito em julgado, presumindo-se inocente;

k) direito ao duplo grau de jurisdição, quando previsto;

l) direito a ter um interrogatório perante a autoridade judicial;

m) direito de não ser identificado criminalmente, salvo exceções legais;

n) direito a um julgamento público, salvo sigilo para preservação da intimidade ou interesse social;

o) direito a ser informado de seus direitos e ao silêncio, não produzindo prova contra si e não podendo este ser interpretado em seu desfavor;

p) direito à assistência de sua família e de advogado, com entrevista prévia e reservada antes de seu interrogatório;

q) direito a saber a identidade dos responsáveis pela sua prisão e por seu interrogatório policial;

r) direito à assistência jurídica gratuita e integral pela Defensoria Público se hipossuficiente economicamente;

s) direito à indenização por erro judiciário e por excesso de prisão;

t) direito a um tradutor/intérprete quando não conhecer o idioma nacional ou não puder se comunicar;

u) direito à livre locomoção, salvo hipóteses legais de sua privação.

Destaca-se que a regra é a publicidade dos atos processuais, sendo o sigilo a exceção, tendo em vista que o interesse individual não pode se sobrepor ao interesse público (art. 5º, XXXIII e LX, CF, e art. 792, *caput*, CPP). A restrição da publicidade é admitida quando presentes razões autorizadoras, consistentes na violação da intimidade ou se o interesse público o determinar.

Desta forma, o Superior Tribunal de Justiça determinou, a pedido do Ministério Público Federal, que o nome de um condenado por crime de estupro constasse por extenso no sistema eletrônico da Justiça Federal. Entendeu-se que o objetivo do sigilo, nestes casos, é a proteção da privacidade da vítima, e não de seu ofensor. Deve, assim, prevalecer o interesse público sobre o interesse particular do acusado. Em igual sentido determinou a Corte em relação a processo referente ao nome de acusado de divulgar pornografia infantil na internet (HC nº 394.573/SP, rel. min. Reynaldo Soares da Fonseca, j. 28.06.17; e MS nº 49.920/SP, rel. Min. Reynaldo Soares da Fonseca, j. 02.08.16).

8.5. DEFENSOR

Dispõe a Constituição Federal, no art. 133, que o advogado é indispensável à administração da justiça, sendo inviolável por seus atos e manifestações no exercício da profissão, nos limites da lei. Nos moldes do art. 5º, LV, aos litigantes, em processo judicial ou administrativo, e aos acusados em geral são assegurados o contraditório e ampla defesa, com os meios e recursos a ela inerentes. E, conforme o art. 261, CPP, nenhum acusado, ainda que ausente ou foragido, será processado ou julgado sem defensor.

Como adverte Antonio Scarance Fernandes (Processo, 2010, p. 255), "a defesa técnica, para ser ampla como exige o texto constitucional, apresenta-se no processo como defesa necessária, indeclinável, plena e efetiva. Por outro lado, além de ser garantia, a defesa técnica é também direito e, assim, pode o acusado escolher o defensor de sua confiança".

O defensor não é parte, pois esta é somente quem propõe a ação penal e em face de quem ela é proposta (acusação e acusado); também, não é considerado um substituto processual, pois não defende em nome próprio um interesse alheio. Como ensina Renato Brasileiro (Curso, 2013), o defensor atua em nome do acusado, assistindo-o tecnicamente, cuidando-se, assim, de uma *representação processual sui generis*, já que o defensor zela pela defesa do acusado mesmo contra a vontade deste.

Recentemente, a Lei nº 13.363/16 passou a dispor sobre a suspensão do curso do processo em razão de parto ou pela concessão de adoção quando a advogado responsável pelo processo for a única patrona da causa e, também, quando o advogado responsável pelo processo for o único patrono da causa e tornar-se pai. Naquela hipótese, a suspensão será de 30 dias e, nesta, de 8 dias. Mas atenção: esses casos de suspensão somente se aplicam ao processo civil e ao processo do trabalho (art. 313, CPC). **Não são aplicáveis estas regras ao processo criminal**, prevalecendo os direitos do réu à liberdade e à duração razoável do processo em detrimento dos direitos de paternidade dos seus advogados.

8.5.1. Quem pode ser defensor

Estabelece a Lei nº 8.906/94 (Estatuto da OAB) que, para ser advogado, é necessário: ter capacidade civil; graduação em Direito; se brasileiro, possuir título de eleitor e quitação do serviço militar; ser aprovado no Exame de Ordem; não exercer atividade incompatível com a advocacia; ter idoneidade moral; e prestar compromisso perante o Conselho (art. 8º).

O próprio acusado pode realizar a sua defesa técnica se for advogado legalmente inscrito na OAB (embora não seja aconselhável); do contrário, o acusado contratará um advogado para realizá-la ou, caso não tenha condições ou assim não o faça, um defensor público ser-lhe-á nomeado, sendo-lhe garantido, a todo tempo, o direito de nomear advogado de sua confiança (art. 263, CPP).

8.5.2. Espécies

Há as seguintes espécies de defensor no processo criminal:

a) **defensor constituído**: é o advogado *contratado pelo acusado* para realizar a sua defesa técnica no processo penal. Nos termos do art. 266, CPP, a regra é a constituição por procuração, mas ela será permitida independentemente de mandato se o acusado indicar o seu advogado por ocasião do interrogatório.

Ocorre, todavia, que desde a reforma do Código de Processo Penal pela Lei nº 11.719/08, o interrogatório não é mais o primeiro ato do processo, mas o último, de modo que desde o primeiro ato (apresentação de resposta escrita) já será obrigatória a constituição de um advogado, ou seja, a constituição implícita deste (como prevê o art. 266, CPP) parece ter sido tacitamente revogada pela atual redação do Código (Pacelli e Fischer, Comentários, 2012).

b) **defensor dativo**: não é o constituído/contratado pelo acusado, mas o *nomeado pelo juiz em favor do acusado* que (a) não tem advogado, (b) não tem condições financeiras ou (c) simplesmente não nomeou um. Como regra, tal tarefa caberá à Defensoria Pública e, onde ela ainda não foi instalada (ou até foi, mas em número insuficiente de defensores públicos), o juiz nomeará um advogado, geralmente através de convênios da OAB com a Defensoria Pública e com o Poder Judiciário.

É possível que um Núcleo de Prática Jurídica – geralmente atuante junto às faculdades de Direito para formação de seus estudantes, como forma de estágio obrigatório – funcione como defensor do acusado. Neste caso, é preciso distinguir o seguinte: (a) se a parte é hipossuficiente e ela própria procura o Núcleo, deverá ser outorgada procuração, conforme o princípio da confiança, já que se trata da "contratação" de um defensor por sua livre escolha; no entanto, (b) se o Núcleo é nomeado pelo juiz para patrocinar a defesa do réu, não haverá a necessidade de juntada de procuração, por não haver atuação provocada/iniciada pelo assistido, mas, sim, o exercício de um *munus* público por determinação judicial, até porque, é comum que sequer exista contato entre o advogado do Núcleo nomeado judicialmente e o acusado, de modo que exigir uma procuração acarretaria gravosos prejuízos à defesa da população mais necessitada, dificultando o acesso à Justiça (STJ, EAREsp nº 798.496/DF, rel. Min. Nefi Cordeiro, j. 11.04.18). Destaca-se que, nos moldes do art. 186, § 3º, CPC, os escritórios (núcleos) de prática jurídica possuem prazo em dobro para todas as suas manifestações processuais.

Entende a jurisprudência, ainda, que não se justifica a nomeação de defensor dativo quando houver instituição criada e habilitada à defesa do hipossuficiente (STF, RHC nº 106.394/MG, rel. Min. Rosa Weber, j. 30.10.12; e STJ, RHC nº 82.695/MG, rel. Min. Ribeiro Dantas, j. 13.06.17). Não obstante isso, nada impede que o juiz revogue a nomeação da Defensoria Pública e, em seu lugar, nomeie defensor dativo em defesa do acusado quando os defensores públicos estiverem em greve, porque, caso contrário, provocar-se-ia a paralisação da ação penal até o deslinde desta situação excepcional, gerando prejuízo ao réu (STJ, HC nº 299.558/SP, rel. Min. Ribeiro Dantas, j. 13.03.18).

O julgador, verificando que o acusado não possui advogado, qualquer que seja a razão, é obrigado a lhe nomear um defensor, já que ninguém será processado ou julgado sem defesa técnica; se o acusado não for pobre na acepção jurídica da palavra e, mesmo assim, não constituir seu defensor, o juiz lhe nomeará um, por determinação legal – todavia, será obrigado a pagar honorários ao defensor dativo (art. 22, § 1º, Lei nº 8.906/94). Competirá à justiça comum – e não à Justiça do Trabalho – processar e julgar as ações de cobrança ou os feitos executivos de honorários advocatícios arbitrados em favor de advogado dativo em ações cíveis e criminais (STF, RG-RE nº 607.520/MG, rel. Min. Dias Toffoli, j. 25.05.11).

O defensor nomeado pelo juiz poderá recusar o patrocínio ao acusado alegando "motivo relevante" (art. 264, CPP); a multa prevista não tem mais aplicação, diante da inexistência da moeda em curso atual. E estabelece a Lei nº 1.060/50 (art. 15) que, uma vez nomeado pelo juiz, o defensor dativo não poderá recusar-se a prestar a assistência jurídica ao acusado, salvo nas seguintes hipóteses de justa causa:

a) estar impedido de exercer a advocacia;

b) ser procurador constituído pela parte contrária ou ter com ela relações profissionais de interesse atual;

c) ter necessidade de ausentar-se da sede do juízo para atender a outro mandato anteriormente outorgado ou para defender interesses próprios inadiáveis;

d) já haver manifestado por escrito opinião contrária ao direito que o necessitado pretende pleitear;

e) haver dado à parte contrária parecer escrito sobre a contenda.

O defensor que recusou a nomeação com base nessas hipóteses não poderá indicar outro colega, ainda que com a aceitação deste, pois a lei determina ser o *juiz* a única pessoa com poderes para nomear defensor.

Por fim, acerca dos honorários do advogado dativo com atuação no processo criminal, o Superior Tribunal de Justiça fixou que (a) as tabelas fixadas unilateralmente pela OAB não vinculam o juiz no momento de fixar os honorários do defensor dativo, servindo apenas como referência; (b) se o trabalho desenvolvido pelo advogado dativo for desproporcional em relação ao valor da referida tabela o juiz, motivadamente, poderá arbitrar outro; (c) as tabelas elaboradas em conjunto entre Poder Público, OAB e Defensoria Pública são vinculativas em relação ao juiz; e (d) a tabela elaborada pela Justiça Federal possui caráter vinculativo, assim como as tabelas simulares instituídas, eventualmente, pelas Justiças dos Estados e do Distrito Federal (STJ, REsp nº 1.656.322/SC, rel. Min. Rogerio Schietti Cruz, j. 23.10.19 – Tema nº 984 – Recurso Repetitivo).

c) **defensor *ad hoc***: é o nomeado pelo julgador para a realização de um só ato do processo, diante do não comparecimento justificado do defensor já atuante na causa, respeitando-se a exigência de ampla defesa técnica e do contraditório (STJ, RHC nº 25.282/PR, rel. Min. Celso Limongi, j. 01.03.11).

Se o ato ao qual o advogado deva estar presente é de suma importância ao processo, exigindo prévio e profundo conhecimento da causa, não será o caso de nomeação de um *ad hoc* pelo juiz (sob pena de prejudicar a ampla defesa do acusado), mas de suspender ou adiar a audiência, como entende a doutrina; mas, se o ato a ser realizado é simples, como a oitiva de testemunha, é possível a nomeação de um *ad hoc*, sem que isso gere nulidade (STJ, RHC nº 46/584/MT, rel. Min. Jorge Mussi, j. 06.05.14).

d) **defensor público**: será estudado em tópico separado a diante.

Desta forma:

Defensor constituído	Contratado pela parte
Defensor dativo	Nomeado pelo juiz para o processo
Defensor *ad hoc*	Nomeado pelo juiz para um ato
Defensor Público	Atuante ao hipossuficiente

No mais, dispõe o art. 265, §§ 1º e 2º, CPP, que a audiência poderá ser adiada se, por motivo justificado, o defensor não puder comparecer; e incumbe ao defensor provar o impedimento até a abertura da audiência, pois, não o fazendo, o juiz não determinará o adiamento de ato algum do processo, devendo nomear defensor substituto, ainda que provisoriamente ou só para o efeito do ato (*ad hoc*).

Quanto ao art. 262, CPP, entende-se que não mais existe a figura do curador ao menor, então considerado o agente entre 18 e 21 anos de idade pelo Código de Processo Penal, pois, consoante o art. 5º do Código Civil, a maioridade é atingida aos 18 anos de idade (STF, HC nº 93.385/SP, rel. Min. Gilmar Mendes, j. 16.04.13). Além disso, a Lei nº 10.792/03 revogou expressamente o art. 194, CPP, que previa a presença do curador no interrogatório do menor entre 18 e 21 anos de idade. Desta feita, houve a revogação tácita do art. 262, CPP, tornando sem efeito a súmula nº 352, STF.

Por fim, para a prática de determinados atos, a lei exige a outorga de **procuração com poderes especiais**, sendo eles:

a) para aceitar o perdão do ofendido em nome do réu ou querelado (arts. 55 e 59 do CPP);

b) para arguir a suspeição do juiz (art. 98 do CPP); e

c) para arguir a falsidade do documento (art. 146 do CPP).

Como será visto adiante detidamente, mesmo atuando o defensor público, será necessário outorgar-lhe poderes especiais aos atos que assim exijam (STJ, AgRg no AREsp nº 959.615/ES, rel. Min. Reynaldo Soares da Fonseca, j. 20.10.16).

Por fim, é interessante a novidade trazida pela Lei nº 13.844/19, fruto da conversão da Medida Provisória nº 870/19, que reestruturou os órgãos da Presidência da República. Referida norma alterou a Lei nº 11.473/07, que trata da cooperação federativa no âmbito da segurança pública, para prever que "os integrantes da Secretaria Nacional de Segurança Pública, incluídos os da Força Nacional de Segurança Pública, os da Secretaria de Operações Integradas e os do Departamento Penitenciário Nacional que venham a responder a *inquérito policial* ou a *processo judicial em função do seu emprego nas atividades* e dos serviços referidos no art. 3º **serão representados judicialmente pela Advocacia-Geral da União**". Sentido similar, estendendo a previsão a todo agente público federal, restou normatizado no art. 15 do Decreto nº 9.830/19. Referido dispositivo pode causar espanto, existindo duas posições a seu respeito:

i) a regra é *constitucional*, já que a AGU defende interesses da União, o que inclui, por consequência, seus agentes de segurança pública que vierem a ser investigados ou acionados judicialmente, nos termos da LC nº 73/93 e da Lei nº 9.028/95, que já prevê a defesa de certos agentes públicos (art. 22). O que a referida norma passou a prever, pois, foi a atuação obrigatória da AGU nestes casos em defesa de determinados agentes públicos.

ii) a regra é *inconstitucional*, já que a AGU defende interesses federais apenas, agindo em nome da União, não podendo usurpar atividades da Advocacia ou da Defensoria Pública na representação dos agentes públicos. Não seria, ainda, o caso de atribuir tal função à Defensoria Pública, haja vista que a sua atuação depende do preenchimento dos requisitos constitucionais, como a insuficiência de renda (art. 145, CF). No mais, está em curso no STF, desde 2003, a ADI nº 2.888/DF, que busca a inconstitucionalidade do art. 22 da Lei nº 9.028/95, que atribuiu competência à AGU para a representação judicial de alguns membros do governo federal.

8.5.3. Defesa técnica e fundamentada

Afirma o art. 261, p.ú., CPP, que a defesa técnica, *quando realizada por defensor público ou dativo*, será sempre exercida através de manifestação fundamentada.

Em primeiro lugar, a exigência de manifestações fundamentadas não deve ser direcionada apenas ao defensor dativo ou público, devendo abranger, também, o defensor constituído. Ou melhor: toda defesa técnica deve ser bem fundamentada, expondo as razões de insurgência.

Além disso, é preciso observar que a **falta** de defesa constitui nulidade absoluta, mas a sua **deficiência** só anulará o processo penal se houver prejuízo para o réu (súmula nº 523, STF). Nestes termos, portanto, não basta a simples presença de um advogado no processo; é preciso que ele, de fato, *atue* na defesa do acusado e de forma *eficiente*, não se admitindo a mera defesa formal do acusado, mas a melhor defesa possível.

Mas é importante notar que, por questões de estratégia, o advogado pode preferir não expor, logo no início do processo, todos os seus argumentos, de forma a munir, antecipadamente, a acusação. É perfeitamente válida a estratégia do defensor de, no melhor momento do processo, expor todas as matérias defensivas, sem que isso gere nulidade (STJ, HC nº 202.750/ES, rel. Min. Maria Thereza de Assis Moura, j. 27.03.14).

8.5.4. Abandono do processo e justificação

Nos termos do art. 265, CPP, o defensor não poderá **abandonar** o *processo* senão por **motivo imperioso**, comunicado previamente o juiz, sob pena de multa de 10 a 100 salários mínimos, sem prejuízo das demais sanções cabíveis.

Desta feita, o advogado atuante no processo poderá comunicar a sua saída ao juiz, seja por razões de ordem pessoal ou profissional; além disso, o acusado, claramente, também deverá ser comunicado para que não fique sem defesa técnica no curso do processo.

Além da imposição da multa de 10 a 100 salários mínimos, constitui infração disciplinar (Lei nº 8.906/94) o advogado abandonar a causa sem justo motivo ou antes de decorridos dez dias da comunicação da renúncia (art. 43, XI), diante da obrigação do art. 5º, § 3º do EOAB. A punição do art. 265, CPP, não conflita com sanções da OAB, por exemplo, uma vez que estas têm caráter administrativo, enquanto aquela tem natureza processual; além disso, advogados, membros do Ministério Público e da Defensoria Pública não possuem imunidade absoluta (STJ, RMS nº 54.183/SP, rel. p/ ac. Min. Reynaldo Soares da Fonseca, j. 13.08.19).

O Conselho Federal da OAB ajuizou ação direta de inconstitucionalidade questionando a aplicação de multa ao advogado, pois violaria o livre exercício da advocacia e feriria o contraditório e a ampla defesa, diante da ausência de procedimento próprio e apto a garantir esses direitos (a última movimentação dos autos foi há mais de dois anos, requerendo-se, justamente, prioridade de tramitação). A Corte julgou improcedente o pedido, considerando o "papel indispensável desempenhado pelo advogado no processo penal, não há como se ter por ilegítima previsão legislativa de sanção processual pelo abandono do processo pelo profissional do direito, cuja ausência impõe prejudicialidade à administração da justiça, à duração razoável do processo e ao direito de defesa do réu" (ADI nº 4.398/DF, rel. Min. Cármen Lúcia, j. 05.08.20). Pontos importantes sustentados pela Corte: (a) a defesa técnica é indispensável e exercida por profissional habilitado; (b) ausência de defesa técnica gera nulidade absoluta, cf. súmula nº 523, STF; (c) a conduta sancionada é clara, típica de abandono da defesa do réu; (d) é possível aplicação concomitante de sanções administrativas, cf. o art. 15 do EOAB; (e) a multa é adequada e necessária, sendo razoável para impedir prejuízos à Justiça e ao réu; (f) o juiz aplicará a multa cf. a gravidade da conduta do advogado e sua capacidade econômica; (g) não há necessidade de instauração de procedimento autônomo e nem de prévio contraditório ou ampla defesa, podendo o advogado se justificar depois e se defender no próprio processo ou em ações autônomas, como o mandado de segurança. O Tribunal da Cidadania, por exemplo, já entendia pela constitucionalidade do dispositivo, cuja aplicação representa a estrita observância do regramento legal (AgRg no RMS nº 55.414/SP, rel. Min. Ribeiro Dantas, j. 25.06.19).

No mais, o Superior Tribunal de Justiça julgou caso bastante curioso. Certo dia, aberta a audiência criminal, o juiz constatou a ausência do acusado e de seu advogado; então, nomeou, *para o ato*, um defensor público, o qual, tomando conhecimento de que havia advogado constituído, declinou da nomeação, invocando regramento interno da própria Defensoria Pública e recusando-se a colaborar com a realização do ato; o juiz, não contente, aplicou multa de 10 salários-mínimos, com fundamento nos artigos 264 a 265 do CPP, determinando, ainda, comunicação à Corregedoria da DPSP, intimação para pagamento em 5 dias, sob pena de inscrição do inadimplente em dívida ativa, indicação, pela DPSP, de defensor público para atuar no caso e a advertência de que nova recusa implicaria nova multa. O Tribunal de Justiça de São Paulo manteve a multa, afirmando que a recusa do defensor público foi imotivada e a multa foi fundamentada e aplicada dentro dos limites legais. O STJ, então, decidiu o seguinte: é possível a fixação de multa ao defensor público que se recuse a patrocinar interesse de réu assistido por um advogado constituído, no entanto, a multa do art. 265, CPP, somente poderia ser aplicada "naquelas situações em que fique demonstrado que, sem comunicação prévia ao juiz do feito, o advogado (defensor) abandonou, sem justo motivo, o **processo**, a causa, deixando o cliente indefeso. A isso não se equipara o abandono de um **ato processual**, como o caso concreto". Assim, a multa, no caso em tela, não pôde ser aplicada porque (a) a recusa foi em relação a um ato específico, (b) havia justificativa com base em ato interno da DPSP,

(c) o réu não foi considerado indefeso, pois tinha advogado constituído nos autos e (d) se aceitasse a nomeação, o defensor público corria risco de ser punido pela Corregedoria da sua própria instituição, ou seja, qualquer atitude poderia levá-lo a uma punição, seja pela Defensoria Pública, seja pelo juiz da causa. Logo, não há que se confundir ausência a determinado *ato* com abandono do *processo*, de modo que, no caso em tela, afastou-se a multa aplicada (RMS nº 54.112/SP, rel. Min. Nefi Cordeiro, j. 11.09.18).

8.5.5. Impedimento

Prevê o art. 267, CPP, que, nos termos do art. 252, CPP (impedimento), não funcionarão como defensores os parentes do juiz. Há duas situações possíveis conforme a lei: (a) se o defensor já está atuando no processo, o juiz que passa a nele atuar, se parente do advogado, deverá retirar-se da causa; ou (b) se o juiz já está atuando no processo, o advogado que vier a defender o acusado deverá abster-se, não podendo exercer a defesa técnica neste processo.

O referido art. 267, CPP, diz respeito apenas aos "parentes do juiz", isto é, ao art. 252, I, CPP: cônjuge ou parente, consanguíneo ou afim, em linha reta ou colateral até terceiro grau.

Pacelli e Fischer (Comentários, 2012) – com razão – afirmam que o art. 267, CPP, é *absolutamente inaceitável* diante da atual ordem constitucional. O acusado não pode ter restrito o seu leque de defensores em razão do grau de parentesco que este tenha com o juiz. Assim, "cabe ao acusado escolher livremente o seu defensor técnico. Se ele for parente ou cônjuge do magistrado é este (o juiz) que deve se afastar do processo e não aquele" (p. 519).

E corroborando isso, é de se ressaltar a lição de Scarance (Processo, 2010), ao afirmar que "é importante assegurar ao acusado, como derivação do direito à defesa técnica, a possibilidade de escolher o seu advogado, porque a relação que se deve escolher entre ele e quem o defende deve ser de reciprocidade" (p. 260).

Basta imaginar, *v.g.*, a situação de uma cidade de mediano porte em que "o melhor" e mais especializado advogado é o filho do juiz da causa. Parece mais correto – e justo – que o acusado possa contratar este advogado e ver *o* juiz se afastar do processo do que impedir o acusado de contratar quem bem entender apenas para permitir a jurisdição de um dado magistrado no processo.

8.5.6. Assistente de defesa

André Nicolitt (Manual, 2012) afirma que a assistência – seja de acusação, seja de defesa – é uma forma de *intervenção de terceiros no processo penal*, pois o terceiro não é titular do direito em julgamento, mas atua movido por um interesse jurídico.

No caso do assistente de acusação (posição exercida, como se verá adiante, pelo ofendido), o objetivo precípuo é obter um título judicial que, posteriormente, possa ser executado no juízo cível, buscando a indenização devida em razão do crime sofrido, além, claro, de auxiliar o Ministério Público na obtenção da condenação.

Como o Processo Penal é pautado de acordo com a Constituição da República e, dentre outras garantias, deve-se assegurar a paridade de armas, criou-se a figura do assistente de defesa, ainda sem previsão legal.

Aplicando-se a regra da igualdade, portanto, da mesma forma em que a acusação possui um assistente objetivando a condenação do acusado, a defesa poderá – em tese – ter um assistente objetivando a absolvição deste, prestando todo o auxílio necessário.

Nicolitt (p. 234) traz um exemplo: "pensemos no caso de um motorista de uma empresa de ônibus que atropela um transeunte e vem a responder por homicídio culposo. A empresa de ônibus tem interesse jurídico que seu motorista seja absolvido provando que o fato se deu por culpa exclusiva da vítima, o que elidiria sua responsabilidade civil. Assim, poderia requerer seu ingresso como assistente da defesa e gozar dos mesmos poderes atribuídos ao assistente de acusação".

Embora não haja previsão legal, o art. 49 da Lei 8.906/94, estabelece que os Presidentes dos Conselhos e das Subseções da OAB têm legitimidade para agir, judicial e extrajudicialmente, contra qualquer pessoa que infringir as disposições ou os fins desta lei; e essas autoridades têm, ainda, legitimidade para intervir, inclusive como *assistentes*, nos inquéritos e **processos** em que sejam indiciados, **acusados** ou **ofendidos** os inscritos na OAB (p.ú.). Desta feita, ao menos em relação à OAB, haveria a previsão, ainda que tímida, da figura do assistente de defesa. No entanto, como decidiu o Tribunal da Cidadania, "a legitimidade prevista na norma do Estatuto da OAB somente se verifica em situações que afetem interesses ou prerrogativas da categoria dos advogados, não autorizando a intervenção dos Presidentes dos Conselhos e das Subseções da OAB, como assistentes da defesa, pela mera condição de advogado do acusado" (RMS nº 63.393/MG, rel. Min. Reynaldo Soares da Fonseca, j. 23.06.20). E concluiu a Corte: "em suma, carece de legitimidade a Ordem dos Advogados do Brasil para atuar como assistente (advogado denunciado em ação penal), porquanto, no processo penal, a assistência é apenas da acusação, não existindo a figura do assistente de defesa".

Mas é importante anotar que o Supremo Tribunal Federal já decidiu que o partido político de parlamentar acusado de praticar crime não pode ingressar no feito como *amicus curiae* (amigo/auxiliar da Corte), pois pretendia, no caso analisado, ingressar numa posição processual não admitida pelo Código de Processo Penal (AP nº 504/DF, rel. p/ acórdão Min. Dias Toffoli, j. 09.08.16).

8.5.7. Defensoria Pública

A Defensoria Pública é instituição permanente, essencial à função jurisdicional do Estado, incumbindo-lhe, como expressão e instrumento do regime democrático, fundamentalmente, a orientação jurídica, a promoção dos direitos humanos e a defesa, em todos os graus, judicial e extrajudicial, dos direitos individuais e coletivos, de forma integral e gratuita, *aos necessitados*, conforme previsão constitucional (arts. 5º, LXXIV, e 134, CF).

Nos exatos termos do art. 98 do ADCT, o número de defensores públicos na unidade jurisdicional será proporcional à efetiva demanda pelo serviço da Defensoria Pública e à respectiva população; e, no prazo de 8 anos (contados da EC nº 80/14) a União, os Estados e o Distrito Federal deverão contar com defensores públicos em todas as unidades jurisdicionais.

O necessitado pode ser tanto **economicamente** (não possui dinheiro para arcar com custas e advogado) como **juridicamente** (economicamente capaz, mas que, no processo penal, não constitui advogado, p. ex.).

8.5.7.1. *Quem pode ser defensor público*

Lei complementar organizará a Defensoria Pública da União e do Distrito Federal e dos Territórios e prescreverá normas gerais para sua organização nos Estados, em cargos de carreira, providos, na classe inicial, mediante **concurso público de provas e títulos** (art. 134, § 1º, CF). O Supremo Tribunal Federal, inclusive, entendeu ser inconstitucional a contratação, sem concurso público, após a instalação da Assembleia Constituinte de 1988, de advogados para exercerem a função de defensor público estadual, o que afronta o princípio do concurso público e a regra excepcional do art. 22 do ADCT (RE nº 856.550/ES, rel. p/ acórdão Min. Alexandre de Moraes, j. 10.10.17).

O § 4º do art. 134, CF, com redação dada pela EC nº 80/14, dispõe que aplicar-se-á, *no que couber*, o disposto nos arts. 93 e 96, II, CF, ou seja, regras que incluem participação da OAB nos concursos e a exigência de 3 anos de prática jurídica depois de formado. Apesar disso, a LC nº 80/94, que rege a Defensoria Pública, prevê que o candidato ao cargo de defensor público precisa ter apenas 2 anos de prática forense, podendo ser computadas atividades realizadas antes mesmo da colação de grau (art. 26). Surge, então, o questionamento: aplicar-se-á o disposto no art. 134, § 4º, CF, que autoriza a aplicação, no que couber, das regras do concurso para magistrados, ou a regra específica da LC nº 80/94?

O Superior Tribunal de Justiça, chamado a decidir, entendeu que é possível aplicar a regra constitucional, mas, para isso, será necessário alterar a legislação específica, que, no caso, é a LC nº 80/94. Enquanto não houver lei complementar tratando especificamente dos 3 anos previstos para os concursos da magistratura, aplicar-se-á a regra atual que exige apenas 2 anos, do art. 26 da LC nº 80/94, respeitando-se, com isso, o *princípio da legalidade estrita*. Nem mesmo atos ou resoluções do Conselho Superior da Defensoria Pública – que são infralegais – poderão prever diversamente (REsp nº 1.676.831/AL, rel. Min. Mauro Campbell Marques, j. 05.09.17). Essa discussão trata especificamente da DPU, considerando que a LC nº 80/94 não traz regramento à DPE, cujas normas constarão da legislação de cada Estado, que geralmente repetem o conteúdo daquela lei.

8.5.7.2. *Garantias, vedações e impedimentos*

As garantias objetivam propiciar o cumprimento correto das funções do defensor público. São elas:

a) **inamovibilidade**: acrescentada tal garantia pela EC nº 80/14, é a única garantia prevista expressamente na Constituição Federal, e determina que o defensor público se fixe em um determinado território e, além disso, não será redesignado aleatoriamente para outras funções, diferentes das que exerce. Assim, além da inamovibilidade,

p. ex., da comarca de São José dos Campos/SP, o defensor é inamovível das suas atribuições como defensor público criminal – não podendo ser deslocado para Campinas/SP e nem para o ofício cível.

Nos termos da LC nº 80/94, o Defensor Público-Geral pode designar, extraordinariamente, um defensor público para oficiar em outro órgão, como para cobrir férias de outro defensor, promoção, impedimento etc.

b) **irredutibilidade de vencimentos**: como a Constituição Federal determina que sejam aplicadas algumas regras da magistratura, entende-se que a remuneração se dá por meio de *subsídio* (um único valor).

c) **estabilidade**: diversamente da magistratura e dos membros do Ministério Público (que têm vitaliciedade), os defensores públicos possuem estabilidade, adquirida após 3 anos de efetivo exercício do cargo (e não 2 anos).

O § 1º do art. 134, CF, estabelece que é vedado o exercício da advocacia fora das atribuições institucionais.

E, nos termos do art. 46 da LC nº 80/94, além das proibições decorrentes do exercício de cargo público, aos membros da Defensoria Pública da União é **vedado**: exercer a advocacia fora das atribuições institucionais; requerer, advogar, ou praticar em juízo ou fora dele, atos que de qualquer forma colidam com as funções inerentes ao seu cargo, ou com os preceitos éticos de sua profissão; receber, a qualquer título e sob qualquer pretexto, honorários, percentagens ou custas processuais, em razão de suas atribuições; exercer o comércio ou participar de sociedade comercial, exceto como cotista ou acionista; e exercer atividade político-partidária, enquanto atuar junto à justiça eleitoral.

É interessante mencionar, ainda, que o defensor público está **impedido** (art. 47, LC nº 80/94) de exercer suas funções em processo ou procedimento: em que seja parte ou, de qualquer forma, interessado; em que haja atuado como representante da parte, perito, juiz, membro do Ministério Público, autoridade policial, escrivão de polícia, auxiliar de justiça ou prestado depoimento como testemunha; em que for interessado cônjuge ou companheiro, parente consanguíneo ou afim em linha reta ou colateral, até o terceiro grau; no qual haja postulado como advogado de qualquer das pessoas mencionadas acima; em que cônjuge ou companheiro, parente consanguíneo ou afim em linha reta ou colateral, até o terceiro grau funcione ou haja funcionado como magistrado, membro do Ministério Público, autoridade policial, escrivão de polícia ou auxiliar de justiça; em que houver dado à parte contrária parecer verbal ou escrito sobre o objeto da demanda; ou em outras hipóteses previstas em lei.

8.5.7.3. *Organização e princípios*

Como já mencionado, o § 1º do art. 134, CF, determina que lei complementar organizará a Defensoria Pública da União e do Distrito Federal, além de traçar normas gerais às Defensorias Públicos estaduais. Esta lei é a LC nº 80/94.

A Defensoria Pública, de forma bastante resumida, é assim ramificada: a) Defensoria Pública da União; b) Defensoria Pública do Distrito Federal; e c) Defensoria Pública dos Estados.

Quanto aos princípios institucionais, o § 4º do art. 134, CF, prevê os mesmos princípios do Ministério Público: unidade; indivisibilidade e independência funcional. Para não tornar a obra repetitiva, remete-se o leitor ao item supramencionado.

No mais, o Superior Tribunal de Justiça firmou o entendimento no sentido de que *os defensores públicos não precisam de inscrição na OAB para atuar*. Isso porque, o EOAB não é de todo aplicável à Defensoria Pública, pois, embora impensável afastar, por exemplo, a inviolabilidade de atos e manifestações ou o sigilo de comunicação, o regime é diferenciado, ou seja, embora as atividades de advogados e defensores públicos sejam similares, não são iguais (REsp nº 1.710.155/CE, rel. Min. Herman Benjamin, j. 01.03.18).

8.5.7.4. *Atuação no Processo Penal*

Antes de mais nada, é preciso distinguir a atuação da Defensoria Pública em: **(a) típica**, atuando em favor dos hipossuficientes econômicos, ou seja, considerando a carência de recursos financeiros; e **(b) atípica**, atuando independentemente da insuficiência de recursos financeiros, o que se dá porque a Constituição Federal não esgota todas as atribuições da Defensoria e, ainda, em razão de uma interpretação ampliativa do termo "necessitados".

Assim, dentro da sua atribuição atípica está a atuação da Defensoria Pública no Processo Penal. O réu que não possui condições financeiras para se defender num processo penal será, naturalmente, assistido pela Defensoria; todavia, o acusado que, mesmo tendo recursos financeiros, não constituir advogado, também terá assistência da Defensoria Pública, pois está em situação de *vulnerabilidade* perante a acusação estatal. Como explica Frederico Rodrigues, "a razão do patrocínio judicial não será a sua incapacidade econômica, mas sim a necessidade de se assegurar o exercício efetivo e real do direito de defesa" (Defensoria, 2015, p. 217).

Ao lado dessa atuação estritamente processual e em defesa do acusado, existe – modernamente – a chamada atuação da Defensoria Pública como ***custus vulnerabilis***. Não se confunde com a atuação quando o acusado não constitui defensor e o juiz encaminha os autos à Instituição ou quando se tratar de acusado pobre. Trata-se, na verdade, da intervenção da Defensoria Pública quando ocorrer, no curso do processo, uma possível ou efetiva violação de direitos fundamentais, em que se postulará, em nome da própria Defensoria e no interesse do acusado, o que for do interesse da causa, independentemente das condições econômicas do acusado e ainda que ele tenha defensor privado constituído ou já atue um defensor público.

Isso fica bastante claro quando são analisadas as *ondas* (soluções práticas) ensinadas por Mauro Cappelletti e Bryant Garth quanto ao acesso à Justiça. A primeira onda é a assistência aos pobres; a segunda onda é a defesa dos interesses difusos; e a terceiro onda é o amplo acesso à Justiça, que vai além da atuação judicial ou extrajudicial por um defensor, pois "ela centra sua atenção no conjunto geral de instituições e mecanismos, pessoas e procedimentos utilizados para processar e mesmo prevenir disputas nas sociedades modernas (...). Seu método não consiste em abandonar as técnicas das duas primeiras ondas de reforma, mas em tratá-las como apenas algumas de uma série de possibilidades para melhorar o acesso" (Acesso, 2002, p. 67-68).

Ter-se-ia, na verdade, um terceiro interventor no processo penal em favor do vulnerável situacional, complementando a defesa técnica que já vinha sendo exercida. Ex.: defesa da vida, da liberdade, da saúde, dos idosos, dos doentes etc. Mais especificamente, à Defensoria Pública cabe promover a mais ampla defesa dos direitos fundamentais dos *necessitados*, abrangendo direitos individuais, coletivos, sociais, econômicos, culturais e ambientais, bem como, atuar nos estabelecimentos policiais e penitenciários, visando a assegurar às pessoas, *sob quaisquer circunstâncias*, o exercício pleno de seus direitos e garantias fundamentais (art. 4º, X e XVII, LC nº 80/94). Exemplo concreto ocorreu no HC coletivo nº 143.641/SP, impetrado pelo CADHU, em que a Defensoria Pública atuou como *custus vulnerabilis* em favor de todas as presas do país, levando aos autos informações e documentos relativos às presas que eram mães ou estavam grávidas – e, isso, independentemente da condição de necessitado econômico, mas tão somente considerando o grupo social de presas vulneráveis em razão do cárcere.

Rememorando o já estudado, a ampla defesa subdivide-se em autodefesa e defesa técnica, sendo que esta será exercida por um profissional habilitado. A Defensoria Pública atuará, num processo penal, ao acusado considerado *indefeso* (art. 3º-A, IV, LC nº 80/94) – não há (e nem poderia haver) menção à insuficiência de recursos financeiros.

Quanto ao momento, a Defensoria pode iniciar sua atribuição basicamente de duas formas: (i) já no começo do processo, ao réu sem advogado constituído; ou (ii) no curso do processo, ao acusado que passa a não ter mais um advogado.

No que tange a esta segunda hipótese, a atuação da Defensoria não será automática; isso porque, antes de o juiz remeter os autos à Defensoria Pública, ele deve conferir ao acusado a oportunidade de constituir um advogado próprio, já que, como visto alhures, a ampla defesa engloba o direito de o acusado **escolher** o seu causídico (art. 8º, 2, *e*, Convenção Americana de Direitos Humanos). Nesse sentido, por exemplo, é necessária a intimação do acusado a fim de que possa ser cientificado da renúncia de seu advogado e possibilitar-lhe a escolha de um defensor de sua confiança, em consonância com o princípio da ampla defesa (STJ, HC nº 203.922/MG, rel. Min. Nefi Cordeiro, j. 18.06.15; e HC nº 389.899/RO, rel. Min. Reynaldo Soares da Fonseca, j. 23.05.17).

Em regra, como se viu acima, o advogado atuará no processo através de um mandato, instrumentalizado por uma procuração (art. 5º da Lei nº 8.906/94). Já no que diz respeito à atuação do defensor público, não será exigida a outorga de uma procuração, considerando que a sua atuação se dá com base na LC nº 80/94 (arts. 44, XI, e 128, XI), que lhe autoriza atuar independentemente de mandato, com exceção dos casos que exijam poderes especiais (ex.: transigir, alegar suspeição do juiz etc.). Assim, **o defensor público atua na qualidade de representante processual e, ainda que independa de mandato para o foro em geral, deverá juntar procuração sempre que a lei exigir poderes especiais, mesmo que o acusado esteja ausente do distrito da culpa** (STJ, 6ª T., REsp nº 1.431.043/

MG, rel. Min. Maria Thereza de Assis Moura, j. 16.04.15; e 5ª T., AgRg no AREsp nº 959.615/ES, rel. Min. Reynaldo Soares da Fonseca, j. 20.10.16).

Mesmo que o defensor público atue em favor da vítima do crime, no papel de assistente de acusação, não será necessária a juntada de procuração, haja vista que esta atuação não se encontra dentre as ressalvas legais que exigem poderes especiais (STJ, HC nº 293.979/MG, rel. Min. Gurgel de Faria, j. 05.02.15).

Ressalta-se que a atuação da Defensoria Pública como assistente de acusação não contraria o seu papel constitucional, podendo atuar em favor das vítimas, inclusive competindo-lhe, com exclusividade, apurar o estado de carência de seus assistidos, não podendo o juiz negar o exercício de suas atribuições sob o argumento de que a vítima não é hipossuficiente economicamente (STJ, HC nº 24.079/PB, rel. Min. Felix Fischer, j. 19.08.03).

Ademais, como forma de garantir o direito constitucional de acesso à Justiça, entende-se que a Defensoria Pública pode representar, concomitantemente, por meio de *defensores distintos*, vítima de um delito (no papel de assistente de acusação) e os acusados no mesmo processo (no papel de legítimos defensores). Para o Superior Tribunal de Justiça, tal atuação como assistente de acusação decorre da teoria dos poderes implícitos e das próprias normas constitucionais e legais, todas concebidas visando ao bom desempenho da função constitucional da Defensoria Pública (RMS nº 45.793/SC, rel. Min. Reynaldo Soares da Fonseca, j. 07.06.18).

Quanto aos honorários, a atuação atípica da defensoria pública não é sinônimo de justiça gratuita. Assim, se o acusado, não considerado hipossuficiente economicamente, simplesmente não constitui defensor, tal atribuição caberá à Defensoria Pública, que, todavia, ao final, receberá honorários arbitrados pelo juiz. Isso porque, a necessidade jurídica, como ocorre com a defesa no processo penal, a quem não constitui advogado, não significa a atribuição de justiça gratuita (arts. 804 e 805, CPP).

Ver, todavia, que há quem entenda que não deveria ser o caso de atuação da Defensoria Pública, mas de designação, pelo juiz, de um advogado dativo, uma vez que a atuação precípua da Defensoria é a defesa aos seus assistidos considerados hipossuficientes economicamente. Destaca-se que a Lei nº 8.906/94 (art. 34, XII) afirma que é infração disciplinar do advogado recusar-se a prestar, sem justo motivo, assistência jurídica, quando nomeado em virtude de impossibilidade da Defensoria Pública (o que poderia incluir, aqui, a impossibilidade de defesa dos *autossuficientes economicamente*, nomeando-se um defensor dativo dos quadros da OAB).

Quanto aos prazos, a Defensoria possui o benefício da concessão de **prazo em dobro** para se manifestar nos autos, conforme a LC nº 80/94 (STF, HC nº 140.589/PB, rel. Min. Gilmar Mendes, j. 38.03.17; e STJ, AgRg no AgRg no REsp nº 1.339.696/RS, rel. Min. Laurita Vaz, j. 02.05.13), não se aplicando, ademais, a regra de dias úteis do Código de Processo Civil, pois o CPP possui regramento próprio no art. 798, impedindo a utilização da analogia (STF, HC nº 134.554/SP, rel. Min. Celso de Mello, j. 10.06.16). Vale a observação de que **o defensor dativo não possui dobra de prazos** (STJ, AgRg no AREsp nº 1.130.826/SP, rel. Min. Sebastião Reis Júnior, j. 01.03.18).

No mais, seguindo o mesmo entendimento visto anteriormente sobre a possibilidade de o Ministério Público atuar diretamente no Superior Tribunal de Justiça e no Supremo Tribunal Federal, deve-se aplicá-lo às Defensorias Públicas. Prevalece que não há exclusividade da Defensoria Pública da União em atuar perante o STJ e STF, uma vez que o art. 14, § 3º, da LC nº 80/94 estabelece apenas que a Defensoria Pública da União atuará "preferencialmente" perante o STF e STJ, não havendo exclusividade.

Logo, é possível a atuação direta da Defensoria Pública dos Estados diante do Supremo Tribunal Federal e do Superior Tribunal de Justiça – mas há uma condição: **a Defensoria Pública do Estado deve ter escritório de representação institucional em Brasília**, pois, do contrário, as intimações das decisões serão feitas à DPU. Assim, enquanto os Estados, por lei específica, não organizarem suas Defensorias Públicas na Capital Federal, inclusive com sede própria, o acompanhamento dos processos no STJ constituirá prerrogativa da DPU, que atuará de modo a dar suporte à DPE (STF, HC nº 118.294/AP, rel. p/ acórdão Min. Roberto Barroso, j. 07.03.17; e STJ, AgRg no HC nº 378.088/SC, rel. Min. Sebastião Reis Júnior, j. 06.12.16, e AgRg no AREsp nº 230.296/AL, rel. Min. Og Fernandes, j. 28.05.13). Existindo Defensoria Pública com representação da Capital e caso haja interposição de recurso de forma simultânea com a DPU, deverá prevalecer o recurso da Defensoria Pública estadual, não se justificando a atuação da DPU nos autos (STJ, EDcl no AgRg no HC nº 236.865/RS, rel. Min. Marco Aurélio Bellizze, j. 26.02.13).

8.6. OFENDIDO

O ofendido, no processo penal, é a **vítima**, a pessoa (física ou jurídica) que sofreu as consequências do crime. Como ensina a doutrina penalista, "é o titular do bem jurídico protegido pela lei penal violada por meio da conduta criminosa. Poder ser denominado de vítima ou de ofendido" (Masson, Direito, 2009, p. 169).

De um modo geral, o ofendido possui algumas faculdades no Processo Penal, como requerer a instauração de inquérito policial; requerer a realização de alguma diligência, a critério do delegado de polícia; oferecer queixa subsidiária, diante da inércia do Ministério Público; requerer medidas assecuratórias, como o sequestro e a hipoteca; requerer ao *Parquet* o ajuizamento de ação civil *ex delicto*, diante de sua condição de hipossuficiência econômica, o que é afastado progressivamente pelo STF, diante da atribuição das Defensorias Públicas (HC nº 135.328/SP, rel. Min. Marco Aurélio, j. 29.06.94); e, ainda, atuar como assistente de acusação.

8.6.1. Assistente de acusação

Estabelece o art. 268, CPP, que, em todos os termos da ação pública, poderá intervir, como assistente do Ministério Público, o ofendido ou seu representante legal, ou, na falta, seu cônjuge, ascendente, descendente ou irmão (art. 31, CPP).

A atuação do assistente de acusação possui natureza de **intervenção de terceiro facultativa**; o assistente não é uma parte necessária, podendo ou não atuar no processo penal (é chamado de *parte acessória* ou *contingente*).

Como adverte Badaró (Processo, 2016, p. 300), "melhor seria, porém, que tal figura fosse denominada 'assistente do Ministério Público', do que 'assistente de acusação', na medida em que na ação penal privada também há acusação, mas não há a possibilidade de assistência, pela razão óbvia de que nela o ofendido é a parte autora".

Há posição – minoritária – que sustenta que a assistência à acusação seria inconstitucional, haja vista que o art. 129, I, CF, atribuiu exclusividade para o Ministério Público, e tão somente ele, mover a ação penal pública (Polastri, Curso, 2016). Além disso, poder-se-ia cogitar dos seguintes argumentos: (a) ofensa ao princípio acusatório; (b) quebra da isonomia processual; (c) vestígio do fenômeno da privatização do Processo Penal; (d) resquício da vingança privada; (e) admissão de que o Ministério Público precisa de auxílio; (f) reforço à tese do Direito Penal do autor; (g) desconsideração de que, por vezes, a própria vítima contribui para a ocorrência do crime; e (h) previsão da ação penal privada subsidiária da pública limitando o papel da vítima apenas por este meio processual. Novamente, trata-se de tese acadêmica bastante minoritária (Azevêdo, 2009).

Todavia, mais do que pacificamente, a assistência à acusação é perfeitamente aceita cotidianamente (STJ, HC nº 77.967/SP, rel. Min. Maria Thereza de Assis Moura, j. 16.09.08).

8.6.1.1. *Fundamento e finalidade*

O objetivo, aqui, é saber qual é o fundamento, ou seja, a razão da atuação do assistente de acusação. Há duas claras posições:

i) a finalidade é **puramente econômica**, já que a condenação penal tornará certa a obrigação de indenizar o ofendido pelos danos causados pela prática do delito;

ii) a finalidade é, **além de buscar a indenização**, auxiliar o Ministério Público a **obter uma condenação**, reforçando e garantindo a tese acusatória, objetivando a realização da justiça penal através da condenação.

Assim, além de visar ao ressarcimento pelos danos sofridos, o ofendido, quando atua como assistente de acusação, quer, também, contribuir com a aplicação correta da lei penal, objetivando a condenação do agente nos limites das infrações penais praticadas, sendo coadjuvante ao Ministério Público. Nada impedirá, por exemplo, que o assistente de acusação interponha recurso com o fim de aumentar a pena do acusado (STJ, HC nº 169.557/RJ, rel. Min. Maria Thereza de Assis Moura, j. 29.08.13; e REsp nº 1.496.114/RJ, rel. Min. Rogerio Schietti Cruz, j. 07.11.17).

O mero interesse econômico não justifica a atuação do assistente de acusação.

8.6.1.2. *Momento*

Não é possível a assistência à acusação no curso do inquérito policial (STJ, HC nº 123.365/SP, rel. Min. Og Fernandes, j. 22.06.10); somente durante a **ação penal de natureza pública** (incondicionada ou condicionada) é que poderá ocorrer a atuação acessória do assistente.

O momento limite é o *trânsito em julgado* (art. 269, CPP); de qualquer modo, o assistente receberá o processo no estado em que se achar, ou seja, não estará ele autorizado a promover o retrocesso do processo. Assim, não é possível a assistência no curso da execução penal.

Destaca-se, portanto, que não haverá assistência no curso de ação penal de iniciativa privada ou subsidiária, pois que, nestes, o ofendido figura-se como a própria *parte*, e não como assistente.

Além disso, não há a figura do assistente de acusação nas ações de *habeas corpus* e de revisão criminal, haja vista que a sua atuação deve ocorrer apenas em **ações penais de natureza condenatória** (STJ, AgRg no HC nº 72.726/SP, rel. Min. Maria Thereza de Assis Moura, j. 27.02.07).

Como a atuação do assistente se dá apenas no bojo do processo penal, há que se definir qual é o exato momento em que isso se dará. Para uns, seria a partir do recebimento da denúncia; para outros, já com o oferecimento, uma vez que, caso o juiz não receba a denúncia, o assistente também terá legitimidade para recorrer contra esta decisão.

Atentar que, conforme o art. 430, CPP, tratando-se de júri, o assistente somente será admitido se tiver requerido sua habilitação até 5 dias antes da data da sessão na qual pretenda atuar.

No mais, como o Código de Processo Penal fala em "ação pública", não há, em princípio, impedimento à atuação do assistente em ação penal tratando de contravenção penal, desde que haja vítima certa, como nas vias de fato. Quanto ao procedimento sumaríssimo dos Juizados Especiais, não será possível a assistência na fase preliminar de transação, mas apenas no curso do procedimento criminal em si.

8.6.1.3. *Legitimados*

Poderá intervir, como assistente do Ministério Público, o ofendido ou seu representante legal, o cônjuge, ascendente, descendente ou irmão. Deve-se incluir o companheiro, respeitando-se, assim, o art. 226, § 3º, CF. Não há impedimento a que mais de uma dessas pessoas atue como assistente, mas atuarão em conjunto, e não separadamente. Ex.: dois irmãos da vítima de homicídio atuarão como assistentes do MP.

Não há óbice a que a testemunha atue como assistente de acusação, até porque não há impedimento legal nesse sentido (diferentemente da previsão do art. 270, CPP, que veda que o corréu no mesmo processo atue como assistente de acusação). Assim, por exemplo, a mãe da vítima de crime sexual poderá funcionar tanto como assistente de acusação quanto testemunha, já que suas declarações serão valoradas conforme o livre convencimento do julgador (STJ, AgRg no AREsp nº 1.594.445/SP, rel. Min. Reynaldo Soares da Fonseca, j. 06.02.20).

É importante notar um ponto: o ofendido (ou quem lhe faça as vezes) atuará no processo **por meio de advogado**, não sozinho (salvo se for advogado habilitado, é claro). Isso porque, o ofendido, por si, não possui capacidade postulatória, dependendo da representação de um advogado. É comum dizer que o assistente de acusação é o advogado, o que está errado, pois o próprio ofendido será o assistente de acusação, manifestando-se nos autos por meio de um advogado.

O ofendido que atuará como assistente de acusação pode ser tanto uma **pessoa física** (vítima de roubo, p. ex.) como a **pessoa jurídica** (vítima de estelionato, p. ex.), desde que determinada. Assim, para que alguém possa ingressar no processo criminal como assistente de acusação, deverá demonstrar, conforme o art. 268, CPP, ser titular do bem jurídico lesado ou posto em perigo (STJ, 3ª Seção, RMS nº 55.901/SP, rel. p/ ac. Min. Reynaldo Soares da Fonseca, j. 14.11.18). Ex.: não há assistente de acusação em crime de tráfico de drogas.

Excepcionalmente, todavia, o Superior Tribunal de Justiça já se pronunciou no sentido de que pode se levar em consideração, também, a *finalidade* da intervenção, devendo a assistência à acusação ser considerada uma *expressão* do Estado Democrático de Direito e, até mesmo, uma forma de controle da função acusatória atribuída ao Ministério Público. Assim, excepcionalmente, deve-se mitigar o rigor na análise da presença do interesse jurídico que autorize a participação do assistente de acusação, afastando-se a exigência de absoluta vinculação entre pretensão do assistente e o tipo penal imputado na denúncia, haja vista que, em certos e específicos casos, interesses jurídicos podem assumir caráter *metaindividual* e, pulverizados sobre as relações que permeiam o núcleo da demanda penal, carecer de proteção jurídica legítima (STJ, RMS nº 43.227/PE, rel. Min. Gurgel de Faria, j. 03.11.15). Exemplo: denúncia por homicídio, mas o julgador reconhece a legítima defesa, subsistindo apenas o porte ilegal de arma de fogo, de forma que veta a atuação do assistente de acusação, haja vista, agora, a ausência de interesse em se tutelar apenas um crime vago; todavia, existiu, sim, interesse do assistente de acusação nessa situação – no caso, o pai do filho que foi morto – em atuar no processo, já que o porte de arma está entrelaçado com o homicídio.

Quanto à possibilidade de assistência por pessoa jurídica de direito público, há duas posições antagônicas: (a) não é possível, pois o Ministério Público, representando o Estado-acusador, já age em nome do Estado, sendo desnecessário mais um representante público no processo; e (b) é possível, pois, embora o Ministério Público seja um "órgão do Estado", o seu interesse é diverso daquele que o próprio Estado possui – isso porque, enquanto o Ministério Público objetiva a correta aplicação da lei ao caso concreto, protegendo a sociedade, o Estado-vítima possui um outro interesse, no mais das vezes patrimonial, como um ressarcimento a um dano causado.

Exemplo: o Estado possuirá interesse em atuar como assistente no caso de um acidente entre veículos com o envolvimento de uma viatura da prefeitura, o que interferirá na recomposição dos danos que, futura e fatalmente, atingirá o patrimônio do ente público. Vê-se que o interesse do *Estado-acusação* (aplicar a lei, objetivando a condenação se presente os requisitos) em nada se assemelha ao objetivo do *Estado-vítima* na atuação como assistente de acusação (defender o seu patrimônio e seus bens).

Badaró (Processo, 2016) ensina que, no caso de processo com cumulação objetiva de infrações (dois furtos, p. ex.), o ofendido somente poderá atuar *em relação ao fato do qual foi vítima*, respeitando-se os limites necessários aos poderes processuais do assistente. E, nesses casos em que há mais de um crime, cada um dos ofendidos se habilitará no processo como assistente da acusação, atuando em relação ao crime do qual foi vítima.

Nos termos do art. 270, CPP, o corréu no mesmo processo não poderá intervir como assistente do Ministério Público. Afirma-se que, nesses casos, em que duas pessoas são acusadas no mesmo processo, caso fosse permitida a assistência por uma delas, haveria pura vingança de um dos acusados em relação ao outro, já que a mesma pessoa figuraria como parte principal (acusado) e parte acessória (assistente de acusação), o que é inconciliável.

Há posição, no entanto, no sentido de que seria possível no caso de lesões corporais recíprocas, como num acidente de trânsito com culpa recíproca, em que cada um é vítima da conduta do outro, podendo haver assistente de acusação em relação à conduta alheia da qual foi ofendido; ou então, seria possível no caso de o processo ter sido suspenso em relação a um dos acusados, o que, após o trânsito em julgado em relação a este, poderia ele atuar como assistente em relação ao seu parceiro de crime.

No mais, há entes que podem atuar como assistente de acusação, como:

a) os **órgãos federais, estaduais ou municipais**, interessados na apuração da responsabilidade do prefeito, que poderão requerer a abertura do inquérito policial ou a instauração da ação penal pelo Ministério Público, bem como intervir, em qualquer fase do processo, como assistente da acusação (art. 2º, § 1º, Decreto-lei nº 201/67).

b) a assistência da **Comissão de Valores Mobiliários** (CVM) quando o crime tiver sido praticado no âmbito de atividade sujeita à disciplina e à fiscalização dessa autarquia, e do **Banco Central do Brasil** quando, fora daquela hipótese, houver sido cometido na órbita de atividade sujeita à sua disciplina e fiscalização (art. 26, p.ú., Lei nº 7.492/86).

c) no processo penal atinente aos crimes previstos no Código de Defesa do Consumidor, bem como a outros crimes e contravenções que envolvam relações de consumo, poderão intervir, como *assistentes* do Ministério Público, as **entidades e órgãos da Administração Pública**, direta ou indireta, com ou sem personalidade jurídica, especificamente destinados à defesa dos interesses dos consumidores e as **associações** legalmente constituídas há pelo menos um ano e que tenha como fim institucional a defesa dos interesses dos consumidores, dispensada a autorização em assembleia, aos quais também é facultado *propor ação penal subsidiária*, se a denúncia não for oferecida no prazo legal (art. 80, p.ú., Lei nº 8.078/90). Essa legitimidade é chamada, também, de *ação penal privada subsidiária coletiva*, já que faz referência a órgãos coletivos.

d) os **Presidentes dos Conselhos e das Subseções da OAB** têm legitimidade para agir, judicial e extrajudicialmente, contra qualquer pessoa que infringir as disposições ou os fins desta lei (art. 49, *caput*, Lei nº 8.906/94).

e) as **associações de titulares de direitos de autor** e os que lhes são conexos poderão, em seu próprio nome, funcionar como assistente da acusação nos crimes previstos no art. 184 do Código Penal, quando praticado em detrimento de qualquer de seus associados (art. 530-H, CPP).

Em interessante caso, o Superior Tribunal de Justiça analisou se a seguradora tem legitimidade para figurar como assistente de acuação do Ministério Público. Exemplo: dois agentes são denunciados por homicídio qualificado, sendo que um deles era beneficiário de um seguro de vida feito pela vítima que eles haviam matado, cujas apólices ultrapassavam o valor de três milhões de reais. A seguradora entendeu que o crime praticado colocou em perigo o seu patrimônio, de modo que isso autorizaria o seu ingresso no processo criminal como assistente de acusação. Para o STJ, todavia, o art. 268, CPP, é claro ao dispor que poderão intervir como assistente do *Parquet* o ofendido ou seu representante legal, ou, na falta, cônjuge, ascendente, descendente ou irmão. No caso analisado, a seguradora não é vítima do homicídio, já que este crime é contra a vida da pessoa humana, de forma que o fato de a seguradora sofrer eventual prejuízo financeiro não a torna vítima do homicídio, sendo que os reflexos financeiros poderão ser discutidos na seara cível. Então, afora os casos postos na legislação em que pessoas jurídicas poderão intervir como assistente de acusação, não há previsão para que as seguradoras atuam nesta qualidade (RMS nº 47.575/SP, rel. Min. Maria Thereza de Assis Moura, j. 14.04.15).

8.6.1.4. *Habilitação*

Como mencionado anteriormente, quem pretende se habilitar como assistente de acusação deverá ser representado, no processo, por um advogado, que peticionará nos autos mediante procuração com poderes especiais (salvo se o próprio ofendido for advogado).

Feito o requerimento de habilitação, o juiz ouvirá o Ministério Público, decidindo na sequência.

Ponto importantíssimo é saber que o Ministério Público apenas irá analisar a legitimidade e os limites de atuação do assistente, dentro dos termos da lei, não podendo se manifestar conforme a "conveniência ou oportunidade", nem sustentar que não precisa de assistência ou que o ofendido não possui interesse econômico na causa penal. Ou seja: o Ministério Público não irá dizer se concorda ou não com a assistência.

Contra o indeferimento da admissão do assistente de acusação não cabe recurso, mas é possível a impetração de **mandado de segurança** (STJ, RHC nº 31.667/ES, rel. Min. Jorge Mussi, j. 28.05.13). Pacelli e Fischer (Comentários, 2012) entendem que é possível ao juiz, diante da pluralidade de ofendidos, indeferir os requerimentos de assistência caso gere risco ou perturbação à regular persecução penal.

Da mesma forma como a habilitação do assistente depende tão só da opção do ofendido, é possível o abandono da assistência a qualquer tempo, sem que isso gere consequências ao processo. Nos termos do § 2º do art. 271, CPP, o processo prosseguirá *independentemente de nova intimação do assistente*, quando este, intimado, deixar de comparecer a qualquer dos atos da instrução ou do julgamento, sem motivo de força maior devidamente comprovado.

O prazo para o assistente de acusação se manifestar tem início após o término do prazo para o Ministério Público, com a sua regular intimação (STJ, AgRg no AREsp nº 656.607/RS, rel. Min. Nefi Cordeiro, j. 15.12.16). Mas ver que, se o assistente de acusação for intimado enquanto em curso o prazo para o Ministério Público, o seu prazo terá início quando ultimado o prazo fixado para o *Parquet*, independentemente de nova intimação.

Vê-se que o assistente é intimado dos atos do processo, sob pena de nulidade relativa, devendo demonstrar o prejuízo que sofreu. Se, por exemplo, o assistente de acusação não é intimado da decisão que absolve o acusado, é o caso de decretar a nulidade da decisão e determinar o retorno ao tribunal para oportunizar a apresentação de razões do recurso ao assistente (STJ, REsp nº 1.435.348/TO, rel. Min. Sebastião Reio Júnior, j. 25.11.14). Se, após o oferecimento das razões pelo Ministério Público, o assistente de acusação, apesar de intimado, deixa de se manifestar, fica evidenciado seu desinteresse na causa, não havendo mais necessidade de sua intimação para os atos posteriores (STJ, REsp nº 1.035.320/SP, rel. Min. Sebastião Reis Júnior, j. 02.04.13).

8.6.1.5. *Poderes*

O art. 271, CPP, traz um **rol exemplificativo** de faculdades e poderes do assistente de acusação. Para praticar estes atos, em regra, deve haver a prévia habilitação do assistente; todavia, tratando-se de recursos, não há a necessidade de prévia habilitação, valendo a própria petição de interposição como pedido implícito de habilitação (Brasileiro, 2013).

Há que se atentar, todavia, à existência de precedentes no sentido de que a atuação do assistente de acusação seria taxativa às hipóteses do art. 271, CPP (STJ, HC nº 499.052/SP, rel. Min. Reynaldo Soares da Fonseca, j. 21.05.19). Salvo melhor juízo, esse entendimento não possui razão, principalmente diante do atual papel do assistente de acusação no Processo Penal e das recentes alterações feitas no Código de Processo Penal. A partir do momento em que o assistente de acusação passa a – verdadeiramente – ter pretensão em face do acusado, buscando indenização pelo delito e/ou a aplicação de uma sanção penal justa, não há como se limitar a sua atuação, pois, do contrário, haverá verdadeira e indevida restrição de acesso à justiça. Quem possui legalmente uma finalidade deve ter acesso a *todos* os meios para tanto.

A iniciativa probatória do assistente é ampla, observadas as limitações legais e constitucionais, devendo o juiz ouvir o Ministério Público antes de decidir acerca da sua realização (§ 1º). Poderá propor perícias, juntar documentos etc.

Quanto à prova testemunhal, há quem entenda não ser possível ao assistente propor a oitiva de testemunhas, pois o rol é apresentado com a inicial acusatória, momento este em que ainda não há a participação do assistente, ou seja, haveria preclusão; por outro lado, há quem entenda ser possível, desde que a habilitação ocorra antes da audiência de instrução e julgamento e desde que respeitado o limite legal. Se, por exemplo, o Ministério Público já arrolou o número máximo de testemunhas possível para o fato, não poderá o assistente ouvir testemunha excedente (salvo se a sugerir como do juízo, cf. o art. 209, CPP). Consoante entende o Superior Tribunal de Justiça, é possível o arrolamento de testemunhas pelo assistente de acusação, desde que respeitado o limite legal (AgRg no RHC nº 89.886/SP, rel. Min. Jorge Mussi, j. 21.11.17).

Além disso, o assistente pode formular perguntas às testemunhas, seja de acusação ou de defesa, sempre depois do Ministério Público – e diretamente a elas.

O assistente **não pode aditar a denúncia** oferecida pelo *Parquet*. Todavia, poderá "aditar os articulados", isto é, qualquer peça escrita juntada ao processo, manifestando a sua posição. Embora não possa, literalmente, aditar a inicial acusatória, nada impede que se manifeste no processo sugerindo isso ao Ministério Público, que poderá, ou não, acatar. Também, é possível fazer requerimento de desaforamento (art. 427, CPP) nos casos do júri e, ainda, em qualquer processo em que atue, suscitar impedimentos e suspeições.

Finda a instrução, o assistente poderá apresentar razões finais oralmente por **10 minutos**, após a manifestação do Ministério Público (que é de 20 minutos), conforme o art. 403, § 2º, CPP. No júri, o assistente falará depois do Ministério Público, dividindo-se entre eles o prazo de uma hora e meia; não havendo acordo entre eles, o juiz assim dividirá, não excedendo referido tempo (art. 477, CPP).

Nos termos do art. 311, CPP (cf. Lei nº 12.403/11), o assistente pode requerer a decretação da prisão preventiva ou outras medidas cautelares diversas da prisão. Em razão disso, não mais se aplica a súmula nº 208 do STF (que não permitia o recurso da decisão concessiva de "habeas corpus"), uma vez que, se o assistente possui interesse em *requerer* a prisão, obviamente ele possui interesse em *recorrer* da decisão contrária ao seu interesse (STF, RE nº 387.974/DF, rel. Min. Ellen Gracie, j. 14.10.03).

Quanto à legitimação recursal, o assistente poderá recorrer:

a) da pronúncia, no júri;

b) da decisão que extingue a punibilidade do agente;

c) da sentença absolutória, do juízo singular ou do júri;

d) da sentença condenatória, objetivando aumentar a pena.

Nos termos da súmula nº 210 do STF, o assistente do Ministério Público pode recorrer através de recurso em sentido estrito, carta testemunhável, embargos de declaração, embargos infringentes, recurso especial e extraordinário.

Se o Ministério Público interpuser recurso, o assistente poderá arrazoá-lo. Se o Ministério Público não interpuser apelação no prazo, o assistente poderá agir *supletivamente*, conforme o art. 598, CPP (STJ, REsp nº 1.451.720/SP, rel. Min. Sebastião Reis Júnior, j. 28.04.15) – se já estiver habilitado, terá 5 dias; se não estiver habilitado, 15 dias (p.ú.). Tem-se que o termo inicial do prazo recursal do assistente de acusação é o **dia imediato ao término do prazo que dispõe o Ministério Público para recorrer**, ainda que o assistente esteja habilitado nos autos (STJ, HC nº 242.219/PA, rel. Min. Ribeiro Dantas, j. 07.05.19). Se o Ministério Público recorrer, mas seu recurso for tido como intempestivo, o recurso do assistente de acusação, tempestivo, impedirá a formação de coisa julgada, devendo ocorrer seu julgamento pelo tribunal normalmente (STF, AgRg no HC nº 154.076/PA, rel. Min. Edson Fachin, j. 29.10.19).

8.7. FUNCIONÁRIOS E AUXILIARES DA JUSTIÇA

O estudo dos sujeitos do processo abrange, além das partes e do juiz, os serventuários e funcionários da Justiça. Na lição de Pacelli e Fischer (Comentários, 2012), a alusão a estes últimos "indica a amplitude da preocupação em relação à independência e imparcialidade da jurisdição" (p. 534).

A eficiência da tutela jurisdicional prestada pelo juiz depende do auxílio de algumas pessoas, estranhas à relação jurídico-processual, dotadas de fé pública e incumbidas da realização de diversas atividades destinadas a integrar o movimento processual. Essas pessoas atuam, portanto, como auxiliares do juiz e classificam-se em:

a) **permanentes**, cuja participação nos processos é obrigatória (exemplos: oficial de justiça e escrivão);

b) **variáveis** (ou eventuais), cuja participação será determinada em situações especiais (exemplos: peritos e intérpretes).

Há que se distinguir duas categorias de pessoas que atuam no Poder Judiciário, auxiliando o juiz: **(a)** os funcionários da Justiça e **(b)** os auxiliares do juiz.

8.7.1. Funcionários da Justiça

São os agentes públicos, pagos pelo Estado, como os escrivães, os escreventes, os oficiais de justiça, dentre outros.

Nos termos do art. 274, CPP, as regras de suspeição dos juízes se estendem aos serventuários e funcionários da Justiça, no que lhes for aplicável. Como já mencionado anteriormente, existe crítica da doutrina sobre a aplicação dessas regras, uma vez que tais funcionários não exercem jurisdição e não têm poder decisórios, não havendo repercussão alguma para as partes do processo (Nucci, 2007).

Na outra ponta, Távora e Alencar (Curso, 2014) sustentam que, a depender do caso, haverá, sim, a necessidade de arguição de suspeição do funcionário da Justiça, diante do cada vez maior número de atos que estes funcionários vêm praticando por delegação dos juízes, o que pode trazer prejuízo às partes do processo. Assim, não há nenhum impedimento entre o servidor público que registra as petições no fórum, mas poderá haver suspeição em relação ao diretor da secretaria, auxiliar imediato do juiz.

8.7.2. Auxiliares do juízo

Os auxiliares do juízo, por sua vez, são aqueles que dão assistência ao juiz nas causas que exigem um conhecimento especializado. São, portanto, os *peritos* e os *intérpretes*. Ressalta-se que testemunhas e assistentes técnicos não são auxiliares do juízo.

É importante esclarecer que ao juiz será necessária a assistência dos auxiliares sempre que o julgamento da causa depender de algum *conhecimento técnico* que fuja da mera ciência e aplicação da lei. Então, ainda que o julgador detenha o conhecimento necessário para julgar a causa (p. ex., um juiz que antes formou-se em engenharia e a causa exige um perito engenheiro; ou um juiz fluente em inglês diante de uma vítima inglesa), ele deverá se utilizar dos auxiliares do juízo para a realização da análise técnica presente no caso.

8.7.2.1. *Perito*

O perito é o *expert*, o especialista num dado assunto. Diferencia-se o perito **oficial**, que é aquele concursado e que ocupa um cargo público (médico legista, perito criminal do Instituto de Criminalística etc.), daquele **nomeado** (ou louvado), que é o perito não oficial, nomeado em confiança pelo juiz, geralmente onde não há perito oficial atuando.

De qualquer modo, ambos são considerados *funcionários públicos* para fins de aplicação da lei, inclusive penal, podendo praticar o crime de falsa perícia (art. 342, CP); além disso, aplicando-se por analogia o art. 158, CPC, o perito que, por dolo ou culpa, prestar informações inverídicas, responderá pelos prejuízos que causar à parte e ficará inabilitado para atuar em outras perícias pelo prazo de 2 a 5 anos, além de outras sanções legais.

As partes não intervirão na nomeação do perito, mas, como são aplicáveis as regras de suspeição dos juízes aos peritos (art. 280, CPP), poderão suscitar, *após a nomeação*, referido impedimento legal. Embora não haja menção, aplicam-se as causas de impedimento também (Badaró, 2016), pois, do contrário, não haveria lógica, p. ex., em vedar o perito de atuar no processo de seu amigo íntimo (art. 254, I, CPP), mas permitir no processo de seu irmão (art. 252, IV, CPP).

Não poderão ser peritos (art. 279, CPP): os que cumprem pena de interdição temporária de direitos quanto ao exercício do cargo, função ou atividade pública, profissão, atividade ou ofício que exija habilitação legal, licença ou autorização (art. 47, I e II, CP); os que já prestaram depoimento ou opinaram anteriormente sobre o objeto da perícia; e os analfabetos já que se exige ensino superior para ser perito) e menores de 21 anos (o que é de difícil ocorrência, pois exige-se ensino superior e a maioridade civil inicia-se aos 18 anos, cf. o atual Código Civil). Além disso, é claro, juiz e membro do Ministério Público não podem ser peritos, assim como a vítima ou a testemunha do caso em julgamento.

O perito oficial, dentro do seu dever funcional, é obrigado a realizar a perícia determinada pela autoridade judicial. Por outro lado, o perito nomeado será obrigado a aceitar o encargo, *salvo escusa atendível*, sob pena de multa (art. 277, CPP). O p.ú. do dispositivo, ainda prevendo a hipótese de incidência de multa, estabelece que o perito nomeado não poderá: deixar de acudir à intimação ou ao chamado do juiz; não comparecer no dia e local designados; ou não dar o laudo ou concorrer para que a perícia não seja feita no prazo fixado.

Embora haja tal previsão de multa no referido dispositivo, esta não é mais aplicável, em razão da inexistência da moeda em curso atual (réis). O que pode ser aplicável, em analogia ao Código de Processo Civil (art. 3º, CPP), é o disposto no art. 468, § 1º, CPC, que prevê comunicação da ocorrência pelo juiz à corporação profissional e imposição de multa.

Se o perito não comparecer injustificadamente, o juiz determinará a sua condução coercitiva (art. 278, CPP), o que só é aplicável ao perito nomeado; o perito oficial praticará falta funcional. Se justificada a ausência, o juiz poderá designar nova data ou, se o caso, destituir o perito e nomear um outro.

No mais, destaca-se que, no exercício da atividade de *perícia oficial* de natureza criminal, é assegurada autonomia técnica, científica e funcional e exigido concurso público, com formação acadêmica específica, para o provimento do cargo de perito oficial.

Em razão do exercício das atividades de *perícia oficial* de natureza criminal, os peritos estão sujeitos a um regime especial de trabalho, observada a legislação específica de cada ente a que se encontrem vinculados. E, observado o disposto na legislação específica, são peritos de natureza criminal os peritos criminais, os peritos médico-legistas e os peritos odontolegistas com formação superior específica detalhada em regulamento, de acordo com a necessidade de cada órgão e por área de atuação profissional (arts. 2º, 3º e 5º, Lei nº 12.030/09). Referido dispositivo não é exaustivo, não vedando que sejam equiparados a "perito" os cargos de datiloscopista ou papiloscopista, pois a expressão "perito criminal" alberga todos os peritos oficiais que possuem a incumbência estatal de elucidar crimes, estando essa regulamentação dentro do poder de autoadministração dos Estados (STF, ADI nº 5.182/PE, rel. Min. Luiz Fux, j. 19.12.19).

8.7.2.2. *Intérprete*

Intérprete é o mesmo que tradutor; aquele que se põe como intermediador entre determinadas pessoas com o objetivo de traduzir ou fazer compreensível a manifestação de pessoa que se utiliza de linguagem desconhecida pelos demais interlocutores. É a pessoa conhecedora de idiomas estrangeiros ou outra forma de expressão, tal como ocorre com a linguagem de sinais ou gestual (alfabeto datilológico utilizado por mudo ou surdo-mudo). No Brasil, a linguagem de sinais é denominada LIBRAS – Língua Brasileira de Sinais (Marcão, Código, 2016).

Considerando a natureza do trabalho que desenvolvem, os intérpretes são equiparados aos peritos para todos os efeitos (art. 281, CPP).

9
PROVAS

O estudo das **provas**, no Processo Penal, é de suma importância, pois está diretamente relacionado ao direito de punir do Estado-acusação.

Se há provas que levam à condenação, o Ministério Público terá o poder-dever de oferecer denúncia em relação ao agente e o juiz, após o devido processo legal, analisando todas as provas produzidas no processo, o condenará. Por outro lado, se não há provas suficientes para a condenação, o juiz absolverá o acusado e, antes ainda, se sequer há provas para se iniciar um processo penal, a acusação nem oferecerá a inicial acusatória.

Em razão da magnitude do tema, este capítulo será dividido em duas partes: (i) teoria da prova e (ii) meios de prova.

9.1. TEORIA DA PROVA

Como bem ensina Pacelli, a doutrina refere-se ao termo teoria *geral* da prova para introduzir e explicar o tema; todavia, para o autor, "uma teoria acerca de qualquer objeto de investigação científica haverá de ser sempre *geral*, no sentido de examinar integralmente o conteúdo e a essência daquele objeto" (Curso, 2012, p. 317).

Desta feita, nos itens que seguem serão estudados conceitos, sistemas, finalidades, princípios, procedimentos, provas ilícitas etc.

9.1.1. A prova no Processo Penal

De acordo com a doutrina de Mirabete, "provar é produzir um estado de certeza, na consciência e mente do juiz, para sua convicção, a respeito da existência ou inexistência de um fato, ou da verdade ou falsidade de uma afirmação sobre uma situação de fato que se considera de interesse para uma decisão judicial ou a solução de um processo" (Processo, 2007, p. 249). A prova, assim, é o instrumento de verificação dos fatos relevantes para a decisão das questões controvertidas do processo. Tem natureza jurídica de direito subjetivo.

Como afirmado brevemente, haverá no processo penal a atuação dos sujeitos na produção das provas a fim de convencer o julgador acerca de um dado acontecimento. Se o Ministério Público ofereceu denúncia, ele buscará ao máximo provar quem foi seu autor, quando e onde o fato ocorreu, quais foram as vítimas etc.; por outro lado, o defensor do acusado buscará provar, dentre inúmeras teses possíveis, que o agente não participou do fato, ou que ele possuía uma doença mental, ou que ele confessou e merece uma pena menor, ou que não há provas de que o fato ocorreu etc.

Percebe-se, assim, que o processo penal é um verdadeiro *jogo de estratégias*, pois só existe no mundo – ao processo e ao juiz – o que se pode provar. Trata-se de uma verdadeira reconstrução histórica dos fatos; e aqui reside uma das maiores dificuldades: reproduzir fatos que ocorreram no passado, que podem estar, por exemplo, apenas na mente de uma testemunha ou no depoimento da própria vítima.

A expressão "prova" tem origem latina (*probatio*) e é o procedimento apto a estabelecer um saber, isto é, um conhecimento válido, qualquer que seja a sua natureza, como mostrar uma coisa ou dar um testemunho (Abbagnano, 2003); semanticamente, *prova* é **aquilo que demonstra a veracidade de uma afirmação ou de um fato**. Se, *v.g.*, o promotor de justiça entende que o agente matou seu vizinho, ele precisará produzir provas deste fato (quem, quando, onde, o porquê etc.) no curso de um processo penal, tornando claro ao juiz esta realidade fática.

Há que se diferenciar *certeza* de *verdade*. Quando se diz que alguém "tem certeza" de algo, há uma análise subjetiva, ou seja, verifica-se a percepção que a pessoa tem acerca de algo; por outro lado, a verdade é objetiva, analisada de acordo com a realidade fática. Assim, uma certidão de óbito demonstra a verdade de que uma pessoa morreu (há a comparação entre este documento e a realidade fática), enquanto que um sujeito pode dizer ter certeza de que seu amigo desaparecido morreu (há um grande subjetivismo nisso).

Por isso, afirma-se, aqui, que **o processo é feito do que se pode provar**, gerando um estado de *(in)certeza* no julgador, haja vista que o atingimento da verdade objetiva dos fatos, isto é, como eles verdadeiramente ocorreram, é uma missão quase impossível. Logo, o objetivo da parte – seja da acusação, seja da defesa – não é gerar uma verdade objetiva, mas uma **certeza**, ou seja, fazer o juiz acreditar que o que está escrito e provado através de suas provas juntadas ao processo é a maior verdade do que ocorreu – conforme, claro, o que se adota como sendo "verdade".

Isso significa, portanto, que o que a parte demonstrar no processo não necessariamente corresponderá à realidade do que, de fato, ocorreu. Vencerá quem conseguir "provar melhor" o seu ponto de vista. Se a defesa sustentar uma excludente de ilicitude (como a legítima defesa) e conseguir assim demonstrar nos autos do processo e convencer o juiz, sua tese será vencedora, embora isso não signifique que, de fato, o agente agiu em legítima defesa. Por isso é que se fala que o que se prova é a "verdade das alegações" e não a "verdade dos fatos".

Nas precisas palavras de Nucci, "a parte deve convencer o magistrado, valendo-se dos variados recursos proporcionados pelo raciocínio lógico, de que a sua noção da realidade é a correta, isto é, de que os fatos se deram no plano real exatamente como está descrito em sua petição. Convencendo-se disso, o magistrado, ainda que possa estar equivocado, alcança a certeza necessária para proferir a decisão. Quando forma a sua *convicção*, ela pode ser verdadeira (correspondente à realidade – verdade objetiva) ou errônea (não correspondente à realidade – verdade subjetiva), mas jamais falsa, que é um 'juízo não verdadeiro'. Sustentar que o juiz atingiu uma convicção falsa seria o mesmo que dizer que o julgador atingiu uma 'certeza incerta', o que é um contrassenso" (Provas, 2015, p. 19). A prova, portanto, tem por objetivo informar o julgador sobre a validade do enunciado proposto no pedido de prestação jurisdicional, não tendo a pretensão de confirmar ou produzir "uma certeza delirante e inquestionável na mente do julgador" (Tavares e Casara, Prova e Verdade, 2020, p. 19).

9.1.2. Conceito, objetivo e destinatários

Prova são os subsídios produzidos *no processo*, tanto pelas partes quanto determinados pelo juiz, que objetivam convencer o julgador sobre os fatos ocorridos que estão postos, agora, em julgamento. O dicionário fixa que *prova* é "o que demonstra que uma afirmação ou fato são verdadeiros; evidência" (Houaiss, 2015).

O objetivo maior (ou finalidade), como se vê, é interferir e formar o convencimento do juiz a respeito de um determinado fato, que ocorreu no passado e que, agora, está posto em julgamento, buscando-se, assim, uma decisão favorável de acordo com seus anseios.

O destinatário primeiro da sua produção é sempre o julgador, que será influenciado pela prova produzida. Alguns entendem que o Ministério Público também seria destinatário da prova, pois ele é influenciado pela sua produção na formação de sua *opinio delicti*, ou seja, na formação da sua convicção acerca do oferecimento (ou não) da denúncia; todavia, parece mais correto afirmar que o Ministério Público é destinatário dos elementos informativos colhidos na fase de investigação.

Em razão disso, fala-se em **dimensão material do direito à prova** (ou *quatro dimensões da prova*), que são: (1) direito de pedir a produção de prova; (2) oportunidade de participar da produção da prova; (3) direito de se manifestar sobre o resultado da prova; e (4) direito a que a prova seja valorada pelo julgador.

Desta forma:

Conceito	Objetivo	Destinatário
Subsídios produzidos no processo para demonstrar um fato.	Interferir no convencimento do juiz sobre um determinado fato.	Como regra, o julgador; para alguns, o MP também.

9.1.2.1. *Elemento informativo*

É importante, assim, explicar que *prova* não se confunde com *elemento informativo*. A **prova** somente existirá no curso de um processo judicial, com o emprego do contraditório e da ampla defesa; por outro lado, o **elemento informativo** é aquele colhido ainda na fase investigatória, sem a participação da outra parte (sem contraditório e ampla defesa).

E nos termos do art. 155, CPP, o juiz formará sua convicção pela livre apreciação da *prova produzida em contraditório judicial*, não podendo fundamentar sua decisão exclusivamente nos *elementos informativos* colhidos na investigação, *ressalvadas* as provas cautelares, não repetíveis e antecipadas, cujo estudo será feito adiante.

De acordo com a jurisprudência, o juiz não poderá utilizar *exclusivamente* os elementos informativos colhidos ainda na fase de investigação para fundamentar um decreto condenatório, pois isso ofende o contraditório e a ampla defesa; no entanto, é possível a utilização de elementos de informação como *complemento* às provas produzidas sob o crivo judicial (STF, RHC nº 117.192/MG, rel. Min. Rosa Weber, j. 03.09.13; e STJ, AgRg no AREsp nº 603.158/DF, rel. Min. Leopoldo de Arruda Raposo, j. 17.03.15).

Assim, os elementos inicialmente produzidos na esfera inquisitorial e reexaminados no curso da instrução, com observância do contraditório e da ampla defesa, não violam o art. 155, CPP, haja vista que eventuais irregularidades ocorridas no inquérito policial não contaminam a ação penal dele decorrente (STJ, AgRg nos EDcl no AREsp nº 1.006.059/SP, rel. Min. Nefi Cordeiro, j. 20.03.18).

É importante atentar ao art. 155, CPP, que faz a ressalva em relação às provas (i) cautelares, (ii) não repetíveis e (iii) antecipadas. Isso significa que o legislador trouxe valor probante a estes três elementos captados durante as investigações, equiparando-os, portanto, às provas coletadas judicialmente (Nucci, Provas, 2015). Exemplo: o laudo necroscópico, em que o perito, ainda na fase policial, examina o cadáver da vítima logo após o homicídio, é considerado uma prova *não repetível*, uma vez que esta prova pericial demonstra o corpo de delito naquele exato momento, e, mesmo que se faça a exumação posterior, a perícia não será mais a mesma (em razão do tempo, decomposição etc.).

Conforme bem entendeu o Superior Tribunal de Justiça, os testemunhos de "ouvir dizer" (chamados de *hearsay testimony*), produzidos apenas na fase policial, não são aptos a autorizar uma decisão de pronúncia diante do tribunal do júri, tendo em vista que a pronúncia, embora seja mero juízo de admissibilidade (como será estudado oportunamente), exige o mínimo de lastro probatório colhido sob o contraditório judicial (REsp nº 1.373.356/BA, rel. Min. Rogerio Schietti Cruz, j. 20.04.17). Veja que não se trata de prova ilícita, mas de prova insuficiente para a pronúncia, por se tratar de simples boato.

Exemplo: testemunha, no curso do inquérito policial, diz ao delegado que "ouviu dizer" que o investigado matou a vítima. Isso, apenas, não sustentará uma posterior decisão de pronúncia.

Em suma:

Prova	Elemento informativo
Existe no curso do processo, com contraditório e ampla defesa.	Colhido extrajudicialmente, sem contraditório e ampla defesa.

9.1.3. Sentidos da expressão *prova*

A expressão "prova", consoante ensinamentos da doutrina, possui três sentidos:

a) prova como **atividade ou ato** de provar: é a atividade das partes (e do juiz) de buscar a verdade dos fatos, reconstruindo os acontecimentos do passado; é a fase do processo em que se produz a prova desejada. Ex.: a prova da alegação incumbirá a quem a fizer (art. 156, CPP).

b) prova como **meio** de prova: é o instrumento pelo qual se demonstra (se prova) um acontecimento. Ex.: interrogatório (art. 185, CPP).

c) prova como **resultado** probatório: é o produto do convencimento do juiz e das partes. Ex.: a necessidade de prova da existência do crime para a decretação da prisão preventiva (art. 312, CPP).

9.1.4. Classificação

A classificação leva em conta diversos aspectos.

9.1.4.1. *Quanto ao objeto*

a) **prova direta**: é a constatação direta e imediata sobre o que se quer demonstrar. Ex.: a perícia sobre o cadáver.

b) **prova indireta**: é a demonstração indireta, ou seja, por dedução/indução, do que se quer demonstrar. Ex.: o álibi, que, por inferências e deduções, chega-se à conclusão de que, se o agente estava fora do país, ele não esfaqueou a vítima.

9.1.4.2. *Quanto ao valor*

a) **prova plena**: permite ao juiz ter certeza sobre a ocorrência de um fato, pois é suficiente, por si, para demonstrar algo. Ex.: documento.

b) **prova não plena**: não permite ao juiz ter certeza, mas, em conjunto com outras, pode servir de fundamento a uma decisão; atua de forma coadjuvante, auxiliar, não sendo capaz, por si, de provar algo, servindo como um "elemento a mais" ao convencimento do julgador. Ex.: indícios

9.1.4.3. *Quanto ao sujeito*

a) **prova real**: não resulta de uma pessoa, mas de um objeto ou algo externo relativo ao crime; é a realidade da coisa. Ex: perícia.

b) **prova pessoal**: é a afirmação de um conhecimento ou a certificação sobre um fato; é a impressão deixada. Ex.: testemunho.

9.1.4.4. *Quanto à previsão legal*

a) **prova típica**: prevista em lei e com procedimento específico. Ex.: prova pericial.

b) **prova atípica**: não tem previsão legal ou não possui regramento de produção. Ex.: reconstituição do crime.

É importante ressalvar que as provas previstas no Código de Processo Penal *não são taxativas*, sendo plenamente permitidos os meios de prova inominados ou atípicos, possuindo o mesmo valor das demais provas.

9.1.4.5. *Quanto ao que se quer provar*

a) **prova positiva**: demonstra a verdade ou ocorrência de um fato. Ex.: a perícia demonstra que o veículo atingiu a vítima a 90 km/h.

b) **prova negativa**: busca-se demonstrar que um fato é falso ou que não aconteceu; é de produção muito difícil. Ex.: demonstrar que uma pessoa não esteve num determinado bairro da cidade no dia dos fatos.

Há, também, a chamada *prova negativa indireta*, que é o caso do álibi, em que se demonstra um fato incompatível com a imputação criminosa feita ao agente, como ele estar em local diverso no dia da ocorrência.

9.1.4.6. *Quanto à atividade intelectiva*

a) **prova direta**: é a prova que permite tomar conhecimento do fato por meio de *um só raciocínio*. Ex.: a perícia demonstra que o disparo de arma de fogo foi a causa da morte.

b) **prova indireta**: é a prova que exige maior análise do juiz, que precisa realizar *mais de um raciocínio* para chegar a uma conclusão; num primeiro momento, chega-se a um fato indireto e, depois, num segundo, chega-se ao fato que se quer provar. Ex.: a testemunha não viu o disparo da arma de fogo, mas o ouviu e, em seguida, visualizou o agente escondendo uma arma no carro utilizado na fuga.

Exemplo típico de prova indireta é, novamente, o álibi. O agente busca produzir uma prova que o exclui do envolvimento com o crime, de forma que, através de diversos raciocínios, chega-se a uma conclusão. Assim, se o acusado provar que, no dia dos fatos, estava hospitalizado, o juiz chegará à conclusão de que ele não é (em tese) o autor do delito – não há uma prova demonstrando que o acusado não foi o autor, mas o álibi permite, por raciocínios lógicos, chegar a esta conclusão.

Conforme Dallagnol, prova direta é a prova que estabelece diretamente o fato de consequência, enquanto que, na prova indireta, é necessário o emprego de um raciocínio inferencial para seguir do fato provado para o fato de consequência (As lógicas, 2015).

9.1.4.7. *Quanto à previsão nominal*

a) **prova nominada**: possui previsão de seu nome (*nomem juris*) na lei, podendo ou não ter procedimento especificado. Ex.: prova testemunhal (com nome e com procedimento), reprodução simulada dos fatos (com nome e sem procedimento) etc.

b) **prova inominada**: não possui previsão de seu nome na lei. Ex.: reconhecimento fotográfico. Vale destacar que a admissão de uma prova inominada deve observar os limites constitucionais e processuais da prova, não podendo ser admitida como forma de "disfarçar" uma prova ilícita (Lopes Jr., 2016).

É importante não confundir os conceitos de prova nominada ou inominada (que dizem respeito, apenas, à previsão de um nome do meio de prova na lei) com os conceitos de prova típica e atípica.

Consoante Dezem (Curso, 2015, p. 453), "o fato de determinado meio de prova ser nominado não significa, necessariamente, que haja procedimento probatório previsto pelo legislador, daí porque serem distintos os conceitos de prova típica e prova nominada e suas consequentes contraposições, prova atípica e prova inominada. Reconhecer tal distinção acaba por tornar mais técnico o sistema, notadamente pelo reconhecimento de que determinados meios de prova, ainda que nominados pelo Código, não possuem procedimento probatório previsto. O reconhecimento dessa ausência de procedimento probatório acaba, em verdade, por tornar o sistema mais seguro, na medida em que, então, se passa a trabalhar com modelo típico genérico na produção desse meio de prova".

9.1.4.8. *Quanto ao respeito às formalidades*

a) **prova anômala**: Guilherme Madeira, citando o jurista italiano Antonio Laronga, afirma que é a prova utilizada para fins diversos dos que lhes são próprios, com características de outra prova típica (Curso, 2015).

Exemplo: o promotor de justiça ouve testemunhas do fato em seu gabinete, colhe o depoimento e, depois, junta este documento ao processo, como se prova documental fosse. O promotor de justiça, vê-se, utilizou-se do procedimento da *prova documental* para levar ao processo o conhecimento que testemunhas tiveram sobre o fato; o correto, de acordo com a lei, é ouvir testemunhas em audiência, de forma oral, com contraditório e contato direto pelas partes e pelo juiz, o que deve ser feito por meio de *prova testemunhal*; todavia, o promotor de justiça acabou por "transformar" uma prova que deveria ser testemunhal em prova documental.

Então, prova anômala é aquela prova, típica, introduzida no processo fazendo as vezes de outra; é, por exemplo, introduzir o que deveria ser uma "prova testemunhal em juízo" como "prova documental".

Entende-se que há nulidade neste tipo de prova, que não poderá, no caso do exemplo dado, ser considerada como prova testemunhal (no máximo, será uma simples indicação de testemunha, a ser, agora, ouvida novamente conforme a lei estabelece).

Consoante Scarance, "o maior problema com a prova documental está na sua indevida utilização como forma de substituição de outro meio de prova. A produção de qualquer prova acaba, de alguma forma, resultando em algum documento escrito: termo, auto. Todavia, tecnicamente, não há aí produção de prova documental, mas simples documentação de ato perpetrado por outro meio de prova ou de ato de descoberta de fonte de prova por algum meio de investigação" (Processo, 2010, p. 79).

b) **prova irritual**: é a prova típica colhida sem a observância dos preceitos legais, desrespeitando o procedimento previsto na lei. Ex.: a testemunha leva seu depoimento por escrito e este é juntado aos autos como prova testemunhal – neste caso, a prova é irritual, posto que não cumpriu o procedimento do art. 204, CPP (depoimento oral). Haverá nulidade.

9.1.4.9. *Quanto à forma*

a) **testemunhal**: é a obtida pela fala (testemunhas, oitiva da vítima etc.).

b) **documental**: é a obtida pela escrita (documentos, cartas, livros etc.).

c) **material**: é a obtida por meio químico, físico ou biológico, que sirva como veículo de percepção para se chegar ao fato (exames, vistoriais etc.).

9.1.4.10. *Prova de fora da terra*

Consoante o conceito trazido por Fernando Capez, "é a que deve ser produzida em território sob jurisdição diversa da do juiz da causa. A prova que se achar em território fora da jurisdição competente para o julgamento da demanda deverá ser produzida no local em que se encontrar" (Curso, 2016, p. 502).

O autor traz duas condições: (a) que o sujeito da prova esteja em território fora da jurisdição da causa; e (b) que a prova seja admissível e não seja protelatória.

Exemplo: oitiva de testemunha por carta precatória (art. 222, CPP).

9.1.5. Fontes, meios e elementos da prova

Não há que se confundir tais significados.

Fonte de prova é tudo o que for apto a permitir a produção de uma prova. Uma pessoa é fonte da prova testemunhal, um documento é fonte da prova pericial, um cadáver é fonte de exame necroscópico etc. São, assim, anteriores ao processo.

Exemplo claro é a colaboração premiada, que é considerada uma fonte para a obtenção de provas, mas não uma prova em si, já que, nos termos do § 16, III, do art. 4º da Lei nº 12.850/13 (cf. a Lei nº 13.964/19), nenhuma sentença condenatória será proferida com fundamento apenas nas declarações do colaborador (STF, AP nº 694/MT, rel. Min. Rosa Weber, j. 02.05.17).

Meio de prova é o instrumento pelo qual uma prova é introduzida no processo; é a forma pela qual a fonte de prova é levada ao conhecimento do juiz. Assim, é o depoimento da pessoa que serviu de testemunha, a perícia feita no documento etc. Só existem, pois, no *processo penal*.

Assim, por exemplo, as pessoas que presenciaram o homicídio são fontes de prova, enquanto que o seu depoimento *em juízo* é o meio de prova. A fonte de prova é a pessoa ou coisa da qual emanará a produção probatória; o meio de prova é a forma pela qual a prova será produzida e levada ao processo *perante o juiz*.

Elemento de prova são os dados objetivos que confirmam ou negam uma asserção a respeito de um fato que interessa à decisão da causa; é representado por tudo aquilo que, introduzido no processo, pode vir a ser utilizado como fundamento pelo juiz – como a declaração da testemunha ou a opinião do perito (Brasileiro, 2013). A análise do conjunto desses elementos é que formará o convencimento do julgador.

Fonte	Meio	Elemento
É o que é apto a permitir a produção de uma prova.	É o instrumento pelo qual a prova é introduzida no processo.	Dados que confirmam ou não um fato.
Ex.: o cadáver da perícia.	Ex.: a perícia do cadáver.	Ex.: a opinião do perito.

9.1.5.1. *Resultado da prova*

O resultado da prova pode ser visto não apenas como a análise do conjunto dos elementos de prova, mas, também, como a **atividade intelectual do juiz**, que afirmará ou negará um fato posto no processo (Brasileiro, 2013); o resultado da prova, assim, será a análise do juiz acerca da credibilidade – ou não – da prova.

9.1.5.2. *Meios de obtenção da prova*

Trata-se da forma e do procedimento pelo qual se obtém uma prova, o que é realizado, também, por outros agentes públicos que não o juiz, como as atividades de investigações policiais e os procedimentos investigatórios do Ministério Público.

Normalmente, esses procedimentos para a obtenção de prova penal são realizados *inaudita altera parte*, ou seja, conta-se com o elemento surpresa, sem que haja, de imediato, contraditório e ampla defesa e sem que a outra parte saiba. Ex.: a busca e apreensão realizada pela polícia e a colaboração premiada.

Tanto a colaboração premiada é um *meio de obtenção de provas* que não se admite o oferecimento de denúncia contra o delatado com base tão somente nela, uma vez que, a partir da colaboração, provas devem ser produzidas. Conforme já entendeu a Suprema Corte, se nenhuma sentença condenatória será proferida com fundamento apenas nas declarações do colaborador, é possível concluir que essas declarações, por si sós, não autorizam a formulação de um juízo positivo de admissibilidade da acusação. Assegurou-se que "a colaboração premiada, como meio de obtenção de prova, tem aptidão para autorizar a deflagração da investigação preliminar, visando adquirir coisas materiais, traços ou declarações dotadas de força probatória. Essa, em verdade, constitui sua verdadeira vocação probatória. Todavia, os depoimentos do colaborador premiado, sem outras provas idôneas de colaboração, não se revestem de densidade suficiente para lastrar um juízo positivo de admissibilidade da acusação" (Inq. nº 4.074/DF, rel. p/ ac. Min. Dias Toffoli, j. 14.08.18).

Por fim, como explica a doutrina (Brasileiro, 2013), a distinção entre *meio de prova* e *meio de obtenção de prova* é importante quanto às consequências ao processo. Se houver vício quanto aos meios de prova, isso gerará nulidade da prova produzida; por outro lado, se houver vício quanto à produção de determinado meio de obtenção de prova, a consequência será o reconhecimento da inadmissibilidade da prova, com o seu desentranhamento do processo.

9.1.6. Objeto

É o que se pretende provar, ou seja, o *thema probandum*. Comumente, afirma-se que se prova um fato de interesse ao processo, o que, dogmaticamente, recebe críticas. E sobre isso, a lição de Gustavo Henrique Badaró é salutar: "fato objeto do processo não é o fato enquanto trecho da realidade, mas a afirmação sobre o fato feita pelas partes (...). Aquilo que existe na realidade não pode ser verdadeiro ou falso; simplesmente existe. Verdadeiros ou falsos só podem ser nossos conhecimentos, nossas percepções, nossas opiniões, nossos conceitos ou nossos juízos a respeito de um objeto. Os fatos debatidos no processo são enunciados sobre os fatos do mundo real, isto é, aquilo que se diz em torno de um fato: é a enunciação de um fato e não o próprio fato. Em consequência, **o objeto da prova não é o próprio fato, mas a alegação de um fato** e não o fato em si mesmo (...). O que se prova são as alegações dos fatos feitas pelas partes como fundamentos da ação e da defesa. O que pode ser verdadeiro ou falso, verídico ou inverídico, ou probo, são as alegações sobre o fato, sustentadas por provas" (Epistemologia, 2019, p. 71 – destaque).

Como regra, o **direito** em si não precisa ser provado (pois é, geralmente, apenas invocado pela parte e sabido pelo juiz), mas, se a parte alegar direito municipal, estadual, estrangeiro ou consuetudinário, deverá provar seu teor e vigência se o juiz assim determinar (art. 376, CPC). Ex.: em processo de extradição, o julgador pode precisar vir a conhecer a legislação estrangeira, principalmente quando for analisar a dupla tipicidade do crime analisado. Ex.: o STF já precisou analisar se os delitos de "violência sexual" e de "atos sexuais contra menores", do artigo 609 do Código Penal Italiano, encontrava correspondência com o art. 217-A do Código Penal Brasileiro (Ext. nº 1.531/DF, rel. Min. Roberto Barroso, j. 23.10.18). Outro exemplo pode ocorrer em relação ao juiz substituto que, atuando em um determinado município, pode precisar vir a estudar determinada legislação municipal em caso penal envolvendo sonegação de determinado tributo local.

Ainda, **fatos notórios** não precisam ser provados, pois são de conhecimento de todos, como, por exemplo, que dia 25 de dezembro é Natal, estando enraizados no ambiente sociocultural. Diz Tourinho Filho (Manual, 2008) que a notoriedade e a evidência não podem ser postas em dúvida, pois *notoria vel manifesta non egent probatione*, isto é, o notório e o evidente não precisam de prova.

As **máximas da experiência** também não precisam de prova. Consoante Didier Jr., Braga e Oliveira, "regras (ou máximas) da experiência são noções que refletem o reiterado perpassar de uma séria de acontecimentos semelhantes, autorizando, mediante raciocínio indutivo, a convicção de que, se assim costumam apresentar-se as coisas, também assim devem elas, em igualdade de circunstâncias, apresentar-se no futuro (...). O juiz, como homem culto, no decidir e aplicar o Direito, necessariamente usa de uma porção de noções extrajudiciais, fruto de sua cultura, colhida de seus conhecimentos sociais, científicos e artísticos ou práticos, dos mais aperfeiçoados ao mais rudimentares (...). As máximas da experiência são, enfim, o conjunto de juízos fundados sobre a observação do que de ordinário acontece" (Curso, 2016, p. 69, v. 2). Ex.: as praias são mais frequentadas aos finais de semana.

Novamente citando os insignes autores, "distinguem-se as regras da experiência dos fatos notórios. Os fatos notórios são fatos que ocorrem e cuja existência têm acesso, de maneira geral, as pessoas que vivem no ambiente sociocultural em que se acha inserido o juiz. Regra da experiência não é um fato: é uma hipótese construída por indução a partir da observação do que normalmente acontece" (Curso, 2016, p. 71, v. 2).

Fatos **intuitivos** (axiomáticos) não precisam ser provados também, como o previsto no art. 162, p.ú., CPP, que autoriza a dispensa da autópsia quando, pela evidência dos sinais da morte violenta, o simples exame externo do cadáver já permitir precisar a causa da morte (ex.: decapitação).

As **presunções legais** (afirmações postas pela lei) também dispensam a produção probatória, sejam absolutas (que não comportam prova em contrário – *iuris et de iure*), sejam relativas (que admitem prova em contrário – *iuris tantum*). Ex.: a menoridade é uma presunção legal absoluta, não havendo a possibilidade de a acusação querer demonstrar que o menor de 17 anos tinha consciência do delito que praticou e denunciá-lo criminalmente; ou a imputabilidade do maior de 18 anos, que é presumida relativamente (até prova em contrário, como uma doença mental).

Outra presunção absoluta é o ato sexual com menor de 14 anos de idade, que, ainda que consentido, a lei considera criminoso, tipificando o crime do art. 217-A, CP (STJ, REsp nº 1.480.881/PI, rel. Min. Rogerio Schietti Cruz, j. 26.08.15 – recurso repetitivo).

No mais, fatos **inúteis e irrelevantes** independem de prova.

Por fim, é preciso distinguir a consequência, quanto à prova, em relação aos fatos considerados incontroversos no Processo Civil e no Processo Penal. Consoante o art. 374, II e III, CPC, não dependem de prova os fatos afirmados por uma parte e confessados pela parte contrária e nem os admitidos no processo como incontroversos. Isso, contudo, não pode prosperar no Processo Penal.

No Processo Penal, ainda que o fato seja confessado pelo réu, isso não é suficiente para a sua condenação, pois, conforme o art. 197, CPP, a confissão deve ser confrontada com as demais provas do processo, verificando o juiz a sua compatibilidade e concordância. Logo, consoante já estudado sobre a indispensabilidade de defesa técnica no curso de uma ação penal, ainda que o fato seja incontroverso (sem pairar dúvidas sobre a sua existência) ou mesmo que haja a confissão do réu, é necessário que o órgão acusatório realize a produção probatória apta a gerar a certeza, ao juiz, da existência do crime e da sua autoria, a fim de obter um provimento condenatório.

Conclui-se, portanto, que, ainda que os fatos sejam incontroversos ou que o réu haja confessado, o Processo Penal exige, *sempre*, a produção probatória. No mais, mesmo que o fato independa de produção probatória (como uma máxima de experiência), isso não impede o juiz de adotar outro entendimento, bastando justificar. Mesmo independendo de prova, portanto, o juiz poderá, fundamentadamente, adotar posição diversa.

9.1.7. Princípios

A produção das provas deve respeitar alguns princípios reguladores básicos e específicos indicados pela doutrina, que serão estudados na sequência.

9.1.7.1. *Autorresponsabilidade das partes*

Parte-se da ideia de que a produção de provas é um ônus (um encargo processual sem previsão de sanção) que a parte interessada deve suportar, inclusive quanto às consequências de sua inatividade, erro e negligência (Aranha, 2008).

Como será estudado, isso acaba sendo – em parte – atenuado, em razão do poder instrutório complementar do juiz (art. 156, CPP).

> Cada parte do processo tem o ônus de provar fatos do seu interesse

9.1.7.2. *Comunhão das provas*

Chamado também de "aquisição da prova", quer-se dizer que a prova não pertence à parte que a produziu, mas ao processo, podendo ser utilizada pela acusação, pelo acusado e pelo juiz. Entende-se que a prova é produzida no *interesse da Justiça* e na *busca da verdade.*

Ressalta-se que, uma vez produzida a prova, ela não poderá mais ser retirada do processo por mera conveniência da parte. Assim, se, *v.g.*, a defesa ouve uma testemunha que, em juízo, afirma que o acusado, na verdade, praticou o delito, não será possível ao advogado do acusado pedir ao juiz que "desconsidere" ou que "retire dos autos" a sua oitiva, pois, como se viu, *a prova produzida pertence ao processo no interesse da Justiça.*

> A prova não pertence à parte, mas ao processo, podendo ser utilizada por todos os sujeitos

9.1.7.3. *Liberdade probatória*

Todos os meios de prova são admitidos no curso do processo penal, desde que seja respeitado o sistema jurídico (Constituição Federal, leis, princípios e a moral).

De acordo com o entendimento do Superior Tribunal de Justiça, a pessoa jurídica multinacional, por estar instituída e em atuação no Brasil, submete-se, necessariamente, às leis brasileiras, motivo pelo qual se afigura desnecessária a cooperação internacional para a obtenção de dados requisitados pela Justiça.

Exemplo: juiz, a pedido do Ministério Público, determina o fornecimento de dados de alguns usuários de certa empresa que atua na internet (Google, Yahoo, Amazon, Microsoft etc.); a empresa afirma que, como os dados estão armazenados nos EUA, é necessária a realização de acordo de cooperação internacional; para a jurisprudência, isso é desnecessário, porque a empresa que atua no Brasil está submetida às leis brasileiras, não sendo o caso de cooperação internacional, mas de simples submissão a uma ordem judicial nacional (RMS nº 55.109/PR, rel. Min. Reynaldo Soares da Fonseca, j. 07.11.17; e RMS nº 55.019/DF, rel. Min. Joel Ilan Paciornik, j. 12.12.17).

Analogicamente, deve-se aplicar o art. 369, CPC, que dispõe que as partes têm o direito de empregar todos os meios legais, bem como os moralmente legítimos, ainda que não especificados na lei, para provar a verdade dos fatos em que se funda o pedido ou a defesa e influir eficazmente na convicção do juiz.

Todos os meios de prova são admitidos, desde que respeitado o sistema jurídico

A liberdade probatória apresenta três aspectos:

a) **liberdade quanto ao momento de produção da prova**: como regra, a parte pode produzir a prova a qualquer momento do processo, consoante autoriza o art. 231, CPP; todavia, há algumas exceções, como a indicação do rol de testemunhas, que, para a acusação, deve se dar com o oferecimento da inicial acusatória e, para a defesa, com a resposta escrita (embora seja possível ao juiz determinar a oitiva de testemunha do juízo, cf. art. 209, CPP). Outra exceção diz respeito aos documentos/objetos juntados no tribunal do júri, que deve respeitar a antecedência mínima de três dias úteis para a sua utilização em audiência.

b) **liberdade quanto ao tema da prova**: somente haverá a produção de provas que sejam úteis ao processo, ao objeto que se quer provar.

c) **liberdade quanto aos meios de prova**: como visto, todos os meios de prova são admitidos no processo penal, sejam nominados ou inominados, desde que respeitado o ordenamento jurídico e a moral.

Exemplo de meio de prova admitido comumente é o reconhecimento fotográfico, em que a vítima folheia um álbum com fotos de diversos suspeitos parecidos com a descrição que forneceu à autoridade policial e busca identificá-lo; o Código de Processo Penal previu o reconhecimento pessoal – não o fotográfico – mas ele é perfeitamente admitido (STJ, HC nº 191.724/RJ, rel. Min. Laurita Vaz, j. 15.10.13), bastando ser corroborado com outros elementos idôneos de convicção (STJ, HC nº 178.995/PR, rel. Min. Ribeiro Dantas, j. 22.09.16).

Deve-se observar a restrição prevista no art. 155, p.ú., CPP, que reforça essa liberdade ao mencionar que somente quanto ao *estado das pessoas* serão observadas as restrições estabelecidas na lei civil, ou seja, quanto aos demais objetos, a produção de prova é livre. Ex.: prova do casamento (exige certidão de casamento), da idade da vítima (exige documento hábil) etc.

Quanto a isso, vale observar que o Superior Tribunal de Justiça entende que, de fato, o estado civil das pessoas deve ser comprovado por meio de certidões e documentos (certidão de casamento, nascimento etc.), embora, na falta destes documentos, seja também admitida *outra espécie de prova*, como no caso de estupro de vulnerável, cuja vítima não possuía documentos hábeis a atestar ser menor de 14 anos de idade, admitindo-se perícias, declaração de testemunhas etc. (AgRg no AREsp nº 12.700/AC, rel. Min. Gurgel de Faria, j. 10.03.15; e HC nº 396.458/MG, rel. Min. Jorge Mussi, j. 06.06.17).

No mais, entendeu-se também que a comprovação da idade do partícipe, menor de idade, em crime de tráfico de drogas (que gera o aumento de pena previsto no art. 40, VI, Lei nº 11.343/06) não se restringe ao registro civil, sendo outros documentos dotados de fé pública igualmente hábeis para a comprovação da idade, como o inquérito policial, o boletim de ocorrência, a apresentação de documento de identidade em sede policial e a sua oitiva perante a autoridade na presença de sua genitora, que o declarou menor de idade (STJ, REsp nº 1.662.249/AM, rel. Min. Reynaldo Soares da Fonseca, j. 23.11.17).

Logo, a certidão de nascimento não é o único documento hábil à comprovação da menoridade, porquanto há outros documentos dotados de fé pública igualmente válidos para fundamentar o livre convencimento do juiz (STJ, HC nº 425.079/MG, rel. Min. Joel Ilan Paciornik, j. 15.03.18). Aliás, a súmula nº 74 do STJ dispõe que, "para efeitos penais, o reconhecimento da menoridade do réu prova por *documento hábil*".

Além disso, há restrição à prova testemunhal no art. 207, CPP, que dispõe que são proibidas de depor as pessoas que, em razão da função, ministério, ofício ou profissão, devam guardar segredo, salvo se desobrigadas pela parte; e, também, não se permite a apreensão de documento em poder do defensor do acusado, salvo se constituir elemento de corpo de delito (art. 243, § 2º, CPP).

9.1.7.4. *Demais princípios*

Além desses princípios específicos quanto às provas, aplicam-se, claramente, os demais princípios do Processo Penal, como a publicidade, o livre convencimento motivado, a vedação à autoincriminação etc., vistos no capítulo referente aos *Princípios*.

9.1.8. Provas cautelares, não repetíveis e antecipadas

O texto do art. 155, "caput", CPP, dispõe que o juiz formará sua convicção pela livre apreciação da prova produzida em contraditório judicial, não podendo fundamentar sua decisão exclusivamente nos elementos informativos colhidos na investigação, *ressalvadas* as provas cautelares, não repetíveis e antecipadas.

Assim:

i) **prova cautelar**: pode ser tanto *antecipada*, como a prova produzida no curso das investigações em razão do risco de seu perecimento (ex.: interceptação telefônica), como *incidental*, que é a produzida no curso da ação penal, sendo uma antecipação do momento probatório (ex.: ouvir antecipadamente a testemunha, fora do momento legal previsto, em razão de doença grave).

ii) **prova não repetível**: é aquela que, produzida, não pode ser novamente coletada em razão do desaparecimento ou perecimento da fonte. O exemplo mais comum é o exame pericial sobre a vítima de lesões corporais leves – uma vez produzido o exame de corpo de delito, dificilmente será possível produzir esta prova novamente no bojo da ação penal, anos depois, já que os vestígios da infração (as lesões deixadas no corpo da vítima) já terão desaparecido ou se curado. O Superior Tribunal de Justiça entende que um *processo administrativo sancionador*, conduzido por autoridade competente e submetido ao amplo contraditório, é considerado prova não repetível, sendo apto a embasar uma condenação criminal (REsp nº 1.613.260/SP, rel. Min. Maria Thereza de Assis Moura, j. 09.08.16). Exemplo: apuração administrativa pelo Banco Central, CADE ou SRFB em relação a crimes contra o sistema financeiro nacional – ou seja, não há razão para que elementos de prova colhidos no âmbito de um procedimento administrativo do Banco Central não possam fundamentar uma condenação penal, desde que, claro, seja garantida à defesa, na fase processual criminal, a oportunidade de contestar essa prova e que seja um procedimento suficiente indicando autoria e materialidade.

iii) **prova antecipada**: é a prova produzida em juízo, com contraditório e ampla defesa, mas em momento processual diverso daquele legalmente previsto (ou até antes do início da ação penal), em razão da urgência necessária, exigindo-se prévia autorização judicial – trata-se de verdadeira prova cautelar incidental. É o que acontece no art. 225, CPP, que permite que, se qualquer testemunha houver de se ausentar, ou, por enfermidade ou por velhice, inspirar receio de que ao tempo da instrução criminal já não exista, o juiz poderá, de ofício ou a requerimento de qualquer das partes, tomar-lhe antecipadamente o depoimento (chamado de depoimento *ad perpetuam rei memoriam*, como se verá). No mesmo sentido é o art. 366, CPP, que autoriza a produção antecipada no caso de suspensão do processo diante da ausência do acusado citado por edital e da não constituição de defensor.

Consoante mencionado anteriormente, isso significa que o legislador trouxe valor probante a estes três elementos captados durante as investigações, **equiparando-os, portanto, às provas coletadas judicialmente** (Nucci. Provas, 2015). Logo, excepcionalmente, é possível falar em "prova" no bojo do inquérito policial. A isso se dá o nome de *elementos migratórios*, já que tais provas migram (se deslocam) do inquérito para o processo judicial, podendo, pois, fundamentar eventual decisão condenatória posteriormente.

Exatamente por isso é que se pode distinguir **(a) atos de prova**, dirigidos ao convencimento do juiz, integrantes de um processo penal, servientes à sentença, com publicidade, contraditório e imediação e praticados diante de um juiz, de **(b) atos de investigação**, realizados na fase pré-processual, com o fim de formar um juízo de probabilidade, sem publicidade, contraditório e imediação, não se destinando à sentença e podem ser praticados pelo Ministério Público e pela polícia (Lopes Jr., 2016). Assim, somente atos de prova podem fundamentar uma condenação, já que o valor probatório do inquérito policial se limita às exceções de prova cautelar, não repetível e antecipada (Queiroz, 2018).

Em relação à **prova antecipada**, o juiz deve justificar a sua necessidade, já que há uma inversão da ordem do processo. Nos termos da súmula nº 455 do STJ, "a decisão que determina a produção antecipada de provas com base no art. 366 do CPP deve ser concretamente fundamentada, não a justificando unicamente o mero decurso do tempo" (STJ, HC nº 412.600/SP, rel. Min. Maria Thereza de Assis Moura, j. 15.03.18).

O próprio Superior Tribunal de Justiça já autorizou a produção antecipada de provas em alguns casos, diante das suas particularidades. Por exemplo, já se permitiu a produção antecipada para a oitiva de testemunha que era policial, cujo ofício e rotina de combate à criminalidade poderiam levar ao esquecimento dos fatos do processo (RHC nº 64.086/DF, rel. p/ acórdão Min. Rogerio Schietti Cruz, j. 23.11.16); ainda, em outro caso, autorizou-se a produção antecipada no caso de vítima portadora de doença neurológica e de testemunha proprietária de um bar, onde há grande fluxo de pessoas e acontecimentos, considerando que os fatos aconteceram há quase uma década também (RHC nº 42.804/DF, rel. Min. Maria Thereza de Assis Moura, j. 04.11.14).

E consoante o Supremo Tribunal Federal, a antecipação de prova testemunhal pode restar necessária em razão da gravidade do crime praticado e pela possibilidade *concreta* de perecimento deste meio de prova, cabendo ao juiz, no caso específico, resguardar a produção probatória e o resultado prático do processo penal (HC nº 135.386/DF, rel. Min. Gilmar Mendes, j. 13.12.16). Eventual prejuízo em razão da produção antecipada de provas, apto a gerar nulidade, deve ser comprovado, não sendo suficiente a mera alegação de violação ao exercício da autodefesa (STJ, RHC nº 109.732/PA, rel. Min. Joel Ilan Paciornik, j. 27.08.19).

No que diz respeito à **prova cautelar** e à prova não repetível, como a sua produção se dá sem o efetivo contraditório e ampla defesa, ocorrerá o chamado **contraditório diferido** (ou postergado, ou sobre a prova), isto é, a outra parte será ouvida e poderá se manifestar em momento posterior à produção da prova. Difere do contraditório real (ou para a prova), que é aquele exercido no mesmo momento da produção da prova perante o julgador.

9.1.9. Sistemas de avaliação da prova

O destinatário da prova, como se viu, é o juiz. No curso da história do Processo Penal, a avaliação dessa prova passou por diversas fases ou gerações, que hoje são os *sistemas de avaliação (ou apreciação) da prova*, levando-se em conta diversos aspectos, como a evolução legislativa, os costumes, o regime jurídico de cada país, o sistema político, dentre outros aspectos, sempre considerando a evolução da Justiça Penal.

Costuma-se dividir os sistemas em dois grandes momentos:

a) **sistemas primitivos**

   a.1) sistema étnico

   a.2) sistema religioso

b) **sistemas modernos**

   b.1) sistema da íntima convicção do juiz

   b.2) sistema da prova legal

   b.3) sistema da livre convicção do juiz

9.1.9.1. *Sistema étnico*

Também chamado de *pagão*, afirma que a "apreciação das provas era deixada ao sabor das impressões do juiz, que as aferia de acordo com sua própria experiência" (Mirabete, 2007, p. 259).

9.1.9.2. *Sistema religioso*

É fruto da superstição de um povo; também é denominado de *sistema das provas irracionais* ou dos *ordálios*. Os ordálios eram os "juízes de deus" e que, com a falsa crença de que uma divindade intervinha nos julgamentos, diziam se o acusado era ou não culpado através de "testes" com o agente (geralmente cruéis), como mandar o réu caminhar descalço sobre a brasa e, a depender do resultado disso, ele seria condenado ou absolvido: se nada lhe acontecesse, seria absolvido; do contrário, se ficasse machucado (o que parece óbvio), seria condenado pelos tais deuses.

9.1.9.3. *Sistema da íntima convicção do juiz*

Por volta do século XIII, houve a abolição dos ordálios, já que o soberano passou a chamar para si o poder de julgar, abandonando a ideia de uma divindade por trás dos julgamentos. Concedeu-se aos juízes ampla liberdade para julgar; a partir disso, surgiu o sistema da íntima convicção do juiz (ou da *certeza moral do juiz*).

Para este sistema, o juiz julgava de acordo com a sua própria convicção, mas não estava obrigado a exteriorizar as suas razões de convencimento, atribuindo à prova o valor que bem entendesse ou até decidindo com base em experiências suas, ainda que sem prova produzida no processo.

Por incrível que pareça, o Brasil ainda possui resquícios desse sistema no tribunal do júri, em que os jurados não manifestam as razões do seu entendimento, uma vez que apenas respondem aos quesitos com "sim" ou "não" e de forma secreta, sem que se saiba como cada jurado votou (arts. 482 e 483, CPP).

9.1.9.4. *Sistema da prova legal*

Abolido o sistema da íntima convicção, surgiu o sistema da prova legal (ou *prova tarifada*, ou da *certeza moral do legislador*), que suprimia do juiz o poder de valoração das provas.

Neste sistema, o juiz decide de acordo com as provas produzidas nos autos do processo e a lei atribui, previamente, um valor a cada uma delas ou já determina como cada fato deve ser provado.

Duas expressões são comuns nesse sistema: "a confissão é a rainha das provas" e "a testemunha é a prostituta das provas" – isso porque, entende-se que, se o próprio acusado confessou, esse meio de prova deveria ter valor muito superior em relação às demais provas; e, também, as testemunhas podem depor sobre qualquer acontecimento, inclusive mentindo ou inventando a respeito dos fatos, de modo que seriam as prostitutas das provas, pois fariam qualquer coisa que a parte interessada pedisse.

Ainda há resquícios desse sistema no Brasil, como o p.ú. do art. 155, CPP, que dispõe que "somente quanto ao estado das pessoas serão observadas as restrições estabelecidas na lei civil" (ou seja, de acordo com o modelo probatório previsto na lei civil) e o art. 158, CPP, que exige a produção de exame de corpo de delito quando a infração deixar vestígios, não podendo este meio de prova ser suprido pela confissão do acusado.

Por fim, destaca-se a chamada **prova legal negativa**. O art. 4º, § 16, III, Lei nº 12.850/13, que trata das organizações criminosas, dispõe que nenhuma sentença condenatória será proferida com fundamento apenas nas declarações do agente colaborar. Isso consagra, portanto, a chamada "prova legal negativa", ou seja, a declaração do colaborador, por si só, não autoriza um decreto condenatório por parte do julgador, de modo que outros elementos de prova – não especificados pela lei – são necessários para tanto, de forma a corroborar com a colaboração. Por isso é que se fala em prova legal *negativa*, isto é, o legislador exige, ao lado da colaboração, outros meios de prova para corroborá-la, embora não especifique e nem indique quais são estes (Masson e Marçal, 2016).

9.1.9.5. *Sistema da livre convicção do juiz*

Também chamado de *livre persuasão racional* ou de *livre convencimento motivado*, está previsto no art. 93, IX e X, da CF (que determina que todos os julgamentos dos órgãos do Poder Judiciário deverão ser *fundamentados*, sob pena de nulidade) e no art. 155, CPP (que dispõe que o juiz formará sua convicção pela *livre apreciação* da prova produzida em contraditório judicial).

Constitui a regra de todo o ordenamento jurídico nacional. Por ele, o juiz não está vinculado ao resultado das provas, podendo livremente formar seu convencimento, mas desde que indique expressamente as razões que o levaram àquela decisão e de acordo com as provas produzidas nos autos do processo. Como ensina Tourinho Filho (Manual, 2008, p. 528), "o juiz pode desprezar a palavra de duas testemunhas e proferir sua decisão com base em depoimento de uma só. Inteira liberdade tem ele na valoração da prova. Não pode julgar de acordo com conhecimento que possa ter extra-autos".

Mesmo diante de uma prova técnica (pericial, por exemplo), será possível a discordância do magistrado, desde que devidamente motivada, sob pena de se permitir que o perito decida a causa penal (art. 182, CPP).

Este sistema do livre convencimento apresenta, portanto, as seguintes consequências ao juiz e ao processo:

a) o julgador não está limitado aos meios de prova previsto na lei, podendo valer-se de provas atípicas.

b) não há hierarquia entre as provas, podendo o juiz atribuir maior valor, *v.g.*, ao depoimento de uma testemunha do que a uma prova pericial.

c) as provas utilizadas pelo juiz para sentenciar devem ter passado pelo crivo do contraditório e da ampla defesa.

d) o juiz somente poderá fundamentar suas decisões judicias com base nas provas produzidas nos autos, sendo vedado utilizar o conhecimento de fatos extrajudiciais para fundamentar sua decisão. Ex.: no dia em que sentenciará, o juiz lê uma matéria num jornal local que traz novos elementos aos fatos – ele não poderá utilizar o conhecimento desses fatos para decidir, pois *prova* é somente aquilo produzido no curso do processo penal e sob o crivo do contraditório e da ampla defesa pelas partes.

Vale lembrar que, como já visto, pode o juiz utilizar elementos de informação, da fase investigativa, como coadjuvantes, complementando a prova judicial – mas não poderá apoiar-se exclusivamente nesses elementos (art. 155, CPP).

e) embora o juiz tenha liberdade para julgar, ele deve motivar suas decisões, diante da exigência constitucional do art. 93, IX, CF, e do art. 381, III, CPP (que dispõe que a sentença conterá a indicação dos motivos de fato e de direito em que se fundar a decisão).

Vale, aqui, destacar parte do didático item VII da Exposição de Motivos do Código de Processo Penal, elaborada pelo então Ministro da Justiça, Francisco Luís da Silva Campos (à época mais conhecido como *Chico Ciência*, diante de sua grande capacidade intelectual), que assim dispôs:

> "O projeto abandonou radicalmente o sistema chamado da certeza legal. Atribui ao juiz a faculdade de iniciativa de provas complementares ou supletivas, quer no curso da instrução criminal, quer a final, antes de proferir a sentença. Não serão atendíveis as restrições à prova estabelecidas pela lei civil, salvo quanto ao estado das pessoas; nem é prefixada uma hierarquia de provas: na livre apreciação destas, o juiz formará, honesta e lealmente, a sua convicção. A própria confissão do acusado não constitui, fatalmente, prova plena de sua culpabilidade. Todas as provas são relativas; nenhuma delas terá, *ex vi legis*, valor decisivo, ou necessariamente maior prestígio que outra. Se é certo que o juiz fica adstrito às provas constantes dos autos, não é menos certo que não fica subordinado a nenhum critério apriorístico no apurar, através delas, a verdade material. O juiz criminal é, assim, restituído a sua própria consciência. Nunca é demais, porém, advertir que livre convencimento não quer dizer puro capricho de opinião ou mero arbítrio na apreciação das provas. O juiz está livre de preconceitos legais na aferição das provas, mas não pode abstrair-se ou alhear-se ao seu conteúdo. Não estará ele dispensado de motivar a sua sentença. E precisamente nisto reside a suficiente garantia do direito das partes e do interesse social".

Deste modo, já em 1941, o legislador se preocupou com a forma pela qual o juiz valoraria e apreciaria a prova, exigindo-se a livre convicção do juiz, mas de forma fundamentada, motivada, fazendo com que esse modelo se tornasse numa garantia – das partes e da sociedade – de que o juiz teve contato com o processo e com as provas e que bem as analisou e, agora, estará apto a julgar de acordo com sua consciência e as normas legais, sempre expondo suas razões.

9.1.10. Procedimento probatório

Trata-se de estabelecer quais são as *fases de produção* de uma prova em juízo. A importância da sua definição diz respeito ao deferimento ou indeferimento de uma prova e qual o recurso cabível disso.

9.1.10.1. *Proposição*

É o momento em que se requer a produção de uma prova em juízo ou que se junta, aos autos, as provas já pré-constituídas (oriundas da investigação policial, por exemplo).

O momento adequado, normalmente, é com o oferecimento da inicial acusatória (à acusação) e da resposta escrita (à defesa) – são os momentos ordinários, comuns, de proposição da prova.

Nada impede, todavia, que provas sejam requeridas/juntadas posteriormente ou mesmo que sejam determinadas de ofício – são os momentos extraordinários, incomuns, de proposição da prova. Ex.: juntada de documentos a qualquer momento (art. 231, CPP). Há exceção, todavia, quanto à prova testemunhal, uma vez que o rol de testemunhas deve acompanhar a denúncia ou a resposta escrita, sob pena de preclusão.

9.1.10.2. *Admissão*

Após a proposição (requerimento) da prova, o juiz analisará a sua admissão, isto é, autorizará ou não a sua realização em juízo ou a sua introdução ao processo.

A proposição da prova no momento ordinário (denúncia ou resposta escrita) deve ser deferida, salvo se impertinente ao processo, devendo o juiz motivar sua decisão de inadmissibilidade. Contra tal decisão, é cabível a correição parcial, o mandado de segurança e até mesmo o *habeas corpus*.

De outro lado, a proposição da prova no momento extraordinário (como no curso da audiência de instrução, por exemplo) será indeferida pelo juiz se ele a considerar desnecessária, devendo motivar tal decisão. Como regra, não caberá nenhum recurso, salvo se houver patente cerceamento à produção probatória à acusação ou à defesa, quando será cabível, então, a alegação de nulidade em preliminar de recurso contra a sentença, como preliminar de apelação, por exemplo.

9.1.10.3. *Produção*

É, literalmente, o momento de produção da prova em juízo, com aplicação plena do contraditório e da ampla defesa.

Se a prova é pré-constituída, como a perícia realizada no bojo do inquérito policial, haverá o diferimento do contraditório, que será realizado, agora, no curso da instrução penal. Assim, por exemplo, perícias e documentos são provas que não precisam ser repetidas no curso da ação penal, podendo ser validamente utilizadas para a definição de culpa, sem que haja violação ao art. 155, CPP (AgRg no REsp nº 1.522.716/SE, rel. Min. Antonio Saldanha Palheiro, j. 20.03.18).

9.1.10.4. *Valoração*

É a derradeira fase, em que o juiz analisará as provas produzidas e dará seu valor, o que normalmente ocorre na elaboração da sentença. Consoante o sistema do livre convencimento motivado, o julgador deverá, além de valorar a prova, indicar os seus fundamentos legais.

Assim:

1º	Proposição
2º	Admissão
3º	Produção
4º	Valoração

9.1.11. Ônus da prova

9.1.11.1. *Conceito*

Empregando-se o conceito de Nucci (Provas, 2015, p. 34), o "ônus representa um encargo, uma responsabilidade, uma incumbência. Possui um sentido negativo, valorando-se como obrigação da qual *não se pode* subtrair, sob pena de *sofrer* as consequências desfavoráveis ao próprio interesse. É exatamente nesse prisma que se deve captar o *ônus da prova* (...). É evidente não ser o ônus da prova um dever autônomo, desvinculado de interesses processuais, cujo não cumprimento representaria um ato ilícito, passível de punição igualmente independente. Deve-se compreender o ônus da prova como a responsabilidade da parte, que possui o interesse em vencer a demanda, na demonstração da verdade dos fatos alegados, de forma que, não o fazendo, sofre a sanção processual, consistente em não atingir a sentença favorável ao seu desiderato. Cuida-se de uma punição pela desídia, um revés cujos limites estão fixados pelo processo onde figuram as partes, cada qual com seu particular ônus probatório".

9.1.11.2. *Classificação*

Ultrapassado o conceito de ônus, deve-se estudar a classificação que a doutrina costuma elaborar.

a) **ônus perfeito (ou absoluto)**: é o ônus que, se não for exercido, **obrigatoriamente gerará** à parte um prejuízo ou uma desvantagem. Ex.: deixar de apresentar um recurso.

b) **ônus imperfeito (ou relativo)**: é o ônus que, se não for exercido, **poderá, ou não, gerar** um prejuízo ou uma desvantagem à parte – e essa desvantagem não será consequência obrigatória do não exercício desse ônus. Ex.: deixar de produzir uma prova.

Esses dois conceitos são trazidos por Badaró (Curso, 2016), que ainda ensina que, num sistema em que somente as partes pudessem produzir provas, sendo o juiz mero espectador do processo, não se desincumbir do ônus probatório obrigatoriamente levaria a parte a uma derrota no processo; todavia, nos sistemas em que o juiz possui poder instrutório – tal como no Brasil – o ônus da prova é *atenuado*. Assim, se, por exemplo, a defesa tinha o ônus de produzir uma prova, mas quedou-se inerte, poderá o juiz determinar a produção de uma certa prova e, eventualmente, o acusado poderá obter uma decisão favorável.

Da mesma forma – e aqui lembrando o princípio da comunhão das provas – o doutrinador afirma que, caso uma parte produza uma prova e a outra fique inerte no processo, aquela prova produzida será livremente valorada pelo juiz, de modo que, ainda que a prova tenha sido introduzida pela acusação, *v.g.*, poderá ela acabar beneficiando o acusado, que não se desincumbiu de seu ônus probatório e, mesmo assim, saiu vitorioso no processo.

Essas situações, todavia, não significam que a parte não possui mais o ônus de provar suas afirmações; pelo contrário, as partes continuam com a consciência de que, caso não provem seus argumentos, poderão sofrer as consequências advindas das regras de julgamento. Disso, pois, resultam as duas espécies de ônus a seguir.

c) **ônus subjetivo**: trata de **quem** tem o ônus de provar determinado fato, isto é, quem sofrerá as consequências da não produção de uma prova do seu interesse. Ex.: a acusação tem o ônus de provar a autoria do crime; a defesa tem o ônus de provar um álibi em favor do acusado etc.

d) **ônus objetivo**: trata de **como** o juiz deverá julgar se estiver com dúvidas sobre o fato, uma vez ser vedado o *non liquet*, isto é, o juiz não pode deixar de julgar quando a situação posta não está clara. É considerado uma regra de julgamento. Ex.: como a acusação não provou a autoria delitiva (já que ela tinha este ônus subjetivo), o juiz absolverá o denunciado.

Consoante o Superior Tribunal de Justiça, "descumprida tal tarefa, de bem aparelhar a petição do *writ*, tem-se clara hipótese de incidência do ônus objetivo da prova, pelo qual, diante de situação em que há insuficiência/inexistência de elemento da prova, passa-se a perquirir sobre o ônus da prova subjetivo, ou seja, a quem caberia a produção da prova pré-constituída do constrangimento ilegal" (RHC nº 35.563/RJ, rel. Min. Maria Thereza de Assis Moura, j. 23.10.14).

Desta forma:

Ônus perfeito	Ônus imperfeito	Ônus subjetivo	Ônus objetivo
Gerará prejuízo	Pode gerar prejuízo	Quem tem o ônus	Como o juiz julgará

9.1.11.3. *Distribuição*

Dispõe o art. 156, primeira parte, CPP, que *a prova da alegação incumbirá a quem a fizer*. Já o Código de Processo Civil prevê, no seu art. 373, I e II, que o ônus da prova incumbe ao **autor**, quanto ao fato constitutivo de seu direito e, ao **réu**, quanto à existência de fato impeditivo, modificativo ou extintivo do direito do autor.

A questão aqui é saber se existe, no Processo Penal, uma distribuição de ônus da prova entre acusação e defesa ou se cabe exclusivamente ao Estado-acusação provar o delito, seus elementos e a inexistência de qualquer causa que o afaste. Há duas posições.

De um lado, há quem entenda que o ônus das provas deve recair exclusivamente sobre a acusação. Diz Badaró que, "diante da garantia constitucional da presunção de inocência, não há distribuição do ônus da prova, que pesa todo sobre a acusação. Trata-se de um ônus da prova unidirecional, não havendo, pois, distribuição do ônus da prova, como ocorre no processo civil. Além disso, em decorrência da garantia constitucional da presunção de inocência, também não são admitidos no processo penal presunções legais ou judiciais contra o acusado" (Curso, 2015, p. 429).

Em posição diametralmente oposta, Mirabete afirma que "no processo penal condenatório, oferecida a denúncia ou queixa, cabe ao acusador a prova do fato e da autoria, bem como das circunstâncias que causam o aumento da pena (qualificadoras, agravantes etc.); ao acusado cabe a prova das causas excludentes da antijuridicidade, da culpabilidade e da punibilidade, bem como das circunstâncias que impliquem diminuição de pena (atenuantes, causas privilegiadoras etc.) ou concessão de benefícios penais" (Manual, 2007, p. 258).

Abaixo, serão vistas, de forma mais aprofundada, as implicações dessas duas posições.

9.1.11.3.1. *Ônus distribuído entre acusação e defesa*

Parte-se da ideia de que cabe à acusação provar o crime e seus elementos, ou seja, sua existência, seu autor ou partícipe, o nexo de causalidade e o elemento subjetivo (dolo ou culpa); e caberá ao acusado provar os fatos extintivos (prescrição, decadência etc.), impeditivos (erro de tipo, coação, exclusão de culpabilidade etc.) e modificativos (legítima defesa etc.) relacionados à imputação feita.

Aplica-se, aqui, o conceito da *ratio cognoscendi*, do Direito Penal, em que o fato típico presume-se ilícito (e é indicativo de culpabilidade). Sendo a tipicidade um indício da existência de ilicitude, basta que o fato se amolde à norma incriminadora para que resulte indício de ilicitude, que, claramente, será afastada diante de uma causa excludente, como a legítima defesa, por exemplo.

Damásio E. de Jesus traz um claro exemplo: suponha-se que um sujeito ofenda a integridade física de alguém; desde logo, o fato já se ajusta ao crime de lesão corporal, do art. 129, CP; essa adequação do fato faz surgir o *indício* de que a conduta é antijurídica; todavia, poderá o acusado provar que agiu acobertado por uma causa de exclusão da ilicitude, afastando tal indício (Direito, v. 1, 2005).

Desta feita, utilizando-se tal exemplo, a acusação terá o ônus de provar que o crime do art. 129, CP, ocorreu, que o denunciado foi o seu autor, que há nexo entre a agressão praticada e as lesões resultantes e que o sujeito ativo agiu com dolo ou culpa. Parte-se do princípio, assim, de que o fato típico é presumidamente ilícito (ou antijurídico, como alguns preferem), o que é indicativo de culpabilidade.

Vale destacar que, em relação ao elemento subjetivo, há duas posições antagônicas. Para uns, o dolo é presumido, cabendo à acusação apenas provar a modalidade de culpa em que o agente incorreu se o crime for culposo; para outros, diante do estado de inocência vigente no Brasil, a acusação tem o ônus de provar tanto o dolo quanto a culpa (Brasileiro, 2013).

Viu-se, portanto, que à acusação caberá provar o delito e seus elementos. Já a defesa, para quem sustenta a distribuição do ônus probatório, terá o ônus de provar os fatos impeditivos, modificativos e extintivos do acusado, aplicando-se, analogicamente, o art. 373, CPC.

Assim, se o Estado acusar alguém de ter praticado lesões corporais, à defesa caberá – se assim quiser, já que se trata de um ônus – provar que, p. ex., o acusado agiu em legítima defesa, pois estava sendo agredido sem motivos.

Aplicando-se o entendimento do Superior Tribunal de Justiça quanto ao crime de receptação, tem-se que a jurisprudência se firmou no sentido que, se o bem houver sido apreendido em poder do agente, caberá à defesa apresentar prova acerca da origem lícita do bem ou de sua conduta culposa, nos termos do disposto no art. 156 do Código de Processo Penal, sem que se possa falar em inversão do ônus da prova (AgRg no AREsp nº 1.142.873/PB, rel. Min. Nefi Cordeiro, j. 28.11.17; e HC nº 421.406/SC, rel. Min. Ribeiro Dantas, j. 06.03.18).

Ademais, entende-se que cabe à defesa o ônus de provar que a arma empregada no roubo, quando não apreendida, era de brinquedo, sem potencialidade lesiva (STJ, HC nº 232.273/SP, rel. Min. Laurita Vaz, j. 04.02.14), ou seja, "cabe ao imputado demonstrar que a arma é desprovida de potencial lesivo, como na hipótese de utilização de arma de brinquedo, arma defeituosa ou arma incapaz de produzir lesão" (STJ, EREsp nº 961.863/RS, rel. p/ acórdão Min. Gilson Dipp, j. 13.12.10). Nas palavras do Supremo Tribunal Federal, "se o acusado alegar o contrário ou sustentar a ausência de potencial lesivo da arma empregada para intimidar a vítima, será dele o ônus de produzir al prova, nos termos do art. 156 do Código de Processo Penal" (HC nº 103.910/MG, rel. Min. Luiz Fux, j. 08.11.11).

No mesmo caminho de ideias, a respeito da excepcionalidade do uso da interceptação telefônica, é ônus da defesa demonstrar que existiam outros meios de investigação alternativos à disposição da autoridade para a elucidação dos fatos, sob pena de este meio se tornar absolutamente inviável (STJ, AgRg no HC nº 533.348/CE, rel. Min. Jorge Mussi, j. 01.10.19).

Quanto ao convencimento que acusação e defesa buscam produzir no julgador, entende-se que a acusação deve produzir um **juízo de certeza** quanto à existência do crime e seus elementos, já que, diante do princípio da inocência, presume-se que o acusado é inocente "até prova em contrário" – e esta prova acusatória deve ser cabal, sem restar dúvidas, pois, do contrário, haverá absolvição (a exemplo do previsto no art. 386, II, V e VII, CPP).

De outro lado, entende-se que a defesa tem o ônus de produzir um **juízo de dúvida** no julgador, uma vez que, vigorando o estado de inocência, a dúvida milita em favor do acusado, ou seja, se o juiz possuir dúvida razoável se houve ou não legítima defesa, p. ex., sua decisão deve pender para a absolvição do acusado, em respeito ao *in dubio pro reo*. Neste sentido, aliás, permite o art. 386, VI, CPP, que o juiz absolva o agente diante da presença de uma excludente de ilicitude ou de culpabilidade ou quando houver dúvidas sobre a sua existência, o que indica que a dúvida do julgador deve favorecer o réu.

9.1.11.3.2. *Ônus exclusivo da acusação*

Para esta segunda corrente, o ônus da prova é exclusivo (sempre) da acusação, não podendo a dúvida – em nenhuma hipótese – prejudicar o acusado.

Deste modo, se a defesa *alegar* algum instituto penal que possa excluir ou afastar a existência do crime, como uma excludente de ilicitude ou de culpabilidade, à acusação caberá o ônus de *provar* que ele não se configurou.

Exemplo: a defesa alega que o acusado agiu em legítima defesa; a acusação, então, terá o ônus de provar que não estão preenchidos os requisitos do art. 25, CP (uso moderado dos meios necessários, agressão injusta, atual ou iminente, a direito próprio ou alheio).

Exemplo: a comprovação de dedicação a atividades criminosos ou de integração a organização criminosa é ônus da acusação, para fins de aplicação da causa de diminuição do § 4º do art. 33 da Lei de Drogas.

Como explica Renato Brasileiro (Curso, 2013), isso não quer dizer que a acusação terá o encargo de provar um fato negativo, o que pode ser impossível; para o autor, é possível provar a inocorrência de um determinado fato, desde que ele seja determinado. No caso acima, por exemplo, bastará ao órgão acusatório demonstrar o não preenchimento da excludente de ilicitude da legítima defesa, afastando os seus requisitos, o que é perfeitamente possível.

No mais, para esta corrente, a prova de um álibi recai sobre a acusação também. Assim, se o acusado sustenta que, no momento em que o crime foi cometido, ele estava em outro local, a dúvida que isso gera recairá em seu benefício, ou seja, caberá à acusação provar que o álibi é falso.

Conforme já decidiu o Supremo Tribunal Federal, em caso envolvendo a questão sobre a configuração de tráfico de drogas ou porte para consumo próprio (art. 33 *vs.* art. 28 da Lei nº 11.343/06), entendeu-se que o réu não tem o dever de demonstrar que a droga encontrada consigo era utilizada apenas para consumo próprio, cabendo à acusação comprovar os elementos do tipo penal, isto é, que a droga apreendida era destinada ao tráfico. Isso porque, "ao Estado-acusador incumbia comprovar a configuração do tráfico e este não ocorre pela simples compra do entorpecente. Afinal, o usuário sempre adquire a droga e, nem por isso, deixa de ser usuário" (HC nº 107.448/MG, rel. p/ acórdão Min. Marco Aurélio, j. 18.06.13).

9.1.11.4. *Modelos de constatação (standards probatórios)*

Quer-se estudar, aqui, as diretrizes (ou graus) que guiam o julgador na valoração de uma determinada prova. Fala-se, pois, em ***standards* das provas**, isto é, o "peso" que uma prova terá na valoração de um fato pelo juiz. O *Black's Law Dictionary* (Garner, 2004) define *standard of proof* como o grau ou nível de prova necessário para se decidir um caso. De forma bastante simples, é saber a "quantidade de prova" necessária para o juiz decidir algo.

Como explica Badaró (Curso, 2016), trata-se do grau de convencimento que se exige do juiz para poder decidir que um fato está provado – e este fato pode ser qualquer um do processo, desde o simples requerimento de uma diligência até mesmo a sentença final. Assim, é estudar a "força" de um elemento probatório em relação a um determinado pedido feito no bojo do processo.

Então, que grau de força pode ser exigido de uma prova quando o Ministério Público, por exemplo, pede a prisão cautelar do suspeito? Ou qual é a força probante esperada em relação ao pedido condenatório final?

Conforme o professor italiano Michele Taruffo, "na abordagem usual ao problema de como o julgador deve determinar o valor probatório dos meios de prova, faz-se com frequência uma referência vaga e geral ao senso comum, à experiência comum, à razoabilidade ou à racionalidade, sem que se definam critérios mais precisos ou mais específicos" (A prova, 2014, p. 135). Faz-se necessária, então, a sistematização do estudo.

Assim, são *standards* (graus ou níveis) probatórios:

a) ***simples preponderância***: ou "balanço de probabilidades", fixa que, quando sobre um fato existirem provas conflitantes, o julgador deve sopesar as probabilidades e julgar de acordo com a prova que lhe pareça "mais provável". A versão *mais forte* prevalecerá sobre a *mais fraca*. No Processo Penal, é o que se dá na determinação de realização do incidente de insanidade mental, que exige apenas **dúvida** para a sua efetivação, ou seja, provado que há ao menos suspeita sobre a insanidade mental do agente, esta prevalecerá, fazendo com que o juiz determine a sua realização, em detrimento da mera dúvida em sentido contrário.

b) ***prova clara e convincente***: considerando que, comumente, há interesses importantes em jogo num processo penal, tal *standard* exige uma **probabilidade maior**, mais clara e precisa do que a simples preponderância vista acima. Significa que a prova apresentada deve transmitir maior credibilidade do que uma mera probabilidade ou dúvida. É o que se dá, por exemplo, para a decretação da prisão preventiva, que exige "indícios suficientes" de autoria, de forma que não basta a mera suspeita ou dúvida, sendo preciso fornecer elementos indicativos mais fortes e críveis.

c) ***prova além de dúvida razoável***: conhecido como *beyond reasonable doubt*, é a **constatação mais elevada e segura**, quando o julgador não encontra nenhuma evidência que permita decidir de modo contrário (pois que, daí, existirá uma dúvida razoável, inapta a gerar uma comprovação segura). O termo norte-americano é justamente escrito desta forma para indicar que a prova deve ir *além de uma dúvida* *minimamente razoável*, ou seja, a certeza deve ter ultrapassado – e muito – eventual dúvida, sob pena de se absolver o acusado ou de se negar o pedido feito.

Conforme Deltan Dallagnol, "essa noção, embora um tanto fluida, assume a realidade de que a verdade e a certeza são inalcançáveis ou inadequadas e, ao mesmo tempo, infunde a necessidade de uma dose bastante significativa de segurança para a condenação criminal. Dentro dessa ideia, apenas a dúvida que seja razoável, e não qualquer dúvida, afasta a condenação, e nesse sentido é que deve ser compreendido o brocardo *in dubio pro reo*" (As Lógicas, 2015, p. 267).

Obviamente, *não se exige certeza absoluta* (impossível de se atingir no processo), mas o juiz deve demonstrar, ao decidir, que *não há outra razão de julgamento que não a sua*, ultrapassando qualquer elemento que possa gerar dúvida minimamente razoável ou levar-lhe a decidir de outro modo.

No processo penal, é o que se exige para a condenação do réu, pois, do contrário, isto é, havendo algum tipo de dúvida razoável sobre a autoria ou materialidade do crime, ele deverá ser absolvido. Consoante já decidiu a Suprema Corte, "como regra de prova, a formulação mais precisa é o standard anglo-saxônico no sentido de que a responsabilidade criminal deve ser comprovada acima de qualquer dúvida razoável (*beyond a reasonable doubt*)" (AP nº 580/SP, rel. Min. Rosa Weber, j. 13.12.16).

Neste sentido, aliás, o Estatuto de Roma (Decreto nº 4.388/02), que criou o Tribunal Penal Internacional – ao qual o Brasil se submete à sua jurisdição, conforme o art. 5º, § 4º, CF – para o julgamento de crimes de maior gravidade com alcance internacional (genocídio, crimes contra a humanidade, crimes de guerra e crime de agressão), exige que, "para proferir sentença condenatória, o Tribunal deve estar convencido de que o acusado é culpado, *além de qualquer dúvida razoável*" (art. 66, item 3 – destaque).

Assim, em suma:

Simples preponderância (*prova apta a gerar dúvida*)	A dúvida é suficiente. Ex.: determinação de exame de insanidade mental.
Prova clara e convincente (*prova de maior probabilidade*)	Exige uma probabilidade maior. Ex.: decretação de prisão cautelar.
Prova além de dúvida razoável (*prova mais elevada e segura*)	Demanda constatação firme e segura. Ex.: condenação do réu.

9.1.11.5. *Inversão*

Diante do atual Estado Democrático de Direito, onde vigem regras e princípios que beneficiam os acusados em processo penal, o princípio da inocência ganha especial relevo. Assim, aplica-se o *in dubio pro reo*, ou seja, o ônus da prova do cometimento de um crime recai sobre a acusação – e não sobre a defesa. Do contrário, haveria um *in dubio pro societate* (ou *contra reum*), isto é, a dúvida quanto à existência e autoria do crime beneficiaria a sociedade, o que seria inconstitucional.

Todavia, é possível uma situação de inversão do ônus, como já visto quando do estudo das medidas assecuratórias, na situação em que, se for sequestrado um bem (art. 125 e ss., CPP), há que se distinguir duas situações: *(a)* se o agente quer a liberação deste bem antes do início do processo, ele terá o ônus de provar suas alegações, como a sua origem lícita; já *(b)* se o momento é o de proferir a sentença pelo juiz, caberá à acusação provar que o bem é de origem ilícita, sob pena de a dúvida beneficiar o réu.

9.1.12. Poderes instrutórios do juiz

Um dos mais polêmicos dispositivos do Código de Processo Penal é o art. 156 e seus incisos, que dispõe que a prova da alegação incumbirá a quem a fizer, sendo, porém, facultado ao juiz, *de ofício*:

i) ordenar, mesmo **antes de iniciada a ação penal**, a produção antecipada de provas consideradas urgentes e relevantes, observando a necessidade, adequação e proporcionalidade da medida;

ii) determinar, **no curso da instrução**, ou antes de proferir sentença, a realização de diligências para dirimir dúvida sobre ponto relevante.

A seguir, serão vistos, em dois tópicos distintos, os poderes do juiz quanto à produção probatória em dois momentos: (a) antes da ação penal e (b) no curso da ação penal.

9.1.12.1. *O juiz no curso das investigações*

Fixa o art. 156, I, CPP, com alteração promovida pela Lei nº 11.690/08, que é facultado ao juiz, de ofício, ordenar, **mesmo antes de iniciada a ação penal**, a produção antecipada de provas consideradas urgentes e relevantes, observando a necessidade, adequação e proporcionalidade da medida. Trata-se de uma produção antecipada de provas pelo juiz.

Como sabido, o sistema penal adotado no Brasil é o acusatório, com a clara distinção entre as funções de investigar, acusar e julgar, divididas entre polícia, Ministério Público e juiz. Há certa dificuldade, portanto, em permitir que o juiz determine a produção de algum meio de prova ainda antes do início da ação penal, pois, *aparentemente*, o julgador adquiriria o papel de investigador e/ou de acusador. Em razão disso, pois, surgiram duas posições.

Para uma **primeira posição**, como o Brasil adotou o sistema acusatório, o juiz não pode atuar, de ofício, na fase preliminar de investigações, determinando a produção de provas, sob pena de se contaminar e não ter a exigida isenção e imparcialidade para, depois, julgar a ação penal. Assim, por exemplo, não poderia o juiz, no curso do inquérito policial, determinar de ofício uma interceptação telefônica.

Neste caminho de ideias, o Supremo Tribunal Federal julgou inconstitucional parte do art. 3º da antiga Lei nº 9.034/95 (Organizações Criminosas), concluindo pela impossibilidade de o juiz, de ofício, obter os dados fiscais e eleitorais do investigado, justamente por violar sua imparcialidade (ADI nº 1.570/DF, rel. Min. Maurício Corrêa, j. 12.02.04).

Então, equiparando-se a previsão da antiga Lei das Organizações Criminosas e do atual Código de Processo Penal, o art. 156, I, CPP, deve ser considerado inconstitucional, não sendo permitido ao juiz atuar de ofício no curso das investigações, sob pena de acumular as funções de investigar e acusar com a função de julgar, o que é incompatível com o sistema acusatório brasileiro, por invadir a competência dos órgãos acusatórios. A única possibilidade de atuação do juiz na primeira fase da persecução penal será mediante provocação, como o deferimento – após requerimento ou representação – de uma medida, como uma busca e apreensão, por exemplo.

A Lei nº 13.964/19 parece ter seguido este caminho, dispondo que "o processo penal terá estrutura acusatória, **vedadas a iniciativa do juiz na fase de investigação e a substituição da atuação probatória do órgão de acusação**" (art. 3º-A, CPP). Assim, a novel legislação teria revogado tacitamente o art. 156, I, CPP (Fuller, 2020).

Por outro lado, para uma **segunda posição**, há que se aprofundar o estudo do sistema acusatório, pois este não é apenas a divisão entre as funções de investigar, acusar, defender e julgar. Mais do que isso, não há incompatibilidade alguma entre a iniciativa probatória do juiz (dentro dos limites legais definidos) e o sistema acusatório, pois há juízes inertes e juízes com atuação probatória, ambos atuantes dentro do sistema acusatório. A questão da iniciativa probatória do juiz não está na definição do tipo de sistema processual penal adotado, mas na sua possível parcialidade (Pacelli e Fischer, Comentários, 2012, mencionando Mauro F. de Andrade).

Se, de um lado, há o sistema acusatório, de outro há a busca da verdade real. Se as partes, como visto, possuem o ônus da prova de suas alegações, **não se pode admitir a existência de um juiz como mero espectador do processo penal, inerte quanto ao que acontece à sua frente**, seja no curso das investigações pré-processuais, seja no bojo da ação penal.

Conforme Avena (Processo, 2011, p. 480), "pensamos que o art. 156, I, do CPP, pela abrangência de sua redação e pela amplitude da faculdade que confere ao magistrado, não admite interpretação literal, requerendo, isto sim, uma exegese que o torne compatível tanto com o sistema acusatório preconizado na Lei Maior quanto com a verdade real que constitui o objetivo do processo penal".

Não se deve permitir, pois, que o juiz tenha ampla e total atuação probatória de ofício no curso das investigações. Não poderá ele, recebendo um inquérito policial relatado, por exemplo, entender que é o caso de quebrar o sigilo bancário dos investigados e assim ordenar, *atropelando* a atuação da polícia e do Ministério Público.

Sua atuação será a determinação de uma prova de **natureza cautelar**, observando-se o *fumus boni juris* (prova da materialidade e indícios suficientes de autoria do delito) e o *periculum in mora* (relevância e urgência da medida a ser determinada). A conjugação desses dois elementos traduz-se, acima do sistema acusatório, no respeito à verdade real, que é o que a sociedade almeja: que os envolvidos com um crime sejam processados e julgados, restabelecendo-se a paz social.

A própria redação do art. 156, I, CPP, traz requisitos claros para se permitir que o juiz, de ofício, ordene a produção de uma prova antes do início da ação penal, quais sejam:

a) **necessidade**: a prova determinada pelo juiz, de ofício, ainda no curso das investigações, deve ser necessária para a solução dos fatos – seja em favor ou em prejuízo do investigado, pois o objetivo é aclarar os acontecimentos. Se o juiz verificar uma potencial prova que possa demonstrar que o investigado não estava no local dos fatos ou, pelo contrário, que demonstre que era exatamente ele, poderá assim determinar de ofício. A finalidade do juiz não é produzir prova "para a acusação" ou "para a defesa", mas, sim, *para o processo*.

b) **adequação**: a prova determinada pelo juiz, de ofício, ainda no curso das investigações, deve ser a adequada para demonstrar o que se quer provar, ou seja, a medida deve trazer uma utilidade *para o processo*.

c) **proporcionalidade**: é a ponderação entre o já colocado acima: sistema acusatório e imparcialidade do juiz *vs.* a busca da verdade real. É a análise do que deve prevalecer: manter um sistema acusatório com um juiz inerte, de olhos fechados ao que acontece no processo à sua frente, ou um juiz ativo, que busca, de fato, saber como os fatos se deram? A segunda colocação deve preponderar.

No mais, deve-se ressaltar que essa atuação do juiz deve ter caráter **excepcional**, já que, primordialmente, a investigação cabe à polícia (e ao Ministério Público) e a acusação ao Ministério Público, não podendo o juiz se passar por um deles. Diz Norberto Avena (Processo, 2011) que essa excepcionalidade guarda relação com a investigação de crimes graves e de delitos que geram mal-estar coletivo ou de elevada perturbação social.

Resta acompanhar como a jurisprudência irá decidir a partir da Lei nº 13.964/19.

9.1.12.2. *O juiz no curso do processo*

É (bem) mais tranquilo o entendimento, tanto da doutrina quanto da jurisprudência, sobre a possibilidade da atividade probatória pelo juiz, de ofício, no curso da ação penal. Afirma-se que essa atuação deverá ser **complementar** (ou subsidiária, ou supletiva) à atuação das partes, que, como sabido, possuem o ônus de provar seus argumentos – ou seja, o juiz não poderá simplesmente substituir as partes na produção probatória.

Quando determinar a produção de uma prova de ofício no bojo do processo penal, o juiz deverá franquear às partes a possibilidade de apresentação de contraprova, além do contraditório e da ampla defesa.

Além disso, como a sua atuação é complementar às partes, o magistrado deverá – sempre – fundamentar e expor as razões que o levaram a assim agir, ou seja, o motivo pelo qual está ordenando a produção de uma prova de ofício.

Mas, neste ponto, um questionamento sempre surge: mas se o sistema processual adotado no Brasil é o acusatório, como pode o juiz, no curso da ação penal, determinar uma prova de ofício? Não estaria ele substituindo as partes e tornando-se acusador ou defensor?

Não. E Renato Brasileiro muito bem esclarece e apresenta dois pontos (Curso, 2013):

i) o juiz permanece imparcial, pois, ao determinar a produção de uma prova, ele não sabe o seu resultado, ou seja, se irá beneficiar ou prejudicar o acusado; pelo contrário, se o juiz entende que a realização de uma prova pode esclarecer suas dúvidas e, mesmo assim, permanece inerte, aí sim haverá parcialidade. Juiz ativo, portanto, não é sinônimo de juiz parcial.

ii) o sistema acusatório, por mais que preveja a separação entre as funções de acusar, defender e julgar, não tem isso como uma característica essencial, ou seja, a existência de um juiz com certa atividade probatória de ofício não desvirtua o sistema acusatório. De acordo com o previsto na Exposição de Motivos do Código de Processo Penal, no item VII, "o juiz deixará de ser um espectador inerte da produção de provas. Sua intervenção na atividade processual é permitida, não somente para dirigir a marcha da ação penal e julgar a final, mas também para ordenar, de ofício, as provas que lhe parecerem úteis ao esclarecimento da verdade. Para a indagação desta, não estará sujeito a preclusões. Enquanto não estiver averiguada a matéria da acusação ou da defesa, e houver uma fonte de prova ainda não explorada, o juiz não deverá pronunciar o *in dubio pro reo* ou o *non liquet*".

Exemplo típico está no **art. 212, CPP**, que prevê que as perguntas serão formuladas pela parte diretamente à testemunha, enquanto seu parágrafo único afirma que "sobre os pontos não esclarecidos, o juiz poderá complementar a inquirição". Assim, percebe-se que a atuação primordial é da parte e, subsidiariamente, do juiz, cujo objetivo é aclarar os fatos.

Outra previsão está no **art. 209, CPP**, que defere ao juiz ouvir outras testemunhas, além daquelas indicadas pelas partes; e, também, o art. 196, CPP, que permite que o juiz realize novo interrogatório a qualquer momento, de ofício ou a pedido da parte; ainda, há a previsão do **art. 234, CPP**, que afirma que, se o juiz tiver notícia da existência de documento relativo a ponto relevante a qualquer das partes, providenciará, de ofício, a sua juntada aos autos; e, por fim, o **art. 366, CPP**, que permite ao juiz determinar a produção antecipada de provas, de ofício, quando da suspensão do processo no caso de acusado citado por edital e que não comparece e nem constitui advogado.

Novamente aqui, há que se observar o art. 3º-A, CPP, introduzido pela Lei nº 13.964/19, que dispõe que "o processo penal terá estrutura acusatória, vedadas a iniciativa do juiz na fase de investigação e a substituição da atuação probatória do órgão de acusação". Não há posição definida ainda, mas a segunda parte do dispositivo buscou vedar a atuação do juiz na produção da prova acusatória. Resta acompanhar como a jurisprudência se formará. Há corrente que defende a possibilidade de atuação do juiz, mas desde que em prol da defesa (Souza e Madeira, 2020). A Suprema Corte já entendeu, recentemente, no sentido de que o juiz pode, nos termos do art. 209, CPP, ouvir testemunhas não arroladas pelas partes, considerando os princípios da busca da verdade e do livre convencimento motivado, admitindo-se a sua iniciativa probatória de forma subsidiária (RHC nº 154.680/PE, rel. Min. Marco Aurélio, j. 05.10.20).

9.1.13. Prova ilícita

9.1.13.1. *Introdução*

Scarance ensina que "o tema da prova ilícita vem ganhando espaço entre as preocupações fundamentais do direito processual moderno. Em virtude do grande desenvolvimento da tecnologia, a vida privada, a intimidade, a honra da pessoa humana tornou-se mais facilmente vulnerável. Isso impõe ao legislador cuidado para, na outorga de mecanismos hábeis e eficiente repressão à criminalidade, não autorizar invasões desnecessárias ou desmedidas na vida da pessoa" (Processo, 2010, p. 81).

O embate existente é que, de um lado, há o sistema penal e a busca da verdade, objetivando-se investigar e punir o agente que praticou um delito, e, de outro lado, há a garantia da proteção de todo ser humano quanto à sua intimidade e confiança no ordenamento jurídico de que as normas legais serão respeitadas.

Sabe-se, de fato, que são inadmissíveis, no processo, as provas obtidas por meios ilícitos (art. 5º, LVI, CF). Consoante André de Carvalho Ramos, "o devido processo legal exige que seja assegurado o direito à prova, que, como qualquer outro direito fundamental, possui limites expressos e implícitos. Ou seja, não se pode invocar o direito fundamental à prova de modo ilimitado ou incondicionado" (Curso, 2015, p. 622).

9.1.13.2. *Prova ilícita e prova ilegítima*

A Constituição apenas menciona "prova ilícita", mas sem especificar o seu alcance e sem fazer distinção com outras espécies. A doutrina brasileira, então, diferencia prova ilícita de prova ilegítima, que são espécies do gênero *prova ilegal*. Desta forma:

a) **prova ilícita**: é aquela vedada em sentido absoluto, ou seja, quando o Direito proíbe, em qualquer caso, a sua produção por infringir a **lei material e/ou os princípios do ordenamento**. É a violação, direta ou indireta, de uma norma constante do ordenamento jurídico.

Exemplos: prova obtida mediante tortura, invasão ilegal de domicílio, violação ilegal de sigilo telefônico etc.

O Supremo Tribunal Federal, por exemplo, entendeu ser ilícita a juntada ao processo de documentos confidenciais de empresa, obtidos sem autorização e nem conhecimento desta (HC nº 82.862/SP, rel. Min. Cezar Peluso, j. 19.02.08).

Entende-se que a prova ilícita é a colhida através de uma prática contrária às leis, o que se dá – geralmente – fora do processo judicial (ex.: policial tortura o investigado para obter uma confissão). No entanto, nada impede que uma prova ilícita seja produzida em juízo, no curso do processo, como quando o juiz pratica uma ilegalidade na obtenção da confissão do agente.

Ademais, considerando o texto do art. 157, CPP, que afirma que "são inadmissíveis, devendo ser desentranhadas do processo, as provas ilícitas, assim entendidas as obtidas em violação a **normas constitucionais ou legais**", deve-se compreender que a prova ilícita é aquela que viola direta ou indiretamente a Constituição Federal, com reflexos nas leis infraconstitucionais.

Desta feita, por exemplo, o juiz, antes de ouvir uma testemunha, deve tomar o seu compromisso, como determina o art. 203, CPP. Assim, se, por um lapso, o depoimento é tomado sem esta providência, haveria a prática de um ato contrário ao texto legal. No entanto, se for entendido que *qualquer* grau de violação à lei gera a ilicitude da prova, esta prova deverá ser desentranhada dos autos, gerando nulidade absoluta.

Justamente por isso é que se deve entender que prova ilícita é "aquela obtida em **violação direta ou indireta a garantias e preceitos de *índole constitucional*.** Quanto à referência inserta no art. 157 no sentido de que ilícitas são as provas obtidas em violação a normas constitucionais ou legais, não está incorreta, apenas se devendo entender este último caso ("ou legais") como hipótese de violação indireta à Magna Carta, vale dizer, ofensa a dispositivo de lei cujo conteúdo reflita em garantia constitucional" (Avena, Processo, 2011, p. 492 – destaca-se).

Em razão disso, diante dos exemplos acima colocados, a prova obtida mediante tortura viola o art. 5º, III, CF; a violação de sigilo fere o art. 5º, XII, CF; a violação de domicílio infringe o art. 5º, XI, CF, etc. E há outras violações à Constituição, tidas como indiretas, como o interrogatório judicial sem a presença de defensor, por violar o art. 185, CPP (normal legal), e, indiretamente, o art. 5º, LV, CF (norma constitucional).

b) **prova ilegítima**: é aquela vedada em sentido relativo, ou seja, embora admitido o meio de prova, as formalidades não são respeitadas. É a violação a um **preceito processual**.

É, por exemplo, o reconhecimento do acusado sem a observâncias das cautelas legais do art. 226, CPP (descrição prévia da pessoa a ser reconhecida; colocação ao lado de outras pessoas, parecidas, se possível; proteção da pessoa chamada a reconhecer; e lavratura de ato pormenorizado); ou então, a perícia realizada por um perito não oficial (art. 159, § 1º, CPP) etc.

Desta forma:

Prova ilícita	Prova ilegítima
Violação à lei material	Violação à lei processual

9.1.13.2.1. *A Lei nº 11.690/08*

Referida lei produziu diversas alterações no Código de Processo Penal, inclusive quanto às provas, passando o art. 157, CPP, a dispor que "são inadmissíveis, devendo ser desentranhadas do processo, as **provas ilícitas**, assim entendidas as obtidas em violação a normas constitucionais ou legais".

Ponto de intenso debate é saber o que são essas "provas ilícitas", isto é, se ainda persiste a divisão entre *prova ilícita* (vício de direito material) e *prova ilegítima* (vício de direito processual).

Para uma posição, a nova redação não distingue mais prova ilícita de ilegítima, de modo que qualquer violação à produção probatória gerará sua ilicitude, com a sua consequente exclusão do processo.

Já para outra posição, deve ser mantida a dicotomia, pois disso resultam consequências diversas ao processo penal. Majoritariamente, a doutrina **mantém a distinção** entre prova ilícita e prova ilegítima, justamente em razão dos seus efeitos ao processo, o que será objeto de estudo no próximo tópico.

9.1.13.2.2. *Consequências*

Partindo-se, portanto, do princípio de que há provas **ilícitas**, violadoras de direito material, e provas **ilegítimas**, violadoras de direito processual, há que se estudar as consequências da sua realização e introdução no processo criminal.

Uma prova ilícita, como a obtida mediante tortura, deve ser desentranhada dos autos e inutilizada, não podendo mais ser refeita; por outro lado, uma prova ilegítima pode ser declarada nula e ser refeita.

Sistematizando, duas são as consequências (Madeira, 2015):

1) **quanto à repetição**

a) prova ilícita: não será possível a renovação (o refazimento) deste tipo de prova, já que se feriu, frontalmente, um direito material com reflexo constitucional. Ex.: interceptação telefônica sem ordem judicial, que fere a Lei nº 9.296/96, com reflexo direito no art. 5º, XII, CF.

b) prova ilegítima: será possível a renovação deste tipo de prova, diante da desobediência apenas à forma processual de sua produção. Ex.: a leitura de um documento no plenário do júri exige da parte a sua juntada aos autos com o mínimo de 3 dias de antecedência, dando-se ciência à outra parte – a violação a este procedimento fere o rito do art. 479, CPP.

2) **quanto aos efeitos**

a) prova ilícita: será desentranhada (retirada) dos autos e inutilizada, ou seja, destruída, eliminada. Consoante o § 3º do art. 157, preclusa a decisão de desentranhamento da prova declarada inadmissível, esta será inutilizada por decisão judicial, facultado às partes acompanhar o incidente.

b) prova ilegítima: não haverá o desentranhamento dos autos e nem sua destruição, mas a sua repetição, agora de acordo com as normas processuais. No exemplo acima da leitura no tribunal do júri, haverá a nulidade da sessão do júri e o ato deverá ser refeito, mantendo-se o documento intacto, observada, agora, a regra do art. 479, CPP.

Justamente em razão dessas consequências é que deve ser mantida a dicotomia entre prova ilícita e prova ilegítima.

Assim:

	Prova ilícita	Prova ilegítima
Conceito	Violadora de lei material	Violadora de lei processual
Repetição	Impossível	Possível
Efeitos	Desentranhamento e inutilização	Refazimento
Exemplo	Interceptação telefônica sem ordem judicial	Leitura de documento novo no júri sem respeitar o prazo mínimo

E corroborando essa distinção, afirmou o Superior Tribunal de Justiça o seguinte: "a **prova ilícita** é aquela que contém vício de origem, é dizer, foi produzida com violação à Constituição, porque violadora de alguma garantia, ou com infringência a algum regramento legal que diz, diretamente, com a natureza substancial da vedação de que seja produzida (...). Já a **prova ilegítima**, não tem o vício de origem que há de ser verificado na ilícita, ou seja, não foi produzida sem o crivo judicial, mas porque realizada com alguma nuance de irregularidade, no processo judicial (...). Ora, a consequência para a prova ilegítima, diferentemente da ilícita, não é peremptoriamente a sua extirpação do processo, porque ela pode ser consertada ou mesmo relegada ou simplesmente ignorada" (HC nº 213.448/RS, rel. Min. Sebastião Reis Júnior, j. 20.08.13).

9.1.13.2.3. *Desentranhamento*

Fixa o § 3º do art. 157, CPP, que "preclusa a decisão de desentranhamento da prova declarada inadmissível, esta será inutilizada por decisão judicial, facultado às partes acompanhar o incidente".

Apesar de ser essa a redação do § 3º do art. 157, CPP, deve-se fazer uma releitura do dispositivo e, ao invés de se destruir a prova ilícita, mantê-la íntegra, fora dos autos e sem possibilidade de contato pelos sujeitos do processo, a fim de que, futuramente – em eventual recurso – possa ser reanalisada pelos julgadores. Apenas com a **preclusão da decisão** é que poderá a prova ser inutilizada no processo, isto é, com a decisão final da última instância que atuou no processo. O Supremo Tribunal Federal adotou exatamente essa posição, determinando o desentranhamento da prova ilícita e o seu acautelamento em cartório, em autos apartados, até a preclusão da decisão sobre sua inutilização (Rcl nº 44.330/PR, rel. Min. Gilmar Mendes, j. 10.11.20).

Basta pensar, por exemplo, na decisão do juiz de primeiro grau que considera a prova ilícita e determina seu desentranhamento e inutilização da prova; se o prejudicado, posteriormente, recorrer e alegar nulidade em preliminar de apelação, os desembargadores irão precisar analisar essa prova considerada ilícita e até, eventualmente, reformar tal julgado. Em razão disso, deve-se excluir a prova do processo, sim, mas mantê-la apenas fora dos autos, permitindo-se sua reanálise, futuramente, pelo juízo superior, autorizando-se apenas a sua inutilização com a preclusão dessa decisão.

Além disso, a prova ilícita pode ser objeto de futuro processo contra o seu autor, de forma que, caso haja a sua destruição, haverá a destruição do próprio corpo de delito de um eventual crime cometido. Ex.: a prova documental produzida foi tida como falsa; se for determinada a sua inutilização, será destruída a principal prova de eventual crime de falsidade.

Por fim, consoante o Supremo Tribunal Federal, o que deve ser desentranhado do processo é apenas a prova considerada ilícita, mantendo-se as demais peças processuais, ainda que façam referência àquela. Assim, se uma certa prova é tida como ilícita, ela deverá ser desentranhada do processo; todavia, as peças do processo que fazem referência a essa prova (como a denúncia, a pronúncia etc.) não devem ser desentranhadas, pois não são "provas" do crime, estando fora do alcance do art. 157, CPP, ou seja, a legislação não determina a exclusão de *peças* processuais, mas tão só de *provas* ilícitas e derivadas destas (RHC nº 137.368/PR, rel. Min. Gilmar Mendes, j. 29.11.16).

Exemplo: Fulano ingeriu grande quantidade de bebida alcoólica e dirigiu seu veículo na sequência, atropelando e matando um pedestre. Enquanto estava no hospital desacordado, a perícia técnica colheu seu sangue, que atestou alta concentração de álcool. Fulano foi denunciado por homicídio doloso. Não concordando com a forma de obtenção da prova de alcoolemia, Fulano conseguiu no tribunal que esta prova fosse excluída, pois obtida ilegalmente (ele estava desacordado e não concordou com a sua produção). Ocorre que várias peças do processo fazem menção, justamente, ao exame de sangue que comprovou a embriaguez. A solução será riscar todas as menções a este exame. Nenhuma peça processual que mencione o exame de sangue anulado deve ser excluída ou desentranhada do processo, haja vista que estas peças não são "provas" para serem desentranhadas, tal como determina o art. 157, CPP, mas tão somente peças do processo, que deverão ser mantidas nos autos, apenas com riscos nos trechos que façam referência à prova ilícita.

9.1.13.2.4. *Recursos*

Quanto à decisão do juiz que reconhece a ilicitude da prova, a lei não traz previsão específica.

Entende-se cabível o recurso em sentido estrito, em interpretação extensiva ao art. 581, XIII, CPP (decisão que anula o processo da instrução criminal, no todo ou em parte) quando o reconhecimento da inadmissibilidade da prova ocorre antes da audiência de instrução e julgamento.

Por outro lado, caso não seja reconhecida a ilicitude sustentada, será possível a impetração de *habeas corpus* ou de mandado de segurança, seja pela acusação (que tem o direito de ação, que deve ser livre de vícios) ou pelo acusado (que tem o direito de ser processado com provas lícitas).

Ou, então, o prejudicado poderá esperar a decisão final e sustentar nulidade como preliminar de apelação, por exemplo, diante do cerceamento de defesa ou de produção probatória. No mesmo sentido, se a decisão que reconhece a inadmissibilidade da prova ocorrer no curso da audiência, com prolação de sentença em seguida, caberá apelação apenas.

9.1.13.2.5. *(Des)contaminação do juiz*

Tendo o magistrado obtido contato, no curso do processo, com uma prova considerada ilícita e que agora foi desentranhada dos autos, resta saber se ele poderá – ou não – continuar a julgar o caso, inclusive proferindo, ao seu final, sentença.

O art. 157, § 4º, CPP, então acrescentado pela Lei nº 11.690/08, dispunha que "o juiz que conhecer do conteúdo da prova declarada inadmissível não poderá proferir a sentença ou acórdão". Tal parágrafo, no entanto, foi vetado pelo Presidente da República, que afirmou que isso iria "contra a celeridade processual", já que poderia ocorrer de o juiz realizar toda a instrução processual e, ao final, precisar ser substituído por outro julgador diante do reconhecimento da ilicitude da prova; além disso, afirmou-se que, quando o processo não mais se encontrasse em primeira instância, a sua redistribuição não atenderia necessariamente ao que propõe o dispositivo, eis que mesmo que o magistrado conhecedor da prova inadmissível fosse afastado da relatoria da matéria, poderia ter que proferir seu voto em razão da obrigatoriedade da decisão coligada.

Apesar do veto, **duas posições** surgiram:

i) o juiz que teve contato com a prova ilícita **permanece imparcial**, já que não há previsão legal de seu afastamento (inclusive diante do veto do § 4º do art. 157, CPP) e, ainda, ele já está proibido de fundamentar a sua decisão com base em prova não mais existente nos autos. Do contrário, isso levaria a desgastes e atrasos do processo, como a substituição desnecessária de juízes ou, até mesmo, tentativas de saída forçada de um juiz com a introdução, pela parte, de uma prova ilícita no processo.

ii) o juiz que teve contato com a prova ilícita **não manterá mais a sua imparcialidade**. O juiz, ser humano que é, não tem como simplesmente "deletar" e esquecer o conteúdo da prova que conheceu; além disso, o magistrado, para julgar, precisa ser – como estudado – objetiva e subjetivamente imparcial. Não há como esperar que o juiz seja neutro quando, por exemplo, obteve conhecimento, por interceptação telefônica depois considerada ilegal, que o acusado sequestrou, estuprou e depois esquartejou a vítima. Ainda que ele não possa utilizar como elemento de convicção esse elemento de prova, ele está *contaminado* com o seu conteúdo. Embora ele não utilize, na sua fundamentação explícita, o conteúdo da prova ilícita, o seu *raciocínio* já estará corrompido. No mais, não há que se falar em atrasos no processo, pois todo juiz possui um substituto legal, e, por fim, a parte que quer excluir o juiz do processo poderá utilizar a suspeição e o impedimento.

Tende a prevalecer a primeira posição, isto é, o contato do juiz com a prova tida, depois, como ilícita, **não o impede de julgar e sentenciar** o processo. Em que pese tal entendimento, é difícil aceitar a permanência, no processo, do juiz que já teve contato com a prova considerada ilícita. Conforme Aury Lopes Jr., "é óbvio que o juiz que conheceu a prova ilícita não pode julgar, pois está contaminado. Não basta desentranhar a prova; deve-se desentranhar o juiz" (Curso, 2014, p. 470). Consoante o autor, não há como se admitir a simples "exclusão mental", como se o ato de julgar e sentenciar fosse meramente mecânico, em que simplesmente pudesse ser excluída a prova ilícita das percepções do juiz. Coloca-se, inclusive, uma questão-chave: "quem nos garante que o juiz não está decidindo a partir da prova ilícita, ainda que inconscientemente (até porque a emoção é mais intensa) e, na fundamentação, apenas cria uma blindagem argumentativa de que a decisão foi tomada com base na prova lícita?" (p. 472). Mas, ainda que defensável a posição, falta regulamentação, sob pena de a parte, maliciosamente, se aproveitar de uma prova ilegal no processo tão somente com o objetivo de trocar de magistrado sentenciante.

Por fim, a Lei nº 13.964/19 reavivou a discussão, ao dispor, no art. 157, § 5º, CPP, que "o juiz que conhecer do conteúdo da prova declarada inadmissível não poderá proferir a sentença ou acórdão". O dispositivo, no entanto, foi suspenso cautelarmente pelo Supremo Tribunal Federal (ADI nº 6.305/DF, rel. Min. Luiz Fux, j. 22.01.20), sob o fundamento de que "os princípios da legalidade, do juiz natural e da razoabilidade restam violados pela proibição de o juiz que conheceu a prova declarada inadmissível proferir sentença. A ausência de elementos claros e objetivos para a seleção do juiz sentenciante permite eventual manipulação da escolha do órgão julgador, conduzindo à inconstitucionalidade a técnica eleita legislativamente".

Há entendimento no sentido de que a prova inadmissível mencionada no § 5º do art. 157, CPP, é apenas a ilícita (violação ao Direito material ou constitucional), não estando inserida a prova ilegítima (que viola o Direito processual). Além disso, se o magistrado tiver declarado a prova inadmissível logo ao tomar conhecimento dela, poderá continuar julgando, uma vez que teria restado preservada a sua imparcialidade.

Resta acompanhar como o Plenário da Suprema Corte decidirá.

9.1.13.2.6. *A proporcionalidade*

Questiona-se se é possível utilizar uma prova ilícita com fundamento na proporcionalidade – algo como "os fins justificam os meios".

É sabido que a sociedade moderna é uma sociedade de risco, que muito comumente coloca em contraposição direitos fundamentais de pessoas em situações diversas; de um lado, por exemplo, há um investigado querendo provar sua inocência e, de outro, o Estado querendo punir o responsável pelo cometimento de um delito.

No que tange ao estudo das provas, resta saber se é possível aproveitar uma prova obtida ilicitamente para demonstrar a inocência do réu ou, mesmo, se a acusação poderá utilizar tal prova quando for a única apta a demonstrar a culpa do agente que praticou um crime bárbaro.

Duas situações devem ser analisadas:

a) **aproveitamento da prova ilícita em benefício do réu (aproveitamento *pro reo*)**: entende-se que sempre será possível o seu aproveitamento; do contrário, o Estado, vendo que há prova da inocência do réu (mas que tal prova foi considerada ilícita), irá condenar uma pessoa que sabe ser inocente, o que é inaceitável no atual Estado Constitucional de Direito.

A utilização dessa prova ilícita pela defesa poderá ser considerada uma excludente de ilicitude, como a legítima defesa ou o estado de necessidade; e, além disso, entende-se que a inadmissibilidade da prova ilícita objetiva proteger o acusado, não podendo tal princípio ser utilizado justamente contra quem é seu titular originário (Pacelli, 2012). Costuma-se falar, portanto, na aceitação da "teoria das excludentes", isto é, uma prova ilícita utilizada em benefício do investigado/acusado. Conforme Tavares e Casara, trata-se a utilização de prova ilícita em favor do acusado "de evidente manifestação do princípio da proporcionalidade, em que, no caso concreto, o princípio da ampla defesa contrasta e prevalece sobre o princípio da vedação das provas ilícitas" (Prova e Verdade, 2020, p. 92).

Questão interessante é saber se todo e qualquer tipo de prova ilícita que beneficia a defesa pode ser utilizado no processo, isto é, uma interceptação telefônica ilegal possui o mesmo valor para absolver o agente que a confissão de um coautor, realizada mediante tortura, afirmando que o acusado não praticou o crime?

Deve-se separar os casos. Uma situação, por exemplo, é a interceptação de comunicações da pessoa que, espontânea e livremente, conversa ao telefone e acaba produzindo prova que vem a beneficiar a defesa; outra situação – totalmente diversa – é a prova obtida por meios absolutamente ilegais, ilegítimos e imorais, em que o torturado, por exemplo, pode afirmar qualquer fato apenas para ver cessar a intensa dor que está sofrendo, não necessariamente declarando a verdade.

O valor que o juiz dará à prova ilícita que beneficia a defesa deve, obviamente, ser diferente diante desses dois exemplos dados, à luz, obviamente, da Constituição Federal.

b) **aproveitamento da prova ilícita em benefício da acusação (aproveitamento *pro societate*)**: há divergência sobre a possibilidade de utilização de uma prova ilícita em benefício da sociedade, ou seja, do Estado-acusação.

Para uma posição, é possível, diante do sopesamento dos bens jurídicos em conflito. Scarance traz o exemplo da violação do sigilo de cartas dos presos para impedir uma fuga generalizada e descobre-se que havia um plano para sequestrar o juiz da cidade. Para o autor, a prova obtida será lícita, pois a preservação da segurança pública e a vida do juiz superam a garantia do sigilo de correspondência (Processo, 2010).

Já para outra posição (Nicolitt, 2012), não é possível a utilização de prova ilícita *pro societate*, apresentando-se três razões: (a) não há adequação, pois a prova ilícita não combate a criminalidade e nem restaura a seguranca; (b) não há necessidade, pois o Estado deve – e consegue – agir dentro dos limites da lei; e (c) não há proporcionalidade em sentido estrito, pois o benefício da utilização de uma prova ilícita não justifica a lesão às garantias dos cidadãos.

De acordo com o autor, a Constituição Federal já assegura instrumentos de segurança pública, "que, se porventura, não estão sendo aplicados com eficiência, não será a deformação do processo que servirá de remédio para este mal" (p. 372). O contrário seria permitir que o juiz ignorasse a regra constitucional que veda o uso das provas ilícitas.

No Brasil, não há uma posição pacífica adotada. Todavia, diante dos ditames constitucionais, alguns sustentam que somente haverá a adoção de eventual técnica da proporcionalidade se a prova ilícita acabar por **beneficiar o acusado** – e nunca a acusação, que possui todo o aparato estatal para a investigação criminal, considerando a sua posição de superioridade frente ao acusado e diante da vedação constitucional da utilização de provas ilícitas.

Em interessante julgamento, o Superior Tribunal de Justiça analisou caso em que uma mãe recebeu informações de que sua filha, de apenas 13 anos de idade, estava em situação de vulnerabilidade, sendo vítima de crime sexual de natureza hedionda. Para a Corte, a mãe, na qualidade de representante legal da filha menor de idade, tinha não apenas o poder, mas o dever de procurar as autoridades para relatar os fatos, mesmo que, para isso, *tenha captado dados do computador e celular da filha*, pois, a partir desses dados, foi requerida e deferida judicialmente a busca e apreensão desses aparelhos, tudo nos termos do ordenamento legal, inclusive observando-se a proteção integral da criança e do adolescente (HC nº 392.158/RO, rel. Min. Reynaldo Soares da Fonseca, j. 22.08.17). Conclusão idêntica se dá na gravação audiovisual, pela genitora, de menor de idade vítima de crime sexual, situação que se assemelha à gravação telefônica feita com autorização de um dos interlocutores (STJ, HC nº 578.058/SP, rel. Min. Nefi Cordeiro, j. 08.09.20).

De igual sorte, é considerada lícita a gravação de conversa realizada através de terminal telefônico da residência dos pais, na qualidade de representantes civis do menor impúbere, vítima de crime sexual, já que eles têm o poder-dever de proteção e vigilância em relação aos filhos menores, sendo lícita a gravação de conversa pelos pais (terceiros) mantida pela vítima (filho menor) com o suposto criminoso. Assim, "nesse caso, diante da absoluta incapacidade da vítima para os atos da vida civil – e ante a notícia de que estava sendo vítima de crime de natureza hedionda – a hipótese se assemelha à gravação de conversa telefônica feita com a autorização de um dos interlocutores, sem ciência do outro, quando há cometimento de crime por este último" (REsp nº 1.026.605/ES, rel. Min. Rogerio Schietti Cruz, j. 13.05.14).

Nestes dois casos, portanto, prevaleceu a proporcionalidade em benefício das vítimas menores e da própria sociedade em detrimento de eventual alegação, pelo acusado, de ilegalidade na obtenção das provas.

9.1.13.2.7. *Admissão da prova ilícita*

Algumas situações – criadas pela doutrina e jurisprudência, nacional ou internacional – autorizam a utilização, no processo, de uma prova obtida ilicitamente, a depender da situação concreta.

Na sequência, portanto, serão estudadas algumas teorias, oriundas principalmente do direito norte-americano (que talvez seja o berço do estudo da admissibilidade das provas). Isso, todavia, não significa que essas teorias são aplicadas no Brasil.

9.1.13.2.7.1. Exceção de boa-fé

Possui origem no caso *United States vs. Leon* (468 U.S 897). Em 1981, a polícia californiana recebeu informações a respeito de um possível tráfico de drogas, tendo como suspeitos, dentre outros, Alberto Leon; com base nessas informações, um dos policiais solicitou um mandado judicial para busca e apreensão, o que foi deferido pelo juiz; posteriormente, tal mandado foi considerado inválido, por ausência de causa provável para tal diligência; a Suprema Corte entendeu que, como o mandado judicial foi expedido por uma autoridade judiciária imparcial, não há como dizer que a obtenção de provas é ilícita se os agentes policiais desconhecem tal invalidade do mandado e se há, de fato, motivos razoáveis para acreditar na sua validade – tanto que, no presente caso, a polícia realizou vigilância dos envolvidos e obteve informações de dois informantes. . Logo, se os executores agiram de boa-fé, de forma minimamente razoável, a prova obtida não pode ser considerada ilícita.

Já no caso *Massachusetts vs. Sheppard* (468 U.S 981), policiais, investigando um homicídio, representaram ao juiz local pela expedição de um mandado de busca e apreensão; o juiz deferiu o mandado, no entanto, confundiu-se ao preencher o formulário legal, autorizando a busca em relação ao crime de tráfico de drogas; os policiais não repararam o erro e cumpriram a busca e apreensão quanto ao crime que estava sendo investigado, de homicídio; o acusado sustentou a nulidade do mandado. Entendeu a Suprema Corte que o mandado cumprido foi válido, haja vista que não deve ser excluída a prova quando os policiais agiram de boa-fé e tinha razões para acreditar na plena validade do mandado expedido, ainda mais quando cumpriram todas as etapas exigidas pela lei.

No Brasil, em princípio, não há como ser adotada tal teoria, já que a ilicitude de uma prova (originária ou derivada) independe da verificação de o agente ter – ou não – agido de boa-fé. Assim, se um mandado judicial de busca e apreensão é invalidado, não será a boa-fé dos policiais que o cumpriram que tornará lícita a prova obtida a partir dessa diligência.

9.1.13.2.7.2. Teoria do risco

Busca-se atribuir o aspecto de legalidade a uma prova obtida, *aparentemente*, mediante a violação de um direito à intimidade, como uma escuta telefônica ou uma gravação ambiental.

Assim, se uma pessoa, espontaneamente, afirma que praticou um crime ou traz informações a respeito de um delito, ela *assume o risco* de que isso pode estar sendo gravado ou documentado de alguma forma. Então, se o agente, numa praça pública, diz ao seu colega que explodiu um caixa eletrônico, ele estaria "abrindo mão" de eventual sigilo dessa informação, seja porque seu colega não possui o dever de manter este segredo, seja porque tal informação foi divulgada em um ambiente público.

Desta feita, se nem o próprio agente se preocupou com o sigilo desta informação, isso não poderá ser exigido de outras pessoas que tiveram contato – normal, ordinário – com essa informação.

Deve-se ressaltar que a jurisprudência brasileira admite a chamada *gravação clandestina*, que é aquela realizada por um dos interlocutores sem o consentimento do outro, ou seja, uma pessoa grava a conversa que está tendo com outra, o que é considerado um meio de prova válido (STF, QO-RE nº 583.937/RJ, rel. Min. Cezar Peluso, j. 19.11.09; e STJ, RMS nº 49.277/SP, rel. Min. Nefi Cordeiro, j. 07.04.16). A exceção, ou seja, quando a gravação clandestina não poderá ser feita por um dos interlocutores, diz respeito à existência de uma causa legal de sigilo – como a conversa entre advogado e cliente – ou à reserva de conversação – como a conversa íntima (STF, HC nº 91.613/MG, rel. Min. Gilmar Mendes, j. 15.05.12).

Também, é lícita a gravação ambiental, por um dos interlocutores, na condição de vítima, com o objetivo de assegurar um direito seu, independentemente de autorização judicial, sendo irrelevante a propriedade do aparelho utilizado na gravação (STJ, RHC nº 102.808/RJ, rel. Min. Joel Ilan Paciornik, j. 06.08.19). Desta forma, o Superior Tribunal de Justiça considerou lícita a gravação e filmagem, feita pela vítima, de um defensor público que solicitou ilegalmente valores para defender a sua filha em processo criminal; a gravação foi feita com um aparelho emprestado pela polícia, o que foi considerado legal (REsp nº 1.689.365/RR, rel. Min. Reynaldo Soares da Fonseca, j. 12.12.17).

De outro lado, é *ilícita* a gravação clandestina realizada pela polícia em "conversa informal" com o preso, diante da ausência do preenchimento dos requisitos legais (garantir o direito ao silêncio, de não produzir prova contra si, documentar o fato narrado etc.) e por constituir elemento típico de acusação/inquisição, contaminando todas as provas decorrentes, já que há um verdadeiro **interrogatório sub-reptício** (STF, HC nº 80.949/RJ, rel. Min. Sepúlveda Pertence, j. 30.10.01; STJ, HC nº 244.977/SC, rel. Min. Sebastião Reis Júnior, j. 25.09.12). Observar que "sub-reptício" significa aquilo que é feito às ocultas, clandestinamente, de forma fraudulenta (Houaiss, 2015). Em sentido similar, entendeu-se que é nula a "entrevista" feita pelo delegado de polícia com o investigado, no curso de uma busca e apreensão em sua residência, sem que, antes, lhe tenha sido assegurado o direito ao silêncio e à assistência por um advogado, haja vista que resta configurado um verdadeiro interrogatório travestido de "entrevista" ou "mera conversa informal", o que não pode ser aceito (STF, Rcl nº 33.711/SP, rel. Min. Gilmar Mendes, j. 11.06.19).

E entendeu o Superior Tribunal de Justiça que a gravação de uma conversa telefônica da mulher com terceiro, feita pelo esposo, sem o conhecimento daquela (o que seria uma interceptação telefônica ilegal), não pode ser "convertida" em gravação telefônica clandestina posteriormente, ainda que a esposa tenha, após à divulgação dos conteúdos da conversa, autorizado tal gravação, pois, como entendeu a Corte, *no momento da gravação*, a esposa não tinha ciência do artifício que foi implementado por seu marido, não se podendo afirmar, portanto, que, caso soubesse disso, manteria tais conversas. No caso, a Corte entendeu que a gravação feita pelo marido de conversas telefônicas mantidas por sua esposa com terceiros foi ilegal, mesmo que esta tenha, depois, autorizado, pois ou obtinha-se autorização judicial para se realizar uma interceptação telefônica ou a esposa deveria ter autorizado, previamente, a gravação de suas conversas pelo marido (HC nº 161.053/SP, rel. Min. Jorge Mussi, j. 27.11.12).

9.1.13.2.7.3. Ataque à credibilidade

Possui origem, também, norte-americana, e vem de *evidence admissible for impeachment*, ou seja, trata-se de uma prova que poderá ser utilizada como meio para **atacar a credibilidade de alguém** – por isso "impeach", ou seja, apontar/indicar alguém por não ser crível.

O caso originário é *Walder vs. United States* (347 U.S 62), em que Walder foi acusado de *vender* ilegalmente drogas; dois anos antes, no entanto, num outro processo, ele já havia sido indiciado por *comprar* drogas, mas tal processo foi anulado, pois decorreu de uma busca e apreensão ilegal. No seu julgamento atual (pela venda de drogas), duas testemunhas confirmaram que compraram drogas de Walder; o acusado, então, livre e espontaneamente, afirmou ao juiz que "nunca havia *comprado*, *vendido* ou *entregado* drogas a ninguém". No curso deste julgamento, um policial, que havia atuado no caso da busca ilegal, afirmou que, anos antes, a polícia havia achado – ainda que ilegalmente – drogas ilícitas na casa de Walder, desmentido suas afirmações de que "nunca" havia tido contato anterior com entorpecentes.

A Suprema Corte estadunidense entendeu neste caso que, embora a prova ilícita (apreensão irregular de drogas) não tenha servido *naquele* primeiro processo, em razão da busca ter sido considerada ilegal, ela poderá ser utilizada *neste* processo em julgamento para **valorar os fatos narrados pelo acusado, de forma a verificar a sua credibilidade**. Assim, num primeiro momento, o agente fala que "nunca teve contato com drogas ilícitas" (o que é inverídico, pois houve uma apreensão de drogas na sua casa, embora ilegal); posteriormente, então, o juiz da nova causa em julgamento poderá, validamente, valorar essa sua declaração (como mentirosa), **ainda que oriunda de uma ilegalidade anterior**.

No mesmo sentido foi o caso *United States vs. Havens* (*case* 446 U.S 620), em que a Corte entendeu que, a partir do momento em que o próprio acusado trouxe elementos ao processo (legais ou ilegais, falsos ou verdadeiros), é dever do Estado buscar a verdade.

Não há notícias da aplicação desta teoria no Brasil, até porque, o juiz possui o livre convencimento motivado de acordo com as provas produzidas *nos autos*, enquanto que, de outra banda, o acusado possui o direito de se defender, ainda que minta.

9.1.13.2.7.4. Visão aberta

O direito norte-americano possui a *plain view doctrine*, isto é, a doutrina da visão aberta (à vista de todos), segundo a qual "com base no princípio da razoabilidade, deve ser considerada legítima a apreensão de elementos probatórios do fato investigado ou mesmo de outro crime, quando, a despeito de não se tratar da finalidade gizada no mandado de busca e apreensão, no momento da realização da diligência, o objeto ou documento é encontrado por se encontrar à plena vista do agente policial" (Brasileiro, Curso, 2013, p. 608 – mencionando Walter N. Silva Jr.).

Cita-se, comumente, o caso *Horton vs. California* (496 U.S 128), em que a Suprema Corte decidiu que não há violação constitucional à apreensão de elementos de prova sem um mandado judicial quando a prova está à vista do agente da lei. Já no caso *Arizona vs. Hicks* (480 U.S 321), a Corte entendeu que, se a coisa apreendida, embora não fosse objeto do mandado judicial, estava à vista, não existe sequer expectativa de privacidade que impedisse eventual busca e apreensão.

Conforme explicam os professores Joshua Dressler, Alan Michaels e Ric Simmons, da Universidade de Ohio – Moritz College of Law, um objeto de natureza incriminadora pode ser apreendido sem um mandado se estiver à vista de um policial legalmente presente na cena do crime (*Understanding*, 2017, p. 229).

Por outro lado, será considerada ilícita a prova nestes dois casos:

i) se já apreendida a coisa que foi objeto da diligência, os agentes policiais continuam realizando buscas na tentativa de localizar mais elementos em relação a outros crimes. Entende-se que, se a polícia já logrou êxito em localizar o objeto que ensejou a busca e apreensão, esta diligência deve cessar imediatamente, sob pena de desvio de finalidade e de se tornar ilícita a coisa apreendida (*Minnesota vs. Dickerson* – 508 U.S 366).

ii) se os agentes policiais realizam as buscas em local que, claramente, não será encontrado o objeto da busca, haverá desvio de finalidade. Exemplo: a polícia busca realizar a apreensão de lanchas e automóveis nos armários de roupas dos investigados.

Muito se assemelha esta regra com a teoria, adotada no Brasil, do encontro fortuito de provas. Na *plain view* americana, permite-se que um policial apreenda prova, sem um mandado judicial, quando ela está à sua vista – como um policial que, numa abordagem rotineira de trânsito, avista uma arma ao lado do motorista, permitindo-lhe supor e que ela é ilegal e, assim, proceder à sua apreensão; no Brasil, a solução geralmente é resolvida com base no **flagrante**, que autoriza prender o suspeito e, consequentemente, apreender as provas do delito (art. 5º, XI, CF) – o tema será objeto de análise adiante.

Corolário desta corrente é o *plain touch* (ou *plain feel*), em que se autoriza o uso do sentido do tato por policiais em busca de armas ou drogas na posse de uma pessoa, por exemplo. Além da *plain view*, é possível sustentar a *plain hearing* e a *plain smell*, ou seja, o som ouvido por todos e o cheiro sentido por todos. Isso porque, se uma pessoa não tem expectativas de privacidade quanto ao que os policiais podem ver, ela também não pode criar expectativas de privacidade quanto ao som e quanto ao cheiro que produz. Neste sentido, aliás, o Superior Tribunal de Justiça já entendeu ser dispensável o mandado de busca e apreensão quando se tratar de flagrante de crime de tráfico de drogas e os policiais tiverem feito a busca em imóvel após sentirem forte cheiro de maconha (AgRg no HC nº 423.838/SP, rel. Min. Sebastião Reis Júnior, j. 08.02.18).

9.1.13.2.7.5. Erro inócuo

Possui origem no caso *Chapman vs. California* (386 U.S 18), em que o promotor de justiça cometeu um erro durante o julgamento, o que poderia gerar uma nulidade. A Suprema Corte entendeu que há certos erros – chamados de *harmless constitutional error rule* – que não maculam o processo, ou seja, que são inócuos, principalmente quando o processo está apoiado em *outras provas*, que não guardam relação com um "erro inócuo", irrelevante.

Guardadas as proporções, é possível sustentar que o Brasil aceita esta teoria, quando, por exemplo, a despeito da existência de uma prova ilegal, outras – tidas por legais – autorizam a validade do processo (STJ, HC nº 249.330/PR, rel. Min. Jorge Mussi, j. 12.02.15). A bem da verdade, parece mais guardar relação com a teoria da fonte independente, conforme será visto.

9.1.13.2.7.6. Encontro fortuito

Mais uma teoria de origem norte-americana, tem fundamento na *serendipity doctrine* (**serendipidade** ou **serendipismo**, no Brasil), segundo a qual as provas descobertas no curso da realização de uma prova legal são consideradas legítimas e poderão ser utilizadas no processo. No bom e velho português, significa "mirar numa coisa e acerta outra também".

Historicamente, tem origem no livro *Os Três Príncipes de Serendip*, traduzido para o Ocidente por Michele Tramezzino (1557), que teria se baseado em obra persa, em que tais príncipes, viajantes que eram, acabavam, no meio dos trajetos, fazendo descobertas acidentais de coisas que não buscavam inicialmente. A expressão "serendipidade" teria origem em Horace Walpole, escritor inglês do século XVIII. O *Oxford Dictionary* traduz *serendipity* como sendo a ocorrência de um evento por acaso de uma forma feliz ou benéfica.

Como bem explica Pacelli, "fala-se em encontro fortuito quando a prova de determinada infração penal é obtida a partir de busca regularmente autorizada para a investigação de outro crime" (Curso, 2020, p. 462).

Inicialmente, no Brasil, a jurisprudência entendia que somente seria válida a descoberta fortuita de provas se houvesse conexão com o fato investigado. Assim, se fosse realizada uma interceptação telefônica para investigar o crime de corrupção passiva, eventual descoberta de provas fortuitas deveria dizer respeito a crimes relacionados ao fato investigado.

Com o tempo, a jurisprudência amadureceu. O Superior Tribunal de Justiça passou a admitir a prova encontrada fortuitamente, **ainda que sem relação com o fato investigado**. No caso (AP nº 690/TO, rel. Min. João Otávio de Noronha, j. 15.04.15), a investigação apurava o crime de moeda falsa, mas, no curso de uma interceptação telefônica, provas revelaram a possível venda de decisões judiciais por alguns juízes. Então, admitiu-se a serendipidade e uma nova investigação se iniciou para apurar tais fatos.

Como regra, portanto, o encontro fortuito de prova, de acordo com a moderna e atual jurisprudência, é legítimo mesmo que o fato não guarde nexo causal (conexão) com o fato que se investigava; já para parte minoritária da doutrina, deve haver este nexo causal para ser válido o encontro fortuito.

Diante disso, criou-se a seguinte classificação (Masson e Marçal, Crime Organizado, 2016):

a) **serendipidade de primeiro grau**: é o encontro fortuito de provas quando **houver** conexão ou continência com o fato que se apurava. Ex.: no curso de investigação para apurar o tráfico de drogas, descobre-se que, também, o grupo criminoso estaria lavando o dinheiro oriundo deste tráfico. A prova encontrada fortuitamente será considerada *elemento de prova*.

b) **serendipidade de segundo grau**: é o encontro fortuito de provas quando **não houver** conexão ou continência com o fato que se apurava. Ex.: no curso de investigação para apurar crime de contrabando, descobre-se que o suspeito também praticou feminicídio contra sua companheira, crime este sem relação alguma com os fatos até então investigados. A prova encontrada fortuitamente será considerada *notitia criminis*, autorizando a instauração de uma nova investigação – mas há quem entenda que o que se obtém fortuitamente será efetiva "prova" (Moraes, 2016).

De forma bastante didática, "segundo essa teoria, independentemente da ocorrência da identidade de investigados ou réus, consideram-se válidas as provas encontradas casualmente pelos agentes da persecução penal, relativas à infração penal até então desconhecida, por ocasião do cumprimento de medidas de obtenção de prova de outro delito regularmente autorizadas, ainda que inexista conexão ou continência com o crime supervenientemente encontrado e este não cumpra os requisitos autorizadores da medida probatória, desde que não haja desvio de finalidade na execução do meio de obtenção de prova" (STJ, RHC nº 94.083/RS, rel. Min. Ribeiro Dantas, j. 04.06.19).

Facilitando a visualização, basta imaginar o conhecido caso da "Operação Lava Jato", que, inicialmente, apurava atos praticados (lavagem de dinheiro, evasão de divisas etc.) por organizações criminosas através de doleiros; no curso das investigações – cujo processo penal tornou-se o maior caso de corrupção do Brasil, com quase uma centena de inquéritos policiais e dezenas de ações penais em curso – foram descobertos diversos crimes, como corrupção, lavagem de dinheiro etc., inclusive com a participação de diversos políticos, partidos políticos e o envolvimento de outros países. Mirou-se num fato e acabou-se acertando outros diversos também.

Corroborando esse atual entendimento, o Superior Tribunal de Justiça afirmou que, se "a autoridade policial, em decorrência de interceptações telefônicas legalmente autorizadas, tem notícia do cometimento de novos ilícitos por parte daqueles cujas conversas foram monitoradas, é sua obrigação e dever funcional apurá-los, ainda que não possuam liame algum com os delitos cuja suspeita originariamente ensejou a quebra do sigilo telefônico" (HC nº 189.735/ES, rel. Min. Jorge Mussi, j. 19.02.13). Até porque, investigação *lícita* não produz prova *ilícita*.

Consoante Alexandre de Moraes, chama-se **crime-achado** aquela infração penal então desconhecida e que, até o momento não investigada, é encontrada no curso de uma diligência que está em andamento para apurar uma infração penal, inclusive podendo ser localizados outros autores e partícipes (Curso, 2016). É, literalmente, o crime descoberto/achado no curso de uma diligência investigatória em relação a outro crime.

Exemplo prático: réu estava sendo investigado por tráfico de drogas; no curso de interceptação telefônica autorizada judicialmente, descobre-se que ele foi o autor de um homicídio; a prova obtida a respeito do crime contra a vida será *lícita*, mesmo que a interceptação telefônica tenha sido decretada para investigar outro delito que não o que se descobriu (HC nº 129.678/SP, rel. p/ acórdão Min. Alexandre de Moraes, j. 13.06.17).

A prova obtida fortuitamente somente será considerada lícita se, além de presentes todos os requisitos constitucionais e legais daquela investigação em curso, não se verificar a ocorrência de desvio de finalidade ou mesmo simulação ou fraude para a sua obtenção, como um "simulacro de investigação", como o notório objetivo de se obter provas não relacionadas com a investigação criminal em andamento (Moraes, 2017).

É possível, então, que o encontro fortuito de provas diga respeito a outros crimes ou a outras pessoas. O Tribunal da Cidadania já entendeu que "a interceptação telefônica vale não apenas para o crime ou para o indiciado, objetos do pedido, mas também para outros crimes ou pessoas, até então não identificados, que vierem a se relacionar com as práticas ilícitas. Ora, a autoridade policial, ao formular o pedido de representação pela quebra do sigilo telefônico, não poderia antecipar ou adivinhar tudo o que está por vir. Desse modo, se a escuta foi autorizada judicialmente, ela é lícita e, como tal, captará licitamente toda a conversa" (HC nº 144.137/ES, rel. Min. Marco Aurélio Bellizze, j. 31.08.12). Assim, a serendipidade não pode ser interpretada como ilegal ou inconstitucional simplesmente porque o objeto da interceptação não era o fato posteriormente descoberto (STJ, AP nº 690/TO, rel. Min. João Otávio de Noronha, j. 14.05.15).

Em razão disso, pode-se falar, como bem explicam Cleber Masson e Vinícius Marçal, em (Crime Organizado, 2016):

a) **serendipidade objetiva**: quando surgirem indícios da prática de outros **delitos** que até então não estavam sendo investigado. Ex.: no curso da investigação de roubo de cargas descobre-se um tráfico de armas.

b) **serendipidade subjetiva**: quando surgirem indícios do envolvimento de outras **pessoas** que até então não estavam sendo investigadas. Ex.: no curso da investigação em relação a Matheus descobre-se o envolvimento de Pedro.

O que ocorre na infinita maioria dos casos diz respeito à descoberta de um crime já praticado ou que está em andamento ainda. Mas, e se, no curso de uma interceptação telefônica para apurar crime de tráfico de drogas, a polícia descobre a prática futura de um roubo? Para o Superior Tribunal de Justiça, neste caso, existindo autorização judicial, não se deve exigir a demonstração da conexão entre o fato investigado e o descoberto, pois o Estão não pode se quedar inerte diante da ciência de que um crime será praticado. Logo, "a discussão a respeito da conexão entre o fato investigado e o fato encontrado fortuitamente só se coloca em se tratando de **infração penal pretérita**, porquanto no que concerne às infrações futuras, o cerne da controvérsia se dará quanto a licitude ou não do meio de prova utilizado e a partir do qual se tomou conhecimento de tal conduta criminosa" (HC nº 69.552/PR, rel. Min. Felix Fischer, j. 06.02.07).

Como mencionado no tópico anterior, se, no curso de uma busca e apreensão, a polícia – que realiza, p. ex., a diligência para localizar animais silvestres supostamente vendidos pela internet – acha objetos ilícitos que não estão mencionados no mandado judicial, a solução será com base na autorização constitucional da prisão em flagrante. Então, se os policiais estão procurando pelos animais e encontram malas cheias de cocaína, a atuação policial será legítima em relação às drogas, ainda que não haja menção a elas no mandado judicial. É de se destacar a possibilidade de prisão em flagrante se preenchidos os requisitos legais, como no caso de ser o crime de natureza permanente (STJ, RHC nº 41.316/SP, rel. Min. Maria Thereza de Assis Moura, j. 12.12.14).

Além da busca e apreensão e da interceptação (STF, Inq. 3732/DF, rel. Min. Cármen Lúcia, j. 08.03.16), é possível aplicar o encontro fortuito de provas em outras diligências, como quebra de sigilo bancário ou fiscal (STJ, HC nº 282.096/SP, rel. Min. Sebastião Reis Júnior, j. 24.04.14). **Assim, qualquer que seja a diligência realizada legalmente, será possível o seu aproveitamento para investigar fatos ou pessoas que surjam no seu curso natural.**

Para fixar o tema, "ainda que as condutas imputadas aos ora pacientes não guardem relação direta com aquelas que originaram a quebra do sigilo, mostra-se legítima a utilização da referida medida cautelar preparatória, se por meio dela descobriu-se fortuitamente a prática de outros delitos" (STJ, HC nº 187.189/SP, rel. Min. Og Fernandes, j. 13.08.13).

Exemplo mais do que atual de serendipidade se dá com as tão faladas colaborações premiadas. O colaborador (delator, para alguns) poderá, no bojo de suas afirmações, indicar a ocorrência de crime diverso do então investigado e até mesmo a participação de pessoa até então não investigada. Isso configurará típica descoberta fortuita de provas (serendipidade).

Para a Suprema Corte, se a delação do colaborador mencionar fato criminoso que teria sido praticado por uma **autoridade com foro privativo** (ex.: um governador, que é julgado pelo STJ), este acordo de colaboração deverá, *obrigatoriamente*, ser celebrado pelo Ministério Público com tal atribuição (no caso, o MPF atuante no STJ), com a posterior homologação pelo tribunal competente (o STJ, no exemplo). Então, se o criminoso delatado é julgado num tribunal em razão de foro por prerrogativa, o acordo de delação que o mencionar deve também ser homologado por este mesmo tribunal. Em suma, se o delator ou o delatado tiver foro por prerrogativa de função, a homologação da colaboração premiada será de competência do respectivo tribunal (HC nº 151.605/PR, rel. Min. Gilmar Mendes, j. 20.03.18). O Superior Tribunal de Justiça já se manifestou de forma diversa, com base na teoria do juízo aparente, mas deverá se curvar a este novo entendimento do Supremo Tribunal Federal (Rcl nº 31.629/PR, rel. Min. Nancy Andrighi, j. 20.09.17).

No mais, a regra é que a pessoa delatada não possui legitimidade para impugnar o acordo feito pelo delator, pois se trata de um negócio jurídico personalíssimo (STF, HC nº 127.483/PR, rel. Min. Dias Toffoli, j. 27.08.15). Todavia, excepcionalmente, admite-se a impugnação quando houver violação à prerrogativa de foro do delatado, isto é, se este possui foro privativo no tribunal, poderá impugnar eventual acordo que o mencione e que foi homologado em primeira instância, por exemplo (STF, HC nº 151.605/PR, rel. Min. Gilmar Mendes, j. 20.03.18).

É de se destacar que se uma pessoa do povo está sendo interceptada, por decisão do juiz de 1º grau, e acaba realizando uma ligação telefônica a um agente que possui foro por prerrogativa de função (um juiz ou um promotor de justiça, por exemplo), esta interceptação telefônica *não é ilícita*, uma vez que quem está sendo interceptado, de fato, é a pessoa comum do povo, ocorrendo, na verdade, um encontro fortuito de provas/crimes. Assim que tomar conhecimento do fato, este deverá ser comunicado às autoridades competentes (como o PGJ/TJ, no caso), de modo que poucos dias entre a conversa interceptada e esta comunicação não configura excesso (STF, MS nº 34.751/CE, rel. Min. Marco Aurélio, j. 14.08.18).

Outro tópico interessante diz respeito à possibilidade de utilização, no procedimento administrativo disciplinar, de dados obtidos em descoberta fortuita de provas na investigação criminal. Assim, o Conselho Nacional de Justiça (CNJ) poderá valer-se de provas obtidas através da serendipidade para fins de instruir procedimento disciplinar contra um juiz que teve seu nome mencionado no curso de investigações em face de organização criminosa (STF, AgRg no MS nº 30.361/DF, rel. Min. Rosa Weber, j. 29.08.17).

9.1.13.3. *Prova ilícita por derivação*

A prova ilícita não é só aquela produzida de forma contrária à lei, mas, além disso, a prova produzida que dela seja consequência. Então, *v.g.*, não é ilícita apenas a interceptação telefônica sem ordem judicial, mas, também, a busca e apreensão realizada com base nas informações colhidas nesta interceptação ilegal.

Exemplo: a polícia intercepta ilegalmente o telefone de João, que diz, no curso das gravações ilegais, que transferiu a droga para o galpão da Rua 1º de Abril; a polícia, então, realiza buscas no local, encontrando a droga – toda a prova será ilícita, tanto a interceptação (patentemente ilegal) quanto a busca e apreensão (ilegal por derivação).

Em caso julgado pelo Superior Tribunal de Justiça, a polícia estava fazendo ronda de rotina quando suspeitou de uma certa pessoa; determinada a sua parada, o seu telefone tocou, momento em que um policial mandou que o suspeito atendesse e colocasse em viva-voz a ligação; então, soube-se que havia uma pessoa, na casa do suspeito, aguardando um "material" que lá estaria guardado; a polícia foi com o suspeito à sua casa e lá localizou grande quantidade de drogas, que era o tal "material" guardado. A defesa impugnou a condenação do agente por tráfico de drogas, sustentando que a prova obtida pela polícia (ligação em viva-voz por determinação/ordem policial) era ilícita, considerando que o réu foi obrigado a reproduzir conversa telefônica, de modo que realizou – *por ordem policial, frise-se* – uma prova contra si. A Corte, então, entendeu que a prova obtida foi, de fato, **ilícita**, já que o agente foi obrigado, sem a sua concordância e mesmo sem autorização judicial, a reproduzir contra si uma conversa travada com terceiro pelo viva-voz de seu telefone celular, o que conduziu os policiais à sua casa e culminou com a descoberta da droga. Desta forma, a partir da ilicitude da prova por viva-voz, todas as demais provas obtidas a partir disso também foram consideras ilícitas por derivação. Então, afirma-se que, sem o consentimento do réu ou prévia autorização judicial, é ilícita a prova, colhida de forma **coercitiva pela polícia**, de conversa travada pelo investigado com terceira pessoa em telefone celular, por meio do recurso viva-voz, que conduziu ao flagrante do crime de tráfico de drogas (REsp nº 1.630.097/RJ, rel. Min. Joel Ilan Paciornik, j. 18.04.17).

Por isso é que se fala em *derivação*, isto é, a **contaminação das demais provas produzidas a partir de uma prova ilícita originária**. Sustenta-se, assim, que as provas obtidas com base em provas colhidas ilegalmente devem ser excluídas do processo.

Esta construção tem origem nos Estados Unidos, no caso *Silverthone Lumber Co. vs. United States* (251 U.S 385), de 1920, e sustentou-se, basicamente, que, se uma prova ilegal leva à descoberta de outra prova, aquela deve ser considerada ilícita, excluindo-a do processo, e esta, como é **fruto da ilegalidade**, deve ser excluída também, em razão da derivação.

Tempos depois, em 1939, no caso *Nardone vs. United* States (302 U.S 379) utilizou-se, pela primeira vez, a expressão ***fruit of the poisonous tree***, ou seja, "fruto da árvore envenenada", já que, se a árvore está envenenada (i.e., se uma prova é ilícita), os seus frutos (i.e., as demais provas obtidas a partir da prova ilícita) também estarão envenenados como consequência lógica.

Independentemente de qualquer religião, apenas a título de complemento, a Bíblia traz o seguinte: "assim, toda árvore boa dá bons frutos, porém a árvore má dá maus frutos. Uma árvore boa não pode dar maus frutos, nem uma árvore má dar bons frutos" (Mt 7: 16-18).

Então, quando uma prova for produzida contrariamente aos ditames legais, não apenas essa prova em si será considerada ilegal, mas todas as demais que dela se originaram.

Outra expressão utilizada é a ***taint doctrine***, ou seja, "teoria da mancha" (ou da tinta, ou da marca), fazendo alusão à ideia de obtenção de uma prova que foi *manchada* por uma prova ilegal anterior (*Wong Sun vs. United States* – 371 U.S 471).

Exemplo: uma confissão é obtida, por policiais, mediante tortura; a partir dessa informação, o suspeito, sofrendo intenso sofrimento físico e/ou mental, informa que realmente matou a vítima e que o corpo está na beira do rio da cidade e que a faca utilizada está guardada na cozinha de sua casa. Os policiais se dirigem a estes dois locais e localizam tanto o corpo quanto a arma utilizada. Vê-se que estas duas diligências foram realizadas aparentemente de forma lícita, já que houve o deslocamento da polícia, a realização de perícia, a confecção dos respectivos laudos etc. Ocorre, todavia, que os policiais somente obtiveram tais informações mediante a realização de uma prova claramente ilícita (confissão mediante tortura), de forma que as provas obtidas a partir disso, diante da existência do nexo causal, estão contaminadas/manchadas, também, pela ilicitude. Quer-se dizer: não fosse a tortura, o suspeito não teria confessado e indicado os locais de obtenção do cadáver e da arma do crime. Logo, a prova ilegal (confissão por tortura) acaba por **contaminar/manchar/marcar/sujar** as provas disso derivadas (busca e apreensão e respectivas perícias).

O Supremo Tribunal Federal adota esta construção, afirmando que "a exclusão da prova originariamente ilícita – ou daquela afetada pelo vício da ilicitude por derivação – representa um dos meios mais expressivos destinados a conferir efetividade à garantia do *due process of law* e a tornar mais intensa, pelo banimento da prova ilicitamente obtida, a tutela constitucional que preserva os direitos e prerrogativas que assistem a qualquer acusado em sede processual penal. (...). A doutrina da ilicitude por derivação (teoria dos 'frutos da árvore envenenada') repudia, por constitucionalmente inadmissíveis, os meios probatórios, que, não obstante produzidos, validamente, em momento ulterior, acham-se afetados, no entanto, pelo vício (gravíssimo) da ilicitude originária, que a eles se transmite, contaminando-os, por efeito de repercussão causal" (HC nº 93.050/RJ, rel. Min. Celso de Mello, j. 10.06.08).

A partir da Lei nº 11.690/08, que, como visto, produziu diversas reformas no Código de Processo Penal, o art. 157, § 1º, primeira parte, CPP, passou a prever, expressamente, a adoção da teoria do fruto da árvore envenenada, ao dispor que "são também inadmissíveis as provas derivadas das ilícitas".

Sabe-se que, como regra, a prova ilícita (cuja ilicitude seja originária ou derivada) deve ser retirada dos autos do processo – chamando-se isso de ***exclusionary rule***, ou seja, a regra é a **exclusão da prova ilícita**, impedindo o seu uso no processo (*Weeks vs. Unites States* – 232 U.S 383). Deve-se observar, entretanto, que não é toda e qualquer prova derivada de uma prova ilícita anterior que será considerada, também, ilícita, ou seja, a ilicitude por derivação – ou a teoria do fruto da árvore envenenada – não é absoluta, encontrando ressalvas.

Desta feita, a doutrina – principalmente estadunidense – criou exceções à regra da exclusão da prova ilícita, principalmente diante da análise dos casos concretos levados a julgamento. No próximo tópico, portanto, serão estudadas as exceções à regra da exclusão da prova ilícita do processo, ou seja, teorias que permitem a manutenção, no processo, da prova derivada de uma prova ilícita anterior.

9.1.13.3.1. *Fonte independente*

Também chamada de *independent source doctrine*, tem como principal exemplo o caso *Murray vs. United States* (487 U.S 533). Neste caso, policiais receberam informações de que um galpão estava sendo utilizado como ponto de tráfico de drogas; a polícia montou vigilância (criando uma "causa provável" para a ação) e, certo dia, entrou no local sem um mandado e verificou a existência de drogas. na sequência, requereu um mandado de busca e apreensão ao juiz, sem mencionar a anterior (e ilegal) entrada no imóvel; então, lá entraram depois e apreenderam as drogas e os criminosos.

Neste caso, entendeu-se que as drogas ilícitas poderiam ter sido encontradas de duas formas: (i) flagrante, oriundo da vigilância realizada pela polícia, que inclusive entrou no local e localizou o entorpecente; ou (ii) através de um mandado de busca e apreensão autorizado judicialmente. Em ambos os casos (i ou ii) a droga seria encontrada.

Como sintetiza Nucci, "se A advém de B, C e D, possuindo múltipla derivação e, levando-se em conta serem B, C e D independentes umas das outras, não há motivo para a mácula de B estender-se para C e D. Valida-se a prova A de qualquer modo" (Provas, 2015, p. 54).

Esta teoria está positivada no Código de Processo Penal, no art. 157, § 1º, em sua segunda parte, ao mencionar que não haverá inadmissibilidade "quando não evidenciado o nexo de causalidade entre umas e outras, ou quando as derivadas puderem ser obtidas por uma fonte independente das primeiras".

E neste sentido é a jurisprudência, ao decidir que "a manifestação espontânea e voluntária do paciente consubstancia, na linha da jurisprudência pátria, fonte independente, de modo que as provas assim obtidas apresentam-se como autônomas, não restando evidenciado nexo causal com as interceptações telefônicas anuladas" (STJ, HC nº 338.756/PR, rel. Min. Maria Thereza de Assis Moura, j. 06.10.16).

No mesmo sentido entende o Supremo Tribunal Federal, ao afirmar que, em princípio, são inadmissíveis os elementos obtidos a partir de provas ilícitas, salvo se houver demonstração de que eles foram obtidos a partir de uma fonte autônoma e que não guardam relação com a prova originariamente ilícita (MC-HC nº 129.646/SP, rel. Min. Celso de Mello, j. 06.03.17).

Exemplo: chega ao conhecimento da polícia civil que na casa de Fulano está uma arma que teria sido utilizada na prática de um homicídio dias atrás, inclusive com marcas do sangue da vítima e as digitais do suposto autor. Com essa informação, a polícia representa judicialmente pela expedição de mandado de busca e apreensão, que é deferido. Chegando ao local, o delegado de polícia se depara com uma viatura da polícia militar, em que os militares se aproveitaram que a casa estava vazia e nela adentraram, sem mandado judicial, e localizaram a referida arma de fogo. Neste caso, o delegado poderá, legalmente, apreender a arma, considerando que já existia um mandado legal de busca e apreensão, cuja fonte originária era independente da atitude ilegal dos policiais militares, não havendo nenhum vício na apreensão pela polícia civil.

Desta forma, se há duas fontes, isto é, dois pontos de origem a uma prova, se uma delas for reconhecida inadmissível, ainda assim a prova poderá ser considerada válida, haja vista que a outra fonte permaneceu incólume.

Exemplo: objetiva-se obter os dados bancários dos investigados; ocorre que o Ministério Público quebrou, de ofício, o sigilo bancário, o que é – em princípio – ilegal (STJ, HC nº 160.646/SP, j. 01.09.11); no entanto, os mesmos fatos já estavam sendo investigados por uma Comissão Parlamentar de Inquérito, que, legalmente, determinou a quebra (art. 4º, § 1º, LC nº 105/01). Assim, vê-se que há duas fontes para a obtenção da prova: (i) o Ministério Público, cuja atuação foi ilegal e (ii) a Comissão Parlamentar de Inquérito, cuja atuação foi legal. A prova obtida (quebra de sigilo bancário) é totalmente legal, pois havia uma fonte independente (e lícita) apta a permitir sua introdução no processo. Foi o que ocorreu no Inq. nº 2.245/MG (STF, rel. Min. Joaquim Barbosa, j. 28.08.07), que deu origem à AP nº 470/MG, conhecida como "Caso do Mensalão".

Ademais, vê-se que o § 1º do art. 157, CPP, diz que não haverá inadmissibilidade da prova derivada da ilícita "quando não evidenciado o nexo de causalidade entre umas e outras". Quer-se dizer que, se uma prova é considerada ilícita, somente será também ilícita – por derivação – a prova que dela tiver algum nexo de causalidade, isto é, alguma relação de causa e efeito.

Exemplo: se a testemunha A é torturada por policiais e indica o paradeiro da testemunha B, que saberia o local onde a vítima foi enterrada, caso esta testemunha já tenha sido ouvida anteriormente à revelação de A, não haverá nexo de causalidade apto a tornar ilícito o testemunho de B, que ocorreu antes.

No mais, deve-se dar atenção ao § 2º do art. 157, CPP, que dispõe que "considera-se fonte independente aquela que por si só, seguindo os trâmites típicos e de praxe, próprios da investigação ou instrução criminal, seria capaz de conduzir ao fato objeto da prova". Como será visto no próximo item, apesar de o legislador explicitar o que se entende por fonte independente, o conceito trazido diz respeito à teoria da descoberta inevitável, objeto de estudo a seguir.

9.1.13.3.2. *Descoberta inevitável*

Denominado de *inevitable discovery doctrine* (ou fonte hipotética independente ou *hypothetical independent source*), dispõe que, se a prova pode ser descoberta de qualquer modo, com ou sem a prova ilícita anterior, não haverá contaminação alguma.

Tem origem nos Estados Unidos, no caso *Nix vs. Williams*, de 1984 (467 U.S 431), em que houve o homicídio de uma criança com a posterior ocultação do corpo; iniciaram-se as buscas, com a participação de centenas de voluntários e, nesse meio tempo, o investigado, mediante confissão obtida ilegalmente, indicou o local onde o corpo estava; entendeu-se que a descoberta do corpo, apesar da prova obtida por tortura, foi legal, haja vista que o local seria *inevitavelmente* descoberto pelas equipes de busca, tratando-se de uma "mera questão de tempo e oportunidade".

Desta feita, caso fique demonstrado que a prova, derivada da ilícita, seria obtida de qualquer meio/forma, de acordo com os meios comuns de investigação, não haverá ilegalidade na prova derivada obtida. A prova obtida, portanto, será considerada lícita.

Não basta um mero juízo de especulação, mas, sim, a demonstração cabal de dados concretos indicando que a prova seria obtida *inevitavelmente*. Do contrário, seria dizer que qualquer forma de investigação levaria à obtenção de qualquer meio de prova – o que não é verdade – e tornaria válido o uso indiscriminado de qualquer prova derivada de uma prova ilícita.

Parte da doutrina entende que o Brasil não adotou esta teoria expressamente; outros, por outro lado, afirmam que ela está prevista no § 2º do art. 157, CPP, que parece ter confundido, como mencionado acima, os conceitos de *fonte independente* e de *descoberta inevitável*. Referido dispositivo dispõe que "considera-se fonte independente aquela que por si só, seguindo os trâmites típicos e de praxe, próprios da investigação ou instrução criminal, seria capaz de conduzir ao fato objeto da prova". Apesar de a lei falar em "fonte independente", o que poderia indicar tratar-se da teoria do tópico anterior (§ 1º do art. 157, CPP), parece que o legislador conceituou, na verdade, a descoberta inevitável; basta, portanto, apenas trocar a expressão *fonte independente* por *descoberta inevitável*.

Corroborando este entendimento, o Supremo Tribunal Federal assim já se manifestou: "mesmo que se pudesse reputar a prova produzida como ilícita e as demais, ilícitas por derivação, nos termos da teoria dos frutos da árvore venenosa (*fruit of the poisonous tree*), é certo que, ainda assim, melhor sorte não assistiria à defesa. É que, na hipótese, não há que se falar em prova ilícita por derivação. Nos termos da teoria da descoberta inevitável, construída pela Suprema Corte norte-americana no caso *Nix x Williams* (1984), o curso normal das investigações conduziria a elementos informativos que vinculariam os pacientes ao fato investigado. Bases desse entendimento que parecem ter encontrado guarida no ordenamento jurídico pátrio com o advento da Lei 11.690/2008, que deu nova redação ao art. 157 do CPP, em especial o seu § 2º" (Inq. nº 4.045/ES, rel. Min. Dias Toffoli, j. 09.03.16).

No mesmo sentido, o Superior Tribunal de Justiça já teve a oportunidade de identificar e diferenciar as figuras dos §§ 1º e 2º do art. 157, CPP. Para a Corte, o § 1º trata da teoria da **fonte independente**, enquanto que o § 2º trata da **descoberta inevitável** (HC nº 152.250/SP, rel. Min. Sebastião Reis Júnior, j. 20.05.15).

9.1.13.3.3. *Contaminação expurgada*

Viu-se que a teoria do fruto da árvore envenenada é também chamada de *taint doctrine*, fazendo alusão à obtenção de uma prova que foi manchada/marcada por uma prova ilegal anterior.

No presente estudo, há mais uma exceção a tal teoria: é a ***purged taint***, ou seja, teoria da tinta diluída (ou *dos vícios sanados*, ou *da limitação da mancha purgada*, ou *nexo causal atenuado*).

Possui origem no caso *Wong Sun vs. United States* (371 U.S 471) e, de acordo com Renato Brasileiro, "não se aplica a teoria da prova ilícita por derivação se o nexo causal entre a prova primária e a secundária for atenuado em virtude do decurso do tempo, de circunstâncias supervenientes na cadeia probatória, da menor relevância da ilegalidade ou da vontade de um dos envolvidos em colaborar com a persecução criminal. Nesse caso, apesar de já ter havido contaminação de um determinado meio de prova em face da ilicitude ou ilegalidade da situação que o gerou, um acontecimento futuro expurga, afasta, elide esse vício, permitindo-se, assim, o aproveitamento da prova inicialmente contaminada" (Curso, 2013, p. 604).

Exemplo: a polícia invade ilegalmente a residência de um cidadão, sem portar um mandado judicial e sem causa provável (indícios necessários), hipótese em que o morador confessa a prática de um dado crime; em princípio, há uma prova ilícita, pois obtida mediante violação do direito constitucional de não violação do domicílio; todavia, dias depois, o agente vai até a delegacia e confessa, voluntariamente, o crime praticado, de forma que este ato torna legal a ação policial então ilegal.

Consoante o Superior Tribunal de Justiça (AP nº 856/DF, rel. Min. Nancy Andrighi, j. 18.10.17), a teoria da mancha purgada, que afasta a caracterização da prova ilícita por derivação, possui, ao menos, quatro elementos que abrandam a ilicitude originária da prova, atenuando qualquer vício que possa recair sobre a prova secundária, quais sejam:

a) lapso temporal decorrido entre a prova primária e a secundária;

b) circunstâncias intervenientes na cadeia probatória;

c) a menor relevância da ilegalidade;

d) a vontade do agente em colaborar com a persecução criminal.

No caso julgado pelo STJ, mesmo que se considerasse ilegal a atuação de um agente infiltrado conforme a lei da Suíça, houve a colaboração espontânea com as investigações de uma outra pessoa, o que, por si, foi considerada circunstância interveniente na cadeia probatória que atenuou o nexo causal (cf. o item *b* colocado acima).

Há doutrina que até entende que existe a previsão legal desta teoria no § 1º do art. 157, CPP, ao mencionar que são também inadmissíveis as provas derivadas das ilícitas, *salvo quando não evidenciado o nexo de causalidade entre umas e outras*. Isso porque, a ilicitude originária (no exemplo, a confissão obtida ilegalmente) restará afastada pelo decurso do tempo, ou por circunstâncias supervenientes, ou pela colaboração voluntária dos envolvidos, **fazendo desaparecer o nexo**, então existente, entre a prova ilegal originária (confissão pela violação de domicílio) e a prova posterior (confissão voluntária e legal), não havendo mais a contaminação da prova por derivação.

Fala-se, então, em fatores de atenuação da prova ilícita (*attenuated connection principle*), como, por exemplo, o tempo passado, os interesses em jogo, a voluntariedade posterior do investigado, a ocorrência de crimes flagrantes, dentre outros fatores que autorizariam o afastamento do nexo causal entre uma prova ilícita e outra ligada a ela.

Há que se diferenciar a presente teoria com a teoria da fonte independente. Na fonte independente, o nexo é atenuado porque a prova derivada possui **existência independente** da prova ilícita originária; por outro lado, na teoria em estudo, as circunstâncias do caso concreto (como o decorrer do tempo ou a colaboração voluntária do investigado) atenuam (expurgam, afastam) a ilicitude e **quebram o nexo causal**, não restando nenhum vício sobre a prova obtida.

Mais um exemplo para fixar o entendimento: *Gäfgen vs. Germany*, oriundo do Tribunal Europeu de Direitos Humanos (caso nº 22.978/05, de 18.03.09). Magnus Gäfgen foi condenado, na Alemanha, em 2003, pelo sequestro e homicídio do jovem Jakob von Metzler; a polícia, no entanto, por ordem do diretor Wolfgang Daschner, o torturou para obter a localização da vítima e uma confissão, logrando êxito; posteriormente, Magnus apresentou uma reclamação no Tribunal Europeu de Direitos Humanos, que reconheceu a existência de tratamento desumano, mas não invalidou o processo, pois que, no curso do processo penal, Magnus havia apresentado, voluntariamente e com a assistência de seus advogados, uma confissão, inclusive mostrando-se arrependido pelo crime, o que, assim, atenuaria (afastaria) a prova ilícita obtida, *não havendo conexão (nexo causal)* entre a tortura praticada pela polícia (com a consequente confissão) e o ato voluntário de confissão praticado no processo, com seus advogados, diante de um juiz.

Tal teoria é criticada por alguns, pois permitiria práticas ilícitas que, depois, seriam expurgadas (lavadas, excluídas, esquecidas, diluídas), possibilitando-se a utilização de provas obtidas ilicitamente simplesmente porque o agente, depois, praticou um ato voluntário ou porque o próprio tempo encarregou-se da questão. De acordo com Madeira Dezem (Curso, 2015, p. 441), "trata-se de teoria que permite lavar a prova ilícita para, retirando a ilicitude, dar-lhe o verniz da licitude".

Todavia, não há dúvidas de que, de fato, rompe-se o nexo de causalidade, pois se afasta uma prova *ilegal* diante do surgimento de uma nova prova *legal*. E ver que a conduta ilícita praticada anteriormente não deixará de ser processada; no caso de Magnus, embora a prova obtida fosse lícita, a tortura e o tratamento desumano praticados pelo Estado não foram esquecidos, sendo os responsáveis processados normalmente.

9.1.14. Prova emprestada

Prova emprestada nada mais é do que a utilização de uma prova num determinado processo, mas que foi produzida em outro, ou seja, **é o transporte da prova de um processo para outro**. . É também empregada a expressão "prova produzida fora do processo". Exemplo previsto em lei está no art. 19, p.ú., Lei nº 9.605/98 (Crimes Ambientais), que prevê que "a perícia produzida no inquérito civil ou juízo cível poderá ser aproveitada no processo penal, instaurando-se o contraditório".

Independentemente da natureza da prova produzida no processo (se oral ou documental), ela ingressará nos autos para o qual foi transportada como *prova documental*, mas será valorada pelo juiz conforme a natureza da prova produzida. Assim, a prova testemunhal do "processo 1" poderá ser emprestada ao "processo 2", sendo uma prova *documental* juntada aos autos, mas valorada como *testemunhal*.

Como analogia, o art. 372, CPC, dispõe que "o juiz poderá admitir a utilização de prova produzida em outro processo, atribuindo-lhe o valor que considerar adequado, observado o contraditório".

Dois fundamentos justificam a aceitação da prova emprestada: **(i) economia processual** e **(ii) a busca da verdade**, pois nem sempre será possível produzir a prova anteriormente já realizada no outro processo.

Em relação às partes que participaram da produção da prova, há divergências. Para uns, não se pode admitir a utilização de prova emprestada contra aquele que não tenha participado, em contraditório, da *colheita da prova* em que originariamente ela tenha sido produzida (Câmara, 2015). Assim, se houve a produção de uma prova no processo entre A e B, não é possível que A queira utilizar uma prova produzida neste processo em outro, onde agora são partes A e C, pois que C não participou, quando da colheita/produção da prova, do seu contraditório.

Já para outros, é perfeitamente possível a utilização de uma prova emprestada no processo onde não figuram as mesmas partes daquele onde ela foi produzida. Consoante Marinoni, Arenhart e Mitidiero, com razão, "há hipóteses em que, nada obstante a ausência das partes ou pelo menos uma das partes na participação da formação da prova, é plenamente viável a sua submissão ao contraditório pleno no novo processo. Atendido o contraditório, a prova emprestada é obviamente admissível. Em outras hipóteses, porém, o contraditório poderá não ser realizável, mas a prova emprestada pode constituir o meio de a parte sustentar sua posição em juízo" (Código, 2017, p. 482).

Já disse o Superior Tribunal de Justiça que "a prova emprestada não pode se restringir a processos em que figurem partes idênticas, sob pena de se reduzir excessivamente sua aplicabilidade, sem justificativa razoável para tanto. Independentemente de haver identidade de partes, o contraditório é o requisito primordial para o aproveitamento da prova emprestada, de maneira que, assegurado às partes o contraditório sobre a prova, isto é, o direito de se insurgir contra a prova e de refutá-la, afigura-se válido o empréstimo" (EREsp nº 617.428/SP, rel. Min. Nancy Andrighi, j. 04.06.14).

Especificamente no processo de natureza penal, o Superior Tribunal de Justiça apresenta o mesmo entendimento, afirmando que se admite a prova emprestada, ainda que proveniente de ação penal com partes distintas, bastando ser **assegurado o exercício do contraditório** (6ª T., AgRg no HC nº 389.242/SC, rel. Min. Nefi Cordeiro, j. 20.02.18; e 5ª T., RHC nº 78.014/CE, rel. Min. Ribeiro Dantas, j. 08.08.17).

Em suma, portanto, "**segundo reiterada jurisprudência deste Tribunal Superior, o uso da prova emprestada é amplamente admitido no processo penal, seja obtida de processos com partes distintas, seja de desmembramento do próprio feito, desde que assegurado ao réu o efetivo contraditório**" (AgRg no REsp nº 1.690.449/MG, rel. Min. Ribeiro Dantas, j. 26.11.19).

Fala-se em "prova" emprestada, ou seja, não existe empréstimo de "elemento de informação", como é o caso daquele colhido pela polícia no curso das investigações, já que não há contraditório nesta fase policial (lembrando que só há verdadeiramente "prova" quando há contraditório). Todavia, há provas irrepetíveis, como é o caso da perícia realizada no curso de um inquérito policial e que, agora, se quer transportar para outro processo. Excepcionalmente, portanto, o Supremo Tribunal Federal já admitiu que o laudo de exame toxicológico (colhido no bojo do inquérito) fosse trasladado de um processo a outro, haja vista que tal exame é feito na fase investigatória (RE nº 328.138/MG, rel. Min. Sepúlveda Pertence, j. 16.09.03).

Uma vez constatada a licitude originária da prova emprestada, não é possível considerá-la ilícita no outro processo (STJ, AgRg no REsp nº 1.788.458/RN, rel. Min. Reynaldo Soares da Fonseca, j. 09.06.20).

No mais, as provas obtidas em acordo de colaboração premiada (Lei nº 12.850/13) podem ser compartilhadas com outros órgão e autoridades, qualquer que seja a natureza (órgãos policiais, administrativos, cíveis etc.), mas as provas não poderão ser utilizadas contra os colaboradores com o fim de gerar punições outras que não as acordadas. Exemplo: um empresário colabora com o Ministério Público e confessa a prática de infrações penais; um ajuste é realizado no STF e são previstas algumas sanções, sendo tudo homologado judicialmente; em seguida, o MPSP solicita o compartilhamento da colaboração para fins de apurar eventual improbidade administrativa, inclusive envolvendo outras pessoas. Entende-se que é possível este compartilhamento, mas desde que não haja utilização dos elementos obtidos contra o próprio colaborador, sob pena de se desrespeitar os limites estabelecidos no próprio acordo. Assim, se o acordo previu sanção de multa e restrição de direitos, não poderá, depois, em razão do compartilhamento da prova com outra autoridade, o colaborador ser punido, por exemplo, por ato de improbidade, sob pena de se caracterizar prática abusiva pelos órgãos que trabalharam no acordo homologado. Nada impedirá, no entanto, que *outras pessoas* sejam responsabilizadas por ato de improbidade, em razão do compartilhamento das provas com o MPSP, mas o colaborador não poderá ser responsabilizado além dos termos do acordo (STF, Pet. nº 7.065/DF, rel. Min. Edson Fachin, j. 30.10.18). O mesmo se diz em relação ao compartilhamento de provas obtidas em acordo de leniência (Lei nº 12.846/13) com outros órgãos, em que isso será possível, desde que em relação a outras pessoas envolvidas nos ilícitos e que não fizeram parte do acordo (STF, Inq. nº 4.420/DF, rel. Min. Gilmar Mendes, j. 21.08.18).

9.1.14.1. *Valor probatório*

Viu-se acima que a prova emprestada é introduzida em processo ulterior com a natureza *documental*; todavia, possuirá o valor probatório da prova então produzida. Então, juntada documentalmente uma prova testemunhal, seu valor será de prova testemunhal, por exemplo.

Questão que surge é saber a consequência para a prova cujo processo onde ela foi inicialmente produzida foi declarado nulo. Ex.: prova testemunhal é produzida no "processo 1"; depois, é emprestada ao "processo 2"; tempos depois, aquele processo é considerado nulo.

Há duas situações:

i) se a prova produzida, em si, é considerada nula, ela não poderá ser admitida no processo ulterior.

ii) se a nulidade do processo não afetou a prova produzida (ex.: falta de citação), será perfeitamente admissível o seu empréstimo a outro processo.

Vale destacar que o Superior Tribunal de Justiça já entendeu que, ainda que a prova tenha sido considerada ilícita no processo onde foi produzida, pode o juiz, no processo que dela tomou emprestada, entender pela sua validade e, com isso, julgar o acusado e, inclusive, condená-lo, aliando-se ao fato todo o conjunto probatório (HC nº 66.873/SP, rel. Min. Gilson Dipp, j. 17.05.07).

9.1.14.2. *Tribunal do júri*

Em princípio, a validade da prova emprestada deve ser aferida pelos próprios jurados, que são os julgadores do fato posto em julgamento (STJ, RHC nº 13.664/RJ, rel. Min. Hamilton Carvalhido, j. 24.02.05).

Há posição na doutrina (Madeira, 2015) que entende o contrário, ou seja, que a verificação da validade é atribuição do juiz togado – e não dos jurados – já que ele possui a incumbência de levar a julgamento a causa sem nenhum vício.

9.1.14.3. *Processos de outras naturezas*

Até o momento, imaginou-se a utilização, como prova emprestada, de um processo penal a outro de igual natureza. A questão colocada agora é o contrário, isto é, saber se é possível uma prova colhida no processo penal ser emprestada a um processo de natureza diversa, como civil ou coletivo.

Em princípio, não há óbice algum, bastando respeitar os ditames constitucionais. A questão, mesmo, ocorre no caso de *interceptação telefônica*, cuja Lei nº 9.296/96 admite sua utilização apenas como "prova em investigação criminal e em instrução processual penal" (art. 1º).

Entende-se que, embora não seja possível o deferimento de uma interceptação telefônica em procedimentos que não tenham natureza penal, é possível o seu empréstimo para processos extrapenais, como uma ação cível ou de improbidade administrativa, por exemplo.

Nesse sentido, aliás, já externou o Superior Tribunal de Justiça que "é firme a jurisprudência desta Corte no sentido da admissibilidade do transplante de prova colhida em persecução penal ao processo em que se imputa a prática de ato de improbidade, desde que assegurado o contraditório e a ampla defesa no processo em que utilizada" (AgRg no REsp nº 1.299.314/DF, rel. Min. Og Fernandes, j. 23.10.14).

Assim, embora a interceptação telefônica só possa ser autorizada para fins de produção de prova em investigação ou processo criminal, o certo é que uma vez autorizada judicialmente, o seu conteúdo pode ser utilizado para fins de imposição de pena, inclusive de perda de cargo, função ou mandato, não se mostrando razoável que as conversas gravadas, cujo teor torna-se público com a prolação de sentença condenatória, não sejam aproveitadas na esfera civil ou administrativa. Assim, tendo sido licitamente autorizada a interceptação telefônica dos investigados em inquérito policial, é plenamente possível o compartilhamento da prova para fins de instruir ação civil pública referente aos mesmos fatos (STJ, AgRg no REsp nº 1.714.914/RS, rel. Min. Maria Thereza de Assis Moura, j. 27.02.18).

Da mesma forma, é possível compartilhar provas colhidas em investigação criminal para serem utilizadas em inquérito civil ou outras ações extrapenais, ainda que tais provas tenham sido obtidas por meio de quebra judicial de sigilos bancário, fiscal ou telefônico (STF, Inq nº 3305/RS, rel. Min. Marco Aurélio, j. 23.02.16).

Por fim, é totalmente válido o compartilhamento de provas pela justiça estrangeira com a justiça brasileira, inclusive de informações bancárias sigilosas, por força de acordo de assistência judiciária entre os países envolvidos (STJ, HC nº 231.633/PR, rel. Min. Jorge Mussi, j. 25.11.14). Ex.: justiça dos EUA apreende carregamento de cocaína e passa a seguir a trilha do dinheiro da organização criminosa, chegando a dois brasileiros por meio de quebra de sigilo bancário judicialmente autorizada no exterior.

9.1.15. Gerações das provas (trilogia probatória)

Finda a análise da teoria da prova – mas ainda antes de se adentrar no estudo específico dos meios de prova – faz-se necessário analisar o histórico da intervenção estatal na intimidade do investigado. Sabe-se, ainda mais nos dias de hoje, que a evolução tecnológica é praticamente impossível de ser acompanhada. Todos os dias, um novo *gadget* é lançado. A questão é: como o Direito Processual Penal, ainda mais no que diz respeito à investigação criminal e à obtenção de provas, acompanha tudo isso? É possível aplicar um Código datado da década de quarenta e uma Constituição dos anos oitenta em relação, por exemplo, à obtenção de provas por meio de um drone sobrevoando a casa do suspeito ou por imagens térmicas de infravermelho? E a busca por imagens ou conversas num aparelho celular? E como fica o direito à intimidade? E o direito à segurança pública contra atos criminosos?

É por isso que, tendo por base o Direito estrangeiro, analisa-se tal evolução, o que é feito a partir de três períodos/gerações/dimensões distintos, daí o nome *trilogia probatória*. Deve-se partir da leitura da Constituição dos EUA, de 1787, cuja 4ª Emenda, de 1791, trata da proteção em relação à busca e apreensão arbitrária, exigindo-se a expedição de um mandado judicial. Eis o texto, em tradução livre: o direito das pessoas de se manterem seguras pessoalmente, em suas casas, papéis e haveres, contra buscas e apreensões não razoáveis, não deve ser violado, e nenhum mandado será emitido sem justa causa e, especialmente, deve conter a descrição do local da busca com indicação das pessoas ou coisas que serão apreendidas.

Tendo isso em mente, serão apresentadas, a seguir, as gerações de provas, cada uma com base num precedente histórico dos EUA que acabou por influenciar diversos sistemas jurídicos, inclusive o brasileiro:

1ª) Olmstead v. United States (277 U.S. 438, de 1928)

Nesse caso julgado pela Suprema Corte, policiais, sem invadirem a propriedade dos investigados, instalaram aparelhos para interceptação telefônica nos postes da rua, sem ordem judicial. Entendeu-se que a conduta foi legal, não sendo necessário obter um mandado judicial, uma vez que a propriedade privada demarcada dos investigados restou protegida e intacta, que é justamente o objetivo da Constituição Federal. Logo, como conversas não são casas, papéis ou haveres (tangíveis), não há a proteção constitucional, cuja interpretação não pode ser alargada para alcançar outros bens (intangíveis). Essa geração ficou conhecida como *trespass theory*, ou seja, se não houve uma intrusão física do governo na propriedade privada, não ocorreu ilegalidade na obtenção da prova.

2ª) Katz v. United States (389 U.S. 347, de 1967)

Nesse caso julgado pela Suprema Corte, policiais, sem invadirem a propriedade do investigado, instalaram aparelho para interceptação telefônica numa cabine pública de telefone, sem ordem judicial. Em primeiro e segundo graus, os julgadores seguiram a orientação do caso *Olmstead*, já que a Constituição Federal tutelava a privacidade especificamente para casa, papéis e haveres (bens tangíveis). Chegando na Suprema Corte, houve um *overrulling*, ou seja, a superação daquele entendimento. Passou-se a entender que, a partir do momento em que o investigado, no caso narrado, entrou na cabine telefônica, havia ao menos uma expectativa de privacidade, de modo que a interceptação de sua ligação telefônica exigia uma autorização judicial. Desta forma, *Katz* se tornou uma decisão paradigma, principalmente por expandir a tutela da privacidade a outros bens, mesmo que intangíveis, exigindo-se um mandado judicial para a sua violação.

3ª) Kyllo v. Unites States (533 U.S. 27, de 2001)

Nesse caso julgado pela Suprema Corte, policiais, sem invadirem a propriedade do investigado, utilizaram, sem ordem judicial, imagens térmicas (que medem o calor dentro de um ambiente sem precisar entrar nele) para constatar a existência de plantação de maconha num imóvel. De posse dessas imagens, obtiveram um mandado judicial de busca e apreensão. No tribunal de apelação, entendeu-se que não havia expectativa de intimidade, pois o investigado não se preocupou com a emissão de calor e luz no imóvel e, ainda, as imagens térmicas não captaram cenas privadas, mas apenas o ato ilícito. Chegando à Suprema Corte, entendeu-se que a tecnologia investigativa deve respeitar a privacidade e a intimidade das pessoas, ainda mais quando se utiliza tecnologia avançada que não está à disposição das demais pessoas. As provas, nesse caso, foram anuladas.

É fácil constatar que, desde os anos de 1920 até hoje, a tecnologia e os meios de investigação caminham juntos, exigindo do operador do Direito a criação da devida solução. Num primeiro momento, notou-se que o Estado deveria garantir o mínimo, sem invasões físicas na propriedade privada; na sequência, garantiu-se que existe ao menos expectativa de privacidade, não se restringindo a bens palpáveis, mas, também, a bens imateriais, como conversas privadas; por fim, afirmou-se que uso de qualquer tecnologia que viole a privacidade e a intimidade exige autorização judicial. Formou-se, com isso, a chamada *trilogia Olmstead-Katz-Kyllo*, referente à evolução da invasão estatal na obtenção de provas.

Essa orientação, como se estudará ao longo do próximo item, tem influenciado a formação da jurisprudência no Brasil, principalmente no que diz respeito ao uso de telefones celulares e interceptação telefônica/de mensagens.

9.2. MEIOS DE PROVA

Até agora, foi estudada a teoria ("geral") da prova, munindo o leitor de informações e dados essenciais que compõem todos os meios de prova. Foi visto desde o conceito de prova até mesmo a mais recente jurisprudência dos tribunais pátrios e, inclusive, dos estrangeiros.

A seguir, portanto, serão estudados, detidamente, os meios de prova admitidos no Processo Penal.

9.2.1. Exame de corpo de delito, cadeia de custódia e perícias em geral

9.2.1.1. *Conceito e características da perícia*

Classicamente, "entende-se por perícia o exame procedido por pessoa que tenha determinados conhecimentos técnicos, científicos, artísticos ou práticos acerca de fatos, condições pessoais ou mesmo de circunstâncias relevantes para o desate da questão, a fim de comprová-los" (Tourinho Filho, Manual, p. 528). Ex.: perícia feita por um engenheiro para comprovar como se deu o desabamento de uma obra pública que matou diversas pessoas.

Existe divergência – atualmente – sobre se a pessoa que realiza a perícia deve ter, mesmo, conhecimentos científicos, técnicos ou especializados. Exemplo claro é o etilômetro ("teste do bafômetro"), que é uma verificação realizada, geralmente, por um policial militar, sem nenhum conhecimento especializado e que serve como *prova pericial* em juízo.

Diante disso, portanto, pode-se entender, nos dias de hoje, que a perícia é o exame realizado por alguém que possui conhecimento técnico especializado ou, ao menos, domina o uso de equipamentos técnicos, com o objetivo de demonstrar um fato posteriormente em juízo.

A principal característica é que o perito, ao realizar a perícia, emite um *juízo de valor* sobre um determinado fato, expondo a sua impressão com base nos conhecimentos técnicos que possui. Ex.: ao periciar o local de um homicídio, o perito *avaliará* a cena, buscando saber como os fatos se deram, ou seja, a dinâmica dos acontecimentos.

No mais, a perícia possui natureza jurídica de *meio de prova*.

9.2.1.2. *Classificação*

A doutrina costuma trazer a seguinte classificação:

a) **perícia intrínseca:** o seu objeto é o corpo de delito, ou seja, os vestígios deixados pelo crime (ex.: a necropsia do cadáver, no crime de homicídio).

b) **perícia extrínseca:** o seu objeto são as pessoas e coisas que servirão como prova ao crime, mas que não compõem a materialidade da infração penal, servindo como meio de prova apenas (ex.: perícia de imagens da câmera de segurança que filmaram o homicídio).

c) **perícia *percipiendi (de retratação)***: o perito irá expor as impressões colhidas, de forma qualitativa e/ou quantitativa, sem nenhuma valoração, mas apenas descrevendo tecnicamente o que observou, retratando suas percepções (ex.: verificação pessoal do nível de poluição sonora, se alto ou baixo).

d) **perícia *deducendi* (de interpretação):** o perito irá colocar seu conhecimento em prática, expondo cientificamente um fato, interpretando algo (ex.: perícia da cena do crime sobre como se deu o disparo de arma de fogo em direção à vítima).

9.2.1.3. *Terminologia*

O Capítulo II, do Título VII, do Código de Processo Penal, dispõe acerca "do exame do corpo de delito, e das perícias em geral". Geralmente, como explica Madeira (Curso, 2015), as expressões geram confusão; por isso, tem-se que:

a) **corpo de delito**: é o conjunto de elementos físicos deixados pelo delito. Ex.: o corpo morto; o carro roubado; a droga apreendida etc.

b) **exame de corpo de delito**: é a perícia feita especificamente no corpo de delito. Ex.: a perícia realizada na droga apreendida.

c) **laudo de exame de corpo de delito**: é a peça que instrumentaliza o exame feito pelo perito. Ex.: laudo de toxicologia da droga apreendida.

d) **perícias em geral**: são todas as demais formas de exame que não sejam sobre o corpo de delito. Ex.: a perícia da casa onde se deu o homicídio.

Costuma-se segregar o conceito de corpo de delito em: (i) *corpus criminis*, que é a própria pessoa ou coisa objeto do crime; (ii) *corpus instrumentorum*, que é o exame sobre os instrumentos utilizados pelo criminoso; e (iii) *corpus probatorium*, que é a verificação e reconstrução de como o crime se deu.

9.2.1.4. *Obrigatoriedade e suprimento*

Estabelece o art. 158, CPP, que, quando a infração deixar vestígios, será indispensável o exame de corpo de delito, direto ou indireto, não podendo supri-lo a confissão do acusado; e sua falta gerará nulidade absoluta (art. 564, III, *b*, CPP), salvo se o vestígio houver desaparecido, caso em que será possível o suprimento pela prova testemunhal.

Parte da doutrina (Badaró, 2016) critica tal disposição, pois acaba por exigir um meio de prova que, a depender do caso, pode não ser o melhor para tal; dever-se-ia aplicar, em analogia, a *best evidence rule*, do direito inglês, permitindo-se que uma prova mais adequada possa suprir uma prova pré-definida pela lei.

Utilizando-se da classificação dos crimes do Direito Penal, existem as infrações que deixam vestígios, chamada de **não transeuntes**, e as infrações que não deixam vestígios, chamadas de **transeuntes**. Assim, há fatos criminosos que deixarão vestígios (marcas, sinais), hipótese em que o exame de corpo de delito será obrigatório, como o homicídio e o estupro; por outro lado, há fatos que não deixam vestígios, como uma injúria verbal, caso em que não será obrigatório o exame de corpo de delito.

O vestígio é a impressão física que um crime pode deixar. Toda infração penal, claramente, possui autoria (quem a praticou) e materialidade (prova de que ocorreu); assim, embora o crime seja transeunte, não deixando vestígios, ele terá, obviamente, materialidade, embora não seja possível o exame de seu corpo de delito.

Neste caminho de ideias, é importante lembrar os conceitos de tentativa incruenta e cruenta, do Direito Penal. Fala-se em tentativa branca ou incruenta quando o objeto material não é atingido, como os disparos feitos pelo agente que não atingem a vítima; e fala-se em tentativa vermelha ou cruenta quando o objeto material é atingido, como os disparos feitos pelo agente que atingem a vítima, causando-lhe ferimentos. De acordo com o Superior Tribunal de Justiça, portanto, não há que se falar em perícia nos casos de tentativa branca, uma vez que, não ocorrendo dano, não há corpo de delito a ser examinado; no entanto, a ausência de objeto material a ser periciado não se confunde com a inexistência de fato típico praticado, uma vez que a conduta delituosa pode ser comprovada por outros meios de prova (RHC nº 22.433/SP, rel. Min. Arnaldo Esteves Lima, j. 23.03.10).

Como exposto, deixando a infração vestígios, o exame de corpo de delito é obrigatório, sob pena de nulidade, não sendo possível supri-lo pela confissão do acusado; por outro lado, se os vestígios do crime desaparecerem, será possível o suprimento pela prova testemunhal (art. 167, CPP).

Algumas situações pontuais precisam ser analisadas.

Não existe hierarquia entre as provas, de forma que uma prova não possui "mais valor" do que outra para o convencimento do juiz. Assim, entende a jurisprudência, atualmente, que o exame de corpo de delito pode ser suprido, quando desaparecidos os vestígios do crime, por outros elementos de caráter probatório, como os de natureza testemunhal ou documental (STF, HC nº 111.118/SP, rel. Min. Cármen Lúcia, j. 13.11.12).

A esse respeito, há duas posições antagônicas na jurisprudência sobre em qual situação será aceito o suprimento do exame de corpo de delito pela prova testemunhal.

De um lado, **(i)** há julgados entendendo que a prova testemunhal somente supre a perícia quando os vestígios desapareceram, não existiam ou o local se tornou impróprio à perícia, não sendo a desídia do Estado – que não realizou o exame a tempo – suficiente a autorizar o suprimento (STJ, AgRg no AREsp nº 558.842/DF, rel. Min. Maria Thereza de Assis Moura, j. 07.10.14; e HC nº 274.431/SE, rel. Min. Laurita Vaz, j. 18.06.14); de outro lado, **(ii)** há posição entendendo que a prova testemunhal – e os demais elementos de prova – podem suprir a falta de exame de corpo de delito, não se podendo ignorar os meios de prova aptos a comprovar a materialidade do delito (STJ, AgRg nº no REsp nº 1.409.779/RS, rel. Min. Marco Aurélio Bellizze, j. 17.12.13; e HC nº 123.054/MS, rel. Min. Celso Limongi, j. 31.08.10).

Não será possível – em nenhum caso – o suprimento do exame de corpo de delito pela confissão, pois, consoante prevê o art. 197, CPP, trata-se de prova de valor relativo, que será aferida em conjunto com os demais elementos probatórios, verificando o juiz, inclusive, se existe compatibilidade e concordância entre eles. Aqui, portanto, há certa limitação ao livre convencimento do juiz, que até pode valorar a confissão, mas não isoladamente como meio de suprimento de exame de corpo de delito.

O Juizado Especial Criminal dispõe, no art. 77, § 1º da Lei nº 9.099/95, que, para o oferecimento da denúncia, será desnecessário o exame de corpo de delito quando a materialidade do crime estiver aferida através de boletim médico ou prova equivalente. Deve, no caso, ser feita uma interpretação abrangente para se permitir que tanto para o *oferecimento da denúncia* como para a *condenação*, não se exige o exame de corpo de delito, sendo suficiente o boletim médico ou prova equivalente, diante da simplicidade ínsita ao procedimento (STF, HC nº 80.419/RS, rel. Min. Sepúlveda Pertence, j. 07.11.00).

O Superior Tribunal de Justiça já se manifestou no sentido de que as lesões corporais praticadas em situação de violência doméstica contra a mulher podem ser demonstradas por meio de boletins médicos e outros elementos de prova, sendo dispensável o exame de corpo de delito, conforme o art. 12, § 3º, Lei nº 11.340/06 (HC nº 316.680/RS, rel. Min. Sebastião Reis Júnior, j. 16.02.17; e AREsp nº 627.263/RS, rel. Min. Maria Thereza de Assis Moura, j. 29.04.15).

Há algumas disposições, colocadas pela legislação, que exigem a comprovação de algum elemento do crime por meio de perícia. São elas:

a) **prova da qualificadora do rompimento de obstáculo e da escalada, no furto**: prevista no art. 171, CPP, se o furto é cometido com destruição, rompimento de obstáculo ou escalada (art. 155, § 4º, I e II, CP), a perícia será necessária, descrevendo os vestígios, os instrumentos utilizados e os meios prováveis do cometimento do crime.

Pode-se dizer que a jurisprudência é no sentido de que é necessária a referida perícia para o reconhecimento da qualificadora, sendo possível a sua substituição por outros meios probatórios, como o testemunhal, apenas quando a infração não deixar vestígios ou se o corpo de delito houver desaparecido (STJ, AgRg no AgRg no REsp nº 1.419.093/DF, rel. Min. Gurgel de Faria, j. 10.03.15; REsp nº 1.392.386/RS, rel. Min. Marco Aurélio Bellizze, j. 03.09.13). Então, é possível a prova indireta a fim de comprovar o rompimento de obstáculo ou a escalada quando impossível a realização do laudo pericial (STJ, AgRg no AREsp nº 1.002.431/MT, rel. Min. Ribeiro Dantas, j. 12.12.17).

Ademais, o Superior Tribunal de Justiça tem admitido, em hipóteses peculiares, tais como a ausência de perito na comarca, o laudo de avaliação indireta do rompimento do obstáculo, devendo as instâncias ordinárias justificar tal excepcionalidade, com o devido sopesamento do caso concreto (STJ, AgRg no REsp nº 1.699.758/MS, rel. Min. Ribeiro Dantas, j. 05.04.18).

Em suma, "é assente neste Superior Tribunal de Justiça o entendimento de que o reconhecimento das qualificadoras de rompimento de obstáculo e de escalada no delito de furto requisita a realização de exame pericial direto, somente substituível por outros meios de prova quando não existirem ou desaparecerem os vestígios ou, ainda, se as circunstâncias do crime não permitirem a confecção do laudo. Logo, se era possível a realização da perícia, como no caso concreto dos autos, e esta não ocorreu de acordo com as normas pertinentes (art. 159 do CPP), a prova testemunhal, a confissão do acusado e o exame indireto não suprem a sua ausência" (STJ, EDcl no HC nº 408.471/MS, rel. Min. Maria Thereza de Assis Moura, j. 19.10.17). Neste caso julgado, a Corte afastou a incidência da causa de aumento do furto.

b) **prova da incapacidade para as ocupações habituais por mais de trinta dias, na lesão corporal**: o art. 129, § 1º, I, CP, dispõe que haverá lesão corporal de natureza grave se o fato gerar incapacidade para as ocupações habituais por mais de 30 dias. E o art. 168, § 2º, CPP, determina que o exame pericial para verificação da gravidade da lesão deve ser feito logo que decorra os trinta dias, enquanto que o § 3º prevê que a falta do exame poderá ser suprida pela prova testemunhal. A jurisprudência caminha nesse mesmo sentido, isto é, admite-se a inexigibilidade do laudo complementar diante da existência de outros elementos probatórios (STJ, AgRg no AREsp nº 451.904/PI, rel. Min. Sebastião Reis Júnior, j. 04.11.14).

c) **prova da potencialidade lesiva da arma de fogo, no porte ou posse ilegal**: o porte ilegal de arma de fogo, acessório ou munição é crime de perigo abstrato e de mera conduta, sendo desnecessária a realização de perícia para atestar a potencialidade lesiva do artefato apreendido (STJ, EREsp nº 1.005.300/RS, rel. Min. Laurita Vaz, j. 14.08.13; e AgRg no RHC nº 86.862/SP, rel. Min. Felix Fischer, j. 20.02.18).

Atentar, todavia, que, acaso a arma seja apreendida e a perícia, uma vez feita, ateste que ela não apresenta potencialidade lesiva, pois, p. ex., está quebrada ou é absolutamente obsoleta, não haverá crime (REsp nº 1.451.397/MG, rel. Min. Maria Thereza de Assis Moura, j. 15.09.15).

Entretanto, caso a arma esteja absolutamente incapaz de efetuar disparos, mas o agente porte munição, haverá crime, diante do perigo abstrato demonstrado pela posse da munição e porque a atual Lei nº 10.826/03 pune a simples posse/porte de munição, independentemente da presença de arma de fogo ou de sua funcionalidade (STJ, AgRg no ED no AREsp nº 559.072/PR, rel. Min. Gurgel de Faria, j. 21.05.15).

d) **prova da potencialidade lesiva da arma de fogo, no roubo circunstanciado**: o art. 157, § 2º-A, I, CP, nos termos da Lei nº 13.654/18, considera majorado o roubo, em 2/3, no caso de o agente empregar arma de fogo. Entende-se que é desnecessária a perícia dessa arma de fogo empregada no crime de roubo para que se configure a causa de aumento, bastando que outros meios de prova comprovem o seu emprego pelo agente, diante do poder vulnerante configurado e porque a lei assim não exige (STJ, HC nº 372.615/SP, rel. Min. Jorge Mussi, j. 02.02.17).

No entanto, caso seja periciada a arma utilizada no roubo e se comprove que ela era absolutamente inapta para efetuar disparos, estará afastada a majorante, muito embora o agente continue respondendo por roubo, mas de natureza simples (STJ, HC nº 319.737/RJ, rel. Min. Gurgel de Faria, j. 26.05.15); para a jurisprudência, se a arma estava desmuniciada, também não haverá a incidência da majorante (STJ, AgRg no AREsp nº 675.557/SP, rel. Min. Jorge Mussi, j. 12.12.17), embora parte da doutrina entenda que a arma desmuniciada representa uma inaptidão relativa, pois o roubador pode, a qualquer momento, municiá-la e reativar sua potencialidade lesiva imediatamente (Masson, Código, 2014).

No mais, a arma de brinquedo empregada no roubo não autoriza a incidência da majorante, respondendo o acusado por roubo de natureza simples (STJ, HC nº 271.922/SP, rel. Min. Newton Trisotto, j. 07.04.15).

Finalizando o tópico, pergunta-se, diante do mito que se criou na população: **existe condenação por homicídio sem que se encontre o corpo da vítima?** A resposta é positiva. Apesar de a lei exigir a realização do exame de corpo de delito (ou seja, o homicídio exige a perícia no cadáver), viu-se que o art. 167, CPP, fixa que, não sendo possível tal exame por terem desaparecido os vestígios, outras provas poderão comprovar a materialidade do delito. Do contrário, seria pensar que o homicida que oculta o cadáver (o que é muito comum) não poderia ser condenado nunca. Neste sentido, aliás, afirmou o Superior Tribunal de Justiça que "o exame de corpo de delito, embora importante à comprovação nos delitos de resultado, não se mostra imprescindível, por si só, à comprovação da materialidade do crime. No caso vertente, em que os supostos homicídios têm por característica a ocultação dos corpos, a existência de prova testemunhal e outras podem servir ao intuito de fundamentar a abertura da ação penal, desde que se mostrem razoáveis no plano do convencimento do julgador, que é o que consagrou a instância *a quo*" (HC nº 79.735/RJ, rel. Min. Maria Thereza de Assis Moura, j. 13.11.07).

e) **prova da materialidade dos crimes ambientais materiais:** a regra é a realização de exame de corpo de delito direito, cf. o art. 158, CPP. Somente será possível a substituição de exame pericial por outros meios probatórios, na forma indireta, quando a infração não deixar vestígios ou quando o lugar dos fatos tenha se tornado impróprio à análise pelos peritos (STJ, AgRg no AREsp nº 1.571.857/PR, rel. Min. Reynaldo Soares da Fonseca, j. 15.10.19). Ex.: destruir ou danificar floresta de preservação permanente ou inutiliza-la infringindo as regras (art. 38 da Lei nº 9.605/98).

9.2.1.5. *Exame direto e indireto*

O art. 158, CPP, prevê que o exame de corpo de delito pode ser *direto* ou *indireto*.

Entende-se que o exame **direto** é aquele feito pelo perito com contato direto sobre os vestígios do crime. Ex.: necropsia, em que há contato direto do perito médico-legista com o cadáver.

Por outro lado, o exame **indireto** é o realizado por meio do perito que não teve acesso direto ao corpo de delito, sendo feito um laudo com base em informações obtidas. Vê-se que continua existindo um laudo pericial elaborado por um perito, ou seja, trata-se de verdadeira perícia, mas que, apenas, não é realizada diretamente sobre o corpo de delito. Ex.: a vítima de estupro que, meses depois, comparece ao Instituto Médico Legal para realização de perícia, momento em que não se constata – em razão do tempo – nenhum vestígio do crime; será possível, todavia, que o perito realize uma perícia indireta, tendo como base, por exemplo, o prontuário médico da vítima, os receituários contendo os remédios que tomou, os laudos psiquiátricos, os exames médicos feitos etc.

No caso do exame indireto, o perito não mais emitirá um juízo de valor de acordo com o que presenciou, mas, sim, um juízo de compatibilidade entre as informações que obteve e o crime que está sendo investigado. No caso do exemplo dado, o perito elaborará laudo pericial onde expressará se o laudo médico, os remédios tomados, as consultas psiquiátricas e os exames são *consistentes* com o crime de estupro supostamente praticado.

Parcela minoritária da doutrina entende que o exame indireto seria o suprimento do exame de corpo de delito pela prova testemunhal, do art. 167, CPP, sendo dispensada a participação de um perito e a realização de um laudo pericial (Mirabete, 2007).

O Supremo Tribunal Federal já se manifestou no sentido de que há exame de corpo de delito indireto quando este é elaborado por médicos-legistas, tendo como base relatório médico fornecido pelo hospital onde a vítima esteve internada (RHC nº 115.229/SP, rel. Min. Rosa Weber, j. 25.06.13); embora, certa feita, já tenha afirmado que o exame indireto é aquele fundado em prova testemunhal ou outros meios de prova HC nº 69.591/SE, rel. Min. Celso de Mello, j. 10.11.92).

O que se pode visualizar, portanto, é o seguinte, diante da ausência de vestígios do crime: (i) se testemunhas narram, ao perito, como o crime se deu e este elabora um laudo pericial, expressando sua percepção técnica, haverá um exame de corpo de delito indireto; (ii) por outro lado, se testemunhas narram, ao delegado ou ao juiz, o que viram, sem a participação de um perito e sem a elaboração de laudo técnico, haverá simples elemento informativo testemunhal.

9.2.1.6. *Perito*

O perito – oficial ou não – está sujeito à disciplina judiciária (art. 275, CPP), ou seja, à mesma disciplina jurídica dos funcionários públicos do Poder Judiciário.

Como o perito é um auxiliar do juízo, as partes não intervirão na sua nomeação pelo juiz (art. 276, CPP) – eventualmente, poderão, depois, alegar algum impedimento ou suspeição. Difere, assim, do Processo Civil, que admite que as partes, de comum acordo, escolham o perito, indicando-o mediante requerimento, desde que sejam capazes e a causa possa ser resolvida por autocomposição (art. 471, CPC).

Uma vez nomeado o perito, ele será obrigado a aceitar o encargo, sob pena de multa, salvo se apresentar escusa atendível (art. 277, CPP). Tal disposição é de rara aplicação, uma vez que a maioria das perícias de hoje é feita por meio dos órgãos de criminalística, estando os peritos – concursados que são – obrigados a desempenhar sua atividade profissional, sob pena de descumprir seu dever funcional.

Apenas quando se tratar de perito não oficial é que será possível aplicar tal dispositivo, embora a multa não seja aplicável, diante da inexistência da moeda utilizada (réis). O que pode ser aplicável, em analogia ao Código de Processo Civil (art. 3º, CPP), é o disposto no art. 468, § 1º, CPC, que prevê comunicação da ocorrência pelo juiz à corporação profissional e imposição de multa.

Ademais, incorrerá na mesma multa o perito que, sem justa causa, provada imediatamente, deixar de acudir à intimação ou ao chamado da autoridade; não comparecer no dia e local designados para o exame; ou não der o laudo, ou concorrer para que a perícia não seja feita, nos prazos estabelecidos.

Se o perito não comparecer sem justa causa, a autoridade poderá determinar a sua condução (art. 278, CPP). Entende-se que essa medida é aplicável ao perito não oficial, já que o oficial está sujeito à disciplina administrativa, com sanções funcionais. Caso apresente justificativa, designa-se nova data para o ato ou, se o caso, destitui-se o perito e nomeia-se outro.

Não poderão ser peritos, conforme o art. 279, CPP, (a) os que cumprem pena de interdição temporária de direitos quanto ao exercício do cargo, função ou atividade pública, profissão, atividade ou ofício que exija habilitação legal, licença ou autorização (art. 47, I e II, CP); (b) os que já prestaram depoimento ou opinaram anteriormente sobre o objeto da perícia; e (c) os analfabetos (o que é impossível, pois se exige ensino superior para ser perito) e menores de 21 anos (o que é de difícil ocorrência, diante da exigência de ensino superior para ser perito e também porque a maioridade civil inicia-se aos 18 anos, conforme o atual Código Civil).

Além disso, é claro, juiz e membro do Ministério Público não podem ser peritos, assim como a vítima ou a testemunha do caso em julgamento. E consoante já se estudou, é extensivo aos peritos, no que lhes for aplicável, as hipóteses de suspeição dos juízes (art. 280, CPP).

9.2.1.6.1. *Classificação*

A classificação utilizada diz respeito ao vínculo existente entre o perito e o Estado. Assim:

a) **perito oficial**: é o ocupante de cargo público de perito, tendo ingressado no serviço público mediante a aprovação em concurso público. Ex.: perito criminal federal; médico-legista etc.

b) **perito não oficial**: é o não ocupante de um cargo público, não tendo nenhuma relação com o Estado. É nomeado pela autoridade (juiz ou delegado de polícia) para realizar uma perícia, geralmente diante da ausência de perito oficial.

9.2.1.6.2. *Um ou dois peritos?*

Este é um ponto bastante confuso do ordenamento jurídico, diante das alterações que o legislador – desatento – realizou.

A redação original do art. 159, CPP, exigia que a perícia fosse realizada por *peritos oficiais* ou, na sua falta, por *duas pessoas idôneas* (§ 1º). Em 1963, o Supremo Tribunal Federal editou sua súmula nº 361, dispondo que "no processo penal, é nulo o exame realizado por um só perito, considerando-se impedido o que tiver funcionado, anteriormente, na diligência de apreensão".

Décadas depois, a Lei nº 8.862/94, alterou o art. 159, CPP, dispondo que os exames de corpo de delitos e as demais perícias seriam feitas por *dois peritos oficiais*.

Em 2008, editou-se a Lei nº 11.690/08, que, novamente, alterou o art. 159, CPP, dispondo, agora, que o exame de corpo de delito e outras perícias serão realizados por **perito oficial**, portador de diploma de curso superior; e o seu § 1º afirma que, na falta deste perito oficial, o exame será feito por **duas pessoas idôneas**, portadoras de curso superior preferencialmente na área específica.

Assim:

Perito oficial	Perito não oficial
1 pessoa	2 pessoas

A súmula nº 361 do STF, atualmente, somente tem aplicabilidade quando a perícia for realizada por uma só pessoa idônea (ao invés de duas, como exige a lei), não sendo aplicável ao perito oficial, pois, atualmente, a lei exige um só perito (STF, HC nº 115.330/PR, rel. Min. Luiz Fux, j. 25.06.13).

Entende-se, hoje, que a participação de perito oficial na diligência de apreensão não macula o laudo pericial posterior (STF, HC nº 95.331/RJ, rel. Min. Eros Grau, j. 16.12.08). Basta imaginar a diligência de busca e apreensão em que o perito, ao lado dos demais agentes policiais, apreende a droga e, depois, elabora o exame de constatação.

Disposições especiais:

a) Lei de Drogas: o laudo de constatação provisório da droga será firmado por **um só perito** oficial ou, na falta deste, por **uma pessoa idônea**; o perito que subscrever este laudo não ficará impedido de participar da elaboração do laudo de constatação definitivo (art. 50 e §§, Lei nº 11.343/06).

b) Crime contra a propriedade imaterial: subsequentemente à apreensão, será realizada, por **perito oficial**, ou, na falta deste, por **pessoa tecnicamente habilitada**, perícia sobre os bens apreendidos e elaborado o laudo que deverá integrar o inquérito policial ou o processo (art. 530-D, CPP).

c) Juizado Especial Criminal: para o oferecimento da denúncia, que será elaborada com base no termo de ocorrência, com dispensa do inquérito policial, prescindir-se-á do exame do corpo de delito quando a materialidade do crime estiver aferida por **boletim médico** ou prova equivalente (art. 77, § 1º, Lei nº 9.099/95).

d) Lei de Falência: o administrador judicial apresentará ao juiz da falência exposição circunstanciada, considerando as causas da falência, o procedimento do devedor, antes e depois da sentença, e outras informações detalhadas a respeito da conduta do devedor e de outros responsáveis, se houver, por atos que possam constituir crime relacionado com a recuperação judicial ou com a falência, ou outro delito conexo a estes. Esta exposição circunstanciada será instruída com **laudo do contador** encarregado do exame da escrituração do devedor (art. 186, Lei nº 11.101/05).

9.2.1.6.3. *Nomeação de perito não oficial*

Na falta de perito oficial, o exame será realizado por 2 pessoas idôneas, portadoras de diploma de curso superior *preferencialmente* na área específica, dentre as que tiverem habilitação técnica relacionada com a natureza do exame (art. 159, § 1º, CPP).

Julgado do Superior Tribunal de Justiça entendeu que é obrigatório que os peritos não oficiais sejam portadores de ensino superior, mesmo que sejam policiais (AgRg no AREsp nº 180.146/RS, rel. Min. Leopoldo de Arruda Raposo, j. 28.04.15).

Ainda, não se exige que o perito tenha inscrição no respectivo Conselho de Classe, pois não há esta exigência, sequer, ao perito oficial (STJ, HC nº 226.276/RJ, rel. Min. Laurita Vaz, j. 15.08.13).

Estes peritos não oficiais prestarão o compromisso de bem e fielmente desempenhar o encargo (§ 2º). Lembre-se que o perito oficial não presta compromisso, pois atua no serviço público conforme a disciplina administrativa, já tendo o compromisso de bem executar a função pública.

E entende a jurisprudência que a falta de compromisso do perito não oficial configura mera irregularidade, insuficiente para ensejar qualquer anulação (STJ, REsp nº 805.377/SC, rel. Min. Laurita Vaz, j. 13.08.09).

9.2.1.6.4. *A Lei nº 12.030/09*

A Lei nº 12.030/09 dispõe sobre as perícias oficiais de natureza criminal. Assegura-se ao perito criminal autonomia técnica, científica e funcional, exigindo-se concurso público, com formação acadêmica específica, para o provimento do cargo de perito oficial (art. 2º).

Em razão do exercício das atividades de perícia oficial de natureza criminal, os peritos criminais estão sujeitos a regime especial de trabalho, observada a legislação específica de cada ente a que se encontrem vinculados (art. 3º).

Observado o disposto na legislação específica de cada ente a que o perito se encontra vinculado, são peritos de natureza criminal os *peritos criminais*, os *peritos médico-legistas* e os *peritos odontolegistas*, com formação superior específica detalhada em regulamento, de acordo com a necessidade de cada órgão e por área de atuação profissional (art. 5º).

Por fim, a Suprema Corte entende que é possível que lei estadual (legislando sobre procedimento em matéria processual, cf. o art. 24, XI, CF) preveja que legista do sexo feminino realizará exames em crianças, adolescentes e mulheres vítimas de estupro, *desde que isso não gere retardo ou prejuízo à diligência* (ADI nº 6.039/RJ, rel. Min. Edson Fachin, j. 13.03.19).

9.2.1.7. *Realização da perícia*

Como visto alhures, as partes não intervirão na nomeação do perito (art. 276, CPP), cabendo ao juiz ou ao delegado tal mister.

Os peritos elaborarão o *laudo pericial*, onde descreverão minuciosamente o que examinarem, e responderão aos quesitos formulados (art. 160, CPP). O laudo possui *(1)* preâmbulo, com a qualificação do perito, seus títulos e objetivos da perícia; *(2)* exposição, com a narrativa do objeto da perícia, com ordem e método; (3) discussão, com a indicação dos motivos técnicos, com análise e crítica dos fatos; e *(4)* conclusão, com a resposta aos quesitos dos juiz e das partes (Noronha, Curso, 1995).

O laudo pericial será elaborado no prazo máximo de 10 dias, podendo este prazo ser prorrogado, em casos excepcionais, a requerimento dos peritos (p.ú., art. 160, CPP). Conforme o art. 161, CPP, a perícia pode ser feita em qualquer dia e horário, não havendo restrição de feriados ou de períodos noturnos ou de madrugada.

Destaca-se que a Lei nº 13.721/18 acrescentou o parágrafo único ao art. 158, CPP, determinando a **prioridade à realização do exame de corpo de delito** quando se tratar de crime que envolva: **(a)** violência doméstica e familiar contra a *mulher* ou **(b)** violência contra *criança*, *adolescente*, *idoso* ou *pessoa com deficiência*. Assim, todos os agentes da lei que atuam na investigação destas infrações penais devem priorizar a realização do exame de corpo de delito nestes casos, sejam delegados, peritos, juízes, dentre outros.

Na conclusão do laudo, vê-se que o perito responderá aos quesitos, que serão elaborados pelas partes e pela autoridade até o ato da diligência (art. 176, CPP). Esses quesitos são questões sobre as quais se perde a opinião técnica do perito sobre um determinado *fato relevante*, em razão do conhecimento especializado deste.

Consigna-se que o deferimento de provas se submete ao prudente arbítrio do magistrado, cuja decisão há de levar em conta o conjunto probatório já existente, sendo permitido indeferir provas impertinentes, desnecessárias e protelatórias (STF, HC nº 104.473/PE, rel. Min. Ricardo Lewandowski, j. 05.10.10). No mesmo sentido é o art. 184, CPP, que dispõe que, salvo o caso de exame de corpo de delito, o juiz ou a autoridade policial negará a perícia requerida pelas partes, quando não for necessária ao esclarecimento da verdade.

Se a perícia precisar ser realizada em outra comarca, a regra é que o juízo deprecado (onde a perícia será feita) nomeie o perito, salvo no caso de o crime investigado ser processado por ação penal de iniciativa privada, caso em que as partes poderão acordar que a nomeação seja feita pelo juízo deprecante (onde o crime está sendo investigado), cf. o art. 177, CPP. Os quesitos do juiz e das partes serão transcritos na precatória (p.ú.).

9.2.1.7.1. *Vícios e omissões*

No caso de inobservância de formalidades, ou no caso de omissões, obscuridades ou contradições no laudo pericial, a autoridade judiciária mandará suprir a formalidade, complementar ou esclarecer o laudo (art. 181, CPP).

Assim, caso o laudo apresente alguma falha, as partes poderão requerer ao juiz que determine a complementação do laudo, sanando tal vício. O indeferimento do saneamento da falha, pelo juiz, gerará nulidade, pois o processo conterá um laudo pericial falho, que está formando a convicção do juiz de forma equivocada.

Além disso, a autoridade poderá também ordenar que se proceda a novo exame, por outros peritos, se julgar conveniente (p.ú., art. 181, CPP), como no caso de exame imprestável ou insuficiente ao esclarecimento dos fatos.

Consoante bem entende a jurisprudência do Superior Tribunal de Justiça, a falta de assinatura do perito criminal no laudo toxicológico (na Lei de Drogas) é mera irregularidade, que não tem o condão de anular referido exame (AgRg no REsp nº 1.800.441/MG, rel. Min. Felix Fischer, j. 07.05.19).

9.2.1.7.2. *Divergência entre peritos*

Estudou-se que a perícia é realizada por *um perito* oficial ou, na falta deste, por *dois peritos não oficiais*; além disso, pode ser que haja mais de um perito no caso de crime contra a propriedade imaterial (art. 527, CPP).

Nestes casos, é possível que surja divergência entre os peritos atuantes, cuja solução é dada pelo art. 180, CPP: se houver divergência entre os peritos, serão consignadas no auto do exame as declarações e respostas de um e de outro, ou cada um redigirá separadamente o seu laudo, e a autoridade nomeará um terceiro; se este divergir de ambos, a autoridade poderá mandar proceder a novo exame por outros peritos.

Assim, caso haja divergência entre os peritos, o juiz poderá:

a) decidir de acordo com um dos peritos, discordando do outro e apresentando sua fundamentação.

b) discordar de ambos e nomear um terceiro perito (desempatador).

c) determinar a realização de nova perícia, caso o perito desempatador não traga esclarecimentos suficientes.

9.2.1.7.3. *Laudos complementares*

Laudo complementar é aquele realizado posteriormente a uma perícia principal, anterior, cujo objetivo é literalmente *complementar* esta, já que lhe faltam elementos para ser concluída com êxito.

Há ao menos três situações em que o Código de Processo Penal prevê o laudo complementar: (i) esclarecimento de omissões, obscuridades e contradições, do art. 181, CPP; (ii) exame pericial incompleto no caso de lesão corporal, cf. art. 168, *caput*, CPP; e (iii) necessidade de aguardar o transcurso de certo período de tempo para permitir a resposta a algum quesito, como ocorre no caso de lesão corporal grave que resulte incapacidade para as ocupações habituais por mais de 30 dias, cuja perícia complementar (com o respectivo laudo complementar) deve ser feita após este lapso, cf. art. 168, § 2º, CPP.

No mais, durante o curso do processo judicial, é permitido às partes, quanto à perícia, requerer a oitiva dos peritos para esclarecerem a prova ou para responderem a quesitos, desde que o mandado de intimação e os quesitos ou questões a serem esclarecidas sejam encaminhados com antecedência mínima de 10 dias, podendo apresentar as respostas em laudo complementar (art. 159, § 5º, I, CPP). Isso não se confunde com o § 3º do mesmo art. 159, CPP. No § 3º, a parte pode formular quesito a ser respondido pelo perito quando da confecção do laudo pericial principal; por outro lado, o § 5º, I, prevê que a parte pode formular quesito a ser respondido pelo perito em laudo complementar, pressupondo uma perícia principal já feita, em razão de dúvida surgida posteriormente.

9.2.1.7.4. *Momento de realização*

Como regra – e por lógica – os exames periciais são realizados ainda na fase investigatória, haja vista que é neste momento que os vestígios do crime estão presentes. A razão disso é o previsto no art. 6º, I, CPP, que prevê que o delegado de polícia, logo que tiver conhecimento da prática de uma infração penal, dirigir-se-á ao local, providenciando para que não se alterem o estado de conservação das coisas, até a chagada *dos peritos*.

De acordo com a jurisprudência, embora a perícia deva ser realizada antes do oferecimento da denúncia, nada impede a sua realização no curso do processo penal – desde que a peça acusatória oferecida traga elementos suficientes indicativos de autoria e de materialidade para o seu recebimento, é claro (STJ, RHC nº 19.183/BA, rel. Min. Gilson Dipp, j. 12.10.06).

Todavia, há dois casos em que a peça acusatória deverá trazer, obrigatoriamente, a perícia feita, sob pena de inépcia: (i) crime contra a propriedade imaterial, sendo a ação penal de iniciativa privada, cf. o art. 525, CPP; e (ii) tráfico de drogas, que exige um laudo de constatação provisório de substância entorpecente para o oferecimento da denúncia, cf. art. 50, § 1º, Lei nº 11.343/06 (STJ, RHC nº 56.483/SC, rel. Min. Felix Fischer, j. 11.06.15), até porque, trata-se de condição de procedibilidade para apuração do crime (STJ, HC nº 388.361/SP, rel. Min. Jorge Mussi, j. 18.04.17).

Vale destacar, apenas, em relação à Lei de Drogas, que o laudo toxicológico definitivo é imprescindível à demonstração da materialidade do delito para fins de condenação; isso, todavia, não afasta a possibilidade de que, excepcionalmente, a comprovação da materialidade do crime de drogas possa ser efetuada pelo próprio laudo de constatação provisório, quando ele permita grau de certeza idêntico ao do laudo definitivo, pois elaborado por perito oficial, em procedimento e com conclusões equivalentes. Exemplo disso é o laudo preliminar elaborado por perito oficial por meio dos chamados "narcotestes", que são testes químicos pré-fabricados capazes de identificar os princípios ativos existentes nas drogas mais comercializadas – assim, este laudo preliminar constitui uma das exceções em que a materialidade do fato pode ser provada apenas por meio do laudo preliminar (STJ, 3ª Seção, EREsp nº 1.544.057/RJ, rel. Min. Reynaldo Soares da Fonseca, j. 26.10.16). Logo, é possível, excepcionalmente, que a materialidade do crime de tráfico de drogas seja demonstrada por laudo de constatação provisório, desde que acompanhado por outras provas robustas (AgInt no REsp nº 1.710.211/PR, rel. Min. Maria Thereza de Assis Moura, j. 21.08.18). Todavia, a materialidade do crime não poderá ser comprovada com base *apenas* em prova testemunhal e na confissão do réu (STJ, HC nº 457.466/SC, rel. Min. Sebastião Reis Júnior, j. 16.10.18). Obviamente, ainda que não haja a apreensão da droga para a realização do exame toxicológico, admite-se que os demais elementos colhidos supram a sua falta, conforme o art. 167, CPP (STJ, HC nº 287.703/ES, rel. Min. Marco Aurélio Bellizze, j. 15.05.14). Ex.: testemunha relata o tráfico de drogas, interceptação telefônica dá conta de que havia traficância de drogas e uma organização criminosa voltada para o tráfico de drogas – todos esses são elementos que suprem a ausência de laudo toxicológico.

De qualquer modo, o laudo pericial definitivo atestando a ilicitude da droga afasta eventuais irregularidades do laudo preliminar realizado na fase investigativa (STJ, AgRg no REsp nº 1.653.604/SP, rel. Min. Jorge Mussi, j. 03.08.17).

9.2.1.8. *Assistente técnico*

A Lei nº 11.690/08 trouxe novidade importante ao Processo Penal: a figura do assistente técnico, até então não permitida em ações de natureza penal.

Entende-se que o assistente técnico é o "perito das partes", isto é, o profissional que possui conhecimentos técnicos ou científicos (de qualquer natureza) que é contratado pela parte para lhe fornecer informações que exigem tais conhecimentos, subsidiando (e rebatendo) os laudos dos peritos, buscando formar a convicção do juiz que lhe seja favorável.

Estabelece o § 3º do art. 159, CPP, que serão facultadas ao **Ministério Público**, ao **assistente de acusação**, ao **ofendido**, ao **querelante** e ao **acusado** a formulação de quesitos e a *indicação de assistente técnico*.

Entende-se que o assistente técnico só é admitido no curso da **ação penal**, ou seja, apenas na fase judicial, pois: (a) o § 3º do art. 159, CPP, fala em "acusado" como legitimado, figura existente apenas no curso da ação penal; e (b) o inc. II, § 5º, art. 159, CPP, dispõe que, durante o processo judicial, a parte poderá indicar assistente técnico.

Quem admite a atuação do assistente técnico no processo penal é o juiz – que somente indeferirá se não houver razão para sua atuação, como no caso de requerimento no curso do inquérito policial ou quando não houver necessidade de perícia.

Contra o indeferimento, não há recurso específico, mas será possível a correição parcial ou o manejo de *habeas corpus* ou de mandado de segurança; se deferido, a parte contrária pode interpor correição parcial.

E como já decidiu o Tribunal da Cidadania, a realização de avaliação psicossocial, prevista na Lei Maria da Penha (Lei nº 11.340/06), é uma medida pré-processual, não sendo um meio de prova, mas de assistência à vítima e seus familiares, não havendo direito líquido e certo do investigado à habilitação de assistentes técnicos, podendo exercer seu direito de contraditório e de ampla defesa no curso da ação penal (RMS nº 49.121/SP, rel. Min. Maria Thereza de Assis Moura, j. 16.02.16).

Da admissão, as partes devem ser intimadas, permitindo-se impugnação, como o impedimento do assistente que está interditado de exercer a profissão (art. 279, CPP).

Como cada parte no processo é legitimada à indicação de assistente técnico, entende-se que cada uma (Ministério Público, assistente de acusação, ofendido, querelante e acusado) poderá ter direito a *um* assistente técnico; caso haja mais de um réu, cada um poderá ter o *seu* assistente técnico. Exceção existe no caso de **perícia complexa**, quando envolver mais de uma área de conhecimento e exigir mais de um perito, caso em que poderá haver mais de um assistente técnico também para cada parte (§ 7º, art. 159, CPP).

O § 4º do art. 159, CPP, dispõe que o assistente técnico atuará a partir de sua admissão pelo juiz e após a conclusão dos exames e elaboração do laudo pelos "peritos oficiais", sendo as partes intimadas desta decisão. Apesar da falha redacional, deve-se ler "perito oficial", no singular, de acordo com o *caput*, ou então, "perícia oficial", seja ela realizada por um perito oficial ou por peritos não oficiais (Avena, 2011).

É de se concluir, do § 4º, portanto, que o assistente técnico atuará após a conclusão/finalização da perícia oficial, objetivando não atrapalhar os trabalhos pelos peritos do juízo e garantindo a isenção destes.

Indicado o assistente técnico e admitida sua atuação pelo juiz, este fixará prazo para apresentação de parecer *ou* para inquirição em audiência (art. 159, § 5º, II, CPP). Como explica Madeira (Curso, 2015), há um equívoco no emprego do termo "ou", pois a assistência técnica deve ser apresentada como prova escrita, através de parecer; quando se pretende transformar a perícia ou o parecer do assistente técnico em prova oral, está-se, na verdade, a mudar a natureza jurídica do meio de prova (que passaria de prova técnica para prova testemunhal) o que equivaleria, utilizando-se a terminologia já mencionada, a uma prova anômala. Se a parte quiser alguma explicação em juízo, o correto é aplicar o inc. I, § 5º, do art. 159, CPP, requerendo esclarecimentos do perito (e do assistente técnico, em analogia) em audiência – pressupondo a existência de um parecer técnico já juntado aos autos.

Havendo requerimento das partes indicando assistente técnico, o material probatório que serviu de base à perícia será disponibilizado *no ambiente do órgão oficial*, que manterá sempre sua guarda, e na presença de perito oficial, para exame pelos assistentes, salvo se for impossível a sua conservação (§ 6º, art. 159, CPP). Desta feita, a arma do crime, p. ex., não será entregue ao assistente técnico para análise, mas, sim, o assistente técnico é que irá até o órgão oficial (instituto de criminalística, geralmente) e terá, ali, sem retirá-lo do local, contato com o objeto da perícia, sempre sob os cuidados do perito.

Apresentado o laudo pelo assistente técnico, o juiz o valorará juntamente com os laudos periciais, consoante o seu livre convencimento, lembrando – apenas – que o perito do juízo (oficial ou não oficial) é isento, enquanto que o assistente técnico é parcial, pois contratado pela parte. Assim, se, p. ex., um perito criminal do instituto de criminalística lavra laudo afirmando que a arma apreendida é apta a efetuar disparos, o assistente técnico do investigado, contratado para rebater este laudo, fará o possível, dentro da legalidade e da sua capacidade técnica, para contradizer o laudo, beneficiando seu cliente. Isso, claro, deve ser considerado pelo juiz em conjunto com os demais elementos de prova.

9.2.1.9. *Valoração do laudo pericial*

A doutrina nacional ensina que há dois sistemas que buscam explicar a relação *vinculação do juiz vs. resultado da perícia*. Assim:

a) **sistema vinculatório**: o juiz está vinculado ao resultado da perícia, sem margem de decisão contrária. Não se admite sua adoção, pois, do contrário, seria permitir que o perito julgasse no lugar do magistrado, decidindo a causa.

b) **sistema liberatório**: o juiz não está adstrito ao resultado da perícia, possuindo margem de decisão, podendo acolher ou rejeitar o laudo confeccionado na perícia do juízo. Tem previsão no art. 182, CPP, ao mencionar que "o juiz não ficará adstrito ao laudo, podendo aceitá-lo ou rejeitá-lo, no todo ou em parte", bastando que apresente suas razões (art. 93, IX, CF), sendo o sistema adotado no Brasil (STJ, HC nº 358.885/SC, rel. Min. Ribeiro Dantas, j. 16.03.17).

Obviamente que o juiz é livre para decidir, apreciando todas as provas do processo, bastando motivar. Todavia, a doutrina – apenas para desenvolver o assunto de forma aprofundada – traz situações em que o juiz tem pouca (para não se dizer nenhuma) margem de livre convencimento, tal como a análise do exame de corpo de delito (art. 158, CPP), a morte do agente (art. 62, CPP) e a inimputabilidade do réu (art. 149, CPP).

Embora se diga que o sistema adotado é o liberatório, se o laudo pericial afirmar que o agente morreu ou que é inimputável, pouquíssima (ou nenhuma) margem de decisão em sentido contrário o juiz terá. Basta imaginar a situação de o juiz condenando o autor de um crime que, conforme laudo de exame necroscópico, morreu dias atrás; ou que, de acordo com a perícia documental, possui apenas 13 anos de idade, sendo inimputável e devendo ser julgado cf. as regras do Estatuto da Criança e do Adolescente.

9.2.1.10. *Necropsia*

Também chamada de autópsia, é o exame médico feito no interior do cadáver para determinar o *momento* e a *causa* da morte. Ela será feita pelo menos 6 horas depois do óbito, salvo se os peritos, pela evidência dos sinais de morte, julgarem que possa ser feita antes daquele prazo, o que declararão no auto (art. 162, CPP). O objetivo deste intervalo de tempo é permitir que eventuais sinais *post mortem* surjam, o que hoje, diante do avanço da tecnologia, é praticamente desnecessário.

Nos casos de morte violenta, bastará o simples exame externo do cadáver, quando (i) não houver infração penal a apurar, como no simples suicídio ou (ii) quando as lesões externas permitirem precisar a causa da morte e não houver necessidade de exame interno para a verificação de alguma circunstância relevante, como a decapitação.

Através deste exame, portanto, será possível – dentro das limitações técnicas existentes – saber, por exemplo, como e quando a vítima morreu, os locais dos disparados no corpo, a extensão das lesões etc.

9.2.1.11. *Exumação*

Exumar é desenterrar o cadáver da sepultura, podendo ocorrer, por exemplo, quando haja necessidade de uma perícia complementar no cadáver, que surgiu após o seu enterro. Neste caso, a autoridade providenciará para que, em dia e hora previamente marcados, se realize a diligência, da qual se lavrará auto circunstanciado (art. 163, CPP).

A autoridade competente será tanto o juiz quanto o delegado de polícia, embora, comumente, o delegado requeira autorização judicial para realizar a exumação. É possível, também, que os interessados (Ministério Público, defensor do acusado e assistente de acusação) requeiram ao juiz a exumação.

O administrador de cemitério (público ou particular) indicará o lugar da sepultura, sob pena de desobediência. No caso de recusa ou de falta de quem indique a sepultura, ou de encontrar-se o cadáver em lugar não destinado a inumações (enterros), a autoridade procederá às pesquisas necessárias, o que tudo constará do auto (p.ú.).

Havendo dúvida sobre a identidade do cadáver exumado, proceder-se-á ao reconhecimento pelo Instituto de Identificação e Estatística ou repartição congênere ou pela inquirição de testemunhas, lavrando-se auto de reconhecimento e de identidade, no qual se descreverá o cadáver, com todos os sinais e indicações. Em qualquer caso, serão arrecadados e autenticados todos os objetos encontrados que possam ser úteis para a identificação do cadáver (art. 166, "caput" e p.ú., CPP).

A exumação (ou inumação, que é o seu oposto) feita contrariamente às disposições legais tipifica a contravenção penal do art. 67 do Decreto-lei nº 3.688/41.

9.2.1.12. *Lesões corporais*

De acordo com o já visto alhures, em caso de lesões corporais, se o primeiro exame pericial tiver sido **incompleto**, proceder-se-á a exame complementar por determinação da autoridade policial ou judiciária, de ofício, ou a requerimento do Ministério Público, do ofendido ou do acusado, ou de seu defensor. Neste exame complementar, os peritos terão presente o auto de corpo de delito, a fim de suprir-lhe a deficiência ou retificá-lo.

Se o objetivo do exame complementar for **precisar a lesão corporal** (como no caso de lesão grave que gere incapacidade para as ocupações habituais por mais de 30 dias, cf. o art. 129, § 1º, I, CP), ele deverá ser feito logo que decorra o prazo de 30 dias, contado da data do crime. No mais, é possível que a falta deste exame complementar seja suprida pela prova testemunhal.

Exige-se que o perito elabore um *diagnóstico* (investigação atual sobre a causa e consequência) o que só é possível a partir do 30º dia da data do crime, pois, do contrário, seria um *prognóstico* (suposição futura), o que não será aceito como meio de prova.

Quanto ao suprimento da prova pericial, remete-se o leitor ao capítulo específico.

9.2.1.13. *Exame do local do crime*

Para efeito de exame do local onde houver sido praticada a infração, a autoridade policial providenciará imediatamente para que não se altere o estado das coisas até a chegada dos peritos (art. 6º, I, CPP), que poderão instruir seus laudos com fotografias, desenhos ou esquemas elucidativos (art. 169, CPP). Os peritos registrarão, no laudo, as alterações do estado das coisas e discutirão, no relatório, as consequências dessas alterações na dinâmica dos fatos (p.ú.).

Se o local do crime tiver cadáveres, estes serão sempre fotografados na posição em que forem encontrados, bem como, na medida do possível, todas as lesões externas e vestígios deixados no local do crime (art. 164, CPP). Para representar as lesões encontradas no cadáver, os peritos, quando possível, juntarão ao laudo do exame provas fotográficas, esquemas ou desenhos, devidamente rubricados (art. 165, CPP).

9.2.1.14. *Exames laboratoriais*

Nas perícias de laboratório, os peritos guardarão material suficiente para a eventualidade de nova perícia. Sempre que conveniente, os laudos serão ilustrados com provas fotográficas, ou microfotográficas, desenhos ou esquemas (art. 170, CPP).

É o que se dá, por exemplo, no tráfico de drogas (art. 32, "caput", Lei nº 11.343/06), que prevê que as plantações ilícitas serão imediatamente destruídas pelo delegado de polícia, que recolherá quantidade suficiente para *exame pericial*, de tudo lavrando auto de levantamento das condições encontradas, com a delimitação do local, *asseguradas as medidas necessárias para a preservação da prova* (e eventual contraprova).

9.2.1.15. *Destruição e rompimento de obstáculo*

Nos crimes cometidos com destruição ou rompimento de obstáculo para a subtração da coisa, ou por meio de escalada, os peritos, além de descrever os vestígios, indicarão com que instrumentos, por que meios e em que época presumem ter sido o fato praticado (art. 171, CPP). Exemplo atual está contido no art. 157, § 2º-A, II, CP, que considera roubo majorado quando houver destruição ou rompimento de obstáculo mediante o emprego de explosivo ou de artefato análogo que cause perigo comum (Lei nº 13.654/18).

Ressalta-se que, não sendo possível o exame de corpo de delito, por haverem desaparecido os vestígios, a prova testemunhal poderá suprir-lhe a falta (art. 167, CPP). Como já visto, a jurisprudência é no sentido de que é necessária a referida perícia, sendo possível a sua substituição por outros meios probatórios, como o testemunhal, apenas quando a infração não deixar vestígios ou se o corpo de delito houver desaparecido (STJ, AgRg no AgRg no REsp nº 1.419.093/DF, rel. Min. Gurgel de Faria, j. 10.03.15; e REsp nº 1.392.386/RS, rel. Min. Marco Aurélio Bellizze, j. 03.09.13).

9.2.1.16. *Incêndio*

No caso de incêndio, os peritos verificarão a causa e o lugar em que houver começado, o perigo que dele tiver resultado para a vida ou para o patrimônio alheio, a extensão do dano e o seu valor e as demais circunstâncias que interessarem à elucidação do fato (art. 173, CPP). Nada impede a aplicação excepcional do art. 167, CPP, que fixa que, "não sendo possível o exame de corpo de delito, por haverem desaparecido os vestígios, a prova testemunhal poderá suprir-lhe a falta" (STF, HC nº 136.964/RS, rel. Min. Marco Aurélio, j. 18.02.20). Ex.: demora em registrar boletim de ocorrência, que gerou atraso na realização da perícia, mas cuja materialidade foi comprovada por prova testemunhal, apólice de seguro, relatório de sinistro, fotografias etc.

Como ensina Marcão (Código, 2016), não se trata de perícia exclusiva do crime de incêndio (art. 250, CP), mas de todo crime praticado com o emprego do incêndio, como dano (art. 163, p.ú., II, CP) ou mesmo o homicídio (art. 121, § 2º, III, CP).

9.2.1.17. *Exame grafotécnico*

Estabelece o art. 174, CPP, que, no exame para o reconhecimento de escritos, por comparação de letra, observar-se-á o seguinte:

i) a pessoa a quem se atribua ou se possa atribuir o escrito será intimada para o ato, se for encontrada;

ii) para a comparação, poderão servir quaisquer documentos que a dita pessoa reconhecer ou já tiverem sido judicialmente reconhecidos como de seu punho, ou sobre cuja autenticidade não houver dúvida;

iii) a autoridade, quando necessário, requisitará, para o exame, os documentos que existirem em arquivos ou estabelecimentos públicos, ou nestes realizará a diligência, se daí não puderem ser retirados;

iv) quando não houver escritos para a comparação ou forem insuficientes os exibidos, a autoridade mandará que a pessoa escreva o que lhe for ditado. Se estiver ausente a pessoa, mas em lugar certo, esta última diligência poderá ser feita por carta precatória, em que se consignarão as palavras que a pessoa será intimada a escrever.

Duas observações são necessárias.

Em primeiro lugar, o exame é feito com a comparação entre um documento escrito pelo próprio investigado e outro que se quer reconhecer como o sendo. Assim, a autoridade policial poderá, por exemplo, solicitar aos órgãos públicos que forneçam documentos assinados/escritos pelo investigado para realizar a comparação pelos peritos, independentemente da vontade do investigado neste caso, já que os documentos já estão em poder do Estado. Eventual documento já reconhecido judicialmente como sendo do investigado também poderá servir de fonte de comparação, assim como, *v.g.*, a assinatura existente na ficha-padrão de abertura de firma em cartório extrajudicial.

Em segundo lugar, o que se pode fazer é solicitar (pedir) que o investigado forneça um parâmetro de sua letra/assinatura, o que, claramente, poderá ser negado, diante da vedação à autoincriminação (art. 5º, LXIII, CF, e art. 8º, II, *g*, Convenção Americana de Direitos Humanos). No mesmo sentido já decidiu o STF (HC nº 77.135/SP, rel. Min. Ilmar Galvão, j. 08.09.98; e HC nº 99.289/RS, rel. Min. Celso de Mello, j. 23.06.09). Logo, não se pode mandar que o investigado escreva uma frase ditada pelo delegado, levando este escrito aos peritos, diante de flagrante inconstitucionalidade em razão da vedação à produção de prova contra si.

9.2.1.18. *Instrumentos do crime*

Serão sujeitos a exame os instrumentos empregados para a prática da infração, a fim de se lhes verificar a natureza e a eficiência (art. 175, CPP).

Trata-se de decorrência do art. 6º, II, CPP, que determina que o delegado de polícia deverá, diante da prática de um crime, apreender os objetos que servirem para o esclarecimento do fato e suas circunstâncias.

Assim, qualquer instrumento que, de fato, tenha sido utilizado para a prática do delito deverá ser periciado, seja arma *própria* (arma de fogo etc.), *imprópria* (faca de cozinha etc.) ou *outro artefato* empregado na prática do crime (barra de ferro, pedras, sacos etc.).

A perícia constatará, por exemplo, se há vestígios de sangue, se o instrumento é apto para prática do crime, se o investigado poderia ter utilizado tal instrumento etc.

9.2.1.19. *Laudo de avaliação*

Proceder-se-á, quando necessário, à avaliação de coisas destruídas, deterioradas ou que constituam produto do crime. Se impossível a avaliação direta, os peritos procederão à avaliação por meio dos elementos existentes nos autos e dos que resultarem de diligências (art. 172, CPP).

Pode ocorrer, por exemplo, no caso de roubo, furto, dano etc., cuja avaliação dos bens pode ter diversas funções, como a aplicação de privilégio, de reconhecimento de insignificância ou mesmo de parâmetro para o juiz fixar o valor indenizatório à vítima.

Serão avaliados, por exemplo, o estepe furtado do carro, as joias roubadas do cofre, o celular danificado etc. Como diz Marcão (Código, 2016), serão avaliadas coisas, ou seja, *bens materiais*, não sendo possível a análise de danos imateriais, como o dano moral ou o lucro cessante.

9.2.1.20. *Cadeia de custódia*

9.2.1.20.1. *Introdução*

A Lei nº 13.964/19 inaugurou um tema que já era muito debatido pela doutrina: a cadeia de custódia da prova, entre os artigos. 158-A a 158-F, CPP.

Transcreve-se a clara explicação de Aline Thaís Bruni: "pode-se dizer que a cena do crime é o ponto de partida para a aplicação das ciências forenses. Processar uma cena de crime é uma empreitada desafiadora e crítica, pois qualquer inconsistência pode comprometer toda a avaliação do caso. O caminho de um vestígio dentro da marcha investigativa deve obedecer a rigorosos critérios de documentação, a fim de que a fidelidade da análise seja atrelada a um protocolo conhecido e bem estabelecido. Ao processo de documentação desde a identificação do vestígio, passando pelo seu registro, coleta, transferências para exames e guarda, até a destinação final, dá-se o nome de cadeia de custódia" (Pacote, 2020, p. 125).

Assim, considera-se *cadeia de custódia* o conjunto de todos os procedimentos utilizados para manter e documentar a história cronológica do vestígio coletado em locais ou em vítimas de crimes, para rastrear sua posse e manuseio a partir de seu reconhecimento até o descarte (**art. 158-A, CPP**). Consoante já decidiu o Superior Tribunal de Justiça, a cadeia de custódia "abrange todo o caminho que deve ser percorrido pela prova até a sua análise pelo magistrado, sendo certo que qualquer interferência durante o trâmite processual pode resultar na sua imprestabilidade" (RHC nº 77.836/PA, rel. Min. Ribeiro Dantas, j. 05.02.19).

O objetivo da preservação de todos os elementos que constituem a cadeia de custódia é a manutenção da legalidade de todo o conjunto probatório, porquanto eventuais vícios ocorridos no procedimento de coleta de provas podem ocasionar o reconhecimento de sua ilegalidade. Logo, a função é manter íntegra a prova colhida, possibilitando o rastreio desde a sua coleta até a última análise pericial feita, conferindo a transparência necessária e afastando eventuais dúvidas que possam eliminar a sua utilização no processo ulterior.

É imprescindível adotar a preservação dos elementos que integram a cadeia de custódia. Esta preservação observa alguns procedimentos, entendidos como conjunto encadeado de atos. Tais procedimentos visam a manter e documentar a história da coleta dos vestígios, seja no local do crime, seja em vítimas.

Isto ganha muita importância quando se pensa, por exemplo, na coleta de material genético que, posteriormente, poderá ser confrontando com o DNA de suspeitos. É imprescindível manter e preservar a cronologia da coleta dos vestígios. Saber o que foi coletado, quando, como, onde etc. Esta preservação deve ser mantida até que o vestígio já não tenha serventia e possa ser descartado – por exemplo, quando já está descartada a autoria, quando já utilizado como elemento de prova, quando findo o processo criminal etc.

9.2.1.20.2. *Fases*

O início da cadeia de custódia se dá com a preservação do local de crime ou com procedimentos policiais ou periciais nos quais seja detectada a existência de vestígio. E considera-se *vestígio* todo objeto ou material bruto, visível ou latente, constatado ou recolhido, que se relaciona à infração penal. Ex.: mancha de sangue, arma, cápsula de munição, impressões digitais, roupas, chaves de um carro etc.

O agente público que reconhecer um elemento como de potencial interesse para a produção da prova pericial fica responsável por sua preservação. Assim, se, por exemplo, um policial militar chega a uma cena de homicídio num bar e se depara com uma faca no chão ensanguentada e com um copo com marca de batom, ele se torna responsável por manter preservado o local até a chegada da autoridade competente, como o delegado e/ou os peritos (art. 6º, I a III, CPP). O objetivo, lembre-se, é preservar a cadeia de custódia.

A esse respeito, aliás, tem-se que a cadeia de custódia compreende o rastreamento do vestígio nas seguintes etapas **(art. 158-B, CPP)**:

1º) **reconhecimento**: ato de distinguir um elemento como de potencial interesse para a produção da prova pericial.

2º) **isolamento**: ato de evitar que se altere o estado das coisas, devendo isolar e preservar o ambiente imediato, mediato e relacionado aos vestígios e local de crime.

3º) **fixação**: descrição detalhada do vestígio conforme se encontra no local de crime ou no corpo de delito, e a sua posição na área de exames, podendo ser ilustrada por fotografias, filmagens ou croqui, sendo indispensável a sua descrição no laudo pericial produzido pelo perito responsável pelo atendimento.

4º) **coleta**: ato de recolher o vestígio que será submetido à análise pericial, respeitando suas características e natureza.

5º) **acondicionamento**: procedimento por meio do qual cada vestígio coletado é embalado de forma individualizada, de acordo com suas características físicas, químicas e biológicas, para posterior análise, com anotação da data, hora e nome de quem realizou a coleta e o acondicionamento.

6º) **transporte**: ato de transferir o vestígio de um local para o outro, utilizando as condições adequadas (embalagens, veículos, temperatura, entre outras), de modo a garantir a manutenção de suas características originais, bem como o controle de sua posse.

7º) **recebimento**: ato formal de transferência da posse do vestígio, que deve ser documentado com, no mínimo, informações referentes ao número de procedimento e unidade de polícia judiciária relacionada, local de origem, nome de quem transportou o vestígio, código de rastreamento, natureza do exame, tipo do vestígio, protocolo, assinatura e identificação de quem o recebeu.

8º) processamento: exame pericial em si, manipulação do vestígio de acordo com a metodologia adequada às suas características biológicas, físicas e químicas, a fim de se obter o resultado desejado, que deverá ser formalizado em laudo produzido por perito.

9º) armazenamento: procedimento referente à guarda, em condições adequadas, do material a ser processado, guardado para realização de contraperícia, descartado ou transportado, com vinculação ao número do laudo correspondente.

10º) descarte: procedimento referente à liberação do vestígio, respeitando a legislação vigente e, quando pertinente, mediante autorização judicial.

Não havia a necessidade de o Código de Processo Penal tratar tão detalhadamente do assunto, haja vista que o tema é técnico e científico, o que poderia ter sido trabalho em norma infralegal, por exemplo. Basta ver que muitos (senão todos) dos conceitos tratados são originários da Portaria nº 82/14, da Secretaria Nacional de Segurança Pública, que estabelece diretrizes sobre os procedimentos a serem observados no tocante à cadeia de custódia de vestígios. A bem da verdade, tudo isso poderia ter sido tratado num único artigo do Código de Processo Penal, prevendo a consequência em razão da não observância da cadeia de custódia – mas isso, o mais importante para o estudo do Processo Penal, não foi objeto da nova lei, que se ocupou de assuntos técnicos e de somenos importância juridicamente analisando.

Nota-se, pois, que as etapas da cadeia de custódia se distribuem nas fases externa e interna. A **fase externa** compreende todos os passos entre a preservação do local de crime ou apreensões dos elementos de prova e a chegada do vestígio ao órgão pericial encarregado de processá-lo. Já a **fase interna** compreende todas as etapas entre a entrada do vestígio no órgão pericial até sua devolução, juntamente com o laudo pericial, ao órgão requisitante da perícia.

9.2.1.20.3. *Coleta*

A coleta dos vestígios deverá ser realizada *preferencialmente* por perito oficial, que dará o encaminhamento necessário para a central de custódia, mesmo quando for necessária a realização de exames complementares (**art. 158-C, CPP**).

Todos os vestígios coletados no decurso do inquérito ou processo devem ser tratados como descrito nos artigos 158-A e seguintes, ficando o órgão central de perícia oficial de natureza criminal responsável por detalhar a forma do seu cumprimento.

É proibida a entrada em locais isolados bem como a remoção de quaisquer vestígios de locais de crime antes da liberação por parte do perito responsável, sendo tipificada como *fraude processual* a sua realização (art. 347, CP).

O recipiente para acondicionamento do vestígio será determinado pela natureza do material (**art. 158-D, CPP**). Todos os recipientes deverão ser selados com lacres, com numeração individualizada, de forma a garantir a inviolabilidade e a idoneidade do vestígio durante o transporte. O recipiente deverá individualizar o vestígio, preservar suas características, impedir contaminação e vazamento, ter grau de resistência adequado e espaço para registro de informações sobre seu conteúdo.

O recipiente só poderá ser aberto pelo perito que irá proceder à análise e, motivadamente, por pessoa autorizada. Após cada rompimento de lacre, deve se fazer constar na ficha de acompanhamento de vestígio o nome e a matrícula do responsável, a data, o local, a finalidade, bem como as informações referentes ao novo lacre utilizado. O lacre rompido deverá ser acondicionado no interior do novo recipiente.

9.2.1.20.4. *Central de custódia*

Todos os Institutos de Criminalística deverão ter uma *central de custódia* destinada à guarda e controle dos vestígios, e sua gestão deve ser vinculada diretamente ao órgão central de perícia oficial de natureza criminal (**art. 158-E, CPP**). Entende-se que o acondicionamento do objeto periciável em delegacia de polícia, e não no instituto de criminalística, não leva à imprestabilidade da prova (STJ, HC nº 462.087/SP, rel. Min. Ribeiro Dantas, j. 17.10.19).

Toda central de custódia deve possuir os serviços de protocolo, com local para conferência, recepção, devolução de materiais e documentos, possibilitando a seleção, a classificação e a distribuição de materiais, devendo ser um espaço seguro e apresentar condições ambientais que não interfiram nas características do vestígio.

Na central de custódia, a entrada e a saída de vestígio deverão ser protocoladas, consignando-se informações sobre a ocorrência no inquérito que a eles se relacionam. No Brasil, em razão do sistema de investigação existente, cabe à autoridade estatal de investigação (Polícia, p. ex.) a documentação da cadeia de custódia.

Todas as pessoas que tiverem acesso ao vestígio armazenado deverão ser identificadas e deverão ser registradas a data e a hora do acesso. Por ocasião da tramitação do vestígio armazenado, todas as ações deverão ser registradas, consignando-se a identificação do responsável pela tramitação, a destinação, a data e horário da ação.

Após a realização da perícia, o material deverá ser devolvido à central de custódia, devendo lá permanecer (**art. 158-F, CPP**). Caso a central de custódia não possua espaço ou condições de armazenar determinado material, deverá a *autoridade policial ou judiciária* determinar as condições de depósito do referido material em local diverso, mediante requerimento do diretor do órgão central de perícia oficial de natureza criminal.

9.2.1.20.5. *Quebra da cadeia de custódia*

A grande questão – e que realmente interessa ao Processo Penal – é saber: o que acontece com o elemento probatório colhido se não for respeitada a cadeia de custódia? O que acontece, por exemplo, com o sangue coletado no local do crime se não se observaram as etapas desde a chegada do primeiro policial à cena até o último exame laboratorial realizado e posterior análise pelo magistrado? Qual é a consequência da *break in the "chain of custody" (CoC)*?

Antes de mais nada, "o instituto da quebra da cadeia de custódia diz respeito à idoneidade do caminho que deve ser percorrido pela prova até sua análise pelo magistrado, sendo certo que qualquer interferência durante o trâmite processual pode resultar na sua imprestabilidade. Tem como objetivo garantir a todos os acusados o devido processo legal e os recursos a ele inerentes, como a ampla defesa, o contraditório e principalmente o direito à prova lícita" (STJ, AgRg no HC nº 615.321/PR, rel. Min. Ribeiro Dantas, j. 03.11.20).

Há, sobre o assunto, duas posições antagônicas:

a) A quebra da cadeia de custódia **gera a proibição de valoração probatória e a consequente exclusão física dela e de toda a derivada** (Lopes Jr., 2016). Não é o caso de se aplicar a teoria das nulidades, de modo que não devem ser questionados princípios do prejuízo ou da preclusão, por exemplo. "a preservação da cadeira de custódia serve, por exemplo, para demonstrar ao juízo que a prova apresentada para ser valorada é a mesma que diz respeito ao caso penal ou que não sofreu manipulação indevida. A quebra da cadeia de custódia, ou a incapacidade da demonstração da cadeia de custódia, levam à invalidade da prova. Trata-se, portanto, de uma hipótese de prova ilícita" (Tavares e Casara, Prova e Verdade, 2020, p. 82-83).

   O Superior Tribunal de Justiça já decidiu que, no caso de interceptação telefônica emprestada a outro processo, não pode o juiz selecionar alguns trechos para envio e reter outros que não seriam "úteis", pois a defesa deve ter acesso à integralidade das conversas, não cabendo ao juiz e nem à acusação selecionar quais trechos são de interesse do processo, ainda mais sem a participação da defesa nessa seleção, isso porque, há típica quebra da cadeia de custódia da prova, já que se quebra a relação da prova existente com a prova emprestada ao outro processo, causando desigualdade entre as partes do processo (REsp nº 1.795.341/RS, rel. Min. Nefi Cordeiro, j. 07.05.19).

b) A quebra da cadeia de custódia **não leva, necessariamente, à ilicitude ou ilegitimidade da prova**, principalmente nos casos em que haja apenas omissões ou irregularidades, sem indícios concretos de que a fonte da prova possa ter sido modificada, adulterada ou substituída. A solução deve se dar quando da valoração da prova. Assim, "defende-se que as irregularidades da cadeia de custódia não são aptas a causar a ilicitude da prova, devendo o problema ser resolvido, com o redobrado cuidado e com muito maior esforço justificativo, no momento da valoração. Não é a cadeia de custódia a prova em si. Mas sim uma 'prova sobre prova'. Sua finalidade é assegurar a autenticidade e integralidade da fonte de prova, ou a sua mesmidade. Ela, em si, não se destina a demonstrar a veracidade ou a falsidade de afirmações sobre fatos que integram o *thema probandum*. Ainda que com cuidados redobrados, é possível que mesmo em casos nos quais haja irregularidades na cadeia de custódia, a prova seja aceita e admitida sua produção e valoração. Por outro lado, no caso de vícios mais graves, em que se tenha dúvidas sobre a autenticidade de que a mesma tenha sido adulterada, substituída ou modificada, isso enfraquecerá seu valor, cabendo ao julgador, motivadamente, fazer tal análise. Evidente que, em tal caso, se considerar atendível um meio de prova, decorrente de fonte sobre a qual haja irregularidades na cadeia de custódia, haverá uma inegável necessidade de reforço justificativo demonstrando o porquê ser possível confiar na autenticidade e integridade de tal fonte" (Badaró, A Cadeia, *in* Temas, 2017, p. 535-536). Consoante Dezem (Curso, 2016), a consequência da quebra da cadeia de custódia dependerá da gravidade da violação, podendo ser a nulidade da prova (se for uma violação de direito material) ou simplesmente o enfraquecimento da sua força probante (se for uma violação de direito processual).

Mais acertada se mostra a posição no sentido de que a quebra de cadeia de custódia não significa, de forma absoluta, a inutilidade da prova colhida. É preciso não se esquecer que a cadeia de custódia existe não para provar algo, mas para garantir uma maior segurança – dentro do possível – à colheita, ao armazenamento e à análise pericial da prova. A cadeia de custódia não tem o objetivo de provar absolutamente nada no processo judicial. Desta forma, a análise do elemento coletado e periciado, se houver quebra dos procedimentos de cadeia de custódia, interferirá apenas e tão somente na **valoração** dessa prova pelo julgador. Se, por exemplo, um perito refez um exame laboratorial e, ao invés de substituir o lacre rompido por um novo apenas reutilizou aquele, a *prova em si* não pode ser considerada ilegal, muito embora o *procedimento* tenha sido desrespeitado, o que não significa que a prova, então perfeita, se tornou, em razão dessa simples violação, "ilícita". Caberá ao juiz, no momento adequado, analisar e valorar essa prova em conjunto com os demais elementos produzidos – como sempre ocorreu no Processo Penal.

9.2.2. Interrogatório

9.2.2.1. *Conceito e natureza jurídica*

O interrogatório é um dos principais – senão o principal – meios de prova do Processo Penal. Trata-se da prova que proporciona ao indiciado ou acusado a oportunidade de apresentar a sua versão sobre os fatos que lhe são imputados, bem como de exercer sua autodefesa.

E consoante assevera Taruffo "as partes são os indivíduos que melhor conhecem os fatos em litígio. Todavia, as partes são também os maiores interessados em manipular, distorcer e ocultar a verdade. Por conseguinte, ainda que o conhecimento das partes possa ser útil para descobrir a verdade desses fatos, tal conhecimento deve ser manejado muito cautelosamente pelo julgador" (A prova, 2014, p. 65).

Tema controvertido diz respeito à *natureza jurídica* do interrogatório. Há ao menos quatro posições: (a) meio de prova; (b) meio de defesa; (c) meio de prova e de defesa; e (d) meio de defesa em primeiro lugar e meio de prova em segundo plano.

Se entendido o interrogatório como **meio de prova**, o investigado será obrigado a responder a todas as perguntas e não poderá invocar o direito ao silêncio, já que seu depoimento sobre os fatos é verdadeira fonte de prova ao processo. Não pode ser aceito este entendimento diante da Constituição Federal atual e também por não explicar situações como a confissão. Seria absurdo um membro do Ministério Público, por exemplo, revoltar-se e exigir que o acusado, em audiência, responda a todas as perguntas formuladas.

Considerando o interrogatório **meio de defesa**, o acusado não é obrigado a responder a todas as perguntas e poderá ficar em silêncio, sem que isso lhe traga prejuízos. Além disso, o interrogatório é desdobramento do direito de audiência e do exercício de autodefesa (Brasileiro, 2013). É a posição que ganhou mais força desde a reforma legislativa de 2008, que o colocou ao final da instrução processual, de forma que o acusado possa, antes de dar a sua versão dos fatos, já ter tido contato com todo o conjunto probatório colhido judicialmente. Não explica, todavia, a confissão e nem a colaboração (delação) de corréu. Os tribunais têm seguido este entendimento, permitindo ao acusado participar ativamente do processo e da formação do convencimento do juiz (STF, HC nº 94.601/CE, rel. Min. Celso de Mello, j. 04.08.09). Há julgados sustentando o interrogatório como sendo meio de defesa e fonte de obtenção de provas (STJ, HC nº 172.390/GO, rel. Min. Gilson Dipp, j. 16.12.10).

Acaso entenda-se que o interrogatório é **meio de prova e de defesa**, o juiz formará seu convencimento pelo conteúdo do interrogatório e o acusado poderá, por meio dele, defender-se.

No mais, caso o interrogatório seja tido como **meio de defesa em primeiro lugar e, secundariamente, meio de prova**, o acusado, ao ficar em silêncio, o que lhe é garantido constitucionalmente, estará exercendo um meio de defesa; todavia, caso deseje dar a sua versão dos fatos, transformará seu depoimento em fonte de prova, podendo o juiz formar seu convencimento de acordo com todas as provas colhidas, inclusive o interrogatório.

Com a devida vênia, parece que *o interrogatório é meio de prova e de defesa* também. É meio de defesa porque, através dele, o acusado poderá defender-se da acusação, dando a sua própria versão dos fatos; e é meio de prova porque os argumentos por ele trazidos ao processo serão juntados aos autos, interferindo na formação da convicção do juiz, que, como sabido, julga de acordo com as informações contidas nos autos – do contrário, seria imaginar que o juiz não poderia utilizar o interrogatório em conjunto com as demais provas colhidas para condenar o réu, mas apenas para absolvê-lo, já que seria apenas um meio de defesa. E não custa lembrar que o interrogatório está no Capítulo III do Título VII do CPP, que trata, justamente, das provas. Destaca-se que o silêncio não importará em confissão e nem poderá ser interpretado em prejuízo da defesa (p.ú. do art. 186, CPP).

Neste sentido, de ser meio de *defesa* e também de *prova*, já se manifestou o Superior Tribunal de Justiça (RHC nº 47.273/DF, rel. Min. Maria Thereza de Assis Moura, j. 18.06.14).

9.2.2.2. *Características*

São os principais atributos do interrogatório:

a) **ato personalíssimo**: somente o acusado pode se manifestar em seu interrogatório, não sendo possível a constituição de um procurador e nem a sucessão ou substituição por outrem.

   Se o réu, no momento do interrogatório, não possui condições mentais de se expressar, tal ato estará prejudicado, não sendo possível que seu curador, p. ex., se expresse em seu lugar. Se a incapacidade sobreveio ao crime, o processo ficará paralisado, transcorrendo a prescrição, conforme o art. 152, CPP; por outro lado, se a incapacidade já existia ao tempo do crime, o processo correrá normalmente, por meio de curador, apenas não se realizado os atos personalíssimos, como o interrogatório, conforme o art. 151, CPP.

No mais, se a pessoa jurídica praticou crime, seu interrogatório será feito na pessoa de seu representante legal, cf. seus atos constitutivos ou pelos seus diretores, em analogia ao art. 75, VIII, CPC.

b) **ato contraditório**: o interrogatório é um ato presidencialista, ou seja, realizado pelo juiz ao acusado. Antes da Lei nº 10.792/03, o interrogatório era presidencialista e sem nenhuma participação das partes em contraditório, sendo uma relação linear entre juiz e investigado; após referida lei, o art. 188, CPP, manteve o sistema presidencialista, mas se permite, agora, que, findos os questionamentos do juiz, indague-se as partes se restou algum fato a ser esclarecido, formulando-se as respectivas perguntas (primeiro a acusação e depois a defesa).

c) **ato público**: como regra, o interrogatório é um ato público, de forma que qualquer pessoa da sociedade pode assistir à sua realização. Excepcionalmente, se dessa publicidade puder resultar escândalo, inconveniente grave ou perigo de perturbação da ordem, o juiz, tribunal, câmara ou turma, poderá, de ofício ou a requerimento da parte ou do Ministério Público, determinar que o ato seja realizado a portas fechadas, limitando o número de pessoas que possam estar presentes (art. 792, § 1º, CPP).

d) **ato oral**: como regra, o acusado responde às perguntas oralmente. No caso de *surdo*, as perguntas são feitas por escrito, com resposta oral; no caso de *mudo*, as perguntas são feitas oralmente, com resposta escrita; e no caso de *surdo-mudo*, as perguntas são feitas e respondidas por escrito (art. 192, CPP).

Caso o interrogando não saiba ler ou escrever, intervirá no ato, como intérprete e sob compromisso, pessoa habilitada a entendê-lo. Quando o interrogando não falar a língua nacional, o interrogatório será feito por meio de intérprete.

Se o interrogado não souber escrever, não puder ou não quiser assinar, tal fato será consignado no termo.

e) **ato individual**: havendo mais de um acusado, serão interrogados separadamente (art. 191, CPP). Assim, se André e Bernardo são corréus, um não poderá ouvir o interrogatório do outro; todavia, seus respectivos advogados estarão presentes, garantindo o contraditório e a ampla defesa. É bom lembrar, ademais, que o colaborador premiado tem o direito de participar das audiências sem contato visual com os outros acusados, nos termos do art. 5º, IV, Lei nº 12.850/13, o que é chamado de *testemunho oculto*.

Caso um dos corréus seja advogado e esteja atuando em causa própria, deve, mesmo assim, ser aplicado o art. 191, CPP, isto é, quando o outro réu for ouvido, o acusado (que é advogado e defende a si) não poderá estar presente (STF, HC nº 101.021/SP, rel. Min. Teori Zavascki, j. 20.05.14).

No mais, se o processo possui mais de um réu, é possível que o advogado de um faça reperguntas ao outro acusado, permitindo-se a chamada *participação cruzada de defesas* (STJ, HC nº 112.993/ES, rel. Min. Maria Thereza de Assis Moura, j. 16.03.10).

f) **liberdade de autodeterminação:** como explica Renato Brasileiro (Curso, 2013), não se admite o emprego, no interrogatório, de nenhum método tendente a extrair uma confissão ou que seja capaz de gerar uma influência indevida na liberdade de autodeterminação do acusado, de forma que as perguntas devem ser claras, precisas, unívocas e não complexas.

Não são admitidos, assim, interrogatórios com o emprego de métodos químicos, psíquicos, detectores de mentira, "soro da verdade" etc., sob pena de ferir a intimidade e a dignidade humana, além, obviamente, de ser vedado o interrogatório mediante violência ou tortura. Ora, quando se tortura alguém num interrogatório, o torturado admitirá e dirá qualquer coisa que o torturador queira ouvir, mas não com o objetivo de "contribuir" para a obtenção da verdade, mas para fazer cessar a dor que está sofrendo. Veda-se, então, o chamado *interrogatório duro*, que é aquele realizado com técnicas desumanas ou de tortura. É interessante notar que o Decreto nº 98.386/89, que promulgou a Convenção Interamericana para Prevenir e Punir a Tortura, estabelece que os Estados (dentre eles, o Brasil) "tomarão medidas para que, no treinamento de agentes de polícia e de outros funcionários públicos responsáveis pela custódia de pessoas privadas de liberdade, provisória ou definitivamente, e nos interrogatórios, detenção ou prisões, se ressalte de maneira especial a proibição do emprego da tortura" (art. 7º).

9.2.2.3. *Obrigatoriedade*

Diante do atual sistema constitucional, é impossível cogitar o curso de um processo – ainda mais penal – sem que seja oportunizado ao acusado o direito de ser ouvido e de manifestar a sua versão dos fatos, defendendo-se pessoalmente.

Renato Marcão, contudo, ensina que não há que se confundir *não designação* com *não realização* do interrogatório (Código, 2016). Isso porque, a designação de uma data para ser realizado o interrogatório do acusado é **obrigatória**, sob pena de nulidade absoluta, nos moldes do art. 564, III, *e*, CPP (negando-se a designação do ato, nega-se o direito de defesa, previsto constitucionalmente); por outro lado, é possível que o réu simplesmente não tenha interesse em comparecer ao seu interrogatório e expor a sua versão dos fatos, situação que demonstra um processo perfeitamente válido, mas apenas sem um interrogatório realizado – embora designado nos termos da lei – tratando-se, assim, de uma **faculdade**.

Em suma, a obrigatoriedade é da designação de uma data, oportunizando-se ao acusado um momento para se defender e apresentar, por si, o que bem entender; por outro lado, o acusado não é obrigado a comparecer ao interrogatório, até porque, se pode permanecer em silêncio, obviamente pode deixar de comparecer ao seu interrogatório.

Como bem afirmou o Superior Tribunal de Justiça, o direito de presença do réu é desdobramento do princípio da ampla defesa, em sua vertente autodefesa, franqueando-se ao réu a possibilidade de presenciar e participar da instrução processual, auxiliando seu defensor, se o caso, na condução e direcionamento dos questionamentos e diligências, não se tratando de um direito absoluto, pois a presença do réu na audiência, embora conveniente, não é indispensável para a validade do ato (HC nº 409.441/SP, rel. Min. Reynaldo Soares da Fonseca, j. 19.10.17).

O art. 185, CPP, estabelece que o acusado que comparecer perante a autoridade judiciária, no curso do processo penal, será qualificado e interrogado na presença de seu defensor, constituído ou nomeado; e o art. 196, CPP, dispõe que a todo tempo o juiz poderá proceder a novo interrogatório, de ofício ou a pedido fundamentado de qualquer das partes.

A questão que se coloca é saber se é obrigatória a realização de interrogatório após a sentença, como no caso de réu que permaneceu revel durante toda a instrução ou que foi, agora, preso. Sustenta-se que o acusado pode ser ouvido a qualquer momento, designando-se interrogatório, já que a sua versão dos fatos pode alterar o conjunto probatório. Para uns, o próprio tribunal ouviria o réu, conforme o art. 616, CPP; para outros, deve-se expedir carta de ordem ao juízo de primeiro grau.

De qualquer modo, o interrogatório pode ser feito enquanto não transitada em julgado a sentença, já que se trata de meio de prova que pode interferir no convencimento dos julgadores sobre o fato imputado.

9.2.2.4. *Condução coercitiva*

A condução coercitiva é o ato de capturar o investigado ou acusado e levá-lo, sob custódia policial, à presença da autoridade para se submeter a interrogatório.

Estabelece o art. 260, CPP, que, se o acusado não atender à intimação para o *interrogatório*, *reconhecimento* ou *qualquer outro ato que, sem ele, não possa ser realizado*, a autoridade poderá mandar conduzi-lo à sua presença. Entende-se que tal autoridade é o **juiz** apenas (Nucci, 2016).

Especificamente quanto ao ato de interrogatório, segue-se a doutrina de Pacelli e Fischer (Comentários, 2012, p. 379), que defende que "desde a Constituição de 1988, não há qualquer obrigatoriedade de comparecimento do acusado **ao ato de interrogatório**. Direito ao silêncio significa livre escolha quanto ao exercício ou não de meio específico de prova da defesa. Não se pode, por isso mesmo, exigir que o réu compareça em juízo, unicamente para ali manifestar seu desejo de não participação. Tendo sido ele citado pessoalmente, o simples não comparecimento, em princípio, implicará desinteresse na instrução, o que, de modo algum, poderá autorizar o Estado a adotar providências de natureza coercitiva contra ele".

Corrobora este entendimento a previsão do art. 457, CPP, que dispõe que o julgamento pelo tribunal do júri não será adiado pelo não comparecimento do acusado regularmente intimado. Logo, se é permitido ao réu ser julgado sem a sua presença, parece claro que não há que se falar em condução coercitiva para a realização de interrogatório (STJ, REsp nº 346.677/RJ, rel. Min. Fernando Gonçalves, j. 10.09.02).

Além disso, como já estudado, o direito de defesa divide-se em autodefesa (exercida pelo próprio acusado) e defesa técnica (exercida por um advogado habilitado), sendo que aquela é renunciável e é, justamente, exercida principalmente no interrogatório. Então, se é possível renúncia à autodefesa, claramente o réu pode querer não ser interrogado, **não havendo razão para se determinar sua condução coercitiva para a prática de ato renunciável** (art. 8º, II, *g*, da Convenção Americana de Direitos Humanos).

Há outros entendimentos, como no sentido de que, por regra, não pode haver a condução coercitiva para o interrogatório, embora possa o juiz determiná-la quando julgar necessária a presença do acusado (Scarance, Processo, 2011); ou mesmo que, consoante já entendeu parte do Superior Tribunal de Justiça, seja o acusado conduzido coercitivamente à presença da autoridade judicial, ainda que simplesmente para permanecer em silêncio (AgRg na Carta Rogatória nº 8.145, rel. Min. Felix Fischer, j. 19.02.14).

Embora existam posições num ou noutro sentido, o Plenário do Supremo Tribunal Federal se debruçou sobre a ADPF nº 395/DF, ajuizada pelo Partido dos Trabalhadores, e sobre a ADPF nº 444/DF, ajuizada pelo Conselho Federal da OAB, para analisar a recepção, pela Constituição Federal, do art. 260, CPP, no que diz respeito à possibilidade de condução coercitiva para fins de interrogatório do investigado/acusado.

Na ação ajuizada pelo partido político, sustentou-se que o direito à não autoincriminação é um direito fundamental, que decorre da dignidade da pessoa humana. Afirmou-se que o art. 260, CPP, que dá à autoridade o poder de mandar conduzir o *acusado* à sua presença para ser interrogado, não foi recepcionado pela Constituição Federal, por ser incompatível com o direito de não se autoincriminar. Sustentou-se, ainda, que a condução coercitiva do *investigado* para ser interrogado, como medida cautelar, tampouco é compatível com o mesmo preceito constitucional. Pediu-se, assim, a declaração de não recepção parcial do art. 260, CPP, na parte em que permite a condução coercitiva do investigado ou do réu para realização de **interrogatório**. Buscou-se, também, a declaração da inconstitucionalidade do uso da condução coercitiva como medida cautelar autônoma com a finalidade de obtenção de depoimentos de suspeitos, indiciados ou acusados em qualquer investigação de natureza criminal.

Já na ação ajuizada pelo CFOAB, atacou-se a condução coercitiva apenas na fase de investigação, referente ao *investigado*. Sustentou-se que as conduções coercitivas violam os princípios da imparcialidade (art. 5º, § 2º, CF c.c. art. art. 8, I, do Pacto de São José da Costa Rica); do direito ao silêncio (art. 5º, inc. LXIII, da CF); do princípio do *nemo tenetur se detegere*; do princípio do sistema penal acusatório (art. 156, caput, do CPP); do devido processo legal (art. 5º, inc. LIV, da CF); da paridade de armas; e da ampla defesa e do contraditório (art. 5º, inc. LV, da CF). Afirmou-se que o art. 260 do CPP, que dá à autoridade o poder de mandar conduzir o acusado à sua presença para ser **interrogado**, não foi recepcionado pela Constituição Federal. Aduziu-se que a condução coercitiva do investigado para ser interrogado, como medida cautelar, tampouco é compatível com o mesmo preceito constitucional. Pediu-se a declaração de não recepção parcial do art.

260 do Código de Processo Penal, na parte em que permite a condução coercitiva do investigado para a realização de interrogatório. Subsidiariamente, buscou-se a declaração da incompatibilidade com a Constituição Federal da interpretação do art. 260, CPP, que permite a condução coercitiva para interrogatório em fase de investigação sem intimação prévia e ausência injustificada.

O Ministro Gilmar Mendes, ao apagar das luzes do ano de 2017 (j. 18.12.17), deferiu medida cautelar para vedar a condução coercitiva de investigado (apenas) para interrogatório, sob pena de responsabilidade disciplinar, civil e penal do agente ou da autoridade e de ilicitude das provas obtidas, sem prejuízo da responsabilidade civil do Estado.

À época, sustentou-se, basicamente, que a condução coercitiva viola o direito à **liberdade de locomoção** e o princípio da **presunção de inocência**. Afirmou-se que, para ser determinada uma condução coercitiva, o ato a ser praticado deve ser considerado de presença obrigatória. Exemplo disso ocorre com o dever de depor que a testemunha tem, sob pena de ser conduzida coercitivamente (arts. 202 e 218, CPP). Isso, todavia, não existe em relação ao investigado/acusado, que não tem a obrigação de esclarecer ou dar a sua própria versão em relação aos fatos que lhe são imputados, garantindo-se o direito ao silêncio.

Logo, **se o agente não é obrigado a estar presente em seu interrogatório, não é compatível com a Constituição Federal um dispositivo legal que autorize a sua condução coercitiva perante a autoridade para ser interrogado.**

Nas palavras do Min. Gilmar Mendes, "aí reside a falácia principal que fundamenta a condução coercitiva: a alegação de que seria um *minus* em relação à prisão preventiva por conveniência da instrução criminal. A condução coercitiva é, de fato, menos gravosa do que a prisão preventiva. A questão, entretanto, é que realizar o interrogatório não é uma finalidade legítima para a prisão preventiva. A consagração do direito ao silêncio impede a prisão preventiva para interrogatório, na medida em que o imputado não é obrigado a falar. Por isso, a condução coercitiva para interrogatório representa uma **restrição da liberdade de locomoção e da presunção de não culpabilidade**, para obrigar a presença em um ato ao qual o investigado não é obrigado a comparecer. Daí sua incompatibilidade com a Constituição Federal".

Desta forma, deferiu-se, no final de 2017, medida liminar para vedar a condução coercitiva de investigados (tão somente) para interrogatório. Não se tratou, nesta medida cautelar, dos acusados (réus em ação penal), já que não houve pedido de concessão de liminar a este respeito, mas tão só em relação aos investigados.

Já em junho de 2018, o Ministro Gilmar Mendes confirmou este seu entendimento ao proferir seu voto nestas ações quanto ao mérito. A maioria da Corte o acompanhou (Ministros Dias Toffoli, Ricardo Lewandowski, Marco Aurélio, Celso de Mello e Rosa Weber) no sentido de reconhecer a não recepção da expressão "para o interrogatório", constante do art. 260, CPP, e **declarar a incompatibilidade com a Constituição Federal da condução coercitiva de *investigados* e de *réus* para o ato de *interrogatório***, sob pena de responsabilidade disciplinar, civil e penal do agente ou da autoridade e de ilicitude das provas obtidas, sem prejuízo da responsabilidade civil do Estado. O Tribunal destacou, ainda, que esta decisão não desconstitui (i.e., não anula) interrogatórios realizados até a data do julgamento (14.06.18), mesmo que os interrogados tenham sido coercitivamente conduzidos para tal ato.

Restaram vencidos os Ministros Alexandre de Moraes, Edson Fachin, Roberto Barroso, Luiz Fux e Cármen Lúcia, que, sob diferentes fundamentos, defenderam a compatibilidade da condução coercitiva, para fins de interrogatório, com a Constituição Federal.

Em suma:

a) é possível a condução coercitiva para fins de ato de reconhecimento e para outros atos aos quais o agente seja obrigado a estar presente. O STF analisou apenas a inconstitucionalidade da condução coercitiva em relação ao interrogatório.

b) não é possível a condução coercitiva para fins de **interrogatório**, já que o investigado/acusado não pode ser obrigado a estar presente a este ato, já que a sua presença é uma faculdade.

c) adotou-se como fundamento dois princípios básicos: liberdade de locomoção e presunção de inocência. Se o agente não é obrigado a dar a sua versão dos fatos (estar presente em seu interrogatório), podendo se manter em silêncio ou mesmo mentir, não há razão em submetê-lo, contra a sua vontade, a um ato ao qual ele não é obrigado a estar presente.

d) a restrição temporária de liberdade mediante condução coercitiva de investigado/acusado pela polícia, em vias públicas, não é tratamento que possa normalmente ser aplicado a pessoas inocentes. Isso fere o princípio da presunção de inocência. Ademais, ainda que por breve período, há uma restrição absoluta à liberdade de locomoção.

e) caso o agente seja levado, coercitivamente (contra a sua vontade), a interrogatório, haverá responsabilização administrativa, civil e penal do agente ou da autoridade, bem como a invalidação das provas obtidas neste interrogatório forçado, além da responsabilização civil do Estado por ato de seus agentes públicos.

f) restam perfeitamente válidos os interrogatórios realizados coercitivamente até o dia **14.06.18** (decisão com efeitos *ex nunc*, ou prospectivos).

A doutrina mais abalizada já entendia no sentido da não recepção do art. 260, CPP. Na lição de Aury Lopes Jr., "além de completamente absurda no nível de evolução democrática alcançado, é substancialmente inconstitucional, por violar as garantias da presunção de inocência e do direito de silêncio. Ora, mais do que nunca, é preciso compreender que o *estar presente no processo* é um direito do acusado, nunca um dever. Considerando que o imputado não é objeto do processo e que não está obrigado a submeter-se a qualquer tipo de ato probatório (pois protegido pelo *nemo tenetur se detegere*), sua presença física ou não é uma opção dele. Há que se abandonar o ranço inquisitório, em que o juiz (inquisidor) dispunha do corpo do herege, para dele extrair a verdade real... O acusado tem o direito de silêncio e de não se submeter a qualquer ato probatório, logo, está logicamente autorizado a não comparecer" (Curso, 2016, p. 418-419).

De fato, se o investigado/acusado não é obrigado a comparecer ao seu interrogatório, não é obrigado a produzir provas contra si e tem o direito de permanecer em silêncio, por qual razão o juiz teria o poder de determinar a sua condução coercitiva? A ato em si acaba por ser inútil e não atinge nenhuma finalidade do processo, muito menos a busca da verdade. Como bem decidiu o Supremo Tribunal Federal, a condução à força de investigado ou réu não demonstra finalidade instrutória alguma, na medida em que o agente não é obrigado a declarar ou mesmo se fazer presente ao interrogatório. Assim, fere-se a dignidade da pessoa humana.

Por fim, embora o Supremo Tribunal Federal não tenha analisado a constitucionalidade da condução coercitiva para fins de reconhecimento do investigado/acusado ou para a prática de outros atos (que não a realização de interrogatório), parte da doutrina ainda entende que, em relação a estes atos, em que não há uma conduta ativa do agente – como a simples realização de seu reconhecimento pessoal pelas supostas vítimas de um crime –, a condução coercitiva permanece possível, já que não se atingem direitos fundamentais do agente (Pacelli e Fischer, 2012). De outro lado, parte da doutrina discorda com esta posição, sustentando que a condução coercitiva de investigado/acusado, em qualquer circunstância, será inconstitucional (Lopes Jr., 2016). Talvez um dia, eventualmente, o Supremo Tribunal Federal analise este ponto.

9.2.2.5. *Procedimento*

9.2.2.5.1. *Local*

Há duas situações distintas que precisam ser analisadas: (a) acusado solto e (b) acusado preso.

Como regra, o **réu solto** é intimado para seu interrogatório, a ser realizado perante o juiz da causa, na sede do juízo, em dia e hora certos e previamente designados (art. 792, CPP).

Se o réu tiver residência em outra comarca ou país, o juiz da causa deverá expedir carta precatória/rogatória a esta comarca/país, devendo o juiz deprecado ouvir o acusado, momento em que este estará acompanhado de um advogado, seja constituído ou dativo, não havendo ofensa ao devido processo legal (STF, RHC nº 116.390/AM, rel. Min. Ricardo Lewandowski, j. 18.02.14), considerando que o princípio da identidade física do juiz não é absoluto (STJ, HC nº 135.841/SP, rel. Min. Vasco Della Giustina, j. 11.10.11).

Se o réu estiver impossibilitado de se locomover (como no caso de estar internado em hospital), geralmente o juiz se dirige até o réu, onde ele estiver – o que é muito raro.

Em relação ao **réu preso**, ele será, consoante *regra* do Código de Processo Penal, ouvido no próprio estabelecimento penal:

a) em sala própria a este fim, fiscalizada pela OAB, MP, juízes corregedores e juiz da causa;
b) garantindo-se a segurança do juiz, do membro do MP e dos auxiliares;
c) com a presença do defensor do réu;

d) com a devida publicidade do ato, o que é de difícil operacionalização, dada a necessidade de proteção do local e dos presos. Seria possível sustentar, p. ex., a restrição da publicidade em razão da segurança da sociedade e do Estado ou por perturbação da ordem (art. 792, § 1º, CPP);

e) garantindo-se entrevista prévia e reservada do réu com seu defensor, o que já ocorre em qualquer modalidade de interrogatório. Não existe tal garantia – de entrevista reservada – para a inquirição de testemunhas, mas apenas para o ato de interrogatório (STF, HC nº 112.225/DF, rel. Min. Luiz Fux, j. 18.06.13).

Embora elogiável tal disposição, é dificílima sua realização em todos os seus aspectos (reserva de local próprio, garantia da segurança de todos, publicidade do ato etc.); além disso, não há lógica em ter todos os atos realizados em juízo e, o último, que é o interrogatório, ser realizado fora dele.

Não sendo possível esta modalidade de interrogatório, deve o réu ser levado perante o juiz da causa, no fórum, com escolta e acompanhamento policial.

Apenas excepcionalmente, o juiz, por decisão fundamentada, de ofício ou a requerimento das partes, poderá realizar o interrogatório do réu preso por sistema de videoconferência ou outro recurso tecnológico de transmissão de sons e imagens em tempo real, desde que a medida seja necessária para atender a uma das finalidades previstas no § 2º do art. 185, CPP, o que será objeto de estudo em tópico específico abaixo.

Assim: (1º **lugar**) juiz se dirige ao estabelecimento penal; (2ª **possibilidade**) réu é trazido à presença do juiz no fórum; (3ª **possibilidade**) realização por videoconferência.

9.2.2.5.2. *Momento*

Conforme o art. 400, *caput*, CPP, o interrogatório é o último ato da instrução processual, garantindo-se que o acusado tenha conhecimento de todos os fatos e acontecimentos do processo para, então, se defender de forma ampla, podendo contra-argumentar todas as provas; no âmbito do tribunal do júri, o interrogatório também é o último ato de instrução (arts. 411 e 474, CPP).

Sabe-se que, anteriormente à atual redação do Código de Processo Penal, dada pela Lei nº 11.719/08, o interrogatório era o primeiro ato da instrução, isto é, o juiz, recebendo a inicial acusatória, já designava dia e hora para o interrogatório, citando-se o réu e notificando-se o Ministério Público.

Questão que se põe é saber como ficam os interrogatórios já realizados antes da entrada em vigor da Lei nº 11.719/08 e cujos processos continuaram tramitando após o seu advento. Para a doutrina, melhor seria, diante da novel lei, ainda que já feito o interrogatório do acusado no início da instrução, designar, ao final desta, uma nova data para, agora diante de todo o conjunto probatório, dar a sua versão dos fatos, se o acusado assim desejar (Brasileiro, 2013).

Todavia, a jurisprudência caminhou em outro sentido, aplicando o princípio *tempus regit actum*, ou seja, uma vez realizado o interrogatório na vigência da lei anterior, não há que se falar na necessidade de nova designação de data para este ato, pois se trata de matéria de cunho estritamente processual (STF, RHC nº 120.468/SP, rel. Min. Ricardo Lewandowski, j. 11.03.14; e STJ, AgRg no REsp nº 1.243.301/SC, rel. Min. Maria Thereza de Assis Moura, j. 03.09.13), aduzindo-se, então, que não existe nulidade diante da superveniência de lei nova que altera o modo como o interrogatório deve ser realizado (STF, AgRg no RE nº 1.169.982/PR, rel. Min. Ricardo Lewandowski, j. 17.05.19).

Além desta questão colocada, ressalta-se que há diversas leis que colocam o interrogatório como o primeiro ato instrutório (como já acontecia no Código de Processo Penal antes da Lei nº 11.719/08), surgindo dúvida sobre o que deve prevalecer e ser aplicado na prática: se a previsão geral do Código de Processo Penal (interrogatório ao final) ou se a previsão das leis especiais (interrogatório no início).

Exemplos de normas especiais que preveem o interrogatório como primeiro ato são as Leis nº 11.343/06 (Drogas), 8.038/90 (Competência Originária) e o Decreto-lei nº 1.002/69 (Código de Processo Penal Militar).

O plenário do Supremo Tribunal Federal entendeu que a exigência de realização do interrogatório ao final da instrução criminal, conforme o art. 400, CPP, é aplicável ao âmbito miliar e a todos os procedimentos penais regidos pela legislação especial, como a lei de drogas, por exemplo (HC nº 127.900/AM, rel. Min. Dias Toffoli, j. 03.03.16). Especificamente em relação aos processos regidos pela Lei nº 8.038/90 (competência originária do STF e do STJ), o interrogatório também será o último ato da instrução processual, considerando que devem ser privilegiados os princípios do contraditório e da ampla defesa, que impõem a realização do ato apenas ao término da instrução (STF, AgRg na AP nº 1.027/DF, rel. p/ ac. Min. Roberto Barroso, j. 02.10.18).

O Superior Tribunal de Justiça seguiu este mesmo entendimento, dispondo que os procedimentos regidos por leis especiais devem observar a regra disposta no art. 400 do CPP, cujo conteúdo determina ser o interrogatório o último ato da instrução criminal (6ª T., HC nº 397.382/SC, rel. Min. Maria Thereza de Assis Moura, j. 03.08.17; e 5ª T., HC nº 421.249/SC, rel. Min. Reynaldo Soares da Fonseca, j. 08.02.18).

Igualmente, o Tribunal Superior Eleitoral tem jurisprudência no sentido de que o artigo 400, CPP, se aplica aos processos por crimes eleitorais, por ser norma mais benéfica ao acusado (REspE nº 130/SP, rel. Min. João Otávio de Noronha, j. 08.09.15).

O fundamento básico para que se coloque o interrogatório ao final da instrução criminal é a previsão normativa do art. 400, CPP, ser mais benéfica ao acusado, que poderá ouvir todos os relatos das testemunhas e, ao final, poderá expor a sua versão dos fatos. Logo, respeita-se a ampla defesa e o contraditório na sua plenitude.

É importante registrar que este entendimento fixou uma tese com *efeitos prospectivos*, ou seja, para o futuro. Determinou-se, de fato, que o interrogatório seja o último ato de instrução processual. Todavia, isso só se tornou obrigatório a partir da data da publicação da ata de julgamento do HC nº 127.900/AM, do STF, que foi **11/03/2016**. Assim, interrogatórios realizados antes dessa data e que não observaram o art. 400, CPP, são considerados válidos, ou seja, mesmo que tenham sido realizados como primeiro ato da instrução; no entanto, interrogatórios após 11.03.2016 devem ser realizados como último ato de instrução (STJ, AgRg no HC nº 565.163/SP, rel. Min. Antonio Saldanha Palheiro, j. 20.10.20).

9.2.2.5.3. *Realização*

O acusado que comparecer perante a autoridade judiciária, no curso do processo penal, será qualificado e interrogado na presença de seu defensor, constituído ou nomeado (art. 185, CPP).

Em qualquer modalidade de interrogatório, o juiz garantirá ao réu o direito de entrevista prévia e reservada com o seu defensor; se realizado por videoconferência, fica também garantido o acesso a canais telefônicos reservados para comunicação entre o defensor que esteja no presídio e o advogado presente na sala de audiência do fórum, e entre este e o preso (§ 5º).

Deve-se, claramente, conceder *tempo suficiente* para o encontro entre réu e seu defensor, permitindo uma defesa correta e adequada. De qualquer forma, o juiz deve se atentar que, se o advogado é constituído pelo acusado, ele já está acompanhando o processo e já manteve contato com seu cliente; por outro lado, o defensor dativo e o membro da Defensoria Público rara e dificilmente (infelizmente) tiveram contatos prévios com o acusado. Conforme prevê a Convenção Americana de Direitos Humanos, toda pessoa acusada de delito tem direito à concessão de tempo adequado para a preparação de sua defesa (art. 3º, 2, *c*, Decreto nº 678/92).

Embora louvável tal previsão legal, a jurisprudência entende que, caso não tenha sido assegurada a entrevista reservada do acusado com seu defensor diante da deficiência do aparato estatal, mas que, no entanto, houve audiência deste com seu defensor antes do interrogatório, não há que se falar em nulidade, diante da não demonstração de prejuízo (STJ, HC nº 190.374/SP, rel. Min. Laurita Vaz, j. 01.10.13). Ademais, "a inobservância do direito do acusado de entrevista com seu advogado, previamente constituído, antes do interrogatório, representa nulidade relativa, de sorte que depende de comprovação concreta do prejuízo sofrido" (STJ, AgRg no REsp nº 1.365.033/DF, rel. Min. Jorge Mussi, j. 19.10.17).

Além disso, não há que se falar em *requisição de réu preso para entrevista pessoal com seu defensor público*, diante de ausência de previsão legal neste sentido e porque, aliás, é função da Defensoria Pública atuar nos estabelecimentos policiais e penitenciários, garantindo aos indivíduos ali recolhidos o pleno exercício dos direitos e garantias fundamentais. Como bem ressaltou o Superior Tribunal de Justiça, "não se revela possível a transferência de um ônus da Defensoria Pública ao Poder Judiciário, razão pela qual não há nulidade em razão do indeferimento, pelo magistrado, do pedido de requisição de acusado preso para que possa se entrevistar previamente com seu patrono". Sintetizando: a Defensoria Pública deve ir até o seu assistido encarcerado, e não o contrário, onerando o Poder Judiciário e o próprio Estado (RHC nº 55.855/RJ, rel. Min. Jorge Mussi, j. 07.05.15).

Designado dia e hora e garantida a prévia entrevista com seu defensor, depois de devidamente *qualificado* e *cientificado* do inteiro teor da acusação, o acusado será informado pelo juiz, antes de iniciar o interrogatório, do seu direito de permanecer calado e de não responder perguntas que lhe forem formuladas (art. 186, CPP).

Na qualificação, o juiz colherá informações como o nome do acusado, filiação, profissão e endereço. Em seguida, o juiz explicará ao réu a imputação que lhe é feita, não bastando a simples leitura das peças processuais; na sequência, ser-lhe-á garantido o direito ao silêncio e, obviamente, a explicação de que o seu exercício não gerará confissão e nem poderá ser interpretado em seu desfavor (p.ú., art. 186, CPP).

O direito ao silêncio é exercitável apenas quanto aos **fatos** imputados ao acusado, uma vez que, quanto à sua **qualificação**, ele é obrigado a informar os dados. Se o acusado fornecer dados falsos sobre a sua identidade, poderá ser processado criminalmente, como incurso, por exemplo, no art. 307, CP (falsa identidade) ou, então, no art. 68 do Decreto-lei nº 3.688/41 (recusar dados de identificação, de estado, profissão ou residência). Neste sentido, aliás, dispõe a súmula nº 522 do STJ: "a conduta de atribuir-se falsa identidade perante autoridade policial é típica, ainda que em situação de alegada autodefesa".

Assim feito pelo juiz, passa-se ao interrogatório em si, que é constituído de duas partes: (i) sobre a pessoa do acusado e (ii) sobre os fatos.

Na **primeira parte**, o interrogando será perguntado sobre sua residência, meios de vida ou profissão, oportunidades sociais, lugar onde exerce sua atividade, vida pregressa, notadamente se foi preso ou processado alguma vez e, em caso afirmativo, qual o juízo do processo, se houve suspensão condicional ou condenação, qual a pena imposta, se a cumpriu e outros dados familiares e sociais. É chamado de ***interrogatório de identificação***, relativo à pessoa do acusado (Capez, 2016).

Do interrogatório deverá constar a informação sobre a existência de filhos, respectivas idades e se possuem alguma deficiência e o nome e o contato de eventual responsável pelos cuidados dos filhos, indicado pela pessoa presa (art. 185, § 10, CPP – conforme Lei nº 13.257/16).

Já na **segunda parte**, o juiz perguntará ao acusado sobre: (a) ser verdadeira a acusação que lhe é feita; (b) não sendo verdadeira, se há algum motivo particular a que lhe atribua, se conhece eventual pessoa a quem deva ser imputada a prática do crime e se com ela esteve antes ou depois do crime; (c) onde estava ao tempo do crime e se teve notícia deste; (d) as provas já apuradas; (e) se conhece alguma vítima/testemunha, desde quando e se tem algo contra elas; (f) se conhece o instrumento do crime ou qualquer objeto apreendido; (g) todos os fatos e pormenores que levem à elucidação dos antecedentes e circunstâncias do crime; e (h) se tem algo mais a alegar em sua defesa. É chamado de ***interrogatório de mérito***, relativo aos fatos imputados ao acusado (Capez, 2016).

Percebe-se que este rol é mínimo e exemplificativo, até mesmo diante da dinâmica desenvolvida no curso do interrogatório.

Se o interrogando negar a acusação, no todo ou em parte, poderá prestar esclarecimentos e indicar provas. Se confessar a autoria, será perguntado sobre os motivos e circunstâncias do fato e se outras pessoas concorreram para a infração.

Findos os questionamentos sobre os fatos, o juiz perguntará às partes se restou algum fato para ser esclarecido, formulando as perguntas correspondentes se entender pertinente e relevante. Trata-se de clara *intervenção das partes no interrogatório*. Entende-se que as partes não formularão as perguntas diretamente ao réu, cuja "atuação se restringe à indicação de fato a ser esclarecido, decorrendo de tal indicação a possibilidade de nova formulação de perguntas ao acusado, sempre pelo magistrado que presidir o ato" (Marcão, Código, 2015, p. 432). Vigorará, assim, o **sistema presidencialista** – o interrogatório é feito pelo juiz, restando às partes a faculdade de, querendo, esclarecer algum fato, formulando perguntas ao interrogando *por intermédio do juiz*. O Superior Tribunal de Justiça, numa interpretação sistemática em relação à oitiva de testemunhas, entende que o juiz pode permitir que a parte faça perguntas diretamente ao acusado, não havendo nulidade nisso (RHC nº 48.354/SP, rel. Min. Rogerio Schietti Cruz, j. 09.12.14). Atentar que, no âmbito do tribunal do júri, as perguntas são feitas diretamente ao réu pela acusação e pela defesa (art. 474, § 1º, CPP), mas as eventuais indagações dos jurados são feitas por meio do juiz ainda (art. 474, § 2º, CPP).

Como já estudado alhures, o advogado de um réu pode fazer reperguntas ao corréu durante o interrogatório deste, garantindo-se o contraditório e a ampla defesa, até porque, não há nenhum dispositivo legal que vede a participação do defensor do corréu no ato de interrogatório do outro (STJ, RHC nº 28.379/RJ, rel. Min. Jorge Mussi, j. 28.08.12); além disso, o direito de um réu permanecer calado durante o interrogatório não significa que o defensor de um dos réus não possa formular perguntas ao outro acusado (STJ, RHC nº 33.142/PR, rel. Min. Marco Aurélio Bellizze, j. 05.09.13).

Ultimado o interrogatório, lavrar-se-á termo, assinado por todos os presentes. Se o interrogado não souber escrever, não puder ou não quiser assinar, tal fato será consignado no termo.

No mais, como já entendeu o Superior Tribunal de Justiça, o interrogando não tem direito a fazer uma *gravação própria* do interrogatório, tal como permite o art. 367, CPC, não sendo o caso de se aplicar a analogia (art. 3º, CPP), uma vez que o Código de Processo Penal, no art. 405, §§ 1º e 2º, possui regra específica e suficiente, dispondo que, sempre que possível, o registro do depoimento do investigado, indiciado, ofendido e testemunhas será feito por meio de recursos de gravação magnética, estenotipia, digital ou técnica similar, sendo que, caso o registro seja audiovisual, será encaminhada uma cópia às partes, sem a necessidade de transcrição (HC nº 398.589/PR, rel. Min. Felix Fischer, j. 10.05.17), em observância aos princípios da duração razoável do processo e da celeridade, salvo comprovada demonstração de sua necessidade (STJ, RMS nº 36.625/MT, rel. Min. Rogerio Schietti Cruz, j. 30.06.16).

9.2.2.6. *Renovação*

De acordo com o art. 196, CPP, a todo tempo o juiz poderá proceder a novo interrogatório, de ofício ou a pedido fundamentado de qualquer das partes.

Por mais que a lei diga que o magistrado *poderá* realizar um novo interrogatório (uma mera faculdade), se justificado o pedido ter-se-á um verdadeiro *poder-dever*, em homenagem à busca da verdade real (Marcão, Código, 2016).

A realização de novo interrogatório, todavia, não implicará na reabertura de prazo para requerimento de novas diligências. Deve-se observar que o interrogatório é o último ato da fase de instrução processual, sendo que, após a sua realização, as partes poderão requerer a realização de alguma diligência relacionada a fato surgido no curso da instrução. Tratando-se, todavia, da realização desse novo interrogatório de uma faculdade conferida ao acusado, deferir novas diligências tão somente em razão da sua realização significaria o retorno a etapas já ultrapassadas, protelando por tempo indefinido a entrega da prestação jurisdicional. Assim, a renovação do interrogatório, do art. 196, CPP, não ensejará a reabertura do prazo para diligências, do art. 402, CPP, pois a simples reinquirição do acusado não justifica a produção de novas provas (STJ, RHC nº 82.742/SC, rel. Min. Jorge Mussi, j. 21.11.17).

Entende-se, ademais, que o exercício do direito de defesa através do interrogatório submete-se à lógica da preclusão, isto é, se designado e o acusado não comparecer, não poderá, depois, *injustificadamente e ao seu bel prazer*, requerer novo momento para dar a sua versão dos fatos, amparando-se no art. 196, CPP. Somente em casos de **impossibilidade concreta e justificada** é que poderá ser aplicado o dispositivo em estudo (Pacelli e Fischer, Comentários, 2012).

Já decidiu o Superior Tribunal de Justiça que "uma coisa é o direito à oportunidade do interrogatório, e outra é o direito à sua realização obrigatória. Desse modo, uma vez regularmente citado o réu, se ele não comparece à audiência, não se pode falar em um direito futuro à repetição do interrogatório, isto é, a ser exercido em outra fase do processo, tendo em vista a superação da etapa procedimental prevista para o exercício da autodefesa. É dizer: o acusado tem o direito de ser ouvido, todavia, o exercício desse direito ocorrerá segundo o devido procedimento legal, e não segundo a vontade exclusiva do réu. O não comparecimento na data da audiência designada, enquanto não justificado, pode e deve ser entendido como manifestação do direito ao silêncio" (HC nº 108.939/PI, rel. Min. Marco Aurélio Bellizze, j. 15.03.12).

Contra o indeferimento, será possível à parte sustentar nulidade, demonstrando o prejuízo sofrido, em posterior preliminar de recurso, como em apelação – seja por cerceamento de defesa (quando pedido pela defesa) ou de acusação (quando pedido pela acusação). Não é o caso, em tese, de *habeas corpus*, por tratar-se de revolvimento de matéria probatória, o que é vedado a este remédio constitucional.

9.2.2.7. *Videoconferência*

9.2.2.7.1. *Histórico*

Diversos Estados do Brasil criaram, através da **legislação estadual**, a possibilidade de interrogatório (e a prática de outros atos do processo) por meio de videoconferência – tal como a Lei nº 11.819/05, do Estado de São Paulo.

Inicialmente, surgiu divergência entre os Tribunais Superiores. Decisões de parte do Superior Tribunal de Justiça entendiam pela legalidade da previsão, já que era garantido o direito de defesa do réu, que podia contar com um defensor na sala de audiência e outro no presídio, ao seu lado (HC nº 90.603/SP, rel. Min. Napoleão Nunes Maia Filho, j. 28.11.07); de outro lado, algumas decisões do Supremo Tribunal Federal entendiam que tal meio de interrogatório era ilegal, por violação à publicidade dos atos processuais e à ampla defesa, em razão da adoção de procedimento que sequer tinha previsão em lei de alcance nacional e por não permitir a presença (física) do réu diante do juiz (HC nº 88.914/SP, rel. Min. Cezar Peluso, j. 14.08.07).

Chamado a decidir definitivamente a questão, o Plenário do Supremo Tribunal Federal entendeu que tais leis estaduais são inconstitucionais, pois somente a União pode legislar sobre matéria de processo (embora a relatora, a então Ministra Ellen Gracie, tenha se manifestado pela constitucionalidade, pois a matéria trataria de *procedimento penal* – e não de *processo penal* – o que é permitido pela Constituição Federal, cf. o art. 24, XI, CF). Todavia, a maioria da Corte julgou pela inconstitucionalidade, por violação ao art. 22, I, CF (HC nº 90.900/SP, rel. Min. Ellen Gracie, j. 30.10.08).

Então, notando este lapso legislativo formado, o Congresso Nacional editou a Lei nº 11.900/09, introduzindo o interrogatório por meio de videoconferência no Brasil e alterando dispositivos do Código de Processo Penal.

9.2.2.7.2. *A Lei nº 11.900/09*

Antes mesmo da Lei nº 11.900/09, a Lei nº 11.690/08 já previa uma forma de videoconferência no Brasil: no caso de o juiz verificar que a presença do réu possa causar humilhação, temor, ou sério constrangimento à testemunha ou ao ofendido, de modo que prejudique a verdade do depoimento, far-se-á a inquirição por videoconferência e, somente na impossibilidade dessa forma, será determinada a retirada do réu, prosseguindo na inquirição, com a presença do seu defensor (art. 217, CPP).

Com o advento da Lei nº 11.900/09, então, permitiu-se, excepcionalmente, que o juiz, por decisão fundamentada, de ofício ou a requerimento das partes, poderá realizar o **interrogatório do réu preso** por sistema de videoconferência ou outro recurso tecnológico de transmissão de sons e imagens em tempo real (art. 185, § 2º, CPP).

São, portanto, premissas:

a) o interrogatório por videoconferência é excepcional, pois a regra é a presença física de réu e juiz;

b) o juiz deve motivar o fato excepcional que o levou a decidir pelo interrogatório por videoconferência, indicando as razões concretas que a própria lei prevê;

c) a decisão pode ser tomada de ofício ou mediante requerimento das partes.

Além do interrogatório, a Lei nº 11.900/09 dispôs que é possível a utilização da videoconferência para a realização de **outros atos processuais que dependam da participação de pessoa que esteja presa**, como acareação, reconhecimento de pessoas e coisas, e inquirição de testemunha ou tomada de declarações do ofendido (§ 8º, art. 185, CPP), ficando garantido o acompanhamento do ato pelo acusado e seu defensor (§ 9º).

Diante do exposto até aqui, é possível concluir que, antes do advento da Lei nº 11.900/2009 (que entrou em vigor em 09.01.09), o interrogatório judicial realizado por meio de videoconferência constituiu causa de nulidade absoluta processual, uma vez que violava o princípio do devido processo legal e seus consectários constitucionais, não se convalidando o ato processual nulo com o surgimento da novel lei (STJ, HC nº 142.171/SP, rel. Min. Felix Fischer, j. 09.02.10).

9.2.2.7.3. *Finalidades*

O § 2º do art. 185, CPP, dispõe que será possível o interrogatório por videoconferência para atender a uma das seguintes finalidades:

(i) prevenir risco à segurança pública, quando exista fundada suspeita de que o preso integre organização criminosa ou de que, por outra razão, possa fugir durante o deslocamento.

Entende-se que o risco à segurança pública deve ser fundado, ou seja, sério e concreto.

(ii) viabilizar a participação do réu no referido ato processual, quando haja relevante dificuldade para seu comparecimento em juízo, por enfermidade ou outra circunstância pessoal.

É o caso de o réu ter uma doença que impeça seu deslocamento (grave, contagiosa etc.). Há julgados do Superior Tribunal de Justiça no sentido de que "a deficiência de transporte e escolta para que o réu seja deslocado do presídio para o fórum não constitui justificativa plausível para designação de audiência por meio de videoconferência", pois esta situação não se enquadra em nenhum dos casos do § 2º do art. 185, CPP (REsp nº 1.438.571/SP, rel. Min. Sebastião Reis Júnior, j. 28.04.15) – até porque, a deficiência estatal não pode ser atribuída ao réu, que, como regra, tem o direito de ter um interrogatório pessoal e físico com o juiz.

(iii) impedir a influência do réu no ânimo de testemunha ou da vítima, desde que não seja possível colher o depoimento destas por videoconferência, nos termos do art. 217, CPP.

Assim, primeiro, tenta-se ouvir a testemunha/vítima por videoconferência; não sendo possível, aí ouve-se o acusado por este meio.

Consoante já entendeu o Superior Tribunal de Justiça, "evidenciado o temor da vítima em prestar suas declarações na frente do acusado, não enseja ilegalidade a ser sanada, pois o interrogatório teria sido realizado de acordo com o disposto no art. 185, § 2º, III, do Código de Processo Penal" (HC nº 279.530/SP, rel. Min. Sebastião Reis Júnior, j. 12.12.17).

(iv) responder à gravíssima questão de ordem pública.

Como no caso de manifestações na frente do fórum onde pessoas querem o rápido julgamento do réu, que cometeu crime de comoção pública; ou então, devido a questões ambientais, como enchentes locais que impedem o acesso à cidade etc.

9.2.2.7.4. *Procedimento*

Estando presente uma das situações que autorizam o interrogatório por videoconferência, o juiz, em decisão fundamentada, assim determinará a sua realização (STJ, RHC nº 87.370/SP, rel. Min. Maria Thereza de Assis Moura, j. 12.06.18).

Da decisão que determinar a realização de interrogatório por videoconferência, as partes serão intimadas com 10 dias de antecedência (§ 3º, art. 185, CPP). Consoante a jurisprudência, por mais que a lei determine essa intimação com antecedência de dez dias, há peculiaridades que afastam eventual nulidade pelo desatendimento desta providência, como no caso do próprio defensor que renuncia ao direito de entrevista pessoal e reservada com o réu (STJ, HC nº 264.888/PB, rel. Min. Maria Thereza de Assis Moura, j. 14.10.14).

Antes do interrogatório por videoconferência, o preso poderá acompanhar, pelo mesmo sistema tecnológico, a realização de todos os atos da audiência única de instrução e julgamento. Como já visto, o interrogatório é, atualmente, o último ato da instrução probatória, de modo que o réu poderá, antes de realizar seu interrogatório, ver e ouvir, por videoconferência, todos os atos anteriores, como a oitiva de testemunhas, de peritos, da vítima etc. (§ 4º, art. 185, CPP). Garante-se, assim, o direito de presença (ainda que virtual) do acusado aos atos do processo. Mas, para que isso aconteça, a parte interessada deverá requerer providências no sentido de que o juízo providencie a disponibilidade da videoconferência, pois, como entende o STJ, não há direito subjetivo do réu em acompanhar, por sistema de videoconferência, audiência de inquirição de testemunhas realizada presencialmente perante o juízo natural da causa (HC nº 422.490/MS, rel. Min. Ribeiro Dantas, j. 13.03.18). No caso analisado, a defesa, intimada com antecedência de mais de um mês, não havia requerido ao juízo responsável pela realização do ato a adoção de providências para que os réus pudessem, por videoconferência, acompanhar a oitiva de testemunhas no local onde residiam, não podendo, depois, arguir nulidade a que tenham dado causa.

Em qualquer modalidade de interrogatório (físico ou virtual), o juiz garantirá ao réu o direito de entrevista prévia e reservada com o seu defensor; se realizado por videoconferência, fica também garantido o acesso a canais telefônicos reservados para comunicação entre o defensor que esteja no presídio e o advogado presente na sala de audiência do Fórum, e entre este e o preso (§ 5º, art. 185, CPP). Vê-se, assim, que haverá *dois defensores*: um atuando no fórum, diante do juiz, e outro atuando ao lado do acusado, no presídio (STJ, REsp nº 1.438.571, rel. Min. Sebastião Reis Júnior, j. 28.04.15).

9.2.2.7.5. *(In)constitucionalidade*

Bem ensina Renato Brasileiro, ao afirmar que "a realização do interrogatório por videoconferência não atende somente aos objetivos de agilização, economia e desburocratização da justiça. Atende também à segurança da sociedade, do magistrado, do membro do Ministério Público, dos defensores, dos presos, das testemunhas e das vítimas, razão pela qual não pode ser tachada de inconstitucional. Se é verdade que direitos e garantias individuais do cidadão funcionam como limites intransponíveis aos poderes persecutórios do Estado, não menos correto é que tais direitos e garantias não são absolutos, podendo sofrer limitações, desde que tais restrições estejam fundamentadas em lei e se mostrem compatíveis com o princípio da proporcionalidade" (Curso, 2013, p. 663).

Logo, a medida deve ser tida como constitucional.

Alguns outros argumentos apontados pela sua constitucionalidade:

i) o interrogatório continua sendo meio de defesa do réu;

ii) a medida é excepcional e deve ser justificada pelo juiz;

iii) a própria lei traz as hipóteses taxativas, não havendo liberdade do julgador para simplesmente dispensar a presença física do réu;

iv) o sigilo entre réu e defensor é mantido, inclusive com linhas reservadas;

v) mantêm-se os princípios processuais (juiz natural, publicidade, acesso à justiça, contraditório, ampla defesa, prazo razoável etc.);

vi) se as cartas (precatória e rogatória) são aceitas, mais razão ainda deve ter a aceitação da videoconferência, em que o próprio juiz da causa terá contato com o réu, imediatamente, analisando seu estado de ânimo e sua personalidade;

vii) as tecnologias existem e devem ser utilizadas pelo bem do processo e para favorecer as partes, incluindo o acusado;

viii) por mais que a Convenção Americana de Direitos Humanos não mencione a videoconferência, pois exige a presença do agente diante de um juiz, deve-se entender que tal documento internacional é datado de 1969, quando sequer se falava neste instrumento tecnológico (Brasileiro, 2013).

ix) documentos internacionais modernos já preveem a videoconferência, como as convenções da ONU contra corrupção e contra o crime organizado transnacional, o que demonstra a progressividade tecnológica dos meios processuais (art. 32, 2, *b* – Decreto nº 5.687/06).

No mais, a própria jurisprudência julga pela **perfeita aplicação** da videoconferência (STJ, HC nº 279.441/SP, rel. Min. Newton Trisotto, j. 20.11.14).

Rebatendo a possibilidade de utilização da videoconferência, André Nicolitt, minoritariamente, entende que nenhuma máquina pode substituir o contato humano, afirmando que "o juiz, que naturalmente está distante da realidade sócio-cultural-espiritual-econômica do acusado, estaria agora distante fisicamente, realizando um dos atos mais importantes do processo através de uma proximidade apenas virtual" (Manual, 2012, p. 385). Para o autor, somente seria possível o interrogatório por videoconferência mediante o consentimento do acusado, tal como ocorre no Direito Europeu.

9.2.3. Confissão

9.2.3.1. *Conceito e natureza jurídica*

Confissão é a revelação da própria culpa, ou seja, é admitir a prática do ato imputado. Há confissão quando a parte admite a verdade de fato contrário ao seu interesse e favorável ao do adversário (art. 389, CPC).

Entende-se tratar de *meio de prova*, já que é uma forma pela qual o juiz chega ao conhecimento dos fatos alegados – tanto pela acusação como pela defesa.

9.2.3.2. *Classificação*

A doutrina costuma classificar a confissão assim:

a) **judicial**: é aquela feita em juízo, diante da autoridade judicial, com pleno valor processual, com contraditório, ampla defesa e assistência do defensor do réu.

Nucci (Manual, 2007) a divide em: (i) confissão judicial *própria*, se produzida diante da autoridade judicial competente para julgar o caso; e (ii) confissão judicial *imprópria*, se produzida perante outra autoridade judicial, incompetente para o deslinde do processo.

b) **extrajudicial**: é aquela feita fora do juízo, diante do delegado de polícia, por exemplo. Como é feita fora do processo, é considerada mero "elemento informativo", pois, para ter validade processual, precisará ser produzida em juízo, observados o contraditório e a ampla defesa, conforme o art. 155, CPP. Excepcionalmente, todavia, os jurados, no tribunal do júri, poderão, diante do sistema da íntima convicção, decidir de acordo com a confissão realizada extrajudicialmente e não confirmada em juízo.

c) **simples**: o confitente não apresenta nenhum argumento em seu benefício, mas apenas e tão somente confessa a prática dos fatos imputados. Ex.: "roubei a vítima no dia dos fatos narrados".

d) **qualificada**: o confitente, além de confessar a prática do delito, traz ao processo algum argumento que lhe beneficia, como uma excludente de ilicitude ou de culpabilidade. Ex.: "roubei a vítima, mas foi em estado de necessidade".

Surge dúvida, então, se essa confissão qualificada gerará ou não o direito à atenuante pela confissão (art. 65, III, *d*, CP). De um lado, o Superior Tribunal de Justiça entende que sim (5ª T., AgRg no AREsp nº 791.982/SP, rel. Min. Jorge Mussi, j. 27.02.18; e 6ª T., AgRg no AREsp nº 1.157.955/PE, rel. Min. Sebastião Reis Júnior, j. 05.12.17). Neste sentido, aliás, a súmula nº 545 do STJ dispõe que "quando a confissão for utilizada para a formação do convencimento do julgador, o réu fará jus à atenuante prevista no art. 65, III, *d*, do Código Penal" – vê-se que o verbete não especifica qual espécie de confissão, bastando, para a incidência da atenuante, que o julgador a utilize na formação de seu convencimento.

De outro lado, o Supremo Tribunal Federal possui julgados, isolados, no sentido de que a confissão qualificada não autoriza a incidência da atenuante (HC nº 119.671/SP, rel. Min. Luiz Fux, j. 05.11.13).

e) **expressa**: é a explícita, isto é, clara, em que o acusado realmente confessa os fatos criminosos.

f) **ficta**: é implícita, decorrente de algum acontecimento, como o pagamento de indenização à vítima ou o silêncio do acusado. Aquela situação (pagamento de indenização) não gera confissão, até porque vigora o sistema da independência das instâncias de responsabilidade (criminal e civil), cf. o art. 935, CC – existe exceção, apenas, na Lei nº 9.099/95, em que a composição de danos civis acarreta renúncia ao direito de queixa na ação pena de iniciativa privada, ou a renúncia ao direito de representação na ação penal pública condicionada (art. 74, p.ú.). Já a situação do silêncio não é aceita no Brasil como confissão, diante do direito que o acusado tem de permanecer calado (art. 5º, LXIII, CF) e de que o seu silêncio não importará confissão (art. 198, CPP).

9.2.3.3. *Características*

A confissão possui quatro características fundamentais:

i) **divisível**: há duas óticas sobre essa característica. De um lado, confessado o fato, o juiz poderá levar em conta apenas parte da confissão, não estando obrigado a aceitá-la como um todo; de outro lado, o acusado não é obrigado a confessar todo o fato narrado, podendo admitir somente uma parte deste.

Ainda que parcial a confissão, caso o juiz a utilize para a formação de seu convencimento, o réu fará jus à atenuante correspondente (STJ, HC nº 408.165/MS, rel. Min. Felix Fischer, j. 28.11.17). Em suma, "quando a confissão for utilizada para a formação do convencimento do julgador, o réu fará jus à atenuante prevista no art. 65, III, *d*, do Código Penal" (súmula nº 545 do STJ).

ii) **retratável**: uma vez confessado, o réu poderá "voltar atrás", retratando-se da sua confissão. Neste caso, o juiz não estará vinculado a esta nova confissão, podendo, consoante os elementos probatórios dos autos, utilizar a primeira confissão e desconsiderar a posterior, até porque, sendo a confissão um meio de prova, uma vez produzida ela já está nos autos, lá permanecendo, aplicando-se o princípio da comunhão das provas – ou seja, a retratação não expurga a confissão dos autos, podendo servir para fundamentar a condenação (STJ, HC nº 420.127/SP, rel. Min. Reynaldo Soares da Fonseca, j. 07.11.17).

Ainda que o réu tenha confessado extrajudicialmente, mas se retratado em juízo, caso o juiz utilize aquela confissão para formar seu convencimento, o acusado fará jus à atenuante penal (STJ, HC nº 306.743/SP, rel. Min. Ribeiro Dantas, j. 12.09.17 – e súmula nº 545, STJ).

iii) **personalíssima**: a confissão é ato exclusivo do acusado, não sendo possível delegar sua realização a outrem (nem ao seu defensor).

iv) **livre**: deve ser realizada sem a presença de pressões ou de constrangimentos, o que, do contrário, poderá configurar o crime de tortura-prova (art. 1º, I, *a*, Lei nº 9.455/97). Pode ser realizada tanto de forma espontânea quanto voluntária, bastando ser livre.

9.2.3.4. *Requisitos*

Em analogia ao Código de Processo Penal Militar, a confissão, para ter valor de prova, deve (art. 307, CPPM):

a) ser feita perante autoridade competente;

b) ser livre, espontânea e expressa;

c) versar sobre o fato principal;

d) ser verossímil;

e) ter compatibilidade e concordância com as demais provas.

Entende-se que a atenuante da confissão apenas poderá ter incidência, em regra, se o acusado confessar fato relacionado *especificamente* ao delito que lhe foi imputado. Se, por exemplo, o Ministério Público acusar Fulano de tráfico de drogas e ele confessar que, realmente, a droga era de sua propriedade, no entanto, era destinada a consumo próprio (e não ao tráfico), não há que se falar em atenuante de confissão, haja vista que Fulano confessou fato criminoso *diverso* daquele que lhe foi imputado. Isso porque, simplesmente, não houve confissão em relação aos fatos criminosos tratados no processo. Neste sentido é a súmula nº 630 do STJ, que dispõe o seguinte: "a incidência da atenuante da confissão espontânea no crime de tráfico ilícito de entorpecentes exige o reconhecimento da traficância pelo acusado, não bastando a mera admissão da posse ou propriedade para uso próprio".

Curiosamente, o enunciado sumular nº 630 do STJ não se aplica, todavia, aos casos em que é imputado ao acusado o crime de roubo, mas ele confessa o crime de furto. Entende-se que, nessas situações, o réu confessa – mesmo que em parte – o ato de subtrair bem móvel alheio (que é uma das elementares do roubo), apenas negando parte da imputação relacionada ao emprego de violência, de modo que faz jus à atenuante da confissão (STJ, AgRg no HC nº 452.897/SP, rel. Min. Maria Thereza de Assis Moura, j. 07.08.18).

9.2.3.5. *Valor probatório*

O valor da confissão é aferido pelos critérios adotados para os outros elementos de prova, e, para a sua apreciação, o juiz deverá confrontá-la com as demais provas do processo, verificando se entre ela e estas há compatibilidade ou concordância (art. 197, CPP).

Como mencionado no estudo dos sistemas de avaliação da prova, a confissão não é mais considerada a "rainha das provas" (não tem preponderância sobre as demais provas do processo), pois, diante da atual sistemática processual, o juiz atribuirá à confissão valor semelhante às demais provas processuais, sempre devendo conjugá-las. Desta forma, a confissão não possui valor absoluto.

Logo, não basta ao réu confessar um crime se todas as provas do processo dizem o contrário. O juiz não pode ignorar o *conjunto probatório* já produzido e focar apenas numa única prova. A análise das provas é feita de modo conglobado, confrontando todas as provas dos autos. E como entende o Superior Tribunal de Justiça, ainda que existam no processo diversas provas corroborando o fato e a sua autoria, caso o réu confesse e o juiz utilize a confissão como elemento de sua convicção, deverá incidir, ainda assim, a atenuante penal (REsp nº 1.183.157/SP, rel. Min. Sebastião Reis Júnior, j. 16.10.12 – e súmula nº 545 do STJ).

Deve-se lembrar, ainda, que, quando a infração deixar vestígios, será indispensável o exame de corpo de delito, direto ou indireto, não podendo supri-lo a confissão do acusado (art. 158, CPP) – embora a confissão possa ser analisada em conjunto com outros elementos de prova, como estudado.

9.2.3.6. *Momento*

Como regra, a confissão é realizada no momento do interrogatório, tomando-a por termo, mas nada impede que seja feita em outra situação (art. 199, CPP).

Além disso, como visto, a confissão pode ser tomada de forma extrajudicial, ou seja, fora do processo (ao delegado de polícia, p. ex.). Para uns, para ter valor, precisa ser reproduzida em juízo; para outros, ainda que não reproduzida, será considerada um elemento informativo ao lado das demais provas judiciais. De qualquer modo, caso o juiz a utilize, ao lado das demais provas, para formar sua convicção, o acusado fará jus à atenuante penal (súmula nº 545, STJ).

9.2.3.7. *O silêncio do acusado*

O art. 198, CPP, dispõe que "o silêncio do acusado não importará confissão, mas poderá constituir elemento para a formação do convencimento do juiz".

A primeira parte do dispositivo é clara ao afirmar que, se o acusado optar por permanecer calado, essa sua ausência de manifestação não gerará confissão dos fatos criminosos imputados, consoante o art. 5º, LXIII, CF.

Já a parte final do referido dispositivo processual não foi recepcionada pela atual Carta da República, pois, do silêncio, o juiz não poderá tirar conclusões que prejudiquem o acusado. Seria algo como o juiz dizer ao réu: "você tem o direito de permanecer em silêncio, mas eu posso prejudicá-lo e interpretar este silêncio como eu bem entender". Isso é absolutamente inconstitucional, pois o Direito Penal não trabalha com a máxima de que *quem cala consente* – muito pelo contrário.

Corroborando isso, o art. 186, CPP (cf. redação dada pela Lei nº 10.792/03), afirma que, depois de qualificado e cientificado da acusação, o réu será informado do seu direito de permanecer em silêncio, dispondo o seu parágrafo único, em seguida, que "o silêncio, que não importará em confissão, não poderá ser interpretado em prejuízo da defesa".

Logo, a redação original do Código de Processo Penal, no art. 198, deve ser lida à luz da Constituição Federal e consoante a atual redação do parágrafo único do art. 186, CPP, de modo que **o silêncio do acusado não importará confissão e nem poderá ser interpretado em seu desfavor**, pois, do contrário, seria um direito velado, apenas superficial.

No mais, o texto do art. 8º, 2, *g*, da Convenção Americana de Direitos Humanos, é claro ao dizer que toda pessoa possui direitos e garantias processuais, incluindo-se o "direito de não ser obrigada a depor contra si mesma, nem a confessar-se culpada" (STJ, AgRg no REsp nº 1.497.542/PB, rel. Min. Benedito Gonçalves, j. 18.02.16).

9.2.3.8. *Chamada de corréu*

Trata-se da chamada "confissão delatória", ou seja, o acusado, no curso do seu interrogatório, confessa o seu envolvimento no delito apurado e indica um terceiro que também participou, de alguma forma, para a ocorrência do crime.

Quando em corroboração com os demais meios de prova, poderá servir de fundamento para futura condenação do delatado, ou seja, a chamada de corréu, isoladamente, não pode ser prova suficiente para condenação (STF, HC nº 74.368/MG, rel. Min. Ricardo Lewandowski, j. 01.07.97). Vale lembrar que o art. 4º, § 16, III, Lei nº 12.850/13, dispõe que nenhuma sentença condenatória será proferida com fundamento apenas nas declarações de agente colaborador.

No mais, entende a corrente majoritária que, estando presente o advogado do corréu delatado (apontado por aquele que confessou o crime), o juiz deverá conceder-lhe o direito de fazer perguntas ao delator. Isso porque, a decisão que impede que o defensor de um dos réus repergunte ao outro acusado ofende os princípios constitucionais da ampla defesa, do contraditório, e da isonomia (STF, 1ª T., HC nº 101.648/ES, rel. Min. Cármen Lúcia, j. 11.05.10; e 2ª T., HC nº 116.132/PE, rel. Min. Ricardo Lewandowski, j. 17.09.13).

Consoante o Supremo Tribunal Federal, se o interrogatório for de um corréu *delator*, o advogado do outro corréu (*delatado*) deve, obrigatoriamente, estar presente, sob pena de nulidade (caso o corréu realmente delate). Isso porque, o delator atua ao lado da acusação (em troca de algum benefício penal), de modo que haverá alguma incriminação em relação ao outro réu, exigindo-se, com isso, a presença do defensor (AO nº 2.093/RN, rel. Min. Cármen Lúcia, j. 03.09.19).

9.2.4. Declarações do ofendido

9.2.4.1. *Conceito e natureza jurídica*

O ofendido é o sujeito passivo do crime, ou seja, é a *vítima*. Como será visto adiante, o ofendido pode atuar tanto como *elemento* quanto *meio de prova* no processo penal.

Entende-se que as declarações do ofendido possuem natureza de meio de prova, cuja regulamentação está no art. 201, CPP.

9.2.4.2. *Inquirição*

Sempre que possível, o ofendido será qualificado e perguntado sobre as circunstâncias da infração, quem seja ou presuma ser o seu autor, as provas que possa indicar, tomando-se por termo as suas declarações (art. 201, "caput", CPP). São perguntas básicas, exemplificativas, nada impedindo que outras sejam feitas. Como não é testemunha, não prestará o compromisso de dizer a verdade.

A iniciativa, como regra, é das partes, nada impedindo que o juiz determine a realização da oitiva da vítima do crime. Como ensina Marcão (Código, 2016), "não se trata de prova que importa apenas para a acusação, mas para a verdade real, que também interessa ao acusado em certas situações. Há casos em que a inquirição do ofendido demanda particular sensibilidade do juiz, tal como se verificar nos crimes contra a dignidade sexual e outros violentos, verdadeiramente traumáticos para o ofendido" (p. 452).

Conforme o art. 19-A, p.ú., da Lei nº 9.807/99, qualquer que seja o rito processual criminal, o juiz, após a citação, tomará antecipadamente o depoimento das pessoas incluídas nos programas de proteção a vítimas e testemunhas ameaçadas, devendo justificar a eventual impossibilidade de fazê-lo no caso concreto ou o possível prejuízo que a oitiva antecipada traria para a instrução criminal.

Como visto alhures, é possível a oitiva do ofendido por videoconferência, conforme o art. 185, § 8º, CPP.

Antes do início da audiência e durante a sua realização, será reservado espaço separado para o ofendido. Quer-se dizer com isso que, *antes* da oitiva, o ofendido ficará em local distinto do acusado, evitando-se constrangimentos e intimidações; e *durante* a oitiva, o acusado, como regra, tem o direito de acompanhar a inquirição da vítima, salvo no caso de o juiz verificar que a presença deste pode causar humilhação, temor ou constrangimento, de modo que isso possa prejudicar a verdade do depoimento, caso em que a inquirição poderá ser feita por videoconferência e, na impossibilidade desta, determinar-se-á a retirada do réu, prosseguindo-se a audiência com a presença do defensor (art. 217, CPP).

À luz da Constituição Federal, embora o Código de Processo Penal assim não preveja, respeitando-se o contraditório e a ampla defesa, feitas as perguntas à vítima pelo juiz, este deve permitir que as partes – tanto a defesa como a acusação – façam *reperguntas* ao ofendido.

9.2.4.3. *Valor probatório*

Tal como a confissão do acusado, a palavra da vítima, isoladamente, não pode fundamentar a convicção do julgador. Além do mais, não se deve esquecer que o ofendido é a vítima do crime, de forma que sua versão é bastante parcial. Deve-se, sempre, levar em consideração todo o conjunto probatório.

Ressalta-se, todavia, que a jurisprudência dá relevante valor à palavra da vítima, notadamente naqueles crimes que são cometidos de forma oculta, às escondidas, quase sempre sem meios provatórios suficientes, como no caso dos crimes contra a dignidade sexual.

Neste sentido, a jurisprudência do Superior Tribunal de Justiça "consolidou-se no sentido de que, em se tratando de delitos sexuais, a palavra da vítima tem alto valor probatório, considerando que crimes dessa natureza geralmente não deixam vestígios e, em regra, tampouco contam com testemunhas" (AgRg no REsp nº 1.418.746/SC, rel. Min. Maria Thereza de Assis Moura, j. 26.05.15). Ainda, "a palavra da vítima tem valor probante diferenciado, desde que esteja em consonância com as demais provas que instruem o feito" (AgRg no AREsp nº 1.094.328/RJ, rel. Min. Ribeiro Dantas, j. 12.12.17). E, também, "em crimes praticados no âmbito doméstico, a palavra da vítima possui especial relevância, uma vez que, em sua maioria, são praticados de modo clandestino, não podendo ser desconsiderada, notadamente quando corroborada por outros elementos probatórios" (AgRg nos EDcl no AREsp nº 1.256.178/RS, rel. Min. Maria Thereza de Assis Moura, j. 22.05.18).

9.2.4.4. *Condução coercitiva*

O § 1º do art. 201, CPP, estabelece que, se, intimado para esse fim, deixar de comparecer sem motivo justo, o ofendido poderá ser conduzido à presença da autoridade.

Em primeiro lugar, o termo "autoridade" diz respeito tanto ao delegado de polícia quanto ao juiz, podendo ambos determinar a condução coercitiva do ofendido.

E em segundo e último lugar, é possível essa condução coercitiva porque o ofendido não tem a qualidade de "acusado", não havendo o direito constitucional ao silêncio; além disso, é dever de todos colaborar com a Justiça – ainda mais a vítima, que com certeza trará elementos importantíssimos à solução da causa penal. Assim, uma vez intimado, o ofendido deve comparecer perante a autoridade para prestar as informações solicitadas, pois o contrário resultará em sua condução coercitiva.

Guilherme Madeira – minoritariamente – entende que, caso se queira ouvir o ofendido, isso só será possível caso este deseje falar. Diz o autor que, caso a vítima não deseje depor, ela até pode ser conduzida coercitivamente à audiência (embora assim não devesse ser), mas poderá ficar silente, não sofrendo nenhuma consequência deste seu ato (Curso, 2015).

Por fim, embora possa ser conduzido coercitivamente, o ofendido, caso desobedeça a intimação de comparecimento, não responderá por desobediência, pois entende-se que, se a lei já previu solução para o descumprimento (seja ela de qualquer natureza), não se tipificará a desobediência. Assim, se o Código determina a condução coercitiva para o caso de descumprimento de comparecimento, não há que se falar em crime de desobediência, considerando, inclusive, a aplicação do Direito Penal apenas como *ultima ratio* (STJ, AgRg no HC nº 298.460/RS, rel. Min. Sebastião Reis Júnior, j. 06.11.14).

9.2.4.5. *Elemento e fonte de prova*

Estudou-se, no começo deste capítulo, que elementos de prova são os dados objetivos que confirmam ou negam a autoria e a materialidade do crime; e que fonte de prova é tudo aquilo apto a permitir a produção de uma prova.

O ofendido, portanto, pode ser *elemento* de prova, já que será indagado sobre as circunstâncias da infração, ou seja, como ela ocorreu, quem foi seu autor etc.

Além disso, o ofendido também é *fonte* de prova, pois, ao prestar as informações solicitadas, poderá indicar outras provas, como quando perguntado sobre o momento do crime, afirma que seus vizinhos escutaram os disparos feitos pelo réu – ou seja, o ofendido está sendo fonte para a produção de uma prova testemunhal (são testemunhas referidas geralmente, cf. o § 1º do art. 209, CPP).

9.2.4.6. *Falso testemunho*

O ofendido, como não é testemunha, não presta o compromisso de dizer a verdade (art. 203, CPP). Desta forma, caso minta, não praticará o crime de falso testemunho (art. 342, CP) – muito embora essa sua conduta possa interferir na busca da verdade sobre o fato criminoso e sua autoria.

Por outro lado, nem por isso o ofendido ficará livre de punições. Caso dê causa à instauração de inquérito policial, de procedimento investigatório ou de processo judicial contra alguém, imputando-lhe crime de que o sabe ser inocente, responderá pelo crime de denunciação caluniosa (art. 339, CP – cf. redação dada pela Lei nº 14.110/20).

9.2.4.7. *Obrigatoriedade*

Tendo o crime deixado vítima, surge a dúvida acerca da obrigatoriedade – ou não – da tomada de suas declarações.

Majoritariamente, entende-se que é *facultativa* a oitiva da vítima. Trata-se, como se sabe, de apenas um dos meios de prova possíveis no Processo Penal. Se o ofendido, com suas declarações, trouxer elementos benéficos à busca da verdade e que interferirão na formação da convicção do juiz, é claro que será um meio de prova muito útil – mas não obrigatório.

A formação das provas, viu-se, é de acordo com a carga de ônus que as partes suportam. Se a oitiva do ofendido seria útil à acusação, que se quedou inerte e o juiz não determinou o seu comparecimento, ela arcará com este ônus. O mesmo ocorre, por exemplo, com a oitiva de uma testemunha, cujo depoimento pode ser útil à busca da verdade.

Assim, "ainda que o art. 201 do CPP tenha previsto que o ofendido será ouvido sempre que possível, a oitiva da vítima não é prova imprescindível para a condenação. O processo penal brasileiro se pauta pelo princípio do livre convencimento motivado, podendo o magistrado fazer livre apreciação da prova, desde que apresente de forma clara as suas razões de decidir" (STJ, HC nº 277.045/RS, rel. Min. Laurita Vaz, j. 22.10.13). No mesmo sentido, o Supremo Tribunal Federal afirma que a oitiva da vítima do crime deve ser compreendida à luz da razoabilidade e da utilidade deste meio de prova, podendo o juiz, fundamentadamente, indeferir a oitiva o ofendido (HC nº 131.158/RS, rel. Min. Edson Fachin, j. 26.04.16).

9.2.4.8. *Vitimologia*

A Lei 11.690/08 trouxe interessantes novidades relacionadas ao papel da vítima no curso processo penal. Assim (art. 201, §§ 2º a 6º, CPP):

a) o ofendido será comunicado dos atos processuais relativos ao ingresso e à saída do acusado da prisão, à designação de data para audiência e à sentença e respectivos acórdãos que a mantenham ou modifiquem.

b) as comunicações ao ofendido deverão ser feitas no endereço por ele indicado, admitindo-se, por opção do ofendido, o uso de meio eletrônico.

c) antes do início da audiência e durante a sua realização, será reservado espaço separado para o ofendido.

d) se o juiz entender necessário, poderá encaminhar o ofendido para atendimento multidisciplinar, especialmente nas áreas psicossocial, de assistência jurídica e de saúde, a expensas do ofensor ou do Estado.

e) o juiz tomará as providências necessárias à preservação da intimidade, vida privada, honra e imagem do ofendido, podendo, inclusive, determinar o segredo de justiça em relação aos dados, depoimentos e outras informações constantes dos autos a seu respeito para evitar sua exposição aos meios de comunicação.

9.2.4.9. *Depoimento sem dano*

Trata-se da oitiva judicial de crianças e adolescentes (geralmente que foram vítimas de crimes sexuais), cuja realização objetiva não transmitir a frieza e seriedade dos ambientes judicias (fóruns, salas de audiência etc.), de modo a tranquilizá-las e, assim, permitir um depoimento calmo, sem danos ainda maiores do que o próprio crime já gerou. Tem previsão na Recomendação nº 33/10, do CNJ.

Exemplo: para ouvir uma criança vítima de estupro de vulnerável, assistentes sociais e psicólogos, numa sala especial, com recursos específicos (brinquedos, televisão, jogos etc.), buscarão conversar com a vítima para saber detalhes do crime, como se fosse uma verdadeira oitiva judicial, mas de forma muito mais tranquila.

Ressalta-se que, ao mesmo tempo em que presta *informalmente* as declarações, os sujeitos do processo estão, do outro lado, ouvindo tudo, geralmente por meio de espelhos ou algum recurso de vídeo, garantindo-se o contraditório e a ampla defesa.

Trata-se de meio de prova válido, "em respeito à sua condição especial de pessoa em desenvolvimento, procedimento admitido, inclusive, antes da deflagração da persecução penal, mediante prova antecipada"; além disso, a oitiva da vítima feita desta forma, sem a presença do réu e de seu defensor, não inquina de nulidade o ato, por cerceamento ao direito de defesa, se o advogado do acusado aquiesceu àquela forma de inquirição, dela não se insurgindo, nem naquela oportunidade, nem ao oferecer alegações finais (STJ, RHC nº 45.589/MT, rel. Min. Gurgel Faria, j. 24.02.15).

É importante observar a Lei nº 13.431/17, que criou o sistema de garantia dos direitos da criança e do adolescente vítima ou testemunha de violência. Foram criados dois instrumentos úteis para a oitiva dessas crianças e adolescentes: a escuta especializada e o depoimento especial. À vítima ou testemunha de violência, criança ou adolescente, é garantido o direito de prestar depoimento diretamente ao juiz, se assim o entender.

A **escuta especializada** é o procedimento de entrevista sobre situação de violência com criança ou adolescente perante órgão da rede de proteção, limitado o relato estritamente ao necessário para o cumprimento de sua finalidade (art. 7º).

Já o **depoimento especial** é o procedimento de oitiva de criança ou adolescente vítima ou testemunha de violência perante autoridade policial ou judiciária (art. 8º). Reger-se-á por protocolos e, sempre que possível, será realizado uma única vez, em sede de produção antecipada de prova judicial, garantida a ampla defesa do investigado. Tramitará, no mais, em segredo de justiça.

Ambos serão realizados em local apropriado e acolhedor, com infraestrutura e espaço físico que garantam a privacidade da criança ou do adolescente vítima ou testemunha de violência.

No caso específico de violência sexual, cabe ao responsável da rede de proteção garantir a urgência e a celeridade necessárias ao atendimento de saúde e à produção probatória, preservada a confidencialidade (art. 14, § 2º).

No mais, como curiosidade e para aprofundar o tema, vale ler o documento "Parâmetros de Escuta de Crianças e Adolescentes em Situação de Violência", elaborado, em 2017, pela Secretaria Nacional dos Direitos da Criança e do Adolescente (Ministério dos Direitos Humanos), que traz princípios e procedimentos para a realização da escuta especializada e do depoimento especial.

9.2.5. Prova testemunhal

9.2.5.1. *Conceito e natureza jurídica*

Testemunha é a pessoa que presencia o fato criminoso. Consoante Taruffo, uma testemunha é uma pessoa que supostamente conhece algo relevante sobre os fatos do caso e a quem se interroga, sob juramento, com o fim de permitir que expresse o que sabe sobre os fatos (A prova, 2014).

A prova testemunhal tem natureza jurídica de *meio de prova*, regulada no Código Instrumental a partir do art. 202.

9.2.5.2. *Características*

A doutrina tradicional apresenta ao menos cinco características da prova testemunhal, a saber:

a) **judicialidade**: como toda verdadeira *prova*, a testemunhal somente é assim considerada se produzida em juízo, diante de um juiz e com aplicação do contraditório e da ampla defesa. Ainda que colhida extrajudicialmente (pelo delegado de polícia ou pelo Ministério Público), para ser considerada "prova testemunhal" precisará ser colhida em juízo.

b) **oralidade**: a testemunha deve prestar oralmente o seu depoimento (art. 204, CPP), não podendo ser substituída a forma *oral* pela *escrita*, isto é, a testemunha precisa ser ouvida em juízo (literalmente). Assim, ela não pode simplesmente ler escritos que preparou, muito embora a lei permita que ela faça consulta a apontamentos (p.ú.).

Embora determine-se que o depoimento seja prestado oralmente em juízo, diante do magistrado e das partes, o Superior Tribunal de Justiça possui o entendimento de que a simples ratificação (confirmação) dos depoimentos prestados na fase policial não gera nulidade do processo (quando muito, apenas irregularidade), desde que, no momento da sua realização em juízo, respeite-se o contraditório e a ampla defesa, permitindo-se reperguntas à testemunha (HC nº 269.944/MS, rel. Min. Nefi Cordeiro, j. 12.04.16).

No mais, há duas exceções legais à oralidade: (a) autoridades com a prerrogativa de prestar depoimento por escrito, cf. o art. 221, § 1º, CPP; e (b) pessoas que estejam impossibilitadas de prestar depoimento de forma oral (art. 223, p.ú., CPP).

Quando a testemunha não conhecer a língua nacional, será nomeado intérprete para traduzir as perguntas e respostas.

c) **objetividade**: significa que a testemunha deve prestar um depoimento objetivo, livre de subjetivismos e achismos. Conforme o art. 213, CPP, o juiz não permitirá que a testemunha manifeste suas apreciações pessoais, *salvo quando inseparáveis da narrativa do fato*. Não poderá a testemunha responder ao promotor de justiça, p. ex., sobre quem ela "acha" que é o autor do crime; entretanto, poderá responder se a velocidade do carro envolvido no homicídio de trânsito era ou não compatível com a sinalização local, de acordo com suas percepções sensoriais.

d) **retrospectividade**: a testemunha fornece dados objetivos sobre fatos passados de que teve conhecimento, não fazendo prognósticos ou prenúncios, considerando que o objetivo da testemunha é, justamente, auxiliar o juízo na construção dos fatos criminosos ocorridos.

e) **individualidade**: as testemunhas serão inquiridas cada uma de per si, de modo que umas não saibam nem ouçam os depoimentos das outras (art. 210, CPP) e o juiz, antes do início da audiência e durante a sua realização, reservará espaços separados para a garantia da incomunicabilidade das testemunhas (p.ú.). Claramente, esta incomunicabilidade das testemunhas só existe em juízo, pois, fora do fórum, elas poderão ter contato entre si, não gerando nenhuma nulidade, mas mera irregularidade, já que esta incomunicabilidade não possui o mesmo rigor daquela prevista ao tribunal do júri.

9.2.5.3. *Classificação*

Consoante a doutrina – e de acordo com o texto legal – as testemunhas se classificam em:

i) **direta**: depõe sobre fatos que visualizaram, isto é, que literalmente testemunharam (testemunha visual).

Embora geralmente diga respeito à percepção visual, é possível incluir a testemunha que, por exemplo, sentiu um cheiro, um paladar, ouviu ou tocou algo – desde que sempre pessoalmente.

ii) **indireta**: depõe sobre fatos que ouviram dizer (testemunha auricular), ou seja, é uma testemunha que não presenciou os fatos, mas apenas "ouviu dizer" a respeito deles por meio de terceiros.

Há que se tomar cuidado com esta espécie de testemunha, uma vez que melhor seria ela depor sobre o que realmente presenciou, justamente para buscar a reconstrução dos fatos criminosos conforme a sua própria percepção. Assim, embora não seja um meio de prova ilícito, sua força probante será pequena se não forem carreados outros meios de prova ao seu lado.

Conforme a Corte da Cidadania, embora não haja impedimento legal a este tipo de testemunha, ela deve indicar seus informantes a fim de subsidiar o testemunho dado (HC nº 265.842/MG, rel. Min. Rogerio Schietti Cruz, j. 16.08.16).

E na clara lição de Hélio Tornaghi, "a norma *testis debet deponere de eo quod novit et praesens fuit et sic per proprium sensum et non per sensum alterius* (a testemunha deve depor sobre aquilo que sabe e a que esteve presente e não pelo sentir de outrem) é incompatível com o sistema da livre convicção. O que se deve é exigir da testemunha indireta a indicação das fontes de sua ciência, como, aliás, ordena o art. 203 do Código de Processo Penal. Não se pode tolerar que alguém vá a juízo repetir a *vox publica*. Testemunha que depusesse para dizer o que lhe constou, o que ouviu, sem apontar seus informantes, não deveria ser levada em conta. Mas, se o depoente indica as pessoas pelas quais soube dos fatos por ele narrados, pode o juiz ouvi-las (CPP, art. 209, § 1º), trazendo assim para os autos o depoimento da testemunha direta". E conclui o autor: "quanto aos inconvenientes do testemunho indireto, decorrentes da falta de contato do juiz com aquele que assistiu ao fato e da ausência de percepção imediata do fato pela testemunha, são elementos que podem e devem ser levados em conta na avaliação da prova, mas não impedem que se admita o depoimento de quem sabe o fato por ter ouvido falar dele" (Curso, 1995, p. 395-396, v. 1).

Consoante o Superior Tribunal de Justiça, os testemunhos de "ouvir dizer" (chamados de *hearsay testimony* ou *hearsay rule*), produzidos apenas na fase policial, não são aptos a autorizar uma decisão de pronúncia diante do tribunal do júri, tendo em vista que a pronúncia, embora seja mero juízo de admissibilidade (como será estudado oportunamente), exige o mínimo de lastro probatório colhido sob o contraditório judicial (REsp nº 1.373.356/BA, rel. Min. Rogerio Schietti Cruz, j. 20.04.17).

Veja que não se trata de prova ilícita, mas de prova insuficiente para a pronúncia (decisão judicial que é) quando produzida tão somente na fase pré-processual e sem corroboração. Ex.: testemunha, no curso do inquérito policial, diz ao delegado que "ouviu dizer" que o investigado matou a vítima. Isso, apenas, não sustentará uma posterior decisão de pronúncia apta a levar o investigado a julgamento perante os jurados – deverá haver, por exemplo, a indicação de outras testemunhas corroborando este testemunho, o apontamento da origem do que ouviu dizer, a indicação de outros elementos de prova etc.

iii) **própria**: depõe sobre o fato, ou seja, sobre o próprio crime.

iv) **imprópria**: chamada de instrumental ou fedatária, não depõe sobre o fato delituoso, mas sobre um ato ou fato do processo ou do inquérito. É o caso, p. ex., do art. 304, § 2º, CPP, que diz que "a falta de testemunhas da infração não impedirá o auto de prisão em flagrante; mas, nesse caso, com o condutor, deverão assiná-lo pelo menos duas pessoas que hajam testemunhado a apresentação do preso à autoridade" – essas duas pessoas que testemunham o ato policial são testemunhas instrumentais.

v) **numerária**: arrolada pelas partes dentro do número legal permitido.

vi) **extranumerária**: arrolada fora do número legal autorizado, podendo ser: (a) as ouvidas por iniciativa do juízo, cf. art. 209, CPP; (b) as que não prestam compromisso, cf. art. 208, CPP; e (c) as que nada souberem que interesse à decisão da causa, cf. § 2º do art. 209, CPP.

vii) **informante**: não presta compromisso de dizer a verdade (ascendente, descendente, afim em linha reta, cônjuge, irmão, pai, mãe, filho adotivo, os menores de 14 anos, os doentes e os deficientes mentais).

viii) **referida**: é a mencionada por outras pessoas, surgindo no curso do processo a partir de um depoimento (não integra o número legal), cf. o § 1º, art. 209, CPP.

ix) **"ad perpetuam rei memoriam"**: se qualquer testemunha houver de se ausentar ou se, por enfermidade ou por velhice, inspirar receio de que ao tempo da instrução criminal já não exista, o juiz poderá, de ofício ou a requerimento de qualquer das partes, tomar-lhe antecipadamente o depoimento (art. 225, CPP). O procedimento será, por analogia, o previsto no Código de Processo Civil (arts. 381 a 383).

x) **abonatória**: chamada de *testemunha de antecedentes* ou de *testemunha de beatificação*, não depõe sobre o mérito, mas acerca da vida do acusado, objetivando abonar/garantir sua conduta social e seus antecedentes. Logo, embora não traga informações sobre o fato criminoso, servirão seus relatos para a dosimetria da pena.

xi) **de viveiro**: denominação originada por Roberto Lyra, mencionada contemporaneamente por Edilson Mougenot Bonfim (Júri, 2012), trata-se da testemunha concebida e criada para servir o acusado, ou seja, que surge apenas na sessão plenária para depor sobre fatos de interesse da defesa, mas que são mentirosos, fantasiosos e inventados, com o único interesse de gerar dúvida nos jurados e beneficiar a defesa.

xii) **da Coroa** (*crown witness*): refere-se ao testemunho prestado em razão de um acordo de colaboração premiada, a exemplo do previsto na Lei nº 12.850/13, situação em que o imputado perde esta condição e adquire uma outra, de testemunha (Masson e Marçal, 2016).

9.2.5.4. *Número de testemunhas*

A lei traz variado número máximo de testemunhas *por fato*, tendo como base a especial gravidade da infração penal cf. o rito processual, que poderá exigir mais (ou menos) testemunhas. Assim:

Até 8 testemunhas	Até 5 testemunhas
Procedimento ordinário	Procedimento sumário
Primeira fase do júri	*Segunda* fase do júri
Crimes funcionais	Lei de Drogas
Crimes contra a honra	
Crimes contra a propriedade imaterial	
Competência originária	

Quanto ao procedimento dos Juizados Especiais Criminais (Lei nº 9.099/95), a lei não previu um número máximo de testemunhas. Para uns, seria 5, em analogia ao procedimento sumário; para outros, seria 3, em analogia ao procedimento sumaríssimo cível da própria Lei nº 9.099/95.

O número de testemunhas para a **acusação** é definido conforme a quantidade de fatos imputados. Assim, se o Ministério Público imputa a prática de 2 roubos (processados pelo procedimento ordinário), poderá arrolar até 16 testemunhas (oito para cada roubo), ainda que a imputação seja em relação a mais de um agente.

Já para a **defesa**, o número máximo deve levar em consideração tanto a quantidade de fatos imputados quanto a de acusados. Assim, se o Ministério Público atribuir a prática de um roubo a dois agentes, cada um poderá arrolar 8 testemunhas (ainda que tenham o mesmo defensor); da mesma forma, se o agente responde, sozinho, pela prática de três roubos, ele poderá arrolar até 24 testemunhas (sendo 8 para cada fato imputado).

Consoante o Superior Tribunal de Justiça, "para cada fato delituoso imputado ao acusado, não só a defesa, mas também a acusação, poderá arrolar até 8 (oito) testemunhas, levando-se em conta o princípio da razoabilidade e proporcionalidade" (HC nº 55.702/ES, rel. Min. Honildo Amaral, j. 05.10.10). Mostra-se irrazoável, por exemplo, a parte querer ouvir quarenta testemunhas quando a imputação é de apenas um fato criminoso, não se podendo alegar falaciosamente a "busca da verdade" (STJ, HC nº 253.399/AP, rel. Min. Maria Thereza de Assis Moura, j. 10.06.14).

E conforme visto anteriormente, não integrarão o número de testemunhas as: (a) do juízo, (b) as referidas, (c) as que não prestam compromisso e (d) as que nada souberem sobre os fatos.

Vale ressaltar que as *testemunhas do juízo* são as ouvidas por iniciativa do juiz, isto é, que não foram arroladas pelas partes, não as computando no número legal (art. 209, CPP); geralmente, são mencionadas pelas testemunhas arroladas (referidas), quer porque a parte sugere a sua oitiva, quer quando já se extrapolou o número máximo de testemunhas, mas, mesmo assim, mostra-se necessário ouvi-las.

9.2.5.5. *Capacidade*

Estabelece o art. 202, CPP, que *toda pessoa poderá ser testemunha*. Tal previsão é muito mais ampla do que a prevista ao Processo Civil, pois, no processo criminal, absolutamente qualquer pessoa poderá ser testemunha, independentemente da idade, integridade mental ou qualquer outra condição, bastando que tenha o sentido de percepção dos fatos. Nesse sentido, portanto, nada impede que o assistente de acusação (pai da vítima de homicídio) seja, também, testemunha, cabendo ao julgador aferir o valor probatório das declarações prestadas, não se podendo excluir o depoimento de uma pessoa legitimada a atuar como assistente de acusação pelo tão só fato de exercer tal função, como lhe garante o ordenamento jurídico (STJ, HC nº 100.002/SP, rel. Min. Jorge Mussi, j. 14.05.19).

O juiz, obviamente, valorará a prova de acordo com a testemunha ouvida, pois, uma coisa, *v.g.*, é o depoimento de um adulto que visualizou os disparos efetuados, e outra, bem diferente, é o testemunho de uma criança que apenas os ouviu – embora ambos sejam perfeitamente válidos como prova testemunhal, cada um terá um valor conforme o conjunto probatório e de acordo com a pessoa do depoente.

É importante observar a novel Lei nº 13.431/17, que criou o sistema de garantia dos direitos da criança e do adolescente vítima ou testemunha de violência. Foram criados dois instrumentos úteis para a oitiva dessas crianças e adolescentes: a escuta especializada e o depoimento especial. À vítima ou testemunha de violência, criança ou adolescente, é garantido o direito de prestar depoimento diretamente ao juiz, se assim o entender.

A **escuta especializada** é o procedimento de entrevista sobre situação de violência com criança ou adolescente perante órgão da rede de proteção, limitado o relato estritamente ao necessário para o cumprimento de sua finalidade (art. 7º). É feito por profissional especializado.

Já o **depoimento especial** é o procedimento de oitiva de criança ou adolescente vítima ou testemunha de violência perante autoridade policial ou judiciária (art. 8º). Reger-se-á por protocolos e, sempre que possível, será realizado uma única vez, em se de produção antecipada de prova judicial, garantida a ampla defesa do investigado. Tramitará, no mais, em segredo de justiça.

Ambos serão realizados em local apropriado e acolhedor, com infraestrutura e espaço físico que garantam a privacidade da criança ou do adolescente vítima ou testemunha de violência. O objetivo da novel lei foi, como se percebe, proteger a criança e o adolescente, evitando que tenham contato com o investigado/acusado ou com qualquer outra pessoa que possa lhe causar algum tipo de ameaça ou constrangimento.

Quanto à pessoa com deficiência, ela poderá ser testemunha, desde que, claro, os fatos por ela conhecidos não dependam do sentido que lhe falta, ou seja, um deficiente visual (cego) não poderá depor sobre o que pretensamente viu.

De qualquer modo, devem ser oferecidos todos os recursos de tecnologia assistiva disponíveis para que a pessoa com deficiência tenha garantido o acesso à justiça, sempre que figure em um dos polos da ação ou atue como testemunha, partícipe da lide posta em juízo, advogado, defensor público, magistrado ou membro do Ministério Público (art. 80, Lei nº 13.146/15 – Estatuto da Pessoa com Deficiência). No mesmo sentido, aplicando-se a analogia, a pessoa com deficiência poderá testemunhar em igualdade de condições com as demais pessoas, sendo-lhe assegurados todos os recursos de tecnologia assistiva (§ 2º do art. 228, CC).

9.2.5.6. *Deveres da testemunha*

A testemunha, como sujeito não interessado no processo, possui deveres para uma boa assistência à Justiça.

9.2.5.6.1. *Comparecer*

A testemunha é intimada para comparecer e prestar depoimento em dia e hora designados pelo juiz. Se, regularmente intimada, a testemunha deixar de comparecer sem motivo justificado, o juiz poderá requisitar à autoridade policial a sua apresentação ou determinar seja conduzida por oficial de justiça, que poderá solicitar o auxílio da força pública.

O juiz poderá, ainda, aplicar à testemunha faltosa a multa prevista no art. 436, § 2º, CPP (de 1 a 10 salários mínimos), sem prejuízo do processo penal por crime de desobediência, e condená-la ao pagamento das custas da diligência.

Destaca-se que a testemunha tem como dever comunicar ao juiz, dentro de um ano, qualquer mudança de residência (art. 224, CPP), sujeitando-se, pela simples omissão, às penas do não-comparecimento (multa, condução coercitiva, pagamento da diligência e tipificação de desobediência).

As pessoas impossibilitadas, por enfermidade ou por velhice, de comparecer para depor, serão inquiridas onde estiverem (art. 220, CPP).

Em razão da função pública que exercem, o Presidente e o Vice-Presidente da República, os senadores e deputados federais, os ministros de Estado, os governadores de Estados e Territórios, os secretários de Estado, os prefeitos do Distrito Federal e dos Municípios, os deputados estaduais, os membros do Poder Judiciário e do Ministério Público, os ministros e juízes dos Tribunais de Contas da União, dos Estados, do Distrito Federal, bem como os do Tribunal Marítimo serão inquiridos em local, dia e hora previamente ajustados entre eles e o juiz (art. 221, CPP).

O Presidente e o Vice-Presidente da República, os presidentes do Senado Federal, da Câmara dos Deputados e do Supremo Tribunal Federal poderão optar pela prestação de *depoimento por escrito*, caso em que as perguntas, formuladas pelas partes e deferidas pelo juiz, lhes serão transmitidas por ofício (art. 221, § 1º, CPP).

Assim:

Inquiridos em local, dia e horário acordados previamente (art. 221, CPP)			
Presidente e VP	Congressistas	Ministros de Estado	Governadores
Prefeito	Deputados E/DF	Secretários de Estado	Juízes; MP; TC da U/E/DF; e TM
Poderão prestar depoimento por escrito (art. 221, § 1º, CPP)			
Presidente e VP	Presidente do SF	Presidente da CD	Presidente do STF

A Suprema Corte entende ser inconstitucional lei estadual que atribua a delegado de polícia a prerrogativa de ajustar com o juiz competente o dia, hora e local em que será ouvido como testemunha ou ofendido em processos e inquéritos, considerando que apenas a União possui a competência – privativa – para legislar sobre processo penal, nos termos do art. 22, I, CF (ADI nº 3.896/SE, rel. Min. Cármen Lúcia, j. 04.06.08; e ADI nº 4.695/MS, rel. Min. Edson Fachin, j. 23.08.19).

Ainda, entende-se que, "passados mais de trinta dias sem que a autoridade que goza da prerrogativa prevista no caput do art. 221 do Código de Processo Penal tenha indicado dia, hora e local para a sua inquirição ou, simplesmente, não tenha comparecido na data, hora e local por ela mesma indicados, como se dá na hipótese, impõe-se a **perda dessa especial prerrogativa**, sob pena de admitir-se que a autoridade arrolada como testemunha possa, na prática, frustrar a sua oitiva, indefinidamente e sem justa causa" (AP nº 421/SP, rel. Min. Joaquim Barbosa, j. 22.10.09); no mesmo sentido prevê o art. 454, §§ 2º e 3º, CPC, dispondo que, passado um mês sem manifestação da autoridade, o juiz designará dia, hora e local para o depoimento, preferencialmente na sede do juízo, da mesma forma agindo se a autoridade não comparecer injustificadamente à sessão agendada.

Atentar que as pessoas mencionadas no art. 221, CPP, quando figurarem como *investigadas* ou *acusadas*, não terão o direito de ser ouvidas em local, dia e hora previamente ajustados, pois tal privilégio somente existe quando figurarem como *testemunhas* (STJ, HC nº 250.970/SP, rel. Min. Jorge Mussi, j. 23.09.14). No entanto, há decisão monocrática oriunda do Supremo Tribunal Federal no sentido de que, quanto à oitiva do Presidente da República quando ele figurar como *investigado* em inquérito policial, diante da falta de regulamentação específica, deve-se observar o art. 221, CPP, referente à oitiva de autoridades pelo juiz, no processo judicial, na condição de testemunhas; assim, mesmo que figure o Presidente da República como *investigado* em inquérito policial, ser-lhe-á facultado indicar data e local onde queira ser ouvido pela autoridade policial, bem como informar se prefere encaminhar por escrito sua manifestação, assegurando, obviamente, o direito constitucional de se manter em silêncio (Inq. nº 4.621/DF, rel. Min. Luís Roberto Barroso, j. 05.10.17). O tema deverá ser solucionado em breve, pela Suprema Corte, no Inq nº 4.831/DF, que já conta com decisão monocrática do então Min. Celso de Mello no sentido de não se aplicar o art. 221, CPP, às autoridades quando elas forem investigadas ou acusadas.

Os militares deverão ser requisitados à autoridade superior quando forem testemunha. Em relação aos funcionários públicos em geral, deverá a expedição do mandado de intimação ser imediatamente comunicada ao chefe da repartição em que servirem, com indicação do dia e da hora marcados, sendo possível aplicar as medidas de condução coercitiva e auxílio da força pública.

Já a testemunha que morar fora da jurisdição do juiz (chamada de testemunha de fora da terra) será inquirida pelo juiz do lugar de sua residência, expedindo-se, para esse fim, carta precatória, com prazo razoável, intimadas as partes. O juiz da causa deve apenas intimar as partes acerca da *expedição* da carta precatória (súmula nº 155, STF), cuja inobservância gerará nulidade relativa, mas é ônus da parte verificar a designação da audiência para oitiva da testemunha junto ao juízo deprecado (súmula nº 273, STJ), já que é desnecessária a intimação da parte acerca do dia e hora deste depoimento no juízo deprecado (STJ, HC nº 104.767/BA, rel. Min. Luiz Fux, j. 14.06.11).

Como entende o Superior Tribunal de Justiça, "a ausência de intimação da expedição de carta precatória constitui nulidade relativa, nos termos da Súmula nº 155 do Supremo Tribunal Federal, dependendo de demonstração de prejuízo efetivo, o que não ocorreu na hipótese vertente, porquanto ainda que o patrono constituído pelo paciente não tenha comparecido à oitiva da testemunha, o juízo singular nomeou defensora *ad hoc* para a realização do ato, justamente para garantir a defesa dos interesses do acusado, motivo pelo qual não se vislumbra a ocorrência de prejuízo" (HC nº 155.237/DF, rel. Min. Jorge Mussi, j. 22.06.10).

Quanto à presença do acusado no juízo deprecado para ouvir uma testemunha, há duas situações: (a) se o acusado está solto, é opção dele; já (b) se o acusado está preso, a sua presença no juízo deprecado é dispensável para a validade do ato, gerando nulidade relativa, exigindo-se, portanto, a demonstração de prejuízo (STJ, HC nº 217.176/RJ, rel. Min. Laurita Vaz, j. 28.06.13).

A expedição dessa carta precatória não suspenderá a instrução criminal. Findo o prazo marcado, poderá ser realizado o julgamento, mas, a todo tempo, a precatória, uma vez devolvida, será juntada aos autos.

De acordo com o já estudado alhures, é possível a oitiva de testemunha por meio de videoconferência ou outro recurso tecnológico de transmissão de sons e imagens em tempo real, permitida a presença do defensor e podendo ser realizada, inclusive, durante a realização da audiência de instrução e julgamento (§ 3º, art. 222, CPP).

Se a testemunha residir no exterior, será o caso de expedir carta rogatória – e apenas quando imprescindíveis ao deslinde da causa. A parte requerente deverá arcar com os custos de envio (art. 222-A, CPP) – a este respeito, aliás, já decidiu o Superior Tribunal de Justiça que "a antecipação, pelo interessado, da despesa relativa à expedição de carta rogatória não se confunde com a condenação do vencido nas custas processuais (...). Na hipótese de sobrevir sentença absolutória, o paciente terá direito ao reembolso das custas por ele eventualmente antecipadas, decorrente da produção de prova oral no exterior que entendeu ser necessária e indispensável, evitando-se, assim, na medida do possível, expedientes meramente procrastinatórios (HC nº 38.418/SP, rel. Min. Arnaldo Esteves Lima, j. 03.02.05).

Da mesma forma como na carta precatória, a expedição da rogatória não suspenderá a instrução criminal e, findo o seu prazo, poderá realizar-se o julgamento, permitindo-se, a todo tempo, a sua juntada aos autos.

9.2.5.6.2. *Prestar compromisso*

Nos moldes do art. 203, CPP, a testemunha fará, sob palavra de honra, a **promessa de dizer a verdade** do que souber e lhe for perguntado, devendo declarar seu nome, sua idade, seu estado e sua residência, sua profissão, lugar onde exerce sua atividade, se é parente, e em que grau, de alguma das partes, ou quais suas relações com qualquer delas, e relatar o que souber, explicando sempre as razões de sua ciência ou as circunstâncias pelas quais possa avaliar-se de sua credibilidade.

Como regra, toda testemunha presta compromisso, com **exceção** de (art. 208, CPP):

a) ascendente

b) descendente

c) afim em linha reta

d) cônjuge

e) irmão

f) pai e mãe

g) filho adotivo

h) os menores de 14 anos

i) os doentes e as pessoas com deficiência mental

Caso uma dessas testemunhas preste compromisso quando ouvida em juízo, haverá mera irregularidade, que não tem aptidão para macular o testemunho, tampouco a ação penal (STJ, RHC nº 100.002/SP, rel. Min. Jorge Mussi, j. 14.05.19).

As pessoas do art. 207, CPP (que, em razão da função, ministério, ofício ou profissão devam guardar segredo, salvo se, desobrigadas pela parte interessada, quiserem dar o seu testemunho), caso prestem depoimento, deverão – sim – ser compromissadas.

Deve-se atentar que o dever de dizer a verdade não é oriundo de um simples compromisso, previsto na lei processual, mas de um dever legal para com a Justiça, sob pena de, inclusive, a testemunha cometer o crime de falso testemunho (art. 342, CP).

A este respeito, aliás, surge divergência sobre a possibilidade de a testemunha *não compromissada* praticar ou não o referido delito. Para uns, seria possível, pois prestar ou não compromisso não afasta a tipificação do crime; já para outros, apenas comete falso testemunho a testemunha que prestou o compromisso de dizer a verdade.

9.2.5.6.3. *Depor*

Tendo a testemunha comparecido e (em regra) prestado o compromisso de dizer a verdade, ela *não poderá se eximir da obrigação de depor* (art. 206, CPP). Se ocorrer dúvida sobre a identidade da testemunha, o juiz procederá à verificação pelos meios ao seu alcance, podendo, entretanto, tomar-lhe o depoimento desde logo.

Poderão, contudo, **recusar-se a depor**, salvo quando não for possível, por outro modo, obter-se ou integrar-se a prova do fato e de suas circunstâncias:

a) ascendente

b) descendente

c) afim em linha reta

d) cônjuge, ainda que desquitado (hoje, é o separado ou divorciado)

e) irmão

f) o pai e mãe

g) filho adotivo do acusado

Renato Brasileiro (Curso, 2013) ensina que, apesar de o texto legal afirmar que essas pessoas poderão recursar-se a depor, o seu depoimento poderá ser prestado em duas situações: (a) se assim desejar, caso em que não prestarão compromisso; ou (b) quando não for possível, de outra forma, obter ou integrar a prova do fato ou suas circunstâncias, como no caso de um crime cometido justamente no âmbito familiar, caso em que também não prestarão compromisso.

Como já visto, são **proibidas de depor** as pessoas que, em razão de função, ministério, ofício ou profissão, devam guardar segredo, *salvo se, desobrigadas pela parte interessada, quiserem dar o seu testemunho* (art. 207, CPP). Do contrário, poderão cometer o crime do art. 154, CP (violação de segredo profissional).

Se a testemunha, sem ser advertida pelo juiz de que não é obrigada a produzir prova contra si, acaba por confessar um crime, tal confissão não será válida, tendo, neste caso específico, o **direito de permanecer calada** (STF, RHC nº 122.279/RJ, rel. Min. Gilmar Mendes, j. 12.08.14). Assim, "qualquer pessoa, ao confrontar-se ante o Estado em atividade persecutória deste, deve ter a proteção jurídica contra a tentativa de forçar ou induzir a produção da prova favorável ao interesse punitivo estatal", incluindo-se, aqui, as testemunhas (STJ, HC nº 330.559/SC, rel. Min. Rogerio Schietti Cruz, j. 25.09.18).

Atentar que, de acordo com o art. 7º, XIX, Lei nº 8.906/94 (Estatuto da OAB), o advogado tem o direito de recusar-se a depor como testemunha em processo no qual funcionou ou deva funcionar, ou sobre fato relacionado com pessoa de quem seja ou foi advogado, *mesmo quando autorizado ou solicitado pelo constituinte*, bem como sobre fato que constitua sigilo profissional. A simples revogação de poderes de representação não libera o advogado do dever de sigilo, devendo haver clara autorização do cliente representado (STF, Rcl nº 37.235/RR, rel. Min. Gilmar Mendes, j. 18.02.20).

9.2.5.7. *Arrolamento, desistência e substituição*

Arrolar a testemunha significa o momento em que a parte deve indicar que deseja ouvi-la em juízo.

A acusação deve **arrolar** suas testemunhas na inicial acusatória (art. 41, CPP), enquanto que a defesa arrolará na apresentação da resposta à acusação (art. 396-A, CPP).

Tratando-se da segunda fase do tribunal do júri, o juiz, ao receber os autos, determinará a intimação da acusação e da defesa para, no prazo de 5 dias, apresentarem rol de testemunhas que irão depor em plenário, até o máximo de 5 (art. 422, CPP).

A não apresentação do rol de testemunha no momento correto indicado pela lei gerará preclusão (STJ, HC nº 257.533/MG, rel. Min. Maria Thereza de Assis Moura, j. 22.04.14), ressalvada a possibilidade de o juiz ouvir as testemunhas como "do juízo", conforme o art. 209, CPP. Há julgado do Superior Tribunal de Justiça no sentido de que, se a Defensoria Pública requereu a apresentação do rol em momento posterior e o juiz da causa assim concordou, não há que se falar em preclusão (REsp nº 1.443.533/RS, rel. Min. Maria Thereza de Assis Moura, j. 23.06.15).

Em interessante caso, o Superior Tribunal de Justiça assim entendeu, decretando a nulidade da ação penal: "o processo revela-se como encadeamento de atos procedimentais teleologicamente encadeados, voltados para a obtenção do equacionamento de uma relação jurídica. A bem da técnica, as diversas fases do rito são suplantadas por meio da preclusão. Na espécie, o Ministério Público, após o oferecimento da denúncia, recebeu do magistrado, indevidamente, uma segunda chance para a apresentação do rol de testemunhas que, inadvertidamente, não constou da petição inicial. Não prospera o argumento de que não se deveria reconhecer a nulidade porquanto 'as provas são destinadas ao juiz', que sempre as poderia produzir de ofício. Trata-se de compreensão que deve ser revista. O juiz cumpre papel fundamental na cristalização das garantias constitucionais. Logo, ele deve ser o principal patrocinador do devido processo legal, e, nunca, arvorar-se na condição altiva de sumo destinatário da prova, como se não houvesse algo muito maior do que ele, a Justiça, à qual deve prestar, sempre e sempre, reverência. Cumpre ao julgador não olvidar que a prova tem como desaguadouro o processo, como dinâmica e rica relação jurídica, aparelhada não apenas pelo juiz de primeiro grau, mas, também, pelas partes principais (autor e réu), contingente (assistente de acusação) e tribunais, de segundo grau e de cúpula, responsáveis pela garantia do duplo grau de jurisdição e pela unidade do direito federal e constitucional. Não foi ao que se assistiu na situação sob lentes. O magistrado torceu o procedimento, em franca e indevida camaradagem com o órgão acusador, e, assim comportando-se, tingiu de ilegalidade a ação penal. Na espécie, ao juiz não era dado fazer vistas grossas para a preclusão" (RHC nº 45.921/SP, rel. Min. Maria Thereza de Assis Moura, j. 16.12.14).

Isso, certamente, não se confunde com a situação em que a parte descobre novas provas por meio de nova testemunha, então não ouvida ainda, sendo pedida a sua oitiva, de forma extemporânea, como sendo do juízo, nos termos do art. 209, CPP, o que é deferido pelo julgador e, inclusive, aberto prazo para que a outra parte possa, também, indicar novas testemunhas. No caso, privilegia-se a busca da verdade em detrimento do mero formalismo (STJ, HC nº 503.241/SP, rel. Min. Ribeiro Dantas, j. 20.08.19).

Quanto à **desistência** de testemunha arrolada, afirma-se que a parte poderá desistir da inquirição de qualquer das suas testemunhas arroladas, ressalvada a possibilidade de o juiz querer ouvi-las como do juízo (§ 2º, art. 401, CPP).

A parte, obviamente, poderá desistir da oitiva da testemunha arrolada até antes do início do depoimento (no tribunal do júri, cf. a doutrina, a desistência é possível até antes do início do plenário; após isso, somente com a concordância do juiz, da outra parte e dos jurados).

E é importante que cada parte arrole a testemunha que realmente deseja ouvir em juízo, ainda que a outra parte também a tenha arrolado. Isso porque, por exemplo, caso a defesa arrole João como testemunha e a acusação assim não o faça, confiando que João será ouvido em juízo, caso a defesa desista da sua oitiva, não haverá como a acusação forçar o depoimento da testemunha – João – que não arrolou (ressalvadas as testemunhas do juízo). Por isso, ainda que o rol de testemunha se repita, é importante que *cada parte* indique as *suas* testemunhas.

Ademais, é possível a **substituição** de testemunhas, embora o Código de Processo Penal não trate do assunto. Aplicar-se-á, em analogia, o art. 451, CPC, que afirma que, depois de apresentado o rol de testemunhas, a parte só poderá substituir a testemunha: (a) que falecer; (b) que, por enfermidade, não estiver em condições de depor; ou (c) que, tendo mudado de residência ou de local de trabalho, não for encontrada.

Já decidiu o Tribunal da Cidadania que o deferimento da substituição da única testemunha de acusação por outras cinco, contraria o disposto no art. 41, CPP, que exige a apresentação do rol de testemunhas com a inicial acusatória, gerando, na verdade, uma apresentação extemporânea de um novo rol (RHC nº 20.747/RJ, rel. Min. Laurita Vaz, j. 09.12.08).

Por fim, é possível que o juiz, motivadamente, indefira a produção de uma prova considerada irrelevante, impertinente ou protelatória (art. 400, § 1º, CPP). Todavia, não poderá o juiz, simplesmente sustentando que as testemunhas arroladas pela defesa "não têm vinculação com os fatos criminosos imputados ao acusado", indeferir a produção desta prova testemunhal, sob pena de ferir o devido processo legal, já que tal decisão acaba por frustrar a possibilidade de o acusado produzir as provas necessárias à demonstração de suas alegações. Tem-se, portanto, que a produção de prova é expressão de inderrogável prerrogativa jurídica que não pode ser *arbitrariamente* negada ao réu. É claro que o juiz, nos termos da lei, pode indeferir as provas tidas como irrelevantes, impertinentes ou protelatórias, mas, no caso analisado, o juiz indeferiu a oitiva de todas as testemunhas da defesa utilizando-se deste argumento, o que não se permite (STF, HC nº 155.363/RJ, rel. Min. Dias Toffoli, j. 08.05.18). Ver que, se devidamente fundamentada a decisão, o juiz pode indeferir a oitiva de testemunha residente em outro país, não se falando em cerceamento de defesa, notadamente quando a testemunha que se pretende ouvir apenas terá como objetivo ratificar os fatos e as teses defensivas, sendo prescindível a sua presença no processo, ainda mais quando a própria parte que a arrola não especifica as razões de expedição da carta rogatória (STJ, RHC nº 100.406/MG, rel. Min. Jorge Mussi, j. 21.08.18).

9.2.5.8. *Produção da prova testemunhal*

A realização da prova testemunhal em juízo envolve uma série de atos, que serão vistos na sequência:

(1º) possível retirada do acusado da sala de audiência

Conforme o art. 217, CPP, se o juiz verificar que a presença do réu poderá causar humilhação, temor, ou sério constrangimento *à testemunha* ou ao ofendido, de modo que prejudique a verdade do depoimento, fará a inquirição por videoconferência e, somente na impossibilidade dessa forma, determinará a retirada do réu, prosseguindo na inquirição, com a presença do seu defensor. Tal medida deverá constar do termo de audiência, assim como os motivos que a determinaram.

De qualquer modo, será assegurado ao réu o contraditório e a ampla defesa, mantendo-se seu defensor na sala de audiência, que ouvirá o depoimento da testemunha, além de ter um canal de comunicação exclusivo e reservado entre si.

(2º) tomada de compromisso

Viu-se que a testemunha fará, sob palavra de honra, a promessa de dizer a verdade do que souber e lhe for perguntado (art. 203, CPP); ao final, o juiz irá adverti-la das penas do falso testemunho (art. 210, CPP).

(3º) qualificação da testemunha

Tomado (como regra) o compromisso, qualifica-se a testemunha com nome, idade, estado, residência, profissão e local onde a exerce e se é parente das partes e em qual grau; se ocorrer dúvida sobre a identidade da testemunha, o juiz procederá à verificação pelos meios ao seu alcance, podendo, entretanto, tomar-lhe o depoimento desde logo.

(4º) contradita

Antes de iniciado o depoimento, as partes poderão contraditar a testemunha ou arguir circunstâncias ou defeitos que a tornem suspeita de parcialidade, ou indigna de fé. O juiz fará consignar a contradita ou arguição e a resposta da testemunha, mas só excluirá a testemunha ou não lhe deferirá compromisso nos casos previstos nos arts. 207 e 208 (art. 214, CPP – pessoas proibidas de depor e pessoas que não tomam compromisso).

A contradita objetiva impedir que uma pessoa impedida de testemunhar seja ouvida; já a arguição de parcialidade visa não a excluir a testemunha, como ocorre na contradita, mas a constar em ata que aquele depoimento é, no mínimo, tendencioso, devendo ser especialmente valorado pelo juiz posteriormente (Brasileiro, 2013).

O não exercício da contradita gera *preclusão*; todavia, caso a parte venha a saber, posteriormente, de algum vício da testemunha, poderá alegar eventual nulidade – não mais como contradita, mas como suspeição ou impedimento, por exemplo.

(5º) colheita do depoimento

Na redação do depoimento, o juiz deverá cingir-se, tanto quanto possível, às expressões usadas pelas testemunhas, reproduzindo fielmente as suas frases.

Até a reforma processual promovida pela Lei nº 11.690/08, vigorava, quanto à prova testemunhal, o sistema presidencialista, em que as partes faziam as perguntas ao juiz, que as refazia à testemunha.

Atualmente, adota-se o sistema do ***direct and cross examination***, que é a possibilidade de a parte formular a sua pergunta **diretamente** à testemunha, sem intermediação do juiz. Não se adota mais o sistema presidencialista, em que a parte, para fazer perguntas à testemunha, se dirigia ao juiz e este, então, fazia a pergunta à testemunha (o juiz apenas "reperguntava", tomando tempo desnecessário).

Estabelece o art. 212, CPP, que "as perguntas serão formuladas pelas partes diretamente à testemunha, não admitindo o juiz aquelas que puderem induzir a resposta, não tiverem relação com a causa ou importarem na repetição de outra já respondida".

Desta feita, a parte que arrolou a testemunha fará perguntas diretamente a ela (*direct examination*), permitindo-se que a outra parte faça perguntas em seguida (*cross examination*). Nestas duas situações, o juiz atua apenas no controle de legalidade da colheita da prova, indeferindo perguntas que induzam respostas, que não tiverem relação com a causa ou que sejam repetidas.

Ao final, isto é, feitas as perguntas pelas partes, o juiz poderá **complementar** a inquirição acerca dos eventuais pontos não esclarecidos (p.ú., art. 212, CPP). O limite ao julgador é o próprio sistema acusatório, ou seja, não pode o magistrado passar a atuar como órgão acusador, podendo apenas buscar esclarecimentos sobre o que já foi dito. Segundo Douglas Fischer e Eugênio Pacelli, "pode o juiz esclarecer todas as afirmações feitas pela testemunha, encontrando limite apenas, segundo nos parece, quando ausente qualquer intervenção do órgão da acusação inquirição. Noutras palavras: o que o juiz não deve fazer é substituir o órgão da acusação, que, por ter o ônus de provar sua imputação, deve produzir a prova que arrolou" (Código, 2012, p. 417).

Há uma ressalva a esta ordem (perguntas pela parte que arrolou, pela parte contrária e depois complementação pelo juiz): a oitiva das testemunhas do juízo (art. 209, CPP), vigorando, neste específico caso, o sistema presidencialista, já que a testemunha "é do juiz", que a chamou em juízo para esclarecer ponto que *ele* tem dúvidas, sendo inviável forçar uma das partes a fazer perguntas a testemunha que sequer ela arrolou.

A ordem das oitivas, em homenagem ao sistema acusatório vigente, é a seguinte:

1º) testemunhas da acusação, com perguntas da acusação, depois da defesa e depois complementação pelo juiz;

2º) testemunhas da defesa, com perguntas da defesa, depois da acusação e complementação pelo juiz.

Questão que sempre surge é saber qual é a consequência, ao processo, se ocorrer a inversão da ordem de questionamentos, como no caso de o juiz começar perguntando ao invés da parte que arrolou a testemunha. Entende-se que a inobservância à ordem do art. 212, CPP gera nulidade meramente **relativa**, sendo necessária a comprovação de efetivo prejuízo (STJ, AgRg no RHC nº 62.461/MG, rel. Min. Rogerio Schietti Cruz, j 03.10.17; e STF, HC nº 123.840/SP, rel. Min. Marco Aurélio, j. 01.08.17). Caso haja inversão da ordem, a parte deverá manifestar-se para impedir a irregularidade, sob pena de preclusão (STJ, AgRg no AREsp nº 1.192.968/SP, rel. Min. Jorge Mussi, j. 01.03.18).

O segundo questionamento é saber qual é a consequência, ao processo, se ocorrer a inversão da ordem das oitivas, isto é, primeiro ouve-se a testemunha de defesa e ao fim a de acusação.

O art. 400, "caput", CPP, dispõe que na audiência de instrução do procedimento ordinário, proceder-se-á à tomada de declarações do ofendido, à inquirição das testemunhas arroladas pela *acusação* e pela *defesa*, **nesta ordem** (ressalvada a expedição de carta precatória, do art. 222, CPP – STJ, HC nº 461.002/SP, rel. Min. Ribeiro Dantas, j. 23.10.18), bem como aos esclarecimentos dos peritos, às acareações e ao reconhecimento de pessoas e coisas, interrogando-se, em seguida, o acusado.

É bastante comum que, p. ex., a defesa leve suas oito testemunhas e que uma das testemunhas da acusação falte. O juiz, então, observando a lei, não poderá simplesmente ouvir todas as testemunhas da defesa e depois as da acusação, quando o rol estiver completo. O correto é ouvir as testemunhas de acusação presentes e designar nova data para oitiva da testemunha faltante da acusação e das de defesa, pautando-se pelo contraditório e pela ampla defesa.

Apesar da clareza do texto legal, a jurisprudência possui firme entendimento no sentido de que a não observância da ordem para oitiva de testemunhas prevista no Código de Processo Penal constitui nulidade **relativa**, que somente pode ser anulada em caso de demonstração do efetivo prejuízo (STJ, HC nº 345.034/MG, rel. Min. Felix Fischer, j. 21.03.17; e STF, HC nº 116.569/SP, rel. Min. Luiz Fux, j. 04.02.14).

Por fim, se o juiz, *ao pronunciar sentença final*, reconhecer que alguma testemunha fez afirmação falsa, calou ou negou a verdade, remeterá cópia do depoimento à autoridade policial para a instauração de inquérito (art. 211, CPP). Duas observações básicas: (a) é de difícil ocorrência a prisão em flagrante, pois, do contrário, o juiz estará antecipando o mérito da causa, já pronunciado a verdade dos fatos; e (b) o melhor seria que o juiz remetesse cópia ao Ministério Público, que, se assim entendesse, requisitaria a instauração de investigação, respeitando-se, assim, o sistema acusatório.

(6º) termo

O depoimento da testemunha será reduzido a termo, assinado por ela, pelo juiz e pelas partes. Se a testemunha não souber ou não puder assinar, pedirá a alguém que o faça por ela, depois de lido na presença de ambos.

9.2.5.9. *Valor probatório*

A avaliação do valor da prova testemunhal é tema árduo. Como a relação existente entre os fatos criminosos passados e a fonte de prova testemunhal é uma relação *humana*, não existem fatores ou parâmetros exatos que permitam avaliar a qualidade de um depoimento.

A doutrina (Aranha, 2008) diz que o julgador, ao valorar a prova testemunhal, deve analisar dois elementos:

a) **a pessoa do depoente**: o juiz deve avaliar fatores sociais do depoente, como seus antecedentes, sua profissão, sua posição no meio social e até mesmo a sua postura em juízo, dentre outros aspectos. Além disso, deve valorar os aspectos psicológicos da testemunha, como suas emoções (raiva, vingança, tranquilidade, medo etc.). Como não se escolhe testemunha do fato, o depoimento da meretriz é perfeitamente válido (Mirabete, 2007).

b) **o conteúdo do depoimento**: é a análise da narrativa em si, como sua coerência, a inclusão (ou falta) de detalhes, a conjugação com as demais provas do processo, a possibilidade de acontecimento dos fatos como narrado etc.

Como curiosidade, o Código Canônico da Igreja Católica (*Codex Iuris Canonici*) dispõe, no seu art. 1.572, que, ao avaliar os testemunhos, o juiz considerará: (i) a condição da pessoa e sua honestidade; (ii) se depôs de ciência própria, isto é, por ter visto ou ouvido, ou por mera opinião, fama ou pelo o que ouviu de outras pessoas; (iii) se a testemunha é constante, firme e coerente, ou variável, incerta e vacilante; e (iv) se o depoimento condiz com os demais e se é confirmado pelas demais provas.

9.2.5.9.1. *Testemunho policial*

Ponto que costuma gerar controvérsia diz respeito ao valor do depoimento de policiais como testemunhas. Apesar das diversas posições, que ora entendem pela admissibilidade absoluta dos depoimentos e ora pela exclusão total destes, deve prevalecer uma posição intermediária, sopesada e razoável, no sentido de que esta prova deve ser valorada como qualquer outro depoimento de testemunha.

O simples fato de a testemunha ser policial não é suficiente para desconsiderar ou invalidar seu testemunho, já que ele terá o mesmo valor de qualquer outra prova colhida de qualquer cidadão. Consoante Marcão (Código, 2016, p. 465), "não havendo comprovação do ânimo de incriminar o acusado, é perfeitamente válido o acréscimo oriundo da prova resultante de depoimentos prestados por agentes policiais". No mesmo sentido é a jurisprudência (STF, HC nº 74.438/SP, rel. Min. Celso de Mello, j. 26.11.96).

Consoante entende o Superior Tribunal de Justiça, os policiais não se encontram legalmente impedidos de depor sobre atos de ofício nos processos de cuja fase investigatória tenham participado, no exercício das funções. Em sendo assim, tais depoimentos revestem-se de inquestionável eficácia probatória, principalmente quando prestados em juízo, sob a garantia do contraditório (HC nº 30.776/RJ, rel. Min. Laurita Vaz, j. 03.02.04).

Em suma, portanto, é válido e revestido de eficácia probatória o testemunho prestado por policiais envolvidos em ação investigativa ou responsáveis pela prisão em flagrante, quando estiver em harmonia com as demais provas dos autos e for colhido sob o crivo do contraditório e da ampla defesa (STJ, HC nº 418.529/SP, rel. Min. Nefi Cordeiro, j. 17.04.18; e HC nº 436.168/RJ, rel. Min. Ribeiro Dantas, j. 22.03.18).

9.2.5.9.2. *Testemunho infantil*

Outra controvérsia comum é acerca do valor do depoimento infantil, prestado por criança. Como *regra*, ele deve ser evitado, seja para protegê-la de constrangimentos relacionados à apuração do crime no ambiente do fórum, seja porque o seu testemunho, em si, pode ser frágil. Isso porque, crianças costumam ter pouca maturidade psicológica, são mais influenciáveis por terceiros e têm grande poder de imaginação (Badaró, 2016).

Esses fatos, todavia, não proíbem que uma criança seja testemunha (art. 202, CPP), mas apenas indicam que o julgador deve dar **atenção maior** aos dois elementos de valoração da prova testemunhal: quem depõe é uma criança e o conteúdo do seu depoimento é mais precário. O juiz, assim como faz com todas as provas, valorará o testemunho do infante em conjunto com os demais elementos probantes.

Ensina Mirabete que "o depoimento infantil deve merecer valor probatório em especial quando a criança relata fato de simples percepção visual e de fácil percepção e compreensão, mesmo porque em regra se presume a pureza do menor, o que lhe concede credibilidade. Entretanto, é também de se ter em vista a precariedade do testemunho infantil diante da sugestionalidade e fantasia que pode apresentar, principalmente na mentira defensiva, tão própria das crianças, o que impede se dê valor pleno para a acusação fundada apenas no depoimento infantil" (Processo, 2007, p. 306).

Lembrar que o maior de 14 anos presta compromisso de dizer a verdade (art. 208, CPP), enquanto que o menor de 14 anos de idade, não.

Basta imaginar, p. ex., um crime praticado em que há apenas uma testemunha visual dos fatos: uma criança de dez anos de idade, que presenciou e ouviu tudo. O juiz, validamente, a ouvirá em juízo e considerará as suas percepções de modo conglobado com os demais elementos probatórios. Como assevera Mirabete, "o depoimento de crianças deve ser aceito com reservas, levado como expressão de verdade apenas quando seu relato guarda coerência de depoimento e linguagem, harmônico com o restante da prova e encontra apoio em outras declarações" (Processo, 2007, p. 306).

É importante observar a novel Lei nº 13.431/17, que criou o sistema de garantia dos direitos da criança e do adolescente vítima ou testemunha de violência. Foram criados dois instrumentos úteis para a oitiva dessas crianças e adolescentes: a escuta especializada e o depoimento especial. À vítima ou testemunha de violência, criança ou adolescente, é garantido o direito de prestar depoimento diretamente ao juiz, se assim o entender.

A **escuta especializada** é o procedimento de entrevista sobre situação de violência com criança ou adolescente perante órgão da rede de proteção, limitado o relato estritamente ao necessário para o cumprimento de sua finalidade (art. 7º).

Já o **depoimento especial** é o procedimento de oitiva de criança ou adolescente vítima ou testemunha de violência perante autoridade policial ou judiciária (art. 8º). Reger-se-á por protocolos e, sempre que possível, será realizado uma única vez, em se de produção antecipada de prova judicial, garantida a ampla defesa do investigado. Tramitará, no mais, em segredo de justiça.

Ambos serão realizados em local apropriado e acolhedor, com infraestrutura e espaço físico que garantam a privacidade da criança ou do adolescente vítima ou testemunha de violência.

No caso específico de violência sexual, cabe ao responsável da rede de proteção garantir a urgência e a celeridade necessárias ao atendimento de saúde e à produção probatória, preservada a confidencialidade (art. 14, § 2º).

9.2.5.9.3. *Testemunha protegida*

A testemunha anônima é aquela cuja verdadeira identidade não é divulgada ao acusado e seu defensor, com o objetivo de protegê-la de coações e pressões. Ex.: testemunha visual de homicídios praticados por conhecida e violenta associação criminosa. Ela prestará um testemunho anônimo.

Os programas de proteção à testemunha compreenderão, dentre outras medidas, a preservação da identidade, imagem e dados pessoais da testemunha (art. 7º, IV, Lei nº 9.807/99). No Estado de São Paulo, a Corregedoria-Geral da Justiça editou o Provimento nº 32/2000, tratando do sigilo da identificação das testemunhas e das vítimas quando se tratar da prática de determinados crimes; do mesmo modo, no Estado de São Paulo, editou-se a Lei nº 13.558/09, prevendo a adoção de medidas de proteção a vítimas e testemunhas, em inquéritos e boletins de ocorrência, o que foi tido como constitucional pelo Supremo Tribunal Federal, já que seguiu os parâmetros das leis nacionais já existentes (ADI nº 4.337/SP, rel. Min. Cármen Lúcia, j. 13.09.19).

E o Código de Processo Penal, não ficando para trás, previu, no § 6º do art. 201, que "o juiz tomará as providências necessárias à preservação da intimidade, vida privada, honra e imagem do ofendido, podendo, inclusive, determinar o segredo de justiça em relação aos dados, depoimentos e outras informações constantes dos autos a seu respeito para evitar sua exposição aos meios de comunicação". E, além disso, "se o juiz verificar que a presença do réu poderá causar humilhação, temor, ou sério constrangimento à testemunha ou ao ofendido, de modo que prejudique a verdade do depoimento, fará a inquirição por videoconferência e, somente na impossibilidade dessa forma, determinará a retirada do réu, prosseguindo na inquirição, com a presença do seu defensor" (art. 217, CPP).

O que se vê, portanto, é a manutenção do **sigilo** dos dados de qualificação da testemunha, objetivando-se preservar sua vida e integridade, principalmente no caso de crimes de especial gravidade.

Ocorre, no entanto, que o acusado tem o direito de saber quem são as testemunhas do seu processo, se há algum motivo pessoal que as motiva (vingança, p. ex.) ou, ainda, se elas têm mesmo conhecimento sobre o crime supostamente praticado. Aliás, apenas com o conhecimento da identidade da testemunha (nome, profissão, filiação etc.) será possível contraditá-la.

Entende-se, pois, que é perfeitamente possível a manutenção de sigilo quanto aos dados e informações pessoais em relação ao acusado, mas não em relação ao seu advogado, que, inclusive, deverá ter garantido o acesso a esses dados e à audiência de oitiva desta testemunha protegida.

Neste sentido, aliás, é a tese nº 298 do MPSP, que dispõe que "o sigilo do nome de vítimas e testemunhas, garantido pelo Provimento nº 32/2000-CGJ do Tribunal de Justiça de São Paulo, não viola o artigo 187, § 2º, inc. V, do Código de Processo Penal, uma vez que o defensor do acusado, constituído ou nomeado nos autos, tem acesso irrestrito a todos os dados de qualificação das pessoas protegidas".

No mesmo caminho de ideias entende o Superior Tribunal de Justiça, ao afirmar que é possível manter as testemunhas protegidas no Processo Penal, inclusive retirando-se o réu da sala de audiência, desde que seja garantida a presença de seu defensor ao ato (RHC nº 49.545/SC, rel. Min. Jorge Mussi, j. 24.02.15); além disso, como já afirmado, o advogado sempre terá acesso à pasta arquivada no cartório judicial contendo as qualificações das testemunhas protegidas, garantindo-se, assim, o contraditório e a ampla defesa (HC nº 164.330/SP, rel. Min. Celso Limongi, j. 31.08.10).

Corroborando o exposto, entende o Supremo Tribunal Federal que "não há falar em nulidade da prova ou do processo-crime devido ao sigilo das informações sobre a qualificação de uma das testemunhas arroladas na denúncia, notadamente quando a ação penal omite o nome de uma testemunha presencial dos crimes que, temendo represálias, foi protegida pelo sigilo, tendo sua qualificação anotada fora dos autos, com acesso exclusivo ao magistrado, acusação e defesa" (HC nº 112.811/SP, rel. Min. Cármen Lúcia, j. 25.06.13).

Na verdade, o que se vê é uma *proteção disfarçada*, pois, se o advogado possui acesso aos dados de qualificação da testemunha, é óbvio que ele irá transmiti-los ao acusado, até mesmo para saber se há algum motivo para contraditá-la ou impugná-la de alguma forma, o que, desta forma, acaba por permitir o acesso destes dados então "protegidos" ao próprio acusado (justamente de quem se quer proteger a testemunha). Diante disso, o correto seria que, além da medida de preservação da identidade no processo, se aplicasse, em conjunto, as demais medidas trazidas pela Lei nº 9.807/99 (escolta, segurança, mudança de nome e residência etc.).

9.2.5.9.4. *Testemunha ausente*

O último tema controvertido quanto à valoração da prova testemunhal trata da testemunha ausente, isto é, daquela que não comparece em juízo para prestar seu depoimento, muito embora tenha, antes, prestado depoimento de modo extrajudicial. Ex.: testemunhal visual presta testemunho ao delegado de polícia, mas, no curso da ação penal, antes de ser colhido o seu depoimento judicial, falece ou não é mais localizada.

Renato Brasileiro de Lima (Curso, 2013) explica que duas situações devem ser observadas: (i) se o que impediu o depoimento da testemunha em juízo foi o próprio acusado, que praticou algum ato ilícito, então se entende que ele abriu mão do direito de confrontá-la em juízo, de modo que valerá o depoimento prestado extrajudicialmente, sob pena de se premiar a torpeza do réu; ou (ii) se o que impossibilitou o depoimento da testemunha em juízo foi qualquer situação que não um ato ilícito do acusado, então a solução será dada de acordo com a carga de ônus das partes, não se podendo premiar a acusação com isso.

De qualquer modo, não se pode esquecer que, por mais que o juiz não possa fundamentar sua decisão exclusivamente com base nos elementos informativos colhidos na fase de investigação (art. 155, "caput", CPP), a jurisprudência é pacífica no sentido de que é possível a valoração das provas produzidas no inquérito policial, desde que em harmonia com a prova colhida na fase judicial (STJ, AgRg no AREsp nº 603.158/DF, rel. Min. Leopoldo de Arruda Raposo, j. 17.03.15).

9.2.5.10. *Depoimento antecipado*

Fixa o art. 225, CPP, que, se qualquer testemunha houver de ausentar-se, ou, por enfermidade ou por velhice, inspirar receio de que ao tempo da instrução criminal já não exista, o juiz poderá, de ofício ou a requerimento de qualquer das partes, tomar-lhe antecipadamente o depoimento.

A produção antecipada de prova testemunhal possui natureza cautelar (de prova antecipada, conforme visto alhures), tratando-se de medida necessária diante do risco de seu perecimento.

São duas as situações que permitem o depoimento antecipado: (i) se a testemunha estiver ausente ao tempo da colheita ordinária de seu depoimento; ou (ii) em razão de velhice ou enfermidade da testemunha.

Deve-se, sempre, observar o caso concreto, já que não é porque a vítima é idosa que será tomado seu depoimento de forma antecipada – exige-se um motivo plausível, como a idade muito avançada (com risco de morte), o acometimento de doença incurável (câncer avançado, p. ex.) ou uma viagem definitiva ao exterior, com endereço incerto ainda (do contrário, pode-se cogitar da expedição, no momento correto, de carta rogatória).

Diante de ao menos um desses casos, o juiz, de ofício ou a requerimento de qualquer das partes, tomará seu depoimento antecipado, isto é, antecipará a sua inquirição, intimando-se as partes e respeitando-se, com isso, o contraditório e a ampla defesa.

No mais, conforme o art. 19-A, p.ú., da Lei nº 9.807/99, qualquer que seja o rito processual criminal, o juiz, após a citação, tomará antecipadamente o depoimento das pessoas incluídas nos programas de proteção a vítimas e testemunhas ameaçadas, devendo justificar a eventual impossibilidade de fazê-lo no caso concreto ou o possível prejuízo que a oitiva antecipada traria para a instrução criminal.

9.2.6. Reconhecimento de pessoas e coisas

9.2.6.1. *Conceito e natureza jurídica*

Conforme Guilherme de Souza Nucci, trata-se de "ato formal e solene pelo qual uma pessoa afirma como certa a identidade de outra ou a qualidade de uma coisa, para fins processuais penais" (Provas, 2015, p. 239).

O reconhecimento possui natureza jurídica de *meio de prova.*

9.2.6.2. *Procedimento*

Quando houver necessidade de se fazer o reconhecimento de pessoa, proceder-se-á pela seguinte forma (art. 226, CPP):

1º) a pessoa que tiver de fazer o reconhecimento será convidada a descrever a pessoa que deva ser reconhecida.

2º) a pessoa, cujo reconhecimento se pretender, será colocada, *se possível*, ao lado de outras que com ela tiverem qualquer semelhança, convidando-se quem tiver de fazer o reconhecimento a apontá-la.

O tema que gera divergência aqui é quanto à expressão *se possível*. Para uns (Tourinho, 2008), com razão, a pessoa que se quer reconhecer deve, sempre, ser colocada ao lado de outras, mas somente "se possível, ao lado de pessoas que com ela tiverem alguma semelhança" (p. 572); já para outros (Mirabete, 2007), a pessoa que se quer reconhecer somente será colocada ao lado de outras se possível, ou seja, "é facultativa e não obrigatória, conforme o dispositivo, a presença de outras pessoas, ao lado do suspeito, no ato de reconhecimento pessoal" (p. 308).

A jurisprudência entende que a colocação da pessoa que se quer reconhecer ao lado de outras somente ocorrerá se possível, pois, a lei processual penal não exige, mas *recomenda*, a colocação de outras pessoas junto ao acusado (STF, RHC nº 119.439/PR, rel. Min. Gilmar Mendes, j. 25.02.14). Assim, "o reconhecimento pessoal isolado não anula o ato, sendo que a presença de outras pessoas junto ao réu é uma recomendação legal e, não, uma exigência" (STJ, RHC nº 61.862/SP, rel. Min. Reynaldo Soares da Fonseca, j. 20.04.17).

Salvo melhor juízo, não parece ser a melhor solução. Deve-se evitar o chamado *show up*, que é a exposição do principal suspeito, sozinho, à pessoa que possui condições, em tese, de reconhecê-lo, haja vista que essa atitude investigativa, por si só, já influencia o reconhecimento, pois isso se dá, geralmente, quando o suspeito está algemado dentro de uma cela ou numa viatura policial, logo em seguida a uma prévia atuação policial ou de investigação.

Uma sugestão, para além da colocação do suspeito ao lado de outras pessoas, é a realização da chamada *double-blind administration*, em que o policial que realiza o procedimento de identificação não sabe quem é o verdadeiro suspeito, de forma que não existe a menor possibilidade de influenciar a testemunha ou a vítima, mesmo que sem intenção. Assim, esse sistema resolve, de uma só vez, três problemas: o policial não sabe quem é o suspeito e não terá como influenciar a testemunha/vítima; não há possibilidade de o policial contaminar a realização da identificação, colocando-o numa posição de total isenção estatal; e o meio de prova de identificação resta protegido, conforme a identificação (ou não) da testemunha/vítima, sem pressões (Wells, 2018).

E consoante já estudado, o acusado pode ser obrigado a comparecer ao ato de reconhecimento, uma vez que se trata de uma atuação *passiva* sua, de mera colaboração, bastando figurar ali aos olhos de quem o reconhecerá (ou não), não sendo possível sustentar que se está produzindo prova contra si.

3º) se houver razão para recear que a pessoa chamada para o reconhecimento, por efeito de intimidação ou outra influência, não diga a verdade em face da pessoa que deve ser reconhecida, a autoridade providenciará para que esta não veja aquela.

4º) do ato de reconhecimento lavrar-se-á auto pormenorizado, subscrito pela autoridade, pela pessoa chamada para proceder ao reconhecimento e por duas testemunhas presenciais.

Conforme o Superior Tribunal de Justiça recentemente decidiu (6ª T., HC nº 598.886/SC, rel. Min. Rogerio Schietti, j. 27.10.20):

a) O reconhecimento de pessoas *deve* observar o procedimento previsto no art. 226 do Código de Processo Penal, cujas formalidades constituem garantia mínima para quem se encontra na condição de suspeito da prática de um crime;

b) À vista dos efeitos e dos riscos de um reconhecimento falho, a *inobservância* do procedimento descrito na referida norma processual torna *inválido* o reconhecimento da pessoa suspeita e não poderá servir de lastro a eventual condenação, mesmo se confirmado o reconhecimento em juízo;

c) Pode o magistrado realizar, *em juízo*, o ato de reconhecimento formal, desde que observado o devido procedimento probatório, bem como pode ele se convencer da autoria delitiva a partir do exame de outras provas que não guardem relação de causa e efeito com o ato viciado de reconhecimento;

d) O reconhecimento do suspeito por simples exibição de fotografia ao reconhecedor, a par de dever seguir o mesmo procedimento do reconhecimento pessoal, há de ser visto como etapa antecedente a eventual reconhecimento pessoal e, portanto, não pode servir como prova em ação penal, ainda que confirmado em juízo (v. abaixo).

No mais, tanto o reconhecimento de **pessoas** como o de **coisas** seguirá o mesmo procedimento e com as mesmas cautelas no que for aplicável (art. 227, CPP). Ex.: reconhecimento das roupas furtadas da casa da vítima.

9.2.6.3. *Aplicação em juízo*

Resta saber: o procedimento do art. 226, CPP, é aplicado tanto na fase extrajudicial (no inquérito policial, p. ex.) quanto na fase judicial (no bojo da instrução probatória)?

Para parte da doutrina (Tourinho, 2008), não se aplica este procedimento em juízo, diante da impossibilidade de sua realização durante a audiência de instrução, de forma que, p. ex., acaso a testemunha seja indagada pelo juiz se reconhece o réu como autor do delito, sua resposta será verdadeira continuação de seu depoimento, mas não um verdadeiro reconhecimento pessoal.

Já para outra parte da doutrina (Madeira, 2015), o procedimento do art. 226, CPP, deve ser aplicado em juízo, pois o seu parágrafo único apenas dispõe que o item terceiro, visto acima, é que não será aplicado durante a audiência de instrução ou em plenário do júri, de forma que todo o restante do procedimento (descrição do agente, possível colocação ao lado de outras pessoas e lavratura de ato pormenorizado) tem plena incidência. Como visto no item precedente, o Superior Tribunal de Justiça caminha neste sentido.

Conforme Renato Marcão, de forma mais do que didática, "de fato, e sob os olhos do fiscal da lei, em juízo o que invariavelmente se pratica é um tipo único de reconhecimento "sui generis"; um arremedo informal de reconhecimento; verdadeiro monstrengo, em que o magistrado, virando-se para o reconhecedor e apontando diretamente para o acusado, pergunta, quase afirmando, em tom de voz perfurocortante: foi *aquele ali* o autor do crime? (sic). E o arguido, após olhar de soslaio, com os olhos turvos de quem fora surpreendido com tão brusca e inesperada inquirição, rapidamente responde: *sim*. É quase um "nim": um misto de sim com não. Esse "sim", anunciado nessas circunstâncias, algumas vezes exterioriza muito mais o desejo de não contrariar o juiz do que o compromisso sério de identificar verdadeiramente, com segurança, o infeliz que está ali sentado. E dessa maneira, sem calcular o estrago, nesse "jeito de botequim", afirma-se a visceral ligação com o delito. E mesmo assim: ponto final. É o que basta para mais adiante se fazer constar na fundamentação da sentença, solenemente e em letras destacadas, que o ofendido ou testemunha reconheceu formalmente o acusado em juízo. Nada mais ilusório, grotesco e enganador. Tal prática, de reconhecimento, nada tem" (Código, 2016, p. 495-496).

9.2.6.4. *Reconhecimento foto/fonográfico*

Não há previsão legal sobre tal meio de prova, sendo uma verdadeira prova inominada e atípica.

Os tribunais entendem pela sua plena validade, desde que seja observado o procedimento do art. 226, CPP, em analogia, e que não seja o único meio de prova, isto é, que o reconhecimento feito corrobore as demais provas colhidas.

Geralmente, ainda na fase policial, entrega-se à vítima/testemunha um álbum de fotografias de *pessoas de interesse* das autoridades policiais, normalmente já "conhecidas no meio policial" ou investigadas, para que se tente reconhecer o autor do fato.

A bem da verdade, está-se mais próximo de declarações do ofendido (e da prova testemunhal) do que de um "reconhecimento fotográfico", que é apenas *a forma pela qual* o reconhecedor exprimiu o ato de identificação.

No sentido de sua validade, entende-se que "a jurisprudência dos Tribunais Pátrios admite a possibilidade de reconhecimento do acusado por meio fotográfico e pessoal, desde que observadas as formalidades contidas no art. 226 do Código de Processo Penal" (STJ, HC nº 191.724/RJ, rel. Min. Laurita Vaz, j. 15.10.13). Neste sentido, inclusive, já se manifestou a Suprema Corte ao absolver acusado cujo único elemento acusatório era um reconhecimento fotográfico feito diante do delegado de polícia, sequer confirmado em juízo e ausente qualquer prova sob o crivo do contraditório e da ampla defesa (HC nº 172.606/SP, rel. Min. Alexandre de Moraes, j. 31.07.19).

Para o Tribunal da Cidadania, **o reconhecimento do suspeito por simples exibição de fotografias ao reconhecedor, a par de dever seguir o mesmo procedimento do reconhecimento pessoal, há de ser visto como *etapa antecedente* a eventual reconhecimento pessoal e, portanto, *não pode servir como prova em ação penal,* ainda que confirmado em juízo** (6ª T., HC nº 598.886/SC, rel. Min. Rogerio Schietti Cruz, j. 27.10.20).

Além do reconhecimento fotográfico, existe o reconhecimento *fonográfico*, isto é, de sons ou vozes (Brasileiro, 2013). O exemplo dado é o do crime praticado pelo agente vestindo um capacete de motociclismo, de forma a não ser identificado visualmente; caso haja alguma gravação desta voz (ou o investigado, se assim desejar, fornece uma amostra desta) e seja possível à vítima/testemunha tentar reconhecê-la, será perfeitamente válido tal meio de prova atípico, observado, dentro do possível, o procedimento do art. 226, CPP. Este reconhecimento fonográfico é também chamado de *clichê fônico*.

9.2.6.5. *Reconhecimento por videoconferência*

Possui previsão no art. 185, § 8º, CPP, dispondo que será permitida a utilização da videoconferência para a realização de outros atos processuais que dependam da participação de pessoa que esteja presa, tal como o reconhecimento de pessoas e coisas.

Guilherme Nucci (Provas, 2015) entende não ser válido tal meio de reconhecimento, uma vez que "as garantias humanas fundamentais estão atreladas à certeza do julgador para a condenação. Havendo questionamento quanto à autoria, devemos lembrar que, acima da lei, encontra-se a Constituição Federal. Portanto, deve-se assegurar a ampla defesa, significando o direito a um *reconhecimento formal*, no mínimo, *pessoal* (p. 245).

Salvo melhor juízo, parece ser plenamente possível o ato de reconhecimento de pessoa ou coisa por meio de videoconferência. Se o interrogatório, ato absolutamente personalíssimo que é, pode ser realizado à distância com o apoio da tecnologia de imagem e som (art. 185, § 2º, CPP), não há razão plausível para se vedar o reconhecimento à distância, até porque o próprio § 8º do art. 185, CPP, prevê expressamente que "outros atos processuais que dependam da participação de pessoa presa, como (...) reconhecimento de pessoas e coisas", poderá ser feito por meio de videoconferência. Entender o contrário seria sustentar que a videoconferência é inconstitucional ou ilegal, o que não é mais questionado no Brasil, como visto.

9.2.6.6. *Valor probatório*

O reconhecimento é *mais um* meio de prova, que deve ser cotejado ao lado dos demais elementos colhidos em juízo. Isoladamente, não servirá para fundamentar uma condenação (STJ, HC nº 105.966/RJ, rel. Min. Laurita Vaz, j. 14.09.10).

Quanto à possível irregularidade na sua realização e consequente contaminação do inquérito ou da ação penal, deve-se distinguir: **(a)** o desrespeito ao art. 226, CPP, no curso do inquérito policial, somente vicia este ato, não contaminando os posteriores e nem o processo judicial; e **(b)** se em juízo houver desrespeito ao art. 226, CPP, gerará nulidade relativa, exigindo-se, para o seu reconhecimento, a demonstração de prejuízo (STJ, AgRg no AREsp nº 304.970/RS, rel. Min. Regina Helena Costa, j. 06.05.14).

E como já visto acima, diz o Superior Tribunal de Justiça que as disposições do art. 226, CPP, configuram uma *recomendação legal*, e não uma *exigência*, não se cuidando, portanto, de nulidade quando o reconhecimento pessoal for praticado de modo diverso (REsp nº 1.673.302/PR, rel. Min. Maria Thereza de Assis Moura, j. 08.02.18).

9.2.6.7. *Pluralidade de reconhecedores*

Se várias forem as pessoas chamadas a efetuar o reconhecimento de pessoa ou de objeto, cada uma fará a prova em separado, *evitando-se* qualquer comunicação entre elas (art. 228, CPP).

Consoante Pacelli e Fischer (Comentários, 2012, p. 439-440), "havendo violação à regra, poderá ser afastada a diligência (de reconhecimento) para aquele que ainda não a tenha realizado. Se ambos não tiverem ainda procedido ao reconhecimento, isto é, se ambos ainda desconhecerem a coisa a ser reconhecida pela ocasião da comunicação, a contaminação do procedimento deverá ser objeto de acurada análise, em cada caso concreto, exigindo-se, então, a demonstração de prejuízo à credibilidade dos reconhecimentos".

9.2.7. Acareação

9.2.7.1. *Conceito e natureza jurídica*

Acarear significa colocar cara a cara (*tête-à-tête*) pessoas que divergem sobre um determinado assunto. De acordo com Guilherme de Souza Nucci, "trata-se do ato processual, presidido pela autoridade judiciária ou policial, que coloca frente a frente depoentes e declarantes, confrontando e comparando narrativas contraditórias ou divergentes, no processo, visando à busca da verdade real" (Provas, 2015, p. 247).

Assim, como não há duas verdades contraditórias, surgirá a necessidade de se verificar qual versão é realmente verdadeira e qual é falsa, o que se fará por meio da acareação.

Possui natureza de *meio de prova*.

9.2.7.2. *Momento*

A acareação pode ser determinada tanto pelo delegado de polícia (art. 6º, VI, CPP) quanto pelo juiz (art. 230, CPP) – ou seja, realizada na primeira ou na segunda fase da persecução penal. Consoante o Supremo Tribunal Federal, o momento oportuno para a acareação se dá depois da colheita de toda a prova oral (QO nº 5 na AP nº 470/MG, rel. Min. Joaquim Barbosa, j. 08.04.10).

9.2.7.3. *Pressupostos*

Consoante o art. 229, CPP, a acareação será admitida sempre que divergirem em suas declarações, sobre fatos ou circunstâncias relevantes, as seguintes pessoas:

a) entre acusados;

b) entre acusado e testemunha;

c) entre testemunhas;

d) entre acusado e ofendido;

e) entre ofendido e testemunha;

f) entre ofendidos.

Assim, os pressupostos básicos para que se determine uma acareação são:

i) a existência, formalizada nos autos, de duas ou mais versões;

ii) que elas sejam contraditórias;

iii) que se constituam sobre um dado fato de interesse ao processo.

E de acordo com o Superior Tribunal de Justiça, "embora o acusado no processo penal tenha o direito à produção da prova necessária a dar embasamento à tese defensiva, é certo que, ao magistrado é facultado o indeferimento, de forma fundamentada, das providências que julgar protelatórias, irrelevantes ou impertinentes, devendo sua imprescindibilidade ser devidamente justificada pela parte. Mostrando-se desnecessária para o deslinde do feito a acareação, não há ilegalidade a ser reconhecida" (AgRg no REsp nº 1.205.385/ES, rel. Min. Nefi Cordeiro, j. 28.04.15).

9.2.7.4. *Procedimento*

A acareação pode ser determinada de ofício ou através de pedido de qualquer das partes. Verificando, então, a existência de versões contraditórias nos autos do processo, o juiz – se o caso – designará dia e hora para a realização da acareação, intimando-se as partes.

Os acareados serão reperguntados para que expliquem os pontos de divergências. Os sujeitos acareados poderão manter suas versões, prestar esclarecimentos ou acrescentar dados.

Todo o ocorrido será reduzido a termo (se não for gravado).

9.2.7.5. *Acareação à distância*

Se ausente alguma testemunha, cujas declarações divirjam das de outra, que esteja presente, a esta se dará a conhecer os pontos da divergência, consignando-se no auto o que explicar ou observar. Se subsistir a discordância, expedir-se-á precatória à autoridade do lugar onde resida a testemunha ausente, transcrevendo-se as declarações desta e as da testemunha presente, nos pontos em que divergirem, bem como o texto do referido auto, a fim de que se complete a diligência, ouvindo-se a testemunha ausente, pela mesma forma estabelecida para a testemunha presente. Esta diligência só se realizará quando não importe demora prejudicial ao processo e o juiz a entenda conveniente (art. 230, CPP).

De acordo com Nucci, se a acareação efetivada pessoalmente já possui modesto sucesso, realizado o ato por precatória, a prova é esvaziada em grande parte, restando pouca chance de se obter algum ganho (Provas, 2015).

No mais, o art. 185, § 8º, CPP, autoriza a realização de videoconferência para a efetivação de outros atos processuais, tal como a acareação à distância.

Disso resulta que há duas modalidades de acareação: (a) direta, feita entre pessoas presentes; e (b) indireta, feita à distância.

9.2.7.6. *Valor probatório*

"Se eficaz, a acareação pode revelar eficiente meio de prova, mas a realidade é que, na prática, em regra é de nenhum efeito, visto que os acareados normalmente acabam mantendo a versão original, de modo a não resolver as divergências" (Marcão, Código, p. 502).

As versões colhidas na acareação, conforme a doutrina, terão valor semelhante à prova originariamente colhida (testemunhal, declaração do ofendido, interrogatório etc.).

Por fim, a acareação pode ser um bom momento para a testemunha *voltar atrás* e, agora, dizer a verdade, evitando-se a tipificação do falso testemunho (art. 342, CP).

9.2.8. Documentos

9.2.8.1. *Conceito e natureza jurídica*

Conforme o art. 232, CPP, documento é qualquer escrito, instrumento ou papel, de natureza pública ou privada. Tem-se, aqui, uma concepção mais antiga, em que o documento era o papel escrito ou impresso de alguma forma.

Atualmente, ainda mais diante dos meios tecnológicos existentes, documento *é a forma representativa e permanente de um fato* (Medina, Direito, 2015, p. 634). Neste conceito moderno, pois, estão abrangidos os documentos escritos (em papel ou não, como os e-mails), os eletrônicos (CD, DVD, *pen drive*), as gravações de imagens ou sons, as fotografias, os desenhos etc.

Diante disso, prova documental é aquela realizada no bojo do processo penal com o objetivo de provar, através de uma base material que sirva de suporte, um acontecimento relevante à causa. É a fotografia do réu, a imagem de câmeras de segurança, o contrato assinado, o CD de músicas gravadas, os desenhos apreendidos etc.

Claramente, possui natureza jurídica de *meio de prova*.

9.2.8.2. *Classificação*

A doutrina apresenta a seguinte classificação aos documentos (espécies):

a) original: produzido na fonte originária.

b) copiado: reproduzido do original (fotocópia, xerox etc.).

c) público: elaborado por um funcionário público na função pública.

d) privado: por exclusão, é o não elaborado por funcionário público.

e) nominativo: é possível identificar quem o produziu.

f) anônimo: não se consegue identificar quem o elaborou.

À fotografia do documento (cópia, xerox, digitalização etc.), devidamente autenticada, se dará o mesmo valor do original (p.ú., art. 232, CPP). Uma simples cópia (não autenticada) poderá perfeitamente ser juntada aos autos, cuja valoração caberá ao juiz em conjunto com as demais provas.

As públicas-formas (isto é, as cópias autenticadas) só terão valor quando conferidas com o original, em presença da autoridade (art. 237, CPP). Assim, apresentado um "documento autenticado", caso haja dúvida quanto à sua autenticidade, a autoridade determinará a apresentação do original para poder ser feita a comparação.

De qualquer modo, é necessário que, para ser *juridicamente relevante* ao processo penal, o documento seja apto a provar algo.

9.2.8.3. *Características*

Qualquer documento que se queira juntar ao processo precisará exprimir ao menos duas características: **veracidade** e **autenticidade**. A veracidade é a existência do que os documentos exprimem ou relatam; já a autenticidade é a certeza de que o documento é oriundo do seu autor e do local/data nele indicados.

Os documentos públicos são considerados, em regra, autênticos, até prova em contrário (presunção relativa de autenticidade). Por outro lado, os documentos particulares são autênticos quando reconhecidos por oficial público, quando aceito ou reconhecido por quem possa prejudicar e quando provado em perícia (Mirabete, 2007).

Estabelece o art. 235, CPP, que a letra e firma dos documentos particulares serão submetidas a exame pericial quando contestada a sua autenticidade.

9.2.8.4. *Momento e produção*

Quanto à produção, os documentos podem ser: (i) de produção espontânea, em que a própria parte faz a juntada do documento aos autos; ou (ii) de produção provocada, realizada por iniciativa do juiz.

Como regra, as partes poderão apresentar documentos em qualquer fase do processo (art. 231, CPP), salvo no tribunal do júri, em que a lei exige sua juntada com antecedência mínima de 3 dias úteis do julgamento, dando-se ciência à outra parte (art. 479, CPP). Conforme será estudado, o prazo de três dias úteis deve ser contado a partir da ciência da juntada do documento pela outra parte, respeitando-se o contraditório (STJ, REsp nº 1.637.288/SP, rel. Min. Rogerio Schietti Cruz, j. 08.08.17).

De acordo com Badaró, "o momento de requerimento da prova se confunde com o momento da sua produção: na petição em que se requer a juntada dos documentos, ele já é levado aos autos. O juízo de admissibilidade da prova acaba ocorrendo após a sua juntada. Em caso de juízo negativo, a consequência será o desentranhamento, posto que a prova já foi produzida" (Curso, 2016, p. 488).

Dita o Superior Tribunal de Justiça que "a regra insculpida no art. 231 do CPP, no qual se estabelece que as partes poderão apresentar documentos em qualquer fase do processo, não é absoluta, sendo que nas hipóteses em que forem manifestamente protelatórias ou tumultuárias podem ser indeferidas pelo magistrado" (HC nº 250.202/SP, rel. Min. Laurita Vaz, j. 10.09.13).

Já quanto à iniciativa do juiz, se ele tiver notícia da existência de documento relativo a ponto relevante da acusação ou da defesa, providenciará, independentemente de requerimento de qualquer das partes, para sua juntada aos autos, se possível (art. 234, CPP). Conforme o Superior Tribunal de Justiça, "em que pese o disposto nos arts. 156 e 234 do Código de Processo Penal, a possibilidade de o juiz determinar a juntada de documento que entenda relevante, em busca da verdade real, não se sobrepõe ao dever das partes de arcar com o ônus da prova" (AgRg no Ag 731.714/SC, rel. Min. Laurita Vaz, j. 12.09.06).

As cartas particulares, interceptadas ou obtidas por meios criminosos, não serão admitidas em juízo (art. 233, CPP). Ainda quanto às cartas, elas poderão ser exibidas em juízo pelo respectivo destinatário, para a defesa de seu direito, ainda que não haja consentimento do signatário.

Os documentos em língua estrangeira, sem prejuízo de sua juntada imediata, serão, *se necessário*, traduzidos por tradutor público, ou, na falta, por pessoa idônea nomeada pela autoridade (art. 236, CPP). Parte da doutrina critica tal disposição, uma vez que o processo deve ser acessível a todos os brasileiros, de modo que *todo* documento estrangeiro deveria ser traduzido para a língua portuguesa. Para a jurisprudência, a tradução de documentos de idioma estrangeiro, de fato, só deverá ser realizada **quando necessário**, nos termos do disposto no Código de Processo Penal, cabendo tal decisão ao juiz da causa (STF, Inq. nº 4.146/DF, rel. Min. Teori Zavascki, j. 22.06.16; e STJ, AgRg na AP nº 675/GO, rel. Min. Nancy Andrighi, j. 17.06.15).

Por fim, os documentos originais, juntos a processo findo, quando não exista motivo relevante que justifique a sua conservação nos autos, poderão, mediante requerimento, e ouvido o Ministério Público, ser entregues à parte que os produziu, ficando traslado nos autos (art. 238, CPP).

9.2.8.5. *Valor probatório*

Assim como todos os demais meios de prova, a prova documental será valorada em conjunto com os demais elementos probatórios, de acordo com o livre convencimento motivado do magistrado.

Mas ver que a doutrina entende que a prova documental – quando não há falsidades ou dúvidas – é extremamente segura e robusta, com alto valor de convencimento; todavia, isso não faz com que ela seja uma prova tarifada ou de valor absoluto frente às demais. Todo o conjunto probatório terá que ser valorado.

Deve-se atentar que o documento juntado aos autos deve ser *inteiro* em relação ao que se quer provar, ou seja, um documento deteriorado ou conspurcado (sujo, manchado) terá um baixo valor de convencimento do juiz, muito embora não deva ser desentranhado dos autos, mas, sim, valorado ao lado das demais provas.

9.2.9. Indícios

9.2.9.1. *Conceito e natureza jurídica*

Indício é o que é provável, é um sinal indicativo de que algo existiu. Nos termos do art. 239, CPP, considera-se indício a circunstância conhecida e provada, que, tendo relação com o fato, autorize, por indução, concluir-se a existência de outra ou outras circunstâncias.

Em clássica obra, Maria Thereza Rocha de Assis Moura afirma que "indício é todo rastro, vestígio, sinal e, em regra, todo fato conhecido devidamente provado, suscetível de conduzir ao conhecimento de um fato desconhecido, a ele relacionado, por meio de um raciocínio indutivo-dedutivo" (A prova, 2009, p. 41).

E consoante Nucci, "a prova indiciária é composta por vários fatos secundários, ou seja, inúmeros acontecimentos prontos a constituir um quadro maior indicativo da concretização do fato principal, objeto da imputação" (Provas, 2015, p. 263). Na clássica lição de Mittermaier, *um indicio es un hecho que está en relación tan íntima com otro hecho, que de um juez llega hasta el otro por medio de una conclusion muy natural* (Tratado, 1877, p. 360).

Quanto à sua natureza jurídica, há divergência. Para uns, trata-se de um **meio de prova indireto**, ao lado das demais provas (Nucci, 2015). Já para outros (Badaró, 2016, p. 490), "o indício não é um meio de prova, mas o **resultado probatório de um meio de prova**. O indício é um fato provado, que permite, mediante inferência, concluir pela ocorrência de outro fato. O que pode ser provado é o fato indicativo (por exemplo, uma testemunha que viu o acusado com uma faca suja de sangue e a vítima aos seus pés). O indício é o fato certo que está na fase da inferência da presunção. Em outras palavras, o indício é o ponto de partida da presunção. Ou, visto pelo outro lado, a presunção é um juízo fundado sobre um indício".

9.2.9.2. *Indução ou dedução?*

Tema árduo – e que gera divergência – no estudo dos indícios é saber se o processo lógico realizado é de indução ou de dedução.

Em primeiro lugar, é preciso ter em mente que *raciocínio* é um encadeamento de argumentos para, ao final, se concluir algo. Trata-se de um conhecimento indireto, em que há a construção de pequenos elementos para, ao final, se chegar a um quadro maior, ou seja, a conclusão.

Assim, os raciocínios, em geral, podem ser atingidos de duas formas: (a) por dedução ou (b) por indução.

Na **dedução**, chega-se a uma conclusão específica a partir de uma ideia maior. Assim, haverá uma premissa maior, uma premissa menor e uma conclusão. A conclusão será verdadeira caso todas as premissas sejam, também, verdadeiras, o que garante a validade desta. Ex.: todo ser humano é mortal (premissa maior); João é um ser humano (premissa menor); logo, João é mortal (conclusão). Veja: partiu-se da premissa maior para a menor.

Já na **indução**, percorre-se o caminho contrário, ou seja, parte-se de uma premissa menor, procurando um padrão (que é a premissa maior) para, então, se chegar a uma conclusão. É menos crível que a dedução. Ex.: o pato tem bico, o tucano tem bico e o papagaio tem bico (premissas menores); aves têm bico (premissa maior); logo, quem tem bico é ave. Veja: parte-se da premissa menor para a maior.

Percebe-se que, na indução, enumeram-se situações que corroboram, em princípio, com uma premissa maior, que leva o estudioso a uma conclusão. Quanto maior o número de situações particulares, maior será a chance de se ter certeza a respeito da conclusão (embora *provável* apenas).

Aplicando-se esses conceitos ao Processo Penal e seguindo-se a lição clara de Nucci, tem-se que "os indícios compõem o cenário da **indução**, que representa o raciocínio lógico formado por inúmeros elementos captados da realidade, de maneira individual, para, após, colocando-os em apreciação conjunta, permitirem o conhecimento de algo maior e antes ignorado. O raciocínio indutivo permite a formação da premissa maior de uma dedução. A partir daí, o julgador extrai a conclusão de que o réu cometeu o delito e deve ser por ele condenado" (Provas, 2015, p. 264).

Desta feita, por exemplo, se (1) há manchas de sangue no apartamento do suspeito, se (2) essa mancha é recente e há indicativos de que foi recentemente removida com produtos químicos e se (3) na lavanderia do imóvel há um pano em processo de lavagem com manchas de sangue, pode-se concluir que tudo isto "constitui indício quanto a suposta ocorrência do crime de fraude processual" (STJ, HC nº 137.206SP, rel. Min. Napoleão Nunes Maia Filho, j. 01.12.09).

Vê-se, então, que **os indícios estão no raciocínio indutivo** (Dallagnol, 2015), partindo-se de pequenos fragmentos fáticos isolados para se chegar a uma premissa maior e genérica, chegando-se a uma ulterior conclusão. Assim, conforme o julgado acima, se existia mancha de sangue no chão e um pano com mais manchas na lavanderia (premissas menores) e a morte da vítima gerou extravasamento de sangue, o que geralmente ocorre em homicídios (premissas maiores), a conclusão que se pode chegar é: a vítima morreu naquele local e ali houve o início de uma fraude processual para acobertar o crime contra a vida, já que se trata de forte *indício* que os panos da lavanderia tenham sido utilizados para limpar os vestígios deixados pelo homicídio.

9.2.9.3. *Presunção e suspeita*

A **presunção** é uma mera opinião, uma suposição, que, quando não é de origem legal, não pode servir como meio de prova. São simples probabilidades, de conclusão lógica.

Como mencionado, somente é admitida a presunção como meio de prova quando a própria lei assim autorizar, como ocorre no crime de estupro de vulnerável, em que, de acordo com o Superior Tribunal de Justiça, há uma *presunção absoluta* de violência no art. 217-A, CP, de modo que o consentimento do adolescente não possui nenhuma relevância jurídico-penal (REsp nº 1.480.881/PI, rel. Min. Rogerio Schietti, j. 26.08.15 – recurso repetitivo).

Há dois tipos de presunção: "juris" (legal) e "homnis". A presunção legal está positivada no ordenamento e pode ser *absoluta*, que não admite prova em contrário (como a inimputabilidade do réu menor de 18 anos), ou pode ser *relativa*, que admite prova em contrário (como a inimputabilidade do réu doente mental, que pode comprovar que era inimputável ao tempo do crime). Já a presunção "homnis" é aquela ordinária, cotidiana, do que comumente ocorre (há uma maior prática de roubos e furtos do que o crime de reprodução de peça filatélica, p. ex.).

Por fim, é preciso saber o conceito de **suspeita**, que é a mera suposição, uma desconfiança. Enquanto o indício possui caráter objetivo (com base em dados fáticos), a suspeita é subjetiva (com base no ânimo do agente). A suspeita apenas tem força para principiar investigações, mas nunca para condenar.

9.2.9.4. *Contraindício*

É o indício negativo, ou seja, que invalida o indício; ou seja, assim como existe a prova e a contraprova, há o indício e o contraindício.

Exemplo: o agente é encontrado com a arma do crime (indício de que praticou o delito), mas apresenta, como *álibi*, a gravação do sistema de monitoramento de um shopping mostrando que ele estava a quilômetros de distância do local do crime no momento da sua prática (um contraindício).

9.2.9.5. *Valor probatório*

Assim como todas as demais provas do processo, os indícios possuem valor relativo. De acordo com Marcellus Polastri Lima, "adotado o princípio do livre convencimento e não existindo hierarquia entre as provas no processo penal, a prova indiciária é válida (...). Assim, perante nosso ordenamento jurídico, a prova indiciária tem o mesmo valor de outras provas" (Curso, 2016, p. 608).

Para uns (Távora e Alencar, 2014), poderão os indícios lastrear validamente sentença condenatória ou absolutória. Já para outros (Mirabete, 2007), não é possível a condenação apoiada exclusivamente em indícios.

Já decidiu o Superior Tribunal de Justiça que "vigora no processo penal brasileiro o princípio do livre convencimento, segundo o qual o magistrado, desde que fundamentadamente, pode decidir pela condenação, ainda que calcada em indícios veementes de prática delituosa" (HC nº 15.736/MG, rel. Min. Fernando Gonçalves, j. 03.04.01). Assim, "uma sucessão de indícios e circunstâncias, coerente e concatenados, podem ensejar a certeza fundada que é exigida para a condenação" (STJ, AgRg no Ag nº 1.206.993/RS, rel. Min. Sebastião Reis Júnior, j. 05.03.13).

A Corte Interamericana de Direitos Humanos, no caso *Escher e outros vs. Brasil*, entendeu ser legítimo o uso de prova circunstancial, de indícios e de presunções para fundamentar uma sentença, desde que se possa inferir conclusões consistentes sobre os fatos (juiz Roberto Figueiredo Caldas, j. 06.07.09).

9.2.10. Busca e apreensão

9.2.10.1. *Conceito e natureza jurídica*

Por mais que se trate de um só instituto, há que se distinguir o significado de *busca* e o de *apreensão*. Buscar é procurar algo; apreender é tomar, confiscar. De forma simplificada "a busca e a apreensão constituem a diligência que se realiza objetivando a procura de alguma coisa ou de alguém para apreendê-la" (Tourinho Filho, 2008, p. 582).

Embora a autoridade competente realize tal medida, é possível que se busque e não se apreenda (ex.: polícia procura por armas e não as acha) ou que se apreenda sem busca (ex.: o suspeito entrega seu computador à polícia voluntariamente).

De acordo com a doutrina, sua natureza jurídica é de *meio de obtenção de prova*, já que o seu objetivo não é provar a autoria ou a materialidade de um delito, mas, sim, buscar e apreender as provas que servirão para tal finalidade. Trata-se, pois, de medida acautelatória que tem o objetivo de preservar e assegurar a produção de uma prova. Conforme Marcão (Código, 2016, p. 524), "em si consideradas, a busca e também a apreensão nada provam. Quem faz prova é o documento (por força de seu conteúdo), o objeto, o instrumento do crime apreendido etc. Como providências acautelatórias, visam apenas evitar o perecimento; trata-se de mecanismo jurídico por meio do qual se faz possível introduzir determinada prova aos autos, mas não meio de prova".

Então, por exemplo, a execução de uma busca e apreensão não prova a autoria do crime, mas tem por finalidade buscar e apreender os objetos (documentos, armas etc.) *que servirão de prova* da autoria que se quer comprovar.

A expedição de mandado de busca e apreensão não pode estar amparada apenas em "denúncia anônima", devendo haver, previamente, o mínimo de apuração sobre a plausibilidade dos fatos (STF, HC nº 180.709/SP, rel. Min. Gilmar Mendes, j. 05.05.20).

9.2.10.2. *Iniciativa*

A busca poderá ser determinada de ofício pelo juiz ou a requerimento de qualquer das partes (art. 242, CPP).

No caso do delegado de polícia, dispõe o art. 6º, II, CPP, que, logo que tiver conhecimento da prática do crime, a autoridade policial deverá apreender os objetos que tiverem relação com o fato, após liberados pelos peritos criminais. Tal medida independe de qualquer ordem judicial, já que a autorização desta iniciativa é legal.

Quanto ao juiz, a Constituição Federal, no art. 5º, XI, determinou que casa é asilo inviolável do indivíduo, ninguém nela podendo ingressar sem consentimento do morador, salvo nos casos de flagrante, desastre, para prestar socorro ou, durante o dia, mediante *ordem judicial*. Determinou-se, assim, uma **reserva jurisdicional**, ou seja, confinou-se ao âmbito do Poder Judiciário a prática de certos atos, onde se inclui a expedição de mandado de busca e apreensão, já que o seu cumprimento gerará algum tipo de restrição a direitos individuais protegidos (no caso, a inviolabilidade de domicílio).

No que diz respeito às Comissões Parlamentares de Inquérito (CPI), a Constituição Federal estipulou, no art. 58, § 3º, que elas "terão poderes de investigação próprios das autoridades judiciais". Mas, de acordo com clássico posicionamento do Supremo Tribunal Federal, a CPI não pode determinar uma busca e apreensão em ambiente protegido constitucionalmente, já que se trata de medida que só pode ser determinada por um magistrado (MS nº 23.652/DF, rel. Min. Celso de Mello, j. 22.11.00).

Quanto aos agentes fazendários (fiscais de renda, auditores da Fazenda etc.), estes não poderão, contra a vontade de quem de direito, ingressar sem um mandado judicial em **espaço privado** onde alguém exerce sua profissão (empresa, comércio, escritório de contabilidade etc.), sob pena de a prova resultante desta diligência de busca e apreensão reputar-se inadmissível, já que (a) não há que se falar em autoexecutoriedade de um ato que exige uma ordem judicial e (b) os agentes do Estado até podem muito, mas não podem tudo, de forma que devem respeitar as normas constitucionais quanto aos direitos individuais (STF, HC nº 103.325/RJ, rel. Min. Celso de Mello, j. 03.04.12).

O mesmo se diz quanto às autoridades sanitárias, cujo poder de polícia administrativa não autoriza o ingresso numa casa sem autorização de seu morador, mesmo que seja, por exemplo, para a fiscalização em ações de combate à dengue ou outras doenças (Ramos, Curso, 2015); atentar, todavia, à Lei nº 13.301/16, que permite o ingresso forçado de agentes sanitários em imóveis em situação de abandono ou com ausência ou recusa da pessoa em permitir o acesso quando essencial à contenção de doenças, conforme seu art. 1º, § 1º, IV – o que é de duvidosa constitucionalidade, mas pode-se sustentar a prevalência do interesse coletivo (saúde pública) sobre o privado (intimidade de quem se recusa a colaborar com os agentes de saúde).

Quanto à polícia militar, entende o Superior Tribunal de Justiça que a instituição poderá cumprir mandado de busca e apreensão expedido pela autoridade judicial competente, já que, quanto à função de polícia investigativa, não há exclusividade às polícias civil e federal, que apenas têm exclusividade quanto à função de polícia judiciária (HC nº 339.572/SC, rel. Min. Maria Thereza de Assis Moura, j. 02.02.16). Desta forma, a Constituição Federal diferencia as funções de polícia judiciária e de polícia investigativa, sendo que apenas a primeira foi conferida com exclusividade à polícia federal e à polícia civil, evidenciando a legalidade de investigações realizadas pela polícia militar e da busca e apreensão por aquela corporação, realizada mediante ordem judicial (HC nº 316.687/MG, rel. Min. Maria Thereza de Assis Moura, j. 27.05.15).

9.2.10.3. *Âmbito de proteção*

Viu-se que a Carta da República estabelece a casa como asilo inviolável, salvo exceções nela previstas. A questão que se coloca aqui é saber qual é o âmbito de proteção do termo *casa*.

A inviolabilidade de domicílio deve ser interpretada de forma ampla, abrangendo qualquer compartimento habitado, até mesmo um aposento não aberto ao público, utilizado tanto para moradia como para o exercício de alguma profissão ou atividade, incluindo-se, assim, consultórios, escritórios, comércios etc.

Consoante Bernardo Gonçalves Fernandes (Curso, 2016), a inviolabilidade de domicílio deve compreender, além do sentido estrito de domicílio, o pátio fechado ou de acesso restrito de uma casa (quintal); a boleia de um caminhão (onde o caminhoneiro dorme e guarda seus bens); os *trailers*, cabines de barcos, *motor-homes* e afins (destinados à habitação, ainda que provisória); o quarto ocupado de hotel, motel, pensão e congêneres; e os escritórios, consultórios e gabinetes de trabalho quando ocupados.

Corroborando, o art. 150, § 4º, CP, cuja norma é de natureza explicativa, dispõe que a expressão "casa" compreende (a) qualquer compartimento habitado; (b) o aposento ocupado de habitação coletivo; e (c) o compartimento não aberto ao público, onde alguém exerce profissão ou atividade. Por outro lado, o § 5º, dispõe que não se compreende na expressão "casa" (a) a hospedaria ou qualquer habitação coletiva, enquanto aberta e desocupada e (b) a taverna, casa de jogos e afins.

Curiosamente, a Lei nº 13.870/19, alterando o art. 5º, § 5º, do Estado do Desarmamento, prevê que, para fins de posse de arma de fogo aos residentes em área rural, "considera-se residência ou domicílio toda a extensão do respectivo imóvel rural". Logo, para fins criminais e exclusivamente em relação ao crime de posse ilegal de arma de fogo, será possível a expedição de mandado de busca e apreensão abrangendo toda a extensão do imóvel rural, pois, se a lei permite a posse em maior extensão territorial, o respectivo mandado judicial deverá alcançar essa mesma extensão, sob pena de se ter uma proteção penal insuficiente, o que não se pode aceitar.

Permite-se a **entrada** de uma pessoa no domicílio alheio nos seguintes casos: (i) se houver consentimento do morador, em qualquer hora e dia; (ii) em caso de flagrante, em qualquer hora e dia; (iii) em caso de desastre ou para prestar socorro, em qualquer hora e dia; e (iv) por determinação judicial, *apenas durante o dia*.

Tema controvertido é saber o alcance da expressão "durante o dia". Utilizou-se tal expressão como meio de garantir que buscas não sejam feitas durante a escuridão, sem fiscalização pelo morador, de modo a demonstrar a transparência do ato estatal. Há, ao menos, duas posições: (a) para uns, o dia é compreendido da aurora (nascer do sol) ao crepúsculo (pôr do sol); (b) já para outros, o dia é compreendido das 06 horas às 18 horas.

Não há um entendimento pacífico, mas a maioria sustente que o melhor é adotar um critério horário determinado, como o apresentado; por outro lado, há locais no Brasil em que o sol nasce praticamente às 5h (como João Pessoa/PB) e se põe muitas vezes após as 19h, de forma que a diligência de busca e apreensão poderia se iniciar ou se estender em diferentes horários a depender da localidade dentro do território nacional.

Parece mais acertada, todavia, uma terceira posição, intermediária, a fim de se garantir maior proteção à noite do que ao dia, ou, ao menos, equivalente. Logo, o "dia" e a "noite" devem ter 12 horas de duração, podendo a "noite", eventualmente, ter duração maior, já que esse período é o objeto de proteção constitucional. Assim, uma lei, por exemplo, poderia ditar que a medida de busca e apreensão pode ser feita das 6h às 18h (um dia com exatas 12 horas de duração; e uma noite, idem); todavia, seria inconstitucional uma lei prevendo possibilidade de buscas das 6h às 20h, pois isso significaria menor proteção constitucional ao período noturno e maior extensão do período diurno, o que soa inaceitável.

Justamente em razão disso, parece inconstitucional o trecho do art. 22, § 1º, III, Lei nº 13.869/19, ao prever ser crime de abuso de autoridade cumprir mandado de busca e apreensão domiciliar após as 21h ou antes das 5h. Isso porque, como defendido, o "dia" passou a ter duração de dezesseis horas, o equivalente a dois terços de um dia todo, enquanto a "noite" passou a ter menor proteção constitucional. Entender o contrário significa aceitar a possibilidade de o legislador, a qualquer momento, estabelecer que o "dia", para fins de busca e apreensão, poderá ter fim às 22h ou mesmo às 23h, o que seria ilógico e inconstitucional.

Como curiosidade apenas, o Código de Processo Civil dispõe que os atos processuais (em geral) serão realizados das 6h às 20h (art. 212). Atente-se ao texto literal do art. 245, CPP, que dispõe que, "as buscas domiciliares serão executadas de dia, salvo se o morador consentir que se realizem à noite".

Verificando o art. 5º, XI, CF, constata-se que o texto afirma que a casa é asilo inviolável, ninguém, nela podendo *penetrar* sem o consentimento do morador, salvo nos casos ali colocados. Assim, veda-se o *ingresso* de alguém, mas nada se diz sobre a *permanência* de alguém quando o ingresso se deu dentro do período diurno e se estendeu para o período noturno. Exemplo: polícia ingressa na casa do investigado, com mandado judicial para cumprimento de busca e apreensão, às 17h30, com o dia ainda claro; a questão que se põe é saber se os agentes policiais poderão permanecer e cumprir a diligência para além do período diurno ou se precisarão ir embora logo que se alcance as 18h ou escureça. Entende-se que, de modo excepcional e proporcional, **será permitido estender a diligência para o horário noturno se ela teve início no período diurno**, principalmente em razão da complexidade da diligência e com o fim de não prejudicar as investigações, considerando que o adiamento/interrupção da medida poderá causar grave dano à colheita da prova.

Ainda, mais do que excepcionalmente, o Supremo Tribunal Federal já admitiu o ingresso de policiais, no período noturno, para a instalação de equipamentos para captação de sinais óticos e acústicos no escritório do investigado, pois, do contrário, a medida restaria ineficaz se cumprida durante o dia (Inq. nº 2.424/RJ, rel. Min. Cezar Peluso, j. 26.11.08). Outro exemplo, comumente trazido, diz respeito à busca e apreensão em casa de prostituição que funciona apenas durante a noite e de madrugada, de modo que seria totalmente inútil o cumprimento da medida durante o dia, pois nada seria encontrado.

Por fim, questão bastante interessante foi julgada pela Suprema Corte dos EUA (*Kyllo v. United States*, 533 U.S 27), em que a polícia, suspeitando que Danny Lee Kyllo estava cultivando maconha em sua casa, resolveu utilizar um scanner térmico (ou termal) para verificar se havia calor suficiente dentro da casa que permitisse o plantio da droga. Assim, a polícia, por meio de imagens térmicas da garagem e de parte da casa, verificou que havia temperatura mais elevada do que o normal, consistente com o cultivo de maconha em estufas. Na sequência, a polícia, então, solicitou um mandado de busca e apreensão domiciliar, o que foi deferido pelo juiz local, situação em que as estufas de droga foram localizadas. Kyllo sustentou que o uso do scanner representou uma violação à sua intimidade, numa típica invasão de domicílio; a polícia, de outro lado, sustentou que não houver violação de intimidade, mas apenas verificação da temperatura do local. A Suprema Corte entendeu concordou com Kyllo e decidiu que o uso do scanner térmico só é possível com autorização judicial, pois, mesmo que não haja a entrada física dos agentes estatais numa residência, as pessoas possuem legítima expectativa de privacidade. Assim, diante da anulação das provas, Kyllo foi absolvido.

9.2.10.4. *Objetivos da busca e apreensão*

Dispõe o art. 240, § 1º, CPP, os possíveis objetivos da busca e apreensão:

a) prender *criminosos*;

b) apreender coisas achadas ou obtidas por meios criminosos;

c) apreender instrumentos de falsificação ou de contrafação e objetos falsificados ou contrafeitos;

d) apreender armas e munições, instrumentos utilizados na prática de crime ou destinados a fim delituoso;

e) descobrir objetos necessários à prova de infração ou à defesa do réu;

f) apreender cartas, abertas ou não, destinadas ao acusado ou em seu poder, quando haja suspeita de que o conhecimento do seu conteúdo possa ser útil à elucidação do fato;

g) apreender pessoas *vítimas* de crimes;

h) colher qualquer elemento de convicção.

Este rol, para a doutrina, é taxativo, não havendo que se falar em sua ampliação. Tal observação é de pouca utilidade prática, pois basta ver o item *h* para se compreender que é possível a busca e apreensão de "qualquer elemento de convicção", o que abre um leque enorme de possibilidades de coisas e objetos que podem ser buscados e apreendidos.

Em relação ao item *f*, que trata da busca e apreensão de cartas, abertas ou não, destinadas ao acusado ou em seu poder, para uns houve sua revogação pelo art. 5º, XII, CF, que garante a inviolabilidade de correspondência; para outros, tal garantia de inviolabilidade não é absoluta, de forma que o interesse público pode sobrepor-se a um direito individual (STF, RHC nº 115.983/RJ, rel. Min. Ricardo Lewandowski, j. 16.04.13).

Vale lembrar que o Supremo Tribunal Federal considera compatível com a Carta da República que o diretor do presídio viole as correspondências encaminhadas ou dirigidas aos presos, uma vez que nenhuma liberdade pública é absoluta e não se pode permitir a alegação da inviolabilidade epistolar como meio para se praticar crimes (HC nº 70.814/SP, rel. Min. Celso de Mello, j. 01.03.94). Lembre-se que o art. 41, XV c.c. o p.ú., Lei nº 7.210/84 (LEP), autoriza que o diretor do estabelecimento penal, por ato motivado, suspenda ou restrinja o direito de correspondência escrita dos presos.

É importante ressaltar que a Suprema Corte fixou tese de repercussão geral no seguinte sentido: "sem autorização judicial ou fora das hipóteses legais, é *ilícita* a prova obtida mediante abertura de carta, telegrama, pacote ou meio análogo" (RE nº 1.116.949/PR, rel. p/ ac. Min. Edson Fachin, j. 18.08.20). Além da reserva de jurisdição, é possível que o legislador defina hipóteses em que a atuação das autoridades públicas não será equiparável à violação de sigilo epistolar. Logo, ausente previsão legal ou ordem judicial, não se permite a abertura de correspondências, sejam cartas, pacotes ou meios análogos.

Estes objetivos, como se percebe, resultam numa busca (e possível apreensão) *positiva*, ou seja, haverá prisão, apreensão, colheita ou descoberta de algo ou de alguém e isso servirá como meio de prova – o que acontece na infinita maioria dos casos. De outro lado, é possível falar em busca e apreensão *negativa*, isto é, a realização da diligência cujo resultado é negativo por não localizar, apreender, descobrir ou colher algo ou alguém, o que pode servir, igualmente, como importante meio de prova, principalmente naquelas condutas criminosas em que o agente tinha, como pressuposto, o cumprimento de uma obrigação de guarda ou detenção. Ex.: o artigo 305, CP, referente ao crime de supressão de documento, traz a conduta de suprimir ou ocultar, em benefício próprio de outrem, ou em prejuízo alheio, documento público ou particular, de que não podia dispor; se o documento não é localizado com o agente, isso é indicativo de que, de fato, o documento foi suprimido ou ocultado; de outro lado, se ele é localizado, significa, em princípio, que não foi ocultado ou suprimido. Logo, a busca e apreensão, positiva ou negativa, é importante meio de obtenção de prova, podendo demonstrar a prática de uma conduta criminosa mesmo que nada seja localizado.

9.2.10.4.1. *Busca exploratória*

Trata-se de forma de obtenção de elementos de prova a partir de uma autorização judicial para que os executores da medida (agentes policiais, como geralmente acontece nas grandes operações) **realizem a exploração sigilosa de um local e registrem os sinais e impressões obtidos, bem como, instalem equipamentos para a captação de sinais acústicos posteriormente.**

Referido instituto ficou conhecido no meio jurídico nacional a partir da chamada "Operação Hurricane", do Departamento de Polícia Federal (STF, Inq. nº 2.424/RJ, rel. Min. Cezar Peluso, j. 26.11.08), que investigou a atuação de uma organização criminosa formada por juízes, membros do Ministério Público e advogados que estariam praticando crimes contra a Administração Pública, incluindo, principalmente, a venda de sentenças e liminares para o funcionamento ilegal de casas de jogos de azar.

Na Suprema Corte, entendeu-se pela validade dos seguintes meios de obtenção de prova através da busca exploratória:

a) ingresso de policiais em escritório de advocacia, à noite, quando o próprio advogado era um dos investigados, para o registro de elementos de prova, *sem a apreensão/arrecadação* de nenhum objeto, cujo objetivo era apenas averiguar e relatar os eventuais elementos probatórios, cuja diligência necessitava ser mantida em absoluto sigilo, não podendo ser realizada durante o dia e nem que fossem apreendidos objetos, não sendo levantadas suspeitas sobre a investigação em andamento. Tal medida é possível de ser feita, por exemplo, por meio de fotografias, filmagens e até mesmo "scanners" portáteis, concretizadas em um auto circunstanciado de diligência, mantendo-se o sigilo da investigação e aguardando-se o melhor momento para a deflagração da operação policial;

b) instalação de equipamentos de captação ambiental, durante a noite, como meio de investigação para a apuração do envolvimento de advogado em organização criminosa. Tratou-se de meio excepcional de obtenção de provas, mediante autorização judicial.

9.2.10.5. *Busca e apreensão domiciliar*

Viu-se anteriormente o conceito de casa e o seu âmbito de proteção no Direito Constitucional e no Processo Penal.

Consoante o art. 241, CPP, "quando a própria autoridade policial ou judiciária não a realizar pessoalmente, a busca domiciliar deverá ser precedida da expedição de mandado"; e o § 1º do art. 245, CPP, dispõe que "se a própria autoridade der a busca, declarará previamente sua qualidade e o objeto da diligência". Existe posição da doutrina no sentido de que tais dispositivos não foram recepcionados pelo art. 5º, XI, CF, pois a autoridade policial (leia-se: o delegado de polícia) não pode realizar uma busca e apreensão sem, antes, ter *autorização judicial*, instrumentalizada pelo mandado.

A busca poderá ser determinada de ofício ou a requerimento de qualquer das partes – observando-se todo o quanto já estudado até aqui acerca da atuação do juiz na busca da prova e dos ônus das partes. Caso a diligência seja realizada pelo próprio juiz (o que é raro e pode até gerar perigo de ofensa ao sistema contraditório), não será obrigatória a expedição de mandado – o que é questionável, pois as partes e a sociedade precisam de um processo transparente e público, com acesso ao mandado, que exporá os motivos da diligência, quem a determina, quando etc.

De qualquer modo, o mandado de busca deverá: (i) indicar, o mais precisamente possível, a casa em que será realizada a diligência e o nome do respectivo proprietário ou morador; ou, no caso de busca pessoal, o nome da pessoa que terá de sofrê-la ou os sinais que a identifiquem; (ii) mencionar o motivo e os fins da diligência; e (iii) ser subscrito pelo escrivão e assinado pela autoridade que o fizer expedir. Se houver ordem de prisão, constará do próprio texto do mandado de busca.

No que diz respeito à **indicação precisa do local onde será realizada a diligência**, entende-se que este deve ser específico e preciso, não sendo autorizadas buscas generalizadas. Em interessante caso, o Tribunal de Justiça do Estado do Rio de Janeiro havia autorizado a realização de busca e apreensão, pela polícia civil, em "residências da favela do Jacarezinho", mesmo sem indicação individualizada das casas e sem a indicação de motivos suficientes. O Superior Tribunal de Justiça, então, suspendeu a decisão carioca, considerando que o mandado judicial era genérico, com eficácia territorial ampla e geograficamente impreciso, desrespeitando as exigências do Código de Processo Penal e da própria Constituição Federal (HC nº 416.483/RJ, rel. Min. Sebastião Reis Júnior, j. 18.09.17). Assim, "indispensável que o mandado de busca e apreensão tenha objetivo certo e pessoa determinada, não se admitindo ordem judicial genérica e indiscriminada de busca e apreensão para a entrada da polícia em qualquer residência" (STJ, AgRg no HC nº 435.934/RJ, rel. Min. Sebastião Reis Júnior, j. 05.11.19).

E nos termos do já decidido pelo Supremo Tribunal Federal, a busca e apreensão depende da indicação mais precisa possível do local em que a diligência será realizada, de forma que é ilegal a apreensão de coisas em local diverso do mencionado no mandado. Ex.: busca e apreensão para a Av. Brasil, nº 100, 4ª andar – de forma que será ilegal a diligência realizada no 2º andar deste mesmo endereço.

Nas palavras da Corte, analisando pedido feito pelo então banqueiro Daniel Dantas, no âmbito da chamada *Operação Satiagraha*, "a legislação processual afirma que o mandado deverá indicar, o mais precisamente possível, o local da diligência (art. 243, CPP). A indicação, no caso concreto, não deixou margem a dúvidas. Não houve equívoco na identificação do endereço. Não se tratava de local de difícil identificação, como comumente ocorre no meio rural. Desde o início, os policiais identificaram o 28º andar como alvo da diligência – e para tal endereço o mandado foi expedido. O que ocorreu foi que, durante a diligência, os policiais identificaram um novo local de interesse. Esse novo local estava fora do âmbito do mandado em cumprimento – o mandado era expressamente direcionado ao 28º andar e para o 28º andar apenas. Por óbvio, não permitia uma diligência pisos abaixo, no 3º andar. Ou seja, não estamos diante de hipótese de interpretação dos limites do mandado de busca. A ordem claramente não contemplava o endereço aqui discutido" (HC nº 106.566/SP, rel. Min. Gilmar Mendes, j. 16.12.14).

É importante lembrar, aqui, que não-parlamentares não possuem foro por prerrogativa de função. Assim, por exemplo, o marido de uma senadora não possui tal benesse, sendo processado e julgado pelo juízo comum de primeiro grau. Logo, se ele é investigado pela polícia, eventual pedido de busca e apreensão deveria ser feito ao juízo competente, qual seja, o juízo de primeiro grau. No entanto, analisando esta situação, a 2ª Turma do Supremo Tribunal Federal entendeu que *um juiz de primeiro grau não pode determinar busca e apreensão em apartamento funcional que o suspeito divide com sua esposa, que ocupa o cargo de senadora*. Mesmo considerando que não-parlamentar (como o marido da senadora) não possui foro por prerrogativa, o âmbito de proteção conferido pela Constituição Federal a certos agentes públicos abarca a sua residência funcional, de modo que se torna ilegal o cumprimento de medida de busca e apreensão, determinada por juízo de piso, em imóvel que a senadora *divide* com seu marido, investigado pela polícia. Tal medida somente poderia ser determinada – neste imóvel habitado por ambos – pelo Supremo Tribunal Federal, ainda que tivesse como alvo unicamente o marido da senadora, ante a proteção que é conferida ao imóvel e aos bens da parlamentar, ainda que divididos com um não-parlamentar. Mesmo que o mandado expedido pelo juízo de primeiro grau limitasse a medida a objetos pertencentes exclusivamente ao marido da senadora, isso se mostraria inútil, pois não haveria meios para se identificar quais mídias, computadores ou documentos, por exemplo, pertenceriam ao marido ou à sua mulher, senadora. Uma triagem, posterior à apreensão dos bens, separando os bens do marido e os da senadora, também não se sustentaria, por implicar, reflexamente, em investigação ilegal de uma parlamentar – e, nesta situação, não há falar-se em encontro fortuito de provas, até porque a própria senadora já se encontrava, ao mesmo tempo, sendo investigada pelo Supremo Tribunal Federal pelo mesmo fato. Diante disso, ante a invasão de competência do STF, as provas obtidas pela polícia foram invalidadas (Rcl. nº 24.473/SP, rel. Min. Dias Toffoli, j. 26.06.18).

De acordo com o art. 245, CPP, as buscas domiciliares serão executadas de dia, *salvo* se o morador consentir que se realizem à noite, e, antes de penetrarem na casa, os executores mostrarão e lerão o mandado ao morador, ou a quem o represente, intimando-o, em seguida, a abrir a porta.

Em caso de desobediência pelo morador, se de dia, será arrombada a porta e forçada a entrada. Se o morador recalcitrar (desobedecer), será permitido o emprego de força contra coisas existentes no interior da casa, para o descobrimento do que se procura. De qualquer modo, deve-se obedecer ao art. 248, CPP, que afirma que em casa habitada, a busca será feita de modo que não moleste os moradores mais do que o indispensável para o êxito da diligência (dever de urbanidade).

Se é determinada/específica a pessoa ou coisa que se vai procurar, o morador será intimado a mostrá-la. Descoberta a pessoa ou coisa que se procura, será imediatamente apreendida e posta sob custódia da autoridade ou de seus agentes. A partir deste momento, deve-se cessar a diligência.

Caso a diligência seja cumprida quando ausentes os moradores da casa (ou houver algum incapaz apenas, como um menor de idade ou pessoa com deficiência que não lhe permita acompanhar o ato, p. ex.), o executor da diligência observará as disposições acima (arrombamento da entrada e emprego de força contra as coisas) e deverá intimar a assistir à diligência qualquer vizinho, se houver e estiver presente (§ 4º, art. 245, CPP).

É importante ressaltar que – diante da ausência de mandado judicial – caso um dos moradores fisicamente presente negue consentimento para a busca, ela não poderá ser realizada, tornando a busca sem mandado ilegal (*Georgia vs. Randolph*, 547 U.S 103). No mesmo sentido, a doutrina nacional ensina que, no regime de igualdade entre os moradores, no conflito entre autorizar ou não uma busca sem mandado, terá maior razão quem a negar (Masson, 2014).

Não sendo encontrada a pessoa ou coisa procurada, os motivos da diligência serão comunicados a quem tiver sofrido a busca, se o requerer.

Finda a diligência, os executores lavrarão auto circunstanciado, assinando-o com duas testemunhas presenciais (e pelo vizinho, se acompanhou a diligência, no caso de ausência dos moradores durante a diligência).

No mais, a autoridade ou seus agentes poderão penetrar no território de jurisdição alheia, ainda que de outro Estado, quando, para o fim de apreensão, forem no seguimento de pessoa ou coisa, devendo apresentar-se à competente autoridade local, antes da diligência ou após, conforme a urgência desta. Entender-se-á que a autoridade ou seus agentes vão em seguimento da pessoa ou coisa, quando: (a) tendo conhecimento direto de sua remoção ou transporte, a seguirem sem interrupção, embora depois a percam de vista; ou (b) ainda que não a tenham avistado, mas sabendo, por informações fidedignas ou circunstâncias indiciárias, que está sendo removida ou transportada em determinada direção, forem ao seu encalço.

Se as autoridades locais tiverem fundadas razões para duvidar da legitimidade das pessoas que, nas referidas diligências, entrarem pelos seus distritos, ou da legalidade dos mandados que apresentarem, poderão exigir as provas dessa legitimidade, mas de modo que não se frustre a diligência.

9.2.10.6. *Busca pessoal*

Tratando-se de um "verdadeiro constrangimento legal, a busca pessoal é modalidade de diligência que recai diretamente sobre a pessoa, e também sobre pertences seus, tais como vestimenta, carteira, celular, bolsa, mala, automóvel, motocicleta etc., daí ser possível falar em busca pessoal *direta* e *indireta* nas situações respectivamente indicadas" (Marcão, Código, 2016, p. 527).

Dita o art. 244, CPP, que a busca pessoal independerá de mandado nos casos que lá especifica. Para o Superior Tribunal de Justiça, somente **juiz**, **policiais** ou **seus agentes** estão autorizados, por lei, a realizar busca e apreensão pessoal ou domiciliar. Assim, um segurança de empresa particular, por exemplo, não pode "solicitar" a abertura de bolsas com o fim de "evitar" possíveis ilícitos (STJ, HC nº 470.937/SP, rel. Min. Joel Ilan Paciornik, j. 04.06.19).

Percebe-se que, mais do que simplesmente apurar eventual crime que possa estar sendo cometido, a busca pessoal tem como fim precípuo *evitar a ocorrência de delitos*. Torna-se possível, portanto, subdividi-la em (1) busca investigativa e (2) busca preventiva.

Será **investigativa**, independendo da expedição de mandado judicial, (a) no caso de prisão ou (b) quando houver fundada suspeita de que a pessoa esteja na posse de arma proibida ou de objetos ou papéis que constituam corpo de delito, ou (c) quando a medida for determinada no curso de busca domiciliar.

E será **preventiva** quando o objetivo for evitar a prática de ilícitos penais, podendo ser condição para o ingresso em certos locais, sejam públicos ou privados. Exemplo comum é a revista feita pela polícia para a entrada em jogos esportivos, tal como previsto no art. 13-A, III, do Estatuto do Torcedor (Lei nº 10.671/03), que determina ser condição para o acesso e permanência no recinto esportivo o torcedor consentir para a revista pessoal de prevenção e segurança.

É importante lembrar que existe a possibilidade de busca pessoal de natureza contratual, por razões de segurança, tal como as que ocorrem em eventos festivos ou casas noturnas. Exemplo disso é a previsão do art. 34 do Estatuto do Desarmamento (Lei nº 10.826/03), que prevê que os promotores de eventos em locais fechados, com aglomeração superior a mil pessoas, adotarão, sob pena de responsabilidade, as providências necessárias para evitar o ingresso de pessoas armadas, ressalvados os eventos garantidos pelo art. 5º, VI, CF (cultos religiosos).

Quando se prende alguém em razão da prática de um crime, autoriza-se a realização de busca pessoal, a fim de verificar se o agente não traz nenhum objeto do crime. É possível a busca pessoal, também, quando houver suspeita de que a pessoa traga consigo armas ou objetos do crime. E, no mais, quando a polícia realizar busca domiciliar, estará autorizada a realizar a busca pessoal nos seus ocupantes.

A dispensa de mandado para a busca pessoal exige "fundada suspeita" de que a pessoa esteja com arma proibida ou portando objetos ou papéis que constituam corpo de delito, ou seja, não se trata de mera intuição policial ou de *achismos* (elementos subjetivos), exigindo a lei elementos sérios indicativos e **objetivos** da necessidade da medida (STF, HC nº 81.305/GO, rel. Min. Ilmar Galvão, j. 13.11.01). É ilícita a revista pessoal realizada por policiais sem a existência de justa causa para a medida; no caso, policiais reconheceram uma pessoa pela foto em postagens numa rede social comunitária, e, apenas por isso, sem qualquer situação de flagrância, realizaram a abordagem, o que torna ilícita a conduta e toda e qualquer prova obtida a partir disso (STJ, HC nº 561.329/SP, rel. Min. Nefi Cordeiro, j. 16.06.20).

Não é necessário mandado judicial para busca em carro do investigado suspeito de que esteja na posse de material que possa ser o próprio corpo de delito; todavia, se o veículo for utilizado como casa (como caminhões, barcos, trailers etc.) será indispensável o mandado judicial (STF, RHC nº 117.767/DF, rel. Min. Teori Zavascki, j. 11.10.16).

Consoante o Superior Tribunal de Justiça, é "**ilícita** a devassa de dados, bem como de conversas de *WhatsApp*, obtidas diretamente pela polícia em celular apreendido no flagrante, sem prévia autorização judicial" (RHC nº 51.531/RO, rel. Min. Nefi Cordeiro, j. 19.04.16). O mesmo se diga em relação às mensagens *SMS*.

Exemplo: Fulano é preso em flagrante por tráfico de drogas e os policiais, com o celular do preso em mãos, acessam suas mensagens trocadas que comprovam o tráfico de drogas. Tal atitude é ilegal.

Assim, na ocorrência de prisão em flagrante, ainda que dispensável ordem judicial para a apreensão de telefone celular (pois se trata de objeto relacionado ao crime, que pode ser apreendido pela polícia, conforme o art. 240, § 1º, *e*, CPP), as mensagens armazenadas no aparelho estão protegidas pelo sigilo telefônico, que compreende, igualmente, a transmissão, recepção ou emissão de símbolos, caracteres, sinais, escritos, sons ou informações de qualquer natureza, por meio de telefonia fixa ou móvel, ou, ainda, por meio de sistemas de informática e telemática (STJ, RHC nº 67.379/RN, rel. Min. Ribeiro Dantas, j. 20.10.16).

Exemplo: João é preso em flagrante por tráfico de drogas e a polícia aprendeu seu aparelho celular. Como não havia senha, o delegado abriu o *WhatsApp* e verificou diversas conversas de João, inclusive a respeito da negociação das drogas. As mensagens foram transcritas no inquérito policial, servindo de elemento informativo. Entende-se que, sem prévia autorização judicial, são nulas as provas obtidas pela polícia por meio da extração de dados e de conversas registrar no aparelho quando o fato é originado de prisão em flagrante.

Em outro caso, a polícia foi acionada por uma moradora que viu um homem na porta de uma residência vizinha em atividade suspeita e, com o número da placa do veículo utilizado, a polícia o localizou num posto de combustíveis da região, conduzindo os ocupantes do veículo, na sequência, até a delegacia. Lá, os policiais acessaram os celulares dessas pessoas, cujas mensagens trocadas indicavam que eles estavam repassando informações sobre os imóveis que seriam furtados nos próximos dias. Para o Superior Tribunal de Justiça, a autoridade policial agiu de forma incorreta, pois deveria ter, após a apreensão dos aparelhos, representado judicialmente pela quebra de sigilo dos dados, haja vista a existência de garantia à inviolabilidade da intimidade e da vida privada, conforme o art. 5º, X, CF. Assim, a análise dos dados armazenados nas conversas de *WhatsApp* revela violação à intimidade quando não precedida de autorização judicial (RHC nº 89.981/MG, rel. Min. Reynaldo Soares da Fonseca, j. 05.12.17).

Corrobora este entendimento o previsto no art. 7º, I a III, da Lei nº 12.965/14 (Marco Civil da Internet), dispondo que é assegurado a todos os usuários de internet os direitos de (a) inviolabilidade da intimidade e da vida privada; (b) inviolabilidade e sigilo do fluxo de comunicações pela internet, *salvo ordem judicial*; e (c) inviolabilidade e sigilo das comunicações privadas armazenadas, *salvo ordem judicial*.

De forma similar entendeu recentemente a Suprema Corte norte-americana, que fixou que os policiais, numa prisão em flagrante, são livres para examinar os aspectos físicos e externos de um telefone celular, como para, por exemplo, verificar se ele não pode ser utilizado como arma (escondendo lâminas cortantes, por exemplo), mas, uma vez eliminada qualquer potencial ameaça física, os dados do aparelho não poderão ser acessados sem um mandado expedido por um juiz. A Corte afirmou que, nos dias de hoje, os celulares modernos são mais do que uma conveniência tecnológica, podendo um indivíduo transportar suas informações privadas a qualquer lugar, o que não torna essa possibilidade merecedora de menor proteção quanto à privacidade esperada pelas pessoas quanto aos seus dados particulares (*Riley v. California*, nº 13-132, 573 U.S.). E nas palavras do Superior Tribunal de Justiça, "com o avanço tecnológico, o aparelho celular deixou de ser apenas um instrumento de comunicação interpessoal. Hoje, é possível ter acesso a diversas funções, entre elas, a verificação de mensagens escritas ou audíveis, de correspondência eletrônica, e de outros aplicativos que possibilitam a comunicação por meio de troca de dados de forma similar à telefonia convencional" (HC nº 491.895/GO, rel. Min. Ribeiro Dantas, j. 07.05.19).

A melhor solução **para o caso de prisão em flagrante**, portanto, é a seguinte: apreender o celular, com base no art. 6º, II e III, CPP, e, em seguida, o delegado de polícia deverá representar ao juiz pela quebra de sigilo dos dados armazenados no aparelho. Feito isso, a análise do conteúdo do celular será perfeitamente válida, com o competente controle judicial acerca da violação do direito constitucional à privacidade.

Muito embora esse seja o panorama atual e pacífico, o Superior Tribunal de Justiça possui entendimento vacilante ainda no que diz respeito à licitude da conduta do policial que, durante o flagrante, **atende ligação** do celular do agente, fingindo-se passar por ele. De um lado, há posição no sentido de que é *lícita* a conduta do policial que atende o celular do agente que está sendo preso em flagrante, haja vista que não se trata de interceptação e porque diz respeito a um simples procedimento policial (5ª T., HC nº 446.102/SC, rel. Min. Ribeiro Dantas, j. 04.06.19). De outro lado, há posição no sentido de que é *ilícita* a prova obtida mediante conduta do policial que, sem autorização de quem quer que seja, atende o telefone do agente e se passa por ele, em respeito à garantia do sigilo das comunicações e à proteção da intimidade (6ª T., HC nº 511.484/RS, rel. Min. Sebastião Reis Júnior, j. 15.08.19). Resta aguardar como o tema será solucionado definitivamente.

Diferentemente disso ocorre no caso de haver **mandado judicial específico para a busca e apreensão de celular, cujo acesso aos dados será lícito**, notadamente quando a referida decisão o tenha expressamente autorizado (STJ, RHC nº 75.800/PR, rel. Min. Felix Fischer, j. 15.09.16).

Exemplo: Fulano é preso preventivamente e os policiais, com mandado de busca e apreensão em mãos, poderão acessar o conteúdo das conversas, ainda que o mandado não mencione isso explicitamente. Como o juiz autorizou a *apreensão*, está implícita a (óbvia) autorização de *acesso* aos dados do telefone, até porque, do contrário, não haveria razão de ser da própria ordem judicial.

Atente que, no caso de determinação judicial de busca e apreensão de telefone celular, a obtenção do conteúdo das conversas e mensagens armazenadas **não se subordina aos ditames da Lei nº 9.296/96** (Lei de Interceptação Telefônica), tendo em vista que o sigilo referido diz respeito à interceptação telefônica ou telemática de comunicação de dados, e não dos dados em si.

Ainda, "no que concerne à ilegalidade das provas colhidas no aparelho telefônico do recorrente, tem-se que, a despeito de a situação retratada não se configurar como interceptação telefônica de comunicações, demanda igualmente autorização judicial devidamente motivada – haja vista a garantia constitucional à intimidade e à vida privada –, o que efetivamente foi observado no caso dos autos. De fato, o celular do recorrente foi apreendido em razão de mandado de busca e apreensão, devidamente fundamentado, que autorizou a apreensão de aparelhos eletrônicos, bem como o acesso às informações armazenadas, desde que guardem relação com o crime sob investigação" (STJ, RHC nº 64.713/SP, rel. Min. Reynaldo Soares da Fonseca, j. 22.11.16).

Em caso interessante, o Superior Tribunal de Justiça diferenciou estas situações – de apreensão de aparelho celular de investigado – daquela em que o conteúdo do celular da própria vítima fatal de homicídio é analisado com autorização da esposa. Para a Corte, de fato, a regra é reconhecer a ilicitude da quebra de sigilo das conversas mantidas num aparelho celular quando não há autorização judicial. Todavia, há um caso excepcional: quando a devassa das conversas mantidas no *WhatsApp* está no celular da vítima de homicídio, cujo aparelho é entregue à polícia, por exemplo, pela **esposa da própria vítima** após o crime, cujas mensagens podem auxiliar na solução do crime. Assim, se o detentor de eventual direito ao sigilo estiver morto (dono do celular), não há mais sigilo a ser protegido, de modo que se torna desnecessária a autorização judicial para acesso ao telefone, considerando que o Processo Penal visa a proteger os interesses do acusado. O contrário seria proteger a (suposta) intimidade da vítima de homicídio, sendo que o objetivo da perícia feita em seu celular era, justamente, esclarecer o crime e punir o responsável pela sua morte (RHC nº 86.076/MT, rel. p/ acórdão Min. Rogerio Schietti Cruz, j. 19.10.17).

No mais, se, ainda que em situação flagrancial, o agente permite acesso ao celular pelos policiais, não há que se falar em ilegalidade da prova obtida (STJ, HC nº 537.274/MG, rel. Min. conv. Leopoldo de Arruda Raposo, j. 19.11.19). Igualmente, se o agente nega seja proprietário do aparelho achado na via pública próximo a ele, não há ilegalidade nos dados obtidos pelos policiais, notadamente quando a fim de localizar o real proprietário (STJ, AgRg no AREsp nº 1.573.424/SP, rel. Min. Reynaldo Soares da Fonseca, j. 08.09.20).

Em suma, a respeito da devassa do conteúdo de aparelhos celulares, tal como as conversas em aplicativos de mensagens, como o *WhatsApp*:

Polícia acessa o conteúdo do celular sem autorização judicial quando da realização de **prisão em flagrante**.	**PROVA ILEGAL**
Polícia acessa conteúdo do celular sem autorização judicial quando da realização de prisão em flagrante, mas **com permissão do agente**.	**PROVA LEGAL**
Polícia acessa o conteúdo do celular com autorização judicial quando do **cumprimento de mandado judicial**.	**PROVA LEGAL**
Polícia acessa o conteúdo do celular da vítima morta, **com autorização da esposa** e sem autorização judicial.	**PROVA LEGAL**

Destaca-se que a Lei nº 13.709/18 (Lei Geral de Proteção de Dados – LGPD), que dispõe sobre o tratamento de dados pessoais, inclusive digitais, por pessoa física ou jurídica, com o objetivo de proteger os direitos fundamentais de liberdade e de privacidade e o livre desenvolvimento da personalidade da pessoa natural, *não se aplica ao tratamento de dados pessoais realizado para fins exclusivos de atividades de investigação e repressão de infrações penais* (art. 4º, III, *d*), ou seja, os dados pessoais das pessoas podem ser quebrados para fins penais sem que isso caracterize afronta à proteção dessas informações. O bem maior (tutela da sociedade) prevalece sobre o bem individual (tutela de dados pessoais).

Como curiosidade, o Tribunal de Apelação do 11º Circuito dos EUA (Alabama, Flórida e Geórgia) já se manifestou no sentido de que os agentes policiais de fronteira podem realizar buscas em dispositivos eletrônicos – como celulares, tabletes e notebooks – sem a necessidade de um mandado judicial e até mesmo sem a necessidade de *probable cause*, bastando que haja mera suspeita de que a pessoa que está na área de fronteira tenha cometido um crime (*U.S. vs. Vergara*, nº 16-15059). A regra, como se sabe, é que haja um mandado judicial expedido por um juiz e que exista uma dúvida razoável. No entanto, esses dois requisitos não são exigidos aos agentes de fronteira dos EUA, o que inclui a alfândega e a área de imigração nos aeroportos internacionais. No caso, Hernando Vergara retornou a Tampa, na Flórida, de uma viagem a Cozumel, no México, com três celulares, sendo que um agente de fronteira, suspeitando do viajante, pediu para ver um dos celulares, quando, então, encontrou dois vídeos sexuais com duas menores de idade; a partir disso, um exame pericial foi feito nos outros aparelhos, tendo sido localizados mais de cem vídeos com pornografia infantil. Os julgadores entenderam que foi válida a busca e apreensão, não podendo ser criada uma proteção especial nesses casos e nesses aparelhos, sob pena de se acabar disseminando crimes desta magnitude.

No mais, em interessante julgado, o Superior Tribunal de Justiça analisou a prova obtida por meio do *WhatsApp Web*, que é uma forma de espelhamento do aplicativo de celular para o computador (ou seja, o que se escrever/falar no celular aparecerá no computador, e o contrário também). No caso, policiais, em diligências relacionadas ao tráfico de drogas, apreenderam um aparelho celular e, logo em seguida, a autoridade policial representou pela autorização judicial para que pudesse acompanhar a troca de mensagens pelo tal *WhatsApp Web*, o que foi deferido. Então, os policiais espelharam o telefone num computador da delegacia e o devolveram ao investigado, sem que este soubesse das informações que estavam sendo acompanhadas instantaneamente pelo computador. Chegando no STJ, a Min. Laurita Vaz entendeu que a prova colhida era **ilícita**, uma vez que tinha "natureza híbrida", sendo uma mistura de interceptação (acompanhamento de mensagens posteriores) telefônica e quebra de dados, de forma que, em razão da inexistência de regramento legal, o meio de prova era ilegal. Não se tratou de interceptação porque a polícia podia colher mensagens atuais e passadas (até mesmo sem relação com as investigações), inclusive poderia, pelo computador da delegacia, interferir nas mensagens, enviando e excluindo algumas, por exemplo, não existindo apenas um mero monitoramento das conversas, mas potencial interferência no envio de mensagens (nada impediria, p. ex., que um policial enviasse uma mensagem fingindo-se ser o investigado, forjando provas). Assim, essa possibilidade de interferência – e até de manipulação – nas conversas autorizou o reconhecimento da ilegalidade (RHC nº 99.735/SC, rel. Min. Laurita Vaz, j. 27.11.18). Essa situação não se confunde com a (legal) interceptação de e-mails e nem com a (legal) perícia sobre conversas já registras no aplicativo de mensagens.

Por fim, no caso de busca em **mulher**, esta será feita por outra mulher, se não importar retardamento ou prejuízo à diligência (art. 249, CPP). O objetivo do dispositivo é respeitar a dignidade feminina, evitando-se constrangimentos e abusos por parte do executor.

Ver, todavia, que a lei determina que a medida seja executada por uma mulher, *salvo se isso não gerar retardamento ou prejuízo à diligência*, ou seja, é preferível que uma mulher execute uma busca pessoa em outra mulher, no entanto, caso não haja, no momento, uma policial presente, a medida poderá ser realizada por um homem, pautando-se este pela dignidade da pessoa humana e pela razoabilidade. No caso, o interesse público é colocado acima do interesse individual.

Quanto à busca pessoal em travestis e homossexuais, a busca deve ser realizada pelo sexo correspondente à sua orientação sexual, respeitando-se, assim, a dignidade humana.

9.2.10.6.1. *Revista íntima em presídios*

Em primeiro lugar, é preciso distinguir revista **pessoal** de revista **íntima**. Aquela é realizada no corpo da pessoa, mas sem exposições de suas partes, como a revista executada por uma policial em uma suspeita de tráfico de drogas, apalpando-se o corpo desta, por fora, sob suas roupas, ou então, com o uso de um *scanner* corporal. De outro lado, a revista íntima é a realizada com a exposição de partes do corpo, principalmente genitais.

Em segundo lugar, é preciso ter em mente que um estabelecimento penal exige critérios rígidos de segurança (apesar de a ideia parecer utópica atualmente), com o controle de visitantes, de comida, de roupas etc. Para se ter ideia, visitar um preso exige até mesmo roupa específica (em São Paulo, homens devem ir de calça do tipo jeans, camiseta colorida e chinelo de dedo – faça chuva ou faça sol – sendo vedado o uso de bermuda, tênis, boné etc.)

É certo que o art. 5º, X, CF, assegura a inviolabilidade da vida privada, da intimidade, da honra e da imagem das pessoas; todavia, deve-se sopesar o interesse público à segurança pública e à ordem em relação ao direito individual de inviolabilidade. O ambiente de segurança controlado exige revista pessoal e isso não se discute.

Assim, realizando-se a **revista pessoal** nos estabelecimentos penais, evita-se a entrada de armas, drogas e outros objetos proibidos que poderiam atentar contra a segurança interna e, ainda, que outros crimes sejam praticados (é sabido que muitos crimes são cometidos ou comandados de dentro dos presídios através de celulares, por exemplo). O correto e o ideal seria a utilização de *scanners* corporais, como os utilizados em bancos e aeroportos, resguardando-se a intimidade e assegurando-se a segurança necessária.

Entretanto, o que se vê na prática são revistas vexatórias e humilhantes, sendo os visitantes obrigados a tirar a roupa e a ficar de cócoras (agachados), ainda nus, enquanto um agente penitenciário passa um espelho por baixo do seu corpo – e tudo isso para "comprovar" que não se está trazendo drogas, armas ou celulares dentro de seus órgãos genitais (!). São verdadeiras revistas íntimas degradantes.

Editou-se, neste contexto, a Lei Federal nº 13.271/16, que dispõe sobre a **proibição de revista íntima** de funcionárias nos locais de trabalho e trata da revista íntima em ambientes prisionais (por uma questão de igualdade, aplicam-se as mesmas regras à revista do homem, respeitando-se sua intimidade e dignidade também).

O art. 3º da referida lei assim dispunha: "nos casos previstos em lei, para revistas em ambientes prisionais e sob investigação policial, a revista será unicamente realizada por funcionários servidores femininos". Percebe-se que a redação é péssima. Desta forma, o Presidente da República o *vetou*, aduzindo que a redação do dispositivo possibilitaria interpretação no sentido de ser permitida a revista íntima nos estabelecimentos prisionais (justamente o que se queria combater e o que o texto legal sequer mencionou). Além disso, permitiria interpretação de que quaisquer revistas seriam realizadas unicamente por servidores femininos, tanto em pessoas do sexo masculino quanto do feminino (considerando que, por lógica, homens revistam homens e mulheres revistas mulheres). Assim, perdeu o legislador a chance de regular tema de extrema importância à sociedade.

Desta forma, não há, atualmente, uma lei (em sentido formal) de aplicação nacional que trate do tema. Há a Lei nº 10.792/03, cujo art. 3º, dispõe que os estabelecimentos penais terão detectores de metais para todos os visitantes – mas não há disposição acerca da revista íntima ou pessoal.

O Conselho Nacional de Política Criminal e Penitenciária editou, em 2014, a Resolução nº 05, dispondo que "a revista pessoal deverá ocorrer mediante uso de equipamentos eletrônicos detectores de metais, aparelhos de raio-x, scanner corporal, dentre outras tecnologias e equipamentos de segurança capazes de identificar armas, explosivos, drogas ou outros objetos ilícitos, ou, excepcionalmente, de forma manual" (art. 1º, p.ú.) e que são vedadas quaisquer formas de revista vexatória, desumana ou degradante, como o desnudamento, a introdução de objetos nas cavidades corporais da pessoa revistada, o uso de cães farejadores e os agachamentos e saltos (art. 2º). Apesar de elogiável, trata-se de uma resolução apenas, e não de lei formal com aplicação cogente.

Alguns Estados brasileiros, como São Paulo, buscando, por conta própria, regulamentar a visita e impedir a **revista íntima** nos presídios, editaram sua legislação. A lei paulista nº 15.552/14, *v.g.*, proíbe a revista íntima dos visitantes nos estabelecimentos prisionais (art. 1º), cujas revistas pessoais devem ser realizadas com respeito à dignidade humana (art. 2º) e através de meios mecânicos, em local reservado e com equipamentos como *scanners*, detectores de metais, aparelhos de raios-x e outras tecnologias que preservem a integridade física, psicológica e moral do visitante (art. 4º). Infelizmente, toda essa tecnologia tem um custo, que é bastante alto para os níveis brasileiros. Embora seja uma ótima iniciativa legislativa, a questão financeira acaba por impedir a concretização da dignidade humana.

Em igual sentido, diversos outros Estados já tratam de vedar a revista vexatória nos estabelecimentos penais, como Paraíba (Lei 6.081/10), Rio de Janeiro (Res. nº 30/09, SAP), Rio Grande do Sul (Portaria nº 12/08, SSP), Santa Catarina (Portaria nº 16/13, VEP de Joinville), Espírito Santo (Portaria nº 1.575/12, SEJ), Goiás (Portaria nº 435/12, AGSEP), Mato Grosso (IN nº 002/GAB da SEJDH), dentre outros.

Consoante a jurisprudência, a revista íntima para impedir o ingresso de objetos que possam colocar em risco o ambiente de segurança dos estabelecimentos penais é considerada *legítima*. Nas palavras do Superior Tribunal de Justiça, "não se configura a ilicitude da prova decorrente de revista íntima na qual se encontraram entorpecentes no corpo de denunciada, se tal procedimento não excedeu os limites do objetivo do ato, que é a garantia da segurança pública quando da entrada de visitantes em estabelecimentos prisionais. Em outras palavras, é possível a mitigação do direito à intimidade da pessoa, como na espécie, em benefício da preservação de outros direitos constitucionais igualmente consagrados, uma vez que não há, no ordenamento jurídico-constitucional, direitos fundamentais de caráter absoluto" (HC nº 328.843/SP, rel. Min. Felix Fischer, j. 15.10.15). Para a Corte, não há ato vexatório quando se tratar, a partir de fundadas suspeitas conforme o caso concreto, da identificação e retirada de entorpecentes inseridos no corpo da mulher, considerando o objetivo de coibir o tráfico de drogas nos estabelecimentos penais, ainda mais quando a revista é feita por agentes do sexo feminino e a própria suspeita retira os objetos das cavidades do seu corpo. Em suma, para o Tribunal da Cidadania, "havendo fundada suspeita de que a visitante do presídio esteja portando drogas, armas, telefones ou outros objetos proibidos, é possível a revista íntima que, por si só, não ofende a dignidade da pessoa humana, notadamente quando realizada dentro dos ditames legais, exatamente como ocorreu na espécie, cuja verificação prescinde da análise de preceitos constitucionais" (AgRg no REsp nº 1.652.864/RS, rel. Min. Jorge Mussi, j. 06.06.17).

Atentar, todavia, que será *ilícita* a prova obtida, em revista íntima, quando colhida exclusivamente a partir de denúncia anônima (STJ, REsp nº 1.695.349/RS, rel. Min. Rogerio Schietti Cruz, j. 08.10.19). Assim, é possível, claro, a revista íntima, mas desde que, antes, sejam realizadas outras diligências para apurar a plausibilidade e mesmo a veracidade da informação recebida anonimamente.

Do mesmo modo, a Comissão Interamericana de Direitos Humanos não veda a realização de revista íntima, devendo ser observada a gravidade do caso concreto e as suas circunstâncias específicas (caso nº 10.506/Argentina, j. 15.10.96). Para a Comissão, a revista íntima somente estará legitimada se (a) a inspeção corporal for realmente necessária para se alcançar o fim almejado; (b) se não existir outro meio alternativo; (c) em princípio, deve haver autorização judicial; e (d) ser realizada por profissional da saúde.

9.2.10.6.2. *Abordagem policial*

É muito comum que a polícia – principalmente a Polícia Militar ou Brigada Militar – realize *blitze* de trânsito (barreira policial), ordenando a parada de motoristas. O Anexo I do Código de Trânsito Brasileiro (Lei nº 9.503/97) dispõe que o policiamento ostensivo de trânsito é função exercida pelas Polícias Militares com o objetivo de prevenir e reprimir atos relacionados com a segurança pública e de garantir obediência às normas relativas à segurança de trânsito, assegurando a livre circulação e evitando acidentes. Da mesma forma, o art. 269, § 1º, dispõe que a ordem, o consentimento, a fiscalização, as medidas administrativas e coercitivas adotadas pelas autoridades de trânsito e seus agentes terão por objetivo prioritário a proteção à vida e à incolumidade física da pessoa.

Tem-se, portanto, que uma coisa é a realização de *blitze* para verificação de documentos do condutor e do veículo, relacionada à segurança viária; outra coisa, totalmente diversa, é a *blitze* realizada para a procura de pessoas de interesse (criminosos) e objetos relacionados a infrações penais, o que deve respeitar o art. 244, CPP, que exige que haja **fundada suspeita**.

Tal suspeita (que, na verdade, é indicativa de *indícios*, de caráter objetivo) será fundamentada na necessidade de comprovação de **situação de risco** ou de **risco às pessoas** (como o porte desautorizado de armas, porte de drogas para o tráfico, lesão ao patrimônio alheio e tutela da efetividade probatória da investigação e do processo), presente na busca pessoal (Pacelli e Fischer, Comentários, 2012). A não comprovação desta situação pode gerar a invalidação da diligência.

O respeito à exigência legal sobre a existência de "fundada suspeita" na busca pessoal evita abusos policiais e, principalmente, a *busca seletiva*, o que violaria a igualdade entre as pessoas e a dignidade humana. Não poderão os executores da diligência apenas determinar a parada de veículos simples, de pessoas aparentemente mais humildes, e nem apenas de carros de luxo, de pessoas aparentemente mais abastadas.

Exemplo: *blitze* policial para a procura de criminosos que acabaram de explodir um caixa eletrônico na região, sendo um criminoso branco e um negro, fugindo num furgão azul; os policiais podem realizar abordagens em busca dessas pessoas, sendo lícita a abordagem em furgões de cor escura ou carros com pessoas brancas e negras; por outro lado, haverá abuso (e consequente ilegalidade) caso os policiais determinem, sem a existência de fundada suspeita, a busca pessoal num carro sedan de uma família asiática sob a alegação, aleatória e sem fundamento concreto, de "buscar criminosos e instrumentos de crime".

Em interessante julgamento, a Suprema Corte dos Estados Unidos analisou se o possuidor de um veículo alugado possui o direito à proteção de sua intimidade. No caso,

Latasha Reed alugou um veículo e entregou as chaves ao seu namorado, Terrence Byrd, sem incluí-lo na lista de motoristas autorizados a dirigir o veículo. Enquanto Byrd dirigia o veículo sozinho, a polícia suspeitou de sua conduta e determinou a sua parada. Um dos policiais, na abordagem, afirmou que, como Byrd não constava como motorista autorizado a conduzir o veículo alugado e como ele tinha condenações criminais anteriores e aparentava estar nervoso, ele não tinha "expectativa razoável de privacidade" sobre o carro, de modo que realizaram uma busca pelos compartimentos do veículo e acabaram encontrando, no porta-malas, coletes à prova de balas e quarenta e nove tijolos de heroína. O tribunal local e o tribunal de apelações entenderam como correta a atitude dos policiais. Em recurso da defesa, a Suprema Corte dos EUA entendeu que mesmo os possuidores possuem direito à privacidade, ou seja, ainda que Byrd não fosse o dono do veículo e mesmo que ele não constasse como motorista autorizado a conduzi-lo, ele tinha, sim, direito à sua privacidade. Para a Corte, a expectativa de privacidade não deve diferir se o carro é alugado, pertencente a outrem ou mesmo se o motorista não constava como autorizado a dirigi-lo, pois isso não pode afetar o direito constitucional à privacidade (*Byrd vs. United States*, 584 U.S)

9.2.10.7. *Busca em escritório de advocacia*

Consoante o art. 7º, II, do EOAB (Lei nº 8.906/94), é direito do advogado a inviolabilidade de seu escritório ou local de trabalho, bem como de seus instrumentos de trabalho, de sua correspondência escrita, eletrônica, telefônica e telemática, desde que relativas ao exercício da advocacia.

E fixa o § 6º que, presentes indícios de autoria e materialidade da prática de crime por parte de advogado, a autoridade judiciária competente poderá decretar a quebra desta inviolabilidade, em decisão motivada, expedindo mandado de busca e apreensão, específico e pormenorizado, a ser cumprido **na presença de representante da OAB**, sendo, em qualquer hipótese, vedada a utilização dos documentos, das mídias e dos objetos pertencentes a clientes do advogado averiguado, bem como dos demais instrumentos de trabalho que contenham informações sobre clientes. Esta disposição não se estende a clientes do advogado averiguado que estejam sendo formalmente investigados como seus partícipes ou coautores pela prática do mesmo crime que deu causa à quebra da inviolabilidade (§ 7º).

A Portaria nº 1.288/05, do Ministério da Justiça, disciplina o cumprimento de mandados judiciais de busca e apreensão em escritórios de advocacia. De acordo com esta norma, que regula o cumprimento de diligências por parte da Polícia Federal, a busca e apreensão em escritórios de advocacia somente será requerida ao juiz em duas situações, isto é, quando houver, alternativamente (i) provas ou fortes indícios de participação de advogado na prática delituosa sob investigação ou (ii) fundados indícios de que em poder do advogado há objeto que constitua instrumento ou produto do crime ou que constitua elemento do corpo de delito ou, ainda, documentos ou dados imprescindíveis à elucidação do fato em apuração (art. 2º).

Já afirmou o Superior Tribunal de Justiça que a condição de advogado, por si só, não impede a possibilidade de cumprimento de mandado de busca e apreensão em escritório de advocacia quando os fatos que justificarem a medida lastrearem-se em indícios de autoria e materialidade da prática de crime (HC nº 204.699/PR, rel. Min. Og Fernandes,

j. 10.09.13); e, ainda, entendeu que a inviolabilidade do escritório de advocacia não é absoluta, sendo permitido nele o ingresso para cumprimento de mandado de busca e apreensão quando presentes indícios de autoria e materialidade da prática de crime pelo advogado (RHC nº 21.455/RJ, rel. Min. Jorge Mussi, j. 26.10.10); no mais, mesmo que o mandado não indique expressamente um representante da OAB para acompanhar a diligência, mas um advogado acompanhe as buscas *por solicitação dos policiais* que executaram a diligência, entendeu a Corte não haver nulidade, mas mera irregularidade, mantendo-se válida a diligência (RHC nº 39.412/SP, rel. Min. Felix Fischer, j. 03.03.15).

Em interessante caso, foi expedido mandado de busca e apreensão para apurar determinado crime (porte de arma), todavia, os policiais verificaram a prática de outro crime, de natureza permanente (tráfico de drogas), não mencionado no mandado, ocasionando um encontro fortuito no escritório de advocacia. Conforme o Superior Tribunal de Justiça, "não obstante o mandado de busca e apreensão tenha sido expedido para apuração de crime praticado pelo estagiário do escritório do recorrente, verificou-se, coincidentemente, no cumprimento da medida, a ocorrência flagrancial de dois outros crimes que possuem natureza permanente, ou seja, sua consumação se protrai no tempo. Contraria a razoabilidade exigir-se dos policiais envolvidos na diligência que fingissem não ter visto os crimes, para solicitar, *a posteriori*, um mandado específico de busca e apreensão para o escritório do recorrente" (RHC nº 39.412/SP, rel. Min. Felix Fischer, j. 03.03.15).

No mais, como já visto, entendeu a Suprema Corte ser possível a captação de sinais óticos e acústicos em escritório de advocacia quando o próprio advogado for suspeito da prática de crime, sobretudo concebido e consumado no âmbito do seu local de trabalho a pretexto de exercício da profissão. Neste sentido, inclusive, poderá a autoridade policial, com autorização judicial, ingressar no escritório, no período noturno, para instalar os equipamentos necessários à escuta ambiental, não havendo que se falar em invasão de domicílio (Inq. nº 2.424/RJ, rel. Min. Cezar Peluso, j. 26.03.10).

9.2.10.8. *Flagrante e dispensa de mandado*

Será estudado, em capítulo próprio, que os crimes de natureza permanente (aqueles cuja consumação se prolonga no tempo) admitem a prisão em flagrante enquanto durar a permanência, tal como ocorre no crime de tráfico de drogas em relação à conduta "ter em depósito" uma certa droga, que indica que o crime está sendo cometido segundo a segundo.

Aplicando-se a construção deste pensamento a tudo o que foi visto até aqui, o Superior Tribunal de Justiça entende que é *desnecessário* o mandado de busca e apreensão no caso de flagrante de crime permanente (RHC nº 51.704/SP, rel. Min. Jorge Mussi, j. 18.11.14). Assim, caso policiais suspeitem da prática de um crime permanente, será possível a prisão em flagrante, com a consequente busca e apreensão do objeto material do crime (STJ, HC nº 404.980/OS, rel. Min. Felix Fischer, j. 10.07.17).

Exemplo comum de crime permanente é o tráfico de drogas, em seus verbos "expor à venda", "ter em depósito" e "transportar". Então, se os policias sentirem forte cheiro de maconha vindo de uma casa, somando-se a essa circunstância o nervosismo do suspeito, este cenário os autorizará a realizar busca e apreensão no imóvel. Foi o que ocorreu em caso julgado pelo Superior Tribunal de Justiça, em que policiais, ao abordarem um homem suspeito que caminhava pela rua, este informou que não portava seus documentos pessoais, que estavam em sua residência; os policiais, ao chegarem na casa, sentiram forte cheiro de drogas, o que, somado o nervosismo do suspeito, acabou ensejando uma busca e apreensão sem mandado judicial, diante da potencial situação flagrancial, onde apreenderam grande quantidade de drogas, como maconha, crack e cocaína (mais de oito quilos de drogas). Desta forma, o relato de desconfiança dos policiais – como o forte cheiro das drogas e o sentimento de nervosismo do suspeito – autorizam a busca na residência em decorrência do estado de flagrância (AgRg no HC nº 423.838/SP, rel. Min. Sebastião Reis Júnior, j. 08.02.18).

Atentar, ainda, que não será possível primeiro executar a busca e apreensão para, depois, justificá-la com um flagrante, pois o que deve acontecer é exatamente o contrário: **a possibilidade concreta de flagrante é que justifica a execução da diligência – e não o oposto**.

Exemplo: policiais entram arbitrariamente na casa de um morador e começam a revirar seus bens em busca de qualquer objeto de origem criminosa; acabam encontrando uma arma ilegal; justificam a medida de busca e apreensão com base no flagrante delito. Tal diligência será *ilegal*, pois a suspeita concreta de posse ilegal de arma é que deve justificar a diligência de busca – e não o oposto.

Conforme o Superior Tribunal de Justiça, ainda que o tráfico de drogas preveja o núcleo verbo do tipo "ter em depósito", não se pode ignorar a Constituição Federal quanto à garantia de inviolabilidade domiciliar, não podendo esta ser banalizada em face de tentativas policiais aleatórias de encontrar algum ilícito em residências. Assim, a entrada forçada em domicílio, sem uma justificativa prévia conforme o Direito, é arbitrária, e não será a constatação de situação em flagrância, *posterior ao ingresso*, que justificará a medida, pois os agentes estatais devem demonstrar que havia, *antes*, elemento mínimo caracterizador de fundadas razões (5ª T., RHC nº 89.853/SP, rel. Min. Ribeiro Dantas, j. 18.02.20; 6ª T., RHC nº 83.501/SP, rel. Min. Nefi Cordeiro, j. 05.04.18).

Exemplo: policiais realizam patrulhamento de rotina e se deslocam a uma região para averiguação de denúncias de tráfico de drogas que receberam por meio do "disque-denúncias"; ao chegarem ao local, se depararam com pessoa conhecida no meio policiais empreendendo fuga; na sequência, os policiais entraram na casa do agente e depois invadem a residência de outra pessoa, que estava na companhia daquele, mas sem indicar nenhuma situação que autorizasse a medida extrema, mas lá encontram drogas. Entendeu o Superior Tribunal de Justiça que a existência de denúncias anônimas, por si só, não configura "fundadas razões" a autorizar o ingresso em domicílio alheio sem o consentimento do morador ou sem autorização judicial. Conforme o Min. Schietti, em voto-vista, a descoberta posterior de uma situação de flagrante não passou, nesta situação analisada, de mero *acaso*.

Outros exemplos: policiais militares, em patrulhamento de rotina, determinam a parada de um veículo; o motorista não respeita; os policiais saem em perseguição, ingressam num condomínio de prédios e fazem a abordagem; encontram aparelhos celulares, dinheiro e a chave de um imóvel; então, entram, sem mandado e sem suspeita crível da prática de crime, no apartamento e localizam drogas. Para o Superior Tribunal de Justiça, não houve a mínima investigação prévia e os policiais ilicitamente ingressaram em domicílio sem ordem judicial, não existindo sequer monitoramento prévio da situação ou suspeita da prática de algum crime, razão pela qual a conduta se mostrou ilícita (AgRg no HC nº 561.360/SP, rel. Min. Sebastião Reis Júnior, j. 09.06.20). Ou então, a situação em que, em patrulha rotineira, um cão da polícia sinaliza que poderia haver drogas numa casa, que é invadida pelos policiais, que acham droga. Entende-se que há ilegalidade nesta situação, pois não se tratou de flagrante, mas apenas de apreensão de droga dentro de uma residência e sem o devido mandado judicial, sem a menor apuração prévia dos fatos (STJ, AgInt no HC nº 566.818/RJ, rel. Min. Sebastião Reis Júnior, j., 16.06.20).

Em interessante caso, entendeu-se que "sem desconsiderar a proteção constitucional de que goza a propriedade privada, ainda que desabitada, não se verifica nulidade na busca e apreensão efetuada por policiais, sem prévio mandado judicial, em apartamento que **não revela sinais de habitação**, nem mesmo de forma transitória ou eventual, se a aparente ausência de residentes no local se alia à fundada suspeita de que tal imóvel é utilizado para a prática de crime permanente (armazenamento de drogas e armas), o que afastaria a proteção constitucional concedida à residência/domicílio (...). A transposição de portão em muro externo que cerca prédio de apartamentos, por si só, não implica, necessariamente, afronta à garantia de inviolabilidade do domicílio. Para tanto, seria necessário demonstrar que dito portão estava trancado, ou que havia interfone ou qualquer outro tipo de aparelho/mecanismo de segurança destinado a limitar a entrada de indivíduos que quisessem ter acesso ao prédio já no muro externo, o que não ocorre no caso concreto, em que há, inclusive, depoimento de policial afirmando que o portão estaria aberto. De mais a mais, havendo depoimento de policial, asseverando que **teria sido visualizada**, pela janela, parte do material ilícito ali existente, é de se concluir que a entrada dos policiais na quitinete em questão se deu em razão da **suspeita concreta de flagrância** do crime de armazenamento de drogas, que é permanente" (STJ, HC nº 588.445/SC, rel. Min. Reynaldo Soares da Fonseca, j. 25.08.20). No caso analisado, a polícia recebeu denúncia anônima e acabou localizando mais de quinze quilos de drogas e diversas armas de fogo. O julgado é bastante peculiar.

Desta feita, diante de um possível crime permanente, não basta a simples suspeita – pois a Constituição Federal garante a regra da inviolabilidade do domicílio – sendo necessária a existência, **prévia à execução da diligência**, de **fortes indícios** de que um determinado crime **está sendo perpetrado** naquele momento, respeitando-se a ressalva do art. 5º, XI, CF, devendo restar mais do que clara a situação de flagrante delito, sendo insuficiente a alegação de meras suspeitas subjetivas. Do contrário, os executores dessas diligências teriam uma carta em branco autorizando buscas e prisões sob a simples alegação de suspeita da prática de crimes. Ex.: permite-se a entrada de policiais em domicílio, mesmo sem mandado, após escutarem disparos de arma de fogo (STJ, HC nº 595.700/MG, rel. Min. Reynaldo Soares da Fonseca, j. 06.10.20).

O Supremo Tribunal Federal, chamado a decidir, entendeu, aplicando a sistemática da repercussão geral, que "a Constituição dispensa o mandado judicial para ingresso forçado em residência em caso de flagrante delito. No crime permanente, a situação de flagrância se protrai no tempo. Período noturno. A cláusula que limita o ingresso ao período do dia é aplicável apenas aos casos em que a busca é determinada por ordem judicial. Nos demais casos – flagrante delito, desastre ou para prestar socorro – a Constituição não faz exigência quanto ao período do dia. Controle judicial a posteriori. Necessidade de preservação da inviolabilidade domiciliar. Interpretação da Constituição. **Proteção contra ingerências arbitrárias no domicílio. Muito embora o flagrante delito legitime o ingresso forçado em casa sem determinação judicial, a medida deve ser controlada judicialmente.** A inexistência de controle judicial, ainda que posterior à execução da medida, esvaziaria o núcleo fundamental da garantia contra a inviolabilidade da casa (art. 5, XI, da CF) e deixaria de proteger contra ingerências arbitrárias no domicílio (Pacto de São José da Costa Rica, artigo 11, 2, e Pacto Internacional sobre Direitos Civis e Políticos, artigo 17, 1). O controle judicial a posteriori decorre tanto da interpretação da Constituição, quanto da aplicação da proteção consagrada em tratados internacionais sobre direitos humanos incorporados ao ordenamento jurídico. Normas internacionais de caráter judicial que se incorporam à cláusula do devido processo legal. Justa causa. **A entrada forçada em domicílio, sem uma *justificativa prévia* conforme o direito, é arbitrária. Não será a constatação de situação de flagrância, posterior ao ingresso, que justificará a medida.** Os agentes estatais devem demonstrar que havia elementos mínimos a caracterizar fundadas razões (justa causa) para a medida" (RE nº 603.616/RO, rel. Min. Gilmar Mendes, j. 05.11.15).

Neste sentido, a Suprema Corte fixou a Tese nº 280, aduzindo que **a entrada forçada em domicílio sem mandado judicial só é lícita, mesmo em período noturno, quando amparada em fundadas razões, devidamente justificadas *a posteriori*, que indiquem que dentro da casa ocorre situação de flagrante delito, sob pena de responsabilidade disciplinar, civil e penal do agente ou da autoridade, e de nulidade dos atos praticados.**

Em sentido idêntico, o Superior Tribunal de Justiça (REsp nº 1.574.681/RS, rel. Min. Rogerio Schietti Cruz, j. 03.05.17) entendeu pela ilicitude de uma busca domiciliar após policiais, em ronda de rotina, verem um indivíduo correndo para sua casa ao avistar a viatura policial; os policiais, suspeitando da atitude, seguiram o agente e, em buscas pela casa, encontraram algumas pedras de crack; para a Corte, a busca foi *ilegal*, pois a mera "intuição" acerca da traficância, embora pudesse autorizar a abordagem policial e averiguação, não autorizava, por si, o ingresso domiciliar para a realização de buscas sem o consentimento do morador ou sem ordem judicial.

Diante da clareza da exposição do Ministro Schietti, transcreve-se parte do seu voto, cuja leitura é de suma importância (com grifos):

> "O ingresso regular de domicílio alheio depende, para sua validade e regularidade, da existência de fundadas razões (justa causa) que sinalizem para a possibilidade de mitigação do direito fundamental em questão. **É dizer, somente quando o contexto fático anterior à invasão permitir a conclusão acerca da ocorrência de crime no interior da residência é que se mostra possível sacrificar o direito à inviolabilidade do domicílio** (...). Se, por um lado, a dinâmica e a sofisticação do crime organizado exigem uma postura mais enérgica por parte do Estado, por outro, a coletividade, sobretudo a integrada por segmentos das camadas sociais mais precárias economicamente, também precisa sentir-se segura e ver preservados seus mínimos direitos e garantias constitucionais, em especial o de não ter a residência invadida, a qualquer hora do dia, por policiais, sem as cautelas devidas e sob a única justificativa, não amparada em elementos concretos de convicção, de que o local supostamente seria um ponto de tráfico de drogas, ou que o suspeito do tráfico ali

> se homiziou. A ausência de justificativas e de elementos seguros a legitimar a ação dos agentes públicos, diante da discricionariedade policial na identificação de situações suspeitas relativas à ocorrência de tráfico de drogas, pode fragilizar e tornar írrito o direito à intimidade e à inviolabilidade domiciliar. Tal compreensão não se traduz, obviamente, em transformar o domicílio em salvaguarda de criminosos, tampouco um espaço de criminalidade. Há de se convir, no entanto, que só justifica o ingresso no domicílio alheio a situação fática emergencial consubstanciadora de flagrante delito, incompatível com o aguardo do momento adequado para, mediante mandado judicial, legitimar a entrada na residência ou local de abrigo. **Se é verdade que o art. 5º, XI, da Constituição Federal, num primeiro momento, parece exigir a emergência da situação para autorizar o ingresso em domicílio alheio sem prévia autorização judicial – ao elencar hipóteses excepcionais como o flagrante delito, casos de desastre ou prestação de socorro –, também é certo que nem todo crime permanente denota essa emergência.** Na hipótese sob exame, o acusado estava em local supostamente conhecido como ponto de venda de drogas, quando, ao avistar a guarnição de policiais, refugiou-se dentro de sua casa, sendo certo que, após revista em seu domicílio, foram encontradas substâncias entorpecentes (18 pedras de crack). **Havia, consoante se demonstrou, suspeitas vagas sobre eventual tráfico de drogas perpetrado pelo réu, em razão, única e exclusivamente, do local em que ele estava no momento em que policiais militares realizavam patrulhamento de rotina e em virtude de seu comportamento de correr para sua residência, conduta que pode explicar-se por diversos motivos, não necessariamente o de que o suspeito cometia, no momento, ação caracterizadora de mercancia ilícita de drogas.** A mera intuição acerca de eventual traficância praticada pelo recorrido, embora pudesse autorizar abordagem policial, em via pública, para averiguação, não configura, por si só, justa causa a autorizar o ingresso em seu domicílio, sem o consentimento do morador – que deve ser mínima e seguramente comprovado – e sem determinação judicial. Em que pese eventual boa-fé dos policiais militares, não havia elementos objetivos, seguros e racionais, que justificassem a invasão de domicílio. Assim, como decorrência da Doutrina dos Frutos da Árvore Envenenada (ou venenosa, visto que decorre da fruits of the poisonous tree doctrine, de origem norte-americana), consagrada no art. 5º, LVI, da nossa Constituição da República, é nula a prova derivada de conduta ilícita – no caso, a apreensão, após invasão desautorizada do domicílio do recorrido, de 18 pedras de crack –, pois evidente o nexo causal entre uma e outra conduta, ou seja, entre a invasão de domicílio (permeada de ilicitude) e a apreensão de drogas".

Em outro caso julgado pelo Tribunal da Cidadania, o acusado empreendeu fuga para o interior de sua residência ao avistar a autoridade policial, que realizava diligência de trânsito de rotina; após revista em seu domicílio, os policiais encontraram drogas (maconha, haxixe, cocaína e LSD); em nenhum momento foi explicitado, com dados objetivos do caso, em que consistiria eventual atitude suspeita por parte do acusado, externalizada em atos concretos. Não havia referência a prévia investigação, monitoramento ou campanas no local, e também não se tratava de averiguação de denúncia robusta sobre a existência de drogas no local. Assim, "a mera intuição acerca de eventual traficância praticada pelo paciente, embora pudesse autorizar abordagem policial, em via pública, para averiguação, não configura, por si só, justa causa a permitir o ingresso em seu domicílio, sem seu consentimento – que deve ser mínima e seguramente comprovado – e sem determinação judicial". Ademais, a *boa-fé* dos policiais, diante da ausência de elementos objetivos, seguros e racionais, não justificava a invasão de domicílio (HC nº 415.332/SP, rel. Min. Rogerio Schietti Cruz, j. 16.08.18).

10
MEDIDAS CAUTELARES PESSOAIS

10.1. TEORIA DAS MEDIDAS CAUTELARES PESSOAIS

10.1.1. Considerações iniciais

Entre o início da relação jurídica processual ou extraprocessual e a obtenção de uma decisão final, existe o perigo de alguns fatos colocarem em risco a atividade jurisdicional ou afetarem a própria utilidade e eficácia da persecução penal. Surge, então, a necessidade de aplicar medidas cautelares, que possam eliminar ou ao menos amenizar tais riscos, sendo providências urgentes objetivando proteger o processo para o atingimento da satisfação final, que é o exercício da jurisdição (Scarance, Processo, 2010).

Não existe, no Processo Penal, um verdadeiro "processo cautelar". O que se tem são **medidas cautelares** que podem ser utilizadas como forma de proteger algum objeto jurídico penal. Isso porque, *v.g.*, de nada adiantaria determinar que o acusado pague indenização à vítima se ele dilapida o seu patrimônio, ou então, ordenar o início do cumprimento da pena fixada na sentença se ele está prestes a fugir para outro país com o fim, justamente, de evadir-se, dentre outras situações.

Como explica a doutrina mais abalizada, "são cautelares as medidas com que a ordem jurídica visa a evitar que o passar do tempo prive o processo de algum meio exterior que poderia ser útil ao correto exercício da jurisdição e consequente produção, no futuro, de resultados úteis e justos" (Dinamarco e Lopes, 2016, p. 27).

Há três espécies de medidas cautelares no Processo Penal:

a) **de natureza patrimonial (real)**: atingem o patrimônio do acusado, seja em relação à obrigação de reparar os danos causados, seja em relação ao perdimento de bens (ex.: sequestro, arresto, hipoteca legal etc.). Estudou-se anteriormente em capítulo próprio.

b) **de natureza probatória**: objetivam colher uma prova que pode perecer ou se perder (ex.: produção antecipada de provas etc.). Estudou-se alhures também.

c) **de natureza pessoal (pessoal)**: são medidas que privam ou restringem a liberdade do imputado, tanto no curso das investigações quanto no do processo penal. Será o objeto de estudo deste capítulo.

10.1.2. A Lei nº 12.403/11

Até o advento da Lei nº 12.403/11, que alterou a sistemática das cautelares pessoais no Processo Penal, ou (i) o agente respondia ao processo preso cautelarmente ou (ii) solto, através de liberdade provisória, seja com ou sem fiança. Isso era o que a doutrina chamava de **bipolaridade das medidas cautelares pessoais.**

Assim, o processo vivia de extremos, não existindo um "meio termo", de forma que ou o imputado perdia a sua liberdade (estando preso) ou a eficácia do processo penal ficava em risco (estando solto) – na maioria das vezes, então, determinava-se o cárcere.

Com o advento da Lei nº 12.403/11, que promoveu reforma nos dispositivos do Código de Processo Penal referentes à prisão provisória, **o juiz passou a ter um leque de opções de medidas cautelares pessoais**, ajustando-as exatamente de acordo com o caso concreto, o que inclui, por exemplo, a monitoração eletrônica (art. 319, IX, CPP) ou a proibição de manter contato com determinada pessoa relacionada ao fato criminoso (art. 319, III, CPP), dentre outras possibilidades.

Assim, a partir da reforma processual de 2011, o juiz, entre a liberdade e a prisão do agente, possui diversas medidas – cautelares pessoais – que podem se mostrar adequadas às situações fáticas possíveis, devendo deixar a prisão apenas como *última medida e de modo excepcional* (Nicolitt, 2012).

Antigamente, por exemplo, se o agente demonstrasse indicativos de que poderia sair do Brasil, o magistrado, objetivando proteger a eficácia do processo penal, determinava a sua prisão preventiva, medida de extrema gravidade; nos dias atuais, pode-se simplesmente proibir a sua saída do território nacional, com comunicação às autoridades de fronteira e retenção de seu passaporte (art. 320, CPP). Criou-se, então, o ansiado "meio termo" necessário entre a liberdade e a prisão cautelar.

Há, hoje, as seguintes possibilidades:

a) liberdade;

b) prisão;

c) medidas cautelares pessoais diversas da prisão.

Desta feita, a partir de 2011, **coloca-se fim à bipolaridade** das medidas cautelares pessoais (STJ, RHC nº 36.443/SP, rel. Min. Rogerio Schietti Cruz, j. 16.09.14), uma vez que o juiz tem, agora, uma gama de opções para acautelar o processo penal sem que utilize, apenas, medidas extremas. Atualmente, portanto, fala-se em **polimorfologia cautelar**.

A Organização das Nações Unidas criou as *Regras de Tóquio* (Regras Mínimas Padrão das Nações Unidas para a Elaboração de Medidas Não Privativas de Liberdade), cujo item 2.3 assim determina: "para assegurar a maior flexibilidade, compatível com a natureza e a gravidade da infração, com a personalidade e os antecedentes do infrator e com a proteção da sociedade, e ainda para evitar o recurso desnecessário ao encarceramento, o sistema de justiça criminal deverá oferecer uma grande variedade de medidas não privativas de liberdade, desde medidas tomadas na fase pré-julgamento até as da fase pós-sentença.

O número e as espécies de medidas não privativas de liberdade disponíveis devem ser determinados de modo que seja ainda possível a fixação coerente da pena".

Além disso, o item 6.1 das Regras de Tóquio fixa que "a prisão preventiva deve ser uma medida de último recurso nos procedimentos penais, com a devida consideração ao inquérito referente à infração presumida e à proteção da sociedade e da vítima".

Percebe-se, desta feita, que o Brasil buscou ter uma legislação moderna, adequada às situações vivenciadas ordinariamente nos fóruns e nas delegacias, colocando o cárcere provisório como medida excepcional.

10.1.3. Características

A doutrina atribui algumas características às medidas cautelares, abaixo analisadas.

10.1.3.1. *Acessoriedade*

A medida cautelar do processo penal é sempre acessória, ou seja, **dependente de um processo/procedimento de natureza penal já em curso**. Sendo acessória, seguirá a sorte do principal, de forma que, por exemplo, caso o imputado seja absolvido, restará sem efeito a sua prisão preventiva então decretada – a exemplo do art. 386, p.ú., II, CPP.

Consoante Marcus Vinicius Rios Gonçalves, as cautelares "não podem ter natureza satisfativa e existirem por si mesmas. O resultado buscado é a segurança, a proteção do provimento no processo principal" (Novo, 2008, p. 253).

10.1.3.2. *Instrumentalidade*

A instrumentalidade da medida cautelar é qualificada e hipotética.

É **qualificada** porque a medida cautelar é um instrumento que visa a assegurar/proteger/acautelar o processo penal, que é justamente o instrumento do Estado que aplica o Direito Penal ao caso concreto. Por isso é que se fala em "instrumento do instrumento" ou "instrumento ao quadrado", isto é, um instrumento (medida cautelar) protegendo outro instrumento (o processo que aplicará o Direito Penal). Fala-se que é **hipotética** porque a instrumentalidade da medida cautelar é incerta, a depender do resultado do processo principal, seguindo a sorte deste.

10.1.3.3. *Sumariedade*

O juiz, ao analisar a necessidade de aplicação de uma medida cautelar, o fará de forma sumária (superficial) quanto à profundidade da cognição (conhecimento dos fatos), **sem se penetrar a fundo em juízos de certeza**, contentando-se com a probabilidade – o que é o oposto da cognição exauriente, em que o juiz deve se aprofundar ao máximo para, por exemplo, condenar alguém.

A cognição sumária é valorada sob dois pressupostos: *fumus comissi delicti* e *periculum libertatis*, que serão analisados adiante.

10.1.3.4. *Preventividade*

O objetivo de uma medida cautelar é **prevenir a ocorrência de um dano** enquanto o processo penal não é concluído. Protege-se a aplicação da lei penal, evitando-se que o acusado fuja; protege-se a conveniência da instrução penal, evitando-se que o acusado ameace testemunhas etc.

10.1.3.5. *Provisoriedade*

A medida cautelar **é sempre provisória**, pois é de cognição sumária e acessória ao processo penal. Como é provisória, não faz coisa julgada material. Emprega-se a característica da *temporariedade*, isto é, a medida cautelar (prisão provisória) durará o tempo necessário para que o objeto tutelado (processo penal) se mantenha preservado e protegido.

10.1.3.6. *Revogabilidade*

O juiz poderá, de *ofício ou a pedido das partes*, **revogar** a medida cautelar ou substituí-la quando verificar a falta de motivo para que subsista, bem como voltar a decretá-la, se sobrevierem razões que a justifiquem (art. 282, § 5º, CPP, cf. Lei nº 13.964/19).

10.1.3.7. *Referibilidade*

As medidas cautelares **pressupõem uma situação concreta de risco**, de perigo, que precisa ser afastada imediatamente, sob pena de o processo penal perder a eficácia. Se o réu, por exemplo, está ameaçando testemunhas (que podem, por medo, alterar seu depoimento e prejudicar o processo), é o caso de se aplicar, imediatamente, uma medida cautelar, como a prisão preventiva. A doutrina fala em *medida situacional ou provisional*, pois é empregada em situações pontuais e específicas. Em suma, a medida decretada precisa demonstrar *necessidade*, nas palavras de Bento de Faria (Código, 1960, v. 2).

A cautelar, como explica Fredie Didier Jr. (Curso, 2015, v. 2), é um meio de preservação de outro direito, ou seja, necessariamente uma medida cautelar irá *se referir* a outro direito, existindo, portanto, o direito à cautelar e o direito que se acautela, sendo que o direito à cautelar é a tutela cautelar, e o direito que se acautela é o direito sobre o qual recai a tutela cautelar – isso é a referibilidade. Logo, trazendo a ideia para o Processo Penal, a prisão provisória (tutela cautelar) irá se referir, sempre, a um dado processo (que é o direito que se pretende acautelar/proteger), numa *referência* clara entre medida cautelar (prisão) e objeto tutelado (processo).

Ressalta-se que a referência é a um processo e a uma situação específicos, ou seja, se o agente responde a três processos e, num deles, ameaça uma testemunha, a prisão preventiva pode ser decretada em razão *desta* situação e *deste* processo, não guardando relação com os demais (Badaró, 2016).

Tema recente que vem chamando a atenção diz respeito ao **princípio da contemporaneidade**, isto é, a urgência necessária para se decretar uma medida cautelar impõe a contemporaneidade (atualidade) dos *fatos justificadores* aos *riscos* que se pretende com a prisão evitar (STJ, HC nº 233.700/SP, rel. p/ ac. Min. Nefi Cordeiro, j. 18.11.14). Neste sentido, aliás, previu a Lei nº 13.964/19, cujos arts. 312, § 2º e 315, § 1º, CPP, agora preveem que a decisão que decretar a prisão preventiva ou outra medida cautelar deverá indicar concretamente a existência de fatos novos ou contemporâneos que justifiquem a aplicação da medida.

Desta feita, a contemporaneidade possui dois marcos bastante claros, quais sejam, os **fatos** que justificam a medida cautelar e os **riscos** que se pretende afastar. Pouco importa a data do delito se a necessidade for atual. Se, por exemplo, o delito foi praticado em 2005, mas o investigado ameaça testemunhas ou destrói provas em 2009, no curso de complexa investigação, ambos os requisitos estarão preenchidos; diferentemente disso, se a ameaça à testemunha se deu em 2005, logo após o crime, não há mais a contemporaneidade se o decreto prisional for expedido em 2009. Logo, se já decorrido muito tempo entre a data do fato criminoso e a determinação da medida cautelar, já sem necessidade atual, ausente estará a contemporaneidade (STJ, HC nº 480.274/RJ, rel. Min. Sebastião Reis Júnior, j. 07.05.19).

Assim, a contemporaneidade não guarda relação com o início ou com o término das investigações e nem mesmo com a data do fato criminoso, mas, sim, com a própria necessidade de acautelamento, o que pode ocorrer a qualquer momento a partir do início das investigações. Se, por exemplo, as investigações duraram anos e ainda há a necessidade de prisão preventiva, nada impede a sua decretação, ainda mais em se tratando de crimes de alta complexidade. Nesse sentido, inclusive, é a posição do Superior Tribunal de Justiça, ao entender que "a regra da contemporaneidade entre o fato delituoso e o decreto de prisão preventiva comporta mitigação quando os elementos indiciários forem, por ação do investigado, de difícil colheita, pois denotam continuidade de atuação do agente no sentido de embaraçar a instrução criminal" (HC nº 531.156/GO, rel. Min. Antonio Saldanha Palheiro, j. 22.10.19); além disso, embora seja relevante o decurso temporal entre a data dos fatos e o decreto preventivo, a gravidade concreta do crime, bem como a existência de testemunha protegida, não impedem a prisão preventiva (STJ, HC nº 426.937/SP, rel. Min. Ribeiro Dantas, j. 24.09.19).

10.1.3.8. *Jurisdicionalidade*

As medidas cautelares são **aplicadas e controladas pelo juiz** (art. 282, § 2º, CPP; e Espínola Filho, 1976), com exceção (a) da liberdade provisória com fiança no caso de infração com pena privativa de liberdade máxima não superior a 4 anos (art. 322, CPP) e (b) da medida protetiva de afastamento do lar no caso de violência doméstica ou familiar contra a mulher, se o município não for sede de comarca, cf. a Lei nº 13.827/19 – nestes dois casos excepcionais, a medida poderá ser concedida pelo delegado de polícia.

Algumas vozes sustentam que tão somente a autoridade judicial tem poderes para aplicar medidas cautelares, justamente porque, pelo texto constitucional, apenas o juiz pode privar alguém de sua liberdade (art. 5º, LXI). Todavia, percebe-se que a medida aplicada por uma autoridade não judicial terá em seguida, justamente, um controle judicial. Ponderando as situações, por exemplo, mais valioso é proteger uma vítima de violência doméstica da forma mais rápida e eficaz possível (art. 226, § 8º, CF) do que simplesmente garantir um devido processo legal meramente formal ao suspeito do ilícito penal (art. 5º, LIV, CF).

10.1.3.9. *Legalidade*

As medidas cautelares que geram restrição à liberdade **devem estar previstas na lei**. A respeito do poder geral de cautela, o tema será tratado na sequência.

10.1.4. Princípios

A aplicação de uma medida cautelar pessoal acaba por atingir, de forma mais ou menos intensiva, a liberdade do agente. De qualquer modo, os princípios abaixo deverão sempre ser observados.

10.1.4.1. *Presunção de inocência*

De acordo com a Carta da República (art. 5º, LVII), ninguém será considerado culpado até o trânsito em julgado da sentença condenatória final. Assim, toda pessoa acusada de um delito tem direito a que se presuma sua inocência enquanto não for legalmente comprovada a sua culpa (art. 8º, 2, da Convenção Americana de Direitos Humanos). Em sentido similar, o art. 283, CPP, com redação dada pela Lei nº 13.964/19, dispõe que "ninguém poderá ser preso senão em flagrante delito ou por ordem escrita e fundamentada da autoridade judiciária competente, em decorrência de prisão cautelar ou em virtude de condenação criminal transitada em julgado".

Para não tornar o tema repetitivo, remete-se o leitor ao capítulo referente aos *Princípios* do Processo Penal, especificamente no tópico acerca do princípio da presunção da inocência.

10.1.4.2. *Homogeneidade*

É muito comum ver relatos, em jornais e na internet, de pessoas que ficaram presas por anos e, ao final, tiveram penas baixíssimas, com regimes iniciais brandos, ou, até mesmo, com a substituição por penas restritivas de direitos.

Isso é juridicamente possível? Em princípio, não. A razão é simples: desrespeita-se o princípio da homogeneidade.

De acordo com este princípio, somente é possível a prisão cautelar do acusado no curso da persecução penal se, ao final do processo, sendo prolatada uma sentença penal condenatória, for cabível a imposição de uma pena privativa de liberdade também. Ora, a medida inicial (cautelar) de cerceamento de liberdade deve guardar correspondência com o cerceamento de liberdade ao final do processo, sob pena de ser desproporcional.

A homogeneidade é, assim, o **princípio da proporcionalidade aplicado às medidas cautelares pessoais penais.** De acordo com Paulo Rangel, a homogeneidade é a aplicação da necessidade, adequação e proporcionalidade estrita, isto é, a medida cautelar pessoal a ser adotada deve ser proporcional a eventual resultado favorável ao pedido do autor, "não sendo admissível que a restrição à liberdade, durante o curso do processo, seja mais severa que a sanção que será aplicada caso o pedido seja julgado procedente. A homogeneidade da medida é exatamente a proporcionalidade que deve existir entre o que está sendo dado e o que será concedido" (Direito, 2012, p. 742).

Evita-se, com isso, que, ao longo da persecução penal (seja durante as investigações ou durante a ação penal) o réu fique em situação pior daquela que lhe será imposta ao final, em sentença condenatória.

Conforme o Superior Tribunal de Justiça, "amparada no princípio da homogeneidade, apenas permite a decretação da custódia preventiva em hipóteses em que o réu, ao final do processo, será punido com reprimenda privativa de liberdade, evitando-se, dessa forma, que o acusado, presumidamente inocente, padeça, ao longo da ação penal, com medida mais severa do que a aplicada na sentença de mérito" (HC nº 281.854/RJ, rel. Min. Marco Aurélio Bellizze, j. 17.12.13).

Por isso é que, comumente, se diz que, *em regra*, não cabe prisão preventiva ao acusado de praticar furto simples (art. 155, "caput", CP), pois tal crime admite a suspensão condicional do processo (pena mínima não superior a 1 ano) e até mesmo a substituição da pena privativa de liberdade por restritiva de direitos (pena máxima não superior a quatro anos). Da mesma forma, o Superior Tribunal de Justiça já julgou caso em que o acusado havia praticado ameaça (detenção de 1 a 6 meses) e vias de fato (prisão simples de 15 dias a 3 meses ou multa), mas estava preso cautelarmente havia mais de 8 meses, o que foi considerado totalmente ilegal à luz da homogeneidade (HC nº 282.842/SP, rel. Min. Rogerio Schietti Cruz, j. 20.03.14).

Mas atenção: a homogeneidade é valorada de acordo com **situações concretas**, de modo que a prisão do agente não ofenderá os princípios da proporcionalidade e da homogeneidade ainda que ele seja primário e não tenha maus antecedentes, pois isso não lhe garantirá a fixação, pelo juiz, de uma pena mínima (RHC nº 77.163/MG, rel. Min. Reynaldo Soares da Fonseca, j. 16.02.17).

Assim, é preciso analisar e valorar o caso concreto, não sendo admissível deixar de se decretar a prisão cautelar do acusado porque *hipoteticamente* ele, ao final, não receberá pena privativa de liberdade. Nas precisas palavras do STJ, "não há falar em ofensa ao princípio da homogeneidade das medidas cautelares no particular, pois não cabe a esta Corte Superior, em exercício de futurologia, antecipar o resultado do provimento final ou de eventual benefício ou causa de diminuição de pena a justificar a soltura, ou tornar a manutenção da prisão desproporcional" (AgRg no HC nº 77.183/RJ, rel. Min. Reynaldo

Soares da Fonseca, j. 02.02.17; e RHC nº 93.741/MG, rel. Min. Maria Thereza de Assis Moura, j. 01.03.18).

Portanto, há duas situações bem claras:

a) a própria lei penal prevê, abstratamente, uma pena privativa de liberdade que, de fato, concreta e certamente, não redundará em prisão corporal, tal como a situação do furto simples e da ameaça analisadas acima. Nesta situação, portanto, aplicar-se-á a homogeneidade, não sendo possível, em princípio, a prisão cautelar do agente;

b) outra situação, oposta, é o agente que comete tráfico de drogas, situação que poderia, eventualmente, levá-lo a, de fato, cumprir pena privativa de liberdade, mas cujas situações pessoais, como primariedade, bons antecedentes e eventuais causas de diminuição de pena indicam, *em tese e hipoteticamente apenas*, que pode vir a não ser fixada uma pena privativa de liberdade, mas o benefício do art. 33, § 4º, da Lei nº 11.343/06.

Neste segundo caso, é plenamente cabível a prisão cautelar, não sendo possível admitir a aplicação da *homogeneidade em tese*, ou seja, de forma especulativa, futurista ou hipotética pelo juiz – ainda mais se presentes os motivos ensejadores da segregação cautelar do imputado.

Em caso julgado pelo Superior Tribunal de Justiça, em que o agente foi apreendido com mais de quarenta quilos de maconha, entendeu-se que, ainda que o investigado seja primário, tenha ocupação lícita e residência fixa, isso não é suficiente para a aplicação da homogeneidade, pois o que deve ser analisado é o **caso concreto**, e não a **pena provável** ao final do processo (HC nº 373.018/MS, rel. Min. Felix Fischer, j. 22.11.16).

Portanto, "o fato de o réu ser primário e não possuir maus antecedentes não lhe garante a aplicação da pena mínima cominada aos delitos a ele imputados. Além disso, a garantia à ordem pública não pode ser abalada diante de mera suposição referente ao regime prisional a ser eventualmente aplicado" (STJ, HC nº 401.171/SP, rel. Min. Reynaldo Soares da Fonseca, j. 27.06.17).

Gustavo Badaró, de forma minoritária e contrariamente ao entendimento do Superior Tribunal de Justiça, entende que a homogeneidade não deve ser analisada tendo em vista a pena cominada ao delito, mas, sim, considerando-se a pena *provavelmente* aplicada, ainda que com base em cognição sumária (Processo, 2016). No mesmo sentido, André Nicolitt (Manual, 2012).

Situação bastante interessante e comum diz respeito ao agente que é condenado ao regime semiaberto, mas o juiz mantém a sua prisão cautelar mesmo após a sentença (como, por exemplo, para garantir a aplicação da lei, pois o condenado dá indícios de fuga ou de reiteração criminosa), tendo apenas a defesa recorrido (de modo que a decisão não poderá ser agravada e nem poderá ser imposto o regime fechado).

Há duas posições distintas:

a) **Superior Tribunal de Justiça**: não há incompatibilidade em razão de o juiz ter condenado o réu ao regime semiaberto e ter mantido a prisão cautelar, pois, se persistem os motivos da segregação cautelar, o processo deve continuar sendo protegido. No caso, portanto, bastará a *adequação* da constrição ao modo de execução estabelecido, colocando o agente em estabelecimento penal próprio ao regime semiaberto (5ª T., HC nº 475.635/SP, rel. Min. Felix Fischer, j. 11.12.18; e 6ª T., RHC nº 103.499/SC, rel. Min. Laurita Vaz, j. 13.11.18).

b) **Supremo Tribunal Federal**: se a condenação foi por regime diverso do fechado, não se admite a manutenção ou a decretação da prisão cautelar, notadamente quando não há recurso da acusação que possa levar o condenado ao regime fechado. Se o réu não recorresse, ele já iniciaria o cumprimento da pena conforme o regime fixado; todavia, como recorreu e se determinou sua prisão cautelar, esta situação acaba por piorar o seu status no processo.

Assim, "no caso, fixada a pena privativa de liberdade em 5 anos e 4 meses de reclusão, sendo o paciente primário, revela-se mais adequada a fixação do regime semiaberto, nos termos dos § 2º, b, e § 3º do art. 33 do Código Penal. A prisão preventiva é a medida cautelar mais grave no processo penal, que desafia o direito fundamental da presunção de inocência. Não pode, jamais, revelar antecipação de pena. Precedentes. **O aspecto cautelar próprio da segregação provisória, do que decorre o enclausuramento pleno do agente, não admite qualquer modulação para adequar-se a regime inicial mais brando (semiaberto) definido nesta impetração.** A realidade do sistema carcerário brasileiro impõe aos egressos a regime mais brando (semiaberto e aberto) o cumprimento da pena de modo diverso, inclusive com liberdade monitorada, diante da impossibilidade de colocação do sentenciado em regime mais gravoso (RE 641.320/RS, Pleno, Rel. Min. Gilmar Mendes). Essa restrição parcial da liberdade ao cautelarmente segregado não se coaduna com a prisão preventiva e pode ser validamente alcançada com a imposição de medidas cautelares diversas da prisão (CPP, art. 319)" (2ª T., HC nº 136.397/DF, rel. Min. Teori Zavascki, j. 13.12.16; e 1ª T., HC nº 130.773/SC, rel. Min. Rosa Weber, j. 27.10.15).

Por fim, insta observar que a homogeneidade pode ser mitigada, no caso, por exemplo, do art. 312, § 1º, CPP, ou seja, quando do descumprimento, pelo agente, de medida cautelar pessoal imposta anteriormente – até porque, referido dispositivo prescinde do preenchimento das hipóteses do art. 313, CPP (STJ, HC nº 391.673/SP, rel. Min. Antonio Saldanha Palheiro, j. 01.06.17).

10.1.4.3. *Vedação à prisão por força de lei*

A prisão *ex lege* é aquela imposta abstratamente pela lei, de forma automática, sem análise do caso concreto pelo juiz, o que já gera, por si só, ofensa tanto à presunção de inocência, quanto à necessidade real de prisão.

Atualmente, o principal exemplo legislativo está no art. 44 da Lei nº 11.343/06, que dispõe ser vedada a liberdade provisória, ou seja, uma vez preso em flagrante o agente por ter, em princípio, cometido tráfico de drogas, seria vedada a sua soltura.

Consoante se viu anteriormente, uma das características das medidas cautelares é a jurisdicionalidade, ou seja, a necessidade de o Poder Judiciário decidir acerca da possibilidade ou não de se determinar uma prisão cautelar, considerando que o julgador deve analisar a situação do agente, o crime cometido etc. Há, assim, uma verdadeira *reserva jurisdicional*.

De acordo com a jurisprudência, é inconstitucional a vedação abstrata à concessão de liberdade provisória (visto de outro lado, é inconstitucional a imposição obrigatória de uma prisão cautelar) se ausentes os requisitos para a segregação do agente (STF, HC nº 104.868/RS, rel. Min. Rosa Weber, j. 16.10.12; e STJ, RHC nº 76.538/MG, rel. Min. Reynaldo Soares da Fonseca, j. 21.02.17).

Desta feita, somente o juiz, *analisando a situação concreta*, é que poderá determinar uma prisão cautelar, não sendo permitida a simples imposição de prisão por força do texto da lei.

Neste caminho de ideias, portanto, o Supremo Tribunal Federal fixou a tese, em repercussão geral, no sentido de que é inconstitucional a expressão que veda abstratamente a liberdade provisória, contida no art. 44 da Lei nº 11.343/06, haja vista os preceitos do art. 5º, LXIII e LXVI, CF (RE nº 1.038.925/SP, rel. Min. Gilmar Mendes, j. 18.08.17).

10.1.4.4. *Excepcionalidade*

A regra é a liberdade das pessoas, sendo a prisão admitida apenas de forma excepcional (§ 6º do art. 282, CPP). Assim, a prisão preventiva, p. ex., somente será determinada quando não for cabível a sua substituição por outra medida cautelar (art. 319, CPP); e o não cabimento da substituição da prisão preventiva por outra medida deverá ser *justificado* de forma concreta.

Consoante o Supremo Tribunal Federal, a privação cautelar da liberdade individual – cuja decretação resulta possível em virtude de expressa cláusula inscrita no próprio texto da Constituição da República (CF, art. 5º, LXI), não conflitando, por isso mesmo, com a presunção constitucional de inocência (CF, art. 5º, LVII) – reveste-se de caráter excepcional, somente devendo ser ordenada, por tal razão, em situações de absoluta e real necessidade (HC nº 105.556/SP, rel. Min. Celso de Mello, j. 07.12.10).

No mesmo sentido entende o Superior Tribunal de Justiça, ao afirmar que a privação antecipada da liberdade do cidadão acusado de um delito é excepcional, devendo-se observar a devida fundamentação e a subsunção a uma hipótese legal (AgRg no RHC nº 81.015/PE, rel. Min. Reynaldo Soares da Fonseca, j. 14.03.17).

Desta forma, por exemplo, a Corte já entendeu que, no caso em que a atuação do agente, em organização criminosa de tráfico de drogas, se limita apenas à lavagem de dinheiro, é possível que lhe sejam aplicadas medidas cautelares diversas da prisão quando, no caso concreto, for constatada a impossibilidade de a organização continuar a atuar, ante a prisão dos integrantes responsáveis diretamente pelo tráfico (STJ, HC nº 376.169/GO, rel. p/ acórdão Min. Sebastião Reis Júnior, j. 01.12.16).

10.1.4.5. *Princípio da confiança no juiz*

As medidas cautelares pessoais penais, como se estudará ao longo deste capítulo, são carregadas de forte carga persuasiva dos sujeitos processuais, que analisam, detidamente, os fatos concretos postos em análise. Se a acusação requer uma prisão preventiva, a defesa buscará argumentos contrários e, ao final, caberá ao juiz decidir a respeito.

Em razão disso, o Superior Tribunal de Justiça tem sustentado a aplicação do *princípio da confiança no juiz do processo*, da seguinte forma: "em matéria de prisão cautelar, deve ser observado o princípio da confiança no juiz do processo, uma vez que está presente no local onde o crime é cometido e conhece as peculiaridades do caso concreto, sendo quem melhor pode avaliar a necessidade da decretação da segregação cautelar" (HC nº 289.373/MG, rel. Min. Marilza Maynard, j. 22.05.14). Considera-se que o juiz, porque ele está próximo aos fatos, tem melhores condições de, sopesando as nuances e circunstâncias de cada caso, avaliar a necessidade de aplicar uma medida cautelar pessoal (STJ, HC nº 29.828/SC, rel. Min. Laurita Vaz, j. 07.10.03).

Desta forma, por mais que os requisitos legais precisem ser respeitados, o juiz, que de fato tomou conhecimento com as partes e com o processo, é quem melhor conhecerá as particularidades deste, estando apto, então, a aplicar uma medida cautelar, prisional ou não.

10.1.5. Pressupostos

Viu-se que a cognição do juiz, ao analisar uma medida cautelar pessoal, é sumária, ou seja, superficial, de modo que dois pressupostos são exigidos: (i) o *fumus comissi delicti* e (ii) o *periculum libertatis*.

Ambos devem estar presentes para que se possa determinar uma medida cautelar pessoal.

10.1.5.1. *Fumus comissi delicti*

O Processo Civil tem como pressuposto de suas medidas cautelares o *fumus boni iuris*, que significa a probabilidade da existência do direito alegado (art. 300, CPC).

Já no Processo Penal, não há que se falar em probabilidade do *direito*, mas em *fumus comissi delicti*, ou seja, a probabilidade de ocorrência de um **fato criminoso**. Quer-se dizer, ao invés de se sustentar um possível direito (como no CPC), sustenta-se a provável ocorrência de um fato considerado criminoso. Existirá, assim, a "fumaça indicativa da existência de um delito".

Haverá a verificação de indícios suficientes de autoria e da prova da existência de um crime, dados objetivos do delito, conforme o art. 41, CPP (STJ, HC nº 412.846/DF, rel. Min. Rogerio Schietti Cruz, j. 20.02.18).

Assim, não há como se decretar uma medida cautelar pessoal se não houver **indícios suficientes de autoria** e **prova da materialidade** (HC nº 340.385/ES, rel. Min. Rogerio Schietti Cruz, j. 13.12.16).

10.1.5.2. *Periculum libertatis*

Há, no Processo Civil, o *periculum in mora*, que é o perigo iminente de dano caso o juiz não conceda a medida cautelar requerida, ou seja, é o literal perigo que a demora pode gerar ao processo (art. 300, CPC).

No Processo Penal, de outro lado, há o *periculum libertatis*, que é o **risco concreto que a liberdade do agente representa** à eficácia do processo criminal, ou seja, a demora na prestação jurisdicional pode colocar em risco o bom andamento do processo penal (STJ, HC nº 384.220/SP, rel. Min. Rogerio Schietti Cruz, j. 09.03.17).

Como bem esclarece Aury Lopes Jr., "o fator determinante não é o tempo, mas a situação de perigo criada pela conduta do imputado. Fala-se, nesses casos, em risco de frustração da função punitiva (fuga) ou graves prejuízos ao processo, em virtude da ausência do acusado, ou no risco ao normal desenvolvimento do processo criado por sua conduta (em relação à coleta da prova). O perigo não brota do lapso temporal entre o provimento cautelar e o definitivo. Não é o tempo que leva ao perecimento do objeto" (Curso, 2014, p. 621).

10.1.6. Poder geral de cautela

O poder geral de cautela, ao menos o previsto no âmbito do Processo Civil (art. 297, CPC), atribui ao juiz a possibilidade de conceder a medida de natureza cautelar que lhe pareça mais adequada ao caso concreto e, também, permite-se que determine toda e qualquer providência necessária para que a medida deferida se concretize, afastando os obstáculos que possam dificultar ou impedir sua efetivação (Gonçalves, 2015). Nas palavras de Bedaque, "o poder geral de cautela corresponde à possibilidade de se conceder cautelar inominada para situações não tipificadas pelo legislador" (Tutela, 2006, p. 225).

O Processo Penal, por outro lado, prevê diversas medidas cautelares pessoais, muito embora, obviamente, não consiga prever todas as situações da vida que possam ensejar uma medida acautelatória que não a prisão provisória, apesar da previsão do art. 319, CPP.

Em razão dessas situações, surge a questão: pode o juiz impor ao agente, como condição à sua liberdade, uma medida cautelar diversa da prisão não prevista expressamente em lei? Ou melhor: **existe um poder geral de cautela no Processo Penal, permitindo a imposição de medidas cautelares pessoais de natureza atípica?**

Há duas posições antagônicas:

a) **não**, pois o juiz somente pode determinar as medidas taxativamente previstas na lei, não existindo medidas inominadas e não tendo ele nenhum poder geral, sob pena de ofensa à legalidade. Sendo o Processo Penal o ramo do Direito que dá aplicação ao poder punitivo do Estado, deve ele respeitar a lei estrita, de modo que toda e qualquer medida cautelar a ser determinada pelo julgador deve estar prevista na lei. É a posição de Aury Lopes Jr. (Curso, 2016) e de Gustavo Henrique Badaró (Curso, 2016), sustentando a ideia de tipicidade legal das medidas cautelares.

   O Superior Tribunal de Justiça possui precedentes, mais antigos, no sentido de ser inviável, no âmbito do Processo Penal, o poder geral de cautela, diante da ofensa à legalidade (HC nº 128.599/PR, rel. Min. Maria Thereza de Assis Moura, j. 07.12.10). O Plenário do Supremo Tribunal Federal, igualmente, ao decidir pela inconstitucionalidade da condução coercitiva de investigados e acusados para fins de interrogatório, afirmou expressamente, por maioria, que, em razão do postulado constitucional da legalidade estrita em matéria processual penal, inexiste, no Processo Penal, o poder geral de cautela aos juízes criminais (ADPF nº 395/DF e ADPF nº 444/DF, rel. Min. Gilmar Mendes, j. 13 e 14.06.18).

b) **sim**, o juiz pode determinar medida cautelar não prevista na lei, desde que ela seja menos gravosa do que as já previstas, com o fito de se evitar uma situação mais penosa, como uma eventual prisão (Brasileiro, 2017), de modo que não existe uma tipicidade legal no campo das cautelares penais.

   Além disso, é possível sustentar a aplicação do art. 3º, CPP (interpretação extensiva e analógica), e, conjuntamente ao regramento processual penal, fazer incidir o disposto no art. 297, CPC (o juiz poderá determinar as medidas que considerar adequadas para a efetivação da tutela provisória), de modo a permitir que o juiz tenha ampla atuação a fim de acautelar o processo penal, limitando-se, todavia, ao nível de coerção e limitação das medidas cautelares já existentes no ordenamento jurídico (Polastri, 2016).

Deve-se ressalvar, ademais, que o juiz é a porta de acesso ao Poder Judiciário, sendo a jurisdição inafastável (art. 5º, XXXV, CF). Dentro deste papel, está o acautelamento do processo e do próprio direito material e, considerando que o Legislativo não teria como prever todas as medidas cautelares possíveis, é possível sustentar que o juiz criminal possui poder geral de cautela.

O Ministro do Superior Tribunal de Justiça, Rogerio Schietti Machado Cruz, em obra especializada, sustenta que "mostra-se possível e justificável, para prover a exigência cautelar do caso concreto, que se faça uso da analogia e se aplique medida não prevista no Código de Processo Penal, desde que presente a mesma *ratio essendi* da norma positivada em outro diploma (como, *v.g.*, a que justifica o inciso I do art. 22 da Lei Maria da Penha) ou, então, que se dê interpretação extensiva aos incisos que integram o art. 319 do CPP, de modo a abranger situações que a mera literalidade do preceito não pareça autorizar" (Prisão, 2017).

O autor traz o seguinte exemplo: uma pessoa é presa em flagrante na posse de arma de fogo de uso restrito, infração que admite prisão preventiva em razão da pena máxima cominada de seis anos. Então, questiona-se: não poderia o juiz, com fundamento no art. 282, CPP, que prevê que a prisão preventiva somente deve ser imposta quando não for cabível a sua substituição por outra medida cautelar, determinar a proibição de portar, possuir ou manter arma de fogo, situação essa não prevista no rol de medidas cautelares do art. 319, CPP? O que o impede? A simples ausência de previsão legal, mesmo sendo uma medida mais benéfica do que a prisão?

> "Cremos, portanto, que não se poderá subtrair do julgador a possibilidade de fazer uso de seu poder geral de cautela, de forma excepcional e motivada, tendo como objetivo evitar a prisão preventiva. Poderá o magistrado, então, impor ao investigado ou acusado medida que, embora não conste literalmente do rol do artigo 319 do CPP, seja prevista em outra norma do ordenamento, ou possa ser considerada, por meio de interpretação extensiva, abrangida na dicção de algum dos incisos que compõem o elenco das cautelares pessoais diversas da prisão, indicadas no referido dispositivo" (Cruz, 2017, p. 230-231).

Mais recentemente, ao que se mostra, essa vem sendo a posição do Superior Tribunal de Justiça. No âmbito da **6ª Turma**, entendeu-se que "mesmo enquanto não editada a Lei n. 12.403/2011, reputava-se legítimo que o Magistrado ordenasse ao réu a entrega do seu passaporte em juízo, com fundamento no poder geral de cautela, quando se verificasse indispensável" (HC nº 357.814/PR, rel. Min. Antonio Saldanha Palheiro, j. 16.02.17). No mesmo sentido, a **5ª Turma** já decidiu que "a aplicação das medidas cautelares diversas da prisão, desde que observados os pressupostos legais de necessidade e adequação, previstos nos incisos I e II do art. 282 do CPP, está submetida ao poder geral de cautela do magistrado" (HC nº 328.703/SP, rel. Min. Reynaldo Soares da Fonseca, j. 20.10.16). Inclusive, já se entendeu ser possível fixar, ao acusado de homicídio na direção de veículo automotor, medida cautelar diversa da prisão preventiva consistente na internação em clínica de tratamento contra o alcoolismo (HC nº 521.751/SC, rel. Min. Nefi Cordeiro, j. 08.10.19).

De forma didática a objetiva, "por força do poder geral de cautela, de forma excepcional e motivada, não há óbice ao magistrado impor ao investigado ou acusado medida cautelar atípica, a fim de evitar a prisão preventiva, isto é, mesmo que não conste literalmente do rol positivado no art. 319 do CPP, o alcance das hipóteses típicas pode ser ampliado para, observados os ditames do art. 282 do CPP, aplicar medida constritiva adequada e necessária à espécie ou, ainda, pode ser aplicada medida prevista em outra norma do ordenamento" (STJ, HC nº 469.453/SP, rel. Min. Laurita Vaz, j. 19.09.19).

O Supremo Tribunal Federal possui precedentes, também, no sentido de que existe poder geral de cautela no Processo Penal, pois nenhum direito é absoluto e há situações que exigem ponderação pelo juiz na análise do caso concreto (2ª T., v.u., HC nº 94.147/RJ, rel. Min. Ellen Gracie, j. 27.05.08; e 1ª T., v.u., HC nº 101.830/SP, rel. Min. Luiz Fux, j. 12.04.11).

Em suma, é correto defender a existência de poder geral de cautela ao juiz criminal, desde que observadas as seguintes condicionantes: (a) não exista medida já prevista no ordenamento jurídico; (b) a medida fixada seja mais branda, ou até de igual penosidade, em relação às já previstas em lei; (c) que sejam respeitados os direitos constitucionais do agente, como sua religião e sua intimidade; (d) a medida seja adequada e necessária ao caso concreto; e (e) a medida imposta pode ser em prol do próprio agente.

10.1.7. Critérios comuns

O Código de Processo Penal traz um *regramento básico e geral* das medidas cautelares de natureza penal, a partir do art. 282, CPP. Na sequência, serão analisados critérios e regras comuns.

10.1.7.1. *Necessidade e adequação*

Fixa o art. 282, I e II, CPP, que as medidas cautelares previstas no Código observarão, cumulativamente:

i) a **necessidade** (ou subsidiariedade) para aplicação da lei penal, para a investigação ou a instrução criminal e, nos casos expressamente previstos, para evitar a prática de infrações penais.

Significa que a medida cautelar deve ser a alternativa menos onerosa ou gravosa, sob a ótica do sujeito passivo, entre as previstas. Trata-se, basicamente, de uma escolha entre duas ou mais medidas disponíveis, cabendo ao juiz identificar qual delas representará menor lesão ao direito de liberdade do agente, sem prejuízo do resultado concreto e da efetividade da iniciativa (Cruz, 2017).

ii) a **adequação** (ou idoneidade) da medida à gravidade do crime, circunstâncias do fato e condições pessoais do indiciado ou acusado.

Significa que a medida cautelar deve guardar correspondência com a gravidade da infração penal, com as circunstâncias do fato e com as condições pessoais do agente, ou seja, ela deve ser capaz de produzir o resultado esperado, mostrando-se eficaz, adequada, idônea para proteger o direito ou interesse ameaçado (Cruz, 2017).

Unindo a necessidade e a adequação, na lição de Schietti, tem-se que "essa escolha da medida – dentre as igualmente idôneas – apta para o atingimento do fim almejado deverá resultar da análise de qual dessas escolhas representa o menor gravame ao direito sacrificado, o que constitui a faceta da subsidiariedade ou necessidade da medida" (Prisão, 2017).

No mais, além desses dois pressupostos, a imposição de uma medida cautelar deverá observar a *proporcionalidade em sentido estrito*, ou seja, se a constrição cautelar é proporcional ao resultado final do processo (STJ, HC nº 299.775/SP, rel. Min. Maria Thereza de Assis Moura, j. 18.12.14). Trata-se da relação entre os benefícios obtidos com a medida cautelar e os meios empregados para levá-la a termo, ou seja, é a proporção – justa e adequada – ente o bem que se quer proteger em relação ao sacrifício da liberdade de outrem.

10.1.7.2. *Duração*

Este é um dos maiores problemas das medidas cautelares penais (com exceção da prisão temporária, que tem prazo legal), pois a lei nada diz sobre a duração de uma medida cautelar de natureza pessoal. Deve-se, sempre, observar uma duração razoável, tanto do processo penal como das suas medidas acautelatórias (art. 5º, LXXVIII, CF).

Conforme a doutrina, "há uma relação inversa entre a gravidade da restrição à liberdade de locomoção e o prazo de sua manutenção, ou seja, quanto mais grave a restrição aos direitos fundamentais do acusado, menor deve ser o prazo de duração da medida cautelar" (Brasileiro, 2013, p. 800).

10.1.7.3. *Aplicação isolada ou cumulativa*

Consoante o art. 282, § 1º, CPP, as medidas cautelares poderão ser aplicadas isolada ou cumulativamente. Assim, por exemplo, será possível impor ao réu apenas o comparecimento periódico em juízo (art. 319, I, CPP) ou, cumulativamente a isso, também a proibição de se ausentar da comarca (art. 319, V, CPP).

Quanto à possibilidade de cumulação de prisão cautelar com alguma medida cautelar diversa da prisão, não há consenso.

De um lado, entende-se que, se há a aplicação de prisão provisória (grau máximo de restrição cautelar), resta impossível a aplicação de qualquer outra medida cautelar conjuntamente.

Por outro lado, há posição entendendo que, a depender do caso concreto, será possível tal cumulação, como no caso de prisão preventiva cumulada com proibição de manter contato com as testemunhas do processo (art. 319, III, CPP), diante da ameaça por cartas que o acusado poderia fazer às testemunhas de seu processo (Madeira, 2015). Ou então, quando a prisão provisória é dirigida ao proprietário de uma empresa e a medida acauteladora é aplicada a esta, suspendendo suas atividades (art. 319, VI, CPP).

Ambas as posições possuem suas razões, mas parece mais defensável a segunda, admitindo a cumulação de medidas. No entanto, não se tratará de cumulação de prisão cautelar com medida "alternativa à prisão", mas de cumulação com uma simples medida acauteladora do processo penal. O seu descumprimento, embora não gere a consequência de levar o agente à prisão (pois ele já está preso provisoriamente), admitirá a cumulação com outra medida cautelar (art. 282, § 4º, CPP) e até a aplicação da Lei de Execução Penal (art. 2º, p.ú., Lei nº 7.210/84), podendo, se o caso, o desrespeito à medida cautelar configurar falta grave (art. 50, LEP) e até mesmo a submissão do custodiado ao regime disciplinar diferenciado (art. 52, LEP), mormente o risco que o descumprimento de uma medida cautelar pode configurar à sociedade, que vê um preso, como no exemplo mencionado, ameaçando testemunhas por meio de cartas (art. 52, § 1º, LEP).

10.1.7.4. *Legitimidade*

O art. 282, § 2º, CPP, alterado pela Lei nº 13.964/19, dispõe que as medidas cautelares serão decretadas pelo juiz a requerimento das partes ou, quando no curso da investigação criminal, por representação da autoridade policial ou mediante requerimento do Ministério Público.

A antiga redação do dispositivo vedava ao juiz decretar a medida cautelar de ofício apenas durante a fase de investigação criminal. Agora, com a nova Lei nº 13.964/19, as medidas cautelares pessoais passaram a ser decretadas pelo juiz nos seguintes casos:

(1) **no curso da investigação criminal**: por representação do delegado de polícia ou a requerimento do Ministério Público (e, numa interpretação extensiva, permite-se requerimento do ofendido também).

(2) **no curso da ação penal**: a requerimento das partes (Ministério Público, querelante ou assistente de acusação).

Como se vê, não é mais possível a decretação, de ofício, de medida cautelar pessoal em qualquer das fases da persecução penal – seja investigativa ou judicial. Até mesmo na hipótese de ocorrer descumprimento da medida cautelar por parte do investigado ou réu, o juiz não poderá, de ofício, substituir a cautelar, aplicar outra em cumulação ou decretar a preventiva. Esta possibilidade estava contida no art. 282, § 4º, CPP, e também teve sua redação alterada pela Lei nº 13.964/19. Desde então, a adoção de tais medidas também exclusivamente de requerimento do Ministério Público, de seu assistente ou do querelante.

Ressalta-se, contudo, que cabe ao juiz, de ofício ou a pedido das partes revogar a medida cautelar ou substituí-la quando verificar a falta de motivo para que subsista, bem como voltar a decretá-la, se sobrevierem razões que a justifiquem. Ou seja, o juiz não toma a iniciativa da decretação da medida, mas não fica na dependência da manifestação de vontade das partes para revogá-la ou substituí-la, desde que, evidentemente, verifique a falta de motivo para que subsista. Percebendo o retorno dos motivos que a justifiquem, o juiz poderá voltar a decretá-la, no que se excepciona a sua impossibilidade de decretação de ofício, da medida.

Vale destacar que o próprio acusado – excepcionalmente – também teria legitimidade para requerer uma medida cautelar, como no caso de, previamente à decisão sobre o requerimento de uma medida pelo Ministério Público, o acusado requerer outra, mais branda. Seria, pois, uma espécie de substituição antes mesmo da decretação da medida cautelar pelo juiz.

Atenção, agora, deve ser dada à possibilidade de **conversão da prisão em flagrante em preventiva, de ofício, pelo próprio juiz**. Isso porque, por mais que a Lei nº 13.964/19 tenha tido o nítido objetivo de afastar o juiz de agir de ofício, de modo a transparecer o processo penal com feição acusatória, o art. 310, II, CPP, dispõe que, após receber o auto de prisão em flagrante, no prazo máximo de 24h após a realização da prisão, o juiz deverá realizar audiência de custódia com a presença do acusado, seu advogado/defensor público e o membro do Ministério Público e, nessa audiência, o juiz deverá, fundamentadamente, relaxar a prisão ilegal, ou conceder liberdade provisória, ou *converter a prisão em flagrante em preventiva*, quando presentes os requisitos do art. 312, CPP, e se revelarem inadequadas as medidas cautelares alternativas à prisão.

A jurisprudência era tranquila no sentido de permitir a conversão de ofício. A impossibilidade de *decretação* da prisão preventiva pelo Juiz na fase investigativa não se confunde com a hipótese retratada no art. 310, II, do Codigo de Processo Penal, que permite ao magistrado, quando do recebimento do auto de prisão em flagrante e constatando ter sido esta formalizada nos termos legais, *convertê-la* em preventiva quando presentes os requisitos constantes do art. 312 do Código de Processo Penal. Desta forma, por mais que o § 2º do art. 282, CPP, vede a atuação do juiz de **decretar** uma medida cautelar de ofício no curso das investigações (em respeito ao sistema acusatório), a então jurisprudência formada sempre permitiu essa possibilidade no caso de **conversão** de prisão em flagrante em preventiva, conforme o art. 310, II, CPP.

Após a Lei nº 13.964/19, o cenário pode ser alterado. Há duas posições a respeito:

a) **sim**, é possível a conversão de ofício. As alterações promovidas pela Lei nº 13.964/19 não impedem a atuação de ofício pelo magistrado no ato de conversão, desde que preenchidos os requisitos para a prisão preventiva, do art. 312, CPP.

Embora tenha havido a supressão da expressão "de ofício" no art. 311, CPP, a situação do art. 310, II, CPP, trata de conversão, o que difere da decretação do art. 311, CPP (c.c. art. 282, II, CPP), não havendo ilegalidade no caso (STJ, 6ª T., HC nº 614.155/RS, rel. Min. Rogerio Schietti Cruz, j. 01.12.19; e STF, 1ª T., HC nº 174.102/RS, rel. Min. Marco Aurélio, j. 18.02.20). Pacelli entende que o juiz pode converter a prisão em flagrante em preventiva, de ofício, exceto para fins de tutela da investigação ou da instrução, já que a cautelar não se dá "em substituição" do flagrante, mas "em decorrência" do flagrante (Curso, 2020). Norberto Avena sustenta que, mesmo após a Lei nº 13.964/19, o art. 310, II, CPP, trata de conversão, situação diversa do art. 282, § 2º, CPP, que trata de decretação, não implicando em rompimento do sistema acusatório a conduta do magistrado que, de ofício, recebendo o auto de prisão em flagrante, converte esta medida em prisão preventiva, tratando-se apenas de providência que o juiz pode adotar ao receber o respectivo auto, situação não alterada pela Lei nº 13.964/19 (Processo, 2020).

b) **não**, é impossível a conversão de ofício. As alterações promovidas pela Lei nº 13.964/19 denotam a intenção legislativa de buscar a efetivação do sistema penal acusatório, de modo que o novo art. 311, CPP, não mais traz a expressão "de ofício", ao tratar da possibilidade de decretação da preventiva pelo juiz, bem como o art. 3º-A, CPP, veda a iniciativa do magistrado no curso das investigações em substituição ao órgão acusatório. Logo, é preciso prévio e formal pedido para a que o juiz aplique qualquer medida cautelar no processo criminal (STJ, 5ª T., AgRg no HC nº 622.523/RJ, rel. Min. Reynaldo Soares da Fonseca, j. 17.11.20; e STF, 2ª T., HC nº 186.421/SC, rel. p/ ac. Min. Edson Fachin, j. 20.10.20). Neste sentido, Vinícius Assumpção sustenta a estrutura acusatório do processo criminal, não possuindo o magistrado iniciativa em quaisquer das fases da persecução penal (Pacote, 2020). Madeira e Souza defendem, também, que o processo penal não sofrerá risco de ineficácia, já que delegado, promotor de justiça e assistente de acusação atuam no processo podendo representar/requerer a prisão, funcionando tranquilamente o sistema de justiça criminal (Comentários, 2020).

Assim, em suma:

É possível ao magistrado converter, de ofício, prisão em flagrante em prisão preventiva?	
SIM	**NÃO**
Basta o preenchimento dos requisitos do art. 312, CPP, não havendo expressa vedação neste sentido (6ª T., STJ, e 1ª T., STF).	Deve haver prévio pedido formal, não se permitindo atuação de ofício pelo juiz (5ª T., STJ, e 2ª T., STF).

Resta acompanhar como a jurisprudência será fixada.

10.1.7.5. *Oitiva prévia do Ministério Público*

Viu-se, no tópico anterior, que é possível que o delegado de polícia represente por uma medida cautelar pessoal, assim como o assistente de acusação a requeira.

Nesses casos, questiona-se: haverá necessidade de o juiz, antes de decidir, ouvir o Ministério Público, no papel de titular da ação penal (de iniciativa pública) ou de fiscal da ordem jurídica (em ação penal de iniciativa privada)?

Responde Renato Brasileiro que, "com a titularidade privativa da ação penal pública por parte do Ministério Público e a consequente adoção do sistema acusatório pela Constituição Federal de 1988 (art. 129, I), nenhuma outra autoridade detém legitimidade para postular medida cautelar para fins de instrumentalizar futura ação penal pública. Assim, no caso de representações da autoridade policial noticiando a necessidade de adoção de medidas cautelares para viabilizar a apuração de infração penal, ou até mesmo para assegurar a eficácia de futuro e eventual processo penal, **é cogente a manifestação do órgão ministerial**, a fim de que seja avaliado se a medida sugerida é (ou não) necessária e adequada aos fins da apuração da infração" (Curso, 2013, p. 790).

10.1.7.6. *Contraditório*

O art. 282, § 3º, CPP, cf. a Lei nº 13.964/19, dispõe que, *ressalvados* os casos de urgência ou de perigo de ineficácia da medida, o juiz, ao receber o pedido de medida cautelar, determinará a intimação da parte contrária, para se manifestar no prazo de 5 dias, acompanhada de cópia do requerimento e das peças necessárias, permanecendo os autos em juízo, e os casos de urgência ou de perigo deverão ser justificados e fundamentados em decisão que contenha elementos do caso concreto que justifiquem essa medida excepcional.

O dispositivo, assim, traz duas novidades: (a) *prazo* de 5 dias para a parte contrária se manifestar e (b) se o juiz entender que não é o caso de se realizar o contraditório, deverá *fundamentar* a sua decisão com base na urgência ou no perigo de ineficácia da medida, não bastando apenas invocar uma dessas situações.

A regra, portanto, é a existência do contraditório antes de o juiz determinar uma medida cautelar pessoal, seja no curso das investigações ou do processo, salvo duas exceções: (a) casos de urgência ou (b) perigo de ineficácia da medida. Essas situações devem estar bem claras e fundamentadas pelo juiz.

Classicamente, sempre se entendeu pela impossibilidade de ouvir a outra parte previamente à decretação de uma medida cautelar, sob pena de sua ineficácia (quase que) automática.

O texto legal soa, em princípio, conflitante com os princípios das medidas cautelares, pois, se não houver urgência ou risco de ineficácia, sequer existirá necessidade da decretação de tal medida.

Todavia, tudo dependerá do caso concreto. Obviamente, por exemplo, que a decretação da prisão preventiva não dependerá da manifestação prévia do acusado, sob pena de ineficácia da medida (já que ele provavelmente fugirá ou não se apresentará para ser preso); por outro lado, pode ser possível (e até necessária) a oitiva da outra parte, como no caso da determinação de recolhimento domiciliar noturno (inc. V, art. 319, CPP), pois pode haver algum motivo legítimo a ser alegado, como o trabalho noturno.

De qualquer forma, aplicada uma medida cautelar sem o contraditório prévio – por qualquer que seja o motivo –, o investigado/acusado terá a oportunidade de se manifestar posteriormente, em contraditório diferido. Além disso, e sempre que possível também, ouvir-se-á o agente nos casos de substituição, cumulação e revogação da medida então aplicada.

10.1.7.7. *Descumprimento*

No caso de descumprimento de qualquer das obrigações impostas, o juiz, mediante requerimento do Ministério Público, de seu assistente ou do querelante, poderá *substituir* a medida, impor outra em *cumulação*, ou, em último caso, decretar a *prisão preventiva*, nos termos do §1º do art. 312, CPP (art. 282, § 4º, CPP, cf. a Lei nº 13.964/19). Diante do referido descumprimento, abre-se um leque de opções ao juiz, que poderá:

i) substituir a medida por outra;

ii) impor mais uma medida, cumulando com a anterior;

iii) em último caso, decretar a prisão preventiva.

O juiz não poderá assim agir de ofício, dependendo, agora, de requerimento do Ministério Público, do assistente de acusação ou do querelante. Como se mencionou acima, deve ser assegurado o contraditório (prévio) ao acusado, salvo nos casos de urgência ou perigo de ineficácia.

O parâmetro para se saber qual postura adotar é justamente o art. 282, I e II, CPP, isto é, a necessidade e a adequação da medida, de modo que, inicialmente, deve-se tentar a imposição de medida (em substituição ou cumulação) que menos infrinja as liberdades do acusado; em último caso, decretar-se-á a prisão preventiva.

Não se trata, claramente, de *graus*, em que primeiro se tenta uma medida alternativa e, em último caso apenas, a prisão. A depender do **caso concreto**, poderá o juiz, de pronto, já decretar a prisão preventiva do agente, conforme a gravidade do descumprimento.

Ponto a ser analisado diz respeito à decretação de prisão preventiva em substituição de uma medida cautelar pessoal descumprida. Como se verá adiante no estudo da *prisão preventiva*, prevalece na doutrina e na jurisprudência o entendimento de que, ainda que o delito praticado não atenda aos requisitos previstos no art. 313 do Código de Processo Penal, ela ainda assim poderá ser aplicada como medida substitutiva, desde que observada a necessidade e a adequação (STJ, RHC nº 90.557/MG, rel. Min. Sebastião Reis Júnior, j. 12.12.17).

Por fim, como ainda será visto, o descumprimento de **medida protetiva judicialmente imposta**, prevista na Lei Maria da Penha (art. 22 da Lei nº 11.340/06), agora permite que o agente responda pelo crime do art. 24-A da referida lei, conforme alteração promovida pela Lei nº 13.641/18. Essa inovação, no entanto, não autoriza que o agente descumpridor de uma **medida cautelar**, do art. 319, CPP, responda pelo novel crime do art. 24-A, sob pena de ser feita analogia sem seu prejuízo, o que não se pode aceitar. Desta feita, o que a Lei nº 13.641/18 permite é a prisão ao agente descumpridor de medida protetiva de urgência imposta por um juiz, e não de medida cautelar, cujo descumprimento autorizará as medidas do § 4º do art. 282, CPP (substituição, cumulação ou decretação de prisão preventiva).

10.1.7.8. *Revogação e substituição*

Uma das características das medidas cautelares é a sua revogabilidade, isto é, sendo provisória e acessória ao processo penal, ela somente subsistirá enquanto houver necessidade, podendo ser revogada ou modificada a qualquer tempo.

Neste sentido, estabelece o § 5º do art. 282, CPP, cf. a Lei nº 13.964/19, que o juiz poderá, *de ofício ou a pedido das partes*, revogar a medida cautelar ou substituí-la quando verificar a falta de motivo para que subsista, bem como voltar a decretá-la, se sobrevierem razões que a justifiquem. É interessante notar que, no caso de **descumprimento** da medida, o juiz não pode agir de ofício para substituir/cumular medida cautelar e nem decretar a prisão preventiva (§ 4º, art. 282, CPP); todavia, quando verificar a **falta de motivo**, o juiz, aí de ofício mesmo, poderá revogar/substituir a medida e até decretá-la novamente se sobrevierem razões que assim justifiquem (§ 5º, art. 282, CPP).

Desaparecendo a situação que ensejou a imposição de uma medida cautelar, há que se falar em sua revogação. Aplica-se a cláusula geral *rebus sic stantibus*, ou seja, enquanto a situação permanecer a mesma, a medida cautelar vigora; do contrário, não prevalecendo mais a situação fática, a cautelar não deve mais subsistir.

Ainda, é possível que a situação fática se atenue ou se agrave. Por isso é que o § 5º do art. 282, CPP, dispõe que o juiz poderá revogar a medida (caso a situação fática que a ensejou desapareça) ou substituí-la por outra, tanto mais *benéfica* como mais *gravosa*, cumulá-la com outra ou voltar a decretar uma medida anteriormente revogada. Tudo, sempre, a depender do caso concreto.

Então, por exemplo, o juiz pode fixar ao acusado uma medida cautelar de comparecimento mensal em juízo para justificar atividades (art. 319, I, CPP); poderá, depois, substituí-la por proibição de se ausentar da comarca (art. 319, IV, CPP); em seguida, poderá cumulá-la com a proibição de frequentar certos lugares (art. 319, II, CPP); ainda, poderá decretar sua prisão preventiva (art. 312, § 1º, CPP) em situações mais extremas; e poderá, depois, solto o agente, voltar a impor a medida de proibição de se ausentar da comarca, e assim por diante. Percebe-se que é a **situação concreta** que determinará as possibilidades do juiz, que pode decretar, revogar, substituir ou redecretar medidas.

A legitimidade para revogação ou substituição da medida é a mesma prevista para a fixação inicial: o próprio juiz, de ofício ou a requerimento das partes (defesa, Ministério

Público, querelante ou assistente) ou representação do delegado de polícia (a depender do caso concreto).

Verificando o acusado que não subsistem os motivos que ensejaram a fixação de uma medida cautelar, ele requererá ao próprio juiz da causa a sua revogação; se denegada, então poderá impetrar *habeas corpus* perante o respectivo tribunal.

No mais, a Resolução Conjunta nº 01/09, do CNJ e do CNMP, trata de mecanismos de revisão periódica de prisão provisória e definitiva, de medidas de segurança e de internação de adolescentes; e a Lei nº 12.714/12 dispõe sobre o sistema de acompanhamento da execução das penas, da prisão cautelar e da medida de segurança. Vale a pena a leitura!

10.1.7.9. *Recursos*

Imposta uma medida cautelar pessoal, as partes poderão recorrer. Assim:

a) **recursos à disposição da acusação**: se o juiz indefere o pedido de decretação de uma medida cautelar, a acusação (Ministério Público, querelante e assistente) poderá se valer do recurso em sentido estrito, em interpretação extensiva ao art. 581, V, CPP. Considera-se que o ato de revogar prisão preventiva é similar ao ato de revogar medida cautelar diversa da prisão, o que permite a interpretação extensiva do dispositivo (REsp nº 1.628.262/RS, rel. Min. Sebastião Reis Júnior, j. 13.12.16).

O contraditório deve ser respeitado, de modo que, interposto o recurso, deve o juiz intimar a parte contrária para apresentação de contrarrazões – salvo, claro, situações de risco ou de ineficácia da medida (§ 3º do art. 282, CPP).

Tal recurso não possui efeito suspensivo, isto é, caso o juiz revogue a medida cautelar então em curso, o agente estará imediatamente livre, podendo, no entanto, a acusação, conforme parte da doutrina, impetrar mandado de segurança com o objetivo de conferir efeito suspensivo ao seu recurso, buscando fazer com que o agente aguarde o resultado deste ainda com a constrição cautelar.

Mas atentar, todavia, que o Superior Tribunal de Justiça não admite o *mandamus*, considerando que o Código de Processo Penal possui uma estrutura lógica de recursos e de efeitos e, ainda, porque não há direito líquido e certo à suspensão da decisão judicial (HC nº 342.649/SP, rel. Min. Maria Thereza de Assis Moura, j. 16.02.16; e AgRg no HC nº 369.841/SP, rel. Min. Reynaldo Soares da Fonseca, j. 02.02.17). Neste sentido, editou-se a súmula nº 604 do STJ, dispondo que “mandado de segurança não se presta para atribuir efeito suspensivo a recurso criminal interposto pelo Ministério Público”.

b) **recursos à disposição da defesa**: não há recurso específico previsto, podendo o acusado valer-se do *habeas corpus*, considerando que as medidas cautelares – ainda que indiretamente – geram uma restrição à liberdade e que seu eventual descumprimento poderá gerar uma medida mais gravosa, como a prisão preventiva (§ 4º do art. 282, CPP).

10.1.7.10. *Detração penal*

Detração é o cômputo, na pena privativa de liberdade ou na medida de segurança, do tempo de prisão provisória, no Brasil ou no estrangeiro, ou de prisão administrativa ou de internação em hospital de custódia ou de tratamento psiquiátrico (art. 42, CP).

Assim, se o acusado permaneceu preso (ou internado) provisoriamente, esse período deverá ser descontado/abatido do total de pena (ou medida de segurança) imposta na sentença. Ex.: réu preso preventivamente por 2 anos no curso do inquérito policial e condenado a 5 anos de pena privativa de liberdade – computar-se-á os 2 anos e o réu, agora, deverá ficar preso apenas 3 anos, totalizando os 5 anos no cárcere.

A questão é: **existe detração no caso de medidas cautelares diversas da prisão?** A resposta é: *depende*. Se a medida cautelar imposta tiver gerado alguma restrição à liberdade, será possível a detração da pena, tal como ocorre na internação provisória e na prisão domiciliar. Ainda, caso a cautelar guarde correspondência com a pena imposta, também será possível, tal como ocorre com a medida cautelar de recolhimento domiciliar noturno e a pena restritiva de direitos de limitação de final de semana. Neste sentido, aplicando o princípio da proporcionalidade, ainda que ausente previsão legal expressa, já entendeu o Superior Tribunal de Justiça pela possibilidade de detração em relação à cautelar de recolhimento noturno, por comprometer a liberdade do acusado (5ª T., HC nº 380.369/DF, rel. Min. Ribeiro Dantas, j. 19.09.17).

A 5ª Turma do Superior Tribunal de Justiça já entendeu que, embora inexista previsão legal, o cumprimento de prisão domiciliar, que é uma forma de cumprimento de prisão preventiva, como se verá, por comprometer a liberdade da pessoa, deve ser reconhecido como pena efetivamente cumprida para fins de detração, em homenagem à proporcionalidade e evitando-se o "bin in idem" (HC nº 459.377/RS, rel. Min. Reynaldo Soares da Fonseca, j. 04.09.18).

E Renato Brasileiro (Curso, 2013) ainda traz um problema: há medidas cautelares que implicam alguma restrição à liberdade do agente, como o monitoramento eletrônico e a proibição de se ausentar da comarca, de modo que não seria possível (e nem justo) equiparar o agente que cumpriu anos dessas restrições com o agente que ficou plenamente livre na mesma situação. A solução dada pelo autor seria aplicar regras semelhantes da *remição* à detração, como, por exemplo, a cada 3 dias de monitoramento eletrônico cumprido como medida cautelar descontar-se-ia 1 dia de pena imposta em sentença, observada a gravidade do caso.

De qualquer forma, a questão está longe de ser pacificada.

Já decidiu o Superior Tribunal de Justiça, por exemplo, diversamente do colocado acima, que não cabe detração do tempo em que o agente esteve submetido ao recolhimento noturno e à obrigação de comparecimento periódico em juízo, que, não se confundem com prisão provisória, ainda que representem, sempre, algum grau de restrição à liberdade de locomoção (5ª T., HC nº 380.370/DF, rel. Min. Felix Fischer, j. 07.03.17). E, de forma mais ampla ainda, já se entendeu não ser possível a detração em relação às medidas cautelares diversas da prisão, por expressa ausência de previsão legal (6ª T., HC nº 411.470/SC, rel. Min. Maria Thereza de Assis Moura, j. 14.11.17).

O tema merece maior atenção por parte dos tribunais a fim de solucionar, por vez, a celeuma.

10.1.7.11. *Extinção*

Partindo-se do princípio de que a medida cautelar penal é provisória, ou seja, de duração pontual/situacional até uma decisão final definitiva, tem-se que a sua duração está limitada à prolação de uma decisão final no processo penal.

Assim, se o acusado estava proibido de sair da comarca, com a sentença penal **condenatória** impondo uma pena privativa de liberdade cessa a medida cautelar provisória para dar lugar a uma pena definitiva, até porque, não existe mais a necessidade de se acautelar o processo.

Da mesma forma, o juiz, caso profira uma decisão **absolutória**, ordenará a cessação das medidas cautelares e provisoriamente aplicadas (art. 386, p.ú, II, CPP).

Vê-se que, em ambos os casos, perde-se o binômio necessidade-adequação, ínsito às medidas cautelares (art. 282, I e II, CPP).

10.2. TEORIA DA PRISÃO

O direito de locomoção (chamado de *ambulatorial* ou *deambulação*) é o simples direito de ir, de vir e de permanecer, sem interferência do Estado ou de particulares. Todavia, como todo e qualquer direito, não se trata de previsão absoluta, cabendo exceções à liberdade de locomoção.

Prevê a Constituição Federal que, como regra, ninguém será preso, salvo **(a)** flagrante delito ou **(b)** por ordem escrita e fundamentada de autoridade judiciária competente (art. 5º, LXI, CF).

Consoante Antônio Bento de Faria, prisão "é o ato pelo qual é alguém privado da liberdade pessoal por motivo legítimo ou em virtude de ordem legal" (Código, 1960, p. 27, v. 2). E na salutar lição de João Mendes de Almeida Junior, "para eficácia da justiça humana, os legisladores estabelecem restrições à liberdade individual no interesse da segurança social" (O Processo Criminal Brazileiro, 1911, p. 269, v. 1).

Vige, no sistema constitucional brasileiro, o princípio da inocência (ou estado de inocência ou de não culpabilidade), o que significa que ninguém será considerado culpado até o trânsito em julgado de sentença penal condenatória (art. 5º, LVII, CF) – algo como "até prova em contrário, todos são inocentes".

No entanto, no curso das investigações de um crime ou mesmo no bojo de um processo criminal, pode ser necessária a segregação cautelar do agente, de forma a proteger o processo, mantendo sua eficácia esperada. Pode ser o caso de um grave crime praticado, com o suspeito preso em flagrante, cuja prisão poderá precisar ser convertida em preventiva; ou então, o imputado que, antes da audiência de instrução, começa a ameaçar as testemunhas de acusação, dentre outras situações possíveis.

Nesses casos, portanto, não seria adequado – e nem razoável – manter o investigado/acusado livre por, simplesmente, ele ter direito constitucional à locomoção; antes disso, a sociedade possui o direito à paz social, à confiança no Poder Judiciário e à manutenção da ordem pública. Num sopesamento, o juiz deverá analisar qual direito preponderará: a liberdade individual de locomoção ou o direito coletivo à segurança pública.

É exatamente aqui que entra o estudo das prisões como medidas cautelares penais.

10.2.1. Prisão-pena e prisão cautelar

A prisão, considerada como a restrição da liberdade de uma pessoa em razão da prática de um delito, pode ser decretada em dois momentos distintos:

a) **prisão-pena**: é a decretada após uma sentença final prolatada por um juiz, em seguida a um processo criminal com contraditório, ampla defesa e todos os direitos inerentes ao processo, onde o Poder Judiciário julga procedente o pedido condenatório feito pela acusação.

b) **prisão cautelar**: é a decretada pelo juiz antes de finalizado o processo criminal, em razão de situações legais que impõem a segregação do acusado antes mesmo de findo o processo. É chamada também de prisão *provisória*, *processual* ou *sem pena* e constitui-se em verdadeira medida cautelar pessoal.

Atualmente, após a reforma trazida pela Lei nº 12.403/11, o sistema processual penal comporta apenas três prisões cautelares: (i) prisão em flagrante; (ii) prisão preventiva e (c) prisão temporária.

Há doutrina, como a de Guilherme Madeira Dezem (Curso, 2015), que entende que a prisão em flagrante não é uma típica prisão cautelar, mas pré-cautelar, por duas razões simples: não há *periculum libertatis* e porque, para alguns, a sua duração é curtíssima, de poucas horas, em que o agente ou é libertado ou é levado à prisão (verdadeiramente) cautelar. O tema será visto oportunamente.

10.2.2. Prisão extrapenal

A prisão de natureza penal pode ser consequência de uma *pena* ou servir para *acautelar* o processo. Existe, de outro lado, a prisão extrapenal, que não guarda relação com o Processo Penal, podendo ser: prisão civil, administrativa ou militar.

10.2.2.1. *Prisão civil*

Atualmente, a única hipótese possível de um juiz determinar a prisão de uma pessoa no âmbito de um processo civil é em relação ao devedor de alimentos (art. 5º, LXVII, CF), sendo ilícita a prisão civil do depositário infiel, qualquer que seja a modalidade de depósito (súmula vinculante nº 25), em razão do caráter supralegal da Convenção Americana de Direitos Humanos, que apenas autoriza a prisão civil no caso de dívida alimentar e paralisa a eficácia de qualquer norma infraconstitucional que autorize a prisão do depositário infiel (STF, RE nº 466.343/SP, rel. Min. Cezar Peluso, j. 03.12.08).

Então, conforme o Código de Processo Civil, o credor de alimentos pode requerer a prisão do devedor de alimentos, seja baseando-se em título judicial ou extrajudicial. O juiz, assim, determinará a cientificação do executado para, em três dias, pagar o débito, provar que o fez ou justificar a impossibilidade de efetuá-lo (arts. 528 e 911, CPC).

O débito alimentar que autoriza a prisão civil do alimentante é o que compreende apenas as três prestações anteriores ao ajuizamento da execução e as que se vencerem no curso do processo (súmula nº 309, STJ) – mas ver que o atraso de uma só prestação, desde que atual, ou seja, compreendida entre as três últimas devidas, já autorizará o pedido de prisão do devedor, cf. o art. 582, § 3º, CPC (STJ, AgRg no AREsp nº 561.453/SC, rel. Min. Maria Isabel Gallotti, j. 20.10.15). No âmbito dos vínculos familiares jurídicos é inadequada a aplicação da teoria do adimplemento substancial (STJ, HC nº 439.973/MG, rel. p/ ac. Min. Antonio Carlos Ferreira, j. 16.08.18).

Caberá ao credor de alimentos a opção pela via executiva da cobrança que melhor atenda suas necessidades, ou seja, o credor poderá escolher, ou não, o rito processual que admite a prisão civil (STJ, HC nº 374.764/SP, rel. Min. Moura Ribeiro, j. 04.04.17).

Caso o executado não pague ou se a justificativa apresentada não for aceita, o juiz, além de mandar protestar o pronunciamento judicial, decretar-lhe-á a **prisão**, pelo prazo de 1 a 3 meses. Referida prisão está ligada apenas ao inadimplemento inescusável de prestação alimentar, não alcançando situação jurídica a revelar cobrança de saldo devedor, ou seja, a prisão civil do devedor de alimentos não servirá para cobrar débitos pretéritos (STF, HC nº 121.426/SP, rel. Min. Marco Aurélio, j. 14.03.17).

A prisão civil deverá ser cumprida em regime fechado, devendo o preso ficar separado dos presos comuns (art. 528, § 4º, CPC). Consoante Chaves e Rosenvald, "justifica-se a opção legislativa na medida em que o fundamento da prisão é coagir ao pagamento dos alimentos" (Curso, 2016, p. 813).

Em interessante caso, o Superior Tribunal de Justiça admitiu a substituição da prisão civil em regime fechado por prisão domiciliar. Considerou-se que a prisão civil por dívida alimentar tem função essencialmente coativa, já que se trata de uma técnica de coação, que busca afastar a insistência do devedor em não pagar os alimentos fixados e compeli-lo a adimplir esta obrigação. No caso julgado, de forma *excepcionalíssima*, permitiu-se a conversão em prisão domiciliar, tendo em vista que o devedor estava acometido por doenças graves (esclerose múltipla, diabetes e poliartrose) que inspiravam cuidados médicos contínuos, sem os quais havia risco de morte ou de danos graves à saúde (RHC nº 86.842/SP, rel. Min. Nancy Andrighi, j. 17.10.17). Em sentido similar prevê o Enunciado nº 599, CJF, ao tratar da prisão em razão de alimentos avoengos.

Uma vez paga a prestação alimentícia devida, o juiz suspenderá o cumprimento da ordem de prisão e determinará a sua soltura. Atentar que o pagamento parcial da dívida alimentar não impedirá a prisão civil do alimentante devedor (STJ, AgInt no RHC nº 81.501/SP, rel. Min. Antonio Carlos Ferreira, j. 03.08.17).

10.2.2.2. *Prisão administrativa*

A prisão administrativa é aquela decretada por uma autoridade administrativa - *órgão* - por motivos de ordem administrativa - *razão* - e com finalidade administrativa - *fim* (Mirabete, 2007). Logo: autoridade administrativa + motivo administrativo + finalidade administrativa.

Inicialmente, existe previsão constitucional desta medida tanto em situação de estado de defesa (art. 136, § 3º, CF) quanto em estado de sítio (art. 139, I e II, CF), isto é, será possível que uma autoridade administrativa - **não judiciária** - determine a privação da liberdade de outrem, com posterior comunicação ao juiz.

Havia outros casos em situações esparsas na legislação, como a prisão de estrangeiro, pelo Ministro da Justiça, no processo de deportação, de expulsão ou de extradição, previstos na antiga Lei nº 6.815/80 (extinto Estatuto do Estrangeiro). De acordo com a redação original daquela lei, o Ministro da Justiça poderia, a pedido do Estado estrangeiro interessado, determinar a prisão cautelar do sujeito a deportação (art. 61), do submetido a expulsão (art. 69) e do extraditando (art. 82). A doutrina nacional já entendia pela não recepção de referida norma, diante do art. 5º, LXI, CF, que prevê apenas duas situações de prisão: flagrante ou por ordem judicial (e não administrativa).

O Supremo Tribunal Federal, com a nova Carta Política de 1988, passou a entender que apenas uma **autoridade judicial** pode decretar a prisão cautelar de um estrangeiro submetido a deportação, expulsão ou extradição, respeitando-se, com isso, a previsão constitucional de quem ninguém será preso senão em flagrante ou por ordem de uma autoridade judicial, cf. o art. 5º, LXI, CF (STF, QO-Ext. nº 478/Suíça, rel. Min. Moreira Alves, j. 30.11.88; e RHC nº 66.905/PR, rel. Min. Moreira Alves, j. 04.11.88).

Então, tempos depois, adveio a atual Lei nº 13.445/17 (Lei de Migração), alterando formalmente a legislação existente e prevendo que, em caso de urgência, o Estado interessado na extradição poderá, previamente ou conjuntamente com a formalização do pedido extradicional, requerer, por via diplomática ou por meio de autoridade central do Poder Executivo, prisão cautelar com o objetivo de assegurar a executoriedade da medida de extradição que, após exame da presença dos pressupostos formais de admissibilidade exigidos na lei ou em tratado, deverá representar à **autoridade judicial** competente, ouvido previamente o Ministério Público Federal (art. 84, "caput" c.c. art. 275 do Decreto nº 9.199/17). Previsão semelhante já era vista no antigo e já revogado Estatuto do Estrangeiro, então alterado pela Lei nº12.878/13.

Deste modo, a antiga prisão administrativa decretada pelo Ministro da Justiça quando da deportação, expulsão ou extradição não existe mais. Consoante a Constituição Federal e a nova Lei de Migração, apenas uma *autoridade judicial* poderá decretar, se preenchidos os requisitos legais, a prisão do extraditando.

A este respeito, inclusive, há todo um regramento específico, como o pedido de prisão, que deverá conter as informações do crime cometido e deverá ser fundamentado, podendo ser apresentado por correio, fax, mensagem eletrônica ou qualquer outro meio que assegure a comunicação por escrito. Ainda, na ausência de disposição específica em tratado, o Estado estrangeiro deverá formalizar o pedido de extradição no prazo de 60 dias, contado da data em que tiver sido cientificado da prisão do extraditando e, caso o pedido de extradição não seja feito neste prazo, o extraditando deverá ser posto em liberdade, não se admitindo novo pedido de prisão cautelar pelo mesmo fato sem que a extradição tenha sido devidamente requerida. No mais, a prisão cautelar poderá ser prorrogada até o julgamento final da autoridade judiciária competente quanto à legalidade do pedido de extradição (§§ 1º, 4º, 5º e 6º do art. 84 da Lei de Migração). Todavia, uma vez julgada procedente a extradição, o Estado requerente deverá, em sessenta dias da comunicação, retirar o extraditando do território nacional, pois, do contrário, será ele posto em liberdade (art. 92 c.c. 93).

Assim, nos dias de hoje, entende-se que não existe mais e previsão legal de prisão cautelar de extraditando decretada por agente que não seja uma autoridade judicial competente (como ocorria anteriormente pelo Ministro da Justiça), diante da clara afronta à previsão constitucional, pois apenas um juiz poderá assim determinar. Inclusive, basta ver que os dispositivos do Código de Processo Penal que mencionavam a prisão administrativa foram todos revogados pela Lei nº 12.403/11, passando a tratar de outros temas, não versando mais, sequer, da referida modalidade de prisão. Não fosse suficiente, o dispositivo remanescente que previa a prisão administrativa por Ministro de Estado foi revogado pela atual Lei de Migração.

No mais, a Lei de Migração prevê que o Supremo Tribunal Federal, ouvido o Ministério Público, poderá autorizar prisão albergue ou domiciliar ou determinar que o extraditando responda ao processo de extradição em liberdade, com retenção do documento de viagem ou outras medidas cautelares necessárias, até o julgamento da extradição ou a entrega do extraditando, se pertinente, considerando a situação administrativa migratória, os antecedentes do extraditando e as circunstâncias do caso (art. 86).

No que diz respeito às medidas de retirada compulsória (repatriação, deportação e expulsão), o delegado de polícia federal poderá representar ao **juízo federal** (logo, uma autoridade judiciária) pela prisão ou outra medida cautelar com o fim de efetivar a medida (art. 211 do Decreto nº 9.199/17) e, se deferida, deverá ser comunicada à repartição consular do país de nacionalidade do preso.

Diante disso, resta apenas a previsão constitucional no estado de defesa e de sítio como "prisões administrativas" – com o ulterior controle judicial sempre.

10.2.3. Prisão militar

O texto do art. 5º, LXI, CF, dispõe que ninguém será preso senão em flagrante delito ou por ordem escrita e fundamentada de autoridade judiciária competente, **salvo** *(a)* nos casos de transgressão militar ou *(b)* crime propriamente militar, definidos em lei.

E os arts. 42 e 142, CF, fixam que os membros da Polícia Militar, do Corpo de Bombeiros Militar e das Forças Armadas (Marinha, Exército e Aeronáutica) estão submetidos à hierarquia e à disciplina de suas respectivas organizações.

Apoiando-se nas claras lições de Renato Brasileiro (Curso, 2013), há que se separar as duas situações abaixo analisadas.

a) prisão por transgressão militar

Inicialmente, essa transgressão é uma ação praticada pelo militar que contraria preceitos do ordenamento jurídico e que ofende a ética, os deveres e obrigações militares ou que afeta a honra pessoal ou o decoro da classe militar. Uma transgressão militar pode ensejar algumas consequências que restringem a liberdade, dentre elas:

i) detenção disciplinar ("permanência"): é o cerceamento da liberdade, com alojamento em local militar, conforme determinação da autoridade militar (art. 28, Decreto nº 4.346/02). O detido comparece a todos os atos de instrução militar, não estando preso num local específico, mas tem restrita sua liberdade, ficando aquartelado.

ii) prisão disciplinar ("detenção"): é a obrigação de o militar permanecer em local próprio (art. 29, Decreto nº 4.346/02). É verdadeira prisão.

No que diz respeito especificamente em relação aos policiais militares e aos corpos de bombeiros militares dos Estados e do Distrito Federal, veda-se, agora, a detenção e a prisão disciplinares, i.e., a restrição da liberdade do militar estadual/distrital por motivos de disciplina. Para tanto, as Polícias serão regidas por Códigos de Ética e Disciplina, vedando-se "medida privativa e restritiva de liberdade" (art. 2º, Lei nº 13.967/19).

b) prisão por crime propriamente militar

Crime propriamente militar é aquele que só pode ser cometido por militar, como a deserção. Assim, independentemente de flagrante ou de ordem judicial, o militar que pratica crime desta espécie pode ser preso, desde que não tenha ocorrido a prescrição ainda.

Consoante o Superior Tribunal Militar, a possibilidade de prisão por crime propriamente militar está amparada nos princípios da hierarquia e da disciplina, pois o objeto jurídico costuma relacionar-se com o serviço e deveres militares (HC nº 00000051020157000000, rel. Min. Olympio Pereira da Silva Junior, j. 19.02.15).

c) conclusão

Conclui-se, assim, que a prisão por *transgressão disciplinar militar* é uma espécie de prisão administrativa, já que determinada por uma autoridade administrativa militar; por outro lado, a prisão por *crime propriamente militar* não é prisão administrativa, pois, embora inicialmente decretada por uma autoridade desta qualidade, deverá ocorrer a comunicação à autoridade judicial militar, que deliberará acerca da manutenção ou não da segregação – o que, conforme Brasileiro (Curso, 2013), muito se assemelha a uma espécie de prisão em flagrante.

10.2.4. Prisão para averiguação

Como já mencionado diversas vezes, como regra, ninguém será preso senão em flagrante delito ou por ordem escrita e fundamentada de autoridade judiciária competente (art. 5º, LXI, CF).

A prisão para averiguação *era* um procedimento adotado pelas polícias brasileiras em que se detinha uma pessoa e, sob a alegação da necessidade de investigar sua vida pregressa, era cerceada sua liberdade e ela era levada até o departamento de polícia para que as autoridades assim averiguassem. Desta forma, bastava a mera suspeita para que a polícia restringisse, sem estar em flagrante e sem ordem judicial, a liberdade de um indivíduo sob a alegação de "necessidade de investigações" ou para "prestar esclarecimentos". Trata-se, atualmente, de atuação policial totalmente inconstitucional e ilegal.

Este procedimento é arbitrário e amplia demasiadamente os poderes da polícia, a ponto de nenhum cidadão ter mais o direito à liberdade e de ser preso apenas quando presentes as hipóteses constitucionais (Nucci, 2007). O autor afirma que "é lógico que o Estado mantém o seu poder de polícia, investigando e cuidando de obter dados de pessoas suspeitas, em atitudes estranhas à normalidade, sob pena de se tornar inviável prender qualquer sujeito procurado, pois nem mesmo os documentos um policial poderia exigir de alguém. O que se deve evitar é a privação da liberdade de uma pessoa a pretexto de investigar sua vida pregressa" (p. 542).

Conforme já mencionou o Superior Tribunal de Justiça, a prisão para averiguação é medida "exótica, antiga e abominada", utilizada outrora com propósitos declaradamente exploratórios ou prospectivos de ilícitos, quando a autoridade policial não dispunha de elementos indiciários suficientes (HC nº 188.499/BA, rel. Min. Napoleão Nunes Maia Filho, j 13.11.10).

O desrespeito às possibilidades de prisão, constitucionalmente previstas, poderá tipificar, a depender do caso concreto, crime de abuso de autoridade, consistente em decretar medida de privação da liberdade em manifesta desconformidade com as hipóteses legais (art. 9º, *caput*, Lei nº 13.869/19).

10.2.5. Imunidades prisionais

Como regra em um Estado Democrático de Direito, todos são iguais perante a lei (art. 5º, "caput", CF). Assim, quem comete uma infração penal estará sujeito à prisão – cautelar e definitiva – independentemente de quem seja, de sua classe social, cor, religião, sexo etc.

Todavia, há algumas pessoas que, **em razão do cargo, profissão ou alguma condição específica** (subjetiva ou objetiva), possuem prerrogativas no que diz respeito à prisão – que são as chamadas *imunidades prisionais*.

10.2.5.1. *Presidente da República*

Estabelece o art. 86, § 3º, CF, que, enquanto não sobrevier sentença condenatória, nas infrações comuns, o Presidente da República não estará sujeito a prisão. Desta feita, não há que se falar em prisão cautelar (de nenhuma espécie) ao Presidente da República.

Uma vez condenado, será preso (se a condenação fixar pena privativa de liberdade, claro). Entende-se que, com isso, o Presidente da República perderá o mandato, mas não por causa da condenação, mas em razão da suspensão dos direitos políticos com o trânsito em julgado da sentença condenatória, cf. o art. 15, III, CF.

No que diz respeito aos Governadores (de Estados e Distrito Federal), o Supremo Tribunal Federal fixou o entendimento de que eles não possuem nenhuma imunidade prisional, já que o Estado/DF, ainda que em norma constante de sua própria Constituição Estadual/Lei Orgânica Distrital, não dispõe de competência para outorgar ao Governador a prerrogativa extraordinária da imunidade à prisão em flagrante, à prisão preventiva e à prisão temporária, pois o tratamento dessas modalidades de prisão cautelar submete-se, com exclusividade, ao poder normativo da União Federal, por efeito de expressa reserva constitucional de competência definida pela Carta da República (ADI nº 1.021/SP, rel. Min. Ilmar Galvão, j. 19.10.95).

10.2.5.2. *Diplomacia*

Tema já tratado anteriormente, mas, basicamente, possuem imunidade prisional o Chefe de governo estrangeiro, Chefe de Estado estrangeiro, suas respectivas famílias e membros das comitivas, embaixadores e suas famílias, funcionários estrangeiros do corpo diplomático e suas famílias, bem como os funcionários de organismos internacionais em serviço (ONU, p. ex.), nos termos da Convenção de Viena sobre Relações Diplomáticas (Dec. nº 56.435/65).

O Estado acreditante (de onde o diplomata é originário) poderá renunciar a esta imunidade prisional, permitindo-se que ele seja preso e processado no Brasil (art. 32.1 da Convenção Diplomática). Se houver renúncia tanto à fase de conhecimento quanto à fase de execução, será possível, inclusive, a imposição de medidas cautelares diversas da prisão, como a proibição de ausência do Brasil sem autorização judicial; de outro lado, se a renúncia disser respeito apenas à fase de conhecimento, não será possível fixar tal medida cautelar, pois não haverá interesse em se resguardar a execução futura do processo, que não se dará no Brasil, mas no país de origem do agente diplomático, já que não houve renúncia quanto a esta fase (STJ, RHC nº 87.825/ES, rel. Min. Nefi Cordeiro, j. 05.12.17).

No que diz respeito ao cônsul, ele só possui imunidade quanto aos crimes funcionais, mas a prisão cautelar é admitida, desde que em caso de "crime grave" mediante decisão da autoridade judiciária competente (art. 41.1, Decreto nº 61.078/67 – Convenção Consular).

Por fim, embora o agente diplomático tenha imunidade prisional, nada impede que as autoridades brasileiras investiguem os fatos e, sendo o caso, enviem a documentação elaborada ao país de origem do infrator.

10.2.5.3. *Senadores e deputados*

Desde a expedição do diploma, os membros do Congresso Nacional não poderão ser presos, salvo em flagrante de crime inafiançável; e, nesses casos, os autos serão remetidos, dentro de 24 horas, à Casa respectiva, para que, pelo voto da maioria de seus membros, resolva sobre a prisão (art. 53, § 2º, CF).

A partir dessa redação, vê-se que deputados e senadores não poderão ser presos preventiva e nem temporariamente – ou melhor: só poderão ser presos em **flagrante** e em razão do cometimento de crime **inafiançável**.

Ocorre que o Supremo Tribunal Federal proferiu interessante decisão, decretando a prisão cautelar do então senador Delcídio do Amaral (AC 4.039/DF, rel. min. Teori Zavascki, j. 25.11.15). Ele estava sendo investigado por integrar organização criminosa e por embaraçar investigações envolvendo organização criminosa, conforme a Lei nº 12.850/13.

Consoante ensina Márcio André Lopes Cavalcante (Principais, 2016), a Corte entendeu o seguinte: (a) ambos os crimes são considerados permanentes, de modo que é possível a prisão em flagrante e (b) como estavam presentes os motivos para a prisão preventiva, não era cabível a fiança, nos termos do art. 324, IV, CPP, o que os tornavam "inafiançáveis". Logo, estavam presentes os requisitos constitucionais.

Que fique claro: não é cabível a prisão preventiva de congressista (o MPF bem que pediu a prisão preventiva, mas o STF não a decretou). A construção que a Corte fez foi para conseguir enquadrar a situação do senador Delcídio do Amaral em flagrante de crime inafiançável por meio da permanência delituosa, buscando obedecer ao disposto na Carta da República.

E se o parlamentar é flagrado cometendo crime afiançável, embora seja possível fazer cessar o delito, o auto de prisão em flagrante não poderá ser lavrado. Ex.: senador, dirigindo, comete lesão corporal culposa no trânsito.

Questão interessante é saber se o parlamentar pode ser preso civilmente em razão de dívida alimentar. Não há posição pacífica, existindo entendimento tanto pela possibilidade quanto pela impossibilidade.

É de se destacar, ainda, que **deputados estaduais** e distritais possuem, também, imunidade prisional desde a expedição do diploma, não podendo ser presos salvo em flagrante de crime inafiançável (art. 27, § 1º) – não mais se aplica a súmula nº 3 do STF, que dizia que a imunidade dos deputados estaduais era restrita à justiça do Estado, pois todas as imunidades do Congresso Nacional são aplicáveis aos Estados e Distrito Federal a partir da CF/88 (STF, RE nº 456.679, rel. Min. Sepúlveda Pertence, j. 15.12.05). Acerca das imunidades, o Supremo Tribunal Federal fixou que deputados estaduais possuem as mesmas imunidades – formais e materiais – previstas aos congressistas, em decorrência do § 1º do art. 27, CF. Assim, são constitucionais os dispositivos da Constituição Estadual que autorizam, pelo Poder Legislativo, a revogação de prisão preventiva/medidas cautelares diversas que foram impostas pelo Poder Judiciário, permitindo-se, assim, o retorno ao exercício do mandato (STF, ADI nº 5.823/RN, ADI 5.824/RJ e ADI 5.825/MT, rel. p/ ac. in. Marco Aurélio, j. 08.05.19). Exemplo: se o Poder Judiciário determinar a prisão preventiva de um deputado estadual, essa medida poderá ser revogada pela Assembleia Legislativa, por meio de resolução, nos termos dos artigos 27, § 1º e 53, § 2º da CF.

Por fim, **vereadores** não possuem imunidade prisional (STF, HC nº 73.758/SP, rel. Min. Néri da Silveira, j. 14.05.96). Diversas Constituições Estaduais, no entanto, criaram imunidades formais a eles, o que vem sendo repelido pelo STF, por ser inconstitucional, já que legislar sobre matéria de direito processual é de competência exclusiva da União (ADI nº 371/SE, rel. Min. Maurício Corrêa, j. 05.09.02). O que os vereadores podem ter, a depender da previsão na Constituição Estadual, é foro por prerrogativa de função, podendo ser julgados originariamente no Tribunal de Justiça (STF, RE nº 464.935/RJ, rel. Min. Cezar Peluso, j. 03.06.08).

10.2.5.4. *Juízes e membros do Ministério Público*

Os **magistrados** têm a prerrogativa de não serem presos senão por ordem escrita do Tribunal ou do órgão especial competente para o julgamento, salvo em flagrante de crime inafiançável, caso em que a autoridade fará imediata comunicação e apresentação do magistrado ao Presidente do Tribunal a que esteja vinculado (art. 33, II, LC nº 35/79). Além disso, possuem o direito de serem recolhidos à prisão especial ou sala de Estado-Maior, por ordem e à disposição do Tribunal ou órgão especial, quando sujeitos à prisão antes do julgamento final (inc. III).

Ainda, quando, no curso de investigação, houver indício da prática de crime por parte do magistrado, a autoridade policial, civil ou militar, remeterá os respectivos autos ao Tribunal ou órgão especial competente para o julgamento, a fim de que prossiga na investigação (p.ú.).

No mesmo sentido, os membros do **Ministério Público** têm a prerrogativa de serem presos somente por ordem judicial escrita, salvo em flagrante de crime inafiançável, caso em que a autoridade fará, no prazo máximo de 24 horas, a comunicação e a apresentação do membro do Ministério Público ao Procurador-Geral de Justiça (art. 40, III, Lei nº 8.625/93). O membro do *Parquet* também terá direito de ser custodiado ou recolhido à prisão domiciliar ou à sala especial de Estado Maior, por ordem e à disposição do Tribunal competente, quando sujeito a prisão antes do julgamento final (inc. V).

E, também, quando no curso de investigação houver indício da prática de infração penal por parte de membro do Ministério Público, a autoridade policial, civil ou militar remeterá, imediatamente, sob pena de responsabilidade, os respectivos autos ao Procurador-Geral de Justiça, a quem competirá dar prosseguimento à apuração (p.ú., art. 41).

Diante disso, juízes e membros do Ministério Público, apesar de não serem presos em flagrante por crime afiançável, **poderão sofrer prisão preventiva e temporária**.

10.2.5.5. *Advogados*

O advogado somente poderá ser preso em flagrante, *por motivo de exercício da profissão*, em caso de crime *inafiançável*, assegurando-se a presença de representante da OAB para a lavratura do auto respectivo, sob pena de nulidade e, nos demais casos, basta a comunicação expressa à seccional da OAB (§ 3º, art. 7º, Lei nº 8.906/94).

Logo, advogado não pode ser preso em flagrante, em razão do exercício da profissão, se o crime for afiançável; mas se o crime for comum, não ligado ao exercício da advocacia, poderá ser preso em flagrante normalmente – seja afiançável ou inafiançável o delito – com a devida comunicação à OAB.

É importante ressaltar que o advogado não possui imunidade quanto ao crime de desacato, respondendo por ele normalmente (STF, HC nº 94.398/RJ, rel. Min. Eros Grau, j. 04.05.10; e ADI 1.127/DF, rel. Min. Marco Aurélio, j. 17.05.06).

10.2.5.6. *Menores de idade*

Em razão da inimputabilidade, os menores de 18 anos não estão sujeitos à prisão do Código de Processo Penal, mas à *apreensão* do Estatuto da Criança e do Adolescente (arts. 108 e 121, § 3º, Lei nº 8.069/90).

10.2.5.7. *Autor de crime de trânsito*

Ao condutor de veículo, nos casos de acidentes de trânsito de que resulte vítima, não se imporá a *prisão em flagrante*, nem se exigirá *fiança*, se prestar pronto e integral socorro àquela (art. 301, CTB).

10.2.5.8. *Infração de menor potencial ofensivo*

A autoridade policial que tomar conhecimento da ocorrência de uma infração de menor potencial ofensivo (Lei nº 9.099/95, art. 69) lavrará termo circunstanciado e o encaminhará imediatamente ao Juizado, com o autor do fato e a vítima, providenciando-se as requisições dos exames periciais necessários.

Ao autor do fato que, após a lavratura do termo, for imediatamente encaminhado ao juizado ou assumir o compromisso de a ele comparecer, não se imporá *prisão em flagrante*, nem se exigirá *fiança* (p.ú.).

10.2.6. Prisão especial

Não se trata de um privilégio para o *cumprimento da pena*, mas, sim, de uma medida que recolhe o agente, **numa das situações de prisão cautelar**, em local separado dos demais presos (art. 295, CPP). Assim, só perdurará a prisão especial até o trânsito em julgado da sentença condenatória, pois, após isso, o preso não terá mais tal benesse.

A prisão especial é uma modalidade de cumprimento da prisão cautelar, não uma nova espécie desta. Assim, o agente preso cautelarmente pode ser recolhido em prisão especial a depender da sua situação pessoal.

Algumas situações até justificam a aplicação da medida, como a prisão cautelar em local separado aos agentes de segurança pública, como um delegado de polícia, p. ex.; no entanto, de outro lado, não há uma única razão minimamente plausível para um diplomado em curso superior ficar recolhido separadamente de um analfabeto.

Consoante a Lei de Execução Penal (Lei nº 7.210/84), presos definitivos (já cumprindo pena) devem ficar separados dos presos provisórios (art. 300, CPP). E dentre os provisórios, há que se separar os *(a)* acusados pela prática de crimes hediondos e equiparados; *(b)* acusados pela prática de crimes cometidos com violência ou grave ameaça à pessoa; e *(c)* acusados pela prática de outros crimes ou contravenções, conforme a Lei nº 13.167/15. E entre esses presos provisórios, há que separar, então, os que cumprirão a constrição cautelar em prisão especial.

Como regra, a prisão especial consistirá exclusivamente no recolhimento em local distinto da prisão comum (§ 1º, art. 295, CPP). Não havendo estabelecimento específico para o preso especial, ele será recolhido em cela distinta do mesmo estabelecimento (§ 2º).

Tal cela especial poderá consistir em alojamento coletivo, atendidos os requisitos de salubridade do ambiente, pela concorrência dos fatores de aeração, insolação e condicionamento térmico adequados à existência humana (§ 3º). O preso especial não será transportado juntamente com o preso comum (§ 4º), mas os seus direitos serão os mesmos do preso comum (§ 5º).

A Lei nº 5.256/67 dispõe sobre a prisão especial, afirmando que, nas localidades em que não houver estabelecimento adequado ao recolhimento dos que tenham direito a prisão especial, o juiz, considerando a gravidade e as circunstâncias do crime, ouvido o representante do Ministério Público, *poderá* autorizar a prisão do réu ou indiciado na própria residência, de onde ele não poderá se afastar sem prévio consentimento judicial (art. 1º).

Diante desses dispositivos legais, percebe-se que, **(1º)** num primeiro momento, deve-se garantir a prisão especial em estabelecimento próprio para este tipo de preso; **(2º)** na ausência deste, a prisão especial deverá ser cumprida no próprio estabelecimento prisional comum, mas em cela separada; **(3º)** e, em último caso apenas, a prisão cautelar deverá ser domiciliar (STF, HC nº 117.959/SP, rel. Min. Luiz Fux, j. 25.03.14; e STJ, RHC nº 951/SP, rel. Min. Assis Toledo, j. 13.03.91).

Caso o acusado responda a mais de um processo, sobrevindo prisão definitiva num deles, não há mais que se falar em prisão especial, já que ele deixa de ser preso provisório em razão do novo título que justifica sua prisão pena agora (STJ, HC nº 149.141/ES, rel. Min. Napoleão Nunes Maia Filho, j. 04.03.10).

O rol do art. 295, CPP, é **exemplificativo**, podendo a legislação prever a prisão especial a outras pessoas. Terão, então, direito à prisão especial:

PESSOAS COM DIREITO À PRISÃO ESPECIAL		
» Ministro de Estado (CPP)	» Deputado e Senador (CPP)	» Promotores de Justiça (LONMP e LC nº 75/93)
» Governador e Interventor (CPP)	» Membro do Conselho de Economia Nacional (CPP)	» Diplomado em curso superior e os inscritos em "Livro de Mérito" (CPP)
» Prefeito (CPP)	» Deputado Estadual/Distrital (CPP)	» Ministro de confissão religiosa (CPP)
» Secretários de Governo (CPP)	» Oficial das Forças Armadas/PM/CBM (CPP)	» Ministro do Tribunal de Contas (CPP)
» Vereador (CPP)	» Militares (CPP)	» Oficial da Marinha mercante (Lei nº 5.606/70)
» Chefe de Polícia (CPP)	» Magistrados (LOMAN)	» Vigilantes e transportadores de valores (Lei nº 7.102/83)
» Policiais Civis e funcionários (CPP)	» Dirigentes sindicais (Lei nº 2.860/56)	» Pilotos de aeronaves mercantes nacionais (Lei nº 3.988/61)
» Delegados de Polícia, ativos ou não (CPP)	» Guarda Civil , ativos ou não (CPP)	» Professores de 1º e 2º graus (Lei nº 7.172/83)
» Advogado (EOAB)	» Juiz de paz (LOMAN)	» Defensores Públicos (LC nº 80/94)

O militar preso em flagrante delito, após a lavratura dos procedimentos legais, será recolhido em quartel da instituição a que pertencer, onde ficará preso à disposição das autoridades competentes (p.ú., art. 300, CPP).

O colaborador da Justiça, nos termos da Lei de Proteção a Vítimas e Testemunhas Ameaçadas (Lei nº 9.807/99), uma vez decretada sua prisão cautelar, será recolhido em local separado dos demais presos (art. 15, § 1º).

Quanto ao jurado, apesar de mencionado no inciso X do art. 295, CPP, o art. 439, CPP, não mais lhe confere tal direito – até porque, a redação de ambos os dispositivos foi dada pela Lei nº 12.403/11, mas o art. 439, CPP, é específico no tratamento dos jurados, mencionando apenas que o seu exercício constitui serviço público relevante e gera presunção de idoneidade moral – sem tratar de prisão especial – entendendo-se, então, que **os jurados não têm mais prisão especial**. Atentar que os jurados que já haviam exercido a função permanecerão com tal direito, diante do direito adquirido.

Por fim, o conselheiro tutelar não tem mais direito a prisão especial, diante da revogação deste benefício, então previsto no art. 135, ECA, pela Lei nº 12.696/12. Ressalvam-se, apenas, os conselheiros que, até a data da edição desta lei, exerciam o cargo, em razão do direito adquirido.

10.2.6.1. *Sala de Estado-Maior*

A sala de Estado-Maior é uma verdadeira *sala*, num prédio militar, que poderá ser utilizada por um Oficial nas suas atividades, garantido o bem-estar, a saúde, a convivência social etc. Assim, tem como características: *(a)* ser uma sala, não uma cela; *(b)* estar localizada num ambiente militar; e *(c)* não ter grades e possuir comodidades mínimas.

Nas claras palavras do Supremo Tribunal Federal, "por Estado-Maior se entende o grupo de oficiais que assessoram o Comandante de uma organização militar (Exército, Marinha, Aeronáutica, Corpo de Bombeiros e Polícia Militar); assim sendo, 'sala de Estado-Maior' é o compartimento de qualquer unidade militar que, ainda que potencialmente, possa por eles ser utilizado para exercer suas funções. A distinção que se deve fazer é que, enquanto uma 'cela' tem como finalidade típica o aprisionamento de alguém – e, por isso, de regra contém grades –, uma 'sala' apenas ocasionalmente é destinada para esse fim. De outro lado, deve o local oferecer 'instalações e comodidades condignas', ou seja, condições adequadas de higiene e segurança" (Rcl nº 4.535/ES, rel. Min. Sepúlveda Pertence, j. 07.05.07).

Terão direito a ficar **provisoriamente presos** nesta sala:

a) os membros do Ministério Público, cf. Lei nº 8.625/93;

b) os membros da Magistratura, cf. LC nº 35/79;

c) os membros da Defensoria Pública, cf. LC nº 80/94;

d) os advogados públicos federais, cf. Lei nº 13.327/16; e

e) os advogados, cf. Lei nº 8.906/94.

Pela explicação, percebe-se que não é tão simples assim encontrar uma sala de Estado-Maior que possa ser utilizada para a *prisão cautelar* de um desses indivíduos. Assim, surge grande celeuma, mas a jurisprudência vem entendendo que, não existindo sala de Estado-Maior (ou sala que lhe faça as vezes), deve o preso provisório ser recolhido em local apropriado equiparado, separado dos outros presos, geralmente com instalações individuais e sempre com comodidades dignas; apenas na falta de ambos é que, muito excepcionalmente, se poderá falar em prisão domiciliar.

Neste sentido, já se manifestou o Superior Tribunal de Justiça que a simples ausência de sala de Estado-Maior não autoriza a prisão domiciliar do acusado que se encontra em cela separada e com condições dignas de higiene, salubridade e com banheiro privativo (RHC nº 73.717/MS, rel. Min. Reynaldo Soares da Fonseca, j. 22.11.16); e também, apenas diante da inexistência de sala de Estado-Maior ou que lhe faça as vezes é que o acusado poderá ter direito à prisão domiciliar (RHC nº 54.106/MG, rel. Min. Jorge Mussi, j. 10.03.15). Assim, a existência de cela especial em unidade penitenciária, cuja instalação seja condigna e em ala separada dos demais detentos, supre a exigência de existência de sala de Estado-Maior (STJ, HC nº 396.162/SP, rel. Min. Joel Ilan Paciornik, j. 05.12.17).

O Supremo Tribunal Federal, corroborando essa posição, entende que a sala de Estado-Maior não necessariamente precisa estar localizada dentro das Forças Armadas, bastando ser ambiente separado, sem grades, locado em unidades prisionais ou em batalhões da Polícia Militar, por exemplo, mantendo condições de higiene e salubridade (Rcl nº 8.853/GO, rel. Min. Cármen Lúcia, red. para acórdão Min. Dias Toffoli, j. 18.03.15).

Por fim, como já entendeu o Superior Tribunal de Justiça, "decretada a prisão preventiva de advogado, este não fará jus ao recolhimento provisório em sala de estado Maior caso esteja suspenso dos quadros da OAB" (HC nº 368.393/MG, rel. Min. Maria Thereza de Assis Moura, j. 20.09.16).

10.2.6.2. *Funcionários da Justiça criminal*

Determina o art. 84, § 2º, Lei nº 7.210/84 (Lei de Execução Penal), que o preso que, ao tempo do fato, era funcionário da Administração da Justiça criminal, ficará em dependência separada. O objetivo da norma, ao colocar este agente público em local separado dos demais presos, é preservar sua integridade por medida de segurança, já que poderia ele ser vítima de todos os tipos de agressões – físicas e morais – por ter trabalhado no âmbito da Justiça criminal (STJ, HC nº 25.679/RJ, rel. Min. Moura Ribeiro, j. 18.02.14).

O recolhimento em dependência separada exige que o agente, *ao tempo do fato criminoso*, fosse funcionário da Justiça criminal, não existindo tal privilégio ao agente que, quando da prática do delito, já não era mais funcionário da Justiça criminal; por outro lado, há corrente entendendo que, a depender do caso concreto, poderá, em razão da proteção que pode ser necessária, haver o recolhimento em dependência separada ao agente que, quando do fato, não era mais funcionário da Justiça penal.

Como a lei geral não especifica, entende-se que tal funcionário público ficará separado dos demais tanto no caso de prisão **cautelar** como no de prisão **definitiva** (STJ, HC nº 158.994/RJ, rel. Min. Vasco Della Giustina, j. 19.05.11). Até porque, tratando-se de norma protetiva ao agente preso que foi funcionário da Justiça criminal, não há como se permitir que a lei determine a sua proteção em dependência separada apenas até antes da prisão definitiva, devendo a proteção, portanto, se estender por toda a execução penal, até sua libertação final. Vale lembrar da Lei nº 4.878/65, que trata do Regime Jurídico dos Funcionários Policiais da União e do Distrito Federal, cujo art. 40 e respectivos parágrafos dispõem que o funcionário policial, após o trânsito em julgado da sentença condenatória, será encaminhado a estabelecimento penal, mas cumprirá pena em *dependência isolada* dos demais presos.

10.2.7. Emprego de força

Consoante o art. 284, CPP, na execução de uma prisão não será permitido o emprego de força, salvo o indispensável no caso de resistência ou de tentativa de fuga do preso.

Então, os policiais, ao efetuarem uma prisão, não deverão empregar força, salvo se o agente a ser preso (a) oferecer resistência ou (b) tentar fugir. E, obviamente, tal força deve ser apenas *moderada*, o suficiente para imobilizá-lo e, assim, conseguir prendê-lo, de forma a não gerar perigo à população e nem aos próprios executores da prisão.

Quando empregam a força necessária, os policiais executores agem em estrito cumprimento do dever legal, sob pena de, agindo com força desmedida, cometerem abuso de autoridade (Lei nº 13.869/19); se forem particulares, atuarão legitimamente no exercício regular de um direito, sob pena de praticarem, se agirem com abuso, lesão corporal (art. 129, CP) ou perigo para a vida de outrem (art. 132, CP), por exemplo.

Conforme o Superior Tribunal de Justiça, o art. 284, CPP, é norma de exceção, pois permissiva de emprego de força contra o preso, não admitindo interpretação extensiva. Logo, não age em estrito cumprimento do dever legal os policiais que disparam tiros de arma de fogo contra pessoas em fuga, ainda mais contra quem, devida ou indevidamente, sequer havia sido preso efetivamente (REsp nº 402.419/RO, rel. Min. Hamilton Carvalhido, j. 21.10.03).

É importante notar que a Portaria Interministerial nº 4.226/10, do Ministério da Justiça e da Secretaria de Direitos Humanos, fixou algumas balizas importantes quanto ao uso da força por agentes de segurança pública, a saber:

a) o uso da força por agentes de segurança pública deverá obedecer aos princípios da legalidade, necessidade, proporcionalidade, moderação e conveniência.

b) os agentes de segurança pública não deverão disparar armas de fogo contra pessoas, exceto em casos de legítima defesa própria ou de terceiro contra perigo iminente de morte ou lesão grave.

c) não é legítimo o uso de armas de fogo contra pessoa em fuga que esteja desarmada ou que, mesmo na posse de algum tipo de arma, não represente risco imediato de morte ou de lesão grave aos agentes de segurança pública ou terceiros.

d) não é legítimo o uso de armas de fogo contra veículo que desrespeite bloqueio policial em via pública, a não ser que o ato represente um risco imediato de morte ou lesão grave aos agentes de segurança pública ou terceiros.

e) os chamados "disparos de advertência" não são considerados prática aceitável, por não atenderem aos princípios da legalidade, necessidade, proporcionalidade, moderação e conveniência e em razão da imprevisibilidade de seus efeitos.

f) o ato de apontar arma de fogo contra pessoas durante os procedimentos de abordagem não deverá ser uma prática rotineira e indiscriminada.

Seguindo tais orientações, editou-se a Lei nº 13.060/14, que disciplina o **uso de instrumentos de menor potencial ofensivo (IMPO)** pelos agentes de segurança pública em todo o território nacional, fixando que os órgãos de segurança pública deverão *priorizar* a utilização dos instrumentos de menor potencial ofensivo, desde que o seu uso não coloque em risco a integridade física ou psíquica dos policiais, e deverão obedecer aos seguintes princípios:

a) **legalidade**: usar a força apenas para atingir um objetivo legal e nos limites da lei;

b) **necessidade**: usar a força apenas quando os níveis de menor intensidade não foram suficientes;

c) **proporcionalidade e razoabilidade**: usar a força de modo compatível com a gravidade da ameaça representada.

Para os efeitos da lei, consideram-se instrumentos de menor potencial ofensivo aqueles projetados especificamente para, com baixa probabilidade de causar mortes ou lesões permanentes, conter, debilitar ou incapacitar temporariamente pessoas. Ex.: spray de pimenta, *taser* (arma de choque elétrico), gás lacrimogêneo etc.

Reiterando o texto da Portaria Interministerial mencionada, dispõe a lei que **não é legítimo** o uso de arma de fogo contra pessoa em fuga que esteja desarmada ou que não represente risco imediato de morte ou de lesão aos agentes de segurança pública ou a terceiros e contra veículo que desrespeite bloqueio policial em via pública, exceto quando o ato represente risco de morte ou lesão aos agentes de segurança pública ou a terceiros.

No mais, sempre que do uso da força praticada pelos agentes de segurança pública decorrerem ferimentos em pessoas, deverá ser assegurada a imediata prestação de assistência e socorro médico aos feridos, bem como deverá ser feita a comunicação do ocorrido à família ou à pessoa por eles indicada.

Por fim, destaca-se que o Supremo Tribunal Federal entendeu que a Lei nº 13.060/14 é constitucional, tanto formal quanto materialmente (ADI nº 5.243/DF, rel. p/ ac. Min. Edson Fachin, j. 11.04.19).

10.2.8. Emprego de algemas

A Lei de Execução Penal (Lei nº 7.210/84), no art. 199, dispõe que "o emprego de algemas será disciplinado por decreto federal". Com a reforma processual promovida pela Lei nº 11.689/08, o Código de Processo Penal passou a ter apenas duas menções específicas quanto ao uso de algemas. Uma, no art. 474, § 3º, afirma que o réu, no plenário do júri, não ficará algemado, salvo quando absolutamente necessário à ordem dos trabalhos, segurança e garantia da integridade física; e outra, no art. 478, I, que afirma que, durante os debates em plenário as partes não poderão fazer referência à determinação judicial de uso de algemas no réu como argumento de autoridade que o beneficie ou o prejudique.

Até então, esse era o panorama legislativo sobre o emprego de algemas no Brasil. Em 2008, o Supremo Tribunal Federal aprovou a súmula vinculante nº 11, dispondo que "só é lícito o uso de algemas em casos de resistência e de fundado receio de fuga ou de perigo à integridade física própria ou alheia, por parte do preso ou de terceiros, justificada a excepcionalidade por escrito, sob pena de responsabilidade disciplinar, civil e penal do agente ou da autoridade e de nulidade da prisão ou do ato processual a que se refere, sem prejuízo da responsabilidade civil do Estado".

E, atualmente, mais de trinta anos após a edição da Lei de Execução Penal, adveio o Decreto nº 8.858/16, regulamentando o uso de algemas, que será objeto de estudo na sequência.

10.2.8.1. *Súmula vinculante nº 11*

Dissecando o enunciado sumular acima transcrito, tem-se:

a) possibilidades de emprego de algemas quando houver

a.1) resistência

a.2) fundado receio de fuga

a.3) perigo à integridade física própria ou alheia, pelo preso ou terceiros

b) com justificação da medida excepcional por escrito

c) sob pena de responsabilidade

c.1) civil

c.2) penal

c.3) disciplinar

d) e sob pena de nulidade da prisão ou ato processual

e) com possibilidade de responsabilidade civil do Estado

O que ocorre, geralmente, é que *ou* o mandado de prisão cautelar já autoriza o uso de algemas no caso de resistência, tentativa de fuga ou perigo à integridade física, *ou*, após o flagrante, a autoridade justifica o emprego das algemas – sempre por escrito (até mesmo o próprio boletim de ocorrência pode mencionar a necessidade do emprego de algemas).

A jurisprudência é vastíssima na análise da referida súmula vinculante. O Supremo Tribunal Federal já entendeu que o uso de algemas deve ser excepcional, não podendo a gravidade do crime ou o simples fato de o réu estar preso ensejar o uso obrigatório de algemas em audiência (Rcl nº 22.557, rel. Min Edson Fachin, j. 15.12.15).

Em outro caso, no julgamento do homicídio que vitimou a juíza do TJRJ, Patrícia Acioli, o Supremo Tribunal entendeu que o emprego de algemas nos réus estava justificado e fundamentado, em razão do escasso número de policiais responsáveis pela segurança, pela insuficiência de escolta dos acusados, pelo elevado número de pessoas em plenário e pela repercussão nacional do crime (AgRg na Rcl nº 17.684/RJ, rel. Min. Celso de Mello, j. 16.09.14).

E em outra análise, a Suprema Corte entendeu que a declaração de nulidade do ato processual referente ao uso de algemas depende da demonstração de prejuízo, seguindo a regra do Processo Penal de que não se declara nulidade se não restar prejuízo para as partes (AgRg na Rcl nº 16.292/RS, rel. Min. Celso de Mello, j. 15.03.16; e STJ, no HC nº 313.330/RS, rel. Min. Reynaldo Soares da Fonseca, j. 23.08.16), inclusive, a defesa deve alegar oportunamente o eventual abuso ou nulidade no emprego das algemas, sob pena de preclusão (STJ, HC nº 351.219/SP, rel. Min. Maria Thereza de Assis Moura, j. 21.06.16; e STF, Rcl nº 19.501/SP, rel. Min. Alexandre de Moraes, j. 20.02.18).

Em clara e prudente conclusão, aduziu-se que a questão da periculosidade do réu é assunto de polícia, e não de magistratura; então, se a polícia informa que o réu é perigoso, o juiz, que normalmente entra em contato com o acusado pela primeira vez só na audiência, tem de confiar na presunção de legitimidade da informação passada pela autoridade policial; fora dos abusos patentes, é preciso dar credibilidade àquele que tem o encargo de zelar pela segurança pública, inclusive dentro do tribunal (STF, AgRg na Rcl nº 32.970/RJ, rel. Min. Alexandre de Moraes, j. 17.12.19).

10.2.8.2. *Decreto nº 8.858/16*

Após mais de três décadas do advento da Lei de Execução Penal (Lei nº 7.210/84), que exigia, no art. 199, que um decreto tratasse do uso de algemas, editou-se o Decreto nº 8.858/16.

O emprego de algemas terá como diretrizes (art. 1º):

a) a dignidade da pessoa humana;

b) a proibição de que ninguém será submetido a tortura nem a tratamento desumano ou degradante;

c) a Resolução nº 2010/16, da ONU (Regras de Bangkok), sobre o tratamento de mulheres presas e medidas não privativas de liberdade para mulheres infratoras;

d) a Convenção Americana de Direitos Humanos (Pacto de São Jose da Costa Rica), que determina tratamento humanitário ao preso e, em especial, a mulheres em condições de vulnerabilidade.

Consoante a norma, é permitido o emprego de algemas apenas em (a) casos de resistência, (b) de fundado receio de fuga ou (c) de perigo à integridade física própria ou alheia, causado pelo preso ou por terceiros, justificada a sua excepcionalidade por escrito.

É vedado o emprego de algemas em **mulheres presas** em qualquer unidade do sistema penitenciário nacional *(a)* durante o trabalho de parto, *(b)* no trajeto da parturiente entre a unidade prisional e a unidade hospitalar e *(c)* após o parto, durante o período em que se encontrar hospitalizada.

E atentar-se que a Lei nº 13.434/17 acrescentou o parágrafo único ao art. 292, CPP, estabelecendo que é vedado o uso de algemas em mulheres grávidas *(a)* durante os atos médico-hospitalares preparatórios para a realização do parto e *(b)* durante o trabalho de parto, bem como *(c)* em mulheres durante o período de puerpério imediato.

É de se concluir que a súmula vinculante nº 11 continua com plena aplicabilidade, atuando ao lado do referido Decreto e da Lei nº 13.434/17, inclusive quanto às sanções pelo abuso no emprego de algemas.

10.2.9. Mandado de prisão

Salvo no caso de prisão em flagrante, que não exige uma decisão judicial prévia para a sua concretização, as prisões **preventiva** e **temporária** exigem a expedição de um mandado por um juiz.

O mandado judicial está de acordo com a previsão do art. 5º, LXI, CF, e art. 283, CPP, que afirmam que ninguém será preso, salvo flagrante *ou ordem escrita e fundamentada da autoridade judiciária competente* – e o que materializa esta ordem é, justamente, o mandado de prisão.

Quem cumprirá a ordem de prisão será o executor, que pode ser um policial ou um oficial de justiça. Para tanto, a autoridade policial poderá expedir (reproduzir, tirar cópias) tantos outros quantos necessários às diligências, devendo neles ser fielmente reproduzido o teor do mandado judicial original (art. 297, CPP).

O art. 285, CPP, estabelece que a autoridade que ordenar a prisão, ou seja, o juiz, fará expedir o respectivo mandado, observados os seguintes requisitos (p.ú.):

a) será lavrado pelo escrivão e assinado pela autoridade;

b) designará a pessoa a ser presa com nome, alcunha ou sinais;

c) mencionará a infração penal que motivou a prisão;

d) declarará o valor da fiança, se cabível;

e) será dirigido a quem puder executar a prisão.

Além desses requisitos legais, outros também são lembrados pela doutrina, como o número do processo/inquérito, vara e juiz responsável; data da decisão; prazo de validade do mandado; nome da vítima do delito, dentre outros.

10.2.9.1. *Cumprimento*

Nos moldes do art. 286, CPP, o mandado será passado em duplicata (isto é, em duas vias) e o executor entregará ao preso, logo depois da prisão, um dos exemplares com declaração do dia, hora e lugar da diligência. Da entrega deverá o preso passar recibo no outro exemplar; se recusar, não souber ou não puder escrever, o fato será mencionado em declaração, assinada por *duas testemunhas* (chamadas de instrumentárias).

A prisão em virtude de mandado entender-se-á feita desde que o executor, fazendo-se conhecer do réu, lhe apresente o mandado e o intime a acompanhá-lo (art. 291, CPP).

Excepcionalmente, se a infração for **inafiançável**, a falta de exibição do mandado pelo executor da prisão não impedirá o seu cumprimento, e o preso, neste caso, será imediatamente *apresentado ao juiz que tiver expedido o mandado para a realização de audiência de custódia* (art. 287, CPP, cf. Lei nº 13.964/19). Não há que se falar em inconstitucionalidade da realização de prisão sem o mandado em mãos, já que não se trata de prisão sem *ordem* judicial, mas de prisão apenas sem a *exibição* desta, o que é plenamente aceitável. A audiência de custódia será estudada em tópico a seguir.

Conforme o art. 288, CPP, ninguém será recolhido à prisão, sem que seja exibido o mandado ao respectivo diretor ou carcereiro, a quem será entregue cópia assinada pelo executor ou apresentada a guia expedida pela autoridade competente, devendo ser passado recibo da entrega do preso, com declaração de dia e hora. O recibo poderá ser passado no próprio exemplar do mandado, se este for o documento exibido.

No mais, se houver, ainda que por parte de terceiros, resistência à prisão determinada por autoridade competente, o executor e as pessoas que o auxiliarem poderão usar dos meios necessários para defender-se ou para vencer a resistência, do que tudo se lavrará auto subscrito também por duas testemunhas (art. 292, CPP).

E por fim, é de se destacar, novamente, o acréscimo promovido pela Lei nº 13.434/17, ao estabelecer, no p.ú. do art. 292, CPP, ser vedado o uso de algemas em mulheres grávidas durante os atos médico-hospitalares preparatórios para a realização do parto e durante o trabalho de parto, bem como em mulheres durante o período de puerpério imediato.

10.2.9.2. *Prisão em território diverso*

Quando o acusado estiver no território nacional, fora da jurisdição do juiz processante, será deprecada a sua prisão, devendo constar da carta precatória o inteiro teor do mandado (art. 289, CPP)

Havendo urgência, o juiz poderá requisitar a prisão por qualquer meio de comunicação (e-mail, fax, telefone, telegrama etc.), do qual deverá constar o motivo da prisão, bem como o valor da fiança se arbitrada. A autoridade a quem se fizer a requisição tomará as precauções necessárias para averiguar a autenticidade da comunicação.

Realizada a prisão em outra comarca, o juiz processante deverá providenciar a remoção do preso no prazo máximo de 30 dias, contados da efetivação da medida. Entende-se que o descumprimento deste prazo caracteriza constrangimento ilegal, com possibilidade de relaxamento da prisão, que se tornara ilegal.

A captura poderá, ainda, ser requisitada, à vista de mandado judicial, por qualquer meio de comunicação, tomadas pela autoridade, a quem se fizer a requisição, as precauções necessárias para averiguar a autenticidade desta. Presume-se que a autoridade executora esteja com o mandado de prisão em mãos.

10.2.9.3. *Perseguição*

Se o réu, sendo perseguido, passar ao território de outro município ou comarca, o executor poderá efetuar a prisão no lugar onde o alcançar, apresentando-o imediatamente à autoridade local, que providenciará a remoção do preso (art. 290, CPP). Se houver mandado expedido, é válida a apresentação ao delegado de polícia, que realizará comunicação ao juiz local; se não houver mandado em mãos, como no caso de requisição da prisão por qualquer meio de comunicação (art. 299, CPP), será necessária a apresentação do preso ao juiz local. Caso se trate de prisão em flagrante, este será lavrado pelo delegado do local da prisão, com as comunicações de praxe na sequência.

Conforme a disposição acima vista, realizada a prisão em outra comarca, o juiz processante deverá providenciar a remoção do preso no prazo máximo de 30 dias, contados da efetivação da medida.

O Código de Processo Penal considera que o executor está em perseguição do agente quando (§ 1º, art. 290): (a) tendo-o avistado, for perseguindo-o sem interrupção, embora depois o tenha perdido de vista; ou (b) sabendo, por indícios ou informações fidedignas, que o réu tenha passado, há pouco tempo, em tal ou qual direção, pelo lugar em que o procure, for no seu encalço.

Fora destas situações de legítima perseguição, deve-se requisitar a prisão do agente ao órgão judiciário do foro onde ele estiver, observado o registro do mandado no banco de dados do CNJ, como se verá adiante.

Quando as autoridades locais tiverem fundadas razões para duvidar da legitimidade da pessoa do executor ou da legalidade do mandado que apresentar, poderão pôr em custódia o réu, até que fique esclarecida a dúvida (§ 2º, art. 290, CPP).

10.2.9.4. *Proteção domiciliar*

Se o executor do mandado verificar, com segurança, que o réu entrou ou se encontra em alguma casa, o morador será intimado a entregá-lo, à vista da ordem de prisão. Se não for obedecido imediatamente, o executor convocará duas testemunhas e, *sendo dia*, entrará à força na casa, arrombando as portas, se preciso; *sendo noite*, o executor, depois da intimação ao morador, se não for atendido, fará guardar todas as saídas, tornando a casa incomunicável, e, logo que amanheça, arrombará as portas e efetuará a prisão (art. 293, CPP).

Logo, durante o **cumprimento de um mandado** de prisão preventiva ou temporária, se durante o dia, será possível forçar a entrada; do contrário, ou seja, se durante a noite e sem o consentimento do morador, a autoridade executora do mandado não poderá arrombar porta e janelas, devendo proteger as saídas e a casa e aguardar o nascer do dia.

O morador que se recusar a entregar o réu oculto em sua casa será levado à presença da autoridade, para que se proceda contra ele como for de direito (p.ú., art. 293, CPP). Há se diferenciar duas situações: (a) se o morador se recusar à noite, não praticará nenhuma infração, já que acobertado pelo exercício regular de um direito, previsto no art. 5º, XI, CF; (b) se o morador se recusar de dia, poderá, se o caso, configurar o crime de favorecimento pessoal, do art. 348, CP.

Tema controvertido é saber o alcance da expressão de *dia* e de *noite*. Utilizou-se tal expressão como meio de garantir que prisões não sejam feitas durante a escuridão, sem fiscalização pelo morador, de modo a demonstrar a transparência do ato – muito embora, sendo prisão em flagrante, esta possa ocorrer a qualquer momento, ainda que na escuridão absoluta.

Há duas posições: para uns, o dia é compreendido da aurora (nascer do sol) ao crepúsculo (pôr do sol); já para outros, o dia é compreendido das 06 horas às 18 horas.

Não há um entendimento pacífico, mas o mais seguro é adotar um critério horário, como o segundo apresentado; por outro lado, há locais no Brasil que o sol nasce praticamente às 05 horas (como João Pessoa/PB) e se põe muitas vezes após as 20 horas (considerando o horário de verão em muitos Estados), de forma que a diligência poderia se iniciar ou se estender em diferentes horários a depender da localidade.

Como curiosidade apenas, o Código de Processo Civil dispõe que os atos processuais serão realizados das 06 horas às 20 horas (art. 212).

Para maiores informações, consultar o tópico sobre *prisão, perseguição e casa alheia*, no item acerca da prisão em flagrante.

10.2.9.5. *Registro*

Importante novidade trazida pela Lei nº 12.403/11 diz respeito ao registro dos mandados de prisão em banco do Conselho Nacional de Justiça, chamado de *Banco Nacional de Mandados de Prisão (BNMP)*, devidamente regulamentado pela Resolução nº 137/11, CNJ (§ 6º, art. 289-A, CPP).

Estabelece o Código de Processo Penal, portanto, que o juiz competente providenciará o imediato registro do mandado de prisão em banco de dados mantido pelo Conselho Nacional de Justiça para essa finalidade, podendo qualquer agente policial efetuar a prisão determinada no mandado de prisão registrado no Conselho Nacional de Justiça, ainda que fora da competência territorial do juiz que o expediu (art. 289-A, "caput", e § 1º, CPP).

Ademais, qualquer agente policial poderá efetuar a prisão decretada, ainda que sem registro no Conselho Nacional de Justiça, adotando as precauções necessárias para averiguar a autenticidade do mandado e comunicando ao juiz que a decretou, devendo este providenciar, em seguida, o registro do mandado no BNMP (art. 289-A, § 2º, CPP).

A prisão será imediatamente comunicada ao juiz do local de cumprimento da medida, o qual providenciará a certidão extraída do registro do Conselho Nacional de Justiça e informará ao juízo que a decretou (§ 3º).

O preso será informado de seus direitos, nos termos do inciso LXIII do art. 5º da Constituição Federal e, caso o autuado não informe o nome de seu advogado, será comunicado à Defensoria Pública (§ 4º).

Havendo dúvidas das autoridades locais sobre a legitimidade da pessoa do executor ou sobre a identidade do preso, este será posto em custódia até que fique esclarecida a dúvida (§ 5º).

10.2.9.6. *Prisão internacional*

A Instrução Normativa nº 1, da Corregedoria Nacional de Justiça, dispõe sobre a indicação da condição de possível foragido ou estadia no exterior quando da expedição de mandado de prisão em face de pessoa com prisão preventiva decretada ou já condenada.

Estabelece a referida norma que, uma vez expedida uma ordem de prisão por um juiz e havendo ciência ou suspeita de que a pessoa a ser presa está fora do país, vai sair dele ou pode se encontrar no exterior, indicará no mandado de prisão expressamente esta circunstância.

Feito isto, o juiz o encaminhará imediatamente, por cópia autenticada, ao Superintendente Regional da Polícia Federal (SR/DPF) do respectivo Estado, com vista à difusão vermelha (*red notice*), que é o instrumento utilizado pela INTERPOL para que seja viabilizada a captura de uma pessoa no exterior que tem, contra si, um mandado de prisão expedido, de modo que a organização policial internacional alertará todos os 190 países membros.

Feita a prisão no exterior, o Brasil pedirá a sua extradição.

10.3. DIREITOS E GARANTIAS DO PRESO

10.3.1. Introdução

Dentro de uma regra de isonomia, em que todos os seres humanos devem ser tratados igualmente, indivíduos com sua liberdade cerceada e indivíduos não presos devem ter resguardos seus direitos básicos que assegurem uma dignidade humana.

"Os direitos humanos, por definição, são direitos de todos os indivíduos, não importando origem, religião, grupo social ou político, orientação sexual e qualquer outro fator" (Ramos, Curso, 2015, p. 469); embora, claro, haja direitos específicos de uma dada categoria ou classe de pessoas, como os idosos, as mulheres, as pessoas com deficiência, os presos, dentre outros.

Abaixo, no que segue, serão vistas as principais normas – nacionais e internacionais – relacionadas aos direitos dos presos. Lembrando, apenas, que esta obra traz, nos capítulos pertinentes, os dispositivos relativos ao tratamento de mulheres presas (Regras de Bangkok), à elaboração de medidas não privativas de liberdade (Regras de Tóquio) e à orientação sexual e identidade de gênero (Regras de Yogyakarta).

10.3.2. Regras de Mandela (ONU)

Em 22 de maio de 2015, a Organização das Nações Unidas oficializou um novo quadro de normas (em substituição às antigas Regras Mínimas para o Tratamento de Reclusos, de 1955) relacionado ao modelo prisional, sob um melhor e atual enfoque dos direitos humanos. São as *Regras de Mandela*, relativas às regras mínimas para tratamento dos presos.

São 122 regras que tratam de princípios; registro de presos; separação por categorias; acomodações; higiene, vestuário, alimentação e saúde; restrições, disciplina e sanções; instrumentos de restrição; revistas e inspeções; direito a informações e de queixa; contato com o mundo exterior, livros e religião; retenção de bens do preso; notificações e investigações; remoção de presos; e funcionários da unidade prisional. Além disso, aborda regras específicas aos presos já sentenciados, aos presos com transtornos mentais ou com problemas de saúde; presos aguardando julgamento; presos civis; e pessoas presas ou detidas sem acusação.

Não são regras cogentes (obrigatórias), mas buscam, com base no consenso geral do pensamento contemporâneo e nos elementos essenciais dos mais adequados sistemas de hoje, estabelecer os bons princípios e práticas no tratamento de presos e na gestão prisional (anexo, obs. nº 1). Logo, são consideradas "soft law", sem força vinculante.

Tendo em vista a grande variedade das condições jurídicas, sociais, econômicas e geográficas no mundo, *é evidente que nem todas as regras podem ser sempre aplicadas em todos os lugares*. Devem, entretanto, servir como estímulo para o constante empenho na superação das dificuldades práticas que se opõem à sua aplicação, na certeza de que representam, em seu conjunto, as condições mínimas aceitáveis pelas Nações Unidas (anexo, obs. nº 2).

Especificamente quanto ao preso provisório, as Regras de Mandela diferenciam duas situações, com algumas observações importantes:

1) Presos sob custódia ou aguardando julgamento (regras 111/120)

- Indivíduos presos ou detidos sob acusação criminal que estejam sob custódia policial ou prisional, mas que aguardem julgamento e sentença, devem ser tratados como "presos não julgados".
- Presos não condenados têm presunção de inocência e devem ser tratados como inocentes. Sem prejuízo das previsões legais para a proteção da liberdade individual ou do procedimento a ser observado com relação a presos não julgados, estes presos devem ser beneficiados com um regime especial descrito nas Regras somente em seus requisitos essenciais.
- Presos não julgados deverão ser mantidos separados dos presos condenados. Jovens presos não julgados devem ser mantidos separados dos adultos e, em princípio, ser detidos em unidades separadas.
- Presos não julgados devem dormir sozinhos em quartos separados, com ressalva dos diferentes hábitos locais relacionados ao clima.
- Dentro dos limites compatíveis com o bom andamento da unidade prisional, os presos não julgados poderão, se assim desejarem, ter a sua alimentação vinda do meio externo, por intermédio da administração, com seus próprios recursos, de suas famílias ou de amigos. Caso contrário, a administração deve providenciar a alimentação.
- Um preso não julgado deve ter permissão para vestir suas próprias roupas se estiverem limpas e forem apropriadas. Se usar roupa do estabelecimento prisional, esta será diferente da fornecida aos condenados.
- Um prisioneiro não julgado deve ter a oportunidade de trabalhar, mas não será obrigado a fazê-lo. Caso opte por trabalhar, será remunerado pelos seus serviços. Um preso não julgado deve ter permissão para obter, a suas expensas ou a de terceiros, livros, jornais, artigos de papelaria e de outros meios de ocupação que sejam compatíveis com os interesses da administração judicial e com a segurança e boa ordem da unidade prisional.
- Um preso não julgado tem o direito de receber visitas, ser tratado por seu próprio médico ou dentista, desde que haja razão suficiente para isso e desde que custeie as despesas advindas do tratamento.

- Todo preso tem o direito de ser imediatamente informado das razões de sua detenção e sobre quaisquer acusações que pesem contra ele.
- Se um preso não julgado não tiver advogado de sua escolha, ser-lhe-á designado um defensor pela autoridade judicial, ou outra autoridade, em todos os casos em que os interesses da justiça o requeiram e sem custos para o preso não julgado, caso não tenha os meios suficientes para pagar. A denegação de acesso a assistente jurídico deve ser objeto de uma revisão independente, sem demora.
- As premissas e modalidades que regem o acesso de um preso não julgado ao seu advogado ou defensor público, sem demora, interceptação ou censura, em total confidencialidade, sobre qualquer assunto legal, em conformidade com a legislação local. Tais encontros podem estar sob as vistas de agentes prisionais, mas não passíveis de serem ouvidos por estes.
- O preso não julgado deve ter à sua disposição, quando solicitar, material para escrever, a fim de preparar os documentos relacionados à sua defesa, inclusive instruções confidenciais para seu advogado ou defensor público.

2) Presos sem acusação (regra 122)

- Os indivíduos presos ou detidos sem acusação devem ter as mesmas proteções contidas aos presos sob custódia ou aguardando julgamento. As disposições relevantes previstas aos presos sentenciados devem ser igualmente aplicáveis desde que contribuam para o benefício desse grupo especial de pessoas sob custódia, garantindo que não sejam tomadas medidas que impliquem na reeducação ou reabilitação de indivíduos que não foram condenados por qualquer crime.

Vistas as previsões especiais das Regras de Mandela, abaixo serão estudados os direitos e as garantias especificamente aplicáveis às pessoas presas, consoante disposição na Constituição Federal e em documentos internacionais dos quais o Brasil seja signatário.

10.3.3. Dignidade humana: a integridade do preso

Conforme o art. 5º, XLIX, CF, é assegurado aos presos o respeito à integridade física e moral. O mesmo dispõe a Convenção Americana de Direitos Humanos, afirmando que toda pessoa tem o direito de que se respeite sua integridade física, psíquica e moral e que ninguém será submetido a torturas, pena ou tratos cruéis, desumanos ou degradantes; além disso, toda pessoa privada de sua liberdade deve ser tratada com o devido respeito à dignidade humana (art. 5º, 1 e 2).

Não bastasse, há outros documentos que impõem ao Estado a segurança pessoal, física e psíquica dos detentos, como a própria Lei de Execução Penal (art. 40); a Lei do Sistema Nacional de Prevenção e Combate à Tortura (Lei nº 12.847/13); as próprias Regras de Mandela, dentre outros.

De acordo com Alexandre de Moraes, a dignidade humana "é um valor espiritual e moral inerente à pessoa, que se manifesta singularmente na autodeterminação consciente e responsável da própria vida e que traz consigo a pretensão ao respeito por parte das demais pessoas, constituindo-se um mínimo invulnerável que todo estatuto jurídico deve assegurar" (Direito, 2016, p. 23).

Diversos julgados e normas, nacionais e internacionais, aplicam a dignidade humana e o respeito à integridade física e moral ao preso. São exemplos:

a) apresentação do preso perante um juiz, em até 24 horas, para realização de audiência de custódia (STF, ADPF-MC nº 347/DF, rel. Min. Marco Aurélio, j. 09.09.15) – tema que se verá mais adiante.

b) determinação judicial de realização de obras em estabelecimentos penais a fim de garantir a integridade física e moral dos sentenciados, não sendo possível alegar a reserva do possível ou a separação dos poderes (STF, RE nº 592.581/RS, rel. Min. Ricardo Lewandowski, j. 13.08.15).

c) é possível a concessão de prisão domiciliar humanitária ao condenado acometido de doença grave que precise de tratamento médico que não possa ser oferecido no estabelecimento prisional (AgRg na EP nº 1/DF, rel. Min. Roberto Barroso, j. 25.06.14).

d) o preso possui o direito de receber visitas da família e de amigos, em ambiente minimamente aceitável, considerando o caráter ressocializador da pena (STF, HC nº 107.701/RS, rel. Min. Gilmar Mendes, j. 13.09.11); todavia, tal direito não é absoluto, podendo ser vedada a entrada de crianças no estabelecimento penal, tendo em vista a doutrina da proteção integral prevista na Constituição Federal (STJ, HC nº 333.315/RS, rel. Min. Ribeiro Dantas, j. 21.06.16).

e) o Ministério Público possui legitimidade para propor ação civil pública para interditar presídio com a consequente transferência de presos para outros estabelecimentos para resguardar a dignidade humana e os interesses coletivos de segurança (STJ, REsp nº 1.620.132/MG, rel. Min. Herman Benjamin, j. 06.12.16).

f) como regra, a sanção penal deve ser cumprida próximo à família (art. 103, LEP), mas o caso concreto deve ser analisado, principalmente quanto à garantia de efetivação do cumprimento de pena AgRg no RHC nº 58.706/RJ, rel. Min. Maria Thereza de Assis Moura, j. 09.06.15).

g) o Peru foi responsabilizado internacionalmente por tratos cruéis, desumanos e degradantes contra uma presa, assim como porque não garantiu a proteção judicial durante a custódia e no curso do processo penal (CIDH, caso *Loayza Tamayo vs. Peru*, j. 17.09.97).

h) O Equador foi responsabilizado internacionalmente por ilegalidades em prisão cautelar, realizada de forma arbitrária e por longo período, além de praticar maus-tratos e por não manter condições mínimas de detenção (CIDH, caso *Tibi vs. Equador*, j. 07.09.04).

i) é responsabilidade do Estado manter os estabelecimentos penais com padrões mínimos de humanidade, sob pena de ser obrigado a indenizar os danos sofridos pelo preso em razão da falta ou insuficiência de condições legais para o encarceramento (STF, RE nº 580.252/MS, rel. p/ ac. Min. Gilmar Mendes, j. 16.02.17).

É dever do Estado e direito subjetivo do preso que a execução da pena se dê de forma humanizada, garantindo-se os direitos fundamentais do detento, e o de ter preservada a sua incolumidade física e moral, cf. art. 5º, inciso XLIX, CF (STF, RE nº 841.526/RS, rel. Min. Luiz Fux, j. 30.03.16). Isso porque, "a negligência estatal no cumprimento do dever de guarda e vigilância dos detentos configura ato omissivo a dar ensejo à responsabilidade objetiva do Estado, uma vez que, na condição de garante, tem o dever de zelar pela integridade física dos custodiados" (STF, voto do Min. Gilmar Mendes no AgRg no ARE nº 662.563, j. 20.03.12). Logo, se o preso, por exemplo, estiver em presídio superlotado e sem condições de saúde e higiene, ele terá o direito de ser indenizado pelo Estado, considerando a falta ou insuficiência de condições legais de encarceramento.

E vale lembrar que o Supremo Tribunal Federal já reconheceu o chamado **estado de coisas inconstitucional** em relação ao sistema penitenciário nacional, ou seja, que existe uma violação generalizada de direitos fundamentais dos apenados, considerando a grande falta de investimentos no setor, desde baixo orçamento até ausência de medidas legislativas (STF, MC-ADPF nº 347/DF, rel. Min. Marco Aurélio, j. 09.09.15).

E como bem entende a jurisprudência da Suprema Corte, aqui expressada pelo abalizado entendimento da Procuradoria Geral da República, em parecer da Subprocuradora-Geral da República, Ela Wiecko, a reserva do possível não pode ser utilizada como justificativa para que o Poder Executivo possa se eximir de obrigações impostas na Constituição Federal e na Lei de Execução Penal, considerando que tal escusa somente é possível em razão de justo motivo, de modo que não pode ser invocada quanto implicar violação ao núcleo essencial dos direitos humanos fundamentais (RE nº 592.581/RS, rel. Min. Ricardo Lewandowski, j. 13.08.15).

j) presos não podem ser colocados em contêineres ao invés de celas ou espaços com o mínimo de respeito à sua integridade e dignidade (STJ, HC nº 142.513/ES, rel. Min. Nilson Naves, j. 23.03.10).

k) o art. 56, p.ú., Lei nº 6.001/73 (Estatuto do Índio) estabelece, em relação aos indígenas, que as penas de reclusão e de detenção serão cumpridas, se possível, em regime especial de semiliberdade, no local de funcionamento do órgão federal de assistência aos índios mais próximos da habitação do condenado. Inclusive, a Convenção nº 169 da OIT, sobre Povos Indígenas e Tribais, estabelece que "as autoridades e os tribunais solicitados para se pronunciarem sobre questões penais deverão levar em conta os costumes dos povos mencionados a respeito do assunto", bem como, que "quando sanções penais sejam impostas pela legislação geral a membros dos povos mencionados, deverão ser levadas em conta as suas características econômicas, sociais e culturais" (arts. 9º e 10). O mesmo deve ser aplicado em relação à prisão cautelar, observado o tratamento diferenciado em razão das particularidades dos povos indígenas (Vitorelli, 2016).

10.3.4. Assistência de um advogado

Fixa o art. 5º, LXIII, CF, que ao preso será assegurada a assistência de um advogado. Tal assistência não deve ser passiva, de um advogado meramente espectador, mas, sim, uma verdadeira *assistência ativa* e *técnica*, na própria acepção de atuação de um profissional habilitado (Tucci, Direitos, 2011).

No mesmo sentido dispõe a Convenção Americana de Direitos Humanos, ao afirmar que é direito do acusado ter um advogado (art. 8º, 2, *d*) e de recorrer sobre sua detenção (art. 7º, 6).

É de se lembrar, como já explicado quando do estudo da investigação criminal, que a atuação do advogado não está mais restrita ao *processo penal* em si – como geralmente ocorre na prática – mas, sim, desde o início da apuração do crime, ainda na primeira fase da persecução penal. Conforme o art. 7º, XXI, EOAB, é direito do advogado, além da típica atuação processual, assistir a seus clientes investigados durante a apuração de infrações, sob pena de nulidade absoluta do respectivo interrogatório ou depoimento e, subsequentemente, de todos os elementos investigatórios e probatórios dele decorrentes ou derivados, direta ou indiretamente, podendo, inclusive, no curso da respectiva apuração, apresentar razões e quesitos.

No entanto, como já asseverado, não é obrigatória a presença de um advogado quanto da prisão, até porque, é prescindível a presença de um defensor técnico, bastando o aviso, pela autoridade, do direito constitucional de ter presente um advogado (STF, HC nº 102.732/DF, rel. Min. Marco Aurélio, j. 04.03.10).

De qualquer forma, o § 1º do art. 306, CPP, dispõe que em até 24 horas após a realização da prisão, será encaminhado ao juiz competente o auto de *prisão em flagrante* e, caso o autuado não informe o nome de seu advogado, cópia integral para a Defensoria Pública. Desta feita, permite-se a atuação de um profissional habilitado desde o início das investigações, dando plena aplicação à Carta da República.

Caso não haja Defensoria Pública constituída, parte da doutrina entende que o juiz deveria constituir um advogado dativo, enquanto que, de outro lado, o Superior Tribunal de Justiça já entendeu que tal comunicação só deverá ser realizada se houver Defensoria Pública estabelecida na localidade (HC nº 186.456/MG, rel. Min. Jorge Mussi, j. 11.10.11)

Ademais, a omissão na realização desta comunicação à Defensoria Pública não tem o condão de invalidar o processo nem nenhum procedimento, pois, consoante a Corte da Cidadania, quando observadas as demais prerrogativas constitucionais, parte-se da premissa de que tal omissão constituiu mera irregularidade (RHC nº 54.921/SC, rel. Min. Maria Thereza de Assis Moura, j. 05.03.15).

10.3.5. Direito ao silêncio

O direito ao silêncio já foi exaustivamente tratado no capítulo dos princípios do Processo Penal, para onde se remete o leitor.

10.3.6. Identificação dos responsáveis pela prisão

Estabelece a Constituição Federal, no art. 5º, LXIV, que o preso tem direito à identificação dos responsáveis por sua prisão ou por seu interrogatório policial. No mesmo sentido é a Convenção Americana de Direitos Humanos, ao dispor que toda pessoa detida ou retida deve ser informada das razões da sua detenção e notificada, sem demora, da acusação ou acusações formuladas contra ela (art. 7º, 4).

Tal preceito possui duas acepções: (a) este direito não é exclusivo do sujeito encarcerado, mas, também, do investigado e do indiciado; e (b) o objetivo do legislador foi coibir excessos das autoridades policiais, permitindo-se, assim, a responsabilização por eventual abuso de poder (Tucci, Direitos, 2011).

No caso de *prisão em flagrante*, em 24 horas após a realização da prisão será entregue ao preso, mediante recibo, a nota de culpa, assinada pela autoridade, com o motivo da prisão, o nome do condutor e os das testemunhas (art. 306, § 2º, CPP).

Eventuais irregularidades ou deficiências na referida nota de culpa não gerarão nulidade da prisão (eventual omissão quanto ao motivo da prisão ou do condutor, p. ex.), mas a sua entrega tardia poderá, se o caso, provocar o relaxamento da prisão.

10.3.7. Relaxamento do flagrante ilegal

Prevê o art. 5º, LXV, CF, que a prisão ilegal será imediatamente relaxada pela autoridade judiciária. Um dos instrumentos possíveis é o "habeas corpus" (art. 5º, LXVIII, CF; e art. 647, CPP). A partir disso, algumas conclusões são possíveis.

Em primeiro lugar, "relaxar" a prisão significa que o juiz verificou a ocorrência de uma ilegalidade na prisão, seja ela qual for, mas apta a macular a validade da segregação do agente.

Em segundo, esta prisão pode ser de qualquer natureza, seja flagrante, temporária ou preventiva – muito embora a maioria dos relaxamentos ocorra em relação à prisão em flagrante.

Em terceiro, somente a autoridade *judiciária* pode relaxar a prisão ilegal. Há alguns motivos para isso: (a) o próprio texto constitucional fala em autoridade judiciária, de forma que isso não pode ser ignorado; e (b) caso a autoridade policial verifique não ser o caso de prisão, ela deixará de ratificar – de confirmar – a prisão, mas não se falará em "relaxamento", ato privativo do juiz. E conforme o Supremo Tribunal Federal, o juiz incompetente, em casos de urgência e havendo dúvidas quanto à sua competência, determinar o relaxamento de uma prisão ilegal, remetendo os autos, na sequência, ao juiz que entende ser o natural da causa (ADI nº 4.414/AL, rel. Min. Luiz Fux, j. 31.05.12).

Em curioso julgado, o Superior Tribunal de Justiça não reconheceu o direito à fuga de réu foragido que contesta ordem de prisão. Conforme a Corte, "se há mandado de prisão expedido por uma autoridade judiciária competente, não há falar em direito à fuga, pois quem decide se uma decisão judicial é legal ou não é o próprio Poder Judiciário"; até porque, entendeu-se que, se o réu pretende continuar foragido, prolongando o motivo que ensejou o decreto preventivo, esta é uma escolha pessoal e o agente arcará com os ônus dessa escolha, não podendo o Poder Judiciário simplesmente ceder a essa opção (HC nº 337.183/BA, rel. Min. Rogerio Schietti Cruz, j. 16.05.17).

No mais, como assevera Renato Brasileiro, "o relaxamento da prisão ilegal não tem natureza de medida cautelar, nem tampouco de medida de contracautela, funcionando, na verdade, como garantia do réu em face do constrangimento ilegal à liberdade de locomoção decorrente de prisão ilegal" (Curso, 2013, p. 860). Assim, se ilegal a prisão cautelar, haverá o relaxamento, sem nada em troca pelo preso.

Uma vez relaxada a prisão, o agente deve ser posto em liberdade, salvo se, por outro motivo (ou por outro processo) exista outra ordem de prisão.

10.3.8. Comunicação da prisão

Nos moldes do art. 5º, LXII, CF, a prisão de qualquer pessoa e o local onde se encontre serão comunicados imediatamente ao juiz competente e à família do preso ou à pessoa por ele indicada.

A doutrina costuma distinguir dois momentos quanto à atuação do delegado de polícia: (i) presa uma pessoa a qualquer título, deve a autoridade policial realizar *comunicação imediata* ao juiz acerca desta prisão, até para, desde já, existir um controle judicial deste fato; e (ii) posteriormente, se for o caso realmente de flagrante, encaminha-se, em até 24 horas da prisão, o auto, conforme o § 1º, art. 306, CPP. Assim, uma coisa é a comunicação de qualquer prisão ao juiz; outra, diferente, é o envio do auto de prisão em flagrante ao juiz.

Além da comunicação ao magistrado, o delegado de polícia tem uma importante função: comunicar a família do preso, ou outra pessoa por ele indicada, a respeito da prisão realizada. Assim, *v.g.*, presa uma pessoa, ela tem o direito constitucional de avisar sua família sobre este fato.

Tal comunicação, obviamente, é uma faculdade do preso, que pode, assim, não exercer esse direito e preferir não comunicar nenhuma pessoa sobre sua prisão (STF, HC nº 69.630, rel. Min. Paulo Brossard, j. 20.10.92). Há doutrina que entende que tal direito é indisponível, de modo que, não indicando pessoa a ser comunicada sobre a prisão, a autoridade policial deveria buscar parentes do preso para comunicá-los, o que soa um tanto forçado diante de um direito disponível (Madeira, 2015).

Além disso, não constitui irregularidade apta a anular o auto de prisão a *comunicação tardia* feita à família do paciente quando de sua prisão em flagrante (STJ, RHC nº 10.220/SP, rel. Min. Gilson Dipp, j. 13.03.01), embora possa gerar responsabilização da autoridade policial responsável pelo ato (STJ, RHC nº 6210/GO, rel. Min. Luiz V. Cernicchiaro, j. 10.03.97), inclusive penal – havendo dolo – como abuso de autoridade, conforme o art. 12, p.ú., II, Lei nº 13.869/19 (deixar de comunicar, imediatamente, a prisão de qualquer pessoa e o local onde se encontra à sua família ou à pessoa por ela indicada).

Do mesmo modo, a ausência de comunicação, em tese, é mera irregularidade, não ensejando o relaxamento da prisão (STJ, RHC nº 11.442/SC, rel. Min. Vicente Leal, j. 11.12.01), embora a doutrina entenda que a ausência dessa comunicação, como se está tratando da privação da liberdade de uma pessoa, com previsão constitucional, gerará o relaxamento da prisão (Brasileiro, 2013).

No mais, embora não esteja expresso na Constituição Federal, o art. 306, "caput", CPP, determina que a prisão de qualquer pessoa será comunicada, além de ao juiz e à família do preso, ao Ministério Público. No mesmo sentido dispõem o art. 10, LC nº 75/93, e o art. 40, Lei nº 8.625/93.

10.4. PRISÃO EM FLAGRANTE

10.4.1. Conceito

A palavra "flagrante" tem origem no latim *flagrare, flagrans* ou *flagrantis*, que significa queimar ou estar em chamas, ou seja, está em flagrante delito quem é pego no ato criminoso, indicando uma situação de atualidade. Nas palavras de Hélio Tornaghi, "crime flagrante é, antes de mais nada, o que está sendo perpetrado" (Curso, 1989, p. 48).

O flagrante exige dois elementos básicos: atualidade e visibilidade. A atualidade revela que um fato delituoso está acontecendo; e a visibilidade (não presente em todas as situações flagranciais) indica que alguém assistiu ao ato criminoso.

Em suma, a prisão em flagrante é a constrição da liberdade de uma pessoa que é pega cometendo um delito, sendo desnecessária uma ordem judicial, já que se trata de um instrumento de defesa social.

10.4.2. Natureza jurídica

Trata-se a prisão em flagrante de ato inicialmente de natureza administrativa; posteriormente, haverá controle por uma autoridade judicial, em atividade típica jurisdicional.

Como estudado no início deste capítulo, as medidas cautelares pessoais possuem características, dentre as quais a instrumentalidade, no sentido de que elas são um instrumento que visa a acautelar (proteger) o processo penal.

A partir disso, parte da doutrina (Brasileiro, 2017; Madeira, 2015; Aury Lopes Jr., 2016; Nicolitt, 2012; e Badaró, 2016) vem entendendo que a prisão em flagrante possui natureza **pré-cautelar**, uma vez que ela somente persistirá até a análise judicial, pois, finalizado o auto de prisão em flagrante e enviado ao juiz, este poderá adotar uma das seguintes medidas: relaxar a prisão ilegal; converter o flagrante em prisão preventiva ou conceder liberdade provisória (art. 310, CPP), sendo estas as verdadeiras medidas acautelatórias.

Vê-se, portanto, que a prisão em flagrante não acautela o processo penal, pois é um verdadeiro instrumento que apenas objetiva interromper a prática delituosa e apreender o seu autor, de modo que, apenas *após* isso é que se poderá falar em alguma medida que protegerá o futuro processo penal e seu resultado final. Antes disso, portanto, há uma precautela.

Embora esta seja uma visão mais atual e moderna à luz das medidas cautelares pessoais do Processo Penal, existe a visão clássica da doutrina, no sentido de que a prisão em flagrante é espécie de prisão de natureza **cautelar** (Mirabete, 2007; Tourinho, 2008), considerando que um dos principais objetivos é colher elementos de prova e porque não se mostra razoável prender alguém por até 24 horas para, somente após, um juiz verificar se haverá necessidade de acautelar o processo (Marcão, 2016).

10.4.3. Fundamentos

A prisão em flagrante possui algumas funções:

a) impedir a consumação da infração penal;

b) evitar a fuga do autor do delito;

c) proteger a sociedade;

d) servir de exemplo àqueles que desafiam e lei e o Estado;

e) auxiliar na colheita de elementos probatórios;

f) proteger o autor do delito contra a ira social.

Com a entrada em vigor da Lei nº 12.403/11, que alterou substancialmente o sistema das prisões, as principais funções (ou objetivos) da prisão em flagrante são diminutas, já que ela servirá, notadamente, para (a) impedir a consumação do delito e (b) apreender seu autor. Outros fundamentos terão aplicabilidade posteriormente, a partir da determinação de uma medida cautelar pessoal, como a prisão preventiva ou temporária.

Hélio Bastos Tornaghi (Curso, v. 2, 1989) ensina que a prisão em flagrante traz uma tríplice importância:

a) exemplaridade: servirá de advertência aos maus;

b) satisfação: restituirá a tranquilidade aos bons;

c) prestígio: restaurará a confiança na lei, na ordem e na autoridade.

10.4.4. Fases

A doutrina diverge sobre quais seriam as *fases* da prisão em flagrante. Para alguns, seriam três fases apenas (captura, lavratura do auto e detenção), enquanto que outros fazem uma dissecação do ato, dividindo-se a prisão em todas as fases possíveis. Numa análise geral, tem-se o seguinte:

1º) captura do infrator;

2º) condução à autoridade policial;

3º) comunicação ao juiz, Ministério Público e família do preso;

4º) lavratura do auto de prisão em flagrante;

5º) análise judicial.

Assim, imagine o cometimento de uma infração penal por uma pessoa qualquer, a partir do exemplo mais comum no dia a dia. Num primeiro momento, policiais militares são acionados e capturam o infrator; em seguida, ele é colocado na viatura policial e conduzido à autoridade policial, na delegacia de polícia; depois, o delegado realiza as comunicações de praxe (ao juiz, Ministério Público e familiar do preso); na sequência, lavra o auto de prisão em flagrante, consoante o procedimento que será visto adiante, cuja natureza é *administrativa*; e, por fim, o auto de prisão em flagrante (APF) é enviado ao juiz, que analisará a sua legalidade, numa atividade de natureza *judicial*.

O conhecimento das fases do flagrante é de suma importância, pois poderá influir em aspectos práticos processuais. Se, por exemplo, o delegado de polícia praticou algum ato ilegal de cerceamento da liberdade quando da elaboração do auto de prisão em flagrante, será possível impetrar "habeas corpus", figurando o delegado como autoridade coatora e com competência jurisdicional do juiz de primeiro grau. Por outro lado, caso o juiz de primeiro grau pratique alguma ilegalidade, ele será a autoridade coatora no "habeas corpus", cuja competência será do Tribunal de segundo grau.

Desta forma, *v.g.*, se o flagrante está entre a fase nº 1 e 4, a autoridade coatora (que pratica ilegalidade) será o delegado de polícia, devendo o HC ser dirigido ao juiz de primeiro grau; se a ilegalidade está na fase nº 5, o juiz é que será autoridade coatora, cuja competência do HC será do Tribunal.

10.4.5. Sujeitos

Sujeitos da prisão em flagrante podem ser *ativos* (quem pode prender) e *passivos* (quem pode ser detido).

10.4.5.1. *Sujeito ativo*

Sujeito ativo é quem prende uma pessoa, ou seja, quem, materialmente, cerceia a liberdade de outrem (STJ, RHC nº 45.173/SP, rel. Min. Jorge Mussi, j. 06.05.14). Isso não se confunde com o condutor, que é a pessoa que encaminha, que leva o preso até a autoridade policial.

Estes dois sujeitos não obrigatoriamente serão a mesma pessoa, pois pode ocorrer de um agente prender em flagrante e outro conduzir a pessoa ao delegado de polícia. Ex.: comerciante flagra agente furtando mercadorias de sua loja e o prende; em seguida, liga para a Polícia Militar, que envia uma viatura e conduz o preso à delegacia de polícia – o comerciante é o *sujeito ativo*, enquanto que o *condutor* é o policial que apresenta o preso à autoridade policial.

Diante disso, há duas espécies de flagrante quanto ao sujeito ativo:

a) **flagrante facultativo**: nos termos do art. 301, CPP, qualquer do povo *poderá* prender quem quer que seja encontrado em flagrante delito. O particular (cidadão comum) tem a faculdade/opção de prender o agente que se encontra em flagrante delito, configurando um verdadeiro exercício regular de direito (art. 23, III, CP), de modo que não pratica crime por cercear a liberdade de outrem.

Esta hipótese de flagrante configura o chamado exercício regular de direito *pro magistratu*. Isso significa que a pessoa que, facultativamente, prender alguém em flagrante, exercerá um direito assegurado e autorizado por lei (às vezes até incentivado), auxiliando o Estado na retomada da ordem e pacificação social, haja vista não ser possível a presença da força pública em todos os momentos do cotidiano da sociedade, autorizando-se a atuação do particular em benefício da sociedade. Exigir-se-á: (a) indispensabilidade; (b) proporcionalidade; e (c) conhecimento da situação justificante.

A prisão em flagrante por um particular exige, conforme a doutrina de Juarez Cirino dos Santos (Direito, 2008): *(a)* certeza ou forte suspeita de autoria; *(b)* fato típico e antijurídico, excluídas, portanto, as ações preparatórias e justificadas; e *(c)* suspeita de fuga ou impossibilidade de identificação do suspeito.

b) **flagrante obrigatório**: também chamado de compulsório, o mesmo art. 301, CPP, estabelece que as autoridades policiais e seus agentes *deverão* prender quem quer que seja encontrado em flagrante delito. Trata-se de verdadeira imposição legal, configurando-se um dever funcional dos agentes de segurança, tratando-se de uma atuação dentro do estrito cumprimento do dever legal (art. 23, III, CP), de modo que não praticam crime por cercear a liberdade de outrem.

Algumas observações são necessárias. A lei fala em "autoridade policial", de forma que juízes e membros do Ministério Público não são obrigados a prender uma pessoa em flagrante, pois considerados meros cidadãos aqui, configurando flagrante facultativo.

Caso haja situação de flagrante, mas o agente policial assim não atue, poderá haver responsabilização administrativa e até mesmo penal, como a tipificação de prevaricação (art. 319, CP) – salvo, como será estudado, nos casos específicos de flagrante prorrogado ou retardado.

Por fim, existe discussão sobre se guardas municipais são ou não obrigados a efetuar prisão em flagrante. Parte da doutrina entende que o flagrante por parte deles é facultativo (Távora e Alencar, 2011). Todavia, numa interpretação mais moderna e à luz da Lei nº 13.022/14 (Estatuto Geral das Guardas Municipais), dispõe o art. 4º, XIV, desta lei, que é competência geral das Guardas Municipais a proteção de bens, serviços, logradouros públicos municipais e instalações do Município, com competência para "encaminhar ao delegado de polícia, diante de flagrante delito, o autor da infração, preservando o local do crime, quando possível e sempre que necessário", até porque, cabe à guarda municipal "colaborar, de forma integrada com os órgãos de segurança pública, em ações conjuntas que contribuam com a paz social" (inc. IV).

Desta forma, sustenta-se que, estando o agente praticando uma infração penal, a Guarda Municipal é obrigada a prendê-lo em flagrante – do contrário, não haveria, sequer, razão para a sua criação em favor dos munícipes. E vale ressaltar que as guardas municipais estão dentro do Título V da Constituição da República, que trata da Defesa do Estado e das Instituições Democráticas, inserido especificamente no Capítulo III, que trata da *segurança pública* (art. 144, § 8º). Ora, não há razão de ser em se constituir uma Guarda Municipal como órgão da segurança pública se os seus agentes não tiverem a obrigação funcional de realizar uma prisão em flagrante, qualquer que seja a infração penal.

Seja como for, "qualquer pessoa pode prender quem esteja em flagrante delito, de modo que inexiste óbice à realização do referido procedimento por guardas municipais"

(STJ, 5ª T., RHC nº 94.061/SP, rel. Min. Reynaldo Soares da Fonseca, j. 19.04.18); além disso, "inexiste óbice à prisão em situação de flagrância, efetivada por guardas municipais ou qualquer outra pessoa, não havendo falar, em tais casos, em ilicitude das provas daí decorrentes" (STJ, 6ª T., REsp nº 1.854.065/SP, rel. Min. Nefi Cordeiro, j. 02.06.20).

10.4.5.2. *Sujeito passivo*

É aquele que praticou o delito e foi apreendido em flagrante.

Remete-se o leitor para o item sobre as imunidades prisionais, em *Teoria da Prisão*.

10.4.6. Espécies de flagrante

O Código de Processo Penal estabelece, no art. 302, um *rol taxativo* de situações flagranciais, não comportando interpretação extensiva ou o emprego da analogia, diante da finalidade do flagrante que é, justamente, a constrição da liberdade de outrem. A doutrina, a par do texto legal, estabeleceu espécies (modalidades) de flagrante, a seguir estudadas.

10.4.6.1. *Próprio*

Também chamado de perfeito, verdadeiro, propriamente dito ou real, é aquele em que o agente está cometendo a infração penal ou acaba de cometê-la (**art. 302, I e II, CPP**).

É a situação em que o agente literalmente é pego no flagra executando a conduta típica (inc. I), ainda no curso do *iter criminis* ou, então, imediatamente acabou de cometê-la, estando ainda ao lado do corpo de delito, sem espaço de tempo algum (inc. II) – seja consumada ou tentada a infração penal.

10.4.6.2. *Impróprio*

Comumente chamado de quase flagrante, irreal ou imperfeito, configura-se quando o agente (1) é perseguido, (2) logo após, pela autoridade, pelo ofendido ou por qualquer outra pessoa, em situação que (3) faça presumir ser ele o autor da infração (**art. 302, III, CPP**).

Algumas observações são necessárias.

a) **perseguição**: significa que a autoridade policial (ou até mesmo qualquer cidadão, no caso de flagrante facultativo) foi em busca do suspeito, isto é, o seguiu para prendê-lo.

O conceito legal de perseguição está no art. 290, § 1º, CPP, entendendo-se que o executor vai em perseguição do réu quando (a) tendo-o avistado, for perseguindo-o sem interrupção, embora depois o tenha perdido de vista ou (b) sabendo, por indícios ou informações fidedignas, que o réu tenha passado, há pouco tempo, em tal ou qual direção, pelo lugar em que o procure, for no seu encalço.

Caso não haja perseguição, mas apenas o encontro do suspeito, não estará caracterizado o flagrante impróprio, que justamente pressupõe que o agente, concluída a prática criminosa ou interrompido por outrem, empreenda fuga e seja perseguido (STJ, RHC nº 20.298/SP, rel. Min. Arnaldo Esteves Lima, j. 20.05.08).

b) **logo após**: é o breve tempo entre a prática do tipo penal e o início da perseguição, mais comumente com o acionamento da polícia, sem perder o rastro do agente. Ex.: praticado um crime, pessoas chamam a polícia, que, chegando ao local, recebe a descrição do suspeito, iniciando uma perseguição pelo bairro, sendo localizado em seguida.

Não existe período máximo de perseguição, bastando que ela não se interrompa ou se suspenda, podendo durar o tempo que for, ainda que horas depois (STJ, HC nº 126.980/GO, rel. Min. Napoleão Nunes Maia Filho, j. 06.08.09).

Ainda, não há que se falar na lenda popular de que o flagrante deve ocorrer dentro de 24 horas – já que, no caso de perseguição, esta pode durar minutos, horas ou dias, bastando que não cesse.

c) **presunção**: além de uma perseguição logo após o cometimento do delito, é preciso que essa situação presuma ser o perseguido o autor da infração penal.

Não subsistirá o flagrante impróprio, por exemplo, na situação em que populares chamam a polícia após um crime e narram que um homem branco numa moto o praticou minutos antes; a polícia inicia perseguição e encontra um homem de características asiáticas dirigindo um caminhão e resolvem prendê-lo em flagrante. Não haverá flagrante, obviamente, pois, embora tenha ocorrido uma perseguição logo após a prática de um crime, não está preenchido o terceiro requisito circunstancial, qual seja, a presunção de ser o detido o autor da infração penal.

10.4.6.3. *Presumido*

Chamado também de flagrante assimilado, fictício ou ficto, é aquele em que o agente é encontrado, logo depois, com instrumentos, armas, objetos ou papéis que façam presumir ser ele autor da infração (**art. 302, IV, CPP**).

Vê-se que a redação é bastante objetiva, estando configurado o flagrante quando o agente é encontrado – logo depois – com algum objeto relacionado ao crime. Seus elementos precisam ser analisados.

a) **o agente é encontrado**: não se exige que seja o agente surpreendido praticando a infração penal, bastando que ele seja encontrado numa situação que presuma ser ele o autor; assim, não se exige a visibilidade do flagrante, apenas a *atualidade*.

Entende-se que o agente não precisa ser conhecido ou ter suas descrições previamente repassadas às autoridades, pois a lei apenas fala em ser encontrado com objetos do crime.

b) **logo depois**: predomina o entendimento de que a expressão "logo depois" é mais elástica do que a utilizada no flagrante impróprio ("logo após"), não exigindo imediatidade.

Para parte da doutrina, todavia, não há diferença temporal entre as expressões, mas apenas que no flagrante impróprio ("logo após") há uma perseguição, enquanto que no flagrante presumido ("lodo depois"), não. O próprio Superior Tribunal de Justiça já entendeu estar configurado um flagrante presumido no caso de o agente ser encontrado, *logo após* a ocorrência do roubo, conduzindo o veículo subtraído (HC nº 157.017/MG, rel. Min. Laurita Vaz, j. 13.04.10) – ou seja, não será o adjunto adverbial de tempo que alterará a espécie de flagrante.

10.4.6.4. *Preparado*

Recebe, igualmente, o nome de flagrante provocado, crime de ensaio, crime de experiência, intervenção predisposta da autoridade ou delito putativo por obra do agente provocador. Nesta espécie, o agente é levado (instigado, induzido) a praticar uma infração penal, mas, ao mesmo tempo, são adotadas medidas para que ela não se consume ao final. Conforme Edgard Magalhães Noronha, o delinquente é impelido ao delito por um agente provocador, geralmente ocorrendo esta situação quando a autoridade, não tendo provas contra alguém, mas sabendo que ele é o autor de algum crime, provoca-o a cometer um, com o objetivo de prendê-lo em seguida (Direito, 2004).

No ordenamento jurídico estadunidense, aplica-se a *entrapment defense* (teoria da armadilha, para alguns), em que a prática do crime é induzida/provocada pelo agente policial, ocasionando, como argumento de defesa, a nulidade da prova obtida. Assim, tem-se que os agentes da lei não podem originar um ato criminoso por parte de terceiro inocente e, em seguida, processá-lo por isso (*Jacobson vs. United States*, 503 U.S 540, 8º Circuito).

A jurisprudência norte-americana entende que há dois requisitos básicos para que seja possível alegar a *entrapment defense*: (a) indução da prática de um crime por um agente da lei e (b) falta de predisposição do agente para se envolver na conduta criminal induzida (*Mathews vs. United States*, 485 U.S. 58, 7º Circuito).

É o típico exemplo da patroa que, duvidando da honestidade de sua empregada doméstica, deixa algumas cédulas de dinheiro em cima da mesa e instala uma câmera de segurança oculta para "pegá-la no flagra" praticando furto. Como há um induzimento à prática do crime, entende-se que, na verdade, ele não poderá – nunca – ser tipificado, ocorrendo uma hipótese de **crime impossível** (art. 17, CP).

Nos termos da súmula nº 145 do STF, "não há crime quando a preparação do flagrante pela polícia torna impossível a sua consumação". Consoante julgado da Suprema Corte, "o delito de ensaio, também denominado delito de experiência ou crime provocado, constitui modalidade de crime putativo, cuja noção conceitual põe em destaque a absoluta impossibilidade de execução do ato delituoso" (HC nº 84.723/SP, rel. Min. Celso de Mello, j. 21.02.06).

Situação comum que se vê é o policial, querendo prender o traficante de drogas, fingir-se ser um usuário da droga e, diante do traficante, provoca uma compra da droga com o objetivo de prendê-lo em flagrante por tráfico de entorpecentes. Isso gerará duas situações com consequências distintas:

a) pelo ato de compra e venda, há crime impossível, pois, embora tenha ocorrido um crime de tráfico de drogas na conduta "vender", o policial que fingiu ser o comprador impediu a própria consumação do delito, diante da falsa situação criada, gerando, assim, um crime absolutamente impossível de ser consumado (súmula nº 145 do STF).

Em caso analisado pelo Superior Tribunal de Justiça, policiais civis, a fim de averiguar informação de que uma pessoa estaria traficando "lança-perfume", telefonaram e encomendaram dez caixas da droga com o suspeito. No dia e local combinados, a polícia prendeu o agente, alegando que ele estava "trazendo consigo", para fins de tráfico, a referida droga. A Corte entendeu que houve crime impossível, considerando que o agente apenas trazia a droga consigo *em razão da atitude dos policias*, que, anteriormente, acertaram com o agente a compra da droga, o que torna impossível a consumação do crime de tráfico de drogas (AREsp nº 262.294/SP, rel. Min. Nefi Cordeiro, j. 21.11.17).

b) todavia, se o traficante já tinha a droga em sua posse, será perfeitamente possível a prisão em flagrante, mas não pela conduta de vender ao policial à paisana, mas pela conduta que já vinha sendo praticada de forma permanente, como "trazer consigo", "ter em depósito" ou "guardar", que estão se consumado a todo segundo (diante da natureza permanente do delito) e que autorizam o flagrante por não ter sido instigada a sua prática anterior pela polícia.

De acordo com o Superior Tribunal de Justiça, "no caso dos autos, embora os policiais tenham simulado a compra do entorpecente e a transação não haver se consumado em razão da prisão em flagrante dos acusados, o certo é que, antes mesmo do referido fato, o crime de tráfico já havia se consumado em razão de os réus guardarem e terem em depósito os diversos tóxicos mencionados na denúncia, conduta que, a toda evidência *não foi instigada ou induzida pelos agentes*, o que afasta a mácula suscitada na impetração" (HC nº 369.677/SP, rel. Min. Jorge Mussi, j. 14.02.17).

Desta forma, percebe-se que é tênue a diferença entre as condutas que podem – ou não – configurar o crime impossível em razão do flagrante preparado. Se o agente irá preparar a droga para vendê-la ou encomendá-la para, depois, entregar ao comprador, haverá crime impossível, considerando que, até então, nenhum verbo do tipo penal estava sendo praticado (o agente não estava trazendo, não estava transportando etc.). De outro lado, se o agente já possui a droga e apenas a entrega ao comprador, não haverá crime impossível, já que o delito já vinha se consumando em razão da prática de algum outro verbo, como trazer consigo ou transportar. Seja como for, a análise do caso concreto é primordial.

10.4.6.5. *Esperado*

Aqui, por atividades típicas de investigação, a polícia chega à conclusão de que um crime será cometido num determinado momento e, então, posta-se pronta a aguardar o início do cometimento do delito para, então, efetuar a prisão em flagrante.

Percebe-se que se trata de situação distinta do flagrante provocado. Aqui, no esperado, não há nenhuma instigação ou provocação para que o agente pratique o crime, colocando-se a polícia apenas a investigar o fato e aguardar o momento ideal para efetuar a diligência; no provocado, por outro lado, há uma instigação anterior pela polícia, de modo que, em princípio, o crime não se consuma e não há legalidade na prisão em flagrante.

Como bem diferencia a jurisprudência, "no flagrante **preparado**, a polícia provoca o agente a praticar o delito e, ao mesmo tempo, impede a sua consumação, cuidando-se, assim, de crime impossível (...). Hipótese totalmente diversa é a do flagrante **esperado**, em que a polícia tem notícias de que uma infração penal será cometida e aguarda o momento de sua consumação para executar a prisão" (STJ, HC nº 370.152/MS, rel. Min. Jorge Mussi, j. 22.11.16).

Deve-se adotar cautela para que a diligência policial de se colocar em espera para a consumação do crime não gere a impossibilidade de sua consumação, ou seja, a polícia não pode empreender atos que impeçam a consumação do crime, sob pena de configurar crime impossível, tal como no flagrante preparado.

Há doutrina entendendo que tanto no flagrante preparado como no esperado haverá crime impossível (Pacelli, 2012), pois "não importa se o flagrante é preparado ou esperado. Desde que o agente não tenha qualquer possibilidade, em hipótese alguma, de chegar à consumação do delito, o caso será o de crime impossível, considerando-se a absoluta ineficácia do meio por ele empregado, ou a absoluta impropriedade do objeto" (Greco, 2011, p. 55).

Então, se a polícia, sabendo que haverá a compra ilegal de armas num determinado local, coloca-se em espera, aguardando o início da transação, mas, com a chegada dos investigados no local, já os prende em flagrante e não acha nenhuma arma (que seria entregue em momento ulterior), o crime sequer se consumou, já que os agentes policiais protegeram tão bem o bem jurídico que foi impossível a consumação do delito; por outro lado, se a polícia posta-se em seu lugar e assiste à negociação ilegal, aguardando a consumação natural do crime, haverá flagrante esperado totalmente legal.

Consoante o Tribunal da Cidadania, entendendo pela ausência de nulidade, afirmou que "a autoridade policial não provocou os agentes a praticar o ilícito de tráfico internacional de entorpecentes – transporte de 5.762 comprimidos de *ecstasy* do Suriname para o Brasil –, tampouco criou a conduta por eles praticada, tendo apenas verificado a informação de que estariam chegando ao Brasil com drogas, ocasião em que efetuou as prisões" (AgRg no REsp nº 1.356.130/GO, rel. Min. Sebastião Reis Júnior, j. 30.06.15).

Por fim, ressalta-se que o acompanhamento por câmeras de segurança do agente que pretende praticar um furto não configura crime impossível, ou seja, "sistema de vigilância realizado por monitoramento eletrônico ou por existência de segurança no interior de estabelecimento comercial, por si só, não torna impossível a configuração do crime de furto", nos moldes da súmula nº 567 do STJ, considerando que, "embora os sistemas eletrônicos de vigilância e de segurança tenham por objetivo a evitação de furtos, sua eficiência apenas minimiza as perdas dos comerciantes, visto que não impedem, de modo absoluto, a ocorrência de subtrações no interior de estabelecimentos comerciais" (STJ, HC nº 351.194/SP, rel. Min. Ribeiro Dantas, j. 02.06.16).

Observa-se, apenas, que o Supremo Tribunal Federal possui alguns julgados isolados, principalmente no âmbito da 2ª Turma, no sentido de que "a forma específica mediante a qual o funcionário do estabelecimento exerceu a vigilância direta sobre a conduta da paciente, acompanhando ininterruptamente todo o *iter criminis*, tornou impossível a consumação do crime, dada a ineficácia absoluta do meio empregado. Tanto isso é verdade que, imediatamente após passar pelo caixa sem efetuar o pagamento dos produtos escolhidos, a denunciada foi abordada na posse dos bens pelo funcionário que vinha monitorando sua conduta". Ressalvou-se que "esse entendimento não conduz, automaticamente, à atipicidade de toda e qualquer subtração em estabelecimento comercial que tenha sido monitorada pelo corpo de seguranças ou pelo sistema de vigilância, sendo imprescindível para se chegar a essa conclusão a análise individualizada das circunstâncias de cada caso concreto" (HC nº 137.290/MG, rel. p/ acórdão Min. Dias Toffoli, j. 07.02.17).

10.4.6.6. *Prorrogado*

Também recebe o nome de flagrante protelado, postergado, diferido ou retardado, tratando-se de uma *ação controlada* por parte da polícia consistente em aguardar o momento mais oportuno para se realizar a prisão em flagrante.

Essa prorrogação do flagrante possui previsão na Lei nº 11.343/06 (Drogas), na Lei nº 9.613/98 (Lavagem de Capitais) e Lei nº 12.850/13 (Organizações Criminosas) e objetiva postergar o cerceamento da liberdade do agente para o melhor momento em relação à colheita de elementos probatórios.

Ex.: a polícia, por meio de interceptação telefônica, descobre que um carregamento de drogas virá da Bolívia para ser descarregado em Cáceres/MT. Neste caso, a polícia possui duas opções: flagrar os criminosos no Mato Grosso ou seguir a droga ou as pessoas que a compraram para, então, prender o destinatário verdadeiro do carregamento no destino final. Caso a opção seja a segunda, haverá um flagrante prorrogado, de modo a angariar maiores elementos probatórios e, ainda, prender mais criminosos.

Na Lei de Drogas, em qualquer fase da persecução criminal relativa aos crimes a ela relacionados, são permitidos, além de outros procedimentos investigatórios previstos na lei, mediante **autorização judicial** e **ouvido o Ministério Público**, a não-atuação policial sobre os portadores de drogas, seus precursores químicos ou outros produtos utilizados em sua produção, que se encontrem no território brasileiro, com a finalidade de identificar e responsabilizar maior número de integrantes de operações de tráfico e distribuição, sem prejuízo da ação penal cabível (art. 53, II). A ausência de autorização judicial não tem o condão de tornar ilegal a prisão em flagrante postergado, uma vez que o instituto visa apenas a proteger o trabalho investigativo, afastando eventual responsabilidade criminal ou administrativa por parte do policial apenas (STJ, HC nº 424.553/SP, rel. Min. Reynaldo Soares da Fonseca, j. 21.08.18).

Já na Lei de Organizações Criminosas, a ação controlada consiste em retardar a intervenção policial ou administrativa relativa à ação praticada por organização criminosa ou a ela vinculada, desde que mantida sob observação e acompanhamento para que a medida legal se concretize no momento mais eficaz à formação de provas e obtenção de informações. Tal diligência será previamente **comunicada ao juiz competente** que, se for o caso, estabelecerá os seus limites e **comunicará ao Ministério Público** (art. 8º).

No mais, a Lei de Lavagem prevê que a ordem de prisão de pessoas ou as medidas assecuratórias de bens, direitos ou valores poderão ser suspensas pelo **juiz**, ouvido o **Ministério Público**, quando a sua execução imediata puder comprometer as investigações (art. 4º-B).

Há que se diferenciar o flagrante esperado do flagrante prorrogado. Naquele, as autoridades, sabendo que um crime irá ocorrer, se preparam *para executar* uma prisão em flagrante; já no prorrogado, trata-se de uma tecnica policial em que a polícia, sabendo que um crime irá ocorrer, *não executa* a prisão em flagrante (mesmo podendo) com o fito de buscar mais pessoas envolvidas e atingir um maior êxito na diligência.

Exemplo de flagrante esperado: a polícia, sabendo que será recebido um carregamento de drogas do exterior, monta uma estratégia para, no momento da transação, *prender* as pessoas envolvidas, isto é, esperará a melhor oportunidade para prender todos em flagrante.

Exemplo de flagrante prorrogado: a polícia, sabendo que será recebido um carregamento de drogas do exterior, monta uma estratégia para *não prender* em flagrante as pessoas envolvidas, de modo a conseguir identificar o maior número de envolvidos, seguir o caminho da droga e chegar até o comprador, para, só então, efetuar as prisões.

Há doutrina que entende que flagrante retardado é diferente de ação controlada, pois nesta há a necessidade de se reconhecer o itinerário que o crime percorrerá, de forma que haverá uma verdadeira ação vigiada, enquanto que, no flagrante prorrogado, isso não é necessário, pois sequer se sabe o percurso do crime (Madeira, 2015).

10.4.6.7. *Forjado*

Também chamado de flagrante urdido, fabricado, tramado ou maquinado, trata-se de um flagrante verdadeiramente inventado, em que os executores da prisão *plantam provas* para que se force uma situação de flagrante, buscando-se legitimar a situação (STJ, HC nº 369.677/SP, rel. Min. Jorge Mussi, j. 14.02.17).

Exemplo: policiais, querendo incriminar uma pessoa por tráfico de drogas, diante da ausência de provas cabais, resolvem plantar pinos plásticos (*eppendorfs*) de cocaína no carro do agente, **forjando uma prova** apta a ensejar uma prisão em flagrante, que, na realidade, sequer existe.

Como a conduta do agente é criada pela polícia, tratar-se-á de um **fato atípico** (STJ, HC nº 370.152/MS, rel. Min. Jorge Mussi, j. 22.11.16). A prisão será totalmente ilegal e gerará responsabilidade penal dos agentes que fabricaram a situação – além de possível responsabilização civil e administrativa.

10.4.6.8. *Cataléptico*

Em primeiro lugar, é preciso entender o que é catalepsia. Trata-se de uma rara doença em que os membros da pessoa ficam rígidos, mas ela permanece com os sentidos e as funções vitais funcionando em ritmo bastante lento, quase inexistente, de forma que o doente se parece com uma "estátua", aparentando estar morto. A pessoa permanecerá imóvel até que o surto cesse, de forma que acaba "ressuscitando" depois, já que aparentava estar morta (são conhecidos na história médica os casos em que a pessoa é até mesmo enterrada viva em situações assim).

No flagrante cataléptico, os executores buscam "ressuscitar" uma situação de flagrante *legal* que estava sendo conduzida de forma *ilegal* por eles próprios.

Ex.: num primeiro exemplo, policiais tentam extorquir o agente para que ele não seja preso em flagrante (legal), mas este não cede à extorsão, de modo que os policiais, então, ressuscitam o crime então praticado para poder prendê-lo em flagrante. Num outro exemplo, policiais "negociam" com um traficante de drogas o pagamento de certa quantia para que ele não seja preso em flagrante, no entanto, outra viatura policial chega ao local, frustrando a negociação ilegal, de forma que o flagrante (legal) será ressuscitado.

Num ou noutro caso, vê-se que os executores ressuscitam uma situação de flagrante legal que estava desacordada, seja porque estavam extorquindo o agente, seja porque estavam negociando a sua não prisão, por exemplo. Em ambos os casos, a prática ilegal dos executores não obteve êxito, de forma que eles ressuscitarão o flagrante que, até então, estava em curso, mas desacordado em razão da sua condução ilegal.

10.4.7. Apresentação espontânea

A redação originária do art. 317 do Código de Processo Penal previa o seguinte: "a apresentação espontânea do acusado à autoridade não impedirá a decretação da prisão preventiva nos casos em que a lei a autoriza". Interpretando-se tal dispositivo, sempre se entendeu não ser cabível a prisão em flagrante do agente, diante da ausência de uma das suas modalidades, embora fosse possível a decretação de sua prisão preventiva se preenchidos os requisitos.

Todavia, com o advento da Lei nº 12.403/11, o art. 317, CPP, não mais tratou da apresentação espontânea do investigado, mas de outro assunto (prisão domiciliar); além disso, não há nenhum dispositivo legal tratando da apresentação espontânea.

Apesar disso, entende-se que continua sendo impossível prender em flagrante quem se apresentar espontaneamente perante a autoridade, pois: (a) não se preenche nenhuma hipótese de flagrante do art. 302, CPP; (b) somente é possível restringir a liberdade de uma pessoa em casos taxativamente previstos na lei, o que não ocorre neste caso; e (c) a prisão cautelar, seja preventiva ou temporária, pode ser decretada se preenchidos os requisitos legais. Logo, trata-se de uma impossibilidade *legal* e *lógica* prender em flagrante quem se apresenta espontaneamente à autoridade.

E na esteira do entendimento do Superior Tribunal de Justiça, a apresentação espontânea do agente à autoridade policial não impede a decretação da prisão preventiva nos casos em que a lei a autoriza, mormente quando concretamente demonstrada a necessidade da prisão cautelar (RHC nº 46.030/MG, rel. Min. Laurita Vaz, j. 06.05.14); da mesma forma, a mera apresentação espontânea do agente não é motivo suficiente para a revogação de sua segregação cautelar se presentes os motivos da prisão cautelar (STJ, RHC nº 55.852/RJ, rel. Min. Felix Fischer, j. 08.09.15). Se a fuga foi o único motivo que autorizou a decretação da prisão preventiva, a apresentação espontânea do agente, aliada às suas condições pessoais, autoriza a revogação da segregação cautelar (STJ, HC nº 329.375/TO, rel. Min. Reynaldo Soares da Fonseca, j. 01.09.15).

10.4.8. Flagrante em diferentes crimes

A execução de uma prisão em flagrante possui diferentes nuances a depender da espécie de crime.

10.4.8.1. *Crimes permanentes*

São crimes que causam uma situação danosa ou perigosa que se prolonga no tempo, ou seja, o momento consumativo se protrai no tempo (Jesus, 2005). Exemplo típico é o crime de sequestro ou cárcere privado (art. 148, CP), em que a conduta ilícita do agente se prolonga no tempo, ou seja, enquanto a vítima está com sua liberdade cerceada em razão do sequestro, o crime está continuamente se consumando.

E como o crime está se consumando a todo instante, será possível a sua prisão em flagrante a todo momento enquanto não cessar a permanência do delito. Nos moldes do art. 303, CPP, "nas infrações permanentes, entende-se o agente em flagrante delito enquanto não cessar a permanência".

E consoante o Superior Tribunal de Justiça, o tráfico de drogas, a depender da conduta praticada (ter em depósito, guardar, transportar etc.), é crime permanente, sendo desnecessário mandado judicial para se prender o suspeito, diante da situação de flagrância (RHC nº 78.087/RS, rel. Min. Felix Fischer, j. 21.02.17). Desta forma, sendo praticado um núcleo-verbo do tipo que caracterize situação de permanência, cuja consumação se prolonga no tempo, será permitida a prisão em flagrante no interior da residência onde está a droga (ex.: guardar cocaína dentro do armário do quarto), inclusive no período noturno, independentemente de mandado judicial, já que se trata de típica situação flagrancial (STJ, HC nº 457.368/SP, rel. Min. Laurita Vaz, j. 05.07.18).

10.4.8.2. *Crimes habituais*

Crime habitual é aquele que se consuma com a prática reiterada e uniforme de vários atos que acabam por revelar um estilo criminoso de vida do agente, mas cada ato isolado é atípico (Masson, 2009). Ex.: exercício ilegal da medicina (art. 282, CP).

Quanto à possibilidade de prisão em flagrante, a doutrina diverge. Para uns (Nucci, 2016), como somente há consumação com a reiteração de atos criminosos, que acabam por revelar um estilo criminoso do agente, não seria faticamente possível, pois um ato isolado é atípico; para outros (Polastri, 2016), a prisão em flagrante é perfeitamente válida, não havendo impedimento algum diante da verificação de uma das hipóteses do art. 302, CPP, bastando que o ato flagrado consiga tipificar o delito e comprovar a habitualidade exigida pelo tipo.

O Superior Tribunal de Justiça, tempos atrás, já entendeu ser *lícita* uma prisão em flagrante em que o sujeito, falso médico, havia acabado de atender uma pessoa e, inclusive, possuía blocos de receituários médicos e a farmácia próxima ao tal "consultório" já havia vendido diversos medicamentos prescritos pelo infrator (RHC nº 8.538/GO, rel. Min. Hamilton Carvalhido, j. 15.06.99).

10.4.8.3. *Crimes formais*

Crime formal é aquele em que o tipo prevê uma conduta e um resultado, mas não exige a ocorrência deste para a sua consumação. Exemplo clássico é a extorsão mediante sequestro (art. 159, CP), em que o tipo penal prevê a conduta de sequestrar uma pessoa *com o fim de obter uma vantagem* como condição ou preço de resgate – ou seja, prevê-se uma conduta (sequestrar) e um resultado naturalístico (a obtenção de uma vantagem), mas esta não é exigida para a tipificação do delito (considerada mero exaurimento do crime), que se consuma já com a privação da liberdade da vítima, bastando prova de que a finalidade do agente era, realmente, obter uma vantagem com isso.

Entende-se ser possível a prisão em flagrante nos crimes de natureza formal, desde que executada no momento da *conduta criminosa inicial*, e não no exaurimento, que é a obtenção do fim almejado.

Assim, olhando-se o exemplo dado acima, será possível a prisão em flagrante do agente criminoso no momento da privação da liberdade da vítima, ou seja, do ato de *sequestrar*, sendo impossível a prisão em flagrante em momento posterior, como no pagamento do resgate ou quando da exigência de uma vantagem como condição para a libertação da vítima. Claro que, para que ocorra a prisão em flagrante pelo art. 159, CP, deve-se demonstrar que o agente queria, de fato, obter uma vantagem como condição ou preço de resgate (considerado elemento subjetivo específico do tipo).

Consoante o Tribunal da Cidadania, analisando o crime de concussão (art. 316, CP), que também é formal, este "se consuma com a realização da exigência, independentemente da obtenção da vantagem indevida. A entrega do dinheiro se consubstancia como exaurimento do crime previamente consumado. Caso em que *não havia situação de flagrância delitiva no momento em que a prisão foi efetuada*, de modo que o magistrado deveria ter relaxado o cárcere" (HC nº 266.460/ES, rel. Min Reynaldo Soares da Fonseca, j. 11.06.15).

Embora não caiba a prisão em flagrante, será possível a decretação de prisão provisória se preenchidos os requisitos legais. Ex.: polícia vem acompanhando a família da vítima de extorsão mediante sequestro; combinado o local da entrega do dinheiro do resgate, os criminosos são presos; não caberá prisão em flagrante, mas os agentes serão encaminhados ao delegado de polícia para a documentação dos fatos, caso em que já se poderá pedir a prisão preventiva. Ou então, se a polícia já souber quem são os criminosos antes mesmo do pagamento do resgate, já poderá obter um mandado judicial de prisão provisória.

10.4.8.4. *Crimes continuados*

Diz-se crime continuado "quando o agente, mediante mais de uma ação ou omissão, pratica dois ou mais crimes da mesma espécie e, pelas condições de tempo, lugar, maneira de execução e outras semelhantes, devem os subsequentes ser havidos como continuação do primeiro, aplica-se-lhe a pena de um só dos crimes, se idênticas, ou a mais grave, se diversas, aumentada, em qualquer caso, de um sexto a dois terços" (art. 71. CP).

Haverá, então, a aplicação de pena de um só dos crimes com uma causa de aumento. Como diz Damásio E. de Jesus "não se trata de um tipo de crime, mas de uma forma de concurso de delitos" (Direito, 2005, v. 1, p. 196).

Exemplo clássico: o agente quer furtar o faqueiro de prata de seus empregadores; para não ficar evidente a conduta, o agente, a cada semana, subtrai um item; se o faqueiro tiver 130 peças, haverá 130 furtos; o Código Penal, por razões de política criminal e seguindo a proporcionalidade e razoabilidade, fixa que, para fins de aplicação da pena, houve um só crime, com uma causa de aumento de pena de 1/6 a 2/3.

No âmbito do processual penal, entende-se plenamente possível o flagrante, devendo-se considerar cada furto isoladamente para fins de prisão em flagrante. Consoante Renato Brasileiro, "na medida em que os delitos que compõem o crime continuado guardam, em termos fáticos, autonomia entre si, cada um deles autoriza, de forma independente no tocante aos demais, a efetivação da prisão, desde que presente uma das hipóteses do art. 302 do CPP" (Curso, 2013, p. 880). É o chamado *flagrante fracionado*.

10.4.8.5. *A depender da ação penal*

Como regra, qualquer pessoa que pratique uma infração penal poderá ser presa em flagrante delito. No entanto, tratando-se de ação penal de iniciativa privada ou de ação penal pública condicionada – como já se estudou – a própria instauração de inquérito policial dependerá ou de requerimento do interessado ou da própria representação, respectivamente.

Assim, o que é possível em crimes de tais naturezas diante de uma situação de flagrante é a atuação do executor para cessar a atividade criminosa, interrompendo a lesão ao bem jurídico tutelado, ao passo que a *lavratura* do auto de prisão em flagrante e a consequente *instauração* das investigações dependerá do interessado, seja por requerimento (ação privada) ou por representação (ação condicionada).

Se a vítima não comparecer imediatamente perante a autoridade policial para realizar uma dessas atitudes, ela poderá o fazer em até 24 horas, que é o prazo para a entrega da nota de culpa ao agente. Se a vítima, ainda assim, não autorizar o início das investigações ou ficar inerte, o ofensor deverá ser libertado, registrando-se apenas o boletim de ocorrência.

10.4.9. Formalidades

A execução de uma prisão em flagrante requer a observância de regras e formalidades previstas na Carta da República e no Código de Processo Penal.

10.4.9.1. *Momento*

A prisão em flagrante pode ser efetuada em qualquer dia e a qualquer hora, respeitadas as restrições relativas à inviolabilidade do domicílio. Assim, não há nenhuma ressalva quanto à situação em si, podendo o agente ser preso em flagrante durante seu casamento, em final de semana, de madrugada, durante feriados e até mesmo em cultos religiosos. Há, apenas, que se observar as restrições específicas previstas na Constituição Federal, a seguir analisadas.

10.4.9.2. *Flagrante e espécie de delito*

A prisão em flagrante, como visto, pode ser de várias espécies, conforme o art. 302, CPP, referindo-se a quem *está cometendo* a infração penal; ou quem *acaba de cometê-la*; ou quem *é perseguido* logo após; ou quem *é encontrado* com objetos ligados do crime.

Entende-se que em qualquer espécie é possível violar um domicílio, seja durante o cometimento, logo após o cometimento, em seguida a uma perseguição ou quando o agente é encontrado com objetos ligados ao crime. Do contrário, estar-se-ia criando uma "imunidade" não prevista em lei e nem na Constituição Federal, bastando, por exemplo, que o sujeito entre numa residência para não poder ser preso em flagrante (Brasileiro, 2013), o que seria absurdo.

E quanto à espécie de delito que autoriza a prisão em flagrante, entende-se que estão abrangidas todas as espécies de infração penal, sejam *crimes* ou *contravenções penais*, de modo a cessar a atividade criminosa – obviamente que, após, haverão de ser respeitadas as regras quanto à lavratura do auto de prisão em flagrante e possibilidade (ou não) de se prender esta pessoa cautelarmente.

10.4.9.3. *Proteção ao domicílio*

Fixa a Constituição Federal que a casa é asilo inviolável do indivíduo, ninguém nela podendo penetrar sem consentimento do morador, **salvo em caso de flagrante delito** ou desastre, ou para prestar socorro, ou, durante o dia, por determinação judicial (art. 5º, XI, CF).

O conceito de *casa*, para o Processo Penal, é mais abrangente do que aquele do Direito Civil (art. 70, CC). A norma explicativa do art. 150, § 4º, CP, diz que "casa" compreende qualquer compartimento habitado, aposento ocupado de habitação coletiva e o compartimento não aberto ao público, onde alguém exerce profissão ou atividade. Disso, então, estão abarcados: casa, quarto de hotel, escritório, consultório, boleia do caminhão, trailers etc.

Como nenhum direito é absoluto, é possível a violação de domicílio em algumas situações que interessam à persecução penal:

i) flagrante delito, seja de dia ou de noite;

ii) por determinação judicial, durante o dia.

Em ambos os casos haverá um controle judicial. No caso de flagrante, ele será **posterior** à prisão, com a comunicação imediata ao juiz, que verificará a ocorrência ou não da situação de flagrância, podendo relaxar a prisão se ilegal (art. 5º, LXV, CF); no caso de prisão temporária ou preventiva, o controle será desde **antes** da execução da prisão, onde o juiz verificará se estão presentes os pressupostos autorizadores da prisão cautelar.

10.4.9.4. *Dia e noite*

A prisão em flagrante, de acordo com a Constituição Federal, pode ser realizada **a qualquer momento do dia**, seja **diurno ou noturno**. Logo, aqui não há discussões sobre a partir de que momento começa o *dia* ou a *noite*.

Para maiores detalhes, ver as explicações sobre o cumprimento do mandado de prisão.

10.4.9.5. *Prisão, perseguição e casa alheia*

Se o réu, sendo perseguido, passar ao território de outro município ou comarca, o executor poderá efetuar a prisão no lugar onde o alcançar, apresentando-o imediatamente à autoridade local, que, depois de lavrado, se for o caso, o auto de flagrante, providenciará a remoção do preso (art. 290, CPP).

O Código de Processo Penal considera que o executor está em perseguição do agente quando: (a) tendo-o avistado, for perseguindo-o sem interrupção, embora depois o tenha perdido de vista; ou (b) sabendo, por indícios ou informações fidedignas, que o réu tenha passado, há pouco tempo, em tal ou qual direção, pelo lugar em que o procure, for no seu encalço.

Se houver, ainda que por parte de terceiros, resistência à prisão em flagrante ou à determinada por autoridade competente, o executor e as pessoas que o auxiliarem poderão usar dos meios necessários para se defender ou para vencer a resistência, do que tudo se lavrará auto subscrito também por duas testemunhas.

Há algumas observações a respeito da situação do sujeito que, fugindo de um flagrante, ingressa em casa alheia.

Para uma primeira posição, estando verificada a situação de flagrância – qualquer que seja a hipótese do art. 302, CPP – a autoridade policial está autorizada a entrar em casa de terceiros com o fim de prender o agente em flagrante, independentemente do consentimento do morador. Entende-se, neste caso, que o art. 5º, XI, CF, não distingue a violação do domicílio onde o delito foi cometido daquele para onde o agente correu e ingressou após cometer o crime, pois em ambos há a configuração de flagrante autorizando o ingresso no domicílio.

Para outra posição, minoritária, a prisão em flagrante só autorizaria o ingresso no interior da casa onde o delito foi praticado, pois, do contrário, dependerá de uma ordem judicial (Pacelli e Fischer, 2012).

Correta parece ser a primeira posição, pois, "se a Constituição Federal estabelece que é possível o ingresso em domicílio nas hipóteses de flagrante delito, deve se extrair do estatuto processual penal o conceito de flagrância (CPP, art. 302, I, II, III e IV). Ora, se interpretarmos que a fuga para a residência seria inviabilizadora da prisão em flagrante, estar-se-ia criando uma hipótese de imunidade ao criminoso: bastaria, ao notar que está sendo perseguido, adentrar em uma residência para se eximir de sua prisão" (Brasileiro, Curso, 2013, p. 818).

No mesmo sentido ensinam Távora e Alencar: "se em razão da perseguição, o agente vier a adentrar numa casa, diante da situação de flagrância, por não ter havido interrupção da perseguição, o executor poderá invadir a residência, sendo dia ou noite, pois, por autorização constitucional, o ingresso domiciliar ocorreria para concretizar o flagrante, tendo assim pleno cabimento" (Curso, 2017, p. 896).

Deve-se interpretar a expressão "casa alheia", prevista na Constituição Federal, como casa diversa em relação ao executor da medida, ou seja, a casa é alheia em relação, p. ex., aos policiais que buscam executar a prisão, não alheia em relação ao agente a ser preso, o que tornaria a norma constitucional ineficaz. Qualquer casa alheia, portanto, permite o flagrante.

Consoante o Superior Tribunal de Justiça, "não é ilegal a entrada em domicílio sem o consentimento do autor do delito, que é perseguido, logo após a prática do crime, pela autoridade policial, pois a própria Constituição Federal permite a entrada em casa alheia, mesmo contra a vontade do morador, para fins de prisão em flagrante" (HC nº 10.899/GO, rel. Min. Gilson Dipp, j. 13.03.01); no mesmo sentido já julgou o Supremo Tribunal Federal, ao entender que "a Constituição Federal autoriza a prisão em flagrante como exceção à inviolabilidade domiciliar, prescindindo de mandado judicial, qualquer que seja sua natureza" (RHC nº 91.189/PR, rel. Min. Cezar Peluso, j. 09.03.10).

10.4.9.6. *Código Eleitoral*

Nos termos do art. 236 do Código Eleitoral, nenhum eleitor poderá ser preso, desde 5 dias antes e até 48 horas depois do encerramento da eleição, **salvo no caso de flagrante delito** ou em virtude de sentença criminal condenatória por crime inafiançável, ou, ainda, por desrespeito a salvo-conduto (art. 236).

Os fiscais de partidos políticos e os membros das mesas receptoras de votos não poderão ser detidos ou presos durante o exercício das funções, **salvo em caso de flagrante**

delito (§ 1º do art. 236). Os candidatos também não poderão ser presos desde 15 dias antes da eleição, **salvo no caso de flagrante delito** (§ 1º, art. 236).

E, ocorrendo qualquer prisão, o preso será imediatamente conduzido à presença do juiz competente que, se verificar a ilegalidade da detenção, a relaxará e promoverá a responsabilidade do coator (§ 2º, art. 236).

10.4.10. Lavratura do auto

O Código de Processo Penal traz algumas regras, entre os artigos 304 e 309, para a lavratura do auto de prisão em flagrante, cuja inobservância poderá gerar sua ilegalidade e consequente relaxamento – mas sem macular o inquérito policial ou a ação penal ulterior.

Referido auto é a materialização dos acontecimentos que levaram à prisão do indivíduo, com oitiva dos condutores, testemunhas e do próprio preso.

10.4.10.1. *Autoridades com atribuição*

Tem atribuição para lavrar o auto de prisão em flagrante, como regra, o delegado de polícia, que é quem possui a função de investigar as infrações penais e sua autoria, sem excluir autoridades administrativas a quem a lei cometa a mesma função (art. 4º, p.ú., CPP).

Neste sentido, aliás, é a súmula nº 397 do STF, ao dispor que "o poder de polícia da Câmara dos Deputados e do Senado Federal, em caso de crime cometido nas suas dependências, compreende, consoante o regimento, a prisão em flagrante do acusado e a realização do inquérito".

Do mesmo modo, quando o fato for praticado em presença da autoridade (*o juiz*), ou contra esta, no exercício de suas funções, constarão do auto a narração deste fato, a voz de prisão, as declarações que fizer o preso e os depoimentos das testemunhas, sendo tudo assinado pela autoridade, pelo preso e pelas testemunhas e remetido imediatamente ao juiz a quem couber tomar conhecimento do fato delituoso, se não o for a autoridade que houver presidido o auto. Para parte da doutrina, não há violação ao sistema acusatório, desde que não seja este o juiz da causa; para outra parte, não houve a recepção deste dispositivo pela CF/88, pois o juiz não deve atuar na fase investigativa.

De qualquer modo, a autoridade policial competente é aquela de onde ocorrer a prisão em flagrante. Então, se, por exemplo, o indivíduo rouba uma casa em Jundiaí/SP e é perseguido pela polícia, sendo preso em Campos do Jordão/SP, o delegado de polícia de Campos do Jordão/SP lavrará o auto de prisão em flagrante – local da prisão em flagrante.

Não havendo autoridade policial no lugar em que se tiver efetuado a prisão, o preso será logo apresentado à do lugar mais próximo. E na falta ou no impedimento do escrivão, qualquer pessoa designada pela autoridade lavrará o auto, depois de prestado o compromisso legal.

10.4.10.2. *Oitivas iniciais*

Apresentado o preso à autoridade competente, este ouvirá o **condutor** (pessoa que levou o preso à presença do delegado de polícia) e colherá, desde logo, a sua assinatura, entregando uma cópia do termo e recibo da entrega do preso. Na sequência, a autoridade procederá à oitiva das **testemunhas**, colhendo suas assinaturas em seguida (art. 304, CPP). Vê-se que, pelo texto legal, a oitiva da vítima não é obrigatória, muito embora seja bastante comum, até mesmo como elemento de prova.

O condutor, caso tenha presenciado o crime, pode funcionar como testemunha do fato (STJ, RHC nº 7.610/SP, rel. Min. Fernando Gonçalves, j. 30.06.98).

Atenção, pois não há que se confundir. Após a oitiva do condutor, o delegado deverá ouvir as *testemunhas* (no plural) que presenciaram o crime. Estabelece o Código de Processo Penal, todavia, que a falta de testemunhas visuais da infração não impedirá o auto de prisão em flagrante; mas, nesse caso, com o condutor, deverão assiná-lo pelo menos *duas pessoas* que hajam testemunhado a apresentação do preso à autoridade (§ 2º, art. 304) – são testemunhas instrumentais, que apenas irão corroborar a lavratura correta do auto de prisão em flagrante.

Neste caso, policiais – *inclusive o condutor* – poderão funcionar como tais testemunhas instrumentais, consoante entende a jurisprudência (STJ, HC nº 53.275/SP, rel. Min. Napoleão Nunes Maia Filho, j. 07.08.07; HC nº 140.020/RS, rel. Min. Jorge Mussi, j. 03.11.09). Isso é muito comum em casos de flagrante que ocorrem de madrugada, sem nenhum cidadão comum para testemunhar a apresentação do preso ao delegado, ou então, quando a pessoa tem medo de indicar seus dados num ato policial.

No mais, quando o preso se recusar a assinar, não souber ou não puder fazê-lo, o auto de prisão em flagrante será assinado por *duas testemunhas*, que tenham ouvido sua leitura na presença deste (§ 3º, art. 304, CPP), confirmando que os fatos narrados o foram pelas pessoas ali presentes.

Por fim, de acordo com a redação do art. 304, CPP, dada pela Lei nº 11.113/05, o auto de prisão em flagrante passou a ser *fracionado*, ou seja, o delegado de polícia ouve o condutor, colhe sua assinatura e lhe entrega o recibo de entrega de preso, dispensando-o na sequência; do mesmo modo, as testemunhas são ouvidas, colhem-se suas assinaturas e já são dispensadas também. Não mais é preciso – como antigamente ocorria – que todos aguardem a lavratura inteira do auto de prisão em flagrante, o que fazia com que os policiais, p. ex., precisassem ficar fora das ruas e de suas funções de segurança pública por horas e mais horas; hoje, feita sua oitiva, os policias e as testemunhas já são dispensados.

10.4.10.3. *Interrogatório do preso*

Ouvidos o condutor e as testemunhas do delito, a autoridade deve ouvir a versão do preso. Deve-se assegurar ao preso o direito de não produzir provas contra si, de ter assistência de um advogado e de indicar familiar ou outra pessoa para que se comunique sua prisão – todos são direitos *facultativos* do preso, já que ele (a) poderá dar a sua versão dos fatos ou ficar em silêncio, (b) dispensar a assistência de um advogado, que não é obrigatória nesta fase e (c) preferir não avisar ninguém sobre sua detenção.

Caso o preso não esteja presente, por estar, p. ex., no hospital ou impossibilitado de se comunicar (embriagado, em coma etc.), o auto de prisão em flagrante poderá, mesmo assim, ser lavrado (com a assinatura das respectivas testemunhas necessárias), devendo a autoridade policial, tão logo possível, realizar o interrogatório do agente.

No que diz respeito à presença de advogado quando da lavratura do auto de prisão em flagrante, conforme já se estudou, a Lei nº 13.245/16 alterou o Estatuto da OAB para, agora, prever que é *direito do advogado* assistir a seus clientes investigados durante a apuração de infrações, sob pena de nulidade absoluta do respectivo interrogatório ou depoimento e, subsequentemente, de todos os elementos investigatórios e probatórios dele decorrentes ou derivados, direta ou indiretamente, podendo, inclusive, no curso da respectiva apuração, apresentar razões e quesitos (art. 7º, XXI e sua alínea *a*).

Todavia, isso não significa que a presença do causídico seja obrigatória, mas apenas que se deve oportunizar a sua presença – lembrando que o advogado tem o direito de arrazoar e requerer o que entender necessário, embora o delegado não seja obrigado a acatar nenhum pedido (art. 14, CPP).

Ademais, se o preso não compreender a língua portuguesa, deve-se nomear um intérprete. E consoante o Supremo Tribunal Federal, o estrangeiro preso no Brasil tem direito de ser cientificado, pelas autoridades brasileiras (policiais ou judiciárias), de que lhe assiste a faculdade de se comunicar com o respectivo agente consular, bem assim dispõe da prerrogativa de ver notificado o seu próprio Consulado, sem atrasos (cláusula *without delay*), de que se acha submetido a prisão no Brasil, respeitando-se o art. 36 da Convenção de Viena sobre Relações Consulares (PPE nº 726/DF, rel. Min. Celso de Mello, j. 27.05.15).

Do mesmo modo entendeu a Corte Interamericana de Direitos Humanos, afirmando que a Convenção de Viena sobre Relações Consulares dispõe que o estrangeiro detido tem o direito à informação sobre assistência consular quando for preso ou detido de qualquer forma (art. 36.1.*b*), o que deve ser feito *sem demora*, ou seja, "o Estado deve cumprir o seu dever de informar ao detido sobre os direitos que lhe são reconhecidos pelo referido preceito no momento de privá-lo da liberdade e, em todo caso, antes de prestar a sua primeira declaração perante a autoridade" (Opinião Consultiva nº 16/99, Cançado Trindade, j. 01.10.99).

Neste sentido, aliás, o Ministério da Justiça editou a Portaria nº 67, de 14.01.17, determinando que a Polícia Federal e a Polícia Rodoviária Federal, em todo o país, observadas as disposições constitucionais e legais, apliquem o art. 36 da Convenção de Viena sobre Relações Consulares, impondo a cientificação, sem demora, da autoridade consular do país a que pertence o estrangeiro sempre que este for preso, qualquer que seja a modalidade de prisão.

Por fim, importante alteração promovida pela Lei nº 13.257/16 (Estatuto da Primeira Infância) foi acrescentar o § 4º ao art. 304, CPP, explicitando que "da lavratura do auto de prisão em flagrante deverá constar a informação sobre a existência de filhos, respectivas idades e se possuem alguma deficiência e o nome e o contato de eventual responsável pelos cuidados dos filhos, indicado pela pessoa presa" – informação essa que será obtida, comumente, no curso do interrogatório do custodiado.

10.4.10.4. *Prazo*

A lei não estabelece um prazo máximo para que a autoridade finalize a lavratura do auto de prisão em flagrante. Todavia, o § 1º do art. 306, CPP, dispõe que o auto será encaminhado ao juiz em até 24 horas após a realização da prisão; da mesma forma, o § 2º do mesmo artigo prevê que, também em 24 horas, será entregue ao preso a nota de culpa.

Desta forma, entende-se que a autoridade possui **24 horas**, a partir da prisão do agente, para formalizar e finalizar a lavratura do auto de prisão em flagrante.

10.4.10.5. *Liberação pelo delegado de polícia*

Após ouvir o condutor, as testemunhas e o preso, resultando dessas respostas *fundada suspeita* contra o conduzido, a autoridade mandará recolhê-lo à prisão (§ 1º do art. 304, CPP).

Interpretando-se o dispositivo, caso, após as respostas colhidas, entenda-se que não há *fundada suspeita* de que o agente seja o autor do delito, que o ato praticado não é crime ou qualquer hipótese que não corrobore/confirme a prisão em flagrante, o delegado de polícia não ratificará a prisão em flagrante e deverá liberar o agente, podendo determinar ou (a) a instauração de inquérito policial ou (b) apenas o registro por meio de boletim de ocorrência. Trata-se de um **flagrante negativo**. Tem-se, assim, a figura chamada de *Delegado de Polícia Constitucional*.

Para parte da doutrina, trata-se de um relaxamento da prisão realizado pelo delegado de polícia; para outra parte, entende-se que a autoridade apenas não ratifica a voz de prisão em flagrante, deixando de encaminhar o então preso ao cárcere.

Questão interessante é saber qual é a postura que o delegado de polícia deve adotar caso se depare com um ato praticado em excludente de ilicitude ou de culpabilidade. Para parte da doutrina, o delegado apenas analisa a tipicidade do ato, de forma que não cabe a ele verificar eventuais excludentes (Nucci, 2007); já para outros, o delegado teria atribuição para verificar a ocorrência de eventuais excludentes, podendo deixar de lavrar o auto de prisão em flagrante e apenas instaurar inquérito ou registrar a ocorrência (Badaró, 2016).

Na lição moderna de Francisco Sannini e Henrique Hoffmann, "não há diferença entre o status das convicções jurídicas dos operadores do direito, que possuem igual formação jurídica, sendo elas manifestadas no mesmo patamar, e apenas em momentos distintos. Ora, assim como o Ministério Público é o titular da ação penal, o delegado de polícia é o titular do inquérito policial, devendo conduzi-lo com discricionariedade na busca pela verdade possível acerca dos fatos apurados, exarando decisões de acordo com o seu convencimento jurídico e nos ermos da sua *opinio delicti*" (Temas, 2018, p. 41-42).

Consoante Luiz Carlos Rocha, "a apresentação do preso ao delegado não implica, obrigatoriamente, lavratura de auto de prisão em flagrante. Compete à autoridade, examinando o caso, exercer verdadeiro ato de julgamento sobre as circunstâncias objetivas e subjetivas, para ver se, realmente, o auto deve ser lavrado" (Manual, 2002, p. 426).

Tal entendimento respeita a Constituição Federal, já que soa ilógico o delegado de polícia confirmar a prisão em flagrante de uma pessoa que agiu, p. ex., em legítima defesa, partindo-se do princípio que sua conduta é uma causa de absolvição (art. 386, VI, CPP), devendo-se aplicar, aqui, a mesma regra da homogeneidade vista alhures, ou seja, sabendo-se que é provável que o acusado sequer será condenado, não há razão para ratificar sua prisão em flagrante e manter sua segregação cautelar. E não custa lembrar que a autoridade policial possui formação superior obrigatória em Direito (art. 2º da Lei nº 12.830/13), tendo toda a aptidão e conhecimento para valorar a situação jurídica concreta.

10.4.10.6. *Recolhimento do preso*

Finda a lavratura do auto de prisão em flagrante e não sendo o caso de liberdade provisória com fiança pela autoridade policial (nas infrações de pena máxima não superior a 4 anos), o preso será recolhido ao cárcere, conforme o art. 322, CPP.

Exemplo: suspeito é preso em flagrante furtando um carro (art. 155, *caput*, CP), cuja pena máxima a este crime é de 4 anos. Neste caso, ocorrerão as etapas iniciais do flagrante, como a captura, a condução à autoridade policial e a lavratura do auto de prisão em flagrante, todavia, o suspeito *não será recolhido ao cárcere*, pois a autoridade poderá conceder liberdade provisória com fiança, já que a pena máxima do furto simples não é superior a 4 anos; não concedida essa liberdade provisória, as decisões passam a ser apenas do juiz. O tema será abordado oportunamente.

10.4.10.7. *Remessas legais*

Em primeiro lugar, é possível que a autoridade que lavrou o auto de prisão em flagrante não seja a competente para investigar o delito. Assim, por exemplo, pode ser que o agente seja preso em flagrante em Campo Grande/MS, após uma perseguição, cujos fatos criminosos foram praticados em Três Lagoas/MS. Desta forma, lavra-se o auto de prisão em flagrante em Campo Grande/MS, mas a autoridade policial deverá encaminhar este auto ao delegado de polícia que investigará os fatos, em Três Lagoas/MS, já que será competente para processo e julgamento o juízo desta comarca (art. 70, CPP).

E vale lembrar que, como a atividade policial investigativa é informativa, não haverá mácula à futura ação penal caso o flagrante tenha sido lavrado por autoridade policial sem atribuições para tanto – seja de outro território ou de outra Justiça (STJ, HC nº 44.154/SP, rel. Min. Hélio Quaglia Barbosa, j. 09.03.06).

Outra remessa importantíssima é a feita ao juízo, pois, consoante o § 1º do art. 306, CPP, em até 24 horas após a realização da prisão, o auto de prisão em flagrante deverá ser encaminhado ao **juiz** competente. E como já visto, uma coisa é a *comunicação* imediata feita ao juiz, ao MP e à família do preso acerca da prisão em flagrante e outra, diferente, é o *envio* do auto de prisão em flagrante ao juiz em até 24 horas da prisão.

Além dessa remessa, também em 24 horas após a realização da prisão, deverá ser enviada uma cópia integral para a **Defensoria Pública** do auto de prisão em flagrante, caso o preso não tenha informado o nome de seu advogado (§ 1º, "in fine", do art. 306, CPP).

Por óbvio, caso o preso esteja acompanhado de advogado no momento da lavratura do auto de prisão em flagrante, não haverá a necessidade de envio de cópia à Defensoria Pública (STJ, HC nº 224.666/RS, rel. Min. Sebastião Reis Júnior, j. 22.03.12). E como já se manifestou o Tribunal Superior, a ausência da Defensoria Pública na localidade ou em região próxima impede o cumprimento da determinação legal de envio de cópia integral à instituição (HC nº 186.456/MG, rel. Min. Jorge Mussi, j. 11.10.11) – embora, como já se estudou, haja entendimento no sentido de que o juiz deveria constituir um advogado dativo ao preso.

No mais, o atraso na comunicação à Defensoria Pública constitui mera irregularidade, não ensejando o relaxamento do flagrante (STJ RHC nº 25.633/SP, rel. Min. Felix Fischer, j. 13.08.09).

10.4.10.8. *Nota de culpa*

A nota de culpa, consoante o § 2º do art. 306, CPP, conterá os motivos da prisão, o nome do condutor e das testemunhas e será assinada pela autoridade competente. Isso permitirá a ampla defesa do acusado, a ser exercida posteriormente no processo, e evitará abusos ou detenções ilegais, já que o preso em flagrante saberá sobre tudo o que se passou na sua prisão (Tourinho Filho, 2008).

Conforme o texto legal, a nota de culpa deve ser entregue ao preso em até 24 horas após a realização da prisão. E na esteira do entendimento do Superior Tribunal de Justiça, o atraso na entrega da nota de culpa ao investigado preso em flagrante, embora constitua irregularidade, não determina a nulidade do ato processual (HC nº 21.253/PR, rel. Min. Laurita Vaz, j. 18.10.07) – embora haja doutrina entendendo que haverá abuso, ensejando o relaxamento da prisão (Tourinho Filho, 2008).

10.4.11. Atuação do juiz

Antigamente, ou melhor, até o advento da Lei nº 12.403/11, o delegado, finda a lavratura do auto de prisão em flagrante, encaminhava-o ao juiz de direito, que, recebendo-o, limitava-se a, por praxe, encaminhá-lo ao membro do Ministério Público, que apenas analisava o preenchimento dos requisitos formais e legais da sua lavratura, sem, de fato, analisar a necessidade da custódia do investigado, inclusive limitando-se a aguardar eventual manifestação da defesa acerca da liberdade provisória.

Ainda, o juiz apenas fundamentava sua decisão caso relaxasse a prisão. Percebe-se, então, que o comum era o sujeito preso em flagrante assim permanecer durante toda a persecução penal, desde a investigação até a sentença, mantendo-se "em flagrante" por anos e mais anos.

Atualmente, cf. a Lei nº 13.964/19, a redação do art. 310, *caput*, CPP, dispõe que o juiz, após receber o auto de prisão em flagrante, no prazo de até 24h após a realização da prisão, deverá promover audiência de custódia com a presença do acusado, seu advogado/defensor público e o membro do Ministério Público e, nessa audiência, fundamentadamente deverá adotar uma dessas três posturas: *(i)* relaxar o flagrante; *(ii)* convertê-lo em prisão preventiva; ou *(iii)* conceder liberdade provisória. Cada uma dessas possibilidades será estudada na sequência.

Transcorrido o prazo legal, a não realização da audiência de custódia sem motivação idônea ensejará também a ilegalidade da prisão, a ser relaxada pela autoridade competente, sem prejuízo da possibilidade de imediata decretação de prisão preventiva (art. 310, § 4º, CPP). Esse dispositivo, todavia, foi suspenso cautelarmente pelo Supremo Tribunal Federal, na ADI nº 6.305/DF (rel. Min. Luiz Fux, j. 22.01.20), haja vista que "a ilegalidade da prisão como consequência jurídica para a não realização da audiência de custódia no prazo de 24 horas fere a razoabilidade, uma vez que desconsidera dificuldades práticas locais de várias regiões do país, bem como dificuldades logísticas decorrentes de operações policiais de considerável porte". Resta aguardar como o Plenário da Suprema Corte decidirá.

No mais, a autoridade que deu causa, sem motivação idônea, à não realização da audiência de custódia no prazo legal responderá administrativa, civil e penalmente pela omissão (art. 310, § 3º, CPP).

10.4.11.1. *Prazo*

A autoridade policial tem 24h, contadas da realização da prisão, para lavrar o auto de prisão em flagrante e encaminhar ao Poder Judiciário (arts. 306, § 1º e 310, *caput*, CPP) e, a partir da chegada do auto, o juiz tem mais 24h para a realização da audiência de custódia (Res. 213/15, CNJ).

Somando-se os prazos, conclui-se que o prazo máximo de duração de uma prisão em flagrante é de 48 horas, findo o qual, em princípio, será relaxada a prisão, por ter se tornado excessiva e ilegal – salvo se outro título prisional surgir.

Contudo, o Superior Tribunal de Justiça entende que – conforme se verá abaixo –, convertida a prisão em flagrante em prisão preventiva, resta superada qualquer alegação de excesso de prazo daquela, diante da existência, agora, de um novo título apto a justificar a segregação cautelar (RHC nº 78.753/MG, rel. Min. Joel Ilan Paciornik, j. 21.02.17).

10.4.11.2. *Relaxamento*

Prevê o art. 5º, LXV, CF, que a prisão ilegal será imediatamente relaxada pela autoridade judiciária. Então, a primeira atitude do juiz ao receber o auto de prisão em flagrante é verificar seus requisitos materiais e formais, tais como: se o fato praticado é típico; se há alguma excludente do crime; se, embora típico, não se permite o flagrante (como o acidente de trânsito com prestação imediata de socorro); se há vício na realização do flagrante (provas plantadas, tortura etc.); se os prazos foram respeitados (embora se entenda que o desrespeito gera apenas irregularidade); se os direitos constitucionais foram observados (silêncio, não produzir prova incriminadora etc.), dentre outros aspectos.

Ocorrido algum vício que comprometa o flagrante, o juiz **deverá** relaxar a prisão, seja por mandamento legal (art. 310, I, CPP), constitucional (art. 5º, LXV, CF) ou convencional (art. 7º, 6, CADH).

Ademais, o **juízo incompetente** pode, salvo nos casos de má-fé ou erro grosseiro, em hipóteses de urgência e desde que haja dúvida razoável a respeito do órgão que deva processar a causa, determinar o relaxamento de prisão ilegal, remetendo o caso, em seguida, ao juiz natural, configurando-se hipótese de *translatio iudicii* do art. 5º, LXV, CF, o qual não exige a competência do juiz responsável para o relaxamento, sendo certo que a complexidade dos critérios de divisão da competência jurisdicional não podem obstaculizar o acesso à justiça (STF, ADI nº 4.414/Al, rel. Min. Luiz Fux, j. 31.05.12).

Os abusos praticados deverão ser investigados pelo Ministério Público, de modo que o juiz, ao tomar conhecimento de eventuais práticas criminosas, deverá comunicar ao *Parquet* (art. 40, CPP) para a adoção das medidas cabíveis para responsabilização do funcionário público.

O relaxamento, diante de uma ilegalidade do flagrante, não impedirá a representação pela prisão preventiva ou temporária por parte do delegado de polícia, bastando o preenchimento dos seus requisitos (STJ, RHC nº 25.813/RJ, rel. Min. Felix Fischer, j. 23.06.09).

10.4.11.3. *Conversão em prisão preventiva*

O texto do art. 310, II, CPP, estabelece que o juiz poderá converter a prisão em flagrante em preventiva, quando presentes os requisitos do art. 312, CPP, e se revelarem inadequadas ou insuficientes as medidas cautelares diversas da prisão.

O objetivo da norma é justamente manter o cárcere provisório apenas diante de uma *real necessidade*, acabando-se com as antigas situações em que o preso em flagrante permanecia nesta situação durante todo o processo penal e, também, com as situações em que a lei proibia a liberdade provisória aprioristicamente, já que não existe "prisão cautelar obrigatória". Desta feita, após o flagrante, o agente só ficará preso se preenchida alguma situação que enseje a prisão preventiva, conforme os requisitos do art. 312, CPP (STJ, HC nº 380.947/SP, rel. Min. Joel Ilan Paciornik, j. 14.02.17).

A prisão em flagrante, portanto, agora tem a única função de interromper a prática criminosa e levar o agente a uma autoridade judicial para verificar a sua situação e, a partir de então, dar-se início à persecução penal extrajudicial e judicial.

Algumas observações são necessárias.

A primeira questão que surge é se o juiz pode, de ofício, quando receber o auto de prisão em flagrante, convertê-la em preventiva ou se é preciso a provocação de alguém, como o delegado de polícia ou o Ministério Público – ainda mais depois da Lei nº

13.964/19, que vetou a decretação de medidas cautelares pessoas de ofício, pelo juiz, a qualquer momento. O art. 3º-A, CPP, é claro ao dizer que é vedada a iniciativa do juiz na fase de investigação.

A doutrina, minoritariamente, entende que o juiz, realmente, não pode atuar de ofício no curso das investigações, ainda mais para cercear a liberdade de um investigado, sob pena de ofensa ao sistema acusatório (Marcão, 2016). Logo, o juiz não poderia realizar tal conversão sem provocação, até porque, recebido o auto do flagrante, o correto seria remetê-lo ao Ministério Público, titular da ação penal, para este requerer o que bem entender.

Todavia, o entendimento, até então prevalente e trilhado pela jurisprudência, é no sentido de que é possível ao juiz, sim, converter a prisão em flagrante em prisão preventiva, pois não há que se confundir **conversão** com **decretação.** O art. 310, II, CPP, diz que o juiz poderá *converter* o flagrante em prisão preventiva, enquanto que o art. 311, CPP, fixa a possibilidade de o juiz *decretar* a prisão preventiva no curso das investigações, mediante provocação, ou de ofício na ação penal.

Após a Lei nº 13.964/19, todavia, o cenário pode ser alterado, como estudado anteriormente. Há duas posições a respeito:

a) **sim**, é possível a conversão de ofício. As alterações promovidas pela Lei nº 13.964/19 não impedem a atuação de ofício pelo magistrado no ato de conversão, desde que preenchidos os requisitos para a prisão preventiva, do art. 312, CPP. Embora tenha havido a supressão da expressão "de ofício" no art. 311, CPP, a situação do art. 310, II, CPP, trata de conversão, o que difere da decretação do art. 311, CPP (c.c. art. 282, II, CPP), não havendo ilegalidade no caso (STJ, 6ª T., HC nº 614.155/RS, rel. Min. Rogerio Schietti Cruz, j. 01.12.19; e STF, 1ª T., HC nº 174.102/RS, rel. Min. Marco Aurélio, j. 18.02.20). Pacelli entende que o juiz pode converter a prisão em flagrante em preventiva, de ofício, exceto para fins de tutela da investigação ou da instrução, já que a cautelar não se dá "em substituição" do flagrante, mas "em decorrência" do flagrante (Curso, 2020). Norberto Avena sustenta que, mesmo após a Lei nº 13.964/19, o art. 310, II, CPP, trata de conversão, situação diversa do art. 282, § 2º, CPP, que trata de decretação, não implicando em rompimento do sistema acusatório a conduta do magistrado que, de ofício, recebendo o auto de prisão em flagrante, converte esta medida em prisão preventiva, tratando-se apenas de providência que o juiz pode adotar ao receber o respectivo auto, situação não alterada pela Lei nº 13.964/19 (Processo, 2020).

b) **não**, é impossível a conversão de ofício. As alterações promovidas pela Lei nº 13.964/19 denotam a intenção legislativa de buscar a efetivação do sistema penal acusatório, de modo que o novo art. 311, CPP, não mais traz a expressão "de ofício", ao tratar da possibilidade de decretação da preventiva pelo juiz, bem como o art. 3º-A, CPP, veda a iniciativa do magistrado no curso das investigações em substituição ao órgão acusatório. Logo, é preciso prévio e formal pedido para a que o juiz aplique qualquer medida cautelar no processo criminal (STJ, 5ª T., AgRg no HC nº 622.523/RJ, rel. Min. Reynaldo Soares da Fonseca, j. 17.11.20; e STF, 2ª T., HC nº 186.421/SC, rel. p/ ac. Min. Edson Fachin, j. 20.10.20). Neste sentido, Vinícius

Assumpção sustenta a estrutura acusatório do processo criminal, não possuindo o magistrado iniciativa em quaisquer das fases da persecução penal (Pacote, 2020). Madeira e Souza defendem, também, que o processo penal não sofrerá risco de ineficácia, já que delegado, promotor de justiça e assistente de acusação atuam no processo podendo representar/requerer a prisão, funcionando tranquilamente o sistema de justiça criminal (Comentários, 2020).

Outra análise necessária é que o art. 310, II, CPP, fala apenas em conversão do flagrante em "prisão preventiva". Na verdade, deve-se entender – até mesmo em benefício do próprio preso – que a conversão é possível para ambas as prisões provisórias: *preventiva* ou *temporária* – e, para esta última, exige-se representação da autoridade policial ou requerimento do Ministério Público, conforme o art. 2º da Lei nº 7.960/89, não sendo possível sua determinação de ofício pelo juiz. O tema será estudado oportunamente.

10.4.11.4. *Liberdade provisória*

Se não for o caso de relaxamento da prisão em flagrante (por razão de ilegalidade) ou de conversão em prisão preventiva (por razão de necessidade e adequação), o juiz deverá conceder liberdade provisória, com ou sem fiança, conforme o art. 310, III, CPP. Assim, uma vez legal o flagrante e ausentes os motivos da prisão preventiva, o juiz concederá a liberdade provisória.

Como mencionado acima, o juiz, atualmente, deverá se manifestar por uma das três possibilidades legais, decidindo fundamentadamente. Antigamente, recebendo um auto de prisão em flagrante, o juiz se limitava a verificar seus aspectos formais, manifestando-se com a típica frase "flagrante formalmente em ordem; aguarde-se a vinda dos autos principais", ou seja, o juiz não se manifestava sobre a possibilidade de liberdade provisória (salvo quando a defesa assim requeresse) e o agente "permanecia preso em flagrante" até o final do processo, o que poderia levar anos.

O juiz poderá, diante do atual sistema de prisões, conceder a liberdade provisória – com ou sem fiança – ou, ainda, alguma das medidas cautelares diversas da prisão, do art. 319, CPP. Então, se um conhecido empresário é preso em flagrante por ter praticado crimes contra a Administração Pública, o juiz poderá, ao invés de simplesmente conceder a liberdade provisória (com ou sem fiança), aplicar alguma medida alternativa, como a suspensão do exercício de atividade de natureza econômica (inc. VI do art. 319, CPP) e a proibição de ausentar-se do Brasil (art. 320, CPP) – tudo isso para se proteger o processo penal e se evitar o cárcere provisório.

Ainda, nos moldes do § 1º do art. 310, CPP, se o juiz verificar, pelo auto de prisão em flagrante, que o agente praticou o fato diante de alguma *exclusão de ilicitude* (estado de necessidade, legítima defesa, estrito cumprimento do dever legal ou exercício regular de um direto), poderá, fundamentadamente, conceder ao acusado liberdade provisória, mediante termo de comparecimento a todos os atos processuais, sob pena de revogação.

Parte da doutrina critica tal dispositivo, pois o melhor não seria o juiz conceder liberdade provisória, mas, sim, relaxar a prisão, pois seria ilegal a prisão provisória do agente que age dentro da legalidade (Marcão, 2016).

Por fim, o § 2º do art. 310, CPP, com redação dada pela Lei nº 13.964/19, dispõe que "se o juiz verificar que o agente é reincidente ou que integra organização criminosa armada ou milícia, ou que porta arma de fogo de uso restrito, deverá denegar a liberdade provisória, com ou sem medidas cautelares". Por mais louvável que seja o objetivo da nova lei, a jurisprudência, notadamente do Supremo Tribunal Federal e do Superior Tribunal de Justiça, fixou, há muito, que é inconstitucional a vedação abstrata à liberdade provisória, pois a análise de seu cabimento, ou não, é de competência do magistrado, consoante o caso concreto, e não do Legislador, aprioristicamente (STJ, RHC nº 68.817/DF, rel. Min. Ribeiro Dantas, j. 09.06.16; e STF, HC nº 113.945/SP, rel. Min. Teori Zavascki, j. 29.10.13).

O estudo da liberdade provisória será feito em outro tópico, visto adiante.

10.5. PRISÃO PREVENTIVA

Após a análise da prisão em flagrante, a segunda prisão cautelar a ser estudada é a prisão preventiva, com todas as suas nuances e especificidades.

10.5.1. Conceito e natureza jurídica

Trata-se da prisão mais comumente utilizada, decretada sempre pela autoridade judicial, diante do preenchimento – como regra – dos requisitos dos arts. 312 e 313 do Código de Processo Penal (hipóteses de decretação e seus pressupostos).

Referida constrição da liberdade possui natureza jurídica de *prisão cautelar processual*, ao lado da prisão temporária, que possui outros requisitos e objetivos, como se verá oportunamente.

10.5.2. Momento

A prisão preventiva, conforme o atual art. 311, CPP, pode ser decretada em dois momentos distintos no curso da persecução penal: (i) durante as investigações e (ii) durante a ação penal.

10.5.2.1. *No curso das investigações*

É possível que, durante as investigações de um crime, surja a necessidade de acautelamento do processo através do cerceamento da liberdade do investigado, como quando, *v.g.*, ele intenta fugir do país ou começa a ameaçar testemunhas. Faz-se imperiosa a sua prisão nestes casos.

Como será visto ainda, existe a prisão temporária, regulada pela Lei nº 7.960/89, que é a prisão cautelar típica da fase investigatória, trazendo um rol de delitos que comportarão tal medida (para crimes mais graves e hediondos/equiparados), consoante previsto no art. 1º, III, Lei nº 7.960/89.

Para parte da doutrina, não caberia mais prisão preventiva, *no curso das investigações*, ao rol dos crimes da Lei 7.960/89, uma vez que existe a prisão temporária especificamente para eles (Brasileiro, 2013; Marcão, 2016; Badaró, 2016). Assim, no curso das investigações, se cabível a prisão temporária seria incabível a prisão preventiva.

Para estes autores, portanto, se o sujeito praticar dez homicídios com três qualificadoras cada, será possível ao juiz decretar sua prisão temporária (art. 1º, III, *a*, Lei nº 7.960/89) por até 60 dias (art. 2º, § 4º, Lei nº 8.072/90) e, uma vez ultimado este prazo, não seria possível a decretação da prisão preventiva no curso das investigações. Apesar disso, não há lei vedando ou disciplinando tal forma de entender.

Nucci, de outro lado, entende ser possível, no curso das investigações, decretar a prisão preventiva findo o prazo da prisão temporária, que passaria a viger a partir do término desta (Código, 2016). E basta notar, ademais, que a Lei nº 12.403/11 produziu diversas mudanças no sistema de prisões, mas, mesmo alterando a redação do art. 311, CPP, deixou intacta a **possibilidade** de decretação da prisão preventiva no curso das investigações, sem fazer ressalvas quanto à prisão temporária, bastando provocação do legitimado. O mesmo ocorreu com a Lei nº 13.964/19, que dispõe que "em qualquer fase da investigação policial ou do processo penal, caberá a prisão preventiva (...)".

Não há jurisprudência vedando a prisão preventiva no curso das investigações em relação a crime que conste do rol da Lei de Prisão Temporária. Na verdade, o que existe são decisões do Superior Tribunal de Justiça justamente corroborando a possibilidade de prisão preventiva no curso das investigações, ainda que em delitos constantes do rol da Lei de Prisão Temporária, como roubo majorado, em que bastará a provocação dos legitimados (HC 353.628/PR, rel. Min. Nefi Cordeiro, j. 16.06.16).

Outro ponto interessante a ser analisado trata da forma de investigação que autorizaria a prisão preventiva. Como visto, o inquérito policial é prescindível (desnecessário) para as investigações, de forma que outros instrumentos de investigação são possíveis, como os procedimentos próprios do Ministério Público (chamados de "PIC" – procedimento investigatório criminal) ou, mesmo, a documentação já coletada pelo *Parquet* que lhe é entregue diretamente pela vítima de um crime, material este suficiente para iniciar a ação penal. De qualquer forma, ou seja, em qualquer espécie de investigação criminal, uma vez preenchidos os requisitos legais, será possível a decretação da prisão preventiva, ainda que inexista um inquérito policial formalizado e em andamento.

Exemplo: em procedimento investigatório instaurado e conduzido pelo Ministério Público, será possível o requerimento de prisão preventiva do investigado ao juiz, que decidirá. Nada impede, portanto, a decretação de prisão preventiva em outros instrumentos de investigação criminal que não o inquérito policial.

Por fim, assunto que gera discussão no Processo Penal diz respeito à decretação da prisão preventiva e consequente ajuizamento da ação penal. Isso porque, há dois pressupostos básicos para esta modalidade de prisão: indícios suficientes de autoria e prova da materialidade (art. 312, CPP), enquanto que o ajuizamento da ação penal exige, igualmente, indícios suficientes de autoria e prova da materialidade (art. 41, CPP). Logo, se já estão presentes, no curso das investigações, autoria e materialidade, não seria mais o caso de prisão preventiva para se realizar maiores investigações, mas, sim, de oferecimento de denúncia.

Para Gustavo H. Badaró, seria um contrassenso entender que há autoria e materialidade para a prisão preventiva, mas que ainda não há justa causa para a ação penal, já que não existiria mais a possibilidade de se decretar a prisão preventiva no curso do inquérito policial, mas apenas a temporária (Curso, 2016). Assim, para esta corrente, não há como se decretar a prisão preventiva (que exige autoria e materialidade) e não se oferecer denúncia (que exige autoria e materialidade), por incompatibilidade lógica.

Todavia, outra parte da doutrina (Brasileiro, 2013), majoritariamente, entende de outra forma, sustentando que é possível, presentes autoria e materialidade, a prisão preventiva do agente para mais investigações e sem que a inicial acusatória já seja oferecida, pois:

a) existe a possibilidade de se converter o flagrante em prisão preventiva e isso não significa que já estão presentes os requisitos para o oferecimento de denúncia; e

b) o art. 10, CPP, autoriza expressamente a prisão preventiva no curso das investigações, estipulando o prazo de 10 dias para a conclusão do inquérito policial pelo delegado de polícia.

10.5.2.2. *No curso da ação penal*

O campo mais utilizado para a decretação da prisão preventiva é o da ação penal. A redação originária do Código de Processo Penal (e da posterior Lei nº 5.349/67) previa, no art. 311, ser cabível a prisão preventiva no curso da *instrução criminal*, o que compreendia do recebimento da inicial acusatória até o último ato realizado em audiência de instrução e julgamento.

Isso porque, à luz da legislação de 1941, uma vez estando preso o acusado e proferida a sentença condenatória (logo após a audiência de instrução), era efeito automático desta decisão a conservação da sua prisão (conforme o revogado art. 393, I, CPP) – a bem da verdade, ainda que contra o texto legal, tratava-se de uma prisão preventiva, pois antes do final do processo penal.

Hoje, não há que se falar mais em prisão automática como efeito da sentença condenatória, uma vez que o agente só poderá ser preso preventivamente se preenchidos os requisitos do art. 312 e seguintes do CPP.

Diante da atual redação do art. 311, CPP, nos moldes da Lei nº 13.964/19, em qualquer fase da investigação policial ou do processo penal, caberá a prisão preventiva decretada pelo juiz, a requerimento do Ministério Público, do querelante ou do assistente, ou por representação da autoridade policial. O juiz, de ofício, não pode decretar a prisão preventiva, seja na fase de investigações, seja no curso da ação penal.

Então, iniciada a segunda fase da persecução penal com o recebimento da petição inicial acusatória, será possível a decretação da prisão preventiva até o último ato do *processo penal*, inclusive da fase recursal, desde que antes do trânsito em julgado, obviamente.

10.5.3. Legitimidade

Há que se analisar quem pode pedir a prisão preventiva e quem pode decretá-la.

10.5.3.1. *Requerimento e representação*

A prisão preventiva, de acordo com o art. 311, CPP, poderá ser pedida mediante:

a) requerimento do Ministério Público;

b) requerimento do querelante;

c) requerimento do assistente de acusação;

d) representação da autoridade policial.

Fala-se em "requerimento" quando o pedido é feito por quem é parte no processo penal; de outro lado, fala-se em "representação" quando o pedido é feito por quem não é parte no processo penal, tal como o delegado de polícia.

A atual redação do dispositivo legal, dada pela Lei nº 13.964/19, fixou que o juiz não pode decretar a prisão preventiva de ofício, tanto na fase investigativa, quanto na fase judicial.

Cada momento possível de prisão preventiva será estudado na sequência (prisão preventiva autônoma, decorrente de conversão e por descumprimento de outras medidas), com seus efeitos e consequências.

A Comissão Parlamentar de Inquérito não pode decretar a prisão de qualquer pessoa, exceto no caso de prisão em flagrante, o que é permitido a qualquer do povo. Logo, caso a CPI entenda que uma pessoa investigada deva ser presa cautelarmente, deverá formular requerimento ao Poder Judiciário, subsumindo-se à cláusula de reserva de jurisdição (STF, MS nº 23.452/RJ, rel. Min. Celso de Mello, j. 16.09.99).

10.5.3.2. *Decretação*

Tratando-se de medida constritiva da locomoção, apenas o Poder Judiciário, diante da reserva jurisdicional existente, possui legitimidade para a sua decretação – seja juiz, desembargador ou ministro.

Por mais que a Comissão Parlamentar de Inquérito tenha os mesmos poderes de investigação próprios das autoridades judiciais (art. 58, § 3º, CF), elas não podem decretar a prisão preventiva sem ordem judicial (STF, MS nº 23.455/DF, rel. Min. Néri da Silveira, j. 24.11.99; e HC nº 85.646/SP, rel. Min. Marco Aurélio, j. 21.06.05).

10.5.4. Pressupostos

Pressupostos são fatos necessários e anteriores ensejadores da adoção de uma medida. Logo, os pressupostos da prisão preventiva são os requisitos prévios que devem estar configurados para que o juiz assim a decrete.

Os pressupostos se dividem em dois grupos: (a) positivos e (b) negativos. Cada um será estudado agora.

10.5.4.1. *Positivos*

São requisitos que devem estar presentes para que o juiz decrete a prisão preventiva: *fumus comissi delicti* e *periculum libertatis*.

10.5.4.1.1. *Fumus comissi delicti*

É, como já visto alhures, a probabilidade de existência de um **fato criminoso**; exige-se, assim, a "fumaça indicativa da existência de um delito", que, para as medidas cautelares pessoais, depende da verificação de (i) indícios suficientes de autoria e da (ii) prova da existência de um crime, dados objetivos do delito. São requisitos cumulativos. A parte final do art. 312, *caput*, CPP, com redação dada pela Lei nº 13.964/19, exige, expressamente, a existência de "prova da existência do crime e indício suficiente de autoria" para que seja decretada a prisão preventiva do agente.

Quer-se dizer, com isso, que deve haver uma maior probabilidade acerca da autoria e razões concretas quanto à existência do fato criminoso. E conforme o Superior Tribunal de Justiça, os fatos que justificam a prisão preventiva devem ser contemporâneos à decisão que a decreta (HC nº 214.921/PA, rel. Min. Nefi Cordeiro, j. 17.03.15).

Como ensina Deltan Dallagnol (As lógicas, 2015), a expressão *indícios*, aqui utilizada, significa indicativo, sinal, um começo de prova, que variará de acordo com o grau de constrição da liberdade, não bastando a mera suspeita. E o autor traz, como exemplo, a possibilidade de se justificar a prisão preventiva tanto com o testemunho de alguém que presenciou o homicídio (prova direta) como através da perícia feita na unha da vítima, que identificou pele do suspeito (prova indireta).

Já quanto à prova do fato, é preciso ter certeza de que o fato existiu, não bastando a mera probabilidade. Assim, por exemplo, é preciso o mínimo de certeza que a vítima morreu para que se decrete a prisão preventiva do suposto homicida.

10.5.4.1.2. *Periculum libertatis*

Como também já visto anteriormente, é o **risco concreto que a liberdade do agente representa à eficácia do processo criminal**, ou seja, quando a demora na prestação jurisdicional pode colocar em risco o bom andamento do processo penal (STJ, HC nº 384.220/SP, rel. Min. Rogerio Schietti Cruz, j. 09.03.17). A parte final do art. 312, *caput*, CPP, com redação dada pela Lei nº 13.964/19, agora exige, expressamente, a ocorrência de "perigo gerado pelo estado de liberdade do imputado" para que seja decretada a sua prisão preventiva.

E as hipóteses de risco à eficácia do processo penal estão no art. 312, CPP, que serão estudadas abaixo, bastando a ocorrência de uma delas para a decretação da prisão preventiva.

10.5.4.2. *Negativos*

Além do preenchimento dos pressupostos positivos de indícios suficientes de autoria e prova da materialidade, vistos acima, há pressupostos negativos à prisão preventiva, ou seja, fatos que impedirão o juiz de decretá-la.

10.5.4.2.1. *Excludentes de ilicitude*

Nos termos do art. 314, CPP, a prisão preventiva em nenhum caso será decretada se o juiz verificar, pelas provas constantes dos autos (num juízo superficial), ter o agente praticado o fato acobertado por alguma excludente de ilicitude (art. 23, I a III, CP), que são o estado de necessidade, a legítima defesa, o estrito cumprimento do dever legal e o exercício regular de um direito.

Parte-se da ideia – lógica – de que a presença de umas dessas causas, ou mesmo a dúvida sobre a sua existência, já ensejará a absolvição do acusado, nos termos do art. 386, VI, CPP.

Devem ser acrescidas, também, outras causas previstas na legislação, como o aborto necessário e o resultante de estupro (art. 128, I e II, CP); as exclusões do crime de injúria e difamação (art. 142, I a III, CP); a intervenção médica sem consentimento para salvar a vida e a coação para impedir o suicídio (art. 146, § 3º, I e II, CP) etc.

Assim, por exemplo, se há indicativos de que o médico atuou sem o consentimento do seu paciente, mas com o objetivo de salvar-lhe a vida de iminente risco, ele, em princípio, está acobertado pela exclusão do crime (para uns, de tipicidade; para outros, de ilicitude) prevista no art. 146, § 3º, I, CP, não sendo possível a decretação da sua prisão preventiva.

Por fim, conforme Guilherme Madeira Dezem, além do impedimento para a decretação da prisão preventiva, nenhuma outra medida cautelar diversa poderá ser decretada também, pois "é importante que sejam olhadas as medidas cautelares como restrições à liberdade e não como um favor ao acusado ou indiciado" (Curso, 2015, p 637).

Desta forma, *v.g.*, não é porque existe impedimento legal à prisão preventiva que, por via transversa, o juiz poderá determinar o recolhimento domiciliar noturno e/ou o uso de tornozeleira eletrônica (art. 319, V e IX, CPP), pois todas essas medidas são restritivas de parte da liberdade do agente e foi justamente isso o que o legislador quis evitar nestes casos das excludentes.

10.5.4.2.2. *Excludentes de culpabilidade*

O art. 314, CPP, apenas prevê a impossibilidade da decretação da prisão preventiva quando presente uma causa excludente da ilicitude, sem mencionar as excludentes de culpabilidade.

Deve-se entender que as excludentes de culpabilidade impedem a decretação da prisão preventiva, exceto o caso de inimputabilidade, do art. 26, CP. Se o Código de Processo Penal autoriza a absolvição sumária (art. 397, III, CPP) do agente que agiu acobertado por uma excludente de culpabilidade (obediência hierárquica, coação moral irresistível, inexigibilidade de conduta diversa etc.), não haveria razão para se decretar a prisão preventiva diante desses casos.

Apenas, como visto, não será possível impedir a custódia cautelar do inimputável (art. 26, CP) porque, para ele, existe a possibilidade de internação provisória, do art. 319, VII, CPP, ou seja, uma medida constritiva de sua liberdade conforme suas condições mentais.

10.5.4.3. *Conclusão*

Recebendo um requerimento ou representação para a decretação de uma prisão preventiva, deverá o juiz:

(1) verificar se há prova da existência de um delito (materialidade);

(2) analisar se há indícios de autoria (sinais de quem seja o autor);

(3) verificar se não há algum impedimento à decretação;

(4) consultar se está configurada alguma hipótese do art. 312, CPP;

(5) atestar se está preenchida alguma hipótese do art. 313, CPP;

(6) em caso positivo, decreta-se; do contrário, indefere-se.

O Superior Tribunal de Justiça entende ser possível pedido de prisão preventiva feito em medida cautelar inominada, como no caso de o Ministério Público pedir efeito suspensivo a alguma decisão e, também, a prisão preventiva do agente, de modo que não há a necessidade de se fazer um pedido em peça à parte (HC nº 465.426/SP, rel. Min. Rogerio Schietti Cruz, j. 14.05.19).

10.5.5. Hipóteses de justificação

O art. 312, CPP, prevê as quatro hipóteses fáticas que justificam a decretação da prisão preventiva, ou seja, o **motivo concreto** apto a se determinar o encarceramento preventivo de uma pessoa.

Logo, para submeter alguém à prisão preventiva, é obrigatória a **fundamentação concreta**, nos termos do art. 312, CPP (STJ, HC nº 426.550/SP, rel. Min. Rogerio Schietti, j. 08.02.18), não podendo o julgador fundamentá-la simplesmente afirmando que o agente se encontra "envolvido" na prática do crime (STJ, RHC nº 95.250/PB, rel. Min. Rogerio Schietti, j. 27.02.18).

Nesse sentido, aliás, a Lei nº 13.964/19 incluiu o § 2º ao art. 312, CPP, dispondo que "a decisão que decretar a prisão preventiva deve ser motivada e fundamentada em receio de perigo e existência concreta de fatos novos ou contemporâneos que justifiquem a aplicação da medida adotada". Logo, exige-se, cumulativamente:

a) Receio de perigo; e

b) Existência concreta de fatos novos/contemporâneos que justifiquem a prisão.

Quando decretada em relação a pessoa que se encontrava solta, recebe o nome de prisão preventiva *originária*; já quando decretada em razão da conversão de uma prisão em flagrante anterior, é chamada de prisão preventiva *derivada*.

10.5.5.1. *Garantia da ordem pública*

A simples leitura da expressão "garantia da ordem pública" já traz incertezas quanto ao seu significado, mas nem por isso o termo pode ser considerado inconstitucional.

Analisando todas as hipóteses de justificação do art. 312, CPP, fica claro que uma busca proteger o mercado econômico; a outra, a curso escorreito do processo penal; e a outra, a aplicação efetiva dos dispositivos penais. O que protege, concretamente, então, a sociedade? Esta é a resposta: a prisão preventiva para a garantia da ordem pública.

A ordem pública significa a *costumeira situação de como a sociedade convive tranquilamente no dia a dia*, ou seja, é a proteção das pessoas nas suas atividades rotineiras, de estudo, de trabalho, de relações sociais, de lazer etc. Assim, a prisão preventiva do agente criminoso objetivará, justamente, garantir a manutenção desta ordem pública.

Num caso concreto, por exemplo, em que o agente é denunciado por ter praticado cinco homicídios contra seus amigos, a situação pode indicar que a sociedade precisa ser protegida destas ações criminosas, não podendo esta pessoa estar, no dia a dia, ao lado das crianças indo à escola ou das pessoas que estão fazendo compras no mercado se houver riscos de reiteração da conduta ou outros indicativos do perigo concreto que o agente representa para a sociedade.

Nestas situações, por exclusão, não é o caso de se proteger o mercado econômico, a instrução penal ou a aplicação futura da lei penal – o objetivo é (e sempre deverá ser) **proteger a sociedade contra novos atos criminosos por parte deste agente**.

Há diversos julgados que corroboram esta explicação, como a decretação da prisão preventiva em razão da (a) gravidade concreta do delito, da (b) periculosidade do agente, do (c) "modus operandi" empregado e dos (d) dados da vida pregressa. Num dado caso, julgado pelo Superior Tribunal de Justiça, em que se manteve a custódia preventiva, o acusado praticou roubo em concurso com outro agente contra vítima de 75 anos de idade, que foi derrubada ao chão, agredida e teve seus bens subtraídos (RHC nº 72.943/MG, rel. Min. Reynaldo Soares da Fonseca, j. 14.03.17).

O Superior Tribunal de Justiça possui a tese nº 12 (ed. nº 32, Jurisprudência em Teses), dispondo que a prisão cautelar pode ser decretada para garantia da ordem pública potencialmente ofendida, especialmente nos casos de: reiteração delitiva, participação em organizações criminosas, gravidade em concreto da conduta, periculosidade social do agente, ou pelas circunstâncias em que praticado o delito (*modus operandi*).

Nas claras palavras do Ministro Barroso, "é preciso restabelecer o império da lei, da lei que vale para todos, independentemente de cargos e da fortuna de cada um. Ressalto, ainda, que a *periculosidade* do agente, para fins de prisão preventiva, não se confunde, sempre e necessariamente, com o emprego de *violência* na prática da conduta criminosa. A criminalidade do colarinho é praticada sem violência, mas nem por isso é menos perigosa para a sociedade" (QO-AC nº 4.327/DF, rel. p/ ac. Min. Roberto Barroso, j. 13.06.17 – destaque).

Em outro processo, decretou-se a prisão preventiva num caso de tráfico de drogas em razão (a) da intensa atividade de tráfico, (b) da elevada quantia de dinheiro encontrada, e (c) da quantidade e natureza das drogas – cocaína, maconha e crack (STJ, HC nº 344.987/SP, rel. Min. Joel Ilan Paciornik, j. 09.03.17).

O Superior Tribunal de Justiça já afirmou estar presente a garantia da ordem pública quando se decreta a preventiva em razão (a) da grave ameaça com arma de fogo e explosivos e (b) porque há possibilidade de reiteração da conduta, considerando que o agente já respondia a outros inquéritos pela suposta prática dos mesmos crimes (RHC nº 80.244/BA, rel. Min. Joel Ilan Paciornik, j. 09.03.17).

A respeito disso, atenção: **por mais que seja vedada a utilização de inquéritos policiais e ações penais em curso para agravar a pena-base (súmula nº 444, STJ), é possível que esses elementos sirvam para demonstrar a reiteração criminosa do agente, apta a configurar a necessidade de garantir a ordem pública através da prisão preventiva.**

Nesse sentido, "conforme orientação jurisprudencial desta Corte, inquéritos e ações penais em curso constituem elementos capazes de demonstrar o risco concreto de reiteração delituosa, justificando a decretação da prisão preventiva para garantia da ordem pública" (HC nº 429.902/SE, rel. Min. Joel Ilan Paciornik, j. 06.02.18).

De forma bastante didática, explica o Ministro Rogerio Schietti Machado Cruz que "certo é que a existência de inquéritos policiais ou de ações penais em andamento não possuem o condão de exasperar a reprimenda-base, consoante o enunciado na Súmula n. 444 deste Superior Tribunal. Essa, aliás, é a essência do princípio da presunção de não culpabilidade. Contudo, não há óbice a que processos em andamento ou mesmo condenações ainda sem a certificação do trânsito em julgado possam, à luz das peculiaridades do caso concreto, ser considerados elementos aptos a demonstrar, cautelarmente, eventual receio concreto de reiteração delitiva (ensejando, por conseguinte, a necessidade de prisão preventiva para a garantia da ordem pública) ou mesmo para evidenciar, como no caso, a dedicação do acusado a atividades criminosas" (HC nº 338.379/SP, j. 06.12.16).

No mesmo caminho, embora a existência de registro de *atos infracionais* (de adolescente) não implique maus antecedentes ou reincidência, ele **poderá ser considerado para análise dos motivos da segregação preventiva**, sendo indicativo de que a personalidade do agente é voltada ao crime (STJ, RHC nº 76.721, rel. Min. Reynaldo Soares da Fonseca, j. 07.03.17). Exigir-se-á, todavia, o exame de três condições: (i) gravidade específica do ato infracional, independentemente de, como crime, ser considerado como grave abstratamente; (ii) o tempo decorrido entre o ato infracional e o crime; e (iii) a comprovação efetiva da ocorrência do ato infracional (RHC nº 63.855/MG, rel. p/ acórdão Min. Rogerio Schietti Cruz, j. 11.05.16; e HC nº 373.784/SP, rel. Min. Sebastião Reis Júnior, j. 16.02.17).

Todavia, como já sabido, a prisão preventiva deve ser concretamente fundamentada numa das hipóteses legais. Assim, embora inquéritos e ações penais demonstrem risco potencial de reiteração criminosa, um único registro criminal pretérito, oriundo de mera condução à delegacia de polícia, não evidencia o *periculum libertatis*, configurando constrangimento ilegal (STJ, HC nº 497.975/ES, rel. Min. Rogerio Schietti Cruz, j. 28.05.19).

É bom atentar que, para a Corte da Cidadania, deve-se manter a prisão preventiva de político que, por meio de seus atos criminosos, gerou prejuízo de mais de R$ 170 milhões ao erário, com suposta posição de liderança em organização criminosa e com indícios de diversas práticas de lavagem de dinheiro (RHC nº 80.443/RJ, rel. Min. Maria Thereza de Assis Moura, j. 02.05.17).

Além disso, a reincidência do agente pode ser utilizada como elemento apto à decretação da prisão preventiva, demonstrando-se, pois, a maior periculosidade do agente, já que reiteradamente pratica crimes (STJ, HC nº 368.946/SP, rel. Min. Nefi Cordeiro, j. 16.02.17).

Essas situações autorizam a prisão preventiva para se garantir a ordem pública. Lado outro, há casos que **não** permitem a alegação de ordem pública para se justificar o cárcere preventivo, como, por exemplo, (a) a gravidade abstrata do crime, sem indicar situações concretas que justifiquem o cárcere; (b) o mero clamor público ou a repercussão do delito nos meios sociais; (c) a falta de interesse do acusado em colaborar com a Justiça etc.

Acerca do clamor público, há julgados entendendo que, a depender do caso concreto, é possível a sua utilização como forma de justificar a segregação cautelar, como quando, p. ex., o grave crime – vários estupros de vulnerável – é praticado em pequena cidade do interior (HC nº 386.716/MT, rel. Min. Reynaldo Soares da Fonseca, j. 09.03.17); enquanto o mesmo tribunal, inclusive com o mesmo Ministro Relator, de outro lado, já afirmou que o clamor social provocado pelo delito não é bastante para a prisão preventiva, tratando-se de discurso puramente teórico (RHC nº 59.359/MG, rel. Min. Reynaldo Soares da Fonseca, j. 01.12.15). Logo, apenas o **caso concreto**, conjugando-se com outras situações específicas, autorizará – ou não – a prisão preventiva pelo clamor público. Mas, em princípio, o mero clamor público é insuficiente para autorizar uma prisão cautelar, que exige a incidências de uma das hipóteses legais, de onde não se verifica o clamor da população.

Já se analisou, também, decisão judicial que determinou a prisão preventiva do agente com base na "situação atual do país, em que tanto se discute a questão da impunidade". Para o Supremo Tribunal Federal, tal argumento é insuficiente e sem base empírica idônea, meramente retórico, sem fundamentação substancial e revelador da linguagem típica dos partidários do Direito Penal simbólico ou do inimigo, expondo uma inadmissível visão autoritária e nulificadora do regime das liberdades fundamentais (HC nº 144.716/SP, rel. Min. Celso de Mello, j. 16.10.17). Igualmente, não é motivo autorizador da prisão preventiva para a garantia da ordem pública ter sido o agente conduzido à delegacia de polícia em outra situação anterior (STF, MC-HC nº 154.978/ES, rel. Min. Marco Aurélio, j. 26.04.18).

Outro argumento comumente utilizado em algumas decisões trata da prisão preventiva como forma de "garantir a credibilidade das instituições públicas" ou para "não gerar descrédito ao Poder Judiciário". É uma corrente bastante ampliativa das causas autorizadoras da prisão preventiva que, vez ou outra, é aceita ou rechaçada.

A favor, o Superior Tribunal de Justiça já entendeu que a preservação da ordem pública inclui o resguardo à integridade das instituições, à sua credibilidade social e ao aumento da confiança da população nos mecanismos oficiais de repressão à delinquência (HC nº 199.650/RS, rel. Min. Napoleão Nunes Maia Filho, j. 07.06.05); contrariamente, o Supremo Tribunal Federal já decidiu que não possui idoneidade jurídica apta a justificar a prisão preventiva a alegação de necessidade de resguardo da credibilidade das instituições (HC nº 97.466/DF, rel. Min. Celso de Mello, j. 25.08.09). Parece mais acertada esta posição, até porque, todo delito praticado demonstra, pelo seu autor, falta de credibilidade e de força do Estado.

No mais, situação muito comum é o agente, uma vez determinada a sua prisão preventiva, alegar que não há motivos para tanto, pois ele "possui residência fixa, emprego e laços com a comunidade". Isso, de há muito tempo, não é aceito pelos tribunais, pois, uma vez presentes os requisitos legais, a prisão preventiva será decretada, independentemente de qualquer condição pessoal do preso. O contrário seria pensar que quem possui emprego e residência nunca poderia ser preso preventivamente, o que, obviamente, não pode prosperar.

Neste caminho, inclusive, diz o Superior Tribunal de Justiça que a presença de condições pessoais favoráveis ao agente, como primariedade, domicílio certo e emprego lícito, não representa óbice, por si sós, à decretação da prisão preventiva, quando identificados os requisitos legais da cautela (HC nº 414.922/PR, rel. Min. Joel Ilan Paciornik, j. 01.03.18).

10.5.5.2. *Garantia da ordem econômica*

Esta hipótese foi acrescentada pela Lei nº 8.884/94 (Lei do Conselho Administrativo de Defesa Econômica – CADE) e mantida no atual art. 312, CPP, pela Lei nº 12.403/11. O seu conteúdo é praticamente idêntico ao que se disse sobre a garantia da ordem pública no item anterior, todavia, aqui relacionado aos *crimes econômicos* ou com *repercussão econômica* (conforme a reiteração criminosa, periculosidade, proteção da sociedade etc.).

Os crimes contra a ordem econômica estão previstos na legislação esparsa, tal como os crimes contra a economia popular (Lei nº 1.521/51); contra o mercado de valores mobiliários (Lei nº 6.385/76); de aplicação ilegal de créditos, financiamentos e incentivos (Lei nº 7.134/83); contra o sistema financeiro nacional (Lei nº 7.492/86); contra o consumidor (Lei nº 8.078/90); contra a ordem tributária, econômica e relações de consumo (Lei nº 8.137/90); contra a adulteração de combustíveis (Lei nº 8.176/91); contra a propriedade industrial (Lei nº 9.279/96) e intelectual (Lei nº 9.609/98); de combate à lavagem de capitais (Lei nº 9.613/98), dentre outros.

É necessário destacar que a jurisprudência caminha no sentido de ser inaplicável o princípio da insignificância aos crimes contra o sistema financeiro, tendo em vista a necessidade de maior proteção à sua estabilidade e higidez (STJ, REsp nº 1.580.638/RS, rel. Min. Nefi Cordeiro, j. 22.08.17).

Recentemente – e de forma inédita no Brasil – decretou-se a prisão preventiva de dois empresários investigados pelo uso indevido de informação privilegiada, crime previsto no art. 27-D da Lei nº 6.385/76 (Lei da Comissão de Valores Mobiliários – CVM), chamado de *insider trading*. Consiste este crime em utilizar informação relevante ainda não divulgada ao mercado, de que tenha conhecimento e da qual deva manter sigilo, capaz de propiciar, para si ou para outrem, vantagem indevida, mediante negociação, em nome próprio ou de terceiro, com valores mobiliários. No caso, os dois empresários negociaram ações de sua companhia antes da divulgação pública de termo de colaboração premiada da qual participam (e que atingiria negativamente o governo e a economia nacionais), de modo que venderam valores mobiliários (ações) por preço elevado e recompraram, no dia seguinte à divulgação, por preço mais baixo, compensando, assim, a perda decorrente da queda dos valores das ações das suas empresas. Tal operação rendeu cerca de US$ 100 milhões, equivalente ao valor da multa pactuada na própria colaboração premiada.

Além disso, o Superior Tribunal de Justiça manteve a prisão preventiva, com fundamento também na garantia da ordem econômica, do ex-Deputado Federal Henrique Eduardo Alves, defendendo-se a necessidade de interromper a movimentação e esvaziamento de suas contas bancárias no exterior em razão de recebimento de valores ilícitos, uma vez "havendo o risco de que ele ou interpostas pessoas possam ainda movimentar tais valores apontados como delituosos, além do fato de que existem diversos processos pelos quais responde, o que denota a sua periculosidade pela gravidade do delito e pela quantidade de valores, a fim de que se possa garantir também a ordem econômica" (HC nº 412.846/DF, rel. Min. Rogerio Schietti Cruz, j. 23.08.17).

Destaca-se que o art. 30 da Lei nº 7.492/86 (crimes contra o sistema financeiro nacional) prevê que, sem prejuízo do disposto no art. 312 do Código de Processo Penal (ora em análise), a prisão preventiva do acusado da prática de crime previsto nesta lei poderá ser decretada em razão da **magnitude da lesão causada**. Essa possibilidade de se decretar a prisão preventiva com base na magnitude da lesão causada deve ser interprestada ao lado dos requisitos do art. 312, CPP, não se tratando de hipótese autônoma de prisão preventiva (Baltazar Jr., 2009).

Na leitura do Superior Tribunal de Justiça, no julgamento de *habeas corpus* do ex-banqueiro Salvatore Cacciola, então dono do falido Banco Marka, processado por crimes contra o sistema financeiro que ultrapassaram o prejuízo de R$ 1,5 bilhão aos cofres brasileiros, a referida magnitude da lesão causada à economia deve ser conjugada com os requisitos do art. 312, CPP, para se decretar a prisão preventiva do agente (HC nº 111.111, rel. Min. Jane Silva, j. 22.10.08).

10.5.5.3. *Conveniência da instrução criminal*

A instrução criminal é, basicamente, a produção probatória do processo, ou seja, o momento em que as partes produzirão suas provas com vistas a convencer o juiz sobre seus argumentos. Esta fase processual deve ser serena, sem interferências que possam embaraçar a sua realização pelos sujeitos processuais e a análise do julgador.

Como bem ensina Gustavo Badaró, "com a reforma da Lei 12.403/2011, a prisão preventiva enquanto cautela instrumental passou a ser cabível não só em caso de necessidade para a 'instrução criminal', isto é, produção de provas no curso do processo, como também para a 'investigação criminal', ou seja, a colheita de elementos de informação durante o inquérito policial ou outra forma de investigação preliminar" (Curso, 2016, p. 1.032-1.033).

Logo, qualquer atitude do imputado que atrapalhe ou interfira negativamente na produção probatória, em qualquer fase da persecução penal, ensejará a sua prisão preventiva com fundamento na conveniência da instrução criminal. Exemplos: intimidação de testemunhas, ocultação de documentos, suborno de peritos etc. (STJ, HC nº 384.326/RS, rel. Min. Maria Thereza de Assis Moura, j. 09.03.17).

De acordo com a Corte da Cidadania, é o caso de se decretar a prisão preventiva de ex-prefeita acusada de integrar organização criminosa que teria gerado prejuízo de cerca de R$ 45 milhões ao erário, tendo em vista que a sua posição de destaque no grupo criminoso interfere a instrução criminal e, ainda, que a sua liberdade torna mais difícil a recuperação dos recursos desviados da prefeitura, considerando que, solta, ainda que fosse proibida de frequentar certos lugares, poderia, dentro de sua residência ou por interposta pessoa, movimentar, dissimular ou dissipar os ativos que a Justiça busca resgatar (HC nº 381.871/SP, rel. Min. Rogerio Schietti Cruz, j. 18.05.17).

Conforme já estudado, o interrogatório judicial do acusado é um meio de prova e pode ser renunciado, de forma que, sendo um direito disponível de autodefesa, não será cabível a sua prisão preventiva com o fito de fazê-lo comparecer à audiência ou de colaborar com o processo no qual é réu (STJ, AgRg no HC nº 52.076/PB, rel. Min. Paulo Gallotti, j. 17.05.07).

No mais, e tendo em vista os princípios estudados alhures e partindo-se da ideia de que a prisão cautelar é excepcional, caso o juiz visualize que outra medida diversa da prisão seja suficiente para cessar a atitude do acusado e manter escorreita a instrução criminal, não será necessária a decretação da prisão preventiva, que, diga-se, não é a única forma de se garantir a conveniência da instrução (§ 6º do art. 282, CPP).

Por fim, esta prisão preventiva deve durar apenas o quanto necessário ao bom andamento da instrução criminal, devendo-se, finda esta e não havendo outros motivos, revogar a prisão ou substituir por outra medida (§ 5º do art. 282, CPP).

10.5.5.4. *Assegurar a aplicação da lei penal*

Assegurar a aplicação da lei penal significa demonstrar a força do Estado na persecução penal e o exercício de seu *jus puniendi*, isto é, o processo penal é a confirmação da jurisdição penal e não pode ficar ao bel-prazer do acusado a escolha em se submeter ou não aos seus comandos. Conforme Nucci, "não tem sentido o ajuizamento da ação penal, respeitando-se o devido processo legal para a aplicação da lei penal ao caso concreto, se o réu age contra esse propósito, tendo, nitidamente, a intenção de frustrar o respeito ao ordenamento jurídico" (Manual, 2007, p. 562).

Em razão disso, quando o acusado pretender fugir da aplicação da lei penal, será cabível a sua prisão preventiva. E fugir, aqui, é literalmente a ideia de escapar-se, de evadir-se do chamado "distrito da culpa", que é considerado tanto a cidade onde o delito foi praticado (tentado ou consumado) quanto o próprio Brasil. Assim, por exemplo, praticado um delito em Santos/SP, a fuga para outra cidade (Campinas/SP ou Niterói/RJ) ou para o exterior (Itália ou Paraguai), **com o objetivo de não cumprir a lei penal**, autorizará a prisão preventiva.

Mas é claro que o simples fato de o acusado residir em outra cidade não significa que ele deverá ser preso tão só por isso, uma vez que se faz necessário preencher algum requisito ensejador da prisão preventiva e que haja efetiva fuga, objetivando furtar-se do processo. Igualmente, saídas momentâneas, sem o fim de fugir, não ensejarão a prisão preventiva.

A decretação da prisão nesta hipótese deve se dar com base em **elementos concretos** de probabilidade de fuga, não bastando meras suposições (STJ, HC nº 380.428/SP, rel. Min. Jorge Mussi, j. 09.03.17). Além disso, a não localização do produto do crime e a mera possibilidade de fuga sem indícios concretos de que o agente fugirá, não são aptos à decretação da prisão preventiva (STF, Rcl nº 24.506/SP, rel. Min. Dias Toffoli, j. 29.06.16). Além disso, a mera necessidade de citação por edital não é fundamento idôneo para se decretar a prisão preventiva, uma vez que isso não significa presunção de fuga (STJ, HC nº 141.819/MG, rel. Min. Nefi Cordeiro, j. 12.02.15).

Da mesma forma, caberá à acusação - que pede a prisão preventiva - demonstrar que há a real intenção de fuga do acusado, não tendo o acusado o ônus de demonstrar que não pretende fugir (STJ, HC nº 354.472/TO, rel. Min. Jorge Mussi, j. 08.11.16).

Outro fator a ser considerado é que a fuga do acusado para evitar a prisão em flagrante ou para questionar a legalidade e/ou validade da própria decisão de custódia cautelar não bastará, por si só, para justificar a prisão preventiva (STF, HC nº 89.501/GO, rel. Min. Celso de Mello, j. 12.12.06). Em situações excepcionalíssimas, a Suprema Corte entende ser legítima a fuga do réu para impedir prisão preventiva que considere ilegal (HC nº 101.981/SP, rel. Min. Dias Toffoli, j. 17.08.10).

E de acordo com o Superior Tribunal de Justiça, falta motivação concreta quando o juiz se limita a decretar a prisão preventiva para garantir a aplicação da lei penal afirmando que o réu poderá fugir do Brasil simplesmente porque possui dupla cidadania e que isso seria o "instinto natural de defesa das pessoas" (RHC nº 62.471/RJ, rel. Min. Rogerio Schietti Cruz, j. 21.02.17).

Em caso interessante, consoante entendimento do Supremo Tribunal Federal, não existe, legalmente, nenhuma relação entre acordo de colaboração premiada e prisão preventiva, de modo que o mero descumprimento daquele não autoriza, por si só, a decretação da prisão preventiva, devendo - como sempre - ser verificada a situação concreta. Assim, não se mostra possível a prisão preventiva pelo simples descumprimento de acordo de colaboração premiada, até porque, a Lei nº 12.850/13 (Organizações Criminosas) não prevê a revogação da prisão preventiva como benefício da colaboração e nem há a previsão de sua decretação se houver o descumprimento do acordo, de modo que apenas a situação concreta poderá, ou não, ensejar a prisão cautelar do colaborador (HC nº 138.207/PR, rel. Min. Edson Fachin, j. 25.04.17). Em igual sentido, o STJ fixou que "o descumprimento de acordo de delação premiada ou a frustração na sua realização, isoladamente, não autoriza a imposição de segregação cautelar" (HC nº 396.658/SP, rel. Min. Antonio Saldanha Palheiro, j. 27.06.17).

Por fim, é válida a prisão preventiva para aplicação da lei penal no caso de estrangeiro que não demonstre vínculo com o Brasil (STJ, HC nº 368.564/SP, rel. Min. Reynaldo Soares da Fonseca, j. 21.02.17) – mas desde que, é claro, seja preenchida alguma hipótese que autorize a prisão preventiva e sejam observados os acordos internacionais do Brasil com a comunidade estrangeira, que podem permitir o retorno do estrangeiro ao seu país de origem para lá ser processado. Logo, a simples situação de estrangeiro não gerará sua automática custódia preventiva, já que é indispensável a demonstração de elementos concretos (STJ, HC nº 240.157/RJ, rel. Min. Assusete Magalhães, j. 07.02.13).

10.5.5.5. *Descumprimento de outras medidas*

O parágrafo único do art. 312, CPP, traz hipótese de decretação da prisão preventiva quando descumprida outra medida cautelar já imposta. É chamada, por alguns, de prisão preventiva sancionatória.

Na sequência, serão estudadas as hipóteses de admissibilidade da prisão preventiva, mas já se adianta, aqui, que, em princípio, exige-se, para a sua decretação, que: o crime seja doloso com pena máxima superior a 4 anos; ou que o acusado seja reincidente em outro crime doloso; ou que o crime seja cometido com violência doméstica e familiar contra certas pessoas, para garantir a execução de medidas protetivas de urgência; ou quando houver dúvida sobre a identidade civil do agente (art. 313, *caput* e p.ú., CPP).

A questão, então, é saber se caberá a decretação de prisão preventiva em razão de descumprimento de medida cautelar pessoal anterior se o crime que o agente praticou não se enquadrar em nenhuma dessas hipóteses. Exemplo: uma ameaça, cuja pena é de detenção de 1 a 6 meses ou multa, ou um furto simples, cuja pena é de reclusão de 1 a 4 anos e multa.

Entende-se que será possível, sim, a decretação da prisão preventiva, sob pena de ineficácia das medidas cautelares, que perderiam sua coercibilidade. Se o agente já sabe, de antemão, que, mesmo descumprindo as medidas cautelares diversas da prisão, além das substitutivas e das alternativas impostas pelo descumprimento, ele não poderá ser preso preventivamente, o processo penal ficará descoberto, totalmente sem acautelamento, o que não se pode aceitar.

Assim (ainda que, em princípio, desrespeitando-se a homogeneidade, diga-se), deve-se dar concretude ao sistema penal e ao processo criminal, de modo que **será válida a**

prisão preventiva do agente que descumprir medida cautelar pessoal anterior, ainda que não preenchido o art. 313, CPP (p.ú., art. 312, CPP).

De forma bastante objetiva, "a segregação decretada com fundamento no descumprimento de cautelares não está adstrita aos requisitos do art. 313 do Código de Processo Penal" (STJ, 5ª T., RHC nº 77.413/MG, rel. Min. Reynaldo Soares da Fonseca, j. 16.02.17; e 6ª T., RHC nº 90.557/MG, rel. Min. Sebastião Reis Júnior, j. 12.12.17).

Renato Brasileiro (Curso, 2013) faz uma analogia com os demais benefícios penais. Diz o autor que eles nem sempre dependem tão somente de requisitos objetivos, tal como a transação penal (que verificará os antecedentes, a conduta social, a personalidade etc.); a suspensão condicional do processo (que analisará reincidência, culpabilidade, conduta social etc.); a substituição de pena privativa de liberdade por restritiva de direitos (verificadas a culpabilidade, a conduta social, os motivos do agente etc.), dentre outros benefícios, de modo que *a mera pena em abstrato do delito não é sinônimo de aplicação de benefícios penais*.

Desta feita, se o agente já está descumprindo as medidas cautelares, é bem provável que sequer fará jus aos institutos despenalizadores ao final do processo, não havendo, assim, desrespeito à homogeneidade. Assim, será perfeitamente possível sua prisão preventiva, pois não basta analisar simplesmente o montante da pena ou as disposições do art. 313, CPP, devendo o **caso concreto** ser analisado, sempre tendo em mente o art. 282, I e II, CPP (necessidade e adequação) e o imperativo de acautelamento do processo penal.

No exemplo dado, então, se o agente está respondendo a processo penal por ter praticado ameaça, caso o juiz, no caso, já tenha substituído a medida cautelar pessoal então imposta por outra e, até mesmo, já a cumulado com outras e nada disso tenha resolvido a situação, poderá ser decretada a sua prisão preventiva, resguardando-se o processo, as vítimas, as testemunhas – ou seja, a própria eficácia do processo criminal.

Portanto, por exemplo, "embora a prisão preventiva pelo crime de furto simples (art. 155, *caput*, do CP) não encontre respaldo no art. 313 do Código de Processo Penal, **o descumprimento de medida alternativa pode justificar a decretação da custódia cautelar**, consoante a previsão do art. 282, § 4º, c/c. o art. 312, parágrafo único, do CPP" (RHC nº 76.929/MG, rel. Min. Rogerio Schietti Cruz, j. 17.11.16; e HC nº 340.030/SP, rel. Min. Ribeiro Dantas, j. 10.05.16).

10.5.6. Hipóteses de admissibilidade

O art. 313, CPP, prevê hipóteses em que a prisão preventiva poderá ser admitida, exigindo-se que ao menos uma delas esteja presente (sem necessidade de cumulatividade).

Como explica Sérgio Rebouças, tais hipóteses de admissibilidade se aplicam apenas à prisão preventiva *originária* (art. 312, CPP) e à prisão preventiva derivada da *conversão do flagrante* (art. 310, CPP), não incidindo, como visto, no caso de prisão preventiva derivada do descumprimento de medida cautelar anterior (art. 319, CPP), salvo no caso específico do inc. III do art. 313, CPP, que prevê justamente a preventiva no caso de descumprimento de medidas cautelares anteriores (Curso, 2017).

Abaixo, serão analisadas as hipóteses de admissibilidade.

10.5.6.1. *Crime doloso com pena superior a 4 anos*

Estabelece o inc. I do art. 313, CPP, que será admitida a decretação da prisão preventiva nos crimes dolosos punidos com pena privativa de liberdade máxima superior a 4 anos.

Analisa-se tal pena máxima em abstrato, considerando:

a) crime doloso.

Não poderá ser crime culposo e nem contravenção penal, diante da previsão legal (fala-se em *crime* e deve ser *doloso*). No entanto, pode ser crime preterdoloso (dolo na conduta e culpa no resultado), como a lesão corporal com resultado morte, por exemplo (art. 129, § 3º, CP).

b) com pena de reclusão ou detenção.

c) crimes simples ou qualificados.

d) aplicação das causas de aumento (incidindo o máximo).

e) aplicação das causas de diminuição (incidindo o mínimo).

Diferentemente, são excluídas do cálculo as agravantes e as atenuantes, já que não há um critério fixo legal para sua aplicação e dizem respeito à fixação da pena pelo magistrado.

10.5.6.2. *Reincidente em crime doloso*

Dispõe o inc. II do art. 313, CPP, que será admita a decretação da prisão preventiva se o agente tiver sido condenado por outro crime doloso, em sentença transitada em julgado, se dentro do período depurador de 5 anos da reincidência.

Logo, só será possível a decretação da prisão preventiva do agente se ele for **reincidente em crime doloso** – salvo se entre a data do cumprimento ou extinção da pena e a infração posterior tiver decorrido período de tempo superior a 5 anos, computado o período de prova da suspensão ou do livramento condicional, se não ocorrer revogação (art. 64, I, CP).

Atentar que basta o agente ser reincidente em crime doloso, **independentemente da pena do crime doloso cometido**, ou seja, não há que se observar a hipótese anterior, que exige pena máxima superior a 4 anos. Aqui, novamente, basta ser reincidente em crime doloso (STJ, RHC nº 112.154/RJ, rel. Min. Joel Ilan Paciornik, j. 04.06.19).

Exemplo: é possível a decretação da prisão preventiva ao agente que praticou um furto simples (que é doloso) quando ele for reincidente pela prática de uma ameaça (que é dolosa).

Por fim, a reincidência não precisa ser específica, ou seja, pelo mesmo crime, sendo suficiente ser doloso o crime.

10.5.6.3. *Violência doméstica e familiar*

Nos moldes do inc. III do art. 313, CPP, será admitida a decretação da prisão preventiva se o **crime** envolver violência doméstica e familiar contra a *mulher, criança, adolescente, idoso, enfermo* ou *pessoa com deficiência* **para garantir a execução das medidas protetivas de urgência**. É hipótese chamada, também, de "prisão preventiva protetiva".

Não se trata de crime exclusivamente praticado contra mulher, podendo, já que o dispositivo fala, também ter sido praticado contra crianças, adolescentes, idosos, enfermos e pessoas com deficiência.

A Lei Maria da Penha (Lei nº 11.340/06) prevê medidas protetivas de urgência que, se descumpridas, podem ensejar a prisão preventiva quando se tratar de violência doméstica e familiar contra a mulher (arts. 18 e ss.). Podem ser aplicadas, por exemplo, medidas de suspensão de posse de arma de fogo, afastamento do lar, proibição de aproximação etc.

Já em relação a crianças e adolescentes, editou-se a Lei nº 13.431/17, que estabelece o sistema de garantia de direitos da criança e do adolescente vítima ou testemunha de violência, prevendo que a criança e o adolescente *vítima* ou *testemunha* de violência têm o direito de pleitear, por meio de seu representante legal, medidas protetivas contra o autor da violência, aplicando-se, no que couber, o Estatuto da Criança e do Adolescente, a Lei Maria da Penha e as normas conexas existentes (art. 6º).

É possível sustentar, para alguns, a possiblidade de prisão preventiva ao agente que praticar alienação parental (Lei nº 12.318/10), numa conjugação do art. 4º, II, *b*, Lei nº 13.431/17 (que especifica como forma de violência o ato de alienação parental), com o seu art. 6º (que permite à criança e ao adolescente pleitear medidas protetivas contra o autor do ato violento), com o art. 22, § 1º, Lei nº 11.340/06 (que também permite ao juiz fixar medidas protetivas), com o art. 130 do ECA (que permite que o juiz determine o afastamento do agressor da moradia em razão de maus-tratos, opressão ou abuso sexual). Como o art. 313, III, CPP, permite a prisão preventiva para garantir a execução das medidas protetivas de urgência deferidas a crianças e adolescentes, nada impediria, teoricamente, a sua decretação ao agente que praticar atos de alienação parental. De outro lado, há posição no sentido de não ser possível a prisão preventiva nestes casos de alienação parental, simplesmente por inexistência de previsão de crime que assim autorize, sob pena de violação ao art. 5º, XXXIX, CF.

Consoante explica Renato Brasileiro (Manual, 2016), antes mesmo da inclusão desta hipótese de prisão preventiva no Código de Processo Penal, as medidas protetivas da Lei Maria da Penha já vinham sendo aplicadas pelos juízes nos casos de violência contra crianças e idosos, por exemplo, demonstrada a sua hipossuficiência. Assim, o art. 313, III, CPP, apenas confirmou o que já vinha sendo feito no plano fático.

Há que se atentar, aqui, a dois requisitos lógicos: (a) o crime praticado deve ser **doloso**, embora a lei não mencione, pois deve haver intenção – o dolo – de atingir uma das vítimas e, ainda, de infringir as medidas protetivas impostas; e (b) **independe a quantidade ou a natureza da pena** imposta ao crime.

Desta feita, embora não caiba, pelo art. 313, I, CPP, prisão preventiva ao indivíduo que comete lesões corporais dolosas contra uma vítima qualquer, já que a pena é de detenção de 3 meses a 1 ano (art. 129, "caput", CP), é possível que um pai, que praticou este mesmo crime contra o seu filho de 10 anos de idade, caso descumpra uma medida protetiva de urgência aplicada anteriormente no âmbito da Lei do Sistema de Garantia de Direitos da Criança e do Adolescente, seja preso preventivamente, nos termos do art. 313, III, CPP.

Consoante entendeu o Superior Tribunal de Justiça, "não existe previsão legal autorizadora da prisão preventiva contra autor de uma **contravenção penal**, mesmo na hipótese específica de transgressão das cautelares de urgência diversas já aplicadas". Exemplo: ex-companheiro puxa o cabelo, torce o braço e discute com sua ex-companheira, dentro do carro, tentando arrancar dos braços desta o filho que têm em comum, o que configura, em princípio, vias de fato (art. 21 da Lei de Contravenções Penais); o juiz, então, deferiu medidas protetivas, como manter distância mínima e não ter contato com a vítima; o agente descumpriu as medidas e foi até a casa da vítima. Não será possível, por este motivo e em razão deste fato, decretar a sua prisão preventiva, haja vista que, "em se tratando de aplicação da cautela máxima, não há campo para interpretação diversa da literal", ou seja, se a lei fala *crime*, não é possível interpretar isso para *contravenção penal* se isso for maléfico ao acusado/investigado (STJ, HC nº 437.535/SP, rel. p/ ac. Min. Rogerio Schietti Cruz, j. 26.06.18). Vale observar que a Ministra Maria Thereza de Assis Moura, que restou vencida, corretamente entendeu, ao proferir seu voto, que deve ser feita uma leitura sistêmica do ordenamento jurídico, considerando o objetivo da Lei Maria da Penha, de forma que deveria ser autorizada a prisão preventiva, com base no inc. III do art. 313, CPP, a todas as *infrações penais* praticadas com violência doméstica contra a mulher, e não estritamente apenas em relação aos *crimes*. E isso tem total lógica, haja vista que a hipótese em comento independe, como visto, da quantidade de pena, ou seja, é possível a prisão preventiva a um crime cuja pena seja menor do que uma contravenção, simplesmente em razão de sua natureza jurídica de "crime"; além do mais, o próprio artigo. 20 da Lei nº 11.340/06 autoriza a prisão preventiva do infrator, independentemente de se tratar de crime ou contravenção penal.

Ainda, consoante o próprio texto do art. 313, "caput", CPP, a decretação da prisão preventiva **deve guardar correspondência com alguma hipótese justificante do art. 312, CPP**, isto é, não basta o mero descumprimento de uma medida protetiva de urgência (STJ, HC nº 350.295/SP, rel. Min. Antonio Saldanha Palheiro, j. 19.04.16), devendo surgir a necessidade de garantir a ordem pública/econômica, por conveniência da instrução criminal ou para assegurar a aplicação da lei penal – até porque, o mero descumprimento autoriza, p. ex., a cumulação com outras medidas protetivas, devendo a prisão preventiva, uma vez preenchidos os requisitos legais, ser aplicada excepcionalmente apenas (§ 6º do art. 282, CPP).

É bom saber que a violência doméstica e familiar contra a mulher pode ter várias formas, como física, psicológica, sexual, patrimonial ou moral (art. 7º da Lei nº 11.340/06). Se ocorrer um ato de violência (criminoso ou não), será possível a aplicação de uma das medidas protetivas de urgência em favor da mulher (art. 22 da Lei nº 11.340/06); caso uma dessas medidas, então, seja descumprida, poderá ser decretada a prisão preventiva. Mas, como bem observa Renato Brasileiro (Código, 2017), se o descumprimento de uma medida protetiva de urgência não estiver relacionado à prática de um crime (como, p. ex., quando há o mero descumprimento da medida de afastamento do lar em uma ação judicial de **natureza cível**), não será possível a custódia preventiva, pois, do contrário, *haveria uma prisão cautelar pelo descumprimento de uma medida de natureza civil*, o que não pode ser aceito na atual ordem constitucional (art. 5º, LXVII, CF, e súmula vinculante nº 25).

Por fim, consoante a jurisprudência sempre entendeu, o **descumprimento de uma medida protetiva de urgência** (tal como ocorre na Lei Maria da Penha) não tipificava o crime de desobediência, uma vez que não havia previsão legal nesse sentido e porque, ainda, seria possível a substituição ou a cumulação da medida e, até mesmo, a decretação da prisão preventiva (STJ, HC nº 338.613/SC, rel. Min. Antonio Saldanha Palheiro, j. 12.12.17).

Todavia, o legislador editou a Lei nº 13.641/18, prevendo, agora, no art. 24-A da Lei nº 11.340/06, o crime de "descumprimento de medidas protetivas de urgência", cuja pena é de detenção de 3 meses a 2 anos. Assim, antes da Lei nº 13.641/18, a jurisprudência entendia que o descumprimento de medida protetiva de urgência da Lei Maria da Penha não configurava crime, não podendo o agente responder por desobediência. No entanto, a partir da Lei nº 13.641/18, o panorama foi alterado, podendo o agente descumpridor, agora, ser inserido no crime do art. 24-A da Lei nº 11.340/06, que é um tipo especial do crime de desobediência, do art. 330, CP.

Destaca-se que a tipificação do crime do art. 24-A da Lei Maria da Penha independe da competência civil ou criminal do juiz que deferiu as medidas protetivas (§ 1º). Além disso, como será exposto adiante, no caso de prisão em flagrante por este crime, o delegado de polícia não poderá conceder fiança, mas apenas o juiz (§ 2º). Ainda, a tipificação do crime do art. 24-A da Lei Maria da Penha não excluirá a aplicação de outras sanções cabíveis, como a execução de multas e a decretação da prisão preventiva do agente descumpridor (§ 3º).

No mais, o descumprimento de uma *medida cautelar*, do art. 319, CPP, no âmbito da Lei Maria da Penha, não autorizará a tipificação do crime do art. 24-A, sob pena de analogia em prejuízo do agente; o que a novel Lei nº 13.641/18 permite é a tipificação de crime em razão do descumprimento de uma **medida protetiva de urgência judicialmente imposta**, mas não de uma medida cautelar, que autorizará apenas a incidência do § 4º do art. 282, CPP (substituição, cumulação ou decretação de prisão preventiva).

Por fim, a Lei nº 13.771/18 criou, especificamente ao que interessa aqui, uma causa de aumento ao crime de feminicídio (art. 121, § 7º, IV), consistente no descumprimento das medidas protetivas de urgências previstas nos incisos I, II e III do *caput* do art. 22 da Lei nº 11.340/06. Assim, por exemplo, se o juiz impõe ao agressor uma dessas medidas protetivas (como a do inc. III, consistente na proibição de contato com a ofendida) e o agente, não contente, objetivando retomar o relacionamento, mata a vítima, estará caracterizado o feminicídio majorado, que absorverá o crime do art. 24-A da Lei Maria da Penha, já que o feminicídio é conduta muito mais grave.

10.5.6.4. *Dúvida sobre a identidade civil*

Comumente chamada de *prisão esclarecedora* ou prisão *utilitária*, estabelece o § 1º do art. 313, CPP, que também será admitida a prisão preventiva quando houver dúvida sobre a identidade civil da pessoa ou quando esta não fornecer elementos suficientes para esclarecê-la, devendo o preso ser colocado imediatamente em liberdade após a identificação, salvo se outra hipótese recomendar a manutenção da medida.

Parte da doutrina (Brasileiro, 2016) entende que tal prisão, na verdade, não é uma espécie de cárcere preventivo, mas uma forma de *condução coercitiva*, já que o único objetivo é coletar os dados de identificação civil do agente e, imediatamente na sequência, libertá-lo; por outro lado, há quem trate como verdadeira prisão preventiva, sem ressalvas.

Tendo o Estado dúvidas sobre a pessoa investigada/processada ou caso ela não forneça os elementos necessários para esclarecer sua identidade civil (nome, endereço, profissão, filiação etc.), será possível a decretação da prisão preventiva com o objetivo de angariar os dados necessários a tanto (STJ, AgRg no HC nº 373.455/SP, rel. Min. Reynaldo Soares da Fonseca, j. 17.11.16).

Além disso, não será necessário conjugar esta hipótese com alguma situação do art. 312, CPP, já que se trata de uma medida cautelar por si só, independentemente de qualquer outro requisito (embora, comumente, avoque-se a aplicação da lei penal ou a conveniência da instrução).

Não se exige o preenchimento de qualquer inciso do art. 313, CPP, ou seja, a prisão preventiva para a identificação civil do agente pode se dar em razão de **crime doloso ou culposo, independentemente da quantidade ou da natureza da pena**, devendo, no entanto, ser observada a proporcionalidade, já que não seria razoável decretar a prisão preventiva de uma pessoa que praticou uma contravenção penal cuja pena é apenas de multa ou em relação a um crime culposo de pena muito branda.

Como bem esclarece Andrey Borges de Mendonça, essa hipótese de prisão preventiva pode ser aplicada a **qualquer delito apenado com prisão**, observada a proporcionalidade, devendo ser conjugada a situação com a Lei nº 12.037/09, cujo art. 3º prevê a identificação criminal independentemente do crime cometido ou de sua escala penal (Prisão, 2017).

É importante ressaltar que a Lei de Identificação Criminal (Lei nº 12.037/09) permite que se identifique criminalmente o agente (arts. 1º e 2º) nos casos, p. ex., de documentos insuficientes para a identificação ou o documento apresentar rasuras, dentre outras hipóteses (art. 3º), de modo que, sendo possível esta identificação criminal e sendo o bastante para identificar o agente, não haverá necessidade de se decretar a prisão preventiva em razão da identificação do agente, medida que deve ser aplicada apenas excepcionalmente.

Neste sentido, o Superior Tribunal de Justiça já afirmou que "a identificação criminal supre a ausência de identificação civil para efeitos de prisão preventiva" (HC nº 355.543/SP, rel. Min. Felix Fischer, j. 04.08.16).

Como já estudado quando das *Provas*, entende-se que o investigado possui o direito ao silêncio, por expressa previsão constitucional; todavia, isso não abrange o não fornecimento de dados ou o fornecimento de dados falsos para a sua identificação, podendo, inclusive, responder criminalmente. Neste sentido, aliás, o Superior Tribunal de Justiça editou a súmula nº 522, dispondo que "a conduta de atribuir-se falsa identidade perante a autoridade policial é típica, ainda que em situação de alegada autodefesa".

De acordo com o texto legal, uma vez coletados os dados necessários à identificação civil do agente, ele deverá ser posto em liberdade imediatamente.

Por fim, ressalta-se que a Lei de Prisão Temporária (Lei nº 7.960/89, art. 1º, II) prevê como hipótese de sua decretação o não fornecimento de elementos necessários ao esclarecimento da identidade do indiciado, devendo-se aplicar tal lei em relação ao rol de crimes do seu art. 1º, em razão da especialidade. Logo, prisão preventiva e temporária, para esta hipótese de identificação do agente, subsistem, cada uma no seu âmbito de aplicação.

10.5.7. Duração

A prisão preventiva, no Brasil, não possui prazo máximo de duração, o que acaba se tornando um dos seus maiores entraves, ferindo, muitas vezes, a duração razoável do processo (art. 5º, LXXVIII, CF; e art. 7º, 5, CADH), tornando-se comum a ocorrência de **excesso de prazo**. O tema passa a ser estudado detidamente abaixo.

10.5.7.1. *Introdução*

Já se tentou o estabelecimento de duração máxima da prisão através da soma dos prazos dos atos processuais, tal como a antiga *regra dos 81 dias*, que era a soma dos prazos processuais desde o inquérito policial até a sentença, o que, depois, acabou sendo até o final da instrução criminal.

O Superior Tribunal de Justiça, então, ainda em 1990, editou a súmula nº 21, dispondo que "pronunciado o réu, *fica superada* a alegação de constrangimento ilegal por excesso de prazo na instrução" e, em 1992, a súmula nº 52, afirmando que, "encerrada a instrução criminal, *fica superada* a alegação de constrangimento ilegal por excesso de prazo".

Nos dias de hoje, diante do atual procedimento penal trazido pelas Leis nº 11.689/08 e 11.719/08, há um prazo maior de possível duração do processo quando o acusado estiver preso, variando de 95 a 190 dias, contados da data da prisão do agente.

Ocorre que, até em razão do exercício dos direitos e das garantias constitucionais e da análise do caso concreto, não é possível a imposição de um prazo exato para o encerramento da instrução processual, pois há casos mais simples, com pouca atividade instrutória, e há casos extremamente complexos, com dezenas de testemunhas, perícias, diligências, coautores, vários advogados, colaborações premiadas, recursos etc.

Diuturnamente, os tribunais invocam aquelas duas súmulas sem critério processual e lógico algum, simplesmente como fundamento para se negar um pedido de liberdade, sustentando que, uma vez pronunciado o agente por crime doloso contra a vida (súmula nº 21, STJ) ou se já encerrada a instrução criminal (súmula nº 52, STJ), nada mais há ao imputado fazer que não esperar – *preso*, diga-se – o julgamento, que sequer possui data para entrar em pauta ou, ainda que haja, demorará meses ou até anos.

Em razão disso, não se pode aplicar friamente as duas súmulas do Superior Tribunal de Justiça acima mencionadas, pois não há como se defender que, uma vez pronunciado o réu ou encerrada a instrução criminal e estando o réu preso, o processo poderá durar o quanto for que não haverá como se sustentar excesso de prazo. Seria como sustentar que somente até o fim da instrução ou da pronúncia é que se poderia alegar excesso de prazo de duração do processo, pois, ultrapassada esta marca, nada mais se poderia fazer em razão do "perecimento do direito", o que seria absurdo, ainda mais num processo de natureza criminal.

Basta imaginar que não há como se esperar que um processo penal envolvendo explosão de caixas eletrônicos por uma associação criminosa especializada, armada e que resultou em diversos homicídios se finde em quatro ou cinco meses; da mesma forma, não há como querer que o julgamento de um crime de lesão corporal culposa leve cinco ou seis anos para terminar. Nenhum desses dois casos são razoáveis, não se podendo manter o agente preso, com excesso de prazo, tão somente com base na pronúncia ou no encerramento da instrução processual.

O que a Carta da República prevê é a **duração razoável do processo**, e não de uma de suas fases (pronúncia ou instrução), de modo que a prisão cautelar é que deve ter duração razoável à luz da duração do processo e da real necessidade e adequação daquela. Nos dizeres de Renato Brasileiro de Lima, "ainda que pronunciado o acusado ou encerrada a instrução criminal, é possível reconhecer-se o excesso de prazo quando houver uma dilação indevida que não possa ser atribuída a manobras manifestamente procrastinatórias da defesa" (Código, 2017).

Consoante vem entendendo, aos poucos, a jurisprudência, inclusive do próprio Superior Tribunal de Justiça, "eventual constrangimento ilegal por excesso de prazo não resulta de um critério aritmético, mas de uma aferição realizada pelo julgador, à luz dos princípios da razoabilidade e proporcionalidade, levando em conta as peculiaridades do caso concreto, de modo a evitar o retardo abusivo e desarrazoado na prestação jurisdicional" (5ª T., HC nº 374.173/SP, rel. Min. Reynaldo Soares da Fonseca, j. 07.02.17).

Em outro julgado, entendeu-se que "os prazos processuais não são peremptórios, assim como o constrangimento ilegal por excesso de prazo não resulta de um critério aritmético. Há de ser realizada pelo julgador uma aferição do caso concreto, de acordo com as suas peculiaridades, em atenção aos princípios da razoabilidade e da proporcionalidade" (STJ, 6ª T., HC nº 377.117/PE, rel. Min. Antonio Saldanha Palheiro, j. 15.12.16).

Guilherme de Souza Nucci (Prisão, 2014), corroborando a observância da razoabilidade e da proporcionalidade, ensina que a *razoabilidade* deve ser analisada conforme (a) o rito processual, (b) a capacidade produtiva da vara onde o processo tem curso, (c) se há procrastinação por algum sujeito processual e (d) a quantidade de réus e defensores; e a *proporcionalidade* deve ser analisada conforme (i) a gravidade concreta do delito, (ii) as penas cominadas e (iii) as condições pessoais do réu.

Por fim, é inconstitucional a lei estadual que fixa o prazo máximo de prisão provisória, já que é de competência privativa da União legislar sobre Direito Processual Penal, nos termos do art. 22, I, CF, no qual se insere o regime jurídico das prisões (STF, ADI nº 5.949/RJ, rel. Min. Cármen Lúcia, j. 25.10.19).

10.5.7.2. *Quando se reconhece o excesso*

Como a alegação de excesso de prazo é uma constante, os tribunais reconhecem situações em que, de fato, este é verificado. A regra é que cada caso seja analisado concretamente, partindo-se da premissa de que há excesso apenas quando a demora é injustificada, devendo-se adotar critérios de razoabilidade para tanto (STJ, RHC nº 88.324/RJ, rel. Min. Nefi Cordeiro, j. 22.08.17).

Assim, são exemplos de reconhecimento de excesso de prisão preventiva:

a) ausência de previsão para data de julgamento do pedido de desaforamento feito pelo Ministério Público, nos casos do tribunal do júri, o que impede a fixação de data para julgamento em plenário (STJ, RHC nº 72.352/CE, rel. Min. Jorge Mussi, j. 07.02.17).

b) dificuldade de citação de um dos corréus, mora esta que não é atribuída ao outro réu, que está preso há quase quatro anos apenas aguardando a citação (STJ, RHC nº 76.431/SE, rel. Min. Nefi Cordeiro, j. 06.12.16).

c) prisão preventiva com duração há mais de três anos e sem previsão de condenação definitiva (STJ, HC nº 315.879/SP, rel. Min. Reynaldo Soares da Fonseca, j. 20.10.16).

d) diversas redesignações de audiência de instrução para ouvir testemunhas e realizar novo interrogatório, sem culpa do réu (STJ, RHC nº 38.372/BA, rel. Min. Rogerio Schietti Cruz, j. 22.05.14).

e) dificuldade em nomear defensor a um dos corréus, diante da recusa dos advogados da região e de ausência de defensor público, estando o outro réu preso há mais de cinco anos (RHC nº 45.526/CE, rel. Min. Jorge Mussi, j. 07.06.16).

f) pessoa presa há mais de quatro anos, mesmo que se trate de denúncia por crime hediondo ou delito equiparado, sem sequer ter sido submetida a julgamento ainda, ferindo a dignidade da pessoa humana (STF, HC nº 139.664/GO, rel. Min. Celso de Mello, j. 22.05.17).

g) dificuldade de localização de testemunhas de acusação, ainda mais por deficiência do aparato estatal (STJ, HC nº 352.100/SP, rel. Min. Nefi Cordeiro, j. 10.05.16).

h) prisão preventiva com duração de mais de sete anos de dois acusados de homicídio e tentativa de homicídio, pronunciados há mais de seis anos e sem julgamento ainda, tendo em vista que nenhuma pessoa pode ficar presa por prazo irrazoável e sem culpa formada, considerando que a segregação cautelar é excepcional, ainda que o crime praticado seja considerado hediondo, sob pena de grave arbítrio estatal e violação da dignidade da pessoa humana (STF, HC nº 142.177/RS, rel. Min. Celso de Mello, j. 06.06.17).

i) prisão preventiva em decorrência da prática de tráfico e associação para o tráfico em que o acusado está preso há mais de quatro anos, sendo o crime praticado em 2013, com o recebimento da denúncia apenas em 2015 e até o final de 2017 permanece sem a realização de interrogatório (STF, HC nº 141.583/RN, rel. Min. Edson Fachin, j. 19.09.17).

j) atraso no andamento de diligências solicitadas pelos corréus, em que o juízo de primeiro grau ainda não enviou os autos com a apelação de um dos réus ao tribunal, mesmo estando preso preventivamente há mais de quatro e aguardando o processamento deste recurso há mais de três anos. Não é razoável que o réu aguarde o julgamento de sua apelação preso há tanto tempo, ainda mais em razão do atraso em diligências solicitadas pelos outros corréus (STJ, HC nº 415.396/SP, rel. Min. Nefi Cordeiro, j. 05.12.17).

A jurisprudência tem, em alguns casos, não determinado o relaxamento da prisão e consequente soltura do preso, mas, sim, **determinado o imediato julgamento da causa** (STJ, RHC nº 70.199/RJ, rel. Min. Reynaldo Soares da Fonseca, j. 16.02.17). Nestes casos, o tribunal não reconhece o constrangimento ilegal quanto à manutenção da prisão cautelar, mas o constrangimento pela **ausência de prestação jurisdicional** dentro de um prazo constitucionalmente razoável (STJ, HC nº 252.299/TO, rel. Min. Jorge Mussi, j. 28.05.13).

Em igual sentido, o Supremo Tribunal Federal já entendeu que, diante da gravidade concreta do crime praticado (homicídio de um jornalista), não havia razão para revogar a prisão preventiva do acusado, considerando ser "tolerável" alguma demora em crimes de alta gravidade; todavia, recomendou-se que o tribunal do júri empregasse celeridade no julgamento e na instrução criminal (HC nº 144.636/MA, rel. Min. Rosa Weber, j. 05.10.17).

Por fim, o Tribunal da Cidadania já entendeu ser devida indenização, por parte do Estado, aos filhos de um homem preso preventivamente por tempo excessivo, considerando que, depois de três anos, ele foi absolvido por falta de provas e teria adquirido o vírus HIV no estabelecimento penal (REsp nº 1.655.800/AM, rel. Min. Benedito Gonçalves, j. 26.06.18).

10.5.7.3. *Quando não se reconhece o excesso*

De outro lado, a jurisprudência não tem reconhecido a ocorrência de excesso de prazo, por exemplo, nas seguintes hipóteses:

a) quando ele é provocado pela própria defesa (súmula nº 64, STJ).

b) com base nas características específicas do caso, como a quantidade de réus com advogados diferentes e a expedição de diversas cartas precatórias e ofícios (STJ, HC nº 367.749/SE, rel. Min. Antonio Saldanha Palheiro, j. 22.03.17).

c) na ausência de desídia/desleixo do Poder Judiciário, que, inclusive, desmembrou o processo para dar mais celeridade ao feito (STJ, HC nº 376.323/RJ, rel. Min. Sebastião Reis Júnior, j. 07.03.17).

d) se há pendência de análise de pedidos exclusivos da defesa, como recursos, cartas precatórias, exames de insanidade etc. (STJ, RHC nº 70.853/RS, rel. Min. Sebastião Reis Júnior, j. 16.02.17; e HC nº 372.891/SP, rel. Min. Antonio Saldanha Palheiro, j. 07.02.17)

e) pela complexidade da causa, como fuga de um dos trinta e nove réus que compunham organização criminosa para o tráfico de drogas e de armas, envolvendo chefes de favelas no Rio de Janeiro e realização de diversas interceptações telefônicas (STJ, HC nº 385.985/RJ, rel. Min. Joel Ilan Paciornik, j. 09.03.17).

Mas ver que o exercício da ampla defesa, como a interposição de recursos, não pode ser prejudicial ao acusado, desde que não sejam considerados procrastinatórios, claro (Brasileiro, 2016).

Assim, se há a necessidade de se combater uma ilegalidade processual e o Estado demora a julgar este pedido, essa desídia não pode ser atribuída ao réu simplesmente porque ele recorreu "em interesse exclusivo seu", pois, do contrário, seria dizer ser mais vantajoso manter uma ilegalidade no processo (e não gerar atrasos no seu curso) do que recorrer e buscar um processo escorreito e justo (gerando atrasos), o que não pode ser aceito num Estado Constitucional e Democrático de Direito.

10.5.7.4. *Excesso vs. novo fundamento*

Uma vez decretada a prisão preventiva e reconhecido o excesso de prazo na formação da culpa, o agente deve ser posto em liberdade. Assim, não poderá, novamente, ser preso cautelarmente pelos mesmos motivos que ensejaram sua prisão anterior, sob pena de, além de se desrespeitar a decisão de soltura, desobedecer ao ordenamento jurídico, que determina a conclusão do processo dentro de um prazo razoável.

Por outro lado, isso não significa que este acusado não poderá mais ser preso cautelarmente. Consoante o Superior Tribunal de Justiça, "tendo sido revogada a prisão cautelar por excesso de prazo, nova segregação só se legitima na hipótese de superveniência de fatos inéditos e posteriores à soltura que a justifiquem" (HC nº 319.069/RN, rel. Min. Sebastião Reis Júnior, j. 05.05.16).

Desta feita, é possível, uma vez reconhecido o excesso de prazo na prisão preventiva, ser novamente determinada a prisão cautelar do agente, desde que com base em **novos e supervenientes fundamentos**, diversos daqueles anteriores que autorizaram a constrição cautelar reconhecida como excessiva.

10.5.7.5. *Excesso vs. agente solto*

O art. 5º, LXXVIII, CF, prevê que *a todos*, no âmbito judicial e administrativo, são assegurados a razoável duração do processo e os meios que garantam a celeridade de sua tramitação.

Vê-se, assim, que não se trata de um direito previsto aos agentes presos ou condenados, mas a **todas as pessoas**, sejam autoras, rés, interessadas etc., seja em processos judiciais ou extrajudiciais, independentemente da natureza.

Assim, uma pessoa que é investigada possui o interesse de que as investigações criminais sejam brevemente finalizadas para poder seguir normalmente com seus afazeres diários, colocando um ponto final no assunto, seja com a instauração de uma ação penal ou com o arquivamento do feito. Até porque, ninguém quer ser sujeito investigado ou acusado para sempre ou por tempo abusivo.

Embora a lei não preveja um prazo para o encerramento das investigações criminais, em observância ao princípio da razoabilidade, deve ser célere o andamento de procedimentos administrativos e judiciais (STJ, RHC nº 82.559/RJ, rel. Min. Nefi Cordeiro, j. 05.12.17).

Neste sentido, então, a duração razoável do processo não tem aplicação exclusiva aos casos em que o acusado está preso e aguarda um julgamento definitivo, mas, também, aos casos em que o agente ainda está sendo investigado, de modo que é esperada uma *razoável duração* de toda a persecução penal, desde a investigação (1ª fase) até a última decisão judicial (2ª fase).

Neste sentido, aliás, já afirmou o Superior Tribunal de Justiça, analisando caso em que a Polícia Federal do Maranhão estava há mais de sete anos investigando possíveis falsificações de notas fiscais, sem qualquer perspectiva de encerramento desta fase investigatória, que **não se pode admitir que alguém seja objeto de investigação eterna, porque essa situação, por si só, enseja evidente constrangimento, abalo moral e, muitas vezes, econômico e financeiro** (HC nº 96.666/MA, rel. Min. Napoleão Nunes Maia Filho, j. 04.09.08).

Igualmente, não se admite que alguém seja investigado por seis anos em inquérito policial, cujo objetivo seria apenas coletar elementos de autoria e materialidade, ainda mais quando existente bloqueio de bens do investigado por todo este tempo e demonstrando-se inércia da investigação, o que autoriza o trancamento do inquérito policial (STJ, HC nº 345.349/TO, rel. Min. Nefi Cordeiro, j. 24.05.16).

10.5.7.6. *Excesso vs. extensão a corréu*

É possível que um processo penal tenha dois ou mais réus e que surja o excesso de prazo da prisão preventiva, que é alegado por um deles. Os outros réus, claramente, se interessarão pelo resultado desta questão, que, se reconhecido o excesso, poderá beneficiá-los.

O art. 580, CPP, dispõe que, no caso de concurso de agentes, a decisão do recurso interposto (leia-se: ou algum remédio ou medida em favor da defesa) por um dos réus, se fundado em motivo que não seja de caráter exclusivamente pessoal, aproveitará aos outros.

Então, duas situações surgem:

a) caso a decisão reconheça o excesso com fundamento em motivo exclusivamente pessoal de um corréu, ela **não se estenderá** ao outro, já que possui caráter intimista (RHC nº 72.711/CE, rel. Min. Ribeiro Dantas, j. 21.02.17). Ex.: um réu já foi denunciado e obteve o relaxamento da prisão preventiva por excesso de prazo, enquanto que seu comparsa continua sendo investigado em inquérito policial, não tendo sido sequer denunciado.

b) caso a decisão reconheça o excesso com fundamento em motivo que não seja exclusivamente pessoal de um corréu, ela **se estenderá** ao outro, uma vez que não é intimista (RHC nº 77.938/MA, rel. Min. Maria Thereza de Assis Moura, j. 21.02.17). Ex.: corréus já citados e aguardando o cumprimento de diversas cartas precatórias e diligências, sem previsão de designação de audiência.

10.5.8. Motivação

Fixa o art. 315, CPP, que "a decisão que decretar, substituir ou denegar a prisão preventiva será motivada e fundamentada", cf. a Lei nº 13.964/19 (STF, AgRg no HC nº 179.859/RS, rel. Min. Gilmar Mendes, j. 03.03.20). Tal previsão obedece ao disposto no art. 93, IX, CF, que determina que todas as decisões judicias devem ser fundamentadas (STJ, RHC nº 61.979/SC, rel. Min. Rogerio Schietti Cruz, j. 17.05.16).

O juiz, ao analisar qualquer pedido relacionado à prisão preventiva (decretação, conversão, relaxamento, substituição etc.), deve expor os motivos de *fato* e de *direito* que o levaram a decidir num dado sentido. A ausência de motivação causa nulidade absoluta, por ferir frontalmente a Constituição e o Código de Processo Penal (STF, HC nº 128.334/SP, rel. Min. Rosa Weber, j. 09.06.15).

Na motivação da decretação da prisão preventiva ou de qualquer outra cautelar, o juiz deverá indicar concretamente a existência de fatos novos ou contemporâneos que justifiquem a aplicação da medida adotada (art. 315, § 1º, CPP).

Neste caminho de ideias que já se defendia nas edições anteriores desta obra, a Lei nº 13.964/19 incluiu o § 2º ao art. 315, CPP, dispondo que não se considera fundamentada qualquer decisão judicial, seja ela interlocutória, sentença ou acórdão que: I - limitar-se à indicação, à reprodução ou à paráfrase de ato normativo, sem explicar sua relação com a causa ou a questão decidida; II - empregar conceitos jurídicos indeterminados, sem explicar o motivo concreto de sua incidência no caso; III - invocar motivos que se prestariam a justificar qualquer outra decisão; IV - não enfrentar todos os argumentos deduzidos no processo capazes de, em tese, infirmar a conclusão adotada pelo julgador; V - limitar-se a invocar precedente ou enunciado de súmula, sem identificar seus fundamentos determinantes nem demonstrar que o caso sob julgamento se ajusta àqueles fundamentos; ou VI - deixar de seguir enunciado de súmula, jurisprudência ou precedente invocado pela parte, sem demonstrar a existência de distinção no caso em julgamento ou a superação do entendimento.

É neste sentido, portanto, que não poderá o julgador, simplesmente, repetir os motivos do art. 312, CPP, ou sustentar que o crime é grave, ou fazer afirmações genéricas e abstratas, sem indicar **elementos concretos e individualizados** que evidenciem a necessidade da custódia cautelar (STJ, RHC nº 79.156/SP, rel. Min. Reynaldo Soares da Fonseca, j. 14.03.17). Desta forma, a mera imputação não serve de base à prisão preventiva, não se podendo presumir a periculosidade do agente apenas pelo crime que cometeu (STF,

HC nº 114.751/SE, rel. Min. Marco Aurélio, j. 05.11.13). A prisão processual deve ser configurada no caso de situações extremas, em meio a dados sopesados da experiência concreta, porquanto o instrumento posto a cargo da jurisdição reclama, antes de tudo, o respeito à liberdade, não sendo possível se decretar a prisão preventiva com base apenas na gravidade abstrata do delito (STJ, HC nº 431.712/DF, rel. Min. Maria Thereza de Assis Moura, j. 27.02.18). Meras suposições, portanto, são insuficientes para a decretação da prisão preventiva (STJ, HC nº 411.424/PR, rel. Min. Sebastião Reis Júnior, j. 16.10.18).

Assim, o juiz deverá analisar o **caso concreto**, verificando a situação narrada e imputada, pouco importando a pena prevista abstratamente. Então, é possível que o acusado de extorsão mediante sequestro com resultado morte, cuja pena de reclusão varia entre 24 e 30 anos (art. 159, § 3º, CP), permaneça solto até a decisão final do processo, enquanto que um acusado de estelionato, cuja pena de reclusão varia de 1 a 5 anos (art. 171, "caput", CP) já permaneça preso preventivamente desde o início do processo. Apenas a situação concreta dirá a necessidade e adequação da prisão cautelar, o que deve ser muito bem observada pelo juiz.

A motivação exigida deve ser do próprio juiz que decide acerca do pedido prisional, de modo que não se admite o chamado **reforço de fundamentação**, isto é, o suprimento, pelo órgão jurisdicional superior, da deficiência de fundamentação do juízo inferior. Desta forma, se o juiz de primeiro grau decretou a prisão preventiva sustentando que o crime "é grave, pois tem altas penas previstas pelo legislador" (o que é uma motivação *inidônea*) e a defesa recorre, sustentando deficiência de fundamentação, não poderá o tribunal, na sua decisão, afirmar que, embora a fundamentação não seja legal, o agente deve permanecer preso "para se garantir a ordem pública a fim de proteger a sociedade e evitar a reiteração criminosa, considerando o passado criminoso do acusado" (o que é uma fundamentação *idônea*). Assim, se o juiz anterior decidiu mau, equivocando-se quanto à fundamentação do decreto prisional, não poderá o juiz superior corrigir o erro e manter a prisão, haja vista que a motivação dada à época da decretacão da prisão é que está sendo analisada.

Neste sentido, aliás, entendeu o Superior Tribunal de Justiça que "o juiz de primeira instância ressaltou, *genericamente*, a necessidade da prisão e registrou, apenas, a existência de indícios de autoria do crime de tráfico pelo paciente, sem justificar concretamente a necessidade de colocá-lo cautelarmente privado de sua liberdade. Os argumentos trazidos no julgamento do *habeas corpus* original pelo Tribunal *a quo*, tendentes a justificar a prisão provisória, **não se prestam a suprir a deficiente fundamentação adotada em primeiro grau**, sob pena de, em ação concebida para a tutela da liberdade humana, legitimar-se o vício do ato constritivo ao direito de locomoção do paciente" (HC nº 327.067/MG, rel. Min. Rogerio Schietti Cruz, j. 26.04.16).

Basta imaginar a seguinte situação: o juiz de primeiro grau decreta a prisão preventiva utilizando-se de termos abstratos e vagos; o acusado, sentindo-se prejudicado, impetra ordem de "habeas corpus"; o tribunal, analisando o pedido, *corrige* o erro do juiz e reforça a fundamentação quanto à necessidade da prisão preventiva do paciente. Tal situação é absurda e não pode ser aceita, como visto, sob pena de o remédio constitucional, que deveria ao menos beneficiar o agente, acabar por se tornar prejudicial à sua situação. De forma clara, então, quando o tribunal assevera que o juiz de primeiro grau não fundamentou concretamente a prisão provisória, caberá, apenas, a revogação da medida, e não o seu reforço e muito menos a substituição por outra media (STJ, RHC nº 110.779/SP, rel. Min. Rogerio Schietti Cruz, j. 07.05.19).

Diferente disso é o órgão jurisdicional superior apenas corroborar/confirmar os argumentos idôneos, válidos e lícitos do juízo inferior, sem se substituir nas funções deste (STJ, RHC nº 76.441/BA, rel. Min. Jorge Mussi, j. 25.10.16).

É importante, ademais, saber sobre a decisão "per relationem" (ou "aliunde", ou "de outro lugar" ou "por referência"). Trata-se daquela em que o julgador se utiliza, como fundamento de decidir, das alegações das partes do processo ou da autoridade policial. Então, ao invés de construir uma decisão inteira com seus próprios fundamentos, o juiz *adota como razão de decidir* uma manifestação prévia de uma das partes.

A jurisprudência entende possível a sua aplicação, evitando-se a repetição de fundamentos que serão os acolhidos pelo julgador, não havendo nenhuma ilegalidade nisso (STJ, RHC nº 57.344/CE, rel. Min. Sebastião Reis Júnior, j. 06.09.16). No entanto, é bom ver que o juiz deve ter o trabalho de ao menos reproduzir a manifestação da parte que está adotando, já que não poderá ser aceita tal técnica de motivação se "a decisão não reproduziu nem uma linha sequer do entendimento" da parte (STJ, HC nº 350.051/SP, rel. Min. Rogerio Schietti Cruz, j. 01.12.16).

Por fim, o novel art. 313, § 2º, CPP, cf. a Lei nº 13.964/19, estabelece que "não será admitida a decretação da prisão preventiva com a finalidade de antecipação de cumprimento de pena ou como decorrência imediata de investigação criminal ou da apresentação ou recebimento de denúncia". Ou seja, essas situações não são justificantes para se decretar a custódia preventiva de alguém. Respeita-se, com isso, a posição do Supremo Tribunal Federal quanto à vedação da execução provisória da pena (ADC nº 43, 44 e 54). Além disso, reforça-se que a prisão preventiva não pode ser utilizada sem que haja justifica legal e concreta para tanto, uma vez que os simples fatos de se instaurar uma investigação ou de se receber a denúncia não são motivos para tanto.

10.5.9. Apresentação espontânea

Conforme já visto anteriormente, a redação originária do Código de Processo Penal previa o seguinte no art. 317: "a apresentação espontânea do acusado à autoridade não impedirá a decretação da prisão preventiva nos casos em que a lei a autoriza". Interpretando-se tal dispositivo, sempre se entendeu não ser cabível a prisão em flagrante do agente (diante da ausência de uma das suas modalidades), embora fosse possível a decretação de sua prisão preventiva se preenchidos os requisitos.

Apesar de não existir mais este texto legal, continua-se entendendo que a apresentação do agente não autoriza a sua prisão em **flagrante** em razão da ausência de qualquer situação legal; por outro lado, nada obsta que sua prisão **preventiva** seja decretada se presente algum requisito legal.

Neste sentido, "o Superior Tribunal de Justiça possui o entendimento firme no sentido de que o fato do acusado ter se apresentado espontaneamente, por si só, não impede a decretação da prisão preventiva, notadamente se há nos autos elementos suficientes para justificar a cautela" (HC nº 378.038/MG, rel. Min. Joel Ilan Paciornik, j. 21.02.17; e STF, HC nº 131.442/SP, rel. Min. Gilmar Mendes, j. 30.08.16).

10.5.10. Revogação e relaxamento

O tema já foi estudado no item sobre *revogação e substituição* das medidas cautelares pessoais, no tópico dos critérios comuns.

Entretanto, especificamente acerca da revogação da prisão preventiva, o art. 316, *caput*, CPP, dispõe que o juiz poderá, de ofício ou a pedido das partes, revogar a prisão preventiva se, no correr da investigação ou do processo, verificar a falta de motivo para que ela subsista, bem como novamente decretá-la, se sobrevierem razões que a justifiquem.

Tecnicamente, na revogação não há nenhuma ilegalidade (pois que daí seria relaxamento), mas apenas a demonstração de ausência dos motivos autorizadores da segregação cautelar, ou seja, que a medida se tornou excessiva, desnecessária e/ou inadequada.

O pedido de revogação ou de relaxamento pode ser feito por simples petição ou por meio de *habeas corpus*, demonstrando-se não existir mais o motivo que antes justificava a medida (art. 648, IV, CPP).

Conforme já se manifestou o Supremo Tribunal Federal, se não mais subsistem as justificativas para a segregação cautelar, não há mais razão para a manutenção da prisão preventiva, sob pena de se tornar uma execução antecipada da pena (HC nº 137.728/PR, rel. Min. Dias Toffoli, j. 02.05.17).

Diante da revogação, abrem-se duas possibilidades ao juiz: (a) há a desnecessidade total de qualquer medida cautelar pessoal, determinando o juiz apenas a soltura do agente; ou (b) há a desnecessidade da prisão preventiva, mas poderá ser imposta uma medida cautelar diversa da prisão, do art. 319, CPP.

Por outro lado, ocorrendo hipótese de relaxamento – diante de uma ilegalidade – há divergência. De um lado, há corrente sustentando que não poderá ser imposta nenhuma outra medida cautelar, devendo o agente ser posto imediatamente em sua liberdade plena; de outro lado, há posição defendendo que apenas a locomoção é que estava numa situação de ilegalidade, sendo plenamente possível a imposição de uma medida cautelar diversa da prisão.

O Tribunal da Cidadania, por diversas vezes, já relaxou prisões preventivas e, imediatamente, impôs medidas cautelares diversas da prisão, como o comparecimento periódico em juízo e a proibição de se ausentar da comarca (RHC nº 73.366/PA, rel. Min. Reynaldo Soares da Fonseca, j. 07.02.17; e RHC nº 74.194/SP, rel. Min. Joel Ilan Paciornik, j. 16.08.16).

O p.ú. do art. 316, CPP, incluído pela Lei nº 13.964/16, prevê que, decretada a prisão preventiva, deverá o juiz revisar a necessidade de sua manutenção a cada 90 dias, mediante decisão fundamentada, de ofício, sob pena de tornar a prisão ilegal. Isso, claramente, não significa que a prisão preventiva passou a ter prazo determinado; apenas existe, agora, a necessidade de o magistrado reapreciar a matéria fática e revisão a necessidade de prisão a cada noventa dias.

O esgotamento do prazo legal não gera direito ao preso de ser posto imediatamente em liberdade, mas direito ao reexame imediato dos pressupostos fáticos da prisão preventiva, ou seja, a eventual ilegalidade da prisão em razão do transcurso do lapso de noventa dias não é automática, devendo, sempre, ser analisada pelo juiz no caso concreto (Enunciado nº 35, GNCCRIM). Para o Supremo Tribunal Federal, "a inobservância do prazo nonagesimal do artigo 316 do Código de Processo Penal não implica automática revogação da prisão preventiva, devendo o juízo competente ser instado a reavaliar a legalidade e a atualidade de seus fundamentos" (SL nº 1.395/SP, rel. Min. Luiz Fux, j. 15.10.20). Assim, o prazo de noventa dias, trazido pela Lei nº 13.964/19, não é peremptório, i.e., "eventual atraso na execução deste ato não implica automático reconhecimento da ilegalidade da prisão, tampouco a imediata colocação do custodiado cautelar em liberdade" (STJ, AgRg nos EDcl no HC nº 605.590/MT, rel. Min. Reynaldo Soares da Fonseca, j. 06.10.20).

E nos termos da jurisprudência formada no âmbito do Superior Tribunal de Justiça, a obrigação de observância do prazo nonagesimal quanto à prisão preventiva é imposta apenas ao juiz ou tribunal que a decretou, ou seja, ao *órgão emissor* da decisão. A obrigação de revisão não se estende a toda cadeia recursal, i.e., não se aplica aos tribunais quando atuam na função de *órgão recursal* (5ª T., AgRg no HC nº 615.707/SC, rel. Min. João Otávio de Noronha, j. 27.10.20; e 6ª T., HC nº 589.544/SC, rel. Min. Laurita Vaz, j. 08.09.20).

10.6. PRISÃO TEMPORÁRIA

10.6.1. Histórico

Inicialmente, o instituto da prisão temporária foi incorporado ao Direito brasileiro por meio da Medida Provisória nº 111, de 24.11.89, o que, por si só, já poderia resultar em discussões acerca da sua constitucionalidade, pois se trata de matéria que deveria ser versada apenas por meio de *lei em sentido formal*, com trâmite e discussão no Poder Legislativo, já que legislar sobre matéria de natureza processual é de competência exclusiva da União (art. 22, I, CF); além disso, não estariam preenchidos os requisitos para a edição de uma medida provisória (art. 62, CF).

O Conselho Federal da OAB, então, em 1989, ajuizou ação direta de inconstitucionalidade, sustentando, basicamente, que somente lei formal poderia tratar de matéria típica de Direito Penal e Processual Penal e não haveria urgência e relevância, requisitos da medida provisória. Os Ministros Celso de Mello e Sepúlveda Pertence deferiram medida cautelar para sustar a eficácia da MP nº 111/89, mas foram vencidos, pois o tribunal, em sua maioria, indeferiu a medida cautelar (MC-ADI nº 162/DF, rel. Min. Moreira Alves, j. 14.12.1989).

Ocorre que, em seguida, em 21.12.1989, foi editada a Lei nº 7.960/89, com regular trâmite no Congresso Nacional, de forma que o Supremo Tribunal Federal acabou entendendo que a prisão temporária não se originou, verdadeiramente, da MP nº 111/89, mas da própria atividade legislativa ordinária, assim afirmando: "não tendo sido convertida em lei a Medida Provisória atacada pela presente ação direta, perdeu ela, retroativamente, a sua eficácia jurídica pelo decurso do prazo para a sua conversão, e, assim, por via de consequência, perdeu esta ação o seu objeto" (ADI nº 162/DF, rel. Min. Moreira Alves, j. 02.08.93). Desta forma, a discussão sobre a origem da lei foi encerrada, já que o atual regramento é oriundo de lei formal originada do Congresso Nacional.

Nos dias de hoje, entretanto, há a ADI nº 4.109/DF em andamento (rel. atual Min. Cármen Lúcia), ajuizada pelo Partido dos Trabalhadores há mais de dez anos, buscando a declaração de inconstitucionalidade da Lei nº 7.960/89. Como fundamento, sustenta-se que a lei causaria muitas controvérsias no meio jurídico, desatenderia o devido processo legal e excederia a razoabilidade, além de ser antidemocrática, pois teria origens na época do regime militar, quando então ainda existia a prisão para averiguação. A Procuradoria Geral da República, em parecer já ofertado, sustentou que a lei é, sim, constitucional e essencial às investigações criminais, sendo apenas mais uma espécie de prisão cautelar, sempre acompanhada de perto do crivo judicial.

10.6.2. Conceito

A prisão temporária é uma prisão cautelar decretada pelo juiz, **apenas no curso das investigações – nunca no bojo da ação penal** –, mediante representação do delegado de polícia ou requerimento do Ministério Público, com o objetivo de auxiliar na obtenção de elementos acerca da autoria e da materialidade da infração penal.

Logo, sua cautelaridade está na guarda da eficácia das investigações, pois, se o investigado permanecer solto, prejudicará o bom andamento das diligências.

De forma didática, "a prisão preventiva e a prisão temporária não podem ser confundidas, pois constituem modalidades distintas de custódia cautelar, cada qual sujeita a requisitos legais específicos. A primeira pode ser decretada em qualquer fase da investigação criminal ou do processo penal e demanda a demonstração, em grau bastante satisfatório e mediante argumentação concreta (*fumus comissi delicti*), de que a liberdade do acusado implica perigo (*periculum libertatis*) à ordem pública, à ordem econômica, à conveniência da instrução criminal, ou à aplicação da lei penal (art. 312 do Código de Processo Penal). A segunda, por sua vez, subordina-se a requisitos legais menos severos, previstos na Lei n.º 7.960/1989, e presta-se a garantir o eficaz desenvolvimento da investigação criminal quando se está diante de algum dos graves delitos elencados no art. 1.º, inciso III, da mesma Lei" (STJ, HC nº 462.094/SP, rel. Min. Laurita Vaz, j. 04.06.19).

10.6.3. Requisitos

O art. 1º da Lei nº 7.960/89 traz os requisitos para a decretação da prisão temporária em três incisos:

I) quando imprescindível para as investigações do inquérito policial;

II) quando o indiciado não tiver residência fixa ou não fornecer elementos necessários ao esclarecimento de sua identidade;

III) quando houver fundadas razões, de acordo com qualquer prova admitida na legislação penal, de autoria e participação num extenso rol de crimes previstos na lei.

A doutrina, então, debruçou-se sobre quais seriam, de fato, os requisitos para a decretação da prisão preventiva, ou seja, se os requisitos seriam cumulativos ou alternativos – e, se alternativos, quais seriam eles.

Entende-se, pacificamente (STJ, RHC nº 50.262/RJ, rel. Min. Leopoldo de Arruda Raposo, j. 25.08.15), que o inciso III deve estar sempre presente, pois ele traz o rol de delitos que autorizam a decretação da prisão preventiva, o que deve ser conjugado *ou* com o inciso I (imprescindível às investigações) *ou* com o inciso II (indiciado sem residência ou não fornece elementos de identificação). Logo:

→ *Ou* inciso III + inciso I.

→ *Ou* inciso III + inciso II.

Além dessa possibilidade de cumulação do inciso III com um dos outros dois incisos, deve-se incluir, ainda, o rol de crimes previstos na Lei nº 8.072/90 (crimes hediondos), consoante se estudará na sequência.

Abaixo, no que segue, serão estudadas as possibilidades de decretação.

10.6.3.1. *Imprescindível às investigações*

O art. 1º, I, Lei nº 7.960/89, indica o "periculum libertatis", ou seja, o risco que o investigado solto representa para a eficácia das investigações criminais, pois poderá ele prejudicar a colheita de elementos de autoria e de materialidade do delito investigado.

O texto legal afirma ser possível a decretação da prisão temporária quando imprescindível às investigações "do inquérito policial", o que poderia dar a (falsa) ideia de que somente se houver esta forma de investigação é que seria possível a temporária.

Deve-se fazer uma leitura atual do inciso de forma conglobada com os demais dispositivos do Código de Processo Penal e com a moderna jurisprudência, considerando que o inquérito policial é dispensável às investigações criminais (art. 12, CPP) e que, hoje, há outros meios de investigações, como os de iniciativa do Ministério Público (STF, RE nº 593.727/MG, rel. Min. Gilmar Mendes, j. 14.05.15), podendo ser sustentada a prisão temporária nestes casos também.

A "imprescindibilidade" deve ser demonstrada pelo requerente, não podendo o juiz autorizar a prisão temporária empregando termos genéricos e vagos ou com a mera repetição dos termos da lei, de modo que não será suficiente a simples *suposição* de que o suspeito poderá vir a comprometer a atividade investigativa (STJ, HC nº 286.981/MG, rel. Min. Laurita Vaz, j. 18.06.14). Deverá o magistrado, então, indicar a fundada suspeita de autoria delitiva e a imprescindibilidade da prisão temporária no caso concreto (STJ, HC nº 414.341/SP, rel. Min. Rogerio Schietti Cruz, j. 19.10.17).

Claramente, o objetivo é acautelar as investigações, impedindo, *v.g.*, que o investigado desapareça com elementos de prova ou que atrapalhe a colheita de outros elementos, não se podendo decretar a prisão temporária para forçar o investigado a realizar algum ato probatório, de forma ativa, que o incrimine, como um interrogatório. Deve-se ter em mente os requisitos basilares das medidas cautelares (necessidade e adequação), de modo que, caso uma medida cautelar probatória reste suficiente para o acautelamento das investigações, como uma busca e apreensão de documentos, não há que se falar em decretação de prisão temporária (Brasileiro, 2015).

Por fim, como o fundamento é justamente a imprescindibilidade às investigações, findo o prazo legal da prisão temporária ou encerradas as investigações, ela não mais subsistirá, devendo o investigado ser solto, salvo a existência de outro motivo (como a decretação da sua prisão preventiva, por exemplo).

10.6.3.2. *Indiciado sem residência ou identificação*

É possível a decretação da prisão temporária do indiciado que não tiver residência fixa ou não fornecer elementos necessários ao esclarecimento de sua identidade (inc. II do art. 1º da Lei nº 7.960/89). Trata-se de mais uma hipótese de "periculum libertatis".

Em primeiro lugar, por mais que a lei fale em "indiciado" sem residência ou elementos de identificação, viu-se, por diversas vezes já, que o inquérito policial e o consequente ato de indiciamento são dispensáveis, de modo que é possível a decretação da prisão temporária ainda que o agente a ser preso não tenha sido formalmente indiciado, bastando o preenchimento dos requisitos legais. Posição minoritária (Madeira, 2015) entende que o ato de indiciamento é obrigatório, de forma a ser uma garantia do sujeito que, de fato, é o principal suspeito pela prática do delito investigado e pelo qual, agora, está sendo preso temporariamente.

A primeira hipótese – **ausência de residência fixa** – deve ser analisada *cum grano salis*, ou seja, com grande atenção, para apenas ser decretada a prisão temporária se, realmente, a ausência de residência for empecilho às investigações, sob pena de, p. ex., todo morador de rua ou todo indivíduo pobre sem residência ser preso temporariamente quando cometer um crime autorizador desta prisão, o que, claramente, não pode sequer ser imaginado.

Na segunda hipótese – **ausência de elementos de identificação** –, tal como já foi comentado na prisão preventiva necessária para a identificação do agente, a Lei de Identificação Criminal (Lei nº 12.037/09) permite que se identifique criminalmente o agente (arts. 1º e 2º) nos casos, p. ex., de documentos insuficientes para a identificação, ou o documento apresentar rasuras, dentre outras hipóteses (art. 3º), de modo que, sendo possível esta identificação criminal e sendo o bastante para identificar o agente, não haverá necessidade de se decretar a prisão temporária, medida que deve ser aplicada apenas excepcionalmente.

10.6.3.3. *Rol dos crimes autorizadores*

O art. 1º, III, Lei nº 7.960/89, dispõe de um rol de crimes que autorizam a decretação da prisão preventiva ***ou*** quando a segregação temporária for imprescindível às investigações criminais ***ou*** quando o indiciado não tiver residência ou elementos de identificação. Como visto, deve ocorrer a junção do inciso **III** *ou* com o inciso **I** *ou* com o inciso **II**.

Tal como explicado acima, embora a lei empregue o termo "indiciado", não é necessário, consoante a posição majoritária, o ato de indiciamento, partindo-se do princípio de que o próprio inquérito é dispensável para se investigar um crime e que o indiciamento é ato exclusivo da autoridade policial (art. 2º, § 6º, Lei nº 12.830/13) e não obrigatório.

Referido rol é **taxativo**, ou seja, a mera alegação de gravidade do crime não poderá autorizar a decretação da prisão temporária. Consoante fixa a lei, deve haver *fundadas razões*, de acordo com qualquer prova admitida na legislação penal, de *autoria* ou *participação* do agente em qualquer dos crimes contidos no rol.

Isso significa que deve haver necessidade e adequação para se prender alguém temporariamente, com a indicação de elementos que realmente justifiquem a segregação temporária do indivíduo (STJ, RHC nº 42.106/SP, rel. Min. Maria Thereza de Assis Moura, j. 12.12.13), não bastando a mera suspeita ou a simples menção dos dispositivos legais (STJ, RHC nº 35788/MG, rel. Min. Maria Thereza de Assis Moura, j. 18.11.14).

Desta feita, são crimes que autorizam a decretação da prisão temporária:

1) homicídio doloso (art. 121, *caput*, e § 2º, CP);
2) sequestro e cárcere privado (art. 148, *caput*, e §§ 1º e 2º, CP);
3) roubo (art. 157, *caput*, e §§ 1º, 2º e 3º, CP);
4) extorsão (art. 158, *caput*, e §§ 1º e 2º, CP);
5) extorsão mediante sequestro (art. 159, *caput*, e §§ 1º, 2º e 3º, CP);
6) estupro (art. 213, *caput*, CP);
7) epidemia com resultado morte (art. 267, § 1º, CP);
8) envenenamento de água potável ou substância alimentícia ou medicinal qualificado pela morte (art. 270, *caput*, c.c. art. 285, CP);
9) associação criminosa (art. 288, CP);
10) genocídio (arts. 1º a 3º, Lei nº 2.889/56);
11) tráfico de drogas (art. 33, *caput*, Lei nº 11.343/06);
12) crime contra o sistema financeiro (Lei nº 7.492/86).
13) **crimes previstos na Lei de Terrorismo (Lei nº 13.260/16).**

Embora este rol seja considerado taxativo na Lei nº 7.960/89, é fato que a Lei nº 8.072/90 (Crimes Hediondos) dispõe que a prisão temporária aos crimes hediondos e equiparados terá um prazo diferenciado (§ 3º, art. 2º). Logo, é possível dizer que os crimes que autorizam a prisão temporária estão alocados *tanto* no inc. III do art. 1º da Lei

de Prisão Temporária *quanto* no art. 2º da **Lei dos Crimes Hediondos**, de modo que, à lista acima, deve-se acrescentar:

14) lesão corporal dolosa gravíssima (art. 129, § 2º, CP) e lesão corporal seguida de morte (art. 129, § 3º, CP), quando nos moldes da Lei nº 13.142/15 (contra agentes de segurança pública e seus parentes);

15) estupro qualificado (§§ 1º e 2º do art. 213, CP);

16) estupro de vulnerável (art. 217-A, CP);

17) falsificação, corrupção, adulteração ou alteração de produto destinado a fins terapêuticos ou medicinais (art. 273, *caput*, e §§ 1º, § 1º-A e B, CP);

18) favorecimento da prostituição ou de outra forma de exploração sexual de criança, adolescente ou vulnerável (art. 218-B, *caput*, e §§ 1º e 2º, CP);

19) tortura (Lei nº 9.455/97) – equiparado a hediondo;

20) terrorismo (Lei nº 13.260/16) – equiparado a hediondo.

21) tráfico de drogas em sentido amplo (art. 33, *caput* e § 1º, e arts. 34, 36 e 37, Lei nº 11.343/06) – equiparado a hediondo (Masson e Marçal, 2019; e Brasileiro, 2017). Essa interpretação é feita com base nos artigos 12 e 13 da antiga Lei de Tóxicos (Lei nº 6.368/76), que tratavam do tráfico de entorpecentes e cuja atual Lei de Drogas destrinchou aquelas condutas nos atuais artigos ora mencionados.

Sobre a associação para o tráfico (art. 35, Lei nº 11.343/06), entende-se que não se trata de crime equiparado a hediondo (STJ, HC nº 429.672/SP, rel. Min. Antonio Saldanha Palheiro, j. 27.02.18; e STF, RE nº 942.006/RJ, rel. Min. Dias Toffoli, j. 22.02.16). Quanto ao tráfico privilegiado (art. 33, § 4º, Lei nº 11.343/06), com o cancelamento da súmula nº 512 do STJ, no fim do ano de 2016, afirma-se tranquilamente que não se trata mais de crime equiparado a hediondo (STJ, Pet nº 11.796/DF, rel. Min. Maria Thereza de Assis Moura, j. 23.11.16; e STF, HC nº 118.533/MS, rel. Min. Cármen Lúcia, j. 23.06.16).

22) roubo circunstanciado pelo emprego de arma de fogo ou arma de fogo de uso proibido ou restrito (art. 157, § 2º-A, I, e §2º-B, CP).

23) extorsão qualificada pela restrição da liberdade (art. 158, § 3º, CP).

24) furto qualificado pelo emprego de explosivo ou artefato análogo que cause perigo comum (art. 155, § 4º-A, CP).

25) posse ou porte ilegal de arma de fogo de uso proibido (art. 16, Lei nº 10.826/03)

    A Lei nº 13.497/17, que alterou a Lei dos Crimes Hediondos, havia previsto ser hediondo o crime de posse ou porte ilegal de arma de fogo de *uso restrito*. Agora, a Lei nº 13.964/19 passou a prever ser hedionda apenas a figura da arma de fogo de *uso proibido*. Assim, entende-se que a posse ou porte de arma de fogo de uso restrito não é mais definido como crime hediondo. As figuras hediondas envolvem tanto os verbos do *caput* quanto o § 1º do art. 16 do Estatuto do Desarmamento, cf. o seu § 2º.

26) tráfico internacional de arma de fogo, acessório ou munição (art. 18, Lei nº 10.826/03);

27) organização criminosa quando direcionada à prática de crime hediondo ou equiparado.

Desta feita, a taxatividade diz respeito à **expressa previsão legal**, e não a um simples artigo de uma única lei.

10.6.4. Procedimento

10.6.4.1. *Decretação*

Estabelece o art. 2º, "caput", Lei nº 7.960/89, que a prisão temporária será **decretada pelo juiz**, em face da representação da autoridade policial ou de requerimento do Ministério Público.

Vê-se, no mesmo caminho da doutrina, que a prisão temporária veio para substituir a famigerada *prisão para averiguação*, estudada anteriormente, em que a polícia simplesmente prendia uma pessoa para investigar sua vida pregressa, colocando-a como verdadeiro objeto de investigação e não como pessoa humana titular de direitos e garantias.

Então, a lei, ao deixar a decretação da prisão temporária como medida a ser analisada pelo juiz, passa a prever um *efetivo controle judicial* dos requisitos para a segregação de uma pessoa que está sendo investigada num procedimento criminal legal e formalizado.

10.6.4.2. *Legitimidade*

A prisão temporária pode ser solicitada por meio de **representação** do delegado de polícia, devendo o juiz ouvir o Ministério Público antes de decidir (§ 1º do art. 2º, Lei nº 7.960/89), ou mediante **requerimento** do próprio Ministério Público.

Não há menção ao querelante, mas isso não gera nenhum prejuízo ao sistema penal, uma vez que não há mais crime de ação penal de iniciativa privada que comporte a prisão temporária (antigamente, havia a previsão do crime de estupro, o que foi alterado com a Lei nº 12.015/09 e depois com a Lei nº 13.718/18).

Atenção: **não existe a possibilidade de decretação de prisão temporária de ofício, pelo juiz, em absolutamente nenhuma hipótese**.

10.6.4.3. *Requisitos*

A representação da autoridade policial ou o requerimento do Ministério Público conterá pedido fundamentado e com a demonstração do *fumus comissi delicti* e do *periculum libertatis*, consoante já estudado em tópico anterior deste capítulo.

Assim, deverá demonstrar um dos crimes previstos na Lei de Prisão Temporária (art. 1º, III) ou da Lei de Crimes Hediondos (art. 2º), que é o ***fumus comissi delicti*** e a presença de uma das duas hipóteses possíveis no art. 1º, I ou II, da Lei de Prisão Temporária, que é o ***periculum libertatis***, quais sejam, ou imprescindibilidade para as investigações ou o indiciado não tem residência fixa/não apresenta elementos de identificação pessoal.

10.6.4.4. *Decisão judicial*

O juiz deverá decidir fundamentadamente a prisão temporária em até 24 horas, contadas a partir do recebimento da representação do delegado de polícia ou do requerimento do Ministério Público (§ 2º, art. 2º, Lei nº 7.960/89).

A decisão deve ser bem motivada, expondo as razões que ensejaram a segregação temporária do agente e demonstrando a insuficiência de aplicação de outras medidas diversas da prisão (STJ, HC nº 278.681/PR, rel. Min. Reynaldo Soares da Fonseca, j. 13.12.16).

Uma vez decretada a prisão temporária, expedir-se-á o mandado, em duas vias, uma das quais será entregue ao indiciado e servirá como nota de culpa (§ 4º). Claramente, a prisão somente poderá ser executada após a expedição do mandado judicial (§ 5º).

Tratando-se de medida de suma importância para o bom andamento das investigações criminais, em todas as comarcas e seções judiciárias haverá um plantão permanente de 24 horas do Poder Judiciário e do Ministério Público para apreciação dos pedidos de prisão temporária (art. 5º).

Por fim, o juiz poderá, de ofício, ou a requerimento do Ministério Público e do advogado, determinar que o preso lhe seja apresentado, solicitar informações e esclarecimentos da autoridade policial e submetê-lo a exame de corpo de delito (§ 3º do art. 2º).

O estudo sobre o *mandado judicial* de prisão está dento do item sobre a prisão preventiva, para onde se remete o leitor.

10.6.4.5. *Duração*

Diferentemente da prisão preventiva, a prisão temporária tem prazo certo de duração. De acordo com o art. 2º, *caput*, Lei nº 7.960/89, a prisão temporária terá o prazo de **5 dias, prorrogável** por igual período em caso de extrema e comprovada necessidade.

Já a Lei nº 8.072/90, dispõe no art. 2º, § 4º, que a prisão temporária aos crimes hediondos e equiparados terá o prazo de **30 dias, prorrogável** por igual período no caso de extrema e comprovada necessidade (STJ, RHC nº 4.877/RJ, rel. Min. Cid Flaquer Scartezzini, j. 27.09.95).

A prorrogação não é automática, pois, como ambos os textos legais preveem, deve haver **pedido expresso** demonstrando a extrema e comprovada necessidade, o que será analisado pelo juiz (STJ, HC nº 7.655/GO, rel. Min. Vicente Leal, j. 15.10.98).

Tratando-se de cerceamento da liberdade, o prazo deve ser contado nos termos do art. 10 do Código Penal (prazo de natureza material), ou seja, incluindo-se o dia da captura (efetivação da prisão) e excluindo-se o último dia (dia da soltura).

Exemplo: se o agente for preso temporariamente por 5 dias no dia 10/01 (independentemente do horário), o cômputo deste prazo deverá incluir o próprio dia 10 e os dias

11, 12, 13 e 14, devendo o custodiado ser liberado ao primeiro segundo do dia 15, de modo que o último dia é contado inteiramente, ou seja, por 24 horas.

Não poderá o juiz decretar a prisão temporária, por exemplo, por 30 dias e já "deixar autorizada" a prorrogação por mais 30 dias, no caso de necessidade para as investigações e a critério do delegado ou do Ministério Público. A prorrogação, como visto, deve ser pedida e depois analisada, pelo magistrado, após a demonstração de extrema e comprovada necessidade.

Não há a necessidade de a prisão temporária já ser decretada, por exemplo, por 30 dias (se for crime hediondo), podendo o juiz, analisando o caso concreto, decretá-la, por exemplo, por 10 dias se entender ser este um período razoável; haverá a possibilidade de várias prorrogações, claro, respeitando-se o limite máximo, para este caso, de 60 dias, podendo, então, haver seis prorrogações de 10 dias cada, mas sempre respeitando-se o limite parcelar máximo, no caso, de trinta dias, ou seja, o juiz não poderá autorizar a prisão por 5 dias e prorrogá-la depois por mais 55 dias, alegando que está respeitando o máximo.

Considerando que a prisão temporária é decretada de forma a acautelar a investigação, uma vez ultimada esta não haverá mais o requisito da *necessidade* (STJ, HC nº 313.157/MG, rel. Min. Maria Thereza de Assis Moura, j. 05.05.15), de modo que o agente deverá ser liberado imediatamente (salvo se tiver sido decretada sua prisão preventiva), o que só pode ser feito pelo **juiz**, que foi quem a decretou e possui o controle sobre seu ato judicial. Atentar que há doutrina entendendo que o próprio delegado poderia liberar o agente. Em suma, portanto, uma vez oferecida a denúncia, mostra-se desnecessária a prisão temporária, pois esta objetiva resguardar as investigações, agora já encerradas (STJ, HC nº 210.697/SP, rel. Min. Jorge Mussi, j. 06.08.13).

Por fim, diz o art. 3º, Lei de Prisão Temporária, que "os presos temporários deverão permanecer, obrigatoriamente, separados dos demais detentos" – o que é confirmado pela Lei de Execução Penal (art. 84, *caput*, e § 1º, Lei nº 7.210/84), conforme redação dada pela Lei nº 13.167/15. O objetivo é resguardar a integridade do preso provisório, evitando-se, inclusive, corrompê-lo pelos criminosos já condenados em definitivo.

10.6.4.6. *Recurso*

Feito o requerimento pelo Ministério Público e indeferido pelo juiz, caberá recurso em sentido estrito (art. 581, V, CPP), que, embora o texto legal mencione seu cabimento apenas contra o indeferimento do pedido de prisão *preventiva*, deve-se aplicar a mesma razão à *temporária*, dentro de uma interpretação extensiva. Contra o deferimento caberá ação de *habeas corpus*.

Melhor seria que o Ministério Público reformulasse o pedido com novos elementos de autoria e materialidade do invés de recorrer, uma vez que a decisão pelo tribunal poderá demorar, o que trará graves prejuízos às investigações (Brasileiro, 2016).

10.6.5. Conversão em prisão preventiva

Ao término da prisão temporária ou, ainda, se alterado o fundamento da segregação cautelar do agente, poderá ser decretada a prisão preventiva em substituição à prisão temporária, exigindo-se uma decisão judicial, claramente.

Consoante o Superior Tribunal de Justiça, cada espécie de prisão tem condições e finalidades diversas, razão pela qual o término da prisão temporária não impede a decretação da prisão preventiva quando houverem fundamentos idôneos e suficientes para tanto e também não impõe sua decretação de imediato (STJ, RHC nº 74.017/MG, rel. Min. Nefi Cordeiro, j. 13.09.16).

Em interessante julgado do Superior Tribunal de Justiça, o delegado de polícia representou pela decretação da prisão *temporária*, mas o juiz entendeu que era o caso de prisão *preventiva* e assim a decretou. Para a corte, "requerida a prisão temporária pela autoridade policial, o magistrado poderá decretar a prisão preventiva, em decisão fundamentada, na qual aponte a presença dos requisitos do art. 312 do CPP. Deve ser aplicado ao tema o mesmo entendimento que preceitua a inexistência de qualquer ilegalidade na conversão do flagrante em preventiva. Não se trata de decretação da prisão de ofício, em desconformidade com o sistema acusatório de processo ou com o princípio da inércia, adotados pela Constituição da República de 1988. Isso porque, o julgador só atuou após ter sido previamente provocado pela autoridade policial, não se tratando de postura que coloque em xeque a sua imparcialidade. O que deve ser analisado é se o ato judicial está amparado nos pressupostos exigidos pela lei (art. 312 do CPP) e calcado em fundamentos acolhidos pela doutrina e jurisprudência como válidos para o encarceramento prematuro do acusado" (STJ, RHC nº 68.246/MG, rel. Min. Reynaldo Soares da Fonseca, j. 05.04.16). Logo, "pode o magistrado decretar a prisão preventiva, mesmo que a representação da autoridade policial ou do Ministério Público seja pela decretação de prisão temporária, visto que, provado, cabe ao juiz o melhor direito aplicável à espécie" (STJ, HC nº 362.962/RN, rel. Min. Rogerio Schietti Cruz, j. 01.09.16).

No mais, eventual ilegalidade da prisão temporária resta superada com a superveniência de novo título apto a embasar a custódia – no caso, a decretação da prisão preventiva – quando, é claro, apontada a necessidade da constrição cautelar do agente (STJ, RHC nº 54.425/RN, rel. Min. Jorge Mussi, j. 10.03.15). Com efeito, após a convolação da prisão temporária em preventiva, ficam superadas todas as questões relativas a eventuais irregularidades daquela (STJ, RHC nº 76.263/MG, rel. Min. Joel Ilan Paciornik, j. 07.12.17).

10.7. SENTENÇA DE PRONÚNCIA E CONDENATÓRIA RECORRÍVEL

10.7.1. Prisão decorrente de pronúncia

Praticado um crime doloso contra a vida, seu autor será julgado pelo tribunal do júri, que, como será estudado oportunamente, possui duas fases de julgamento. A primeira fase é de admissibilidade da acusação e a segunda é a de julgamento pelos jurados. Admitida a acusação, portanto, o agente é *pronunciado* e levado a julgamento diante dos jurados.

Antigamente, conforme os §§ 2º e 3º do art. 408, CPP, existiam duas situações básicas sobre a prisão do responsável por um crime julgado pelo júri: (a) se portador de bons antecedentes e primário, poderia responder ao processo solto, com liberdade provisória sem fiança; ou (b) se afiançável e preenchido os requisitos legais, o valor seria arbitrado pelo juiz.

Interpretando contrariamente, então, vê-se que, se o agente fosse portador de maus antecedentes ou reincidente, haveria sua prisão cautelar. Isso passou a ser criticado pela doutrina, pois não estariam preenchidos os requisitos para a decretação de uma prisão cautelar e nem se estava diante de uma sentença final transitada em julgado. Simplesmente, o agente havia sido pronunciado e isso, para a lei e neste caso, era uma causa de *prisão automática decorrente da pronúncia*.

Diante das críticas que o instituto estava sofrendo, a reforma processual promovida pela Lei nº 11.689/08 revogou os "maus antecedentes" e a "reincidência" como fundamentos à segregação cautelar. Assim, atualmente, o juiz **verificará se estão presentes os requisitos para a decretação da prisão preventiva**; do contrário, o agente responderá ao processo em liberdade. Logo, não há que se falar em prisão como efeito automático da pronúncia e nem em decorrência de maus antecedentes ou reincidência, pois é a análise concreta que autorizará, ou não, a prisão preventiva.

Neste sentido, o atual § 3º do art. 413, CPP, prevê que o juiz decidirá, **motivadamente**, no caso de *manutenção*, *revogação* ou *substituição* da prisão ou medida restritiva de liberdade anteriormente decretada e, tratando-se de acusado solto, sobre a necessidade da *decretação* da prisão ou imposição de quaisquer das medidas alternativas previstas no art. 319, CPP.

A jurisprudência vem adotando a norma posta, pois, "com o advento da Lei 11.689/2008, o legislador ordinário atribuiu ao magistrado o dever de se manifestar acerca da necessidade de manutenção ou decretação da prisão preventiva ao proferir a provisional, fazendo-o de forma fundamentada, nos termos do artigo 413, § 3º, do Código de Processo Penal" (STJ, RHC nº 65.006/SP, rel. Min. Rogerio Schietti Cruz, j. 02.08.16).

E o mesmo Superior Tribunal de Justiça tem julgados no sentido de que, caso o juiz de primeiro grau seja omisso quanto à constrição cautelar da liberdade do réu pronunciado, não se deve colocá-lo em liberdade imediatamente, mas devolver os autos à origem para que o juiz se manifeste sobre a prisão ou outra medida cautelar (6ª T., HC nº 378.807/RJ, rel. Min. Rogerio Schietti Cruz, j. 14.02.17); todavia, há julgados no sentido de que a omissão pelo julgador *a quo* não impede a análise da prisão pelo juízo *ad quem*, podendo este, inclusive, determinar medidas alternativas à prisão (5ª T., RHC nº 57.418/RJ, rel. Min. Jorge Mussi, j. 01.12.16).

10.7.2. Prisão decorrente de condenação recorrível

Proferida a sentença condenatória, abre-se ao réu a possibilidade de recorrer ao juízo superior, considerando que tal decisão é uma *condenação recorrível*. A questão que se coloca é saber se há, ou não, a necessidade de se determinar a prisão do réu para recorrer e aguardar o julgamento de seu recurso.

Pela antiga redação do art. 594, CPP, "o réu não poderá apelar sem recolher-se à prisão, ou prestar fiança, salvo se for primário e de bons antecedentes, assim reconhecido na sentença condenatória, ou condenado por crime que se livre solto".

Tal como analisado acima, na prisão decorrente de pronúncia, havia três claras situações: (a) se o agora sentenciado fosse primário e com bons antecedentes, poderia recorrer em liberdade; (b) se o crime fosse afiançável, o sentenciado poderia prestar fiança; e (c) a depender do crime, poderia permanecer solto, no caso de crime em que se livrasse solto, quando a pena privativa de liberdade não fosse superior a três meses.

Contrariamente a estas situações, ainda que diante de uma sentença condenatória recorrível, o sentenciado deveria recolher-se à prisão para recorrer. Neste caminho dispunha a súmula nº 9 do STJ ("a exigência da prisão provisória, para apelar, não ofende a garantia constitucional da presunção de inocência").

Historicamente, o Supremo Tribunal Federal, em 2007, firmou o entendimento no sentido de que independe do recolhimento à prisão o regular processamento do recurso de apelação do condenado, de modo a prestigiar o duplo grau de jurisdição, podendo haver, a depender da necessidade e do caso concreto, a decretação da prisão preventiva (HC nº 88.420/PR, rel. Min. Ricardo Lewandowski, j. 17.04.07). E seguindo este entendimento, o Superior Tribunal de Justiça editou a súmula nº 347, dispondo que o conhecimento de recurso de apelação do réu independe de sua prisão, perdendo eficácia, então, a sua antiga súmula nº 9.

Atualmente, seguindo a atual linha jurisprudencial, a Lei nº 11.719/08 revogou os arts. 594 e 393, I, de modo que o § 1º do art. 387 passou a tratar do tema da seguinte forma: "o juiz decidirá, **fundamentadamente**, sobre a manutenção ou, se for o caso, a imposição de **prisão preventiva ou de outra medida cautelar**, sem prejuízo do conhecimento de apelação que vier a ser interposta". E da mesma forma, a Lei nº 12.403/11 revogou o art. 595, CPP, que dispunha que a apelação seria considerada deserta caso o condenado fugisse da prisão após a interposição do recurso.

Como bem resume o Superior Tribunal de Justiça, a privação antecipada da liberdade do cidadão acusado de crime reveste-se de caráter excepcional em nosso ordenamento jurídico, e a medida deve estar embasada em decisão judicial fundamentada (art. 93, IX, da CF), que demonstre a existência da prova da materialidade do crime e a presença de indícios suficientes da autoria, bem como a ocorrência de um ou mais pressupostos do artigo 312 do Código de Processo Penal, vedadas considerações abstratas sobre a gravidade do crime (RHC nº 90.378/RJ, rel. Min. Reynaldo Soares da Fonseca, j. 12.12.17). E nos termos da orientação jurisprudencial da Corte, a manutenção da custódia cautelar, na sentença, por considerar-se ainda presentes os motivos ensejadores da sua decretação, não configura ofensa ao art. 387, § 1º, do CPP, quando fundamentado o decreto prisional (HC nº 400.085/SP, rel. Min. Reynaldo Soares da Fonseca, j. 08.08.17).

No mais, o juiz sentenciante, quando da prolação da sentença condenatória, pode, desde que de forma fundamentada, decretar a prisão preventiva, ainda que o acusado tenha aguardado em liberdade o encerramento da instrução processual, desde que demonstre a presença dos requisitos exigidos par a segregação cautelar (STJ, HC nº 373.048/SP, rel.

Min. Joel Ilan Paciornik, j. 09.03.17; e HC nº 429.148/DF, rel. Min. Sebastião Reis Júnior, j. 15.03.18).

10.7.3. Prisão *ex lege* para recorrer

Apesar de o Código de Processo Penal e a própria jurisprudência expressarem que a sentença condenatória recorrível não é bastante para se determinar a prisão cautelar do sentenciado, algumas leis mantêm a previsão de prisão do agente para se conhecer/admitir o recurso.

Consoante a Convenção Americana de Direitos Humanos, dotada de status supralegal (acima das leis, portanto), assegura a todos o duplo grau de jurisdição, de modo que toda a legislação que condicione o conhecimento da apelação ao recolhimento ao cárcere teve sua eficácia paralisada e não mais tem eficácia.

Assim, não são compatíveis com o ordenamento jurídico brasileiro as seguintes disposições, que exigem a segregação cautelar do agente para poder conhecer o recurso do réu:

a) crimes contra o sistema financeiro (art. 31, Lei nº 7.492/86);

b) competência originária (art. 27, § 2º, Lei nº 8.038/90);

c) crimes hediondos (art. 2º, § 3º, Lei nº 8.072/90);

d) drogas (art. 59, Lei nº 11.343/06);

Logo, somente é possível, de acordo com o atual ordenamento jurídico, determinar a segregação cautelar de alguém **se presentes os motivos autorizadores da prisão preventiva** (art. 312, CPP) de forma que não há mais prisão como condicionante ao conhecimento de recurso.

10.8. PRISÃO DOMICILIAR

10.8.1. Conceito

Prevê o atual art. 317, CPP, que a prisão domiciliar consiste no recolhimento do indiciado ou acusado em sua residência, diante de algumas hipóteses legais, só podendo dela ausentar-se com autorização judicial.

Assim, a prisão domiciliar prevista no Código de Processo Penal é uma **forma substitutiva da prisão preventiva**, diante de algumas circunstâncias – comumente de índole pessoal e/ou humanitária – que permitem que o então preso fique segregado cautelarmente em seu domicílio.

Por obviedade, não há que se falar em substituição da prisão temporária por prisão domiciliar. Isso por duas razões bastante simples: (i) o prazo da prisão temporária é bastante exíguo, de poucos dias e (ii) o objetivo é justamente acautelar as investigações, de forma que conceder ao agente a benesse de ficar "preso em sua casa" não efetivará este escopo da tutela.

Logo, apenas é possível a substituição da **prisão preventiva** por prisão domiciliar – não sendo admissível quando já houver título condenatório transitado em julgado (STF, HC nº 177.164/PA, rel. Min. Marco Aurélio, j. 18.02.20).

10.8.2. Hipóteses

O art. 318, CPP, prevê que o **juiz** (nunca o delegado de polícia) poderá substituir a prisão preventiva pela prisão domiciliar em algumas situações.

Apesar do texto legal e da então jurisprudência já criada em torno do assunto, a 2ª Turma do Supremo Tribunal Federal (HC nº 143.641/SP, rel. Min. Ricardo Lewandowski, j. 20.02.18) admitiu e julgou ordem de *habeas corpus* coletivo envolvendo a prisão preventiva e a sua substituição por prisão domiciliar em relação a gestantes, a puérperas (que deram à luz há pouco tempo), a mães de crianças e mães de pessoas com deficiência.

A Corte reconheceu a existência de inúmeras mulheres com essas características que estavam cumprindo prisão preventiva em condições degradantes e sem cuidados médicos, inclusive em locais sem creche, berçário ou atendimento especializado. Reconheceu-se, também, a existência de uma "cultura do encarceramento", com a imposição exagerada e irrazoável de prisões preventivas a mulheres pobres e vulneráveis, mesmo diante de outras soluções possíveis.

Entendeu-se que o Brasil não tem condições de garantir os cuidados mínimos relativos à maternidade, o que atinge, também, os fetos e seus dependentes, que acabam sofrendo injustamente as consequências da prisão.

Diante disso, a Corte, admitindo e julgando ordem de *habeas corpus* coletivo, entendeu que:

a) em **regra**, deve ser concedida prisão domiciliar a todas as mulheres presas que sejam (i) gestantes, (ii) puérperas/pós-parturientes, (iii) mães de crianças e (iv) mães de pessoas com deficiência.

b) a **exceção** é que não deve ser autorizada a prisão domiciliar se (i) a mulher tiver praticado o crime mediante violência ou grave ameaça, (ii) a mulher tiver praticado crime contra seus filhos/netos ou (iii) em outras situações excepcionalíssimas, as quais deverão ser devidamente fundamentadas pelos juízes que denegarem o benefício.

Destaca-se que esse raciocínio também vale para adolescentes que tenham praticado ato infracional, com procedimento no Estatuto da Criança e do Adolescente; além disso, o simples fato de a mulher ser reincidentes não faz com que ela perca, automaticamente, o direito à prisão domiciliar. Assim, os incisos IV e V do art. 318, CPP, devem ser lidos à luz desse novo posicionamento do Supremo Tribunal Federal.

Positivando o entendimento da Suprema Corte, foi editada a **Lei nº 13.769/18**, que acrescentou o art. 318-A ao Código de Processo Penal, dispondo que a prisão preventiva imposta à mulher **gestante** ou que for **mãe ou responsável por crianças ou pessoas com deficiência** será substituída por prisão domiciliar, desde que: (a) não tenha cometido crime com violência ou grave ameaça à pessoa; e (b) não tenha cometido o crime contra seu filho ou dependente (não se falou em "descendente", mas *filho ou dependente*).

Ainda, o art. 318-B, CPP, passou a prever que a substituição da prisão preventiva pela domiciliar, *em quaisquer de suas hipóteses*, poderá ser efetuada sem prejuízo da aplicação, concomitante, das medidas cautelares alternativas à prisão, do art. 319, CPP. Exemplo: juntamente com a prisão domiciliar, o juiz poderá determinar a suspensão de atividade econômica do agente (art. 319, VI, CPP). Veja que isso se aplica a todos os casos de prisão domiciliar, e não apenas às gestantes/mães presas.

Percebe-se que o STF, no julgamento do HC nº 143.641/SP, colocou três exceções à prisão domiciliar, autorizando o juiz também a, analisando situação excepcional, negá-la, desde que o faça motivadamente. Embora não prevista na Lei nº 13.769/18, é perfeitamente possível sustentar a manutenção desta exceção, de modo que o juiz, claramente, possui liberdade para, *analisando o caso concreto e diante de situação excepcionalíssima*, negar a substituição da prisão preventiva pela domiciliar. Exemplo: a reincidência, como regra, não impede a substituição por prisão domiciliar, mas o juiz, analisando o caso concreto, poderá negá-la. No mesmo sentido entende o Superior Tribunal de Justiça (HC nº 470.549/TO, rel. Min. Reynaldo Soares da Fonseca, j. 12.02.19).

No mais, a Lei nº 13.769/18 traz a expressão "criança" o que pode levar a duas interpretações. Uma, do ECA, que diz que criança é a pessoa até 12 anos de idade incompletos (art. 2º). Outra, da Convenção sobre Direitos da Criança, que diz que criança é todo ser humano com menos de 18 anos de idade (art. 1º, Decreto nº 99.710/90). Tende a prevalecer a primeira posição, numa interpretação sistemática com o próprio art. 318, IV, CPP.

10.8.2.1. *Maior de 80 anos*

O **inciso** I do art. 318, CPP, prevê o direito ao maior de 80 anos de idade. Não há que se confundir com a situação de "idoso", que é aquele que tem 60 ou mais anos de idade (Lei nº 10.741/03). A lei processual exige textualmente que o preso tenha pelo menos oitenta anos de idade.

10.8.2.2. *Doença grave*

O **inciso** II do art. 318, CPP, prevê o direito à substituição quando o agente for extremamente debilitado por motivo de doença grave.

Mas não basta estar doente ou ser portador de alguma doença que exija tratamentos médicos, pois, como sabido, é direito do preso a assistência à saúde (art. 14, Lei nº 7.210/84). Exige-se que o tratamento médico somente seja oferecido extramuros, ou seja, a sua condição de preso preventivo impede ou dificulta gravemente o seu direito à saúde.

Consoante o Superior Tribunal de Justiça, "o deferimento da substituição da prisão preventiva por prisão domiciliar, nos termos do art. 318, inciso II, do Código de Processo

Penal, depende da comprovação inequívoca de que o réu esteja extremamente debilitado, por motivo de grave doença, aliada à impossibilidade de receber tratamento no estabelecimento prisional em que se encontra" (HC nº 383.111/MG, rel. Min. Reynaldo Soares da Fonseca, j. 14.03.17). No mesmo sentido já entendeu a Suprema Corte, afirmando ser adequado conceder prisão domiciliar humanitária ao preso extremamente debilitado por doença grave, quando o tratamento médico não puder ser oferecido no estabelecimento penal, conforme comprovação em laudo pericial (HC nº 153.961/DF, rel. Min. Dias Toffoli, j. 27.03.18).

Em caso nacionalmente conhecido, referente ao catador de material reciclável Rafael Braga, preso por tráfico e associação para o tráfico de drogas na Penitenciária de Bangu, no Estado do Rio de Janeiro, o Superior Tribunal de Justiça concedeu ordem de *habeas corpus* para substituir a prisão preventiva por prisão domiciliar para que o preso pudesse receber a devida assistência médica, considerando ter adquirido tuberculose e, há mais de um ano, não ter recebido o devido atendimento médico no estabelecimento penal, sendo imperioso o seu afastamento da unidade prisional enquanto perdurar o seu agravado estado de saúde (HC nº 415.508/RJ, rel. Min. Rogerio Schietti Cruz, j. 13.09.17). Vale muito a pena a leitura do acórdão para se ter conhecimento das condições da situação carcerária nacional.

10.8.2.3. *Cuidados especiais*

O **inciso III** do art. 318, CPP, prevê o direito quando o agente for **imprescindível** aos cuidados especiais de pessoa **menor de 6 anos de idade** ou **com deficiência**.

Independentemente de ser genitor ou ter qualquer outro título, se o agente preso for imprescindível aos cuidados de criança menor de 6 anos de idade ou com deficiência, será possível a prisão domiciliar. Ex.: pai, mãe, tio, avô, primo, guardião, irmão etc. Não sendo o caso de mãe com filho deficiente, bem afirma a jurisprudência que, para a concessão da prisão domiciliar não é suficiente somente o preenchimento do requisito objetivo, qual seja, a idade ou a deficiência da criança, sendo necessária a comprovação de que o agente é **imprescindível** aos seus cuidados (STJ, RHC nº 76.593/SP, rel. Min. Joel Ilan Paciornik, j. 14.02.17).

Se for o caso de mãe ou responsável por crianças ou pessoas com deficiência, a regra é que se determine sua prisão domiciliar em substituição à prisão preventiva, como fixou o Supremo Tribunal Federal no HC coletivo nº 143.641/SP (rel. Min. Ricardo Lewandowski, j. 20.02.18). Igualmente, é o previsto no art. 318-A, CPP, incluído pela Lei nº 13.769/18. A expressão "ser responsável" alcança não somente os casos de guarda, tutela ou curatela, mas toda situação em que a mulher seja a única a cuidar da pessoa com deficiência ou da criança. Assim, em princípio, perdeu utilidade a previsão do inc. III do art. 318, CPP. Seja como for, o Supremo Tribunal Federal concedeu ordem de *habeas corpus* coletivo a todos os presos que se enquadrem na situação do inc. III do art. 318, CPP, observadas as mesmas condicionantes do HC coletivo nº 143.641/SP (HC nº 165.704/DF, rel. Min. Gilmar Mendes, j. 20.10.20).

10.8.2.4. *Gestante*

O **inciso IV** do art. 318, CPP, prevê o direito à prisão domiciliar substituindo a prisão preventiva quando a presa preventiva for gestante.

Esta previsão do Código de Processo Penal foi alterada pela Lei nº 13.257/16 (Estatuto da Primeira Infância), que antes previa o direito à concessão de prisão domiciliar à gestante apenas a partir do 7º mês de gestação ou se esta fosse de alto risco. Com a referida alteração legislativa, qualquer gestante, agora, terá o direito de postular a prisão domiciliar, independentemente do tempo de gestação ou da existência de risco.

Apesar de a Lei de Execução Penal determinar que os estabelecimentos penais devem possui seção para gestantes e parturientes, com o necessário atendimento médico (art. 89, Lei nº 7.210/84), a interpretação a ser dada deve ser feita à luz do HC nº 143.641/SP, da 2ª Turma do Supremo Tribunal Federal (rel. Min. Ricardo Lewandowski, j. 20.02.18), que concedeu ordem de *habeas corpus* determinando que a **regra** é a concessão de prisão domiciliar a todas as mulheres presas que sejam gestantes, puérperas, mãe de criança ou mães de pessoas com deficiência, sendo **exceção** a vedação da sua concessão à mulher que praticou crime mediante violência ou grave ameaça, ou que praticou crime contra seus descendentes, ou em situações excepcionalíssimas, as quais deverão ser devidamente fundamentadas pelo juiz. Igualmente, a leitura atual deve ser feita nos moldes do novel art. 318-A, CPP, incluído pela Lei nº 13.769/18, que determina a substituição por prisão domiciliar à mulher gestante, desde que não tenha cometido crime com violência ou grave ameaça à pessoa e nem contra seu filho ou dependente. Assim, em princípio, perdeu utilidade a previsão do inc. IV do art. 318, CPP.

10.8.2.5. *Mulher com criança*

O **inciso V** do art. 318, CPP, prevê o direito à prisão domiciliar à mulher com filho de até 12 anos de idade incompletos.

Trata-se de inclusão realizada pela Lei nº 13.257/16 (Estatuto da Primeira Infância), dando concretude ao art. 227, CF, que prevê o dever da família à convivência familiar, além de seguir as *Regras de Bangkok*, da ONU, sobre o tratamento de mulheres presas, que dispõe, por exemplo, que deve ser incentivado e facilitado, por todos os meios razoáveis, o contato de mulheres presas com seus familiares, incluindo os filhos (regra nº 26), além de dispor que a decisão do momento de separação da mãe e de seu filho deve ser feita caso a caso e fundando-se no melhor interesse da criança, considerando que a remoção da criança da prisão deve ser conduzida com delicadeza e apenas quando as alternativas de cuidado tenham sido identificada (regra nº 52), bem como, que penas não privativas de liberdade para as mulheres gestantes e mulheres com filhos ou dependentes são preferidas sempre que for possível e apropriado, sendo a pena de prisão considerada apenas quando o crime for grave ou violento ou a mulher apresentar ameaça contínua, sempre velando pelo melhor interesse do filho e assegurando as diligências adequadas para seu cuidado (regra nº 64).

Novamente, a interpretação a ser dada deve ser feita à luz do HC nº 143.641/SP, da 2ª Turma do Supremo Tribunal Federal (rel. Min. Ricardo Lewandowski, j. 20.02.18), que concedeu ordem de *habeas corpus* determinando que a **regra** é a concessão de prisão domiciliar a todas as mulheres presas que sejam gestantes, puérperas, mãe de criança ou mães de pessoas com deficiência, sendo **exceção** a vedação da sua concessão à mulher que (a) praticou crime mediante violência ou grave ameaça, ou que (b) praticou crime contra seus descendentes, ou (c) em situações excepcionalíssimas, as quais deverão ser devidamente fundamentadas pelo juiz. Igualmente, a leitura atual deve ser feita nos moldes do novel art. 318-A, CPP, incluído pela Lei nº 13.769/18, que determina a substituição por prisão domiciliar à mãe ou responsável por crianças, desde que não tenha cometido crime com violência ou grave ameaça à pessoa e nem contra seu filho ou dependente. Assim, em princípio, perdeu utilidade a previsão do inc. V do art. 318, CPP.

Tendo isso em vista, o Superior Tribunal de Justiça negou *habeas corpus* a uma mulher, mãe de uma criança de dois anos, por se enquadrar nas exceções mencionadas, já que ela era suspeita de praticar roubo majorado, receptação e porte ilegal de arma, bem como de participar de organização criminosa (HC nº 438.607/CE, rel. Min. Joel Ilan Paciornik, j. 20.03.18). De igual modo, a Corte já decidiu que uma mãe que tem filho criança não tem direito a prisão domiciliar quando ela é presa em flagrante traficando drogas dentro de sua própria casa, pois a criança pode ser envolvida na atividade ilícita, colocando em risco sua vida e o seu bem-estar (HC nº 457.100/PR, rel. Min. Maria Thereza de Assis Moura, j. 06.07.18). Em suma, não é cabível a substituição da prisão preventiva pela domiciliar quando o crime é praticado na própria residência da agente, onde convive com filhos menores de 12 anos de idade (STJ, HC nº 441.781/SC, rel. Min. Nefi Cordeiro, j. 12.06.18).

Em interessante caso, o Tribunal da Cidadania negou a prisão domiciliar a uma mãe acusada de tráfico de drogas e associação para o tráfico que era reincidente e que havia rompido a tornozeleira eletrônica que estava usando, mantendo-se, assim, a prisão preventiva (HC nº 513.343/PR, rel. Min. Laurita Vaz, j. 17.09.19).

Como bem entendeu a Suprema Corte, para a concessão da prisão domiciliar não basta a mera condição de maternidade, impondo-se ao Poder Judiciário o exame da conduta e da personalidade da agente e, sobretudo, a conveniência e o atendimento ao superior interesse do menor, conforme as Regras de Bangkok, da ONU (HC nº 134.734/SP, rel. Min. Celso de Mello, j. 04.04.17).

De acordo com o Superior Tribunal de Justiça, "é perceptível que a alteração e os acréscimos feitos ao art. 318 do Código de Processo Penal encontram suporte no próprio fundamento que subjaz à Lei n. 13.257/2016, notadamente a garantia do desenvolvimento infantil integral, com o fortalecimento da família no exercício de sua função de cuidado e educação de seus filhos na primeira infância (HC nº 354.608/PR, rel. Min. Rogerio Schietti Cruz, j. 18.04.16); além disso, a criança e a mãe têm o direito de permanecerem juntas em ambiente que não lhes cause danos, de acordo com o princípio da dignidade humana (STF, MS nº 134.069/DF, rel. Min. Gilmar Mendes, j. 21.06.16).

Em brilhante decisão, o Ministro Rogerio Schietti Cruz adotou a chamada **interpretação *pro infans***, empregada comumente pela Corte Constitucional da Colômbia, que dispõe, no seu art. 44, que *os direitos das crianças prevalecem sobre os demais direitos*. No caso, a acusada era mãe de duas crianças, estando acostado aos autos parecer psicológico concluindo pela necessidade de sua permanência junto aos filhos, considerando que as crianças não deveriam ser penalizadas, observando-se a doutrina da proteção integral e o princípio da prioridade absoluta, previstos no art. 227 da Constituição Federal (STJ, HC nº 411.779/RS, j. 28.08.17).

Para agregar conhecimento, assim decidiu a Corte Constitucional da Colômbia: "no sólo en el ámbito nacional, sino también en el internacional se ha dado cabida, atendiendo ese interés superior del menor ampliamente reconocido, al denominado principio *pro infans*, acentuado por la jurisprudencia de esta corporación al considerarlo un instrumento jurídico valioso para la ponderación de derechos de rango constitucional, frente a eventuales tensiones, debiendo escogerse la interpretación que brinde la mayor protección a los derechos de los niños, las niñas y los adolescentes" (Sentencia C-177/14, Magistrado Nilson Pinilla Pinilla, j. 26.03.14).

Novamente, muito bem decidiu o Tribunal da Cidadania ao afirmar que a prisão domiciliar em substituição à prisão preventiva, no caso, não objetiva conceder às presas uma "nova chance" de contato com os filhos, mas, sim, resguardar os interesses da criança e garantir o seu desenvolvimento saudável. Nas palavras da Corte, "é o reconhecimento de que ao lado, e talvez acima, dos interesses na persecução criminal eficiente e protetora da sociedade, também é de suprema importância a atenção aos interesses atingidos de crianças e adolescentes" (HC nº 415.206/SP, rel. Min. Nefi Cordeiro, j. 11.09.17).

Ainda, o Superior Tribunal de Justiça negou a conversão de prisão preventiva em domiciliar a uma mãe presa por tráfico de drogas, que cometia o crime com a participação de adolescentes e, pior, na frente de seus próprios filhos, tendo uma das filhas apenas nove meses de idade, a quem a acusada, inclusive, dava bebida alcoólica para beber, demonstrando total negligência nos cuidados mínimos com os filhos. Conforme o Tribunal, a simples existência de filhos menores não enseja a concessão automática da benesse, eis que necessário observar-se o disposto no parágrafo único do art. 318 do Código de Processo Penal (HC nº 406.937/SC, rel. Min. Rogerio Schietti Cruz, j. 14.07.17).

No mesmo sentido, o Superior Tribunal de Justiça negou a prisão domiciliar a uma mulher acusada de matar e esquartejar a vítima, jogando seus restos mortais num rio e, em seguida, de roubar um carro, um celular e dinheiro. Aduziu-se que a simples existência de filho menor de idade não é suficiente para a concessão da prisão domiciliar, ainda mais considerando a *gravidade concreta* do crime cometido e a *não comprovação da imprescindibilidade* dos cuidados da mãe em relação ao filho, que tinha apoio familiar de uma avó (HC nº 431.117/RJ, rel. Min. Felix Fischer, j. 20.12.17).

Atente-se, portanto, aos julgados do STJ e do STF e à letra da lei. Há diferenças consideráveis que devem ser levadas em conta na sua interpretação.

Por fim, questão interessantíssima é: o que acontece com a prisão domiciliar quando o filho da presa atingir 12 anos de idade? O Código de Processo Penal autoriza a prisão domiciliar à mulher com filho de *até doze anos de idade incompletos* apenas. A lei não trata desta situação, mas sustenta-se que não será o caso de decretação do cárcere cautelar imediata e automaticamente, salvo se o juiz assim decidir motivadamente, indicando o preenchimento de um dos requisitos autorizadores da prisão preventiva. Até porque, a regra é que uma mãe de criança, por exemplo, responda ao processo solta ou em prisão domiciliar, mas nada impede que o juiz, se o caso, decrete a sua prisão preventiva, como bem colocou o Supremo Tribunal Federal no HC coletivo nº 143.641/SP.

10.8.2.6. *Homem com criança*

O **inciso VI**, prevê o direito ao homem, caso seja o único responsável pelos cuidados do filho de até 12 anos de idade incompletos. Também foi acrescentada esta hipótese pela Lei nº 13.257/16. Assim, não basta ser homem e pai, mas, sim, ser o *único* responsável pelos cuidados do filho ainda criança, devendo demonstrar que, de fato, não há mais ninguém que possa se encarregar de cuidar da criança (STJ, HC nº 415.206/SP, rel. Min. Nefi Cordeiro, j. 11.09.17; e RHC nº 76.891/PE, rel. Min. Reynaldo Soares da Fonseca, j. 06.12.16).

Destaca-se que o Supremo Tribunal Federal concedeu ordem de *habeas corpus* coletivo a todos os presos que se enquadrem na situação do inc. VI do art. 318, CPP, observadas as mesmas condicionantes do HC coletivo nº 143.641/SP (HC nº 165.704/DF, rel. Min. Gilmar Mendes, j. 20.10.20).

10.8.3. Prova e ônus

O parágrafo único do art. 318, CPP, dispõe que, para a substituição da prisão preventiva pela prisão domiciliar, o juiz exigirá prova idônea dos requisitos estabelecidos neste artigo.

No mesmo caminho de ideias, portanto, do explicado anteriormente, não basta, simplesmente, por exemplo, o homem ser pai de uma criança de 7 anos de idade para ter direito à prisão domiciliar. É preciso que se demonstre uma situação que, de fato, mostre que a prisão domiciliar é realmente necessária.

Tal como o art. 282, I, CPP, exige a *necessidade* para se aplicar uma medida cautelar pessoal, deve, aqui, ficar demonstrada esta mesma necessidade para que se substitua uma prisão preventiva pela prisão domiciliar, não bastando o simples preenchimento de um requisito legal totalmente objetivo e alheio à realidade do processo.

Atenção deve ser dada, novamente, quanto ao decidido pela 2ª Turma do Supremo Tribunal Federal a respeito da concessão, como regra, de prisão domiciliar a gestantes, puérperas, mães de crianças e de pessoas com deficiência (HC nº 143.641/SP, rel. Min. Ricardo Lewandowski, j. 20.02.18).

No mais, o ônus da prova para a substituição é do próprio preso, que deverá, em seu interesse, demonstrar os elementos a fim de convencer o juiz. Não basta gerar dúvida, devendo haver **prova clara e convincente**, isto é, de alta probabilidade e segurança.

10.8.4. Prisão domiciliar na Lei de Execução Penal

O Código de Processo Penal trata, nos arts. 317 e 318, da substituição da prisão **cautelar** da espécie preventiva pela prisão domiciliar. Isso não guarda relação com a prisão domiciliar prevista na Lei nº 7.210/84 (Lei de Execução Penal).

De fato, referida lei prevê a possibilidade de recolhimento em domicílio do **condenado** a pena privativa de liberdade, em regime aberto. Neste caso, o art. 117 da LEP prevê as hipóteses autorizadoras: condenado maior de 70 anos ou acometido de doença grave; e condenada com filho menor ou deficiente físico/mental ou se for gestante. Agregando conhecimento, vale a leitura do art. 112, §§ 3º e 4º, Lei nº 7.210/84, que trata da progressão de regime para a mulher gestante ou mãe/responsável por criança ou pessoa com deficiência, o que foi acrescentado pela Lei nº 13.769/18.

No mais, a jurisprudência do Superior Tribunal de Justiça admite, em casos excepcionais, que presos de outros regimes também tenham direito à prisão domiciliar, observando-se, assim, a dignidade humana e os direitos do apenado, o que é permitido até que o quadro do preso retorne ao normal, como, por exemplo, a recuperação de sua saúde (STJ, AgRg no HC nº 429.878/MS, rel. Min. Felix Fischer, j. 13.03.18; e AgRg no RHC nº 73.714/ES, rel. Min. Rogerio Schietti Cruz, j. 12.12.17).

10.9. MEDIDAS CAUTELARES DIVERSAS DA PRISÃO

10.9.1. Introdução

Conforme já estudado na teoria das medidas cautelares pessoais, a Lei nº 12.403/11 abriu o sistema de prisões na legislação para, agora, permitir medidas que mitigam o cárcere, de modo que o agente não precisará, apenas, ou ficar solto ou ficar preso, podendo, por meio das *medidas cautelares diversas da prisão*, permanecer num "meio termo", garantindo-se a eficácia do processo penal e, também, o seu direito de liberdade.

Os arts. 319 e 320, CPP, assim, trazem um rol de medidas cautelares de natureza pessoal diversas da prisão cautelar. E guardando correspondência com a lógica do sistema de cautelares processuais, a prisão apenas será determinada quando não for cabível a sua substituição por uma medida cautelar (art. 282, § 6º, CPP).

Como bem explica Silvio Maciel, "em boa hora vieram para o nosso ordenamento jurídico as medidas cautelares diversas da prisão, para se evitar encarceramentos demasiadamente prolongados e decretados sem o cuidado devido e sem a efetiva necessidade. Encarceramentos que, justamente em razão dessa falta de cuidado na sua decretação, muitas e muitas vezes não se confirmam ao final do processo, fazendo com que o absolvido seja irreparável e indevidamente cerceado de sua liberdade" (Prisão, 2012, p. 188).

No mais, é importante notar que as medidas cautelares pessoais diversas da prisão não estão restritas ao texto do Código de Processo Penal. Exemplo disso está na Lei nº 13.804/19, que alterou o Código de Trânsito Brasileiro para tratar da suspensão da permissão ou da habilitação para dirigir veículo automotor, ou da proibição de sua obtenção. Estabelece o novel texto do art. 278-A, § 2º, CTB, que, no caso do condutor preso em flagrante em razão dos crimes de receptação, descaminho ou contrabando, utilizando-se de veículo para a sua prática, poderá o juiz, em qualquer fase da investigação ou da ação penal, se houver necessidade para a garantia da ordem pública, como medida cautelar, de ofício ou a requerimento do Ministério Público ou ainda mediante representação da autoridade policial, decretar, em decisão motivada, a suspensão da permissão ou da habilitação para dirigir veículo automotor, ou a proibição de sua obtenção. Assim, destrinchando o dispositivo:

a) prisão em flagrante de pessoa;
b) utilizando-se de veículo automotor;
c) em relação aos crimes de receptação, descaminho ou contrabando;
d) poderá o juiz, de ofício, mediante requerimento do MP ou representação do delegado;
e) no curso das investigações ou da ação penal;
f) para a garantia da ordem pública;
g) em decisão motivada e com natureza de medida cautelar;
h) decretar a suspensão da permissão ou da habilitação para dirigir veículo ou a proibição de sua obtenção.

10.9.2. Rol taxativo?

Já foi estudado, anteriormente, o chamado *poder geral de cautela* do juiz, ou seja, se ele pode – ou não – determinar medidas cautelares diversas da previstas em lei, para onde se remete o leitor ao estudo da teoria das medidas cautelares pessoais.

Relembrando rapidamente, há duas posições antagônicas. De um lado, há quem diga que o juiz não possui poder geral de cautela, em respeito ao princípio da legalidade estrita; de outro lado, há quem diga que o juiz o possui, com o objetivo, justamente, de se evitar a situação mais grave, que é a prisão.

O Plenário do Supremo Tribunal Federal, ao decidir pela inconstitucionalidade da condução coercitiva de investigados e acusados para fins de interrogatório, afirmou expressamente, por maioria, que, em razão do postulado constitucional da legalidade estrita em matéria processual penal, inexiste, no Processo Penal, o poder geral de cautela aos juízes criminais (ADPF nº 395/DF e ADPF nº 444/DF, rel. Min. Gilmar Mendes, j. 13 e 14.06.18).

Curiosamente, ao decretar a prisão preventiva domiciliar da mulher do ex-governador do Estado do Rio de Janeiro (processo nº 0510203-33.2016.4.02.5101/JFRJ, juiz Marcelo Bretas, j. 17.03.17), o magistrado determinou diversas medidas cautelares diversas da prisão que não estão presentes no rol legal, tal como: (a) proibição, no imóvel, de ter linha telefônica; (b) proibição de dispositivos eletrônicos com acesso à internet; (c) manutenção, pela própria defesa da presa, de lista de nome de pessoas que ingressaram no imóvel; (d) proibição de visitas de pessoas que não sejam parentes até terceiro grau ou advogados;

(e) autorização para a Polícia Federal vistoriar o imóvel, das 6h às 18h, independentemente de ordem judicial; e (f) vedação de acesso ao telefone e à internet pela presa.

Desta forma, num juízo de ponderação, ou a investigada permanecia presa, longe do convívio dos filhos, ou, dentro das medidas razoáveis impostas pelo juiz – ainda que não previstas em lei –, poderia cumprir a medida em prisão domiciliar. Preferiu-se a segunda situação, evitando-se o cárcere diante das medidas cautelares diversas da prisão.

Já afirmou o Superior Tribunal de Justiça que, mesmo antes do advento da Lei nº 12.403/11, que trouxe ao Processo Penal as medidas cautelares diversas da prisão, o juiz já exercia o chamado poder geral de cautela, de forma excepcional e objetivando evitar a decretação da prisão provisória (HC nº 126.973/SP, rel. Min. Rogerio Schietti Cruz, j. 27.05.14).

Para melhores esclarecimentos, remete-se o leitor para o tópico específico relativo ao poder geral de cautela do juiz.

10.9.3. Medidas em espécie

Abaixo, serão analisadas as medidas em espécie previstas no Código de Processo Penal e suas peculiaridades.

10.9.3.1. *Comparecimento em juízo*

É medida prevista no art. 319, **I**, CPP, o comparecimento periódico em juízo, no prazo e nas condições fixadas pelo juiz, para informar e justificar atividades. O seu objetivo é manter o agente ao alcance da autoridade judicial (STJ, RHC nº 68.562/PA, rel. Min. Riberio Dantas, j. 15.12.16).

O juiz pode, então, dentro da razoabilidade, determinar o comparecimento quinzenal, mensal, bimestral etc., para que o agente informe se está trabalhando ou estudando, onde está morando, como está fazendo para se manter etc., sempre de acordo com o caso concreto.

10.9.3.2. *Proibição de frequentar lugares*

O art. 319, **II**, CPP, dispõe, como medida alternativa à prisão, a proibição de acesso ou frequência a determinados lugares quando, por circunstâncias relacionadas ao fato, deva o indiciado ou acusado permanecer distante desses locais para evitar o risco de novas infrações. O objetivo é evitar a prática de novos delitos pela instigação que alguns lugares proporcionam ao agente e, também, acautelar o processo penal.

Trata-se da simples proibição de o agente que está sendo investigado de entrar num dado local, seja ele público ou privado, **relacionado à infração praticada** e observada a razoabilidade, sob pena de se tornar um castigo.

Assim, se o agente é investigado pela venda de material pornográfico infantil, o juiz pode proibi-lo de frequentar *lan houses* e casa noturnas, mas não poderá proibi-lo de visitar a casa de sua mãe; ou então, é possível que um torcedor violento seja proibido de frequentar estádios de futebol, mas não de frequentar um *shopping center*, p. ex.

O Superior Tribunal de Justiça, por exemplo, julgou caso em que um coordenador técnico da Confederação Brasileira de Tênis de Mesa exigia dos atletas uma porcentagem sobre o valor que recebiam como bolsa-incentivo; denunciado por concussão (art. 316, CP), a Corte manteve a medida alternativa à prisão de proibição de frequentar o centro de treinamento da seleção brasileira (RHC nº 80.179/DF, rel. Min. Nefi Cordeiro, j. 07.03.17).

É comum que um parente de um preso, geralmente sua mulher ou companheira, seja preso em flagrante tentando entrar com drogas na unidade prisional. O Superior Tribunal de Justiça tem entendido ser possível a substituição da prisão preventiva pela medida alternativa de proibição de frequentar a unidade prisional para visitação do marido ou companheiro (HC nº 437.538/SP, rel. Min. Rogerio Schietti Cruz, j. 27.02.18; e RHC nº 73.418/MG, rel. Min. Sebastião Reis Júnior, j. 13.12.16).

A fiscalização da medida deve ser feita pela polícia civil e militar, e, ainda, é possível que seja cumulada a medida de monitoração eletrônica (inc. IX do art. 319, CPP).

10.9.3.3. *Proibição de contato*

Estabelece o art. 319, III, CPP, como medida diversa da prisão, a proibição de manter contato com pessoa determinada quando, por circunstâncias relacionadas ao fato, deva o indiciado ou acusado dela permanecer distante. O objetivo primordial é impedir a obstrução das investigações ou do processo e evitar novas práticas criminosas.

A proibição de contato pode ser com qualquer pessoa, seja vítima, testemunha, outros investigados etc.; além disso, a forma de contato proibida deve ser prevista pelo juiz, o que pode abranger *qualquer* contato, como telefônico, pessoal (podendo ser estipulada uma distância mínima), por carta, pela internet, dentre outros possíveis. O julgador poderá fixar distância mínima de contato, embora a lei assim não preveja (há julgados estipulando cem, duzentos e até quinhentos metros de distância, por exemplo).

O Superior Tribunal de Justiça já afirmou ser inidônea [inadequada] a decretação da proibição de contato de uma acusada com o seu genitor, réu no mesmo processo penal, como medida substitutiva da prisão preventiva, considerando que a Constituição Federal protege a família no art. 226, CF, e que a incomunicabilidade da acusada com seu pai atingiria sua esfera privada e familiar (HC nº 380.734/MS, rel. Min. Maria Thereza de Assis Moura, j. 28.03.17). Em situação similar, o Supremo Tribunal Federal já admitiu, de forma pontual e transitória, o contato de filha com seu genitor, ambos políticos, em eventos do partido, mesmo quando aquela estava, por medida cautelar penal, proibida de manter contato com familiares investigados, que, no caso, era o seu pai (AC nº 4.392/DF, rel. Min. Edson Fachin, j. 14.06.18 – decisão monocrática).

Também aqui, a fiscalização da medida deve ser feita pela polícia civil e militar, sendo possível a cumulação com a medida de monitoração eletrônica (inc. IX do art. 319, CPP).

10.9.3.4. *Proibição de se ausentar*

Fixa o art. 319, IV, CPP, que é medida cautelar diversa da prisão a proibição de ausentar-se da comarca quando a permanência seja conveniente ou necessária para a investigação ou instrução. O objetivo é, em regra, evitar que o agente saia da comarca (ou do país, claro) e prejudique as investigações ou a instrução criminal.

Silvio Maciel critica esta hipótese, uma vez que, se a saída do agente da comarca ou do país não tem o objetivo de fuga, isso significa que ele está à disposição das autoridades nas raríssimas vezes que sua presença for necessária; e, de outro lado, caso haja intenção de fuga, será o caso de decretação da prisão preventiva (Prisão, 2012). Logo, não haveria razão para, simplesmente, proibir o agente de sair da comarca ou do país se não há indicativos mínimos de que sua ausência poderá frustrar as investigações ou o processo.

Aqui, também, a fiscalização da medida deve ser feita pela polícia civil e militar, permitindo-se a cumulação com a medida de monitoração eletrônica (inc. IX do art. 319, CPP).

Por fim, o agente pode ser proibido de se ausentar do território nacional, devendo o juiz comunicar as autoridades encarregadas de fiscalizar as saídas do país, intimando-se o agente para entregar seu passaporte, em 24 horas (art. 320, CPP).

Deve-se atentar, apenas, que o MERCOSUL, formado por todos os países da América do Sul, sejam como país-parte (Argentina, Brasil, Paraguai, Uruguai e Venezuela) ou como país-associado (os demais), permite que os cidadãos viajem sem precisar de passaporte ou visto, ou seja, a retenção do passaporte do agente pode se restar inútil se ele pretender viajar para um país do Mercosul. Por isso, é indispensável que as autoridades de fronteira (Polícia Federal) sejam comunicadas sobre a proibição de ausência do Brasil e, além disso, é recomendado o emprego de monitoração eletrônica, de forma a permitir a localização atual do indivíduo e, de fato, dar cumprimento à vedação de ausentar-se do território nacional.

Como bem já decidiu o STJ, o simples fato de o agente ter dupla cidadania e poder, hipoteticamente, agir por "instinto natural de defesa" para evadir-se do país não é suficiente para a imposição da proibição de ausentar-se do Brasil (RHC nº 62.471/RJ, rel. Min. Rogerio Schietti Cruz, j. 21.02.17).

No mais, em interessante caso julgado pelo Superior Tribunal de Justiça, debruçou-se sobre a medida cautelar de proibição de ausentar-se do Brasil a um agente diplomático espanhol acusado de homicídio doloso (RHC nº 87.825/ES, rel. Min. Nefi Cordeiro, j. 05.12.17).

Antes de mais nada, é preciso relembrar que os agentes diplomáticos possuem imunidade como prerrogativa funcional, não podendo ser processados no Estado acreditado (onde servirem). Essa imunidade alcança tanto a fase de conhecimento quanto a fase de execução de um processo. Embora o agente não possa renunciar a esta imunidade, o Estado acreditante (de origem) poderá assim agir, nos termos do art. 32, itens 1 e 2, da Convenção de Viena sobre Relações Diplomáticas (Decreto nº 56.435/65). Como o processo possui duas fases, é possível a renúncia a apenas uma delas.

No caso analisado pela Corte da Cidadania, a Espanha renunciou à imunidade de seu agente diplomático acusado de homicídio apenas quanto ao processo de conhecimento (processo penal em si), mantendo a sua imunidade executiva (execução da pena futura). O juiz de primeiro grau, autorizado a processá-lo, então determinou, como medida cautelar pessoal diversa da prisão, a proibição ao agente diplomático de sair do Brasil, a fim de assegurar a aplicação da lei penal e futura instrução processual, considerando que a sua qualidade de diplomata facilitaria a sua saída do país.

O STJ, todavia, entendeu desnecessária a imposição da medida do art. 320, CPP, haja vista que, como a Espanha manteve para si a execução da pena, a fuga ou saída do agente do Brasil em nada afetaria a colheita de provas no processo de conhecimento. Ou seja, o relevante fundamento esposado na fixação da cautelar foi assegurar a aplicação a lei penal, mas, não sendo ao Brasil cabível a execução de eventual pena, resta sem razoabilidade a proteção desse risco.

Assim, "a cautelar fixada de proibição para que agente diplomático acusado de homicídio se ausente do país sem autorização judicial não é adequada na hipótese em que o Estado de origem do réu tenha renunciado à imunidade de jurisdição cognitiva, mas mantenha a competência para o cumprimento de eventual pena criminal a ele imposta". Isso porque, a lei penal não será executada no Brasil.

10.9.3.5. *Recolhimento domiciliar*

O art. 319, V, CPP, dispõe que é medida cautelar diversa da prisão o recolhimento domiciliar no período noturno e nos dias de folga, quando o investigado ou acusado tenha residência e trabalho fixos.

É uma verdadeira medida mitigadora do cárcere cautelar, pois, ao invés de o indivíduo permanecer totalmente segregado no ambiente prisional, o juiz pode impor uma medida que lhe permita ter uma vida quase "normal" durante o dia (trabalhar, estudar e ter convivência com outras pessoas) e, ao mesmo tempo, acautelar o processo, fixando o recolhimento domiciliar noturno e em dias de folga. O Superior Tribunal de Justiça já entendeu ser possível o recolhimento domiciliar noturno, em substituição à prisão preventiva, a um acusado de embriaguez na condução de veículo automotor (HC nº 406.693/SC, rel. Min. Felix Fischer, j. 11.07.17).

Diz a lei que, para a aplicação desta medida, o agente deve ter residência e trabalhos fixos. Parte da doutrina, todavia, entende que não é necessário um trabalho fixo, pois o agente, por exemplo, pode estar apenas estudando. Além disso, é possível sustentar hipoteticamente que, a depender do caso concreto, o juiz pode determinar o recolhimento diurno, quando o agente, *v.g.*, possuir trabalho noturno.

Também aqui, a fiscalização da medida deve ser feita pela polícia civil e militar, com a possível cumulação de monitoração eletrônica (inc. IX do art. 319, CPP).

10.9.3.6. *Suspensão do trabalho*

Dispõe o art. 319, VI, CPP, que é medida cautelar diversa da prisão a suspensão do exercício de *função pública* ou de *atividade de natureza econômica ou financeira* quando houver justo receio de sua utilização para a prática de infrações penais. O objetivo é tanto acautelar as investigações e o processo quanto evitar a reiteração da conduta criminosa, conforme o art. 282, I, CPP.

É medida que afasta o agente do exercício da função pública em relação aos crimes contra a Administração Pública e do exercício de atividade econômica e financeira quando da prática de crimes econômicos e financeiros. Pode-se entender a "atividade econômica" em sentido amplo, abrangendo qualquer atividade em que o agente aufira rendimentos, incluindo qualquer atividade empresarial.

É de suma importância destacar que essa medida cautelar alternativa ao cárcere exige a demonstração cumulativa de (a) nexo funcional entre o delito praticado e a atividade funcional desenvolvida e (b) sua imprescindibilidade para evitar a continuidade da utilização indevida do cargo, emprego ou mandato pelo autor da consecução de seus objetivos espúrios em usurpação aos interesses públicos inerentes à função (STJ, RHC nº 88.804/RN, rel. Min. Reynaldo Soares da Fonseca, j. 07.11.17).

O agente suspenso de suas funções continuará recebendo remuneração, em respeito ao princípio da presunção de inocência. O Supremo Tribunal Federal, inclusive, já julgou ser inconstitucional lei estadual que reduz as remunerações do agente público afastado de suas funções por responder a processo penal pela prática de crime funcional (RE nº 482.006/MG, rel. Min. Ricardo Lewandowski, j. 07.11.07); mas anotar que há posição entendendo que, por uma questão de igualdade, não poderia o agente suspenso das suas funções, ou seja, sem trabalhar, continuar recebendo remuneração, em prejuízo ao servidor que trabalhou todos os dias do mês normalmente, ainda mais diante da possível ocorrência de uma infração penal por parte daquele.

No que diz respeito aos magistrados, a LC nº 35/79 (LOMAN) dispõe, no seu art. 29, que "quando, pela natureza ou gravidade da infração penal, se torne aconselhável o recebimento de denúncia ou de queixa contra magistrado, o Tribunal, ou seu órgão especial, poderá, em decisão tomada pelo voto de dois terços de seus membros, determinar o afastamento do cargo do magistrado denunciado", o que se aplica perfeitamente, ao lado da previsão no Código de Processo Penal (STJ, Corte Especial, CauInomCrim nº 7/DF, rel. Min. Felix Fischer, j. 19.04.17). Em outra situação, a Corte Especial determinou o afastamento cautelar de desembargador suspeito de praticar crimes de corrupção passiva e lavagem de dinheiro ("venda de decisões"), tendo em vista a necessidade de resguardo da ordem pública, a fim de permitir o bom andamento das apurações judiciais e administrativas (QO-Inq nº 1.284/DF, rel. Min. Felix Fischer, j. 06.05.20).

Quanto à duração da medida alternativa, o Estatuto dos Servidores Públicos Civis da União dispõe que o afastamento administrativo do servidor que praticar alguma irregularidade será de no máximo 60 dias, prorrogável uma vez por igual período (art. 147, *caput*, Lei nº 8.112/90), o que, para parte da doutrina, poderia ser aplicado analogicamente à medida penal ora em estudo.

O Superior Tribunal de Justiça já se manifestou no sentido de ser possível a suspensão do exercício da advocacia em substituição à prisão preventiva. No caso, tratou-se de um casal de advogados que praticou diversas fraudes em ações judiciais contra o INSS, sendo ambos condenados a mais de onze anos de reclusão; a Corte entendeu que, a fim de ao menos permitir o contato dos infratores com sua filha menor de idade enquanto o processo tramitava em segunda instância ainda, melhor seria permanecerem soltos, mas cumprindo medidas cautelares alternativas ao cárcere, como a proibição de advogar, do que serem presos cautelarmente e, de todo modo, estarem impedidos de exercer a advocacia (HC nº 221.092/RJ, rel. Min. Sebastião Reis Júnior, j. 14.05.13). Igualmente, já se determinou o afastamento do cargo de desembargadora do TJ/CE em razão da prática de supostos crimes de corrupção passiva ("venda de limiares"), haja visa que "a atividade desenvolvida pela denunciada exige e impõe atuar probo, lídimo, íntegro e transparente" (AP nº 885/DF, rel. Min. Herman Benjamin, j. 05.12.18).

Ressalta-se que a medida pode ser aplicada, também, a pessoas jurídicas, mesmo que não tenham sido denunciadas criminalmente pela prática de ilícitos penais, sendo suficiente a existência de elementos que indiquem que ela era utilizada como instrumento do crime. Ex.: posto de combustíveis utilizado para a venda de gasolina roubada e lavagem de dinheiro por organização criminosa, quando membros desta constam da folha de pagamento da empresa transportadora do combustível subtraído, que é da mesma propriedade do posto, denunciado como sendo o mentor de todo o esquema criminoso (STJ, RMS nº 60.818/SP, rel. Min. Reynaldo Soares da Fonseca, j. 20.08.19). A aplicação de medida cautelar penal a pessoas jurídicas possivelmente envolvidas em crimes não implica violação ao princípio da pessoalidade da sanção penal, haja vista tratar-se, na verdade, de forma de se estancar a prática delitiva e, ao mesmo tempo, garantir eventual ressarcimento (STJ, AgRg no RMS nº 61.686/TO, rel. Min. Ribeiro Dantas, j. 15.10.19).

O Supremo Tribunal Federal, também, já determinou, ao lado de outras medidas cautelares pessoais previstas no CPP, "o afastamento da direção e da administração das empresas envolvidas nas investigações, ficando proibido de ingressar em quaisquer de seus estabelecimentos", ao lado da suspensão do exercício profissional de atividade financeira, econômica ou empresarial (HC nº 127.186/PR, rel. Min. Teori Zavascki, j. 28.04.15).

Questão que gera polêmica diz respeito à **suspensão de mandato político**, já que a lei fala apenas em "suspensão do exercício da função pública", o que poderia – ou não – incluir o mandato político.

De um lado, há quem diga ser impossível, pois que isso poderia levar à cassação indireta do mandato, contrariando o art. 15, III, CF (Maciel, 2012); de outro lado, há quem entenda que a função pública deve ser interpretada de forma ampla, seja cargo público ou mandato eletivo (Brasileiro, 2016).

Parece correta a segunda posição. Basta imaginar que é possível a decretação da prisão preventiva de um governador, ou seja, se é possível o *mais* (prisão), deve ser permitido o *menos* (medida diversa da prisão). Todavia, é claro que somente poderá ser determinada esta medida alternativa aos agentes que não possuem imunidade à prisão preventiva. Assim, o Presidente da República, que possui a referida imunidade, não poderá ter seu mandato suspenso cautelarmente, pois sequer pode ser preso preventivamente (art. 86, § 3º, CF).

O Supremo Tribunal Federal já determinou a suspensão do mandato parlamentar e do exercício da função de presidente da Câmara dos Deputados em relação ao ex-deputado federal Eduardo Cunha, assim ementado o acórdão: "Constitucional. Processual penal. Medida cautelar de suspensão do exercício da função (art. 319, VI, do CPP), a abranger tanto o cargo de Presidente da Câmara dos Deputados quanto o mandato parlamentar. Cabimento da providência, no caso, em face da situação de franca excepcionalidade. Comprovação, na hipótese, da presença de múltiplos elementos de riscos para a efetividade da jurisdição criminal e para a dignidade da própria Casa Legislativa. Especificamente em relação ao cargo de Presidente da Câmara, concorre para a suspensão a circunstância de figurar o requerido como réu em ação penal por crime comum, com denúncia recebida pelo Supremo Tribunal Federal, o que constitui causa inibitória ao exercício da Presidência da República. Deferimento da medida suspensiva referendado pelo Plenário" (AC nº 4.070/DF, rel. Min. Teori Zavascki, j. 05.05.16).

Esta decretação de suspensão do mandato político objetivou impedir interferências por parte do parlamentar em investigações criminais, não implicando indevida intromissão do Poder Judiciário no Poder Legislativo, haja vista que a autonomia dos Poderes é relativa, devendo haver, sempre, a submissão de todos aos preceitos da Constituição Federal.

De forma unânime, os Ministros do Supremo Tribunal Federal entenderam que havia uma série de evidências de que o então deputado federal estaria, no exercício do mandato parlamentar, intimidando testemunhas em uma Comissão Parlamentar de Inquérito sobre a Petrobras e impedindo o regular trâmite de ação penal, bem como de inquéritos policiais em curso no STF. Como bem assentou o saudoso Min. Teori Zavascki, a posição então ocupada, de Presidente da Câmara dos Deputados, não imuniza o parlamentar de eventuais medidas cautelares, mas, pelo contrário, acaba por exigir maior controle sobre seus atos, não podendo o exercício de mandato servir de escudo contra qualquer forma de controle judicial.

Chamada novamente a decidir, a Suprema Corte, através de seu plenário, por maioria, entendeu que **o Poder Judiciário tem, sim, competência para impor a parlamentares as medidas cautelares diversas da prisão, previstas no art. 319, CPP**. Fixou-se, todavia, que, **no caso de imposição de medida que dificulte ou impeça, direta ou indiretamente, o exercício regular do mandato, a decisão judicial deve ser remetida, em 24 horas, à respectiva Casa Legislativa para deliberação**, nos termos do previsto no art. 53, § 2º, CF, que poderá "derrubar" a medida cautelar imposta judicialmente (ADI nº 5.526/DF, rel. p/ acórdão Min. Alexandre de Moraes, j. 11.10.17).

Parte da doutrina entende que o máximo que esta medida poderia durar seria 180 dias, em analogia ao afastamento do Presidente da República de seu mandato por crime comum e de responsabilidade (art. 86, § 2º, CF).

Em outro caso, o Supremo Tribunal Federal julgou o pedido de afastamento do mandato parlamentar do Senador Aécio Neves. Consoante entendeu a Corte, o exercício do mandato parlamentar não pode servir de escudo para a prática de crimes ou de atos tendentes a embaraçar as investigações, pois, do contrário, haveria a transformação de uma prerrogativa estabelecida em prol do interesse público em um odioso privilégio pessoal; assim, o afastamento do mandato parlamentar não atenta à harmonia dos Poderes da República. No caso, então, determinou-se (a) a suspensão do exercício das funções parlamentares e de qualquer função pública; (b) a proibição de contatar qualquer outro investigado ou réu; (c) a proibição de ausentar-se do país, bem como (d) o recolhimento domiciliar noturno (AgRg na AC nº 4.327/DF. rel. p/ acórdão Min. Roberto Barroso, j. 26.09.17).

É importante observar que, quanto ao mandato dos vereadores, eles não possuem imunidade prisional, podendo perfeitamente ser presos cautelarmente (o que podem ter, como já estudado, a depender da Constituição Estadual, é foro por prerrogativa de função no Tribunal de Justiça). Desta forma, entende-se que poderão ser afastados de suas funções, tendo em vista que o art. 53, § 2º, CF (imunidade prisional), não se aplica aos vereadores (STF, HC nº 94.059/RJ. rel. Min. Ricardo Lewandowski, j. 06.05.08).

Entretanto, ao contrário do que se dá com relação aos deputados federais e senadores (como entendeu o STF acima sobre a remessa da decisão ao Legislativo, em 24h, para deliberação) é plenamente possível que o juiz, fundamentadamente, imponha ao vereador medida cautelar de afastamento das funções legislativas e *sem a necessidade de remessa à Câmara Municipal/Distrital* para deliberação, ou seja, uma vez decidida a questão pelo Poder Judiciário, não há que se envolver o Poder Legislativo, por falta de previsão normativa neste sentido e por não terem os vereadores imunidade prisional (STJ, RHC nº 88.804/RN, rel. Min. Reynaldo Soares da Fonseca, j. 07.11.17). Assim, é possível que o juiz de primeiro grau, fundamentadamente, imponha a **vereador** as medidas cautelares de afastamento de suas funções legislativas sem a necessidade de remessa à Casa respectiva para deliberação. Deve-se atentar, apenas, para que o afastamento cautelar não se transmude em "cassação branca" do mandato, de modo que deve ser observada a razoabilidade quanto à sua duração (STJ, RHC nº 94.002/SP, rel. Min. Jorge Mussi, j. 14.05.19).

Por fim, dois pontos são importantes. Se o agente for *absolvido* ao final do processo, ele retornará ao seu cargo, devendo o juiz ordenar a cessação das medidas cautelares impostas até então (art. 387, p.ú., II, CPP); de outro lado, se o agente for *condenado*, é efeito da condenação a perda de cargo, função pública ou mandato eletivo quando for aplicada pena privativa de liberdade por tempo igual ou superior a um ano, nos crimes praticados com abuso de poder ou violação de dever para com a Administração Pública (art. 92, I, *a*, CP).

10.9.3.7. *Internação provisória*

Estabelece o art. 319, VII, CPP, que é medida cautelar diversa da prisão a internação provisória do acusado nas hipóteses de crimes praticados com violência ou grave ameaça, quando os peritos concluírem ser inimputável ou semi-imputável (art. 26, CP) e houver risco de reiteração.

Assim, são requisitos cumulativos para a internação provisória:

a) crime praticado com violência ou grave ameaça;

b) por agente considerado inimputável ou semi-imputável; e

c) deve haver risco de reiteração da prática criminosa.

Não esquecer que se trata de uma *medida cautelar*, e não antecipação de futura medida de segurança.

A lei não especifica, por isso há doutrina afirmando que a violência deve ser contra a pessoa (pois ligada à outra expressão "grave ameaça"), enquanto outra corrente doutrinária entende que pode ser qualquer tipo de violência, inclusive contra coisas, pois a lei não fez distinção.

Conforme já estudado no capítulo sobre o *exame de insanidade mental*, se **já havia** doença mental à época do fato, o processo penal seguirá seu curso, de modo que, ao final, será possível a imposição de uma medida de segurança; assim, no curso deste processo, se preenchidos os requisitos legais, será admissível a decretação da internação provisória.

Por outro lado, se a doença mental **surgiu após** o fato criminoso, o processo penal deverá permanecer suspenso até que o agente recupere sua sanidade mental, podendo o juiz ordenar a internação do agente (§ 1º do art. 152, CPP). Então, discute-se, neste caso, se será possível a decretação da internação provisória do agente, considerando que o processo penal está suspenso.

Basicamente, de um lado, há quem diga não ser possível, pois o campo jurídico a atuar não deve ser o penal, mas o civil, por meio da interdição, buscando o tratamento do agente, nos termos da Lei nº 10.216/01 (Transtornos Mentais); de outro lado, há quem sustente ser plenamente possível a internação, desde que preenchidos os requisitos legais da internação provisória, cf. o art. 319, VII, CPP.

Outra questão importante diz respeito à necessidade – ou não – da realização de exame de insanidade mental para se apurar se o agente é ou não imputável e se poderá ser submetido a uma internação provisória.

De um lado, há quem sustente que este exame, embora seja a regra, é dispensável, tendo em conta a demora na sua realização, a necessidade premente de se acautelar o processo e o risco de manter em cárcere comum um doente mental com nítidos sinais de enfermidade (Brasileiro, 2016; e Nucci, 2016); de outra banda, há quem defenda que a internação provisória deve estar apoiada no respectivo incidente de insanidade, não sendo útil apenas para aferir a imputabilidade, mas para verificar a probabilidade de reiteração criminosa, que é requisito do instituto (Távora e Alencar, 2017).

O Superior Tribunal de Justiça possui decisões no sentido de que, apesar de o laudo de sanidade, no caso concreto, não ter sido concluído ainda, é possível a decretação da internação provisória se houver nos autos elementos indicativos de insanidade do agente, como laudos médicos realizados pelo próprio agente anteriormente e que demonstram nível mental abaixo da média (6ª T., RHC nº 77.194/DF, rel. Min. Maria Thereza de Assis Moura, j. 07.02.17); no mesmo sentido, se já passado mais de um ano aguardando-se apenas a realização do exame de insanidade, é possível, com base em outros elementos indicativos, determinar-se a internação provisória do agente, ainda que não exista laudo psiquiátrico atentando sua inimputabilidade (6ª T., RHC nº 62.075/BA, rel. Min. Maria Thereza de Assis Moura, j. 01.03.15); de outra banda, há julgado afirmando que a internação provisória só pode ser decretada se houver prova pericial conclusiva de insanidade (5ª T., RHC nº 61.228/GO rel. Min. Reynaldo Soares da Fonseca, j. 13.09.16; e 5ª T., RHC nº 52.050/SP, rel. Min. Felix Fischer, j. 04.11.14).

Por fim, a internação provisória se dará em hospital de custódia e tratamento.

10.9.3.8. *Fiança*

O art. 319, VIII, CPP, prevê como medida alternativa à prisão a fiança, nas infrações que a admitem, para (a) assegurar o comparecimento a atos do processo, (b) evitar a obstrução do seu andamento ou (c) em caso de resistência injustificada à ordem judicial.

Atualmente, assim, a fiança não é apenas uma medida de contracautela à prisão em flagrante, mas, também, uma medida cautelar autônoma.

A fiança é uma garantia real oferecida pelo agente ou por terceiro em seu favor com o objetivo de demonstrar seu interesse no bom andamento do processo, pois, caso aja contrariamente às suas finalidades, sujeitar-se-á à sua perda. Como medida cautelar, é útil em crimes que envolvem altos valores, como os delitos econômicos e tributários.

Exemplo: o juiz verifica que não é o caso de prisão cautelar, mas o agente pode vir a causar embaraços, obstruir o processo ou mesmo não comparecer a alguns de seus atos, de modo que, para se evitar isso, poderá determinar uma medida que o afetará financeiramente, como a medida alternativa ao cárcere de pagamento de fiança, que consistirá na entrega de dinheiro ou outros bens de valor econômico. Se o agente, tendo prestado fiança, desrespeitar suas finalidades, perderá metade dos valores que despendeu, diante da *quebra da fiança* (art. 341, CPP), cf. previsto no § 4º do art. 319, CPP.

O estudo pormenorizado da fiança é feito em *Liberdade Provisória*.

10.9.3.9. *Monitoração eletrônica*

Prevê o art. 319, IX, CPP, ser medida cautelar alternativa à prisão a monitoração eletrônica. Trata-se de mecanismo que serve para se controlar, à distância, a localização do agente pelo Estado.

Pode ser tanto um modelo **passivo**, em que o agente é acionado, por telefone ou outra tecnologia, para comprovar sua localização (ex.: servidor telefona ao agente em sua casa, que deve dizer uma senha e comprovar que é realmente ele e a sua localização); ou modelo **ativo**, em que uma tecnologia fixa transmite a localização do agente, não podendo desta se afastar (ex.: instala-se um dispositivo na casa do agente que transmite informações que ele realmente está ali); ou por **GPS**, que é um dispositivo móvel que transmite, em tempo real, a localização do agente, geralmente por uma tecnologia que o acompanha, como uma tornozeleira ou um bracelete (ex.: o agente porta uma tornozeleira eletrônica que indica sua exata localização, permitindo-se, inclusive, o estabelecimento exato das restrições a certos locais).

O Código de Processo Penal não possui regramento específico de como se dará o monitoramento, de forma que é possível a aplicação das regras da Lei de Execução Penal, que, no art. 146-C, dispõe que o agente será instruído sobre os cuidados que deve adotar com o equipamento eletrônico, tendo os deveres de (a) receber visitas periódicas do servidor responsável pelo monitoramento, responder seus contatos e cumprir suas orientações e de (b) abster-se de remover, violar, modificar ou danificar o dispositivo ou permitir que outrem o faça.

Possui a monitoração eletrônica, também, previsão na Lei de Execução Penal para as saídas temporárias e para o acompanhamento da prisão domiciliar (art. 146-B, LEP, cf. Lei nº 12.558/10), conhecido como sistema *back-door* (**autoriza-se a saída** do sistema prisional com acompanhamento eletrônico). Aqui, no Código de Processo Penal, há a previsão de sua imposição como medida cautelar autônoma substitutiva ao cárcere provisório (art. 319, IX, CPP, cf. Lei nº 12.403/11), conhecido como sistema *front-door* (**impede-se a entrada** no sistema prisional com o acompanhamento eletrônico).

Conforme Renato Brasileiro, a monitoração eletrônica possui três finalidades (Manual, 2016):

a) de detenção, restringindo a locomoção do agente;

b) de restrição, restringindo a frequência a certos locais ou pessoas;

c) de vigilância, com acompanhamento real de sua localização.

É possível que a medida seja imposta cumulativamente com outras, como, por exemplo, a proibição de frequentar certos lugares, de não manter contato com certas pessoas, de recolher-se em domicílio em determinado período etc. E como ensina Sérgio Rebouças, "o monitoramento eletrônico, como qualquer medida cautelar, só pode ser imposto se houver necessidade *específica*. Se a situação concretamente não impuser essa cautela adicional, basta a decretação da medida cautelar de comparecimento periódico, até mesmo para evitar dispêndio desnecessário de recursos públicos" (Curso, 2017, p. 857).

A determinação do monitoramento eletrônico mediante o uso de tornozeleira exige fundamentação idônea com base em motivos concretos, não sendo suficiente a simples afirmação de que se trata de medida mais acertada à fiscalização do seu cumprimento, sob pena de constrangimento ilegal (STJ, HC nº 351.273/CE, rel. Min. Nefi Cordeiro, j. 02.02.17).

Ademais, o agente deve aceitar (ou não) a sua implementação, embora a lei não diga nada a respeito, pois o acompanhamento de sua localização à distância não deixa de ser uma invasão (ainda que lícita) à sua privacidade. Desta forma, caso o agente não a queira, poderá recusar-lhe, caso em que o juiz determinará outra medida alternativa ou imporá a prisão cautelar que, justamente, queria se evitar.

Acerca da análise da constitucionalidade do dispositivo, há quem sustente que a medida fere os direitos fundamentais à intimidade e à livre circulação (ex.: agente com tornozeleira eletrônica estaria "impedido" de ir à praia com trajes de banho, sob pena de constrangimento em razão do equipamento eletrônico ostensivo, à vista de todos).

Não parece ser este o melhor entendimento. Como sustenta André Nicolitt, caso o monitoramento se coloque como medida alternativa ao poder punitivo do Estado, servindo de substituição ao cárcere cautelar e colocando-se a tecnologia como instrumento de realização dos direitos fundamentais servindo ao homem, não haverá nenhuma nocividade (Processo, 2015).

Assim, a monitoração eletrônica, aliada à alta tecnologia hoje existente, servirá para que o agente, ao invés de ser preso cautelarmente, permaneça com seus afazeres diários, no convívio de sua família e sem aumentar – desnecessariamente – a população carcerária. Embora seja uma tecnologia cara, acaba por trazer muitos benefícios, que superam qualquer argumento contrário à sua utilização.

Por fim, foi noticiado recentemente na mídia que, diante da falta de tornozeleiras eletrônicas, um colaborador da Justiça firmou o compromisso, com a Justiça Federal, de instalar câmeras de segurança em sua residência e enviar as imagens periodicamente ao juízo responsável, evitando-se, com isso, o cárcere e assegurando-lhe a imposição de uma medida alternativa. Não há previsão legal a este respeito e nem julgados do STJ ou STF.

10.10. LIBERDADE PROVISÓRIA

10.10.1. Introdução

As medidas cautelares pessoais do Processo Penal, como estudado até agora, dividem--se, basicamente, em dois grandes grupos: *(i)* as prisionais, que objetivam acautelar o processo por meio do cárcere provisório e *(ii)* as combativas ao cárcere, que, embora objetivem, também, acautelar o processo, visam a evitar a prisão preventiva.

Medidas cautelares combativas ao cárcere, portanto, são as medidas alternativas à prisão (estudadas no tópico antecedente) e a liberdade provisória, que passa a ser estudada a partir de agora.

10.10.1.1. *Conceito*

A liberdade provisória é a medida de contracautela que objetiva **combater a prisão em flagrante legal**, colocando em liberdade o agente preso em flagrante.

O principal ponto, aqui, é justamente a atenção que precisa ser dada ao objetivo da liberdade provisória: combater a prisão em flagrante legal. Como foi estudado, o flagrante, em princípio, possui a natureza jurídica de pré-cautela, isto é, visa a impedir a consumação do crime, se possível, e apreender o agente criminoso. Em seguida, abrem-se as possibilidades ao juiz (art. 310, CPP), que poderá (a) relaxar o flagrante, se ilegal; (b) convertê-la em prisão preventiva/temporária, conforme a necessidade e a adequação; ou (c) conceder liberdade provisória.

O relaxamento foi estudado, sendo o instituto que afasta a prisão em flagrante diante de uma ilegalidade; a conversão em prisão preventiva também já foi vista, empregada quando presente alguma circunstância do art. 312, CPP, objetivando proteger o processo penal de alguma forma.

Restou o estudo da liberdade provisória, que é o instrumento utilizado para combater a prisão em flagrante legal, pois, como já cessada a prática criminosa e apreendido o agente, não se mostra presente nenhuma ilegalidade nesta prisão (o que autorizaria o relaxamento) e estão ausentes quaisquer requisitos da prisão provisória (o que autorizaria a conversão da prisão em preventiva/temporária).

Exemplo: indivíduo preso em flagrante por policiais em razão de ter praticado roubo; a atuação policial foi legal, seguindo todos os protocolos; no caso concreto, verificou-se que não há a necessidade de prisão preventiva, em razão da baixa gravidade concreta do crime e pelas circunstâncias pessoais do agente; é o caso, portanto, de se analisar a liberdade provisória.

A verificação da possibilidade de se conceder liberdade provisória corrobora o atual sistema de prisões, já que não existe mais a possibilidade de o agente, preso em flagrante, permanecer nesta situação indefinidamente, pois, ou a prisão é ilegal e será relaxada, ou há a necessidade de conversão em alguma prisão provisória, ou será analisada a liberdade provisória.

Sintetizando, explica Aury Lopes Jr. que "é a liberdade provisória uma forma de evitar que o agente preso em flagrante tenha sua detenção convertida em prisão preventiva. Daí por que, quando um juiz nega o pedido de liberdade provisória da defesa, homologa a prisão em flagrante e decreta a prisão preventiva" (Prisões, 2013, p. 177).

10.10.1.2. *Crítica*

A doutrina traz uma crítica ao nome do instituto em estudo: liberdade "provisória". É preciso, para tanto, fazer uma pequena análise histórica.

A redação original do Código de Processo Penal, datado de 1941, estipulava, basicamente, que a prisão era a *regra* e a liberdade no curso das investigações e do processo era a *exceção*, ou seja, praticado um delito, a praxe era manter o agente preso, sendo a sua liberdade no curso do processo uma grande exceção. Com a reforma legislativa de 1977, ampliou-se a concessão da liberdade provisória quando ausentes as hipóteses que autorizam a prisão preventiva.

No entanto, ainda nos dias de hoje, mesmo após a Lei nº 12.403/11, continuam a lei, a doutrina e a jurisprudência empregando o termo "liberdade provisória", quando, na verdade, *provisória deve ser a prisão*, já que a liberdade de locomoção é a regra, ainda mais diante do atual ordenamento constitucional.

10.10.1.3. *Diferenciando institutos*

Para a melhor compreensão do estudo, há que se diferenciar os conceitos de relaxamento de prisão, revogação de prisão e liberdade provisória.

Relaxamento da prisão	Revogação da prisão	Liberdade provisória
Medida utilizada para combater a prisão **ILEGAL**, de qualquer espécie, ensejando a liberdade do agente ou, se o caso, a imposição de medida prisional por outro fundamento ou a aplicação de medida diversa da prisão.	Medida utilizada para combater a prisão preventiva ou temporária legal, demonstrando a sua **DESNECESSIDADE**, ensejando a liberdade do agente ou, se o caso, a imposição de medida prisional por outro fundamento ou a aplicação de medida diversa da prisão.	Medida utilizada para combater a prisão em flagrante **LEGAL**, impedindo-se, assim, a decretação da prisão cautelar. É uma "moeda de troca", em que o agente se compromete a cumprir algumas condições em troca de sua liberdade.

10.10.2. Espécies

Na sequência, serão analisadas as espécies de liberdade provisória existentes, de acordo com as situações processuais possíveis e tendo por base a legislação.

10.10.2.1. *Obrigatória*

Não mais possui previsão no ordenamento jurídico. Tratava-se do caso em que o agente "se livrava solto" quando praticava infração penal sem previsão de pena privativa de liberdade ou cuja pena era inferior a três meses. Nestes casos, o agente, apesar de ser preso em flagrante praticando uma infração penal, literalmente livrava-se desta situação com liberdade plena, independentemente do pagamento de fiança. Era obrigatória porque não lhe podia ser negada.

Parte da doutrina (Madeira, 2015) entende que ainda existe a liberdade provisória obrigatória nas seguintes situações:

a) **Juizados Especiais Criminais**: conforme o parágrafo único do art. 69, Lei nº 9.099/95, ao autor do fato que, após a lavratura do termo circunstanciado, for imediatamente encaminhado ao juizado ou assumir o compromisso de a ele comparecer, **não se imporá prisão em flagrante** e nem se exigirá fiança, ou seja, há uma liberdade provisória obrigatória, condicionada ao compromisso de comparecimento ao Juizado Especial.

b) **Crimes do Código de Trânsito Brasileiro**: conforme o art. 301 da Lei nº 9.503/97, ao condutor de veículo, nos casos de acidentes de trânsito de que resulte vítima, **não se imporá a prisão em flagrante** e nem se exigirá fiança se prestar pronto e integral socorro àquela. Assim, trata-se de uma liberdade provisória obrigatória totalmente incondicionada.

c) **Lei de Drogas**: conforme o art. 48, § 2º da Lei nº 11.343/06, tratando-se de crime do art. 28 da lei (porte para uso pessoal), **não se imporá prisão em flagrante**, devendo o autor do fato ser imediatamente encaminhado ao juízo competente ou, na falta deste, assumir o compromisso de a ele comparecer, lavrando-se termo circunstanciado e providenciando-se as requisições dos exames e perícias necessários, ou seja, tem-se, também, uma liberdade provisória obrigatória incondicionada (pois, mesmo que assuma o compromisso de comparecer em juízo e desrespeite, não será possível sua prisão).

10.10.2.2. *Vedada*

Para esta classificação, é vedada a concessão de liberdade provisória nos casos em que a legislação expressamente assim estabelecer.

Diversas normas estabelecem casos em que o juiz está proibido de conceder liberdade provisória, ou seja, uma vez preso o agente, sua prisão cautelar se torna a regra, isto é, o caso seria de inversão da regra constitucional, deixando-se a liberdade como exceção.

São exemplos de normas que vedam abstratamente a concessão da liberdade provisória a lei dos crimes contra o sistema financeiro nacional, racismo, tortura, drogas, terrorismo, crimes hediondos etc.

Exemplo recente é a proibição constante da Lei nº 13.964/19, que prevê que "se o juiz verificar que o agente é reincidente ou que integra organização criminosa armada ou milícia, ou que porta arma de fogo de uso restrito, deverá denegar a liberdade provisória, com ou sem medidas cautelares" (art. 310, § 2º, CPP).

A questão que se analisa é saber se pode o *legislador* simplesmente vedar de forma abstrata a concessão da liberdade provisória, ou seja, impedir o *juiz* de fazer uma análise concreta do caso para verificar se há a necessidade, ou não, de se determinar a segregação cautelar do agente.

Há, claramente, duas posições:

a) **é *constitucional* a vedação abstrata à liberdade provisória**, pois o próprio texto constitucional afirma que ninguém será levado à prisão ou nela mantido, *quando a lei admitir a liberdade provisória*, com ou sei fiança (inc. LXVI do art. 5º, CF). A leitura que se faz é que o próprio texto constitucional teria dado margem à legislação ordinária admitir, ou não, a liberdade provisória. É a posição antiga, mais conservadora.

Referido entendimento, inclusive, fez o Supremo Tribunal Federal, em posição antiga, afirmar que onde a Constituição da República veda a liberdade provisória *com* fiança (como os crimes de racismo, tortura, tráfico de drogas etc.), estar-se-ia vedando, também, a liberdade provisória *sem* fiança (HC nº 93.940/ES, rel. Min. Ricardo Lewandowski, j. 06.05.08; e STJ, HC nº 116.174/ES, rel. min. Laurita Vaz, j. 04.11.08).

Logo, dizer que o crime é inafiançável seria o mesmo que vedar totalmente a liberdade provisória, seja com ou sem fiança, de modo que a prisão cautelar se tornaria a regra para esta corrente – o que acaba por inverter o sistema constitucional de liberdade.

b) **é *inconstitucional* a vedação abstrata à liberdade provisória**, pois não pode ser feita uma análise isolada do art. 5º, LXVI, CF, devendo ser conglobada com o disposto nos incisos LVII (presunção de inocência) e LXI (decisão escrita e fundamentada decretando a prisão antes do trânsito em julgado). O contrário seria determinar a prisão cautelar obrigatória do agente apenas por força de lei, afastando do Poder

Judiciário a análise do caso concreto e a verificação da sua necessidade. É a posição mais moderna e que garante a plena aplicação constitucional.

Neste caminho, se o juiz verificar que não há necessidade de se prender cautelarmente o agente, não há que se falar em imposição de prisão cautelar apenas por mero imperativo legal.

Importante julgamento foi o HC nº 104.339/SP (rel. Min. Gilmar Mendes, j. 10.05.12), em que o Supremo Tribunal Federal entendeu ser inconstitucional a simples vedação prevista em lei à liberdade provisória, pois a constrição cautelar somente pode ser mantida com base no preenchimento dos requisitos da prisão preventiva, consoante o art. 312, CPP. Antes disso, no plano legislativo, a Lei nº 11.464/07 já havia alterado a redação do art. 2º, II, Lei nº 8.072/90 para permitir a liberdade provisória aos crimes hediondos, apenas vedando-se a fiança.

E, a partir de então, este vem sendo o entendimento da jurisprudência, que entende ser inconstitucional a simples vedação legal e abstrata à liberdade provisória, uma vez que, apenas se preenchidos os requisitos para a prisão preventiva é que o agente poderá ser mantido encarcerado provisoriamente após a prisão em flagrante, de modo que não há que se falar em prisão cautelar *ex lege*, ou seja, por força de lei (STJ, HC nº 380.947/SP, rel. Min. Joel Ilan Paciornik, j. 14.02.17).

A Suprema Corte, claramente, entende agora que a mera inafiançabilidade do delito não impede a concessão da liberdade provisória, que pode ser concedida sem a imposição de fiança. Além disso, a vedação apriorística (sem lastro fático) é incompatível com os princípios da presunção de inocência, do devido processo legal e da obrigação de fundamentação para qualquer tipo de prisão (HC nº 113.945/SP, rel. Min. Teori Zavascki, j. 29.10.13; e HC nº 113.613/SP, rel. Min. Dias Toffoli, j. 16.04.13).

Finalizando, didaticamente o Superior Tribunal de Justiça assim resume o atual entendimento adotado: "a prisão processual exige a especificação de que o decreto constritivo atende a pelo menos um dos requisitos do art. 312 do Código de Processo Penal, sendo certo que a proibição abstrata de liberdade provisória também se mostra incompatível com tal presunção constitucional de não culpabilidade ou da presunção de inocência, sob pena de antecipar a reprimenda a ser cumprida quando da condenação" (RHC nº 68.817/DF, rel. Min. Ribeiro Dantas, j. 09.08.16).

10.10.2.3. *Possível*

Esta classificação trata da possibilidade de concessão da liberdade provisória, o que pode ocorrer, basicamente, de duas formas:

a) *sem* fiança;

b) *com* fiança.

Em ambos os casos é possível a liberdade provisória cumulada com alguma medida alternativa à prisão, do art. 319, CPP. Será objeto de estudo a seguir, em dois tópicos distintos.

10.10.3. Liberdade provisória *sem* fiança

Trata-se da situação em que é concedida a liberdade provisória sem que, em troca, o agente precise pagar fiança (com dinheiro, bens, imóveis etc.). Embora o texto legal não mencione, entende-se que o Ministério Público deve ser ouvido previamente à análise judicial, em razão da necessidade do contraditório, conforme o art. 282, § 3º, CPP.

Didaticamente, é possível identificar quatro situações de liberdade provisória sem a necessidade de se pagar fiança, que serão analisadas na sequência.

10.10.3.1. *Excludente de ilicitude*

Estabelece o parágrafo único do art. 310, CPP, que, se o *juiz* verificar, pelo auto de prisão em flagrante, que o agente praticou o fato diante de uma excludente de ilicitude (legítima defesa, estado de necessidade, estrito cumprimento do dever legal ou exercício regular de um direito), poderá, fundamentadamente, conceder ao agente a liberdade provisória, mediante termo de comparecimento a todos os atos processuais, sob pena de revogação.

Percebe-se, assim, que não há a exigência de fiança, mas apenas a necessidade de se firmar um termo de comparecimento a todos os atos processuais, sob pena de revogação.

Não se exige certeza de que o agente tenha atuado através de uma excludente de ilicitude, bastando uma probabilidade, de modo que ela não precisa estar plenamente provada; até porque, se é permitida a absolvição com base em *dúvida* acerca da ocorrência ou não de uma excludente de ilicitude (art. 386, VI, CPP), não poderia a liberdade provisória ficar condicionada à análise de requisitos mais rígidos de certeza.

Outro ponto interesse diz respeito à possibilidade ou não de se impor alguma medida alternativa à prisão, do art. 319, CPP, ao agente que pode ter atuado com alguma causa excludente de ilicitude. Há entendimento no sentido de não ser possível, pois, se o legislador previu a liberdade provisória, inclusive sem fiança, é porque, de fato, não desejou a decretação de sua constrição cautelar; não haveria lógica em o sistema permitir a liberdade provisória sem fiança e a absolvição até mesmo diante da dúvida sobre a ocorrência de uma excludente de ilicitude se o juiz pudesse, no curso da persecução penal, decretar uma medida gravosa ao agente, ainda que diversa do cárcere.

Neste sentido, aliás, o art. 314, CPP, estabelece que não poderá ser decretada a prisão preventiva se o juiz verificar que o agente pode ter praticado o fato através de alguma excludente de ilicitude. Logo, se a prisão preventiva não pode ser decretada, o descumprimento do p.ú. do art. 310, CPP, não pode ensejar imposição de medida alternativa ao cárcere também.

Mas ver que há outra corrente doutrinária sustentando ser possível a imposição de medidas alternativas à prisão cautelar ao agente que descumprir o art. 310, p.ú., CPP, mas o seu descumprimento não autorizará a prisão preventiva, em razão da vedação do art. 314, CPP.

Mais um ponto a ser analisado é que a lei trata apenas das excludentes de *ilicitude*, sem mencionar as excludentes de *culpabilidade*. Entende-se que é possível a extensão de sua aplicação a estas situações, com exceção da doença mental, que, a depender do caso, pode ensejar a aplicação da internação provisória (art. 319, VII, CPP). A razão é lógica também, pois o art. 397, II, CPP, permite a própria absolvição sumária ao agente que incorreu em alguma excludente de culpabilidade, salvo a inimputabilidade, uma vez que, neste caso, o processo penal poderá culminar com a aplicação de uma medida de segurança (art. 97 e seguintes, CP).

Quanto à competência para conceder a liberdade provisória diante destas situações, a doutrina se divide: para uns, a própria lei fala que o **juiz** verificará o flagrante e ele é quem poderá conceder a liberdade provisória; de outro lado, há quem sustente que o **delegado de polícia**, diante da análise jurídica do fato, poderia não lavrar o auto de flagrante, de modo que sequer se iniciaria a análise da liberdade provisória. Defende Ruchester Marreiros Barbosa, em artigo especializado, que o delegado de polícia pode, sim, conceder liberdade provisória diante de causa excludente de ilicitude, já que a autoridade policial realiza verdadeiro juízo de valor da conduta, numa verdadeira análise técnico-jurídica (Temas, 2018).

Apenas para aprofundar o estudo, Silvio Maciel (Prisão, 2012) critica este dispositivo, pois não haveria lógica na sua aplicação. Partindo do princípio de que o delegado de polícia realiza apenas a análise típica formal do fato, ele lavrará o auto de prisão em flagrante; se o fato praticado não é proibido pela lei, mas, ao contrário, é permitido por ela (art. 23, CP), não há crime e, logo, não haveria flagrante delito, já que sequer delito houve. Para o autor, não haveria razão para se conceder liberdade provisória a uma pessoa que não cometeu crime, diante do seu conceito analítico (ausência de ilicitude), até porque, o descumprimento do art. 310, p.ú., CPP, não poderá autorizar a sua prisão preventiva (art. 314, CPP). Então, seria o caso de o delegado não lavrar o autor de prisão em flagrante, mas apenas registrar o fato e, caso lavre, seria o caso de relaxamento, diante da ilegalidade de se prender uma pessoa que não praticou crime, diante da ausência do elemento da ilicitude no conceito de crime.

No mais, embora a lei disponha que o juiz "poderá", trata-se, na verdade, de um direito público subjetivo do agente, isto é, um direito exigível em face do Estado.

10.10.3.2. *Desnecessidade de prisão preventiva*

Conforme exaustivamente já estudado, o juiz, ao receber o auto de prisão em flagrante, poderá conceder a liberdade provisória, com ou sem fiança (art. 310, III, CPP). Ao lado disso, o art. 321, CPP, fixa que, ausentes os requisitos que autorizam a decretação da prisão preventiva, o juiz deverá conceder liberdade provisória, impondo, se for o caso, as medidas cautelares diversas da prisão, do art. 319, CPP, observados os critérios de necessidade e adequação, do art. 282, CPP. Atente-se que o art. 321, CPP, está dentro do Capítulo VI, cujo título é "da liberdade provisória, com ou sem fiança".

A antiga redação do Código de Processo Penal, dada pela Lei nº 6.416/77, estabelecia, no art. 310, p.ú., que o juiz, quando verificasse pelo auto de prisão em flagrante a inocorrência de qualquer hipótese ensejadora da prisão preventiva, concederia a liberdade provisória, mediante termo de comparecimento a todos os atos do processo.

O atual Código não tratou desta hipótese, o que fez com que parte da doutrina entendesse que ela não mais existe, considerando que mesmo um crime inafiançável (como o racismo, por exemplo) possibilitaria a concessão da liberdade provisória, só que sem fiança, enquanto que um crime menos grave, afiançável, não permitiria a liberdade provisória sem o pagamento de fiança. Assim, a concessão da liberdade provisória sem fiança se limitaria aos casos do atual p.ú. do art. 310, CPP: excludentes de ilicitude (e de culpabilidade, consoante explicado).

De outro lado, existe doutrina sustentando que o juiz, ao ter o poder de conceder a liberdade provisória, pode, conforme o caso concreto, exigir ou não o pagamento de fiança. Desta forma, crimes afiançáveis permitem a fiança, podendo o juiz entender sê-la desnecessária, ou então, determinar uma medida alternativa à prisão. Do mesmo modo, diante de um crime inafiançável, o juiz poderia conceder a liberdade provisória, mas sem poder exigir a fiança.

Exemplo: o juiz recebe em seu gabinete um auto de prisão em flagrante de roubo; o agente é primário, com bons antecedentes, sem fatos desabonadores, com emprego e residência fixos; não se vislumbra, no caso concreto, a necessidade de prisão preventiva, nem de pagamento de fiança e nem de imposição de medida diversa. O que o juiz faz? Parece que é o caso de concessão de liberdade provisória *sem fiança*, simplesmente porque não há nenhum motivo que sustente o contrário. O oposto seria sustentar que a liberdade provisória ou é *sempre* acompanhada de fiança ou é *sempre* acompanhada de medida alternativa à prisão, o que não é verdadeiro, até porque, os principais vetores de aplicação das medidas cautelares pessoais são a necessidade e a adequação (art. 282, I e II, CPP).

Como explica Sérgio Rebouças, "a nosso juízo, a liberdade provisória sem fiança continua possível se reunidas as seguintes hipóteses: (i) ausência de motivo para a prisão preventiva; (ii) ausência de motivo para qualquer outra medida cautelar pessoal prevista no art. 319 do CPP. Ora, se não há motivo para a imposição de medida cautelar alternativa, deverá o juiz obrigatoriamente escolher alguma para conceder a liberdade provisória? Haveria, em particular, uma obrigatoriedade de imposição de fiança quando ausentes os motivos para a prisão preventiva e para outra medida cautelar pessoal?" (Curso, 2017, p. 904-905).

Finalizando, Guilherme Madeira (Curso, 2015) bem sistematiza a explicação: (1) a fiança é uma medida cautelar; (2) se um crime for *inafiançável*, poderá ser deferida a liberdade provisória sem fiança com cumulação de medidas cautelares; (3) se um crime for *afiançável*, poderá ser deferida a liberdade provisória com fiança ou sem fiança, cumulada ou não com outras medidas cautelares.

10.10.3.3. *Situação econômica do preso*

Oportunamente, será estudada a liberdade provisória com fiança e a fixação do seu valor (art. 325, CPP). Por ora, é preciso saber, apenas, que o art. 350, CPP, estabelece que, nos casos em que couber fiança, o **juiz**, verificando a situação econômica do preso, poderá conceder-lhe liberdade provisória sem fiança, sujeitando-o às obrigações de comparecimento perante a autoridade quando intimado, de pedir permissão para a mudança de residência e de comunicação de ausência por mais de 8 dias, e a outras medidas cautelares, se for o caso.

Logo, ao réu pobre (na acepção jurídica da palavra) o juiz poderá, ainda que cabível a fiança, deixar de fixá-la caso ele não tenha condições financeiras de arcar com o valor. Isso, claramente, não impedirá a fixação de medidas alternativas do art. 319, CPP.

Embora o texto da lei fale que o *juiz* verificará a situação econômica do réu, é comum que o próprio **delegado** – equivocadamente – faça esta análise e dispense a fiança com base na pobreza do agente preso em flagrante, o que é aceito por parte da doutrina, embora contrário ao texto claro da lei. Não parece razoável, entretanto, que o delegado de polícia assim aja. Além de o texto legal, editado pela recente Lei nº 12.403/11, dispor expressamente que a dispensa da fiança por insuficiência econômica cabe apenas ao magistrado, disso surgem consequências práticas, como a sujeição do agente às obrigações dos arts. 327 e 328, CPP, bem como a imposição de medidas cautelas diversas, conforme o caso. E isso é de competência exclusiva do juiz, consoante o princípio da jurisdicionalidade das medidas cautelares. É claro que o agente pobre não será mantido preso apenas por estar nessa condição financeira; o que se quer dizer é que apenas o juiz, nesse caso, tem competência para dispensar o pagamento de fiança e, em seu lugar, impor condições diversas, até mesmo porque o controle desse cumprimento caberá ao Poder Judiciário. Consequência prática disso, como será visto adiante, é que o descumprimento das medidas alternativas impostas ao agente pobre pode ensejar a sua substituição ou até mesmo a prisão preventiva. Essa é a posição, também, de Eduardo Espínola Filho (Código, 2000, v. 3), Hélio Tornaghi (Curso, 1989, v. 2) e, também, José Frederico Marques (Elementos, 1998, v. 4), que bem afirma que o Código de Processo Penal empregou o vocábulo "juiz" ou invés de, genericamente, a expressão "autoridade", o que alcançaria autoridade judicial e autoridade policial – mas não foi essa a vontade do legislador, tanto de 1941 quanto de 2011.

Entende-se que a pessoa é pobre, juridicamente, quando não puder arcar com as despesas do processo sem se privar dos recursos de sustento próprio e de sua família (§ 1º do art. 32, CPP). Não se trata, portanto, de pessoa miserável. Ocorrendo esta situação, cujo ônus da prova é do requerente, o juiz é obrigado a agir de acordo com a lei, tratando-se de um *direito subjetivo*. Exemplos de meios de prova: apresentação de cópia de declaração de imposto de renda, carteira de trabalho, demonstrativo de pagamento (contracheque) etc.

De acordo com o p.ú. do art. 350, CPP, se o beneficiado descumprir, sem motivo justo, qualquer das obrigações ou medidas impostas, o juiz poderá substituir a medida, impor outra em cumulação ou, até mesmo, decretar a prisão preventiva, conforme previsão do art. 282, § 4º, CPP.

Como bem entendeu o Supremo Tribunal Federal, é possível presumir que o agente não tem condições financeiras de arcar com a fiança quando ele for assistido pela Defensoria Pública, o que já pressupõe hipossuficiência econômica (HC nº 149.474/PR, rel. Min. Rosa

Weber, j. 22.09.15). Essa presunção, todavia, é relativa, pois a Defensoria Pública possui a atribuição atípica de defender acusados sem advogado constituído quando se tratar de processo penal, independentemente da condição financeira deles. Logo, o magistrado deve adotar cautela ao dispensar a exigência de pagamento da fiança.

10.10.3.4. *Liberdade provisória obrigatória*

De acordo com o já estudado anteriormente, será obrigatória a liberdade provisória, independentemente da prestação de fiança, nos seguintes casos: (a) Juizados Especiais Criminais, cf. art. 69, p.ú, Lei nº 9.0995/95; (b) crimes do Código de Trânsito Brasileiro, cf. art. 301, Lei nº 9.503/97; e (c) porte de drogas para uso pessoal, cf. art. 48, § 2º, Lei nº 11.343/06.

10.10.3.5. *Recurso cabível*

A concessão de liberdade provisória autoriza a interposição de recurso em sentido estrito (art. 581, V, CPP); por outro lado, a denegação da sua concessão não comporta nenhum recurso específico, sendo possível a impetração de *habeas corpus*.

10.10.4. Liberdade provisória *com* fiança

10.10.4.1. *Introdução*

A Lei nº 12.403/11 reavivou a importância da fiança ao Processo Penal. Isso porque, até esta novel lei, o antigo parágrafo único do art. 310, CPP, cf. redação dada pela Lei nº 6.416/77, dispunha que caberia a liberdade provisória sempre que não fosse o caso de se decretar a prisão preventiva, ou seja, a fiança acabou sendo deixada de lado, pois bastaria não ser decretada a prisão preventiva para o agente ter de volta sua liberdade, independentemente da prestação de fiança.

Com a reforma processual de 2011, a fiança ganhou duplo status, funcionando agora tanto como **medida cautelar autônoma** alternativa à prisão (art. 319, VIII, CPP) quanto **contracautela** da prisão em flagrante legal, propiciando a liberdade provisória com fiança (art. 321, CPP).

É importante não confundir a *fiança* com a liberdade provisória *mediante fiança*.

A fiança, para o Processo Penal, é uma garantia real, em que o agente ou uma pessoa em seu interesse presta uma caução (que é justamente a fiança) para acautelar alguma obrigação processual.

De outro lado, a liberdade provisória é um instituto do Processo Penal que permite a liberdade do agente preso num flagrante legal, o que pode se dar mediante o pagamento da fiança. Logo, trata-se de uma contracautela, em que o preso em flagrante (lícito) paga um determinado valor para, em troca, ter sua liberdade preservada.

10.10.4.2. *A fiança*

A fiança, como garantia real que é no Processo Penal, merece estudo pormenorizado, incluindo seus objetivos, fixação de valores e modalidades.

10.10.4.2.1. *Objetivos*

O objetivo processual principal da fiança é, por meio de uma obrigação pecuniária, obrigar o agente a comparecer ao processo, evitando-se uma possível resistência no curso deste. Possui especial interesse em delitos que terão alguma repercussão patrimonial posteriormente, como uma indenização à vítima, devolução de valores ou crimes de expressiva monta (financeiros, econômicos etc.).

A fiança possui um papel muito interessante se o agente vier a ser **condenado**: indenizar a vítima. Além disso, servirá para pagar custas do processo, cumprir a prestação pecuniária e pagar a multa imposta (art. 336, *caput*, CPP). Mesmo que ocorra a prescrição da pretensão *executória*, a fiança terá estes mesmos destinos (p.ú.).

Se houver **absolvição**, os valores serão devolvidos, sem nenhum tipo de abatimento; de igual modo, se ocorrer a extinção da pretensão *punitiva* (antes do trânsito em julgado) ou se ocorrer o arquivamento das investigações.

É importante observar que o adolescente infrator, submetido ao Estatuto da Criança e do Adolescente (Lei nº 8.069/90 – ECA), quando apreendido, poderá, se o caso assim permitir, ser imediatamente liberado quando esta apreensão tiver sido ilegal ou quando, apreendido em flagrante de ato infracional, puder ser reintegrado/entregue imediatamente à sua família, conforme o art. 174, ECA. Desta forma, o adolescente infrator não está submetido ao pagamento de fiança para ter sua liberdade restabelecida (Barros, Estatuto, 2016).

10.10.4.2.2. *Arbitramento do valor*

Os parâmetros estão no art. 325, CPP, que dispõe que o valor será fixado pela autoridade que a concede dentro dos seguintes limites:

a) **de 1 a 100 salários mínimos**, quando se tratar de infração cuja pena privativa de liberdade, no grau máximo, não for superior a 4 anos (ou seja, igual ou inferior a 4 anos);

b) **de 10 a 200 salários mínimos**, quando o máximo da pena privativa de liberdade cominada for superior a 4 anos.

Atentar que a Constituição da República, no art. 7º, IV, veda a vinculação do salário mínimo para qualquer fim de atualização monetária. Bem por isso, não há que se falar em inconstitucionalidade dos parâmetros adotados pelo Código de Processo Penal, uma vez que, como se percebe, o salário mínimo não é utilizado como forma de correção ou atualização monetária, mas apenas como critério de quantificação.

Não bastará apenas a quantificação objetiva da fiança, devendo a autoridade verificar as situações do § 1º do art. 325, CPP, que estabelece que, se assim recomendar a situação econômica do preso, a fiança poderá:

a) ser **dispensada** ao agente pobre (art. 350, CPP);

b) ser **reduzida** até o máximo de 2/3;

c) ser **aumentada** até 1 mil vezes.

Essa variação visa a não tornar a fiança impagável (de valor muito alto) e nem a tornar irrisória (de valor muito baixo), servindo estes patamares de verdadeira dosimetria à autoridade concedente conforme o caso concreto.

E além dos critérios valorativos e subjetivos, a autoridade deverá levar em consideração o art. 326, que dispõe que, para determinar o valor da fiança, deve-se atentar à:

a) natureza da infração (considerando as qualificadoras, causas de aumento e de diminuição).

b) condições pessoais de fortuna do agente (o valor não pode ser impagável, mas o correspondente às consequências do delito).

c) vida pregressa do agente (são os antecedentes e a reincidência).

d) circunstâncias indicativas de periculosidade (é a periculosidade concreta do delito).

e) importância provável das custas do processo (são as custas no âmbito penal, cf. os arts. 805/806, CPP).

Em suma:

O QUE LEVAR EM CONTA AO SE FIXAR O VALOR DA FIANÇA?	
Requisitos objetivos	**Requisitos subjetivos**
» 1/100 s.m. ao crime com até 4 anos de PPL	» Condições pessoais de fortuna
» 10/200 s.m. ao crime com mais de 4 anos de PPL	» Vida pregressa (antecedentes)
» Pode ser dispensada ao pobre	» Eventual reincidência
» Pode ser reduzida até 2/3	» Periculosidade concreta do delito
» Pode ser aumentada até 1 mil vezes	
» Qualificadoras	
» Causas de aumento e de diminuição	
» Valor provável das custas do processo	

Apenas como curiosidade, o estado norte-americano da Califórnia editou uma lei, com vigência a partir de outubro de 2019, que extinguiu o sistema de fiança, tendo como justificativa a *igualdade* das pessoas. Com isso, buscou-se evitar que ricos fossem soltos mediante fiança e que pobres fossem presos por não terem condições de pagá-la. Em seu lugar, aplicar-se-á algo parecido com a audiência de custódia do Brasil, em que apenas será analisado o *risco* que o agente oferece ao processo e à sociedade, disso resultando se ele irá preso ou se permanecerá solto. A nova lei (SB-10, de 28.08.18), passa a adotar o *Petrial Assessment Services*, ou seja, um conselho irá recomendar ao juiz do caso se o agente pode ficar solto ou se deve ir preso provisoriamente, conforme um sistema de avaliação de riscos.

10.10.4.2.3. *Modalidades*

A fiança, garantia real que é, pode ser prestada de duas formas, conforme o art. 330, CPP:

i) **hipoteca inscrita em primeiro lugar.**

A hipoteca é um direito real de garantia, que visa a garantir o cumprimento da obrigação principal (que são as obrigações do afiançado, no Processo Penal) que incidirá sobre bens *imóveis* ou *móveis* (navios e aeronaves), conforme o art. 1.473 e seguintes do Código Civil. O imóvel hipotecado será avaliado por perito.

ii) **dinheiro, pedras, objetos ou metais preciosos ou títulos da dívida pública federal, estadual ou municipal.**

Tais objetos também serão avaliados por perito. Quando a fiança consistir em caução de títulos da dívida pública, o valor será determinado pela sua cotação em Bolsa de Valores, e, sendo nominativos, exigir-se-á prova de que se acham livres de ônus.

O valor em que consistir a fiança será recolhido à repartição arrecadadora federal ou estadual, ou entregue ao depositário público, juntando-se aos autos os respectivos conhecimentos. Nos lugares em que o depósito não se puder fazer de pronto, o valor será entregue ao escrivão ou pessoa abonada, a critério da autoridade, e dentro de três dias dar-se-á ao valor o destino que lhe assina o CPP, o que tudo constará do termo de fiança.

10.10.4.3. *Obrigações do afiançado*

Como visto, a liberdade provisória mediante o pagamento de fiança é *condicionada*, isto é, o afiançado deve, além de prestar a fiança, monetariamente aferível, submeter-se a determinadas condições, que são:

- → Comparecimento perante a autoridade todas as vezes que for intimado para atos do inquérito e da instrução processual (observados os direitos constitucionais ao silêncio e à não autoincriminação, claro).
- → Pedir *permissão* à autoridade processante para mudar de residência e dever de *comunicar* sua ausência temporária da residência se por mais de 8 dias, informando o local onde poderá ser encontrado.
- → Não praticar ato de obstrução ao andamento do processo.

→ Cumprir a medida cautelar imposta cumulativamente.

→ Não resistir às ordens judiciais injustificadamente.

→ Não praticar nova infração penal *dolosa*.

Consoante mencionado acima, o objetivo da fiança é atingir o agente no seu aspecto econômico, forçando-o a comparecer aos atos do inquérito e do processo quando assim determinado pela autoridade, sob pena de, justamente, sofrer as consequências processuais pela **quebra** da fiança (com a perda de ½ de seu valor), que serão vistas oportunamente.

Em suma, o juiz faz, mentalmente, a seguinte análise: "Fulano, você foi preso em um flagrante lícito, mas, se você pagar uma certa quantia em dinheiro (ou equivalente) e cumprir algumas condições relacionadas ao bom andamento do processo, você poderá permanecer solto; no entanto, se você descumprir as condições que a lei impõe, você perderá parte do valor pago como fiança, podendo sofrer outras consequências legais também".

Por fim, o Superior Tribunal de Justiça concedeu ordem de *habeas corpus* coletivo determinando a soltura, em todo território nacional, independentemente do pagamento de fiança, em favor de todos aqueles a quem foi concedida liberdade provisória condicionada ao pagamento de fiança e ainda se encontram submetidos à privação cautelar **apenas em razão do seu não pagamento**, diante da pandemia de Covid-19, tendo em vista a Recomendação nº 62/CNJ (HC nº 568.693/ES, rel. Min. Sebastião Reis Júnior, j. 14.10.20).

10.10.4.4. *Vedações*

Não são todas as infrações penais que admitem a fiança. *Antes* da reforma promovida pela Lei nº 12.403/11, algumas situações não autorizavam a prestação da fiança, como a vadiagem, a mendicância, as infrações penais punidas com reclusão mínima de dois anos, os crimes dolosos punidos com pena privativa de liberdade se o réu incidisse novamente na prática de outro crime doloso e os crimes punidos com reclusão que provocassem clamor público ou tivessem sido cometidos com violência ou grave ameaça à pessoa.

É bom lembrar que, embora seja vedada a concessão da fiança, nada impede a liberdade provisória *sem* fiança, ainda mais se ausentes os requisitos da prisão cautelar (STJ, HC nº 233.626/PA, rel. Min. Marco Aurélio Bellizze, j. 26.06.12).

Atualmente, o ordenamento jurídico prevê algumas vedações, abaixo analisadas (arts. 323 e 324, CPP).

10.10.4.4.1. *Racismo*

O art. 5º, XLII, CF, e o art. 323, I, CPP, determinam que a prática do racismo (crimes da Lei nº 7.716/89) é uma infração penal **inafiançável**, apesar de, como se estudou alhures, comportar liberdade provisória sem fiança, podendo ser cumulada alguma medida do art. 319, CPP.

Atentar que há posicionamento no sentido de que o crime de injúria racial, previsto no art. 140, § 3º, CP, também seria imprescritível. O Superior Tribunal de Justiça já entendeu da mesma forma, considerando que a injúria racial seria uma "espécie de racismo", merecendo o mesmo tratamento deste (AREsp nº 686.965/DF, rel. Min. Ericson

Maranho, j. 12.05.15). Parte oposta da doutrina critica este entendimento em razão de se realizar uma analogia *in malam partem*, vedada em Direito Penal, além de ressaltar que o crime do art. 140, § 3º, CP, é condicionado à representação (art. 145, p.ú., CP), de modo que não seria possível conjugar – tamanha a incoerência – um crime imprescritível que pode ter a punibilidade extinta em razão da decadência pelo não oferecimento de representação (art. 107, IV, CP).

É de se destacar que o Supremo Tribunal Federal reconheceu que, até que sobrevenha lei específica, as condutas homofóbicas e transfóbicas, reais ou supostas, que envolvam aversão odiosa à orientação sexual ou à identidade de gênero de alguém, por traduzirem expressões de racismo, compreendido em sua dimensão social, ajustam-se, por identidade de razão e mediante adequação típica, aos preceitos primários de incriminação da Lei nº 7.716/89, constituindo, também, na hipótese de homicídio doloso, circunstância qualificadora por motivo torpe (ADO nº 26/DF, rel. Min. Celso de Mello; e MI nº 4.733/DF, rel. Min. Edson Fachin, ambos julgados em 13.06.19).

No mais, vale lembrar da expressão *hate speech*, isto é, o discurso do ódio, que não possui legitimidade constitucional, haja vista que a liberdade de expressão não admite manifestações de conteúdo imoral que impliquem em ilicitude penal (Sarlet, Marinoni e Mitidiero, Curso, 2012).

10.10.4.4.2. *Hediondo e equiparados*

Conforme o art. 5º, XLIII, CF, e o art. 323, II, CPP, são **inafiançáveis** os crimes hediondos e os equiparados, isto é, os propriamente ditos hediondos e o tráfico de drogas, a tortura e o terrorismo (Lei nº 8.072/90).

Da mesma forma como o racismo, embora inafiançáveis *autorizam a liberdade provisória sem fiança*, podendo ser cumulada alguma medida do art. 319, CPP, ainda mais após a alteração promovida pela Lei nº 11.464/07, que passou a não mais vedar a liberdade provisória de forma abstrata (antigo art. 2º, II, Lei dos Crimes Hediondos).

10.10.4.4.3. *Ordem constitucional e Estado Democrático*

Conforme o art. 5º, XLIV, CF, e o art. 323, III, CPP, são **inafiançáveis** os crimes cometidos por grupos armados, civis ou militares, contra a ordem constitucional e o Estado Democrático (geralmente, são os crimes previstos na Lei nº 7.170/83 – Lei de Segurança Nacional).

Igualmente, comportará, conforme o caso, liberdade provisória sem fiança, cumulando-se, ou não, com alguma medida do art. 319, CPP.

10.10.4.4.4. *Quebramento anterior*

De acordo com o art. 324, I, CPP, não será concedida a fiança aos agentes que, **no mesmo processo**, tiverem quebrado fiança anteriormente concedida, ou infringido, sem motivo justo, qualquer das obrigações às quais o afiançado se obrigou a cumprir (arts. 237 e 328, CPP), vistas acima.

A quebra da fiança, como se verá adiante, é a sanção imposta ao afiançado que descumpre os compromissos assumidos quando a prestou.

10.10.4.4.5. *Prisão civil ou militar*

Nos moldes do art. 324, II, CPP, não caberá fiança ao preso civil, em razão do seu nítido caráter de coerção em face do devedor de alimentos, que se verá obrigado a pagá-los em troca de sua liberdade, cumprindo, assim, a determinação judicial que os fixou.

E, quanto aos crimes militares, também não caberá fiança, tendo em vista a característica de ordem e disciplina das instituições militares quanto às transgressões e aos crimes militares.

O Superior Tribunal de Justiça já teve a oportunidade de afirmar que é cabível medida alternativa à prisão ao agente que pratica crime militar, com exceção da fiança (HC nº 282.701/SP, rel. Min. Sebastião Reis Júnior, j. 03.04.14).

10.10.4.4.6. *Prisão preventiva*

Consoante o art. 324, IV, CPP, não será concedida a fiança quando presentes os motivos que autorizam a decretação da prisão preventiva. Por uma razão até que lógica, se está presente algum motivo justificador da prisão preventiva, resta claro que o agente não poderá ser liberado da prisão pelo simples pagamento de fiança, sob pena de, assim, frustrar o objetivo da segregação cautelar.

10.10.4.5. *Momento para concessão*

A fiança, como contracautela à prisão (e não como medida cautelar autônoma, do art. 319, CPP), deve ter o seu momento de concessão interpretado consoante a atual Lei nº 12.403/11.

Antes do advento da referida norma, havia a esdrúxula situação em que o agente preso em flagrante poderia assim permanecer durante todo o processo, até a última decisão judicial. Neste sentido, então, o art. 334, CPP, ainda diz que "a fiança poderá ser prestada enquanto não transitar em julgado a sentença condenatória".

Atualmente, todavia, o juiz, ao receber o auto de prisão em flagrante, deverá se manifestar por uma das possibilidades do art. 310, CPP, dentre as quais, analisará a possibilidade de concessão da liberdade provisória, com ou sem fiança (inc. III).

Desta feita, como ensina Renato Brasileiro de Lima (Código, 2017), "será mais fácil a visualização da concessão da fiança como medida de contracautela em momento posterior ao da prisão em flagrante, já que a análise por parte do juiz acerca do cabimento da liberdade provisória, com ou sem fiança, **deve ocorrer tão logo seja comunicado da prisão em flagrante**" (p. 973 – destaque).

No entanto, como medida cautelar autônoma (art. 319, VIII, CPP), a fiança poderá ser prestada a qualquer momento, desde que antes do trânsito em julgado.

10.10.4.6. *Competência e atribuição*

A fiança, como se viu, pode ser prestada logo em seguida à prisão em flagrante, como uma medida substitutiva à prisão cautelar, podendo – ou não – ser cumulada com alguma medida do art. 319, CPP.

Resta, então, saber quem é a autoridade que terá competência para determiná-la.

10.10.4.6.1. *Autoridade policial*

De acordo com o art. 322, "caput", CPP, a autoridade policial, apenas diante de uma prisão em flagrante, terá atribuição para conceder fiança nos casos de **infração cuja pena privativa de liberdade máxima não seja superior a 4 anos**, seja reclusão ou detenção.

Logo, a infração penal deve ter pena máxima abstrata igual ou inferior a 4 anos, iniciando-se o cálculo a partir do tipo penal cominado na lei, seja ele simples, qualificado ou privilegiado e computando-se as circunstâncias que possam alterar a pena, como as causas de aumento (aumentando-se o máximo) e as de diminuição (diminuindo-se o mínimo), excluindo-se do cálculo, todavia, as agravantes e atenuantes, pois não possuem quantificação legal, mas judicial.

Exemplos:

a) furto simples, do art. 155, *caput*, CP, cuja pena é de reclusão de 1 a 4 anos e multa. Será cabível a concessão de fiança pelo delegado de polícia, já que a pena máxima não é superior a 4 anos (mas igual a 4 anos).

b) furto qualificado, do art. 155, § 4º, CP, cuja pena é de reclusão de 2 a 8 anos e multa. Não será cabível a concessão de fiança pelo delegado, ainda que aplicado o índice da causa de diminuição de pena da tentativa (de 1/3 a 2/3), já que, aplicando-se a diminuição mínima de 1/3, a pena máxima será de 5 anos e 4 meses ao furto qualificado tentado. A concessão de fiança, então, como se verá adiante, somente será possível pelo juiz.

c) estelionato, do art. 171, CP, cuja pena é de reclusão de 1 a 5 anos e multa. Não será cabível a concessão de fiança pelo delegado de polícia se o delito for consumado; todavia, se tentado e aplicado o índice de diminuição de 1/3, a pena máxima será de 3 anos e 3 meses, abaixo, portanto, do máximo de 4 anos, comportando, desta forma, a concessão de fiança pelo delegado de polícia.

d) lesão corporal gravíssima, do art. 129, § 2º, CPP, cuja pena é de reclusão de 2 a 8 anos. Não será cabível a concessão de fiança pelo delegado de polícia, seja consumado ou tentado.

É importante lembrar que, cabendo a fiança, a autoridade possui o *dever legal* de assim concedê-la, sob pena de responder por abuso de autoridade (art. 9º, p.ú., II, Lei nº 13.869/19), autorizando a impetração de *habeas corpus* pelo preso que teve tal direito subjetivo denegado (art. 648, V, CPP) ou, conforme se verá, poderá ser pedido diretamente ao juiz a sua concessão (art. 335, CPP), sendo, desta decisão, cabível a interposição de recurso em sentido estrito (art. 581, V, CPP).

Por fim, vale dar atenção ao art. 24-A, da Lei nº 11.340/06 (Maria da Penha), editado pela Lei nº 13.641/18, que passou a tipificar o crime de descumprimento de decisão judicial que deferiu medida protetiva de urgência prevista na referida lei, com pena de detenção de 3 meses a 2 anos.

O § 2º do mencionado art. 24-A dispôs que "na hipótese de prisão em flagrante, apenas a **autoridade judicial** poderá conceder fiança". Logo, apesar de a autoridade policial ter atribuição para conceder fiança diante de infração penal com pena máxima de até 4 anos, a Lei Maria da Penha trouxe uma **exceção** ao delegado de polícia: ele não poderá conceder fiança em razão do cometimento do crime do art. 24-A da Lei nº 11.340/06, ainda que a pena máxima em abstrato seja de apenas dois anos de detenção.

10.10.4.6.2. *Autoridade judicial*

Quando o delegado de polícia não conceder a fiança, seja porque *(a)* não é de sua atribuição ou *(b)* porque simplesmente a denegou, gerando demora ou retardamento na concessão, ela deverá, agora, ser requerida ao juiz, que decidirá em até 48 horas (p.ú. do art. 322, c.c. art. 335, ambos do CPP).

Tal requerimento será feito por meio de simples petição, não sendo necessário impetrar *habeas corpus* ou elaborar uma petição específica. Se negada a concessão ou ultrapassado o prazo legal pelo juiz, ele se transformará em autoridade coatora para fins de impetração de *habeas corpus* no tribunal competente.

Exemplo atual está no artigo 302, § 3º, CTB, que prevê o crime de homicídio culposo no trânsito, quando o agente conduz veículo automotor sob a influência de álcool ou de qualquer outra substância psicoativa que determine dependência, cuja pena, a partir da Lei nº 13.546/17 (com vigência a partir de 19.04.18), passou a ser de reclusão de 5 a 8 anos. Logo, analisando-se o preceito secundário no seu máximo (8 anos), a atribuição para a análise da fiança é exclusivamente do juiz.

O mesmo se dá em relação ao crime de lesão corporal culposa no trânsito quando o agente conduz veículo automotor com capacidade psicomotora alterada em razão da influência de álcool ou de outra substância psicoativa que determine dependência, se a lesão for de natureza grave ou gravíssima, cuja pena será de reclusão de 2 a 5 anos (art. 303, § 2º, CTB, conforme Lei nº 13.546/17).

10.10.4.6.3. *Correção do excesso*

De acordo com o princípio da correção do excesso, o juiz não está vinculado à tipificação atribuída pelo delegado de polícia (no relatório policial) e nem à imputação feita pelo Ministério Público (no seu parecer ou denúncia), de forma que poderá corrigir eventual excesso gerado e, diferentemente do crime atribuído ao agente, poderá conceder a liberdade provisória caso negado anteriormente justamente em razão da (inadequada) tipificação.

Como bem explica Renato Brasileiro de Lima, "para fins de análise quanto à possibilidade de concessão de liberdade provisória, o juiz não fica vinculado à classificação formulada pela autoridade policial em seu relatório, nem tampouco àquela constante da peça acusatória (...). Portanto, como garantidor constitucional, e no exercício desse mister, pode o juiz conceder benefícios legais, relativamente ao *status libertatis* do acusado, se verificar a possibilidade de outra tipificação do fato descrito na inicial, porém com a cautela de não declarar expressamente o tipo penal que entende adequado, para não ensejar um prejulgamento" (Curso, 2013, p. 1.045).

10.10.4.7. *Procedimento*

Seja a fiança concedida pelo delegado de polícia ou pelo juiz, nos juízos criminais e delegacias de polícia haverá um livro especial, com termos de abertura e de encerramento, numerado e rubricado em todas as suas folhas pela autoridade, destinado especialmente aos termos de fiança. O termo será lavrado pelo escrivão e assinado pela autoridade e por quem prestar a fiança, e dele extrair-se-á certidão para juntar-se aos autos.

O réu e quem prestar a fiança serão pelo escrivão notificados das obrigações e da sanção previstas nos arts. 327 (comparecimento perante a autoridade) e 328 (mudar de residência só com permissão e não se ausentar por mais de oito dias sem comunicação), o que constará dos autos.

A fiança, atualmente, é considerada **sempre definitiva** (art. 330, CPP), ou seja, uma vez verificados os requisitos legais no prazo legal, ela será concedida; não há mais a antiga fiança "provisória", que era admitida apenas temporariamente para, depois, verificarem os requisitos legais e sua admissibilidade. Hoje, portanto, a autoridade verifica, antes, a possibilidade de sua concessão, sendo esta sempre definitiva.

Como visto, são competentes para conceder a fiança tanto a autoridade policial (nas infrações penais com pena máxima não superior a 4 anos) quanto a autoridade judicial (nas demais infrações, ou quando negada a fiança pelo delegado de polícia, ou quando já houver processo penal).

Depois de prestada a fiança, *que será concedida independentemente de audiência do Ministério Público*, este terá vista do processo a fim de requerer o que julgar conveniente (art. 333, CPP). O legislador, na verdade, objetivou que o procedimento da fiança fosse mais célere, apenas remetendo os autos ao *Parquet* posteriormente à análise da fiança, podendo este, se quiser, recorrer da decisão por meio de recurso em sentido estrito, cf. art. 581, V, CPP, ou requerer alguma consequência processual da fiança, como o reforço ou a cassação, por exemplo (arts. 338 a 340, CPP).

Apesar de ser este o texto legal, há posição no sentido de que, em respeito ao contraditório exigido às medidas cautelares pessoais (art. 282, § 3º, CPP), o Ministério Público deveria ser ouvido anteriormente à decisão do magistrado sobre a concessão ou não de fiança, sob pena de violação ao sistema acusatório, já que o órgão ministerial é o titular da ação penal e exerce o controle externo da atividade policial, devendo ter o controle sobre quem é preso e liberado antes de qualquer decisão pelo juiz.

10.10.4.8. *Consequências processuais*

Ao conceder a fiança, a autoridade toma por termo o compromisso do agente de cumprir diversos deveres, conforme visto anteriormente, como comparecer sempre que intimado, não se ausentar sem comunicação ao juízo, não obstruir o processo etc.

Uma vez afiançado o agente, algumas situações podem ocorrer que alterem esta sua situação, que serão estudadas a partir de agora.

10.10.4.8.1. *Cassação*

Cassar significa anular, invalidar, impedir a produção de efeitos, considerando **inidônea** a fiança. Como se trata de uma decorrência legal e constitucional, somente o juiz poderá cassar a fiança.

Conforme o art. 338, CPP, a fiança que se reconheça não ser cabível será cassada em qualquer fase do processo.

Assim, caso tenha sido concedida a fiança, mas, posteriormente, seja verificado que ela não é cabível, o ato de concessão foi contra a lei, de forma que a consequência processual será a cassação (invalidação, anulação). Ex.: fiança concedida por engano ao crime de racismo (art. 5º, XLII, CF).

Ademais, a fiança será cassada, consoante o art. 339, CPP, quando reconhecida a existência de delito inafiançável, no caso de inovação na classificação do delito.

Assim, caso, inicialmente, a fiança tenha sido concedida, mas, ulteriormente, no curso do processo, ocorra a inovação na tipificação da conduta praticada que impeça a sua concessão, a fiança deverá ser cassada.

Exemplo: fiança concedida inicialmente ao crime de porte para uso pessoal de drogas (art. 28, Lei nº 11.343/06), mas, depois, o Ministério Público oferece denúncia por tráfico de drogas (art. 33), que é inafiançável (art. 2º, II, Lei nº 8.072/90).

A fiança pode ser cassada de ofício ou a requerimento do Ministério Público, devendo ser verificada a possibilidade de manutenção da liberdade provisória sem fiança, da imposição de medida cautelar do art. 319, CPP, ou mesmo a decretação da prisão preventiva.

Ocorrendo a cassação, os bens caucionados deverão ser devolvidos ao agente. E ele, caso entenda não ser o caso de cassação, poderá interpor recurso em sentido estrito (art. 581, V, CPP), que não tem efeito suspensivo, mas o juiz deverá verificar se não é o caso de alguma outra medida do parágrafo acima, de modo a se evitar o encarceramento automático. Provido o recuso, restaura-se a fiança; improvido, devolvem-se os bens caucionados ao agente e cumpre-se a medida judicial agora imposta.

10.10.4.8.2. *Reforço*

Reforçar a fiança significa complementar seu valor, conforme o art. 340, CPP, em razão de:

a) ter sido tomada por valor insuficiente;

b) depreciação material ou perecimento do bem dado como fiança;

c) inovação na classificação do delito.

Desta forma, a fiança pode ter sido tomada, anteriormente, em valor abaixo do legal ou de modo insuficiente a atingir seus objetivos; ou então, ocorrer depreciação ou perecimento do bem dado como fiança, como as pedras preciosas, os títulos da dívida etc.; ou, por fim, pode ter ocorrido a inovação da classificação do delito, de modo a se alterar o patamar de valores, passando de 1 a 100 salários mínimos para 10 a 200 salários mínimos, conforme o art. 325, CPP.

Se não for reforçada a fiança pelo agente, ela ficará sem efeito e ele será recolhido à prisão (p.ú., art. 340, CPP), desde que, aqui também, seja preenchida alguma hipótese que justifique a prisão preventiva. Trata-se de mais um caso de fiança **inidônea**.

Caso o indivíduo seja considerado pobre na acepção jurídica da palavra, o juiz poderá dispensá-lo de reforçar a fiança, conforme prevê o art. 350, CPP.

A decisão judicial que julga sem efeito a fiança desafia recurso em sentido estrito (art. 581, V, CPP).

10.10.4.8.3. *Quebra*

Nos moldes do art. 341, CPP, haverá a quebra da fiança quando o agente:

a) regularmente intimado para ato do processo, deixar de comparecer, sem motivo justo;

b) deliberadamente praticar ato de obstrução ao andamento do processo;

c) descumprir medida cautelar imposta cumulativamente com a fiança;

d) resistir injustificadamente a ordem judicial;

e) praticar nova infração penal dolosa;

f) violar os deveres dos arts. 327 e 328, CPP.

O mero cometimento de delito doloso na vigência da fiança autoriza o quebramento do benefício, sendo desnecessária a ocorrência de sentença condenatória e muito menos o trânsito em julgado da condenação (STJ, HC nº 270.746/SP, rel. Min. Sebastião Reis Júnior, j. 27.05.14).

Percebe-se que há a *quebra da fiança* quando ocorrer a *quebra da confiança* depositada pelo Estado em relação ao afiançado. Esta quebra gerará três consequências distintas:

(1) o quebramento injustificado da fiança importará na **perda de metade do seu valor**.

Essa metade perdida servirá para pagar as custas e demais encargos (custas processuais, indenizações, prestação pecuniária e multas penais), devendo o saldo ser recolhido ao *Fundo Penitenciário*, seja Nacional ou Estadual (art. 346, CPP).

(2) ao determinar a perda de metade do valor, ainda caberá ao juiz decidir, analisando o caso concreto, sobre a **imposição de outras medidas cautelares** ou, se for o caso, a decretação da prisão preventiva.

(3) impossibilidade de, no mesmo processo, ser **novamente** concedida a fiança.

A decisão judicial que determina a quebra da fiança desafia recurso em sentido estrito (art. 581, VII, CPP), que terá efeito suspensivo quanto à determinação de perdimento de metade do valor da fiança; este recurso poderá, para alguns, ser interposto por terceiro que, por exemplo, prestou a fiança. Julgado procedente o recurso do agente ou tendo o juízo se retratado, a fiança será restabelecida em todos os seus efeitos (art. 342, CPP).

10.10.4.8.4. *Perda*

De acordo com o art. 344, CPP, entender-se-á perdido, na **totalidade**, o valor da fiança, se, condenado, o acusado não se apresentar para o início do cumprimento da pena definitivamente imposta.

No caso de perda da fiança, o seu valor, deduzidas as custas e demais encargos a que o acusado estiver obrigado (custas do processo, indenizações, prestação pecuniária e multa penal), será recolhido ao *Fundo Penitenciário*, na forma da lei, seja este Nacional ou Estadual (art. 345, CPP).

Para a doutrina, a decisão que determina a perda da fiança comporta recurso em sentido estrito (art. 581, VII, CPP), tendo efeito suspensivo em relação à destinação do valor a ser perdido. Todavia, atentar que, na praxe, o perdimento acaba sendo decretado pelo juízo das execuções penais, já que o condenado não se apresenta para o início do cumprimento da pena, de modo que será cabível o agravo em execução, do art. 197 da Lei nº 7.210/84 (STJ, CC nº 161.436/PR, rel. Min. Antonio Saldanha Palheiro, j. 28.08.19).

Se o agente for condenado, apresentar-se para cumprir pena e não tiver quebrado a fiança anteriormente, o valor dado como garantia será devolvido atualizado, descontando-se as custas e encargos (custas do processo, indenizações, prestação pecuniária e multa penal), cf. art. 347, CPP.

10.10.4.8.5. Conclusão

Em suma, tem-se o seguinte:

Cassação	Uma vez concedida, verifica-se depois não ser mais cabível. Ex.: concedida por engano ao crime de racismo (inafiançável) ou inicialmente concedida ao porte de droga para consumo, mas que depois resta caracterizado tráfico de drogas (inafiançável).	Os bens caucionados são devolvidos. Pode ser cassada de ofício ou a requerimento do MP. Cabe RESE contra a decisão de cassação.
Reforço	Complementa-se o valor então fixado nos casos de (a) valor insuficiente, (b) depreciação ou (c) inovação na classificação do delito. Se não reforçada, pode levar o agente à prisão.	Se não reforçada, ficará sem efeito e o agente poderá ser preso preventivamente. A decisão desafia RESE.
Quebra	Configura-se quando o agente quebrar a confiança depositada pelo Estado, como nos casos de (a) não comparecimento, injustificado, quando intimado, (b) praticar ato de obstrução, (c) descumprir medida imposta com a fiança, (d) resistir, injustificadamente, a ordem judicial, (e) praticar nova infração dolosa ou (f) violar deveres dos arts. 327/328, CPP.	Importará perda de ½ do valor caucionado; poderá sofrer a imposição de outras medidas cautelares ou ser preso preventivamente; não será possível ser concedida fiança no mesmo processo. A decisão desafia RESE.
Perda	Quando o agente, condenado, não se apresenta para dar início ao cumprimento da pena definitivamente imposta.	O valor da fiança, deduzidos encargos e custas, será recolhido ao Fundo Penitenciário. A decisão comporta RESE (ou, se o caso, agravo em execução já).

10.10.4.9. *Execução*

Estabelece o art. 348, CPP, que, ocorrendo quebra ou perda da fiança e tendo a fiança sido prestada por **hipoteca**, a execução desta será promovida pelo Ministério Público, no juízo cível. Assim, caberá ao *Parquet* requerer a alienação do bem para garantir o pagamento das custas e encargos que a fiança cobrirá.

Conforme Renato Brasileiro (Manual, 2016), a atuação do Ministério Público deve se limitar à fiscalização do pagamento das custas processuais, porquanto a reparação do dano causado pela infração penal é ato incompatível com o atual papel constitucional da instituição, aplicando-se a mesma lógica do art. 68, CPP, e o entendimento do STF quanto à inconstitucionalidade progressiva do dispositivo, já visto alhures.

No mais, dispõe o art. 349, CPP, que, se a fiança consistir em **pedras, objetos ou metais preciosos**, o juiz determinará a venda por leiloeiro ou corretor.

10.11. AUDIÊNCIA DE CUSTÓDIA

10.11.1. Conceituação e objetivos

A audiência de custódia, como o próprio nome diz, é uma audiência especial a ser realizada, sem demora, com a apresentação do preso diante de um juiz logo após a sua prisão.

Consoante a doutrina, "a audiência de custódia ou de apresentação pode ser definida como um ato processual realizado, em curto lapso de tempo após a prisão (em até 24 horas da comunicação da prisão em flagrante ou da prisão cautelar), com a presença do Juiz, do MP, da defesa e do próprio detido, para que este possa ter contato pessoal com o Juiz e possa ser ouvido, com o intuito de garantir o *status libertatis* da pessoa presa, em especial para analisar a preservação da integridade física e psíquica do detido, a legalidade da prisão efetuada e, ainda, a necessidade de aplicação de medida cautelar posterior, inclusive a prisão cautelar" (Mendonça, Prisão, 2017, p. 430).

Os objetivos são claros, sendo não apenas o controle da **legalidade da prisão** efetuada e análise das possíveis conversões legais (relaxamento, liberdade provisória ou prisão cautelar), mas, também, a verificação das **condições do preso**, se houve abusos ou maus tratos, o que é muito mais fácil de aferir quando há a realização de uma audiência, com contato direto e pessoal com o preso.

Esta audiência, assim, é o momento de o preso ter contato com o juiz e, se assim desejar, informar-lhe sobre os fatos que ocasionaram a sua prisão a partir do seu ponto de vista, já que, até então, a única informação que o magistrado possui é a versão da autoridade policial, ampliando-se, desta forma, a sua cognição. Não se trata de uma audiência de instrução e nem de um interrogatório.

É importante ressaltar que a decisão do juiz que, na audiência de custódia, entende por relaxar a prisão em flagrante afirmando que a conduta em tese praticada é atípica *não faz coisa julgada material*, ou seja, será perfeitamente possível que a acusação ofereça denúncia imputando os mesmos fatos outrora tidos como atípicos, podendo normalmente receber a denúncia (STF, HC nº 157.306/SP, rel. Min. Luiz Fux, j. 25.09.18). Assim, como também já entendeu o Superior Tribunal de Justiça, a decisão proferida durante a audiência de custódia, ao relaxar a prisão em flagrante, *independentemente dos motivos* que determinaram a concessão da liberdade, não vincula o titular da ação penal, e, portanto, não impede o posterior oferecimento de denúncia, sob pena de negativa de vigência ao art. 24, CPP, que trata da titularidade da ação penal (STJ, RHC nº 85.970/SP, rel. Min. Felix Fischer, j. 10.04.18).

No mais, o STF já se referiu a esta audiência como sendo "de apresentação", já que não necessariamente a audiência gerará a manutenção da custódia (prisão) do preso apresentado (AgRg na Rcl nº 26.244/RJ, rel. Min. Luiz Fux, j. 27.06.17); de qualquer forma, a expressão "audiência de custódia" está mais do que consagrada no meio jurídico e, inclusive, dá a ideia de custódia no sentido de acautelar, de proteger o preso apresentado.

10.11.2. Previsão em documentos internacionais

Pelo o que se estudou até este momento sobre medidas cautelares pessoais no Processo Penal, não se visualizou, no Código de Processo Penal, nenhuma menção a esta audiência de custódia.

Isso porque, referida previsão está na **Convenção Americana de Direitos Humanos** (Decreto nº 678/92), cujo art. 7º, 5, dispõe que toda pessoa detida ou retida deve ser conduzida, sem demora, à presença de um juiz ou outra autoridade autorizada pela lei a exercer funções judiciais e tem direito a ser julgada dentro de um prazo razoável ou a ser posta em liberdade, sem prejuízo de que prossiga o processo. Sua liberdade pode ser condicionada a garantias que assegurem o seu comparecimento em juízo.

Considerando o status supralegal da referida Convenção em relação ao direito interno (RE nº 466.343/SP, rel. Min. Cezar Peluso, j. 03.12.08), tem-se que a disposição sobre a audiência de custódia está hierarquicamente acima das leis infraconstitucionais e logo abaixo da Constituição Federal. Logo, toda norma infraconstitucional em sentido diverso, se existente, será paralisada, perdendo eficácia.

Não há, internamente, nenhuma norma tratando a respeito do procedimento da audiência de custódia, devendo ser cumprida a previsão convencional, portanto. Há um projeto de lei ainda em tramitação (PLS nº 554/11), mas o que vem regulando a sua realização são resoluções dos tribunais e uma resolução específica do Conselho Nacional de Justiça.

Pode parecer que estas resoluções violam a legalidade e a competência exclusiva da União para tratar sobre Processo Penal (art. 22, I, CF), todavia, o Supremo Tribunal Federal entendeu que a audiência de custódia é constitucional, pois a sua previsão na Convenção Americana sustou os efeitos da legislação ordinária em contrário, incluindo mais uma garantia ao preso, que é ter contato rapidamente com um juiz; deste modo, não se inovou na legislação, mas apenas se explicitou o que já era previsto na Convenção (apresentação do preso após a prisão) e no próprio Código de Processo Penal (possibilidade de apresentação do preso ao juiz no caso de "habeas corpus"), não havendo invasão de competência (ADI nº 5240/SP, rel. Min. Luiz Fux, j. 20.08.15); da mesma forma, afirmou-se que os juízes e os tribunais estão obrigados a realizar as audiências de custódia, viabilizando o comparecimento do preso perante a autoridade judiciária (ADPF nº 347-MC, rel. Min. Marco Aurélio, j. 09.09.15).

Por fim, existe previsão, também, no **Pacto Internacional sobre Direitos Civis e Políticos** (Decreto nº 592/92), ao prever, no art. 9º, 3, que qualquer pessoa presa ou encarcerada em virtude de infração penal deverá ser conduzida, sem demora, à presença do juiz ou de outra autoridade habilitada por lei a exercer funções judiciais e terá o direito de ser julgada em prazo razoável ou de ser posta em liberdade.

10.11.3. Aspectos procedimentais

Como se explicou, não existe, no momento, uma lei federal tratando da audiência de custódia e seu rito, mas apenas os arts. 287 e 310, CPP (incluídos pela Lei nº 13.964/19), dispondo sobre a necessidade de sua realização. Por isso, o Conselho Nacional de Justiça (CNJ) editou a Resolução nº 213/15, tratando do procedimento a ser seguido pelos tribunais, que, por sua vez, também criaram suas próprias regras, por meio de provimentos internos.

A seguir, serão vistas as regras específicas sobre o procedimento da audiência da custódia.

10.11.3.1. *Cabimento*

Embora a Convenção Americana de Direitos Humanos afirme que qualquer pessoa, detida de qualquer forma, deve ser apresentada diante de um juiz sem demora, o que incluiria **qualquer espécie de prisão**, seja preventiva, temporária, em flagrante e até mesmo prisão-pena, a prática brasileira aplica a audiência de custódia apenas em relação ao preso em flagrante, embora a próprio Res. nº 213/15, CNJ, admita a possibilidade de audiência de custódia em relação a todas as espécies de prisão (art. 13). O Supremo Tribunal Federal entende que não se pode restringir a audiência de custódia apenas às prisões em flagrante, devendo-se incluir os presos cautelares e definitivos também (Rcl nº 34.360/RJ, rel. Min. Ricardo Lewandowski, j. 11.06.19).

É importante observar que a apreensão de adolescente em razão do cometimento de ato infracional também deve(ria) observar a necessidade de realização de audiência de custódia. Prevê o art. 37, *b*, da Convenção sobre os Direitos da Criança (Decreto nº 99.710/90) que os Estados zelarão para que nenhuma criança seja privada de sua liberdade de forma ilegal ou arbitrária, devendo a detenção ser efetuada em conformidade com a lei apenas como último recurso e durante o mais breve período de tempo. Inclusive, a Corte Interamericana de Direitos Humanos já entendeu que os menores de idade infratores devem ser colocados à disposição da autoridade judicial competente sem demora de tempo (caso *Hermanos Landaeta Mejías e outros vs. Venezuela*, j. 27.08.14).

Embora a Res. nº 213/15 do CNJ não mencione a audiência de custódia ao adolescente infrator, deve-se fazer um controle de convencionalidade dos arts. 171 e 175 do ECA para que a apreensão do adolescente – seja em flagrante ou por ordem judicial – sofra um controle judicial imediato, o que se dará por meio da audiência de custódia.

10.11.3.2. *Prazo*

A CADH dispõe que a audiência de custódia deve ser realizada *sem demora*. Inicialmente, entendia-se que a análise deveria ser feita caso a caso, conforme as características do fato.

Já a Res. nº 213/15 do CNJ afirma que toda pessoa presa em flagrante delito, independentemente da motivação ou natureza do ato, deve ser obrigatoriamente apresentada em **até 24 horas** da comunicação do flagrante ao juiz. Já a pessoa presa decorrente de mandado deverá ser apresentada em **até 24 horas** da efetivação da prisão.

Atentar que, estando a pessoa presa acometida de grave enfermidade, ou havendo circunstância comprovadamente excepcional que a impossibilite de ser apresentada ao juiz no prazo de 24 horas da comunicação do flagrante ao juiz, deverá ser assegurada a realização da audiência no local em que ela se encontre e, nos casos em que o deslocamento se mostre inviável, deverá ser providenciada a condução para a audiência de custódia imediatamente após restabelecida sua condição de saúde ou de apresentação.

Nicolitt (Processo, 2015), minoritariamente, sustenta a possibilidade de apresentação do preso em até 10 dias, em analogia à previsão na Lei de Drogas, que prevê que, uma vez recebida a denúncia, o juiz, se entender imprescindível, poderá, no prazo máximo de 10 dias, determinar a apresentação do preso para realização de diligências, exames e perícias (§ 5º do art. 55 da Lei nº 11.343/06). Assim, para o autor, recebido o auto de prisão em flagrante, não relaxada e não concedida a liberdade provisória, mas tendo sido convertida a prisão em preventiva, a audiência de custódia deveria ser realizada no prazo máximo de 10 dias.

10.11.3.3. *Autoridade*

A CADH dispõe que o preso deverá ser conduzido à presença "de um juiz ou outra autoridade autorizada pela lei a exercer funções judiciais". Do mesmo modo, a Res. nº 213/15 do CNJ determina que a pessoa presa em flagrante será obrigatoriamente apresentada à "autoridade judicial competente", conforme a lei de organização judiciária ou definição dos tribunais.

Vê-se, portanto, que o **juiz**, autoridade pertencente aos quadros do Poder Judiciário (art. 92 e ss., CF), terá a competência para exercer o controle sobre a prisão efetuada, podendo aplicar alguma das possibilidades do art. 310, CPP, e ouvir o preso sobre como se deram os fatos.

Entende-se que o Ministério Público não substitui o juiz neste papel (CIDH, caso *Chaparro Álvarez e Lapo Íñiguez vs. Equador*, j. 21.11.07) e muito menos as autoridades militares (CIDH, caso *Cantoral Benavides vs. Peru*, j. 18.08.00). E a autoridade policial não é, e nem nunca poderá ser, uma autoridade a exercer funções judiciais – até porque, a sua atuação anterior, relativa à execução da prisão, será questionada durante a audiência de custódia, como se verá.

Assim, deve-se sustentar que, no Brasil, apenas os juízes, integrantes do Poder Judiciário, têm competência para realizar e presidir a audiência de custódia. A menção que a Convenção Americana de Direitos Humanos faz acerca de outras autoridades com poder judicial diz respeito a alguns países (que não o Brasil) que têm, em seus quadros de servidores, autoridades que não são juízes, mas que exercem algum poder judicial em determinados casos. Destaca-se que a Res. nº 268/18, CNJ, alterou o art. 1º, § 2º da Res. nº 213/15, CNJ, para prever que "entende-se por autoridade judicial competente aquela assim disposta pelas leis e organização judiciária locais, ou, salvo omissão, definida por ato normativo do **Tribunal de Justiça**, **Tribunal de Justiça Militar**, **Tribunal Regional Federal**, **Tribunal Regional Eleitoral** ou do **Superior Tribunal Militar**, que instituir as audiências de apresentação, incluído o **juiz plantonista**". Antes disso, apenas TJ e TRF, e seus respectivos juízes, eram considerados autoridades judiciais para fins de realização de audiência de custódia; agora, foram incluídas a Justiça Militar e a Justiça Eleitoral.

Não há que se falar em nulidade caso a audiência de custódia seja realizada por juiz incompetente, desde que haja razoável dúvida sobre a questão, isto é, sem erro grosseiro ou má-fé (Mendonça, 2017). Mas ver que, se, por exemplo, o mandado de prisão foi cumprido fora do âmbito territorial da jurisdição do juiz que a determinou, a audiência de custódia deve ser efetivada perante a autoridade judicial competente na localidade em que ocorreu a prisão (STJ, CC nº 168.522/PR, rel. Min. Laurita Vaz, j. 11.12.19).

10.11.3.4. *Procedimento*

O procedimento será explicado de acordo com a Resolução nº 213/15 do Conselho Nacional de Justiça e com a Resolução nº 221/20 do Conselho Nacional do Ministério Público, assim sistematizadas:

1) toda pessoa presa em flagrante delito, independentemente da motivação ou natureza do ato, será obrigatoriamente apresentada, em até 24 horas da comunicação do flagrante, à autoridade judicial competente, e será ouvida sobre as circunstâncias em que se realizou sua prisão ou apreensão. Se, por qualquer motivo, não houver juiz na comarca até o final do prazo, a pessoa presa será levada imediatamente ao substituto legal.

   Como mencionado, a simples comunicação do flagrante, como prevê o art. 306, CPP, não supre a apresentação do preso para audiência de custódia. Como já entendeu a Corte Interamericana de Direitos Humanos, "o simples conhecimento por parte do juiz de que uma pessoa está presa não satisfaz essa garantia, já que o preso deve comparecer pessoalmente e prestar sua declaração perante o juiz ou autoridade competente" (caso *Tibi vs. Equador*, j. 07.09.04).

   Para o Superior Tribunal de Justiça, não se admite, por ausência de previsão normativa, a realização de audiência de custódia por videoconferência (CC nº 168.522/PR, rel. Min. Laurita Vaz, j. 11.12.19). Em sentido contrário, o Conselho Nacional de Justiça editou a Res. nº 357/20 permitindo o uso de videoconferência; do mesmo modo, o Supremo Tribunal Federal possui precedente (HC nº 186.421/SC, rel. p. ac. Min. Edson Fachin, j. 20.10.20).

   Se o preso tiver foro por prerrogativa de função, a sua apresentação poderá ser feita a um juiz que o Presidente do respectivo Tribunal ou o Relator designar a este fim.

   A responsabilidade pelo deslocamento do preso para a audiência é da Secretaria de Administração Penitenciária ou de Segurança Pública.

   No mais, a decisão pelo juiz que realiza a audiência de custódia *não ensejará prevenção*, ou seja, uma vez concluída, deverá o auto de prisão em flagrante ser distribuído a um dos juízes criminais competentes (até porque, geralmente, a audiência é realizada por um juiz de plantão ou com atribuição exclusiva na fase pré-processual).

2) estando a pessoa presa acometida de grave enfermidade, ou havendo circunstância comprovadamente excepcional que a impossibilite de ser apresentada ao juiz no prazo, deverá ser assegurada a realização da audiência no local em que ela se encontre e, nos casos em que o deslocamento se mostre inviável, deverá ser providenciada a condução para a audiência de custódia imediatamente após restabelecida sua condição de saúde ou de apresentação.

Deve-se evitar, assim, a chamada "audiência fantasma", que é feita apenas entre juiz, Ministério Público e defesa.

Qualquer que seja o local da audiência, o Ministério Público deverá estar presente.

3) a audiência de custódia será realizada na presença do Ministério Público e da Defensoria Pública, caso a pessoa detida não possua defensor constituído no momento da lavratura do flagrante. Se a pessoa presa em flagrante delito constituir advogado até o término da lavratura do auto de prisão em flagrante, o delegado de polícia deverá notificá-lo, pelos meios mais comuns, tais como correio eletrônico, telefone ou mensagem de texto, para que compareça à audiência de custódia, consignando nos autos.

Antes da apresentação da pessoa presa ao juiz, será assegurado seu atendimento prévio e reservado por advogado por ela constituído ou defensor público, *sem a presença de agentes policiais*, sendo esclarecidos por funcionário credenciado os motivos, fundamentos e ritos que versam a audiência de custódia. Será reservado local apropriado visando a garantia da confidencialidade do atendimento prévio com advogado ou defensor público.

É *vedada a presença dos agentes policiais* responsáveis pela prisão ou pela investigação durante a audiência de custódia. É atribuição do membro do Ministério Público adotar providências para assegurar que tais agentes não estejam presentes.

4) na audiência de custódia, o juiz entrevistará a pessoa presa em flagrante, devendo:

a) esclarecer o que é a audiência de custódia e seus objetivos;

b) assegurar o não emprego de algemas, salvo casos de resistência, fundado receio de fuga ou perigo à integridade própria ou alheia, justificando-se por escrito;

c) cientificar o preso sobre seu direito ao silêncio;

d) perguntar se lhe foi assegurado o direito de consultar-se com um advogado ou defensor público, de comunicar-se com familiares e de ser atendido por um médico;

e) indagar sobre as circunstâncias da prisão;

f) perguntar sobre o tratamento recebido por onde passou até a apresentação na audiência de custódia, questionando sobre eventual tortura ou maus tratos;

g) verificar se foi realizado exame de corpo de delito, determinando-o nos casos de: não realização ainda, de registros insuficientes, de alegação de tortura ou maus tratos, ou se o exame foi realizado na presença de agente policial.

h) abster-se de formular perguntas com o fim de produzir provas para a investigação ou ação penal. Como bem explica Badaró (Curso, 2016), "a oitiva do preso tem característica precípua de um interrogatório *pro libertate*, prescindindo de uma finalidade investigativa";

i) adotar as providências necessárias para sanar irregularidades;

j) averiguar, pelas perguntas e visualmente, casos de gravidez, existência de filhos ou dependentes sob seus cuidados, histórico de doença grave (dependência química e transtornos mentais, inclusive) e analisar se é o caso de atendimento assistencial ou concessão de liberdade provisória, com ou sem medida cautelar diversa.

O membro do Ministério Público requisitará a realização de exame de corpo de delito nos casos em que: essa modalidade de prova não tenha sido realizada; os registros se mostrem insuficientes; a alegação de maus-tratos ou tortura refira-se a momento posterior ao exame realizado; o exame tenha-se realizado na presença do agente policial de quem se noticia a prática de maus-tratos ou de tortura ou de quaisquer ilegalidades no curso da prisão. Poderá ser requerida a realização de registro fotográfico e audiovisual sempre que o preso apresentar relatos ou sinais de tortura ou tratamentos cruéis, desumanos ou degradantes.

Havendo notícia de maus-tratos ou de tortura sofridos pela pessoa presa, os questionamentos do Ministério Público deverão se dirigir à descrição dos fatos e suas circunstâncias, à identificação e qualificação dos autores das agressões, bem como de eventuais testemunhas, da forma mais completa possível, respeitando-se a vontade da vítima, observando-se a efetiva compreensão dos termos utilizados e em atenção às ações e providências descritas no Protocolo de Istambul (ONU).

O membro do Ministério Público deverá averiguar, por perguntas e visualmente, hipóteses de gravidez, existência de filhos ou dependentes sob cuidados da pessoa presa em flagrante delito, histórico de doença grave, incluídos os transtornos mentais e a dependência química, para analisar a hipótese de requerer encaminhamento assistencial e a concessão da liberdade provisória, com a imposição de medida cautelar, ou encaminhar o caso para o órgão do Ministério Público com atribuição para a curadoria de saúde.

5) após a oitiva da pessoa presa em flagrante delito, o juiz deferirá ao Ministério Público e à defesa técnica, *nesta ordem*, reperguntas compatíveis com a natureza do ato, devendo indeferir as perguntas relativas ao mérito dos fatos que possam constituir eventual imputação, permitindo-lhes, em seguida, requerer: o relaxamento, a liberdade provisória, a prisão preventiva ou a adoção de outra medida para a proteção dos direitos do preso. De acordo com a CIDH, o juiz deve ouvir pessoalmente o preso para poder adotar uma dessas medidas (caso *Chaparro Álvarez vs. Equador*, j. 21.11.07).

Se a ação penal for condicionada à representação, entende-se que, como o Ministério Público já atuará na audiência de custódia, não há a necessidade de participação da vítima; já no caso de ação penal de iniciativa privada, entende-se que deve ser concedida a participação da vítima, já que ela, diante do princípio da oportunidade/conveniência, poderá optar por processar ou não o agente, não havendo razão lógica para o Ministério Público participar, sozinho, dessa audiência de custódia (podendo até propor medidas cautelares gravosas ao agente) se, ao final, a vítima poderá decidir por não exercer o seu direito de queixa (Badaró, 2016).

É obrigação do membro do Ministério Público diligenciar para reunir elementos que subsidiarão sua manifestação na audiência de custódia, em especial sobre a necessidade e adequação de eventuais medidas cautelares a serem requeridas. Ex.: obtenção de assentamento anteriores, exames de corpo de delito, ordens de medidas protetivas em face do preso etc.

Obtidos os devidos esclarecimentos, o membro do Ministério Público requererá, conforme o caso: (a) o relaxamento da prisão em flagrante; (b) a concessão da liberdade provisória com aplicação de medida cautelar diversa da prisão; (c) a conversão da prisão em prisão preventiva; (d) a adoção de outras medidas necessárias à preservação de direitos da pessoa presa.

Nos crimes que envolvam violência doméstica e familiar contra mulher, criança, adolescente, idoso, enfermo ou pessoa com deficiência, o membro do Ministério Público: diligenciará para assegurar que, caso a vítima tenha formulado pedido de medidas protetivas de urgência quando do registro da ocorrência, tais pedidos sejam apreciados pelo juiz da audiência de custódia quando da eventual concessão de liberdade provisória ao autuado; avaliará a conveniência de requerer medidas protetivas de urgência para condicionarem a liberdade do autuado, mesmo que a vítima não tenha formulado requerimentos de tal natureza; requererá ao juízo, no caso de concessão e liberdade provisória ao autuado, para que se realize a intimação da vítima, nos termos do art. 21 da Lei Maria da Penha, com preferência pela via telefônica ou telemática, sempre que possível, antes da expedição da ordem de liberação; analisará a presença de fatores de risco próprios do contexto dessa forma de criminalidade para avaliar a necessidade de requerimento de decretação da prisão preventiva, especialmente em casos de desobediência à ordem de medida protetiva de urgência.

6) a oitiva da pessoa presa será registrada, preferencialmente, em mídia, dispensando-se a formalização de termo de manifestação da pessoa presa ou do conteúdo das postulações das partes, e ficará arquivada na unidade responsável pela audiência de custódia.

A ata da audiência conterá, apenas e resumidamente, a *deliberação fundamentada do magistrado quanto à legalidade e manutenção da prisão*, cabimento de liberdade provisória sem ou com a imposição de medidas cautelares diversas da prisão, considerando-se o pedido de cada parte, como também as providências tomadas, em caso da constatação de indícios de tortura e maus tratos.

O Superior Tribunal de Justiça entendeu que a gravação da audiência de custódia em mídia (audiovisual) **não dispensa o juiz de fundamentar *por escrito* sua decisão quanto à eventual manutenção da prisão**, pois a mera gravação não é suficientemente apta a manter alguém preso, violando a exigência constitucional de fundamentação por escrito das decisões judiciais (art. 93, IX, CF), considerando que a gravação não permite que o juiz se desincumba de fazer constar em ata escrita os fundamentos quanto à legalidade e manutenção da prisão e de fornecer uma cópia à pessoa presa e seu defensor (AgRg no RHC nº 77.014/BA, rel. Min. Rogerio Schietti Cruz, j. 07.04.17).

Concluída a audiência de custódia, cópia da sua ata será entregue à pessoa presa em flagrante delito, ao Defensor e ao Ministério Público, tomando-se a ciência de todos, e apenas o auto de prisão em flagrante, com antecedentes e cópia da ata, seguirá para livre distribuição (daí porque, como afirmado, não há que se falar em prevenção).

7) proferida a decisão que resultar no relaxamento da prisão em flagrante, na concessão da liberdade provisória sem ou com a imposição de medida cautelar alternativa à prisão, ou quando determinado o imediato arquivamento do inquérito, a pessoa presa em flagrante delito será prontamente colocada em liberdade, mediante a expedição de alvará de soltura, e será informada sobre seus direitos e obrigações, salvo se por outro motivo tenha que continuar presa. Neste caso, a autoridade policial será cientificada e se a vítima de violência doméstica e familiar contra a mulher não estiver presente na audiência, deverá, *antes da expedição do alvará de soltura*, ser notificada da decisão, sem prejuízo da intimação do seu advogado ou do seu defensor público (Res. nº 254/18, CNJ).

8) havendo declaração da pessoa presa em flagrante delito de que foi vítima de tortura e/ou maus tratos ou entendimento da autoridade judicial de que há indícios da prática de tortura, será determinado o registro das informações, adotadas as providências cabíveis para a investigação da denúncia e preservação da segurança física e psicológica da vítima, que será encaminhada para atendimento médico e psicossocial especializado. O membro do Ministério Público avaliará a necessidade de requerer a concessão da medida de proteção cabível, primordialmente para assegurar a integridade pessoal do denunciante, das testemunhas, do servidor que constatou a ocorrência da prática abusiva e de seus familiares. Se conveniente, avaliará ainda a formulação de pedido de sigilo das informações.

Diante dos relatos produzidos na audiência de custódia, o membro do Ministério Público com atribuição para o ato deverá, imediatamente, requisitar a instauração de investigação dos fatos noticiados ou determinar a abertura de procedimento de investigação criminal, sem prejuízo da atribuição do membro do Ministério Público com atuação perante o juízo competente para eventual e futura ação penal. O Ministério Público diligenciará para que o registro das declarações prestadas pelo preso na audiência de custódia, em mídia ou em qualquer outro tipo de documentação, instrua os autos da apuração da notícia de maus-tratos ou de tortura.

9) a aplicação da medida cautelar diversa da prisão prevista no art. 319, inciso IX, CPP (monitoração eletrônica), será excepcional e determinada apenas quando demonstrada a impossibilidade de concessão da liberdade provisória sem cautelar ou de aplicação de outra medida cautelar menos gravosa, sujeitando-se à reavaliação periódica quanto à necessidade e adequação de sua manutenção, sendo destinada exclusivamente a: (a) pessoas presas em flagrante delito por crimes dolosos puníveis com pena privativa de liberdade máxima superior a 4 anos; (b) condenadas por outro crime doloso, em sentença transitada em julgado, ressalvado o disposto no inciso I do *caput* do art. 64 do Código Penal (reincidência); ou (c) pessoas em cumprimento de medidas protetivas de urgência acusadas por crimes que envolvam violência doméstica e familiar contra a mulher, criança, adolescente, idoso, enfermo ou pessoa com deficiência, quando não couber outra medida menos gravosa.

   Por abranger dados que pressupõem sigilo, a utilização de informações coletadas durante a monitoração eletrônica de pessoas dependerá de autorização judicial, em atenção ao art. 5°, XII, CF.

10) o termo da audiência de custódia será apensado ao inquérito ou à ação penal.

   Consoante afirmado anteriormente, embora a audiência de custódia seja, atualmente, realizada na sua infinita maioria diante dos casos de prisão em flagrante, o art. 13 da Resolução em estudo dispõe que a apresentação à autoridade judicial no prazo de 24 horas também será assegurada às pessoas presas em decorrência de cumprimento de mandados de prisão *cautelar* ou *definitiva*, aplicando-se, no que couber, os procedimentos vistos aqui – cuja ênfase se deu, de fato, ao flagrante.

10.11.4. Consequência da não realização

Não há entendimento pacífico acerca da não realização da audiência de custódia e sobre as consequências disso ao preso.

Para parte da doutrina, diante do desrespeito a uma norma supralegal, hierarquicamente superior, inclusive, ao Código de Processo Penal, gerará a ilegalidade da prisão em flagrante (um "cerceamento inconvencional", na verdade), devendo ser imediatamente relaxada. É a posição de Gustavo Badaró (Curso, 2016), Renato Brasileiro (Código, 2017) e André Nicolitt (Processo, 2015). Logo, a audiência de custódia seria uma etapa procedimental de observância obrigatória para a legalidade da prisão, de modo que a sua não realização torna a prisão ilegal, ensejando o consequente relaxamento (Paiva, 2018).

A Suprema Corte possui precedente neste sentido, sustentando ser a audiência de custódia um *direito público subjetivo*, cuja ausência de realização torna ilegal a própria prisão, com o consequente relaxamento (2ª T. HC nº 188.888/MG, rel. Min. Celso de Mello, j. 06.10.20). É de se lembrar que o art. 310, CPP, cf. a Lei nº 13.964/19, dispõe que a não realização da audiência de custódia após o prazo legal (24h + 24h), sem motivação idônea, ensejará a ilegalidade da prisão, sem prejuízo da possibilidade de imediata decretação de prisão preventiva (§ 4º).

A Corte Interamericana de Direitos Humanos tem dado interessante saída à questão: ou (a) se determina a imediata apresentação do preso ao juiz ou (b) se coloca o preso em liberdade (caso *Juan Humberto Sánches vs. Honduras*, j. 07.06.03; caso *Acosta Calderón vs. Equador*, j. 24.06.05, dentre outros).

A jurisprudência do Superior Tribunal de Justiça tem pouco se manifestado, diante do exíguo prazo entre a prisão em flagrante e os possíveis atrasos na realização da audiência de custódia e, quando o caso chega a ser julgado, muitas vezes já ocorreu a conversão para prisão preventiva ou mesmo o relaxamento, "o que exaure o objeto de eventual audiência de custódia" (5ª T., HC nº 344.987/SP, rel. Min. Joel Ilan Paciornik, j. 09.03.17).

De qualquer modo, a simples "não realização de audiência de custódia, desde que observadas as garantias constitucionais e processuais, não tem o condão de, por si só, dar azo à nulidade da prisão preventiva" (STJ, 5ª T., RHC nº 78.737/MG, rel. Min. Felix Fischer, j. 21.02.17). Desta feita, "a falta da audiência de custódia não enseja a nulidade da prisão cautelar, sobretudo se considerada a superveniência de novo título a redefinir o *status libertatis* do acusado, ao converter o flagrante em prisão preventiva" (STJ, 6ª T., RHC nº 86.156/AL, rel. Min. Rogerio Schietti Cruz, j. 26.09.17).

Bem entende o Tribunal da Cidadania ao afirmar que a implantação das audiências de custódia está sendo gradativa nos Estados, sendo necessário lembrar que a Constituição Federal determina que a prisão de qualquer pessoa e o local onde se encontre serão comunicados ao juiz e à família do preso, sendo que, em observância a isso, os arts. 306, § 1º e 310, CPP, determinam o encaminhado do auto de prisão em flagrante ao juiz para a sua análise, não sendo a não realização da audiência de custódia, por si só, capaz de ensejar a ilegalidade da prisão, ainda mais quando respeitadas as regras constitucionais e processuais penais (STJ, 6ª T., HC nº 417.937/SP, rel. Min. Maria Thereza de Assis Moura, j. 16.11.17).

Excepcionando essas situações, o próprio Superior Tribunal de Justiça entendeu como ilegal a manutenção de prisão em flagrante de sujeito preso por mais de 96 horas sem que tenha sido levado diante da autoridade judicial, ainda mais quando se nota reiteração dessas condutas contrárias ao Direito por parte das autoridades locais (HC nº 485.355/CE, rel. Min. Rogerio Schietti Cruz, j. 19.03.19).

Em interessante julgado, o Supremo Tribunal Federal, analisando o caso de um agente preso por roubo que não teve a oportunidade de contato direto com o juiz, pois este já havia determinado a conversão do flagrante em prisão preventiva, assim entendeu (embora longo, é bastante claro e didático o trecho abaixo):

> "A interpretação da jurisprudência da Corte permite a conclusão de que a audiência de apresentação constitui **direito subjetivo do preso** e, nessa medida, sua realização não se submete ao livre convencimento do Juiz, sob pena de cerceamento inconvencional. Prova disso é que, ultrapassando a recomendação exarada na ADI 5240/SP, a Corte, na ADPF 347/DF, tendo como condicionamento único o implemento em prazo de 90 (noventa) dias, determinou que Juízes e Tribunais devem realizar o ato em apreço. **Não é faculdade;**

> **é um dever, vero e próprio!** Com efeito, compreender como satisfeitos os pressupostos e requisitos da prisão preventiva, subtraindo a possibilidade de que o interessado participe de ato processual direcionado a esmiuçar referidas questões com a potencialidade efetiva de alterar o resultado processual, constitui inversão das fases de admissão, produção e valoração probatória e evidencia queima de etapas que, a toda evidência, a um só tempo, não se compatibiliza com o devido processo legal e esvazia o pronunciamento da Corte Suprema (...). Por fim, **consigno que, ao contrário da explicitação do STJ, ao meu sentir, a conversão da prisão em flagrante em preventiva não prejudica a alegação em apreço.** Isso porque, desde o início, o impetrante rechaça a validade da prisão preventiva em razão da inobservância de norma cogente que compreende indispensável à legitimação e validade da formação do ato constritivo e cujos efeitos permaneceram acometendo o estado de liberdade do paciente. Outrossim, inexiste notícia de que o paciente tenha comparecido pessoalmente em Juízo, circunstância apta a alcançar a finalidade perseguida pela audiência de apresentação. Não há, portanto, alteração do quadro processual a induzir prejudicialidade. **Não se trata, nessa perspectiva, de reduzir a audiência de apresentação a ato direcionado à enunciação meramente formal da observância procedimental da prisão em flagrante.** Ao contrário, a presença pessoal do preso tem como supedâneo otimizar, sob a ótica dos direitos fundamentais, a avaliação judicial quanto às providências descritas no art. 310 do Código de Processo Penal, de modo que a conversão da prisão em flagrante em preventiva sem tal proceder traduz a irregularidade da decisão proferida. Por outro lado, a aferição da ilegalidade não acarreta imediata soltura, tendo em vista que o juízo de necessidade e adequação de eventuais medidas cautelares gravosas consubstancia tema a ser enfrentado, originariamente, pelo Juiz natural. **Ademais, a ausência de realização, a tempo e modo, da audiência de apresentação, não retira do Juiz singular o poder-dever de averiguar adequadamente a presença dos pressupostos e requisitos da prisão preventiva, cujo implemento, como é próprio das tutelas cautelares, pode ser determinado enquanto não ultimado o ofício jurisdicional, a teor do art. 316, CPP.** Nesse contexto, não faria sentido determinar a soltura do paciente se a custódia preventiva pode ser renovada, imediatamente, pelo Juiz de primeiro grau. Diante do exposto, não conheço do habeas corpus, mas **voto por confirmar a liminar que determinou a realização, por parte do Juiz singular, de audiência de apresentação**, julgando-se prejudicado o agravo regimental" (HC nº 133.992/DF, rel. Min. Edson Fachin, j. 11.10.16).

Destaca-se que a Suprema Corte determinou que sejam realizadas as audiências de custódia no Estado do Rio de Janeiro quanto aos delitos relacionados à Lei Maria da Penha, não existido razão para a não observância do quanto decidido pela Corte (MC-Rcl nº 27.206/RJ, rel. Min. Marco Aurélio, j. 09.09.17).

11

COMUNICAÇÃO DOS ATOS PROCESSUAIS

11.1. A COMUNICAÇÃO PROCESSUAL

O exercício do *contraditório*, como se estudou no início desta obra, é analisado através do trinômio **(i) ciência/informação**, **(ii) participação/reação** e **(iii) poder de influência**, isto é, o litigante precisa tomar conhecimento sobre o conteúdo do ato processual e, também, poder reagir a isso, influenciando o julgador.

Já a *ampla defesa* é a face externa do contraditório (art. 5º, LV, CF). Enquanto o agente precisa ter ciência da acusação e possibilidade de participação para gerar influência, externamente isso é visto como ampla defesa, garantindo-se ao litigante que utilize os meios necessários à sua defesa e que o juiz analise as suas razões de reação.

De igual modo, a Convenção Americana de Direitos Humanos dispõe que toda pessoa acusada de delito tem direito a que se presuma sua inocência enquanto não se comprove legalmente sua culpa e, durante o processo, toda pessoa tem direito, em plena igualdade, à comunicação prévia e pormenorizada ao acusado da acusação formulada (art. 8º, 2, *b*).

Esses direitos constitucionais (e convencional) somente poderão ser exercidos se o agente puder tomar conhecimento do ato processual realizado, ou seja, somente será possível responder à acusação feita se o imputado souber o seu conteúdo; somente é possível recorrer se o Ministério Público souber o teor da decisão; somente é possível arrolar testemunha para comparecer à audiência designada se as partes forem intimadas da sua data etc.

Esta é a tamanha importância do estudo da *comunicação dos atos processuais*, que, consoante a lei, pode ser feita de três formas:

a) citação;

b) intimação;

c) notificação.

A partir de agora, portanto, serão estudadas cada uma dessas formas de comunicação processual.

11.2. CITAÇÃO

11.2.1. Conceito

A citação é o ato processual pelo qual o agente acusado de praticar uma infração penal toma conhecimento dessa imputação e de seu teor, permitindo-lhe respondê-la e exercer o seu direito constitucional ao contraditório e à ampla defesa dentro do processo judicial. Trata-se de um chamamento do Poder Judiciário para que o imputado se defenda.

11.2.2. Validade

Conforme o art. 564, III, *e*, CPP, haverá **nulidade absoluta** pela falta de citação do réu para ver-se processar. A doutrina chama de *circundução* o ato que julga nula ou sem eficácia a citação; e se diz *citação circunduta* quando ela for, de fato, anulada (Mirabete, 2007). Nestes casos de reconhecimento de nulidade absoluta, esta é verificada desde o início do processo, uma vez que a citação é o primeiro ato processual, justamente aquele pelo qual o agente toma conhecimento do teor da imputação

De outro lado, o art. 570, CPP, dispõe que a falta ou a nulidade da citação, da intimação ou notificação estará **sanada**, desde que o interessado *compareça*, antes de o ato se consumar, embora declare que o faz para o único fim de argui-la. O juiz ordenará, todavia, a suspensão ou o adiamento do ato, quando reconhecer que a irregularidade poderá prejudicar direito da parte.

O Superior Tribunal de Justiça realizou a seguinte construção: a falta de citação é causa de nulidade absoluta (art. 564, III, *e*, CPP), o que pode ser suprida pelo comparecimento do interessado (art. 570, CPP); o agente não havia sido citado de nenhuma forma e, mesmo assim, a ação penal tramitou com atuação da Defensoria Pública; ele estava preso, não tendo sido procurado no estabelecimento penal; entendeu-se por anular toda a ação penal, desde o momento da citação, para que este ato seja novamente feito, agora regularmente (RHC nº 72.639/PI, rel. Min. Maria Thereza de Assis Moura, j. 08.11.16).

A citação, no Processo Penal, é realizada uma só vez (*princípio da unicidade da citação*), objetivando dar ciência ao agente sobre a imputação que lhe é feita, não havendo uma nova citação após isso, até porque, o processo estará em curso, cujos atos posteriores à citação serão realizados por meio de intimações/notificações, como se verá adiante.

11.2.3. Finalidade e legislação especial

Antes da reforma processual promovida pelas Leis nº 11.689/08 e 11.719/08, o agente era citado para comparecer em juízo e ser interrogado, já que o ato de interrogatório era o primeiro da instrução criminal (antigo art. 394, CPP).

No atual panorama, nas balizas das Leis nº 11.689/08 e 11.719/08, o imputado passa a ser citado para, em regra, **apresentar resposta escrita à acusação** em 10 dias (arts. 396 e 406, CPP) e o interrogatório é o *último* ato da instrução processual, garantindo que o acusado tenha, ao final, uma visão geral de todo o conteúdo do processo e possa, da forma mais ampla possível, se defender.

Apesar desta nova concepção, há diversas leis que colocam o interrogatório como o primeiro ato instrutório (como já acontecia no Código de Processo Penal antes das suas reformas), surgindo dúvida sobre o que deve prevalecer e ser aplicado na prática: se a previsão geral do CPP (interrogatório ao final) ou se a previsão das leis especiais (interrogatório no início).

Exemplos de normas especiais que preveem o interrogatório como primeiro ato são as Leis nº 11.343/06 (drogas), 8.038/90 (competência originária) e o Decreto-lei nº 1.002/69 (CPPM).

O plenário do Supremo Tribunal Federal entendeu que a exigência de realização do interrogatório ao final da instrução criminal, conforme o art. 400, CPP, é aplicável ao âmbito miliar e a todos os procedimentos penais regidos pela legislação especial, como a lei de drogas, por exemplo (HC nº 127.900/AM, rel. Min. Dias Toffoli, j. 03.03.16).

O Superior Tribunal de Justiça seguiu este mesmo entendimento, dispondo que os procedimentos regidos por leis especiais devem observar a regra disposta no art. 400 do CPP, cujo conteúdo determina ser o interrogatório o último ato da instrução criminal (HC nº 397.382/SC, rel. Min. Maria Thereza de Assis Moura, j. 03.08.17).

É importante registrar que este entendimento fixou uma tese com *efeitos prospectivos*, ou seja, para o futuro. Determinou-se, de fato, que o interrogatório seja o último ato de instrução processual. Todavia, isso só se tornou obrigatório a partir da data da publicação do julgamento do HC nº 127.900/AM, do STF, que foi 10.03.2016. Assim, interrogatórios realizados antes dessa data e que não observaram o art. 400, CPP, são considerados válidos, ou seja, mesmo que tenham sido realizados como primeiro ato da instrução; no entanto, interrogatórios após 10.03.2016 devem ser realizados como último ato de instrução.

11.2.4. Efeitos da citação válida

No início das investigações e até antes da citação, a relação existente é linear, entre acusação e juiz apenas. A partir do momento em que há a citação válida no processo penal, a relação passa a ser angular, formando-se um triângulo, em que cada ponta é ocupada por um sujeito processual:

a) **juiz**, que recebe a inicial acusatória;

b) **acusação**, que realiza a imputação de uma infração penal; e

c) **acusado**, que passa a se defender da acusação criminal.

No Processo Civil, o art. 240, CPC, estabelece que a citação válida, ainda quando ordenada por juízo incompetente, induz litispendência, torna litigiosa a coisa e constitui em mora o devedor, ressalvado o disposto nos arts. 397 e 398, CC, sobre a mora. No Processo Penal, diferentemente disso, **o único efeito da citação válida é triangularizar a relação processual**, considerando que "o processo terá completada a sua formação quando realizada a citação do acusado" (art. 363, CPP).

No mais, há dois pontos que precisam ser diferenciados em relação ao Processo Civil.

Num processo penal, o que torna o juiz prevento é a distribuição (art. 75, CPP) ou a prática de um ato jurisdicional antes do oferecimento da denúncia ou queixa quando existir mais de um juízo competente (art. 83, CPP); num processo civil, por outro lado, o que previne a jurisdição é o registro ou a distribuição da petição (art. 59, CPC).

E por fim, num processo penal, o primeiro ato que gera a interrupção da prescrição é o recebimento da inicial acusatória pelo juiz competente (art. 117, I, CP); de outro lado, num processo civil, o despacho do juiz, ainda que incompetente, que ordena a citação é que interrompe a prescrição, que, se feita a tempo, retroagirá à data da propositura da demanda (art. 240, § 1º, CPC).

11.2.5. Espécies

Doutrinariamente, as citações podem ser classificadas em duas espécies:

a) **pessoal (ou real)**: é a feita na própria pessoa do acusado. Pode ser feita (i) por mandado judicial; (ii) pelas cartas (precatória, de ordem ou rogatória) ou (iii) de forma especial, ao preso, ao funcionário público e ao militar.

Diferentemente do Processo Civil, não se admite, num processo penal, a citação pelo correio ou de forma eletrônica, como por e-mail ou telefone (art. 6º, Lei nº 11.419/06).

b) **ficta (ou presumida)**: não é feita na própria pessoa do acusado, mas, por uma construção legal fictícia, entende-se que ele tomou conhecimento acerca da instauração de um processo penal contra si. Deve ser feita apenas excepcionalmente e poderá ser (i) por edital ou (ii) por hora certa.

Citação pessoal ou real	Ficta ou presumida
Por mandado judicial	Por edital
Por carta: - Precatória - Rogatória - De ordem	Por hora certa
Especiais: - Preso - Funcionário público - Militar	

Na sequência, serão estudados todos os pontos sobre cada uma dessas citações.

11.2.6. Citação pessoal

É a regra no Processo Penal, podendo ser por mandado ou por uma das cartas judiciais (que, claro, não são as cartas enviadas pelo correio).

11.2.6.1. *Por mandado*

É a principal forma de citação, em que um oficial de justiça, munido de um mandado judicial de citação, comparece à presença do acusado para citá-lo pessoalmente. Ocorrerá nos casos em que o réu estiver no território sujeito à jurisdição do juiz que a ordenou (art. 351, CPP). Ex.: juízo de Borá/SP para citar réu localizado em Borá/SP.

O mandado de citação possui requisitos, que se subdividem em:

a) **intrínsecos (art. 352, CPP)**: o mandado de citação deverá indicar o nome do juiz; o nome do querelante se for queixa-crime; o nome do réu, ou, se for desconhecido, os seus sinais característicos; residência do acusado; o objetivo da citação; o juízo e o lugar, dia e hora em que o réu deverá comparecer (na verdade, como visto, a citação servirá, como regra, para o acusado apresentar *defesa escrita*, já que o interrogatório, atualmente, é o último ato processual); a subscrição do escrivão e a rubrica do juiz.

b) **extrínsecos (art. 357, CPP)**: leitura do mandado ao citando pelo oficial de justiça e entrega da contrafé (cópia da denúncia/queixa), mencionando dia e hora da citação e a declaração do oficial de justiça, na certidão de citação, da entrega da contrafé e sua aceitação ou recusa pelo citando.

A citação sempre terá como destinatário o **acusado**, não podendo ser feita na pessoa de um procurador ou representante. A exceção se dá quando houver incidente de insanidade mental, caso em que a citação deverá ser feita ao curador nomeado (*citação imprópria*). Aplicando-se analogicamente o art. 245, CPC, não se fará citação quando se verificar que o citando é mentalmente incapaz ou está impossibilitado de recebê-la, devendo o oficial de justiça descrever e certificar esta ocorrência e, reconhecendo tal impossibilidade, o juiz nomeará curador ao citando, devendo a citação ser feita na pessoa do curador (§ 5º).

No que diz respeito à citação da pessoa jurídica nos crimes ambientais (CF, art. 225, § 3º), esta deverá ocorrer na pessoa de um gerente, diretor ou pessoa com poderes para receber citações, não podendo ser aplicada a regra do art. 248, § 2º, *in fine*, CPC (que autoriza a citação da pessoa jurídica com a simples entrega do mandado a qualquer funcionário responsável pelo recebimento de correspondências, como na portaria ou guarita).

O Processo Civil prevê, no art. 244, que não se fará a citação, a não ser para evitar o perecimento de direito, nas seguintes situações: a quem estiver assistindo a qualquer culto religioso; ao cônjuge ou qualquer parente do morto, consanguíneo ou afim, em linha reta ou colateral em segundo grau, no dia do falecimento e nos 7 dias seguintes; aos noivos, nos 3 primeiros dias de bodas; e aos doentes, enquanto grave seu estado.

O Processo Penal, de outro lado, não possui disposição semelhante, entendendo a doutrina que **o ato citatório pode ser feito em qualquer dia e horário**, devendo-se apenas respeitar a inviolabilidade de domicílio (Brasileiro, 2016); mas ver que há doutrina que sustenta que o oficial de justiça deve analisar a necessidade e a prudência da citação nestes casos do Código de Processo Civil (Távora e Alencar, 2017).

11.2.6.2. *Por carta precatória*

Dispõe o art. 353, CPP, que, quando o réu estiver em local certo e sabido, mas fora do território da jurisdição do juízo processante, será citado mediante precatória. Ex.: juízo de Serra da Saudade/MG objetivando citar acusado residente em Belo Horizonte/MG.

A referida carta precatória indicará (art. 354, CPP) o juiz **deprecado** (*de destino*) e o juiz **deprecante** (*de origem*); a sede da jurisdição de um e de outro; o fim para que é feita a citação, com todas as especificações; e o juízo do lugar, dia e horário em que o réu deverá comparecer (na verdade, como visto, a citação é feita para que o réu apresente defesa escrita, e não mais para comparecer ao interrogatório).

A precatória será devolvida ao juiz deprecante, independentemente de traslado, depois de lançado o "cumpra-se" e de feita a citação por mandado do juiz deprecado (art. 355, CPP).

Verificado que o réu se encontra em território sujeito à jurisdição de um outro juiz, o juiz deprecado (de destino) a este remeterá os autos para efetivação da diligência citatória, desde que haja tempo para fazer-se a citação (§ 1º do art. 355, CPP). É o chamado **caráter itinerante da precatória**.

Exemplo: juízo de Jundiaí/SP (deprecante) precisa citar o acusado, que tem domicílio em Praia Grande/SP (deprecado); expedir-se-á uma carta precatória, solicitando aquele que a diligência seja feita por este; recebendo a carta, o juízo litorâneo expedirá um mandado judicial de citação (o "cumpra-se"); pode ocorrer, todavia, que o oficial de justiça, ao se dirigir para o local da citação, verifique que o acusado se mudou, agora, para Jarinu/SP, hipótese em que *não precisará* devolver a carta precatória para o juízo de Jundiaí para, então, este encaminhá-la a Jarinu; será possível que o próprio juízo de Praia Grande envie *diretamente* para Jarinu a precatória a ser cumprida. Típica aplicação do princípio da eficiência e da celeridade.

Se houver urgência (art. 356, CPP), a carta precatória, que conterá em resumo os seus requisitos, poderá ser expedida por via telegráfica, depois de reconhecida a firma do juiz, o que a estação expedidora mencionará. Atualmente, diante do processo eletrônico, permite-se que o juiz solicite o cumprimento de carta precatória por qualquer meio idôneo, como fax ou e-mail (o que é bastante comum na comunicação entre as varas judiciais).

Se o oficial de justiça verificar que o réu está se ocultando para não ser citado, deverá realizar a citação por hora certa (que será vista adiante), remetendo-se, em seguida, a carta cumprida ao juízo deprecante (Brasileiro, 2016). Ou seja, o oficial de justiça *do juízo deprecado* pode verificar que o acusado está, propositadamente, se ocultando, caso em que realizará, uma vez preenchidos os requisitos legais, a citação por hora certa e, em seguida, remeterá a carta precatória cumprida ao juízo deprecante (o que foi feito por meio de hora certa).

11.2.6.3. *Citação do militar*

Consoante o art. 358, CPP, a citação do militar (da ativa) far-se-á por intermédio do chefe do respectivo serviço, ou seja, ao invés de o oficial de justiça citar diretamente o militar, o superior do citando se encarregará de fazer esta comunicação. Assim, diz-se, na prática, que o militar é **requisitado**.

Esta citação diz respeito ao processo por crime comum praticado por militar, já que a citação em processo penal militar seguirá o art. 280, Código de Processo Penal Militar.

Como explica a doutrina, evita-se, assim, que o oficial de justiça entre nas dependências militares à procura do citando, respeitando-se a hierarquia e a inviolabilidade castrense, de modo que se deve expedir um ofício judicial ao comandante militar, que dará ciência do seu conteúdo ao militar citando (Brasileiro, 2016).

Caso o militar esteja em outra comarca, expedir-se-á precatória para que o comando militar de destino realize o procedimento citatório. É possível a citação do militar por edital ou por hora certa, de modo excepcional, não sendo suficiente a condição de desertor, devendo-se demonstrar a sua efetiva não localização ou ocultação.

Se o objetivo for também a prática de outro ato processual (interrogatório, p. ex.), o ofício requisitório deverá solicitar a requisição de comparecimento em dia e hora determinados pelo juiz.

11.2.6.4. *Citação do preso*

Se o réu estiver preso, ele será citado **pessoalmente** (art. 360, CPP). Assim, se o citando está preso – qualquer que seja a natureza da prisão – sua citação será por meio de mandado, cumprido pelo oficial de justiça diretamente no estabelecimento penal. Atentar que a citação não será por intermédio do diretor do presídio, mas apenas pelo oficial de justiça.

Se o objetivo for, além de citar, dar ciência sobre a realização de algum ato processual (como o interrogatório, p.ex.), o preso será, aí sim, requisitado para comparecer pelo diretor do estabelecimento penal, que é a autoridade competente para deslocar o preso e coordenar a sua logística.

Caso o preso esteja em outra comarca, deverá ser expedida precatória, a ser cumprida pessoalmente pelo oficial de justiça do juízo deprecado.

Importante entendimento está previsto na súmula nº 351 do Supremo Tribunal Federal, que afirma que "é nula a citação por edital de réu preso na mesma unidade da Federação em que o juiz exercer a sua jurisdição", ou seja, se o preso já está sob custódia do Estado, bastará ao Poder Judiciário realizar sua citação pessoal, já que se sabe, certamente, sua localização; se preso, sabidamente, em outro Estado, expedir-se-á carta precatória para realizar-se a citação pessoal (STJ, RHC nº 60.738/RO, rel. Min. Gurgel de Faria, j. 23.02.16).

De qualquer modo, não há que falar em citação por edital de réu preso, a não ser quando, de fato, não se sabia, por nenhum meio, após esgotadas todas as diligências possíveis, que o citando estava realmente custodiado. O Superior Tribunal de Justiça já se manifestou no sentido de que o enunciado nº 351 do STF só se aplica nos casos de prisão no mesmo Estado de atuação do juízo processante (HC nº 363.156/SC, rel. Min. Nefi Cordeiro, j. 20.09.16).

11.2.6.5. *Citação do funcionário público*

O funcionário público é citado **pessoalmente**, devendo ser notificado o chefe de sua repartição pública (art. 359, CPP). O objetivo desta regra é manter a continuidade do serviço público, permitindo-se que o chefe da repartição consiga designar um substituto a tempo, diante da ausência do acusado (art. 4º, Lei nº 13.460/17).

Mas, como já mencionado diversas vezes, atualmente o réu é citado para apresentar resposta escrita, de modo que esta comunicação ao chefe da repartição pública só se mostra útil quando da realização do interrogatório, que é o último ato da instrução processual. Assim, citado o funcionário público, embora seja uma determinação legal a notificação ao chefe da repartição, esta não mostra mais utilidade neste exato momento.

Atenção:

Diferenciação na realização do ato citatório	
Militar	**Funcionário Público**
Citado por intermédio do seu comandante, sem participação do oficial de justiça, através de ofício do juiz.	Citado diretamente pelo oficial de justiça, com comunicação ao chefe de repartição.

11.2.6.6. *Carta rogatória*

Prevê o art. 368, CPP, que, estando o acusado no estrangeiro, em lugar *sabido*, será citado mediante **carta rogatória**, *suspendendo-se* o curso do prazo de prescrição até o seu cumprimento.

Exemplo: o acusado se mudou para Nova Iorque, nos EUA, em razão de compromissos de trabalho, tendo *domicílio certo* na cidade; a citação será feita por meio de carta rogatória.

É importante notar isso porque, se o imputado está no exterior, mas *não se tem notícia de seu endereço*, sua citação será feita por **edital** (STJ, HC nº 133.980/SP, rel. Min. Alderita Ramos de Oliveira, j. 18.12.12).

Assim:

Citação no exterior	
Citando em local *certo*	**Citando em local *incerto***
Carta rogatória	Edital

As cartas rogatórias, como regra, só serão expedidas se demonstrada previamente a sua imprescindibilidade (excepcionalidade), arcando a parte requerente com os custos de envio (art. 222-A, CPP), considerando que os meios tecnológicos, como a videoconferência, são mais rápidos, baratos e eficazes do que a expedição de uma carta rogatória, que é cumprida através de tramitação diplomática.

No entanto, em se tratando de ato de citação, o acusado possui o direito de ser citado pessoalmente, de modo que a expedição da carta rogatória é a regra.

Em relação ao procedimento (art. 783 e ss., CPP), a carta rogatória é encaminhada ao Ministério da Justiça, que solicitará apoio ao Ministério das Relações Exteriores, seguindo-se até o Poder Judiciário do país estrangeiro para cumprimento.

Como destaca o art. 368, CPP, a expedição de carta rogatória gera a *suspensão da prescrição até o seu cumprimento*, o que pode ser entendido como o êxito na Justiça estrangeira do ato citatório. Consoante Damásio de Jesus (Código, 2015), o limite da suspensão do prazo prescricional deve ser aplicado da mesma forma como previsto no art. 366, CPP (visto adiante), ou seja, dentro dos parâmetros do art. 109, CP, de acordo com a pena máxima em abstrato (súmula nº 415, STJ).

Outra utilização da **carta rogatória** diz respeito às citações feitas em legações estrangeiras (embaixadas e consulados), cf. o art. 369, CPP. Assim, sendo o caso de citação de um funcionário diplomático ou consular – que não tenha imunidade penal, claro – o ato citatório será feito por meio de carta rogatória. Aqui, todavia, não há menção à suspensão da prescrição, de modo que o seu curso não é interrompido, diferentemente da citação do acusado no exterior que não é do corpo consular ou diplomático.

11.2.6.7. *Por carta de ordem*

Quando o processo penal tem curso em Tribunal, fala-se que a competência é *originária*. A citação, neste caso, é feita pela chamada "carta de ordem", que é apenas o nome dado à ordem de diligência emanada de um órgão jurisdicional superior – tribunal – ao inferior – para realizar o ato.

11.2.7. Citação presumida

Na sequência, serão estudadas as duas espécies de citação presumida, que não são feitas pessoalmente e, por uma presunção (ficção jurídica), entende-se que o citando tomou conhecimento do ato citatório: (a) citação por edital e (b) citação por hora certa.

11.2.7.1. *Por edital*

Se o réu não for encontrado, será citado por edital, com o prazo de **15 dias** (art. 361 e § 1º do art. 363, CPP) de dilação. O edital será afixado à porta do edifício onde funcionar o juízo e será publicado pela imprensa, onde houver, devendo a afixação ser certificada pelo oficial que a tiver feito e a publicação provada por exemplar do jornal ou certidão do escrivão, da qual conste a página do jornal com a data da publicação.

O edital de citação deverá indicar (art. 364, CPP): o nome do juiz que a determinou; o nome do réu ou seus sinais característicos, se não conhecido, sua residência e profissão se constarem do processo; o fim para que é feita a citação; o juízo e o dia, hora e lugar em que o réu deverá comparecer; e o prazo, que será contado do dia da publicação do edital na imprensa, se houver, ou da sua afixação.

Nos termos da súmula nº 366, STF, "não é nula a citação por edital que indica o dispositivo da lei penal, embora não transcreva a denúncia ou queixa, ou não resuma os fatos em que se baseia". Assim, é suficiente, na citação por edital, a simples indicação do dispositivo de lei penal no qual o agente incidiu (ex.: furto simples – art. 155, "caput", CP), não sendo preciso descrever os fatos ou mesmo a inicial completa.

Não é cabível a citação por edital no âmbito dos Juizados Especiais Criminais (art. 66, Lei nº 9.099/95), de modo que, se o imputado não for localizado, deverá o processo ser encaminhado ao juízo comum, observando-se, então, o *procedimento sumário* do Código de Processo Penal; e, ainda que encontrado posteriormente, o processo não retornará ao Juizado Especial, permanecendo no juízo comum.

11.2.7.1.1. *Hipóteses*

Algumas situações autorizam a citação do acusado por edital:

a) quando inacessível o local em que o réu estiver

O art. 363, I, CPP, *previa* esta hipótese, que, todavia, foi vetada pelo Presidente da República na Lei nº 11.719/08, alegando que tal situação já é tratada pelo Código de Processo Civil e que é possível o uso da analogia. Então, entende-se ser possível a citação por edital no caso de local inacessível, incerto ou ignorado em que se encontrar o citado, nos moldes do art. 256, CPC, aplicando-se, portanto, o art. 3º, CPP, permitindo-se o emprego da analogia.

b) quando incerta a pessoa a ser citada

O art. 363, II, CPP, *previa* a hipótese de citação por edital de pessoa incerta (posteriormente revogada pela Lei nº 11.719/08).

Embora o art. 41, CPP, permita o oferecimento de denúncia ou queixa sem a qualificação do acusado, mas apenas com os "esclarecimentos pelo quais se possa identificá-lo", ensina Renato Brasileiro (Curso, 2016) que esta situação exige cautela. Não se pode simplesmente denunciar, *v.g.*, um adulto, branco, com cerca de 1,70 metro de altura e de olhos castanhos, sob pena de rejeição da denúncia em razão da vagueza na indicação do acusado; para o autor, o melhor seria não oferecer a peça acusatória, aguardando-se a certeza da identificação do agente, sendo possível, inclusive, a decretação de sua prisão preventiva (p.ú., art. 312, CPP).

c) quando o acusado não for encontrado

Entende-se que o acusado não foi encontrado quando o oficial de justiça esgota os principais meios disponíveis para a sua localização, compulsando todos os endereços possíveis constantes nos autos e após a expedição dos ofícios possíveis aos serviços públicos (ex.: cartórios eleitorais).

A exemplo disso, o Manual de Atuação Funcional dos Promotores de Justiça do Estado de São Paulo estabelece que os membros deverão verificar, antes de requerer a citação por edital, se é o caso de citação por hora certa ou se o acusado já foi procurado em todos os endereços constantes dos autos como sendo de sua residência ou local de trabalho, requerendo informações aos estabelecimentos penais; à prefeitura municipal; e ao eventual órgão de classe sobre o endereço profissional do acusado.

O Superior Tribunal de Justiça entende que "existindo informação nos autos dando conta de que, além de ter sido diligenciado nos endereços constantes dos autos, foi tentada a obtenção do endereço correto do acusado por meio do cartório eleitoral, improcede a alegação da impetrante de que não foram esgotados todos os meios de localização do réu, antes de se determinar a citação por edital, até porque nem é tarefa do Judiciário diligenciar em órgãos públicos a fim de obter o correto endereço do acusado" (HC nº 245.863/MG, rel. Min. Sebastião Reis Júnior, j. 27.10.15).

O Código de Processo Civil prevê, no art. 256, § 3º, que o réu será considerado em local ignorado ou incerto se infrutíferas as tentativas de sua localização, inclusive mediante requisição pelo juízo de informações sobre seu endereço nos cadastros de órgãos públicos ou de concessionárias de serviços públicos – o que, todavia, não é exigido pelo STJ para autorizar a citação editalícia, como se notou.

Exemplos do STJ de citação por edital: diversas tentativas fracassadas de citação pessoal no endereço mencionado em diversas peças do inquérito (RHC nº 51.516/PB, rel. Min. Jorge Mussi, j. 04.11.14); tentativas de citação pessoal por mais de dois anos em dois endereços distintos (HC nº 322.406/GO, rel. Min. Gurgel de Faria, j. 01.10.15); diversas tentativas fracassadas em quatro endereços distintos (HC nº 198.463/RS, re. Min. Ericson Maranho, j. 23.06.15), dentre outros neste sentido.

11.2.7.1.2. *Prazo de dilação*

De acordo com o art. 361, CPP, o prazo de dilação do edital será de **15 dias**. Dilação significa intervalo de tempo autorizado para se realizar algo.

Portanto, isso significa que, uma vez publicado o edital, deve-se aguardar o decurso de 15 dias para que, então, seja considerado praticado o ato citatório, momento a partir do qual começa a correr o prazo para a prática do ato processual (como a resposta à acusação, interrogatório etc.). De acordo com o art. 231, IV, CPC, considera-se dia do começo do prazo o dia útil seguinte ao fim da dilação quando a citação for por edital.

Logo, *v.g.*, o prazo de 10 dias para apresentar resposta à acusação no procedimento ordinário (art. 396, CPP) tem início *findo os 15 dias de dilação do edital*, que é um prazo tido pela lei como suficiente para o acusado tomar conhecimento do seu conteúdo.

11.2.7.1.3. *Consequências*

A bem da verdade, por mais que a doutrina fale que a citação por edital é presumida ou ficta, partindo-se do princípio de que, ao final do prazo, entender-se-ia que o acusado foi citado e estaria ciente da imputação, isso, de fato, *não ocorre*.

O art. 366, CPP, determina que "se o acusado, citado por edital, não comparecer, nem constituir advogado, ficarão suspensos o processo e o curso do prazo prescricional, podendo o juiz determinar a produção antecipada das provas consideradas urgentes e, se for o caso, decretar prisão preventiva, nos termos do disposto no art. 312".

Assim:

→ Citação por edital

→ Acusado não constitui advogado *e* não comparece

→ Processo *e* prescrição são suspensos

→ Juiz pode determinar a produção antecipada de provas urgentes

→ Juiz pode, se o caso, decretar a prisão preventiva

Desta forma, o curso do processo penal é impedido em razão do não comparecimento e não constituição de advogado pelo acusado citado por edital, de modo que não há como dizer que a "citação ficta" faz, de fato, com que se presuma, de forma absoluta, que o agente tomou conhecimento do processo criminal. Tanto isso não ocorre que o processo e a prescrição serão suspensos aguardando o retorno do acusado.

Esta nova disposição do art. 366, CPP, adveio da Lei nº 9.271/96, objetivando assegurar o direito de defesa e de ampla defesa. Antigamente, sendo citado por edital e não comparecendo o acusado, o juiz nomeava defensor dativo e o processo seguia seu curso, à revelia do réu. A defesa ficava por demais debilitada, com dificuldades de produção de prova, de interrogatório, de arrolar testemunhas etc.

Exemplo: João é acusado de roubo; o oficial de justiça não o localiza para citação em nenhum dos endereços possíveis; é feita a citação por edital, mas o agente não comparece e nem constitui advogado. A solução, *atualmente*, será: o juiz deverá determinar a suspensão do processo penal e do curso da prescrição e, se o caso, poderá até determinar a produção antecipada de provas urgentes e a prisão preventiva.

Atentar, novamente, que, se o acusado, muito embora citado por edital, constituiu advogado, não haverá a aplicação do art. 366, CPP, obviamente. E, ainda, se o advogado constituído renunciar, permite-se o prosseguimento do feito com a nomeação da Defensoria Pública, uma vez que não seria possível intimar o acusado pessoalmente para constituir novo advogado, tendo em vista *encontrar-se em local incerto e não sabido*, que foi o motivo, justamente, que permitiu a sua citação por edital (STJ, 5ª T., HC nº 338.540/SP, rel. Min. Reynaldo Soares da Fonseca, j. 14.09.17; e 6ª T., AgRg no RHC nº 96.160/MT, rel. Min. Rogerio Schietti Cruz, j. 22.10.19). No entanto, é claro que, se sabido o endereço do acusado, deverá o juiz empreender esforços para realizar a sua intimação a fim de que ele próprio nomeie defensor à sua escolha; somente no caso de isso restar impossibilitado é que o julgador procederá com a nomeação direta da Defensoria Pública.

As implicações do art. 366, CPP, serão vistas a seguir, pois:

- É preciso saber o limite temporal da suspensão da prescrição;
- É necessário saber sobre a produção antecipada de provas;
- É possível que o juiz decrete a prisão preventiva do réu;
- Há consequências quanto ao reaparecimento do réu.

11.2.7.1.3.1. Prazo de suspensão da prescrição

Estabelece o Código de Processo Penal, apenas, que a prescrição será suspensa pelo juiz, sem tratar de sua duração. Disso, então, surgiram três posições a respeito do limite temporal:

a) a suspensão da prescrição deve ser por prazo indeterminado, pois a Constituição Federal não proíbe a suspensão da prescrição sem limite temporal no caso do art. 366, CPP, não sendo o caso de imprescritibilidade, pois nada impede a retomada do curso processual, bastando a ocorrência de um evento futuro e incerto, qual seja, o aparecimento do acusado ou a constituição de advogado por ele. É a posição antiga do Supremo Tribunal Federal (RE nº 460.971/RS, rel. Min. Sepúlveda Pertence, j. 13.02.07).

b) a suspensão da prescrição deverá se dar por no máximo 20 anos, que é o maior lapso prescricional previsto no art. 109, CP.

c) o período de suspensão do prazo prescricional é regulado pelo máximo de pena cominada, nos termos da súmula nº 415, STJ. Logo, deve-se ter em mente o prazo prescricional conforme a pena máxima em abstrato prevista ao delito imputado ao agente. **É o entendimento atual**.

Exemplo: a denúncia narra que João, encontrado na situação do art. 366, CPP, praticou o crime de furto simples, cuja pena máxima abstrata é de 4 anos de reclusão, e que, de acordo com o art. 109, IV, CP, prescreverá em 8 anos; a prescrição ficará suspensa por 8 anos e, findo este prazo, ela, que estava suspensa, volta a correr normalmente, pelo o que restar; logo, não é que, findo o prazo de suspensão, o processo será extinto, uma vez que, ultimado o prazo calculado cf. o art. 109, CP, a prescrição *voltará a correr* de onde parou e pelo o que ainda restar no momento da suspensão do curso processual (STJ, HC nº 364.175/SP, rel. Min. Jorge Mussi, j. 02.02.17).

Para a Suprema Corte, "em caso de inatividade processual decorrente de citação por edital, ressalvados os crimes previstos na Constituição Federal (CF) como imprescritíveis, é constitucional limitar o período de suspensão do prazo prescricional ao tempo de prescrição da pena máxima em abstrato cominada ao crime, a despeito de o processo permanecer suspenso" (RG-RE nº 600.851/DF, rel. Min. Edson Fachin, j. 04.12.20).

É importante relembrar a noção a respeito da aplicação da lei processual penal no tempo. Isso porque, a Lei nº 9.271/96 deu a atual redação ao art. 366, CPP, considerando que, antes, o processo seguiria à revelia do acusado, como visto. Com a atual redação, o Estado passa a ter mais tempo para achar e processar o acusado, já que a prescrição estará suspensa, dilatando o prazo de persecução penal. A jurisprudência tem o entendimento de que **não é possível a aplicação retroativa do art. 366, CPP**, a fatos praticados anteriormente à Lei nº 9.271/96, por se tratar de norma de conteúdo misto, mais gravosa ao acusado no seu conteúdo material-penal, pois impede o curso normal da prescrição e provê mais tempo para o Estado prosseguir com a acusação, o que é maléfico ao acusado (STF, RHC nº 105.730/RJ, rel. Min. Teori Zavascki, j. 22.04.14; e STJ, HC nº 156.477/AM, rel. Min. Laurita Vaz, j. 22.11.11).

Por fim, vale ressaltar que se aplica a regra do art. 115, CP, que fixa que serão reduzidos pela metade os prazos de prescrição quando o criminoso era, ao tempo do crime, menor de 21 anos, ou, na data da sentença, maior de 70 anos. Então, na contagem do prazo de suspensão da prescrição pelo art. 366, CPP, deve-se aplicar a regra do art. 115, CP (STJ, HC nº 210.231/GO, rel. Min. Nefi Cordeiro, j. 20.10.15).

11.2.7.1.3.2. Produção antecipada de provas

O art. 366, CPP, autoriza a "produção antecipada das provas consideradas urgentes". Como o processo ficará suspenso por tempo considerável, pode ser preciso que o magistrado determine a realização de provas em momento diverso do comum. Assim, "a produção antecipada de provas permitida pelo art. 366 do Código de Processo Penal possui natureza acautelatória e visa a resguardar a efetividade da prestação jurisdicional, diante da possibilidade de perecimento da prova em razão do decurso do tempo no qual o processo permanece suspenso" (STJ, AgRg no HC nº 420.018/SC, rel. Min. Jorge Mussi, j. 20.02.18).

Já se estudou que a prova antecipada é a aquela produzida em juízo, com contraditório e ampla defesa, mas em momento processual diverso daquele legalmente previsto em razão da urgência necessária.

O juiz deverá justificar a sua necessidade, já que há uma inversão da ordem do processo. Nos termos da súmula nº 455 do STJ, a decisão que determina a produção antecipada de provas com base no art. 366 do CPP deve ser concretamente fundamentada, não a justificando unicamente o mero decurso do tempo. Assim, o mero despacho do juiz autorizando a oitiva antecipada de uma testemunha, aduzindo que "é inegável que o decurso do tempo atua negativamente na memória das testemunhas, que poderão não se lembrar dos detalhes necessários para a solução do caso", não é autorizado (STJ, HC nº 419.035/SP, rel. Min. Maria Thereza de Assis Moura, j. 16.11.17).

O próprio Superior Tribunal de Justiça, todavia, já autorizou a produção antecipada de provas em alguns casos, diante das suas particularidades. Por exemplo, já se permitiu a produção antecipada para a oitiva de testemunha que era policial, cujo ofício e rotina de combate à criminalidade poderiam levar ao esquecimento dos fatos do processo (RHC nº 64.086/DF, rel. Min. Nefi Cordeiro, j. 23.11.16); ainda, em outro caso, autorizou-se a produção antecipada no caso de vítima portadora de doença neurológica e de testemunha proprietária de um bar, onde há grande fluxo de pessoas e acontecimentos, considerando que os fatos aconteceram há quase uma década (RHC nº 42.804/DF, rel. Min. Maria Thereza de Assis Moura, j. 04.11.14).

De outra ponta, já se entendeu que a mera possibilidade de mudança de endereço das vítimas e testemunhas não é fundamentação idônea para autorização a produção antecipada de provas do art. 366, CPP, sobretudo quando não há nenhum elemento de risco concreto (STJ, HC nº 416.164/DF, rel. Min. Felix Fischer, j. 12.12.17).

E consoante o Supremo Tribunal Federal, a antecipação de prova testemunhal, p. ex., pode restar necessária em razão da gravidade do crime praticado e pela possibilidade *concreta* de perecimento deste meio de prova, cabendo ao juiz, no caso específico, resguardar a produção probatória e o resultado prático do processo penal (HC nº 135.386/DF, rel. Min. Gilmar Mendes, j. 13.12.16).

Se o juiz indeferir a produção antecipada de provas nas situações do art. 366, CPP, admite-se a interposição de recurso em sentido estrito, com fundamento no art. 581, XVI, CPP, uma vez que se está diante de uma suspensão do processo (STJ, EREsp nº 1.630.121/RN, rel. Min. Reynaldo Soares da Fonseca, j. 28.11.18).

11.2.7.1.3.3. Prisão preventiva

Já se estudou exaustivamente a prisão preventiva. Aqui, apenas, o texto do art. 366, CPP, fixa que será possível a sua decretação tendo como base o art. 312, CPP, que fixa as hipóteses de justificação (geralmente, será para a garantia de aplicação da lei penal).

Como mais do que já sabido a esta altura, a prisão cautelar é excepcional, devendo ser decretada apenas quando não for suficiente outra medida diversa da prisão (art. 282, § 6º, CPP); e, no mais, a citação por edital com a consequente aplicação do art. 366, CPP, não implica em prisão preventiva automática, devendo o juiz justificar sua aplicação no caso concreto (STJ, RHC nº 72.672/CE, rel. Min. Sebastião Reis Júnior, j. 14.03.17).

11.2.7.1.3.4. Comparecimento do réu

Tratando-se de citação presumida, pode ser que o réu citado por edital compareça posteriormente ao processo, caso em que será observado o art. 394 e seguintes do CPP (atual art. 396, CPP).

Em igual sentido, o p.ú. do art. 396, CPP, dispõe que, no caso de citação por edital, o prazo para a defesa começará a fluir a partir do comparecimento pessoal do acusado ou do defensor constituído.

Logo, tendo sido citado por edital e comparecido ulteriormente ou, ainda, tendo constituído advogado, *o* **processo será retomado** a partir da resposta à acusação (art. 396, CPP).

11.2.7.2. *Por hora certa*

A citação por hora certa é novidade relativamente recente no Processo Penal, introduzida pela Lei nº 11.719/08.

Nos termos do art. 362, CPP, se o oficial de justiça verificar que o réu se oculta para não ser citado, certificará a ocorrência e procederá à citação com hora certa, na forma prevista nos arts. 252 a 253, CPC.

Completada a citação por hora certa, se o acusado não comparecer (ou seja, não apresentar resposta à acusação e não constituir advogado), o juiz lhe nomeará um defensor dativo (p.ú., art. 362, CPP), ou seja, **não haverá a suspensão do processo ou da prescrição**, tal como ocorre na citação por edital.

Poder-se-ia sustentar que a citação por hora certa, com a continuação do processo com defensor dativo, seria inconstitucional ou mesmo inconvencional. No entanto, o Direito não protege quem se aproveita da própria torpeza, ou seja, uma situação é tutelar o citando que está em local incerto ou não sabido, que merece a tutela processual com a suspensão do processo (no caso da citação por edital); outra situação, bem diferente, é a do sujeito que, propositadamente, furta-se ao chamamento do Poder Judiciário para não ser citado e não responder pelo crime em tese cometido. Logo, é absolutamente **constitucional** a citação por hora certa, tendo os tribunais entendido pela sua aplicação normalmente (STF, RE nº 635.145/RS, rel. p/ acórdão Min. Luiz Fux, j. 01.08.16; e STJ, RHC nº 31.421/SP, rel. Min. Laurita Vaz, j. 08.05.12).

Nos termos do Código de Processo Civil, portanto, quando, por **duas vezes**, o oficial de justiça houver procurado o citando em seu domicílio ou residência sem o encontrar, deverá, **havendo suspeita de ocultação**, intimar qualquer pessoa da família ou, em sua falta, qualquer vizinho de que, **no dia útil imediato**, voltará a fim de efetuar a citação, na hora que designar (art. 252). Nos condomínios edilícios ou nos loteamentos com controle de acesso, será válida a intimação feita a funcionário da portaria responsável pelo recebimento de correspondência (p.ú.).

Como bem ensina Marcus Vinicius Rios Gonçalves, "a suspeita deve ser do oficial de justiça, não cabendo ao juiz determinar-lhe que faça a citação com hora certa quando tal suspeita não existe" (Direito, 2015, p. 333).

No dia e na hora designados, então, o oficial de justiça, independentemente de novo despacho (novamente: quem analisa e verifica se é ou não o caso de citação por hora certa é o próprio oficial de justiça) comparecerá ao domicílio ou à residência do citando a fim de realizar a diligência (art. 253). Se o citando não estiver presente, o oficial de justiça procurará informar-se das razões da ausência, **dando por feita a citação**, ainda que o citando se tenha ocultado em outra comarca, seção ou subseção judiciárias (§ 1º).

A citação com hora certa será efetivada mesmo que a pessoa da família ou o vizinho que houver sido intimado esteja ausente, ou se, embora presente, a pessoa da família ou o vizinho se recusar a receber o mandado (§ 2º). Da certidão da ocorrência, o oficial de justiça deixará contrafé com qualquer pessoa da família ou vizinho, conforme o caso, declarando-lhe o nome (§ 3º).

Feita a citação com hora certa, o escrivão ou chefe de secretaria enviará ao réu, executado ou interessado, no prazo de 10 dias, contado da data da juntada do mandado aos autos, carta, telegrama ou correspondência eletrônica, dando-lhe de tudo ciência (art. 254) – esta expedição de correspondência é requisito de validade, não precisando ser recebida pelo citando (bastará a simples expedição ao endereço indicado na citação).

Atentar que, nos termos da súmula nº 710 do STF, "no processo penal, contam-se os prazos da data da intimação, e não da juntada aos autos do mandado ou da carta precatória ou de ordem".

Como explica Medina, a citação por hora, portanto, tem por pressupostos: **(a)** procura do citando pelo oficial de justiça em seu domicílio por pelo menos duas vezes; **(b)** identificação de elementos que gerem suspeita de ocultação; e **(c)** intimação de familiar, vizinho ou funcionário da portaria de que retornará no dia útil imediato para realizar a citação. E "o oficial de justiça deverá indicar as razões que o levaram a suspeitar da ocultação do citando. Não basta, assim, que o oficial de justiça experimente, subjetivamente, a sensação de que o citando esteja se ocultado, sem que indique as circunstâncias objetivas que o permitiam deduzir isso" (Direito, 2015, p. 394).

Por fim, é preciso saber que o atual art. 362, CPP, com redação dada pela Lei nº 11.719/08, pode ser utilizado para citar por hora certa os acusados em processos que estavam em curso quando da entrada em vigor da novel lei e que ainda não haviam sido citados; de outro lado, os já citados por edital por se ocultarem ao processo, cf. a antiga redação do art. 362, CPP, não poderão ser citados por hora certa, pois, em relação a eles, o processo estava suspenso, não podendo ser "substituída" uma citação por edital por uma por hora certa. Brasileiro (Curso, 2016) discorda, entendendo que, neste caso, deverá ser autorizada a citação por hora certa, pois esta nova possibilidade é benéfica, já que a prescrição volta a correr normalmente.

11.2.8. Revelia no Processo Penal

Como explica Pacelli, "em processo penal, a revelia, verificada a partir da ausência injustificada do acusado por ocasião da realização de qualquer ato relevante do processo, tem como única consequência a não intimação dele para a prática dos atos subsequentes, exceção feita à intimação da sentença, que deverá ser realizada sob quaisquer circunstâncias" (Curso, 2012, p. 612).

De acordo com o art. 367, CPP, o processo seguirá sem a presença do acusado que, citado ou intimado pessoalmente para qualquer ato (a) deixar de comparecer sem motivo justificado ou (b) no caso de mudança de residência, não comunicar o novo endereço ao juízo.

De igual modo, o processo seguirá à revelia do acusado que, citado por hora certa, não oferecer resposta à acusação, devendo o juiz nomear-lhe um defensor dativo, conforme o art. 362, CPP.

E no tribunal do júri, de acordo com o atual art. 457, CPP, o julgamento não será adiado pelo não comparecimento do acusado solto, do assistente ou do advogado do querelante, que tiver sido regularmente intimado – ou seja, o julgamento seguirá sem a sua presença, não ocorrendo mais a chamada "crise de instância" (em que o processo ficava parado até o aparecimento do acusado).

Atentar que os efeitos da revelia no Processo Civil são distintos dos verificados no Processo Penal. Lá, se o réu não contestar a ação, será, em regra, considerado revel e as alegações de fato do autor serão consideradas verdadeiras (art. 344, CPC); além disso, não dependerão de prova os fatos afirmados por uma parte e confessados por outra e os admitidos como incontroversos no processo (art. 374, II e III, CPC).

Como explica Marcus Vinicius Rios Gonçalves, não se pode confundir a *revelia*, que é um estado processual de quem não se apresenta para responder ao processo, com os *efeitos da revelia*, que devem ser analisados conforme o caso concreto (Direito, 2015).

Então, no Processo Penal, de outro lado, ainda que incida a **revelia** ao acusado (que, de modo geral, não comparece ao processo ou não oferece resposta à acusação), não gerará o **efeito da revelia** de presunção da veracidade dos fatos narrados na inicial acusatória. Isso porque, além de se estar diante de um direito indisponível, que é a liberdade (art. 345, II, CPC), vigoram os princípios da presunção de inocência e da verdade real, não se falando em confissão ficta ou presumida em razão da ausência do réu ou de sua resposta à acusação; fala-se apenas em prova cabal, produzida pela acusação, da autoria e da materialidade da infração penal.

Diante disso, a única consequência da revelia do réu, no Processo Penal, é a *desnecessidade de sua intimação para a prática dos próximos atos do processo*, com exceção da intimação da sentença, que é obrigatória, conforme previsto no art. 392, CPP – pois o réu, no Processo Penal, possui capacidade postulatória para interpor recursos, daí ser sempre intimado da sentença, ainda que revel durante todo o processo.

De acordo com a jurisprudência, todavia, "a intimação pessoal do acusado ou por edital, previstas no art. 392 do Código de Processo Penal, é necessária **apenas em relação à sentença condenatória**. A intimação do acórdão prolatado por ocasião do julgamento da apelação aperfeiçoa-se com a publicação na imprensa oficial, salvo na hipótese de defensor público ou dativo" (STJ, HC nº 299.837/SP, rel. Min. Ribeiro Dantas, j. 06.12.16).

E atentar, por fim, que, ainda que caracterizada a revelia, o advogado do réu revel continuará recebendo intimações normalmente. Vejam bem: o efeito da revelia de não receber mais intimações é apenas ao *réu revel*, não ao seu defensor.

11.3. INTIMAÇÕES E NOTIFICAÇÕES

11.3.1. Conceitos e noções

A citação, como visto, é o ato de comunicação inaugural do processo, dando-se ciência ao acusado da existência de um processo contra si, objetivando o seu comparecimento para oferecer resposta à acusação.

Todavia, diversos outros atos processuais são feitos no curso de um processo penal por meio de decisões judiciais, como designações de audiências, colheita de provas, quebras de sigilo, juntada de documentos etc. E, para se respeitar o contraditório e a ampla defesa, todos os sujeitos do processo devem tomar conhecimento dos atos praticados no processo que possam influir o seu resultado.

Então, surgem duas espécies de atos de comunicação processual, que são assim distinguidas pela doutrina (embora não haja consenso):

a) **intimação**: é a ciência ao sujeito a respeito de um *ato processual já realizado*, ou seja, já consumado, dando-se conhecimento à parte para poder gerar os efeitos legais esperados. Ex.: intimação da sentença já prolatada.

Será admissível a intimação por despacho na própria petição em que for requerida (art. 371, CPP), observados os requisitos do mandado, previstos no art. 357, CPP. É o caso, p. ex., de o Ministério Público requerer a prisão preventiva do acusado em simples petição, despachando-se diretamente com o juiz, e este, no próprio requerimento, decide de imediato, já saindo intimado o órgão acusatório.

b) **notificação**: é a ciência ao sujeito a respeito de uma informação relevante, de um dever ou de um ônus de *praticar um ato processual* ou *adotar uma conduta no processo*, ou seja, de cumprir uma providência de interesse processual. Ex.: notificação da testemunha a comparecer em juízo para prestar depoimento.

Uma notificação comum é a prevista na Lei Maria da Penha, em que a ofendida deverá ser notificada dos atos processuais relativos ao agressor, especialmente dos pertinentes ao ingresso e à saída da prisão, sem prejuízo da intimação do advogado constituído ou do defensor público (art. 21, Lei nº 11.340/06). De igual modo, o Código de Processo Penal prevê, agora, que o ofendido será *comunicado* dos atos processuais relativos ao ingresso e à saída do acusado da prisão, à designação de data para audiência e à sentença e respectivos acórdãos que a mantenham ou modifiquem (§ 2º, art. 201).

Por fim, é perfeitamente possível a "intimação por hora certa", uma vez que, apesar de o Código de Processo Penal apenas tratar da "citação por hora certa", determina-se que, quanto às intimações, sejam observadas, no que for aplicável, as regras a respeito das citações. Além disso, o art. 3º do CPP permite emprestar o art. 275, § 2º do CPC, que dispõe que, "caso necessário, a intimação poderá ser efetuada com hora certa ou por edital".

11.3.2. Regras de prazos

É importante ressaltar que, no Processo Penal, contam-se os prazos da **data da intimação**, de acordo com a súmula nº 710 do STF, e não da juntada aos autos do mandado ou da carta precatório ou de ordem, como acontece no Processo Civil, cf. o art. 231, II, CPC (STJ, REsp nº 1.632.777/SP, rel. Min. Napoleão Nunes Maia Filho, j. 17.05.17).

Exemplo: o acusado é citado no dia 10/01 e o mandado cumprido é juntado aos autos apenas em 27/02; sendo um processo penal, o ato é considerado praticado no dia 10/01, que foi a efetiva data da intimação, independentemente da data da juntada do mandado cumprido aos autos, tendo o prazo início no dia 11/01.

Se ocorrer intimação em dia não útil (final de semana ou feriado), entende-se que o ato é feito no primeiro dia útil seguinte, iniciando-se a contagem do prazo no dia seguinte.

Exemplo: intimação no dia 08/09 (sábado), entende-se que o ato foi praticado dia 10/09 (segunda-feira), iniciando-se o prazo no dia 11/09. Isso porque, como já visto, sendo um prazo processual, exclui-se o dia do começo e inclui-se o dia final, cf. o art. 798, § 1º, CPP.

Se a intimação ou publicação se der numa sexta-feira, o prazo terá início na segunda-feira ou no primeiro dia útil seguinte, cf. a súmula nº 310 do STF.

Exemplo: intimação feita no dia 25/04 (sexta-feira); o prazo tem início na segunda-feira (28/04) ou no primeiro dia útil imediato (caso haja um feriado, por exemplo).

Igualmente, considera-se como data de publicação o primeiro dia útil seguinte ao da disponibilização da informação no Diário da Justiça eletrônico (§ 2º do art. 224, CPC).

Exemplo: intimação eletrônica disponibilizada no *DJ-e* no dia 18/03 (segunda-feira); entende-se que o ato é publicado no dia 19/03, com início do prazo no dia 20/03.

Se o ato processual for praticado na presença de todos os sujeitos processuais, estes já sairão intimados, fluindo-se o prazo deste ato, tal como ocorre com a sentença do júri, que é proferida *em plenário*, tendo como termo inicial recursal a data desta sessão de julgamento (STJ, RHC nº 38.844/MG, rel. Min. Marilza Maynard, j. 08.04.14) ou quando adiada, por qualquer motivo, a instrução criminal, caso em que o juiz marcará, desde logo, *na presença das partes e testemunhas*, dia e hora para seu prosseguimento, do que se lavrará termo nos autos (art. 372, CPP).

É importante notar que a Lei nº 13.363/16 alterou o EOAB, passando a dispor, no art. 7º-A, que é direito da advogada adotante ou que der à luz a suspensão de prazos processuais quando for a única patrona da causa, desde que haja notificação por escrito. Mas atenção: esses casos de suspensão somente se aplicam ao processo civil e ao processo do trabalho (art. 313, CPC). Não são aplicáveis estas regras ao processo criminal, prevalecendo o direito do réu à liberdade e à duração razoável do processo em detrimento dos direitos de paternidade dos seus advogados.

No mais, de acordo com a jurisprudência do Superior Tribunal de Justiça, como regra, "a intimação eletrônica do patrono não altera o termo inicial para a interposição do recurso, porquanto é assente, nesta Corte Superior, o entendimento de que o prazo começa a fluir a partir da data de publicação do Diário de Justiça eletrônico, uma vez que este substitui outros meios de publicação oficial para quaisquer efeitos legais" (AgRg no AREsp nº 1.214.251/RJ, rel. Min. Nefi Cordeiro, j. 18.09.18).

11.3.3. Consequência da ausência

A falta de intimação ou notificação enseja nulidade (como a falta de intimação do réu para sessão de julgamento; falta de intimação de testemunha; falta de intimação dando ciência de sentença recorrível etc., conforme o art. 564, CPP).

Todavia, deve ser observado o princípio da instrumentalidade das formas (a ser estudado detidamente em capítulo próprio), segundo o qual não haverá declaração de nulidade se não houver prejuízo (art. 563, CPP) ou se o ato atingiu a sua finalidade (art. 572, II, CPP).

11.3.4. Intimações aos sujeitos processuais

Os atos do processo precisam ser comunicados às partes, tanto à acusação como à defesa. Assim, p. ex., se o juiz decreta a prisão cautelar do acusado, é preciso que o Ministério Público e a defesa sejam intimados dessa decisão, evitando-se a prática de "atos-surpresa" (art. 282, § 3º, CPP) e permitindo-se a ampla defesa, com a interposição dos recursos possíveis.

Abaixo, portanto, serão analisadas as intimações dos sujeitos do processo e seus principais pontos de acordo com a jurisprudência.

11.3.4.1. *Defensoria Pública*

Nos termos da LC nº 80/94, os defensores públicos possuem a prerrogativa de receber, inclusive quando necessário, mediante **entrega dos autos** com vista, **intimação pessoal** em qualquer processo e grau de jurisdição ou instância administrativa, contando-se em **dobro** todos os prazos (arts. 43, I; 89, I; e 128, I).

Entende-se que a data a entrega dos autos na repartição administrativa da Defensoria Pública é o termo inicial da contagem do prazo para impugnação de decisão judicial pela instituição, independentemente de intimação do ato em audiência (STF, HC nº 125.270/DF, rel. Min. Teori Zavascki, j. 23.06.15; e STJ, HC nº 296.759/RS, rel. Min. Rogerio Schietti Cruz, j. 23.08.17).

De acordo com a jurisprudência, portanto, enviados os autos à instituição para intimação pessoal com vista dos autos, a contagem dos prazos tem início **com a entrada dos autos na instituição**, na secretaria administrativa, sendo desnecessária e desimportante a oposição de ciência por parte do defensor (STJ, AgRg no REsp nº 1.298.945/MA, rel. Min. Laurita Vaz, j. 05.02.13). Mas atentar que a Corte da Cidadania já afirmou que a certidão do Poder Judiciário registra tão somente a remessa dos autos à instituição (sua saída), não a sua entrada no órgão da Defensoria Pública, de modo que não se teria como concluir que, com a simples remessa dos autos, estes foram recebidos neste mesmo dia; neste caso, o prazo para a Defensoria Pública se iniciaria com a aposição do "ciente" pelo defensor público, considerando, ainda, que, na dúvida quanto ao marco inicial do prazo, deve-se interpretar de forma favorável ao recorrente, no caso, a Defensoria Pública (AgRg no AREsp nº 648.078/SP, rel. Min. Reynaldo Soares da Fonseca, j. 07.03.17). Atente-se a este julgado, que tratou de um caso extremamente peculiar, que não representa a regra de entendimento dos tribunais, que é a contagem de prazo a partir da chegada dos autos à repartição administrativa da Defensoria Pública.

Observe-se que, apesar de o texto legal garantir sempre a intimação pessoal, fala-se que haverá a entrega dos autos diretamente no gabinete dos defensores públicos apenas "quando necessário". É preciso uma interpretação cuidadosa, já que, de outro lado, o Ministério Público sempre é intimado dos atos processuais mediante carga dos autos, de modo que o tratamento à Defensoria Pública não poderia, em princípio, ser diferenciado, sob pena de ferir a isonomia das partes (Távora e Alencar, 2017).

Neste sentido, inclusive, o Supremo Tribunal Federal afastou a interpretação literal do texto da lei e entendeu que "a intimação da Defensoria Pública, a despeito da presença do defensor na audiência de leitura da sentença condenatória, se perfaz com a intimação pessoal mediante remessa dos autos", ou seja, ainda que o defensor público esteja presente em audiência, o início do prazo da Defensoria Pública somente terá início mediante intimação pessoal na instituição e com a remessa dos autos (HC nº 125.270/DF, rel. Min. Teori Zavascki, j. 23.06.15); ver que, como razão de decidir, a Corte utilizou o art. 370, § 4º, CPP ("a intimação do Ministério Público e do defensor nomeado será pessoal"), razão pela qual é plenamente possível – até mesmo por uma razão de equidade de tratamento – aplicar este entendimento também ao Ministério Público.

Mas é preciso observar que a *instituição* Defensoria Pública é intimada, e não o *defensor público* em pessoa, uma vez que, consoante o Superior Tribunal de Justiça, "a intimação pessoal da Defensoria Pública se perfectibiliza com a entrega do mandado de intimação na respectiva instituição, não sendo necessário o seu recebimento pela pessoa do Defensor Público designado para atuar no feito" (STJ, HC nº 288.916/SP, rel. Min. Reynaldo Soares da Fonseca, j. 05.04.16), considerando que a instituição é regida pelos princípios da unidade e indivisibilidade, os quais autorizam aos seus membros substituir uns aos outros no exercício de um determinado processo (STF, AgRg no HC nº 136.060/AC, rel. Min. Edson Fachin, j. 28.10.16), sendo totalmente constitucional a intimação pessoal, considerando o volume de trabalho da instituição e objetivando o atingimento da sua missão constitucional, permitindo-se o exercício da ampla defesa (ADI nº 2144/DF, rel. Min. Teori Zavascki, j. 02.06.16).

Ver, todavia, que, quando a Defensoria Pública Estadual oficia perante os tribunais superiores, a intimação das decisões deve ser feita a ela, e não à Defensoria Pública da União. Ex.: DPE interpõe REsp no STJ, cujo seguimento é negado, sendo intimada a DPU, que não recorre, ocasionando o trânsito em julgado. Para o Supremo Tribunal Federal, a DPE deveria ter sido intimada, já que, do contrário, haverá claro prejuízo à ampla defesa, devendo ser reconhecida a nulidade da intimação realizada de forma equivocada (HC nº 140.589/PB, rel. Min. Gilmar Mendes, j. 13.03.17).

Ademais, a intimação pessoal dos atos processuais constitui prerrogativa da Defensoria Pública, de quem se exige, caso se considere prejudicada em seu direito, suscitar sua irresignação na *primeira oportunidade* a falar nos autos; no caso, não obstante tenha oposto embargos de declaração, a defesa veiculou tal insurgência somente quando da interposição do Recurso Especial, de modo que houve preclusão (STF, HC nº 133.476/AM, rel. Min. Teori Zavascki, j. 14.06.16). No mesmo sentido é o Enunciado nº 10 das Câmaras de Coordenação da DPU, que estabelece que "nos casos em que não houve intimação da defesa para a sessão de julgamento, ou de sua redesignação, recomenda-se que o defensor alegue, na primeira oportunidade, a nulidade absoluta do processo".

De acordo com a Suprema Corte, confirmando o texto legal, a Defensoria Pública possui **prazo em dobro** no Processo Penal (HC nº 132.336/MT, rel. Min. Gilmar Mendes, j. 21.06.16), prerrogativa esta que não é assegurada ao Ministério Público na seara criminal (STJ, HC nº 213.297/SP, rel. Min. Nefi Cordeiro, j. 04.08.15; e STF, HC nº 120.275/PR, rel. Min. Marco Aurélio, j. 15.05.18). Além disso, não se aplica a regra de dias úteis do Código de Processo Civil, pois o Código de Processo Penal possui regramento próprio no art. 798, impedindo a utilização da analogia (STF, HC nº 134.554/SP, rel. Min. Celso de Mello, j. 10.06.16; e STJ, AgRg na RvCr nº 4.276/SP, rel. Min. Maria Thereza de Assis Moura, j. 14.03.18).

Outro ponto que merece atenção diz respeito à intimação do defensor público no âmbito dos Juizados Especiais, uma vez que, de acordo com a jurisprudência, não é necessária a intimação pessoal da Defensoria Pública e não há a concessão de prazo dobrado, podendo ocorrer a intimação até pela própria imprensa oficial, diante da celeridade e da especialidade (STF, HC nº 85.174/RJ, rel. Min. Marco Aurélio, j. 11.10.05; e STJ, RHC nº 79.148/MG, rel. Min. Felix Fischer, j. 18.04.17), o que é criticado pela doutrina, pois a especialidade a ser analisada é das *funções* da Defensoria Pública, e não das *leis*. Todavia, como o STF julgou constitucional a intimação pessoal da Defensoria Pública na ADI nº 2.144/DF (rel. Min. Teori Zavascki, j. 02.06.16), é bem provável que este entendimento seja alterado, privilegiando-se as funções constitucional da instituição em detrimento da simples especialidade de leis.

E somente se faz necessária a intimação da Defensoria Pública quanto à data de julgamento do "habeas corpus" se houver pedido expresso para a realização de sustentação oral (STF, HC nº 134.904/SP, rel. Min. Dias Toffoli, j. 13.09.16); do contrário, será ela intimada apenas da decisão.

No mais, como já estudado anteriormente, a súmula nº 155 do STF, determina que há nulidade relativa, do processo penal, por falta de intimação da *expedição* da carta precatória para a inquirição de testemunha; e, nos termos da súmula nº 273, STJ, uma vez intimada a defesa sobre a *expedição* da precatória, é **desnecessária** a intimação da *data da audiência* no juízo deprecado.

Exemplo: o juízo de Curitiba/PR expede carta precatória para ouvir testemunha em Ponta Grossa/PR; o juízo deprecante deve intimar as partes sobre a *expedição* da precatória, sob pena de nulidade relativa, mas o juízo de Ponta Grossa não precisará intimar as partes sobre a data da *audiência* a ser realizada, sendo dever das próprias partes acompanhar o cumprimento da carta no juízo deprecado.

O detalhe fica por conta da atuação da Defensoria Pública, uma vez que o Supremo Tribunal Federal já mitigou este entendimento no sentido de que "as condições da Defensoria são variadas em cada Estado da Federação. Por vezes, não estão adequadamente estruturadas, com centenas de assistidos para poucos defensores, e, em especial, sem condições de acompanhar a prática de atos em locais distantes da sede do Juízo. Expedida precatória para localidade na qual *existe* Defensoria Pública estruturada, deve a instituição ser intimada da audiência designada para nela comparecer e defender o acusado necessitado" (RHC nº 106.394/MG, rel. Min. Rosa Weber, j. 30.10.12). Atentar, todavia, que a jurisprudência do Superior Tribunal de Justiça é no sentido oposto, afirmando que a desnecessidade de intimação acerca da data da audiência no juízo deprecado é aplicada tanto a advogados particulares *quanto a Defensoria Pública* (RHC nº 58.072/PA, rel. Min. Leopoldo de Arruda Raposo, j. 15.09.15).

11.3.4.2. *Advogados*

Com a inclusão do § 4º ao art. 370, CPP, o **advogado dativo** (nomeado pelo juiz) também possui a prerrogativa de ser intimado pessoalmente, o que é considerado constitucional pelo Supremo Tribunal Federal, diante do exercício de um múnus público que exige tratamento diferenciado, o que não se estende ao **advogado particular** (HC nº 102.155/SC, rel. Min. Ayres Britto, j. 27.04.10). Se o defensor dativo renunciou ao direito de intimação pessoal, concordando em ser intimado por mensagem eletrônica e imprensa oficial, não há que se falar em nulidade (STJ, HC nº 359.305/SP, rel. Min. Reynaldo Soares da Fonseca, j. 27.02.18).

Já o **advogado constituído** (contratado, escolhido), o advogado do **querelante** (autor da queixa-crime) e do **assistente** (advogado da vítima, que atua ao lado da acusação) serão intimados por meio da imprensa oficial (Diário Oficial), incluindo o nome do acusado, sob pena de nulidade (§ 1º do art. 370, CPP). Se a intimação for feita pelo próprio escrivão, dispensa-se a publicação pela imprensa (§ 3º).

Caso não haja órgão de publicação dos atos judiciais na comarca, a intimação far-se-á diretamente pelo escrivão, por mandado, ou via postal com comprovante de recebimento, ou por qualquer outro meio idôneo (§ 2º).

Como bem entende o Superior Tribunal de Justiça, é de se reconhecer a existência de *nulidade absoluta* por cerceamento de defesa (conforme a súmula nº 523, STF) quando a intimação do acórdão de apelação se der em nome de **defensor falecido**, único procurador constituído nos autos para representar o réu (HC nº 328.254/MS, rel. Min. Gurgel de Faria, j. 10.12.15)

De outro lado, caso o acusado tenha diversos advogados e um faleça, sem que se comunique isso ao juízo, as publicações realizadas serão consideradas válidas, já que competia aos outros advogados constituídos informar ao juízo sobre o falecimento do advogado que recebia intimações (STJ, HC nº 286.621/SP, rel. Min. Ericson Maranho, j. 07.10.14; e HC nº 33.771/RJ, rel. Min. José Arnaldo da Fonseca, j. 17.06.04). Em caso julgado pela Suprema Corte, entendeu-se que não há nulidade se o réu possui mais de um advogado constituído e a intimação para o ato ocorrer em nome do advogado falecido, cuja morte não foi comunicado ao julgador, ainda mais quando não havia pedido de intimação exclusiva para um ou para todos os advogados, de modo que restaram válidas as intimações realizadas (HC nº 138.097/SP, rel. p/ ac. Min. Roberto Barroso, j. 23.10.18).

No mais, não há nulidade na publicação do ato processual em razão do acréscimo de uma letra no sobrenome do causídico (ex.: *Monreau* ou invés de *Moreau*), porquanto o seu prenome, o nome das partes e o número do processo foram cadastrados corretamente, dados esses suficientes para a identificação do feito, além de terem sido observados os prazos processuais referentes às intimações anteriores (STJ, EREsp nº 1.356.168/RS, rel. p/ acórdão Min. Jorge Mussi, j. 13.03.14).

Por fim, o Superior Tribunal de Justiça entende – ao menos no âmbito cível – que o advogado, ao retirar os autos do cartório (fazendo "carga rápida"), toma ciência inequívoca de todos os atos processuais praticados, dispensando a sua formal intimação (AgInt no REsp nº 1.363.217/SP, rel. Min. Antonio Carlos Ferreira, j. 01.03.18). Na seara criminal, o advogado dativo possui prerrogativa de ser intimado pessoalmente; já os demais (constituído, do querelante e do assistente de acusação) poderão sofrer esta consequência em razão da realização de "carga rápida".

11.3.4.3. *Ministério Público*

O *Parquet* possui o direito de ser intimado pessoalmente (§ 4º do art. 370, CPP, e art. 180, *caput*, CPC) em qualquer processo e grau de jurisdição, através da entrega dos autos com vista (arts. 41, IV, Lei nº 8.625/93, e 18, II, *h*, LC nº 75/93).

Consoante a jurisprudência, a fluência do prazo para o Ministério Público tem início com a **entrada dos autos na Instituição/setor administrativo/secretaria**, e não com a oposição da ciência pelo seu membro (STJ, AgRg no AREsp nº 182.528/DF, rel. Min. Ribeiro Dantas, j. 13.12.16). Exemplo: autos do processo chegam na secretária do Ministério Público no dia 30/04, com prazo de 5 dias para a prática de um ato processual (interpor um recurso, p. ex.); em razão do volume de trabalho, da falta de funcionários ou por desatenção, p. ex., o membro do Ministério Público recebe o processo em seu gabinete apenas no dia 18/05; no caso, terá havido preclusão (perda da faculdade processual de interpor o recurso, **no caso**), pois o prazo é contado do dia em que os autos chegam à *Instituição*, e não à *mesa* do membro do Ministério Público para oposição de ciência.

Em sede de recurso repetitivo, o Superior Tribunal de Justiça entendeu que, para o bom desempenho das funções do Ministério Público, que não atua simplesmente como parte, mas, também, como fiscal da ordem jurídica, os prazos para o Ministério Público começam – *sempre* – da data da entrega dos autos na repartição administrativa do órgão, **sendo irrelevante que a intimação pessoal tenha se dado em audiência, em cartório ou por mandado**. Isso porque, "é natural que, nos casos em que haja ato processual decisório proferido em audiência, as partes presentes (defesa e acusação) dele tomem conhecimento. Entretanto, essa ciência do ato não permite ao membro do Ministério Público (e também ao integrante da Defensoria Pública) o exercício pleno do contraditório, seja porque o órgão Ministerial não poderá levar consigo os autos, seja porque não necessariamente será o mesmo que esteve presente ao ato a ter atribuição para eventualmente impugná-lo" (REsp nº 1.349.935/SE, rel. Min. Rogerio Schietti Cruz, j. 23.08.17). Atenção, novamente: é **irrelevante** que o Ministério Público tenha sido intimado em *audiência*, em *cartório* ou por *mandado*, haja vista que o prazo para se manifestar sempre terá início com a entrega dos autos na repartição administrativa do órgão (STJ, AgInt no REsp nº 1.717.810/AL, rel. Min. Nefi Cordeiro, j. 14.08.18).

Todavia, uma situação curiosa – e corriqueira – pode acontecer. Quando os autos são enviados do Poder Judiciário ao Ministério Público, há uma certidão, expedida pelo escrevente geralmente, constando a data em que o processo saiu do fórum e, quando chega ao Ministério Público, há outra certidão, agora constando a data em que o processo efetivamente lá chegou, justamente para fins de se contar o prazo legal. Pode ocorrer, todavia, de essa última certidão – de chegada dos autos no MP – não ter sido confeccionada. Então, ressalvando essa situação, o Superior Tribunal de Justiça entende que, mesmo que a jurisprudência seja no sentido de que o prazo ministerial tem início com a entrada dos autos no setor administrativo, não há como se concluir que, com a simples remessa do processo, este foi recebido pelo Ministério Público quando não há comprovação desse recebimento, de forma que, em situações assim, o prazo terá início, excepcionalmente, com a oposição do "ciente" pelo membro do *Parquet*, até porque, a dúvida quanto ao marco inicial do prazo recursal deve ser resolvida em favor do recorrente, seja acusação ou acusado (REsp nº 1.538.688/SP, rel. Min. Reynaldo Soares da Fonseca, j. 03.03.16).

Por fim, outro entendimento importante – e já mencionado – é de que o Ministério Público, diferentemente da Defensoria Pública, **não possui prazo em dobro no Processo Penal** (STJ, EDcl no HC nº 339.650/SP, rel. Min. Felix Fischer, j. 21.02.17).

11.3.4.4. *Acusado, testemunhas e vítimas*

A intimação, por regra, será pessoal e por mandado, aplicando-se, no que for cabível, as regras sobre citação (art. 370, CPP). Ex.: intimação pessoal do réu para comparecimento à audiência de instrução e julgamento. Ao réu, quanto à sentença, aplicam-se as regras do art. 392, CPP – remete-se o leitor ao capítulo referente aos *Atos Decisórios*, evitando repetições desnecessárias.

12

PROCESSO E PROCEDIMENTOS

12.1 TEORIA DO PROCESSO PENAL

Até este capítulo, foram estudados todos os institutos processuais que autorizam a persecução penal. Foram analisados os princípios processuais, as formas de investigação de uma infração penal, as espécies de prova, as possibilidades de prisão, dentre outros, e, agora, inicia-se o cerne do Direito Processual Penal, que é justamente o processo em si e seus procedimentos em juízo.

12.1.1. Processo *vs.* procedimento

Processo não se confunde com procedimento.

A expressão **processo** tem origem latina (*pro cedere*), que significa seguir adiante, e pode ser analisada sob dois aspectos:

a) em sentido amplo (aspecto dos fatos), é a **conjugação de atos** processuais objetivando atingir uma finalidade.

Exemplo: o processo judicial é o conjunto de atos dirigidos a solucionar uma controvérsia entre as partes; um processo de fabricação é o conjunto de atos de engenheiros e de funcionários objetivando construir um automóvel etc.

b) em sentido estrito (aspecto dos sujeitos), é a **relação** entre os sujeitos processuais.

Exemplo: há o Estado exercendo a jurisdição (que é o poder-dever de dizer o Direito aplicável à causa penal), a acusação imputando uma infração penal a alguém e o acusado se defendendo. Cada um terá ônus, direitos e deveres.

Já o **procedimento** é o meio pelo qual o processo se instaura, se desenvolve e se extingue. Enquanto a ideia de processo é teleológica, ou seja, de objetivo a ser atingido (que, no Processo Penal, é a pacificação social por meio da jurisdição em razão do cometimento de uma infração penal), a de procedimento é palpável, perceptível, formal, já que estabelecerá a forma pela qual o processo judicial transcorrerá.

Como ensinam Cintra, Grinover e Dinamarco (Teoria, 2006, p. 295), "conclui-se, portanto, que o procedimento (aspecto formal do processo) é o meio pelo qual a lei estampa os atos e fórmulas da ordem legal do processo".

Exemplo: existe o procedimento ordinário para os crimes mais graves, estipulando-se todos os atos necessários, da citação à sentença, que é diferente do procedimento simplificado dos Juizados Especiais Criminais; ou, de forma simplista, há o procedimento para se fabricar um carro de passeio, que é diferente do procedimento de fabricação de um avião.

Assim:

	PROCESSO	PROCEDIMENTO
Conceito	É o ***conjunto de atos*** que levam a um fim almejado, envolvendo todos os sujeitos interessados. É uma visão *interior*, de objetivo a ser alcançado.	Forma ou modo pelo qual se inicia, se desenvolve e se finaliza o processo. É a ***sequência de atos*** estabelecida de modo coordenado, que pode variar conforme o caso. É uma visão *exterior*, de fórmulas.
Exemplo comum	Para se fabricar um veículo de transporte, deve-se observar um conjunto de atos, desde o início do projeto até o aperto do último parafuso do veículo e entrega ao proprietário.	A fabricação de um carro se inicia pelo chassi, depois pela suspensão, depois pelos vidros etc. Já a fabricação de um avião se inicia pelas asas, depois pela fuselagem, depois pela cabine, depois as poltronas etc.
Exemplo jurídico	Para se conseguir a pacificação social em razão da prática de um delito, deve-se iniciar uma ação penal, desde a citação até a última decisão judicial, com a posterior execução da sanção.	Crimes graves exigem um procedimento mais complexo, como o ordinário; já os crimes de baixa gravidade são processados no Juizado Especial, de forma muito mais célere e simples.

12.1.2. Fases do procedimento penal

O procedimento penal, qualquer que seja ele, é composto por 4 fases, cada uma com uma finalidade distinta, o que pode ser verificado de acordo com seu objetivo primordial, ou seja, conforme os atos predominantemente praticados.

12.1.2.1. *Fase postulatória*

Postular significa pedir, requerer, solicitar. É a primeira fase do procedimento processual penal, em que a acusação **requererá**, na inicial acusatória, a imposição de uma sanção penal ao autor do delito, enquanto que o acusado requererá o que for benéfico à sua defesa, como a absolvição, a aplicação de penas mais brandas, o reconhecimento de uma causa extintiva da punibilidade etc.

12.1.2.2. *Fase instrutória*

Como estudado alhures, não bastará simplesmente pedir, pois é necessário **provar**. Nesta segunda fase, acusação e defesa produzirão em juízo as suas provas com o fim de formar o convencimento do julgador, o que é feito em audiência de instrução (probatória) e julgamento.

12.1.2.3. *Fase decisória*

Após as partes postularem e produzirem suas provas em audiência, o juiz, com todo o material colhido no bojo do processo penal, irá proferir uma **sentença**, que pode ser absolutória ou condenatória, como regra, de acordo com o seu convencimento motivado.

12.1.2.4. *Fase recursal*

Prolatada a sentença de primeiro grau, as partes poderão, caso não concordem com seu conteúdo ou verifiquem algum vício, **recorrer** a uma instância superior, que, a depender do caso, analisará questões de fato e/ou de direito. Trata-se do exercício do direito ao duplo grau de jurisdição.

No mais, após o trânsito em julgado da decisão condenatória, haverá o início da fase executória, mas que será regida pela Lei nº 7.210/84 (Lei de Execução Penal).

12.1.3. Classificação dos procedimentos

Os procedimentos são divididos em dois tipos distintos (art. 394, "caput", CPP):

a) especial;

b) comum.

É considerado **especial** o procedimento previsto tanto no Código de Processo Penal como em leis especiais, possuindo regras especiais de tramitação, com detalhes específicos de acordo com o crime processado. Exemplos: crimes dolosos contra a vida, que seguirão o procedimento especial do tribunal do júri (art. 406 e ss., CPP), crimes relacionados às drogas (Lei nº 11.343/06), crimes de competência originária dos tribunais (Lei nº 8.038/90), dentre outros.

E será considerado **comum** aquele tido como "padrão" pelo Código de Processo Penal, ou seja, por um critério residual é o empregado quando não houver procedimento especial previsto. É, também, o utilizado de forma subsidiária aos procedimentos especiais, tal como prevê o § 2º do art. 394, ao dispor que se aplica a todos os processos o procedimento comum, salvo disposição em contrário do Código de Processo Penal ou de lei especial.

12.1.3.1. *Espécies de procedimento comum*

O procedimento comum é tripartido nas seguintes espécies:

i) **ordinário**, para processar os crimes cuja sanção máxima cominada seja igual ou superior a 4 anos de pena privativa de liberdade. Ex.: furto, roubo, estupro, concussão, extorsão, lesão corporal grave e gravíssima etc.

ii) **sumário**, para processar os crimes cuja sanção máxima cominada seja inferior a 4 anos e superior a 2 anos de pena privativa de liberdade. Ex.: homicídio culposo, abandono de incapaz, sequestro e cárcere privado, dano qualificado, destruição de cadáver etc.

iii) **sumaríssimo**, para processar as contravenções penais e os crimes cuja sanção máxima cominada seja igual ou inferior a 2 anos, cumulada ou não com multa, ressalvados os casos de violência doméstica e familiar contra a mulher. Trata-se, como se verá, do procedimento previsto aos Juizados Especiais Criminais (art. 61 e ss., Lei nº 9.099/95). Ex.: todas as contravenções penais (vias de fato, jogo de azar etc.), lesão corporal leve, rixa, resistência, desacato etc.

Assim:

Procedimento comum	
Ordinário	PPL máxima igual ou superior a 4 anos
Sumário	PPL máxima inferior a 4 anos e superior a 2 anos
Sumaríssimo	PPL máxima igual ou inferior a 2 anos e contravenções

* PPL: pena privativa de liberdade

Por fim, vale notar que, antigamente, o critério adotado para diferenciar as espécies de procedimento comum era o **qualitativo**, conforme a qualidade/natureza da pena cominada ao delito, subdividindo-se em ordinário, referente aos crimes punidos com reclusão, e sumário, referente aos crimes punidos com detenção. A partir da Lei nº 11.719/08, que alterou o art. 394, CPP, o critério foi alterado, de modo que se reservou o rito ordinário aos crimes punidos com pena superior a 4 anos, e o rito ordinário aos crimes punidos com pena inferior a 4 anos e superior a 2 anos. Adota-se atualmente, portanto, o critério **quantitativo**, apurando-se o rito a ser adotado conforme a quantidade abstrata de pena prevista à infração penal.

12.1.3.2. *Influências das sanções penais*

Viu-se que o procedimento penal é verificado de acordo com a *pena máxima* prevista abstratamente ao delito por lei (chamada de "pena cominada"). A questão que se coloca, agora, é saber se as influências à dosimetria da sanção penal – como circunstâncias e qualificadoras – interferem, ou não, na fixação do procedimento processual a ser adotado.

Desta forma:

a) **qualificadoras e privilégios**: devem ser considerados na fixação do procedimento. Exemplo: abandono de incapaz simples (art. 133, *caput*, CP) é processado pelo procedimento sumário (detenção de 6 meses a 3 anos), mas se resultar lesão corporal grave ou morte (§§ 1º e 2º), o procedimento será o ordinário (reclusão de 1 a 5 anos; e reclusão de 4 a 12 anos).

b) **causas de aumento e de diminuição da pena**: devem ser consideradas na fixação do procedimento, sendo que as causas de aumento devem ser calculadas conforme o quanto ***mais aumente*** e as causas de diminuição devem ser calculadas conforme o quanto ***menos diminua*** a pena.

Exemplos: a violação de domicílio à noite (detenção de 6 meses a 2 anos) é processada pelo procedimento sumaríssimo (art. 150, § 1º, CP), mas, se cometida à noite por funcionário público com abuso de poder (aumenta-se a pena em 1/3), será processada pelo procedimento sumário (§ 2º); ou então, o furto simples (reclusão de 1 a 4 anos), que é processado pelo procedimento ordinário (art. 155, *caput*, CP), mas, se o criminoso é primário e a coisa furtada é de pequeno valor (diminui-se a pena de 1/3 a 2/3), o procedimento será o sumário (§ 2º).

c) **agravantes e atenuantes**: como seus patamares não possuem previsão legal, sendo fixados pelo juiz, *não influenciarão* na fixação do procedimento a ser adotado.

Exemplo: o sequestro (art. 148, "caput", CPP) é processado pelo procedimento sumário (reclusão de 1 a 3 anos), ainda que aplicada alguma circunstância agravante do art. 62, CP, como ao agente que dirige a atividade criminosa (inc. I).

d) **concurso de crimes**: influenciará a fixação do procedimento. Nos casos de concurso material (art. 69, CP) ou formal impróprio (art. 70, parte final, CP), devem ser somadas as penas máximas cominadas; no caso de concurso formal próprio (art. 70, primeira parte, CP) e de crime continuado (art. 71, CP), como se tratam de causas de aumento de pena, deve ser aplicado o maior aumento.

Exemplo: o homicídio culposo (detenção de 1 a 3 anos) é processado pelo procedimento sumário (art. 121, § 3º, CP), mas, se houver concurso material com a ocultação de cadáver (reclusão de 1 a 3 anos), o procedimento a ser adotado será o ordinário (art. 211, CP).

Logo:

Influência	Interfere na fixação do procedimento?
Qualificadora e privilégio	SIM
Causa de aumento e de diminuição	SIM
Concurso de crimes	SIM
Atenuante e agravante	**NÃO**

12.1.3.3. *Concurso de procedimentos*

Relembrando o já estudo em *Competência*, deve-se ter em mente as situações do art. 78, CPP, que tratam da fixação de competência em razão de conexão ou continência.

Exemplo: a competência do tribunal do júri atrairá o julgamento do crime conexo (inc. I), isto é, o procedimento especial do tribunal do júri (art. 406 e ss., CPP) será o utilizado, também, para processar e julgar o crime conexo, ainda que de procedimento diverso.

A questão se torna mais complexa quando há o concurso de crime que possui procedimento especial com um crime que possui procedimento regulado no Código de Processo Penal, como o concurso entre roubo (art. 157, CPP) e tráfico de drogas (art. 33, *caput*, Lei nº 11.343/06). O que deve ser aplicado neste exemplo: o procedimento especial da lei de drogas ou o procedimento ordinário do Código de Processo Penal?

Entende-se que deve ser utilizado o procedimento considerado mais amplo (não necessariamente o mais vagaroso), que apresente maiores oportunidades de defesa (Brasileiro, 2013). No caso do exemplo, o procedimento ordinário é mais vantajoso, já que prevê o interrogatório como último ato de instrução e um número maior de testemunhas se comparado com o procedimento especial.

Consoante o Superior Tribunal de Justiça, "é possível a adoção do rito comum ordinário para o crime de tráfico de drogas, em detrimento do procedimento previsto no art. 55 da Lei 11.343/2006, na hipótese em que há conexão com outros delitos previstos no Código Penal, ainda que, no caso de concurso de agentes, os delitos tipificados no CP sejam atribuídos a apenas um dos corréus. Isso porque, conforme a jurisprudência do STJ, o rito ordinário proporciona maiores condições de defesa" (5ª T., RHC nº 60.415/SP, rel. Min. Leopoldo de Arruda Raposo, j. 17.09.15; e HC nº 366.962/PA, rel. Min. Joel Ilan Paciornik, j. 22.11.16); no mesmo sentido, "em obediência aos princípios constitucionais que informam o processo penal, em especial o do contraditório e da ampla defesa, no concurso de crimes – conexos ou continentes – com procedimentos diversos, deve ser adotado o procedimento em que seja prevista a maior possibilidade de defesa ao acusado" (6ª T., HC nº 217.972/RJ, rel. Min. Rogerio Schietti Cruz, j. 07.11.13; e AgRg no RHC nº 24.342/RJ, rel. Min. Jane Silva, j. 26.05.09).

12.1.4. Aplicação das regras procedimentais

O § 4º do art. 394, CPP, prevê que as disposições dos arts. 395 a 397, CPP, aplicam-se a todos os procedimentos penais de primeiro grau, ainda que não regulados no Código de Processo Penal.

Logo, as disposições acerca das causas de rejeição da inicial acusatória (**art. 395, CPP**), o seu recebimento (**art. 396, CPP**), a necessidade de resposta escrita à acusação (**art. 396-A, CPP**) e as hipóteses de absolvição sumária (**art. 397, CPP**) se aplicam a todos os procedimentos penais de primeiro grau, ainda que não previstos no Código de Processo Penal.

Exemplo: a Lei de Drogas (Lei n 11.343/06) prevê acerca do recebimento da denúncia, mas não especifica quais são as hipóteses de rejeição, devendo ser aplicado o art. 395, CPP.

No mais, o § 5º do art. 394, CPP, dispõe que se aplicam subsidiariamente aos procedimentos especial, sumário e sumaríssimo as disposições do procedimento ordinário.

Exemplo disso é a possibilidade de aplicação das hipóteses de rejeição da inicial acusatória ao rito da Lei nº 8.038/90, que trata da competência originária dos Tribunais (STJ, AP nº 923/DF, rel. Min. Nancy Andrighi, j. 23.09.19).

12.1.5. Previsão de prioridade

De acordo com o art. 394-A, CPP, acrescido pela Lei nº 13.285/16, "os processos que apurem a prática de **crime hediondo** terão prioridade de tramitação em todas as instâncias".

Trata-se, simplesmente, de lei midiática e simbólica, que em nada altera, de fato, a ordem de tramitação dos processos, por duas razões básicas: (a) não existe controle sobre a ordem de tramitação dos processos criminais e (b) não há sanção alguma ao seu descumprimento.

Assim, o legislador apenas *quis indicar* que crimes hediondos (e equiparados a hediondos, numa interpretação extensiva necessária) ensejam maior atenção e, em tese, celeridade (assim como qualquer infração penal, diga-se de passagem).

No mais, atentar ao art. 12, § 2º, VIII, do **Código de Processo Civil**, que determina que os processos criminais, nos órgãos jurisdicionais que também tenham competência penal, não estão sujeitos à ordem cronológica preferencial de julgamento determinada pela lei processual civil.

Exemplo: uma vara única (que julga todas as matérias) em comarca do interior dará prioridade de julgamento, em ordem cronológica de conclusão, aos processos criminais em detrimento dos demais, de outra natureza.

Além deste novel dispositivo, há, também, o art. 19-A, Lei nº 9.807/99 (**Lei de Proteção a Vítimas e Testemunhas Ameaçadas**), que dispõe que terão prioridade na tramitação o inquérito e o processo criminal em que figure indiciado, acusado, vítima ou réu colaboradores, vítima ou testemunha protegidas pelos programas da lei.

Ademais, a Lei nº 11.340/06 (**Lei Maria da Penha**) dispõe, no seu art. 33, p.ú., que será garantido o direito de preferência, nas varas criminais, para o processo e julgamento das causas relativas à violência doméstica e familiar contra a mulher.

Por fim, o **Estatuto do Idoso** (Lei nº 10.741/03) assegura a prioridade na tramitação de processos e procedimentos e na execução de atos e diligências judiciais em que figurar como parte ou interveniente a pessoa idosa, isto é, com idade igual ou superior a 60 anos, em qualquer instância (art. 71). A Lei nº 13.466/17 tratou de acrescentar o § 5º ao referido dispositivo para fazer constar que, dentre os processos de idosos, dar-se-á prioridade especial aos maiores de 80 anos de idade. É o que se convencionou chamar de *superprioridade*. Apesar das vozes divergentes, entende-se que estas prioridades são asseguradas tanto ao idoso vítima quanto ao idoso investigado/acusado da prática de delito, haja vista que o objetivo da lei é proteger a pessoa considerada legalmente idosa, independentemente de qualquer outra condição ou critério, até porque se trata de norma protetiva, que não pode receber interpretação restritiva quanto ao seu alcance.

12.2. PROCEDIMENTO ORDINÁRIO

12.2.1. Oferecimento da inicial acusatória

De acordo com o já estudado em *Ação Penal*, "a denúncia ou queixa conterá a exposição do fato criminoso, com todas as suas circunstâncias, a qualificação do acusado ou esclarecimentos pelos quais se possa identificá-lo, a classificação do crime e, quando necessário, o rol das testemunhas" (art. 41, CPP).

Assim, o oferecimento da denúncia inicia a fase processual da persecução penal, com as consequências que serão estudadas a seguir quanto ao procedimento comum ordinário.

12.2.2. Juízo de admissibilidade

Oferecida a denúncia ou queixa-crime, o juiz, antes de mais nada, verificará se possui competência e se há alguma razão que o torne parcial para a causa. Estando tudo em termos, passa-se ao juízo de admissibilidade da inicial acusatória, momento em que o juiz verificará se a recebe ou se a rejeita (arts. 395 e 396, CPP).

É bom destacar que a propositura da ação penal exige tão somente a presença de indícios mínimos de materialidade e de autoria, de modo que a certeza deverá ser comprovada durante a instrução probatória, prevalecendo o princípio *in dubio pro societate* na fase de oferecimento da inicial acusatória (STJ, HC nº 433.299/TO, rel. Min. Felix Fischer, j. 19.04.18).

Assim, "embora não se admita a instauração de processos temerários e levianos ou despidos de qualquer sustentáculo probatório, nessa fase processual deve ser privilegiado o princípio *in dubio pro societate*. De igual modo, não se pode admitir que o julgador, em juízo de admissibilidade da acusação, termine por cercear o *juiz accusationis* do Estado, salvo se manifestamente demonstrada a carência de justa causa para o exercício da ação penal" (STJ, RHC nº 90.109/MG, rel. Min. Ribeiro Dantas, j. 19.03.19).

12.2.2.1. *Momento*

A partir da reforma processual promovida pela Lei nº 11.719/08, passou a surgir certa controvérsia sobre o verdadeiro momento do recebimento da inicial, pois o Código de Processo Penal passou a tratar da expressão "recebimento" em dois artigos: 396 e 399.

O **art. 396, CPP**, dispõe que, "nos procedimentos ordinário e sumário, oferecida a denúncia ou queixa, o juiz, se não a rejeitar liminarmente, **recebê-la-á** e ordenará a citação do acusado para responder à acusação, por escrito, no prazo de 10 (dez) dias" (ou seja, *logo após ao oferecimento*); e o **art. 399, CPP**, dispõe que "**recebida** a denúncia ou queixa, o juiz designará dia e hora para a audiência, ordenando a intimação do acusado, de seu defensor, do Ministério Público e, se for o caso, do querelante e do assistente" (ou seja, *logo após a reposta à acusação*).

Se adotado o recebimento pelo art. 396, CPP, uma vez oferecida a inicial e recebida esta pelo juiz, formar-se-á o processo penal; mas, se adotado o recebimento pelo art. 399,

CPP, a resposta à acusação funcionará como uma espécie de "defesa preliminar", antes mesmo do recebimento da acusação pelo juiz.

Entende-se, pacificamente, que o momento de admissibilidade da inicial é o previsto no **art. 396, CPP**, ou seja, uma vez oferecida a acusação, o juiz, se não a rejeitar, recebê-la-á e ordenará a citação do acusado para apresentar resposta escrita em dez dias. Isso porque, a citação pressupõe o início de formação de um processo penal, de modo que não haveria lógica citar o acusado para, só depois disso, realizar o juízo de admissibilidade da inicial (*o contrário seria como citar o acusado inexistindo processo ainda*). Ademais, também não haveria lógica falar-se em absolvição sumária (art. 397, CPP) sem o recebimento da inicial pelo juiz, já que somente se absolve após dois procedimentos: recebimento da acusação pelo juiz e apresentação de resposta pelo acusado (*o contrário seria como absolver inexistindo processo ainda*).

De acordo com o Superior Tribunal de Justiça, "após a reforma legislativa operada pela Lei 11.719/2008, o momento do recebimento da denúncia se dá, nos termos do art. 396 do Código de Processo Penal, após o oferecimento da acusação e antes da apresentação de resposta à acusação, seguindo-se o juízo de absolvição sumária do acusado, tal como disposto no art. 397 do aludido diploma legal" (RHC nº 81.345/SP, rel. Min. Jorge Mussi, j. 28.03.17).

Aury Lopes Jr. intitula este recebimento de *mesóclise da discórdia*, fazendo referência à expressão "recebê-la-á", do art. 396, CPP, afirmando que este dispositivo demarca a manutenção do sistema de recebimento imediato da acusação, antes do oferecimento da resposta da defesa (Curso, 2016).

12.2.3. Rejeição da inicial acusatória

Então, oferecida a inicial acusatória, o juiz deverá realizar um juízo de admissibilidade, ou seja, ele terá duas opções: (a) recebê-la ou (b) rejeitá-la. E poderá rejeitá-la aplicando uma das causas de rejeição abaixo analisadas, previstas no art. 395, CPP.

12.2.3.1. *Causas*

12.2.3.1.1. *Inépcia*

Viu-se que o art. 41, CPP, prevê o conteúdo mínimo da inicial acusatória (narrativa do fato, circunstâncias, dados do acusado etc.), de modo que a falha na imputação poderá ensejar a sua rejeição por inépcia. Mas vez que não é a ausência de todo e qualquer requisito do art. 41, CPP, que ensejará a rejeição por inépcia, pois, conforme já estudado, por exemplo, não é toda denúncia que terá rol de testemunhas, de modo que a ausência deste não poderá gerar o seu não recebimento.

A inépcia aqui tratada é aquela que se refere a um **defeito formal grave**, como a ausência de narrativa dos fatos criminosos, o que acaba por dificultar (ou mesmo impedir) o exercício do contraditório e da ampla defesa pelo acusado, constitucionalmente assegurados (CF, art. 5º, LV).

O juízo realizado não é – e nem pode ser – profundo de mérito, mas tão somente perfunctório, superficial, raso, acerca da denúncia e do substrato probatório mínimo de autoria e materialidade para se verificar o preenchimento do art. 41, CPP (STJ, AP nº 746/MT, rel. Min. Humberto Martins, j. 19.12.16).

Consoante entende o Superior Tribunal de Justiça, a alegação de inépcia só pode ser acolhida quando demonstrada inequívoca deficiência da peça acusatória, a impedir a compreensão da acusação que se imputa, em flagrante prejuízo à defesa (AP nº 841/DF, rel. Min. Herman Benjamin, j. 15.03.17).

No que diz respeito **ao momento de alegação da inépcia acusatória**, esta fica superada com a superveniência de sentença condenatória, uma vez que não se pode falar em ausência de aptidão da denúncia nos casos em que os elementos carreados aos autos autorizaram a prolação de uma sentença condenatória (STJ, HC nº 372.028/RS, rel. Min. Reynaldo Soares da Fonseca, j. 28.03.17).

Desta forma, "o pedido de trancamento do processo por inépcia da denúncia ou por ausência de justa causa para a persecução penal não é cabível quando já há sentença, pois seria incoerente analisar a mera higidez formal da acusação ou os indícios da materialidade delitiva se a própria pretensão condenatória já houver sido acolhida, depois de uma análise vertical do acervo fático e probatório dos autos" (STJ, RHC nº 32.524/PR, rel. Min. Rogerio Schietti Cruz, j. 04.10.16). E, conforme a Suprema Corte, "a superveniência do édito condenatório prejudica o exame da tese defensiva da falta de justa causa e preclusa a alegação de inépcia da denúncia quando suscitada após a sentença penal condenatória ser exarada" (HC nº 104.447/BA, rel. Min. Rosa Weber, j. 12.09.17).

E como se está diante de um defeito *formal* da inicial, que é rejeitada pelo juiz, não há análise do mérito da imputação feita pela acusação, de modo que duas situações podem ocorrer por parte da acusação: (a) interposição de recurso em sentido estrito, com fundamento no inciso I do art. 581, CPP; ou (b) ajuizamento de nova ação penal, superando o defeito anterior, uma vez que **a rejeição por inépcia gera apenas coisa julgada formal**, e não material (STJ, HC nº 222.652/SP, rel. Min. Felix Fischer, j. 23.09.14).

Neste diapasão, não poderá o juiz rejeitar a denúncia por falha na individualização das condutas criminosas e "determinar de ofício", ao Ministério Público, a sua emenda, sob pena de ofensa ao sistema acusatório, já que tal atribuição é exclusiva do titular da ação penal, que poderá, inclusive, recorrer ou apresentar nova denúncia oportunamente (STJ, HC nº 347.748/AP, rel. Min. Joel Ilan Paciornik, j. 27.09.16).

12.2.3.1.2. *Falta de pressuposto processual*

Estabelece o art. 395, II, primeira parte, CPP, que a inicial acusatória será rejeitada quando faltar pressuposto processual.

Como já estudado em *Ação Penal*, os pressupostos de existência são: (a) órgão jurisdicional investido de jurisdição penal; (b) demanda penal e (c) partes ocupando polos opostos na relação processual. E os pressupostos de validade são: (a) ao juiz, competência e imparcialidade; (b) às partes, capacidade de ser parte, capacidade processual e capacidade postulatória; e (c) ao objeto, originalidade e regularidade procedimental.

Logo, são exemplos de falta de pressupostos processuais: demanda iniciada de ofício pelo juiz, por falta de pressuposto processual de existência de "demanda penal" iniciada por um órgão acusatório; ou a ação proposta perante juiz aposentado, por ausência de órgão investido de jurisdição penal; ou a demanda proposta em face de menor de idade, por ausência de pressuposto de validade etc.

Assim, a ausência de pressupostos processuais, seja de existência ou de validade, acarretam a rejeição da denúncia ou queixa.

12.2.3.1.3. *Falta de condições da ação*

Prevista no art. 395, II, parte final, CPP, define que a denúncia ou queixa será rejeitada quando faltar condição para o exercício da ação penal.

Desta forma, também consoante já estudado, a ausência de uma condição da ação genérica (legitimidade, interesse ou possibilidade jurídica do pedido) ou específica (representação ou requisição) ensejará a rejeição da inicial acusatória. Ex.: denúncia oferecida sem representação em crime condicionado a esta.

12.2.3.1.4. *Falta de justa causa*

O art. 395, III, CPP, dispõe que a peça acusatória será rejeitada quando faltar justa causa para o exercício da ação penal.

Trata-se a justa causa, modernamente, da existência de elementos de convicção que demonstrem a viabilidade da ação penal, isto é, o *suporte probatório mínimo* que tem por objeto a existência material de um crime e a sua autoria. Evita-se, com isso, que sejam ajuizadas ações penais infundadas, sem viabilidade. Ex.: denúncia oferecida sem indícios de autoria e prova da materialidade.

12.2.3.1.5. *Quadro geral*

Diante do exposto, são causas de rejeição da denúncia ou queixa:

Inépcia	Ex.: narrativa defeituosa do fato criminoso
Falta de pressupostos processuais	Ex.: ação penal iniciada de ofício pelo juiz
Falta de condição da ação	Ex.: denúncia oferecida sem representação
Falta de justa causa	Ex.: denúncia oferecida sem indício de autoria

12.2.3.2. *Recurso cabível*

A rejeição da denúncia (por qualquer uma das causas vistas acima) desafia a interposição de **recurso em sentido estrito**, conforme o art. 581, I, CPP. Caso se prefira, como já mencionado, uma vez corrigida a falha então existente, permite-se o ajuizamento de nova ação penal, uma vez que apenas está formada a coisa julgada formal.

12.2.3.3. *Rejeição parcial*

Nada impede a rejeição parcial (com o consequente recebimento parcial) da inicial acusatória, quando, por exemplo, dois crimes são imputados e um deles já prescreveu, o que permitirá o recebimento apenas em relação ao outro delito (STJ, HC nº 16.042/DF, rel. Min. Gilson Dipp, j. 07.08.01).

Igualmente às situações vistas acima, surgindo novos elementos, nada impedirá o ajuizamento de nova ação penal em relação à parte então rejeitada da denúncia já apresentada. Contra a rejeição parcial, também caberá recurso em sentido estrito, cf. o art. 581, I, CPP.

12.2.4. Recebimento da inicial acusatória

Não sendo o caso de rejeição da peça acusatória, o juiz recebê-la-á, isto é, quando estiver formalmente em ordem, preencher os pressupostos processuais e as condições da ação e tiver lastro probatório mínimo para o exercício da ação penal.

12.2.4.1. *Reconsideração*

Uma vez recebida a denúncia ou queixa, o juiz, de acordo com a jurisprudência do Superior Tribunal de Justiça, poderá reanalisar as causas de rejeição do art. 395, CPP, já que a verificação destas causas não preclui, ou seja, "o fato de a denúncia já ter sido recebida não impede o juízo de primeiro grau de, logo após o oferecimento da resposta do acusado, prevista nos arts. 396 e 396-A do Código de Processo Penal, **reconsiderar a anterior decisão e rejeitar a peça acusatória**, ao constatar a presença de uma das hipóteses elencadas nos incisos do art. 395 do Código de Processo Penal, suscitada pela defesa" (6ª T., REsp nº 1.318.180/DF, rel. Min. Sebastião Reis Júnior, j. 16.05.13; 5ª T., HC nº 294.518/TO, rel. Min. Felix Fischer, j. 02.06.15). Para tanto, a defesa deve apresentar questão preliminar para rejeição da denúncia (STJ, AgRg no REsp nº 1.610.964/RJ, rel. Min. Joel Ilan Paciornik, j. 23.04.19).

Exemplo: denúncia oferecida contra João, que é recebida normalmente pelo juiz, diante da ausência de causas de rejeição do art. 395, CPP; o acusado apresenta resposta à acusação, nos moldes do art. 396, CPP, alegando, em preliminar, que não há justa causa para a ação (inc. III do art. 395, CPP), diante da ausência de indícios de autoria e prova da materialidade; o juiz poderá *reconsiderar* o recebimento da inicial acusatória e, agora, rejeitá-la, ainda que ultrapassada a fase específica de recebimento, que é – obviamente – anterior à resposta à acusação.

Isso deixa claro que, uma vez recebida a denúncia ou queixa-crime, isto não significa que o juiz apenas poderá ou condenar o agente ou absolvê-lo sumariamente pelo art. 397, CPP. Será possível, ainda que depois de recebida a inicial, aplicar uma hipótese de rejeição do art. 395, CPP. Até porque, não teria lógica ao juiz iniciar a instrução processual e, depois de um longo tempo, estar impedido de analisar as causas de não recebimento da inicial.

Neste sentido, "superada a fase do art. 395 do Código de Processo Penal com o recebimento da inicial acusatória, após a apresentação da defesa preliminar, o juiz não fica vinculado às hipóteses elencadas no art. 397 do mesmo diploma legal, autorizadoras da absolvição sumária. Verificada, após a apresentação das defesas preliminares, a inépcia da exordial acusatória pela ausência da descrição individualizada das condutas de cada denunciado, **ao juiz é lícito reconsiderar o recebimento da denúncia**, quer por permissão legal, quer por uma questão de coerência com os anseios do legislador, impulsionadores da reforma do Código Adjetivo Penal, tendentes a um processo célere e fecundo. Inteligência do art. 396-A do Código de Processo Penal" (AgRg no AREsp nº 82.199/AL, rel. Min. Laurita Vaz, j. 17.12.13).

12.2.4.2. *Motivação*

Entende-se, majoritariamente, que o ato judicial que recebe a denúncia ou queixa não exige "fundamentação complexa", ou seja, não precisa de exaustivo detalhamento, até porque, o juízo realizado não é profundo, não podendo o juiz ir muito além, sob pena de pré-julgar a causa.

De acordo com o Superior Tribunal de Justiça, trabalha-se com a ideia de **verossimilhança** quanto ao juízo de admissibilidade, não se exigindo certeza, evitando-se um julgamento prematuro do mérito (AgRg no RHC nº 43.261/SP, rel. Min. Rogerio Schietti, j. 25.08.15); no mesmo sentido, entende-se ser um **mero despacho** a manifestação do juiz que recebe a denúncia, de modo que não cabe falar em nulidade por deficiência de fundamentação, pois somente na posterior decisão sobre a resposta à acusação/absolvição sumária é que se exigirá a devida fundamentação (AgRg no RHC nº 77.693/PA, rel. Min. Nefi Cordeiro, j. 30.03.17).

Bastará, portanto, explicitar que estão ausentes as causas de rejeição do art. 395, CPP, e estão verificados, inicialmente, elementos de autoria e de materialidade, determinando-se a citação do acusado para apresentar resposta à acusação. Nada mais do que isso.

Desta forma, "consagrou-se o entendimento no sentido da inexigibilidade de fundamentação complexa no recebimento da denúncia, em virtude de sua natureza interlocutória, não se equiparando à decisão judicial a que se refere o art. 93, IX, da Constituição Federal" (STJ, HC nº 365.863/SC, rel. Min. Ribeiro Dantas, j. 21.03.17); ainda, "o juízo positivo de admissibilidade da acusação penal, ainda que desejável e conveniente a sua motivação, não reclama, contudo, fundamentação" (STF, AgRg no HC nº 138.413/SP, rel. Min. Roberto Barroso, j. 07.03.17); e que, no momento do recebimento, cabe ao juiz apenas analisar a existência de suporte probatório mínimo a embasar a peça acusatória e atestar a presença dos requisitos mínimos necessários (STF, Inq. nº 3.982/DF, rel. Min. Edson Fachin, j. 07.03.17). Atentar, portanto, que a jurisprudência é no sentido de que a decisão que recebe a denúncia possui natureza interlocutória e emite juízo de mera prelibação, dispensando maior fundamentação, **não se subsumindo à norma insculpida no art. 93, IX, CF** (STJ, AgRg no RHC nº 89.393/SP, rel. Min. Joel Ilan Paciornik, j. 16.10.18).

Insta salientar a súmula nº 564 do STF, que dispõe que "a ausência de fundamentação do despacho de recebimento da denúncia por crime falimentar enseja nulidade processual, salvo se já houver sentença condenatória". À época da sua edição (em 1976) vigia a antiga Lei de Falências (Decreto nº 7.661/45), que previa, no seu art. 109, § 2º, que "se receber a denúncia ou a queixa, o juiz, *em despacho fundamentado*, determinará a remessa imediata dos autos ao juízo criminal competente para prosseguimento da ação nos termos da lei processual penal". Logo, entendia-se que a regra era o recebimento fundamentado, sob pena de nulidade relativa, devendo-se alegar prejuízo oportunamente, pois, como bem afirma a súmula, se ocorrer condenação pelo crime falimentar, não há que se falar mais em nulidade – até porque, se havia razão para condenação, muito mais razão havia para o início da persecução penal. A atual Lei de Falência e Recuperação (Lei nº 11.101.05) não possui dispositivo semelhante, devendo-se aplicar a regra de que não há necessidade de fundamentação do recebimento da inicial acusatória.

12.2.4.3. *Consequências*

Uma vez recebida a denúncia ou queixa, haverá quatro consequências básicas:

i) fixação da competência (art. 83, CPP);

ii) interrupção da prescrição (art. 117, I, CP).

De acordo com a jurisprudência, o recebimento da denúncia, quando emanada de juízo incompetente, é ato absolutamente nulo, não produzindo a interrupção da prescrição (6ª T., AgRg no REsp nº 1.492.580/RJ, rel. Min. Nefi Cordeiro, j. 03.03.16; e 5ª T., RHC nº 29.599/RS, rel. Min. Jorge Mussi, j. 11.06.13), ao contrário do que ocorre no Processo Civil, em que a interrupção da prescrição produz efeitos ainda que a decisão que ordena a citação seja oriunda de juízo incompetente (art. 240, § 1º, CPC).

iii) início do processo com a citação do acusado (art. 363, CPP).

iv) encerramento por meio de sentença, com ou sem análise do mérito, a depender da situação.

12.2.4.4. *Emendatio libelli e recebimento*

É possível que o Ministério Público ofereça denúncia, por exemplo, por corrupção passiva (art. 317, CP – na conduta "solicitar") e o juiz, ao ler os fatos narrados, entenda que, na verdade, ocorreu concussão (art. 316, CP – na conduta "exigir"). A questão que se põe a analisar é: poderá o juiz, *no ato de recebimento da inicial acusatória*, alterar a classificação do delito?

O art. 383, CPP, trata da "emendatio libelli" (que será detidamente estudada em capítulo próprio) ao dispor que "o juiz, sem modificar a descrição do fato contida na denúncia ou queixa, poderá atribuir-lhe definição jurídica diversa, ainda que, em consequência, tenha de aplicar pena mais grave". É exatamente o caso aqui posto, em que o juiz, sem alterar os fatos, entende que ocorreu concussão ao invés de corrupção passiva.

Poderá o juiz, ao receber a denúncia, assim se manifestar, ou seja, poderá, no ato de recebimento, tocar o processo adiante pelo crime que acha ser o correto? Há divergência.

De um lado, parte da doutrina entende que o juiz, verificando excesso nos fatos imputados na exordial, poderia, desde o seu recebimento, aplicar a *emendatio*, até para garantir direitos mais amplos de defesa ao acusado (Madeira, 2015), ou seja, o juiz já poderia, ao receber a inicial, afirmar que assim está fazendo em razão do crime de concussão, permitindo-se que o acusado saiba exatamente do que está se defendendo.

Todavia, a jurisprudência majoritária caminha no sentido oposto, ou seja, de o juiz apenas poder aplicar a *emendatio* quando da **sentença**, não podendo se antecipar quando do recebimento.

Assim, é dominante o entendimento de que, em regra, o momento adequado para a *emendatio libelli* é o da prolação da sentença, e não o recebimento da denúncia, em razão da topografia do art. 383 no CPP (que está no título específico da sentença) e porque o acusado se defende dos fatos imputados, e não da classificação que lhes atribuem (AgRg no REsp nº 1.324.246/MG, rel. Min. Reynaldo Soares da Fonseca, j. 24.11.15), ou seja, se os **fatos** indicam que houve exigência indevida de valores por um funcionário público, o acusado estará se defendendo destes fatos narrados (conduta de exigir), e não da mera capitulação atribuída a eles (conduta de solicitar). – até porque, cabe ao juiz julgar e aplicar a lei que melhor se adeque ao caso narrado conforme o seu convencimento motivado.

Todavia, tal entendimento não é absoluto, pois, tanto doutrina quanto jurisprudência, aí sim, entendem pela possibilidade de antecipação da *emendatio* nos casos em que a inadequada subsunção típica **(a)** macular a competência absoluta; **(b)** aplicar o procedimento incorreto ou **(c)** restringir benefícios penais por excesso de acusação (STJ, HC nº 258.581/RS, rel. Min. Ribeiro Dantas, j. 18.02.16).

Exemplos: o fato narrado importa a competência de vara especializada, que é absoluta, de forma que não seria coerente esperar apenas o momento da prolação da sentença para sinalizar este vício (STF, HC nº 115.831/MA, rel. Min. Rosa Weber, j. 22.10.13); ou então, no caso de a tipificação correta importar na possibilidade de se permitir a suspensão condicional do processo, o que deve ser feito quando do início do processo, não podendo se aguardar a prolação da sentença (STJ, RHC nº 57.366/BA, rel. Min. Reynaldo Soares da Fonseca, j. 17.11.16).

12.2.4.5. *Recurso cabível*

De acordo com a jurisprudência, embora não se admita a instauração de um processo penal de modo temerário, leviano e sem qualquer sustentáculo probatório, o juízo de recebimento da inicial acusatória deve ser considerado *pro societate*, ou seja, **em favor da sociedade** (STJ, RHC nº 65.200/SP, rel. Min. Ribeiro Dantas, j. 21.03.17).

Então, havendo a descrição da conduta criminosa e a existência de elementos probatórios mínimos, a denúncia ou queixa deve ser aceita, privilegiando a vontade social de ver processado o (potencial) autor de uma infração penal, permitindo-lhe, no bojo do processo, exercer seu direito de defesa. A dúvida, no momento do recebimento, não é em favor do acusado, mas em favor da sociedade.

A legislação não prevê recurso contra o ato judicial de recebimento da denúncia (o recurso em sentido estrito é interposto apenas contra o ato de *não recebimento*, de rejeição da inicial, cf. o art. 581, I, CPP).

Em que pese a ausência de instrumento recursal, nada impede a impetração de "habeas corpus" (se o delito previr pena privativa de liberdade como sanção penal, senão, poderá ensejar a impetração de mandado de segurança, conforme a súmula nº 693, STF) com o objetivo de obstar o andamento do processo penal, o que só poderá ter como fundamento, de acordo com prova indubitável, (a) a extinção de punibilidade; (b) a ausência de justa causa, condições da ação ou pressupostos processuais; e (c) a atipicidade da conduta (STJ, RHC nº 81.838/RS, rel. Min. Jorge Mussi, j. 28.03.17).

12.2.5. Resposta à acusação

12.2.5.1. *Diferenciando os institutos*

Não se deve confundir *defesa prévia, defesa preliminar* e *resposta à acusação* – embora seja comum, inclusive nos tribunais, a troca.

A **resposta prévia** existia até a reforma do Código de Processo Penal promovida pela Lei nº 11.719/08, em que o acusado, após o seu interrogatório (que era o primeiro ato da instrução processual), apresentava uma defesa, em até três dias, buscando convencer o juiz a não receber a inicial acusatória.

Já a **defesa preliminar** é (ainda) prevista em alguns procedimentos especiais, sendo apresentada antes do recebimento da denúncia ou queixa pelo magistrado, objetivando convencê-lo, justamente, a rejeitá-la, tal como ocorre nos crimes funcionais, no procedimento da Lei de Drogas, nos Juizados Especiais Criminais e nos crimes de prefeito (Decreto-lei nº 201/67), por exemplo.

A **resposta à acusação** é, atualmente, a reação do acusado à imputação penal feita pelo Estado-acusação. Está prevista no art. 396-A, CPP, momento em que, *após o recebimento da inicial acusatória* pelo juiz, o agente é citado para apresentá-la e poderá arguir preliminares e alegar tudo o que interesse à sua defesa, oferecer documentos e justificações, especificar as provas pretendidas e arrolar testemunhas, qualificando-as e requerendo sua intimação, quando necessário.

Interessante questão surge quando o acusado pratica crime cujo procedimento prevê defesa preliminar (ex.: crime de prefeito, do Decreto-lei nº 201/67) em concurso com crime que prevê apenas a resposta à acusação do CPP (ex.: crime do Código Penal). Como o juiz deverá agir?

Na esteira do que entende o Supremo Tribunal Federal, antes de o juiz receber a denúncia por qualquer dos dois delitos, *deverá dar oportunidade de defesa prévia* – e, caso se trate de imputação de ambos os crimes numa só denúncia, não poderá o juiz recebê-la em relação ao crime do Código Penal e depois quanto ao crime do DL nº 201/67. Logo, o juiz, antes de receber a denúncia, deverá dar oportunidade para que o denunciado ofereça defesa prévia, não podendo esta ser concedida apenas para a imputação do crime do DL nº 201/67, de modo que *deve prevalecer o procedimento especial em relação ao comum no que tange à primeira resposta do acusado* (STF, AP nº 912/PB, rel. Min. Luiz Fux, j. 07.03.17).

12.2.5.2. *Prazo*

Uma vez recebida a inicial acusatória, o juiz determinará a citação do acusado para que apresente resposta escrita à acusação, no prazo de **10 dias**, conforme o art. 396, CPP. Lembre-se que a Defensoria Pública possuirá o prazo de 20 dias, pois tem a prerrogativa do prazo dobrado (LC nº 80/94).

Como já estudado, o prazo é contato a partir da data da citação, e não da juntada aos autos do mandado cumprido, como ocorre no Processo Civil (súmula nº 710, STF).

Situação bastante comum é aquela em que, por exemplo, o Ministério Público oferece denúncia em relação a dois agentes, formando um litisconsórcio passivo (dois acusados no polo passivo da ação penal). O Código de Processo Civil prevê, no art. 229, que, os litisconsortes que tiverem advogados diferentes, de escritórios de advocacia distintos, terão prazos em dobro em todas as suas manifestações, independentemente de requerimento. A questão, então, é saber se é possível aplicar o disposto no art. 229, CPC (prazo dobrado) ao Processo Penal. Há divergência.

Para o Superior Tribunal de Justiça, é inaplicável ao Processo Penal a regra prevista no art. 229, CPC, que determina a concessão do prazo em dobro litisconsortes com procuradores distintos desde que pertencentes a escritórios de advocacia distintos (5ª T., AgRg no AREsp nº 1.044.024/PB, rel. Min. Felix Fischer, j. 06.02.18; e 6ª. T., AgRg no AREsp nº 528.426/SP, rel. Min. Nefi Cordeiro, j. 03.12.15).

De outro lado, o Supremo Tribunal Federal possui julgados no sentido de que o litisconsórcio passivo processual penal atrai o disposto no art. 229, CPC, na forma do art. 3º, CPP, por força da Constituição Federal, que tutela os direitos indisponíveis em jogo na lide penal, como a liberdade, de modo que haverá a dobra de prazo (Pleno, QO-Inq nº 3.983/DF, rel. Min. Teori Zavascki, j. 03.09.15; e 25º AgRg na AP nº 470/MG, rel. Min. Joaquim Barbosa, j. 18.09.13), ressaltando-se, todavia, que, se os autos do processo penal forem eletrônicos, não se aplicará a referida benesse, uma vez que todos os sujeitos do processo têm acesso amplo e simultâneo aos autos, cf. o § 2º do art. 229, CPC/15 (QO-Inq nº 3.980/DF, rel. Min. Teori Zavascki, j. 07.06.16).

Assim, observando-se a organicidade do Direito e o princípio constitucional da ampla defesa, defere-se o prazo em dobro à defesa diante da existência de corréus com patronos distintos (Inq. nº 4.506/DF, rel. Min. Marco Aurélio, j. 02.02.18; e HC nº 134.874/PR, rel. Min. Luiz Fux, j. 29.08.17).

12.2.5.3. *Conteúdo*

O juiz, como visto, já recebeu a denúncia/queixa, de modo que o objetivo principal do acusado, agora, será tentar a absolvição sumária, do art. 397, CPP; além disso, será possível alegar tudo o que interessar à defesa. A eventual exceção será processada em apartado, nos termos dos arts. 95 a 112, CPP (§ 1º, art. 396-A, CPP).

É importante notar que a profundidade da resposta à acusação será proporcional às provas que a defesa tiver em mãos. Se é patente, *v.g.*, que o fato narrado sequer é tipificado como crime, o conteúdo da resposta será significativamente mais denso, já que o inciso III do art. 397, CPP, prevê como causa de absolvição sumária a atipicidade do fato. Por outro lado, se a defesa não possui, no momento, provas suficientes ou, mesmo que as tiver, não for o momento mais adequado, a absolvição do acusado ocorrerá apenas ao final do processo, em seguida à instrução processual, quando da prolação da sentença. Além do mais, é lícita "a opção do advogado constituído em não enfrentar o mérito na resposta à acusação, nisto não existindo deficiência de defesa, pois inclusive possível a estratégia de não antecipar teses à parte adversa" (STJ, HC nº 246.156/PE, rel. Min. Nefi Cordeiro, j. 20.05.14).

Exemplo: a defesa pode ter provas convincentes em mãos, mas, se apresentar logo no início do processo, é muito provável que o juiz não as considere neste momento inicial, em razão do *in dubio pro societate*, determinando que o processo siga para a instrução; isso irá municiar a acusação com as provas da defesa, de modo que o Ministério Público poderá determinar a realização de mais diligências pelo delegado de polícia, já buscando angariar provas contra as teses defensivas então apresentadas; de outro lado, se a defesa vislumbrar alguma nulidade absoluta, pode ser que prefira permanecer em silêncio e rebater minimamente a acusação para, apenas lá na frente, alegar o vício, que, uma vez reconhecido pelo juiz, fará retomar o processo desde o ato ilegal, fazendo com que o Estado, agora, tenha menos tempo para processar o agente, em razão do curto prazo que lhe resta, pois a prescrição está correndo e pode ser atingida.

Trata-se, portanto, de verdadeira estratégia.

Conforme já estudado, a não apresentação do rol de testemunhas na resposta escrita gerará preclusão (STJ, HC nº 257.533/MG, rel. Min. Maria Thereza de Assis Moura, j. 22.04.14), ressalvada a possibilidade de o juiz ouvir as testemunhas como "do juízo", cf. o art. 209, CPP, diante da imprescindibilidade de sua oitiva sobre os fatos que sabem, em busca da verdade (STJ, RHC nº 77.091/CE, rel. Min. Reynaldo Soares da Fonseca, j. 16.02.17).

Situação que exige atenção é aquela em que a parte requer, oportunamente, a produção de prova testemunhal, mas pede que o rol seja apresentado em momento posterior, quando, por exemplo, tratar-se de atuação da Defensoria Pública, que ainda não teve contato com o réu, não sabendo ainda quem poderá ser testemunha de defesa. Para o Superior Tribunal de Justiça, é possível ao juiz deferir a produção da prova com a ulterior apresentação do rol de testemunhas, não tendo que se falar em preclusão (pois não houve inércia da parte, a bem da verdade), já que o juiz age em busca da verdade (REsp nº 1.443.533/RS, rel. Min. Maria Thereza de Assis Moura, j. 23.06.15). Mas atentar que, neste julgado, foi vencido o Min. Rogerio Schietti Cruz, que votou no sentido de não ser possível apresentar o rol de testemunhal posteriormente, mas apenas na resposta à acusação, sob pena de se reconhecer a ausência de prazo para a sua apresentação e de configuração de preclusão.

Por fim, como a defesa técnica é tida como indisponível (e, portanto, obrigatória), se não for apresentada a resposta no prazo legal, ou se o acusado, citado, não constituir defensor, o juiz nomeará defensor para oferecê-la, concedendo-lhe vista dos autos por 10 dias (§ 2º, art. 396-A, CPP).

12.2.5.4. *Motivação*

Apresentada a resposta à acusação, o juiz tem o dever de fundamentar, seja pelo acolhimento ou não das teses defensivas.

Se o juiz afirma que não estão presentes as causas de absolvição sumária (art. 397, CPP) e que se faz necessária a realização da instrução processual para apreciação das teses defensivas, considera-se fundamentada a decisão, não havendo nulidade, pois, de acordo com o Superior Tribunal de Justiça, "a motivação acerca das teses defensivas apresentadas por ocasião da resposta escrita deve ser sucinta, limitando-se à admissibilidade da acusação formulada pelo órgão ministerial, evitando-se, assim, o prejulgamento da demanda" (RHC nº 81.345/SP, rel. Min. Jorge Mussi, j. 28.03.17).

12.2.5.5. *Réplica*

Oferecida a denúncia e apresentada resposta pelo réu, é possível que este traga elementos novos, que, caso fosse no Processo Civil, abrir-se-ia a oportunidade de réplica (arts. 350 e 351, CPC) se o réu apresentasse algum fato impeditivo, modificativo, extintivo ou alguma preliminar. O Código de Processo Penal apenas afirma que, apresentada a resposta à acusação, os autos devem ser conclusos ao juiz para decisão a respeito do art. 397, CPP.

Todavia, existe, sim, previsão de uma espécie de "réplica" no Processo Penal, no art. 409, CPP, referente ao tribunal do júri, que dispõe que, apresentada a defesa, o juiz ouvirá a acusação sobre preliminares e documentos, em 5 dias.

Por aplicação analógica, a jurisprudência entende ser possível a manifestação da acusação após a apresentação da resposta do réu, em observância ao contraditório, não gerando nulidade ao processo (STJ, RHC nº 60.243/MG, rel. Min. Felix Fischer, j. 01.12.15; e AgRg no HC nº 239.585/SP, rel. Min. Marco Aurélio Bellizze, j. 27.08.13). Assim, apesar de inexistir previsão legal para que o Ministério Público se manifeste acerca da peça defensiva apresentada, caso o juiz abra vista à acusação não haverá qualquer nulidade (STF, HC nº 105.739/RJ, rel. Min. Marco Aurélio, j. 08.02.12).

Mas atenção deve ser dada, pois não é qualquer conteúdo da resposta à acusação que autorizará o contraditório neste momento, mas tão só nos casos em que houver a apresentação de fatos que, realmente, possam interferir no direito de ação da acusação.

12.2.6. Absolvição sumária

Realizados os passos anteriormente vistos (citação, apresentação de resposta escrita e eventual oitiva da acusação), o juiz analisará se é o caso de absolvição sumária do acusado, dentre uma das hipóteses do art. 397, CPP.

Tal situação, a bem da verdade, é uma espécie de **julgamento antecipado** do processo penal, gerando a improcedência do pedido condenatório se presente uma das causas legais.

Exige-se do juiz, quando da rejeição do pedido de absolvição sumária, motivação de sua decisão, mas não de forma profunda ou exauriente, sob pena de indevida antecipação do juízo de mérito (STJ, RHC nº 80.924/SP, rel. Min. Reynaldo Soares da Fonseca, j. 16.03.17).

O texto do art. 397, CPP, exige **ausência de dúvidas** acerca da existência de uma hipótese legal de absolvição sumária. Assim, por exemplo, a certeza de que o agente agiu em legítima defesa autoriza a absolvição sumária, enquanto que a dúvida ou a controvérsia o levará a julgamento normalmente, até porque, como visto, aplica-se a regra do *in dubio pro societate* quanto ao processamento do acusado (STJ, AgRg no REsp nº 1.290.412/ES, rel. Min. Jorge Mussi, j. 04.11.14).

Ainda que o juiz rejeite o pedido de absolvição sumária, nada impedirá que, após toda a instrução probatória, absolva o agente com base, por exemplo, numa excludente de ilicitude (art. 386, VI, CPP), que é, também, uma hipótese de absolvição sumária (art. 397, I, CPP), considerando que *a decisão judicial de absolvição sumária não preclui ao juiz.*

Por fim, a absolvição sumária **fará coisa julgada formal *e* material**, uma vez que, por mais que o juízo feito não seja profundo, o julgador analisa o próprio mérito do pedido condenatório, verificando a tipicidade, a ilicitude e/ou a culpabilidade.

Atentar que a jurisprudência possui o entendimento de que não se mostra possível a *absolvição sumária por erro de tipo* antes da devida instrução probatória, sob pena de se produzir prematuramente coisa julgada material, circunstância que inviabilizaria, por exemplo, posterior ação penal caso descobertos novos elementos, resultando em indesejável impunidade do fato (AgRg no REsp nº 1.228.186/ES, rel. Min. Laurita Vaz, j. 19.09.13).

12.2.6.1. *Hipóteses*

12.2.6.1.1. *Excludente de ilicitude*

O juiz deverá absolver sumariamente o acusado quando verificar a existência *manifesta* de causa excludente da ilicitude do fato (art. 397, I, CPP).

Vê-se que o texto legal exige a verificação da *existência manifesta* (patente, clara, livre de dúvidas) de uma excludente de ilicitude, seja prevista no art. 23, CP (estado de necessidade, legítima defesa, estrito cumprimento de dever legal e exercício regular de um direito), na parte especial do Código Penal (excludentes do aborto, do constrangimento ilegal etc.) ou, mesmo, uma causa supralegal (consentimento do ofendido).

12.2.6.1.2. *Excludente de culpabilidade*

O juiz deverá absolver sumariamente o acusado quando verificar a existência *manifesta* (patente, clara, livre de dúvidas) de causa excludente da culpabilidade do agente, salvo inimputabilidade (art. 397, II, CPP), sendo cabível, então, nos casos de coação moral irresistível, obediência hierárquica etc.

Atentar que a alegação de inimputabilidade **não autorizará** a absolvição sumária. Isso em razão de que o agente tido como inimputável praticou uma infração penal, punida com medida de segurança, que é uma espécie de sanção penal, o que exige o respeito ao devido processo legal.

Uma vez verificada a prática da infração penal pelo inimputável, ele receberá, após a devida instrução processual, uma *absolvição imprópria*, que é o nome doutrinário dado aos casos em que o inimputável que praticou um delito é sentenciado com uma medida de segurança. Por isso é que não se pode falar em "absolvição sumária imprópria" neste caso, uma vez que se exige o devido processo legal para a imposição de uma sanção penal. Caso o acusado demonstre sua inocência, será absolvido normalmente, mas somente após a completa instrução processual.

Mas ver que, caso o inimputável consiga demonstrar, no limiar do processo, uma causa de absolvição sumária que não tenha relação com a sua inimputabilidade, será possível sua absolvição sumária. Exemplo: doente mental age em manifesta legítima defesa – o juiz poderá absolvê-lo sumariamente em razão da legítima defesa, sem entrar no mérito da inimputabilidade, que não vem ao caso nesta situação.

12.2.6.1.3. *Atipicidade*

Seja a atipicidade *formal* (falta de previsão legal ao delito) ou *material* (ausência de lesão ao bem jurídico penal tutelado), poderá o acusado ser absolvido sumariamente.

Exemplos: agente é acusado de praticar incesto com sua filha maior de idade, com pleno consentimento desta, sem violência ou ameaça, em que o fato é *formalmente* atípico, uma vez que a legislação não o prevê como crime; ou então, o agente que furta um pacote de bolachas, em que o fato é *materialmente* atípico, uma vez que – analisando-se o caso concreto – há mínima ofensividade da conduta, ausência de periculosidade, reduzido grau de reprovabilidade e inexpressividade da lesão ao bem jurídico, o que autoriza a insignificância da conduta (STJ, HC nº 366.698/SP, rel. Min. Rogerio Schietti Cruz, j. 07.03.17); ou então, o agente que pratica crime tributário federal ou de descaminho quando o débito fiscal verificado não ultrapassa R$ 20 mil, o que, nos termos do art. 20, Lei nº 10.522/02, e das Portarias nº 75/12 e 130/12 do Ministério da Fazenda, ensejam a aplicação da insignificância (STJ, 3ª Seção, REsp nº 1.709.029/MG, rel. Min. Sebastião Reis Júnior, j. 28.02.18; e STF, 1ª T, HC nº 136/984/SP, rel. Min. Rosa Weber, j. 18.10.16, e 2ª T., HC nº 155.347/PR, rel. Min. Dias Toffoli, j 17.04.18). Destaca-se que, em relação ao crime tributário estadual, deverá ser observada a legislação local, e não a legislação referente aos tributos da União (STJ, RHC nº 34.883/RN, rel. Min. Felix Fischer, j. 02.10.14).

A discussão acerca do dolo do agente exige instrução processual, não se admitindo absolvição sumária (STJ, AgRg no REsp nº 1.558.110/RS, rel. Min. Reynaldo Soares da Fonseca, j. 17.10.17; e AgRg no REsp nº 1.225.068/ES, rel. Min. Leopoldo de Arruda Raposo, j. 03.09.15).

12.2.6.1.4. *Extinção da punibilidade*

As causas extintivas de punibilidade estão exemplificativamente previstas no art. 107, CP, como a morte do agente, o perdão judicial, a ocorrência da prescrição, a decadência, a anistia etc.

Em que pese a extinção da punibilidade ter sido prevista, aqui, como causa de absolvição sumária, duas observações são necessárias:

(i) o entendimento dominante é de que tais situações não possuem natureza condenatória, mas, sim, devem apenas ser *declaradas* pelo julgador, conforme a súmula nº 18 do STJ ("a sentença concessiva do perdão judicial é declaratória da extinção da punibilidade, não subsistindo qualquer efeito condenatório").

(ii) não seria necessária uma causa de absolvição sumária pela extinção da punibilidade, uma vez que "em qualquer fase do processo, o juiz, se reconhecer extinta a punibilidade, deverá declará-la de ofício", conforme o art. 61, *caput*, CPP.

12.2.6.2. *Recurso cabível*

Se o juiz acatar o pedido e absolver sumariamente o acusado, a acusação poderá manejar **apelação**, já que se trata de decisão judicial que, de fato, absolve o agente (art. 593, I, CPP). A doutrina (Brasileiro, 2016) entende que, se a absolvição tiver como fundamento a extinção da punibilidade (que não possui natureza absolutória, mas declaratória, como visto), o instrumento adequado seria o recurso em sentido estrito (art. 581, VIII, CPP).

Já à defesa, caso o juiz rejeite o pedido de absolvição sumária, será possível, se preenchidos os requisitos legais, a impetração de *habeas corpus*, objetivando o trancamento da ação penal.

12.2.7. Designação de audiência

Não absolvendo sumariamente o acusado, o juiz designará dia e hora para a audiência, ordenando a intimação do acusado, de seu defensor, do Ministério Público e, se for o caso, do querelante e do assistente (art. 399, CPP). Igualmente, a vítima será comunicada acerca da designação da data para audiência (§ 2º do art. 201, CPP).

O texto legal dispõe que "recebida a denúncia ou queixa, o juiz designará dia e hora para a audiência (...)". Todavia, como já estudado, o momento do recebimento da inicial acusatória está previsto no art. 396, CPP, logo após o seu oferecimento (se o juiz não a rejeitar) e antes da citação do acusado. A melhor leitura seria: *uma vez recebida a denúncia ou queixa (art. 396, CPP) e não absolvendo sumariamente o acusado (art. 397, CPP), o juiz designará dia e hora para a audiência (art. 399, CPP).*

O Código de Processo Penal apenas determina que a audiência deverá ser realizada no **prazo máximo de 60 dias** (art. 400, CPP), contados do despacho que a designa, ou seja, após o indeferimento da absolvição sumária do art. 397, CPP. Lembrar que os processos que apurem a prática de crime hediondo terão prioridade de tramitação em todas as instâncias (art. 394-A, CPP, cf. a Lei nº 13.285/16).

Observe-se que a legislação nada dispõe sobre a antecedência mínima para que a parte intimada tome conhecimento da sua designação. Por exemplo, o Código de Processo Civil determina, ao procedimento comum, a observância mínima de 30 dias para a realização da audiência de conciliação ou de mediação (art. 334, CPC); e, quanto aos processos nos tribunais, entre a publicação da pauta e a sessão de julgamento, o mínimo de 5 dias (art. 935, CPC). Neste sentido, então, o Superior Tribunal de Justiça já entendeu, analisando a questão do prazo de antecedência para a designação da sessão de julgamento, que devem ser aplicadas as regras do Processo Civil ao Processo Penal (HC nº 289.157/SP, rel. Min. Gurgel de Faria, j. 19.03.15). Do contrário, o acusado poderia ser intimado para a realização de audiência dali a dois ou três dias, por exemplo, o que feriria o seu direito ao contraditório e à ampla defesa, impedindo, inclusive, a contratação de defensor e a preparação técnica deste para a audiência.

Designados, então, dia e hora para a audiência, o acusado que estiver preso será requisitado para comparecer ao interrogatório, devendo o poder público providenciar sua apresentação (§ 1º do art. 399, CPP).

Quanto a isto, "o direito de presença do réu é desdobramento do princípio da ampla defesa, em sua vertente autodefesa, franqueando-se ao réu a possibilidade de presenciar e participar da instrução processual, auxiliando seu advogado, se for o caso, na condução e direcionamento dos questionamentos e diligências. Nada obstante, não se trata de direito absoluto, sendo pacífico nos Tribunais Superiores que a presença do réu na audiência de instrução, embora conveniente, não é indispensável para a validade do ato, e, consubstanciando-se em nulidade relativa, necessita para a sua decretação da comprovação de efetivo prejuízo para a defesa e arguição em momento oportuno, o que não ocorreu no caso dos autos" (STJ, RHC nº 39.287/PB, rel. Min. Reynaldo Soares da Fonseca, j. 13.12.13).

Logo, o juiz, ao designar dia e hora para a audiência, deverá expedir requisição para comparecimento do preso. Isso significa que o juiz está emitindo uma ordem ao diretor do estabelecimento penal e responsáveis pela escola para que providenciem a logística necessária para o comparecimento do preso à sua audiência. Isso, todavia, não significa que o juiz está ordenando que o preso, obrigatoriamente, deve comparecer à audiência, até porque, como se sabe, trata-se de ato facultativo, relacionado à autodefesa.

Por fim, vale registrar que a jurisprudência é assente no sentido de que "a ausência do Ministério Público na audiência de instrução constitui nulidade relativa que, para ser declarada, deve ser alegada em momento processual oportuno e demonstrado o efetivo prejuízo ao réu" (STJ, AgRg no AREsp nº 885.644/RS, rel. Min. Maria Thereza de Assis Moura, j. 02.06.16). Sustenta-se que a presença do órgão acusatório não é obrigatória na oitiva de testemunhas e no interrogatório, até porque o art. 156, II, CPP, permite ao juiz, de ofício, determinar, no curso da instrução ou antes de proferir sentença, a realização de diligências necessárias para dirimir dúvida sobre eventual ponto relevante, bem como, o sistema brasileiro não é o acusatório puro, não havendo vedação à produção da prova pelo juiz, mesmo que de ofício.

12.2.7.1. *Realização*

Utopicamente, o Código de Processo Penal estipulou a realização de uma **audiência una** de instrução, debates e julgamento, ou seja, todas as partes e interessados são ouvidos, colhe-se a prova, realiza-se o debate das partes e, por fim, o juiz sentencia (art. 400, CPP) – tudo isso numa audiência una.

No entanto, como sabido, a concentração de todos estes atos processuais numa só audiência é praticamente impossível por diversos fatores, como o elevado volume de processos penais em curso, a baixa quantidade de juízes, promotores e defensores etc. Logo, na prática, mantém-se a audiência como una, mas cindida em partes, designando-se as chamadas "audiências em continuação" se for necessário.

De acordo, portanto, com texto legal, na audiência de instrução e julgamento, a ser realizada no prazo máximo de 60 dias, proceder-se-á à tomada de declarações do ofendido, à inquirição das testemunhas arroladas pela acusação e pela defesa, nesta ordem, ressalvado o disposto no art. 222, CPP (cartas precatórias), bem como, aos esclarecimentos dos peritos, às acareações e ao reconhecimento de pessoas e coisas, interrogando-se, em seguida, o acusado.

Desta forma, a audiência deverá seguir a seguinte ordem:

1) declarações do ofendido/vítima
2) oitiva das testemunhas de acusação
3) oitiva das testemunhas de defesa
4) esclarecimento dos peritos/assistentes
5) acareação
6) reconhecimento de pessoas e/ou coisas
7) interrogatório do acusado
8) requerimento de diligências complementares
9) alegações finais
10) sentença
11) encerramento

Algumas observações são necessárias e serão feitas abaixo, lembrando que o estudo pormenorizado dos atos em si (oitiva de testemunhas, interrogatório do acusado etc.) está no capítulo referente às *Provas*.

12.2.7.2. *Produção probatória*

Nos termos do art. 400, § 1º, CPP, as provas serão produzidas numa só audiência, podendo o juiz indeferir as consideradas *irrelevantes*, *impertinentes* ou *protelatórias*.

Como explica Renato Marcão (Código, 2016), o processo não comporta todo e qualquer tipo de prova, havendo restrições previstas tanto na Carta da República – como a vedação às provas ilícitas – quanto no Código de Processo Penal – que veda, além das provas ilícitas e derivadas, as provas irrelevantes, impertinentes ou protelatórias – de modo que apenas **provas úteis** devem ser levadas ao processo.

De acordo com a jurisprudência, "sem embargos acerca do amplo direito à produção das provas necessárias a dar embasamento às teses defensivas, ao magistrado, mesmo no curso do processo penal, é facultado o indeferimento, de forma motivada, das diligências protelatórias, irrelevantes ou impertinentes. Cabe, outrossim, à parte requerente demonstrar a real imprescindibilidade na produção da prova requerida" (STJ, HC nº 306.487/MG, rel. Min. Ribeiro Dantas, j. 28.03.17).

De igual modo, as partes, por mais que tenham requerido a produção de uma prova em juízo no momento adequado, não possuem direito subjetivo absoluto à sua realização, pois o juiz possui o controle sobre sua pertinência consoante o caso posto em julgamento (STJ, RHC nº 65.334/SC, rel. Min. Reynaldo Soares da Fonseca, j. 06.10.16).

12.2.7.3. *Declaração do ofendido*

Trata-se do primeiro ato da audiência, devendo ser realizado nos moldes do art. 201, CPP, que trata, justamente, da realização da prova relacionada à oitiva do ofendido em juízo.

Consoante o Superior Tribunal de Justiça, ainda que o art. 201, CPP, tenha previsto que o ofendido será ouvido sempre que possível, a sua oitiva não é prova imprescindível para a condenação, já que o processo penal brasileiro se pauta pelo princípio do livre convencimento motivado, podendo o magistrado fazer a livre apreciação da prova, desde que apresente de forma clara as suas razões de decidir (HC nº 277.045/RS, rel. Min. Laurita Vaz, j. 22.10.13).

12.2.7.4. *Oitiva de testemunhas*

Na instrução, poderão ser inquiridas **até 8 testemunhas** arroladas pela acusação e oito pela defesa (art. 401, CPP), para cada fato criminoso imputado, neste número não se computando as que não prestam compromisso e as referidas (§ 1º), permitindo-se à parte desistir da inquirição de qualquer das testemunhas arroladas, ressalvada a possibilidade da oitiva das testemunhas "do juízo", cf. o art. 209, CPP (§ 2º).

A ordem estabelecida pelo Código de Processo Penal é a seguinte:

1º) testemunhas de acusação;

2º) testemunhas de defesa.

Então, em homenagem ao sistema acusatório vigente, observar-se-á a seguinte ordem: (1º) ouvem-se as **testemunhas da acusação**, com perguntas da acusação, depois da defesa e depois complementação pelo juiz; e (2º) ouvem-se as **testemunhas da defesa**, com perguntas da defesa, depois da acusação e complementação pelo juiz.

Questão que surge é saber qual é a consequência, ao processo, se ocorrer a inversão da ordem das oitivas, isto é, primeiro se ouvir a testemunha de defesa e ao fim a de acusação, considerando que o art. 400, "caput", CPP, dispõe que, na audiência de instrução do procedimento ordinário, proceder-se-á à tomada de declarações do ofendido, à inquirição das testemunhas arroladas pela acusação e pela defesa, **nesta ordem** (ressalvada apenas a expedição de carta precatória).

É bastante comum que, por exemplo, a defesa leve suas oito testemunhas e que uma das testemunhas da acusação falte. O juiz, então, observando a lei, não poderá simplesmente ouvir todas as testemunhas da defesa e depois as da acusação, quando o rol então estiver completo. O correto é (sempre) ouvir as testemunhas de acusação presentes e designar nova data para oitiva da testemunha faltante e das de defesa, pautando-se pelo contraditório e pela ampla defesa, de modo a primeiro se fazer a oitiva das testemunhas de acusação e, depois, das de defesa.

Apesar da clareza do texto legal, a jurisprudência do STJ e do STF possui firme entendimento no sentido de que a não observância da ordem para oitiva de testemunhas constitui **nulidade relativa**, que somente pode ser anulada em caso de demonstração do efetivo prejuízo (STJ, HC nº 416.097/SP, rel. Min. Felix Fischer, j. 06.02.18; e STF, HC nº 116.569/SP, rel. Min. Luiz Fux, j. 04.02.14).

No mais, o texto do art. 400, CPP, dispõe sobre a ordem de oitiva das testemunhas e faz uma ressalva: o art. 222, CPP. Referido dispositivo trata da chamada *testemunha de fora da terra*, isto é, daquela que não está localizada no mesmo território da jurisdição do juiz e, por isso, será ouvida por meio de carta precatória.

Assim, de forma bastante didática, entendeu o Tribunal da Cidadania que "o art. 400, *caput*, do CPP, com a redação conferida pela Lei n. 11.719/2008, revela a sistemática instrutória do procedimento ordinário do processo penal, segundo a qual se faz necessária a ouvida prévia das testemunhas da acusação e, depois, aquelas indicadas pela defesa. Entrementes, para viabilizar a instrução processual, ressalva explicitamente a ordem ritual, com o apontamento do art. 222 do CPP. A prescindibilidade [desnecessidade] de observância da ordem ordinária da ouvida de testemunhas que estejam fora da competência territorial do juízo é, pois, corolário do impedimento legal de suspensão da instrução processual, por ocasião da expedição de carta precatória ou rogatória (CPP, arts. 222, § 1º, e 222-A, parágrafo único). Outrossim, em consonância com essa premissa e em homenagem ao princípio da razoável duração da prestação jurisdicional, o magistrado pode dar prosseguimento na instrução com a ouvida das demais testemunhas, até, inclusive, sentenciar, malgrado ainda pendente a devolução da carta pelo juízo deprecado, caso ultrapassado o prazo marcado pelo juízo deprecante para o seu cumprimento, nos termos do § 2º do art. 222 do CPP. Precedentes. Esta Corte Superior de Justiça consolidou jurisprudência no sentido de que não configura nulidade a inversão da ouvida de testemunhas de acusação e de defesa, quando a inquirição for feita por meio de carta precatória, cuja expedição não suspende a instrução criminal" (RHC nº 74.223/RS, rel. Min. Ribeiro Dantas, j. 21.02.17).

Mas ver que há doutrina que sustenta não ser possível aplicar o § 2º do art. 222, CPP (que autoriza a realização do julgamento mesmo sem a devolução da carta precatória), por se tratar de norma inconstitucional em razão da violação ao direito à prova, devendo o juiz, isto sim, encerrar a audiência antes das alegações finais e aguardar a juntada da precatória cumprida para, só então, continuar o curso da instrução e sentenciar (Badaró, 2016).

12.2.7.5. *Esclarecimento dos peritos/assistentes*

Nos moldes do § 2º do art. 402, CPP, os esclarecimentos dos peritos dependerão de prévio requerimento das partes, lembrando que, durante o curso do processo judicial, as partes poderão requerer a oitiva dos peritos para esclarecerem a prova ou para responderem a quesitos, desde que o mandado de intimação e os quesitos ou questões a serem esclarecidas sejam encaminhados com **antecedência mínima de 10 dias**, podendo apresentar as respostas em laudo complementar (art. 159, § 5º, I, CPP).

De igual modo, durante o curso do processo judicial, as partes têm a faculdade de indicar assistentes técnicos, que poderão apresentar pareceres em prazo a ser fixado pelo juiz ou ser inquiridos em audiência (art. 159, § 5º, II, CPP).

12.2.7.6. *Acareação e reconhecimentos*

Na sequência, as partes poderão requerer a realização de acareação (arts. 229 e 230, CPP). Em relação ao reconhecimento de pessoas e coisas, deve o juiz observar o procedimento dos arts. 226 a 228, CPP.

12.2.7.7. *Interrogatório*

Como já explicado exaustivamente, o interrogatório, atualmente, é o último ato da instrução processual, nos termos da Lei nº 11.719/08, possibilitando que o acusado tenha, anteriormente a isso, contato direto com todas as provas produzidas, revelando a clara natureza de meio de defesa (e, também, de prova, é claro).

É importante ressaltar que, se o interrogatório foi realizado antes da alteração promovida pela Lei nº 11.719/08, ou seja, como primeiro ato da instrução processual, não será preciso renovar a sua realização, após o advento da novel lei, ao final da instrução, sendo o típico exemplo de aplicação do princípio *tempus regit actum* à lei de natureza processual, sem prejudicar a validade do ato realizado sob a égide da lei anterior (RHC nº 51.511/PR, rel. Min. Ribeiro Dantas, j. 02.02.17).

12.2.7.8. *Diligências complementares*

A Lei nº 11.719/08 também promoveu alterações neste ato. Findas todas as oitivas e após o interrogatório, as partes terão a faculdade de requerer a realização de diligências complementares, cuja necessidade tenha se originado de circunstâncias ou fatos apurados no decorrer da instrução (art. 402, CPP). Ex.: oitiva de testemunha referida (aquela mencionada no curso da instrução por uma testemunha, por exemplo).

Desta forma, esta fase não autoriza o requerimento de provas preclusas, ou seja, que deveriam ter sido requeridas oportunamente, mas que a parte perdeu o prazo legal. Além disso, **a iniciativa deve ser da parte**, não tendo que se falar em intimação, pelo juiz, para que as partes se manifestem sobre a faculdade de requerer diligências (STJ, HC nº 180.435/SC, rel. Min. Laurita Vaz, j. 02.08.12).

O texto legal estabelece uma ordem de requerentes: (1º) Ministério Público, (2º) querelante; (3º) assistente; e (4º) acusado, por último. O art. 404, "caput", CPP, também permite que o juiz ordene a realização de diligência imprescindível.

Obviamente que, aqui também, o julgador poderá indeferir a realização de diligência inútil ao processo (STJ, RHC nº 75.921/SC, rel. Min. Nefi Cordeiro, j. 06.12.16).

Se indeferida a realização das diligências complementares, passa-se às alegações finais; se, por outro lado, deferidas, a audiência será finalizada sem as alegações finais e, somente após a realização das diligências requeridas, realizar-se-ão as alegações finais, por *memorial* (por escrito) em 5 dias, tendo o juiz o prazo de 10 dias para sentenciar (p.ú. do art. 404, CPP).

Por fim, contra o deferimento de realização de diligência complementar tida como inútil (procrastinatória, irrelevante ou impertinente), não há recurso específico, podendo a parte prejudicada valer-se de correição parcial me razão do tumulto no processo (conforme a legislação interna dos tribunais); de outro lado, contra o indeferimento, caberá apelação em face da sentença prolatada, arguindo-se a matéria como preliminar.

12.2.7.9. *Alegações finais*

Como regra, serão feitas **oralmente** (alegações finais) ou, excepcionalmente, **por escrito** (memorial).

Trata-se, exatamente, do último ato antes de o juiz prolatar a sentença, e, assim, a parte objetivará convencer o julgador sobre o seu ponto de vista, sobre as suas sustentações e alegações, de acordo com todos os elementos dos autos (desde o inquérito policial), com a doutrina, a jurisprudência e o ordenamento jurídico como um todo. A parte poderá tratar dos fatos, das penas possíveis, de nulidades (relativas, se ocorrida no curso da audiência; ou absolutas, ocorrida a qualquer tempo) etc.

A Lei nº 11.719/08 prestigiou o princípio da oralidade, empregando maior celeridade processual e ampliando-se o contato direto das partes com o juiz, num verdadeiro *debate oral*. Por isso mesmo, Renato Brasileiro (Manual, 2016) faz duas críticas ao que ocorre na prática forense: em primeiro lugar, deveria ocorrer um verdadeiro debate oral, tal como no tribunal do júri, e não meros "ditados" ao escrivão, ao final da audiência, que resume os pontos apresentados para o juiz ler quando for sentenciar; e, em segundo lugar, deve ser abominada a realização de "memorial por *pen drive*", em que a parte já traz suas conclusões digitadas num dispositivo eletrônico de memória e o entrega ao escrivão, que acessa o arquivo e o junta à ata da audiência, de modo que não se respeitaria a lei, que exige contraditório em audiência (pergunta-se: como a outra parte realizará o contraditório sobre o papel escrito, considerando que houve colheita de provas na própria audiência?). Se a parte assim agir, deve(ria) o juiz conceder prazo para que o adversário apresente memorial.

12.2.7.9.1. *Ordem e tempo*

As alegações finais orais serão oferecidas por *20 minutos*, respectivamente, pela acusação e pela defesa, prorrogáveis por mais *10 minutos*, proferindo o juiz, em seguida, a sentença (art. 403, "caput", CPP).

Havendo mais de um acusado, o tempo previsto para a defesa de cada um será individual (§ 1º) e, de acordo com a doutrina, independentemente do número de advogados.

Exemplo: cinco réus, cada um com três advogados – cada réu terá o seu tempo legal respeitado, considerado individualmente, devendo os advogados acordarem, entre si, a divisão do tempo caso todos queiram se manifestar, ou seja, *cada réu* terá seu prazo individualmente (5 prazos individuais cada).

Ao assistente do Ministério Público, após a manifestação deste, serão concedidos 10 minutos, prorrogando-se por igual período o tempo de manifestação da defesa (§ 2º).

Então, respeitar-se-á a **seguinte ordem** e **tempo**:

→ **Acusação**: 20 minutos, prorrogáveis por mais 10;

→ **Assistente de acusação**: 10 minutos.

→ **Defesa**: 20 minutos, prorrogáveis por mais 10 (e acrescidos de outros 10 minutos, por isonomia, se houver manifestação do assistente de acusação).

Percebe-se que, ao final, a soma dos tempos, no máximo, será de 40 minutos para a acusação e de iguais 40 minutos para a defesa.

Como afirma a doutrina, não pode ocorrer a inversão desta ordem, sob pena de se comprometer a ampla defesa, o que pode levar à nulidade do feito (Badaró, 2016). O Supremo Tribunal Federal já entendeu que, não havendo comprovação de prejuízo à defesa, não há falar-se em nulidade referente à inversão da ordem de apresentação das alegações finais (AP nº 968/SP, rel. Min. Luiz Fux, j. 22.05.18).

No que diz respeito à apresentação de alegações finais quando há, no processo, réus colaboradores/delatores, o Supremo Tribunal Federal entendeu que a acusação, em sentido amplo (Ministério Público e delatores), sempre falará em primeiro lugar, sendo que delatados falarão por último. Aduziu-se que o réu colaborador/delator auxilia o Ministério Público no papel de acusador, ou seja, suas alegações finais possuem carga incriminatória e acusatória, de modo que os delatados (réus apontados pelos delatores) devem apresentar suas alegações finais por último, tendo a possibilidade de rebater todos argumentos, sob pena de se ferir o contraditório e a ampla defesa (STF, AgRg no HC nº 157.627/PR, rel. p/ ac. Min. Ricardo Lewandowski, 27.08.19).

Viu-se que, se o processo tiver mais de um réu, o tempo de cada um deles deverá ser considerado individualmente. No entanto, o Código de Processo Penal nada dispõe acerca da extensão de tempo à acusação nestes casos.

Exemplo: processo com cinco réus, com atuação do assistente de acusação; cada réu terá, no máximo, 40 minutos para suas alegações finais, totalizando 200 minutos à defesa, enquanto que a acusação permanece com seus 40 minutos para se manifestar sobre os mesmos cinco réus.

Para a doutrina, pela paridade de armas (princípio da igualdade), as partes devem ter o mesmo prazo, sendo o caso de concessão de mais tempo à acusação (Badaró, 2016). No mesmo sentido, Código de Processo Civil dispõe, no art. 7º, que é assegurada às partes a paridade de tratamento em relação ao exercício de direitos e faculdades processuais, o que deve ser aplicado ao processo criminal.

Embora não haja regra expressa, se for o caso de ação penal de iniciativa privada, após as alegações orais do querelante, pode o Ministério Público manifestar-se por 10 minutos, em analogia ao § 2º do art. 403, CPP.

12.2.7.9.2. *Substituição por memorial*

Como visto no tópico anterior, se a parte requerer diligência complementar e o juiz a indeferir, passar-se-á à realização das alegações finais; de outro lado, se deferida, o juiz encerra a audiência (art. 404, *caput*, CPP) e determina a realização da diligência, devendo as partes apresentar memorial após a conclusão da diligência, em 5 dias (p.ú.).

Em outra hipótese, o juiz poderá, considerada a complexidade do caso ou o número de acusados, conceder às partes o prazo de 5 dias, sucessivamente, para a apresentação de memorial (se houver mais de um acusado, o prazo deverá ser individual a cada um, conforme a doutrina). O julgador, então, terá o prazo de 10 dias para proferir a sentença, conforme o § 3º do art. 404, CPP. Igualmente, se o interrogatório foi realizado por carta precatória, o juiz intimará as partes para que apresentem memorial.

Logo, será possível substituir as alegações orais por memorial em quatro hipóteses:

1) quando deferida a realização de diligência complementar;
2) diante da complexidade do caso (perícias, degravações etc.);
3) em razão do número de acusados (organização criminosa etc.);
4) quando o interrogatório foi realizado por carta precatória.

De acordo com a jurisprudência, a regra é a realização de debate oral, sendo a apresentação de memorial uma **exceção**, não havendo nulidade se o juiz autorizar a substituição daquele (debate) por este (memorial) ainda que diante da ausência dos requisitos legais (STJ, HC nº 340.981/SP, rel. Min. Joel Ilan Paciornik, j. 04.10.16). É o que acontece na infinita maioria dos casos, em que raramente ocorre debate oral em audiência entre as partes, em razão do exíguo tempo que o Poder Judiciário tem em razão do elevadíssimo número de processos em andamento.

12.2.7.9.3. *Não apresentação*

Entende-se, majoritariamente, que a apresentação de alegações finais é obrigatória. As consequências da não apresentação dependerão, no entanto, de quem for parte:

a) **Ministério Público:** como mais do que sabido, a ação penal pública é indisponível, de modo que o *Parquet* não pode deixar de apresentar alegações finais. Caso permaneça a situação, com a nova Lei nº 13.964/19, surgirão duas possibilidades: (a) aplicação analógica do art. 10, IX, *d*, Lei nº 8.625/93, com envio dos autos para solução pelo Chefe do Ministério Público ou (b) o próprio membro do Ministério Público possui a última palavra, estando o juiz a ela vinculado, sem possibilidade de envio para solução pelo Chefe da instituição, ou seja, a ausência de alegações finais admitiria apenas o envio da ocorrência à Corregedoria-Geral do MP para adoção das medidas administrativas pertinentes, permitindo o seguimento do processo sem as alegações finais da acusação.

b) **assistente**: trata-se de sujeito processual dispensável, de modo que a não apresentação de alegação final por sua parte não gerará vício ao processo.

c) **querelante**: se a ação penal privada for subsidiária da pública, a não apresentação ensejará a retomada da ação pelo Ministério Público como parte principal, cf. o art. 29, CPP, que apresentará, então, o memorial; já se a ação penal privada for exclusiva ou personalíssima, a não apresentação ensejará perempção, extinguindo-se, na sequência, a punibilidade do acusado (art. 60, III, CPP).

d) **defesa**: considerando que as alegações finais constituem instrumento que revela a ampla defesa técnica, a sua não apresentação ensejará **nulidade absoluta**. Se o advogado constituído não apresentar alegação final, mesmo depois de intimado, deve o juiz intimar o réu para constituir novo advogado, sob pena de ser-lhe nomeado um dativo. Veja bem: o juiz não poderá, de imediato, nomear um defensor dativo em razão da falta de atuação do defensor constituído, devendo, antes, oportunizar ao acusado a constituição de um advogado de confiança.

Assim, de acordo com o Superior Tribunal de Justiça, no caso de inércia do advogado constituído, deve o acusado ser primeiramente intimado para constituir novo causídico para a prática do ato (inclusive por edital, se não for localizado) e, somente caso não o faça, deve lhe ser nomeado um advogado dativo, sob pena de, em assim não agindo, ocorrer nulidade absoluta. No caso julgado, a advogada constituída deixou de representar o acusado e os novos advogados constituídos pelo réu, então, pediram a reabertura de prazo para apresentar alegações finais, mas o juiz de primeiro grau rejeitou o pedido e utilizou-se da apresentação de alegações finais por defensor dativo, que ele havia nomeado anteriormente, condenando, na sequência, o acusado. A Corte entendeu que não foram válidas as alegações finais apresentadas em razão da intimação de advogado dativo se o acusado, à época, possuía advogados constituídos, sob pena de cerceamento de defesa, determinando-se, então, a nulidade do processo até a fase de alegações finais, o que, todavia, restou inútil, dado que ocorreu a extinção da punibilidade pela prescrição (REsp nº 1.512.879/MA, rel. Min. Sebastião Reis Júnior, j. 20.09.16).

No mais, o defensor não pode abandonar o processo senão por motivo imperioso, comunicando previamente o juiz, sob pena de multa de 10 a 100 salários mínimos, sem prejuízo das demais sanções cabíveis (art. 265, CPP). Então, consoante o Superior Tribunal de Justiça, é devida a aplicação da referida multa aos advogados do réu que, embora intimados mais de uma vez, deixaram de apresentar as alegações finais no prazo assinalado, protocolizando a peça apenas após a publicação da aplicação da multa no Diário Oficial (AgRg no REsp nº 1.416.501/PR, rel. Min. Maria Thereza de Assis Moura, j. 11.11.14).

Por fim, o mesmo Superior Tribunal de Justiça já se manifestou no sentido de que o prazo para apresentação de memorial é impróprio, não havendo que se falar em intempestividade, mas mera irregularidade, ainda que apresentado extemporaneamente (HC nº 123.544/ES, rel. Min. Felix Fischer, j. 04.06.09). A única consequência, portanto, seria o juiz intimar o acusado para constituir novo advogado, sob pena de nomeação de um dativo, ou remeter os autos à chefia do Ministério Público, caso o promotor natural não apresente as alegações finais no prazo assinalado.

12.2.7.10. *Sentença*

O juiz que presidiu a instrução deverá proferir a sentença (art. 399, § 2º, CPP), traduzindo-se no **princípio da identidade física do juiz**, conforme já estudado. Se o juiz autorizou a apresentação de memorial no lugar da realização de debates orais, ele terá o prazo (impróprio) de 10 dias para sentenciar.

A jurisprudência do Superior Tribunal de Justiça "é no sentido de que o princípio da identidade física do juiz não possui caráter absoluto, devendo, em sua aplicação, ser conjugado com outros princípios do ordenamento jurídico, como, por exemplo, o princípio *pas de nullité sans grief*. Destarte, se não ficar caracterizado nenhum prejuízo às partes, sobretudo no pertinente aos princípios do contraditório e da ampla defesa, não é viável reconhecer-se a nulidade da decisão por ter sido prolatada por julgador que não presidiu a instrução do feito" (HC nº 331.662/MG, rel. Min. Ribeiro Dantas, j. 15.12.16).

O estudo das decisões judiciais, em que se inclui a sentença, será objeto de capítulo específico adiante.

12.2.7.11. *Encerramento*

Do ocorrido em audiência, será lavrado termo em livro próprio, assinado pelo juiz e pelas partes, contendo breve resumo dos fatos relevantes nela ocorridos (art. 405, CPP).

Sempre que possível, o registro dos depoimentos do investigado, indiciado, ofendido e testemunhas será feito pelos meios ou recursos de gravação magnética, estenotipia, digital ou técnica similar, inclusive audiovisual, destinada a obter maior fidelidade das informações (§ 1º).

O Tribunal da Cidadania já entendeu que, a partir da Lei nº 11.719/08, que alterou o Código de Processo Penal, a gravação audiovisual para o registro de depoimentos não é uma mera opção ao juiz, mas uma obrigação imposta pela lei. No caso concreto analisado, o julgador, mesmo tendo acesso ao sistema audiovisual, preferiu não o utilizar, sustentando que a gravação é uma simples disponibilidade colocada ao seu alcance, não uma obrigação legal; a Defensoria Pública recorreu ao Superior Tribunal de Justiça alegando que a gravação é obrigatória quando o juiz tem acesso ao recurso tecnológico. A Corte acolheu o argumento da defesa, afirmando que a expressão "sempre que possível", contida no § 1º do art. 405, CPP, significa que o registro dos depoimentos sem gravação audiovisual (pelo método tradicional) somente é possível quando o recurso tecnológico não estiver disponível ao juiz; do contrário, tendo o magistrado acesso à gravação audiovisual – como no caso julgado –, ela se torna obrigatória. No caso analisado, como o juiz, embora tivesse à sua disposição sistema de gravação audiovisual, deixou de utilizá-lo, reconheceu-se a ilegalidade dos depoimentos colhidos e dos atos subsequentes.

Assim, "a partir da entrada em vigor da Lei nº 11.719/2008, a melhor exegese da disposição legal que regula a matéria não comporta outra interpretação, senão a de que o juiz que disponha de meio ou recurso para gravação deverá, obrigatoriamente, utilizá-lo para o registro dos depoimentos de investigado, indiciado, ofendido, testemunha e, inclusive, de réu. *Excepcionalmente*, ante impedimento fático, poderá o magistrado proceder à colheita dos depoimentos por meio da sistemática tradicional, desde que motivadamente justifique a impossibilidade, sem que isso inquina de ilegalidade o ato" (HC nº 428.511/RJ, rel. Min. Ribeiro Dantas, j. 19.04.18).

No caso de registro por meio audiovisual, será encaminhado às partes cópia do registro original, *sem necessidade de transcrição* (§ 2º). A respeito do registro da audiência por meio audiovisual (vídeo, gravação de áudio etc.), entende o Superior Tribunal de Justiça que não há a necessidade de degravação dos atos/depoimentos registrados, cabendo ao interessado promovê-la, a suas expensas e com sua própria estrutura, sendo vedado requerer ou determinar tal providência ao Poder Judiciário, não se sustentando a tese de insuficiência de provas apenas em razão da não degravação da audiência (HC nº 234.440/SP, rel. Min. Ribeiro Dantas, j. 22.11.16). Até mesmo por uma questão lógica, não se mostra razoável gravar uma audiência, por exemplo, para, depois, determinar-se a sua transcrição, sob pena de grave desserviço aos serviços judiciais – ora, se há a gravação, não se mostra necessária a digitação das falas. E veja que essa possibilidade de gravação **se estende aos demais atos do processo**, inclusive debates orais e sentença, até mesmo em razão da segurança e celeridade que a gravação proporciona (STJ, HC nº 462.253/SC, rel. Min. Nefi Cordeiro, j. 28.11.18). É possível, então, que a sentença não esteja digitada no processo, mas gravada de forma audiovisual – inclusive, pode estar a sentença degravada apenas parcialmente (digitados relatório e fundamentação, mas com gravação do dispositivo, p. ex.).

Em igual sentido, o Conselho Nacional de Justiça dispõe, em sua Resolução nº 105/10 (com alterações pela Res. nº 222/16), que os depoimentos documentados por meio audiovisual não precisam de transcrição e que o juiz, *quando for de sua preferência pessoal*, poderá determinar aos servidores que procedam à degravação, observando-se as recomendações médicas quanto ao serviço (art. 2º).

Em curioso caso analisado pela Corte da Cidadania, o áudio gravado na sessão do júri, contendo os depoimentos das testemunhas e dos próprios acusados, restou como sendo de baixa qualidade, praticamente inaudível. Então, o TJMG determinou novo julgamento, diante da impossibilidade de se ouvir as provas produzidas, haja vista, inclusive, que uma das alegações na apelação da defesa era, justamente, que a condenação seria contrária ao acervo probatório. O Ministério Público, então, contratou empresa especializada e conseguiu transcrever os áudios, demonstrando a compreensão das declarações. Assim, como cabe ao interessado promover, se assim quiser, a degravação dos atos/depoimentos, entendeu-se lícita a utilização desta transcrição dos áudios, mantendo-se íntegra a sessão do júri então realizada (REsp nº 1.719.933/MG, rel. Min. Sebastião Reis Júnior, j. 18.09.18).

12.3. PROCEDIMENTO SUMÁRIO

12.3.1. Noções

Como visto alhures, o procedimento sumário (art. 394, § 1º, II, CPP) é o empregado nos crimes de média gravidade, isto é, aqueles cuja sanção máxima cominada seja **inferior a 4 anos e superior a 2 anos** de pena privativa de liberdade, lembrando que, se o delito tiver pena máxima *igual* a 4 anos, o procedimento será o ordinário e que, se a máxima for *igual* a 2 anos, o procedimento será o sumaríssimo.

Vale lembrar que, no âmbito dos Juizados Especiais Criminais, com previsão na Lei nº 9.099/95, o juiz encaminhará os autos para o juízo comum adotar o procedimento sumário em duas situações: (a) em razão da não localização do acusado for necessária a citação por edital, conforme o p.ú. do art. 66; e (b) quando a causa for complexa, conforme o § 2º do art. 77.

12.3.2. Distinções com o procedimento ordinário

O procedimento sumário possui previsão nos artigos 531 a 538, CPP, tendo sofrido diversas alterações pela Lei nº 11.719/08. O seu rito é muito semelhante ao procedimento ordinário (oferecimento de denúncia ou queixa, recebimento, citação, resposta à acusação, absolvição sumária, audiência e sentença), mas possui cinco distinções básicas, a seguir analisadas.

12.3.2.1. *Prazo para designar audiência*

Conclusos os autos após o indeferimento de absolvição sumária, o juiz designará audiência de instrução e julgamento no prazo máximo de **30 dias** (art. 531, CPP). Diferentemente disso, o procedimento ordinário prevê o prazo de 60 dias.

12.3.2.2. *Número de testemunhas*

Poderão ser designadas até **5 testemunhas** para a acusação e cinco para a defesa (art. 532, CPP). Ao contrário, o procedimento ordinário prevê o número de 8 testemunhas.

Interessante é a previsão do art. 536, CPP, ao afirmar que a testemunha que comparecer será inquirida, independentemente da suspensão da audiência, observada em qualquer caso a ordem estabelecida no art. 531, CPP (primeiro, as de acusação, e, depois, as de defesa).

O dispositivo não é claro e gera controvérsia. De um lado, há doutrina sustentando que a eventual ausência de uma testemunha de acusação não impedirá o depoimento das testemunhas de defesa presentes, ainda que não haja concordância das partes (Avena, 2011); e, de outro lado, há doutrina defendendo que sempre deve ser observada a ordem do art. 531, ou seja, primeiro são ouvidas as testemunhas de acusação e depois as de defesa, otimizando o contraditório e sem inverter o devido processo legal (Pacelli e Fischer, 2012).

12.3.2.3. *Requerimento de diligências*

Não existe a previsão legal de que, finda a instrução processual, as partes possam requerer diligências complementares, tal como ocorre no procedimento ordinário (art. 402, CPP).

Isso, todavia, não será empecilho ao juiz determinar as diligências necessárias à busca da verdade, ainda mais com base no art. 156, II, CPP, que autoriza o julgador a determinar, no curso da instrução, ou antes de proferir a sentença, a realização de diligências para dirimir dúvida sobre ponto relevante.

Em referência ao art. 156, II, CPP, o Superior Tribunal de Justiça entende que "em obediência ao princípio da busca da verdade real e pela adoção do sistema de persuasão racional do juiz, é possível que o magistrado, na fase processual, determine a produção de provas *ex officio*, desde que de forma complementar à atividade probatória das partes" (HC nº 221.231/PR, rel. Min. Reynaldo Soares da Fonseca, j. 21.03.17).

12.3.2.4. *Alegações finais*

No procedimento comum sumário não existe a previsão de substituição de alegações finais orais por memorial, de modo que, nos termos expressos do art. 534, CPP, elas deverão ser sempre orais.

Todavia, é preciso racionalizar o dispositivo a fim de se permitir a apresentação de memorial se presente uma das causas de substituição (causa complexa, número elevado de acusados, necessidade de realização de diligência complementar ou interrogatório por carta precatória). Ressalta-se que parte da doutrina entende não ser possível a substituição, em razão da maior intensidade do princípio da oralidade no procedimento sumário, de forma que o silêncio do legislador quanto a esta possibilidade teria sido proposital (Badaró, 2016).

12.3.2.5. *Sentença*

A sentença, no procedimento sumário, deve ser proferida oralmente, em audiência, não sendo permitida a conclusão dos autos ao juiz para sentenciar em outro momento. Isso porque, o texto original do Código de Processo Penal (art. 538, § 1º) previa que, se o juiz não sentenciasse imediatamente, os autos seriam conclusos para sentenciar em 5 dias; todavia, com a Lei 11.719/08, o referido dispositivo foi revogado, o que fez parte da doutrina defender a existência, também, de um silêncio eloquente, de modo que a sentença deve ser sempre oral, tal qual as alegações finais pelas partes (Badaró, 2016).

De qualquer modo, não haverá prejuízo à sentença prolatada ulteriormente, após a conclusão dos autos ao juiz – a bem da verdade, é o que mais ocorre na prática.

12.3.2.6. *Quadro geral*

» Prazo de 30 dias para designação de audiência de instrução e julgamento (ao invés de 60)

» Oitiva de até 5 testemunhas à acusação e de 5 também à defesa (ao invés de 8)

» Não há previsão de requerimento de diligências (mas nada o impede)

» Alegações finais sempre orais (mas nada impede a apresentação de memorial)

» Sentença sempre oral (mas nada impede seja prolata em momento posterior)

12.4. PROCEDIMENTO SUMARÍSSIMO

12.4.1. Previsão constitucional

O procedimento sumaríssimo trata dos chamados **Juizados Especiais Criminais**, possuindo previsão tanto na Lei nº 9.099/95 (no âmbito estadual) quanto na Lei nº 10.259/01 (no âmbito federal).

A edição das referidas leis adveio da observância ao art. 98, I, da Carta da República, que determina a criação dos "juizados especiais, providos por juízes togados, ou togados e leigos, competentes para a conciliação, o julgamento e a execução de causas cíveis de menor complexidade e infrações penais de menor potencial ofensivo, mediante os procedimentos oral e sumaríssimo, permitidos, nas hipóteses previstas em lei, a transação e o julgamento de recursos por turmas de juízes de primeiro grau" e que uma "lei federal disporá sobre a criação de juizados especiais no âmbito da Justiça Federal" (§ 1º do referido dispositivo, conforme a EC nº 45/04).

Sua inspiração é o sistema do *Commom Law* (anglo-saxão), dentro da intitulada "justiça consensual" (diversa da conflituosa, em que há partes litigantes e adversárias), privilegiando-se **mecanismos desburocratizados e consensuais**, como a transação e a conciliação, e objetivando ser célere, aplicando-se, primordialmente, a oralidade aos atos processuais. Tanto é que se fala em *verdade consensuada*, e não em verdade real (Grinover, Gomes Filho, Fernandes e Gomes, 1995).

A ideia central da utilização dos Juizados Especiais Criminais é considerar que infrações penais menos graves precisam, claro, ser julgadas, mas conforme um procedimento penal simplificado, mais básico. Não dá para processar e julgar o agente que pratica "jogo do bicho" (contravenção penal) da mesma forma como se processa e se julga o crime de extorsão mediante sequestro com resultado morte. Deve-se ter em mente a ideia de *microcriminalidade*, de delitos de pequena gravidade, que merecem um procedimento ágil e sem burocracias.

Vale destacar que, quanto ao poder punitivo estatal, há a chamada **terceira via do Direito Penal**, concepção ensinada por Claus Roxin (*Derecho*, 1997, t. I). Para o autor alemão, esta terceira via é, basicamente, a reparação do dano causado pela infração penal, o que traz algumas contribuições quanto aos fins da pena, como (a) efeito ressocializador, pois o agente enfrentará as consequências dos seus atos e os interesses da vítima; (b) fomento ao respeito às normas e (c) possível reconciliação entre autor do fato e vítima. No Brasil, a Lei nº 9.099/95 é um marco que viabilizou, em princípio e de forma inicial ainda, a chamada **Justiça Restaurativa**, tradução desta terceira via na prática, aproximando vítima e infrator do foco, que é reparar o dano. Isso gerou a *redescoberta da vítima* no Direito Penal, numa verdadeira reassunção da sua importância na solução do conflito (Araújo, Curso, 2018).

A lei estipula, assim, como **objetivos** dos Juizados Especiais Criminais (a) a reparação dos danos sofridos pela vítima e (b) a aplicação de pena não privativa de liberdade (art. 62, *in fine*, Lei nº 9.099/95). Traduz-se nos institutos da composição dos danos civis (art. 72) e da transação penal (art. 74), como será estudado adiante.

12.4.2. Princípios

Além da observância aos princípios comuns do Processo Penal, o procedimento sumaríssimo deverá respeitar os seguintes **princípios**, previstos no art. 62, Lei nº 9.099/95.

12.4.2.1. *Oralidade*

Significa que deve se dar preferência à forma oral para a prática dos atos processuais em detrimento da forma escrita. Serão objeto de registro escrito exclusivamente os atos havidos por essenciais. Os atos realizados em audiência de instrução e julgamento poderão ser gravados em fita magnética ou equivalente.

A própria Constituição Federal prevê que o julgamento das infrações de menor potencial ofensivo se dará mediante procedimento sumaríssimo e *oral* (art. 98, I).

Exemplos: oferecimento da peça acusatória oralmente; defesa preliminar oral; produção de prova oral; sentença oral etc.

O princípio da oralidade subdivide-se em (a) imediatidade, (b) concentração e (c) identidade física do juiz, tema já abordado no capítulo referente aos *Princípios* do Processo Penal.

12.4.2.2. *Simplicidade*

Embora já previsto como critério orientador de todos os processos dos Juizados Especiais Cíveis e Criminais (art. 2º da Lei nº 9.099/95), referido princípio foi agora inserido no art. 62 por meio da Lei nº 13.603/18, referente exclusivamente à seara criminal.

Apesar de absolutamente desnecessária tal inovação legislativa, haja vista já existir, desde a criação da Lei 9.099/95, a previsão da simplicidade como princípio orientador dos Juizados, o que já era corroborado pela jurisprudência (STJ, RHC nº 61.822/DF, rel. Min. Felix Fischer, j. 17.12.15) e pela doutrina (Brasileiro, 2017), a justificativa do projeto de lei que lhe deu origem (PL nº 3.031/11, da Câmara dos Deputados) dispôs que o objetivo era "evitar antinomias" entre o art. 2º e o art. 62 da Lei dos Juizados, harmonizando todo o procedimento sumaríssimo – cível e criminal – de acordo com a simplicidade esperada.

Seja como for, trata a simplicidade de princípio relacionado a todos os atos do processo, que devem transcorrer de forma simples, clara, facilitada e desburocratizada, afastando formalismos exacerbados e desnecessários.

Como bem explica Felippe Borring Rocha (Manual, 2016), a simplicidade traz a ideia de que toda atividade desenvolvida nos Juizados deve ser externada de modo a ser bem compreendida por todos, afastando-se termos rebuscados ou técnicos, melhorando a compreensão e participação das partes. Exemplo disso é a previsão do art. 14, § 1º, Lei nº 9.099/95, que, embora trate do campo cível, dispõe que a petição inicial deverá ser feita de forma *simples* e em linguagem *acessível* – o que, obviamente, deve ser aplicado aos processos criminais em relação a todos os seus atos.

Exemplos: a lavratura, pelo delegado de polícia, de termo circunstanciado (ao invés de inquérito policial); materialidade comprovada por boletim médico (ao invés de exame de corpo de delito); o Juizado não julga causas complexas (que são enviadas ao juízo comum) etc.

12.4.2.3. *Informalidade*

Está ligada à ideia de instrumentalidade das formas, ou seja, de que a forma de se praticar um ato é apenas um meio para se atingir a finalidade processual – que deve prevalecer. Significa que não há a necessidade de se observar formas específicas e rígidas, bastando o atingimento da finalidade do ato processual.

De acordo com o art. 65, Lei nº 9.099/95, os atos processuais serão válidos sempre que preencherem as finalidades para as quais foram realizados; de igual modo, não se pronunciará nulidade de um ato sem que tenha havido prejuízo (§ 1º); dispensa-se o relatório da sentença (art. 81, § 3º); há a possibilidade de intimação por correspondência com AR (art. 67), dentre outros dispositivos que demonstram a informalidade do procedimento sumaríssimo.

12.4.2.4. *Economia processual*

Talvez seja o principal mote dos Juizados, significa que deve ser buscado o melhor resultado ao processo com o mínimo de dispêndio (de tempo, dinheiro, quantidade de atos, duração do processo etc.).

Todas as provas serão produzias em audiência de instrução e julgamento, podendo o juiz limitar ou excluir as excessivas, impertinentes ou protelatórias (art. 81, § 1º, Lei nº 9.099/95).

12.4.2.5. *Celeridade*

O desfecho do processo deve ser atingido da forma mais rápida possível, sem deixar de lado as garantias processuais, é claro. Logo, o objetivo é resolver a causa penal de forma *ágil* e *eficiente.*

Exemplos: atos processuais poderão ser realizados no período noturno e em qualquer dia, conforme a lei local (art. 64); havendo representação ou sendo crime de ação penal pública incondicionada, o Ministério Público poderá propor a aplicação imediata de pena restritiva de direitos ou multa (art. 76); nenhum ato será adiado, determinando o juiz a condução coercitiva de quem deva comparecer (art. 80) etc.

12.4.2.6. *Publicidade*

Os atos processuais serão públicos (art. 64, Lei nº 9.099/95), nos moldes do já previsto na Constituição Federal, no art. 93, inciso IX.

Não é um princípio absoluto, pois poderá haver publicidade restrita (ao acusado e às partes) nos casos de defesa da intimidade e do interesse social (CF, art. 5º LX, e art. 93, IX, segunda parte).

12.4.3. Competência

12.4.3.1. *Infração de menor potencial ofensivo*

O procedimento sumaríssimo, de acordo com o art. 394, § 1º, III, CPP, é aplicado às infrações penais de menor potencial ofensivo, nos termos da lei.

Então, a Lei nº 9.099/95 definiu "infração de menor potencial ofensivo" (IMPO) como sendo **todas as contravenções penais** e os crimes a que a lei comine **pena máxima não superior a 2 anos**, cumulada ou não com multa (art. 61).

A doutrina costuma fazer uma importante distinção entre *infração de menor potencial ofensivo* e *infração insignificante*. Naquela, há uma infração penal, atingindo o bem jurídico tutelado, mas que tem uma ofensividade (uma gravidade) menor do que a das demais infrações penais; nesta, a ofensa ao bem jurídico é muito insignificante, imperceptível, gerando a atipicidade material da conduta, independentemente de ser ou não uma infração de menor potencial ofensivo (ex.: o furto de uma folha de papel), exigindo-se o preenchimento dos requisitos jurisprudenciais de mínima ofensividade, ausência de periculosidade, reduzido grau de reprovabilidade e inexpressividade da lesão jurídica (STF, HC nº 138.134/BA, rel. Min. Ricardo Lewandowski, j. 07.02.17).

Como bem sintetizou a Suprema Corte brasileira, "ao prever, por exemplo, a categoria de **infrações de menor potencial ofensivo** (inciso I do art. 98), a Constituição Federal logicamente nega a significância penal de tudo que ficar aquém desse potencial, de logo rotulado de "menor"; ou seja, quando a Constituição Federal concebe a categoria das infrações de menor potencial ofensivo, parece mesmo que o faz na perspectiva de uma conduta atenuadamente danosa para a vítima e a sociedade, é certo, mas ainda assim **em grau suficiente de lesividade para justificar uma reação estatal punitiva**. Pelo que estabelece um vínculo operacional direto entre o efetivo dano ao bem jurídico tutelado, por menor que seja, e a necessidade de uma resposta punitiva do Estado. A *contrario sensu*, o dano que subjaz à categoria da **insignificância penal** não caracteriza, materialmente, **sequer lesão de pequena monta**; ou seja, trata-se de ofensividade factualmente nula, porquanto abaixo até mesmo da concepção constitucional de dano menor. Donde sua categorização como penalmente atípica" (HC nº 107.082/RS, rel. Min. Ayres Britto, j. 27.03.12 – destaque).

12.4.3.2. *Histórico*

Uma breve análise histórica é necessária. Inicialmente, o texto legal definia que infração de menor potencial ofensivo era as contravenções penais e os crimes com pena máxima em abstrato não superior a 1 ano, excetuados os casos em que a lei previa procedimento especial.

Editou-se, posteriormente, a Lei nº 10.259/01, tratando dos Juizados Especiais no âmbito da Justiça Federal, que passou a definir infração de menor potencial ofensivo os crimes a que a lei comine pena máxima não superior a 2 anos (art. 2º, p.ú.).

Diante do conflito existente entre os conceitos previstos à Justiça Estadual e à Justiça Federal, prevaleceu o entendimento de que, por ser mais amplo e benéfico o conceito previsto na Lei nº 10.259/01, o conceito de IMPO se referia a todo delito cuja pena máxima em abstrato não era superior a 2 anos.

Tempos depois, editou-se a Lei nº 11.313/06, alterando a Lei nº 9.099/95, que passou a prever o conceito de infração de menor potencial ofensivo: **todas as contravenções penais e os crimes cuja pena máxima em abstrato não supere 2 anos, cumulada ou não com multa**. Diferentemente da Lei nº 10.259/01, não há ressalva quanto a nenhum procedimento especial, de modo que **se deve analisar apenas a pena abstrata**, independentemente de haver ou não procedimento especial.

Vale ressaltar, novamente, que o único parâmetro para o enquadramento de um delito como sendo uma infração de menor potencial ofensivo é a pena máxima em abstrato, seja cumulado ou não com multa, sendo irrelevante a previsão de multa isolada ou alternativamente. Assim, p. ex., se a pena do delito for de 1 a 3 anos de detenção *ou multa*, não importará: essa infração penal *não* terá a natureza de menor potencial ofensivo, ainda que haja previsão de pena de multa isolada e alternativamente.

Atentar, como será estudado, que o Superior Tribunal de Justiça já entendeu que, no caso do art. 7º, Lei nº 8.137/90, que comina no preceito secundário do tipo pena privativa de liberdade de 2 a 5 anos *ou* multa, seria possível a aplicação do art. 76 (**transação penal**) e do art. 89 (**suspensão condicional do processo**) da Lei nº 9.099/95, tendo em vista o fundamento desses institutos diante da previsão legal de pena isolada de multa (RHC nº 54.429/SP, rel. Min. Maria Thereza de Assis Moura, j. 24.03.15). Isso, todavia, não significa que o delito, cuja pena pode chegar a 5 anos de detenção, pode ser considerado de menor potencial ofensivo.

12.4.3.3. *Influências no cálculo da pena*

É possível que a uma infração penal de menor potencial ofensivo seja aplicada alguma circunstância que altere o patamar máximo de 2 anos, o que poderá influenciar na competência dos Juizados. Assim:

a) **causas de aumento e de diminuição da pena**: quando se tratar de causa de aumento, deve-se aplicar o *maior aumento*; quando for uma causa de diminuição, deve-se aplicar a *menor diminuição*.

   Exemplo: a violação de domicílio durante a noite tem pena de detenção de 6 meses a 2 anos, mas, se cometido nesta circunstância por funcionário público, aumenta-se a pena em 1/3, o que acaba retirando a competência dos Juizados, já que a pena máxima superará os 2 anos.

b) **agravantes e atenuantes**: como não possuem quantitativo previsto na lei, não devem ser consideradas na fixação da competência dos Juizados.

c) **concurso de crimes**: se a aplicação do concurso de crimes (soma das penas ou aplicação de causa de aumento) ultrapassar a pena máxima de 2 anos, deixará de existir a competência dos Juizados, devendo-se remeter os autos ao juízo comum.

   Exemplo: desobediência (detenção de 15 dias a 6 meses) em concurso material com resistência (detenção de 2 meses a 2 anos), cujo somatório das penas máximas ultrapassa 2 anos.

Assim, deve-se considerar a soma das penas máximas em abstrato em concurso material, ou, ainda, a devida exasperação, no caso de crime continuado ou de concurso formal, e ao se verificar que o resultado da adição é superior a dois anos, afasta-se a competência do Juizado Especial Criminal (STJ, HC nº 84.633/RJ, rel. Min. Ribeiro Dantas, j. 14.09.17).

Agora que já se sabe que a competência não será do Juizado em determinados casos, surge uma questão tormentosa: diante do concurso exclusivo de infrações de menor potencial ofensivo (que não serão julgadas pelo Juizado), será possível aplicar algum instituto despenalizador em relação a elas? Exemplo: no concurso material de dez lesões corporais de natureza leve, sabe-se que a competência não será do Juizado, mas do juízo comum.

A questão é: o juiz aplicará, por exemplo, dez transações penais (uma para cada infração penal) ou somará as penas e julgará normalmente, fora das regras da Lei nº 9.099/95?

Não há posição tranquila, existindo, ao menos, três correntes possíveis:

a) o juízo comum julgará as infrações de forma isolada, considerando que ainda são, por si, infrações penais de menor potencial ofensivo. Logo, por exemplo, será o caso de diversas transações penais simultâneas. Ainda que ultrapassados os dois anos e remetidos os autos ao juízo comum, isso não impedirá a aplicação dos institutos da composição dos danos civis e da transação penal à infração considerada de menor potencial ofensivo, pois o que se afastou foi apenas o *procedimento sumaríssimo*, conforme prevê o art. 60, p.ú., Lei nº 9.099/95. No exemplo da desobediência em concurso material com a resistência, ambas as infrações penais são de menor potencial ofensivo isoladamente, o que não impedirá a aplicação dos institutos da Lei nº 9.099/95 a cada uma delas, mas no juízo comum, já que ultrapassada a "alçada" (competência) do Juizado Especial Criminal. Mesmo que isso não fosse aplicado, observar-se-ia o art. 44 do Código Penal, que trata da substituição da pena privativa de liberdade pela restritiva de direitos.

b) o juízo comum desconsiderará as infrações de menor potencial ofensivo e, somando as penas, passará a julgar normalmente, ignorando o baixo potencial de ofensividade, até porque, já deixaram esse patamar, afastando-se totalmente a Lei nº 9.099/95. Em tese, fere-se a proporcionalidade, já que, no caso de concurso de crime comum com infração de menor potencial ofensivo haverá a possibilidade de aplicação de medida despenalizadoras em relação a esta última, conforme o art. 60, p.ú., Lei nº 9.099/95.

c) o julgador aplicará o instituto despenalizador cabível a uma das infrações penais de menor potencial ofensivo e, em relação às demais, julgará normalmente, como se crime comum fosse, afastando a aplicação da Lei nº 9.099/95. Parece ser a posição mais justa, por respeitar o objetivo da Lei nº 9.099/95 e por dar tratamento idêntico em relação ao agente que pratica um crime em concurso com uma infração de menor potencial ofensivo.

Por fim, coloca-se a seguinte questão: se, no juízo comum, o juiz entende por absolver o acusado de um dos delitos, ele deve devolver os autos ao Juizado para julgar o outro crime ou ele mesmo possui competência para continuar o julgamento? Isto é, aplica-se o princípio da *perpetuatio jurisdictionis* neste caso? Aplica-se o princípio da perpetuação, de modo que o juízo comum não precisará devolver o processo ao Juizado, tendo plena competência para julgar o outro crime (STJ, AgRg no AREsp nº 875.258/PR, rel. Min. Sebastião Reis Júnior, j. 14.06.16).

12.4.3.4. *Conexão e continência*

É possível que uma pessoa cometa uma infração considerada de menor potencial ofensivo, de competência dos Juizados, em concurso com um delito que não consista em competência destes, seja por conexão ou por continência.

Antes de tudo, é preciso ter em mente o seguinte: o Juizado Especial Criminal tem competência para julgar as infrações de menor potencial ofensivo, "respeitadas as regras de conexão e continência" (art. 60, Lei nº 9.099/95) e que, na reunião de processos perante o juízo comum ou o tribunal do júri, "decorrentes da aplicação das regras de conexão e continência", serão observados os institutos da transação penal e da composição de danos civis (p.ú.).

Exemplo: uma mulher, querendo ajudar uma amiga que está grávida, mas que não tem condições de criar o filho que está por nascer, faz um "acordo" para ficar com a criança, de modo que ela registra como seu o filho de outrem (art. 242, p.ú., CP, cuja pena é de detenção de 1 a 2 anos); no entanto, meses depois, a mãe biológica decide querer a criança de volta e diz que, do contrário, irá levar o fato à polícia; a mulher que registrou o filho de outrem como seu, então, objetivando ficar com a criança e manter a sua impunidade pelo crime cometido, mata a sua colega (art. 121, § 2º, V, CP, cuja pena é de reclusão de 12 a 30 anos). Veja: há dois crimes conexos, sendo um de competência do Juizado e outro de competência do tribunal do júri.

A questão que se coloca é: ambos os crimes serão julgados no tribunal do júri, prevalecendo a competência deste, cf. o art. 78, I, CPP, ou deverá ocorrer a cisão de procedimento, devendo um ser julgado no Juizado e outro no tribunal do júri?

Há duas correntes.

Uma primeira, **minoritária**, sustenta que a competência dos Juizados Especiais tem previsão na Constituição Federal para o julgamento das infrações de menor potencial ofensivo, cf. o art. 98, I, CF, de forma que não seria correto o julgamento conjunto se houver liame entre uma infração de menor potencial ofensivo e outra do juízo comum, pois, considerando que os Juizados possuem previsão constitucional, silenciou-se sobre a possibilidade de ampliação de sua competência a outros órgãos jurisdicionais (Demercian e Maluly, 2012). Para esta corrente, o p.ú. do art. 60, Lei nº 9.099/95, seria inconstitucional, por alterar, por lei ordinária, a competência constitucional prevista no art. 98, I, CF.

De outro lado, de forma **majoritária**, a segunda corrente entende que, nos exatos termos do art. 60, "caput" e parágrafo único, Lei nº 9.099/95, o Juizado Especial Criminal, provido por juízes togados ou togados e leigos, tem competência para a conciliação, o julgamento e a execução das infrações penais de menor potencial ofensivo, respeitadas as regras de conexão e continência e que, na reunião de processos decorrentes da aplicação das regras de continência e conexão, deverão ser observados os institutos da Lei nº 9.099/95.

Desta forma, no exemplo acima dado, da mulher que registrou como seu filho de outrem e matou a mãe biológica, o julgamento de ambos os crimes será no tribunal do júri, mas nada impedirá a aplicação dos institutos da Lei nº 9.099/95 ao crime considerado de menor potencial ofensivo. Logo, não haverá cisão de processos, mas **julgamento conjunto**, respeitando-se, simplesmente, a aplicação dos institutos despenalizadores da Lei nº 9.099/95 (Madeira, 2015; Brasileiro, 2016; Badaró 2016; e Avena, 2017). Fixou o enunciado nº 10 do FONAJE que, havendo conexão entre crimes da competência do Juizado Especial e do Juízo Penal Comum, prevalece a competência deste.

Justamente neste sentido, o Plenário do Supremo Tribunal Federal fixou que a competência dos Juizados Especiais Criminais é relativa, não existindo determinação de exclusividade para julgamento de infrações de menor potencial ofensivo. Assim, se praticada uma infração de menor potencial ofensivo em concurso com um crime comum e for deslocada a competência para a Justiça Comum ou para o Tribunal do Júri, não haverá óbice à aplicação dos institutos despenalizadores de transação penal e de composição civil dos danos em relação à infração de menor potencial ofensivo, em respeito ao devido processo legal (ADI nº 5.264/DF, rel. Min. Cármen Lúcia, j. 07.12.20).

12.4.3.5. *Modificação*

A regra é simples: contravenções penais e crimes com pena máxima em abstrato não superior a 2 anos serão processados e julgados pelo procedimento sumaríssimo, diante dos Juizados Especiais.

Há, no entanto, situações que alteram essa previsão:

a) **necessidade de citação por edital ou carta rogatória**: não encontrado o acusado para ser citado, o juiz encaminhará as peças existentes ao juízo comum, consoante o art. 66, p.ú., Lei nº 9.099/95, devendo ser observado o **procedimento sumário**, considerando que não é possível citação por meio de edital nos Juizados.

De igual modo, a necessidade de citação por carta rogatória não é compatível com o rito dos Juizados, já que esta providência não se amolda aos princípios da economia e da celeridade, ínsitos ao procedimento sumaríssimo, devendo-se remeter os autos ao juízo comum (STJ, RHC nº 10.476/SP, rel. Min. Fernando Gonçalves, j. 06.02.01).

De outro lado, entende-se ser possível a citação por hora certa no âmbito dos Juizados, cf. o Enunciado nº 110 do Fórum Nacional de Juizados Especiais; mas ver que existe posição contrária.

b) **complexidade da causa**: se a complexidade ou circunstâncias do caso não permitirem a formulação da denúncia, o Ministério Público poderá requerer ao juiz o encaminhamento das peças existentes ao juízo comum para adoção do **procedimento sumário** (art. 77, § 2º, Lei n 9.099/95).

A complexidade não está ligada ao Direito a ser aplicado, mas a questões fáticas, como a quantidade de acusados, dificuldades probatórias etc. Ex.: o incidente de insanidade mental é incompatível com o rito dos Juizados, pois atinge a celeridade e a simplicidade, bem como impede a eventual proposta de transação penal.

Se, remetidos os autos ao juízo comum, cessar a complexidade, os autos não serão devolvidos ao Juizado – aplica-se a ideia de *perpetuatio jurisdictionis*.

c) **conexão e continência**: tema analisado acima, viu-se que a aplicação da conexão e da continência poderá alterar a competência dos Juizados, respeitando-se a possibilidade de aplicação dos institutos despenalizadores em relação à infração de menor potencial ofensivo, consoante o caso concreto.

Logo:

Situações que alteram a competência do Juizado Especial Criminal
» Necessidade de citação por carta precatória ou rogatória
» Complexidade da causa
» Conexão e continência com delito de procedimento diverso

12.4.3.6. *Casuística*

A seguir, serão analisadas algumas situações que poderão influenciar na fixação da competência dos Juizados.

12.4.3.6.1. *Emendatio libelli*

Analisou-se, alhures, que é possível que o Ministério Público ofereça denúncia por um crime, mas o juiz, ao analisar a inicial ou sentenciar, entenda, sem alterar os fatos narrados, que se trata de outro delito.

O art. 383, CPP, trata da chamada *emendatio libelli* (que será detidamente estudada em capítulo próprio) ao dispor que "o juiz, sem modificar a descrição do fato contida na denúncia ou queixa, poderá atribuir-lhe definição jurídica diversa, ainda que, em consequência, tenha de aplicar pena mais grave".

É dominante o entendimento de que, em regra, o momento adequado para a *emendatio libelli* é o da prolação da **sentença**, e não o recebimento da denúncia, em razão da topografia do art. 383 no CPP (que está no título específico da sentença) e do entendimento de que o acusado se defende dos fatos imputados, e não da classificação que lhes atribuem (AgRg no REsp nº 1.324.246/MG, rel. Min. Reynaldo Soares da Fonseca, j. 24.11.15), ou seja, se os fatos indicam que houve outro delito ao invés do tipificado na inicial, o acusado já estará se defendendo destes fatos narrados, e não da mera capitulação atribuída a eles, devendo o juiz receber a inicial acusatória e, quando for sentenciar, atribuir a tipificação adequado ao fato narrado.

E pode ser que, através da *emendatio libelli*, a competência para julgamento seja alterada. Exemplo: denúncia por tráfico de drogas, na conduta "venda" (art. 33, Lei nº 11.343/06), mas que, após a instrução penal, resta comprovado o simples oferecimento a pessoa do seu convívio (art. 33, § 3º, Lei nº 11.343/06), que é de competência do Juizado; no caso, feita a desclassificação do crime, o juízo comum deverá remeter os autos ao Juizado para adoção dos procedimentos, como a oferta de transação penal pelo Ministério Público, nos moldes do art. 383, § 2º, CPP.

Todavia, é preciso dar atenção, pois tanto doutrina quanto jurisprudência entendem pela possibilidade de antecipação da *emendatio* **nos casos em que a inadequada subsunção típica restringir benefícios penais por excesso de acusação** (STJ, HC nº 258.581/RS, rel. Min. Ribeiro Dantas, j. 18.02.16; e STF, HC nº 89.686/SP, rel. Min. Sepúlveda Pertence, j.

12.06.07), isto é, a acusação tipifica crime que não comporta um benefício despenalizador, enquanto que o juiz entende o oposto, ou seja, que o crime narrado, de forma patente, é outro, e, mais ainda, comporta um benefício da Lei nº 9.099/95.

Nas exatas palavras do Superior Tribunal de Justiça, "a adequação típica da conduta imputada na denúncia deve ser feita apenas na ocasião da sentença, momento em que o magistrado poderá proceder à *emendatio* ou à *mutatio libelli*. Dessa forma, não há se falar em análise da adequação típica por ocasião do recebimento da denúncia. Contudo, no caso, verifica-se que a irresignação quanto à tipificação se revela em razão da impossibilidade de a recorrente ser beneficiada com a suspensão condicional do processo. Nesse contexto, não há óbice ao exame preambular da adequação da conduta ao tipo imputado, com o objetivo de aferir se a recorrente, de fato, faz jus ao benefício do art. 89 da Lei n. 9.099/1995" (RHC nº 57.366/BA, rel. Min. Reynaldo Soares da Fonseca, j. 17.11.16).

Exemplo: Ministério Público oferece denúncia por furto qualificado (art. 155, § 4º, CP, cuja pena é de 2 a 8 anos de reclusão); ocorre que os fatos e até mesmo a denúncia indicam que ocorreu exercício arbitrário das próprias razões (art. 345, CP, cuja pena é de detenção de 15 dias a 1 mês, ou multa), de competência do Juizado; o juízo comum, então, poderá determinar a remessa dos autos ao Juizado Especial para adoção do procedimento sumaríssimo, já que, do contrário, os institutos da Lei nº 9.099/95 lhe seriam negados e um processo inteiro seria realizado de forma desnecessária (STJ, RHC nº 78.111/PB, rel. Min. Jorge Mussi, j. 15.12.16).

12.4.3.6.2. *Mutatio libelli*

É um tema que ainda será estudado, mas, basicamente, estará configurada quando surgirem provas, após o oferecimento da inicial acusatória, de elementos ou circunstâncias que alterem a imputação feita. Assim, nos termos do art. 384, CPP, encerrada a instrução probatória, se entender cabível nova definição jurídica do fato, em consequência de prova existente nos autos de elemento ou circunstância da infração penal não contida na acusação, o Ministério Público deverá aditar a denúncia ou queixa, no prazo de 5 dias, se em virtude desta houver sido instaurado o processo em crime de ação pública, reduzindo-se a termo o aditamento, quando feito oralmente.

Típico exemplo é a imputação de furto pelo Ministério Público, mas, no curso da instrução processual, a vítima informa que sofreu violência ou grave ameaça, o que, diante deste novo elemento, tipifica o crime de roubo.

Isso pode ocorrer e afetar a competência do Juizado. De acordo com o § 3º do art. 384, CPP, aplicando-se a *mutatio libelli* e tratando-se de infração de competência de outro juízo, a este serão encaminhados os autos.

Exemplo: denúncia oferecida por receptação dolosa (art. 180, *caput*, CP, cuja pena é de reclusão de 1 a 4 anos), mas, na instrução processual, surgem novas provas de que, ao contrário do imputado, ocorreu receptação culposa (§ 3º do art. 180, CP, cuja pena é de detenção de 1 mês a 1 ano), de competência do Juizado; o Ministério Público, aditando a denúncia, fará com que o juiz remeta os autos ao Juizado, para que lá se adote o procedimento sumaríssimo e as suas implicações legais.

12.4.3.6.3. *Estatuto do Idoso*

Estabelece o art. 94, da Lei nº 10.741/03 (Estatuto do Idoso), que aos crimes lá previstos, cuja pena máxima privativa de liberdade não ultrapasse 4 anos, aplicar-se-á o procedimento previsto na Lei nº 9.099/95, e, subsidiariamente, no que couber, as disposições do Código Penal e do Código de Processo Penal.

Diversas interpretações podem ser tiradas a partir deste dispositivo, como a ampliação do conceito de infração de menor potencial ofensivo, a não aplicação dos institutos despenalizadores todos os crimes contra idosos, a aplicação apenas do procedimento sumaríssimo etc.

O Supremo Tribunal Federal analisou tão somente o referido artigo 94 e fixou o seguinte entendimento: aos crimes previstos no Estatuto do Idoso, **cuja pena máxima privativa de liberdade seja superior a 2 anos e não ultrapasse 4 anos**, aplicar-se-á o procedimento sumaríssimo previsto na Lei nº 9.099/95, não se permitindo, nestes exatos casos, a aplicação de quaisquer medidas despenalizadoras ou outra interpretação benéfica ao autor do crime cuja vítima seja idoso (STF, ADI nº 3.096/DF, rel. Min. Cármen Lúcia, j. 16.06.10).

Repare que a decisão da Suprema Corte se limitou à possibilidade de aplicação da Lei nº 9.099/95 aos crimes previstos no Estatuto do Idoso com pena acima de 2 anos e que não ultrapasse 4 anos. Em absolutamente nenhum momento o Supremo Tribunal Federal analisou a aplicabilidade, ou não, da Lei nº 9.099/95 aos crimes do Estatuto do Idoso. Para se ter ideia, numa comparação, a Lei nº 11.340/06 (Maria da Penha) prevê, expressamente, no seu art. 41, que aos crimes praticados com violência doméstica e familiar contra a mulher, independentemente da pena, não se aplica a Lei nº 9.099/95, o que foi considerado constitucional pelo Supremo Tribunal Federal (HC nº 106.212/MS, rel. Min. Marco Aurélio, j. 24.03.11). Isso **nunca** foi avaliado pelo STF em relação aos crimes do Estatuto do Idoso.

Assim, a Suprema Corte apenas analisou o que dispõe o art. 94 do Estatuto do Idoso: crime com pena entre 2 e 4 anos e possibilidade de aplicação do procedimento sumaríssimo da Lei nº 9.099/95. Apenas isso. Não se afirmou que a Lei nº 9.099/95 é inaplicável aos crimes da Lei nº 10.741/03.

Assim, há duas conclusões:

i) aos crimes previstos no Estatuto do Idoso, considerados infração de menor potencial ofensivo, aplicam-se normalmente os institutos despenalizadores da Lei nº 9.099/95. Ex.: deixar de cumprir ordem judicial expedida em ação em que o idoso for parte (art. 101), cuja pena é de detenção de 6 meses a 1 ano.

ii) aos crimes previstos no Estatuto do Idoso, cuja pena máxima seja superior a 2 anos e não ultrapasse 4 anos, aplicar-se-á apenas o procedimento sumaríssimo da Lei nº 9.099/95, nos termos do seu art. 94, vedando-se a aplicação dos institutos despenalizadores. Ex.: induzir pessoa idosa sem discernimento a outorgar procuração para fins de administração de seus bens (art. 106), cuja pena é de reclusão de 2 a 4 anos – embora não seja uma infração de menor potencial ofensivo, este crime será processado segundo o rito sumaríssimo, no juízo comum, já que mais benéfico ao idoso considerado vítima, por ser mais célere; não será possível, obviamente, a incidência de institutos despenalizadores neste caso, pois não se trata de infração de menor potencial ofensivo.

Vejam, pois, o que diz a doutrina.

Consoante Renan Paes Felix, "desse modo, aqueles que cometem crimes contra os idosos cujas penas máximas forem superior a dois anos certamente não poderão gozar das medidas despenalizadoras previstas no procedimento especial dos juizados criminais. Concluiu-se que, dessa forma, o idoso seria beneficiado com a celeridade processual, mas o autor do crime não seria beneficiado com eventual composição civil dos danos, transação penal ou suspensão condicional do processo" (Estatuto do Idoso, 2015, p. 210). Na lição de Cláudia B. Portocarrero e Wilson Luiz P. Ferreira, "a aplicação da Lei nº 9.099/95 para os crimes cuja pena máxima seja superior a dois anos e não exceda o patamar de quatro anos se dá somente no que tange ao procedimento sumaríssimo, em homenagem à celeridade processual e à proteção integral e prioridade absoluta na efetivação dos direitos fundamentais dos idosos" (Leis, 2018, p. 285). E de acordo com Renato Brasileiro de Lima, "por conseguinte, aos crimes previstos no Estatuto do Idoso cuja pena máxima não seja superior a 2 (dois) anos, cumulada ou não com multa, serão aplicáveis os institutos despenalizares previstos na Lei dos Juizados, nos exatos termos do art. 61 da Lei nº 9.099/95. Todavia, para os crimes previstos no Estatuto do Idoso cuja pena máxima seja superior a 2 (dois) e inferior a 4 (quatro) anos, serão aplicáveis apenas as normas procedimentais constantes da Leis dos Juizados, e não os seus institutos despenalizadores" (Legislação, 2016, p. 206). Por fim, na lição de Norberto Avena, "aos crimes tipificados no Estatuto cuja pena máxima privativa de liberdade não ultrapasse a dois anos, aplica-se a integralidade da Lei 9.099/95, assim como todos os benefícios despenalizadores nela previstos. Agora, tratando-se de infrações previstas no referido Estatuto com apenamento superior a dois anos e que não ultrapasse a quatro, aplica-se a Lei 9.099/95 apenas no aspecto procedimental, visando, com isso, conferir maior celeridade ao processo" (Processo, 2018, p. 865).

A confusão na interpretação da decisão do Supremo Tribunal Federal é tamanha que até mesmo o Superior Tribunal de Justiça possui precedente no sentido de que *nenhum* instituto da Lei nº 9.099/95 seria aplicável aos crimes do Estatuto do Idoso, independentemente da pena cominada. Como visto, o que a Suprema Corte analisou foi o art. 94 do Estatuto do Idoso, que trata apenas da aplicação do procedimento sumaríssimo aos crimes com pena de até 4 anos. Em nenhum momento se analisou a (im)possibilidade de aplicação dos institutos despenalizadores, até porque isso sequer é tratado pelo art. 94, que foi o objeto de discussão no STF. Vejam, por exemplo, a afirmação – equivocada – do Tribunal da Cidadania: "portanto, de acordo com o entendimento do Supremo Tribunal Federal, as medidas despenalizadoras previstas na Lei n. 9099/1995 não são aplicáveis aos autores de crimes previstos no Estatuto do Idoso" (REsp nº 1.642.596/AM, rel. Min. Ribeiro Dantas, j. 01.08.18).

Logo, deve-se dar atenção à generalização que se costuma fazer em relação à aplicação dos institutos despenalizadores e do rito sumaríssimo da Lei nº 9.099/95 aos crimes do Estatuto do Idoso. São situações totalmente distintas. Assim:

Institutos despenalizadores	Rito sumaríssimo
Aplicável normalmente às IMPO do Estatuto do Idoso. Não há nenhuma vedação legal ou jurisprudencial neste sentido.	Aplicável à IMPO e aos crimes com até 4 anos de pena privativa de liberdade do Estatuto do Idoso (art. 94). Apenas isso foi objeto de análise pelo STF.

12.4.3.6.4. *Crimes eleitorais*

Entende-se que os crimes eleitorais não serão julgados nos Juizados Especiais Criminais, mas pela Justiça Eleitoral, por se tratar de competência em razão da natureza da infração; todavia, será perfeitamente cabível a aplicação dos institutos da Lei nº 9.099/95 (STJ, CC nº 37.595/SC, rel. Min. Gilson Dipp, j. 09.04.03).

E vale atentar à ressalva feita pelo Tribunal Superior Eleitoral, no sentido de que "as leis n°s 9.099/95 e 10.259/2001, no que versam o processo relativo a infrações penais de menor potencial ofensivo, são, de início, aplicáveis ao processo penal eleitoral. A exceção corre à conta de tipos penais que extravasem, sob o ângulo da apenação, a perda da liberdade e a imposição de multa para alcançarem, relativamente a candidatos, a **cassação do registro**, conforme é exemplo o crime do art. 334 do Código Eleitoral" (REspE nº 25.137/PR, rel. Min. Marco Aurélio, j. 07.06.05).

Logo, como regra, é possível aplicar, aos crimes eleitorais, as medidas despenalizadoras da Lei nº 9.099/95, uma vez preenchidos os requisitos legais, com a ressalva apenas aos crimes que preveem, além da sanção criminal, a cassação de registro eleitoral se o agente for candidato. Ex.: art. 334 do Código Eleitoral, que trata do crime de utilizar organização comercial de vendas, distribuição de mercadorias, prêmios e sorteios para propaganda ou aliciamento de eleitores, cuja pena é de detenção de 6 meses a 1 ano *e cassação do registro* se o responsável for candidato.

12.4.3.6.5. *Justiça Militar*

A Lei nº 9.099/95, no art. 90-A, dispõe que as suas disposições não se aplicam no âmbito da Justiça Militar. A justificativa é a existência da **hierarquia** e da **disciplina** no ambiente castrense, retirando-se do Poder Judiciário qualquer forma de beneficiar o militar que praticou uma infração penal.

Referido dispositivo foi considerado constitucional pelo Supremo Tribunal Federal (Plenário, HC nº 99.743/RJ, rel. Min. Marco Aurélio, j. 06.10.11); em igual sentido se manifesta, reiteradamente, o Superior Tribunal Militar (AP nº 0000084-13.2016.7.01.0101, rel. Min. Lúcio Mário de Barros Góes, j. 29.03.17) e o Superior Tribunal de Justiça (AgRg no AREsp nº 1.104.239/MG, rel. Min. Reynaldo Soares da Fonseca, j. 03.08.17).

Atenção, no entanto, deve ser dada à possibilidade, como já estudado, de um civil praticar um crime militar (perante a Justiça Militar da União, claro). Renato Brasileiro (Manual, 2016) bem explica, dando um exemplo: um civil, ao desacatar um policial federal, civil ou militar, poderá ser beneficiado com os institutos da Lei nº 9.099/95 (não há crime militar); todavia, se um civil desacatar um militar das Forças Armadas, haverá vedação (há crime militar), em razão do art. 90-A da Lei nº 9.099/95, o que demonstra a **falta de razoabilidade**, pois, ao que tudo indica, o referido dispositivo foi criado tendo em vista a hierarquia e disciplina dos *militares*, não podendo ser aplicado em relação aos *civis* que praticarem um crime militar de julgamento na justiça castrense.

O Supremo Tribunal Federal, no julgamento do "habeas corpus" acima mencionado, afirmou, *obter dictum* (isto é, não alocado no dispositivo do acórdão, mas apenas dito como construção do pensamento, de passagem, na motivação da decisão), que é inconstitucional a aplicação do art. 90-A ao civil processado por crime militar.

12.4.3.6.6. *Lei Maria da Penha*

A Lei nº 11.340/06 (Lei Maria da Penha) prevê que aos crimes praticados com violência doméstica e familiar contra a mulher (arts. 5º e 7º), independentemente da pena prevista, não se aplica a Lei nº 9.099/95 (art. 41).

O Supremo Tribunal Federal entendeu que tal dispositivo é constitucional, uma vez que, tratando-se de opção legislativa consoante a política criminal adotada, o Estado cumpre fielmente o art. 226, § 8º, CF, que dispõe que este assegurará a assistência à família na pessoa de cada um dos que a integram, criando mecanismos para coibir a violência no âmbito de suas relações (ADC nº 19/DF e ADI 4424/DF, rel. Min. Marco Aurélio, j. 09.02.12).

Logo, não se aplica nenhum instituto da Lei nº 9.099/95 a nenhuma infração penal praticada contra a mulher no âmbito doméstico ou familiar, seja *crime* ou *contravenção* (STJ, HC nº 280.788/RS, rel. Min. Rogerio Schietti Cruz, j. 03.04.14). Nem mesmo o *procedimento* dos Juizados Especiais Criminais é aplicado.

Neste sentido, o Superior Tribunal de Justiça editou a súmula nº 536, dispondo que a suspensão condicional do processo e a transação penal não se aplicam na hipótese de *delitos* sujeitos ao rito da Lei Maria da Penha; igualmente, a súmula nº 542 dispõe que a ação penal relativa ao crime de lesão corporal resultante de violência doméstica e familiar contra a mulher é pública incondicionada (ou seja, mesmo que se preveja a regra da representação, se a lesão corporal de qualquer natureza ocorrer no âmbito doméstico ou familiar contra a mulher, é dispensada a representação).

Veja: absolutamente **nenhum** instituto da Lei nº 9.099/95 se aplica à Lei Maria da Penha, isto é: procedimento, composição de danos civis, transação, suspensão condicional do processo e representação à lesão corporal leve e culposa (ARE nº 773.765/PR, rel. Min. Gilmar Mendes, j. 03.04.14).

Como complemento aos estudos, vale destacar que a jurisprudência tem entendido no sentido de não ser possível substituir a pena privativa de liberdade por restritiva de direitos aos casos de delitos praticados com violência ou grave ameaça à mulher, no âmbito da Lei Maria da Penha, justamente por confrontar a vedação do art. 44, I, CP (STF, HC nº 137.888/MS, rel. Min. Rosa Weber, j. 31.10.17; e STJ, AgRg no AREsp nº 915.496/SP, rel. Min. Rogerio Schietti Cruz, j. 30.03.17). Neste sentido, inclusive, o Superior Tribunal de Justiça editou a sua súmula nº 588, dispondo que "a prática de crime ou contravenção penal contra a mulher com violência ou grave ameaça no ambiente doméstico impossibilita a substituição da pena privativa de liberdade por restritiva de direitos". Destacam-se, no entanto, julgados isolados do Supremo Tribunal Federal admitindo a possibilidade de substituição da pena corporal por restritiva de direitos aos casos de *contravenção penal* contra a mulher (como as vias de fato, do art. 21 do Decreto-lei nº 3.688/41), tendo em vista que a proibição do art. 44, I, CP, trata especificamente de "crimes" em seu sentido estrito, não alcançando as contravenções penais, sob pena de analogia em prejuízo do acusado e considerando não haver proibição neste sentido na própria Lei Maria da Penha (HC nº 131.160/MS, rel. Min. Teori Zavascki, j. 18.10.16; e HC nº 132.342/MS, rel. Min. Dias Toffoli, j. 30.08.16).

No mais, dispõe a súmula nº 589 do STJ que "é inaplicável o princípio da insignificância nos crimes ou contravenções penais praticados contra a mulher no âmbito das relações domésticas". E, no mesmo sentido, não se admite a aplicação do princípio da bagatela imprópria aos crimes e contravenções praticados contra a mulher no âmbito das relações domésticas, considerando a relevância do bem jurídico tutelado (STJ, AgInt no HC nº 369.673/MS, rel. Min. Rogerio Schietti Cruz, j. 14.02.17). Naquele primeiro caso (insignificância), a situação é irrelevante penalmente, sendo materialmente atípica; já neste caso (bagatela imprópria), a situação é relevante, mas as circunstâncias fáticas demonstrariam a desnecessidade da pena (ex.: reconciliação do casal). Nenhum destes dois institutos são aplicáveis à Lei Maria da Penha.

Por fim, é de suma importância atentar ao art. 24-A da Lei Maria da Penha, editado pela Lei nº 13.641/18, que passou a prever o crime de descumprimento de medidas protetivas de urgência. Assim, esta é a primeira figura penal efetivamente prevista neste diploma protetiva.

A questão que surge – e que gerará calorosos debates – é a seguinte: será possível aplicar a Lei nº 9.099/95 ao crime do art. 24-A da Lei Maria da Penha? Contextualizando, este delito passou a prever, agora, que descumprir decisão judicial que deferiu medida protetiva de urgência prevista na Lei Maria da Penha acarretará detenção de 3 meses a 2 anos.

Há duas posições bem claras:

a) **Aplica-se.** O crime do art. 24-A, LMP, é uma infração de menor potencial ofensivo (pena máxima de 2 anos de detenção), cf. o art. 61, Lei nº 9.099/95; além disso, não se trata de "crime praticado com violência doméstica e familiar", mas, sim, de crime contra a Administração da Justiça, já que não deixa de ser uma "desobediência especial", sendo a vítima mulher apenas eventual e secundariamente afetada – o crime em tela bem que poderia ser apenas um parágrafo do art. 330, CP, por exemplo. Ademais, é possível praticar o crime do art. 24-A, LMP, sem que haja qualquer espécie de violência contra a mulher – basta imaginar um diretor de escola que recusa a matrícula do filho da ofendida, violando o art. 23, V, LMP, em que não há "violência doméstica ou familiar contra a mulher", mas pura e simples desobediência a um comando judicial. Logo, não há que se confundir "violência doméstica ou familiar" com "descumprimento de medidas protetivas", pois é possível a ocorrência deste sem a ocorrência daquela. A simples consequência de que só haverá medida protetiva em razão da prática prévia de um ato de violência doméstica ou familiar contra a mulher não transforma o crime do art. 24-A, LMP, em crime desta natureza. É a nossa opinião.

b) **Não se aplica.** O crime do art. 24-A, LMP, sempre envolverá alguma forma de violência contra a mulher (art. 5º, LMP). Além do mais, a própria Lei nº 13.641/18 vetou que a fiança, em caso de prisão em flagrante, pudesse ser concedida pelo delegado de polícia, ou seja, o crime do art. 24-A, LMP, não é uma infração de menor potencial ofensivo, pois, do contrário, sequer prisão em flagrante, em rega, poderia haver (art. 69, p.ú., Lei nº 9.099/95). Desta forma, e considerando a vedação prevista no art. 41, LMP, não é aplicável a Lei nº 9.099/95. Tende a ser a posição prevalente.

12.4.3.6.7. *Foro por prerrogativa de função*

O foro por prerrogativa de função, conferido a certas pessoas em razão do cargo público que ocupam, não impede a aplicação dos benefícios da Lei nº 9.099/95, mas os delitos continuarão sendo julgados de acordo com a competência originária prevista na legislação (STF, QO-Inq. nº 1.055/AM, rel. Min. Celso de Mello, j. 24.04.96; e STJ, AP nº 290/PR, rel. Min. Felix Fischer, j. 16.03.05).

Exemplo: um senador que, no exercício do cargo e em razão deste, praticar prevaricação (art. 319, CP, cuja pena é de detenção, de 3 meses a 1 ano, e multa), será julgado pelo STF, nos moldes da Lei nº 8.038/90, devendo a Corte analisar, normalmente, o cabimento dos benefícios da Lei nº 9.099/95.

12.4.3.7. *Natureza: absoluta ou relativa?*

Há uma grande confusão por parte da doutrina e da jurisprudência quanto à natureza da competência dos Juizados, se seria absoluta ou relativa.

É importante lembrar que competência *absoluta* é fixada conforme o interesse público, não pode ser modificada (modificação por continência ou conexão não a alterará), sua inobservância gera nulidade absoluta e diz respeito à competência em razão da matéria, da pessoa e funcional. De outro lado, a competência *relativa* é fixada conforme o interesse das partes, pode ser modificada, sua inobservância gera nulidade relativa e diz respeito à competência em razão do local, por distribuição, por prevenção, por conexão e por continência.

Com isso em mente, duas posições tratam do assunto:

a) **a competência dos Juizados é absoluta**, por derivar de mandamento constitucional (art. 98, I, CF), de modo que nenhum outro juízo poderá julgar uma infração penal de menor potencial ofensivo que não o Juizado Especial. O desrespeito a essa regra, ou seja, o julgamento de uma infração de menor potencial ofensivo fora do Juizado Especial Criminal gerará nulidade absoluta.

b) **a competência dos Juizados é relativa**, já que a própria Lei nº 9.099/95 autoriza situações em que, ainda que se trate de uma infração de menor potencial ofensivo, outro juízo, que não o Juizado Especial Criminal, a julgará, como no caso de, mesmo sendo uma contravenção penal, ser necessário citar o agente por edital, o que não é permitido no âmbito dos Juizados; ou então, as hipóteses de conexão ou continência, com atração ao juízo comum. O que a Carta da República determinou foi apenas a edição de uma lei tratando do processo e julgamento de infrações de menor potencial ofensivo, não de sua competência única e exclusiva.

Diante disso, é fácil perceber que não há uma resposta clara, uma vez que a questão não deve ser estudada sob um único ponto de vista. É fato que a Constituição Federal determina que os Juizados julgarão as infrações de menor potencial ofensivo, todavia, isso não é argumento bastante para se sustentar que se trata de competência absoluta, já que a Lei nº 9.099/95 prevê casos em que referida infração não será julgada pelo Juizado; de outro lado, os Juizados julgam apenas e tão somente infrações de menor potencial ofensivo, mas nada (e nem mesmo a Constituição Federal) impede que outros juízos as julguem, devendo-se respeitar, isto sim, a aplicação dos institutos despenalizadores. O desrespeito à competência do Juizado, portanto, geraria nulidade relativa, exigindo a demonstração de prejuízo.

A bem da verdade, **o que deve prevalecer é a observância da aplicação dos institutos da Lei nº 9.099/95 e sua oportunização**. Ora, se a natureza fosse absoluta, como fazer numa pequena cidade do interior que não possui vara dos Juizados? De acordo com o Superior Tribunal de Justiça, inexistindo Juizado Especial na comarca, não há que se falar em nulidade por incompetência, bastando ao juízo observar os institutos da Lei nº 9.099/95 (RHC nº 16.435/BA, rel. Min. Hamilton Carvalhido, j. 30.06.05).

Justamente neste sentido, o Plenário do Supremo Tribunal Federal fixou que a competência dos Juizados Especiais Criminais é relativa, não existindo determinação de exclusividade para julgamento de infrações de menor potencial ofensivo. Assim, se praticada uma infração de menor potencial ofensivo em concurso com um crime comum e for deslocada a competência para a Justiça Comum ou para o Tribunal do Júri, não haverá óbice à aplicação dos institutos despenalizadores de transação penal e de composição civil dos danos em relação à infração de menor potencial ofensivo, em respeito ao devido processo legal (ADI nº 5.264/DF, rel. Min. Cármen Lúcia, j. 07.12.20).

12.4.3.8. *Competência territorial*

Nos moldes do art. 63 da Lei nº 9.099/95, "a competência do Juizado será determinada pelo *lugar em que foi praticada* a infração penal".

A expressão "lugar em que foi praticada" não traz exatidão no seu significado, podendo dizer respeito tanto ao local onde ocorreu o resultado (consumação) quanto o local onde ocorreu a prática da ação ou omissão (execução).

A posição majoritária é no sentido da adoção da **teoria da atividade**, ou seja, será competente o lugar em que realizada a conduta penalmente típica, i.e., o local da ação ou da omissão.

Por fim, vale o destaque ao art. 95 da Lei nº 9.099/95, incluído pela Lei nº 12.726/12, que dispõe que, no prazo de 6 meses, contado da publicação da referida lei, serão criados e instalados os Juizados Especiais Itinerantes, que deverão dirimir, prioritariamente, os conflitos existentes nas áreas rurais ou nos locais de menor concentração populacional.

12.4.3.9. *Conflito de competência*

É comum que surjam conflitos quanto à competência dos Juizados em relação ao juízo comum. A jurisprudência é unânime no sentido de que caberá ao respectivo Tribunal julgar o conflito (STF, RG-RE nº 590.409/RJ, rel. Min. Ricardo Lewandowski, j. 23.10.08; e STJ, CC nº 107.635/PR, rel. Min. Luiz Fux, j. 17.03.10).

Neste sentido, inclusive, o Superior Tribunal de Justiça editou a súmula nº 428, dispondo que compete ao Tribunal Regional Federal decidir os conflitos de competência entre juizado especial federal e juízo federal da mesma seção judiciária.

Exemplo: conflito de competência entre a 1ª vara federal criminal de Campinas/SP e a 2ª vara do juizado especial federal de Campo Grande/MS – o conflito será dirimido pelo TRF da 3ª Região (que alcança SP e MS).

E já que onde há a mesma razão deve ser aplicado o mesmo Direito, o Tribunal de Justiça será competente para decidir os conflitos entre juizado especial estadual e juízo comum estadual.

Exemplo: conflito de competência entre a 8ª vara criminal de São Paulo/SP e a 3ª vara do juizado especial criminal de Jundiaí/SP – o conflito será dirimido pelo TJSP.

No mais, caberá ao Superior Tribunal de Justiça julgar o conflito de competência envolvendo Juizados vinculados a tribunais distintos, conforme o art. 105, I, *d*, CF (STJ, CC nº 113.271/RS, rel. Min. Og Fernandes, j. 13.04.11).

Exemplo: Juizado/juízo comum de Lajeado/RS (4ª Região) *vs.* Juizado/juízo comum Campo Grande/MS (3ª Região).

Assim:

Conflito estadual	**Conflito federal**
Juizado vs. juízo comum do mesmo tribunal	**Juizado vs. juízo comum da mesma região**
Tribunal de Justiça	Tribunal Regional Federal
Conflito entre Juizados/juízos de diferentes tribunais/regiões = STJ	

12.4.4. Medidas despenalizadoras

Viu-se que o procedimento sumaríssimo é pautado pela chamada *justiça consensual*, sendo composto de 4 medidas que objetivam evitar o cárcere pela prática de uma infração penal de menor potencial ofensivo:

→ Composição dos danos civis;

→ Representação para a lesão corporal dolosa leve e para a culposa;

→ Transação penal;

→ Suspensão condicional do processo.

É interessante observar que o art. 90, Lei nº 9.099/95, dispõe que as disposições desta lei não se aplicam aos processos penais cuja instrução já tiver iniciado. O Supremo Tribunal Federal foi chamado a decidir e entendeu por dar interpretação conforme a Constituição Federal ao dispositivo, considerando existir desrespeito à retroatividade da lei penal mais benéfica, de modo que o art. 90 apenas se aplica às leis processuais (que não retroagirão), mas não às leis materiais de conteúdo benéfico (que, por óbvio, retroagirão). Assim, por exemplo, as medidas despenalizadoras são exemplos de normas processuais materiais, de modo que o conteúdo material benéfico deve retroagir. Todavia, se o processo já atingiu o seu fim quando da entrada em vigor da Lei nº 9.099/95, não será possível aplicar retroativamente esta lei (ADI 1.719/DF, rel. Min. Joaquim Barbosa, j. 18.06.07).

A seguir, cada um desses institutos será estudado detidamente.

12.4.4.1. *Composição dos danos civis*

Um dos objetivos dos Juizados é obter, sempre que possível, a reparação dos danos sofridos pela vítima (art. 62, Lei nº 9.099/95), o que, claramente, somente será possível caso a infração gere danos de alguma natureza (material, moral ou estético, seja dano emergente ou lucro cessante).

É uma medida despenalizadora no sentido de que dificulta (ou mesmo impede) o início do processo penal diante da realização de um acordo quanto aos danos civis sofridos pela vítima.

Cometido um fato criminoso de competência do Juizado Especial, o autor do fato e a vítima comparecerão perante o Juizado, salvo se impossível a realização imediata da audiência, caso em que será designada data próxima (art. 70, Lei nº 9.099/95).

Na audiência preliminar designada, presentes o Ministério Público, o autor do fato e a vítima (e, se possível, também o responsável civil), acompanhados de seus advogados, o juiz esclarecerá sobre a possibilidade de composição dos danos civis (art. 72, Lei nº 9.099/95).

Em verdade, tratando-se de composição de danos civis, cuja natureza é essencialmente patrimonial, o Ministério Público somente deveria intervir se presente interesse de incapaz (art. 178, II, CPC) – mas não é isso o que dispõe a lei, devendo o Ministério Público *sempre* estar presente.

Vale destacar, como já estudado, que a regra do sistema penal é de que, ainda que recebida indenização pelos danos sofridos, isso não impede a continuação do processo penal (art. 104, p.ú., CP), o que, todavia, como se percebe, é afastado pela Lei nº 9.099/95, que prevê que, tanto na ação penal pública condicionada à **representação** como na de iniciativa **privada**, a composição dos danos civis acarreta a *renúncia* ao direito de representação e de queixa. Nos termos do art. 846, CC, "a transação concernente a obrigações resultantes de delito não extingue a ação penal pública" (no caso, de natureza incondicionada).

A conciliação será conduzida pelo juiz ou por conciliador sob sua orientação. Estes conciliadores são auxiliares da Justiça, recrutados, na forma da lei local, preferencialmente entre bacharéis em Direito, excluídos os que exerçam funções na administração da Justiça Criminal.

A composição dos danos civis realizada será reduzida a escrito e, homologada pelo juiz mediante *sentença irrecorrível* (é irrecorrível justamente por ter natureza meramente homologatória), terá eficácia de título a ser executado no juízo civil competente.

Portanto, a depender da natureza da ação penal, a composição dos danos civis gerará efeitos distintos:

a) **ação penal pública incondicionada**: feito o acordo de composição dos danos, nenhum efeito produzirá em relação ao andamento do processo penal, servindo apenas, literalmente, para antecipar o valor da indenização que seria pedida pelo ofendido futuramente (STJ, HC nº 127.904/SC, rel. Min. Jorge Mussi, j. 03.05.11). Logo, ainda que feito um acordo, nada impedirá o oferecimento de denúncia ou de proposta de transação penal, de modo que o processo penal seguirá seu curso normalmente.

Exemplo: incêndio culposo (art. 250, § 2º, CP, cuja pena é de detenção de 6 meses a 2 anos); a ação penal é de iniciativa pública incondicionada, de forma que, em audiência preliminar, ainda que o autor do fato e a vítima que sofreu prejuízos pelo incêndio cheguem a um acordo quanto à indenização dos danos civis, isso não impedirá o Ministério Público de continuar com o processo penal, podendo propor transação penal e até mesmo oferecer denúncia, se o caso.

b) **ação penal pública condicionada à representação**: nos moldes do art. 74, p.ú., Lei nº 9.099/95, o acordo homologado acarretará **renúncia** ao direito de representação. Logo, caso seja praticada uma infração penal cujo processamento seja condicionado à representação, o acordo celebrado entre o agente e a vítima acarretará renúncia ao direito de representação criminal, de forma a ocasionar a extinção da punibilidade, numa interpretação extensiva do art. 107, V, CP.

Não se exige que o acordo realizado seja integral, abrangendo todos os danos sofridos pela vítima (Badaró, 2016); então, ainda que parcial, a composição civil dos danos gerará a extinção da punibilidade, já que se trata de análise de âmbito puramente particular e disponível; caso a vítima queira ver o criminoso processado criminalmente, bastará não aceitar a composição dos danos civis.

Exemplo: ameaça (art. 147, CP, cuja pena é de detenção de 1 a 6 meses, ou multa); a ação penal somente se procede mediante representação (p.ú. do art. 147, CP), de modo que, caso as partes cheguem, em audiência preliminar, a um acordo quanto aos danos sofridos pela vítima (como danos morais, p. ex.), este fato gerará a renúncia ao direito de representação criminal, ou seja, a aceitação do acordo civil acarreta a impossibilidade de se ver processado criminalmente o agente.

c) **ação penal de iniciativa privada:** da mesma forma como na ação penal condicionada à representação, o acordo homologado acarretará a **renúncia** ao direito de queixa, ocasionando a extinção da punibilidade (art. 107, V, CP).

Aqui, também, tanto o acordo que abrange todo o dano sofrido pela vítima quanto o que alcança apenas parte dele, são suficientes para gerar a extinção da punibilidade, consoante visto acima.

Exemplo: dano simples (art. 163, *caput*, CP, cuja pena é de detenção de 1 a 6 meses, ou multa); a ação penal é de iniciativa privada, ou seja, movida por meio de queixa-crime; caso as partes cheguem, em audiência preliminar, a um acordo – ainda que não integral – quanto aos danos sofridos pela vítima (como danos materiais, p. ex.), este fato gerará a renúncia do direito de oferecer queixa, ou seja, a aceitação do acordo civil acarreta a impossibilidade de se ver processado criminalmente o agente.

Ressalta-se que a composição dos danos civis no âmbito criminal poderá versar sobre *qualquer valor ou matéria*, isto é, não encontra limite no artigo 3º, I da Lei nº 9.099/95 (até 40 salários mínimos), de modo que a composição das partes, por exemplo, poderá ser de pagar indenização no valor de cem mil reais, ou entregar um dado bem ou fazer ou deixar de fazer algo (Enunciado Criminal nº 37 do Fórum Nacional de Juizados Especiais).

Em suma:

Homologação da composição dos danos civis em relação à espécie de ação penal	
AP pública incondicionada	Não interfere em nada o processo penal
AP pública condicionada à representação	Gera renúncia ao direito de representação
AP de iniciativa privada	Gera renúncia ao direito de queixa

12.4.4.2. *Representação*

Dispõe o art. 88 da Lei nº 9.099/95 que, além das hipóteses do Código Penal e da legislação especial, dependerá de representação a ação penal relativa aos crimes de **lesões corporais dolosas de natureza leve e lesões corporais culposas**. A contravenção penal de vias de fato permaneceu sendo processada por meio de ação penal pública incondicionada (STF, HC nº 86.058/RJ, rel. Min. Sepúlveda Pertence, j. 25.10.05).

Como já estudado, a representação possui natureza de condição de procedibilidade, ou seja, o legislador determina que o ofendido expresse uma espécie de "autorização" para que o Estado possa processar o responsável pela prática do delito a ela condicionado.

A Lei nº 9.099/95, desta forma, criou uma barreira a ser transposta pela vítima de lesões corporais dolosas de natureza leve ou culposas, que é a necessidade, agora, de se oferecer representação para que se possa proceder à persecução penal (inclusive em relação à investigação policial).

Tendo em vista que as lesões corporais destas naturezas (dolosa leve ou culposa) atingem a esfera de intimidade das vítimas, que podem ou não querer ver processado criminalmente o seu responsável, a legislação acaba por criar uma medida que pode acarretar na não responsabilização do agente, que é justamente a ausência de representação.

Diz a Lei nº 9.099/95 que, não obtida a composição dos danos civis, será dada imediatamente ao ofendido a oportunidade de exercer o direito de representação verbal, que será reduzida a termo (art. 75). Esta ideia, por melhor que seja, é utópica, já que, na prática, ofendido e ofensor não são imediatamente encaminhados ao Juizado para, em audiência, tentar a composição dos danos a fim de se impedir o processamento penal do feito.

A bem da verdade, a representação deve ser oferecida nos moldes previstos no Código de Processo Penal, perante o delegado, o Ministério Público ou o juiz, até porque, o p.ú. do art. 75 da Lei nº 9.099/95 dispõe que o não oferecimento da representação na audiência preliminar não implicará na decadência do direito, que poderá ser exercido no prazo previsto em lei. Ora, se é possível oferecer representação *após* a audiência preliminar para composição dos danos, resta claro que ela poderá ser ofertada *antes*, desde o exato instante em que a infração penal foi praticada e até a ocorrência da decadência. Basta ver que, caso fosse necessária a representação na audiência preliminar, muitos processos seriam extintos pela decadência, já que a realização dessa audiência preliminar, muitas vezes, ocorre longo tempo após o fato, já tendo ocorrido o lapso temporal para a extinção da punibilidade.

Neste sentido, entende o Superior Tribunal de Justiça que a representação prevista no âmbito dos Juizados tem seus prazos fixados pelo Código de Processo Penal (REsp nº 623.582/RS, rel. min. Gilson Dipp, j. 25.05.04), nos termos do art. 38, CPP. Conforme Badaró (Curso, 2016), embora a Lei nº 9.099/95 tenha criado um momento adequado para o oferecimento da representação, que é a audiência preliminar, não se alterou o prazo do art. 38, CPP, nem o seu termo inicial. Em suma, portanto, é possível a representação a qualquer momento, desde que antes da ocorrência do prazo decadencial.

Consoante já explicado acima, a Lei nº 11.340/06 (Lei Maria da Penha) prevê que, aos crimes praticados com violência doméstica e familiar contra a mulher, independentemente da pena prevista, não se aplica a Lei nº 9.099/95 (art. 41), tendo o STF entendido que tal dispositivo é constitucional, uma vez que, tratando-se de opção legislativa consoante a política criminal adotada, o Estado cumpre fielmente o art. 226, § 8º, CF, que dispõe que "o Estado assegurará a assistência à família na pessoa de cada um dos que a integram, criando mecanismos para coibir a violência no âmbito de suas relações" (ADC nº 19/DF e ADI 4424/DF, rel. Min. Marco Aurélio, j. 09.02.12).

Logo, não se aplica nenhum instituto da Lei nº 9.099/95 a nenhuma infração penal praticada contra a mulher no âmbito doméstico ou familiar, seja *crime* ou *contravenção* (STJ, HC nº 280.788/RS, rel. Min. Rogerio Schietti Cruz, j. 03.04.14). No mesmo sentido, o Superior Tribunal de Justiça editou a súmula nº 536, dispondo que a suspensão condicional do processo e a transação penal não se aplicam na hipótese de *delitos* sujeitos ao rito da Lei Maria da Penha; igualmente, a súmula nº 542 dispõe que a ação penal relativa ao crime de lesão corporal resultante de violência doméstica e familiar contra a mulher é pública **incondicionada** – ou seja, mesmo que se preveja a regra da representação na Lei nº 9.099/95, se o fato ocorrer no âmbito doméstico ou familiar contra a mulher, é dispensada a representação nos casos de lesão corporal dolosa leve ou culposa. Atentar que, aos demais crimes praticados mediante violência doméstica e familiar contra a mulher que dependem de representação, está continua sendo imprescindível como condição de procedibilidade à ação penal. Exemplo: ameaça. Logo, é *incorreto* dizer que "todos" os crimes praticados mediante violência doméstica e familiar contra a mulher são processados mediante ação penal pública incondicionada.

Em suma: absolutamente **nenhum** instituto da Lei nº 9.099/95 se aplica à Lei Maria da Penha, isto é: composição de danos civis, transação, suspensão condicional do processo e representação à lesão corporal leve e culposa (STF, ARE nº 773.765/PR, rel. Min. Gilmar Mendes, j. 03.04.14).

Por fim, o art. 91 da Lei nº 9.099/95 previu que, nos casos em que a lei passou a exigir a representação para a propositura da ação penal, o ofendido ou seu representante seria intimado para oferecê-la no prazo de 30 dias, sob pena de decadência. Tal representação teve natureza jurídica de condição de prosseguibilidade em relação aos delitos que já haviam sido praticados quando do advento da Lei nº 9.099/95 (26.11.1995), ou seja, condição superveniente para o exercício de ação, de modo que, sem ela, não será possível prosseguir, seja no inquérito, seja na ação (Grinover, Gomes Filho, Fernandes e Gomes, 1995).

12.4.4.3. *Transação penal*

A transação penal é um acordo realizado entre acusação e autor do fato criminoso em que se aplica uma pena restritiva de direito ou multa imediatamente, evitando-se a instauração de um processo penal que pode culminar com a aplicação de uma pena privativa de liberdade.

Nos termos do art. 76, Lei nº 9.099/95, havendo representação ou tratando-se de crime de ação penal pública incondicionada, não sendo caso de arquivamento, o Ministério Público poderá propor a aplicação imediata de pena restritiva de direitos ou multas, a ser especificada na proposta.

Estudou-se que a ação penal de natureza pública é regida pelo princípio da obrigatoriedade, isto é, presentes os requisitos legais o Ministério Público é obrigado a mover a ação penal através da denúncia. Entende-se que a transação penal, acordo celebrado entre acusação e autor do fato antes de qualquer denúncia, é perfeitamente válida, tratando-se de uma **mitigação ao princípio da obrigatoriedade** (chamado, aqui, de princípio da discricionariedade), em que, satisfeitos os requisitos legais, poderá a acusação deixar de mover a ação penal para que seja aplicada imediatamente uma pena alternativa ao cárcere.

12.4.4.3.1. *Momento*

O momento ideal para que as partes cheguem a um consenso sobre a transação penal é anteriormente ao recebimento da peça acusatória, evitando-se com isso, justamente, a instauração do processo penal.

No entanto, nada impedirá que, uma vez recebida a denúncia e no curso do processo penal já em andamento, surja a oportunidade de se realizar a transação penal, como no caso de o juiz, ao sentenciar o processo, verificar que a infração penal narrada é outra, na verdade, uma infração de menor potencial ofensivo (*emendatio libelli*). Neste caso, o juiz, verificando ser possível a transação penal, encaminhará os autos ao Juizado Especial Criminal, conforme o art. 383, § 2º, CPP, para adoção das medidas previstas na Lei nº 9.099/95, abrindo-se vista ao Ministério Público para que se manifeste acerca da possibilidade de transação penal.

Exemplo: agente é denunciado por usurpação da função pública qualificada, pois auferiu vantagem (art. 328, p.ú., CP, cuja pena é de reclusão de 2 a 5 anos, e multa); após o curso da instrução processual, resta evidenciado que o acusado usurpou, de fato, função pública, mas não auferiu vantagem alguma, de forma que resta tipificado o crime do *caput* do art. 328, CP, cuja pena é de 3 meses a 2 anos e multa, isto é, uma infração de menor potencial ofensivo. No caso, o juiz aplicará o art. 383, § 2º, CPP, e se declarará incompetente para julgar, remetendo-se os autos ao Juizado.

O contrário também é possível. Inicialmente, o agente praticou duas infrações que autorizariam a proposta de transação penal. Todavia, ocorreu a superveniência de novos elementos de prova, de modo que o Ministério Público aditou a inicial acusatória para incluir novos tipos e alterar a capitulação dos crimes, cujo somatório não mais autorizou a transação penal, inclusive ensejando o deslocamento da competência para o juízo comum. Neste caso, será possível a *reconsideração* da proposta inicial de transação penal, cuja atribuição é exclusiva do Ministério Público, tornando-a *prejudicada* em razão do aditamento da denúncia, ainda mais porque não se chegou a ter a sua homologação pelo juiz, não se podendo falar em preclusão de algo que não chegou a se realizar. Assim, a *mera proposta* de transação penal é ato revogável pelo Ministério Público diante da alteração da capitulação dos delitos (STJ, RHC nº 88.337/RJ, rel. Min. Reynaldo Soares da Fonseca, j. 19.06.18).

Consoante se analisou acima a respeito da natureza da competência do Juizado Especial Criminal, aqui haverá duas situações distintas. Para quem entende que a competência é absoluta, o juízo comum deverá remeter os autos ao Juizado para que este aplique a Lei nº 9.099/95; para quem entende que a competência é relativa, o próprio juízo comum poderá oportunizar a realização da transação penal, não sendo necessário interromper o processo penal e remeter os autos ao Juizado, bastando garantir a aplicação dos seus institutos.

De acordo com o Superior Tribunal de Justiça, nada impede que o juiz, antes da sentença, reconheça a possibilidade de transação penal pelos fatos denunciados, uma vez tipificado crime de menor potencial ofensivo, o que pode ocorrer em qualquer fase do processo penal (HC nº 241.206/SP, rel. Min. Nefi Cordeiro, j. 11.11.14).

12.4.4.3.2. *Requisitos*

Para se chegar a um acordo de transação penal, alguns requisitos devem ser observados, previstos no art. 76, Lei nº 9.099/95:

a) **o fato deve ser uma infração de menor potencial ofensivo**: a transação penal é um instituto típico dos Juizados, de modo que somente será cabível se a infração penal praticada for considerada de menor potencial ofensivo (todas as contravenções penais e os crimes com pena privativa de liberdade máxima não superior a 2 anos, com ou sem aplicação de multa). Como na transação penal o parâmetro de pena é a pena máxima, diante de causas de aumento de pena, aumenta-se o máximo e, diante de causas de diminuição, diminui-se o mínimo. Ou seja: aumenta-se o máximo e diminui-se o mínimo.

A este respeito, entende o Superior Tribunal, tal como se entende em relação à suspensão condicional do processo, que será cabível a transação penal aos delitos que preveem a pena de multa *alternativamente* à privativa de liberdade, ainda que o preceito secundário da norma comine pena mínima superior a 1 ano (RHC nº 54.429/SP, rel. Min. Maria Thereza de Assis Moura, j. 24.03.15). Tem-se em vista que o legislador, ao prever pena de multa alternativamente à pena de prisão, criou delito de baixa reprovabilidade, não sendo daqueles que necessariamente devem ser punidos com pena de prisão, até porque a pena de multa é muito menos gravosa do que qualquer pena privativa de liberdade, fato que autoriza a aplicação de suspensão condicional do processo e de transação penal nestas situações

Se houver concurso de infrações penais (um crime do juízo comum e uma infração de menor potencial ofensivo), deve-se assegurar, no juízo competente, a aplicação dos institutos da Lei nº 9.099/95 à infração de menor potencial ofensivo, nos termos do seu art. 60, p.ú., de modo que os delitos serão analisados isoladamente, isto é, à infração de menor potencial ofensivo serão oportunizadas as medidas despenalizadoras.

No mais, como já visto, que não se aplica a transação aos delitos relacionados à Lei Maria da Penha (STF, ARE nº 773.765/PR, rel. Min. Gilmar Mendes, j. 03.04.14; e súmula nº 536, STJ).

b) **não pode ser o caso de arquivamento**: o próprio art. 76 da Lei nº 9.099/95 dispõe que somente caberá a transação penal quando não for o caso de arquivamento do termo circunstanciado. Como já estudado, se não houver prova da existência de uma infração penal (materialidade) e indícios suficientes de quem foi seu autor (autoria), a investigação deverá ser arquivada.

Desta forma, muito bem determinou a Lei dos Juizados ao afirmar que somente caberá a transação se, realmente, não for o caso de arquivamento, sob pena de banalização do instituto, que somente deve ser aplicado quando, de fato, houver uma infração penal e se souber quem foi o seu autor.

Então, se, chegando o caso à mesa do membro do Ministério Público, este verificar que não há dados certos sobre autoria e materialidade, deverá promover o arquivamento da investigação, e não tentar a transação penal, que somente é reservada quando não for o caso de arquivamento.

Exemplo: conduta investigada é atípica; deve-se arquivar os autos, não se propondo transação penal de forma irracional e descabida.

c) **o autor do fato não pode ter sido condenado, por sentença definitiva, à pena privativa de liberdade pela prática de crime:** a simples e anterior condenação definitiva pela prática de crime, com aplicação da pena privativa de liberdade, impede a concessão da transação penal; contrariamente, se houve condenação definitiva por contravenção penal ou mesmo por crime, mas com aplicação de pena restritiva de direitos ou multa, isso não impedirá a transação penal.

Logo, exige-se (a) condenação com trânsito em julgado (b) por crime e (c) que a sanção seja uma pena privativa de liberdade.

A análise da existência de condenação definitiva por crime em que foi aplicada pena privativa de liberdade não é contemporânea ao cometimento da infração de menor potencial ofensivo, ou seja, não se exige que, no momento da conduta, o agente já tenha sido condenado definitivamente. Pode ocorrer, assim, que, após a prática da infração de menor potencial ofensivo sobrevenha uma condenação definitiva em razão de algum crime cometido, o que, por si só, é considerado fato impeditivo à transação penal.

Exemplo: agente comete crime de furto em 06/2015; posteriormente, em 09/2016, comete uma IMPO; em 02/2017 advém o trânsito em julgado aplicando uma pena privativa de liberdade pelo furto; em 04/2017, realiza-se a audiência preliminar em relação à IMPO, caso em que o promotor de justiça deverá deixar de oferecer a transação penal em razão da existência de uma condenação definitiva que impôs pena privativa de liberdade, ainda que tenha surgido após a prática da infração de menor potencial ofensivo, pois basta que a informação surja antes da realização da audiência preliminar.

Vê-se, assim, que a lei não fala em "reincidência" e nem exige que a condenação definitiva já exista à época do cometimento da infração de menor potencial ofensivo. Entende-se que basta que, **no momento da realização da audiência preliminar**, quando se puder oferecer a transação penal, exista uma condenação definitiva impondo pena privativa de liberdade em razão da prática de um crime.

De acordo com o Superior Tribunal de Justiça, o oferecimento da proposta de transação penal é obstado no caso de o agente ter sido condenado à pena privativa de liberdade, por sentença transitada em julgado, não devendo se fazer referência à reincidência, pois, ainda que ausente esta, isto é, após mais de cinco anos já, pode restar caracterizada a existência de circunstâncias que impeçam a transação penal, como os maus antecedentes (HC nº 44.327/SP, rel. Min. Gilson Dipp, j. 16.02.06).

d) **o autor do fato não pode ter sido beneficiado, anteriormente, dentro do prazo de 5 anos, por outra transação penal:** literalmente, não se proporá transação penal se o agente foi beneficiado pelo instituto nos últimos 5 anos.

e) **antecedentes, conduta social, personalidade do agente e motivos/circunstâncias da infração penal favoráveis ao agente**: não se admitirá a proposta de transação penal se ficar comprovado não indicarem os antecedentes, a conduta social e a personalidade do agente, bem como os motivos e as circunstâncias, ser necessária e suficiente a adoção da medida.

f) **qualquer espécie de ação penal**: conforme o texto expresso do art. 76 da Lei nº 9.099/95, é cabível a transação penal nos crimes processados por ação penal pública incondicionada ou condicionada à representação, quedando-se silente a lei acerca da ação penal de iniciativa privada.

No entanto, deve-se entender ser plenamente cabível a transação penal aos delitos processados por ação penal de iniciativa privada (STJ, AgRg no REsp nº 1.356.229/PR, rel. Min. Alderita Ramos de Oliveira, j. 19.03.13). Em igual sentido prevê o enunciado nº 112 do FONAJE.

A celeuma que surge, então, é saber quem é legitimado para oferecer a transação penal no caso de ação penal de iniciativa privada: o Ministério Público ou o querelante?

A jurisprudência é no sentido de que o **querelante**, autor da demanda penal e primeiro interessado no seu deslinde, é quem possui a legitimidade para propor a transação penal (STJ, REsp nº 1.347.213/MG, rel. Min. Campos Marques, j. 13.08.13), funcionando o Ministério Público apenas como fiscal da ordem jurídica.

Logo, não há como compelir o querelante a formular proposta se essa não é a sua vontade. Se somente a parte – no caso, o querelante – pode formular a proposta de transação penal, caso ela assim não faça, não há como transferir essa legitimidade a outrem, como o Ministério Público, ou, pior, o juiz, restando, pois, apenas inviabilizada essa medida despenalizadora, seguindo-se o processo normalmente. De acordo com o Superior Tribunal de Justiça, "a ausência de manifestação por parte do querelante, por evidenciar falta de interesse na transação, acarreta o prosseguimento do feito, com a consequente deliberação sobre o recebimento da queixa" (STJ, Corte Especial, AP nº 634/RJ, rel. Min. Felix Fischer, j. 21.03.12). Restou vencida, no caso, apenas a Ministra Maria Thereza de Assis Moura, para quem, diante do silêncio do querelante para realizar proposta de transação penal, teria legitimidade o Ministério Público.

Vale mencionar que o Ministério Público do Estado de São Paulo possui o entendimento de que é perfeitamente possível a transação em ação penal de iniciativa privada, mas desde que a proposta seja formulada pelo próprio Ministério Público, mediante prévia anuência do titular na queixa (enunciado de entendimento nº 2) – entendimento esse isolado.

Ademais, se a ação penal tratar de crime ambiental de menor potencial ofensivo, a proposta de transação penal somente poderá ser formulada desde que tenha havido a prévia composição do dano ambiental, salvo em caso de comprovada impossibilidade (art. 27 da Lei nº 9.605/98).

12.4.4.3.3. *Proposta*

O art. 76, Lei nº 9.099/95, dispõe que a acusação poderá propor a aplicação imediata de pena restritiva de direito ou multa. Como esclarece Sérgio Rebouças, a bem da verdade, a proposta consistirá no cumprimento de obrigações *equivalentes* e *correspondentes* a uma pena restritiva de direito ou multa, já que, como não houve condenação, não será possível a imposição de uma sanção penal propriamente dita (Curso, 2017).

Então, a acusação poderá propor:

a) o cumprimento de obrigação equivalente a uma pena restritiva de direito, prevista no art. 43 do Código Penal, podendo ser: prestação pecuniária; perda de bens e valores; limitação de fim de semana; prestação de serviço à comunidade ou a entidades públicas; interdição temporária de direitos; ou limitação de fim de semana.

b) pagamento de multa, prevista no art. 49 do Código Penal. Caso a multa seja a única pena aplicável, o juiz poderá reduzi-la até a metade (art. 76, § 1º, Lei nº 9.099/95).

O proponente deverá observar a relação entre a infração penal praticada e o acordo que almeja fazer, sob pena de ferir a proporcionalidade e o juiz não homologar a transação.

12.4.4.3.4. *Procedimento*

Numa ordem lógica do que se estudou até aqui, tem-se que, feito acordo quanto aos danos civis e tratando-se de ação penal de iniciativa privada ou condicionada à representação, não se chegará à proposta de transação penal, já que o acordo homologado acarreta a renúncia ao direito de queixa ou representação, extinguindo a punibilidade do autor do fato; se for o caso de ação penal pública incondicionada, o acordo realizado não impedirá a proposta de transação.

Próximo passo a ser analisado diz respeito à legitimidade. Conforme explicado, em ação penal pública – incondicionada ou condicionada – a legitimidade para propor transação penal é do Ministério Público (sem legitimar-se o assistente de acusação); de outro lado, sendo a ação penal de iniciativa privada, entende-se que a legitimidade é do próprio querelante, titular da ação penal.

É possível que o legitimado fique inerte e não proponha a transação penal. É pacífico o entendimento no sentido de que o juiz **não poderá substituir** a acusação e, por si, propor a transação penal. A jurisprudência tem entendido que a transação penal **não constitui um direito público subjetivo do acusado**, mas um **poder-dever do Ministério Público**, que pode se recusar a oferecê-lo se ausentes os requisitos legais (STJ, AP nº 634/RJ, rel. Min. Felix Fischer, j. 21.03.12).

Logo, é possível que o Ministério Público não ofereça proposta de transação penal, devendo assim agir motivadamente, não sendo permitido simplesmente negar a medida de forma genérica (STJ, RHC nº 60.445/SP, rel. Min. Felix Fischer, j. 26.04.16).

Diante da Lei nº 13.964/19, se o Ministério Público deixar de oferecer a proposta de transação penal, caberá ao acusado, por seu defensor, requerer ao juiz a aplicação do art. 28-A, § 14, CPP, que dispõe que, no caso de recusa, por parte do Ministério Público, em propor o acordo de não persecução penal (leia-se, aqui, transação penal), o agente poderá requerer a remessa dos autos ao órgão superior do Ministério Público (PGJ ou CCR). Parece ser a solução mais adequada atualmente, de modo similar ao já previsto na súmula nº 696, STF.

Como se viu acima, tratando-se de ação penal de iniciativa privada, a transação penal também não é direito subjetivo do autor do fato, de modo que, não tendo o querelante feito a proposta de transação, o processo seguirá, já que, de acordo com o próprio nome do instituto, trata-se de um acordo em que as partes transacionam, não podendo o Ministério Público, e muito menos o juiz, substituir o querelante neste papel (STJ, AP nº 634/RJ, rel. Min. Felix Fischer, j. 21.03.12).

De outro lado, nesta mesma ação penal julgada pelo STJ, a Ministra Maria Thereza de Assis Moura, de forma isolada, teve seu voto vencido, mas entendeu que, no caso de silêncio do querelante em propor a transação penal, o Ministério Público poderia propô-la, em analogia ao art. 45, CPP, pois o querelante, embora parte legítima para a persecução penal, não possui o poder absoluto para impedir a transação penal por um simples ato unilateral, que possui papel despenalizante e de política criminal. Esta mesma posição é defendida por Aury Lopes Jr. (Curso, 2014).

Seja como for, a transação penal será feita oralmente ou por escrito, propondo-se a aplicação imediata de pena restritiva de direito ou multa, a ser especificada. Aplica-se a regra da divisibilidade em relação a corréus, pois é possível que apenas um deles preencha os requisitos, sem que igual direito seja, necessariamente, estendido ao outro.

A proposta é feita ao autor da infração e **precisa ser aceita** por ele e seu defensor (STF, RE nº 296.185/RS, rel. Min. Néri da Silveira, j. 20.11.01). Se não for aceita, o processo penal seguirá, a exemplo do que prevê o art. 89, § 7º, Lei nº 9.099/95; de igual modo, se houver divergência entre autor do fato e seu defensor, prevalecerá a vontade daquele, já que é o autor do fato quem terá que suportar a medida proposta (Badaró, 2016).

Na sequência, a proposta será submetida à apreciação do juiz (§ 3º do art. 76, Lei nº 9.099/95), que analisará a sua legalidade e o preenchimento dos requisitos legais. Acolhendo a proposta feita e sendo ela aceita pelo autor da infração, o juiz aplicará a pena restritiva de direitos ou multa, que **não importará em reincidência**, sendo registrada apenas para impedir novamente o mesmo benefício no prazo de cinco anos (§ 4º). Se a multa for a única pena aplicável, o juiz poderá reduzi-la até a metade (§ 1º).

Entende-se que tal decisão possui **natureza declaratória**, de modo que não incidirá as consequências dos arts. 91 e 92, CP (efeitos da condenação), literalmente porque não houve condenação alguma (STF, RE nº 795.567/PR, rel. Min. Teori Zavascki, j. 28.5.15), mas mera homologação transacional. Exemplo: tendo havido transação penal e sendo extinta a punibilidade em razão do cumprimento das cláusulas estabelecidas, não será possível a decretação de confisco da motocicleta utilizada na prática do crime, pois, além de exorbitar os encargos assumidos na transação, a natureza declaratória impede a ocorrência dos efeitos de uma condenação penal (impossível, então, o confisco, do art. 91, II, CP). Desta feita, a transação penal não tem natureza jurídica de condenação criminal, não gerando efeitos para fins de reincidência e maus antecedentes e, por se tratar de submissão voluntária à sanção penal, não significa reconhecimento da culpabilidade penal e nem da responsabilidade civil (STJ, REsp nº 1.327.897/MA, rel. Min. Ricardo Villas Bôas Cueva, j. 06.12.16; e HC nº 193.681/SP, rel. Min. Laurita Vaz, j. 22.10.13).

Tendo o agente aceito a proposta de transação e uma vez homologada pelo juiz, deve-se iniciar o cumprimento das medidas estabelecidas (pena restritiva de direito ou multa). Tem-se em mente que o procedimento penal sumaríssimo, em si, ainda não teve início, pois sequer foi oferecida a inicial acusatória, ou seja, o marco inicial da prescrição, com a consumação do crime (art. 111, I, CP, como regra), ainda está correndo, não tendo ocorrido nenhum marco interruptivo ainda (STJ, REsp nº 564.063/SP, rel. Min. Gilson Dipp, j. 17.06.04).

Logo, pode ocorrer de o agente ter praticado um fato criminoso, aceitado a oferta de transação penal e simplesmente não a ter cumprido, de modo que a prescrição está correndo normalmente desde o fato, não tendo ocorrido nenhuma interrupção até aqui, o que pode ensejar a extinção da punibilidade pela prescrição a depender do lapso transcorrido. Neste sentido, inclusive, dispõe o enunciado nº 44 do FONAJE, aduzindo que, no caso de transação penal homologada e não cumprida, o decurso do prazo prescricional provoca a declaração de extinção de punibilidade pela prescrição da pretensão punitiva. Nesse sentido, inclusive, entende o Tribunal da Cidadania, ao dispor que "durante o prazo de cumprimento das condições impostas em acordo de transação penal (art. 76 da Lei n. 9.099/95) não há, em razão da ausência de previsão legal, a suspensão do curso do prazo prescricional" (RHC nº 80.148/CE, rel. Min. Antonio Saldanha Palheiro, j. 01.10.19).

Imaginando-se, agora, que não ocorreu a prescrição e que o autor do fato apenas não cumpriu a transação por ele aceita e homologada pelo juiz, o que acontece com o processo penal?

Exemplo: transacionou-se que o autor do fato prestaria 50 horas de serviços comunitários numa certa entidade beneficente, mas o agente ou não apareceu para dar início ou prestou apenas metade; ou então, que pagaria multa no valor de 10 salários mínimos, mas nunca pagou nenhum valor.

Após muita discussão a respeito, o Supremo Tribunal Federal editou a súmula vinculante nº 35, dispondo que a homologação da transação penal prevista no artigo 76 da Lei 9.099/1995 **não faz coisa julgada material** e, descumpridas suas cláusulas, retoma-se a situação anterior, possibilitando-se ao Ministério Público a **continuidade da persecução penal** mediante oferecimento de denúncia ou requisição de inquérito policial.

A origem é a QO-RE nº 602.072/RS, rel. Min. Cezar Peluso (j. 19.11.09), em que o Plenário da Suprema Corte já havia entendido que não fere os preceitos constitucionais a propositura de ação penal em decorrência do não cumprimento das condições estabelecidas em transação penal.

Neste caso de descumprimento, portanto, o juiz enviará os autos ao Ministério Público, que poderá adotar uma de duas opções: (a) oferecer denúncia ou (b) requerer mais investigações. Isso porque, como expresso na súmula vinculante nº 35, a decisão homologatória de transação penal não faz coisa julgada material, isto é, permite-se a retomada do processo penal (STJ, HC nº 333.606/TO, rel. Min. Reynaldo Soares da Fonseca, j. 18.02.16).

Essa possibilidade de reiniciar o processo não fere o contraditório e nem a ampla defesa, como bem afirmou o Supremo Tribunal Federal, já que um processo inteiro será iniciado, com todos os direitos e garantias inerentes ao acusado; o que feriria a Constituição Federal seria a condenação imediata do agente com o simples descumprimento da transação penal, sem sequer instaurar processo criminal ou ouvi-lo.

Logo, o descumprimento – tanto de pena restritiva de direitos quanto de multa – autoriza a retomada da situação anterior, possibilitando-se à acusação, se dentro do prazo prescricional ainda, claro, a continuidade da persecução penal mediante o oferecimento de denúncia/queixa ou continuação ou instauração das investigações cabíveis (STJ, RHC nº 55.924/SP, rel. Min. Sebastião Reis Júnior, j. 14.04.15).

É importante ressaltar que o descumprimento da transação apenas gerará a submissão do processo ao seu estado anterior, não havendo que se cogitar da propositura de nova ação penal, agora, por crime de desobediência, do art. 330, CP (STF, HC nº 84.976/SP, rel. Min. Carlos Britto, j. 20.09.05).

Por fim, contra a decisão que homologa a transação penal caberá **apelação** (art. 76, § 5º, Lei nº 9.099/95), assim como da decisão que não a homologa (art. 593, II, CPP) – no prazo de 10 dias, em petição escrita (art. 82), que poderá ser julgada por turma composta de três juízes em exercício no primeiro grau de jurisdição. Renato Brasileiro entende que o assistente de acusação possui legitimidade para recorrer da decisão homologatória (Curso, 2016).

A transação penal prevê a possibilidade de acordo entre autor da infração e órgão acusador, obstando o oferecimento da denúncia ou queixa, sendo, assim, instrumento nitidamente pré-processual, visando a impedir a persecução penal em juízo. E é justamente por isso que não se revela viável, após a celebração do acordo, a impetração de *habeas corpus* com o fim de se discutir a ausência de justa causa para a ação penal, até porque, por lógica, sequer há ação penal que se possa trancar (STJ, HC nº 495.148/DF, rel. Min. Antonio Saldanha Palheiro, j. 24.09.19). No entanto, a realização de acordo de transação penal não enseja a perda de objeto do *habeas corpus* anteriormente impetrado, de modo que o aceite à transação não pode inviabilizar o questionamento judicial quanto à persecução penal anteriormente questionada (STF, HC nº 176.785/DF, rel. Min. Gilmar Mendes, j. 17.12.19).

Ao contrário, como se verá adiante, a suspensão condicional do processo não impede o manejo do remédio heroico.

Atenção: a decisão que homologa composição dos danos civis é irrecorrível (art. 74, Lei nº 9.099/95); já a decisão que homologa transação penal é apelável (art. 76, § 5º, Lei nº 9.099/95).

12.4.4.4. *Suspensão condicional do processo*

Sua previsão está no art. 89 da Lei nº 9.099/95, que dispõe que, nos crimes em que a pena mínima cominada seja igual ou inferior a 1 ano, abrangidas ou não pela Lei 9.099/95, o Ministério Público, ao oferecer a denúncia, poderá propor a suspensão do processo, por 2 a 4 anos, desde que o acusado não esteja sendo processado ou não tenha sido condenado por outro crime, presentes os demais requisitos que autorizariam a suspensão condicional da pena (art. 77, CP).

12.4.4.4.1. *Guilty plea* e *plea bargaining*

Deve-se saber diferenciar a suspensão condicional do processo dos institutos *guilty plea* e *plea bargaining*. Em primeiro lugar, o termo *plea*, no direito estrangeiro que aplica o *Commom Law*, significa uma alegação, uma resposta, uma afirmação; e *guilty* significa culpado, enquanto *bargaining* significa barganha, negociação. Este sistema funciona muito bem no *commom law* porque a alegação (a *plea*) é suficiente para que o juiz passe a sentenciar, independentemente de outras provas para a formação da culpa.

Assim:

a) ***guilty plea***: é uma alegação de culpa. O acusado de um delito alega sua culpa, será julgado e, como contrapartida a isso, poderá, por exemplo, receber uma redução de sua pena. Dessa sua atitude derivam consequências, principalmente civis, como a obrigação de indenizar a vítima do delito.

b) ***plea bargaining (plea agreement)***: é uma alegação de negociação. Significa que o autor do fato se declara culpado e renuncia a algumas garantias processuais, já aceitando as imputações acordadas, e negocia com a acusação as possíveis sanções penais (é exatamente o que se vê na maioria dos filmes e séries, em que o *disctrict attorney*, por vezes, realiza um acordo com o acusado para que ele assuma a culpa por um delito e já se estipula uma sanção penal a ser homologado pelo juiz depois, evitando-se um julgamento posterior).

Assim, no *plea bargaining* há uma negociação com a acusação em relação aos fatos, às penas e às consequências jurídicas dessa declaração de culpa, sem julgamento ou processo ulteriores; já no *guilty plea*, o acusado reconhece sua culpa, é processado e julgado e recebe uma medida compensatória, como uma redução de pena, mas sem negociações com a acusação.

E é importante conhecer esses institutos para poder diferenciá-los da suspensão condicional do processo, em que não há nenhum reconhecimento de culpa, mas o agente apenas aceita certas condições (sem negociação) para evitar que um processo penal seja instaurado, sem ser condenado e sem cumprir pena.

12.4.4.4.2. *Momento*

A proposta de suspensão condicional do processo penal deve ser feita com o oferecimento da denúncia; uma vez apta a peça acusatória, designa-se audiência, que, antes de se iniciar, as partes buscarão acordar quanto à suspensão condicional do processo.

Mas este não é o momento exclusivo.

Nos termos do art. 383, CPP, o juiz, sem modificar a descrição do fato contida na denúncia ou queixa, poderá atribuir-lhe definicão jurídica diversa, ainda que, em consequência, tenha de aplicar pena mais grave (é a *emendatio libelli*); e, se em consequência de definição jurídica diversa, houver possibilidade de proposta de suspensão condicional do processo, o juiz procederá de acordo com o disposto na lei (STJ, HC nº 393.693/SP, rel. Min. Ribeiro Dantas, j. 01.06.17). Assim, os autos deverão ser encaminhados ao Ministério Público para que se manifeste sobre a possibilidade de suspensão condicional do processo ou mesmo de transação penal (STJ, HC nº 269.678/PB, rel. Min. Gurgel de faria, j. 07.04.15). Neste sentido, aliás, estabelece a súmula nº 337, STJ: "é cabível a suspensão condicional do processo na *desclassificação* do crime a na *procedência parcial* da pretensão punitiva".

Exemplo para o caso de desclassificação: denúncia oferecida por furto qualificado (art. 155, § 4º, CP, cuja pena é de reclusão de 2 a 8 anos), mas não resta comprovada a qualificadora, de modo que apenas o furto simples é comprovado (art. 155, "caput", CP, cuja pena é de reclusão de 1 a 4 anos); neste caso, já que a pena mínima é de 1 ano, ou seja, comporta a suspensão condicional do processo, o juiz não poderá simplesmente sentenciar o processo, mas deverá remeter os autos ao Ministério Público para que ofereça proposta de suspensão condicional do processo.

De igual modo deve o juiz agir caso haja a procedência parcial da acusação, isto é, se havia dois ou mais crimes que, em razão do concurso de infrações penais, inviabilizava a proposta de suspensão condicional do processo e que, agora, não há mais um dos crimes, permitir-se-á tal suspensão, devendo o julgador agir da mesma forma e remeter os autos ao Ministério Público para que a ofereça (súmula nº 337, STJ).

Exemplo para o caso de procedência parcial: acusado responde por furto simples (art. 155, "caput", CP, cuja pena é de 1 a 4 anos) e receptação qualificada (art. 180, § 1º, CP, cuja pena é de reclusão de 3 a 8 anos); se restar não comprovada a receptação, mas apenas o furto simples, passa a ser possível a suspensão condicional do processo em relação a este crime, devendo o juiz enviar os autos ao *Parquet* para oferecimento de suspensão condicional do processo.

Essas duas situações (desclassificação e procedência parcial) não se confundem com a situação em que um dos crimes imputados ao agente foi extinto pela prescrição da pena em concreto. Imagine que um agente é acusado por dois crimes em concurso formal, sendo que um possui pena mínima de 1 ano e o outro de 6 meses (em razão do concurso formal de crimes, restou impossibilitada a oferta de suspensão condicional do processo). O agente é condenado por ambos os crimes; todavia, vislumbrou-se, depois, que um dos crimes restou prescrito, restando intacto o outro, de modo que seria possível, em tese, a suspensão condicional do processo, já que a pena mínima seria igual/inferior a 1 ano; a defesa, então, pede, após o reconhecimento da prescrição (e após a condenação), que os autos sejam enviados ao Ministério Público para que seja elaborada proposta de suspensão condicional do processo. Analisando esta situação, o Superior Tribunal de Justiça entendeu que **não** é possível, no caso narrado, a proposta de suspensão, haja vista que houve uma condenação prévia, ou seja, a denúncia foi julgada procedente e apenas pela *pena em concreto* é que se reconheceu a prescrição, ou seja, não restou configurada a procedência "parcial" da pretensão da acuação (como exige a súmula n 337 do STJ), mas, sim, a procedência "total", muito embora tenha se reconhecido a prescrição posteriormente com base na pena em concreto apenas (STJ, REsp 1.500.029/SP, rel. Min. Sebastião Reis Júnior, j. 27.09.16).

Por fim, opera-se a preclusão se o oferecimento da proposta de suspensão condicional do processo se der após a prolação da sentença penal condenatória (STJ, RHC nº 405.285/RJ, rel. Min. Rogerio Schietti Cruz, j. 16.12.14).

12.4.4.4.3. *Requisitos*

Quando o Ministério Público for oferecer denúncia e a infração penal comportar a suspensão condicional do processo, oferecerá a proposta de suspensão na chamada *cota ministerial* (que é a peça jurídica acessória à denúncia), desde que preencha os seguintes requisitos:

a) **infração penal com pena mínima igual ou inferior a 1 ano, ressalvados os casos de violência doméstica e familiar contra a mulher**: de imediato já se percebe que a suspensão condicional do processo não é um instituto de aplicação exclusiva no âmbito dos Juizados, pois qualquer infração penal (crime ou contravenção penal) que tenha pena mínima igual ou inferior a 1 ano comportará a medida, isto é, não se exige que seja uma infração de menor potencial ofensivo.

É importante ressaltar que a Lei nº 10.259/01, ao considerar como infrações de menor potencial ofensivo as contravenções e os crimes a que a lei comine pena máxima não superior a 2 anos, não alterou o requisito objetivo exigido para a concessão da suspensão condicional do processo prevista no art. 89 da Lei n. 9.099/95, que continua sendo aplicado apenas aos crimes cuja pena mínima não seja superior a 1 ano (STJ, RHC nº 63.027/SP, rel. Min. Ribeiro Dantas, j. 18.10.16).

Exemplo: o crime de furto simples tem pena mínima de 1 ano, não é infração de menor potencial ofensivo e autoriza a suspensão condicional do processo, a ser concedida pelo juízo comum, já que nunca será julgado no Juizado Especial.

As qualificadoras, privilégios, causas de aumento e de diminuição serão levadas em conta para se aferir a pena mínima do delito. Como o objetivo é achar a pena mínima, na hipótese de causa de aumento variável (p. ex., de 1/3 a 1/2), deve-se aplicar o *menor* aumento; na hipótese de causa de diminuição variável, deve-se aplicar a *maior* diminuição. Ou seja: diminui-se o máximo e aumenta-se o mínimo.

Se houver concurso de crimes, não se fará um cálculo isolado, devendo-se somar as penas mínimas dos crimes ou aplicar a causa de aumento correspondente ao concurso.

Exemplo: ameaça (detenção de 1 a 6 meses) e lesão corporal leve (detenção de 3 meses a 1 ano) em concurso material, caso em que as penas mínimas somadas autorizam a suspensão condicional do processo (4 meses); no caso de danos qualificados (detenção de

6 meses a 3 anos) em continuidade delitiva (majorante de 1/6 a 2/3), a medida também será cabível, aumentando-se o menor patamar, de 1/6, sobre 6 meses.

A este respeito, há duas súmulas. A de nº 243, do STJ, dispõe que o benefício da suspensão do processo não é aplicável em relação às infrações penais cometidas em concurso material, concurso formal ou continuidade delitiva, quando a pena mínima cominada, seja pelo somatório, seja pela incidência da majorante, ultrapassar o limite de um 1 ano; e a súmula de nº 723, do STF, afirma que não se admite a suspensão condicional do processo por crime continuado, se a soma da pena mínima da infração mais grave com o aumento mínimo de um sexto for superior a um ano (STJ, RHC nº 89.197/SC, rel. Min. Ribeiro Dantas, j. 19.10.17).

Se o delito previr pena privativa de liberdade que não se enquadre nos parâmetros legais da suspensão do processo (pena privativa de liberdade superior a 1 ano), mas, alternativamente, previr pena de multa, entende o Superior Tribunal de Justiça ser cabível, diante de uma interpretação extensiva do art. 89 Lei nº 9.099/95, a suspensão condicional do processo (RHC nº 54.429/SP, rel. Min. Maria Thereza de Assis Moura, j. 24.03.15). Assim, é cabível a suspensão condicional do processo (e mesmo a transação penal, como visto) aos delitos que preveem a pena de multa alternativamente à privativa de liberdade, ainda que o preceito secundário da norma legal comine pena mínima superior a 1 ano.

Ex.: o art. 7º da Lei nº 8.137/90 (crimes econômicos) prevê pena de detenção de 2 a 5 anos *ou multa*, o que autoriza, conforme a jurisprudência, a suspensão condicional do processo.

No mais, como já se estudou acima, a Lei Maria da Penha (Lei nº 11.340/06), no seu art. 41, dispõe que, aos crimes praticados com violência doméstica e familiar contra a mulher, independentemente da pena prevista, não se aplicará a Lei nº 9.099/95. Referida previsão foi considerada constitucional pelo Supremo Tribunal Federal (HC nº 106.212/MS, rel. Min. Marco Aurélio, j. 24.03.11).

Logo, não se aplica nenhum instituto da Lei nº 9.099/95 a nenhuma infração penal praticada contra a mulher no âmbito doméstico ou familiar, seja *crime* ou *contravenção* (STJ, HC nº 280.788/RS, rel. Min. Rogerio Schietti Cruz, j. 03.04.14). O Superior Tribunal de Justiça editou a súmula nº 536, dispondo que a suspensão condicional do processo e a transação penal não se aplicam na hipótese de *delitos* (ou seja, crime ou contravenções penais) sujeitos ao rito da Lei Maria da Penha.

b) **o agente não pode estar sendo processado e nem ter sido condenado por outro crime**: entende-se ser constitucional a previsão de que o agente não pode estar sendo processado por outro crime, já que se trata de política criminal e o legislador assim estabeleceu como requisito (STF, AP nº 595/SC, rel. Min. Luiz Fux, j. 25.11.14; e AP nº 968/SP, rel. Min. Luiz Fux, j. 22.05.18). Ademais, atente-se que o legislador estipula *crime*, excluindo, portanto, as contravenções penais.

Nos moldes da posição jurisprudencial, a existência de inquérito policial em curso não é circunstância idônea a obstar o oferecimento de proposta de suspensão condicional do processo, ou seja, o simples inquérito policial em curso não impedirá o oferecimento do benefício (STJ, RHC nº 79.751/SP, rel. Min. Maria Thereza de Assis Moura, j. 18.04.17) – até porque, o agente está sendo "investigado", e não "processado" ainda.

Quanto à segunda situação (não ter sido condenado por outro crime), deve-se adotar os 5 anos do período depurador da reincidência (art. 64, I, CP), ou seja, após isso, nada impede a concessão da suspensão condicional do processo (STF, HC nº 56.646/SP, rel. Min. Cezar Peluso, j. 11.04.06). Do contrário, a prática de um único crime inviabilizaria a ulterior concessão da suspensão condicional do processo por outro fato para sempre, o que não pode ser aceito.

No mais, o Superior Tribunal de Justiça entende que é possível aplicar analogicamente o art. 76, § 2º, II, Lei nº 9.099/95, ao agente, impedindo-se mais uma suspensão condicional do processo a quem já dela se beneficiou nos últimos 5 anos (5ª T., HC nº 370.047/PR, rel. Min. Felix Fischer, j. 17.11.16; e 6ª T., HC nº 209.541/SP, rel. Min. Maria Thereza de Assis Moura, j. 23.04.13), embora haja doutrina defendendo o contrário, sob pena de se fazer interpretação analógica *in malam partem* (Brasileiro, 2016).

Exemplo: agente é beneficiado com a suspensão condicional do processo e, uma vez cumprida a extinta a punibilidade, dois meses depois seria novamente beneficiado em razão da prática de outro fato – veja que não houve condenação alguma, o que, para uns, seria possível uma nova suspensão condicional do processo (doutrina), mas, para outros, não (jurisprudência).

De qualquer modo, é fato que, enquanto o agente estiver cumprindo as condições da suspensão do processo, ele não poderá ser beneficiado com este instituto em outro processo, já que ele estará "sendo processado" por outro crime, requisito legal impeditivo da concessão do benefício.

c) **presença dos requisitos que permitem a suspensão condicional da pena**: o referido instituto tem previsão no art. 77 do Código Penal, prevendo a possibilidade de suspensão da execução da pena, desde que: **(i)** o agente não seja reincidente em crime doloso; **(ii)** a culpabilidade, os antecedentes, a conduta social e a personalidade do agente, bem como os motivos e as circunstâncias autorizem a concessão do benefício; e **(iii)** não seja indicada ou cabível a substituição da pena privativa de liberdade por restritiva de direitos.

A condenação anterior a pena de multa não impedirá a concessão da suspensão condicional do processo, nos termos do art. 77, § 1º, CP, com aplicação analógica aqui.

Em suma:

Requisitos para a concessão da suspensão condicional do processo
» Prática de **infração penal** com pena mínima igual ou inferior a 1 ano, ressalvados os casos de violência doméstica e familiar contra a mulher.
» O agente não pode estar sendo processado e nem ter sido condenado por outro **crime**.
» Presença dos requisitos que permitem a **suspensão condicional da pena**.

12.4.4.4.4. *Legitimidade*

A Lei nº 9.099/95 prevê que o Ministério Público tem legitimidade para oferecer a suspensão condicional do processo, que precisa ser aceita pelo autor do fato para gerar efeitos (§ 1º, art. 89).

O magistrado não se intromete nesta relação acusação-acusado, senão apenas para homologar a proposta aceita. Caso o Ministério Público, tratando-se de ação penal pública, não ofereça a suspensão, mesmo que presentes os requisitos legais, caberá ao acusado, por seu defensor, requerer ao juiz a aplicação analógica do art. 28-A, § 14, CPP, que dispõe que, no caso de recusa, por parte do Ministério Público, em propor o acordo de não persecução penal (leia-se, aqui, suspensão condicional do processo), o agente poderá requerer a remessa dos autos ao órgão superior do Ministério Público (PGJ ou CCR). Parece ser a solução mais adequada atualmente, de modo similar ao já previsto na súmula nº 696, STF.

Se houver foro por prerrogativa de função, a legitimidade é apenas e tão somente do Procurador-Geral (de Justiça ou da República), de modo que, uma vez não oferecida, não há como se aplicar o art. 28, CPP, devendo o tribunal acatar tal decisão ministerial.

No que diz respeito à **ação penal de iniciativa privada**, há certa divergência sobre o cabimento da suspensão condicional do processo. De um lado, há quem sustente **não ser cabível**, já que o querelante tem em mãos diversos institutos que podem encerrar a persecução penal, como a renúncia, a decadência, a reconciliação, a perempção, o perdão e a retratação, de modo que não caberia a suspensão condicional do processo (STF, AgRg no HC nº 226.432/BA, rel. Min. Rosa Weber, j. 28.05.13).

E, de outro lado, há quem entenda **ser cabível** a suspensão condicional do processo nos casos de ação penal de iniciativa privada, cuja legitimidade é do próprio querelante, não podendo o Ministério Público usurpar tal faculdade (STJ, HC nº 187.090/MG, rel. Min. Adilson Macabu, j. 01.03.11; e STF, HC nº 81.720/SP, rel. Min. Sepúlveda Pertence, j. 26.03.02).

Vale mencionar, de outro lado, que o enunciado nº 112 do FONAJE estabelece que, em ação penal de iniciativa privada, a proposta de suspensão condicional do processo é de iniciativa do Ministério Público.

12.4.4.4.5. *Aceitação*

Viu-se que a proposta de suspensão condicional do processo precisa ser aceita pelo autor do fato (§ 1º do art. 89, Lei nº 9.099/95), o que, conforme Renato Brasileiro de Lima, é uma aceitação *personalíssima*, *voluntária*, *formal*, *vinculada aos termos propostos*, *tecnicamente assistida* e *absoluta*, ou seja, incondicional e total (Manual, 2016).

Diz-se que a aceitação é "tecnicamente assistida" porque exige a concordância do autor do fato *e* de seu defensor, sendo um ato personalíssimo, ou seja, deve ser aceito/recusado pessoalmente pelo agente, não se falando em procuração, ainda que com poderes especiais (STJ, HC nº 17.165/SP, rel. Min. Paulo Gallotti, j. 02.12.03). Ademais, se o autor do fato, em audiência, diante de defensor dativo, recusar a proposta, não há que se falar em ilegalidade. E, ainda, se houver divergência entre autor do fato e seu advogado, deve prevalecer a vontade daquele, como bem prevê o § 7º do art. 89, Lei nº 9.099/95 (STJ, REsp nº 801.595/RJ, rel. Min. Felix Fischer, j. 19.04.07).

Fixou o Superior Tribunal de Justiça o entendimento de que "a suspensão condicional do processo **não é um direito subjetivo do acusado**, mas, sim, um **poder-dever do Ministério Público**, titular da ação penal, a quem cabe, com exclusividade, analisar a possibilidade de aplicação do referido instituto, desde que o faça de forma fundamentada" (AgRg no RHC nº 74.464/PR, rel. Min. Sebastião Reis Júnior, j. 02.02.17; e HC nº 417.876/PE, rel. Min. Reynaldo Soares da Fonseca, j. 14.11.17); em idêntico sentido entende o Supremo Tribunal Federal, ao afirmar que "a suspensão condicional do processo tem natureza de transação processual, não existindo, portanto, direito público subjetivo do paciente à aplicação do art. 89 da Lei 9.099/95" (HC nº 129.346/ES, rel. Min. Dias Toffoli, j. 05.04.16; e AP nº 968/SP, rel. Min. Luiz Fux, j. 22.05.18).

Isso significa que o Ministério Público poderá, fundamentadamente, deixar de propor a suspensão condicional do processo se ausente algum requisito legal, não gerando ilegalidade por isso (STJ, RHC nº 60.445/SP, rel. Min. Felix Fischer, j. 26.04.16).

E justamente em razão da necessidade de verificação dos requisitos legais, que são personalíssimos em relação a cada autor do fato delituoso, é possível que o Ministério Público proponha a suspensão condicional do processo em relação a um dos agentes, o que não se estenderá aos demais, no caso de concurso de agentes. E caso seja ofertada a suspensão a dois agentes e um deles não a aceite, o processo será desmembrado, seguindo-se a persecução penal em relação ao que não aceitou.

Aceita ou recusada a proposta, isso não significa que o juiz a acatará obrigatoriamente, já que o seu papel é de verificação da legalidade, ou seja, do preenchimento dos requisitos legais, podendo ou não homologar a proposta (STJ, RHC nº 80.170/MG, rel. Min. Jorge Mussi, j. 28.03.17).

Uma vez aceita e homologada a proposta, prevê o § 6º do art. 89, Lei nº 9.099/95, que "não correrá a prescrição durante o prazo de suspensão do processo". Trata-se de uma **causa suspensiva da prescrição**, voltando a correr, cessada a causa, pelo tempo restante (sem "zerar" o prazo prescricional), a partir da decisão que cassa o benefício, permitindo-se que o autor do fato seja processado (Brasileiro, 2013); a última interrupção da prescrição ocorreu com o recebimento da denúncia (art. 117, I, CP), ato este imediatamente anterior à decisão que suspendeu o processo.

No mais, não é porque o autor do fato aceitou a suspensão condicional do processo que ele deixou de ter interesse processual na impetração de remédios constitucionais, como o "habeas corpus", já que, por mais que o processo esteja suspenso, é possível que ocorra algum fato iminente que possa alterar a sua situação processual, gerando risco à sua liberdade, já que o processo penal pode ser retomado, autorizando-se, por isso mesmo, a impetração do remédio heroico se preciso for (STJ, HC nº 291.267/SP, rel. Min. Reynaldo Soares da Fonseca, j. 07.02.17).

Desta forma, a aceitação, pelo agente, do benefício da suspensão condicional do processo, nos termos do art. 89 da Lei nº 9.099/95, não inviabiliza a impetração de *habeas corpus* e nem prejudica o seu exame, tendo em vista a possibilidade de se retomar o curso da ação penal caso as condições impostas sejam descumpridas.

Por fim, vale lembrar que a proposta de suspensão condicional do processo é feita pelo Ministério Público quando do oferecimento da denúncia; assim, se o acusado não a aceitar, o juiz, já com a denúncia ofertada, designará audiência de instrução e julgamento, não podendo se cogitar, depois desse momento, de retratação da recusa (STF, HC nº 80.172/AM, rel. Min. Nelson Jobim, j. 06.02.01).

12.4.4.4.6. *Recurso*

A decisão que homologa a suspensão condicional do processo é recorrível, mas não há recurso previsto em lei. Por isso, há quem entenda ser cabível a *apelação* (porque se trata de decisão com força de definitiva e que encerra uma parte do processo) e há quem entenda cabível o *recurso em sentido estrito* (em interpretação analógica ao inc. XI do art. 581, CPP, contra a suspensão condicional da pena).

Nada impede, no mais, a impetração de mandado de segurança, "habeas corpus" ou mesmo correição parcial se preenchidos os requisitos legais – até porque, há uma ação penal em curso normalmente.

12.4.4.4.7. *Condições*

Uma vez aceita a proposta de suspensão condicional do processo, este ficará suspenso pelo período de 2 a 4 anos, devendo o magistrado receber a denúncia e determinar as seguintes condições ao autor do fato (art. 89, § 1º, Lei nº 9.099/95):

a) **reparação do dano, salvo impossibilidade de fazê-lo**: a reparação, como estudado alhures, é um dos objetivos dos Juizados, devendo o agente assim promover a reparação dos danos logo após a decisão do juiz que homologa a suspensão, ou dentro do lapso fixado, sob pena de revogação do benefício (§ 3º do art. 89).

Pode ocorrer, assim, de o Ministério Público oferecer a suspensão condicional do processo impondo a condição de o causador do delito indenizar a vítima. Disso, poderá advir o não pagamento desta indenização acordada.

Exemplo: João pratica lesões corporais em Otávio; o promotor de justiça oferece a suspensão condicional do processo, propondo como contrapartida o pagamento de R$ 5 mil a título de indenização pelos danos sofridos pela vítima; autor do fato e vítima, com seus respectivos advogados, aceitam; o juiz, na sequência, homologa a suspensão e o acordo indenizatório que aconteceu no bojo da proposta; João, todavia, não efetua o pagamento da indenização acordada e homologada pelo juiz; a vítima (Otávio), ingressa no *juízo cível* requerendo o cumprimento da sentença penal, exigindo o pagamento da quantia acordada; o autor do fato (João) se defende, argumentando que a decisão homologatória do juiz penal não se amolda em nenhuma espécie de título executivo judicial do art. 515, CPC, além de sustentar que a decisão criminal homologatória não faz coisa julgada no âmbito cível e que a indenização pretendida dependeria de uma ação de conhecimento autônoma.

Chamado a decidir, o Superior Tribunal de Justiça entendeu que a composição civil entre denunciado e vítima, embutida na decisão concessiva de suspensão condicional do processo, enquadra-se no art. 515, II, CPC, sendo título executivo judicial a decisão homologatória de autocomposição judicial. Ademais, quando se diz que a decisão que concede a suspensão condicional do processo não faz coisa julgada material, isso diz respeito apenas a fins penais, ou seja, o descumprimento do acordo ensejará a retomada do processo penal, não guardando relação com a seara cível. Além disso, autor do fato e vítima, com seus advogados, concordaram com os efeitos civis da suspensão condicional do processo, dentre eles a obrigação de indenizar a vítima, o que foi homologado judicialmente, incidindo, no caso, os princípios basilares da confiança, da boa-fé e da segurança (REsp nº 1.123.463/DF, rel. Min. Maria Isabel Gallotti, j. 21.02.17).

Com isso, o ato de composição entre denunciado e vítima, visando à reparação civil do dano, embutido na decisão concessiva de suspensão condicional do processo, é título executivo judicial apto a lastrear eventual execução cível.

b) **proibição de frequentar determinados lugares**: o juiz proibirá o acusado de frequentar certos locais que favoreçam ou instiguem a prática de atos criminosos, desde que guarde relação com o fato praticado.

c) **proibição de se ausentar da comarca onde reside sem autorização do juiz**: não se trata da simples e absoluta proibição de se ausentar, mas da necessária autorização do magistrado para que o agente possa sair da comarca, mantendo-se o controle de sua localização.

d) **comparecimento pessoal e obrigatório em juízo, mensalmente, para informar e justificar suas atividades**: apesar de a lei estabelecer o comparecimento *mensal*, o juiz, conforme a análise do caso concreto, poderá estabelecer outro período (quinzenal, bimestral, trimestral etc.), embora haja jurisprudência no sentido de que se trata de imposição legal, não podendo o juiz alterar o referido lapso discricionariamente (STJ, REsp nº 504.787/RS, rel. Min. Gilson Dipp, j. 12.08.03).

e) **não instauração de outro processo em virtude da prática de crime ou de contravenção**: não é uma condição expressa no § 1º do art. 89, Lei nº 9.099/95, mas é uma causa de revogação do benefício prevista nos §§ 3º e 4º do mesmo art. 89, ou seja, não poderá o acusado vir a ser processado por crime ou contravenção no curso do benefício.

f) **outras condições adequadas ao fato e à situação pessoal do acusado**: dispõe o § 2º do art. 89, Lei nº 9.099/95, que o Juiz poderá especificar *outras condições* a que fica subordinada a suspensão, desde que adequadas ao fato e à situação pessoal do acusado.

Exemplo: frequência ao programa de alcoólicos/narcóticos anônimos, matricular-se em curso escolar etc.

Obviamente que a condição deve respeitar os parâmetros constitucionais, sendo vedado o estabelecimento de trabalho forçado, vexatório ou impertinente (ex.: frequentar uma igreja, pintar as paredes do fórum etc.).

Consoante o Tribunal da Cidadania, "a jurisprudência desta Corte Superior convergiu para o entendimento de que **não há impedimento** legal ou lógico para que, na fixação dos termos da suspensão condicional do processo, **sejam acrescidas outras condições adequadas ao caso concreto**, tais como **penas restritivas de direitos, prestação de serviços comunitários, o fornecimento de cestas básicas a instituições filantrópicas ou a prestação pecuniária**, nos termos do art. 89, § 2º, da Lei n. 9.099/1995" (RHC nº 62.798/RS, 6ª Turma, rel. Min. Ericson Maranho, j. 01.12.15; e RHC nº 68.501/RS, 5ª Turma, rel. Min. Joel Ilan Paciornik, j. 27.09.16), o que foi consolidado no REsp nº 1.498.034/RS (rel. Min. Rogerio Schietti Cruz, j. 25.11.15, cf. procedimento previsto para os recursos repetitivos), considerando a Corte que tais medidas deixam de ser sanções penais para serem **simples condições** para a concessão da suspensão condicional do processo.

Neste sentido, pois, admite o Tribunal da Cidadania a perda do valor da fiança como condição legítima da suspensão condicional do processo, tendo em vista que não há óbice legal a que o réu assuma obrigações equivalentes, do ponto de vista prático, a penas restritivas de direito, já que tais condições são apenas uma alternativa colocada à sua disposição para evitar sua sujeição a um processo penal e cuja aceitação depende de sua livre vontade (AgRg no RHC nº 83.810/PR, rel. Min. Rogerio Schietti Cruz, j. 17.08.17).

Vale ressaltar, todavia, que há doutrina – minoritária – entendendo não ser possível impor uma pena restritiva de direitos como condição à suspensão do processo, já que o objetivo não seria punir, mas condicionar o processo a um bom comportamento do agente.

12.4.4.4.8. *Revogação*

Conforme o § 3º do art. 89, Lei nº 9.099/95, a suspensão **será** revogada se, no curso do prazo, *(a)* o beneficiário vier a ser processado por outro crime ou *(b)* não efetuar, sem motivo justificado, a reparação do dano. Ainda, o § 4º afirma que a suspensão **poderá** ser revogada se *(a)* o acusado vier a ser processado, no curso do prazo, por contravenção, ou *(b)* descumprir qualquer outra condição imposta.

Então, pelos termos empregados pela lei ("será revogada" e "poderá ser revogada"), distingue-se a revogação em duas situações:

a) **revogação obrigatória**, em que a suspensão condicional do processo *será* revogada:

a.1) se o acusado vier a ser processado por outro *crime*.

a.2) se o acusado não efetuar a reparação do dano, salvo impossibilidade de fazê-lo (ex.: desempregado, sem economias guardadas etc.).

b) **revogação facultativa**, em que o juiz poderá, ou não, revogar a suspensão condicional do processo:

b.1) se o acusado vier a ser processado, no curso do prazo, por *contravenção penal*.

b.2) se o acusado descumprir qualquer outra condição imposta (§ 2º do art. 89, Lei nº 9.099/95).

No caso de o agente vir a ser *processado* por outro crime durante o período de prova, a suspensão condicional do processo será revogada mesmo que, posteriormente, venha ele a ser absolvido (STJ, AgRg no AgRg no AREsp nº 1.374.826/SC, rel. Min. Jorge Mussi, j. 28.05.19). Além disso, é irrelevante o momento da prática desse outro crime, ou seja, pode ser uma infração penal anterior ao processo onde se está analisando a possibilidade de concessão do benefício (STJ, HC nº 380.643/RJ, rel. Min. Antonio Saldanha Palheiro, j. 06.06.17).

Quanto ao agente ser processado por contravenção penal, o Superior Tribunal de Justiça tem aplicado o mesmo entendimento quando ocorrer o processamento pela prática do crime do art. 28 da Lei de Drogas, haja vista a necessidade de observância da proporcionalidade das situações, considerando que houve a despenalização do referido crime (STJ, REsp nº 1.795.962/SP, rel. Min. Ribeiro Dantas, j. 10.03.20).

Logo:

Revogação obrigatória	Revogação facultativa
Vier a ser processado por outro crime	Vier a ser processado por contravenção
Não reparar o dano, salvo impossibilidade	Descumprir outras condições do § 2º, art. 89

12.4.4.4.9. *Extinção da punibilidade*

Estabelece o § 5º do art. 89, Lei nº 9.099/95, que, expirado o prazo de suspensão condicional do processo sem revogação, o juiz *declarará* extinta a punibilidade. A extinção da punibilidade **não será automática**, devendo o juiz analisar os autos e verificar se foram cumpridas as condições à suspensão do processo e se o agente não incorreu em nenhuma causa de revogação do benefício.

Como bem entendeu o Superior Tribunal de Justiça, "se descumpridas as condições impostas durante o período de prova da suspensão condicional do processo, o benefício poderá ser revogado, mesmo se já ultrapassado o prazo legal, desde que referente a fato ocorrido durante sua vigência" (REsp nº 1.498.034/RS, rel. Min. Rogerio Schietti Cruz, j. 25.11.15, cf. procedimento previsto para os recursos repetitivos; e AgRg no REsp nº 1.349.472/RS, rel. Min. Reynaldo Soares da Fonseca, j. 27.04.17).

Exemplo: o agente está no prazo da suspensão condicional do processo penal, mas descumpre uma condição, que só é descoberta findo o período de prova, ou seja, o fato que autorizaria a revogação do benefício ocorreu no curso do período de prova, mas só foi descoberto findo este.

Então, fixou a Corte da Cidadania o entendimento no sentido de que a suspensão condicional do processo **poderá ser revogada ainda que o fato revogador seja descoberto após o período de prova**, mas **desde que praticado no curso do período de prova e desde**

que a descoberta ocorra antes do trânsito em julgado da decisão judicial de extinção da punibilidade, pois, após isso, haverá a formação da coisa julgada material.

A sentença que declara a extinção da punibilidade é terminativa de mérito, combatida por meio de *recurso em sentido estrito* (art. 581, VIII, CPP).

No mais, o total cumprimento das condições da suspensão condicional do processo, com a consequente extinção da punibilidade, não poderá ser utilizado posteriormente, em outro processo, como maus antecedentes ou reincidência a fim de agravar a pena do réu (STJ, HC nº 385.535/RJ, rel. Min. Ribeiro Dantas, j. 09.05.17). Até porque, não houve condenação.

12.4.5. Rito sumaríssimo

Até agora, foram estudadas as medidas despenalizadoras, que objetivam evitar a imposição de uma pena privativa de liberdade; viu-se, também, a realização de um *processo penal consensual*, sem conflitos, inclusive com a reparação dos danos civis causados.

Optou-se por tratar do tema desta forma para que o leitor tenha a completa noção das quatro medidas despenalizadoras dos Juizados para, agora, saber como e onde elas são aplicadas no curso do procedimento sumaríssimo. Do contrário, cada medida seria um grande parêntese dentro da explicação do rito processual, o que dificultaria o entendimento da matéria de modo conglobado.

Abaixo, no que segue, serão analisados, portanto, os temas relativos ao procedimento sumaríssimo em si, desde as investigações até a execução das decisões dos Juizados, já tendo em mente os institutos despenalizadores.

12.4.5.1. *Termo circunstanciado*

Como regra, as infrações penais são investigadas por meio dos inquéritos policiais, nos termos do Código de Processo Penal. A Lei nº 9.099/95, diferentemente, previu que, para as infrações de menor potencial ofensivo, a investigação se dará por meio do *termo circunstanciado* (art. 69).

Assim, a autoridade policial que tomar conhecimento da ocorrência lavrará termo circunstanciado e o encaminhará imediatamente ao Juizado, com o autor do fato e a vítima, providenciando-se as requisições dos exames periciais necessários.

O chamado "TC" (termo circunstanciado) é um *mini-inquérito policial*, por assim dizer, composto pelos dados dos envolvidos e por um breve relatório dos fatos, com as indicações mínimas para um possível futuro processo (provas, desenhos, testemunhas etc.). Não se trata de sinônimo de boletim de ocorrência, tanto que este, geralmente, é juntado ao termo circunstanciado.

Nada impede que, no lugar de um termo circunstanciado, seja instaurado inquérito policial, ou que, após a lavratura de um TC, seja instaurado inquérito, conforme a complexidade dos fatos, por exemplo.

A lei determina que a "autoridade policial" lavrará o termo circunstanciado. Não é exatamente pacífico o entendimento sobre quem é tal autoridade. Para uns, seria apenas a polícia judiciária (Polícia Civil e Polícia Federal), enquanto que, para outros, até mesmo a Polícia Militar poderia lavrá-lo. Ver que, por exemplo, há os Provimentos nº 758/01 e 806/03, do Conselho Superior da Magistratura de São Paulo, autorizando a polícia militar a lavrar termo circunstanciado. O próprio Superior Tribunal de Justiça já entendeu que a Polícia Militar, na ausência de pessoal da Polícia Civil, poderia lavrar termo circunstanciado (HC nº 7.199/PR, rel. Min. Vicente Leal, j. 01.07.98). O Supremo Tribunal Federal, por maioria, fixou o entendimento de que "o termo circunstanciado não é procedimento investigativo, mas peça informativa com descrição detalhada do fato e as declarações do condutor do flagrante e do autor do fato", de modo que "deve-se reconhecer que a possibilidade de sua lavratura pelo órgão judiciário não ofende os §§ 1º e 4º do art. 144 da Constituição, nem interfere na imparcialidade do julgador" (ADI nº 3.807/DF, rel. Min. Cármen Lúcia, j. 29.06.20). Em suma, entendeu-se que "a lavratura de termo circunstanciado não configura atividade investigativa e, portanto, não é função privativa de polícia judiciária".

Entende-se que não há que se falar em *indiciamento em termo circunstanciado*, seja diante da simplicidade na sua confecção ou seja porque o indiciamento é ato registrado nos assentos do suposto autor do fato, o que não é permitido no âmbito dos Juizados, diante do previsto no § 6º do art. 76, Lei nº 9.099/95, que prevê que a transação penal não constará da certidão de antecedentes criminais. No mesmo sentido é a jurisprudência do Superior Tribunal de Justiça, ao afirmar que o indiciamento não é a medida mais coerente, ante a própria desnecessidade de se instaurar inquérito policial para as infrações de menor potencial ofensivo (HC nº 25.557/SP, rel. Min. José Arnaldo da Fonseca, j. 28.10.03). Atentar que há doutrina que sustenta ser possível o indiciamento em *inquérito policial* que apure a prática de infração de menor potencial ofensivo (Avena, 2017).

12.4.5.2. *Flagrante*

Explicou-se que a autoridade policial, após lavrar o termo circunstanciado, o encaminhará ao Juizado, juntamente com o autor do fato e a vítima (art. 69, Lei nº 9.099/95); ao autor do fato que, após a lavratura do termo, for imediatamente encaminhado ao Juizado ou assumir o compromisso de a ele comparecer, *não se imporá prisão em flagrante*, nem se exigirá fiança (p.ú.). Trata-se do **princípio descaracterizador** da Lei nº 9.099/95, em que há situação de flagrante, mas a lei, literalmente, o descaracteriza.

Assim, se o agente é capturado (para cessar a prática criminosa) e, ou é enviado ao Juizado, ou, não sendo possível, assume o compromisso de lá comparecer, não se lavrará o auto de prisão em flagrante e nem se exigirá fiança.

De outro lado, se o agente se recusar a comparecer ao Juizado ou a assumir o compromisso, a autoridade policial lavrará o auto de prisão em flagrante (o que, como já estudado, não significa que ele será "preso", já que poderá ser cabível a liberdade provisória arbitrada pelo próprio delegado). O inquérito policial poderá ser instaurado, se necessário.

Vale lembrar, como já visto no estudo das *Prisões*, que o Código de Trânsito Brasileiro prevê que, ao condutor de veículo, nos casos de acidentes de trânsito de que resulte vítima, não se imporá a prisão em flagrante, nem se exigirá fiança, se prestar pronto e integral socorro àquela (art. 301, Lei nº 9.503/97); igualmente, a Lei de Drogas dispõe que, tratando-se da conduta prevista no art. 28 da referida lei (porte para consumo), não se imporá prisão em flagrante, devendo o autor do fato ser imediatamente encaminhado ao juízo competente ou, na falta deste, assumir o compromisso de a ele comparecer, lavrando-se termo circunstanciado e providenciando-se as requisições dos exames e perícias necessários (art. 48, § 2º, Lei nº 11.343/06).

12.4.5.3. *Violência doméstica*

O p.ú., parte final, do art. 69, Lei nº 9.099/95, dispõe que, em caso de violência doméstica, o juiz poderá determinar, como medida de cautela, seu afastamento do lar, domicílio ou local de convivência com a vítima.

Esse dispositivo tinha relevância diante da antiga redação do crime de lesões corporais no âmbito doméstico e familiar, cuja pena era de 3 meses a 1 ano (art. 129, § 9º, CP, com antiga redação cf. Lei nº 10.886/04); todavia, a Lei Maria da Penha (Lei nº 11.340/06) alterou a pena do referido crime, que passou a ser de 3 meses a 3 anos, deixando de ser uma infração de menor potencial ofensivo.

No atual panorama processual, então, o **juiz** tem à sua disposição as medidas cautelares pessoais do art. 319, CPP, como a proibição de contato com certa pessoa (inc. III), inclusive com possibilidade de decretação da prisão preventiva para garantir a execução das medidas protetivas (art. 313, III, CPP), sendo dispensável o p.ú. do art. 69, Lei nº 9.099/95.

12.4.5.4. *Análise procedimental*

Abaixo, será analisado o procedimento sumaríssimo em juízo, conjugando tudo o que foi estudado até aqui e mais alguns tópicos indispensáveis.

12.4.5.4.1. *Atos de comunicação*

No âmbito da Lei nº 9.099/95, a **citação** será pessoal e far-se-á no próprio Juizado, sempre que possível, ou por mandado (art. 66). Na verdade, como já se estudou, a citação por mandado é uma citação pessoal, querendo a lei dizer, pois, que a citação se dará no próprio Juizado ou por oficial de justiça.

São plenamente possíveis os atos de comunicação por meio de carta precatória, conforme prevê o § 2º do art. 65, Lei nº 9.099/95, o que se dará por qualquer meio de comunicação hábil (envio físico da precatória, pedido por e-mail, por fax etc.). Não haverá citação do agente pelo correio ou qualquer outro meio de comunicação (telefone, e-mail etc.), nos termos da Lei nº 11.419/06, e muito menos por edital.

Entende-se ser possível a citação por hora certa no âmbito dos Juizados, como bem prevê o Enunciado nº 110 do Fórum Nacional de Juizados Especiais; mas, há doutrina contrária a esta posição.

Como já se viu, a carta rogatória não é compatível com os Juizados, devendo, neste caso, o processo ser encaminhado ao juízo comum (STJ, RHC nº 10.476/SP, rel. Min. Fernando Gonçalves, j. 06.02.01).

Caso o agente não seja encontrado para ser citado, o juiz encaminhará as peças existentes ao juízo comum para adoção do procedimento previsto em lei (p.ú., art. 66, Lei nº 9.099/95), que será o **sumário**. De acordo com o já estudado, a posterior localização do réu não determinará o retorno dos autos ao Juizado, sendo ele julgado no juízo comum, garantindo-se a possibilidade de aplicação dos institutos cabíveis da Lei nº 9.099/95, se preenchidos os requisitos legais.

Quanto à **intimação**, ela será por correspondência, com aviso de recebimento pessoal ou, tratando-se de pessoa jurídica ou firma individual, mediante entrega ao encarregado da recepção, que será obrigatoriamente identificado, ou, sendo necessário, por oficial de justiça, independentemente de mandado ou carta precatória, ou ainda por qualquer meio idôneo de comunicação (art. 67, Lei nº 9.099/95), inclusive eletrônico, cf. Lei nº 11.419/06.

Destaca-se que, no âmbito dos Juizados Especiais Criminais, não se exige a intimação pessoal do defensor público, admitindo-se a intimação na sessão de julgamento ou mesmo pela imprensa oficial, não se aplicando as regras do art. 370 do CPP (STJ, RHC nº 79.148/MG, rel. Min. Felix Fischer, j. 18.04.17) – o que é bastante criticado pela doutrina.

Do ato de intimação do autor do fato e do mandado de citação do acusado, constará a necessidade de seu comparecimento acompanhado de advogado, com a advertência de que, na sua falta, ser-lhe-á designado defensor público.

12.4.5.4.2. *Fase preliminar*

O procedimento dos Juizados é dividido em duas fases bem distintas: **(a)** fase preliminar e **(b)** audiência de instrução e julgamento.

Na fase preliminar, serão realizados, logo após a lavratura do termo circunstanciado e encaminhamento dos envolvidos ao Juizado, *(i)* a tentativa de composição dos danos civis, *(ii)* a representação, se o delito for a esta condicionado, e se ainda não foi ofertada, *(iii)* a transação penal, *(iv)* o possível oferecimento de denúncia ou queixa oral e *(v)* a citação do acusado para posterior audiência de instrução e julgamento.

Como mencionado anteriormente, preferiu-se o estudo de cada instituto separadamente para, agora, se passar à análise do rito sumaríssimo e sua aplicação, tornando mais palpáveis os atos processuais. Aqui será feito um panorama da aplicação dos institutos, dentro da sequência procedimental dos Juizados; para a análise detida de cada um deles, verifique os tópicos anteriores.

Praticada uma infração de menor potencial ofensivo, a autoridade policial lavrará o **termo circunstanciado** e, finalizado este, o encaminhará, juntamente com o autor do fato e a vítima, ao Juizado, ou então, na impossibilidade, o agente assumirá o compromisso de lá comparecer quando chamado (o que ocorre na infinita maioria dos casos).

É importante uma observação. Como visto, a representação, conforme a Lei nº 9.099/95, será oferecida na audiência preliminar designada pelo juiz (art. 75). Todavia, pode acontecer de esta audiência ser designada tempos depois de findo o prazo regular para a representação (de 6 meses, em regra, após o fato/conhecimento da autoria). Então, algumas posições surgiram quanto a isso: (a) a própria lavratura do termo circunstanciado já servirá como representação; (b) a lavratura serve como representação, mas deverá ser confirmada em juízo; (c) a representação, se ainda não ofertada, poderá ser feita em 6 meses a contar da data da audiência preliminar, sendo o art. 75, Lei nº 9.099/95, uma exceção ao art. 38, CPP; ou (d), o que parece ter prevalecido, o prazo decadencial para representação será de 6 meses, contados do dia em que a vítima tomar conhecimento da autoria delitiva, cf. o art. 38, CPP, sob pena de decadência (STJ, Corte Especial, SD nº 156/RS, rel. Min. Arnaldo Esteves Lima, j. 30.06.08).

Consoante o Superior Tribunal de Justiça, a representação não exige maiores formalidades, sendo satisfatória a demonstração inequívoca de que a vítima possui o interesse na persecução penal, bastando que a vítima ou seu representante leve ao conhecimento das autoridades o ocorrido (HC nº 385.345/SC, rel. Min. Reynaldo Soares da Fonseca, j. 28.03.17).

No Juizado (com o comparecimento imediato após os fatos ou depois, em data designada), em *audiência preliminar*, diante de um juiz, será tentada a **composição dos danos civis**. Como visto, caso autor e vítima cheguem a um acordo e a ação penal for de iniciativa privada ou pública condicionada à representação, não haverá prosseguimento da ação penal, diante da renúncia ao direito de queixa ou de representação (art. 74, p.ú., Lei nº 9.099/95). Já se a ação penal for pública incondicionada, o acordo celebrado não interferirá em nada o andamento do processo penal.

Se a ação for pública condicionada e não houve acordo dos danos civis e, ainda, a vítima ofereceu representação (art. 75, Lei nº 9.099/95), ou se a ação penal for pública incondicionada, o Ministério Público, se não for o caso de arquivamento dos autos, proporá a **transação penal**, com aplicação imediata de pena restritiva de direitos ou multa.

É bom lembrar que o autor do fato, nesta audiência preliminar onde será buscada a transação penal, deve estar acompanhado de seu advogado (art. 76, § 3º, Lei nº 9.099/95). A ausência do autor do fato ou da vítima não gerará – necessariamente – a condução coercitiva, significando apenas a ausência de interesse na conciliação ou transação penal (STJ, RHC nº 22.372/ES, rel. Min. Laurita Vaz, j. 15.12.09).

Aceita a transação penal, ela é submetida à apreciação do juiz, que, se acolhida, submeterá o agente ao cumprimento de pena restritiva de direitos ou pagamento de multa. O cumprimento da transação não gerará reincidência, sendo este fato registrado apenas para se impedir novo benefício no prazo de 5 anos.

Não aceita a transação penal ou, se oferecida, o agente a recusou, o Ministério Público oferecerá **denúncia oral**, na própria audiência preliminar. Por isso é que é importante apenas se tentar a transação penal quando houver elementos suficientes quanto à autoria ou materialidade (do contrário, deve-se requerer mais diligências se for necessário, ou arquivar os autos), pois, se houver alguma deficiência e o autor do fato não aceitar a proposta de transação, o *Parquet* deverá, por lei, oferecer denúncia, o que pode ocasionar eventual rejeição por inépcia.

Se cabível, junto com a inicial acusatória oral já se deverá oferecer a suspensão condicional do processo, que poderá ser analisada pelo acusado na própria audiência preliminar. Se a *complexidade* ou *circunstâncias do caso* não permitirem a formulação da denúncia, o Ministério Público poderá requerer ao Juiz o encaminhamento das peças existentes ao juízo comum (ex.: complexidade do crime, quantidade de acusados, dificuldade probatória etc.).

A lei não fala na possibilidade de encerramento da audiência preliminar e encaminhamento dos autos ao Ministério Público para oferecimento de acusação por escrito, embora isso ocorra na maioria dos casos, o que não macula o processo, por ausência de prejuízo às partes.

Na ação penal de iniciativa privada, o ofendido poderá oferecer queixa oral, cabendo ao juiz verificar se a complexidade e as circunstâncias do caso determinam o envio dos autos ao juízo comum (§ 3º, art. 77).

Mesmo que feita oralmente, a peça acusatória deverá observar os requisitos legais do art. 41, CPP, sob pena de ser rejeitada (art. 395, CPP). No oferecimento da acusação já deverão ser arroladas as testemunhas.

Oferecida a peça acusatória, se o autor do fato estiver presente na audiência far-se-á a sua **citação**, entregando-lhe uma cópia da denúncia ou queixa, designando-se dia para a audiência de instrução e julgamento.

Se o acusado não estiver presente, ele poderá ser citado pessoalmente (se comparecer na sede do Juizado por algum motivo) ou será citado por mandado do oficial de justiça (art. 66, Lei nº 9.099/95), devendo comparecer com advogado.

É importante notar que o agente não é citado e, já na sequência, se inicia a audiência de instrução e julgamento. Isso porque, ele é citado para tomar conhecimento da acusação que lhe foi feita e, com isso, terá tempo para se defender, contratar um defensor, angariar provas e, inclusive, levar suas testemunhas na audiência futura designada.

12.4.5.4.3. *Audiência de instrução e julgamento*

Viu-se que o acusado é citado para comparecer à audiência de instrução e julgamento. Será possível, aqui, nova tentativa de composição dos danos civis e, para parte da doutrina, também de transação penal, seja porque o acusado não esteve presente na audiência preliminar ou porque, mesmo que a tenha recusado, o objetivo do Juizado é a composição dos envolvidos e se evitar a aplicação de pena privativa de liberdade.

Se houver transação penal, isso obstará o prosseguimento da ação penal já instaurada, seja a espécie que for. Se houver composição dos danos civis, se a ação penal for pública incondicionada, não gerará nenhum efeito ao processo penal; se for de iniciativa privada ou condicionada à representação, haverá uma espécie de retratação da representação ou da queixa, ainda que após o oferecimento da peça acusatória (Badaró, 2016).

Rejeitando o acusado a nova proposta de composição civil e de transação penal, será aberta a audiência de instrução e julgamento, dando-se a palavra ao defensor para oferecer **defesa oral**, após o que o juiz receberá, ou não, a denúncia ou queixa, podendo alegar as matérias do art. 395 e 397, CPP, por força do previsto no § 4º do art. 394, CPP.

Vê-se que se trata de uma **defesa prévia**, ou seja, *antes mesmo do recebimento da peça acusatória pelo juiz*. Aqui, a exemplo do Código de Processo Penal, a defesa poderá alegar qualquer matéria que possa ensejar a rejeição da acusação.

Não será nesta defesa oral que o acusado arrolará testemunhas. Se quiser ouvi-las em juízo, deverá ele próprio trazer suas testemunhas ou requerer ao juízo a intimação delas, com no mínimo 5 dias de antecedência da realização da audiência (§ 1º do art. 78, Lei nº 9.099/95). Se resolver levar suas próprias testemunhas independentemente de intimação judicial e elas não comparecerem, não haverá como insistir na sua oitiva.

Entende-se que esta defesa oral é dispensável, de modo que a sua não realização gerará nulidade relativa, a ser alegada em tempo hábil (STF, HC nº 85.271/MS, rel. Min. Carlos Velloso, j. 14.06.05).

Feita a defesa oral, **o juiz passa à análise de recebimento ou rejeição da inicial acusatória**. Da rejeição caberá apelação (art. 82, Lei nº 9.099/95 – diferentemente do CPP, que prevê o cabimento de recurso em sentido estrito, nos termos do art. 581, I); do recebimento, em tese caberia "habeas corpus", mas, como a audiência é una e, em seguida, se passará à instrução processual, o acusado poderá alegar o que bem lhe aprouver no recurso contra a sentença (mas nada impede que, se interrompida e redesignada a audiência, o acusado se valha da interposição do remédio heroico, se preenchidos os requisitos legais).

O juiz poderá rejeitar a inicial acusatória com fundamento no art. 395, CPP (o que se dá após a apresentação da resposta oral); recebida a inicial, o juiz poderá, ainda, absolver sumariamente o réu, com fundamento no art. 397, CPP. Não ocorrendo nenhuma dessas hipóteses, passa-se à próxima etapa.

Havendo o recebimento da acusação, então, será feita a **oitiva da vítima**. Vê-se que o procedimento sumaríssimo *determina* que a vítima seja ouvida, diferentemente do CPP, em que ela será ouvida apenas se possível (art. 201, CPP); obviamente, todavia, a vítima somente será ouvida se realmente for um meio de prova imprescindível ou se, de fato, for possível (a vítima pode estar hospitalizada, ter morrido, não ser mais localizada etc.).

Se a ação penal for de iniciativa privada, o não comparecimento do querelante (vítima) é causa de perempção da ação, extinguindo-se a punibilidade do acusado (art. 60, III, CPP).

Nos termos do art. 80, Lei nº 9.099/95, nenhum ato será adiado, determinando o juiz, quando imprescindível, a condução coercitiva de quem deva comparecer. Claramente, aplicando-se a regra do art. 222, CPP, a testemunha de fora da terra (de outra comarca) não poderá ser conduzida coercitivamente, devendo ser ouvida por precatória.

Na sequência, far-se-á a oitiva **de testemunhas de acusação e de defesa**. Como estudado em *Provas*, não há posição pacífica, havendo quem defenda que o número máximo de testemunhas deva ser de **3** (em analogia ao Juizado Especial Cível) e quem defenda ser de **5** (em analogia ao procedimento sumário, do Código de Processo Penal).

Todas as provas serão produzidas na audiência de instrução e julgamento, podendo o juiz limitar ou excluir as que considerar excessivas, impertinentes ou protelatórias (§ 1º, art. 81, Lei nº 9.099/95).

Feitas as oitivas da vítima e das testemunhas, passa-se ao **interrogatório** do acusado. Percebe-se, assim, que se trata de nítido ato de autodefesa, já que ele falará após a colheita das demais provas. Segue-se o procedimento do Código de Processo Penal (art. 185 e ss.). Não se aplicará o art. 80 ao acusado, que não poderá ser conduzido coercitivamente ao seu interrogatório (cf. o princípio da vedação à autoincriminação).

Encerradas as oitivas, passa-se imediatamente aos **debates orais**, falando primeiro o Ministério Público e, depois, a defesa. Não há menção legal ao tempo, mas aplica-se o prazo de 20 minutos, prorrogáveis por mais 10, como previsto ao procedimento sumário (art. 534, § 2º, CPP); se a ação for de iniciativa privada, primeiro falará o querelante, depois o Ministério Público e depois o acusado. Não há previsão legal de substituição de debate oral por memorial (embora ocorra na prática).

Findos os debates orais das partes, o juiz deve proferir **sentença oral**, na própria audiência (art. 81, *in fine*, Lei nº 9.099/95), não havendo previsão de determinação de conclusão dos autos para posterior prolação de sentença por escrito, até porque, a oralidade e celeridade são princípios dos Juizados, como visto.

Por consequência lógica, o juiz que conclui a audiência e que colheu a prova deverá ser o mesmo a sentenciar, considerando que a sentença é una, desde a defesa oral até a sentença oral.

A sentença, *dispensado o relatório*, mencionará os elementos de convicção do juiz (§ 3º, art. 81, Lei nº 9.099/95), nos moldes do previsto na Constituição Federal (art. 93, IX); isso porque, o juiz já teve contato direto, instantes antes, com toda a prova colhida, sendo desnecessário demonstrar que tomou conhecimento das provas produzidas pelas partes.

Atente-se que o relatório é dispensado pela lei, mas não o dispositivo, obviamente, ou seja, o juiz não precisará relatar que foi oferecida denúncia contra o agente, que se ouviu a defesa, que alegou determinada matéria e que a acusação arrolou certa testemunha etc. (relatório), mas é obrigatório – sempre – que o julgador elabore o dispositivo, que é a conclusão de sua sentença, onde disporá se julga procedente ou não o pedido de condenação e qual sanção penal fixará.

De todo o ocorrido na audiência será lavrado termo, assinado pelo juiz e pelas partes, contendo breve resumo dos fatos relevantes ocorridos em audiência e a sentença. Critica-se a praxe de "ditados ao escrivão", devendo ocorrer verdadeiro debate oral.

E vale lembrar que serão objeto de registro escrito exclusivamente os atos havidos por essenciais. Os atos realizados em audiência de instrução e julgamento poderão ser gravados em fita magnética ou equivalente (§ 3º do art. 65, Lei nº 9.099/95).

Por fim, uma observação se mostra importante. A Lei nº 13.728/18 alterou o art. 12-A da Lei nº 9.099/95, passando a dispor que, "na contagem de prazo em dias, estabelecido por lei ou pelo juiz, para a prática de qualquer ato processual, inclusive para a interposição de recursos, computar-se-ão somente os dias úteis", tal como previsto no art. 219, CPC. Pode-se afirmar, com tranquilidade, que a novel regra **não se aplica aos Juizados Especiais Criminais**, uma vez que (a) o art. 12-A está inserido no Capítulo II da Lei nº 9.099/95, que trata especificamente "Dos Juizados Especiais Cíveis" e (b) o art. 798, CPP, é aplicado subsidiariamente aos Juizados Especiais Criminais, não havendo razão para se aplicar, aqui, regras civilistas, de modo que os prazos penais são contínuos e peremptórios, não se interrompendo por férias, domingo ou feriado. Se fosse a intenção do legislador alterar a forma de contagem dos prazos no JECrim, teria, por exemplo, criado o art. 64-A, que trata dos atos processuais dos Juizados Criminais. Todavia, isso não foi feito. E intencionalmente.

12.4.5.5. *Recursos e meios de impugnação*

O Juizado Especial Criminal comporta os seguintes recursos e meios de impugnação, na sequência analisados: a) apelação; b) embargos de declaração; c) recurso em sentido estrito, d) recurso extraordinário; e) reclamação em face de jurisprudência do STJ; f) revisão criminal; g) "habeas corpus"; e h) mandado de segurança.

12.4.5.5.1. *Apelação*

Caberá o recurso de apelação (art. 82, Lei nº 9.099/95):

a) da decisão que rejeitar a denúncia ou queixa;

b) da decisão que condenar ou absolver o acusado;

c) da decisão que homologar a transação penal.

A apelação deve ser interposta em 10 dias por meio de petição escrita, já com as razões (não há como interpor o recurso e depois ser intimado para juntar as razões, como no Código de Processo Penal). A outra parte é intimada para contra-arrazoar no mesmo prazo.

Quem julga a apelação é a **turma recursal** (ou colégio recursal), que é formada por 3 juízes em exercício no *primeiro grau* de jurisdição. Logo, o recurso não é julgado pelo tribunal. As partes serão intimadas da data da sessão de julgamento pela imprensa, com exceção do Ministério Público e da Defensoria Pública, que são intimados pessoalmente (há posição que entende que a Defensoria Pública poderia ser intimada pela imprensa nos Juizados).

Se a sentença for confirmada pela turma recursal pelos próprios fundamentos, a súmula do julgamento servirá de acórdão, numa verdadeira técnica de fundamentação *per relationem* (que já foi estudada), em que o julgador adota como fundamento de sua decisão uma decisão ou manifestação já existente nos autos do processo (§ 5º do art. 82, Lei n 9.099/95).

12.4.5.5.2. *Embargos de declaração*

Cabem embargos de declaração quando, em sentença ou acórdão, houver *obscuridade*, *contradição* ou *omissão* (art. 83 da Lei nº 9.099/95).

Os embargos de declaração serão opostos por *escrito ou oralmente* (no Código de Processo Penal, apenas por escrito) no prazo de 5 dias (no Código de Processo Penal, em 2 dias), contados da ciência da decisão.

Diante Lei nº 13.105/15, que alterou o art. 83, § 2º da Lei nº 9.099/95, os embargos de declaração **interrompem** o prazo para a interposição de recurso (e não mais suspendem, como acontecia antigamente).

A interposição dos embargos não possui efeito suspensivo, de modo que a decisão recorrida continuará produzindo efeitos, cf. o art. 1.026, CPC, podendo o julgador atribuir efeito suspensivo se demonstrada a probabilidade de provimento do recurso ou, sendo relevante a fundamentação, se houver risco de grave dano ou de difícil reparação (§ 1º).

12.4.5.5.3. *Recurso em sentido estrito*

Não possui previsão expressa na Lei nº 9.099/95, mas parte majoritária da doutrina entende cabível contra certas decisões (Avena, 2018; e Capez, 2016), como a que homologa a suspensão condicional do processo, que conclui pela incompetência do Juizado ou que reconhece a extinção da punibilidade do agente. É a posição, por todos, de Grinover, Gomes Filho, Fernandes e Gomes, ao defenderem o uso de todo o sistema recursal compatível com o sistema dos Juizados Especiais Criminais, até porque o art. 98, I, CF, admite o manejo de "recursos", sem limitação expressa (Juizados, 1995).

Isso é factível, já que a própria Lei nº 9.099/95 determina que se aplicam, subsidiariamente, o Código Penal e o Código de Processo Penal no que for compatível com o Juizado (art. 92). Do contrário, algumas decisões ficariam irrecorríveis, o que não se pode aceitar, ainda mais no Juizado Especial Criminal.

Logo, são argumentos pela admissibilidade do recurso em sentido estrito nos Juizados: (a) previsão constitucional aberta quando aos recursos possíveis; (b) aplicação subsidiária das disposições do Código de Processo Penal; e (c) do contrário, diversas decisões restariam irrecorríveis.

Mas não se pode deixar de saber que o Enunciado nº 48 do FONAJE dita ser incabível o recurso em sentido estrito em sede de Juizados Especiais Criminais.

12.4.5.5.4. *Recurso extraordinário*

Contra a decisão proferida pela turma recursal que versar sobre questão constitucional caberá a interposição de recurso extraordinário ao Supremo Tribunal Federal, mas não caberá recurso especial ao Superior Tribunal de Justiça.

A interpretação que se faz é a seguinte: o art. 102, III, CF, dispõe que caberá recurso extraordinário ao STF contra decisão proferida em única ou última *instância*, sem mencionar a origem da decisão (se tribunal ou não). De outro lado, o art. 105, III, CF, dispõe que caberá recurso especial ao STJ contra decisão proferida em única ou última instância pelo *TJ* ou *TRF*.

Como se viu acima, as decisões do Juizado são recorríveis à "turma recursal", que não é tribunal (não é TJ e nem TRF). Logo, numa interpretação estritamente gramatical, entende-se que não caberá recurso especial ao STJ das decisões dos Juizados simplesmente porque a turma recursal não é "tribunal" na acepção literal da palavra, mas caberá recurso extraordinário ao STF porque não se limitou a sua interposição às decisões oriundas de um "tribunal".

Neste sentido, então, a súmula nº 203 do Superior Tribunal de Justiça dispõe que "não cabe recurso especial contra decisão proferida por órgão de segundo grau dos Juizados Especiais", que, no caso, é a turma recursal; e a súmula nº 640 do Supremo Tribunal Federal, afirma que "é cabível recurso extraordinário contra decisão proferida por juiz de primeiro grau nas causas de alçada, ou por turma recursal de juizado especial cível e criminal".

No mais, o cabimento do recurso extraordinário contra decisão do Juizado fica praticamente esvaziado, uma vez que a EC nº 45/04 passou a exigir repercussão geral a este recurso (§ 3º, art. 102, CF), o que seria incompatível com uma infração considerada legalmente como de "menor potencial ofensivo", ou seja, de pouca relevância social.

12.4.5.5.5. *Reclamação*

Pode ser que a decisão do Juizado contrarie entendimento consolidado no âmbito do Superior Tribunal de Justiça, seja de jurisprudência ou mesmo de posição sumulada. Todavia, como se viu, não caberá recurso especial.

Então, quando a decisão de turma recursal contrariar a jurisprudência do Superior Tribunal de Justiça, será cabível **reclamação**, cuja previsão está na Resolução nº 03/16, do STJ (não se trata, aqui, da reclamação constitucional, prevista no art. 103-A, § 3º, CF, direcionada ao STF).

Desta forma, "caberá às Câmaras Reunidas ou à Seção Especializada dos **Tribunais de Justiça** a competência para processar e julgar as Reclamações destinadas a dirimir divergência entre acórdão prolatado por Turma Recursal Estadual e do Distrito Federal e a jurisprudência do Superior Tribunal de Justiça, consolidada em incidente de assunção de competência e de resolução de demandas repetitivas, em julgamento de recurso especial repetitivo e em enunciados das Súmulas do STJ, bem como para garantir a observância de precedentes" (art. 1º).

Percebe-se, assim, uma verdadeira *delegação* do STJ ao TJ para verificar se a decisão do Juizado afrontou ou não a jurisprudência do Superior Tribunal de Justiça, o que pode ser criticado, já que uma resolução de um tribunal criou uma espécie de "recurso" não previsto na lei atribuindo a um outro órgão (tribunal) a verificação de afronta ou não à posição do STJ.

Antigamente, havia a Resolução nº 12/09, STJ, que previa ser possível interpor reclamação para dirimir divergência entre acórdão de turma recursal em relação à jurisprudência do STJ, cuja competência para julgamento seria do próprio Superior Tribunal de Justiça. Esta resolução foi revogada e, agora, com a Res. nº 3/16, STJ, o próprio tribunal de justiça julgará a divergência existente, uma vez que o Superior Tribunal de Justiça estava com volume exacerbado de reclamações, desvirtuando a celeridade e a simplicidade exigidas aos Juizados.

Com relação às reclamações já distribuídas no STJ nos moldes da revogada Res. nº 12/09, elas serão julgadas normalmente, não se aplicando a nova resolução em vigor (art. 3º).

Por fim, tratando-se de Juizado Especial Federal, se a decisão da turma recursal contrariar entendimento do Superior Tribunal de Justiça, caberá pedido de uniformização de jurisprudência para a Turma Regional de Uniformização ou para a Turma Nacional de Uniformização. Se, então, a decisão dessa Turma de Uniformização contrariar posição dominante ou súmula do STJ, a parte interessada poderá provocar a manifestação deste para solucionar o impasse (art. 14 da Lei nº 10.259/01).

Em suma:

Instrumento jurídico cabível contra acórdão de turma recursal que violar entendimento consolidado ou sumulado do STJ	
Juizado Especial Estadual	**Juizado Especial Federal**
Resolução nº 3/16 do STJ	**Art. 14 da Lei nº 10.259/01**
Quando contrariar jurisprudência do STJ consolidada em: – Súmula do STJ – Precedente do STJ – REsp repetitivo – IRDR – IAC	Quando contrariar: – Jurisprudência dominante do STJ – Súmula do STJ

12.4.5.5.6. *Revisão criminal*

Preenchidos os requisitos legais do art. 621, CPP, é plenamente cabível a revisão criminal, como decorrência lógica da ampla defesa.

Quanto à competência, entende-se, majoritariamente, ser da própria turma recursal (STJ, CC nº 47.718/RS, rel. Min. Jane Silva, j. 13.08.08) e não do tribunal de justiça.

12.4.5.5.7. *Habeas corpus*

De acordo com a Carta da República, conceder-se-á *habeas corpus* sempre que alguém sofrer ou se achar ameaçado de sofrer violência ou coação em sua liberdade de locomoção, por ilegalidade ou abuso de poder (art. 5º, LXVIII, CF).

Tal remédio constitucional é perfeitamente cabível no âmbito dos Juizados, bastando que a pena cominada ao delito seja privativa de liberdade, consoante prevê a súmula nº 693 do STF (não cabe "habeas corpus" contra decisão condenatória a pena de multa, ou relativo a processo em curso por infração penal a que a pena pecuniária seja a única cominada); do contrário, será cabível o mandado de segurança se preenchidos os requisitos legais.

Quanto à competência, se a autoridade coatora for o juiz do Juizado, será competente para julgar o "habeas corpus" a **turma recursal**.

Já se a autoridade coatora for juiz da turma recursal, competirá ao **tribunal de justiça** (ou TRF, tratando-se de Justiça Federal) o julgamento do "habeas corpus", uma vez que se alterou o entendimento anterior, previsto na súmula nº 690 do STF, que previa que caberia ao STF julgar referida ação constitucional (a súmula foi superada no julgamento do HC nº 86.834/SP, rel. Min. Marco Aurélio, j. 23.08.06).

Desta forma, portanto, compete ao TJ ou ao TRF o julgamento dos pedidos de *habeas corpus* quando a autoridade coatora for Turma Recursal dos Juizados Especiais.

12.4.5.5.8. *Mandado de segurança*

Consoante a Constituição Federal, conceder-se-á mandado de segurança para proteger direito líquido e certo, não amparado por "habeas corpus" ou "habeas data", quando o responsável pela ilegalidade ou abuso de poder for autoridade pública ou agente de pessoa jurídica no exercício de atribuições do Poder Público (art. 5º, LXIX, CF).

Uma vez presentes os requisitos legais (Lei nº 12.016/09), nada impede a impetração de mandado de segurança no âmbito dos Juizados.

Se a impetração for contra ato do juiz do Juizado, a competência será **da turma recursal**; já se o objetivo é combater ato da turma recursal, entende-se que a competência permanece sendo da própria **turma recursal**, cf. previsto na súmula nº 376, STJ, que atribui a ela o julgamento dos mandados de segurança "contra ato de juizado especial", não diferenciado se o ato é oriundo do juiz ou da própria turma, isto é, se a decisão é singular ou colegiada (AgRg no RMS nº 44.774/SC, rel. Min. Og Fernandes, j. 26.05.15).

Importante situação em que se maneja o mandado de segurança diz respeito à competência dos Juizados. Conforme a jurisprudência pacífica do Superior Tribunal de Justiça, consolidou-se o entendimento de que se admite a impetração de mandado de segurança perante o tribunal de justiça para o exercício do controle de competência dos Juizados, ficando a cargo das turmas recursais os mandados de segurança que tenham por objetivo o controle de mérito dos atos do Juizado (STJ, RMS nº 53.927/SC, rel. Min. Ricardo Villas Bôas Cueva, j. 24.10.17).

Em suma:

Habeas corpus	Mandado de segurança
Contra ato do juiz, será competente a **turma recursal**.	Contra ato do juiz, será competente a **turma recursal**.
Contra ato da turma recursal, será competente o **tribunal**.	Contra ato da turma recursal, será competente a própria **turma recursal**.

12.4.5.6. *Execução*

Há que se diferenciar dois dispositivos que tratam da execução nos Juizados Especiais (Brasileiro, 2016):

a) se há multa isoladamente aplicada, a competência para execução será do **próprio Juizado**, conforme o art. 60, Lei nº 9.099/95 (STJ, CC nº 47.894/RS, rel. Min. José Arnaldo da Fonseca, j. 25.05.05).

Aplicada exclusivamente pena de multa, seu cumprimento será feito mediante pagamento na secretaria do próprio Juizado (art. 84); não feito o pagamento, o art. 85 determina que seja convertida a multa em pena privativa de liberdade, o que, todavia, não é mais aceito no ordenamento jurídico, uma vez que o Código Penal, alterando o seu art. 51 por meio da Lei nº 9.268/96, previu que a pena de multa não paga será convertida em dívida de valor, aplicáveis as normas relativas à dívida ativa da Fazenda Pública, inclusive no que concerne às causas interruptivas e suspensivas da prescrição.

b) se há pena privativa de liberdade, restritiva de direitos e multa cumulada, a competência para a execução será da **vara das execuções penais**, conforme o art. 86, Lei nº 9.099/95 (STJ, CC nº 97.080/MG, rel. Min. Og Fernandes, j. 29.10.08), pois a execução penal é complexa e não se coaduna com os princípios e estrutura do Juizado Especial Criminal.

Em suma, "a execução das penas privativas de liberdade e restritivas de direito cumuladas com multas devem ser fiscalizadas pelo Juízo da Execução, mas a pena de multa aplicada isoladamente deve ser executada no próprio Juizado Especial Criminal" (STJ, 3ª Seção, AgRg no CC nº 104.993/PR, rel. Min. Laurita Vaz, j. 09.09.09).

12.5. PROCEDIMENTO DO TRIBUNAL DO JÚRI

12.5.1. Breve histórico

No mundo, o tribunal do júri possui origem não muito certa. Muitos sustentam sua origem nos gregos (*dikastas*), nos romanos (*judices jurati*) e nos germanos (*centeni comites*).

Na história mais recente, o tribunal do júri, como se conhece hoje, possui raízes na Inglaterra, com o fim dos ordálios (juízos dos deuses), passando-se o julgamento dos crimes considerados mais graves a um corpo de jurados.

Recentemente, portanto, pode-se dizer que o tribunal do júri, da forma como se estrutura hoje, possui origem na Magna Carta da Inglaterra, de 1215, e, em seguida, na Revolução Francesa, de 1789.

No Brasil, em 1822, o tribunal do júri possuía origem apenas na lei, com competência para julgar os crimes de imprensa; tempos depois, a Constituição do Império, de 1824, previu a competência do júri para julgar crimes e também causas cíveis (art. 151). O Código de Processo Criminal do Império, de 1832, previu o julgamento pelo júri a quase todo tipo de infração penal, pelo chamado "jury de accusação", em que um grupo de 23 pessoas se reunia a portas fechadas para deliberar sobre a procedência ou não da acusação (art. 238); havendo prova, o acusado era levado a julgamento pelo "jury de sentença", formado por 12 pessoas, também em sala fechada (art. 259).

Todas as Constituições previram o júri, com exceção da Constituição de 1937. Em razão disso, o Decreto-lei nº 167, de 1938, regulou o tribunal do júri, prevendo que este seria formado por 7 jurados e sem soberania (art. 51). O verdadeiro júri voltou a existir apenas com a Constituição de 1946, permanecendo até hoje (art. 141, § 28).

Atualmente, o tribunal do júri possui previsão no art. 5º, XXXVIII, CF/88, que dispõe ser reconhecida a instituição do júri, com a organização que se der a lei, assegurados a plenitude de defesa, o sigilo das votações, a soberania dos vereditos e a competência para o julgamento dos crimes dolosos contra a vida. Trata-se de um direito individual, protegido pela cláusula pétrea do art. 60, § 4º, IV, CF.

Como ensina Tourinho Filho, "no Brasil, o traço marcante do Tribunal do Júri consiste na divisão dos poderes conferidos ao Juiz togado e aos jurados. Cabe a estes, e exclusivamente a estes, julgar e àquele, lavrar a sentença" (Manual, 2008, p. 691).

12.5.2. Noções

O tribunal do júri é um órgão do Poder Judiciário (apesar de não estar previsto no art. 96, CF), com previsão constitucional no art. 5º, XXXVIII, CF – logo, é considerado um direito fundamental e inserido no núcleo imutável da Constituição Federal, consoante o art. 60, § 4º, IV, CF – cuja competência é para o processo e julgamento dos crimes dolosos contra a vida.

Ele é formado por um juiz presidente e 25 jurados, dos quais 7 comporão o conselho de sentença. As decisões dos jurados são soberanas e sigilosas, não se exigindo fundamentação, já que baseadas na íntima convicção.

12.5.3. Princípios

O art. 5º, XXXVIII, CF, prevê 4 princípios do tribunal do júri: (a) plenitude de defesa; (b) sigilo das votações; (c) soberania dos veredictos; e (d) competência para o julgamento dos crimes dolosos contra a vida.

12.5.3.1. *Plenitude de defesa*

Nos estudos de Processo Penal se costuma falar em "ampla defesa", que é assegurada a todos os acusados, conforme previsto no art. 5º, LV, CF. O tribunal do júri, diferentemente disso, trabalha com a ideia de "plenitude de defesa", o que significa o emprego da ampla defesa, mas em maior grau (alínea *a*, inc. XXXVIII, do art. 5º, CF).

Assim, se a ampla defesa já significa a defesa técnica e a autodefesa, a plenitude de defesa é, também, vista por dois aspectos:

a) **plenitude de defesa técnica**: o defensor do acusado não se valerá apenas de argumentos jurídicos para defender o acusado, mas de toda e qualquer sustentação legal e moral que possa levar o acusado à absolvição ou a uma situação melhor do que a condenação. Poderá se valer, portanto, de argumentos sociais, morais, econômicos, ideológicos, sentimentais, de política criminal (réu pobre, desempregado, religioso etc.).

b) **plenitude de autodefesa**: tal como o defensor técnico, o acusado poderá, pessoalmente, quando do interrogatório, realizar a sua defesa pessoal com os seus próprios argumentos, ainda que contraditórios com a defesa técnica, devendo ambos serem levados aos jurados. Ex.: advogado sustenta legítima defesa e réu alega que agiu emotivamente por piedade.

Como a lei não utiliza palavras inúteis – e muito menos a Constituição Federal – há que se diferenciar "ampla defesa" de "plenitude de defesa". Amplo é vasto, largo, abundante; já pleno é completo, perfeito, absoluto. Fica claro que este é mais forte do que aquele. Então, os acusados em geral possuem ampla defesa, propondo provas, questionando fatos, contestando hipóteses etc. De outro lado, os acusados no tribunal do júri possuem o direito à defesa plena, isto é, completa e perfeita, haja vista que os jurados decidem conforme a íntima convicção, sem qualquer fundamentação, sendo indispensável a melhor defesa possível (Nucci, 2016).

Justamente em razão da possibilidade de os jurados receberem versões distintas (uma da defesa técnica e outra do próprio acusado) é que a lei determina que um dos quesitos seja "o jurado absolve o acusado?", de forma a abranger todas as versões possíveis do acusado, independentemente da origem e da natureza.

Estes aspectos são interessantes porque, como se sabe, os jurados analisam os fatos postos em julgamento, não precisando motivar ou justificar suas decisões. Assim, no juízo singular, não pode o juiz absolver o acusado de furto por piedade, porque o agente é pobre etc., pois o juiz deve obediência à lei posta. No entanto, no tribunal do júri, os jurados podem absolver o acusado por estar ele desempregado e, por caridade, entenderem que ele não merece ser condenado. Isso configura o exercício de uma defesa plena pelo acusado, utilizando-se todos os argumentos possíveis e imagináveis em seu benefício, dentro das limitações humanas, claro.

Parte da doutrina define que a plenitude de defesa significa que a Constituição Federal almejou ao acusado perante o tribunal do júri a **excepcional e irretocável defesa**, isto é, preocupou-se com a qualidade do trabalho dos defensores perante os jurados (Campos, 2014). Logo, a defesa não deveria ser apenas "ampla", mas "plena" no sentido de se exigir a melhor possível.

12.5.3.2. *Sigilo das votações*

O voto que o jurado dá acerca do caso apresentado para julgamento é secreto (alínea *b*, inc. XXXVIII, do art. 5º, CF). Referido sigilo é garantido através dos seguintes instrumentos:

a) a votação pelos jurados ocorrerá em **sala especial** (antiga "sala secreta"), para onde se dirigirão o juiz, os jurados, o Ministério Público, o assistente, o querelante, o defensor, o escrivão e o oficial de justiça, para ser realizada a votação (art. 485, CPP); não haverá a presença do público e muito menos do acusado. Na falta de sala especial, o juiz presidente determinará que o público se retire, permanecendo somente as pessoas acima mencionadas (§ 1º).

Se o próprio acusado for advogado e resolver se defender, o juiz deverá notificá-lo para constituir um defensor, que acompanhará a votação dos jurados na sala especial, sob pena de nomear-lhe um defensor dativo – já que o acusado não poderá acompanhar a votação dos jurados, que, como está sendo visto, é sigilosa.

A previsão da sala especial é totalmente constitucional, já que o ato de votação pelos jurados (totalmente leigos) não pode sofrer pressões ou intimidações pelo acusado ou pelo público. Além disso, o art. 93, IX, CF, autoriza a publicidade restrita do julgamento, e o art. 5º, XXXVIII, *b*, também da Constituição Federal, prevê o sigilo das votações, o que só será alcançado, justamente, pela restrição da publicidade da votação.

b) antes de se proceder à votação de cada quesito, o juiz mandará distribuir aos jurados pequenas **cédulas**, feitas de papel opaco e facilmente dobráveis, contendo 7 delas a palavra *sim* e 7 a palavra *não*. Para assegurar o sigilo do voto, o oficial de justiça recolherá em urnas separadas as cédulas correspondentes aos votos e as não utilizadas (arts. 486 e 487, CPP).

c) garante-se o sigilo, também, com a **incomunicabilidade** dos jurados, ou seja, uma vez sorteados, o juiz fará a advertência para não se comunicarem entre si e com outrem, nem manifestar sua opinião sobre o processo, sob pena de exclusão e multa. O desrespeito, inclusive, gerará nulidade, cf. o art. 564, III, *j*, CPP.

   Ainda que haja a suspensão do julgamento para continuar no dia seguinte, os jurados permanecerão incomunicáveis, ou seja, não conversarão entre si ou com outrem enquanto durar o julgamento. Nestes casos, então, os jurados dormirão no próprio fórum, em local específico e resguardando-se a incomunicabilidade. Evita-se que o contato com o mundo exterior ou entre si possam gerar influências ou pressões que interfiram no julgamento. Uma vez findo o julgamento, nada impedirá que o jurado revele o seu voto, como numa entrevista à mídia, por exemplo.

d) outra forma de se manter o sigilo é com a **interrupção da contagem** de votos quando se atinge a maioria necessária. De acordo com o art. 483, § 1º, CPP, a resposta negativa, de mais de 3 jurados, aos quesitos quanto à autoria e materialidade encerra a votação e implica a absolvição do acusado, sendo desnecessário colher os demais votos. Isso impede, portanto, que se obtenha uma votação de 7 a 0, por exemplo, o que revelaria que todos os votos foram no mesmo sentido. Assim, a resposta afirmativa, de mais de 3 jurados, quanto à autoria e materialidade, levará à próxima quesitação, que será a pergunta *o jurado absolve o acusado?* (§ 2º, art. 483, CPP).

   Embora o texto legal diga respeito apenas à votação de autoria e materialidade, a prática revela que, sempre que se atinja 4 votos (maioria) num sentido, interrompe-se a votação, mantendo-se o devido sigilo, garantindo-se que não será revelada uma votação unânime, o que quebraria o sigilo das votações.

Logo, são institutos que asseguram o sigilo das votações:

- » Votação em sala especial, com publicidade restrita
- » Votação em cédulas opacas e dobráveis, em urnas separadas
- » Incomunicabilidade dos jurados quanto aos fatos postos em julgamento
- » Interrupção da contagem de votos quando se atingir maioria

12.5.3.3. *Soberania dos vereditos*

Os jurados são os julgadores do fato, únicos com o poder e a competência para decidir sobre a procedência ou improcedência da acusação feita. Diz-se, então, que os vereditos dos jurados são soberanos porque eles possuem a competência exclusiva para decidir sobre o mérito (fático) da questão (alínea *c*, inc. XXXVIII, do art. 5º, CF).

Como será estudado, o tribunal do júri é um órgão formado por um juiz togado (magistrado comum) e pelos jurados. Cada um possui uma competência, sendo que ao juiz compete fixar a pena e aos jurados caberá analisar a autoria e a materialidade, com as suas consequências (existência de qualificadoras e causas de aumento e de diminuição).

a) decisão dos jurados

A decisão dos **jurados** é acobertada pela soberania, ou seja, apenas o corpo de jurados poderá decidir sobre autoria e materialidade, sendo que o provimento do recurso que sustentou que a decisão dos jurados foi manifestamente contrária à prova dos autos determinará a cassação (anulação) da decisão dos jurados e submeterá o acusado a um novo julgamento, também pelo tribunal do júri. Isso garante a plena soberania (o poder constitucional) dos jurados quanto ao mérito da questão penal posta em julgamento, cf. o art. 593, III, *d*, e seu § 3º, CPP (STJ, HC nº 257.914/SP, rel. Min. Ribeiro Dantas, j. 20.04.17). A lei autoriza recurso com esse fundamento uma única vez, como ainda será visto em capítulo próprio.

Igualmente, o tribunal pode determinar que o acusado vá a novo julgamento, dando provimento à apelação da acusação, por terem os jurados votado contrariamente à prova dos autos, quando o acusado é absolvido por "clemência", única tese da defesa, não configurando desrespeito à soberania dos vereditos, que, claramente, não possui caráter absoluto (STJ, REsp nº 1.451.720/SP, rel. Min. Sebastião Reis Júnior, j. 28.04.15).

Como bem entende o Superior Tribunal de Justiça, não pode o tribunal, em sede de recurso de apelação, modificar a opção feita pelos jurados, retirando uma qualificadora reconhecida e redimensionar a pena, pois, caso se reconheça que a decisão foi manifestamente contrária à prova dos autos, deverá o tribunal, ao prover o recurso, submeter o réu a novo julgamento pelo tribunal do júri, mantendo-se a soberania das decisões dos jurados (HC nº 176.225/SP, rel. Min. Ribeiro Dantas, j. 16.02.17).

E conforme o Supremo Tribunal Federal, em repercussão geral, "qualquer decisão do Poder Judiciário que rejeite denúncia, que impronuncie ou absolva, sumariamente, os réus ou, ainda, que ordene a extinção, em sede de 'habeas corpus', de procedimentos penais não transgride o monopólio constitucional da ação penal pública (CF, art. 129, I) nem ofende os postulados do juiz natural (CF, art. 5º, inciso LIII) e da soberania do veredicto do Júri (CF, art. 5º, inciso XXXVIII, *c*)" (RG-RE nº 593.443/SP, rel. p/ acórdão Min. Ricardo Lewandowski, j. 06.06.13).

É importante ressaltar que há julgados do Supremo Tribunal Federal – isolados ainda – entendendo que não viola o princípio da presunção de inocência a execução da condenação pelo tribunal do júri, independentemente do julgamento da apelação ou de qualquer outro recurso, considerando que, como se estudará, no âmbito do júri, o Tribunal de Justiça que julgar eventual recurso (como uma apelação, por exemplo) não poderá reapreciar os fatos e as provas, em observância à soberania dos vereditos dos jurado; apenas caso haja forte inícios de nulidade ou de condenação manifestamente contrária à prova dos autos é que o tribunal poderá suspender a execução da decisão até o julgamento do recurso (1ª T., HC nº 118.770/SP, rel. p/ ac. Min. Roberto Barroso, j. 07.03.17 e HC nº 140.449/RJ, rel. p/ ac. Min. Roberto Barroso, j. 06.11.18). A ideia, aqui, é que o tribunal do júri é um órgão colegiado e o único competente para julgar a autoria e a materialidade do crime doloso contra a vida. Assim, se os jurados condenaram o acusado e o juiz togado fixou a pena privativa de liberdade, esta já poderia ter seu cumprimento exigido desde logo, haja vista que eventual recurso ao tribunal, em regra, não poderá alterar a decisão dos jurados, considerando a soberania dos vereditos. Afirma-se, então, que a prisão após a condenação pelo tribunal do júri não é provisória, mas verdadeira execução de pena privativa de liberdade imposta pelo órgão colegiado competente, que é o corpo de jurados, cujos vereditos são soberanos (1ª T., AgRg na Rcl nº 27.011/SP, rel. Min. Roberto Barroso, j. 20.04.18). Referido entendimento, inclusive, repousa no enunciado nº 14 do Fórum Nacional de Juízes Criminais (FONAJUC), que dispõe que "o réu condenado pelo tribunal do júri deve ser imediatamente recolhido ao sistema prisional a fim de que seja iniciada a execução da pena em homenagem aos princípios da soberania dos veredictos e da efetividade processual".

Destaca-se, inclusive, que a Lei nº 13.964/19 alterou o art. 492, I, *e*, CPP, prevendo que o juiz presidente do tribunal do júri proferirá sentença que "mandará o acusado recolher-se ou recomendá-lo-á à prisão em que se encontra, se presentes os requisitos da prisão preventiva, ou, **no caso de condenação a uma pena igual ou superior a 15 (quinze) anos de reclusão, determinará a execução provisória das penas, com expedição do mandado de prisão, se for o caso**, sem prejuízo do conhecimento de recursos que vierem a ser interpostos". O juiz poderá, excepcionalmente, **deixar de autorizar a execução provisória da pena** se houver questão substancial cuja resolução pelo tribunal ao qual competir o julgamento possa plausivelmente levar à revisão da condenação (§ 3º, art. 492, CPP).

E ainda, a Lei nº 13.964/19 incluiu o § 4º ao art. 492, CPP, para prever que "a apelação interposta contra decisão condenatória do Tribunal do Júri a uma pena igual ou superior a 15 (quinze) anos de reclusão **não terá efeito suspensivo**", cujo § 5º assim complementa: "excepcionalmente, **poderá o tribunal atribuir efeito suspensivo à apelação** de que trata o § 4º deste artigo, quando verificado **cumulativamente** que o recurso: I – não tem propósito meramente protelatório; e II – levante questão substancial e que pode resultar em absolvição, anulação da sentenca, novo julgamento ou redução da pena para patamar inferior a 15 (quinze) anos de reclusão". Referido pedido de concessão de efeito suspensivo poderá ser feito incidentalmente na apelação ou por meio de petição em separado, dirigida diretamente ao relator, instruída com cópias da sentença condenatória, das razões e de prova da tempestividade, das contrarrazões e das demais peças necessárias à compreensão da controvérsia (§ 6º).

Desta forma, a regra é que o agente, condenado a uma pena 15 anos ou mais de reclusão, no âmbito do júri, terá seu imediato cumprimento ainda em primeiro grau, salvo se ocorrer uma dessas duas hipóteses: (a) juiz presidente do tribunal do júri não autorizar a execução provisória se verificar questão substancial cuja resolução pelo tribunal ao qual competir o julgamento possa plausivelmente levar à revisão da condenação ou (b) o relator da apelação interposta conceder efeito suspensivo à apelação interposta quando verificar, a pedido, que o recurso não é protelatório e que a questão levantada pode levar à absolvição, anulação ou redução de pena a menos do que quinze anos.

O enunciado nº 37 do Grupo Nacional de Coordenadores de Centro de Apoio Criminal (GNCCRIM), do Ministério Público, assim se manifestou: "a execução provisória da pena decorrente de condenação pelo Tribunal do Júri é constitucional, fundamentando-se no princípio da soberania dos veredictos (CF, art. 5º, XXXVIII, *c*)".

Na linha de pensamento do magistrado paulista Cláudio do Prado Amaral, comentando a inovação legislativa e tendo em vista a decisão do Supremo Tribunal Federal, "o dispositivo do art. 492 não pode ser prontamente taxado de inconstitucional. E isso nem mesmo seria fácil dizer. É que estamos em um outro terreno de garantia constitucional, qual seja, o da soberania dos veredictos do tribunal do júri. Portanto, a garantia constitucional (presunção de inocência) recebe o contrapeso de outra (soberania dos veredictos)" (Pacote, 2020, p. 117).

É válido ressaltar que o Superior Tribunal de Justiça possui entendimento no sentido de não ser possível a execução provisória do julgamento pelo tribunal do júri, em respeito à presunção de inocência (5ª T., RHC nº 92.108/RS, rel. Min. Reynaldo Soares da Fonseca, j. 06.03.18; e 6ª T., HC nº 480.896/SP, rel. Min. Antonio Saldanha Palheiro, j. 10.12.19). Neste sentido entende, também, a doutrina de Paulo Queiroz, para quem "havendo apelação para reformar a decisão do júri, a execução imediata da sentença condenatório ofenderá, claramente, o devido processo legal, a presunção de inocência e a garantia do duplo grau de jurisdição" (Direito, 2018, p. 94).

E tendo em vista o quanto decidido pelo Supremo Tribunal Federal acerca da impossibilidade de execução provisória da pena antes do trânsito em julgado (ADC nº 43, 44 e 54), conforme já estudado, resta aguardar qual será o posicionamento da Corte especificamente sobre o tribunal do júri, ainda mais tendo em vista os novos dispositivos legais.

b) decisão do juiz togado

Diversamente disso tudo, as decisões do **juiz** poderão ser modificadas diretamente pelo tribunal, já que não são protegidas pela soberania dos vereditos dos jurados, que sequer possuem competência para tanto. São os casos de (i) erro quanto à aplicação da sanção penal; (ii) sentença do juiz contrária à lei ou à decisão dos jurados; ou (iii) a ocorrência de nulidade posteriormente à pronúncia (art. 593, III, *a*, *b* e *c*, CPP). Ex.: juiz deixa de aplicar uma qualificadora reconhecida pelos jurados, podendo o tribunal redimensionar a pena fixada conforme a decisão dos jurados.

Percebe-se, assim, que a soberania dos vereditos não atribui aos jurados um poder irrestrito e absoluto, já que o tribunal, diante de vício relativo à autoria e materialidade, poderá cassar a decisão dos jurados e submeter o acusado a um novo julgamento, também pelo tribunal do júri.

No mais, é possível o ajuizamento de revisão criminal, podendo o tribunal realizar juízo rescindente (cassando a decisão do júri) e rescisório (substituindo a decisão por outra). De acordo com o Superior Tribunal de Justiça, no conflito entre soberania dos vereditos e dignidade da pessoa humana, tem preferência este, rejeitando-se a condenação de um inocente por erro judiciário (REsp nº 1.050.816/SP, rel. Min. Rogerio Schietti Cruz, j. 01.12.16).

Exemplo: jurados decidiram condenar o acusado com base em documentos reconhecidos como falsos posteriormente; o próprio tribunal poderá desconstituir a decisão dos jurados e absolver o agente, sem ofender a soberania dos vereditos – prevalece a dignidade humana em relação à soberania dos vereditos dos jurados.

12.5.3.4. *Competência mínima*

A alínea *d*, inc. XXXVIII, do art. 5º, CF, estabelece que o tribunal do júri possui a competência para o julgamento dos crimes dolosos contra a vida, abrangendo tanto os **crimes dolosos tentados quanto os consumados**.

Fala-se que referida competência é *mínima*, ou seja, o tribunal do júri deverá, no mínimo, julgar os crimes dolosos contra a vida, nada impedindo que *lei* determine o julgamento de outras infrações penais (o que não existe hoje). Trata-se, como todo o art. 5º, CF, de cláusula pétrea (art. 60, § 4º, IV, CF).

Além dos crimes dolosos contra a vida, o tribunal do júri julgará as infrações penais **conexas**, ainda que não sejam dolosas contra a vida, ou seja, independentemente da natureza, incluindo as infrações de menor potencial ofensivo, devendo-se aplicar, se cabíveis, os institutos despenalizadores, estudados alhures (art. 60, p.ú., Lei nº 9.099/95).

Estão incluídos os crimes de homicídio (art. 121, CP), de induzimento, instigação ou auxílio a suicídio ou a automutilização (art. 122), de infanticídio (art. 123, CP) e os relativos ao aborto (arts. 124 a 126, CP).

É importante ressaltar, neste ponto, que a Lei nº 13.968/19 alterou o art. 122, CP, e agora passou a prever o crime de "induzimento, instigação ou auxílio ao *suicídio* ou a *automutilação*". Assim, além do suicídio, prevê-se, também, a figura da automutilação. E aqui surge a dúvida: o crime do art. 122, CP, continua sendo de competência do tribunal do júri ou deixou de ser considerado um crime doloso contra a vida? O tema não é pacífico e já suscita divergências. De um lado, há quem diga que o art. 122, CP, está alocado no Capítulo I do Título I do Código Penal, referente aos crimes contra a vida, de modo que a competência para processo e julgamento permanece como sendo do tribunal do júri. Já de outro lado, há quem separe as figuras do suicídio e da automutilação: aquela continuaria sendo julgada pelo tribunal popular, enquanto esta seria de competência do juiz singular, uma vez que o dolo do sujeito ativo não é de matar, mas de provocar autolesão, cuja morte, se vier a ocorrer, será preterdolosa (resultado culposo).

Parece correta a primeira posição, ou seja, o art. 122, CP, em sua inteireza, deve ser processado pelo tribunal do júri, haja vista que: (a) topograficamente, está localizado no rol dos crimes contra a vida; (b) o Legislador teve oportunidade, e dela não se valeu, para alocar referido crime em outro dispositivo, como o referente às lesões corporais; (c) a instigação ao suicídio, para ser julgada pelo tribunal do júri, independe da ocorrência do resultado morte, tanto que o § 2º do art. 122, CP, traz uma qualificadora se esta vier a ocorrer, de modo que não há como sustentar que a instigação à automutilação não seja crime doloso contra a vida, quando, igualmente, traz a mesma figura qualificada; e (d) ao se permitir o julgamento da instigação/induzimento à automutilação pelo juiz singular, o delito passa a ser de competência do Juizado Especial Criminal, considerando que o preceito secundário prevê pena de reclusão de seis meses a dois anos, o que fere, frontalmente, a proporcionalidade na sua vertente positiva, ou seja, o Brasil passa a proteger de modo deficiente (e quase insignificante) conduta extremamente alarmante e perigosa, principalmente entre os jovens, já que a competência seria de um Juizado especializado em julgar causas de menor complexidade, o que não é o caso, afastando, por si só, a competência da Lei nº 9.099/95, que dispõe que a complexidade do caso impede a sua manutenção do Juizado (art. 77, § 2º). Basta ver que a violência autoprovocada é de notificação compulsória por médicos e responsáveis por instituições de ensino, tamanha a sua gravidade, notadamente em relação a crianças, idosos e pessoas com deficiência (arts. 12 e 14, Decreto nº 10.225/20).

Destaca-se que **não** são da competência do tribunal do júri o: latrocínio (pois se trata de crime contra o patrimônio, cf. súmula nº 603 do STF); genocídio (pois se trata de crime contra a humanidade), mas, se houver morte de membros do grupo, o tribunal do júri será competente para julgar o homicídio e o genocídio; ato infracional (pois o adolescente é submetido às regras do ECA); crime doloso contra a vida praticado por quem possui foro por prerrogativa de função previsto na Constituição Federal (se previsto penas em Constituição Estadual, prevalecerá a competência do júri, por ser constitucional, cf. súmula vinculante nº 45); homicídio contra o presidente da República, do Senado, da Câmara dos Deputados ou do STF (pois se trata de crime contra a segurança nacional, julgado por juiz federal singular, cf. art. 109, IV, CF); o chamado "tiro de abate", que autoriza a Aeronáutica a derrubar aeronaves hostis ou suspeitas de tráfico de drogas (pois julgado pela Justiça Militar da União, cf. o art. 9º, § 2º, III, CPPM c.c. arts. 13 e 303 do Código Brasileiro de Aeronáutica – nos termos da Lei nº 13.491/17); o homicídio doloso praticado por militar da ativa das Forças Armadas contra outro militar da ativa (pois a competência será da Justiça Militar da União, cf. art. 9º, II, *a*, CPM) e o homicídio doloso praticado por civil contra militar das Forças Armadas em serviço em lugar sujeito à administração militar (art. 9º, III, *b*, CPM, também julgado pela Justiça Militar da União).

É importante lembrar, como já estudado em *Competência*, que existe a possibilidade de se realizar um júri tanto no âmbito estatual quanto federal (ex.: homicídio praticado por/contra um policial federal).

No mais, consoante entendimento jurisprudencial, "a exclusão de qualificadora constante na pronúncia somente pode ocorrer quando manifestamente improcedente, sob pena de usurpação da competência do tribunal do júri, juiz natural para julgar os crimes dolosos contra a vida" (STJ, AgRg no REsp nº 1.457.054/PR, rel. Min. Reynaldo Soares da Fonseca, j. 21.06.16).

12.5.4. Características

São características do tribunal do júri:

a) trata-se de um **órgão horizontal**, em que não há hierarquia (verticalidade) entre o juiz togado e os jurados, cada um atuando dentro das suas competências.

b) é um **órgão temporário**, pois funciona durante determinados períodos do ano para julgar os crimes dolosos contra a vida. Há que se diferenciar *reunião do júri*, que é o período do ano em que o júri opera, de *sessão do júri*, que é o julgamento em si. É possível, de acordo com a lei de organização judiciária local, que o júri se reúna todos os meses, como nas comarcas maiores, ou então, apenas em meses ímpares, ou a cada trimestre etc.

c) trata-se de **órgão heterogêneo** (miscigenado, mesclado), pois, de acordo com o Código de Processo Penal, o órgão jurisdicional do júri é composto por 1 juiz togado e 25 jurados, sendo que 7 formarão o conselho de sentença (art. 447). O magistrado aplica o *direito*, fixando a pena, e o jurados analisam os *fatos*, fixando a responsabilidade ou não do acusado.

d) suas **decisões são subjetivamente complexas**, pois emanadas de um órgão colegiado, já que as funções de aplicar o direito e de julgar os fatos são divididas entre juiz e jurados, como visto, ou seja, há duas decisões proferidas por juízes diversos (juiz togado e jurados) para, ao final, dar lugar a uma única sentença.

e) as **decisões são tomadas por maioria de votos** (4 votos de 7 jurados, ao menos), não sendo preciso que a decisão seja unânime, como nos júris federais norte-americanos, por exemplo, em que a condenação precisa ser tomada por todos os jurados no mesmo sentido, ou seja, de forma unânime (*rule* 31.a, *Federal Rules of Criminal Procedure*).

Em suma:

Características do tribunal do júri
» Órgão horizontal (sem hierarquia entre os julgadores)
» Órgão temporário (funciona quando houver julgamentos)
» Órgão heterogêneo (formado por juiz togado e por jurados)
» Decisões subjetivamente complexas (jurados analisam fato e o juiz fixa a pena)
» Decisões por maioria de votos (jurados não precisam decidir de forma unânime)

12.5.5. Organização do júri

12.5.5.1. *Lista de jurados*

Anualmente, serão alistados pelo presidente do tribunal do júri: (a) de 800 a 1.500 jurados nas comarcas de mais de 1 milhão de habitantes; (b) de 300 a 700 nas comarcas de mais de 100 mil habitantes; e (c) de 80 a 400 nas comarcas de menor população (art. 425, *caput*, CPP).

Nas comarcas onde for necessário (§ 1º, art. 425, CPP), poderá ser aumentado o número de jurados e, ainda, organizada lista de suplentes, depositadas as cédulas em urna especial, com as cautelas do § 3º, art. 426, CPP.

O juiz presidente requisitará às autoridades locais, associações de classe e de bairro, entidades associativas e culturais, instituições de ensino em geral, universidades, sindicatos, repartições públicas e outros núcleos comunitários a indicação de pessoas que reúnam as condições para exercer a função de jurado (§ 2º, art. 425, CPP).

12.5.5.2. *Publicação da lista*

A lista geral dos jurados, com indicação das respectivas profissões, será publicada pela imprensa até o dia *10 de outubro* de cada ano e divulgada em editais afixados à porta do tribunal do júri (chamada de **lista provisória**), cf. o art. 426, *caput*, CPP.

A lista poderá ser alterada, de ofício ou mediante reclamação de qualquer do povo ao juiz presidente até o dia *10 de novembro*, data de sua publicação definitiva (chamada de **lista definitiva**), cf. o § 1º do art. 426, CPP. Juntamente com a lista são transcritas as funções dos jurados, dos arts. 436 a 446, CPP (isenções, privilégios, direitos, deveres etc.).

Os nomes e endereços dos alistados, em cartões iguais, após serem verificados na presença do Ministério Público, de advogado indicado pela Seção local da Ordem dos Advogados do Brasil e de defensor indicado pelas Defensorias Públicas competentes, permanecerão guardados em urna fechada a chave, sob a responsabilidade do juiz presidente (art. 426, § 3º, CPP). É desta urna que sairão os jurados que participação dos julgamentos do ano seguinte, sendo daqui sorteados os 25 que comporão cada reunião periódica.

A lista de jurados suplentes também terá fiscalização do Ministério Público, da OAB e da Defensoria Pública, devendo também ser dada a devida publicidade (embora a lei não mencione).

12.5.5.3. *Alterações da lista provisória*

Como explicado, entre 10 de outubro e 10 de novembro, a lista provisória com os nomes dos potenciais jurados pode ser alterada de duas formas: (a) pelo juiz, de ofício ou (b) pelo juiz, através de reclamação de qualquer do povo, como se verá no próximo item. Ex.: o jurado escolhido não preenche os requisitos legais, está impedido etc.

12.5.5.4. *Recurso*

Há divergência quanto ao recurso cabível contra a decisão que inclui ou exclui jurado da lista definitiva.

Para uns, caberá o **recurso em sentido estrito**, dirigido ao presidente do tribunal do júri, no prazo de 20 dias, nos termos exatos do art. 581, XIV, CPP (c.c. arts. 582, p.ú. e 586, p.ú., CPP); para outros, não é mais o caso de recurso em sentido estrito, mas de **reclamação de qualquer do povo** (inclusive pelo próprio jurado), conforme previsto no art. 426, § 1º, CPP, com redação dada pela Lei nº 11.689/08, até o dia 10 de novembro, tendo ocorrido revogação tácita do art. 581, XIV, CPP. Tem prevalecido esta última posição, até por ser mais recente.

Esta reclamação, literalmente, pode ser apresentada por qualquer pessoa, independentemente da constituição de advogado (próprio jurado, Ministério Público, Defensoria Pública, réu, qualquer cidadão etc.); em respeito ao contraditório, o juiz ouvirá a outra parte (no caso, o jurado), decidindo em seguida. É possível – em tese – que as leis locais dos tribunais disciplinem o procedimento desta reclamação.

12.5.5.5. *Alteração da lista definitiva*

Para a parte da doutrina que entende que não houve revogação tácita do art. 581, XIV, CPP, publicada a lista definitiva em 10 de novembro, mesmo assim serão possíveis algumas alterações na sua composição, o que se dará pela interposição de recuso em sentido estrito, em três hipóteses (Campos, 2014):

a) não tendo o juiz alterado a lista através da reclamação apresentada;

b) tendo o juiz atendido reclamação anterior e excluído jurado;

c) tendo o juiz atendido reclamação anterior e incluído jurado.

12.5.5.6. *Renovações da lista*

Conforme o art. 426, § 4º, CPP, o jurado que tiver integrado o conselho de sentença nos 12 meses que antecederam à publicação da lista geral ficará dela excluído. Assim, os jurados **que participaram do conselho de sentença** no ano anterior ficarão excluídos da lista geral do próximo ano, devendo o juiz complementá-la com novos jurados, conforme o número legal de jurados necessários (§ 5º do art. 426, CPP).

12.5.5.7. *Sorteio dos jurados*

Uma *reunião periódica* do tribunal do júri é o mês em que serão feitos os julgamentos; já *sessão* é o próprio julgamento. Logo, é possível que as reuniões do júri aconteçam em todos os meses pares do ano, com quatro sessões por mês (uma reunião com quatro sessões, p. ex.). É possível, ainda, as "reuniões extraordinárias", conforme a necessidade de mais sessões.

O tribunal do júri, como já se viu, é composto por 1 juiz de Direito e 25 jurados (chamados de "juízes de fato" ou "juízes leigos"), sendo que 7 formarão o conselho de sentença em cada sessão do júri, cf. art. 447, CPP. Atentar que Ministério Público e defensor não fazem parte da composição do júri, embora sejam partes do processo.

Os jurados possuem a incumbência de julgar os fatos (e todas as suas circunstâncias – causas de aumento/diminuição, qualificadoras) e ao juiz caberá, em caso de condenação pelos jurados, realizar a dosimetria da pena. Se os jurados condenarem o réu, o juiz não poderá absolver; e se os jurados absolverem, também não poderá condená-lo. Isso porque, como se estudou, a decisão dos jurados é soberana.

Uma vez formada a **urna geral** com todos os potenciais jurados que atuarão nos julgamentos do tribunal do júri do ano seguinte, isto é, já organizada a pauta pelo juiz presidente do júri, determinar-se-á a intimação do Ministério Público, da Ordem dos Advogados do Brasil e da Defensoria Pública para acompanharem, em dia e hora designados, o sorteio dos jurados que atuarão na reunião periódica, cujos nomes serão colocados na **urna da reunião periódica**.

Ou seja, na urna geral haverá, p. ex., o nome de 200 jurados; o juiz, então, intimará a OAB, o MP e a Defensoria Pública para acompanharem o sorteio dos 25 jurados que atuarão na reunião periódica, colocando seus nomes na urna da reunião periódica. A não intimação dessas pessoas gerará mera irregularidade, não maculando o ato de sorteio; o desrespeito à forma de sorteio pode gerar nulidade, como no caso do juiz que escolhe os "melhores e mais aptos" jurados para os julgamentos.

O sorteio, presidido pelo juiz, far-se-á a portas abertas, cabendo-lhe retirar as cédulas até completar o número de 25 jurados, para a reunião periódica ou extraordinária.

Este sorteio será realizado entre o 15º e o 10º dia útil antecedente à instalação da reunião. Ela não será adiada pelo não comparecimento das partes acima mencionadas. O jurado não sorteado poderá ter o seu nome novamente incluído para as reuniões futuras.

Consoante o Superior Tribunal de Justiça, "da leitura conjunta dos arts. 433 e 435 do CPP, depreende-se que a publicação da lista de jurados é pública e realizada com antecedência, o que autoriza a parte interessada a proceder ao levantamento de informações atinentes aos jurados, no sentido de se averiguar a idoneidade de cada um. Tal expediente permite a arguição, *opportuno tempore* – ou seja, em plenário de júri –, de eventual impedimento ou suspeição, e sua inobservância atrai a incidência da preclusão (RHC nº 57.035/PR, rel. Min. Ribeiro Dantas, j. 06.04.17).

12.5.5.8. *Convocação dos jurados*

Sorteados os 25 jurados que participarão da próxima reunião periódica, eles serão intimados pelo correio (ou qualquer meio hábil) a comparecer em dia e hora designados para a referida reunião, sob as penas da lei. A convocação dos jurados sorteados transcreverá os arts. 436 a 446, CPP, que trata da função do jurado (direitos, deveres, privilégios etc.).

A convocação, a bem da verdade, chama os jurados para todas as sessões (julgamentos) daquela reunião mensal. Assim, se a reunião do mês de maio terá 3 sessões, os 25 jurados serão convocados a comparecer nesses três dias de julgamento.

Serão afixados na porta do edifício do tribunal do júri a relação dos 25 jurados convocados, os nomes do acusado e dos procuradores das partes, além do dia, hora e local das sessões de instrução e julgamento. A finalidade é possibilitar a recusa de algum jurado pelas partes.

Entende-se que a não publicação da lista de jurados no edifício do tribunal do júri gera simples irregularidade, não anulando o ato; no mesmo sentido, já decidiu o Superior Tribunal de Justiça que a publicação tardia também constitui apenas irregularidade (HC nº 17.090/PR, rel. Min. Gilson Dipp, j. 06.12.01).

12.5.6. Jurados

Jurado é o juiz de fato que julgará o crime contra a vida (e os conexos, eventualmente) levado a plenário do tribunal do júri.

Na classificação do Direito Administrativo, os jurados são *agentes particulares colaboradores*, considerando que são particulares que executam certas funções especiais que podem se qualificar como públicas, sempre como resultado do vínculo jurídico que os prende ao Estado (Carvalho Filho, 2011).

Consoante a lição de Hely Lopes Meirelles, os jurados são considerados *agentes honoríficos*, ou seja, "são cidadãos convocados, designados ou nomeados para prestar, transitoriamente, determinados serviços ao Estado, em razão de sua condição cívica, de sua honorabilidade ou de sua notória capacidade profissional, mas sem qualquer vínculo empregatício ou estatutário e, normalmente, sem remuneração" (Direito, 2016, p. 84).

A seguir, serão vistos os principais tópicos a seu respeito.

12.5.6.1. *Categorias*

A doutrina afirma que há quatro categorias de jurados:

a) **alistados**, que comporão a lista geral anual;

b) **convocados**, que integram o corpo de 25 jurados das reuniões (dentre os alistados);

c) **sorteados**, que formarão os 7 membros do conselho de sentença (dentre os convocados);

d) **suplentes**, chamados para suprir o número legal exigido.

12.5.6.2. *Quem pode ser jurado*

Conforme o art. 436, CPP, o serviço do júri é obrigatório e o alistamento compreenderá os cidadãos maiores de 18 anos de notória idoneidade.

Percebe-se que o Código de Processo Penal exige que o jurado seja **cidadão**, podendo ser *nato* ou *naturalizado* (CF, § 3º do art. 12), mas deve estar no pleno gozo dos direitos políticos; caso seus direitos políticos estejam suspensos, ele não poderá ser jurado (CF, art. 15).

Quanto à idade, o Código de Processo Penal é taxativo ao exigir o mínimo de **18 anos** (o menor emancipado não pode ser jurado, pois o Código exige, expressamente, a *idade* de 18 anos). Os maiores de 70 anos estão, se assim desejarem, dispensados dos serviços do júri, ou seja, eles podem, normalmente, ser jurados, mas é facultado, em razão da idade, pedir dispensa.

O cidadão deve ter **notória idoneidade**, ou seja, conhecimento intelectual e boa condução social conforme a lei e a moral.

Nenhum cidadão poderá ser excluído dos trabalhos do júri ou deixar de ser alistado em razão de cor ou etnia, raça, credo, sexo, profissão, classe social ou econômica, origem ou grau de instrução. No entanto, apesar de não haver discriminação em relação ao grau de instrução, o jurado – embora a lei não mencione – deve ser **alfabetizado**, pois precisará ler os autos do processo, responder aos quesitos através das cédulas etc. O que não se pode é exigir, por exemplo, que apenas mestres e doutores sejam jurados, o que seria um verdadeiro preconceito, mas exigir o mínimo de alfabetização é almejar um julgamento transparente e escorreito.

O Código de Processo Penal também não menciona, mas, por lógica, o jurado deve **residir na mesma comarca** onde se dará o julgamento, isto é, ter vínculos com a sociedade local (trabalho, moraria, estudos, família etc.). Como os jurados julgam seus pares, traduz-se a ideia de que o povo local julgará seus membros, até porque, não teria lógica em um morador de Campinas/SP julgar um bárbaro homicídio que abalou toda a sociedade do Rio de Janeiro/RJ ou de Ribeirão Preto/SP.

Como se trata de julgamento de seus pares, os jurados devem ter **saúde física e mental**, pois precisão ouvir e ver o que ocorrer no plenário e, eventualmente, solucionar eventuais dúvidas, fazer perguntas ao juiz, à testemunha, ao acusado etc. Até poderia ser cogitada a designação de um intérprete ao jurado com alguma deficiência, mas isso afastaria a imediatidade nas suas percepções e feriria a incomunicabilidade (o que é questionável, bastando que o intérprete mantenha comunicação apenas com o jurado).

Se, de um lado, o art. 4º da Lei nº 13.146/15 (Estatuto da Pessoa com Deficiência) dispõe que toda pessoa com deficiência tem direito à igualdade de oportunidades com as demais pessoas e não sofrerá nenhuma espécie de discriminação, de outro lado a Constituição Federal assegura à sociedade e aos acusados diante do tribunal do júri um julgamento técnico, com garantia de incomunicabilidade e sigilo dos votos. Embora, portanto, seja – em tese – possível a designação de um intérprete ao jurado surdo, por exemplo, isso feriria os princípios constitucionais do júri, o que não pode ser admitido. Então, numa ponderação entre os valores buscados, deve prevalecer o regramento específico e constitucional do tribunal do júri.

O art. 426, § 4º, CPP, dispõe que o jurado que tiver efetivamente integrado o conselho de sentença nos 12 meses que antecederem à publicação da lista geral fica dela excluído. Evita-se, com isso, o chamado **jurado profissional**, sob pena de nulidade desde a sessão do julgamento.

Para o Superior Tribunal de Justiça, é preciso demonstrar a existência de prejuízo quando o jurado que participou do conselho de sentença atuou em outra sessão do júri nos últimos doze meses (AgRg no REsp nº 1.368.634/SP, rel. Min. Reynaldo Soares da Fonseca, j. 24.05.16), havendo nulidade absoluta no caso de o placar ter sido apertado, como quatro a três, o que demonstra a interferência do jurado impedido no deslinde da causa (AgRg no REsp nº 1.363.403/SP, rel. Min. Sebastião Reis Júnior, j. 17.11.15).

12.5.6.3. *Quem não pode ser jurado*

Nos termos do art. 437, CPP, estão isentos do serviço do júri:

a) Presidente da República e seus Ministros de Estado;

b) Governadores e seus Secretários;

c) membros do Congresso Nacional, Assembleias Legislativas e Câmaras Municipais e Distritais;

d) Prefeitos;

e) juízes e membros do MP e da Defensoria Pública;

f) servidores do Judiciário, do Ministério Público e da Defensoria Pública;

g) autoridades e servidores da polícia e da segurança pública;

h) militares em serviço ativo;

i) cidadãos maiores de 70 anos que requeiram dispensa;

j) aqueles que requeiram, demonstrando impedimento.

Esta última hipótese abre uma grande porta para as isenções, podendo o juiz isentar dos serviços do júri quem demonstre algum impedimento, como aquele que está se mudando para o exterior, o grave enfermo, a mãe lactante etc.

12.5.6.4. *Direitos*

O exercício efetivo da função de jurado constituirá serviço público relevante e estabelecerá presunção de idoneidade moral (art. 439, CPP). Para uns, a constituição de serviço relevante estará configurada se o jurado comparecer na sessão de julgamento entre os 25 jurados, ainda que não tenha composto o conselho de sentença; para outros, é preciso que o jurado componha, efetivamente, o conselho de sentença.

Além de prestar um serviço público relevante, constitui direito do jurado preferência, em igualdade de condições, nas licitações públicas e no provimento, mediante concurso, de cargo ou função pública, bem como nos casos de promoção funcional ou remoção voluntária (art. 440, CPP).

No mais, como já estudado, apesar de mencionado no inciso X do art. 295, CPP, o art. 439, CPP, **não mais confere o direito à prisão especial ao jurado** – até porque, a redação de ambos os dispositivos foi dada pela Lei nº 12.403/11, mas o art. 439, CPP, é específico no tratamento dos jurados, mencionando apenas que o seu exercício constitui serviço público relevante e gera presunção de idoneidade moral – sem tratar de prisão especial – entendendo-se, então, que os jurados não têm mais direito à prisão especial. Atentar que os jurados que, antes da alteração legislativa, já haviam exercido a função permanecerão com tal direito, diante do direito adquirido (art. 6º, § 2º, LINDB).

Outro direito é que nenhum desconto poderá ser feito nos vencimentos ou salário do jurado sorteado que comparecer à sessão do júri (art. 441, CPP). Ex.: o frentista sorteado para compor o júri não poderá ter o seu dia de trabalho descontado pelo empregador porque faltou ao serviço naquele dia.

E, por fim, o jurado possui alguns direitos relacionados ao julgamento em si, como requerer o que entender útil e necessário ao processo; fazer perguntas às partes, inclusive ao réu; pedir informações; consultar os autos etc.

12.5.6.5. *Deveres*

Conforme a doutrina, são deveres do jurado:

a) obedecer às intimações;

b) comparecer à sessão quando for sorteado;

c) declarar-se impedido diante de uma situação legal;

d) manter-se incomunicável;

e) prestar o compromisso legal;

f) prestar atenção no julgamento;

g) requerer o que entender necessário para poder julgar depois;

h) responder aos quesitos formulados na sala especial;

i) não expressar suas opiniões durante o julgamento.

12.5.6.6. *Recusa ao serviço do júri*

O art. 438, "caput", CPP, dispõe que a recusa ao serviço do júri fundada em convicção *religiosa*, *filosófica* ou *política* importará no dever de prestar **serviço alternativo**, sob pena de **suspensão** dos direitos políticos, enquanto não prestar o serviço imposto.

O § 1º do referido artigo prevê que é serviço alternativo o exercício de atividades de caráter administrativo, assistencial, filantrópico ou mesmo produtivo, no Poder Judiciário, na Defensoria Pública, no Ministério Público ou em entidade conveniada para esses fins.

Esta disposição está de acordo com o art. 5º, VIII, CF, que afirma que ninguém será privado de direitos por motivo de crença religiosa ou de convicção filosófica ou política, salvo se as invocar para eximir-se de obrigação legal a todos imposta e recusar-se a cumprir prestação alternativa, *fixada em lei*.

Viu-se acima que o serviço do júri é obrigatório (art. 436, CPP), de forma que, quem dele se exime por motivo religioso, filosófico ou político deverá cumprir uma prestação alternativa (que está no § 1º do art. 438, CPP), sob pena de suspensão dos direitos políticos enquanto não cumprida a obrigação.

Parcela da doutrina entende que esta prestação alternativa deve ter duração de 1 ano, período correspondente à duração da lista geral dos jurados.

Exemplo: cidadão alega escusa de consciência fundada em motivo filosófico, pois, de acordo com sua convicção moral e pessoal, os cidadãos não devem julgar seus pares, uma vez que isso seria de competência exclusiva dos juízes, únicos com formação jurídica conforme o ordenamento nacional. Neste caso, sendo sério e fundado o motivo (e não mera brincadeira para se eximir de um compromisso legal), o juiz deverá fixar uma prestação alternativa, que será uma atividade assistencial, filantrópica (beneficente) ou produtiva no Poder Judiciário, na Defensoria Pública, no Ministério Público ou em entidade conveniada. Enquanto não cumprida essa prestação alternativa, os direitos políticos do cidadão estarão suspensos (art. 15, IV, CF).

12.5.6.7. *Responsabilização criminal*

Nos termos do art. 445, CPP, o jurado, no exercício da função ou a pretexto de exercê-la, será *responsável criminalmente* nos mesmos termos em que o são os juízes togados.

Desta forma, o jurado é considerado funcionário público para fins penais, nos moldes do art. 327, CP, podendo ser responsabilizado criminalmente caso cometa crime que um juiz, no exercício das funções, pudesse praticar, como concussão, corrupção passiva, prevaricação etc.

Nas palavras claras de Rogério Sanches Cunha, "para efeitos penais, considera-se funcionário público não apenas o servidor legalmente investido em *cargo público*, mas também o que exerce *emprego público*, ou, de qualquer modo, uma *função pública*, ainda que de forma transitória, *v.g.*, o jurado, os mesarios eleitorais etc." (Curso, 2012, p. 789).

12.5.7. Procedimento bifásico do tribunal do júri

Diz-se que o procedimento do tribunal do júri é bifásico (ou escalonado), ou seja, é composto de duas fases distintas:

1) **juízo da acusação** (*judicium accusationis*) ou juízo da culpa;

2) **juízo da causa** (*judicium causae*).

A primeira fase, semelhante ao procedimento ordinário, tem início com o oferecimento da denúncia pela prática de um crime doloso contra a vida, perdurando até a preclusão da decisão de pronúncia. A segunda fase se inicia após a pronúncia do réu, com a preparação do processo para julgamento em plenário, pelos jurados, até a sentença final pelo juiz togado.

O tribunal do júri não se confunde com o chamado *modelo escabinado*, que é também um órgão heterogêneo, mas composto por juízes togados e leigos em que todos julgam e fixam a pena, como ocorre em alguns países da Europa. No tribunal do júri, há clara separação entre as funções de julgar (jurados) e presidir a sessão e fixar a pena (juiz togado). Exemplo de modelo similar ao escabinado existe, como visto, na Justiça Militar, em que o Conselho de Justiça é formado por juiz de direito (concursado) e por juízes militares leigos, em que todos decidem conjuntamente.

Há doutrina minoritária (Nucci, 2015) que entende que o rito do júri seria um procedimento trifásico: (i) da denúncia à pronúncia; (ii) preparação do plenário; e (iii) julgamento em plenário. No entanto, prevalece que a "preparação do plenário" não é fase autônoma do procedimento escalonado do júri, havendo apenas duas fases: juízo da acusação e juízo da causa.

Uma observação é necessária. A jurisprudência tem entendido que, apesar de os crimes dolosos contra a vida serem julgados pelo tribunal do júri, caso o crime seja praticado mediante violência doméstica ou familiar contra a mulher, será possível que a **primeira fase** do julgamento de um crime doloso contra a vida seja realizada na Vara Especializada de Violência Doméstica e Familiar contra a Familiar, sendo que apenas a **segunda fase** (julgamento em plenário pelos jurados) será realizada no âmbito do tribunal do júri, respeitando-se a competência constitucional do conselho de sentença.

Consoante o Supremo Tribunal Federal, portanto, a lei de organização judiciária pode atribuir a competência para o julgamento de crimes dolosos contra a mulher às Varas Especializadas de Violência Doméstica e Familiar, sendo o processo encaminhado à Vara do Júri depois de encerrada a primeira fase para julgamento pelos jurados (HC nº 102.150/SC, rel. Min. Teori Zavascki, j. 27.05.14; e ARE nº 812.668/DF, rel. Min. Ricardo Lewandowski, j. 23.07.14). E de acordo com o Superior Tribunal de Justiça, "não importa nulidade o processamento do feito perante o Juizado Especial Criminal e de Violência Doméstica, até a fase de pronúncia" (HC nº 294.952/SC, rel. Min. Felix Fischer, j. 07.04.15).

12.5.8. Juízo da Acusação (1ª *fase*)

O único julgador aqui será o juiz togado (chamado de "sumariante"), já que os jurados atuam apenas na segunda fase, em plenário.

Conforme o Superior Tribunal de Justiça, a primeira fase do júri tem o objetivo primordial de avaliar a suficiência ou não de razões – isto é, de justa causa – para levar o acusado ao seu juiz natural, que são os jurados, já na segunda fase do rito do júri. Assim, a primeira fase é um verdadeiro filtro pelo qual somente passam as acusações fundadas, viáveis, plausíveis e idôneas a serem objeto de decisões na segunda fase (REsp nº 1.689.173/SC, rel. Min. Rogerio Schietti Cruz, j. 21.11.17). Exemplo disso é que cabe ao juiz togado apreciar a existência de dolo eventual ou culpa consciente do condutor de veículo que, após a ingestão de bebida alcoólica, ocasiona acidente de trânsito com resultado morte, não podendo esta análise técnica ser deixada aos juízes leigos sob a cômoda alegação de "in dubio pro societate".

Inicia-se esta primeira fase com o **oferecimento da denúncia** (ou queixa subsidiária, se a ação penal for privada subsidiária da pública); se houver crime conexo com o delito contra a vida, cujo processamento se dê mediante ação penal de iniciativa privada, será admissível a formação de litisconsórcio entre o Ministério Público, que oferecerá a denúncia, e o querelante, que oferecerá a queixa-crime, conforme já se estudou na chamada *ação penal adesiva*.

É possível a aplicação do art. 395, CPP, caso em que, oferecida a inicial acusatória, o juiz poderá **rejeitá-la** por inépcia, falta de pressuposto processual ou condição da ação e falta de justa causa para a ação penal.

Mas, uma vez recebendo a denúncia ou a queixa, o juiz ordenará a **citação** do acusado para **responder à acusação**, por escrito, no prazo de 10 dias (art. 406, "caput", CPP). Este prazo será contado a partir do efetivo cumprimento do mandado ou do comparecimento, em juízo, do acusado ou de defensor constituído, no caso de citação inválida ou por edital (§ 1º).

Não apresentada a resposta no prazo legal, o juiz nomeará defensor dativo para oferecê-la em até 10 dias, concedendo-lhe vista dos autos (art. 408, CPP).

Na resposta, o acusado poderá arguir preliminares e alegar tudo que interesse à sua defesa, oferecer documentos e justificações, especificar as provas pretendidas e arrolar testemunhas, **até o máximo de 8**, qualificando-as e requerendo sua intimação, quando necessário (§ 3º, art. 406, CPP). As exceções serão processadas em apartado, nos termos dos arts. 95 a 112, CPP, conforme já estudado anteriormente. Repare que, nesta primeira fase, é permitida a oitiva de até oito testemunhas (enquanto que, na segunda fase, poderão ser ouvidas até cinco testemunhas em plenário).

Apresentada a defesa, o juiz **ouvirá o Ministério Público** (e/ou o querelante) sobre preliminares e documentos, em 5 dias (art. 409, CPP).

Entende a jurisprudência do Superior Tribunal de Justiça pela impossibilidade de aplicação do art. 397, CPP, no âmbito do tribunal do júri, ou seja, não poderá o juiz, *v.g.*, após a resposta escrita do acusado, absolvê-lo sumariamente quando verificar a ocorrência manifesta de excludente de ilicitude, excludente de culpabilidade, atipicidade ou extinção da punibilidade (RHC nº 68.765/ES, rel. Min. Reynaldo Soares da Fonseca, j. 17.11.16).

Desta feita, expressa a Corte da Cidadania que o rito do júri é diferenciado, não se aplicando o art. 394, § 4º, CPP, uma vez que, após o recebimento da denúncia, determina-se a citação do réu e, já em seguida, segue-se para a instrução e decisão judicial sobre *pronúncia, impronúncia, absolvição sumária* ou *desclassificação*, não havendo espaço para o art. 397, CPP, considerando que as defesas de mérito que poderiam autorizar a sua incidência serão analisadas no momento da pronúncia ou de outra decisão específica do rito dos crimes dolosos contra a vida, conforme o § 9º do art. 411, CPP (HC nº 357.200/SC, rel. Min. Maria Thereza de Assis Moura, j. 09.08.16).

Neste caminho de ideias, portanto, "a pretensão de que seja aplicado o art. 397 do Código de Processo Penal ao rito do Tribunal do Júri não procede, tendo em vista tratar-se de procedimento regido exclusivamente pelas regras do art. 406 a 497 do Código de Processo Penal, consoante dispõe o art. 394, § 3º do mesmo diploma legal" (STJ, HC nº 172.925/SC, rel. Min. Nefi Cordeiro, j. 17.12.15).

Encerrada esta etapa preliminar, o juiz **designará audiência** para a inquirição das testemunhas e a realização das diligências requeridas pelas partes, no prazo máximo de 10 dias (art. 410, CPP).

Na audiência de instrução, proceder-se-á à tomada de declarações do ofendido, se possível, à inquirição das testemunhas arroladas pela acusação e pela defesa, nesta ordem, bem como aos esclarecimentos dos peritos, às acareações e ao reconhecimento de pessoas e coisas, interrogando-se, em seguida, o acusado e procedendo-se o debate oral.

Nenhum ato será adiado, salvo quando imprescindível à prova faltante, determinando o juiz a condução coercitiva de quem deva comparecer. A testemunha que comparecer será inquirida, independentemente da suspensão da audiência, observada em qualquer caso a ordem legal.

Não há previsão específica para requerimento de diligências, tal como ocorre no procedimento ordinário; mas isso não impede que o juiz determine a realização de alguma diligência necessária e útil à verdade dos fatos, consoante o art. 156, II, CPP.

As partes poderão juntar documentos no curso da instrução processual (desde que antes dos debates, claro).

Os esclarecimentos dos peritos dependerão de prévio requerimento e de deferimento pelo juiz. As provas serão produzidas em uma só audiência, podendo o juiz indeferir as consideradas irrelevantes, impertinentes ou protelatórias.

Finda a instrução e antes das **alegações finais orais**, permite-se que a acusação aplique o art. 384, CPP (*mutatio libelli*) se couber nova definição jurídica do fato em consequência de prova existente nos autos ainda não contida na acusação feita. Ex.: denúncia por homicídio simples, mas, no curso da instrução, descobre-se que houve o emprego de meio cruel, tornando o homicídio qualificado; deverá o Ministério Público aditar a denúncia, em 5 dias, ou ser reduzido a termo, se feito oralmente o aditamento.

As alegações serão *orais*, concedendo-se a palavra, respectivamente, à acusação e à defesa, pelo prazo de 20 minutos, prorrogáveis por mais 10. Havendo mais de 1 acusado, o tempo previsto para a acusação e a defesa de cada um deles será individual. Ao assistente do Ministério Público, após a manifestação deste, serão concedidos 10 minutos, prorrogando-se por igual período o tempo de manifestação da defesa. Não há previsão legal para conversão em memorial.

Se a ação penal for privada, a não apresentação de alegações finais gerará perempção (art. 60, III, CPP), mas, se a ação for privada subsidiária da pública, não haverá extinção da punibilidade, mas a retomada do processo pelo Ministério Público (art. 29, CPP), com posterior realização do ato faltante.

Como já estudado, o Ministério Público pode, a qualquer momento e em qualquer processo, entender que não é o caso de condenação, de forma que fará pedido de absolvição sumária, de impronúncia ou de desclassificação, não estando o juiz obrigado a acatar tal pedido (art. 385, CPP). Isso porque, o Ministério Público atua na defesa da ordem jurídica (CF, art. 127, *caput*), não estando obrigado a, sempre, acusar, mas a defender o regime jurídico e democrático nacional.

Entende-se que é possível à defesa do acusado realizar uma defesa genérica nesta fase de alegações finais, ou mesmo não as apresentar (STF, HC nº 108.951/RJ, rel. Min. Dias Toffoli, j. 08.05.12; e STJ, HC nº 46.608/MG, rel. Min. Assusete Magalhães, j. 15.10.13), de forma a não se precipitar na demonstração das provas defensivas, ainda mais quando patente e próxima a pronúncia do acusado, mas desde que fique claro que se trata de uma estratégia ou tática defensiva, e não de mera defesa deficiente, o que pode ensejar nulidade (STJ, HC nº 237.578/BA, rel. Min. Jorge Mussi, j. 18.12.12).

Nas exatas palavras do Tribunal da Cidadania, "a ausência do oferecimento das alegações finais, em processos de competência do tribunal do júri, não acarreta nulidade, por constituir, a decisão de pronúncia, mero juízo provisório quanto à autoria e à materialidade" (RHC nº 69.470/RN, rel. Min. Reynaldo Soares da Fonseca, j. 04.04.17), ou seja, ainda que não se apresente alegações finais, não haverá nulidade, pois a – eventual – pronúncia ulterior é provisória, já que os fatos ainda serão julgados pelo conselho de sentença na segunda fase do rito do júri.

No mais, as nulidades relativas ocorridas na instrução devem ser alegadas até as alegações finais, sob pena de preclusão, conforme o art. 571, I, CPP, cuja referência atual é o § 4º do art. 411, CPP (STJ, HC nº 371.536/SC, rel. Min. Maria Thereza de Assis Moura, j. 25.10.16).

Encerrados os debates, o juiz **proferirá a sua decisão**, ou o fará em 10 dias, ordenando que os autos lhe sejam conclusos. O procedimento será concluído no prazo máximo de **90 dias**.

O juiz sumariante poderá adotar uma dessas quatro decisões: (a) impronúncia; (b) desclassificação; (c) absolvição sumária; ou (d) pronúncia. Resolvendo pela pronúncia, o julgamento segue para a segunda fase, em plenário, com julgamento dos fatos pelos jurados; resolvendo por alguma das outras três decisões, o rito é abreviado, não havendo julgamento popular.

Consoante a jurisprudência, cabe às instâncias ordinárias (juiz sumariante e tribunais), com base nos fatos carreados nos autos, absolver, pronunciar, desclassificar ou impronunciar o réu, uma vez ser proibida, em recursos extraordinários, a reanálise do acervo fático-probatório (STJ, REsp nº 1.373.356/BA, rel. Min. Rogerio Schietti Cruz, j. 20.04.17).

Cada uma dessas 4 decisões possíveis será estudada agora.

12.5.8.1. *Impronúncia*

Esta decisão significa que **o juiz não se convenceu acerca da autoria e da materialidade do crime contra a vida** (art. 414, CPP). Não haverá julgamento do mérito, sendo verdadeira decisão terminativa; encerra-se esta primeira fase do tribunal do júri e sequer se inicia a segunda, ou seja, o caso não será levado ao plenário para julgamento pelos jurados.

Aliás, quanto à natureza jurídica da impronúncia, entende-se que se trata de **decisão interlocutória mista terminativa.** É *interlocutória* porque não julga o mérito; é *mista* porque encerra uma fase do processo; e é *terminativa* porque extingue o processo (Brasileiro, 2017).

Desta feita, nada impedirá que nova denúncia seja oferecida – se respeitado o prazo prescricional – em relação aos mesmos fatos, buscando-se superar a falha reconhecida pelo juiz quanto à autoria e materialidade (p.ú., art. 414, CPP).

Trata-se, assim, de uma típica decisão *secundum eventum probationis,* de modo que se permite a propositura de nova ação, desde que surjam novos elementos de prova (inéditos, ainda não conhecidos), ou seja, enquanto mantida a mesma situação, não se proporá nova ação, mas, se alterada, poderá esta ser oferecida, conforme a cláusula *rebus sic stantibus.*

É bom ressaltar que a impronúncia exige **elementos robustos** quanto à falta de autoria e materialidade, pois a dúvida autoriza que o juiz pronuncie o acusado e leve o processo a julgamento em plenário pelos jurados. Nesta fase, pois, aplica-se o *in dubio pro societate* (AgRg no AREsp nº 1.011.574/ES, rel. Min. Felix Fischer, j. 06.02.18).

Se houver infração conexa com o crime doloso contra a vida e o juiz entender que é o caso de impronúncia, ele não se manifestará acerca da infração conexa, devendo remeter os autos, em relação à infração penal conexa, ao juízo competente para o seu julgamento (STJ, REsp nº 571.077/RS, rel. Min. Felix Fischer, j. 04.03.04).

12.5.8.1.1. *Recurso*

Contra a decisão de impronúncia é cabível **apelação** (art. 416, CPP), em 5 dias (art. 593, CPP), já que se trata de sentença terminativa, sem efeito regressivo, ou seja, o juiz que prolatou a decisão não poderá revê-la e "voltar atrás" para se retratar.

Vale destacar que, antes da reforma promovida pela Lei nº 11.689/08, era cabível o recurso em sentido estrito (art. 581, IV, CPP). Assim, é importante relembrar que é aplicável a lei em vigor no momento em que a decisão recorrível é prolatada, ou seja, interpor-se-á o recurso existente no momento em que a decisão de impronúncia for proferida, não importando a lei vigente quanto ao momento do crime ou quanto ao momento da interposição do recurso (STF, AgRg no RE nº 752.988, rel. Min. Ricardo Lewandowski, j. 13.10.13).

Poderão interpor apelação contra a impronúncia o próprio Ministério Público ou o querelante e, ainda, o assistente de acusação, de forma subsidiária/supletiva, em 5 dias se já habilitado nos autos, ou em 15 dias, se não habilitado ainda, iniciando-se o prazo após o transcurso do prazo do Ministério Público (súmula nº 448, STF). Nada impede que o próprio acusado, excepcionalmente, interponha recurso contra a impronúncia objetivando a absolvição sumária, do art. 415, CPP, pois que, daí, estará protegido, também, pela coisa julgada material, impedindo que nova denúncia seja proposta futuramente.

Provida a apelação, o réu é pronunciado pelo tribunal; negado provimento, o réu mantém-se impronunciado, podendo ser denunciado ulteriormente caso surjam novas provas. Contra a decisão do tribunal que proveu a apelação (levando o réu para a segunda fase do júri) pode ser cabível recurso extraordinário e/ou especial, excepcionalmente, se preenchidos os requisitos legais (observadas as restrições legais, como mencionado acima acerca do revolvimento das provas), além de *habeas corpus*.

12.5.8.2. *Desclassificação*

De acordo com o art. 419, CPP, quando o juiz se convencer, em discordância com a acusação, da existência de crime que não seja doloso contra a vida e ele não for competente para o julgamento, remeterá os autos ao juiz que o seja.

Veja que o Código de Processo Penal fala em *quando o juiz se convencer*, ou seja, isso exige um standard probatório mais elevado, de quase certeza.

Por isso, apenas o fato concreto poderá indicar quando o julgador poderá desclassificar um crime doloso contra a vida para um culposo, por exemplo. Ex.: homicídio no trânsito, com motorista sob influência de álcool, com habilitação suspensa, violando normas de trânsito e invadindo pista de bicicletas – não será possível, *prima facie*, afirmar que se trata de homicídio culposo do CTB, mas também não se pode ter certeza de que se trata de homicídio praticado com dolo eventual, de modo que tais circunstâncias deverão ser analisadas pelos jurados, diante da existência de justa causa, ao menos em tese, para atrair a competência do tribunal do júri (STJ, REsp nº 1.794.695/PR, rel. Min. Nefi Cordeiro, j. 25.06.19).

Atente-se que a desclassificação aqui operada é a realizada pelo juiz sumariante e ainda na primeira fase do rito do júri. O julgador, analisado o caso, pode entender que o fato narrado na inicial acusatória não é um crime de competência do tribunal do júri, desclassificando o delito, seja ele apenado de forma mais branda ou mais gravosa.

Exemplo: juiz entende que não se trata de homicídio doloso, mas de latrocínio, que não é de competência do tribunal do júri e, inclusive, possui pena maior do que aquele; ou então, que se trata de um homicídio culposo.

Pode ser que, analisando o fato, o juiz entenda que não se trata do crime imputado, mas, sim, de outro, que também é doloso contra a vida. Neste caso, não haverá desclassificação – **que pressupõe a falta de competência do tribunal do júri** – mas de verdadeira pronúncia, apenas por crime diverso do capitulado na acusação.

Exemplo: o magistrado entende que não se trata de infanticídio, mas de homicídio, diante dos elementos encontrados nos autos do processo; haverá pronúncia normalmente, não se falando em desclassificação, já que se mantém a competência do tribunal do júri em relação a um crime doloso contra a vida.

É importante notar que o juiz, ao realizar a desclassificação, **não poderá indicar o delito que entende ter sido cometido**, devendo ater-se, apenas, a expressar a falta de competência do tribunal do júri em razão de o delito narrado não ser doloso contra a vida, já que o juízo que receberá os autos é que terá a competência para julgar o caso (lembre-se, ademais, que a *opinio delicti* é do Ministério Público, e não do juiz). Não haverá, assim, vinculação quanto à tipificação, podendo o juízo recebedor julgar nos termos da nova tipificação a ser atribuída pelo Ministério Público.

O juízo, então, ao receber os autos com o delito desclassificado, se deparará com duas hipóteses (Avena, 2017):

i) a desclassificação **acarretou** o acréscimo de circunstâncias ou elementos novos aos fatos descritos na inicial acusatória, de modo que o juiz deverá aplicar os procedimentos dos arts. 383 ou 384, CPP (*mutatio* ou *emendatio libelli*), renovando a instrução processual em observância ao princípio da identidade física do juiz.

   Exemplo: narrativa de tentativa de homicídio, cujo disparo atingiu o braço da vítima, mas o juízo recebedor entende que ocorreu lesão corporal de natureza grave, com debilidade do membro, o que requer a devida instrução do feito neste sentido – com novas testemunhas, provas, perícias etc.

ii) a desclassificação **não acarretou** acréscimo de circunstâncias ou elementos novos aos fatos descritos na inicial acusatória, de modo que o juiz não precisará promover o previsto no art. 384, CPP (*mutatio libelli*).

   Exemplo: narrativa de tiro na perna, que acabou gerando a morte da vítima, mas o juiz entende que não havia dolo de matar, configurando lesão corporal seguida de morte – o acusado se defendeu dos fatos exatamente como foram narrados, não havendo nenhum acréscimo.

Conforme já estudado, se o juiz impronunciar, desclassificar ou absolver sumariamente o então crime doloso contra a vida, excluindo a competência do tribunal do júri, **deverá remeter os autos ao juízo competente se houver infração penal conexa a ser julgada** (art. 81, CPP).

Ver, todavia, que, se o acusado responde, *v.g.*, por dois crimes dolosos contra a vida e o juiz desclassifica apenas um deles, não haverá a remessa deste ao juízo comum, já que o tribunal do júri é competente para julgar o outro crime doloso contra a vida (isto é, o delito que não foi desclassificado) e os que lhe são conexos (isto é, o delito que foi desclassificado).

Exemplo: o agente quer matar seu desafeto e o aguarda perto de sua casa; quando este chega, aquele efetua um disparo, matando-o instantaneamente; em razão do barulho, o filho do desafeto sai para a calçada e acaba por assustar o atirador, que efetua um disparo também e o mata; o Ministério Público denuncia o agente por dois homicídios dolosos, mas o juiz desclassifica o segundo homicídio para culposo e mantém o primeiro como doloso; neste caso, ambos os crimes serão julgados pelos jurados, em razão da conexão do crime doloso contra a vida com o crime culposo contra a vida. Havendo dois crimes dolosos contra a vida, portanto, caso o juiz desclassifique apenas um deles, o caso continuará sendo julgado perante o tribunal do júri, em razão da permanência do crime doloso neste juízo, que atrai, pela conexão, o delito outrora desclassificado.

Caso o juiz desclassifique o delito, remetendo os autos ao juízo competente, e o acusado esteja preso, isso não significa que deverá ser solto. Nos moldes do p.ú. do art. 419, CPP, "remetidos os autos do processo a outro juiz, à disposição deste ficará o acusado preso", ou seja, caberá ao juízo recebedor verificar se o preso assim permanecerá ou não.

12.5.8.2.1. *Recurso*

Uma vez desclassificado o delito, a parte prejudicada poderá atacar esta decisão interpondo **recurso em sentido estrito** (art. 581, II, CPP) em 5 dias (art. 586, CPP).

Poderá o recurso ser imposto tanto pela acusação quanto pela defesa, que poderá preferir, por exemplo, uma acusação de homicídio doloso (com pena de 6 a 20 anos) do que uma de latrocínio (com pena de 20 a 30 anos). O assistente de acusação, caso adotada a teoria de que ele busca não apenas reparação patrimonial, mas, também, a própria condenação penal com a aplicação de uma pena justa, possui legitimidade para recorrer contra a desclassificação (STJ, REsp nº 225.438/CE, rel. Min. José Arnaldo da Fonseca, j. 23.05.00).

Note que o recurso em sentido estrito comporta juízo de retratação, de modo que o magistrado sumariante poderá, reavaliando sua decisão, alterá-la, vindo a pronunciar o acusado; contra esta nova decisão de pronúncia, agora, caberá novo recurso em sentido estrito (art. 581, IV, CPP), mediante simples petição, sem novas razões, subindo o recurso direto ao tribunal (p.ú., art. 589, CPP).

12.5.8.2.2. *Conflito de competência*

Viu-se que, operada a desclassificação e ocorrido o trânsito em julgado desta decisão, os autos são remetidos ao juízo tido como competente. A questão que se põe é: pode este juízo recebedor dos autos não concordar com esta decisão, entendendo, por exemplo, que se trata, sim, de crime doloso contra a vida, e suscitar um conflito de competência?

Há duas posições:

a) o juízo que recebeu os autos do tribunal do júri **não pode suscitar** o conflito, pois, se as próprias partes não recorreram da desclassificação ou se ela já foi confirmada pelo tribunal, que julgou o recurso em sentido estrito, não caberia ao juízo comum entender diversamente. Assim, ou as partes não têm interesse (não recorram da desclassificação, por exemplo) ou o próprio tribunal já analisou um recurso anteriormente a respeito da competência, de modo que esta já foi fixada.

b) o juízo que recebeu os autos do tribunal do júri **pode suscitar** o conflito, já que crime doloso contra a vida é de competência absoluta, o que pode ser alegado a qualquer momento; além disso, quem analisou a desclassificação ou foi o juiz sumariante sem recurso das partes ou uma câmara/turma do tribunal (órgão menor), de forma que o conflito de competência é sempre julgado pela Câmara Especial do tribunal ou pelo Plenário (órgão diverso e maior), ou seja, o órgão competente do tribunal ainda não analisou, definitivamente, quem é o juízo competente. Esta é a posição do Superior Tribunal de Justiça (3ª Seção, CC nº 35.294/SP, rel. Min. Paulo Gallotti, j. 13.10.04; 5ª T., HC n 43.583/MS, rel. Min. José Arnaldo da Fonseca, j. 27.09.05; e 6ª T., HC nº 103.335/RJ, rel. Min. Celso Limongi, j. 18.06.09).

Em suma, prevalece este segundo entendimento, de forma que "a decisão que, reconhecendo a incompetência do tribunal do júri remete os autos a vara criminal comum, mesmo não sendo interposto recurso pelo Ministério Público, não tem caráter vinculante em relação ao magistrado que os recebe, mostrando-se possível a este, dentro de sua convicção, suscitar o conflito de competência" (STJ, AgRg no REsp nº 1.420.633/AL, rel. Min. Reynaldo Soares da Fonseca, j. 27.09.16).

Caso haja remessa dos autos entre juízo estadual e federal, sempre será possível suscitar o conflito, dado que um órgão judicial não se submeterá à decisão do outro, devendo o conflito ser resolvido pelo Superior Tribunal de Justiça (art. 105, I, *d*, CF).

12.5.8.2.3. *Desqualificação*

A *desclassificação* não se confunde com a chamada *desqualificação*, que é a supressão de uma qualificadora imputada na peça acusatória (também chamada de *decote da qualificadora*).

Entende-se que a exclusão de qualificadora durante o juízo de acusação, pelo juiz sumariante, somente pode ocorrer se **manifestamente improcedente ou incabível**, sob pena de usurpação das atribuições dos jurados (STF, AgRg no HC nº 126.542/RS, rel. Min. Roberto Barroso, j. 12.05.15; e STJ, HC nº 407.008/SP, rel. Min. Ribeiro Dantas, j. 06.02.18). Se, por exemplo, a qualificadora reconhecida pelos jurados é compatível com as provas apresentadas, não há possibilidade de revisão pelo juiz (STF, HC nº 163.239/MG, rel. Min. Marco Aurélio, j. 20.08.19).

Assim, por exemplo, caberá aos jurados decidir, no caso concreto, se o ciúme pode ou não ser considerado motivo torpe, não sendo suficiente a alegação do advogado sustentando que "o ciúme, por si só, não pode ser considerado motivo torpe". Apenas quando a qualificadora se mostrar manifestamente improcedente será possível ao juiz afastá-la (STJ, AgRg no AREsp nº 827.875/MG, rel. Min. Ribeiro Dantas, j. 22.09.16).

Desta feita, havendo incertezas quanto à ocorrência da qualificadora narrada na denúncia, não é facultado ao juiz dirimi-las, haja vista que a competência para tanto é do juiz natural, que, no caso, é o corpo de jurados. Assim, "não é possível ao juiz togado, seja em primeira ou segunda instância, subtrair da apreciação do conselho de sentença uma circunstância que, numa análise objetiva, mostra-se viável, ao menos em tese (STJ, AgRg no REsp nº 1.549.204/PR, rel. Min. Rogerio Schietti Cruz, j. 14.08.18).

Contra a decisão de desqualificação caberá recurso em sentido estrito.

12.5.8.3. *Absolvição sumária*

Nos termos do art. 415, CPP, o juiz sumariante, fundamentadamente, absolverá desde logo o acusado quando:

a) **provada a inexistência do fato**: isto é, foi oferecida a inicial acusatória, houve a instrução processual da primeira fase e o juiz, ao sentenciar, entendeu que o fato narrado, supostamente criminoso, sequer existiu.

b) **provado não ser o acusado autor ou partícipe do fato**: o juiz, finda a instrução do processo na primeira fase, analisa as provas e verifica que restou provado que o acusado não teve nenhum envolvimento com o crime narrado, seja na condição de autor, seja na condição de partícipe.

Veja que a lei expressa que esta situação deve estar "provada", pois, se houver dúvidas, o acusado deve ser levado a julgamento em plenário, uma vez que a absolvição sumária exige a afirmação judicial de *certeza* (STJ, AgRg no AREsp nº 1.071.699/PA, rel. Min. Felix Fischer, j. 03.08.17).

Outro detalhe é que a absolvição sumária ocorrerá, aqui, quando evidentemente comprovado que o acusado não foi autor ou partícipe do crime, formando-se *coisa julgada material*; diferentemente, na impronúncia, a acusação não demonstrou indícios suficientes de autoria, podendo, posteriormente, angariar provas mais robustas e oferecer nova acusação, já que formada apenas *coisa julgada formal.*

c) **o fato não constituir infração penal**: o juiz reconhece a atipicidade, formal ou material, do fato narrado na inicial acusatória.

d) **demonstrada causa de isenção de pena ou de exclusão do crime**: o juiz absolverá sumariamente o acusado quando verificar a ocorrência de excludente de ilicitude (legítima defesa, estado de necessidade, estrito cumprimento do dever legal ou exercício regular de direito) ou excludente de culpabilidade (como a coação moral irresistível, a obediência hierárquica, a inexigibilidade de conduta diversa etc.).

Como já estudado anteriormente no procedimento ordinário, a absolvição sumária exige um *juízo de certeza*, pois a dúvida acerca da ocorrência ou não de uma hipótese legal deve ser dirimida pelo juiz natural da causa, que são os jurados, ou seja, a dúvida milita *pro societate*, levando o acusado a julgamento pelos jurados (STJ, AgRg no AREsp nº 316.069/SP, rel. Min. Sebastião Reis Júnior, j. 09.09.14; e HC nº 295.547/RS, rel. Min. Felix Fischer, j. 30.06.15).

Assim, havendo dúvida, por exemplo, se o agente agiu ou não em legítima defesa, é descabida a absolvição sumária, em respeito ao princípio *in dubio pro societate*, sendo a apreciação da excludente de ilicitude atribuição dos jurados, sob pena de usurpação da competência do conselho de sentença (AgRg no AREsp nº 872.992/PE, rel. Min. Sebastião Reis Júnior, j. 21.06.16).

No que diz respeito à eventual **infração conexa**, caso o juiz absolva sumariamente o acusado pelo crime doloso contra a vida, deverá remeter os autos ao juízo competente para julgar a infração conexa, conforme o previsto no art. 81, p.ú., CPP.

Exemplo: homicídio doloso em concurso com ocultação de cadáver; se reconhecida de forma patente a legítima defesa quanto ao crime contra a vida, o juiz absolverá sumariamente o acusado, abstendo-se de julgar o crime conexo de ocultação de cadáver, devendo enviar os autos, após o trânsito em julgado da decisão de absolvição sumária, ao juízo competente.

Uma observação se faz necessária. O crime conexo enviado ao juízo comum diz respeito a uma infração penal **independente** do crime doloso contra a vida. É o caso, por exemplo, do homicídio doloso praticado em conexão com porte ilegal de arma de fogo. Se o agente foi absolvido sumariamente do homicídio, por qualquer que seja o motivo, ainda assim restará possível que tenha praticado o crime do Estatuto do Desarmamento. Neste caso, haverá o envio dos autos ao juízo comum, sem maiores problemas. De outro lado, o crime conexo **dependente** do crime doloso contra a vida poderá ter a absolvição sumária analisada pelo juiz togado. É o exemplo do imputado que é absolvido sumariamente do homicídio doloso porque o fato não existiu e há a imputação conexa de ocultação de cadáver. Ora, se sequer existiu crime doloso contra a vida, não há como subsistir a imputação de ocultar um cadáver que também, por impossibilidade jurídica e física, também nunca existiu – até porque, não teria como o juízo comum decidir contrariamente ao juiz do tribunal do júri (algo como condenar por ocultação de cadáver em relação ao homicídio que nunca sequer existiu). Logo, conforme a dependência do crime conexo em relação ao crime doloso contra a vida, será possível que o próprio juiz togado do tribunal do júri absolva sumariamente o acusado daquele.

Apesar dessa construção, a regra é: o crime conexo, no caso de absolvição sumária do júri, será enviado ao juízo comum competente.

12.5.8.3.1. *Inimputabilidade*

De acordo com o parágrafo único do art. 415, CPP, não se absolverá sumariamente o agente com base na inimputabilidade, *salvo quando esta for a única tese defensiva*. Explica-se.

Se a defesa sustenta apenas que o agente é inimputável (art. 26, CP), o juiz poderá, uma vez comprovada esta tese, absolvê-lo sumariamente, impondo uma medida de segurança (art. 97, CP), que é uma espécie de sanção penal, de modo que o acusado **não será levado a julgamento pelos jurados**, ocorrendo uma absolvição sumária imprópria.

Conforme o Superior Tribunal de Justiça, "a absolvição sumária por inimputabilidade do acusado constitui sentença absolutória imprópria, a qual impõe a aplicação de medida de segurança, razão por que ao magistrado incumbe proceder à análise da pretensão executiva, apurando-se a materialidade e autoria delitiva, de forma a justificar a imposição da medida preventiva. Reconhecida a existência do crime e a inimputabilidade do autor, tem-se presente causa excludente de culpabilidade, incumbindo ao juízo sumariante, em regra, a aplicação da medida de segurança" (HC nº 99.649/MG, rel. Min. Arnaldo Esteves Lima, j. 17.06.10).

Assim, havendo autoria, materialidade e tendo a defesa sustentado *apenas* a inimputabilidade, poderá o juiz absolver sumariamente o acusado, impondo-lhe medida de segurança, não o levando a julgamento pelos jurados.

Diferentemente disso, se a defesa sustenta uma tese defensiva qualquer **e também** a inimputabilidade, a decisão sobre qual tese defensiva deve prevalecer caberá aos jurados, não podendo o juiz absolvê-lo sumariamente neste caso.

Nas palavras do Superior Tribunal de Justiça, "não é cabível a absolvição sumária do réu na hipótese em que é denunciado por crime doloso contra a vida e a sua inimputabilidade não é a única tese sustentada pela defesa, tendo sido apresentados outros fundamentos aptos a afastar a responsabilização penal, pois, nesse caso, o julgamento deve ser submetido ao Tribunal do Júri, já que há a possibilidade de o réu ser inocentado sem que lhe seja imposta medida de segurança, conforme dispõe o parágrafo único do artigo 415 do CPP, na redação dada pela Lei 11.689/2008, cumprindo, pois, à Corte Popular decidir sobre a imputabilidade do réu" (HC nº 257.629/ES, rel. Min. Jorge Mussi, j. 04.06.13).

Todavia, esta situação exige interpretação cautelosa, como alerta a doutrina. Se surgir, por exemplo, no curso do processo, laudo pericial comprovando que o réu é inimputável, mas há teses subsidiárias apresentadas pela defesa, como a legítima defesa, pelo texto da lei deverá o acusado ser levado a julgamento em plenário pelos jurados, de modo que poderá ser possível que estes desprezem por total o laudo e levem ao cárcere um doente mental que precisa de tratamento médico curativo, o que só seria possível pela imposição de medida de segurança (através da absolvição sumária). Assim, defende a doutrina especializada que "deve-se entender que o juiz pronunciará e não absolverá sumariamente quando a tese defensiva subsidiária (no nosso exemplo, a legítima defesa) tiver, em razão das provas coligidas no processo, força persuasiva tal que muito provavelmente convencerá os jurados a absolvê-lo por tal fundamento" (Campos, Tribunal, 2014, p. 150). Se a tese de defesa for fraca, o juiz absolverá sumariamente o acusado, sob pena de o júri condenar um inimputável ao cárcere.

E vale ressaltar que a simples menção genérica de que não haveria nos autos comprovação da culpabilidade e do dolo do réu, sem qualquer exposição dos fundamentos que sustentariam a alegação, além da tese da inimputabilidade, não impede que o juiz o absolva sumariamente pela inimputabilidade (STJ, RHC nº 39.920/RJ, rel. Min. Jorge Mussi, j. 06.02.14).

Por fim, a *semi-imputabilidade* não autoriza a absolvição sumária, devendo o acusado, uma vez preenchidos os requisitos legais, ser pronunciado e levado a julgamento em plenário do júri, até porque, não se trata de excludente de culpabilidade, mas de causa de diminuição de pena de 1/3 a 2/3 (art. 26, p.ú., CP).

12.5.8.3.2. *Recurso*

Contra a sentença de absolvição sumária caberá **apelação** (art. 416, CPP) em 5 dias (art. 593, CPP). Anteriormente à Lei nº 11.689/08, era cabível o recurso em sentido estrito; logo, às decisões proferidas à época da vigência da lei anterior, será cabível o RESE e, àquelas proferidas à época da lei atual, será cabível a apelação.

Terão legitimidade o Ministério Público, o querelante e o assistente de acusação, que, como já visto, recorrerá subsidiariamente ao *Parquet*, tendo o prazo de 5 dias se já habilitado no processo, ou de 15 dias se ainda não habilitado, começando o prazo após o transcurso do prazo do Ministério Público (súmula nº 448, STF).

O próprio acusado poderá ter interesse em apelar contra a absolvição sumária, em tese, em duas situações: (i) se a absolvição sumária foi imprópria, ou seja, impondo uma medida de segurança, podendo ele buscar a absolvição própria, sem nenhuma sanção penal, ou (ii) objetivando alterar o fundamento da absolvição imprópria, de modo a repercutir na esfera cível a decisão, pois, por exemplo, se a absolvição é com base em coação moral irresistível, haverá dever de indenizar, mas, se com base na inexistência do fato, não.

Por fim, doutrina e jurisprudência entendem que não há mais que se falar em "recurso de ofício" (duplo grau obrigatório ou reexame necessário) da decisão de absolvição sumária, diante da atual redação do art. 415, CPP, alterada pela Lei nº 11.689/08, embora o art. 574, II, CPP, tenha permanecido com sua redação intacta, prevendo-o ainda (STJ, HC nº 278.124/PI, rel. Min. Leopoldo de Arruda Raposo, j. 09.06.15). Assim, embora íntegro o texto legal, entende-se que não há que se falar em remessa ao tribunal da decisão de absolvição sumária para que esta seja ratificada ou não. De forma bastante crítica, Paulo Rangel diz: "diante da reforma processual que foi realizada, uma dúvida pode surgir ao operador jurídico, qual seja: se o recurso de ofício foi revogado, por qual razão o legislador teria deixado a menção a ele nos arts. 574, II, e 564, III, *n*, ambos do CPP? Bem. Em verdade, a resposta é simples: por pura falta de técnica e ignorância. É isso que a reforma pontual permite que se faça" (Direito, 2012, p. 663).

E atentar que, caso ainda haja reexame necessário aguardando julgamento, a partir do advento da Lei nº 11.689/08, de 08.08.08, ele não precisará mais ser analisado, por força do princípio da aplicação imediata das normas processuais, nos moldes do art. 2º, CPP. Não há que se falar que deve ser aplicada a lei em vigor no momento em que a decisão recorrível foi prolatada, pois o reexame necessário *não é recurso*, sendo mera condição de eficácia. Assim, com o advento de nova lei não mais exigindo o duplo grau obrigatório, cessa-se, imediatamente, as análises pendentes.

12.5.8.4. *Pronúncia*

Nos termos do art. 413, CPP, o juiz, fundamentadamente, pronunciará o acusado se estiver convencido da materialidade do fato e da existência de indícios suficientes de autoria ou de participação.

Desta feita, havendo indícios suficientes de autoria e prova da existência do crime doloso contra a vida, o juiz pronunciará o acusado, ou seja, prolatará uma decisão determinando que ele seja levado a julgamento pelos jurados em plenário do júri.

Ela pode ser proferida (a) pelo juiz sumariante, logo após o final da instrução processual, (b) pelo juiz sumariante, retratando-se do recurso em sentido estrito interposto contra a desclassificação, ou (c) pelo tribunal, ao julgar a apelação contra a impronúncia ou a absolvição sumária, ou o recurso em sentido estrito contra a desclassificação.

A decisão de pronúncia é um juízo de justa causa e de simples admissibilidade da acusação, exigindo-se materialidade e indícios de autoria ou participação, sendo que a jurisprudência do Superior Tribunal de Justiça é no sentido de ser possível pronunciar o acusado tão somente com base em elementos colhidos no curso das investigações, sem passar pelo crivo do contraditório judicial, uma vez que, nesta fase, não se aplica o art. 155, CPP, que diz respeito apenas à decisão condenatória. Assim, como a decisão de pronúncia é apenas declaratória, ela pode ser fundamentada em elementos produzidos apenas na fase inquisitorial (6ª T., REsp nº 1.790.039/RS, rel. Min. Rogerio Schietti Cruz, j. 18.06.19; e 5ª T., HC nº 495.360/SC, rel. Min. Joel Ilan Paciornik, j. 04.04.19). Exemplo: pronúncia com base em depoimento prestado por testemunha em fase policial, mas que não foi localizada para ser ouvida em juízo na primeira fase do tribunal do júri, e que trouxe detalhes e especificidades que, ao lado da prova pericial quanto à materialidade, autoriza a pronúncia do agente.

A pronúncia é a decisão de natureza **interlocutória mista não terminativa** que encerra a análise da admissibilidade positiva da acusação de submeter o agente a julgamento pelo tribunal do júri. Tendo natureza não terminativa, não encerra o processo, mas apenas a fase de admissibilidade da acusação nesta primeira fase, de modo que não se fala em "coisa julgada" da pronúncia, mas em preclusão *pro judicato*, o que permite que os julgadores de fato (jurados) possam decidir contrariamente à pronúncia. Por isso, é equivocado dizer "trânsito em julgado da pronúncia", sendo mais correndo "preclusão da decisão de pronúncia".

Nos termos do § 1º do art. 413, o juiz, ao pronunciar o acusado, declarará o dispositivo legal em que julgar incurso o acusado e especificará as circunstâncias qualificadoras e as causas de aumento de pena.

Logo, o juiz, na pronúncia, indicará:

a) o tipo penal fundamental;

b) as qualificadoras específicas;

c) as causas de aumento de pena da parte especial.

O conteúdo da decisão de pronúncia requer grande atenção do juiz, pois os jurados julgarão o acusado tendo por base justamente esta decisão, de modo que, por exemplo, caso o juiz pronuncie o agente por homicídio simples, não poderão os jurados votar quesitos sobre qualificadoras, já que inexistentes na pronúncia (p.ú. do art. 482, CPP).

Quanto às qualificadoras, registre-se que não será suficiente a indicação do dispositivo legal abstrato (ex.: inciso III, do § 2º, do art. 121, CP), mas, sim, especificamente a qualificadora (meio insidioso, p. ex.). E como já analisado acima, é possível ao juiz sumariante excluir uma qualificadora durante o juízo de acusação apenas se manifestamente improcedente ou incabível, sob pena de usurpação das atribuições dos jurados.

No que diz respeito às causas de aumento, entende-se que a pronúncia deve se ater às previstas na parte especial, que de fato componham a conduta delitiva do agente; no mais, circunstâncias especiais que tratam do real enquadramento da conduta criminosa também deverão constar da pronúncia, como a omissão penalmente relevante e o concurso de pessoas.

A única causa de diminuição de pena que o juiz sumariante pode pronunciar é a tentativa, pois integrante do tipo penal por extensão, nos moldes do art. 7º da Lei de Introdução ao Código de Processo Penal.

Não haverá menções a atenuantes ou agravantes, pois dizem respeito à aplicação da pena e não alteram o tipo penal em si; de igual modo, não se tratará de concurso de crimes, pois também relativo à fixação da pena.

É possível que o juiz, ao analisar se o agente será ou não pronunciado, verifique que outras pessoas concorreram para o crime. Neste caso, estabelece o art. 417, CPP, que, se houver indícios de autoria ou de participação de outras pessoas não incluídas na acusação, o juiz, ao pronunciar ou impronunciar o acusado, determinará o retorno dos autos ao Ministério Público, por 15 dias, aplicável, no que couber, o art. 80, CPP (separação facultativa de processos).

Assim, duas situações podem ocorrer: (a) o MP adita a inicial acusatória e inclui coautor/partícipe; ou (b) se não for aconselhável o aditamento – por gerar atrasos, dificuldades ou constrangimentos – poderá o MP não aditar a denúncia e, ao invés, oferecer denúncia autônoma, formando-se outro processo penal, gerando uma separação de processos.

No mais, o exame acerca do elemento subjetivo do delito (dolo e culpa) deve ser resolvido pelos jurados, juízes naturais da causa, e não pelo juiz sumariante, que apenas realiza um juízo de admissibilidade da acusação (STJ, HC nº 315.290/MT, rel. Min. Jorge Mussi, j. 07.03.17).

12.5.8.4.1. *In dubio pro societate*

De acordo com o Superior Tribunal de Justiça, a pronúncia do réu para o julgamento pelo Tribunal do Júri não exige a existência de prova cabal da autoria do delito, sendo suficiente, nessa fase processual, a mera existência de indícios da autoria, devendo estar comprovada, apenas, a materialidade do crime, uma vez que vigora o princípio do *in dubio pro societate* (AgRg no AREsp nº 811.547/DF, rel. Min. Jorge Mussi, j. 07.03.17).

O Superior Tribunal de Justiça vem entendendo que, embora não seja possível sustentar uma *condenação* com base em elemento de prova produzido exclusivamente na fase de inquérito policial não confirmado em juízo (art. 155, CPP), esse entendimento não se aplica à decisão de *pronúncia* (HC nº 314.454/SC, rel. Min. Ribeiro Dantas, j. 14.02.17), como visto. Isso porque, a decisão de pronúncia é apenas um juízo de *admissibilidade* da acusação, para o qual devem concorrer a prova da existência do fato (materialidade) e os indícios de autoria ou participação, conforme o art. 413, CPP. Logo, a pronúncia é um juízo fundado de suspeita, que apenas **admite a acusação**, não sendo proferido juízo de certeza, que é o necessário para a condenação, não existindo, por isso, o óbice do art. 155, CPP (HC nº 435.977/RS, rel. Min. Felix Fischer, j. 15.05.18).

Mas é preciso dar atenção, pois a existência de dúvida não pode simplesmente levar o acusado a julgamento pelo júri. O art. 413, CPP, dispõe que o juiz pronunciará o acusado caso esteja convencido da materialidade ("elemento mais forte") e da existência de indícios de autoria ou de participação ("elemento menos forte"). Em nenhum momento a dúvida sobre esses elementos será suficiente para se pronunciar o agente.

Por isso, não se pode banalizar o conteúdo da pronúncia, já tendo se manifestado o Superior Tribunal de Justiça no sentido de que "ao pronunciar o réu, o julgador **reconhece a viabilidade da acusação**, sem adentrar no mérito da causa, que será submetido ao júri, a quem compete o julgamento dos crimes contra vida, conforme a dicção do art. 5º, XXXVIII, 'd', da Constituição Federal. No entanto, caso haja dúvida sobre a ocorrência do crime ou se inexistirem elementos probatórios a indicarem a autoria delitiva, o réu deverá ser impronunciado. Se houver certeza quanto à materialidade delitiva e se evidenciada a presença de indícios de autoria ou de sua participação no crime, deverá o réu ser pronunciado, pois na primeira fase do procedimento do júri prevalece o princípio *in dubio pro societate* (HC nº 376.678/SP, rel. Min. Ribeiro Dantas, j. 16.03.17).

Assim, não pode o juiz sumariante pensar algo como "não sei se foi o denunciado o autor do fato e nem se ocorreu crime doloso contra a vida, mas, na dúvida, vou deixar que os jurados decidam". Indícios de autoria e certeza da materialidade serão sempre necessários. O que se quer dizer é: não é preciso ter certeza acerca da autoria e da materialidade, mas a mera dúvida sobre estes dois requisitos não é suficiente para a pronúncia, devendo haver o mínimo de *indícios* de autoria e *prova* da ocorrência de crime doloso contra a vida.

O Supremo Tribunal Federal possui igual entendimento, ao dispor que, para a prolação da sentença de pronúncia, não se exige um acervo probatório capaz de subsidiar um juízo de certeza a respeito da autoria do crime. Exige-se prova da materialidade do delito, mas basta, nos termos do art. 413, CPP, que haja indícios de sua autoria. A aplicação do brocardo *in dubio pro societate*, pautada nesse juízo de probabilidade da autoria, destina-se, em última análise, a preservar a competência constitucionalmente reservada ao Tribunal do Júri. Considerando, portanto, que a sentença de pronúncia submete a causa ao seu juiz natural e pressupõe, necessariamente, a valoração dos elementos de prova dos autos, não há como sustentar que o aforismo *in dubio pro societate* consubstancie violação do princípio da presunção de inocência (RE nº 540.999/SP, rel. Min. Menezes de Direito, j. 22.04.08; e AgRg no ARE nº 788.457/SP, rel. Min. Luiz Fux, j. 13.05.14).

Situações: (a) o juiz analisa denúncia em que não há mínimos indícios de que o acusado seja o autor do homicídio doloso e sequer há provas indicando a materialidade – não poderá o juiz simplesmente pensar que a dúvida enseja o julgamento pelo tribunal do júri, em benefício da sociedade, porque sequer há elementos mínimos de admissibilidade para o caso ser levado ao plenário do tribunal do júri; e (b) o juiz analisa denúncia em que há indícios mínimos de autoria do denunciado pela prática de um homicídio doloso, inclusive com elementos probatórios suficientes para uma possível condenação – o juiz, ainda que nesta fase inicial de admissibilidade, deverá pronunciar o acusado, pois caberá aos jurados analisar a acusação.

12.5.8.4.2. *Fundamentação*

A pronúncia, sendo uma decisão judicial, exige fundamentação, nos moldes do previsto no art. 93, IX, CF; todavia, os jurados são os julgadores de fato, de modo que não poderão receber influências indevidas do juiz togado. Por isso, o juiz sumariante deve observar certos limites.

Consoante dispõe o § 1º do art. 413, CPP, a fundamentação da pronúncia limitar-se-á à indicação da materialidade do fato e da existência de indícios suficientes de autoria ou de participação, tratando-se de mero reconhecimento de justa causa para a fase do júri, não representando juízo de procedência da culpa (STJ, AgRg no AREsp nº 1.018.506/ES, rel. Min. Nefi Cordeiro, j. 30.03.17).

Desta feita, entende a jurisprudência que a fundamentação da pronúncia deve ser limitada, comedida, de forma a não influenciar o ânimo dos jurados (STJ, AgRg no AREsp nº 692.631/PE, rel. Min. Rogerio Schietti Cruz, j. 07.03.17). Por isso é que se fala que o juiz togado tem uma difícil tarefa e que exige equilíbrio, que é fundamentar sua decisão como exige a Carta da República, mas evitando o chamado "excesso de linguagem", que pode influenciar a decisão dos jurados (STJ, HC nº 373.175/RS, rel. Min. Reynaldo Soares da Fonseca, j. 15.12.16). Assim, haverá uma fundamentação sem influenciar os jurados.

Portanto, "árdua é a tarefa do julgador ao motivar a sentença de pronúncia, pois, se excede na fundamentação, pode influir no convencimento dos jurados. Se, em contrapartida, às vezes primando por uma atuação mais cautelosa, deixa de apontar na decisão o lastro probatório mínimo que ensejou suas razões de convencimento, incide em nulidade, não por excesso de linguagem, como ocorre na primeira hipótese, mas por ausência de motivação, ante a inobservância do que preceitua o art. 93, IX, da Constituição Federal" (STJ, HC nº 354.293/RJ, rel. Min. Antonio Saldanha Palheiro, j. 08.11.16).

Atentar-se que não se pode confundir fundamentação *sucinta*, que atende os ditames constitucionais e legais, com *ausência* de fundamentação, que ofende a Constituição Federal.

Exemplo nº 1: juiz fundamenta sua decisão de pronúncia afirmando que está convencido da existência do crime e da sua autoria, já que o acusado foi encontrado com a arma do crime e tinha plenos motivos para cometer o homicídio – há patente excesso de linguagem, pois esta decisão, oriunda de um órgão do Estado (juiz togado), acaba por influenciar os jurados e até mesmo por substituí-los na função julgadora. O juiz não deve enfatizar a arma do crime, os motivos etc., tarefa essa dos jurados.

Conforme o Superior Tribunal de Justiça, nem mesmo o tribunal, ao analisar recurso, pode se valer de expressões peremptórias, relevadoras de convicção quanto à autoria e materialidade, que excedam os limites legais, sob pena de usurpação da competência exclusiva do tribunal do júri e de cometer eloquência acusatória (HC nº 184.522/PR, rel. Min. Regina Helena Costa, j. 22.04.14).

Exemplo nº 2: juiz fundamenta sua decisão de pronúncia afirmando que há provas da materialidade e indícios de autoria, podendo o acusado ser julgado em plenário – a decisão está fundamentada, de acordo com a lei e o julgador não cometeu excessos, não influenciando o ânimo dos jurados.

Como bem assinala o Superior Tribunal de Justiça, "não é possível falar em excesso de linguagem da decisão de pronúncia na hipótese em que o juiz de primeiro grau concluir pela existência de indícios de autoria e prova de materialidade, bem como da admissibilidade das qualificadoras, sem que tenha tecido indevidas considerações sobre a responsabilidade do ora agravante. Isso porque, apesar de suficiente fundamentado, o *decisum* não ultrapassa os limites impostos a este tipo de provimento jurisdicional, de modo a configurar o vício da eloquência acusatória" (AgRg no AREsp nº 453.512/SP, rel. Min. Felix Fischer, j. 20.09.16).

Entendeu a Corte da Cidadania, ademais, que o juiz, na pronúncia, ao se referir à necessidade de manutenção da prisão preventiva do réu, fazendo referência aos seus maus antecedentes e à anterior condenação por outro crime de homicídio, não comete excesso de linguagem, tendo em vista que apenas assevera a sua periculosidade, bem fundamentando a decisão que determinou a prisão preventiva (HC nº 431.130/RJ, rel. Min. Felix Fischer, j. 02.01.18).

Ocorrendo excesso de linguagem (eloquência acusatória), a consequência será a **decretação de nulidade do feito**, pois, embora as partes não possam fazer referência à decisão de pronúncia como argumento de autoridade perante os jurados (como se estudará oportunamente), estes poderão, a todo momento, ter acesso aos autos, de modo que terão contato com a decisão do juiz exprimindo excesso de linguagem, o que poderá acarretar indevida influência no seu ânimo de julgar. Por isso, o excesso de linguagem ou a eloquência acusatória ensejarão **nulidade absoluta**.

Desta forma, "reconhecido o excesso de linguagem no acórdão que confirmou a sentença de pronúncia, é vedado entregar aos jurados, após prestarem juramento, cópia da referida peça processual, sob pena nulidade do julgamento pelo conselho de sentença, consoante dispõe o parágrafo único do artigo 472 do Código de Processo Penal. O inciso I do art. 478 do Código de Processo Penal veda às partes fazerem referência à decisão de pronúncia e às posteriores que julgaram admissível a acusação, mas os jurados podem ter acesso aos autos e, obviamente, ao conteúdo da pronúncia, caso solicitem ao juiz presidente, consoante dispõe o art. 480, § 3º, do mesmo diploma legal. Portanto, haverá nulidade sempre que as referidas peças processuais apresentarem excesso de linguagem capaz de alterar o ânimo dos jurados" (STJ, HC nº 193.734/SP, rel. Min. Marco Aurélio Bellizze, j. 11.06.13).

Consoante a jurisprudência, então, reconhecida a nulidade da pronúncia por excesso de linguagem, **outra decisão deverá ser proferida**, visto que **o simples envelopamento ou desentranhamento da decisão anulada não é suficiente para garantir a lisura do julgamento pelos jurados sem influência externas** (STJ, REsp nº 1.575.493/RS, rel. Min. Rogerio Schietti Cruz, j. 17.03.16; e STF, RHC nº 127.522/BA, rel. Min. Marco Aurélio, j. 18.08.15).

Entende-se, todavia, ser possível rasurar um *trecho ínfimo* da decisão de pronúncia para afastar eventual nulidade decorrente de excesso de linguagem (STJ, HC nº 325.076/RJ, rel. Min. Joel Ilan Paciornik, j. 18.08.16).

Exemplo: juiz pronuncia o acusado, mencionando, sinteticamente, autoria e materialidade, mas acaba por exceder na linguagem num ponto, adentrando na "intenção de matar", cuja análise é exclusiva dos jurados; o tribunal pode manter a decisão de pronúncia, determinando-se, apenas, que seja riscado o trecho (linha, parágrafo etc.) onde houve excesso de linguagem, não havendo alteração nos ânimos dos jurados quando forem ter contato com a decisão de pronúncia, pois não terão conhecimento do conteúdo das expressões riscadas.

12.5.8.4.3. *Infrações penais conexas*

A infração penal conexa é acessória em relação ao crime doloso contra a vida. Seguindo-se a premissa de que o acessório segue a sorte do principal, a infração penal terá o mesmo caminho do crime contra a vida, ou seja, pronunciado este, aquele será levado a julgamento pelos jurados.

Atentar, todavia, que o juiz sumariante não dirá nada a respeito dessa infração conexa, que apenas seguirá o mesmo caminho do crime contra a vida. Assim, *v.g.*, se o juiz pronunciar o acusado por homicídio doloso e houver a imputação conexa de ocultação de cadáver, o juiz apenas se manifestará sobre o crime contra a vida e encaminhará a análise do crime conexo aos jurados, sem nem se ater à verificação de indícios de autoria ou de prova da materialidade, pois tal atribuição será dos jurados.

Como claramente entende o Superior Tribunal de Justiça, "havendo infração penal conexa descrita na peça acusatória, deve o magistrado, ao pronunciar o réu por crime doloso contra a vida, submeter seu julgamento ao Tribunal do Júri, sem proceder a qualquer análise de mérito ou de admissibilidade quanto a eles" (AgRg no AREsp nº 71.548/SP, rel. Min. Regina Helena Costa, j. 10.12.13).

12.5.8.4.4. *Efeitos*

São efeitos da pronúncia:

a) submissão do acusado a julgamento pelo tribunal do júri (art. 421, CPP). Finda-se o juízo de acusação (1ª fase) e inicia-se o juízo da causa (2ª fase).

b) interrupção da prescrição (art. 117, II, CP). A pronúncia interrompe a prescrição, ainda que o tribunal do júri venha a desclassificar o crime, conforme a súmula nº 191, STJ.

c) limita a acusação em plenário, de forma que não se poderá inovar, estando-se vinculado aos limites da decisão de pronúncia (é o que se chama de "bitolar a acusação").

d) preclusão das nulidades relativas, de modo que as eventualmente ocorridas *até* a pronúncia deverão ser alegadas justamente até a prolação desta decisão, sob pena de perda desta faculdade, cf. o art. 593, III, *a*, CPP (STJ, REsp nº 1.373.259/SC, rel. Min. Sebastião Reis Júnior, j. 10.12.13).

   Ver que as nulidades ocorridas *posteriormente* à decisão de pronúncia devem ser arguidas depois de anunciado o julgamento e apregoadas as partes, sob pena de preclusão (STJ, HC nº 374.752/MT, rel. Min. Reynaldo Soares da Fonseca, j. 14.02.17).

e) limitação do questionário, ou seja, os quesitos dos jurados conterão, obrigatoriamente, materialidade, autoria, qualificadoras e causas de aumento, guardando a necessária correlação entre acusação e julgamento.

Ocorrendo a preclusão da pronúncia, ela será imodificável, ou seja, o agente será levado a julgamento pelo conselho de sentença (jurados) nos seus exatos termos; mas, ainda que preclusa a decisão de pronúncia, havendo circunstância superveniente que altere a classificação do crime, o juiz ordenará a remessa dos autos ao Ministério Público, que procederá à *mutatio libelli* (§ 1º do art. 421, CPP), com nova instrução processual e nova decisão de pronúncia.

Exemplo: agente pronunciado por tentativa de homicídio, mas a vítima morre semanas depois, ainda no hospital, em razão da conduta do acusado.

Caso a notícia que altere o tipo penal imputado ao acusado chegue às partes e ao juiz no dia do julgamento em plenário, correto será a dissolução do conselho de sentença para que se proceda à *mutatio libelli*, assegurando-se o contraditório e a ampla defesa ao acusado; mas, caso chegue após o trânsito em julgado da decisão penal condenatória (por tentativa, p. ex.), nada mais poderá ser feito, em razão da vedação ao *bis in idem*, ou seja, quem foi julgado por tentativa de forma definitiva não poderá, depois, ser julgado por este mesmo fato pela forma consumada.

12.5.8.4.5. *Medidas cautelares pessoais*

Conforme já exaustivamente estudado, não existe mais a chamada "prisão preventiva decorrente de pronúncia", de forma que o juiz, agora, deve decidir motivadamente pela manutenção, revogação ou substituição da prisão cautelar ou outra medida restritiva de liberdade e, tratando-se de acusado que estava solto, sobre a necessidade de decretação de prisão ou outra medida cautelar diversa, consoante o § 3º do art. 413, CPP.

Logo:

i) se o acusado estava **respondendo solto** à primeira fase do rito do júri, deverá assim permanecer, salvo se surgir algum motivo que enseje a decretação de sua prisão preventiva ou de medida cautelar diversa.

ii) se o acusado estava **respondendo preso** à primeira fase do rito do júri, deverá assim permanecer, devendo o juiz sumariante, ao pronunciar o agente, indicar os motivos da manutenção da prisão; do contrário, deverá decidir pela revogação ou substituição da prisão por outra medida.

Entende-se que o advento de édito condenatório enfraquece a presunção de inocência, de modo que seria incoerente, não havendo alteração do quadro fático, conceder ao réu, neste momento, a liberdade (STJ, HC nº 352.771/SP, rel. Min. Reynaldo Soares da Fonseca, j. 15.08.17). A decisão de pronúncia não é, por si só, uma causa justificadora de prisão preventiva, constituindo-se, na verdade, uma nova realidade processual sobre a qual o juiz deverá se manifestar sobre a necessidade ou não de manutenção da prisão anteriormente decretada (STJ, RHC nº 50.001/MA, rel. Min. Sebastião Reis Júnior, j. 03.02.15).

E é muito importante destacar que "o Superior Tribunal de Justiça tem reafirmado que a omissão na decisão de pronúncia sobre a necessidade da manutenção da custódia cautelar do acusado não enseja sua colocação imediata em liberdade, mas, sim, a devolução dos autos à origem para que o julgador se manifeste sobre a conveniência da manutenção da medida extrema" (RHC nº 75.531/RJ, rel. Min. Ribeiro Dantas, j. 07.02.17).

12.5.8.4.6. *Intimações*

A intimação da decisão de pronúncia será feita:

a) **pessoalmente**, ao:

– Acusado

– Defensor nomeado pelo juiz

– Ministério Público

– Defensoria Pública

b) **pela imprensa**, ao:

– Defensor constituído pelo réu

– Querelante (ao seu advogado)

– Assistente de acusação (ao seu advogado)

Inovação trazida pela Lei nº 11.689/08 foi o p.ú. do art. 420, CPP, que dispõe que será intimado por *edital* o **acusado solto** que não for encontrado. Isso porque, antigamente, caso não fosse localizado o acusado solto por crime inafiançável, o processo permanecia suspenso, parado, gerando a chamada "crise de instância", até que o réu comparecesse ou fosse localizado para intimação. Antigamente, pois, o réu não poderia ser levado a júri se não intimado pessoalmente da decisão de pronúncia, a não ser em crimes afiançáveis (Marques, 1997, v. 3).

Atualmente, uma vez pronunciado o acusado solto, ele deverá ser intimado dessa decisão, em princípio, pessoalmente; caso não seja localizado e esgotados os meios possíveis, será intimado desta decisão de pronúncia por edital, declarando-se sua revelia e seguindo-se com o processo, inclusive com julgamento pelos jurados sem a sua presença. Um defensor técnico ser-lhe-á nomeado.

Como ensina a doutrina, o prazo do edital será de 15 dias, entendendo-se como intimado o acusado com o fim deste lapso temporal, iniciando-se, então, o prazo para eventual impugnação, como o recurso em sentido estrito contra a pronúncia (Brasileiro, 2016).

Duas questões temporais precisam ser avaliadas.

Em primeiro lugar, essa inovação legal de intimação por edital teve aplicação imediata aos processos em curso, nos moldes do art. 2º, CPP, isto é, os processos que estavam paralisados em 2008, quando adveio a Lei nº 11.689/08, retomaram seu curso natural por meio de intimações por edital (STF, RHC nº 108.070/DF, rel. Min. Rosa Weber, j. 04.09.12; e STJ, RHC nº 37.526/SP, rel. Min. Maria Thereza de Assis Moura, j. 07.10.14).

Em segundo lugar, "a intimação da pronúncia por edital, trazida pela alteração do art. 420, parágrafo único, do CPP (Lei nº 11.689/2008), somente pode ser aplicada aos acusados que se encontravam na situação processual pela legislação vigente, *com ciência certa da acusação* (nova redação do art. 366 do CPP, com redação trazida pela Lei n. 9.271/1996), não se podendo admitir a conjugação das duas novas alterações para julgar à revelia em Tribunal do Júri quem jamais foi encontrado sequer para a citação ao processo" (STJ, HC nº 357.696/RO, rel. Min. Nefi Cordeiro, j. 02.08.16).

Por lógica, portanto, somente é possível a intimação da decisão de pronúncia por edital a quem já tinha conhecimento prévio e formal da existência da acusação. Não há como o acusado, que sequer foi citado anteriormente, ser levado a julgamento pelo tribunal do júri apenas através da intimação editalícia acerca da decisão de pronúncia.

12.5.8.4.7. *Emendatio e mutatio libelli*

Consoante o art. 418, CPP, o juiz poderá dar ao fato definição jurídica diversa da constante da acusação, embora o acusado fique sujeito a pena mais grave (***emendatio libelli***), não sendo obrigatória a manifestação da defesa, já que o acusado estará se defendendo dos fatos narrados, e não da capitulação legal.

Exemplo: Ministério Público narra que uma mãe matou seu próprio filho logo em seguida ao parto e estando sob a influência do estado puerperal (narrou um infanticídio, do art. 123, CP), mas capitula o fato apenas como matar alguém (homicídio, do art. 121, CP). O juiz poderá conhecer do caso como sendo infanticídio e, inclusive, pronunciará o acusado como incurso neste delito.

De outro lado, existirá a ***mutatio libelli*** quando, no curso da instrução processual, surgir alguma prova não contida no processo ainda e que possa influenciar na tipificação legal do fato (art. 384, CPP), devendo o Ministério Público aditar a iniciar acusatória, ouvindo-se a defesa, que exercerá o contraditório e a ampla defesa. Nos moldes do § 3º do art. 411, CPP, encerrada a instrução probatória, observar-se-á, se for o caso, o disposto no art. 384, CPP, isto é, o procedimento previsto para a *mutatio*.

Exemplo: Ministério Público narra uma tentativa de homicídio simples, mas, no curso da instrução processual, diante do juiz sumariante, vítima e testemunhas afirmam que o réu empregou meio cruel, o que torna o homicídio tentado também qualificado; deverá o Ministério Público aditar a denúncia, abrindo-se uma nova instrução processual acerca deste novo elemento de prova, ouvindo-se a defesa para exercer o contraditório e a plenitude de defesa.

12.5.8.4.8. *Recurso*

A decisão de pronúncia desafia a interposição de recurso em sentido estrito, conforme o art. 581, IV, CPP. O tema será estudado em capítulo próprio.

12.5.8.4.9. *Despronúncia*

Há a chamada despronúncia quando a decisão anterior de *pronúncia* se transforma em *impronúncia*. Isso pode ocorrer de duas formas:

a) o acusado é pronunciado e interpõe recurso em sentido estrito contra esta decisão (art. 581, IV, CPP); o juiz poderá, dentro do juízo de retratação (art. 589, CPP), alterar sua decisão de pronúncia e, acatando os argumentos de defesa, agora entender que era, realmente, o caso de impronúncia. Ocorrerá, então, uma **despronúncia em primeiro grau**.

b) o acusado é pronunciado e interpõe recurso em sentido estrito contra esta decisão (art. 581, IV, CPP); o juiz não se retrata e encaminha os autos do tribunal, que, apreciando o recurso, dá-lhe provimento e entende que é o caso de impronúncia. Ocorrerá a **despronúncia em segundo grau.**

12.5.9. Desaforamento

Desaforar é retirar o caso de julgamento pelo tribunal do júri de uma comarca para outra, ou seja, desloca-se o *julgamento pelos jurados* para outra comarca em razão de algumas circunstâncias legais. Trata-se de uma exceção à regra que determina que o réu seja julgado no local onde se consumou o fato, cf. o art. 70, CPP (STJ, AgRg no HC nº 566.925/PB, rel. Min. Jorge Mussi, j. 13.04.20).

Vê-se, portanto, que não há desaforamento na primeira fase do júri. Trata o desaforamento, assim, de uma **causa de modificação territorial de julgamento da segunda fase do rito do júri** (julgamento pelo corpo de jurados). Fixe bem: a primeira fase não comporta desaforamento, já que o Estado-juiz se manterá firme e forte no desempenho de seu papel, que é o juízo de admissibilidade da acusação; de outro lado, o julgamento pelos jurados, na segunda fase, poderá, se preenchidos os requisitos legais, ser deslocado para outra comarca.

Justamente em razão disso, entende a jurisprudência que o desaforamento se encerra com o veredito dos jurados e posterior sentença pelo juízo para onde o feito foi desaforado, de modo que a execução provisória da pena (após conformação pelo tribunal em segunda instância) deve ser determinada pelo juízo originário da causa, e não pelo juiz que presidiu a sessão de julgamento com os jurados em razão do desaforamento (STJ, HC nº 374.713/RS, rel. Min. Antonio Saldanha Palheiro, j. 06.06.17). Isso demonstra que apenas a **sessão de julgamento em plenário** é que pode ser desaforada, devendo o caso retornar ao juízo originário logo após o veredito final pelo conselho de sentença e sentença proferida pelo juízo para onde o feito foi desaforado.

O pedido de desaforamento é considerado uma causa de competência originária, sendo julgado pelo respectivo tribunal (câmara ou turma), isto é, o juiz presidente do júri não o julga (§ 1º, art. 427, CPP), mas o **tribunal**. Assim, o desaforamento possui caráter jurisdicional da segunda instância, e não meramente administrativo.

A primeira questão que sempre surge é: mas o deslocamento do julgamento pelos jurados para outra comarca não fere o princípio do juiz natural? Não. O desaforamento é apenas uma exceção à regra de fixação de competência territorial, não ferindo o princípio do juiz natural, já que a competência continua sendo do tribunal do júri (dos jurados), mas apenas em outro foro (STJ, HC nº 206.854/PR, rel. Min. Sebastião Reis Júnior, j. 01.04.14). Na verdade, trata-se, justamente, de uma garantia à isenção e imparcialidade do julgamento, podendo ocorrer sempre que houver interesse da ordem pública, comprometimento da imparcialidade dos jurados, dúvida sobre a segurança do réu ou atraso injustificável na realização do julgamento popular (STJ, HC nº 163.800/MG, rel. Min. Laurita Vaz, j. 17.03.11).

No mais, o crime conexo seguirá a sorte do principal, de modo que tanto aquele quanto o crime contra a vida serão atingidos pelo desaforamento, sendo ambos julgados conjuntamente.

12.5.9.1. *Momento*

O desaforamento somente pode ser feito em relação à segunda fase do rito do júri e apenas após a preclusão da decisão de pronúncia. Como bem prevê o § 4º do art. 427, CPP, não caberá o desaforamento se ainda houver pendência de recurso contra a decisão de pronúncia. Assim, apenas com a certeza absoluta de pronúncia, isso é, de que o acusado será, realmente, julgamento pelo conselho de sentença, é que poderá haver desaforamento; se pendente recurso, não será possível o desaforamento, pois ainda incerta a situação.

De igual modo, não haverá desaforamento se já efetivado o julgamento, salvo, neste caso, quanto a fato ocorrido durante ou após a realização de julgamento que foi anulado (§ 4º do art. 427, *in fine*, CPP). Explica-se.

Uma vez já realizado o julgamento pelos jurados, não será possível o desaforamento, ou seja, a alteração de competência territorial, a não ser numa situação: se tiver ocorrido a anulação do julgamento realizado pelo tribunal do júri e tenha surgido, durante ou após este julgamento que foi anulado, alguma situação autorizadora do desaforamento.

Exemplos: o julgamento pelo conselho de sentença foi anulado e se verificou que, no seu curso, alguns jurados teriam recebido suborno para condenar o réu pelos graves crimes cometidos; ou então, anulada a decisão dos jurados, a cidade é tomada de revolta e passa a ameaçar de morte o acusado. Nestes casos, houve a anulação da decisão e uma causa de desaforamento surgiu, ou no curso ou após o julgamento anulado. Será possível, nestas situações exemplificativas, então, o desaforamento.

Atente-se à súmula nº 712 do STF, que dispõe ser nula a decisão que determina o desaforamento de processo da competência do júri sem audiência de defesa, de modo que, se evidenciada a participação de todas as partes na representação de desaforamento, não haverá, então, afronta a esta súmula (STF, RHC nº 126.401/MG, rel. Min. Teori Zavascki, j. 24.03.15). Em respeito ao contraditório e à ampla defesa, o desaforamento, portanto, deve receber participação de todas as partes, não podendo ser determinado sem manifestação prévia da defesa.

12.5.9.2. *Legitimidade*

Como deixa claro o art. 427, *caput*, CPP, tem legitimidade para requerer o desaforamento:

a) Ministério Público;

b) assistente de acusação;

c) querelante;

d) acusado;

e) juiz, de ofício, mediante representação ao tribunal.

Será ouvido o juiz presidente do júri, quando a medida não tiver sido por ele requerida. A decisão, como já se mencionou, é do **tribunal de segundo grau** – e nunca do juiz do júri, de primeiro grau.

12.5.9.3. *Hipóteses*

O Código de Processo Penal traz 4 hipóteses que autorizam o desaforamento, previstas nos arts. 427 e 428. Anote-se que a doutrina entende que, como não há previsão de dilação probatória para demonstrar as causas do desaforamento, a prova apresentada deverá ser pré-constituída (Lopes Jr., 2016).

12.5.9.3.1. *Interesse de ordem pública*

Trata-se de um termo vago e que é preenchido no caso concreto, como no caso de grande comoção pública, risco à segurança dos jurados, ameaça generalizada aos envolvidos no processo etc. Conforme Nucci, trata-se da necessidade de segurança na comarca onde ocorrerá a sessão, devendo estar livre de distúrbios (Tribunal, 2015).

Exemplo: falta de estrutura para a realização de sessão do tribunal do júri, com vários corréus e inúmeras testemunhas, tendo o crime gerado grande apelo popular (STJ, HC nº 206.854/PR, rel. Min. Sebastião Reis Júnior, j. 01.04.14).

12.5.9.3.2. *Dúvida sobre imparcialidade*

A segunda hipótese que autoriza o desaforamento é a dúvida sobre a imparcialidade dos jurados, de modo que a infração penal praticada acaba por atingir os ânimos da população local, que compõe o corpo de jurados, que acabam por, ao menos em tese, não ser imparciais no julgamento. Não se exige certeza da parcialidade, bastando dúvida fundada (STF, HC nº 109.023/SP, rel. Min. Dias Toffoli, j. 13.12.11).

Exemplo: conhecidos empresários de cidade interiorana praticaram diversos homicídios contra crianças da cidade que brincavam ao redor das fábricas da empresa, em razão do barulho das bolas e das bicicletas, que incomodavam os trabalhos da empresa; pelas circunstâncias do crime, a imparcialidade dos jurados (cidadãos da cidade) ficou em xeque, o que autoriza o desaforamento a outra comarca, livre de ânimos exaltados pela raiva e pelo desejo de vingança.

O mero clamor público não autoriza, por si só, o desaforamento, devendo o requerente demonstrar, concretamente, a dúvida fundada sobre a imparcialidade que é exigida dos jurados.

No mais, a simples presunção de parcialidade dos jurados pela divulgação dos fatos através da mídia, bem como pela alegação genérica de prestígio da vítima e a comoção social gerada pelo crime numa comunidade, sem qualquer *embasamento concreto* acerca do comprometimento da imparcialidade dos jurados, não são suficientes para a adoção excepcional do desaforamento (STJ, HC nº 336.085/RS, rel. Min. Reynaldo Soares da Fonseca, j. 03.08.17). Aqui, tratou-se do homicídio de um empresário, dono de postos de combustível, numa pequena cidade do interior do Rio Grande do Sul, cujos denunciados foram sua esposa e seu filho.

Em suma: a mera presunção de parcialidade dos jurados em razão da divulgação dos fatos e da opinião da mídia é insuficiente para o deferimento da medida excepcional do desaforamento (STJ, HC nº 492.964/MS, rel. Min. Ribeiro Dantas, j. 03.03.20).

12.5.9.3.3. *Risco à segurança do réu*

Trata-se de hipótese mais frágil de se sustentar, pois cabe ao Estado proteger seus cidadãos, inclusive os acusados de crime. Apenas em casos excepcionais é que poderá ser cogitado o desaforamento nesta situação. O simples fato de o fórum da cidade não ter auditório específico para a realização da sessão de julgamento não significa que a segurança do acusado estará em risco para fins de desaforamento (STJ, HC nº 141.551/GO, rel. Min. Arnaldo Esteves Lima, j. 05.11.09).

Exemplo: população local, em razão do crime cometido e estando o acusado respondendo ao processo em liberdade, pratica ameaças de linchamento em razão da repercussão social que o crime gerou.

É interessante notar que a segurança do réu tem que estar assegurada na comarca onde o julgamento pelo tribunal do júri será feito. Assim, o Superior Tribunal de Justiça, por exemplo, já entendeu que o fato de um casal ter sido preso, *em outra comarca*, sob a suspeita de ter sido contratado para matar o denunciado pelo cometimento do homicídio da filha de um grande fazendeiro da região não implicaria, por si só, que a segurança na *comarca de origem* esteja em risco (HC nº 150.095/RJ, rel. Min. Arnaldo Esteves Lima, j. 15.12.09).

12.5.9.3.4. *Ultrapassado o prazo legal*

A última hipótese que autoriza o desaforamento, prevista no art. 428, CPP, configura-se quando o julgamento não for realizado no prazo de **6 meses**, contado da preclusão da decisão de pronúncia, desde que comprovado (a) excesso de serviço e (b) evidenciado que a demora não foi provocada pela defesa.

Assim, uma vez preclusa a decisão de pronúncia, o acusado deve ser levado a julgamento pelos jurados em até seis meses. Consoante o § 1º do art. 428, para a contagem do referido prazo, não se computará o tempo de adiamentos, diligências ou incidentes de interesse da defesa, evitando-se "manobras" protelatórias ou diligências de interesse exclusivo da defesa, proibindo-se que atue, posteriormente, beneficiando-se da própria torpeza.

É importante ressaltar que, de acordo com a jurisprudência, o prazo não é aferido por um simples critério matemático, mas com base na razoabilidade e proporcionalidade (STJ, HC nº 364.106/PE, rel. Min. Maria Thereza de Assis Moura, j. 02.02.17).

Exemplo: acusado pronunciado há vários anos, com atrasos na designação de audiências, comprovado o acúmulo de serviço na vara e sem que tenha contribuído para a demora, estando, literalmente, apenas aguardando do julgamento – poderá haver o desaforamento neste caso.

Não havendo excesso de serviço ou existência de processos esperando julgamento em quantidade que ultrapasse a possibilidade de apreciação pelo tribunal do júri, nas reuniões periódicas previstas para o exercício, o acusado poderá requerer ao Tribunal que determine a *imediata realização do julgamento*, em respeito à duração razoável do processo (art. 5º, LXXVIII, CF) – o que é chamado pela doutrina de **aceleração do julgamento** – que não se confunde com o desaforamento.

O próprio juiz pode representar pelo desaforamento no caso desta hipótese em estudo, pois ele é representante do Estado, devendo zelar pelo bom andamento dos processos criminais e pela sua razoável duração e, ainda, porque a lei não o veda.

12.5.9.4. *Destino*

Determinado o desaforamento pelo tribunal, o julgamento deverá ocorrer em **outra comarca da mesma região**, onde não ocorram aqueles motivos, preferindo-se as mais próximas (art. 427, parte final, CPP).

Como mencionado acima, é possível que o julgamento ocorra não na comarca vizinha ou na mais próxima, mas em outra, ainda que distante ou de outra região, bastando que lá não existam mais motivos que autorizem o desaforamento.

De acordo com o Superior Tribunal de Justiça, o Código de Processo Penal prevê *preferência*, e não *exclusividade*, para o desaforamento em comarcas mais próximas em relação àquela onde se deram os fatos. No caso, determinou-se que o julgamento fosse em Dourados/MS, ao invés de Itaquiraí/MS, distante quase 200 km, pois as comarcas próximas também não tinham condições para o julgamento (HC nº 298.062/MS, rel. Min. Reynaldo Soares da Fonseca, j. 09.08.16).

Na justiça estadual, o julgamento deve respeitar os limites do respectivo Estado; na justiça federal, o limite são os Estados que compõem a região do respectivo tribunal.

Exemplo: o julgamento estadual de Campinas/SP pode ir para Jundiaí/SP, mas não para Porto Alegre/RS; já o julgamento federal de Curitiba/PR pode ir para Florianópolis/SC ou Porto Alegre/RS, pois pertencentes ao TRF4, mas não para Campo Grande/MS, pois pertencente ao TRF3.

12.5.9.5. *Efeito suspensivo*

Estabelece o § 2º do art. 427, CPP, que, sendo relevantes os motivos alegados, o relator poderá determinar, fundamentadamente, a suspensão do julgamento pelo júri.

Assim, uma vez requerido o desaforamento, o tribunal poderá atribuir efeito suspensivo, obstando a realização do julgamento enquanto não decidido o pedido.

12.5.9.6. *Recurso*

Não há previsão legal estipulando um recurso contra a decisão que acolhe ou que rejeita o pedido de desaforamento. Tem-se admitido a impetração de *habeas corpus* em favor do acusado.

No mais, ainda que indeferido o desaforamento, poderá a parte fazer novo requerimento, tendo como fundamento novos fatos, é claro.

12.5.9.7. *Reaforamento*

É a situação em que, após o deferimento do desaforamento, o processo retorna ao foro de origem, onde o delito seria julgado em primeiro lugar. Em princípio, **não é admitido**, ainda que não mais subsistam as causas que autorizaram, anteriormente, o desaforamento.

Por fim, nada impede um novo pedido de desaforamento se na comarca para onde o processo foi remetido também houver motivos que o autorizem. Ex.: processo de Palmas/TO foi desaforado para Porto Nacional/TO, onde também se verificou uma causa de desaforamento, podendo ser novamente desaforado, agora, para Araguaína/TO.

12.5.10. Juízo da Causa (*2ª fase*)

Se o processo chegou até aqui, é porque o acusado foi pronunciado, de modo que será, agora, julgado pelos jurados em sessão plenária do júri. Preclusa a decisão de pronúncia, então, os autos serão encaminhados ao juiz presidente do tribunal do júri (art. 421, CPP).

É importante dar atenção ao entendimento do Supremo Tribunal Federal segundo o qual a preclusão a que se refere o art. 421, CPP, diz respeito apenas às decisões de recursos ordinários (apelação, recurso em sentido estrito, embargos de declaração etc.), razão pela qual **a pendência de recursos de natureza extraordinária (RE e REsp, ao STF e STJ, respectivamente) não impede a realização do júri** (HC nº 130.314/DF, rel. Min. Teori Zavascki, j. 26.10.16). Em suma, "a interposição de recursos especial ou extraordinário contra acórdão confirmatório da decisão de pronúncia não obstaculiza a realização do julgamento pelo tribunal do júri" (STF, AgRg no HC nº 118.357/PE, rel. Min. Rosa Weber, j. 16.10.17).

Então, preclusa a pronúncia, inicia-se a segunda fase do tribunal do júri.

12.5.10.1. *Preparação para o julgamento*

Ao receber os autos, o presidente do tribunal do júri determinará a intimação do Ministério Público (e/ou do querelante, no caso de queixa-crime) e do defensor, para, no prazo de 5 dias, apresentarem rol de testemunhas que irão depor em plenário, **até o máximo de 5**, oportunidade em que poderão juntar documentos e requerer diligências.

A lei não determina a intimação do assistente de acusação. De um lado, há quem defenda que ele deve ser intimado, podendo juntar documentos e requerer diligências, mas não poderá arrolar testemunhas, diante do art. 271, CPP, que assim não prevê, até porque a estratégia de atuação em plenário cabe à parte principal e não ao assistente (Campos, 2014); de outro lado, há quem defenda que ele também deverá ser intimado e poderá arrolar testemunhas, observado o número máximo legal, ou seja, se o MP arrolou

2 testemunhas, o assistente poderá arrolar até 3, limitando-se ao número máximo de 5, podendo, claro, indicar testemunhas que poderão ser ouvidas como do juízo (Brasileiro, 2016).

Neste sentido, já decidiu o Superior Tribunal de Justiça que o assistente de acusação poderá arrolar testemunhas, respeitando-se o limite global de cinco, do art. 422, CPP, considerando que a legislação lhe permite propor meios de prova (AgRg no AREsp nº 988.640/RS, rel. Min. Reynaldo Soares da Fonseca, j. 03.08.17).

Lembre-se que, na primeira fase, admite-se a oitiva de até 8 testemunhas; já aqui, na segunda fase, o número máximo é de 5; e, independentemente de ter sido ouvida ou não na primeira fase de julgamento, é possível arrolar qualquer testemunha para ser ouvida em plenário, observada a lei (STJ, RHC nº 77.091/CE, rel. Min. Reynaldo Soares da Fonseca, j. 16.02.17). Ex.: se Ana e Matheus foram ouvidos na primeira fase, nada impede que Pedro e Clara sejam ouvidos na segunda fase, não havendo a exigência de que apenas testemunhas ouvidas na primeira fase o sejam na segunda.

Não apresentado o rol de testemunhas no quinquídio legal do art. 422, CPP, operar-se-á preclusão, o que, por si só, não revela ausência ou insuficiência de defesa, não gerando nulidade absoluta por falta de defesa, já que se trata de ato processual não obrigatório (STJ, RHC nº 64.465/PR, rel. Min. Felix Fischer, j. 25.10.16).

A testemunha poderá ser arrolada em **caráter de imprescindibilidade**, isto é, quem a arrolar declarará que sua oitiva em plenário será, literalmente, imprescindível à solução da causa, de forma que, sem a sua presença, a sessão não poderá ser realizada. Nos exatos termos do art. 461, CPP, o julgamento não será adiado se a testemunha deixar de comparecer, *salvo* se uma das partes tiver requerido a sua intimação por mandado, na oportunidade do art. 422, CPP, declarando *não prescindir* do depoimento e indicando a sua localização (não prescindir = imprescindível).

Então, se arrolada a testemunha como imprescindível e esta não comparecer, o juiz suspenderá os trabalhos do júri e mandará conduzi-la, ou adiará o julgamento para o primeiro dia livre, ordenando a sua condução (§ 1º, art. 461, CPP); contrariamente, se arrolada sem a cláusula de imprescindibilidade, caso a testemunha não compareça, o julgamento seguirá seu curso normalmente, sem adiamento da sessão (STJ, HC nº 131.509/DF, rel. Min. Rogerio Schietti Cruz, j. 21.06.16).

Deliberando sobre os requerimentos de provas a serem produzidas ou exibidas no plenário do júri, e adotadas as providências devidas, o juiz tomará duas providências: (a) ordenará as diligências necessárias para sanar qualquer nulidade ou esclarecer fato que interesse ao julgamento da causa; e (b) fará um relatório sucinto do processo, que será entregue, depois, aos jurados após a formação do conselho de sentença, e determinará sua inclusão em pauta da reunião do tribunal do júri. Trata-se de fase similar ao saneamento do Processo Civil (art. 357, CPC).

O relatório do juiz não deverá ter considerações pessoais, contendo apenas as posições da acusação e da defesa e as provas colhidas até então.

12.5.10.2. *Ordem de julgamento*

Nos termos do art. 429, CPP, salvo motivo relevante que autorize alteração na ordem dos julgamentos, terão preferência:

a) os acusados presos;

b) dentre os presos, os que estiverem há mais tempo;

c) em igualdade de condições, os precedentemente pronunciados.

Vê-se que o próprio dispositivo autoriza uma exceção à regra legal, ao afirmar "salvo motivo relevante que autorize alteração na ordem de julgamento".

Desta forma, é possível que algum processo do tribunal do júri "fure a fila" de julgamentos, devendo o juiz decidir motivadamente. O exemplo mais comum é o do agente já pronunciado, solto, cujo processo está à beira da prescrição.

Vale lembrar o art. 394-A, CPP, incluído pela Lei nº 13.285/16, que dispõe que os processos que apurem a prática de crime hediondo terão *prioridade de tramitação* em todas as instâncias, o que, de fato, inclui alguns crimes julgados pelo tribunal do júri, como o homicídio qualificado e o cometido em atividade típica de grupo de extermínio (art. 1º, I, Lei nº 8.072/90); e também, o art. 19-A, Lei nº 9.807/99, que dispõe que terão prioridade na tramitação o inquérito e o processo criminal em que figure indiciado, acusado, vítima ou réu colaboradores, vítima ou testemunha protegidas pelos programas da lei; e ainda, há a previsão do art. 71, § 1º, Lei nº 10.741/03, que afirma que é assegurada prioridade na tramitação dos processos e procedimentos e na execução dos atos e diligências judiciais em que figure como parte ou interveniente pessoa com idade igual ou superior a 60 anos, em qualquer instância – e, dentre os idosos, é assegurada prioridade especial aos maiores de 80 anos, atendendo-se suas necessidades sempre preferencialmente em relação aos demais idosos (Lei nº 13.466/17).

O Conselho Nacional de Justiça, por meio da Portaria nº 69/2017, criou o Mês Nacional do Júri (novembro), de forma a instituir a política judiciária de realização anual de esforço concentrado de julgamento dos crimes dolosos contra a vida, definindo diretrizes e ações para garantir a razoável duração do processo e os meios que garantam a celeridade de sua tramitação, nos termos da legislação nacional vigente e das normas internacionais de direitos humanos sobre a matéria para que os juízes e os tribunais.

Consoante a doutrina (Campos, 2014), havendo conflito entre as prioridades, deve-se obedecer a seguinte ordem: (1º) quem sofre ameaça de morte, por se tutelar a vida; (2º) réus presos, por se tutelar a liberdade; (3º) processos com idoso que seja vítima, por se tutelar sua situação peculiar.

Por fim, antes do dia designado para o primeiro julgamento da reunião periódica, será afixada na porta do edifício do Tribunal do Júri a lista dos processos a serem julgados, obedecida a ordem legal. O juiz reservará (se possível, claro) datas na mesma reunião periódica para a inclusão de processo que tiver o julgamento adiado.

12.5.10.3. *Habilitação do assistente de acusação*

Nos moldes do art. 430, CPP, o assistente somente será admitido se tiver requerido sua habilitação até 5 dias antes da data da sessão na qual pretenda atuar.

12.5.10.4. *Organização do júri*

O tema já foi estudado anteriormente para não atrapalhar a sistematização do rito do júri, já que se trata de uma fase burocrática e realizada muito antes do julgamento em plenário.

Atenção ao entendimento jurisprudencial de que, tratando-se de processo de competência do tribunal do júri, as nulidades posteriores à pronúncia devem ser arguidas depois de anunciado o julgamento e apregoadas as partes, e as do julgamento em plenário, em audiência, ou sessão do tribunal do júri, logo após sua ocorrência, sob pena de preclusão, consoante determina o art. 571, V e VIII, do Código de Processo Penal (STJ, AgRg no REsp nº 1.366.851/MG, rel. Min. Nefi Cordeiro, j. 04.10.16).

12.5.10.5. *Sessão de julgamento*

A sessão do tribunal do júri é justamente o dia de julgamento em plenário pelo conselho de sentença, composto pelos jurados. Assim, o tribunal do júri reunir-se-á para as sessões de instrução e julgamento nos períodos e na forma estabelecida pela lei local de organização judiciária.

12.5.10.5.1. *Presenças e ausências*

Antes de iniciar os trabalhos, o juiz deverá verificar a presença das partes, sendo que, para cada situação, há uma consequência distinta.

12.5.10.5.1.1. Ministério Público

Como prevê o art. 455, CPP, se o Ministério Público não comparecer, o juiz presidente adiará o julgamento para o primeiro dia desimpedido da mesma reunião, cientificadas as partes e as testemunhas.

Se a ausência *não for justificada*, o fato será imediatamente comunicado ao Procurador-Geral de Justiça com a data designada para a nova sessão (p.ú.).

A referida comunicação é feita tendo em vista que o Ministério Público é o titular exclusivo da ação penal pública, não podendo o magistrado, obviamente e em razão do princípio da oficialidade, designar outro membro para atuar no caso (impossível designar um promotor "ad hoc"), cabendo as ações de correição à chefia da instituição, que designará outro membro.

12.5.10.5.1.2. Defensor

Fixa o art. 456, CPP, que, se a ausência, *sem escusa legítima*, for do advogado do acusado, e se outro não for por este constituído, o fato será imediatamente comunicado ao presidente da seccional da Ordem dos Advogados do Brasil, com a data designada para a nova sessão.

Não havendo escusa legítima, o julgamento será adiado *somente uma vez*, devendo o acusado ser julgado quando chamado novamente. Neste caso, o juiz intimará a Defensoria Pública para o novo julgamento, que será adiado para o primeiro dia desimpedido, observado o prazo mínimo de 10 dias.

Explica-se.

Uma vez designada a data para julgamento em plenário, deve o advogado comparecer obrigatoriamente, cumprindo com a defesa técnica de seu cliente; caso esteja ausente **justificadamente**, o juiz designa nova data para a sessão de julgamento, sem precisar oficiar a OAB ou a Defensoria, já que houve legítimo motivo. Ex.: ocorrência de emergência médica.

De outro lado, se a ausência for **injustificada** e o acusado ainda não constituiu outro defensor, o juiz expedirá ofício à OAB mencionando a nova data de julgamento, que tomará as medidas cabíveis, caso configure abandono de causa (art. 34, XI, Lei nº 8.906/94 – EOAB). Atentar que a Ordem dos Advogados do Brasil não indicará um advogado para atuar no caso, tendo apenas papel correicional.

Neste caso de ausência injustificada, o juiz remarcará o julgamento uma única vez. Para garantir, então, que nesta nova data designada haja, de fato, julgamento, o juiz notificará a Defensoria Pública, de modo que, caso o advogado do acusado não compareça, a Defensoria Pública defenderá o réu.

O correto procedimento – apesar de o texto legal assim não mencionar – seria o juiz, diante da ausência do defensor no dia do julgamento, intimar o acusado para que, se o caso, constitua novo advogado, à sua livre escolha, e, ao mesmo tempo, notificar a Defensoria Pública com no mínimo 10 dias de antecedência. Assim, garante-se ao acusado a escolha de seu defensor técnico e, ao mesmo tempo, garante-se que o julgamento acontecerá, não havendo nulidade nisso.

Como bem decidiu o Supremo Tribunal Federal, se o advogado, regularmente intimado, deixa de comparecer à sessão de julgamento sem justificativa, torna-se legítima a designação da Defensoria Pública para proceder à defesa do acusado em nova sessão, de modo que tentativas de procrastinação e geração de nulidades não devem receber a chancela do Poder Judiciário (RHC nº 122.168/PE, rel. p/ acórdão Min. Roberto Barroso, j. 10.02.15).

E é bom ver que, apesar de o Código de Processo Penal fixar o mínimo de 10 dias de antecedência entre a notificação da Defensoria Pública e a nova audiência designada, há que se agir com base na razoabilidade, de modo que a Suprema Corte entendeu que ocorreu prejuízo à plenitude de defesa no caso de o juiz ter concedido doze dias de vista cujo processo continha vinte e seis volumes (HC nº 108.527/PA, rel. Min. Gilmar Mendes, j. 14.05.13).

Por fim, caso o membro da Defensoria Pública não compareça, o juiz oficiará ao Defensor Público-Geral, em analogia ao que acontece com o representante do Ministério Público, para as providências disciplinares e administrativas cabíveis.

12.5.10.5.1.3. Acusado

A situação da presença do acusado é analisada a partir de duas situações: se solto ou se preso.

a) **se solto**: como regra, o julgamento não será adiado pelo não comparecimento do acusado solto regularmente intimado (art. 457, CPP); todavia, é possível o adiamento se a situação for justificada, comprovando-se motivo de força maior (§ 1º), garantindo-se, assim, a presença do acusado no seu julgamento. Ex.: emergência médica.

No mais, se devidamente intimado o acusado solto, sua ausência ao seu julgamento não será causa de adiamento, bastando a presença do juiz, do Ministério Público e da defesa técnica para que a sessão ocorra.

b) **se preso**: o acusado preso tem o direito (e não o dever) de estar presente na sessão de seu julgamento, sendo requisitado à autoridade carcerária competente para o devido transporte; se o preso não for conduzido à sessão de julgamento, haverá seu adiamento para o primeiro dia desimpedido da mesma reunião (art. 457, § 2º, CPP).

De outro lado, como o acusado não é obrigado a estar presente no seu julgamento, poderá haver a dispensa de seu comparecimento, subscrito por ele *e* por seu defensor (§ 2º do art. 457, CPP, parte final).

Conforme o Superior Tribunal de Justiça, "com a nova redação conferida ao art. 457 do CPP, a realização do julgamento sem a presença do réu não causará constrangimento ilegal ao réu, eis que diante da nova disciplina processual, ele detém agora apenas a faculdade de comparecer perante o conselho de sentença e exercer a opção do exercício da autodefesa" (HC nº 179.361/MT, rel. Min. Gilson Dipp, j. 15.03.12); em igual sentido expressa o Supremo Tribunal Federal (RHC nº 118.920/PE, rel. Min. Cármen Lúcia, j. 04.02.14).

12.5.10.5.1.4. Assistente

Já foi estudado que o assistente de acusação somente será admitido se tiver requerido sua habilitação até 5 dias antes da data da sessão na qual pretenda atuar (art. 430, CPP).

Se regularmente intimado, o julgamento não será adiado pelo não comparecimento do assistente de acusação (art. 457, *caput*, CPP). O § 1º excepciona, estabelecendo que os pedidos de adiamento e as justificações de não comparecimento deverão ser, salvo comprovado motivo de força maior, previamente submetidos à apreciação do juiz presidente do tribunal do júri, o que pode ensejar a redesignação do julgamento.

Corretamente, adverte Renato Brasileiro de Lima (Manual, 2016) que, na verdade, o assistente de acusação é o próprio ofendido, sendo que a ausência do seu advogado (representante legal) é que não adiará o julgamento.

12.5.10.5.1.5. Querelante

Dispõe o art. 457, *caput*, CPP, que o julgamento não será adiado pelo não comparecimento do advogado do querelante (autor da ação penal de iniciativa privada) que tiver sido regularmente intimado. O § 1º excepciona, estabelecendo que os pedidos de adiamento e as justificações de não comparecimento deverão ser, salvo comprovado motivo de força maior, previamente submetidos à apreciação do juiz presidente do tribunal do júri, o que pode ensejar a redesignação do julgamento.

Há que se analisar a espécie de ação penal em que atua o querelante ausente injustificadamente.

Se a ação for *exclusivamente privada* ou *personalíssima*, a ausência do advogado do querelante significa que não haverá pedido de condenação em relação à infração penal conexa, acarretando perempção, extinguindo a punibilidade do acusado (art. 60, III, CPP), que responderá apenas pelo crime doloso contra a vida, cuja ação é movida pelo Ministério Público.

De outro lado, se a ação penal privada for *subsidiária da pública*, a ausência do advogado do querelante será considerada uma conduta negligente, devendo o Ministério Público assumir a ação penal (art. 29, CPP), não havendo extinção da punibilidade neste caso.

12.5.10.5.1.6. Testemunhas

É preciso, inicialmente, distinguir duas espécies de testemunha: a "da terra" e a "de fora da terra", como já estudado anteriormente.

A testemunha *da terra* tem residência onde tramita o processo, tendo o dever de comparecer pessoalmente; a testemunha *de fora da terra* não possui residência onde tramita o processo, não tendo o dever de comparecer pessoalmente (ainda que arrolada como imprescindível), tanto que é ouvida através de carta precatória.

Tratando-se de ausência de testemunha da terra, há duas situações:

a) se arrolada normalmente, poderá responder por crime de desobediência e ser condenada ao pagamento de multa de 1 a 10 salários mínimos, conforme o art. 458, CPP, sem adiamento da sessão;

b) se arrolada como imprescindível (art. 461, CPP) na fase do art. 422, CPP, e não comparecer, o juiz determinará sua condução coercitiva ou adiará o julgamento para o primeiro dia desimpedido, ordenando sua condução coercitiva (§ 1º do art. 461, CPP).

Se o oficial de justiça certificar que a testemunha não foi localizada no endereço indicado, o juiz intimará a parte que a arrolou para apontar novo endereço onde a testemunha possa ser achada; caso assim não aponte ou caso a testemunha não seja, novamente, localizada, o julgamento será realizado normalmente (§ 2º do art. 461, CPP).

No mais, antes de constituído o Conselho de Sentença, as testemunhas serão recolhidas a lugar onde umas não possam ouvir os depoimentos das outras (art. 460, CPP); ainda, o juiz deve adotar cautelas para as testemunhas de acusação não terem contato com as de defesa.

12.5.10.5.1.7. Juiz

Não há como existir julgamento sem a presença do juiz presidente do tribunal do júri. Caso ele esteja ausente, designar-se-á nova data para a sessão, comunicando os órgãos disciplinares do Poder Judiciário.

De igual modo, o juiz que iniciou a sessão deve finalizá-la, não sendo possível que um juiz inicie o julgamento de manhã e outro o sentencie à tarde. Caso não seja possível a finalização do julgamento pelo mesmo juiz, o correto será a dissolução do conselho de sentença e a designação de nova data para julgamento.

É, infelizmente, muito comum que, durante os debates orais, o juiz se ausente por alguns minutos (para ir ao banheiro, para atender a uma ligação, para tomar água etc.), deixando acusação e defesa sozinhos com os jurados. Conforme a doutrina (Brasileiro, 2016), além de desrespeitosa a conduta, demonstrando descaso com o processo e com as partes, o juiz não está fiscalizando os atos do processo, principalmente a incomunicabilidade dos jurados. E se ocorrer uma nulidade neste exato momento, quem está controlando os atos das partes no plenário? E se um jurado conversar com o outro? E se for preciso fazer um aparte? E se um jurado tiver uma dúvida que precise ser sanada imediatamente?

12.5.10.5.2. *Número de jurados*

O tribunal do júri é composto por 1 juiz togado, que é seu presidente, e por 25 jurados que serão sorteados dentre os alistados, sendo preciso 15 jurados presentes para que seja instalada a sessão de julgamento, 7 dos quais constituirão o conselho de sentença.

Assim:

Composição do tribunal do júri	
1	Juiz togado
25	Jurados sorteados
15	Jurados presentes
7	Jurados no conselho de sentença

Estando presentes as partes cuja presença seja imprescindível ao julgamento, o juiz verificará se a urna possui 25 cédulas com os nomes dos jurados sorteados para aquele período de reunião do tribunal do júri.

Então, o escrivão, por ordem do juiz, pegará cada uma das cédulas e chamará nominalmente o jurado e verificará se ele está presente naquela sessão (art. 462, CPP).

Para que o julgamento possa ocorrer, é exigida a presença de, ao menos, **15 jurados** (art. 463, CPP), que é o número para a *instalação da sessão*. Jurados excluídos por impedimento ou suspeição serão normalmente computados para a constituição do número legal.

O oficial de justiça fará o pregão, certificando a diligência nos autos, ou seja, anunciará, em voz alta, o processo que será julgado, o nome do acusado, do defensor, do membro do Ministério Público e do juiz. Este ato é de suma importância, pois as partes terão o ônus de alegar, neste momento, eventuais nulidades relativas ocorridas após a decisão de pronúncia e imediatamente antes do início do julgamento em plenário.

Não havendo o número mínimo de jurados para que a sessão seja instalada, proceder-se-á ao sorteio de tantos suplentes quantos necessários e designar-se-á nova data para a sessão do júri (art. 464, CPP).

Por fim, questão importante que se coloca é saber se é possível o *empréstimo de jurados* de uma sessão para outra, ambas designadas para o mesmo dia. Geralmente, em comarcas grandes, há mais de um julgamento designado para o mesmo dia (inclusive, no mesmo horário), em razão da existência de mais de um plenário para julgamento. Pergunta-se, neste caso: é possível, por exemplo, que a sessão do 2º plenário do júri, que conta com apenas 13 jurados presentes, "pegue emprestado" dois jurados da sessão do 4º plenário do júri, instalado na sala ao lado, que conta com 25 jurados presentes? Há divergência.

Para uns, **não seria possível** o referido empréstimo, pois as partes precisam saber, de antemão, quem são os jurados que poderão ser sorteados para aquele julgamento específico, permitindo-se assim, se o caso, a suscitação de impedimentos e a verificação, em tempo hábil, de recusas (Brasileiro, 2016).

Neste sentido, há posição do Supremo Tribunal Federal no sentido de que, dada a relevância para as partes do conhecimento prévio dos jurados convocados para a sessão do júri e que, assim, poderão compor o conselho de sentença, é de observância imprescindível o art. 463, CPP, segundo a qual a instalação da sessão depende do comparecimento de pelo menos 15 jurados, quórum que, se não atingido, implica nova convocação para o dia útil imediato; daí que, não alcançando o quórum legal entre os convocados para determinado julgamento, é inadmissível, para atingi-lo, a chamada de jurados incluídos na lista convocada para outros julgamentos previstos para a mesma data em diferentes plenários do mesmo tribunal do júri (HC nº 88.801/SP, rel. Min. Sepúlveda Pertence, j. 06.06.06).

Já para outra corrente, **seria possível** o referido empréstimo, pois todos os jurados daquela reunião são convocados para os julgamentos daquele dia, variando apenas o plenário em que ocorrerá o julgamento, de modo que todos possuem conhecimento de quem poderá compor o conselho de sentença, bastando à parte, então, que verifique os jurados convocados (Nucci, 2015).

O Superior Tribunal de Justiça fixou a tese de que "a complementação do número regulamentar mínimo de 15 (quinze) jurados por suplentes de outro plenário do mesmo Tribunal do Júri, por si só, não enseja nulidade do julgamento" (tese nº 5, ed. 75,

Jurisprudência em Teses; e 5ª T., HC nº 227.169/SP, rel. Min. Gurgel de Faria, j. 03.02.15; e 6ª T., HC nº 168.263/SP, rel. Min. Rogerio Schietti Cruz, j. 20.08.15).

12.5.10.5.3. *Impedimentos gerais*

Estando presentes os 15 jurados para que a sessão de julgamento seja instalada, iniciar-se-á a escolha dos 7 jurados que comporão o conselho de sentença.

No entanto, antes disso, é preciso que o juiz esclareça os jurados sobre *impedimentos*, *suspeições* e *incompatibilidades*, cf. os arts. 448 e 449, CPP. É bom lembrar que as hipóteses de impedimento, suspeição e incompatibilidade dos juízes togados também se aplicam aos jurados (§ 2º do art. 448, CPP).

São hipóteses de **incompatibilidade** (art. 448, CPP), não podendo servir no mesmo conselho de sentença:

a) marido e mulher;

b) ascendente e descendente;

c) sogro/sogra e genro/nora;

d) irmãos e cunhados, durante o cunhadio;

e) tio/tia e sobrinho/sobrinha;

f) padrasto, madrasta ou enteado/enteada.

O mesmo impedimento ocorrerá em relação às pessoas que mantenham união estável reconhecida como entidade familiar. Dos impedidos entre si por parentesco ou relação de convivência, servirá o que houver sido sorteado em primeiro lugar.

E conforme o art. 449, CPP, são causas de **impedimento**, não podendo servir o jurado que:

a) tiver funcionado em julgamento anterior do mesmo processo, independentemente da causa determinante do julgamento posterior. Nos termos da súmula nº 206 do STF, "é nulo o julgamento ulterior pelo júri com a participação de jurado que funcionou em julgamento anterior do mesmo processo".

b) no caso do concurso de pessoas, houver integrado o conselho de sentença que julgou o outro acusado. Assim, se o crime doloso contra a vida foi praticado, p. ex., por duas pessoas em concurso de agentes e em julgamentos separados, o jurado que integrou o conselho de sentença do julgamento de um dos acusados não poderá, agora, julgar o corréu.

c) tiver manifestado prévia disposição para condenar ou absolver o acusado. Os jurados devem ser imparciais (como todo juiz), não sendo admitido a compor o conselho de sentença aquele que, anteriormente, já manifestou sua intenção em condenar ou em absolver o acusado.

Antes do sorteio dos 7 jurados que comporão o conselho de sentença, o juiz esclarecerá aos jurados sobre as hipóteses de impedimento, suspeição e incompatibilidade. Se o jurado espontaneamente reconhecer estar incurso numa das causas, será excluído. Caso nenhum jurado se manifeste, caberá à parte **alegar o vício oralmente**, logo em seguida ao sorteio. Ouve-se o jurado, que poderá ou não reconhecer a causa. Caso não reconheça, quem fez a alegação deverá comprová-la, imediatamente, por meio de qualquer prova. O juiz decide de plano. Se acolhida, o jurado é excluído; se rejeitada, o jurado comporá o conselho de sentença, a não ser que seja recusado imotivadamente (no caso de recusa peremptória, como se verá na sequência).

É muito importante notar que, para o Superior Tribunal de Justiça, "eventuais nulidades ocorridas em plenário do júri, decorrentes de impedimento ou suspeição de jurados, devem ser arguidas no momento oportuno, sob pena de preclusão" (tese nº 7, ed. 78, Jurisprudência em Teses).

Assim, entende-se que a lista com os nomes dos jurados é pública e anunciada com antecedência, o que autoriza a parte interessada a proceder ao levantamento de informações dos jurados, no sentido de averiguar a idoneidade de cada um; isso permite a arguição, no momento oportuno, de eventual impedimento ou suspeição, cuja inobservância gera preclusão (STJ, RHC nº 57.035/PR, rel. Min. Ribeiro Dantas, j. 06.04.17).

Mesmo com todo o procedimento legal a ser observado, é possível, eventualmente, que pessoas impedidas, suspeitas ou incompatíveis componham o conselho de sentença. A questão, então, é: qual a consequência disso ao processo penal?

Haverá **nulidade absoluta**. Parte da doutrina afirma que o próprio texto legal proíbe a participação do jurado nestes casos, não podendo o vício ser convalidado (Madeira, 2015); outra parte sustenta que, com o atual sistema de contagem dos votos, sempre que se atingir maioria num dado sentido, a votação é interrompida, de modo que não há como se saber se a participação do jurado impedido/incompatível/suspeito contribuiu, ou não, para o resultado (Badaró, 2016), ou seja, a nulidade absoluta sempre se impõe. De qualquer modo, a nulidade será absoluta (AgRg no REsp nº 1.363.403/SP, rel. Min. Sebastião Reis Júnior, j. 17.11.15).

Como já mencionado no tópico anterior, ainda que o jurado seja excluído por alguma incompatibilidade, impedimento ou suspeição, ele será computado normalmente dentre os 15 jurados necessários para a instalação da sessão (art. 463, CPP). Se, em consequência do impedimento, suspeição, incompatibilidade, dispensa ou recusa, não houver número para a formação do conselho de sentença (de 7 jurados), o julgamento será adiado para o primeiro dia desimpedido, após sorteados os suplentes, com observância da disposição legal do art. 464, CPP.

Por fim, é possível a arguição de impedimento, suspeição ou incompatibilidade do juiz, do membro do Ministério Público e de qualquer funcionário. São consequências (art. 470, CPP):

a) se acolhida a arguição, a sessão é adiada e o juiz substituto legal ou outro membro do Ministério Público assume o processo.

b) se rejeitada a arguição, o juiz ou o membro do Ministério Público continuarão atuando no processo, devendo constar na ata o ocorrido, permitindo-se que a parte, posteriormente, alegue o vício em preliminar de apelação.

Se ocorrer o vício em relação a funcionário da Justiça, haverá o adiamento da sessão apenas se não for possível a sua substituição imediata – e, mesmo assim, esta previsão recebe críticas, pois, em tese, não há nenhum óbice a que um simples funcionário atue num caso do tribunal do júri, já que ele não pratica nenhum ato como parte no processo e não exerce jurisdição. Qual seria o interesse, por exemplo, em se afastar um meirinho?

12.5.10.5.4. *Incomunicabilidade*

Dispõe o art. 466, § 1º, CPP, que o juiz presidente também advertirá os jurados de que, uma vez sorteados, não poderão comunicar-se entre si e com outrem, nem manifestar sua opinião sobre o processo, sob pena de exclusão do conselho de sentença e multa de 1 a 10 salários mínimos, conforme sua condição econômica.

O objetivo é justamente manter a imparcialidade do jurado, que deverá julgar conforme a análise dos fatos postos em juízo e de acordo com a sua consciência. Vale lembrar que nada impede que um jurado se comunique com outro sobre fato *alheio* ao processo, geralmente com a supervisão próxima do oficial de justiça. Ex.: os jurados podem conversar sobre jogo de futebol ou sobre a novela. Todavia, se, respondendo a uma pergunta retórica do membro do Ministério Público sobre a existência do crime, o jurado diz "isso é crime!", há clara quebra da incomunicabilidade, devendo o júri ser anulado (STJ, HC nº 436.241/SP, rel. Min. Maria Thereza de Assis Moura, j. 19.06.18).

A consequência da quebra da incomunicabilidade é dissolução do conselho de sentença, caso ocorrida no curso do julgamento ainda; ou então, a declaração de nulidade absoluta, se constatada apenas após o encerramento da sessão de julgamento.

De acordo com o Superior Tribunal de Justiça, a incomunicabilidade pressupõe a exposição de opinião ou convicção do jurado sobre a lide penal (RHC nº 46.783/MT, rel. Min. Ribeiro Dantas, j. 25.10.16), de modo que, num dado caso, o simples ato de desligar um aparelho celular por uma jurada não fere a incomunicabilidade, não havendo nenhuma espécie de comunicação com os demais jurados ou com o mundo exterior (STJ, HC nº 241.198/PR, rel. Min. Ribeiro Dantas, j. 01.12.16).

12.5.10.5.5. *Sorteio dos jurados*

Presentes ao menos 15 potenciais jurados e uma vez explicadas e/ou decididas as situações de incompatibilidade, suspeição e impedimento, é hora de escolher os 7 jurados que comporão o conselho de sentença.

Aqui há a verificação das recusas pelas partes, que analisarão o perfil de cada um dos potenciais jurados, o que é feito de acordo com a estratégia de cada um. As recusas podem ser motivadas ou imotivadas.

12.5.10.5.5.1. Recusa motivada

A parte poderá recusar o jurado se houver motivo legal para tanto, como a presença de alguma causa de suspeição, impedimento ou incompatibilidade, como se estudou acima.

Como esta situação está baseada na lei e os jurados devem – sempre – ser isentos e totalmente imparciais no julgamento, **não há limite** de recusas motivadas. Se há um jurado impedido ou se há dez jurados suspeitos, todas as alegações serão possíveis. O julgamento deve ser escorreito.

12.5.10.5.5.2. Recusa imotivada

Também chamada de recusa peremptória, é a situação em que a parte poderá recusar **até 3 jurados** sorteados, sem precisar indicar motivo algum. Comumente é feito com base na estratégia das partes.

Exemplo: no julgamento do homicídio de um jovem, o Ministério Público preferirá ter mais pessoas com filhos como jurados do que o contrário, apegando-se aos aspectos emocional e familiar. Logo, poderá recusar, sem indicar qualquer motivo, até três jurados que não se enquadrem no perfil de jurado desejado.

Entende-se que a recusa imotivada é um direito discricionário da defesa e da acusação, que não precisarão indicar os motivos de suas ações neste sentido, sendo de todo irrelevante os motivos da escolha, não havendo que se falar em comportamento discriminatório, já que se trata de estratégia inerente à dinâmica do julgamento em plenário. Não se tem notícia no Brasil, mas, nos Estados Unidos, embora o Ministério Público também tenha direito a recusas imotivadas, proíbe-se o promotor de justiça de recusar jurados apenas com base em sua raça, ou seja, veda-se, por exemplo, que, na escolha de jurados que julgarão um negro, exclua-se, propositadamente e apenas com esse fim, todos os possíveis jurados negros, a fim de se formar composição exclusivamente com pessoas brancas (Batson v. Kentucky, 476 U.S 79, de 1986). Comportamentos nesse sentido prejudicam a confiança na Justiça e impedem que o acusado tenha julgadores verdadeiramente neutros.

Ainda, o fato de o promotor de justiça, finda a escolha do conselho de sentença, ter afirmado que "Deus é bom" não conduz à nulidade do julgamento pelo Tribunal do Júri, pois não se vislumbra nessa frase nenhuma vulneração ao fato de ser vedado aos agentes estatais pautarem suas atividades por motivações de ordem confessional, tratando-se de um simples comentário de ordem pessoal, que se enquadra na liberdade de expressão assegurada às partes, que não repercutiu de nenhum modo na legalidade da condução dos trabalhos do júri, tanto mais que a acusação não foi sustentada com base na convicção religiosa do promotor de justiça (STF, RHC nº 126.884/RJ, rel. Min. Dias Toffoli, j. 27.09.16).

Nos termos do Código de Processo Penal, à medida que as cédulas forem sendo retiradas da urna, o juiz presidente as lerá, e a *defesa* e, depois dela, o *Ministério Público* poderão recusar os jurados sorteados, até 3 cada parte, sem motivar a recusa (art. 468). Logo: (a) juiz lê; (b) defesa pode recusar; (c) depois o MP pode recusar – nesta ordem. Limite máximo: até 3 jurados pela a acusação e 3 jurados para a defesa.

É importante notar que a recusa é literalmente peremptória (decisiva, imediata), ou seja, se a defesa entendeu por recusar sem motivos o jurado João, ele já será excluído da formação do conselho de sentença, sem necessidade alguma de concordância ou discordância do Ministério Público, que sequer emitirá opinião a este respeito (STJ, HC nº 45.511/RO, rel. Min. Og Fernandes, j. 13.03.09).

Vê-se que a lei fala expressamente em Ministério Público, de forma que se entende que o assistente de acusação não possui legitimidade para fazer recusas imotivadas, podendo apenas *sugerir* isso; no mais, se a ação penal é subsidiária, a legitimidade para as recusas é do próprio querelante, e não do Ministério Público (que não está atuando como parte, mas como fiscal da ordem jurídica).

Percebe-se que o texto legal fala em *defesa* e em *Ministério Público*. A pergunta é: e se houver mais de um defensor/acusador/acusado, como ficam as recusas imotivadas?

a) **se houver mais de um acusador** (como no caso de atuação do Ministério Público conjuntamente ao assistente de acusação), as recusas peremptórias serão de no máximo 3 naquele julgamento, independentemente da quantidade de acusados. A legitimidade é do Ministério Público, podendo seu membro e o assistente de acusação chegar a um consenso.

b) **se houver mais de um defensor a um único réu**, as recusas peremptórias serão de no máximo 3 também, devendo os advogados chegar a um acordo quanto às recusas, hipótese em que o juiz indagará qual dos advogados fará as recusas. Ex.: João e José são advogados de Maria, de modo que os dois advogados terão direito a apenas três dispensas imotivadas, devendo chegar a um consenso quanto a isso (não serão seis dispensas, obviamente).

c) **se houver mais de um acusado com o mesmo defensor**, a doutrina entende que as recusas peremptórias serão de no máximo 3 também, independentemente da quantidade de acusados (Távora e Alencar, 2017). Ex.: no caso de quatro acusados defendidos pelo mesmo advogado, poderá haver no máximo 3 recusas no total.

   Já o Superior Tribunal de Justiça entende que o direito de recusa imotivada é do *acusado em si*, e não da *defesa como um todo*, de modo que cada réu teria direito a até três recusas imotivadas, ainda que todos sejam defendidos pelo mesmo defensor. Nas palavras exatas da Corte, "de fato, a recusa é da parte, do réu, e não do defensor, e quando não há consenso entre as partes, como no presente caso, em que houve impugnação expressa na ata de julgamento do júri, deverá ser dado a cada um dos réus o direito de fazer a sua própria recusa, para garantir a plenitude de defesa a ambos os réus" (REsp nº 1.540.151/MT, rel. Min. Sebastião Reis Júnior, j. 08.09.15).

d) **se houver mais de um acusado com advogados diferentes**, a situação será a seguinte: (i) se houver acordo entre eles, haverá no máximo 3 recusas imotivadas ou (ii) se não houver acordo entre eles, cada um terá direito a 3 recusas imotivadas.

O jurado recusado imotivadamente por qualquer das partes será excluído daquela sessão de instrução e julgamento, prosseguindo-se o sorteio para a composição do conselho de sentença com os jurados remanescentes. Assim, como se explicou acima, se a defesa recusar um jurado, ele já será imediatamente excluído, não se ouvindo o Ministério Público a respeito; de igual modo, se a acusação recusar um jurado, não se ouvirá a opinião da defesa.

12.5.10.5.5.3. Estouro de urna

Diante das recusas (motivadas ou imotivadas), é possível que não haja número suficiente de jurados para a formação do conselho de sentença – de 7 jurados – gerando o chamado *estouro de urna* (§ 1º do art. 469, CPP).

Exemplo: 15 jurados presentes para julgar três acusados (sem nenhuma recusa motivada anteriormente), cada um com um defensor diverso, sem acordo entre eles quanto às recusas. Considerando que ainda há a atuação do Ministério Público, verifica-se um total de 12 possibilidades de recusa imotivada (9 da defesa e 3 da acusação), de forma que restarão apenas 3 jurados, ou seja, abaixo do número mínimo exigido de 7 jurados para formação do conselho de sentença. Se efetivamente ocorrerem todas essas recusas, haverá o estouro de urna, diante da falta de jurados em número suficiente para a formação do conselho de sentença.

Neste caso, o Código de Processo Penal, inovando através da Lei nº 11.689/08, dispõe que a **separação dos julgamentos** somente ocorrerá se, em razão das recusas, não for obtido o número mínimo de 7 jurados para compor o conselho de sentença (§ 1º do art. 469). Ocorrendo esta cisão de julgamentos, impede-se que os defensores ajam da mesma forma no próximo julgamento, retardando novamente o julgamento. Nada impedirá que o defensor, no julgamento cindido, recuse imotivadamente 3 jurados, mas isso não será capaz de gerar o estouro da urna, já que o máximo de recusas imotivadas neste julgamento será de 6 (sendo 3 da defesa e 3 da acusação), havendo saldo de potenciais jurados que poderão compor o conselho de sentença.

Determinada a separação dos julgamentos, será julgado em primeiro lugar o acusado a quem foi atribuída a autoria do fato ou, em caso de coautoria, aplicar-se-á o critério de preferência disposto no art. 429, CPP, visto alhures (acusado preso; o preso há mais tempo; o pronunciado antes).

12.5.10.5.6. *Compromisso dos jurados*

Formado o conselho de sentença pelos 7 jurados devidamente escolhidos, o juiz tomará o compromisso dos jurados, lendo a seguinte exortação: "em nome da lei, concito-vos a examinar esta causa com imparcialidade e a proferir a vossa decisão de acordo com a vossa consciência e os ditames da justiça". Os jurados, nominalmente chamados pelo juiz, responderão: "assim o prometo" (art. 472, CPP). O jurado, em seguida, receberá cópias da pronúncia ou, se for o caso, das decisões posteriores que julgaram admissível a acusação e do relatório do processo (p.ú.).

Se o jurado que participou desta sessão de julgamento tiver composto o conselho de sentença de outro julgamento no mesmo dia – o que é possível, caso aquele julgamento tenha sido breve, por exemplo – um novo compromisso deverá ser tomado, isto é, cada sessão do júri tomará compromisso dos jurados.

12.5.10.5.7. *Instrução em plenário*

Formado o conselho de sentença e tomado o compromisso dos jurados, inicia-se a fase da instrução processual em plenário, com a colheita da prova oral, que será: (a) oitiva da vítima, se possível; (b) oitiva das testemunhas de acusação; (c) oitiva das testemunhas de defesa; (d) acareação, reconhecimentos e esclarecimentos de peritos, se o caso; e (e) interrogatório do acusado.

12.5.10.5.7.1. Vítima e testemunhas

É importante esclarecer que, no âmbito do tribunal do júri, as perguntas ao ofendido e às testemunhas são iniciadas pelo juiz presidente do júri e, em seguida, complementadas pelas partes. Isso evita que acusação e defesa façam perguntas sugestivas, tornando o processo tendencioso.

Prestado o compromisso pelos jurados, será iniciada a instrução plenária, quando o juiz presidente, o Ministério Público, o assistente, o querelante e o defensor do acusado tomarão, sucessiva e diretamente, as **declarações do ofendido**, se possível, e inquirirão as **testemunhas de acusação** (art. 473, *caput*, CPP).

Na sequência, serão ouvidas as **testemunhas do juízo**, se houver. Depois, para a inquirição das **testemunhas de defesa**, o defensor do acusado formulará as perguntas antes do Ministério Público e do assistente, mantidos, no mais, a ordem e os critérios estabelecidos na lei (§ 1º), ou seja, respeitar-se-á a seguinte ordem: juiz, defensor e acusação.

As perguntas são feitas diretamente pela parte, não precisando de intermediação do juiz, que apenas exercerá o controle quanto à pertinência e legalidade, evitando-se abusos, repetições, induções, sugestões etc.

Os jurados, como são os verdadeiros julgadores sobre os fatos, poderão formular perguntas ao ofendido e às testemunhas, mas sempre por intermédio do juiz presidente, evitando-se a quebra da incomunicabilidade (§ 2º do art. 473, CPP). Geralmente, o jurado escreve uma dúvida num papel e o entrega ao juiz presidente por meio do meirinho, que elaborará a pergunta. Há quem entenda que os jurados farão perguntas após o juiz e há quem entenda que poderão perguntar após as partes.

O registro dos depoimentos será feito pelos meios ou recursos de gravação magnética, eletrônica, estenotipia ou técnica similar, destinada a obter maior fidelidade e celeridade na colheita da prova. A transcrição do registro, após feita a degravação, constará dos autos.

Feitas as perguntas ao ofendido e às testemunhas, as partes e os jurados poderão requerer acareações, reconhecimento de pessoas e coisas e esclarecimento dos peritos.

12.5.10.5.7.2. Leitura de peças

Findas as oitivas do ofendido e das testemunhas, as partes e os jurados poderão requerer, como visto, acareações, reconhecimento de pessoas e coisas e esclarecimento dos peritos, bem como *a leitura de peças que se refiram, exclusivamente, às provas colhidas por carta precatória e às provas cautelares, antecipadas ou não repetíveis* (§ 3º, art. 473, CPP).

A atual redação do dispositivo especifica exatamente quais peças do processo poderão ser lidas a requerimento das partes e dos jurados, acabando-se com os abusos do passado, em que, por "estratégia", a parte acabava por pedir a leitura de todo o processo, o que, não raro, levavam horas (ou, até mesmo, dias) apenas as leituras requeridas.

Assim, poderão ser lidas em plenário, após a oitiva do ofendido e das testemunhas:

a) provas colhidas em carta precatória.

Ex.: leitura da oitiva de uma testemunha de fora da terra.

b) provas cautelares.

Ex.: leitura da interceptação telefônica ocorrida no inquérito policial.

c) provas antecipadas.

Ex.: leitura do depoimento antecipado de uma testemunha.

d) provas irrepetíveis.

Ex.: leitura de exame de corpo de delito.

Há quem defenda, por interpretação do § 3º do art. 473, CPP, ser vedada a leitura, portanto, de elementos colhidos no curso do inquérito e na primeira fase do rito do júri, de forma que as partes e os jurados poderão, apenas, requerer a leitura de peças relativas a provas colhidas por precatória, cautelares, antecipadas e irrepetíveis (Badaró, 2016).

Como bem ensina Sérgio Rebouças, "quanto às demais peças, no entanto, inexiste razão para o seu pronunciamento oral já durante a instrução em plenário. A leitura de peças é um momento de informação geral aos jurados, de cunho instrutório, hoje justamente restrito a elementos especiais, pelas razões já mencionadas. As demais provas julgadas relevantes poderão ser produzidas em plenário, como visto, não havendo a necessidade de leitura das peças consolidadas durante a fase inicial do procedimento do júri" (Curso, 2017, p. 1.162).

O Superior Tribunal de Justiça já se manifestou no sentido de que, "buscando dar maior celeridade ao julgamento realizado no tribunal do júri, o legislador restringiu as peças passíveis de leitura em plenário. Dessa forma, somente serão autorizadas a leitura de peças que se refiram, exclusivamente, a provas colhidas por carta precatória e a provas cautelares, antecipadas e não repetíveis", de modo que é possível a leitura do depoimento de uma testemunha prestado na primeira fase do rito do júri que, atualmente, reside em

Portugal, o que torna inviável seu depoimento em plenário. De acordo com a Corte, "o juiz presidente, antes de rejeitar o requerimento de produção de prova da parte, deve estar atento à necessidade de prover os julgadores leigos de um maior conhecimento da causa *sub judice* e, portanto, zelar para que provas indispensáveis ao conhecimento do fato narrado estejam à disposição dos jurados para que formem sua convicção diante de um quadro probatório mais completo. Indeferir o pedido do Ministério Público de leitura de depoimento essencial prestado na fase do *iudicium accusationis*, e que não pode ser repetido em plenário, viola o princípio do contraditório, devendo, portanto, ser anulado o julgamento realizado" (REsp nº 1.443.368/MG, rel. Min. Maria Thereza de Assis Moura, j. 17.12.15).

De outro lado, há quem sustente que apenas é vedada a leitura de peças referentes à prova colhida diante dos jurados, ou seja se o elemento de convicção não foi colhido perante estes, estará autorizada a leitura da respectiva peça em plenário (Campos, 2014) – mas não é isso o que diz a lei.

Ultimada a eventual leitura de peças, passa-se ao interrogatório do acusado.

12.5.10.5.7.3. Interrogatório

A seguir, será o acusado interrogado, se estiver presente, na forma estabelecida no Código de Processo Penal, com as especificidades do rito do júri (art. 474, CPP).

Observar-se-á a regra do art. 188, CPP, em que primeiro o juiz interroga o acusado, passando-se às partes, em seguida, para que façam perguntas complementares, se o caso. O Ministério Público, o assistente, o querelante e o defensor, nessa ordem, poderão formular, *diretamente*, perguntas ao acusado (§ 1º do art. 474, CPP)

Os jurados formularão perguntas por intermédio do juiz presidente. Partindo-se da ideia de que os jurados são juízes de fato, deverão fazer suas perguntas após o juiz togado e antes das partes. Havendo mais de um acusado, serão eles interrogados separadamente.

É bom destacar que a condução do interrogatório do réu, pelo juiz, de forma "firme" (severa, ou mesmo rude), não gera, necessariamente, quebra de sua imparcialidade e nem influência negativa no ânimo dos jurados. Isso porque, agir com firmeza não significa que o juiz é parcial, haja vista que ele não é mero espectador do julgamento, tendo o dever de bem conduzir o caso, nos termos do art. 497, CPP (STJ, HC nº 410.161/PR, rel. Min. Maria Thereza de Assis Moura, j. 17.04.18).

12.5.10.5.7.4. Uso de algemas

Nos termos do § 3º do art. 474, CPP, não se permitirá o uso de algemas no acusado durante o período em que permanecer no plenário do júri, *salvo* se absolutamente necessário à **ordem dos trabalhos**, à **segurança das testemunhas** ou à **garantia da integridade física dos presentes**.

Em sentido similar, como mais do que sabido neste momento, a súmula vinculante nº 11, STF, dispõe que "só é lícito o uso de algemas em casos de resistência e de fundado receio de fuga ou de perigo à integridade física própria ou alheia, por parte do preso ou de terceiros, justificada a excepcionalidade por escrito, sob pena de responsabilidade disciplinar, civil e penal do agente ou da autoridade e de nulidade da prisão ou do ato processual a que se refere, sem prejuízo da responsabilidade civil do Estado". Referido verbete só tem aplicação aos julgados posteriores à data de sua publicação, que ocorreu em 22.08.08 (STF, AgRg no ARE nº 653.964/SF, rel. Min. Luiz Fux, j. 28.02.12).

De acordo com o Superior Tribunal de Justiça, o emprego de algemas é **excepcional**, sendo que a sua utilização, em plenário do júri, dependerá de **decisão judicial motivada** (HC nº 194.170/SP, rel. Min. Maria Thereza de Assis Moura, j. 04.02.14).

Assim, "não se mostra aceitável que se obvie a presunção de inocência (como regra de tratamento) e se contorne o rigor da Súmula Vinculante n. 11 com motivação genérica e abstrata que, na prática, serviria para todos os casos de pessoas julgadas pelo Tribunal do Júri, visto que se cuida de órgão jurisdicional incumbido de julgar os crimes mais graves do Código Penal, definidos quase sempre como hediondos" (STJ, RHC nº 76.591/SP, rel. Min. Maria Thereza de Assis Moura, j. 09.03.17).

A menos que se aduza alguma peculiaridade do caso concreto, a denotar efetivo risco de que o réu, com mãos livres, poderá pôr em risco a segurança dos circunstantes ou fugir – risco que não pode decorrer do simples fato de responder por crime hediondo – revela-se ilegal a manutenção do réu algemado durante a sessão de julgamento, máxime perante juízes leigos (jurados), para quem o simbolismo do uso de algemas pelo acusado possui significado mais relevante do que se se tratasse de julgamento perante juiz togado (STJ, AgRg no AREsp nº 1.053.049/SP, rel. p/ acórdão Min. Sebastião Reis Júnior, j. 27.07.17).

O desrespeito à necessidade e à motivação do emprego de algemas, consoante o texto sumular, gerará a nulidade do ato processual, ou seja, da sessão plenária.

Curiosamente, a Corte Federal de Apelações do Sétimo Circuito dos Estados Unidos (*Northern District of Indiana*) anulou parte do julgamento do tribunal do júri de um acusado de praticar três homicídios porque o réu foi obrigado, desnecessariamente, a usar um "cinturão" equipado com um dispositivo de choque, supostamente para garantir a segurança de todos na sala de audiência. Embora o cinturão estivesse alojado por baixo da roupa do réu, estava visível a caixa elétrica que acionava os choques necessários para conter o acusado, o que gerou a sensação de nervosismo e medo no réu, influenciando negativamente o ânimo dos jurados. A Corte anulou tão somente a aplicação da pena (no caso, de morte), sob o fundamento de que os jurados tiveram – muito provavelmente – a falsa percepção de que o réu era extremamente perigoso, o que pôde ter influenciado os seus vereditos (*Stephenson vs. Neal, case* 16-1312, de 2017).

12.5.10.5.8. *Debates*

Encerrada a instrução, onde ocorreram as oitivas, o interrogatório e as eventuais oitivas complementares, passa-se ao momento dos *debates orais*.

Nessa fase, obviamente, **não será possível a substituição de debates orais por memorial**, já que os jurados são os julgadores dos fatos, destinatários de todos os elementos colhidos no curso do processo e que, agora, passarão a julgar o acusado no próprio plenário.

Este será o momento em que acusação e defesa farão a sustentação de seus pontos de vista, de seus argumentos, buscando convencer os jurados quanto a isso.

Os debates podem ser subdivididos em: (a) sustentação da acusação; (b) sustentação da defesa; (c) réplica e (d) tréplica.

12.5.10.5.8.1. Acusação e defesa

Em primeiro lugar, será concedida a palavra ao Ministério Público, que fará a acusação, nos limites da pronúncia ou das decisões posteriores que julgaram admissível a acusação, sustentando, se for o caso, a existência de circunstância agravante (art. 476, CPP). O assistente, se houver, falará depois do Ministério Público.

Tratando-se de ação penal de iniciativa privada, falará em primeiro lugar o querelante e, em seguida, o Ministério Público; se o *Parquet* retomou a titularidade da ação penal subsidiária (art. 29, CPP), falará primeiro.

É importante ressaltar que não é raro que o Ministério Público sustente (e até mesmo peça aos jurados) a absolvição do acusado (ou a desclassificação, a diminuição de pena etc.). Isso porque, pode ocorrer de, inicialmente, estar convencido da acusação, mas, com o tempo e após a instrução em plenário, entender que este não é o caso exatamente. É claro que esta sua posição não vincula os jurados, que julgarão conforme sua convicção pessoal (ou seja, a acusação pode até sustentar a absolvição, mas os jurados podem condenar o agente mesmo assim).

Logo, embora o texto do art. 476, CPP, afirme que o Ministério Público fará a acusação "nos limites da pronúncia", isto apenas o impede de fazer outras acusações ou de alterar os fatos, agravando a situação do acusado, nada impedindo que sustente circunstâncias "fora dos limites da pronúncia" *desde que isso seja benéfico ao acusado*.

Em seguida, passa-se às alegações da defesa, que poderá sustentar, inclusive, teses não defendidas anteriormente, não estando vinculada às sustentações prévias, em observância à *plenitude de defesa*. Além disso, não se considerará que o réu ficou indefeso se o defensor anuir com a tese de desclassificação de homicídio qualificado para simples, proposta pela acusação, porquanto a medida atende aos legítimos propósitos da defesa de afastar a condenação pelo tipo qualificado (STJ, HC nº 233.274/RJ, rel. p/ acórdão Min. Felix Fischer, j. 26.04.16).

No mais, a acusação, a defesa e os jurados poderão, a qualquer momento e por intermédio do juiz presidente, pedir ao orador que indique a folha dos autos onde se encontra a peça por ele lida ou citada, facultando-se, ainda, aos jurados solicitar-lhe, pelo mesmo meio, o esclarecimento de fato por ele alegado (art. 480, *caput*, CPP).

12.5.10.5.8.2. Duração

Os debates, claramente, não são por tempo indeterminado. O art. 477, CPP, dispõe que o tempo destinado à acusação e à defesa será de uma hora e meia para cada, e de uma hora para a réplica e outro tanto para a tréplica.

Havendo mais de um acusador ou mais de um defensor, combinarão entre si a distribuição do tempo, que, na falta de acordo, será dividido pelo juiz presidente, de forma a não exceder o limite legal (§ 1º).

Havendo mais de um acusado, o tempo para a acusação e a defesa será acrescido de uma hora e elevado ao dobro o da réplica e da tréplica, observado o disposto no § 1º, mencionado.

Assim, este será o tempo total:

	1 só acusado	2 ou mais acusados
Acusação	1h30min	+ 1h (2h30min total)
Defesa	1h30min	+ 1h (2h30min total)
Réplica	1h	+ 1h (2h total)
Tréplica	1h	+ 1h (2h total)

12.5.10.5.8.3. Réplica e tréplica

Tendo a acusação feito sua sustentação oral e, em seguida, a defesa, o juiz perguntará à acusação se deseja fazer o uso da *réplica*. O objetivo será ou reforçar a acusação feita até então ou rebater algum fato que a defesa defendeu durante sua sustentação oral. Trata-se de mera faculdade e totalmente relacionada à estratégia de julgamento, pois, se replicar, a defesa passa a ter o direito à tréplica (resposta à réplica).

A acusação, quando indagada, há de se limitar a dizer *sim* ou *não*, não podendo, sob hipótese alguma, acrescentar elementos à sua resposta, como "não, Excelência, pois restou comprovada, diante dos vastos elementos de prova colhidos neste processo, a responsabilidade do acusado como sendo o autor do crime". Não pode! Se a acusação assim fizer, entende-se que fez o uso da réplica (ainda que por meio de uma única frase, de poucos segundos), abrindo-se, então, o direito à tréplica pela defesa. No entanto, a situação exige parcimônia, pois, p. ex., se a acusação dispensar a réplica aduzindo que "está confiante", isso não gerará direito de tréplica por parte da defesa, haja vista que essa simples afirmação não é suficiente para imbuir sentimento de condenação nos jurados, até porque, nada de relevante é acrescentado (STJ, AgInt no AREsp nº 971.119/SP, rel. Min. Joel Ilan Paciornik, j. 02.08.18).

O assistente de acusação deve ser consultado, também, se deseja replicar, ainda que o Ministério Público tenha se manifestado negativamente por esta faculdade. Conforme já decidiu o Superior Tribunal de Justiça, o Código de Processo Penal confere ao assistente de acusação o direito à réplica, ainda que o Ministério Público tenha anuído à tese de legítima defesa do réu e declinado do direito de replicar, sob pena de nulidade do julgamento (REsp nº 1.343.402/SP, rel. Min. Laurita Vaz, j. 21.0.14).

Sem réplica não haverá tréplica, ou seja, se a acusação desejar não replicar, não haverá como a defesa treplicar. E, caso haja réplica da acusação, há discussões sobre se a tréplica é obrigatória à defesa. Para uns, o defensor não pode renunciar à defesa, quer por não fazer o uso da palavra, quer por anuir com o pedido de condenação (Badaró, 2016); para outros, a tréplica, assim como a réplica, é uma faculdade, então conferida à defesa, que analisará a melhor estratégia de julgamento, consoante o que a acusação sustentou na réplica (Brasileiro, 2016).

12.5.10.5.8.4. Inovação na tréplica

Tema que sempre gera discussões é saber se a defesa, ao realizar sua tréplica, poderá inovar quanto aos argumentos ou se deverá seguir a linha que já vinha sustentando em plenário.

Exemplo: a defesa defendeu, em todo o processo, a absolvição do agente porque ele não seria o autor do crime; todavia, após a réplica do Ministério Público, o defensor, na tréplica, agora sustenta que, ainda que tenha sido o seu cliente o autor do crime, ele agiu em legítima defesa.

A defesa pode assim inovar na tréplica? O ponto fica ainda mais debatido porque, caso a defesa possa inovar na tréplica, a acusação não terá oportunidade para rebater sua nova sustentação, de forma que poderia se ferir o contraditório (não há previsão de replicar a tréplica).

Há algumas posições a esse respeito.

a) a defesa **pode inovar** na tréplica, mas o juiz deverá conceder idêntica oportunidade para que a acusação possa rebater suas alegações, respeitando-se tanto a plenitude de defesa quanto o contraditório, embora não haja previsão legal neste sentido, observando-se, assim, o sistema jurídico constitucional (Brasileiro, 2016). É uma posição intermediária.

b) a defesa **pode inovar** na tréplica, pois deve prevalecer a plenitude de defesa sobre o contraditório da acusação. Ademais, a acusação tem noção das possíveis teses, que serão jurídicas, e não de fato, e poderá, ainda que a defesa inove suas teses, fazer apartes (interrupções) para esclarecer os pontos necessários (Badaró, 2016).

c) a defesa **não pode inovar** na tréplica, sob pena de se ferir o contraditório em relação à acusação (Campos, 2014). Nas exatas palavras do Superior Tribunal de Justiça, "esta Corte possui entendimento de que a inovação de tese defensiva na fase de tréplica, no tribunal do júri, viola o princípio do contraditório, porquanto impossibilita a manifestação da parte contrária acerca da *quaestio*" (5ª T., AgRg no AREsp nº 583.496/PA, rel. Min. Gurgel de Faria, j. 18.08.15; e 6ª T., REsp nº 1.390.669/DF, rel. Min. Rogerio Schietti Cruz, j. 20.06.17).

Em suma, são duas as principais posições e seus fundamentos a respeito da possibilidade de a defesa inovar seus argumentos na tréplica:

Pode inovar	Não pode inovar
Guilherme de S. Nucci (Tribunal, 2015)	*Walfredo C. Campos (Tribunal, 2014)*
Não há desrespeito ao contraditório, até porque alguém tem que falar por último no processo.	Há ofensa ao contraditório, já que a defesa inovará perante os jurados sem que a acusação se manifeste.
O contraditório exige que a outra parte se manifeste sobre nova prova ou novo fato, não acerca de teses jurídicas novas.	O contraditório não se confunde com a chicana rasa, primária e traiçoeira de quem é desleal.
A acusação poderá fazer os apartes (interrupções) que entender cabíveis, garantindo que a acusação se manifeste.	Os apartes duram apenas 3 minutos, diante de ao menos 1 hora de sustentação inovadora da defesa.
O papel do MP é imparcial, não estando atrelado à acusação, mas a sustentar o teor da pronúncia apenas.	O MP é defensor da sociedade e o contraditório é a possibilidade de bilateralidade de manifestações.

12.5.10.5.8.5. Limitações

A parte, ao fazer sua sustentação oral, não poderá alegar e defender o que bem entender e da forma que achar correta. É preciso que respeite a lei, a ética e a moral, vedando-se que use os chamados "argumentos de autoridade", que são falas que se baseiam em decisões anteriores do juiz de forma a querer (indevidamente) influenciar a decisão dos jurados, que são leigos juridicamente. De forma bastante simples: as partes não podem fazer o uso de argumentos ardilosos que possam impressionar os jurados.

Para juristas, é fácil entender que, preenchidos os requisitos legais, o juiz pronunciará o acusado; nada há de relevante nisso, pois se está apenas seguindo a lei. No entanto, para qualquer outra pessoa, dizer que "inclusive, o juiz pronunciou o acusado, o que sustenta o entendimento de que ele pode, realmente, ter praticado o fato" é um argumento extremamente convincente, considerando que um juiz de Direito assim entendeu, o que, de fato, até pode ser verdadeiro – **mas é falacioso, ardiloso, capcioso**. Por isso é que a lei veda a utilização de argumentos de autoridade, já que isso pode, indevidamente, influenciar o convencimento dos jurados, que deverão julgar apenas com base nos fatos – sem nenhum tipo de influência.

O art. 478, CPP, dispõe que, durante os debates, **não** poderão as partes, sob pena de nulidade, fazer referências:

a) à decisão de pronúncia, às decisões posteriores que julgaram admissível a acusação ou à determinação do uso de algemas como argumento de autoridade que beneficiem ou prejudiquem o acusado.

Atentar-se que, obviamente, o membro do Ministério Público poderá, se preciso for o caso, ler um trecho da pronúncia para esclarecer algum fato (art. 480, CPP). O que a lei impede é que assim se aja como argumento de autoridade, isto é, como uma forma falsa de convencimento dos jurados (STJ, REsp nº 1.558.124/MT, rel. Min. Sebastião Reis Júnior, j. 23.08.16), ou seja, o simples fato de o *Parquet*, por exemplo, mencionar a decisão de pronúncia, cujas cópias estavam nos autos, sem entrar no mérito da decisão e tampouco em detalhes sobre ela, não gera nulidade, já que não foi feita a leitura para fundamentar o pedido de condenação (STJ, AgRg no AREsp nº 429.039/MG, rel. Min. Rogerio Schietti Cruz, j. 27.09.16; e REsp nº 1.757.942/GO, rel. Min. Rogerio Schietti Cruz, j. 28.03.19).

Ainda, a referência feita pelo Ministério Público, durante os debates perante o júri, acerca dos antecedentes do réu, não se enquadra na proibição do art. 478, CPP, não havendo impedimento à sua menção por quaisquer das partes (STJ, HC nº 333.390/MS, rel. Min. Sebastião Reis Júnior, j. 18.08.16); e, em interessante julgado, entendeu-se que a leitura, pelo *Parquet*, da sentença condenatória do corréu, proferida em julgamento anterior, não é proibida, pois referida sentença não teria aptidão para interferir no ânimo dos jurados, já que não fazia alusão ao outro réu e nem à suposta participação no crime, não demonstrando a parte ter sofrido prejuízo (STF, RHC nº 118.006/SP, rel. Min. Dias Toffoli, j. 10.02.15).

No mais, não poderá a parte sustentar argumento de autoridade em relação ao uso de algemas. Exemplo: não poderá o promotor de justiça alegar, perante os jurados, que a culpa do acusado é tão clara que o juiz até determinou o uso de algemas no seu transporte ao fórum e até mesmo no curso da audiência em plenário, tamanha é a sua periculosidade social. Trata-se de argumento falaciosos, desleal, que não guarda relação com os fatos imputados na inicial acusatória (art. 478, I, parte final, CPP).

Vê-se que a linha é muito tênue entre o que pode e o que não pode, em tese, influenciar o ânimo dos jurados, o que exige muito cuidado pelo jurista.

b) ao silêncio do acusado ou à ausência de interrogatório por falta de requerimento, em seu prejuízo.

Não poderão as partes utilizar como argumento de autoridade o silêncio do acusado (já que se trata de um direito constitucional dele) e nem a ausência de interrogatório (que também é um direito seu apenas). Não poderá a acusação, por exemplo, dizer que a autoria do crime é tão clara que o acusado não tem nem palavras para se defender; ou então, que a sua culpa é tão grande que ele preferiu não dar a sua versão dos fatos e se defender em interrogatório, o que seria um direito seu e a única oportunidade para esclarecer os fatos.

De acordo com a jurisprudência, o desrespeito a estas disposições gera apenas **nulidade relativa**, exigindo a comprovação de prejuízo ao acusado, ainda mais quando o juiz presidente imediatamente intervém, adverte a acusação e lhe cassa a palavra (STJ, AgRg no REsp nº 1.294.872/MA, rel. Min. Reynaldo Soares da Fonseca j. 15.12.15); de igual modo, é preciso que se demonstre a existência de prejuízo insanável à defesa acerca do argumento utilizado pela parte contrária (STF, RHC nº 118.006/SP, rel. Min. Dias Toffoli, j. 10.02.15).

Parte da doutrina (Madeira, 2015) critica referido entendimento, sustentando ocorrer nulidade absoluta, pois não há como fazer prova do prejuízo em relação a um terceiro que sequer precisará fundamentar a sua decisão (no caso, os jurados). Assim, como é que o advogado faria a demonstração de que os jurados foram influenciados pelo argumento de autoridade da acusação se a decisão deles sequer é motivada? Como comprovar que os jurados não decidiram tendo como fundamento de convicção justamente aquele argumento da acusação?

12.5.10.5.8.6. Juntada de documentos

Como já estudado, o Processo Penal permite a juntada de documentos a qualquer momento (art. 231, CPP). Esta regra, todavia, é excepcionada pelo art. 479, *caput*, CPP, que dispõe que, durante o julgamento pelo tribunal do júri, não será permitida a leitura de documento ou a exibição de objeto que não tiver sido **juntado** aos autos com a antecedência mínima de **3 dias úteis**, dando-se ciência à outra parte. E conforme seu p.ú., compreende-se nesta proibição também, ou seja, na necessidade de se respeitar um prazo mínimo de três dias úteis, a leitura de jornais ou qualquer outro escrito, bem como a exibição de vídeos, gravações, fotografias, laudos, quadros, croquis ou qualquer outro meio assemelhado, cujo conteúdo versar sobre a matéria de fato submetida à apreciação e julgamento dos jurados.

É permitida a exibição e/ou leitura de livros ou obras jurídicas/científicas que resulte em melhor compreensão pelos jurados acerca dos fatos, não se exigindo, nestes casos, nenhuma antecedência.

De acordo com o entendimento jurisprudencial, para incidência da norma constante do art. 479, CPP, é imprescindível que o conteúdo do documento ou objetos utilizados na sessão plenária versem sobre a matéria de fato submetida à apreciação e julgamento dos jurados, ou que, a despeito de não se referirem diretamente ao fato em discussão, digam respeito ao agente, como a sua certidão de antecedentes criminais (STJ, REsp nº 1.307.086/MG, rel. Min. Maria Thereza de Assis Moura, j. 03.06.14).

A contagem do prazo é retroativa, de modo que o marco inicial é exatamente o dia do julgamento, voltando-se três dias úteis para se saber o último dia possível para se juntar um documento.

Exemplo: o julgamento marcado para segunda-feira permite a juntada de documento até terça-feira da semana anterior, respeitando-se três dias *úteis* de antecedência da sessão do júri, que são sexta, quinta e quarta-feira (STJ, AgRg no EREsp nº 1.307.166/SP, rel. Min. Sidnei Beneti, j. 13.03.14).

Atente-se que o respeito a essa regra de antecedência mínima atinge apenas documentos/coisas novos, com o fito de se evitar que a parte contrária seja pega de surpresa no curso da sessão em plenário. Se a acusação, por exemplo, deseja exibir a arma do crime aos jurados, não haverá nenhuma proibição ou restrição, já que a coisa já foi apreendida e está juntada ao processo há muito tempo, com livre acesso a ambas as partes, inclusive.

Embora a lei fale em três dias úteis de antecedência da *juntada*, a melhor exegese seria três dias úteis a partir da *cientificação* da outra parte acerca do novo documento, garantindo um efetivo contraditório, pois de nada adiantaria juntar o documento dentro do prazo legal e a parte contrária tomar conhecimento deste apenas minutos antes da sessão de julgamento. O Superior Tribunal de Justiça parece ter adotado tal posição, ao entender que "o prazo de 3 dias úteis a que se refere o art. 479 do Código de Processo Penal deve ser respeitado não apenas para a juntada de documento ou objeto, mas também para a ciência da parte contrária a respeito de sua utilização no Tribunal do Júri" (REsp nº 1.637.288/SP, rel. p/ acórdão Min. Sebastião Reis Júnior, j. 08.08.17).

Se não houver respeito ao prazo de antecedência, a outra parte poderá concordar com a exibição do documento ou coisa em plenário, ou, caso não concorde, a parte interessada poderá pedir ao juiz o adiamento da sessão para que, respeitando-se os três dias úteis de antecedência, consiga exibir o documento/coisa aos jurados.

Atentar que, se o documento/coisa nova surgir durante a realização do plenário, não há que se falar em prazo mínimo para sua utilização, já que se trata de *novidade para ambas as partes*, não havendo vedação à sua utilização em plenário.

Questão interessante é saber se a parte pode fazer menção a um documento novo sem exibi-lo em plenário. Haverá esta vedação? Há quem diga ser permitido, pois a lei apenas veda a produção ou exibição, e, se a parte apenas menciona a sua existência, não haverá nulidade; de outro lado, há quem sustente não ser possível, em razão do espírito da lei e da ética que deve pautar as partes, já que a alusão a um documento, sem o exibir em plenário, seria uma burla à lei.

No mais, conforme já se manifestou a Suprema Corte, é possível a exibição do programa televisivo "Linha Direta" (que reproduzia, na televisão, a prática de alguns crimes de grande repercussão nacional nos anos 2000), bastando o respeito ao prazo de antecedência para a sessão plenária a permitir discussão nos debates orais (HC nº 102.970/BA, rel. Min. Ellen Gracie, j. 14.12.10).

Por fim, caso a parte não respeite o prazo mínimo de três dias úteis de antecedência, haverá nulidade, mas há divergência. Uma corrente, jurisprudencial, defende haver nulidade **relativa**, devendo a parte prejudicada demonstrar o prejuízo sofrido (STJ, 6ª T., AgRg no REsp nº 1.199.941/SE, rel. Min. Nefi Cordeiro, j. 03.12.15; e 5ª T., AgRg no REsp nº 1.403.161/SP, rel. Min. Reynaldo Soares da Fonseca, j. 20.08.15); e uma outra corrente, doutrinária, sustenta haver nulidade **absoluta**, já que os jurados, destinatários das provas dos fatos, julgam de acordo com sua íntima convicção, não havendo como a parte provar o prejuízo sofrido (Campos, 2014).

12.5.10.5.8.7. Apartes

Aparte é a intervenção/interrupção na fala da parte contrária para se fazer uma observação, explicação ou externar discordância (é a "objeção" que se vê nos julgamentos norte-americanos pela televisão; no Brasil, a parte geralmente se manifesta falando "pela ordem").

Determina o art. 497, XII, CPP, que são atribuições do juiz do júri, além de outras, regulamentar, durante os debates, a intervenção de uma das partes, quando a outra estiver com a palavra, podendo conceder até 3 minutos para cada aparte requerido, que serão acrescidos ao tempo desta última.

Assim, por exemplo, cada aparte da defesa na fala da acusação gerará o acréscimo de **até 3 minutos** na fala desta, equilibrando o tempo de fala literal de cada um.

Há, consoante a doutrina, dois tipos de apartes (Mougenot, 2012):

a) aparte livre (consentido ou facultativo): consiste em uma concessão do orador que estiver fazendo o uso da palavra. É da essência do tribunal do júri brasileiro, em que a parte adversa solicita ao orador algo como "Vossa Excelência me permite o aparte?", o que, geralmente, é concedido pelo orador. Comumente, tratará de um elogio, uma anuência ou um pedido de esclarecimento. Aqui não se aplica a regra temporal dos três minutos, mas o bom senso.

b) aparte judicial (regulamentado, legal ou obrigatório): consiste no requerimento dirigido ao juiz pelo aparteante, cf. o art. 479, XII, CPP. Haverá a aplicação das regras legais.

12.5.10.5.8.8. Conclusão

Concluídos os debates, o presidente indagará dos jurados se estão habilitados a julgar ou se necessitam de outros esclarecimentos fáticos. Se houver dúvida sobre questão de fato, o presidente prestará esclarecimentos à vista dos autos. Os jurados terão acesso aos autos e aos instrumentos do crime se solicitarem ao juiz presidente.

Nos moldes do art. 481, CPP, se a verificação de qualquer fato, reconhecida como essencial para o julgamento da causa, não puder ser realizada imediatamente, o juiz presidente *dissolverá o conselho de sentença*, ordenando a realização das diligências entendidas necessárias (STJ, RHC nº 39.182/MG, rel. Min. Ribeiro Dantas, j. 17.08.17).

Se a diligência consistir na produção de prova pericial, o juiz presidente, desde logo, nomeará perito e formulará quesitos, facultando às partes também formulá-los e indicar assistentes técnicos, no prazo de 5 dias.

É bom ressaltar que é atribuição do juiz do júri determinar, de *ofício* ou a requerimento das *partes* ou de qualquer *jurado*, as diligências destinadas a sanar nulidade ou a suprir falta que prejudique o esclarecimento da verdade (inc. XI do art. 497, CPP).

O juiz realiza um controle acerca das diligências requeridas pela defesa consideradas protelatórias ou desnecessárias, não havendo que se falar em usurpação da competência dos jurados quando o juiz togado as indefere com base na lei (STF, HC nº 110.002/RJ, rel. Min. Teori Zavascki, j. 09.12.14).

Quanto à diligência requerida pelo jurado, entende-se, majoritariamente, que o juiz poderá indeferi-la também se a considerar desnecessária; doutrina minoritária entende que o juiz não poderá indeferir a diligência solicitada, mesmo que desnecessária, pois o jurado é o destinatário das provas dos fatos, sob pena de este entender que não está habilitado para o julgamento.

12.5.10.5.8.9. Dissolução do conselho de sentença

A dissolução do conselho de sentença significa que será desfeito o corpo de 7 jurados e que outros – e inéditos – jurados serão sorteados, sendo vedada a participação de jurado que participou do conselho anterior, conforme o art. 449, I, CPP, visto acima (e súmula nº 206 do STF).

São razões para que o conselho de sentença seja dissolvido (Brasileiro, 2016):

a) requerimento de diligência não cumprida imediatamente;

b) violação da incomunicabilidade dos jurados;

c) jurado, juiz ou parte falecer ou sentir-se mal durante o julgamento;

d) juiz entender que o acusado está indefeso;

e) juiz entender que a sociedade está indefesa.

Esses dois últimos itens merecem explicação à parte, na sequência.

12.5.10.5.8.9.1. Acusado indefeso

Nos moldes do art. 497, V, CPP, é atribuição do juiz togado nomear defensor ao acusado quando considerá-lo indefeso, podendo, neste caso, dissolver o conselho de sentença e designar novo dia para o julgamento, com a nomeação ou a constituição de um novo defensor. É a situação do juiz que considera que o **acusado está indefeso**.

O juiz, especialmente no âmbito do tribunal do júri, realiza um controle intenso sobre a qualidade da defesa técnica, a fim de garantir a plenitude de defesa. Consoante a súmula nº 523 do STF, "no processo penal, a *falta* da defesa constitui nulidade absoluta, mas a sua *deficiência* só o anulará se houver prova de prejuízo para o réu".

O réu, portanto, pode restar indefeso em três situações, como bem coloca Renato Brasileiro de Lima (Código, 2017):

i) ausência de defesa técnica;

ii) desídia do defensor, que acaba por gerar ausência de defesa;

iii) colidência de defesas, quando o defensor atua em favor de dois ou mais acusados com teses contraditórias.

Exemplos: defensor que faz sustentação oral por apenas nove minutos, não menciona a tese sustentada pelo seu cliente, de legítima defesa, e dispensa importante testemunha de defesa (STJ, RHC nº 51.118/SP, rel. Min. Felix Fischer, j. 11.06.15); ou o defensor que não apresenta alegações finais, não recorre da pronúncia e não comparece à sessão plenária (STJ, HC nº 88.919/SP, rel. Min. Maria Thereza de Assis Moura, j. 18.08.10).

Mas vale observar que o acusado não se torna indefeso apenas porque seu defensor foi sucinto e objetivo, pugnando pela sua absolvição sustentando apenas a tese de negativa de autoria, cabendo ao acusado o ônus de comprovar o eventual prejuízo sofrido (STJ, RHC nº 48.001/SP, rel. Min. Ribeiro Dantas, j. 13.06.17). Assim, é bom observar que, diante das peculiaridades do julgamento pelo tribunal do júri, o fato de ter havido sustentação oral em plenário, pela defesa, por cerca de apenas 7 minutos não implica, necessariamente, a conclusão de que o réu restou indefeso, principalmente quando se analisa a ausência de recursos das partes e as consequências do caso concreto, como a conformidade entre acusação e acusado – até porque, a própria alegação de nulidade sem a sua efetiva demonstração inviabiliza a aferição da sua ocorrência, de modo que ela não pode ser reconhecida simplesmente porque a sustentação oral foi sucinta e o julgamento culminou em resultado contrário ao interesse do réu (STJ, HC nº 365.008/PB, rel. Min. Sebastião Reis Júnior, j. 17.04.18). Outro exemplo: defensor que realiza sustentação oral por apenas 3 minutos, após a fala do promotor de justiça por 1h30, mas ambos pedem a absolvição do acusado, de modo que aquele apenas corroborou a argumentação do Ministério Público, não configurando ausência de defesa técnica (STF, AgRg no HC nº 164.535/RJ, rel. Min. Cármen Lúcia, j. 17.03.20).

12.5.10.5.8.9.2. Sociedade indefesa

Fala-se que a **sociedade está indefesa** quando o órgão estatal acusatório desrespeita o princípio da obrigatoriedade da ação penal e deixa de promover a acusação, quando preenchidos os requisitos legais, e de nela continuar presente, promovendo os atos processuais necessários para que a sociedade permaneça protegida contra infrações penais.

Aplica-se o art. 497, V, CPP, analogicamente, devendo o juiz exercer um verdadeiro controle jurisdicional acerca da eficácia da acusação.

Guilherme de Souza Nucci (Código, 2016) traz exemplo, como no caso do promotor de justiça que, ainda que pedindo a condenação, age de maneira inadequada, levantando teses conflitantes, demonstrando inabilidade na apresentação de provas e valendo-se de pouquíssimo tempo para explicar provas complexas, o que acaba por tornar o conselho de sentença inapto e incapaz de julgar conforme os fatos.

12.5.10.5.9. *Quesitação*

O tribunal do júri exige a incomunicabilidade dos jurados, que são leigos na atividade de julgar um processo criminal. Por isso, após a colheita de todas as provas e depois de atentamente escutar as sustentações orais da acusação e da defesa, é chegada a hora de os jurados julgarem, o que se dá pela resposta objetiva a alguns quesitos.

Então, o conselho de sentença será questionado sobre matéria de fato e se o acusado deve ser absolvido (art. 482, CPP). Os quesitos serão redigidos em proposições *afirmativas*, *simples* e *distintas*, de modo que cada um deles possa ser respondido com suficiente clareza e necessária precisão.

Conforme a jurisprudência, é nulo o julgamento quando os quesitos forem apresentados com má redação ou quando forem formulados de modo complexo, a ponto de causarem perplexidade ou de dificultarem o entendimento dos jurados (STJ, REsp nº 1.425.154/DF, rel. Min. Reynaldo Soares da Fonseca, j. 09.08.16).

Exemplo: acusado cometeu dois crimes contra vítimas diferentes, mas o juiz formula um único quesito sobre a autoria, englobando os dois delitos, em afronta ao art. 483, § 6º, CPP, e, ainda, acerca da possível culpa no disparo da arma de fogo, quesita apenas sobre imprudência, afastando-se a indagação sobre negligência e imperícia (STJ, HC nº 54.279/PI, rel. Min. Paulo Medina, j. 05.09.06).

Na elaboração dos quesitos, o juiz levará em conta os termos da *pronúncia* ou das *decisões posteriores* que julgaram admissível a acusação, do *interrogatório* e das *alegações das partes*. Essas quatro situações são as **fontes dos quesitos**, isto é, de onde o juiz poderá tirar e formular as perguntas aos jurados. Assim, são fontes dos quesitos:

a) pronúncia;

b) decisões posteriores à pronúncia que admitem a acusação;

c) interrogatório do acusado;

d) alegações das partes.

Exemplo: pronunciado o acusado por homicídio simples, não poderá o juiz quesitar sobre qualificadoras, pois em nenhum momento o acusado se defendeu destas; no entanto, se o acusado, em seu interrogatório, alega legítima defesa, mesmo que seu defensor constituído tenha sustentando apenas negativa de autoria, as duas teses deverão ser quesitadas aos jurados.

Havendo mais de um crime ou mais de um acusado, os quesitos serão formulados em séries distintas. Ex.: o acusado A terá a sua série de quesitos; o acusado B terá a sua série de quesitos etc., não podendo o juiz quesitar, por exemplo, se "os acusados são os autores do crime"; ou então, o acusado X, acusado de homicídio e ocultação de cadáver, terá uma série de quesitos sobre aquele e uma outra série de quesitos sobre este, votando-se em primeiro lugar, por óbvio, o crime doloso contra a vida.

12.5.10.5.9.1. Sistemas

Há três sistemas acerca da quesitação aos jurados:

a) **francês**: o juiz formula quesitos individuais acerca de elementos do crime e cada tese sustentada pelas partes. Ex.: autoria, materialidade, legítima defesa, privilégio, causa de aumento etc.

b) **anglo-americano**: o juiz formula um único quesito, que é se os jurados absolvem ou condenam o acusado (lembre-se dos filmes e das séries da televisão norte-americana, em que o juiz pergunta aos jurados, apenas, se eles chegaram a um veredito final).

c) **misto**: após a reforma processual promovida pela Lei nº 11.689/08, exige-se, agora, que o juiz, além dos quesitos típicos previstos no sistema francês (autoria, materialidade etc.), também quesite se os jurados absolvem o acusado (§ 2º do art. 483, CPP), tal como previsto no modelo anglo-americano.

Logo, o júri brasileiro adota um *misto* dos dois sistemas existentes: (a) questionam-se os elementos individuais do fato criminoso e também (b) se o acusado deve ser absolvido genericamente.

12.5.10.5.9.2. Leitura

Findos os debates e não existindo dúvidas dos jurados e nem diligências a serem feitas, o juiz lerá os quesitos e indagará das partes se têm requerimento ou reclamação a fazer, devendo qualquer deles, bem como a decisão, constar da ata (art. 484, CPP).

Ainda em *plenário*, na presença de todos, o juiz explicará aos jurados, já que são leigos, o significado de cada quesito, bem como, que a resposta deverá ser apenas "sim" ou "não" a cada quesito. É comum os jurados não conhecerem – e até se confundirem – com termos como materialidade, coautoria, privilégio, legítima defesa etc.

Qualquer impugnação quanto à quesitação deve ser feita neste momento – de leitura e explicação pelo juiz – pela parte que se sentir prejudicada, sob pena de preclusão, conforme o p.ú. do art. 564 c.c. art. 571, VIII, CPP (AgRg no REsp nº 1.654.881/SP, rel. Min. Maria Thereza de Assis Moura, j. 25.04.17). Ex : quesito ambíguo, falta de quesito etc.

Como sustenta Gustavo Badaró (Curso, 2016) é possível que o vício na formulação dos quesitos seja de tal gravidade que até impeça o conhecimento da vontade dos jurados, o que ensejará, então, nulidade absoluta, não se falando em preclusão. Ex.: quesito que induza o jurado, falta de quesito obrigatório etc.

Aliás, fixa a súmula nº 156 do STF que "é absoluta a nulidade do julgamento, pelo júri, por falta de quesito obrigatório". Neste sentido, inclusive, é obrigatória a quesitação referente à absolvição do acusado, ainda que os jurados tenham respondido positivamente quanto à autoria e materialidade, nos termos do art. 483, CPP, sob pena, justamente, de falta de quesito obrigatório, ensejador, pois, de nulidade absoluta (STJ, HC nº 352.330/PB, rel. Min. Jorge Mussi, j. 28.06.16).

É importante, também, a súmula nº 162 do STF, que dispõe ser absoluta a nulidade do julgamento pelo júri quando os quesitos da defesa não precedem aos das circunstâncias agravantes (o que deve ser compreendido em sentido amplo). Isso porque, o § 3º do art. 483, CPP, dispõe que, decidindo os jurados pela condenação, serão formulados os quesitos quanto à aplicação da pena, sendo que primeiro se quesita sobre causas de diminuição de pena e, depois, qualificadoras ou causas de aumento. Logo, haverá nulidade absoluta caso o juiz quesite primeiro uma qualificadora (STJ, HC nº 78.404/RJ, rel. Min. Felix Fischer, j. 27.11.08).

12.5.10.5.9.3. Ordem

O art. 483, CPP, determina que os quesitos serão formulados na seguinte ordem, indagando o jurado sobre:

1º) **materialidade do fato**: os jurados, primeiramente, serão perguntados sobre a prática da infração penal.

Há doutrina defendendo que o quesito pode ser dividido em outros, como (i) a vítima, no dia, hora e local mencionados na pronúncia, foi atingida por golpes de faca?; e caso positiva a resposta por quatro votos (dos sete jurados), questiona-se se (ii) os golpes desferidos foram a causa da morte?

De outro lado, há quem defenda que deve ser feito um único quesito, abrangendo tanto a materialidade quanto a letalidade. E, ainda, existe posição sustentando que somente deve ocorrer o desmembramento caso haja questionamentos acerca do nexo de causalidade.

Então:

> *No dia 05/04/07, às 03h, na Rua Haiti, nº 1, Praia Grande/SP, a vítima Tufão foi atingida por disparos de arma de fogo que lhe causaram a morte?*

Caso haja 4 votos negativos quanto à materialidade, os jurados estão expressando que não houve o fato delitivo, de modo que o acusado já estará absolvido. Havendo 4 votos positivos, passa-se ao próximo quesito.

Veja que, da forma como elaborado o quesito, já se questiona a *conduta* (vítima atingida por disparos de arma de fogo) e também o *resultado* (que lhe causaram a morte).

2º) **autoria e participação**: os jurados serão indagados sobre a autoria, coautoria e participação, perguntando-se, por exemplo, (i) se o acusado golpeou a vítima com o emprego de faca; ou (ii) se o acusado, juntamente com o outro réu, golpeou a vítima com o emprego de faca; ou (iii) se o acusado auxiliou outrem a golpear a vítima com o emprego de faca.

Portanto:

> *A acusada Carminha, através de disparos de arma de fogo, foi a autora/coautora/partícipe do crime que vitimou Tufão?*

A resposta negativa por 4 votos encerra a votação e o acusado é absolvido por não reconhecimento de autoria. A resposta positiva por 4 jurados autoriza a realização do próximo quesito.

Caso a defesa tenha sustentado a desclassificação da tentativa de homicídio para lesões corporais como **tese principal**, em razão da ausência do dolo de matar e se os jurados assim reconhecerem, o quesito desclassificatório deve ser feito neste momento, logo após o segundo quesito, relativo à autoria/participação. Ex.: sustentar a desclassificação como tese principal e a legítima defesa como tese subsidiária. E como será visto abaixo, caso a desclassificação seja a **tese subsidiária**, sua quesitação deve ser após o quesito de absolvição genérica (STJ, AgRg nos EDcl no REsp nº 1.597.704/GO, rel. Min. Sebastião Reis Júnior, j. 08.11.16).

Aceita a desclassificação como tese principal neste momento, isto significa que o acusado não deu início à prática do crime *doloso* contra a vida, devendo o julgamento ser transferido ao juiz togado do júri, encerrando-se a votação, nos termos do § 1º do art. 492, CPP, como se verá adiante, no tópico sobre a desclassificação.

A resposta positiva a este quesito acerca da autoria se traduz no dolo de praticar o crime contra a vida, negando-se a desclassificação; a resposta negativa significa desclassificação própria (como se verá abaixo), cabendo ao juiz togado julgar o caso, já que se encerrou a competência do conselho de sentença, por ter ocorrido crime diverso de doloso contra a vida.

3º) **tentativa e divergência sobre a tipificação**: a lei determina que o terceiro quesito seja o de absolvição geral do acusado (*o jurado absolve o acusado?*), mas o próprio § 5º do art. 483, CPP, fixa que, se sustentada a tese da tentativa ou havendo divergência sobre a tipificação, o respectivo quesito deve ser formulado após o segundo quesito, que se refere à autoria e à participação.

Assim, pode-se indagar aos jurados, por exemplo, se o acusado deu início à execução de um homicídio doloso contra a vítima, que apenas não se consumou por circunstâncias alheias à sua vontade, pois uma viatura policial passou no exato momento dos fatos.

Desta forma:

Assim agindo, Carminha deu início aos atos de matar Tufão, que só não se consumaram por circunstâncias alheias à sua vontade, consistente na chegada de uma viatura policial ao local?

Conforme o Superior Tribunal de Justiça, uma vez afastada a tentativa de homicídio doloso pelos jurados para crime não doloso contra a vida consumado (lesões corporais, p. ex.), retira-se a competência dos jurados, que passa, agora, a ser do juiz togado, não devendo ser elaborado o quesito da absolvição geral e das demais teses da defesa, que se restringem apenas ao crime doloso contra a vida, nos termos do art. 492, § 1º, CPP (HC nº 262.882/PB, rel. Min. Reynaldo Soares da Fonseca, j. 05.05.16).

Havendo divergência sobre a tipificação, haverá um quesito específico a esse respeito, como no caso de pairar dúvida sobre a ocorrência de homicídio (imputado pela acusação) ou de infanticídio (sustentado pela defesa). Assim:

Assim agindo, a acusada estava sob a influência do estado puerperal?

Respondendo positivamente acerca da nova tipificação do crime doloso contra a vida, estará afastado, no exemplo, o crime de homicídio, prosseguindo-se a quesitação em relação ao crime de infanticídio. Respondendo negativamente, afasta-se a divergência sustentada pela defesa e prossegue-se a votação quanto ao crime de homicídio.

4º) **se o acusado deve ser absolvido**: como explicado acima, este quesito foi o responsável por transformar o sistema brasileiro de quesitação em *misto*, conforme a Lei nº 11.689/08. Questionar-se-á:

Os jurados absolvem a acusado Carminha?

Trata-se de **quesito obrigatório**, ainda que os jurados tenham, imediatamente antes, reconhecido a materialidade e a autoria dos fatos criminosos imputados, ou seja, ainda que os jurados respondam positivamente que o fato ocorreu e que o acusado foi o seu autor, o quesito de absolvição geral deve ser formulado, nos moldes do determinado pelo § 2º do art. 483, CPP, sob pena de nulidade absoluta por falta de elaboração de quesito obrigatório, consoante a súmula nº 156 do STF.

Referido entendimento justifica-se, por exemplo, porque os jurados julgam conforme sua consciência, não precisando motivar sua decisão – de acordo com o sistema da íntima convicção. Logo, ainda que o jurado entenda que o fato ocorreu e que o denunciado foi o seu autor, é perfeitamente possível que vote com compaixão, com dó, com apreço, seguindo alguma tese da defesa etc. Neste sentido, é vedado ao juiz informar aos jurados quanto ao "conteúdo emotivo" de vídeo exibido em plenário, devendo se manter imparcial, deixando aos jurados a competência de julgar os fatos conforme sua convicção particular (STF, AgRg no AI nº 855.774/MG, rel. Min. Gilmar Mendes, j. 07.08.12).

Entende o Superior Tribunal de Justiça, portanto, que o quesito da absolvição geral é obrigatório, ainda que os jurados tenham reconhecido anteriormente a autoria e a materialidade ou, então, que a única tese defensiva seja a de negativa de autoria (AgRg no REsp nº 1.490.467/DF, rel. Min. Reynaldo Soares da Fonseca, j. 24.05.16).

Exemplo: jurados votam positivamente quanto à materialidade e à autoria, mas, no terceiro quesito, absolvem o acusado, sem que a defesa tenha sustentado em plenário outras teses defensivas, como excludente de ilicitude ou de culpabilidade – entende-se que não há contradição quanto ao reconhecimento de autoria e materialidade e posterior absolvição genérica, pois o quesito de absolvição genérica facilita a decisão do jurado, podendo livremente expressar o seu convencimento final como bem entender (STJ, AgRg no REsp nº 1.384.546/PE, rel. Min. Leopoldo de Arruda Raposo, j. 01.09.15).

Deve-se atentar que, embora não haja contradição entre o reconhecimento de autoria e materialidade e a posterior absolvição genérica pelo art. 483, III, CPP, os jurados não podem decidir de forma dissociada da prova dos autos. Do contrário, o Ministério Público poderá apelar requerendo a anulação da sessão do júri e a realização de uma nova, sustentando que a decisão dos jurados foi manifestamente contrária à prova dos autos (art. 593, III, *d*, CPP).

Desta forma, entendeu a 3ª Seção do Superior Tribunal de Justiça que, ainda que o art. 483, III, CPP, preveja a possibilidade de os jurados absolverem o acusado genericamente, mesmo após terem reconhecido a autoria e a materialidade da infração penal, não ofenderá a soberania dos vereditos a anulação dessa decisão do conselho de sentença pelo tribunal de segundo grau, após apelação do Ministério Público, quando a sentença se mostrar oposta à prova dos autos. Considerou-se que **a absolvição genérica pelos jurados, ainda que por clemência ou piedade, não pode ser vista de forma absoluta e irrevogável**, podendo o tribunal de segundo grau anulá-la quando não estiver amparada nas provas apresentadas em plenário, de modo a se evitar arbitrariedades e em observância ao duplo grau de jurisdição. Logo, a possibilidade de os jurados absolverem genericamente o acusado, com base no art. 483, III, CPP, não afasta a possibilidade de o tribunal de segundo grau anular essa decisão mediante o acolhimento de recurso do Ministério Público com base no art. 593, III, *d*, CPP, pois, do contrário, seria atribuir ao conselho de sentença um poder absoluto quanto à absolvição do acusado, o que não pode ser aceito, já que a decisão do conselho de sentença deve ter como base as provas carreadas aos autos (HC nº 313.251/RJ, rel. Min. Joel Ilan Paciornik, j. 28.02.18). Todavia, no âmbito do Supremo Tribunal Federal, a questão ainda gera ampla debate. Decisões recentes caminham no sentido de que, se os jurados absolveram o réu com base no quesito genérico (art. 483, III, CPP), não se admite mais o manejo de apelação a fim de o tribunal cassar essa decisão e submeter o acusado a novo julgamento, diante da soberania dos vereditos – já que os réus podem absolver o agente por qualquer motivo, inclusive clemência, sem a necessidade de precisar justificar (STF, 1ª T., HC nº 178.777/MG, rel. Min. Marco Aurélio, j. 29.09.20, e 2ª T., HC nº 185.068/SP, rel. p/ ac. Min. Gilmar Mendes, j. 20.10.20). Ambas as Turmas decidiram por maioria e em situação de troca de composição, o que ampliou a discussão. O tema será pacificado quando do julgamento, pelo Plenário, do ARE-RG nº 1.225.185/MG, rel. Min. Gilmar Mendes, com repercussão geral já reconhecida.

E caso haja pedido de desclassificação da tentativa de homicídio para lesões corporais como **tese subsidiária**, em razão da ausência do dolo de matar e se os jurados assim reconhecerem, o quesito desclassificatório deve ser feito neste momento, logo após o quesito relativo à absolvição genérica (STJ, REsp nº 1.509.504/SP, rel. Min. Maria Thereza de Assis Moura, j. 27.10.15; e REsp nº 1.736.439/AM, rel. Min. Sebastião Reis Júnior, j. 14.06.18). Ex.: legítima defesa com tese principal e desclassificação como tese subsidiária.

Como este quesito em análise é de conteúdo genérico de absolvição, pode ocorrer de o jurado adotar como razão de decidir a tese da defesa e, atingindo-se 4 votos neste sentido, o acusado seja absolvido, não se fazendo mais nenhuma indagação na sequência.

Exemplo: se reconhecido o erro de tipo permissivo inevitável, que exclui dolo e culpa, não se pode questionar acerca de eventual excesso (STF, HC nº 127.428/BA, rel. Min. Dias Toffoli, j. 01.12.15); ou então, suscitada a legítima defesa como única tese defensiva, uma vez reconhecida no quesito de absolvição genérica, não poderá ser elaborado quesito sobre eventual excesso alegado pela acusação, já que o legislador buscou facilitar aos jurados a análise dos fatos, afastando aspectos técnicos e permitindo uma decisão com base em sua livre convicção (STJ, HC nº 190.264/PB, rel. Min. Maria Thereza de Assis Moura, j. 26.08.14).

Se o defensor sustentou mais de uma tese defensiva, não haverá como se saber qual delas o jurado adotou como razão de decidir. Exemplo: (i) sustenta-se a legítima defesa e (ii) subsidiariamente, o privilégio. Se os jurados absolverem genericamente o acusado, qual tese foi adotada, considerando que a lei determina a realização de uma única e simples indagação de absolvição geral?

Entende-se, majoritariamente, que o quesito de absolvição genérica não pode ser desmembrado em diversas teses, devendo ser **único**, pois se considera que o jurado é juiz *de fato*, e não *de direito*, ou seja, a absolvição pode abarcar **qualquer tese** sem o jurado precisar saber os requisitos legais de uma excludente de ilicitude ou de culpabilidade, por exemplo. Assim, a quesitação de absolvição genérica facilita ao jurado acolher qualquer tese da defesa ou mesmo expressar diretamente seu convencimento pela absolvição (STJ, AgRg no REsp nº 1.442.069/RS, rel. Min. Sebastião Reis Júnior, j. 07.06.16).

A decisão de absolvição genérica impede que se conheça o real motivo pelo qual os jurados absolveram o acusado. Ainda que haja uma única tese da defesa, pode ser que o jurado, em razão de sua íntima convicção, sinta pena do acusado e o absolva por isso – e ninguém conhecerá este motivo.

Em razão disso, a sentença do júri, como não é fundamentada pelos jurados, não impedirá o reconhecimento, posterior, de responsabilidade civil em ação autônoma no juízo cível (STJ, REsp nº 485.865/RJ, rel. Min. Castro Filho, j. 25.05.04). Ainda que os jurados afastem a autoria do suposto crime contra a vida, não será possível saber se os jurados assim decidiram porque não havia provas da autoria (o que permitiria a indenização cível posteriormente) ou se ficou provado que o acusado não foi o autor (o que não permitiria a indenização cível posteriormente). Logo, se os jurados não reconheceram categoricamente a inexistência material do fato, permitir-se-á a apuração, no âmbito cível, da responsabilidade civil, com o consequente dever de indenizar (STJ, REsp nº 26.975/RS, rel. Min. Aldir Passarinho, j. 18.12.01).

Por fim, como já se sabe que os jurados não são obrigados a fundamentar a sua decisão, poderão absolver o acusado tendo como fundamento qualquer motivo. Aproveitando-se disso, muitos defensores preparam muito bem o réu – em todos os sentidos – para que ele passe uma boa imagem aos jurados. A isso se dá o nome de *nerd defense*, ou seja, a utilização da comunicação não verbal a fim de influenciar os jurados. É o que se dá, por exemplo, na diferença, bastante perceptível, entre um acusado que se apresenta com roupas do presídio, chinelos e barba por fazer em relação ao acusado que se apresenta de óculos com armações marcantes, roupa social e cabelos bem aparados. Há estudos, inclusive, no sentido de que os jurados confiam em pessoas com aspecto *nerd*, que demonstram inteligência e, como consequência, incapacidade de praticar atos violentos (*The glasses stereotype, revisited*, in *The Jury Expert, nº 25*). O estereótipo, portanto, faz toda a diferença.

Foi exatamente nesse sentido que o Superior Tribunal de Justiça entendeu que fere a plenitude de defesa o indeferimento judicial, puro e simples, do pedido do acusado de substituir os trajes do presídio por roupas civis em seu julgamento perante os jurados, até porque, trata-se de estratégia defensiva traçada dentro de parâmetros de razoabilidade (RMS nº 60.575/MG, rel. Min. Ribeiro Dantas, j. 13.08.19).

5º) **causa de diminuição alegada pela defesa**: devem ser, como já visto, quesitadas antes das "circunstâncias agravantes" (leia-se: qualquer causa que agrave/aumente a pena), conforme a súmula nº 162 do STF.

Exemplos: homicídio minorado ("privilegiado", do § 1º, art. 121, CP, cuja redução é de 1/6 a 1/3); embriaguez decorrente de caso fortuito ou força maior (§ 2º, art. 28, CP, cuja redução é de 1/3 a 2/3); semi-imputabilidade (p.ú., art. 26, CP, cuja redução é de 1/3 a 2/3); participação de menor importância (§ 1º, art. 29, CP, cuja redução é de 1/6 a 1/3), dentre outros.

Assim:

A acusada Carminha agiu sob o domínio de violenta emoção em seguida à injusta provocação da vítima Tufão?

Se os jurados votarem pelo reconhecimento do homicídio privilegiado, restará prejudicada a quesitação de qualificadoras subjetivas, conforme prevê o art. 490, p.ú., CPP. De acordo com a pacífica jurisprudência, somente é possível a combinação do privilégio do homicídio com as qualificadoras de ordem objetiva, considerando a incompatibilidade entre as motivações pessoais, como, por exemplo, um homicídio cometido por motivo fútil e, ao mesmo tempo, com relevante valor moral (STJ, AgRg no AREsp nº 463.482/SP, rel. Min. Nefi Cordeiro, j. 04.12.14).

6º) **circunstância qualificadora ou causa de aumento reconhecida na pronúncia ou decisões posteriores que julgarem admissível a acusação**: ultrapassada a quesitação das causas de diminuição, passa-se aos quesitos das qualificadoras e das causas de aumento, nesta ordem, já que a qualificadora alterará a própria tipificação do fato.

Exemplos: homicídio qualificado (§ 2º, art. 121, CP); homicídio majorado (§§ 6º e 7º, art. 121, CP); aborto majorado (art. 127, CP) etc.

Então:

O crime foi cometido com o emprego de veneno?

12.5.10.5.9.4. Votação

Não havendo dúvida a ser esclarecida acerca dos quesitos que serão formulados, o juiz, os jurados, o Ministério Público, o assistente, o querelante, o defensor, o escrivão e o oficial de justiça dirigir-se-ão à sala especial (antiga "sala secreta") a fim de ser procedida a votação (art. 485, CPP). O juiz advertirá as partes de que não será permitida qualquer intervenção que possa perturbar a livre manifestação do conselho de sentença e fará retirar da sala quem se portar inconvenientemente (§ 2º).

Na falta de sala especial, o juiz determinará que o público se retire do plenário, permanecendo somente as pessoas acima mencionadas (§ 1º).

Antes de se proceder à votação de cada quesito, o juiz mandará distribuir aos jurados pequenas cédulas, feitas de papel opaco e facilmente dobráveis, contendo 7 delas a palavra *sim* e 7 a palavra *não*. Para assegurar o sigilo do voto, o oficial de justiça recolherá em urnas separadas as cédulas correspondentes aos votos e as não utilizadas (para poder comparar depois a quantidade de cédulas usadas para votar e as descartadas).

Após a resposta, verificados os votos e as cédulas não utilizadas, o juiz determinará que o escrivão registre no termo a votação de cada quesito, bem como o resultado do julgamento. Do termo também constará a conferência das cédulas não utilizadas.

As decisões, como já visto, serão tomadas por **maioria de votos**. A resposta negativa, de mais de 3 jurados, a qualquer dos quesitos sobre autoria/participação e materialidade encerra a votação e implica a absolvição do acusado (§ 1º, art. 483, CPP); respondidos afirmativamente por mais de 3 jurados os quesitos sobre autoria/participação e materialidade, será formulado o quesito geral de absolvição (§ 2º). Conforme entendimento jurisprudencial, conquanto o Código de Processo Penal *recomende* o encerramento da votação com a resposta de mais de três jurados num mesmo sentido, a circunstância de o magistrado prosseguir na abertura das respostas dos demais jurados não macula o princípio do sigilo das votações, tratando-se, pois, de mera irregularidade (STJ, HC nº 162.443/SP, rel. Min. Og Fernandes, j. 10.04.12). Assim, o cômputo da totalidade dos votos dos jurados caracteriza-se como mera irregularidade, sendo inviável o reconhecimento de nulidade quando não se demonstrar concretamente prejuízo (STJ, AgRg no REsp nº 1.604.252/MG, rel. Min. Jorge Mussi, j. 07.02.19).

Consoante a doutrina, embora a votação seja interrompida quando se atinge maioria apenas nos quesitos de autoria e materialidade, deve-se aplicar este sistema a todos os quesitos, preservando-se, assim, o sigilo da votação. De acordo com Walfredo Cunha Campos, "o único modo prático, como vimos, de se cumprir a Constituição, quanto à garantia dada ao jurado do sigilo de sua deliberação, é fazer com que a votação se interrompa quando a decisão de qualquer quesito chegar ao quarto voto repetido sim ou no quarto voto repetido não, como determinam os §§ 1º e 2º do art. 483 do CPP, uma vez que, mesmo que os outros três sejam opostos, o resultado não se alterará" (Tribunal, 2014, p. 295).

Se a resposta a qualquer dos quesitos estiver em contradição com outra ou outras já dadas, o juiz, explicando aos jurados em que consiste a contradição, submeterá novamente à votação os quesitos a que se referirem tais respostas (art. 490, CPP).

Como bem entende o Superior Tribunal de Justiça, o juiz deverá submeter à nova votação **todos os quesitos que se mostrem antagônicos**, e não somente aquele que apresentou resultado incongruente (HC nº 269.764/SP, rel. Min. Reynaldo Soares da Fonseca, j. 05.04.16). Isto porque, do contrário, o juiz influirá no ânimo dos jurados, afirmando que algumas respostas estavam “certas”, mas que outra estava se contradizendo àquelas – o que influenciará os jurados, obviamente.

Exemplo: jurados votam positivamente pela materialidade e pela autoria, mas absolvem genericamente o acusado; o juiz, caso entenda que há contradição, não poderá realizar apenas nova votação do 3º quesito, pois isso seria dizer que as respostas aos quesitos anteriores estavam corretas, influenciando os jurados a votarem em outro sentido; o correto é realizar, novamente, a votação de todos os quesitos que estariam em conflito (1º, 2º e 3º quesitos, no caso).

Se a contradição na resposta aos quesitos não for sanada quando da votação pelos jurados, nos termos do art. 490, CPP, isso acarretará nulidade, apta a justificar a anulação do julgamento (STJ, HC nº 210.696/MS, rel. Min. Joel Ilan Paciornik, j. 19.09.17).

Se, pela resposta dada a um dos quesitos, o juiz verificar que ficam prejudicados os seguintes quesitos, assim declarará, dando por finda a votação. O exemplo clássico, visto acima, é do homicídio qualificado-privilegiado, em que, uma vez reconhecido o privilégio pelos jurados, ficam prejudicados os quesitos das qualificadoras de natureza subjetiva.

Encerrada a votação, será o termo assinado pelo juiz, pelos jurados e pelas partes.

12.5.10.5.9.5. Casuística

Algumas situações podem ocorrer no curso da votação pelos jurados e merecem análise detida.

12.5.10.5.9.5.1. Falso testemunho em plenário

Caso a testemunha minta (falte com a verdade) em juízo, deverá haver um quesito específico aos jurados, o último a ser elaborado. Em seguida, caso positiva a resposta, o juiz encaminha cópia ao Ministério Público e/ou ao delegado de polícia, instaurando-se a competente investigação para apuração dos fatos.

O quesito deve partir das partes, não podendo o juiz ou os jurados tomarem essa iniciativa de ofício, sob pena, respectivamente, de indevida influência no conselho de sentença e de quebra de sigilo das votações.

No entanto, ainda que não haja quesitação sobre o falso testemunho, ou, mesmo, que os jurados votem negativamente, nada impede posterior investigação sobre o possível crime cometido em plenário pela testemunha (Campos, 2014). De outro lado, há doutrina que entende inviável qualquer postura proativa para investigar o possível falso testemunho se os jurados responderam negativamente ou se não houver quesitação a esse respeito, pois a valoração da prova testemunhal é de atribuição exclusiva dos jurados (Nucci, 2015; e STJ, RHC nº 102.791/MG, rel. Min. Reynaldo Soares da Fonseca, j. 11.06.19).

Por fim – e é bom deixar claro – não haverá julgamento ou condenação da testemunha que faltou com a verdade no próprio julgamento do júri, pois se exige o respeito ao contraditório e à ampla defesa, com investigação policial, oferecimento formal de denúncia, constituição de defensor, prazo para resposta etc., enfim, um novo processo, à parte.

No mais, consoante a jurisprudência, o fato de os jurados terem respondido negativamente ao quesito quanto ao crime de falso testemunho, praticado por aquele que afirmou estar com o acusado na data e hora do ocorrido, não implica em contradição com a resposta afirmativa ao item sobre a autoria do crime contra a vida, diante da inexistência de relação entre os quesitos, considerando, ainda, constar dos autos outros elementos indicadores da autoria do homicídio praticado (STJ, AgRg no REsp nº 1.316.239/SP, rel. Min. Jorge Mussi, j. 08.03.16).

Exemplo: João foi denunciado pela prática de homicídio doloso; em plenário, a sua testemunha de defesa, Carmen, disse que João, no momento em que o crime teria sido praticado, estava com ela em sua casa de praia, sendo impossível, assim, que ele seja o autor do crime. Os jurados votaram positivamente quanto à autoria (João foi o autor do homicídio), mas votaram negativamente quanto ao possível falso testemunho da testemunha (Carmen não mentiu a respeito de João estar com ela na praia no momento do crime). A defesa de João recorreu, sustentando contradição entre o reconhecimento da autoria do homicídio e a negativa do falso testemunho, pois, se a testemunha não mentiu sobre o álibi sustentado, é porque João estava com ela na praia, não tendo, por lógica, como ele ser o autor do homicídio – ou seja, se a testemunha de defesa, para os jurados, não mentiu sobre João estar com ela na praia, é porque João não pode ter sido o autor do homicídio. O STJ, então, entendeu que o não reconhecimento do possível falso testemunho pela testemunha de defesa pode significar apenas que os jurados entenderam ser indevida a submissão de Carmen a uma persecução penal pelo referido crime de falso testemunho (até porque, os jurados votam conforme sua íntima convicção, podendo ter entendido, por exemplo, que não havia provas concretas do falso, que havia uma causa de exclusão do crime etc.), mas isso não significa que ela esteja falando a verdade. Assim, é possível que os jurados entendam que a testemunha de defesa não cometeu, em princípio, falso testemunho e resolvam, ainda assim, condenar o acusado, ainda mais quando há, nos autos, outros elementos indicadores da autoria aptos a embasar o entendimento dos jurados pela sua condenação (STJ, HC nº 119.132/SP, rel. Min. Jorge Mussi, j. 03.11.11).

12.5.10.5.9.5.2. Concurso de crimes

Analisou-se, acima, que, havendo mais de um crime, os quesitos serão formulados em séries distintas (§ 6º, art. 483, CPP). Todavia, entende-se que não deve ser quesitado o concurso de crimes em si, já que tal tarefa diz respeito à aplicação da pena, tarefa do juiz togado.

Bem observa Renato Brasileiro (Manual, 2016), todavia, que, se o homicídio for praticado por milícia privada, sob o pretexto de prestação de serviço de segurança, ou por grupo de extermínio, a pena será aumentada de 1/3 a 1/2 (§ 6º, art. 121, CPP), de modo que, no tocante a esta situação, deverá haver um quesito específico, diante da previsão do crime do art. 288-A, CP, que prevê o crime de constituição de milícia privada.

Assim, para se reconhecer que o homicídio foi praticado por milícia ou grupo de extermínio, será preciso ultrapassar a quesitação acerca da tipificação, ou não, do crime de constituição de milícia privada, o que acaba por ser um quesito sobre concurso de crimes.

12.5.10.5.9.5.3. Absolvição imprópria

Se o agente é reconhecido como inimputável, o juiz deverá absolvê-lo e impor, se o caso, medida de segurança (arts. 26, CP c.c. 492, II, *c*, CPP).

É preciso lembrar – como já estudado – que o agente é levado a julgamento em plenário se apresentar, *além* da tese da inimputabilidade, alguma outra tese defensiva (art. 415, p.ú., CPP), pois, caso apresente *apenas* a inimputabilidade, não será levado a plenário, sendo absolvido sumariamente na primeira fase do rito do júri, pelo juiz sumariante.

A questão que se põe, portanto, é: diante do único quesito de absolvição previsto na lei, que é de caráter genérico, como se saber em que sentido os jurados absolveram o acusado, ou seja, se entenderam pela absolvição própria ou imprópria?

A solução será desdobrar o quesito de absolvição genérica em dois. Conforme o Superior Tribunal de Justiça, deve ser elaborado um quesito genérico de absolvição e, caso positiva a resposta, deverá ser feito o segundo, para se verificar se a absolvição é ou não por inimputabilidade; se negativa a resposta à absolvição genérica, estará afastada a necessidade de quesito específico à inimputabilidade (6ª T., HC nº 172.699/RJ, rel. Min. Sebastião Reis Júnior, j. 05.12.13). No mesmo sentido entende Gustavo Badaró (Curso, 2016), ao afirmar que, caso a resposta seja negativa à inimputabilidade, significa que os jurados mantiveram o primeiro quesito, relativo à pura tese de absolvição genérica.

Ver, no entanto, que o Superior Tribunal de Justiça também possui julgados no sentido de que não é necessária a formulação de quesito específico sobre a suposta inimputabilidade, bastando a elaboração de quesito único sobre a absolvição genérica, nos termos do art. 483, III, CPP (5ª T., RHC nº 79.595/SP, rel. Min. Jorge Mussi, j. 26.09.17).

No mais, como se verá no estudo dos recursos, é cabível apelação contra a decisão do tribunal do júri se os jurados decidirem contrariamente à prova dos autos (art. 593, III, *d*, CPP). Mas, consoante o Superior Tribunal de Justiça, "a decisão do tribunal do júri que, apoiada em outras provas – depoimentos de testemunhas e interrogatório do acusado em Plenário –, além da prova pericial, decide pela condenação do réu, afastando a tese defensiva de sua inimputabilidade, não pode ser considerada manifestamente contrária à prova dos autos", até porque, o juiz (no caso, os jurados) não fica adstrito ao laudo, podendo aceitá-lo ou rejeitá-lo, conforme o art. 182, CPP (HC nº 139.513/RJ, rel. Min. Rogerio Schietti Cruz, j. 10.05.16)

12.5.10.5.9.5.4. Desclassificação

Trata-se de tema tortuoso e que não possui entendimento pacífico na doutrina.

Já foi estudado anteriormente que o **juiz**, na primeira fase do tribunal do júri, pode entender que não é o caso de crime doloso contra a vida e, assim, desclassificar o crime.

Pode ocorrer, agora, aqui na segunda fase, de os **jurados**, após toda a instrução em plenário e no momento de responder aos quesitos, entenderem por desclassificar o crime imputado ao acusado, ou seja, que não está caracterizado um crime doloso contra a vida.

A doutrina, que não é uníssona a respeito, distingue duas espécies de desclassificação:

a) **desclassificação própria**: os jurados entendem que não há crime doloso contra a vida, mas **não indicam** qual crime ocorreu, caso em que o juiz togado decidirá qual crime pode estar configurado, podendo, inclusive, absolver o acusado, conforme sua livre convicção, não estando vinculado à decisão dos jurados.

   Exemplo: jurados entendem que não houve tentativa de homicídio doloso, caso em que restará a tipificação de algum outro crime, como lesões corporais, periclitação da vida etc.

É o que prevê o art. 483, § 4º, CPP, ao dispor que, sustentada a desclassificação da infração para outra de competência do juiz singular, será formulado quesito a respeito, para ser respondido após o 2º ou 3º quesito, conforme o caso.

Isso significa, como visto acima, que, caso a desclassificação seja a tese *principal*, a quesitação deve ser feita após o 2º quesito, de autoria ou participação; de outro lado, caso a desclassificação seja a tese *subsidiária*, a quesitação deve ser feita após o 3º quesito geral, de absolvição genérica; isso tudo em respeito ao princípio da plenitude de defesa, pois a tese principal sempre deverá ser quesitada antes da tese subsidiária (STJ, REsp nº 1.509.504/SP, rel. Min. Maria Thereza de Assis Moura, j. 27.10.15).

b) **desclassificação imprópria**: os jurados entendem que não há crime doloso contra a vida, mas **indicam** qual crime ocorreu, vinculando o juiz.

   Exemplo: jurados entendem positivamente pela autoria e pela materialidade do homicídio, mas culposo, como no caso em que a defesa sustenta que houve a morte da vítima e que o acusado foi o autor do disparo, mas que se tratou de um acidente, pois o agente limpava sua arma e, por negligência, acabou efetuando um disparo fatal contra a vítima.

Há posição entendendo que não existe mais a desclassificação imprópria (Brasileiro, 2016), pois, a partir da decisão de desclassificação pelos jurados, o juiz togado passa a ter ampla liberdade para julgar.

De outro lado, há posição entendendo que continua existindo a desclassificação imprópria (Campos, 2014), como no caso em que o juiz elabora quesito específico indicativo do crime cometido, como o excesso da legítima defesa, que pode caracterizar homicídio culposo, não podendo o juiz ignorar a decisão dos jurados a este respeito.

Seja a desclassificação própria ou imprópria, é importante ressaltar que **o juiz togado passa a ser o competente para julgar o caso**, uma vez afastado o crime doloso contra a vida pelos próprios jurados, não devendo ser feito um quesito específico sobre qual infração penal teria sido praticada, **cabendo esta análise ao magistrado togado apenas** (STJ, REsp nº 1.501.270/PR, rel. Min. Maria Thereza de Assis Moura, j. 01.10.15).

E é bom dar atenção ao fato de que a desclassificação, com consequente análise dos fatos pelo juiz togado, somente será possível em relação a fato minimamente relacionado à pronúncia ou decisões posteriores levadas a plenário, como no caso de desclassificação de tentativa de homicídio para lesões corporais, havendo uma espécie de *emendatio libelli* (art. 383, CPP). Caso o crime surgido da desclassificação não tenha descrição na inicial acusatória, como no caso de desclassificação de tentativa de homicídio para lesões corporais, mas que o juiz togado acaba condenado o agente por tortura-castigo (art. 1º, II, Lei nº 9.455/97), por exemplo, haverá clara ofensa ao princípio da correlação entre denúncia e sentença, uma vez que o acusado sequer se defendeu dos fatos pelos quais foi condenado, devendo o juiz ter aplicado o art. 384, CPP, referente à *mutatio libelli* (STJ, REsp nº 1.581.566/DF, rel. Min. Reynaldo Soares da Fonseca, j. 16.02.17).

Ainda, se dois agentes respondem pelo mesmo crime doloso contra a vida (ex.: tentativa de homicídio doloso), com processos desmembrados, caso se entenda, num dos processos, pela desclassificação (ex.: para lesões corporais graves), essa decisão será **estendida ao corréu**, do outro processo, independentemente de recurso ou nova decisão do júri, mantendo-se a coesão de imputações, não se falando, ademais, em usurpação de competência dos jurados, pois o que se aplicou ao outro corréu foi, justamente, uma decisão do tribunal popular (STJ, RHC nº 67.383/SP, rel. Min. Maria Thereza de Assis Moura, j. 05.05.16).

Se ocorrer a desclassificação para delito considerado de menor potencial ofensivo (Lei nº 9.099/95), o juiz aplicará os institutos despenalizadores (art. 492, § 1º, CPP), não precisando enviar os autos ao Juizado Especial, uma vez que, conforme já estudado, o Juizado possui competência de natureza relativa, interessando, na verdade, a efetiva aplicação dos referidos institutos.

Ocorrendo desclassificação para lesão corporal leve, por exemplo, que, como visto, exige representação da vítima (art. 88 da Lei nº 9.099/95), **o prazo de 6 meses será contado da desclassificação**, e não do conhecimento da autoria, o que, a essa altura, já teria gerado a decadência muito provavelmente. Logo, o prazo decadencial para oferecimento de representação será contado a partir da intimação, à vítima, da decisão desclassificatória (Feitoza, 2009).

No mais, em caso de desclassificação, o crime conexo que não seja doloso contra a vida será julgado pelo juiz togado (§ 2º, art. 492, CPP). Ressalta-se, todavia, que, caso haja concurso de crimes dolosos contra a vida (dois homicídios, p. ex.) e os jurados desclassifiquem um deles, remanescendo um crime de competência do tribunal do júri, o conselho de sentença julgará ambos os delitos, já que haverá um crime doloso contra a vida e um conexo a este. No caso, o Superior Tribunal de Justiça julgou um caso em que o agente havia sido denunciado por dois homicídios, sendo que os jurados mantiveram um homicídio doloso qualificado e desclassificaram uma tentativa para lesão corporal, caso em que a Corte entendeu que cabia ao conselho de sentença julgar ambos os crimes, sendo um principal e o outro conexo a este (HC nº 179.410/GO, rel. Min. Sebastião Reis Júnior, j. 19.09.13).

Por fim, caso os jurados entendam pela *absolvição* do acusado quanto ao crime doloso contra a vida, continuarão competentes para julgar o crime conexo, pois, se tinham competência para julgar aquele, possuem também competência para julgar este.

Assim, a absolvição do acusado pelo conselho de sentença, referente ao crime doloso contra a vida, mantém a competência dos jurados para o julgamento do crime conexo de estupro, uma vez que o juízo absolutório em relação ao homicídio apenas reafirma a competência do conselho de sentença para o julgamento do crime conexo (STJ, HC nº 84.672/PA, rel. Min. Felix Fischer, j. 14.08.07).

12.5.10.5.9.5.5. Atenuantes e agravantes

Os jurados não são quesitados sobre atenuantes ou agravantes, cabendo essa análise ao juiz togado (STJ, AgRg no AREsp nº 798.542/MG, rel. Min. Nefi Cordeiro, j. 13.12.16). Nos moldes do art. 492, I, *b*, CPP, o juiz togado, ao proferir sentença, considerará as circunstâncias agravantes ou atenuantes *alegadas nos debates*.

Referido dispositivo contraria o art. 385, CPP, que dispõe que o juiz, nos crimes de ação penal pública, ao proferir sentença, poderá conhecer agravantes, *ainda que não tenham sido alegadas*. Logo, em respeito ao contraditório e à plenitude de defesa vigorantes no rito do júri, além da especialidade deste, **o juiz somente poderá reconhecer agravantes e atenuantes sustentadas ou alegadas nos debates em plenário**, inclusive a alegada pelo próprio acusado em sua autodefesa (ex.: confissão no interrogatório, ainda que o defensor não a tenha sustentado em alegações finais). Caso se trate de confissão, não será preciso que ela seja literalmente arguida pela defesa técnica, podendo emergir do depoimento do acusado, sendo suficiente, por exemplo, que conste da ata de julgamento (STJ, HC nº 474.065/MG, rel. Min. Reynaldo Soares da Fonseca, j. 23.04.19).

No mais, é interessante o entendimento do Superior Tribunal de Justiça ao afirmar que a acusação não poderá suscitar, em sessão de julgamento, agravante correspondente à figura qualificadora do homicídio, violando o sistema do Código de Processo Penal, sob pena de verdadeira usurpação da competência funcional do conselho de sentença, que acabaria decidindo pela existência de uma qualificadora "camuflada de agravante" (HC nº 182.258/SP, rel. Min. Ribeiro Dantas, j. 11.10.16).

Exemplo: o promotor de justiça não poderá sustentar a agravante do motivo fútil (art. 61, II, *a*, CP) ao homicídio simples, haja vista que se trata, especificamente, de uma qualificadora do homicídio (art. 121, § 2º, II, CP), sob pena de imputar disfarçada – e ilegalmente – uma qualificadora com trajes de agravante, o que não é admitido.

12.5.10.5.9.5.6. Concurso de agentes

No júri, como se sabe, não é possível estabelecer os motivos pelos quais os jurados chegaram à conclusão de condenar ou absolver o acusado, em razão da garantia do sigilo das votações.

Em razão disso, consoante já entendeu o Superior Tribunal de Justiça, não há nenhum impedimento legal para que se condene o mandante ou o coautor do crime e se absolva o executor ou vice-versa, pois isso dependerá da análise das circunstâncias de cada caso concreto (REsp nº 1.659.996/GO, rel. Min. Maria Thereza de Assis Moura, j. 06.02.18).

Exemplo: se os jurados absolverem João por negativa de autoria, André não poderá ser condenado como partícipe, por exemplo; no entanto, caso João seja absolvido pelo quesito de absolvição geral, nada impedirá, em tese, a condenação de André.

12.5.10.5.10. *Sentença*

Apurada a votação, em seguida, o juiz proferirá sentença (art. 492, CPP), que será lida em plenário por ele antes de encerrada a sessão (art. 493, CPP), pois, estando *todos* presentes, já haverá um marco inicial para eventuais recursos (art. 798, § 5º, *b*, CPP).

Como já estudado, a sentença do júri é subjetivamente complexa, pois os jurados julgaram os fatos e o juiz togado aplicou – eventualmente – a sanção penal.

Esta sentença do juiz não terá relatório, uma vez que já há um relatório sobre os fatos anteriores juntado ao processo (p.ú., art. 472, CPP), inclusive com cópia da pronúncia e de decisões posteriores. O juiz colocará na sentença o resultado da votação, indicando-o (por maioria) quanto a cada quesito.

12.5.10.5.10.1. Absolutória

No caso de absolvição, o juiz, julgando improcedente a imputação penal (art. 492, II, CPP):

a) mandará colocar em liberdade o acusado, se por outro motivo não estiver preso, considerando que a apelação contra a absolvição não possui efeito suspensivo, ou seja, ainda que a acusação recorra, a absolvição produz efeitos imediatos.

b) revogará as medidas restritivas provisoriamente decretadas, incluindo também, para a doutrina, a revogação das medidas cautelares patrimoniais então decretadas (Badaró, 2016).

c) imporá, se o caso, a medida de segurança cabível, caso o acusado tenha sido reconhecido como inimputável, conforme o art. 26, CP (absolvição imprópria).

A decisão de absolvição não precisa ser fundamentada, já que o mérito foi julgado pelos jurados, devendo o juiz seguir o art. 492, II, CPP.

12.5.10.5.10.2. Condenatória

No caso de condenação, o juiz, julgando procedente a imputação penal (art. 492, I, CPP):

a) fixará a pena-base.

b) considerará as circunstâncias agravantes/atenuantes alegadas nos debates.

c) imporá os aumentos e diminuições de pena, em atenção às causas admitidas pelo júri.

d) observará as disposições do art. 387, CPP (referentes à sentença condenatória nos procedimentos comuns).

e) mandará o acusado recolher-se ou recomendá-lo-á à prisão em que se encontra, se presentes os requisitos da prisão preventiva, ou, no caso de condenação a uma pena igual ou superior a 15 (quinze) anos de reclusão, determinará a execução provisória das penas, com expedição do mandado de prisão, se for o caso, sem prejuízo do conhecimento de recursos que vierem a ser interpostos (Lei nº 13.964/19). É possível que o juiz, excepcionalmente, deixe de autorizar a execução provisória se houver questão substancial cuja resolução pelo tribunal ao qual competir o julgamento possa plausivelmente levar à revisão da condenação (§ 3º, art. 492, CPP).

f) estabelecerá os efeitos genéricos e específicos da condenação.

Compete ao tribunal do júri, motivadamente, decretar, como efeito da condenação, a perda do cargo ou função pública, inclusive de militar, quando o fato não tiver relação com o exercício da atividade castrense (STJ, 5ª T., AgRg no AREsp nº 558.084/MS, rel. Min. Reynaldo Soares da Fonseca, j. 11.06.15; e 6ª T., REsp nº 1.185.413/AP, rel. Min. Maria Thereza de Assis Moura, j. 07.05.13)

12.5.10.5.11. *Encerramento*

Lida a sentença em plenário pelo juiz, o escrivão lavrará a ata de julgamento, assinada pelo juiz e pelas partes, que descreverá todas as ocorrências, mencionando, obrigatoriamente (art. 495, CPP): data e hora da instalação dos trabalhos; o juiz que presidiu a sessão e os jurados presentes; os jurados que não comparecerem, com ou sem escusa, e as sanções aplicadas; o ofício ou requerimento de isenção ou dispensa; o sorteio dos jurados suplentes; o adiamento da sessão, se houver ocorrido, com a indicação do motivo; a abertura da sessão e a presença do MP, querelante e assistente, se houver, e do defensor; o pregão e a sanção imposta, no caso de não comparecimento; as testemunhas dispensadas de depor; o recolhimento das testemunhas a lugar onde umas não pudessem ouvir o depoimento das outras; a verificação das cédulas pelo juiz; a formação do conselho de sentença, com o registro nos nomes dos jurados sorteados e recusas; compromisso e interrogatório, com simples referência ao termo; os debates e alegações das partes com os respetivos fundamentos; os incidentes; o julgamento da causa; a publicidade dos atos da instrução plenária, diligências e sentença. A falta da ata sujeitará o responsável a sanções administrativa e penal (art. 496, CPP).

Por fim, o Código de Processo Penal estabelece quais são as atribuições do juiz togado, além de outras previstas na lei (art. 497, CPP): regular a polícia das sessões e prender os desobedientes; requisitar o auxílio da força pública, que ficará sob sua exclusiva autoridade; dirigir os debates, intervindo em caso de abuso, excesso de linguagem ou mediante requerimento de uma das partes; resolver as questões incidentes que não dependam de pronunciamento do júri; nomear defensor ao acusado, quando considerá-lo indefeso, podendo, neste caso, dissolver o conselho de sentença e designar novo dia para julgamento, com nomeação ou constituição de novo defensor; mandar retirar da sala o acusado que dificultar a realização do julgamento, o qual prosseguirá sem a sua presença; suspender a sessão pelo tempo indispensável à realização das diligências requeridas ou entendidas necessárias, mantida a incomunicabilidade dos jurados; interromper a sessão por tempo razoável para proferir sentença e para repouso ou refeição dos jurados; decidir, de ofício, ouvidos o MP e a defesa, ou a requerimento de quaisquer destes, a arguição de extinção de punibilidade; resolver questões de direito suscitadas no curso do julgamento; determinar, de ofício ou a requerimento das partes ou de qualquer jurado, as diligências destinadas a sanar nulidade ou a suprir falta que prejudique o esclarecimento da verdade; regulamentar, durante os debates, a intervenção de uma das partes, quando a outra estiver com a palavra, podendo conceder até 3 minutos para cada aparte requerida, que serão acrescidos ao tempo desta última.

12.6. PROCEDIMENTO DOS CRIMES PRATICADOS POR FUNCIONÁRIO PÚBLICO

12.6.1. Introdução

O Código de Processo Penal, entre os arts. 513 e 518, regula o processo e julgamento dos "crimes de responsabilidade dos funcionários públicos".

De início já se percebe um erro redacional, pois os chamados *crimes de responsabilidade* "são as infrações político-administrativas definidas na legislação federal, cometidas no desempenho da função, que atentam contra a existência da União, o livre exercício dos Poderes do Estado, a segurança interno do País, a probidade da Administração, a lei orçamentária, o exercício dos direitos políticos, individuais e sociais e o cumprimento das leis e das decisões judiciais" (Moraes, 2016). A previsão de referidas infrações está na Lei nº 1.079/50, que prevê condutas **sem tipificação penal**, cujo julgamento e sanções são de natureza política (STF, MC-ADPF nº 378/DF, rel. p/ acórdão Min. Roberto Barroso, j. 17.12.15).

O que o Código de Processo Penal prevê, na verdade, é o julgamento das **infrações penais praticadas por funcionário público contra a Administração em geral**, chamados de *crimes funcionais*. São delitos próprios, que exigem que o sujeito ativo seja um funcionário público (art. 327, "caput", e § 1º, CP)

É de se ressaltar que o presente procedimento é aplicável em relação aos crimes previstos nos **artigos 312 a 326 do Código Penal**, não se aplicando a todo e qualquer crime praticado pelo funcionário público contra a Administração, considerando que há infrações penais que, apesar de causarem prejuízo ao erário ou à própria Administração Pública, possuem rito próprio ou, até mesmo, seguem o rito comum do Código de Processo Penal (STJ, RHC nº 73.308/SP, rel. Min. Antonio Saldanha Palheiro, j. 22.11.16).

12.6.2. Dispensabilidade de inquérito policial

O art. 513, CPP, dispõe que, aos crimes funcionais, cujo processo e julgamento competirão aos juízes de direito, "a queixa ou a denúncia será instruída com documentos ou justificação que façam presumir a existência do delito ou com declaração fundamentada da impossibilidade de apresentação de qualquer dessas provas".

Demonstra-se, com isso, que o inquérito policial – ou qualquer outra espécie de investigação – é *dispensável*, pois a inicial acusatória poderá ser instruída simplesmente com documentos que demonstrem a justa causa para o início da ação penal.

12.6.3. Resposta preliminar

Prevê o art. 514, CPP, que, "nos crimes afiançáveis, estando a denúncia ou queixa em devida forma, o juiz mandará autuá-la e ordenará a notificação do acusado, para responder por escrito, dentro do prazo de quinze dias".

Esta é a peculiaridade dos procedimentos dos crimes funcionais, que é justamente a existência de um **contraditório prévio ao recebimento da denúncia**, oportunizando ao funcionário público demonstrar suas razões para tentar convencer o magistrado a não receber a inicial acusatória ou mesmo a absolvê-lo sumariante, como se verá abaixo. Referida peça poderá ser instruída com documentos e justificações (art. 515, p.ú., CPP).

Trata-se de apresentação não obrigatória, estando inserida dentro da estratégia da defesa técnica (STJ, HC nº 43.929/RJ, rel. Min. Paulo Medina, j. 20.04.06). A não apresentação não impedirá o recebimento da inicial acusatória.

O objetivo, conforme doutrina e jurisprudência, é proteger o agente público contra denúncias injustas e infundadas, o que poderia expor o funcionário público indevidamente, permitindo-lhe alegar matérias que possam levar o magistrado a recusar a acusação feita (STF, HC nº 97.033/SP, rel. Min. Cármen Lúcia, j. 12.05.09).

Percebe-se que o texto legal afirma que apenas os crimes funcionais **afiançáveis** autorizam a apresentação de resposta preliminar; mas é de se ressaltar, todavia, que, a partir da Lei nº 12.403/11, todos os crimes funcionais são afiançáveis.

Outra observação necessária é que o Código prevê que o acusado será **notificado** para apresentar resposta preliminar. Para parte da doutrina, trata-se de verdadeira notificação, pois a resposta preliminar é apresentada entre o oferecimento da acusação e o seu recebimento, sendo que somente haverá citação a partir do momento em que o juiz recebe a acusação, oportunizando a resposta escrita (Polastri, 2016); para outra parte, ter-se-á verdadeira citação, já que se dará ciência ao acusado da existência de um processo penal contra ele, permitindo-lhe comparecer em juízo (Badaró, 2016).

12.6.3.1. *Ausência*

A ausência de oportunidade para apresentar resposta preliminar gera nulidade. A questão é: nulidade de qual espécie, relativa ou absoluta?

a) para uma primeira posição, tida como majoritária, haverá **nulidade relativa**, dependendo da alegação e comprovação de prejuízo, sob pena de preclusão (STJ, HC nº 369.182/AP, rel. Min. Ribeiro Dantas, j. 14.02.17; e STF, RHC nº 127.296/PR, rel. Min. Dias Toffoli, j. 02.06.15).

Neste caminho, Renato Brasileiro (Código, 2017) afirma que, embora exista um procedimento legal, as regras rituais não possuem vida própria, servindo apenas para o desenvolvimento do processo, devendo a parte, oportunamente, alegar o eventual prejuízo que sofreu.

Além disso, sustenta-se que as mesmas teses que podem ser alegadas no art. 514, CPP, poderão ser alegadas na resposta escrita, do art. 396, CPP, de modo que o acusado não tem, em princípio, nenhum prejuízo, já que, após sua citação, poderá alegar tudo o que interessar à sua defesa (STF, HC nº 89.517/RJ, rel. Cezar Peluso, j.15.12.09).

b) para uma segunda posição, haverá **nulidade absoluta**, por ferir o princípio da ampla defesa, já que se impedirá uma fase procedimental, gerando prejuízo insanável ao acusado, que poderia impedir o início de uma ação penal e, ainda, por violar o interesse da Administração em não ver seus funcionários públicos indevidamente processados. É a posição, minoritária, adotada por parte da doutrina, como Gustavo Badaró (Curso, 2016) e Marcellus Polastri (Curso, 2016).

12.6.3.2. *Ausência e condenação subsequente*

Entende a jurisprudência que "a superveniência de sentença condenatória, que denota a viabilidade da ação penal, prejudica a preliminar de nulidade processual por falta de defesa prévia à denúncia" (STF, HC nº 89.517/RJ, rel. Min. Cezar Peluso, j. 15.12.09).

Consoante a Suprema Corte, o argumento de inviabilidade da ação penal por ausência de defesa preliminar perde relevância quando advém sentença condenatória, pois, se a finalidade daquela peça é justamente permitir que o acusado apresente argumentos capazes de levar o juiz a rejeitar a inicial acusatória, a posterior condenação, fundada justamente no exame das provas dos autos, sob o contraditório e a ampla defesa, faz presumir sua inutilidade ao processo posteriormente. Assim, conforme o Ministro Peluso, "anular todo o processo, para que a defesa tenha oportunidade de oferecer razões que não foram capazes de evitar a decisão condenatória, não tem sentido algum".

12.6.3.3. *Inquérito policial e defesa prévia*

Viu-se, acima, que o inquérito policial é prescindível, ou seja, não obrigatório para o início da ação penal pela prática de crime funcional.

A dúvida que se põe, aqui, é: havendo inquérito policial prévio, ainda assim é obrigatória a resposta preliminar pelo funcionário público? Claramente, há duas posições a respeito:

a) ainda que tenha havido inquérito policial para investigar os fatos, **é obrigatória** a oportunização da resposta preliminar do art. 514, CPP, sob pena de violação do contraditório e da ampla defesa. É a posição do **Supremo Tribunal Federal** (RHC nº 120.569/SP, rel. Min. Ricardo Lewandowski, j. 11.03.14). Há precedente da Corte no sentido de que, ainda que não se tenha observado o art. 514, CPP, o acusado deve demonstrar o prejuízo sofrido com a ausência desta fase (AgRg no RHC nº 121.094/GO, rel. Min. Roberto Barroso, j. 19.08.14).

b) se houve inquérito policial prévio investigando os fatos, **torna-se desnecessária** a resposta escrita, do art. 514, CPP. É a posição do **Superior Tribunal de Justiça** (AgRg no HC nº 395.486/PA, rel. Min. Rogerio Schietti Cruz, j. 05.10.17). Assim, nos termos da súmula nº 330, STJ, "é desnecessária a resposta preliminar de que trata o art. 514 do Código de Processo Penal, na ação penal instruída por inquérito policial".

Explica-se.

Viu-se, acima, que o art. 513, CPP, permite que se inicie a ação penal contra um funcionário público, pela prática de crime funcional, ainda que sem a prévia instauração de inquérito policial; em razão disso, o art. 514, CPP, na visão do Superior Tribunal de Justiça, teria criado a resposta preliminar como uma forma de oportunizar ao acusado a chance de dar a sua versão dos fatos, com o fim de tentar convencer o juiz a não receber a inicial acusatória lastreada apenas em documentos, sem prévia investigação policial; logo, opostamente a esta situação, se houve inquérito policial investigando os fatos delituosos, o acusado teve contato com os elementos de prova e pôde dar a sua versão dos fatos à autoridade policial, influenciando a *opinio delicti* do Ministério Público, sendo desnecessária, então, a resposta preliminar.

De outro lado, o Supremo Tribunal Federal entende que, com ou sem inquérito policial, a lei processual impõe um momento específico, que é a resposta preliminar, para que o funcionário público apresente a sua versão dos fatos diretamente ao juiz e tente convencê-lo da inidoneidade da acusação, com o fito de não ver a ação penal ter curso.

Conclui-se, portanto, que não há uma posição certa ou pacífica, devendo o aplicador do Direito atentar-se a estes dois entendimentos, que, embora dissonantes, possuem fortes fundamentos.

12.6.3.4. *Capacidade postulatória*

Parte da doutrina sustenta que o próprio funcionário público possui capacidade de apresentar sua defesa preliminar, ainda mais considerando se tratar de peça facultativa. Já outra parte da doutrina sustenta que é exigida capacidade de se postular em juízo, o que apenas o advogado possui, nos termos do art. 1º, I, do EOAB.

Conforme o parágrafo único do art. 514, CPP, se não for conhecida a residência do acusado, ou este se achar fora da jurisdição do juiz, ser-lhe-á nomeado defensor, a quem caberá apresentar a resposta preliminar; neste caso, durante o prazo concedido para a resposta, os autos permanecerão em cartório, onde poderão ser examinados pelo acusado e por seu defensor (art. 515, CPP).

Assim, fica claro que não serão expedidos editais e nem carta precatória, nomeando-se, pois, advogado dativo, o que, claramente, é criticado, pois ferir-se-ia o contraditório e a ampla defesa (Badaró, 2016).

12.6.3.5. *Rejeição da inicial acusatória*

Apresentada a defesa preliminar, é possível que os argumentos de rejeição convençam o magistrado, que, então, rejeitará a inicial acusatória se convencido da inexistência do crime ou da improcedência da ação (art. 516, CPP).

A interpretação da rejeição deve ser feita à luz do art. 395, CPP, que afirma que a inicial será rejeitada quando for manifestamente inepta, faltar pressuposto processual ou condição para o exercício da ação penal, ou faltar justa causa para o exercício da ação penal.

Literalmente aplicando o art. 516, CPP, caso o juiz se convença da *inexistência do crime* ou da *improcedência da ação*, não gerará simples rejeição, mas verdadeira absolvição sumária, do art. 397, CPP, formando-se, então, coisa julgada formal e material (Brasileiro, 2016).

12.6.4. Concurso de infrações penais

Pode ocorrer de o funcionário público praticar dois crimes em concurso, sendo um considerado funcional e outro não. Surge, então, discussão sobre o rito a ser adotado e suas consequências. Ex.: funcionário público pratica os crimes dos arts. 171, § 3º, CP (estelionato), e 312, CP (peculato).

O Supremo Tribunal Federal (AgRg no HC nº 126.738/ES, rel. Min. Celso de Mello, j. 09.06.15) entende que a prática de crimes comuns, em concurso com o crime funcional, **impede a aplicabilidade do rito especial**, isto é, torna-se desnecessário o direito à notificação para a apresentação de defesa prévia, pois o crime comum não prescinde, como regra, de inquérito, de modo que, se todos os crimes estão na mesma acusação, foram apurados da mesma forma; de igual sorte, o Superior Tribunal de Justiça entende que, imputando a denúncia crimes funcionais e não funcionais, não se aplica o rito previsto para o processamento dos crimes funcionais, não incidindo o art. 514, CPP(HC nº 39..267/TO, rel. Min. Laurita Vaz, j. 16.06.05; e AgRg no REsp nº 1.273.837/SP, rel. Min. Jorge Mussi, j. 05.02.13)

De outro lado, caso as infrações tenham sido apuradas em investigações distintas, ou seja, um inquérito policial para o crime comum e documentos comuns para o crime funcional, Nucci defende o direito à apresentação de defesa preliminar quanto ao crime funcional (Código, 2014).

12.6.5. Concurso de agentes

Os crimes funcionais admitem concurso de agentes, nos termos do art. 30, CP, considerando-se que a condição de "ser funcionário público" é elementar destes crimes, bastando que o particular tenha ciência desta qualidade de seu parceiro de crime (STJ, AgRg no REsp nº 1.575.378/DF, rel. Min. Maria Thereza de Assis Moura, j. 20.09.16).

Assim, por exemplo, é possível que um policial civil, juntamente com seu primo, empresário, pratiquem peculato, por terem se apropriado de computadores da delegacia de polícia da cidade.

Neste caso, entende-se que **apenas quem ostenta a qualidade de funcionário público terá direito à apresentação de defesa preliminar**, considerando-se o risco de perseguições e o interesse público, não havendo tal direito em relação ao particular coautor ou partícipe (STJ, HC nº 369.182/AP, rel. Min. Ribeiro Dantas, j. 14.02.17).

12.6.6. Crime funcional e Lei nº 9.099/95

Caso o crime funcional se enquadre no conceito de infração de menor potencial ofensivo, julgado pelos Juizados Especiais Criminal, da Lei nº 9.099/95, incidirá este procedimento sumaríssimo, **afastando o procedimento dos crimes funcionais do Código Penal**, considerando o fundamento constitucional do art. 98, I, da Constituição Federal (Masson, 2016).

12.6.7. Foro por prerrogativa de função

Se o acusado possui foro por prerrogativa de função, **não será aplicado o rito especial do Código de Processo Penal**, mas, sim, o rito específico, como a Lei nº 8.038/90, que trata dos processos de competência originária do STF e do STJ, e da Lei nº 8.658/93, que manda aplicar a Lei nº 8.038/90 às ações penais de competência originária de TJ e TRF (Badaró, 2016).

12.6.8. Perda superveniente da qualidade de funcionário público

Pode ocorrer de o agente praticar um crime funcional na qualidade de funcionário público, mas, depois, ao tempo do recebimento da denúncia, o acusado já não ser mais funcionário público (em razão de exoneração, aposentadoria etc.).

Então, pergunta-se: haverá a necessidade de se observar o rito especial dos crimes funcionais? **Não**. O rito especial somente é aplicável ao agente que ostenta a qualidade de funcionário público; se deixou de sê-lo, não poderá exercer um direito típico de quem o é.

Conforme a Suprema Corte, "o procedimento especial previsto no artigo 514 do Código de Processo Penal não é de ser aplicado ao funcionário público que deixou de exercer a função na qual estava investido" (AP nº 465/DF, rel. Min. Cármen Lúcia, j. 24.04.14). No mesmo sentido entende o Superior Tribunal de Justiça, ao afirmar que o procedimento especial dos crimes funcionais não é aplicado ao acusado que deixa de exercer a função pública, que no caso era de Secretário Municipal (HC nº 105.671/SP, rel. Min. Rogerio Schietti Cruz, j. 23.02.16).

12.6.9. Rito

Caso o juiz não rejeite a inicial acusatória, cf. o art. 516, CPP, ele determinará a citação do acusado, de modo que passará a seguir as regras do procedimento comum **ordinário**.

Isso deixa claro que o que torna o procedimento dos crimes funcionais "especial" é a existência da defesa preliminar, apresentada entre o oferecimento da inicial e o seu recebimento pelo juiz.

12.7. PROCEDIMENTO DOS CRIMES CONTRA A HONRA

12.7.1. Introdução

O Código de Processo Penal prevê, entre os artigos 519 e 523, o procedimento especial "dos crimes de calúnia e injúria, da competência do juiz singular".

O crime de difamação também está incluído no procedimento, apenas não foi mencionado no Código de Processo Penal porque, à época da entrada de sua vigência, ainda não era definido como um tipo penal autônomo no Código Penal. Logo, o procedimento especial **é aplicado a todos os crimes contra a honra**.

Como anota a doutrina (Rebouças, 2017), o procedimento especial em tela é previsto apenas em relação aos crimes contra a honra cuja ação penal seja de iniciativa privada, em razão das suas particularidades, como, por exemplo, a tentativa de conciliação antes do recebimento da queixa, conforme o art. 520, CPP, ou a desistência, do art. 522, CPP.

12.7.2. Crimes contra a honra e Lei nº 9.099/95

A análise das penas cominadas aos crimes contra a honra, além das suas circunstâncias, permite a conclusão de que a sua maioria será processada no âmbito dos Juizados Especiais, nos moldes da Lei nº 9.099/95. Exemplo: calúnia, do art. 138, CP, cuja pena é de detenção de 6 meses a 2 anos, e multa.

Logo, apenas em poucas situações será aplicável o rito especial dos crimes contra a honra, como no caso de não ser compatível o rito sumaríssimo (fato complexo, necessidade de citação por edital, concurso de crimes cuja pena extrapole o limite do rito etc.). Assim, caso o acusado responda pela prática de injúria, calúnia e difamação, em concurso de crimes, haverá a remessa dos autos ao juízo comum (STJ, RHC nº 35.440/SC, rel. Min. Felix Fischer, j. 16.12.14).

Vale relembrar que, no caso de crime que seria julgado pelo rito sumaríssimo, mas que, pelas circunstâncias, o será pelo juízo comum, será, em princípio, observado o procedimento sumário, mas, quando houver procedimento especial, tal como o previsto aos crimes contra a honra, este deverá ser aplicado ao invés daquele, em razão da especialidade.

12.7.3. Legislação extravagante

Não só o Código Penal, mas outras leis também preveem crimes contra a honra, a exemplo do Código Eleitoral (arts. 324, 325 e 326), da Lei de Segurança Nacional (art. 26) e do Código Penal Militar (arts. 214, 215, 216 e 217).

A esta legislação especial não se aplica o procedimento especial do Código de Processo Penal, cuja incidência está restrita aos crimes contra a honra considerados "comuns", isto é, injúria, calúnia e difamação do Código Penal apenas, observada a possível aplicação da Lei nº 9.099/95, claro. À legislação especial aplicar-se-á o procedimento especial lá previsto.

12.7.4. Pedido de explicações

Nos termos do art. 144 do Código Penal, se, de referências, alusões ou frases, se infere calúnia, difamação ou injúria, quem se julgar ofendido poderá pedir explicações em juízo.

Referido procedimento, de natureza cautelar, é chamado pela doutrina processualista de *equivocidade de ofensa* (Polastri, 2016), que somente deve ser manejada caso o pretenso ofendido tenha dúvidas sobre o conteúdo das supostas ofensas (STF, AgRg na Pet. nº 5151/DF, rel. Min. Luiz Fux, j. 25.11.14). A dúvida pode estar relacionada a frases ou expressões, sejam elas escritas ou não, que gerem dúvida quanto ao seu intento.

Não há previsão a este respeito no Código de Processo Penal, tratando-se de medida facultativa realizada, obviamente, antes do ajuizamento da ação penal, perante o juízo criminal (STJ, HC nº 90.733/AL, rel. Min. Felix Fischer, j. 25.11.08).

O objetivo, como se percebe, é afastar dúvidas sobre a possível ofensa feita (objetiva) ou contra quem ela foi proferida (subjetiva). Ex.: professor de universidade diz que há "grande desvio de dinheiro" no "âmbito da presidência" da instituição, não indicado qual crime de fato teria ocorrido e nem quem seria o seu responsável. Há, pois, verdadeira medida preparatória – facultativa – de ação penal ulterior.

O procedimento será aquele previsto às *interpelações cíveis*, conforme o art. 727, CPC, de natureza de jurisdição voluntária. Consiste esta interpelação "em uma técnica processual através da qual se objetiva verificar a ação ou omissão do interpelado como forma de autorizar a produção de efeitos jurídicos" (Freire e Cunha, 2016, p. 768).

Pode ocorrer de o requerido (pretenso ofensor) se recusar a dar explicações sobre os fatos considerados pelo requerente (pretenso ofendido) como ofensivos à sua honra. O art. 144, segunda parte, CP, diz que "aquele que se recusa a dá-las ou, a critério do juiz, não as dá satisfatórias, responde pela ofensa".

Há ao menos dois equívocos na redação do dispositivo. O primeiro é que o juiz não "julga" o pedido de explicações, não entrando no mérito da questão penal. O segundo é que não haverá nenhuma consequência caso o requerido não preste as informações solicitadas pelo pretenso ofendido, sendo que, caso o ofendido mova, de fato, a ação penal, o ofensor exercerá normalmente a sua ampla defesa, com o exercício de todos os meios de provas admitidos, somente disso podendo o juiz tirar suas conclusões e julgar o caso, pouco importando se o requerido, anteriormente, respondeu ou não ao pedido de explicações.

O pedido de explicações não interrompe e nem suspende a prescrição ou a decadência (STJ, REsp nº 204.291/PR, rel. Min. Fernando Gonçalves, j. 17.08.00), mas previnirá o juízo para a futura ação penal (Masson, v. 2, 2016).

O *habeas corpus* não é medida idônea para se tentar trancar o procedimento do pedido de explicações, haja vista tratar-se de mero procedimento preparatório para eventual propositura de ação penal de iniciativa privada, não havendo risco à liberdade, já que não se permite a condução coercitiva (STJ, RHC nº 13.146/MG, rel. Min. Felix Fischer, j. 17.12.02).

No mais, ao pedido de explicações se aplica a regra do art. 85, CPP, de modo que ele – e tão somente ele – será julgado pelo tribunal respectivo caso o suposto autor do crime contra a honra tenha foro privativo, conforme se verá na sequência (STF, AgRg na AC nº 3.883/DF, rel. Min. Celso de Mello, j. 10.11.15). Ex.: uma pessoa entende que pode ter sido vítima de crime contra a honra praticado por um senador, em razão de suas palavras supostamente ofensivas; então, antes de mover uma ação penal, procede com o pedido de explicações, que será, nesse caso, julgado pelo STF, em razão da competência originária para julgar, criminalmente, os congressistas (STF, Pet. nº 8.271/DF, rel. Min. Celso de Mello, j. 04.09.19). Inclusive, se o congressista, que possui imunidade material

(CF, art. 53), ofender a honra alheia em razão do exercício das funções parlamentares, restará inviabilizada a interpelação judicial de pedido de explicações.

12.7.5. Audiência de tentativa de conciliação

É o diferencial que torna o presente rito especial.

Nos termos do art. 520, CPP, antes de receber a queixa, o juiz oferecerá às partes oportunidade para se reconciliarem, fazendo-as comparecer em juízo e ouvindo-as, separadamente, sem a presença dos seus advogados, não se lavrando termo.

Antes de mais nada, registre-se que a jurisprudência entende que não existe violação ao art. 520, CPP, nos casos em que o juiz indefere liminarmente a queixa, sem marcar audiência de conciliação, quando ausente requisito necessário para o recebimento da inicial acusatória (STJ, AgRg no AREsp nº 484.371/SP, rel. Min. Rogerio Schietti Cruz, j. 30.03.17).

A audiência de tentativa de conciliação é considerada uma *condição de procedibilidade*, preliminar ao recebimento da queixa, em que o juiz ouvirá, **separadamente**, o ofensor e o ofendido, **sem seus advogados**, o que é criticado por parte da doutrina, por ofensa à publicidade das audiências e acesso do defensor ao acusado. De qualquer forma, o juiz, após ouvi-los, buscará a conciliação entre ofensor e ofendido, na sua presença, tentando fazer com que as partes não iniciem um processo penal (art. 521, CPP).

Percebe-se, assim, que a tentativa de conciliação é dividida em duas partes: (i) oitiva separada das partes, sem seus advogados; e (ii) avistando possível a conciliação, o juiz promoverá a conciliação entre elas (STJ, REsp nº 631.596/PE, rel. Min. José Arnaldo da Fonseca, j. 07.04.05).

Caso haja, efetivamente, acordo, o querelante-ofendido assinará um termo de **desistência**, arquivando o juiz, na sequência, a queixa oferecida (art. 522, CPP), numa espécie de extinção da punibilidade *sui generis*. Nada impede que haja perdão, extinguindo-se explicitamente a punibilidade do querelado (art. 107, V, CPP).

É possível que querelante-ofendido e querelado-ofensor não compareçam à audiência de tentativa de conciliação. Neste caso, há duas posições a este respeito:

a) o juiz imporá consequências, pois, caso o querelante não compareça injustificadamente a este ato, ao qual deveria estar presente, haverá perempção (art. 60, III, CPP), com consequente extinção da punibilidade (art. 107, IV, CP); e caso o querelado não compareça, o juiz determinará a sua condução coercitiva.

b) o juiz não imporá consequência alguma, significando, tão somente, que querelante e querelado não desejam a conciliação e querem uma solução judicial ao impasse pela via do processo penal.

Essa tentativa de conciliação é realizada antes do recebimento da queixa, ou seja, ela não pode ser considerada "ato do processo" (STJ, REsp nº 466.618/DF, rel. Min. José Arnaldo da Fonseca, j. 10.06.03), de modo que não caracterizará perempção a ausência do querelado (STJ, HC nº 24.218/MG, rel. Min. Paulo Medina, j. 08.05.03). Além disso, não há mecanismo legal que obrigue o querelado a comparecer ao ato, não sendo possível a sua condução coercitiva. Logo, mais acertada parece ser esta segunda posição. Assim, parece prevalecer a segunda corrente.

12.7.6. Exceção da verdade

Por meio deste incidente processual de natureza *prejudicial homogênea* (pois impedirá a análise do mérito do crime contra a honra) e considerada uma *ação declaratória incidental*, o querelado-ofensor poderá provar que o fato que ele imputou a outrem é verdadeiro, isto é, não pode ser considerado crime, porque realmente ocorreu e/ou é verdadeiro.

A doutrina (Badaró, 2016) defende que, caso a ação penal seja pública condicionada à representação, na hipótese de difamação/calúnia contra funcionário público, apresentada a exceção da verdade pelo querelado-ofensor, o autor da ação penal – no caso, o Ministério Público – será intimado para respondê-la.

Ver-se-á, a seguir, a consequência em relação a cada crime contra a honra.

a) **calúnia**: tipifica-se a calúnia quando alguém imputa *falsamente* a outrem um fato definido como crime. Isto significa que, se a imputação for verdadeira, não haverá calúnia, por óbvio. Desta forma, quem é acusado de caluniar pode provar, por meio da exceção da verdade, que o fato que imputou ao ofendido é verdadeiro, o que afastará o crime de calúnia, já que ausente estará a elementar "falsamente" (STJ, AgRg no AREsp nº 1.068.510/RS, rel. Min. Jorge Mussi, j. 26.09.17).

Admite-se, como regra, a exceção da verdade ao crime de calúnia, salvo em três situações taxativas, conforme o art. 138, § 3º, incs. I, II e III, CP: (i) fato imputado for crime de ação penal de iniciativa privada e o ofendido não foi condenado por sentença irrecorrível; (ii) fato imputado a Presidente da República ou a Chefe de Estado estrangeiro; e (iii) crime imputado de ação penal pública se o ofendido foi absolvido do crime imputado por sentença irrecorrível.

Nestes três casos, portanto, existirá calúnia ainda que a imputação de fato definido como crime seja verdadeira, ou seja, mesmo que uma pessoa impute um fato criminoso, *v.g.*, ao Presidente da República e isso seja verdadeiro, estará tipificado o crime de calúnia, não sendo possível a admissão da exceção da verdade. Como adverte Cleber Rogério Masson, "ainda que verdadeira a imputação, isto é, embora seja efetivamente o ofendido responsável pelo crime a ele atribuído, o réu da ação penal de calúnia não poderá provar a veracidade do que disse, uma vez que a lei não aceita esse meio de defesa" (Direito, v. 2, 2016, p. 207).

Caso o querelante-ofendido pelo crime de calúnia seja detentor de foro por prerrogativa de função, o *incidente* será julgado pelo tribunal competente. Exemplo: se o ofendido é promotor de justiça do MP/SC, a exceção da verdade será julgada pelo TJ/SC, mas a análise de sua admissibilidade, seu processamento e sua instrução processual serão realizados pelo juízo processante, do local onde tramita a ação penal, conforme o art. 85, CPP (STJ, HC nº 311.623/RS, rel. Min. Jorge Mussi, j. 10.03.15). Assim, a regra é que, em casos comuns, a exceção da verdade seja julgada pelo mesmo juízo que julgará o crime contra a honra, mas, no caso de exceção da verdade apresentada contra pessoa com prerrogativa de foro, o juízo competente para o crime deve fazer toda a instrução da exceção, deixando para o tribunal competente apenas o julgamento da questão, de modo que, somente após realizados todos os atos de instrução probatória referentes à exceção é que se justificará o encaminhamento do incidente ao tribunal competente, sob pena de prematuridade e de não conhecimento da exceção (STF, Pet nº 7.448/RS, rel. Min. Celso de Mello, j. 23.04.18).

Resolvida a exceção, seja ela acolhida ou rejeitada, a decisão do processo penal pelo crime contra a honra retornará ao juiz natural de primeiro grau, que estará vinculado à decisão quanto à exceção (Badaró, 2016).

Entende-se que este art. 85, CPP, se aplica exclusivamente em relação ao crime de *calúnia* contra funcionário público. Tratando-se de difamação contra o funcionário público, o julgamento da exceção será em primeira instância, mesmo que o ofendido goze de foro por prerrogativa de função (STJ, HC nº 29.862/SP, rel. Min. Paulo Gallotti, j. 21.09.04).

b) **difamação**: a falsidade da imputação não é elementar do crime de difamação, que se tipifica com a simples imputação de fato ofensivo à reputação de alguém (art. 139, CP). Logo, como regra, não cabe exceção da verdade, salvo um único caso: se o ofendido for *funcionário público* e a ofensa for relativa ao exercício de suas funções (p.ú.).

De acordo com a doutrina (Bitencourt, 2012), admite-se a exceção da verdade pelo funcionário público porque o Estado possui interesse em saber que seus funcionários estão exercendo a função pública com dignidade e decoro, até porque, o agente público deve ficar exposto à censura (controle) dos administrados.

Exemplo: um administrado diz a seus amigos, numa festa, que compareceu a uma reunião no Ministério Público, mas viu o promotor de justiça conversando com alguns políticos da cidade de forma muito "acolhedora" e com bebidas sobre a mesa, inclusive parecendo estar embriagado; caso o promotor ajuíze ação penal por difamação, o administrado poderá utilizar a exceção da verdade para demonstrar os fatos, ou seja, que o membro do MP estava, de fato, reunido de forma "afável" com políticos e embriagado, pois, *no âmbito da Administração Pública, mais importa a verdade dos fatos do que a intimidade e a honra do funcionário público.*

Questão que se coloca é saber se o ofendido, no momento da comprovação da verdade, ainda precisa ser funcionário público para que o ofensor possa dela se utilizar. Há duas posições: (i) o ofendido deve ser funcionário público *ao tempo da prova da verdade*, considerando que a lei penal fala no ofendido que "é funcionário público", ou seja, exige contemporaneidade entre a prova da verdade e o exercício da função pública, conforme entende Damásio E. de Jesus (Direito, v. 2, 2007); e (ii) o ofendido deve ser funcionário público *ao tempo da ofensa*, mantendo o ofensor o direito à exceção da verdade mesmo após deixar de ser um agente público, cf. entende Cezar Roberto Bitencourt (Código, 2012).

Viu-se, acima, que não é possível a exceção da verdade na calúnia proferida contra o Presidente da República (art. 138, § 3º, II, CP). Todavia, pergunta-se: será cabível no caso de difamação contra ele, tendo em vista que a lei a admite ao funcionário público?

Entende-se que não, tendo em vista o disposto no item 49 da Exposição de Motivos da Parte Especial do Código Penal, que dispõe que "a *fides veri* ou *exceptio veritatis* é admitida, para exclusão de crime ou de pena tanto no caso de calúnia (salvo as exceções enumeradas no § 3º do art. 138), quanto no de difamação, mas, neste último caso, somente quando o ofendido é agente ou depositário da autoridade pública e a ofensa se refere ao exercício de suas funções, **não** se tratando do Presidente da República, ou chefe de Governo estrangeiro em visita ao país".

c) **injúria**: não se admite a exceção da verdade, pois não há previsão legal e porque se ofende a honra subjetiva, isto é, não há a imputação de um fato (que pode ou não ser demonstrado objetivamente), mas de uma qualidade negativa, cuja comprovação – por qualquer meio – é impossível.

12.7.7. Exceção da notoriedade

O Código de Processo Penal, no art. 523, prevê a exceção de notoriedade como uma defesa do acusado baseada na alegação de que os fatos por ele praticados não são ofensivos, pois "todo mundo já sabia", ou seja, eram fatos públicos, notórios, de modo que a sua simples conduta não agravou em nada a honra do querelante-ofendido.

Para alguns, somente é cabível em relação à calúnia (Bitencourt, 2012); para outros, apenas à difamação de funcionário público (Nucci, 2016); e para outros ainda, a ambos (Capez, 2016).

Embora previsto em lei, a doutrina é praticamente unânime ao afirmar que, por mais que o fato seja conhecido publicamente, ninguém possui o direito de ofender a honra alheia (Bitencourt, v. 2, 2012), já que a ninguém é dado o direito de imputar ou divulgar fatos desabonadores sob o manto equivocado da notoriedade. Logo, não poderia o querelado-ofensor se valer da notoriedade como escusa à prática de crime contra a honra. Bem resume Masson, ao afirmar que "as pessoas não devem formular comentários inadequados sobre a honra alheia, pouco importando se verdadeiros ou falsos" (Direito, v. 2, 2016, p. 212).

Vale ressaltar que há doutrina, minoritária, que ainda defende a notoriedade como defesa do imputado (Tourinho, v. 4, 2012), ao afirmar que "não faz sentido alguém ser punido porque repetiu o que todo o mundo sabe e diz" (p. 280). Demonstrar-se-ia, assim, a boa-fé do acusado, a ausência de dolo, bem como a falta de ofensividade da conduta (Badaró, 2016). Com razão, em tese, esta corrente. É bom destacar que, se a lei processual autoriza expressamente a suscitação da notoriedade do fato, com a possibilidade de afastar a tipificação do crime contra a honra, não cabe à doutrina ou à jurisprudência, pautadas na suposta imoralidade ou na reprovação social da conduta de ofender a honra alheia, querer tipificar criminalmente o que a norma legal expressamente excluiu de sua incidência, sob pena de afronta ao princípio constitucional da legalidade. Ora, se existe o crime e, de outro lado, uma norma estabelecendo que este crime pode deixar de existir, não há como defender posição contrária a esta norma, sob pena de ofensa à reserva legal e de se interpretar o dispositivo em prejuízo do ofensor, o que não pode ser aceito. Embora se trate de norma processual, ela possui nítidos reflexos no direito de punir estatal, devendo ser interpretada em benefício do acusado, e não contrariamente aos seus interesses.

12.7.8. Rito

Como regra, a exceção é oferecida com a resposta à acusação, havendo doutrina sustentando que, por ser defesa anterior ao julgamento, poderia ser apresentada a qualquer momento antes da sentença. Independentemente disso, caso não seja apresentada a exceção oportunamente, o querelado-ofensor poderá provar a verdade dos fatos através de todos os meios de prova admitidos no Processo Penal.

Seja como for, uma vez apresentada a exceção, ela será autuada nos autos principais (há quem sustente a autuação em apartado). O querelante-ofendido será intimado para apresentar contestação à exceção, em 2 dias, podendo ser inquiridas as testemunhas arroladas na queixa ou outras indicadas na exceção ou na contestação, em substituição às da inicial acusatória (art. 523, CPP). A exceção será decidida, ao final, em conjunto com as provas colhidas no curso do processo.

Apresentada ou não a exceção de verdade/notoriedade, o processo seguirá nos termos do procedimento **ordinário** (art. 519, CPP), pouco importando a quantidade de pena (Demercian e Maluly, 2012).

12.8. PROCEDIMENTO DOS CRIMES CONTRA A PROPRIEDADE IMATERIAL

12.8.1. Introdução

O rito para o processo e julgamento dos crimes contra a propriedade imaterial está previsto nos arts. 524 a 530-I, CPP. Estabelece a lei processual que será aplicado o procedimento **ordinário**, independentemente da quantidade de pena, com as modificações constantes do rito especial previsto aos crimes contra a propriedade imaterial, que se resume, basicamente, às medidas preliminares, anteriores à ação penal.

Caso a infração seja considerada de menor potencial ofensivo, aplicar-se-á o procedimento sumaríssimo, da Lei nº 9.099/95. Como será estudado adiante, caso a infração penal deixe vestígios, a materialidade dependerá de prova pericial, o que pode fazer com que o Juizado Especial deixe de ser competente em razão da sua complexidade, remetendo-se os autos ao juízo comum com aplicação do rito especial.

São, portanto, considerados crimes contra a propriedade imaterial:

i) violação de direito autoral, do art. 184, CP;

ii) violação de propriedade industrial, da Lei nº 9.279/96, o que abrange: (a) crimes contra patentes; (b) crimes contra desenhos industriais; (c) crimes contra as marcas; (d) crimes cometidos por meio de marca, título de estabelecimento ou sinal de propaganda; (e) crimes contra as indicações geográficas; e (f) crimes de concorrência desleal.

Há duas espécies de procedimento relativos aos crimes de propriedade imaterial:

(1) se a **ação penal é de iniciativa privada**: arts. 525 a 530-A, CPP;

(2) se a **ação penal é pública**: arts. 530-B a 530-H, CPP.

Aos crimes da Lei nº 9.279/96, há procedimento específico, sendo-lhes aplicável o Código de Processo Penal de forma subsidiária, consoante o art. 200 daquele diploma legal.

12.8.2. Rito dos crimes de ação penal de iniciativa privada

O Código de Processo Penal prevê uma condição – pré-processual – para o exercício do direito de queixa: a **busca e apreensão** e o **exame pericial** dos objetos que constituam o corpo de delito.

Conforme o Superior Tribunal de Justiça, a perícia, nos crimes contra a propriedade imaterial que são processados mediante queixa, é indispensável para a propositura da ação penal (RHC nº 9.854/PR, rel. Min. Jorge Scartezzini, j. 13.09.00).

De acordo com o art. 525, CPP, no caso de haver o crime deixado vestígio, a queixa não será recebida se não for instruída com o exame pericial dos objetos que constituíam o corpo de delito; esta previsão somente se aplica aos crimes que se procedem mediante queixa, cf. o art. 530-A, CPP. Trata-se, aqui especificamente, de condição de procedibilidade. Excepcionalmente, se desaparecidos os vestígios, o exame de corpo de delito poderá ser indireto, consoante outros elementos.

Exemplo: reproduções não autorizadas de um livro jurídico, sem intuito de lucro (art. 184, *caput*, CP).

Sem a "prova do direito à ação", não será recebida a queixa, nem se ordenada qualquer diligência preliminarmente requerida pelo ofendido (art. 526, CPP). Isso significa que o ofendido, para requerer a busca e apreensão e consequente perícia e, também, para mover a queixa ulteriormente, deve demonstrar sua legitimidade ativa, ou seja, comprovar que é o titular do bem jurídico tutelado pela norma. Ex.: comprovar ser o detentor/autor da obra.

Atentar que o referido crime, do art. 184, CP, é considerado infração de menor potencial ofensivo, dado que sua pena é de detenção de 3 meses a 1 ano, de modo que o procedimento sumaríssimo se impõe; todavia, caso este não se aplique, como no caso de surgir a necessidade de citação por edital ou se a prova for complexa, seguir-se-á o procedimento especial do Código de Processo Penal.

Por ser regra especial, o exame de corpo de delito nos crimes contra a propriedade imaterial que deixam vestígios é uma prova imprescindível que deve ser requerida pelo ofendido ao juiz, não podendo ser suprida por exames indiretos (art. 158, CPP).

Caso o requerimento de busca e apreensão e consequente perícia seja indeferido pelo magistrado, caberá apelação, que não possui efeito suspensivo. Assim, o prazo decadencial para o oferecimento da queixa estará correndo, de sorte que o ofendido poderá oferecer a inicial acusatória sem o laudo pericial e requerer ao juiz o sobrestamento do feito, ou então, impetrar mandado de segurança requerendo a concessão de efeito suspensivo ao recurso interposto (Badaró, 2016) – esta possibilidade de obtenção de efeito suspensivo a recurso deste desprovido é rechaçada pela jurisprudência, nos termos da súmula nº 604 do STJ, salvo casos teratológicos ou flagrantemente ilegais (STJ, AgRg no RMS nº 52.087/DF, rel. Min. Maria Thereza de Assis Moura, j. 06.12.16).

A diligência de busca ou de apreensão será realizada por **2 peritos** nomeados pelo juiz, que verificarão a existência de fundamento para a apreensão, e, quer esta se realize ou não, o laudo pericial será apresentado dentro de **3 dias** após o encerramento da diligência (art. 527, CPP). Esta disposição, por ser especial, não foi revogada pela Lei nº 11.690/08, que passou a exigir apenas um perito para o exame de corpo de delito genérico previsto no Código de Processo Penal.

O ofendido, o Ministério Público e o juiz poderão realizar quesitos, que serão respondidos pelos peritos. O investigado terá o exercício do contraditório diferido no tempo, realizado posteriormente (STJ, AgRg no REsp nº 402.488/SP, rel. Min. Og Fernandes, j. 17.11.09).

Se os peritos concluírem pela ocorrência, em princípio e provisoriamente, de crime contra a propriedade imaterial, e consequente necessidade de apreensão dos objetos, esta será restrita somente ao que for necessário e suficiente para a realização da perícia (Badaró, 2016)

Independentemente da conclusão dos peritos – seja pela apreensão ou não dos objetos – o laudo pericial será elaborado. Se este for contrário à apreensão, o requerente da diligência poderá impugná-lo e o juiz, se reconhecer a improcedência das razões dos peritos, ordenará a realização da apreensão (p.ú., art. 527, CPP).

Finda a diligência, os autos são entregues ao juiz para homologação do laudo (art. 528, CPP), que não analisará a ocorrência ou não de crime. Uma vez homologado, os autos não serão entregues ao requerente, permanecendo em cartório.

No que diz respeito à ação penal, o art. 529, CPP, dispõe que não será admitida a queixa com fundamento em apreensão e perícia se decorrido prazo de **30 dias** *após a homologação do laudo*. O problema é que o art. 38, CPP, fixou o prazo de 6 meses para o oferecimento da queixa a partir do conhecimento da autoria, o que só poderá ocorrer (conhecimento da autoria) com o resultado da perícia.

Entende-se, então, majoritariamente, que o art. 529, CPP, tem plena aplicação, sendo especial em relação à regra do Código de Processo Penal (STF, RHC nº 67.300/SP, rel. Min. Carlos Madeira, j. 07.04.89; e STJ, HC nº 91.101/RJ, rel. Min. Napoleão Nunes Maia Filho, j. 17.06.08), o que é criticado por parte da doutrina, porque o lesado poderia ver ampliado o seu direito de queixa por muito tempo, já que o início do prazo se dá com a homologação do laudo pericial, o que pode ocorrer em semanas ou em anos, adiando o marco inicial do prazo.

Como afirma Gustavo Badaró (Curso, 2016), o art. 529, "caput", CPP, disciplina o *prazo de eficácia probatória do laudo pericial*, pois, uma vez homologado o laudo, ele terá eficácia probante por apenas 30 dias, podendo fundamentar o ajuizamento de queixa-crime; após este lapso, ele perderá sua eficácia como meio de prova, mas não haverá decadência, que, como sabido, somente se dá em 6 meses; assim, mesmo que o laudo tenha perdido sua eficácia, a parte poderá requerer nova perícia, cujo novo laudo terá, novamente, mais trintas dias de eficácia; todavia, se já passados 6 meses a partir do conhecimento da autoria, já terá ocorrido a decadência.

Se ocorrer prisão em flagrante e o réu não for posto em liberdade, o prazo de eficácia do laudo pericial, que era de 30 dias, passa a ser de exíguos **8 dias** (art. 530, CPP). Se a queixa não for oferecida neste prazo, haverá ilegalidade da prisão, com o seu relaxamento. Conforme a doutrina, isso bem demonstra que o prazo de eficácia do laudo pericial não é decadencial, pois, do contrário, o seu controle ficaria nas mãos do delegado de polícia, ou seja, se trinta ou se oito dias.

Por fim, o parágrafo único do art. 529, CPP, prevê que será dada vista ao Ministério Público dos autos de busca e apreensão requerida pelo ofendido, se o crime for de ação penal pública e não tiver sido oferecida queixa no prazo legal de trinta dias. Desta forma, caso se requeira a busca e apreensão e consequente perícia, crendo a vítima tratar-se de crime de ação penal de iniciativa privada, mas, depois, descobre-se que se trata de crime processado por ação penal pública, deve o juiz abrir vista ao *Parquet* para a adoção das medidas necessárias.

12.8.3. Rito dos crimes de ação penal pública

Não sendo o caso de crime processado por ação penal de iniciativa privada, que observará o rito anterior (arts. 525/530-A, CPP), mas de ação penal pública condicionada à representação ou incondicionada, será aplicado o rito previsto nos arts. 530-B a 530-H, CPP, com as modificações trazidas pela Lei nº 10.695/03.

Exemplo: §§ 1º, 2º e 3º do art. 184, CPP, quando houver intuito de lucro, ou houver venda ou exposição à venda, ou se a violação for pelo oferecimento público por algum meio tecnológico etc.

Referido procedimento, a bem da verdade, apenas afasta a necessidade de o ofendido requerer a busca e apreensão dos bens contrafeitos e de o juiz homologar o laudo pericial (Badaró, 2016). Ainda assim, há duas peculiaridades: (a) obrigatoriedade de o **laudo de busca e apreensão** acompanhar o inquérito policial, conforme o art. 530-D, CPP; e (b) legitimidade ampla ao **assistente de acusação**, conforme o art. 530-H, CPP.

Assim, nestes casos, a autoridade policial procederá à apreensão, autorizada judicialmente se não ocorrer prisão em flagrante (arts. 6º e 240, CPP), dos bens ilicitamente produzidos ou reproduzidos, em sua totalidade, juntamente com os equipamentos, suportes e materiais que possibilitaram a sua existência, desde que estes se destinem precipuamente à prática do ilícito (art. 530-B, CPP). Ex.: apreensão de brinquedos falsificados, do maquinário utilizado, das embalagens, dos equipamentos etc.

Na ocasião da apreensão, será lavrado termo, assinado por **2 ou mais testemunhas**, com a descrição de todos os bens apreendidos e informações sobre suas origens, o qual deverá integrar o inquérito policial ou o processo, demonstrando-se a materialidade delitiva. É possível o pedido de restituição de coisas apreendidas, cf. arts. 118 a 124, CPP.

Após a apreensão, será realizada, por **perito oficial**, ou, na falta deste, por **pessoa** tecnicamente habilitada (ou seja, um perito não oficial), perícia sobre *todos* os bens apreendidos e elaborado o laudo que deverá integrar o inquérito policial ou o processo.

Em relação a isso, o Superior Tribunal de Justiça editou a súmula nº 574, fixando que, para a configuração do delito de violação de direito autoral e a comprovação de sua materialidade, é suficiente a perícia realizada *por amostragem* do produto apreendido, nos aspectos externos do material, e é *desnecessária* a identificação dos titulares dos direitos autorais violados ou daqueles que os representem.

Assim, por exemplo, caso uma operação policial apreenda 20 mil CDs e DVDs "piratas", não será preciso que se faça perícia sobre cada um dos objetos apreendidos e nem a inquirição e identificação do sujeito passivo (STJ, HC nº 369.760/RS, rel. Min. Ribeiro Dantas, j. 21.02.17), pois se trata de crime contra o Estado e a coletividade, diminuindo a arrecadação de tributos e reduzindo os empregos formais, não havendo um sujeito passivo específico.

Bastará, portanto, demonstrar que não se trata de objeto original, o que poderá se dar, inclusive, por meio de exames visuais (STJ, AgRg no REsp nº1.527.879/MG, rel. Min. Sebastião Reis Júnior, j. 04.08.15), como, *v.g.*, não é preciso reproduzir um CD para verificar se ele é ou não falsificado quando a própria impressão, embalagem e cor do disco assim já indicam (até porque, muitas vezes os sons/imagens são muito semelhantes ao original, sendo apenas falsos os seus aspetos externos e visuais).

Os titulares de direito de autor e os que lhe são conexos serão os fiéis depositários de todos os bens apreendidos, devendo colocá-los à disposição do juiz quando do ajuizamento da ação (art. 530-E, CPP).

Ressalvada a possibilidade de se preservar o corpo de delito, o juiz poderá determinar, a requerimento da vítima, a destruição da produção ou reprodução apreendida quando não houver impugnação quanto à sua ilicitude ou quando a ação penal não puder ser iniciada por falta de determinação de quem seja o autor do ilícito (art. 530-F, CPP).

O juiz, ao prolatar a sentença condenatória, poderá determinar a destruição dos bens ilicitamente produzidos ou reproduzidos e o perdimento dos equipamentos apreendidos, desde que precipuamente destinados à produção e reprodução dos bens, em favor da Fazenda Nacional, que deverá destruí-los ou doá-los aos Estados, Municípios e Distrito Federal, a instituições públicas de ensino e pesquisa ou de assistência social, bem como incorporá-los, por economia ou interesse público, ao patrimônio da União, que não poderão retorná-los aos canais de comércio (art. 530-G, CPP).

Ver que é possível a doação, por exemplo, de computadores (*lícitos*) utilizados para reproduzir ilegalmente obras literárias; mas não será possível doar os livros reproduzidos que violaram direito de autor (*ilícitos*).

Ainda em relação ao procedimento especial, as associações de titulares de direitos de autor e os que lhes são conexos poderão, em seu próprio nome, funcionar como **assistente da acusação** nos crimes previstos no art. 184 do Código Penal, quando praticado em detrimento de quaisquer de seus associados (art. 530-H, CPP). Para a doutrina, tal assistência pode ser estendida a qualquer delito contra a propriedade imaterial, alcançando-se, assim, a Lei nº 9.279/96.

13

ATOS DECISÓRIOS

13.1. ATOS JUDICIÁRIOS

13.1.1. Introdução

O juiz, como representante do Estado no Processo Penal, pratica diversos atos de controle processual, desde simples despachos para o bom andamento do caso até a sentença que julga a causa penal.

O exercício da atividade jurisdicional, portanto, não está restrito somente ao proferimento de julgamentos finais. Fala-se em "atos judiciários em sentido amplo" em relação àqueles praticados pelo Poder Judiciário, que se subdividem em (Tourinho, v. 4, 2012):

a) atos judiciários estritos

 a.1) normativos

 a.2) administrativos

 a.3) anômalos

b) atos jurisdicionais

 b.1) decisões

 b.2) despachos

Assim, **ato judiciário estrito** é aquele praticado pelo membro do Poder Judiciário, mas não relacionado à função de solucionar conflitos. Será **normativo** quando disser respeito à função normativa/regulamentadora do Poder Judiciário, como a elaboração do regimento interno dos tribunais (CF, art. 96, I, *a*); haverá ato judiciário **administrativo** quando o Poder Judiciário realizar, por exemplo, um concurso público para prover seus cargos (CF, art. 96, I, *f*); e haverá ato judiciário **anômalo** na cooperação do Poder Judiciário com os órgãos do Estado, como a comunicação de um juiz ao Ministério Público quando ele tomar conhecimento da ocorrência de um crime (art. 40, CPP).

E haverá **ato jurisdicional** quando este for praticado para solucionar o conflito levado a julgamento, exercendo jurisdição. Haverá uma **decisão** quando o juiz praticar um ato que envolva a análise de julgamento, com maior ou menor intensidade, podendo ser uma decisão interlocutória ou uma decisão definitiva; e haverá um simples **despacho** quando o ato for praticado apenas para movimentar o processo, sem o juiz decidir ou deliberar algo.

Em suma:

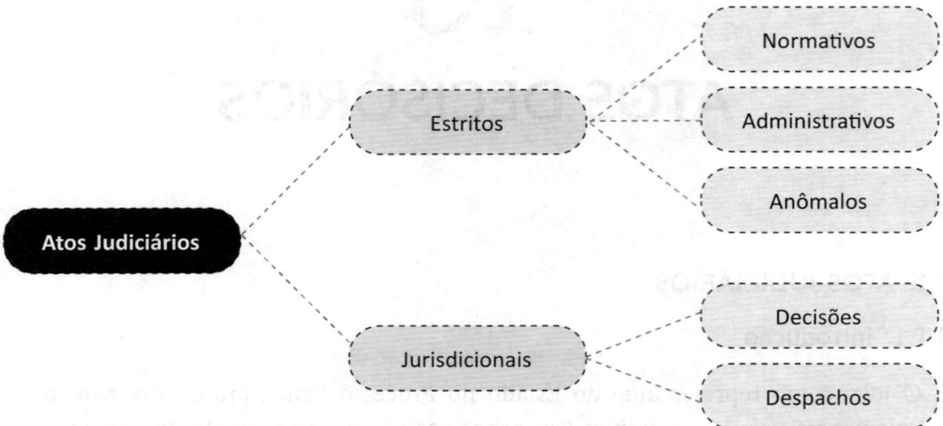

No próximo tópico será estudada a específica classificação destes atos jurisdicionais.

13.1.2. Classificação dos atos jurisdicionais

A doutrina costuma fazer a seguinte classificação acerca dos provimentos judiciais praticados pelos juízes.

13.1.2.1. *Despacho de mero expediente*

São atos praticados pelo juiz que se limitam a movimentar o processo em direção ao seu fim; são atos ordinatórios, que impulsionam o feito. Exemplo: determinação de intimação das partes sobre a juntada de um documento; intimação de testemunha sobre a data da audiência etc.

Justamente por não ter conteúdo decisório, o art. 93, XIV, CF, dispõe que "os servidores receberão delegação para a prática de atos de administração e atos de mero expediente sem caráter decisório".

Os juízes singulares, quando não existir prazo específico, proferirão despacho de mero expediente no prazo de um dia (art. 800, III, CPP).

Não há carga decisória nestes atos, por isso se diz que não há recurso contra eles (STF, AgRg na Pet. nº 4972/GO, rel. Min. Dias Toffoli, j. 30.10.12; e STJ, HC nº 225.079/BA, rel. Min. Alderita Ramos de Oliveira, j. 11.09.12). No entanto, caso o ato praticado cause inversão tumultuária do processo, será possível – como será estudado oportunamente – a interposição de correição parcial.

13.1.2.2. *Decisão interlocutória*

É o ato do juiz, com conteúdo decisório, que pode gerar ou não a extinção do processo, mas **sem analisar o mérito penal**, ou seja, o magistrado não julga a culpa ou a inocência do acusado. Basta imaginar que, no curso de um processo penal, o juiz precisa praticar atos com conteúdo decisório (que não são meros despachos) mas sem julgar o mérito (que não são sentenças).

Exemplo: decretação de prisão preventiva; rejeição da denúncia; reconhecimento de litispendência; pronúncia etc.

A decisão interlocutória pode ser de duas espécies:

a) **simples**: o juiz resolve alguma questão ou incidente no curso do processo penal, mas **sem gerar** a sua extinção ou de alguma fase sua. Ex.: decretação de prisão cautelar, recebimento da queixa-crime etc.

Como regra, são decisões irrecorríveis, salvo se houver previsão de interposição de recurso em sentido estrito, listadas as hipóteses nos incisos do art. 581, CPP (já que se trata de uma decisão interlocutória); se irrecorrível, a parte prejudicada poderá alegar a matéria em eventual e futura apelação, devendo fazer a oportuna arguição, sob pena de preclusão, conforme o art. 571, CPP; e, por fim, caso ocasione inversão tumultuária do processo, poderá ser interposta correição parcial, ou, mesmo, se valer de alguma ação autônoma, como o "habeas corpus".

b) **mista**: o juiz resolve alguma questão ou incidente no curso do processo penal, **podendo** extinguir o processo penal ou alguma fase deste. São verdadeiras decisões interlocutórias, que se diferenciam das interlocutórias simples porque, aqui, ou (i) geram a extinção do processo ou (ii) geram a extinção de alguma fase do rito processual. É, também, chamada de *decisão com força de definitiva*. Como regra, são decisões recorríveis.

Subdivide-se em:

b.1) mista terminativa: resolverá alguma questão ou incidente com a consequente extinção do processo penal, sem analisar o mérito.

Exemplo: rejeição da denúncia ou queixa, impronúncia, decisão que cancela o sequestro de bens.

b.2) mista não terminativa: resolverá alguma questão ou incidente com a consequente extinção de alguma fase do procedimento penal, sem analisar o mérito e sem extinguir o processo.

Exemplo: pronúncia, em que o juiz sumariante encerra a 1ª fase do rito do júri, mas sem, claro, extinguir o processo penal, que seguirá para a 2ª fase diante do conselho de sentença.

Para Norberto Avena (Processo, 2017), são exemplos também as decisões que rejeitam defesas preliminares dos procedimentos especiais, já que, nestes casos, o juiz rejeita um ato processual (defesa preliminar), mas recebe a denúncia, com seguimento normal do processo até seu fim. Ex.: desacolhimento da resposta preliminar do art. 514, CPP, que trata do rito dos crimes funcionais, ou a rejeição da defesa preliminar da Lei de Drogas (art. 55, Lei nº 11.343/06), dentre outras situações.

Assim:

Decisões interlocutórias	
Ato do juiz, com conteúdo decisório, que pode gerar ou não a extinção do processo, mas sem analisar o mérito penal, ou seja, o magistrado não julga a culpa ou a inocência do acusado.	
Simples	**Mista**
O juiz resolve alguma questão no curso do processo, mas sem gerar a extinção deste ou de alguma fase sua.	O juiz resolve alguma questão no curso do processo, podendo gerar a extinção deste (*mista terminativa*) ou de alguma fase sua (*mista não terminativa*).
Ex.: decretação de prisão cautelar.	Ex.: impronúncia (terminativa) e pronúncia (não terminativa).

Os juízes singulares, quando não existir prazo específico, proferirão decisão interlocutória mista no prazo de 10 dias, ou decisão interlocutória simples no prazo de 5 dias (art. 800, I e II, CPP).

13.1.2.3. *Decisão definitiva*

São as decisões que julgam o mérito, ou seja, que analisam o direito de punir do Estado, gerando a extinção do processo. O juiz, portanto, condenará ou absolverá o agente (como regra); excepcionalmente, poderá prolatar uma decisão definitiva que tenha conteúdo meramente declaratório, sem condenar ou absolver, como quando extingue a punibilidade (súmula nº 18 do STJ).

As decisões definitivas se subdividem em:

a) **decisão definitiva em sentido estrito**: é a decisão que analisa o mérito penal, consubstanciado no pedido de condenação ou absolvição da denúncia ou queixa. É a típica *sentença*.

b) **decisão definitiva em sentido amplo**: é a decisão que analisa o mérito penal, mas não absolve ou condena o imputado, o que pode se dar, inclusive, fora de uma peça acusatória. É também chamada de decisão terminativa de mérito.

Como alerta Renato Brasileiro, o processo penal não se resume a um pedido de condenação ou absolvição, havendo outros procedimentos, no âmbito penal, que exigem uma decisão judicial analisando um mérito penal, tal qual as ações autônomas de impugnação como o "habeas corpus", a revisão criminal e o mandado de segurança (Manual, 2016).

Em suma:

Decisões definitivas	
São as decisões que julgam o mérito, ou seja, que analisam o direito de punir do Estado, gerando a extinção do processo. O juiz, portanto, condenará ou absolverá o agente (como regra); excepcionalmente, poderá prolatar uma decisão definitiva que tenha conteúdo meramente declaratório, sem condenar ou absolver, como quando extingue a punibilidade (súmula nº 18 do STJ).	
Em sentido estrito	**Em sentido amplo**
Analisa o mérito penal, condenando ou absolvendo.	Analisa o mérito penal, mas não absolve e nem condena (terminativa de mérito).
Ex.: sentença condenatória ou absolutória.	Ex.: decisão de HC, MS, revisão criminal.

Os juízes singulares, quando não existir prazo específico, proferirão decisão definitiva no prazo de 10 dias (art. 800, I, CPP).

13.1.2.4. *Decisão executável, não executável e condicional*

a) **executável**: é a que pode ser cumprida imediatamente, como a decisão absolutória, que determina a liberdade imediata do reu (art. 386, p.ú, I, CPP).

b) **não executável**: é a que não pode ser cumprida imediatamente, como a decisão condenatória ainda não transitada em julgado

c) **condicional**: é a que tem sua eficácia subordinada a um evento futuro e incerto, dependendo de uma conduta do próprio acusado. Ex.: decisão de suspensão condicional do processo, que depende do cumprimento correto do período de prova pelo acusado para que possa ser extinta sua punibilidade ao final (§ 5º do art. 89, Lei nº 9.099/95).

13.1.2.5. *Decisão subjetivamente simples, plúrima e complexa*

Trata-se de uma classificação de acordo com o órgão prolator da decisão. Assim:

a) **simples**: proferida por um único julgador; é uma decisão monocrática. Ex.: sentença condenatória por crime de estupro proferida pelo 2º juízo criminal de Jundiaí/SP.

b) **plúrima**: proferida por um órgão colegiado *homogêneo*, em que todos os julgadores analisam todos os componentes dos fatos; é um acórdão de tribunal. Ex.: acórdão absolutório proferido pela 7ª Câmara de Direito Criminal do TJ/RJ.

c) **complexa**: proferida por um órgão colegiado *heterogêneo*, em que parte dos julgadores analisa o fato (materialidade e autoria) e a outra parte analisa a pena a ser fixada. Ex.: tribunal do júri, em que há o conselho de sentença julgando os fatos e o juiz togado fixando a pena na sequência.

13.1.2.6. *Decisão suicida, vazia e autofágica*

Parte da doutrina menciona esta curiosa classificação:

a) **suicida**: há contradição entre o dispositivo (parte final da sentença, onde juiz julga procedente ou improcedente o pedido condenatório) e a fundamentação (parte onde o juiz expõe suas razões de decidir). É uma decisão nula, a não ser que corrigida a tempo em embargos de declaração.

Exemplo: juiz fundamenta sua sentença com base no art. 26, "caput", CP, considerando que o acusado foi considerado inimputável em incidente de insanidade mental, o que é corroborado por outros meios de prova, mas, no dispositivo, o condena, fixando pena privativa de liberdade, contrariando toda a exposição dos seus motivos.

b) **vazia**: não há fundamentação, gerando nulidade absoluta por ferir o art. 93, IX, CF, que exige que todas as decisões judiciais sejam motivadas. A sentença, ao invés de possuir três elementos em sua estrutura (relatório, fundamentação e dispositivo), tem apenas os extremos.

Exemplo: juiz narra os fatos e, imediatamente, passa à conclusão da sentença, sem expor suas razões de decidir.

c) **autofágica**: em ciências naturais, autofagia é o processo em que uma célula digere o seu próprio conteúdo, ou seja, se autodestrói.

No Direito, decisão autofágica é aquela em que o juiz reconhece a imputação (houve materialidade e autoria), mas acaba por não condenar o agente, declarando extinta a sua punibilidade; assim, a sentença é "alimentada" com o reconhecimento da imputação (+), mas é "destruída" na sequência com a extinção da punibilidade (–).

Conforme Luiz Flávio Gomes, exemplo de sentença autofágica está na súmula nº 18 do STJ, que fixa que a sentença concessiva de perdão judicial é declaratória da extinção da punibilidade, não subsistindo efeitos condenatórios. Assim, "fala-se em sentença autofágica porque ela admite ter havido crime, mas ao mesmo tempo extingue a punibilidade do Estado. Para fins penais, é como se o agente nunca tivesse sido processado" (Direito, 2007, p. 421, v. 2).

13.1.2.7. *Decisão condenatória, absolutória, declaratória, constitutiva, mandamental e executiva*

Como mencionado acima, o processo penal não se resume apenas a um pedido condenatório feito numa ação penal; há outras ações – e outros tipos de pedido – na seara criminal e, por isso, outras espécies de decisão podem ser proferidas.

a) **condenatória**: é a decisão que julga procedente, no todo ou em parte, o pedido condenatório, fixando o juiz uma sanção penal.

b) **absolutória**: é a decisão que absolve o acusado, podendo ser (i) própria, quando o juiz não impõe nenhuma sanção penal ou (ii) imprópria, quando o juiz absolve o acusado com a imposição de uma medida de segurança. Alguns chamam a decisão absolutória de *decisão declarativa negativa.*

c) **declaratória**: é a decisão que apenas declara uma situação, como a declaração de extinção de punibilidade, a declaração de anulação do processo etc.

d) **constitutiva**: é a decisão que modifica uma situação jurídica, podendo ser (i) positiva, fazendo surgir uma nova situação jurídica, como a concessão da reabilitação criminal, criando o status de reabilitado, ou (ii) negativa, que desfaz uma situação jurídica anterior, como a revisão criminal, que desconstitui a condenação.

e) **mandamental**: é a decisão em que o julgador emite uma ordem, um comando, sem a necessidade de novas atitudes para que sejam adotadas medidas concretas e efetivas (Gonçalves, 2016). Ex.: "habeas corpus" e mandado de segurança, que são autossuficientes por si só, bastando uma ordem expedida pelo Poder Judiciário.

f) **executiva**: é a decisão que possui carga executiva no próprio âmbito do julgador que a prolatou (Brasileiro, 2016). Ex.: o juiz pode determinar o sequestro de bens adquiridos com os proventos do crime (art. 125, CPP), cuja eficácia executiva é evidenciada com a autorização de venda dos bens após o trânsito em julgado da sentença condenatória (art. 133, CPP).

Em resumo:

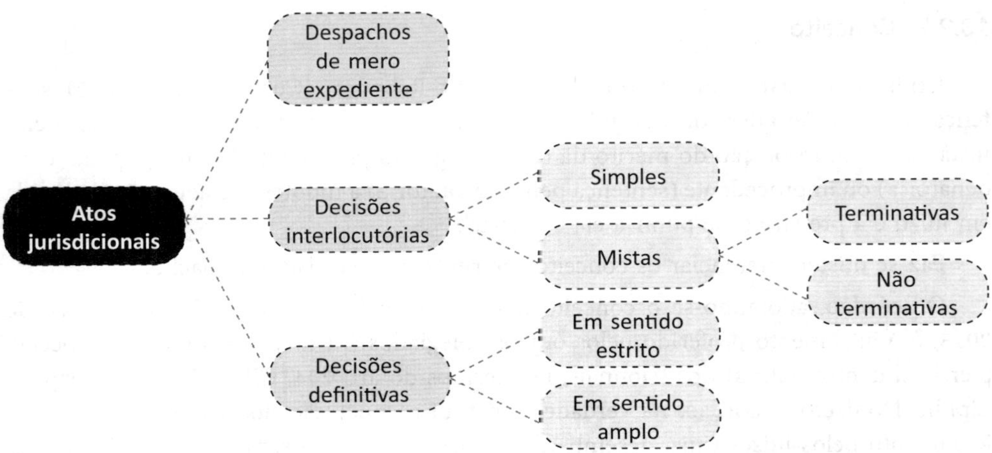

13.2. TEORIA DA SENTENÇA

13.2.1. Introdução

Sentença "vem do latim *sententia*, que se origina de *sentiendo*, gerúndio do verbo *sentire*, ou seja, onde o juiz exprime aquilo que ele está sentindo" (Direito, 2012, p. 574).

Consoante abalizada doutrina, "o juiz, com os olhos voltados para o direito aplicável, procede a uma reconstrução dos fatos de acordo com o material de que dispõe, que são as provas produzidas e, num trabalho mental, de lógica, conclui condenando ou absolvendo, julgando improcedente ou procedente a pretensão deduzida. Daí dizerem os autores que a sentença encerra um silogismo, que é um raciocínio formado de três preposições, em que a premissa maior é o texto legal, a premissa menor, ou premissa fática, é o fato *sub judice* e, finalmente, a conclusão, que nada mais representa senão a subsunção do fato examinado à lei" (Tourinho Filho, Processo, v.4, 2012, p. 343).

Para o Código de Processo Penal, portanto, *sentença* é exatamente isso: a análise pelo juiz do caso posto em que se absolverá ou se condenará o agente (arts. 386, p.ú., 387 e 593, I, CPP). Qualquer outra manifestação judicial será considerada uma *decisão*, como a extinção de punibilidade, considerada uma decisão definitiva em sentido amplo ou terminativa de mérito (art. 593, II, 1ª parte, CPP) ou, ainda, a rejeição da denúncia, considerada uma decisão interlocutória mista ou com força de definitiva (art. 593, II, 2ª parte, CPP).

Desta feita, para o Processo Penal, "sentença" é restrita aos atos judiciais relativos ao mérito em sentido estrito, ou seja, de condenação ou de absolvição (Rebouças, 2017; e Polastri, 2016).

Ver que há doutrina que defende que o conceito de sentença é amplo, abrangendo, por exemplo, a pronúncia (que seria "sentença de pronúncia", e não "decisão de pronúncia"), afirmando que estas decisões possuem natureza de verdadeira sentença (Távora e Alencar, 2017).

13.2.2. Conceito

Utilizando o claro conceito trazido por Sérgio Rebouças (Curso, 2017, p. 1002), sentença penal é o "ato decisório do juízo monocrático que encerra o processo em primeira instância, com resolução do mérito da causa, julgando procedente (sentença penal condenatória) ou improcedente (sentença penal absolutória) a hipótese de acusação deduzida em juízo e a pretensão de punir a ela correlata".

Faz-se mister diferenciar os conceitos de sentença, acórdão e despacho.

O **acórdão**, adotando-se o conceito inaugurado pelo Código de Processo Civil de 2015, é o julgamento proferido pelos órgãos colegiados (turma, câmara, órgão especial, plenário, dentre outros) dos tribunais, nos termos do art. 204, CPC. Consoante explica Elpídio Donizetti, "acórdão, na verdade, constitui a conclusão dos votos proferidos no julgamento pelos juízes (juiz, desembargador ou ministro) integrantes do órgão do tribunal ao qual competir o julgamento do recurso ou da ação de competência originária" (Curso, 2017, p. 479).

Já **despacho** é o provimento emitido pelo julgador com o objetivo de dar andamento ao processo, sem decidir nenhuma questão, seja de cunho processual ou material (art. 203, § 3º, CPC). Como é desprovido de conteúdo decisório, não tem aptidão para causar lesão às partes, não sendo cabível, em regra, nenhum recurso, salvo, por exemplo, eventual correição parcial ou mesmo ação constitucional de mandado de segurança (Donizetti, 2017).

Em suma:

Sentença	Ato decisório proferido por juiz de primeira instância, com resolução de mérito, julgando procedente ou improcedente a acusação deduzida em juízo. Ex.: sentença proferida pelo juiz da 3ª Vara Criminal da Capital.
Acórdão	Ato decisório proferido pelos órgãos colegiados dos tribunais, reunindo-se os votos dos seus integrantes. Ex.: acórdão proferido pelos desembargadores da 1ª Câmara Criminal do Tribunal de Justiça.
Despacho	Provimento proferido pelo julgador para dar andamento ao processo, sem conteúdo decisório. Ex.: designação de audiência.

13.2.3. Requisitos

O art. 381, CPP, estabelece os requisitos da sentença, que são divididos em **intrínsecos** (relatório, fundamentação e dispositivo) e **extrínsecos** (autenticação e validação da decisão). Assim:

Requisitos da sentença penal	
Intrínsecos	**Extrínsecos**
» Relatório » Fundamentação » Dispositivo	Autenticação e validação do ato

13.2.3.1. *Relatório*

É o resumo dos fatos que ocorreram no curso da demanda até a sentença, de modo que, com isso, o juiz demonstra às partes e à sociedade que teve contato com os acontecimentos processuais e que, portanto, está apto a julgar.

O relatório conterá os nomes das partes ou, quando não possível, as indicações necessárias para identificá-las, e a exposição sucinta da acusação e da defesa (incs. I e II do art. 381, CPP). Não se exige que o relatório consigne todas as teses sustentadas, bastando que sejam examinadas pelo juiz na motivação (STJ, HC nº 260.556/SP, rel. Min. Nefi Cordeiro, j. 10.03.16).

A regra é o juiz elaborar o relatório, sob pena de nulidade. Para alguns, haverá nulidade absoluta, cf. o art. 564, IV, CPP (omissão de formalidade essencial do ato); para outros, haverá nulidade relativa, uma vez que o juiz pode demonstrar, na motivação, que tinha pleno conhecimento dos fatos, analisando todos os argumentos da acusação e da defesa, o que não geraria prejuízo às partes (Badaró, 2016).

Por fim, é bom lembrar que a Lei nº 9.099/95 (Juizados Especiais) dispensa o relatório da sentença, o que corrobora a ideia de que a ausência de relatório, no âmbito do Código de Processo Penal, por si só, não tornaria nula de forma absoluta a sentença.

13.2.3.2. *Motivação*

Mais do que conhecido neste momento do estudo, o art. 93, IX, CF, dispõe que todos os julgamentos dos órgãos do Poder Judiciário serão públicos, e fundamentadas todas as decisões, sob pena de nulidade.

Explica Rogério Lauria Tucci que "é, portanto, mediante a motivação que o magistrado pronunciante de ato decisório mostra como apreendeu os atos e interpretou a lei que sobre eles incide, propiciando, com as indispensáveis clareza, lógica e precisão, a perfeita compreensão da abordagem de todos os pontos questionados e, consequente e precipuamente, a conclusão atingida" (Direitos, 2011, p. 196).

Segue o autor afirmando que a motivação possui 4 funções básicas:

a) **subjetiva**: *demonstra* aos demais órgãos do Poder Judiciário e às partes as razões de decidir do magistrado, de *seu intelecto*.

b) **objetiva**: *convence* as partes, principalmente o desfavorecido pela decisão, das *razões de decidir*, conforme a realidade jurídica e técnica dos autos.

c) **funcional**: delimitará o conteúdo da decisão, *balizando o julgado*, permitindo que o órgão superior analise tanto o aspecto formal quando material do conteúdo da decisão, ou seja, o tribunal, com a motivação do juiz "a quo", conhecerá as razões que levaram o juiz a decidir daquela forma.

d) **de aperfeiçoamento**: aprimorará a *aplicação do Direito*, aperfeiçoando a orientação da jurisprudência.

Assim:

Subjetiva	Objetiva	Funcional	Aperfeiçoamento
Demonstra o intelecto do juiz	Convence as partes das razões de decidir	Baliza o julgado e delimita o conteúdo	Aprimora a jurisprudência

Percebe-se, portanto, que a motivação, consoante a doutrina (Scarance, 2010), possui uma função **endoprocessual**, ou seja, para dentro do processo, considerando que as partes devem tomar conhecimento das razões de decidir do juiz (funcionando como uma garantia técnica do processo) e, também, uma função **extraprocessual**, para fora do processo, considerando que a sociedade e os demais órgãos do Poder Judiciário devem conhecer e controlar as razões de decidir do julgador (funcionando como garantia de ordem política).

Nos moldes do art. 381, III e IV, CPP, o juiz, ao fundamentar sua sentença, deverá indicar os motivos de *fato* e de *direito* em que se fundar a decisão e, também, *indicar os artigos* de lei aplicados (o que não necessariamente precisa ser explícito, bastando enfrentá-los).

O art. 315, § 2º, CPP, fruto da Lei nº 13.964/19, prevê que não se considera fundamentada qualquer decisão judicial, seja ela interlocutória, sentença ou acórdão que:

I - *Limitar-se à indicação, à reprodução ou à paráfrase de ato normativo, sem explicar sua relação com a causa ou a questão decidida.*

Assim, por exemplo, não há que se falar em decisão fundamentada se o juiz simplesmente decreta a prisão preventiva para garantia da ordem pública, citando ou transcrevendo o art. 312, *caput*, CPP. Será necessário demonstrar as razões pelas quais, naquele caso concreto, se encontra presente a necessidade de garantir a ordem público por meio da prisão preventiva.

II - *Empregar conceitos jurídicos indeterminados, sem explicar o motivo concreto de sua incidência no caso.*

Conceitos jurídicos indeterminados são constituídos de expressões vagas, imprecisas, não taxativas. Estas expressões demandam a busca do seu significado, estabelecendo-se seu alcance e definição. São exemplos as expressões "justa causa", "boa fé", "injustificadamente" etc. Tendo em vista que são conceitos amplos/genéricos, somente se poderá falar em decisão fundamentada quando houver a delimitação do alcance da expressão com explicitação das razões pelas quais se verifica o cabimento no caso concreto.

III - *Invocar motivos que se prestariam a justificar qualquer outra decisão.*

Não há fundamentação quando o julgador emprega expressões vagas que se amoldariam a qualquer situação, como, por exemplo, dizer que "é uma questão de justiça" decidir de tal ou qual forma.

IV - *Não enfrentar todos os argumentos deduzidos no processo capazes de, em tese, infirmar a conclusão adotada pelo julgador.*

Cabe ao julgador apreciar os argumentos deduzidos no processo, acatando-os ou rechaçando-os, motivadamente. O não enfrentamento de argumentos capazes de infirmar a decisão do julgador enseja o manejo do recurso de embargos de declaração, haja vista a omissão do julgado.

V - *Limitar-se a invocar precedente ou enunciado de súmula, sem identificar seus fundamentos determinantes nem demonstrar que o caso sob julgamento se ajusta àqueles fundamentos.*

Da mesma forma que não há fundamentação quando a decisão se adstringe a mencionar ou transcrever texto normativo, também não o será quando simplesmente fizer alusão a verbete de súmula de jurisprudência. Para que tenhamos uma fundamentação válida, imprescindível a demonstração de que os fundamentos que sustentam o precedente ou enunciado se adequam ao caso concreto.

VI - *Deixar de seguir enunciado de súmula, jurisprudência ou precedente invocado pela parte, sem demonstrar a existência de distinção no caso em julgamento ou a superação do entendimento.*

Havendo precedente ou verbete de súmula invocado pela parte, cabe ao julgador enfrentar tais argumentos e demonstrar as razões pelas quais deve ser afastado, demonstrando porque tais argumentos não se adequam à situação – isto é, o caso concreto é distinto daqueles que deram origem ao precedente judicial (*distinguishing*) – ou porque houve a superação (*overruling*).

A nítida inspiração do dispositivo foi o art. 489, § 1º, CPC, já que a norma penal repete o texto da norma civilista. De acordo com a doutrina, o referido dispositivo do

Código de Processo Civil estabelece um "conteúdo mínimo" da fundamentação da sentença (Câmara, 2017).

Assim, impede-se legalmente, a partir de agora, decisões do tipo "defiro com fundamento no art. *x*" ou "verificando-se a hipótese *x*, decreto a prisão do investigado, com fundamento no art. *y*". É preciso ir além, devendo o julgador demonstrar que, de fato, tomou conhecimento dos acontecimentos processuais e julgar explicitando, verdadeiramente, suas razões de decidir, não bastando simplesmente indicar um artigo de lei, repeti-la ou invocar abstratamente uma súmula, por exemplo.

Entende-se que a ausência de fundamentação da sentença gera **nulidade absoluta**, por ferir gravemente o art. 93, IX, CF. A novel Lei nº 13.964/19 acrescentou o inc. V ao art. 564, CPP, dispondo que haverá nulidade "em decorrência de decisão carente de fundamentação". Mas é preciso diferenciar *ausência* de fundamentação de decisão *sucinta*. De acordo com o Supremo Tribunal Federal, as decisões judiciais não precisam ser necessariamente analíticas, extensas, bastando que contenham fundamentos suficientes para justificar suas conclusões (AgRg no ARE nº 1.023.693/DF, rel. Min. Roberto Barroso, j. 02.05.17).

Tradicionalmente, a jurisprudência e a doutrina sempre entenderam que o julgador não precisa enfrentar *todos os fundamentos* que a parte traz para apoiar suas alegações, de modo que o magistrado, ao decidir, não precisa rebater argumento por argumento se tiver fundamentos suficientes para decidir contrariamente à parte (STJ, AgRg no REsp nº 1.636.804/SP, rel. Min. Maria Thereza de Assis Moura, j. 04.04.17).

Ocorre, todavia, que, como visto acima, o art. 315, § 2º, IV, CPC (ref. ao art. 489, § 1º, IV, CPC, também), dispõe que não se considera fundamentada uma decisão se o juiz não enfrentar *todos os argumentos deduzidos* no processo capazes de, em tese, infirmar (invalidar, afastar) a conclusão adotada pelo julgador.

Conforme a melhor doutrina, a leitura que deve ser feita deste dispositivo é a seguinte: o que não é possível é o juiz rejeitar a pretensão do autor (condenatória) sem examinar todos os seus fundamentos de fato e de direito; ou então, acolher o pedido do autor (de condenação) sem analisar todos os fundamentos de fato e de direito do réu (Gonçalves, 2016).

Exemplo: o juiz não pode rejeitar o pedido condenatório do Ministério Público com base em um só argumento, se há outros dez autorizando o processamento do acusado que sequer foram analisados; de igual modo, o juiz não pode acolher o pedido condenatório do Ministério Público com base em um só argumento, se há outros dez apresentados pela defesa autorizando a absolvição do acusado que sequer foram analisados. Deverá, nestes casos, enfrentar os argumentos apresentados num e noutro sentido.

Caso a decisão não tenha fundamentação, a parte prejudicada poderá se valer da apelação, alegando *error in procedendo*, que, caso provida, determinará a anulação da decisão e a prolação de uma nova, agora fundamentada. Atentar que, com a anulação da sentença defeituosa, eliminou-se um marco interruptivo da prescrição (art. 117, IV, CP), que apenas será novamente interrompido com a nova publicação da sentença condenatória recorrível (STJ, AgRg no RE no AREsp nº 757.338/RS, rel. Min. Laurita Vaz, j. 04.05.16).

Por fim, tema que gera grandes debates diz respeito à motivação **"per relationem"**, em que o julgador utiliza a motivação de outro ato do processo (produzido ou não por ele) como sua razão de decidir. É comum, por exemplo, o juiz, na sua decisão, dizer que "adota como razão de decidir o parecer do Ministério Público".

De acordo com a pacífica jurisprudência, é perfeitamente admitida esta forma de fundamentação (STJ, HC nº 309.536/RS, rel. Min. Sebastião Reis Júnior, j. 02.05.17; e STF, AgRg no ARE nº 1.024.997/MT, rel. Min. Roberto Barroso, j. 02.05.17).

Afirma-se que esta técnica de decisão, além de constituir medida de economia processual, não ofende o contraditório, a ampla defesa, o devido processo legal e nem o juiz natural; todavia, é preciso que ao lado da fundamentação *per relationem* exista algum outro texto do julgador, indicando a adoção desta espécie de motivação, **não sendo suficiente a mera transcrição de uma decisão anterior ou de um parecer ministerial**, sob pena de ofensa ao art. 93, IX, CF (STJ, HC nº 426.170/RS, rel. Min. Ribeiro Dantas, j. 08.02.18).

De outro lado, parte considerável da doutrina afirma que tal técnica de motivação fere o art. 93, IX, CF, uma vez que o juiz não explicita as *suas* próprias razões de decidir, mas apenas repete outras ideias constantes do processo, afastando a valoração crítica sobre os argumentos levantados (Scarance, 2010; e Tucci, 2011).

Renato Brasileiro propõe solução intermediária, ao defender não ser possível esta técnica de fundamentação em relação às decisões absolutórias ou condenatórias, mas, quanto às demais decisões, principalmente interlocutórias urgentes, não haveria impedimento, bastando a existência de argumentos suficientes para sua adoção pelo juiz (Manual, 2016).

Já José Miguel Garcia Medina defende, muito restritivamente, que somente seria possível a motivação "per relationem" desde que (a) a argumentação utilizada pelo julgador não seja a desenvolvida por uma das partes, sob pena de se utilizar uma motivação que não foi desenvolvida de modo imparcial e (b) se indique o órgão jurisdicional e as circunstâncias que justificam o manejo dessa técnica, não podendo se admitir a mera repetição (Código, 2015).

Prevalece, todavia, a **possibilidade** de adoção da motivação *per relationem* (STF, AgRg no HC nº 142.435/PR, rel. Min. Dias Toffoli, j. 09.06.17; e STJ, AgRg no REsp nº 1.692.641/MT, rel. Min. Felix Fischer, j. 20.02.18)

13.2.3.3. *Dispositivo*

É a conclusão da sentença, onde o juiz absolverá ou condenará o réu, conforme os arts. 386 e 387, CPP, fixando, se o caso, a sanção penal. É o conhecido "diante do exposto, julgo...".

A ausência de dispositivo é considerada ato inexistente, não sendo possível saber a conclusão do juiz, ou seja, se condenou ou se absolveu o imputado.

13.2.3.4. *Autenticação*

Os requisitos de autenticação estão previstos no inciso VI do art. 381, CPP, que são a data e a assinatura do juiz, e no art. 388, CPP, que é a rubrica (visto/assinatura) do juiz em todas as páginas da sentença, se digitada.

A inexistência de assinatura torna o ato judicial inexistente, por falta de autenticidade; todavia, mesmo que não tenha a assinatura do juiz, mas seja possível identificar o prolator da sentença, não haverá nulidade, como, por exemplo, quando o juiz assina a manifestação dos autos que antecede a sentença ou quando rubrica as folhas (Badaró, 2016).

No que diz respeito à rubrica de todas as folhas da sentença, o Superior Tribunal de Justiça já entendeu que se trata de formalidade irrelevante (RHC nº 3.155/SP, rel. Min. Luiz Vicente Cernicchiaro, j. 08.11.93).

Em suma:

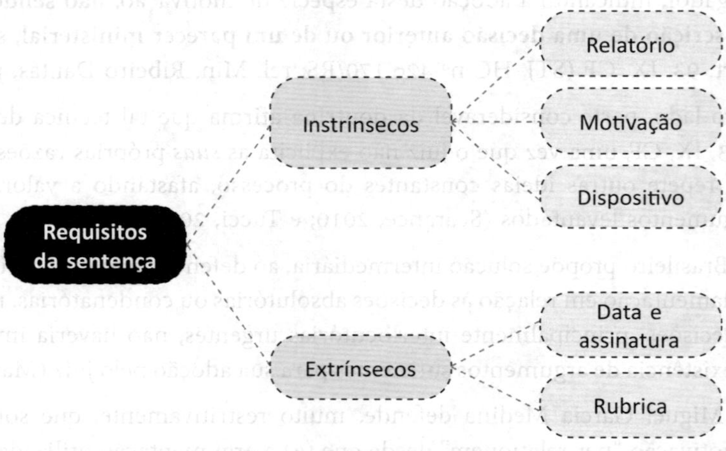

13.2.4. Publicação

Publicar a sentença significa torná-la pública, saindo da esfera particular do juiz. Conforme o art. 389, CPP, "a sentença será publicada em mão do escrivão, que lavrará nos autos o respectivo termo, registrando-a em livro especialmente destinado a esse fim".

Isto significa que a sentença é considerada publicada *quando recebida pelo escrivão*, formalizando-se com a juntada da sentença aos autos do processo e com a lavratura do termo e seu registro em livro próprio. Enquanto não for publicada, a sentença é considerada um trabalho intelectual do julgador, de forma que é a publicidade que torna a sentença existente.

É importante a menção do art. 389, CPP, à exigência de lavratura de termo de publicação pelo escrivão. Isso porque, já decidiu o Superior Tribunal de Justiça que, havendo dúvida resultante da omissão do cartório em certificar a data de recebimento da sentença, nos termos do exigido pelo art. 389, CPP, não se pode presumir a data de publicação como o mero lançamento de movimentação dos autos na internet, pois que isso não significa efetiva publicação, mas mero registro de movimentação interna dos autos. Portanto, em havendo dúvida quanto à data de certificação de recebimento da sentença, deve-se considerar a data de publicação do primeiro ato que demonstrou, de maneira inconteste, a ciência da sentença pelas partes, e não a data do mero lançamento de movimentação dos autos na internet – e vale lembrar que, enquanto isso não for feito corretamente conforme a lei, não ocorrerá a interrupção da prescrição, haja vista que o art. 117, IV, CP, dispõe que ocorrerá a interrupção pela *publicação da sentença condenatória recorrível* (STJ, HC nº 408.736/ES, rel. Min. Maria Thereza de Assis Moura, j. 06.02.18).

A **publicação** (ou seja, o ato de tornar pública a sentença à coletividade) é feita em cartório, o que não se confunde com a **intimação** das partes pessoalmente ou com a publicação por meio da imprensa. Por isso, o chavão judicial "P.R.I", ao final da sentença e dirigido ao escrivão, significa "publique-se, registre-se e intime-se", em que o primeiro ato, determinando a publicação, diz respeito àquela feita em cartório (tornar pública ao público), sendo que a intimação diz respeito à publicação na imprensa oficial e/ou intimação às partes.

Se a sentença for prolatada oralmente, o ato se tornou público na própria audiência, daí já correndo os prazos para as partes (art. 798, § 5º, *b*, CPP).

Uma vez publicada, a sentença somente poderá ser alterada pelo próprio juiz, cf. art. 494, CPC: **(a)** para corrigir inexatidões materiais ou erros de cálculo; **(b)** por meio de embargos de declaração com efeitos modificativos; ou **(c)** no caso de interposição de recurso com efeito regressivo, ou seja, que permita ao juiz se retratar de sua decisão antes de encaminhar os autos ao tribunal, como o recurso em sentido estrito (art. 589, CPP).

Desta forma, poderá o juiz modificar sua sentença nestes 3 casos:

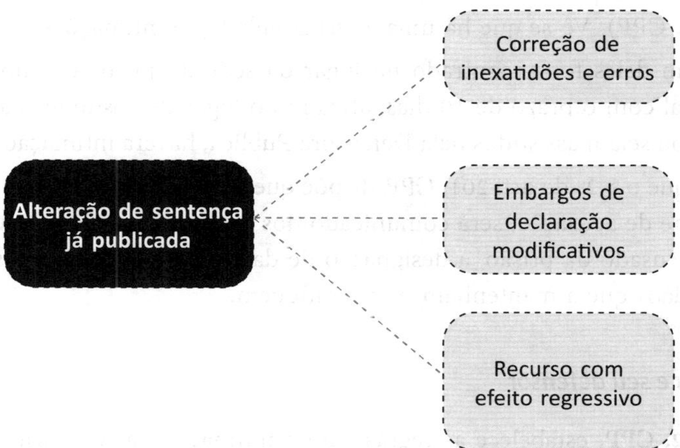

Uma vez tornada pública em cartório e registrada em livro próprio na secretaria do juízo, faz-se necessário que as partes sejam intimadas do conteúdo da sentença, tema do próprio tópico.

13.2.5. Intimação

O ato de intimação é essencial para que as partes tomem conhecimento da decisão do juiz, podendo decidir, *v.g.*, se recorrerão ou não. A disciplina está nos arts. 390 a 392, CPP.

Viu-se que a publicação em cartório e o registro não significam que as partes – que são os sujeitos mais interessados no processo – tomaram conhecimento do conteúdo da sentença. Em razão disso, é necessário que o juiz determine a sua intimação, inclusive para que, querendo, possam recorrer.

Abaixo, serão analisadas as formas de intimação dos sujeitos processuais, o que deve ser feito com base no capítulo específico sobre a comunicação dos atos processuais.

13.2.5.1. *Ministério Público*

Dispõe o **art. 390, CPP**, que o escrivão, dentro de três dias após a publicação, e sob pena de suspensão de cinco dias, dará conhecimento da sentença ao Ministério Público, quer atue como parte ou como fiscal da ordem jurídica.

A intimação do *Parquet* é sempre pessoal e com vista dos autos (art. 41, IV, Lei nº 8.625/93, e art. 18, II, *h*, LC nº 75/93), ou seja, o cartório judicial enviará os autos ao Ministério Público.

13.2.5.2. *Querelante e assistente de acusação*

Fixa o **art. 391, CPP**, que o querelante e o assistente serão intimados da sentença pessoalmente ou na pessoa de seu advogado, que será por meio da imprensa oficial (§ 1º do art. 370, CPP). Vê-se que há uma alternatividade de intimações.

Se nenhum deles for encontrado no lugar da sede do juízo, a intimação será feita mediante edital com o prazo de 10 dias, afixado no lugar de costume. Caso tenham defensor dativo ou sejam assistidos pela Defensora Pública, haverá intimação pessoal destes.

Lembrar que o § 2º do art. 201, CPP, dispõe que o ofendido, ainda que não habilitado como assistente de acusação, será comunicado dos atos processuais relativos ao ingresso e à saída do acusado da prisão, à designação de data para audiência e à sentença e respectivos acórdãos que a mantenham ou modifiquem.

13.2.5.3. *Réu e seu defensor*

O **art. 392, CPP**, estabelece as regras para a intimação da sentença, o que deve ser feito com observância dos dispositivos referentes à comunicação dos atos processuais (arts. 370 a 372, CPP).

Inicialmente, entende-se que as intimações da sentença, nos moldes do art. 392, CPP, pessoalmente ou por edital, devem ser feitas apenas se a sentença penal for condenatória (STJ, HC nº 371.553/AM, rel. Min. Ribeiro Dantas, j. 28.03.17), incluindo-se, por lógica, a sentença absolutória imprópria, já que acaba por impor uma sanção penal, que é a medida de segurança.

A jurisprudência é no sentido de que as intimações do art. 392, CPP, são necessárias apenas em relação à sentença condenatória de primeiro grau; a intimação do acórdão prolatado pelos tribunais se aperfeiçoa com a publicação na imprensa oficial, salvo se houver defensor constituído ou dativo (STJ, 5ª Turma, HC nº 299.837/SP, rel. Min. Ribeiro Dantas, j. 06.12.16, e 6ª Turma, HC nº 281.670/MA, rel. Min. Marilza Maynard, j. 24.04.14; e STF, AgRg no HC nº 137.112/SP, rel. Min. Roberto Barroso, j. 24.03.17).

Ver, todavia, que a Suprema Corte já entendeu que, em se tratando de acórdão que transforma absolvição de primeiro grau em condenação em segundo grau, somente se cogita da intimação pessoal do acusado se este estiver preso (HC nº 98.218/SC, rel. Min. Marco Aurélio, j. 12.04.11).

Ademais, tratando-se de competência originária dos tribunais, o acórdão proferido reveste-se de natureza de sentença de primeiro grau, já que se trata da primeira decisão condenatória proferida no processo até então, de modo que as regras de intimação devem ser aplicadas nestes casos (STJ, HC nº 74550/MG, rel. Min. Gilson Dipp, j. 17.05.07).

No que diz respeito ao tratamento ao art. 392, CPP, doutrina e jurisprudência divergem.

Nas linhas do que ensina a **doutrina**, em respeito à ampla defesa, esteja o acusado preso ou solto, é imprescindível que tanto ele como o seu defensor sejam intimados da sentença e, sempre que possível, por intimação pessoal; independentemente da infração penal ou da pena aplicada, apenas *depois de esgotadas* as tentativas de intimação pessoal é que se tornará cabível a intimação por edital, tanto do defensor como do acusado (Marcão, 2016). Conforme o Superior Tribunal de Justiça, deve-se reconhecer a nulidade da intimação por edital do acusado quando não realizadas todas as possíveis diligências para localizá-lo (RHC nº 45.584/PR, rel. Min. Nefi Cordeiro, j. 03.05.16).

Assim, não obstante o texto legal, que especifica as hipóteses de intimação da sentença, deve-se entender que tanto o acusado (preso, solto, revel, foragido ou em liberdade) como o seu defensor devem ser sempre intimados, seja pessoalmente ou por edital, em respeito ao princípio da ampla defesa, salvo se a sentença for absolutória própria, quando se admite a intimação de um ou outro (Brasileiro, 2016).

Desta feita, abre-se um parêntese para afirmar que, no Processo Penal, o acusado possui capacidade postulatória própria para *interpor* recursos, independentemente de seu defensor; por esta razão, deve ele também ser, sempre, intimado da sentença penal condenatória ou absolutória imprópria, já que possui interesse em recorrer independentemente de seu defensor.

Apesar de este ser o entendimento da doutrina, justamente considerando que o acusado pode, sozinho, interpor recurso, a **jurisprudência** caminha em sentido diverso, entendendo pela desnecessidade de intimação pessoal do acusado solto se houver defensor constituído nos autos, devendo apenas ser intimado pessoalmente da sentença condenatória o acusado que se encontre preso (STJ, HC nº 377.207/PR, rel. Min. Ribeiro Dantas, j. 06.04.17) ou seja, tratando-se de réu solto, é suficiente a intimação do defensor constituído a respeito da sentença condenatória (STJ, HC nº 386.677/RJ, rel. Min. Maria

Thereza de Assis Moura, j. 04.04.17; AgRg no AgInt no AREsp nº 1.410.691/SP, rel. Min. Jorge Mussi, j. 27.08.19).

O próprio Supremo Tribunal Federal já afirmou que não há a necessidade de intimação do réu solto acerca da sentença condenatória, tendo em vista que cabe à defesa técnica analisar a conveniência e viabilidade na interposição de recursos (HC nº 114.107/DF, rel. Min. Ricardo Lewandowski, j. 27.11.12).

Logo:

Doutrina	Jurisprudência
Réu, preso ou solto, com advogado constituído ou dativo, deve ser sempre intimado da sentença condenatória ou absolutória imprópria; em segundo grau, deve ser intimado do acórdão que transforma absolvição em condenação.	Réu solto não precisa ser intimado, bastando seu defensor; réu preso deve ser sempre intimado da sentença condenatória ou absolutória imprópria; o STF já entendeu que deve haver intimação do acórdão que transforma absolvição em condenação.

Apesar de estas serem as orientações da doutrina e da jurisprudência, é preciso que o leitor conheça o que diz o texto legal. Desta forma, estabelece o art. 392, incisos I a VI, CPP, que a intimação da sentença será feita:

I – Ao réu, pessoalmente, se estiver preso.

É a regra, ou seja, réu preso deve ser intimado pessoalmente, o que não dispensa a intimação de seu defensor, gerando uma dupla garantia de possibilidade de se recorrer da sentença.

II – Ao réu, pessoalmente, ou ao defensor por ele constituído, quando se livrar solto, ou, sendo afiançável a infração, tiver prestado fiança.

Deve-se entender por qualquer hipótese em que o réu ficou em liberdade durante o processo. A lei estabelece uma alternatividade, podendo ser intimado pessoalmente o réu solto ou o defensor constituído pela imprensa oficial.

III – Ao defensor constituído pelo réu, se este, afiançável, ou não, a infração, expedido o mandado de prisão, não tiver sido encontrado, e assim o certificar o oficial de justiça.

Não sendo localizado o réu com mandado de prisão em seu desfavor, situação certificada pelo oficial de justiça, deve ser intimado o defensor constituído pelo réu.

IV – Mediante edital, nos casos do inc. II (acusado que permaneceu solto durante o processo), se o réu e o defensor que houver constituído não forem encontrados, e assim o certificar o oficial de justiça.

Uma vez não localizados nem o réu solto e nem o seu defensor constituído, certificada a situação pelo oficial de justiça, deverão ser eles intimados por edital (na verdade, o defensor constituído deve ser intimado pela imprensa oficial).

V – Mediante edital, nos casos do inc. III (expedido mandado de prisão ao acusado não localizado), se o defensor que o réu houver constituído também não for encontrado, e assim o certificar o oficial de justiça.

Uma vez expedido mandado de prisão em desfavor do acusado e não tendo sido localizados nem ele e nem o seu defensor constituído, conforme certificação pelo oficial de justiça, deverá ser expedido edital (na verdade, o defensor constituído deve ser intimado pela imprensa oficial).

VI – Mediante edital, se o réu, não tendo constituído defensor, não for encontrado, e assim o certificar o oficial de justiça.

Além da expedição de edital, é necessário que o juiz nomeia um defensor dativo (ou intime a Defensoria Pública) ao acusado não localizado sem defensor constituído, tendo em vista que a defesa técnica é indisponível.

Nos casos que exigem a expedição de edital, seu prazo será de **90** dias se tiver sido imposta pena privativa de liberdade por tempo igual ou superior a 1 ano; ou de **60** dias, nos demais casos (§ 1º, art. 392, CPP). O prazo para apelação correrá após o término do prazo fixado no edital, salvo se, no curso do edital, for feita a intimação por qualquer das outras formas estabelecidas na lei (§ 2º).

No mais, é importante observar que a intimação ao réu e seu defensor não exigem uma ordem cronológica (primeiro um ou o outro), desde que a contagem do prazo recursal seja a partir da última intimação feita (STJ, HC nº 32.355/RJ, rel. Min. Paulo Medina, j. 04.05.04).

13.3. SENTENÇA ABSOLUTÓRIA

13.3.1. Espécies

A sentença absolutória é aquela que julga improcedente o pedido de condenação, com *conteúdo declaratório* do estado de inocência do imputado.

O juiz, ao absolver, analisará tão somente os aspectos *intrínsecos* à infração penal, como autoria, materialidade, tipicidade, ilicitude e culpabilidade; quaisquer outros aspectos *extrínsecos* ao delito não são verificados na sentença de natureza absolutória. Ex.: a morte do agente é externa ao crime, de modo que será declarada a extinção da punibilidade. Assim, se o acusado morre no curso do processo, ele não será absolvido, mas será declarada a extinção da punibilidade – haja vista que a absolvição exige a análise dos elementos do tipo penal, o que não ocorreu no caso.

A doutrina costuma dividir a sentença absolutória em:

a) **sentença absolutória *própria***: é a absolvição por excelência, em que o julgador julga improcedente o pedido condenatório formulado pela parte acusatória. Não há a imposição de nenhuma sanção penal.

b) **sentença absolutória *imprópria***: impõe o cumprimento de uma medida de segurança ao agente considerado inimputável, conforme o art. 26, "caput", CP.

Muito claramente explica Sérgio Rebouças ao afirmar que "a inimputabilidade, rigorosamente, não constitui uma exclusão de culpabilidade, mas um pressuposto da própria responsabilidade penal. Assim, quando constatada a inimputabilidade, tem-se como penalmente irresponsável o acusado, que deve, por isso, ser absolvido. A absolvição, porém, nesse caso, apenas implica a não aplicabilidade de pena, que, por sua finalidade também pedagógica, pressupõe o entendimento do sujeito a respeito da ilicitude do comportamento. O estado de doença mental exige, de toda sorte, a adoção da medida administrativa adequada, sob a base da periculosidade, apurada por perícia: a medida de segurança, como consequência jurídica do delito diversa da sanção penal" (Curso, 2017, p. 1.018).

13.3.2. Hipóteses

O art. 386, CPP, traz diversas hipóteses que justificam a sentença absolutória do juiz, tratando-se de uma *absolvição vinculada* aos termos do que dispõe a lei. Assim, são hipóteses de absolvição do acusado:

i) **estar provada a inexistência do fato**: o juiz entendeu que o fato narrado como infração penal nunca existiu, não restando dúvidas.

ii) **não haver prova da existência do fato**: o juiz teve dúvidas sobre a existência ou não do fato narrado e, desta forma, ele decide em benefício do acusado (*in dubio pro reo*).

iii) **não constituir o fato infração penal**: o fato narrado como infração penal é atípico, seja formal ou materialmente. Ex.: pai que manteve relações sexuais com sua filha maior de idade, sem retirar seu consentimento, o que seria considerado incesto, mas que não é crime no Brasil (atipicidade *formal*); ou o agente que subtrai uma roupa de banho avaliada em R$ 75,00 (atipicidade *material*), havendo mínima ofensividade da conduta, ausência de periculosidade social da ação, reduzido grau de reprovabilidade do comportamento e inexpressividade da lesão jurídica causada (STJ, HC nº 366.398/SP, rel. Min. Rogerio Schietti, Cruz, j. 07.03.17).

   O Supremo Tribunal Federal entendeu que o prefeito que assina documentos previdenciários com conteúdo falso não deve ser condenado por falsidade ideológica se não foram produzidas provas de que ele tinha ciência inequívoca do conteúdo inverídico da declaração. Neste caso, ele deve ser absolvido, nos termos do art. 386, III, CPP, por *ausência de dolo*, o que exclui o crime (AP nº 931/AL, rel. Min. Roberto Barroso, j. 06.06.17).

iv) **estar provado que o acusado não concorreu para a infração penal**: o juiz se convence de que o acusado não foi o autor ou o partícipe da infração penal narrada na inicial acusatória, não restando dúvidas. Ex.: restou comprovado, no curso da instrução processual, que o imputado estava em coma no hospital, não tendo como ter concorrido, de nenhuma forma, para o delito.

v) **não existir prova de ter o acusado concorrido para a infração penal**: o juiz teve dúvidas sobre a concorrência do acusado para a infração penal e, como há dúvidas, ele decide em benefício do acusado (*in dubio pro reo*). Ex.: os elementos de prova dos autos não se mostram capazes de, com certeza, indicar o acusado como autor ou partícipe da infração penal.

vi) **existirem circunstâncias que excluam o crime ou isentem o acusado de pena, ou mesmo se houver fundada dúvida sobre a sua existência**: o inciso, ao contrário dos demais, traz tanto o caso de certeza ("existirem circunstâncias") quanto o de dúvida ("se houver fundada dúvida") a respeito do erro de tipo (art. 20, CP), erro de proibição (art. 21, CP), coação moral irresistível e obediência hierárquica (art. 22, CP), excludentes de ilicitude (art. 23, CP), inimputabilidade (art. 26, CP) e embriaguez completa decorrente de caso fortuito ou força maior (§ 1º, art. 28, CP). E acrescenta a doutrina, ainda, outros casos de exclusão de ilicitude ou de culpabilidade, como ocorre no caso de aborto necessário ou resultante de estupro (art. 128, I e II, CP).

   É preciso, apenas, fazer uma observação. O erro de tipo, colocado no art. 20 do Código Penal, é considerado pela doutrina majoritária (Bitencourt, 2016) como causa excludente de *tipicidade*, de forma que melhor se alocaria no inciso III do art. 386, CPP (não constituir o fato infração penal).

vii) **não existir prova suficiente para a condenação**: como a presunção de inocência é a regra de julgamento dos casos penais, se o juiz entender que não há provas suficientes para a condenação, ele deve absolver o acusado (*in dubio pro reo*).

Em suma:

Hipóteses de sentença absolutória
» Estar provado que o fato imputado não existiu (*certeza*)
» Não haver prova suficiente de que o fato imputado existiu (*dúvida*)
» O fato imputado não é infração penal
» Estar provado que o acusado não concorreu para a infração penal (*certeza*)
» Não haver prova suficiente de que o acusado concorreu para a infração penal (*dúvida*)
» Há circunstâncias (certas ou duvidosas) que excluem o crime/isentam o acusado de pena
» Não há prova suficiente para condenar o acusado

13.3.3. Efeitos

A sentença penal absolutória gera duas espécies de efeitos: principal e secundários.

13.3.3.1. *Efeito principal*

O efeito principal da sentença absolutória **própria** é, claramente, a colocação do acusado em liberdade caso ele esteja preso, consoante inc. I, parágrafo único, do art. 386, CPP. Mesmo que a acusação apele dessa decisão, o acusado será posto em liberdade, haja vista que a apelação, neste caso, não possui efeito suspensivo (art. 596, CPP), ou seja, a decisão absolutória produz efeitos imediatos desde logo.

Mesmo que o texto legal preveja que o juiz mandará, "se for o caso", pôr o réu em liberdade, o texto legal está desatualizado, pois, atualmente, qualquer sentença absolutória imporá a soltura do réu, não havendo mais a previsão, como antigamente, de manutenção da prisão, mesmo diante de sentença de absolvição, quando o crime imputado tivesse pena igual ou superior a oito anos de reclusão.

Por fim, no caso de sentença absolutória **imprópria**, aplicar-se-á a mesma ideia prevista à sentença condenatória, como se verá adiante: se o agente permaneceu solto no curso do processo, deverá continuar em liberdade, salvo se o juiz, na sentença, determinar sua internação provisória; e se o agente já estava internado provisoriamente no curso do processo (art. 319, VII, CPP), assim deverá permanecer, salvo se o juiz não constatar mais a presença dos motivos legais.

13.3.3.2. *Efeitos secundários*

Há efeitos secundários da absolvição também: (a) restituição integral da fiança, cf. o art. 337, CPP; (b) cessação das medidas cautelares, sejam reais, como o levantamento do sequestro, do arresto e cancelamento da hipoteca, cf. arts. 131, III, e 141, CPP, sejam pessoais, como as prisões provisórias e as medidas diversas do art. 319, CPP; e (c) retirada da identificação fotográfica dos autos, cf. o art. 7º, Lei nº 12.037/09.

Não necessariamente considerado um efeito, mas, sim, uma consequência processual da absolvição, é a vedação ao *bis in idem*, ou seja, a impossibilidade de o agente absolvido ser novamente processado pela mesma imputação. Se o agente, por exemplo, vier a ser absolvido por falta de provas, ele não poderá ser processado por este fato novamente, ainda que novas provas surjam. Logo, não há falar-se, no Processo Penal, em coisa julgada "secundum eventus probationis", ou seja, conforme o resultado do processo, tal como se dá no processo coletivo, em que, mesmo diante de um pedido julgado improcedente por falta de provas, nova ação coletiva poderá ser proposta se fundada em novas provas.

Basta imaginar, por exemplo, que a *sentença penal absolutória* não está sujeita à revisão criminal (art. 621, CPP), isto é, veda-se a chamada revisão criminal *pro societate*, de modo que **sentenças absolutórias têm o atributo da imutabilidade absoluta**, não podendo ser revistas e nem se permite novo processo em relação aos mesmos fatos; desta forma, aplicando-se este mesmo princípio, entende-se que o agente absolvido não poderá ser novamente processado pelo mesmo fato, sob pena de ocorrer uma revisão criminal indireta ou camuflada em seu prejuízo.

13.4. SENTENÇA CONDENATÓRIA

13.4.1. Introdução

Viu-se que a sentença, no seu sentido estrito e como adotado pelo Código de Processo Penal, é a decisão judicial que julga o mérito, condenando ou absolvendo o imputado.

O art. 387, CPP, estabelece o conteúdo da sentença penal condenatória, com todos os seus requisitos, inclusive a fixação de valor mínimo de indenização à vítima em razão do delito suportado (Lei nº 11.719/08) e quanto ao cômputo do tempo de prisão provisória para a fixação do regime inicial de cumprimento de pena (Lei nº 12.736/12).

A seguir, serão estudados todos os temas referentes à sentença penal condenatória, inclusive os reflexos sofridos do Direito Penal e do Direito Constitucional.

13.4.2. Conceito

Sentença penal condenatória é aquela de natureza terminativa de mérito, que julga procedente o pedido condenatório formulado pelo órgão acusador, reconhecendo a responsabilidade do acusado como autor ou partícipe do delito, resultando na aplicação de uma pena.

Como estudado nas hipóteses de absolvição, o juiz, se tiver dúvida acerca da autoria ou da materialidade, deverá absolver o agente; logo, para condenar, é preciso que o juiz tenha **certeza**, conforme as provas produzidas nos autos do processo.

13.4.3. Elementos e roteiro básico

Nos termos do art. 387, CPP, o juiz, ao proferir sentença condenatória, precisará passar por algumas fases para se chegar à conclusão de imposição de uma sanção penal.

Assim, este é o roteiro básico de uma sentença penal condenatória, cujos tópicos de relevo ao Processo Penal serão esmiuçados adiante.

a) **dosimetria da pena**: determinam os incisos I, II e III do art. 387, CPP, que o juiz deverá fixar a pena a ser cumprida pelo condenado, o que é feito de acordo com o critério trifásico, do art. 68, CPP, criado por Nélson Hungria, consistente em (i) pena-base, (ii) pena provisória e (iii) pena definitiva – ou seja, circunstâncias judiciais, agravantes e atenuantes e causas de aumento e de diminuição de pena.

b) **fixação do regime inicial de cumprimento da pena**: feita a dosimetria da pena, o juiz deverá fixar o regime inicial de cumprimento da pena, nos termos do art. 33, Código Penal, que poderá ser aberto, semiaberto ou fechado.

O Supremo Tribunal Federal entendeu ser inconstitucional a fixação *ex lege* (por lei), com base no art. 2º, § 1º, Lei nº 8.072/90 (Lei dos Crimes Hediondos), de regime inicial fechado, devendo o julgador, quando da condenação, ater-se aos parâmetros previstos no art. 33, CP, podendo, ainda que o crime seja de natureza hedionda, fixar qualquer regime inicial, seja ele aberto, semiaberto ou fechado (ARE nº 1.052.700/MG, rel. Min. Edson Fachin, j. 02.11.17 – tema nº 972 da Repercussão Geral do STF).

c) **cômputo do tempo de prisão provisória na fixação do regime inicial**: como bem prevê o § 2º do art. 387, CPP, com redação dada pela Lei nº 12.736/12, o tempo de prisão provisória, de prisão administrativa ou de internação, no Brasil ou no estrangeiro, será computado para fins de determinação do regime inicial de pena privativa de liberdade. O tema será analisado abaixo.

d) **substituição da pena privativa de liberdade por restritiva de direitos ou por multa**: uma vez calculada a pena privativa de liberdade e o respectivo regime inicial de cumprimento de pena, é possível que o juiz substitua a aplicação da pena privativa de liberdade por restritiva de direitos ou multa, nos termos do art. 44 do Código Penal.

É possível, ainda, após a fixação da pena e do respectivo regime de cumprimento, a suspensão condicional da pena privativa de liberdade, conforme o art. 77, CP, quando não for cabível a sua substituição por pena restritiva de direitos ou multa.

e) **manutenção ou imposição de prisão preventiva ou outra medida cautelar**: o § 1º do art. 387, CPP, editado pela Lei nº 12.736/12, dispõe que o juiz decidirá, fundamentadamente, sobre a manutenção ou, se o caso, a imposição de prisão preventiva ou de outra medida cautelar, sem prejuízo do conhecimento de apelação que vier a ser imposta. Considera-se que a prisão não pode ser condição para a admissibilidade de um recurso.

f) **fixação de valor mínimo de reparação de danos**: o inciso IV, art. 387, CPP, determina que o juiz fixará valor mínimo para a reparação dos danos causados pela infração penal, considerando os prejuízos sofridos pelo ofendido. O tema que já foi analisado em capítulo específico alhures.

g) **interdições de direito e publicação em jornal**: o inciso V, art. 387, CPP, previa que o juiz observaria, quanto à aplicação provisória das interdições de direito e medidas de segurança, o disposto no Título XI do Código de Processo Penal. Ocorre, no entanto, que não mais existe tal disposição, revogada pela reforma penal promovida pela Lei 7.209/84.

Já o inciso VI do art. 387, CPP, dispõe que o juiz determinaria se a sentença deveria ser publicada na íntegra ou em resumo e designaria o jornal em que seria publicada. Tal dispositivo não mais existe, uma vez extinto o art. 73, § 1º, do Código Penal, que tratava do assunto, e que foi alterado pela atual redação do Código Penal, conforme a Lei nº 7.209/84.

É bom ressaltar, todavia, que a Lei nº 8.078/90 (Código de Defesa do Consumidor) traz, como consequência da condenação transitada em julgado por crime contra as relações de consumo, a publicação em órgãos de comunicação de grande circulação ou audiência, às expensas do condenado, de notícia sobre os fatos e a condenação (art. 78, II).

h) **efeitos decorrentes da sentença penal condenatória:** os feitos penais da condenação subdividem-se em (a) principais e (b) secundários.

Efeito principal é a imposição da sanção penal.

Efeitos **secundários** (ou acessórios) subdividem-se em (a) penais e (b) extrapenais.

São efeitos **secundários penais**, por exemplo, a caracterização da reincidência; a geração de antecedentes criminais; a vedação à possibilidade de obtenção de transação penal, dentre outros.

São efeitos **secundários extrapenais** os enumerados nos arts. 91 e 92, CP.

São genéricos os previstos **no art. 91, CP**: são automáticos (ou seja, não precisam ser declarados na sentença) e incidem em qualquer condenação, como tornar certa a obrigação de indenizar o dano causado pelo crime; a perda em favor da União, ressalvado direito do lesado ou terceiro de boa-fé, dos instrumentos do crime, do produto do crime ou de qualquer bem ou valor que constitua proveito auferido com a prática criminosa; a suspensão de direitos políticos; a obrigatoriedade de realização de novos exames à pessoa condenada por crime do CTB (art. 160, Lei nº 9.503/97). Ressalta-se que a suspensão de direitos políticos, prevista no art. 15, III, CF, é autoaplicável, tratando-se de consequência imediata da sentença criminal condenatória transitada em julgado, *independendo*, também, da natureza da pena imposta, i.e., se privativa de liberdade ou se restritiva de direitos (STF, Pleno, RE nº 601.182/MG, rel. p/ ac. Min. Alexandre de Moraes, j. 08.05.19).

São específicos os previstos no **art. 92, CP:** não são automáticos (ou seja, precisam ser declarados na sentença), como a perda do cargo, função pública ou mandato, nos termos da lei; a incapacidade para o exercício do poder familiar, da tutela ou da curatela nos crimes dolosos sujeitos à pena de reclusão cometidos contra outrem igualmente titular do mesmo poder familiar, contra filho, filha ou outro descendente ou contra tutelado ou curatelado, cf. Lei nº 13.715/18; e a inabilitação para dirigir veículo, quando utilizado como meio para a prática de crime doloso.

O tema é afeto ao Direito Penal, merecendo atenção quando do seu estudo.

13.4.4. Manutenção e imposição de medidas cautelares pessoais

O § 1º do art. 387, CPP, editado pela Lei nº 12.736/12, dispõe que o juiz decidirá, fundamentadamente, sobre a *manutenção* ou, se for o caso, a *imposição* de prisão preventiva ou de outra medida cautelar, sem prejuízo do conhecimento de apelação que vier a ser interposta.

Este dispositivo consagra o que a jurisprudência e a doutrina já vinham entendendo: a condenação recorrível não significa prisão automática, tanto que o art. 594, CPP, foi revogado (que dispunha que o réu não podia apelar sem se recolher à prisão ou prestar fiança, salvo se fosse primário e de bons antecedentes, assim reconhecido na sentença condenatória, ou condenado por crime de que se livre solto), como bem fixou a jurisprudência (STJ, HC nº 367.002/MG, rel. Min. Reynaldo Soares da Fonseca, j. 22.11.16).

Logo, uma vez sentenciado o processo, o juiz poderá, no seu próprio bojo: (a) *manter* a prisão preventiva que já estava sendo cumprida ou outra medida cautelar de natureza pessoal; (b) *decretar* a prisão preventiva ou outra medida cautelar de natureza pessoal, caso surja essa necessidade ao sentenciar; (c) *substituir* a prisão preventiva então decretada por medida diversa, cf. o art. 319, CPP; ou (d) *decretar ou manter* medida assecuratória de natureza real, como o sequestro ou o arresto, considerando que o texto legal não se resume apenas às medidas de natureza pessoal.

Tais medidas sempre exigirão motivação específica, não sendo consequência automática do decreto condenatório (STJ, HC nº 391.364/SP, rel. Min. Rogerio Schietti Cruz, j. 18.04.17). Logo, a interpretação acerca da imposição ou manutenção de uma medida cautelar deve ser feita de acordo com os respectivos dispositivos específicos, concretamente (STJ, HC nº 379.398/MS, rel. Min. Nefi Cordeiro, j. 14.03.17).

É preciso observar, no entanto, o que a jurisprudência vem entendendo a respeito deste dispositivo:

i) se o réu **permaneceu em liberdade no curso do processo**, deve assim permanecer, já que ausentes os requisitos para a decretação de uma medida cautelar, salvo, claro, se algum motivo justificante surgir justamente quando da prolação da sentença (STJ, RHC nº 65.662/MG, rel. Min. Jorge Mussi, j. 05.04.16; HC nº 378.202/SP, rel. Min. Joel Ilan Paciornik, j. 14.03.17).

ii) se o réu **permaneceu preso no curso do processo**, não há lógica em autorizar que o agora condenado possa recorrer em liberdade, se ainda persistem os motivos para a segregação cautelar (STJ, HC nº 350.297/PR, rel. Min. Jorge Mussi, j. 02.05.17).

Atentar, como visto acima, que o juiz – *sempre* – deverá fundamentar a manutenção ou a decretação da prisão preventiva ou de medida diversa (STJ, HC nº 269.545/RS, rel. Min. Sebastião Reis Júnior, j. 15.12.15). Ainda que o réu tenha cometido o mais bárbaro crime e tenha permanecido preso desde o primeiro dia do inquérito policial, o juiz, ao sentenciar, deverá motivar se o condenado permanecerá preso (se persistirem os requisitos para a segregação cautelar), se o caso comporta medida diversa da prisão ou se, agora, poderá ele responder em liberdade (se desaparecerem os motivos para a prisão cautelar, o que é bastante raro).

No mais, como já estudado anteriormente quanto ao princípio da homogeneidade das cautelares pessoais, STJ e STF divergem quanto à possibilidade de manutenção/decretação de prisão cautelar quando a sentença fixa regime diverso do fechado. Para o Superior Tribunal de Justiça, não há incompatibilidade, bastando a adequação da constrição ao modo de execução estabelecido na sentença (RHC nº 76.484/MG, rel. Min. Jorge Mussi, j. 09.05.17); de outro lado, o Supremo Tribunal Federal entende que há incompatibilidade, já que a medida cautelar imposta é mais grave do que o próprio regime penal fixado, privando o réu de sua liberdade (HC nº 138.122/MG, rel. Min. Ricardo Lewandowski, j. 09.05.17).

13.4.5. Cômputo da prisão provisória na fixação do regime inicial

O § 2º do art. 387, CPP, criado pela Lei nº 12.736/12, dispõe que o tempo de prisão provisória, de prisão administrativa ou de internação, no Brasil ou no estrangeiro, será computado para fins de determinação do regime inicial de pena privativa de liberdade.

A previsão legal se assemelha com o instituto da detração, previsto no art. 42, CP, que prevê que se computam, na pena privativa de liberdade e na medida de segurança, o tempo de prisão provisória, no Brasil ou no estrangeiro, o de prisão administrativa e o de internação. A diferença é que o cômputo não será feito para a quantificação da pena (como no Direito Penal), mas para a fixação do regime inicial de seu cumprimento.

A partir de agora, portanto, o tempo de prisão/internação provisória possui dupla consequência: (i) fixação da quantidade de pena e (ii) fixação do regime inicial penitenciário.

O objetivo da novel lei, consoante a exposição de motivos do seu então projeto, é que o abatimento da pena cumprida provisoriamente possa ser aplicado, também, pelo juiz do processo de conhecimento que exarar a sentença condenatória, conferindo maior celeridade e racionalidade ao sistema de justiça criminal, evitando a permanência da pessoa presa em regime que já não mais corresponde à sua situação jurídica concreta.

É importante notar que o **juiz sentenciante da fase de conhecimento** – e não o juiz da execução penal – é quem fixará o regime inicial tendo em vista o tempo de custódia cautelar (STJ, REsp nº 1.657.178/SP, rel. Min. Ribeiro Dantas, j. 17.04.17), o que somente é feito após a dosimetria da pena pelo sistema trifásico. Isso em nada altera o cálculo da prescrição, que é feito com base na pena fixada na dosimetria, pois, como visto, uma coisa é o cômputo da prisão provisória na fixação da pena, matéria que interessa ao Direito Penal, inclusive para o cálculo da prescrição, e outra coisa é o cômputo para o Processo Penal, que apenas servirá para a fixação do regime inicial de cumprimento da reprimenda penal, em nada alterando os institutos de direito material.

O § 2º do art. 387, CPP, portanto, tem como destinatário o juiz sentenciante (STJ, 5ª T., HC nº 366.005/SP, rel. Min. Ribeiro Dantas, j. 06.12.16; e 6ª T., EDcl no RHC nº 77.405/SP, rel. Min. Rogerio Schietti Cruz, j. 04.04.17), apesar de que, se a sentença já transitou em julgado, caberá ao juiz da execução penal verificar a possibilidade de fixação de regime de cumprimento de pena mais brando (STJ, HC nº 381.997/SP, rel. Min. Ribeiro Dantas, j. 28.03.17); no mais, como entende parte da doutrina, é possível que o juiz sentenciante, excepcionalmente, deixe para o juiz da execução a tarefa de fixar o regime inicial, quando o caso assim exigir, como a existência de múltiplas execuções penais ou de diversos mandados de prisão contra o sentenciado (Brasileiro, 2016).

Desta forma, o juiz, ao sentenciar, deverá subtrair o período de custódia cautelar para fins de fixação do regime prisional.

Exemplo: réu condenado a 9 anos de reclusão, mas que ficou 3 anos preso preventivamente. Inicialmente, por conta dos nove anos, o regime inicial deveria ser o fechado, cf. o art. 33, § 2º, *a*, CP; todavia, como permaneceu preso cautelarmente por três anos, o seu saldo é de 6 anos, autorizando a fixação do regime inicial semiaberto (art. 33, § 2º, *b*, CP).

O juiz não está obrigado a fixar o regime a que se chegou após o cômputo do tempo de prisão provisória, pois, conforme o art. 33, § 3º, CP, a determinação do regime inicial de cumprimento da pena far-se-á com observância dos critérios do art. 59, CPP, nada impedindo que o caso concreto leve o juiz a, mesmo após o cômputo, por exemplo, fixar regime mais gravoso.

Como bem entende o Superior Tribunal de Justiça, esta regra trazida pela Lei nº 12.736/12 **não versa sobre progressão de regime**, instituto próprio da Execução Penal, mas sobre a possibilidade de se estabelecer regime inicial menos severo, descontando-se da pena aplicada o tempo de prisão cautelar do acusado (HC nº 389.639/SP, rel. Min. Ribeiro Dantas, j. 27.04.17).

Logo, não importa se o agente foi sentenciado a 8 anos e 3 meses de reclusão em regime inicial fechado e permaneceu apenas 4 meses preso preventivamente, o que não alteraria em nada o seu regime penitenciário se considerado o tempo mínimo necessário para se progredir de pena (16%, por exemplo, cf. o novel art. 112, I, Lei nº 7.210/84, nos termos da Lei nº 13.964/19). Esses quatro meses cumpridos de segregação cautelar podem não ser suficientes para a progressão de pena, mas serão suficientes para o juiz sentenciante fixar, de pronto, o regime inicial semiaberto, conforme a análise do caso concreto.

Assim, "é certo que o § 2º do art. 387 do Código de Processo Penal, acrescentado pela Lei nº 12.736/2012, determina que o tempo de segregação cautelar deve ser considerado na pena imposta, para o estabelecimento do regime prisional fixado pela sentença condenatória, não se confundindo com o instituto da progressão de regime, próprio da execução penal" (STJ, HC nº 354.997/SP, rel. Min. Joel Ilan Paciornik, j. 28.03.17); ademais, a sua aplicação independe da verificação dos requisitos para a progressão de regime, instituto que se restringe à execução penal (STJ, HC nº 382.692, rel. Min. Reynaldo Soares da Fonseca, j. 21.02.17).

No que diz respeito à aplicação da lei no tempo, entende o Supremo Tribunal Federal que a norma extraída do texto legal possui conteúdo induvidosamente de **direito material**, e não processual, não se aplicando o princípio consagrado no brocardo *tempus regit actum*. A novel lei penal benéfica - embora inserida no CPP - deve retroagir, à luz do artigo 5º, inciso XL, da Constituição Federal, por encerrar, inequivocamente, situação jurídica mais benéfica ao réu (RHC nº 124.734/DF, rel. Min. Luiz Fux, j. 28.10.14).

Nestes casos, se já encerrada a jurisdição do juízo sentenciante, a tarefa passa a ser do juízo da execução penal, conforme o art. 66, I, LEP, em homenagem ao princípio da individualização da pena. Entende-se que o § 2º do art. 387, CPP, em nada altera a competência funcional do juízo das execuções penais, que continua responsável pela análise do regime prisional quando da execução penal (STJ, HC nº 374.839/SP, rel. Min. Ribeiro Dantas, j. 21.02.17).

Em igual sentido já decidiu o Superior Tribunal de Justiça, ao determinar a **aplicação retroativa** da Lei nº 12.736/12, por se tratar de lei posterior mais benéfica (HC nº 286.924/MG, rel. Min. Rogerio Schietti Cruz, j. 27.06.14).

13.4.6. Imposição de valor mínimo para reparação de danos

O inciso IV do art. 387, CPP, incluído pela Lei nº 11.719/08, dispõe que o juiz, ao proferir sentença condenatória, fixará valor mínimo para reparação dos danos causados pela infração, considerando os prejuízos sofridos pelo ofendido.

O tema já foi abordado no capítulo específico sobre a ação civil *ex delicto*.

13.4.7. Independência do juiz para julgar

Estabelece o art. 385, CPP, que, nos crimes de ação pública, o juiz poderá proferir sentença condenatória, ainda que o Ministério Público tenha opinado pela absolvição. Algumas observações são necessárias.

Em primeiro lugar, o texto legal trata apenas da ação penal de natureza pública. Isso porque, caso se trate de ação penal de iniciativa privada e o querelante não requeira, em alegação final, a condenação do querelado, haverá o reconhecimento da perempção (art. 60, III, CPP), já que o autor da inicial acusatória atua conforme o princípio da oportunidade, e, se não pedir a condenação, não poderá o juiz decidir contrariamente ao seu desejo.

No art. 385, CPP, como se vê, trata-se apenas de ação penal de natureza pública, aquela promovida pelo Ministério Público. Como o membro do *Parquet* possui independência para atuar (CF, § 1º, art. 127), ele não está vinculado ao pedido condenatório inicialmente feito. Assim, muito embora tenha pedido, na denúncia, a condenação do agente, poderá ele, ao final da instrução penal, se convencer da inocência do denunciado, de modo a requerer, então, a sua absolvição, não significando desistência ou disponibilidade da ação penal (STJ, HC nº 504.461/RS, rel. Min. Ribeiro Dantas, j. 18.08.20).

Isso, obviamente, não vincula o juiz (STJ, HC nº 84.001/RJ, rel. Min. Jane Silva, j. 11.12.07), que também possui a sua independência para decidir (art. 35, I, LC nº 35/79). Portanto, da mesma forma que o pedido de condenação do Ministério Público não obriga o juiz a condenar, o pedido de absolvição não o obrigará a absolver (STJ, HC nº 251.337/SP, rel. Min. Maria Thereza de Assis Moura, j. 07.08.14).

Sabe-se que o juiz decide com apoio nas provas colhidas e encartadas nos autos, não simplesmente conforme a opinião da acusação ou da defesa, que, claro, cumprem o seu papel de influenciar o julgador. Mas, ao final, a decisão sempre será do juiz, que decidirá conforme seu livre convencimento motivado (STJ, HC nº 350.708/SC, rel. Min. Reynaldo Soares da Fonseca, j. 19.04.16).

Não há nenhuma quebra da congruência quando o juiz condena o imputado mesmo tendo o Ministério Público requerido sua absolvição em alegações finais, pois "a correlação é feita com a imputação da denúncia, e não com as alegações finais" (Polastri, 2016, p. 1173).

O requerimento de absolvição formulado pelo Ministério Público não significa pedido de desistência da ação penal, até porque, como se sabe, o órgão não pode desistir da ação penal, cf. o art. 42, CPP (STJ, REsp nº 1.340.709/RJ, rel. Min. Rogerio Schietti Cruz, j. 08.04.14). O Ministério Público não é simplesmente um órgão de acusação, mas também um órgão essencial à função jurisdicional e de defesa da ordem jurídica. Conforme o Tribunal da Cidadania, não se adotou um sistema acusatório puro, em que o pedido condenatório é a única posição possível (HC nº 196.421/SP, rel. Min. Maria Thereza de Assis Moura, j. 06.02.14).

Ora, se, após o curso de todo o processo, o Ministério Público não vislumbra a responsabilidade penal do imputado, não há razão – jurídica e lógica – para insistir no pedido condenatório. O contrário seria sustentar a possibilidade de condenação de uma pessoa sabidamente inocente, o que não pode ser aceito no Estado Democrático de Direito, que é, inclusive, defendido pelo próprio Ministério Público (art. 127, CF).

Neste sentido, já se manifestou o Superior Tribunal de Justiça, afirmando que, quando o Ministério Público pede a absolvição de um réu, não há um verdadeiro abandono da ação penal, como ocorre nos EUA, em que o promotor de justiça simplesmente retira as acusações (*decision on prosecution motion to withdraw counts* ou *withdrawal of criminal charges*), vinculando o juiz, que não pode decidir contrariamente; no Brasil, é vedada a desistência pura e simples da acusação, pois se trata de um dever jurídico do Ministério Público, podendo, apenas e eventualmente, se manifestar diferentemente do pedido condenatório inicial (REsp nº 1.521.239/MG, rel. Min. Rogerio Schietti Cruz, j. 09.03.17).

Vale ressaltar a existência de posição minoritária, como a de Aury Lopes Jr., que sustenta que, uma vez pedida a absolvição pelo Ministério Público, o juiz estaria vinculado a este pedido, considerando que o *Parquet* teria deixado de exercer sua pretensão acusatória, impossibilitando uma condenação pelo julgador (Curso, 2016).

13.4.8. Reconhecimento de agravantes pelo juiz

O mesmo art. 385, CPP, na sua parte final, afirma que o juiz, nos crimes de ação penal pública, poderá reconhecer agravantes, ainda que não alegadas.

Para parte minoritária da doutrina (Badaró, 2016), é preciso que a agravante esteja ao menos mencionada na denúncia, sob pena de violação ao contraditório, pois, do contrário, o réu sequer dela se defendeu durante o processo; vale lembrar, ainda, que o mandamento legal impõe que a denúncia seja oferecida com a exposição do fato criminoso e todas as suas circunstâncias, o que incluiria, assim, as agravantes.

De outro lado, majoritariamente, o juiz pode reconhecer agravantes, ainda que não alegadas, exatamente como textualmente impõe o texto da lei. Neste sentido, o Superior Tribunal de Justiça entende que o juiz pode, nos termos do art. 385, CPP, reconhecer agravantes **ainda que não descritas na denúncia**, sem que isso gere ofensa alguma aos direitos do imputado (HC nº 385.241/SC, rel. Min. Jorge Mussi, j. 21.03.17); inclusive não se fere o princípio da correlação, tendo em vista que esta é exigida apenas para a definição do crime, não alcançando circunstâncias legais fixadoras da pena (HC nº 352.237/RJ, rel. Min. Nefi Cordeiro, j. 20.10.16).

De igual modo entende a Suprema Corte, dispondo que não gera surpresa para a defesa do réu o reconhecimento de circunstância agravante que encontre apoio, **explícita ou implicitamente**, em elementos da peça acusatória; o Estado deve respeitar o princípio da correlação quanto a evitar surpresas em relação a fatos e elementos novos, de modo que haveria ofensa ao contraditório e à ampla defesa apenas se o juiz reconhecesse agravante sequer mencionada, explícita ou implicitamente, na denúncia (HC nº 92.213/SP, rel. Min. Celso de Mello, j. 19.05.09).

No mais, é bom ver que o Supremo Tribunal Federal também já entendeu que não há violação aos princípios do contraditório e da ampla defesa quando, em julgamento de recurso de apelação do Ministério Público, o Tribunal aplica agravante não reconhecida pelo juiz de primeiro grau, mas cuja existência consta dos autos (RHC nº 99.306/AM, rel. Min. Ricardo Lewandowski, j. 16.06.10).

13.4.9. Efeito prodrômico

O tema está relacionado às nulidades, que será estudado em capítulo próprio adiante. Todavia, como também diz respeito à sentença, uma breve explicação é necessária – e uma pequena divagação também.

Sabe-se, em Direito Civil, que todo negócio jurídico deve, como regra, respeitar a chamada *Escada Ponteana*, ou seja, os três elementos constitutivos previstos por Pontes de Miranda: existência, validade e eficácia.

Previu-se que é possível, por exemplo, o negócio existir, ser inválido e, mesmo assim, produzir efeitos, tal como o casamento putativo (imaginário), que existe, é nulo, mas produz efeitos em relação ao cônjuge de boa-fé (art. 1.561, § 1º, CC).

Aproveitando-se essa mesma ideia, no Processo Penal se entende que é possível que uma sentença exista, seja invalidada e, mesmo assim, produza um efeito. É, então, o chamado **efeito prodrômico da sentença penal condenatória**. Fala-se em "prodrômico" no sentido de refletir, de espelhar, balizar, limitar.

Assim, por exemplo, um juiz de primeiro grau pode sentenciar o acusado a 10 anos de reclusão; recorrendo *apenas o réu* ao Tribunal, os desembargadores reconhecem que a sentença possui erro insanável, de forma que resolvem por anulá-la; ela produzirá um efeito muito importante, que é justamente limitar a nova sentença a ser prolatada àqueles 10 anos então fixados outrora.

Então, veja: a sentença, embora exista e seja nula, produz um efeito: limitar a nova sentença. Fala-se, com isso, em *quebra da Escada Ponteana*, pois haverá, regularmente, existência, invalidade e eficácia.

Mas a pergunta é: que limitação é essa em relação à nova sentença a ser prolatada? Quando o tribunal analisa um recurso interposto *exclusivamente pela defesa* e acaba por anular a sentença, determinando ao juízo de primeiro grau a prolação de uma nova sentença, o juiz sentenciante não poderá, nesta nova sentença, agravar a situação do réu, devendo ter como baliza, como parâmetro (daí "prodrômico") a sentença anteriormente prolatada. A isso se dá o nome de princípio da *non reformatio in pejus indireta* (que será detidamente estudado ainda), ou seja, reforma-se a decisão em recurso exclusivo da defesa, mas sua nova situação não pode ser pior do que era antes de recorrer (até porque, se o condenado-recorrente não tivesse essa segurança, não haveria razões para recorrer se o seu recurso exclusivo pudesse voltar-se contra si e agravar a sua situação).

Nos termos da súmula nº 160 do Supremo Tribunal Federal, é nula a decisão do tribunal que acolhe, contra o réu, uma nulidade não arguida no recurso da acusação, salvo os casos de recurso de ofício. Ou seja, se nem a acusação vislumbrou um recurso que pudesse agravar a situação do acusado, não poderá o tribunal assim agir, sem provocação (salvo recurso de ofício, como se verá); se só o réu recorreu, apenas duas situações podem ocorrer: ter a sua situação melhorada ou ter a sua situação mantida – mas nunca piorada em recurso exclusivo seu.

Exemplo: réu condenado a 8 anos de reclusão, por roubo majorado, pelo juiz de primeiro grau; a acusação se satisfaz com o resultado e não recorre; a defesa, por outro lado, recorre; o tribunal, analisando o recurso, reconhece uma nulidade, de forma a determinar que uma nova sentença seja prolatada; o acusado possui o direito de, nesta nova sentença, não ter agravada a sua situação em relação à sentença anterior, devendo o juiz se limitar ao tipo do roubo majorado e aos oito anos de reclusão.

Por ora, em relação ao estudo da sentença, é o que cabe saber sobre o efeito prodrômico, que é a produção de um efeito da sentença existente e invalidada em relação à nova sentença a ser prolatada decorrente de recurso exclusivo da defesa, que é a sua limitação. O tema será aprofundado no capítulo próprio das nulidades e dos recursos, onde serão analisadas as espécies de *reformatio in pejus* e seus efeitos.

13.5. CORRELAÇÃO ENTRE ACUSAÇÃO E SENTENÇA

13.5.1. Introdução

O princípio da correlação (ou congruência) significa que deve haver correspondência entre o fato que se imputa ao acusado na peça inicial e a sentença, de modo que o agente seja julgado apenas e tão somente pelos fatos constantes da denúncia ou da queixa.

Veja – e este é o principal detalhe desta observação – que o agente se defende dos **fatos imputados**, ou seja, da narrativa acusatória, da verdadeira história narrada.

Como já estudado, a sentença penal não poderá ser *extra petita* (acusação por um fato e condenação por outro, p. ex.), *ultra petita* (acusação por um fato simples e condenação pela modalidade qualificada, p. ex.) e nem *citra petita* (deixar de julgar um fato imputado, p. ex.).

Quando se estuda este tema, sempre vem à mente o princípio da congruência do Processo Civil – mas há diferença com o Processo Penal. Lá, o **pedido** delimita a atividade jurisdicional, devendo ser exato e preciso, já que dele se depreende a amplitude da sentença (Medina, 2015); aqui, no Processo Penal, o pedido será sempre genérico – de condenação – interessando, então, a **causa de pedir**, que é justamente a imputação de fatos delitivos.

O desrespeito à congruência entre fatos imputados e sentença gera nulidade absoluta. Diante da extrema clareza e da importância, colaciona-se trecho do julgamento do Superior Tribunal de Justiça a este respeito, de lavra da Exma. Ministra Maria Thereza de Assis Moura:

"De início, vale ressaltar que a obrigatoriedade da correlação entre a acusação e a sentença é uma garantia típica do sistema acusatório, em que são bem definidas as funções de acusar, defender e julgar. A separação das referidas obrigações atribui exclusivamente ao Ministério Público (ou ao querelante, nas ações penais de iniciativa privada) a função de acusar e proíbe que o julgador proceda a qualquer acusação *ex officio*. É também uma forma de concretização de diversos princípios consagrados em nossa Constituição, como por exemplo: a ampla defesa, o contraditório, o devido processo legal e a inércia da jurisdição. Isso porque trata o réu não como um mero objeto do processo, mas como um sujeito de direitos que participa de uma relação jurídica processual. A obrigatoriedade da correlação entre a acusação e a sentença implica na necessidade de que o objeto do processo permaneça inalterado durante todo o *iter* procedimental. Ou seja, desde o momento inaugural (oferecimento da denúncia) até o término do processo (sentença) o objeto do processo não poderá sofrer alterações. Isso trará eficácia ao **princípio do contraditório** pois garantirá às partes a necessária informação do alcance dos fatos que estão sendo discutidos e, portanto, garantirá a possibilidade de contrariá-los. Também tem ligação com o **princípio da ampla defesa**, pois a acusação apresenta a tese que será combatida pela defesa e ao delimitar o conteúdo que permanecerá imutável ao longo do processo, estará a se garantir o direito de defesa. Importante reflexo também apresenta no **princípio da inércia da jurisdição**, pois ao impedir que o juiz inicie um processo, como consequência lógica o juiz também não poderá decidir além do que foi imputado na inicial acusatória. Tudo isso está umbilicalmente ligado ao **princípio do devido processo legal**, pois qualquer desrespeito de uma dessas regras implicará em ofensa ao devido processo legal. Por isso, é realmente uma conquista do processo de partes a imposição de se descrever no início do *iter* procedimental o fato imputado ao agente, que limitará o resultado do processo, pois a sentença deverá julgar somente e tudo aquilo que foi objeto da imputação (...). Tratando-se de uma violação grave, concernente à lisura do devido processo legal, haverá uma nulidade absoluta, que não poderá ser convalidada e o ato deverá ser refeito. Neste caso, não se pode falar em preclusão, pois o vício coloca em risco a legitimidade e a credulidade de direitos e garantias fundamentais. Poderá, portanto, ser alegado em qualquer momento e independente da demonstração de prejuízo" (REsp nº 1.511.544/MG, j. 20.10.15 – destaques).

Em suma, a correlação da acusação com a sentença guarda estreito liame com os seguintes princípios:

Princípios do processo penal e a correlação entre acusação e sentença	
Contraditório	As partes devem ter conhecimento dos fatos imputados para poder contrariá-los.
Ampla defesa	A acusação apresenta os fatos e o acusado apresentará a sua defesa com base neles.
Inércia da jurisdição	O juiz não pode iniciar um processo penal e muito menos decidir além do que a acusação imputou ao acusado.
Devido processo legal	Qualquer desrespeito a estes princípios gerará violação ao devido processo legal.

Neste sentido de preservação da imputação com a sentença, surgem dois institutos: (**a**) *emendatio libelli* e (**b**) *mutatio libelli*.

13.5.2. *Emendatio libelli*

13.5.2.1. *Introdução*

Nos termos do art. 383, *caput*, CPP, o juiz, sem modificar a descrição do fato contida na denúncia ou queixa, poderá atribuir-lhe definição jurídica diversa, ainda que, em consequência, tenha de aplicar pena mais grave.

A imputação fática permanece a mesma, mas o juiz altera (corrige) a classificação legal, podendo assim agir ainda que em relação a um tipo penal mais grave.

Lembre-se: a correlação se dá entre os **fatos narrados** e a **sentença**, e não entre o tipo penal previsto na inicial acusatória e a sentença. Por isso, repita-se, é que se diz que **o acusado se defende dos fatos narrados e imputados na inicial acusatória, e não da capitulação legal atribuída pelo órgão acusador** (princípio da consubstanciação).

Exemplo clássico: denúncia oferecida narrando que o acusado subtraiu da vítima seu celular, aproveitando-se de um momento de descuido quando esta foi ao banheiro do restaurante (imputa-se um crime de *furto*), com o Ministério Público pedindo, ao final, a condenação pelo artigo 157, "caput", do Código Penal (correspondente ao *roubo*).

Como já se estudou em mais de uma oportunidade, o juiz decide conforme o seu livre convencimento motivado, não estando vinculado ao pedido condenatório ou absolutório, e, mais ainda, não estando vinculado ao tipo penal atribuído ao fato narrado, até porque, *jura novit curia*, ou seja, o julgador conhece o Direito e o ordenamento jurídico, realizando um perfeito juízo de tipicidade.

O que o juiz faz numa situação dessas? Aplica a lei correspondente ao crime **narrado** na peça acusatória, já que foi em relação a estes fatos que o réu se defendeu. Se o Ministério Público narra um simples furto de celular, sem emprego de violência ou grave ameaça pelo réu, não há nenhuma razão lógica ou jurídica para o magistrado condenar o imputado por roubo apenas porque o próprio órgão acusador se equivocou na tipificação legal.

Se o réu se defende dos fatos, o juiz julga e aplica a lei conforme estes mesmos fatos. Pouco importa a tipificação dada pela acusação. Não há violação à congruência ou à correlação, já que o acusado se defendeu dos fatos narrados e o juiz julgou o caso penal conforme estes mesmos fatos narrados. Nada de novo aconteceu. Respeitou-se o contraditório e a ampla defesa normalmente.

No mais, qualquer espécie de ação penal comporta a aplicação da "emendatio", seja de iniciativa privada ou pública.

13.5.2.2. *Hipóteses*

A doutrina afirma que a "emendatio" é possível em três situações:

a) **classificação errônea**: tal como o exemplo acima colocado, o juiz atribui ao fato uma capitulação legal diversa daquela imputada pela acusação (STJ, RHC nº 71.331/RS, rel. Min. Felix Fischer, j. 20.04.17).

É o caso de se narrar a exigência de vantagem indevida por parte de funcionário público, mediante o emprego de violência contra um particular, o que configura extorsão (art. 158, CP), mas o Ministério Público, na subsunção do fato à norma, imputa o delito de concussão (art. 316, CP).

b) **interpretação diversa**: o órgão acusatório narra um fato e atribui a tipificação legal correspondente, mas o juiz, ao sentenciar, a altera, por entender diversamente (STJ, HC nº 52.231/SP, rel. Min. Arnaldo Esteves Lima, j. 06.09.07).

É o exemplo da linha tênue entre roubo consumado e tentado, em que o Ministério Público narra um roubo tentado em que os agentes ficaram pouco tempo com a posse da coisa e logo foram presos em flagrante, mas o juiz entende que se tratou de roubo consumado, com o emprego da violência ou da grave ameaça, ainda que por breve tempo e em seguida à perseguição imediata e recuperação da coisa roubada, já que é desnecessária a posse mansa, pacífica e desvigiada (conforme a súmula nº 582, STJ).

c) **supressão de elementar/circunstância**: no curso da instrução processual, não resta comprovada uma elementar ou circunstância do tipo imputado ao réu, podendo o juiz condená-lo com base no tipo penal simples (ou outro, sem a elementar/circunstância) sem que isso fira a congruência, pois, embora tenha havido uma alteração dos fatos, não se acrescentou nenhum elemento à tipificação, pelo contrário, subtraiu-se, havendo verdadeira desclassificação (STJ, REsp nº 1.482.751/MG, rel. Min. Sebastião Reis Júnior, j. 15.03.16).

É a situação, por exemplo, de se narrar e se atribuir um furto qualificado, cuja qualificadora, no desenrolar do processo, não resta comprovada, caso em que o julgador acaba condenando por furto simples. Quem se defendeu do "mais" (furto qualificado) se defendeu, necessariamente, do "menos" (furto simples), não se ferindo nenhum princípio processual.

Seja qual for a hipótese, se, em consequência de definição jurídica diversa, houver possibilidade de proposta de suspensão condicional do processo, o juiz procederá de acordo com o disposto na lei. Como já estudado no procedimento sumaríssimo, neste caso, o juiz remeterá os autos ao membro do Ministério Público para que ofereça a proposta; em caso de negativa, o juiz aplicará o art. 28, CPP, nos termos da súmula nº 337, STJ.

13.5.2.3. *Aplicação de pena mais grave*

Viu-se que o art. 383, CPP, permite que o juiz altere a tipificação legal do fato narrado *ainda que tenha de aplicar pena mais grave* (STJ, AgRg no REsp nº 1.592.657/AM, rel. Min. Felix Fischer, j. 13.09.16). Novamente: como o réu se defende dos fatos narrados, e não da capitulação legal, a condenação em tipo que comine pena mais grave do que a atribuída na inicial acusatória não fere nenhum princípio processual.

Exemplo: o Ministério Público narra uma subtração mediante o emprego de arma de fogo (roubo qualificado) e, na subsunção, imputa o crime de furto; resta claro que toda a narrativa e toda a defesa do acusado será com base nos fatos (roubo), e não com base na tipificação legal equivocada (furto), de modo que o agente poderá ser condenado, ao final, normalmente por roubo qualificado, consoante a congruência existente entre *fatos* e *sentença*.

Pode ocorrer, por exemplo, de o Ministério Público narrar uma circunstância que autorize o aumento da pena e, no pedido, manifestar-se apenas pela condenação, esquecendo-se de mencionar a causa de aumento. Para o Supremo Tribunal Federal, o acusado se defende apenas dos fatos narrados, e não da capitulação jurídica. Então, se foi narrado, por exemplo, que o réu, por sua conduta criminosa, causou grave dano à coletividade (art. 12, I, da Lei nº 8.137/90), a não menção a esta causa legal no curso do processo é irrelevante, pois o fato em si foi narrado e o réu dele sempre teve conhecimento, de modo que o julgador está autorizado a julgar de acordo com os fatos descritos e poderá aplicar a pena majorada (HC nº 129.284/PE, rel. Min. Ricardo Lewandowski, j. 17.10.17).

No mais, no caso de novo enquadramento legal dos fatos narrados, a prescrição será regulada pela nova capitulação dos fatos, e não por aquela erroneamente contida na inicial acusatória. Logo, **a prescrição será calculada conforme os fatos verdadeiramente ocorridos**, e não conforme a capitulação dada a eles equivocadamente (STF, HC nº 76.888/PI, rel. Min. Carlos Velloso, j. 29.09.98).

13.5.2.4. *Momento*

O entendimento que prevalece é o de que a "emendatio" deve ser feita pelo juiz no momento em que ele for sentenciar (STJ, RHC nº 49.658/RS, rel. Min. Reynaldo Soares da Fonseca, j. 01.03.16). Tanto é assim que o art. 383, CPP, está no Título, do Código de Processo Penal, reservado ao estudo da sentença penal e, ainda, o acusado se defende dos fatos, de modo que a sentença com "emendatio" é como outra qualquer, que analisou os *fatos* narrados, e não a mera capitulação legal.

Embora este seja o entendimento prevalente, a boa doutrina observa que, em algumas situações, anteriores à sentença – tal como o momento do recebimento da inicial – o juiz poderá realizar a correção da tipificação legal, de forma a permitir ao acusado algum instituto benéfico, como a concessão de liberdade provisória ou de medidas despenalizadoras, tais quais a transação penal e a suspensão condicional do processo, que não dependem do curso de toda uma instrução processual, já que cabe ao titular da ação penal a análise de sua proposta.

Conforme Renato Brasileiro de Lima, esta situação deve ser excepcionalíssima, apenas quando não depender de nenhuma dilação probatória, bastando a simples análise dos fatos para se verificar erro na tipificação, pois, se o juiz precisar analisar provas, não poderá, no momento do recebimento da exordial, realizar a "emendatio", sob pena de ferir a efetividade do processo (Manual, 2016).

Em algumas hipóteses, a não correção da capitulação legal representará prejuízo ao processo e ao acusado, como, por exemplo:

a) Ministério Público narra fato processado por ação penal de iniciativa privada, mas o classifica erroneamente como crime de ação penal pública, o que prejudicará o ofendido, que não disporá de prazo para mover a ação pena privada em razão da decadência.

b) Ministério Público oferece denúncia por tráfico de drogas, mas o juiz já verifica, de pronto, que se trata de porte para consumo pessoal, em razão da natureza e quantidade de droga, do local e das condições onde se deu a ação e considerando as circunstâncias sociais, pessoais e os antecedentes do acusado (§ 2º, art. 28, Lei nº 11.343/06). Claramente, neste caso, o juiz não está obrigado a seguir com um processo penal por tráfico de drogas se ele, notadamente já no início da ação penal, sem grande esforço, verificar que se trata de crime muito mais brando, inclusive considerado de menor potencial ofensivo.

c) Ministério Público narra fato apenado com pena inferior a 4 anos, mas o classifica como sendo apenado com pena acima de 4 anos, podendo trazer prejuízos ao acusado, que pode vir a ser preso preventivamente, gerando risco de decretação ilegal de prisão (art. 313, I, CPP).

Nesses casos, percebe-se que o juiz, se não realizar, desde o início, uma readequação da capitulação legal, corre-se o risco de prejudicar o acusado e a própria efetividade do processo. Basta imaginar, por exemplo, a narrativa de uma infração penal de menor potencial ofensivo com capitulação de crime de elevado potencial ofensivo. O juiz seria obrigado a, apenas em razão da errônea e excessiva tipificação, levar o processo até seu último ato da instrução processual – e afastando o Juizado Especial – apenas por causa de uma capitulação? Claro que não. O acusado e o juiz estão vinculados aos **fatos**, de modo que são eles que ditam o trâmite processual, e não a (equivocada) tipificação legal do delito.

O juiz, portanto, não deixará de receber a acusação e nem poderá obrigar o Ministério Público a corrigir a tipificação atribuída. Ele, simplesmente, num *juízo provisório e incidental*, de acordo com os fatos e as provas apresentadas com a inicial acusatória, corrigirá a tipificação, de modo a, por exemplo, conceder uma liberdade provisória, autorizar um benefício penal, alterar a competência etc.

Exemplo: o agente é preso preventivamente com pequeníssima porção de droga para consumo pessoal e o Ministério Público o denuncia por tráfico de drogas; o juiz poderá, em casos assim, seguir os ditames da Lei nº 9.099/95, por exemplo, inclusive com a remessa dos autos ao Juizado Especial Criminal.

Nas palavras de Brasileiro, "como garantidor constitucional, e no exercício desse mister, pode o juiz conceder benefícios legais, relativamente ao *status libertatis* do acusado, se verificar a possibilidade de outra tipificação do fato descrito na inicial, porém com a cautela de não declarar expressamente o tipo penal que entende adequado, para não ensejar um prejulgamento" (Curso, 2013, p. 1552).

Consoante o Superior Tribunal de Justiça, a adequação típica da conduta imputada na denúncia deve ser feita apenas por ocasião da sentença, momento em que o juiz poderá proceder à "emendatio", não havendo que se falar em análise de adequação típica por ocasião do recebimento da denúncia, *salvo* quando a tipificação revelar a impossibilidade de o acusado ser beneficiado por algum instituto, como a suspensão condicional do processo, não havendo óbice, nesses casos, ao exame preambular da adequação típica pelo julgador (RHC nº 57.366/BA, rel. Min. Reynaldo Soares da Fonseca, j. 17.11.16).

O Supremo Tribunal Federal parece seguir o mesmo caminho, entendendo que a regra é a realização da "emendatio" quando da prolação da sentença, mas isto comporta relativização, como, por exemplo, quando houver erro na capitulação que importe alteração da competência (HC nº 115.831/MA, rel. Min. Rosa Weber, j. 22.10.13).

Bem resume o seguinte acórdão, de lavra do Exmo. Ministro Marcelo Navarro Ribeiro Dantas, ao afirmar que "o órgão jurisdicional não tem competência para substituir-se ao Ministério Público, titular da ação penal pública, para o fim de retificar a classificação jurídica proposta. Nesse passo, dominante o entendimento que, em regra, o momento adequado para a *emendatio libelli* é o da prolação da sentença, não o recebimento da denúncia, em razão da topografia do art. 383 no CPP e do entendimento que o acusado defende-se dos fatos imputados, e não da classificação que lhes atribuem. Entrementes, jurisprudência e doutrina apontam no sentido da anuência com a antecipação da *emendatio libelli*, nas hipóteses em que a inadequada subsunção típica macular a competência absoluta, o adequado procedimento ou restringir benefícios penais por excesso de acusação" (STJ, HC nº 258.581/RS, j. 18.02.16).

Mas, e se o julgador entender, como no exemplo acima, que se trata de porte de droga para uso pessoal, e não de tráfico, como imputado pelo Ministério Público, o que a acusação poderá fazer? Não há previsão de recurso, podendo ser impetrado **mandado de segurança** para garantir o direito líquido e certo de o Ministério Público proceder à acusação como titular da ação penal, nos moldes da capitulação que entende ser a correta. A matéria, ainda, poderá ser arguida em preliminar de apelação, ulteriormente, defendendo-se a aplicação do tipo penal almejado.

13.5.2.5. *Aplicação em segunda instância*

Nas balizas do art. 617, CPP, o Tribunal de segundo grau poderá aplicar a "emendatio", desde que não agrave a situação do acusado quando somente ele houver recorrido da sentença (STF, HC nº 134.872/PR, rel. Min. Dias Toffoli, j. 27.03.18).

Desta feita, se apenas o réu apelou, resta claro que o tribunal não poderá agravar a sua situação, sob pena de *reformatio in pejus*; todavia, se o órgão acusatório também recorreu (ou se tratar de recurso exclusivo deste), isto significa que ainda existe uma acusação estatal em curso, de modo que o tribunal poderá, por "emendatio", agravar a situação do acusado. Se o réu não recorreu, o tribunal, claramente, poderá melhorar a sua situação, sem que isso gere ofensa alguma, conforme a *reformatio in mellius*.

Exemplo: réu é condenado a 4 anos de reclusão por ter praticado o crime A; o tribunal, analisando recurso exclusivo da defesa e os fatos narrados, reclassifica a conduta para o crime B, mas mantém a pena de 4 anos de reclusão. Não há que se falar em nulidade neste caso, pois houve apenas "emendatio" em segunda instância e não ocorreu prejuízo ao acusado.

Na exata compreensão do Superior Tribunal de Justiça: "é possível ao Tribunal de segundo grau, ao julgar apelo interposto pelo Ministério Público, proferir acórdão condenatório com capitulação legal diversa da atribuída na denúncia, ainda que essa nova definição jurídica resulte em pena mais grave. Isso porque ocorreu mera modificação da capitulação jurídica dos fatos descritos na denúncia, tratando-se da *emendatio libelli*, permitida pelo artigo 383 do CPP. Com efeito, a *emendatio libelli* pode ser feita pelo órgão jurisdicional de segunda instância por ocasião do julgamento de eventuais recursos, desde que respeitado o princípio da *ne reformatio in pejus*" (HC nº 294.149/SP, rel. Min. Maria Thereza de Assis Moura, j. 03.02.15).

13.5.2.6. *Contraditório*

A questão que se põe é saber se o juiz – seja de primeiro ou de segundo grau – precisa, antes de aplicar a "emendatio", ouvir as partes, isto é, se é exigido o contraditório e a ampla defesa neste momento de sentenciar.

O tema é polêmico e há duas posições absolutamente opostas:

a) **minoritariamente**, sustenta-se que é preciso respeitar o contraditório e a ampla defesa para se aplicar a "emendatio".

Gustavo Badaró é grande defensor desta posição, afirmando que o juiz, "antes de sentenciar, em respeito ao contraditório, deve convidar as partes a se manifestarem sobre a possibilidade de uma nova classificação jurídica dos fatos, evitando que sejam surpreendidas com a nova capitulação, sem que tenham tido oportunidade de debatê-la. Embora o acusado se defensa dos fatos imputados, e não da classificação legal dos fatos, o certo é que o tipo penal exerce influência decisiva na condução da defesa, de forma que sua alteração poderia surpreendê-la. Mesmo não havendo previsão nesse sentido no Código de Processo Penal, o princípio do contraditório assim o exige" (Curso, 2016, p. 542).

E arrematam Nestor Távora e Rosmar R. Alencar: "perfeitamente compatível com essa conclusão o princípio da não surpresa adotado pela Lei nº 13.105/2015 (CPC/2015), em seus artigos 9º e 10. O primeiro dispõe que nenhuma decisão será tomada sem que antes sejam ouvidas as partes, ressalvadas as exceções ali descritas. O último aviva que o juiz não poderá decidir, em qualquer grau de jurisdição, com base em fundamento acerca do qual não se tenha dado às partes oportunidade de se manifestar, mesmo que se trate de matéria sobre a qual deva decidir de ofício" (Curso, 2017, p. 1107).

Resume Guilherme Madeira Dezem, afirmando que "o contraditório é inimigo da surpresa e, neste ponto, a condenação por crime diverso daquele esperado é, a nosso juízo, clara afronta ao contraditório" (Curso, 2015).

b) **majoritariamente**, entende-se que não é preciso respeitar o contraditório e a ampla defesa para se aplicar a "emendatio".

Eugênio Pacelli, um de seus defensores, bem resume esta corrente: "abalizada doutrina (aliás, em obra de muitos méritos) sustenta que, mesmo na *emendatio libelli*, o juiz deveria baixar os autos à defesa, para que esta se manifestasse acerca da possível modificação da classificação jurídica do fato (BADARÓ, 2000), como exigência do princípio da ampla defesa. Com a entrada em vigor, então, do art. 10 do novo CPC não faltarão adeptos à tese. Todavia, há que se ter presente, para início de conversa, que a matéria da *emendatio* vem regulada expressamente no CPP, não reclamando, por isso mesmo, o recurso à analogia. Essa, como se sabe, somente é cabível *em hipótese de ausência de regulação específica da matéria*, o que não é o caso de que se cuida. Evidentemente. E, mais. Ainda que sedutora a tese, logicamente conformada com o apontado princípio da ampla defesa, a ela não aderimos. Tratando-se de questão unicamente de direito (adequação do fato narrado à norma), o acusado poderá dela defender-se amplamente junto às instâncias recursais, incluindo-se a matéria entre aquelas devolvidas ao conhecimento dos tribunais, por força dos efeitos do apelo eventualmente aviado. Mais: feita a imputação, seja pelo Ministério Público, seja pelo particular, o réu deve manifestar-se não só sobre a existência do fato, mas da adequação desse fato a uma norma penal. Os órgãos acusatórios não detêm o poder ou a prerrogativa de escolher a definição jurídica do fato. Essa é uma missão constitucionalmente atribuída ao Judiciário; por isso, a defesa há de voltar-se para o ordenamento jurídico, e não para a escolha, eventualmente malsucedida, feita pelo responsável pela acusação. Por último: a hipótese representaria fracionamento temporal da sentença, na medida em que já anunciaria, em boa medida, o convencimento judicial" (Curso, 2017, p. 295).

A jurisprudência acompanha a corrente majoritária.

O Superior Tribunal de Justiça fixou que, na aplicação da *emendatio libelli*, "mostra-se despicienda a abertura de prazo para a manifestação da defesa, tendo em conta que o réu se defende dos fatos narrados na incoativa, e não da capitulação jurídica ofertada pelo *Parquet*" (AgRg no HC nº 289.078/PB, rel. Min. Antonio Saldanha Palheiro, j. 15.12.16).

Em idêntico sentido é a jurisprudência do Supremo Tribunal Federal, ao dispor que, "ocorrendo *emendatio libelli*, não há que se cogitar de nova abertura de vista à defesa, pois o réu deve se defender é dos fatos que lhe são imputados, e não das respectivas definições jurídicas" (HC nº 94.226/SP, rel. Min. Ayres Britto, j. 28.06.11).

13.5.2.7. *Quadro geral*

Estes são os principais tópicos:

Emendatio libelli	
Conceito	O fato narrado na inicial está correto, mas precisa ser corrigida a sua capitulação legal para que os fatos correspondam à acusação.
Hipóteses	Classificação errônea, interpretação diversa pelo juiz ou supressão de elementar ou circunstância.

Emendatio libelli	
Momento	Como regra, ao proferir sentença; excepcionalmente, no recebimento, quando prejudicar algum benefício, liberdade provisória, tratar-se de outra competência etc.
Exemplo	MP narra um roubo, mas subsume o fato ao tipo do furto.
Incidência	Em qualquer espécie de ação penal.
Consequência	O juiz corrige a tipificação legal, sem alterar os fatos, podendo até condenar por crime mais grave.
Procedimento	O magistrado não precisa ouvir as partes, já que o acusado se defende dos fatos.
Aplicação em 2ª instância	Possível.
Possíveis consequências	Transação penal, suspensão condicional do processo, remessa ao juízo competente.

13.5.3. *Mutatio libelli*

13.5.3.1. *Introdução*

Dispõe o art. 384, CPP, que, encerrada a instrução probatória, se entender cabível nova definição jurídica do fato, *em consequência de prova existente nos autos de elemento ou circunstância da infração penal não contida na acusação*, o Ministério Público deverá aditar a denúncia ou queixa, no prazo de 5 dias, se em virtude desta houver sido instaurado o processo em crime de ação pública, reduzindo-se a termo o aditamento, quando feito oralmente.

Ocorre "mutatio" quando se mudam os **fatos** contidos na inicial acusatória em razão do surgimento de nova prova, de modo que não existe mais a correlação inicialmente existente com os fatos narrados na acusação. O aditamento significará a formulação de imputação em novos termos, acrescentando circunstâncias inéditas (*mutatio actionis*).

O exemplo clássico é o caso de o Ministério Público imputar ao acusado o crime de furto, mas, no curso da instrução processual, a vítima afirmar que o agente a ameaçou com o emprego de arma de fogo, fato este novo e desconhecido até então, o que altera a tipificação do delito para roubo circunstanciado em razão da alteração dos fatos.

Como surgiu um **fato novo** – e sabendo-se que o réu se defende justamente dos fatos imputados – é preciso que se oportunize, agora, a defesa em relação a este. Por isso, deve o julgador respeitar o contraditório, a ampla defesa e a correlação entre os fatos e a sentença (STJ, HC nº 388.727/SP, rel. Min. Jorge Mussi, j. 28.03.17). O contrário significaria o juiz condenar o imputado por um fato do qual ele sequer se defendeu, ou melhor, sequer lhe foi imputado.

Perceba a lógica: se eu narro e imputo ao réu uma subtração mediante grave ameaça com emprego de arma de fogo (roubo), o réu se defenderá destes fatos (subtração, ameaça, arma etc.); agora, se eu narro uma subtração simples, sem nenhum tipo de violência ou ameaça (furto), mas um fato novo surge no curso do processo relativo ao emprego de ameaça com arma de fogo (roubo), resta óbvio e mais do que claro que o réu, tal como na primeira situação, precisará se defender de *todos esses os fatos*, inclusive a nova circunstância (grave ameaça e emprego de arma de fogo), sob pena de poder ser condenado sem ter a chance de se defender plenamente, o que fere a Carta da República quanto aos princípios do contraditório e da ampla defesa.

Desta feita, como será estudado adiante, o Ministério Público terá prazo para aditar (complementar) a denúncia a fim de incluir os novos fatos surgidos no curso do processo e o réu terá, também, prazo para se defender; ao final, o juiz sentenciará, agora respeitando, totalmente, a correlação entre fatos e sentença penal.

Conforme Eugênio Pacelli, não há substituição da acusação na "mutatio", mas o acréscimo de um fato ou circunstância que se agregará ao fato principal já imputado. Com isso, não haverá renovação integral da instrução e nem mesmo a modificação da interrupção da prescrição. Logo, não há nova ação, mas aproveitamento daquela já instaurada em razão do surgimento de novas provas (Curso, 2017).

É bom notar que, na "emendatio", como visto acima, a prescrição será regulada conforme os fatos efetivamente ocorridos, e não de acordo com a capitulação errada feita na inicial acusatória; já aqui, na "mutatio", a prescrição será regulada consoante o fato imputado na inicial acusatória, haja vista que a inclusão de fato ou circunstância ao crime já narrado não tem o condão de alterar a prescrição.

13.5.3.2. *Elementar e circunstância: fato novo ou fato diverso?*

Haverá "mutatio" sempre que, no curso da instrução processual, surgir prova relacionada a uma elementar ou a uma circunstância do delito que não constava da inicial acusatória, ou seja, o agente foi acusado de um delito, mas, no curso do processo, surge um elemento novo alterando-o.

De acordo com a doutrina penalista (Estefam e Gonçalves, 2012), os elementos do crime são os dados constitutivos da figura típica, que se subdividem em elementares e circunstâncias. As **elementares** são os dados essenciais da figura típica, sem os quais não existirá o crime ou provocará o surgimento de outro delito, localizando-se no tipo fundamental, tal como as elementares "matar" e "alguém", do art. 121, CP; já as **circunstâncias** são os dados acessórios da figura delitiva, agregando-se ao tipo penal, que influem na quantidade da pena, tal como a idade da vítima, se menor de 14 ou maior de 60 anos, no homicídio.

Exemplos: denúncia oferecida por furto, mas, no curso da instrução processual, surge prova acerca de uma nova *elementar* – a grave ameaça –, o que configura o roubo; ou então, denúncia por roubo simples, mas no curso da instrução processual surge prova acerca de uma *circunstância* nova – o concurso de outro indivíduo –, o que configura roubo majorado.

Assim, se circunstância ou elementar não estiver **explicitamente** contida na inicial acusatória, tal como determina o art. 41, CPP, o réu não terá a oportunidade de se defender plenamente contra todos os elementos do tipo penal. A redação original do art. 384, CPP, dispunha que os elementos do crime deveriam estar explícita ou implicitamente mencionados na denúncia ou queixa, o que foi alterado no atual texto, conforme a Lei nº 11.719/08, ao eliminar a possibilidade de acusação implícita, de modo que todos os elementos do tipo devem estar **claros e expressos** na acusação.

Exemplo: não pode o Ministério Público acusar um agente de roubo e, na denúncia, fazer menções indiretas como "os agentes correram naquela direção", ou "o agente e seus comparsas subtraíram" etc., e sem mencionar explicitamente esse elemento: concurso de pessoas. Foi coautoria ou participação? E os demais indivíduos foram localizados e denunciados? Há ou não concurso de agentes? Tudo isso deve estar explícito na denúncia ou queixa-crime.

Como já estudado alhures, as agravantes, nos crimes de ação penal pública, podem ser conhecidas de ofício pelo juiz, já que tratam da aplicação da pena e não de dado constitutivo do delito (art. 385, CPP). Desta feita, o órgão acusatório não precisará aditar a inicial para fazer incluir uma agravante. Pode-se concluir, portanto, que haverá a necessidade de "mutatio" em relação às **qualificadoras, privilégios, causas de aumento** e **de diminuição** (Brasileiro, 2016).

Feita a explicação, pergunta-se: a "mutatio" está relacionada a um *fato novo* ou a um *fato diverso*?

A "mutatio" diz respeito a um **fato diverso** surgido no curso do processo, relacionado ao fato imputado, tanto que o texto legal exige o surgimento de uma elementar ou de uma circunstância relacionada ao fato já imputado na acusação, tal como se viu acima com o surgimento da "grave ameaça" ao crime de furto, o que resulta em roubo. Quando isso acontecer, aplicar-se-á o procedimento do art. 384, CPP, com o consequente aditamento da inicial e realização do contraditório.

Diferentemente disso, quando surgir um **fato novo**, isto é, totalmente desvinculado dos fatos até então narrados na inicial, não será o caso de aplicação do procedimento da "mutatio", mas de oferecimento de uma nova acusação, autônoma, ou então, poderá o órgão acusatório se valer do art. 569, CPP, aditando a inicial, o que levará à realização de uma nova instrução processual completa (e não o simples procedimento da "mutatio", muito mais abreviado, como se verá).

Finalizando, bem ensina Sérgio Rebouças (Curso, 2017) que o melhor seria dizer *fato modificador da imputação* para a aplicação do procedimento da "mutatio", em contraposição ao *fato autônomo*, que enseja o aditamento ou o oferecimento de nova acusação. Para o autor, não há precisão no emprego das expressões "fato novo" e "fato diverso", já que fato novo é, obviamente, diverso daquele imputado na inicial acusatória; além disso, novo não seria o fato, que já ocorreu, mas o seu conhecimento.

13.5.3.3. *Aplicabilidade*

Seja qual for a situação diversa surgida no curso do processo, ou seja, se beneficiará ou se agravará a situação do acusado, faz-se – sempre – necessária a aplicação do procedimento da "mutatio".

Referida previsão é oriunda da redação da Lei nº 11.719/08, que alterou a antiga redação do art. 384, CPP, que diferenciava o procedimento da "mutatio" quando (a) a nova situação implicasse pena igual ou inferior a 1 ano, da situação que (b) gerasse pena mais grave ("caput" e p.ú., respectivamente).

Nos dias de hoje, portanto, independentemente da consequência que os fatos novos diversos possam gerar, sempre será necessário o contraditório, ouvindo-se a defesa.

13.5.3.3.1. *Dolo vs. culpa*

Interessante situação pode ocorrer, por exemplo, quando houver alteração do elemento subjetivo no curso do trâmite processual, o que acaba por alterar as próprias elementares do tipo (dolo *vs.* culpa).

Exemplo: o acusado é denunciado por vender, dolosamente, mercadoria imprópria para consumo (vencida, estragada etc.), cf. o art. 7º, IX, Lei nº 8.137/90; todavia, no curso da instrução, surge fato diverso, desconhecido até então, de que a venda se deu culposamente, o que geraria a aplicação do parágrafo único do art. 7º da referida lei, o que reduziria a sanção penal, ou seja, o agente deixaria de responder por um crime doloso para um culposo.

Consoante o Superior Tribunal de Justiça, julgando caso exatamente como este do exemplo, "o fato imputado aos réus na inicial acusatória, em especial a forma de cometimento do delito, da qual se infere o elemento subjetivo, deve guardar correspondência com aquele reconhecido na sentença, a teor do princípio da correlação entre acusação e sentença, corolário dos princípios do acusatório e do contraditório e da ampla defesa (...). Após o advento da Lei 11.719/2008, qualquer alteração do conteúdo da acusação depende da participação ativa do Ministério Público, não mais se limitando a situações de imposição de pena mais grave, como previa a redação original do dispositivo (...). Assim, não descrevendo a denúncia sequer implicitamente o tipo culposo, a desclassificação, ainda que represente aparente benefício à defesa, a quem seria imposta pena mais branda, deve observar a regra inserta no art. 384, *caput*, do CPP. Assim, **encerrada a instrução criminal, concluindo-se que as condutas dos recorrentes subsumem-se à modalidade culposa do tipo penal e ausente a descrição de circunstância elementar, atinente ao elemento subjetivo do injusto na denúncia, imperativa a observância da regra inserta no art. 384, *caput*, do CPP, baixando-se os autos ao Ministério Público para aditar a inicial, sob pena violação ao princípio da ampla defesa e contraditório**" (REsp nº 1.388.440/ES, rel. Min. Nefi Cordeiro, j. 05.03.15 – destaque).

Logo, não é porque o agente deixou de ser denunciado por um crime doloso e passou a ser acusado de crime culposo que o juiz poderá ignorar a correlação entre imputação dos fatos e sentença. Cada espécie de infração penal possui os seus elementos. Um crime doloso possui requisitos, enquanto que o crime culposo possui outros. Não é porque a pena de um é menor, quantitativamente, do que a do outro, que poderão ser deixados de lado o contraditório e a ampla defesa. Basta pensar que o agente poderá se defender afastando a modalidade de culpa (imprudência, negligência ou imperícia), ao invés de ser condenado por crime culposo enquanto estava se defendendo – inutilmente – de um crime doloso.

Apenas para registro, o Supremo Tribunal Federal, em julgado mais antigo, antes mesmo do atual texto legal, afirmou que, se a conduta é a mesma, alterando-se apenas o elemento subjetivo, não haveria a necessidade de "mutatio", não sendo o caso, inclusive, de se anular a sentença que se limitou a desclassificar a imputação para crime menos grave (RHC nº 85.657/SP, rel. Min. Carlos Britto, j. 31.05.05).

13.5.3.3.2. *Consumação vs. tentativa*

Outra situação curiosa que pode surgir diz respeito à consumação do delito (tentativa *vs.* consumação). Há controvérsia. Para a doutrina, deve ser observado o contraditório e a ampla defesa, permitindo-se que o acusado se defenda exatamente da imputação feita. Como observa Badaró, "havendo alteração fática relevante, independentemente da pena aplicável a tal fato, deverá o acusador aditar a denúncia ou a queixa, para incluí-la na imputação e, só assim poderá o juiz considerar tais fatos ao sentenciar. O problema não é de gravidade da pena, mas de conteúdo da imputação" (Curso, 2016, p. 544).

A jurisprudência, de outro lado, entende que se o réu é denunciado na forma consumada, ele poderá ser condenado na modalidade tentada, mesmo que não haja aditamento à inicial. Considera o Superior Tribunal de Justiça que a tentativa não é uma "figura autônoma", ou seja, o delito consumado e o tentado não são distintos, mas apenas uma diferente manifestação do mesmo crime, de modo que não se faz necessária a aplicação da "mutatio" (HC nº 297.551/MG, rel. Min. Rogerio Schietti Cruz, j. 05.03.15). Com a devida vênia, não há coerência nesta construção, haja vista que a tentativa é uma causa de diminuição de pena, o que, obviamente, faz parte da imputação fática contida na inicial acusatória, devendo o acusado dela bem se defender integralmente, devendo poder, por exemplo, se aprofundar na análise do *iter criminis*, da impossibilidade de consumação etc.

13.5.3.3.3. *Coautoria vs. participação*

No mais, é possível que a imputação em relação ao acusado seja de coautoria e que novos elementos surjam e indiquem participação – ou o contrário. Neste caso, impera-se, também, a realização da "mutatio". Explica Sérgio Rebouças que o acusado deve ter o direito ao contraditório e à ampla defesa quanto à nova hipótese surgida, como no caso em que é inicialmente acusado de autoria material, mas que, depois, surgem fatos indicando que ele seria mero partícipe (Curso, 2017).

A sentença, como já exaustivamente visto até aqui, deve guardar correspondência exata com os fatos, de modo que, ainda que mais branda a acusação, o agente deve responder aos fatos que lhe são imputados. Para o autor cearense, trata-se do princípio da

homogeneidade substancial entre a acusação e o objeto da sentença, permitindo-se que o acusado sempre se defenda de **todos os fatos** antes da decisão final, "ainda que reflitam crime menos grave que aquele originalmente acusado" (p. 1.053).

13.5.3.4. *Iniciativa*

O titular da ação penal pública é o Ministério Público (art. 129, I, da Carta da República). Respeitando isto, o art. 384, "caput", CPP, dispõe que, encerrada a instrução processual, se entender cabível nova definição jurídica do fato em razão de prova surgida de elemento ou circunstância não contida na acusação, **o Ministério Público deverá aditar a inicial**, no prazo de 5 dias.

Logo, não existe mais – tal como antigamente – a possibilidade de o juiz, por sua iniciativa, vislumbrando elemento diverso surgido no curso do processo, baixar os autos ao Ministério Público para aditar a peça acusatória, o que já era criticado pela doutrina da época em razão da parcialidade que o juiz demonstrava.

O § 1º do art. 384, CPP, não alterado pela Lei nº 13.964/19, determina que, não procedendo o Ministério Público ao aditamento, aplicar-se-á o art. 28, CPP (na sua redação originária), ou seja, o juiz, ao invés de baixar os autos ao membro do Ministério Público, remeterá os autos ao Chefe da instituição (PGJ ou CCR) para a solução final. Com a novel Lei nº 13.964/19, que alterou o art. 28, CPP, parece possível aplicar, analogicamente, o art. 28-A, § 14, CPP, ou o art. 10, IX, *d*, Lei nº 8.625/93, de sentido similar.

Desta feita, é possível diferenciar duas situações:

a) **iniciativa espontânea** (*caput* do art. 384, CPP);

b) **iniciativa provocada** (§ 1º do art. 384, CPP).

A posição majoritária sustenta que a iniciativa provocada é constitucional, tendo em vista que o juiz exerce o seu papel de fiscalizador do princípio da obrigatoriedade da ação penal pública, tal como faz na promoção de arquivamento do inquérito policial, e que já se está diante da fase decisória, não havendo nenhuma função de instrução ou de acusação neste momento (Pacelli, 2017; e Madeira, 2015). Por outro lado, minoritariamente defende-se que a regra é inconstitucional, por violar o sistema acusatório, não podendo o juiz provocar, de nenhuma forma, o aditamento da denúncia pelo órgão acusatório (Badaró, 2016; e Lopes Jr., 2016).

Seguindo o entendimento mais aceito, caso o juiz verifique que o membro do Ministério Público não efetuou o aditamento da inicial acusatória em razão do surgimento de fato a ser incluído na imputação, remeterá os autos ao Procurador-Geral de Justiça, abrindo-se duas possibilidades ao chefe da Instituição:

i) aditar a peça acusatória, seguindo o procedimento da "mutatio";

ii) não aditar a peça acusatória, caso em que o julgador estará vinculado aos fatos originários da acusação, podendo absolver ou condenar o agente.

Nesta segunda hipótese, caso o fato originário não reste comprovado, o juiz absolverá o acusado; de outro lado, caso reste comprovado – mas sem a elementar ou circunstância, diante do não aditamento – o juiz condenará o acusado com base na imputação inicial.

Exemplo: acusação por furto; surgimento de prova relativa ao emprego de grave ameaça; Ministério Público não adita; juiz remete ao PGJ, que também não adita; o juiz poderá absolver o agente do furto ou, se comprovada a mera subtração, condenar o agente por furto, pois, ainda que ausente a circunstância do roubo (grave ameaça), restou comprovada a subtração de um bem; não feito o aditamento, não poderá o tribunal, depois, condenar o agente por roubo, pois ausente acusação em relação a este crime (STJ, REsp nº 1.564.658/SP, rel. Min. Gurgel de Faria, j. 17.12.15).

Concluindo, percebe-se que o juiz está obrigado a respeitar o § 1º do art. 384, CPP, ou seja, caso provoque o membro do Ministério Público para aditar a inicial acusatória e este permaneça inerte, não poderá o julgador simplesmente passar a sentenciar com base na imputação constante dos autos; deverá, pois, remeter os autos à chefia do Ministério Público, nos moldes do antigo art. 28, CPP (ou do atual art. 28-A, § 14, CPP, ou do art. 10, IX, *d*, Lei nº 8.625/93). O Poder Judiciário, vê-se, deve obediência constitucional ao status do Ministério Público de titular da ação penal pública, não podendo fazer-se substituir na *opinio delicti* do órgão acusador. É, numa comparação, a mesma situação que ocorre com a promoção de arquivamento do inquérito policial. Uma fez feita e discordando o juiz, não poderá este simplesmente obrigar o *Parquet* a oferecer denúncia, pois a avaliação sobre acusar, ou não, é exclusivamente do Ministério Público, tanto que a lei determina, neste caso, que o Procurador-Geral de Justiça emita sua opinião, à qual o juiz estará obrigatoriamente vinculado. De igual modo, portanto, ocorre com a "mutatio libelli", isto é, caso o juiz provoque o membro do Ministério Público e este não adite a inicial acusatória, ele estará obrigado a remeter os autos ao Procurador-Geral de Justiça – ou à Câmara de Coordenação e Revisão, se o caso – para que o próprio Ministério Público dê a última palavra quanto à acusação. O contrário seria aceitar o Poder Judiciário decidindo sobre como a acusação deve(ria) ser feita, o que é patentemente inconstitucional.

13.5.3.5. *Ação penal de iniciativa privada*

O "caput" do art. 384, CPP, dispõe que o Ministério Público poderá aditar a denúncia ou a queixa se surgir elementar ou circunstância até então não contida na inicial da ação penal pública.

Percebe-se, tranquilamente, que é perfeitamente aplicável a "mutatio" aos crimes processados por ação penal de iniciativa pública e de iniciativa privada subsidiária da pública, tendo em vista que, nesta, o *Parquet* possui ampla legitimidade para realizar o aditamento, incluindo novos fatos ou agentes, nos moldes do art. 29, CPP.

Resta saber, então, se é possível a "mutatio" em crime de ação penal de iniciativa privada. Há duas posições antagônicas:

a) **majoritariamente, veda-se** a "mutatio" em crime de ação penal de iniciativa privada. Consoante Pacelli (Curso, 2017), a atual política legislativa, diversamente da redação anterior do art. 384, CPP, é no sentido literal de sua não aplicação a esta espécie de ação penal, tendo em vista que o texto legal dispõe categoricamente apenas "processo em crime de ação pública". No mesmo sentido entendem Polastri Lima (Curso, 2016), considerando que a ação penal de iniciativa privada é regida pelo princípio da oportunidade, e Sérgio Rebouças (Curso, 2017), afirmando que o silêncio do legislador foi eloquente quanto à "mutatio" em ação penal de iniciativa privada, de modo que se teve em vista a disponibilidade e a menor relevância da ação penal de iniciativa privada.

b) **minoritariamente, não se veda** a "mutatio" em crime de ação penal de iniciativa privada. Não existe razão para se negar ao querelante a possibilidade de aditamento de sua queixa-crime, devendo ser verificada se a omissão do querelante quanto ao fato foi ou não intencional e se já existia ou não quando do ajuizamento da inicial (Brasileiro, 2016). O exemplo trazido pelo autor é a calúnia, do art. 138, "caput", CP, mas que, no curso do processo, surge elemento dando conta de que ela foi cometida na presença de diversas pessoas, circunstância não contida na inicial e que aumenta a pena em 1/3 (art. 141, III, CP), de modo que, para os defensores desta corrente, seria possível o aditamento, bastando observar o prazo decadencial. No mesmo sentido entende Nucci (Manual, 2016), para quem a iniciativa, no caso, deve ser sempre do querelante, não podendo o juiz provocá-lo, em respeito ao princípio da oportunidade, devendo ser observado o prazo decadencial de seis meses, que deve ser contado a partir do novo fato.

Em suma:

"Mutatio libelli" em ação penal de iniciativa privada	
Impossível (majoritariamente)	**Possível (minoritariamente)**
Há um silêncio proposital na lei em relação ao não cabimento neste tipo de ação, devendo ser respeitadas, ainda, a oportunidade e a disponibilidade do querelante.	Não há razão para se vedar, podendo o querelante realizar o aditamento da queixa, desde que dentro do prazo decadencial, não podendo o juiz provocá-lo.

13.5.3.6. *Procedimento*

O procedimento está previsto no art. 384 e parágrafos, CPP. Assim:

1º) no curso da instrução processual, surge elemento diverso do contido originariamente na inicial acusatória. O texto legal fala em "encerrada a instrução criminal", o que não necessariamente precisa ocorrer. Se, no curso da instrução, surgir elemento diverso desconhecido da imputação inicial, não haverá lógica em o juiz esperar o término da instrução (que não necessariamente ocorrerá num dia só) para, então, se realizar o aditamento e, depois, se repetir atos desnecessários. Pode-se defender que, a qualquer momento, no curso da instrução, caso surja fato não contido na inicial, o juiz já poderá adotar as providências necessárias ao aditamento, respeitando-se a racionalidade dos atos processuais e a duração razoável do processo.

2º) o Ministério Público terá o prazo de 5 dias para aditar a denúncia (crime de ação penal pública) ou queixa (crime de ação penal privada subsidiária da pública). Poderá ser feito oralmente, na própria audiência, reduzindo-se a termo. Se o Ministério Público assim não fizer, o juiz, obrigatoriamente, aplicará o antigo art. 28, CPP (ou o atual art. 28-A, § 14, CPP, ou o art. 10, IX, *d*, Lei nº 8.625/93, analogicamente), remetendo-se os autos à chefia do Ministério Público (art. 384, § 1º, CPP).

3º) feito o aditamento, o juiz ouvirá a defesa, em 5 dias também, antes de decidir sobre a sua admissão. Atente-se que a lei afirma que o juiz, antes de decidir se recebe ou não o aditamento, ouvirá a defesa. Trata-se de uma oportunidade ampla de se defender do aditamento feito, podendo se alegar qualquer fato que impeça o recebimento (art. 395, CPP) e também se defender substancialmente da nova imputação (art. 396-A, CPP). Não é necessária nova citação do acusado, sendo suficiente a intimação da defesa apenas (STJ, AgRg no RHC nº 94.805/RS, rel. Min. Ribeiro Dantas, j. 05.05.20).

4º) o juiz passa a verificar se admite ou não o aditamento, tendo em vista as alegações da acusação e da defesa quanto aos fatos surgidos. O juiz, portanto, poderá recebê-lo ou rejeitá-lo, tal como faz com a inicial acusatória. Caso rejeite, o processo seguirá com base na imputação originária – o que será tema de item próprio adiante (§ 5º, art. 384, CPP).

Admitido o aditamento, o juiz, a requerimento de qualquer das partes, designará dia e hora para continuação da audiência, com a inquirição de testemunhas, novo interrogatório, realização de debates e julgamento (§ 2º, art. 384, CPP). Vê-se que se trata de uma **mini-instrução** em relação ao fato modificador da imputação originária.

Cada parte poderá arrolar até 3 testemunhas, no prazo de 5 dias (§ 4º, art. 384, CPP). A doutrina entende que não se trata de novos cinco dias para este arrolamento, considerando que cada parte, no momento do aditamento e da resposta, já deverá indicar as provas que pretende produzir em juízo, incluindo as testemunhas que deseja ouvir.

Com ou sem testemunhas, nova audiência deverá ser designada, com novo interrogatório do acusado para que ele possa se defender desta nova acusação (lembre-se que é obrigatória a designação do interrogatório, mas não o comparecimento do acusado, diante do seu direito ao silêncio).

5º) se o juiz, oferecido o aditamento e ouvida a defesa, rejeitá-lo, a acusação poderá interpor recurso em sentido estrito, em interpretação extensiva do art. 581, I, CPP (previsto para a rejeição da denúncia ou queixa), já que onde há a mesma razão se aplica o mesmo direito. A doutrina levanta a hipótese, não muito ortodoxa, de o juiz rejeitar o aditamento e já passar a sentenciar, caso em que caberá apelação (art. 593, I, CPP).

13.5.3.7. *Adstrição do juiz ao aditamento*

Surgindo fato diverso e não contido na inicial acusatória, viu-se que se abrem duas possibilidades.

Na primeira, o Ministério Público não realiza o aditamento, caso em que o juiz poderá absolver o acusado ou, se presentes elementos suficientes, condená-lo pelo crime originalmente imputado, como no caso do não aditamento quanto à elementar da "violência" na acusação inicial de furto, hipótese em que o julgador poderá absolver o réu se ausentes provas ou condená-lo por crime de furto, que era justamente a acusação primeira. Ora, se não há como se imputar o roubo em razão da ausência de uma de suas elementares, ao menos o crime simples de furto pode restar comprovado (subtração de bem alheio), podendo o juiz condená-lo por este.

A outra possibilidade é o Ministério Público realizar o aditamento para incluir a elementar ou circunstância então não constante da acusação. Neste caso, o § 4º do art. 384, CPP, dispõe que o juiz *ficará adstrito aos termos do aditamento*.

O que isso significa? Feito o aditamento, poderia o juiz condenar o agente pela imputação inicial, afastando a nova elementar ou circunstância incluída na acusação?

A redação original do art. 384, p.ú., CPP, previa que o aditamento feito se *somava* à imputação inicial, de modo que o juiz tinha, diante de si, duas imputações, podendo julgar de acordo com qualquer uma delas. A isso se chamava **imputação alternativa objetiva superveniente**, ou seja, acusação de um fato novo superveniente à imputação inicial, permitindo que o juiz condenasse o agente tanto pelo fato inicial quanto pelo fato aditado.

Conforme Afranio Silva Jardim, comentando o antigo dispositivo, "mesmo que o Ministério Público adite a peça acusatória vestibular para incluir fato penalmente relevante que altere a tipicidade, não fica o magistrado impedido de condenar o réu pelo fato imputado anteriormente (...). O juiz, feito o aditamento, vai apreciar as duas condutas imputadas: a narrada na denúncia e a atribuída ao réu no aditamento (...). Trata-se, pois, de imputação alternativa superveniente, e não imputação cumulativa" (Direito, 1997, p. 158-159).

O atual regime legal, previsto no § 4º do art. 384, CPP, entretanto, não mais permite esta figura. **Uma vez feito o aditamento, o juiz ficará adstrito *aos seus termos*, ou seja, os novos fatos foram agregados à acusação inicial, de modo que *não se pode falar que há duas acusações*, mas tão somente uma, acrescida do aditamento**.

Todavia, deve-se ter em mente que há casos em que não há alteração dos fatos em si imputados. O § 4º do art. 384, CPP, apenas é aplicado quando a nova imputação, oriunda do aditamento, eliminar a imputação contida inicialmente na petição acusatória. Ex.: imputação de peculato culposo que se transforma em peculato-apropriação. Neste caso, o juiz apenas poderá julgar o peculato-apropriação, já que a acusação alterou substancialmente os fatos, inclusive o núcleo-verbo do tipo penal.

Há, inobstante isto, duas situações em que o juiz não estará adstrito tão somente à nova imputação oriunda da "mutatio".

Caso a elementar ou circunstância trazida pelo aditamento não altere o tipo penal em si, mas diga respeito apenas a um elemento especializante, o juiz poderá sentenciar tanto com base na imputação inicial quanto na imputação superveniente com o aditamento.

Exemplo: furto simples na inicial acusatória e inclusão da elementar do concurso de duas ou mais pessoas através do aditamento, o que qualifica o crime. Caso não reste comprovado o concurso de agentes, que apenas qualificou o crime contra o patrimônio, o juiz poderá, tranquilamente, condenar o acusado por furto simples se presentes provas suficientes da subtração de bem alheio.

De igual sorte, caso se trate de crime complexo, que é aquele oriundo da união de dois ou mais tipos penais (roubo = furto + ameaça), caso o aditamento diga respeito à inclusão de elementar ou circunstância que forme novo tipo penal, será possível ao juiz condenar o agente pelo crime imputado inicialmente caso não reste comprovada a elementar do crime complexo oriunda do aditamento.

Exemplo: denúncia inicial por furto, com acréscimo da elementar grave ameaça pelo aditamento (roubo); caso não reste comprovada esta elementar trazida pela "mutatio", o juiz poderá condenar o acusado por furto, caso haja provas da subtração.

Em razão dessas **exceções**, há doutrina que sustenta ainda estar presente a imputação alternativa objetiva superveniente, mesmo diante da redação do § 4º do art. 384, CPP (Távora e Alencar, 2017).

13.5.3.8. *Aplicação em segunda instância*

Conforme já estudado, o duplo grau de jurisdição autoriza que as matérias fáticas e legais julgadas no juízo de primeiro grau sejam reanalisadas em segundo grau. Assim, os fatos e a lei poderão ser julgados em dois momentos distintos e por órgãos diversos.

Sendo assim, não há como se permitir a aplicação da "mutatio" apenas em segundo grau, no tribunal, sob pena de **supressão da primeira instância judicial** (STF, HC nº 83.924/SP, rel. Min. Gilmar Mendes, j. 08.03.05) O tribunal somente poderá reavaliar fatos julgados no juízo de piso; se isso não ocorreu, não poderá o tribunal aplicar a "mutatio". Logo, é impossível o aditamento da peça acusatória no âmbito dos tribunais, assim como estes não poderão levar em conta fatos diversos dos contidos na inicial acusatória, sob pena de violação ao duplo grau de jurisdição (STJ, HC nº 367.454/RS, rel. Min. Jorge Mussi, j. 16.05.17).

E isso é um tanto óbvio. Como será estudado em capítulo próprio, os tribunais exercem, primordialmente, a função recursal. E somente se recorre de algo que foi decidido anteriormente. Se não houve decisão a respeito de uma dada imputação no primeiro grau de jurisdição, resta claro que o tribunal de segundo grau não poderá analisar este fato, sob pena, justamente, de suprimir, de eliminar a competência do primeiro grau de jurisdição.

Bem determina o art. 617, CPP, que o tribunal atenderá, nas suas disposições, ao disposto nos arts. 383 ("emendatio"), 386 (absolvição) e 387 (condenação). Percebe-se, portanto, que a lei exclui a aplicação do art. 384, CPP ("mutatio") no segundo grau, sequer mencionando-o.

Neste sentido, o Supremo Tribunal Federal editou a súmula nº 453, dispondo que "não se aplicam à segunda instância o art. 384 e parágrafo único do Código de Processo Penal, que possibilitam dar nova definição jurídica ao fato delituoso, em virtude de circunstância elementar não contida, explícita ou implicitamente, na denúncia ou queixa".

Caso julgado pelo STF: denúncia inicial por violação do dever funcional com o fim de lucro, por ter um militar fraudado o concurso para o curso de formação de sargentos; foi absolvido pela justiça militar de primeiro grau; na apelação, o tribunal deu nova definição jurídica ao fato e o condenou por estelionato.

Para a Suprema Corte, a alteração dos elementos constantes dos autos, dando nova definição jurídica ao fato, sem conceder ao réu oportunidade de defesa, acarreta violação aos direitos constitucionais do contraditório e da ampla defesa (HC nº 116.607/RJ, rel. Min. Ricardo Lewandowski, j. 25.03.14).

Tendo em conta que é vedada a aplicação da "mutatio" em segundo grau, surge uma importante consequência caso o Ministério Público não tenha realizado o aditamento em primeiro grau. Explica-se.

Pegue o exemplo acima dado sobre a venda de produto impróprio para consumo, que admite tanto a conduta dolosa como culposa. Se o Ministério Público oferece denúncia por crime doloso e surge no curso da instrução processual elementos indicando que o crime foi culposo, mas a acusação não realiza o aditamento, a imputação feita será exclusiva e tão somente quanto à modalidade dolosa. Caso o réu seja condenado e apele ao tribunal alegando que ocorreu o crime na modalidade culposa e o tribunal acatar este argumento, não terá como condenar o agente por crime culposo, como se estivesse "desclassificando" a conduta. Isso porque, há apenas uma imputação: crime doloso. Se o tribunal se convenceu do argumento defensivo quanto à ocorrência de crime culposo, resta inexistente qualquer acusação em relação a esta modalidade, restando à Corte absolver o acusado. Além disso, não poderá o tribunal anular a sentença e determinar nova decisão, sob pena de "reformatio in pejus" (súmula nº 160, STF), caso o recurso seja exclusivo da defesa; ademais, não haverá vício na sentença de primeiro grau apto a ensejar a anulação.

Veja que, neste exemplo, o tribunal não poderá simplesmente desclassificar a infração dolosa para culposa, pois não houve sequer acusação em relação a este fato culposo pelo Ministério Público; também não será o caso de anular a sentença, já que não há nenhum vício nela, pois o juízo de primeiro grau julgou o fato doloso constante da escorreita inicial; ainda, não poderá o tribunal aplicar o procedimento da "mutatio", sob pena de supressão de instância, nos termos do art. 617, CPP, e da súmula nº 453 do STF. Restará, portanto, a absolvição pelo tribunal (Avena, 2017).

No mais, a vedação da "mutatio" em segundo grau diz respeito à atuação do tribunal como Corte de Apelação, ou seja, como revisor das decisões de primeiro grau. Caso o tribunal atue em sua competência originária (como nos casos de foro por prerrogativa de função), nada impedirá seja aplicado o procedimento do art. 384, CPP, considerando que o tribunal está judicando como se fosse a primeira instância.

Por fim, caso haja recurso da acusação pleiteando o reconhecimento de nulidade da sentença, que condenou (ou mesmo absolveu) o agente por fato diverso do contido na inicial acusatória, isto é, sem aplicação do art. 384, CPP, o tribunal reconhecerá *error in procedendo*, anulando a sentença e determinando que outra seja proferida, tendo como base os fatos constantes da inicial acusatória (Badaró, 2016).

Atente-se que não poderá o Ministério Público, em razão da volta do processo ao juízo de primeiro grau, aditar a acusação, seja em razão de recurso da acusação ou da defesa. O momento oportuno para a "mutatio" já se foi. Restará ao juiz prolatar a sentença com base na inicial ofertada apenas.

13.5.3.9. *Quadro geral*

Estes são os principais tópicos:

Mutatio libelli	
Conceito	Os fatos acontecidos não estão contidos na inicial, de forma que o MP precisará aditá-la para incluir elementar ou circunstância.
Momento	Ao final da instrução processual.
Exemplo	MP narra um furto, mas vítima, na audiência, diz que houve violência, tipificando, portanto, roubo.
Incidência	AP pública e privada subsidiária; doutrina diverge.
Consequência	O MP precisará aditar a inicial para incluir os fatos surgidos, garantindo que a sentença corresponda à acusação.
Procedimento	MP adita inicia em 5 dias ou oralmente; ouve-se a defesa; juiz decide se recebe o aditamento; realiza-se uma "mini-instrução".
Aplicação em 2ª instância	Impossível, sob pena de supressão de instância.
Possíveis consequências	Transação penal, suspensão condicional do processo, remessa ao juízo competente.

13.5.4. Disposições comuns

A fim de não repetir temas, serão abordados, aqui, duas situações aplicáveis a ambos os institutos da "emendatio" e da "mutatio".

13.5.4.1. *Mudança de competência*

Estabelece o art. 383, § 2º, CPP, referente à "emendatio", que, tratando-se de infração da competência de outro juízo, a este serão encaminhados os autos; o mesmo é aplicável à "mutatio" (384, § 3º, CPP).

A doutrina traz a correta interpretação destes dispositivos.

Tratando-se de **competência absoluta**, deverá ser aplicado o § 2º do art. 383, CPP, de modo que o juízo deverá remeter os autos ao juízo competente. Exemplo: denúncia de tráfico de drogas doméstico em curso na Justiça Estadual, mas, na verdade, tratam os fatos de tráfico internacional ("emendatio") ou surgem provas desconhecidas até então da transnacionalidade do crime ("mutatio"), de modo que o juiz deverá remeter os autos à Justiça Federal competente, nos termos do art. 109, V, CF, já que se trata de competência absoluta em razão da matéria, que não admite prorrogação.

De outro lado, caso se trate de **competência relativa**, que pode ser prorrogada, há dois momentos distintos a ser observados: (a) se os indícios de nova competência surgirem no início da instrução ou antes dela, o juiz remeterá os autos ao juízo competente; (b) se os indícios de nova competência surgirem ao final da instrução, não haverá a remessa, tendo em vista a identidade física do juiz, que já colheu a prova em audiência, cf. o art. 399, § 2º, CPP.

13.5.4.2. *Mudança de ação penal*

Interessante situação pode acontecer quanto à alteração da espécie de ação penal.

Exemplo: denúncia oferecida por crime processado por ação penal pública incondicionada; todavia, no curso da instrução, surge fato diverso, apontando que o crime, agora, é processado por ação penal pública condicionada à representação. O Ministério Público promove o aditamento, conforme o art. 384, CPP.

O que acontecerá nesta situação? Renato Brasileiro (Manual, 2016) identifica as possibilidades em relação às mais variadas hipóteses:

i) se o crime era processado por ação penal pública incondicionada e, com a desclassificação, se tornou de ação penal de iniciativa privada, o juiz reconhecerá a ilegitimidade do Ministério Público e anulará o processo. Será possível o oferecimento de queixa, desde que observado o prazo decadencial, o que, para uns, seria a partir do conhecimento da autoria (fato que levaria a infinita maioria dos casos à decadência), enquanto que, para outros, tendo em vista o ajuizamento da denúncia originariamente, apenas não foi oferecida queixa em razão da existência de uma denúncia, devendo a vítima ser intimada para, em seis meses, a partir de então, manifestar sua vontade de processar o agente por meio de queixa-crime.

ii) se o crime era processado por ação penal pública incondicionada e, com a desclassificação, se tornou de ação penal condicionada à representação, será o caso de colher a representação da vítima, se necessário (se já houver elementos suficientes apontando que a vítima deseja processar o agente, não haverá necessidade). Como já estudado, a representação não é formal, de forma que os próprios elementos constantes dos autos já poderão supri-la, tal como o requerimento de instauração de inquérito policial, o registro de boletim de ocorrência, a realização de exame de corpo de delito etc.

iii) se o crime era processado por ação penal de iniciativa privada e, com a desclassificação, se tornou de ação penal pública incondicionada, o juiz deve reconhecer a ilegitimidade do querelante e anular o processo desde o início. Não tendo ocorrido a prescrição ainda, o Ministério Público poderá oferecer denúncia.

iv) se o crime era processado por ação penal condicionada à representação e, com a desclassificação, se tornou de ação penal incondicionada, o processo seguirá seu curso normalmente até a sentença final. O titular da ação penal continuou sendo o Ministério Público, havendo apenas uma representação inicial como condição de procedibilidade que, ulteriormente, se tornou desnecessária.

v) se o crime era processado por ação penal condicionada à representação e, com a desclassificação, se tornou de ação penal de iniciativa privada, a queixa-crime somente poderá ser oferecida se não tiver transcorrido o prazo decadencial.

vi) se o crime era processado por ação penal de iniciativa privada e, com a desclassificação, se tornou de ação penal pública (incondicionada ou mediante representação), o juiz reconhecerá a ilegitimidade do querelante. No caso, poderá ser oferecida nova denúncia e, se for necessária a representação, esta, como visto, não exige formalidades, podendo a queixa-crime inicialmente ofertada ser convalidada como representação, já que demonstra claramente a vontade da vítima de processar o ofensor, de forma que não há que se falar em decadência se ultrapassados os seis meses.

Em suma:

Como era	Como ficou	O que acontece
AP pública incondicionada	AP de iniciativa privada	Reconhecimento de ilegitimidade e possibilidade de ajuizar queixa se dentro do prazo decadencial.
AP pública incondicionada	AP pública condicionada	Colhe-se a representação, que poderá ser algum elemento constante dos autos.
AP privada	AP pública incondicionada	Reconhecimento de ilegitimidade, anulação e possibilidade de oferecer denúncia.
AP pública condicionada	AP pública incondicionada	Processamento normal.
AP pública condicionada	AP de iniciativa privada	Possível oferecimento de queixa, se dentro do prazo decadencial.
AP de iniciativa privada	AP pública (qualquer delas)	Reconhecimento de ilegitimidade e possibilidade de oferecer denúncia; prazo de 6 meses é desnecessário.

13.5.4.3. *Transação penal e sursis processual*

Pode ser que, através da mudança de capitulação do fato imputado ("emendatio") ou por meio do aditamento da inicial para incluir fato então não contido ("mutatio"), a nova classificação permita a concessão da **transação penal**.

Caso o juiz se depare com a possibilidade de transação penal após aplicar a "emendatio" ou a "mutatio", deverá, por regra, remeter os autos ao Juizado Especial Criminal (§ 2º, art. 383, CPP), por meio de decisão interlocutória combatida por recurso em sentido estrito (art. 581, II, CPP). Como já visto exaustivamente, a competência dos Juizados é relativa, de forma que, o que importa, de fato, é a concessão dos benefícios despenalizadores, ainda que não ocorra a remessa dos autos ao Juizado.

Quanto à proposta de **suspensão condicional do processo**, aplicar-se-á a mesma ideia. Conforme o § 1º do art. 383, CPP, se, em consequência de definição jurídica diversa, houver possibilidade de proposta de suspensão condicional do processo, o juiz procederá de acordo com o disposto na lei, que é a abrir vista para que o Ministério Público oferte proposta de suspensão.

Se o Ministério Público entender não ser cabível a suspensão ou se o acusado a rejeitar, o processo seguirá seu caminho normal até a sentença. Diante da recusa do Ministério Público, não poderá o juiz agir de ofício. Conforme a súmula nº 696 do STF, reunidos os pressupostos legais, mas recusando-se o membro do Ministério Público a propor a suspensão condicional do processo, o juiz, dissentindo, remeterá a questão ao Procurador-Geral, aplicando-se por analogia o antigo art. 28, CPP (ou o atual art. 28-A, § 14, CPP, ou o art. 10, IX, *d*, Lei nº 8.625/93, também em analogia).

Se a desclassificação ocorrer no tribunal, os autos serão baixados à primeira instância para que seja oferecida a proposta de suspensão.

13.6 COISA JULGADA E PRECLUSÃO

13.6.1. Introdução

A coisa julgada surge para dar segurança às decisões judiciais, que, num dado momento, precisarão se tornar imutáveis. Estabelece a Lei de Introdução às Normas do Direito Brasileiro – LINDB – que a coisa julgada (ou caso julgado) é a decisão judicial de que não caiba mais recurso (art. 6º, § 3º, Decreto-lei nº 4.657/42).

Todo processo judicial é iniciado para solucionar um impasse social e deve terminar com a prolação de uma decisão final, seja uma sentença ou um acórdão. A partir de determinando momento, esta decisão proferida tornar-se-á imutável, gerando a pacificação e a segurança que se almejam. Tendo esgotados os recursos ou não tendo sido nenhum interposto, diz-se que a decisão "transitou em julgado" (Neves, 2013).

Somente existe Estado de Direito se as decisões do Poder Judiciário puderem, num determinado momento, adquirir estabilidade e gerar segurança às partes e à sociedade. Tanto é assim que a Constituição da República determina que a lei respeitará a coisa julgada (art. 5º, XXXVI). Conforme Pacelli (Curso, 2017), objetiva-se, também, exercer um controle sobre o Estado-acusação, diante das graves consequências que derivam da existência de uma imputação formalizada, atingindo a dignidade da pessoa humana.

Trata-se a coisa julgada, classicamente, da **imutabilidade e indiscutibilidade** dos efeitos da sentença e da própria sentença. Assim, a coisa julgada não é um efeito da sentença (como a condenação, a imposição de pena, a obrigação de indenizar a vítima etc.), mas uma **qualidade**, que é justamente a imutabilidade e indiscutibilidade.

A coisa julgada é um fenômeno processual único, não havendo "espécies". O que ocorre é que existe a coisa julgada formal e a material, que são *formas de manifestação* da coisa julgada (Gonçalves, 2016). Cada uma delas será a seguir examinada.

Como se verá adiante, a coisa julgada é analisada de acordo com seus limites objetivos e subjetivos, o que só é possível de acordo com a teoria da *tria eadem* (Carlyle, 2014) – as demandas são idênticas quando possuem as mesmas partes, a mesma causa de pedir e o mesmo pedido, ou seja, adota-se a teoria da tríade, das três identidades ou dos três elementos (art. 337, § 2º, CPC).

13.6.2. Preclusão *vs.* coisa julgada

Coisa julgada não se confunde com preclusão.

A coisa julgada possui relação com a **matéria principal** do processo, revestindo e protegendo o *julgamento final*, isto é, diz respeito à decisão de mérito do processo. Ocorrendo coisa julgada, impede-se que o mesmo fato que foi objeto do caso penal seja reanalisado.

Já a preclusão é uma técnica que impede que o processo retorne a etapas já findas, recaindo sobre *atos processuais* que não dizem respeito ao mérito, ou seja, incide sobre **matérias secundárias**. Tradicionalmente, fala-se que a preclusão é a perda de uma faculdade processual por não ter sido exercida no momento legal, de modo que se impede o retorno do processo. Tem-se em mente que o processo marcha para frente, rumo a uma decisão final, que é a sentença, pondo fim ao caso penal, não devendo retornar quando se configurar a preclusão para a prática de um ato processual.

13.6.2.1. *Espécies de preclusão*

Existe uma classificação doutrinária sobre as espécies de preclusão:

a) **temporal**: é a impossibilidade de se praticar um ato processual em razão do decurso de seu prazo *in albis*, ou seja, a parte deixa de praticar o ato no tempo legal, perdendo a oportunidade de praticá-lo.

   Exemplo: defesa perde prazo e momento legais para apresentar rol de testemunhas (STJ, HC nº 326.209/BA, rel. Min. Antonio Saldanha Palheiro, j. 28.06.16).

b) **lógica**: é a impossibilidade de se praticar um ato processual em razão da incompatibilidade com outro ato anterior.

   Exemplo: acusado e defensor, presentes na audiência, renunciam ao direito de recorrer, de modo que restará impossibilitada a apresentação de recurso depois (STJ, RHC nº 66.307/RJ, rel. Min. Maria Thereza de Assis Moura, j. 04.02.16).

c) **consumativa**: é a impossibilidade de se praticar um ato processual diante de já se ter praticado um ato anterior que esgotou todos os seus efeitos, não sendo possível complementá-lo ou reapresentá-lo.

   Exemplo: se o defensor público apresentou recurso, não pode, depois, uma vez tendo o réu constituído seu próprio advogado, reapresentar o mesmo recurso, pois o ato de recorrer já foi praticado e se consumou (STJ, AgInt no AREsp nº 907.551/SP, rel. Felix Fischer, j. 09.05.17).

d) **"pro judicato"**: é a impossibilidade, dirigida ao magistrado, de decidir novamente o que já foi decidido, salvo se interposto recurso.

Não se trata da perda de uma faculdade processual propriamente dita, mas apenas se veda que o juiz reexamine a matéria que já foi decidida, impossibilitando-o de proferir nova decisão incompatível e contrária àquela, o que não geraria a segurança jurídica esperada.

Exemplo: o acórdão do tribunal, transitado em julgado, gera preclusão *pro judicato*, não podendo ser "reconsiderado" a pedido do juiz de primeiro grau (STJ, HC nº 358.916/MA, rel. Min. Antonio Saldanha Palheiro, j. 04.04.17); mas não a decisão que decreta a prisão preventiva, que pode ser revista pelo julgador, inclusive de ofício, como já estudado (STJ, RHC nº 67.965/PR, rel. Min. Felix Fischer, j. 05.05.16).

13.6.3. Coisa julgada formal

É, simplesmente, a imutabilidade **da sentença no próprio processo** em que foi proferida. É chamada também de "preclusão máxima", pois representa a impossibilidade de se recorrer da sentença (ou porque se esgotaram os recursos ou porque o prazo correu *in albis*).

Nas palavras de Fernando da Costa Tourinho Filho, coisa julgada formal "consiste na inimpugnabilidade da decisão. Uma vez preclusas as vias impugnativas, ou esgotadas as percorridas, o juiz não poderá reexaminar a questão. A decisão tornou-se intangível, intocável, imutável. Os efeitos que se produziram com a publicação da sentença, e os demais, que surgiram após o trânsito em julgado, tornaram-se definitivos, dada a impossibilidade de novo exame" (Manual, 2008, p. 770).

Absolutamente toda sentença formará coisa julgada formal, ou seja, num dado momento do processo não será mais possível recorrer, estabilizando-se a sentença daquele processo.

Exemplo: sentença por crime de estelionato; esgotaram-se os recursos ou as partes se conformaram com a decisão de mérito; formar-se-á coisa julgada formal, de modo que aquela decisão, naquele processo em que foi proferida, se torna imutável e indiscutível. Diz-se que se trata de um fenômeno *endoprocessual*, ou seja, relativo apenas e tão somente ao processo em que proferida a sentença.

13.6.4. Coisa julgada material

É a imutabilidade **dos efeitos** da sentença. Trata-se de um fenômeno *extraprocessual*, ou seja, que produz efeitos para fora do processo em que proferida.

Impede-se, com a formação da coisa julgada material (observada a tríplice identidade: partes, causa de pedir e pedido), que novo processo trate do mesmo objeto e em relação às mesmas partes, considerando que já há uma sentença prolatada a este respeito. Logo, a decisão não poderá ser alterada ou reconsiderada em nenhum outro processo.

Empréstando mais uma vez as palavras de Tourinho, "a coisa julgada material, ou simplesmente a coisa julgada, torna imutável o comando proveniente da sentença, de sorte que em nenhum outro juízo poderá a mesma causa ser debatida entre as mesmas pessoas, tornando imutáveis a decisão e seus efeitos, quaisquer que sejam (Manual, 2008, p. 770).

A Convenção Americana de Direitos Humanos prevê que "o acusado absolvido por sentença transitada em julgado não poderá ser submetido a novo processo pelos mesmos fatos" (art. 8º, 4). E o Pacto Internacional de Direitos Civis e Políticos dispõe que "ninguém poderá ser processado ou punido por um delito pelo qual já foi absolvido ou condenado por sentença passada em julgado, em conformidade com a lei e os procedimentos penais de cada país" (art. 14, 7).

Entende-se que a coisa julgada material pressupõe a coisa julgada formal e, mais, é uma qualidade exclusiva das sentenças de mérito, não formando coisa julgada material decisões meramente terminativas (Badaró, 2016).

Exemplo: agente absolvido quanto à imputação de estelionato; com o trânsito em julgado, ele não poderá ser novamente processado em relação a esta mesma imputação, diante da coisa julgada formal (que impede a rediscussão do caso neste mesmo processo) e da coisa julgada material (que impede a instauração de um novo processo sobre os mesmos fatos).

No mais, o agente não pode responder novamente, no Brasil, por crime pelo qual já foi processado no exterior, observados os compromissos internacionais dos quais o Brasil faz parte (STF, HC nº 171.118/SP, rel. Min. Gilmar Mendes, j. 12.11.19). Lembrar, todavia, que o Superior Tribunal de Justiça possui julgado recente no sentido de que a pendência de julgamento no exterior não impede o processamento do agente, no Brasil, pelos mesmos fatos (RHC nº 104.123/SP, rel. Min. Rogerio Schietti Cruz, j. 17.09.19). É importante acompanhar a evolução do tema.

13.6.5. Coisa julgada *vs.* revisão criminal

Neste ponto surge a dúvida: como fica a coisa julgada diante da possibilidade de ajuizamento da revisão criminal? Basicamente, apenas para se ter noção do que se está tratando, a revisão criminal é uma ação autônoma, prevista no art. 621, CPP, que permite a "rescisão" da sentença condenatória em três casos: contrariedade ao texto da lei ou à evidência dos autos; fundada em depoimento, exames ou documentos comprovadamente falsos; ou se forem descobertas provas novas de inocência ou circunstâncias que autorizem a diminuição da pena.

Toda sentença penal, seja condenatória, absolutória ou extintiva da punibilidade, adquirirá a qualidade da coisa julgada formal e material em algum momento. Entende-se, apenas, que a decisão condenatória ou absolutória imprópria (que impôs uma medida de segurança) produz **coisa julgada relativa**, pois poderá ser revista por meio de revisão criminal *pro reo* ou mesmo *habeas corpus* (Brasileiro, 2016). É possível sustentar que a sentença penal condenatória, apesar de poder ser rescindida por meio de revisão criminal, adquire a qualidade de coisa julgada formal e material. Fala-se que há coisa julgada material, mas com limite de rescindibilidade maior ou ilimitado (Badaró, 2016). Parte minoritária da doutrina entende que a sentença condenatória não faz coisa julgada material, mas apenas formal, pois pode ser revista a qualquer tempo por meio de revisão criminal (Madeira, 2015).

Em contrapartida, as decisões absolutórias e a extintivas da punibilidade produzem **coisa julgada absoluta**, não podendo ser revistas diante da impossibilidade de o agente ser processado novamente pelos mesmos fatos. Assim, nestes dois casos, fala-se que há **coisa soberanamente julgada**, já que incabível revisão criminal *pro societate*, ou seja, uma revisão da sentença transitada em julgado que beneficiou o agente em prol do Estado-acusação, o que feriria a segurança jurídica que se espera num Estado Democrático de Direito.

Diante da clareza, vale transcrever a explicação de Nereu José Giacomolli: "na esfera criminal, a autoridade advinda de um juízo absolutório petrifica os efeitos, não permitindo qualquer espécie revisional. Convencionou-se, juridicamente, em situações tais, concluir não ser tão grave ou séria a eventual injustiça cometida com a prolação de um juízo absolutório. Dessa forma se pode afirmar da intangibilidade do julgado absolutório, mesmo diante de declaração de inconstitucionalidade de lei que serviu de base ao juízo absolutório. Contudo, o juízo condenatório não está protegido, de forma absoluta, pelos efeitos da coisa julgada, em face de preponderar o estado de inocência e a "justiça" do caso sobre os efeitos da coisa julgada. Aqui sim, nas hipóteses em que se permite a revisão, convencionou-se atribuir gravidade à injustiça, a tal ponto de permitir a modificação do julgado, superando-se os efeitos da coisa julgada. Mesmo assim, a revisão, em razão da proteção constitucional da coisa julgada, reveste-se de caráter excepcional e limitado às situações consolidadas em lei ou nas ofensas induvidosas ao estado de inocência" (2016, p. 276).

Por fim, entende o Supremo Tribunal Federal que, ainda que a decisão seja proferida por juízo incompetente, violando o princípio do juiz natural, deve prevalecer o princípio que veda o *bis in idem*, fundamentando-se na necessidade de segurança jurídica, considerando que a decisão oriunda de juízo absolutamente incompetente deve ser debitada à responsabilidade do Estado, que atuou de modo descuidado (HC nº 125.101/SP, rel. Min. Teori Zavascki, j. 25.08.15).

13.6.6. Coisa julgada e a CADH

Viu-se que a coisa julgada em decisão absolutória é inatingível de qualquer modo, não podendo ser relativizada, já que a revisão da decisão passada em julgado somente é possível em relação às decisões impositivas de sanção penal, *pro reo*, sendo impossível rever o julgado *pro societate*.

Todavia, a Corte Interamericana de Direitos Humanos já decidiu que "es necesario señalar que el principio de cosa juzgada implica la intangibilidad de una sentencia sólo cuando se llega a ésta respetándose el debido proceso de acuerdo a la jurisprudencia de este Tribunal en la materia. Por otro lado, **si aparecen nuevos hechos o pruebas que puedan permitir la determinación de los responsables de esas graves violaciones a los derechos humanos pueden ser reabiertas las investigaciones, incluso si existe una sentencia absolutoria en calidad de cosa juzgada**" (*Masacre de La Rochela vs. Colombia*, j. 11.05.07).

Ou seja, a CIDH entendeu que, mesmo que haja trânsito em julgado de uma decisão, é possível que sejam reabertas as investigações e um novo processo seja instaurado caso se trate de *grave violação de direitos humanos*.

13.6.7. Funções positiva e negativa da coisa julgada

A doutrina costuma dizer que a coisa julgada possui dupla função: (a) positiva e (b) negativa.

A sentença, seja absolutória ou condenatória, vincula todos os juízes, ou seja, por exemplo, uma absolvição não poderá ser utilizada como maus antecedentes em outro processo, ou então, não poderá o juiz da execução entender pela desnecessidade de sanção penal por crer que o agente não foi responsável pelo crime. Esta é a função **positiva**, que impõe a observância da sentença a todos, partes e Poder Judiciário. O que está decidido com a qualidade de coisa julgada (material) está decidido e ponto final. Atentar, apenas, que nada impede que a decisão seja revista, como no caso de ajuizamento de revisão criminal, mas que terá natureza de nova ação e com causa de pedir diversa.

De outro lado, a função **negativa** impede o novo processamento e debate sobre o mesmo caso, respeitando-se o *ne bis in idem*, ou seja, observam-se os princípios básicos da proporcionalidade e da legalidade, na medida em que o agente criminoso já recebeu uma sanção penal e o apenamento dúplice geraria excesso punitivo pelo Estado (desproporcionalidade) e que nova sanção penal pelo mesmo fato ultrapassaria o limite legal previsto em lei (ilegalidade).

Agregando conhecimento, é interessante saber que a jurisprudência dos Estados Unidos admite, excepcionalmente, a *double jeopardy* (similar ao *bis in idem*), ou seja, a dupla punição pelo mesmo fato. Embora a Quinta Emenda proíba, por regra, a dupla punição pelo mesmo delito, isso pode acontecer quando o agente desrespeitar, simultaneamente, uma lei estadual (ou tribal) e outra federal, ainda que em razão do mesmo fato, haja vista que lá há "soberanias distintas" (o que é chamado de *separate sovereigns exception*) entre os governos estaduais e o governo federal, de modo que, por exemplo, o governo estadual pode criar o crime de porte ilegal de armas, assim como o governo federal pode fazer o mesmo, permitindo-se que o agente seja punido duplamente – no âmbito estadual e no âmbito federal – pelo mesmo fato (*Fox vs. State of Ohio*, 46 U.S 410). Referida jurisprudência será revista em breve pela Suprema Corte dos EUA no caso de Terance Gamble, condenado pela Corte do Alabama e pela Corte Federal pelo mesmo crime.

13.6.7.1. *Conflito entre coisas julgadas*

A bem da verdade, o princípio do *ne bis in idem* "consagra o direito do agente de não ser sancionado duas vezes (ou mais) pelo mesmo fato. Em uma tradução livre, poder-se-ia designar esse princípio como 'não duas vezes (*ne bis*) pela mesma razão (*in idem*)" (Pacelli e Callegari, 2015).

Acerca do respeito à decisão transitada em julgado, o Superior Tribunal de Justiça julgou interessantíssimo caso. O agente foi processado duas vezes (e definitivamente) pelo mesmo fato: uma, anteriormente, pela Justiça Estadual (que fixou pena maior) e outra, posteriormente, pela Justiça Federal (que fixou pena menor). No caso, tratou-se de roubo contra uma agência dos Correios, de modo que a competência constitucional é da Justiça Federal (art. 109, I, CF). Assim, o que deve prevalecer? A primeira decisão transitada em julgado, de juízo incompetente, que fixou pena maior, mas que transitou em julgado primeiro, ou a segunda decisão transitada em julgado, que desrespeitou a coisa julgada anterior, mas é competente e fixou pena menor?

De acordo com aquele Sodalício, como regra, a sentença proferida por juízo absolutamente incompetente (no caso, a Justiça Estadual) impede o exame dos mesmos fatos ainda que pela Justiça constitucionalmente competente, pois, do contrário, estar-se-ia diante de *bis in idem* (o que, de fato, ocorreu) além de se ferir a coisa julgada. No entanto, no caso concreto analisado, deve-se ter em vista a situação mais favorável ao agente, bem como a existência – também – de coisa julgada perante a Justiça competente (Justiça Federal), de modo que se entendeu por relativizar a coisa julgada penal, anulando-se a condenação da Justiça Estadual (anterior) e mantendo-se a decisão da Justiça Federal (posterior), dando-se com isso aplicação, inclusive, à dignidade da pessoa humana (STJ, HC nº 297.482/CE, rel. Min. Felix Fischer, j. 12.05.15).

Em outra situação, diante de duplo julgamento do mesmo fato pela Justiça competente, entende-se que **deverá prevalecer a decisão que transitou em julgado em primeiro lugar** (STJ, RHC nº 69.586/PA, rel. Min. Sebastião Reis Júnior, j. 27.11.18). No caso, não deve prevalecer a situação mais favorável ao réu, ou seja, a decisão mais benéfica, mas, sim, a decisão que primeiro transitou em julgado, respeitando-se o art. 5º, XXXVI, CF, ou seja, se nem a lei pode desrespeitar a coisa julgada, muito menos uma outra decisão judicial sobre os mesmos fatos, sob pena de burla à proteção constitucional.

O Supremo Tribunal Federal possui precedente antigo no mesmo sentido, i.e., de que **a segunda ação transitada em julgado deverá ser anulada**, respeitando-se a autoridade daquela que transitou em primeiro lugar, haja vista que o segundo processo, inclusive, já nasceu de forma indevida em razão da litispendência (HC nº 101.131/DF, rel. p/ acórdão Min. Marco Aurélio, j. 25.10.11).

Por último, caso, por exemplo, a duplicidade de ações em trâmite tivesse sido descoberta antes do trânsito em julgado, entende-se que deverá prevalecer (e continuar em andamento) a primeira ação penal ajuizada, anulando-se a segunda, considerando-se que se fala em litispendência, no Processo Penal, com o ajuizamento da ação, de modo que a ação posterior deve ser extirpada (STJ, RHC nº 36.812/SP, rel. Min. Sebastião Reis Júnior, j. 14.11.17).

13.6.8. Limites

A coisa julgada deve observar limites, ou seja, saber exatamente sobre o que e sobre quem incidirá, isto é, o que e quem será afetado. Por isso é que se fala em limites objetivos (o que) e subjetivos (quem).

13.6.8.1. *Limites objetivos*

Diz respeito a quais tópicos da sentença penal estarão acobertados pela coisa julgada. Ninguém pode ser processado duas vezes pelo mesmo fato, isto é, *ne bis in idem*.

Para combater essa possibilidade, a parte prejudicada poderá, no processo em que for novamente processada pelo mesmo fato, opor a exceção de coisa julgada – que diz respeito apenas à coisa julgada material (já que o objeto do processo não poderá ser rediscutido em nenhum outro).

Esta exceção de coisa julgada, diz o art. 110, § 2º, CPP, poderá ser oposta em relação ao "fato principal" que tiver sido objeto da sentença. A questão, portanto, é saber qual fato é este.

Entende-se que se trata do fato da vida que foi imputado ao agente, ou seja, o **fato criminoso em sua integralidade** (Badaró, 2016), independentemente da tipificação legal que se tenha dado. Exemplo: agente absolvido da acusação de *furto* do carro 'x', no dia 'y', na rua 'z'; não poderá a acusação, posteriormente, acusar o agente, em relação a este objeto (mesmo carro, no mesmo dia e local), de *roubá-lo*.

De acordo com a jurisprudência, os efeitos da coisa julgada material atingem a parte dispositiva da sentença e o fato principal, independentemente da qualificação jurídica a ele atribuída, irradiando seus efeitos para dentro e para fora do processo (STJ, REsp nº 1.021.670/SP, rel. Min. Marco Aurélio Bellizze, j. 03.12.13).

No mais, se outro juízo reconhecer que o fato não existiu ou que o acusado não foi o seu autor, ainda assim haverá a proteção da coisa julgada na esfera criminal. Exemplo: juízo cível reconhece que João não proferiu impropérios contra seu vizinho André, reconhecendo a inexistência do fato; não poderá André, depois, processar João criminalmente, pois que o fato, judicialmente, já foi reconhecido como inexistente, embora em instância diversa da criminal.

Os limites objetivos possuem reflexos em três situações:

a) **concurso formal de delitos**: se o agente, através de uma só ação ou omissão, pratica duas ou mais infrações penais, idênticas ou não, espera-se que ele seja processado por todos os delitos cometidos (art. 70, CP). Pode ocorrer, todavia, de o processo tratar de uma só infração penal, o que, como regra, não impedirá que o agente seja, depois, processado em relação ao outro delito cometido (caso o novo delito seja descoberto posteriormente apenas, tendo em vista que a coisa julgada atinge o fato criminoso na sua integralidade).

Exemplo: mediante uma conduta, o agente mata uma pessoa e lesiona outra, na condução de veículo automotor. O Ministério Público imputa apenas o homicídio culposo. Se o agente for absolvido deste delito, nada impede que a acusação ajuíze nova ação penal referente à lesão corporal culposa.

Atentar, todavia, que, se o juízo criminal reconheceu, no processo referente ao homicídio culposo, que o fato não existiu (ausência de materialidade) ou que o acusado não foi o seu autor (ausência de autoria), o segundo processo, relativo à lesão corporal, restará inviabilizado, pois aquela decisão faz coisa julgada material, atingindo futuros processos relativos ao mesmo fato.

Veja, de outro lado, a minúcia que o Superior Tribunal de Justiça já julgou: o agente, em 2004, roubou um banco, tendo o Ministério Público oferecido denúncia e sendo proferida a sentença pelo juiz em 2007; tempos depois, o Ministério Público ofereceu nova denúncia em relação ao mesmo agente por ter, na mesma ocasião do roubo ao banco, roubado o relógio e uma pulseira de ouro do gerente do banco, com sentença proferida em 2010. Para a Corte, há típico *bis in idem* na segunda condenação, devendo-se anulá-la, pois, embora este roubo contra o gerente não tenha sido apreciado no primeiro processo (que foi o roubo contra o banco), ele também se encontrava sob o domínio de incidência do *ne bis in idem*, **porque foi praticado no mesmo contexto fático do primeiro processo, podendo ser levado ao conhecimento do juízo de origem naquela oportunidade, o que não ocorreu**; cuidou-se, pois, do mesmo fato com desdobramentos diversos (HC nº 285.589/MG, rel. Min. Felix Fischer, j. 04.05.15).

No mesmo sentido: "se o Ministério Público, no curso da ação penal, verificou que a conduta descrita na denúncia configurava a prática de mais de um delito, cabia-lhe ter aditado a exordial. Aliás, o próprio magistrado, quando da prolação da sentença condenatória, poderia ter corrigido a tipificação legal atribuída pelo órgão acusatório, nos termos do art. 383 do Código de Processo Penal. Se assim não se fez, o que não se pode admitir é que, numa típica hipótese de concurso formal, que é justamente caracterizado pela prática de mais de um crime por meio de uma única conduta, seja oferecida uma segunda denúncia contra o réu, imputando-lhe a prática do delito cuja menção fora olvidada [esquecida] quando do ajuizamento e do julgamento da primeira ação penal" (STJ, HC nº 102.244/SP, rel. Min. Laurita Vaz, j. 13.10.09).

A Corte dá a entender que, se o delito já era conhecido e a acusação não lhe imputou ao réu, não poderá, depois, em nova denúncia, o fazer, devendo respeito à coisa julgada do primeiro processo. Conforme a doutrina especializada, "o objeto do processo é informado pelo princípio da consunção, pelo qual tudo aquilo que poderia ter sido imputado ao acusado, em referência a dada situação histórica e não o foi, jamais poderá vir a sê-lo novamente" (Saboya, *Ne Bis in Idem*, 2014, p. 185). Trata-se do efeito preclusivo da coisa julgada.

b) **crime permanente e habitual**: permanente é o delito cuja consumação se protrai no tempo (como o sequestro) e habitual é aquele que demonstra um estilo de vida criminoso do agente, consumando-se com a prática reiterada e uniforme de vários atos, em que cada ato, visto isoladamente, é atípico (como o exercício ilegal da medicina).

No crime permanente, se o agente foi processado pelo delito, não poderá ser processado novamente em relação ao mesmo fato; todavia, se, após o oferecimento da acusação, o crime permanente continuar sendo praticado, poderá ser ajuizada nova ação penal, considerando-se que se trata, agora, de outro fato, tido por inédito.

Exemplo: denúncia oferecida por associação criminosa (art. 288, CP), que é de natureza permanente; após isto, o crime continua sendo praticado, permitindo-se o oferecimento de uma nova acusação, já que há um verdadeiro novo fato.

Já no crime habitual, se o agente foi processado pelo delito, também não poderá ser processado novamente em relação ao mesmo fato; todavia, poderá o ser, numa nova acusação, se o objeto da nova imputação for uma nova cadeia de atos suficientes para caracterizar uma nova habitualidade (Badaró, 2016).

Exemplo: falso médico é denunciado por praticar ilegalmente a medicina na cidade 'x' e com o consultório 'y'; tempos depois, o mesmo falso médico começa a atuar na cidade 'w' e com o consultório 'z', autorizando que uma nova denúncia seja oferecida, já que diversos os fatos.

c) **crime continuado**: o agente, mediante mais de uma ação ou omissão, pratica duas ou mais infrações que, pelas condições de tempo, lugar, maneira de execução e outras semelhantes, devem as subsequentes ser consideradas como continuação da primeira (art. 71, CP). Espera-se que toda a sequência delitiva seja processada de uma só vez, num só processo. Pode ocorrer, todavia, de um processo tratar de apenas alguns fatos e, outro, posteriormente, dos demais.

Exemplo: mediante ações distintas, em momentos distintos, mas preenchidos os requisitos do crime continuado, o agente furta 8 estepes de veículos. O primeiro processo abrange 4 furtos; permite-se, perfeitamente, que um outro processo seja instaurado para, agora, abarcar os outros 4 furtos.

O segundo processo terá sentença autônoma, independente daquela do primeiro processo, devendo o reconhecimento da continuidade delitiva ocorrer no âmbito do juízo das execuções penais (art. 66, III, *a*, Lei de Execuções Penais).

13.6.8.2. *Limites subjetivos*

Além da delimitação sobre quais fatos são ou não acobertados pela coisa julgada, faz-se necessário saber *quem* é protegido pelo caso julgado; por isso é que se fala em "limites subjetivos", analisando-se o imputado.

Em primeiro lugar, cabe distinguir *eficácia* de *efeitos* da sentença.

A **eficácia** da sentença penal é em relação a todos, ou seja, *erga omnes*, já que oriunda de um Poder estatal, qual seja, o Judiciário; de outro, lado, os **efeitos** da sentença atingirão apenas quem foi parte no processo, gerando efeitos *inter partes*. Assim:

Limites subjetivos da coisa julgada	
Eficácia	**Efeitos**
Erga omnes (em relação a todos)	*Inter partes* (em relação às partes)

Para quem foi parte, portanto, haverá coisa julgada, com decisão imutável; para quem não foi parte, de outro lado, não haverá coisa julgada, já que sequer existiu processo com contraditório e ampla defesa. Neste sentido, inclusive, empresta-se o art. 506, CPC, que dispõe que "a sentença faz coisa julgada às partes entre as quais é dada, não prejudicando terceiros".

A regra, portanto, é a seguinte: a coisa julgada incidirá em relação aos mesmos fatos praticados pela mesma pessoa; fora disso, é possível que outra pessoa seja acusada, ainda que dos mesmos fatos.

Exemplo: João é acusado de furtar um veículo; resta, ao final, absolvido por falta de provas; poderá o Ministério Público, havendo provas mínimas, oferecer denúncia em relação a Antonio pelo mesmo fato.

Atenção precisa ser dada a uma situação específica: a extensão subjetiva dos efeitos da sentença penal. É possível que uma pessoa, que não figurou no processo como acusada, seja atingida (favoravelmente) pela sentença penal, podendo, portanto, opor a execução de coisa julgada, impedindo que seja processada criminalmente.

O art. 580, CPP, afirma que, no caso de concurso de agentes, a decisão do recurso interposto por um dos réus, *se fundado em motivos que não sejam de caráter exclusivamente pessoal*, aproveitará aos outros.

Veja que se fala em "extensão" dos efeitos da sentença penal, e não em "ampliação". Isso porque, a sentença proferida disciplina uma hipótese de *litisconsórcio passivo unitário* (art. 1.005, CPC), ou seja, a decisão proferida deve ser uniforme em relação a todos os sujeitos passivos da relação processual penal – salvo quanto a motivos exclusivamente pessoais.

Exemplo: Paulo é denunciado por furto qualificado pelo concurso de pessoas, pois, de acordo com a denúncia, subtraiu o videogame da vítima em concurso com terceira pessoa então desconhecida; neste tempo, o delegado de polícia chega a Antonio, que seria o parceiro de crime de Paulo; ocorre que, a este momento, Paulo já foi absolvido por atipicidade do fato, tendo em vista que a vítima emprestou o videogame ao acusado, não havendo que se falar em furto; neste caso, Antonio poderá, se vier a ser denunciado por este fato, opor exceção de coisa julgada, tendo em vista que o fundamento utilizado pelo juiz para absolver Paulo, de natureza *objetiva*, lhe aproveita, ou seja, se o fato é atípico para um, o será para todos os corréus.

Lado outro, como se infere do texto legal do art. 580, CPP, se a sentença se baseou em motivo pessoal em relação ao acusado, os parceiros de crime não poderão se beneficiar da decisão.

Exemplo: ainda em relação ao furto do videogame, caso Paulo tenha sido absolvido por ausência de provas em relação *à sua conduta*, Antonio poderá, perfeitamente, ser denunciado pelo furto, haja vista que podem existir provas suficientes de crime contra o patrimônio perpetrado por este réu, embora aquele outro tenha sido absolvido por ausência de provas.

14

NULIDADES

14.1. TEORIA DA NULIDADE

14.1.1. Introdução

O legislador brasileiro adota a **legalidade** como fundamento dos atos processuais. Esta legalidade prescreve a tipicidade, de modo que os atos, além de seguirem a lei, devem ser praticados de acordo com um tipo legal, isto é, uma formalidade.

Tenha em mente o que já se estudou até aqui. O rito processual possui uma ordem legal com diversos atos preestabelecidos; a sentença tem uma forma legal; as intimações exigem o respeito a um procedimento estrito; a ação penal possui requisitos etc.

Lembre-se do conceito de *tipo penal*, do Direito Penal. A doutrina ensina que ele é "o modelo genérico e abstrato, formulado pela lei penal, descritivo da conduta criminosa ou da conduta permitida" (Masson, 2009, p. 237, v. 1). Trazendo essa ideia ao Processo Penal, o *tipo processual* é o modelo legal, genérico e abstrato, **descritivo do ato processual**.

Quando há um tipo praticado (penal ou processual), o aplicador do Direito deverá realizar um *juízo de tipicidade*, ou seja, verificar se o ato praticado subsume-se à norma, num verdadeiro silogismo (comparação entre o ato abstratamente previsto na lei e o ato concretamente praticado).

No Direito Penal, *v.g.*, quem mata alguém incorre no art. 121 do Código Penal, em perfeito juízo de tipicidade entre conduta e tipo penal. No Processo Penal, *v.g.*, o juiz que profere uma sentença observará o art. 381, CPP, em perfeito juízo de tipicidade entre ato processual e lei, devendo mencionar o nome das partes, a exposição dos fatos, a motivação etc., gerando os efeitos que deste ato se espera.

Explicam Zaffaroni e Pierangeli que a tipicidade é a característica que tem uma conduta de estar adequada ao tipo (Manual, 2015). Assim, no âmbito do Processo Penal, **o ato processual praticado deve ser adequado à sua forma prevista em lei.**

A melhor doutrina afirma que "a tarefa de aplicar o direito às situações concretas não é realizada aleatoriamente pelos órgãos estatais; ao contrário, a atividade processual também é regulada pelo ordenamento jurídico, através de formas que devem ser obedecidas pelos que nela intervêm. Nesse sentido, afirma-se que o processo exige uma atividade típica, composta de atos cujos traços essenciais são definidos pelo legislador. Assim, os participantes da relação processual devem pautar o seu comportamento segundo o modelo legal, sem o que essa atividade correria o risco de perder-se em providências inúteis ou desviadas do objetivo maior, que é a preparação de um provimento final justo" (Grinover, Gomes Filho e Fernandes, 2001, p. 19).

O tipo processual, portanto, é uma garantia às partes, de modo que saberão, de antemão, como um determinado ato será praticado. Ex.: o rol de testemunhas de acusação deverá acompanhar a denúncia (art. 41, CPP), assim, já se saberá quando e como este ato deve ser praticado. O contrário geraria imprevisibilidade e insegurança, o que não pode existir num processo, ainda mais de natureza penal.

De nada adiantará o ordenamento legal estabelecer como os atos processuais devem ser praticados, quais são os prazos, a quem o requerimento deve ser endereçado etc., se disso não decorrer uma consequência pelo seu desrespeito. Se a lei prevê, por exemplo, que o Ministério Público deve atuar em todos os atos da ação penal por ele movida (art. 564, III, *d*, CPP), o que acontecerá se isso não ocorrer? Qual é a consequência por se desrespeitar a fórmula legal preestabelecida?

Deve ser combatido o excessivo formalismo, inútil ao resultado e ao bom andamento do processo, devendo o ato ser, simplesmente, praticado nos termos da lei. Então, uma vez observada a lei, o ato será **válido**; do contrário, o ato será **inválido**.

E é exatamente com isso que se inicia o estudo das nulidades.

14.1.2. Conceito

O conceito de nulidade não é pacífico na doutrina.

A posição majoritária (Grinover, Gomes Filho e Fernandes, 2001) sustenta que nulidade é uma **sanção processual** para a parte que descumpre uma forma legal. Assim, o desrespeito a esta forma legal gerará a prática de um ato defeituoso, cuja sanção será a nulidade e cuja consequência será o impedimento da geração de efeitos que do ato se esperava e que da lei se previa. Em razão disso é que uma decisão judicial declarará a nulidade, retirando os efeitos até então produzidos do ato inquinado de vício.

Existe posição minoritária defendendo que nulidade não é sanção, mas uma **imperfeição jurídica** que gera ineficácia. Conforme Paulo Cláudio Tovo (Nulidades, 1988), nulidade é a falta ou imperfeição jurídica que pode tornar o processo ineficaz no todo ou em parte, de modo que a consequência da nulidade é uma sanção, e não ela própria.

Assim:

Majoritariamente	Minoritariamente
Nulidade é uma **sanção processual** relativa ao ato processual que apresenta um defeito por desrespeitar a fórmula legal, cuja consequência de sua declaração será a cessação de efeitos.	Nulidade é uma **imperfeição jurídica**, uma característica do ato processual viciado, cuja consequência de sua declaração será o reconhecimento da ineficácia do ato, no todo ou em parte.

14.1.3. Sistemas

Um sistema é um conjunto de elementos que, interagindo com teorias e normas, forma um conceito e determina a aplicabilidade de um dado instituto – aqui, no caso, das nulidades.

A doutrina destaca três sistemas a respeito das nulidades (Rangel, 2012):

a) **certeza legal**: também chamado de sistema da legalidade das formas ou legalista (*forma dat esse rei*), o ordenamento legal estabelece, expressamente, em quais casos haverá nulidade, não tendo o juiz margem de liberdade alguma. Vê-se um rigorismo excessivo, não tendo como o legislador, de forma abstrata, prever todas as possíveis e imagináveis situações de invalidade de um ato processual.

O Código de Processo Penal possui **resquício** deste sistema, como se enxerga no art. 564, com temperamentos da doutrina e da jurisprudência, da mesma forma como o legislador brasileiro também tem resquício do sistema de provas tarifadas, em que o julgador fica adstrito ao que o legislador estabeleceu.

b) **instrumentalidade das formas**: as formas previstas na lei para se praticar um ato são instrumentais, ou seja, um meio para se atingir um fim, e não um fim em si mesmas. Logo, pratica-se um ato (um instrumento, um meio) para se atingir um fim (a prestação jurisdicional). Um ato processual não existe por si só, mas, sim, como instrumento do processo.

O juiz avaliará se o ato praticado, antes de ser invalidado, atingiu a sua finalidade. Então, o julgador possui liberdade para decidir se o ato inválido deve, ou não, ser invalidado, conforme tenha, ou não, atingido a sua finalidade e influenciado na verdade ou na decisão da causa.

Conforme Grinover, Gomes Filho e Fernandes (As Nulidades, 2001), predomina hoje em dia o sistema da instrumentalidade das formas, em que se dá mais valor à finalidade pela qual a forma foi instituída e ao prejuízo causado pelo ato atípico, cabendo ao julgador verificar, diante de cada situação, a conveniência de se retirar a eficácia do ato praticado em desacordo com o modelo legal.

Sua previsão está no art. 566, CPP, dispondo que "não será declarada a nulidade de ato processual que não houver influído na apuração da verdade substancial ou na decisão da causa".

Fazendo novamente uma correlação com os sistemas das provas, este sistema possui ligação com o livre convencimento motivado. Nas palavras de Paulo Rangel, "o juiz tem liberdade de perquirir se, efetivamente, ocorreu o vício que autoriza a sanção de nulidade" (2012, p. 920). **É o sistema adotado no Brasil**.

Conforme o Superior Tribunal de Justiça, "os ordenamentos jurídicos modernos, no que tange à decretação das nulidades, evoluíram do sistema da legalidade das formas para o sistema da instrumentalidade das formas, cabendo ao magistrado a análise acerca da finalidade atingida, bem como do prejuízo eventualmente causado para retirar ou não a eficácia do ato atípico" (RHC nº 73.322/SP, rel. Min. Antonio Saldanha Palheiro, j. 04.05.17).

c) **misto**: parte da doutrina sustenta que o sistema brasileiro é o misto, adotando-se tanto o sistema da certeza legal quanto a instrumentalidade das formas, permitindo-se que o juiz analise as prescrições legais e investigue a influência da nulidade nos resultados dos autos.

Paulo Rangel (Direito, 2012) reafirma que o sistema brasileiro é o da instrumentalidade das formas, havendo somente *resquícios* do sistema da certeza legal (tal como ocorre com as provas, em que se adota o livre convencimento motivado, havendo apenas resquícios de prova tarifada).

Com razão o autor, já que, como será visto, mesmo nos casos em que a lei processual prevê uma nulidade grave, como a absoluta, o juiz poderá deixar de anular o ato caso ele atinja a sua finalidade, que é a sua razão de existir. Por isso, adota-se plenamente a instrumentalidade das formas.

Em suma:

Certeza legal	Instrumentalidade das formas	Misto
A lei estabelece rigidamente os casos de nulidade, não tendo o juiz margem para decidir.	O juiz avalia se o ato, antes de ser nulificado, atingiu a sua finalidade, podendo deixar de o anular. **É o adotado no Brasil.**	A lei prevê casos abstratos em que haverá nulidade e o juiz poderá avaliar o caso concreto.

14.1.4. Ato processual típico e atípico

Quando o ato é válido, ou seja, está de acordo com o ordenamento jurídico, ele é um ato processual **típico**. Já quando o ato é inválido, por ter desrespeitado a fórmula legal, ele será **atípico**.

O ato atípico é considerado **irregular em sentido amplo** e apresenta diversos *graus*, por abarcar várias espécies de irregularidade ou vício. Existe o ato atípico que muito pouco desrespeitou a fórmula legal e, na outra mão, existe o ato em total descompasso com o sistema jurídico, que sequer pode ser considerado um ato existente. Embora sejam atos atípicos, não poderão ter – obviamente – as mesmas consequências.

Por isso é que se faz necessário estudar as espécies de irregularidade.

14.1.5. Espécies de irregularidade

Como visto, a irregularidade de um ato processual, em sentido amplo, apresenta graus (Brasileiro, 2016):

a) **irregularidade sem consequências**: embora o ato tenha sido praticado com inobservância das prescrições legais, sua invalidade é irrelevante, não trazendo consequência aos autos. O ato, apesar de inválido, é eficaz e produz plenos efeitos.

   Exemplo: oferecimento de denúncia fora do prazo legal (art. 46, CPP). De acordo com o Superior Tribunal de Justiça, o prazo para o Ministério Público oferecer denúncia é considerado impróprio, não causando qualquer nulidade a sua inobservância, tanto que inexiste sanção processual para tanto (RHC nº 68.486/CE, rel. Min. Reynaldo Soares da Fonseca, j. 14.02.17).

b) **irregularidade com sanção extraprocessual**: embora o ato tenha sido praticado com inobservância das prescrições legais, sua invalidade poderá gerar sanções extraprocessuais, isto é, o ato permanecerá eficaz dentro do processo, mas poderá haver consequência fora dele.

   Exemplo: o laudo apresentado pelo perito fora do prazo estabelecido é um ato que desrespeita a lei e, apesar de poder ser juntado aos autos, haverá uma consequência fora do processo, que é a fixação de uma multa (art. 277, CPP).

c) **irregularidade com invalidação do ato**: o ato é praticado com inobservância das prescrições legais e atenta contra o interesse público e o interesse das partes. A consequência será a declaração de nulidade, que, como visto, é uma espécie de sanção ao ato processual que não respeita o modelo legal.

   Exemplo: agente processado sem ser citado (art. 564, III, *e*, CPP).

d) **irregularidade com inexistência do ato**: o ato é praticado com inobservância das prescrições legais e, de tão grave que é o desrespeito à lei, ele é considerado inexistente, um não-ato.

   Exemplo: sentença proferida por juiz que já se aposentou (por faltar investidura, requisito de existência da jurisdição).

Analisando as espécies de irregularidades, surge, então, a classificação dos atos processuais conforme sua existência, validade e eficácia.

14.1.6. Atos processuais: existência, validade e eficácia

Um ato processual é um ato jurídico e, desta forma, deve obediência aos requisitos de existência, validade e eficácia (*escada Ponteana*).

O ato processual precisa **existir** juridicamente (até porque, é óbvio que se há um "ato", um agir, é porque ele existe materialmente). No campo processual, um ato processual considerado inexistente pode gerar efeitos, como no caso da sentença condenatória proferida pelo oficial de justiça, que, até que seja declarada a inexistência, gerará efeitos penais normalmente. Veja, novamente, que a inexistência não é física (a sentença foi impressa, assinada, publicada etc.), mas *jurídica*.

Grande parte da doutrina afirma genericamente que o ato juridicamente inexistente não precisa ser assim declarado judicialmente, pois se trata de um "não ato", um nada, de forma que não se declara a inexistência de um nada. No entanto, como visto, o ato processual não existente, ainda que assim considerado, pode gerar plenos efeitos, como a sentença condenatória proferida pelo filho do juiz, que está treinando sentenças para o concurso da magistratura. Embora considerado um ato processual inexistente, é preciso que uma decisão judicial reconheça essa inexistência para que cessem seus efeitos, gerando, por exemplo, a soltura do réu que foi condenado e está preso por conta da sentença inexistente. Embora, como regra, seja desnecessário se reconhecer uma inexistência, ela poderá ser útil e, até mesmo, indispensável.

Tratando-se de um ato juridicamente inexistente, diz-se que ele não se convalida, ou seja, o vício não se sana com o passar do tempo e pode ser reconhecida a inexistência a qualquer momento.

Além de existir juridicamente, o ato processual precisa ser **válido**, isto é, respeitar as fórmulas previstas no ordenamento jurídico. Todo ato processual existente gera **efeitos**, seja ele válido ou inválido – com a observação de que, se inválido, gerará efeitos até que uma decisão o declare nulo (de acordo com o "princípio da eficácia", como se verá adiante). Conforme Fredie Didier Jr., "o ato processual defeituoso produz efeitos até a decretação da sua invalidade. Não há invalidade processual de *pleno direito*. Toda invalidade precisa ser decretada" (Curso, v. 1, 2011, p. 279).

Esta última observação é muito importante. Consoante Daniel Amorim Assumpção Neves, "no direito processual não existe a figura do ato jurídico nulo de pleno direito, que desde o momento de sua prática não gera efeitos, sendo todos os atos meramente anuláveis, já que sempre dependem de decisão judicial a reconhecer o vício, somente deixando de produzir efeitos após a prolação da decisão. É possível, em razão de tal regra, inclusive imaginar situação em que ato viciado (insista-se, qualquer espécie de imperfeição) gere efeitos eternamente, como se válido fosse, bastando para tanto não existir decisão judicial que atente o vício, declarando-o nulo ou até mesmo juridicamente inexistente" (Manual, 2013, p. 284).

Assim, o ato pode existir juridicamente, ser inválido (por desrespeitar as formas legais) e mesmo assim produzir efeitos, considerando que será preciso uma decisão judicial reconhecendo a nulidade e determinando a cessação da produção de efeitos. Ex.: decisão proferida por juiz com investidura (ato existente), mas sem motivação (ato inválido), que gerará efeitos até que o tribunal reconheça, por decisão judicial, a invalidade e determine a interrupção dos efeitos legais.

14.1.7. Espécies de atos processuais

Tendo em vista os três elementos essenciais de existência, validade e eficácia, o ato processual poderá ser:

a) **ato perfeito**: concluiu todas as suas etapas de formação, tendo existência jurídica, validade legal e está produzindo plenos efeitos. Ex.: sentença proferida por juiz, nos exatos moldes legais e já publicada.

b) **ato inexistente**: é o que, juridicamente, não existe; é uma inexistência *de jure* (jurídica). Ex.: sentença proferida pelo oficial de justiça.

c) **ato meramente irregular**: é um ato defeituoso, com vício de pequena monta, insignificante, não gerando efeitos endoprocessuais, mas apenas extraprocessuais, como uma multa ou a perda de uma oportunidade. Embora afronte a lei, atinge sua finalidade. O ato é considerado existente, *válido* e eficaz. Ex.: sentença já publicada proferida por juiz, que apenas esqueceu de rubricar uma de suas páginas.

d) **ato nulo**: é o ato que existe juridicamente, mas falta com respeito a uma formalidade legal, de forma que poderá ser reconhecida sua invalidade, cessando seus efeitos. Como visto, são atos processuais que existem e, apesar de inválidos, geram efeitos até que uma decisão judicial reconheça a nulidade. Ex.: sentença publicada proferida por juiz fora das balizas legais, porque se esqueceu da fundamentação.

14.1.8. Ato inexistente

Falou-se que o ato processual pode ser considerado inexistente e que pode, também, ser tido como inválido. A questão é: como identificar inexistência e invalidade? Viu-se que "o ato precisa existir juridicamente" e que "deve respeitar as fórmulas legais". Mas o que isso significa?

A lei não diz o que é requisito de existência e o que é requisito de validade do ato processual. Pode-se afirmar, com a doutrina, que a inexistência jurídica é a falta de um elemento constitutivo mínimo, sendo impossível até mesmo reconhecê-lo como um ato processual (Neves, 2014).

Consoante Cândido Rangel Dinamarco e Bruno Vasconcelos Carrilho Lopes, "é juridicamente inexistente o ato processual quando lhe falta algum dos requisitos mínimos caracterizadores do tipo legal (forma, sujeito, objeto) que ele aparenta reproduzir – ou seja, *mutatis mutandis,* e para usar a linguagem dos civilistas, quando ele for deficiente quanto aos *essentialia negotii.* Uma sentença não assinada ou proferida por não juiz é algo que em si mesmo tem realidade material e histórica, porque, mal ou bem, o ato aconteceu: alguém a escreveu e a compôs com relatório, motivação e conclusão (CPC, art. 489), *como se fosse uma sentença.* Mas, porque o sujeito que a produziu não está investido do poder jurisdicional ou porque um escrito sem assinatura não se vincula à vontade de quem poderia produzi-lo, essa falsa sentença é, perante o direito e em face do resultado proposto, precisamente como algo que não existisse. Estamos a falar, portanto, de uma inexistência *jurídica* e não fática, ou histórica" (Teoria, 2016, p. 193).

Desta feita, a inexistência jurídica guarda estrita relação com os **requisitos mínimos identificadores e caracterizadores do próprio ato processual**, enquanto que as invalidades, com se estudará adiante, levam a questões de desrespeito aos modelos legais.

Exemplos de inexistência: denúncia oferecida pelo estagiário do promotor de justiça; sentença proferida pelo filho do juiz que está fazendo curso preparatório para se tornar um magistrado; sentença proferida por juiz impedido, por lhe faltar jurisdição etc.

Questão interessante é saber o status da sentença proferida por juiz que está gozando de **férias**. Para a jurisprudência, o ato é *válido*, inclusive pelo respeito à celeridade e com observância à identidade física do juiz (STJ, HC nº 344.281/MG, rel. Min. Nefi Cordeiro, j. 15.03.16); inclusive, o Supremo Tribunal Federal já decidiu que o juiz, como regra, quando estiver em gozo de férias, deve realmente cessar a atividade judicante, mas permite-se que, ante o grande volume de processos, retorne e pratique determinados atos num processo, não havendo que se falar em nulidade (HC nº 92.676/PR, rel. Min. Marco Aurélio, j. 11.03.08). Já para parte da doutrina, no entanto, a decisão seria absolutamente nula, pois o magistrado em férias ou em licença não pode prestar jurisdição (Capez, 2016).

Por fim, é preciso debater acerca da interposição de recurso **sem assinatura** do advogado da parte. Classicamente, sempre se entendeu que o ato é inexistente (STJ, AgRg no AREsp nº 919.215/ES, rel. Min. Joel Ilan Paciornik, j. 09.03.17). Em igual sentido entende o Supremo Tribunal Federal, para quem não se conhece de recurso em que ausente a assinatura do advogado, não sendo possível converter o feito em diligência para sanar a omissão (AgRg no ARE 1.048.681/BA, rel. Min. Rosa Weber, j. 05.10.18). Mais recentemente, todavia, as duas Turmas de Direito Privado do Superior Tribunal de Justiça entenderam que a falta de assinatura nos recursos interpostos configura vício sanável, devendo, no caso, ser concedido prazo para o suprimento dessa irregularidade, nos termos dos arts. 76 e 932, p.ú., CPC (REsp nº 1.746.047/PA, rel. Min. Moura Ribeiro, j. 21.08.18; e AgInt no AREsp nº 980.664/MG, rel. Min. Maria Isabel Gallotti, j. 23.05.17). É importante acompanhar como as Turmas Criminais reagirão a esse novo posicionamento.

Quanto à peça apresentada por advogado **sem procuração nos autos**, entende-se que, antes de o ato ser considerado inexistente, deve-se conceder prazo para que seja sanado o vício de representação, cf. os arts. 76, § 2º, I e 932, p.ú., CPC, e, somente se isso não for realizado pela parte, aí sim o ato poderá ser considerado inexistente, nos termos da súmula nº 115 do STJ (STJ, AgRg no REsp nº 1.716.505/AL, rel. Min. Reynaldo Soares da Fonseca, j. 15.05.18). Ex.: advogados Fulano e Beltrano possuem procuração nos autos, mas a petição é assinada eletronicamente pelo advogado Siclano, por meio de seu certificado digital; deverá ser concedido prazo para regularização, sob pena, então, de ser considerado o ato inexistente.

14.2. PRINCÍPIOS

O estudo das nulidades exige o conhecimento de princípios básicos que servirão de norte à interpretação de uma possível nulidade, seja reconhecendo-a ou afastando-a.

14.2.1. Princípio da tipicidade

Conforme já estudado, os atos processuais – como regra – possuem no ordenamento jurídico uma fórmula (tipo processual – daí falar-se em "princípio da tipicidade") de como serão praticados. O desrespeito a esta fórmula poderá ensejar uma nulidade, a depender de sua gravidade e da (im)possibilidade de convalidação.

14.2.2. Princípio da instrumentalidade das formas

É a chave de todo o estudo das nulidades. Também é chamado de princípio da finalidade.

Conforme Grinover, Gomes Filho e Fernandes (As Nulidades, 2001), entende-se que uma forma legal é tão somente um instrumento para que o ato atinja o seu objetivo, que é a correta aplicação do Direito. Assim, o desrespeito a uma formalidade legal só levará ao reconhecimento de nulidade do ato se esta própria finalidade pela qual a forma foi instituída estiver comprometida pelo vício, ou seja, se, ainda que não obedecida a fórmula legal, o ato atingiu a sua finalidade (aplicação do Direito), não haverá que se falar em nulidade (STJ, HC nº 348.540/SP, rel. Min. Ribeiro Dantas, j. 04.05.17).

O maior exemplo é o da citação irregular. O art. 570, CPP, diz que a falta ou nulidade de citação, intimação ou notificação estará sanada desde que o interessado compareça antes de o ato se consumar, ainda que declare que assim o faz com o único fim de arguir tal nulidade. Desta forma, apesar da invalidade do ato (ausência de citação, p. ex.), se o agente comparecer ao processo, constituindo advogado e apresentando resposta escrita, o ato citatório atingiu o seu fim, que é dar conhecimento da ação penal ao acusado. Logo, não haverá razão para se anular os atos do processo apenas por falta de citação se o objeto desta foi alcançado, inclusive com a aparição pessoal do réu nos autos com defensor próprio constituído.

Outra previsão está contida no art. 572, II, CPP, ao dispor, por exemplo, que haverá nulidade por falta de intimação da testemunha, que, todavia, estará sanada se, praticada de outra forma, atingir o seu objetivo.

Bem resume o Tribunal da Cidadania, dispondo que "o sistema das nulidades no processo penal brasileiro é norteado pelos princípios do prejuízo, da causalidade, do interesse e da convalidação, pelos quais, em síntese, os mecanismos processuais e formalidades do processo devem objetivar à solução do caso concreto, urgindo que os modelos legais sofram temperamentos. Os ordenamentos jurídicos modernos, no que tange à decretação das nulidades, evoluíram do sistema da legalidade das formas para o sistema da instrumentalidade das formas, cabendo ao magistrado a análise acerca da finalidade atingida, bem como ao prejuízo eventualmente causado para retirar ou não a eficácia do ato atípico" (AgRg no HC nº 285.221/SP, rel. Min. Antonio Saldanha Palheiro, j. 10.05.16).

14.2.3. Princípio do prejuízo

Nenhum ato será declarado nulo se da nulidade não resultar nenhum prejuízo para as partes (art. 563, CPP). É comumente chamado de ***pas de nullité sans grief***, ou seja, se não há nulidade/prejuízo, não haverá reclamação possível de ser feita. Desta feita, "o ato não será repetido nem sua falta será suprida quando não prejudicar a parte" (§ 1º, art. 282, CPC).

Viu-se que a tipicidade prevê um molde legal dentro do qual o ato processual deve ser praticado; além disso, este molde não é um fim em si mesmo, ou seja, ele apenas existe para que o Direito seja bem e corretamente aplicado, isto é, sua existência está vinculada ao atingimento de uma finalidade legal.

Se, apesar da existência de forma legal, o ato alcançou o seu fim e disso não gerou prejuízos a ninguém, não há que se falar em nulidade. Estabelece o art. 566, CPP, que "não será declarada a nulidade de ato processual que não houver influído na apuração da verdade substancial ou na decisão da causa".

Perceba que os princípios da tipicidade, da finalidade e do prejuízo estão totalmente interligados. Um exemplo já visto no estudo dos procedimentos é bastante útil: a inobservância da ordem de inquirição das testemunhas gera nulidade, mas relativa, ou seja, exige-se a demonstração de prejuízo (STJ, AgRg no REsp nº 1.653.371/SP, rel. Min. Maria Thereza de Assis Moura, j. 04.05.17). Veja: houve intimação das testemunhas, a lei determina a ordem de inquirição e, mesmo desrespeitando a fórmula legal, é preciso demonstrar prejuízo. Isto significa que, se a parte não comprovar que ficou prejudicada pela inobservância do preceito legal, não será reconhecida a nulidade.

E aqui surge um ponto crucial e polêmico.

Deve-se reconhecer, atualmente, que **toda declaração de nulidade exige comprovação de prejuízo**. Seja a nulidade absoluta ou relativa – como se verá – deve ocorrer um prejuízo à parte que a alega para que um ato processual seja invalidado.

A doutrina (Tourinho, v. 3, 2012) costuma afirmar que a nulidade absoluta, em razão de o vício ter uma gravidade maior, gera um "prejuízo presumido", enquanto que a nulidade relativa deve ter um "prejuízo comprovado". Todavia, a doutrina mais moderna vem entende que, "atentando-se para o caráter instrumental do processo, conclui-se que, mesmo nos casos em que o vício poderia caracterizar nulidade absoluta, se o ato cumpriu sua finalidade, não há que se falar em nulidade" (Processo, 2016, p. 795).

Como bem assentou o Superior Tribunal de Justiça, "a jurisprudência desta Corte Superior é firme em assinalar que o reconhecimento de nulidade, **relativa ou absoluta**, exige a indicação em tempo oportuno e a demonstração do prejuízo, a teor do art. 563 do Código de Processo Penal" (AgRg no AREsp nº 699.468/PR, rel. Min. Rogerio Schietti Cruz, j. 16.05.17). Assim, o princípio do *pas de nullité sans grief* se aplica tanto à nulidade relativa quanto à absoluta, já que ambas exigem comprovação de prejuízo para que se declare uma nulidade (STJ, RHC nº 76.777/PR, rel. Min. Maria Thereza de Assis Moura, j. 13.12.16). Nos moldes do decidido pelo Superior Tribunal de Justiça, a demonstração do prejuízo é essencial à alegação de nulidade, seja absoluta e relativa. Desta forma, ante a presunção de validade e legitimidade dos atos praticados por funcionário públicos, compete à defesa demonstrar, de forma concreta, o descumprimento das formalidades legais e essenciais do ato, e, no caso especificamente julgado pela Corte, que o material apreendido e eventualmente não lacrado foi corrompido ou adulterado, de forma a causar prejuízo à defesa e modificar o conteúdo da prova colhida. Como complemento, a ausência de lacre em todos os documentos e bens apreendidos não torna automaticamente ilegítima a prova obtida (RHC nº 59.414/SP, rel. Min. Reynaldo Soares da Fonseca, j. 27.06.17).

No mesmo sentido entende o Supremo Tribunal Federal, ao fixar que "além da arguição *opportune tempore* da suposta nulidade, **seja ela relativa ou absoluta**, a demonstração de prejuízo concreto é igualmente essencial para seu reconhecimento, de acordo com o princípio do *pas de nullité sans grief*, presente no art. 563 do Código de Processo Penal" (RHC nº 138.752/PB, rel. Min. Dias Toffoli, j. 04.04.17).

Não cumprir uma forma legal constituirá um ato processual atípico (vicioso, inválido), já que houve desrespeito à lei, autorizando-se a parte a sustentar referido vício; todavia, isto não será suficiente, pois uma coisa é a tipificação de uma nulidade, e outra, bem diferente, é a declaração da nulidade e de seus efeitos. De acordo com Tovo, "a ocorrência ou não do prejuízo não afasta a caracterização do defeito ou da nulidade" (1988, p. 67).

É de se atentar, todavia, que a prática de alguns atos, contrariamente à previsão normativa, enseja um *prejuízo evidente*, que, então, dispensaria a comprovação de prejuízo concreto. Ex.: a realização de interrogatório como primeiro ato do processo, ao invés de último, causa claro prejuízo à parte, não sendo preciso comprová-lo, já que há clara inobservância da máxima efetividade das garantias constitucionais do contraditório e da ampla defesa (STJ, REsp nº 1.808.389/AM, rel. Min. Rogerio Schietti Cruz, j. 20.10.20).

Concluindo, dois dispositivos são importantes dentro deste tema. O art. 65 da Lei nº 9.099/95 estabelece que os atos processuais serão válidos sempre que preencherem as finalidades para as quais foram realizados; e seu § 1º afirma que não se pronunciará qualquer nulidade sem que tenha havido prejuízo. No mais, a súmula nº 523 do STF fixa que, no processo penal, a *falta* da defesa constitui nulidade *absoluta*, mas a sua *deficiência* só o anulará *se houver prova de prejuízo* para o réu.

14.2.4. Princípio da causalidade

Nos termos do § 1º do art. 573, CPP, a nulidade de um ato, uma vez declarada, causará a dos atos que dele diretamente dependam ou sejam consequência. Então, o juiz que pronunciar a nulidade declarará os atos a que ela se estende (§ 2º). Por isso é que se fala em nulidade *originária*, referente ao ato anulado, e nulidade *derivada*, relativa aos atos decorrentes do ato anulado (Nicolitt, 2012).

O também chamado **efeito expansivo das nulidades** (ou princípio da consequencialidade, da extensão, da derivação ou da contaminação) significa, portanto, que devem ser também nulificados os atos dependentes diretamente ou os consequentes do ato então anulado (STJ, HC nº 306.764/PE, rel. Min. Felix Fischer, j. 16.06.16). Em analogia, o art. 282, *caput*, CPC, dispõe que "ao pronunciar a nulidade, o juiz declarará que atos são atingidos e ordenará as providências necessárias a fim de que sejam repetidos ou retificados".

O exemplo clássico é a anulação da citação pelo tribunal, de modo que todos os atos processuais, desde a citação, deverão ser anulados. De acordo com o Superior Tribunal de Justiça, "a declaração da nulidade do processo a partir da citação editalícia, acarreta a nulidade, por derivação, de todos os atos processuais subsequentes" (HC nº 28.830/SP, rel. Min. Felix Fischer, j. 02.12.03).

Bem assinala Renato Brasileiro de Lima ao afirmar que a dependência não necessariamente será *cronológica*, ou seja, anulando-se os atos posteriores ao ato anulado; na verdade, o juiz deverá verificar a existência de dependência *lógica*, seja o ato praticado antes ou depois do ato declarado nulo (Manual, 2016).

14.2.5. Princípio da conservação

Também intitulado de *princípio do confinamento da nulidade* ou *princípio da independência*, guarda relação com o princípio anterior, da causalidade.

Conforme a doutrina especializada, a invalidade de um ato gerará a indagação sobre a extensão da nulidade, de modo que caberá ao julgador verificar se a invalidade se propagou a outros atos do procedimento, já que isso não se dá de forma automática. Portanto, o juiz deverá conservar no processo, reconhecendo como válido e independente do ato anulado, os atos processuais que não guardem relação com a nulidade reconhecida (Grinover, Gomes Filho e Fernandes, 2001). Referido princípio é aplicável tanto às nulidades relativas quanto às absolutas.

Exemplo: a nulidade do interrogatório não invalida os demais atos da audiência sem vínculo de dependência (STJ, RHC nº 26.351/PR, rel. Min. Og Fernandes, j. 16.09.10).

Nos termos do art. 281, CPC, aplicado analogicamente, anulado o ato, consideram-se de nenhum efeito todos os subsequentes que dele dependam, todavia, a nulidade de uma parte do ato não prejudicará as outras que dela sejam independentes. É o chamado *princípio da incolumidade do separável*, ou seja, o que puder ser "salvo" (separado) restará incólume (sem vícios).

Se o ato processual for complexo (composto por diversos atos), a nulidade de uma parte não contaminará todo o restante se válido for.

Exemplo: audiência una para a oitiva de três testemunhas de acusação, de uma de defesa e do ofendido; se apenas duas testemunhas de acusação aparecerem e o juiz as ouvir, juntamente com o ofendido e a testemunha de defesa, deixando para ouvir a testemunha de acusação faltante em audiência na semana seguinte, haverá nulidade (relativa), por inversão da ordem de testemunhas; a nulidade referente à inversão das oitiva de testemunhas não afeta a validade da oitiva do ofendido e daquelas de acusação da primeira audiência, tendo em vista que nulo foi ouvir uma testemunha de acusação após a oitiva da testemunha de defesa apenas.

Estabelece a doutrina, todavia, que essa regra da independência dos atos compostos não se aplica no tribunal do júri (Brasileiro, 2016). Isso porque, há a indivisibilidade da sessão de julgamento e a incomunicabilidade dos jurados. O exemplo dado é a exibição de documento com desrespeito aos três dias úteis de antecedência, o que, se reconhecida a nulidade, impedirá que aquele conselho de sentença formado continue julgando, já que a nulidade atingirá *todo* o julgamento, que precisará ser refeito desde o início, com um novo conselho de sentença.

Mais um exemplo. Sabe-se, a essa altura, que congressistas são investigados sob supervisão do STF. Se, eventualmente, um juiz de primeiro grau determina medidas investigativas em face de pessoas sem foro por prerrogativa (servidores do Congresso Nacional), existindo indícios de participação de congressistas (o que levaria à competência do STF), a nulidade das medidas em relação aos congressistas não atinge aquelas referentes aos servidores, ou seja, haverá anulação somente dos elementos que deveriam ter sido determinados pelo STF (em razão da usurpação de competência deste), mantendo-se íntegros os demais elementos em relação aos servidores (STF, Rcl nº 25.537/DF e AC 4.297/DF, rel. Min. Edson Fachin, j. 26.06.19).

Em suma, percebe-se que o princípio da conservação é o outro lado da moeda em relação ao princípio da causalidade. Se deste lado nulificam-se os atos **dependentes** do ato anulado, daquele outro são conservados os atos que sejam **independentes** do ato anulado.

14.2.6. Princípio do interesse

Retornando às bases do estudo do processo, qualquer pedido direcionado ao Poder Judiciário deve estar carregado de interesse de agir, isto é, deve haver necessidade e adequação. Nas nulidades não é diferente, pois "a decretação da invalidade do ato praticado de forma irregular, com sua consequente renovação, segundo o modelo legal, deve estar igualmente sujeita a uma apreciação sobre as vantagens que a providência possa representar para quem invoca a irregularidade" (Grinover, Gomes Filho e Fernandes, 2001, p. 32).

Nos termos do art. 565, CPP, nenhuma das partes poderá arguir nulidade a que haja dado causa, ou para que tenha concorrido, ou referente a formalidade cuja observância só à parte contrária interesse. Desta feita, a própria parte que deu causa ao vício do ato não poderá requerer, depois, a sua anulação. Veda-se, com isso, o abuso de direito, consistente na prática de ato favorável a si enquanto lhe convém para, depois, quando já não mais lhe interessa, voltar-se contra o fato praticado. "No sistema processual penal vigoram os princípios da lealdade, da boa-fé objetiva e da cooperação entre os sujeitos processuais, não sendo lícito à parte arguir vício para o qual concorreu em sua produção, sob pena de se violar o princípio de que ninguém pode se beneficiar da própria torpeza – *nemo auditur propriam turpitudinem allegans*" (STF, ED no RHC nº 187.927/SP, rel. Min. Alexandre de Moraes, j. 08.09.20).

Exemplo: o defensor dativo deve ser intimado pessoalmente, não bastando a simples publicação pela imprensa; todavia, se o próprio defensor nomeado assinou termo firmando compromisso de ser intimado pela imprensa, não há que se falar em nulidade posterior, nos termos do art. 565, CPP (STJ, RHC nº 68.886/SP, rel. Min. Ribeiro Dantas, j. 27.09.16). Ou então, a situação em que o defensor, intimado, não comparece à sessão de julgamento, de modo que não poderá sustentar nulidade processual alegando ausência de sustentação oral (STF, HC nº 165.534/RJ, rel. p/ ac. Min. Roberto Barroso, j. 03.09.19). Ou ainda, réu, com plena ciência da ação penal e que outorga procuração com amplos poderes nos autos, mas, depois, sustenta que há nulidade do processo porque não foi formalmente citado (AgRg no RHC nº 123.781/ES, rel. Min. Jorge Mussi, j. 19.05.20).

É bom destacar que **este princípio apenas tem aplicação às nulidades relativas**, tendo em vista que, como se verá, as nulidades absolutas dizem respeito ao interesse público, de modo que qualquer parte, a qualquer momento, poderá argui-la.

Quanto ao Ministério Público, entende-se que, como defensor da ordem jurídica e dos interesses individuais indisponíveis (CF, art. 127, "caput"), poderá – sempre – alegar nulidade, seja absoluta ou relativa, tanto quando atua como autor da ação penal, como quando atua como fiscal da ordem jurídica. Logo, o *Parquet* sempre terá interesse em arguir toda sorte de nulidade, seja em benefício do Estado-acusação ou em benefício do próprio acusado. Lembre-se, portanto, que o Ministério Público não é simplesmente um "órgão acusador", mas um defensor do regime jurídico como um todo, podendo inclusive, por exemplo, requerer a dissolução do conselho de sentença, no campo do tribunal do júri, se vislumbrar que o réu está indefeso tecnicamente (art. 497, V, CPP) e até pedir a absolvição (art. 385, CPP).

É de se concluir, neste caminho de ideias, que o princípio do interesse se aplica apenas às nulidades relativas e nunca às absolutas e ao Ministério Público.

14.2.7. Princípio da eficácia

Viu-se, acima, que um ato processual existente e inválido continua a gerar efeitos até que seja reconhecida a sua invalidade, cessando, então, a produção de seus efeitos.

Isto significa que é errado dizer que toda hipótese de nulidade implica a impossibilidade de o ato produzir efeitos, tendo em vista que é possível que atos nulos produzam efeitos até a sua desconstituição por decisão judicial (Didier Jr., v. 1, 2011; e Greco Filho, 2012).

Assim sendo, a nulidade de um ato processual **não é automática**, devendo ser reconhecida judicialmente, tendo em vista que, até este momento, o ato produzirá efeitos como se válido fosse.

14.2.8. Princípio da restrição à decretação de ineficácia

Considerando que a invalidação de um ato processual defeituoso não é automática, é preciso que algumas regras sejam respeitadas para que se declare uma nulidade (Grinover, Gomes Filho e Fernandes, 2001). Assim, dois requisitos se mostram necessários: **(a) meio** previsto no ordenamento jurídico e **(b) momento** adequado.

Cumpre destacar, inicialmente, que o juiz deve zelar pela economia processual, objetivando alcançar o fim do processo (solução de mérito) de acordo com a lei e com a menor quantidade e a melhor qualidade de atos processuais.

Quanto ao primeiro requisito (meio), é necessário que haja um instrumento previsto no ordenamento jurídico para que seja declarada a invalidade e cessem os efeitos do ato viciado, podendo ou não ser uma ação autônoma. Ex.: "habeas corpus", mandado de segurança, revisão criminal, recurso, simples requerimento oral ou escrito, alegação final etc.

Quanto ao segundo requisito (momento), é preciso que se observem as ocasiões adequadas para o reconhecimento de uma nulidade. Há nulidades que são insanáveis com o tempo, ou seja, de tão grave o vício, poderão ser alegadas a qualquer tempo, mesmo que após o trânsito em julgado (nulidades absolutas); de outro lado, há nulidades que, se não suscitadas no momento adequado, precluem, sanando-se o vício (nulidades relativas).

É bom lembrar que a coisa julgada formada em sentença absolutória própria obsta o reconhecimento de nulidade absoluta, pois não se admite nenhum instrumento de revisão **em prejuízo do réu** e em favor da acusação, ou seja, se houve uma decisão absolutória com trânsito em julgado, ela não poderá ser revista em benefício da acusação, mesmo que diante de uma nulidade absoluta. De outro lado, a nulidade absoluta **favorável ao réu** não está sujeita à preclusão e nem à convalidação com o tempo, pois admite-se o uso de instrumentos processuais em favor do acusado (revisão criminal, "habeas corpus" e mandado de segurança) no caso de sentença condenatória ou absolutória imprópria transitada em julgado.

Bem resume Vicente Greco Filho, afirmando que "o Código prevê modelos de atos que devem ser praticados da forma legal; se praticados, ainda que defeituosos, passam a produzir os efeitos previstos na lei para aquele tipo de ato; o ato, ainda que defeituoso, somente deixa de produzir efeitos quando outro ato o declara inválido, o que somente é possível se a lei processual tiver previsão de um instrumento para isso, e a declaração somente ocorrerá no momento nela previsto" (Manual, 2012, p. 456).

14.2.9. Princípio da boa-fé e da cooperação

Pelo princípio da boa-fé (tida por objetiva, por se tratar de uma norma de comportamento, independentemente da existência de boa ou má conduta pelo sujeito), veda-se a prática de um comportamento contraditório, num típico *nemo potest venire contra factum proprium*, do Direito Privado.

Desta forma, nenhuma das partes poderá arguir nulidade a que haja dado causa (art. 565, CPP). No mesmo sentido dispõe o art. 276, CPC, ao afirmar que, quando a lei prescrever determinada forma sob pena de nulidade, a decretação desta não pode ser requerida pela parte que lhe deu causa. Alcança-se tanto atos praticados com o intuito de prejudicar a outra parte quanto os atos meramente culposos, negligentes.

Exemplo: defesa do acusado que teve ciência com bastante antecedência de compromisso que tinha em outro juízo, contudo, somente às vésperas do julgamento da apelação criminal pleiteou o adiamento da respectiva sessão, razão pela qual não lhe é permitido, agora, arguir eventual nulidade a que deu causa, nos termos do art. 565 do Código de Processo Penal (STJ, AgRg no REsp nº 1.511.783/RN, rel. Min. Reynaldo Soares de Fonseca, j. 10.03.16).

O Superior Tribunal de Justiça tem entendido pela aplicação do *duty to mitigate de loss* nos processos brasileiros. Trata-se de uma construção aplicada, inicialmente, ao Direito Privado, traduzindo-se numa das formas de incidência da boa-fé objetiva, impondo ao credor o dever de mitigar seu prejuízo, representando claramente o dever de colaboração entre as partes. Logo, p. ex., se o credor tem direito a receber uma dada quantia, deve fazê-lo da forma mais rápida e ágil possível, de modo a gerar o menor prejuízo ao seu devedor, não devendo esperar a dívida chegar a quantias absurdas para, só então, agir. No Processo Penal, o Superior Tribunal de Justiça já entendeu possível a aplicação do *duty to mitigate the loss*, de modo que a parte prejudicada deve, tão logo seja possível se manifestar nos autos, indicar a nulidade e o prejuízo que sofreu, impedindo-se a ocorrência de uma situação de abuso de direito, **sob pena de a situação processual se consolidar e implicar na aceitação tácita do ato processual viciado**, impedindo, posteriormente, que a parte alegue prejuízo (HC nº 171.753/GO, rel. Min. Maria Thereza de Assis Moura, j. 04.04.13).

O princípio da boa-fé, conforme Didier Jr. (Curso, v. 1, 2011), está ligado intimamente ao princípio da cooperação, que é a junção, a bem da verdade, do devido processo legal, da boa-fé processual e do contraditório. Ensina o autor que resta clara a aplicação da cooperação quando o juiz atua no seu dever de prevenção, isto é, evitando a ocorrência de nulidades no processo, indicando os vícios verificados e concedendo prazos para que sejam sanados. Tem-se que todos os sujeitos do processo devem cooperar entre si para que se obtenha, em tempo razoável, decisão de mérito justa e efetiva (art. 6º, CPC).

Consoante o Superior Tribunal de Justiça, "o nosso sistema processual é informado pelo princípio da cooperação, sendo, pois, o processo, um produto da atividade cooperativa triangular entre o juiz e as partes, onde todos devem buscar a justa aplicação do ordenamento jurídico no caso concreto, não podendo o Magistrado se limitar a ser mero fiscal de regras, devendo, ao contrário, quando **constatar deficiências postulatórias das partes, indicá-las, precisamente, a fim de evitar delongas desnecessárias e a extinção do processo sem julgamento do mérito**" (RHC nº 37.587/SC, rel. Min. Reynaldo Soares da Fonseca, j. 16.02.16).

Neste julgado, a Corte entendeu que a intimação do Ministério Público para que indicasse as provas que pretendia produzir em juízo e a juntada do rol de testemunhas, após a apresentação da denúncia, mas antes da formação da relação processual, não são causas, por si sós, de nulidade absoluta. Isso porque, a despeito da previsão legal do momento processual adequado para o arrolamento das testemunhas tanto para a acusação (art. 41 do CPP) quanto para a defesa (arts. 396 e 396-A), aspectos procedimentais devem ser observados pelas partes, devendo-se proceder a uma visão global do todo previsto, interpretando sistematicamente o Código de Processo Penal. E, nos termos do art. 284, CPC, aplicado subsidiariamente ao Processo Penal (art. 3º, CPP), "verificando o juiz que a petição inicial não preenche os requisitos exigidos nos arts. 282 e 283, ou que apresenta defeitos e irregularidades capazes de dificultar o julgamento de mérito, determinará que o autor a emende, ou a complete, no prazo de 10 dias" e, acaso se mantenha inerte a parte autora, deverá o magistrado, aí sim, nos termos do parágrafo único do art. 284 do CPC, indeferir a petição inicial. Referida previsão legal foi aprimorada no CPC/15, o qual dispõe, no seu art. 321, que o juiz tem o dever de, ao verificar que a petição inicial não preenche os requisitos legais dos arts. 319 e 320 ou que apresente defeitos e irregularidades capazes de dificultar o julgamento de mérito, determinar ao autor que emende a inicial ou a complemente, indicando com precisão o que deve ser corrigido ou completado, quando, tão somente após, estará legitimado a indeferir a petição inicial, caso o vício não seja suprimido.

Para além disso, o Superior Tribunal de Justiça não tem tolerado a chamada *nulidade de algibeira* ("nulidade de bolso" ou "nulidade guardada"), que é aquela que, podendo ser sanada pela insurgência imediata da defesa após ciência do vício, não é alegada no momento adequado, como estratégia, numa perspectiva de melhor conveniência futura, o que fere o princípio da boa-fé processual, ou seja, não se admite que a parte, tomando conhecimento de uma nulidade, a "guarde no bolso" para ser alegada num eventual momento posterior, caso venha a ter prejuízo efetivamente (EDcl nos EDcl no AgRg no AREsp nº 1.382.353/SP, rel. Min. Ribeiro Dantas, j. 07.05.19; HC nº 452.528/SP, rel. Min. Sebastião Reis Júnior, j. 12.05.20).

14.2.10. Princípio da convalidação

Por mais que um ato processual tenha um vício, haverá o confronto com outros dois princípios: o da economia processual e o da instrumentalidade das formas. Não é porque o ato é atípico, por ter desrespeitado a fórmula legal, que ele será inutilizado e nada dele poderá ser aproveitado.

Ensina a doutrina que, da mesma forma que são previstas as hipóteses de aplicação da sanção de nulidade para os atos atípicos, o ordenamento jurídico também estabelece remédios pelos quais será possível o aproveitamento de um ato atípico, pois, em certos casos previstos na lei, sanada a irregularidade ou reparado o prejuízo, será plenamente possível que o ato atípico produza os efeitos que dele eram esperados, isto é, no lugar da *invalidação* ocorrerá a *convalidação* (Grinover, Gomes Filho e Fernandes, 2001).

Convalidar, portanto, significa remover um empecilho, curar um vício, de modo que o ato viciado pode "se tornar" um ato perfeito (existente, válido e eficaz). Também chamado de *princípio do aproveitamento* ou *da proteção*, pode-se concluir que não se declara uma nulidade quando for possível suprir/sanar/curar/aproveitar o seu defeito.

Tal princípio é aplicado às **nulidades relativas**, que se convalidam se não alegadas no momento oportuno e pelo instrumento adequado. Quanto às nulidades absolutas, em regra elas não se convalidam ou se sanam, salvo no caso de nulidade absoluta com consequente trânsito em julgado de sentença absolutória própria, já que não se admite a revisão do julgado benéfico ao acusado em favor da acusação – como será estudado.

14.2.10.1. *Formas de convalidação*

Há, conforme a doutrina, diversos métodos e regras que autorizam a convalidação de uma nulidade (Grinover, Gomes Filho e Fernandes, 2001):

a) **preclusão:** é a forma mais comum de convalidação, que ocorre quando a parte perde a oportunidade/momento processual de alegar o vício. Diz respeito às nulidades relativas, já que, como se sabe, as nulidades absolutas não se convalidam (salvo se for sentença absolutória própria transitada em julgado, que não poderá ser revista em prejuízo do acusado).

Já se falou anteriormente que o processo *marcha para frente*, não havendo razão – e nem lógica – para, num ponto avançado do processo, se sustentar a nulidade relativa de um ato processual pretérito, de modo a gerar a retroação da marcha processual (STJ, AgRg no HC nº 221.250/RJ, rel. Min. Antonio Saldanha Palheiro, j. 07.06.16). Etapa já vencida ou ultrapassada do processo, como regra, não é refeita.

No capítulo destinado ao estudo da sentença e da coisa julgada já foram analisadas as espécies de preclusão e suas consequências ao processo.

b) **prolação de sentença:** nos termos do art. 282, § 2º, CPC, aplicado analogicamente ao Processo Penal (art. 3º, CPP), quando puder decidir o mérito a favor da parte a quem aproveite a decretação da nulidade, o juiz não a pronunciará e nem mandará repetir o ato ou suprir-lhe a falta. Desta forma, entende-se que a decisão de mérito em favor do prejudicado pela prática de um ato processual inválido é considerada um fato novo, de modo a afastar o retrocesso do processo, já que a sua finalidade foi alcançada: decidir o mérito.

É a aplicação, clara, do *princípio da primazia da decisão do mérito* no âmbito do processo criminal, ou seja, o processo é um método de resolução do caso concreto, e não um mecanismo destinado a impedir que o caso seja solucionado, devendo ser privilegiada a resolução do mérito da causa (Câmara, 2017).

De fato, não há razão ou lógica para se anular um ato processual se o mérito julgado beneficiou o prejudicado pelo ato inválido. É preferível manter uma decisão de mérito em benefício da parte prejudicada pela nulidade (objetivo primordial do processo) do que se determinar a retroação do processo e refazimento do ato inválido, que pode vir a prejudicá-la depois.

Exemplo: acusado de determinado crime é processado em juízo relativamente incompetente; o juiz, analisando a nulidade arguida oportunamente pelo réu, entende que ele é inocente; aqui, percebe-se claramente que é preferível entregar ao réu uma decisão de mérito (absolutória) do que se reconhecer uma nulidade relativa. É a nítida aplicação da teoria da causa madura ao Processo Penal (art. 1.013, § 3º, CPC).

c) **coisa julgada**: a imutabilidade da sentença contra a qual não caibam mais recursos alcança também os atos processuais praticados, que estarão protegidos, o que não deixa de ser uma forma de convalidação.

Como já salientado anteriormente, o trânsito em julgado da decisão final sana os vícios que poderiam ser reconhecidos em favor da acusação; já quanto aos atos que beneficiam a defesa, estes poderão ser reconhecidos a qualquer tempo. Logo, a coisa julgada é considerada um "saneamento geral" apenas quanto aos atos viciados que poderiam beneficiar a acusação, pois a decisão transitada em julgado em favor do acusado não poderá ser revista em seu prejuízo, já que se veda a revisão criminal *pro societate*.– tema do capítulo reservado às ações autônomas de impugnação

d) **ratificação**: é a confirmação de um ato, então inválido, de modo a torná-lo válido, tal como o previsto no art. 568, CPP, que prevê que a nulidade por ilegitimidade do representante da parte poderá ser a todo tempo sanada, mediante ratificação (confirmação) dos atos processuais.

e) **suprimento**: o suprimento é mais do que uma ratificação, pois não se trata de simples confirmação do ato, mas de um acréscimo àquilo que já existia de forma deficitária.

Uma omissão poderá ser suprida, portanto, de modo a se evitar a nulidade, tal como prevê o art. 569, CPP, ao dispor que as omissões da denúncia ou da queixa, da representação, ou, nos processos das contravenções penais, da portaria ou do auto de prisão em flagrante, poderão ser supridas a todo o tempo, antes da sentença final.

Ver que somente se fala em suprimento em relação a formalidades não essenciais do ato, pois, tratando-se de elemento faltante sem o qual o ato em si não existiria, não há falar-se em suprimento, mas na própria inexistência ou invalidade do ato por falta de formalidade essencial (Grinover, Gomes Filho e Fernandes, 2001).

Exemplo: se a denúncia não trouxer a narrativa do ato criminoso, não se falará em suprimento, já que se trata de ato essencial anterior à própria análise da validade, no âmbito da sua existência; de outro lado, caso a acusação tome conhecimento de algum fato essencial, poderá aditar a inicial acusatória, como já exaustivamente estudado.

f) **retificação**: é a correção de um vício, tornando o ato parcialmente viciado em ato válido, a tempo de produzir seus plenos efeitos, visando à regularidade formal e processual (Polastri, 2016).

Não confundir "ratificação", que significa confirmação, com "retificação", que significa correção.

g) **substituição**: não se trata de um típico ato de convalidação, mas de um ato substitutivo ao tido por inválido. É o caso previsto no art. 570, CPP, que dispõe que a falta ou a nulidade da citação, da intimação ou da notificação estará sanada, desde que o interessado compareça, antes de o ato consumar-se, embora declare que o faz para o único fim de argui-la. O juiz ordenará, todavia, a suspensão ou o adiamento do ato, quando reconhecer que a irregularidade poderá prejudicar direito da parte.

h) **renovação**: caso um ato processual não respeite a fórmula legal, será possível o seu refazimento, agora observando-se o devido modelo previsto no ordenamento. Ex.: a rejeição da denúncia por vício formal (art. 395, CPP) autoriza que a acusação recorra (art. 581, I, CPP) ou, então, poderá ser oferecida uma nova inicial acusatória, agora respeitando-se as exigências legais e afastando os vícios outrora existentes.

14.3. ESPÉCIES DE NULIDADE

Após o estudo da teoria básica sobre nulidades, passa-se ao estudo das duas espécies de nulidade existentes no Processo Penal: (a) nulidade absoluta e (b) nulidade relativa.

14.3.1. Nulidade absoluta

A principal característica da nulidade absoluta é que a sua declaração interessa à **ordem pública**, não se tratando de simples interesse individual da parte. Além disso, o seu reconhecimento independe de provocação, podendo o juiz agir **de ofício** e, ainda, **a qualquer tempo** (conforme a regra acima vista sobre convalidação de sentença condenatória e absolutória).

Geralmente, trata-se de violação a uma norma constitucional, como o desrespeito ao contraditório (ex.: falta de citação).

O prejuízo que a nulidade absoluta gera é **presumido**, o que não significa, modernamente e como já se viu, que ele não precisará ser demonstrado. O prejuízo até pode ser presumido, mas ele não é incondicional; pelo contrário, trata-se de presunção relativa de prejuízo, que **exige demonstração** pela parte que alega (STJ, HC nº 392.298/SP, rel. Min. Ribeiro Dantas, j. 18.05.17).

A lei presume que, em dada situação, o ato causa um prejuízo, mas, mesmo assim, a parte precisará demonstrar, de fato e concretamente, o prejuízo que sofreu, cabendo ao juiz a aferição da nulidade alegada. Conforme o Supremo Tribunal Federal, não se declara nulidade processual sem a prova de um efetivo e vistoso prejuízo, pois nenhum ato será declarado nulo se dessa nulidade não resultar prejuízo para a acusação ou para a defesa (AgRg no RE nº 971.305/SP, rel. Min. Roberto Barroso, j. 24.02.17).

No mais, apesar de se dizer comumente que a nulidade absoluta pode ser reconhecida "a qualquer momento e grau de jurisdição", os tribunais superiores reconhecem certa limitação temporal.

Nas palavras do Superior Tribunal de Justiça, "mesmo se tratando de nulidades absolutas e condições da ação, é imprescindível o prequestionamento, pois este é exigência indispensável ao conhecimento do recurso especial, fora do qual não se pode reconhecer sequer matéria de ordem pública, passível de conhecimento de ofício nas instâncias ordinárias" (AgInt no AREsp nº 1.012.701/BA, rel. Min. Maria Thereza de Assis Moura, j. 02.02.17) E também o STF (AgRg no RE nº 929.795/PR, rel. Min. Edson Fachin, j. 07.03.17).

Não obstante a exigência de prequestionamento, nada impede a concessão de ofício de "habeas corpus" pelo tribunal, respeitando-se as instâncias ordinárias. Assim, mesmo havendo uma nulidade absoluta que não foi suscitada nas instâncias ordinárias, permite-se que, diante de flagrante ilegalidade, se conceda "habeas corpus" de ofício (STJ, AgRg no AREsp nº 820.027/MG, rel. Min. Reynaldo Soares da Fonseca j. 19.04.16).

Verifica-se nulidade absoluta em três situações básicas:

i) violação às normas da Constituição Federal e de tratados internacionais sobre direitos humanos;

ii) nos casos previstos no art. 564, CPP, não sujeitos à convalidação, como se verá abaixo; e

iii) violação a interesse de natureza pública, ainda que sem previsão legal especifica. Todos esses casos serão estudados em capitulo próprio, abaixo.

Em suma:

Principais características das nulidades absolutas
» Trata-se de vício grave, que ofende a ordem pública, relacionado aos direitos da CF
» Exige, como toda nulidade processual, a demonstração de prejuízo para ser declarada
» Cf. a Escada Ponteana, o ato processual existe, é inválido e produz efeito até ser anulado
» O vício é insanável, não podendo ser convalidado (ao menos não em prejuízo do réu)
» Pode o vício ser reconhecido de ofício ou por requerimento das partes prejudicadas
» Pode ser arguido a qualquer momento, mas exige-se prequestionamento para RE/REsp
» Nada impede que seja reconhecida de ofício no bojo de uma ação de "habeas corpus"

14.3.2. Nulidade relativa

A nulidade relativa é aquela que atenta contra um **interesse privado** da parte, sem repercussão à ordem pública. Exige-se, também, **demonstração do prejuízo** sofrido e, se não arguida oportunamente, gerará **preclusão** (art. 571, CPP) e será convalidada, de modo que o vício será eliminado e o ato tornar-se-á válido, produzindo plenos efeitos.

Resumindo:

Principais características das nulidades relativas
» Trata-se de vício grave, que ofende interesse privado, sem repercussão na CF
» Exige, como toda nulidade penal, a demonstração de prejuízo para ser declarada
» Cf. a Escada Ponteana, o ato processual existe, é inválido e produz efeito até ser anulado
» O vício é sanável, podendo ser convalidado, como se viu acima
» Para a maioria, pode ser reconhecido de ofício, além do requerimento das partes
» Deve ser arguido oportunamente, sob pena de preclusão

14.3.2.1. *Reconhecimento*

Quanto à atuação de ofício do juiz de primeiro grau, entende-se que ele poderá reconhecer, de ofício, uma nulidade relativa, não havendo o mesmo óbice que ocorre no Processo Civil.

Levando em conta que o magistrado é responsável pelo bom andamento do processo e que possui o dever de prevenir nulidades, deve ele, ao lado das partes, atuar com cooperação, como visto acima (Brasileiro, 2016; e Badaró, 2016).

Bem ensina Aury Lopes Jr., ao afirmar que o juiz atua como garantidor da eficácia do sistema de garantias constitucionais, devendo zelar pela forma e pelo processo independentemente de qualquer postulação (Curso, 2016). Nas palavras de Fernando da Costa Tourinho Filho, "seja qual for a imperfeição do ato (nulidade absoluta, nulidade relativa ou simples irregularidade), deve o juiz, dela tomando conhecimento, determinar as diligências necessárias, visando a afastar do processo as impurezas, escoimando-o, limpando-o, sanando-o. É dever do magistrado prover à regularidade do processo, di-lo o art. 251 do estatuto processual penal" (Manual, 2008, p. 499).

De outro lado, há posição – minoritária – de Nucci (Código, 2014) e de Avena (Processo, 2017), que sustentam que o juiz não pode reconhecer, de ofício, nulidades relativas, exigindo-se requerimento das partes, partindo-se da ideia de que, se a parte não se manifestar, é porque aceitou, com sua inércia, os efeitos do ato.

Quanto à atuação do tribunal no reconhecimento de **nulidades relativas**, há restrições. Se uma matéria chegou ao tribunal, o foi por meio de um recurso; para existir recurso, é preciso que a parte recorrente indique os pontos da decisão que estão sendo impugnados e traga seus argumentos; assim, vige, como se verá oportunamente, o princípio devolutivo (ou atributivo), em que o tribunal julgará a matéria que a parte recorrer; deste modo, se a parte não recorrer de certa matéria, não poderá o tribunal conhecê-la de ofício. Conclui-se, portanto, que o tribunal pode conhecer de nulidades, relativas ou absolutas, desde que a parte tenha recorrido neste ponto. No caso específico de nulidade relativa, exige-se, claro, que não tenha ocorrido preclusão, ou seja, que a parte tenha alegado a nulidade no momento oportuno no juízo de primeiro grau, sob pena de supressão de instância.

No que tange à possibilidade de o tribunal conhecer, de ofício uma nulidade, deve-se observar a súmula nº 160 do Supremo Tribunal Federal, que dispõe que "é nula a decisão do Tribunal que acolhe, contra o réu, nulidade não arguida no recurso da acusação, ressalvados os casos de recurso de ofício".

Neste caminho de ideias (Brasileiro, 2016), é possível, em **recurso da acusação** impugnando um ato processual inválido, reconhecer uma nulidade em *prejuízo* do acusado; tratando-se de **recurso da defesa ou da acusação**, é possível o reconhecimento de nulidade em *benefício* do acusado, ainda que a matéria não tenha sido impugnada expressamente, vigorando o princípio da possibilidade de reforma para melhor ("reformatio in mellius"), podendo o tribunal, sempre, verificar uma nulidade e a reconhecer em benefício do acusado, até porque, se é possível a concessão de "habeas corpus" de ofício, resta claro que uma nulidade também poderá assim ser reconhecida em benefício do réu. No mais, tratando-se de **recurso de ofício**, o tribunal é *livre* para reconhecer nulidades, favorável ou prejudicial ao acusado, já que se leva toda a causa ao conhecimento do tribunal.

14.3.2.2. *Momento*

Como uma de suas características, a nulidade relativa deve ser alegada em momento oportuno, sob pena de preclusão. Referidos marcos temporais estão no art. 571, CPP, aqui explicados já conforme o atual ordenamento jurídico, tendo em vista as diversas alterações legislativas que já ocorreram. Assim:

i) as nulidades relativas ocorridas no curso da instrução da **1ª fase do tribunal do júri**, ocorridas após a apresentação da resposta escrita, devem ser arguidas nas alegações orais, sob pena de preclusão (STJ, HC nº 287.594/MS, rel. Min. Jorge Mussi, j. 18.04.17).

ii) as nulidades relativas ocorridas **após a pronúncia** do tribunal do júri devem ser suscitadas imediatamente depois de anunciado o julgamento em plenário e apregoadas as partes (STJ, AgRg no ED no AREsp nº 456.426/SP, rel. Min. Rogerio Schietti Cruz, j. 16.02.17).

Mas aqui é preciso fazer uma ressalva à luz das alterações legislativas de 2008 (Brasileiro, 2016). Uma vez preclusa a decisão de pronúncia, ocorrerá a fase do art. 422, CPP, em que o juiz determinará a intimação das partes para, em 5 dias, apresentarem rol de testemunhas que irão depor em plenário, juntarem documentos e requererem diligências. Assim, tem-se em vista dois momentos para a alegação de nulidade após a preclusão da pronúncia: (a) nulidades relativas ocorridas após a pronúncia e antes das diligências de ordenação do processo em plenário deverão ser arguidas na fase do art. 422, CPP; e (b) as nulidades relativas ocorridas após a fase do art. 422, CPP, deverão ser arguidas imediatamente após o anúncio de início do julgamento em plenário e com o pregão das partes.

iii) as nulidades relativas ocorridas no bojo do **plenário do tribunal do júri** deverão ser arguidas logo após ocorrerem, sob pena de preclusão (STJ, HC nº 376.541/PB, rel. Min. Felix Fischer, j. 09.05.17).

iv) as nulidades relativas ocorridas no curso da instrução dos processos do **procedimento ordinário**, ocorridas após a apresentação da resposta escrita, devem ser arguidas nas alegações orais ou em memorial, sob pena de preclusão (STJ, HC nº 221.015/PR, rel. Min. Jorge Mussi, j. 13.08.15). As nulidades relativas ocorridas entre a inicial acusatória e a citação devem ser apresentadas na resposta a acusação, conforme o art. 396-A, CPP, que determina que, nesta peça, devem ser apresentadas preliminares e tudo o que interessar à defesa.

v) as nulidades relativas ocorridas no **procedimento sumário** seguirão as regras do procedimento ordinário: as ocorridas entre a inicial acusatória e a citação serão arguidas na resposta à acusação; as ocorridas no curso da instrução processual serão suscitadas em alegações finais (ou memorial), sob pena de preclusão.

vi) as nulidades relativas ocorridas no curso da instrução processual nos processos de **competência originária** do STF, STJ, TRF e TJ, deverão ser arguidas quando da apresentação de alegações escritas (art. 11, Lei nº 8.038/90) ou da sustentação oral (art. 12, I, Lei nº 8.038/90).

vii) as nulidades relativas ocorridas **após a sentença de primeiro grau** deverão ser suscitadas nas razões do recurso interposto ou após anunciado o julgamento do recurso e apregoadas as partes, caso haja sustentação oral no tribunal. Obviamente que nulidades relativas da própria sentença serão arguidas no recurso também, assim como aquelas ocorridas entre as alegações finais e a sentença, haja vista que o recurso será a primeira oportunidade que a parte terá para se manifestar nos autos após as alegações finais.

Em suma:

Procedimento e fase	Momento
Ordinário, ocorridas no curso da instrução	Alegações finais ou memoriais
Sumário, ocorridas no curso da instrução	Alegações finais ou memoriais
Júri, na 1ª fase, após resposta escrita	Alegações orais
Júri, após preclusão da pronúncia	Após anunciado início do julgamento em plenário e apregoadas as partes
Júri, no curso do plenário	Imediatamente após sua ocorrência
Competência originária	Alegações escritas ou sustentação oral
Após sentença de 1º grau	Razões de recurso ou sustentação oral

14.3.3. Anulabilidade

Parte muito minoritária da doutrina defende a existência de uma terceira espécie de vício dos atos processuais: a anulabilidade.

O maior representante deste entendimento é Vicente Greco Filho (Manual, 2012), que defende o seguinte: (a) se a exigência é imposta pela lei em função do interesse público, a situação será de nulidade absoluta; (b) se a exigência descumprida é imposta pela lei no interesse da parte de maneira cogente, haverá nulidade relativa; ou (c) se a exigência é prevista pela lei no interesse da parte de forma dispositiva, haverá anulabilidade.

Assim, a situação é de anulabilidade se a exigência descumprida é, também, do interesse da parte, mas a norma instituidora é dispositiva, não tem cominação expressa de nulidade ou não concerne às garantias essenciais das partes no contraditório. No caso de anulabilidade, a parte deve alegar a irregularidade nos momentos previstos no Código, sob pena de preclusão, demonstrando o prejuízo (Greco Filho, 2012).

Apesar disso, o entendimento praticamente unânime é no sentido de que as nulidades do Processo Penal se subdividem apenas em **absoluta** e **relativa**.

14.4. NULIDADES EM ESPÉCIE

O art. 564, CPP, traz as seguintes nulidades – algumas absolutas e outras relativas – em **rol exemplificativo**, até porque, como estudado, o descumprimento de uma forma legal já é causa de nulidade, tal como previsto no inc. IV do art. 564, CPP.

14.4.1. Incompetência

Trata-se de vício de validade, não de existência, já que o juízo possui jurisdição (o juízo está investido corretamente na função judicante), apenas existe irregularidade quanto à sua competência. Caso se tratasse de decisão proferida por pessoa sem estar investida na judicatura, aí sim ter-se-ia a inexistência do ato processual.

É preciso diferenciar:

a) incompetência em razão da matéria: há ofensa a normas de ordem pública, tal como a Constituição Federal, que delimita as competências sobre a competência *ratione materiae*. Haverá **nulidade absoluta.**

b) incompetência em razão da pessoa: há ofensa a normas de ordem pública, tal como a Constituição Federal, que delimita as competências sobre a competência *ratione personae*. Haverá **nulidade absoluta**.

c) incompetência em razão do local: há ofensa apenas a interesse privado, cujas regras de competência *ratione loci* estão previstas na legislação infraconstitucional. Haverá **nulidade relativa**, prorrogando-se a competência caso não seja oposta a exceção do art. 108, CPP.

Existe posição – minoritária – no sentido de que o desrespeito às regras de competência fixadas na Constituição Federal geraria a inexistência dos atos praticados, como o caso de se processar um promotor de justiça na vara criminal comum ao invés de fazê-lo no Tribunal de Justiça, cf. sua competência originária (Nucci, 2016).

A incompetência do juízo, conforme a lei, anula apenas os atos decisórios, devendo o processo, quando declarada a nulidade, ser remetido ao juízo competente (art. 567, CPP).

A jurisprudência tem entendido, no entanto, pela **possibilidade de ratificação não só dos atos *instrutórios*, mas dos *decisórios* também** (STF, AgRg no RE nº 730.579/TO, rel. Min. Ricardo Lewandowski, j. 23.06.17).

Exemplo: juízo incompetente determina o sequestro de bens; remetidos os autos ao juízo competente, este poderá ratificar referida decisão, considerando os elementos dos autos (STF, RHC nº 122.966/GO, rel. Min. Roberto Barroso, j. 30.09.14; e HC nº 94.372/SP, rel. Min. Joaquim Barbosa, j. 09.12.08).

O Superior Tribunal de Justiça entende do mesmo modo, ao afirmar que, constatada a incompetência absoluta, os autos devem ser remetidos ao juízo competente, que pode ratificar ou não os atos já praticados, inclusive os decisórios (AgRg no EDcl no AREsp nº 441.454/PI, rel. Min. Ericson Maranho, j. 01.10.15).

E também, fixou-se o entendimento de que "interceptações telefônicas eventualmente determinadas por autoridade absolutamente incompetente permanecem válidas e podem ser plenamente ratificadas" (STJ, AP nº 596/BA, rel. Min. Eliana Calmon, j. 14.03.13). Ademais, a validação dos atos não precisará ser pormenorizadamente fundamentada, podendo ser realizada de forma implícita, por meio da prática de atos que impliquem a conclusão de que o juiz ratificou os atos praticados anteriormente (STJ, HC nº 54.032/PR, rel. Min. Gilson Dipp, j. 21.03.06).

Exemplo: determinação de interceptação telefônica pelo juízo estadual, então aparentemente competente, mas, depois, verifica-se que se trata de competência da Justiça Federal; remetendo-se os autos ao juízo federal, este poderá ratificar os atos praticados, explícita ou implicitamente, como determinando o simples seguimento do processo.

Destaca-se, no mais, que a ratificação de atos instrutórios e decisórios guarda relação com a chamada "teoria do juízo aparente", que surgiu como fundamento para validar medidas cautelares autorizadas por juízo *aparentemente competente* que, em momento posterior, fora declarado incompetente (STF, HC nº 83.006/SP, rel. Min. Ellen Gracie, j. 18.06.06; e STJ, AgRg no RHC nº 109.684/BA, rel. Min. Jorge Mussi, j. 30.05.19).

Corroborando tal análise, o art. 64, § 4º, CPC, que trata do sistema da *translatio iudicii*, dispõe que, salvo decisão judicial em sentido contrário, conservar-se-ão os efeitos de decisão proferida pelo juízo incompetente até que outra seja proferida, se for o caso, pelo juízo competente. Assim, havendo incompetência absoluta ou relativa, terá existido jurisdição. Consoante a doutrina, nos casos em que o vício se resume à incompetência do juízo do qual emanou a decisão judicial, os efeitos (substanciais e processuais) devem ser conservados até que outra decisão seja proferida pelo juízo competente (Medina, Código, 2015).

No mais, "o juiz absolutamente incompetente para decidir determinada causa, até que sua incompetência seja declarada, não profere sentença inexistente, mas nula, que depende de pronunciamento judicial para ser desconstituída. E se essa declaração de nulidade foi alcançada por meio de recurso exclusivo da defesa, como no caso dos autos, ou por impetração de habeas corpus, não há como o Juiz competente impor ao Réu uma nova sentença mais gravosa do que a anteriormente anulada, sob pena de *reformatio in pejus* indireta" (STJ, HC nº 124.149/RJ, rel. Min. Laurita Vaz, j. 16.11.10).

14.4.2. Suspeição

Como já estudado, a *suspeição* é uma causa que gera a parcialidade subjetiva do julgador, gerando uma nulidade **absoluta**, justamente por demonstrar que o juiz não é isento para julgar. Parte da doutrina entende ser o caso de nulidade relativa (Nucci, 2016).

Sua previsão está no art. 254, CPP, estabelecendo que o juiz é considerado suspeito: I – se for amigo íntimo ou inimigo capital de qualquer deles; II – se ele, seu cônjuge, ascendente ou descendente, estiver respondendo a processo por fato análogo, sobre cujo caráter criminoso haja controvérsia; III – se ele, seu cônjuge, ou parente, consanguíneo, ou afim, até o terceiro grau, inclusive, sustentar demanda ou responder a processo que tenha de ser julgado por qualquer das partes; IV – se tiver aconselhado qualquer das partes; V – se for credor ou devedor, tutor ou curador, de qualquer das partes; e VI – se for sócio, acionista ou administrador de sociedade interessada no processo.

Lembre-se que o *impedimento* (art. 252, CPP) retira do juiz sua jurisdição, de modo que os atos praticados serão considerados **inexistentes**, tanto que o texto legal assevera que "o juiz não poderá exercer jurisdição" neste caso.

14.4.3. Suborno

Trata-se de nulidade **absoluta**, consistente na corrupção do juiz pelo recebimento ou promessa de recebimento de vantagem, seja de natureza pecuniária ou não.

A expressão, por não ter delimitação técnica e jurídica, abrange a prática dos crimes funcionais relacionados à corrupção do julgador, em sentido amplo, como os crimes de concussão, corrupção passiva e prevaricação (arts. 316, 317 e 319, CP, respectivamente), dentre outros.

Como mencionado, poderá o suborno ter ou não natureza monetária, incluindo-se, portanto, tanto o dinheiro recebido pelo julgador como os favores de natureza não financeira, como emprego a familiares, favores sexuais, benefícios políticos etc.

Pacelli e Fischer bem afirmam que, se o juiz recebeu suborno, mas não praticou nenhum ato processual, seja decisório ou instrutório, não há que se declarar nulidade processual alguma (Comentários, 2012).

14.4.4. Ilegitimidade de parte

Faz-se necessário distinguir a ilegitimidade:

a) *ad causam* (pertinência subjetiva): é, como já estudado, a incapacidade que uma pessoa tem de figurar num dos polos da ação penal. Ex.: Ministério Público oferece inicial acusatória em ação penal de iniciativa privada (ilegitimidade ativa da acusação) ou denuncia um adolescente de 15 anos de idade (ilegitimidade passiva do acusado). Haverá **nulidade absoluta**.

b) *ad processum* (legitimidade para estar em juízo): é, como já visto, a incapacidade de uma pessoa estar no juízo penal em nome próprio ou alheio. Ex.: queixa-crime ofertada por adolescente de 17 anos de idade sem representação dos pais ou responsável, ou a representação oferecida por quem não representa legalmente a vítima de um crime de ação penal condicionada etc. Majoritariamente, haverá **nulidade relativa** (Capez, 2016).

Nos moldes do art. 568, CPP, referente à ilegitimidade *ad processum*, prevê-se que a nulidade por ilegitimidade do representante da parte poderá ser a todo tempo sanada, mediante ratificação dos atos processuais. Lado outro, percebe-se que este dispositivo não é aplicável à ilegitimidade *ad causam*, tendo em vista tratar-se de nulidade absoluta.

14.4.5. Falta de fórmulas ou termos legais

O Código de Processo Penal enumera alguns casos em que haverá nulidade por típico vício formal, relativo ao desrespeito ao modelo legal. Consoante Tourinho Filho, são fórmulas legais os elementos *estruturais* ou *essenciais* do ato (Manual, 2008).

14.4.5.1. *Denúncia, queixa, representação ou requisição*

O disposto no art. 564, III, *a*, CPP, prevê que haverá nulidade pela falta de denúncia, queixa, representação e, "nos processos de contravenções penais, a portaria ou o auto de prisão em flagrante". Esta segunda parte não foi recepcionada pela Carta de 1988, considerando que não mais existe o chamado *processo judicialiforme*, que autorizava o início de um processo penal simplesmente por meio de prisão em flagrante ou portaria do delegado de polícia, independentemente da apresentação de uma inicial acusatória formal pelo Ministério Público ou pelo querelante.

Atualmente, portanto, haverá **nulidade absoluta** pela falta de (a) denúncia, (b) queixa ou (c) representação, quando o caso. Perceba que não se trata de ausência ou deficiência de algum requisito legal dessas peças, o que poderá ensejar a nulidade do inciso IV, art. 564, CPP, como a inépcia da denúncia por narrativa deficiente dos fatos, mas da sua verdadeira falta no processo.

Exemplo: ação penal condicionada à representação sem que esta tenha sido oferecida pela vítima. Uma vez assim verificado, o processo deve ser anulado desde o início, já que sequer a investigação policial poderia ter sido iniciada. Apenas lembre-se, como já estudado, que a representação não exige formalidades, de modo que o registro da ocorrência na polícia ou a realização de exames médicos servirão como representação, bastando que a vítima leve ao conhecimento das autoridades o fato delitivo, não havendo que se falar, nestes casos, em nulidade (STJ, HC nº 385.345/SC, rel. Min. Reynaldo Soares da Fonseca, j. 28.03.17). Havendo ausência de representação ou requisição, nada impede que elas sejam oferecidas, respeitando-se, apenas, o prazo legal.

Acrescente-se a estas hipóteses, por fim, a requisição do Ministro da Justiça, que não consta do texto legal, tendo em vista que se trata de uma condição de procedibilidade, ao lado da representação.

14.4.5.2. *Exame de corpo de delito*

O exame de corpo de delito, direto ou indireto, é indispensável aos delitos que deixam vestígios (art. 158, CPP), podendo a sua falta, todavia, ser suprida pela prova testemunhal (art. 167, CPP), mas não pela confissão do acusado (art. 158, CPP).

Logo, não quer a lei dizer que, havendo delito não transeunte, o exame de corpo de delito é rigorosamente sempre obrigatório. Pelo contrário: basta recordar o que já se estudou para saber que a inicial acusatória pode ser oferecida e o juiz, inclusive, poderá condenar o agente com base no conjunto probatório constante nos autos. Logo, se houver, por exemplo, prova testemunhal confirmando o delito, a ausência de exame de corpo de delito não será apta a gerar nulidade.

Então, pode-se concluir que, ocorrendo um delito que deixou vestígios e não tendo sido determinada a realização de exame de corpo de delito *e a prova não puder ser suprida por nenhuma outra forma válida*, haverá **nulidade absoluta** desde o momento em que o exame poderia ter sido feito.

14.4.5.3. *Nomeação de defensor e de curador*

Sabe-se que um dos desdobramentos da ampla defesa é a defesa técnica, exercida por profissional habilitado, cuja característica principal é a irrenunciabilidade. Dispõe o art. 261, CPP, inclusive, que nenhum acusado, ainda que ausente ou foragido, será processado ou julgado sem defensor.

Neste sentido, portanto, haverá **nulidade absoluta** caso tramite um processo sem defensor constituído pelo acusado ou sem que o juiz o nomeie um dativo, por grave afronta à ampla defesa (STJ, HC nº 357.515/ES, rel. Min. Maria Thereza de Assis Moura, j. 18.10.16). Aliás, dispõe a súmula nº 523 do Supremo Tribunal Federal que, "no processo penal, a *falta* de defesa constitui nulidade absoluta, mas a sua *deficiência* só o anulará se houver prejuízo para o réu".

Ressalta-se que, em respeito às garantias constitucionais ao contraditório e à ampla defesa, verificada a inércia do profissional constituído pelo acusado, configura cerceamento de defesa a nomeação direta de defensor dativo (ou a remessa dos autos à Defensoria Pública) sem que, antes, seja dada oportunidade ao acusado constituir novo advogado de sua confiança (STJ, HC nº 389.899/RO, rel. Min. Reynaldo Soares da Fonseca, j. 23.05.17), tendo em vista que, no caso de inércia do advogado constituído, deve ser o acusado intimado para constituir novo advogado para a prática do ato, inclusive por edital, caso não seja localizado e, somente caso não o faça, deve ser nomeado advogado dativo (ou remetido os autos à Defensoria Pública), sob pena de, em assim não se procedendo, haver nulidade absoluta.

Em interessante julgado, o Superior Tribunal de Justiça entendeu que a discordância do advogado atual com a linha de defesa do advogado anterior não justifica a anulação do processo penal. Isso porque, não se deve confundir *defesa deficiente* com a *simples discordância* com as teses do defensor que atuou anteriormente no feito (processo sem número, sob segredo judicial). De igual modo, eventual discordância entre a atuação dos operadores do Direito – como o advogado dativo anterior e o defensor público atual – deve ser resolvida no âmbito de suas corregedorias, não havendo que se falar em nulidade (STJ, RMS nº 49.902/PR, rel. Min. Reynaldo Soares da Fonseca, j. 18.05.17).

Quanto ao curador ao acusado menor de 21 anos (art. 564, III, *c*, parte final, CPP), entende-se que não há mais a necessidade de sua nomeação, pois, de acordo com o atual Código Civil, a maioridade é atingida aos 18 anos, de modo que, a partir desta idade, o acusado será plenamente capaz de figurar como réu num processo penal, sendo suficiente a defesa técnica por um defensor e desnecessária a presença de um curador.

14.4.5.4. *Intervenção do Ministério Público*

Prevê o art. 564, III, *d*, CPP, que haverá nulidade pela não intervenção do Ministério Público em todos os termos da ação penal por ele intentada e naquela intentada pela parte ofendida, quando se tratar de crime de ação pública. Afirmam Pacelli e Fischer que não é a simples ausência de atuação do Ministério Público que gerará, automaticamente, a nulidade do feito (Comentários, 2012).

O Código de Processo Penal dispõe que a ausência do Ministério Público seria uma nulidade sanável, isto é, relativa, conforme o art. 572. No entanto, deve-se levar em conta que, à época da edição do CPP, na década de 1940, existia a figura do promotor "ad hoc", o que hoje não é mais possível, nos termos do art. 129, I, CF (Polastri, 2016).

Assim, há duas situações distintas que merecem análise:

a) nos crimes de ação penal pública: tratando-se de denúncia, a não intervenção do Ministério Público gerará nulidade **absoluta**, por cerceamento de acusação, quando se tratar de atos postulatórios. Mas ver que, se o Ministério Público tiver sido intimado da realização do ato e, mesmo assim, não comparecer, a nulidade – quando muito – será relativa.

   A ausência do Ministério Público na audiência de instrução gera prejuízo apenas à acusação, de forma que somente interessa a ela o reconhecimento desta nulidade (STJ, HC nº 298.040/RS, rel. Min. Felix Fischer, j. 03.02.15). Neste caso, tratando-se de atos instrutórios, a nulidade será relativa.

b) nos crimes de ação penal privada subsidiária da pública: a falta de intervenção adesiva obrigatória do Ministério Público gerará **nulidade relativa**, exigindo-se arguição oportuna e com demonstração do prejuízo gerado. Será preciso, então, verificar o caso concreto – se o Ministério Público não comparece à audiência, mas o querelante exerce plenamente a função acusatória, não haverá nulidade; de outro lado, se o querelante não comparecer, haverá nulidade, haja vista que, nos casos de inércia deste, cabe ao Ministério Público retomar a ação penal como parte principal, conforme o art. 29, CPP. Vale aqui aplicar, analogicamente, o entendimento do Superior Tribunal de Justiça, no sentido de que, "em respeito ao princípio da instrumentalidade das formas, considera-se sanada a nulidade decorrente da falta de intervenção, em primeiro grau, do Ministério Público, se posteriormente o *Parquet* intervém no feito em segundo grau de jurisdição, sem ocorrência de qualquer prejuízo à parte" (AgRg no REsp nº 1.273.902/ES, rel. Min. Mauro Campbell Marques, j. 11.06.13).

Nucci finaliza afirmando que, no caso de ação penal de iniciativa privada, embora o Código de Processo Penal não mencione, haverá **nulidade relativa**, ou seja, sanável (Manual, 2016).

14.4.5.5. *Citação, interrogatório e prazos*

O art. 564, III, *e*, CPP, dispõe três situações em que haverá nulidade:

a) falta de citação: a citação é o instrumento processual pelo qual a parte é chamada ao processo para exercer o seu direito constitucional e convencional ao contraditório e à ampla defesa.

Como já estudado, a falta de citação ou a sua nulidade recebe o nome de *citação circunducta* (de "circundação"), não gerando efeitos de chamar o acusado ao processo penal. Haverá, portanto, **nulidade absoluta**.

Ver, todavia, que, se mesmo com o vício de citação o acusado tomou conhecimento do processo e compareceu aos autos, não haverá nulidade, pois, conforme o art. 570, CPP, a falta ou a nulidade da citação, da intimação ou notificação estará sanada, desde que o interessado compareça, antes de o ato se consumar, embora declare que o faz para o único fim de argui-la. O juiz ordenará, todavia, a suspensão ou o adiamento do ato, quando reconhecer que a irregularidade poderá prejudicar direito da parte.

Conforme o Superior Tribunal de Justiça, ainda que o réu tenha constituído advogado antes do oferecimento da denúncia (para acompanhar o inquérito policial, p. ex.), é nula a ação penal que o condenou sem sua citação, ainda mais estando ausentes provas de que o réu tomou conhecimento efetivo da denúncia oferecida (REsp nº 1.580.435/GO, rel. Min. Rogerio Schietti Cruz, j. 17.03.16).

b) falta de interrogatório: é o momento em que o acusado exercerá sua autodefesa. Como já estudado, o juiz é obrigado a oportunizar a realização do interrogatório, concedendo o momento processual para o acusado dar a sua versão dos fatos e, querendo, exercer a sua defesa pessoal naquele instante; de outro lado, uma vez intimado e designado o interrogatório, o imputado não é obrigado a comparecer, já que renunciável este direito. Logo, o que gera **nulidade absoluta** é a falta de *designação* do interrogatório pelo julgador, por ferir a ampla defesa.

Pode ocorrer de o juiz designar o interrogatório e o réu optar por não comparecer; entretanto, tempos depois, o acusado requerer ao juiz que seja interrogado. Neste caso, entende-se, majoritariamente, que o juiz não estará obrigado a designar uma nova data para que o interrogatório seja feito (STJ, HC nº 108.939/PI, rel. Min. Marco Aurélio Bellizze, j. 15.03.12).

c) não concessão de prazos à acusação/à defesa: trata-se da situação, literalmente, em que o juiz não concede prazo para a realização de um ato processual pelas partes. A depender do ato, poderá gerar nulidade **absoluta** ou **relativa.**

Tratando-se de ato essencial, geralmente relacionado ao contraditório ou à ampla defesa, haverá nulidade absoluta (como o juiz que não concede prazo para o réu apresentar resposta escrita); ou então, haverá nulidade relativa caso se trate de uma faculdade da parte (como a intimação para apresentação de réplica, cuja falta não traz prejuízo, já que a parte ainda falará em alegações finais antes da sentença).

14.4.5.6. *Pronúncia*

A pronúncia, no tribunal do júri, é obrigatória para que se inicie a segunda fase do rito dos crimes dolosos contra a vida. Assim, o juiz sumariante, fundamentadamente, pronunciará o acusado, se convencido da materialidade do fato e da existência de indícios suficientes de autoria ou de participação (art. 413, "caput", CPP).

Consoante a doutrina, a pronúncia é a decisão do juiz sobre a admissibilidade da acusação a ser levada ao plenário do júri, tratando-se, assim, de ato essencial, cuja ausência gera **nulidade absoluta,** não só diante da previsão legal, mas por representar uma garantia do réu relacionada ao sistema acusatório constitucional (Grinover, Gomes Filho e Fernandes, 2011).

A previsão do art. 564, III, *f*, CPP, segunda parte, referente ao libelo, não mais subsiste, diante da sua extinção pela Lei nº 11.689/08, o que acaba por reforçar a importância da pronúncia, que delimitará a acusação em plenário.

14.4.5.7. *Intimação do acusado para julgamento do júri*

A previsão do art. 564. III, *g*, CPP, dispõe que haverá nulidade diante da falta de intimação do réu para a sessão de julgamento, pelo tribunal do júri, quando a lei não permitir o julgamento à revelia. A alínea está parcialmente revogada de forma tácita.

Estudou-se que, com o regramento atual, o julgamento do júri não será adiado pelo não comparecimento do acusado solto, do assistente ou do advogado do querelante, que tiver sido regularmente intimado (art. 457, CPP). De igual modo, se o acusado preso não for conduzido, o julgamento será adiado para o primeiro dia desimpedido da mesma reunião, salvo se houver pedido de dispensa de comparecimento subscrito por ele e seu defensor (§ 2º).

Deve-se interpretar este dispositivo no sentido de que a não intimação do acusado para o seu julgamento é causa de nulidade, por retirar do réu a oportunidade de participar do próprio julgamento. Para uns, seria nulidade **absoluta**, por ferir a ampla defesa (Grinover, Gomes Filho e Fernandes, 2001); para a lei seria nulidade **relativa** (art. 572, CPP), podendo ser suprida.

Logo, é preciso que o réu seja intimado de seu julgamento, sob pena de nulidade; todavia, o julgamento poderá ocorrer normalmente, ainda que sem a sua presença, desde que, claro, tenha havido a intimação.

14.4.5.8. *Intimação das testemunhas do júri*

Prevê o art. 564, III, *h*, CPP, que haverá nulidade em razão da não intimação das testemunhas arroladas no libelo e na contrariedade, nos termos estabelecidos pela lei. Como sabido, não existe mais o libelo, diante da reforma promovida pela Lei nº 11.689/08. Por isso, o dispositivo deve ser reinterpretado.

O momento para se arrolar testemunhas do plenário está previsto no art. 422, CPP, que é com a intimação, pelo juiz, da defesa e da acusação para, em cinco dias, apresentarem rol de testemunhas, requererem diligências e juntarem documentos. Havendo ou não cláusula de imprescindibilidade (art. 461, "caput", CPP), as testemunhas devem – sempre – ser intimadas, sob pena de nulidade.

O art. 572, CPP, trata como sendo nulidade **relativa**, mas parte da doutrina (Avena, 2017) entende haver nulidade **absoluta**, por violação à ampla defesa.

14.4.5.9. *Quórum de instalação do júri*

Sabe-se que a sessão do plenário do júri pode ter início com a presença de ao menos 15 jurados, dos 25 convocados para a sessão (art. 463, "caput", CPP).

Comparecendo ao menos 15 jurados, a sessão poderá ser instalada; do contrário, caso o juiz instale a sessão com menos de 15 jurados presentes, haverá **nulidade absoluta**, cf. o art. 564, III, *i*, CPP.

Como já visto, parte da doutrina e o Supremo Tribunal Federal (em julgado antigo) entendem que não é possível o empréstimo de jurados de uma sessão a outra, pois as partes precisam saber, de antemão, quem são os julgadores de fato que poderão ser sorteados para compor o conselho de sentença. De outro lado, diferente parte da doutrina e o Superior Tribunal de Justiça entendem que é possível o empréstimo, tendo a Corte, inclusive, fixado o entendimento de que "a complementação do número regulamentar mínimo de 15 (quinze) jurados por suplentes de outro plenário do mesmo Tribunal do Júri, por si só, não enseja nulidade do julgamento" (tese nº 5, ed. 75, Jurisprudência em Teses), o que é seguido por ambas as suas Turmas criminais.

14.4.5.10. *Sorteio do conselho de sentença*

O julgamento em plenário do júri exige a formação prévia do conselho de jurados, composto por 7 julgadores de fato dentre os ao menos 15 presentes à sessão (art. 467, CPP).

Desta feita, não poderá o julgamento ser realizado sem que tenha ocorrido o sorteio prévio dos jurados para a formação do conselho, sob pena de **nulidade absoluta**.

14.4.5.11. *Incomunicabilidade dos jurados*

Considerando que as votações dos jurados são sigilosas, exige-se a incomunicabilidade dos jurados a respeito dos fatos em julgamento, como já estudado, sob pena de **nulidade absoluta**, nos termos do art. 564, III, *j*, CPP.

14.4.5.12. *Formulação dos quesitos*

Tendo em vista que os jurados permanecem incomunicáveis e que apenas votam "sim" ou "não", faz-se necessário que sejam elaborados os quesitos, englobando questionamento acerca da autoria, da materialidade, de absolvição genérica e tudo o mais que interessar ao caso, inclusive as teses de autodefesa levantadas pelo acusado (art. 483, CPP).

Consoante o art. 564, III, *k*, CPP, haverá nulidade pela falta dos quesitos e de suas respectivas respostas; e conforme o p.ú. do art. 564, CPP, ocorrerá ainda a nulidade por deficiência dos quesitos ou das suas respostas e contradição entre estas.

Findos os debates, o juiz lerá os quesitos e indagará das partes se têm requerimento ou reclamação a fazer, devendo qualquer deles, bem como a decisão, constar da ata (art. 484, CPP). Vê-se, então, que o momento oportuno para a parte impugnar algum vício da quesitação é exatamente após a sua formulação, imediatamente após a leitura e explicação em plenário (p.ú.). Ex.: quesito incompreensível, dúbio, equivocado etc. Assim, trata-se de **nulidade relativa**, que, se não suscitada neste momento, gerará preclusão (STJ, HC nº 342.239/SP, rel. Min. Reynaldo Soares da Fonseca, j. 18.04.17).

Mas observam a doutrina e a jurisprudência que, se o vício de quesitação for grave, a ponto de prejudicar a plenitude de defesa, como no caso da falta de quesitação de absolvição genérica, haverá **nulidade absoluta**, tal como já prevê a súmula nº 156 do STF: "é absoluta a nulidade do julgamento, pelo júri, por falta de quesito obrigatório". Neste sentido, a falta de quesito obrigatório não é mera irregularidade, mas causa de nulidade absoluta e irremediável (STJ, HC nº 232.236/SP, rel. Min. Laurita Vaz, j. 28.05.13).

Ainda sobre a quesitação, afirma a súmula nº 162 do STF que "é absoluta a nulidade do julgamento pelo júri, quando os quesitos da defesa não precedem aos das circunstâncias agravantes" (o que deve ser lido em sentido amplo, como já estudado).

14.4.5.13. *Acusação e defesa na sessão de julgamento do júri*

Só há que se falar na existência de um processo com a participação de um órgão acusador, um defensor e um magistrado. A falta de acusação ou de defesa gerará nulidade. E, aqui, diversas situações precisam ser analisadas.

Tratando-se de ação penal exclusivamente privada ou personalíssima (conexão com o crime doloso contra a vida), a ausência injustificada do advogado do querelante em plenário gerará perempção, por ausência de pedido condenatório quanto ao crime de ação de iniciativa privada, conforme o art. 60, III, CPP. De outro lado, tratando-se de ação penal privada subsidiária da pública, a ausência do advogado do querelante é tida como desídia, ensejando a retomada da ação penal pelo Ministério Público, cf. o art. 29, CPP.

Já o Ministério Público, como sabido, não pode abandonar ou desistir da ação penal em curso. Embora tenha independência funcional (CF, art. 127, § 1º), ele deve estar sempre presente e bem exercer a sua função. A ausência do *Parquet* gera **nulidade absoluta**.

No mais, a ausência de defesa no júri é causa de **nulidade absoluta**, nos termos do art. 497, V, CPP, e da súmula nº 523 do STF.

14.4.5.14. *Sentença*

Dispõe o art. 564, III, *m*, CPP, que haverá **nulidade absoluta** se ausente sentença no processo. Não se trata de ausência de requisitos da sentença, pois que daí será a hipótese do art. 564, IV, CPP (omissão de formalidades); trata-se, literalmente, da ausência de sentença no processo (Avena, 2017).

Embora pareça praticamente impossível esta hipótese, poderá ocorrer, por exemplo, em casos de engano do juiz, que determina o arquivamento de um processo ao invés de sentenciá-lo, confundindo-se em razão da pluralidade de ações contra o mesmo réu.

Parte da doutrina (Badaró, 2016; Pacelli e Fischer, 2012) entende que não se trata de nulidade, mas de típica inexistência de ato processual. Marcellus Polastri Lima, equilibrando as posições, afirma que "como é intuitivo, a falta de sentença promove a inexistência do ato, que por sua vez provocará a nulidade absoluta dos atos que advierem a partir do momento em que deveria ter sido proferida" (Curso, 2016, p. 1.226).

E relembrando o acima já colocado, as hipóteses de impedimento (art. 252, CPP) geram a inexistência do ato processual praticado, por ausência de jurisdição. Logo, se o juiz impedido sentenciar, os atos subsequentes serão considerados nulos, por ausência de sentença.

14.4.5.15. *Recurso de ofício*

Ainda será estudado em capítulo próprio, mas há casos em que a lei determina o chamado "recurso necessário", numa espécie de reexame obrigatório da decisão de primeiro grau pelo tribunal, independentemente de a parte interpor ou não recurso voluntário.

Entende-se que o recurso de ofício é uma condição de eficácia da decisão, de forma que "não transita em julgado a sentença por haver omitido o recurso *ex officio*, que se considera interposto *ex lege*" (súmula nº 423 do STF).

Dispõe, assim, o art. 564, III, *n*, CPP, que haverá **nulidade absoluta** no caso de ausência de recurso de ofício quando a lei assim o prever.

14.4.5.16. *Intimação para ciência de decisão recorrível*

São elementos essenciais do contraditório a necessidade de ser informado e a possibilidade de reagir (Scarance, 2010). Logo, é natural que as partes sejam intimadas de todas as decisões judiciais para que, querendo, possam adotar as medidas cabíveis, como a interposição de recurso.

A falta de intimação acerca de decisão recorrível gera **nulidade absoluta**, por ferir o contraditório e a ampla defesa, nos moldes do art. 564, III, *o*, CPP. Se a decisão houver transitado em julgado, deverá ser invalidada, com a consequente reabertura de prazo para que a parte possa recorrer (STJ, HC nº 106.042/PR, rel. Min. Jorge Mussi, j. 07.10.08).

Importa aqui salientar a súmula nº 431 do STF, segundo a qual "é nulo o julgamento de recurso criminal, na segunda instância, sem prévia intimação, ou publicação da pauta, salvo *habeas corpus*". Logo, em relação ao recurso, deve haver a intimação da parte acerca da data de julgamento; já em relação ao "habeas corpus", entende-se não ser necessária a intimação, já que ele é posto em julgamento independentemente de qualquer comunicação, cabendo à parte acompanhá-lo, salvo, no entanto, se houve requerimento específico para sustentação oral (STF, ED no RHC nº 116.399/BA, rel. Min. Luiz Fux, j. 17.03.17) ou se a parte requereu expressamente a intimação sobre a data de julgamento (STF, ED no RHC nº 129.993/GO, rel. Min. Ricardo Lewandowski, j. 26.05.17), respeitando-se, assim, o contraditório e a ampla defesa.

No mais, Nucci afirma que, se a parte não foi intimada da sentença condenatória, mas, ainda na fluência do prazo para recorrer, apresentou seu apelo, a nulidade estará sanada; se o prazo já tiver decorrido, o juiz deverá reabri-lo, anulado tudo o que foi praticado depois disso (Manual, 2016).

Por fim, consoante o Supremo Tribunal Federal, não há nulidade no julgamento de apelação interposta pelo Ministério Público se a defesa, *intimada*, não apresentou contrarrazões, não devendo se falar em cerceamento de defesa (RHC nº 133.121/DF, rel. p/ acórdão Min. Edson Fachin, j. 30.08.16).

14.4.5.17. *Quórum para julgamento nos tribunais*

Dispõe o art. 564, III, *p*, CPP, que haverá **nulidade absoluta** por falta de quórum legal para o julgamento no Supremo Tribunal Federal e nos "Tribunais de Apelação", redação esta antiga, da década de 1940. Atualmente, deve-se ler: STF, STJ, TSE, TRE, TRF e TJ.

O quórum para julgamento é o número de julgadores que devem estar presentes para que o julgamento possa ser realizado. Logo, cada tribunal terá o seu número, já que a formação é colegiada, como Turmas, Câmaras, Seções e Plenário.

14.4.6. Omissão de formalidade essencial do ato processual

Conforme o art. 564, IV, CPP, haverá nulidade "por omissão de formalidade que constitua elemento essencial do ato". Esta formalidade essencial é aquela sem a qual o ato sofrerá grave vício de validade e eficácia, podendo vir a não existir.

O art. 572, CPP, dispõe que será considerada sanada esta nulidade se (i) não for arguida oportunamente, ou se (ii) o ato for praticado de outra forma e tiver atingido sua finalidade, ou, ainda, se (iii) a parte aceitar, ainda que tacitamente, seus efeitos (incs. I, II e III, respectivamente).

Percebe-se certa contradição. Se há ausência de elemento *essencial* do ato processual, interferindo na sua validade, eficácia e até mesmo existência, como é que referido vício pode ser *sanado*?

Explica Norberto Cláudio Pâncaro Avena que "é preciso considerar que o art. 572 remonta à época em que editado o Código de Processo Penal, o que se deu sob a égide da Constituição de 1937, uma Carta outorgada, de cunho ditatorial. Assim, na atualidade, referido artigo não pode ser interpretado literalmente, impondo-se a sua exegese à luz das garantias consagradas na Constituição Federal de 1988, muito especialmente aquelas relacionadas à ampla defesa, contraditório e devido processo legal" (Processo, 2017, p. 738). No mesmo sentido entende Polastri Lima (Curso, 2016), para quem deve ser feito um juízo sobre a formalidade omitida do ato, se realmente indispensável ou não à sua estrutura.

Logo, haverá omissões de elementos essenciais que poderão gerar nulidade absoluta, relativa ou mesmo inexistência. Exemplos:

a) a testemunha de fora da terra será inquirida no juízo de sua residência, por meio de carta precatória; as partes devem ser intimadas a respeito da expedição da carta (art. 222, CPP), embora se entenda, nos termos da súmula nº 155 do STF, que "é **relativa** a nulidade do processo criminal por falta de intimação da expedição de precatória para inquirição de testemunha". Ou seja, a intimação é um ato essencial da expedição da carta precatória, mas a jurisprudência entende que a sua falta gerará nulidade apenas relativa, devendo ser comprovado prejuízo oportunamente (STF, HC nº 119.293/PE, rel. Min. Luiz Fux, j. 08.10.13).

b) constatada a inércia do advogado constituído pelo réu na prática de determinado ato processual, é necessária, previamente à nomeação de defensor dativo ou de remessa à Defensoria Pública, a intimação do acusado para constituir, à sua escolha, um novo advogado, sob pena de nulidade **absoluta** dos atos praticados com inobservância desta formalidade, diante da violação do contraditório e da ampla defesa (STJ, HC nº 389.899/RO, rel. Min. Reynaldo Soares da Fonseca, j. 23.05.17).

c) a ausência de assinatura do juiz na sentença proferida, com consequente impossibilidade de sanar o vício a tempo, diante de sua aposentadoria, gera a **inexistência** do ato.

14.4.7. Carência de fundamentação

A novel Lei nº 13.964/19 acrescentou o inc. V ao art. 564, CPP, dispondo que haverá nulidade "em decorrência de decisão carente de fundamentação".

Sabe-se, a essa altura, que a Constituição Federal exige fundamentação das decisões judiciais, nos termos do art. 93, IX, CF, consagrando, assim, o sistema do livre convencimento motivado do julgador.

O art. 315, § 2º, CPP, também fruto da Lei nº 13.964/19, prevê que não se considerada fundamentada qualquer decisão judicial, seja ela interlocutória, sentença ou acórdão que:

I – Limitar-se à indicação, à reprodução ou à paráfrase de ato normativo, sem explicar sua relação com a causa ou a questão decidida;

II – Empregar conceitos jurídicos indeterminados, sem explicar o motivo concreto de sua incidência no caso;

III – Invocar motivos que se prestariam a justificar qualquer outra decisão;

IV – Não enfrentar todos os argumentos deduzidos no processo capazes de, em tese, infirmar a conclusão adotada pelo julgador;

V – Limitar-se a invocar precedente ou enunciado de súmula, sem identificar seus fundamentos determinantes nem demonstrar que o caso sob julgamento se ajusta àqueles fundamentos;

VI – Deixar de seguir enunciado de súmula, jurisprudência ou precedente invocado pela parte, sem demonstrar a existência de distinção no caso em julgamento ou a superação do entendimento.

A nítida inspiração foi o art. 489, § 1º, CPC, já que a norma penal repete o texto da norma civilista.

Assim, a decisão que não for fundamentada gera nulidade absoluta, por ferir frontalmente o art. 93, IX, CF. Para maiores esclarecimentos, remete-se o leitor ao capítulo sobre os *Atos Decisórios*, especificamente no tópico a respeito da motivação.

14.4.8. Nulidade no inquérito policial

Tendo em vista a sua natureza de procedimento investigatório prévio, o vício existente no inquérito policial não acarreta a nulidade da ação penal futura (STF, RHC nº 228.299/CE, rel. Min. Cármen Lúcia, j. 04.02.14).

Assim, *v.g.*, um auto de prisão em flagrante irregular pode acarretar apenas o relaxamento da prisão, mas não a nulidade da ação penal ulterior. Conforme o Superior Tribunal de Justiça, as nulidades surgidas no curso da investigação preliminar não atingem a ação penal dela decorrente (RHC nº 71.442/MT, rel. Min. Antonio Saldanha Palheiro, j. 18.08.16).

No entanto, isso não pode ser encarado de forma absoluta, ou seja, não se pode afirmar, categoricamente, que todo e qualquer vício ocorrido no curso do inquérito não interferirá na posterior ação penal.

Antes de mais nada, não se deve confundir mero *vício*, que é uma simples irregularidade, não gerando prejuízo algum, com *nulidade*, que é a afronta à lei (em sentido amplo) e que gera prejuízo.

Imagine-se, por exemplo, uma interceptação telefônica realizada pelo delegado de polícia, com autorização judicial, oriunda de uma denúncia anônima e sem preceder a investigações iniciais básicas para, no mínimo, se buscar coletar maiores informações antes de se iniciar a interceptação. Há clara **nulidade deste meio de prova**, inclusive atingindo outros atos com ele relacionados (STJ, HC nº 204.778/SP, rel. Min. Og Fernandes, j. 04.10.12). Ao receber a denúncia anônima, o delegado deveria, antes de tudo, adotar procedimentos iniciais de investigação para apurar o fato e, somente depois disso, se o caso, instaurar inquérito; e, apenas se esgotadas as diligências ordinárias, seria o caso de representar por uma interceptação telefônica (art. 2º, II, Lei nº 9.296/96).

Outra coisa, totalmente diversa, é o investigado simplesmente sustentar que o delegado não assinou algumas folhas do inquérito – nesse caso, há mera **irregularidade**, não interferindo na ação penal (STJ, HC nº 216.201/PR, rel. Min. Alderita Ramos de Oliveira, j. 02.08.12).

Renato Marcão (Código, 2016, p. 99) bem explica a diferenciação: "não é correto afirmar, entretanto, que eventual irregularidade/ilegalidade praticada no inquérito não acarreta consequência alguma na ação penal; não influencia no seu destino. Com efeito, é possível que *determinada prova* seja produzida de forma ilegal, de maneira a se expor à arguição e ao reconhecimento de sua nulidade. Note-se: *nulidade da prova* colhida na fase de investigação, e não *nulidade do inquérito*".

Pelos exemplos acima, percebeu-se que, se um elemento de prova é obtido, por exemplo, mediante interceptação telefônica ilegal, isso gerará uma nulidade (da prova em si, não do inquérito).

A questão é: haverá nulidade de toda a ação penal?

A resposta é negativa. A validade probatória só interferirá no ato probatório em si (e os com ele relacionados), **não ultrapassando para todo o processo penal e não interferindo na validade do procedimento do inquérito policial**. É claro que, se todas as provas apresentadas pela acusação na ação penal tiveram início a partir daquela interceptação telefônica ilegal (que, por exemplo, gerou uma busca e apreensão e depois a oitiva de testemunhas), a contaminação na ação penal será maior, podendo atingir até mesmo o recebimento da peça acusatória.

Exemplo claro e atual de contaminação dos atos está no EOAB, que preconiza ser direito do advogado assistir a seus clientes no curso do inquérito, "sob pena de nulidade absoluta do respectivo interrogatório ou depoimento e, subsequentemente, de todos os elementos investigatórios e probatórios dele decorrentes ou derivados, direta ou indiretamente" (art. 7º, XXI, conforme a Lei nº 13.245/16). Lembre-se que se trata de uma *faculdade* do investigado ser assistido por um advogado durante o inquérito policial.

14.4.9. Quadro geral

Nulidade absoluta	Nulidade relativa
» Incompetência material/em razão da pessoa	» Incompetência territorial
» Suspeição	» Ilegitimidade "ad processum"
» Suborno	» Falta do MP em ação penal privada
» Ilegitimidade "ad causam"	» Falta do MP em ação penal subsidiária
» Falta de denúncia/queixa/representação	» Falta de prazo (para ato facultativo)
» Falta de exame de corpo de delito	» Vício na quesitação do júri
» Falta de nomeação de defensor	*Os itens com asterisco (*), na coluna ao lado, são colocados, pelo Código de Processo Penal, como sendo nulidade relativa (art. 572).*
» Falta do MP em ação penal pública *	
» Falta de prazo (para ato essencial) *	
» Falta de intimação de testemunha do júri *	
» Falta de citação	
» Falta de interrogatório	
» Falta de pronúncia	
» Falta de quórum de instalação do júri	
» Falta de sorteio do conselho de jurados	
» Falta de quesito obrigatório no júri	
» Falta de acusação e de defesa no júri	
» Falta de sentença	
» Falta de recurso de ofício	
» Falta de intimação para recorrer	
» Carência de fundamentação da decisão	
» Falta de quórum nas sessões dos tribunais	
» Falta de intimação do acusado para o júri	
» Quebra da incomunicabilidade dos jurados	

O quadro *deve ser lido com as explicações acima*, de acordo com a interpretação da doutrina e da jurisprudência. A exposição foi colocada de acordo com estes entendimentos, tidos como majoritários; no entanto, por se tratar de matéria bastante dinâmica, cada autor – praticamente – faz uma classificação das nulidades em espécie. De qualquer forma, lembre-se que, seja a nulidade absoluta ou relativa, o prejuízo deve ser sempre demonstrado para que o juiz declare ou decrete uma nulidade.

Veja que, para o Código de Processo Penal, cf. o seu art. 572, são nulidades relativas:

Nulidades relativas para o CPP
» Falta de intervenção do Ministério Público em todos os termos da ação por ele intentada e nos da intentada pela parte ofendida, quando se tratar de crime de ação pública (art. 564, III, *d*).
» Não concessão de prazos legais à acusação e à defesa para manifestação ou produção de algum ato (art. 564, III, *e*, 2ª parte).
» Falta de intimação do réu para a sessão de julgamento pelo júri (art. 564, III, *g*).
» Ausência de intimação das testemunhas arroladas pelas partes na fase de preparação de plenário (art. 564, III, *h*).
» Omissão de formalidade que constitua elemento essencial do ato (art. 564, IV).

15

RECURSOS

15.1. TEORIA DOS RECURSOS

15.1.1. Conceito

O recurso é um instrumento do processo penal por meio do qual a parte, voluntariamente e em seu próprio interesse, dentro de um prazo legal, combate uma decisão judicial, valendo-se da mesma relação processual e objetivando o esclarecimento, a integração, a invalidação ou a reforma da decisão.

Nos passos da melhor doutrina, "recurso é o pedido de nova decisão judicial, com alteração de decisão anterior, previsto em lei, dirigido, em regra, a outro órgão jurisdicional, dentro do mesmo processo" (Greco Filho, Manual, 2012, p. 511).

15.1.2. Segurança e justiça

Há dois princípios fundamentais relacionados aos recursos.

De um lado, o **princípio da justiça** determina que, quanto mais se examinar uma questão, mais perfeita será a distribuição da justiça, ou seja, quanto mais o Poder Judiciário se debruçar sobre um caso, melhor, em regra, será o resultado. De outro lado, o **princípio da certeza jurídica** fixa que a decisão final deve ser fixada de uma vez por todas, no menor tempo possível, sem prolongamentos inúteis.

Os recursos estão exatamente entre esses dois princípios, de modo a se garantir o duplo grau de jurisdição sem atrasos significativos e com o máximo de certeza possível dentro do processo (Grinover, Fernandes e Gomes Filho, 2008).

Desta feita, é preciso encontrar o ponto de equilíbrio entre *paz social* e *justiça perfeita*. Se o legislador for radical, surgirá um problema: se os recursos forem infinitos, ilimitados, sempre haverá a possibilidade de se recorrer, mas não haverá segurança jurídica, já que o processo não alcançará o seu fim; na outra ponta, se não houver recursos, sempre prevalecerá uma só decisão, aumentando-se o risco de injustiças, ante a impossibilidade de revisão.

Conforme Hélio Tornaghi (Curso, v. 2, 1989, p. 303-304), "daí a orientação maleável seguida pelo Direito: ensejar um ou mais recursos, mas considerar que, esgotados ou concedidos por lei, a causa está julgada (*res judicata est*), sem mais possibilidade de mudança da decisão, pelo menos naquele processo".

Conclui-se, portanto, afirmando-se que é possível recorrer (princípio da justiça), mas sempre haverá um limite (princípio da certeza jurídica).

15.1.3. Fundamentos

Como explica Rogerio Schietti Machado Cruz (Garantias, 2013), a faculdade de se interpor um recurso apresenta alguns fundamentos.

Para a sociedade, o recurso é uma **garantia** de que a decisão judicial poderá ser controlada internamente pelo Poder Judiciário, o que é reforçado pela publicidade dos atos. Já para a parte processual, o recurso é um mecanismo apto a **combater**, dentro do processo, decisões injustas, incorretas ou contrárias ao seu interesse. Além disso, o sistema processual se torna mais **confiável** porque o juiz sabe que a sua decisão poderá ser submetida a reexame pelos seus pares, podendo ser corroborada ou reformada, o que induz, por conseguinte, maior cuidado e atenção no momento de decidir.

Assim:

FUNDAMENTOS DOS RECURSOS		
Para a sociedade	**Para a parte**	**Para o juiz**
Garantia de controle	Possibilidade de combate	Confiança no sistema

15.1.4. Natureza jurídica

Há diversas explicações quanto à natureza jurídica dos recursos.

Prevalece, todavia, a orientação de que o recurso é um prolongamento, uma etapa, uma fase, um desdobramento de uma relação processual anterior, que é justamente o traço diferenciador em relação às ações autônomas de impugnação, que são uma nova ação. Os recursos, assim, estão dentro da *mesma* ação.

Conforme a doutrina, recurso é "o meio de impugnação de decisões judiciais, voluntário, **interno ao processo em que se forma o ato judicial atacado**, apto a obter a sua reforma, anulação ou seu aprimoramento" (Marinoni, Arenhart e Mitidiero, 2016 – destaque).

15.1.5. Características

Dissecando o conceito dos recursos, é possível a análise de suas características:

a) **voluntariedade**: o recurso exige que o interessado o interponha, ou seja, que peça o reexame da decisão.

O Código de Processo Penal prevê algumas hipóteses do chamado "recurso de ofício", que, como será visto, não se trata de verdadeiro recurso, mas de *condição* necessária ao trânsito em julgado de uma decisão. Conforme Greco Filho (Manual, 2012), não se pode dizer que o juiz "recorre da própria decisão", sendo que, na verdade, esta é que não transita em julgado ou não preclui sem que antes seja examinada e confirmada pelo tribunal.

Destaca-se que a lei processual penal prevê apenas recursos contra *decisões judiciais*. Assim, se o delegado de polícia, por exemplo, negar fiança, o interessado poderá requerê--la ao juiz – e isso não será um recurso contra a decisão administrativa da autoridade policial, mas um pedido originário ao juiz. Contra esta decisão judicial, daí sim, poderá ser cabível um recurso.

b) **interesse de reforma ou alteração da decisão**: só recorre quem tem interesse na reforma, alteração ou aclaração da decisão. Exige-se, com isso, inconformismo, discordância (sucumbência).

c) **previsão legal**: o cabimento é um dos pressupostos recursais, de modo que deve ser analisado o ordenamento jurídico para se verificar a possibilidade de se combater uma decisão.

Se não existir recurso em lei, isso significa que, naquele momento, a decisão é irrecorrível, podendo ser enfrentada posteriormente por meio de outro recurso (como forma de preliminar) ou através de ações autônomas (como o mandado de segurança ou o *habeas corpus*). Ex.: inadmissão de assistente de acusação, que não comporta recurso, mas pode ser combatida por mandado de segurança.

Como será estudado, o rol dos recursos é taxativo, muito embora admita interpretação extensiva, o que bastante ocorre em relação ao recurso em sentido estrito (art. 581, CPP).

d) **mesma relação jurídica**: o recurso é uma fase dentro da mesma relação processual, um desdobramento, uma nova etapa. Não se instaura uma nova relação processual. Não há nova citação, mas simples intimação, o que demonstra a anterior existência de um processo válido em curso.

Explica Greco Filho (Manual, 2012) que a formação de novos autos não desqualifica essa característica, ou seja, não é porque se formou um "instrumento" (autos judiciais com cópias das principais peças do processo para encaminhamento ao tribunal) que surgirá uma nova relação processual, pois o vínculo entre acusador, juiz e acusado é o mesmo, sem interrupção. Logo, há simples desdobramento do processo já em curso.

Novamente, essa característica é fundamental na diferenciação com as ações autônomas de impugnação, como o *habeas corpus*, a revisão criminal e o mandado de segurança, já que nestas se formará uma nova relação jurídica processual, com citação, constituição de defensor, sentença etc.

e) **dirigido a outro órgão jurisdicional**: como regra, o recurso interposto é dirigido a outro órgão jurisdicional, geralmente superior, indicando maior experiência dos julgadores para a revisão da matéria recorrida.

Diz-se "em regra" porque os embargos de declaração são julgados pelo mesmo órgão prolator da decisão recorrida. Além disso, alguns recursos admitem o chamado *juízo de retratação*, em que o órgão que proferiu a decisão combatida pode "voltar atrás" e reformar a sua própria decisão diante do recurso interposto, ou seja, literalmente poderá se retratar.

Seja como for, a maioria dos recursos é dirigida a um órgão judicial superior, como a apelação contra sentença condenatória proferida por juiz de primeira instância, dirigida ao tribunal de justiça no âmbito estadual.

f) **anterioridade à preclusão ou à coisa julgada**: o recurso deve ser interposto antes da preclusão (perda de uma faculdade processual) ou da formação da coisa julgada (estabilização da decisão), de forma a se garantir a segurança jurídica das decisões. Após isso, será possível apenas a utilização das ações autônomas, se preenchidos os requisitos legais.

15.1.6. Princípios

O sistema recursal do Processo Penal é regido por alguns princípios, que são de suma importância para a compreensão da matéria.

15.1.6.1. *Duplo grau de jurisdição*

É o sustentáculo autorizador da interposição de recursos.

O duplo grau de jurisdição autoriza a revisão da decisão recorrida por um órgão de jurisdição hierarquicamente superior (em regra, como visto), permitindo-se que a matéria, de fato e/ou de direito, seja rediscutida por um número maior de juízes (cf. a composição da turma, câmara ou plenário). Esta é a concepção mais tradicional.

Este princípio não está previsto expressamente na Constituição Federal, mas decorre, no Brasil, do Pacto de São José da Costa Rica (Decreto nº 678/92), que, em seu art. 8.2, *h*, dispõe que, durante o processo, toda pessoa tem, em plena igualdade, o direito de recorrer da sentença a um juiz ou tribunal superior. Além desta previsão convencional, pode-se dizer que o direito ao duplo grau emana da estrutura organizacional dos tribunais prevista na Constituição Federal, que distribui competências recursais. Por exemplo, a Carta Política diferencia a competência dos juízes federais de primeiro grau (art. 109 e incisos) da competência recursal do Tribunal Regional Federal (art. 108, II).

Além disso, o art. 5º, LV, CF, dispondo sobre os direitos fundamentais, explicita que aos litigantes, em processo judicial ou administrativo, e aos acusados em geral são assegurados o contraditório e ampla defesa, com os meios e **recursos** a ela inerentes – o que autoriza a previsão dos recursos como meio de combate às decisões judiciais.

Conforme Luiz Flávio Gomes e Valerio de Oliveira Mazzuoli, "o direito ao duplo grau de jurisdição, no âmbito criminal, não está assegurado de modo explícito (líquido e certo) na nossa Constituição. Implicitamente sim. A essa conclusão se chega quando se examina a sua estrutura normativa que, em todo momento, faz referência aos recursos (a começar pelo art. 5º, LV, que diz: "aos litigantes, em processo judicial ou administrativo, e aos acusados em geral são assegurados o contraditório e a ampla defesa, com os meios e recursos a ela inerentes)" (Comentários, 2010, p. 128).

A doutrina (Cruz, 2013) traz cinco fundamentos/justificativas à existência do duplo grau de jurisdição:

a) **controle de qualidade**, permitindo-se que o interessado, inconformado, provoque a revisão de um ato que considere ilegal ou injusto;

b) **confiabilidade**, pois um sistema processual que permita a interposição de recursos garante que a decisão seja proferida com maior justiça;

c) **maior experiência dos juízes**, isto é, os julgadores do recurso possuem maior vivência jurídica e de vida; e

d) **decisão colegiada**, ou seja, os recursos são julgados por um órgão colegiado, composto por no mínimo três julgadores, que trocarão opiniões.

e) além disso, permite-se recorrer porque o ser humano é **falível**, ou seja, o julgador pode cometer erros, merecendo a sua decisão ser revista por outro órgão jurisdicional.

Assim:

FUNDAMENTOS DO DUPLO GRAU DE JURISDIÇÃO
» Controle de qualidade, diante de uma decisão injusta ou ilegal
» Confiabilidade, garantindo-se maior justiça à decisão proferida
» Maior experiência dos juízes que julgarão o recurso interposto
» Decisão colegiada, pois os julgadores trocarão suas opiniões
» Falibilidade do julgador, cuja decisão poderá ser revista

Ressalta-se que o duplo grau não é aplicável indistintamente a todo e qualquer processo – a exemplo das ações penais de natureza originária dos tribunais. Afirma-se que tal princípio não é absoluto no âmbito jurisdicional (STF, AgRg no RE 794.149/CE, rel. Min. Dias Toffoli, j. 18.11.14), mesmo com sua previsão na CADH, conforme art. 8.2, *h* (STF, AgRg no AI nº 601.832, min. Rel. Joaquim Barbosa, j. 17.03.09). De acordo com Eugênio Pacelli, o duplo grau não alcança a instância extraordinária, ou seja, aquela provocada com a interposição de RE ou REsp, tendo em vista que a sua justificação é diversa: tutelar a unidade da Constituição Federal ou da legislação infraconstitucional, respectivamente (Curso, 2017).

Desta forma, o uso das competências do STJ e do STF (na interposição de REsp e RE, por exemplo) não são verdadeiros desdobramentos do duplo grau, uma vez que essas instâncias não debatem matéria fático-probatória, ou seja, encerrado o julgamento por tribunal de segunda instância, não há revolvimento/reanálise dos fatos da causa (STF, HC nº 126.292/SP, rel. Min Teori Zavascki, j. 17.02.16). No mesmo sentido, Tourinho Filho, para quem "se as questões fáticas, as provas colhidas, não podem ser objeto daqueles recursos, logo, podemos afirmar que entre nós não há o duplo grau nas hipóteses de foro por prerrogativa de função, embora devesse haver" (Manual, 2008, p. 32).

Renato Brasileiro afirma que "não se pode confundir o duplo grau de jurisdição com o recurso, como se a existência de um gerasse, inexoravelmente, a existência do outro. Apesar de se tratar de um princípio recursal, o duplo grau de jurisdição não se confunde com o recurso, podendo existir o primeiro sem o segundo, e vice-versa. De fato, o simples reexame da decisão da causa é feito, em regra, por meio de um recurso, mas somente nas hipóteses em que esse reexame puder abranger toda a matéria de fato e de direito e for feito por órgão hierárquico superior, estar-se-á diante do duplo grau de jurisdição. De outro lado, é possível o duplo grau de jurisdição sem que exista recurso, como se dá com o reexame necessário, que funciona, na verdade, como condição de eficácia da decisão" (Manual, 2017, p. 1.633).

O Ministro Joaquim Barbosa, em um de seus votos no caso do "Mensalão" (AP nº 470/MG, 25º AgRg, j. 18.09.13), defendeu, por exemplo, que os beneficiados com o foro por prerrogativa de função são julgados pela última instância judiciária do Brasil, em colegiado composto por onze integrantes, não lhes sendo exigido percorrer todas as instâncias da estrutura judiciária brasileira, como ocorre com os demais cidadãos, com elevados desgastes financeiros, morais e psicológicos. Assim, para eles, o devido processo legal não abrange o duplo grau de jurisdição, exatamente porque já são julgados pela Corte que dá a última palavra sobre o que é o Direito no País. Essa, portanto, é uma das razões pelas quais os detentores de foro privilegiado escolheram reservar para si o privilégio de julgamento no tribunal, e não nos graus inferiores de jurisdição.

O Supremo Tribunal Federal, portanto, possui entendimento no sentido de que o duplo grau de jurisdição, inobstante sua previsão na Convenção Americana de Direitos Humanos, não se aplica aos casos de jurisdição superior originária (1ª Turma, AgRg no HC nº 140.213/SP, rel. Min. Luiz Fux, j. 02.06.17). Além disso, a Constituição Federal, ao distribuir as competências dos tribunais, não previu nenhum remédio contra as decisões tomadas em competência originária, devendo, no caso, prevalecer as disposições constitucionais sobre qualquer convenção internacional antinômica (HC nº 79.785/RJ, rel. Min. Sepúlveda Pertence, j. 29.03.00).

Como consequência lógica do duplo grau de jurisdição, um julgador precisa, em primeira instância, decidir determinada matéria para que a parte interessada possa, querendo, interpor recurso à segunda instância. Não se admite, por conseguinte, que o tribunal de segunda instância julgue a matéria pela primeira vez, sob pena de *supressão do primeiro grau de jurisdição*. É o que se dá, como já estudado, no caso de "mutatio libelli" (fatos novos), que não pode ser reconhecida em segundo grau (súmula nº 453 do STF). É preciso respeitar toda a hierarquia jurisdicional.

Situação que aparece neste momento é a do corréu que cometeu crime com detentor de foro por prerrogativa de função. Isso porque, estabelece a súmula nº 704 do STF que não viola as garantias do juiz natural, da ampla defesa e do devido processo legal a atração, por continência ou conexão, do processo do corréu ao foro por prerrogativa de função de um dos denunciados. As regras de conexão e continência estão previstas no Código de Processo Penal, enquanto o duplo grau de jurisdição tem assento na Convenção Americana de Direitos Humanos. Poderia, então, uma lei ordinária (CPP) prevalecer sobre uma norma supralegal (CADH)?

De acordo com o atual entendimento do Supremo Tribunal Federal, o foro por prerrogativa de função deve ser considerado de *direito estrito*, não se podendo, considerada a conexão ou continência, estendê-lo para alcançar inquérito ou ação relativos a cidadão comum, desprovido deste benefício, tendo em vista que as competências do tribunais são fixadas pela Constituição, não podendo se dizer que o STF julgará originariamente um cidadão comum quando não existir esta previsão na CF/88 (STF, Pleno, AgRg no Inq. nº 3515/SP, rel. Min. Marco Aurélio, 13.02.14). Excepcionalmente, será possível que todos os réus, com e sem prerrogativa de função, sejam julgados pelo tribunal, quando o julgamento desmembrado trouxer prejuízo à prestação jurisdicional, o que é decidido pelo próprio tribunal (STF, AP nº 580/SP, rel. Min. Rosa Weber, j. 13.12.16). O tema foi exaustivamente tratado no capítulo referente à *Competência*.

Vale destacar a posição – minoritária – de parte da doutrina no sentido de que existiria violação ao duplo grau diante de uma condenação por tribunal que atua em sua competência originária, tendo em vista que o acórdão condenatório nestes casos equivaleria a uma sentença de primeiro grau, devendo ter o mesmo tratamento legal que esta, inclusive com o direito ao duplo pronunciamento, através da revisão integral da decisão, não havendo que se falar em limitações ao direito de recorrer (Giacomolli, 2016).

Como curiosidade, entretanto, mesmo com o STF e a doutrina afirmando que o duplo grau não é absoluto ou aplicável a todos os casos, a Corte Interamericana de Direitos Humanos, no caso *Barreto Leiva vs. Venezuela* (j. 17.11.09), decidiu que há violação à Convenção Americana de Direitos Humanos se ocorrer um julgamento em única ou última instância em que não se garanta o direito de recorrer a um órgão distinto. Ressaltou a Corte que é possível a instituição do foro por prerrogativa de função num dado país, mas mecanismos de recurso devem existir (como, por exemplo, fracionar o órgão entre "turma de julgamento" e "turma de recurso"). Mais recentemente, o Min. Roberto Barroso, em seu voto acerca da restrição do foro por prerrogativa de função, mencionou que o Supremo Tribunal Federal tem entendido no sentido de que o duplo grau de jurisdição não possui caráter absoluto, muito embora "deve-se levar em consideração a necessidade de harmonizar as disposições constitucionais com os compromissos internacionais firmados pelo Brasil, bem como de realizar, na maior extensão possível, o princípio do duplo grau de jurisdição em matéria penal". Talvez esse seja um bom precedente para que a Corte se debruce sobre o tema eventual e futuramente (QO-AP nº 937/RJ, j. 03.05.18).

15.1.6.1.1. *Recolhimento à prisão para recorrer*

Ponto que sempre suscitou discussão é a necessidade, ou não, de o recorrente precisar se recolher à prisão (ser encarcerado) para poder interpor seu recurso. O antigo art. 594, CPP, dispunha que "o réu não poderá apelar sem recolher-se à prisão, ou prestar fiança, salvo se for primário e de bons antecedentes, assim reconhecido na sentença condenatória, ou condenado por crime de que se livre solto". Apesar da crítica, o STJ, em 1990, editou a súmula nº 9, afirmando que a exigência da prisão provisória para apelar não ofende a garantia constitucional da presunção de inocência.

Em importantíssimo julgamento, todavia, o Supremo Tribunal Federal alterou o entendimento que vinha sendo aplicado para, agora, fixar que independe do recolhimento à prisão o regular processamento do recurso interposto, pois a garantia do devido processo legal, que engloba o direito ao duplo grau de jurisdição, se sobrepõe à exigência do art. 594, CPP, e a Convenção Americana de Direitos Humanos é posterior ao art. 594, CPP, de modo que esta deve prevalecer, seja porque posterior, seja porque superior (HC nº 88.420/PR, rel. Min. Ricardo Lewandowski, j. 17.04.07). Ressalvou-se, apenas – e é claro –, a possibilidade de o juiz determinar, motivadamente na sentença, a prisão cautelar do réu. Mas veja que não se trata de "condição para se recorrer", mas de mera necessidade acautelatória do processo.

Consoante o STF, à luz dos princípios da não culpabilidade, da ampla defesa e do duplo grau de jurisdição, a regra deve ser o direito de o acusado recorrer em liberdade, salvo quando presente algum motivo autorizador da prisão cautelar, mas, seja como for, o conhecimento do recurso não poderá estar vinculado ao recolhimento do réu à prisão, considerando que o art. 594, CPP, não foi recepcionado pela CF/88 (Plenário, HC nº 83.810/RJ, rel. Min. Joaquim Barbosa, j. 05.03.09).

Como a Suprema Corte fixou este entendimento, o Superior Tribunal de Justiça editou, em 2008, a súmula nº 347, dispondo que "o conhecimento de recurso de apelação do réu independe de sua prisão", não mais tendo aplicabilidade a súmula nº 9, STJ (embora ela não tenha sido cancelada formalmente).

Partindo desta ideia, portanto, de que é permitido interpor recurso sem precisar ser preso, tornaram-se *incompatíveis* com a Convenção Americana de Direitos Humanos todas as normas que tinham o mesmo sentido do art. 594, CPP, como o art. 31, "caput", Lei nº 7.492/86 (crimes contra o sistema financeiro); o art. 27, § 2º, Lei nº 8.038/90 (competência originária dos tribunais); o art. 2, § 3º, Lei nº 8.072/90 (crimes hediondos); e o art. 59, Lei nº 11.343/06 (drogas). Estes dispositivos não foram declarados inconstitucionais, mas apenas se tornaram *incompatíveis* com o atual regime constitucional e convencional (STF, HC nº 106.234/RJ, rel. Min. Gilmar Mendes, j. 05.04.11). Assim, não se exigirá do agente o seu recolhimento ao cárcere para que se conheça de seu recurso e nem este deixará de ser julgado caso haja fuga, não configurando deserção, tendo em vista o respeito ao duplo grau de jurisdição (STF, HC nº 92.439/DF, rel. Min. Celso de Mello, j. 15.02.11) – este tema será aprofundado adiante.

Após toda essa construção, a Lei nº 11.719/08 revogou, expressamente, o art. 594, CPP, e incluiu o então p.ú. ao art. 387, CPP, dispondo que o juiz, ao sentenciar, decidirá fundamentadamente acerca da imposição de prisão preventiva ou de outra medida cautelar, *sem prejuízo do conhecimento da apelação que vier a ser interposta* (atual § 1º, art. 387, cf. Lei nº 12.736/12).

15.1.6.2. Taxatividade

Os recursos dependem de previsão em lei federal (art. 22, I, CF), de modo que o rol que os prevê e as respectivas hipóteses de cabimento são taxativos.

O fundamento é que, "na tentativa de equilibrar as garantias do valor justiça e do valor certeza, não se pode permitir que a via recursal permaneça infinitamente aberta, o que sacrificaria o princípio da segurança jurídica" (Grinover, Gomes Filho e Fernandes, Recursos, 2008, p. 35).

No mais, como já mencionado, o rol ser taxativo não significa que não possa ser interpretado extensiva ou ampliativamente. O que se impede é a interposição de recurso sem previsão legal alguma, mas não a extensão da sua aplicabilidade.

15.1.6.3. Unirrecorribilidade

A regra é que a cada decisão proferida seja interposto um único recurso. Exemplo disso é a previsão do art. 593, § 4º, CPP, que dispõe que, quando cabível apelação, não poderá ser utilizado o recurso em sentido estrito, ainda que somente de parte da decisão se recorra.

Exemplo: se o juiz, na mesma sentença, absolve o acusado pelo crime de concussão e extingue a punibilidade em relação ao crime de lavagem de dinheiro, o Ministério Público poderia interpor apelação quanto à absolvição (art. 593, I, CPP) e recurso em sentido estrito quanto à extinção da punibilidade (art. 581, VIII, CPP). No entanto, neste caso, caberá *apenas* apelação, que englobará (abarcará) todas as hipóteses de recurso possíveis neste momento do processo.

Este princípio está restrito a cada uma das partes. Assim, nada impede que contra uma mesma decisão sejam interpostos dois recursos, sendo um da acusação (para aumentar a pena, p. ex.) e outro da defesa (para extinguir a punibilidade, p. ex.). Os recursos, no caso, possuem a mesma natureza jurídica e há sucumbência recíproca. A interposição de dois recursos, pela mesma parte e contra a mesma decisão, inviabiliza o exame daquele que tenha sido protocolizado por último (STJ, AgRg no REsp nº 1.125.535/SP, rel. Min. Joel Ilan Paciornik, j. 23.04.19), haja vista o princípio da unirrecorribilidade e, também, a ocorrência da preclusão consumativa (STJ, AgRg no REsp nº 1.861.113/RS, rel. Min. Felix Fischer, j. 22.09.20).

Ensina a doutrina (Grinover, Gomes Filho e Fernandes, 2008) que há casos, todavia, em que a lei admite o oferecimento de recursos concomitantes e diversos para impugnar a mesma decisão. São os casos de **decisões objetivamente complexas**. Entende-se que, nessas situações, *cada capítulo* será objeto de um recurso distinto, não sendo exceção ao princípio da unirrecorribilidade. Exemplo disso é a possibilidade de se interpor recurso especial e recurso extraordinário, diante de fundamentos legais e constitucionais, respectivamente, o que é disciplinado, atualmente, pelo art. 1.030 e ss., CPC.

15.1.6.4. Fungibilidade

É a possibilidade do conhecimento (recebimento) de um recurso por outro. É também chamado de "teoria do recurso indiferente", "teoria do tanto vale", "princípio da permutabilidade dos recursos" ou "princípio da conversibilidade dos recursos".

Nas palavras exatas da doutrina, "a regra da fungibilidade presta-se exatamente para não prejudicar a parte que, diante de dúvida séria, derivada da existência de discussões jurisprudenciais e doutrinárias a respeito do cabimento de determinado recurso, interpõe recurso que pode não ser considerado cabível. Nesses casos, autoriza-se que o recurso incorretamente interposto seja tomado como o adequado, desde que preenchidas determinadas circunstâncias" (Marinoni, Arenhart e Mitidiero, O Novo, 2016, p. 503).

Conforme o art. 579, CPP, exige-se que o recorrente equivocado não tenha agido de má-fé, permitindo-se, então, "aproveitar" o recurso errado como sendo o certo (lembre-se do princípio da instrumentalidade das formas).

A má-fé é entendida pela incidência do recorrente em uma dessas duas situações: **(a)** inobservância do **prazo** previsto para o recurso considerado adequado ou **(b) erro grosseiro**. Veja que a fungibilidade não servirá ao profissional inábil ou que praticou erro crasso.

A doutrina critica a exigência de inexistência de má-fé para se aplicar a fungibilidade recursal. Conforme Nelson Nery Jr., o recorrente pode, por exemplo, interpor o recurso correto e estar de má-fé, e, mesmo assim, o tribunal será obrigado a conhecer deste recurso. Para o autor, "tem que se conhecer do recurso não porque o recorrente esteja de boa-fé, mas sim porque há dúvida quanto ao recurso correto a ser interposto, e o recorrente, portanto, não teria agido com erro grosseiro" (Teoria, 2014, p. 174).

Entende-se que, para que se possa aplicar a fungibilidade e se conhecer de um recurso equivocado pelo adequado, **a parte deve ter interposto aquele dentro do prazo legal** deste (STJ, AgRg no REsp nº 1.597.691/SC, rel. Min. Antonio Saldanha Palheiro, j. 18.05.17).

Atente-se que este requisito é criticado por parte significativa da doutrina, pois, se a dúvida é um requisito para a aplicação da fungibilidade, soa exagerado se pensar que o recorrente pode interpor o *recurso errado*, mas desde que o faça no *prazo certo*. Como diz Gustavo Badaró, "o importante é que o recurso interposto, ainda que 'impróprio', seja tempestivo, segundo o seu prazo específico, mesmo que este seja maior que o prazo do recurso correto" (Manual, 2017, p. 96).

Seja como for, a jurisprudência das duas Turmas criminais do STJ tem exigido a interposição no prazo do recurso considerado adequado para a aplicação da fungibilidade (3ª Seção, EDcl nos AREsp nº 1.274.472/SP, rel. Min. Reynaldo Soares da Fonseca, j. 25.11.15).

Além disso, será possível a fungibilidade se **a parte não incidir em erro grosseiro**, ou seja, o recorrente precisa estar em dúvida objetiva quanto ao correto cabimento do recurso. Considera-se erro grosseiro a interposição de recurso quando não há dúvida doutrinária ou jurisprudencial a seu respeito, ou seja, quando evidentemente não couber o recurso interposto. Ex.: interpor recurso extraordinário ao invés de apelação – não há a menor possibilidade de se aplicar a fungibilidade neste caso.

Conforme o Superior Tribunal de Justiça, exemplificando, "a decisão que desclassifica a conduta, declinando da competência para o julgamento do feito, deve ser atacada por recurso em sentido estrito, sendo a utilização de recurso de apelação descabida e não passível de aplicação do princípio da fungibilidade recursal, por se tratar de erro grosseiro" (HC nº 415.693/PR, rel. Min. Reynaldo Soares da Fonseca, j. 05.12.17).

Fala-se que a dúvida deve ser "objetiva" porque ela não pode ter origem apenas na insegurança pessoal do profissional que interpõe o recurso ou na sua falta de preparo intelectual. A dúvida deve se originar do próprio sistema recursal (Marinoni, Arenhart e Mitidiero, 2015).

Afora os casos em que doutrina e jurisprudência apresentam entendimentos divergentes quanto ao recurso cabível, pode configurar dúvida objetiva, também, as situações em que o próprio julgador demonstra equivocidade ao decidir, como, por exemplo, quando dá andamento a uma decisão interlocutória como se fosse sentença, levando a parte a, erroneamente, interpor apelação (que combate sentença) ao invés de recurso em sentido estrito (que combate decisão interlocutória). Portanto, há casos excepcionais em que os termos em que é redigida a decisão pelo julgador são determinantes para a interposição equivocada do recurso, mormente quando *o próprio juiz dá tratamento jurídico errado à sua própria decisão*, inculcando dúvida na atuação do recorrente, colaborando para a ocorrência do erro ao interpor um recurso. Embora manifestado na esfera cível pelo Superior Tribunal de Justiça, este entendimento é perfeitamente aplicável a qualquer processo, inclusive o criminal (EAREsp nº 230.380/RN, rel. Min. Paulo de Tarso Sanseverino, j. 13.09.17).

Por fim, nos termos do p.ú. do art. 579, CPP, se o juiz, desde logo, reconhecer a impropriedade do recurso interposto pela parte, mandará processá-lo de acordo com o rito do recurso cabível. Assim, o processamento do recurso equivocado deve se dar nos moldes do recurso considerado correto pela aplicação da fungibilidade.

Exemplo: se a parte interpõe apelação ao invés de recurso em sentido estrito, o tribunal, ao conhecer deste, não poderá passar ao seu julgamento, pois o recurso em sentido estrito, como se verá, possui a fase do juízo de retratação pelo julgador de primeiro grau, de modo que o tribunal deverá baixar os autos para o cumprimento desta etapa, nos exatos termos do seu procedimento legal.

Em suma:

Requisitos para a aplicação da fungibilidade	
Observância do prazo previsto para o recurso considerado correto.	Não incidência em erro grosseiro.

15.1.6.5. Convolação

Pelo princípio anterior – da fungibilidade – é possível conhecer como adequado um recurso interposto *equivocadamente*. Já aqui, pelo princípio da convolação, é possível conhecer como outro um recurso interposto *corretamente*.

Isso é possível quando a parte interpõe o recurso correto, mas se verifica ausente algum pressuposto recursal, como a tempestividade ou forma. Ex.: a parte pode interpor um RHC ao STJ contra decisão denegatória de *habeas corpus* proferida pelo tribunal, mas, se intempestivo este recurso, o STJ poderá, excepcionalmente, conhecer deste como se fosse uma impetração originária de *habeas corpus*. Embora, no caso, se trate de convolação em uma ação autônoma, o exemplo é válido, considerando os sucedâneos recursais em sentido amplo.

Conforme Nestor Távora e Rosmar R. Alencar, "a convolação se diferencia da fungibilidade porque para a aplicação deste princípio é necessário que o recurso tenha sido interposto erroneamente, enquanto a incidência da convolação pressupõe acerto na oferta da impugnação" (Curso, 2017, p. 1.337).

15.1.6.6. Voluntariedade

Como visto acima, o recurso exige que o interessado o interponha, ou seja, que peça o reexame da decisão. O próprio art. 574, *caput*, CPP, dispõe que "os recursos serão voluntários".

A vontade da parte é um verdadeiro ônus processual, uma faculdade de se praticar um ato no processo. A parte pode aceitar a decisão e não recorrer, pode renunciar ao desejo de recorrer ou, por fim, poderá recorrer. O recurso, portanto, é uma faculdade, não havendo que se falar em nulidade caso a parte não tenha interposto o recurso cabível (STJ, HC nº 561.789/RJ, rel. Min. Ribeiro Dantas, j. 18.08.20).

Como mencionado alhures, a lei processual penal prevê apenas recursos contra decisões judiciais. Assim, se o delegado de polícia, por exemplo, negar fiança, o interessado poderá requerê-la ao juiz – e isso não será um recurso contra a decisão administrativa da autoridade policial, mas um pedido originário ao juiz.

15.1.6.6.1. *Recurso necessário*

O Código de Processo Penal, não obstante a voluntariedade recursal, prevê algumas hipóteses do chamado "recurso de ofício" (também chamado de reexame ou recurso necessário), que não se trata verdadeiramente de recurso, mas de condição necessária ao trânsito em julgado de uma decisão.

O art. 574, *in fine*, CPP, dispõe que, à exceção da voluntariedade dos recursos, há situações de reexame necessário, de recursos "que deverão ser interpostos, de ofício, pelo juiz". Conforme Greco Filho (Manual, 2012), não se pode dizer que o juiz "recorre da própria decisão", sendo que, na verdade, esta é que não transita em julgado ou não preclui sem que antes seja examinada e confirmada pelo tribunal. Por lógica, não há prazo para que se realize o recurso necessário, devendo ser observada a razoabilidade.

Em explicação mais do que lógica, Tourinho Filho ensina que "se o recurso é o resultado de um inconformismo, por óbvio o recurso necessário não pode ser considerado recurso, pois o juiz, que tem o dever de recorrer de ofício, não haveria de ficar informado com a sua própria decisão... Daí dizer-se que o recurso *ex officio* é uma providência, uma medida prevista em lei, em situações especiais, porque interesses superiores reclamam mais cautela na solução dos litígios. Ele não passa de mera 'condição de eficácia da decisão', mesmo porque, segundo a Súmula 423 do STF, não interposto o recurso *ex officio*, a decisão não transita em julgado" (Manual, 2008, p. 779-780).

Discute-se o papel do Ministério Público como titular da ação penal e o papel do juiz como responsável pelo recurso necessário porque, como se verá adiante, todas as hipóteses de cabimento do referido "recurso de ofício" são em relação a decisões benéficas ao acusado. Daí que parte da doutrina, por exemplo, sustenta que, num processo penal acusatório, cabe à própria acusação, se descontente com a decisão favorável ao acusado, interpor o recurso cabível, não havendo que se falar em nenhum tipo de atitude, por parte do juiz, que efetive o envio dos autos ao tribunal para reexaminar a decisão que favoreceu o acusado. O contrário seria aceitar um juiz atuando, ativamente, contra os interesses do acusado, o que seria patentemente contrário a um sistema acusatório.

Explica Gustavo Henrique Badaró, citando Bento de Faria, que a razão de existir do recurso necessário era proteger a coletividade, que não poderia ficar exposta aos possíveis desacertos do juiz de primeiro grau. Imagine, por exemplo, o "escândalo" (entre aspas, mesmo) que era um juiz, na década de quarenta do século passado, conceder um *habeas corpus* ao investigado, colocando-o livre junto à sociedade. O doutrinador faz crítica, afirmando que, "num modelo que privilegia a repressão, numa Constituição na qual o interesse coletivo prevalece sobre o individual, tal fundamento é coerente. Não se sustenta, porém, num processo penal de natureza acusatória, em que se deve buscar uma persecução penal que, embora efetiva, seja intransigentemente respeitadora das garantias individuais. E, mais do que isso, no sistema acusatório, no qual ao juiz caiba julgar e, somente julgar, sendo-lhe vedadas iniciativas de ofício, seja quanto a medidas cautelares, seja quanto aos meios recursais, o chamado recurso de ofício faz com que o juiz assuma as vestes de acusador público e comprometa sua imparcialidade" (Manual, 2017, p. 81-82).

Mesmo com a atual Carta da República, de 1988, doutrina e jurisprudência majoritárias entendem, todavia, que se mantém o cabimento do recurso necessário, pois, apesar de o Ministério Público ser o titular da ação penal, o papel do juiz é apenas o de encaminhar o caso ao tribunal, não assumindo a condição de parte, não tendo iniciativa própria, mas apenas figurando como cumpridor da lei (STF, HC nº 75.417/DF, rel. Min. Octavio Gallotti, j. 12.08.97). De igual modo entende o Superior Tribunal de Justiça (REsp nº 767.535/PA, rel. Min. Maria Thereza de Assis Moura, j. 11.12.09).

Seja como for, apesar de válidas as críticas, o chamado "recurso necessário" continua com plena aplicabilidade nos dias de hoje.

Ademais, conforme a jurisprudência, "a remessa oficial não fere o princípio do contraditório e tampouco a alteração do julgado por ela produzida ocasiona prejuízo ao réu, porquanto devolve a causa integralmente ao Tribunal revisor, de modo que nada que se decidiu na sentença se faz precluso" (STJ, HC nº 22.795/SP, rel. Min. Laurita Vaz, j. 05.02.04).

Como não se trata de verdadeiro recurso, mas de providência legal, não há prazo para que o juiz proceda à remessa dos autos ao tribunal. Nos termos do art. 496, § 1º, CPC, nos casos de remessa necessária, o juiz ordenará a remessa dos autos ao tribunal e, se não o fizer, o presidente do respectivo tribunal avocá-los-á. Apenas decisões do juiz de primeiro grau é que podem sofrer a remessa necessária; decisões outras, ainda que relacionadas à competência originária dos tribunais, não terão a incidência do duplo grau obrigatório.

Estas são as hipóteses legais de cabimento do reexame necessário:

a) **sentença que concede "habeas corpus"**: tem previsão no inc. I do art. 574, CPP, prevendo o recurso de ofício em relação à sentença, de primeiro grau, que *concede* ordem de "habeas corpus". Apesar das inúmeras críticas, continua sendo aplicada a hipótese.

b) **sentença de absolvição sumária no júri**: tem previsão no inc. II do art. 574, CPP, prevendo recurso de ofício em relação à sentença que absolve sumariamente o réu ao fim da primeira fase do rito do júri, fazendo menção expressa ao art. 411, CPP, o qual previa que o juiz, ao absolver sumariamente o réu, recorreria de ofício dessa decisão. Todavia, com a reforma processual promovida pela Lei nº 11.689/11, a atual previsão de absolvição sumária está no art. 415, CPP, que não previu o recurso de ofício. Assim, entende-se que não existe mais esta hipótese de recurso de ofício.

c) **decisão que concede reabilitação**: o art. 746, CPP, dispõe que, da decisão que conceder a reabilitação, haverá recurso de ofício. Tal previsão, apesar de não estar prevista no art. 574, CPP, continua com aplicabilidade, tendo em vista, inclusive, que não houve sua revogação pela Lei de Execução Penal (STJ, REsp nº 157.415/SP, rel. Min. Fernando Gonçalves, j. 15.09.98).

d) **sentença de absolvição ou decisão de arquivamento de inquérito policial em crime contra a economia popular ou saúde pública**: o art. 7º da Lei nº 1.521/51 prevê que o juiz recorrerá de ofício nesses casos em relação aos *crimes* contra a economia popular ou a saúde pública; logo, tratando-se de contravenção, não há que se cogitar de recurso necessário.

e) **sentença concessiva de mandado de segurança**: o art. 14, § 1º, Lei nº 12.016/09 determina que, concedida a segurança, a sentença estará sujeita obrigatoriamente ao duplo grau de jurisdição. O *mandamus* será estudado no capítulo referente às ações autônomas de impugnação.

Em síntese, haverá reexame necessário nos seguintes casos:

PREVISÕES DE REEXAME NECESSÁRIO
» Sentença concessiva de *habeas corpus*
» Sentença concessiva de mandado de segurança
» Sentença concessiva de reabilitação criminal
» Sentença absolutória em crime contra a economia popular ou saúde pública
» Decisão de arquivamento de IP em crime contra a economia popular ou saúde pública

15.1.6.7. Disponibilidade

Significa que interpor ou não um recurso está à livre opção da parte, não havendo nenhum tipo de obrigação legal. Guarda estreita relação com o princípio da voluntariedade, pois, se o recurso é um meio voluntário de impugnação de uma decisão, a parte é livre para decidir (para dispor) se irá ou não recorrer.

É importante lembrar que o Ministério Público, apesar de ser obrigado a oferecer denúncia quando preenchidos os requisitos legais (art. 24, CPP), *não é obrigado a recorrer*. Todavia, uma vez interposto um recurso pelo membro do Ministério Público, a lei o proíbe de desisti-lo (STF, HC nº 71.066/RJ, rel. Min. Francisco Rezek. J. 15.03.94). Neste sentido dispõe o art. 576, CPP: "o Ministério Público não poderá desistir de recurso que haja interposto". A razão é a mesma do art. 42, CPP, que trata da indisponibilidade da ação penal já ajuizada – até porque, o recurso, como já sabido, é uma continuidade da ação penal em curso.

Quanto à defesa, ela não está, igualmente, obrigada a recorrer, podendo renunciar a este direito ou apenas deixar de recorrer; mas, uma vez interposto um recurso, poderá dele desistir durante sua tramitação.

15.1.6.8. Personalidade e non reformatio *in pejus* direta

Adotando-se a melhor doutrina, o princípio da personalidade significa que (i) o recurso só pode beneficiar a parte que o interpôs, não aproveitando quem não recorreu e (ii) quem recorreu não pode ter sua situação agravada se não houve recurso da parte contrária (Grinover, Gomes Filho e Fernandes, 2008).

Tendo isso em vista, há dois sistemas quanto à análise das matérias que são levadas ao tribunal quando se interpõe um recurso.

Há o sistema do benefício comum (***communio remedii***), de origem romana, em que o tribunal, analisando o recurso da parte, pode decidir por qualquer lado, isto é, beneficiando ou piorando a situação do recorrente, de modo que o recurso é, literalmente, comum às partes.

De outro lado, há o sistema da proibição da reforma para pior (***non reformatio in pejus***), isto é, não se permite que a situação jurídica do recorrente seja agravada em razão de seu próprio recurso.

O Brasil adota, como regra, o sistema da vedação (*non*) à "reformatio in pejus" (cf. o art. 617, CPP, que, apesar de mencionar apenas o recurso de apelação, estende-se a todos os recursos), aplicando-se a isso o princípio da personalidade, ou seja, o recurso só pode beneficiar quem o interpôs, nunca agravar a sua situação – até porque, se quem recorresse pudesse ter agravada a sua situação em razão de seu próprio recurso, não haveria razão de se levar a questão ao tribunal, tamanho o risco que se correria.

A razão de ser da vedação à *reformatio in pejus*, portanto, é a seguinte: a ampla defesa garante a utilização de todos os meios e recursos aos acusados em processo judicial e administrativo (art. 5º, LV, CF), ou seja, estimula-se a apresentação de recursos para combater decisões desfavoráveis ao acusado, sintetizando o sistema acusatório, que exige a presença e atuação das partes, vedando a atuação de ofício do juiz; desta forma, se há um recurso exclusivo da defesa, o tribunal deverá ater-se ao que lhe foi pedido, pois, do contrário, acabaria julgando *extra* ou *ultra petita*, violando, justamente, o sistema acusatório, pois, se nem a acusação pretendeu agravar a situação do réu, não poderá o tribunal assim decidir de ofício (Brasileiro, 2017).

Exemplo: réu é condenado a cumprir pena em regime inicial semiaberto; se o Ministério Público não recorrer a este respeito, mas apenas em relação às provas do fato, o tribunal não poderá analisar o regime para agravar a situação do acusado, podendo ou manter o regime ou beneficiá-lo com o regime aberto, se o caso; como não houve impugnação do órgão acusatório para agravar o regime, este será mantido ou melhorado pelo tribunal.

A não interposição de recurso pela acusação gera a preclusão em relação aos tópicos não recorridos. Assim, por exemplo, em casos bastante conhecidos e julgados pelo Superior Tribunal de Justiça, se o juiz fundamenta a decisão com a imposição de nove anos de reclusão em regime fechado, mas, no dispositivo, fixa cinco anos no regime semiaberto, o tribunal não poderá corrigir aquele capítulo de ofício se a acusação não recorreu, devendo prevalecer o fixado no *dispositivo*, sob pena de "reformatio in pejus" (HC nº 388.868/SP, rel. Min. Maria Thereza de Assis Moura, j. 04.04.17).

De igual modo, se o agente foi condenado por latrocínio a dezoito anos de reclusão em regime aberto, em evidente erro material, sem que a acusação tenha recorrido, o tribunal não poderá corrigi-lo em desfavor do réu, sob pena de "reformatio in pejus" e considerando que "dormientibus non succurrit jus", ou seja, o Direito não socorre os que dormem – no caso, a acusação (STJ, HC nº 176.320/AL, rel. Min. Napoleão Nunes Maia Filho, j. 17.05.11).

Como se manifesta a jurisprudência, configura inegável *reformatio in pejus* a correção de erro material no julgamento da apelação, ainda que para sanar evidente equívoco ocorrido na sentença condenatória, que importa em aumento das penas, sem que tenha havido recurso da acusação neste sentido (STJ, HC nº 250.455/RJ, rel. Min. Nefi Cordeiro, j. 17.12.15). Diante da divergência entre frações de aumento escritas nas formas numérica e por extenso, deve ser aplicada a fração mais benéfica ao acusado (STJ, HC nº 526.928/SP, rel. Min. Nefi Cordeiro, j. 18.10.19).

É importante a observação acadêmica de Gustavo Henrique Badaró, ao afirmar que a previsão do art. 617, CPP, apenas veda a *reformatio in pejus* em prejuízo do acusado, não proibindo, porém, que se agrave a posição do Ministério Público ou do querelante caso somente eles tenham recorrido (Manual, 2017). Desta feita, pode-se chegar à conclusão de que, em relação a recurso exclusivo da **defesa**, aplicar-se-ia a *non reformatio in pejus*; todavia, em relação a recurso exclusivo da **acusação**, aplicar-se-ia a *communio remedii*, podendo o tribunal reformar a decisão, analisado recurso da acusação, em benefício do réu.

Outra questão importante é que o art. 617, CPP, menciona apenas que o tribunal não poderá agravar a *pena* do réu em recurso exclusivo seu. Isso, todavia, deve ser interpretado em sentido amplo, alcançando todas as espécies de consequência penal que possam agravar a situação jurídica do acusado, como pena privativa de liberdade, pena restritiva de direitos, multa, medida de segurança, efeitos da condenação etc.

Ressalta-se que a análise da "reformatio in pejus" não está restrita à quantificação de sanção penal, mas à verificação da própria **situação jurídica** do acusado, que não pode ser agravada quando apenas a defesa haja recorrido (STF, RHC nº 126.763/MS, rel. p/ acórdão Min. Gilmar Mendes, j. 01.09.15). Conforme a doutrina, não se admite a "reformatio in pejus" nem do ponto de vista quantitativo nem qualitativo (Grinover, Gomes Filho e Fernandes, 2008).

Desta feita, haverá "reformatio in pejus" quando, em julgamento de recurso exclusivo da defesa, o tribunal reconhecer circunstância judicial desfavorável não considerada na sentença de primeiro grau, ainda que tenha reduzido o quantum total de pena imposta (STF, HC nº 98.307/MG, rel. Min. Ricardo Lewandowski, j. 24.03.10).

Exemplo: juiz de primeiro grau condena o agente por roubo a uma pena de reclusão de 4 anos e 6 meses, considerando uma circunstância agravante do motivo do crime; o tribunal, analisando recurso exclusivo da defesa, não poderá eliminar este motivo e, na outra mão, acrescentar uma circunstância que não foi considerada anteriormente, ainda que a dosimetria final seja de 4 anos e 3 meses, sob pena, justamente, de "reformatio in pejus".

Mas atente-se que o tribunal poderá realizar a correta qualificação de um elemento considerado equivocadamente na dosimetria da pena sem que configure "reformatio in pejus" (STF, HC nº 109.541/AC, rel. Min. Dias Toffoli, j. 20.11.12).

Exemplo: o juiz sentenciante, na primeira fase, diz não existir elementos desfavoráveis, mas, na fase seguinte, considera a personalidade voltada ao crime, que, na verdade, incidiria justamente, na primeira fase; neste caso, poderia o tribunal realizar a correta qualificação de elementos equivocadamente considerado na fixação da pena-base.

Entende a jurisprudência, então, que não ocorre violação ao princípio da proibição da "reformatio in pejus" quando o tribunal realiza **controle judicial das circunstâncias judiciais em recurso de apelação, *desde que* não ocorra aumento de pena**. Exemplo: juiz condena o réu; analisando apelação da defesa, o tribunal entende correta a condenação, mas corrige a circunstância "conduta social" para "personalidade", mantendo a pena fixada. Questiona-se: poderia o tribunal ter feito isso ou houve violação à "reformatio in pejus"? Poderia, já que não houve aumento de pena e nem agravamento à situação do réu, mas apenas correta imputação legal (STF, HC nº 126.457/PA, rel. p/ ac. Min. Alexandre de Moraes, j. 06.11.18). Igualmente, embora não seja admissível que o tribunal agregue novos dados em recurso exclusivo da defesa, pois isso implicaria em "reformatio in pejus", **é permitido às instâncias ordinárias proceder à análise da legalidade dos fundamentos da decisão recorrida para conferir a melhor compreensão da questão objeto da sentença** (STJ, HC nº 330.170/RS, rel. Min. Ribeiro Dantas, j. 20.09.16).

Lembre-se, ademais, que é nula a decisão do tribunal que acolhe, contra o réu, nulidade não arguida no recurso da acusação, ressalvados os casos de recurso de ofício (súmula nº 160 do STF). Assim, se a defesa não recorreu de um dado tópico, não poderá o tribunal reconhecê-lo para agravar a situação do réu, mesmo que a matéria seja cognoscível de ofício (salvo, claro se for o caso de remessa necessária, como já estudado).

Bem entende o Superior Tribunal de Justiça que "a proibição de reforma para pior garante ao réu o direito de não ver sua situação agravada, direta ou indiretamente, mas não obsta, por sua vez, que o Tribunal, para dizer o direito – exercendo, portanto, sua soberana função de *juris dictio* –, encontre fundamentos e motivação própria para manter o *decisum*, respeitadas, à evidência, a imputação deduzida pelo órgão de acusação e as questões debatidas na sentença condenatória". Assim, o tribunal poderá manter a decisão recorrida, por outros fundamentos, sem que incorra em "reformatio in pejus", ou seja, poderá o tribunal, no exercício de sua competência funcional, agregar *fundamentos* à sentença recorrida, quer para aclarar-lhe a compreensão, quer para conferir-lhe melhor justificação (HC nº 302.488/SP, rel. Min. Rogerio Schietti Cruz, j. 20.11.14).

15.1.6.8.1. *Reformatio in pejus indireta*

O que se estudou até agora tratou-se da ***reformatio in pejus* direta**, ou seja, a comparação entre o conteúdo da decisão impugnada e o acórdão que a decide. Ex.: sentença condenatória fixando 4 anos de reclusão; o réu apela postulando a absolvição; não poderá o TJ, analisando este recurso exclusivo da defesa, fixar-lhe 6 anos.

De outro lado, há a ***reformatio in pejus* indireta**, que é a comparação entre a decisão recorrida, que foi anulada, e a nova decisão a ser proferida em seu lugar, isto é, anulada a decisão em recurso exclusivo da defesa, o julgador que vier a prolatar nova decisão estará limitado ao quantum imposto naquela decisão (a anulada), não podendo agravar a situação do agente.

Vê-se que a diferença entre a *reformatio in pejus* direta e indireta é o **paradigma**: na direta, a comparação se dá entre decisão recorrida e acórdão proferido; na indireta, dá-se entre decisão recorrida que foi anulada e nova decisão que a substituiu.

Exemplo de *reformatio in pejus* indireta: agente é condenado, em primeiro grau, a 4 anos de reclusão; apenas a defesa apela, sustentado uma nulidade; o recurso é provido (acolhido) pelo tribunal, que determina a baixa dos autos para que o juiz de primeiro grau refaça o ato viciado e profira nova sentença; o juiz profere nova sentença, fixando, agora, 8 anos de reclusão.

Veja que, **indiretamente**, o acusado-recorrente foi prejudicado, pois, antes do recurso, havia recebido 4 anos, mas, depois do recurso (que reconheceu uma nulidade *em seu favor*), a nova decisão proferida lhe impôs 8 anos. Ora, qual segurança o recorrente teria para recorrer se a nova decisão pode lhe fixar sanção mais grave?

Mais um exemplo, agora de caso julgado pelo Superior Tribunal de Justiça. O réu foi condenado, em primeiro grau, a uma pena de 8 anos e 4 meses em regime fechado;

a defesa recorreu e o TJ reduziu a pena para 5 anos e 10 meses em regime semiaberto; transitado em julgado o acórdão para ambas as partes, o condenado impetrou *habeas corpus* no STJ para cassar a decisão do TJ, em razão de uma nulidade; o STJ concedeu a ordem, anulou o acórdão e determinou novo julgamento da apelação (apresentada exclusivamente pela defesa, lembre-se); o TJ, no novo julgamento, decidiu de igual forma, reduzindo a pena a 5 anos e 10 meses em regime inicial semiaberto; agora, contra esse acórdão, o Ministério Público recorreu para ver a pena aumentada, logrando êxito. Nota-se que o aumento de pena adveio exclusivamente em razão da apelação interposta apenas pela defesa, já tendo ocorrido o trânsito em julgado para a acusação, ocorrendo nítida *reformatio in pejus* indireta (STJ, RvCr nº 4.853/SC, rel. Min. Leopoldo de Arruda Raposo, j. 27.11.19).

Em razão disso, apesar de não existir previsão legal acerca da *reformatio in pejus* indireta, entende-se ser ela, também, vedada. Parte da doutrina considera que há suporte legal no art. 626, p.ú., CPP, que prevê que o resultado da revisão criminal (ação autônoma de impugnação) não poderá, de nenhuma forma, agravar a pena imposta pela decisão revista.

Como já explicado anteriormente, nos capítulos referentes às sentenças e às nulidades, tem-se, com a vedação à *reformatio in pejus* indireta, o chamado **efeito prodrômico**. Trata-se da produção de um efeito da sentença existente e invalidada em relação à nova sentença a ser prolatada decorrente de recurso exclusivo da defesa, que é a sua limitação. Então, uma sentença existente e anulada em recurso exclusivo da defesa produzirá um único efeito: limitar a nova sentença a ser proferida em seu lugar. Este é o efeito prodrômico.

15.1.6.8.2. *Incompetência absoluta*

Questiona-se se, anulada uma sentença (em recurso exclusivo da defesa) por motivo de incompetência absoluta, o novo julgador, agora competente, estará ou não limitado à aquela sentença anulada.

Exemplo: juiz estadual condena o agente a 6 meses por ter danificado uma viatura dos Correios (empresa pública federal); em recurso exclusivo da defesa, reconhece-se a incompetência da justiça estadual, determinando-se a remessa do caso à justiça federal; então, pergunta-se: o juiz federal estará limitado a impor uma pena máxima de 6 meses ou poderá, livremente, realizar a dosimetria da pena?

Há duas posições antagônicas, tanto na doutrina quanto na jurisprudência.

De um lado, há doutrina que sustenta que "o juiz competente, ao refazer todo o processo, **poderá proferir sentença em que a condenação seja superior ao primeiro julgamento, pois, nessa hipótese, todo o processo desaparece, não sendo caso de se limitar a atuação do juiz natural da causa**. A decisão do juiz absolutamente incompetente não poderia jamais limitar a atuação do juiz competente. Seria um *contra sensu*. Até porque, novas provas (que não foram produzidas na primeira vez) poderiam ser trazidas para o processo. Portanto admissível seria uma condenação a um *quantum* superior" (Rangel, Direito, 2012, p. 936 – destaque). Ainda, existe a regra constitucional do juiz natural e uma regra ordinária acerca da *reformatio in pejus*, de modo que, em princípio, aquela prevalece sobre esta.

Neste sentido, a jurisprudência possui alguns julgados mais antigos (STJ, HC nº 54.252/SP, rel. Min. Gilson Dipp, j. 06.06.06; STJ, HC nº 9.381/DF, rel. Min. José Arnaldo da Fonseca, j. 15.06.99; e STF, RE nº 95.020/PR, rel. Min. Cordeiro Guerra, j. 30.10.81).

De outro lado, há doutrina que afirma ser **inadmissível que se imponha pena mais grave pelo juiz natural em razão do anterior reconhecimento de incompetência absoluta**, tendo em vista que, apesar de ter sido a decisão proferida por um juiz incompetente, havia investidura, que é pressuposto de existência do processo. Assim, "a sentença proferida pelo juiz constitucionalmente incompetente será absolutamente nula, mas não inexistente. Sendo nula – ao invés de inexistente – a sentença, poderá, assim como nos demais casos, gerar o efeito de fixar o teto de pena para o segundo julgamento, sob pena de caracterizar *reformatio in pejus* indireta" (Badaró, Manual, 2017, p. 113).

Neste sentido, a jurisprudência possui alguns julgados também, mais recentes (STJ, HC nº 151.581/DF, rel. Min. Sebastião Reis Júnior, j. 22.05.12; STJ, HC nº 124.149/RJ, rel. Min. Laurita Vaz, j. 16.11.10; STF, Ext. no HC nº 107.731/PE, rel. Min. Ayres Britto, j. 13.09.11; e STF, HC nº 75.907/RJ, rel. Min. Sepúlveda Pertence, j. 11.11.97).

Parece, em princípio, prevalecer esta segunda corrente.

Em suma:

Limitação do juiz natural em caso de incompetência absoluta	
Não haverá limitação	**Há limitação**
O juiz agora competente, considerado natural, **não está adstrito** à pena fixada anteriormente pelo juiz incompetente, cuja sentença, inclusive, foi anulada.	O juiz agora competente, considerado natural, **está adstrito** à pena fixada anteriormente pelo juiz incompetente, pois havia investidura por parte deste.

15.1.6.8.3. *Tribunal do júri*

O toque especial, aqui, é a soberania dos vereditos (art. 5º, XXXVIII, *c*, CF). Caso se entendesse que a decisão do tribunal do júri, uma vez anulada, pudesse limitar a nova decisão formada por um novo conselho de sentença, os vereditos deixariam de ser "soberanos".

Em razão disso, sempre prevaleceu, na doutrina mais tradicional, o entendimento de que, no rito do tribunal do júri, não se aplica a vedação à *reformatio in pejus* indireta. Logo, se o primeiro julgamento, anulado, acabou por fixar uma pena de 5 anos de reclusão por homicídio simples, não reconhecendo uma qualificadora, o novo julgamento, formado por um novo conselho de sentença, poderá reconhecer esta qualificadora, o que acabaria por elevar a pena (até porque, a pena mínima do homicídio qualificado passa a ser de 12 anos). Há que prevalecer a soberania dos vereditos dos jurados para esta corrente.

No entanto, como observa Renato Brasileiro, caso o entendimento do segundo conselho de sentença seja idêntico ao anterior, anulado, o juiz presidente não poderá impor ao acusado pena mais grave, estando (o juiz togado, veja bem) vinculado à quantificação da decisão anterior anulada, sob pena de *reformatio in pejus* indireta. Nas palavras do autor, "a proibição da *ne reformatio in pejus* indireta deve ser aplicada restritivamente no âmbito do tribunal do júri, sob a explícita condição de os jurados reconhecerem a existência dos mesmos fatos e circunstâncias admitidos no julgamento anterior. A vedação à *reformatio in pejus* indireta funciona, pois, como regra dirigida apenas ao juiz presidente, que a ela se submete no momento do cálculo da pena, sem que o referido princípio possa importar em qualquer limitação à competência do conselho de sentença ou à soberania dos veredictos" (Manual, 2017, p. 1.653-1654). Assim, o juiz do júri, quando do segundo julgamento, realizado em função do provimento dado a recurso exclusivo do réu, não poderá aplicar pena mais grave do que aquela que resultou da anterior decisão, desde que estejam presentes - reconhecidos pelo novo júri - os mesmos fatos e as mesmas circunstâncias admitidos no julgamento anterior, sob pena de *reformatio in pejus* (STF, HC nº 73.367/MG, rel. Min. Celso de Mello, j. 12.03.96).

Todavia, consoante entendimento mais moderno de Gustavo Badaró (Manual, 2017), é preciso distinguir as atribuições dos juízes leigos e dos juízes togados no rito do júri. Os jurados decidem sobre a existência do fato e sua autoria, de modo que aqui deve ser aplicada plenamente a soberania dos vereditos; já em relação ao juiz togado, a quem incumbe a fixação da pena, a ele deve-se aplicar a vedação à *reformatio in pejus* indireta, estando limitado ao *quantum* fixado na decisão anterior anulada, devendo observar, no entanto, os vereditos dos julgados, se idênticos ou não. Neste sentido há julgados do Superior Tribunal de Justiça (HC nº 174.564/RS, rel. Min. Jorge Mussi, j. 21.06.12).

A jurisprudência, tanto do Superior Tribunal de Justiça quanto do Supremo Tribunal Federal, caminha em outro sentido.

Há julgados recentes do **Supremo Tribunal Federal** no sentido de que, havendo recurso exclusivo da defesa no âmbito do tribunal do júri, veda-se a imposição, no segundo julgamento, de pena mais grave do que a anteriormente fixada, justamente sob pena de *reformatio in pejus* indireta, *ainda que com base em circunstância não considerada no julgamento anterior* (STF, 1ª Turma, v.u., HC nº 115.428/RJ, rel. Min. Dias Toffoli, j. 11.06.13; e 2ª Turma, v.u., ED no RE nº 647.302/RS, rel. Min. Gilmar Mendes, j. 15.10.13). Neste caminho, portanto, se o julgamento anterior reconheceu um homicídio simples e o posterior um homicídio qualificado, apesar da soberania dos vereditos dos jurados, o juiz togado, ainda que diante de um homicídio qualificado com pena mínima legal de 12 anos, deverá fixar 6 anos, que é a pena mínima do homicídio simples (STF, HC nº 89.544/RN, rel. Min. Cezar Peluso, j. 14.04.09)

De igual modo, como já decidiu também o **Superior Tribunal de Justiça,** uma vez realizado novo julgamento no tribunal do júri, o que se deu através de recurso exclusivo da defesa diante de nulidade, o juiz deverá observar os limites impostos pelo primeiro julgamento, sob pena de inegável *reformatio in pejus* indireta. Considerou-se que **o direito ao duplo grau de jurisdição sobrepõe-se ao princípio da soberania dos veredictos,** de forma que haverá reforma maléfica caso haja agravamento da pena resultado do novo julgamento realizado em face de recurso exclusivo da defesa no âmbito do júri (STJ, HC nº 328.577/MG, rel. Min. Nefi Cordeiro, j. 09.08.16; HC nº 139.621/RS, rel. Min. Rogerio Schietti Cruz, j. 24.05.16).

Em suma:

***Reformatio in pejus* no tribunal do júri**	
Prevalece a soberania dos veredictos	**Prevalece o duplo grau de jurisdição**
Corrente antiga e mais tradicional	Corrente moderna e mais recente
Os jurados são livres para decidir no segundo julgamento. O juiz poderá aplicar qualquer pena, mas, se os jurados mantiverem idênticas as circunstâncias do primeiro julgamento, o juiz está limitado à pena anteriormente fixada. Se reconhecerem circunstância mais grave, poderá o juiz fixar maior pena também.	Os jurados são livres para decidir no segundo julgamento. No entanto, o juiz togado sempre estará limitado à pena fixada inicialmente, não podendo agravá-la, ainda que diante de circunstância mais grave reconhecida pelos jurados.
Ex.: na primeira sessão, os jurados reconheceram homicídio simples e o juiz togado fixou 6 anos; anulado o julgamento, na segunda sessão os jurados reconheceram, também, homicídio simples, devendo o juiz limitar-se aos 6 anos fixados anteriormente. No entanto, caso os jurados reconheçam homicídio qualificado, poderá agravar a pena, diante da soberania dos jurados.	Ex.: na primeira sessão, os jurados reconheceram homicídio simples e o juiz togado fixou 6 anos; anulado o julgamento, na segunda sessão os jurados reconheceram homicídio qualificado – neste caso, o juiz togado, mesmo diante da qualificadora, estará limitado à pena de 6 anos fixada anteriormente.

15.1.6.9. *Reformatio in mellius*

Consoante já mencionado anteriormente, o recurso da defesa não pode prejudicar o próprio acusado (sistema da *non reformatio in pejus*). No entanto, o recurso da acusação poderá beneficiar o réu (sistema da *communio remedii*).

Aplica-se, portanto, o princípio da *reformatio in mellius,* ou seja, permite-se que o tribunal, em recurso exclusivo da acusação, melhore a situação processual do acusado – em sentido amplo – podendo até mesmo absolvê-lo.

Numa interpretação sistemática, basta ver que o tribunal pode, diante de uma ilegalidade, conceder, de ofício, ordem de "habeas corpus" (art. 654, § 2º, CPP). Logo, resta lógico que, diante de um recurso da acusação, o julgador possa beneficiar o réu, considerando que o art. 617, CPP, veda apenas a *reformatio in pejus* contra o acusado, não existindo vedação à *reformatio in mellius* em seu favor (STJ, AgRg no REsp nº 1.186.155/PR, rel. Min. Ribeiro Dantas, j. 05.05.16).

15.1.6.10. Dialeticidade

A *dialética* é a arte do diálogo e da discussão; é a força da argumentação. Assim, o recorrente deverá expor os motivos, de fato e de direito, pelos quais pede o reexame da questão em seu recurso, porque só assim a parte contrária poderá apresentar contrarrazões (contra-argumentos), formando-se o necessário contraditório (Grinover, Gomes Filho e Fernandes, 2008).

Vê-se que a dialeticidade tem como fundamento:

a) limitar o julgamento pelo tribunal, que deverá ater-se à pretensão do recorrente, conforme o princípio do *tantum devolutum quantum appelatum*, que será estudado oportunamente (dentro do efeito devolutivo).

b) permitir que a parte contrária apresente suas contrarrazões. Conforme o Superior Tribunal de Justiça, a dialeticidade permite o exercício do contraditório pela parte adversa, garantindo o respeito ao devido processo legal (AgRg no HC nº 295.432/MG, rel. Min. Reynaldo Soares da Fonseca, j. 20.06.17).

São, portanto, fundamentos da dialeticidade:

Limitar a cognoscibilidade pelo tribunal	Permitir o contraditório pela outra parte

As razões e contrarrazões são indispensáveis para que o tribunal possa examinar o mérito do recurso, cuja falta acarretará o não conhecimento. Lembre-se da súmula nº 707 do STF, que prevê que constitui nulidade a falta de intimação do denunciado para oferecer contrarrazões ao recurso interposto da rejeição da denúncia, não a suprindo a nomeação de defensor dativo.

Como regra, entende-se que os embargos de declaração não exigem a manifestação da parte contrária, haja vista que o objetivo da sua interposição é apenas esclarecer algum ponto obscuro do julgamento, alguma contradição, ambiguidade ou omissão. No entanto, caso haja a possibilidade de efeitos infringentes, ou seja, que a apreciação desse recurso pelo juiz possa modificar, de fato, o resultado do julgamento, entende-se que, daí sim, a parte contrária deve ser intimada para apresentar contrarrazões (STF, EDcl no HC nº 92.484/AM, rel. Min. Joaquim Barbosa, j. 05.06.12; e STJ, HC nº 349.140/SC, rel. Min. Reynaldo Soares da Fonseca, j. 05.04.16).

Todavia, os arts. 589, *caput*, e 601, *caput*, CPP, que tratam acerca do recurso em sentido estrito e da apelação, trazem uma peculiaridade. O art. 589, CPP, prevê que o recurso em sentido estrito poderá ser enviado ao tribunal "com ou sem contrarrazões"; já o art. 601, CPP, prevê que a apelação poderá subir ao tribunal "com ou sem as razões e contrarrazões". Numa interpretação literal, não se aplicaria a dialeticidade a estes dois recursos.

A doutrina, no entanto, critica essa interpretação, afirmando que, na verdade, esses dois dispositivos não teriam sido recepcionados pela Constituição Federal de 1988, tendo em vista que a dialeticidade é a exteriorização do princípio do contraditório no segundo grau de jurisdição, sendo indispensável a apresentação de razões e de contrarrazões dos recursos (Badaró, 2017).

Renato Brasileiro de Lima (Manual, 2017) entende que o correto será, quando o tribunal verificar a ausência de razões/contrarrazões, baixar os autos ao juízo de primeiro grau para que a parte apresente a respectiva peça faltante. Sendo a omissão da defesa, o juiz deve intimar o acusado para constituir novo defensor e, na permanência da omissão, intimar a Defensoria Pública ou nomear advogado dativo, numa interpretação ampliativa da súmula nº 707 do STF. Já se a omissão for do Ministério Público, o juiz deve aplicar, analogicamente, o antigo art. 28, CPP (ou o atual art. 28-A, § 14, CPP, ou o art. 10, IX, *d*, Lei nº 8.625/93, também por analogia), enviando os autos ao Chefe do Ministério Público para apresentar a referida peça, tendo em vista que o *Parquet* não pode desistir de recurso interposto e a razão/contrarrazão é peça indispensável.

Apesar das críticas contundentes, a jurisprudência caminha no sentido literal da lei, autorizando o julgamento de recurso em sentido estrito e de apelação independentemente da juntada de razão/contrarrazão. Assim, "não há que se falar em nulidade do julgamento da apelação interposta pelo Ministério Público se a defesa, regularmente intimada para a apresentação de contrarrazões, queda-se inerte" (STF, RHC nº 121.889/SP, rel. Min. Ricardo Lewandowski, j. 06.05.14). Ainda, "a apresentação de contrarrazões é uma faculdade da defesa e seu não exercício, quando regularmente intimada para tanto, não gera nulidade no processo" (STF, HC nº 94.323/SP, rel. Min. Joaquim Barbosa, j. 23.03.10). O Superior Tribunal de Justiça possui o mesmo entendimento, no sentido de que "não se evidencia nulidade no julgamento da apelação interposta pelo Ministério Público se a defesa técnica, regularmente intimada para apresentação de contrarrazões, permanece inerte" (EDcl no HC nº 265.102/RR, rel. Min. Ribeiro Dantas, j. 04.04.17).

Ainda dentro do princípio da dialeticidade, que estabelece o contraditório em segundo grau de jurisdição, o art. 610, p.ú., CPP, merece uma análise.

Referido dispositivo dispõe que, anunciado o julgamento pelo juiz presidente e apregoadas as partes, com a presença destas ou à sua revelia, o relator fará a exposição do feito e, em seguida, o presidente concederá, pelo prazo de 10 minutos, a palavra aos advogados ou às partes que a solicitarem e ao Procurador-Geral, quando o requerer, por igual prazo. Vê-se que a parte final prevê que o Ministério Público será ouvido após a defesa, sem mencionar se o recurso em julgamento é da defesa ou da acusação, ou seja, a acusação acaba sempre falando por último, independentemente de quem tenha interposto o recurso.

O Supremo Tribunal, interpretando referido dispositivo, fixou o entendimento de que, no processo penal, a sustentação oral do representante do Ministério Público, sobretudo quando seja recorrente único, deve sempre ser antes à da defesa, sob pena de nulidade do julgamento (HC nº 87.926/SP, rel. Min. Cezar Peluso, j. 20.02.08). Mesmo que o representante do Ministério Público invoque sua qualidade de fiscal do ordenamento jurídico,

a defesa falará por último, respeitando-se o contraditório e a ampla defesa (STJ, HC nº 331.032/RJ, rel. Min. Maria Thereza de Assis Moura, j. 15.12.15).

15.1.6.11. Complementariedade

Em regra, uma vez apresentadas as razões ou contrarrazões do recurso, a parte não pode complementar seus argumentos posteriormente, ou seja, não poderá incluir fatos, argumentos, razões etc., já que operada a preclusão consumativa, isto é, o ato praticado consistente na apresentação da peça processual recursal já se consumou/esgotou, não sendo possível complementá-lo.

Ocorre, no entanto, que, caso a parte contrária interponha embargos de declaração (em razão de alguma omissão, contradição, obscuridade ou ambiguidade), que, acolhidos, alterem o sentido da decisão recorrida (chamados "efeitos infringentes" ou "modificativos", como se estudará), a outra parte poderá complementar os argumentos do seu recurso já interposto, tendo em vista que a decisão recorrida foi alterada – integrada – por meio dos embargos de declaração.

Desta forma, "o recorrente poderá complementar a fundamentação de seu recurso se houver integração ou complementação da decisão, em virtude do acolhimento dos embargos de declaração. Nesse caso, é evidente que a preclusão consumativa não se opera, porque os fundamentos da decisão só surgirão, em sua inteireza, com a integração ou complementação a que os embargos de declaração deram margem" (Grinover, Gomes Filho e Fernandes, Recursos, 2008, p. 38).

Exemplo: juiz condena o réu por um crime; a defesa interpõe apelação objetivando a absolvição; a acusação interpõe embargos de declaração, que, acolhidos diante da omissão do juiz, acaba por condenar o agente por um segundo crime, esquecido pelo julgador quando sentenciou; neste caso, a defesa deverá ser intimada para *complementar* a sua apelação, haja vista a ampliação objetiva (de fatos) da decisão condenatória após o acolhimento dos embargos de declaração da acusação, permitindo-se, assim, o contraditório e a ampla defesa em relação a toda a sentença, antes e depois dos embargos de declaração.

O Código de Processo Civil, aplicado analogicamente (art. 3º, CPP), traz dispositivo que permite a complementação do recurso já interposto pela parte, prevendo em seu artigo 1.024, § 4º, CPC, que "caso o acolhimento dos embargos de declaração implique modificação da decisão embargada, o embargado que já tiver interposto outro recurso contra a decisão originária tem o direito de complementar ou alterar suas razões, nos exatos limites da modificação".

15.1.6.12. Variabilidade

Pelo princípio da variabilidade, admitir-se-ia que a parte pudesse variar de recurso quando verificasse ter havido engano na sua interposição, ou seja, poderia requerer ao juiz que autorizasse a substituição do recurso erroneamente interposto pelo adequado e cabível, isto é, poderia desistir do recurso interposto e usar de outro, desde que dentro do prazo legal (Badaró, 2017).

Havia previsão desta possibilidade no Código de Processo Civil de 1939, cujo art. 809 previa que a parte poderia variar de recurso dentro do prazo legal, disposição esta que não foi repetida no Código de Processo Civil de 1973 e nem no Código de Processo Civil de 2015.

No âmbito do Processo Penal, diante da preclusão consumativa, uma vez interposto um recurso, não será possível que a parte simplesmente requeira a sua "substituição por outro", mesmo que dentro do prazo recursal legal do recurso desejado. Ato praticado é ato consumado, de forma que o princípio da variabilidade não se aplica, igualmente, no Direito Processual Penal, até porque, inexiste previsão legal autorizativa neste sentido. O que pode existir, tratando-se de recurso interposto erroneamente – e desde que preenchidos os requisitos legais – é a aplicação do princípio da fungibilidade, já analisado acima.

15.1.6.13. Colegialidade

Tanto as Cortes de Justiça (TJ e TRF) como as Cortes de Precedentes (STJ e STF) são compostas de *órgão colegiados* responsáveis pelo julgamento das causas para as quais a Corte é competente, isto é, são compostos de órgãos julgadores (turmas, câmaras ou seções) integrados por três ou mais julgadores (desembargadores ou ministros, cf. o caso). Em regra, como os recursos são julgados por um colegiado, o debate tende a ser maior, favorecendo a discussão na formação de uma decisão justa (Marinoni, Arenhart e Mitidiero, 2016).

Referido princípio ficou (mais) conhecido a partir do voto da Ministra Rosa Weber, do Supremo Tribunal Federal, no tão falado *habeas corpus* do ex-presidente Lula, em que ela invocou referido princípio para defender o seu ponto de vista. Assim, "por funcionar como um colegiado, em um tribunal, a justificação da decisão judicial não se detém no raciocínio jurídico de um único juiz, avançando à fase da deliberação, na qual as manifestações individuais são postas em confronto e têm sua consistência e validade testadas, para, na etapa seguinte, proclamar-se resultado que expresse a opinião unânime ou majoritária do tribunal, enquanto voz e voto de um ente coletivo" (HC nº 152.752/PR, rel. Min. Edson Fachin, j. 05.04.18).

A colegialidade apresenta duas claras dimensões, conforme a Ministra Rosa Weber:

a) **de estrutura procedimental**: ela realça a igualdade e a liberdade que os julgadores têm para compartilhar seus argumentos jurídicos a fim de, ao final, compor uma única decisão institucional do tribunal.

b) **de elemento funcional**: ela exige direta interação/intercâmbio, por meio de respeito e confiança, entre os membros do grupo para a formação de uma vontade coletiva, a fim de a voz da Corte se propalar para toda a sociedade, conformando a ordem constitucional.

Assim, "em outras palavras, as vozes individuais vão cedendo em favor de uma voz institucional, objetiva, desvinculada das diversas interpretações jurídicas colocadas na mesa para deliberação (...). Em resumo, compartilho da visão de que os juízes, individualmente considerados, de uma Corte Constitucional estão a serviço de um propósito institucional", disse a Ministra em seu voto.

O art. 932, CPC, trata dos poderes do relator quando o recurso chega ao tribunal, podendo ele (inc. IV) negar provimento a recurso que for contrário a (a) súmula do Supremo Tribunal Federal, do Superior Tribunal de Justiça ou do próprio tribunal, (b) acórdão proferido pelo Supremo Tribunal Federal ou pelo Superior Tribunal de Justiça em julgamento de recursos repetitivos, (c) entendimento firmado em incidente de resolução de demandas repetitivas ou de assunção de competência; bem como, poderá (inc. V), depois de facultada a apresentação de contrarrazões, dar provimento ao recurso se a decisão recorrida for contrária a (a) súmula do Supremo Tribunal Federal, do Superior Tribunal de Justiça ou do próprio tribunal, (b) acórdão proferido pelo Supremo Tribunal Federal ou pelo Superior Tribunal de Justiça em julgamento de recursos repetitivos ou (c) entendimento firmado em incidente de resolução de demandas repetitivas ou de assunção de competência.

No Processo Penal, entende-se que, em relação aos recursos de **apelação, agravo em execução** e **recurso em sentido estrito**, o órgão julgador deverá respeitar a colegialidade, não podendo o relator, por si só, decidir o recurso, tendo em vista a previsão expressa no art. 615, CPP, que determina o julgamento *por maioria de votos*, de forma que não há que se aplicar o art. 932, CPC, tendo em vista a inexistência de lacuna a ser suprida pelo uso da analogia (Brasileiro, 2017).

Em igual sentido é a jurisprudência majoritária do Superior Tribunal de Justiça (HC nº 207.751/RS, rel. Min. Laurita Vaz, j. 13.03.12). Ver, todavia, que há julgados isolados no sentido de se aplicar o Código de Processo Civil analogicamente a estes recursos, de forma a admitir a decisão apenas pelo relator (HC nº 177.248/RS, rel. Min. Gilson Dipp, j. 28.06.11).

Seja como for, admite-se o julgamento monocrático dos recursos extraordinários (RE e REsp) e seus consectários (agravos) e, também, da ação de *habeas corpus*, conforme a jurisprudência uníssona dos tribunais (STJ, AgRg no REsp nº 1.666.969/MG, rel. Min. Rogerio Schietti Cruz, j. 27.06.17; e STF, HC nº 142.291/RS, rel. Min. Gilmar Mendes, j. 30.06.17) e dos próprios Regimentos Internos do STJ (art. 34, XX) e do STF (art. 21, § 1º).

15.1.7. Pressupostos recursais

Pressuposto é sinônimo de *supor antecipadamente*, de subentender, do que deve existir antecipadamente para que possa gerar os efeitos esperados.

Assim, um pressuposto recursal é um requisito processual (tal qual o pressuposto processual) que deve estar presente para que o recurso interposto seja *conhecido*. Ausentes os pressupostos recursais, o recurso não será conhecido.

A análise do preenchimento dos pressupostos recursais é chamada, também, de juízo de admissibilidade ou juízo de prelibação (no sentido de ser prévio à análise do mérito do recurso – que é o juízo de delibação).

15.1.7.1. *Conhecimento vs. provimento*

É importante dar atenção à distinção entre **conhecimento** e **provimento** de um recurso.

A análise do conhecimento diz respeito ao preenchimento dos pressupostos recursais. Então, como será visto adiante, se a parte interpõe um recurso fora do prazo legal, seu recurso não será conhecido, por não preencher o requisito da tempestividade; se, no entanto, preencher os requisitos legais de admissibilidade – que são os pressupostos processuais – o recurso será conhecido.

Isso não se confunde com o provimento, que trata do êxito ou não obtido pela parte que recorreu. Assim, se o recurso é conhecido (aceito por preencher os requisitos de admissibilidade) e o tribunal lhe dá provimento, isso significa que a parte recorrente logrou êxito – o que pode ser de forma total ou parcial, conforme o tribunal concorde total ou parcialmente com as razões recursais.

É possível, obviamente, que o recurso seja conhecido e não provido (admitido, mas com razões não acolhidas) ou conhecido e provido (admitido e com razões acolhidas). No entanto, nunca ele será não conhecido e provido, por uma razão óbvia: a análise do provimento *pressupõe* (daí a expressão "pressuposto processual") um juízo positivo de admissibilidade do recurso. As razões somente são analisadas, isto é, providas ou improvidas, se conhecido o recurso.

Assim, nas sábias palavras de Grinover, Gomes Filho e Fernandes, "todo recurso – como, aliás, qualquer ato postulatório – está sujeito a exame sob dois aspectos: o primeiro destina-se a aferir se estão satisfeitos os requisitos prévios necessários à apreciação do conteúdo da postulação; o segundo, a examinar os fundamentos desta, para acolhê-la ou rejeitá-la" (Recursos, 2008, p. 65).

15.1.7.2. *Objeto dos juízos de admissibilidade e de mérito*

O objeto do juízo de admissibilidade são os requisitos (pressupostos) necessários e indispensáveis, de natureza processual, relativos à interposição do recurso (ex.: legitimidade e tempestividade).

Já o objeto do juízo de mérito é o próprio conteúdo das razões e contrarrazões recursais apresentadas combatendo a decisão recorrida.

15.1.7.3. *Estabilização da decisão e conhecimento recursal*

Ponto de destaque, bem enfatizado por Vicente Greco Filho, trata de saber qual decisão será **estabilizada** diante do conhecimento ou não de um recurso.

Isso porque, se o recurso, por exemplo, não é conhecido pelo Tribunal de Justiça, estabiliza-se a decisão de primeiro grau, ou seja, o recurso sequer teve o seu mérito analisado pelo tribunal de segundo grau; de outro lado, se o recurso é conhecido, seja ele provido ou improvido, a decisão proferida pelo tribunal *substituirá* a decisão recorrida de primeiro grau (Manual, 2012). Como se verá adiante, trata-se do efeito substitutivo, em que a decisão do tribunal substituirá, literalmente, a decisão impugnada.

E isso é salutar ao se analisar as consequências quanto à competência posterior para, por exemplo, a impetração de um "habeas corpus" ou o ajuizamento de uma revisão criminal. Se a parte interpõe recurso extraordinário ao STF, que não o admite (não o conhece), eventual revisão criminal será ajuizada no juízo inferior, pois o Supremo Tribunal Federal apenas julga a revisão criminal de seus próprios julgados (art. 102, I, *j*, CF) e, como o recurso extraordinário não foi conhecido, não haverá competência do STF; de outro lado, se a Suprema Corte admite o recurso, ainda que não lhe dê provimento depois, ela passa a ser competente para posterior revisão criminal, por exemplo. Isso tudo porque, **a partir do conhecimento do recurso pelo tribunal, a decisão proferida por este substitui o ato decisório recorrido**.

Atentar à expressão comumente utilizada, juízo "a quo" e juízo "ad quem", significando, respectivamente, juízo *contra o qual* se recorre (por exemplo, o juízo de primeiro grau) e juízo *para o qual* se recorre (por exemplo, o tribunal de justiça). Logo, juízo "a quo" é o juízo inferior, da decisão combatida; e juízo "ad quem" é o juízo que irá julgar o recurso.

15.1.7.4. *Interposição e razões*

A regra é o recurso ser interposto (apresentado) no juízo "a quo". Nesta peça processual de **interposição** indicar-se-á, exatamente, contra o que se recorre (ex.: alteração do regime inicial). Pedir-se-á, na interposição, como regra, a remessa das **razões** recursais ao juízo "ad quem" e, além da petição de interposição, o recorrente apresentará as razões fáticas e jurídicas de seu recurso, expondo seus motivos, que serão analisados pelo tribunal (ex.: indicação dos fundamentos que sustentam outro regime inicial).

Como regra, ainda, a interposição é endereçada ao juízo prolator da decisão, com posterior remessa ao tribunal. Ex: a apelação é interposta na 18ª Vara Criminal da Capital/SP, cujas razões anexadas serão analisadas pelo Tribunal de Justiça. Excepcionalmente, há casos em que o recurso é interposto e julgado pelo próprio juízo "a quo", tal como ocorre com os embargos de declaração, em que o próprio prolator da decisão (seja ela qual for) analisará o referido recurso.

15.1.7.5. *Competência para o juízo de admissibilidade*

Questão que se põe é a seguinte: a quem compete realizar o juízo de admissibilidade do recurso no Processo Penal?

À mente logo surge a ideia prevista no art. 1.010, § 3º, CPC, que prevê que, apresentadas as razões e contrarrazões do recurso, os autos serão remetidos ao tribunal pelo juiz, *independentemente de juízo de admissibilidade*.

Essa regra, no entanto, é aplicável tão somente ao Processo Civil. O Código de Processo Penal possui regra específica, não sendo aplicável nenhum tipo de analogia aqui que enseje o emprego do referido dispositivo processual civilista.

Incumbirá ao juízo "a quo" (de piso) realizar o juízo de admissibilidade recursal, que terá natureza **provisória**. Entendendo preenchidos os requisitos legais, os autos serão enviados ao juízo "ad quem", que, novamente, realizará outro juízo de admissibilidade, este, sim, **definitivo** – podendo concordar ou contrariar o juízo de prelibação anterior do juízo "a quo", já que este não é vinculativo. Fala-se, por isso, em **duplo controle de admissibilidade.**

Uma vez admitido o recurso pelo juízo "a quo", ainda que surja uma causa de inadmissibilidade superveniente, não poderá este juízo reexaminar sua decisão, cabendo apenas, agora, ao juízo "ad quem" tal tarefa.

Embora não exista um dispositivo expresso no Código de Processo Penal prevendo a dupla análise da admissibilidade recursal, isso decorre do próprio sistema processual penal. Prova disso é que, se a apelação não for conhecida, contra esta decisão denegatória será cabível o recurso em sentido estrito. Isso, portanto, só é possível porque o juízo "a quo" denegou a apelação, surgindo a possibilidade de se interpor o recurso em sentido estrito combatendo essa decisão de não conhecimento – e a razão é simples: somente é possível a interposição do recurso em sentido estrito contra decisões de primeiro grau. Logo, se é possível a interposição deste recurso contra a decisão que não conheceu o recurso de apelação, é porque o juízo de admissibilidade foi realizado pelo juízo de primeiro grau.

Em razão disso, portanto, não se aplicam as regras de admissibilidade do Código de Processo Civil, uma vez que o Processo Penal possui regramento próprio.

15.1.7.6. *Natureza do juízo de admissibilidade*

Como ensina a doutrina, o juízo de admissibilidade, positivo ou negativo, possui **natureza declaratória** (Grinover, Gomes Filho e Fernandes, 2008).

Quando positivo, abrem-se as portas do juízo "ad quem"; se negativo, trancam-se estas portas de acesso – salvo a interposição de recurso combatendo a decisão de não conhecimento do recurso.

Como visto, o juízo de admissibilidade pelo órgão "a quo" é apenas provisório, de modo que a análise definitiva – ainda que implícita – caberá ao tribunal.

15.1.7.7. *Pressupostos recursais em espécie*

Os pressupostos processuais podem ser de duas ordens: (b) objetivos e (b) subjetivos.

São pressupostos **objetivos** o cabimento, a adequação, a regularidade formal, a tempestividade, a ausência de fato impeditivo e de fato extintivo (mnemônico: C/A/R/T/A).

E são pressupostos **subjetivos** a legitimidade e o interesse (mnemônico: L/I).

Cada um será analisado na sequência.

15.1.7.7.1. *Pressupostos objetivos*

Dizem respeito ao recurso interposto em si, isto é, aos requisitos necessários para que o recurso seja conhecido.

15.1.7.7.1.1. Cabimento

Analisa-se, a bem da verdade, a possibilidade jurídica do pedido, o que é feito verificando-se a **existência de recurso possível** para combater a decisão que se pretende recorrer.

Assim, "esta exigência corresponde à previsão legal do recurso. Só há possibilidade de utilização da via recursal quando o ordenamento contempla certo meio de impugnação para atacar a decisão. Desse modo, a possibilidade jurídica de recorrer prende-se à recorribilidade da decisão. Sendo irrecorrível a decisão, por não caber dela qualquer recurso, haverá impossibilidade jurídica de interpô-lo" (Grinover, Gomes Filho e Fernandes, 2008).

Vale observar que o recurso manifestamente incabível, intempestivo ou inexistente não suspende e nem interrompe o prazo para a interposição do recurso adequado (STJ, Corte Especial, EDcl no AgRg no RE no AgRg no AREsp nº 529.362/TO, rel. Min. Maria Thereza de Assis Moura, j. 19.09.18).

15.1.7.7.1.2. Adequação

Além de ser necessário que a lei preveja um recurso à hipótese que se pretende recorrer, exige-se que este seja adequado aos fins que se espera, sob pena de não conhecimento. Portanto, a parte deve interpor o recurso correto ao fato combatido. Assim, a cada tipo de decisão corresponderá um determinado recurso (Feitoza, 2009).

Como já visto, é possível aplicar o princípio da fungibilidade, tendo em vista que, salvo hipótese de má-fé, a parte não será prejudicada pela interposição de um recurso ao invés de outro (art. 579, CPP).

15.1.7.7.1.3. Regularidade formal

O recurso – como todo o processo penal – deve obedecer a uma forma (e fórmula) prevista em lei, como, por exemplo, endereçamento, interposição, apresentação de razões etc.

Aqui, deve-se lembrar do estudo das nulidades, aplicando-se o princípio da instrumentalidade das formas e privilegiando o duplo grau de jurisdição. Essa relativização, todavia, exige atenção, pois, por exemplo, mostra-se inadmissível o recurso em *habeas corpus* (RHC) quando ausente procuração outorgada ao advogado subscritor do recurso, diante da sua irregularidade formal, aplicando-se a súmula nº 115 do STJ (STJ, AgRg no RHC nº 50.488/RJ, rel. Min. Reynaldo Soares da Fonseca, j. 23.05.17).

Esse entendimento do Superior Tribunal de Justiça quanto ao recurso em *habeas corpus* pode ser relativizado, tendo em vista o previsto no art. 266, CPP, que estabelece que a constituição de defensor independe de instrumento de mandato se o acusado o indicar por ocasião do interrogatório. Logo, em tese, a súmula nº 115 do STJ deve ser aplicada apenas em relação ao defensor ainda não constituído nos autos, pois, se já o tiver sido, bastará, por conseguinte, apresentar uma cópia do interrogatório em que o réu o nomeou como advogado, o que será suficiente como prova de constituição de defensor (STF, HC nº 92.822/SP, rel. Min. Eros Grau, j. 09.09.08).

Ademais, é importante lembrar a discussão existente sobre a apresentação de recurso sem assinatura ou por defensor sem procuração nos autos, tema debatido no capítulo referente às nulidades, para onde se remete o leitor (item referente ao *ato inexistente*). De forma sucinta, parece prevalecer o novo entendimento no sentido de que o julgador deve, antes de considerar o ato inexistente, conceder prazo para que a parte regularize a sua representação nos autos, seja pela falta de assinatura, seja pela ausência de procuração.

Outro exemplo de irregularidade formal é a interposição de recurso extraordinário quando a deficiência na sua fundamentação não permitir a exata compreensão da controvérsia (súmula nº 284 do STF).

No mais, ainda analisando a regularidade formal, a interposição dos recursos pode se dar *por petição* ou *por termo* (art. 578, CPP). Por petição é o comum, em que o recorrente apresenta petição de interposição, seguida de suas razões. Já por termo é menos comum, em que o recorrente apenas demonstra nos autos o seu desejo de recorrer, como a manifestação diante do cartório judicial ou perante o oficial de justiça, quando intimado da decisão que se pretende recorrer.

São recursos que podem ser interpostos por termo nos autos: a apelação, o recurso em sentido estrito (e o agravo em execução, que segue o mesmo procedimento) e a carta testemunhável. Serão todos estudados oportunamente.

15.1.7.7.1.4. Tempestividade

O recurso, para bem ser admitido, deve ser interposto dentro do prazo previsto em lei. Como o processo deve ter um prazo razoável para ser concluído, a legislação impõe prazos para que as partes se manifestem nos autos, desde uma simples intimação sobre a juntada de um documento até a interposição de um recurso à mais alta Corte brasileira.

Logo, não bastará interpor o recurso correto, sendo indispensável que isso seja feito dentro do prazo legal. Para tanto, inclusive, é garantia judicial assegurada pela Convenção Americana sobre Direitos Humanos a concessão ao acusado do tempo necessário à preparação de sua defesa (art. 8.2, *c*, Decreto nº 678/92).

Ressalta-se que a tempestividade – tal como qualquer outro requisito de admissibilidade recursal – é matéria de ordem pública, podendo ser reconhecida de ofício pelo julgador, de primeiro ou de segundo grau, independentemente de alegação pela parte (Badaró, 2017).

A dúvida acerca da tempestividade ou não do recurso deve beneficiar o recorrente, e não o prejudicar. Trata-se, pois, do **princípio da interpretação em benefício do recorrente**. Há também o importante **princípio da inteireza dos prazos**, que indica, no caso concreto, a necessidade do efetivo conhecimento do termo inicial do prazo, de modo a preservá-lo na sua plenitude (Grinover, Gomes Filho e Fernandes, 2008).

Por regra, o juízo "a quo", ao realizar o juízo de admissibilidade, já verificará eventual intempestividade. Assim ocorrendo, não receberá o recurso (juízo negativo). Todavia, quando for interposto recurso com o objetivo, justamente, de combater a decisão que não admitiu um recurso anterior, o juízo "a quo" não poderá impedir o seguimento do recurso ao tribunal, *ainda que claramente intempestivo*, pois, conforme o art. 642, CPP, a competência para essa verificação será exclusiva do juízo "ad quem". É o que ocorre, por exemplo, com a carta testemunhável (que combate o não conhecimento do recurso em sentido estrito) e com o recurso em sentido estrito (que combate o não conhecimento da apelação). Nestes dois casos, o juízo de admissibilidade será do tribunal, mesmo que esteja patente a extemporaneidade aos olhos do juízo de primeiro grau.

A tempestividade é verificada através da data constante do **protocolo** do recurso ou da **entrega** ao escrivão ou diretor da secretaria, independendo de despacho judicial. Não serão prejudicados os recursos que, por erro, falta ou omissão dos funcionários, não tiverem seguimento ou não forem apresentados dentro do prazo (art. 575, CPP).

Nesta linha de raciocínio, dispõe a súmula nº 428 do STF que não fica prejudicada a apelação *entregue* em cartório no prazo legal, embora *despachada* tardiamente – isso porque, nos termos da jurisprudência da própria Suprema Corte, a aferição da tempestividade do recurso é a data constante do protocolo (HC nº 72.544/MG, rel. Min. Moreira Alves, j. 22.08.95).

Tamanha é a importância da tempestividade no Direito que já se inadmitiu peticionamento quatro minutos depois de findo o prazo, sob pena de se abrir uma "zona de penumbra e indeterminação passível de ser solucionada apenas por compreensões subjetivas e arbitrárias sobre qual tempo viria a ser razoável para admitir o ato processual praticado", o que não pode ser aceitado (STJ, REsp nº 1.628.506/SC, rel. Min. Nancy Andrighi, j. 24.09.19).

A regra é que a interposição de um recurso já venha acompanhada das suas razões. No entanto, o Código de Processo Penal autoriza algumas situações em que o recorrente poderá apresentar a petição de interposição, demonstrando o seu desejo de recorrer, para, depois, quando intimado pelo tribunal, apresentar as razões recursais. Isso pode ocorrer, por exemplo, com a apelação e com o RESE (arts. 588 e 600, CPP). E, obviamente, a tempestividade será aferida quando da apresentação da petição de interposição (STJ, HC nº 160.021/RS, rel. Min. Assusete Magalhães, j. 18.02.14), entendendo a jurisprudência, inclusive, que a apresentação das razões fora do prazo será considerada mera irregularidade (STJ, HC nº 160.531/PR, rel. Min. Napoleão Nunes Maia Filho, j. 26.08.10).

Se a parte apresentou seu recurso tendo por base informação fornecida equivocadamente pelo tribunal, o recurso deverá ser admitido, haja vista a necessidade de observância da boa-fé (STJ, EAREsp nº 688.615/MS, rel. Min. Mauro Campbell Marques, j. 04.03.20). Ex.: no site do tribunal, o último dia de prazo para interpor o recurso constava como sendo 10/01, dia em que a defesa interpôs a apelação; ocorre que a informação estava equivocada, sendo 09/01 o último dia; o recurso, embora "intempestivo", foi, excepcionalmente, aceito, considerando que a parte foi induzida a erro pelo sistema do tribunal.

15.1.7.7.1.4.1. Forma de contagem

Deve-se analisar, ainda, a forma como se dá o início da contagem do prazo recursal.

O Código de Processo Penal prevê que (a) todos os prazos correrão em cartório e serão contínuos e peremptórios, não se interrompendo por férias, domingo ou feriado; (b) não se computará no prazo o dia do começo, incluindo-se, porém, o do vencimento; (c) a terminação dos prazos será certificada nos autos pelo escrivão, porém, será considerado findo o prazo, ainda que omitida esta formalidade, se feita a prova do dia em que começou a correr; (d) o prazo que terminar em domingo ou dia feriado considerar-se-á prorrogado até o dia útil imediato; e (e) não correrão os prazos se houver impedimento do juiz, força maior, ou obstáculo judicial oposto pela parte contrária (art. 798, §§ 1º a 4º, CPP).

Vê-se, assim, que a contagem do início do prazo recursal é feita a partir do dia seguinte ao da intimação, excluindo-se o dia do termo de início (da intimação), mas incluindo-se o termo do dia do vencimento (último dia). Além disso, prorroga-se o prazo para o próximo dia útil se o término coincidir com domingo ou feriado. Exclui-se, portanto, o "dies a quo" (início) e inclui-se o "dies ad quem" (final).

Então, se a intimação é feita numa terça-feira e o prazo é de 5 dias, exclui-se esse dia, começando a correr o prazo a partir de quarta-feira. Conta-se quarta-feira (dia 1); quinta-feira (dia 2); sexta-feira (dia 3); sábado (dia 4) e domingo (dia 5). Inclui-se esse último dia no cômputo, mas, como ele caiu em dia não útil (domingo), avança-se para o próximo dia útil, que será segunda-feira, salvo, por exemplo, se for feriado, caso em que se prorrogará para o próximo dia útil (terça-feira, por exemplo). Veja que foi excluído o dia do começo (terça-feira), partindo-se do dia útil seguinte (quarta-feira) e incluindo-se na soma o último dia do prazo.

É importante observar o texto da súmula nº 310 do STF, que estabelece que, "quando a intimação tiver lugar na sexta-feira, ou a publicação com efeito de intimação for feita nesse dia, o prazo judicial terá início na segunda-feira imediata, salvo se não houver expediente, caso em que começará no primeiro dia útil que se seguir". Aplica-se a mesma ideia acima, ou seja, se a intimação ocorrer numa sexta-feira, exclui-se o dia do começo e inicia-se pelo próximo dia útil, que será apenas segunda-feira – desde que, claro, seja um dia útil também, senão apenas no próximo dia útil, como a terça-feira.

Auxiliando na interpretação e aplicação dessas normas, o Código de Processo Civil fixa que, salvo disposição em contrário, os prazos serão contados excluindo o dia do começo e incluindo o dia do vencimento (art. 224, *caput*). E os dias do começo e do vencimento do prazo serão prorrogados para o primeiro dia útil seguinte, se coincidirem com dia em que o expediente forense for encerrado antes ou iniciado depois da hora normal ou houver indisponibilidade da comunicação eletrônica (§ 1º).

E em relação ao art. 219, CPC, que dispõe que a contagem dos prazos processuais será feita apenas em dias úteis, entende-se que esta regra se aplica tão somente ao Processo Civil, pois, em relação ao Processo Penal, aplica-se a regra do art. 798, "caput", CPP, que prevê que os prazos penais serão **contínuos**.

Desta feita, a jurisprudência é no sentido de que **em ações criminais não incidem as novas regras de contagem dos prazos em dias úteis**, considerando a norma peculiar do art. 798 do CPP, uma vez que o Código de Processo Civil somente há de ser aplicado aos processos penais quando ausente regra específica (STJ, AgRg no AREsp nº 981.030/PE, rel. Min. Reynaldo Soares da Fonseca, j. 16.02.17; e AgRg no AREsp nº 1.159.319/RS, rel. Min. Antonio Saldanha Palheiro, j. 07.12.17).

Uma última observação se faz necessária. Caso haja *feriado local* que interfira na contagem do prazo recursal, este deverá ser comprovado por meio de documento idôneo, no ato da interposição do recurso (art. 1.003, § 6º, CPC, em analogia), não sendo suficiente a simples transcrição do provimento local instituindo feriado, de modo que deverá ser provada a suspensão dos prazos forenses localmente, sob pena de ser configurada a intempestividade (STJ, 5ª T., AgRg no AREsp nº 1.373.101/GO, rel. Min. Ribeiro Dantas, j. 27.11.18; e 6ª T., AgRg no REsp nº 1.682.331/SP, rel. Min. Rogerio Schietti Cruz, j. 23.10.18). Sabe-se, no entanto, que vigorou, tanto no STF quanto no STJ, entendimento de que seria possível a comprovação posterior de feriado local; assim, o entendimento inaugurado pelo CPC/15, acerca da necessidade de se comprovar feriado local no momento da interposição deve ser aplicado apenas aos recursos interpostos após a publicação do REsp nº 1.813.684/SP, ou seja, 18/11/19, resguardando-se as situações anteriores (STJ, Corte Especial, REsp nº 1.813.684/SP, rel. p/ ac. Min. Luis Felipe Salomão, j. 02.10.19).

Em suma, são regras básicas para a contagem dos prazos:

- » Exclui-se o termo inicial, mas inclui-se o termo final
- » Não pode iniciar ou terminar em dia não útil
- » Os prazos são computados em dias corridos, e não apenas em dias úteis

15.1.7.7.1.4.2. Momento de interposição

Os prazos correrão: (a) da intimação; (b) da audiência ou sessão em que for proferida a decisão, se a ela estiver presente a parte; ou (c) do dia em que a parte manifestar nos autos ciência inequívoca da sentença ou despacho (§ 5º do art. 798, CPP).

É possível que a parte recorra antes mesmo de a decisão ser publicada, como, por exemplo, quando ela toma conhecimento do seu conteúdo e ainda não houve a devida publicação na imprensa oficial. Neste caso, questiona-se se o recurso interposto *antes* da publicação da decisão será considerado – ou não – intempestivo.

Com o atual Código de Processo Civil, entende-se que "será considerado tempestivo o ato praticado antes do termo inicial do prazo" (§ 4º do art. 218, CPC). Inclusive, o Superior Tribunal de Justiça cancelou a sua súmula nº 418, que previa ser inadmissível o recurso especial interposto antes da publicação da decisão dos embargos de declaração, quando inalterado o resultado anterior. Antigamente, se a parte interpusesse recurso especial e, depois, adviesse o resultado dos embargos de declaração, não alterando o resultado do julgado, a parte deveria ratificar (confirmar) o recurso especial anteriormente interposto, sob pena de inadmissibilidade. Editou-se, posteriormente, a súmula nº 579 do STJ, dispondo que não é mais necessário ratificar o recurso especial interposto na pendência do julgamento de embargos de declaração, quando não alterado o resultado do julgado.

Atualmente, neste sentido, **deve ser considerado tempestivo o recurso interposto antes mesmo da publicação da decisão**, observados os princípios da razoabilidade e do acesso à Justiça.

Mas é preciso atenção neste ponto, pois o enunciado administrativo nº 2, do STJ, dispõe que aos recursos interpostos com fundamento no CPC/73 devem ser exigidos os requisitos de admissibilidade na forma nele prevista, *com as interpretações dadas, até então, pela jurisprudência do Superior Tribunal de Justiça*. Assim, pela leitura atenta deste entendimento, aos recursos interpostos contra decisões publicadas antes de 17.03.16 (entrada em vigor do CPC/15) devem ser aplicados os entendimentos então vigentes à época, donde se inclui a súmula nº 418 do STJ, que entendia ser inadmissível a interposição de recurso antes da publicação da decisão recorrida. Resta aguardar como a jurisprudência seguirá em relação aos processos de natureza penal, cujos recursos foram interpostos quando ainda vigente o entendimento antigo.

15.1.7.7.1.4.3. Processo eletrônico

Com o atual sistema de processo eletrônico (Lei nº 11.419/06), as partes são intimadas por meio eletrônico também. E aqui é preciso atenção.

A informação é primeiro *disponibilizada* para depois ser considerada *publicada* para, depois, ter início o *prazo* processual. Então, a decisão é disponibilizada no Diário de Justiça eletrônico, por exemplo, no dia 02 (segunda-feira); considera-se que a publicação ocorre no dia 03 (terça-feira); iniciando-se o prazo processual apenas no dia 04 (quarta-feira).

Assim, considera-se como data da publicação o primeiro dia útil seguinte ao da disponibilização da informação no Diário da Justiça eletrônico. Os prazos processuais terão início no primeiro dia útil que seguir ao considerado como data da publicação (art. 4º, §§ 2º e 3º, Lei nº 11.419/06).

Num prazo recursal de 5 dias, por exemplo, se ocorrer disponibilização da decisão no *DJe* numa sexta-feira, tem-se que a publicação ocorrerá no dia útil seguinte, segunda-feira. O prazo processual somente começará a correr na terça-feira, findando-se no sábado, gerando prorrogação para o próximo dia útil seguinte, segunda-feira. Então, o prazo que, inicialmente, era de 5 dias, acabou tornando-se um lapso temporal de 11 dias (incluindo-se o começo e o fim apenas para se ter noção da sua amplitude).

No mais, tratando-se de processo eletrônico, a petição será considerada tempestiva se transmitida até as 24 horas – meia-noite – do último dia de prazo (art. 3º, p.ú., Lei nº 11.419/06).

15.1.7.7.1.4.4. Recesso forense

Deve-se lembrar que, nos termos do art. 93, XII, CF, a atividade jurisdicional será ininterrupta, sendo vedadas férias coletivas nos juízos e tribunais de segundo grau, funcionando, nos dias em que não houver expediente normal, juízes em plantão permanente.

A respeito do transcurso do lapso temporal, nota-se que o Código de Processo Civil prevê, no seu art. 220, que os prazos processuais serão suspensos entre 20/12 e 20/01, referente ao chamado "recesso forense".

O Conselho Nacional de Justiça, regulamentando referido dispositivo, editou a Resolução nº 244/16, dispondo que os Tribunais de Justiça dos Estados poderão suspender o expediente forense, configurando o recesso judiciário no período de 20 de dezembro a 6 de janeiro, garantindo atendimento aos casos urgentes, novos ou em curso, por meio de sistema de plantões (art. 1º, "caput"). O recesso judiciário importa em suspensão não apenas do expediente forense, mas, igualmente, dos prazos processuais e da publicação de acórdãos, sentenças e decisões, bem como da intimação de partes ou de advogados, na primeira e segunda instâncias, exceto com relação às medidas consideradas urgentes (art. 2º, "caput"). A suspensão prevista não obsta a prática de ato processual necessário à preservação de direitos e de natureza urgente (art. 2º, § 2º). O expediente forense será executado normalmente no período de 7 a 20 de janeiro, inclusive, mesmo com a suspensão de prazos, audiências e sessões, com o exercício, por magistrados e servidores, de suas atribuições regulares, ressalvadas férias individuais e feriados, a teor do art. 220, § 2º, CPC (art. 3º, p.ú.).

Então, **entre 20/12 e 06/01**, não haverá expediente e nem a prática de atos, salvo os urgentes por meio do plantão judiciário; e **entre 07/01 e 20/01**, o expediente e o atendimento ao público retomam ao normal, mas os prazos e a realização de audiências e sessões de julgamento permanecerão suspensos, salvo os casos urgentes.

No âmbito da Justiça *Federal*, o recesso já se dá entre os dias 20/12 e 06/01 (art. 62, I, Lei nº 5.010/66).

O Supremo Tribunal Federal fixou o entendimento de que o Processo Penal possui regramento específico no art. 797, CPP, que estabelece que, excetuadas as sessões de julgamento, que não serão marcadas em domingo ou feriado, os demais atos do processo poderão ser praticados em período de férias, domingos e feriados, e, iniciado o julgamento em dia útil, não se interromperá pela superveniência de feriado ou domingo. Assim, existe norma processual penal específica no Código de Processo Penal, tendo em vista a natureza do bem jurídico tutelado, que é a liberdade de locomoção, previsão esta não contida no Código de Processo Civil (Reclamação para Garantia das Decisões nº 0006866-92.2016.2.00.0200, Min. Cármen Lúcia, j. 09.12.16).

Do mesmo modo entende o Superior Tribunal de Justiça, afirmando que o art. 220, CPC, regulamentado pela Res. nº 244/16 do CNJ, não incide sobre os processos de competência da justiça criminal, visto que submetidos ao regramento do art. 798, "caput" e § 3º, CPP, de modo que a continuidade dos prazos processuais penais é afirmada pelo princípio da especialidade. O recesso judiciário e o período de férias de final de ano, em matéria processual penal, têm como efeito, em relação aos prazos vencidos no seu curso, a mera prorrogação do vencimento para o primeiro dia útil subsequente ao seu término, não havendo interrupção ou suspensão (Corte Especial, AgRg no Inq. nº 1.105/DF, rel. Min. Herman Benjamin, j. 29.03.17).

15.1.7.7.1.4.5. Contagem para as partes

Com essas regras em mente, é preciso saber como se dá a contagem dos prazos para a acusação e a defesa.

a) prazos para a defesa

Como será visto, o recurso pode ser interposto pelo próprio acusado ou por seu defensor (art. 577, "caput", CPP). Assim, já que ambos possuem capacidade postulatória, ambos também devem ser intimados. Sendo obrigatória a intimação do réu e de seu defensor, o prazo recursal terá início a partir da última intimação, independentemente de quem tenha sido intimado primeiro. Portanto, sendo réu e defensor intimados pessoalmente, o prazo para interposição do recurso será contado da **última intimação** (STJ, RHC nº 68.773/ES, rel. Min. Reynaldo Soares da Fonseca, j. 03.05.16).

Como já estudado no capítulo referente aos atos de comunicação, entende-se que a intimação do acusado juntamente com o seu defensor só é obrigatória em relação às decisões de primeiro grau, já que os acórdãos dos tribunais são publicados pela imprensa para efeitos de intimação.

Quanto à Defensoria Pública, seus membros têm **prazo em dobro** para recorrer (arts. 44, I; 89, I; e 128, I, da LC nº 80/94). Essa prerrogativa está alinhada à missão institucional da Defensoria, já que "a causa para que os prazos processuais penais sejam duplicados encontra guarida na circunstância de que a Defensoria Pública ainda não se mostra estruturada de forma adequada. Logo, enquanto não houver o correto aparelhamento do órgão – com número suficiente de Defensores e servidores de apoio, instalações físicas aptas a atender à demanda crescente etc. –, a duplicação do prazo se apresenta como imprescindível para a sua atuação, sob pena de se ocasionarem prejuízos aos assistidos pela Instituição" (Lima, Defensoria, 2015, p. 344).

É bom lembrar que essa prerrogativa de prazo dobrado não se estende ao defensor dativo (STJ, HC nº 407.636/SP, rel. Min. Felix Fischer, j. 28.11.17).

Deve-se recordar, ademais, que, no Processo Penal, contam-se os prazos da data da intimação, e não da juntada aos autos do mandado ou da carta precatório ou de ordem (súmula nº 710 do STF). Assim, por exemplo, os prazos correrão da efetiva intimação, cf. o § 5º do art. 798, CPP, ou seja, da data do real cumprimento da carta precatória, sendo irrelevante a data da sua juntada aos autos no juízo deprecante (STJ, RHC nº 68.733/ES, rel. Min. Reynaldo Soares da Fonseca, j. 03.05.16).

No mais, o art. 229, "caput", CPC, dispõe que "os litisconsortes que tiverem diferentes procuradores, de escritórios de advocacia distintos, terão prazos contados em dobro para todas as suas manifestações, em qualquer juízo ou tribunal, independentemente de requerimento". A jurisprudência do Superior Tribunal de Justiça é no sentido da inaplicabilidade desta regra no âmbito do processo penal (5ª T., AgRg no AREsp nº 1.044.024/PB, rel. Min. Felix Fischer, j. 06.02.18; e 6ª T., AgRg no AREsp nº 528.426/SP, rel. Min. Nefi Cordeiro, j. 03.12.15).

De outro lado, o Supremo Tribunal Federal possui julgados no sentido de que o litisconsórcio passivo processual penal atrai o disposto no art. 229, CPC, na forma do art. 3º, CPP, por força da Constituição Federal, que tutela os direitos indisponíveis em jogo na lide penal, como a liberdade, de modo que haverá a dobra de prazo (Pleno, QO-Inq nº 3.983/DF, rel. Min. Teori Zavascki, j. 03.09.15; e 25º AgRg na AP nº 470/MG, rel. Min. Joaquim Barbosa, j. 18.09.13), ressaltando-se, todavia, que, se os autos do processo penal forem eletrônicos, não se aplicará a referida benesse, uma vez que todos os sujeitos do processo têm acesso amplo e simultâneo aos autos, cf. o § 2º do art. 229, CPC (QO-Inq nº 3.980/DF, rel. Min. Teori Zavascki, j. 07.06.16).

b) prazos para a acusação

O membro do Ministério Público possui a prerrogativa de ser intimado pessoalmente (art. 41, IV, Lei nº 8.625/93; e art. 18, II, *h*, LC nº 75/93).

Como já estudado, fixou o Superior Tribunal de Justiça, em sede de recuso repetitivo, que o termo inicial da contagem do prazo para impugnar decisão judicial é, para o Ministério Público, a **data da entrega dos autos na repartição administrativa do órgão**, sendo *irrelevante* que a intimação pessoal tenha se dado em audiência, em cartório ou por mandado (REsp nº 1.349.935/SE, rel. Min. Rogerio Schietti Cruz, j. 23.08.17).

No mais, **o Ministério Público não possui direito a prazo em dobro na sua atuação criminal** (STJ, AgRg no AREsp nº 383.959/RN, rel. Min. Ericson Maranho, j. 17.03.16), não sendo o caso de se aplicar o art. 180, *caput*, CPC, restrito à seara civil.

Já em relação ao assistente de acusação, ele também será intimado da decisão, mas, como a sua atuação é supletiva, o seu prazo para recorrer tem início após o término do prazo recursal do Ministério Público (súmula nº 448 do STF). Não se faz necessária uma nova intimação sobre o término do prazo do MP, pois o início do prazo recursal do assistente começa a correr imediatamente – o que é criticado pela doutrina, pois o assistente não tem como controlar se o seu prazo começou ou não, pois o processo pode estar em trânsito dentro do MP ou do cartório judicial (Badaró, 2017).

Por fim, o ofendido não habilitado como assistente de acusação tem o seu prazo recursal iniciado após o término do prazo do Ministério Público, mas ele não é intimado da sentença.

15.1.7.7.1.4.6. Interposições alternativas

A regra é que os recursos sejam interpostos por meio de petição protocolizada no cartório judicial ou por meio eletrônico, no sistema próprio do tribunal e por meio de assinatura digital.

Todavia, há duas formas alternativas de interposição de recursos: (a) por fax e (b) por e-mail.

A Lei nº 9.800/99 permite às partes a utilização de sistema de transmissão de dados para a prática de atos processuais. Assim, admite-se a utilização de sistema de transmissão de dados e imagens do tipo *fac-símile* (fax) ou outro similar para a prática de atos que dependam de petição escrita (art. 1º).

Neste caso, a utilização do **fax** para interpor um recurso não prejudica o cumprimento dos prazos, devendo os originais ser entregues em juízo, necessariamente, até 5 dias da data de seu término (art. 2º). Isso significa que a parte que interpôs um recurso por fax deverá entregar em juízo os originais em até 5 dias após o final do prazo legal para a interposição do recurso, e não a data do recebimento do fax (STJ, AgRg no REsp nº 1.655.168/RO, rel. Min. Maria Thereza de Assis Moura, j. 20.04.17).

E quem fizer o uso deste sistema torna-se responsável pela qualidade e fidelidade do material transmitido e por sua entrega ao órgão judiciário (art. 4º), sob pena de litigância de má-fé se o original entregue em juízo não tiver perfeita concordância com o remetido por fax (art. 5º).

Quanto à utilização de **e-mail** (correio eletrônico) para interpor recursos, entende a jurisprudência não ser esta tecnologia considerada similar ao *fac-símile*, pois não guarda a mesma segurança na transmissão e registro de dados e imagens (STJ, AgRg no AREsp nº 919.403/DF, rel. Min. Sebastião Reis Júnior, j. 13.09.16), além de não existir nenhum respaldo legal autorizativo (STF, HC nº 121.225/MG, rel. Min. Marco Aurélio, j. 14.03.17). Assim, o recurso apresentado por e-mail deve ser considerado *inexistente* (STJ, AgRg no AREsp nº 1.012.314/ES, rel. Min. Ribeiro Dantas, j. 20.06.17).

No atual mundo moderno, é difícil crer que uma pessoa possa interpor recurso por fax, com imagens de baixíssima qualidade e dificuldade de confirmação de envio e recebimento, e não se aceite a interposição por e-mail, cuja petição pode receber até mesmo assinatura digital e com possibilidade de confirmação de envio e recebimento. Além do mais, a Lei nº 9.800/99 permite taxativamente a utilização de transmissão de dados e imagens do tipo fax *ou outro similar*, de onde poderia se incluir o e-mail. Resta aguardar se a jurisprudência, com o passar do tempo, será alterada. Apesar da crítica, não é o entendimento atual dos tribunais.

15.1.7.7.1.5. Ausência de fato impeditivo

Outro pressuposto processual objetivo é o fato impeditivo, que é um acontecimento anterior à interposição do recurso que, justamente, impede que ele seja admitido.

São acontecimentos que impedem, evitam, o conhecimento de um recurso: (a) **renúncia** e (b) **preclusão**. Logo, para que o recurso seja conhecido, não poderá ocorrer renúncia e nem preclusão.

15.1.7.7.1.5.1. Renúncia

A renúncia é o ato por meio da qual a parte legitimada a recorrer manifesta, *anteriormente à interposição do recurso*, o desejo de não recorrer. É o ato de abrir mão da possibilidade de interpor um recurso. Como visto, ninguém é obrigado a recorrer, podendo a parte simplesmente renunciar a este ônus e arcar com as consequências da decisão.

Como só se renuncia ao que se tem, a parte somente pode renunciar ao direito de recorrer a partir do momento em que é proferida a decisão que lhe traz algum prejuízo. Bem observa Gustavo H. Badaró que a "renúncia antecipada" ganhou destaque nos últimos tempos em razão dos acordos de colaboração premiada em que uma das cláusulas, abusiva e ilegalmente, na visão do autor, traz a renúncia à interposição de recursos, inclusive a impetração de *habeas corpus*. Para o autor, "como não se renuncia a um direito inexistente, e o direito de recorrer só surge após a decisão que causa prejuízo à parte, ou não lhe dá toda a vantagem possível, é inviável a renúncia do direito futuro de recorrer" (Manual, 2017, p. 144).

O ato de renunciar à faculdade de recorrer possui algumas características. É, assim: (a) ato **unilateral**, não dependendo da aceitação da parte contrária (cf. art. 999, CPC); (b) ato **irrevogável**, pois, uma vez assim se manifestando, a parte não poderá mais recorrer;

(c) ato **personalíssimo**, não prejudicando terceiros, produzindo efeitos apenas em relação ao renunciante; e (d) ato **formal**, devendo ser realizado por escrito, através de petição ou termo.

Em suma:

Características do direito de renúncia à interposição de recurso
» É **unilateral**, não dependendo de aceitação da parte contrária
» É **irrevogável**, não podendo a parte apresentar recurso após a renúncia
» É **personalíssimo**, não prejudicando terceiros
» É **formal**, devendo ser feito por escrito, por petição ou termo

Deve-se fazer uma interpretação restritiva à renúncia de recorrer. Se, por exemplo, for possível a interposição de mais de um recurso combatendo a decisão, que tem diversos capítulos, e a renúncia for tão somente em relação a um deles, não se estenderá seus efeitos aos outros.

Então, se um acórdão em parte é decidido por maioria e em parte de forma unânime, a renúncia aos embargos infringentes (da parte decidida por maioria) não impedirá a interposição de recurso em relação à parte unânime, como a interposição de recurso especial (Badaró, 2017).

Quanto às partes, é preciso analisar a renúncia pelo defensor, pelo próprio réu e pelo Ministério Público.

Como mencionado – e será estudado adiante – o defensor e o acusado possuem capacidade para interpor recursos (art. 577, CPP). Então, surge a hipótese em que um manifesta o desejo de recorrer e o outro renuncia a esta faculdade. Entende-se que **deve prevalecer a vontade de quem deseja recorrer.** Neste sentido dispõe a súmula nº 705 do STF: "a renúncia do réu ao direito de apelação, manifestada sem a assistência do defensor, não impede o conhecimento da apelação por este interposta".

No entendimento do Superior Tribunal de Justiça, o fato de o acusado, pessoalmente intimado, ter manifestado a intenção de não recorrer, não impede o conhecimento do recurso interposto pelo defensor, pois, havendo divergência entre réu e advogado quanto à eventual interposição de recurso, deverá preponderar o entendimento da defesa técnica, porquanto, sendo profissional especializado, o defensor tem condições de melhor analisar a situação processual do acusado e, assim, garantir-lhe o pleno exercício do direito de defesa (HC nº 113.568/RJ, rel. Min. Laurita Vaz, j. 12.08.10; e HC nº 235.498/SP, rel. Min. Jorge Mussi, j. 12.06.12). De igual modo, se acusado e seu defensor – ainda que dativo – são intimados e ambos não manifestam a pretensão de recorrer, deve ser aplicada a regra da voluntariedade, segundo a qual ninguém é obrigado a recorrer (STJ, HC nº 121.050/SP, rel. Min. Og Fernandes, j. 27.11.12).

Badaró, minoritariamente, entende que deve sempre prevalecer o interesse do acusado, de modo que ele próprio pode renunciar ao recurso, prevalecendo isso, mesmo que tenha havido recurso de seu defensor; e, se o defensor renunciar, mas o réu tiver recorrido, prevalecerá também a vontade do acusado, cabendo ao defensor arrazoar o recurso. O fundamento seria um fator histórico, pois, na redação originária do Código de Processo Penal, a regra era que o acusado deveria recolher-se à prisão para recorrer, de modo que não poderia prevalecer a vontade do defensor em recorrer contrariando a vontade do acusado, já que isso faria com que este (acusado) se recolhesse obrigatoriamente ao cárcere para que o recurso daquele (defensor) fosse conhecido (Manual, 2017).

No que diz respeito ao Ministério Público, o art. 576, CPP, estabelece que ele não poderá desistir do recurso já interposto. Nada diz a respeito da renúncia (prévia à interposição do recurso). É pacífico o entendimento no sentido de que o *Parquet* pode, sim, renunciar à faculdade de interpor recurso. Como no recurso vige o princípio da voluntariedade – em contraposição ao princípio da obrigatoriedade, aplicável à ação penal pública – cabe ao Ministério Público analisar se interporá, ou não, um recurso, não existindo dispositivo legal que o obrigue a, em todos os casos, interpor recursos.

Como defensor da ordem jurídica constitucional (art. 127, "caput", CF), não haveria lógica, por exemplo, em obrigar o membro do Ministério Público a interpor um recurso que, justamente, contraria a lei, como no caso de uma correta absolvição do acusado. Deve, sempre, prevalecer a boa aplicação do Direito, e não a vontade irrestrita de condenação. Se uma absolvição bem atende o ordenamento jurídico, não há como se obrigar o órgão acusatório a buscar, a todo e qualquer custo, a condenação, obrigando-o a interpor – sem fundamento – os recursos possíveis. Logo, se o Ministério Público não é obrigado a recorrer, poderá renunciar a esta faculdade.

Além disso, é possível imaginar a situação em que o processo está prestes a alcançar a prescrição e, caso o Ministério Público recorra, a dilatação temporal prejudicará a coletividade, que assistirá ao desperdício da Justiça. Neste caso, então, poderá o Ministério Público renunciar à faculdade de interpor um recurso, adiantando o trânsito em julgado para a acusação, ainda mais quando a defesa não apresentou recurso.

Ver que Eugênio Pacelli de Oliveira (Curso, 2012) entende que o Ministério Público não pode desistir e nem renunciar quanto a um recurso, pois, se o seu membro entender não ser o caso de recorrer, bastará não apresentar nenhuma impugnação, deixando escoar o prazo legal *in albis*, ou mesmo manifestar-se de acordo com a decisão, mas não será possível expressar um ato formal de renúncia.

15.1.7.7.1.5.2. Preclusão

A ocorrência da preclusão é um fato que impede a parte de interpor um recurso, garantindo que o processo avance em busca de sua conclusão em um prazo razoável. Assim, por exemplo, caso a parte perca o prazo legal para interpor um recurso, ocorrerá preclusão, que é a perda do exercício de uma faculdade processual.

Assim, brevemente, ocorrerá preclusão *temporal* em razão da perda do prazo para recorrer; e haverá preclusão *lógica* caso a parte pratique ato incompatível com outro já praticado anteriormente, como a apresentação de recurso após manifestação de renúncia;

e existirá preclusão *consumativa* quando a parte já tiver exaurido a faculdade de recorrer, não podendo, depois, interpor novo recurso em relação à mesma decisão já impugnada.

15.1.7.7.1.5.3. Recolhimento à prisão

O antigo art. 594, CPP, determinava que o réu não poderia apelar sem se recolher à prisão ou prestar fiança, salvo se primário e de bons antecedentes, assim reconhecido na sentença condenatória.

Referido dispositivo foi revogado pela Lei nº 11.719/08, sob o entendimento de que deve prevalecer o duplo grau de jurisdição e a ampla defesa, não podendo ser exigida a prisão do réu como requisito de admissibilidade de seu recurso.

O art. 585, CPP, ainda mantém a exigência da prisão como requisito para admissão do recurso em sentido estrito, o que, por um lapso do legislador, acabou não sendo revogado. Todavia, aplica-se a mesma razão, devendo ser afastada a exigência de prisão para admissão do RESE, diante da sua revogação tácita.

Apoiando-se em entendimento do Supremo Tribunal Federal, o antigo art. 594, CPP, é datado de época em que o regime jurídico era de exceção, oposto ao regime constitucional atual, em que vigora o estado de não culpabilidade. Considerando isso, não cabe condicionar a admissibilidade do recurso, isto é, o exame do inconformismo em relação à decisão proferida, à apresentação do condenado à prisão (STF, HC nº 90.279/DF, rel. Min. Marco Aurélio, j. 26.03.09).

A prisão apenas poderá ser provisória ou definitiva, de natureza penal ou processual, não existindo prisão condicionante à admissibilidade de recurso. Assim, apenas com uma motivação judicial poderá o acusado ser preso, como em razão da demonstração de prisão preventiva, mas nunca como forma tão somente de condicionar o conhecimento de recurso.

Exemplo: acusado permaneceu solto no curso do processo, mas o juiz, ao sentenciar, recebe a folha de antecedentes e verifica várias acusações, inclusive com reincidência específica e risco de fuga, demonstrando concretamente a necessidade de se decretar a prisão cautelar, mas não como condicionante ao eventual recurso que pode vir a ser interposto, mas em razão da necessidade concreta de se acautelar o processo sentenciado (STF, RHC nº 93.123/RJ, rel. Min. Cármen Lúcia, j. 19.02.09).

Tanto é assim que o atual § 1º do art. 387, CPP, dispõe que o juiz decidirá fundamentadamente sobre a manutenção ou, se o caso, a imposição de prisão preventiva ou outra medida cautelar, *sem prejuízo* do conhecimento de apelação que vier a ser interposta.

15.1.7.7.1.6. Ausência de fato extintivo

O fato impeditivo, como visto, é **anterior** à interposição do recurso. Aqui serão estudados os fatos extintivos, isto é, acontecimentos que ocorrem **após** a interposição do recurso e que podem levar à sua extinção.

Como regra, quando o recurso é conhecido e julgado, seja pelo provimento ou improvimento, ocorrerá a sua extinção ordinária, normal, comum, já que se emitirá um juízo de mérito acerca da questão levada a julgamento. Entretanto, podem surgir fatos que gerarão a extinção extraordinária, anormal, anômala do recurso, sempre após a sua já interposição e antes do seu julgamento de mérito.

São duas as causas consideradas fatos extintivos dos recursos: a (a) **desistência** e a (b) **deserção**.

15.1.7.7.1.6.1. Desistência

Se a renúncia é a declaração de não exercício do direito de recorrer, previamente à interposição do recurso, a desistência é a manifestação de vontade após a interposição do recurso, no sentido de não ter mais interesse com o seu prosseguimento.

Logo, renuncia-se ao que se pode vir a exercer, mas desiste-se do que já foi exercido. Com a desistência, o mérito recursal sequer chega a ser analisado, gerando a sua extinção anormal, autorizando o trânsito em julgado da decisão então recorrida em relação ao desistente.

O princípio básico que guia a interposição de um recurso é a voluntariedade; e, sendo assim, é possível que, por um ato voluntário de disponibilidade, desista-se do recurso em trâmite.

Tal como a renúncia, a desistência é um **ato unilateral**, independendo da vontade da parte contrária (cf. art. 998, CPC, por analogia). Se houver desistência, a parte não poderá voltar atrás e, arrependendo-se deste ato abdicativo, interpor novo recurso, ainda que dentro do prazo recursal legal, uma vez já configurada a preclusão lógica – é **ato irrevogável**.

No entanto, bem observa Badaró que a desistência poderá não implicar a extinção do processo quando houver recurso do corréu fundado em motivo comum, pois, nos termos do art. 580, CPP, a decisão favorável a um corréu pode ser estendida ao outro; deste modo, mesmo que um corréu tenha desistido do seu próprio recurso, ele pode vir a ser atingido (favoravelmente, é claro) pela decisão do recurso do corréu (Manual, 2017).

O limite temporal para que se possa desistir do recurso interposto é o momento imediatamente anterior ao seu julgamento, desde que antes do início das votações dos julgadores, podendo o ato de desistência dizer respeito a todo o recurso ou apenas a parte dele, quando cindível o seu objeto (capítulos da decisão impugnada).

Enquanto o recurso estiver no juízo "a quo", este é o competente para analisar o pedido de desistência; mas, uma vez remetidos os autos ao juízo "ad quem", este passa a ser o competente.

No que diz respeito ao Ministério Público, o art. 576, CPP, estabelece que a ele não se permite desistir do recurso que haja interposto. Tem-se que o *Parquet* não é obrigado a recorrer, mas, uma vez tendo exercido esta faculdade, não poderá mais desistir. Trata-se de decorrência do princípio da indisponibilidade da ação penal (art. 42, CPP).

Interessante situação pode ocorrer no caso de um membro do Ministério Público interpor o recurso, deixando para outro membro apresentar as razões. Isso é possível, por exemplo, na apelação, em que a interposição pode ser apresentada e, depois, o recorrente é intimado para apresentar as razões. A questão é: o que acontece se o membro, que não interpôs o recuso, mas apenas recebeu vista para apresentas as razões, não concordar com a necessidade de recorrer?

Há duas correntes (Brasileiro, 2017). Uma primeira entende que o membro do Ministério Público está obrigado a arrazoar, nos limites da petição de interposição, sob pena de este ato ser interpretado como desistência. Já outra posição entende que, observada a independência funcional (art. 127, § 1º, CF), o membro do Ministério Público que fará as razões do recurso não está obrigado a concordar com os motivos da interposição, podendo, inclusive, arrazoar em sentido contrário, concordando com a decisão então recorrida, não havendo que se falar em desistência tácita.

Quanto à desistência por parte do acusado e seu defensor, ambos poderão desistir do recurso interposto, mas aconselha-se – sob pena de configurar possível nulidade – que o outro seja intimado para que se pronuncie acerca de manter seu interesse no recurso interposto. Assim, se o defensor desistir do recurso, o correto será intimar o acusado para que, querendo, mantenha o recurso já interposto, agora com novo defensor; e, de outro lado, caso o próprio acusado desista do recurso, o seu defensor deverá também ser intimado. Deverá prevalecer, sempre, a vontade de quem deseja recorrer (STJ, HC nº 21.905/SP, rel. Min. Paulo Medina, j. 26.06.03)

Quanto ao defensor dativo, isto é, aquele nomeado pelo juízo, entende-se que ele poderá desistir do recurso interposto, desde que possua poderes especiais ou conte com a anuência da parte. Defende-se a aplicação do art. 105, CPC, quando fixa que o ato de "desistir" exige procuração com poderes especiais, o que pode ser aplicado por analogia ao processo penal (STJ, REsp nº 1.440.765/SP, rel. Min. Sebastião Reis Júnior, j. 22.09.15).

Quanto ao defensor público, não há vedação à desistência do recurso interposto, ainda mais quando houver a anuência expressa do assistido no mesmo sentido (STJ, RHC nº 23.133/RJ, rel. Min. Laurita Vaz, j. 06.10.09).

15.1.7.7.1.6.2. Deserção

Deserção, semanticamente, significa o descumprimento de um compromisso. O querelante, ao mover a ação penal de iniciativa exclusivamente privada ou personalíssima (queixa-crime), assume o compromisso de arcar com os custos financeiros da demanda – o que não acontece com a ação penal de iniciativa pública, diante do interesse coletivo existente, tanto que o Ministério Público é o seu titular privativo (art. 129, I, CF).

Na fase recursal, pode ocorrer de surgir ao querelante o interesse em interpor um recurso, como, por exemplo, uma apelação para ver aumentada a pena do querelado. Para exercer esta faculdade, haverá a obrigatoriedade de se pagar o preparo, que é a despesa financeira na fase recursal. Caso o querelante (autor da queixa-crime) recorra e não arque com o preparo, estará, portanto, configurada a deserção – ou seja, o ato de não cumprir com a obrigação financeira relativa à interposição de seu recurso.

Neste sentido, estipula o art. 806, "caput", CPP, que, nas ações intentadas mediante queixa-crime, nenhum ato ou diligência se realizará sem que seja depositada em cartório a importância das custas, *salvo situação de pobreza.*

Esta obrigação – obviamente – somente diz respeito ao querelante, pois o querelado, na figura de acusado, não será obrigado, em nenhuma hipótese, a arcar com nenhum tipo de encargo financeiro para exercer o seu direito à ampla defesa e de acesso ao duplo grau de jurisdição. Logo, a deserção é hipótese ligada unicamente ao não pagamento de preparo pelo querelante, autor da queixa-crime.

Ademais, como mencionado, o preparo diz respeito tão somente às hipóteses de **ação penal de iniciativa privada exclusiva ou personalíssima**, não tratando da ação penal privada subsidiária da pública, em que o querelante substitui o Ministério Público diante da inércia deste, já que se mantém o interesse público na solução da causa penal. E, por conseguinte, não há que se falar em preparo em relação às ações penais de natureza pública (STJ, HC nº 307.794/DF, rel. Min. Jorge Mussi, j. 17.03.15).

Deve-se atentar ao art. 1.007, *caput*, CPC, aplicável ao processo penal (cf. o art. 3º, CPP), que dispõe que, no ato de interposição do recurso, o recorrente comprovará, quando exigido, o respectivo preparo, sob pena de deserção. A insuficiência de preparo implicará deserção se o recorrente, intimado na pessoa de seu advogado, não vier a supri-lo em 5 dias (§ 2º). Quando o recorrente não comprovar, no ato de interposição do recurso, o recolhimento do preparo, deverá ser intimado, na pessoa de seu advogado, para realizar o pagamento em dobro, sob pena de deserção (§ 4º). Logo, se insuficiente o preparo, intima-se para recolher a diferença; mas, se não feito o preparo, intima-se para recolhimento em dobro – sempre sob pena de deserção.

Por fim, o antigo art. 595, CPP, previa que, se o réu fugisse depois de ter apelado, este seu recurso seria considerado deserto. Como visto anteriormente, o recurso não era conhecido se o réu não se recolhesse à prisão, de modo que, por lógica, o seu recurso, também, seria considerado deserto se, após ter se recolhido à prisão, fugisse. Aquele dispositivo foi revogado pela Lei nº 11.719/08, sendo este revogado pela Lei nº 12.403/11. Garante-se, com isso, o duplo grau de jurisdição e a ampla defesa, independentemente de prisão ou de posterior fuga, pois **a fuga não pode ser considerada um pressuposto negativo de admissibilidade do recurso** (STF, HC nº 91.945/SP, rel. Min. Ellen Gracie, j. 24.06.08).

15.1.7.7.2. *Pressupostos subjetivos*

São dois os pressupostos subjetivos de admissibilidade: (a) **legitimidade** e (b) **interesse.**

15.1.7.7.2.1. Legitimidade

A legitimidade recursal diz respeito à pertinência subjetiva dos recursos, isto é, somente a parte que sofreu algum gravame poderá recorrer (Tourinho Filho, 2008).

Há dois grupos de legitimados para recorrer: (i) os gerais e (ii) os especiais.

Os **legitimados gerais** estão previstos no art. 577, "caput", CPP, que dispõe que o recurso poderá ser interposto pelo Ministério Público, pelo querelante, ou pelo réu, seu procurador ou seu defensor.

Já os **legitimados especiais** guardam relação com situações específicas, como a legitimidade do ofendido (vítima) em apelar contra a sentença absolutória (art. 598, CPP – recurso subsidiário), ou do assistente de acusação, que pode interpor recurso em sentido estrito contra a decisão que extingue a punibilidade (art. 584, § 1º, CPP).

Vale a observação de que, para alguns (Brasileiro, 2017), existe, no Processo Penal, a possibilidade de que um terceiro prejudicado recorra, tal como ocorre em relação àquele que prestou fiança em favor do preso, que, posteriormente, veio a quebrá-la (art. 581, VII, CPP), enquanto que, para outros (Badaró, 2017), o Processo Penal não prevê a interposição de recursos pelo terceiro prejudicado, ao contrário do que se dá no Processo Civil (art. 996, CPC), pois, se um terceiro – como aquele que prestou fiança em benefício de outrem – tem ferido um direito seu, deverá valer-se do mandado de segurança, já que não é possível o emprego da analogia para ampliar a legitimidade recursal.

Abaixo serão estudados os principais pontos quanto à legitimidade.

15.1.7.7.2.1.1. Legitimados gerais

Legitimados gerais são, basicamente, as partes principais do processo. No caso de ação penal de iniciativa pública, são o Ministério Público e o acusado; e no caso de ação penal de iniciativa privada, o querelante e o querelado.

No que diz respeito ao **Ministério Público**, este possui legitimidade para interpor recursos tanto na atuação como *parte* (ação penal pública) quanto na atuação como *fiscal da ordem jurídica* (ação penal de iniciativa privada). Deve-se ter em mente que o Ministério Público pode, como já visto, até mesmo pugnar pela absolvição do acusado (art. 385, CPP), de modo que o órgão busca a realização da ordem jurídica justa, desempenhando uma função de justiça (Schietti, 2013). Logo, poderá recorrer em toda ação penal em curso, inclusive em benefício do réu.

Ressalta-se que o Ministério Público, tratando-se de ação penal de iniciativa privada, não terá legitimidade para recorrer em favor do querelante (autor da ação penal) quando o querelado (réu da ação penal) for absolvido, aplicando-se a regra básica de conveniência e oportunidade por parte do querelante, que tem a ação penal de iniciativa privada à sua disposição.

Como explica José Frederico Marques (Elementos, 1998, v. 4), o Ministério Público, em ação penal de iniciativa privada, nunca poderá recorrer contra o mérito de sentença absolutória, considerando que o direito de acusar foi, neste caso, transferido ao querelante-ofendido, faltando-lhe interesse em reformar ou modificar a decisão.

Entretanto, no caso de o querelado ter sido efetivamente *condenado*, o membro do Ministério Público terá legitimidade para recorrer objetivando majorar a pena aplicada pelo juiz, isto é, terá legitimidade para, atuando como fiscal da ordem jurídica, fiscalizar a boa e adequada fixação da sanção penal, observando-se os parâmetros de justiça idealizados pela sociedade. Lembre-se que o direito de (bem) punir é sempre do Estado.

Assim:

LEGITIMIDADE DO MP PARA RECORRER EM AÇÃO PENAL PRIVADA	
Querelado (réu) absolvido	**Querelado (réu) condenado**
Não tem legitimidade, diante dos princípios da oportunidade e conveniência da ação penal.	Tem legitimidade para aumentar a pena, objetivando uma sanção justa, que é o objetivo do Estado.

O **querelante** (autor da ação penal de iniciativa privada) possui legitimidade para recorrer no interesse de seus objetivos de ver o ofensor (querelado) condenado. Considerando que, por vezes, o querelante pode vir a mover queixa-crime carregado de ira e com fins de vingança apenas, o Ministério Público, como visto, possui legitimidade para recorrer, sempre buscando a boa aplicação do Direito, mesmo que em benefício do réu.

É de se observar que o **réu** possui capacidade recursal autônoma, ou seja, poderá, por si só, independentemente da assistência de profissional do Direito habilitado, interpor recurso que seja do seu interesse. Isso, obviamente, está restrito ao ato de interposição, ou seja, à manifestação do desejo de recorrer, tempestivamente, contra uma decisão desfavorável. O ato de arrazoar (de apresentar as razões de inconformismo), no entanto, é exclusivo de profissionais legalmente habilitados, como os advogados e os defensores públicos.

Logo, "a parte, ela mesma, pode interpor recursos em sede penal, sendo dever do Estado-Juiz a nomeação de defensor, em obséquio ao direito da ampla defesa assegurado na Constituição da República" (STJ, HC nº 17.991/MG, rel. Min. Hamilton Carvalhido, j. 19.12.02). Desta feita, caberá ao julgador, ao verificar que o réu, por sua própria legitimidade, interpôs um recurso, nomear-lhe um defensor para arrazoar o recurso, com os devidos fundamentos jurídicos necessários ao convencimento do juiz.

Lendo o art. 577, "caput", CPP, vê-se que possui legitimidade recursal o "réu, seu procurador ou seu defensor". Não fala a lei em réu *por* seu procurador ou defensor. Prevê a lei, isto sim, a legitimidade autônoma do próprio **defensor**, que interporá recurso em nome próprio na defesa de interesse do acusado. Há um direito de recorrer, que pode ser exercido por meio de dois legitimados: réu ou defensor. A legitimidade é concorrente, mas em busca de um só interesse: o do acusado (Badaró, 2017). Como bem ensinam Grinover, Gomes Filho e Fernandes, a legitimidade, neste caso, é autônoma e concorrente/disjuntiva, podendo qualquer dos legitimados recorrer, sem que um interfira no direito do outro (Recursos, 2008).

Surge, então, como já observada alhures, a hipótese em que o réu manifesta o desejo de recorrer e o seu defensor renuncia a esta faculdade, por exemplo – ou o contrário. Entende-se que deve prevalecer a vontade de quem deseja recorrer. Neste sentido, pois, dispõe a súmula nº 705 do STF: "a renúncia do réu ao direito de apelação, manifestada sem a assistência do defensor, não impede o conhecimento da apelação por este interposta".

No entendimento do Superior Tribunal de Justiça, o fato de o acusado, pessoalmente intimado, ter manifestado a intenção de não recorrer, não impede o conhecimento do recurso interposto pelo defensor, pois, havendo divergência entre réu e advogado quanto à eventual interposição de recurso, deverá prevalecer o entendimento da defesa técnica, porquanto, sendo profissional especializado, o defensor tem condições de melhor analisar a situação processual do acusado e, assim, garantir-lhe o pleno exercício do direito de defesa (HC nº 113.568/RJ, rel. Min. Laurita Vaz, j. 12.08.10; e HC nº 235.498/SP, rel. Min. Jorge Mussi, j. 12.06.12).

Por fim, vale observar que o delegado de polícia não possui legitimidade recursal. Assim, por exemplo, caso ele represente pela decretação da prisão preventiva do acusado e o juiz a indefira, ele não terá legitimidade para interpor recurso em sentido estrito combatendo esta decisão.

15.1.7.7.2.1.2. Legitimados especiais

É a situação, basicamente, do **assistente de acusação** (ofendido), o que se dará nas ações penais públicas, seja de natureza incondicionada ou condicionada à representação.

Fala-se que sua legitimidade é especial porque restrita a situações específicas, atuando ao lado do Ministério Público. Nos termos do art. 268, CPP, em todos os termos da ação pública poderá intervir, como assistente do Ministério Público, o ofendido ou seu representante legal, ou, na falta, o cônjuge, ascendente, descendente ou irmão (art. 31, CPP).

Nos ternos restritos do art. 271, CPP, o assistente de acusação pode arrazoar os recursos interpostos pelo Ministério Público ou ele mesmo poderá arrazoar os recursos de impronúncia, de absolvição ou de extinção da punibilidade. Se o Ministério Público não interpuser o recurso no prazo legal, o assistente de acusação pode interpor apelação ou recurso em sentido estrito, *que não terão efeito suspensivo* (art. 584, § 1º c.c. art. 598, CPP).

A atuação do assistente de acusação é sempre supletiva/subsidiária, ou seja, interporá recurso quando o Ministério Público assim não o fizer. Então, quando o art. 271, CPP, diz que o assistente de acusação poderá arrazoar os recursos do Ministério Público, significa que, se este for total (abrangendo todo o objeto da impugnação almejada), ele reforçará as razões já apresentadas pelo Ministério Público, e, se for parcial (abrangendo apenas parte da impugnação almejada), ele apresentará as razões quanto à parte faltante que deseja ver reformada e/ou reforçará a parte já impugnada.

Interessante debate surge quanto à natureza da atuação do assistente de acusação ao recorrer diante da inércia do Ministério Público. De um lado, há quem entenda que haverá substituição processual, já que o assistente substituirá o Ministério Público no papel de acusador, pois não é possível alguém auxiliar quem permaneceu inerte. Já de outro lado, há quem entenda que o assistente de acusação nunca suplantará a atuação do Ministério Público, que é o titular exclusivo da ação penal pública, nos termos do art. 129, I, CF, devendo-se permitir que o assistente de acusação tão somente arrazoe recurso interposto pelo Ministério Público, vedando-se sua atuação em contrariedade ao *Parquet*. O Código de Processo Penal parece não ter adotado nenhuma dessas correntes, atribuindo simplesmente **legitimidade subsidiária** ao assistente de acusação, seja para apresentar seu próprio recurso ou para arrazoar o recurso já interposto pelo Ministério Público, já que o objetivo é a busca de uma justa decisão judicial penal.

Para recorrer, não há necessidade de prévia habilitação do assistente de acusação no processo. A própria interposição do recurso, portanto, valerá como requerimento (implícito) de habilitação.

Se já estiver habilitado, o assistente terá o prazo de **5 dias** para arrazoar apelação ou recurso em sentido estrito. Se não estiver habilitado, o assistente terá o prazo de **15 dias**. Em ambos os casos, o prazo terá início após o transcurso do prazo para o Ministério Público, nos termos da súmula nº 448 do STF – e, obviamente, observado o momento em que o assistente de acusação é intimado, não podendo o prazo recursal ter início antes mesmo da intimação oportunizando a apresentação de recurso, nos moldes do § 1º do art. 370, CPP.

Como estudado no capítulo referente aos sujeitos do processo, há duas correntes quanto ao fundamento e à finalidade do assistente de acusação. Para aqueles que entendem que o único objetivo é econômico, ou seja, alcançar uma condenação penal que tornará certa a obrigação de indenizar o ofendido pelos danos causados pela prática do crime, o assistente de acusação poderá interpor dois recursos: apelação e recurso em sentido estrito – além, claro, dos recursos disso decorrentes, como o recurso extraordinário ao STF e o recurso especial ao STJ (súmula nº 210 do STF).

De outro lado, para a corrente (hoje majoritária) que entende que a finalidade do assistente de acusação não é apenas buscar uma indenização, mas, também, auxiliar o Ministério Público na busca de uma condenação criminal, objetivando a busca de justiça à vítima do delito, o assistente de acusação tem poderes amplos para recorrer. Como já decidiu o Superior Tribunal de Justiça, o assistente de acusação tem legitimidade para apelar da sentença, ainda que com o objetivo de apenas aumentar a pena imposta pelo juízo de primeiro grau, tendo em vista que sua atuação é na busca da justa sanção penal (REsp nº 1.496.114/RJ, 6ª Turma, rel. Min. Rogerio Schietti Cruz, j. 07.11.17).

Ver, todavia, que o mesmo Superior Tribunal de Justiça, por meio da 5ª Turma, possui acórdãos no sentido de que a atuação do assistente de acusação está limitada às hipóteses do art. 271, CPP, de forma taxativa. No caso, entendeu-se pela ilegitimidade na interposição de recurso em sentido estrito combatendo a decisão que substituiu a prisão preventiva por medidas cautelares alternativas, diante da ausência de previsão legal neste sentido (HC nº 400.327/RJ, rel. Min. Reynaldo Soares da Fonseca, j. 08.08.17).

Embora respeitável tal decisão, faz-se necessário interpretar o Código de Processo Penal à luz das recentes modificações introduzidas pelas Leis nº 11.689/08, 11.719/08 e 12.403/11 (Brasileiro, 2017). Ora, o art. 311, CPP, por exemplo, outorga ao assistente de acusação legitimidade para requerer a prisão preventiva do acusado, de modo que seria um tamanho contrassenso não lhe fornecer os meios impugnativos contra decisão que lhe seja desfavorável (revogando a prisão ou substituindo-a por medidas diversas). A lei não pode entregar com uma mão a possibilidade de requerimento e, com a outra, retirar a possibilidade de se recorrer. Faltará lógica no sistema jurídico.

Do mesmo modo, a súmula nº 208 do STF dispõe ser vedado ao assistente de acusação recorrer contra decisão concessiva de "habeas corpus". À época da edição da referida súmula (de 1963), o assistente de acusação não tinha legitimidade para – como hoje previsto – requerer a prisão preventiva do acusado. Então, se, hoje, a Lei nº 12.403/11 outorgou tal legitimidade ao assistente de acusação, resta um tanto óbvio que ele poderá interpor todos os recursos necessários para combater decisões que lhe sejam desfavoráveis. Se ele pode requerer uma prisão preventiva, é claro que poderá recorrer contra uma decisão que não lhe dê o que foi pedido. Neste sentido, Renato Brasileiro de Lima entende que a súmula nº 208 do STF está superada diante da referida inovação legislativa (Manual, 2017).

Por fim, Gustavo Henrique Badaró (Manual, 2017) ensina que a atuação do assistente de acusação está limitada ao crime do qual ele foi vítima. O autor traz o seguinte exemplo: um acusado é processado por ter praticado lesões corporais decorrentes de acidente de trânsito em A, B e C, restando absolvido por todos os crimes. O Ministério Público se conforma e apenas A recorre. Neste caso, o tribunal apenas analisará o recurso em relação ao crime praticado contra A, já que os crimes contra B e C, que não recorreram, tiveram as decisões transitadas em julgado, considerando que cada ofendido apenas poderá recorrer em relação ao crime do qual foi vítima. Logo, não é possível a extensão dos efeitos do recurso de um assistente de acusação em relação a outros crimes dos quais ele próprio não foi vítima.

15.1.7.7.2.2. Interesse

Ao lado da legitimidade, outro pressuposto recursal subjetivo diz respeito ao interesse em recorrer. Nos termos do art. 577, p.ú., CPP, não se admitirá recurso da parte que não tiver interesse na reforma ou modificação da decisão.

Interesse é o que pode trazer uma utilidade ou vantagem. Logo, tem interesse em recorrer quem quer ver reformada uma decisão que lhe foi desfavorável, objetivando – por meio do recurso – uma decisão útil ou vantajosa. Se a acusação requer a condenação, mas o juiz absolve o acusado, surgirá o interesse em recorrer; do mesmo modo, se a defesa requer a absolvição, mas o juiz condena o acusado, advirá o interesse em recorrer.

A tradução do interesse recursal é o aparecimento da **sucumbência**, que é a perda, a derrota, o prejuízo. Esta pode ser total ou parcial, a depender do objeto da decisão. Se o Ministério Público, por exemplo, pede a condenação por furto qualificado, mas o juiz condena o agente por furto simples, o pedido acusatório foi atendido apenas em parte, pois houve condenação, mas não nos exatos termos do pedido condenatório (incidência da qualificadora). Logo, surgirá o interesse em recorrer.

A doutrina especializada ensina que o interesse recursal é representado pelo binômio necessidade-adequação ou adequação-utilidade. Sempre haverá adequação quando a parte sucumbente for a juízo pleitear o provimento jurisdicional apto a corrigir o mal sofrido

– logo, deverá ser utilizado o recurso adequado à melhora da situação do recorrente (Grinover, Gomes Filho e Fernandes, 2008).

Assim, subdivide-se o interesse em:

a) **interesse-necessidade**: é a utilização do recurso como forma de se obter o que se espera e se pede como prestação jurisdicional. Se o acusado pede sua absolvição, mas o juiz o condena, surgirá o interesse-necessidade em recorrer desta condenação pleiteando-se a absolvição ao tribunal. Como o acusado condenado não pode agir pelas suas próprias mãos, mas apenas por meio do Estado, surgirá a necessidade de utilizar os instrumentos aptos à satisfação do seu interesse, que, no caso, é a interposição de um recurso.

b) **interesse-utilidade**: é a utilização do recurso como forma de se obter uma situação mais vantajosa do que a existente anteriormente.

Tendo isso em vista, não se admite recurso para solucionar divagações meramente acadêmicas. Logo, **recorre-se apenas contra o dispositivo** (conclusões da decisão), e não contra a motivação, salvo, excepcionalmente, situações pontuais em que a motivação for essencial, como os motivos da absolvição que repercutem sobre o direito à indenização civil, por exemplo. Preciosismos exacerbados, como recorrer até as últimas instâncias a fim de apenas acrescentar uma expressão à decisão judicial que em nada alterará o seu resultado, afastam o interesse recursal (STJ, REsp nº 1.776.458/RS, rel. Min. Rogerio Schietti Cruz, j. 05.08.19).

Entende-se não ser útil a impugnação da ementa do julgado, uma vez que esta possui conteúdo meramente informativo, não substituindo a decisão em si – embora exista entendimento contrário, afirmando que haverá utilidade em interpor recurso para que os julgadores não sejam confundidos nas futuras decisões, já que eles poderão apenas ler a ementa do julgado, que poderia estar incorreta ou com omissões, por exemplo, influenciando negativamente a parte.

Ademais, não se admite recurso combatendo um dos fundamentos da decisão quando ela está apoiada em outros fundamentos também, suficientes para justificá-la. Assim, se a condenação está apoiada em cinco argumentos sólidos, não haverá interesse na interposição de recurso combatendo apenas um desses fundamentos, já que restarão outros quatro suficientemente aptos a manter a decisão recorrida. Neste sentido, inclusive, dispõe a súmula nº 283 do STF, fixando ser inadmissível o recurso extraordinário quando a decisão recorrida se assentar em mais de um fundamento suficiente e o recurso não abrange todos eles.

15.1.7.7.2.2.1. Sucumbência

Consoante Tourinho Filho (Manual, 2008), o pressuposto fundamental do recurso é a sucumbência, que é a existência de um prejuízo que a parte entende que sofreu com a decisão contra a qual recorre. O autor traz a seguinte classificação da sucumbência:

a) **única**: o prejuízo atinge apenas uma das partes. Ex.: acusado é condenado nos exatos termos da denúncia – o réu será o único sucumbente, já que o pedido condenatório da acusação foi atendido.

b) **múltipla**: o prejuízo atinge vários interesses. Subdivide-se em: (i) múltipla *paralela*, quando atinge interesses idênticos, como no caso de dois acusados que são condenados, sofrendo o mesmo prejuízo; e (ii) múltipla *recíproca*, quando atinge interesses opostos, como o acusado que é condenado, mas com uma atenuante, em desconformidade com o entendimento do MP, de modo que tanto acusação quanto acusado sofreram prejuízo, podendo ambos interpor recurso contra esta decisão (o acusado, porque foi condenado, e a acusação, porque foi reconhecida a atenuante).

c) **direta**: o prejuízo atinge uma das partes da relação processual, como o Ministério Público ou o acusado.

d) **reflexa**: o prejuízo atinge pessoas fora da relação processual, tal como se dá cf. o art. 598, "caput", CPP, que outorga legitimidade para que as pessoas enumeradas no art. 31, CPP, interponham recurso, mesmo que ainda não habilitadas como assistente de acusação no processo.

e) **total**: o pedido não é atendido na sua integralidade. Ex.: o acusado pleiteia a absolvição, mas o juiz o condena nos exatos termos da denúncia.

f) **parcial**: o pedido não é atendido apenas em parte. Ex.: o Ministério Público pleiteia a condenação por crime qualificado, mas o juiz condena por crime simples apenas.

15.1.7.7.2.2.2. Interesse do acusado

Como regra, o acusado sempre terá interesse em recorrer contra decisões condenatórias ou absolutórias impróprias (que impõem uma medida de segurança). Poderá pedir, por exemplo, a absolvição, a diminuição da pena, o reconhecimento de uma atenuante, a incidência da tentativa etc.

A questão que se coloca é saber se o acusado tem interesse em interpor recurso contra decisão absolutória própria, que não impõe nenhuma sanção penal. E a resposta é *sim*.

Sempre que a absolvição gerar repercussão em outras esferas, o acusado terá interesse na modificação do seu fundamento legal. Basta imaginar, por exemplo, o acusado que é absolvido por estar provada a inexistência do fato (art. 386, I, CPP) em relação ao acusado que é absolvido por não existir prova suficiente da existência do fato (art. 386, II, CPP).

Ora, se o fato não existiu materialmente, isso fará coisa julgada na esfera cível, não existindo o dever de indenização à vítima pelo fato. Diferentemente disso, se não há provas suficientes da existência do fato, isso não afastará a possibilidade de o agente ser processado civilmente, podendo a vítima buscar a devida indenização.

Logo, poderá o acusado, por exemplo, mesmo que absolvido, recorrer para que, ao invés de ser absolvido pelo inc. II do art. 386, CPP, ser absolvido com fundamento no inc. I do art. 386, CPP, de modo a gerar interferência em seu favor na esfera cível.

No mesmo sentido, pode haver interesse quanto à repercussão na esfera administrativa, nos termos do art. 126 da Lei nº 8.112/90, já que esta será afastada no caso de absolvição criminal que negue a existência do fato ou sua autoria. Caso haja absolvição por outro fundamento, surgirá o interesse do acusado em recorrer para que o Poder Judiciário reconheça a inexistência do fato ou a negativa de autoria.

Situação interessante surge quando o juiz reconhece/declara a extinção da punibilidade (como a prescrição) e deixa de absolver o agente. A questão, portanto, é: o acusado tem interesse em recorrer, pleiteando a absolvição, ou deve se contentar com o reconhecimento da extinção da punibilidade?

Há duas posições divergentes.

De um lado, *majoritariamente*, entende-se que a decisão que reconhece a extinção da punibilidade é meramente declaratória (súmula nº 18, STJ), devendo o juiz reconhecê-la de ofício em qualquer fase do processo (art. 61, CPP). Se o acusado pudesse recorrer dessa decisão pleiteando a absolvição, o tribunal ficaria de mãos atadas, pois, se negasse provimento, estará dizendo que o agente tem culpa, o que não é possível diante de uma causa extintiva – justamente – da punibilidade. Logo, para esta corrente, o agente que teve reconhecida a extinção da punibilidade não tem interesse em recorrer pleiteando a absolvição.

Basta ver que o tribunal, ao reconhecer uma causa extintiva da punibilidade, sequer analisa o mérito do recurso interposto, ainda que patente a absolvição. Assim, declarada a extinção da punibilidade, inexiste interesse recursal em se pleitear a absolvição (STJ, EDcl no AREsp nº 1.223.253/BA, rel. Min. Maria Thereza de Assis Moura, j. 20.03.18; AgRg no AREsp nº 1.229.220/SC, rel. Min. Reynaldo Soares da Fonseca, j. 24.09.19; e STF, HC nº 115.098/RJ, rel. Min. Luiz Fux, j. 07.05.13).

Já de outro lado, *minoritariamente*, o acusado teria o direito de buscar pronunciamento de mérito sobre sua inocência, ainda que já extinta a punibilidade, nos moldes da presunção de inocência, com previsão constitucional (art. 5º, LVII) e convencional (CADH, art. 8.2), prevalecendo sobre a mera previsão legal do art. 61, CPP. Nas palavras de parte da doutrina, "não admitir o interesse recursal em tal caso significa um sacrifício da normal amplitude de chances de buscar um eventual reconhecimento da inocência" (Badaró, Manual, 2017, p. 139). Para esta corrente, melhor é a previsão do Código de Processo Penal Militar, que dispõe que a prescrição pode ser reconhecida ao longo do processo, *sem prejuízo do andamento do recurso* (art. 125, § 1º). Até porque, não haveria razão lógica para se reconhecer o direito de apelar com o fim de mudar o fundamento da absolvição, como visto acima, mas não se admitir o recurso contra decisão extintiva da punibilidade.

15.1.7.7.2.2.3. Interesse da acusação

A regra é que o órgão acusatório, formado o seu convencimento quando do oferecimento da denúncia, tenha interesse recursal para combater eventual decisão contrária aos seus interesses, como, por exemplo, uma decisão absolutória, que tenha reconhecido uma causa de diminuição ou extintiva da punibilidade.

Todavia, deve-se lembrar que o Ministério Público é instituição permanente, essencial à função jurisdicional do Estado, incumbindo-lhe a defesa da ordem jurídica, do regime democrático e dos interesses sociais e individuais indisponíveis. Assim, não tem o Ministério Público interesse em condenar um inocente, de modo que a justiça deve ser, efetivamente, buscada. Neste sentido, aliás, o Ministério Público pode impetrar "habeas corpus" (art. 654, CPP) e pleitear a absolvição do acusado (art. 385, CPP) – como já estudado.

Logo, se o Ministério Público, mesmo tendo oferecido denúncia, pede a absolvição, que não é atendida pelo julgador, surgirá o interesse em recorrer pleiteando-a, diante da sucumbência sofrida. No entanto, caso o Ministério Público, em alegações finais, tenha pedido a absolvição e o julgador assim também entenda, não terá o *Parquet*, na sequência, interesse recursal em pleitear a absolvição, pois não houve sucumbência, já que o pedido feito (de absolvição) foi plenamente atendido.

Questão interessante surge quanto à vinculação, ou não, do Ministério Público em relação à posição adotada por um membro seu anteriormente. Exemplo: o promotor de justiça Fulano oferece denúncia e, tempos depois, quando da apresentação de alegações finais, é substituído pelo promotor de justiça Beltrano, em razão das férias daquele, que pede a absolvição em razão da inexistência de provas para a condenação; o juiz atende ao pedido feito e, quando devolve os autos ao Ministério Público para ciência desta decisão, o promotor de justiça Fulano já retornou de suas férias, não se conformando com a posição adotada pelo seu colega. Pergunta-se: Fulano tem interesse recursal, mantendo sua posição em contrariedade com o entendimento exposto nas alegações finais por seu colega?

A questão deve ser analisada tendo em vista o seguinte conflito: indivisibilidade do Ministério Público e independência funcional do seu membro.

Analisando-se com fundamento na **indivisibilidade**, a instituição "Ministério Público" (e não o promotor de justiça Beltrano) pediu a absolvição, de modo que a atuação no processo se deu em nome do órgão ministerial, e não no nome de um dos seus membros, não sendo possível a Fulano recorrer contra a decisão absolutória.

De outro lado, analisando-se com fundamento na **independência funcional**, o membro do Ministério Público possui, motivadamente, liberdade para pleitear o que bem entender conforme a lei, de modo a prevalecer a sua convicção nas suas manifestações.

Deve ser aplicado o primeiro ponto de vista, da indivisibilidade do Ministério Público. Quem fala nos autos do processo é o Ministério Público, e não um determinado membro seu, de forma que **a substituição de seus membros não altera subjetivamente a relação processual**, existindo apenas "Ministério Público", e não um dado membro seu como parte no processo. Neste sentido entende a jurisprudência do Superior Tribunal de Justiça (REsp nº 1.182.985/PR, rel. Min. Marco Aurélio Bellizze, j. 18.06.13; e HC nº 171.306/RJ, rel. Min. Gilson Dipp, j. 20.10.11).

Se a instituição pleiteia a absolvição em alegações finais, não haverá interesse, como visto, em, ulteriormente, requerer a condenação por meio de um pedido recursal, sob pena de ferir dois fundamentos básicos do sistema recursal: a lealdade processual (art. 5º, CPC) e a inexistência de sucumbência (art. 577, p.ú., CPP).

Ora, a parte – por mais que o processo seja feito de interesses conflitantes – deve adotar sempre uma conduta leal e de boa-fé. Basta lembrar da máxima *venire contra factum proprium*, que impede que uma pessoa exerça um direito do qual é titular contrariando um comportamento anterior, pois isso gerará, justamente, desconfiança pela outra parte, demonstrando deslealdade. Proíbe-se, com isso, o comportamento contraditório, já que a parte contrária possui a legítima confiança na conservação do comportamento já adotado no processo pelo Ministério Público, pois o processo não pode ficar ao alvedrio de seus membros. Além disso, não existirá sucumbência, já que, se o Ministério Público requereu a absolvição e o juiz assim decidiu, o pedido foi integralmente acatado, não existindo prejuízo, de modo que não exsurgirá interesse recursal, pois não há como se recorrer de um pedido feito e totalmente acatado pelo julgador.

Ainda quanto ao Ministério Público, este possui interesse em recorrer em ações penais de iniciativa privada, seja em favor ou em desfavor do acusado. Apenas não poderá recorrer contra sentença absolutória se o próprio querelado, autor da queixa-crime, assim não o fez, sob pena de ferir o princípio da disponibilidade da ação penal de iniciativa privada – tema já estudado anteriormente.

No mais, quanto ao ofendido (assistente de acusação), como já visto, ele possui interesse em recorrer objetivando a condenação do acusado ou mesmo o aumento da pena. Poderá, inclusive, recorrer almejando a alteração dos fundamentos da absolvição, pois, como estudado, isso poderá interferir na esfera cível em relação à indenização.

15.1.8. Efeitos dos recursos

A interposição de um recurso gera consequências, comumente chamadas de efeitos. São, basicamente, os seguintes: obstativo; devolutivo; suspensivo; regressivo; extensivo; substitutivo; translativo; e dilatório-procedimental.

Cada um desses efeitos será analisado na sequência, sendo que os efeitos de cada recurso em espécie serão estudados posteriormente. Isso significa que não são todos os recursos que terão todos os efeitos abaixo.

15.1.8.1. *Obstativo*

Como já visto, o recurso deve ser interposto dentro do prazo legal e antes do trânsito em julgado da decisão recorrida.

Logo, o efeito obstativo significa que a interposição de um recurso obsta/impede a ocorrência do trânsito em julgado da decisão da qual se recorre, de modo a não ocorrer a preclusão temporal, até o final julgamento, quando não couber mais nenhum recurso, nos termos do art. 6º, § 3º, da LINDB (STJ, AgRg no REsp nº 1.256.973/RS, rel. Min. Sebastião Reis Júnior, j. 07.11.13).

Consoante entendimento jurisprudencial, se inadmitido o recurso, cuja decisão de inadmissão é mantida pelo tribunal, haverá a formação de coisa julgada, que deverá retroagir à data do término do prazo para interposição do último recurso cabível (STJ, EAREsp nº 368.266/SP, rel. Min. Gurgel de Faria, j. 12.08.15; e STF, HC nº 145.829/DF, rel. Min. Roberto Barroso, j. 09.08.17).

Como a decisão de não conhecimento/inadmissão é declaratória, opera-se efeito *ex tunc* (retroativo), de modo que o trânsito em julgado retroagirá à data de escoamento do prazo para a interposição de recurso admissível.

Além disso, é preciso atentar que não é a simples interposição de recurso dentro do prazo legal que impedirá o trânsito em julgado da decisão judicial combatida, mas, sim, a interposição do recurso cabível, pois o recurso só terá o poder de impedir a formação da coisa julgada se o mérito da decisão recorrida puder ser modificado.

15.1.8.2. *Devolutivo*

Todo recurso o possui. Significa a remessa da questão recorrida ao órgão jurisdicional competente para o julgamento do recurso.

O nome do efeito ("devolutivo") parece não ter muita lógica, pois só se devolve algo a alguém que detinha a coisa anteriormente. Ora, se o recurso é, como regra, julgado por um órgão superior - como um tribunal - a questão não lhe pode ser simplesmente "devolvida", porque nunca chegou a ser analisada por este órgão. Como é que se "devolve" a questão a um tribunal que nunca sequer tomou conhecimento da existência desse processo? Hélio Tornaghi, então, explica que "durante larga faixa de tempo o rei encarnava o Poder Judiciário e o delegava a juízes de várias classes e tipos. Quando a decisão do juiz não satisfazia a uma das partes (naturalmente à vencida), ela recorria ao delegante, e o poder de decidir lhe era devolvido. Parece provir daí a expressão efeito devolutivo" (Curso, 1989, p. 312, v. 2). Logo, o nome do efeito possui raiz histórica, sendo adotado, sem muita razão, até os dias de hoje.

O melhor nome a este efeito seria, por exemplo, "efeito atributivo", por atribuir ao tribunal uma matéria a ser decidida por meio do recurso. De acordo com Marinoni, Arenhart e Mitidiero, o tribunal somente pode reapreciar a decisão do juiz de primeiro grau porque o efeito devolutivo a ele *atribui* o poder de reexaminar as decisões anteriormente exaradas, pois, se não fosse esse efeito, qualquer intromissão do tribunal sobre decisões do juízo *a quo* violaria o princípio do juiz natural (O Novo, 2016).

Atribui-se (devolve-se) ao órgão *ad quem*, portanto, uma matéria delimitada, já que, como visto, o recurso pode ser total ou parcial, conforme a sucumbência e a aceitação da parte vencida. Aplica-se, assim, a regra do ***tantum devolutum quantum appelatum***, isto é, a matéria devolvida, que será analisada pelo órgão recursal competente, dependerá da delimitação feita na impugnação. Vê-se clara aplicação do princípio da inércia da jurisdição, em que o Poder Judiciário apenas atua nos limites da provocação da parte, vedando-se a adoção de posturas de ofício pelo julgador – salvo, claro, matérias cognoscíveis de ofício.

Exemplo: o acusado é condenado a quatro anos de reclusão por roubo simples e ao pagamento de vinte dias multa; ele concorda com a pena privativa de liberdade, pois fixada no mínimo legal, mas discorda do valor a ser pago a título de multa penal, disso apelando. Não poderá o tribunal, analisando este recurso da defesa, entender que o recorrente deve ter aumentada ou diminuída a pena privativa de liberdade, pois isso não foi objeto do recurso, mas tão somente a pena de multa. É a literal aplicação do princípio *tantum devolutum quantum appelatum*, ou seja, **o órgão recursal competente está limitado pelas balizas do objeto do recurso**. A exceção, como já visto, fica por conta dos casos de recurso de ofício, conforme a súmula nº 160 do STF, e da permissão à aplicação da *reformatio in mellius*, ou seja, a melhora da situação do réu por meio de recurso da acusação.

A regra é que a devolução seja ao juízo *ad quem*. No entanto, há recursos - como será estudado oportunamente - que são julgados pelo próprio prolator da decisão, tal como os embargos de declaração. Assim, neste caso, o efeito devolutivo é atribuído ao próprio órgão que prolatou a decisão recorrida.

Se, de um lado, o recurso é delimitado quanto à extensão (*tantum devolutum quantum appelatum*), a profundidade é irrestrita, podendo o julgador considerar tudo o que for possível para a solução da causa, atendo-se, tão somente, ao objeto do recurso.

Sintetizando, na lição de Ada Pellegrini Grinover, Antonio Magalhães Gomes Filho e Antonio Scarance Fernandes, quanto à **extensão**, o conhecimento do tribunal é limitado pela matéria impugnada pelo recorrente, ou seja, se o recurso for total, todas as questões serão objeto de reexame, enquanto que, se o recurso for parcial, o julgamento só terá por objeto a matéria atacada pelo recorrente. Se houver matéria que o tribunal possa conhecer de ofício, o tribunal também a julgará, ainda que não invocada pelo recorrente, observando-se, apenas, a súmula nº 160 do STF, que veda o reconhecimento, contra o réu, de nulidade não arguida no recurso da acusação. No mais, dentro desses limites, a **profundidade** do conhecimento do tribunal é a maior possível, podendo levar em consideração tudo o que for relevante para a nova decisão. Assim, o brocardo *tantum devolutum quanto appelatum* é complementado pelo *vel appellari debebat*, ou seja, relativo à profundidade (Recursos, 2008).

O órgão recursal competente poderá, inclusive, para bem solucionar a causa, converter o julgamento em diligência para a formação de seu convencimento, podendo, até mesmo, reinquirir o réu e testemunhas (art. 616, CPP - aplicável a todos os recursos).

Questão interessante é saber o que limita o objeto do recurso: a peça de interposição ou as razões recursais?

Nos recursos que admitem interposição e apresentação das razões em momentos distintos (como a apelação e o recurso em sentido estrito), a delimitação da extensão do recurso é feita pela peça de interposição, gerando preclusão consumativa, ou seja, o que não se sustentar como objeto de recurso na interposição não poderá, ulteriormente, ser alegado na apresentação das razões. O contrário seria atribuir ao recorrente um prazo extremamente elástico para limitar as questões que serão objeto do recurso, o que não pode ser aceito. Se a interposição, todavia, apenas expressar o desejo de se recorrer, a limitação será feita nas razões (Badaró, 2017). O que não poderá é o acusado, nas razões, ampliar o objeto que já havia sido delimitado na interposição. Assim, se ao recorrer já indiciar que o faz somente em relação à pena, não poderá depois, nas razões, insurgir-se também contra as provas colhidas e juízo.

Já quando o recorrente não delimita a matéria objeto do recurso, é preciso distinguir o seguinte:

a) **recurso de fundamentação livre**: é o recurso que admite irresignação contra qualquer matéria julgada pelo juízo *a quo*, como a aplicação da pena, a valoração da prova, a incompetência, as nulidades etc. Neste caso, se o recorrente não delimitou o objeto do seu recurso na interposição do recurso, poderá assim o fazer nas razões. Fora disso, o órgão competente para julgamento do recurso não poderá analisar questões que não tenham sido impugnadas, sob pena de agir de ofício, violando o princípio do *tantum devolutum quantum appelatum*.

Conforme o Superior Tribunal de Justiça, o efeito devolutivo encontra limites nas razões expostas pelo recorrente, em respeito ao princípio da dialeticidade que rege os recursos no âmbito processual penal, por meio do qual se permite o exercício do contraditório pela parte que defende os interesses adversos, garantindo-se, com isso, o devido processo legal (HC nº 300.161/SC, rel. Min. Jorge Mussi, j. 06.11.14). Logo, para além da vedação à atuação de ofício do órgão julgador, a delimitação do objeto da impugnação pelo recorrente, na interposição ou nas razões, respeita o contraditório, permitindo-se que a parte contrária contra-arrazoe o recurso nos limites do que foi recorrido, evitando-se uma decisão-surpresa.

No mesmo sentido entende Adalberto José Q. T. de Camargo Aranha, para quem as contrarrazões são elaboradas pela parte adversa tendo como base as razões do recorrente, não podendo o órgão julgador decidir algo que não foi fundamentado pelo recorrente e nem contrariado pelo recorrido. Para o autor, portanto, "se a parte recorrente, pelas razões, não atacou determinada porção, sobre ela não houve, obviamente, manifestação da parte recorrida, não havendo, consequentemente, a figura da provocação do autor do reexame para surgir a contrariedade do recorrido. O mesmo raciocínio prevalece para o princípio da ampla defesa (...). No nosso entender, modificar a decisão recorrida na parte não atacada pelas razões ou minuta equivale a desrespeitar a necessidade da defesa, pois logicamente ninguém vai defender-se do que não foi atacado" (Dos Recursos, 2006, p. 40).

b) **recurso de fundamentação vinculada**: é o recurso que delimita, legalmente, o que pode ser objeto de recurso. Exemplo típico é a apelação do tribunal do júri, cujo recurso somente pode atacar o quanto previsto no art. 593, III, alíneas *a*, *b*, *c* ou *d*, CPP. O recorrente, portanto, deverá, na interposição ou nas razões, limitar o objeto recursal num dos casos previstos na lei, limitando o conhecimento pelo órgão julgador.

Assim, o efeito devolutivo da apelação contra decisões do júri é adstrito aos fundamentos nela empregados, estando a Corte vinculada aos limites de sua interposição (súmula nº 713, STF). Isso significa que a apelação contra sentença proferida no âmbito do júri tem natureza restrita, não sendo devolvido à superior instância o conhecimento integral da causa criminal, o que significa que o tribunal ficará circunscrito aos motivos invocados na interposição, previstos em lei (AgRg no RE nº 638.757/RS, rel. Min. Luiz Fux, j. 09.04.13).

A ausência de indicação ou a sinalização errônea de uma das alíneas do art. 593, III, CPP, no termo ou na petição de interposição, acarreta mera irregularidade se, nas razões, a parte apresentou fundamentos para o apelo e os delimita em seu pedido (STJ, HC nº 266.092/MG, rel. Min. Rogerio Schietti Cruz, j. 19.05.16).

Por fim, é importante destacar que, como regra, devolve-se ao tribunal as questões de direito (análise do ordenamento jurídico) e de fato (análise das provas produzidas no processo). Todavia, no recurso extraordinário e no recurso especial, somente questões de direito são devolvidas, sendo vedado o reexame de provas (súmulas nº 7 do STJ e nº 279 do STF). O contrário seria transformar o RE e o REsp em uma "segunda apelação", revalorando provas e fatos já analisados por um juiz e por um grupo de desembargadores.

15.1.8.3. *Suspensivo*

Significa que, quando um recurso é interposto, suspende-se a executividade da decisão combatida, não produzindo efeitos enquanto o recurso não for finalmente decidido.

Tecnicamente, não é o ato de interposição do recurso que suspende a eficácia da decisão recorrida, mas a *previsão legal* de que o recurso cabível àquela hipótese possui efeito suspensivo. Assim, por exemplo, proferida uma sentença condenatória, a previsão legal do recurso cabível de apelação atribui-lhe efeito suspensivo, ou seja, a partir da publicação da sentença esta ficará com seus efeitos suspensos – haja ou não a interposição do recurso. Todavia, é praxe dizer que a interposição deste ou daquele recurso tem ou não efeito suspensivo.

Como bem resume Gustavo Badaró, "não é o recurso que suspende a eficácia da decisão, mas sim a recorribilidade, isto é, a simples possibilidade de interposição do recurso, que impede que o ato produza os seus efeitos desde logo. A interposição do recurso prolonga a condição de ineficácia da decisão" (Manual, 2017, p. 179).

Em suma, dizer que um recurso possui efeito suspensivo significa que a decisão combatida não pode ser imediatamente executada, diante de uma previsão legal neste sentido.

Alguns recursos, como será estudado, não possuem efeito suspensivo, de modo que, a partir da publicação da decisão, esta já passa a produzir efeitos imediatamente. Exemplo comum trata da decisão interlocutória em que o julgador concede a liberdade provisória. Neste caso, o Ministério Público combate esta decisão por meio de recurso em sentido estrito, mas que não possui efeito suspensivo. Objetivando suspender a executividade desta decisão, então, o *Parquet* impetrava mandado de segurança, objetivando conseguir uma ordem judicial para que se atribuísse o efeito suspensivo ao recurso em sentido estrito interposto.

É preciso passar os olhos pelo art. 5º, LXIX, CF, que dispõe que caberá mandado de segurança para proteger direito líquido e certo quando o responsável pela ilegalidade ou abuso de poder for uma autoridade pública ou pessoa jurídica no exercício de atribuições do Poder Público. Nos casos de recursos sem previsão de efeito suspensivo, entende-se que não há direito líquido e certo diante da inexistência de suporte legal, já que a própria lei, ao prever o recurso, não conferiu o efeito suspensivo.

A jurisprudência do Superior Tribunal de Justiça é firme no sentido do descabimento de mandado de segurança para conferir efeito suspensivo a recurso em sentido estrito interposto à decisão que concede liberdade provisória, por ausência de amparo legal e por tal manejo refugir ao escopo precípuo da ação mandamental (STJ, AgRg no HC nº 384.863/SP, rel. Min. Sebastião Reis Júnior, j. 05.10.17). Neste caminho, considerando o entendimento pacífico do Tribunal da Cidadania, editou-se a súmula nº 604 do STJ, dispondo que "mandado de segurança não se presta para atribuir efeito suspensivo a recurso criminal interposto pelo Ministério Público".

Todavia, o mesmo Superior Tribunal de Justiça que editou o referido verbete sumular admite o ajuizamento de *ação cautelar inominada* para atribuir efeito suspensivo a recurso em sentido estrito interposto pelo Ministério Público contra decisão que revoga a prisão preventiva. Entende a Corte ser inaplicável a súmula nº 604, pois específica apenas ao proibir o mandado de segurança como via de atribuição de efeito suspensivo a recurso criminal da acusação (6ª T., HC nº 485.727/SC, rel. Min. Laurita Vaz, j. 11.04.19; e 5ª T., HC nº 374.718/RS, rel. Min. Reynaldo Soares da Fonseca, j. 09.03.17).

15.1.8.4. *Regressivo*

Também chamado de efeito *iterativo* ou *diferido*, traduz-se no retorno da matéria recorrida ao órgão prolator da decisão para o seu reexame, ou seja, o próprio órgão que proferiu a decisão combatida terá uma "segunda chance" para reavaliá-la, podendo mantê-la ou modificá-la, isto é, poderá ou não se retratar – realizando o chamado *juízo de retratação* ou *de confirmação*. Caso o prolator não se retrate, o recurso será encaminhado ao juízo "ad quem".

São três os recursos que possuem este efeito: recurso em sentido estrito, carta testemunhável e agravo em execução (já que este recebe o mesmo procedimento do recurso em sentido estrito).

A partir da análise do efeito regressivo, fala-se em:

a) **recurso iterativo**, quando a análise da matéria recorrida caberá ao mesmo órgão que prolatou a decisão, como os embargos de declaração;

b) **recurso reiterativo**, quando a análise da matéria recorrida caberá apenas ao juízo *ad quem*, como a apelação; e

c) **recurso misto**, quando a análise da matéria recorrida caberá tanto ao juízo *a quo* quanto ao juízo *ad quem*, como o recurso em sentido estrito.

15.1.8.5. *Extensivo*

Significa estender ao corréu em situação semelhante, que não recorreu, a decisão do recurso interposto pelo outro corréu, desde que para beneficiá-lo e que não se trate de questão pessoal.

Possui previsão no art. 580 do CPP (e no art. 1.005, CPC, por analogia) e pauta-se pela aplicação do princípio da igualdade e da isonomia, já que réus em situação idêntica devem receber o mesmo tratamento legal.

Atentar que não se trata de extensão *do recurso*, mas *da decisão favorável* proferida no julgamento deste (Badaró, 2017).

Exemplo: Fulano e Beltrano foram condenados por um dado crime. Apenas Beltrano recorre, alegando que o fato é atípico, o que é acatado pelo tribunal. Ora, se o fato é atípico para um, o será para o outro corréu também, mesmo que não tenha recorrido. Logo, a decisão deve ser aproveitada a todos os réus que estejam em idêntica situação processual.

A ressalva colocada, acerca da eventual matéria de caráter pessoal alegada no recurso, é importante. Assim, por exemplo, se um réu recorre postulando a diminuição de sua pena, sustentando, diversamente do sentenciado pelo juízo *a quo*, não ser reincidente, o que é acolhido pelo tribunal, esta situação (não reincidência) não poderá ser aproveitada pelo corréu, já que se trata de condição exclusivamente pessoal, que não se comunica entre acusados.

Não é preciso, para a maioria, que figurem como corréus no mesmo processo, bastando que haja concurso de agentes, ainda que sejam processados em autos distintos. No entanto, o Supremo Tribunal Federal possui entendimento no sentido de que **somente é possível se valer da extensão do art. 580, CPP, se o corréu fizer parte da mesma relação jurídica processual**, ou seja, o requerente do efeito extensivo deve fazer parte do mesmo processo do beneficiado pela decisão favorável (Extn no HC nº 137.728/PR, rel. Min. Dias Toffoli, j. 30.05.17).

Ainda, não se permite a utilização do art. 580, CPP, quando se invocar extensão da decisão para outros processos que não foram examinados pelo órgão julgador, pois, nestes casos, o que o requerente está pretendendo é obter a transcendência dos motivos determinantes para outro processo, o que não é admitido. Ex.: Fulano, respondendo ao processo nº 1, faz pedido de extensão no bojo do recurso de Beltrano, dizendo que a situação de ambos é similar e, portanto, merece o mesmo tratamento; entende-se que isso não é possível, pois se está buscando levar uma decisão de um processo a outro, que sequer está sendo analisado no momento.

Se o tribunal não estender de ofício o resultado benéfico do recurso ao corréu, poderá ser interposto recurso de embargos de declaração ou ser apresentada simples petição com pedido de extensão (STJ, PExt no HC nº 230.681/SP, rel. Min. Marilza Maynard,

j. 08.05.14). Nada impede, no mais, a impetração dos remédios constitucionais, como o *habeas corpus* ou o mandado de segurança, se preenchidos os requisitos legais.

Além da extensão do resultado do recurso, o art. 580, CPP, é aplicado, analogicamente, a outras situações em que haja similitude entre corréus, como a substituição de pena, aplicação de regime prisional, possibilidade de recorrer em liberdade etc. (STJ, PExt no HC nº 407.923/SP, rel. Min. Ribeiro Dantas, j. 21.11.17; e HC nº 409.839/PB, rel. Min. Sebastião Reis Júnior, j. 05.10.17).

Em suma e de acordo com a jurisprudência nacional, a decisão proferida em relação a um dos réus só será aproveitada pelos demais corréus se fundada em motivos que não sejam de caráter exclusivamente pessoal e desde que haja identidade fático-processual entre eles (STF, AgRg no HC nº 145.265/SP, rel. Min. Rosa Weber, j. 15.09.17; e STJ, RHC nº 37.205/AP, rel. Min. Nefi Cordeiro, j. 06.09.16).

15.1.8.6. *Substitutivo*

Como já mencionado brevemente acima, o efeito substitutivo significa que a decisão proferida pelo juízo *ad quem* substitui a decisão combatida. Aplica-se supletivamente o art. 1.008, CPC, que dispõe que o julgamento proferido pelo tribunal substituirá a decisão impugnada no que tiver sido objeto de recurso.

Isso somente ocorrerá se o recurso tiver preenchido os requisitos de admissibilidade, ou seja, **somente haverá efeito substitutivo se o recurso for conhecido**, ainda que, depois, seja improvido. Objetivamente: somente se substitui a decisão recorrida se o recurso tiver sido conhecido; do contrário, mantem-se a decisão do juízo *a quo* e não haverá substituição alguma.

Se o objeto do recurso for *error in judicando*, haverá substituição da decisão recorrida a partir do seu conhecimento; já se o objeto do recurso for *error in procedendo*, só haverá substituição no caso de não provimento, já que, no caso de provimento, a decisão impugnada será cassada (extirpada, excluída) pelo tribunal, que determinará que outra seja proferida em seu lugar, não havendo substituição, mas anulação da decisão impugnada (Brasileiro, 2017).

15.1.8.7. *Translativo*

É a atribuição ao juízo *ad quem* de toda matéria que não foi atingida pela preclusão, isto é, que pode ser conhecida a qualquer momento e grau de jurisdição, seja em favor ou em prejuízo da parte, *independentemente de expressa manifestação das partes*. Possui nítida inspiração inquisitória.

Costuma-se apontar como exemplo desse efeito o "recurso de ofício", que, como visto, não é um recurso, mas condição de eficácia de algumas decisões (art. 574, CPP).

Nestor Távora e Rosmar Rodrigues Alencar (Curso, 2017) indicam como verdadeiro exemplo de recurso com efeito translativo os interpostos exclusivamente pela acusação, situação em que o tribunal poderá reconhecer nulidade não arguida pelo órgão acusatório quando benéfica ao acusado (ex.: recurso exclusivo do Ministério Público em que o tribunal reconhece a ocorrência de prescrição). Já no caso de recurso exclusivo do acusado, o tribunal não poderá reconhecer nulidade contra o réu, ainda que absoluta, quando não houver requerimento específico, salvo no caso de reexame necessário, nos termos da súmula nº 160, STF.

É possível sustentar a aplicação por analogia (art. 3º, CPP), no Processo Penal, dos artigos 9º, "caput", e 10, CPC. Como não existiu debate a respeito da matéria que é conhecida de ofício pelo tribunal, o julgador deverá previamente submeter a questão ao contraditório para só depois decidir, evitando-se surpresas injustas às partes. Ex.: Ministério Público apela para aumentar a pena, mas o tribunal verifica a ocorrência de prescrição; deverá o relator, antes, intimar as partes para que se manifestem, em contraditório, sobre este tema, para só depois, analisando as razões a este respeito, decidir; o contrário seria simplesmente conceder oportunidade de a parte debater o tema em um novo recurso, já que não teve oportunidade de influenciar na decisão do julgador sobre matéria cognoscível de ofício.

15.1.8.8. *Dilatório-procedimental*

Ensinado por Adalberto José Queiroz Telles de Camargo Aranha (Dos Recursos, 2006), traz a ideia de que, ao ser interposto um recurso, amplia-se o procedimento da relação processual, formando-se uma nova fase denominada "procedimento recursal".

Embora seja mantida íntegra a relação processual, haverá a realização e efetivação de uma série de novos atos específicos para o reexame da matéria recursal. Com isso, portanto, dilata-se o processo para o juízo *ad quem*.

Nas palavras do autor, portanto, haverá "a formação de uma nova série de atos próprios e específicos, tendo por objetivo o reexame, nominado como procedimento recursal" (Dos Recursos, 2006, p. 36).

15.1.9. Direito intertemporal

Apoiando-se na doutrina de Grinover, Gomes Filho e Fernandes (Recursos, 2008), é possível que lei nova modifique o sistema recursal na pendência de um processo em curso. Pode ocorrer, por exemplo, que seja criado um recurso contra decisão antes irrecorrível, ou que se extinga um recurso que combatia uma decisão recorrível, ou que se modifique os efeitos ou requisitos recursais.

A regra de ouro é a seguinte: **aplica-se a lei vigente na data em que a decisão recorrível é publicada**. Ou melhor, "o recurso rege-se pela lei do tempo em que proferida a decisão" (STJ, AgRg no AREsp nº 1.535.956/RS, rel. Min. Reynaldo Soares da Fonseca, j. 25.05.16). Deve-se ter em mente a regra do art. 2º, CPP, que afirma que a lei processual aplicar-se-á desde logo, sem prejuízo da validade dos atos realizados sob a vigência da lei anterior.

Se uma decisão é publicada e dali a dois dias advém lei nova, criando hipótese de recurso antes inexistente, a decisão continuará irrecorrível, já que deve ser observada a lei existente quando da publicação da decisão. De igual modo, se é extinto o recurso após a publicação da decisão, aplica-se a lei vigente quando da publicação da decisão, mantendo-se a sua recorribilidade.

Neste sentido, aliás, são os enunciados administrativos do Superior Tribunal de Justiça, que dispõem que os recursos interpostos com fundamento no CPC/73 observarão este regramento (enunciado nº 2), enquanto que os recursos interpostos com fundamento no CPC/15 observarão este novo regramento (enunciado nº 3).

Exemplo prático se deu com o advento da Lei nº 11.689/08, que extinguiu o recurso denominado "protesto por novo júri", que era cabível sempre que ao acusado fosse imposta pena de reclusão por tempo igual ou superior a 20 anos no âmbito do tribunal do júri. Como fica a situação dos acusados àquela época? Se o sujeito cometeu um homicídio em 2007 e foi julgado e condenado em 2017 a 25 anos de reclusão, terá ele direito ao recurso hoje extinto?

Prevalece o entendimento de que referida norma é puramente processual, devendo ser aplicado o art. 2º, CPP, ou seja, princípio *tempus regit actum* (STF, AgRg no ARE nº 1.171.107/BA, rel. Min. Ricardo Lewandowski, j. 17.05.19). Desta forma, considerando que a Lei nº 11.689/08 entrou em vigor em 08.08.08, somente terão direito ao protesto por novo júri os condenados com *sentença publicada* antes da referida data. Em caso julgado pelo STJ, o agente havia cometido homicídio em 14.04.04, sendo condenado em 15.12.10, de modo que a Corte entendeu não ser mais cabível a interposição do referido recurso, já que deve ser aplicada a norma vigente ao dia da publicação da sentença, que, no caso, já não previa mais o recurso (HC nº 221.133/RJ, rel. Min. Sebastião Reis Júnior, j. 17.04.12).

De igual modo entende o Supremo Tribunal Federal, para quem "se lei nova vier a suprimir ou abolir recurso existente antes da prolação da sentença, não há falar em direito ao exercício do recurso revogado" (AgRg no ARE nº 895.011/GO, rel. Min. Dias Toffoli, j. 01.12.15). Assim, se o recurso é extinto por nova lei antes da publicação da decisão, não há como se sustentar direito adquirido ao recurso.

Por fim, deve-se lembrar que o reexame necessário não é recurso, mas condição de eficácia da decisão, de modo que não devem ser aplicadas as regras de direito intertemporal dos recursos (Nery e Nery Jr., Comentários, 2015). Deste modo, se uma lei nova extinguir uma hipótese de reexame necessário, o novo regramento terá aplicação imediata, ou seja, se houver reexame necessário pendente de análise no tribunal e for publicada nova lei extinguindo a hipótese que justificou o seu cabimento, o tribunal não poderá conhecer desta remessa, pois as suas regras têm aplicação imediata (STJ, HC nº 278.124/PI, rel. p/ acórdão Min. Felix Fischer, j. 09.06.15).

15.1.10. Classificação dos recursos

Adotando-se a doutrina processual penal e processual civil, chega-se à seguinte classificação dos recursos:

i) quanto à finalidade

Distinguem a abrangência do ponto de vista das matérias que podem ser tratadas nos recursos (Marinoni, Arenhart e Mitidiero, 2016).

a) *recurso ordinário*: visa à justiça da decisão, ou seja, à interpretação e aplicação do direito *no caso concreto*. A causa poderá ser conhecida em todos os seus aspectos. Objetiva-se proteger um direito das partes.

b) *recurso extraordinário em sentido amplo*: visa à unidade do Direito, ligados à interpretação do direito *a partir do caso concreto*. É vedada a reapreciação da prova. Objetivam, portanto, a preservação, a unidade e boa aplicação do ordenamento jurídico, de modo uniforme, seja em relação às leis federais (REsp, no STJ) ou em relação às normas constitucionais (RE, no STF). Quer-se não proteger um direito das partes, mas a boa aplicação das leis em geral a partir da análise de um dado caso.

ii) quanto à extensão

Diz respeito à abrangência do recurso em relação à decisão impugnada.

a) *recurso total*: abrange toda a decisão recorrida.

b) *recurso parcial*: abrange apenas certos capítulos ou parcelas da decisão.

O parâmetro é a sucumbência da parte, ou seja, se a parte restou vencida em dois tópicos, mas foi vencedora em relação a outros quatro, se o seu recurso abranger aqueles dois tópicos o seu recurso será total, já que alcançou toda a matéria que lhe foi desfavorável, ao passo que, se abranger apenas um deles, será parcial.

iii) quanto à obrigatoriedade

Trata do ato de vontade em interpor o recurso.

a) *recurso voluntário*: depende da manifestação de vontade da parte (art. 574, CPP).

b) *recurso de ofício*: não se trata, verdadeiramente, como visto, de um recurso, mas de condição de eficácia da decisão ao seu reexame por outro órgão jurisdicional, imediata e hierarquicamente superior (Pacelli, 2012), decorrendo da lei, e não da vontade das partes ou do juiz.

iv) quanto à fundamentação

Diz respeito à necessidade de o recorrente fundamentar, de forma livre ou limitada, a sua irresignação.

a) *recurso de fundamentação livre*: é o recurso que admite qualquer fundamento como razão de impugnação. Ex.: apelação em geral, que pode versar sobre a aplicação da pena, efeitos da condenação, valoração da prova, determinação de prisão etc.

b) *recurso de fundamentação vinculada*: é o recurso em que o legislador especificou exatamente o erro que pode ensejar a sua interposição, numa espécie de hipótese de cabimento restrita e delimitada por lei. Ex.: apelação do júri, que exige uma das hipóteses do art. 593, III, CPP.

v) quanto aos pressupostos de admissibilidade

Pode haver:

a) *recurso genérico*: basta o preenchimento dos requisitos comuns de admissibilidade, como o cabimento, a tempestividade etc.

b) *recurso específico*: além dos requisitos comuns de admissibilidade, exige-se o preenchimento de requisitos específicos, como o prequestionamento da matéria e a demonstração de repercussão geral, requisitos estes do recurso extraordinário, endereçado ao Supremo Tribunal Federal.

15.2. RECURSOS EM ESPÉCIE

Após o estudo da teoria dos recursos, passar-se-á à análise dos recursos em espécie, desde as suas notas introdutórias até o seu processamento.

15.2.1. Apelação

15.2.1.1. *Introdução*

A apelação é o recurso ordinário por excelência, que combate uma decisão e que permite a alegação de questões de fato e de direito. Pode ser utilizada para impugnar *error in judicando* (reforma da decisão) ou *error in procedendo* (anulação da decisão). Possui origem, no Brasil, no extinto Regulamento nº 737, de 1850 (art. 646 e seguintes).

Como ensina Tourinho Filho, "a palavra apelação deriva do latim *appellatio*, que significa ação de dirigir a palavra. E, na verdade, bem sugestivo é o termo para expressar e traduzir o pedido que se faz à instância superior no sentido de reexaminar a decisão de mérito proferida pelos órgãos inferiores" (Manual, 2008, p. 790).

Trata-se de recurso, como regra, de fundamentação livre – com exceção da apelação no tribunal do júri, que, como visto, é de fundamentação vinculada às hipóteses do inc. III do art. 593, CPP, respeitando-se, assim, a soberania dos vereditos dos jurados. Neste sentido, inclusive, é a súmula nº 723 do STF, que prevê que "o efeito devolutivo da apelação contra decisões do júri é adstrito aos fundamentos da sua interposição".

15.2.1.2. *Espécies*

Quanto às espécies de apelação, podem ser analisados os aspectos relativos à sua extensão, à legitimidade, à natureza da infração penal e à autonomia.

Assim, no que diz respeito à extensão, a apelação pode ser **plena** ou **parcial**, conforme seja interposta combatendo todo ou apenas parte da decisão recorrida. Nos exatos termos do art. 599, CPP, "as apelações poderão ser interpostas quer em relação a todo o julgado, quer em relação a parte dele".

Como mencionado anteriormente, o parâmetro utilizado para se verificar se a apelação é plena ou parcial não é o conteúdo da decisão, mas a sucumbência que a parte sofreu. Se for derrotada em dois de cinco pedidos feitos e apelar de ambos, haverá apelação plena (ou total); de outro lado, se apelar de apenas um, haverá apelação parcial (ou restrita), conformando-se com a sucumbência parcial.

No que tange à legitimidade, fala-se que a apelação é **principal** quando for interposta pelo Ministério Público, sendo **subsidiária** quanto interposta pelo assistente de acusação, no caso de inércia do órgão acusatório, consoante autoriza o art. 598, *caput*, CPP. Como observa parte da doutrina, subsidiária seria, na verdade, a apelação interposta com base no art. 593, II, CPP, ou seja, que só tem cabimento quando não estiver previsto recurso em sentido estrito contra a decisão

Outra classificação trata da apelação sumária e da apelação ordinária, conforme a natureza da infração penal processada.

Fala-se que a apelação será **sumária** quando o delito processado for punido com pena de detenção, caso em que os autos irão imediatamente com vista à Procuradoria-Geral pelo prazo de 5 dias e, em seguida, passarão, por igual prazo, ao desembargador relator, que pedirá designação de dia para julgamento (art. 610, *caput*, CPP).

De outro lado, fala-se em apelação **ordinária** quando o delito processado for punido com pena de reclusão. Nesta situação, serão as apelações processadas e julgadas com três modificações básicas: exarado relatório nos autos, passarão estes ao revisor, que terá igual prazo para o exame do processo e pedirá designação de dia para o julgamento; os prazos serão ampliados ao dobro; e o tempo para debates será de "um quarto de hora" (15 minutos), conforme prevê o art. 613, CPP.

Bem assinala Renato Brasileiro de Lima (Manual, 2017) que esta distinção entre apelação sumária e ordinária deve ser lida, atualmente, à luz das modificações promovidas pela Lei nº 11.719/08. Isso porque, originariamente, crimes punidos com detenção eram processados pelo procedimento sumário, logo, a apelação era chamada de sumária também; de outro lado, crimes punidos com reclusão eram processados pelo procedimento ordinário, logo, a apelação era chamada de ordinária também. Com a alteração legislativa, a distinção entre procedimentos deixou de ser qualitativa (detenção ou reclusão) para ser quantitativa (conforme a quantidade de pena cominada abstratamente ao delito). Assim, crime punido com pena igual ou superior a 4 anos será processado pelo procedimento ordinário; e se punido com pena inferior a 4 anos e superior a 2 anos, será processado pelo procedimento sumário. Logo, para o autor – e com razão – "essa nova forma de classificação do procedimento comum também deve ser aplicada à distinção entre apelação sumária e ordinária" (p. 1.724).

15.2.1.2.1. *Apelação adesiva*

Outra espécie de apelação diz respeito à autonomia. Trata-se da apelação autônoma e da adesiva.

Será **autônoma** quando a parte, voluntariamente, interpor a sua apelação objetivando combater uma decisão proferida. É o que ocorre na infinita maioria das vezes.

De outro lado, fala-se em apelação **adesiva** quando for interposta no prazo de apresentação de contrarrazões de apelação pela parte contrária. Assim, de início, a parte não interpôs apelação, mas, diante da interposição de apelação pelo seu adversário, ela, no prazo de contrarrazões, apresenta o seu recurso de apelação.

São exigidos dois requisitos para que se aceite uma apelação adesiva: (a) sucumbência recíproca, isto é, ambas as partes devem ter sido derrotadas em algum ponto da decisão proferida e (b) uma das partes deve ter interposto apelação de forma autônoma, autorizando-se, com isso, a interposição adesiva pelo adversário, no prazo de contrarrazões.

Neste sentido é o art. 997, §§ 1º e 2º, CPC, ao dispor que, sendo vencidos autor e réu, ao recurso interposto por qualquer deles poderá aderir o outro; e o recurso adesivo fica subordinado ao recurso independente, sendo-lhe aplicáveis as mesmas regras deste quanto aos requisitos de admissibilidade e julgamento no tribunal, sendo dirigindo ao órgão perante o qual o recurso independente fora interposto, no prazo de que a parte dispõe para contra-arrazoar; ademais, não será conhecido o recurso adesivo se houver desistência do recurso autônomo/principal ou se for ele considerado inadmissível.

Consoante Marinoni, Arenhart e Mitidiero (O Novo, 2016), em suma, sendo vencidos autor e réu, relativamente a certa sentença, e interposta apelação no prazo regular apenas pelo autor, por exemplo, poderá o réu, no prazo que tem para apresentar suas contrarrazões, oferecer também apelação, na forma adesiva, situação em que apresentará seus motivos para a reforma ou anulação da sentença em seu próprio benefício.

Ressalta-se que, além da apelação, admite-se a interposição pela forma adesiva os recursos extraordinário e especial (art. 997, § 2º, II, CPC).

Todavia, mesmo após toda essa explicação, **a lei processual penal brasileira não prevê a interposição de recurso de forma adesiva**. O Código de Processo Penal assim não previu, nem mesmo a Lei nº 8.038/90, que trata da competência do Superior Tribunal de Justiça e do Supremo Tribunal Federal.

Entende-se que, por mais que o art. 3º, CPP, admita a interpretação extensiva e a aplicação analógica – inclusive pelo Código de Processo Civil – isso somente será possível quando não gerar conflito com os preceitos do regramento processual penal. Assim, duas situações devem ser diferenciadas: (a) o recurso adesivo interposto pelo Ministério Público e (b) recurso adesivo interposto pelo acusado.

Não será admitido o recurso adesivo interposto pelo Ministério Público se veiculada pretensão em desfavor do acusado, sob pena de se ferir a regra do art. 617, CPP, que dispõe que não pode ser agravada a pena quando somente o réu houver apelado da sentença. Ora, se a acusação não apelou de forma autônoma, não poderá pretender agravar a situação do acusado por meio de recurso adesivo, sob pena de *reformatio in pejus* indireta. Isso porque, considerando que o recurso adesivo é condicionado à admissão do recurso principal, a admissão do recurso da defesa (principal) geraria a aceitação do recurso da acusação (adesivo), acarretando ao réu, que recorreu autonomamente, um efeito negativo, ou seja, a admissão do seu recurso defensivo gerará a admissão do recurso da acusação, que pode piorar a sua situação processual, traduzindo-se em clara *reformatio in pejus*.

De outro lado, para uma corrente, admitir-se-á o recurso adesivo interposto pelo Ministério Público se a pretensão for em benefício do acusado. Como visto, o *Parquet* atua na defesa da ordem jurídica, podendo agir em favor do acusado, como pedindo o reconhecimento de uma causa de diminuição ou mesmo a absolvição. Neste caso, seria admitido o recurso adesivo da acusação apenas se em benefício do acusado.

Sendo esta última situação admitida, não haveria empecilho – em tese – para que a própria defesa interpusesse recurso adesivo no prazo de resposta ao recurso acusatório, nas hipóteses previstas no Código de Processo Civil e na forma nele disciplinada, inclusive quanto à subordinação ao recurso principal, mesmo que silente quanto a isso a lei processual penal.

Parte – minoritária – da doutrina entende pela possibilidade de utilização do recurso adesivo no âmbito penal por parte do acusado. Nas palavras de Sérgio Demoro Hamilton (A Viabilidade, 2001, p. 22), "para melhor esclarecimento, ponho um exemplo: suponha-se que o réu tenha sido condenado e, por qualquer razão, não tenha insurgido, mediante apelo, contra a sentença. O MP, no entanto, manifesta recurso buscando exasperar a pena do acusado. Em tal caso, parece-me, deveria ter o imputado direito ao recurso adesivo. Note-se que, no exemplo dado, o MP não sucumbiu, pois se viu vencedor na causa. Porém, assim mesmo, guarda interesse em recorrer (ver a pena majorada), conforme bem preceitua o parágrafo único do art. 577 do CPP. Já o réu, que sucumbiu e não apresentou apelação independente contra a sentença, poderia, agora, através do recurso adesivo, pugnar não só pelo improvimento do apelo do *Parquet*, mas também pela reforma total ou parcial do *decisum*, buscando, no primeiro caso, a absolvição ou, quando menos, a redução da sanção penal. **É nesse ponto que o apelo adesivo penal se distinguiria daqueloutro do processo civil. Neste haveria a chamada sucumbência recíproca propiciando o adesivo, ao passo que, no penal, somente quando o réu sucumbisse (ou tivesse interesse em recorrer) é que o adesivo teria lugar**. Na hipótese acima formulada, o imputado, não interessa o motivo, restara conformado com a condenação. Porém, no momento em que o MP apela, a despeito de já haver decorrido o seu prazo para recorrer (preclusão temporal), o réu sai da sua inércia e de mero recorrido passa, também, a recorrente, objetivando melhorar a sua situação no processo, fato que, no estágio atual do nosso direito positivo, tornar-se-ia irremediável" (destaque).

Prevalece o entendimento, todavia, de que **o recurso adesivo é vedado na seara penal**, seja por parte da acusação ou por parte do acusado (STJ, REsp nº 1.595.636/RN, rel. Min. Sebastião Reis Júnior, j. 02.05.17). Em voto-vista, o Ministro Nefi Cordeiro entendeu que, como o Código de Processo Penal não previu a possibilidade de interposição de recursos pela forma adesiva, resta inviável a aplicação subsidiária do Código de Processo Civil, ou seja, não se admitiria recurso adesivo no âmbito criminal.

De igual modo já entendeu o Supremo Tribunal Federal, afirmando-se, em decisão monocrática, que **o recurso adesivo é instituto próprio do Direito Processual Civil**, inaplicável na seara penal (HC nº 129.908/MG, rel. Min. Roberto Barroso, j. 30.06.16).

No mesmo sentido se manifesta Brasileiro de Lima, para quem a lei processual penal nacional não admite a apelação adesiva, pois, quedando-se inerte no prazo legal, haverá **preclusão temporal**, inviabilizando-se o conhecimento de eventual recurso adesivo apresentado no prazo de contrarrazões pela parte (Manual, 2017). Até porque, a defesa, por exemplo, sempre poderá peticionar ao tribunal buscando melhorar a sua situação, mas não se pode admitir a ampliação temporal de um recurso.

Em outro julgado, apenas como complemento, entendeu o Superior Tribunal de Justiça que "é de conhecimento básico dos operadores forenses que o contraditório, na fase recursal, não é feito pela interposição de outro recurso contra a mesma decisão, mas pelo oferecimento de resposta ou contrarrazões às razões recursais oferecidas pela parte adversa, e cujo prazo para apresentação é aberto por meio de intimação específica" (HC nº 180.787/GO, rel. Min. Laurita Vaz, j. 16.12.10). Ou seja, a parte recorrida, no processo criminal, não apresenta outro recurso contra o recurso apresentado pelo adversário (não apresenta recurso adesivo), mas apenas contrarrazões (ao recurso da parte adversa).

Desta feita, apesar da divergência existente no âmbito acadêmico, prevalece nos tribunais – e na pouca doutrina que trata do assunto – a posição de **não ser cabível a interposição de recurso pela forma adesiva**, incidindo a preclusão temporal caso a parte não apresente impugnação autônoma no prazo legal previsto.

15.2.1.3. *Cabimento*

As hipóteses de cabimento da apelação estão previstas no art. 593, CPP (além da menção no art. 416, CPP, referente ao tribunal do júri, e no art. 82 da Lei nº 9.099/95, referente ao Juizado Especial).

No Código de Processo Penal, portanto, o cabimento é subdividido em duas situações: (i) decisões do juiz singular e (ii) decisões do tribunal do júri.

15.2.1.3.1. *Decisões do juiz singular*

São hipóteses que combatem decisões proferidas pelo juiz de primeiro grau – tendo em vista que decisões proferidas pelo tribunal, ainda que atuando em sua competência originária (como um crime praticado por agente detentor de foro por prerrogativa de função no TJ), não são impugnáveis por apelação, já que este recurso *combate apenas decisões proferidas na primeira instância*.

Quaisquer decisões proferidas por tribunal não são apeláveis, podendo, se o caso, ser impugnadas por outros meios, como o recurso especial e/ou extraordinário.

São duas as hipóteses de cabimento da apelação contra decisões do juiz singular:

a) contra sentença definitiva de condenação ou absolvição (inc. I do art. 593, CPP).

Consoante já estudado, a sentença de absolvição julga improcedente a pretensão punitiva estatal, com base numa das hipóteses do art. 386, CPP. De outro lado, a sentença condenatória julga procedente a pretensão acusatória, impondo alguma espécie de sanção penal. E, aplicando-se a ideia de apelação total ou parcial, poderá ser impugnada toda ou apenas parte da sentença proferida, conforme a sucumbência sofrida pela parte.

Ademais, será cabível a interposição de apelação nos casos de absolvição sumária, do art. 397, CPP. A única atenção a ser dada diz respeito à hipótese do inciso IV, que trata da absolvição sumária em razão de uma causa extintiva da punibilidade (prescrição, por exemplo).

Então, é importante observar o momento em que o juiz reconhece a extinção da punibilidade. Assim, por exemplo, se ela é reconhecida no curso do processo e este continua em relação a outros delitos, esta decisão será atacada por recurso em sentido estrito (art. 581, VIII, CPP). Entretanto, no caso de reconhecimento ao final do processo, já em sentença final, há divergência: para uns, há de prevalecer a expressa previsão legal, de modo a ser interposto o recurso em sentido estrito, conforme o art. 581, VIII, CPP (Badaró, 2017); já para outros, deve prevalecer o conteúdo da decisão em si, sendo o caso de ser interposta apelação, conforme o art. 593, I, CPP (Polastri, 2016) - seja como for, trata-se de típico exemplo de aplicação do princípio da fungibilidade. E caso, entre dois crimes, o juiz reconheça a extinção da punibilidade em relação a um deles quando for proferida sentença, será cabível apenas apelação, nos termos do art. 593, § 4º, CPP, que, como será estudado, abarca hipóteses do recurso em sentido estrito quando ambos forem cabíveis simultaneamente.

Ainda proferida pelo juiz sumariante - da primeira fase do tribunal do júri -, a decisão de absolvição sumária no procedimento dos crimes dolosos contra a vida comporta apelação também (art. 416, CPP).

b) contra decisão definitiva, ou com força de definitiva, nos casos em que não houver previsão legal de cabimento do recurso em sentido estrito (inc. II do art. 593, CPP).

É preciso relembrar alguns conceitos.

A decisão definitiva subdivide-se em dois conceitos: (a) em sentido estrito, que é a decisão que analisa o mérito, condenando ou absolvendo o acusado; e (b) em sentido amplo, que é a decisão que também analisa o mérito, mas não condena e nem absolve o acusado.

E decisão com força de definitiva é a decisão interlocutória mista, que resolve alguma questão ou incidente surgido no curso do processo, mas sem analisar o mérito penal - pode colocar fim à relação processual (terminativa) ou apenas a uma fase procedimental (não terminativa).

Em ambos os casos, caberá apelação contra decisão definitiva ou contra decisão com força de definitiva, *mas desde que não haja previsão expressa prevendo o cabimento do recurso em sentido estrito* (art. 581, CPP).

Quando se fala em **decisão definitiva**, trata-se do conceito em sentido amplo, isto é, da decisão que analisa o mérito da causa criminal, mas não condena e nem julga o acusado. É o caso, por exemplo, da decisão que resolve o pedido de sequestro (art. 127, CPP), que analisa o pedido de restituição de coisa apreendida (art. 120, § 1º, CPP), dentre outros. São situações que precisam de uma solução - que é dada por uma decisão definitiva - mas que não julga procedente e nem improcedente a pretensão punitiva estatal. Sendo proferida uma decisão definitiva, mas com previsão de impugnação por meio de recurso em sentido estrito, não há falar-se em apelação, tal como se dá com a decisão que julga extinta a punibilidade (art. 581, VIII, CPP).

E quando se fala em **decisão com força de definitiva**, leva-se em consideração tanto a com natureza terminativa como a de natureza não terminativa – desde que, claro, não haja previsão de cabimento do recurso em sentido estrito. Ex.: decisão que acolhe de ofício exceção de litispendência (terminativa) e decisão que remete as partes às vias ordinárias civis quando do pedido de restituição de coisa apreendida (não terminativa).

Atentar que a Lei nº 9.099/95 prevê o cabimento da apelação contra a decisão que homologa a transação penal (art. 76, § 5º) e contra a decisão que rejeita a denúncia ou queixa (art. 82).

Novamente, caso seja proferida uma decisão com força de definitiva, mas cuja lei preveja o cabimento do recurso em sentido estrito, não há que se falar em interposição de apelação. Exemplo clássico: pronúncia, contra a qual caberá recurso em sentido estrito (art. 581, IV, CPP).

15.2.1.3.2. *Decisões do tribunal do júri*

Os casos previstos no inciso III do art. 593, CPP, são considerados de *fundamentação vinculada*. Logo, a apelação somente poderá versar sobre:

a) nulidade posterior à pronúncia;

b) se o juiz contrariar a lei ou a decisão dos jurados;

c) se ocorrer erro ou injustiça na aplicação da pena ou medida de segurança;

d) se a decisão dos jurados for manifestamente contrária à prova dos autos.

Assim sendo, o tribunal, ao receber uma apelação originada do tribunal do júri, não poderá conhecê-la por fundamento diverso do sustentado pela parte e previsto em lei. Desta forma, os recursos interpostos contra decisão do tribunal do júri possuem **devolutividade restrita**, o que significa que apenas são atribuídas ao órgão *ad quem* as questões expressamente constantes das razões de apelação (STJ, AgRg no REsp nº 1.411.733/MG, rel. Min. Felix Fischer, j. 23.11.17).

Neste sentido é a súmula nº 713 do STF: "o efeito devolutivo da apelação contra decisão do júri é adstrito aos fundamentos da sua interposição". Ex.: a parte apela sustentado nulidade posterior à pronúncia (alínea *a*), o que impedirá o tribunal de analisar se a decisão foi ou não contrária à prova dos autos (alínea *d*). Mas, como explica Gustavo Badaró, "nada impede, porém, que a apelação da sentença do tribunal do júri tenha mais de um fundamento, cumulando hipóteses de cabimento de mais de uma alínea" (Manual, 2017, p. 241).

Consoante já estudado, o procedimento dos crimes dolosos contra a vida obedece a um princípio bastante claro: a soberania dos vereditos. Logo, faz-se mister analisar a situação em que o tribunal poderá, ou não, rever questão já decidida pelo conselho de sentença.

A questão analisada pelos jurados é acobertada pela soberania dos vereditos, de modo que, caso o acusado interponha apelação sustentando que essa decisão foi contrária à prova dos autos (alínea *d*), o tribunal, se assim concordar com o apelo, não poderá substituir a decisão dos jurados, mas, sim, baixar (enviar) o processo à primeira instância para que outro plenário do júri seja realizado, isto é, para que outros jurados sejam quesitados e possam decidir a causa. Então, o tribunal apenas analisará a existência ou não de suporte probatório para a decisão tomada pelos jurados, somente sendo admitida a cassação do veredito do conselho de sentença (e remessa dos autos para novo julgamento) se este for manifestamente contrário à prova dos autos (STJ, AgRg no REsp nº 1.660.745/RO, rel. Min. Reynaldo Soares da Fonseca, j. 2.08.17). Respeitar-se-á, com isso, a soberania dos vereditos dos jurados.

De outro lado, caso a questão combatida pela apelação diga respeito a questão não atribuída aos jurados, como, por exemplo, a quantidade de pena, que é de competência do juiz-presidente do tribunal do júri, o tribunal, analisando o recurso, poderá, perfeitamente, substituir a decisão e proferir outra (STJ, HC nº 139.577/RJ, rel. Min. Jorge Mussi, j. 21.06.12).

Conclui-se, com isso, que o tribunal realizará apenas juízo **rescindente** (de cassação da decisão) quando a questão recorrida for afeta ao conselho de sentença, em respeito à soberania dos vereditos; já quando a questão não for de competência dos jurados, mas do juiz togado, poderá o tribunal realizar juízo **rescisório** (de substituição da decisão), não existindo ofensa à soberania dos vereditos.

Assim:

Apelação no âmbito do tribunal do júri	
Juízo rescindente	**Juízo rescisório**
O tribunal *ad quem* poderá cassar (juízo rescindente) a decisão dos jurados, quando disser respeito a questão atribuída ao conselho de sentença, mas deverá, na sequência, baixar os autos para que um novo plenário seja realizado pelos jurados, respeitando-se, com isso, a soberania dos vereditos.	O tribunal *ad quem* poderá substituir (juízo rescisório) a decisão do juiz togado no que diz respeito a aspectos não relacionados à decisão dos jurados, como, por exemplo, a fixação da pena. Neste caso, não precisará baixar os autos, podendo o próprio tribunal resolver a questão recorrida, como diminuir a pena fixada.

Por fim, como já explicado, a apelação contra decisão proferida no tribunal do júri é de fundamentação vinculada numa das hipóteses das alíneas do inciso III do art. 593, CPP. A jurisprudência tem caminhado para entender que a **ausência de indicação**, na interposição, das alíneas que embasam o recurso não obstará o seu conhecimento se, nas razões, a parte apresentou fundamentação suficiente e bem delimitou os pedidos (STJ, HC nº 293.976/MS, rel. Min. Nefi Cordeiro, j. 03.03.16). Ademais, configura mero erro material, insignificante ao conhecimento do recurso, a **indicação errada** da alínea em que se fundou a impugnação (STJ, AgRg no REsp nº 1.324.438/DF, rel. Min. Maria Thereza de Assis Moura, j. 11.03.14). Então, em ambos os casos, prevalece a plenitude de defesa sobre o mero formalismo, inclusive porque aquela possui previsão constitucional (art. 5º, XXXVIII, *a*).

Consoante, portanto, o art. 593, III, CPP, são hipóteses que admitem a interposição de apelação no âmbito do tribunal do júri:

a) ocorrência de nulidade após a pronúncia

A alínea *a* fala exatamente em nulidade "posterior à pronuncia". É preciso, agora, distinguir a espécie de nulidade e o seu momento, rememorando o que já foi estudado no capítulo pertinente.

Tratando-se de nulidade ocorrida **antes** da decisão de pronúncia, seja ela relativa ou absoluta, deverá a parte prejudicada argui-la em alegações do art. 411, § 4º, CPP, e, se o caso, em preliminar de recurso em sentido estrito, interposto, justamente, contra a decisão de pronúncia (art. 581, IV, CPP).

Já em se tratando de nulidade ocorrida **após** a decisão de pronúncia, seja ela de natureza relativa ou absoluta, deverá a parte prejudicada argui-la em preliminar de apelação contra a sentença do júri.

A questão que exige atenção é a ocorrência de nulidade relativa ocorrida antes da decisão de pronúncia e não arguida em recurso em sentido estrito oportunamente. Em razão da sua natureza, ocorrerá a preclusão temporal, ou seja, a perda da faculdade processual de suscitar referida nulidade. Logo, a parte estará impedida de alegar nulidade relativa ocorrida antes da pronúncia em momento posterior a esta, já na apelação.

Todavia, é preciso observar que, tratando-se de nulidade absoluta, tenha ela ocorrido antes ou depois da pronúncia, a parte prejudicada não estará impedida de alegá-la em apelação, já que – como estudado – nulidades absolutas não precluem e podem ser alegadas a todo momento.

Obviamente que, se a parte alegou nulidade quando da interposição do recurso em sentido estrito e o tribunal negou-lhe provimento, não poderá ser suscitada esta mesma nulidade, agora, na apelação, já que a questão restou acobertada pela coisa julgada (Brasileiro, 2017).

Reconhecida a nulidade, o tribunal determinará a realização de novo julgamento ou a renovação do ato maculado, não se violando a soberania dos vereditos dos jurados.

b) ser a sentença do juiz togado contrária à lei expressa ou à decisão dos jurados

Esta alínea *b* traz duas hipóteses de cabimento.

A primeira trata da sentença do juiz-presidente que, apesar de respeitar o veredito dos jurados, acaba por **ferir o texto da lei**. É o caso, por exemplo, do juiz que condena o acusado nos termos da decisão dos jurados, mas impõe pena de prisão perpétua, vedada pela Constituição Federal (art. 5º, XLVII, *b*).

Já a segunda hipótese trata da sentença do juiz-presidente que **contraria o veredito dos jurados**, como no caso em que os jurados absolvem o acusado e o juiz togado, contrariamente a isso, o condena, ou então, os jurados reconhecem um privilégio, o que é ignorado pelo juiz.

Vê-se que, em ambos os casos, o erro foi do juiz-presidente, que ou não seguiu a lei, ou não seguiu o veredito dos jurados. Logo, aduz o Código de Processo Penal que, nestes casos, o próprio tribunal deverá fazer a devida retificação. Utilizando-se os exemplos acima fornecidos, o tribunal deverá adequar o regime inicial de cumprimento de pena ao previsto no art. 33, § 2º do CP, bem como, terá que readequar a pena fixada nos moldes do veredito dos jurados, fazendo incidir o privilégio reconhecido.

Não há falar-se em violação à soberania dos veredítos, tendo em vista que a vontade do conselho de sentença é, justamente, respeitada, pois o tribunal apenas readequará a sentença do juiz togado à vontade ora da lei, ora dos jurados. A vontade dos jurados (e da lei) é, portanto, plenamente respeitada.

c) houver erro ou injustiça quanto à aplicação da sanção penal

A alínea *c* também traz duas hipóteses distintas, ambas relacionadas à aplicação da pena ou da medida de segurança ao acusado.

No primeiro caso, haverá erro na aplicação da sanção penal. É o exemplo de o juiz fixar a pena acima (ou abaixo) do limite legal. Já no segundo caso, estará configurada injustiça na aplicação da sanção penal quando o juiz realizar a dosimetria da pena sem proporcionalidade ao caso concreto, como fixar o máximo da pena em razão de uma única agravante ao acusado primário e de bons antecedentes – a lei não proíbe a fixação da pena no máximo legal, mas não autoriza exageros e nem desproporcionalidades.

Como se nota, novamente, aqui o erro existente também é do juiz togado, que mal fixou a sanção penal. O tribunal, desta forma, está autorizado a readequar a sanção fixada, tornando-a legal e/ou justa. Fixa o art. 593, § 2º, CPP, portanto, que, neste caso, o tribunal retificará a aplicação da sanção penal fixada.

Relembrando o que já foi estudado, o tribunal, ao readequar a sanção penal, não poderá excluir ou fazer incidir qualificadoras, privilégios, causas de aumento ou de diminuição, considerando que a análise destes institutos é de competência exclusiva dos jurados (art. 483, IV e V, CPP). Quanto às atenuantes e agravantes, elas não são mais quesitadas aos jurados, sendo sua análise de competência do juiz togado, de modo que poderá o tribunal determinar sua incidência ou exclusão, adequando-se a sanção penal a elas.

Deve-se atentar que, após a prolação da decisão de pronúncia, a exclusão de qualificadoras é vedada, exceto – muito excepcionalmente – quando manifestamente improcedentes, já que a regra é a sua verificação pelo conselho de sentença (STJ, AgRg no AREsp nº 1.158.246/MS, rel. Min. Felix Fischer, j. 28.11.17; e AgRg no EDcl no AREsp nº 1.086.057/CE, rel. Min. Reynaldo Soares da Fonseca, j. 03.10.17).

d) ser a decisão dos jurados manifestamente contrária à prova dos autos

A alínea *d* talvez seja a hipótese mais debatida.

A sua simples leitura já traz à mente um conflito: se a soberania dos veredítos garante que a vontade dos jurados seja respeitada, como pode um recurso trazer como fundamento, justamente, que essa vontade dos jurados é contrária à prova dos autos?

A resposta é mais simples do que parece. A soberania dos veredictos (art. 5º, XXXVIII, c, CF) não é absoluta, devendo compatibilizar-se com todo o ordenamento jurídico, inclusive a individualização da pena, a ampla defesa e a presunção de inocência (CF, art. 5º, XLVI, LV e LVII), além do próprio duplo grau de jurisdição.

Entende-se que o acórdão que provê apelação interposta com fundamento no art. 593, III, alínea *d*, do CPP, para anular decisão dos jurados contrária à prova dos autos, traduz mero **juízo de cassação**, e não de reforma, não havendo que se falar em afronta à competência do tribunal do júri e nem afronta à soberania dos vereditos. Isso porque, o tribunal não substituirá os jurados e decidirá a questão, mas, pelo contrário, baixará o processo para que novo plenário seja formado, situação em que um novo conselho de sentença decidirá o fato criminoso apresentado.

Como bem esclarece Gustavo Henrique Badaró, "embora os jurados sejam soberanos para decidir, não se admite a decisão caprichosa ou arbitrária, que contrarie o conjunto probatório. Não se tolera a ilegalidade nem mesmo dos soberanos jurados. Para corrigir tais arbitrariedades é que se admite a apelação quando a decisão dos jurados for manifestamente contrária à prova dos autos" (Manual, 2017, p. 243).

O tema, ao menos no Superior Tribunal de Justiça, é pacífico:

> "As decisões proferidas pelo conselho de sentença não são irrecorríveis ou imutáveis, podendo o Tribunal *ad quem*, nos termos do art. 593, III, *d*, do CPP, quando verificar a existência de decisão manifestamente contrária às provas dos autos, cassar a decisão proferida, uma única vez, determinando a realização de novo julgamento, sendo vedada, todavia, a análise do mérito da demanda. A absolvição do réu pelos jurados, com base no art. 483, III, do CPP, ainda que por clemência, não constitui decisão absoluta e irrevogável, podendo o Tribunal cassar tal decisão quando ficar demonstrada a total dissociação da conclusão dos jurados com as provas apresentadas em plenário. Assim, resta plenamente possível o controle excepcional da decisão absolutória do Júri, com o fim de evitar arbitrariedades e em observância ao duplo grau de jurisdição. Entender em sentido contrário exigiria a aceitação de que o conselho de sentença disporia de poder absoluto e peremptório quanto à absolvição do acusado, o que, ao meu ver, não foi o objetivo do legislador ao introduzir a obrigatoriedade do quesito absolutório genérico, previsto no art. 483, III, do CPP" (3ª Seção, HC nº 313.251/RJ, rel. Min. Joel Ilan Paciornik, j. 28.02.18).

Todavia, no âmbito do Supremo Tribunal Federal, a questão ainda gera ampla debate. Decisões recentes caminham no sentido de que, se os jurados absolveram o réu com base no quesito genérico (art. 483, III, CPP), não se admite mais o manejo de apelação a fim de o tribunal cassar essa decisão e submeter o acusado a novo julgamento, diante da soberania dos vereditos – já que os réus podem absolver o agente por qualquer motivo, inclusive clemência, sem a necessidade de precisar justificar (STF, 1ª T., HC nº 178.777/MG, rel. Min. Marco Aurélio, j. 29.09.20, e 2ª T., HC nº 185.068/SP, rel. p/ ac. Min. Gilmar Mendes, j. 20.10.20). Ambas as Turmas decidiram por maioria e em situação de troca de composição, o que ampliou a discussão. O tema será pacificado quando do julgamento, pelo Plenário, do ARE-RG nº 1.225.185/MG, rel. Min. Gilmar Mendes, com repercussão geral já reconhecida.

Questão que se põe ao se estudar esta hipótese é saber o que significa a expressão “manifestamente contrária à prova dos autos”.

Entende-se que é a decisão que não encontra apoio em *nenhuma* prova colacionada aos autos. Assim, “decisão manifestamente contrária às provas dos autos é aquela que não encontra amparo nas provas produzidas, destoando, desse modo, inquestionavelmente, de todo o acerto probatório” (STJ, AgRg no REsp nº 1.660.745/RO, rel. Min. Reynaldo Soares da Fonseca, j. 22.08.17).

Se, por exemplo, os autos trazem duas versões, ambas amparadas por provas capazes de sustentar um veredito num ou noutro sentido, não há que se falar em contrariedade manifesta às provas dos autos. Isso porque, optando os jurados por uma das versões factíveis apresentadas em plenário, impõe-se a manutenção da decisão do conselho de sentença (STJ, AgRg no REsp nº 1.585.130/MG, rel. Min. Nefi Cordeiro, j. 19.09.17). Então, se o tribunal determina a realização de novo julgamento prestigiando uma das versões existentes nos autos, haverá clara afronta à soberania dos veredictos (STF, HC nº 126.516/RJ, rel. Min. Luiz Fux, j. 26.05.15).

Exemplo: existindo laudo de exame de local e laudo necroscópico confirmando que a asfixia mecânica provocou a morte da vítima, será manifestamente contrário às provas dos autos o veredito dos jurados no sentido de que a vítima não sofreu as lesões descritas no laudo ou de que estas lesões não teriam lhe provocado a morte (STJ, HC nº 223.139/SP, rel. Min. Joel Ilan Paciornik, j. 19.09.17).

Verificando o juízo *ad quem* que, de fato, o veredito dos jurados é contrário à prova dos autos, dar-lhe-á provimento ao recurso para sujeitar o acusado a **novo julgamento** (art. 593, § 3º, CPP). Desta forma, não pode o tribunal simplesmente substituir a vontade manifestada pelos jurados, em observância à soberania dos veredictos (STJ, HC nº 344.183/RS, rel. Min. Rogerio Schietti Cruz, j. 21.11.17). Do contrário, caso o tribunal pudesse reformar o julgamento do júri, o conselho deixaria de ser soberano, passando o tribunal a ter a última palavra quanto ao fato e à sua autoria, o que não pode ser admitido por clara afronta à Constituição Federal (art. 5º, XXXVIII, *c*).

A jurisprudência bem fixou que, determinando o tribunal a realização de novo julgamento com base na alínea *d*, inc. III do art. 593, CPP, apenas este ato (de julgamento) é que será repetido. Outros atos, como os preparatórios do plenário, não serão repetidos, como, por exemplo, a indicação de novas testemunhas, tendo em vista a ocorrência da preclusão consumativa. Logo, cassada a sessão de julgamento, restam preservadas as fases anteriores do processo, inclusive aquela em que as partes indicaram suas provas a serem produzidas em plenário (STJ, RHC nº 46.134/BA, rel. Min. Felix Fischer, j. 18.06.15). Apenas e tão somente a realização da *sessão plenária* será renovada.

No segundo julgamento, como já estudado, não poderão participar os jurados do primeiro julgamento (art. 449, I, CPP, e súmula nº 206 do STF). Logo, novo conselho de sentença deverá ser formado.

Questão que exige cautela é a parte final do § 3º do art. 593, CPP, que prevê que esta hipótese recursal da alínea *d* (decisão dos jurados manifestamente contrária à prova dos autos) somente poderá ser utilizada **uma única vez**, isto é, não se admitirá, pelo mesmo motivo, segunda apelação.

Então, se a parte interpõe apelação com fundamento na alínea *d* e o tribunal determina a realização de novo julgamento, considerando o veredito dos jurados contrário à prova dos autos, não será mais possível a invocação desta alínea em apelação relativa ao novo julgamento realizado. O texto é clarividente neste aspecto, tendo por objetivo evitar a prorrogação infindável do litígio pela reiterada interposição do recurso (STJ, HC nº 109.777/PI, rel. Min. Nefi Cordeiro, j. 27.10.15).

Ainda que o resultado do novo julgamento seja idêntico ao anterior, não será possível à parte argumentar com fundamento na alínea *d* que a decisão dos jurados ainda é contrária à prova dos autos. A lei considerou ser preciso, inicialmente, oportunizar ao sucumbente a chance de um novo julgamento quando a decisão não se compatibilizar com as provas produzidas, todavia, também criou um limite a isso: uma única vez.

Nada impedirá que a parte apele com fundamento em duas alíneas, como *a* e *d*. Todavia, em relação a esta, apenas uma única vez será admitida a sua utilização. Bem assinala Renato Brasileiro que, caso a parte fundamente seu recurso em duas alíneas (*a* e *d*, por exemplo) e o tribunal determine a realização de novo julgamento com base em alínea que não a *d*, poderá a parte, posteriormente, apelar com fundamento nesta alínea, já que a sua hipótese não foi sequer analisada pelo tribunal, considerando que as demais hipóteses de cabimento são prejudiciais em relação a ela (Manual, 2017).

Ainda que haja a impossibilidade de nova apelação com o mesmo fundamento da alínea *d*, isso não impede, obviamente, que se ajuíze revisão criminal após o trânsito em julgado da decisão condenatória.

No mais, o sentido da utilização da expressão "uma única vez" dessa alínea *d* diz respeito ao processo como um todo, e não a cada parte. Assim, se o acusado é condenado e a defesa apela com fundamento nesta alínea, dando provimento ao recurso, o tribunal determinará a realização de nova sessão do júri, caso os jurados, na nova sessão plenária, o absolvam, não poderá, agora, o Ministério Público valer-se desta mesma alínea para postular um novo julgamento, sustentando contrariedade do veredito com a prova dos autos. Como o tribunal já se manifestou no sentido de que o primeiro julgamento foi contrário à prova dos autos, é inviável o provimento de novo recurso pelo mesmo fundamento, pois a nova decisão do tribunal contrariaria aquela outra por ele já proferida anteriormente.

Entender de outra forma seria ver o julgamento do júri como um eterno pingue-pongue, pois, numa primeira vez, o tribunal diria que o julgamento foi contrário à prova dos autos; no segundo julgamento, diria que também foi contrário à prova dos autos; num terceiro julgamento, o mesmo, e assim por diante. Isso, claramente, acabaria por deixar ao tribunal *ad quem* o papel de indicar qual é a "melhor prova", o que contraria a soberania dos veredictos.

Neste caminho, "é possível ao tribunal de apelação, por uma única vez, anular o julgamento proferido pelo tribunal do júri que absolve o acusado, apesar de reconhecer a autoria e a materialidade, sob o argumento de ser contrário à prova dos autos" (STJ, AgRg no AREsp nº 1.006.045/ES, rel. Min. Sebastião Reis Júnior, j. 18.04.17). Então, "em razão da disposição expressa contida no art. 593, § 3º, do Código de Processo Penal, a interposição de apelação fundamentada no inciso III, alínea *d*, do mesmo artigo, somente é admitida uma única vez, não sendo prevista exceção de possibilidade de novo recurso, com base nesse fundamento, quando interposto por parte diferente daquele que manifestou o primeiro ou na hipótese de a matéria discutida ser diversa (STJ, REsp nº 1.558.124/MT, rel. Min. Sebastião Reis Júnior, j. 23.08.16).

Percebe-se que o texto legal afirma que não se admite nova apelação, em relação à alínea *d*, "pelo mesmo motivo". O acusado, em regra, poderá ser levado a novo julgamento inúmeras vezes, conforme o tribunal determine a realização de novo julgamento diante de eventuais nulidades, todavia, em razão da alínea *d*, especificamente, apenas uma única vez será possível. A expressão "mesmo motivo" diz respeito à mesma hipótese de admissibilidade (alínea *d*), e não mesmo tema. Consoante a Corte da Cidadania, a expressão "pelo mesmo motivo" deve ser entendida como "pelo mesmo fundamento", qual seja, o de ser a decisão manifestamente contrária à prova dos autos (AgRg no AREsp nº 317.372/PR, rel. Min. Marco Aurélio Bellizze, j. 05.08.14). Logo, o motivo sempre será o mesmo – a alínea *d* – que só poderá ser invocado uma única vez.

Exemplo: em primeiro julgamento, o acusado é condenado contrariamente à prova dos autos, pois provada uma excludente de ilicitude; o tribunal anula a sessão e determina a realização de novo julgamento, em que os jurados novamente o condenam; o acusado entende, agora, que também houve contrariedade à prova dos autos, em razão de sua inimputabilidade que estaria provada. Não será possível nova apelação com fundamento na alínea *d*, ainda que com base em outro argumento, pois esse motivo (o uso da alínea *d*) só pode ser sustentado uma única vez no processo.

Ainda, há que se atentar a uma situação bastante interessante. Imagine que um agente é acusado de integrar associação criminosa destinada à prática de diversos crimes de tráfico de drogas e posse ilegal de arma e que, nessas situações, ocorreram dois homicídios dolosos por motivo torpe. No julgamento pelo tribunal do júri, houve condenação por um crime contra a vida, mas absolvição quanto ao outro homicídio e crimes conexos. O Ministério Público recorre, argumentando que as absolvições foram manifestamente contrárias à prova dos autos. Entende-se que o tribunal, ao dar provimento ao recurso, determinará que apenas os crimes em que o agente foi absolvido serão levados a novo júri, e não todos os crimes pelos quais ele fora pronunciado, uma vez que, nessa situação, não há mais falar-se em conexão, pois já houve uma condenação (STJ, HC nº 516.846/PR, rel. Min. Jorge Mussi, j. 26.11.19).

Por fim, é comum que esse dispositivo em comento seja utilizado pela defesa, sob o argumento de que o acusado deveria ser absolvido porque a decisão dos jurados contrariou as provas que fundamentavam a inocência. Há quem sustente, minoritariamente, que este recurso seria de utilização exclusiva da defesa, ou seja, para combater decisão condenatória dos jurados, uma vez que o jurado, atualmente, tem autorização legal para absolver genericamente por qualquer motivo, não tendo o Ministério Público legitimidade para combater essa decisão; o recurso, nessa alínea *d*, serviria apenas para a defesa impugnar condenação, sustentando que a decisão dos jurados contrariou os elementos constantes dos autos (Lopes Jr., 2016). No entanto, e aqui com a maioria, o Ministério Público também faz uso desta alínea *d* – primeiro, porque a soberania dos jurados não é absoluta; e segundo, porque não há dispositivo legal restringindo a legitimidade do Ministério Público. Nesse sentido, entende-se que a decisão dos jurados, ainda que com base no quesito genérico de absolvição (clemência, piedade, compaixão etc.), não é absoluta e irrevogável, podendo o tribunal cassar essa decisão se entender configurada total dissonância da conclusão dos jurados com as provas apresentadas em plenário (STJ, 5ª T., HC nº 465.197SP, rel. Min. Ribeiro Dantas, j. 12.06.19; 6ª T., AgRg no HC nº 537.861/PE, rel. Min. Nefi Cordeiro, j. 17.12.19; e STF, 1ª T., RHC nº 124.554/PE, rel. Min. Rosa Weber, j. 18.11.14; e 2ª T., HC nº 111.207/ES, rel. Min. Cármen Lúcia, j. 04.12.12).

Exemplo: em homicídio doloso praticado pelo marido contra a esposa, há vídeo mostrando o momento da facada, há testemunha narrando ciúme do agressor, há perícia apontando impressão digital do homicida e há sangue nas suas vestes; os jurados decidem, piedosamente, pela absolvição do marido; obviamente, o Ministério Público poderá recorrer dessa decisão, pois, embora os jurados possam absolver genericamente (como no caso de dúvida), não podem ignorar, totalmente, todas as provas dos autos indicando autoria e materialidade.

Nas palavras do Tribunal da Cidadania, "não se pode perder de vista que eventual absolvição pelo Conselho de Sentença, em patente contrariedade à prova dos autos, importaria na manifesta vulneração da vida, um dos mais importantes direitos fundamentais e também consagrado, em meio às denominadas cláusulas pétreas, na Constituição da República (art. 5º, *caput*, da Constituição Federal). Dessa feita, uma vez configurada a potencial colisão de princípios constitucionais, o direito à vida, de uma vertente, e a soberania dos veredictos, em flanco diverso, necessária se faz ponderação proporcional e razoável, exigindo-se, dentro do quadro da unidade constitucional, a submissão, no caso em análise, da soberania da decisão emanada pelo Tribunal do Júri (art. 5º, XXXVIII, da CF/88), para tutela do direito à vida (art. 5º, *caput*, da CF/88) e do princípio fundamental da dignidade da pessoa humana (art. 1º, III, da CF/88)" (HC nº 506.518/MG, rel. Min. Felix Fischer, j. 25.06.19).

Somente é inatacável, portanto, a decisão dos jurados que não seja manifestamente contrária à prova dos autos.

15.2.1.4. *Efeitos*

A apelação possui os seguintes efeitos:

a) **devolutivo**, como qualquer recurso, atribuindo a matéria recorrida ao tribunal competente para julgamento do recurso.

b) **extensivo**, a depender do caso concreto, podendo o resultado do recurso ser estendido ao corréu que não interpôs recurso (art. 580, CPP).

c) **suspensivo**, ou seja, a interposição de apelação suspende a execução da decisão recorrida. A ocorrência deste efeito dependerá da espécie de decisão combatida.

Tratando-se de **sentença absolutória própria**, ou seja, aquela que julga improcedente a pretensão punitiva estatal sem impor nenhuma sanção penal ao acusado, não haverá efeito suspensivo com a apresentação do recurso de apelação, de modo que a decisão absolutória já produzirá imediatamente seus efeitos. Neste sentido, o art. 596, CPP, prevê que "a apelação da sentença absolutória não impedirá que o réu seja posto imediatamente em liberdade". Isso porque, o art. 386, p.ú., I, CPP, determina que o juiz, na sentença absolutória, mandará, se o caso, pôr o réu em liberdade. Logo, ao proferir uma sentença absolutória própria, o juiz, se não houver outro motivo para tanto, mandará que o acusado que estava preso seja colocado em liberdade imediatamente, ainda que haja interposição de apelação pela acusação. Logo, a apelação contra sentença absolutória própria não possui efeito suspensivo.

De outro lado, tratando-se de **sentença absolutória imprópria**, isto é, aquela que julga procedente a pretensão estatal impondo ao acusado uma medida de segurança, entende-se que, como o art. 171 da Lei de Execução Penal dispõe que "transitada em julgado a sentença que aplicar medida de segurança, será ordenada a expedição de guia para a execução", a execução da medida de segurança imposta exige a ocorrência do trânsito em julgado, de modo que a apelação que combate esta decisão terá efeito suspensivo. Bem explica Renato Marcão (Lei, 2013) que não se procede à execução da medida de segurança sem a prévia expedição da guia respectiva, o que somente se dá com o trânsito em julgado da sentença. No mesmo sentido entende a jurisprudência (STF, HC nº 90.336/SP, rel. Min. Celso de Mello, j. 18.12.07; e STJ, HC nº 226.014/SP, rel. Min. Laurita Vaz, j. 19.04.12).

Deve-se dar atenção porque, mesmo que a execução da medida de segurança exija o trânsito em julgado, nada impede que o juiz, ao proferir sentença, determine o cumprimento de medida cautelar de internação provisória, analisando-se o caso concreto, consoante já estudado (art. 319, VII, CPP).

No mais, passando os olhos pelo art. 596, p.ú., CPP, verifica-se que o seu texto, editado pela Lei nº 5.941/73, prevê que a apelação não suspenderá a execução da medida de segurança aplicada provisoriamente. Como assinala Brasileiro de Lima (Manual, 2017), não existe, no ordenamento atual, a figura da "medida de segurança provisória", que foi abolida com a reforma da parte geral do Código Penal (Lei nº 7.209/84) e pela Lei de Execução Penal (Lei nº 7.210/84), de modo que ou haverá a imposição de internação cautelar (art. 319, CPP) ou a expedição de guia para cumprimento definitivo da medida de segurança imposta com o trânsito em julgado (art. 171, LEP).

Por fim, tratando-se de **sentença condenatória**, a apelação interposta lhe trará efeito suspensivo (art. 597, primeira parte, CPP). Neste sentido é a súmula nº 347, STJ: "o conhecimento do recurso de apelação do réu independe de sua prisão" - cancelando, ainda que tacitamente, a antiga súmula nº 9 do mesmo STJ, datada da década de 1990, mas não extirpada formalmente. Assim, se o réu não precisa ser preso para que a sua apelação seja conhecida, a sentença que lhe impõe pena será suspensa com a apresentação de recurso de apelação.

Ver que o recurso subsidiário apresentado pelo assistente de acusação não terá efeito suspensivo, diante de expressa previsão legal neste sentido (art. 598, *caput*, CPP).

Por fim, a apelação **não tem efeito regressivo**, de modo que a sua interposição não autoriza o juízo *a quo* a reexaminar a sentença prolatada. Aplica-se, analogicamente, o art. 494, CPC, que dispõe que, publicada a sentença, o juiz só poderá alterá-la para corrigir-lhe, de ofício ou a requerimento, inexatidões materiais/erros de cálculo ou então por meio de embargos de declaração.

Preserva-se, com isso, o *princípio da invariabilidade da sentença*, ou seja, a prolação de sentença pelo juiz de primeiro grau encerra a sua jurisdição, não se falando mais em reexame através de efeito regressivo, salvo, como visto, os casos de erro material ou de cálculo e a interposição de embargos de declaração. Assim, apenas nestes dois casos será possível ao juiz reexaminar a decisão proferida, mas nunca em razão da interposição de apelação, que, como visto, não é dotada de efeito regressivo.

15.2.1.5. *Procedimento*

Serão analisados os principais pontos referentes à forma, ao prazo, ao processamento e à competência.

15.2.1.5.1. *Competência e forma*

É competente para julgar o recurso de apelação os tribunais de segundo grau (TJ e TRF), por meio de suas Câmaras ou Turmas recursais, compostas por desembargadores (estaduais ou federais). Por vezes, pois, são chamados de "tribunais de apelação".

Quanto à forma, a apelação poderá ser interposta por **petição** ou por **termo nos autos** (art. 600, § 4º, primeira parte, CPP).

Os autos, juntamente com o recurso, são encaminhados ao juízo *ad quem*, não se formando um instrumento, isto é, todo o processo é enviado para julgamento, e não apenas cópias de algumas de suas peças principais.

Em razão disso, o art. 603, CPP, determina que, como a apelação subirá ao tribunal nos autos originais, deverá o escrivão responsável, nas comarcas do interior, fazer traslado (cópia) dos termos essenciais do processo, evitando-se, caso ocorra eventual extravio dos autos originais, prejuízo à prestação jurisdicional. Com os processos eletrônicos de hoje, tal previsão tende a cair em desuso.

No mais, se houver mais de um réu, e não tiverem todos sido julgados, ou não tiverem todos apelado, caberá ao apelante promover extração do traslado dos autos, o qual deverá ser remetido à instância superior no prazo de 30 dias, contado da data da entrega das últimas razões de apelação, ou do vencimento do prazo para a apresentação das do apelado (§ 1º, art. 601, CPP).

15.2.1.5.2. *Prazos e processamento*

Há que se diferenciar o prazo para **interpor** daquele para **arrazoar**.

O prazo para interposição da apelação é de **5 dias** (art. 593, *caput*, CPP). Há, todavia, duas exceções: (a) a apelação interposta pelo assistente de acusação não habilitado, que terá o prazo de 15 dias, contados do final do prazo para o Ministério Público, cf. o art. 598, p.ú., CPP, e a súmula nº 448 do STF, ou a partir da sua intimação – ver que, se o assistente de acusação já estiver habilitado, o seu prazo será comum de 5 dias; e (b) a apelação da Lei nº 9.099/95, cujo prazo é de 10 dias, cf. o seu art. 82.

Respeitados estes prazos legais, o recurso será considerado tempestivo, ou seja, o pressuposto objetivo da tempestividade é aferido pela interposição do recurso (Pacelli e Fischer, 2012). Se denegada a apelação por não preencher os pressupostos exigidos, será cabível o recurso em sentido estrito (art. 581, XV, CPP), como será estudado adiante.

Quanto à apresentação das razões, distinguem-se algumas situações.

O recorrente poderá arrazoar a apelação já com a petição de interposição, ou seja, apresentará uma peça ao juízo *a quo* manifestando a sua vontade de recorrer e delimitando o objeto do recurso (interposição) juntamente com os fundamentos da sua apelação, dirigidos ao juízo *ad quem* (razões). É a forma mais comum de se apelar na prática.

O Código de Processo Penal, todavia, traz duas formas específicas de apresentação das razões do recurso de apelação.

Conforme o art. 600, *caput*, CPP, preenchidos os requisitos e recebida a interposição pelo juízo *a quo*, este notificará as partes – recorrente e recorrido, nesta ordem – para que apresentem suas razões de apelação, no prazo de **8 dias**. Referido prazo começa a correr após a notificação do recorrente para este fim, e não de forma automática após a interposição. E atentar que este prazo será de **3 dias** quando se tratar de processo relativo a contravenções penais (art. 600, *caput*) – apesar disso, deve-se lembrar que a estes processos são aplicáveis as regras da Lei nº 9.099/95, que prevê que o recurso de apelação será interposto em 10 dias, já com as razões (art. 82, § 1º), mas, mesmo nestes casos, será aplicável o prazo do Código de Processo Penal quando, excepcionalmente, não incidir o procedimento sumaríssimo, como já estudado (complexidade do caso, não localização do acusado etc.).

O Código traz uma segunda forma de apresentação das razões do recurso de apelação. Prevê o § 4º do art. 600 que, se o recorrente declarar, na petição ou no termo, ao interpor apelação, que deseja arrazoar diretamente no tribunal, serão os autos a este remetidos, onde será aberta vista às partes, observados os prazos legais e notificadas estas por publicação oficial. Há, mais do que minoritariamente, quem afirme que esta previsão não teria sido recepcionada pela CF/88, por colidir com o princípio da duração razoável do processo, previsto no art. 5º, LXXVIII, CF. Apesar disso, pode-se afirmar, com tranquilidade, que a letra da lei não foi modificada, devendo ser observada por todos os operadores do Direito, não podendo o direito processual de apresentar razões de apelação na instância recursal ser subtraído da parte. Com este entendimento, o Superior Tribunal de Justiça anulou decisão do magistrado que, ao intimar a defesa para apresentar razões, havia vetado o uso da prerrogativa do § 4º do art. 600, CPP, justamente alegando a sua não recepção pela

Constituição Federal, o que foi, corretamente, afastado pela Corte (HC nº 437.030/MT, rel. Min. Felix Fischer, j. 01.08.18).

Tem prevalecido o entendimento de que este dispositivo não é aplicável ao Ministério Público. Caso o *Parquet* apele, portanto, já deverá apresentar as razões juntamente com a interposição, tendo em vista que quem atuará em segunda instância será a Procuradoria-Geral, por intermédio dos Procuradores de Justiça, e não os promotores de justiça.

Desta forma, o MP que atua em primeiro grau deve apresentar a interposição já com as razões de recurso, pois o MP que atua em segundo grau não atuará como *parte*, mas como fiscal da ordem jurídica, não sendo possível atribuir-lhe esta função. Clara é a explicação de Marcellus Polastri Lima, aduzindo que "apesar de o art. 600, § 4º, do CPP, se referir 'às partes', sendo obrigação do promotor a apresentação das razões, este não poderá se utilizar dessa prerrogativa, sendo esta destinada só à defesa, até porque no segundo grau funciona o procurador de justiça, que tem a função de *custus legis*" (Curso, 2016, p. 1.274).

Pode ocorrer, todavia, de a defesa utilizar esta prerrogativa do § 4º do art. 600, CPP, com os autos já no tribunal. Neste caso, para não suprimir a atuação do Ministério Público, os autos, com as razões do recorrente, deverão ser baixados (enviados) ao primeiro grau, para que o MP apresente as contrarrazões de apelação. Na sequência, os autos retornam ao tribunal para julgamento, atuando o Ministério Público de segundo grau como fiscal da ordem jurídica, exarando parecer.

Pode surgir, neste momento, um questionamento sobre a utilidade de a parte querer apresentar suas razões diretamente no tribunal, nos moldes do § 4º do art. 600, CPP. Além, claramente, do maior tempo que o recorrente terá para formular suas razões, pois dependerá de o processo chegar ao tribunal para, depois, ser intimado para apresentá-las, apenas a partir disso correndo o prazo legal, será possível saber para qual órgão colegiado o recurso foi distribuído, conhecendo todos os desembargadores e como eles pensam. Conforme Aury Lopes Jr., "esse é um ponto fundamental quando se tem presente a função persuasória da atividade das partes em relação ao julgador. Por isso, é fundamental conhecer o perfil dos julgadores, como decide aquela câmara ou turma, que precedentes existem sobre as questões debatidas etc." (Curso, 2016, p. 767).

Se já houver assistente de acusação habilitado, este terá o prazo de 3 dias para arrazoar o recurso interposto pelo Ministério Público (§ 1º, art. 600, CPP). Se a ação penal for movida pelo ofendido, o MP terá vista dos autos por 3 dias (§ 2º, art. 600, CPP).

O art. 600, § 3º, CPP, dispõe que, quando forem dois ou mais os apelantes ou apelados, os prazos serão comuns, ou seja, correrão ao mesmo tempo para todas as partes. Isso significa, implicitamente, que os autos deverão permanecer em cartório, possibilitando o acesso a todos. Parte da doutrina (Badaró, 2017) defende que, em respeito ao contraditório, o juiz deverá abrir prazos separados, principalmente quando houver número excessivo de volumes ou apensos.

Entende a jurisprudência que a apresentacão de razões recursais fora do prazo legal configura mera irregularidade, não prejudicando o seu julgamento, pois, como visto, a tempestividade é aferida na data da interposição (STJ, EDcl no REsp nº 1.066.724/DF, rel. Min. Rogerio Schietti Cruz, j. 03.03.15; e STF, HC nº 112.355/GO, rel. Min. Ricardo Lewandowski, j. 26.06.12).

É bom lembrar que o art. 231, CPP, dispõe que, salvo os casos expressos em lei, as partes poderão apresentar documentos em qualquer fase do processo. Conforme a jurisprudência, trata-se de regra de eficácia processual, na definição mais próxima da verdade real e que pode influir até a fase final de juízo valorativo das provas, que é a apelação (STJ, REsp nº 1.170.545/RJ, rel. Min. Nefi Cordeiro, j. 02.12.14). Logo, sempre que houver a juntada de um documento, a parte contrária deverá ser intimada a se manifestar. Para o Supremo Tribunal Federal, se, oportunizado o contraditório, não houver manifestação da parte contrária, não há falar-se em eventual nulidade, já que é suficiente a simples oportunização de resposta (RE nº 594.209/SC, rel. Min. Cezar Peluso, j. 25.11.08).

Findos os prazos para razões, os autos serão remetidos ao tribunal em 5 dias, salvo quando se tratar de processo que precise de traslado (cópia), como visto acima, cujo prazo será de 30 dias (art. 601, CPP). O referido dispositivo afirma que os autos subirão ao tribunal "com as razões ou sem elas", o que pode sugerir que a apelação poderia seguir ao tribunal apenas com a interposição, sem a apresentação de razões.

A melhor doutrina entende que isso não é possível, em respeito ao princípio da dialeticidade, que é a exteriorização do princípio do contraditório no segundo grau de jurisdição, sendo indispensável a apresentação de razões e de contrarrazões dos recursos (Badaró, 2017).

Entende-se que o correto é, quando o tribunal verificar a ausência de razões/contrarrazões, baixar os autos ao juízo *a quo* para que a parte apresente a respectiva peça (Brasileiro, 2017). Sendo a omissão da defesa, o juiz deve intimar o acusado para constituir novo defensor e, na permanência da omissão, intimar a Defensoria Pública ou nomear advogado dativo, numa interpretação ampliativa da súmula nº 707 do STF. Já se a omissão for do Ministério Público, o juiz deve aplicar, analogicamente, o antigo art. 28, CPP (ou o atual art. 28-A, § 14, CPP, ou o art. 10, IX, *d*, Lei nº 8.625/93, também por analogia), enviando os autos ao Chefe do Ministério Público para apresentar a referida peça, tendo em vista que o *Parquet* não pode desistir de recurso interposto e a razão/contrarrazão é peça indispensável.

Apesar das críticas contundentes, a jurisprudência caminha no sentido rigoroso da lei, autorizando o julgamento da apelação independentemente da juntada de razão/contrarrazão. Assim, "não há que se falar em nulidade do julgamento da apelação interposta pelo Ministério Público se a defesa, regularmente intimada para a apresentação de contrarrazões, queda-se inerte" (STF, RHC nº 121.889/SP, rel. Min. Ricardo Lewandowski, j. 06.05.14). Ainda, "a apresentação de contrarrazões é uma faculdade da defesa e seu não exercício, quando regularmente intimada para tanto, não gera nulidade no processo" (STF, HC nº 94.323/SP, rel. Min. Joaquim Barbosa, j. 23.03.10). O Superior Tribunal de Justiça possui o mesmo entendimento, no sentido de que "não se evidencia nulidade no julgamento da apelação interposta pelo Ministério Público se a defesa técnica, regularmente intimada para apresentação de contrarrazões, permanece inerte" (EDcl no HC nº 265.102/RR, rel. Min. Ribeiro Dantas, j. 04.04.17).

Por fim, é interessantíssima a possibilidade de aplicação, ao Processo Penal, da **teoria da causa madura**, prevista no âmbito do Processo Civil (art. 1.013, § 3º, CPC). Para tal teoria, nos casos de extinção do processo sem julgamento de mérito e nos casos em que a sentença não resolveu o mérito em toda a sua extensão, o tribunal, conhecendo da apelação, poderá julgar desde logo o mérito se a causa estiver em condições de imediato julgamento, o que independe de requerimento da parte (Marinoni, Arenhart e Mitidiero, 2017).

No Processo Penal, pegue-se o seguinte exemplo: juiz erra ao sentenciar, pois a condenação não se ateve aos fatos narrados na denúncia, que seriam outros; não era o caso de *emendatio* (art. 383, CPP) e o Ministério Público quedou-se inerte, não realizando *mutatio* (art. 384, CPP); o tribunal, então, reconhece a nulidade da sentença, por ter ferido o princípio da correlação, do contraditório e da ampla defesa; em regra, devolveria os autos para o Ministério Público elaborar nova denúncia e se ater aos fatos; todavia, o tribunal verifica que não há provas para sustentar nenhum outro crime sequer, mesmo que o Ministério Público, em primeiro grau, elabore nova denúncia; então, como a causa penal está madura, i.e., instruída com todas as provas, resolve absolver o acusado, por total ausência de elementos probatórios. O Superior Tribunal de Justiça acolheu a possibilidade de aplicação da teoria da causa madura ao Processo Penal, principalmente com a aplicação do art. 3º, CPP, pois cabe ao tribunal, com observância ao princípio da correlação, decidir sobre o acerto da sentença que adentra no mérito da causa (REsp nº 1.731.183/BA, rel. Min. Joel Ilan Paciornik, j. 01.10.19).

Outro caso analisado pelo Superior Tribunal de Justiça, agora em favor da acusação: agente é denunciado por diversos crimes contra a saúde pública; o juiz entende que um dos crimes seria inconstitucional e não teria prova para os demais, de modo que profere sentença absolutória; o Ministério Público recorre e pleiteia a condenação; o tribunal, então, entende que não há aquela inconstitucionalidade, de modo que o juiz deveria considerar válido o crime, mas, ao invés de determinar o retorno dos autos para que nova sentença fosse proferida, entende que a causa está madura (bem instruída) para julgamento e passa a decidir, nos moldes do pleiteado pela acusação, condenando o agente a mais de dez anos de reclusão, já que todas as provas, rebatidas pela defesa, estavam nos autos e prontas para análise. O Tribunal da Cidadania entendeu válido o procedimento (HC nº 358.047/SP, rel. Min. Jorge Mussi, j. 27.11.18).

É de se concluir que a possibilidade de aplicação da teoria da causa madura ao âmbito criminal dependerá de quem será o beneficiado com a decisão do tribunal (e de que forma) e se houve respeito, efetivamente, ao contraditório e à ampla defesa. Preenchidos os requisitos, nada obsta a sua incidência em processos penais. Se o acusado será beneficiado, não haverá maiores problemas; agora, se a acusação será beneficiada, somente será possível aplicar referida teoria se houver o devido processo legal prévio em relação às provas constantes dos autos, não sendo proferida decisão-surpresa em prejuízo da defesa.

15.2.2. Recurso em sentido estrito

15.2.2.1. *Introdução*

Comumente abreviado como RESE ou RSE, é o recurso que combate decisões interlocutórias, ou seja, aquelas proferidas no curso do processo pelo juiz de primeiro grau.

Antes de mais nada, o Código de Processo Penal não prevê um "recurso em sentido estrito", mas, sim, que "caberá recurso, no sentido estrito" – mas a expressão que acabou sendo consagrada pela doutrina foi aquela (art. 581, CPP).

O art. 581, CPP, traz as **hipóteses taxativas** de cabimento do RESE, dispondo que ele atacará decisões, despachos e sentenças ali previstos. De início o legislador já traz uma impropriedade técnica, pois o RESE somente é cabível contra **decisões interlocutórias** proferidas **pelos juízes de primeiro grau** – apenas e tão somente.

Estas são, portanto, as três chaves de ouro do RESE:

- » Previsão em hipóteses taxativas
- » Combate de decisões interlocutórias
- » Decisões proferidas por juízes de primeiro grau

É importante notar que a doutrina costumava ensinar que o recurso em sentido estrito seria o "agravo de instrumento do Processo Penal" – numa comparação com o Processo Civil – por combater decisões interlocutórias, com a diferença de que o RESE trazia hipóteses taxativas de cabimento, ao contrário do agravo da seara cível, que combatia qualquer decisão interlocutória.

Isso, atualmente, encontra-se equivocado. O atual Código de Processo Civil, de 2015, além de eliminar o famigerado agravo retido, arrolou todas as decisões interlocutórias que poderão ser recorridas por agravo de instrumento no seu art. 1.015. Conforme a doutrina, portanto, "a fim de limitar o cabimento do agravo de instrumento, o legislador vale-se da técnica da enumeração taxativa das hipóteses em que o agravo de instrumento pode ser conhecido" (Câmara, O Novo, 2016, p. 521). Isso, claro, não elimina a necessidade de interpretação extensiva, como se verá na sequência.

No mais, a utilização do RESE é **residual**, tendo em vista que, por mais que se verifique a incidência de uma hipótese legal de cabimento, caso a decisão seja proferida no bojo de uma sentença, deixa de ser cabível o RESE para ser interposta apenas a apelação. Conforme o texto legal do art. 593, § 4º, CPP, "quando cabível a apelação, não poderá ser usado o recurso em sentido estrito, ainda que somente de parte da decisão se recorra". É de se destacar que referida previsão legal desautoriza a alegação – inadvertida – de fungibilidade, até porque, o texto do Código de Processo Penal é demasiadamente claro.

Desta forma, *v.g.*, se o juiz, ao sentenciar, absolve o acusado de um furto e extingue a punibilidade de uma receptação em razão da prescrição, será cabível a interposição – unicamente – de apelação. Não há falar-se na interposição de dois recursos (uma apelação para a absolvição, do art. 593, I, CPP, e um RESE para o reconhecimento da prescrição, do art. 581, VIII, CPP), já que, quando couber apelação *e também* recurso em sentido estrito ao mesmo tempo, em razão de decisão proferida em sentença, utilizar-se-á apenas a apelação. É o que se chama de aplicação subsidiária do RESE.

O mesmo pode ocorrer no âmbito do tribunal do júri. Por exemplo, o agente é denunciado por homicídio doloso qualificado e por lesões corporais; o juiz, finda a primeira fase, o pronuncia por homicídio simples, por entender não estar patente a ocorrência da qualificadora, e o absolve em relação ao crime conexo de lesões corporais, por entender não estar configurada a intenção de ofender a integridade física da vítima. Sabe-se, a esta altura, que contra esta decisão errônea de pronúncia caberá RESE; e, contra a decisão equivocada de absolvição, saberá apelação. Então, aplicando-se o art. 593, § 4º, CPP, quando cabível a apelação, não poderá ser manejado o recurso em sentido estrito, ainda que somente de parte da decisão se recorra. Neste caso, portanto, cabível, por parte do Ministério Público, a apelação tão somente, afastando-se a interposição do recurso em sentido estrito, que resta "absorvido" por aquela – o contrário seria exigir do recorrente a interposição de dois recursos ou, pior, a interposição de um recurso em sentido estrito diante de uma decisão absolutória.

15.2.2.2. *Interpretação extensiva*

Embora o cabimento do recurso em sentido estrito seja adstrito às hipóteses taxativamente previstas no art. 581, CPP, como visto, é preciso que se faça uma leitura ampla e atual à luz das modificações legislativas recentes, considerando que o Código de Processo Penal é datado da década de 1940.

Assim, em clássico exemplo, o inc. I do art 581, CPP, diz que é recorrível por RESE a decisão do juiz que não recebe a denúncia ou queixa. Mas, pergunta-se: e a decisão do juiz que não recebe o aditamento da denúncia feito pelo Ministério Público no curso do processo? Será recorrível por RESE?

Ora, onde há a mesma razão deve ser aplicado o mesmo direito. Assim, se o legislador quis que o não recebimento da inicial acusatória fosse recorrível, é óbvio que o não recebimento do seu aditamento também será recorrível por RESE, ainda que não haja previsão literal e expressa na lei neste sentido (STJ, REsp nº 184.477/DF, rel. Min. Gilson Dipp, j. 19.02.02). Isso porque, o aditamento é considerado uma imputação de fato criminoso, submetendo-se à disciplina legal da inicial acusatória, inclusive quando à forma, matéria e impugnação (STJ, REsp nº 254.494/DF, rel. Min. Hamilton Carvalhido, j. 24.11.04).

Na interpretação extensiva, como já se estudou, existe uma previsão legal, mas com insuficiência de descrição, de modo que a sua redação dá margem a, literalmente, uma interpretação extensiva, isto é, que amplia as suas hipóteses de incidência, mas dentro das balizas já colocadas previamente pela lei. Isso, obviamente, só será possível quando não restar patente que o objetivo da lei foi, justamente, o contrário, ou seja, de excluir uma hipótese de incidência.

Assim, no exemplo colocado, recorre-se por RESE tanto o *não recebimento* da denúncia quanto o *não recebimento* do seu aditamento – já que ambos os casos trazem a apresentação de pretensão punitiva estatal e podem ser igualmente impugnados. No entanto, vê-se que se prevê o RESE apenas contra o *não recebimento* da denúncia, de modo que não será possível a sua utilização para combater o contrário, ou seja, o *recebimento*, pois este, claramente, não foi o objetivo do legislador. Logo, o recebimento da denúncia não é combatido por RESE – mas apenas por ação autônoma, como o "habeas corpus" trancativo.

Exemplo atualíssimo ocorre em relação às medidas cautelares diversas da prisão, introduzidas pela Lei nº 12.403/11. Há previsão textual de cabimento do RESE contra o indeferimento da prisão preventiva (inc. V, art. 581, CPP), mas nada dispõe a lei sobre o combate à decisão que indefere o pedido de decretação de uma medida cautelar pessoal diversa da prisão, como o recolhimento domiciliar noturno ou a proibição de contato com determinada pessoa (art. 319, CPP). Para o Superior Tribunal de Justiça, "a decisão que impõe à parte medida cautelar diversa da prisão não amplia o rol taxativo previsto no inciso V do dispositivo legal em comento. Cabe, portanto, por interpretação extensiva, a interposição de recurso em sentido estrito" (REsp nº 1.575.297/SC, rel. Min. Rogerio Schietti Cruz, j. 09.05.17).

Em suma, assim como ocorre com qualquer norma jurídica, o rol de hipóteses de cabimento do recurso em sentido estrito também admite a chamada interpretação extensiva. Não há a ampliação das hipóteses legais, mas apenas o **adequado enquadramento** de uma situação não prevista formalmente a uma hipótese legal, ou seja, a interpretação extensiva não gera a ampliação da vontade do legislador, mas apenas autoriza a adequada interpretação de suas hipóteses às situações concretas vivenciadas atualmente, mas não previstas nominal e expressamente em lei.

15.2.2.3. *Cabimento*

Para além das hipóteses de cabimento do RESE no Código de Processo Penal, a legislação esparsa traz as seguintes hipóteses também:

i) Decreto-lei nº 201/67: trata dos crimes praticados por Prefeitos, prevendo o cabimento do RESE contra a decisão que conceder ou denegar a prisão preventiva ou o afastamento do cargo do acusado (art. 2º, II).

ii) Lei nº 1.508/50: trata da interposição de RESE combatendo a decisão que arquiva a contravenção de jogo do bicho e corrida de cavalos fora do hipódromo (art. 6, p.ú.).

iii) Lei nº 9.503/97 (CTB): traz a possibilidade de o juiz, cautelarmente, suspender a habilitação ou a permissão para dirigir veículo automotor ou determinar a proibição de sua obtenção. Então, prevê-se o RESE contra a decisão que decretar a suspensão ou que indeferir o requerimento do Ministério Público (art. 294, *caput*, e p.ú.).

Já o Código de Processo Penal, no art. 581, traz as seguintes hipóteses de cabimento do recurso em sentido estrito:

a) não recebimento da inicial acusatória (inc. I)

O inciso I do art. 581, CPP, traz a hipótese em que o juiz não recebe a denúncia ou queixa-crime. As causas de não recebimento estão previstas no art. 395, CPP, outrora já estudadas, que são, basicamente, a inépcia, a falta de pressuposto processual ou condição para o exercício da ação penal e a falta de justa causa para o exercício da ação penal.

Embora haja a previsão do cabimento de recurso contra o não recebimento da inicial acusatória, nada impede que o acusador, ao invés de interpor este recurso, sane o defeito, evitando-se as delongas que todo o recurso traz.

Exemplo: ao invés de recorrer ao tribunal argumentando que existe justa causa para o desenvolvimento da ação penal, a acusação poderá, simplesmente, colher mais provas e oferecer nova denúncia ou queixa-crime.

Atentar que a lei é clara ao prever o cabimento do recurso no caso de não recebimento da *acusação*, ou seja, a pretensão punitiva estatal. Se o juiz, por exemplo, acolhe a promoção de arquivamento de inquérito policial, resta óbvio que esta decisão não será recorrível.

É bom ver que decisão oposta a esta previsão legal, ou seja, que *recebe* a denúncia ou a queixa-crime, não comporta RESE. Eventualmente, se preenchidos os pressupostos legais, a decisão poderá ser combatida por meio de ação autônoma de "habeas corpus", trancando a ação penal em hipóteses excepcionalíssimas, como já estudado.

No caso de não recebimento da inicial acusatória e uma vez tendo a acusação interposto RESE, deve o juiz intimar o acusado para que constitua advogado e apresente contrarrazões, respeitando-se, com isso, o contraditório. Se o acusado permanecer inerte, deverá o magistrado nomear-lhe defensor. Nos termos da súmula nº 707 do STF, "constitui nulidade a falta de intimação do denunciado para oferecer contrarrazões ao recurso interposto da rejeição da denúncia, não a suprindo a nomeação de defensor dativo".

Desta feita, "as garantias fundamentais do devido processo legal (CRFB, art. 5º, LIV) e do contraditório e da ampla defesa (CRFB, art. 5º, LV) exigem a intimação do denunciado para oferecer contrarrazões ao recurso interposto da rejeição de denúncia, não a suprindo a nomeação de defensor dativo, como reconhece o Enunciado nº 707 da Súmula da Jurisprudência dominante do Supremo Tribunal Federal" (STF, HC nº 114.324/BA, rel. Min. Luiz Fux, j. 28.05.13). Isso porque, "em recurso em sentido estrito, interposto contra decisão de rejeição da denúncia, o denunciado que, como é óbvio, ainda não foi citado, deve ter assegurado o exercício do ônus de se manifestar nos autos, pois seu interesse primordial reside em não ser réu, ou seja, em não lhe ser instaurada ação penal" (STF, nº 87.926/SP, rel. Min. Cezar Peluso, j. 20.02.08).

Em respeito à ampla defesa (onde se inclui a autodefesa e a defesa técnica), o juiz não poderá subtrair do acusado a sua liberdade em escolher um defensor. Logo, não poderá o julgador, em nome do contraditório ou da celeridade, nomear-lhe um defensor dativo sem que, *antes*, seja o acusado intimado para que, à sua livre escolha, contate um defensor. Apenas se não tomada essa providência por parte do acusado é que o magistrado, aí sim, nomear-lhe-á um defensor dativo ou enviará os autos à Defensoria Pública, em respeito ao contraditório e à ampla defesa, contra-arrazoando o recurso da acusação.

Como já visto acima, além do caso de não recebimento da inicial acusatória, entende-se ser possível, por interpretação extensiva, a interposição de RESE no caso de não recebimento do aditamento da denúncia ou queixa-crime. Conforme a doutrina, "há acusação e, assim, o aditamento equipara-se à denúncia" (Grinover, Gomes Filho e Fernandes, Recursos, 2008, p. 173).

É interessante o caso em que o julgador recebe a denúncia ou queixa por infração diversa daquela mencionada na inicial acusatória. Duas situações podem ocorrer:

a) se o juiz recebe a denúncia por crime diverso, afastando parte da acusação, será cabível o RESE em relação a esta parte excluída. Ex.: se a denúncia traz um roubo circunstanciado, mas o juiz recebe a inicial apenas por roubo simples, será cabível RESE em relação à causa de aumento afastada.

b) se o juiz recebe a acusação, apenas realizando capitulação diversa, sem afastar nenhuma circunstância, não haverá razão para se interpor RESE. Ex.: se a denúncia narra um furto, mas o juiz a recebe como apropriação indébita, não haverá cabimento de recurso. No caso, entende-se que houve o pleno e total exercício da acusação, sendo que eventual discussão quanto à capitulação do crime deve se dar no desenrolar do processo, não no seu limiar, isto é, no seu começo.

E se o juiz, analisando uma acusação de dois crimes, entende por receber um e rejeitar o outro? Neste caso, será perfeitamente cabível o RESE em relação ao crime afastado.

Vale observar o teor da súmula nº 709 do STF, que prevê que, "salvo quando nula a decisão de primeiro grau, o acórdão que provê o recurso contra a rejeição da denúncia vale, desde logo, pelo recebimento dela". Isso significa que a decisão do tribunal que acolhe o RESE interposto pela acusação contra a rejeição da inicial acusatória será o marco interruptivo da prescrição, uma vez que se equipara ao próprio recebimento da inicial acusatória pelo juiz de primeiro grau. A previsão no início da súmula ("salvo quando nula a decisão de primeiro grau") é importante porque, entendendo o tribunal que o juiz de primeiro grau incorreu em alguma nulidade, o tribunal não poderá receber a inicial acusatória e servir isso como marco interruptivo da prescrição, mas, pelo contrário, deverá determinar o retorno dos autos à primeira instância para que nova decisão seja tomada, sanando a nulidade – sob pena de supressão da primeira instância.

Por fim, a Lei dos Juizados Especiais Criminais (Lei nº 9.099/95) prevê que contra a decisão de rejeição da denúncia ou queixa caberá apelação (art. 82), interposta em 10 dias. E uma outra hipótese legal de cabimento era prevista na Lei de Imprensa (Lei nº 5.250/67), que previa a apelação contra a decisão de rejeição da denúncia ou queixa, cabendo RESE contra o seu recebimento – todavia, como já sabido, referida norma não foi recepcionada pela Constituição Federal de 1988 (STF, ADPF nº 130/DF, rel. Min. Carlos Britto, j. 30.04.09).

b) incompetência do juízo (inc. II)

Consoante já estudado, o juiz criminal possui competência para reconhecer a sua própria incompetência (*kompetenz-kompetenz*), seja ela absoluta ou relativa, não se aplicando a súmula nº 33, STJ. Então, caso o juiz reconheça de ofício a sua incompetência, as partes estarão legitimadas a interpor RESE combatendo esta decisão.

Outra hipótese de cabimento é o juiz ser provocado a manifestar-se acerca de sua competência. Contra a decisão proferida será cabível RESE.

Interessante é o que pode ocorrer no âmbito do tribunal do júri. Se o juiz sumariante entender por desclassificar o crime doloso contra a vida para outro diverso, de competência do juízo comum, esta decisão será combatida por RESE. Entende-se que, quando o julgador assim age, ele está reconhecendo a sua incompetência, aplicando-se, com isso, o art. 581, II, CPP.

De outra banda, caso o juiz julgue procedente a exceção de incompetência (reconhecendo a sua incompetência), será cabível RESE contra esta decisão – mas o fundamento será o inciso III do art. 581, CPP, que trata da procedência das exceções. E se o juiz negar a exceção, não será cabível RESE, que apenas tem cabimento quando o juiz a julga procedente.

Em suma: (i) se o juiz reconhece de ofício a sua incompetência ou acolhe simples alegação da parte, incidirá o inc. II do art. 581, CPP; (ii) de outro lado, se o juiz acolhe exceção de incompetência, incidirá o inc. III do art. 581, CPP.

Tendo em vista que o rol do art. 581, CPP, é taxativo e apenas admite interpretação extensiva dentro de suas balizas legais, não será cabível RESE contra a decisão do magistrado que reconhece a sua *competência*. Se o caso, poderá ser impetrada ordem de "habeas corpus".

c) procedência das exceções, salvo a de suspeição (inc. III)

Será cabível RESE contra a decisão que *acolhe* as exceções de coisa julgada, de incompetência, de ilegitimidade de parte e de litispendência – mas não contra a decisão que acolhe a suspeição.

De pronto, duas observações são necessárias.

Não será recorrível a decisão do juiz que *rejeitar* a exceção, tendo em vista a taxatividade do art. 581, CPP. Nada impedirá, é claro, que a matéria seja veiculada em eventual preliminar de apelação ou mesmo em ação autônoma de "habeas corpus".

Em segundo lugar, o texto legal é claro ao afirmar o não cabimento de RESE contra decisão que julga procedente a *exceção de suspeição*. Para se explicar, é preciso lembrar de duas regras básicas já estudadas: (i) somente cabe RESE contra decisão proferida por juiz de primeiro grau; e (ii) a exceção de suspeição, se acolhida, gerará a remessa dos autos ao juiz substituto legal, ou, se não acolhida, ensejará o seu envio ao tribunal para julgamento, conforme o art. 100, CPP (Noronha, 1995).

Logo, não será cabível RESE contra decisão que julga procedente a exceção de suspeição porque ou haverá a remessa dos autos ao juiz substituto legal de primeiro grau, não havendo interesse em se recorrer, ou porque o tribunal decidirá a questão, não cabendo RESE contra decisão tomada em segundo grau.

Denilson Feitoza (Direito, 2009) entende que, se o Ministério Público for afastado do processo em razão da procedência de exceção de suspeição, como não pode ser interposto RESE, será o caso de impetração de mandado de segurança, em razão da existência, em princípio, de direito líquido e certo de atuar no processo.

d) pronúncia do acusado (inc. IV)

Se o acusado for pronunciado em razão de suposto cometimento de crime doloso contra a vida, sendo levado a julgamento em plenário pelo tribunal do júri, será cabível RESE contra esta decisão. Aplicando-se novamente a ideia de taxatividade sobre o art. 581, CPP, a decisão de impronúncia, por outro lado, será combatida por apelação (art. 416, CPP).

É bom lembrar que o que autoriza o início da preparação do processo para julgamento no plenário do júri é a *preclusão da decisão de pronúncia*, e não simplesmente esta. Logo, a interposição de RESE visando a combater a decisão de pronúncia impede a preparação de plenário, uma vez que os autos somente serão enviados ao juiz presidente do tribunal do júri quando não couber mais nenhum recurso contra a pronúncia, ocorrendo a preclusão desta. Ver, todavia, que há posição no sentido de que a interposição do recurso não impedirá o juiz presidente do tribunal do júri de preparar o processo para julgamento em plenário, inclusive com a intimação das partes para fins do art. 422, CPP, isto é, para apresentação de rol de testemunhas em plenário (Badaró, 2017).

Explica a doutrina que o acusado pode ter interesse em interpor RESE contra a pronúncia por crime doloso contra a vida, assim como a acusação pode ter interesse em recorrer contra a pronúncia por crime diverso daquele capitulado na inicial acusatória, assim como no caso de recorrer em benefício do próprio acusado (Brasileiro, 2017). Ex.: o agente é denunciado por homicídio doloso qualificado, mas o juiz o pronuncia na forma simples – isso ensejará o interesse da acusação em interpor RESE.

O assistente de acusação, embora não haja previsão no art. 271, CPP, também tem legitimidade para combater a decisão de pronúncia, como no caso de visar a restabelecer uma qualificadora que o juiz sumariante excluiu da denúncia (STF, HC nº 84.022/CE, rel. Min. Carlos Velloso, j. 14.09.04).

Por fim, vale o destaque ao art. 585, CPP, que determina que o réu somente poderá recorrer da pronúncia depois de preso, salvo se prestar fiança, quando a lei assim admitir. Entende-se que, após a reforma promovida pela Lei nº 11.689/08, referido dispositivo encontra-se revogado, pois o cárcere provisório somente será admitido quando presente alguma situação que autorize a prisão cautelar.

e) decisões acerca da prisão e liberdade provisória (inc. V)

O inciso V do art. 581, CPP, traz hipóteses de cabimento do RESE contra decisão que (i) conceder, negar, arbitrar, cassar ou julgar inidônea a fiança; ou (ii) que indeferir o requerimento de prisão preventiva ou a revogar; ou (iii) que conceder liberdade provisória; ou (iv) que relaxar a prisão em flagrante.

A doutrina alerta quanto à natureza da decisão que pode ser combatida por RESE. Conforme Grinover, Gomes Filho e Fernandes (Recursos, 2008), o recurso em análise é apto apenas para combater **decisões judiciais**, não se prestando ao ataque de decisões de outras autoridades. Exemplo: se a fiança é negada pelo delegado de polícia, não caberá RESE contra esta decisão, mas um pedido ao juiz para que este a arbitre – e contra esta decisão judicial, se denegatória, aí sim, caberá RESE.

Outra hipótese trazida diz respeito ao indeferimento do requerimento da prisão preventiva ou da situação em que o juiz a revoga. Trata-se, claramente, de recurso de interesse da acusação, que pretenderá que o tribunal decrete a prisão preventiva ou que a restaure.

Embora o texto legal explicite apenas a prisão preventiva, deve-se fazer uma interpretação extensiva no sentido de se alcançar, também, a prisão temporária, já que ambas são espécies de prisão provisória/cautelar. Há de se incluir, também, como hipótese de cabimento de RESE, os casos que o juiz indefere ou revoga medida cautelar pessoal diversa da prisão ou que determina a sua substituição por outra (STJ, REsp nº 1.628.262/RS, rel. Min. Sebastião Reis Júnior, j. 13.12.16).

Neste sentido, consoante o Superior Tribunal de Justiça, "a Lei n. 12.403/2011 permitiu uma hipótese de privação da liberdade diversa do enclausuramento, pela imposição de outras medidas que se mostrarem também eficazes à condução do processo ou à proteção da sociedade, a qual não está prevista expressamente no art. 581, V, do CPP, mas inserta na compreensão finalística da norma. Assim, a decisão que impõe à parte medida cautelar diversa da prisão não amplia o rol taxativo previsto no inciso V do dispositivo legal em comento. Cabe, portanto, por interpretação extensiva, a interposição de recurso em sentido estrito" (REsp nº 1.575.297/SC, rel. Min. Rogerio Schietti Cruz, j. 09.05.17).

E, novamente aqui, à luz da taxatividade das hipóteses legais previstas no art. 581, CPP, percebe-se que o inc. V trata dos casos em que o juiz *indefere* o pedido de prisão provisória. Logo, não será cabível RESE combatendo a decisão que *defere* a prisão cautelar ou que indefere a sua revogação. Para esta situação, será cabível, se preenchidos os requisitos legais, o "habeas corpus" (art. 648, I, CPP).

Quando a prisão cautelar for decretada no bojo de outra decisão, é preciso atenção. Se, *v.g.*, a prisão for decretada numa decisão de pronúncia, o acusado valer-se-á do inc. IV do art. 581, CPP, que combate esta decisão, podendo, no seu conteúdo, alegar a questão da prisão. Já se a prisão for decretada em uma decisão condenatória, será o caso de se interpor recurso de apelação, com fundamento no art. 593, I, CPP, alegando-se a prisão como um dos pontos impugnados.

O inc. V do art. 581, CPP, portanto, ficará limitado aos casos de decisões *verdadeiramente interlocutórias e independentes* proferidas no curso do processo.

Esta hipótese de cabimento de RESE não possui efeito suspensivo. Isso significa que a decisão combatida, mesmo diante do RESE interposto, produz efeitos imediatamente. Exemplo: juiz determina a revogação da prisão preventiva do investigado; o Ministério Público, não se conformando, interpõe RESE; isso não significa, todavia, que o investigado aguardará o julgamento do recurso acusatório preso, uma vez que, a partir da revogação da sua prisão preventiva, esta decisão passa a produzir efeitos imediatamente, já que o RESE apresentado não possui efeito suspensivo.

Nestas situações, o que o Ministério Público costumava fazer? Impetrava-se mandado de segurança com o objetivo de atribuir o efeito suspensivo ao RESE, evitando-se que a decisão então combatida produzisse efeitos imediatamente, de forma que o acusado permaneceria preso, por exemplo, até o julgamento do recurso.

Por muito tempo isso foi feito, mas o cenário atual mudou. Não mais se admite a impetração de mandado de segurança com o objetivo de atribuir efeito suspensivo a recurso que a própria lei assim não o fez.

Os tribunais entendem da mesma forma: "a jurisprudência do Superior Tribunal de Justiça é firme no sentido do descabimento de mandado de segurança para conferir efeito suspensivo a recurso em sentido estrito interposto à decisão que concede liberdade provisória, por ausência de amparo legal e por tal manejo refugir ao escopo precípuo da ação mandamental" (STJ, 6ª T., AgRg no HC nº 384.863/SP, rel. Min. Sebastião Reis Júnior, j. 05.10.17). E ainda, "a orientação jurisprudencial desta Corte é iterativa no sentido de que, de regra, é incabível a impetração de mandado de segurança para conferir efeito suspensivo a recurso em sentido estrito interposto contra decisão concessiva de liberdade provisória" (STJ, 5ª. T., HC nº 396.043/SP, rel. Min. Felix Fischer, j. 15.12.16).

Foi o que ocorreu, por exemplo, no processo do ex-médico Roger Abdelmassih, condenado pela prática de diversos crimes sexuais, em que o juiz da execução penal havia lhe deferido prisão domiciliar, mas o Ministério Público, irresignado, interpôs agravo em execução, e, como este recurso não possui efeito suspensivo nesta situação também, a acusação impetrou mandado de segurança com o fim de garantir este efeito, o que foi aceito pelo tribunal de justiça. Na sequência, não concordando com a decisão, o ex-médico impetrou "habeas corpus" no STJ questionando o referido mandado de segurança. A Min. Laurita Vaz, em decisão monocrática, afirmou que o Superior Tribunal de Justiça, já há muito tempo, consolidou o entendimento de que se mostra ilegal o manejo de mandado de segurança para se atribuir efeito suspensivo a recurso não dotado deste. Com isso, restabeleceu-se a decisão de primeira instância, que havia concedido prisão domiciliar (HC nº 405.735/SP, j. 03.07.17).

Assim, não se mostra cabível o efeito suspensivo atribuído ao recurso em sentido estrito, concedido em mandado de segurança, por falta de amparo legal, o que só pode ser excepcionado em casos de flagrante ilegalidade ou de teratologia jurídica (STJ, HC nº 393.627/RJ, rel. Min. Rogerio Schietti Cruz, j. 26.09.17). Neste sentido, aliás, foi publicada, no início de 2018, a súmula nº 604 do STJ, dispondo que "mandado de segurança não se presta para atribuir efeito suspensivo a recurso criminal interposto pelo Ministério Público".

Todavia, o mesmo Superior Tribunal de Justiça que editou o referido verbete sumular admite o ajuizamento de **ação cautelar inominada** para atribuir efeito suspensivo a recurso em sentido estrito interposto pelo Ministério Público contra decisão que revoga a prisão preventiva. Entende a Corte ser inaplicável a súmula nº 604, pois específica apenas ao proibir o mandado de segurança como via de atribuição de efeito suspensivo a recurso criminal da acusação (6ª T., HC nº 485.727/SC, rel. Min. Laurita Vaz, j. 11.04.19; e 5ª T., HC nº 374.718/RS, rel. Min. Reynaldo Soares da Fonseca, j. 09.03.17).

Com entendimento diverso, parte minoritária da doutrina entende ser cabível o manejo do mandado de segurança com o fim de se atribuir efeito suspensivo ao recurso em sentido estrito nas hipóteses em que a lei assim não o fez. Para tanto, realiza-se uma interpretação às avessas do art. 5º, II, Lei nº 12.016/09 (Lei do Mandado de Segurança), que diz que não será cabível o *mandamus* aos casos em que a lei atribui efeito suspensivo à decisão – logo, interpretando-se ao contrário o referido dispositivo, seria cabível o mandado de segurança com o fito de, justamente, atribuir o efeito que a lei não concedeu (Brasileiro, 2017).

Adotando posição intermediária, Sérgio Rebouças (Curso, 2017) entende que, de fato, não é cabível a impetração de mandado de segurança com o fim de conferir efeito suspensivo ao recurso. Isso, todavia, não impedirá que o próprio ato decisório impugnado por RESE seja atacado por um mandado de segurança, questionando a legalidade e a justiça da decisão questionada. Consoante o autor, "significa dizer que o legitimado poderá optar ou por interpor o recurso sem efeito suspensivo ou por impetrar mandado de segurança contra o mesmo ato. Se escolher a primeira via, não poderá depois se valer do mandado de segurança para o fim de atribuir um efeito suspensivo inaplicável à esfera recursal. Nada obsta, porém, que o legitimado, escolhendo a segunda via para impugnar o ato, postule e excepcionalmente obtenha medida liminar autônoma para suspender a eficácia do ato. Por exemplo, se o Ministério Público identificar urgência na suspensão de decisão concessiva de liberdade, que impetre mandado de segurança postulando medida liminar suspensiva do ato impugnado, em vez de se valer de meio recursal não revestido dessa eficácia. Sendo esse o caso, tribunal competente conhecerá do mandado de segurança, examinando a presença concreta ou não dos requisitos próprios da medida cautelar postulada" (p. 1.339-1.340).

Assim:

Cabe mandado de segurança para se atribuir efeito suspensivo ao RESE?	
Corrente majoritária (S. 604 do STJ)	Não, pois foi vontade da lei assim não conceder efeito suspensivo, salvo casos teratológicos. A depender do caso, admite-se o ajuizamento de ação cautelar inominada para se atribuir efeito suspensivo.
Corrente intermediária (Sérgio Rebouças)	Não, mas nada impede que, ao invés de se atacar o ato por RESE, impetre-se mandado de segurança requerendo-se liminarmente efeito suspensivo.
Corrente minoritária (Renato Brasileiro)	Sim, numa leitura contrária do art. 5º, II, LMS, concedendo-se o efeito quando a lei assim não o fizer.

f) decisão que julgar quebrada a fiança ou perdido seu valor (inc. VII)

O inc. V do art. 581, CPP, já visto, trata do RESE nos casos em que o juiz conceder, negar, arbitrar, cassar ou julgar inidônea a fiança. Aqui, no inc. VII do art. 581, CPP, caberá RESE nos casos em que o juiz julgar quebrada a fiança ou perdido o seu valor.

Rememorando, quebra-se a fiança quando o acusado, intimado para ato do processo, deixa de comparecer injustificadamente; ou quando deliberadamente pratica ato de obstrução ao andamento do processo; ou quando descumpre medida cautelar imposta cumulativamente com a fiança; ou quando resiste sem motivo a ordem judicial; ou quando pratica nova infração penal dolosa; ou quando viola os deveres dos arts. 327 e 328, CPP. Ou seja, quebra-se a fiança quando o Estado perde a confiança no afiançado. Como consequência, perder-se-á metade do seu valor.

A respeito da quebra, o art. 584, § 3º, CPP dispõe que este RESE suspenderá unicamente o efeito de perda da metade de seu valor. Provido o recurso, a fiança volta a gerar seus efeitos e o agente será colocado em liberdade.

Como estudado quando da legitimidade, em *Teoria dos Recursos*, o terceiro que prestou fiança – e que agora a vê quebrada – possui legitimidade, em princípio, para recorrer com o fim de não perder o valor despendido e de manter o afiançado em liberdade.

Acerca do perdimento, tem-se que será perdido o valor total da fiança quando, condenado, o acusado não se apresentar para o início do cumprimento da pena definitivamente imposta. O RESE que combate o perdimento terá efeito suspensivo, conforme dispõe o art. 584, "caput", CPP. Ocorre que, como o perdimento é decretado pelo juízo da execução penal, o correto será a interposição de agravo em execução, nos moldes do art. 197 da Lei nº 7.210/84.

g) decisão que decretar ou não a extinção da punibilidade (incs. VIII e IX)

Serão analisadas duas hipóteses aqui.

O inc. VIII do art. 581, CPP, traz o cabimento do RESE contra a decisão que reconhece a prescrição ou outra causa extintiva da punibilidade; já o inc. IX do art. 581, CPP, traz o cabimento contra a decisão que indefere o reconhecimento da prescrição ou outra causa extintiva da punibilidade.

Como o objetivo do RESE é combater decisão interlocutória, resta claro que não será legítimo o seu uso quando objetivar reformar decisão proferida no bojo de uma sentença – como no caso de o juiz, na sentença, reconhecer a prescrição de um dos crimes – pois que, daí, será o caso de interposição de apelação, que absorverá o recurso em sentido estrito (art. 593, § 4º, CPP). Ademais, não será cabível o recurso em sentido estrito contra decisões proferidas pelos tribunais e nem pelo juízo da execução penal.

Exemplo: o reconhecimento da morte do agente (art. 107, I, CP) pode ser feito pelo juiz da condenação ou pelo juiz da execução. O marco que diferenciará a competência de um e de outro será a expedição da guia de recolhimento para início da execução da pena.

Se reconhecida a extinção da punibilidade, o julgador não analisará o mérito da causa. Assim, por exemplo, se o juiz entender que já ocorreu a prescrição, o acusado, por vezes, pode pretender interpor RESE com o fim de ver alterada esta decisão para que se reconheça a absolvição por atipicidade do fato. Isso, todavia, como já analisado, não é possível, haja vista que, **uma vez reconhecida a extinção da punibilidade, não há mais interesse em se obter outra espécie de decisão judicial, ainda que absolutória**

(AgRg no AREsp nº 458.968/SP, rel. Min. Nefi Cordeiro, j. 28.11.17). E isso é corroborado pela própria natureza declaratória da decisão que reconhece a extinção da punibilidade, que não gera quaisquer efeitos civis – ou seja, produz os mesmos efeitos práticos que a decisão de absolvição.

É interessante notar que o art. 397, IV, CPP, traz hipótese de "absolvição sumária" com fundamento em causa extintiva de punibilidade. Conforme Badaró (Manual, 2017), não se trata de verdadeira absolvição (já que não é uma sentença de mérito em sentido estrito), de modo que, considerando o seu conteúdo em detrimento da sua denominação equivocada, entende-se que o correto será combatê-la por meio de recurso em sentido estrito. No mesmo sentido defende Aury Lopes Jr. (Curso, 2016). Já para outros, o correto será a interposição de apelação, nos termos do art. 593, I, CPP (Polastri, 2016).

h) decisão que conceder ou negar "habeas corpus" (inc. X)

Trata-se de combate da decisão proferida pelo juiz de primeiro grau, que concede ou nega um "habeas corpus" – ou então, numa interpretação extensiva, que julga prejudicado o "habeas corpus".

Exemplo: acusado impetra o remédio heroico contra ato praticado pelo delegado de polícia; contra esta decisão, proferida por um juiz de piso, será cabível RESE ao tribunal de justiça. Assim, decisão proferida por tribunal não comportará o recurso em sentido estrito.

A decisão que concede "habeas corpus" está sujeita, como já estudado, ao reexame necessário (art. 574, I, CPP). Assim, interposto ou não RESE, o juiz, após conceder a ordem, deverá encaminhar os autos ao tribunal para que este realize o reexame da decisão concessiva.

Quanto à legitimidade, embora também já estudado, é bom lembrar que o assistente de acusação possui – em tese, como se estudará oportunamente – legitimidade para combater a decisão que concedeu "habeas corpus" ao acusado. Esta possibilidade, entretanto, está restrita à atuação judicial, fase em que o assistente de acusação pode atuar. Isso porque, se ele pode requerer a prisão preventiva (art. 311, CPP), resta óbvio que também poderá combater a decisão que concede "habeas corpus".

Por fim, como assinala Badaró, "no caso de indeferimento do *habeas corpus* pelo juiz de primeiro grau, embora seja cabível o recurso em sentido estrito, é muito mais rápido e eficaz, em vez de recorrer, interpor outro *habeas corpus*, perante o Tribunal, pois o juiz, ao indeferir o primeiro *habeas corpus*, passa a ser autoridade coatora por encampar a ilegalidade anteriormente atacada" (Manual, 2017, p. 275).

Ver, todavia, que há julgados de diversos tribunais já restringindo o emprego do remédio heroico como substituto do recurso em sentido estrito, salvo casos excepcionais e teratológicos – tal como já se dá no âmbito do STJ e do STF quanto ao "habeas corpus" substituindo o recurso ordinário (STJ, RHC nº 58.491/MG, rel. Min. Leopoldo de Arruda Raposo, j. 15.09.15). O tema será melhor explorado no capítulo destinado às ações autônomas de impugnação.

i) decisão que concede, nega ou revoga a suspensão condicional da pena (inc. XI)

Trata-se de hipótese de cabimento tacitamente revogada, pois, com a edição da Lei de Execução Penal (Lei nº 7.210/84), passou a ser cabível o agravo em execução quando se combate decisão proferida pelo juiz da execução penal (art. 197).

Mas ver que, se a decisão a respeito da suspensão condicional da pena for proferida em sentença condenatória, será cabível o recurso de apelação (art. 593, § 4º, CPP).

No mais, numa interpretação extensiva, tem-se admitido a interposição de RESE combatendo decisão que concede, nega ou revoga a *suspensão condicional do processo*, prevista na Lei nº 9.099/95 (STJ, REsp nº 601.924/PR, rel. Min. José Arnaldo da Fonseca, j. 28.09.05; e HC nº 90.584/RS, rel. Min. Laurita Vaz, j. 14.10.08).

j) decisão que conceder, negar ou revogar livramento condicional (inc. XII)

Também foi revogado tacitamente pelo art. 197 da Lei de Execução Penal, haja vista que se trata de decisão tomada pelo juízo da execução, de modo que o recurso adequado é o agravo em execução.

k) decisão que anular o processo da instrução criminal, no todo ou em parte (inc. XIII)

Referido dispositivo afirma que será impugnável por RESE a decisão judicial que anular o "processo da instrução criminal". Referida expressão deve ser interpretada não apenas a partir da fase instrutória do processo judicial, mas, sim, quanto a todas as fases do processo judicial.

Então, se o juiz anular determinado ato ou fase do processo, caberá RESE contra esta decisão. Exemplo: juiz entendeu que determinada prova foi produzida de forma ilegal, determinando o seu desentranhamento dos autos (art. 157, § 3º, CPP).

Observar que, se o magistrado assim agir no bojo da sentença, será o caso de interposição de apelação, nos moldes do art. 593, § 4º, CPP. Ademais, se o juiz indeferir pedido de anulação, a parte prejudicada deverá valer-se de outros meios, como a alegação em preliminar de futura e eventual apelação, ou, então, do manejo de ação autônoma, como o "habeas corpus" ou o mandado de segurança, se preenchidos os seus requisitos.

É salutar, por fim, a observação de Aury Lopes Jr., para quem a mera constatação da prática de um ato defeituoso, com a determinação, pelo juiz, de repetição/saneamento, não autoriza o manejo de recurso em sentido estrito (Curso, 2016).

l) decisão que incluir jurado na lista geral ou desta o excluir (inc. XIV)

Há divergência quanto ao recurso cabível contra a decisão que incluir ou excluir jurado da lista definitiva.

Para uns, caberá o **recurso em sentido estrito**, dirigido ao presidente do tribunal do júri, no prazo de 20 dias, nos termos exatos do art. 581, XIV, CPP (c.c. arts. 582, p.ú. e 586, p.ú., CPP); já para outros, não é mais o caso de recurso em sentido estrito, mas de **reclamação de qualquer do povo** (inclusive pelo próprio jurado), até o dia 10 de novembro, conforme previsto no art. 426, § 1º, CPP, com redação dada pela Lei nº 11.689/08, tendo ocorrido revogação tácita do art. 581, XIV, CPP. Tem prevalecido esta última posição, até por ser mais recente a sua previsão legal.

Esta reclamação, literalmente, pode ser apresentada por qualquer pessoa, independentemente da constituição de advogado (ex.: próprio jurado, Ministério Público, Defensoria Pública, réu, cidadão comum etc.). Em respeito ao contraditório, o juiz ouvirá a outra parte (no caso, o jurado), decidindo em seguida. É possível – em tese – que as leis locais dos tribunais disciplinem o procedimento desta reclamação.

m) decisão que denegar a apelação ou a julgar deserta (inc. XV)

Referido dispositivo traz duas hipóteses distintas:

- Decisão que denega a apelação: é a decisão que verifica que estão ausentes os pressupostos de admissibilidade da apelação. O RESE, portanto, combaterá a decisão do juiz de primeiro grau que impediu a subida da apelação ao tribunal. Ex.: juiz verificou a intempestividade da apelação.
- Decisão que julga deserta a apelação: é a decisão que verifica a ausência de preparo, ou seja, do pagamento das custas da apelação por parte do querelante em crime processado por ação penal de iniciativa privada.

Nestas duas situações, o RESE combaterá tão somente a decisão de denegação ou de reconhecimento da deserção por parte do juiz de primeiro grau.

n) decisão que ordenar a suspensão do processo em razão de questão prejudicial (inc. XVI)

Os arts. 92 e 93, CPP, tratam das questões prejudiciais heterogêneas, ou seja, que serão solucionadas por outra área do Direito que não o Processo Penal, tratando de questões extrapenais, como a verificação de anulação do primeiro casamento como defesa no crime de bigamia, de competência do Direito Civil.

Então, determinada a suspensão do processo em razão de uma questão prejudicial heterogênea, com a consequente suspensão da prescrição, esta decisão será combatida por RESE. Vale atentar que, seja no caso de suspensão obrigatória (art. 92, CPP) ou facultativa (art. 93, CPP), a decisão comportará recurso em sentido estrito.

Como já estudado, do despacho que denegar a suspensão não caberá recurso (art. 92, § 2º, CPP) – matéria esta que poderá ser questionada futuramente em eventual apelação ou por meio de ação autônoma. Por isso, novamente, deve-se dar a correta interpretação ao art. 581, CPP, de modo que somente será recorrível a decisão que *suspender* o processo em razão de questão prejudicial, sendo incabível o manejo do RESE quando o juiz indeferir a suspensão pleiteada – nada impedirá, se o caso, a interposição de correição parcial para superar esta (suposta) falha legislativa.

Tem-se admitido a utilização do inc. XVI do art. 581, CPP, para combater a decisão judicial que determina a suspensão do processo e da prescrição quando o acusado, citado por edital, não comparece e nem constitui defensor, nos termos do art. 366, CPP. Trata-se, mais uma vez, de interpretação ampliativa do art. 581, CPP (STJ, REsp nº 260.217/SP, rel. Min. Fernando Gonçalves, j. 12.09.00).

Exemplo: juiz aplica retroativamente o art. 366, CPP, de forma equivocada; o acusado poderá interpor RESE combatendo esta decisão, que lhe é prejudicial.

o) decisão que decidir sobre unificação de penas (inc. XVII)

Como se trata de decisão proferida pelo juízo das execuções penais (art. 66, III, *a*, Lei nº 7.210/84), o correto será a interposição de agravo em execução, conforme o art. 197, LEP. Assim, tal dispositivo foi tacitamente revogado pela Lei de Execuções Penais.

p) decisão que decidir o incidente de falsidade (inc. XVIII)

Combater-se-á por RESE qualquer decisão proferida acerca do incidente de falsidade documental dos arts. 145 a 148, CPP, ou seja, quer o juiz julgue procedente o incidente, determinando a exclusão do documento, quer o juiz julgue improcedente o incidente, determinando a manutenção do documento nos autos (Grinover, Gomes Filho e Fernandes, 2008).

Oportuna é a observação feita por Renato Brasileiro de Lima (Manual, 2017), ao explicar que, quando o art. 145, IV, CPP, diz que, se reconhecida a falsidade por "decisão irrecorrível", o juiz mandará desentranhar o documento e remetê-lo, com os autos do processo incidente, ao Ministério Público, quer-se dizer, na verdade, que essa "decisão irrecorrível" nada mais é do que aquela que já precluiu, isto é, que não comporta mais recursos. Assim, preclusa a decisão que reconhece a falsidade, o juiz mandará o documento ao Ministério Público para as providências cabíveis.

q) decisão que recusar homologação à proposta de acordo de não persecução penal, previsto no art. 28-A, CPP (inc. XXV)

A Lei nº 13.964/19, no art. 28-A, CPP, previu o acordo de não persecução penal. Para produzir efeitos, é necessário que o magistrado o homologue judicialmente, como estudado. Pode ocorrer, todavia, de o juiz não homologar o acordo. Nesse caso, o membro do Ministério Público poderá: (a) reformular a proposta, cf. o art. 28-A, § 5º, CPP; (b) complementar as investigações ou oferecer denúncia, cf. o art. 28-A, § 8º, CPP; ou (c) insistir no acordo celebrado e, então, interpor recurso em sentido estrito ao tribunal, cf. o art. 581, XXV, CPP, quando a decisão do juiz pela não homologação tiver como fundamentação a pactuação de condições inadequadas, insuficientes ou abusivas, tornando o acordo ilegal – é contra essa decisão de não homologação que caberá o recurso em sentido estrito.

r) incidentes da execução penal

A redação original do Código de Processo Penal trazia, no art. 581, CPP, diversas questões combatidas por RESE relativas à execução da pena.

Assim, o inc. XIX trata da imposição de medida de segurança depois do trânsito em julgado; o inc. XX trata da medida de segurança por transgressão de outra; o inc. XXI trata da manutenção ou substituição de medida de segurança; o inc. XXII trata da revogação da medida de segurança; e o inc. XXIII trata da decisão que deixa de revogar a medida de segurança nos casos em que a lei admite a revogação.

Já o inc. XXIV trata da decisão que converte a pena de multa em detenção ou prisão simples. Ocorre que, com o advento do novel art. 51 do Código Penal, com redação dada pela Lei nº 9.268/96, não é mais possível converter pena de multa em pena privativa de liberdade, mas apenas convertê-la em dívida de valor e executá-la como dívida ativa. Logo, tal dispositivo perdeu a coerência com o sistema processual penal vigente.

Atualmente, portanto, todas estas situações são consideradas incidentes no curso da execução penal, tratadas especificamente pela Lei de Execução Penal (arts. 175/179, 183 e 184), sendo combatidas por meio de *agravo em execução*, nos termos do art. 197, LEP, de modo que restam tacitamente revogadas as previsões no Código de Processo Penal.

15.2.2.4. *Efeitos*

Obviamente, terá **efeito devolutivo**, atribuindo ao tribunal a matéria recorrida.

Uma peculiaridade do RESE é a existência de **efeito regressivo**, ou seja, a possibilidade de o mesmo órgão que julgou a questão impugnada – juiz de primeiro grau – rever a sua própria decisão, podendo alterá-la, retratando-se (art. 589, CPP).

O juiz prolator da decisão, em 2 dias, reformará ou sustentará a sua decisão. A sua manifestação é obrigatória, de modo que, caso se mantenha silente com o posterior envio dos autos ao tribunal, este deverá determinar a devolução do processo para que o juízo "a quo", obrigatoriamente, se manifeste sobre a manutenção ou reforma da decisão impugnada.

Em razão desta possibilidade de reexame da decisão pelo próprio órgão prolator, parte da doutrina adjetiva o efeito devolutivo de *diferido* (postergado), na medida em que a matéria somente será enviada ao juízo "ad quem" após ser submetida ao reexame pelo juízo "a quo".

Se o juiz reformar a decisão, a parte contrária, *por simples petição*, poderá recorrer desta nova decisão tomada, se couber recurso, não sendo mais lícito ao juiz modificá-la novamente. Neste caso, independentemente de novos arrazoados, subirá o recurso nos próprios autos ou em traslado (p.ú. do art. 589, CPP).

Também é possível a aplicação do art. 580, CPP, a fim de atribuir **efeito extensivo** ao RESE, desde que idênticas as situações dos acusados e não se trate de causa pessoal (Aranha, 2006). Exemplo: o reconhecimento da prescrição a um réu se estende ao corréu.

No que diz respeito ao **efeito suspensivo**, é preciso analisar alguns pontos específicos. A regra é a inexistência do efeito suspensivo ao RESE, *salvo* nas seguintes hipóteses, já estudadas acima:

a) decisão que determina a perda da fiança (art. 584, CPP).

b) decisão que julgar quebrada a fiança (art. 584, § 3º, CPP).

c) decisão que denega a apelação ou a julga deserta (art. 584, CPP).

d) decisão contra a pronúncia (art. 584, § 2º, CPP).

15.2.2.5. *Procedimento*

15.2.2.5.1. *Competência e forma*

Considerando que o RESE combate decisões proferidas por juízes de primeiro grau, a competência recairá sobre os tribunais de segundo grau (TJ e TRF).

Acerca da forma, o recurso poderá ser interposto por petição ou por termo nos autos (art. 587, "caput", CPP). A praxe é o RESE subir ao tribunal por instrumento, ou seja, formam-se autos apartados com o recurso e as peças indicadas pelo recorrente. Então, o traslado será extraído, conferido e concertado no prazo de cinco dias, e dele constarão sempre a decisão recorrida, a certidão de sua intimação, se por outra forma não for possível verificar-se a oportunidade do recurso, e o termo de interposição (p.ú.).

Outro requisito formal é a juntada de procuração do advogado, nos termos da súmula nº 115 do STJ. Todavia, como visto, esse entendimento do STJ pode ser relativizado, tendo em vista o previsto no art. 266, CPP, que estabelece que a constituição de defensor independe de instrumento de mandato se o acusado o indicar por ocasião do interrogatório. Logo, em tese, a súmula nº 115 do STJ deve ser aplicada apenas em relação ao defensor ainda não constituído nos autos, pois, se já o tiver sido, bastará, por conseguinte, apresentar uma cópia do interrogatório em que o réu o nomeou como advogado, o que será suficiente como prova de constituição de defensor (STF, HC nº 92.822/SP, rel. Min. Eros Grau, j. 09.09.08). Ademais, entende-se que, antes de o ato ser considerado inexistente, deverá o julgador conceder prazo para que o vício pela falta de procuração seja sanado (STJ, AgRg no REsp nº 1.716.505/AL, rel. Min. Reynaldo Soares da Fonseca, j. 15.05.18)

Quando for impossível ao escrivão extrair o traslado no prazo da lei, poderá o juiz prorrogá-lo até o dobro (art. 590, CPP).

Falou-se que o costume é a formação de um instrumento para envio ao tribunal. No entanto, o art. 583, CPP, traz três casos em que o RESE será encaminhado ao TJ/TRF nos próprios autos do processo:

i) quando interposto de ofício, isto é, em "reexame necessário". O único caso que subsiste diz respeito à concessão de "habeas corpus" (art. 574, I, CPP).

ii) nos casos de não recebimento da inicial acusatória; de julgamento procedente das exceções, exceto a suspeição; de pronúncia do réu; de reconhecimento da extinção da punibilidade; e de concessão ou denegação de "habeas corpus".

Especificamente quanto à pronúncia, o p.ú. do art. 583, CPP, afirma que o RESE subirá por instrumento se, havendo dois ou mais acusados, qualquer deles se conformar com a decisão ou todos não tiverem ainda sido intimados da pronúncia, ocorrendo a cisão do processo.

iii) quando o recurso não prejudicar o andamento do processo. É o que se dá, por exemplo, quando o processo está suspenso em razão de questão prejudicial, não interferindo no seu bom andamento.

15.2.2.5.2. *Prazos e processamento*

A parte interessada em recorrer por RESE terá o prazo de **5 dias** para interpô-lo (art. 586, "caput", CPP). Interposto, os autos são conclusos ao juízo de primeiro grau, que, verificando o preenchimento dos requisitos recursais, intimará o recorrente e, depois, o recorrido, para apresentação de razões e contrarrazões, cada um no prazo de **2 dias** (art. 588, "caput", CPP). Para quem ainda entende cabível o RESE contra a lista de jurados, o prazo será de 20 dias (art. 586, p.ú., CPP). Na praxe, as razões já são apresentadas com a interposição.

Não há razão lógica e nem legal para que a interposição seja em 5 dias, enquanto que a apresentação das razões seja em 2 dias – até porque, aquela peça é infinitamente mais simples do que essa.

Consoante observa Gustavo H. Badaró (Manual, 2017), embora o art. 588, "caput", CPP, dê a entender que o oferecimento das razões recursais começaria imediatamente após a data de interposição do RESE, a melhor exegese é no sentido de que a parte – recorrente e recorrido – deve ser intimada para apresentar razões/contrarrazões, somente a partir disso correndo o prazo de 2 dias.

A apresentação das razões deve se dar perante o juízo "a quo", não existindo a possibilidade, tal como prevista à apelação, de se arrazoar diretamente no tribunal (§ 4º do art. 600, CPP). E a razão é simples: o RESE possui juízo de retratação pelo magistrado de primeiro grau.

Então, com a resposta do recorrido ou sem ela, será o recurso concluso ao juiz, que, dentro de dois dias, reformará ou sustentará o seu despacho, mandando instruir o recurso com os traslados que lhe parecerem necessários. Se o juiz reformar o despacho recorrido, a parte contrária, por simples petição, poderá recorrer da nova decisão, se couber recurso, não sendo mais lícito ao juiz modificá-la novamente. Neste caso, independentemente de novos arrazoados, subirá o recurso nos próprios autos ou em traslado (art. 589, p.ú., CPP).

Caso o juiz se retrate, a parte inicialmente prejudicada passa a ser a beneficiada com a nova decisão; e a parte então beneficiada com a decisão inicial passa a ser a prejudicada com a nova decisão.

Como explica Tornaghi, "esse é um ato em que se conhece o verdadeiro juiz: sereno, desapaixonado e superior, a ponto de reconhecer a razão do recorrente, e de voltar atrás, quando for o caso, sem vaidade pessoal" (Curso, 1989, p. 331, v. 2).

Exemplo: juiz de primeiro grau concede ordem de "habeas corpus" no curso de um processo em andamento; não se conformando, o Ministério Público interpõe RESE, cf. o art. 581, X, CPP. Com as razões e contrarrazões juntadas, o juiz passa ao reexame de sua decisão; entende, então, que não era o caso de concessão da ordem, e se retrata. Surge ao acusado, agora, interesse em recorrer dessa retratação do juiz. No caso do inc. X do art. 581, CPP, autoriza-se a interposição de RESE contra a decisão que *concede* ou que *nega* "habeas corpus"; logo, o acusado poderá, por meio de simples petição, recorrer desta nova decisão do juiz, que lhe prejudicou. Recebida esta petição, o juiz não poderá – novamente – alterar a sua decisão, existindo apenas uma única oportunidade para realizar o juízo de retratação. Com razões, contrarrazões e simples petição, os autos serão encaminhados ao tribunal.

Essa possibilidade de requerimento, por simples petição, de envio do RESE ao tribunal para julgamento da questão, somente será possível nos casos de cabimento de recurso com **duplo sentido**, ou seja, pela concessão ou não do pedido recursal. Além do inc. X do art. 581, CPP, utilizado no exemplo, os inc. VIII e IX, que tratam da extinção da punibilidade, também assim admitem, já que caberá RESE contra a decisão que *reconhece* a extinção da punibilidade, assim como contra a que *não a reconhece*.

Se, de outro lado, por exemplo, o RESE visar a combater a decisão de pronúncia (art. 581, IV, CPP), não será possível ao prejudicado valer-se da hipótese de encaminhamento da questão ao tribunal por simples petição após o juízo de retratação, pois o recurso, nesta hipótese específica, não é de duplo cabimento (chamado de recurso *pro et contra*, ou seja, cujo cabimento legal atende tanto o julgamento a favor como o contrário aos interesses do recorrente). Se não for possível a simples petição, a parte prejudicada deverá recorrer por outro instrumento, como a apelação. Ex.: juiz pronuncia o acusado, mas, em juízo de retratação, acaba por impronunciá-lo; o prejudicado, no caso o Ministério Público, agora deverá apelar desta decisão.

O Código de Processo Penal nada diz sobre o prazo para que a parte prejudicada apresente a simples petição requerendo o envio dos autos ao tribunal. Adotando-se a lição de José Frederico Marques, o prazo deverá ser o mesmo para a interposição do RESE, isto é, de 5 dias (Elementos, 1998, v. 4).

Por fim, questão interessante é a retratação parcial pelo juiz. Exemplo: o julgador havia anulado toda a instrução processual (art. 581, XIII, CPP), mas, em juízo de retratação, acaba por limitar a anulação a apenas um ato, mantendo íntegro o restante da instrução. Qual é o procedimento neste caso? José Frederico Marques, emprestando lição de Pontes de Miranda, ensina que os autos deverão ser enviados ao tribunal, sem necessidade de requerimento pelo interessado, já que há verdadeiro recurso interposto em andamento, apenas "diminuído", agora, no seu objeto (Elementos, 1998, v. 4).

15.2.3. Embargos infringentes e de nulidade

15.2.3.1. *Introdução*

Os embargos infringentes e de nulidade objetivam reformar decisão não unânime proferida em três casos, desde que desfavoráveis ao acusado:

a) apelação;
b) recurso em sentido estrito;
c) agravo em execução.

Claro fica, pois, que se trata de **recurso exclusivo da defesa.**

São chamados de embargos "infringentes e de nulidade", mas, a bem da verdade, são duas hipóteses de cabimento distintas e autônomas (Noronha, 1995).

Os embargos **infringentes** objetivam reformar a decisão proferida, substituindo-a por outra quanto ao seu *mérito*. Ex.: impugnar acórdão condenatório não unânime proferido pelo TJ em razão de um dos votos reconhecer a fragilidade das provas.

Já os embargos **de nulidade** buscam invalidar ou tornar sem efeito o acórdão combatido em razão de uma nulidade *processual*. Ex.: impugnar acórdão condenatório não unânime proferido pelo TJ em razão de um dos votos reconhecer a nulidade da citação do réu.

Assim:

Embargos infringentes	Embargos de nulidade
Questão material	Questão processual
Ex.: condenação não unânime conforme a análise da frágil prova colhida.	Ex.: condenação não unânime em razão de nulidade da citação do réu.

Percebe-se que a razão de ser destes embargos é o voto divergente (Badaró, 2017). Isso significa que a decisão prejudicial ao acusado não foi pacífica, **não foi unânime**, de modo que a lei lhe atribui uma nova oportunidade para que o ponto divergente seja novamente apreciado, a fim de eliminar a desarmonia surgida entre os julgadores.

Para tanto, admitir-se-á a ampliação da composição do **órgão colegiado julgador**, criando condições para que o voto divergente, se o caso, possa prevalecer, invertendo-se o placar então prejudicial ao acusado.

Exemplo: turma do TJ é composta por 3 desembargadores; 2 entendem por condenar o réu, mas 1 desembargador vota no sentido de que o acusado deve ser absolvido, por ausência de provas; com isso, abre-se a divergência; a defesa poderá interpor embargos infringentes a fim de fazer prevalecer o voto divergente, que lhe foi benéfico; então, chamar-se-ão mais 2 desembargadores, formando-se um órgão de 5 desembargadores no total; estes 2 novos membros analisarão a questão combatida não unânime e votarão, de modo que o placar poderá ser invertido em benefício do acusado (3 a 2, p. ex.) ou ser mantido em seu prejuízo (4 a 1, p. ex.).

Como complemento, no âmbito do Processo Civil, não há mais os embargos infringentes, previsão do antigo art. 496, III, CPC/73. Atualmente, o Código de 2015 trouxe a chamada *técnica de ampliação do colegiado*, prevista no art. 942, que estabelece que, quando o resultado da apelação for não unânime, o julgamento terá prosseguimento em sessão a ser designada com a presença de outros julgadores, que serão convocados nos termos previamente definidos no regimento interno, em número suficiente para garantir a possibilidade de inversão do resultado inicial, assegurado às partes e a eventuais terceiros o direito de sustentar oralmente suas razões perante os novos julgadores – procedimento previsto a outros recursos, cf. o § 3º. Esta disposição do Código de Processo Civil não se aplica ao Processo Penal.

15.2.3.2. *Cabimento*

Nos termos do art. 609, p.ú., CPP, quando não for unânime a decisão de segunda instância, desfavorável ao réu, admitem-se embargos infringentes e de nulidade, que poderão ser opostos dentro de 10 dias, a contar da publicação de acórdão, na forma do art. 613. Se o desacordo for parcial, os embargos serão restritos à matéria objeto de divergência.

Como referido recurso está previsto no Capítulo V, do Título II, do Código de Processo Penal, referente ao processo e julgamento dos recursos em sentido estrito e da apelação, os embargos somente serão cabíveis contra decisões que forem não unânimes, proferidas por TJ ou TRF, no julgamento de (a) apelação, (b) RESE ou (c) agravo em execução, já que este segue o mesmo rito do recurso em sentido estrito (STF, HC nº 65.988/PR, rel. Min. Sydney Sanches, j. 08.03.89).

Destrinchando o cabimento, tem-se que:

a) a decisão deve ser *não unânime*, isto é, deve existir um voto divergente por parte de um dos julgadores do órgão colegiado, que não acompanhou a maioria. Geralmente, é o resultado por dois votos a um.

b) este voto divergente deve beneficiar o acusado, uma vez que os embargos infringentes e de nulidade são exclusivos da defesa.

c) o voto deve ser proferido por tribunal dentro de sua competência recursal de segunda instância, de forma que não será possível interpor os embargos quando o tribunal atuar como órgão originário, como nos casos de foro por prerrogativa de função. Assim, se um prefeito for condenado criminalmente no Tribunal de Justiça, ele não poderá interpor embargos infringentes e de nulidade, uma vez que esta decisão se deu em competência originária do tribunal, e não recursal (CF, art. 29, X).

d) como o dispositivo legal referente aos embargos está no Código de Processo Penal especificamente tratando das apelações e dos recursos em sentido estrito oriundos do TJ e do TRF, não será cabível a sua interposição diante de decisão proveniente de Turma ou Colégio Recursal, do Juizado Especial Criminal, em razão da falta de previsão legal e por violar os seus princípios norteadores, como a celeridade e a simplicidade (STF, HC nº 76.294/PR, rel. Min. Carlos Velloso, j. 20.10.98).

e) somente será cabível a impetração dos embargos nos casos de decisão não unânime referente aos recursos de apelação, RESE e agravo em execução. Logo, não será possível o seu manejo nos casos de revisão criminal, "habeas corpus", pedido de desaforamento, nos próprios embargos infringentes, em agravo regimental etc.

f) não importa se o TJ/TRF reformou ou não a decisão do juiz de primeiro grau e se o voto divergente foi relevante quanto a isso. O Código de Processo Penal apenas exige que a decisão do tribunal de segunda instância seja não unânime e em prejuízo do réu.

g) a divergência pode ser total (dois julgadores condenam e um absolve) ou parcial (todos os julgadores condenam, mas um fixa a pena mínima legal e os outros dois fixam o máximo). Também, a divergência pode dizer respeito ao mérito (condenação ou absolvição do réu) ou a uma questão preliminar (conhecimento ou não do recurso).

h) se o acórdão possuir vários capítulos, cada um será considerado uma decisão autônoma para fins de cabimento dos embargos (Badaró, 2017). Ex.: imputação de cada um dos crimes, fixação de cada uma das penas, análise de cada uma das provas etc.

i) o que se combaterá será a conclusão do acórdão não unânime, e não a sua fundamentação – salvo, excepcionalmente, nos casos em que a absolvição, por exemplo, exerça reflexos extrapenais, como a indenização "ex delicto".

j) é possível a interposição dos embargos quando o voto vencido for favorável ao réu no sentido de diminuir o valor fixado como indenização pelo crime cometido (Lopes Jr., 2016). Assim, questões extrapenais também autorizam o manejo dos embargos.

No caso de três votos distintos, como um no sentido de condenar, outro para absolver e um terceiro para desclassificar o delito, prevalecerá, como resultado do julgamento, o chamado "voto médio", que, aqui, é o de desclassificação. O acusado terá, então, interesse em interpor os embargos a fim de prevalecer o voto pela absolvição, que lhe é o mais favorável.

15.2.3.2.1. *Embargos infringentes no STF*

Questão que gerou infindáveis discussões no meio jurídico disse respeito ao cabimento dos embargos infringentes e de nulidade no âmbito do Supremo Tribunal Federal.

É que, apesar de o Código de Processo Penal não tratar desta hipótese, o Regimento Interno do STF dispõe, no seu art. 333, que caberão embargos infringentes contra a decisão não unânime do plenário ou da turma que: (i) julgar procedente a ação penal; (ii) julgar improcedente a revisão criminal; (iii) julgar a ação rescisória; (iv) julgar a representação de inconstitucionalidade; ou (v) em recurso criminal ordinário, for desfavorável ao acusado. Nestes casos, se a decisão for do Plenário do STF, o cabimento dos embargos dependerá da existência, no mínimo, de 4 votos divergentes (p.ú.).

O caso que chamou a atenção tratou do "Mensalão" (STF, 25º, 26º e 27º AgRg na AP nº 470, rel. Min. Joaquim Barbosa, j. 18.09.13). Alguns acusados, em razão de condenação não unânime no STF, interpuseram embargos infringentes nos moldes do RISTF, que não foram admitidos. Contra esta decisão, foram interpostos agravos regimentais para que o Plenário decidisse o tema. A questão, colocada de forma bem simples, foi a seguinte: nem o Código de Processo Penal e nem a Lei nº 8.038/90, que trata dos procedimentos no STJ e STF, previram o cabimento de embargos infringentes, mas, de outro lado, o RISTF, que tem força de lei em razão de previsão na Constituição Federal de 1967, cf. seu art. 115, p.ú., *c* (assim recepcionado pela CF/88 como lei ordinária), os previu. O que deve, então, prevalecer: o RISTF, que prevê os embargos, ou a Lei nº 8.038/90, que não os prevê?

Por apertados 6 votos a 5, o plenário decidiu que **são cabíveis embargos infringentes** contra decisão majoritária do **Pleno** da Corte em ação penal originária de sua competência.

De um lado, os votos vencedores (Min. Roberto Barroso, Min. Teori Zavascki, Min. Rosa Weber, Min. Dias Toffoli, Min. Ricardo Lewandowski e Min. Celso de Mello) entenderam, basicamente, que a dúvida acerca da existência ou não de um recurso, previsto claramente no RISTF, não poderia prejudicar o réu. Asseverou-se que o art. 333 do RISTF está em vigor, não tendo sido tacitamente revogado pela Lei nº 8.038/90, que apenas tratou de algumas normas meramente procedimentais, indicando alguns ritos cabíveis quanto às ações penais originárias, mas sem dispor, propositadamente, dos recursos cabíveis, deixando-se, intencionalmente, uma lacuna a ser suprida pelo Regimento Interno do STF, que tem força de lei cf. a Constituição Federal de 1967. Ademais, um projeto de lei objetivando abolir os embargos nestes casos já foi rejeitado pelo Poder Legislativo, demonstrando o desejo em mantê-lo no ordenamento jurídico nacional. É possível sustentar, ao lado desta conclusão, o **princípio da vedação do retrocesso em matéria criminal**, que impede que normas internas, que podem beneficiar um condenado, retrocedam a fim de prejudicá-lo em seu processo criminal, ainda que se trate de conteúdo processual, haja vista a clara ligação com os direitos humanos.

De outro lado, os votos vencidos (Min. Joaquim Barbosa, Min. Luiz Fux, Min. Cármen Lúcia, Min. Gilmar Mendes e Min. Marco Aurélio) entenderam que a Lei nº 8.038/90 revogou tacitamente qualquer previsão que contrarie o seu texto legal, não existindo mais embargos infringentes neste caso em apreço, já que referida norma esgotou o rol de medidas procedimentais voltadas ao reexame dos julgados. Além disso, afirmaram que seria absurda a ideia de – como mencionado acima – vedar-se embargos infringentes em ação penal originária no TJ, por exemplo, e permiti-los no âmbito do STF, o que violaria a isonomia e o caráter nacional do direito processual em relação às pessoas detentoras de foro por prerrogativa de função.

Apesar de consistentes os votos contrários, prevaleceu o entendimento de ser possível a interposição de embargos infringentes no âmbito do Supremo Tribunal Federal.

No mais, outra questão – também envolvendo o cabimento dos embargos infringentes e de nulidade no Supremo Tribunal Federal – foi analisada pelo Plenário da Suprema Corte. Tratou-se de avaliar o seu cabimento contra decisão proferida por **Turma** do STF. Como se viu, o art. 333, p.ú., RISTF, dispõe que caberá o referido recurso, contra decisão do **Plenário**, quando houver ao menos 4 votos divergentes em favor do réu. Nada estabelece, todavia, quanto ao cabimento contra decisão de Turma, que é formada por cinco Ministros – que, ao tempo da edição do Regimento, não havia previsão de julgamento de ação penal pela Turma. Assim, por uma razão de proporcionalidade, se para o Plenário são exigidos quatro votos divergentes, para a Turma devem ser exigidos ao menos dois votos dissonantes em favor do acusado.

Desta feita, fixou-se a tese de que **são admissíveis embargos infringentes** contra decisão majoritária de qualquer das Turmas do STF proferida em ação penal originária, desde que haja dois votos vencidos em favor do réu, ambos de *juízos absolutórios em sentido próprio*, ou seja, que digam respeito à absolvição no mérito. Assim, por exemplo, votos divergentes benéficos ao réu que acatem uma nulidade ou reconheçam a prescrição, por exemplo, não são considerados de *absolvição própria*, não autorizando o cabimento dos referidos embargos no cômputo dos votos divergentes (STF, AgRg na AP nº 863/SP, rel. Min. Edson Fachin, j. 19.04.18; AgRg nos EI na AP nº 694/MT, rel. Min. Rosa Weber, j. 06.08.19).

Com esta construção, o Plenário da Suprema Corte entendeu serem inadmissíveis os embargos infringentes apresentados pelo deputado federal Paulo Maluf, haja vista que o único voto divergente existente em benefício do acusado não tratou de absolvição no sentido próprio (não entendeu ser procedente ou improcedente a pretensão acusatória), mas, pelo contrário, apenas reconheceu a existência de nulidade e a ocorrência da prescrição, de modo que, no mérito, o juízo condenatório foi assentado à unanimidade pela Turma, não havendo que se falar em embargos de infringência ou de nulidade contra esta decisão.

No mais, note que o art. 333, RISTF, não prevê o cabimento de embargos infringentes em *habeas corpus* no STF, o que, de fato, não é admitido pela Corte (EI-AgRg no HC nº 167.146/PE, rel. Min. Alexandre de Moraes, j. 20.10.20).

Por fim, caso a ação penal seja julgada pela Turma, viu-se que bastará a existência de dois votos absolutórios no sentido próprio para que se autorize o cabimento dos embargos infringentes. Em curioso caso, entendeu o Min. Luiz Fux que, caso haja apenas um voto absolutório no sentido próprio, mas, também, esteja ausente um Ministro na Turma, essa situação mostra-se suficiente para que se permita a oposição dos embargos infringentes, ou seja, um voto absolutório ao lado do **quórum incompleto** na Turma autoriza a oposição de embargos infringentes, já que o réu não pode ficar prejudicado pela ausência do quórum completo no seu julgamento (AgRg nos EI no 2º ED na AP nº 929/AL, j. 26.09.18).

15.2.3.3. *Efeitos*

Como todo recurso, os embargos infringentes e de nulidade terão **efeito devolutivo**, levando a questão impugnada para julgamento pelo tribunal competente.

A devolução, como explicado, estará restrita ao objeto da divergência, conforme os capítulos da decisão que foram julgados. Assim, se todos os desembargadores concordaram com a condenação, mas divergiram quanto à dosimetria da pena, a devolução será apenas e tão somente quanto a este capítulo da dosimetria, já que aquele restou unânime.

Desta forma, se os votos vencedores condenaram o réu e o voto vencido o absolveu, não poderá o tribunal, analisando os embargos, decidir de uma terceira maneira, como desclassificando o crime. Isso, todavia, não impedirá o tribunal de aplicar uma decisão quantitativamente intermediária, como a média aritmética da pena aplicada, que foi objeto da divergência.

A devolução, claramente, não impedirá o tribunal de analisar matérias cognoscíveis de ofício. Assim, mesmo que a divergência trate da análise de uma prova apenas, nada impedirá o tribunal de resolver pela sua incompetência material ou pela prescrição – desde que em benefício do acusado-recorrente, é claro, sob pena de *reformatio in pejus* em recurso exclusivo da defesa, o que é vedado.

Destaca-se, ademais, o enunciado da súmula nº 207 do STJ, que estabelece que "é inadmissível recurso especial quando cabíveis embargos infringentes contra o acórdão proferido no tribunal de origem". Isso porque, recursos de natureza extraordinária – como o RE e o REsp – somente são cabíveis quando *esgotada a via ordinária*. Assim, a parte sucumbente não poderá interpor um recurso de natureza extraordinária quando cabíveis os embargos de infringência na instância inferior, sob pena de aquele recurso apenas ser conhecido na parte que foi julgada de forma unânime – já que, quanto à parte não unânime, ainda cabiam os embargos infringentes, que impedirão o conhecimento do RE ou do REsp no tocante à parte não unânime.

O Código de Processo Penal não menciona a existência de **efeito suspensivo**. Parte considerável da doutrina defende a sua ocorrência quando se combater conteúdo condenatório (Távora e Alencar, 2017), haja vista que, como os embargos são de uso exclusivo da defesa, a execução da pena dependerá do trânsito em julgado, à luz da presunção de inocência, de forma que o resultado não unânime por parte do TJ/TRF não poderá ensejar a execução provisória da pena, já que a decisão final ainda sequer foi proferida pela segunda instância.

Quanto à existência de **efeito regressivo**, há grande controvérsia.

Para uma corrente, os julgadores que já proferiram seus votos poderão alterá-los quando do ingresso dos novos julgadores para analisar os embargos, de modo a acompanhar, agora, a divergência, por exemplo (Marques, 1998, v. 4). Assim, "como três dos julgadores participaram do julgamento anterior, há possibilidade de juízo de retratação, podendo assim haver mudança em relação aos votos proferidos anteriormente" (Nicolitt, 2012, p. 576). Fernando da Costa Tourinho Filho defende que há, indisfarçadamente, um *colorido de retratação* (Processo Penal, 2016, v. 4, p. 535), isto é, um "toque", tal como se dá como os embargos de declaração.

Já para outra corrente, não há falar-se em efeito regressivo, uma vez que este só existe em relação ao prolator da decisão antes de enviar os autos ao tribunal, o que não se dá nos embargos. Então, "por definição, possui efeito regressivo o recurso que permite ao órgão prolator da decisão impugnada voltar atrás em seus termos *antes* da sua remessa ao juízo *ad quem*, situação esta que não ocorre nos embargos, em que a eventual mudança de voto de parte dos desembargadores que tenham atuado no julgamento anterior ocorrerá *durante* o seu julgamento" (Avena, 2017, p. 844).

Por fim, é possível a ocorrência do **efeito extensivo** ao corréu que não recorreu e esteja na mesma condição, desde que não se trate de questão pessoal, nos termos do art. 580, CPP. Ex.: resultado do julgamento se dá pelo reconhecimento da atipicidade da conduta, o que será estendido ao corréu na mesma relação jurídica.

15.2.3.4. *Procedimento*

15.2.3.4.1. *Competência e forma*

A competência para julgamento será do TJ ou do TRF (tribunais de segunda instância), por meio de suas câmaras criminais ou grupo de câmaras – além, claro, da possibilidade existente no âmbito do STF, como visto.

Exemplo: geralmente, uma câmara é composta por 5 membros, mas apenas 3 participam do julgamento do acórdão recorrido; caso sejam interpostos embargos infringentes ou de nulidade, os outros 2 membros são chamados para compor integralmente a câmara e resolver a divergência.

A regra mais lógica é que o julgamento se dê por número ímpar de julgadores, formando-se maioria num ou noutro sentido. No entanto, nada impede que o órgão colegiado seja de número par, o que autoriza a ocorrência de empate, cuja solução será, portanto, a aplicação analógica do § 1º do art. 615, CPP, em que o presidente do tribunal, da câmara ou da turma proferirá o voto de desempate, se ainda não tiver votado, ou, do contrário, prevalecerá a decisão *mais favorável* ao réu.

Quanto à forma, os embargos serão interpostos de forma escrita, por petição, endereçada ao relator do acórdão impugnado. Não se admite a interposição oral.

A petição de interposição já deverá trazer as razões de inconformismo, que estarão limitadas ao voto divergente. Se o recorrente extrapolar este limite, o tribunal apenas conhecerá da parte divergente, mantendo íntegra a parte unânime, que não pode ser objeto do recurso.

15.2.3.4.2. *Prazos e processamento*

O prazo para interposição dos embargos será de 10 dias (p.ú., art. 609, CPP).

Ponto de discussão que surge neste momento diz respeito à existência de **acórdão com divergência parcial**. De um lado, seriam cabíveis os embargos quanto à parte divergente, e, de outro, relativo à parte unânime, caberiam os recursos extraordinário e/ou especial.

Como não existe norma tratando desta situação no Código de Processo Penal, o Superior Tribunal de Justiça aplicava a regra do art. 498 do CPC/73, que determinava a interposição apenas dos embargos e, apenas com o resultado destes, com a intimação do recorrente, interpunha-se RE ou REsp (AgRg no Ag nº 1.386.935/SP, rel. Min. Jorge Mussi, j. 17.05.12). Assim, não se conhecia da interposição simultânea dos embargos e do recurso extraordinário ou especial.

Posição contrária já adotava o Supremo Tribunal Federal, que, nos termos da sua súmula nº 355, entendia que "em caso de embargos infringentes parciais, é tardio o recurso extraordinário interposto após o julgamento dos embargos, quanto à parte da decisão embargada que não fora por eles abrangida", sendo inaplicável o art. 498, CPC/73 aos processos criminais (AgRg no AI nº 715.603/RS, rel. Min. Ricardo Lewandowski, j. 28.10.08). Logo, a parte recorrente deveria interpor simultaneamente os embargos e o recurso extraordinário, ficando este sobrestado até a decisão daqueles.

Ocorre que o atual Código de Processo Civil não prevê mais os embargos infringentes e de nulidade, não existindo regra semelhante que possa ser aplicável por analogia ao Processo Penal. Com isso, tende a prevalecer, tal como previsto na súmula nº 355 do STF, a corrente que exige a interposição simultânea do recurso especial/extraordinário em relação à parte unânime do acórdão, em 15 dias, e dos embargos infringentes e de nulidade, quanto à parte não unânime, em 10 dias, contados os prazos a partir da publicação do acórdão que se pretende impugnar.

A matéria está longe de ser pacificada, como se percebe. Parte da doutrina entende pela interposição simultânea, nos moldes da súmula nº 355 do STF (Badaró, 2017; Brasileiro, 2017; Rebouças, 2017). De outro lado, o Superior Tribunal de Justiça possui julgados recentes, proferidos já durante a vigência do atual Código de Processo Civil de 2015, defendendo a aplicação similar ao já revogado art. 498 do CPC de 1973.

Neste sentido, "não há que se falar em coisa julgada da matéria unânime julgada pela Corte de origem. O art. 498 do antigo CPC dispõe que, quando o dispositivo do acórdão contiver julgamento por maioria de votos e julgamento unânime, e forem interpostos embargos infringentes, o prazo para recurso extraordinário ou recurso especial, relativamente ao julgamento unânime, ficará sobrestado até a intimação da decisão nos embargos. Assim, quando a decisão tiver parte unânime e não unânime e forem interpostos embargos infringentes, como no presente caso, o prazo para a interposição do recurso especial, sobre toda matéria, inicia-se após o julgamento dos referidos embargos" (STJ, AgRg na Pet. no REsp nº 1.583.484/MG, rel. Min. Reynaldo Soares da Fonseca, j. 02.02.17).

Por fim, interpostos os embargos tempestivamente, a petição será enviada ao relator do acórdão combatido. Haverá a emissão de parecer por parte do Ministério Público, em 10 dias. Na sequência, seguirá a distribuição do recurso, com vista ao relator (geralmente, será um desembargador diverso daquele que atuou no acórdão impugnado), também pelo prazo de 10 dias. Depois, abre-se vista ao revisor, pelo mesmo prazo e, após, designa-se data para julgamento. Será possível sustentação oral por 15 minutos.

Não há, como percebido, manifestação do embargado, isto é, da parte contrária. O Ministério Público já se manifestará diretamente por parecer, na própria segunda instância, através da sua Procuradoria de Justiça. Gustavo Henrique Badaró (Manual, 2017) sustenta a apresentação de contrarrazões por parte do assistente de acusação (se estiver atuando) e do querelante, no caso de ação penal de iniciativa privada, respeitando-se, com isso, o contraditório e a isonomia entre as partes.

15.2.4. Embargos de declaração

15.2.4.1. *Introdução*

A tutela jurisdicional deve ser prestada de forma clara e completa (Marinoni, Arenhart e Mitidiero, 2016). Por isso, quando surgirem dúvidas, na acepção ampla da palavra, quanto ao conteúdo da decisão proferida, a parte prejudicada poderá se valer do recurso de embargos de declaração.

Assim, "a sentença, como declaração de vontade, deve ser intrinsecamente justa e extrinsecamente clara e precisa. O erro na apreciação dos fatos ou na aplicação do Direito (*error in judicando*) acarreta a injustiça; a obscuridade ou imprecisão no manifestar o pensamento gera dúvida. Para corrigir a injustiça, decorrente de erro de fato ou de direito, a lei oferece os recursos, propriamente ditos; para dissipar a incerteza ela enseja o remédio dos embargos de declaração" (Tornaghi, Curso, 1989, p. 356, v. 2).

Os embargos de declaração possuem dupla previsão legal: (a) combatendo acórdãos dos tribunais, cf. os arts. 619 e 620, CPP e (b) combatendo sentença de primeiro grau, cf. o art. 382, CPP – chamado de "embarguinhos".

Além dessas duas previsões, resta claro que *qualquer decisão* proferida por um magistrado, que gere dúvida ou incerteza, comportará a interposição de embargos de declaração, seja por aplicação dos próprios dispositivos do Código de Processo Penal, seja por aplicação analógica do art. 1.022, *caput*, do Código de Processo Civil, que prevê que "cabem embargos de declaração contra qualquer decisão judicial", seja ela interlocutória, sentença, decisão monocrática ou acórdão.

15.2.4.2. *Cabimento*

Conforme os arts. 382 e 619, CPP, poderão ser opostos embargos de declaração com o fim de o juiz sanar obscuridade, ambiguidade, contradição ou omissão. Na Lei nº 9.099/95, o art. 83 traz as situações de obscuridade, contradição e omissão.

Assim:

a) **obscuridade**: é a decisão que não é clara, ou seja, que é difícil de compreender, gerando incerteza quanto ao seu conhecimento. O julgador, por exemplo, não é claro em suas afirmações, tornando-se ininteligível.

b) **ambiguidade**: é a decisão que permite a adoção de mais de um sentido, gerando dúvida quanto à sua real definição. O juiz, assim, traz expressões dúbias, que podem levar a mais de uma significação.

c) **contradição**: é a decisão que traz conteúdo contraditório, isto é, suas conclusões são destoantes, uma não corroborando a outra, de forma que não se tornam conciliáveis, excluindo-se uma da outra.

d) **omissão**: é a decisão que deixa de trazer algum conteúdo necessário ou esperado pela parte, ou seja, que contém uma lacuna no seu teor. Seguindo-se o regramento do Código de Processo Civil, é omissa a decisão que, por exemplo, não se manifesta sobre uma tese firmada em julgamento de casos repetitivo, ou, então, que deixa de fundamentar a decisão (art. 1.022, p.ú., I e II, CPC).

Algumas observações são necessárias.

Os embargos de declaração não servem para atacar a ementa do julgado, uma vez que esta contém apenas elementos informativos e resumidos do julgado, não traduzindo o conteúdo verdadeiro deste. Há posição contrária, que defende o seu cabimento buscando afastar que leituras da incorreta ementa possam contaminar os julgadores futuramente.

É possível – e muito comum – que a parte utilize os embargos de declaração com o objetivo de prequestionamento. Isso porque, o recurso extraordinário e o especial exigem que as instâncias ordinárias (primeiro e segundo graus, por assim dizer) examinem a matéria que se pretende levar ao conhecimento do STF e do STJ. Para tanto, se o órgão julgador não analisar especificamente um determinado ponto, caberá à parte apresentar os embargos declaratórios com o fim de provocar essa análise, permitindo-se, com isso, que a matéria possa ser submetida, posteriormente, ao STF ou STJ. Neste sentido, inclusive, dispõe a súmula nº 356 do STF: "o ponto omisso da decisão, sobre o qual não foram opostos embargos declaratórios não pode ser objeto de recurso extraordinário por faltar o requisito do prequestionamento".

Ou seja, somente será objeto do RE ou REsp a matéria que foi debatida nas instâncias inferiores; se isso não ocorreu, a parte deverá apresentar embargos de declaração para sanar este defeito e, com isso, garantir o prequestionamento. Neste sentido, aliás, vale destacar a súmula nº 98 do STJ, que afirma que "embargos de declaração manifestados com notório propósito de prequestionamento não têm caráter protelatório", isto é, o objetivo de prequestionar não será considerado procrastinatório. A partir do CPC/15, o art. 1.015 passou a dispor que "consideram-se incluídos no acórdão os elementos que o embargante pleiteou, para fins de prequestionamento, ainda que os embargos de declaração sejam inadmitidos ou rejeitados, caso o tribunal superior considere existentes erro, omissão, contradição ou obscuridade". Desta forma, portanto, resta prejudicada a súmula nº 211, STJ, prevalecendo, então, a súmula nº 356, STF, ou seja, basta a oposição dos embargos, não se exigindo que a questão seja efetivamente examinada. Admite-se, com isso, o *prequestionamento ficto* (STJ, AgRg no REsp nº 1.667.451/PR, rel. Min. Ribeiro Dantas, j. 23.10.18).

Os **erros materiais**, como regra, não dependem da oposição de embargos de declaração. É o caso, por exemplo, de um erro matemático, em que o juiz, por exemplo, determina a aplicação de uma causa de aumento de um sexto, mas acaba, por erro de cálculo ou de digitação, dobrando a pena. A parte prejudicada, neste caso, não precisará recorrer (embora possa, se assim quiser), podendo a situação ser solucionada de ofício ou por meio de simples petição. É o que dispõe o art. 83, § 3º, Lei nº 9.099/95, e o art. 494, I, CPC – ambos aplicados analogicamente ao processo criminal.

A abalizada doutrina traz também o chamado **erro evidente**, como hipótese de cabimento dos embargos declaratórios (Badaró, 2017). Ele se subdivide em (a) erro de fato e (b) erro de direito.

O *erro de fato* é aquele mencionado pelo § 1º do art. 966, CPC, consistente em o julgador admitir como existente fato não ocorrido ou inexistente fato que realmente ocorreu. Não se trata de erro de expressão do juiz (pois que, daí, seria um erro material), mas de um erro de percepção sua quanto aos fatos contidos nos autos. Ex.: condenar o acusado que já está morto, mesmo com a certidão de óbito juntada aos autos.

Já o *erro de direito* pode ser relativo a uma questão meritória ou processual, como condenar o agente mesmo diante de lei abolindo o crime pelo qual ele foi acusado; ou então, proferir sentença além dos limites da imputação.

Em suma, "enquanto no erro material, o juiz raciocina corretamente, mas expressa mal seu raciocínio, no erro evidente, raciona-se mal, expressando-se coerentemente com tal equívoco" (Badaró, Manual, 2017, p. 316).

Interessante questão surge quanto à análise da redução do prazo prescricional em razão da senilidade, como previsto no art. 115, CP, e sua relação com os embargos de declaração. Neste dispositivo, consta que o prazo prescricional será reduzido de metade quando o agente, *na data da sentença*, for maior de 70 anos de idade. A jurisprudência uníssona entende que essa redução não pode ser aplicada quando da simples confirmação do decreto condenatório pelo tribunal (STF, HC nº 117.386/DF, rel. Min. Rosa Weber, j. 29.10.13). Todavia, se o condenado em primeira instância opuser embargos de declaração, que são conhecidos (ainda que, depois, sejam improvidos), tornar-se-á possível a incidência da redução prescricional do art. 115, CP, se ele atingir os 70 anos neste interregno, já que a decisão dos embargos, que irão aclarar a decisão recorrida, integrando-a, a substituirá (lembre-se do efeito substitutivo a partir do conhecimento do recurso). Logo, ainda que o agente complete 70 anos após a sentença, se ele interpuser embargos de declaração, que são conhecidos, a decisão a este respeito integrará o julgamento do mérito da ação penal, incidindo, portanto, o art. 115, CP (STF, ED na AP nº 516/DF, rel. Min. Ayres Britto, j. 05.12.13; e STJ, HC nº 401.091/SP, rel. Min. Felix Fischer, j. 17.10.17).

Tema já estudado, mas que vale recordar, trata dos embargos de declaração protelatórios ou procrastinatórios. A análise, aqui, é balancear a preservação da ampla defesa de encontro com a procrastinação, impedindo o trânsito em julgado. Como entende a jurisprudência, a oposição de recursos com nítido caráter protelatório autoriza o reconhecimento imediato do trânsito em julgado, independentemente da publicação do acórdão (STF, HC nº 127.694/SP, rel. Min. Roberto Barroso, j. 29.04.15).

Isso ocorreu, por exemplo, com o ex-deputado federal Natan Donadon, que, mesmo condenado, mantinha a interposição sucessiva de embargos de declaração com nítido caráter infringente, ou seja, modificativo de mérito, o que não é permitido. Assim, o Supremo Tribunal Federal, diante da ausência de obscuridade, omissão, ambiguidade ou contradição a ser sanada por embargos de declaração, haja vista que o único objetivo do recorrente era protelatório, autorizou o imediato reconhecimento do trânsito em julgado da decisão condenatória, independentemente da publicação do acórdão (EDcl no EDcl na AP nº 396/RO, rel. Min. Cármen Lúcia, j. 36.06.13). Por lógica, então, os segundos embargos de declaração devem restringir-se ao acórdão que examinou os primeiros embargos (EDcl no EDcl no ARE nº 654.432/GO, rel. Min. Alexandre de Moraes, j. 05.10.18).

Os aclaratórios não possuem caráter consultivo, esclarecendo dúvidas pelo Poder Judiciário, sob pena de desnaturar a essência da atividade jurisdicional (ED-ADPF nº 378/DF, rel. Min. Roberto Barroso, j. 16.03.16).

Por fim, embargos de declaração não podem ser recebidos pelo juiz como "pedido de reconsideração", uma vez que (a) não há previsão legal dessa atitude pelo juiz, (b) o recurso taxativo não pode ter seu cabimento deixado ao alvedrio do juiz e (c) não haverá a produção dos efeitos desejados, como a interrupção do prazo para interpor outros recursos. Exemplo: João opõe embargos de declaração em face de uma sentença, sustentando obscuridade; o juiz entende que não há obscuridade a ser sanada, recebendo o referido recurso como "pedido de reconsideração", e não faz alterações na sentença; então, como não obteve êxito nos embargos, uma vez intimado, João agora interpõe apelação contra a sentença; o juiz não recebe a apelação, sob o argumento de que é intempestiva, pois, como os embargos foram recebidos como "pedido de reconsideração", não houve interrupção de prazo, de modo que a apelação é extemporânea. Para o Superior Tribunal de Justiça, a atitude do julgador é inaceitável, considerando os argumentos apontados (Corte Especial, REsp nº 1.522.347/RS, rel. Min. Raul Araújo, j. 16.09.15).

15.2.4.3. *Efeitos*

Os embargos de declaração terão **efeito devolutivo**, mas não exatamente aquele estudado até agora. Como será visto, quem julga os embargos será o próprio prolator da decisão, de forma que não haverá o envio (a devolução, ou melhor, a atribuição) da questão impugnada ao juízo "ad quem".

Fala-se que a regra é a devolutividade de todos os recursos, no entanto, como estudado, o efeito devolutivo, historicamente, traz a ideia de enviar a questão a outro órgão para análise da questão recorrida, já que este órgão teria delegado a função de julgar e, agora, poderia reavaliar a matéria. Todavia, *tecnicamente falando*, os embargos declaratórios não teriam efeito devolutivo, justamente porque o próprio prolator da decisão combatida será o competente para julgá-lo.

Seja como for, a regra é a simples afirmação da existência de efeito devolutivo, sem delongas.

Não há menção ao **efeito suspensivo** no Código de Processo Penal. No entanto, "como a decisão que julga os embargos de declaração passa a incorporar a sentença ou acórdão esclarecido, explicado ou completado, formando com este um conjunto uniforme e incindível, é de concluir que antes do julgamento dos embargos de declaração não há uma decisão integral apta a produzir efeitos" (Badaró, Manual, 2017, p. 322).

Desta forma, enquanto não julgados os embargos de declaração, não será possível executar a decisão combatida, uma vez que o resultado do recurso integrará a decisão recorrida, que se encontra incompleta.

Os embargos de declaração não têm **efeito regressivo**. Embora o próprio prolator da decisão recorrida seja o competente para julgá-los, isso não significa juízo de retratação, mas tão somente julgamento pelo órgão competente – até porque, o efeito regressivo prevê, em caso negativo de sua realização, isto é, de manutenção da sua posição, o envio do processo a um tribunal superior, o que não existe nos embargos de declaração.

Poderão os aclaratórios ter **efeito extensivo** ao corréu que se encontre na mesma situação, salvo situações pessoais, diante do art. 580, CPP.

Por fim, consoante o art. 116, III, CP, cf. a Lei nº 13.964/19, antes de passar em julgado a sentença final, a **prescrição** não corre "na pendência de embargos de declaração ou de recursos ao s Tribunais Superiores, quando inadmissíveis". O objetivo da novel disposição é, à toda evidência, evitar que os recursos com caráter procrastinatório conduzam os feitos criminais à prescrição. Atualmente, então, o manejo de tais recursos, quando inadmissíveis, não ensejará a prescrição, que permanecerá *suspensa*.

15.2.4.3.1. *Efeitos infringentes*

É de suma importância estudar o chamado **efeito infringente** dos embargos de declaração. Tem-se em mente que o objetivo deste recurso é, basicamente, aclarar a decisão que contém alguma obscuridade, omissão, contradição ou ambiguidade – por isso é que ela será integrada. Logo, não tem "fins infringentes" (modificativos), ou seja, de rediscutir a decisão, modificando-a. Desta forma, os aclaratórios não podem ter nítida pretensão de provocar o rejulgamento da causa (EDcl nos EDcl nos EDcl no AgRg no REsp nº 1.180.948/RS, rel. Min. Reynaldo Soares da Fonseca, j. 20.09.16).

A rediscussão da causa é feita por meio de outros recursos, cujo principal exemplo é a apelação, não sendo possível isso ser feito por meio de embargos de declaração, que apenas objetivam sanar alguma dúvida ou omissão da decisão.

Embora o efeito infringente não seja característico, de fato, dos embargos de declaração, não se pode fechar os olhos para as situações em que a decisão integradora, que aclarou a questão impugnada, possa vir a modificar a decisão recorrida. Isso é comum no caso de decisão que elimina uma omissão ou contradição, o que, indubitavelmente, acarretará na modificação da decisão impugnada.

Exemplo: o juiz fundamenta a absolvição do agente, mas, no dispositivo, o condena; opostos os embargos, o juiz sana a falha e decide, com razão, pela absolvição. Resta óbvio que houve modificação da sentença – de condenatória para absolutória – surgindo, com isso, interesse da acusação em recorrer contra esta nova decisão que lhe é prejudicial.

Emprestando-se novamente a clara lição de Badaró, "em suma, no limite da coerência com o novo julgado, os embargos de declaração podem ter efeitos infringentes. O que não se admite é que se inove além dos limites da simples declaração, para indevidamente, buscar corrigir outros erros do acórdão, como se o recurso fosse embargo infringente" (Manual, 2017, p. 330-331).

É comum, na prática, advogados oporem embargos de declaração apenas e tão somente com o objetivo infringente, ou seja, de modificar a decisão, assim agindo como se os aclaratórios fossem destinados a corrigir injustiças. Assim, por vezes, recorrem objetivando a reanálise de provas ou a realização de nova dosimetria da pena ou alteração de regime, sob o pretexto de existir, por exemplo, uma omissão ou ambiguidade. Trata-se, todavia, de argumento falacioso, já que há, na verdade, um simples inconformismo, combatido por apelação. Obviamente, o recurso será indeferido, pois não há nenhuma obscuridade, contradição, omissão ou ambiguidade a ser sanada.

Situação diferente se dá quando, por exemplo, a *consequência da declaração*, isto é, da solução dada à obscuridade, contradição, omissão ou ambiguidade, resultar em alteração da decisão combatida – até porque, isso, na maioria das vezes, é uma consequência lógica do resultado do julgado aclaratório.

Portanto, os embargos de declaração não poderão objetivar infringir (modificar) a decisão combatida; todavia, nada impedirá que o efeito infringente se apresente em razão – e tão somente em razão – da declaração da decisão recorrida, sempre como consequência lógica do resultado dos embargos de declaração.

15.2.4.3.2. *Prazos para demais recursos*

Por fim, é preciso analisar os efeitos da oposição dos embargos de declaração em relação aos demais recursos cabíveis contra a decisão recorrida.

Se a sentença, por exemplo, condenou o réu e apresenta uma omissão, o acusado poderá valer-se dos embargos de declaração para sanar a omissão e da apelação para impugnar a condenação. Mas como ficará a contagem desses prazos?

O Código de Processo Penal, mais uma vez, não trata do assunto. Aplicar-se-á, então, o Código de Processo Civil de maneira subsidiária (art. 3º, CPP). Consoante o art. 1.026, *caput*, CPC, os embargos de declaração **interrompem** o prazo para a interposição de outros recursos. No mesmo sentido, o art. 83, § 2º, Lei n 9.099/95, dispõe que os embargos de declaração **interrompem** o prazo para a interposição de recurso (cf. redação dada pelo CPC/15).

Assim, a oposição tempestiva de embargos de declaração é suficiente para, por si só, interromper a fluência do prazo para a interposição de outros recursos (STJ, REsp nº 1.329.048/SC, rel. Min. Sebastião Reis Júnior, j. 16.05.13). Desta forma, uma vez **conhecidos** os embargos, isso já gerará a **interrupção** para a interposição de outros recursos, mesmo que os embargos declaratórios não sejam acolhidos posteriormente.

Esta observação acerca da tempestividade – e de qualquer outro requisito de admissibilidade recursal – é importante, pois, **se os embargos de declaração não forem conhecidos, o efeito da interrupção dos prazos para interposição dos demais recursos não terá ocorrido** (STJ, 5ª T., AgRg no AREsp nº 765.412/BA, rel. Min. Felix Fischer, j. 19.10.17; e 6ª T., AgRg nos EDcl no AREsp nº 868.575/SP, rel. Min. Nefi Cordeiro, j. 20.06.17). Isso significará que o início do prazo recursal se deu com a intimação da parte acerca da decisão recorrida pelos embargos de declaração, o que, a esta altura, já deve ter se escoado em relação aos outros recursos então cabíveis.

Conforme o Supremo Tribunal Federal, aos embargos de declaração manifestamente incabíveis, intempestivos ou inexistentes não suspendem e nem interrompem o prazo para interposição de outros recursos (AgRg no ARE nº 770.405/ES, rel. Min. Roberto Barroso, j. 10.12.13).

No âmbito do STJ, o prazo para interposição de recursos é também **interrompido** com a oposição dos embargos de declaração (RISTJ, art. 265, cf. Emenda Regimental nº 22/16). No âmbito do STF, a previsão é de que haverá suspensão (RISTF, art. 339, *caput*).

15.2.4.4. *Procedimento*

15.2.4.4.1. *Competência e forma*

Se impugnada sentença ou decisão interlocutória de primeiro grau, será competente para julgamento dos aclaratórios o próprio juiz prolator. De outro lado, se a decisão for um acórdão, julgará os embargos o órgão colegiado, cujo relator será o mesmo (desembargador ou ministro).

Se opostos contra sentença ou outra decisão de primeiro grau, serão endereçados ao juiz de primeiro grau prolator da decisão; já se combater acórdão ou outra decisão de segundo grau, serão endereçados ao relator dos autos.

Quanto à forma, os embargos de declaração devem ser opostos por petição escrita, já com as respectivas razões. Não é possível a interposição através de termo. Atentar que a Lei nº 9.099/95 admite a interposição de embargos de declaração oralmente (art. 83, § 1º).

15.2.4.4.2. *Prazos e processamento*

Ambos os dispositivos que preveem os embargos de declaração trazem o prazo de 2 dias para a sua interposição (arts. 382 e 619, CPP).

No âmbito do STJ, o prazo será de 2 dias quando se tratar de matéria criminal, contados da publicação da decisão que se pretende recorrer, com petição endereçada ao relator (art. 263, RISTJ). Já no STF, o prazo será de 5 dias (art. 337, § 1º, RISTF).

A forma de processamento prevista diz respeito apenas aos embargos contra decisão dos tribunais, embora, com as devidas adaptações, possa ser aplicada à primeira instância.

O relator pode rejeitar liminarmente os embargos se o recorrente não indicar o ponto combatido (§ 2º, art. 620, CPP). Contra esta decisão de indeferimento liminar será cabível agravo regimental, cf. as normas internas dos tribunais.

Corretamente endereçado e recebido o recurso, o julgador submetê-lo-á a julgamento. Não há manifestação do Ministério Público através de parecer e nem revisor. Não haverá sustentação oral.

A regra é a ausência de manifestação do embargado, ou seja, da parte contrária, haja vista que os embargos são considerados recursos julgados *inaudita altera parte*, ou seja, sem se ouvir a outra parte (Marques, 1998, v. 4).

Não obstante isso, se houver a mínima probabilidade de ocorrer efeito infringente, o julgador deverá intimar a parte adversária para que se manifeste a respeito da questão. Aplica-se, analogicamente, o art. 1.023, § 2º, CPC, que prevê que "o juiz intimará o embargado para, querendo, manifestar-se, no prazo de cinco dias, sobre os embargos opostos, caso eventual acolhimento implique a modificação da decisão embargada" – com as devidas adaptações ao processo penal, claro, o prazo será de 2 dias.

Portanto, a ausência de contrarrazões aos embargos de declaração com efeitos modificativos ensejará nulidade, por nítido desrespeito ao contraditório (STJ, HC nº 349.140/SC, rel. Min. Reynaldo Soares da Fonseca, j. 05.04.16).

Caso o recurso não seja conhecido, ou, então, até seja provido, mas sem nenhum efeito infringente, não haverá necessidade de se ouvir a parte contrária (Badaró, 2017).

Nada impedirá a interposição de embargos de declaração contra a decisão proferida em embargos de declaração opostos anteriormente, desde que, claro, esta apresente alguma hipótese de cabimento. Neste sentido, "os segundos embargos de declaração devem apontar vício no julgamento dos primeiros embargos de declaração, e não em decisão anterior, cujo prazo para recurso já se esvaiu, pois operada a preclusão consumativa" (STJ, EDcl nos EDcl no AgRg nos EREsp nº 1.341.709/PI, rel. Min. Napoleão Nunes Maia Filho, j. 18.03.15).

Por fim, caso ocorra empate na votação dos embargos de declaração, como, por exemplo, diante da ausência ou de impedimento de um julgador para julgá-lo, a jurisprudência é no sentido de se aplicar a corrente mais favorável ao réu. No âmbito do STF, não há que se falar em voto de desempate por parte do Presidente do Plenário ou da Turma, pois este não se aplica em matérias penais, prevalecendo a presunção de inocência (EDcl nos EDcl na AP nº 565/RO, rel. Min. Cármen Lúcia, j. 14.12.17).

15.2.5. Carta testemunhável

15.2.5.1. *Introdução*

Em razão da sua excentricidade (e raridade de uso), é preciso conhecer a origem histórica deste recurso.

Na época do Império, na vigência das Ordenações Filipinas, então vigente no Brasil, a carta testemunhável era o instrumento adequado para evitar os problemas surgidos quando os juízes se ocultavam para não receber alguns recursos ou quando determinavam que os escrivães não lhes dessem andamento. O recorrente, então, comparecia ao cartório judicial, juntamente com duas testemunhas, e relatava o ocorrido ao escrivão, manifestando a sua intenção de recorrer. Se o escrivão admitisse a veracidade dos fatos, atestava a situação e o problema estava solucionado; em caso de relutância do escrivão, o recorrente deveria comparecer ao tribunal com duas testemunhas e narrar os fatos novamente (Grinover, Gomes Filho e Fernandes, 2008).

Nos dias de hoje, a "carta" (literalmente), na verdade, não mais é necessária, já que a parte fará uma petição narrando a situação. O nome do recurso, todavia, ainda vige.

Inicialmente prevista apenas na seara cível, acabou se estendendo ao processo penal. Tempos depois, acabou lá sendo extinta, mas se manteve no Código de Processo Penal, nos arts. 639 a 646.

Assim, a carta testemunhável é o recurso adequado para levar ao conhecimento do órgão *ad quem* a decisão do órgão *a quo* que denegou o recurso ou não lhe deu seguimento (Badaró, 2017).

O recorrente será o "testemunhante", enquanto que o recorrido será o "testemunhado" – papel este que caberá à parte contrária, e não ao juiz.

15.2.5.2. *Cabimento*

A carta testemunhável é cabível em duas hipóteses (art. 639, I e II, CPP):

a) contra decisão que denega o recurso, ou seja, que não o conhece por lhe faltar algum requisito de admissibilidade (cabimento, tempestividade, legitimidade etc.).

b) contra decisão que até admite o recurso, mas obsta o seu seguimento, isto é, ele é conhecido, mas, na sequência, o juiz impede o seu envio ao tribunal.

Trata-se de recurso nitidamente *subsidiário*, pois somente será cabível quando outro recurso não for previsto para combater estas situações. Assim, contra a decisão que denega ou obsta a apelação, caberá recurso em sentido estrito; em relação aos embargos infringentes e de nulidade, caberá agravo regimental; quanto aos embargos de declaração, será o caso de agravo regimental também ou "habeas corpus"; já em relação ao recurso especial e extraordinário, caberá agravo. Portanto, resta uma única hipótese de cabimento à carta testemunhável no curso do processo penal: combater a decisão que denega ou que obsta seguimento ao **recurso em sentido estrito**.

A doutrina critica a sua manutenção no ordenamento pátrio. Bastaria, por exemplo, fixar-se que o juiz, ao receber o RESE, estaria proibido de negar-lhe seguimento, devendo remetê-lo obrigatoriamente ao tribunal (Badaró, 2017) – isso significaria um recurso a menos no sistema criminal, mas sem se retirar garantias processuais.

Por fim, admite-se – no processo de execução penal – a carta testemunhável contra a decisão que nega seguimento de **agravo em execução**, devendo ser observado o rito do Código de Processo Penal (Brito, 2018; Roig, 2018).

15.2.5.3. *Efeitos*

Terá **efeito devolutivo** ao tribunal. Atentar que o art. 644, CPP, autoriza que o próprio tribunal, ao julgar a carta, se suficientemente instruída, julgue também o mérito do recurso denegado ou obstado (o RESE).

Há previsão expressa de ausência de **efeito suspensivo** (art. 646, CPP).

Será possível o **efeito regressivo**, já que a carta adota o mesmo procedimento do recurso atacado, ou seja, o recurso em sentido estrito, que possui referido efeito (art. 643, CPP).

Nada impede o **efeito extensivo**, previsto no art. 580, CPP.

15.2.5.4. *Procedimento*

O procedimento de julgamento da carta seguirá o mesmo do RESE, pois se trata da única hipótese de cabimento (art. 643, CPP), mas com algumas observações.

1) o endereçamento será feito ao escrivão ou diretor da secretaria judicial – e não ao juiz, como de costume nos recursos.

2) o prazo para interposição da carta será de 48 horas seguintes à decisão que denegou ou obstou o RESE (art. 640, CPP). Como o prazo se dá em horas, deve-se assim aplicar, não sendo o caso de se considerar simplesmente "dois dias" – salvo, claro, nos casos em que não seja possível assim agir, como nas intimações pela imprensa oficial, pois daí serão contados 2 dias (Távora e Alencar, 2017).

   O testemunhante indicará as peças que deverão ser trasladadas, isto é, que formarão o instrumento do recurso (art. 640, CPP). Deverão ser, no mínimo, aquelas previstas no art. 588, CPP, relativas ao recurso em sentido estrito – até porque, quanto mais instruído o recurso, maiores as chances de o tribunal já julgar o mérito do RESE.

3) já existirão no processo as razões do RESE que foi denegado ou obstado. Apesar disso, entende-se que testemunhante e testemunhado deverão ser intimados para apresentar suas razões e contrarrazões ao recurso interposto em 2 dias.

4) com as razões juntadas (ou sem elas), como há previsão de efeito regressivo, deve-se oportunizar ao juiz de primeiro grau a retratação. O objetivo, portanto, será provocar o prolator da decisão que denegou ou obstou o recurso a rever a sua decisão e indicar que a carta testemunhável foi interposta.

5) se o juiz não se retratar, mantendo a sua decisão de denegação ou não seguimento do RESE, o escrivão, em 5 dias, entregará ao testemunhante a "carta" devidamente conferida e instruída com as peças indicadas, todas autenticadas.

Esta "carta" (instrumento formado pelo escrivão) é fundamental, pois, contendo o recibo de protocolo do recurso e as peças autenticadas, confere ao recorrente a condição de testemunhante. Assim, caso o juízo *a quo* mantenha a denegação ou o não seguimento do RESE, o testemunhante, de posse dessa carta, poderá, agora diretamente no tribunal, representar contra este ato tido como obstativo de seu direito de recorrer.

Se o escrivão não entregar o recibo ou o instrumento ao recorrente, o art. 642, CPP, prevê a sanção de suspensão por trinta dias. Parte da doutrina entende que esta previsão não possui mais eficácia, em razão dos estatutos próprios dos servidores públicos (Távora e Alencar, 2017). Caso, no entanto, se entenda pela aplicação desta, o juiz ou presidente do tribunal imporá a pena e determinará que seja extraído o instrumento, sob a mesma sanção, ao substituto do escrivão. Ainda assim, se o testemunhante não for atendido, poderá reclamar ao presidente do tribunal, que avocará os autos para o efeito do julgamento do recurso e imposição da pena ao escrivão.

6) caso, então, o juiz de primeiro grau mantenha a sua decisão, o testemunhante, de posse da carta, terá 5 dias para apresentar os autos do recurso ao tribunal.
7) protocolizada a carta no tribunal, os autos serão distribuídos, ouvindo-se o Ministério Público por parecer.
8) não sendo o caso de julgamento monocrático, o relator pedirá dia para julgamento. Não há previsão de revisor.

15.2.6. Correição parcial

15.2.6.1. *Introdução*

Conforme Adalberto José Q. T. de Camargo Aranha, a correição parcial é o recurso cabível contra decisões do juiz que, por erro ou abuso, causarem a inversão tumultuária do processo (Dos Recursos, 2006).

Não possui previsão no Código de Processo Penal, mas nas leis de organização judiciária dos Estados e nos regimentos internos dos tribunais. No âmbito federal, possui regramento na Lei nº 5.010/66 (art. 6º, I). Por vezes, recebe o nome de *reclamação*. No âmbito da Lei nº 8.625/93 (Lei Orgânica Nacional do Ministério Público), seu art. 32, I, dispõe que compete aos promotores de justiça, dentro de suas esferas de atribuições, "requerer correição parcial, inclusive perante os Tribunais locais competentes".

Fala-se que é "correição" porque possui íntima relação administrativo-disciplinar; e fala-se em "parcial" porque objetiva corrigir apenas um determinado ato do julgador.

Discussão surge, como previsível, quanto à sua natureza jurídica.

Para uns, não seria recurso, mas mera medida administrativa, inclusive porque não há previsão em lei de alcance nacional, mas apenas nos regimentos dos tribunais e/ou leis locais ou orgânicas. O argumento, ainda, de que somente a União pode legislar sobre direito processual (CF, art. 22, I) é forte, mas não houve, até hoje, o reconhecimento da inconstitucionalidade das correições parciais.

Desta forma, prevalece a corrente no sentido de que a correição parcial é **verdadeiro recurso**, servindo para que o juízo *ad quem* reforme decisão do juízo *a quo* que causou inversão tumultuária do processo. Consoante Antonio Scarance Fernandes, Ada Pellegrini Grinover e Antonio Magalhães Gomes Filho, "como serve a correição para os tribunais reformarem decisão judicial que tenha causado problemas ao regular desenvolvimento do processo, apresenta os elementos essenciais de todo recurso, não se podendo negar-lhe essa natureza (Recursos, 2008, p. 250).

15.2.6.2. *Cabimento*

Como visto, a correição parcial destina-se a impugnar atos judiciais com erro ou abuso que causem inversão tumultuária do processo. Corrige-se, pois, *error in procedendo*, e não *error in judicando* (Badaró, 2017). Trata-se de claro recurso subsidiário, somente cabível quando não existir outro mais adequado – a própria previsão do art. 6º, I, Lei nº 5.010/66, prevê que caberá correição parcial "contra ato do juiz de que não caiba recurso".

Haverá **erro** quando o juiz se equivocar na interpretação da lei ou apreciação do fato; e configurará **abuso** quando o juiz incorrer em excesso ou praticar conscientemente uma ilegalidade. Nota-se, assim, que não se combaterá ato das partes, de serventuários, dos tribunais ou de seus membros, mas tão somente **atos de juízes de primeiro grau**, sejam eles comissivos ou omissivos (Grinover, Gomes Filho e Fernandes, 2008).

Esse erro ou abuso deverá gerar a **inversão tumultuária do processo**, ou seja, a confusão de atos e/ou fórmulas da ordem processual que interfira no seu bom andamento.

Exemplos comuns: não envio do inquérito policial à polícia pelo juiz, quando pedidas novas diligências pelo Ministério Público; dispensa de oitiva de testemunha arrolada pela parte; nomeação de promotor de justiça "ad hoc" para atuar no processo; negativa de expedição de guia de recolhimento para início do cumprimento da pena; paralisação injustificada do andamento do processo; dilação abusiva de prazos etc.

Percebe-se que a correição pode ser utilizada para corrigir ato do juiz de primeiro grau em qualquer fase da persecução criminal, desde o inquérito policial até a execução penal.

15.2.6.3. *Efeitos*

Terá, claramente, **efeito devolutivo**, enviando ao tribunal o conhecimento da matéria impugnada.

Em regra, não terá **efeito suspensivo**, mas nada impedirá a aplicação analógica do art. 995, p.ú., CPC, quando houver risco de dano grave, de difícil ou impossível reparação, além de ficar demonstrada a probabilidade de provimento do recurso (Badaró, 2017).

15.2.6.4. *Procedimento*

Deverá ser observada a legislação local e dos tribunais, haja vista a inexistência de previsão procedimental em lei de alcance nacional. Há quem defenda que deve ser aplicado o rito do recurso em sentido estrito; outros, contrariamente, sustentam a aplicação do rito do agravo de instrumento.

16

AÇÕES AUTÔNOMAS DE IMPUGNAÇÃO

16.1. INTRODUÇÃO

Viu-se que os recursos não instauram uma nova *relação processual*, mas apenas prorrogam a já existente. Diferentemente disso, as chamadas **ações autônomas de impugnação** iniciam um novo processo, sendo, pois, novas ações judiciais, com trâmite, instrução e sentença próprios.

Nas palavras da doutrina, "enquanto os recursos impugnam decisões dentro da mesma relação jurídica processual, as ações autônomas formam uma nova relação processual. Este é o traço distintivo entre elas e os recursos" (Nicolitt, Manual, 2012, p. 582).

O Código de Processo Penal coloca as ações autônomas no Título reservado aos recursos, o que é um claro equívoco, já que são verdadeiras ações, como se verá. O Código traz duas ações autônomas, o *habeas corpus* e a revisão criminal; há outra ação autônoma ainda, mas não tratada na lei adjetiva, que é o mandado de segurança (Lei nº 12.016/09).

Desta feita, há três ações autônomas de impugnação no Processo Penal, que serão estudadas na sequência:

a) ***habeas corpus*** (art. 647 e ss., CPP).

b) **revisão criminal** (art. 621 e ss., CPP).

c) **mandado de segurança** (Lei nº 12.016/09).

16.2. *HABEAS CORPUS*

16.2.1. Histórico

Etimologicamente, *habeas* significa ter, tomar, e *corpus* significa corpo; assim, forma-se a expressão "tomar o corpo", levando-o perante um juiz para julgamento. O *Black's Law Dictionary* (2004) traduz a expressão como "that you have the body", isto é, que você tome/tenha o corpo.

Para alguns, a raiz histórica do "habeas corpus" está no direito romano, por meio da ação de *interdictum de libero homine exhibendo*, de lá se estendendo para as mais variadas leis e Constituições dos países.

A doutrina costuma afirmar que a origem moderna do "habeas corpus" se deu com a **Magna Carta** (*Magna Charta Libertatum*), de 1215, na Inglaterra, editada pelo rei João Sem-Terra (John Lackland). No entanto, tal documento, a bem da verdade, como limitador dos poderes estatais, apenas previa que qualquer pessoa só poderia ser levada à prisão por meio de um prévio processo julgado por seus pares e conforme a lei do seu país.

Esta previsão, então, permitiu que o *Habeas Corpus Act*, de 1679, instituísse a garantia do "habeas corpus", criando, resumidamente, uma reclamação de um indivíduo em favor de outro que esteja detido acusado de algum crime. Em 1816, um novo *Habeas Corpus Act* eliminou a necessidade de a pessoa estar sendo acusada de um crime para que o remédio pudesse ser utilizado, alargando-o, assim, a toda e qualquer pessoa que estivesse com o seu direito de locomoção violado.

16.2.1.1. *Doutrina brasileira do* habeas corpus

No Brasil, a primeira menção ao "habeas corpus", antes mesmo de qualquer previsão processual ou constitucional, se deu com o **Código Criminal de 1830**, referente aos crimes contra a liberdade individual (art. 183 e ss.). Na sequência, o **Código de Processo Criminal de 1832** estabeleceu que todo cidadão que entender, que ele ou outrem sofre uma prisão ou constrangimento ilegal de sua liberdade, tem o direito de pedir uma ordem de "habeas corpus" em seu favor (arts. 340 a 355). Em 1871, a Lei nº 2.033 o estendeu aos estrangeiros.

A sua constitucionalização ocorreu apenas com a **Constituição da República de 1891**, estabelecendo-se que se daria o *habeas corpus* sempre que o indivíduo sofresse ou se achasse em iminente perigo de violência ou coação por ilegalidade ou abuso de poder (art. 72, § 22) – sem mencionar, como se percebe, o direito de locomoção, falando-se apenas em violência, ilegalidade e abuso de poder.

A abrangência, então, era muito ampla, protegendo não apenas o direito de deambulação (locomoção), diferenciando-se, assim, de sua origem histórica. Em razão disso, chegou-se a impetrar o remédio para se cancelar matrícula escolar, para se garantir o exercício de profissão, para se realizar comício eleitoral, para impedir inspeção sanitária em domicílio contra a febre amarela etc.

Desta feita, a reinterpretação brasileira do instituto do "habeas corpus", tanto pela doutrina quanto pela jurisprudência da época, recebeu o nome de **doutrina brasileira do *habeas corpus***, consubstanciada numa ampla proteção de direitos, mesmo que não relacionados à liberdade de locomoção e ainda que não houvesse coação física direta. Esta construção, naquele período, talvez realmente fosse necessária, conseguindo amparar diversos direitos assegurados pela Constituição da República, evitando-se arbítrios e ilegalidades por parte do Estado.

Como explica a doutrina, em razão dessa grande abertura na utilização do "habeas corpus", surgiram três posições: (1) sustentada por Ruy Barbosa, entendia que o "habeas corpus" deveria ser utilizado para a proteção de **qualquer direito** contra abuso de poder ou ilegalidade; (2) em sentido oposto, defendia-se que, em razão de sua natureza histórica, o "habeas corpus" só deveria ser utilizado para a proteção da **liberdade de locomoção**; e (3) sustentada por Pedro Lessa, a terceira posição dispunha que o remédio poderia ser utilizado para a proteção de **qualquer direito, desde que houvesse alguma relação com a liberdade de locomoção** (Grinover, Fernandes e Gomes Filho, Recursos, 2008). Assim:

1ª posição	2ª posição	3ª posição
Qualquer direito poderia ser protegido pelo HC (Ruy Barbosa).	Só a liberdade de locomoção poderia ser protegida por HC.	Qualquer direito pode ser tutelado pelo HC, desde que relacionado à liberdade de locomoção (Pedro Lessa).

Esta terceira posição foi adotada, à época, pelo Supremo Tribunal Federal, consoante o seguinte trecho do julgado histórico, de mais de cem anos atrás, referente ao "Caso do Conselho Municipal do Distrito Federal" durante o governo do ex-Presidente Nilo Peçanha: "(...) o direito de locomoção é uma condição *sine qua non* do exercício de uma infinidade de direitos. Usa o homem da sua liberdade de locomoção para cuidar da sua saúde, para trabalhar, para fazer seus negócios, para se desenvolver científica, artística e religiosamente. Frequentemente, se pede o *habeas corpus*, para fazer cessar um constrangimento ilegal, sem indicação do fim que tem em vista particularmente o paciente do direito que ele pretende imediatamente exercer. Pede-se então, o *habeas corpus* para o fim de exercer todos os direitos de que for capaz o paciente. Outras vezes, o *habeas corpus* tem por fim afastar o obstáculo ilegal oposto ao exercício de um determinado direito, porque a coação se deu exatamente quando o paciente exercia ou pretendia exercer esse direito. Dever-se-á negar o *habeas corpus*, quando impetrado para o exercício de um determinado direito? Fora absurdo. **A liberdade de locomoção é um meio para a consecução de um fim, ou de uma multiplicidade infinita de fins; é um caminho em cujo termo está o exercício de outros direitos**" (HC nº 2.794/RJ, rel. Min. Godofredo Cunha, j. 11.12.1909 – destaque).

Portanto, havia triunfado a posição que entendia que o "habeas corpus" era um remédio contra qualquer violência, ilegalidade, excesso ou abuso de poder que ferisse algum direito, *desde que* atingisse o de locomoção (Tornaghi, Curso, v. 2, 1989).

Mas esta ideia alargada da doutrina brasileira do *habeas corpus* não durou muito tempo, pois, em 03.09.1926, a Constituição da República de 1891 sofreu reforma (pela EC nº 3) e passou a fixar os exatos limites do remédio: dar-se-á *habeas corpus* sempre que alguém sofrer ou se achar em iminente perigo de sofrer violência por meio de prisão ou constrangimento ilegal em sua **liberdade de locomoção** (art. 72, § 22).

Este retrocesso na proteção dos outros direitos (então tutelados pelo "habeas corpus") também não durou muito, tendo em vista que a Constituição da República de 1934 trouxe o instituto do mandado de segurança "para a defesa do direito, certo e incontestável, ameaçado ou violado por ato manifestamente inconstitucional ou ilegal de qualquer autoridade" (art. 113, inc. 33), **encerrando, assim, a chamada *doutrina brasileira do habeas corpus*** – talvez, à época, o único no mundo com tamanha amplitude de utilização.

Desde então, todos os textos constitucionais trouxeram a previsão do "habeas corpus", apenas ressalvando a sua impetração em relação às transgressões disciplinares, como será estudado – e sem se esquecer do art. 10 do Ato Institucional nº 5 (AI-5), que dispôs, em 1968, que estava suspensa a garantia do *habeas corpus* nos casos de crimes políticos, contra a segurança nacional, a ordem econômica e social e a economia popular.

Em brilhante decisão, o Min. Celso de Mello bem resumiu o cabimento atual do *habeas corpus*, fazendo uma clara comparação com o sistema anterior. No caso, analisou-se remédio heroico em que o paciente, juiz do trabalho, pretendia garantir o seu afastamento remunerando da função judicante para poder presidir entidade internacional de juízes trabalhistas. Nas palavras do relator:

"Tenho para mim que se revela processualmente inviável a presente impetração, por tratar-se de matéria insuscetível de exame em sede de "habeas corpus", notadamente porque o pretendido afastamento remunerado do paciente das suas funções jurisdicionais não se confunde com o exercício do direito de ir e vir, cuja proteção é ora pleiteada nesta sede mandamental. Como se sabe, a ação de "habeas corpus" destina-se, unicamente, a amparar a imediata liberdade de locomoção física das pessoas, revelando-se estranha à sua específica finalidade jurídico-constitucional qualquer pretensão que vise a desconstituir atos que não se mostrem ofensivos, ainda que potencialmente, ao direito de ir, de vir e de permanecer das pessoas (...). A ação de "habeas corpus", portanto, enquanto remédio jurídico-constitucional revestido de finalidade específica, não pode ser utilizada como sucedâneo de outras ações judiciais, notadamente naquelas hipóteses em que o direito-fim (ou direito-escopo, na expressão feliz de Pedro Lessa) não se identifica – tal como neste caso ocorre (em que se impugna a denegação de afastamento funcional remunerado) – com a própria liberdade de locomoção física. É que entendimento diverso conduziria, necessariamente, à descaracterização desse instrumento tutelar da liberdade de locomoção. Não se pode desconhecer que, com a cessação da doutrina brasileira do "habeas corpus", motivada pela Reforma Constitucional de 1926, restaurou-se, em nosso sistema jurídico, a função clássica desse remédio heroico. Por tal razão, não se revela suscetível de conhecimento a ação de "habeas corpus", quando promovida contra ato (ou omissão) estatal de que não resulte, de modo imediato, ofensa, atual ou iminente, à liberdade de locomoção física" (MC-HC nº 145.445/DF, rel. Min. Celso de Mello, j. 30.06.17).

16.2.2. Conceito

Previsto no art. 5º, LXVIII, CF, dentre os direitos e garantias fundamentais, "conceder--se-á *habeas corpus* sempre que alguém sofrer ou se achar ameaçado de sofrer violência ou coação em sua **liberdade de locomoção**, por ilegalidade ou abuso de poder". Em sentido bastante parecido, o art. 647, CPP, dispõe que "dar-se-á *habeas corpus* sempre que alguém sofrer ou se achar na iminência de sofrer violência ou coação ilegal na sua liberdade de ir e vir, salvo nos casos de punição disciplinar".

Assim, "o *habeas corpus* é remédio judiciário contra o mal da ilegalidade, do excesso ou do abuso de poder de que resulta violência ou coação na liberdade de **ir** e **vir**" (Tornaghi, v. 2, 1989, p. 382). Guilherme de Souza Nucci bem lembra que não se pode esquecer também do direito de **ficar** em algum lugar, público ou privado, sem ser incomodado por qualquer pessoa (*Habeas*, 2017).

Trata-se, claramente, de **direito fundamental de primeira dimensão** (ou geração), isto é, um direito de prestação negativa, em que o Estado – como regra – deve proteger a esfera de autonomia do indivíduo, sendo também chamado de direito de defesa, pois protege o indivíduo contra intervenção indevida do Estado (Ramos, 2015).

Chamado comumente de "remédio heroico", referida ação autônoma busca prevenir ou remediar qualquer restrição abusiva ou ilegal à liberdade de locomoção, independentemente da origem, seja particular ou pública.

Em suma:

- » Direitos de ir, vir e ficar
- » Em locais públicos ou privados
- » Proteção contra o Estado ou particulares

16.2.3. Natureza jurídica

Como já se disse, embora o Código de Processo Penal traga o "habeas corpus" dentro do Título II, do Livro III, referente aos recursos, entende-se, na verdade, que sua natureza jurídica é de **ação constitucional autônoma**, ainda que, por vezes, sirva para impugnar decisões judiciais como se recurso fosse.

Consoante Alexandre de Moraes, o *habeas corpus* é uma ação constitucional de caráter penal, de procedimento especial e isenta de custas (Curso, 2017). Sendo o remédio heroico uma garantia individual, não poderá ser objeto de supressão da Constituição Federal por meio de emenda (art. 60, § 4º, IV, CF).

A doutrina nacional costuma trazer algumas características que reforçam a natureza jurídica de ação do "habeas corpus".

O *habeas corpus* é uma ação autônoma de impugnação, pois:
Um recurso pressupõe uma decisão recorrível, o que não é exigido ao HC, que pode ser impetrado mesmo que já tenha ocorrido o trânsito em julgado da decisão.
Um recurso é interposto contra decisão judicial, já o HC pode ser impetrado contra ato restritivo à liberdade de locomoção oriundo de atos públicos ou particulares.
Um recurso é interposto em face de uma decisão judicial, enquanto que o HC pode ser impetrado contra uma ameaça à locomoção, não necessariamente um ato judicial.

O *habeas corpus* é uma ação autônoma de impugnação, pois:
Os pressupostos são distintos: um recurso exige tempestividade, enquanto que o HC pode ser impetrado a qualquer momento (sendo mais amplo até que o MS, que possui prazo).
O recurso exige legitimidade, enquanto que o HC pode ser impetrado por qualquer do povo, bastando haver violência ou coação à liberdade de locomoção.

Desta feita, é uníssono o entendimento de que o *habeas corpus* possui natureza jurídica de **ação autônoma** (STJ, AgRg na Pet. no HC nº 364.486/SP, rel. Min. Sebastião Reis Júnior, j. 13.12.16).

16.2.4. Condições da ação

16.2.4.1. *Possibilidade jurídica do pedido*

O pedido feito no bojo do "habeas corpus" deve ter respaldo legal, ou seja, previsão legal. Haverá possibilidade jurídica do pedido de concessão de ordem de "habeas corpus" quando a liberdade de locomoção estiver em jogo (Nucci, 2017).

Ainda será estudado detidamente no procedimento do *habeas corpus*, mas doutrina e jurisprudência têm entendido pela exigência de comprovação de *direito líquido e certo*, não se admitindo dilação probatória no rito do remédio heroico (STF, HC nº 135.949/RO, rel. Min. Ricardo Lewandowski, j. 04.10.16).

Considera-se líquido e certo o direito passível de ser provado de plano, no ato da impetração, por meio de documentos, ou o que é reconhecido pela autoridade coatora, dispensando-se, assim, a dilação probatória (Novelino, 2012).

No entanto, o ordenamento jurídico prevê três possíveis restrições ao uso do remédio heroico, mesmo havendo questionamento à liberdade de locomoção:

a) **prisão disciplinar militar**: o art. 142, § 2º, CF, dispõe taxativamente que "não caberá *habeas corpus* em relação a punições disciplinares militares". A razão desta previsão é a preservação da hierarquia e da disciplina militares, afastando a intromissão do Poder Judiciário no âmbito das decisões castrenses em relação aos militares subordinados.

O que vem sendo entendido é que a vedação à impetração do "habeas corpus" diz respeito apenas e tão somente à análise do **mérito militar** (aspectos materiais), que, de fato, não pode ser questionado pelo Poder Judiciário. De outro lado, afirma-se ser perfeitamente possível a impetração do remédio em relação à legalidade do ato (aspectos formais), como o combate à incompetência, à inobservância de formalidades legais, o desrespeito à ampla defesa, o excesso de duração da prisão, dentre outros (STF, HC nº 70.648/RJ, rel. Min. Moreira Alves, j. 09.11.93).

Bem resume o Superior Tribunal de Justiça, aduzindo que "a regra de que não cabe *habeas corpus* contra a prisão de natureza disciplinar não é absoluta. O que não pode ser apreciado através do remédio heroico é a infração disciplinar em seu conteúdo específico, ou a justiça ou injustiça da punição. Todavia, não se excluem da apreciação judicial a legalidade do ato, o conhecimento e a verificação da competência da autoridade que impôs a pena" (RHC nº 1375/SP, rel. Min. Luiz Vicente Cernicchiaro, j. 24.09.91).

b) **estado de sítio**: outra suposta limitação ao pedido de "habeas corpus" está no art. 139, CF, ao dispor que, na vigência de estado de sítio decretado no caso de comoção grave de repercussão nacional ou ocorrência de fatos que comprovem a ineficácia da medida adotada no estado de defesa (art. 137, I, CF), poderão ser tomadas contra as pessoas as seguintes medidas, entre outras: obrigação de permanecer em determinado local; detenção em edifício não destinado a acusados ou condenados por crimes comuns; e busca e apreensão em domicílio.

Embora o texto constitucional traga situações excepcionais à liberdade de locomoção das pessoas na vigência do estado de sítio, a corrente majoritária entende, tal como se dá no âmbito militar, que apenas não será possível a impetração do "habeas corpus" em relação ao mérito das medidas adotadas no estado de sítio, nada impedindo a sua utilização contra ilegalidades e abusos contra a liberdade de locomoção destoantes do estado de crise em curso.

Classicamente, todavia, é bom saber que existe posição sustentando não ser possível a impetração de "habeas corpus" no estado de sítio de nenhuma forma – o que soa absurdo nos dias de hoje.

c) **prisão administrativa**: o art. 650, § 2º, CPP, prevê que "não cabe o *habeas corpus* contra a prisão administrativa, atual ou iminente, dos responsáveis por dinheiro ou valor pertencente à Fazenda Pública, alcançados ou omissos em fazer o seu recolhimento nos prazos legais, salvo se o pedido for acompanhado de prova de quitação ou de depósito do alcance verificado, ou se a prisão exceder o prazo legal".

No entanto, desde o início da vigência da Constituição Federal de 1988, não existe mais esta espécie de prisão, restando ultrapassada referida previsão.

16.2.4.2. *Interesse de agir*

Como já estudado no início desta obra, o interesse de agir é subdividido em *(a)* necessidade e *(b)* adequação. Haverá **necessidade** quando a tutela que se busca não puder ser alcançada se não por meio da ação judicial; e haverá **adequação** quando se utilizar a via processual adequada para se alcançar o resultado pretendido (Câmara, 2015).

16.2.4.2.1. *Necessidade*

Busca-se, com a impetração do "habeas corpus", tutelar o direito fundamental à liberdade de locomoção, ou seja, quando alguém sofrer ou se achar ameaçado de sofrer violência ou coação em sua liberdade de locomoção por ilegalidade ou abuso de poder (art. 5º, LXVIII, CF).

Conforme Grinover, Fernandes e Gomes Filho, "o pedido de *habeas corpus* será necessário toda vez que houver uma prisão atual ou simples ameaça, mesmo que remota, de restrição ao direito de liberdade física de alguém (Recursos, 2008, p. 350).

Entende-se que há **violência** com a prática de um ato físico, de agressão (ex.: levar alguém à prisão), enquanto que há **coação** com a prática de um ato moral, de intimidação (ex.: ameaçar alguém de prisão).

Os atos de violência ou de ameaça devem ser claros, concretos, objetivos e reais, de modo que *a mera cogitação hipotética não autoriza a impetração do remédio*.

Ficou conhecido nacionalmente, por exemplo, o caso de alguns motoristas de veículo automotor que impetraram "habeas corpus" preventivo para não serem obrigados a realizar o teste de alcoolemia (bafômetro), produzindo prova contra si. As ações não foram conhecidas, justamente por inexistência de ameaça, ainda que indireta, ao exercício do direito de locomoção, até porque, a sanção pela recusa de realização o referido teste é administrativa, não representando risco à liberdade das pessoas (EDcl no RHC nº 25.311/MG, rel. Min. Og Fernandes, j. 25.06.13).

Além da violência ou coação, exige-se que o ato seja **ilegal** ou praticado com **abuso de poder**.

Há ilegalidade quando não se respeitam as regras previstas no ordenamento jurídico para a restrição da liberdade de uma pessoa. É legal a prisão oriunda de juiz competente, mas é ilegal a prisão determinada por falsa sentença, por exemplo; ou então, é legal a prisão cautelar por prazo razoável, mas ilegal a que extrapola a normalidade, dentre outros infinitos exemplos.

E há abuso de poder quando ocorrer uso excessivo de força pela autoridade, com desvios legais e/ou morais, extrapolando os limites delineados pela norma. Não deixa de ser uma forma de ilegalidade. É o caso, por exemplo, do delegado que mantém preso cautelarmente o agente mesmo após o alvará de soltura expedido pelo juiz (art. 12, p.ú., IV, Lei nº 13.869/19).

Pode ocorrer de a parte interpor recurso e, concomitantemente, impetrar *habeas corpus*. Nesse caso, "a interposição do recurso cabível contra o ato impugnado e a contemporânea impetração de *habeas corpus* para igual pretensão somente permitirá o exame do writ se for este destinado à tutela direta da liberdade de locomoção ou se traduzir pedido diverso em relação ao que é objeto do recurso próprio e que reflita mediatamente na liberdade do paciente. Nas demais hipóteses, o *habeas corpus* não deve ser admitido e o exame das questões idênticas deve ser reservado ao recurso previsto para a hipótese, ainda que a matéria discutida resvale, por via transversa, na liberdade individual" (STJ, HC nº 482.549/SP, rel. Min. Rogerio Schietti Cruz, j. 11.03.20). A razão é simples: o recurso, como sabido, possui efeito devolutivo mais amplo e maior espectro de cognição, permitindo que o julgador tome conhecimento mais profundo da causa, sem as limitações da via do remédio constitucional. Assim, o *habeas corpus* será reservado para duas situações, quando impetrado conjuntamente com um recurso: (a) quando destinado à tutela da liberdade de locomoção ou (b) quando trouxer pedido diverso do recurso. Nas demais situações, prevalecerá o conhecimento das matérias tratadas no recurso.

16.2.4.2.2. *Adequação*

Como explicam Grinover, Fernandes e Gomes Filho, "além de necessária, a tutela invocada pela via do *habeas corpus* deve ser adequada, ou seja, deve haver uma relação entre a situação de ilegalidade que se pretende remover e o remédio utilizado" (Recursos, 2008, p. 351).

Estudou-se acima que a doutrina brasileira do "habeas corpus" defendia a utilização do remédio para a tutela de todo e qualquer direito, não só o de locomoção; no entanto, o Supremo Tribunal não adotou esta posição, capitaneada por Ruy Barbosa, e, mais, a Constituição de 1934 trouxe o mandado de segurança. Logo, a adequação do "habeas corpus", desde então, se restringe à sua impetração para a tutela tão apenas do direito à liberdade de locomoção, havendo outros remédios constitucionais para a proteção dos mais variados direitos, como o próprio mandado de segurança, o mandado de injunção e o "habeas data".

Exemplo: o direito de frequentar um templo é tutelado por meio do mandado de segurança, protegendo-se o livre exercício de culto (art. 5º, VI, CF). Por mais que a pessoa precise "ir e vir" do templo, não há interferência no seu direito de locomoção, mas tão só do exercício literal de se praticar uma dada religião. Por isso, o "habeas corpus" será inadequado neste caso, sendo útil, pois, o mandado de segurança, se preenchidos os seus requisitos legais, claro.

Outro exemplo, agora de julgado do Supremo Tribunal Federal, referente ao *impeachment* de Presidente da República: "nos termos do art. 654 do Código de Processo Penal, a petição inicial de *habeas corpus* conterá a declaração da espécie de constrangimento ilegal ao direito de locomoção, ou, em caso de simples ameaça de coação, as razões em que se funda o seu temor. No caso, a insurgência a que se opõe o impetrante, em rigor, diz respeito a eventual obstáculo ao exercício de direitos políticos e não ao direito de ir e vir. Agravo regimental a que se nega provimento" (AgRg no HC nº 134.315/DF, rel. Min. Teori Zavascki, j. 16.06.16).

E neste momento surge um ponto bastante emblemático, que é a abrangência do "habeas corpus", que, nos últimos tempos, tem se alargado sobremaneira.

Exemplo disso é que **a aceitação da proposta de suspensão condicional do processo não implica renúncia ao interesse de agir para impetração de "habeas corpus"**, pois, embora não se trate diretamente do direito de locomoção, tem-se que o eventual descumprimento das condições gera a revogação do benefício, retomando-se o curso da ação penal, que pode acarretar, ao final, na aplicação de uma pena privativa de liberdade (STJ, HC nº 291.267/SP, rel. Min. Reynaldo Soares da Fonseca, j. 07.02.17).

No mesmo sentido, **admite-se o manejo do "habeas corpus" contra a imposição de medidas cautelares alternativas à prisão**, pois, ainda que de maneira menos intensa, o seu descumprimento pode gerar a conversão em prisão provisória (art. 312, p.ú., CPP).

Neste caminho de ideias, a Suprema Corte concedeu ordem, em ação constitucional de "habeas corpus", para revogar a suspensão, então determinada, do exercício de função pública de conselheiro de Tribunal de Contas e outras medidas cautelar diversas fixadas pelo

STJ como alternativas à prisão. Entendeu-se que, por mais que sejam medidas alternativas ao cárcere, o seu descumprimento pode ensejar a conversão em prisão processual, além de ser remédio útil aos casos de competência originária dos tribunais, que não admitem o recurso em sentido estrito. Restou vencido o Min. Edson Fachin, que entendeu que as medidas alternativas à prisão não acarretam gravame ao direito de locomoção (HC nº 147.303/AP e HC nº 147.426/AP, rel. Min. Gilmar Mendes, j. 18.12.17). De igual modo entende o Superior Tribunal de Justiça, afirmando que o descumprimento de uma medida alternativa à prisão pode ensejar a decretação da custódia cautelar, o que revela a possibilidade de cabimento do *habeas corpus* (HC nº 262.103/AP, rel. Min. Jorge Mussi, j. 09.09.14).

Diversamente, Eugênio Pacelli de Oliveira (Curso, 2017) entende que, em princípio, não é possível a impetração do remédio heroico para combater a imposição de medida cautelar alternativa à prisão, sustentando duas razões: (a) contra as medidas cautelares alternativas à prisão cabe recurso em sentido estrito, não havendo necessidade de "habeas corpus" e (b) porque o risco à liberdade de locomoção, no caso, a conversão da medida em prisão, depende exclusivamente do descumprimento da cautelar pelo próprio agente, e não de ato do Estado. Para o autor, a única exceção seria a possibilidade de impetração do remédio contra a imposição de recolhimento domiciliar, em que se verifica a real privação da liberdade de locomoção mais intensamente.

Ainda, **tem-se admitido a impetração do "habeas corpus" em face de decisão que tenha determinado pena restritiva de direito**, considerando que o descumprimento desta pode ensejar a conversão em pena privativa de liberdade e, mais, que a decisão de conversão deve ser precedida de intimação do apenado para apresentar justificativa do descumprimento da pena alternativa, sob pena de ilegalidade (STJ, AgRg no HC nº 389.986/RJ, rel. Min. Rogerio Schietti Cruz, j. 10.06.14).

Quanto à **progressão de regime**, a regra é que o preso a requeira e, caso negado o pedido, interponha agravo em execução, nos termos do art. 197 da LEP. A questão, então, é saber se é possível a impetração do remédio heroico para o deferimento da progressão de regime.

Há divergência, considerando a necessidade de prova pré-constituída, como se verá adiante. Para uns, o agravo em execução é o instrumento ideal, considerando a possibilidade de se admitir maiores provas e realizar diligências; já para outros, o "habeas corpus" será perfeitamente cabível se já houver as provas necessárias à concessão da ordem e tenha havido o indeferimento de progressão de forma arbitrária anteriormente.

Desta forma, há decisões no sentido de que não cabe "habeas corpus" para fins de reavaliação do exame criminológico, que pode ser um requisito subjetivo para a progressão, o que demandaria revolvimento de provas, vedado no remédio heroico (STJ, HC nº 359.849/SP, rel. Min. Reynaldo Soares da Fonseca, j. 11.10.16); e, de outro lado, há julgados admitindo o remédio heroico, avaliando-se a prova documental dos autos, como o atestado de bom comportamento carcerário e a decisão do juízo *a quo* que analisou os requisitos da progressão, mas sem revolver o acervo probatório (STJ, AgRg no HC nº 382.275/SC, rel. Min. Jorge Mussi, j. 25.04.17).

Percebe-se, portanto, que se o pedido de progressão estiver consubstanciado em provas pré-constituídas (certidão de pena cumprida e atestado de bom comportamento) diante de uma anterior negativa arbitrária de progressão, será possível o "habeas corpus"; de outro lado, caso seja necessário reavaliar requisitos subjetivos ou reanalisar o exame criminológico, resta inviável o remédio heroico, diante da proibição de revolvimento probatório do requisito subjetivo.

É possível, excepcionalmente, a impetração de "habeas corpus" como forma de se **reexaminar a dosimetria da pena**, mas apenas quando evidenciada flagrante ilegalidade ou abuso de poder e não demandar análise do conjunto probatório, ou seja, sem maiores incursões nas circunstâncias fáticas e probatórias (STJ, HC nº 300.062/PI, rel. Min. Reynaldo Soares da Fonseca, j. 20.06.17).

A **quebra de sigilos** (bancário, telefônico e fiscal) autoriza a impetração do "habeas corpus", dado que, da investigação ou do processo penal, poderá advir pena de privação da liberdade. Assim, é idôneo o remédio para combater a ilegalidade da prova obtida ou da decisão que determinou a colheita desse tipo de prova (STF, QO no AI nº 573.623/RJ, rel. Min. Gilmar Mendes, j. 31.10.06; e HC nº 84.869/SP, rel. Min. Sepúlveda Pertence, j. 21.06.05). Ainda que, aparentemente, haja violação apenas à intimidade ou à liberdade dos meios de comunicação, há, reflexamente, riscos à liberdade de locomoção, imaginando-se, por exemplo, que de uma interceptação telefônica poderá advir um pedido de prisão cautelar.

Outra situação diz respeito ao emprego do "habeas corpus" para discutir questões relativas à **guarda e adoção de crianças e adolescentes**. Como regra, o remédio heroico não será cabível nesses casos, salvo quando no interessante do infante, como a permanência irregular em abrigo ou instituição acolhedora, objetivando-se resguardar a sua liberdade de locomoção e o seu bem-estar (STJ, 3ª Turma, HC nº 298.009/SP, rel. Min. Nancy Andrighi, j. 19.08.14).

Exemplo: uma criança recém-nascida é deixada, dentro de uma caixa de sapatos, na porta da residência de um casal; preocupados com a situação, registram boletim de ocorrência na polícia, contratam um detetive particular para localizar a família biológica da criança e iniciam o processo de regularização da guarda para posterior adoção; o tribunal decide que a criança não deve ficar com o casal, mas num abrigo, pois o ECA não prevê nenhum dispositivo admitindo a guarda nesta situação narrada, determinando, assim, a busca e apreensão da criança; o casal, então, impetra "habeas corpus" com o fim de combater a decisão que determinou a busca e apreensão da criança para levá-la ao abrigo.

Neste caso do exemplo, o Superior Tribunal de Justiça entendeu cabível o remédio heroico, diante da excepcionalidade da medida e sempre observado o *melhor benefício ao infante*, não havendo que se falar em nenhuma burla ao cadastro de adotantes, que admite ampliação diante do caso concreto, preferindo-se o acolhimento familiar ao institucional/abrigo (HC nº 404.545/CE, rel. Min. Ricardo Villas Bôas Cueva, j. 22.08.17).

Assim, salvo risco evidente à integridade física e psíquica da criança, não é do seu melhor interesse o acolhimento institucional/abrigo, cuja legalidade pode ser examinada mediante a impetração de "habeas corpus". Então, se, por exemplo, o acolhimento institucional foi determinado em razão da descoberta de fraude na obtenção da guarda pelo casal que impetrou o remédio constitucional, que, em conjunto com a genitora da criança, utilizou-se de documentos falsos durante o pré-natal e no parto, haverá a necessidade de dilação probatória, o que não é admitido no rito célere e estreito do "habeas corpus" (STJ, 4ª Turma, HC nº 370.636/SP, rel. Min. Raul Araújo, j. 14.02.17).

No mais, o Supremo Tribunal Federal já entendeu que não é cabível a impetração de "habeas corpus" em favor de infante cuja guarda vem sendo disputada judicialmente pelo pais (AgRg no HC nº 99.945/RJ, rel. Min. Marco Aurélio, j. 07.02.13).

Dentro da seara do Direito Civil ainda, a jurisprudência admite, excepcionalmente, a impetração de "habeas corpus" com o fim de combater decisão do juízo cível que determina, no âmbito de ação de interdição, **internação compulsória** (STJ, HC nº 135.571/SP, rel. Min. Sidnei Beneti, j. 17.12.13).

Ainda, é cabível a impetração do remédio para combater ilegalidade de **prisão civil do devedor de alimentos**, mas desde que não se discuta o binômio alimentar necessidade-possibilidade, como a condição econômica e laboral do devedor de alimentos (STJ, HC nº 220.747/SP, rel. Min. João Otávio de Noronha, j. 17.09.13) ou os efeitos causados pela alteração da guarda de fatos dos credores alimentares (STJ, RHC nº 90.031/MG, rel. Min. Nancy Andrighi, j. 10.10.17), o que deve ser discutido na seara cível, pelas vias ordinárias.

Além do mais, não se destina o remédio heroico à análise de questões referentes à suposta nulidade do acordo homologado judicialmente que estabeleceu a pensão alimentícia, tampouco acerca das condições financeiras do executado, por demandar amplo reexame de provas (STJ, RHC nº 80.587/GO, rel. Min. Marco Aurélio Bellizze, j. 05.12.17). No caso de recurso ordinário constitucional (RHC, i.e., combatendo decisão denegatória oriunda do tribunal de segundo grau), o prazo será de 5 dias, previsto na Lei nº 8.038/90 (que trata da competência originária dos tribunais), e não de 15 dias, do Código de Processo Civil (STJ, RHC nº 109.330/MG, rel. Min. Nancy Andrighi, j. 09.04.19).

Em interessante caso, o Superior Tribunal de Justiça entendeu ser ilegal o juiz proibir pessoas que estão em processo de insolvência civil de sair do município, haja vista a total falta de razoabilidade e proporcionalidade, além de inexistência de previsão legal nesse sentido (HC nº 525.378/RJ, rel. Min. Luis Felipe Salomão, j. 17.09.19).

Excepcionalmente, nos casos em que a inexistência da intenção específica de ofender a honra alheia for flagrante, admite-se, em sede de *habeas corpus*, a análise da presença do dolo específico para a caracterização dos crimes contra a honra (STJ, AgRg no HC nº 395.714/CE, rel. Min. Sebastião Reis Júnior, j. 02.04.19).

Admite-se, ainda, a impetração de "habeas corpus" com o objetivo de combater decisão que fixou **medidas protetivas de urgência no âmbito da Lei Maria da Penha** (ex.: proibição de se aproximar da vítima), considerando que o descumprimento da medida gerar sanções penais, tal como a decretação da prisão preventiva (art. 313, III, CPP), de modo que existe risco à liberdade de locomoção (STJ, HC nº 298.499/AL, rel. Min. Reynaldo Soares da Fonseca, j. 01.12.15).

O Supremo Tribunal Federal já admitiu – excepcionalmente – o manejo de "habeas corpus" diante de decisão já **transitada em julgado**, mas que era ilegal por destoar da jurisprudência pacífica da Corte (HC nº 139.741/DF, rel. Min. Dias Toffoli, j. 06.03.18). A regra, todavia, é no sentido de ser incabível o manejo do remédio heroico contra decisão judicial transitada em julgado (STF, AgRg no HC nº 143.445/SP, rel. Min. Roberto Barroso, j. 05.02.18).

No mais, curiosamente, a Suprema Corte concedeu ordem para libertar um jovem que havia sido preso com cerca de oitocentos gramas de maconha e cerca de mil e setecentos reais, sob o argumento de pouca nocividade do entorpecente e que **seria muito mais grave manter preso um jovem neste caso de tráfico do que soltá-lo**, já que são justamente esses jovens que são contaminados com a criminalidade organizada dentro dos presídios (HC nº 140.379/RJ, rel. p/ ac. Min. Roberto Barroso, j. 23.10.18).

De outro lado, há diversas situações em que **NÃO será cabível a impetração do "habeas corpus"**, por falta de interesse, considerando não existir risco à liberdade de locomoção. São exemplos:

a) não cabe *habeas corpus* contra decisão condenatória a pena de multa, ou relativa a processo em curso por infração penal a que a pena pecuniária seja a única cominada (súmula nº 693, STF). Tem-se em vista que o remédio heroico visa a proteger a liberdade de locomoção, de modo que não será cabível em relação a infração penal que não preveja sequer a possibilidade de aplicação de pena privativa de liberdade (STF, EDcl no HC nº 98.279/RJ, rel. Min. Marco Aurélio, j. 03.03.15).

   Neste sentido, inclusive, a Suprema Corte entendeu não ser possível o manejo de "habeas corpus" em relação ao crime de posse de droga para uso pessoal, do art. 28 da Lei nº 11.343/06, tendo em vista que o tipo penal não prevê nenhuma pena privativa de liberdade, mas tão somente advertência, prestação de serviços à comunidade e medida educativa, não existindo ameaça à liberdade de locomoção (HC nº 127.834/MG, rel. p/ acórdão Min. Alexandre de Moraes, j. 05.12.17).

   Destaca-se, de outro lado, que é viável a utilização do remédio heroico para discutir questões relacionadas à pena pecuniária estabelecida em substituição à pena privativa de liberdade, porquanto, diferentemente da pena de multa, que possui natureza distinta, aquela pode ser revertida em pena privativa de liberdade, caso descumprida injustificadamente pelo condenado (STF, HC nº 122.563/MG, rel. Min. Teori Zavascki, j. 02.09.14).

b) não cabe *habeas corpus* contra a imposição da pena de exclusão de militar ou de perda de patente ou de função pública (súmula nº 694, STF). Considera-se, aqui também, que não há risco à liberdade de locomoção, não existindo interesse da impetração do remédio (STJ, AgRg no HC nº 218.434/MS, rel. Min. Gurgel de Faria, j. 11.06.15).

c) não cabe *habeas corpus* quando já extinta a pena privativa de liberdade (súmula nº 695, STF). Parece lógico que, uma vez extinta a reprimenda corporal, não se admite a impetração do remédio heroico, considerando que não há mais risco à liberdade de locomoção do agente (STF, AgRg no RHC nº 122.174/RS, rel. Min. Dias Toffoli, j. 16.09.14).

d) de igual modo à previsão da súmula nº 695 do STF, a via do "habeas corpus" não é a adequada para o pedido de reabilitação criminal, pois, extinta a punibilidade ou encerrada a sua execução (pressuposto da reabilitação), não há se falar em constrangimento à liberdade de locomoção (STF, HC nº 90.554/RJ, rel. Min. Cármen Lúcia, j. 06.03.07).

e) a falta de fundamentação na parte da sentença que decretou a perda do cargo público como efeito extrapenal específico da condenação é matéria que não importa qualquer violação ou ameaça, direta ou indiretamente, ao direito ambulatório do agente, surtindo efeito apenas na esfera administrativa de direitos do indivíduo, sendo certo que existem no ordenamento jurídico outros meios pelos quais a alegada ilegalidade pode ser adequadamente analisada (STF, AgRg no RHC nº 127.758/DF, rel. Min. Dias Toffoli, j. 02.02.16).

Mas ver que será cabível a impetração do remédio heroico para que se analise a legalidade de decisão que determina o afastamento de prefeito do cargo, quando a medida for imposta *conjuntamente* com a prisão ou com medidas cautelares diversas da prisão, do art. 319, CPP. Assim, isoladamente, o afastamento do cargo ou função é incompatível com o manejo do "habeas corpus" (STJ, HC nº 442.539/PB, rel. Min. Sebastião Reis Júnior, j. 03.05.18); todavia, quando a medida repercutir, realmente, na liberdade de locomoção, haverá amparo pelo remédio heroico (STJ, HC nº 370.268/SE, rel. Min. Ribeiro Dantas, j. 14.03.17; e HC nº 372.825/SP, rel. Min. Reynaldo Soares da Fonseca, j. 01.06.17).

f) não cabe *habeas corpus* cujo objeto seja resolver sobre o ônus das custas processuais, por não estar mais em causa a liberdade de locomoção (súmula nº 395, STF). Assim, o não pagamento das custas do processo não implica risco à liberdade, não sendo o caso de se impetrar "habeas corpus" (ED no AgRg no ARE nº 734.221/TO, rel. Min. Luiz Fux, j. 24.06.13).

g) não cabe *habeas corpus* contra omissão de relator de extradição, se fundado em fato ou direito estrangeiro cuja prova não constava dos autos, nem foi ele provocado a respeito (súmula nº 692, STF). Desta forma, entende-se que, antes de se levar a questão no "habeas corpus" acerca de fato ou direito estrangeiro relacionado a pedido de extradição, ela deve ser apreciada pelo Ministro relator da extradição (STF, AgRg no HC nº 124.476/PE, rel. Min. Gilmar Mendes, j. 02.12.14).

h) não cabe "habeas corpus" para impugnar a reparação de danos fixada na sentença penal, com base no art. 387, IV, CPP, pois a sua imposição não acarreta ameaça, ainda que indireta ou reflexa, à liberdade de locomoção (STJ, HC nº 302.141/RS, rel. Min. Ribeiro Dantas, j. 26.04.16).

i) cessado o alegado constrangimento ilegal, entende-se por prejudicado o "habeas corpus" impetrado, por perda de objeto, já que não há mais risco à locomoção do agente, conforme o art. 659, CPP (STJ, REsp nº 570.839/RS, rel. Min. Humberto Martins, j. 05.03.09). Há, assim, clara cessação do interesse de agir.

Entende-se que a superveniência de sentença condenatória, mantendo a prisão preventiva do paciente que havia impetrado "habeas corpus" contra essa privação de liberdade, prejudica o julgamento do remédio heroico, já que ocorreu a substituição do título prisional, isto é, não há mais prisão preventiva a ser analisada no "habeas corpus", mas, sim, prisão decretada no bojo da sentença condenatória. Logo, se, após a impetração do "habeas corpus" contra uma prisão preventiva, o julgador vem a proferir sentença condenatória e mantém a prisão cautelar, ocorrerá substituição do título prisional, de modo que o "habeas corpus" não deverá ser conhecido, por restar prejudicada a questão (STF, HC nº 143.333/PR, rel. Min. Edson Fachin, j. 11 e 12.04.18). Isso, obviamente, não impedirá a concessão de ordem de ofício diante de flagrante ilegalidade, se esta restar verificada (§ 2º, art. 654, CPP).

j) não cabe *habeas corpus* contra decisão judicial que determina a suspensão do direito de dirigir veículo automotor, uma vez que não há ofensa ou ameaça à liberdade de locomoção (STJ, HC nº 383.225/MG, rel. Min. Jorge Mussi, j. 04.05.17).

k) não será conhecido o *habeas corpus* que objetivar apenas o reexame dos pressupostos de admissibilidade de um recurso interposto anteriormente ao tribunal (STF, HC nº 114.293/MG, rel. Min. Marco Aurélio, j. 01.12.15).

Exemplo: o STJ dá provimento a um recurso do Ministério Público, agravando a situação do acusado; a defesa impetra um *habeas corpus* no STF, sustentando que o recurso especial julgado no STJ reexaminou provas, o que é vedado pela súmula nº 7 daquela Corte; este remédio constitucional não será conhecido pelo Supremo Tribunal Federal, pois não se admite, por este instrumento, o questionamento dos pressupostos de admissibilidade do recurso especial julgado no STJ (HC nº 138.944/SC, rel. Min. Dias Toffoli, j. 21.03.17).

l) igualmente, não é cabível a impetração do remédio heroico para se questionar a proibição de visitas a um preso, não se podendo sustentar que o direito de o preso receber visitar é um "desdobramento do direito de liberdade", já que não há a menor existência de relação entre eles (STF, HC nº 145.118/SP, rel. Min. Dias Toffoli, j. 04.07.17; e HC nº 128.057/SP, rel. p/ acórdão Min. Alexandre de Moraes, j. 01.08.17). Em situação similar, não se admitiu o manejo do remédio heroico com o fim de discutir o direito a visitas íntimas do preso, pois inexistente relação com o direito de locomoção (STJ, AgRg no HC nº 365.444/RS, rel. Min. Joel Ilan Paciornik, j. 04.09.18).

No mesmo sentido, o Supremo Tribunal Federal entende não ser cabível a impetração de "habeas corpus" contra a negativa de liminar em mandado de segurança impetrado no Superior Tribunal de Justiça objetivando garantir o direito à visita íntima (HC nº 148.119/DF, rel. Min. Gilmar Mendes, j. 04.10.17), pois não está envolvido o direito de ir e vir (HC nº 138.286/SP, rel. Min. Marco Aurélio, j. 05.12.17).

m) não é admitida a impetração de "habeas corpus" para se questionar aspectos ligados a inquérito civil público ou a ação civil pública, pois nestes procedimentos não há, sequer indiretamente, risco à liberdade de locomoção (STF, HC nº 90.378/RJ, rel. Min. Marco Aurélio, j. 13.10.09).

É de extrema importância afirmar que, em princípio, não é cabível a fungibilidade entre "habeas corpus" e mandado de segurança. Assim, por exemplo, se o agente impetra o remédio heroico diante de situação que não revela violação ao seu direito de locomoção, não será possível ao julgador receber referido pedido como se mandado de segurança fosse. Isso porque, o *habeas corpus* pode ser impetrado por qualquer do povo (como o advogado pleiteando, em nome próprio, na qualidade de impetrante, a liberdade de seu cliente, na qualidade de paciente), enquanto que o mandado de segurança não admite substituição processual, ou seja, somente o interessado pode impetrá-lo em seu benefício, isto é, em nome próprio e na defesa de direito próprio (STH, MC-HC nº 145.445/DF, rel. Min. Celso de Mello, j. 30.06.17).

n) não cabe "habeas corpus" para rediscutir matéria que já foi objeto de decisão anterior do tribunal.

Exemplo: Sergio Nahas, conhecido empresário, foi acusado de matar sua mulher; num dado momento do processo, o Ministério Público recorreu e o agente sustentou, por meio de recurso especial, a sua intempestividade; o STJ analisou e entendeu que o recurso da acusação era tempestivo; não satisfeito, o condenado impetrou, depois, "habeas corpus" no STJ, alegando – novamente – a intempestividade do recurso; o STJ entendeu que o tema já havia sido decidido pelo instrumento processual adequado (recurso especial), tratando-se agora, assim, de mera repetição de pedido, e que a reavaliação da decisão caberia, agora, ao Supremo Tribunal Federal, por meio dos recursos adequados, não sendo cabível a impetração de "habeas corpus" para questionar novamente decisão já tomada anteriormente (RHC nº 87.039/SP, rel. Min. Reynaldo Soares da Fonseca, j. 05.10.17).

o) não cabe o remédio heroico com o fim de se garantir a liberdade de navegação na internet, já que o objetivo da ação constitucional é garantir a *liberdade física* de locomoção, e não a *liberdade virtual* na rede mundial de computadores (STF, MC-HC nº 100.231/DF, rel. Min. Celso de Mello, j. 07.08.09).

p) não é cabível a impetração de "habeas corpus" para trancar o andamento de ação de improbidade administrativa, porquanto as sanções da Lei nº 8.429/92 não consubstanciam risco à liberdade de locomoção (STF, AgRg no HC nº 100.244/SP, rel. Min. Eros Grau, j. 24.11.09).

q) apenas excepcionalmente será possível a arguição de incompetência e suspeição por meio de "habeas corpus", devendo ser patente a ilegalidade e demonstrada de plano, por meio de prova pré-constituída e desde que não seja necessária a incursão no conjunto fático probatório. Assim entendendo, o Superior Tribunal de Justiça negou provimento ao "habeas corpus" impetrado em favor do ex-Presidente Luiz Inácio Lula da Silva, que alegava suspeição do juiz federal Sérgio Moro, já que não havia flagrante ilegalidade quanto à sua competência (AgRg nos EDcl no HC nº 398.570/PR, rel. Min. Felix Fischer, j. 21.11.17).

r) não é cabível o remédio heroico a fim de combater eventual ilegalidade ou arbitrariedade por parte do Poder Público no caso de lesão ou ameaça de lesão em relação ao direito constitucional de reunião (CF, art. 5º, XIII), já que não se trata de violação – literal – ao direito de locomoção, sendo este apenas um direito-meio para o pleno exercício de outro direito individual, que é o de reunião. Se o caso, caberá mandado de segurança (Moraes, 2016).

s) o "habeas corpus" não é o meio adequado para a arguição de inconstitucionalidade de dispositivo legal, devendo a questão ser dirimida pela via processual adequada, como a ação direta de inconstitucionalidade, por exemplo, aplicando-se, analogicamente, o previsto na súmula nº 266, STF. Nada impede que se sustente, como *causa de pedir*, a inconstitucionalidade de um dispositivo legal, tendo como pedido a análise da restrição da liberdade de locomoção. Mas é vedado que o *pedido* seja, tão somente, de declaração de inconstitucionalidade de dispositivo normativo.

t) não é cabível o manejo do remédio heroico como substituto de ação direta de inconstitucionalidade (ADI) ou arguição de descumprimento de preceito fundamental (ADPF), como no caso em que se objetive uma interpretação conforme à Constituição de um dispositivo legal de determinada lei (STF, AgRg no HC nº 148.459/DF, rel. Min. Alexandre de Moraes, j. 01.03.19).

16.2.4.2.3. *O habeas corpus* como *collateral attack*

Emprestando-se a bela doutrina de Aury Lopes Jr. (Curso, 2016), entende-se, como visto até aqui, que o "habeas corpus" não se limita aos casos estritos de prisão, isto é, de cerceamento literal da liberdade de locomoção. Conforme o autor, tratar-se-á do emprego do remédio constitucional como uma **via alternativa de ataque aos atos judiciais**.

Por vezes, impetra-se o remédio heroico para se obstar o curso de um inquérito policial (trancamento), ou para se impedir que a ação penal seja iniciada, ou para impugnar algum meio de prova etc.

Desta feita, o processo penal comporta a prática de atos, combatíveis por meio do "habeas corpus", que não necessariamente guardam relação estrita com a prisão do acusado, podendo ser considerados como **coação ilegal** em sentido amplo. Ex.: "habeas corpus" contra alguma intervenção corporal que viole o direito de não produzir prova contra si; ou quando se opera a prescrição; ou quando verificada uma nulidade absoluta etc.

Será visto adiante o rol, exemplificativo, de hipóteses legais de cabimento do *habeas corpus*, onde se verificará, por exemplo, a ocorrência de nulidade do processo ou a extinção da punibilidade, ou seja, a aplicação do *habeas corpus* como via alternativa de ataque a atos judiciais que não guardam estrita relação com a prisão.

16.2.4.2.4. *O habeas corpus substitutivo de recurso*

Uma questão que sempre gerou controvérsia na doutrina e na jurisprudência diz respeito **ao *habeas corpus* substitutivo de recurso**. Tendo em vista que o rito do remédio heroico é extremamente célere, por diversas vezes a parte acabava por impetrá-lo ao invés de interpor o recurso previsto na lei contra a decisão recorrível.

Exemplo: contra a prisão ilegal realizada pelo delegado cabe "habeas corpus" dirigido ao juiz, e, se denegada a ordem, caberá recurso em sentido estrito ao tribunal (art. 581, X, CPP) e, se denegatória esta, caberá recurso ordinário constitucional ao STJ (art. 105, II, *a*, CF). Vê-se, assim, que há uma *escala* de recursos com previsão legal para cada caso.

Ocorre que, como mencionado, a impetração de um "habeas corpus" é muito mais rápida e, talvez, até mesmo mais eficaz do que a interposição de um recurso, dada a necessidade de preenchimento de requisitos de admissibilidade deste. Assim, acostumou-se, na praxe forense, pela aceitação de "habeas corpus" sucessivos ao invés do recurso adequado. Ex.: contra a decisão denegatória do juiz de primeira instância não se interpunha mais recurso em sentido estrito, mas um novo HC, agora tendo como autoridade coatora o juiz; e contra a decisão denegatória do tribunal se impetrava novo HC ao STJ, indicando como responsável pela ilegalidade o tribunal, e assim por diante.

Isso, todavia, foi alterado pela jurisprudência, diante da necessidade de **racionalização do uso do *habeas corpus***. Havia enorme excesso de "habeas corpus" impetrados nos tribunais, o que impedia o bom andamento da pauta, já que estes possuem preferência de julgamento, o que gerava acúmulo e atraso em relação aos demais processos.

Ao menos três motivos sustentam a nova posição adotada: (a) existe recurso legalmente previsto contra as decisões proferidas em "habeas corpus"; (b) não há previsão de interposição de "habeas corpus" substitutivo de recurso indicando o órgão julgador como autoridade coatora; e (c) a aceitação de "habeas corpus" substitutivo ao invés do competente recurso enfraquece a Constituição Federal, que acaba por prever a organicidade funcional dos tribunais e os recursos cabíveis de forma inútil, já que não haverá respeito algum.

Em razão da importância, vale a leitura do seguinte acórdão da Suprema Corte, lavrado pelo Ministro Marco Aurélio Mello, que bem explica a mudança de entendimento da jurisprudência:

"A Carta Federal encerra como garantia maior essa ação nobre voltada a preservar a liberdade de ir e vir do cidadão – o *habeas corpus*. Vale dizer, sofrendo alguém ou se achando ameaçado de sofrer violência ou coação à liberdade de locomoção, por ilegalidade ou abuso de poder, cabe manusear o instrumental, fazendo-o no tocante à competência originária de órgão julgador. Em época na qual não havia a sobrecarga de processos hoje notada – praticamente inviabilizando, em tempo hábil, a jurisdição –, passou-se a admitir o denominado *habeas* substitutivo do recurso ordinário constitucional previsto contra decisão judicial a implicar o indeferimento da ordem. Com isso, atualmente, tanto o Supremo quanto o Superior Tribunal de Justiça estão às voltas com um grande número de *habeas corpus* – este Tribunal recebeu, no primeiro semestre de 2012, 2.181 *habeas* e 108 recursos ordinários e aquele, 16.372 *habeas* e 1.475 recursos ordinários. Raras exceções, não se trata de impetrações passíveis de serem enquadradas como originárias, mas de medidas intentadas a partir de construção jurisprudencial. O Direito é orgânico e dinâmico e contém princípios, expressões e vocábulos com sentido próprio. A definição do alcance da Carta da República há de fazer-se de forma integrativa, mas também considerada a regra de hermenêutica e aplicação do Direito que é a sistemática. O *habeas corpus* substitutivo do recurso ordinário, além de não estar abrangido pela garantia constante do inciso LXVIII do artigo 5º do Diploma Maior, não existindo sequer previsão legal, enfraquece este último documento, tornando-o desnecessário no que, nos artigos 102, inciso II, alínea "a", e 105, inciso II, alínea "a", tem-se a previsão do recurso ordinário constitucional a ser manuseado, em tempo, para o Supremo, contra decisão proferida por tribunal superior indeferindo ordem, e para o Superior Tribunal de Justiça, contra ato de tribunal regional federal e de tribunal de justiça. O Direito é avesso a sobreposições e impetrar-se novo *habeas*, embora para julgamento por tribunal diverso, impugnando pronunciamento em idêntica medida implica inviabilizar, em detrimento de outras situações em que requerida, a jurisdição. Cumpre implementar – visando restabelecer a eficácia dessa ação maior, a valia da Carta Federal no que prevê não o *habeas* substitutivo, mas o recurso ordinário – a correção de rumos. Consigno que, no tocante a *habeas* já formalizado sob a óptica da substituição do recurso constitucional, não ocorrerá prejuízo para o paciente, ante a possibilidade de vir-se a conceder, se for o caso, a ordem de ofício. Saliento, por último, que, há dois anos, cheguei a propor a edição de verbete de súmula que, no entanto, esbarrou na ausência de precedentes. Deve-se afastar o misoneísmo, a aversão a novas ideias, pouco importando a justificativa plausível destas – no caso, constitucional –, salvando-se, e esta é a expressão própria, o *habeas corpus* em sua envergadura maior, no que solapado por visão contrária ao princípio do terceiro excluído: uma coisa é ou não é. Entre duas possibilidades contempladas na Lei Fundamental, de modo exaustivo, não simplesmente exemplificativo, não há lugar para uma terceira – na espécie, o inexistente, normativamente, *habeas corpus* substitutivo do recurso ordinário, que, ante a prática admitida até aqui, caiu em desuso, tornando quase letra morta os preceitos constitucionais que o versam. É cômodo não interpor o recurso ordinário quando se pode, a qualquer momento e considerado o estágio do processo-crime, buscar-se infirmar decisão há muito proferida, mediante o denominado habeas corpus substitutivo, alcançando-se, com isso, a passagem do tempo, a desaguar, por vezes, na prescrição. A situação não deve continuar, no que já mitigou a importância do *habeas corpus* e emperrou a máquina judiciária, sendo prejudicados os cidadãos em geral, a cidadania. Rara é a sessão da Turma em que não se examina impetração voltada contra a demora na apreciação de idêntica medida pelo Superior Tribunal de Justiça" (HC nº 109.956/PR, j. 07.08.12; e HC nº 110.055/MG, j. 16.10.12).

É neste sentido o entendimento majoritário, tanto no Plenário do Supremo Tribunal Federal (AgRg no HC nº 125.132/MG, rel. Min. Ricardo Lewandowski, j. 07.10.15) como na 3ª Seção do Superior Tribunal de Justiça (HC nº 535.063/SP, rel. Min. Sebastião Reis Júnior, j. 10.06.20). O Plenário da Suprema Corte assim ementou: "não há previsão legal para impetração de *habeas corpus* substitutivo de recurso, o que seria bastante para impor à Corte o não conhecimento deste agravo interno por ofensa ao princípio recursal geral da taxatividade".

No mais – e é bom ressaltar – a utilização do recurso previsto legalmente ao invés da impetração de "habeas corpus" substitutivo não impede que o tribunal, de ofício, conceda a ordem diante de uma patente ilegalidade ou abuso (STJ, HC nº 362.535/MG, rel. Min. Felix Fischer, j. 14.12.16), ou seja, a parte não ficará prejudicada em nenhum momento se o tribunal competente verificar teratologia, ilegalidade flagrante ou abuso de poder que autorize a concessão da ordem de ofício (STF, HC nº 117.744/SP, rel. p/ acórdão Min. Roberto Barroso, j. 07.03.17).

E, como salienta a doutrina, mesmo existindo recurso previsto contra uma determinada decisão, nada impedirá a impetração do "habeas corpus" caso haja ilegalidade quanto à liberdade de locomoção do agente (Nucci, 2017). Assim, "para combater uma sentença condenatória cabe apelação, logo inexiste cabimento para a propositura de *habeas corpus* com o propósito de discutir o mérito da demanda aplicada. Sob outro aspecto, se, na decisão condenatória, além da sanção aplicada, o juiz impedir o réu de recorrer em liberdade, de maneira injustificada, interpõe-se o *habeas corpus* para esse fim, vale dizer, garantir o direito de recurso em liberdade. Em suma, a apelação destina-se a combater o mérito da ação penal, enquanto o *habeas corpus* limita-se somente a discutir o direito de permanecer em liberdade até o trânsito em julgado" (p. 47).

16.2.4.2.5. *Prequestionamento e supressão de instância*

O prequestionamento é, basicamente, a necessidade de enfrentamento de determinada questão pelo órgão que prolatou a decisão recorrida (Marinoni, Arenhart e Mitidiero, 2016), isto é, a matéria objeto do recurso deve ter sido ventilada, suscitada e decidida pelas instâncias inferiores. Trata-se de requisito exclusivo do RE e do REsp, de modo que estes recursos não serão conhecidos se a questão levantada no STF ou STJ não tiver sido previamente analisada pelo tribunal "a quo".

É preciso um exemplo, antes, para que possa ser explicado o que se dá no âmbito do "habeas corpus".

Ex.: Fulano é denunciado por crime tributário e é condenado em acórdão do TRF; então, ele verifica algumas possíveis nulidades no seu processo, tais como a falta de publicação da pauta de julgamento, a convocação de juiz de primeiro grau ao invés de um desembargador e a ilicitude da prova, consistente na quebra de sigilo bancário sem fundamentação; com isso em mente, impetra "habeas corpus" no STJ, indicando o TRF a autoridade coatora; o relator no STJ não conhece do remédio constitucional, sustentando que as questões suscitadas no HC não foram debatidas na origem, tanto que o REsp anteriormente interposto por estes mesmos motivos não foi conhecido.

Pergunta-se, então, o seguinte: exige-se prequestionamento para a impetração de "habeas corpus", ou seja, faz-se necessário que a questão nele levantada tenha sido previamente ventilada na instância anterior? No caso do exemplo colocado, em que ocorreu o julgamento da apelação no TRF sem que tenha havido prévia publicação da pauta de seu julgamento, será possível ao STJ enfrentar esta questão por meio de "habeas corpus" sem que a matéria tenha sido previamente debatida no próprio TRF?

O Superior Tribunal de Justiça analisou este caso (HC nº 212.457/GO, rel. p/ acórdão Min. Rogerio Schietti Cruz, j. 24.04.14).

Vê-se, inicialmente, que a questão (julgamento sem prévia publicação da pauta) surgiu *com o julgamento* da apelação criminal no TRF, que se limitou a analisar a quebra de sigilo e a insuficiência de provas. De fato, o acusado não se desincumbiu do ônus de levantar o prequestionamento para fins de RE/REsp, o que se daria por meio de embargos de declaração.

No entanto, não há que se confundir prequestionamento, requisito do REsp e do RE, com a supressão de instância, muitas vezes sustentada pelos tribunais superiores no julgamento de "habeas corpus".

Se a parte não se desincumbiu do prequestionamento, isso não pode ser óbice para o tribunal conhecer do "habeas corpus" diante de flagrante ilegalidade ou teratologia, sob pena de se sobrepor um argumento formal de prequestionamento (sob o argumento de supressão de instância) à declaração de flagrante constrangimento ilegal (o que afastaria a própria essência do remédio heroico).

No caso do exemplo colocado, a ilegalidade (julgamento sem publicação de pauta) surgiu *com a realização do próprio julgamento pelo TRF*, de modo que não haveria como o acusado impetrar "habeas corpus" na origem se a autoridade coatora é o próprio TRF, ou seja, não havia outra saída que não a impetração de "habeas corpus" ao Superior Tribunal de Justiça. Por isso, o "habeas corpus", neste caso, foi conhecido pelo STJ.

Desta forma, é preciso verificar quando surgiu a decisão combatida pelo "habeas corpus", para fim de se analisar quem é a autoridade coatora. No caso analisado, se a questão surgiu no próprio julgamento de apelação, sendo a autoridade coatora o TRF, não há outro meio que não a impetração do remédio no STJ, não havendo supressão de instância e nem a exigência do prequestionamento, dado que o tema surgiu, exatamente, a partir do julgamento da apelação pela autoridade coatora.

Mas atentar que, "não pode o Tribunal Superior, como regra, tomar conhecimento de *habeas corpus* impetrado por réu ou condenado, tratando de questão não ventilada, expressamente, nem decidida no recurso julgado pelo Tribunal do Estado" (Nucci, 2017, p. 225-226). A exceção, como se viu, fica por conta do constrangimento surgido no próprio tribunal, admitindo-se a impetração do "habeas corpus" no tribunal superior; além disso, nada impede, diante da urgência e relevância, a concessão da ordem de ofício.

Por fim, tratando-se de "habeas corpus" originário, ou seja, contra ato oriundo de tribunal atuante na sua competência originária, não se exige que a matéria tenha sido previamente discutida pelo tribunal cuja decisão está sendo impugnada (STF, RHC nº 118.622/ES, rel. Min. Roberto Barroso, j. 17.03.15). Ex.: o MP oferece uma denúncia contra um juiz federal, cuja competência para julgá-lo será do TRF, que a recebe; contra este ato, a defesa impetra um "habeas corpus" no STJ, alegando ilegalidade nas interceptações telefônicas realizadas pela polícia; neste caso, o STJ deve conhecer das questões suscitadas pela defesa, não podendo impor que o tema "interceptação telefônica" tenha sido previamente decidido pelo TRF, pois o prequestionamento é apenas aplicável ao RE e REsp, e o STJ atua como julgador de "habeas corpus" originário, cujo ato combatido é oriundo do TRF.

16.2.4.3. *Legitimidade*

A composição do polo **ativo** e polo **passivo** comporta detida análise.

16.2.4.3.1. *Legitimidade ativa*

A ação de "habeas corpus" possui um grande diferencial quanto à legitimidade ativa: existe a figura do **impetrante** e a do **paciente**. O impetrante é quem ajuíza a ação e o paciente é quem sofre a ilegalidade ou o abuso em seu direito de locomoção, ou seja, o beneficiário da ordem que se pede.

Diante disso, percebe-se que é possível a desvinculação entre a pessoa do impetrante e do paciente. Assim, por exemplo, Fulano pode impetrar um "habeas corpus" em benefício de Beltrano. Há, neste caso, típica *substituição processual*, ou seja, não há coincidência entre quem exercita o direito em juízo (impetrante) e o titular do direito invocado (paciente); mais especificamente, há legitimidade extraordinária autônoma concorrente.

Pode ocorrer, no mais, que impetrante e paciente sejam a mesma pessoa, tendo em vista, inclusive, que não se exige capacidade postulatória (representação por advogado com capacidade para pleitear em juízo), já que o "habeas corpus" é considerado uma **ação penal popular**.

Neste sentido, inclusive, o EOAB dispõe que "não se inclui na atividade privativa de advocacia a impetração de *habeas corpus* em qualquer instância ou tribunal" (§ 1º, art. 1º); e, ainda, o CPP prevê que o *habeas corpus* poderá ser impetrado por qualquer pessoa, em seu favor ou de outrem, e cuja petição inicial conterá a assinatura do impetrante ou de alguém a seu rogo quando não souber ou não puder escrever (art. 654, § 1º, *c*), sob pena de não conhecimento (STJ, RMS nº 32.918/MS, rel. Min. Laurita Vaz, j. 17.04.12), o que pode ser criticado. Desta forma, fica claro que não é preciso ter capacidade postulatória para se impetrar o remédio heroico, já que o impetrante pode ser até analfabeto, menor de idade, doente mental, interditado etc., bastando, claramente, o mínimo de capacidade volitiva.

A desnecessidade de capacidade postulatória significa, na prática, a igual desnecessidade de juntada de procuração para representação judicial. No entanto, bem observa a doutrina que, "apesar de ser praticamente ilimitada a legitimação de qualquer pessoa para impetrar *habeas corpus* em favor de outrem, essa faculdade pressupõe o interesse de agir em favor do direito de liberdade do paciente. Em caso de dúvida sobre tal interesse, recomendam a doutrina e o bom senso que o juiz ou o tribunal ouça previamente o paciente sobre a conveniência do conhecimento do pedido, diante de eventuais prejuízos que possam advir de um julgamento sobre a legalidade do constrangimento" (Grinover, Fernandes e Gomes Filho, 2008, p. 354).

O Supremo Tribunal Federal adotou tal precaução num "habeas corpus" impetrado por um advogado qualquer em favor do ex-goleiro Bruno, conhecido nacionalmente, condenado pelo homicídio de Eliza Samúdio, tendo em vista que o então preso tinha advogados próprios e constituídos no processo, inclusive com "habeas corpus" já impetrado. Conforme a Corte, "se é verdade que a ação de *habeas corpus* pode ser impetrada por qualquer pessoa, nos termos do art. 654 do Código de Processo Penal, é certo que tal faculdade pressupõe o interesse de agir em favor do paciente" (HC nº 111.788/MG, rel. Min. Ayres Britto, j. 15.02.12).

Deve-se observar, inclusive, a norma prescrita no art. 192, p.ú., RISTF, que prevê que não se conhecerá de pedido desautorizado pelo paciente. Assim, em "habeas corpus" impetrado por terceiro em favor do investigado Michel Temer (Presidente da República), a

Suprema Corte afirmou que, embora a legitimação para agir em sede de remédio heroico seja universal, não se deve aceitar a sua impetração quando o paciente possui advogado constituído nos autos com amplos poderes e não autoriza que terceiros ajam em seu benefício (MC no HC nº 145.751/DF, rel. Min. Celso de Mello, j. 02.08.17). O contrário, pois, pode gerar atropelo da estratégia defensiva, inviabilizando a proteção constitucional (STF, AgRg no HC nº 155.595/PR, rel. Min. Edson Fachin, j. 07.08.18).

De igual modo procedeu o Superior Tribunal de Justiça, diante de "habeas corpus" impetrado por um estudante de direito em benefício do ex-presidente Luiz Inácio Lula da Silva, em que, intimada a este respeito, a defesa técnica informou que não havia autorizado qualquer outra forma de representação judicial ou extrajudicial em favor de seu cliente e que não tinha nenhum interesse no prosseguimento do feito, de modo a demonstrar, com isso, o desinteresse do próprio paciente (Pet. no HC nº 418.951/PR, rel. Min. Felix Fischer, j. 21.11.17). Como se não fosse suficiente, a Corte Superior chegou a receber, num só dia, 143 pedidos de "habeas corpus" formulados por simpatizantes do partido político do ex-Presidente condenado, todos idênticos, o que levou a Presidente da Corte, Min. Laurita Vaz, a, de uma só vez, indeferir liminarmente todos eles, em razão da "petição padronizada" apresentada, que continha como título "Ato Popular 9 de Julho de 2018 – Em defesa das garantias constitucionais", considerando que o manejo do remédio heroico não pode ser utilizado com fins de "atos populares", não podendo o Poder Judiciário "ser utilizado como balcão de reivindicações ou manifestações de natureza política ou ideológico-partidárias", haja vista que o condenado possui advogados renomados e devidamente constituídos, que estão se valendo de todas as garantias e prerrogativas legais (HC nº 457.946/PR, rel. Min. Felix Fischer, j. 10.07.18).

Não se pode comparar a ação penal popular do "habeas corpus" com a Ação Popular da Lei nº 4.717/65, que exige que o autor seja "cidadão" (exercente de direitos políticos), o que não é exigido ao remédio heroico.

A impetração pode se dar tanto por pessoa *física* como *jurídica* em favor, sempre, de uma pessoa *física* que esteja sofrendo restrição quanto ao seu direito de locomoção. A nacionalidade, se nacional ou não, é desimportante. Assim:

Impetrante	**Paciente**
Pessoa física ou jurídica	Sempre pessoa física
Nacional ou estrangeira	

De acordo com o Supremo Tribunal Federal, o súdito estrangeiro, mesmo não domiciliado no Brasil, tem plena legitimidade para impetrar o remédio constitucional do *habeas corpus*, em ordem a tornar efetivo, nas hipóteses de persecução penal, o direito subjetivo, de que também é titular, à observância e ao integral respeito, por parte do Estado, das prerrogativas que compõem e dão significado à cláusula do devido processo legal. A condição jurídica de não-nacional do Brasil e a circunstância de o réu estrangeiro não possuir domicílio em nosso país não legitimam a adoção, contra tal acusado, de qualquer tratamento arbitrário ou discriminatório (HC nº 94.404/SP, rel. Min. Celso de Mello, j. 18.11.08).

Resta óbvio que uma **pessoa jurídica** não poderá, nunca, ser paciente, já que jamais terá seu direito de locomoção violado; e, ainda que possa ser considerada a prática de crimes ambientais por ela, nenhuma das possíveis penas da Lei nº 9.605/98 interfere no seu direito de deambular (STF, AgRg no HC nº 88.747/ES, rel. Min. Carlos Britto, j. 15.09.09; e STJ, HC nº 134.333/SP, rel. Min. Felix Fischer, j. 29.04.10). Se necessário e desde que preenchidos os requisitos legais, a pessoa jurídica poderá impetrar mandado de segurança para defender seus interesses.

Parte – significativamente minoritária – da doutrina defende a impetração do remédio constitucional pelas pessoas jurídicas, argumentando que "é absolutamente ilógico admitir que a pessoa jurídica figure no polo passivo de uma ação penal e, ao mesmo tempo, negar-lhe legitimidade para utilizar o *habeas corpus* como instrumento processual destinado a cessar uma coação ilegal" (Lopes Jr., Curso, 2016, p. 833). Para o autor, portanto, se a pessoa jurídica pode ser ré em ação penal, ela poderia figurar como paciente em "habeas corpus" em seu favor.

O texto do art. 654, "caput", CPP, afirma que o *habeas* pode ser impetrado, também, pelo **Ministério Público**, o que é igualmente previsto no art. 32, I, da Lei nº 8.625/93 (Lei de Organização do Ministério Público dos Estados) e no art. 6º, VI, da LC nº 75/93 (Lei de Organização do Ministério Público da União). A impetração, claramente, só é admitida em favor do paciente, o que exige a máxima atenção do aplicador do Direito. Explica-se com um exemplo.

O acusado é processado em juízo absolutamente incompetente. Estudou-se que a incompetência absoluta pode ser reconhecida a qualquer tempo, de modo que, numa análise superficial, o Ministério Público teria plena legitimidade para, neste caso, impetrar ordem de "habeas corpus" em favor do acusado, por expressa previsão legal e considerando que o acusado tem o direito de ser processado no juízo competente (STF, HC nº 90.305/RN, rel. Min. Carlos Britto, j. 20.03.07).

Todavia, pode acontecer de o acusado não ter interesse na adequação da competência absoluta, considerando, por exemplo, que a prescrição está prestes a ocorrer, o que lhe beneficiaria, ao invés de ter seu processo remetido ao juízo competente e se ver processado novamente. Nestes casos, parece que ao Ministério Público caberia demonstrar o prejuízo que o acusado estaria tendo em ser processado em juízo incompetente (STF, HC nº 99.948/RS, 2ª Turma, rel. Min. Cármen Lúcia, j. 14.05.13), haja vista, inclusive, que há medidas próprias para combater a incompetência que não o *habeas corpus*.

Neste sentido, parece que a posição do Supremo Tribunal Federal vem se fixando neste sentido, ou seja, o Ministério Público possui legitimidade processual para defender em juízo a violação à liberdade de ir e vir por meio de "habeas corpus", mas lhe é vedado, no entanto, utilizar-se do remédio constitucional para veicular pretensão que acabe, ainda que indiretamente, favorecendo a acusação, de forma que não poderá, por meio do remédio constitucional, ofender o devido processo legal e o direito à ampla defesa (STF, HC nº 91.510/RN, 1ª Turma, rel. Min. Ricardo Lewandowski, j. 11.11.08).

É de se notar que Alexandre de Moraes possui o entendimento no sentido de que, a fim de se verificar o real intento do Ministério Público, deve o paciente (beneficiado com a ordem de *habeas corpus*) manifestar-se previamente para esclarecer ao julgador se está de acordo com a impetração pelo *Parquet* (Direito, 2017).

Vale atentar que a lei atribui a apenas uma entidade a legitimidade de impetrar o *habeas corpus*, qual seja, o Ministério Público, cujos membros, como sabido, possuem capacidade postulatória genérica e agem em nome da Instituição. Diante disso, tem-se que o delegado de polícia e o juiz, em nome de seus cargos ou respectivas Instituições (Polícia e Poder Judiciário) não podem impetrar "habeas corpus".

Nada impede, claro, que estas autoridades ajam como qualquer pessoa comum, atuando em nome próprio, desvinculando-se do cargo. Ex.: João, que, por acaso, é juiz, impetra, em nome próprio e totalmente desvinculado do cargo público que ocupa, um "habeas corpus" em favor de seu amigo de infância Pedro, que foi preso ilegalmente. Mas veja: João não impetra o remédio na condição de juiz e nem em nome do Poder Judiciário.

Essa impossibilidade, referente aos juízes, de impetrar "habeas corpus", não se confunde com a previsão legal de concessão da ordem de ofício (art. 654, § 2º, CPP), tendo em vista que a própria lei dispõe que os juizes e os tribunais têm competência para expedir de ofício (veja: não é impetrar) ordem de *habeas corpus* quando, no curso de processo, verificarem que alguém sofre ou está na iminência de sofrer coação ilegal.

16.2.4.3.1.1. *Habeas corpus* coletivo

A doutrina e jurisprudência clássicas costumam identificar, ainda, um requisito quanto à qualidade do paciente: a sua *determinação*, ou seja, **a pessoa, certa e devidamente qualificada, que sofre ou está na iminência de sofrer violação à sua liberdade de locomoção** (Nucci, 2017; e STF, HC nº 81.348/RJ, rel. Min. Ellen Gracie, j. 26.09.01).

O Supremo Tribunal Federal analisou pedido de "habeas corpus" **coletivo** e preventivo impetrado pela Defensoria Pública do Estado do Paraná em favor da "coletividade formada por todas as pessoas que desejarem exercer seu direito de manifestação na cidade de Curitiba", mas não conheceu da ação, considerando que a indeterminabilidade subjetiva dos pacientes impede que a ação seja conhecida – o que é chamado de *paciente anônimo* – seja porque impossível conhecer o paciente em si, seja porque não há como se expedir o salvo-conduto em seu favor (MC no HC nº 143.704/PR, rel. Min. Celso de Mello, j. 10.05.17).

A Corte, entretanto, ressalva que não é preciso que se formule *um* pedido de "habeas corpus" para *cada* paciente, podendo a impetração englobar duas ou mais pessoas (litisconsórcio), bastando que o cenário fático-processual de cada um dos interessados seja comum para viabilizar a concessão da medida, sendo imprescindível, sempre, a individualização de cada paciente (HC nº 119.753/SP, rel. Min. Luiz Fux, j. 24.02.17).

Todavia, é importante destacar que o Superior Tribunal de Justiça já aceitou "habeas corpus" coletivo impetrado pela Defensoria Pública do Estado do Rio de Janeiro visando combater ordem judicial do TJ/RJ que havia determinado busca e apreensão generalizada na favela do Jacarezinho, na zona norte da cidade. Conforme o Ministro Sebastião Reis Júnior, é entendimento consolidado ser inadmissível a impetração do *writ* coletivo sem a indicação dos nomes e situações particulares de cada paciente, no entanto, não há como exigir, em casos como este, a identificação de cada morador que pode vir a ter sua casa revistada, até porque o questionamento é justamente a generalidade da ordem de busca e apreensão. Em razão disso, admitiu-se, excepcionalmente, a impetração coletiva de "habeas corpus" (HC nº 416.483/RJ, rel. Min. Sebastião Reis Júnior, j. 18.09.17).

O mesmo Supremo Tribunal Federal julgou recentemente um "habeas corpus" coletivo impetrado pelo Coletivo de Advogados em Direitos Humanos (CADHU) em favor de "todas as mulheres submetidas à prisão cautelar no sistema penitenciário nacional, que ostentem a condição de gestantes, de puérperas ou de mães com crianças com até 12 anos de idade sob sua responsabilidade, e das próprias crianças". O Ministro Ricardo Lewandowski recebeu a ação e determinou diversas notificações, contrariando o parecer da Procuradoria-Geral da República pelo não conhecimento do remédio heroico. Para se ter ideia, todas as Defensorias Públicas atuaram como "amicus curiae" e todos os juízes e tribunais foram indicados como autoridades coatoras (HC nº 143.641/SP, rel. Min. Ricardo Lewandowski, j. 20.02.18). Para a Corte, as ações coletivas, por vezes, acabam por ser a única solução viável para garantir o efetivo acesso à Justiça, principalmente em relação a um grupo de pessoas mais vulneráveis do ponto de vista social e econômico. Por isso, admitiu-se o "habeas corpus" coletivo como instrumento para salvaguardar a liberdade de um grande número de pessoas. Até porque, ao remédio heroico é aplicável o art. 580, CPP, já estudado no capítulo dos recursos, que estende os efeitos positivos da decisão ao corréu que não recorreu, ou seja, é possível que o instituto alcance, sim, um grupo de pessoas. Entendeu-se, pois, que se estava diante de direitos individuais homogêneos, empregando-se o conceito do art. 81, p.ú., III, CDC (origem comum).

Recentemente, o Tribunal da Cidadania, pela sua 3ª Seção, admitiu *habeas corpus* coletivo e apresentou os seguintes argumentos: "no que diz respeito ao cabimento do *habeas corpus* coletivo, não obstante a inexistência de norma expressa, plenamente possível o seu processamento. Inicialmente, os arts. 580 e 654, § 2º, do Código de Processo Penal, dão azo à permissibilidade do *writ* coletivo no sistema processual penal brasileiro. Ademais, o microssistema de normas de direito coletivo como a Lei da Ação Civil Pública, o Código de Defesa do Consumidor, a Lei do Mandado de Segurança, a Lei do Mandado de Injunção, entre outras, autoriza a impetração do *writ* na modalidade coletiva. No âmbito supranacional, o art. 25, 1, da Convenção Americana de Direitos Humanos, garante o emprego de um instrumento processual simples, rápido e efetivo para tutelar a violação de direitos fundamentais reconhecidos pela Constituição, pela Lei ou pela citada Convenção. Anoto, ainda, que, diante dos novos conflitos interpessoais resultantes da sociedade contemporânea - "sociedade de massa" - imprescindível um novo arcabouço jurídico processual que abarque a tutela de direitos coletivos, também no âmbito penal. A reunião, em um único processo, de questões que poderiam estar diluídas em centenas de *habeas corpus* implica economia de tempo, de esforço e de recursos, atendendo, assim, ao crescente desafio de tornar a prestação jurisdicional desta Corte Superior mais célere e mais eficiente. No mais, sabe-se que o *habeas corpus* consolidou-se como um instrumento para defesa de direito fundamental e, como tal, merece ser explorado em sua total potencialidade" (HC nº 568.693/ES, rel. Min. Sebastião Reis Júnior, j. 14.10.20).

Assim:

Cabimento do *habeas corpus* coletivo	
Regra	**Exceção**
Não caberá, diante da indefinição dos pacientes (participantes de uma manifestação popular). O rol de beneficiários da ordem deve ser ao menos identificável.	Caberá quando a violação for genérica (busca e apreensão geral num bairro) ou quando for possível, minimamente, a identificação dos pacientes (mães presas com filhos menores de 12 anos, presos com problemas de saúde etc.), bem como diante de situações teratológicas.

16.2.4.3.2. *Legitimidade passiva*

A pessoa apta a figurar no polo passivo da ação penal de "habeas corpus" é a chamada **autoridade coatora**, que é a responsável pela violência ou pela coação ilegal no direito de ir e vir. Assim, caso haja uma prisão em flagrante abusiva, será legitimado passivo o delegado de polícia em si, e não a Polícia Civil ou a Polícia Federal, por exemplo.

Não se pode confundir a autoridade coatora responsável pela ordem ilegal ou abusiva, com o **detentor**. Este é o agente que executa, materialmente, a referida ordem a mando daquele, responsável por ordená-la. Exemplo: o juiz decreta uma prisão cautelar ilegal (autoridade coatora) e o delegado de polícia e sua equipe de agentes executam a ordem judicial (detentor). O próprio art. 658, CPP, faz a distinção, dispondo que "o detentor declarará à ordem de quem o paciente estiver preso".

Essa distinção é extremamente importante porque **o detentor não compõe o polo passivo da ação heroica**. Por isso, é salutar discernir, no caso concreto, quem é quem. Pode ocorrer de a autoridade coatora ser tambem o detentor, como no caso do delegado de polícia que mantém a prisão temporária além do prazo legal determinado pelo juiz; mas pode ocorrer (o que é muito mais comum) que sejam figuras distintas, como a ordem ilegal emanada do juiz – autoridade coatora – e apenas cumprida pelo delegado de polícia, que leva o agente ao presídio aos cuidados do diretor do presídio e do carcereiro – meros detentores do preso.

Logo, autoridade coatora, com legitimidade para figurar no polo passivo da ação de "habeas corpus", é aquela que emite a ordem ilegal ou abusiva, e não quem a cumpre ou simplesmente detém o preso.

Autoridade coatora	Detentor
Responsável pela coação ou violência; emite a ordem (ex.: delegado de polícia).	Executor da ordem; cumpre a ordem (ex.: agente policial que efetua a prisão).
Compõe o polo passivo do HC.	Não compõe o polo passivo do HC.

Algumas observações quando à legitimidade passiva são importantes.

Primeira observação. O **particular** pode ser autoridade coatora, ou seja, o *habeas corpus* não é instrumento impetrado apenas em face de um agente público, mas em relação a qualquer pessoa, física ou jurídica, particular ou pública, que viole o direito de deambulação de alguém. Os exemplos clássicos são o do médico que detém ilegalmente o paciente na clínica de reabilitação, impedindo a sua saída em razão de atrasos no pagamento dos serviços prestados; ou então, o diretor do hospital que impede o paciente de sair porque ainda não pagou todas as despesas da cirurgia realizada; ou então, o dono do asilo que impede a saída dos idosos lá residentes por débitos em aberto ainda etc.

E vale observar que, como não se trata de um agente estatal, não se falará, neste caso, em "autoridade" coatora, mas apenas *coator*, já que não há o exercício de nenhum poder público sobre o paciente.

Ensina Gustavo Henrique Righi Ivahy Badaró (Curso, 2016) que, mesmo estando configurado algum crime contra a liberdade individual pelo particular, como constrangimento ilegal ou sequestro/cárcere privado (de modo que seria possível simplesmente acionar as forças policiais para cessar a violência ou abuso contra a liberdade de ir e vir), isso não afasta o cabimento do "habeas corpus", tendo em vista, até mesmo, que quando há uma autoridade pública como coatora também pode haver a tipificação de crime – como o abuso de autoridade – e, nem por isso, resta afastada a impetração do remédio constitucional.

Diante do que foi colocado, portanto, percebe-se que, diferentemente do que se dá no mandado de segurança, o polo passivo do "habeas corpus" pode ser composto apenas por um particular, mesmo que ele não esteja atuando "no exercício de atribuições do Poder Público", como é exigido no mandado de segurança (art. 5º, LXIX, CF), bastando, simplesmente, ser um particular violando o direito de ir e vir de alguém.

Segunda observação. O **Ministério Público**, para a maioria, pode figurar como autoridade coatora. Embora não pratique atos jurisdicionais (como a expedição de mandados de prisão), poderá determinar atos que, ainda que indiretamente, firam – ou possam ferir – o direito de locomoção, tais como a requisição de instauração de inquérito policial para apurar conduta atípica ou cuja punibilidade já esteja patentemente extinta (Brasileiro, 2016).

O tema ainda será estudado adiante, mas já se afirma que a competência para julgar o "habeas corpus" tendo como autoridade coatora o membro do *Parquet* é do respectivo tribunal que o julgaria caso cometesse alguma infração penal, como abuso de autoridade (STJ, RHC nº 32.253/SP, rel. Min. Jorge Mussi, j. 13.08.13).

Bem resume Paulo Rangel, ensinando que "quando requisitada pelo Promotor de Justiça a instauração de inquérito policial para apurar fato crime, cuja prescrição do direito de punir já tiver ocorrida, haverá, evidente, constrangimento ilegal passível de ser remediado via *habeas corpus*. Ou ainda, se requisitada a instauração de inquérito policial de fato que, evidentemente, é atípico, o *status dignitatis* do indivíduo estará ameaçado, pois pode ser pedido sua prisão temporária. Nesse caso, admissível será a impetração de *habeas corpus* e o Promotor de Justiça será autoridade coatora. Entretanto, há que se distinguir o ato praticado pelo Promotor de Justiça. Se apenas encaminhou as peças de informação à autoridade policial, para que adotasse as providências que entendesse cabíveis sem, expressamente, requisitar a instauração de inquérito, porém a autoridade policial assim agiu, esta será a autoridade coatora e o *habeas corpus* será impetrado perante o juiz de primeiro grau" (Direito, 2012, p. 1.037).

Ato do membro do MP	Ato de outras autoridades
Se o promotor de justiça, *v.g.*, **requisita** a instauração de IP para apurar crime cuja pena já prescreveu, será cabível a impetração de HC para trancar essa investigação. O membro do MP será a autoridade coatora, pois ordenou a prática do ato que culminou com a ilegalidade, qual seja, a requisição de instauração do inquérito policial.	Se o promotor de justiça, *v.g.*, apenas **encaminha** ao delegado de polícia documentos recebimentos por uma pessoa do povo, narrando a suposta prática de um ilícito por outrem, para que esta adote as medidas cabíveis, caso o delegado determine a instauração de IP de modo flagrantemente ilegal, ele será a autoridade coatora para fins de HC.
Competente para julgar o HC será o Tribunal de Justiça, que julga os atos supostamente criminosos praticados pelo membro do MP dos Estados. Deve-se fazer as adaptações cabíveis na Justiça Federal (TRF).	Competente para julgar o HC será o juiz de primeiro grau, que julga os atos praticados pelo delegado de polícia, que não possui foro privativo em nenhum tribunal. Deve-se fazer as adaptações cabíveis (juiz federal).

Terceira observação. É possível que **outras autoridades** – que não o membro do Poder Judiciário, do Ministério Público ou das Polícias – figurem como coatoras. O exemplo mais comum é a decretação (ilegal) de prisão preventiva de investigado em Comissão Parlamentar de Inquérito pelo seu presidente, que se dá no âmbito do Poder Legislativo (STF, RMS nº 23.455/DF, rel. Min. Néri da Silveira, j. 24.11.99). Autoridade coatora, portanto, será o presidente da CPI.

Quarta observação. Tal como se viu acima, no que diz respeito à impossibilidade de impetração de "habeas corpus" coletivo, a doutrina aponta para a inadmissibilidade, também, de a **coletividade** figurar como autoridade coatora, não sendo possível, inclusive, a prestação de informações solicitadas pela autoridade judicial (Nucci, 2017). Se houver dúvida sobre quem seja a autoridade coatora, todos deverão compor o polo passivo da ação (ex.: dúvida se é o delegado do distrito 'x' ou o delegado do distrito 'y'); agora, de outra ponta, não há que se confundir com o desconhecimento da autoridade coatora, sendo inadmissível o remédio constitucional neste caso (ex.: não saber quem é o delegado coator e impetrar o remédio contra "toda a Polícia Civil do Estado", o que seria absurdo).

Por fim, não é possível adotar a figura da **encampação** para fins de definição do polo passivo da ação de *habeas corpus*. Esta ocorre quando o impetrante indica erroneamente a autoridade coatora, mas esta encampa [acolhe] o ato e oferece a devida resposta (Carvalho Filho, 2017).

Exemplo: "habeas corpus" impetrado contra o Prefeito, indicando que uma dada lei municipal interfere no direito de locomoção das pessoas, existindo fiscalização pela guarda municipal; a autoridade coatora, no caso, deve ser o comandante da guarda municipal, que é quem determina, materialmente, a realização ou não dos supostos atos ilegais, e não o Prefeito, que é apenas o chefe do Poder Executivo. Outro exemplo: no caso de "habeas corpus" impugnando supostas abordagens policiais indevidas, figurará como autoridade coatora o comandante da Polícia Militar, e não o Governador, que é apenas o chefe do Poder Executivo também. Do contrário, todo ato redundaria, inequivocamente, como de responsabilidade do chefe de algum poder público, como o Prefeito, o Governador, o Presidente do Tribunal, o Presidente da Assembleia Legislativa etc., o que não pode ser aceito.

16.2.5. Espécies de *habeas corpus*

O atual sistema jurídico admite a impetração de duas espécies de "habeas corpus"):

a) **liberatório ou repressivo**: objetiva cessar o constrangimento ilegal que já se consumou, ou seja, liberar a pessoa que *está* com seu direito deambulatório violado.

É a espécie mais comum e levará a autoridade judicial, se concedida a ordem, a expedir um **alvará de soltura** (ou qualquer outra medida adequada, como a ordem de trancamento de uma investigação ilegal, por exemplo), determinando a sua soltura, salvo se por outro motivo não deva permanecer preso (como outro processo, por exemplo).

b) **preventivo**: objetiva evitar que um constrangimento ilegal à liberdade de locomoção se consume. O seu uso é mais raro e levará a autoridade judicial, se concedida a ordem, a expedir um **salvo-conduto**, impedindo que o ato ilegal à liberdade de locomoção seja praticado. Exige-se, cf. o art. 647, CPP, que alguém esteja "na iminência de sofrer violência ou coação ilegal na sua liberdade de ir e vir".

Nos termos da jurisprudência do Superior Tribunal de Justiça, "mesmo para a concessão de *habeas corpus* preventivo, exige-se uma real ameaça ao direito de locomoção, não bastando uma suposição infundada de que venha a ocorrer algum constrangimento ilegal" (5ª T., AgRg no RHC nº 83.730/SP, rel. Min. Maria Thereza de Assis Moura, j. 18.05.17; e 6ª T., AgRg no HC nº 276.586/SP, rel. Min. Ribeiro Dantas, j. 28.06.16).

Historicamente, o *habeas corpus* preventivo mais conhecido foi o de nº 4.781/DF, relatado no Supremo Tribunal Federal pelo Ministro Edmundo Lins, em 05.04.1919, em que se deferiu a ordem para que Ruy Barbosa, então Senador e candidato à Presidência da República, pudesse ter garantido o seu direito de permanecer, de modo a permitir-lhe a realização de reuniões e comícios políticos em ruas, praças, teatros e locais públicos sem interferência policial.

Contemporaneamente, há diversos exemplos de uso do remédio heroico de forma preventiva, como a expedição de salvo-conduto para assegurar ao paciente o direito de não ser obrigado a comparecer ao Instituto de Criminalística para fornecer sua imagem, respeitando-se o direito de não produzir prova contra si (STJ, HC nº 179.486/GO, rel. Min. Jorge Mussi, j. 14.06.11); ou então, a expedição de salvo-conduto para que investigado em Comissão Parlamentar de Inquérito – CPI – seja assistido por seu advogado, seja dispensado de assinar termo legal de compromisso como se testemunha fosse, seja assegurado o direito ao silêncio, seja assegurado o privilégio contra a autoincriminação e para que não seja adotada medida restritiva de direitos ou privativa de liberdade (STF, MC no HC nº 148.615/DF, rel. Min. Alexandre de Moraes, j. 03.10.17; MC no HC nº

129.070/DF, rel. Min. Celso de Mello, j. 10.11.15; e HC nº 169.595/DF, rel. Min. Rosa Weber, j. 05.08.19).

Conforme explica a doutrina (Nucci, 2017), é preciso que o impetrante explicite, detalhadamente, a *ameaça* ao direito de liberdade do paciente e o *risco* que pode ser ocasionado caso a ordem não seja concedida, sob pena de o remédio se tornar incabível preventivamente, pois meramente hipotético.

Norberto Avena menciona a existência do chamado *habeas corpus* **profilático**, "destinado a suspender atos processuais ou impugnar medidas que possam importar em prisão futura com aparência de legalidade, porém intrinsecamente contaminado por ilegalidade anterior" (Processo, 2017 p. 880). Vê-se que não se objetiva combater constrangimento já consumado ou ameaça iminente, mas a potencial ocorrência de um constrangimento. Ex.: HC para trancar ação penal em curso. A bem da verdade, não há uma terceira classificação de "habeas corpus", posto existir apenas duas: liberatório e preventivo. O que há é uma consequência do deferimento da ordem concedida, que é, por exemplo, o trancamento de uma investigação ou de uma ação penal.

Destaca-se que, consoante entendimento do Supremo Tribunal Federal em repercussão geral, "qualquer decisão do Poder Judiciário que rejeite denúncia, que impronuncie ou absolva, sumariamente, os réus ou, ainda, que ordene a extinção, em sede de "habeas corpus", de procedimentos penais não transgride o monopólio constitucional da ação penal pública (CF, art. 129, I) nem ofende os postulados do juiz natural (CF, art. 5º, inciso LIII) e da soberania do veredicto do Júri (CF, art. 5º, inciso XXXVIII, *c*)" (RG-RE nº 593.443/SP, rel. p/ acórdão Min. Ricardo Lewandowski, j. 06.06.13).

Em suma:

HC liberatório	HC preventivo
Já está em curso lesão ao direito de locomoção (ex.: pessoa está presa).	Há uma ameaça de restrição à liberdade de locomoção (ex.: o mandado de prisão foi expedido).
Faz cessar a violência.	Faz evitar a violência.
Juiz expede alvará de soltura.	Juiz expede salvo-conduto.

16.2.6. Hipóteses legais de cabimento

O art. 648, CPP, traz um rol de situações que autoriza a impetração do "habeas corpus". Referido rol é **exemplificativo** (Pontes de Miranda, 2003), até mesmo por uma impossibilidade – lógica e jurídica – de o Poder Legislativo prever todas as (infinitas) possibilidades de violação ao direito de locomoção das pessoas.

A seguir serão analisadas as hipóteses legais, lembrando, apenas, que a análise detida dos tópicos já foi feita nos capítulos próprios, como ação penal, medidas cautelares pessoais, competência etc.

16.2.6.1. *Ausência de justa causa*

Prevista a hipótese no art. 648, I, CPP, é um dos motivos que torna tão amplo o manejo do "habeas corpus" (Toron, 2017). Como já estudado, *justa causa* compreende os elementos mínimos necessários para que alguém seja investigado ou processado. Semanticamente, a *causa* que autoriza o cerceamento da liberdade deve ser *justa*, mas não no sentido literal de (in)justiça, mas de legalidade, de obediência aos ditames do ordenamento jurídico.

Veja, pois, que a justa causa do "habeas corpus" é **mais ampla** do que aquela que autoriza a rejeição da inicial acusatória (art. 395, III, CPP). Aqui, a ausência de justa causa pode dizer respeito tanto à ausência de suporte mínimo para uma investigação ou ação penal (*lastro probatório*) como à não observância da lei no curso desta investigação ou ação penal (*ordem que resultou na violência ou coação à liberdade*). Conforme Renato Brasileiro de Lima (Manual, 2016), de tão abrangente que é a expressão, acaba por englobar todas as demais hipóteses de cabimento do "habeas corpus".

Logo, cabível será o remédio heroico quando não houver real motivo para a existência e validade de um procedimento investigatório ou de uma ação penal.

Exemplos: a chamada "prisão para averiguação" não encontra previsão no ordenamento jurídico atual (STJ, HC nº 296.507/RS, rel. Min. Rogerio Schietti Cruz, j. 05.03.15); o oferecimento de denúncia pelo Ministério Público estando ausentes indícios suficientes de autoria e prova da existência de um delito (STJ, HC nº 374.515/MS, rel. Min. Maria Thereza de Assis Moura, j. 07.03.17); a determinação de prisão preventiva sem indicar sua necessidade específica (STJ, HC nº 396.526/SP, rel. Min. Ribeiro Dantas, j. 13.06.17); a prisão civil do depositário infiel (STF, HC nº 96.772/SP, rel. Min. Celso de Mello, j. 09.06.09); a atipicidade *formal* (STJ, HC nº 347.895/GO, rel. Min. Antonio Saldanha Palheiro, j. 13.09.16) ou *material* (STJ, HC nº 379.853/SP, rel. Min. Antonio Saldanha Palheiro, j. 06.04.17) da conduta, dentre outras situações.

16.2.6.2. *Excesso ilegal de tempo de prisão*

Disposto no art. 648, II, CPP, autoriza o uso do "habeas corpus" quando alguém estiver preso por mais tempo do que determina a lei. O excesso pode ocorrer tanto quando se atinge o limite do prazo estabelecido em lei, como se dá com a prisão temporária, como quando se ultrapassa o tempo de prisão para a prática de um determinado ato processual, como ocorre com a conclusão do inquérito policial ou para o encerramento do processo.

Exemplos: excesso de prisão-pena, quando o condenado já deveria ter sido colocado em liberdade, por já ter cumprido a pena judicialmente fixada; ou por excesso de prisão temporária (5 + 5 dias, ou 30 + 30 dias, cf. a Lei nº 7.960/89); ou por excesso de prisão preventiva (STJ, HC nº 384.814/PE, rel. Min. Sebastião Reis Júnior, j. 06.06.17) etc.

É valiosa a lição de Aury Lopes Jr. (Curso, 2016), que estipula quatro referenciais ao reconhecimento (ou não) de excesso de prazo na prestação jurisdicional: (a) complexidade do caso; (b) atividade processual do interessado que não poderá se beneficiar de sua própria demora; (c) a conduta das autoridades públicas como um todo, como a polícia, juiz, promotor etc.; e (d) a aplicação da proporcionalidade.

16.2.6.3. *Coação por autoridade incompetente*

Estipula o art. 648, III, CPP, que será possível o manejo do "habeas corpus" quando quem ordenar a coação não tiver competência para fazê-lo. Como destaca Alberto Zacharias Toron, "(...) o legislador de 1941 optou por destacar e explicitar esta situação inserindo-a no art. 648, inc. III, do CPP, o que reforça a tese de que o *writ* se presta ao controle da legalidade da ação penal, ou, na técnica constitucional, ao cumprimento do devido processo legal" (*Habeas*, 2017, p. 212-213).

É mais do que sabido, neste momento, que as atividades jurisdicionais, ainda mais aquelas que determinam coerções, como o cerceamento da liberdade, devem ser praticadas pela autoridade judicial competente. Logo, será possível a impetração do remédio heroico caso a medida determinada que prive ou ameace o direito de locomoção do agente seja oriunda de juiz incompetente, como no caso de juiz estadual decretar a prisão cautelar de agente cujo processo seja de competência da Justiça Federal (STJ, HC nº 100.955/MT, rel. Min. Jorge Mussi, j. 13.05.08).

Entende-se que a competência aqui mencionada, que autoriza o emprego do *habeas corpus*, é literalmente referente à **autoridade judiciária**, ou seja, no caso de um promotor determinar uma prisão preventiva ou de um delegado federal realizar uma prisão em flagrante em caso de atribuição estadual, não será a hipótese do inc. III do art. 648, CPP, ora em análise, mas do inc. I, empregando-o como cláusula geral do remédio constitucional (Brasileiro, 2016; Lopes Jr., 2016).

16.2.6.4. *Cessação do motivo que autorizou a coação*

Nos moldes do art. 648, IV, CPP, caberá "habeas corpus" quando houver cessado o motivo que autorizou a coação. O ato limitador da liberdade era legal e livre de coação, mas acabou por se tornar ilegal por já não subsistirem mais seus fundamentos legitimadores.

Basta imaginar a prisão cautelar decretada tendo como fundamento um suporte fático legal, mas que, depois, desaparece. A prisão, inicialmente, era legal e fundamentada, todavia, ulteriormente, cessou o motivo que autorizou a restrição da liberdade do agente, o que autoriza a impetração do remédio heroico.

Consoante o Superior Tribunal de Justiça, "a decisão que decreta a prisão cautelar é tomada *rebus sic stantibus*, pois está sempre sujeita a nova verificação de seu cabimento, quer para eventual revogação, quando cessada a causa ou o motivo que a justificou, quer para sua substituição por medida menos gravosa, na hipótese em que seja esta última suficientemente idônea (adequada) para alcançar o mesmo objetivo daquela" (STJ, HC nº 363.607/SP, rel. Min. Rogerio Schietti Cruz, j. 20.09.16).

16.2.6.5. *Inadmissão de fiança quando possível*

Prevê o art. 648, V, CPP, que será possível impetrar "habeas corpus" quando alguém não for admitido a prestar fiança, nos casos em que a lei a autoriza.

Já se estudou que o Código de Processo Penal possibilita a concessão de fiança, seja pela autoridade policial ou judiciária, em diversos casos. Desta forma, quando a autoridade competente deixar de fixar o valor da fiança quando cabível, remanescendo o agente encarcerado, será cabível a impetração do remédio constitucional. Neste sentido, aliás, "ninguém será levado à prisão ou nela mantido, quando a lei admitir a liberdade provisória, com ou sem fiança" (CF, art. 5º, LXVI), demonstrando isso, claramente, a manutenção ilegal de alguém na prisão quando possível a liberdade através da prestação de fiança.

Parte da doutrina defende uma aplicação abrangente do inc. V do art. 648, CPP, para alcançar, além da inadmissão da fiança quando cabível, a sua concessão em valores excessivos, o que equivaleria à sua não concessão (Lopes Jr., 2016; e Nucci, 2017).

16.2.6.6. *Processo manifestamente nulo*

Nos termos do art. 648, VI, CPP, admite-se a impetração de "habeas corpus" quando o processo for manifestamente nulo. A concessão da ordem, neste caso, gerará a renovação do ato (art. 652, CPP), salvo algum impedimento, como a ocorrência da prescrição, por exemplo.

Já foi estudado que *nulidade* é uma sanção processual ao ato que desrespeita a fórmula legal, afirmando a doutrina que "as nulidades processuais cumprem a função de responder ao descumprimento do figurino legal invalidando os atos praticados e também os dele derivados" (Toron, *Habeas*, 2017, p. 232-233).

Como o remédio heroico exige a presença de direito líquido e certo, a expressão legal utilizada que exige que o ato deva ser *manifestamente nulo* indica, consequentemente, a presença de uma nulidade patente, flagrante, clara e inequívoca, até porque, como se estudará, não haverá dilação probatória nesta ação constitucional; caso seja necessária dilação probatória, a parte não poderá se valer do remédio constitucional, mas dos meios legais disponíveis, como os recursos.

Havendo uma nulidade manifesta, a parte poderá argui-la no momento processual oportuno e aguardar a sentença do juiz ou, se preferir e assim comportar, impetrar "habeas corpus"; ou então, poderá impetrar o remédio heroico também para combater a introdução de uma prova ilícita ao processo (art. 157, CPP).

Exemplo: declaração de nulidade das decisões judiciais que determinaram a quebra de sigilo telefônico e de busca e apreensão, bem como das provas decorrentes, diante da fundamentação genérica empregado pelo juiz, que poderia ser utilizada em qualquer procedimento (STJ, HC nº 374.585/SC, rel. Min. Nefi Cordeiro, j. 09.03.17).

16.2.6.7. *Extinção da punibilidade*

Dispõe o art. 648, VII, CPP, que é admitido o uso do "habeas corpus" quando extinta a punibilidade.

O art. 107, CP, traz, em rol exemplificativo, as causas que permitem a declaração da extinção da punibilidade do agente, isto é, deve o juiz, de ofício, declarar ou a inviabilidade da punição estatal ou a sua concretização total (art. 61, CPP). No entanto, ocorrendo uma causa extintiva da punibilidade e não a declarando o juiz, este se tornará autoridade coatora para fins de "habeas corpus", de modo que o tribunal poderá trancar a investigação ou a ação penal em curso.

Logo, estando extinta a punibilidade, o Estado-acusação não possui mais forças e nem legitimidade para investigar, processar ou condenar o agente, de modo que as investigações ou os autos do processo deverão ser arquivados (trancados). Neste sentido, é possível o reconhecimento da prescrição por meio de "habeas corpus" (STJ, AgRg no HC nº 283.772/RS, rel. Min. Nefi Cordeiro, j. 30.03.17), mas desde que não se exija a análise de controvérsias fáticas, como quando se deu a consumação do delito ou qual é a idade do agente (Toron, 2017).

No mais, é possível a impetração do remédio mesmo após o trânsito em julgado. Ex.: em razão de *abolitio criminis*, o fato, pelo qual o agente foi condenado com trânsito em julgado, deixa de ser considerado infração penal e, considerando-se que se trata de causa extintiva da punibilidade, admite-se a impetração da medida constitucional (art. 107, III, CP) caso o juiz da execução penal assim não reconheça (art. 66, I, Lei n 7.210/84).

16.2.7. Competência

O art. 650, CPP, e a Constituição Federal, estabelecem a competência para o julgamento do remédio heroico. Basicamente, dois critérios são utilizados: hierarquia e território. Em primeiro lugar, verifica-se onde se deu a ilegalidade ou coação; em segundo lugar, se há foro por prerrogativa de função, tanto do coator como do paciente.

A regra fundamental é que "a competência do juiz cessará sempre que a violência ou coação provier de autoridade judiciária de igual ou superior jurisdição" (§ 1º do art. 650, CPP), isto é, será competente o tribunal imediatamente superior em relação ao coator, já que este terá competência para desconstituir o ato ilegal (Lopes Jr., 2016). Ex.: se coator o delegado de polícia, competente será o juiz de primeiro grau; se coator o juiz de primeira instância, competente será o tribunal; se coator o tribunal, competente será o Superior Tribunal de Justiça; se coator o STJ, competente será o Supremo Tribunal Federal.

Disso resulta que "nenhum juiz ou tribunal pode conhecer de *habeas corpus* contra ato que praticou ou confirmou, expressa ou implicitamente" (Grinover, Fernandes e Gomes Filho, Recursos, 2008, p. 364).

Uma premissa muito importante a ser observada é a necessidade de provocação dos juízos inferiores acerca da matéria que se discute no "habeas corpus" dirigido às instâncias superiores, sob pena de supressão de instância. Assim, o TJ só pode conhecer do conteúdo do "habeas corpus" se a matéria nele discutida foi analisada pelo juízo de piso; de igual modo, o STJ só poderá analisar um "habeas corpus" se o juízo de piso e o TJ avaliaram a matéria. Do contrário, haverá um órgão superior julgando matéria que não foi debatida pelos órgãos judiciários inferiores, o que configurará a supressão de instância. De qualquer forma, é preciso ficar atento, pois, se o TJ figurar como autoridade coatora, resta claro que o STJ poderá conhecer do "habeas corpus", não havendo supressão de instância considerando que o ato coator não guarda relação com o juízo de primeira instância.

Conforme Renato Brasileiro, "revela-se inviável, portanto, o pedido de julgamento de *habeas corpus per saltum*, ou seja, o julgamento do remédio heroico pelas instâncias superiores sem prévia provocação das instâncias inferiores acerca do constrangimento à liberdade de locomoção, sob pena de verdadeira supressão de instância e consequente violação do princípio do duplo grau de jurisdição" (Curso, 2016).

Neste sentido, colhe-se um exemplo julgado pelo Superior Tribunal de Justiça: "não é possível a esta Corte debruçar-se sobre temas não enfrentados pela Corte local, sob o risco de supressão de instância. Na espécie, não foi suscitada e, por conseguinte, enfrentada a questão relativa à nulidade processual, bem como o Tribunal de origem não examinou a matéria referente à dosimetria da pena, eis que reputou inadequado o manejo do habeas corpus como sucedâneo recursal, ante a existência de recurso próprio, qual seja, a apelação, que foi interposta e está pendente de julgamento" (HC nº 399.910/SP, rel. Min. Maria Thereza de Assis Moura, j. 13.06.17).

Figurando o membro do **Ministério Público** como autoridade coatora (como visto, p. ex., quando este requisita a instauração de inquérito policial com flagrante ilegalidade), será competente o tribunal que o julgaria em relação a eventual crime cometido, como abuso de autoridade ou constrangimento ilegal, por exemplo. Neste sentido, *v.g.*, se quem julga promotor de justiça estadual é o Tribunal de Justiça nos crimes comuns e nos de responsabilidade, também caberá a esta Corte o julgamento de "habeas corpus" em que figure como autoridade coatora o membro do *Parquet* estadual (STJ, RHC nº 32.253/SP, rel. Min. Jorge Mussi, j. 13.08.13).

É importante relembrar a competência quando o ato coator provier de ato do Juizado Especial Criminal (Lei nº 9.099/95). Assim:

a) se o ato for oriundo de **magistrado** do JECrim, será competente a respectiva **Turma ou Colégio Recursal** do próprio Juizado Especial (STF, AgRg no RE nº 721.967/SC, rel. Min. Gilmar Mendes, j. 19.11.13).

b) se o ato for oriundo de **Turma ou Colégio Recursal,** será competente o respectivo **Tribunal de Justiça ou Tribunal Regional Federal** (AgRg no ARE nº 676.275/MS, rel. Min. Gilmar Mendes, j. 12.06.12). Aqui, não mais se aplica a súmula nº 690 do STF ("compete originariamente ao Supremo Tribunal Federal o julgamento de 'habeas corpus' contra decisão de Turma Recursal de Juizados Especiais Criminais"), pois superado o entendimento cf. o HC nº 86.834/SP do STF (Pleno, rel. Min. Marco Aurélio, j. em 23.08.06), tendo em vista que o órgão colegiado do JECrim está sob jurisdição do TJ ou TRF, incumbindo a estes o julgamento de ato coator praticado por aquele, embora não tenha havido, ainda, o cancelamento formal do referido verbete sumular.

Em suma:

Coator	Competente para julgar o HC
Juiz do JECrim	Turma Recursal
Turma Recursal	TJ ou TRF

Menciona-se o entendimento minoritário (Nucci, 2017), que defende a manutenção da súmula nº 690 do STF, sob o argumento de que a Turma Recursal funciona, para todos os efeitos, como um verdadeiro órgão de segundo grau e que, caso não se aplique o entendimento sumular, a parte passa a contar com as seguintes instâncias: (i) juiz, (ii) Turma Recursal, (iii) TJ ou TRF, (iv) STJ e (v) STF, o que não privilegia a economia que se espera da Lei nº 9.099/95 e vai contra a Constituição Federal.

Este é o quadro geral de competência do "habeas corpus":

SUPREMO TRIBUNAL FEDERAL (STF)	
Paciente	**Coator**
Presidente da República	Tribunal Superior
Vice-Presidente da República	Autoridade ou funcionário cujos atos estejam sujeitos diretamente à jurisdição do STF
Membros do Congresso Nacional	
Ministros do próprio STF	
Ministros de Tribunais Superiores	Quando se tratar de crime sujeito à jurisdição do STF, em única instância
Procurador-Geral da República	
Ministros de Estado	Ato oriundo do CNJ
Comandantes das Forças Armadas	
Ministros do TCU	
Chefe de Missão Diplomática permanente	

A respeito da competência do Supremo Tribunal Federal, vale dar atenção ao enunciado da súmula nº 606, STF, que dispõe que "não cabe *habeas corpus* originário para o Tribunal Pleno de decisão de Turma, ou do Plenário, proferida em *habeas corpus* ou no respectivo recurso". Assim, não cabe "habeas corpus" ao Pleno do STF contra decisão de HC ou de RHC proferida por órgão fracionário ou pelo plenário do STF (AgRg no HC nº 137.701/DF, rel. Min. Dias Toffoli, j. 15.12.16).

Mas e se, por exemplo, um "habeas corpus" é distribuído a um Ministro da 1ª Turma, cuja composição de julgadores entende que, naquele caso, a ordem é inadmissível, mas, de outro lado, a 2ª Turma entende possível. O que fazer? Seria o caso de interposição de embargos de divergência em "habeas corpus"? A jurisprudência inadmite este recurso em sede de HC ou de RHC, tendo em vista a falta de previsão normativa (STF, Pleno, AgRg-EI-ED no HC nº 113.365/GO, rel. Min. Rosa Weber, j. 01.07.16).

No mais, a jurisprudência atual do Supremo Tribunal Federal alargou a incidência da referida súmula para impedir, também, a impetração de "habeas corpus" contra decisão monocrática de Ministro (Pleno, HC nº 115.787/RJ, rel. p/ acórdão Min. Dias Toffoli, j. 18.05.17). Isso porque, contra tal decisão caberá agravo regimental. Pela leitura dos votos dos Ministros no HC nº 105.959/DF, a maioria entendeu não caber "habeas corpus" ao plenário contra decisão monocrática de relator (Pleno, rel. p/ acórdão Min. Edson Fachin, j. 17.02.16). O tema foi confirmado no HC nº 170.263/DF e no HC nº 170.330/DF (rel. Min. Edson Fachin, j. 22.06.20).

Em síntese, fixou-se que a ação constitucional do remédio heroico prevê uma espécie de "hierarquia na impetração", o que não existe neste caso, pois o Ministro, ao decidir monocraticamente, o faz em nome da Turma que compõe; além disso, há previsão expressa de cabimento de agravo regimental, devendo ser adotada a mesma ideia quanto à vedação de "habeas corpus" substitutivo de recurso; por fim, ressalvou-se a possibilidade excepcional de impetração de "habeas corpus" quando a situação for teratológica, de forma a não inviabilizar a garantia constitucional (AgRg no HC nº 137.613/DF, rel. Min. Roberto Barroso, j. 02.05.17).

Já os votos vencidos defenderam, basicamente, que o agravo interno não possui efeito suspensivo, não suspendendo o ato de constrangimento ilegal; ademais, afirmou-se que o coator seria o próprio Ministro que denegou a ordem, o que estaria de acordo com o art. 102, I, *i*, CF, garantindo a eficácia do remédio constitucional, sob pena de total desamparo ao direito de liberdade de locomoção.

No mais, ressalta-se que o Ministro do STJ ou do STF pode, monocraticamente, decidir – conhecendo, concedendo ou denegando a ordem – acerca do pedido de "habeas corpus" consoante a jurisprudência dominante ou súmula do STJ/STF ou quando manifestamente inadmissível ou improcedente, nos termos do art. 21, § 1º do RISTF, e do art. 34, XX, RISTJ (AgRg no RHC nº 134.656/SP, rel. Min. Dias Toffoli, j. 02.05.17).

Tal entendimento é amplamente majoritário e **não fere o princípio da colegialidade** (STF, 1ª Turma, AgRg no RHC nº 133.116/PE, rel. Min. Luiz Fux, j. 19.06.17 e HC nº 120.496/MS, rel. Min. Marco Aurélio, j. 14.03.17; e STJ, 6ª Turma, AgRg no HC nº 379.692/MS, rel. Min. Maria Thereza de Assis Moura, j. 09.05.17 e 5ª Turma, AgRg no HC nº 388.805/SP, rel. Min. Jorge Mussi, j. 02.05.17). A parte prejudicada poderá interpor agravo regimental, levando o caso a julgamento pelo colegiado.

Vale mencionar, todavia, que há precedentes da 2ª Turma do STF, inclusive com veiculação no Informativo nº 857 do STF (março/17), no sentido de que caberia apenas ao colegiado julgar o pedido de "habeas corpus" (HC nº 120.496/MT, rel. Min. Marco Aurélio, j. 14.03.17).

Por fim, a Suprema Corte entende que, embora a regra seja o julgamento de um *habeas corpus* por uma de suas Turmas, o Ministro relator poderá remeter o caso para que o Plenário decida, com fundamento nos arts. 6, II, *c*, e 21, XI, RISTF (que tem força de lei). Tal decisão do relator é discricionária e irrecorrível, cf. o art. 405, RISTF, não precisando ser motivada. Ademais, não se fere o princípio do juiz natural, haja vista que, em tese, a competência sempre foi do Plenário, havendo a sua divisão em Turmas apenas por razão de funcionalidade da Corte (HC nº 143.333/PR, rel. Min. Edson Fachin, j. 11 e 12.04.18).

SUPERIOR TRIBUNAL DE JUSTIÇA (STJ)	
Paciente/coator	**Coator**
Governador de Estado/DF	TJ, TJM e TRF (sujeitos ao STJ)
Desembargadores de TJ/TRF/TRE/TRT	Ministro de Estado
Membro de TCE ou TCM	Comandantes das Forças Armadas

Quanto à competência do Superior Tribunal de Justiça, vale dar atenção aos **Ministros de Estado** e aos **Comandantes das Forças Armadas**. Quando figurarem como **pacientes**, ou seja, como vítimas de ilegalidade ou abuso à liberdade de locomoção, terão o HC julgado pelo STF (art. 102, I, *d*, CF); no entanto, quando figurarem como **coatores**, ou seja, como violadores da liberdade de locomoção de outrem, terão o HC julgado pelo STJ (art. 105, I, *c*, CF).

TRIBUNAIS REGIONAIS FEDERAIS (TRF)
Coator
Juiz federal
Ato de Turma Recursal do JECrim federal
Ato de membro do MPU de 1ª instância (MPF/MPM/MPT/MPDFT)

Atente-se que o Tribunal Regional Federal é competente para julgar o "habeas corpus" quando a autoridade coatora for membro do Ministério Público da União de primeira instância, englobando, assim, os membros do **MPF**, do **MPM**, do **MPT** e do **MPDFT**. Isso porque, cabe ao TRF processar a julgar originariamente os membros do *Ministério Público da União* de primeira instância, ressalvada a competência da Justiça Eleitoral (art. 108, I, *a*, CF). Neste sentido, também, é a jurisprudência (STF, HC nº 73.801/MG, rel. Min. Celso de Mello, j. 25.06.96; e STJ, HC nº 67.416/DF, rel. Min. Felix Fischer, j. 26.06.07).

JUÍZES FEDERAIS
Julgar o "habeas corpus" de sua competência ou quando o constrangimento tiver origem em ato de autoridade não sujeita diretamente a outra jurisdição. Ex.: delegado de polícia federal (art. 109, VII, CF).

Nos moldes do art. 109, VII, CF, aos juízes federais compete processar e julgar, os *habeas corpus*, em matéria criminal de sua competência ou quando o constrangimento provier de autoridade cujos atos não estejam diretamente sujeitos a outra jurisdição.

TRIBUNAIS DE JUSTIÇA (TJ)
» **Coator**
» Juiz estadual
» Ato de Turma Recursal do JECrim estadual
» Ato de membro do MP estadual

Nos termos do art. 125, § 1º, CF, a competência do Tribunal de Justiça será definida na Constituição de cada Estado, cf. a Lei de Organização Judiciária (LOJ), de iniciativa do próprio Tribunal de Justiça. Assim, por exemplo, no Estado de São Paulo, o TJ/SP julgará originariamente o "habeas corpus" quando coator ou paciente for autoridade diretamente sujeita à sua jurisdição, ressalvada a competência da Justiça Militar. Logo, a Corte Bandeirante julgará o remédio heroico cujo coator ou paciente for Vice-Governador, Secretário de Estado, Deputado Estadual, Procurador-Geral de Justiça, Procurador-Geral do Estado, Defensor Público Geral e Prefeitos (art. 74, IV, da Constituição Estadual).

JUÍZES ESTADUAIS
Julgar o "habeas corpus" oriundo de ato de particular ou autoridade sem prerrogativa de função, não sendo o caso de nenhuma "Justiça" especializada. Ex.: delegado de polícia civil.

Colocadas as tabelas primordiais acima, é preciso tecer alguns comentários acerca da Justiça do Trabalho, da Justiça Eleitoral e da Justiça Militar.

Sobre a **Justiça do Trabalho**, a EC nº 45/04 alterou o art. 114 da Constituição Federal, cujo inciso IV passou a dispor que lhe compete processar e julgar "os mandados de segurança, *habeas corpus* e *habeas data*, quando o ato questionado envolver matéria sujeito à sua jurisdição".

Assim, caso o juiz do trabalho pratique um ato jurisdicional que cerceie a liberdade de locomoção de alguém, a Justiça do Trabalho (TRT, no caso) será competente para julgar o "habeas corpus". Ex.: juiz da 7ª Vara do Trabalho de São Paulo/SP determina a prisão civil do depositário infiel, o que é ilegal, diante da súmula vinculante nº 25.

Para Nucci (*Habeas*, 2017), todavia, a Justiça do Trabalho não possui mais competência para julgar o remédio heroico, de modo que caberia à Justiça Federal a análise de ato oriundo de juiz do trabalho que cerceie a liberdade de alguém.

No mais, lembre-se que, apesar de existir esta competência para o julgamento do remédio heroico, a Justiça do Trabalho não possui competência criminal para o julgamento de ações penais (STF, MC-ADI nº 3684/DF, rel. Min. Cezar Peluso, j. 01.02.07). Desta feita, se o juiz do trabalho "prender em flagrante" uma pessoa por uso de documento falso em audiência trabalhista, não há falar-se em competência criminal da Justiça do Trabalho para o feito, mas da Justiça Federal, ante o interesse da União no deslinde da causa (STJ, CC nº 144.850/SP, rel. Min. Joel Ilan Paciornik, j. 08.06.16).

Mais do que curiosamente, o Tribunal Superior do Trabalho chegou a julgar um "habeas corpus" em que o impetrante, jogador de futebol, objetivava exercer livremente a profissão de atleta profissional, participando de jogos e treinamentos em qualquer localidade e para qualquer clube, atrelada a análise ao pedido de rescisão indireta de contrato de trabalho com o atual clube, de forma a poder assinar novo contrato desportivo com outro time. Nos termos do acórdão, "o cabimento de *habeas corpus* na Justiça do Trabalho não pode estar restrito às hipóteses em que haja cerceio da liberdade de locomoção do depositário infiel, pois, deste modo, estar-se-ia promovendo o esvaziamento da norma constitucional, face ao reconhecimento da inconstitucionalidade em relação a essa modalidade de prisão civil. Dessarte, implica reconhecer que o alcance atual do *habeas corpus* há de ser estendido para abarcar a ilegalidade ou abuso de poder praticado em face de uma relação de trabalho. Vale dizer: pode ser impetrado contra atos e decisões de juízes, atos de empregadores, de auditores fiscais do trabalho, ou mesmo de terceiros. Assim, a interpretação a ser conferida à Constituição Federal não pode ser literal ou gramatical, no sentido de se entender cabível o habeas corpus apenas quando violado o direito à locomoção em seu sentido físico de ir, vir ou ficar. Ao contrário, deve-se ampliar tal entendimento para assegurar a utilização de tal ação constitucional com vistas à proteção da autonomia da vontade contra ilegalidade ou abuso de poder perpetrado, seja pela autoridade judiciária, seja pelas partes da relação de trabalho. Há que se assegurar o livre exercício do trabalho, direito fundamental resguardado pelos artigos 1º, IV, 5º, XIII, 6º e 7º da Constituição Federal, bem como a dignidade da pessoa humana" (AgRg no HC nº 5451-88.2017.5.00.0000, rel. Min. Delaíde Miranda Arantes, j. 08.08.17).

De igual modo, o mesmo TST também já proferiu decisão concessiva de liminar em *habeas corpus* no sentido de expedir "alvará de soltura de prisão contratual" a um jogador de futebol para que ele pudesse rescindir contrato anterior com um clube que lhe devia salários atrasados e, assim, poder ser contratado por outro time (HC nº 1000462-85.2018.5.00.0000, rel. Min. Alexandre de Souza Agra Belmonte, j. 25.06.18).

Salvo melhor juízo, o emprego do "habeas corpus" é reservado, tão somente, aos casos em que haja restrição à liberdade – **física** – de locomoção, de deambulação, de, literalmente ir, vir e permanecer. Mostra-se patentemente indevido o manejo do remédio heroico com o fito de proteção de contratantes e contratados em relação à autonomia da vontade numa relação trabalhista/particular. Para isso, há ações ordinárias ou até mesmo o mandado de segurança, inclusive com pedido de concessão de liminar, mas *nunca* o manejo do "habeas corpus", até porque a análise dos elementos da relação trabalhista (cláusulas contratuais, vigência, validade, pagamentos, atrasos etc.) demonstra o indevido (e vedado) aprofundamento em dilações probatórias. Se o processo penal não admite dilação probatória, resta mais do que claro ser isso vedado num processo trabalhista, que demandará profunda análise factual. Entender o contrário seria retroceder à doutrina brasileira do "habeas corpus", há décadas já superada, como já sabido e sustentado pelo STF. Veja o acórdão obreiro, ora mencionado, em que o julgador justifica a concessão liminar de *habeas corpus* afirmando que negar tal remédio corresponderia a impossibilitar o direito do jogador de ir para outro clube, "numa roupagem de aprisionamento". Ora, soa ilógica a utilização do remédio heroico, expressamente previsto aos casos de liberdade física de locomoção, quando existe, por exemplo, outros tipos de ações.

Assim:

JUSTIÇA DO TRABALHO
Julgar o "habeas corpus" oriundo de ato relacionado à Justiça do Trabalho, como no caso da competência do TRT para julgar ato ilegal do juiz do trabalho que determina a prisão civil de um depositário infiel (que não mais é possível, cf. súmula vinculante nº 25). Lembrar que a Justiça do Trabalho NÃO possui competência penal.

Quanto à **Justiça Eleitoral**, competirá ao Tribunal Superior Eleitoral processar e julgar o "habeas corpus" em matéria eleitoral contra ato ilegal e abusivo oriundo dos Tribunais Regionais Eleitorais (STF, HC nº 88.769/SP, rel. Min. Ellen Gracie, j. 09.09.08) ou quando houver perigo de se consumar a violência antes que o juiz competente possa prover sobre a impetração (art. 22, I, *e*, Código Eleitoral); competirá ao Tribunal Regional Eleitoral processar e julgar o "habeas corpus" em matéria eleitoral contra ato de autoridade que responda perante os Tribunais de Justiça por crime de responsabilidade e, em grau de recurso, os denegados ou concedidos pelos juízes eleitorais, ou, ainda, quando houver perigo de se consumar a violência antes que o juiz competente possa prover sobre a impetração (art. 29, I, *e*, e II, *b*, Código Eleitoral). E, no mais, competirá aos juízes eleitorais decidir "habeas corpus" em matéria eleitoral desde que essa competência não esteja atribuída privativamente a uma instância superior (art. 35, III, Código Eleitoral).

Desta forma:

JUSTIÇA ELEITORAL	
TSE	HC contra ato ilegal do TRE ou quando houver perigo de se consumar a violência antes que o juiz competente possa provê-lo.
TRE	HC contra ato de autoridade que responda perante o tribunal e julgar os recursos de HC concedido ou denegado pelos juízes eleitorais.
Juiz	HC de forma residual, quando o ato não for de competência de nenhum tribunal eleitoral.

Por fim, cabe analisar a competência da **Justiça Militar** para o processo e julgamento de "habeas corpus". É importante relembrar a previsão do art. 142, § 2º, CF, que dispõe *não caber* o remédio heroico em relação a punições disciplinares militares, o que, como já observado, diz respeito apenas ao mérito da decisão castrense, nada impedindo que o Poder Judiciário analise eventuais ilegalidades ou abusos.

Adotando-se a lição de Renato Brasileiro (Manual, 2016), é preciso atentar que a Justiça Militar da União só julga *crime militar* definido na respectiva lei (art. 124, CF); e à Justiça Militar dos Estados compete julgar e processar tanto os *crimes militares* como as ações judiciais contra *atos disciplinares militares* (§ 5º, art. 125, CF). Assim, vê-se que a Justiça Castrense da União não tem competência para o processo e julgamento de atos disciplinares praticados por militar das Forças Armadas, de modo que o seu julgamento competirá à Justiça Federal (STF, HC nº 83.543/SP, rel. Min. Ricardo Lewandowski, j. 03.04.07); já à Justiça Militar Estadual competirá o julgamento do "habeas corpus" oriundo de ação policial militar ou bombeiro militar, a ser decidido pelo juiz de direito do juízo militar.

De qualquer forma, é necessário diferenciar se a autoridade militar está atuando na função administrativa de punição militar ou na função de polícia judiciária (arts. 7º e 8º, CPPM). Se atua na função administrativa disciplinadora, a competência para julgar o "habeas corpus" do militar das Forças Armadas será da Justiça Federal; ou, caso se trate de militar estadual, da Justiça Militar Estadual. Agora, caso a atuação se dê no exercício da função de polícia judiciária militar (ex.: quando se efetua prisão em flagrante de militar que cometeu crime militar), a competência será sempre da Justiça Militar – da União ou dos Estados, cf. o caso.

Diante da nova Lei nº 13.774/18, que promoveu diversas alterações na Lei de Organização da Justiça Militar da União (Lei nº 8.457/92), destaca-se que é de competência do Juiz Federal da Justiça Militar julgar o "habeas corpus" contra ato de autoridade militar praticado em razão da ocorrência de crime militar, exceto o praticado por oficial-general, cuja competência é do STM (art. 30, I-C), que julgará, também, o "habeas corpus" contra ato de Juiz Federal da Justiça Militar e do Conselho de Justiça (art. 6º, I, *c*).

Então:

JUSTIÇA MILITAR	
JM da União	O HC contra **ato disciplinar** é de competência da Justiça Federal; já o HC relativo a **crime militar** é de competência da própria Justiça Militar.
JM dos Estados	O HC contra **ato disciplinar** é de competência da Justiça Militar, assim como o ato relativo a **crime militar**.

16.2.8. Procedimento

Sinteticamente, o procedimento do "habeas corpus" é composto dos seguintes atos: (a) petição inicial; (b) pedido de informações à autoridade coatora; (c) eventual manifestação do Ministério Público e (d) decisão. Cada etapa será, a seguir, analisada detidamente.

No mais, o seu rito é conhecido por duas características fundamentais: simplicidade e sumariedade.

16.2.8.1. *Capacidade postulatória*

Já foi estudado alhures que qualquer pessoa, com ou sem habilitação jurídica, pode impetrar “habeas corpus”. O próprio Estatuto da Ordem dos Advogados do Brasil (Lei nº 8.906/94) dispõe no seu art. 1º, § 1º, que “não se inclui na atividade privativa de advocacia a impetração de habeas corpus em qualquer instância ou tribunal”.

Uma breve observação se faz necessária, apesar de o tema ser tratado adiante, em tópico específico. O Superior Tribunal de Justiça não admite recurso ordinário em *habeas corpus* interposto por quem não seja advogado, isto é, embora a ação de “habeas corpus” possa ser impetrada por qualquer do povo, recurso combatendo a decisão proferida no “habeas corpus” exige capacidade postulatória, que só é conferida a profissionais do Direito devidamente habilitados, o que recebe veementes críticas da doutrina, como será estudado adiante (RHC nº 77.943/SP, rel. Min. Reynaldo Soares da Fonseca, j. 06.04.17). No âmbito do Supremo Tribunal Federal, há divergência entre as turmas, caso em que a 1ª Turma admite o RHC por quem não possui capacidade postulatória (HC nº 122.666/RS, rel. Min. Dias Toffoli, j. 18.11.14) e, de outro lado, a 2ª Turma o inadmite, por se tratar de ato privativo de advogado (RHC nº 121.7228MG, rel. Min. Ricardo Lewandowski, j. 20.05.14).

16.2.8.2. *Petição inicial*

A inicial do pedido de “habeas corpus” exige o preenchimento de alguns requisitos, quais sejam (art. 654, § 1º, CPP):

a) o nome da pessoa que sofre ou está ameaçada de sofrer violência ou coação e o de quem exercer a violência, coação ou ameaça. Entende-se que basta que o paciente consiga ser individualizado, seja pelas suas características ou pelo lugar em que se encontra com seu direito de locomoção violado. Quanto ao coator, deverá haver a sua qualificação também: se for particular, pelo nome (João da Silva, diretor do hospital municipal); se for autoridade pública, pela função (juiz de direito da vara criminal).

b) a declaração da espécie de constrangimento ou, em caso de simples ameaça de coação, as razões em que funda o seu temor. É preciso que se indique, concretamente, qual é a violência ou coação (ou ameaça) que o paciente está sofrendo.

c) a assinatura do impetrante, ou de alguém a seu rogo, quando não souber ou não puder escrever, e a designação das respectivas residências. A jurisprudência vem entendendo que é *obrigatória* a assinatura do impetrante ou de alguém a seu rogo, sob pena de não conhecimento (STJ, AgRg no EDcl no HC nº 133.078/SP, rel. Min. Jorge Mussi, j. 16.06.11).

d) uso do vernáculo (língua portuguesa). Viu-se acima que todos, independentemente da origem, podem impetrar o remédio constitucional, sejam eles nacionais ou estrangeiros. No entanto, os tribunais exigem que a redação seja em língua portuguesa, sob pena de não conhecimento, tendo em vista que o conteúdo da ação, dada a sua natureza popular, deve ser acessível a todos, sendo insuficiente a alegação de que o idioma estrangeiro é conhecido pelo julgador (STF, QO-HC nº 72.391/DF, rel. Min. Celso de Mello, j. 08.03.95).

No mais, deve-se ter em mente a informalidade e simplicidade que vigem no rito do remédio constitucional. Claro exemplo disso, comumente divulgado na mídia, é a impetração de "habeas corpus" escrito em papel higiênico, em lençol ou em sacos de papel, que são perfeitamente aceitos, processados e julgados pelo Poder Judiciário (STJ, HC nº 295.085/CE, rel. Min. Maria Thereza de Assis Moura, j. 22.05.14 – cujo HC foi escrito num pedaço de lençol e, depois de julgado, remetido ao museu da Corte).

É de se destacar, também, que, em garantia ao amplo acesso ao Poder Judiciário, e tendo em vista que está em jogo o direito de locomoção de alguém, mesmo que apócrifa ou desprovida dos requisitos legais de instrução, caberá ao juiz, antes de simplesmente negar o *habeas corpus*, buscar "salvá-lo", como remetendo-o à Defensoria Pública, por exemplo. Foi o que ocorreu no caso de um preso que impetrou o remédio heroico escrito em papel higiênico, mas que não trazia elementos suficientes para o seu conhecimento (STJ, HC nº 328.126/SP, rel. Min. Reynaldo Soares da Fonseca, j. 29.06.15).

16.2.8.3. *Liminar*

Não há previsão legal, mas a situação pode ser tão grave a ponto de ser necessária uma rápida prestação jurisdicional em favor da liberdade de locomoção, o que se dá por meio de liminar, bastando o preenchimento dos requisitos fundamentais das cautelares em geral: *fumus boni iuris* (viabilidade do direito) e *periculum in mora* (urgência patente). Historicamente, a primeira liminar foi concedida pelo Superior Tribunal Militar, em 1964.

O fundamento comumente utilizado é o art. 7º, III, Lei nº 12.016/09 (Lei do Mandado de Segurança), que dispõe que, ao despachar a inicial, o juiz ordenará que se suspenda o ato que deu motivo ao pedido, quando houver fundamento relevante e do ato impugnado puder resultar a ineficácia da medida, caso seja finalmente deferida. Além do mais, é preciso perceber que, se o julgador pode conceder a ordem de ofício (art. 654, § 2º, CPP), resta claro que também poderá deferir pedido de liminar.

A decisão liminar, se proferida, perdurará até o julgamento definitivo do pedido, momento em que poderá ser mantida ou cassada.

Como ensina Guilherme de Souza Nucci, "o trâmite do *habeas corpus* já é célere o suficiente para permitir o julgamento do mérito, independentemente de liminar. Entretanto, em alguns casos, a medida antecipatória realmente se torna indispensável. Ilustrando, ser preso preventivamente, quando as provas dos autos indicam ter o agente atuado em legítima defesa, contrariando o disposto pelo art. 314 do CPP, requer a liminar para libertar o detido ou para impedir a prisão do acusado" (*Habeas*, 2017, p. 173).

Contra o deferimento ou indeferimento da liminar, afirma-se que não há recurso, tendo em vista que a ação constitucional já seguirá para julgamento definitivo. Quando a impetração se dá diretamente no tribunal, ocorrerá, como todo processo, a distribuição a um relator, que estará incumbido de analisar o pedido de liminar feito. A questão que se põe é saber o que a parte pode fazer se este relator indeferir a liminar requerida.

Para "driblar" a ausência de recurso, muitos advogados impetram um novo *habeas corpus*, agora no tribunal superior; e, se indeferida novamente a liminar, impetra-se outro *habeas corpus*, ao tribunal superior – ou seja, parte-se desde o juízo de piso até se chegar ao Supremo Tribunal, apenas por meio de *habeas corpus* sucessivos. Isso gera uma verdadeira "cascata de ações" (Nucci, 2017), tumultuando o Poder Judiciário e inviabilizando o próprio conhecimento e análise do primeiro "habeas corpus" impetrado.

Em razão disso, o Supremo Tribunal Federal editou a súmula nº 691, dispondo que "não compete ao Supremo Tribunal Federal conhecer de *habeas corpus* impetrado contra decisão do relator que, em *habeas corpus* requerido a tribunal superior, indefere a liminar". Ou seja, não cabe ao STF conhecer de "habeas corpus" oriundo de liminar indeferida do STJ. O mesmo entendimento é aplicado aos demais tribunais, ou seja, não cabe "habeas corpus" ao Superior Tribunal de Justiça, por exemplo, contra o indeferimento de liminar em *writ* oriundo do Tribunal de Justiça (AgRg no HC nº 397.859/SP, rel. Min. Antonio Saldanha Palheiro, j. 06.06.17). Argumenta-se que, como não se exauriu a instância imediatamente inferior, não se pode, por meio de novo remédio heroico, buscar acesso à instância superior – a solução, pois, é a interposição de agravo regimental.

Mas ver que a própria Suprema Corte mitiga (por assim dizer) a sua súmula quando, por exemplo, a violação à liberdade de locomoção for **teratológica**, **flagrante** e **manifestamente ilegal ou abusiva**, principalmente quando contrariar a jurisprudência do STF, de modo a, excepcionalmente, se autorizar a análise de *habeas corpus* contra decisão denegatória de liminar em *habeas corpus* impetrado anteriormente (AgRg no HC nº 131.320/PR, rel. Min. Teori Zavascki, j. 15.12.15; HC nº 143.476/RJ, rel. p/ acórdão Min. Ricardo Lewandowski, j. 06.06.17) – situações essas que, a bem da verdade, são aquelas em que a Corte poderia, de ofício, conceder a ordem (HC nº 139.612/MG, rel. Min. Alexandre de Moraes, j. 25.04.17). De igual modo entende a Corte da Cidadania (AgRg no HC nº 426.029/SC, rel. Min. Reynaldo Soares da Fonseca, j. 27.02.18).

Ressalta-se, antes que se venha o questionamento, que os tribunais não costumam aceitar a interposição de agravo regimental (cf. seus Regimentos Internos) contra a decisão que defere/indefere **liminar** em *habeas corpus* (STJ, AgRg no RHC nº 83.522/SP, rel. Min. Rogerio Schietti Cruz, j. 01.06.17; AgRg no HC nº 395.461/SP, rel. Min. Antonio Saldanha Palheiro, j. 16.05.17; e AgRg no HC nº 423.987/SP, rel. Min. Ribeiro Dantas, j. 12.12.17).

A doutrina especializada repudia veementemente a súmula nº 691, STF, ao ensinamento de que, além das questões processuais, a impetração de *habeas corpus* contra indeferimento de liminar se deve, ao lado da própria urgência da medida que se pede, à demora no julgamento dos agravos internos (quando aceitos) contra a decisão monocrática de rejeição pelo relator (Toron, 2017). Tanto é assim que, como visto, o próprio Supremo Tribunal Federal, conforme o caso, às vezes afasta a incidência da referida súmula diante de uma situação patentemente ilegal, tal como já se deu no âmbito da

"Operação Lava Jato", em que a Corte superou mais uma vez a aplicação do verbete sumular, diante de uma prisão preventiva sustentada tão somente no perigo abstrato de fuga do paciente e apenas em razão de sua condição financeira (HC nº 125.555/PR, rel. Min. Teori Zavascki, j. 10.02.15).

Soa no mínimo curioso que diversas decisões anteriores a respeito de uma prisão (uma decisão de um juiz; depois de um desembargador, monocraticamente; depois de um grupo de desembargadores de tribunal; em seguida, de um ministro de STJ, monocraticamente) chegue ao Supremo Tribunal Federal como sendo, ainda assim, "flagrantemente ilegal", apta a abrandar o entendimento sedimentado da Suprema Corte.

De qualquer forma, a despeito das críticas doutrinárias, a súmula nº 691, STF, continua com total aplicação, tendo o STF, mais do que excepcionalmente apenas, mitigado a sua incidência em casos considerados manifestamente teratológicos.

16.2.8.4. *Apresentação do paciente*

Tendo sido recebida a inicial do remédio heroico, o julgador, se entender necessário e estiver preso o paciente, mandará que este lhe seja apresentado imediatamente em dia e hora que designar (art. 656, "caput", CPP). Aliás, "o próprio nome *habeas corpus* significa 'tome o corpo', pois originalmente era uma medida que se destinava a obter o comparecimento físico de alguém perante o Tribunal" (Badaró, 2017, p. 531).

Em caso de desobediência, será expedido mandado de prisão contra o detentor do preso, que será processado na forma da lei, e o juiz providenciará para que o paciente seja tirado da prisão e apresentado em juízo (p.ú. do art. 656, CPP).

Se o paciente estiver preso, nenhum motivo escusará a sua apresentação, salvo: grave enfermidade do paciente; não estar ele sob a guarda da pessoa a quem se atribui a detenção; ou se o comparecimento não tiver sido determinado pelo julgador (art. 657, CPP). O juiz poderá ir ao local em que o paciente se encontrar se este não puder ser apresentado *por motivo de doença* (p.ú.).

Embora previsto em lei, tal prática é bastante rara, tendo em vista que o juiz pode expedir medida liminar ou mesmo exigir a prestação de informações da autoridade coatora acerca da ilegalidade narrada na petição, como se verá a seguir.

16.2.8.5. *Informações pelo coator*

Dispõe o art. 662, CPP, que, estando em ordem a petição inicial, o presidente do tribunal, se achar necessário, poderá requisitar da autoridade indicada como coatora, informações por escrito. Apesar da falta de previsão, tal medida também pode ser adotada pelo juiz de primeiro grau.

Essas informações não serão requisitadas se o julgador entender deva ser indeferido liminarmente o pedido de "habeas corpus" (art. 663, CPP). Se no tribunal, o relator levará a petição ao tribunal, câmara ou turma para que delibere a respeito (na prática, a decisão do relator é combatida por agravo interno).

Veja que a lei fala que as informações serão *requisitadas*, ou seja, se o coator for funcionário público, a não prestação dessas informações pode gerar crime de prevaricação ou falta funcional; se o coator for particular, poderá tipificar crime de desobediência. Nucci (*Habeas*, 2017) afirma, com base na doutrina nacional, que há outras três saídas ao juiz: (i) reputar verdadeiros os fatos, desde que haja verossimilhança e prova documental; ou (ii) exigir a imediata presença do paciente para checar a veracidade do alegado na inicial; ou (iii) requisitar outros documentos a quem possa esclarecer a suposta ilegalidade.

As informações emanadas da autoridade coatora gozam de presunção – relativa, é claro – de veracidade, podendo ser confrontadas e desmentidas com a prova pré-constituída pelo impetrante; e, por fim, as falsidades praticadas pelo coator o responsabilizarão pessoalmente.

No mais, entende-se possível a requisição de informações ao particular coator, que será intimado pelo oficial de justiça a prestá-la no prazo fixado pelo juiz. As informações prestadas pelo particular não gozam de presunção de veracidade.

16.2.8.6. *Dilação probatória*

O rito do "habeas corpus" é célere, de modo que a lei não previu uma fase instrutória, isto é, para a produção de provas em juízo. Isso, todavia, não significa que não haja produção de provas, até porque, como se viu acima, o art. 654, § 1º, CPP, exige que a petição traga diversos elementos, tal como a espécie de constrangimento ou de ameaça que o paciente está sofrendo, o que será feito por meio de prova documental.

Ademais, mencionou-se, acima, que o "habeas corpus" – tal qual o mandado de segurança – exige a presença de *direito líquido e certo*, isto é, certeza da existência do direito e delimitado quanto à sua extensão, não havendo dilação probatória. Ex.: não será a parte intimada para a realização de audiência de produção de provas.

Logo, a prova produzida no "habeas corpus" será **pré-produzida**, ou seja, já acompanhada da petição inicial e suficientemente apta a convencer o juízo acerca das alegações do requerente.

Conforme o Supremo Tribunal Federal, não será cabível a impetração do remédio heroico com o objetivo (a) de se promover a reanálise de prova penal; (b) de se reexaminar o conjunto probatório regularmente produzido; (c) de se reapreciar matéria de fato e (d) de se revalororar provas colhidas no processo (RHC nº 105.730/RJ, rel. Min. Teori Zavascki, j. 22.04.14).

Há quem defenda a possibilidade de oitiva de testemunhas ou produção de outras provas em situações excepcionais, como quando, por exemplo, o pedido for de ordem de "habeas corpus" preventivo, tendo em vista que, nestas situações, é preferível dilatar-se o procedimento para melhor esclarecer os fatos do que não conhecer o *writ* por falta de provas (Grinover, Fernandes e Gomes Filho, 2008).

Conforme Gustavo H. Badaró, no procedimento do "habeas corpus" não há *fase instrutória*, mas há *instrução* (Manual, 2017). Isso porque, apesar de não existir uma fase específica no rito da ação constitucional para a produção de provas em juízo, o que prejudicaria a celeridade que se espera deste tipo de ação, deve existir o mínimo de suporte probatório para que o julgador analise a violência ou ameaça à liberdade de locomoção.

16.2.8.6.1. *Revolvimento da prova vs. revaloração do fato*

Viu-se que o rito do remédio heroico não comporta uma fase procedimental específica para a produção de provas em juízo; por isso é que se exige prova pré-constituída para a sua impetração.

O tema que se coloca agora, no entanto, é saber se é possível ao juiz re(avaliar) o material probatório que sustenta a investigação ou a ação penal em curso. Ex.: as provas utilizadas pelo juiz para realizar a dosimetria da pena.

Poderia o juiz **reavaliar provas** no rito do *habeas corpus*?

Em princípio, não. O procedimento célere e sumário do "habeas corpus" não comporta o revolvimento do conjunto fático-probatório, justamente por não se admitir dilação probatória (STJ, HC nº 386.847/RS, rel. Min. Joel Ilan Paciornik, j. 06.06.17).

Tenha em mente, por exemplo, que o juízo da causa possui tempo e meios para a produção da prova, podendo ouvir testemunha, determinar perícias, realizar uma prova em complementação etc. e, depois, formar o seu convencimento; isso resta absolutamente impossibilitado no *rito célere* do "habeas corpus", que não comporta dilação probatória.

O Superior Tribunal de Justiça tem claro julgado a respeito da decisão de recebimento de denúncia: "no tocante à possibilidade de realização de exame probatório em *habeas corpus*, desde que pré-constituído, entendo ser a questão em discussão um pouco mais complexa, pois se trata de *habeas corpus* impetrado contra decisão de recebimento de denúncia. Ao se debruçar sobre a denúncia, a autoridade judiciária realiza análise hipotética sobre os fatos ali narrados, a fim de decidir se eles correspondem, em tese, a um tipo penal previsto em nosso ordenamento positivo. Além disso, como a instauração de um processo criminal afeta o *status dignitatis* do indivíduo, terá o magistrado de examinar se nos autos que acompanham a peça acusatória inicial há prova da existência do crime e indícios que sinalizem, de modo suficiente, ter sido o denunciado o autor da infração penal. Tudo isso, sublinhe-se, sem incursão profunda sobre os elementos de informação disponíveis, porquanto o objeto de investigação judicial, nesse momento processual, é tão somente verificar se há elementos mínimos para dar início à ação penal e levá-la até seu ponto ótimo, qual seja, o julgamento de mérito. A cognição, por conseguinte, é sumária e limitada. Não é compatível, nessa quadra do *iter* procedimental, exame aprofundado dos elementos informativos coletados na fase investigatória e muito menos alargamento do campo horizontal da investigação para temas que somente irão ter relevo para a demonstração, no momento oportuno, de que os fatos narrados na denúncia ou na queixa efetivamente ocorreram ou não. Outrossim, fosse profunda a incursão probatória, a ponto de investigar e formar plena convicção sobre detalhes da investigação relacionados à autoria delitiva, ou fosse amplo o espectro de cognição judicial sobre todos os fatos objeto da atividade pré-processual, estaria o juiz impedido de prosseguir na condução do processo criminal, por perda de sua indispensável imparcialidade" (AgRg no REsp nº 1.271.037/PR, rel. Min. Rogerio Schietti Cruz, j. 14.02.17).

Assim, não se poderá, nestes casos, realizar uma análise profunda ou comparativa de provas, discutindo se são ou não suficientes para a caracterização de justa causa (Badaró, 2017).

De outro lado, o **revolvimento de provas** – que é vedado – não se confunde com a **revaloração jurídica** dos fatos delimitados nas instâncias inferiores em casos específicos.

Imagine o seguinte caso: o agente é denunciado por *tráfico de drogas* por ter sido flagrado com (apenas) *dois gramas* de maconha; ele é condenado em primeiro grau por *porte para uso pessoal*, muito mais brando, claro; a acusação recorre e o tribunal reforma a sentença, condenando-o por *tráfico de drogas* a uma pena de três anos de reclusão em regime fechado; a defesa recorre ao STJ, sustentando a necessidade de desclassificação, tendo em vista a ínfima quantidade de droga, mas é barrada, já que se trataria de "revolvimento das provas dos autos", ou seja, da comparação das provas relacionadas ao possível porte para uso e ao tráfico de drogas; a defesa, então, recorre ao STF.

É possível esta análise – da desclassificação do tráfico para porte para consumo pessoal – no bojo de um "habeas corpus"?

Excepcionalmente, sim.

Considerando este exato exemplo, entendeu o Supremo Tribunal Federal que, de fato, a jurisprudência não admite o uso do "habeas corpus" para o revolvimento do conjunto fático-probatório da causa. Todavia, em causas como a colocada, a questão não trata de mero revolvimento de provas, mas de sua **revaloração**, o que deve ser admitido de forma excepcional.

A conclusão adotada pelo tribunal "a quo", ao reformar a sentença de primeiro grau, se mostrou irrazoável e desproporcional, *aferível de imediato*, tamanha a ilegalidade e considerando que o paciente se encontrava preso há mais de um ano. Conforme o voto do relator, Min. Ricardo Lewandowski, "nós não podemos ser burocratas do Judiciário. A desproporção entre o fato imputado ao paciente e a pena de três anos em regime inicial fechado é tão brutal, que não podemos simplesmente homologar, bater um carimbo sobre esta questão" (HC nº 98.816/SP, j. 29.06.10).

Assim, "a valoração jurídica do fato distingue-se da aferição do mesmo, por isso que o exame da presente questão não se situa no âmbito do revolvimento do conjunto fático-probatório, mas importa em mera revaloração dos fatos postos nas instâncias inferiores, o que viabiliza o conhecimento do *habeas corpus*" (STF, HC nº 101.698/RJ, rel. Min. Luiz Fux, j. 18.10.11).

Mas veja que a revaloração jurídica se trata de caso excepcionalíssimo, de **patente ilegalidade ou abuso**, como exposto no caso acima, **aferível de imediato**. A jurisprudência é uníssona, por exemplo, no sentido de que "o exame do pedido de desclassificação do delito de tráfico ilícito de entorpecentes para o de uso de entorpecente demanda o revolvimento de fatos e provas, ao que não se presta o procedimento sumário e documental do *habeas corpus*" (STF, HC nº 113.329/MS, rel. Min. Cármen Lúcia, j. 14.05.13). Assim, portanto, não cabe a discussão em "habeas corpus" se vinte ou se cinquenta cigarros de maconha, *v.g.*, são ou não tráfico de drogas ou porte para uso pessoal, o que demandaria a reanálise de todas as provas dos fatos, a natureza da droga, o local da apreensão, condições em que se desenvolveu a ação etc., cf. o art. 28, § 2º, Lei nº 11.343/06 – mas, dois gramas de *Cannabis*, diante da **gritante ilegalidade**, autorizam a revaloração jurídica do fato. Então, se a instância inferior entendeu não ser cabível o reconhecimento do tráfico privilegiado, com base em **elementos concretos** que indicavam a dedicação do agente em atividades criminosas, entender o STJ de modo diverso, em "habeas corpus", afastando essa conclusão, geraria o revolvimento do conjunto fático-probatório, o que é vedado no rito do remédio constitucional (AgRg no HC nº 452.983/MS, rel. Min. Rogerio Schietti Cruz, j. 25.09.18).

Conclui-se, neste caminho de ideias, que não há que se confundir o *revolvimento de provas*, que é vedado no âmbito do remédio constitucional, com a *revaloração do fato*, que é admitida excepcionalmente.

16.2.8.7. *Ônus da prova*

De forma cartesiana, se há ilegalidade, defere-se a ordem de "habeas corpus"; de outro lado, se não se vislumbra ilegalidade, a ordem é denegada. A questão, então, é saber: e se o julgador tiver dúvidas, como julgar? Como se dá a distribuição do ônus da prova no remédio heroico?

Consoante entendimento clássico – e majoritário – já defendido desde o início do século passado por Francisco Cavalcanti Pontes de Miranda, "ao impetrante é que cabem os ônus de afirmar e o ônus de provar" (História, 2003, t. 2, p. 88). Isso porque, ao se impetrar o "habeas corpus", os documentos necessários para o julgamento já deverão acompanhar a inicial, colocada pronta para julgamento. A doutrina, assim, entende que **a dúvida quanto à ocorrência ou não de fato ofensivo à liberdade de locomoção não beneficia o paciente**, já que não se está diante de um processo-crime, mas, pelo contrário, está-se a se analisar a legalidade ou não de um ato oriundo – em regra – de uma autoridade, cuja presunção de legalidade milita em favor desta. Logo, não havendo provas suficientes, a ordem será denegada.

E conforme a jurisprudência, "como se sabe, o procedimento do *habeas corpus* pressupõe prova pré-constituída do direito alegado, devendo a parte demonstrar, de maneira inequívoca, por meio de documentos que evidenciem a pretensão aduzida, a existência do aventado constrangimento ilegal, ônus do qual não se desincumbiu a defesa (HC nº 308.337/SP, rel. Min. Jorge Mussi, j. 19.05.15).

Assim, "a via estreita do remédio heroico não contempla dilação probatória, constituindo ônus do impetrante a demonstração, mediante prova pré-constituída, da alegada coação ilegal" (STJ, HC nº 422.680/DF, rel. Min. Gurgel de Faria, j. 13.12.17).

Contrariando a posição majoritária, Gustavo Henrique Badaró entende que "concluir que no *habeas corpus* cabe ao impetrante o ônus da prova da lesão ou ameaça ao direito de liberdade significaria afastar a necessidade de uma demonstração cabal da hipótese autorizadora da prisão. De nada adiantaria afirmar que a prisão somente pode ser decretada pelo juiz diante da certeza da ocorrência da hipótese legal que a autoriza se se concluísse, na sequência, que mesmo que tenha sido decretada a prisão ilegal – cuja ilegalidade poderia ser justamente por não estar demonstrada a situação autorizadora da prisão –, no *habeas corpus* caberia ao impetrante o ônus da prova da ilegalidade e que, na dúvida, a ordem deveria ser denegada. Ao se admitir tal situação, acabaria havendo uma 'inversão do ônus da prova'. Isso porque, se, em caso de dúvida, fosse decretada a prisão e, uma vez interposto o *habeas corpus*, tivesse o impetrante que demonstrar, acima de qualquer dúvida, que a prisão era ilegal, o *in dubio pro libertate* teria se transformado em *in dubio contra libertate*" (Manual, 2017, p. 535-536).

16.2.8.8. *Mérito*

Inicialmente, é importante dizer que a concessão da ordem de "habeas corpus" não impedirá, em regra, o curso do processo e nem o encerrará, desde que não esteja em conflito com os fundamentos daquela (art. 651, CPP).

Exemplo: se o agente impetra o remédio heroico sustentando que a sua prisão cautelar está com tempo excessivo de duração e o juiz concede a ordem de soltura, isso não obstará o curso normal do processo; de outro lado, se o juiz reconhece a ilegalidade de uma prova, isso poderá colocar termo ao processo.

A natureza da decisão que concede a ordem de "habeas corpus" é **mandamental**, de modo que o Poder Judiciário *manda* que cesse um constrangimento à liberdade de locomoção do paciente. Seja o remédio preventivo ou repressivo, a ordem sempre será mandamental (ou mandando que cesse um ato, ou mandando que ele não venha a ser praticado).

Novamente citando Pontes de Miranda, a sentença concessiva de "habeas corpus" não declara, não constitui, não condena e nem executa. Ela manda, sendo esta a sua peculiaridade: manda soltar, manda conceder fiança, manda expedir salvo-conduto etc. (História, 2003, t. 2).

O mérito do "habeas corpus" é a existência ou não de ilegalidade ou coação do ato tido como cerceador da liberdade de locomoção do paciente. É o único objeto da ação constitucional. Não se analisa culpa, não se analisa dados do crime, não se analisa mais nada além da (i)legalidade do ato invocado – salvo, claro, se a própria ilegalidade disser respeito a estes dados (ex.: trancamento de ação penal).

Como regra, portanto, tratando-se de debate estrito acerca da liberdade de locomoção tão somente, o mérito do "habeas corpus" não se confunde com o da ação penal (Nucci, 2017).

Por fim, a proibição da *reformatio in pejus*, embora costumeiramente aplicável e mencionada apenas em relação aos recursos, também é aplicável no âmbito do *habeas corpus* (que não é recurso, como visto), haja vista tratar-se de princípio imanente ao processo penal. Assim, o manejo do remédio heroico jamais poderá agravar a situação jurídica daquele a quem busca favorecer (STF, HC nº 126.869/RS, rel. Min. Dias Toffoli, j. 23.06.15).

16.2.8.9. *Efeitos da decisão e sua extensão*

O art. 660, "caput", CPP, determina que, efetuadas as diligências e interrogado o paciente (se o caso), o juiz decidirá, fundamentadamente, em 24 horas. Este prazo é considerado impróprio, cuja inobservância não gera nulidade. Todavia, se houver atraso significativo, o julgador passa a ser coator, podendo o paciente impetrar novo "habeas corpus" ao juízo superior.

Como se viu, deferido o "habeas corpus", o julgador expedirá uma ordem, concedendo o que foi requerido para que cessa a violência, coação ou ameaça ao direito de deambular. Resguarda-se, claro, a possibilidade de o paciente ser mantido em cárcere se existir, por exemplo, outro título prisional em seu desfavor (art. 660, § 1º, CPP).

Exemplo: ordem de soltura em relação ao processo nº 1, de roubo, mas o agente está preso também em razão do processo nº 2, que está respondendo por homicídio. Embora tenha havido a concessão de uma ordem de soltura, esta não interferirá o outro título prisional existente, que se mantém íntegro.

A isso se dá o nome de **alvará de soltura clausulado**, ou seja, o julgador fixa uma espécie de "cláusula" no mandado de soltura, excepcionando a existência de outras causas que autorizam, legalmente, a manutenção da prisão do paciente por outro motivo/processo.

Ressalta-se que não se aplica mais o art. 653, CPP, que prevê que, ordenada a soltura do paciente, será condenada nas custas a autoridade que, por má-fé ou evidente abuso de poder, tiver determinado a coação, tendo em vista que a ação de *habeas corpus* é gratuita (art. 5º, LXXVII, CF), de modo que referido artigo não foi recepcionado pela Carta de 1988. De qualquer modo, subsiste a possibilidade de responsabilização civil, administrativa e penal do agente que agiu com má-fé ou abuso, remetendo-se cópia do processo ao Ministério Público (p.ú., art. 653, CPP).

Sob um aspecto subjetivo, é possível que se aplique analogicamente o art. 580, CPP, ao "habeas corpus". Este dispositivo afirma que, no caso de concurso de agentes, a decisão do recurso interposto por um dos réus, fundado em motivo que não seja pessoal, aproveitará aos outros. Adaptando-se ao remédio heroico (que é uma ação), é possível que a concessão de uma ordem seja estendida aos demais indiciados ou réus que estejam na mesma situação fático-processual do paciente, desde que não se trate de motivo de caráter personalíssimo (STJ, EDcl na PExt no RHC nº 66.933/SP, rel. Min. Nefi Cordeiro, j. 21.06.16).

Exemplo: um réu impetra "habeas corpus" sustentando que o fato praticado é atípico; se concedida a ordem, será plenamente possível a extensão dessa benesse ao corréu, até porque, se o fato é atípico para um, o é para todos que se encontrem na mesma situação.

Corriqueiramente, o outro réu/indiciado peticiona ao tribunal buscando a extensão do julgado positivo em seu benefício (STJ, PExt no HC nº 175.563/SP, rel. Min. Laurita Vaz, j. 02.08.11); ou então, o próprio tribunal, de ofício, estende os efeitos da ordem aos demais agentes. Nada impede, no mais, que se interponham embargos de declaração (ou, como os tribunais vêm entendendo, agravo regimental) para a concessão de extensão dos efeitos (EDcl no RHC nº 39.538/RJ, rel. Min. Maria Thereza de Assis Moura, j. 27.06.14). Se indeferida a extensão, será o caso de o agente impetrar seu próprio "habeas corpus".

Atentar, todavia, que, para se requerer a extensão da decisão de um "habeas corpus", o interessado **precisa ser corréu** do paciente no processo-crime (STF, Ext-HC nº 137.728/PR, rel. Min. Dias Toffoli, j. 17.05.17). Além disso, a Suprema Corte já entendeu não ser possível a extensão do art. 580, CPP, no caso de paciente que exerça o comando de organização criminosa (2ª Ext-HC nº 154.181/RJ, rel. Min. Gilmar Mendes, j. 17.08.18).

16.2.8.10. *Concessão de ofício*

Conforme o art. 654, § 2º, CPP, "os juízes e os tribunais têm competência para expedir de ofício ordem de *habeas corpus*, quando no curso de processo verificarem que alguém sofre ou está na iminência de sofrer coação ilegal".

Pode ser que o pedido de "habeas corpus" feito não seja conhecido, por lhe faltar algum requisito legal; no entanto, o julgador, diante dos fatos narrados, poderá verificar uma ilegalidade ou abuso de poder, de forma que o ordenamento jurídico o autoriza a, de ofício, como garantia dos direitos fundamentais de um Estado de Direito, conceder ordem de ofício, objetivando cessar a ilegalidade então perpetrada.

Exemplo: viu-se, acima, que a jurisprudência não admite mais o chamado *habeas corpus* substitutivo de recurso ordinário; pode ser, então, que um defensor – equivocadamente – impetre este tipo de "habeas corpus", de forma que o tribunal decide por não o conhecer, já que existe via recursal própria; todavia, a Corte, em homenagem ao princípio da ampla defesa, pode passar ao exame da insurgência para verificar eventual constrangimento ilegal passível de ser sanado de ofício (STJ, HC nº 372.895/RS, rel. Min. Reynaldo Soares da Fonseca, j. 10.05.17), ou seja, apesar de não conhecer a ação constitucional impetrada, o tribunal passa a analisar, *de ofício*, eventual ilegalidade existente no direito de locomoção do paciente.

Vale a pena ler o debate que ocorreu no HC nº 134.240/MT (rel. Min. Edson Fachin, j. 28.06.16), em que o Min. Luiz Fux sustentou que não conhecer de *habeas corpus* substitutivo, mas, depois, o tribunal analisar, de ofício, se existe alguma ilegalidade no direito de locomoção invocado, seria, nas palavras do Ministro, trocar "seis por meia dúzia. O Supremo não conhece o *habeas corpus*, mas entra no mérito para a concessão ou não de ofício. Então está fazendo a mesma coisa". De fato, acaba ocorrendo maior apreço à formalidade dos atos (que gera o não conhecimento da ação) do que ao conteúdo da ação (referente ao direito de liberdade), mas o resultado acaba por ser o mesmo: análise da existência ou não de ilegalidade ou abuso.

Mesmo que o tribunal possa conceder a ordem de "habeas corpus" de ofício, deve-se observar a regra de distribuição constitucional de competências para conhecer do remédio. Desta forma, apenas o órgão constitucional competente para julgar o "habeas corpus" poderá conceder a ordem de ofício (STF, Plenário, AgRg na Rcl nº 25.509/PR, rel. Min. Edson Fachin, j. 15.02.17). Aplica-se a conhecida máxima: **"só pode conceder de ofício quem pode conceder a pedido"**.

Exemplo: se um juiz de primeiro grau decreta uma prisão e a defesa impetra "habeas corpus" para combater uma prova ilegal, o tribunal de justiça poderá, ao conhecer do remédio, conceder a ordem de soltura se verificar que a prisão é desnecessária, pois ele é competente para tanto; de outro lado, por exemplo, o STF não pode conceder de ofício ordem de "habeas corpus" em relação a uma decisão de tribunal de justiça, pois a Suprema Corte apenas analisa ato de *tribunal superior* (como o STJ, por exemplo).

Outro exemplo: se a defesa ajuíza reclamação perante o STF contra ato de juiz de primeiro grau, sustentando desrespeito a uma decisão sua, não poderá o STF, no caso de entender pelo não cabimento da reclamação, conhecer desta como se "habeas corpus" fosse e conceder a ordem de ofício, já que o STF não possui competência para julgar remédio heroico contra ato de juiz de primeiro grau, sendo preciso que essa decisão seja analisada pelo tribunal e depois pelo tribunal superior para, só então, chegar ao STF. Assim, se a Corte não pode conhecer desse "habeas corpus" a pedido, também não poderá conceder a ordem de ofício.

Vale ressaltar que essa decisão do Plenário do STF vai contra uma decisão monocrática anterior do Ministro José Antonio Dias Toffoli (MC-Rcl nº 24.506/DF, j. 29.06.16), que, em situação similar ao exemplo acima, negou o pedido na reclamação feito contra ato de juiz federal de primeiro grau, mas concedeu ordem de "habeas corpus" de ofício, considerando que não vislumbrou os requisitos da prisão preventiva do agente. No caso, o STF não era competente para julgar o "habeas corpus" a pedido (já que o ato era oriundo de juiz de primeiro grau), mas o Ministro acabou concedendo a ordem de ofício (mesmo diante da ausência de competência do STF), posição esta diametralmente oposta ao que foi decidido, atualmente, pelo Plenário da Corte.

Seja como for, parece, agora, prevalecer a decisão adotada pelo Plenário do Supremo Tribunal Federal, no sentido de que **a concessão de ofício de "habeas corpus" somente é possível se respeitadas as regras de competência para a interposição do remédio heroico, isto é, tribunal que não pode julgar o HC a pedido não pode conceder a ordem de ofício.**

16.2.8.11. *Coisa julgada e reiteração do pedido*

Como já visto, o "habeas corpus" possui limitação quanto à cognição vertical, isto é, não se admite dilação probatória, de modo que as provas necessárias para o seu julgamento devem ser **pré-constituídas.**

Desta feita, "o *habeas corpus* constitui ação constitucional de rito célere e consequente cognição sumária, que não comporta dilação probatória. Incabível resolver, na via eleita, questões que demandem profunda análise do conteúdo fático-probatório" (STJ, HC nº 51.075/SP, rel. Min. Paulo Medina, j. 02.05.06).

Assim sendo, como se trata de ação julgada conforme a existência de provas (*secundum eventum probationis*), a denegação da ordem não impedirá que nova ação seja intentada depois, com outros meios de prova, tendo em vista que a sentença prolatada está circunscrita às provas produzidas nos autos, não impedindo que nova ação seja impetrada, depois, com base em novos elementos (STJ, HC nº 260.160/SP, rel. Min. Ericson Maranho, j. 17.03.15). A decisão denegatória, portanto, **não produz coisa julgada material.**

Nas palavras de Pontes de Miranda, "o pedido pode ser renovado tantas vezes quantas forem as denegações, ainda que pelos mesmos fundamentos, recorrendo-se, ou não, para a instância superior, quando a houver, ou renovando-se o pedido, quando se originar dessa denegação" (História, 2003, t. 2, p. 70) – bastará a existência de outros meios de prova.

Por fim, a decisão denegatória de "habeas corpus" não impede que os mesmos temas venham a ser reapreciados novamente, agora em sede de recurso ou de revisão criminal, pois, tratando-se de remédio excepcional, cujo objeto é a liberdade, a preclusão da matéria nesta via não exclui o seu exame em outras vias, especialmente tendo em vista a plenitude de defesa, também consagrada em nível constitucional (Grinover, Fernandes e Gomes Filho, 2008).

16.2.8.12. *Desistência e prejudicialidade*

Quem impetra o "habeas corpus" pode dele desistir, a qualquer momento antes do julgamento do mérito, sem que o paciente precise ser consultado. Isso, todavia, não impedirá o julgador de, conhecendo o pedido, conceder de ofício a ordem.

Tem-se que o "habeas corpus" está prejudicado quando ocorrer a perda de seu objeto, isto é, quando o paciente já foi posto em liberdade ou já cessou a limitação ao seu direito de se locomover (art. 659, CPP). Desta forma, o magistrado julgará prejudicado o pedido. Ex.: ao julgar o pedido após a prestação de informações da autoridade coatora, o tribunal verifica que o paciente já foi posto em liberdade pelo próprio juízo *a quo*.

16.2.8.13. *Manifestação do Ministério Público*

Em **primeira instância**, em razão da celeridade que se imprime ao julgamento do remédio constitucional, o Ministério Público não se manifesta antes de o juiz decidir. Inexiste previsão legal neste sentido. O órgão ministerial, *após* a decisão, obviamente será intimado, podendo, então, praticar o que entender cabível, como interpor recurso contra a decisão proferida.

Parte minoritária da doutrina (Rangel, 2012) entende, a respeito da intervenção do membro do Ministério Público no "habeas corpus" em primeiro grau de jurisdição, que ela se faz obrigatória, sob pena de nulidade, apresentando quatro fundamentos para tanto: *(a)* o Ministério Público é garantidor da ordem jurídica e dos direitos e garantias fundamentais como um todo, conforme previsto na Constituição Federal; *(b)* a liberdade de locomoção é um direito fundamental individual, devendo o Ministério Público adotar as medidas necessárias à sua garantia; *(c)* se o Ministério Público pode impetrar "habeas corpus" em favor do paciente, não faz sentido que não possa fiscalizar o remédio por outrem já impetrado; e *(d)* se o Ministério Público pode interpor recurso na qualidade de *custus iuris*, resta óbvio que poderá recorrer da decisão proferida no "habeas corpus", tendo, assim, legitimidade para intervir no curso desta ação constitucional. No mesmo sentido entende Renato Brasileiro (Manual, 2016).

Apesar da notável opinião, prevalece o entendimento de que o Ministério Público não se manifesta, em primeiro grau de jurisdição, antes da decisão do juiz (Nucci, 2017). Nestes casos, prepondera a urgência e a celeridade que o rito exige para este tipo de ação.

Mas ver, todavia, que a lei não proíbe a prévia manifestação do Ministério Público no juízo de piso, o que até é recomendável se não houver urgência na concessão da ordem, tendo em vista que cabe ao Órgão zelar pela legalidade das restrições à liberdade de locomoção e adotar providências contra eventuais abusos (Grinover, Fernandes e Gomes Filho, 2008). Assim, a lei não prevê, mas também não proíbe.

Já no que diz respeito aos "habeas corpus" impetrados em **segunda instância**, o ordenamento jurídico, aí sim, exige a prévia manifestação do Ministério Público (Decreto-lei nº 552/69), o que se dá por meio de parecer.

Então, ao *Parquet* sempre será concedida, nos Tribunais Federais ou Estaduais, vista dos autos relativos a processo de "habeas corpus" originário ou em grau de recurso pelo prazo de 2 dias (prazo impróprio); findo este prazo, os autos, com ou sem o parecer, serão conclusos ao relator para julgamento, independentemente de pauta. A vista ao Ministério Público será concedida (quando o caso) após a prestação das informações pela autoridade coatora. O representante do Ministério Público, ademais, tem garantida a intervenção oral no julgamento do remédio heroico.

16.2.8.14. *Intervenção do assistente e do querelante*

Existe divergência quanto à atuação do assistente de acusação na ação constitucional de "habeas corpus".

Havendo **assistente de acusação**, o que só é admitido no curso do processo penal (e nunca antes disso, como na fase investigativa), cf. art. 282 do CPP, parte da doutrina sustenta ser possível a sua intervenção em "habeas corpus", tendo em vista que, a partir da Lei nº 12.403/11 (reforma das medidas cautelares pessoais), ele passou a também ser legitimado para pedir a prisão preventiva no curso da ação penal (art. 311), de modo que, se pode requerer a prisão, pode, igualmente, ter interesse em impugnar eventual concessão de "habeas corpus"; até por isso, estaria superada a súmula nº 208 do STF, que dispõe que o assistente de acusação não pode recorrer de decisão concessiva de "habeas corpus". Assim, não há a necessidade de *intervenção* do assistente de acusação no "habeas corpus", até porque, este sequer é parte; todavia, mostra-se possível a sua intervenção objetivando *impugnar* a decisão concessiva do remédio heroico (Brasileiro, 2016).

De outro lado, parte da doutrina entende que o assistente de acusação está limitado a atuar – tão somente – na *ação penal condenatória*, não tendo interesse em se manifestar acerca de eventual pedido de "habeas corpus", nos exatos termos do art. 268, CPP (Badaró, 2017).

Neste sentido já se manifestaram tanto o Superior Tribunal de Justiça quanto o Supremo Tribunal Federal. Afirmou-se que o "habeas corpus" é uma ação de impugnação autônoma desprovida de contraditório, de forma que o assistente de acusação, caso não se conforme com a concessão da ordem em favor do paciente – réu na ação penal em que foi admitida a sua intervenção –, como é considerado um *extraneus* (um terceiro) na relação processual, não terá a condição de litigante neste processo não condenatório e nem a legitimidade para intervir, nos termos do art. 268, CPP, haja vista que a sua atuação deve ser restrita ao plano das ações penais condenatórias (STF, HC nº 93.033/RJ, rel. Min. Celso de Mello, j. 01.08.11; e STJ, REsp nº 1.496 114/RJ, rel. Min. Rogerio Schietti Cruz, j. 07.11.17). De igual modo, o Conselho Federal da OAB também não possui legitimidade para atuar como *amicus curiae* em ação de "habeas corpus", diante da falta de amparo legal e porque se trata de ação com o único objetivo de garantir liberdade de locomoção ao paciente, não existindo interesse do órgão (STJ, HC nº 411.123/RJ, rel. Min. Sebastião Reis Júnior, j. 06.03.18). Em suma, **não é possível a intervenção de terceiros em "habeas corpus"**, seja na condição de *amicus curiae* ou como assistente de acusação.

No que diz respeito ao titular da ação penal de iniciativa privada – o **querelante** – a lei não prevê a sua intervenção, mas, por lógica, isso será possível, tendo em vista que a concessão da ordem poderá obstar o seu direito de ação (ex.: trancamento da ação penal) e que haverá interesse em recorrer da eventual concessão da ordem (STJ, RHC nº 41.527/RJ, rel. Min. Jorge Mussi, j. 03.03.15).

Neste sentido, inclusive, o Supremo Tribunal Federal fixou, em repercussão geral, que os querelantes possuem legitimidade e interesse para intervir em ação de *habeas corpus* que busca o trancamento de sua ação penal privada e, também, para recorrer da decisão que concede a ordem (RG-ARE nº 859.251/DF, rel. Min. Gilmar Mendes, j. 16.04.15).

16.2.8.15. *Empate*

Estabelece o art. 664, *caput*, CPP, que o "habeas corpus" será julgado na primeira sessão, podendo, entretanto, adiar-se o julgamento para a sessão seguinte. A decisão, no caso de tribunal, será tomada por maioria de votos. Ocorrendo empate, se o presidente da Corte não tiver votado, proferirá voto de desempate. No caso contrário, **prevalecerá a decisão mais favorável ao paciente** (p.ú., art. 664, CPP).

Em interessante julgado do Superior Tribunal de Justiça, surgiram três posições dos julgadores no tribunal "a quo": uma totalmente desfavorável, que denegava a ordem; outra intermediária, que concedia a ordem, mas impunha medidas cautelares alternativas; e outra totalmente benéfica, que concedia integralmente a ordem. Entendeu-se, tal como previsto na lei, que deve prevalecer sempre a posição mais benéfica ao paciente (HC nº 357.445/PE, rel. Min. Reynaldo Soares da Fonseca, j. 18.10.16).

16.2.8.16. *Embaraço ao julgamento*

Dispõe o art. 655, CPP, que "o carcereiro ou o diretor da prisão, o escrivão, o oficial de justiça ou a autoridade judiciária ou policial que embaraçar ou procrastinar a expedição de ordem de *habeas corpus*, as informações sobre a causa da prisão, a condução e apresentação do paciente, ou a sua soltura, será multado na quantia de duzentos mil-réis a um conto de réis, sem prejuízo das penas em que incorrer. As multas serão impostas pelo juiz do tribunal que julgar o *habeas corpus*, salvo quando se tratar de autoridade judiciária, caso em que caberá ao Supremo Tribunal Federal ou ao Tribunal de Apelação impor as multas".

Como as multas estão desatualizadas, previstas ainda em "réis" (moeda vigente no Brasil desde o século XVI, com a colonização, até 30.10.1942 – lembrando que o CPP iniciou sua vigência em 01.01.1942), o dispositivo resta inaplicável nos dias de hoje. No entanto, subsiste a possibilidade de responsabilização civil, administrativa e criminal dos agentes mencionados (carcereiro, diretor da prisão, escrivão, oficial de justiça, autoridade judiciária ou policial).

16.2.9. Recursos

A decisão de "habeas corpus", a depender de seu conteúdo, pode ser combatida da seguinte forma:

a) **recurso em sentido estrito**: em face da decisão que **concede** ou que **denega** a ordem proferida pelo juiz de primeiro grau (art 581, X, CPP). O RESE é recurso exclusivo contra decisões de primeiro grau, com endereçamento ao tribunal de segunda instância. Ex.: delegado de polícia coator, com decisão proferida pelo juízo criminal, autoriza a interposição de recurso em sentido estrito ao tribunal de segundo grau. Contra a decisão que julga prejudicado o pedido também caberá recurso em sentido estrito, equiparando-se a situação à denegação da ordem.

A concessão da ordem pelo juiz de primeiro grau enseja reexame necessário (art. 574, I, CPP), devendo o juízo determinar o encaminhamento de sua decisão concessiva – independentemente de recurso da outra parte – ao tribunal respectivo para reexame da decisão. Apenas a decisão do juízo de primeiro grau exige o reexame necessário.

A interposição do RESE, nestes casos, é muito rara, tendo em vista que melhor será prestada a tutela jurisdicional se a parte impetrar novo "habeas corpus", agora direcionado ao tribunal, tendo como coator o juízo *a quo*.

Maior detalhamento do RESE está no capítulo dedicado aos recursos.

b) **recurso ordinário ao STJ e ao STF**: competirá ao STF julgar, em recurso ordinário (RHC), o "habeas corpus" decidido em única instância pelos tribunais superiores se **denegatória** a decisão (art. 102, II, *a*, CF). E competirá ao STJ julgar, em recurso ordinário (RHC), o "habeas corpus" decidido em única ou última instância pelos tribunais regionais federais ou tribunais de justiça se **denegatória** a decisão (art. 105, II, *a*, CF). Igualmente, se o remédio constitucional é tido por prejudicado ou não conhecido, caberá o recurso ordinário, pois equivalente esta decisão a uma denegação.

Se interposto fora do prazo legal, entende-se, *excepcionalmente*, que ele poderá ser conhecido como "habeas corpus" substitutivo, a fim de se verificar flagrante ilegalidade, abuso de poder ou teratologia de ofício, evitando-se, assim, prejuízo à ampla defesa e ao devido processo legal (STJ, 5ª Turma, RHC nº 79.337/SP, rel. Min. Felix Fischer, j. 28.03.17; e 6ª Turma, RHC nº 35.986/RS, rel. Min. Nefi Cordeiro, j. 26.04.16).

Interessante julgado do Superior Tribunal de Justiça entendeu cabível a interposição de recurso ordinário de "habeas corpus" (RHC) na hipótese em que, apesar de o paciente ter conseguido a liberdade que almejava (ou seja, a decisão do HC não foi denegatória), o tribunal fixou medidas cautelares diversas da prisão, existindo o interesse para recorrer desta decisão (RHC nº 65.974/SC, rel. Min. Reynaldo Soares da Fonseca, j. 10.03.16).

c) **recurso especial e extraordinário**: uma vez preenchidos os requisitos legais, admite-se a sua interposição, seja combatendo decisão denegatória ou concessiva da ordem.

16.3. REVISÃO CRIMINAL

16.3.1. Introdução e histórico

Já foi estudado que a coisa julgada é a qualidade da sentença que torna imutáveis os seus efeitos. Trata-se de uma garantia constitucional prevista no art. 5º, XXXVI, CF, que objetiva trazer certeza e paz social, determinando que, em dado momento, o processo se encerre.

Acontece que, em busca de justiça e equidade, o ordenamento jurídico admite que a coisa julgada seja afastada para que prevaleça um julgamento honesto, verdadeiro, probo, extirpando o julgamento errôneo ou viciado então transitado em julgado.

O objetivo do Estado em busca de um julgamento verdadeiro e justo é percebido em diversos institutos. Veja que há a possibilidade de se produzir provas, de se recorrer para um tribunal, para uma Corte Federal e até para uma Corte Constitucional. No entanto, chega um momento em que não há mais maneiras de se impugnar o julgado, estabilizando--se, assim, a decisão em prol da segurança jurídica; do contrário, os processos seriam eternizados e não se encerrariam nunca.

Pode ocorrer, no entanto, que uma decisão condenatória (ou absolutória imprópria, fixando uma medida de segurança) tenha sido proferida com erro e que já não caiba mais recurso algum, diante da formação da coisa julgada. Em Processo Penal, uma condenação errônea gera gravíssima injustiça, sendo necessário um instituto que permita a "rescisão" deste julgado em prol de um bem maior: a justiça e a liberdade. Surge, portanto, a revisão criminal.

Renato Brasileiro bem ensina que "à primeira vista, pode parecer que a revisão criminal viola a coisa julgada. Pelo contrário. Conquanto tenha por objetivo a desconstituição de uma decisão irrecorrível, a revisão criminal acaba por valorizar a coisa julgada, já que o que a sociedade espera é a estabilidade da decisão justa e não a manutenção e pronunciamento judicial caracterizado por erro de fato ou de direito" (Curso, 2013, p. 1.828). De igual modo ensinam Grinover, Fernandes e Gomes Filho, afirmando que, por mais que o juízo humano adote todas as precauções, o erro sempre é possível, de modo que, por fundamento político, sempre será possível, preenchidos os requisitos legais, rever referido erro, seja por meio de recursos ou através da revisão criminal (Recursos, 2008).

Historicamente, a revisão criminal surgiu no Brasil através do Decreto nº 848, de 1890, cuja competência era do Supremo Tribunal Federal. Apenas um ano depois é que ganhou assento constitucional, na Constituição de 1891, passando a ser prevista, desde então, em todas as Cartas da República. Nunca se admitiu revisão de decisão *absolutória própria* transitada em julgado.

É importante mencionar que a revisão criminal, na CF/88, **não** foi prevista expressamente entre os direitos e garantias individuais, estando contida nas competências dos tribunais apenas. Apesar disso, vê-se que a ela se referiu indiretamente, ao determinar que o Estado indenizará o condenado por erro judiciário (art. 5º, LXXV, CF) – o que é importante, pois, se não houvesse o menor respaldo constitucional, a coisa julgada, que tem previsão constitucional no art. 5º, XXXVI, sempre prevaleceria, mesmo diante de grave equívoco, o que não pode ser aceito num Estado de Direito.

No Código de Processo Penal, o art. 621 previu as hipóteses taxativas de seu cabimento, o que será estudado adiante, no momento oportuno.

16.3.2. Conceito

Utilizando-se a conceituação de Paulo Rangel (Direito, 2012), tem-se que revisão criminal é "uma ação autônoma de impugnação da coisa julgada material, de índole constitucional, que visa a reparação de um erro (*judicando* ou *in procedendo*) judiciário consagrado em uma decisão judicial" (p. 1.061).

Consoante será visto, são premissas da ação de revisão criminal: (a) uma sentença impondo uma sanção penal, seja ela condenatória ou absolutória imprópria e (b) um erro judiciário. Sua finalidade é corrigir um erro judiciário transitado em julgado e desfavorável ao agente condenado (Marcão, 2016).

16.3.3. Natureza jurídica

Embora – tal como o "habeas corpus" – esteja a revisão criminal prevista dentre os recursos no Código de Processo Penal (art. 621 e ss., CPP), trata-se de verdadeira **ação autônoma imprescritível e de impugnação** de decisão judicial condenatória ou absolutória imprópria transitada em julgado.

Basicamente, são apresentados os seguintes fundamentos: (a) recurso impugna decisão recorrível, mas a revisão criminal só pode ser utilizada após o trânsito em julgado; (b) recurso não cria uma nova relação jurídica, mas a revisão, sim; (c) recurso exige o preenchimento de diversos requisitos de admissibilidade, tal como a tempestividade, mas não a revisão criminal, podendo ser ajuizada a qualquer tempo, mesmo após o cumprimento da pena ou até depois da morte do acusado; e (d) a legitimidade do recurso é mais restrita, enquanto a revisão criminal admite o seu ajuizamento pelo próprio acusado e, inclusive, permite sucessão processual.

16.3.4. É uma ação rescisória?

A doutrina, por vezes, chama a revisão criminal de "ação rescisória penal", comparando-a com a ação rescisória do Processo Civil. Todavia, esta não é a melhor técnica, pois:

a) no campo civil, a ação rescisória exige a sua propositura dentro do prazo decadencial de dois anos, como regra, a contar do trânsito em julgado da decisão, cf. o art. 975, CPC; de outro lado, a revisão criminal pode ser ajuizada a qualquer momento, independentemente de prazo, inclusive após a morte do acusado, cf. o art. 622, CPP.

b) no campo civil, a ação rescisória pode ser ajuizada por qualquer das partes, o terceiro prejudicado, o sucessor e o Ministério Público, conforme o caso (art. 967, CPC); de outro lado, a revisão criminal pode ser ajuizada pelo próprio acusado ou seu procurador legalmente habilitado, pelos seus sucessores (cônjuge, ascendente, descendente ou irmão), no caso de morte, ou pelo próprio Ministério Púbico, desde que a favor do acusado (art. 623, CPP) e, no caso de morte, será nomeado curador para a defesa, cf. art. 631, CPP.

c) no campo civil, a ação rescisória pode ser empregada em favor de qualquer das partes, seja do autor ou do réu; de outro lado, a revisão criminal somente pode ser utilizada em favor do acusado, ou seja, apenas *pro reo*, e nunca *pro societate*, isto é, nunca em favor do Estado-acusação.

Desta forma:

	AÇÃO RESCISÓRIA (CPC)	REVISÃO CRIMINAL (CPP)
Prazo	Possui prazo	Não possui prazo
Legitimados	Partes, terceiro prejudicado, sucessor e MP	Acusado, procurador habilitado, sucessores e MP (*em tese*)
Beneficiários	Qualquer das partes	Apenas o acusado

16.3.5. Pedidos possíveis

Conforme a melhor doutrina processualista (Câmara, 2017), faz-se necessário, antes de mais nada, distinguir:

a) **juízo rescindente**: é o pedido de rescisão, de desconstituição, de cassação da decisão transitada em julgado (*iudicium rescidens*).

b) **juízo rescisório**: uma vez rescindido o julgado, é possível promover o rejulgamento do processo (*iudicium rescissorium*), isto é, a prolação de uma nova decisão em substituição àquela rescindida.

Conforme o art. 626 do Código de Processo Penal, julgando procedente a revisão, o tribunal poderá (i) alterar a classificação da infração, (ii) absolver o réu, (iii) modificar a pena ou (iv) anular o processo.

Veja, então, que o tribunal, julgando procedente o pedido rescindente (de desconstituição) proferirá nova decisão, consoante o pedido rescisório, a não ser, claro, que entenda por reconhecer alguma nulidade, caso em que remeterá os autos ao juízo de origem para que o processo seja refeito a partir da nulidade reconhecida. No mais, se já extinta a punibilidade, o tribunal assim reconhecerá, encerrando-se o processo.

Explicam Grinover, Fernandes e Gomes Filho (Recursos, 2008) que, com relação ao pedido rescisório (de rejulgamento), nada impede que o tribunal julgue a revisão criminal *ultra* ou *extra petita* com o fim de favorecer o condenado, isto é, se o condenado pediu a revisão criminal para, *v.g.*, reduzir sua pena, poderá o tribunal absolvê-lo. O apoio deste entendimento está no "habeas corpus", pois, se o julgador pode conceder de ofício a ordem, torna-se perfeitamente possível o deferimento da revisão criminal com base em outro fundamento, beneficiando o acusado.

A absolvição, reconhecida na revisão criminal, implicará o restabelecimento de todos os direitos perdidos em virtude da condenação, devendo o tribunal, se for caso, impor a medida de segurança cabível (art. 627, CPP). À vista da certidão do acórdão que cassar a sentença condenatória, o juiz mandará juntá-la imediatamente aos autos, para inteiro cumprimento da decisão (art. 629, CPP).

Importante pedido que pode ser feito na revisão criminal diz respeito à indenização pelo erro judiciário (art. 630, CPP), que será analisado detidamente adiante. A lei instrumental exige requerimento expresso do interessado para que o tribunal reconheça o direito a uma justa indenização pelos prejuízos sofridos pelo (erroneamente) condenado. Veja que não se trata de uma "consequência automática" da procedência da revisão criminal; se, ajuizada a ação, não houver referido pedido indenizatório, nada impedirá que este seja formulado depois no juízo cível.

Por fim, partindo-se do princípio de que a revisão criminal é uma ação autônoma, tem-se por possível o ajuizamento de nova ação com base em outro fundamento, ou seja, se indeferido o pedido revisional numa primeira ação, nada impede que outra seja ajuizada, agora com base em outro fundamento, tendo em vista que as causas de pedir serão distintas. Ex.: se ajuizada a primeira ação, indeferida com base na contrariedade do texto legal, nada impede que nova ação seja ajuizada com fundamento no surgimento de novas provas (art. 621, I e III, CPP).

Independentemente da alteração, ou não, do fundamento, sempre será possível o (re)ajuizamento da ação de revisão criminal com base no mesmo fundamento jurídico, bastando haver novas provas para tanto (p.ú. do art. 622, CPP). Assim, se o condenado busca a revisão tendo como fundamento a contrariedade ao texto expresso da lei (art. 621, I, CPP), uma vez indeferido o pedido poderá ser ajuizada nova ação revisional, com base, igualmente, na contrariedade ao texto expresso da lei, desde que fundada em novas provas.

16.3.6. Condições da ação

Assim como foi feito no estudo do "habeas corpus", faz-se mister analisar as condições da ação da revisão criminal.

16.3.6.1. *Possibilidade jurídica do pedido*

Consoante já se afirmou, o pressuposto lógico da revisão criminal é a existência de uma decisão condenatória ou absolutória imprópria transitada em julgado, ou seja, que imponha uma sanção penal. Veja que o texto legal apenas faz referência à decisão condenatória, mas o cabimento da revisão criminal em relação à decisão absolutória imprópria é plenamente admitido, por impor uma sanção penal consubstanciada numa medida de segurança (Badaró, 2017; e STJ, HC nº 339.635/ES, rel. Min. Maria Thereza de Assis Moura, j. 07.02.17). Seja como for, vê-se que deve haver uma decisão impondo uma sanção penal, de modo que não caberá revisão criminal em face de decisão que tenha, acertadamente ou não, inadmitido ou negado provimento a um recurso, haja vista que esse tipo de decisão não possui natureza sancionatória penal (STF, AgRg na RvC nº 5.480/AM, rel. Min. Edson Fachin, j. 12.09.19).

No que diz respeito à possibilidade jurídica do pedido, alguns temas são de suma importância:

a) **vedação à revisão *pro societate* e o *ne bis in idem***: é necessária uma breve análise histórica da revisão criminal neste ponto (Badaró, 2017). Ao ser prevista na Constituição de 1891 e de 1934, a revisão criminal era considerada uma garantia individual e somente era cabível em favor do condenado, cuja competência era sempre do STF; não houve previsão do instituto na Constituição de 1937; em 1946, a Constituição voltou a trazer a revisão, mas apenas aos julgados do STF; nas Constituições de 1967 e 1969, houve previsão, mas sem mencionar seu cabimento apenas em favor do condenado; por fim, a Constituição Cidadã, de 1988, não previu a revisão criminal como direito individual, estando mencionada apenas dentre as competências dos tribunais, não se mencionando o seu emprego apenas em favor dos condenados. A omissão, na Carta de 1988, todavia, não se deu por simples esquecimento.

Se o agente já foi submetido a um processo penal, com ampla produção de provas, e a acusação não obteve êxito na comprovação da responsabilidade penal, resta inviável sujeitar o agente a um novo processo penal em relação à mesma imputação, mesmo diante de novas provas (Brasileiro, 2017).

Como ensinam Grinover, Fernandes e Gomes Filho, "melhor atende aos interesses do bem comum a manutenção de uma sentença injusta proferida em prol do réu, do que a instabilidade e insegurança a que ficaria submetido o acusado absolvido, se o pronunciamento absolutório pudesse ser objeto de revisão" (Recursos, 2008).

Assim, não há que se permitir a revisão criminal em benefício do Estado-acusação (*pro societate*), inclusive por esbarrar em grande óbice: a Convenção Americana de Direitos Humanos, que dispõe que "o acusado absolvido por sentença transitada em julgado não poderá ser submetido a novo processo pelos mesmos fatos" (art. 8.4, Decreto nº 678/92). Logo, não se pode permitir o *bis in idem*, ou seja, levar o agente absolvido a novo julgamento pelos mesmos fatos. Além disso, é preciso ter em vista a mudança de paradigma no Processo Penal, vindo de uma fase inquisitória para um contemporâneo modelo constitucional garantista.

Neste caminho de ideias, portanto, há que se levar em conta, para a vedação da revisão criminal *pro societate*, tanto o aspecto histórico do instituto como a vedação prevista na CADH, da qual o Brasil é signatário.

Na lição de Didier Jr., Braga e Oliveira, o regime da coisa julgada *secundum eventum litis* é aquele em que ela se forma em apenas um dos possíveis resultados do processo: procedência ou improcedência. Há, verdadeiramente, um regime desigual, já que a coisa julgada dependerá do resultado do processo. É o que se dá, tipicamente, no processo penal, em que a sentença condenatória somente pode ser revista em favor do réu, nunca em favor da acusação (Curso, 2016, v. 2).

Por fim, duas observações são necessárias: *(i)* se o agente foi absolvido por juízo incompetente, não poderá ser processado novamente pelos mesmos fatos, agora em juízo competente, considerando que o Estado já se manifestou sobre a imputação, devendo prevalecer a segurança jurídica tendo em vista o princípio do *favor rei* (STJ, HC nº 362.054/PB, rel. Min. Maria Thereza de Assis Moura, j. 09.08.16); e *(ii)* se o agente foi absolvido com base em certidão de óbito falsa, o julgado poderá ser desconstituído, tendo em vista que o ato praticado é considerado inexistente, já que a extinção da punibilidade ocorre com a morte, e não com a mera declaração judicial, não podendo o agente se beneficiar da própria torpeza (STF, HC nº 104.998/SP, rel. Min. Dias Toffoli, j. 14.12.10).

b) **modificação dos fundamentos da sentença absolutória própria**: não é cabível revisão criminal para que se modifiquem os fundamentos da absolvição própria (Grinover, Fernandes e Gomes Filho, 2008).

Exemplo: agente absolvido por ausência de provas objetiva, após o trânsito em julgado, ser absolvido por outro fundamento. Isso não será possível.

Assim, embora seja possível, como já estudado, o cabimento de recurso para se ver alterado o fundamento da absolvição (a parte absolvida tem interesse, já que a alteração do fundamento da absolvição interfere nos reflexos patrimoniais do ato), não há que se falar em revisão criminal para se ver alterado o fundamento da absolvição própria, cujo pressuposto lógico e jurídico é a existência de uma decisão impondo uma sanção penal.

c) **extinção da punibilidade**: há que se diferenciar dois momentos.

Se a extinção da punibilidade ocorrer antes da decisão condenatória ou absolutória imprópria transitada em julgado, não caberá revisão criminal (ex.: morte do acusado no curso do processo), justamente diante da ausência de uma decisão judicial impondo uma sanção penal.

De outro lado, se a causa extintiva da punibilidade suceder a decisão condenatória ou absolutória imprópria transitada em julgado, será perfeitamente cabível a revisão criminal (Grinover, Fernandes e Gomes Filho, 2008).

Vale lembrar que a decisão que concede perdão judicial possui natureza declaratória (súmula nº 18 do STJ), conforme o entendimento majoritário, de modo que, como não há uma decisão impondo uma sanção penal, não há falar-se em revisão criminal contra tal decisão.

d) **júri e soberania dos vereditos**: como estudado brevemente no rito do tribunal do júri, é uníssono o entendimento de ser cabível a revisão criminal em face das decisões adotadas pelo tribunal do júri, não havendo que se falar em ofensa à soberania dos vereditos (art. 5º, XXXVIII, *c*, CF), tendo em vista que esta soberania cede diante da revisão criminal, que visa exatamente a garantir os direitos de defesa e a própria liberdade (Grinover, Fernandes e Gomes Filho, 2008).

Assim, resta perfeitamente possível a revisão criminal conta os vereditos do júri, pois, consoante o Superior Tribunal de Justiça, "diante do conflito entre os princípios da soberania dos vereditos e da dignidade da pessoa humana, ambos sujeitos à tutela constitucional cabe conferir prevalência a este, considerando-se a repugnância que causa a condenação de um inocente por erro judiciário" (REsp nº 1.050.816/SP, rel. Min. Rogerio Schietti Cruz, j. 01.12.16).

Partindo-se da ideia, portanto, do cabimento da revisão criminal, resta saber: o tribunal somente cassará a decisão (juízo rescindente) ou, também, proferirá nova decisão (juízo rescisório)?

Há duas posições a respeito.

Para uma primeira corrente, **majoritária**, o tribunal poderá realizar ambos os juízos, cassando a decisão originária e já proferindo outra no seu lugar (Badaró, 2017). Ex.: se for reconhecida que a condenação, transitada em julgado, tomou por base documentos falsos (art. 621, II, CPP), o tribunal anulará a decisão dos jurados e, na sequência, poderá absolver o agente, não precisando remetê-lo a novo julgamento pelo conselho de sentença. Entende-se, nestes casos, que o ordenamento jurídico, ao prever a revisão criminal, não fez nenhuma ressalva acerca do tribunal do júri.

Neste sentido, em julgado oriundo da 6ª Turma do Superior Tribunal de Justiça, "uma vez que o Tribunal de origem admitiu o erro judiciário, não por nulidade no processo, mas em face de contrariedade à prova dos autos e de existência de provas da inocência do réu, não há ofensa à soberania do veredicto do Tribunal do Júri se, em juízo revisional, absolve-se, desde logo, o réu, desconstituindo-se a injusta condenação" (REsp nº 1.304.155/MT, rel. Min. Assusete Magalhães, j. 20.06.13).

E bem claramente foi assentado em outro julgado, agora da 5ª Turma do STJ, que "é possível, em sede de revisão criminal, a absolvição, por parte do Tribunal de Justiça, de réu condenado pelo Tribunal do Júri. Em homenagem ao princípio hermenêutico da unidade da Constituição, as normas constitucionais não podem ser interpretadas de forma isolada, mas como preceitos integrados num sistema unitário, de modo a garantir a convivência de valores colidentes, não existindo princípios absolutos no ordenamento jurídico vigente. Diante do conflito entre a garantia da soberania dos veredictos e o direito de liberdade, ambos sujeitos à tutela constitucional, cabe conferir prevalência a este, considerando-se a repugnância que causa a condenação de um inocente por erro judiciário. Não há falar em violação à garantia constitucional da soberania dos veredictos por uma ação revisional que existe, exclusivamente, para flexibilizar uma outra garantia de mesma solidez, qual seja, a segurança jurídica da Coisa Julgada. Em uma análise sistemática do instituto da revisão criminal, observa-se que entre as prerrogativas oferecidas ao Juízo de Revisão está expressamente colocada a possibilidade de absolvição do réu, enquanto a determinação de novo julgamento seria consectário lógico da anulação do processo" (REsp nº 964.978/SP, rel. p/ acórdão Min. Adilson Vieira Macabu, j. 14.05.12).

Já para uma segunda corrente, **minoritária**, o tribunal apenas realizará o juízo rescindente, devendo remeter o caso, na sequência, ao seu juiz natural, que, na espécie, é o conselho de sentença, que proferirá nova decisão (Nucci, 2016). Há julgados isolados e mais antigos do Superior Tribunal de Justiça neste sentido (REsp nº 1.172.278/GO, rel. Min. Jorge Mussi, j. 26.08.10), entendendo não ser possível a absolvição, em sede de revisão criminal, de condenado pelo tribunal do júri, tendo em vista que, pela soberania dos vereditos, deve o réu ser submetido a novo julgamento pelo conselho de sentença.

Assim:

Juízo rescisório diante de caso do tribunal do júri	
Possível (majoritária)	**Impossível (minoritária)**
A CF deve ser interpretada sistematicamente, devendo, no conflito entre soberania dos vereditos dos jurados e dignidade humana, este prevalecer, não sendo necessário submeter o condenado a novo julgamento pelo conselho de sentença.	A CF determina que o tribunal do júri é competente para julgar crimes dolosos contra a vida, garantindo-se a soberania dos vereditos; se procedente a revisão criminal, o agente deve ser submetido a novo júri.

e) **juizados especiais criminais**: consoante já estudado, é perfeitamente possível o ajuizamento de revisão criminal contra decisão que impõe uma sanção penal proveniente do JECrim, ainda que não haja previsão legal neste sentido.

f) **transação penal**: considerando que, ao se aplicar a transação penal, não se analisam tipicidade, ilicitude ou culpabilidade, ou seja, nenhum elemento analítico do crime, e, também, nenhuma prova, não há uma decisão condenatória ou absolutória imprópria, não cabendo, portanto, revisão criminal em face de decisão judicial que determina a aplicação de transação (STJ, REsp nº 1.107.723/MS, rel. Min. Laurita Vaz, j. 07.04.11).

g) **processo de *impeachment***: como a revisão criminal exige uma decisão judicial aplicando uma sanção penal num processo criminal, não será possível seu ajuizamento em relação à sanção política aplicada em processo de *impeachment*, de natureza não criminal (STF, QO-Pet nº 1.365/DF, rel. Min. Néri da Silveira, j. 03.12.97).

h) **sentença estrangeira**: conforme a doutrina (Tourinho, 2008), não é possível a revisão criminal de sentença penal estrangeira homologada no Brasil, considerando que, ao homologá-la, o Superior Tribunal de Justiça não entra no mérito da causa penal, limitando-se à aferição das formalidades legais (arts. 781, 788 e 789, CPP; art. 15, Decreto-lei nº 4.657/42; e art. 216-A e ss., RISTJ). Além disso, a sentença homologatória possui natureza integrante em relação à decisão que se homologa, não havendo carga sancionatória apta a autorizar ulterior revisão criminal. Caso o interessado deseje, poderá, no país de origem da decisão, requerer a sua revisão nos moldes do ordenamento jurídico estrangeiro.

16.3.6.2. *Interesse de agir*

Haverá interesse de agir quando o legitimado objetivar desconstituir uma decisão judicial condenatória ou absolutória imprópria transitada em julgado. O art. 621, "caput", CPP, fala em *processos findos*, significando, na verdade, já transitados em julgado (Badaró, 2017). Tem-se que a matéria tratada na revisão criminal deve coincidir com aquela que foi discutida no julgado que se pretende rescindir, não sendo permitida a inovação (STJ, AgRg na RnCr nº 4.306/GO, rel. Min. Jorge Mussi, j. 11.09.19). Exemplo: em recurso especial no STJ, discutiu-se apenas a adequação típica da conduta criminosa; após o trânsito em julgado, em revisão criminal em face dessa decisão, buscou-se discutir ausência de defesa técnica, violação ao juiz natural e inadequação de regime prisional, o que não foi analisado pelo julgado que se busca rescindir – logo, não caberá revisão criminal.

É importante asseverar que o ajuizamento da revisão criminal não exige o esgotamento das instâncias ordinárias, isto é, não se exige que a decisão seja de "última instância", ou seja, não se exige que o processo percorra todas as instâncias judiciárias possíveis. Desta feita, é cabível, *v.g.*, revisão criminal contra a sentença condenatória de primeiro grau, mesmo que não tenha sido interposta apelação, ou então, em face de um acórdão condenatório em recurso extraordinário. A única diferença, como se verá, será a competência para o julgamento da revisão criminal.

No mais, tal como a jurisprudência não admite a impetração de *habeas corpus* como substitutivo de recurso, também **não se admite a utilização do remédio heroico em substituição à revisão criminal**, já que se trata da via legalmente inadequada (STJ, HC nº 323.401/PR, rel. Min. Sebastião Reis Júnior, j. 13.06.17). Ex.: impetração de "habeas corpus" contra acórdão condenatório para reavaliação da responsabilidade do agente no delito, pois, para este caso, o correto seria ajuizar de revisão criminal. O Supremo Tribunal Federal, no entanto, possui precedentes, por uma de suas turmas, no sentido de se permitir, *excepcionalmente*, a utilização do remédio constitucional como sucedâneo de revisão criminal, quando líquidos e incontroversos os fatos postos em julgamento (HC nº 139.741/DF, rel. Min. Dias Toffoli, j. 06.03.18).

16.3.6.3. *Legitimidade*

São **legitimados ativos** para a ação de revisão criminal:

a) próprio acusado;

b) procurador habilitado do acusado;

c) no caso de morte do acusado (C.A.D.I):

c.1) cônjuge

c.2) ascendente

c.3) descendente

c.4) irmão

d) Ministério Público (para alguns, como se verá).

No que diz respeito ao procurador habilitado, não se exige poderes especiais, mas, tão somente, capacidade postulatória, ou seja, que seja profissional do Direito legalmente habilitado, não podendo ser "qualquer do povo", como previa a Constituição de 1891.

Ao lado do cônjuge deve-se incluir o companheiro, garantindo-se o seu *status* familiar previsto na Constituição Federal (art. 226, § 3º), como bem já decidiu a jurisprudência, seja como entidade familiar heteroafetiva ou homoafetiva (STF, ADI nº 4277/DF, rel. Min. Ayres Britto, j. 05.05.11) seja pelo regime sucessório equiparado (STF, RE nº 646.721/RS, rel. p/ acórdão Min. Roberto Barroso, j. 10.05.17; e STJ, REsp nº 1.332.773/MS, rel. Min. Ricardo Villas Bôas Cueva, j. 27.06.17).

Os sucessores mencionados possuem legitimidade não apenas considerando os efeitos patrimoniais do delito cometido pelo condenado morto, mas, também, objetivando resguardar e restaurar o seu *status dignitatis*, chamando-se, assim, de "reabilitação da memória". Lembre-se que, diferentemente disso, não cabe *habeas corpus* quando o agente já tiver falecido.

Se, no curso do processo de revisão criminal, o condenado falecer, o juiz deverá, *sem suspender a tramitação do processo*, nomear um curador para a sua defesa (art. 631, CPP). A par disso, os sucessores mencionados na lei poderão se habilitar na demanda em curso.

A legitimidade do **Ministério Público** não está prevista na lei. Diante disso, duas posições debatem a possibilidade, não havendo posição prevalente:

a) o *Parquet*, como fiscal que é da ordem jurídica (art. 127, "caput", CF), **também é legitimado** a ajuizar revisão criminal, desde que, claro, em favor do réu (Távora e Alencar, 2017). Deve-se ter em vista, ainda, que ele é legitimado à impetração do *habeas corpus*, de modo que não haveria motivo para se restringir sua legitimidade à revisão criminal em benefício do réu. Conforme Renato Marcão, "muito embora não exista autorização expressa no Código de Processo Penal, não há como negar que o art. 127 da Constituição Federal legitima o Ministério Público a interpor revisão criminal *em favor do réu*, com vistas a corrigir erro judiciário" (Código, 2016, p. 1.096).

Claramente defende Paulo Queiroz: "com a atual configuração constitucional (CF, art. 127), que confere ao Ministério Público status de instituição permanente, essencial à função jurisdicional do Estado, incumbindo-lhe a defesa da ordem jurídica, do regime democrático e dos interesses sociais e individuais indisponíveis, é evidente que ele pode, sim, propor revisão criminal, para desconstituir sentença penal condenatória arbitrária, injusta ou ilegal, em favor do réu (...). Se, com tão amplas e importantes funções, o Ministério Público pode pedir arquivamento de inquérito, propor rejeição da denúncia, requerer a absolvição sumária ou final, recorrer em favor do réu, impetrar *habeas corpus* e mandado de segurança, por que não poderia ajuizar revisão criminal? Por que uma ação que dispensa capacidade postulatória, podendo ser proposta pelo próprio réu, pessoalmente, não poderia sê-lo pelo Ministério Público? (...) Finalmente, o processo penal será mais democrático/garantista se, ao invés de restringirmos, ampliarmos o rol de agentes legitimados a requerer a revisória" (Direito, 2018, p. 232).

No mais, uma razão para a lei não ter previsto o Ministério Público como legitimado seria a previsão, no Código de Processo Penal, da revisão criminal como sendo um "recurso", tendo em vista que o art. 577, CPP, dispõe sobre a legitimidade ampla do *Parquet* para recorrer (Grinover, Fernandes e Gomes Filho, 2008). Adverte a doutrina que, uma vez admitida a possibilidade de o *Parquet* figurar como legitimado ativo, outro membro da Instituição deverá representar o Estado no polo passivo (a este respeito, também há divergência, como se discute abaixo).

b) o *Parquet* **não é legitimado**, já que não há previsão legal neste sentido e tendo em vista a confusão que existiria entre órgão acusador e polo passivo da revisão criminal, considerando que a ação é ajuizada levando em conta a atuação anterior da própria acusação. Uma vez encerrada a relação processual, não há mais como admitir uma ação proposta pelo Ministério Público, já que já se encerrou o direito de punir estatal (Nucci, 2016).

Conforme Aury Lopes Jr., "não vislumbramos como possa uma parte artificialmente criada para ser o contraditor natural do sujeito passivo (recordemos sempre do absurdo de falar-se de uma *parte-imparcial* no processo penal) ter legitimidade para a ação de revisão criminal, a favor do réu, para desconstituir uma sentença penal condenatória que somente se produziu porque houve uma acusação (levada a cabo pelo mesmo Ministério Público, uno e indivisível). Não é necessário maior esforço para ver a manifesta ilegitimidade do

Ministério Público. Ainda que se argumente em torno da miserável condição econômica do réu, nada justifica" (Curso, 2016, p. 814).

Ver que há um único julgado, do Supremo Tribunal Federal, do ano de 2001, em que a 2ª Turma entendeu pela impossibilidade de o *Parquet* ser autor de revisão criminal (RHC nº 80.796/SP, rel. Min. Marco Aurélio, j. 29.05.01).

Assim:

Legitimidade ativa do Ministério Público para a revisão criminal	
POSSÍVEL	**IMPOSSÍVEL**
Távora e Alencar; Grinover, Fernandes e Gomes Filho; Brasileiro; Rangel; Greco Filho; Fischer e Pacelli; Avena; Demercian e Maluly; Queiroz; e Marcão.	*Nucci; Rebouças; Tourinho; Badaró; Lopes Jr.; Capez; Reis e Gonçalves; Mougenot; Smanio; Mirabete; e STF.*
Apesar de não haver previsão legal, o fundamento está na CF, já que o MP é fiscal da ordem jurídica. Além disso, o CPP o coloca como legitimado amplo aos recursos, já que a revisão foi alocada como sendo "recurso" na lei.	Não há previsão na lei, de modo que haveria confusão entre acusação e atuação como autor da revisão criminal. Encerrado o processo penal, findou-se o direito de punir do Estado, não havendo mais atuação do MP, mesmo que em favor do réu.

Quanto à **legitimidade passiva**, há grande divergência na doutrina.

Para uns, *(a)* ter-se-á o Estado ou a União, conforme a origem da decisão combatida, se estadual ou federal; para outros, *(b)* o membro do Ministério Público representará o Estado; para outros *(c)* o Ministério Público será o legitimado passivo; e *(d)* e para outros ainda, a própria Fazenda Pública deve ser citada para a ação de revisão criminal, considerando que ao Ministério Público é vedada a representação judicial e a consultoria de entidades públicas (art. 129, IX, CF), devendo apenas oferecer parecer. Há, ainda, *(e)* quem sustente que não existe legitimado passiva, pois a ação revisional não deve ser proposta contra quem moveu a acuação (Ministério Público ou querelante) e nem contra o Estado (Poder Judiciário), ainda que haja pedido indenizatório, cabendo ao MP apenas opinar e fiscalizar a correta aplicação do ordenamento jurídico, sem defender nenhum ato.

Para Brasileiro (Manual 2017), o Ministério Público deve ser intimado para se *manifestar* a respeito da ação ajuizada, cf. o previsto no art. 625, § 5º, que dispõe que o Ministério Público dará *parecer* em dez dias. Marcellus Polastri (Curso, 2016) afirma que o Ministério Público não atua apenas como fiscal do ordenamento jurídico, podendo requerer a participar da produção de provas, pugnar pelo deferimento de diligências e recorrer, praticando todos os atos inerentes à qualidade de parte. Neste sentido, é possível utilizar, por analogia, o previsto no art. 6º, § 4º, da Lei de Ação Popular (Lei nº 4.717/65), que dispõe que "o Ministério Público acompanhará a ação, cabendo-lhe apressar a produção da prova e promover a responsabilidade, civil ou criminal, dos que nela incidirem, sendo-lhe vedado, em qualquer hipótese, assumir a defesa do ato impugnado ou dos seus autores".

Gustavo Badaró (Manual, 2017), de outro lado, afirma que o legitimado passivo é o Estado, representado pelo MP e, se houver pedido indenizatório, o próprio MP atuará no processo, sendo substituto processual da Fazenda Pública.

Como do ajuizamento da revisão criminal pode se originar pedido de indenização (em face do Estado ou da União), parece correto reconhecer a legitimidade passiva do próprio Estado, e não do MP; o contrário seria ver o *Parquet* atuando em defesa dos interesses estatais, objetivando manter a decisão penal sancionatória (de seu interesse) e impedindo o reconhecimento de direito a uma indenização (de interesse do erário), o que é contrário ao texto constitucional (art. 129, IX, CF).

Numa interpretação intermediária, é possível sustentar, em tese, que a legitimidade passiva será do Ministério Público, que opinará a respeito do ato judiciário, se legal ou ilegal, até porque foi o órgão acusatório. Caso haja a cumulação com pedido de indenização, parece que será o caso de o Estado integrar o polo passivo da ação em litisconsórcio, de forma que o *Parquet* opinará acerca da qualidade do ato combatido e o Estado buscará proteger o interesse público secundário (evitando o pagamento de uma indenização, p. ex.).

Por fim, a lei não prevê a possibilidade de intervenção da vítima como assistente, embora devesse sê-lo, considerando a repercussão nos seus interesses civis patrimoniais.

16.3.7. Hipóteses legais de cabimento

Os arts. 621 e 626 do Código de Processo Penal trazem, **taxativamente**, cinco hipóteses autorizadoras de revisão criminal: (i) violação ao texto expresso da lei penal; (ii) contrariedade à evidência dos autos; (iii) decisão fundada em depoimento, exame ou documento comprovadamente falso; (iv) descoberta de novas provas da inocência do réu ou de circunstância que determine ou autorize diminuição de pena; ou (v) verificação de nulidade do processo. Não é cabível revisão criminal com o fim de rediscutir critérios discricionários utilizados pelo julgador (STF, RvCr nº 5.475/AM, rel. Min. Edson Fachin, j. 06.11.19).

Cada uma dessas hipóteses será analisada a partir de agora, lembrando que o pressuposto lógico da revisão criminal é a existência de uma decisão judicial condenatória ou absolutória imprópria transitada em julgado.

16.3.7.1. *Contrariedade ao texto expresso da lei*

Estabelece o art. 621, I, primeira parte, CPP, que a revisão dos processos findos será admitida quando a sentença condenatória ou absolutória imprópria for contrária ao texto expresso da lei penal.

Antes de mais nada, a expressão "lei penal" deve ser lida de forma abrangente, incluindo-se a lei processual, a Constituição Federal e os princípios criminais. A norma não necessariamente precisa ter conteúdo penal, bastando refletir no processo criminal (STJ, RvCr nº 4.944/MG, rel. Min. Reynaldo Soares da Fonseca, j. 11.09.19).

Exemplo: juiz sentenciou com base em provas ilícitas, contrariando a previsão do art. 5º, LVI, CF, e do art. 157, CPP, autorizando-se, assim, a revisão criminal após o trânsito em julgado desta decisão.

Consoante Grinover, Fernandes e Gomes Filho, a contrariedade à norma precisa ser *frontal* e *inequívoca*. A interpretação razoável da lei (ainda que controvertida) não autoriza o ajuizamento da revisão criminal. Aplica-se ao campo penal a mesma ideia da súmula nº 343 do STF: não cabe ação rescisória (leia-se: revisão criminal) por ofensa a literal disposição de lei quando a decisão rescindenda se tiver baseado em texto legal de interpretação controvertida nos tribunais. Ou seja, a mera controvérsia interpretativa não legitima a revisão criminal, já que o Direito não é estanque, bastando que o julgador decida com base nas provas dos autos.

Todavia, caso a interpretação jurisprudencial então adotada passe a ser diametralmente oposta à atual, admitir-se-á a revisão criminal, em aplicação extensiva do art. 621, I, CPP.

O tema exige maior explicação.

Ao se cogitar de aplicar nova interpretação jurisprudencial a um caso transitado em julgado, entra-se na (calorosa) discussão acerca da retroatividade, ou não, da alteração jurisprudencial. Em primeiro lugar, ressalta-se o seguinte: como regra, a alteração da jurisprudência não admite sua aplicação retroativa, não alcançando os casos já julgados definitivamente (STJ, AgRg no REsp nº 1.894.560/PR, rel. Min. Reynaldo Soares da Fonseca, j. 20.10.20).

Contudo, é preciso ter em mente que, de fato, a mera alteração de entendimento das Cortes não autoriza o ajuizamento de revisão criminal, tal como mencionado, analogicamente, na súmula nº 343 do STF. De outro lado, quando existir a **construção de um novo entendimento**, aí sim será possível se falar em retroatividade do novo entendimento jurisprudencial, já que haverá o **refazimento de uma tese jurídica**, diferente da que era até então aplicada.

Exemplo: o Superior Tribunal de Justiça sempre entendeu que o emprego de arma de brinquedo autorizava a incidência da majorante do inciso I, § 2º, do art. 157, CP (roubo). Neste sentido, inclusive, editou, em 1996, a sua súmula nº 174. Tempos depois, em 2002, a Corte cancelou o referido verbete, diante da alteração de seu entendimento, tendo em vista, basicamente, a violação aos princípios da legalidade e da proporcionalidade. Vê-se que não se tratou de mera alteração de jurisprudência (de simples reiteração de um posicionamento), mas de verdadeira **reconstrução do Direito, de um entendimento então consolidado e aplicado em todo o Brasil e sedimentado até mesmo na doutrina**. Nestes casos, deve-se admitir a revisão criminal, já que se trata de verdadeira reconstrução da interpretação da norma.

Conforme explica Paulo César Busato, "evidentemente, a referência aqui se restringe às hipóteses de efetivo assento jurisprudencial, ou seja, a respeito de entendimentos jurisprudenciais consolidados, ainda que não necessariamente através de enunciados sumulares. Isso porque a variedade de Tribunais e de casos a eles submetidos tem por usual divergência em suas decisões. Assim, somente pode ser levada em conta, para efeito dessa discussão, a interpretação jurisprudencial que for efetivamente consolidada". E conclui o autor afirmando que, "sendo assim, a consequência direta é a necessidade de verificação dos limites do princípio da legalidade também no campo jurisprudencial, para determinar a retroatividade da jurisprudência mais benigna e irretroatividade daquela que venha em prejuízo do réu, sempre e quando se trate de entendimento jurisprudencial consolidado" (Direito, 2015, p. 142 e 146).

Seja como for, a regra é a não retroatividade da jurisprudência, de modo que **a alteração da jurisprudência, por si só, não autorizará o ajuizamento de revisão criminal** (STF, AgRg no HC nº 153.805/SC, rel. Min. Dias Toffoli, j. 11.09.18); excepcionalmente, numa construção acadêmica, poder-se-á sustentar o contrário, tal como explicado.

Assim, em suma e em regra, o Superior Tribunal de Justiça possui entendimento no sentido de que "a mudança de entendimento jurisprudencial não autoriza o ajuizamento de revisão criminal" (HC nº 420.467/SC, rel. Min Reynaldo Soares da Fonseca, j. 12.12.17), ou seja, "a mudança jurisprudencial posterior ao trânsito em julgado da condenação não autoriza o ajuizamento de revisão criminal visando à sua aplicação retroativa" (HC nº 459.896/SC, rel. Min. Ribeiro Dantas, j. 04.09.18). O Supremo Tribunal Federal, analisando o cabimento de ação rescisória em razão de alteração da jurisprudência, entendeu pelo seu não cabimento se, à época da prolação da decisão impugnada, esta estava em conformidade com o entendimento jurisprudencial então predominante (Plenário, AR nº 2.422/DF, rel. Min. Luiz Fux, j. 25.10.18).

Exemplo de caso julgado pelo Tribunal da Cidadania disse respeito à (in)aplicação da atenuante de confissão qualificada, que é aquela em que o agente confessa o delito, mas acrescenta dados em sua defesa, como, por exemplo, a legítima defesa. Antigamente, a Corte entendia que a confissão qualificada não autorizava a aplicação da atenuante do art. 65, III, *d*, CP; todavia, com o tempo, passou a adotar entendimento contrário, admitindo-a, inclusive editou a súmula nº 545 neste sentido. Não obstante isso, o Superior Tribunal de Justiça, julgando caso em que o agente pleiteava a aplicação do novo entendimento ao seu caso já transitado em julgado (onde se aplicou o entendimento antigo), afirmou que "à época do julgamento do recurso de apelação criminal interposto pela defesa do paciente, a questão objeto desse *writ*, agora pacificada nesta Corte Superior em sentido que favorece o paciente – súmula n. 545 do STJ –, encontrava-se assentada em posicionamento diametralmente oposto, qual seja, a confissão qualificada não justificava a aplicação da atenuante pela confissão espontânea" (AgInt no HC nº 388.324/SC, rel. Min. Rogerio Schietti Cruz, j. 20.02.18). Desta forma, negou-se o pedido de revisão criminal em razão da impossibilidade de modificação de entendimento jurisprudencial.

16.3.7.2. *Contrariedade à evidência dos autos*

Nos moldes do inc. I do art. 621, *in fine*, CPP, é cabível a revisão criminal quando a decisão condenatória ou absolutória imprópria for contrária à evidência dos autos.

Entende-se que a contrariedade deve ser frontal, tida como a dissociação entre os elementos probatórios dos autos e a decisão judicial, que é proferida sem arrimo naqueles.

Considerando que o texto legal exige a *contrariedade* da decisão à evidência contida nos autos, a fragilidade das provas não autoriza a revisão criminal, não se admitindo a simples reanálise das provas. Desta forma, "na esteira da jurisprudência do STJ, a revisão criminal não deve ser adotada como um segundo recurso de apelação, pois nada mais é que a desconstituição da coisa julgada em face da prevalência, na seara penal, do princípio da verdade real sobre a verdade formal. O acolhimento da pretensão revisional deve ser excepcional, cingindo-se às hipóteses em que a contradição à evidência dos autos seja manifesta, estreme de dúvidas, dispensando, pois, a interpretação ou análise subjetiva das provas produzidas" (AgRg no AREsp nº 673.200/PE, rel. Min. Jorge Mussi, j. 13.12.16).

Conclui-se, assim, que a revisão criminal não deve ser utilizada como se fosse uma nova oportunidade de recurso, após o trânsito em julgado, para o tribunal reanalisar as provas dos autos, se o julgador bem ou mal apreciou o conjunto probatório ou se a decisão foi justa ou não; deve ser empregada, sim, para verificar se a condenação teve por base os elementos probatórios constantes dos autos ou se ela foi divorciada de todos eles (STJ, AgRg no REsp nº 1.421.650/SP, rel. Min. Reynaldo Soares da Fonseca, j. 27.09.16).

16.3.7.3. *Depoimento, exame ou documento falsos*

Dispõe o art. 621, II, CPP, que é admitida a revisão criminal quando a sentença condenatória ou absolutória imprópria se fundar em depoimentos, exames ou documentos comprovadamente falsos.

Da simples leitura percebe-se que a lei exige que o depoimento, o exame ou o documento sejam *comprovadamente* falsos. Além disso, exige-se que a decisão sancionatória tenha *se fundado* na prova ilícita.

Logo, se havia no processo uma prova falsa, mas esta não influiu no convencimento do julgador, não será cabível a revisão criminal, pois ela foi irrelevante. De igual modo, se havia dúvidas quanto à falsidade da prova, também não será possível a revisão criminal, pois a falsidade deve ser comprovada. A comprovação da falsidade pode se dar tanto em outro processo como no próprio bojo da revisão.

No mais, como explicam Grinover, Fernandes e Gomes Filho, "a indevida *valoração* de provas obtidas por meios ilícitos pela sentença condenatória não ensejará revisão criminal pelo fundamento da falsidade da prova, mas sim pelo da infringência a texto expresso da lei" (Recursos, 2008, p. 319).

16.3.7.4. *Descoberta de novas provas em favor do agente*

Conforme o art. 621, III, CPP, é possível ajuizar a revisão criminal quando, após a sentença, se descobrirem novas provas de inocência do agente ou de circunstância que determine ou autorize diminuição especial da pena.

A expressão "novas provas" diz respeito ao elemento probatório que o juiz ainda não conheceu, não teve contato no curso do processo. Não importa se (i) a prova já existia e não foi levada ao processo ou se (ii) não existia e só surgiu depois de findo este. Bastará ser *nova* no sentido de desconhecida, até então, do julgador, que não pôde formar o seu convencimento, pois ela não estava nos autos quando da prolação da sua decisão.

É preciso atentar à diferença com o Processo Civil. Ensina a doutrina que, lá, entende-se que a nova prova, descoberta após a sentença, deve se referir a fato já alegado no curso do processo que culminou na sentença rescindente; já aqui, no Processo Penal, "presta-se à revisão qualquer prova nova, atinente ou não a fato alegado no processo, incluindo a relativa a fato novo, não suscitado no primeiro processo, fato que pode até ter sido descoberto depois" (Grinover, Scarance e Gomes Filho, Recursos, 2008, p. 320). Assim, a prova nova pode ser relacionada a um fato novo, mesmo que não tenha sido suscitado no processo anteriormente. Ex.: o processo se pautou na excludente de autoria e, após a condenação, chegam provas de legítima defesa, sequer cogitada no bojo do processo.

O trio de doutrinadores ainda afirma que, numa interpretação extensiva, pode-se entender que a nova prova pode ser um elemento conhecido e até já aferido pelo julgador no processo, mas que, agora, é reapresentada com argumentação diversa, tendo em vista, por exemplo, o avanço dos conhecimentos científicos. Ex.: reapreciação de prova agora com base nos avanços científicos e tecnológicos de exames de DNA, como no caso do exame de sangue que, antes, apenas conseguia verificar a compatibilidade de tipo sanguíneo, mas, hoje, é possível obter certeza científica (quase que absoluta) com a análise de todos os seus elementos.

Entendimento majoritário afirma que a prova nova deve ter sido constituída anteriormente, mediante justificação prévia no juízo criminal de primeira instância, **não sendo possível a sua produção no âmbito da revisão criminal**, já que se exige prova pré-constituída (Brasileiro, 2017). O procedimento da justificação encontra-se no art. 381 e ss., CPC, referente à produção antecipada de provas.

Consoante o Superior Tribunal de Justiça, a nova prova de natureza oral exige justificação judicial, o que não é necessário para outras provas, como a pericial, que apenas será juntada; além disso, afirma-se que, se o pressuposto do ajuizamento da revisão criminal é o surgimento de nova prova, ou seja, de existência advinda após a condenação, é descabido e incoerente exigir que, para que seja considerada como prova nova, tenha sido ela submetida a contraditório prévio (REsp nº 1.660.333/MG, rel. Min. Sebastião Reis Júnior, j. 06.06.17), já que a prova nova pode ter qualquer natureza e não necessariamente guarde relação com a outra parte, por exemplo.

Neste caminho de ideias, imagine o exemplo a seguir. O agente é condenado, com trânsito em julgado, por estupro. Após a condenação, a vítima se lembra de alguns detalhes, passando a ter certeza de que o condenado não foi o responsável pelo crime. Então, ela vai a um cartório e lavra uma escritura pública declarando que aquele condenado não foi o autor do crime. Pergunta-se: esta escritura pública poderá embasar a revisão criminal? Não. A via adequada, neste caso, será a tomada de novas declarações da própria vítima, em audiência de justificação, por se tratar de clara prova oral, não sendo possível a mera retratação por escritura pública (STJ, RHC nº 58.442/SP, rel. Min. Sebastião Reis Júnior, j. 25.08.15).

Ademais, a justificação criminal não é uma nova ocasião para a reinquirição de testemunhas já ouvidas no processo e nem o instrumento para se arrolar novas testemunhas (STJ, AgRg no AREsp nº 859.395/MG, rel. Min. Reynaldo Soares da Fonseca, j. 10.05.16).

A nova prova deve ser apta a (a) absolver o condenado ou (b) diminuir a sua pena. Ex.: comprovação de inocência pelo surgimento de uma nova testemunha, não ouvida no processo; ou então, a comprovação de que o agente, na verdade, teve participação de menor importância no crime, autorizando a diminuição de sua pena.

Como explicado, a nova prova deve ser capaz de inocentar ou de diminuir a pena do agente, devendo ter valor pleno, não bastando que apenas desabilite as provas do processo originário ou que gere dúvida nos julgadores. Em sentido contrário, Badaró entende que a dúvida criada nos julgadores deve beneficiar o condenado, não havendo lógica em um conjunto probatório duvidoso, na sentença, absolver o agente e, na revisão criminal, prejudicá-lo (Manual, 2017).

Como bem entendeu a Suprema Corte, a destinação legal da revisão criminal não se confunde com a singela realização de uma nova valoração do arcabouço fático-probatória, já que não se trata de um instrumento de questionamento da interpretação dada anteriormente ao caso, mas de um meio que pressupõe que a conclusão condenatória tenha sido ilegal, desprezando as provas dos autos. Assim, a revisão criminal cinge-se aos aspectos de legalidade da condenação proferida sem lastro em elementos probatórios, não sendo possível o reexame aprofundado da suficiência de provas (RvC nº 5.450/DF, rel. Min. Edson Fachin, j. 29.10.17).

Por fim, a 1ª Turma do Supremo Tribunal absolveu condenado por estupro e roubo, que já estava preso por quase dez anos, com base em laudo de DNA que apontava que outra pessoa havia pratica os crimes. Assim, o surgimento de nova prova técnica, como o DNA, comprovou que o sangue encontrado na cena do crime era de um corréu, de modo que a absolvição se impôs (RHC nº 128.096/RS, rel. Min. Marco Aurélio, j. 18.12.18).

16.3.7.5. *Nulidade do processo*

Considerando que o art. 626, "caput", CPP, prevê como uma das consequências da revisão criminal o reconhecimento de uma nulidade no processo, a doutrina costuma colocá-la como uma das hipóteses autorizadas da revisão criminal (Brasileiro, 2017).

Quando se fala que a existência de uma nulidade autoriza o ajuizamento da revisão criminal, a primeira indagação que se faz é: qual espécie de nulidade, relativa ou absoluta?

Sabe-se que a nulidade relativa deve ser arguida no momento adequado, sob pena de preclusão, e que a nulidade absoluta, em regra, pode ser alegada em qualquer momento. Logo, para fins de revisão criminal, a nulidade arguida deve ser de natureza **absoluta**, cognoscível a qualquer momento do processo e mesmo findo este. Ex.: réu processado na Justiça Estadual ao invés da Justiça Federal.

A segunda dúvida que surge é a seguinte: foi estudado que é possível a impetração de *habeas corpus* quando o processo for manifestamente nulo (inc. VI do art. 648, CPP); logo, qual é a diferença entre o *habeas corpus* e da revisão criminal quanto ao cabimento? Dois pontos distinguem os institutos quanto ao reconhecimento de uma nulidade: (a) se há ilegalidade ou coação quanto ao direito de locomoção, será o caso de *habeas corpus*; do contrário, será cabível a revisão criminal; e (b) se há prova pré-constituída, sem necessidade de dilação probatória, será o caso de *habeas corpus*; do contrário, será cabível a revisão criminal.

Na revisão criminal, uma vez reconhecida a nulidade, o processo deverá ser refeito a partir do ponto tido como nulo, podendo o tribunal declarar a extinção da punibilidade, se o caso, como a prescrição, p. ex. (Badaró, 2017). Uma vez refeito o processo em razão da nulidade, no juízo competente, a pena imposta pela decisão revista não poderá ser agravada, sob pena de *reformatio in pejus* indireta, como será estudado adiante (p.ú. do art. 626, CPP).

Por fim, como ensina Renato Brasileiro, a revisão criminal somente pode ser utilizada em favor do acusado combatendo a sentença condenatória ou absolutória imprópria. Havendo decisão absolutória própria ou extintiva da punibilidade transitada em julgado, ainda que haja nulidade manifesta, a decisão produzirá efeitos normalmente, impedindo que o agente seja novamente processado pela mesma imputação.

Exemplo: processado em justiça absolutamente incompetente, mas absolvido, não poderá ser novamente processado pelos mesmos fatos, como resultado da revisão criminal, agora na justiça competente.

Afirma o autor que, "nas hipóteses de sentença absolutória ou declaratória extintiva da punibilidade, ainda que proferida por juízo incompetente, como essa decisão não é tida por inexistente, mas sim como nula, e como o ordenamento jurídico não admite revisão criminal *pro societate*, não será possível que o acusado seja novamente processado perante o juízo competente, sob pena de violação ao princípio do *ne bis in idem*, o qual impede que alguém seja processado duas vezes pela mesma imputação" (Manual, 2017, p. 1821-1822).

16.3.8. Procedimento

16.3.8.1. *Capacidade postulatória*

A capacidade postulatória para a revisão criminal é ampla, não precisando ser constituído profissional habilitado (advogado), já que o seu fundamento é de ação constitucional em benefício do sentenciado.

Não há conflito dessa capacidade do próprio sentenciado com o Estatuto da Ordem dos Advogados do Brasil, que prevê ser atividade privada da advocacia a postulação aos órgãos do Poder Judiciário (art. 1º, I, Lei nº 8.906/94). Ainda que o EOAB seja posterior ao CPP, aquele diploma sempre ressalvou a impetração do *habeas corpus* (§ 1º do art. 1º), de forma que o cotejo entre os dois valores constitucionais – indispensabilidade do advogado, cf. art. 133, CF, e amplo acesso à justiça, cf. art. 5º, XXXV, CF – deverá ser solucionado em benefício da capacidade postulatória ampla, podendo o condenado, por si, ajuizar a revisão criminal (Grinover, Fernandes e Gomes Filho, 2008).

O Supremo Tribunal Federal, inclusive, entende que o art. 623, CPP, que permite que o próprio réu requeira a revisão criminal, não foi derrogado pelo EOAB, tendo em vista que esta norma é dispositivo geral, não derrogando normas especiais; ademais, a interpretação das normas deve ser feita no sentido de alcançar a *mens legis* (sentido da lei), e não *mens legislatoris* (sentido do legislador), podendo a lei outorgar capacidade postulatória, em casos excepcionais, a qualquer pessoa (HC nº 72.981/SP, rel. Min. Moreira Alves, j. 14.11.95).

Em igual sentido, o Superior Tribunal de Justiça, mais recentemente, entendeu que "no que tange à dicção do art. 623 do Código de Processo Penal, fica explicitado que a revisão criminal 'poderá ser pedida pelo próprio réu ou por procurador legalmente habilitado ou, no caso de morte do réu, pelo cônjuge, ascendente, descendente ou irmão'. O réu é parte legítima para a proposição da revisão criminal, dispensada, nesse caso, a demonstração da capacidade postulatória. Ademais, embora seja recomendável, em homenagem à garantia da ampla defesa, a nomeação de defesa técnica – defensor público ou advogado dativo –, tal garantia não constitui óbice ao conhecimento da ação revisional" (HC nº 315.594/MG, rel. Min. Joel Ilan Paciornik, j. 25.10.16).

Por fim, consoante a doutrina, a melhor solução é a seguinte: permitir que o condenado ajuíze a revisão criminal e o tribunal, na sequência, nomeia um defensor para que, por meio da defesa técnica, deduza corretamente a pretensão em juízo, de modo a se assegurar, assim, o direito de ação e o direito à correta formulação do pedido (Grinover, Fernandes e Gomes Filho, 2008). De igual modo já decidiu o STJ (HC nº 40.354/SP, rel. Min. Nilson Naves, j. 03.05.05), inclusive afirmando que o defensor nomeado não poderá se manifestar contrariamente ao pedido deduzido.

16.3.8.2. *Recolhimento à prisão*

Nos termos da súmula nº 393 do Supremo Tribunal Federal, de 1964, "para requerer revisão criminal, o condenado não é obrigado a recolher-se à prisão". Tem-se como fundamento a ausência de previsão legal exigindo o recolhimento do agente (Tornaghi, v. 2, 1989).

16.3.8.3. *Prazo*

Prevê o art. 622, CPP, que a revisão criminal poderá ser requerida em qualquer tempo, antes da extinção da pena ou após. Tendo em vista que o objetivo da ação é a restauração do *status dignitatis* do agente, a revisão criminal não se sujeita a prazos preclusivos.

Vale lembrar que o Código de Processo Civil prevê prazos para a ação rescisória, que é, como regra, de dois anos contados do trânsito em julgado da última decisão proferida no processo (art. 975, "caput", CPC) – mas, como visto, não há prazo para a revisão criminal no Processo Penal.

16.3.8.4. *Competência*

Inicialmente, como premissa, vale a observação de Vicente Greco Filho (Manual, 2012, p. 642): "os tribunais de segundo grau são competentes para as revisões de sentenças de primeiro grau cujo recurso a eles seria dirigido, e os tribunais em geral para as revisões dos próprios acórdãos".

Alguns pontos são de suma importância ao estudo do órgão judiciário competente para o julgamento da revisão criminal.

a) as revisões criminais serão processadas (art. 624, CPP) pelo **STF** em relação a seus julgados (art. 102, I, *j*, CF), pelo **STJ** em relação a seus julgados (art. 105, I, *e*, CF), pelo **TSE** em relação a seus julgados (art. 364, Código Eleitoral), pelo **STM** em relação aos processos findos na Justiça Militar federal (art. 554, CPPM), pelo **TRE** em relação a seus julgados ou dos juízes eleitorais (art. 364, Código Eleitoral), pelo **TRF** em relação a seus julgados ou de juízes federais da respectiva região (art. 108, I, *b*, CF) e pelo **TJ**, cf. a legislação local e tendo como parâmetro a lei processual, claro, como as revisões das decisões dos juízes de primeiro grau. Por exemplo, o RITJSP prevê a competência do TJSP para a revisão criminal das decisões condenatórias transitadas em julgado proferidas pelo próprio tribunal ou por ele mantidas.

b) quem proferiu a decisão condenatória ou absolutória imprópria será competente para julgar a revisão criminal, ou seja, compete ao próprio tribunal julgar a revisão de seus julgados. Assim, por exemplo, o acórdão condenatório do TJ/RR será revisto pelo próprio TJ/RR (e não pelo órgão superior, como o STJ, tal como se dá no *habeas corpus*).

c) não se aplica, à revisão criminal, o impedimento do art. 252, III, CPP, que proíbe o juiz de exercer jurisdição no processo em que "tiver funcionado como juiz de outra instância, pronunciando-se, de fato ou de direito, sobre a questão" (STJ, AgRg na ExSusp nº 209/DF, rel. Min. Antonio Saldanha Palheiro, j. 12.08.20). Explicam Pacelli e Fischer (Comentários, 2012) que referido dispositivo é destinado aos recursos, não havendo esta vedação à ação de revisão criminal, com exceção do *relator*, que, cf. o art. 625, "caput", CPP, será um julgador que não tenha pronunciado nenhuma decisão em qualquer fase do processo.

d) no caso de competência dos Tribunais Superiores, afirma-se que só será admitida a revisão criminal ajuizada em face de questões previamente conhecidas no recurso examinado pela Corte (RE ou REsp, p. ex.), de modo que questões não levadas a julgamento pela Corte não poderão ser objeto de revisão criminal no Tribunal Superior (STJ, 3ª Seção, RvCr nº 1734/BA, rel. Min. Nefi Cordeiro, j. 24.08.16).

Como visto em relação ao efeito substitutivo dos recursos, ocorre a substituição de uma decisão por outra quando o tribunal ao menos *conhece* do recurso; do contrário, não há substituição e prevalece a decisão do juízo "a quo".

Assim, se houve acórdão do TJ/MS e a defesa recorreu ao STJ, que *conheceu* do REsp, as questões resolvidas ou analisadas neste recurso poderão ser objeto de futura revisão criminal no STJ; lado outro, se o recurso *não foi conhecido* pela Corte Superior, a questão não conhecida não poderá ser objeto de revisão criminal nesta Corte. Atente-se que apenas o que foi objeto do recurso, *conhecido e analisado pela Corte*, é que poderá ser objeto da revisão criminal (STF, AgRg na RvC nº 5.484/DF, rel. Min. Edson Fachin, j. 23.08.19).

E aqui sobressai um ponto importante. Se a parte, por exemplo, recorreu ao STJ sustentando a ocorrência da prescrição, não poderá a ulterior revisão criminal ajuizada no STJ alegar, *v.g.*, erro na aplicação do regime de cumprimento de pena, pois esse tema nunca foi objeto de análise da Corte Superior (art. 240, RISTJ).

Neste caminho, se a parte havia impetrado, anteriormente, um *habeas corpus* no STF questionando a dosimetria da pena, entende-se que caberá ao STJ (e não ao STF) conhecer da questão. Explica-se. O RISTF (art. 263, § 3º) dispõe que caberá à Suprema Corte julgar a revisão criminal de processos findos cuja condenação tenha sido proferida ou mantida em ação penal originária, recurso ordinário ou recurso extraordinário – vê-se, assim, que não se fala em *habeas corpus* e que não houve *condenação* ou *manutenção de condenação*, de modo que não seria a Suprema Corte competente para a ação de revisão criminal proposta contra julgado proferido no remédio heroico. O contrário seria dizer que a parte não poderá ajuizar revisão criminal no tribunal de origem e nem no STF, o que não pode ser aceito. Entende a atual jurisprudência, portanto, que o fato de a questão haver sido analisada pelo STF em sede de *habeas corpus* não afasta a possibilidade de que seja apresentada revisão criminal no STJ (STJ, RvCr nº 2877/PE, rel. Min. Gurgel de Faria, j. 25.02.16; e STF, AgRg na RvCr nº 5448/MG, rel. Min. Cármen Lúcia, j. 17.03.16).

Outro exemplo relativo à competência: pode ocorrer de a defesa recorrer da sentença proferida pelo juízo de Mossoró/RN e o TJ/RN, conhecendo do recurso, negar provimento. Será competente para a revisão criminal o próprio TJ/RN.

e) quanto aos Juizados Especiais, será competente a Turma Recursal, e não o TJ ou TRF. Consoante o Superior Tribunal de Justiça, "é manifesta a incompetência do Tribunal de Justiça para tomar conhecimento de revisão criminal ajuizada contra *decisum* oriundo dos Juizados Especiais. A falta de previsão legal específica para o processamento da ação revisional perante o Colegiado Recursal não impede seu ajuizamento, cabendo à espécie a utilização subsidiária dos ditames previstos no Código de Processo Penal. Caso a composição da Turma Recursal impossibilite a perfeita obediência aos dispositivos legais atinentes à espécie, mostra-se viável, em tese, a convocação dos magistrados suplentes para tomar parte no julgamento, solucionando-se a controvérsia e, principalmente, resguardando-se o direito do agente de ver julgada sua ação revisional" (CC nº 47.718/RS, rel. Min. Jane Silva, j. 13.08.08).

16.3.8.5. *Rito procedimental*

O art. 625, CPP, fala em "requerimento" como ato inicial da revisão criminal. Todavia, como se trata de verdadeira ação de impugnação, o correto é o seu ajuizamento por meio de uma petição inicial, a ser distribuída a um relator, que, como visto, não pode ter pronunciado nenhuma decisão em qualquer fase do processo. Apenas o **relator** não poderá ter proferido decisão anteriormente, de forma a se buscar um relator totalmente desvinculado do primeiro julgamento, buscando-se um relator completamente imparcial (Nucci, 2016); aos demais membros julgadores não há este empecilho, podendo até mesmo funcionar como revisor um juiz que tenha participado do julgamento anterior (Pacelli e Fischer, 2012).

Duas observações são interessantes.

Não há vedação a que o mesmo julgador funcione como relator de uma revisão criminal de um réu e, depois, de outra revisão criminal do corréu, tendo em vista que a legislação impede apenas que seja relator um julgador que tenha proferido decisão no processo rescindendo, o que não é o caso, já que a revisão é ação autônoma (STF, HC nº 75.627/SP, rel. Min. Néri da Silveira, j. 19.12.97). E como já mencionado, nada impede que o revisor da ação de revisão criminal seja um julgador que tenha participado da decisão rescindenda, inclusive podendo lavrar o acórdão caso o relator seja vencido (STJ, HC nº 107.782/BA, rel. Min. Laurita Vaz, j. 17.02.09).

Se apresentada por um profissional habilitado, é indispensável procuração, mas não se exigirá a outorga de poderes especiais (STF, RE nº 92.505/PB, rel. Min. Firmino Paz, j. 05.03.82). Lembre-se que, caso de assistência pela Defensoria Pública, é desnecessária procuração (p.ú., art. 16, da Lei nº 1.060/50).

A inicial deve ser instruída com certidão do trânsito em julgado da decisão condenatória ou absolutória imprópria e com as peças necessárias à comprovação dos fatos arguidos (§ 1º, art. 625, CPP). O relator poderá determinar que se apensem os autos originais, se daí não advier dificuldade à execução normal da sentença (§ 2º, art. 625, CPP).

Se a petição tiver sido elaborada pelo próprio condenado, sem assistência de um profissional habilitado, recomenda-se que o tribunal, em respeito à ampla defesa, o encaminhe a um advogado dativo ou à Defensoria Pública, de forma a instrumentalizar a ação corretamente, juntando o que a lei exige e respeitando as formalidades legais (STJ, HC nº 92.951/PB, rel. Min. Napoleão Nunes Maia Filho, j. 28.10.08).

Se o relator julgar insuficientemente instruído o pedido e inconveniente ao interesse da justiça que se apensem os autos originais, indeferi-lo-á liminarmente, "dando recurso" para as câmaras reunidas ou para o tribunal, conforme o caso (§ 3º, art. 625, CPP). Caberá um recurso inominado contra a decisão de indeferimento liminar da inicial de revisão criminal. Para uns, trata-se de uma espécie de reexame necessário; para a maioria, todavia, trata-se de típico agravo regimental, com prazo e formalidades previstos nos regimentos internos dos tribunais. Uma vez interposto este recurso, por petição e independentemente de termo, o relator apresentará o processo em mesa para o julgamento e o relatará, sem tomar parte na discussão (§ 4º, art. 625, CPP).

De outro lado, caso a inicial da revisão criminal esteja suficientemente instruída, será recebida pelo relator, que abrirá vista dos autos ao Ministério Público, que dará parecer em 10 dias (§ 5º, art. 625, CPP). Em seguida, examinados os autos, sucessivamente, no prazo de 10 dias, pelo relator e revisor, julgar-se-á o pedido na sessão designada.

Uma vez julgada procedente a revisão criminal, o tribunal poderá, conforme o art. 626, CPP: (a) alterar a classificação da infração; (b) absolver o agente; (c) modificar a pena; ou (d) anular o processo. O provimento da revisão pode ser total ou parcial.

Como afirma Gustavo H. Badaró (Manual, 2017), há entendimento da doutrina no sentido de que o tribunal não ficaria vinculado aos fundamentos da revisão, de modo que poderia provê-la por motivos distintos do constante do pedido, ou seja, haveria uma autorização para julgamento *extra petita*.

16.3.8.6. *Efeito suspensivo*

A revisão criminal **não** possui efeito suspensivo, ou seja, o seu ajuizamento não impede a execução da sentença penal condenatória ou absolutória imprópria, que continua produzindo efeitos normalmente (STJ, RHC nº 81.497/TO, rel. Min. Reynaldo Soares da Fonseca, j. 09.05.17). Logo, se o agente estava preso, assim permanecerá. Assim, o ajuizamento de revisão criminal não obsta a execução da sentença condenatória transitada em julgado, já que o pedido revisional não possui efeito suspensivo (STJ, HC nº 318.033/MG, rel. Min. Gurgel de Faria, j. 05.05.15).

Conforme a doutrina, a não previsão de efeito suspensivo objetiva salvaguardar a coisa julgada, que só cederá quando a ação for julgada procedente, de modo que a credibilidade da coisa julgada deve prevalecer sobre qualquer outro argumento (Grinover, Fernandes e Gomes Filho, 2008).

Os três doutrinadores, todavia, ensinam que, *excepcionalmente*, a seriedade dos argumentos do réu, e até mesmo a força das provas trazidas, poderão ser tão convincentes a ponto de afetar a certeza da coisa julgada. Para estes casos, portanto, seria cabível o efeito suspensivo da decisão condenatória ou absolutória imprópria. Nessa hipótese, utilizar-se-ia o poder geral de cautela do Processo Civil (art. 297, CPC).

Ex.: após o trânsito em julgado da condenação, advém vídeo de segurança de um aeroporto demonstrando que o condenado estava embarcando para o exterior no momento em que o crime estava sendo cometido; ou então, a vítima de homicídio aparece viva, demonstrando a impossibilidade do cometimento do crime contra a vida.

Havendo, então, *periculum in mora* (réu condenado) e *fumus boni juris* (alta probabilidade de procedência do pedido rescindente), torna-se possível a concessão de efeito suspensivo à decisão sancionatória então em curso. A prática permite ainda que, não fosse o caso dessa construção jurídica para a concessão do efeito suspensivo, o "habeas corpus" pode ser utilizado para fazer cessar a violação à liberdade de locomoção, o que levaria, reflexamente, à suspensão da execução da decisão em curso (STF, HC nº 120.492/SP, rel. Min. Rosa Weber, j. 09.04.14).

O Superior Tribunal de Justiça entende neste sentido, ou seja, a revisão criminal não tem efeito suspensivo, salvo no caso de flagrante ilegalidade, o que poderia caracterizar a excepcionalíssima hipótese de suspensão da execução até o julgamento da ação revisional (HC nº 88.586/SP, rel. Min. Maria Thereza de Assis Moura, j. 01.09.09).

16.3.8.7. *Ônus da prova*

A Constituição da República prevê, no art. 5º, LVII, que ninguém será considerado culpado *até o trânsito em julgado da sentença penal condenatória*. Como visto, o pressuposto básico da revisão criminal é, justamente, a ocorrência do trânsito em julgado. Desta forma, não há mais aplicação do "in dubio pro reo" após o trânsito em julgado. Na revisão criminal, portanto, aplica-se o ***in dubio pro societate*** (ou o ***in dubio contra reo***), prestigiando-se o devido processo legal percorrido até o trânsito em julgado da decisão penal condenatória e consequente formação da coisa julgada.

Neste caminho, portanto, cabe ao condenado (ou absolvido impropriamente) o ônus de provar as alegações feitas na revisão criminal ajuizada. Até porque, aplicando-se o art. 373, I, CPC, incumbe ao autor da ação revisional o ônus quando ao fato constitutivo de seu direito (STJ, AgRg no REsp nº 1.342.392/GO, rel. Min. Leopoldo de Arruda Raposo, j. 17.09.15).

A dúvida quanto aos fatos autoriza o tribunal a manter a decisão exequenda, não beneficiando o agente. Logo, a dúvida na solução da revisão criminal é resolvida em favor da sociedade, mantendo-se a decisão condenatória, em valorização – e respeito – à coisa julgada já formada.

É importante ressaltar, entretanto, que a jurisprudência tem aplicado a regra do § 1º do art. 615, CPP, que dispõe que, havendo empate de votos no julgamento dos recursos, prevalecerá a decisão mais favorável ao réu; no mesmo sentido dispõe o p.ú. do art. 664, CPP, quanto ao julgamento do *habeas corpus*. Assim, deve-se aplicar, diante da falta de norma expressa tratando do empate no julgamento da revisão criminal, este critério de desempate em benefício do condenado (STJ, HC nº 274.989/BA, rel. Min. Nefi Cordeiro, j. 03.05.16; STJ, HC nº 137.504/BA, rel. Min. Laurita Vaz, j. 28.08.12; e STF, HC nº 59.863/SP, rel. Min. Décio Miranda, j. 22.06.82).

16.3.8.8. *Non reformatio in pejus*

Viu-se, no art. 626, CPP, as providências que o tribunal pode adotar caso julgue procedente o pedido revisional. O parágrafo único do dispositivo assim dispõe: "de qualquer maneira, não poderá ser agravada a pena imposta pela decisão revista".

Trata o referido dispositivo legal do princípio da *non reformatio in pejus*, ou seja, além dos casos de recurso exclusivo da defesa e do "habeas corpus", **o resultado do ajuizamento da revisão criminal não pode agravar a situação do agente de nenhuma forma**. Como já estudado, nesses casos o tribunal não poderá, nem mesmo, conhecer matérias de ofício, nos moldes da interpretação dada à súmula nº 160 do STF.

Veda-se tanto a reforma direta quanto a indireta.

Ocorreria reforma direta se o tribunal, julgando a revisão criminal, substituísse a pena privativa de liberdade de dez anos para uma de doze anos, em razão do lapso do juiz quanto a uma agravante não considerada na sentença. E ocorreria reforma indireta se o tribunal, anulando a decisão, visse o julgador proferir outra decisão, agora mais gravosa do que a anterior que foi anulada. Como estudado, o julgador encontra-se limitado pela decisão, que é o chamado efeito prodrômico, em que um ato nulo ainda produz efeito, que é o de limitar a atuação posterior do julgador.

16.3.8.9. *Resultados possíveis*

Viu-se que, uma vez julgada procedente a revisão criminal, o tribunal poderá, conforme o art. 626, CPP: (a) alterar a classificação da infração; (b) absolver o agente; (c) modificar a pena; ou (d) anular o processo. O provimento da revisão pode ser total ou parcial.

Nos casos de absolvição, modificação da pena e alteração da classificação da infração penal, o tribunal realizará tanto juízo rescindente (cassando a decisão) quanto rescisório (proferindo nova decisão). Já no caso de anulação do processo, o tribunal realizará apenas juízo rescindente.

Havendo nulidade reconhecida, o tribunal determinará a anulação do ato. Conforme a lição de Badaró (Manual, 2017), se o ato é inicial, como o oferecimento da acusação por parte ilegítima, será possível a repropositura da ação, desde que não extinta a punibilidade; se anulado algum ato intermediário, o processo será enviado ao juízo competente para refazimento, desde que, também, não esteja extinta a punibilidade, o que é bastante comum – neste caso, o tribunal realizará também juízo rescisório, de modo a substituir a condenação (cassada) pela declaração de extinção de punibilidade (substituta).

Nos termos do art. 627, CPP, provida a revisão criminal para absolver o agente, haverá o restabelecimento de todos os direitos perdidos em virtude da condenação. Haverá a reabilitação integral do então condenado ou de sua memória (Badaró, 2017). Haverá o afastamento dos efeitos penais secundários e extrapenais da condenação, como a devolução da fiança perdida, a recondução à função pública perdida, a restituição do produto ou proveito do crime, o restabelecimento do poder familiar, o deserdado volta à condição de herdeiro etc.

É bom asseverar que a parte final do art. 627, CPP, que dispõe que, com a absolvição em revisão criminal o tribunal poderá, se for o caso, "impor a medida de segurança cabível", não tem mais aplicação. Isso porque, a partir da reforma do Código Penal, em 1984, a medida de segurança passou a ser verdadeira espécie de sanção penal. Então, se o agente foi absolvido, não há que se substituir uma pena por uma medida de segurança, já que esta somente seria cabível em razão de inimputabilidade, o que não é o caso.

No mais, há jurisprudência e doutrina no sentido de se permitir a aplicação do art. 580, CPP, à revisão criminal (extensão do seu resultado ao corréu), desde que, claro, o resultado desta se dê por motivos não pessoais e se trate da mesma situação fático-processual, tal como já se dá nos recursos e no *habeas corpus*. Neste sentido entendem a jurisprudência (STJ, HC nº 278.130/RS, rel. Min. Reynaldo Soares da Fonseca, j. 20.08.15; e STF, HC nº 75.039/SP, rel. Min. Maurício Corrêa, j. 01.04.97) e a doutrina (Pacelli e Fischer, 2012).

16.3.8.10. *Coisa julgada*

A decisão proferida na revisão criminal produz coisa julgada formal e material, impedindo apenas que nova ação revisional seja ajuizada com a tríplice identidade: mesmas partes, pedido e causa de pedir. Uma vez alterado o fundamento, nada impedirá que nova ação seja ajuizada.

É importante destacar que o art. 622, p.ú., CPP, autoriza a renovação da ação revisional, idêntica à anterior (que, veja, fez coisa julgada formal e material), desde que com base em novas provas.

Por fim, se o tribunal julgar improcedente o pedido revisional, mas, por uma fraude, a publicação da decisão acaba sendo no sentido de que ele foi absolvido, o tribunal poderá, de ofício, corrigir a falha e, agora, proclamar o resultado correto, que foi o indeferimento da revisão criminal. Para o Superior Tribunal de Justiça, isso não configura violação à coisa julgada, pois a publicação fraudulenta não retratou, em nenhum aspecto, o julgamento realizado pelo tribunal, não podendo a parte pretender se de uma decisão que, na verdade, nunca existiu (REsp nº 1.324.760/SP, rel. p/ acórdão Min. Rogerio Schietti Cruz, j. 16.12.14).

16.3.8.11. *Indenização por erro judiciário*

O art. 630, CPP, dispõe que o tribunal, se o interessado requerer, poderá reconhecer o direito a uma justa indenização pelos prejuízos sofridos.

Como ensina a doutrina administrativista (Carvalho Filho, 2017), no que diz respeito à responsabilização do Estado pelos atos jurisdicionais, há dois princípios básicos que os tornam insuscetíveis, *como regra*, de gerar responsabilidade civil: (a) o Poder Judiciário exerce função estrutural do Estado, refletindo sua própria soberania; e (b) os atos jurisdicionais são recorríveis, por regra, de forma que o prejudicado por uma decisão judicial pode recorrer e até postular a sua anulação.

Todavia, prevê a Constituição Federal, no art. 5º, LXXV, que "o Estado indenizará o condenado por erro judiciário, assim como o que ficar preso além do tempo fixado na sentença". Nestes casos, por força do art. 37, § 6º, CF, que dispõe que o Poder Público responderá pelos danos que seus agentes causarem a terceiros, será possível responsabilizar a União ou o Estado quanto ao dano gerado em razão de erro por atos jurisdicionais.

Em razão disso, é perfeitamente possível a responsabilidade civil estatal quando o tribunal reconhecer o pedido revisional, bastando requerimento do agente neste sentido, **não sendo um efeito automático da procedência da ação revisional.**

É bom ver que o direito à indenização não ocorrerá apenas nos casos de absolvição, mas em razão de *qualquer erro* que gere repercussão na situação penal do agente. Pode ser o caso de reconhecimento de uma agravante indevida ou do afastamento de uma atenuante (o que gerou uma reprimenda maior), ou do indevido reconhecimento da reincidência (o que gerou a progressão de regime num prazo maior) etc.

Assim, o Superior Tribunal de Justiça reconheceu o direito à indenização por erro judiciário no caso em que o juiz sentenciante reconheceu equivocadamente a reincidência, ou seja, após o transcurso do período depurador de cinco anos do cumprimento da pena o juiz ainda considerou o réu reincidente, seja porque sua pena foi elevada pela incidência errônea da reincidência, seja porque sofreu restrições maiores na execução penal por ter sido – equivocamente – considerado reincidente (REsp nº 1.243.516/SP, rel. Min. Reynaldo Soares da Fonseca, j. 22.09.16).

Por essa indenização, que será liquidada no juízo cível, responderá a **União**, se a condenação tiver sido proferida pelo Poder Judiciário da União (Federal, Distrito Federal, Eleitoral e Militar), ou o **Estado**, se o tiver sido pela respectiva justiça estadual (§ 1º, art. 630, CPP).

A indenização não será devida nessas situações (§ 2º, art. 630, CPP):

a) se o erro ou a injustiça da condenação proceder de ato ou falta imputável ao próprio impetrante, como a confissão ou a ocultação de prova em seu poder. Trata-se da excludente de culpa exclusiva da vítima, que elimina o ato administrativo e a relação de causalidade.

b) se a acusação houver sido meramente privada. A doutrina majoritária entende que esse dispositivo não foi recepcionado pela Carta de 1988, tendo em vista que a iniciativa da ação penal até pode ser atribuída ao ofendido, mas não o direito de punir, que sempre é estatal.

Pela lei, a Fazenda Pública não é citada. Para uma corrente, o Ministério Público, ao ser intimado, acaba por representar não apenas o Estado no seu direito de punir, mas, também, por defender o interesse civil da Fazenda; para outros, o Ministério Público apenas se manifestaria por meio de parecer, devendo a Fazenda ser citada para se defender civilmente, já que o *Parquet* está proibido de defender os interesses da Fazenda, cf. o art. 129, IX, parte final, CF.

No mais, no caso de a vítima do erro judiciário falecer no curso da revisão, o direito à indenização se transmite às pessoas a que ela devia alimentos.

16.3.9. Recursos

Não caberá apelação, já que a competência desta ação é originária dos tribunais. Igualmente, não será possível a interposição de embargos infringentes, já que restrito à apelação, recurso em sentido estrito e agravo em execução.

Os demais recursos serão possíveis de interposição, como embargos de declaração, recurso especial, recurso extraordinário, agravo interno (ou inominado, cf. §§ 3º e 4º, art. 625, CPP) e embargos de divergência ao STJ e STF.

Por fim, dispõe o art. 552, CPPM, que não caberá qualquer recurso contra a decisão proferida em revisão criminal na Justiça Militar; a doutrina (Grinover, Fernandes e Gomes Filho, 2008), todavia, defende que deve ser feita uma interpretação à luz da Constituição Federal, permitindo-se que os recursos constitucionais sejam interpostos, além dos embargos aclaratórios.

16.4. MANDADO DE SEGURANÇA

16.4.1. Introdução e histórico

Com a revisão da chamada "doutrina brasileira do *habeas corpus*", a partir da reforma constitucional de 1926, surgiu a necessidade de um instrumento apto à tutela de direitos subjetivos públicos que não estejam relacionados à liberdade de locomoção (Cunha Jr., 2011). Então, como criação brasileira, o mandado de segurança foi introduzido no ordenamento jurídico pátrio com a Constituição de 1934, no item 33 do art. 113.

Na Constituição Federal de 1988, está previsto no art. 5º, LXIX, em que "conceder-se-á mandado de segurança para proteger direito líquido e certo, não amparado por *habeas corpus* ou *habeas data*, quando o responsável pela ilegalidade ou abuso de poder for autoridade pública ou agente de pessoa jurídica no exercício de atribuições do Poder Público".

Percebe-se o caráter residual do *writ*: será empregado quando não for o caso de se tutelar a liberdade de locomoção (pois daí caberia "habeas corpus") e nem quando se tutelar o direito de obtenção de informações pessoais (pois daí caberia "habeas data").

A atual Lei nº 12.016/09 regulamenta o mandado de segurança.

16.4.2. Conceito e natureza jurídica

O mandado de segurança é uma **ação constitucional de natureza civil e preponderantemente mandamental**, com procedimento especial, que visa a proteger direito líquido e certo lesionado ou ameaçado de lesão, não amparado por *habeas corpus* ou *habeas data*, em virtude de ilegalidade ou abuso de poder praticado por autoridade pública ou agente de pessoa jurídica no exercício de atribuições públicas, sendo verdadeira garantia fundamental num Estado Democrático de Direitos.

Possui natureza jurídica de ação autônoma, já que se instaurará uma nova relação processual. Não se trata, por conseguinte, de um recurso.

É importante ressaltar que o mandado de segurança é uma ação civil que, eventualmente, pode ser utilizada no campo penal (STF, HC nº 70.392/DF, rel. Min. Celso de Mello, j. 31.08.93). A consequência prática disso é a utilização – subsidiária – de normas processuais civis. Desta feita, serão estudados apenas os principais tópicos relacionados ao uso do mandado de segurança na seara penal.

16.4.3. Tutela jurisdicional

Tutela-se *direito líquido e certo*, assim considerado aquele que se apresenta manifesto na sua existência, delimitado na sua extensão e apto a ser exercido no momento da impetração, ou seja, pressupõe fatos incontroversos, demonstrados de plano por prova pré-constituída, por não admitir dilação probatória (Meirelles, 2016).

Nos termos da súmula nº 625 do STF, a controvérsia sobre matéria de direito não impede concessão de mandado de segurança. Isto significa que a complexidade ou a discussão acerca do direito não impede a impetração do *mandamus*, mas apenas a necessidade de dilação probatória.

Conforme ensina Gustavo Badaró (Manual, 2017), o mandado de segurança pode gerar tutelas de diferentes naturezas: (a) declaratória, como no caso do reconhecimento da extinção da punibilidade de crime praticado por pessoa jurídica – por pessoa física, caberá *habeas corpus*, em regra; (b) constitutiva-positiva, como o reconhecimento da vítima de atuar como assistente de acusação; (c) constitutiva-negativa, como a revogação do sequestro de bens do agente diante da sua origem lícita; ou (d) mandamental, como a determinação de trancamento da ação penal por crime ambiental praticado por pessoa jurídica.

O *mandamus*, no mais, pode ser **(i) preventivo**, objetivando evitar uma lesão a direito líquido e certo, ou **(ii) reparatório**, objetivando reparar uma lesão já ocorrida.

16.4.4. Prazo

Nos moldes do art. 23 da Lei nº 12.016/09, o direito de requerer mandado de segurança extinguir-se-á decorridos **120 dias**, contados da ciência, pelo interessado, do ato impugnado. E consoante entendimento mais do que pacífico, é constitucional lei que fixa esse prazo **decadencial** para a impetração do mandado de segurança (súmula nº 632, STF).

Transcorrido *in albis* o prazo para a impetração da ação, o interessado poderá se valer das vias ordinárias, observados os respectivos prazos de regência à tutela do direito em tese violado.

16.4.5. Legitimidade ativa e passiva

A legitimidade é assim analisada:

a) **ativa**: podem impetrar o remédio constitucional a pessoa física ou jurídica, nacionais ou estrangeiras, mesmo que não residente no Brasil (STF, MS nº 4.706/DF, rel. Min. Ari Franco, j. 18.09.57). Quanto à pessoa jurídica, ela pode ser de direito público ou de direito privado. Também são legitimados o Ministério Público, o assistente de acusação, o querelante, o acusado ou seu defensor e eventuais terceiros interessados.

   Quando o direito ameaçado ou violado couber a várias pessoas (vários réus, por exemplo), qualquer delas poderá requerer o mandado de segurança, cf. o § 3º do art. 1º, Lei nº 12.016/09.

b) **passiva**: irá figurar no polo passivo da ação constitucional a autoridade coatora. A este respeito, há três correntes sobre a composição do polo passivo: *(i)* o próprio responsável pela ilegalidade, ou seja, a pessoa que ordenou a prática do ato tido por ilegal; *(ii)* a pessoa jurídica de direito público; ou *(iii)* tanto o próprio responsável quanto a pessoa jurídica.

   Seja como for, dispõe o art. 6º, "caput", Lei nº 12.016/09, que a petição inicial deverá indicar, além da autoridade coatora, a pessoa jurídica que esta integra, à qual se acha vinculada ou da qual exerce atribuições. E o art. 7º, II, determina que o juiz, ao despachar a inicial, dará ciência do feito ao órgão de representação judicial da pessoa jurídica interessada. A composição do polo passivo pela autoridade coatora e a respectiva pessoa jurídica parece ser a corrente majoritária (Fernandes, 2016).

Todavia, é de extrema importância a observação de Gustavo Badaró, ao afirmar que, no caso de mandado de segurança contra ato judicial, que é o que comporta a infinita maioria das questões no campo criminal, a relevância jurídica da questão recairá sobre a autoridade coatora apenas (Poder Judiciário) e não sobre a pessoa jurídica a qual ela pertença. No caso, geralmente, o polo passivo será composto pelo juiz, desembargador ou ministro responsável pela decisão que se aponta ilegal (Manual, 2017), não havendo a presença, por exemplo, do Estado ou da União como litisconsorte passivo.

Se a acusação impetrar mandado de segurança, o acusado deverá figurar no polo passivo desta ação como **litisconsorte** (e não mero assistente litisconsorcial), devendo ser citado (STF, HC nº 109.726/SP, rel. Min. Dias Toffoli, j. 11.10.11). Neste sentido, "no mandado de segurança impetrado pelo Ministério Público contra decisão proferida em processo penal, é obrigatória a citação do réu como litisconsorte passivo" (súmula nº 701, STF). O mesmo, obviamente e por uma questão de equidade, se aplica na hipótese contrária, em que o acusado impetra o mandado de segurança, devendo a acusação ser também citada, resguardando-se o contraditório.

16.4.6. Cabimento

A utilização do mandado de segurança é residual, isto é, verificada por exclusão. Alguns pressupostos/requisitos são colocados para a impetração do *writ* em matéria penal:

a) o ato impugnado deve ser originado de uma **autoridade ou de pessoa no exercício de atribuição do poder público**. Tratando-se de mandado de segurança em matéria penal, será um ato judicial contra o qual não caiba recurso.

b) o impetrante deverá demonstrar a **existência de direito líquido e certo**, não amparado por *habeas corpus* ou *habeas data*. Como visto, a denegação da ordem não impedirá a parte de se valer das vias ordinárias, desde que não tenha ocorrido análise do mérito (arts. 6º, § 6º, e 19, Lei nº 12.016/09).

c) o direito que se pretende tutelar por meio do mandado de segurança deve observar os **limites estreitos de cognição** e o rito do *mandamus*. Isso porque, o impetrante deverá demonstrar, por meio de prova pré-constituída, a lesão ou ameaça de lesão a direito seu. Caso haja necessidade de instrução/dilação probatória, não será cabível o mandado de segurança.

d) deve-se, também, comprovar a **ilegalidade ou o abuso de poder**, ou seja, que eles já foram praticados (mandado de segurança reparatório) ou que estão na iminência de o ser (mandado de segurança preventivo). A hipotética ocorrência de um ato ilegal não autoriza a impetração do mandado de segurança.

e) a Lei do Mandado de Segurança fixa algumas **situações que impedem a impetração do mandado de segurança** (art. 5º, Lei nº 12.016/09): ato do qual caiba recurso administrativo com efeito suspensivo, independentemente de caução; decisão judicial da qual caiba recurso com efeito suspensivo; e decisão judicial transitada em julgado.

Neste sentido, dispõe a súmula nº 267, STF, que "não cabe mandado de segurança contra ato judicial passível de recurso ou correição"; bem como, prevê a súmula nº 268, STF, que "não cabe mandado de segurança contra decisão judicial com trânsito em julgado". Excepcionalmente, todavia, se a impetração do remédio for anterior ao trânsito em julgado da decisão que se combate, ele deverá ser julgado (STJ, Corte Especial, EDcl no MS nº 22.157/DF, rel. Min. Luis Felipe Salomão, j. 14.03.19). Exemplo: Fulano impetra mandado de segurança contra uma decisão judicial, ainda sem trânsito em julgado; antes que o mandado de segurança seja julgado, ocorre o trânsito em julgado daquela decisão judicial que se queria combater; nesse caso, o MS será julgado normalmente, considerando que o interesse manifestado no remédio constitucional não desapareceu com o trânsito em julgado da decisão que se combatia – na verdade, ele foi até mesmo reforçado.

Vistos os pressupostos/requisitos de cabimento do mandado de segurança, a doutrina coloca, exemplificativamente, as seguintes hipóteses de seu manejo em matéria criminal:

1) quando o juiz indeferir a habilitação do ofendido como assistente de acusação;

2) para impedir a quebra de sigilos bancário ou fiscal do investigado;

3) objetivando trancar investigação ou ação penal cuja infração não preveja pena privativa de liberdade, pois, do contrário, será o caso de impetração de *habeas corpus*, cf. a súmula nº 693, STF.

4) para que o advogado tenha acesso aos autos do inquérito ou do processo, mesmo que corra em segredo de justiça (embora muitos utilizem a reclamação, tendo em vista o desrespeito à súmula vinculante nº 14 ou até mesmo o *habeas corpus*, se o caso).

5) para tutelar a pessoa jurídica que figure como investigada ou ré em processo penal, no caso de crimes ambientais.

6) para garantir a presença do advogado em atos de produção de prova no curso das investigações.

7) combatendo a decisão que determina o sequestro de bens quando ausentes os requisitos legais, pois, embora a lei preveja os embargos, tem-se aceitado o mandado de segurança para questionar a legalidade do ato.

É importante dar atenção a uma hipótese que sempre foi aceita pela doutrina e pelos tribunais, mas que, mais recentemente, tem sido rechaçada. Algumas decisões judiciais proferidas no curso do processo penal não possuem **efeito suspensivo**, ou seja, uma vez decidindo o juiz num sentido, ela passa a ser cumprida imediatamente. É o que acontece, *v.g.*, com a revogação da prisão preventiva ou com as decisões proferidas no curso da execução penal, tendo em vista que, respectivamente, o recurso em sentido estrito (art. 581, V, CPP) e o agravo em execução (art. 197, LEP) não possuem efeito suspensivo, de forma que, determinando o juiz a soltura do agente, ele deve ser posto imediatamente em liberdade, independentemente da decisão final do julgador.

Tendo em vista o eventual prejuízo que essa decisão pode gerar ao processo penal e à sociedade, o Ministério Público se acostumou a, ao recorrer da decisão, impetrar, conjuntamente, mandado de segurança objetivando a concessão de efeito suspensivo ao seu recurso. Os tribunais, como regra, não contrariavam esta conduta, mas o entendimento foi alterado.

Isso porque, se a própria legislação penal previu situações em que o recurso é desprovido de efeito suspensivo, de modo a garantir que a decisão proferida produza efeitos imediatamente, não poderão as partes, por meio de uma análise *ope iudici* (judicial) visar a obter referido efeito. Além do mais, não há que se falar em direito líquido e certo à obtenção do efeito, o que por si só já impediria a utilização do remédio constitucional.

Consoante o Superior Tribunal de Justiça, portanto, a legislação elencou taxativamente os casos de efeito suspensivo aos recursos, sendo vedada a inovação pelo Poder Judiciário a fim de conferir tal efeito ao recurso que não o tem, de forma que não se mostra cabível a impetração de mandado de segurança para fins de concessão de efeito suspensivo a recurso que não é dotado deste efeito por lei (3ª Seção, EDcl no MS nº 21.424/SP, rel. Min. Ericson Maranho, j. 12.08.15; e HC nº 397.197/SP, rel. Min. Reynaldo Soares da Fonseca, j. 27.06.17).

Neste sentido, o Superior Tribunal de Justiça editou a súmula nº 604, dispondo que "mandado de segurança não se presta para atribuir efeito suspensivo a recurso criminal interposto pelo Ministério Público". Todavia, o mesmo Superior Tribunal de Justiça que editou o referido verbete sumular admite o ajuizamento de **ação cautelar inominada** para atribuir efeito suspensivo a recurso em sentido estrito interposto pelo Ministério Público contra decisão que revoga a prisão preventiva. Entende a Corte ser inaplicável a súmula nº 604, pois específica apenas ao proibir o mandado de segurança como via de atribuição de efeito suspensivo a recurso criminal da acusação (6ª T., HC nº 485.727/SC, rel. Min. Laurita Vaz, j. 11.04.19; e 5ª T., HC nº 374.718/RS, rel. Min. Reynaldo Soares da Fonseca, j. 09.03.17).

Assevera-se que, *muito excepcionalmente*, será possível a concessão de efeito suspensivo ao recurso por meio de mandado de segurança, mas em situações patentemente teratológicas, flagrantemente abusivas ou que possam gerar dano irreparável (STJ, 6ª Turma, AgRg no RMS nº 52.087/DF, rel. Min. Maria Thereza de Assis Moura, j. 06.12.16; e 5ª Turma, RMS nº 43.327/MS, rel. Min. Felix Fischer, j. 18.06.15).

Por fim, o Supremo Tribunal Federal entendeu que não há direito líquido e certo a obrigar o Ministério Público à celebração de acordo de delação premiada, diante das suas características e da necessidade de distanciamento do julgador do cenário das investigações, até porque, o acordo é um negócio jurídico personalíssimo, com fundamento na oportunidade e na conveniência, insuscetível de imposição judicial, lembrando que a recusa do *Parquet* deve ser motivada, sujeita a controle interno, nos termos do art. 28, CPP, em analogia (STF, AgRg no MS nº 35.693/DF, rel. Min. Edson Fachin, j. 28.05.19).

16.4.7. Procedimento

O rito do julgamento do mandado de segurança é composto, basicamente, das seguintes fases: (1) petição inicial; (2) recebimento; (3) possível concessão de medida liminar; (4) notificação da autoridade coatora para prestar informações; (5) prestação das informações; e (6) julgamento.

Basicamente, o juiz, se não indeferir liminarmente a petição, a receberá, notificando o coator para que preste informações em 10 dias, podendo, ainda, ser concedida medida liminar para suspender os efeitos do ato combatido. Findo o prazo, ouve-se o Ministério Público em 10 dias, devendo o julgador decidir em 30 dias.

Entendeu o Tribunal da Cidadania que a ação de mandado de segurança não é tipicamente criminal, razão pela qual é legítima a exigência de antecipação das custas (AgRg no RMS nº 64.194/MT, rel. Min. Ribeiro Dantas, j. 20.10.20).

Serão analisados os tópicos primordiais à impetração de um mandado de segurança em matéria criminal.

16.4.7.1. *Petição inicial*

A petição inicial, que deverá preencher os requisitos estabelecidos pela lei processual (como os arts. 319 e 320, CPC), será apresentada em 2 vias com os documentos que instruírem a primeira reproduzidos na segunda e indicará, além da autoridade coatora, a pessoa jurídica que esta integra, à qual se acha vinculada ou da qual exerce atribuições.

No caso em que o documento necessário à prova do alegado se ache em repartição ou estabelecimento público ou em poder de autoridade que se recuse a fornecê-lo por certidão ou de terceiro, o juiz ordenará, preliminarmente, por ofício, a exibição desse documento em original ou em cópia autêntica e marcará, para o cumprimento da ordem, o prazo de 10 dias. O escrivão extrairá cópias do documento para juntá-las à segunda via da petição.

Em caso de urgência, é permitido, observados os requisitos legais, impetrar mandado de segurança por telegrama, radiograma, fax ou outro meio eletrônico de autenticidade comprovada.

O mandado de segurança, apesar de ser uma garantia constitucional expressa, exige impetração por um profissional do Direito habilitado, portador de **capacidade postulatória**, tal como o advogado, o defensor público e o membro do Ministério Público.

O ônus probatório recai sobre o impetrante, que deverá, com a petição inicial, trazer a documentação necessária para comprovar seu direito líquido e certo. Como já tratado, não haverá momento para a dilação probatória, o que é incompatível com o procedimento célere e especial do *writ* (STJ, AgRg no RMS nº 51.292/DF, rel. Min. Nefi Cordeiro, j. 18.10.16).

16.4.7.2. *Competência*

O ordenamento jurídico traz a competência para o processo e julgamento do mandado de segurança na Constituição Federal, na legislação infraconstitucional e nas normas próprias dos tribunais.

Deve-se levar em conta dois pressupostos para fins de fixação da competência: (a) qualificação da autoridade coatora, se federal ou não; e (b) a hierarquia da autoridade.

Bem observa Renato Brasileiro (Manual, 2017) que a competência do mandado de segurança não é fixada como ocorre no *habeas corpus*, em que a competência é atribuída, como regra, ao órgão judiciário superior; no mandado de segurança, a competência recai sobre o próprio tribunal, tendo em vista que compete aos tribunais, privativamente, "julgar, originariamente, os mandado de segurança contra seus atos, os dos respectivos Presidentes e os de suas Câmaras, Turmas ou Seções" (art. 21, VI, LC nº 35/79 – LOMAN).

Nos termos da Carta da República, competirá ao:

a) **STF**, processar e julgar, originariamente, o mandado de segurança contra ato do Presidente da República, das Mesas da Câmara dos Deputados e do Senado Federal, do Tribunal de Contas da União, do Procurador-Geral da República e do próprio Supremo Tribunal Federal (art. 102, I, *d*).

b) **STJ**, processar e julgar, originariamente, o mandado de segurança contra ato de Ministro de Estado, dos Comandantes da Marinha, do Exército e da Aeronáutica ou do próprio Tribunal (art. 105, I, *b*).

c) **TRF e TJ**, processar e julgar, originariamente, o mandado de segurança contra ato do próprio Tribunal e dos juízes que lhes forem vinculados (art. 108, I, *c*).

d) **juízes federais**, processar e julgar o mandado de segurança contra ato de autoridade federal em geral, exceto os casos de competência originária dos tribunais federais. Ex.: ato de delgado de polícia federal.

e) **juízes de direito**, processar e julgar o mandado de segurança contra ato de autoridade sujeita à sua jurisdição. Ex.: ato de delegado de polícia civil.

O mandado de segurança *contra ato do juiz* do Juizado Especial será julgado pela Turma Recursal, nos termos da súmula nº 376, STJ, que dispõe que "compete a turma recursal processar e julgar o mandado de segurança contra ato de juizado especial". E o mandado de segurança *contra ato da Turma Recursal* será julgado pela própria Turma Recursal, considerando que, numa interpretação sistemática, a referência a "ato de Juizado Especial", contida na súmula nº 376 do STJ, deve ser abrangente, incluindo-se tanto as decisões singulares como as colegiadas (STJ, AgRg no RMS nº 44.774/SC, rel. Min. Og Fernandes, j. 26.05.15).

Ademais, consoante a jurisprudência do Superior Tribunal de Justiça, admite-se a impetração de mandado de segurança perante o TJ ou TRF, conforme se trate de justiça estadual ou federal, para o exercício do controle de competência dos Juizados Especiais (RMS nº 46.955/GO, rel. Min. Moura Ribeiro, j. 23.06.15).

Quanto à competência para julgar **ato praticado por membro do Ministério Público**, para uma corrente, seria do tribunal competente para julgar o próprio membro (como o TJ/SP em relação a promotor paulista); para outra corrente, seria do próprio juiz de primeiro grau. Parece prevalecer o entendimento de que a solução será dada pela norma de organização local dos tribunais. Como exemplo, o Regimento Interno do Tribunal de Justiça do Estado de São Paulo (RITJSP) prevê que competirá às Câmaras do Tribunal julgar, originariamente, mandados de segurança contra atos de membros do Ministério Público (art. 233). De igual modo, o Regimento Interno do Tribunal de Justiça do Estado do Rio de Janeiro (RITJRJ) prevê que competirá às Câmaras Criminais processar e julgar os mandados de segurança contra atos dos membros do Ministério Público de primeira e segunda instância (art. 8º, I, *h*).

16.4.7.3. *Liminar*

Distribuída e recebida a petição inicial, é possível que a parte tenha requerido a **concessão de liminar**. O julgador, assim poderá ordenar que se suspenda o ato que deu motivo ao pedido, quando houver fundamento relevante e do ato impugnado puder resultar a ineficácia da medida, caso seja finalmente deferida. Exige-se a demonstração de *fumus boni juris* e de *periculum in mora*.

Explica Gustavo Henrique Badaró que, "embora seja comum afirmar que a liminar concede uma medida cautelar, tendo por fundamento o poder geral de cautela, a determinação judicial de que 'se suspenda o ato que deu motivo ao pedido' é clara hipótese de antecipação parcial dos efeitos da tutela" (Manual, 2017, p. 564).

Os efeitos da medida liminar concedida, salvo se revogada ou cassada, persistirão até a prolação da sentença. Igualmente, denegado o mandado de segurança pela sentença, ou no julgamento do agravo dela interposto, fica sem efeito a liminar concedida, retroagindo os efeitos da decisão contrária (súmula nº 405 do STF).

A jurisprudência entendia que não era possível a sustentação oral quando do pedido de liminar, uma vez que o art. 937, VI, CPC, apenas a autorizaria em relação ao mérito do mandado de segurança, tal como previsto originalmente no art. 16 da Lei nº 12.016/09 (STF, MS nº 34.128/DF, rel. p/ acórdão Min. Teori Zavascki, j. 14.04.16). Todavia, foi editada, em 12.06.18, a Lei nº 13.676/18, que alterou a Lei do Mandado de Segurança para, agora, prever o seguinte: "nos casos de competência originária dos tribunais, caberá ao relator a instrução do processo, *sendo assegurada a defesa oral* na sessão do julgamento do *mérito* ou do *pedido liminar*" (art. 16, "caput"). Logo, atualmente, sempre será possível a sustentação oral no julgamento do mandado de segurança no tribunal, seja em relação ao **mérito**, seja em relação ao pedido **liminar**.

Contra a decisão do juiz de primeiro grau que concede ou denega o requerimento de liminar caberá **agravo de instrumento** (art. 7º, § 1º, Lei nº 12.016/09, c.c. art. 1.015, I, CPC); e contra a decisão do relator caberá **agravo** ao órgão competente do tribunal (art. 26, p.ú, Lei nº 12.016/09) que será processado como agravo interno (art. 1.021, CPC).

Vale destacar que, conforme a súmula nº 735 do STF, "não cabe recurso extraordinário contra acórdão que defere medida liminar". Isso porque, as liminares de natureza eminentemente satisfativas são conferidas à base de cognição sumária e de juízo de verossimilhança, por isso não representam pronunciamento definitivo e se sujeitam à modificação a qualquer tempo, reclamando confirmação ou revogação na decisão final (AgRg no AI nº 832.877/PR, rel. Min. Luiz Fux, j. 13.09.11).

É possível a suspensão da decisão que concedeu a medida liminar. Nos moldes do art. 15, "caput", Lei nº 12.016/09, quando, a requerimento de pessoa jurídica de direito público interessada ou do Ministério Público e para evitar grave lesão à ordem, à saúde, à segurança e à economia públicas, o presidente do tribunal ao qual couber o conhecimento do respectivo recurso suspender, em decisão fundamentada, a execução da liminar e da sentença, dessa decisão caberá agravo, sem efeito suspensivo, no prazo de 5 dias, que será levado a julgamento na sessão seguinte à sua interposição. Indeferido o pedido de suspensão ou provido o agravo, caberá novo pedido de suspensão ao presidente do tribunal competente para conhecer de eventual recurso especial ou extraordinário. Esse pedido de suspensão também será cabível quando negado provimento a agravo de instrumento interposto contra a liminar anteriormente referida.

A interposição de agravo de instrumento contra liminar concedida nas ações movidas contra o poder público e seus agentes não prejudica nem condiciona o julgamento do pedido de liminar.

No mais, o presidente do tribunal poderá conferir ao pedido efeito suspensivo liminar se constatar, em juízo prévio, a plausibilidade do direito invocado e a urgência na concessão da medida. As liminares cujo objeto seja idêntico poderão ser suspensas em uma única decisão, podendo o presidente do tribunal estender os efeitos da suspensão a liminares supervenientes, mediante simples aditamento do pedido original.

16.4.7.4. *Notificação da autoridade coatora*

Nos termos do art. 7º, I, Lei nº 12.016/09, o julgador, ao despachar a petição inicial, ordenará que se notifique o coator do conteúdo da petição inicial, enviando-lhe a segunda via apresentada com as cópias dos documentos, a fim de que, no prazo de 10 dias, preste informações. O litisconsorte necessário também deve ser intimado.

Conforme a doutrina, as informações representam verdadeira contestação, em que o coator apresentará a questão sob todos os ângulos que lhe pareçam adequados, de fato e de direito (Grinover, Fernandes e Gomes Filho, 2008).

16.4.7.5. *Manifestação do Ministério Público*

Findo o prazo para que a autoridade coatora preste informações, o juiz ouvirá o Ministério Público, que opinará, dentro do prazo improrrogável de 10 dias. Mas atentar que, com ou sem o parecer do *Parquet*, os autos serão conclusos ao julgador para decisão, a qual será necessariamente proferida em 30 dias (art. 12, Lei nº 12.019/09).

Consoante entendeu o Supremo Tribunal Federal, a oitiva do Ministério Público é desnecessária quando se tratar de controvérsia acerca da qual o tribunal já tenha formado jurisprudência. Assim, como regra, é indispensável a intimação do MP para opinar sobre o mandado de segurança; no entanto, isso será desnecessário quando o tema debatido já tiver jurisprudência no tribunal (RMS nº 32.482/DF, rel. p/ ac. Min. Edson Fachin, j. 21.08.18).

Por fim, de acordo com Grinover, Fernandes e Gomes Filho (Recursos, 2008), firmou-se o entendimento de que o Ministério Público oficia como fiscal da ordem jurídica, na qualidade de *parte pública autônoma*, e não como representante da pessoa jurídica de direito público. Desta forma, o *Parquet* não está obrigado a corroborar as informações do coator e nem a sustentar a validade do ato impugnado, sendo **independente** ao emitir seu parecer.

16.4.7.6. *Julgamento*

Como o *mandamus* não possui fase para dilação probatória, pois a petição inicial já deverá trazer a prova pré-constituída, a discussão se dará, primordialmente, quanto às "questões de direito", por mais complexas que sejam, pois o que impede a utilização do mandado de segurança é a controvérsia fática, não a jurídica (Badaró, 2017).

Os processos de mandado de segurança e os respectivos recursos terão prioridade sobre todos os atos judiciais, salvo *habeas corpus*. Na instância superior, deverão ser levados a julgamento na primeira sessão que se seguir à data em que forem conclusos ao relator. O prazo para a conclusão dos autos não poderá exceder de 5 dias.

Nos casos de competência originária dos tribunais, caberá ao relator a instrução do processo, sendo assegurada a defesa oral na sessão do julgamento.

16.4.8. Recursos

Do indeferimento da petição inicial pelo juízo de piso caberá **apelação** e, se a competência for originária, do ato do relator caberá **agravo** (interno) ao órgão competente do tribunal (§ 1º, art. 10, Lei nº 12.016/09).

INDEFERIMENTO DA PETIÇÃO INICIAL	
Pelo juízo de primeira instância	**Pelo tribunal**
Apelação	Agravo

Contra a decisão do juiz de primeiro grau que concede ou denega a segurança, caberá **apelação** (art. 14, "caput", Lei nº 12.016/09). *Concedida* a segurança em primeira instância, a decisão está sujeita, obrigatoriamente, ao **duplo grau de jurisdição** (§ 1º, art. 14, Lei nº 12.016/09); mesmo que esteja sujeita ao duplo grau, a sentença concessiva pode ser executada provisoriamente (§ 3º).

Combatendo as decisões originárias dos tribunais, caberá **RE** ou **REsp**, se preenchidos os requisitos legais. Caberá **recurso ordinário**, ao STJ, se denegada pelo tribunal (art. 105, II, *b*, CF), ou ao STF, se denegada pelo STJ (art. 102, II, *a*, CF).

CABIMENTO DE RECURSO CONTRA CONCESSÃO OU DENEGAÇÃO			
	Concessão	**Denegação**	**Duplo grau obrigatório?**
Primeiro grau	Apelação	Apelação	Sim, da concessão
Tribunais	RE/REsp	RMS ao STJ	Não
STJ	RE	RMS ao STF	Não
STF	-	-	-

O RISTJ autoriza o relator a decidir monocraticamente o mandado de segurança quando manifestamente inadmissível, intempestivo, infundado, prejudicado ou improcedente, ou quando se conformar ou se confrontar com súmula ou jurisprudência consolidada do STJ ou STF (art. 34, XIX). O RISTF prevê possibilidade similar em relação ao "habeas corpus", o que pode ser aplicado ao mandado de segurança. Contra essas decisões do relator caberá **agravo interno/regimental** (art. 259, RISTJ, e art. 317, RISTF).

Por fim, a autoridade coatora também terá o direito de recorrer (§ 2º, art. 14, Lei nº 12.016/09), mas em prazo simples (STJ, REsp nº 264.632/SP, rel. Min. Maria Thereza de Assis Moura, j. 04.09.07). E, embora o art. 14, § 2º, Lei nº 12.016/09 atribua legitimidade recursal à autoridade coatora, isso não significa dispensa de capacidade postulatória, i.e., exige-se a atuação de advogado ou profissional habilitado (STF, ADI nº 4.403/DF, rel. Min. Edson Fachin, j. 23.08.19).

ANEXO

TEMAS IMPORTANTES RELACIONADOS AO CORONAVÍRUS

No início do ano de 2020, os meios de comunicação começaram a divulgar que um vírus estava se espalhando pelo mundo e causando sérios problemas respiratórios, inclusive levando pessoas ao óbito. Em março do mesmo ano, reconheceu-se o estado pandêmico, diante do largo alcance que a doença já havia alcançado no mundo. A Covid-19, nome atribuído à doença, é causada pelo vírus SARS-Cov-2, de origem animal e que passou a infectar humanos com provável origem na China.

Neste momento, enquanto escrevemos, no final de 2020 e começo de 2021, já foram registrados mais de 77 milhões de casos e quase 2 milhões de mortes em todo o mundo. O Brasil, sozinho, é responsável por quase dez por cento desses números.

Diante dos dados apresentados, o mundo mudou e as pessoas passaram a se adaptar – até mesmo para poderem sobreviver. Máscaras, álcool, termômetros e produtos químicos para limpeza se tornaram produtos básicos em todos os locais. Em razão de tamanho caos, os processos judiciais, notadamente os de natureza criminal, foram sobremaneira impactados, haja vista o claro embate entre a tutela da sociedade (direito à segurança) e a tutela dos presos (direito à saúde).

Tendo isso em vista, o Conselho Nacional de Justiça editou a Recomendação nº 62/20, que "recomenda aos Tribunais e magistrados a adoção de medidas preventivas à propagação da infecção pelo novo coronavírus – Covid-19 no âmbito dos sistemas de justiça penal e socioeducativo". A partir desta norma, diversas decisões foram proferidas pelos tribunais, que começam a ser analisadas a partir de agora.

RECOMENDAÇÃO Nº 62/CNJ

São finalidades da Recomendação nº 62/CNJ: proteger a vida e a saúde dos custodiados, dos juízes e de todos os servidores e agentes públicos que integram o sistema de justiça penal, sobretudo dos grupos de risco (idosos, gestantes, pessoas com deficiência etc.); reduzir a propagação do vírus; e garantir a continuidade da prestação jurisdicional.

Recomendações aos juízes com competência para a fase de conhecimento criminal:

- Reavaliação das prisões provisórias, cf. o art. 316, CPP, priorizando-se: gestantes, lactantes, mães ou pessoas responsáveis por criança de até 12 anos ou por pessoa com deficiência, assim como idosos, indígenas, pessoas com deficiência ou que se enquadrem no grupo de risco; pessoas presas em estabelecimentos penais que estejam com ocupação superior à capacidade, que não disponham de equipe de saúde lotada no estabelecimento, que estejam sob ordem de interdição, com medidas cautelares determinadas por órgão do sistema de jurisdição internacional, ou que disponham de instalações que favoreçam a propagação do novo coronavírus; prisões preventivas que tenham excedido o prazo de 90 dias ou que estejam relacionadas a crimes praticados sem violência ou grave ameaça à pessoa.
- Suspensão do dever de apresentação periódica ao juízo de pessoas em liberdade provisória ou suspensão condicional do processo, por 90 dias.
- Máxima excepcionalidade de novas ordens de prisão preventiva.

Recomendações aos juízes com competência para a fase de execução penal:

- Concessão de saída antecipada dos regimes fechado e semiaberto, cf. a súmula vinculante nº 56, sobretudo em relação às: gestantes, lactantes, mães ou pessoas responsáveis por criança de até 12 anos ou por pessoa com deficiência, assim como idosos, indígenas, pessoas com deficiência e demais pessoas presas que se enquadrem no grupo de risco; pessoas presas em estabelecimentos penais com ocupação superior à capacidade, que não disponham de equipe de saúde lotada no estabelecimento, sob ordem de interdição, com medidas cautelares determinadas por órgão de sistema de jurisdição internacional, ou que disponham de instalações que favoreçam a propagação do novo coronavírus.
- Alinhamento do cronograma de saídas temporárias ao plano de contingência previsto no artigo 9º da Recomendação nº 62/CNJ, avaliando eventual necessidade de prorrogação do prazo de retorno ou adiamento do benefício, assegurado, no último caso, o reagendamento da saída temporária após o término do período de restrição sanitária.
- Concessão de prisão domiciliar em relação a todos as pessoas presas em cumprimento de pena em regime aberto e semiaberto, mediante condições a serem definidas pelo Juiz da execução.

- Colocação em prisão domiciliar de pessoa presa com diagnóstico suspeito ou confirmado de Covid-19, mediante relatório da equipe de saúde, na ausência de espaço de isolamento adequado no estabelecimento penal.

- Suspensão temporária do dever de apresentação regular em juízo das pessoas em cumprimento de pena no regime aberto, prisão domiciliar, penas restritivas de direitos, suspensão da execução da pena (*sursis*) e livramento condicional, pelo prazo de 90 dias.

Recomendações aos tribunais e juízes com competência penal:

- Priorização na redesignação de audiências em processos em que o réu esteja solto e a sua realização por videoconferência nas hipóteses em que a pessoa esteja privada de liberdade, com vistas à redução dos riscos epidemiológicos e em observância ao contexto local de disseminação do vírus. Na hipótese de manutenção da realização de audiências, recomenda-se a adoção de algumas medidas, como: restrição temporária da presença de visitantes do público geral no recinto; realização da audiência em espaços abertos ou ampliados; uso excepcional de algemas; redução do tempo de permanência nas carceragens do fórum etc.

- Em caráter excepcional e exclusivamente durante o período de restrição sanitária, como forma de reduzir os riscos epidemiológicos e em observância ao contexto local de disseminação do vírus, considerar a pandemia de Covid-19 como motivação idônea, na forma prevista pelo art. 310, parágrafos 3º e 4º, do Código de Processo Penal, para a não realização de audiências de custódia. Neste caso, recomenda-se que: o controle da prisão seja feito pela análise do auto de prisão em flagrante, podendo o juiz (a) relaxar a prisão ilegal; (b) conceder liberdade provisória, considerando a necessidade de controle de fatores de risco de propagação do coronavírus e proteção à saúde das pessoas que integram o grupo de risco; (c) converter o flagrante em preventiva, excepcionalmente, em se tratando de crime cometido com violência ou grave ameaça à pessoa, presentes os requisitos do art. 312, CPP.

Decisões judiciais a partir da Recomendação nº 62/CNJ

a) Em razão da pandemia causada pelo novo coronavírus, não se ignora a necessidade de realizar o juízo de risco inerente à custódia cautelar com maior preponderância das medidas alternativas ao cárcere, a fim de evitar a proliferação da Covid-19; todavia, essa exegese da Recomendação do CNJ não permite concluir pela automática substituição da prisão preventiva pela domiciliar (STJ, HC nº 615.325/SP, rel. Min. Laurita Vaz, j. 24.11.20).

b) (...) Por essas razões, somadas ao reconhecimento, pela Corte, na ADPF n. 347 MC/DF, de que nosso sistema prisional se encontra em um estado de coisas inconstitucional, é que se faz necessário dar imediato cumprimento às recomendações apresentadas no âmbito nacional e internacional, que preconizam a máxima excepcionalidade das novas ordens de prisão preventiva, inclusive com a fixação de medidas alternativas à prisão, como medida de contenção da pandemia mundialmente causada pelo coronavírus (Covid-19). Nos termos em que preconiza o Conselho Nacional de Justiça em sua Resolução, não se mostra proporcional a manutenção dos investigados na prisão, tão somente em razão do não pagamento da fiança, visto que os casos - notoriamente de menor gravidade – não revelam a excepcionalidade imprescindível para o decreto preventivo. Ademais, o Judiciário não pode se portar como um Poder alheio aos anseios da sociedade, sabe-se do grande impacto financeiro que a pandemia já tem gerado no cenário econômico brasileiro, aumentando a taxa de desemprego e diminuindo ou, até mesmo, extirpando a renda do cidadão brasileiro, o que torna a decisão de condicionar a liberdade provisória ao pagamento de fiança ainda mais irrazoável. Por fim, entendo que o quadro fático apresentado pelo estado do Espírito Santo é idêntico aos dos demais estados brasileiros: o risco de contágio pela pandemia do coronavírus (Covid-19) é semelhante em todo o país, assim como o é o quadro de superlotação e de insalubridade dos presídios brasileiros, razão pela qual os efeitos desta decisão devem ser estendidos a todo o território nacional. Ordem concedida para determinar a soltura, independentemente do pagamento da fiança, em favor de todos aqueles a quem foi concedida liberdade provisória condicionada ao pagamento de fiança no estado do Espírito Santo e ainda se encontram submetidos à privação cautelar de liberdade em razão do não pagamento do valor, com determinação de extensão dos efeitos desta decisão aos presos a quem foi concedida liberdade provisória condicionada ao pagamento de fiança, em todo o território nacional. Nos casos em que impostas outras medidas cautelares diversas e a fiança, fica afastada apenas a fiança, mantendo as demais medidas. Por sua vez, nos processos em que não foram determinadas outras medidas cautelares, sendo a fiança a única cautela imposta, é necessário que os Tribunais de Justiça estaduais e os Tribunais Regionais Federais determinem aos juízes de primeira instância que verifiquem, com urgência, a conveniência de se impor outras cautelares em substituição à fiança ora afastada (STJ, HC nº 568.693/ES, rel. Min. Sebastião Reis Júnior, j. 14.10.20).

c) Não se desconhece o grave momento que estamos vivendo, diante da declaração pública da situação de pandemia pelo novo coronavírus, no dia 30 de janeiro de 2020, pela Organização Mundial de Saúde, que requer a adoção de medidas preventivas de saúde pública para evitar a sua propagação. Todavia, os documentos carreados aos autos não evidenciam que o agravante se encontra nas hipóteses previstas na Recomendação n. 62 do CNJ para fins de revogação da prisão preventiva, ou concessão da prisão domiciliar, pois não demonstrou estar inserido no grupo de risco. Agravo regimental improvido (STJ, AgRg no HC nº 569.342/SP, rel. Min. Reynaldo Soares da Fonseca, j. 28.04.20).

d) É cabível a concessão de prisão domiciliar aos presos que cumprem pena em regime semiaberto e aberto que tiveram suspenso o exercício do trabalho externo, como medida preventiva de combate à pandemia, desde que não ostentem procedimento de apuração de falta grave (STJ, HC nº 575.495/MG, rel. Min. Sebastião Reis Júnior, j. 02.06.20).

e) Eventual retardo na tramitação do feito justifica-se pela razoável complexidade do feito, com pluralidade de réus (7), com advogados diversos e alguns representados pela Defensoria Pública, como também, os vários pedidos de revogação da prisão preventiva, a impetração de dois habeas corpus, na instância ordinária e o requerimento de diligências. Ademais, segundo consulta no site do Tribunal de Justiça do Maranhão, verifica-se que a audiência de instrução e julgamento teve início em 5/11/2020 e a continuação está marcada para dia 19/11/2020 às 9h. Além disso, apesar de devidamente citada, a defesa demorou a apresentar a resposta à acusação, sendo necessária a insistência do Juízo processante, a revelar que a defesa também contribuiu para o retardo da tramitação processual, fazendo incidir o enunciado da Súmula 64, do STJ que dispõe: Não constitui constrangimento ilegal o excesso de prazo na instrução, provocado pela defesa. Por fim, não se ignoram os transtornos relacionados ao atual cenário de pandemia, ante as medidas adotadas para se evitar a disseminação do novo coronavírus, situação que, ao lado das demais circunstâncias mencionadas, colaboram com um natural prolongamento da marcha processual. Habeas corpus não conhecido (STJ, HC nº 612.716/MA, rel. Min. Reynaldo Soares da Fonseca, j. 24.11.20).

f) Em razão da atual pandemia de Covid-19 e ante os reiterados esforços do Poder Público para conter a disseminação do novo coronavírus, inclusive nas unidades prisionais, esta Casa e, especialmente, este relator vêm olhando com menor rigor para casos como o presente, flexibilizando, pontualmente, a jurisprudência do Superior Tribunal de Justiça na hipótese de crimes praticados sem violência ou grave ameaça e/ou que não revelem, ao menos neste momento, uma maior gravidade e uma periculosidade acentuada do agente, como é o caso dos autos, em que se está diante do crime de tráfico de entorpecentes. Assim, as particularidades do caso demonstram a suficiência, adequação e proporcionalidade da imposição das medidas menos severas previstas no art. 319, em atenção ao preceito de progressividade das cautelas disposto no art. 282, §§ 4º e 6º, todos do Código de Processo Penal. Ordem concedida em parte para substituir a prisão preventiva por medidas cautelares diversas a serem fixadas pelo Juiz singular (STJ, HC nº 603.458/SP, rel. Min. Antonio Saldanha Palheiro, j. 01.12.20).

g) A Resolução n. 62, de 18 de março de 2020, do CNJ, recomenda aos Tribunais e magistrados a adoção de medidas preventivas à propagação da infecção pelo novo coronavírus/Covid-19 no âmbito dos sistemas de justiça penal e socioeducativo. Contudo, isso não implica automática substituição da prisão pela domiciliar. Necessário, a mim parece, que o eventual beneficiário do instituto demonstre: a) sua inequívoca adequação no chamado grupo de vulneráveis da COVID-19; b) a impossibilidade de receber tratamento no estabelecimento prisional em que se encontra; e c) risco real de que o estabelecimento em que se encontra, e que o segrega do convívio social, cause mais risco do que o ambiente em que a sociedade está inserida, inocorrente na espécie. No caso, não há comprovação da incidência de casos da doença na unidade prisional onde o paciente encontra-se acautelado.

Habeas corpus não conhecido (STJ, HC nº 617.008/MG, rel. Min. Reynaldo Soares da Fonseca, j. 24.11.20).

h) De acordo com informações obtidas no endereço eletrônico do Ministério da Saúde e a Recomendação n. 62 do CNJ, existe um grupo de risco para infecção pelo novo coronavírus - Covid-19, que compreende, dentre outras, pessoas com HIV. Nesse contexto, entendo que estão configurados os requisitos para concessão da ordem, diante da excepcional situação de pandemia do vírus SARS-coV-2, por se tratar de Paciente suscetível ao risco de contaminação, de modo que lhe deve ser reconhecido, excepcionalmente, o direito à prisão domiciliar (STJ, AgRg no HC nº 603.721/SP, rel. Min. Laurita Vaz, j. 24.11.20).

i) Hipótese em que o Paciente, portador de tuberculose, foi condenado à pena de 20 (vinte) anos de reclusão, pela prática do crime de latrocínio, registrando elevado saldo de pena a cumprir. Ademais, consignou a Corte estadual que as medidas adotadas no sistema prisional para a impedir a contaminação pela Covid-19 estão sendo suficientemente eficazes, não havendo notícia de inobservância às normas publicadas pelo Poder Público. Ordem de habeas corpus denegada (STJ, HC nº 604.668/RS, rel. Min. Laurita Vaz, j. 17.11.20).

j) Hipótese em que o Paciente, portador de hipertensão e histórico de infarto do miocárdio, foi condenado à pena 81 (oitenta e um) anos, 3 (três) meses e 10 (dez) dias de reclusão pela prática dos crimes de extorsão mediante sequestro e roubo circunstanciado, registrando elevado saldo de pena a cumprir. Ademais, consignou a Corte estadual que não há qualquer evidência médica de complicações em seu estado de saúde e que medidas foram determinadas à Unidade prisional para que continue cumprindo as recomendações e adotando maiores cuidados com relação ao Paciente, que é portador de comorbidade. Ordem de habeas corpus denegada (STJ, HC nº 613.375/BA, rel. Min. Laurita Vaz, j. 17.11.20).

k) Novas ordens de prisão cautelar devem ser excepcionais neste momento de crise, de modo a priorizar as segregações imprescindíveis para garantia da ordem pública e/ou econômica, da instrução criminal e da aplicação da lei penal. A crise do novo coronavírus deve ser sempre levada em conta na análise de pleitos de libertação de presos, mas, ineludivelmente, não é um passe livre para a liberação de todos, pois ainda persiste o direito da coletividade em ver preservada a paz social, a qual não se desvincula da ideia de que o sistema de justiça penal há de ser efetivo, de sorte a não desproteger a coletividade contra os ataques mais graves aos bens juridicamente tutelados na norma penal (STJ, HC nº 567.408/RJ, rel. Min. Rogerio Schietti Cruz, j. 23.03.20).

l) Não há como se prever, de antemão, quando a crise mundial pelo novo coronavírus terá fim. Não há plausibilidade na dilação indeterminada de prazos, para que o Estado promova atos processuais, tampouco se mostra verossímil justificar-se a prorrogação da custódia do paciente por período desmedido, enquanto durarem estes tempos sombrios - mormente porque se trata de segregação cautelar. A calamidade pública - exceto quando circunstâncias específicas assim legitimem - não isenta os órgãos estatais de prezarem pela regularidade na tramitação dos feitos criminais, ou de velarem pelo transcurso de prazos da instrução com atenção aos preceitos da razoabilidade e da proporcionalidade, sobretudo se a clausura é provisória (STJ, HC nº 614.073/RJ, rel. Min. Rogerio Schietti Cruz, j. 20.10.20).

m) Diante do iminente risco de contágio pelo Covid-19, bem como em razão dos esforços expendidos pelas autoridades públicas em reduzir o avanço da pandemia, é recomendável o cumprimento da prisão civil por dívida alimentar em regime diverso do fechado. Ordem de habeas corpus parcialmente concedida para que o paciente, devedor de alimentos, cumpra a prisão civil em regime domiciliar (STJ, HC nº 561.257/SP, rel. Min. Raul Araújo, j. 05.05.20).

n) Crise sanitária decorrente do novo coronavírus. Prisão domiciliar. A análise do cabimento da prisão domiciliar ou de medidas alternativas à prisão deverá ser feita caso a caso, considerando, conjuntamente, as condições de saúde e idade do réu, do estabelecimento prisional, bem como os elementos da prática do crime (STF, AgRg nos ED na Extn MC-HC nº 182.596/ES, rel. Min. Gilmar Mendes, j. 31.08.20).

o) A crise sanitária decorrente do novo coronavírus é insuficiente a afastar a prisão preventiva ou a autorizar o recolhimento domiciliar (STF, HC nº 185.240/MG, rel. Min. Marco Aurélio, j. 18.08.20).

p) Havendo nos autos dados que indiquem tanto a adoção de medidas preventivas pela administração da unidade prisional quanto a ausência, em paciente já anteriormente infectado pelo Sars-Cov-2, de fatores de risco de agravamento dos efeitos de eventual reinfecção pelo novo coronavírus, inexiste constrangimento ilegal na manutenção da custódia cautelar (STF, AgRg no HC nº 190.857/RJ, rel. Min. Edson Fachin, j. 16.11.20).

q) A pandemia causada pelo novo coronavírus não afasta a imprescindibilidade da audiência de custódia, que deve ser realizada, caso necessário, por meio de videoconferência, diante da ausência de lei em sentido formal que proíba o uso dessa tecnologia (STF, HC nº 186.421/SC, rel. p/ ac. Min. Edson Fachin, j. 20.10.20).

LEI Nº 14.022/20

Referida lei dispõe sobre medidas de **enfrentamento à violência doméstica e familiar** contra a mulher e de enfrentamento à violência contra crianças, adolescentes, pessoas idosas e pessoas com deficiência durante a emergência de saúde pública de importância internacional decorrente do coronavírus.

Atendimento presencial pelo Poder Público

O poder público deverá adotar as medidas necessárias para garantir a manutenção do **atendimento presencial** de mulheres, idosos, crianças ou adolescentes em situação de violência, com a adaptação dos procedimentos estabelecidos na Lei Maria da Penha, às circunstâncias emergenciais do período de calamidade sanitária decorrente da pandemia da Covid-19.

Essa adaptação deverá assegurar a continuidade do funcionamento habitual dos órgãos do poder público descritos na Lei Maria da Penha, no âmbito de sua competência, com o objetivo de garantir a manutenção dos mecanismos de prevenção e repressão à violência doméstica e familiar contra a mulher e à violência contra idosos, crianças ou adolescentes.

Se, por razões de segurança sanitária, não for possível manter o atendimento presencial a todas as demandas relacionadas à violência doméstica e familiar contra a mulher e à violência contra idosos, crianças ou adolescentes, o poder público deverá, **obrigatoriamente**, garantir o atendimento presencial para situações que possam envolver, efetiva ou potencialmente, os ilícitos previstos:

- Feminicídio;
- Lesão corporal grave, gravíssima e seguida de morte;
- Ameaça praticada com uso de arma de fogo;
- Estupro;
- Estupro de vulnerável;
- Corrupção de menores;
- Satisfação da lascívia mediante presença de criança ou adolescente;
- Descumprimento de medidas protetivas de urgência;
- Crimes previstos no Estatuto da Criança e do Adolescente;
- Crimes previstos no Estatuto do Idoso.

Realização prioritária de exame de corpo de delito

Deverá ser garantida a realização prioritária do exame de corpo de delito quando se tratar de crime que envolva:

- Violência doméstica e familiar contra a mulher;
- Violência contra criança, adolescente, idoso ou pessoa com deficiência.

Nos casos de crimes de natureza sexual, se houver a adoção de medidas pelo poder público que restrinjam a circulação de pessoas, os órgãos de segurança deverão estabelecer equipes móveis para realização do exame de corpo de delito no local em que se encontrar a vítima.

Atendimento virtual pelos órgãos de segurança pública

Os órgãos de segurança pública deverão disponibilizar canais de comunicação que garantam interação simultânea, inclusive com possibilidade de compartilhamento de documentos, desde que gratuitos e passíveis de utilização em dispositivos eletrônicos, como celulares e computadores, para **atendimento virtual** de situações que envolvam violência contra a mulher, o idoso, a criança ou o adolescente, facultado aos órgãos integrantes do Sistema de Justiça - Poder Judiciário, Ministério Público e Defensoria Pública, e aos demais órgãos do Poder Executivo, a adoção dessa medida.

Essa disponibilização de canais de atendimento virtuais não exclui a obrigação do poder público de manter o atendimento presencial de mulheres em situação de violência doméstica e familiar e de casos de suspeita ou confirmação de violência praticada contra idosos, crianças ou adolescentes.

Nos casos de violência doméstica e familiar, a ofendida poderá solicitar quaisquer medidas protetivas de urgência à autoridade competente por meio dos dispositivos de comunicação de atendimento *on-line*.

Na hipótese em que as circunstâncias do fato justifiquem o atendimento virtual, a autoridade competente poderá **conceder qualquer uma das medidas protetivas de urgência** previstas nos artigos 12-B, 12-C, 22, 23 e 24 da Lei Maria da Penha, **de forma eletrônica**, e poderá considerar provas coletadas eletronicamente ou por audiovisual, em momento anterior à lavratura do boletim de ocorrência e a colheita de provas que exija a presença física da ofendida, facultado ao Poder Judiciário intimar a ofendida e o ofensor da decisão judicial por meio eletrônico.

Nesses casos, após a concessão da medida de urgência, a autoridade competente, independentemente da autorização da ofendida, deverá:

I - se for **autoridade judicial**, comunicar à unidade de polícia judiciária competente para que proceda à abertura de investigação criminal para apuração dos fatos;

II - se for **delegado de polícia**, comunicar imediatamente ao Ministério Público e ao Poder Judiciário da medida concedida e instaurar imediatamente inquérito policial, determinando todas as diligências cabíveis para a averiguação dos fatos;

III - se for **policial**, comunicar imediatamente ao Ministério Público, ao Poder Judiciário e à unidade de polícia judiciária competente da medida concedida, realizar o registro de boletim de ocorrência e encaminhar os autos imediatamente à autoridade policial competente para a adoção das medidas cabíveis.

Prorrogação das medidas protetivas de urgência

As medidas protetivas deferidas em favor da mulher serão **automaticamente prorrogadas** e vigorarão durante a vigência da Lei nº 13.979/20 (que dispõe sobre medidas de enfrentamento da pandemia causada pelo coronavírus), ou durante a declaração de estado de emergência de caráter humanitário e sanitário em território nacional, sem prejuízo do disposto no art. 19 da Lei Maria da Penha (que dispõe sobre as medidas protetivas de urgência concedidas pelo juiz).

O juiz competente providenciará a intimação do ofensor, que poderá ser realizada por meios eletrônicos, cientificando-o da prorrogação da medida protetiva.

Atendimento prioritário em caso de risco

Em todos os casos, a autoridade de segurança pública deve assegurar o atendimento ágil a todas as demandas apresentadas e que signifiquem **risco de vida e a integridade** da mulher, do idoso, da criança e do adolescente, com atuação focada na proteção integral, nos termos do Estatuto da Criança e do Adolescente e do Estatuto do Idoso.

BIBLIOGRAFIA

ABBAGNANO, Nicola. *Dicionário de Filosofia*. São Paulo: Martins Fontes, 2000.

ACCIOLY, Hildebrando; CASELLA, Paulo Borba; SILVA, G. E. do Nascimento e. *Manual de Direito Internacional Público*. 20. ed. São Paulo: Saraiva, 2012.

AGRA, Walber de Moura. *Curso de Direito Constitucional*. 9. ed. Belo Horizonte: Fórum, 2018.

ALMEIDA, Gregório Assagra de; COSTA, Rafael de Oliveira. *Direito Processual Penal Coletivo: a tutela penal dos bens jurídicos coletivos*. Belo Horizonte: Editora D'Plácido, 2019.

ASÚA, Luis Jiménez de. *Principios de Derecho Penal: la ley y el delicto*. Buenos Aires: Abeledo-Perrot, 1997.

ALEXY, Robert. *Teoria dos Direitos Fundamentais*. São Paulo: Malheiros Editores, 2008.

ALMEIDA, Joaquim Canuto Mendes de. Princípios Fundamentais do Processo Penal. São Paulo: Editora Revista dos Tribunais, 1973.

ALMEIDA, Roberto Moreira de. *Curso de Direito Eleitoral*. 7. ed. Salvador: Juspodivm, 2013.

ALVES, Leonardo Barreto Moreira. *Processo Penal: parte geral*. 5. ed. Salvador: Juspodivm, 2015.

ANDRARE, Flávio da Silva. A dissonância cognitiva e seus reflexos na tomada da decisão judicial criminal. Porto Alegre: Revista Brasileira de Direito Processual Penal, v. 5, nº 3; 1651-1677, set-dez, 2019.

ARANHA, Adalberto José Q. T. de Camargo. *Da Prova no Processo Penal*. 7. ed. São Paulo: Saraiva, 2008.______. *Dos Recursos no Processo Penal*. 2. ed. São Paulo: Saraiva, 2006.

ARAÚJO, Fábio Roque. *Curso de Direito Penal: Parte Geral*. Salvador: Juspodivm, 2018.

______. Direito Penal Didático: Parte Geral. 2. ed. Salvador: Juspodivm, 2019.

ARAUJO, Luiz Alberto David; JÚNIOR, Vidal Serrano Nunes. *Curso de Direito Constitucional*. 5. ed. São Paulo: Saraiva, 2001.

ASSIS NETO, Sebastião de; JESUS, Marcelo de; MELO, Maria Isabel de. *Manual de Direito Civil: volume único*. Salvador: Juspodivm, 2013.

ASSUMPÇÃO, Vinícius. Pacote Anticrime: comentários à lei n. 13.964/2019. São Paulo: Saraiva Educação, 2020.

AVENA, Norberto. *Execução Penal Esquematizado*. São Paulo: Método, 2014.

______. *Processo Penal Esquematizado*. 3. ed. São Paulo: Método, 2011.

______. *Processo Penal*. 9. ed. São Paulo: Método, 2017.

______. *Processo Penal*. 10. ed. São Paulo: Método, 2018.

______. Processo Penal. 12. ed. São Paulo: Método, 2020.

ÁVILA, Thiago André Pierobom de. *O controle pelo Ministério Público das Políticas de Segurança Pública*. O Ministério Público e o Controle Externo da Atividade Policial: dados de 2016. Brasília: CNMP, 2017. p. 24-34.

AZEVÊDO, Bernardo Montalvão Varjão de. *Do Assistente de Acusação: o (des)assistido pela Constituição*. Revista Jurídica (Porto Alegre), v. 57, p. 99-134, 2009.

BADARÓ, Gustavo Henrique. *A cadeia de custódia e sua relevância para a prova penal*. In SIDI, Ricardo; LOPES, Anderson Bezerra, orgs. Temas Atuais da Investigação Preliminar no Processo Penal. Belo Horizonte: Editora D'Plácido, 2017.

_____. *Correlação entre Acusação e Sentença*. 4. ed. São Paulo: Editora Revista dos Tribunais, 2019.

_____. *Epistemologia Judiciária e Prova Penal*. São Paulo: Editora Revista dos Tribunais, 2019.

_____. *Manual dos Recursos Penais*. 2. ed. São Paulo: Editora Revista dos Tribunais, 2017.

_____. *Ônus da Prova no Processo Penal*. São Paulo: Editora Revista dos Tribunais, 2003.

_____. *Processo Penal*. 4. ed. São Paulo: Editora Revista dos Tribunais, 2016.

BALLEI, Renata Christina. *Ministério Público e os Direitos Humanos*. In LIVIANU, R., coord. *Justiça, cidadania e democracia* [online]. Rio de Janeiro: Centro Edelstein de Pesquisa Social, 2009.

BALTAZAR JR., José Paulo. *Crimes Federais*. 4. ed. Porto Alegre: Livraria do Advogado Editora, 2009.

_____. *Standards Probatórios no Processo Penal*. Porto Alegre: Revista da AJUFERGS/04, 2007.

BARROS, Cristiano. A Resposta à Acusação como Instrumento da Reação Defensiva. Belo Horizonte: Editora D'Plácido, 2018.

BARROSO, Luís Roberto. *Curso de Direito Constitucional Contemporâneo: os conceitos fundamentais e a construção do novo modelo*. 4. ed. São Paulo: Saraiva, 2013.

BAUMANN, Jürgen. Derecho Procesal Penal: conceptos fundamentales y principios procesales. Talcahuano: Ediciones Depalma, 1986.

BEDAQUE, José Roberto dos Santos. *Tutela cautelar e tutela antecipada: tutelas sumárias e de urgência (tentativa de sistematização)*. 4. ed. São Paulo: Malheiros Editores, 2006.

BETTIOL, Giuseppe; BETTIOL, Rodolfo. Instituições de Direito e Processo Penal. São Paulo: Editora Pillares, 2008.

BINDER, Alberto M. *Introdução ao Direito Processual Penal*. Rio de Janeiro: Lumen Juris, 2003.

_____. Introducción al Derecho Procesal Penal. 2. ed. Buenos Aires: Ah Hoc, 2016.

BITENCOURT, Cezar Roberto. *Código Penal Comentado*. 7. ed. São Paulo: Saraiva, 2012.

_____. *Tratado de Direito Penal: parte especial*. 12. ed. São Paulo: Saraiva, 2012. v. 2.

_____. *Tratado de Direito Penal: parte geral*. 10. ed. São Paulo: Saraiva, 2006. v. 1.

BONFIM, Edilson Mougenot. *Código de Processo Penal Anotado*. 4. ed. São Paulo: Saraiva, 2012.

_____. *Curso de Processo Penal*. 7. ed. São Paulo: Saraiva, 2012.

_____. *Júri: do inquérito ao plenário*. 4. ed. São Paulo: Saraiva, 2012.

BRITO, Alexis Couto de. *Execução Penal*. 4. ed. São Paulo: Saraiva, 2018.

BRITO, Alexis Couto de; FABRETTI, Humberto Barrinuevo; LIMA, Marco Antônio Ferreira. *Processo Penal Brasileiro*. 3. ed. São Paulo: Atlas, 2015.

BUSATO, Paulo César. *Direito Penal: parte geral*. 2. ed. São Paulo: Altas, 2015.

CALAMANDREI, Piero. *Eles, os juízes, vistos por nós, os advogados*. São Paulo: Editora Pillares, 2013.

CÂMARA, Alexandre Freitas. *O Novo Processo Civil Brasileiro*. 3. ed. São Paulo: Atlas, 2017.

______. *O Novo Processo Civil Brasileiro*. São Paulo: Atlas, 2015.

CAMPOS, Walfredo Cunha. *Curso Completo de Processo Penal*. Salvador: Juspodivm, 2018.

______. *Tribunal do Júri*. 3. ed. São Paulo: Atlas, 2014.

CANOTILHO, José Joaquim Gomes. *Direito Constitucional e Teoria da Constituição*. 7. ed. Coimbra: Edições Almedina, 2003.

CANTON FILHO, Fábio. *Bem Jurídico Penal*. Rio de Janeiro: Elsevier, 2012.

CAPEZ, Fernando. *Curso de Processo Penal*. 23. ed. São Paulo: Saraiva, 2016.

CAPEZ, Fernando; COLNAGO, Rodrigo. *Código de Processo Penal Comentado*. São Paulo: Saraiva, 2015.

CAPPELLETTI, Mauro; GARTH, Bryant. *Acesso à Justiça*. Porto Alegre: Fabris, 2002.

CARNELUTTI, Francesco. *Cuestiones sobre el proceso penal*. Buenos Aires: Libreria el Foro, 1960.

CARVALHO FILHO, José dos Santos. *Manual de Direito Administrativo*. 24. ed. Rio de Janeiro: Editora Lumen Juris, 2011.

______. *Manual de Direito Administrativo*. 31. ed. São Paulo: Atlas, 2017.

CARVALHO, Luis Gustavo Grandinetti Castanho de. *Processo Penal e Constituição: princípios constitucionais do processo penal*. 6. ed. São Paulo: Saraiva, 2014.

CAVALCANTE, Márcio André Lopes. *Principais Julgados do STF e STJ Comentados 2015*. Manaus: Direito o Direito, 2016.

CHARON, Joel M. *Sociologia*. 5. ed. São Paulo: Saraiva, 2004.

CINTRA, Antonio Carlos de Araújo; GRINOVER, Ada Pellegrini; DINAMARCO, Cândido Rangel. *Teoria Geral do Processo*. 31. ed. São Paulo: Malheiros Editores, 2015.

COSTA, Adriano Sousa; SILVA, Laudelina Inácio da. *Prática Policial Sistematizada: temas complexos analisados à luz da legislação, da jurisprudência e da doutrina pátrias*. 3. ed. Niterói: Impetus, 2016.

CRUZ, Rogerio Schietti. *Garantias Processuais nos Recursos Criminais*. 2. ed. São Paulo: Atlas, 2013.

______. *Prisão Cautelar: dramas, princípios e alternativas*. 3. ed. Salvador: Juspodivm, 2017.

CUNHA JÚNIOR, Dirley da. *Curso de Direito Constitucional*. 5. ed. Salvador: Juspodivm, 2011.

CUNHA, Rogério Sanches. *Curso de Direito Penal: parte especial*. 4. ed. Salvador: Juspodivm, 2012.

CUNHA, Rogério Sanches; PINTO, Ronaldo Batista. *Tráfico de Pessoas: lei 13.344/2016 comentada por artigos*. Salvador: Juspodivm, 2016.

DALLAGNOL, Deltan Martinazzo. *As Lógicas das Provas no Processo: prova direta, indícios e presunções*. Porto Alegre: Livraria do Advogado Editora, 2015.

DEMERCIAN, Pedro Henrique. *Regime Jurídico do Ministério Público no Processo Penal*. São Paulo: Editora Verbatim, 2009.

DEMERCIAN, Pedro Henrique; MALULY, Jorge Assaf. *Curso de Processo Penal*. 8. ed. Rio de Janeiro: Forense, 2012.

DEZEM, Guilherme Madeira. *Curso de Processo Penal*. São Paulo: Editora Revista dos Tribunais, 2015.

DEZEM, Guilherme Madeira; SOUZA, Luciano Anderson de. *Comentários ao Pacote Anticrime: lei 13.964/2019*. São Paulo: Thomson Reuters Brasil, 2020.

DIDIER JR., Fredie. *Curso de Direito Processual Civil: introdução ao direito processual civil e processo de conhecimento*. 13. ed. Salvador: Juspodivm, 2011. v. 1.

DIDIER JR., Fredie; BRAGA, Paula Sarno; OLIVEIRA, Rafael Alexandria de. *Curso de Direito Processual Civil: teoria da prova, direito probatório, decisão, precedente, coisa julgada e tutela provisória*. 11. ed. Salvador: Juspodivm, 2016, v. 2.

DINAMARCO, Cândido Rangel. *Instituições de Direito Processual Civil*. São Paulo: Saraiva, 2001. v. 1.

DINAMARCO, Cândido Rangel; LOPES, Bruno Vasconcelos Carrilho. *Teoria Geral do Novo Processo Civil*. São Paulo: Malheiros Editores, 2016.

DONIZETTI, Elpídio. *Curso Didático de Direito Processual Civil: de acordo com o Novo Código de Processo Civil e a Lei 13.363, de 25.11.2016*. 20. ed. São Paulo: Atlas, 2017.

DRESSLER, Joshua; MICHAELS, Alan C; SIMMONS, Ric. *Understanding Criminal Procedure: Investigation*. 7. ed. North Carolina: Carolina Academic Press, 2017.

ESPÍNOLA FILHO, Eduardo. *Código de Processo Penal Brasileiro Anotado: edição histórica*. 5. ed. Rio de Janeiro: Editora Rio, 1976. v. 1.

_____. *Código de Processo Penal Brasileiro Anotado*. Campinas: Bookseller, 2000, v. 1 a 9.

ESTEFAM, André; GONÇALVES, Victor Eduardo Rios. *Direito Penal Esquematizado: parte geral*. São Paulo: Saraiva, 2012.

FARIA, Antonio Bento de. *Código de Processo Penal*. 2. ed. Rio de Janeiro: Record Editora, 1960. v. 1 a 3.

FARIAS, Cristiano Chaves de; ROSENVALD, Nelson. *Curso de Direito Civil: Famílias*. 8. ed. Salvador: Juspodivm, 2016.

FEITOZA, Denilson. *Direito Processual Penal: teoria, crítica e práxis*. 6. ed. Niterói: Impetus, 2009.

FELIX, Renan Paes. Estatuto do Idoso. 7. ed. Salvador: Juspodivm, 2015.

FERNANDES, Antonio Scarance. *A Reação Defensiva à Imputação*. São Paulo: Editora Revista dos Tribunais, 2002.

_____. *Processo Penal Constitucional*. 6. ed. São Paulo: Editora Revista dos Tribunais, 2010.

FERNANDES, Bernardo Gonçalves. *Curso de Direito Constitucional*. 8. ed. Salvador: Juspodivm, 2016.

FERRAJOLI, Luigi. *Direito e Razão: teoria do garantismo penal*. 3. ed. São Paulo: Editora Revista dos Tribunais, 2002.

_____. *Garantismo Penal*. Ciudad Autónoma de México: Universidad Nacional Autónoma de México, 2006.

FERREIRA FILHO, Manoel Gonçalves. *Curso de Direito Constitucional*. 14. ed. São Paulo: Saraiva, 1985.

FERRI, Enrico. *Los Nuevos Horizontes del Derecho e del Procedimiento Penal*. Madrid: Centro Editorial de Góngora, 1887.

FISHER, George. *Plea Bargaining's Triumph: a history of plea bargaining in America*. California: Stanford University Press, 2003.

FIUZA, César. *Direito Civil: curso completo*. 18. ed. São Paulo: Editora Revista dos Tribunais, 2016.

FONTES, Eduardo; HOFFMANN, Henrique (coord.). *Temas Avançados de Polícia Judiciária*. 2. ed. Salvador: Juspodivm, 2018.

FREIRE, Rodrigo Lima da Cunha; CUNHA, Maurício Ferreira. *Novo Código de Processo Civil para Concursos*. 6. ed. Salvador: Juspodivm, 2016.

FREITAS, Vladimir Passos de; FREITAS, Gilberto Passos de. *Crimes contra a Natureza*. 9. ed. São Paulo: Editora Revista dos Tribunais, 2012.

GARCIA, Emerson. *Ministério Público: organização, atribuições e regime jurídico*. 4. ed. São Paulo: Saraiva, 2014.

GARCIA, Gustavo Filipe Barbosa. *Introdução ao Estudo do Direito: teoria geral do Direito*. 3. ed. São Paulo: Método, 2015.,

GARNER, Bryan A. *Black's Law Dictionary*. 8. ed. United States: Thomson West, 2004.

GIACOMOLLI, Nereu José. *O Devido Processo Penal* 3. ed. São Paulo: Atlas, 2016.

______. *Prisão, liberdade e as cautelares alternativas ao cárcere*. São Paulo: Marcial Pons, 2013.

______. *Reformas (?) do Processo Penal: considerações críticas*. Rio de Janeiro: Editora Lumen Juris, 2008.

GIANNETTI, Eduardo. *O Livro das Citações*. São Paulo: Companhia das Letras, 2008.

GOMES, Luiz Flávio; MARQUES, Luís Ivan. *Prisão e Medidas Cautelares: comentários à lei 12.403, de 4 de maior de 2011*. São Paulo: Editora Revista dos Tribunais, 2012.

GOMES, Luiz Flávio; MAZZUOLI, Valerio de Oliveira. *Comentários à Convenção Americana sobre Direitos Humanos: Pacto de San José da Costa Rica*. 3. ed. São Paulo: Editora Revista dos Tribunais, 2010.

GOMES, Luiz Flávio; MOLINA Antonio García-Pablos de. *Direito Penal: Parte Geral*. São Paulo: Editora Revista dos Tribunais, 2007. v. 2.

GONÇALVES, Marcus Vinicius Rios. *Direito Processual Civil Esquematizado*. 6. ed. São Paulo: Saraiva, 2016.

______. *Novo Curso de Direito Processual Civil*. São Paulo: Saraiva, 2008. v. 3.

GRECO FILHO, Vicente. *Manual de Processo Penal*. 9. ed. São Paulo: Saraiva, 2012.

GRECO, Rogério. *Código Penal Comentado*. 5. ed. Niterói: Impetus, 2011.

GRINOVER, Ada Pellegrini; FERNANDES, Antonio Scarance; GOMES FILHO, Antonio Magalhães. *As Nulidades no Processo Penal*. 7. ed. São Paulo: Editora Revista dos Tribunais, 2001.

______. *Recursos no Processo Penal*. 5. ed. São Paulo: Editora Revista dos Tribunais, 2008.

GRINOVER, Ada Pellegrini; FERNANDES, Antonio Scarance; GOMES FILHO, Antonio Magalhães; GOMES, Luiz Flávio. *Juizados Especiais Criminais: comentários à Lei 9.099, de 26.09.1995*. São Paulo: Editora Revista dos Tribunais, 1995.

HAMILTON, Sérgio Demoro. *A Viabilidade do Recurso Adesivo no Processo Penal*. In: Revista Síntese de Direito Penal e Processual Penal. v. 2, n 7, abr./maio, 2001.

HEUMANN, Milton. *Plea Bargaining: the experience of prosecutors, judges and defense attorneys*. Chicago: The University of Chicago Press, 1981.

HOUAISS, Antonio. *Pequeno Dicionário da Língua Portuguesa*. São Paulo: Moderna, 2015.

ISHIDA, Válter Kenji. *Estatuto da Criança e do Adolescente: doutrina e jurisprudência*. 11. ed. São Paulo: Atlas, 2010.

JARDIM, Afranio Silva. *Direito Processual Penal*. 6. ed. Rio de Janeiro: Forense, 2007.

JESUS, Damásio E. de. *Código de Processo Penal Anotado*. 25. ed. São Paulo: Saraiva, 2012.

______. *Direito Penal: parte geral*. 28. ed. São Paulo: Saraiva, 2005. v. 1.

______. *Direito Penal: parte especial*. 28. ed. São Paulo: Saraiva, 2007. v. 2.

______. *Direito Penal: parte especial*. 17. ed. São Paulo: Saraiva, 2008. v. 3.

______. *Direito Penal: parte especial*. 17. ed. São Paulo: Saraiva, 2012. v. 4.

______. *Lei dos Juizados Especiais Criminais Anotada*. 12. ed. São Paulo: Saraiva, 2010.

JUNIOR, João Biffe; JUNIOR, Joaquim Leitão. *Concursos Públicos: terminologias e teorias inusitadas.* Rio de Jeneiro: Forense, 2017.

JUNQUEIRA, Gustavo. *et al. Lei anticrime comentada – artigo por artigo.* São Paulo: Saraiva Educação, 2020.

KARAM, Maria Lúcia. *Competência no Processo Penal.* 2. ed. São Paulo: Editora Revista dos Tribunais, 1998.

KLIEMANN, Thais Helena Della Giustina. *Breves Apontamentos sobre Temas Essenciais ao Direito Constitucional norte-americano.* Revista de Doutrina da 4ª Região. Porto Alegre, nº 71, abr. 2016.

LIMA, Frederico Rodrigues Viana de. *Defensoria Pública.* 4. ed. Salvador: Juspodivm, 2015.

LIMA, Marcellus Polastri. *Curso de Processo Penal.* 9. ed. Brasília: Gazeta Jurídica, 2016.

LIMA, Renato Brasileiro de. *Código de Processo Penal.* 2. ed. Salvador: Juspodivm, 2017.

_____. *Curso de Processo Penal.* Niterói: Impetus, 2013.

_____. Legislação Criminal Especial Comentada. 4. ed. Salvador: Juspodivm, 2016.

_____. *Manual de Processo Penal: volume único.* 4. ed. Salvador: Juspodivm, 2016.

_____. *Manual de Processo Penal: volume único.* 5. ed. Salvador: Juspodivm, 2017.

LOPES JR., Aury. *Direito Processual Penal.* 11. ed. São Paulo: Saraiva, 2014.

_____. *Direito Processual Penal.* 13. ed. São Paulo: Saraiva, 2016.

_____. *Fundamentos do Processo Penal: introdução crítica.* 2. ed. São Paulo: Saraiva, 2016.

_____. *Prisões Cautelares.* 4. ed. São Paulo: Saraiva, 2013.

_____. Prisões Cautelares. 5. ed. São Paulo: Saraiva, 2017.

MAGNO, Levy Emanuel. *Processo Penal.* 2. ed. São Paulo: Atlas, 2007.

MAIER, Julio Bustus Juan. *Derecho Procesal Penal: fundamentos.* 2. ed. Buenos Aires: Del Puerto, 1996, t. 1.

MALATESTA, Nicola Framarino dei. *A Lógicas das Provas em Matéria Criminal.* 2. ed. Lisboa: Livraria Clássica Editora, 1927.

MANZANO, Luís Fernando de Moraes. *Curso de Processo Penal.* São Paulo: Atlas, 2010.

MARCÃO, Renato. *Código de Processo Penal Comentado.* São Paulo: Saraiva, 2016.

_____. *Curso de Execução Penal.* 13. ed. São Paulo: Saraiva, 2015.

_____. *Lei de Execução Penal Anotada.* 4. ed. São Paulo: Saraiva, 2013.

MARINONI, Luiz Guilherme; ARENHART, Sérgio Cruz. *Prova e Convicção.* 3. ed. São Paulo: Editora Revista dos Tribunais, 2015.

MARINONI, Luiz Guilherme; ARENHART, Sérgio Cruz; MITIDIERO, Daniel. *Novo Curso de Processo Civil.* São Paulo: Editora Revista dos Tribunais, 2017, v. 1.

_____. *O Novo Processo Civil.* 2. ed. São Paulo: Editora Revista dos Tribunais, 2016.

MARQUES, Gabriela; MARQUES, Ivan. *A Nova Lei de Abuso de Autoridade.* São Paulo: Editora Revista dos Tribunais, 2019.

MARQUES, José Frederico. *Da Competência em Matéria Penal.* Campinas: Millenium, 2000.

_____. *Elementos de Direito Processual Penal.* Campinas: Bookseller, 1998. v. 1 a 4.

_____. Estudos de Direito Processual Penal. 2. ed. Campinas: Millenium, 2001.

MASSON, Cleber. *Código Penal Comentado.* 2. ed. São Paulo: Método, 2014.

______. *Direito Penal Esquematizado*. 10. ed. São Paulo: Método, 2016. v. 1.

______. *Direito Penal Esquematizado*. 2. ed. São Paulo: Método, 2009. v. 1.

______. *Direito Penal Esquematizado*. 6. ed. São Paulo: Método, 2016. v. 3.

______. *Direito Penal Esquematizado*. 9. ed. São Paulo: Método, 2016. v. 2.

MASSON, Cleber; MARÇAL, Vinícius. *Crime Organizado*. 2. ed. São Paulo: Método, 2016.

______. *Lei de Drogas: aspectos penais e processuais*. São Paulo: Método, 2019.

MAXIMILIANO, Carlos. *Hermenêutica e aplicação do Direito*. 19. ed. Rio de Janeiro: Forense, 2003.

MAZLOUM, Ali. Reserva de Jurisdição: os limites do juiz na investigação criminal. São Paulo: Matrix, 2016.

MAZZILLI, Hugo Nigro. *Manual do Promotor de Justiça*. 2. ed. São Paulo: Saraiva, 1991.

______. *Ministério Público*. 4. ed. São Paulo: Malheiros Editores, 2015.

______. *Questões Criminais Controvertidas*. São Paulo: Saraiva, 1999.

______. *Regime Jurídico do Ministério Público*. 8. ed. São Paulo: Saraiva, 2014.

MEDINA, José Miguel Garcia. *Novo Código de Processo Civil Comentado*. 3. ed. São Paulo: Editora Revista dos Tribunais, 2015.

______. *Direito Processual Civil Moderno*. São Paulo: Editora Revista dos Tribunais, 2015.

MEIRELLES, Hely Lopes. *Direito Administrativo Brasileiro*. 42. ed. São Paulo: Malheiros Editores, 2016.

MENDONÇA, Andrey Borges de. *Prisão Preventiva na Lei 12.403/2011: análise de acordo com modelos estrangeiros e com a convecção americana de direitos humanos*. 2. ed. Salvador: Juspodivm, 2017.

MESSA, Ana Flávia. *Curso de Direito Processual Penal*. 2. ed. São Paulo: Saraiva, 2014.

MIRABETE, Julio Fabbrini. Processo Penal. São Paulo: Atlas, 1991.

______. *Processo Penal*. 18. ed. São Paulo: Atlas, 2007.

MIRANDA, Carlos Gustavo de Souza. Princípios Fundamentais de Processo Penal. Belo Horizonte: Del Rey, 2014.

MIRANDA, Francisco Cavalcanti Pontes de. *História e Prática do Habeas Corpus*. 2 v. Campinas: Bookseller, 2001.

MITTERMAIER, Carl Joseph Anton. Tratado de la Prueba en Materia Criminal. 3. ed. Madrid: Imprenta de la Revista de Legislacion, 1877.

MOM, Jorge R. Moras. *Manual de Derecho Procesal Penal: juicio oral y público penal nacional*. 6. ed. Buenos Aires: Abeledo-Perrot, 2004.

MONTORO, André Franco. *Introdução à Ciência do Direito*. 26. ed. São Paulo: Saraiva, 2005.

MORAES, Alexandre de. *Direito Constitucional*. 32. ed. São Paulo: Atlas, 2016.

______. *Direito Constitucional*. 33. ed. São Paulo: Atlas, 2017.

MOSSIN, Heráclito Antônio. *Compêndio de Processo Penal: curso completo*. Barueri: Manole, 2010.

______. *Garantias Fundamentais na Área Criminal*. Barueri: Manole, 2014.

MOURA, Maria Thereza R. de Assis. *A Prova por Indícios no Processo Penal*. Rio de Janeiro: Editora Lumen Juris, 2009.

NERY JUNIOR, Nelson. *Princípios do Processo na Constituição Federal (Processo civil, penal e administrativo)*. 10. ed. São Paulo: Editora Revista dos Tribunais, 2010.

______. *Teoria Geral dos Recursos*. 7. ed. São Paulo: Editora Revista dos Tribunais, 2014.

NERY JUNIOR, Nelson; NERY, Rosa Maria de Andrade. *Comentários ao Código de Processo Civil.* São Paulo: Editora Revista dos Tribunais, 2015.

NETTO, Alamiro Velludo Salvador. *et al. Pacote Anticrime: comentários à lei n. 13.964/2019.* São Paulo: Almedina, 2020.

NEVES, Daniel Amorim Assumpção. *Manual de Direito Processual Civil: volume único.* 5. ed. São Paulo, Método, 2013.

_____. *Manual de Direito Processual Civil: volume único.* 8. ed. Salvador: Juspodivm, 2016.

NICOLITT, André Luiz. *Manual de Processo Penal.* 3. ed. Rio de Janeiro: Elsevier, 2012.

_____. *Processo Penal Cautelar: prisão e demais medidas cautelares.* 2. ed. São Paulo: Editora Revista dos Tribunais, 2015.

NOGUEIRA, Paulo Lúcio. *Curso Completo de Processo Penal.* 10. ed. São Paulo: Saraiva, 1996.

NORONHA, Edgard Magalhães. *Curso de Direito Processual Penal.* 23. ed. São Paulo: Saraiva, 1995.

_____. *Direito Penal: introdução e parte geral.* 38. ed. São Paulo: Saraiva, 2004. v. 1.

NOVELINO, Marcelo. *Direito Constitucional.* 7. ed. São Paulo: Método, 2012.

NUCCI, Guilherme de Souza. *Código de Processo Penal Comentado.* 13. ed. Rio de Janeiro: Forense, 2014.

_____. *Código de Processo Penal Comentado.* 15. ed. Rio de Janeiro: Forense, 2016.

_____. *Código Penal Comentado.* 17. ed. Rio de Janeiro: Forense, 2017.

_____. *Direito Penal: Parte Geral.* 4. ed. Rio de Janeiro: Forense, 2015.

_____. *Direitos Humanos versus Segurança Pública: questões controvertidas penais, processuais penais, de execução penal e da infância e juventude.* Rio de Janeiro: Forense, 2016.

_____. *Estatuto da Criança e do Adolescente Comentado: em busca da Constituição Federal das Crianças e dos Adolescentes.* Rio de Janeiro: Forense, 2014.

_____. *Habeas Corpus.* 2. ed. Rio de Janeiro: Forense, 2017.

_____. *Manual de Processo Penal e Execução Penal.* 3. ed. São Paulo: Editora Revista dos Tribunais, 2007.

_____. *Manual de Processo Penal e Execução Penal.* 4. ed. São Paulo: Editora Revista dos Tribunais, 2008.

_____. *Manual de Processo Penal e Execução Penal.* 13. ed. Rio de Janeiro: Forense, 2016.

_____. *Organização Criminosa: comentários à lei 12.850, de 02 de agosto de 2013.* São Paulo: Editora Revista dos Tribunais, 2013.

_____. *Princípios Constitucionais Penais e Processuais Penais.* 4. ed. Rio de Janeiro: Forense, 2015.

_____. *Prisão e Liberdade.* 4. ed. Rio de Janeiro: Forense, 2014.

_____. *Provas no Processo Penal.* 4. ed. Rio de Janeiro: Forense, 2015.

_____. *Tribunal do Júri.* 6. ed. Rio de Janeiro: Forense, 2015.

OLIVEIRA, Eugênio Pacelli de (coord.). *Direito e Processo Penal na Justiça Federal: Doutrina e Jurisprudência.* São Paulo: Atlas, 2011.

_____. *Curso de Processo Penal.* 16. ed. São Paulo: Atlas, 2012.

_____. *Curso de Processo Penal.* 21. ed. São Paulo: Atlas, 2017.

_____. *Curso de Processo Penal.* 24. ed. São Paulo: Atlas, 2020.

OLIVEIRA, Eugênio Pacelli de; CALLEGARI, André. *Manual de Direito Penal: parte geral.* São Paulo: Atlas, 2015.

OLIVEIRA, Eugênio Pacelli de; FISCHER, Douglas. *Comentários ao Código de Processo Penal e sua Jurisprudência*. 4. ed. São Paulo: Atlas, 2012.

OLIVEIRA, Eugênio Pacelli de; FISCHER, Douglas. *Comentários ao Código de Processo Penal e sua Jurisprudência*. 8. ed. São Paulo: Atlas, 2016.

OLIVEIRA, Rafael Carvalho Rezende. *Curso de Direito Administrativo*. São Paulo: Método, 2013.

PAIVA, Caio. *Audiência de Custódia e o Processo Penal Brasileiro*. 3. ed. Belo Horizonte: Editora CEI, 2018.

PASSOS, Calmon de. *Esboço de uma Teoria das Nulidades Aplicadas às Nulidades Processuais*. Rio de Janeiro: Forense, 2009.

PEDROSO, Fernando de Almeida. *Processo Penal: o direito de defesa: repercussão, amplitude e limites*. 2. ed. São Paulo: Livraria Revista dos Tribunais, 1994.

______.*Competência Penal: doutrina e jurisprudência*. 2. ed. São Paulo: Editora Revista dos Tribunais, 2007.

PORTELA, Paulo Henrique Gonçalves. *Direito Internacional Público e Privado*. 9. ed. Salvador: Juspodivm, 2017.

PORTOCARRERO, Cláudia Barros; FERREIRA, Wilson Luiz Palermo. *Leis Penais Extravagantes: teoria, jurisprudência e questões comentadas*. 3. ed. Salvador: Juspodivm, 2018.

QUEIROZ, Paulo. *Direito Processual Penal: por um sistema integrado de direito, processo e execução penal*. Salvador: Juspodivm, 2018.

RAMIDOFF, Mário Luiz. *Elementos de Processo Penal*. Curitiba: InterSaberes, 2017.

RAMOS, André de Carvalho. *Curso de Direitos Humanos*. 2. ed. São Paulo: Saraiva, 2015.

RANGEL, Paulo. *Direito Processual Penal*. 20. ed. São Paulo: Altas, 2012.

REALE, Miguel. *Lições Preliminares de Direito*. 27. ed. São Paulo: Saraiva, 2002.

REBOUÇAS, Sérgio. *Curso de Direito Processual Penal*. Salvador: Juspodivm, 2017.

RIZZARDO, Arnaldo. *Responsabilidade Civil*. 3. ed. Rio de Janeiro: Forense, 2007.

ROCHA, Felippe Borring. *Manual dos Juizados Especiais Cíveis Estaduais: teoria e prática*. 8. ed. São Paulo: Atlas, 2016.

ROCHA, Luiz Carlos. *Manual do Delegado de Polícia: procedimentos policiais*. Bauru: Edipro, 2002.

ROIG, Rodrigo Duque Estrada. *Execução Penal: teoria crítica*. 4. ed. São Paulo: Saraiva, 2018.

ROXIN, Claus. *A proteção de bens jurídicos como função do Direito Penal*. 2. ed. Porto Alegre: Livraria do Advogado Editora, 2009.

______. *Derecho Penal: parte general*. Madrid: Civitas 1997.

______. Derecho Procesal Penal. Buenos Aires: Editores del Puerto, 2000.

SABOYA, Keity. *Ne Bis in Idem: história, teoria e perspectivas*. Rio de Janeiro: Editora Lumen Juris, 2014.

SALVATIERRA, Carlos Barragán. Derecho Procesal Penal. 3. ed. México, DF: McGraw-Hill, 2009.

SANTOS, Juarez Cirino dos. *Direito Penal: Parte Geral*. 3. ed. Curitiba: ICPC; Lumen Juris, 2008.

SARLET, Ingo Wolfgang. *As Dimensões da Dignidade da Pessoa Humana: construindo uma compreensão jurídico-constitucional necessária e possível*. São Paulo: Revista Brasileira de Direito Constitucional, 2007. v. 5, n. 9.

SARLET, Ingo Wolfgang; MARINONI, Luiz Guilherme; MITIDIERO, Daniel. *Curso de Direito Constitucional*. São Paulo: Editora Revista dos Tribunais, 2012.

SARMENTO, Daniel. *Dignidade da Pessoa Humana: conteúdo, trajetórias e metodologia.* Belo Horizonte: Fórum, 2016.

SILVA, Eduardo Araujo da. Ação Penal Pública: princípio da oportunidade regrada. 2. ed. São Paulo: Atlas, 2000.

SILVA, Edward Carlyle. *Direito Processual Civil.* 3. ed. Niterói: Impetus, 2014.

SILVA, Virgílio Afonso da. *O proporcional e o razoável.* Revista dos Tribunais nº 798, 2002, p. 23-50.

SILVA, Viviani Ghizoni da; SILVA, Philipe Benoni Melo e; ROSA, Alexandre Moraes da. *Fishing Expedition e Encontro Fortuito na Busca e Apreensão: um dilema oculto do Processo Penal.* Florianópolis: Emais, 2019.

SILVARES, Ricardo; PINTO, Ronaldo Batista. *Novo CPC e seus Reflexos no Âmbito do Processo Penal.* Salvador: Juspodivm, 2016.

SIQUEIRA, Galdino. *Curso de Processo Criminal.* São Paulo: Livraria e Officinas Magalhães, 1917.

SMANIO, Gianpaolo Poggio. *Processo Penal.* 3. ed. São Paulo: Atlas, 2005.

SOBRANE, Sérgio Turra. *Transação Penal.* São Paulo: Saraiva, 2001.

SOUZA, Artur de Brito Gueiros; JAPIASSÚ, Carlos Eduardo Adriano. *Curso de Direito Penal: parte geral.* Rio de Janeiro: Elsevier: 2012.

SOUZA, Renee do Ó. *Lei anticrime: comentários à lei 13.964/2019.* São Paulo: D'Plácido, 2020.

SOUZA NETO, Cláudio Pereira de; SARMENTO, Daniel. *Direito Constitucional: teoria, história e métodos de trabalho.* Belo Horizonte: Fórum, 2012.

TARTUCE, Flávio. *Manual de Direito Civil: volume único.* São Paulo: Método, 2012.

TARUFFO, Michele. *A Prova.* São Paulo: Marcial Pons, 2014.

TAVARES, Juarez; CASARA, Rubens. *Prova e verdade.* São Paulo: Tirant lo Blanch, 2020.

TÁVORA, Nestor; ALENCAR, Rosmar Rodrigues. *Curso de Direito Processual Penal.* 12. ed. Salvador: Juspodivm, 2017.

_____. *Curso de Direito Processual Penal.* 5. ed. Salvador: Juspodivm, 2011.

TEMER, Michel. *Elementos de Direito Constitucional.* 20. ed. São Paulo: Malheiros Editores, 2005.

TOLEDO, Francisco de Assis. *Princípios Básicos de Direito Penal.* 5. ed. São Paulo: Saraiva, 1994.

TORNAGHI, Hélio. *Curso de Processo Penal.* 6. ed. São Paulo: Saraiva, 1989. v. 2.

_____. *Curso de Processo Penal.* 9. ed. São Paulo: Saraiva, 1995. v. 1.

TORON, Alberto Zacharias. *Habeas Corpus: controle do devido processo penal: questões controvertidas e de procedimento do writ.* São Paulo: Editora Revista dos Tribunais, 2017.

TOURINHO FILHO, Fernando da Costa. *Manual de Processo Penal.* 10. ed. São Paulo: Saraiva, 2008.

_____. *Processo Penal.* 34. ed. São Paulo: Saraiva, 2012. v. 1 a 4.

TOVO, Paulo Cláudio. *Nulidades no Processo Penal Brasileiro: novo enfoque e comentário.* Porto Alegre: Sergio Antonio Fabris Editor, 1988.

TUCCI, Rogério Lauria. *Direitos e Garantias Individuais no Processo Penal Brasileiro.* 4. ed. São Paulo: Editora Revista dos Tribunais, 2011.

VEJA, Mario A. Houed. *La prueba y su valoración en el processo penal.* Nicaragua: Instituto de Estudio e Investigación Jurídica, 2007.

VELLOSO, Carlos Mário da Silva; AGRA, Walber de Moura. *Elementos de Direito Eleitoral.* São Paulo: Saraiva, 2009.

VENOSA, Sílvio de Salvo. *Introdução ao Estudo do Direito: primeiras linhas.* 5. ed. São Paulo: Atlas, 2016.

VITORELLI, Edilson. *Estatuto do Índio.* 3. ed. Salvador: JusPodvim, 2016.

WELLS, Gary L. *Eyewitness Identification.* Iowa State University: Psychology Publications, 2018.

ZAFFARONI, Eugenio Raúl. *Las Penas crueles son penas.* In *Lecciones y Ensayos* [online]. Buenos Ayres: Universidad de Buenos Aires, 1996, nº 66.

ZAFFARONI, Eugenio Raúl; PIERANGELI, José Henrique. *Manual de Direito Penal Brasileiro: parte geral.* 11. ed. São Paulo: Editora Revista dos Tribunais, 2015.

EDITORA
JusPODIVM
www.editorajuspodivm.com.br

Impressão e Acabamento:
EXPRESSÃO & ARTE
EDITORA E GRÁFICA
www.graficaexpressaoearte.com.br